Ostendorf   Jugendgerichtsgesetz   5. Auflage

Jugendgerichtsgesetz

Kommentar

Von Prof. Dr. iur. Heribert Ostendorf
Forschungsstelle für Jugendstrafrecht und
Kriminalprävention an der Universität Kiel

Generalstaatsanwalt a. D.

5., völlig überarbeitete Auflage

Texte im Anhang:
Richtlinien zum Jugendgerichtsgesetz – Anordnung über Mitteilungen in Strafsachen – Jugendarrestvollzugsordnung – Bundeswehrvollzugsordnung – Verwaltungsvorschriften zum Jugendstrafvollzug – Untersuchungshaftvollzugsordnung

Carl Heymanns Verlag KG · Köln · Berlin · Bonn · München

Die Deutsche Bibliothek - CIP-Einheitsaufnahme

Ostendorf, Heribert:
Jugendgerichtsgesetz: Kommentar / von Heribert Ostendorf.
Texte im Anh.: Richtlinien zum Jugendgerichtsgesetz [u. a.].
– 5., völlig überarb. Aufl. – Köln; Berlin; Bonn; München: Heymanns, 2000

ISBN 3-452-24648-5

Das Werk ist urheberrechtlich geschützt. Die dadurch begründeten Rechte, insbesondere die der Übersetzung, des Nachdruckes, der Entnahme von Abbildungen, der Funksendung, der Wiedergabe auf photomechanischem oder ähnlichem Wege und der Speicherung in Datenverarbeitungsanlagen, bleiben vorbehalten.

© Carl Heymanns Verlag KG, Köln, Berlin, Bonn, München 2000

ISBN 3-452-24648-5

Gesamtherstellung: Grafik + Druck GmbH, München

Gedruckt auf säurefreiem und alterungsbeständigem Papier

Vorwort zur fünften Auflage

In der zur Zeit geführten kriminalpolitischen Debatte wird vielfach eine Wiederbelebung des repressiven Strafrechts verlangt. Repressives Strafrecht heißt, mit freiheitsentziehenden, mit stationären Sanktionen auf Vergeltung und Abschreckung setzen. Härtere Sanktionen werden gerade auch im Jugendstrafrecht von den Jugendstaatsanwälten, von den Jugendrichtern eingefordert. Zu den stationären Sanktionen gehören als erstes die Jugendstrafe, dann der Jugendarrest, im weiteren – sozusagen als Bindeglied zwischen erzieherischen Maßnahmen nach dem KJHG und dem Jugendstrafrecht – die geschlossene Heimerziehung und – rechtlich fälschlicherweise als Sanktion eingeordnet – die Untersuchungshaft. Neben diesen Anforderungen an die Jugendstrafrechtspraxis werden auf gesetzgeberischer Ebene schon seit längerem Strafverschärfungen im Jugendstrafrecht diskutiert, zum Teil liegen bereits Gesetzesentwürfe vor. Die Hauptforderungen lauten: Herabsetzung des Strafbarkeitsalters von 14 auf 12 Jahre, Anhebung der Höchststrafe von 10 Jahren Jugendstrafe, generelle Bestrafung der Heranwachsenden, d.h. der 18-21jährigen, nach dem Erwachsenenstrafrecht.

Diejenigen, die auf individualisierende, nachsichtige Reaktionen im Jugendstrafrecht setzen, die ursachenbezogen reagieren wollen, die Hilfen zur Bewältigung von Problemlagen z.B. im Elternhaus, in der Clique, mit dem Alkohol geben wollen, die negative stigmatisierende Folgen eines Freiheitsentzugs möglichst vermeiden wollen, sind in der öffentlichen Diskussion in der Defensive. Sie werden selbst angeklagt als Verantwortliche für eine steigende Jugendkriminalität, sie müssen sich selbst rechtfertigen. Hierbei stehen zwei Kriminalitätsbereiche im Mittelpunkt der Diskussion: Einmal geht es um die Bagatellkriminalität, insbesondere den Ladendiebstahl, zum anderen um die Gewaltkriminalität, um das »Abzocken«, um Raubüberfälle, aber auch um das grundlose Zusammenschlagen.

Ambulante Maßnahmen, wie gerade die sogenannten neuen ambulanten Maßnahmen – eingeführt mit dem 1. Änderungsgesetz zum JGG im Jahre 1990 –, der soziale Trainingskurs, die Einzelbetreuung, der Täter-Opfer-Ausgleich, insbesondere auch die sogenannte Diversion, d.h. die Einstellung des Verfahrens anstelle einer Anklageerhebung unter Berücksichtigung der bereits erfolgten erzieherischen Maßnahmen bei den Jugendlichen / Heranwachsenden, diese Reaktionen werden als »weiche Welle« geradezu beschimpft, als sozialpädagogische Flausen lächerlich gemacht. Hierbei – und das ist mein erster Einwand gegen diese aktuelle kriminalpolitische Brandung – sind ambulante sozialpädagogische Maß-

Vorwort zur fünften Auflage

nahmen keineswegs immer eine milde Sanktion. Es ist leichter, eine Geldbuße zu bezahlen, eine Arbeitsauflage zu erfüllen, auch einen Wochenendarrest »abzusitzen«, als sich einer halbjährigen Betreuungsweisung zu unterziehen, als regelmäßig an einem sozialen Trainingskurs teilzunehmen, bei dem man sich »outen« muß, die eigenen Schwächen offenlegen muß, sich zu Fehlern, zu Mißerfolgen bekennen muß; auch der Täter-Opfer-Ausgleich erfordert mehr, als viele glauben. Da wird man als Täter mit dem Opfer konfrontiert, dem man am liebsten nicht wieder begegnet wäre, man muß wahrnehmen, was man an Verletzungsfolgen, Ängsten und Schrecken angerichtet hat, man muß sich mit Vorwürfen auseinandersetzen. Leichter ist es da, eine repressive Sanktion auf sich zu nehmen und die Auswirkungen der Tat beim Opfer zu verdrängen. Daß diese neuen ambulanten Maßnahmen vor allem besser geeignet sind, den Täter von einer Wiederholung der Tat abzuhalten, hat eine aktuelle Untersuchung (*Keudel* Effizienzkontrolle des Täter-Opfer-Ausgleichs, 2000; siehe auch § 5 Rn. 20) abermals bestätigt.

Wir brauchen keine Anreicherung des repressiven Sanktionensystems, wir brauchen keine härteren Strafen, sondern eine Ausschöpfung der helfenden, betreuenden Sanktionen. Es müssen die positiven Möglichkeiten, die das Jugendstrafrecht bietet, auch genutzt werden. Dies geschieht in der Strafpraxis nur zum Teil. Es dominieren die repressiven Sanktionen. In der zeitlichen Abfolge haben seit 1990 die Erziehungsmaßregeln prozentual abgenommen, die Zuchtmittel sind deutlich – nicht zuletzt nach der Einführung der Arbeitsauflage als Zuchtmittel – angestiegen, die Jugendstrafe mit und ohne Bewährung hat ebenfalls zugenommen.

Die Vertreter des Jugendstrafrechts müssen sich aus der Defensivrolle wegbewegen und die Vorzüge des Jugendstrafrechts auch öffentlich benennen. Die Vorzüge des Jugendstrafrechts lassen sich in zehn Punkten zusammenfassen:

1. Die Zielsetzung ist vorwärts gerichtet im Sinne einer Individualprävention zur Verhinderung weiterer Straftaten im Unterschied zur Schuldvergeltung und zu generalpräventiven Zielsetzungen.
2. Die Einstellungsmöglichkeiten sind erweitert, um andere, erzieherische Reaktionen und die Wirkung des Ermittlungsverfahrens zu berücksichtigen.
3. Die Sanktionspalette erlaubt es eher, auf individuelle Problemlagen zu reagieren.
4. Der Täter-Opfer-Ausgleich ist sowohl als Einstellungsgrund als auch als eigenständige Sanktion ausgestaltet.
5. Die Freiheitsstrafe ist im Sinne der ultima ratio sowohl hinsichtlich der Anwendungsvoraussetzungen als auch hinsichtlich der Dauer eingegrenzt.

6. Das Mitwirken der Sozialpädagogik über die Jugendgerichtshilfe verschafft eine bessere Grundlage für die Beurteilung des Beschuldigten und für die Sanktionszumessung.
7. Bei Untersuchungshaft sowie in anderen Fällen, in denen sich der jugendliche / heranwachsende Beschuldigte schwer oder gar nicht verteidigen kann, ist der Pflichtverteidiger vorgeschrieben.
8. Mit der Haftentscheidungshilfe, mit vorläufigen alternativen Maßnahmen soll U-Haft möglichst vermieden werden.
9. Auch nach Rechtskraft können Sanktionen abgeändert werden, kann auf eine veränderte Lebenssituation reagiert werden; hierzu gehört auch die erweiterte Möglichkeit der Entlassung auf Bewährung – also größere Flexibilität.
10. Von der Kostenlast kann befreit werden.

Das Jugendstrafrecht muß wieder die Vorreiterrolle für Reformen im Erwachsenenstrafrecht einnehmen.

Kiel, im September 2000 *Heribert Ostendorf*

Vorwort zur vierten Auflage

Die ersten drei Auflagen dieses Kommentars erschienen in der Zeit der »Reform von unten«, von Diversion und neuen ambulanten Maßnahmen. Hierbei wurde in der kriminalpolitischen Diskussion die vorrangige Prävention allzusehr aus den Augen verloren und zu sehr auf die Strafrechtsprävention gesetzt. Kein Zweifel: Die Reform von unten, beginnend mit den Brücke-Projekten in München und anderswo, war notwendig, ja hat mehr Erneuerung gebracht als vielfältige Gesetzesinitiativen. Angesichts positiver Ergebnisse hat sich aber zum Teil eine Euphorie breitgemacht, die einmal die Grenzen des Jugendstrafrechts, jedes wie auch immer gearteten Jugendstrafrechts, verdrängt hat, zum anderen dem Anliegen der vorrangigen Prävention keine oder kaum Beachtung geschenkt hat. Dies gilt es wieder zurechtzurücken. Denn sozialpädagogische Maßnahmen nach dem JGG sind regelmäßig problemindividualisierend und damit problemreduzierend. Wir versuchen, mit dem Einfordern der individuellen Verantwortung, mit der Sanktion, die von dem Verurteilten abverlangt wird, die auf ihn zugeschnitten ist, die keine Strafen für seine Umwelt, für seine Eltern, für seine Clique sind, ihn, diesen Jugendlichen, auf den gesetzeskonformen Weg zu bringen. Darüber hinausgehende Maßnahmen können wir im Gerichtssaal anregen, aber nicht anordnen. Auch Maßnahmen nach dem KJHG kommen vielfach zu spät, sind Reparaturleistungen am Jugendlichen, verändern nicht oder selten kriminogene Strukturen. Auch die Sozialarbeit ist dann Reaktion und nicht Prävention. Hierbei dürfen wir niemals aus dem Auge verlieren, daß auch ein reformiertes Jugendstrafrecht Strafrecht bleibt, d. h., es wird angeklagt, es findet ein Prozeß statt mit belastenden, zum Teil stigmatisierenden Wirkungen. Es wird Macht, Strafmacht ausgeübt – auch bei einer sozialkompensatorischen Verhandlungsführung, auch bei dem Bemühen, bei dem richtigen Bemühen um eine kooperative Sanktionierung. Auch dies setzt Grenzen für Hilfe und Besserung der Lebenssituation des Angeklagten durch jugendstrafrechtliche Maßnahmen. Dies ist kein Plädoyer für Resignation, wohl aber für Nüchternheit bei dem Versuch, aus dem Jugendstrafrecht – einem notwendigen Übel – das Beste zu machen.

Dies bedeutet, doppelgleisig vorzugehen, unsere Möglichkeiten auszuschöpfen, gleichzeitig aber die Grenzen aufzeigend vorrangige Prävention einzufordern. Wir sind Fachleute für das Jugendstrafrecht, wir sind die Experten, die die Grenzen des Jugendstrafrechts, des Strafrechts überhaupt gegenüber überzogenen Erwartungen abstecken müssen, dies auch in der Öffentlichkeit deutlich machen müssen. Dies heißt vor allem, permanent gegen den irrationalen Glauben an die Allmacht des Strafrechts

Vorwort zur vierten Auflage

anzugehen und die Nachtgespenster von Sühne und Vergeltung immer wieder zu vertreiben. Grenzen zu ziehen für das Strafrecht heißt gleichzeitig, Grenzen zu öffnen für die Prävention, diese einzufordern, weil dies vernünftiger ist, effektiver ist, weil dies humaner ist, weil dies kostengünstiger ist. Wir Staatsanwälte und Richter, Jugendgerichtshelfer sind nicht für diese Prävention von Gesetzes wegen zuständig, wir müssen aber unsere Erfahrung einbringen in diese Diskussion, auch konkret einbringen in die Kommunalpolitik, in die Jugendpolitik, in kommunalpräventive Räte, in »Runde Tische zur Prävention«. Wir wissen doch um die kriminogenen Schwerpunkte in unseren Bezirken, um soziale Mängellagen, um die Gefährdungen in den Familien. Dieses Wissen muß in die Präventionsbemühungen vor Ort einfließen.

Wir müssen auch deshalb auf Prävention setzen, Prävention einfordern, weil ansonsten ein Rollback droht nach dem Motto: »Wenn ihr die Grenzen der neuen ambulanten Maßnahmen betont, so müssen halt die repressiven Maßnahmen wieder her.« In der öffentlichen Diskussion hat ein solches Rollback schon vielfach eingesetzt mit – erneuten – Forderungen nach geschlossener Heimerziehung, Arbeitslagern, Ausgehverboten für Jugendliche. Wir müssen die kriminalpolitischen Themen bestimmen im Sinne einer permanenten Reform, dürfen uns kein Rollback aufdrängen lassen.

Allerdings ist auch mit mehr Prävention Kriminalität nicht ausrottbar. Es kann immer nur um ein Zurückdrängen gehen. Kleine Schritte heißt aber, nicht nur vor Ort, in den Kommunen tätig werden, kleine Schritte heißt auch, globale Forderungen stellen, die dann schrittweise umgesetzt werden müssen. So müssen wir erkennen, daß wir den Einbruchsbanden aus Osteuropa nicht präventiv mit sozialintegrativen Maßnahmen, mit Jugendhilfemaßnahmen bei uns vor Ort begegnen können, wobei wir uns auch sehr schwer tun, vernünftig mit dem Jugendstrafrecht in solchen Fällen der sich hier kurzfristig aufhaltenden Straftäter zu reagieren. Mit den einreisenden Banden aus Osteuropa entlädt sich die Spannung von Arm und Reich in Wohnungseinbrüche und Raubüberfälle. Wir dürfen daher nicht nur auf Veränderung in unserem Staate drängen, müssen auch insoweit Forderungen nach mehr Hilfe nach draußen stellen. Wir müssen diesen Menschen wiederum Perspektiven in ihren Heimatländern eröffnen, sonst überrennen sie uns. Wir werden uns auf Dauer in Deutschland, in Westeuropa nicht als Wohlstandsexklave abschotten können. Entwicklungshilfe muß als ein Element der innerstaatlichen Sicherheitspolitik begriffen werden. Die Globalisierung des Handels, der Arbeitswelt, der industriellen Produktion hat positive Seiten, ohne daß die Armutsländer bislang hiervon allerdings Vorteile haben. Die Globalisierung bringt aber auch negative Entwicklungen mit sich, führt zur Internationalisierung der Kriminalität. Wir brauchen von daher nicht nur eine lokale Prävention, auch nicht allein eine nationale, sondern auch eine internationale Prävention. Ein Mittel hierfür ist – wie gesagt – die Entwicklungshilfe. Allein diese Perspektive zeigt, daß Euphorie fehl am Platze ist, sonst sind Enttäuschungen auch bei der Prävention vorprogrammiert.

Prävention ist kein Zaubermittel, nur ein Ansatz, der wichtigste Ansatz zur Zurückdrängung von Kriminalität.

Schleswig, im März 1997 *Heribert Ostendorf*

Vorwort zur dritten Auflage

Die 3. Auflage dieses Kommentars fällt in eine Zeit widersprüchlicher kriminalpolitischer und jugendstrafrechtlicher Tendenzen. Nach Jahren intensiver Reformdiskussionen, deren Ergebnisse sich in den Beschlüssen des 22. Deutschen Jugendgerichtstages (26.-30. September 1992) in Regensburg widerspiegeln (s. DVJJ-Journal 4/1992, S. 276 ff.), hat sich eine Gegenbewegung aufgetan (s. Initiative der CDU/CSU-Bundestagsfraktion gegen Gewalt und Extremismus v. 22. Juni 1993, DVJJ-Journal 2/1993, S. 103, 104). Zweifellos: Die Jugendstrafrechtsreform steht am Scheidewege. Vorerst führen die gegensätzlichen Positionen zu einer Blockade: Der vom Deutschen Bundestag bei der Verabschiedung des Ersten Gesetzes zur Änderung des Jugendgerichtsgesetzes am 30. August 1990 einstimmig (!) beschlossenen Aufforderung an die Bundesregierung, bis zum 1. Oktober 1992 den Entwurf eines Zweiten Gesetzes zur Änderung des Jugendgerichtsgesetzes vorzulegen (s. Vorwort zur 2. Auflage), ist nicht entsprochen worden; die Forderungen nach einer Verschärfung des Jugendstrafrechts, insbesondere die Forderung, die Heranwachsenden generell aus dem Jugendstrafrechtssystem herauszunehmen, werden ebenfalls nicht erfüllt. Die Feststellung einer wechselseitigen Blockade gilt jedoch nur für das JGG. Strafverschärfende Veränderungen in der Strafprozeßordnung, im Strafgesetzbuch treffen auch Jugendliche und Heranwachsende. Dies gilt insbesondere für Erweiterungen der U-Haft (s. hierzu meine Kritik »Strafrecht nicht politisch mißbrauchen!« im DVJJ-Journal 2/1993, S. 113, 114). In diesem Vorwort kann nicht die notwendige Auseinandersetzung geführt werden; im Kommentar ist die Diskussion an den entsprechenden Stellen aufgenommen.

Statt dessen und stellvertretend für die eigene Position sollen hier die Resolutionen des 1. Bundestreffens der Jugendrichter/innen und Jugendstaatsanwälte/innen (8.-10. Dezember 1993) in Villingen-Schwenningen auszugsweise wiedergegeben werden:

»Die Teilnehmer/innen des 1. Bundestreffens der Jugendrichter/innen und Jugendstaatsanwälte/innen lehnen den Vorschlag ab, auf die gegenwärtige Situation der Jugendkriminalität mit einer Verschärfung des Jugendstrafrechts zu antworten. Jugendkriminalität hat häufig gesellschaftliche und soziale Ursachen. Die Jugendrichter/innen und Jugendstaatsanwälte/innen wehren sich deshalb gegen die Forderung, sie sollten mit dem dafür weitgehend untauglichen Mittel der Jugendstrafe auf Versäumnisse von Politik und Gesellschaft reagieren.
Das geltende Jugendgerichtsgesetz eröffnet mit seiner Obergrenze von zehn Jahren Jugendstrafe auch genug Spielraum für harte Sanktionen und bietet darüber hinaus ein breites Spektrum von Möglichkeiten, auf Gewalt- und andere Straftaten junger Menschen differenziert zu reagieren. Außerdem ist es eine Illusion zu glauben, daß die den Taten zugrunde liegenden Probleme mit harten Sanktionen aus der Welt geschafft werden können. Dabei ist insbesondere zu berücksich-

tigen, daß es sich um ganz unterschiedliche Gruppen von Tätertypen mit auch sehr verschiedenen Motivationen handelt.

Mit Nachdruck wenden die Teilnehmer/innen des Bundestreffens sich ferner gegen die Forderung, 18- bis 20jährige Täter in der Regel nach Erwachsenenstrafrecht zu behandeln. Dem stehen längst bekannte Befunde entgegen, daß Täter dieser Altersgruppe sich häufig noch in ihrer Persönlichkeitsentwicklung befinden und gerade bei ihnen ein besonderer Bedarf an individueller Reaktion besteht. Zu den Forderungen der Jugendgerichtsbarkeit gehört seit langem die Prüfung, nach welchen Maßgaben die Heranwachsenden in die Gesamtregelungen des JGG einbezogen werden können (vgl. Beschlußempfehlung des Deutschen Bundestages vom 20.6.1990 aus Anlaß der Verabschiedung des 1. JGGÄG). Zudem ist die Annahme, Heranwachsende würden bei Anwendung von Jugendstrafrecht unangemessen milde beurteilt, falsch. Wenn sie schwere Taten begangen haben oder als gefährliche Rückfalltäter einzustufen sind, müssen sie auch bei Anwendung des JGG mit einer freiheitsentziehenden Strafe rechnen.«

Auch andere berufliche Fachverbände haben gegen die geforderte Verschärfung des Jugendstrafrechts Stellung bezogen (so der Deutsche Richterbund in einer Presseerklärung vom 5. Juli 1993).

Es gilt jedoch, nicht bei einer bloßen Abwehr stehenzubleiben. Zunächst müssen die Sorgen, Ängste, die gerade mit dem Anstieg der rechtsradikalen Gewalt verknüpft sind, ernstgenommen werden. Viele in Politik und Medien, die ansonsten bereit sind, die strafrechtlich-repressive Sozialkontrolle gerade bei Jugendlichen und Heranwachsenden weiter zurückzunehmen zugunsten einer präventiven Jugend- und Sozialpolitik, zugunsten informeller Konfliktlösungen, zugunsten eines Täter-Opfer-Ausgleichs, zugunsten einer kooperativen Sanktionierung, viele sind stutzig geworden, haben Zweifel, ob wir gerade auch im Jugendstrafrechtssystem auf die Gewalt von rechts die richtigen Antworten gefunden haben, in der Zukunft finden werden. Eine Reformbewegung muß sich diesen Sorgen und Zweifeln stellen. Die rechtsradikalen Gewalttaten sind die Probe aufs Exempel der Reformbewegung. Da sie die größte Herausforderung für unser Strafrechtssystem – ja für unser Gesellschaftssystem überhaupt – seit Bestehen der Bundesrepublik Deutschland darstellen, soll ausführlicher hierauf eingegangen werden:

Ursachen und Konsequenzen ausländerfeindlicher Gewalttaten*

I. Ursachen

Hinsichtlich der Ursachen ist zwischen äußeren Anlässen, primären Ursachen bzw. Dispositionen für Gewalt, sekundären, verstärkenden Ursachen und einer gesellschaftlichen Grundstimmung zu unterscheiden.

---

* Siehe auch meine Veröffentlichungen in Neue Kriminalpolitik 2/1993, S. 26 ff. sowie im Strafverteidiger 1993, S. 545 ff.

1. Äußere Anlässe

im traditionellen Sinne gibt es bei diesen Gewalttaten von rechts eigentlich nicht. Äußere Anlässe für Gewalttätigkeiten sind ansonsten Zufälligkeiten, ein böses, falsch verstandenes Wort, der Ärger, den man am Tag erlebt hat. Hier werden Anlässe gesucht. Anlaß ist die Ausländer- und Asylpolitik. Ich behaupte, daß dies aber nur ein Vorwand ist, ein gesuchter Anlaß. Dieser gesuchte Anlaß wird von politischen Brandstiftern verstärkt. Hier hat die »Ausländer-raus«-Parole gegriffen, ohne daß eine tiefere politische Auseinandersetzung mit dem Einwanderungsproblem erfolgt. Heute sind die Asylbewerber die Zielpersonen, an denen man Gewalt austobt, morgen können es andere sein. Bereits heute müssen wir vermehrt Übergriffe auf Behinderte, Obdachlose feststellen. Zielpersonen sind Andersartige. Anlässe können mit einer neuen Asylpolitik beseitigt werden, aber nicht die tieferen Ursachen.

2. Primäre Ursachen bzw. Dispositionen für Gewalt

Jugendlicher Erlebnishunger

Die weitaus meisten ausländerfeindlichen Gewalttaten werden von Jugendlichen und Heranwachsenden begangen. Der jugendtypische Drang, etwas zu unternehmen, sich und anderen etwas zu beweisen, wird heute in einer Welt des Aktionismus, in der andere scheinbar so viel erleben, in der nur noch auf Formen, nicht mehr auf Inhalte geachtet wird, zusätzlich gesteigert. In der anderen Welt der Monotonie, der Langeweile, kann der Erlebnishunger legal nur schwer gestillt werden. Gesuchter Aktionismus wird durch die enthemmende Wirkung von Alkohol noch gesteigert.

Kompensation von Erfolglosigkeit

Viele, sehr viele dieser Straftäter kommen aus den unteren sozialen Schichten, haben eine schlechte Schulbildung vorzuweisen, sind arbeitslos, haben keine Zukunftsperspektive. Sie fühlen sich als Opfer der Gesellschaft. Frust und Enttäuschung werden abgeladen auf Sündenböcke. Diese Erfolglosigkeit wird versucht durch andere Erfolge wettzumachen. Das Zusammenschlagen eines Ausländers, das Anzünden eines Asylbewerberheimes werden so zu Erfolgen hochstilisiert. Schlechtigkeiten bekommen so ein positives Image, zumal wenn diese in den Medien große Aufmerksamkeit finden. Das Zulassen der Vertreibungen in Hoyerswerda und Rostock hat fatale Erfolgserlebnisse vermittelt.

Vorwort zur dritten Auflage

Suche nach Gleichgesinnten und Gemeinschaft

Die vulgäre Sprache, das abschreckende Äußere, die Brutalität des Vorgehens dürfen nicht den Blick dafür verstellen, daß auch bei diesen Straftätern emotionale Bedürfnisse vorhanden sind, die sonst nicht befriedigt werden, die man versucht, auf Kameradschaftstreffen, in Saufgelagen, in gemeinschaftlich begangenen Gewalttaten zu erfüllen. In einer als fremd, bedrohlich empfundenen Welt einer verkopften Gesellschaft werden Hilflosigkeit und Orientierungslosigkeit mit solchen gefühlsbetonten Gemeinschaftserlebnissen überspielt. Äußere Bindeglieder sind Zeichen und Parolen, ist der Alkohol, sind die kahlen Köpfe.

3. Sekundäre Ursachen

Ellbogenmentalität wird gelernt

Das Bewußtsein, daß in dieser Gesellschaft nur der etwas wird, der rigoros die eigenen Interessen durchsetzt, ist weit verbreitet. Dies gilt für die Wirtschaft, für die Politik, für den Sport, für das Showgeschäft. Die vorgelebte Ellbogenmentalität in der Gesellschaft führt zu Nachahmungen im persönlichen Bereich. Die Medien verstärken derartige Lerneffekte, wenn im Film Rücksichtslosigkeit und Gewalt Grundlagen für den Erfolg sind. Gelernt wird so an der Realität wie an fiktiven Bildern; wenn letzte auch selten zu unmittelbaren Nachahmungen führen, so bilden sie doch Verhaltensmuster für viele, gerade in der Jugend.

Nachahmungseffekte treten auf

Vorhandene moralische Hemmschwellen werden abgeschliffen, wenn andere wiederholt gegen Moral und Gesetz ohne negative Konsequenzen verstoßen. Ein Brandanschlag hat noch Ausnahmecharakter, hat den Charakter einer bösen Tat. Viele Brandanschläge nivellieren nicht nur Moral- und Normansprüche, sondern können auch zu Nachahmungen verführen.

Rückenstärkung durch offenen oder klammheimlichen Beifall

Bei den ersten Gewaltaktionen wußten sich viele in Übereinstimmung mit der Bevölkerungsmehrheit. Man handelte stellvertretend unter klammheimlichem, ja zum Teil offenem Beifall. Die feindselige Asyldebatte mit den Schlagworten »Scheinasylanten«, »Asylmißbrauch«, »Wirtschaftsflüchtlinge«, »Bedrohung der inneren Sicherheit durch Ausländerkriminalität« hat den Gewalttätern den Rücken gestärkt. Erst die Lichterketten haben diese Rückenstärkung durchbrochen.

Übernahme von Feindrollen

Die Etikettierungstheorie besagt, daß zugewiesene Rollen auch auf Dauer von den Betroffenen übernommen werden. Die totale Ausgrenzung in der Öffentlichkeit, die öffentliche Deklassierung zu geistigen und politischen Idioten hat dazu geführt, daß die Rechtsradikalen sich noch fester zusammengeschlossen haben, hat zur Verfestigung dieser Außenseiterrollen, zur Übernahme des gesellschaftlichen Feindbildes geführt. Fühlt man sich erst mal nicht dazugehörig, läßt sich leichter gegen die Normen der anderen verstoßen. Kein Skinhead wurde als solcher geboren, auch kein Neonazi. Hier gibt es Entwicklungen, Prozesse, an denen auch das Umfeld, die Gesellschaft beteiligt ist.

Unangemessene justitielle Reaktionen

Wenn die vom »Spiegel« berichtete Hierarchie in der Szene der ausländerfeindlichen Gewalttäter stimmt, so stehen die im Ansehen an der Spitze, die »gesessen haben« oder »im Knast sitzen«. Dies kann für die Justiz kein Grund sein, notwendige Freiheitsstrafen nicht zu verhängen. Überzogene drakonische Strafen fördern aber Märtyrerbildungen, wie wir sie aus der Zeit der Verfolgung des Linksterrorismus kennen. Umgekehrt können mit allzu nachsichtigen strafjustitiellen Reaktionen ebenfalls falsche Signale gesetzt werden, kann verharmlost, zu Wiederholungen verleitet werden. Fatal war es, daß in den ersten Monaten der Gewalttaten in den neuen Bundesländern faktisch keine Strafverfolgung stattfand.

Ausfall einer sozialkompensatorischen Jugendarbeit

Gerade in den neuen Bundesländern werden die gefährdeten Jugendlichen und Heranwachsenden von der staatlichen, aber auch von der gesellschaftlichen Jugendarbeit nicht erreicht. Von heute auf morgen ist die vormalige totale Einbindung und Betreuung zusammengebrochen. Die Kirchen haben mit der Beendigung der friedlichen Revolution in den Augen vieler ausgedient. Die gemeindeeigenen Jugendämter sind zur Zeit weder quantitativ noch qualitativ in der Lage, diese Problemfälle aufzunehmen. Aber auch in den alten Bundesländern fallen diese Jugendlichen und Heranwachsenden häufig durch das Betreuungsnetz. Manche Jugendarbeiter sind initiativ; flächendeckende Konzepte bestehen jedoch nicht, manche haben eine politisch-emotionale Scheu davor, sich mit »diesen« abzugeben.

4. Gesellschaftspolitische Grundstimmung

Hierzu gilt es, sich zunächst zu erinnern, daß diese Welle der Gewalttaten von rechts nicht die erste ist; es ist zumindest die zweite. Bereits Ende der siebziger Jahre gab es Morde durch die rechte Terrorszene. Im Jahre 1980 starben 18 Personen durch Gewalttaten von rechts, allein durch das Bombenattentat auf dem Oktoberfest in München am 26. September 1980 kamen 12 Menschen ums Leben. Es gilt, sich weiterhin zu vergegenwärtigen, daß nicht allein in der Bundesrepublik die gewaltbereiten Rechten im Erstarken sind. In Frankreich und in Flandern gibt es beispielsweise ebenfalls solche Erscheinungen, ohne allerdings die Brutalität unserer ausländerfeindlichen Gewalttaten zu erreichen. In unseren pluralistischen Massengesellschaften müssen wir uns offenbar auf ein Potential einstellen, das mit Gewalt autoritäre Formeln von vorgestern durchsetzen will. Eine dieser Formeln heißt Nationalismus. In Zeiten des Umbruchs – Auflösung der weltpolitischen Machtkonstellationen, Vereinigung der beiden deutschen Staaten, Öffnung der Grenze nach Osten, Umkehrung staatlicher Wertvorgaben – in Zeiten einer Orientierungslosigkeit wird häufig Zuflucht genommen zum Nationalismus oder anderen Ismen. Hier sucht man Halt, sucht Identität. Auch die Wiedervereinigung hat keine neue nationale Identität schaffen können; sie geht über in ein Europa, ohne daß hierüber konkrete Vorstellungen bestehen, entwickelt werden können. Das eine geht verlustig, das andere ist noch nicht da. Brüssel mit der EG-Administration erscheint manchem als Moloch, der mit seinen Kompetenzübernahmen und Verordnungen nationale Eigenständigkeit nimmt. Ausländer werden dann zu den personifizierten Bedrohungen der eigenen Identität hochstilisiert, nicht nur als Konkurrenten auf dem Arbeitsmarkt empfunden – Ausländerfeindlichkeit als Ausdruck einer Identitätskrise vieler in unserer Gesellschaft: »Wenn ich nichts mehr bin, will ich wenigstens deutsch sein«. Andere, viele, flüchten ins Private, schotten sich zu Hause ab; andere versuchen, existentielle Konflikte mit legalen und illegalen Drogen zu überdecken. Die zunehmenden Wahlenthaltungen, die Politikverdrossenheit sind weitere Zeichen einer gesellschaftlichen Identitätskrise.

II. Konsequenzen

Wie es keine monokausale Erklärung gibt, so kann es auch für die notwendigen Konsequenzen kein Patentrezept geben. Antworten, die nebeneinanderstehen:

1. Zur aktuellen Gefahreindämmung sind konsequente, d.h. vor allem schnelle strafjustitielle Antworten gefordert. Weniger die Höhe von Stra-

fen als die schnelle Reaktion wirkt. Auch hier gilt, daß der strafjustitielle Erfolg nicht in Strafhöhen bemessen werden kann. Die Erfahrung eines fairen Prozesses ist Grundvoraussetzung für spätere Einsichten. Im Sinne der negativen Individualprävention müssen gefährliche Wiederholungstäter zu Freiheitsstrafen verurteilt, zeitweilig zum Schutze der potentiellen Opfer eingesperrt werden. Gerade im Jugendstrafrecht gilt es aber, die individuell geeignete und notwendige Strafe zu finden, die von der Wiederholung der Straftat abhält. Es darf keine Sonderjustiz gegen neonazistische, rechtsextremistische Gewalttäter geben. Die Prinzipien des Strafrechts, des Jugendstrafrechts mit dem Vorrang unterstützender sozialpädagogischer Maßnahmen vor repressiven Strafen sind nicht nur für Schönwetterperioden aufgestellt; sie müssen sich in Schlechtwetterperioden bewähren. Vor freiheitsentziehenden Sanktionen müssen deshalb auch in diesen Fällen die Möglichkeiten einer ambulanten Sanktionierung geprüft und ausgeschöpft werden. Es müssen aber auch Maßnahmen von der Jugendgerichtshilfe angeboten werden. Mut und Phantasie sind gefragt.

2. Damit ist auch bereits der zweite Wegweiser benannt. Die tiefliegenden persönlichen und sozialen Probleme können nicht von der Strafjustiz gelöst werden. Die Sozial- und Jugendarbeit ist gefordert, sie muß auf diese Jugendlichen und Heranwachsenden zugehen, sie muß sich auf diese Welt einlassen, so abschreckend sie auch sein mag. Es gilt, die totale Ausgrenzung aufzubrechen mit Signalen des Entgegenkommens. Pädagogisches Zugehen heißt zunächst einmal das nachzuholen, was offensichtlich versäumt wurde: Die Aufklärung über den Terror, der unter den Zeichen ausgeübt wurde, denen jetzt wiederum nachgelaufen wird. Lernen aus der Geschichte allerdings nicht mit dem erhobenen moralischen Zeigefinger, sondern über den Weg nüchterner Wissensvermittlung: Die Fakten sind schrecklich genug, um daraus selbständige Schlüsse zu ziehen.

3. Die positiven Ansätze einer Gegenöffentlichkeit müssen weiterverfolgt werden. Der Rückhalt, den viele Gewalttäter verspürt haben, muß gebrochen werden. Die öffentliche Meinung muß umgekehrt einen Schutzschirm entfalten. Es gilt wieder Tabuzonen einzurichten: »Die Würde des Menschen ist unantastbar« heißt zunächst, »das Leben des Menschen ist unantastbar«. Das öffentliche Meinungsklima muß aber auch weiter dafür sensibilisiert werden, daß es für diese Straftaten auch gesellschaftliche Ursachen gibt. Massenhafte Demonstrationen dürfen nicht zu populistischen Antworten führen. Die Abscheu gegenüber den Taten darf nicht zum Haß auf die Täter führen und eigene Verantwortlichkeiten ausblenden. Massenhafte Demonstration muß umschlagen in konkrete Solidarität. Wir dürfen nicht bei unverbindlichen Gefühlsbetonungen stehenbleiben, müssen helfen, wenn Ausländer überfallen werden. Hilfe verlangt nicht ein

Vorwort zur dritten Auflage

Märtyrertum; häufig genügt es, die Polizei um Hilfe zu rufen, Zuflucht den Flüchtenden zu gewähren. Hilfe bedeutet erst recht nicht, Skinheads mit Gewalt zu vertreiben; gewalthafte Angriffe sogenannter Autonomer müssen deshalb ebenso zurückgewiesen werden.

4. Diese drei Wege sind wie gesagt parallel zu gehen; es kann hierbei zu Kollisionen kommen, weil der eine Weg den anderen überschreitet. Aktuelle polizeiliche sowie strafjustitielle Schutzmaßnahmen, eine präventive Jugend- und Sozialpolitik und die Schaffung eines ausländerfreundlichen, gewaltfreien Meinungsklimas müssen zusammenkommen. Ein Irrweg wäre es, allein auf Strafrecht zu setzen und die Lösung in der Verschärfung des Strafrechts zu suchen. Forderungen nach höheren Strafen, nach neuen Strafgesetzen haben weitgehend Alibicharakter für Versäumtes. Damit wird nur die schwer eingestehbare Hilflosigkeit kaschiert, kann nur das Fehlen von jugend- und sozialpolitischen Maßnahmen überdeckt werden. Es besteht kein Normdefizit. Die Strafgesetze bieten bei Berücksichtigung der tatsächlichen Gefahrenlagen ausreichende Möglichkeiten für adäquate strafjustitielle Reaktionen. Sie müssen nur genutzt werden. Forderungen nach Verschärfung des Strafrechts können sich sogar kontraproduktiv auswirken. Es werden irrationale Hoffnungen geweckt, mit schärferen Gesetzen ließen sich die Probleme schon meistern. Enttäuschungen sind dann vorprogrammiert. Denn mit Strafrecht lassen sich soziale Probleme nicht lösen!

Wir dürfen schließlich nicht bei der Abwehr von Gegenbewegungen stehenbleiben, weil Stillstand angesichts sich verändernder Welten Rückschritt bedeutet. »Die permanente Reform des Jugendstrafrechts« (s. *Günther Kräupl* in: Festschrift für Stree und Wessels, 1993, S. 913 ff.) ist gefordert. Hierbei ist vieles von den Reformansätzen im Ersten Gesetz zur Änderung des Jugendgerichtsgesetzes noch längst nicht in der Praxis umgesetzt; dies gilt insbesondere für den Täter-Opfer-Ausgleich sowie für die Haftentscheidungshilfe. Die Umsetzung ist ein Prozeß, der sich schwieriger gestaltet als die Konzeptentwicklung. Hierbei müssen noch viele angesprochen, viele motiviert werden. Die »Heimspiele« auf den Jugendgerichtstagen, auf den wissenschaftlichen Symposien täuschen. Die Jugendstrafrechtsreform von unten muß über die vielen Einzelinitiativen hinaus zu einer Massenbewegung werden!

Schleswig, im Januar 1994 *Heribert Ostendorf*

Vorwort zur zweiten Auflage

Am 30. August 1990 hat der Deutsche Bundestag mit Zustimmung des Bundesrates das Erste Gesetz zur Änderung des Jugendgerichtsgesetzes (1. JGGÄndG) beschlossen. Dieses Gesetz (BGBl I, 1853) ist am 1. Dezember 1990 in Kraft getreten. Die Neuregelung in § 85, durch Erlaß von Rechtsverordnungen die Zuständigkeit des Jugendrichters als Vollstreckungsleiter zu bestimmen, tritt erst mit der Verkündung solcher Rechtsverordnungen in Kraft (Art. 7 Abs. 2); die Aufhebung der Bestimmungen über die Anrechnung von Untersuchungshaft bei einer unbestimmten Jugendstrafe gem. § 52 a Abs. 2 sowie über die Aussetzung des Restes einer unbestimmten Jugendstrafe gem. § 89 erfolgt mit Rücksicht auf die noch zu vollstreckenden Jugendstrafen von unbestimmter Dauer erst am 1. Januar 1996 (Art. 7 Abs. 3).

Am 1. Januar 1991 ist auch das neue Kinder- und Jugendhilfegesetz (KJHG) in Kraft getreten, das bereits am 26. Juni 1990 (BGBl I, 1163) beschlossen worden war. Auch aus diesem Gesetz ergeben sich Änderungen für das JGG, die sich im wesentlichen als Folgeänderungen aufgrund der Streichung des Instituts der Fürsorgeerziehung darstellen.

Seit dem 3. Oktober 1990 gilt das JGG auch in den neugebildeten Bundesländern Brandenburg, Mecklenburg-Vorpommern, Sachsen, Sachsen-Anhalt und Thüringen, allerdings mit einigen Besonderheiten, die im Anhang als Nr. 8 abgedruckt sind. Wesentliche Inhalte sind:
- Ersetzung des Begriffs »Verfehlungen« durch »rechtswidrige Tat« und Streichung des Begriffs »Zuchtmittel«, um Verwechslungen mit einer früheren Terminologie zu vermeiden.
- Überleitungsvorschriften für die Anwendung des JGG, insbesondere für die Anordnung von Jugendstrafe sowie für die Vollstreckung von bislang erkannten Freiheitsstrafen und von Jugendhaft gegen Jugendliche und Heranwachsende.

Diese Neuregelungen machen eine Neukommentierung erforderlich.

Dementsprechend sind die Richtlinien zum Jugendgerichtsgesetz veraltet und müssen neu formuliert werden. Allerdings wird diesen Richtlinien in der Praxis eine allzu große Bedeutung zugemessen; von einigen wird sogar behauptet, sie hätten teilweise das Gesetz verdrängt, hätten Gesetzesersatzfunktion. Richtlinien sind aber nur **exekutive Auslegungsregeln**, die Hinweise für die Gesetzesanwendung aus einer exekutiv-administrativen Position geben. Gefordert ist demgegenüber eine **justitielle Gesetzesinterpretation**, die autonom und unabhängig von exekutiv-administrativen Wünschen das Gesetz interpretiert und sich nicht scheut, im Widerspruch zu derartigen Auffassungen Recht anzuwenden. Selbstverständlich ist hierbei, daß Richter und Verteidiger schon formal nicht an Verwaltungsrichtlinien gebunden sind sowie Staatsanwälten nur Empfehlungen gegeben werden, die sie im Rahmen der Gesetzesanwendung zu berücksichtigen haben. Auch die Jugendgerichtshilfe ist aufgrund der kommunalen Selbständigkeit nicht an Ländervorschriften gebunden. Dies schließt nicht aus, daß länderspezifische Richtlinien, in denen die Reform von unten, d. h. positive justitielle Projekterfahrungen aufgenommen wurden (zu Diversionsrichtlinien s. § 45 Rn. 10; zu Richtlinien zur Haftentscheidungshilfe s. § 72 a Rn. 3), fortschrittlicher sind als das Gesetz. Entsprechend dieser untergeordneten Bedeutung von Richtlinien wurde bewußt davon abgesehen, diese jeweils im Zusammenhang mit dem Gesetzestext abzudrucken; sie finden sich lediglich im Anhang. Auch konnte die Auseinandersetzung nicht immer im Detail geführt werden, wie auch sonst die Stimmen in Rechtsprechung und Rechtslehre angesichts der zunehmenden Fülle der Veröffentlichungen gewichtet werden mußten. In Zukunft kann und sollte weitgehend auf derartige regierungsamtliche Gesetzesführungen verzichtet werden.

Zur Bewertung des 1. JGGÄndG:

In der Beschlußempfehlung des Rechtsausschusses des Deutschen Bundestages, die der Schlußabstimmung in der zweiten und dritten Beratung zugrunde lag, heißt es u. a.:

»Da neuere kriminologische Forschungen erwiesen haben, daß Kriminalität im Jugendalter überwiegend als entwicklungsbedingte Auffälligkeit mit zunehmendem Alter abklingt und sich nicht wiederholt, hat sich für den Bereich der leichten und mittleren Jugenddelinquenz die Erkenntnis durchgesetzt, daß informelle Erledigungen oft effektiver sind als formelle Sanktionen. Neue ambulante Maßnahmen können traditionelle Sanktionen häufig ersetzen.

Stationäre Ahndungen des Jugendstrafrechts (Arrest, Jugendstrafe) sowie die Untersuchungshaft haben häufig schädliche Nebenwirkungen für die Entwicklung Jugendlicher.«

»Der Gesetzesentwurf sieht Maßnahmen vor, die den Ergebnissen kriminologischer Forschung Rechnung tragen sollen. Hierzu gehören vor allem:
- Stärkung der informellen Reaktionsmöglichkeiten von Jugendstaatsanwalt und Jugendrichter,
- Erweiterung der erzieherisch wirksamen Reaktionsmöglichkeiten des Jugendrichters, vor allem des Täter-Opfer-Ausgleichs,
- Verschärfung der Voraussetzungen für die Anordnung von Ungehorsamsarrest,
- Beschränkung des Freizeitarrestes auf zwei statt der bisher vier Freizeiten,
- behutsame Erweiterung der Strafaussetzung zur Bewährung bei Jugendstrafen,

- Verbesserung der Funktion der Jugendgerichtshilfe,
- Erleichterung der Unterbringung in einem Erziehungsheim, auch zur Vermeidung von Untersuchungshaft,
- Einschränkung der Untersuchungshaft gegen Jugendliche, vor allem gegen 14- und 15jährige,
- Ausdehnung der notwendigen Verteidigung auf Fälle, in denen Untersuchungshaft gegen Jugendliche vollstreckt wird,
- Verschärfung der Voraussetzung für die Anordnung von Arrest nach § 98 OWiG.«

Daß damit nur ansatzweise die als notwendig erachteten Reformanliegen (s. hierzu richtungweisend »Jugendstrafrechtsreform durch die Praxis«, hrsg. vom *Bundesministerium der Justiz*, 1989) aufgegriffen werden, hat der Gesetzgeber selbst erkannt. Mit der Beschlußfassung über das 1. JGG-ÄndG hat der Deutsche Bundestag – einstimmig – folgende Entschließung angenommen:

»Der Deutsche Bundestag fordert die Bundesregierung auf, bis zum 1. Oktober 1992 den Entwurf eines Zweiten Gesetzes zur Änderung des Jugendgerichtsgesetzes vorzulegen, der den weiteren Reformbedarf aufgreift und Lösungsvorschläge, insbesondere zu folgenden Problembereichen enthält:
- die strafrechtliche Behandlung Heranwachsender,
- das Verhältnis zwischen Erziehungsmaßregeln und Zuchtmitteln,
- die Voraussetzungen für die Verhängung von Jugendstrafe,
- die vermehrte Mitwirkung von Verteidigern im Jugendstrafverfahren,
- die Gefahr der Überbetreuung Jugendlicher (Erziehungsgedanke/ Grundsatz der Verhältnismäßigkeit),
- Strafaxendenken und Aufschaukelungstendenzen in der Sanktionspraxis der Jugendgerichtsbarkeit,
- die Stellung und die Aufgaben der Jugendgerichtshilfe im Jugendstrafverfahren,
- das Ermittlungs- und Rechtsmittelverfahren,
- die Aus- und Fortbildung von Richtern, Staatsanwälten und Rechtsanwälten in bezug auf jugendstrafrechtliche Besonderheiten,
- die verstärkt notwendige Berücksichtigung von Belangen junger Mädchen und Frauen in der Anordnung und Durchführung jugendrichterlicher Sanktionen,
- Aufwertung des Täter-Opfer-Ausgleichs.«

Der Bundesjustizminister hat selbstkritisch eingeräumt, daß das Gesetz zur Änderung des Jugendgerichtsgesetzes kein »umfassendes Reformgesetz« darstellt (s. recht/Informationen des *Bundesministers der Justiz*, 1990, S. 51). In der Tat: Es ist dies zwar kein rückschrittliches Gesetzeswerk, aber auch kein Reformgesetz. Dies feststellen zu können in einer

Vorwort zur zweiten Auflage

Zeit, in der das Strafrecht zunehmend als Allheilmittel zur Lösung gesellschaftlicher Konflikte eingesetzt wird, dies heute feststellen zu können, ist allerdings schon ein Fortschritt. Es werden von richtigen Ansätzen ausgehend punktuelle, z. T. aber nur halbherzige Verbesserungen eingeführt, die jedoch im Hinblick auf die vom Bundestag einstimmig erkannten grundsätzlichen Reformanliegen nicht befriedigen können. Zumindest die Ehrlichkeit des Gesetzgebers ist anzuerkennen, daß die Novelle nicht als Reformgesetz, sondern nur als Änderungsgesetz bezeichnet wird. Zu kritisieren ist insbesondere, daß die Voraussetzungen einer Jugendstrafe nicht neu definiert werden, daß die Untersuchungshaft bei Jugendlichen nicht weiter eingeschränkt wird, daß das Sanktionsinstitut des Arrestes nicht grundsätzlicher reformiert wird. Das Problem des sog. Ungehorsamsarrestes wird nur am Rande »angepackt«, obwohl dieser »Rattenschwanz der ambulanten Maßnahmen« eine zunehmende praktische Bedeutung erhält. Weiterhin fehlen rechtsstaatliche Begrenzungen für Arbeitsauflagen und Geldbußen sowie für die Vollstreckungsverjährung. Es ist zu bedauern, daß die vielfachen und seit Jahren erhobenen Reformvorschläge – zuletzt vom 21. Deutschen Jugendgerichtstag in Göttingen, 1989 – nicht realisiert wurden. Hierbei sind im Jugendstrafrecht noch vordringlichere Aufgaben zu erfüllen. So fehlen weiterhin ein Jugendstrafvollzugs- wie ein Untersuchungshaftvollzugsgesetz. Es gilt darüber hinaus, eine materiell-rechtliche Entkriminalisierung anzustreben und damit die Flucht ins Prozeßrecht (Diversion) und die Flucht ins Sanktionenrecht (sog. neue ambulante Maßnahmen) zu stoppen. Es gilt, den Gesetzgeber beim Wort, d. h. bei der Begründung, zu nehmen, die besser ist als der Gesetzestext selbst. Nur als Ankündigungsgesetz für weiterreichende Reformen ist das 1. JGGÄndG annehmbar.

Die 2. Auflage dieses Kommentars erscheint im Carl Heymanns Verlag, der meine Vorstellungen von der Fortführung des Werkes uneingeschränkt akzeptiert hat. Inhaltlich sind mit dem Verlagswechsel keine Veränderungen verbunden; es gilt die Programmatik der 1. Auflage (s. Vorwort) weiter.

Schleswig, im Januar 1991   *Heribert Ostendorf*

Vorwort zur ersten Auflage

Die Herausgabe eines neuen Kommentares bedarf der Begründung. Bereits im 13. Jahrhundert wird von dem hl. Bonaventura die Arbeit des Kommentators wie folgt beschrieben: »Wieder ein anderer schreibt sowohl das Werk eines anderen wie auch sein eigenes, aber das Werk des anderen hat Vorrang, und seine Zusätze dienen der Erklärung; ihn nennt man einen Kommentator.« Für einen Gesetzeskommentator muß das Gesetz Vorrang haben – und nicht die herrschende Meinung. Dieser Alternativ-Kommentar bezweckt zwar nicht in jedem Fall eine andere Norminterpretation. Es soll aber die herrschende Meinung, die vielfach schon zum Gesetzesersatz, erst recht zum Argumentationsersatz geworden ist, kritisch hinterfragt werden; nicht oder schlecht begründete Gesetzesauslegungen sollen besser begründet, eigene Interpretationen gegenübergestellt werden. Deshalb wurden nicht nur die höchstrichterlichen Urteile und wissenschaftlichen Beiträge in den etablierten Fachzeitschriften ausgewertet; zugängliche untergerichtliche Entscheidungen wurden ebenso ernst genommen wie die Meinungen in den dem Jugendstrafrecht »abtrünnigen« Zeitschriften. Mit der Veröffentlichungspraxis wird schon die Normanwendung bestimmt, werden bestimmte Interessen wahrgenommen. Zugleich wurde der Erkenntnis der juristischen Methodenlehre Rechnung getragen, daß zwischen Herstellung einer Entscheidung und ihrer Darstellung zu unterscheiden ist. Somit wird einer traditionellen Normanwendung eine neue, argumentative Norminterpretation gegenübergestellt.

Eine solche Norminterpretation verlangt, daß der Einfluß von ökonomischen, sozialen, kulturellen und politischen Faktoren beachtet wird. Es kann heute als anerkannt gelten, daß Rechtsanwendung mehr als nur die Kenntnis des Rechts voraussetzt. Mit Hilfe von Rechtsnormen sollen soziale Probleme gelöst werden; dies gilt gerade auch für das Jugendstrafrecht. Die Ursachenanalyse des Kriminalitätskonflikts, die Prognose einer Wiederholungsgefahr sowie die Einschätzung der Sanktionswirkung sind maßgebliche Entscheidungskriterien. Insoweit ist diese Kommentierung – im weitesten Sinne – sozialwissenschaftlich geprägt.

Schließlich ist über die Bindung des Rechtsanwenders an Gesetz und Recht hinaus eine restriktive Gesetzesinterpretation geboten. Unklarheiten dürfen nicht zu Lasten des einzelnen Bürgers ausgehen, das Formulierungsrisiko trägt der Gesetzgeber. Damit wird der Einstufung des Strafrechts als ultima ratio des Rechtsgüterschutzes entsprochen und das Prinzip »in dubio pro libertate« auch für das Strafrecht übernommen. Strafrechtsanwendung bedeutet nach dem berühmten Wort von *v. Liszt*

Vorwort zur ersten Auflage

»Rechtsgüterschutz durch Rechtsgüterverletzung«. Auch mit dem Verfahren und der Sanktionierung nach dem Jugendstrafrecht sind Interesseneinbußen verbunden. Vorab sind somit nicht nur de lege ferenda Alternativen, die weniger Interesseneinbußen bedeuten, zu bedenken. Dies gilt zusätzlich im Hinblick auf den allgemein konstatierten Mißerfolg der Strafjustiz. Auch hier hat das Wort von *v. Liszt* nach wie vor Geltung: »Wenn ein Jugendlicher oder auch ein Erwachsener ein Verbrechen begeht und wir lassen ihn laufen, so ist die Wahrscheinlichkeit, daß er wieder ein Verbrechen begeht, geringer, als wenn wir ihn bestrafen.« Allein eine liberale Norminterpretation ist damit zugleich sozial.

Der Kommentar will nicht nur Normanwendungshilfen für den Jugendrichter und den Staatsanwalt anbieten. Gerade auch der Strafverteidiger in Jugendstrafsachen wird mit dieser Kommentierung angesprochen. So werden bei der Norminterpretation jeweils auch die Rechtsmittelmöglichkeiten behandelt. Hierbei ist die Kommentierung so abgefaßt, daß auch Nichtjuristen als Betroffene oder als sonstige Verfahrensbeteiligte (Jugendgerichtshilfe, gesetzliche Vertreter, Beistände) Hinweise entnehmen können. Betont wird auf übermäßigen Gebrauch entlegener Fachterminologie verzichtet und auf Lesbarkeit geachtet.

Über die Hinweise für die unmittelbare Rechtsanwendung hinaus soll der Kommentar auch bereits für die Rechtsausbildung nutzbar sein. Diesem Anliegen wird insbesondere mit einer Grundlagenkommentierung entsprochen, die den einzelnen Paragraphen vorangestellt wird, um durch eine systematische Einordnung, durch Darstellung des geschichtlichen Hintergrundes, der gesetzlichen Zielsetzung und der Rechtspraxis sowie von Reformüberlegungen ein Normverständnis zu vermitteln. Mit diesen Reformüberlegungen ist gleichzeitig auch die Rechtspolitik als Adressatenkreis angesprochen. Die Bindung des Gesetzesanwenders verbietet häufig, die bei der Gesetzesinterpretation gefundene »bessere« Lösung anzuwenden. Mit der selbständigen Darstellung der rechtspolitischen Einschätzung können die Grenzen einer gesetzestreuen Norminterpretation deutlich und verständlich gemacht werden.

Es bleibt, Dank auszusprechen. Zu danken ist einmal der Stiftung Volkswagenwerk, die im Rahmen eines Akademie-Stipendiums diesen Kommentar großzügig gefördert hat. Danken möchte ich weiterhin meiner Sekretärin, Frau *Neve-Schwandt*, die neben der sonstigen Arbeit mit großer Geduld und großem Einsatz die Kommentierungen geschrieben hat; der Dank gilt auch meinen wissenschaftlichen Mitarbeitern *Sven Batschk*o und *Kay Schnebbe*. Meinen besonderen Dank möchte ich meiner Frau aussprechen, die nicht nur manche Einbußen gemeinsamer Freizeit toleriert hat, sondern sich für das Korrekturlesen selbst zur Verfügung gestellt hat.

Hamburg, im Januar 1987 *Heribert Ostendorf*

Inhalt

	§§	Seiten
Vorwort zur fünften Auflage		V
Vorwort zur vierten Auflage		IX
Vorwort zur dritten Auflage		XIII
Vorwort zur zweiten Auflage		XXI
Vorwort zur ersten Auflage		XXV
Abkürzungen und abgekürzt zitierte Literatur		XXXI
Erster Teil. Anwendungsbereich	1, 2	1
Zweiter Teil. Jugendliche	3–104	39
Erstes Hauptstück. Verfehlungen Jugendlicher und ihre Folgen	3–32	39
Erster Abschnitt. Allgemeine Vorschriften	3–8	39
Zweiter Abschnitt. Erziehungsmaßregeln	9–12	107
Dritter Abschnitt. Zuchtmittel	13–16	163
Vierter Abschnitt. Die Jugendstrafe	17, 18	201
Fünfter Abschnitt. Aussetzung der Jugendstrafe zur Bewährung	21–26 a	229
Sechster Abschnitt. Aussetzung der Verhängung der Jugendstrafe	27–30	283
Siebenter Abschnitt. Mehrere Straftaten	31, 32	306
Zweites Hauptstück. Jugendgerichtsverfassung und Jugendstrafverfahren	33–81	337
Erster Abschnitt. Jugendgerichtsverfassung	33–38	337
Zweiter Abschnitt. Zuständigkeit	39–42	399
Dritter Abschnitt. Jugendstrafverfahren	43–81	425
Erster Unterabschnitt. Das Vorverfahren	43–46	425
Zweiter Unterabschnitt. Das Hauptverfahren	47–54	487
Dritter Unterabschnitt. Rechtsmittelverfahren	55, 56	558
Vierter Unterabschnitt. Verfahren bei Aussetzung der Jugendstrafe zur Bewährung	57–60	590
Fünfter Unterabschnitt. Verfahren bei Aussetzung der Verhängung der Jugendstrafe	62–64	624

Inhalt

	§§	Seiten
Sechster Unterabschnitt. Ergänzende Entscheidungen	65, 66	631
Siebenter Unterabschnitt. Gemeinsame Verfahrensvorschriften	67-74	643
Achter Unterabschnitt. Vereinfachtes Jugendverfahren	76-78	744
Neunter Unterabschnitt. Ausschluß von Vorschriften des allgemeinen Verfahrensrechts	79-81	757
Drittes Hauptstück. Vollstreckung und Vollzug	82-93 a	773
Erster Abschnitt. Vollstreckung	82-89 a	773
Erster Unterabschnitt. Verfassung der Vollstreckung und Zuständigkeit	82-85	773
Zweiter Unterabschnitt. Jugendarrest	86, 87	801
Dritter Unterabschnitt. Jugendstrafe	88-89 a	814
Zweiter Abschnitt. Vollzug	90-93 a	837
Viertes Hauptstück. Beseitigung des Strafmakels	97-101	905
Fünftes Hauptstück. Jugendliche vor Gerichten, die für allgemeine Strafsachen zuständig sind	102-104	921
Dritter Teil. Heranwachsende	105-112	941
Erster Abschnitt. Anwendung des sachlichen Strafrechts	105, 106	941
Zweiter Abschnitt. Gerichtsverfassung und Verfahren	107-109	969
Dritter Abschnitt. Vollstreckung, Vollzug und Beseitigung des Strafmakels	110, 111	981
Vierter Abschnitt. Heranwachsende vor Gerichten, die für allgemeine Strafsachen zuständig sind	112	985
Vierter Teil. Sondervorschriften für Soldaten der Bundeswehr	112 a-112 e	989
Fünfter Teil. Schluß- und Übergangsvorschriften	113-125	1007

Inhalt

Seiten

Anhang 1
Richtlinien zum Jugendgerichtsgesetz (RLJGG) — 1019

Anhang 2
Anordnung über Mitteilungen in Strafsachen (MiStra) — 1051

Anhang 3
Verordnung über den Vollzug des Jugendarrestes
(Jugendarrestvollzugsordnung – JAVollzO) — 1061

Anhang 4
Verordnung über den Vollzug von Freiheitsstrafe, Strafarrest,
Jugendarrest und Disziplinararrest durch Behörden
der Bundeswehr (Bundeswehrvollzugsordnung – BwVollzO) — 1069

Anhang 5
Verwaltungsvorschriften zum Jugendstrafvollzug (VVJug) — 1077

Anhang 6
Untersuchungshaftvollzugsordnung (UVollzO) — 1131

Gesetzesregister — 1163

Sachregister — 1173

Abkürzungen und abgekürzt zitierte Literatur

a.	anders, auch
a. a. O.	am angegebenen Ort
abl.	ablehnend
Abs.	Absatz
abw.	abweichende
AcP	Archiv für die civilistische Praxis (zitiert nach Bd., [Jahr], Seite)
AE	Alternativentwurf eines Strafgesetzbuches
AEPolG	Alternativentwurf einheitlicher Polizeigesetze des Bundes und der Länder
a. F.	alte Fassung
AG	Amtsgericht
AGGVG	Gesetz zur Ausführung des Gerichtsverfassungsgesetzes und von Verfahrensgesetzen des Bundes
AK-GG	Kommentar zum Grundgesetz für die Bundesrepublik Deutschland, Reihe Alternativkommentare, 2. Aufl., 1989
AK-StVollzG	Kommentar zum Strafvollzugsgesetz, Reihe Alternativkommentare, 3. Aufl., 1990
Albrecht	Jugendstrafrecht, 2. Aufl., 1993
a. M.	andere Meinung
ÄndG	Änderungsgesetz
Anm.	Anmerkung
AnwBl	Anwaltsblatt (zitiert nach Jahr und Seite)
AO	Abgabenordnung
Art.	Artikel
AsJ	Arbeitsgemeinschaft sozialdemokratischer Juristen
AT	Allgemeiner Teil
Aufl.	Auflage
AuslG	Gesetz über die Einreise und den Aufenthalt von Ausländern im Bundesgebiet (Ausländergesetz)
AV	Allgemeinverfügung
Az.	Aktenzeichen
BayGVBl.	Bayerisches Gesetz- und Verordnungsblatt
BayJMBl.	Bayerisches Justizministerialblatt
BayObLG	Bayerisches Oberstes Landesgericht

Abkürzungen und abgekürzt zitierte Literatur

BayObLGSt	Entscheidungssammlung des BayOblG in Strafsachen (neue Folge, zitiert nach Jahr und Seite)
BBG	Bundesbeamtengesetz
Bd.	Band
BDSG	Bundesdatenschutzgesetz
ber.	berichtigt
bes.	besonderen/besonderes
BewH	Bewährungshilfe; Zeitschrift für Bewährungshilfe, Gerichts- und Straffälligenhilfe (zitiert nach Jahr und Seite)
BGB	Bürgerliches Gesetzbuch
BGBl I, II, III	Bundesgesetzblatt Teil I, Teil II, Teil III
BGH	Bundesgerichtshof
BGHSt	Entscheidungen des Bundesgerichtshofs in Strafsachen (zitiert nach Band und Seite)
BJagdG	Bundesjagdgesetz
BKA	Bundeskriminalamt
Böhm	Einführung in das Jugendstrafrecht, 3. Aufl., 1996
ders.	Strafvollzug, 2. Aufl., 1986
BRAGebO	Bundesrechtsanwaltsgebührenordnung
BRRG	Rahmengesetz zur Vereinheitlichung des Beamtenrechts
Brunner	Jugendgerichtsgesetz, 9. Aufl., 1991 (zitiert nach §§ und Rn.)
Brunner/Dölling	Jugendgerichtsgesetz, 10. Aufl., 1996 (zitiert nach §§ und Rn.)
BR-Drucks.	Bundesratsdrucksache
BSHG	Bundessozialhilfegesetz
BtMG	Gesetz über den Verkehr mit Betäubungsmitteln (Betäubungsmittel-Gesetz)
BT-Drucks.	Bundestagsdrucksache
Burscheidt	Das Verbot der Schlechterstellung Jugendlicher und Heranwachsender gegenüber Erwachsenen in vergleichbarer Verfahrenslage, 2000
BVerfG	Bundesverfassungsgericht
BVerfGE	Entscheidungen des Bundesverfassungsgerichts (zitiert nach Band und Seite)
BwVollzO	Bundeswehrvollzugsordnung
BZRG	Gesetz über das Zentralregister und das Erziehungsregister (Bundeszentralregistergesetz)
bzw.	beziehungsweise
Calliess/ Müller-Dietz	Strafvollzugsgesetz, Kommentar, 7. Aufl., 1998 (zitiert nach §§ und Rn.)

CILIP	Civil liberties and police; Bürgerrechte und Polizei (zitiert nach Heft, Jahr, Seite)
CR	Computerrecht (zitiert nach Jahr und Seite)
Dallinger/ Lackner	Jugendgerichtsgesetz, Kommentar, 2. Aufl., 1965 (zitiert nach §§ und Rn.)
DAR	Deutsches Autorecht (zitiert nach Jahr und Seite)
ders.	derselbe
DGH	Dienstgerichtshof
d. h.	das heißt
D/S/S	*Diemer/Schoreit/Sonnen* Jugendgerichtsgesetz, 3. Aufl., 1999
dies.	dieselbe
DJ	Deutsche Justiz (zitiert nach Jahr und Seite)
DRiG	Deutsches Richtergesetz
DRiZ	Deutsche Richterzeitung, Organ des Deutschen Richterbundes, Bund der Richter und Staatsanwälte in der Bundesrepublik e. V. (zitiert nach Jahr und Seite)
Drucks.	Drucksache
Dt.	Deutsche
d.	die/der
DVJJ	Deutsche Vereinigung für Jugendgerichte und Jugendgerichtshilfen e. V.
EGGVG	Einführungsgesetz zum Gerichtsverfassungsgesetz
Eisenberg	Jugendgerichtsgesetz, 8. Aufl., 2000 (zitiert nach §§ und Rn.)
EJF	Entscheidungen aus dem Jugend- und Familienrecht, Loseblattsammlung (bis 1954 zitiert nach Jahr und Seite, später nach der Gliederung des Werkes)
EGStGB	Einführungsgesetz zum Strafgesetzbuch
EGWStG	Einführungsgesetz zum Wehrstrafgesetz
EStVÄG	Entwurf eines Strafverfahrensänderungsgesetzes
EuAlÜbk	Europäisches Auslieferungsübereinkommen (BGBl 1976 II, 1778)
EzSt	Entscheidungen zum Straf- und Ordnungswidrigkeitenrecht (zitiert nach Paragraphen und lfd. Nr.)
FamRZ	Zeitschrift für das gesamte Familienrecht (zitiert nach Jahr und Seite)
f. (ff.)	folgende
FGG	Gesetz über die Angelegenheiten der freiwilligen Gerichtsbarkeit
Fn.	Fußnote
Franke	Kommentar zum JGG v. 16.2.1923, 2. Aufl.
GA	Goltdammers Archiv für Strafrecht (zunächst zitiert nach Bd. und Seite; ab 1953 nach Jahr und Seite)

Abkürzungen und abgekürzt zitierte Literatur

GG	Grundgesetz für die Bundesrepublik Deutschland
gem.	gemäß
GenStA	Generalstaatsanwalt(schaft)
GKG	Gerichtskostengesetz
Grdl.	Grundlagen
GVBl.	Gesetz- und Verordnungsblatt
GVG	Gerichtsverfassungsgesetz
Herz	Jugendstrafrecht, 2. Aufl., 1988
Hinw.	Hinweis
h. M.	herrschende Meinung
Hmb JVBl.	Hamburgisches Justizverwaltungsblatt
hrsg.	herausgegeben
Hrsg.	Herausgeber
HS	Halbsatz
i. d. F.	in der Fassung
insb.	insbesondere
IRG	Gesetz über die internationale Rechtshilfe in Strafsachen
i. S.	im Sinne
i. S. d.	im Sinne des
i. S. v.	im Sinne von
i. V. m.	in Verbindung mit
JA	Juristische Arbeitsblätter, Berlin (zitiert nach Jahr und Seite)
JAVollzO	Jugendarrestvollzugsordnung v. 30.11.1976 (BGBl I, 3271)
JGG	Jugendgerichtsgesetz i. d. F. der Bekanntmachung v. 11.12.1974 (BGBl I, 3427)
JGG 23	Jugendgerichtsgesetz i. d. F. v. 16.2.1923 (RGBl I, 135)
JGG 43	Jugendgerichtsgesetz i. d. F. v. 6.11.1943 (RGBl I, 634)
1. JGGÄndG	Erstes Gesetz zur Änderung des Jugendgerichtsgesetzes vom 30.8.1990 (BGBl I, 1853)
JGGÄndG	Jugendgerichtsänderungsgesetz (Referentenentwurf vom 18.11.1983)
JGH	Jugendgerichtshilfe
JMBl.	Justizministerialblatt
JMBl. NW	Justizministerialblatt für das Land Nordrhein-Westfalen
JR	Juristische Rundschau (zitiert nach Jahr und Seite)
JStA	Jugendstaatsanwalt(schaft)
JuS	Juristische Schulung
JVA	Justizvollzugsanstalt
JWG	Gesetz für Jugendwohlfahrt
JZ	Juristenzeitung (zitiert nach Jahr und Seite)

KJHG	Gesetz zur Neuregelung des Kinder- und Jugendhilferechts (Kinder- und Jugendhilfegesetz)
KostenVfg.	Kostenverfügung v. 1.3.1976 (bundeseinheitlich vereinbart)
KG	Kammergericht, Berlin
Kleinknecht/ Meyer-Goßner	Strafprozeßordnung, Gerichtsverfassungsgesetz, Nebengesetze, 44. Aufl., 1999 (zitiert nach §§ und Rn.)
KrimJ	Kriminologisches Journal (zitiert nach Jahr und Seite)
krit.	kritisch
KritJ	Kritische Justiz, Vierteljahresschrift (zitiert nach Jahr und Seite)
Kümmerlein	Reichsjugendgerichtsgesetz mit den ergänzenden Rechts- und Verwaltungsvorschriften auf dem Gebiet des Jugendstrafrechts, Jugendhilferechts und des strafrechtlichen Jugendschutzes, 1944
Lackner/Kühl	Strafgesetzbuch mit Erläuterungen, 23. Aufl., 1999 (zitiert nach §§ und Anm.)
LG	Landgericht
Lief.	Lieferung
LK	Strafgesetzbuch (Leipziger Kommentar), 11. Aufl., 1992 ff., hrsg. v. *Jähnke, Laufhütte, Odersky* (zitiert unter Hinzufügung des jeweiligen Bearbeiters nach §§ und Rn.)
LM	Entscheidungen des Bundesgerichtshofes im Nachschlagewerk des Bundesgerichtshofes von Lindenmaier-Möhring
Löwe/ Rosenberg	Die Strafprozeßordnung und das Gerichtsverfassungsgesetz mit Nebengesetzen, Großkommentar, hrsg. v. *Rieß*, 24. Aufl., 1984 ff., 25. Aufl., 1997 ff. (zitiert unter Hinzufügung des jeweiligen Bearbeiters nach §§ und Rn.)
m.	mit oder männlich
M.	Meinung
MDR	Monatsschrift für Deutsches Recht (zitiert nach Jahr und Seite)
MiStra	Anordnung über Mitteilungen in Strafsachen
MRK	Europäische Konvention zum Schutz der Menschenrechte und Grundfreiheiten v. 4.11.1950
MschrKrim	Monatsschrift für Kriminologie und Strafrechtsreform (zitiert nach Jahr und Seite)
MStGB	Militärstrafgesetzbuch
Müller	Jugendstrafrecht und Jugendgerichtsbarkeit, 3. Aufl., Regensburg, 1975
m. w. N.	mit weiteren Nachweisen

Abkürzungen und abgekürzt zitierte Literatur

NdsRpfl.	Niedersächsische Rechtspflege (zitiert nach Jahr und Seite)
n. F.	neue Fassung
Nix	Nix (Hrsg.) Kurzkommentar zum JGG, 1994
NJW	Neue Juristische Wochenschrift (zitiert nach Jahr und Seite)
Nothacker	»Erziehungsvorrang« und Gesetzesauslegung im Jugendgerichtsgesetz Berlin, 1985
Nr.	Nummer
NStE	Neue Entscheidungssammlung für Strafrecht (zitiert nach § und laufender Nummer)
NStZ	Neue Zeitschrift für Strafrecht (zitiert nach Jahr und Seite)
NStZ-RR	Rechtsprechungs-Report der Neuen Zeitschrift für Strafrecht (zitiert nach Jahr und Seite)
NZV	Neue Zeitschrift für Verkehrsrecht (zitiert nach Jahr und Seite)
NZWehrR	Neue Zeitschrift für Wehrrecht (zitiert nach Jahr und Seite)
OLG	Oberlandesgericht
OLGSt	Entscheidungen der Oberlandesgerichte zum Straf- und Strafverfahrensrecht
OLGZ	Entscheidungen der Oberlandesgerichte in Zivilsachen
OrgStA	Anordnung über Organisation und Dienstbetrieb der Staatsanwaltschaften
OVG	Oberverwaltungsgericht
OWi	Ordnungswidrigkeiten
OWiG	Gesetz über die Ordnungswidrigkeiten
PDV	polizeiliche Dienstvorschrift
PflichtVersG	Gesetz über die Pflichtversicherung für Kraftfahrzeughalter (Pflichtversicherungsgesetz)
Pohlmann/Jabel	Strafvollstreckungsordnung, 6. Aufl., 1981
Potrykus	Kommentar zum Jugendgerichtsgesetz, 4. Aufl., 1955 (zitiert nach §§ und Anm.)
Praxis KiPsych	Praxis der Kinderpsychologie und Kinderpsychiatrie (zitiert nach Jahr und Seite)
RAO	Rechtsanwaltsordnung
RBerG	Rechtsberatungsgesetz
RdJ	Recht der Jugend (zitiert nach Jahr und Seite)
RdJB	Recht der Jugend und des Bildungswesens (zitiert nach Jahr und Seite)
Referentenentwurf 1. JGG ÄndG	Referentenentwurf eines ersten Gesetzes zur Änderung des Jugendgerichtsgesetzes, Stand: 18. November 1983

RGBl	Reichsgesetzblatt
RiStBV	Richtlinien für das Straf- und Bußgeldverfahren
RJWG	Reichsjugendwohlfahrtsgesetz von 1922
RL	Richtlinien zum JGG
Rn.	Randnummer
RohR	Richter ohne Robe (zitiert nach Jahr und Seite)
Roxin	Strafverfahrensrecht, 25. Aufl., 1998
RPfG	Rechtspflegergesetz
RVO	Reichsversicherungsordnung
s.	siehe
S.	Satz, Seite
s. a.	siehe auch
sc.	scilicet = nämlich
Schaffstein	Jugendstrafrecht, eine systematische Darstellung, 8. Aufl., 1983
Schaffstein/ Beulke	Jugendstrafrecht, 13. Aufl., 1998
SchlHA	Schleswig-Holsteinische Anzeigen (zitiert nach Jahr und Seite)
Schönke/ Schröder	Strafgesetzbuch, 25. Aufl., 1997 (zitiert unter Hinzufügung des jeweiligen Bearbeiters nach §§ und Rn.)
SchwZStr	Schweizerische Zeitschrift für Strafrecht (zitiert nach Bd., [Jahr], Seite)
SGB I	Sozialgesetzbuch, Teil 1, Allgemeiner Teil
SjE	Sammlung jugendrechtlicher Entscheidungen, Loseblattsammlung (Ausgabe 1980)
SK	Systematischer Kommentar zum Strafgesetzbuch, Bd. I, Allgemeiner Teil, Stand Sept. 1999, Bd. II, Besonderer Teil, Stand Okt. 1999, Loseblattsammlung (Zitierweise: SK-*Bearbeiter*; zitiert nach §§ und Rn.)
SoldG	Gesetz über die Rechtsstellung von Soldaten (Soldatengesetz)
Sp.	Spalte
StA	Staatsanwalt(schaft)
StGB	Strafgesetzbuch
StPO	Strafprozeßordnung
StraFo	Strafverteidiger Forum (zitiert nach Jahr und Seite)
StrEG	Gesetz über die Entschädigung für Strafverfolgungsmaßnahmen
StV	Strafverteidiger (zitiert nach Jahr und Seite)
1. StVRG	Erstes Gesetz zur Reform des Strafverfahrensrechts v. 9.12.1974 (BGBl I, 3393)
1. StrRG	Erstes Strafrechtsreformgesetz v. 25.6.1969 (BGBl I, 645)

Abkürzungen und abgekürzt zitierte Literatur

StrVollstrO	Strafvollstreckungsordnung
StVÄG	Strafverfahrensänderungsgesetz vom 5.11.1978 (BGBl I, 1645)
StVG	Straßenverkehrsgesetz
StVollzG	Gesetz über den Vollzug der Freiheitsstrafe und der freiheitsentziehenden Maßregeln der Besserung und Sicherung (Strafvollzugsgesetz)
Tbd.	Teilband
Tröndle/Fischer	Strafgesetzbuch und Nebengesetze, 49. Aufl., 1999 (zitiert nach §§ und Rn.)
u.	und
u. a.	unter anderem
U-Haft	Untersuchungshaft
UJ	Unsere Jugend, Zeitschrift für Jugendhilfe in Wissenschaft und Praxis (zitiert nach Jahr und Seite)
u. U.	unter Umständen
UVollzO	Untersuchungshaftvollzugsordnung
v.	von oder vom
VG	Verwaltungsgericht
VRS	Verkehrsrechtssammlung; Loseblattsammlung (zitiert nach Bd., [Jahr], Seite)
VVJug	Bundeseinheitliche Verwaltungsvorschriften zum Jugendstrafvollzug
WBO	Wehrbeschwerdeordnung
WDO	Wehrdisziplinarordnung
WDS	Wehrdienstsenat beim Bundesverwaltungsgericht
WiStG	Gesetz zur weiteren Vereinfachung des Wirtschaftsstrafrechts (Wirtschaftsstrafgesetz 1954)
w. N.	weitere Nachweise
WpflG	Wehrpflichtgesetz
WStG	Wehrstrafgesetz
Wolf	Strafe und Erziehung nach dem Jugendgerichtsgesetz, 1984
z. B.	zum Beispiel
Zbl	Zentralblatt für Jugendrecht und Jugendwohlfahrt; vormals Zentralblatt für Vormundschaftswesen, Jugendgerichte und Fürsorgeerziehung. Organ des Deutschen Instituts für Vormundschaftswesen. Berlin (zitiert nach Jahr und Seite)
ZfJ	Zentralblatt für Jugendrecht
ZfStrVo	Zeitschrift für Strafvollzug und Straffälligenhilfe; vor 1975: Zeitschrift für den Strafvollzug (zitiert nach Jahr und Seite)
Ziff.	Ziffer

Abkürzungen und abgekürzt zitierte Literatur

zit.	zitiert
ZPO	Zivilprozeßordnung
ZRP	Zeitschrift für Rechtspolitik; periodische Beilage der NJW (zitiert nach Jahr und Seite)
ZStW	Zeitschrift für die gesamte Strafrechtswissenschaft (zitiert nach Bd., [Jahr], Seite)
z. T.	zum Teil
zust.	zustimmend
zw.	zweifelnd
z. Z.	zur Zeit

Erster Teil. Anwendungsbereich

Grundlagen zu §§ 1 und 2

1. Systematische Einordnung

Mit den §§ 1 und 2 wird der Anwendungsbereich des JGG abgesteckt. Einmal werden die Adressaten in ihren altersbedingten Voraussetzungen für eine strafrechtliche Reaktion bestimmt, ein andermal wird der sachliche Anwendungsbereich des JGG benannt. Die justitielle Zuständigkeitsregelung im einzelnen erfolgt später: §§ 39-42.

2. Historische Entwicklung

Das erste JGG ist datiert vom 16. 2. 1923 (RGBl I, 135); den Entwurf hatte der damalige Reichsjustizminister *Radbruch* eingebracht (s. *Sieverts* in: Jugendkriminalität, Strafjustiz und Sozialpädagogik, hrsg. von *Simonsohn*, 1969, S. 130). Im § 2 wurde der Anwendungsbereich auf die Jugendlichen von 14 bis 18 Jahren festgelegt und damit die bislang geltende Strafmündigkeit von 12 Jahren (§ 55 StGB a. F.) angehoben. Schon im Jahre 1912 hatte die Fortschrittspartei unter der Ägide von *v. Liszt* einen Antrag zur Einführung eines besonderen Jugendstrafverfahrens eingebracht, das bis zur Vollendung des 18. Lebensjahres gelten sollte (Verhandlungen des Reichstages, Bd. 298, Anlagen zu den stenographischen Berichten, S. 203, Antrag Nr. 198; zur Gesetzgebungsentwicklung bis 1918 s. *Ruscheweyh* Die Entwicklung des deutschen Jugendgerichts, 1918, S. 132 ff.). Von Liszt hatte vorher die Anhebung der Strafmündigkeitsgrenze sogar auf 16 Jahre verlangt (*v. Liszt* Vorträge und Aufsätze, 1. Bd., S. 463 ff.); diese Forderung hat er später auf das 14. Lebensjahr zurückgenommen (*v. Liszt* Vorträge und Aufsätze, 2. Bd., S. 347; zu *v. Liszt* als Kriminalpolitiker s. *Ostendorf* Kriminalsoziologische Bibliografie 1984, Heft 42, S. 1 ff.; zur Vorgeschichte des JGG 1923 s. *Miehe* in: Weg und Aufgabe des Jugendstrafrechts, hrsg. von *Schaffstein*, 1975, S. 1 ff.; krit. *Voß* Jugend ohne Rechte, 1986; zur Diskussion des Strafmündigkeitsalters in der Weimarer Republik s. *Dörner* Erziehung durch Strafe, 1991, S. 75 ff.; zur Geschichte der Strafmündigkeitsgrenze s. *Dräger* Die Strafmündigkeitsgrenze in der deutschen Kriminalgesetzgebung des 19. Jahrhunderts bis zum RStGB, 1992). Mit dem RJGG vom 6. 11. 1943 (RGBl I,

637) wurde die strafrechtliche Verantwortlichkeit wiederum auf 12 Jahre gesenkt, »wenn der Schutz des Volkes wegen der Schwere der Verfehlung eine strafrechtliche Ahndung fordert« (§ 3 Abs. 2 S. 2). Auch war das allgemeine Strafrecht auf Jugendliche, die in ihrer Entwicklung über 18 Jahre alten Tätern gleichgestellt werden können, anzuwenden, »wenn das gesunde Volksempfinden es wegen der besonders verwerflichen Gesinnung des Täters und wegen der Schwere der Tat fordert« (§ 20 Abs. 1); Vorläufer war insoweit die Verordnung zum Schutz gegen jugendliche Schwerverbrecher vom 4. 10. 1939 (RGBl I, 2000). Diese Strafausdehnungen wurden mit dem JGG vom 4. 8. 1953 (BGBl I, 751) wieder beseitigt (zur vorherigen Ungültigkeit des § 20 Abs. 2 s. *BGHSt* 2, 88).

3. Gesetzesziel

3   Mit § 1 wird i. V. m. § 19 StGB das strafrechtliche Regelungssystem begrenzt. Frühestens ab 14 Jahren wird der Bürger strafrechtlich in Anspruch genommen. Vorher soll allein das Jugendhilferecht eingreifen, dessen bisherige Zwangsmaßnahme »Fürsorgeerziehung« aber mit der strafrechtlichen Freiheitsentziehung – zumindest – auf gleicher Stufe stand. Gleichzeitig werden die Heranwachsenden (18 bis 21 Jahre) trotz Volljährigkeitsalter ab 18 Jahre dem JGG unterstellt, wobei die endgültige Weichenstellung erst mit § 105 erfolgt. Im Vollzug wird das Jugendstrafrecht noch weiter, bis zum 24. Lebensjahr, ausgedehnt (§ 114).

4   Damit wird ein grundsätzlicher Unterschied zwischen dem Erwachsenen- und dem Jugendstrafverfahren angesprochen. Der Jugendliche, der in der Entwicklung zum Erwachsenen steht, soll jugendadäquat »angepackt« werden, was ein besonderes Personal, ein besonderes Verfahren und besondere Reaktionen voraussetzt. Das Jugendstrafrecht hat **Vorrang** (§ 2). Während hier allein (Ausnahme: § 17 Abs. 2, 2. Alt., s. dort Rn. 5) die Person des Beschuldigten im Blickpunkt steht, ist das Erwachsenenstrafverfahren immer auf die Bewährung der Rechtsordnung, auf die Wirkung in der Bevölkerung ausgerichtet. Herkömmlich wird diese besondere Aufgabenstellung des Jugendstrafrechts mit dem Wort »Erziehungsstrafrecht« ausgedrückt, wobei gerade in »progressiven« Kreisen eine **Erziehungsideologie** deutlich wird – eine Erziehungsideologie, die eng mit der nationalsozialistischen Ideologie verknüpft ist: In dem »Richterbrief«, der anläßlich der Einführung des neuen Jugendstrafrechts vom 6. 11. 1943 verschickt wurde, heißt es entlarvend: »Jugend führen heißt Jugend erziehen« (*Boberach* Richterbriefe, 1975, S. 215). Selbst in der sozialistischen DDR wurde am Schluß von einer solchen Erziehungsideologie bei der Festsetzung einer Strafe Abstand genommen, »weil diese nicht dazu da ist, Persönlichkeitsrückstände oder -schwächen bzw. eine soziale Fehlentwicklung zu korrigieren, noch solches zu leisten vermag« (s. *E. Buchholz* in:

Vorbeugung und Bekämpfung der Jugendkriminalität in der DDR Teil 1, Berichte, hrsg. von der Humboldt-Universität, 1988, Heft 7, S. 78).

Der angestrebte Kompromiß zwischen Erziehung und Strafe (s. hierzu bereits *Ewers* 273. Sitzung der ersten Wahlperiode des Dt. Bundestages, Stenographische Berichte, Bd. 16, 1953, S. 13537) läßt sich nicht durch eine Aneinanderreihung als »Erziehungsstrafe« erreichen, auch nicht mit dem Vorrangpostulat für den Erziehungsgedanken (so aber z. B. *Heinz* in: Jugendgerichtsbarkeit in Europa und Nordamerika, hrsg. von *Kerner/Galaway/Janssen*, 1986, S. 537 m. w. N.); ebensowenig ist eine Auflösung durch eine formale Trennung zwischen »reinen« Erziehungsmaßnahmen bei Leugnung des strafenden Charakters und ahndenden Sanktionen (Zuchtmittel und Jugendstrafe) akzeptabel (so aber *Bohnert* JZ 1983, S. 523; *Streng* GA 1984, S. 165; *Wolff* S. 347; s. hierzu auch § 5 Rn. 21). Wer den Vorrang des Erziehungsgedankens betont und damit strafende Reaktionen zurückdrängen will (s. *Begemann* ZRP 1991, 44; *Heinz* RdJB 1992, 133; *Kräupl* in: Festschrift für Stree und Wessels, 1993, S. 913 ff.), zieht zwar mit der hier vertretenen Auffassung am gleichen Strang, aber unter falscher Flagge: Erziehung durch Strafe, durch strafjustitielle, d. h. zwangsweise Maßnahmen, ist auch Strafe, kann bei einem diagnostizierten erheblichen Erziehungsbedarf auch zu einer erheblichen Bestrafung führen. Einer **Strafinflation** durch Erziehung ist damit die Tür geöffnet (s. *Pfeiffer* Kriminalprävention im Jugendgerichtsverfahren, 1983, S. 91, 112; *Walter* in: Ambulante Behandlung junger Straffälliger, hrsg. von *Pomper/Walter*, 1980, S. 57; s. auch *Gerken/Schumann* Ein trojanisches Pferd im Rechtsstaat/Der Erziehungsgedanke in der Jugendgerichtspraxis, 1988; dagegen *Beulke* in: Gedenkschrift für Meyer 1990, S. 685; *Böhm* Einführung in das Jugendstrafrecht, S. 16 ff.). In der Praxis hat der Erziehungsgedanke in Teilbereichen zu Benachteiligungen Jugendlicher/Heranwachsender im Vergleich zu Erwachsenen geführt. So wird bei Jugendlichen/Herwanwachsenden vermehrt U-Haft angeordnet, erhalten Jugendliche/Heranwachsende weniger Beistand durch eine Verteidigung, ist im Bereich der mittleren Kriminalität eine härtere Sanktionierung festzustellen (*Ostendorf* StV 1998, 300; s. auch § 5 Rn. 6; dagegen *Kaiser* ZRP 1997, 455). Nach einer Urteilsanalyse von *Meier* (Richterliche Erwägungen bei der Verhängung von Jugendstrafe und deren Berücksichtigung durch Vollzug und Bewährungshilfe, 1994, S. 74) wird der Erziehungsgedanke bemüht, wenn eine hohe Jugendstrafe verhängt wird. Hierbei soll nicht verkannt werden, daß einmal das Erziehungsprinzip in der Geschichte des Jugendstrafrechts sowie in der aktuellen kriminalpolitischen Diskussion mit Erfolg gegen eine Politik der Strafausweitung eingesetzt wurde (s. hierzu insbesondere *Pieplow* in: Beiträge zur Erziehung im Jugendkriminalrecht, hrsg. von *Walter*, 1989, S. 5 ff.) und wird, und daß zum anderen sich hinter Strafverschärfungen im Kleide der Erziehung in der Regel ganz andere Determinanten verbergen: Die subjektive Beurteilung von Kriminalitätsbedrohungen im sozialen Umfeld und in der Gesamtgesellschaft, das Wissen bzw. Nichtwissen über Ursachen vom Kriminalitätsanstieg sowie über die Wirkungen von Sanktionen, die Annahme von tatsächlichen oder vermeintlichen Anforderungen der Gesellschaft an die Justiz (s. *Hupfeld* DVJJ-Journal 1/1993, S. 11 ff.). *Streng* spricht von der »offenbar ideologisch geprägten Verkleidung von Strafbedürfnissen der Mitbürger als Erziehungsbedürfnisse des Täters« (ZStW 106 [1994], 68).

Die traditionelle Konnexität von Strafe und Erziehung, die schon im JGG 1923 hergestellt, im JGG 1943 ideologisch überhöht und im JGG 1953 fürsorgerisch beibehalten wurde, ist strafrechtlich aufzulösen. Das »Erziehungsstrafrecht« hat sich in Abgrenzung zum Vergeltungsstrafrecht für Erwachsene entwickelt. Mit der Präferenz von Prävention dort ist auch der Anlaß entfallen, also liegt es nahe, auch die »moderne« strafrechtliche Zielsetzung vereinheitlichend zu übernehmen, da jugendgerichtliche Sanktionen im Rahmen des strafrechtlichen Systems verhängt werden (s. § 33 Rn. 7). Zudem gilt es, verfassungsrechtliche Vorgaben zu beachten: zwar besteht ein – sekundäres – staatliches Erziehungsrecht (Art. 6 Abs. 2 S. 2 GG); Erziehung i. S. einer »inneren Umkehr« darf aber nicht mit Gewalt erzwungen werden (a. M. *Schlüchter*, ZRP 1992, 393: Sanktionierung mit dem Ziel der »Werteverinnerlichung«; ebenso *Brunner/Dölling* Einführung II Rn. 7 ff.). Dies würde auch bei Jugendlichen einen Verstoß gegen das Selbstbestimmungsrecht und die Menschenwürde (Art. 2 Abs. 1, Art. 1 Abs. 1 GG) bedeuten. Diese Grenzen sind auch von den primären Erziehungsträgern zu beachten (s. § 1626 Abs. 2 BGB). Bei Volljährigen hat dies das *BVerfG* (E 22, 180) ausdrücklich anerkannt. Dieses für Heranwachsende geltende Verbot einer zwangsweisen »Besserung« muß tendenziell sich auch schon für Jugendliche auswirken. Die Gegenposition ist zudem gezwungen, entweder unterschiedliche Ziele für Jugendliche und Heranwachsende zu definieren oder die Unterschiede zu übertünchen (s. Grdl. z. §§ 105-106 Rn. 4). Allerdings hat das *BVerfG* in einer weiteren Entscheidung (NStZ 1987, 275) Erziehungsmaßregeln als Erziehungshilfen aus einem subsidiären Erziehungsauftrag des Staates auch gegenüber Heranwachsenden gerechtfertigt; die Begründung, bei Inkrafttreten des JGG im Jahre 1953 sei die Volljährigkeit erst ab Vollendung des 21. Lebensjahres eingetreten, ist aber nicht überzeugend (ausführlicher *Ostendorf* EzSt, JGG § 10 Nr. 1, S. 27, 28; zust. *Brodkorb* Verfassungrechtliche Grenzen bei der Erteilung von Erziehungsmaßregeln und Zuchtmitteln gegenüber Jugendlichen und Heranwachsenden, 1998, S. 736; kritisch insoweit auch *Schaffstein* NStZ 1987, 503). Wie das – primäre – elterliche Erziehungsrecht gegenüber dem Kind mit 18 Jahren endet, endet auch das – sekundäre – staatliche Erziehungsrecht. Entscheidend ist: In einem freiheitlichen Staatswesen muß es dem Staat letztlich, d. h. für den letztlichen Mitteleinsatz egal sein, aus welchen Motivationen heraus seine Gesetze befolgt werden, aus Konvention, aus Angst vor Bestrafung, aus Gleichgültigkeit oder aus innerer Überzeugung. Darüber hinaus wird von pädagogischer Seite immer wieder die Unvereinbarkeit von staatlicher Strafe und Erziehung begründet, die auch schwerlich mit der Neuformel »Sozialisation« ausgeräumt werden kann (so aber *Nothakker* S. 61 ff., 365 ff.; *ders.* Das sozialisationstheoretische Konzept des Jugendkriminalrechts der Bundesrepublik Deutschland, 1986). Das heißt nicht, daß eine richtige Erziehung nicht auf Fehlverhaltensweisen reagieren darf, auf Strafen verzichten muß. Nur die strafjustitiellen Instanzen des Staates sind höchst ungeeignet, als Erziehungsträger von den Jugendlichen/Heranwachsenden anerkannt zu werden. Es fehlt jede persönliche Beziehung; anstelle der notwendigen emotionalen Bindung, in der solche Sanktionen verkraftet werden können, tritt die emotionale Ablehnung, die mit einem Verlust der erzieherischen Ansprechbarkeit verbunden ist. Der »gute Mensch« kann und darf mit dem Strafrecht nicht angestrebt werden; wir sollten uns bescheiden, mit einem nüchternen Strafziel zufriedengeben (s. auch *Schüler-Springorum* in: Festschrift für Jescheck, 1985, S. 1134). Wenn mit dem JGG erzogen werden soll, so nicht um der Erziehung, um der Personalisation, auch nicht um der Sozialisation im allgemeinen willen, sondern um den/die Beschuldigte(n) von der Wiederholung der Straftat abzuhalten (s. auch *Eisenberg* § 5 Rn. 4; *H. E. Löhr* in: Neue ambulante Maßnahmen nach dem Jugendgerichtsgesetz, hrsg. vom *Bundesministerium der Justiz*, 1986, S. 131). Das ist aber die allgemeine strafrechtliche Resozialisierungsaufgabe (*BVerfG* NJW 1977, 1528; s. auch *Schaffstein* Weg und Aufgabe des Jugendstrafrechts, 1975 S. XIX [Einführung]: »Resozialisierung durch Erziehung ein möglicher, ja vielleicht sogar der vordringliche Zweck jeder Kriminalstrafe«). Eine allein pädagogisch ausgerichtete Jugendhilfe wird mit dem KJHG angeboten. Die hier vertretene Position (s. auch *Ostendorf* in: Beiträge zur Erziehung im Jugendkriminalrecht, hrsg. von *Walter*, 1989, S. 91 ff.; *ders.* in Jugendstrafrechtsreform durch die Praxis, hrsg. vom *Bundesministerium der Justiz*, 1989, S. 325 ff.) findet in der Rechtslehre zunehmend Zustimmung (s. *Ludwig* Zbl 1986, 338; *Müller/Otto* in: Damit Erziehung nicht zur Strafe wird, hrsg. von *Müller/Otto*, 1986, S. VII ff., *Albrecht* §§ 8, 9; *Feltes* ZStW 100 (1988), 173 ff.; *Gerken/Berlitz* in: Ein trojanisches Pferd im Rechtsstaat. Der Erziehungsgedanke in der Jugendgerichtspraxis, hrsg. von *Gerken/Schumann*, 1988, S. 32; *Balbier* DRiZ 1989, 404; *Feltes* in: Zeit – Zeichen sozialer Arbeit, hrsg. von *Otto/Hierschauer/Thiersch*, 1992, S. 80 ff.; s. auch These 7 der Kommission »Fortentwicklung der Jugendhilfe und des Jugendkriminalrechts« des Bundesverbandes der Arbeiterwohlfahrt, *Maelicke* Neue Kriminalpolitik 3/1992, S. 29).

Schließlich bleibt für ein »Erziehungsstrafrecht« ein weitgehender Fehlbedarf festzustellen. Der Begriff des »Erziehungsstrafrechts« vertuscht, daß ein Großteil der **jugendlichen Straftaten entwicklungsbedingt**, normal für diese Altersstufe ist (s. § 1 Rn. 5); es bedarf somit keines strafrechtlichen Erziehungseinsatzes. Ansonsten müßten so gut wie alle Jugendlichen schlecht erzogen sein. Diese Entwicklungsstraftaten bedürfen nicht nur keiner strafrechtlichen Ahndung, sondern diese begründet erst eine **sekundäre Devianz** (s. *Lemert* in: Seminar: Abweichendes Verhalten I, hrsg. von *Lüderssen/Sack*, 1975, S. 433-476). Andererseits stellt sich die Frage, ob mit einem strafenden Eingriff Erziehungsdefizite, die über Jahre entstanden sind, behoben werden können. Wenn mit dem Begriff »Erziehungsbedürftigkeit« ein Bonus für die Strafzumessung erreicht werden soll, so erscheint es korrekter, hierfür den Begriff »Entwicklungszustand« zu wählen (ebenso *Scholz* DVJJ-Journal 4/1992, S. 303). In der Tat verlangen die jugendliche Unfertigkeit und das Entwicklungsstadium mehr Nachsichten, zumal Sanktionen im jugendlichen Stadium tendenziell mehr Interesseneinbußen bedeuten und mehr schädigen als im Erwachsenenstadium.

Im übrigen wird die h. M. »ihrem« Erziehungsstrafrecht in der Praxis selbst nicht gerecht, wenn Jugendstrafe von fünf und mehr Jahren und damit über eine erzieherische Ansprechbarkeit hinaus verhängt wird (s. § 18 Rn. 10), wenn der Jugendarrest weiterhin angeordnet wird, obwohl der Vollzug weithin als erzieherisch ungeeignet angesehen wird (s. § 16 Rn. 3), wenn bei den ambulanten Sanktionen die repressive Geldbuße und die in der Praxis zum Ersatz umgewidmete Arbeitsweisung eindeutig überwiegen (s. Grdl. z. §§ 13-16 Rn. 5, 6). Da mit der strafrechtlichen Reaktion der Konflikt allein in der Person des Täters gelöst werden soll, gesellschaftliche Bedingungen ausgeklammert werden, ist somit das Gesetzesziel des JGG auf die **Individualprävention** zurückzuführen: **jugendadäquates Präventionsstrafrecht** als staatliches Eingreifen bei Kriminalitätskonflikten Jugendlicher und Heranwachsender zur Unterbindung weiterer krimineller Handlungen (ähnlich *Pfeiffer* Kriminalprävention im Jugendgerichtsverfahren, 1983, S. 60 ff.; *Nothacker* Zbl 1985, 104; s. auch *Schüler-Springorum* in: Neue ambulante Maßnahmen nach dem Jugendgerichtsgesetz, hrsg. vom *Bundesministerium der Justiz*, 1986, S. 214); in diesem Sinne wird auch eine Konfliktbereinigung zwischen Täter und Opfer, das häufig Mitverursacher ist, angestrebt. Hierbei tritt zu der positiven Individualprävention (Einwirkung zum Legalverhalten i. S. einer emanzipatorischen Sozialtherapie, s. *Haffke* in: Seminar: Abweichendes Verhalten III, Bd. 2, hrsg. von *Lüderssen/Sack* 1976, S. 291) **sekundär** die negative Individualprävention (individuelle Abschreckung und Sicherung der Gesellschaft vor weiteren Straftaten).

Nach alledem ist der Begriff des Erziehungsstrafrechts im Rahmen einer verfassungskonformen, teleologischen Auslegung als jugendadäquates Präventionsstrafrecht umzudeuten. Wer hierin eine allzu weite Entfernung vom Gesetzeswortlaut und dem »erzieherischen Leitfaden« des JGG erblickt, mag den Umweg »Erziehung zum Legalverhalten« (so *Nothacker* S. 78 ff.; *Eisenberg* § 5 Rn. 4; *Schlüchter* Gedächtnisschrift für Hilde

Kaufmann, 1986, S. 414; *Kratzsch* Heilpädagogische Forschung Bd. XV, Heft 3, 1989, 158: Optimierung der Erziehung »als jede Art von Förderung der Entwicklung zum Legalverhalten«; *Walter* in: Beiträge zur Erziehung im Jugendkriminalrecht, hrsg. von *Walter*, 1989, S. 59 ff.; *Viehmann* in: Beiträge zur Erziehung im Jugendkriminalrecht, hrsg. von *Walter*, 1989, S. 111 ff.; *Heinz* in: Jugendstrafrechtsreform durch die Praxis, hrsg. vom *Bundesministerium der Justiz*, 1989, S. 13 ff.; *Beulke* in: Gedächtnisschrift für Meyer, 1990, S. 677 ff., der allerdings die hier vertretene Position – positive Individualprävention – verkennt) wählen. Nur werden dann die unterschiedlichen – positiven und negativen – Aspekte der Individualprävention überdeckt und wird der Zusatz »zum Legalverhalten« allzu häufig unterschlagen. Das Ziel von strafrechtlicher Einflußnahme darf nur die Verhinderung des Rückfalls sein (ebenso *Miehe* ZStW 97 [1985], 1003; *Albrecht* § 9 II. 2.). Im österreichischen JGG 1988 heißt es richtungsweisend: »Die Anwendung des Jugendstrafrechts hat vor allem den Zweck, den Täter von strafbaren Handlungen abzuhalten« (§ 5 Nr. 1).

Diese Sanktionszielsetzung deckt sich im Jugendstrafrecht mit der Zielsetzung der Maßregeln zur Besserung und Sicherung; im Unterschied zum Erwachsenenstrafrecht besteht hier keine Differenz zwischen Strafen und Maßregeln. Dementsprechend spricht der *BGH* von der »Einspurigkeit freiheitsentziehender Maßnahmen im Jugendstrafrecht« (StV 1993, 534; 1998, 341; a. M. *Eisenberg* § 7 Rn. 3, der »logisch-begriffliche Bedenken im Hinblick auf antithetische Aspekte des Verhältnisses von Schuld und Gefährlichkeit« formuliert und dominante Sicherungsbelange als Verstoß gegen das Erziehungsziel wertet; s. auch Grdl. z. §§ 5-8 Rn. 3). Da die positive Individualprävention in der Praxis des Freiheitsentzuges weitgehend leerläuft, ja die Haftschäden höher als positive Wirkungen eingeschätzt werden (s. § 17 Rn. 10, 11), bleibt hier häufig nur die negative Individualprävention: Wir sperren nicht ein, um zu resozialisieren, sondern wenn wir schon zur Sicherung der Gesellschaft einsperren müssen, bieten wir eine Resozialisierung an – »Angebotsresozialisierung« (zust. *Schöch* in: Kriminologie, Jugendstrafrecht, Strafvollzug, 4. Aufl., hrsg. von *Kaiser/Schöch*, S. 185). Bei ambulanten Sanktionen wirkt sich die negative Individualprävention als individuelle Abschreckung, vor allem in der Form der Geldbuße, aus, wobei auch hier positive Aspekte der externen Verantwortlichkeitsverdeutlichung und der Hilfe zur internen Verantwortlichkeitsverarbeitung entdeckt werden können. Bei den Erziehungsmaßregeln ist nach der gesetzlichen Regelung eine negative Individualprävention ausgeschlossen. Auch mit dem Einsatz von Zuchtmitteln ist vorrangig eine positive Beeinflussung zu suchen. Hierbei ist i. S. einer emanzipatorischen Sozialtherapie die Selbständigkeit, das Selbstwertgefühl des/der Jugendlichen/Heranwachsenden zu stärken und nicht bevormundend Verhalten zu steuern, Lebensführung zu betreiben (s. aber § 10 Abs. 1 S. 1). Das

Autonomieprinzip verlangt auch im Falle öffentlicher Sozialkontrolle, die Maßnahmen möglichst auf eine anregende und stützende Funktion zu begrenzen. Legalverhalten wird primär durch Eigenerfahrung der Tatfolgen, durch die Begegnung mit dem Tatopfer gelernt. Nur wenn Fehlverhalten autonom als solches anerkannt wird, ein autonomes und nicht eingeredetes Eingeständnis erfolgt, sind die Voraussetzungen für ein zukünftiges Legalverhalten geschaffen. Diese induktive Methode (s. *Oerter/Montada* Entwicklungspsychologie, 2. Aufl., S. 743) gilt es zu suchen anstelle einer direkt-bestimmten Methode, die nur zu einer extrinsischen Motivation führt (s. *Schreckling/Pieplow* ZRP 1988, 10 ff.; *Kratzsch* Heilpädagogische Forschung Bd. XV, Heft 3, 1989, S. 161). Die Auseinandersetzung mit der Tat wird hierbei am ehesten mit Reaktionen erreicht, die unmittelbar an die Tat anknüpfen, wie Entschuldigung, Schadenswiedergutmachung, Täter-Opfer-Ausgleich, Weisungen mit konkretem Tatbezug wie Teilnahme am Verkehrsunterricht (s. *Frehsee* Schadenswiedergutmachung als Instrument strafrechtlicher Sozialkontrolle, 1987, S. 97 ff.; *Kräupl* in: Festschrift für Stree und Wessels, 1993, S. 922). Tatbezogene Sanktionen sind für Jugendliche einsichtiger. Sanktionen, die allgemein die Lebensführung ansprechen, werden nur dann »fruchten«, wenn insoweit auch bei dem Delinquenten eigene Bedürfnisse erkannt werden; zudem ist der Wirkungsgrad strafrechtlicher Sanktionen zur Beseitigung strukturell bedingter Problemlagen sehr begrenzt. Für jede Sanktionierung ist Grundlage eine tatbestandliche Verantwortungszuschreibung mit einer »Verurteilung« als symbolische Tatschuldvergeltung – wenn man will: eine vollendende Fortführung der absoluten Straftheorie Kantscher und Hegelscher Prägung entsprechend dem humanitären Entwicklungsprozeß. Dies gilt auch für den Arrest, der allerdings nach h. M. auch der Sühne und dem Unrechtsausgleich dient (s. *BGHSt* 18, 209; zur »short sharp shock«-Ideologie s. *Schumann* ZRP 1984, S. 320), jedoch als sozialer Trainingskurs bereits de lege lata umzugestalten ist (s. § 16 Rn. 4). Eine generalpräventive Zielsetzung ist von Gesetzes wegen nur ausnahmsweise gem. § 17 Abs. 2, 2. Alt., zu verfolgen (h. M., s. Grdl. z. §§ 17, 18 Rn. 3; § 17 Rn. 5; demgegenüber sieht *Bottke* »spezial- und generalpräventive Zwecke intrikat gemischt«, Generalprävention und Jugendstrafrecht aus kriminologischer und dogmatischer Sicht, 1984, S. 36), die wiederum durch das individualpräventive Primärziel begrenzt wird (s. § 17 Rn. 8). Diese Zielsetzung verlangt bei schwer sozialisationsgestörten Jugendlichen die Sicherstellung mit einem Angebot zur Resozialisierung, bei weniger sozialisationsgestörten Jugendlichen die Anweisung zu einer ambulanten Sozialisationsmaßnahme, häufiger wird die Verdeutlichung des Normbruchs genügen, noch häufiger wird der Verzicht auf jugendstrafrechtliche Reaktion geboten sein, um eine Überreaktion und Stigmatisierung zu vermeiden. Die Respektierung des Persönlichkeitsrechts sowie die Ziele der Tatwahrheit und der Sanktionsgerechtigkeit zwingen hierbei, die verfahrensrechtliche Gegenintervention sowie einen Rechtsfolgendiskurs des/der Beschuldigten und seiner/ihrer Beistände zuzulassen. Die bei Jugendlichen eingeschränkte Handlungskompetenz bedingt hierbei eine besondere Berücksichtigung des Fair-Trial-Prinzips.

	Strafrechtliche Verantwortlichkeit	Sachliche Zuständigkeit	Rechtsfolgen
Kinder (unter 14 Jahre)	strafunmündig (§ 19 StGB)	- Jugendamt - Familiengericht - Vormundschaftsgericht - daneben die Polizei als Gefahrenabwehrbehörde	- Hilfe bzw. Maßnahmen nach dem KJHG - Schutzmaßnahmen nach dem BGB (§§ 1631 Abs. 3, 1631 b, 1666) - keine strafrechtlichen und strafprozessualen Maßnahmen
Jugendliche (14 bis unter 18 Jahre)	bedingt strafrechtlich verantwortlich gem. § 3 JGG	- Jugendstaatsanwaltschaft* - Jugendgericht (Ausnahmen: §§ 102, 103 Abs. 2 S. 2 JGG)	Sanktionen nach dem JGG und bestimmte Maßregeln der Besserung und Sicherung gem. § 7 JGG
Heranwachsende (18 bis unter 21 Jahre)	generell strafrechtlich verantwortlich (Ausnahme: § 20 StGB)	- Jugendstaatsanwaltschaft* - Jugendgericht (Ausnahmen: §§ 102, 103 Abs. 2 S. 2 JGG i. V m. § 112 S. 1 JGG)	Entscheidung über die Anwendung der Sanktionen aus dem Jugend- oder Erwachsenenstrafrecht gem. § 105 JGG; bei Anwendung des Erwachsenenstrafrechts Milderung gem. § 106 JGG
Erwachsene (21 Jahre und älter)	generell strafrechtlich verantwortlich (Ausnahme: § 20 StGB)	- Erwachsenenstaatsanwaltschaft* - Erwachsenengericht (Ausnahme: § 103 Abs. 2 S. 1 JGG)	Sanktionen und Maßregeln nach dem StGB

* daneben die Polizei als Ermittlungsbehörde

So notwendig diese rechtsstaatliche Rückbesinnung nach innen, in der konkreten Rechtsanwendung ist, so unverzichtbar wird der Begriff des Erziehungsstrafrechts in der kriminalpolitischen Diskussion gehalten. In der Tat steht das Erziehungsstrafrecht als kriminalpolitischer Begriff für ein besseres Strafrecht, für ein Jugendstrafrecht, das Rücksicht nimmt auf die Entwicklungsphase von Jugendlichen und Heranwachsenden, auf ihre besonderen Problemlagen, das kriminologische Erkenntnisse ernstnimmt, das human und gleichzeitig effektiv ist, gerade auch beim Versuch, Stigmatisierungsfolgen und ein sekundäre Devianz zu vermeiden. Das Erziehungsstrafrecht ist zu einem politischen Kampfbegriff geworden, »eine Chiffre« für jugendangemessene Strategien im Strafrecht (*Pieplow* »Erziehung als Chiffre« in: Beiträge zur Erziehung im Jugendkriminalrecht, hrsg. von *Walter*, 1989, S. 5 ff.; s. auch *Streng* ZStW 106 [1994], 88, der für einen multifunktionalen Systembegriff eintritt). Als politischer Kampfbegriff mag das Erziehungsstrafrecht weiter verwendet werden. Insofern hat er sowohl bei der Einführung des Jugendstrafrechts 1923 als auch bei seiner Fortentwicklung gute Dienste geleistet. Für die konkrete Rechtsanwendung ist er aber nicht nur von keinem Nutzen, sondern kann sich für die Jugendlichen/Heranwachsenden auch nachteilig auswirken, wie sich in der Praxis vielfach gezeigt hat (*Ostendorf* StV 1998, 303).

4. Justizpraxis

6 Die Bedeutung der strafrechtlichen Verfolgung Jugendlicher und Heranwachsender läßt sich aus der nachfolgenden Tabelle der Tatverdächtigen – ohne Straßenverkehrsdelikte – ersehen:

Strafmündige Tatverdächtige nach Personengruppen

	Insgesamt			Jugendliche		
	zusammen	männlich	weiblich	zusammen	männlich	weiblich
1980	1 334 330	1 077 361	256 969	214 476	179 722	34 754
1982	1 529 491	1 225 535	303 956	234 983	192 868	42 115
1984	1 187 904	907 802	280 102	157 360	121 530	35 830
1986	1 251 397	954 132	297 265	137 042	104 997	32 045
1988	1 262 263	967 358	294 905	120 968	94 930	26 038
1990	1 375 423	1 052 521	322 902	141 246	109 356	31 888
1993	1 963 499	1 544 990	418 509	207 944	164 454	43 490
1995	2 001 485	1 563 186	438 299	254 329	195 260	59 069
1997	2 129 300	1 652 367	476 933	292 518	218 600	73 918
1998	2 167 121	1 673 424	493 697	302 413	224 899	77 514

	Heranwachsende			Erwachsene		
	zusammen	männlich	weiblich	zusammen	männlich	weiblich
1980	192 885	166 039	26 816	926 999	731 600	195 399
1982	222 941	191 163	31 778	1 071 567	841 504	230 063
1984	148 657	122 202	26 455	881 887	664 070	217 817
1986	152 332	123 434	28 898	962 023	725 701	236 322
1988	141 419	115 380	26 039	999 876	757 048	242 828
1990	149 823	121 821	28 002	1 084 356	821 344	263 012
1993	208 040	173 917	34 123	1 547 515	1 206 619	340 896
1995	207 136	171 425	35 711	1 540 020	1 196 501	343 519
1997	226 279	185 639	40 640	1 610 503	1 248 128	362 375
1998	237 073	193 263	43 810	1 627 635	1 255 262	372 373

(Quellen: Statistisches Jahrbuch, Polizeiliche Kriminalstatistik; Gebiet: bis 1990 altes Bundesgebiet, ab 1993 Gesamtdeutschland)

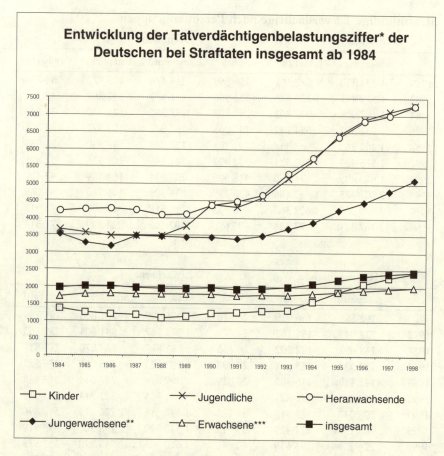

* Tatverdächtige jeder Altersgruppe bezogen auf je 100.000 Einwohner derselben Altersgruppe (Kinder und insgesamt ohne Kinder unter 8 Jahren; Stichtag: 01.01.1998)
** (21 bis unter 25 Jahre)
*** (21 Jahre und älter)

(Quelle: Polizeiliche Kriminalstatistik 1998, S. 100; Gebiet: 1984-1990 alte Länder, 1991 und 1992 alte Länder einschl. Berlin-Ost, ab 1993 Gesamtdeutschland)

Nach einem Rückgang der (Jugend-)Kriminalität in den 80er Jahren ist nicht zuletzt aufgrund der Öffnung der Grenzen nach Osten ein deutlicher Anstieg zu verzeichnen. Allerdings ist die Jugendkriminalität weitgehend **episodenhaft**, d. h., nach der Alterskurve steigt sie bis zum 19./20. Lebensjahr, um dann rapide abzufallen:

Grdl. z. §§ 1-2

Tatverdächtigenbelastung der Deutschen bei Straftaten insgesamt im Jahre 1998

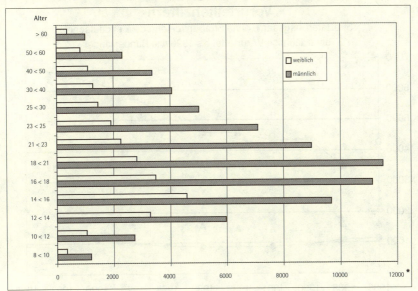

* Tatverdächtige jeder Altersgruppe bezogen auf je 100 000 Einwohner derselben Altersgruppe; Stichtag: 01.01.1998)

(Quelle: Polizeiliche Kriminalstatistik 1998, S. 97; Gebiet: Gesamtdeutschland)

Die Verurteiltenziffer »hinkt« wegen des zeitlichen Rückstandes nicht nur hinterher, die Schere zwischen den Kriminalitätsbelastungszahlen und den Verurteiltenziffern öffnet sich immer weiter:

Von 100 000				
	jugendlichen	heranwachsenden	erwachsenen	insgesamt
Einwohnern wurden verurteilt*				
1980	1 913	3 294	1 168	1 352
1990	1 172	2 362	1 076	1 141
1992	1 047	2 400	1 028	1 082
1994	1 084	2 567	1 023	1 077
1996	1 240	2 647	1 011	1 076
1998	1 473	2 995	1 040	1 127

* Straftaten insgesamt, deutsche Verurteilte
(Quelle: Statistisches Bundesamt, Fachserie 10, Reihe 3, Strafverfolgung; Gebiet: bis 1994 altes Bundesgebiet, ab 1996 altes Bundesgebiet einschließlich Berlin-Ost)

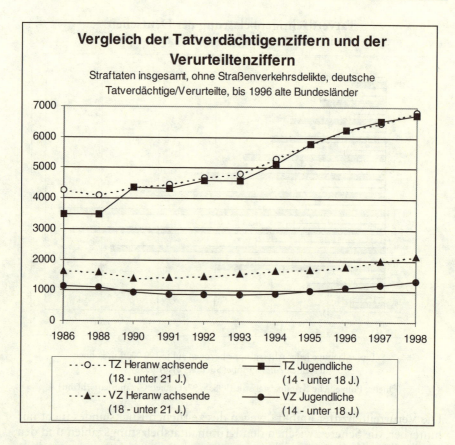

(Quelle: Polizeiliche Kriminalstatistik 1998 sowie Statistisches Bundesamt, Fachserie 10, Reihe 3, Strafverfolgung; Gebiet: alte Länder, ab 1991 [TZ] bzw. 1995 [VZ] einschl. Berlin-Ost)

Bei Jugendlichen und Heranwachsenden tut sich eine zunehmende Schere auf zwischen dem steilen Anstieg nach der Polizeilichen Kriminalstatistik und dem erst in den letzten Jahren zu verzeichnenden leichten Anstieg nach der gerichtlichen Verurteiltenstatistik. Dies läßt sich nicht allein mit der Einstellungspraxis der Strafjustiz bei der leichten Jugendkriminalität erklären. Gerade auch bei den schweren Formen der Gewaltkriminalität deckt sich die Verurteiltenstatistik nicht mit der Polizeilichen Kriminalstatistik. So kamen auf einen wegen Mordes/Totschlages verurteilten Jugendlichen im Jahr 1996 5,6 tatverdächtige Jugendliche nach der Polizeilichen Kriminalstatistik, bei Raub/Erpressung lautet die Relation 1 zu 3,6, bei der gefährlichen/schweren Körperverletzung kamen auf einen verurteilten Jugendlichen 4,5 entsprechende verdächtige Jugendliche nach der Polizeilichen Kriminalstatistik (s. *Heinz* in: Kinder und Jugendliche als

Grdl. z. §§ 1-2

Opfer und Täter / Dokumentation des 24. Dt. Jugendgerichtstages, hrsg. von der DVJJ, 2000, S. 416). Die polizeiliche Einstufung als versuchter Totschlag, als gefährliche Körperverletzung, als Raubdelikt, hält vor der Justiz häufig nicht stand. Polizei ist in der Situation des Verdachts, sie muß den Verdacht möglichst hoch ansetzen, um keinen Fehler in der Ermittlungsarbeit zu machen. Hinzu kommen Anforderungen aus der Öffentlichkeit und der Politik. Da nicht anzunehmen ist, daß die Jugendrichter angesichts der emotionalisierten Strafverschärfungsdebatte in letzter Zeit milder gestimmt worden sind, muß der polizeilich registrierte Anstieg sowohl bei der Jugendkriminalität als auch bei der Kinderdelinquenz hinterfragt werden. Wie die Unschuldsvermutung des einzelnen Beschuldigten erst mit einer rechtskräftigen Verurteilung widerlegt wird, darf auch die Kriminalitätsrate im allgemeinen zumindest nicht allein aufgrund eines polizeilichen Verdachtes beurteilt werden.

Die vormalige Bundesregierung hat am 23. 7. 1997 auf eine Große Anfrage der SPD-Bundestagsfraktion »Jugendstrafrecht und Präventionsstrategien« (BT-Dr 13/8284, 41) formuliert:

»Nur im Hinblick auf die schwerwiegenden Fälle des Raubes und der Körperverletzung wird die durch die Ergebnisse der Polizeilichen Kriminalstatistik beschriebene Entwicklung durch die Ergebnisse der Strafverfolgungsstatistik bestätigt. Im übrigen legen die Ergebnisse der Strafverfolgungsstatistik jedenfalls eine weniger dramatische Beurteilung der Kriminalitätsentwicklung nahe.«

Ermittlungsverfahren werden in der Praxis auch gegen Kinder geführt. 7
Hieraus ergibt sich folgende Entwicklung:

	Tatverdächtige	Anteil an allen Tatverdächtigen	TVBZ *)
1984	66 309	5,3	1 529
1986	55 513	4,2	1 414
1988	51 817	3,9	1 377
1990	62 500	4,3	1 306
1992	69 034	4,4	1 306
1994	100 077	4,9	1 306
1996	131 010	5,9	1 306
1998	152 774	6,6	1 306

*) nur deutsche Kinder, nur von 8 bis unter 14 Jahren

Im Jahre 1998 wurden folgende Tatverdächtige von der Polizei registriert:

	abs.
Kinder insg.:	152 774
unter 6 Jahre:	1 582
6 bis unter 8 Jahre:	5 459
8 bis unter 10 Jahre:	17 002
10 bis unter 12 Jahre:	39 321
12 bis unter 14 Jahre:	89 410

(Quelle: Polizeiliche Kriminalstatistik 1998, S. 72, 74, 99; Gebiet: 1984-1990 altes Bundesgebiet, 1992 altes Bundesgebiet einschließlich Berlin-Ost, ab 1994 Gesamtdeutschland)

Selbst Kleinkinder geraten somit in die Tatverdächtigenstatistik.

In der Polizeipraxis werden vielfache Maßnahmen und Eingriffe gegen Kinder getroffen, wobei unter Heranziehung der polizeilichen Dienstvorschrift (PDV 382) zum Teil auf die Zwangsbefugnisse der StPO (s. § 1 Rn. 2), z. T. auf das Polizeirecht zurückgegriffen wird. Dementsprechend wurden in einer Berliner Untersuchung von Anzeigen gegen Kinder und Jugendliche folgende polizeiliche Maßnahmen gegen 10- bis 14jährige festgestellt: Freiheitsentzug – 26,9 %; Durchsuchung – 6,1 %; Einlieferung zur Gefangenensammelstelle – 0,8 %. Bei den unter 10jährigen wurden in 20,9 % der untersuchten Fälle »kurzfristige Freiheitsentziehungen« durchgeführt (s. *Bruckmeier* u. a. in: Handlungsorientierte Analyse von Kinder- und Jugenddelinquenz, hrsg. von Autorengruppe Jugenddelinquenz, 1983, S. 197).

Die polizeilichen Zahlen über die Kinderkriminalität sind aber insbesondere – über die allgemeinen polizeilichen Kriminalitätsdaten hinaus – zu hinterfragen. Als erstes stellt sich die Frage, wie überhaupt das Verhalten von Kindern bewertet werden kann, wie kindlichem Verhalten der Bedeutungsgehalt von Straftaten Erwachsener zugeschrieben werden kann (s. § 1 Rn. 5).

Als zweites ist das Dunkelfeld nicht einsehbar, das aber gerade hier als besonders groß eingeschätzt werden muß (ebenso *Steinemann* in: Kinderkriminalität, hrsg. von *Nass*, 1969, S. 90; *Traulsen* MschrKrim 1978, 387). Die Anzeigebereitschaft ist hier traditionell besonders gering. Die private Konflikterledigung hat aber in den letzten Jahren abgenommen. Hinzu kommt, daß die polizeiliche Methode der Privatisierung des Kriminalitätskonflikts (s. *Feest/Blankenburg* Die Definitionsmacht der Polizei, 1972; *Steffen* Analyse polizeilicher Ermittlungstätigkeit aus der Sicht des späteren Strafverfahrens, 1976; *Kürzinger* Private Strafanzeige und polizeiliche Reaktion, 1978) hier sogar mit der Rechtslage übereinstimmt, wenn auch die Richtlinien und Dienstvorschriften dem entgegenstehen (s. § 1 Rn. 2). Diese Vermutungen werden durch eine großangelegte Untersuchung bestätigt: Eine Befragung von 483 Berufsschülern und Gymnasiasten in Kassel aus dem Jahre 1977 hatte zum Ergebnis, daß eine Vielzahl unterschiedlichster Delikte im kindlichen Alter begangen wurden (s. *Remschmidt/Merschmann/Walter* MschrKrim 1975, 142). In Erweiterung dieser Untersuchung auf 560 Schüler wurden durchschnittlich 220 Delikte für den Zeitraum bis 14 Jahren selbst berichtet, wobei nach der damaligen Deliktsaufteilung 25,5 % auf Übertretungen entfielen (*Remschmidt* Praxis der Kinderpsychologie und der Kinderpsychiatrie, 1978, S. 34). Auf der anderen Seite ist diese Kinderdelinquenz in der Regel vorübergehend und hat ganz überwiegend Bagatellcharakter (s. § 1 Rn. 5). Es ist somit festzuhalten, daß die Polizeidaten über Kinderkriminalität nicht aussagekräftig sind, vielmehr je nach politischem Standpunkt und Interesse zu einem Mißbrauch in der kriminalpolitischen Diskussion verführen (s. auch *Quensel/Schelenz* MschrKrim 1978, 396 ff.).

5. Rechtspolitische Einschätzung

Die vom Gesetzgeber vorgenommene Freistellung der Kinder von der Strafverfolgung setzt eine »soziale Feuerwehr« voraus, die rund um die Uhr einsatzbereit ist, um der Polizei diese Arbeit abzunehmen (zum Kinder- und Jugendnotdienst in Hamburg seit 1983 s. Zbl 1986, 201). Entsprechende organisatorische Vorkehrungen sind von seiten der Jugendämter zu treffen, ohne daß eine institutionelle Zusammenarbeit anzustreben ist, die das Vertrauen zum Sozialarbeiter untergraben muß (ausführlich *Ostendorf* ZRP 1983, 303 m. w. N.). In diesem Zusammenhang ist die Forderung zu wiederholen, auf eine kriminalstatistische Erfassung der Kinderkriminalität zu verzichten, da sie nicht zur Aufklärung dieser sozialen Erscheinung führt, sondern mehr zur Vernebelung beiträgt (ebenso bereits *Pongratz/Schäfer/Weiße/Jürgenssen* Kinderdelinquenz, 1975, S. 92). Während einerseits die besondere Behandlung der Kindheit aus anti-pädagogischen, emanzipatorischen Gründen abgelehnt wird (s. z. B. *Giesecke* Das Ende der Erziehung, 1985; s. auch *Herz* in: Festschrift für Schüler-Springorum, 1993, S. 301 ff.: Jugend als soziale Konstruktion), andererseits die Kindheitsrespektierung aufgrund der Entwicklung unserer Gesellschaft, insbesondere der Kommunikationstechniken, – bedauernd – geleugnet wird (s. *Postmann* Das Verschwinden der Kindheit, 1983), ist an der strafrechtlichen Aussonderung festzuhalten (ebenso *Kaiser* in: Festschrift für Pongratz, 1986, S. 41 ff.; zur Abwehr von kriminalpolitischen Forderungen eines Kinderstrafrechts s. *Wolfslast* in: Festschrift für Bemmann, 1989, S. 274 ff. sowie die Stellungnahmen im DVJJ-Journal 1997, 321 ff.; für eine differenzierende Anwendung der jugendstrafrechtlichen Sanktionen auf Kinder *Brunner* JR 1997, 492; ähnlich *Hinz* ZRP 2000, 112). Diese strafrechtliche Freistellung darf auch nicht mit der Einführung einer faktischen Sanktionskompetenz für das Familiengericht unterlaufen werden (so aber Gesetzesinitiative des Freistaates Bayern vom 26.06.1998, BR-Drucks. 645/98; positiv beurteilt von *Thomas* ZRP 1999, 193 und *Hinz* ZRP 2000, 107).

Vergleich: Altersgrenzen strafrechtlicher Verantwortlichkeit in Europa

Land	Strafmündig-keitsalter	Alter, ab dem Erwachsenenstrafrecht angewandt werden kann/muß	Zivilrechtliche Volljährigkeit (Alter)
Belgien	16*** / 18	16 / 18	18
Bulgarien	14	18	18
Dänemark*	15	15 / 18 / 21	18
Deutschland	14	18 / 21	18
England/Wales	10 / 15**	18 / 21	18
Estland	13**** / 15	18	18
Finnland	15	15 / 18	18
Frankreich	13	18	18
Griechenland	13	18 / 21	18
Irland	7 / 15**	18	18
Italien	14	18 / 21	18
Jugoslawien	14 / 16**	18 / 21	18
Kroatien	14 / 16**	18 / 21	18
Lettland	14**** / 16	14 / 16	18
Litauen	14**** / 16	14 / 16	18
Niederlande	12	16 / 18 / 21	18
Norwegen*	15	18	18
Österreich	14	19	19
Polen	13	15 / 17 / 18	18
Portugal	16	16 / 21	18
Rumänien	16 / 18	16 / 18 / 21	18
Rußland	14**** / 16	14 / 16	18
Schweden*	15	15 / 18 / 21	18
Schweiz	7 / 15**	15 / 18	20
Schottland	8 / 16	16 / 21	18
Slowakei	15	18	18
Slowenien	14**** / 16	18	18
Spanien	16	16	18
Tsch. Republik	15	18	18
Türkei	11	15	18
Ukraine	14**** / 16	18	18
Ungarn	14	18	18
Weißrußland	14**** / 16	18	18

* nur Strafmilderungen im allgemeinen Strafrecht
** Bestrafungsmündigkeit – Jugendstrafvollzug
*** nur für Straßenverkehrsdelikte
**** nur für einige besonders schwere Delikte
(Quelle: *Heinz* Strafmündigkeitsalter im internationalen Vergleich, RdJB 1999, 294)

Darüber hinaus ist eine Anhebung der Strafmündigkeitsgrenze zu fordern, 9
dem Einsatz des reformierten Jugendhilferechts Vorrang zu geben. Diese
Forderung hat Tradition (s. Rn. 2), wird in der Geschichte der Bundesrepublik seit mehr als 20 Jahren diskutiert (s. *Peters* DVJJ, 1966, 13 ff.; *Arbeiterwohlfahrt* Vorschläge für ein erweitertes Jugendhilferecht, in: Jugendkriminalität, Strafjustiz und Sozialpädagogik, hrsg. von *Simonsohn*,
1969, S. 266; w. N. bei *Pfeiffer* Kriminalprävention im Jugendgerichtsverfahren, 1983, S. 48 ff.). Obwohl der Diskussionsentwurf für ein einheitliches Jugendhilfegesetz (s. *Jordan* Jugendhilfe/Beiträge und Materialien zur
Reform des Jugendhilferechts, 1975) gescheitert ist, steht die Forderung
nach Anhebung der Strafmündigkeitsgrenze weiterhin auf der politischen
Tagesordnung (s. Thesen zur Reform des Jugendkriminalrechts der Arbeitsgemeinschaft sozialdemokratischer Juristen vom 22. 1. 1979, B 1;
Konferenz der Jugendminister und -senatoren vom 27. 11. 1980, s. *Berckhauer/Steinhilper* ZRP 1981, 265; *Niedersächsische Kommission zur Reform des Strafrechts und des Strafverfahrensrechts*, Strafrecht – ultima ratio, 1992, S. 19; *Arbeitskreise II/1, II/2 des 22. Deutschen Jugendgerichtstages*, DVJJ-Journal 4/1992, S. 281, 282; s. aber auch *Arbeitskreis V/3*,
hierzu *Streng*, DVJJ-Journal 2/1993, S. 140; umfassend *Frehsee* in: Festschrift für Schüler-Springorum, 1993, S. 379 ff.; a. M. *Miehe* Zbl 1982, 87;
gegen eine Anhebung die *Leitsätze zum Jugendstrafrecht und Jugendstrafvollzug der CSU*, Zbl 1982, 823; *Berckhauer/Steinhilper* ZRP 1981,
265; *Bietz* ZRP 1981, 219; *Kaiser* Festschrift für Blau, 1985, S. 454; für einen »Mittelweg« *Schaffstein* in: Festschrift für Schüler-Springorum, 1993,
S. 377). Der österreichische Gesetzgeber ist mit seiner Formulierung in § 4
Abs. 2 Nr. 2 des JGG 1988 vorangegangen: »Ein Jugendlicher, der eine
mit Strafe bedrohte Handlung begeht, ist nicht strafbar, wenn er vor Vollendung des 16. Lebensjahres ein Vergehen begeht, ihn kein schweres Verschulden trifft und nicht aus besonderen Gründen die Anwendung des
Jugendstrafrechts geboten ist, um den Jugendlichen von strafbaren Handlungen abzuhalten.« Wenigstens sollten die 14- bis 16jährigen aus dem Jugendstrafvollzug herausgenommen werden, d. h. mit anderen Maßnahmen
als mit Jugendstrafe auf delinquentes Verhalten dieser Altersgruppe reagiert werden (ebenso Schlußbericht der Jugendstrafvollzugskommission
S. 34; Abschlußbericht der SPD-Kommission »Kriminalpolitisches Programm« zur Reform des Jugendkriminalrechts, These 1, Recht und Politik
1981, S. 145; Stellungnahme der Internationalen Gesellschaft für Heimerziehung ZfStrVo 1985, 99; s. aber auch Arbeitskreis XII des 18. Dt. Jugendgerichtstages, DVJJ, 1981, 527; a. M. *Streng* DVJJ-Journal 1997, 385).
Begründungen für diese Forderung sind viele geschrieben, deshalb an dieser Stelle nur so viel: Die negativen Folgen einer kriminalrechtlichen
Sanktion im Rahmen eines förmlichen Strafverfahrens sind höher einzuschätzen als die positiven Wirkungen. Eine sozialpädagogische Hilfe ist
eher mit dem Jugendhilferecht zu erreichen, mit dem der altersbedingten

»Unfertigkeit« und Unsicherheit besser entsprochen werden kann. Insbesondere die Schädigung im Strafvollzug ist nicht wiedergutzumachen (umgekehrt für eine Herabsetzung der Strafmündigkeitsgrenze neuerdings *Weinschenk* MschrKrim 1984, 15 ff., dessen Krankheitsdiagnose angesichts der Normalität von Kinder- und Jugendkriminalität aber an der Realität vorbeigeht; wie hier *Ludwig* MschrKrim 1984, 170 ff.). Ein Rückzug des Jugendstrafrechts bedingt allerdings, daß sich die Jugendhilfe diesem Personenkreis intensiver zuwendet. Die in der Praxis zu beobachtende Abgabe dieses – kleinen – Kreises von regelmäßig delinquent auffälligen Kindern und Jugendlichen (»Crash-Kids«) an die Strafjustiz bzw. an die Jugendpsychiatrie (s. hierzu *Wulweber* Recht und Psychiatrie 1993, 54) muß rückgängig gemacht werden, ohne damit Konzepte »schwarzer« Pädagogik wiederaufleben zu lassen. Anstelle der wechselseitigen Verantwortungsabgabe sind in enger Kooperation zwischen Jugendpädagogik und Jugendpsychiatrie neue Formen der Reaktion auf kriminelles Handeln psychosozial Verwahrloster zu entwickeln, die einmal – im Großstadtbereich – »erste Hilfe« in Form von Anlaufstellen auf Bahnhöfen (»Biberhaus« Hamburg), »Sleap In«-Stellen (Verein Arbeits- und Erziehungshilfe Frankfurt) bieten, zum anderen mit einer Intensivbetreuung – wenn nötig, in neuen Lebenswelten – eine auf Dauer angelegte Krisenintervention ermöglichen (zu einem Modell »Strukturierte pädagogisch/psychologische Intensivbetreuung – StruPPI« s. *Ostendorf* Wieviel Strafe braucht die Gesellschaft, 2000, S. 138 ff., 216 ff.). Einen wichtigen Beitrag hierzu kann ein – außerstrafjustitieller – Täter-Opfer-Ausgleich, die Konfrontation des Täters mit den Tatfolgen, leisten. Soweit jugendpsychiatrische Maßnahmen insbesondere nach schweren Delikten gefordert sind, darf dies nicht Freiheitsentzug unter einem anderen Etikett bedeuten, d. h., den Wechsel von der »Anstalt« zur »Fachklinik« auch im Tagesablauf umzusetzen. Erst wenn ein solches komplexes Angebot in der Praxis besteht und weder an Zuständigkeiten noch an Kosten scheitert, ist der lineare Rückzug des Jugendstrafrechts umsetzbar. Aber auch dann werden – in einem Rechtsstaat – nicht alle Problemfälle jugendlicher Delinquenz lösbar; nur im totalitären Staat gibt es totalitäre Lösungen.

Nur zu wünschen wäre auch ein eigenständiger jugendstrafrechtlicher Deliktskatalog, in dem – weg von der abstrahierenden Dogmatik des Erwachsenenstrafrechts – verständliche Verhaltenserwartungen zum Schutz elementarer Rechtsgüter formuliert sind (ausführlicher *Ostendorf* in: Jugendstrafrechtsreform durch die Praxis, hrsg. vom *Bundesministerium der Justiz*, 1989, S. 332 ff.; s. auch *Sessar* in: Die Einstellung des Strafverfahrens im Jugendrecht, hrsg. von *Walter/Koop*, 1984, S. 36, 37). Die Strafgesetze werden in ihrer Formulierung für die Justiz, nicht für den Bürger gemacht; die Sanktionsbefugnis bestimmt das »Gesicht der Norm« (s. *Ostendorf* in: Sexueller Mißbrauch von Kindern in Familien, hrsg. von *Backe/Leick/Merrick/Michelsen*, 1986, S. 157). Bei der Kurzatmigkeit der derzeitigen Rechtspolitik erscheint der Wunsch aber als Illusion (s. auch *Kaiser* ZRP 1997, 458: »wenig zukunftsträchtig«). Er bleibt nichtsdestotrotz ein Dauerpostulat (ebenso *Schüler-Springorum* Festschrift für Jescheck, 1985, S. 1131; s. auch *Rössner* in: Toleranz – Erziehung – Strafe/Hofgeismarer Protokolle, hrsg. von *Rössner*, 1989, S. 58; *Walter* NStZ 1992, 472 ff.; *ders.* Zbl 1993, 177; *Arbeitskreis II/1 des 22. Deutschen Jugendgerichtstages* DVJJ-Journal 4/1992, S. 281).

§ 1. Persönlicher und sachlicher Anwendungsbereich

(1) Dieses Gesetz gilt, wenn ein Jugendlicher oder ein Heranwachsender eine Verfehlung begeht, die nach den allgemeinen Vorschriften mit Strafe bedroht ist.
(2) Jugendlicher ist, wer zur Zeit der Tat vierzehn, aber noch nicht achtzehn, Heranwachsender, wer zur Zeit der Tat achtzehn, aber noch nicht einundzwanzig Jahre alt ist.

Literatur

Bottke Berücksichtigung kinderdelinquenten Vorverhaltens, in: Festschrift für Friedrich Geerds zum 70. Geburtstag, 1995, S. 263 ff.; *Dünkel* Strafmündigkeitsalter im internationalen Vergleich, RdJB 1999, 291; *Eisenberg* Zur Rechtsstellung von Kindern im polizeilichen Ermittlungsverfahren, StV 1989, 554; *Mayer* Die Vernehmung von Kindern als Beschuldigte im Rechtshilfeverfahren nach dem europäischen Übereinkommen über die Rechtshilfe in Strafsachen, GA 1990, 508; *Frehsee* »Strafverfolgung« von strafunmündigen Kindern, ZStW 100 (1988), 290; *Kolbe* Kindliche und jugendliche Intensivtäter, 1989; *Kreuzer* Kinderdelinquenz und Jugendkriminalität, Zeitschrift für Pädagogik 1983, 49; *Malmström* Die straftatbestandsmäßigen Handlungen von Kindern, 1973; *Meier, B.-D.* Zwischen Opferschutz und Wahrheitssuche, JZ 1991, 638; *Nix* Vorläufige Festnahmen und verbotene Vernehmungsmethoden gegenüber Kindern, Jugendlichen und Heranwachsenden im strafrechtlichen Ermittlungsverfahren, MschrKrim 1993, 183; *Ostendorf* Alternativen zur strafverurteilenden Konfliktserledigung, ZRP 1983, 49; *Pongratz/Schäfer/Weiße* Zusammenhänge zwischen Kinderdelinquenz und Jugendkriminalität, KrimJ 1974, 7; *dies.* Kinderdelinquenz, 2. Aufl.; *Quensel/Schelenz* Steigt die Kriminalität?, MschrKrim 1978, 396; *Remschmidt* Neuere Ergebnisse der Kinderdelinquenz-Forschung, Praxis für Kinderpsychologie und Kinderpsychiatrie 1978, 29; *Remschmidt/Merschmann/Walter* Zum Dunkelfeld kindlicher Delinquenz, MschrKrim 1975, 133; *Schoene* Können Kinder Beschuldigte sein?, DRiZ 1999, 321; *Schwabe/Höllein* Hintergrundsanalyse zur Kinderkriminalität, 1984; *Sigrist* Zur Anwendung der Strafprozeßbefugnisse auf Kinder und Jugendliche, in: Handlungsorientierte Analyse von Kinder- und Jugenddelinquenz, Fachhochschule für Verwaltung und Rechtspflege Berlin, 1983, 372; *Skupin* Die Folgen beim Ausbleiben eines kindlichen oder jugendlichen Zeugen im Strafverfahren, MDR 1965, 865; *Spittler* Die Kriminalität Strafunmündiger, 1968; *Traulsen* Die Bedeutung der Kinderdelinquenz für die Kriminalität der Strafmündigen, NJW 1974, 597; *dies.* Wie sind Gesetzesverstöße bei strafunmündigen Kindern zu beurteilen?, KrimJ 1974, 23; *dies.* Delinquente Kinder und ihre Legalbewährung, 1976; *dies.* Prävention bei delinquenten Kindern, MschrKrim 1978, 386; *dies.* Zur Einstiegsfunktion der Kinderdelinquenz, MschrKrim 1985, 117; *Vormbaum* Anmerkung zu *BayObLG* JR 1992, 163; *Wasmuth* Anmerkung zu *OLG Bamberg*, NStZ 1989, 40; *Wolfslast* Strafrecht für Kinder? Zur Frage einer Herabsetzung der Strafmündigkeitsgrenze, in: Festschrift für Bemmann, 1998, S. 274.

§ 1

Inhaltsübersicht | **Rn.**
I. Altersbedingte Voraussetzungen | 1
II. Straftatvoraussetzungen | 10
III. Verfahrensrechtliche Feststellung der Strafmündigkeit | 11
IV. Rechtsfolgen bei einer unzulässigen Strafverfolgung | 13
V. Internationale Rechtshilfe | 15

I. Altersbedingte Voraussetzungen

Kinder, d. h. Personen unter 14 Jahren, sind strafunmündig (§ 1 Abs. 2, § 19 StGB). Sie handeln nicht nur schuldlos, sondern es fehlt bereits auch an einer Strafverfolgungskompetenz. Die Strafgesetze und damit auch die strafprozessualen Regeln sind nicht anwendbar. 1

Dem entspricht jetzt auch weitgehend die polizeiliche Dienstvorschrift (PDV) 382 »Bearbeitung von Jugendsachen«, 1995. In der Ziffer 3.4.1 heißt es nunmehr: »Kinder können nicht Beschuldigte sein, da sie strafrechtlich nicht verantwortlich sind. Eine Belehrungspflicht gegenüber Kindern besteht nicht, solange sich die Fragen auf die Personalien des Kindes und auf Zustände beziehen, die auch dem Ziel dienen, vormundschaftsgerichtliche und behördliche Erziehungsmaßnahmen anzuregen. Wenn die Fragen darüber hinausgehen und dem Zweck dienen, rechtswidrige Taten zu erforschen, ist ein Kind vorher als Zeuge über sein Zeugnisverweigerungsrecht zu belehren.« In der Nr. 9.1.1 heißt es: »Eine erkennungsdienstliche Behandlung von Kindern nach § 81 b StPO ist unzulässig.« Vormals war eine erkennungsdienstliche Behandlung von Kindern erlaubt, »wenn sie bei Begehung einer rechtswidrigen Tat eine hohe kriminelle Energie gezeigt oder wiederholt rechtswidrige Taten begangen haben und die Gefahr der Wiederholung besteht« (PDV 382, 1987; s. auch Rn. 4). Ebenso ist eine Festnahme gem. § 127 StPO bei Kindern nicht vorgesehen (Nr. 6.1; so aber *Brunner/Dölling* § 1 Rn. 13; *Schlüchter* Strafprozeßrecht, 3.Aufl., S. 102; *Tröndle/Fischer* vor § 32 Rn. 7; *Gössel* Strafverfahrensrecht, 1977, S. 88; *Schoene* DRiZ 1999, 321; wie hier *Hilger* in: Löwe/Rosenberg § 127 StPO Rn. 8; *Roxin* § 31 Rn. 7; *Frehsee* ZStW 100 (1988), 304; *Kleinknecht/Meyer-Goßner* § 127 StPO Rn. 3 a; *Nix* MschrKrim 1993, 186; *OLG Bamberg* NStZ 1989, 40). 2

Die vorgetragenen Begründungen für die strafprozessuale Verfolgung von Kindern überzeugen nicht, z. T. sind sie bereits in sich nicht schlüssig. So wird zur Begründung eines Festnahmerechts von *Brunner* angeführt: »um weitere strafbare Handlungen zu verhindern und die Personalien ihrer gesetzlichen Vertreter und deren eventuelle Straftaten zu klären« (*Brunner* § 1 Rn. 13 unter Hinweis auf *KG* JR 1971, 30). Mit der ersten Begründung wird gerade nicht dem Gesetzeszweck des § 127 StPO entsprochen, näm- 3 lich einen Verdächtigen »dingfest« zu machen, um ihn der strafrechtlichen Verfolgung zu übergeben. Hier wird die zukünftige Gefahrenabwehr herangezogen; auch wenn die Strafe einer neuen Straftat vorbeugen soll, so dienen die strafprozessualen Bestimmungen jedoch allein der Feststellung einer solchen begangenen Straftat. Soweit die Festnahme mit der strafrechtlichen Verfolgung der gesetzlichen Vertreter begründet wird, wird damit eine strafrechtliche Vertreterhaftung eingeführt, die nur im Bereich der Ordnungswidrigkeiten (§§ 29, 30 OWiG) ansatzweise besteht (s. auch *Sigrist* S. 381). Darüber hinaus kann schon vom Wortlaut her ein prinzipiell Unschuldiger nicht zum Beschuldigten (s. § 157 StPO) gemacht werden. Es muß als Begriffsjurisprudenz entlarvt werden, einen minderjährigen Beschuldigten nur faktisch für das Ermittlungsverfahren als solchen zu behandeln (so der Polizeipräsident in West-Berlin, nach *Sigrist* S. 379) oder ihn zunächst nur als bloßen Verdächtigen zu definieren (so *Wieczorek* Kriminalistik 1971, S. 375 für die Wohnungsdurchsuchung gem. § 102 StPO; a. M. *Nack* in: Karlsruher Kommentar, 4. Aufl., § 102 StPO Rn. 1). Insbesondere sprechen gegen eine strafprozessuale Verfolgung von Kindern die repressive Aufgabenstellung der Polizei nach der StPO und die darin eingebundenen besonderen strafprozessualen Befugnisse. Gemäß § 163 StPO haben die Behörden und Beamten des Polizeidienstes »Straftaten« zu erforschen. Straftaten bedeuten menschliche Verhaltensweisen, die mit Strafe bedroht sind. Bis zur Altersgrenze von 14 Jahren wird aber ausnahmslos keine Strafe ausgesprochen. Ansonsten hätte der Begriff »rechtswidrige Tat«, wie er im § 11 Abs. 1 Nr. 5 StGB definiert ist, verwendet werden müssen. Noch deutlicher wird diese Ausgrenzung mit § 152 Abs. 2 StPO durch das dort genannte Legalitätsprinzip zum Ausdruck gebracht, wenn die Verpflichtung aufgestellt wird, »wegen aller verfolgbaren Straftaten einzuschreiten«. Die Strafmündigkeit ist aber – wie bereits festgestellt (Rn. 1) – eine Strafverfolgungsvoraussetzung (h. M.). Ansonsten müßte auch die Anzeige eines eindeutig strafrechtsirrelevanten Verhaltens, wie z. B. des Ehebruchs, polizeilich »bearbeitet« werden. Wie das Strafregistergesetz ein amtliches Vergessen fordert, so verlangt § 1 i. V. m. § 19 StGB ein amtliches Wegschauen (s. bereits *Ostendorf* ZRP 1983, 305; s. aber *Miehe* ZStW 97 [1985], 1011). Wenn faktisch allein aufgrund polizeilicher Feststellung Straftaten Kindern zugerechnet werden, was insbesondere für eine Straffälligkeit im strafmündigen Alter Bedeutung gewinnt, so wird darüber hinaus die Unschuldsvermutung des Art. 6 Abs. 2 MRK nicht in der gesetzlich vorgeschriebenen Weise widerlegt. Nach einer Umfrage messen 55,33 % der Staatsanwälte kinderdelinquentem Vorverhalten eine einstellungserschwerende Bedeutung bei; 65,28 % der Jugendrichter berücksichtigen kinderdelinquentes Verhalten bei der Entscheidung über die Einstellung (s. *Bottke* in Festschrift für Geerds, S. 271 ff.). Der »gesetzliche Nachweis« wird erst aufgrund eines Richterspruchs als Abschluß eines rechtsstaatlichen Verfahrens geführt.

Ein strafunmündiges Kind kann kein Beschuldigter im Sinne des Strafrechts sein (heute h. M., s. *Mayer* GA 1990, 509 m. w. N.).

Hieraus folgt, daß Kinder weder aktenmäßig noch in persönlichem Kontakt mit Strafverfolgungsorganen, erst recht nicht mit strafprozessualen Zwangsmitteln als Beschuldigte behandelt werden dürfen. Aktenmäßige Behandlung als Unschuldige heißt, daß die Staatsanwaltschaft kein Ermittlungsverfahren gegen Kinder einleiten darf, wenn die Strafunmündigkeit feststeht; **die Einleitung des Ermittlungsverfahrens ist bereits abzulehnen**, nicht erst das Ermittlungsverfahren gem. § 170 Abs. 2 StPO einzustellen. Da die Staatsanwaltschaft die Sachleitungsbefugnis für das Ermittlungsverfahren hat, kann sie über generelle Absprachen der Polizei vorgeben, daß in solchen Fällen eindeutiger Strafunmündigkeit bereits auf das Anlegen von polizeilichen Vorermittlungsvorgängen verzichtet wird (insoweit wird die bislang in der 2. Auflage vertretene Meinung modifiziert). Hierfür bieten sich insbesondere die Fälle an, die ansonsten gem. § 45 Abs. 1 entsprechend den Diversionskatalogen eingestellt worden wären. Hier bestehen in der Regel auch keine besonderen Opferinteressen oder Interessen des Kindes, die eine förmliche Bearbeitung und aktenmäßiges Festhalten gebieten würden.

Dies bedeutet auch, daß die **verbotene Beschuldigtenvernehmung nicht durch eine informelle Anhörung ersetzt werden darf** (so aber *Schulz/Berke-Müller/Fabis* § 136 StPO Rn. 44). Dann nämlich werden dem Kind sogar noch die Schutzrechte aus § 136, § 136 a StPO vorenthalten (so bereits *Frehsee* ZStW 100 (1988), 298; s. auch *Baumann* Grundbegriffe und Verfahrensprinzipien des Strafprozeßrechts, 3. Aufl., S. 118). Geraten Kinder in eine Beschuldigtensituation, haben sie Anspruch auf ein faires Verfahren (s. *Bottke* in Festschrift für Geerds, S. 277).

Lediglich als Zeugen dürfen Kinder vernommen werden, und zwar nur als Zeugen für fremde, nicht für eigene Taten, da bei einem Verfahrenshindernis nichts mehr zu ermitteln ist (so aber *Geerds* Vernehmungstechnik, 5. Aufl., S. 155). Bei einer Zeugenvernehmung vor Gericht ist § 241 a StPO zu beachten. Die Ladung hat an jugendliche Zeugen persönlich, an kindliche Zeugen zu Händen der gesetzlichen Vertreter zu erfolgen (s. *Schweckendieck* NStZ 1990, 171). Darüber hinaus setzt das Verhältnismäßigkeitsprinzip Schranken (zum Schutz kindlicher und jugendlicher Zeugen, speziell auch als Opfer von Sexualdelikten s. *Dippel* in: Festschrift für Tröndle, 1989, S. 599 ff.; zum Ausschluß von Zwangsmaßnahmen s. Rn. 10). Soweit die Vernehmung durchgeführt wird, um eine Verletzung der Fürsorge- und Erziehungspflicht gem. § 170 d StGB aufzuklären (s. PDV 382, Nr. 3.5.1), ist in verständlicher Weise auf das Zeugnisverweigerungsrecht gem. § 52 Abs. 1 Nr. 3 StPO hinzuweisen. Auch wenn auf diese Inanspruchnahme verzichtet wird, ist größte Behutsamkeit und Zurückhaltung am Platze, um nicht durch die strafrechtliche Verfolgung die

Eltern-Kind-Beziehungen – gänzlich – zu zerstören. § 52 Abs. 2 StPO ist zu beachten, wobei auch bei Vorliegen dieser Voraussetzungen der/die Minderjährige zu belehren ist (s. *BGH* NStZ 1991, 398; *B.-D. Meier* JZ 1991, 641 m. w. N.); ein Ergänzungspfleger ist im Falle der alleinigen gesetzlichen Vertretung auch dann nicht gem. § 52 Abs. 2 S. 2 StPO erforderlich, wenn der Vertreter sich mit dem Beschuldigten verheiratet hat (umstr., s. *BGH* a. a. O.). Die Einwilligung für ein Glaubwürdigkeitsgutachten bei einem unverständigen Kind erteilt gem. § 81 c Abs. 3 S. 2 StPO der gesetzliche Vertreter; deswegen muß das Kind nicht über ein Untersuchungsverweigerungsrecht informiert werden (BGHSt 40, 336). Zeugenschaftlich ist auch die Frage nach einer Kompensation aufgrund einer vorangegangenen Beleidigung oder Körperverletzung (§§ 199, 233 StGB) von seiten eines strafunmündigen Kindes zu beantworten; hierbei ist bereits umstritten, ob eine Kompensation gegenüber schuldlosen Kindern möglich ist (s. *Lenckner* in: *Schönke/Schröder* § 199 StGB Rn. 6 sowie *Brunner/Dölling* § 1 Rn. 15 jeweils m. w. N.). Da eine Aufrechnung vergleichbare Verfehlungen voraussetzt, ist diese Vergleichbarkeit nicht gegeben, wenn auf der einen Seite schuldlos gehandelt wird. Deshalb kommt die Strafbefreiung bzw. Strafmilderung nur in Betracht, wenn der reagierende Erwachsene von der Schuld des Agierenden ausgegangen ist (ebenso *Eisenberg* § 1 Rn. 2; *Sonnen* in: *D/S/S* § 1 Rd. 20; weitergehend *BayObLG* JR 1992, 1962, wonach die nachvollziehbare Annahme genügt, daß sich der Strafunmündige der Rechtswidrigkeit seines Tuns bewußt war). Der Hinweis auf die Zulässigkeit der Ehrennotwehr (*Brunner/Dölling* § 1 Rn. 15) überzeugt nicht, da § 32 StGB eine Abwehr, nicht eine nachfolgende Reaktion rechtfertigt, zumal die Notwehr hier generell oder doch zumindest tendenziell (so *Lenckner* in: *Schönke/Schröder* § 32 StGB Rn. 52 m. w. N.) ausgeschlossen ist (s. aber *BayObLG* JR 1992, 162 m. abl. Anm. von *Vormbaum*: »Gegenüber einem rein verbalen (ehrverletzenden) Angriff eines Kindes ist Abwehr durch eine Körperverletzung unzulässig«). Zeugenschaftlich ist auch die Vortat für eine Hehlerei (§ 259 StGB) und eine – sachliche – Begünstigung (§ 257 StGB) zu klären, da insoweit nur eine rechtswidrige Vortat Voraussetzung ist. Eine Durchsuchung darf bei Kindern nicht auf § 102 StPO gestützt werden. Ein Ausweichen auf § 103 StPO ist nur dann gestattet, wenn tatsächlich eine andere Person verdächtig ist (s. demgegenüber *OLG Bamberg* NStZ 1989, 40; s. auch PDV 382, Nr. 8.1.1.; wie hier *Wasmuth* NStZ 1989, 40 und *Geppert* JA 1989, StPO, § 102/1; eines Rückgriffs auf das Verhältnismäßigkeitsprinzip bedarf es nicht, so aber *Mayer* GA 1990, 508 Rn. 6). Das Verbot strafprozessualer Zwangsmaßnahmen gegenüber Strafunmündigen gilt auch für die Sicherstellung gem. § 111 b StPO (a. M. *Wasmuth* a. a. O.; kritisch *Geppert* a. a. O.) sowie für das selbständige Sicherungsverfahren gem. den §§ 413 ff. StPO. Auch ist eine erkennungsdienstliche Behandlung gemäß § 81 b StPO, und zwar sowohl für Zwecke der Strafverfolgung als auch für

§ 1

Zwecke der Gefahrenabwehr, bei Kindern untersagt, da diese Maßnahmen nur im Rahmen eines anhängigen Strafverfahrens gegen einen Beschuldigten zulässig sind (ebenso die *Bundesregierung* BT-Drucks. 12/1839, S. 19; *Frehsee* ZStW 100 (1988), S. 303; *Nix* MschrKrim 1993, 186; *Sonnen* in: *D/S/S* § 1 Rn. 21; *Walter-Freise* DVJJ-Journal 1995, 315; *Kleinknecht/Meyer-Goßner* § 81 b StPO Rn. 7; *OVG Münster* NJW 1999, 2690; nur eindeutig hinsichtlich § 81 b 1. Alt. StPO *Eisenberg* § 1 Rn. 4 a: »jedenfalls«; a. M. *Schoene* DRiZ 1999, 323, dagegen überzeugend *Walter* DRiZ 1999, 325). Soweit Maßnahmen zur Identifizierung gem. § 163 b Abs. 2 StPO (gegen unverdächtige Dritte) erlaubt sind, ist das Verhältnismäßigkeitsprinzip bei Kindern besonders zu beachten; erkennungsdienstliche Maßnahmen dürfen gegen ihren Willen bzw. gegen den Willen ihrer gesetzlichen Vertreter nicht durchgeführt werden (§ 163 b Abs. 2, 3. HS StPO). Der Schutz privater Rechte darf gegenüber Strafunmündigen nur über den Weg des Polizeirechts – polizeiliche Assistenz – erfolgen.

Dieses Verbot einer strafprozessualen Verfolgung von Kindern darf auch nicht unter Hinweis auf die präventive Aufgabenstellung der Polizei zur Gefahrenabwehr umgangen werden. Polizeirechtlich ist nur ein Eingreifen zur Verhinderung von Straftaten erlaubt, da sich diese als Störung der öffentlichen Sicherheit – der üblicherweise hinzugefügte Begriff der öffentlichen Ordnung erscheint überholt (s. § 10 AEPolG; § 1 Abs. 1 Bremisches Polizeigesetz vom 21. 3. 1983; § 162 Landesverwaltungsgesetz Schleswig-Holstein vom 2.6.1992; s. auch AK-StGB-*Ostendorf* Vorbemerkung zum 7. Abschnitt Rn. 2) – darstellt. Unmittelbare Eingriffe zur Kriminalitätsverhinderung mit Einschluß der Sicherstellung gestohlener Sachen sind hiernach erlaubt. Weitergehende Maßnahmen, wie Festnahme und Registrierung i. S. einer »vorbeugenden Verbrechensbekämpfung« (§ 5 Abs. 1 BKAG; entsprechende Regelungen in den Länderpolizeigesetzen), setzen eine weitergehende Gefahr voraus. Soweit – nachrangig zu § 81 b 2. Alt. StPO (!) – eine erkennungsdienstliche Behandlung nach den Polizeigesetzen zu präventiven Zwecken erlaubt wird, sind bei Kindern die möglichen negativen Wirkungen i. S. einer frühzeitigen Stigmatisierung zu beachten (*OVG Münster* NJW 1999, 2689). Im Jahre 1992 waren 1986 Kinder in der Datei Erkennungsdienst beim BKA gespeichert.

Eine weitergehende Gefährdung der durch das Strafrecht geschützten Rechtsgüter wird aber mit der Kinderdelinquenz in der Regel nicht angezeigt: Nach einer neueren Untersuchung über einen Zeitraum von zwei Jahren traten fast 4/5 der polizeilich registrierten Kinder nur mit einem einzigen Delikt in Erscheinung (*Thomas* ZRP 1999, 193). Nach der Untersuchung von *Pongratz/Schäfer/Weiße* war in 35 % der Fälle dem Kind das normverletzende Verhalten nicht, in 43 % nur eingeschränkt bewußt (*Pongratz/Schäfer/Weiße* KrimJ 1974, S. 14; *dies.* Kinderdelinquenz, S. 47). Diese überwiegenden Einmaligkeiten sowie das fehlende bzw. eingeschränkte Unrechtsbewußtsein sind kein Indikator für eine Gefährlichkeitsprognose. So wird denn in neueren Untersuchungen übereinstimmend eine Beziehung zwischen der Ersttat im kindlichen Alter zu einer späteren Kriminalität geleugnet (s. *Pongratz/Schäfer/Weiße* KrimJ 1974, S. 16; *dies.* Kinderdelinquenz, S. 88; *Traulsen* NJW 1974, 97; *dies.* KrimJ 1974, S. 23 f.; *Spittler* S. 182: »**Eine Tat in der Kindheit läßt eine gute Prognose zu**«; *Remschmidt* Praxis für Kinderpsychologie und Kinderpsychiatrie 1978, 39). Lediglich wenn im kindlichen Alter sich wiederholt und über einen längeren Zeitraum kriminelle Verhaltensweisen zeigen, ist nach diesen Untersuchungen eine Gefährdung vorhanden (nach einer Aktenauswertung der Hamburger Kriminalpolizei kann allgemein erst ab der vierten Tat eine negative Prognose gestellt werden, s. *Hübner/Quedzuweit* Prognose anhand von Kriminalakten, 1992, S. 92). Auch die Schwere der Tat ist kein Indiz für spätere Delinquenz (*Pongratz/Schäfer/Weiße* KrimJ 1974, 17; *Remschmidt* Praxis für Kinderpsychologie und Kinderpsychiatrie 1978, 39; a. M. *Traulsen* NJW 1974, 599). Methodisch unzulässig ist es, aus einer Lebensanalyse von jugendlichen/heranwachsenden/erwachsenen Straftätern rückblickend aus den ersten Straftaten auf die spätere Kriminalität zu schließen (so aber *Weinschenk* MschrKrim 1984, S. 15 ff.); ebenso frühere Untersuchungen, dargestellt bei *Malmström* S. 40 ff.; dagegen *Ludwig* MschrKrim 1984, 170 ff., und *Traulsen* MschrKrim 1985, 117 ff.). Bei der Ubiquität der Kinder- und Jugendkriminalität müßten ansonsten alle zum Gewohnheitsverbrecher werden. Die **Einstiegs-** ist häufig auch **bereits** die **Ausstiegskriminalität** (s. auch *Müller/Otto* Damit Erziehung nicht zur Strafe wird, 1986, S. 5; *Eisenberg* Bestrebungen zur Änderung des Jugendgerichtsgesetzes, 1984, S. 22; *Schwabe/Höllein* Hintergrundanalyse zur Kinderkriminalität, 1984, S. 38). Daß in Einzelfällen der Anfang einer kriminellen »Karriere« gesetzt wird, rechtfertigt nicht die Stigmatisierung aller, wobei hier ein polizeilicher Verdacht genügt, ohne die Möglichkeit, sich hiervon in einem ordentlichen Verfahren »reinzuwaschen«. Hierbei wird sich die Polizei vielfach mit den Angaben des Anzeigeerstatters begnügen, ohne diese ernsthaft zu prüfen, da ja doch keine Anklage erhoben werden kann; hinzu kommt eine hohe Geständnisbereitschaft, die sich im Jugendstrafverfahren fortsetzt (s. *Hauser* Der Jugendrichter – Idee und Wirklichkeit, 1980, S. 221; w. N. bei *Eisenberg* Bestrebungen zur Änderung des Jugendgerichtsgesetzes, 1984, S. 32). Die bei der Polizei registrierten Kinder bilden in der Tat »eine negative Auslese« (*Traulsen* MschrKrim 1978, 388), wenn man die Kinder als Produkt der sozialen Kontrolle versteht. Eine ausnahmsweise gefährliche Entwicklung ist nur in Zusammenarbeit mit der Jugendsozialarbeit festzustellen; ihr kann auch nur von der Jugend- und Familienhilfe wirksam begegnet werden.

§ 1

Mit § 1 Abs. 2 werden die Begriffe des »Jugendlichen« und »Heranwachsenden« strafrechtlich definiert. Abweichend von dem zivilrechtlichen Volljährigkeitsalter wird im Strafrecht an dem Sonderstatus der 18- bis 21jährigen festgehalten; ebenso gilt das Jugendstrafrecht trotz Volljährigkeitserklärungen (zu rechtspolitischen Bestrebungen, den Anwendungsbereich des JGG weiter auszudehnen, s. Grdl. z. §§ 105-106 Rn. 10). 6

Entscheidend ist das Alter »zur Zeit der Tat«; so kann es geschehen, daß – bei Unverjährbarkeit des Mordes (§ 78 Abs. 2 StGB) – alte Menschen nach dem JGG abgeurteilt werden, z. B. wegen NS-Verbrechen, begangen in der Jugendzeit. Abgestellt wird auf den Zeitpunkt der Tat**handlung**, nicht des Taterfolges, bzw. bei den Unterlassungsdelikten auf den Zeitpunkt der unterlassenen Handlung, da vom Wortlaut her das Tun, das Handlungsunrecht gemeint ist, das für den Strafbarkeitsvorwurf auch allgemein im Mittelpunkt steht; umgekehrt knüpft die Verjährung an die Beendigung, bei Erfolgsdelikten an den Erfolgseintritt, an (s. § 78 a StGB). 7

Bei Dauerdelikten, die zu einer juristischen Tateinheit zusammengefaßt werden, scheiden die Handlungen aus, die vor dem 14. Lebensjahr liegen; juristische Konstruktionen haben die absolute Straffreiheitsgrenze zu beachten (wie hier *Brunner/Dölling* § 1 Rn. 8; *Eisenberg* § 1 Rn. 9; s. auch *Ostendorf* DRiZ 1983, 426 ff.). Zu der Überschneidung anderer Altersstufen s. § 32 Rn. 3. 8

Bei Mittäterschaft oder einer Tatbeteiligung i. S. von Anstiftung oder Beihilfe kommt es darauf an, ob der jeweilige Tatbeitrag im strafmündigen Alter **verwirklicht** wurde (s. § 29 StGB); der Tatplan ist nicht maßgeblich, sondern im Rahmen der Arbeitsteilung der jeweilige objektive Tatbeitrag (h. M.). 9

II. Straftatvoraussetzungen

Das JGG gilt für alle Straftaten i. S. des § 12 StGB, d. h. für alle Verbrechen und Vergehen, auch im Nebenstrafrecht (§ 1 Abs. 1). Spezielle jugendrechtliche Tatbestände gibt es nur zusätzlich in den Jugendschutzgesetzen. Allerdings ist die Verantwortlichkeit gem. § 3 positiv zu begründen und damit eine individualpsychologische Sichtweise gefordert. Die Berücksichtigung der jugendspezifischen Besonderheiten muß aber bereits Konsequenzen für die Feststellung der objektiven Zurechnungsvoraussetzungen haben (s. *Nothacker* Jugendstrafrecht, 2. Aufl., S. 14). In der Rechtsprechung wird z. B. der Einsatz einer Spielzeugpistole als eine Raub-Qualifikation i. S. des § 250 Abs. 1 Nr. 2 StGB – führt der Täter eine Waffe bei sich – gewertet (*BGH* NJW 1976, 248; *BGH* NStZ 1981, 436; *BGH* StV 1986, 19; einschränkend BGHSt 38, 116), ebenso als Qualifika- 10 tion für den Diebstahl mit Waffen gem. § 244 Abs. 1 Nr. 2 StGB (*BGHSt* 24, 339). Zumindest für Jugendliche, die gerade dem Kindesalter entwachsen sind, ist die Benutzung eines solchen Spielgerätes nicht strafschärfend zu bewerten. Die in der Rechtslehre gegen diese Rechtsprechung ansonsten vorgetragenen Argumente (s. *Herdegen* in LK § 250 Rn. 18-20 m. w. N.) verstärken sich gerade bei Jugendlichen, die lediglich die vielfache Spielübung aus Kindestagen fortsetzen. Ebenso problematisch wie praxisrelevant ist der sog. Handtaschenraub. Hier wertet ein Teil der Rechtsprechung (s. *BGHSt* 18, 329; abl. *Tröndle/Fischer* § 249 Rn. 4 m. w. N.; s. auch *Ruß* in: Festschrift für Pfeiffer, 1988, S. 61) eine jugendtypische sportliche Begehungsweise als Gewalt und macht aus dem Diebstahl einen Verbrechenstatbestand (s. bereits *Ostendorf* in: Jugendstrafrechtsreform durch die Praxis, hrsg. vom *Bundesministerium der Justiz*, 1989, S. 332). So ist auch die Anwendung des § 244 a StGB als eine Antwort des Gesetzgebers auf die besonderen Erscheinungsformen der Organisierten Kriminalität auf Jugendbanden problematisch (s. auch *Glaudien* Anm. zu LG Koblenz NStZ 1998, 197). Ebenso wird die Rechtsauffassung, die eine Strafbarkeit wegen Schwarzfahrens gem. § 265 a StGB wegen Fehlens des Tatbestandsmerkmals »Erschleichen« verneint (s. hierzu umfassend *Schall* JR 1992, 1 ff.), aus jugendspezifischer Sicht gestärkt. Die Forderung nach einer jugendadäquaten Gesetzesauslegung gilt insbesondere auch für eine rechtfertigende Einwilligung in Körperverletzungen durch einen Jugendlichen (s. hierzu *BayObLG* NJW 1999, 372 m. Anm. von *Amelung* NStZ 1999, 458) sowie für die subjektiven Zurechnungsvoraussetzungen (Vorsatz oder Fahrlässigkeit sowie evtl. zusätzliche subjektive Tatbestandsmerkmale), d. h., die Reduzierung der psychischen Komplexität im Erwachsenenstrafverfahren (s. *Opp* Soziologie im Recht, 1973, S. 92 ff.; *Krauß* Festschrift für Schaffstein, 1975, S. 417) kann im Jugendstrafverfahren nicht gelten, auch wenn mit denselben Schablonen gearbeitet wird (ebenso *Eisenberg* § 1 Rn. 26). Wenn im Erwachsenenstrafrecht als – umstrittene – Beweisregel für den Eventualvorsatz einer Verletzung formuliert wird, daß »der Täter sein Verhalten trotz äußerster Gefährlichkeit durchführt, ohne auf einen glücklichen Ausgang vertrauen zu können, und wenn er es dem Zufall überläßt, ob sich die von ihm erkannte Gefahr verwirklicht oder nicht« (*BGH* JZ 1981, S. 35 mit krit. Anm. von *Köhler*), so ist zumindest bei Jugendlichen die Möglichkeit zu bedenken, daß sie den Ernst der Situation verkennen oder auf den – unrealistischen – Eintritt glücklicher Umstände »bauen«. Gegenüber Jugendlichen wird im Hinblick auf die Regelbefolgung auch sonst Nachsicht geübt, ohne daß das Regelungssystem als solches in Frage gestellt wird. Sinngemäß findet das JGG über § 46 Abs. 1 OWiG auch für Ordnungswidrigkeiten Anwendung, nicht jedoch für prozessuale Ordnungsmaßnahmen. Hier gelten für Jugendliche und Heranwachsende die allgemeinen Bestimmungen (§ 178 GVG; §§ 51, 70 StPO; §§ 888, 890, 902 Abs. 2 ZPO); soweit die Ordnungsmaßnahmen Strafcharakter haben, d. h. auch nach »Beugung« eingesetzt bleiben, gilt § 3 analog; soweit sie Bußgeldcharakter haben, d. h. ihr Einsatz bei Erfüllung der abverlangten Leistung abgebrochen wird, ist § 12 OWiG analog anzuwenden (s. auch *Ostendorf* Zbl 1983, 570). Da das Schuldprinzip immer gilt (*BVerfGE* 20, 331; s. auch *BVerfGE* 58, 159), dürfen Ordnungsmaßnahmen gegen Kinder nicht verhängt werden (h. M., s. *Brunner/Dölling* § 1 Rn. 4 m. w. N.). Diese Freistellung darf nicht über eine Sanktionierung der Eltern umgangen werden, d. h., gegen Eltern dürfen keine Ordnungsmaßnahmen ergriffen werden, wenn sie ihre Kinder davon abhalten, als Zeugen vor Gericht zu erscheinen (s. *OLG Hamm* NJW 1965, 1613; *KG* JR 1998, 127; *Brunner/Dölling* § 1 Rn. 4 m. w. N.). Allerdings soll eine **Vorführung von Kindern** als Zeugen gem. § 51 Abs. 1 S. 3 StPO zulässig sein (*Kleinknecht/Meyer-Goßner* § 51 Rn. 20; *Brunner/Dölling* § 1 Rn. 4; unbestimmt *Eisenberg* § 1 Rn. 22; a. M. *Skupin* MDR 1965, 865). Dem wird widersprochen. Die Vorführung ist eine Zwangsmaßnahme, die wie die anderen Ordnungsmaßnahmen den Prozeß sichern soll. Dieser staatliche Eingriff erscheint bei Schuldunfähigen regelmäßig **unverhältnismäßig** (ebenso *B.-D. Meier* JZ 1991, 640; *Sonnen* in: *D/S/S* § 1 Rn. 27). Schon die Eignung für die Wahrheitsermittlung erscheint bei zwangsweise vorgeführten Kindern äußerst fraglich. Die Verhältnismäßigkeit als Ausfluß des Rechtsstaatsprinzips ist aber immer zu beachten (s. *Ostendorf* Zbl 1983, 570), ja gilt im Jugendstrafrecht bei prozessualen Eingriffsmaßnahmen – Durchsuchungen (s. *LG Münster* CR 1989, 98), Verhaftungen (s. § 72 Abs. 1) – in besonderer Weise. U. U. ist ein Verzicht auf die Zeugenvernehmung schon von seiten des Gerichts auch mit der Folge eines Freispruchs geboten, wenn dem Kind mit der Vernehmung psychische Schäden zugefügt würden (*BGH* NJW 1993, 2451).

III. Verfahrensrechtliche Feststellung der Strafmündigkeit

Wenn ein Ermittlungsverfahren geführt wurde (s. aber Rn. 4 am Anfang), sei es, weil das Alter nicht eindeutig zu bestimmen war, sei es, daß das Verfahren zunächst gegen Unbekannt geführt wurde, hat die Staatsanwaltschaft die Entscheidung zu treffen, d. h., bei festgestellter Strafunmündigkeit bzw. zweifelhafter Strafmündigkeit ist das Verfahren gem. § 170 Abs. 2 StPO aus rechtlichen Gründen einzustellen. Die Berechnung erfolgt entsprechend den §§ 186 ff. BGB (s. *Brunner/Dölling* § 1 Rn. 10). Sofern sich der Verdacht nicht bestätigt hat, ist die Einstellung zusätzlich aus tatsächlichen Gründen geboten, da derartige Einstellungen häufig später in einem eventuellen neuen Strafverfahren herangezogen werden, auch wenn sie nicht im Erziehungsregister vermerkt sind. Ist das Verfahren – rechtswidrigerweise – nach Anklageerhebung eröffnet, so ist ebenfalls – durch Beschluß – gem. § 206 a StPO bzw. – durch Urteil – gem.

§ 260 Abs. 3 StPO ohne jede Sanktionierung einzustellen; die Einstellung hat nicht gem. § 47 Abs. 1 S. 1 Nr. 4 zu erfolgen (so aber *Baumann/Weber* Strafrecht, 9. Aufl., S. 378), da dort auf § 3 Bezug genommen wird. Zweifel wirken sich immer zugunsten des/der Beschuldigten bzw. Angeklagten aus (s. *Brunner/Dölling* § 1 Rn. 11). Ein Klageerzwingungsverfahren gem. § 172 Abs. 2 StPO ist nur möglich, wenn Zweifel an der Strafmündigkeit des/der Beschuldigten bestehen; wie bei unbekannten Tätern ist ansonsten der Antragsteller lediglich über die Einstellung zu informieren, ohne eine Belehrung gem. § 171 S. 2 StPO (ebenso *Brunner/Dölling* § 1 Rn. 14). Die Informationspflicht gilt analog auch für die Polizei, wenn sie entsprechend der hier vertretenen Ansicht das Ermittlungsverfahren gar nicht erst aufgenommen hat.

12 Problematisch kann die Altersfeststellung bei Ausländern, insbesondere auch bei Angehörigen der Sinti und Roma werden, wenn keine verläßlichen Papiere vorliegen. Um die Altersangaben zu prüfen, wird in der Praxis z. T. ein röntgenologischer Skelettvergleich angestellt (s. *Händel* Bericht von der 62. Jahrestagung der Deutschen Gesellschaft für Rechtsmedizin im Jahre 1983, Kriminalistik 1984, 58). Unabhängig von einer möglichen Gefährdung durch die Strahlenbelastung erscheinen derartige körperliche Untersuchungen im allgemeinen unverhältnismäßig im Hinblick auf den üblichen Tatvorwurf »Diebstahl« oder »Sachbeschädigung«; dies gilt insbesondere für diejenigen, deren Eltern bzw. Angehörige in der Nazi-Zeit wegen ihrer fremden Rasse verfolgt, z. T. als Menschenmaterial zu »wissenschaftlichen« Experimenten benutzt wurden.

IV. Rechtsfolgen bei einer unzulässigen Strafverfolgung

13 Wird gegen Kinder eine Verurteilung nach dem JGG ausgesprochen, so ist diese Entscheidung nichtig. Da das Strafrecht prinzipiell nicht auf Kinder angewendet werden darf, ist die Entscheidung mit einem so offenkundigen Fehler behaftet, daß das Urteil gegenstandslos sein muß (wie hier *Potrykus* § 1 Anm. 4; *ders.* NJW 1953, 93; *Nothacker* S. 199; *Sonnen* in: D/S/S § 1 Rn. 25; *Bottke* in Festschrift für Geerds, S. 265; a. M. *Brunner/Dölling* § 1 Rn. 12; zw. *Eisenberg* § 1 Rn. 33). Hierbei kommt es nicht darauf an, ob die Entscheidung auf einer falschen Einschätzung von Tatsachen oder von Rechtsvorschriften ergeht (so aber *Dallinger/Lackner* § 1 Rn. 20, 21; *Brunner/Dölling* § 1 Rn. 12; *Eisenberg* § 1 Rn. 34, 35), da das Ergebnis die offenkundige Rechtswidrigkeit widerspiegelt, nicht die Begründung. Die Entscheidung ist auch nichtig, wenn ein Jugendlicher wie ein Erwachsener behandelt, eine Sanktion aus dem Erwachsenenstrafrecht verhängt wurde und umgekehrt (anders die h. M., s. *BGH* MDR 1954, 400; *OLG Hamburg* NJW 1952, 1150, allerdings unter Hinweis auf § 20 a. F., nach dem unter besonderen Umständen gegen Jugendliche auch das

allgemeine Strafrecht angewandt werden konnte, s. Grundlagen vor §§ 1 und 2 Rn. 2; *Lackner* GA 1955, 39; *Brunner/Dölling* § 1 Rn. 12; *Kleinknecht/Meyer-Goßner* Einleitung Rn. 108; unklar *Eisenberg* § 1 Rn. 33, 35; wie hier *Nothacker* S. 199).

Der Streit über Nichtigkeit oder »bloße« Rechtswidrigkeit hat aber weitgehend akademischen Charakter. Da das Urteil formal existent ist, besteht die Gefahr, daß ohne einen Aufhebungsakt die Vollstreckung erfolgt, auch wenn die Nichtigkeit gerade von den Vollstreckungsorganen zu beachten ist. Auch droht die Fortexistenz in den Registern. Um den Spruch »aus der Welt« zu schaffen, sind daher **Berufung und Revision**, unter den Voraussetzungen des § 359 StPO auch die **Wiederaufnahme** zulässig (s. *Roxin* § 50 Rn. 33; *Eisenberg* § 1 Rn. 37). Letztlich muß mit der Gnadenentscheidung abgeholfen werden. 14

V. Internationale Rechtshilfe

Die Rechtshilfe richtet sich nach dem Gesetz über die internationale Rechtshilfe in Strafsachen (IRG) vom 23.12.1982 (BGBl I, 2071). Zusätzlich sind völkerrechtliche Abkommen zu beachten. Hierbei ist zwischen der Rechtshilfe im Ausland für die deutsche Justiz und der Rechtshilfe im Inland für ausländische Justiz zu unterscheiden. 15

Für Deutsche gilt das Auslieferungsverbot (Art. 16 Abs. 2 S. 1 GG). Sofern bei konkurrierender Zuständigkeit die deutsche Justiz eine abschließende Strafentscheidung gegen Ausländer getroffen hat, wozu auch die Einstellung gem. den §§ 45, 47 gehört, oder die Verfolgung oder Vollstreckung nach deutschem Recht verjährt ist, ist eine Auslieferung ebenso unzulässig (§ 9 Nr. 1, 2 IRG). Unzulässig ist ebenfalls die Auslieferung eines Kindes zum Zwecke der Strafverfolgung, weil diese den wesentlichen Grundsätzen der deutschen Rechtsordnung gem. § 73 IRG (ordre-public-Klausel) widersprechen würde. 16

Die Vollstreckung ausländischer Strafurteile gegen Deutsche ist nur mit deren Einverständnis zulässig (§§ 48 Nr. 2, 49 Abs. 2 IRG). Gegen einen zur Tatzeit noch nicht Vierzehnjährigen ist die Vollstreckung unzulässig (§ 49 Abs. 1 Nr. 3 IRG). Ansonsten muß das ausländische Strafurteil gem. § 55 IRG (»Exequatur-Entscheidung«) durch die Jugendkammer (wie hier *Brunner/Dölling* § 1 Rn. 5 c; *Eisenberg* § 1 Rn. 30 c; a. M. *KG* NStZ 1999, 196) für vollstreckbar erklärt werden. Hierbei ist § 54 Abs. 3 IRG zu beachten; bei Heranwachsenden ist § 105 gesondert zu prüfen. Auch die Vollstreckung richtet sich nach dem JGG. 17

Die eventuelle Vollstreckung eines deutschen Strafurteils im Ausland richtet sich nach § 71 IRG, wobei zwischen der Vollstreckung gegen 18

Ausländer und gegen Deutsche unterschieden wird. Die Vollstreckung einer freiheitsentziehenden Sanktion darf nur mit richterlicher Zustimmung erfolgen (§ 71 Abs. 4 IRG). Hierfür muß die Vergleichbarkeit der Vollzugsbedingungen entscheidend sein. Vollzugsnachteile sollten nur in Kauf genommen werden, wenn der/die Verurteilte damit einverstanden ist.

19 Die sonstige Rechtshilfe richtet sich nach den §§ 59 ff. IRG sowie dem Europäischen Übereinkommen über Rechtshilfe in Strafsachen vom 20. April 1959, dem gemäß § 1 Abs. 3 IRG Vorrang zukommt. Hinsichtlich der Altersgrenze läßt sich für die Anwendung des ordre public keine eindeutige Regel aufstellen, zumal auch in den Mindestgrundsätzen der Vereinten Nationen für die Jugendgerichtsbarkeit (ZStW 99 [1987], 259) keine Vorgaben enthalten sind (s. hierzu *OLG Stuttgart* NJW 1985, 573; *OLG Schleswig* NStZ 1989, 537 m. zust. Anm. von *W. Walter* ; abl. *Mayer* GA 1990, 508).

20 Zur Anwendung des § 456 a StPO s. §§ 91-92 Rn. 2.

§ 2. Anwendung des allgemeinen Rechts

Die allgemeinen Vorschriften gelten nur, soweit in diesem Gesetz nichts anderes bestimmt ist.

Inhaltsübersicht Rn.
- I. Anwendungsbereich — 1
- II. Vorrangigkeit des JGG
  1. aufgrund negativer gesetzlicher Regelung — 2
  2. aufgrund positiver gesetzlicher Regelung — 3
  3. aufgrund des allgemeinen Gesetzesziels des JGG — 4
- III. Allgemeine Vorschriften
  1. Strafrechtsgesetze — 5
  2. Ordnungswidrigkeitengesetz — 6
  3. Verwaltungsvorschriften — 7

I. Anwendungsbereich

Aufgrund der vorgezogenen systematischen Stellung gilt § 2 i. V. m. § 1 für alle strafrechtlichen Verfolgungen von Jugendlichen und Heranwachsenden (h. M.), wobei in den §§ 104, 109 und 112 abweichende Konkretisierungen erfolgt sind. Eine Parallelvorschrift findet sich in § 10 StGB. 1

II. Vorrangigkeit des JGG

1. aufgrund negativer gesetzlicher Regelung

Ausdrücklich sind in den §§ 79 bis 81 Vorschriften des allgemeinen Verfahrensrechts ausgeschlossen. 2

2. aufgrund positiver gesetzlicher Regelung

Überall dort, wo eine Bestimmung im JGG vom Wortlaut und Sinngehalt her eine besondere Regelung trifft, die von der strafrechtlichen Regelung für Erwachsene abweicht, geht diese Bestimmung vor. Dies kann im Einzelfall streitig sein, wenn unterschiedliche Begriffe verwendet werden. So ist der Begriff der Strafe im JGG auf die Jugendstrafe als Freiheitsstrafe im Unterschied zum Erwachsenenstrafrecht verengt (§§ 5, 13 Abs. 3). Trotzdem gilt z. B. das Verschlechterungsgebot (§§ 331, 358 Abs. 2 StPO) auch für die anderen jugendrechtlichen Sanktionen (s. *Brunner/Dölling* § 2 Rn. 4). Diese Ausgrenzung ist bei den einzelnen Bestimmungen zu diskutieren. 3

3. aufgrund des allgemeinen Gesetzesziels des JGG

4 Der Vorrang des JGG gilt auch im Hinblick auf sein allgemeines Gesetzesziel »jugendadäquates Präventionsstrafrecht« (s. Grdl. z. §§ 1-2 Rn. 4). Dies führt einmal zu Konkretisierungen von Rechtsbegriffen aus dem allgemeinen Strafrecht, z. B. für eine Pflichtverteidigerbestellung gem. § 140 Abs. 2 StPO (s. § 68 Rn. 7 bis 10). Dies kann auch zu einem Ausschluß von Bestimmungen führen, z. B. zum Verbot einer öffentlichen Zustellung gem. § 40 StPO (s. im einzelnen § 48 Rn. 7). Keineswegs darf die Definition eines Erziehungsstrafrechts zu einer Zurücknahme von rechtsstaatlichen Prinzipien zum Schutze des/der Beschuldigten führen. Es bleibt, daß auch im Jugendstrafrecht mit Interesseneinbußen reagiert wird, es bleibt der strafende Charakter erhalten (s. *Bottke* ZStW 95 [1983], 69 ff.). So bleibt es beispielsweise auch im Jugendstrafverfahren primäre Verteidigeraufgabe, den strafenden Zugriff des Staates abzuwehren (s. § 68 Rn. 3). Im Einzelfall ist es eine Gratwanderung zwischen der besonderen verfahrensrechtlichen Fürsorgepflicht, aufgrund derer dem/der Jugendlichen seine/ihre Handlungsmöglichkeiten und Handlungsalternativen aufzuzeigen sind, und einer verbotenen Einflußnahme auf die Aussagefreiheit (s. *Brunner/Dölling* § 2 Rn. 10; *Eisenberg* § 2 Rn. 6).

III. Allgemeine Vorschriften

1. Strafrechtsgesetze

5 Subsidiär gelten alle Strafrechtsvorschriften, d. h. StGB, das Nebenstrafrecht, StPO, GVG, StVollzG, Opferentschädigungsgesetz, Gesetz über die Entschädigung von Strafverfolgungsmaßnahmen, Straffreiheitsgesetze. Hierbei ist eine jugendadäquate Gesetzesanwendung und Gesetzesauslegung geboten (s. *Ostendorf* in: Jugendstrafrechtsreform durch die Praxis, hrsg. vom *Bundesministerium der Justiz*, 1989, S. 333; s. auch § 1 Rn. 10). Dies gilt insbesondere für die Berücksichtigung des Verhältnismäßigkeitsgrundsatzes im Ermittlungsverfahren; was für den schwersten Eingriff, die U-Haft, ausdrücklich festgeschrieben ist (s. § 72 Rn. 5-8), muß auch für andere prozessuale Eingriffe gelten (zur Einschränkung von Durchsuchungen bei jugendlichen »Raubkopierern« s. *LG Münster* CR 1989, 928 mit kritischer Anm. von *Etter; AG Nordenham* CR 1991, 232: Durchsuchung und Beschlagnahme bei einem 16jährigen beschuldigten Raubkopierer sind unverhältnismäßig). Wenn eine Durchsuchung angeordnet ist, muß sie sich auf das Zimmer des Jugendlichen/Heranwachsenden beschränken, darf nicht auf die Familienwohnung ausgedehnt werden (zur anderen Praxis s. *Nelles* StV 1991, 488)

2. Ordnungswidrigkeitengesetz

Die Vorrangstellung des JGG besteht – naturgemäß – nur für Strafrechtsgesetze; umgekehrt mußte so im OWiG (§ 46 Abs. 1) auf die Anwendung des JGG verwiesen werden, soweit hier das OWiG keine abweichende Regelung trifft. Ein besonderer Hinweis ist für die Vollstreckung einer festgesetzten Geldbuße gegen Jugendliche und Heranwachsende im § 98 OWiG erfolgt; diese Vollstreckungsanordnung kann bereits im Urteil oder Beschluß getroffen werden (§ 78 Abs. 4 OWiG). Im Hinblick auf die häufig, wenn nicht in der Regel eingeschränkten wirtschaftlichen Verhältnisse des jugendlichen/heranwachsenden Betroffenen, die gem. § 17 Abs. 3 S. 2 OWiG bereits bei der Festsetzung der Geldbuße zu berücksichtigen sind, sollte von dieser Anordnungskompetenz häufiger Gebrauch gemacht werden (s. auch *Bohnert* Ordnungswidrigkeiten und Jugendrecht, 1989, S. 10). Die Höhe der Geldbuße darf nicht von erzieherischen Gründen abhängig gemacht werden (s. *OLG Düsseldorf* NZV 1992, 418). Wichtig sind die Änderungen im § 98 OWiG, die mit dem 1. JGGÄndG eingeführt worden sind: Gem. § 98 Abs. 2 OWiG n. F. darf ein Jugendarrest bei einer Bußgeldentscheidung eine Woche nicht übersteigen, wobei dem/der Jugendlichen/Heranwachsenden vor der Verhängung Gelegenheit zur mündlichen Äußerung vor dem Richter zu geben ist. Gem. § 98 Abs. 3 OWiG, der neu eingefügt worden ist, darf wegen desselben Betrages ein Jugendarrest nicht wiederholt angeordnet werden; der Richter hat von der Vollstreckung des Jugendarrestes abzusehen, wenn der/die Jugendliche/Heranwachsende nach Verhängung der Weisung nachkommt oder die Geldbuße zahlt. Für das Einspruchsverfahren wird im § 78 Abs. 2 OWiG ausdrücklich auf die Verfahrensbestimmungen im § 78 Abs. 3 verwiesen.

3. Verwaltungsvorschriften

Ebenso hat § 2 keine unmittelbare Bedeutung für Verwaltungsvorschriften (a. M. *Brunner/Dölling* § 2 Rn. 8; *Eisenberg* § 2 Rn. 12; *Nothacker* Zbl 1985, 107). Verwaltungsvorschriften wie sonstige staatliche Akte stehen einem Gesetz grundsätzlich hintenan: Vorrang des Gesetzes (abgeleitet aus Art. 20 Abs. 3 GG). Verwaltungsvorschriften binden zudem nur die Verwaltungsangehörigen; die Richter sind hiervon aufgrund ihrer Unabhängigkeit (Art. 97 GG) ausgenommen. Darüber hinaus gebietet das Prinzip des Vorbehalts des Gesetzes, daß alle staatlichen Eingriffe in Freiheit oder Eigentum des Bürgers einer gesetzlichen Grundlage bedürfen (zu den Auswirkungen s. z. B. § 70 Rn. 3, § 93 Rn. 1, 2).

Zweiter Teil. Jugendliche

Erstes Hauptstück.　　Verfehlungen Jugendlicher und ihre Folgen

Erster Abschnitt.　　Allgemeine Vorschriften

Grundlagen zu § 3
1. Systematische Einordnung

§ 3 stellt im JGG die einzige Bestimmung dar, mit der Straftatvoraussetzungen abweichend vom Erwachsenenstrafrecht geregelt werden (s. auch § 1 Rn. 10; zur fehlerhaften Einordnung in der Praxis s. Rn. 4), wenn man die Konkurrenzregeln der §§ 31 und 32 – richtigerweise – dem Sanktionenrecht zuordnet (s. Grdl. z. §§ 31-32 Rn. 1). Abweichend von § 20 StGB ist hier die Schuldvoraussetzung positiv festzustellen; hierbei ist neben der psychiatrisch-psychologischen Diagnose gem. § 20 StGB eine entwicklungspsychologische Einstufung des/der Beschuldigten gefordert. Man spricht auch von einer relativen Strafmündigkeit (s. *Dallinger/Lackner* § 3 Rn. 1), während die Strafmündigkeit mit 18 Jahren unabhängig von dem Entwicklungsstand begründet wird, insoweit absolut ist.

1

2. Historische Entwicklung

In ihrem Kern stammt die Vorschrift aus dem StGB des Jahres 1871 (§ 56 a. F.), aus einer Zeit also, in der die Jugendlichen ab 12 Jahren mit den Sanktionen des Erwachsenenstrafrechts – strafmildernd – bestraft wurden (zur geschichtlichen Entwicklung s. *Lempp* DVJJ-Journal 1997, 369 ff.). Erforderlich war die geistige Einsicht in die Strafbarkeit bei Tatbegehung. Im JGG 1923 (§ 3) wurde auch das sittliche Urteilsvermögen sowie die entsprechende Willenskraft verlangt, nur in negativer Formulierung. Die heutige positive Formulierung wurde mit dem JGG 1943 eingeführt, was im Ergebnis zwar keinen Unterschied macht, aber für die Prüfung einen positiven Anstoß gibt; *Eisenberg* § 3 Rn. 3); gleichzeitig wurde jetzt auf

2

das »Unrecht der Tat« Bezug genommen, während vormals das »Ungesetzliche der Tat« erkennbar sein mußte (zu den Konsequenzen für die Rechtsanwendung s. § 3 Rn. 7). Diese Umformulierungen und Erweiterungen im Gesetzgebungsverfahren sprechen gegen die Annahme eines historischen Relikts (so aber *Bresser* ZStW 62 [1950], 590; *Hellmer* NJW 1964, 179).

3. Gesetzesziel

3   Mit § 3 wird die Prüfung der strafrechtlichen Verantwortlichkeit der 14- bis 18jährigen vorgeschrieben. Diese kann erst im Einzelfall festgestellt werden. Der Gesetzgeber spricht keine Präferenz für den Einsatz des Strafrechts als Instrument der Sozialkontrolle aus; er läßt die Entscheidung offen. Zwar sollen die strafrechtlichen Verhaltensanweisungen generell auch für diesen Personenkreis – wie auch für absolut Strafunmündige – gelten; nur die strafrechtlichen Sanktionen werden bei strafrechtlicher Unreife für verfehlt angesehen; statt dessen sind Jugendhilfe- oder vormundschaftsrichterliche Maßnahmen zu treffen oder ist gänzlich auf eine staatliche Reaktion zu verzichten. Da auch mit dem Jugendstrafrecht eine **ethische Mißbilligung der Tat** ausgesprochen wird, die dem Täter zugerechnet wird, würde eine Bestrafung zudem nach traditioneller Ansicht dem Schuldprinzip widersprechen. Auch das Jugendstrafrecht ist nach dem normativen Schuldbegriff ein Schuldstrafrecht, das den Vorwurf erlaubt: »Du hättest dich entsprechend den gesetzlichen Verhaltensanweisungen verhalten können« (s. *M.-K. Meyer* Zbl 1984, 448). Auch wenn damit die Personalisierung des Unrechts mit einer Individualisierung der Verantwortlichkeit gleichgesetzt wird, setzt dies Schuldfähigkeit voraus, von der ohne Prüfung im einzelnen bei dieser Altersgruppe nicht ausgegangen werden kann. Hierbei wird wie im Erwachsenenstrafrecht unterstellt, daß es überhaupt Schuld geben kann, wird Freiheit vorausgesetzt, obwohl diese naturwissenschaftlich nicht beweisbar ist (s. hierzu *Ostendorf* Das Recht zum Hungerstreik, 1983, S. 181 ff. m. w. N.). Aber auch ein von diesem normativen Schuldbegriff abweichender kriminalpolitischer Schuldbegriff will die individuelle Verantwortlichkeit nicht ablösen, stützt die kriminalpolitisch begründete Exkulpation auf die »fehlende Motivierbarkeit« (s. *Roxin* in: Festschrift für Bockelmann, 1979, S. 298); auch eine allein generalpräventiv gedeutete Schuldlehre kann Schuldunfähige als bloß lästige Störfaktoren nur im Hinblick auf die allgemeine Erwartung an Verantwortlichkeit definieren (s. *Jakobs* Recht und Staat 452/453 [1976], 17; *Streng* ZStW 92 [1980], 654), wobei dieser Ansatz im Jugendstrafrecht wegen des Verbots einer generalpräventiven Rücksichtnahme nicht akzeptabel ist. Demgegenüber ist der individualpräventive Ansatz dahin zu erweitern, daß hier i. S. einer positiven Spezialprävention auf Strafe verzichtet wird, nicht nur, weil Strafe hier sinnlos, sondern auch schädlich wäre.

4. Justizpraxis

Obwohl in der Rechtslehre überwiegend häufiger von einem Fehlen der Verantwortlichkeit als von dem Vorhandensein ausgegangen wird (s. *Schaffstein/Beulke* § 7 I.; *Miehe* Zbl 1982, 89; *Kaufmann/Pirsch* JZ 1969, 364; für 14- und 15jährige sowie für bestimmte Tat- und Tätergruppen *Dallinger/Lackner* § 3 Rn. 7-17; *Eisenberg* § 3 Rn. 22-30; ebenso *Potrykus* § 3 Vorbem. 2), wird § 3 in der Justizpraxis nur eine geringe Bedeutung zugemessen. Ganz überwiegend wird mit Leerformeln die strafrechtliche Verantwortlichkeit bejaht (s. das typische Beispiel von *Kreissel* in: Jugendstrafe an Vierzehn- und Fünfzehnjährigen, hrsg. von *Albrecht/Schüler-Springorum*, 1983, S. 119), wenn sie überhaupt geprüft wird: Von 401 Verurteilungen Jugendlicher wurde in 79 Entscheidungen hierzu kein Wort ausgeführt (s. *Knoll* Empirische Untersuchungen zur jugendrichterlichen Sanktionswahl, 1978, S. 77). Nach einer Auswertung von 276 Verfahrensakten wurden in 22,8 % der Urteilsbegründungen keine Reifefeststellung gem. § 3 getroffen (s. *Momberg* MschrKrim 1982, 73). In einer anderen Untersuchung von 202 Urteilen fanden sich in 8,2 % der Fälle gar keine Ausführungen zu § 3, in 7,2 % der Fälle wurde die Strafmündigkeit nur nebenbei erwähnt, in 27,5 % der Fälle wurden formelhaft Zweifel an der Verantwortlichkeit verneint, in 13,5 % der Fälle wurde lediglich der Gesetzeswortlaut zitiert (*Ludwig* in: Jugendstrafe an Vierzehn- und Fünfzehnjährigen, hrsg. v. *Albrecht/Schüler-Springorum*, 1983, S. 101). In einer weiteren Untersuchung von 156 Jugendstrafakten zweier Amtsgerichte wurde nur einmal die strafrechtliche Verantwortlichkeit abgelehnt, wobei in fünf Fällen sogar die Polizei die Schuldvoraussetzung verneint hatte (*Keller/Kuhn/Lempp* MschrKrim 1975, 153). Nach einer Analyse aller Höchststrafenurteile (10 Jahre Jugendstrafe) aus den Jahren 1987 bis 1996 (23 verurteilte jugendliche Täter) wurde nur für zwei Verurteilte eine umfassende Prüfung des § 3 durchgeführt (s. *Schulz* Die Höchststrafe im Jugendstrafrecht [10 Jahre] – eine Analyse der Urteile von 1987-1996, bislang unveröffentlichtes Manuskript, S. 93). Der Vorwurf der Nichtbeachtung trifft hiernach bereits die Jugendgerichtshilfe (*Keller* S. 16, 17); nach *Momberg* (MschrKrim 1982, 73) fehlte in den Jugendgerichtshilfeberichten in 33,7 % der Fälle eine Stellungnahme zu § 3. Die Jugendstrafreife bei Mädchen wird offensichtlich noch seltener angezweifelt (s. *Schönfelder* RdJB 1972, 331). Daß § 3 in der Justizpraxis vielfach nicht ernstgenommen wird, zeigt auch die vielfach falsche rechtliche Einordnung: Nach einer Analyse von 135 Strafurteilen gegen Jugendliche, die aufgrund eines Sachverständigengutachtens ergangen waren, wurde § 3 zu einem »erheblichen« Teil erst im Anschluß an die Feststellung der Strafbarkeit geprüft, z. T. wurde § 3 bei der Schilderung der persönlichen Verhältnisse erörtert (s. *Beckmann* S. 10). So wird denn auch von den Sachverständigen regelmäßig die Verantwortungsunreife nur im Zusammenhang mit der Annahme eines Schuldausschlusses gem. § 20 StGB begründet (s. *Kaufmann/ Pirsch* JZ 1969, 363; *Beckmann* S. 74). Der Grund ist aber nicht darin zu sehen, daß eine altersbedingte Unreife allein nur selten vorkommt (so *Beckmann* S. 73), sondern darin, daß nur dann ein Sachverständiger beauftragt wird, wenn Anzeichen für eine Schuldunfähigkeit aus psychiatrisch-psychologischer Sicht vorliegen (so auch die Praxis in der ehemaligen DDR, s. *Littmann/Pötschulat/Szewczyk* MschrKrim 1993, 17 ff.).

5. Rechtspolitische Einschätzung

5 Die derzeitige Praxis, § 3 nicht zu »praktizieren«, muß nachdrücklich kritisiert werden (s. auch *Keller* S. 49; *Zieger* StV 1982, 311). Statt auf Änderung zu drängen, wird sie aber z. T. akzeptiert, ja gutgeheißen, da der gesetzliche Anspruch unerfüllbar sei (so *Bresser* ZStW 74 [1962], 579 ff.; *ders.* Grundlagen und Grenzen der Begutachtung jugendlicher Rechtsbrecher, 1962, S. 269). Die Schwierigkeiten für eine überzeugende Feststellung der Verantwortungsreife sollen nicht geleugnet werden (s. § 3 Rn. 12), das Gesetz schreibt aber diese positive Feststellung vor und dies aus gutem Grund. Solange die allgemeinen Schuldausschließungsgründe gem. § 20 StGB so restriktiv formuliert sind, ist für Jugendliche eine zusätzliche Prüfung geboten (für eine Lösung über die allgemeinen Schuldausschließungsgründe aber *Beckmann* S. 75). Der mißbilligende Strafausspruch mit seinen stigmatisierenden Wirkungen darf nur denjenigen treffen, der nach allgemeiner Überzeugung sich auch in Freiheit entscheiden kann. Verfahrensrechtlich ist im § 47 Abs. 1 S. 1 Nr. 4 hierfür ausdrücklich ein Ausweg vorgesehen, auch wenn dieser bedenklich ist und geschlossen werden sollte (s. § 3 Rn. 16; ebenso *Arbeitsgruppe Jugendrecht der Universität Bremen* Stellungnahme zum Arbeitsentwurf eines Gesetzes zur Änderung des JGG, 1983, S. 15); allerdings sollte die selbständige Anordnungskompetenz gem. § 3 S. 2 bestehenbleiben. Da die Mehrzahl der Delikte Jugendlicher Bagatellcharakter hat und da in diesen Fällen das Verhältnismäßigkeitsprinzip eine in die Intimsphäre eingreifende Begutachtung durch einen Sachverständigen verbietet (s. § 3 Rn. 14), bedeutet dies, daß § 3 bei richtiger Beachtung zu einer »echten« Umgehung des Strafverfahrens führt und allein Jugendhilfe- sowie vormundschaftsrichterliche Maßnahmen zulässig sind – ein anderer, **der erste Einstieg in die Diversion**. Eine »pädagogische Lücke« (s. *Merguet* MschrKrim 1958, 102) besteht nicht einmal theoretisch. Daß die Beendigung des Strafverfahrens in einer einfühlenden, pädagogischen Weise zu erklären ist, erscheint selbstverständlich.

6 Auch erscheint der Vorschlag nicht überzeugend, die Verantwortlichkeit de lege ferenda in eine Erziehungsverantwortlichkeit für Erziehungsmaßregeln und Zuchtmittel sowie in eine Strafverantwortlichkeit für die Ju-

gendstrafe aufzuteilen (so *Lenckner* S. 249; *Schaffstein* ZStW 77 [1963], 207; *Schlüchter* Plädoyer für den Erziehungsgedanken, 1994, 106; *Miehe* Zbl 1982, 89); *Brunner* will hiernach bereits nach geltendem Recht verfahren (*Brunner/Dölling* § 3 Rn. 3; hiergegen bereits *Eisenberg* § 3 Rn. 11, 22; ebenso *Streng* DVJJ-Journal 1997, 384). Auch Erziehungsmaßregeln und Zuchtmittel sind strafrechtliche Sanktionen und bleiben es, da sie eine **Verurteilung der Tat** mit allen ihren Konsequenzen voraussetzen. Soweit ein Widerspruch zwischen der Feststellung der Verantwortungsreife und Zuschreibung »schädlicher Neigungen« gem. § 17 Abs. 2 angenommen wird (*Hellmer* Schuld und Gefährlichkeit im Jugendstrafrecht, 1962, S. 46 ff.; s. auch *Bottke* Generalprävention und Jugendstrafrecht aus kriminologischer und dogmatischer Sicht, 1984, S. 39), ist die Lösung in der Auflösung des Begriffs der »schädlichen Neigungen« zu suchen (s. § 17 Rn. 3). Somit ist an § 3 auch in Zukunft festzuhalten (ebenso *Böhm* Einführung in das Jugendstrafrecht, 2. Aufl., S. 34), zumal sich gerade bei der strafrechtlichen Verfolgung junger Ausländer ein vergrößerter Anwendungsbereich zeigt (s. § 3 Rn. 7).

§ 3. Verantwortlichkeit

Ein Jugendlicher ist strafrechtlich verantwortlich, wenn er zur Zeit der Tat nach seiner sittlichen und geistigen Entwicklung reif genug ist, das Unrecht der Tat einzusehen und nach dieser Einsicht zu handeln. Zur Erziehung eines Jugendlichen, der mangels Reife strafrechtlich nicht verantwortlich ist, kann der Richter dieselben Maßnahmen anordnen wie der Familien- oder Vormundschaftsrichter.

Literatur

Beckmann Die Bestimmung der strafrechtlichen Verantwortlichkeit nach § 3 JGG, 1969; *Bernsmann* Zum rechtlichen Umgang mit psychisch kranken Jugendlichen, in: Grundfragen des Jugendkriminalrechts und seiner Neuregelung, hrsg. vom Bundesministerium der Justiz, 1992, S. 205; *Bohnert* Strafmündigkeit und Normkenntnis, NStZ 1988, 249; *Bresser* Jugendzurechnungsfähigkeit oder Strafmündigkeit?, ZStW 74 [1962], 579; *ders.* Grundlagen und Grenzen der Begutachtung jugendlicher Rechtsbrecher, 1962; *Heim* Jugendstrafverfahren: Psychiatrisch-psychologische Behandlung am Beispiel von Aggressionstätern, StV 1988, 318; *Hellmer* Schuld und Gefährlichkeit im Jugendstrafrecht, 1962; *H. Kaufmann/Pirsch* Das Verhältnis von § 3 JGG zu § 51 StGB, JZ 1969, 358; *Keller* Die Entscheidung nach § 3 JGG, 1974; *Keller/Kuhn/Lempp* Untersuchungen über die Entscheidungen gemäß §§ 3 und 105 JGG an süddeutschen Amtsgerichten im Jahre 1969, MschrKrim 1975, 153; *Lempp* Das Problem der Strafmündigkeit aus kinder- und jugendpsychiatrischer Sicht, RdJB 1972, 326; *ders.* Die Beurteilung der Strafreife im geschichtlichen Überblick und ihre Beziehung zur Jugendpsychiatrie, DVJJ-Journal 1997, 369; *Lenckner* Strafe, Schuld und Schuldfähigkeit, in: Handbuch der forensischen Psychiatrie, Bd. I, 1972, S. 249; *Lösel/Bliesener* Zur Altersgrenze strafrechtlicher Verantwortlichkeit von Jugendlichen aus psychologischer Sicht, DVJJ-Journal 1997, 387; *Oehler* Zur strafrechtlichen Verantwortlichkeit Jugendlicher, Münchener Medizinische Wochenschrift 1965, S. 174; *Ostendorf* Die Prüfung der strafrechtlichen Verantwortlichkeit gem. § 3 JGG – der erste Einstieg in die Diversion, JZ 1986, 664; *Peters* Die Beurteilung der Verantwortungsreife, in: Handbuch der Psychologie, 11. Bd., 1967, S. 260; *Schaffstein* Die Jugendzurechnungsfähigkeit in ihrem Verhältnis zur allgemeinen Zurechnungsfähigkeit, ZStW 77 [1963], 191; *Schönfelder* Psychobiologische Kriterien der Jugendstrafreife bei Mädchen, RdJB 1972, 331; *Streng* Die Einsichts- und Handlungsreife als Voraussetzung strafrechtlicher Verantwortlichkeit, DVJJ-Journal 1997, 379; *Strunk* § 3 des Jugendgerichtsgesetzes und der medizinische Sachverständige, MschrKrim 1965, 217; *Walter/Kubink* § 3 JGG – § 17 StGB: gleiche Tatbestandsstruktur?, GA 1995, 51.

Inhaltsübersicht

	Rn.
I. Anwendungsbereich	1
II. Voraussetzungen	
1. Abgrenzungen zu den allgemeinen Schuldausschließungsgründen	2
2. Sittliche und geistige Entwicklungsreife	5
a) für die Unrechtseinsicht	7

	Rn.
b) für das Verhalten	10
c) zur Zeit der Tat	11
III. Verfahren	
1. Methode	12
2. Sachverständigengutachten	13
3. In dubio pro reo	15
4. Entscheidungsform	16
5. Anfechtbarkeit	17
IV. Rechtsfolgen bei fehlender Verantwortlichkeit	
1. Familien- bzw. vormundschaftsrichterliche Anordnungen	18
2. Eintragungen im Erziehungsregister	21

I. Anwendungsbereich

§ 3 gilt für Jugendliche, auch vor den für allgemeine Strafsachen zuständigen Gerichten (§ 104 Abs. 1 Nr. 1). Auf Heranwachsende findet die Vorschrift keine Anwendung, auch dann nicht, wenn Jugendstrafrecht angewendet wird (s. § 105 Abs. 1); insoweit ist die allgemeine Bestimmung zur Schuldvoraussetzung, § 20 StGB, zu prüfen.

II. Voraussetzungen

1. Abgrenzung zu den allgemeinen Schuldausschließungsgründen

Da mit § 3 die Schuldvoraussetzungen für Jugendliche bestimmt werden, ist diese Bestimmung zunächst von den Schuldausschließungsgründen aus dem Erwachsenenstrafrecht abzugrenzen. Im Erwachsenenstrafrecht wird die Schuld nur negativ geprüft, d. h., wenn keine Anhaltspunkte für Schuldausschließungsgründe vorliegen, wird von Schuld ausgegangen (zur Kritik s. *Ostendorf* Das Recht zum Hungerstreik, 1983, S. 183 m. w. N.). Hierbei wird zwischen der generellen Schuldvoraussetzung im § 20 StGB – § 21 StGB ist lediglich eine Strafzumessungsregel –, dem konkreten Unrechtsbewußtsein (§ 17 StGB) und dem situationsbedingten Unrechtsausschluß (§ 35 StGB) unterschieden. Eine Kollision gem. § 2 kann nur mit § 20 StGB auftreten, da die anderen Regelungen von § 3 nicht berührt werden. Bei Verneinung einer strafrechtlichen Verantwortlichkeit ist eine weitere Prüfung bereits überflüssig; bei Bejahung ist umgekehrt damit keineswegs bereits eine Entscheidung über die weiteren Schuldvoraussetzungen getroffen. So darf nicht von der Einsichtsfähigkeit auf ein potentielles Unrechtsbewußtsein geschlossen werden, da eine Altersreife einen fallbezogenen Rechtsirrtum nicht ausschließt (*Albrecht* § 11 IV. 2.; *Eisenberg* § 3 Rn. 32; *Böhm* Einführung in das Jugendstrafrecht, S. 42; generell ablehnend *Bohnert* NStZ 1988, 252), auch wenn die Rechtsprechung an die Vermeidbarkeit hohe Anforderungen stellt. Diese Anforderungen sind zudem für Jugendliche herabzusetzen (ebenso *Dallinger/Lackner* § 3 Rn. 36). Erst recht ist eine Kollision mit § 16 StGB auszuschließen, da es dort allein auf Unkenntnis der Tatbestandsmerkmale ankommt. Dieser Tatbestandsirrtum wird allerdings bei Jugendlichen aufgrund fehlender Vorausplanung und Erfahrung in besonderer Weise zu beachten sein.

3 Im Verhältnis zu § 20 StGB stellt § 3 insoweit die speziellere Norm dar, als hier die Verantwortlichkeit von der Reifeentwicklung abhängig gemacht wird, während im § 20 StGB eine schwere »seelische Abartigkeit«, d. h. im psychiatrisch-psychologischen Sinn eine Störung, die nicht eine Krankheit im engeren Sinne darstellen muß (s. *Bauer/Thoss* NJW 1983, 308; *Rasch* StV 1984, 266; für eine Gleichstellung von § 3 und § 20 StGB *Bernsmann* in: Grundfragen des Jugendkriminalrechts und seiner Neuregelung, 1997, S. 212), Voraussetzung ist, die unabhängig von der Entwicklungsreife auftreten kann. Das heißt umgekehrt, daß bei Vorliegen einer der juristisch formulierten allgemeinen Merkmale von Schuldunfähigkeit gem. § 20 StGB die Verantwortlichkeit auch für einen Jugendlichen zu verneinen, bei Verneinung § 3 zusätzlich zu prüfen ist. § 20 StGB und § 3 stehen somit hinsichtlich der Schuldvoraussetzungen nebeneinander, auch wenn sie in der fallbezogenen Prüfung schwer voneinander zu trennen sind (s. Grundlagen Rn. 4). Ein **Rangverhältnis** wird erst **für die Rechtsfolgenentscheidung** gem. § 3 S. 2 getroffen (s. Rn. 20). Hieraus sowie zur Vermeidung einer Stigmatisierung folgt auch, daß bei Zweifel, ob neben § 3 auch § 20 StGB vorliegt, lediglich von § 3 auszugehen ist (h. M., s. *Brunner/Dölling* § 3 Rn. 10).

4 Zu § 21 StGB ergibt sich schon systematisch keine Beziehung: § 3 ist im Rahmen der Straftatvoraussetzungen zu prüfen, § 21 StGB im Rahmen der Strafzumessung. Das heißt, wenn die Verantwortlichkeit gem. § 3 verneint wird, kommt es gar nicht zu Strafzumessungsüberlegungen gem. § 21 StGB i. V. m. § 49 StGB (a. M. BGHSt 26, 67 mit zust. Anm. von *Brunner* JR 1976, 116; *Diemer* in: *D/S/S* § 3 Rn. 28; *Schönke/Schröder/Lenckner* § 21 StGB Rn. 27; *Dallinger/Lackner* § 3 Rn. 34; für eine begriffliche Unvereinbarkeit *Schaffstein/Beulke* § 7 IV. 3.; offen *Eisenberg* § 3 Rn. 34, wie hier NJW 1986, 2409). Zwar hat der Gesetzgeber die verminderte Schuldfähigkeit für die Einweisung in ein psychiatrisches Krankenhaus (§ 63 StGB) der Schuldunfähigkeit gleichgestellt, im Jugendstrafrecht hat er aber mit § 3 und der in S. 2 für den Fall der fehlenden Verantwortlichkeit vorgesehenen Maßnahmen eine Sonderregelung getroffen. Es gilt, den jugendrechtlichen Vorgang (s. § 2) auch in der Norminterpretation durchzuhalten. Für notwendig erachtete Maßnahmen dürfen dann nur gem. § 3 S. 2 ergriffen werden (s. Rn. 18-20). Zusätzlich kommen u. U. Maßnahmen nach den Unterbringungsgesetzen der Länder in Be-

tracht (s. *Böhm* Einführung in das Jugendstrafrecht, S. 46, 47; s. auch *Schaffstein/Beulke* § 7 IV. 3.). Umgekehrt ist bei Bejahung der altersbedingten Schuldfähigkeit gem. § 3 zusätzlich § 21 StGB im Rahmen der Sanktionierung zu prüfen (*BGHSt* 5, 367; *BGH* GA 1954, 303; *BGH* bei *Böhm* NStZ 1985, 447; s. auch *LG Passau* DVJJ-Journal 1997, 89; einschränkend für Persönlichkeitsstörungen auf neurotischer Grundlage *Bernsmann* in: Grundfragen des Jugendkriminalrechts und seiner Neuregelung, 1992, S. 213), auch wenn die Strafrahmen für das Jugendstrafrecht nur als Obergrenze gelten (s. § 5 Rn. 4 und § 18 Rn. 5). Die Strafmilderungen für Erwachsene müssen sich auch auf die Sanktionierung von Jugendlichen auswirken, da die Tatverantwortlichkeit im Rahmen der Verhältnismäßigkeitsprüfung auch hier wesentlicher Maßstab ist (s. *BGH* NJW 1972, 693; *BGH* MDR 1977, 107; *BGH* StV 1982, 473; *BGH* StV 1984, 254; s. auch § 5 Rn. 2). Zusätzlich kommt unter der Voraussetzung des § 21 StGB – subsidiär (s. Rn. 20) – die Maßregel des § 63 StGB in Betracht (§ 7).

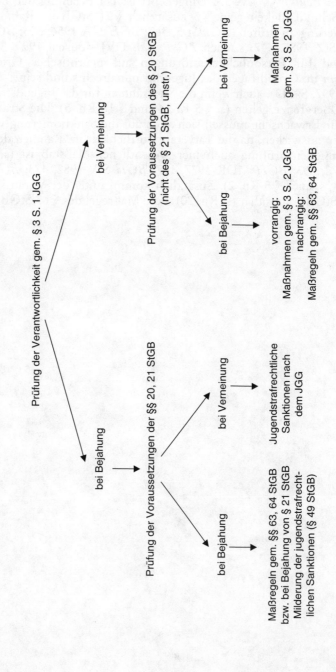

2. Sittliche und geistige Entwicklungsreife

Der Begriff der – sittlichen und geistigen – Entwicklungsreife ist unbestimmt. Allerdings wird aus den Bezügen deutlich, daß der Entwicklungsstand nicht in seiner Allgemeinheit, sondern speziell für die Unrechtseinsicht und die entsprechende Handlungskompetenz festzustellen ist, d. h., diese müssen nicht selbst festgestellt werden, sondern »nur« die Reife, die diese Fähigkeiten vermittelt, ist Schuld- und damit Strafvoraussetzung. Hierbei kann es bei den normativen Annahmen einer generellen Fragwürdigkeit in dieser Altersgruppe nicht genügen, eine altersgemäße Entwicklung festzustellen (s. *BGH* EJF, CI, Nr. 3; *Keller/Kuhn/Lempp* MschrKrim 1975, 160) oder die Möglichkeit einer Nachreifung zu verneinen (s. *Lempp* RdJB 1972, 328). Letztes Argument ist bereits in sich unschlüssig, da die Unmöglichkeit einer späteren Verantwortlichkeit erst recht die jetzige Verantwortlichkeit ausschließen muß (s. auch § 105 Rn. 6). Umgekehrt ist die Platitüde in Erinnerung zu rufen, daß wir uns in jeder Altersphase vor- oder rückwärts entwickeln. Trotzdem ist als Maßstab der vom Gesetzgeber unterstellte Entwicklungsstand eines 18jährigen heranzuziehen (ebenso *Lenckner* S. 251), da dieser ansonsten – ohne psychiatrisch-psychologische Störung – für die strafrechtliche Inanspruchnahme ausreichen soll. Insofern wird auf das »Durchschnittskönnen« eines Strafmündigen »geschielt« (s. *Schaffstein* ZStW 77 [1963], 203); dieses Können ist der Maßstab. Insofern ist aber auch hier die normativ unterstellte Freiheit Voraussetzung für die Schuldfähigkeit (s. Grundlagen zu § 3 Rn. 3). Wenn Reifeverzögerungen in einem Umfang feststehen, daß die normale Entwicklungsstufe eines/r 14jährigen nicht erreicht ist, ist umgekehrt die »negative« Altersgrenze maßgebend. Von daher liegt es nahe, die Entwicklungsreife eines/r 16- oder 17jährigen, der/die näher an der »positiven« Altersgrenze steht, eher anzunehmen als die eines/r 14- oder 15jährigen (ebenso *Eisenberg* § 3 Rn. 22), auch wenn diese Maßstäbe inhaltlich selbst nicht konkretisiert sind und eine Inbezugnahme auf eine Unsicherheit (»normaler« Entwicklungsstand eines/r 18jährigen bzw. 13jährigen) an sich keine Hilfe bietet. Es liegen insoweit nur **Markierungswerte** vor, wobei sich eine weitere Relativierung dadurch ergibt, daß auch eine i. S. des § 21 StGB verminderte Schuldfähigkeit noch eine strafrechtliche Verantwortlichkeit des/r Erwachsenen begründet, daher genau genommen nur diese »positiver« Orientierungsmaßstab ist. So schwierig und unbefriedigend der Entscheidungsprozeß auch ablaufen mag (s. hierzu auch *Albrecht* § 11 II. 2.), der Gesetzesanwender darf sich vor der Prüfung des § 3 nicht drücken (s. bereits *RGSt* 58, 128: »Das Gesetz verlangt hiernach vom Richter eine eingehende und u. U. schwierige Untersuchung ... Aber das JGG verlangt, daß der Tatrichter in jedem Falle genau prüft, ob die Voraussetzungen des § 3 vorliegen.«) Als ein dogmatisch verklausuliertes »Drücken« stellt sich eine Auslegung dar, die die

Voraussetzung der Unrechtseinsicht ungeprüft beiseite schieben will (so *Bohnert* NStZ 1988, 254; wie hier *Streng* DVJJ-Journal 1997, 383). Ebenso ist es unzulässig, die Verantwortlichkeit i. S. einer normativen Verpflichtung analog § 17 StGB zu deuten, ob der/die Jugendliche bei gehöriger »Gewissensanspannung« das Unrecht seiner/ihrer Tat habe erkennen können (so *Diemer* in: D/S/S § 3 Rn. 8). Die soziale Kompetenz ist de facto und nicht potentiell zu prüfen (wie hier *Walter/Kubink* GA 1995, 54 ff.).

6 Sittliche Reife bedeutet, daß die Entwicklungsreife im Wertebewußtsein abgesichert sein muß, d. h., die Unterscheidung von Recht und Unrecht muß auch in der Gefühlswelt verankert sein. Umgekehrt heißt geistige Entwicklungsreife, daß diese Unterscheidung rational getroffen werden kann. Hierbei werden Jugendliche – wie auch die Mehrzahl der Erwachsenen – in der Regel die strafrechtlichen Unrechtspostulate, wenn überhaupt (s. Rn. 7-9), mehr gefühlsmäßig aufgrund des ansonsten anerkannten Wertekatalogs ahnen als in einer verstandesmäßigen Übung gelernt haben (a. M. *Lenckner* S. 250). Etwas anderes ist es, daß der Nachvollzug häufiger an der willentlichen Schwäche als an der Unrechtseinsicht scheitert. Während sich diese Frage später stellt, ist hier auf die doppelte Fundierung der Entwicklungsreife zu achten: Die allein gefühlsmäßige Orientierung an einem Wertesystem, wie sie bei 14-, 15jährigen noch häufiger anzutreffen ist, reicht nicht, da damit das verstandesmäßige Hemmungsvermögen unbeachtet bleiben würde. Umgekehrt darf nicht nahtlos von einer geistigen Entwicklungsreife, die in der Praxis leichter feststellbar ist (IQ), auf eine sittliche Entwicklungsreife geschlossen werden, wie dies nach Beobachtungen in der Praxis häufiger geschieht (*Heim* StV 1988, 321). Dementsprechend kann das Fehlen einer Verantwortungsreife sowohl auf einer intellektuellen als auch auf einer sittlichen »Retardierung« beruhen, wofür Sozialisationsdefizite im Vergleich zu dem Sozialisationsgrad eines 18jährigen festzustellen sind. Insoweit können die Erkenntnisse der Sozialisationstheorie für die Erklärung kriminellen Verhaltens (s. *Moser* Jugendkriminalität und Gesellschaftsstruktur, 1970, S. 103 ff.) mit Nutzen herangezogen werden, d. h., es sind Erziehungsmängel subjektiver Art (falsche Erziehungsmethoden und Erziehungsziele, negative Vorbilder) wie objektiver Art (häufiger Wechsel der Bezugspersonen, erziehungshinderndes Milieu und stigmatisierende Auswirkungen bei geschlossener Heimerziehung) zu prüfen. Erst recht können körperliche/ psychische Mißhandlungen sowie sexueller Mißbrauch zu sittlichen Retardierungen führen (s. *Lösel/Bliesener* DVJJ-Journal 1997, 393). Maßstäbe für die erforderliche moralische Urteilskompetenz des/der Jugendlichen sind hierbei einerseits die erlangte Autonomie, gerade auch in der Ablösung vom Elternhaus, und andererseits die Fähigkeit zu einer verantwortlichen Beziehung (*Heim* StV 1988, 322).

Erstes Hauptstück. Verfehlungen Jugendlicher und ihre Folgen § 3

a) **für die Unrechtseinsicht**

Es muß eine Entwicklungsreife zunächst für die Unrechtseinsicht bestehen, d. h. für die Einsicht in das staatliche Verbotensein der Tat. Der/die Beschuldigte muß in der Lage sein, die rechtliche Bewertung nachzuvollziehen, wobei es nach h. M. (s. *Brunner/Dölling* § 3 Rn. 4; *Eisenberg* § 3 Rn. 16; *SK-Rudolphi* § 17 StGB Rn. 5 m. w. N.) nicht auf die strafrechtliche Bewertung ankommt. Da die Normorientierung aber regelmäßig nicht anhand eines einzelnen Straftatbestandes erfolgt, erscheint der Streit, ob auch die Unrechtsfestschreibungen aus anderen Rechtsgebieten als dem Strafrecht ausreichen, praxisfern. Praxisnah ist demgegenüber die Prüfung für jugendliche Ausländer aus uns fremden Kulturkreisen (s. *Eisenberg* § 3 Rn. 30; *Kahlert* Verteidigung in Jugendstrafsachen, 2. Aufl., S. 14; *Böhm* Einführung in das Jugendstrafrecht, S. 41). Es genügt nicht, wenn das Verhalten nur als unmoralisch, anstößig, unehrenwert betrachtet wird, was insbesondere für Sexualdelikte Bedeutung hat (s. *Peters* S. 264). Umgekehrt muß nicht mehr – s. Grundlagen zu § 3 Rn. 2 – die Strafnorm selbst erkannt werden. 7

Die Fähigkeit zur Unrechtseinsicht muß sich auf eine konkrete Tat beziehen. Dies bedeutet zunächst, daß bei mehreren Anklagepunkten diese Feststellung für jede Tat zu treffen ist (s. *BGH* bei *Herlan* GA 1961, 358). Anlaß besteht insbesondere, wenn Taten aus der Zeit der Strafunmündigkeit fortgesetzt werden. Auch bei einer tatsächlichen sowie juristischen Tateinheit ist die Fähigkeit zur Unrechtseinsicht gesondert zu prüfen, da die Straftatvoraussetzungen Voraussetzung sind für eine zusammenfassende Betrachtung (ebenso *Eisenberg* § 3 Rn. 6). Ob eine differenzierte Beurteilung der strafrechtlichen Verantwortlichkeit für eine Gesetzeskonkurrenz praktisch möglich ist (so *Brunner* § 3 Rn. 6 m. w. N.), erscheint fraglich, da der vorrangige Tatbestand regelmäßig in seiner Komplexität und seinem Schweregrad auch im ethischen Normensystem negativ eingestuft wird. 8

Im einzelnen wird es darauf ankommen, ob die Unrechtstaten in der Lebenswelt des/der Jugendlichen beheimatet sind oder sich für ihn/sie lebensfremd darstellen. Da eine gesellschaftliche Orientierung über den engeren Lebensraum hinaus regelmäßig noch fehlt, wird bei Taten gegen gesellschaftliche Rechtsgüter häufig der Unrechtscharakter nicht erkannt. So wird häufig mit dem Auswechseln des Kettenritzels bei einem Mofa oder Kleinkraftrad zur Geschwindigkeitserhöhung das Verständnis allenfalls für den Deliktscharakter als Verstoß gegen die Führerscheinpflicht gem. § 21 StVG, wohl aber kaum als Verstoß gegen das Pflichtversicherungsgesetz (§ 6) und die Abgabenordnung (§ 370) bestehen. Die Anonymität des Opfers kann aber auch bei Tatbeständen mit Individualschutzgütern ge- 9 gen eine Unrechtseinsicht sprechen, zumal dann, wenn die Verletzungen in ihrer Häufigkeit normal sind, wie z. B. bei Diebstählen in Kaufhäusern und Selbstbedienungsläden. Auch wird die Unrechtseinsicht dort fehlen, wo die Taten aus einem kindlichen, spielerischen Verhalten erwachsen, z. B. in Form von körperlichen Auseinandersetzungen: Raufen wird ab 14 Jahren zur Körperverletzung. Der jugendliche Beschuldigte muß die Rechtsverbindlichkeit für sich übernommen haben. Insoweit wirkt sich auch eine allgemeine schwache geistige Begabung aus (*Bresser* ZStW 74 [1962], 579).

b) für das Verhalten

10 Die Entwicklungsreife muß weiterhin den/die Beschuldigten/-e in die Lage versetzen, entsprechend der Unrechtseinsicht sich zu verhalten, zu handeln oder zu unterlassen – der Begriff des Handelns ist verkürzend. Damit ist das voluntative Element angesprochen: Das Richtige erkennen und das Richtige tun sind gerade bei Jugendlichen zweierlei, deren Handlungen häufig auf einer emotionalen Spontaneität beruhen. Verführungen durch eine aggressive Werbung, durch eine Kameraderie, durch eine ideologisch ausgeprägte Gruppe sind hier leicht vorstellbar. Bei Sexualdelikten gilt es, die Pubertätsphase zu beachten, in der Sexualität als ein plötzlicher Drang erfahren werden kann, der keine Reflexion ermöglicht (s. *Dallinger/Lackner* § 3 Rn. 11; *Eisenberg* § 3 Rn. 25; *Böhm* Einführung in das Jugendstrafrecht, S. 41). Hiermit wird aber auch die Schwierigkeit deutlich, zwischen Unrechtseinsicht und Handlungskompetenz im Einzelfall zu unterscheiden (s. *Peters* S. 270; *Eisenberg* § 3 Rn. 9).

c) zur Zeit der Tat

11 Diese Entwicklungsreife ist für den Zeitpunkt der Tat festzustellen, d. h., es ist in einer Retrospektive die strafrechtliche Verantwortlichkeit zu prüfen. Ist die Beurteilung zum Jetzt-Zeitpunkt schon schwierig, so ist sie für die Vergangenheit noch schwieriger. Der häufig entscheidende persönliche Eindruck muß zeitlich versetzt korrigiert werden. Diese Zeit der Nachreife nach der Tat bis zur Anklageerhebung bzw. Urteilsfindung wird häufig in der Praxis nicht bedacht (s. *Keller/Kuhn/Lempp* MschrKrim 1975, 153).

III. Verfahren

1. Methode

12 Wenn schon der Weg zum Gesetzesziel, d. h. positive Feststellung der Verantwortlichkeit, mehr mit Warn- als mit Hinweisschildern abgesteckt wurde, so ist erst recht die richtige Benutzungsart, die Methode zweifel-

haft. Standardisierte Testverfahren für die Feststellung der Verantwortungsreife stehen dem Richter oder Staatsanwalt nicht zur Verfügung (s. *Eisenberg* § 3 Rn. 12). Der persönliche Eindruck ist oftmals trügerisch, zumal die Entscheidungsperson Staatsanwaltschaft für die Anklageerhebung bzw. für das Einstellungsverfahren sowie die Entscheidungsperson Richter für die Eröffnung des Hauptverfahrens regelmäßig selbst hierauf verzichtet. Wenn auch nur eine plausible Entscheidung möglich ist, so ist diese nicht ohne eine psychosoziale Beschuldigtendiagnose zu treffen. Hierbei sind die Persönlichkeitsstrukturen offenzulegen, wie sie sich in der biographischen Entwicklung, im Erziehungs- und Sozialisationsprozeß herausgebildet haben. Dies ist regelmäßig ohne die Information und Interpretation von seiten der Jugendgerichtshilfe nicht möglich. Man muß aber offen aussprechen, daß immer letztlich eine wertende Entscheidung zu treffen ist, die durch das strafjustitielle Vorverständnis bestimmt wird (ebenso *Dallinger/Lackner* § 3 Rn. 25; *Eisenberg* § 3 Rn. 9). Neben Gründen der Bequemlichkeit und der Verfahrensökonomie verführt eine normative Schuldlehre (s. vor § 3 Rn. 3) zu der tendenziellen Annahme von Verantwortlichkeit: Mit dem individualisierenden Schuldvorwurf lassen sich gesellschaftliche und damit mitverantwortliche Kriminalitätsursachen verdecken, läßt sich mit gutem Gewissen strafen (s. *Streng* ZStW 92 [1980], 659). Aber auch ein generalpräventiv verstandenes Schuldprinzip begründet die Gefahr, daß die kollektiven Strafbedürfnisse von dem Justizpersonal aufgrund ihres beruflichen Selbstverständnisses und aufgrund der fortwährend-beruflichen Erfahrung überhöht festgesetzt werden. Umso wichtiger ist es, die **Offenheit des Gesetzes** für eine strafrechtliche Sanktionierung oder für Jugendhilfe- bzw. vormundschaftsrichterliche Maßnahmen oder für ein Nichtstun im Interesse der Individualprävention zu erkennen (s. Grundlagen zu § 3 Rn. 3). Der Verzicht auf das Strafrecht bedeutet nicht eine Verharmlosung der Tat oder gar Tolerierung, sondern eine Respektierung seiner Grenzen.

2. Sachverständigengutachten

Wird der Gesetzesanspruch ernstgenommen, so kann die Entscheidung häufig erst aufgrund eines Sachverständigengutachtens getroffen werden (s. aber *Hellmer* JZ 1979, 47: »nicht allzu viele Mühewaltung bei der Feststellung der Verantwortlichkeit nach § 3«; s. auch *Bottke* Generalprävention und Jugendstrafrecht aus kriminologischer und dogmatischer Sicht, 1984, S. 38). Gefragt sind hier Entwicklungspsychologen, nicht Psychiater (ebenso *Haddenbrock* Psychologische Rundschau 1966, 10; *Eisenberg* § 43 Rn. 43; *Walter/Kubink* GA 1995, 58; *Focken* in: Die jugendrichterlichen Entscheidungen – Anspruch und Wirklichkeit, DVJJ 12, [1981], 481 ff.; s. auch § 43 Rn. 16). Die wissenschaftliche Untersuchungsmethode verbürgt eine höhere Verläßlichkeit als das Alltagswissen in der jeweiligen subjektiven Ausprägung (s. *Hauber* Zbl 1981, 96; *Focken* a. a. O. S. 482; a. M. *Schmitz* RdJB 1974, 167). Allerdings muß sich der Sachverständige auf die normativen Vorgaben, insbesondere die Orientierungsmaßstäbe (s. Rn. 5) einlassen (*Strunk* MschrKrim 1965, 221).

14 In der Praxis stehen dem Einsatz eines Sachverständigen nicht nur ökonomische Interessen, sondern auch das Verhältnismäßigkeitsprinzip entgegen. Jede Persönlichkeitsuntersuchung bedeutet einen Eingriff in die Persönlichkeit, in die Privatsphäre mit stigmatisierenden Wirkungen. Insofern kommt dieser Einsatz nur bei schweren Deliktsvorwürfen in Betracht; bei leichteren und mittelschweren Delikten wird der Tatvorwurf ansonsten in unerträglicher Weise aufgebauscht. Die RL a. F. Nr. 1 zu § 3 ließ diese rechtsstaatliche Korrektur unberücksichtigt (so aber auch *Eisenberg* § 43 Rn. 33; s. auch *Dallinger/Lackner* § 3 Rn. 24; s. jetzt aber RL Nr. 1 S. 2 zu § 3). Immer sollte die Entscheidung hierfür erst nach Feststellung der sonstigen Straftatvoraussetzungen – in einem Interlokut – getroffen werden.

3. In dubio pro reo

15 Der häufig gebotene Verzicht auf ein Sachverständigengutachten darf sich nicht zum Nachteil des/der Beschuldigten auswirken. Soweit hier – wie auch nach Erstattung eines Gutachtens – Zweifel an der Verantwortlichkeit bestehenbleiben, greift der allgemeine Grundsatz »in dubio pro reo« ein, d. h., es ist von einem Fehlen der Verantwortlichkeit auszugehen (h. M.). Mit Rücksicht auf die Folgewirkungen (s. Rn. 18-21) ist die Anwendung dieser Beweisregel erst nach Bejahung der sonstigen Straftatvoraussetzungen zulässig (s. auch *Brunner/Dölling* § 3 Rn. 7; *Eisenberg* § 3 Rn. 55). Auch wenn Maßnahmen nach dem KJHG sich als eingriffsintensiver darstellen können als Sanktionen nach dem JGG, bleibt die gesetzgeberische Anweisung maßgebend [s. aber *Albrecht* § 11 III. 2. b), wonach im Zweifel die Verantwortlichkeit mit dem Einsatz einer entkriminalisierenden bzw. repressionsarmen Sanktion zu bejahen ist]. Das Plädoyer für eine gesetzestreue Anwendung des § 3 ist aber kein Plädoyer für den Einsatz von Jugendfürsorgemaßnahmen mit polizeilichem Charakter. Gerade die Verneinung einer Verantwortlichkeit gem. § 3 schafft die Möglichkeit, den notwendigen Entwicklungsprozeß ohne ein staatliches Eingreifen ablaufen zu lassen, den hierfür notwendigen Schonraum einzuräumen.

4. Entscheidungsform

16 In der Hauptverhandlung ist bei Verneinung der strafrechtlichen Verantwortlichkeit freizusprechen oder gem. § 47 Abs. 1 S. 1 Nr. 4 einzustellen. Vor der Hauptverhandlung ist nach Eröffnung des Hauptverfahrens ebenfalls gem. § 47 Abs. 1 S. 1 Nr. 4 einzustellen, ansonsten ist die Eröff-

nung des Hauptverfahrens gem. § 203 StPO abzulehnen. Daß die Verfahrenseinstellung gem. § 47 Abs. 1 S. 1 Nr. 4 aus erzieherischen Gründen vorzuziehen ist (s. *Brunner/Dölling* § 3 Rn. 7, § 47 Rn. 10; *Maurach/Zipf* AT, Tbd. 1, 6. Aufl., S. 479), erscheint im Hinblick auf die stigmatisierende Eintragung in das Erziehungsregister (s. Rn. 21) mehr als zweifelhaft (ebenso *Eisenberg* § 47 Rn. 12). Das straffreie Ergebnis ist dem Jugendlichen wichtig, nicht die Entscheidungsform. Diese Überlegung spricht auch gegen eine Einstellung gem. § 47 Abs. 1 S. 1 Nr. 4 vor Eröffnung des Hauptverfahrens. Auch würde damit der Sprachgebrauch der StPO verlassen: Nach § 157 StPO setzt die Bezeichnung »Angeklagter« die Eröffnung des Hauptverfahrens voraus [s. *Eisenberg* § 47 Rn. 5; *Nothacker* Zbl 1984, 527; *Bohnert* NStZ 1988, 255; unklar die RL Nr. 2 zu § 3; a. M. *Dallinger/Lackner* § 47 Rn. 16; *Schaffstein/Beulke* § 36 II. 4. b); *Brunner* § 3 Rn. 7]. Diese Überlegungen schließen erst recht eine Einstellung durch die Staatsanwaltschaft gem. den §§ 45, 47 aus; sie hat gem. § 170 Abs. 2 StPO zu verfahren. Erst wenn die Prüfung der sonstigen Straftatvoraussetzungen richterlicherseits erfolgt ist, soll der/die Beschuldigte mit der Eintragung belastet werden dürfen. Die Prüfung der Verantwortlichkeit hat somit von Beginn an zu erfolgen (ebenso *Eisenberg* § 3 Rn. 55).

5. Anfechtbarkeit

Ein Freispruch wegen strafrechtlicher Unverantwortlichkeit ist mangels Beschwer, eine Einstellung gem. § 47 Abs. 2 S. 3 nicht anfechtbar. Sofern eine vormundschaftsrichterliche Maßnahme getroffen wird, gelten die allgemeinen Anfechtungsregeln der StPO i. V. m. § 55 Abs. 2, 3 gegen Strafurteile (s. § 55 Rn. 27).

17

IV. Rechtsfolgen bei fehlender Verantwortlichkeit

1. Familien- bzw. vormundschaftsrichterliche Anordnungen

Familien- bzw. vormundschaftsrichterliche Anordnungen können nach Freispruch, Einstellung oder Ablehnung des Hauptverfahrens wegen fehlender Strafverantwortlichkeit – auf Anregung des Staatsanwalts bzw. des Richters – vom Vormundschaftsrichter oder selbständig vom Jugendgericht getroffen werden (§ 3 S. 2). Andere Maßnahmen, insbesondere nach dem JGG, sind nicht zulässig. Wegen der größeren Sachkompetenz sollten im Falle der Personenverschiedenheit – entgegen § 34 Abs. 2 S. 1 – diese Anordnungen dem Familien- bzw. Vormundschaftsrichter überlassen werden, wenn nicht ein weiteres Verfahren eine unzumutbare Belastung darstellt (s. auch *Brunner/Dölling* § 3 Rn. 16). Wenn es bereits zur Hauptverhandlung gekommen ist, kann in der jugendrichterlichen Anordnung der Maßnahmen schwerlich »eine erhöht stigmatisierende Auswirkung«

18

liegen (so aber *Eisenberg* § 3 Rn. 59; ebenso *Dallinger/Lackner* § 3 Rn. 46; s. dagegen RL a. F. Nr. 3 S. 2 zu § 3). Zur Kostenentscheidung s. § 74 Rn. 4.

19 Im einzelnen müssen die materiell-rechtlichen Voraussetzungen für diese Maßnahmen nach dem BGB bzw. KJHG geprüft werden (ebenso *Dallinger/Lackner* § 3 Rn. 44; *Eisenberg* § 3 Rn. 42; *Wolf* S. 302 m. Fn. 38; a. M. *Brunner/Dölling* § 3 Rn. 16 für die Maßnahmen nach dem BGB). Die Erweiterung des Sanktionenkatalogs bedeutet nicht, daß diese Sanktionen nach jugendstrafrechtlichem Ermessen ausgesprochen werden dürfen, sondern bedeuten zunächst nur eine formale Kompetenzerweiterung. Dies wird im § 12 explizit ausgesprochen [die Kompetenz des Familienrichters für die Anordnung von Hilfen zur Erziehung gem. den §§ 1666, 1666 a BGB ist umstr., bejahend *OLG Frankfurt* ZfJ 1993, 561; *BayObLG* FamRZ 1995, 948; wie hier *Albrecht* § 22 I. 5. c); *Schaffstein/Beulke* § 7 IV. 3.; a. M. *Diemer* in: *D/S/S* § 3 Rn. 36; *Miehe* in: Festschrift für Fenge, 1996, S. 440 ff.; *Nothacker*, Jugendstrafrecht, 2. Aufl., S. 42; widersprüchlich *Eisenberg* § 3 Rn. 42 ff. und § 12 Rn. 4].

20 Grundsätzlich ist auch hier das Verhältnismäßigkeitsprinzip zu beachten, d. h., insbesondere ambulanten Maßnahmen ist Vorrang vor den stationären einzuräumen. Auch kann das pädagogisch-therapeutische Anliegen nicht den Eingriffscharakter wegwischen: Es bleibt eine aufgedrängte Fürsorge. Tendenziell sind diese Maßnahmen aber milder und wohl auch effektiver einzustufen als strafende Maßnahmen. Hieraus folgt, daß bei gleichzeitiger Bejahung einer strafrechtlichen Unverantwortlichkeit gem. § 3 und § 20 StGB Maßregeln der Besserung und Sicherung erst an zweiter Stelle stehen, daß zuvor die weniger belastenden familien- bzw. vormundschaftsrichterlichen Maßnahmen ausgeschöpft werden müssen (für eine Entscheidung im Einzelfall *Schaffstein/Beulke* § 7 IV. 3.; für eine Gleichrangigkeit der Maßregel gem. § 63 StGB und der Maßnahmen gem. § 3 S. 2 *Bernsmann* in: Grundfragen des Jugendkriminalrechts und seiner Neuregelung, 1992, S. 212). Zwar läßt sich mit Rücksicht auf § 7 kein Ausschluß begründen (s. aber *Eisenberg* § 3 Rn. 39 m. w. N.), zumal ansonsten bei bloß verminderter Schuldfähigkeit gem. § 21 StGB diese Maßregeln im Unterschied zur Schuldunfähigkeit gem. § 20 StGB Anwendung finden könnten. Aus dem Verhältnismäßigkeitsprinzip allgemein sowie aus dem speziellen Hinweis im § 3 S. 2 läßt sich aber ein Vorrangverhältnis ersehen. Hinsichtlich der familien- bzw. vormundschaftsrichterlichen Maßnahmen wird im einzelnen auf die Erläuterung dieser Vorschriften verwiesen (insbesondere zur Heimeinweisung s. *Eisenberg* § 3 Rn. 43 bis 53).

2. Eintragungen im Erziehungsregister

Der Freispruch sowie die Einstellung des Verfahrens wegen Unverantwortlichkeit gem. § 3 führt zu einer Eintragung im Erziehungsregister gem. § 60 Abs. 1 Nr. 6 BZRG, gemeint ist insoweit die Einstellung gem. § 47 Abs. 1 S. 1 Nr. 4, obwohl die Einstellung gem. § 47 allgemein nochmals im § 60 Abs. 1 Nr. 7 BZRG als Eintragungsgrund aufgeführt ist (so im Ergebnis auch *Brunner/Dölling* § 3 Rn. 18). Einstellungen gem. § 170 Abs. 2 StPO sowie Ablehnungen der Eröffnung des Hauptverfahrens mit Rücksicht auf eine fehlende Verantwortlichkeit gem. § 3 sind nicht einzutragen (s. auch *Eisenberg* § 47 Rn. 5; a. M. *Diemer* in: *D/S/S* § 3 Rn. 31). Familien- bzw. vormundschaftsrichterliche Maßnahmen, die im Strafverfahren getroffen werden, führen zu einer Eintragung gem. § 60 Abs. 1 Nr. 1 BZRG. 21

Grundlagen zu § 4

1. Systematische Einordnung

Mit § 4 wird ausdrücklich – neben der allgemeinen Verweisung im § 2 – die rechtliche Einordnung der Straftaten sowie die Verjährungsregelung aus dem Erwachsenenstrafrecht übernommen. 1

2. Historische Entwicklung

§ 4 wurde erst mit dem JGG 1953 eingeführt. Vorher war die rechtliche Einordnung der Straftaten Jugendlicher entsprechend dem Erwachsenenstrafrecht eine Selbstverständlichkeit (s. auch § 4 JGG 1923). 2

3. Gesetzesziel

Mit dem Verweis auf das Erwachsenenstrafrecht wird einmal dieses normative Unwerturteil über Straftaten (§ 12 StGB) mit Einschluß der Verjährungsregelung übernommen; zum anderen werden damit – inzidenter – die allgemeinen strafrechtlichen Verhaltensanweisungen auf Jugendliche übertragen, d. h., es werden dieselben Anforderungen wie an Erwachsene gestellt. 3

4. Justizpraxis

Eine besondere Justizpraxis hinsichtlich der Anwendung der Verjährungsvorschriften ist nicht feststellbar. 4

5. Rechtspolitische Einschätzung

5 Die entsprechende Anwendung des Erwachsenenstrafrechts ist an sich systemwidrig, da dort die rechtliche Einordnung von den jeweiligen Strafrahmen abhängig gemacht wird, die im JGG keine unmittelbare Geltung haben. Dieser Systembruch wirkt sich insbesondere bei der konkreten Festlegung der Fristen für die Vollstreckungsverjährung aus (s. § 4 Rn. 4, 5). Hier ist eine spezielle jugendrechtliche Regelung gefordert (s. auch Vorschläge der *DVJJ-Kommission zur Reform des Jugendkriminalrechts* DVJJ-Journal 1992, 14). Hierbei ist zu berücksichtigen, daß das schnellere jugendliche Vergessen auch einen schnelleren Verzicht auf Strafe, ein schnelleres strafrechtliches Vergessen bedingt.

§ 4. Rechtliche Einordnung der Taten Jugendlicher

Ob die rechtswidrige Tat eines Jugendlichen als Verbrechen oder Vergehen anzusehen ist und wann sie verjährt, richtet sich nach den Vorschriften des allgemeinen Strafrechts.

Inhaltsübersicht Rn.
I. Anwendungsbereich 1
II. Deliktseinstufung 2
III. Verjährung
   1. Verfolgungsverjährung 3
   2. Vollstreckungsverjährung 4

I. Anwendungsbereich

§ 4 gilt für Jugendliche, auch vor den für allgemeine Strafsachen zuständigen Gerichten (§ 104 Abs. 1 Nr. 1). Die Vorschrift findet ebenso auf Heranwachsende Anwendung, und zwar sowohl vor Jugendgerichten als auch vor den für allgemeine Strafsachen zuständigen Gerichten, wenn Jugendstrafrecht angewendet wird (§§ 105 Abs. 1, 112 i. V. m. § 104 Abs. 1 Nr. 1). 1

II. Deliktseinstufung

Obwohl im Jugendstrafrecht nicht die Strafrahmen aus dem Erwachsenenstrafrecht gelten, wird die Deliktseinstufung gem. § 12 StGB in Verbrechen und Vergehen übernommen. Gleichzeitig wird mit dem Begriff der »rechtswidrigen Tat« die Geltung der allgemeinen Tatbestände vorausgesetzt (s. § 11 Abs. 2 Nr. 5 StGB). Bedeutung hat diese Deliktseinstufung zunächst für die Straftatvoraussetzungen des Versuchs (§ 23 Abs. 1 StGB) und des »Versuchs der Beteiligung« (§ 30 StGB) – die Beihilfe ist unabhängig von der Deliktseinstufung strafbar (a. M. *Brunner/Dölling* § 4 Rn. 1) –, sodann für die Strafverfolgung, d. h. für die Einstellung gem. den §§ 45 Abs. 1 und 47 Abs. 1 S. 1 Nr. 1 i. V. m. § 153 StPO, ferner für das Strafverfahren (§ 68 Nr. 1 i. V. m. § 140 Abs. 1 Nr. 2 StPO), in begrenztem Umfang auch für die unmittelbaren Straftatfolgen (s. § 18 Abs. 1 S. 2) sowie für die Folgelasten des Strafmakels (§ 101). 2

III. Verjährung

1. Verfolgungsverjährung

Kraft ausdrücklicher Verweisung gelten die allgemeinen Vorschriften über die Verjährung, die §§ 78 ff. StGB. Dies bedeutet, daß weder das förmliche 3 noch das vereinfachte (§§ 76 bis 78), noch das informelle Jugendstrafverfahren gem. den §§ 45, 47 nach Eintritt der Verfolgungsverjährung durchgeführt werden darf. Ebenso gelten die Ruhe- und Unterbrechungsvorschriften gem. den §§ 78 b und 78 c StGB. Eine Auslegung, die über diese ausdrücklichen Bestimmungen hinausgeht, ist nicht zu rechtfertigen. Insbesondere ist es nicht erlaubt, Einstellungsmaßnahmen gem. den §§ 45, 47 in analoger Anwendung des § 78 c Abs. 1 StGB als eine Unterbrechung zu deuten (so *Brunner* § 4 Rn. 1; ebenso *Eisenberg* § 4 Rn. 4; wie hier jetzt *Brunner/Dölling* § 4 Rn. 1); eine dem § 103 a Abs. 3 StPO vergleichbare Vorschrift fehlt hier. Diese strenge Wortlautauslegung ist auch inhaltlich begründet, da gerade bei Jugendlichen und Heranwachsenden der Zeitablauf ein Ahndungserfordernis i. S. von Prävention entfallen läßt und umgekehrt diese Altersgruppe für eine verspätete Reaktion kein Verständnis aufbringen wird (zu den unterschiedlichen Begründungen für die Verjährung von Straftaten s. *SK-Rudolphi* StGB, vor § 78 Rn. 8 ff.).

2. Vollstreckungsverjährung

4 Im Hinblick auf die Vollstreckungsverjährung hilft der Verweis auf die allgemeinen Vorschriften nicht weiter, da im § 79 Abs. 3 StGB die Fristen von den Strafen nach dem Erwachsenenstrafrecht abhängig gemacht sind. Im JGG ist nur für die Vollstreckung des Jugendarrestes eine Bestimmung getroffen: § 87 Abs. 3 S. 2, Abs. 4. Die h. M. erkennt darüber hinaus keine Vollstreckungsverjährung an (*Potrykus* § 4 Anm. 2; *Dallinger/Lackner* § 4 Rn. 4; *Brunner/Dölling* § 4 Rn. 3; *Eisenberg* § 4 Rn. 6, 7, der aber in Anlehnung an § 63 Abs. 1 und 2 BZRG die Vollendung des 24. Lebensjahres als oberste Grenze empfiehlt, was jedoch im Extremfall eine Verjährungsfrist von 11 Jahren für Weisungen und Auflagen zur Folge hätte); nur auf die Jugendstrafe sollen die §§ 79 ff. StGB entsprechend angewendet werden (Bedenken bei *Eisenberg* im Fall einer Jugendstrafe wegen »schädlicher Neigungen«, § 4 Rn. 8). Der Hinweis auf die Befreiungsmöglichkeit gem. § 11 Abs. 2, § 15 Abs. 3 Satz 1 (so *Diemer* in: *D/S/S* § 4 Rn. 5) überzeugt nicht, da damit nur auf eine Möglichkeit verwiesen wird, die zudem in der Praxis selten wahrgenommen wird. Wie im Erwachsenenstrafrecht ist eine verbindliche Vollstreckungsverjährung gefordert. Ansonsten würden Jugendliche/Heranwachsende nicht nur schlechter als Erwachsene behandelt, sondern eine überlange Vollstreckungsdauer würde auch dem Sanktionsziel des Jugendstrafrechts widersprechen und die »Schnellebigkeit der Jugend« mißachten. Ein weiterer Grund für eine Vollstreckungsverjährung liegt darin, daß bei Nichterfüllung von Weisungen und Auflagen der »Ungehorsamsarrest« gegen Erwachsene angeordnet und vollstreckt werden müßte, die in einer Jugendarrestanstalt Fremdkörper darstellen würden (s. hierzu § 11 Rn. 14).

Angesichts dieser Notwendigkeit, im Wege der Rechtsfortbildung eine Regelung zu treffen, gilt es, aus den gesonderten Regelungen und dem allgemeinen Präventionsziel eine differenzierte Vollstreckungsverjährung abzuleiten: Erziehungsmaßregeln haben spätestens mit dem Eintritt des 21. Lebensjahres ihr Ende zu finden, wenn schon die schwerwiegendsten Eingriffe im Rahmen dieser Sanktionsart, die Hilfen zur Erziehung, mit dem Volljährigkeitsalter enden (s. § 12 Rn. 12). Für die Zuchtmittel ist § 87 Abs. 4 in der Weise auszudehnen, daß eine Vollstreckung unzulässig ist, wenn seit Eintritt der Rechtskraft ein Jahr verstrichen ist. Was für das schärfste Zuchtmittel gilt, muß auch für die anderen Zuchtmittel gelten. Hierbei ist allerdings die Ruhensbestimmung des § 79 a StGB ebenfalls analog anzuwenden, was sich insbesondere für die Schadenswiedergutmachung und die Geldbußenzahlungen auswirkt (§ 79 a Nr. 2 c). Schwierig erscheint eine plausible Lösung für die Vollstreckungsverjährung der Jugendstrafe. Die Fristen von fünf Jahren für die Jugendstrafe bis zu einem Jahr (§ 79 Abs. 3 Nr. 4 StGB), von zehn Jahren für die Jugendstrafe von mehr als einem Jahr und bis zu fünf Jahren (§ 79 Abs. 3 Nr. 3 StGB) und 20 Jahren für die Jugendstrafe von mehr als fünf Jahren und bis zu zehn Jahren (§ 79 Abs. 3 Nr. 2 StGB) erscheinen im Hinblick auf das Präventionsziel als zu hoch. Wenn 19 Jahre nach dem Urteilsspruch, mit dem »schädliche Neigungen« festgestellt wurden, das Urteil an einem zwischenzeitlich nicht mehr Straffälligen vollstreckt werden sollte, hat sich diese Prognose überholt. Da der Gesetzgeber aber keinen Ansatz für eine andere Lösung anbietet, vielmehr der allgemeine Verweis im § 4 mehr für eine entsprechende Anwendung aus dem Erwachsenenstrafrecht spricht, kann hier nur mit **Gnadenentscheidungen** geholfen werden. Hiervon sollte aber auch in diesen Fällen extensiv Gebrauch gemacht werden. Ansonsten sind die Möglichkeiten der Strafrestaussetzung zur Bewährung gem. § 88 auszuschöpfen.

Für die Maßregeln der Besserung und Sicherung (§ 7) gilt § 79 Abs. 4 StGB.

Grundlagen zu den §§ 5-8

1. Systematische Einordnung

In den §§ 5-8 werden die allgemeinen Regeln über die besonderen Sanktionen nach dem JGG benannt. Es wird einmal ein Überblick über die möglichen Rechtsfolgen gegeben: Erziehungsmaßregeln, Zuchtmittel, Jugendstrafe, Maßregeln der Besserung und Sicherung sowie als Nebenfolge die Einziehung und der Verfall und als Nebenstrafe das Fahrverbot. Zum anderen werden Grundsätze für die Auswahl der Sanktionen aufgestellt.

2. Historische Entwicklung

2 Mit dem JGG 1923 wurden als besondere jugendstrafrechtliche Sanktionen die Erziehungsmaßregeln eingeführt (§ 5), die mit Ausnahme des Arrestes – eingeführt durch Verordnung vom 4. 10. 1940 (RGBl I, 1336) – auch die heutigen Zuchtmittel umfaßten (§ 7). Wenn eine Erziehungsmaßregel vom Gericht für ausreichend angesehen wurde, so war von Strafe abzusehen (§ 6). Ansonsten wurden die Strafen des Erwachsenenstrafrechts ermäßigt, »in besonders leichten Fällen« konnte bei Vergehen und Übertretungen gänzlich auf Strafe verzichtet werden (§ 9).

Im Jahre 1933 wurden mit dem »Gesetz gegen gefährliche Gewohnheitsverbrecher und über Maßregeln der Sicherung und Besserung« (RGBl I, 995) die Unterbringung in einer Heil- oder Pflegeanstalt sowie in einer Trinkerheil- oder Entziehungsanstalt möglich (s. Art. 3 des Ausführungsgesetzes vom 24. 11. 1933, RGBl I, 1000). Die heutigen Regelungen wurden weitgehend bereits mit dem JGG 1943 aufgestellt (§§ 2, 16, 17, 18), wobei jetzt als einzige Maßregel die Unterbringung in einer Heil- oder Pflegeanstalt angeordnet werden durfte. Im JGG 1953 wurde zusätzlich die Entziehung der Fahrerlaubnis aufgenommen, die mit dem Gesetz zur Sicherung des Straßenverkehrs vom 19. 12. 1952 (BGBl I, 832) allgemein eingeführt worden war. Gleichzeitig wurde die Reihenfolge der Sanktionen umgekehrt und die Freiheitsstrafe als spezielle Jugendstrafe ausgewiesen sowie die Aussetzung der Verhängung einer Jugendstrafe (§ 27) ermöglicht. Die Ausdehnung der Maßregeln auf die »Trinkerheilanstalt« und die »Entziehungsanstalt« erfolgte mit dem Gesetz zur Änderung des Gesetzes über den Verkehr mit Betäubungsmitteln vom 22. 12. 1971 (BGBl I, 2092). Mit dem EGStGB vom 2. 3. 1974 (BGBl I, 469) wurden auch die §§ 5 Abs. 3, 6 Abs. 1 und 2, 8 Abs. 2 neu gefaßt.

3. Gesetzesziel

3 Die speziellen jugendstrafrechtlichen Sanktionen und der Ausschluß bestimmter Straftatfolgen aus dem Erwachsenenstrafrecht sollen eine **jugendadäquate Reaktion** entsprechend dem allgemeinen Ziel des JGG (s. Grdl. z. §§ 1-2 Rn. 3 ff.) ermöglichen. Dies geschieht einmal mit einem größeren Sanktionsangebot für individuelle Reaktionen, ein andermal mit dem Ausschluß allein oder primär repressiver Sanktionen. Insbesondere der Wegfall der Strafrahmen aus dem Erwachsenenstrafrecht sowie die weitgehende Austauschbarkeit und Verbindungsmöglichkeit der Sanktionen dienen diesem Zweck. Deshalb ist es unzulässig, im Jugendstrafrecht noch von einem zweispurigen Rechtsfolgensystem zu sprechen. Der Zweck der Maßregeln der Besserung und Sicherung deckt sich mit der allgemeinen Zielsetzung. Anknüpfungspunkt ist einheitlich die kriminelle Gefährlichkeit des/der Angeklagten. Im Jugendstrafrecht ist die **Sanktionierung einspurig**

angelegt (s. Grdl. z. §§ 1-2 Rn. 5; s. auch *Terdenge* Strafsanktionen in Gesetzgebung und Gerichtspraxis, 1983, S. 51; partielle Anerkennung hinsichtlich der Jugendstrafe wegen »schädlicher Neigungen« bei *Mrozynski* MschrKrim 1985, 15; *Zipf* Die Strafmaßrevision, 1969, S. 154 ff., und *Eisenberg* Bestrebungen zur Änderung des Jugendgerichtsgesetzes, 1984, S. 28, sehen in der Jugendstrafe wegen »schädlicher Neigungen« eine Maßregel; s. aber auch *Eisenberg* § 7 Rn. 3; demgegenüber läßt *Dünkel* in: Jugendstrafe und Jugendstrafvollzug, Tbd. 1, hrsg. von *Dünkel/Meyer*, 1985, S. 56, das Maßregelsystem bei seinem Prinzip der »Einspurigkeit der freiheitsentziehenden Rechtsfolgen« im Jugendstrafrecht unbeachtet, ebenso *Eisenberg* Kriminologie, Jugendstrafrecht, Strafvollzug, 1986, S. 21 ff.), wobei verschiedene Sanktionen zusammen verhängt werden können. Bei Verfolgung dieser Spur ist aber sowohl bei den eigentlichen Sanktionen (s. § 5 Rn. 2-7) als auch bei den Maßregeln (s. § 7 Rn. 3-5) zusätzlich bei einer Kombination (s. § 8 Rn. 8) die Verhältnismäßigkeit zur Tat zu wahren.

4. Justizpraxis

Bei der Beurteilung der Sanktionspraxis ist zu beachten, daß früher im Durchschnitt 1,4 Sanktionen für jeden Verurteilten/jede Verurteilte ausgesprochen wurden (s. *Dünkel* RdJB 1984, 323); im Jahre 1991 waren es 1,2 Sanktionen. Nach den jeweiligen Hauptsanktionsarten ergibt sich für die Verurteilten nach Jugendstrafrecht folgendes Bild:

Jahr	Verurteilte	Erziehungs-maßregeln (allein)		Zuchtmittel (allein u. zus. m. Erziehungs-maßregeln)		Jugendstrafe (allein u. zus. m. Erziehungsmaß-regeln und/oder Zuchtmitteln)	
			%		%		%
1970	89 593	4 065	(4,5)	73 841	(82,4)	11 687	(13,0)
1980	132 649	16 577	(12,5)	98 090	(73,9)	17 982	(13,6)
1985	119 126	22 124	(18,6)	79 330	(66,6)	17 672	(14,8)
1990	77 274	14 978	(19,4)	50 193	(65,0)	12 103	(15,7)
1995	76 731	6 494	(8,5)	56 357	(73,4)	13 880	(18,1)
1998	92 001	6 574	(7,1)	68 207	(74,1)	17 220	(18,7)

(Quelle: Statistisches Bundesamt, Fachserie 10, Reihe 3, Strafverfolgung; Gebiet: bis 1990 altes Bundesgebiet, ab 1995 altes Bundesgebiet einschließlich Berlin-Ost)

Grdl. z. §§ 5-8   Zweiter Teil. Jugendliche

Insgesamt wurden in den letzten Jahren Sanktionen nach dem JGG verhängt:

Jahr	Sanktionen insgesamt	Erziehungs-maßregeln	%	Zuchtmittel	%	Jugendstrafe	%
1970	125 901	13 153	(10,4)	101 061	(80,3)	11 687	(9,3)
1980	186 409	41 312	(22,2)	127 115	(68,2)	17 982	(9,6)
1990	108 471	32 861	(30,3)	63 507	(58,5)	12 103	(11,2)
1995	107 243	15 045	(14,0)	78 318	(73,0)	13 880	(12,9)
1998	130 955	17 763	(13,6)	95 972	(73,3)	17 220	(13,1)

(Quelle: Statistisches Bundesamt, Fachserie 10, Reihe 3, Strafverfolgung; Gebiet: bis 1990 altes Bundesgebiet, ab 1995 altes Bundesgebiet einschließlich Berlin-Ost)

Eindeutig überwiegen somit die Zuchtmittel; beachtlich ist auch der Anteil der Jugendstrafe, wobei die freiheitsentziehenden Maßnahmen durch den Arrest noch erheblich höher und über dem Freiheitsentzug bei Erwachsenen liegen (s. § 5 Rn. 6). In der Längsschnittbetrachtung fällt auf, daß bis zum Jahre 1990 prozentual die Erziehungsmaßregeln ständig angewachsen sind, die Zuchtmittel ständig abgenommen haben. Auch die Jugendstrafe hat nach dem Höhepunkt im Jahre 1982 stark abgenommen. Seit 1991 hat eine umgekehrte Entwicklung eingesetzt; insbesondere ist der Jugendstrafenanteil stark gestiegen, wobei der Aussetzungsanteil aber stark zugenommen hat (s. Grdl. z. §§ 21-26 a Rn. 5).

Zur Sanktionspraxis bei Heranwachsenden s. Grdl. z. §§ 105-106 Rn. 9.

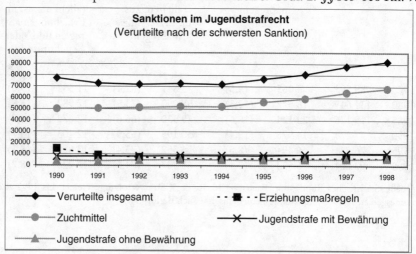

(Quelle: Statistisches Bundesamt, Fachserie 10, Reihe 3, Strafverfolgung; Gebiet: bis 1994 alte Länder, ab 1995 alte Länder einschl. Berlin-Ost)

Erstes Hauptstück. Verfehlungen Jugendlicher und ihre Folgen **Grdl. z. §§ 5-8**

Die Maßregeln haben daneben mit Ausnahme der Entziehung der Fahr- 5
erlaubnis keine große Bedeutung:

Maßregeln bei Jugendlichen

Jahr	Maßregeln zusammen	Psychiatr. Krankenhaus	%	Entziehungs-anstalt	%	Führungs-aufsicht	%	Entziehung der Fahrerlaubnis	%
1970	1 349	20	(1,5)	–		–		1 329	(98,5)
1980	4 009	19	(0,5)	9	(0,2)	6	(0,2)	3 975	(99,2)
1990	1 596	12	(0,8)	2	(0,1)	–		1 582	(99,1)
1995	1 403	12	(0,9)	6	(0,4)	3	(0,2)	1 382	(98,5)
1998	1 470	19	(1,3)	13	(0,9)	4	(0,3)	1 434	(97,6)

Maßregeln bei Heranwachsenden

Jahr	Maßregeln zusammen	Psychiatr. Krankenhaus	%	Entziehungs-anstalt	%	Führungs-aufsicht	%	Entziehung der Fahrerlaubnis	%
1970	12 280	29	(0,2)	8	(0,1)	4	(0,0)	12 240	(99,7)
1980	23 458	43	(0,2)	77	(0,3)	31	(0,1)	23 307	(99,4)
1990	14 485	35	(0,2)	29	(0,2)	12	(0,1)	14 409	(99,5)
1995	11 177	29	(0,3)	44	(0,4)	9	(0,1)	11 095	(99,3)
1998	11 109	51	(0,5)	66	(0,6)	21	(0,2)	10 971	(98,8)

Die Fristen für die Entziehung der Fahrerlaubnis wurden wie folgt festgesetzt:

Jahr		Entziehung der Fahrerlaubnis zusammen	bis 6 Monate	%	mehr als 6 Monate	%
1990	Erwachsene	157 241	34 189	(21,7)	123 052	(78,3)
	Heranwachsende	14 409	5 444	(37,8)	8 965	(62,2)
	Jugendliche	1 582	604	(38,2)	978	(61,8)
1994	Erwachsene	165 231	38 069	(23,0)	127 162	(77,0)
	Heranwachsende	11 715	4 550	(38,8)	7 165	(61,2)
	Jugendliche	1 454	583	(40,1)	871	(59,8)
1998	Erwachsene	149 428	29 267	(19,6)	120 161	(80,4)
	Heranwachsende	10 971	4 296	(39,2)	6 675	(60,8)
	Jugendliche	1 434	580	(40,4)	854	(59,6)

(Quelle: Statistisches Bundesamt, Fachserie 10, Reihe 3, Strafverfolgung; Gebiet: bis 1994 altes Bundesgebiet, ab 1995 altes Bundesgebiet einschließlich Berlin-Ost)

Bei Nebenfolgen und der Nebenstrafe sieht das Bild wie folgt aus:

Nebenfolgen und Nebenstrafe bei Jugendlichen

	Einziehung od. Verfall	Fahrverbot
1970	368	183
1980	589	2 254
1990	202	1 034
1995	178	748
1998	238	805

Nebenfolgen und Nebenstrafe bei Heranwachsenden

	Einziehung	Verfall	Fahrverbot
1970	872	–	2 261
1980	1 669	25	5 689
1990	930	12	4 011
1995	1 110	55	2 989
1998	1 245	54	3 280

(Quelle: Statistisches Bundesamt, Fachserie 10, Reihe 3, Strafverfolgung; Gebiet: bis 1990 altes Bundesgebiet, ab 1995 altes Bundesgebiet einschließlich Berlin-Ost)

5. Rechtspolitische Einschätzung

6 Auffällig ist, daß im JGG kein Oberbegriff für die strafrechtlichen Reaktionen auf eine Jugendstraftat formuliert ist: Die Überschrift im § 5 »Folgen« ist inhaltsleer. Als umfassender Begriff soll hier von Sanktionen gesprochen werden. Auch ist das Wort »Zuchtmittel« veraltet. Hier sollte eine Änderung erfolgen. Darüber hinaus wird in der kriminalpolitischen Diskussion vorgeschlagen, die Trennung zwischen Erziehungsmaßregeln und Zuchtmitteln aufzugeben und statt dessen einheitlich von Erziehungsmaßnahmen zu sprechen (s. *Arbeitskreis V des 18. Dt. Jugendgerichtstages* DVJJ 12, 1981, 288; *Stellungnahme der DVJJ* zum Arbeitsentwurf eines Gesetzes zur Änderung des JGG vom Dez. 1982, S. 6, 7; These 6 der *SPD-Unterkommission* »Kriminalpolitisches Programm« zur *Reform des Jugendkriminalrechts* Recht und Politik 1981, 144 ff.; s. auch *Arbeitsgruppe Jugendrecht*, Universität Bremen, Stellungnahme zum Arbeitsentwurf eines Gesetzes zur Änderung des JGG, 1983, S. 4; Stellungnahme der *Bewährungshilfe e. V.* Rundbrief Soziale Arbeit und Strafrecht, Juli 1984, S. 3; *Nothacker* S. 112 m. Fn. 24; abgelehnt im Referentenentwurf 1. JGGÄndG, Begründung S. 21; ebenso vom *Deutschen Richterbund* DRiZ 1983, Information S. 19; für eine inhaltliche Neukonzeptionierung der Zuchtmittel als »tatbezogene Folgen« und eine Umstellung

des Subsidiaritätsprinzips gem. § 5 Abs. 2 mit dem Vorrang dieser tatbezogenen Folgen vor Erziehungsmaßregeln als öffentliche Regelungen der Lebensführung *Kratzsch* Heilpädagogische Forschung Bd. XV, Heft 3, 1989, 6 S. 162). Nach dem gescheiterten Entwurf eines Jugendhilfegesetzes vom 8. 11. 1978 (BT-Drucks. 8/4010) sollten die Erziehungsmaßregeln ihren strafenden Charakter verlieren; § 9 sollte aufgehoben werden.

Wichtiger als eine sprachliche Neuregelung ist eine inhaltliche Neubestimmung. Verfehlt ist insoweit der Vorschlag, neben der Verhängung und der Aussetzung einer Jugendstrafe zur Bewährung einen Jugendarrest als »Einstiegsarrest« zu ermöglichen; diese neue Arrestform läuft der Zielsetzung zuwider, den kurzen Freiheitsentzug zurückzudrängen, und muß als ungeeignet i. S. einer Schocktherapie gewertet werden (s. im einzelnen Grdl. z. §§ 27-30 Rn. 7). Die Flexibilität ist weniger durch neue Sanktionsangebote als durch Verzichtsmöglichkeiten gem. § 5 Abs. 3 (s. aber *Meyer* MDR 1982, 177) zu vergrößern. So sollten die Maßregel »Entziehung der Fahrerlaubnis« und das Fahrverbot allein angeordnet werden dürfen (zu gesetzgeberischen Initiativen in Frankreich, Polen, in den Niederlanden und in Belgien s. *Jescheck* Die Freiheitsstrafe und ihre Surrogate im deutschen und ausländischen Recht, Bd. 3, 1984, S. 2123, der selbst aber mit Ausnahme der Erweiterung des Fahrverbots zur Hauptstrafe an der Zweispurigkeit des Sanktionssystems festhalten will, S. 2158, 2159). Diese Regelung des § 5 Abs. 3 hat der Gesetzgeber im § 38 BtMG vergessen, wenn dort die §§ 35 und 36 BtMG nur bei Verurteilung zu einer Jugendstrafe sinngemäß für anwendbar erklärt werden. Mit den neuen Bestimmungen im BtMG sollte aber auch der Maßregelvollzug zugunsten einer freiwilligen Therapie abgewendet werden, was mit § 35 Abs. 1 S. 1 BtMG deutlich wird. Dieser gesetzgeberische Fehler ist bis zur formalen Novellierung von der Rechtspraxis in Analogie zugunsten der Beschuldigten zu korrigieren. Ansonsten wären die Jugendgerichte angehalten, entgegen § 5 Abs. 3 auch eine Jugendstrafe auszusprechen, um die »Vergünstigung« gem. § 35 BtMG zu ermöglichen (a. M. *Körner* BtMG, § 35 Rn. 5; *Meyer* MDR 1982, 178; unbestimmt *Brunner/Dölling* § 17 Rn. 27 d).

§ 5. Die Folgen der Jugendstraftat

(1) Aus Anlaß der Straftat eines Jugendlichen können Erziehungsmaßregeln angeordnet werden.
(2) Die Straftat eines Jugendlichen wird mit Zuchtmitteln oder mit Jugendstrafe geahndet, wenn Erziehungsmaßregeln nicht ausreichen.
(3) Von Zuchtmitteln und Jugendstrafe wird abgesehen, wenn die Unterbringung in einem psychiatrischen Krankenhaus oder einer Entziehungsanstalt die Ahndung durch den Richter entbehrlich macht.

Literatur

Fenn Kriminalprognose bei jungen Straffälligen, 1979; *Frisch* Prognoseentscheidungen im Strafrecht, 1983; *Geerds* Zur kriminellen Prognose, MschrKrim 1960, 93 *Göppinger* Der Täter in seinen sozialen Bezügen, 1983; *ders.* Angewandte Kriminologie, 1985; *Haag* Rationale Strafzumessung, 1969; *Höbbel* Bewährung des statistischen Prognoseverfahrens im Jugendstrafrecht, 1968; *Jung* Die Prognoseentscheidung zwischen rechtlichem Anspruch und kriminologischer Einlösung, in: Festschrift für Pongratz, 1986, S. 251; *Klapdor* Die Rückfälligkeit junger Strafgefangener, 1967; *Krainz* Die Problematik der Prognose zukünftigen menschlichen Verhaltens aus kriminologischer und rechtsstaatlicher Sicht, MschrKrim 1984, 297; *Kratzsch* Plädoyer für eine Revision des jugendstrafrechtlichen Subsidiaritätsprinzips und der Zuchtmittel, Heilpädagogische Forschung Bd. XV, Heft 3, 1989, S. 155; *Leferenz* Die Kriminalprognose, in: Handbuch der forensischen Psychiatrie, Bd. II, 1972, S. 1347; *Mey* Die Voraussage des Rückfalls im intuitiven und im statistischen Prognoseverfahren, MschrKrim 1965, 8; *Meyer* Rückfallprognose bei unbestimmt verurteilten Jugendlichen, 1956; *ders.* Der kriminologische Wert von Prognosetafeln, MschrKrim 1959, 214; *ders.* Der gegenwärtige Stand der Prognoseforschung in Deutschland, MschrKrim 1965, 225; *Miehe* Die Bedeutung der Tat im Jugendstrafrecht, 1964; *Nothacker* Anwendungsprinzipien des Jugendstrafrechts, Zbl 1985, 101; *Rasch* Prognosegutachten bei jugendlichen Delinquenten: Zufall oder Zuschreibung?, in: Jugend und Delinquenz, hrsg. v. *Schuh*, 1988, S. 381; *Schneider* Kriminalprognose, in: Handwörterbuch der Kriminologie, 4. Bd., 1979, S. 273; *Spieß* Kriminalprognose, in: Kleines Kriminologisches Wörterbuch, hrsg. von *Kaiser/Kerner/Sack/Schellhoss*, 2. Aufl., S. 253; *Tenckhoff* Die Kriminalprognose bei Strafaussetzung und Entlassung zur Bewährung, DRiZ 1982, 95; *Weinschenk* Über die Bedeutung der Kriminalprognose im Jugendstrafrecht, MschrKrim 1988, 61.

Inhaltsübersicht

	Rn.
I. Anwendungsbereich	1
II. Verhältnismäßigkeit von Straftat und Sanktion	2
III. Rückfallprognose	8
1. Tatursachenanalyse	9
a) Personelle Faktoren	10
b) Soziale Faktoren	11
c) Justitielle Faktoren	12

	Rn.
2. Einschätzung der tatnachfolgenden Einflußfaktoren	13
3. Prognosemethode	14
IV. Sanktionsprognose	20

I. Anwendungsbereich

Insoweit ist auf die Kommentierung zu § 4 (Rn. 1) zu verweisen. 1

II. Verhältnismäßigkeit von Straftat und Sanktion

Ausgangspunkt für die Sanktionierung ist die Straftat: »aus Anlaß der 2
Straftat«; im § 17 Abs. 2 sowie im § 19 Abs. 1 wird die Rückfallgefährlichkeit (»schädlichen Neigungen«) ausdrücklich auf die Tat begrenzt. Auch das Jugendstrafrecht ist **Tat-Täter-Strafrecht** (s. *Ostendorf* DVJJ-Journal 4/1991, S. 353; *Kräupl* in: Festschrift für Stree und Wessels, 1993, S. 922). Demgegenüber wird herkömmlich das Erziehungsziel in den Vordergrund gerückt (s. *Brunner/Dölling* § 5 Rn. 1; insbesondere *Eisenberg* § 5 Rn. 2-9); es wird ein »Vorrang des Erziehungsgedankens« proklamiert (s. *Schaffstein* Weg und Aufgabe des Jugendstrafrechts, 1975, Einführung S. IX; *Nothacker* Zbl 1985, 101 m. w. N. in Fn. 1). Ein solcher Vorrang kann nur für das Gesetzesziel der Individualprävention (s. Grdl. z. §§ 1-2, Rn. 4) vor den weitergehenden Sanktionszielen des Erwachsenenstrafrechts anerkannt werden. Dies bedeutet einmal, daß eine Sanktionierung nach dem JGG nur zulässig ist, wenn eine Straftat nachgewiesen wird. Verwahrlosungen reichen nicht aus. Über diese Selbstverständlichkeit hinaus darf die Sanktion nicht außer Verhältnis zur Straftat stehen, sie muß angemessen sein; auch mit dem Begriff eines »Erziehungsstrafrechts« dürfen rechtsstaatliche Vorgaben nicht übergangen werden (ebenso *Dallinger/Lackner* § 5 Rn. 10; *Brunner/Dölling* § 5 Rn. 3; *Eisenberg* § 5 Rn. 25, 25 a; *Miehe* Die Bedeutung der Tat im Jugendstrafrecht, 1964, S. 33, 118 ff.; *ders.* ZStW 97 [1985], 999; *Schöch* in: Kriminologie, Jugendstrafrecht, Strafvollzug, 4. Aufl., hrsg. von *Kaiser/Schöch*, S. 182). Die Tatbezogenheit der Strafe als Grenze für erzieherische Zwecke wurde selbst in der sozialistischen DDR anerkannt (s. *Arnold* in: Vorbeugung und Bekämpfung der Jugendkriminalität in der DDR Teil 2, Berichte, hrsg. von der Humboldt-Universität Berlin, 1988, Heft 8, S. 11). Dieses Verhältnismäßigkeitsprinzip, das aus dem grundgesetzlich abgesicherten Rechtsstaatsprinzip (Art. 20 Abs. 3 GG) abzuleiten ist und als Teilaspekt für die Maßregeln der Besserung und Sicherung normiert ist (§ 62 StGB), ersetzt im Jugendstrafrecht das Schuldprinzip des § 46 Abs. 1 S. 1 StGB (s. § 18 Rn. 6), wobei es hier nur die Sanktion begrenzt, nicht begründet (zur Umformulierung des Schuldprinzips zu einem Begrenzungsmaßstab s. *Ellscheid/Hassemer* Jahrbuch für Sozialwissenschaft 1970, S. 27 ff.). Auch

die Empfehlung Nr. R (92) 17 des Ministerkomitees an die Mitgliedstaaten des Europarats vom 19.10.1992 über die Einheitlichkeit in der Strafbemessung verlangt ausdrücklich die Einhaltung des Verhältnismäßigkeitsprinzips. Dieses einheitliche jugendstrafrechtliche Maßprinzip zeigt sich auch in der Austauschbarkeit von Zuchtmitteln und Jugendstrafe durch die stationären Maßregeln (Unterbringung in einem psychiatrischen Krankenhaus oder in einer Entziehungsanstalt) gem. § 5 Abs. 3. Als Grund für die Sanktionierung bleibt der Tatschuld-Vorwurf. Dies bedeutet aber auch umgekehrt, d. h., wenn die Unterbringung in einem psychiatrischen Krankenhaus oder in einer Entziehungsanstalt neben einer Jugendstrafe angeordnet wird, daß die Gründe, die zur Anordnung der Maßregel geführt haben, nicht zusätzlich zur Erhöhung der Jugendstrafe herangezogen werden dürfen (*BGH* StV 1998, 340).

3 Die Tat ist somit Strafanlaß und gleichzeitig Limitierung für das Strafziel (wie hier *Trenczek* Strafe, Erziehung oder Hilfe?, Schriftenreihe der DVJJ, Bd. 26, 1996, S. 50). Als Strafziel ist hierbei an der Individualprävention festzuhalten (s. Grdl. z. §§ 1-2 Rn. 4). Ein Schutzbedürfnis der Allgemeinheit hat daneben keinen eigenständigen Platz, wird nur indirekt – Ausnahme § 17 Abs. 2, 2. Alt. – mit der strafrechtlichen Reaktion befriedigt (a. M. *Dallinger/Lackner* § 5 Rn. 16; offen *Eisenberg* § 5 Rn. 25). Lediglich die Opferinteressen sind mit den Sanktionen Schadenswiedergutmachung und Entschuldigung (§ 15 Abs. 1 Nr. 1 und 2) zu berücksichtigen. Größte Zurückhaltung ist auch für die Annahme eines Sühnebedürfnisses des Straftäters geboten (s. auch *Eisenberg* § 5 Rn. 7, 15), da allzu leicht hieraus ein gesellschaftliches Vergeltungsbedürfnis abgeleitet wird.

4 Bei der Bewertung der Straftat ist von der Deliktseinteilung und den Strafrahmen des Erwachsenenstrafrechts als Leitlinien auszugehen. Auch wenn diese keine unmittelbare Bedeutung für die Sanktionierung haben (§ 18 Abs. 1 S. 3; s. bereits § 3 Rn. 4), kommt hierin doch eine auch für das Jugendstrafrecht zu berücksichtigende Wertung des Gesetzgebers zum Ausdruck (ebenso *Schaffstein/Beulke* § 23 III.; *Tröndle/Fischer* § 46 StGB Rn. 8 a). Diese Wertung gilt jedoch lediglich für die Obergrenze der Sanktionierung innerhalb der jugendstrafrechtlichen Rahmen als »Verbot der Benachteiligung Jugendlicher gegenüber Erwachsenen in vergleichbarer Verfahrenslage« (s. *Nothacker* Zbl 1985, 111; *Schüler-Springorum* Festschrift für Jescheck, 1985, S. 1132; *Brunner/Dölling* § 18 Rn. 15; *BayObLG* ZfJ 1991, 557; *OLG Köln* GA 1984, 519; *Miehe* Die Bedeutung der Tat im Jugendstrafrecht, 1964, S. 121; ders. ZStW 97 [1985], 998; *Albrecht* § 9 IV.; *Eisenberg* § 45 Rn. 9; umfassend und in kritischer Auseinandersetzung – allerdings nur im Hinblick auf Art. 3 Abs. 1 GG – *Burscheidt* Das Verbot der Schlechterstellung Jugendlicher und Heranwach-

sender gegenüber Erwachsenen in vergleichbarer Verfahrenslage, 2000; s. auch § 18 Rn. 5). Ebenso sind auf dieser ersten Stufe Reduzierungen des Strafrahmens, z. B. aufgrund der §§ 13 S. 2, 17 S. 2, 21, 27 Abs. 2 S. 2 jeweils i. V. m. § 49 StGB sowie die Strafänderungen im Besonderen Teil des StGB inhaltlich zu beachten (*BGH* StV 1982, 335; *BGH* StV 1984, 254; weitere Entscheidungen bei *Böhm* NStZ 1985, 447; s. auch § 18 Rn. 4). Dies gilt für alle Sanktionen, auch für die Erziehungsmaßregeln (a. M. *Maurach/Zipf* AT, Tbd. 1, 6. Aufl., S. 481 für § 21 StGB), da auch diese Sanktionscharakter haben (s. Grdl. z. §§ 9-12 Rn. 4). Die Untergrenze wird allein durch das Präventionsziel des JGG bestimmt (a. M. *Böhm* Einführung in das Jugendstrafrecht, S. 148). Bereits nach altem Recht entfiel mit der Auflösung der formellen Strafrahmen aus dem Erwachsenenstrafrecht auch die Anwendung des § 48 StGB a. F. (s. *Eisenberg/ Nothacker* Jura 1981, 438; a. M. BGHSt 7, 302).

Im einzelnen ist in Anlehnung an § 46 Abs. 2 StGB zwischen dem Unrechtsgehalt der Tat, d. h. dem Erfolgsunrecht (»die verschuldeten Auswirkungen der Tat«; s. hierzu *OLG Hamm* bei *Böhm* NStZ 1985, 447) und dem Handlungsunrecht (»die Art der Ausführung«; »der bei der Tat aufgewendete Wille«; »das Maß der Pflichtwidrigkeit«), und dem Schuldgehalt der Tat zu unterscheiden. Diese Anlehnung heißt nicht, daß zunächst eine vergleichsweise Sanktion nach Erwachsenenstrafrecht zu bilden wäre, zumal ein so festgelegtes Maß niemals zwingend und im ambulanten Bereich mit den Sanktionen des Jugendstrafrechts nicht vergleichbar wäre. Auch könnte eine solche Sichtweise zur Erhöhung der jugendstrafrechtlichen Sanktionierungspraxis beitragen. Es gilt vielmehr ein jugendstrafrechtliches Maß zu finden, was nur in der negativen Abgrenzung im Hinblick auf die Eingriffsintensität möglich erscheint. Im Rahmen der Prüfung des Unrechtsgehalts der Tat ist so auch die in der Praxis bedeutsame **Strafzumessungsregel** des § 243 StGB anzuwenden. Auch der Jugendrichter ist für die Anwendung des Verhältnismäßigkeitsgrundsatzes gezwungen, die besonders schweren und die minder schweren Fälle abzugrenzen. Beim Schuldgehalt der Tat ist die Verantwortlichkeit des Täters im Hinblick auf seine Fähigkeit zum normkonformen Verhalten zu prüfen (»die Beweggründe«; »die Ziele«; »die Gesinnung, die aus der Tat spricht«). Ist die Feststellung eines individuellen Freiheitsgrades an sich schon schwierig, erscheint die Elle »maßgerecht sozialisierter« Mensch bei Jugendlichen aufgrund ihres Entwicklungsstatus' schon im Ansatz kaum anlegbar. Eine Gesamtbetrachtung der Täterpersönlichkeit mit Einschluß des Vor- und Nachlebens der Tat, die zudem Gefahr läuft, eine Lebensführungsschuld zu begründen (s. *Tröndle/Fischer* § 46 StGB Rn. 4; *Stree* in: *Schönke/Schröder* § 46 StGB Rn. 8 ff.), hat zumindest im Jugendstrafrecht auszuscheiden, so daß es insoweit bei der Analyse und Bewertung der Tatmotivation verbleibt; hierbei legt das jugendliche Alter vielfache

Exkulpationen nahe: Unerfahrenheit, spielerischer Umgang, Selbstbestätigung in und außerhalb einer Gruppe, Verführung (s. *BGH* StV 1984, 30). Dem entspricht eine kriminalpolitisch orientierte Schuldlehre (s. *Roxin* in: Festschrift für Henkel, 1974, S. 171 ff.). Auch bedeuten Strafen für Jugendliche im Vergleich zu Erwachsenen, die straf- und schicksalerfahren sind, tendenziell eine härtere Sanktion. Dies gilt insbesondere für den Freiheitsentzug, da damit einmal der jugendliche Freiheitsdrang gestoppt wird, ein andermal wegen des Mangels an Zeiterfahrung die Dauer als Ewigkeit erlebt wird (s. *Schüler-Springorum* in: Festschrift für Jescheck, 1985, S. 1133).

6 Diese Überlegungen – das sei nochmals betont – grenzen aber nur unverhältnismäßig harte Sanktionen aus, haben somit nur **eine Begrenzungsfunktion nach oben**. Keineswegs darf die taxenmäßige Sanktionspraxis aus dem Erwachsenenstrafrecht auf das individualisierende Jugendstrafrecht übertragen werden. Daß in der Praxis z. T. gegen Jugendliche/Heranwachsende als Wiederholungstäter härtere Strafen ausgesprochen werden als bei Erwachsenen (s. *Sessar* in: Die Einstellung des Strafverfahrens im Jugendrecht, hrsg. von *Walter/Koop*, 1984, S. 41; *Heinz* in: DVJJ-Landesgruppe Baden-Württemberg Info 2/1983, S. 11 ff.; s. auch Grdl. zu den §§ 105-106, Rn. 9), obwohl die Schäden im Bereich der Vermögens- und Eigentumsdelikte erheblich niedriger liegen als bei den Erwachsenen, ist aber weniger darin begründet, daß man sich an den Taxen aus dem Erwachsenenstrafrecht orientiert, als darin, daß der strafende Charakter mit Hilfe einer Erziehungsideologie geleugnet wird (s. *Schumann* in: Festschrift für Pongratz, 1986, S. 379) und insbesondere nach Vorverurteilungen die Sanktionsbegrenzung durch die jetzt verurteilte Straftat verlorengegangen ist. Diese härtere Sanktionierung zeigt sich einmal in der Anordnung des Kurzzeitfreiheitsentzuges »Arrest« (s. *Pfeiffer* Kriminalprävention 1983, S. 143, 222), was dazu führt, daß nach dem Jugendstrafrecht mehr stationäre Sanktionen ausgesprochen werden als im Erwachsenenstrafrecht: 1998 wurden stationäre Maßnahmen (Jugendstrafe, Arrest und Heimerziehung) in 37,28 % der Verurteilungen nach dem JGG angeordnet, während nach dem Erwachsenenstrafrecht lediglich ca. 18,59 % Freiheitsstrafen verhängt wurden; eine **Schlechterstellung** zeigt sich weiterhin in der Verlängerung der Jugendstrafe zu Ausbildungszwecken (s. § 18 Rn. 9), d. h., es werden gegenüber den Freiheitsstrafen nach dem Erwachsenenstrafrecht längere Jugendstrafen ausgesprochen: Im Jahre 1998 32,7 % Jugendstrafe von 12 bis 24 Monaten gegenüber 13,7 % entsprechender Freiheitsstrafe und mehr als 24 Monate 11,4 % gegenüber 7,6 % (s. Statistisches Bundesamt, Fachserie 10, Reihe 3, Strafverfolgung), was auch nicht mit der Untergrenze von sechs Monaten Jugendstrafe erklärt werden kann, da insoweit einmal der Arrest als Ausweg zur Verfügung steht und ansonsten der Zeitraum von 6 bis 12 Monaten gewählt werden könnte (s. *Terdenge*

Strafsanktionen in Gesetzgebung und Gerichtspraxis, 1983, S. 78, 126); weitere Benachteiligungen sind feststellbar bei der Einstellungspraxis der Staatsanwaltschaft (s. Grdl. z. §§ 45 und 47 Rn. 7), bei der U-Haft (s. Grdl. z. §§ 71-73 Rn. 6) sowie – gesetzgeberisch vorgeschrieben – bei der Rechtsmittelbegrenzung (§ 55) und der im Unterschied zum Erwachsenenstrafrecht verbindlichen Registereintragung nach Verfahrenseinstellungen. Der Verführung zu einer härteren Sanktionierung ist mit einem – rechtzeitigen – Tatbezug zu begegnen. Bereits an dieser Stelle, d. h. ohne eine weitere Beschuldigtendiagnose, kann eine Einstellung wegen Geringfügigkeit (§ 153 StPO, §§ 45 Abs. 1, 47 Abs. 1 S. 1 Nr. 1) geboten sein (s. Grdl. z. §§ 45 und 47 Rn. 5).

Daß diese Beziehungssetzung an den Anfang gehört, wird auch dadurch untermauert, daß die nachfolgende Rückfallprognose mit der notwendigen Durchleuchtung der Täterpersönlichkeit sowie des sozialen Umfeldes in ihrem Umfang von dem Tatvorwurf abhängig zu machen ist; der **Mitteleinsatz** bei der Sanktionszumessung ist bereits durch das Verhältnismäßigkeitsprinzip begrenzt. Hierbei wird die Prüfung an dieser Stelle auf die Angemessenheit begrenzt, d. h., es werden **unangemessene Sanktionen ausgegrenzt**, da eine allein angemessene Sanktion nicht festzumachen ist. Die weiteren, konkretisierenden Kriterien des Verhältnismäßigkeitsprinzips, die Eignung und die Notwendigkeit, werden im Rahmen der Sanktionsprognose geprüft (s. Rn. 20-22), wobei die vorausgehende Frage, ob überhaupt eine Sanktionierung erforderlich ist, im Rahmen der Rückfallprognose zu beantworten ist. Soweit in der Rechtslehre pauschal eine an der Tatschwere orientierte Sanktionierung abgelehnt wird (s. *H. Kaufmann/Hartmann/Höfer/Marquardt/Rausch* Jugendliche Straftäter und ihre Verfahren, 1975, S. 42; *Bussmann* in: Die jugendrichterlichen Entscheidungen – Anspruch und Wirklichkeit, DVJJ 12 [1981], 364, 365; s. auch *Heinz* Info 2/83, Landesgruppe Baden-Württemberg der DVJJ, mit dem bezeichnenden Titel »Jugendstrafrecht – Auf dem Weg zum Tatstrafrecht?«; wie hier aber *Müller/Otto* Damit Erziehung nicht zur Strafe wird, 1986, S. 11; für Zuchtmittel und Jugendstrafe ebenso *Wolf* S. 341 ff.), so ist dem die Aufforderung zur Differenzierung entgegenzustellen. Ansonsten werden falsche Fronten aufgebaut, wo es doch darum geht, ein Straftatdenken sowie ein automatisches Strengerwerden abzubauen, gleichzeitig aber ein »maßloses Erziehungsstrafrecht« zu verhindern. Dieses Vorgehen wird von einer Untersuchung – in Übereinstimmung mit Ergebnissen amerikanischer Forschungen – unterstützt, wonach Richter, die mehr am »Straf(tatbestand)denken« ausgerichtet sind, eher mildere Sanktionen verhängen (s. *Hauser* Der Jugendrichter – Idee und Wirklichkeit, 1980, S. 116). Dem steht nicht die Untersuchung von *Pfeiffer* (Kriminalprävention im Jugendgerichtsverfahren, 1983) entgegen, da dort die Untersuchungsgruppen nach ihrer Einstellung zu einer stigmatisierenden Verfahrens- und Sanktionspraxis gebildet wurden, die wiederum nach der Arrestquote bestimmt wurde (s. S. 321, 322): Eine Sanktionierung, die ihren Ausgang bei dem Tatvorwurf nimmt, ist nicht mit einem »autoritär/strengen« Handlungsstil gleichzusetzen; umgekehrt besteht die Gefahr einer Strafeskalation aus Enttäuschung bei den Engagierten ebenso, wenn nicht erst recht (s. S. 293; s. auch Grdl. z. §§ 33-38 Rn. 6). Verfehlt ist es ebenso, die häufig festzustellende Eskalation von Strafen bei wiederholter Auffälligkeit als ein Ergebnis des tatstrafrechtlichen Denkens zu werten (so aber *Heinz* in: Jugendgerichtsbarkeit in Europa und Nordamerika, hrsg. von *Kerner/Galaway/Janssen*, 1986, S. 586); diese abzulehnende Praxis (s. Rn. 20) ist vielmehr in einer fehlerhaften Täterbeurteilung begründet. Diesen Aussagen scheint eine Untersuchung von *Streng* zu widersprechen. Nach einer Befragung aller Strafrichter und Staatsanwälte in Niedersachsen im Jahre 1979 mit einem Rücklauf von 63,6 % sprechen die Jugendrichter am Amtsgericht – »einigermaßen deutlich« – weniger schwere Strafen aus als Erwachsenenstrafrichter (s. *Streng* Strafzumessung und relative Gerechtigkeit, 1984, S. 127). Zugleich wurden im Vergleich zu den Erwachsenenstrafrichtern als Strafziele häufiger Besserung/Resozialisierung und seltener Vergeltung/Sühne genannt (s. auch *Opp/Peukert* Ideologie und Fakten in der Rechtsprechung, 1971, S. 115). Der Rückschluß von einem richterlichen Resozialisierungsstreben auf eine mildere Bestrafungstendenz liegt nahe, damit auch eine Beziehung zwischen einem Täteransatz – im Gegensatz zum Tatansatz – und einer milden Sanktionierung. Gegen einen solchen Rückschluß sind aber Einwände zu erheben. Zwar steht ihm nicht entgegen, daß die Jugendstaatsanwälte und die Jugendrichter am Landgericht nach dieser Untersuchung nicht milder urteilen als ihre Kollegen von der Erwachsenengerichtsbarkeit. Die Erklärung, daß hier eine jugendrichterliche Ausbildung und Einstellung weniger zu vermuten ist, hat *Streng* selbst geliefert. Wohl aber muß gegen das Ergebnis eingewendet werden, daß die Sanktionsschwere allein an den Erwachsenensanktionen gemessen wurde (s. S. 82). Wenn für Jugendrichter nur diese für sie ungewöhnlichen und in ihrer Wirksamkeit wohl auch negativer eingeschätzten Sanktionen zur Verfügung gestellt werden, ist auch eine mildere Sanktionierung zu vermuten. Zum zweiten wurden hier fiktive Fälle zur Beurteilung gegeben. Richter, die sich hinsichtlich ihrer Tätigkeit aufgeklärter und vernünftiger einschätzen, können hier auch eher als im Gerichtssaal ihre Zielsetzung verfolgen, zumal die konkrete Täterperson mit ihren Rückschlägen und negativen Vorzeichen – mit Ausnahme der Vorstrafen – ausgeblendet wurde. Schließlich steht drittens ein falsches Straftatdenken einem richtigen, Strafe begrenzenden Tatbezug nicht entgegen. In Wahrheit ist es nicht der wechselnde Blick von der Tat auf den Täter und vom Täter auf die Tat, der zur Straferhöhung antreibt, in Wahrheit sind es vielmehr eine akriminologische Mißtrauenshaltung gegenüber auffälligen Jugendlichen und die subjektiven Auffassungen über angebliche gesellschaftliche Anforderungen an das Strafrecht (s. *Hupfeld* DVJJ-Journal 1/1993, S. 11 ff.; *ders.* Jugendrichterliches Handeln, 1996, S. 242 ff.). Generalprävention und Tatbezug sind aber zweierlei, dürfen ebenso wie Strafe und Erziehung nicht gleichgesetzt werden.

III. Rückfallprognose

Unter Beachtung dieser Sanktionsgrenzen nach oben ist als zweites eine Rückfallprognose anzustellen, d. h. die Wahrscheinlichkeit für eine erneute Straftat **ohne den Einfluß einer Sanktionierung** zu beurteilen. Hierbei geht es nicht um eine moralische Bewertung des Täters als gut oder schlecht, sondern um die Rückfallgefahr für ein gleichgelagertes Delikt, d. h. mit demselben Schutzgut (s. auch *Miehe* ZStW 97 [1985], 999: Tat als »Symptom der Tätergefahr«). Eine allgemeine kriminelle Gefährdung, erst recht Verwahrlosung, ist nicht gefragt. Problematisch ist deshalb das Postulat einer allgemeinen Persönlichkeitsdiagnose (s. aber *Kaiser/Schöch* Kriminologie, Jugendstrafrecht, Strafvollzug, 1979, S. 154; *Böhm* Einführung in das Jugendstrafrecht, 2. Aufl., S. 115); eine sozialpädagogisch ausgerichtete Täterdiagnose für das Strafrecht verführt zu einem übertriebenen Einsatz des Strafrechts zum Ausgleich von Sozialisationsmängeln ohne kriminogenen Charakter. Im Ergebnis wird sich niemals eine allein richtige Antwort finden lassen, da das zukünftige Verhalten einer fremden Person einzuschätzen ist (s. auch *Jung* in: Festschrift für Pongratz, 1986, S. 255 ff.). Trotzdem gebieten das Präventionsziel des JGG und das Rechtsstaatsprinzip, den Weg einer rationalen Prognoseentscheidung zu gehen. Anders ausgedrückt: Die Mitschuld als Strafrechtsanwender, an einem inhumanen und häufig ineffektiven Kontrollsystem mitzuwirken, läßt sich nicht durch die Inanspruchnahme eines Systemfreiraums wegwischen; man kann – in Anlehnung an ein Wort von *Gustav Radbruch* (Einführung in die Rechtswissenschaft, zit. nach der 11. Aufl., S. 136) – gerade auch Jugendstrafrecht nur mit einem schlechten Gewissen praktizieren. Ein rationales Vorgehen gebietet hierbei, zwischen den Tatsachenfeststellungen, d. h. der Tatursachenanalyse und den tatnachfolgenden Einflußfaktoren, sowie der hierauf aufbauenden Prognoseentscheidung unter Heranziehung von Erfahrungssätzen zu unterscheiden.

1. Tatursachenanalyse

Auch hier ist wiederum von der Tat auszugehen, d. h., die Ursachen der Straftat sind zu analysieren. Insoweit ist im einzelnen auf die Ergebnisse der Kriminologie, der Lehre von den Kriminalitätsursachen, zu verweisen (s. beispielhaft *Kaiser* Jugendkriminalität, 3. Aufl.). Wenn heute neben dem definitorischen Ansatz überwiegend eine multifaktorelle Kriminalitätserklärung angeboten wird, so ist bei der Anwendung auf den Einzelfall ebenso differenziert vorzugehen; dem Strafrechtsanwender kann die Suche auf den verschlungenen Pfaden der Kriminalitätsanalyse nicht erspart werden. Wichtig ist, daß auf dieser Stufe der Sanktionsbemessung das Verschulden von Täter, Gesellschaft oder Staat irrelevant ist.

a) Personelle Faktoren

10 Die biologische und psychische Struktur des Täters steht traditionsgemäß am Anfang der Ursachenanalyse. Während heute diese Erklärung aus dem Individuum heraus im allgemeinen auf neurotische und psychopathische Formen der Kriminalität beschränkt wird (s. *Kerscher* Sozialwissenschaftliche Kriminalitätstheorien, 1977, S. 20) und damit schon bei der Feststellung der Tatverantwortung zu beachten ist, hat sie im Bereich der Jugendkriminalität unter dem Gesichtspunkt der Entwicklung eine nicht zu überschätzende Bedeutung. Die Jugendlichen befinden sich in einem Reifeprozeß mit den Störfaktoren der Pubertät, der Ablösung aus dem Elternhaus, der Aufnahme und dem Abbruch neuer sozialer Beziehungen, den Anforderungen in der Ausbildung und der Arbeitswelt, wenn sie in diese überhaupt hineingelassen werden. Normüberschreitung ist hier häufig ein normaler Vorgang, ein Symptom dieser Altersstufe. Dies wird gerade auch in der Ubiquität der Jugendkriminalität deutlich. Die Entwicklungspsychologie lehrt uns, daß das Erfassen von Normen mit Hilfe der Normüberschreitung, mit dem Normexperiment erfolgt (s. *Pfeiffer* Kriminalprävention im Jugendgerichtsverfahren, 1983, S. 17).

b) Soziale Faktoren

11 Das Umfeld ist schon bei der entwicklungspsychologischen Sicht nicht wegzudenken. Sozialisationsdefizite aufgrund mangelnder oder schlechter Erziehung, soziale Randständigkeit, die aus den Wohnverhältnissen, aus der Ausbildung, dem fehlenden Arbeitsplatz abzuleiten ist, tragen maßgeblich zur Kriminalität bei. Bei Jugendlichen ist entscheidend die Einbindung in Gruppen von Bedeutung, deren Einfluß sowohl auf das einfache Gruppenmitglied als auch rückkoppelnd auf die Führungsclique häufig bestimmend ist. Aufgrund der entwicklungsbedingten Unfertigkeit können sich eigene, d. h. auch kriminelle Verhaltens- und Normmuster entwickeln bis hin zur körperlichen Aggressivität. Damit ist allgemein auch die Lerntheorie in die Kriminalitätserklärung eingebunden. In diesem Zusammenhang sei beispielhaft die verführerische Werbung genannt, der Jugendliche häufig nicht »gewachsen« sind: »Nimm 2«; »Greifen Sie zu«.

c) Justitielle Faktoren

12 Mit der Labeling-Theorie erfolgte ein Paradigmawechsel in der Erklärung des kriminellen Verhaltens. Ausgehend von der Theorie des symbolischen

Interaktionismus wird Kriminalität als sekundäre Devianz erklärt, als ein Definitions- und Stigmatisierungsprozeß durch die »Instanzen sozialer Kontrolle«. Damit ist vor allem das Verhalten der Justiz, der strafenden Justiz in den Mittelpunkt der Kriminalitätsanalyse gerückt. Die Selektion weniger, die öffentlich stigmatisiert werden, führt zu einem schlechten Selbstbild mit einer anschließenden Rollenübernahme, wobei man sich mit Gleichbetroffenen zusammentut (s. *Hohmeier* in: Stigmatisierung 1, hrsg. v. *Brusten/Hohmeier*, 1975, S. 5 ff.). Hinzu kommt das soziale Lernen »krimineller Einstellungen« und ein sozialer Abstieg, der Rückfälligkeit begünstigt (s. *Cremer-Schäfer* in: Stigmatisierung 2, hrsg. v. *Brusten/ Hohmeier*, 1975, S. 129 ff.). Da hier Zweitkriminalität, Wiederholungskriminalität erklärt wird, bietet sich in einem zeitlichen Verlaufsmodell die Verbindung zu primären Erklärungsansätzen an, wofür *Quensel* das Teufelskreis-Modell einer kriminellen Karriere entwickelt hat (KritJ 1970, 375 ff.). Während in der Strafrechtspraxis die Wiederholung der Straftat als Signal für eine schlechte Prognose gedeutet wird (»hat sich die Verurteilung nicht zur Warnung dienen lassen«), besteht umgekehrt mehr Anlaß, sie als negative Folge der eigenen justitiellen Entscheidung zu überdenken.

2. Einschätzung der tatnachfolgenden Einflußfaktoren

Da die Tat und damit die Tatursachen regelmäßig am Tage der Sanktionierung längere Zeit zurückliegen, sind weiterhin die zwischenzeitlichen Veränderungen und die absehbaren zukünftigen Einflußfaktoren zu berücksichtigen. Wenn in der Geldknappheit aufgrund von Arbeitslosigkeit (zur Beziehung von Jugendarbeitslosigkeit und Jugendkriminalität s. *Albrecht* KrimJ 1984, 218 ff.), wenn in einer bestimmten Gruppeneinbindung (zur Jugendkriminalität als Gruppenkriminalität s. *Kaiser* Jugendkriminalität, 3. Aufl., S. 95 ff.; s. auch *BGH* StV 1986, 68) Ursachen für ein Delikt gesehen werden, so können zwischenzeitliche und für die Zukunft vorgezeichnete positive Veränderungen ebenso die Rückfallprognose verändern. Wenn aus der Erfahrung heraus die eheliche Bindung des Heranwachsenden einen Stabilisierungsfaktor erster Ordnung darstellt, so darf eine solche Entwicklung nicht außer acht gelassen werden. Schon eine längere straffreie Zeit seit Tatbegehung spricht gegen »schädliche Neigungen« (s. *BGH* StV 1992, 431). Während mit der Tatursachenanalyse ein Längsschnitt vorgenommen wurde, hat hier ein Lebensquerschnitt zu erfolgen. Hierbei ist die Tat, sind die Tatfolgen selbst als Faktum zu werten; die Tat kann in einer emotionalen Aufladung selbst wiederum Störfaktor sein, kann aber auch zu einer Bereinigung eines bestehenden Konflikts geführt haben; Schuldverarbeitung und Schadenswiedergutmachung sind ebenso prognoserelevant wie die Reaktionen der Umwelt sowie Ermittlungsmaßnahmen der Strafjustiz, denen, insbesondere im Falle einer Untersuchungshaft, Sanktionscharakter zukommt (s. *BGH* NStZ 1984, 508; *BGH* StV 1991, 423). Das Strafverfahren mit Einschluß der Hauptverhandlung ist bereits eine Strafe. Rechtsstaatlich zulässiges Verteidigungsverhalten, wie insbesondere das Leugnen der Tat, womit auch keine Reue und Schuldeinsicht gezeigt werden können, darf nicht erschwerend berücksichtigt werden (*BGH* StV 1993, 533).

Ebenso sind negative Entwicklungen zu berücksichtigen. Allerdings dürfen Straftaten, über die ein Gericht noch nicht rechtskräftig befunden hat, nicht verwertet werden. Auch wenn das Gericht durch Beweiserhebung sich Gewißheit i. S. des § 261 StPO verschafft und selbst entscheidet, wird doch das rechtsstaatliche Verfahren der Überführung mit formeller Anklageerhebung und rechtzeitigen Verteidigungsmöglichkeiten nicht eingehalten. Die Unschuldsvermutung des Art. 6 Abs. 2 MRK wird nicht in der gesetzlich vorgeschriebenen Weise widerlegt. Für diese Sanktion hat der Gesetzgeber ausdrücklich die Einbeziehung gem. § 31 Abs. 2 vorgesehen (s. hierzu *Ostendorf* NJW 1981, 382 m. w. N., s. auch §§ 26, 26 a Rn. 7, § 30 Rn. 9).

3. Prognosemethode

14 In der Praxis der Jugendstrafjustiz herrscht die intuitive Methode vor, die zukünftige Legalbewährung bzw. Rückfallgefahr einzuschätzen (s. *Fenn* Kriminalprognose bei jungen Straffälligen, 1979, S. 205; s. demgegenüber *Sonnen* Kriminalität und Strafgewalt, 1978, S. 195). Damit finden Alltagstheorien (»wer einmal lügt, dem glaubt man nicht«), angereichert mit eigenem Erfahrungswissen, Eingang in die Sanktionszumessung, wobei man sich mit dem gefühlsmäßigen Erfassen der angeklagten Person ohne Ausbreitung der einzelnen Prognosefaktoren begnügt (s. *Kaiser* Kriminologie, 1980, S. 272). Daß sich damit, d. h. mit einer unwissenschaftlichen Methode, Progressiven auch ein Freiraum zur Sanktionsminderung öffnet, soll nicht bestritten werden. Was progressiv oder reaktionär ist, hängt aber vom Zeitgeist ab. Das Gesetz verlangt verbindliche Beurteilungskriterien, schon um dem Gleichbehandlungsprinzip zu genügen. Beliebt ist die Übertragung der Verantwortlichkeit auf sog. Sachverständige, wobei in den Prozessen, die vom Anklagevorwurf aus ökonomischen Gründen nicht die Beauftragung eines Sachverständigen erlauben, schon die Jugendgerichtshilfe in diese Rolle gedrängt wird. Hierbei bestimmt bereits die Auswahl der Gutachter das Ergebnis (s. hierzu § 43 Rn. 10). Da die Einschaltung eines Sachverständigen – »klinische Prognose« – sich häufig aus ökonomischen Gründen sowie zur Wahrung des Verhältnismäßigkeitsprinzips im Hinblick auf den Eingriff in die Intimsphäre (s. Rn. 7) verbietet (für einen vermehrten Einsatz von psychiatrischen Sachverständigen aber *Weinschenk* MschrKrim 1988, 61 ff.; wie hier *Herre* Die Prognoseklauseln der §§ 56 StGB und 21 JGG, 1997, S. 84; zur Relativierung der

häufig angenommen Treffsicherheit s. *Herre* a. a. O., S. 70 m. w. N.), gilt es, den **Rechtsanwendern selbst** ein nachvollziehbares Prognosemodell an die Hand zu geben, das sich auf kriminologische Erfahrungswerte stützen kann, zumal auch bei der klinischen Methode neben der psychischen Täterdiagnose die kriminologischen Erkenntnisse zu beachten sind: **Kriminologische Individualprognose** (ähnlich *Göppinger* Angewandte Kriminologie, 1985, dessen »Methode der idealtypisch-vergleichenden Einzelfallanalyse mit den Bezugskriterien der kriminologischen Trias« aber so differenziert und gleichzeitig in der Zusammenschau so komplex ist, daß sie trotz des Anspruchs »Ein Leitfaden für die Praxis« im Justizalltag – außer vom Gutachter selbst – nicht umsetzbar erscheint; dagegen ist die »empirische Individualprognose« von *Leferenz* Handbuch der forensischen Psychiatrie, Bd. II, S. 1366, eine primär psychiatrische Individualprognose, s. S. 1379; ähnlich wie hier *Herre* Die Prognoseklauseln der §§ 56 StGB und 2 JGG, 1997, S. 120). Wenn auch bei Anwendung kriminologischer Erfahrungssätze letztlich eine wertende Entscheidung zu treffen ist, so wird diese jedoch in ihren Grundlagen offengelegt und damit prüfbar gemacht (s. auch *Volckart* BewH 1985, 27). Gleichzeitig werden versteckte individuelle Wertvorstellungen und Vorurteile abgewehrt.

Eine numerische Berechnung der Rückfallhäufigkeit nach Prognosestatistiken – an Einzelfaktoren oder Strukturen zusammengestellt – wird jedoch abgelehnt (a. M. *Haag* Rationale Strafzumessung, 1969, S. 173 mit einer Darstellung der bislang vorgeschlagenen Prognosetabellen; der Prognosetafel von Meyer stimmt *Sonnen* Kriminalität und Strafgewalt, 1978, S. 195, mit Vorbehalten zu; nach *Kaiser* Kriminologie, 1980, S. 280, ist nur die Strukturprognoseforschung aussichtsreich; weitere Nachweise bei *Frisch* Prognoseentscheidungen im Strafrecht, 1983, S. 108 ff.). Gegen einen solchen Vorschlag spricht, daß erstens der persönliche Eindruck und die persönliche Kenntnis des Täterumfeldes sich schwer in einer solchen Statistik erfassen lassen, daß zweitens häufig für diese Berechnung nicht alle Angaben vorliegen bzw. deshalb zu einer umfassenden, im konkreten Fall unnötigen Diagnose verführt, daß drittens hiermit tendenziell verdeckt wird, daß wir alle (rückfall-)gefährdet sind, daß die Selektion in der strafrechtlichen Sozialkontrolle gerade bei der Heranziehung früherer Strafakten nicht deutlich wird. Diese Gesichtspunkte sprechen auch gegen eine statistische Prognose in Verbindung mit einer Individualprognose, sei es als Korrektiv (so u. a. *Göppinger* Kriminologie, 4. Aufl., S. 359), sei es als Primärprognose (so *Tenckhoff* DRiZ 1982, 100), wobei über die Gewichtung zusätzlich entschieden werden muß (ebenso *Frisch* Prognoseentscheidungen im Strafrecht, 1983, S. 112; positiv demgegenüber *Krainz* MschrKrim 1984, 303, 304, wobei die »Gesamtwürdigung« relativ unbestimmt bleibt). Auf diese inhaltlichen Einwände ist auch die unsichere Einschätzung der Treffsicherheit zurückzuführen (für eine höhere

Treffsicherheit der statistischen Prognose insbesondere *Haag* Rationale Strafzumessung, 1970, S. 168 ff.; *Meyer* MschrKrim 1965, 225; für eine höhere Treffsicherheit der intuitiven Prognose *Höbbel* Bewährung des statistischen Prognoseverfahrens im Jugendstrafrecht, 1968, S. 263). Andererseits ist der bequeme Rückgriff auf die intuitive Voraussage unter Hinweis darauf, daß keine »wissenschaftliche« Prognosemethode angeboten werde (so *KG* NJW 1972, 2228 mit kritischer Anmerkung von *Sonnen* JuS 1976, 364; *KG* NJW 1973, 1420) zurückzuweisen. Die Prognosetafeln beruhen gerade auf den kriminologischen Erkenntnissen, über die allerdings gestritten wird. Gleichwohl lassen sich Wissensstandards feststellen und auf diesen kriminologischen Erfahrungssätzen eine Individualprognose aufbauen. Auch genügt es nicht, durch eine Formalisierung der Strafzumessungsentscheidung den Informationsstand zu erhöhen (s. *Hassemer* ZStW 90 [1978], 64 ff.) und die Sensibilisierung der Strafjuristen zu verlangen (s. *Jung* in: Festschrift für Pongratz, 1986, S. 262): Beides sind vorausgehende Notwendigkeiten für eine unumgängliche Wertung. Noch weniger geht es an, die Probleme dadurch zu lösen, daß die Notwendigkeit einer Prognose geleugnet wird (so aber *Wolf* S. 284): Die Beurteilung gegenwärtiger Umstände, »die auf die Gefahr bestimmter künftiger Straftaten des Jugendlichen schließen lassen«, ist eine Prognose. Es gilt umgekehrt: Ein modernes (Jugend-)Strafrecht verlangt zunehmend rational-begründete Prognosen (ebenso *Rasch* in: Jugend und Delinquenz, hrsg. v. *Schuh*, 1988, S. 383).

16 In Anlehnung an einen Vorschlag in einem Arbeitspapier im Rahmen der Einstufigen Juristenausbildung von *Giehring* und *Pongratz* wird die Verwendung folgender Prognosetafel vorgeschlagen (s. auch den umfangreichen Kriterienkatalog bei *Göppinger* Angewandte Kriminologie, 1985, S. 79 ff.; zur prognostischen Beurteilung für die Unterbringung in einem psychiatrischen Krankenhaus s. *Horn* Kriminologische Gegenwartsfragen 17 [1986], 47 ff.:

Erstes Hauptstück. Verfehlungen Jugendlicher und ihre Folgen §5

Positiv	Negativ
\multicolumn{2}{c}{zu bewertende Faktoren:}	

Positiv	Negativ
1. Sozialisationsentwicklung	
kein oder kein entscheidender Wechsel der Bezugspersonen	häufiger Wechsel der Bezugspersonen in der Kindheit, insb. längere Heimaufenthalte
stabile, sozioökonomische Entwicklungsbedingungen in Familie oder familienähnlichen Verhältnissen	abweichendes Verhalten der Eltern von rechtlichen Verhaltensstandards
ausgleichende konsequente Erziehungsmethode	übermäßige Strenge, inkonsequente Erziehungsmethoden oder Vernachlässigung in der Erziehung
keine Verhaltensauffälligkeiten in der Schule	wiederholte Disziplinarmaßnahmen, Schulausschluß
2. Soziale Beziehungen	
tragfähige Beziehungen in der eigenen Familie, zu Freunden mit vorwiegend normkonformen Orientierungen	soziale Isolation oder nur Beziehungen zu devianten Subkulturen
3. Ausbildungs- und Arbeitswelt	
in der Lehre eines Berufes bzw. in einem kontinuierlichen Arbeitsverhältnis	sehr häufiger, nicht berufsbedingter Arbeitsstellenwechsel
4. Wohnung	
eigenes Zimmer oder Wohnung, in dem/der man sich wohlfühlen kann	wechselnde Fremdunterkünfte, Nichtseßhaftigkeit, schlechte Wohnverhältnisse
5. Freizeit	
aktive Freizeitgestaltung Kontrolle von Suchtgefahren, insb. von Alkohol und Drogen ökonomischer Realismus	Freizeit »abstehen« Suchtabhängigkeit einkommensüberfordernde Freizeitbereiche
6. Straffälligkeit	
keine oder solche Strafen, die strafrechtlich ohne prognostische Bedeutung sind (z. B. fahrlässige Körperverletzung im Straßenverkehr, Beförderungserschleichung)	verbüßte Freiheitsstrafen (auch Dauerarrest)

Die Gegenüberstellung von kriminogenen und kriminoresistenten Faktoren erleichtert die richtige Entscheidung, da die allein negativ ausgerichteten Prognosetafeln in der Tendenz zu ungünstigeren Ergebnissen führen (*Kaiser* Kriminologie, S. 276; *Tenckhoff* DRiZ 1982, 100). Hierbei wird regelmäßig nur ein Übergewicht festzustellen, selten werden alle negativen oder positiven Faktoren zu bejahen sein. Entscheidend ist nach der Tübinger Langzeituntersuchung (*Göppinger* Der Täter in seinen sozialen Bezügen, 1983, S. 136, 170) der Freizeitbereich: Eine strukturlose und überzogene Freizeitgestaltung, d. h. eine planlose Zeitvertreibung auf Kosten der Leistungszeit, mit unrealistischen Erwartungen und unsteten Bindungen ist ein Warnsignal für Rückfälligkeit (s. auch *Kaiser* SchwZStr 103 [1986], 20; zu Erfahrungswerten aus der Jugendgerichtshilfestatistik s. *Lux* Jugendgerichtshilfestatistik, 1993, S. 132 ff.).

17 Da sich ein Rückfallrisiko wohl niemals gänzlich ausschalten läßt, sich ein breites Feld von Fraglich-Prognosen auftut, kommt es auf den Wahrscheinlichkeitsgrad an. Hierbei sind die stabilisierenden, kriminoresistenten Faktoren mit den entstabilisierenden, kriminogenen Faktoren abzuwägen. Für die Annahme, daß eine Rückfallgefahr besteht, müssen begründete Erwartungen im Hinblick auf Persönlichkeits- und Gelegenheitsstruktur ausgesprochen werden. In Übereinstimmung mit *Frisch* (Prognoseentscheidungen im Strafrecht, 1983, S. 81) ist Voraussetzung für einen individualpräventiv begründeten Strafeinsatz die **»naheliegende Möglichkeit«** des Rückfalls. Wenn hierbei die Gewißheit für eine kriminogene Persönlichkeitsstruktur verlangt wird (S. 73), ist dies jedoch mit der Indizwirkung der Tat nicht zu vereinbaren. So ist gem. § 62 StGB der Grad der Rückfallgefahr abzuwägen, nicht ist eine »absolute« Gefahr gefordert. Bei schweren Rechtsverletzungen wird man sich mit einer geringeren Rückfallwahrscheinlichkeit begnügen müssen: Rückfallmaßstab und Deliktsschwere verhalten sich umgekehrt proportional. Ein Weniger, d. h. nur konkrete Hinweise, denen Indikationen entgegenstehen, wird für die Sanktion gem. § 27 verlangt (s. dort Rn. 3).

18 Nur wenn die Rückfallprognose in diesem Sinne negativ ausfällt, ist eine Sanktionierung geboten, im Unterschied zum Erwachsenenstrafrecht, wo die Strafe innerhalb eines Schuldrahmens festgesetzt werden soll (§ 46 Abs. 1 S. 1 StGB) und auch generalpräventive Zielsetzungen anerkannt werden (s. *Lackner/Kühl* § 46 StGB Rn. 29). Ansonsten ist das Verfahren wegen Geringfügigkeit oder wegen Fehlens eines Sanktionsbedarfs einzustellen (§ 45 Abs. 1 und 2, § 47 Abs. 1 S. 1 Nr. 1 und 2). Dies folgt aus dem Ziel des Jugendstrafrechts, allein – Ausnahme: § 17 Abs. 2, 2. Alt. – einer Wiederholung der Tat durch individualpräventive Sanktionen vorzubeugen (s. Grundlagen zu § 1 und § 2 Rn. 4). So ist für die Verhängung einer Jugendstrafe ausdrücklich eine Rückfallgefahr für schwer sozialschädliche

Delikte (§ 17 Abs. 2: wegen der »schädlichen Neigungen«), für Zuchtmittel und Erziehungsmaßregeln ein Eingriffsbedarf (§ 13 Abs. 1: »Wenn ... dem Jugendlichen ... zum Bewußtsein gebracht werden muß«; § 5 Abs. 2: »wenn Erziehungsmaßregeln nicht ausreichen«) Voraussetzung. Unnötige Sanktionen verstoßen gegen die Menschenwürde und das Rechtsstaatsprinzip.

Hierbei ist zu beachten, daß heute dem größten Teil der jugendlichen Straftaten Episodencharakter zukommt (s. *Heinz* Schriftenreihe der Polizei-Führungsakademie 1/85, S. 42 ff.). Belegt wird dies über die Alterskurve nach den Verurteiltenzahlen und in der Dunkelfeldforschung hinaus, wonach die Kriminalitätsbelastung vom 14. Lebensjahr an zunächst steil ansteigt, im heranwachsenden Alter ebenso steil wieder abfällt, durch verschiedene Untersuchungen über die spätere Auffälligkeit von registrierten Ersttätern (s. *Krüger* Kriminalistik 1983, S. 327; *Weschke/ Krause* in: Handlungsorientierte Analyse von Kinder- und Jugenddelinquenz, 2. Aufl., S. 238; *Steffen/Czogalla* Intensität und Perseveranz krimineller Verhaltensweisen, Teil II, hrsg. vom Bayerischen Landeskriminalamt, 1982, S. 40 ff.): Die überwiegende Zahl (zwischen 53 und 69 %) wird nur einmal registriert. Nach einer Untersuchung wurden selbst von sog. Mehrfachtätern ein Jahr nach der mehrfachen Registrierung – durchschnittlich 4,7 mal – 72,8 % nicht wieder auffällig (s. *Lamnek* in: Mehrfach auffällig, hrsg. von *Schüler-Springorum*, 1982, S. 18). Grundfalsch ist es deshalb, daß die Gefahr weiterer Straftaten »regelmäßig durch die abzuurteilende Tat begründet« wird (so *Wolf* S. 304). 19

IV. Sanktionsprognose

Für die Bestimmung der Sanktion ist von der Ursachenanalyse und der Einschätzung der tatnachfolgenden Gefährdungsmomente auszugehen, d. h., die negativen Bedingungen für eine zukünftige Straffälligkeit sollen mit der Sanktion beseitigt werden (Krisenintervention). Der Versuch einer nachhaltigen Beeinflussung der Person zum normgerechten Verhalten muß scheitern, wenn keine individuellen Probleme vorliegen, der Kriminalitätskonflikt von außen geschürt wird. Allerdings wird eine monokausale Erklärung regelmäßig nicht ausreichen (s. Rn. 9). Aber auch bei einer multifaktorellen Kriminalitätserklärung wird in der Justizpraxis und der Rechtslehre allzu schnell von der Tauglichkeit der Sanktion i. S. einer Prävention ausgegangen und lediglich das Subsidiaritätsprinzip zur Begrenzung der Sanktion angewendet. Im Vordergrund hat statt dessen bei der Sanktionsprognose die Überlegung zu stehen, mit welcher Sanktion positiv die negativen Bedingungen beseitigt werden können (s. auch *Kratzsch* Heilpädagogische Forschung Bd. XV, Heft 3, 1989, S. 158). Diese **positive Individualprävention** wird bei den Erziehungsmaßregeln allein erlaubt. Eine 20

negative Individualprävention i. S. individueller Abschreckung ist hier vom Wortlaut (s. § 10 Abs. 1 S. 1 im Unterschied zu § 13 Abs. 1) und der Systematik (s. § 5 Abs. 1 und 2) her ausgeschlossen (s. auch Grundlagen zu §§ 1 und 2 Rn. 5); diese **Eignung** wird bereits vom Gesetzgeber verneint. Auch ansonsten kann die Eignung i. S. einer individuellen Abschreckung durch die negativen Folgen für eine (Re-)Sozialisierung irrelevant werden. Die Eignung der Sicherung, die als weiterer Aspekt der negativen Individualprävention bei einer Jugendstrafe ohne Bewährung sowie bei den Maßregeln in Betracht kommt, steht demgegenüber in Konkurrenz mit der positiven Individualprävention, der hierbei **Vorrang** gebührt, zumal die Sicherung nur auf Zeit möglich ist (zur Eignung der Maßregeln s. § 7 Rn. 5). Hierbei ist zwischen den gesetzgeberisch gewollten Zielen und der Realität zu differenzieren. So müssen der beabsichtigten Erziehung im »Knast« die negativen Ergebnisse dieser Erziehungsversuche gegenübergestellt werden, der **Resozialisierung die Prisonisierung**, mit der antisoziale Einstellungen verstärkt werden (s. § 17 Rn. 10, 11). Diese entsozialisierenden Wirkungen von Sanktionen gilt es generell zu berücksichtigen. Zumindest ist eine positive Effizienz nach der Sekundäranalyse amerikanischer Behandlungsprojekte durch *Martinson* (Public Interest 1974, S. 22 ff.) sowie nach einer englischen Kohortenstudie (*West/Farrington* The delinquent way of life, 1977, S. 126 ff.) fraglich. Insoweit ist die Sanktionsforschung ernst zu nehmen (s. die Kommentierung zu den einzelnen Sanktionen); es muß eine realistische Chance für das Erreichen des Präventionsziels bestehen (*Krainz* MschrKrim 1984, 307 Fn. 75: »sehr hohe Wahrscheinlichkeit«). Im Hinblick auf Resozialisierungsbemühungen kann heute festgestellt werden, daß ambulante Sanktionen generell geeigneter sind als stationäre Sanktionen; innerhalb der ambulanten Sanktionen wiederum haben die tatbezogenen Reaktionen (Entschuldigung, Schadenswiedergutmachung, Täter-Opfer-Ausgleich, Weisungen mit konkretem Tatbezug) mehr Aussicht auf Erfolg als von der Tat abgekoppelte, die Lebensführung beeinflussende Reaktionen (s. Grdl. zu §§ 1 u. 2 Rn. 5). Wenn in der Realität keine Sanktion eine Individualprävention verspricht, hat sie als sinnlos zu unterbleiben (demgegenüber will das *OLG Schleswig* an dem Anspruch eines Erziehungsstrafrechts auch dann festhalten, wenn »außerhalb einer JVA besser erzogen werden kann«, StV 1985, 421; zust. *Schüler-Springorum* NStZ 1985, 478). Eine Schlußfolgerung lautet, die Praxis eines Strafschärfungsautomatismus aufzugeben (ebenso *Eisenberg* § 5 Rn. 9; *Heinz* Schriftenreihe der Polizei-Führungsakademie 1/85, S. 51; *Spieß* in: Diversion als Leitgedanke, hrsg. von *Walter*, 1986, S. 43). Schärfere Sanktionen versprechen keine höhere Tauglichkeit nach einer fehlgeschlagenen Sanktionierung. Der Fehler kann gerade auch in dieser Sanktionierung liegen.

Erstes Hauptstück. Verfehlungen Jugendlicher und ihre Folgen § 5

Überblick über die Ergebnisse verschiedener Studien aus dem Jugendstrafrecht zu den Rückfallquoten:

	Rückfallquote	Legalbewährungsquote
Intervenierende Diversion (*Matheis*)	12%	88%
Nonintervention (*Matheis*)	26%	74%
Einstellung nach §§ 45, 47 JGG a. F. (*Hock-Leydecker*)	28%	72%
Einstellung nach § 45 II JGG a. F. in Koblenz (*Kalpers-Schwaderlapp*)	31%	69%
Einstellung nach § 45 I JGG a. F. in Koblenz (*Kalpers-Schwaderlapp*)	33%	67%
Einstellung nach § 45 JGG a. F. (*Hügel*)	35%	65%
Folgenlose Einstellung (*Storz*)	35%	65%
Urteilsverfahren in Koblenz (*Kalpers-Schwaderlapp*)	36%	64%
Einstellung nach § 47 JGG a. F. (*Hügel*)	40%	60%
Einstellung nach erfolgreichem Täter-Opfer-Ausgleich (*Keudel*)	42%	58%
Formelle Erledigung (*Storz*)	42%	58%
Verurteilung (*Hock-Leydecker*)	46%	54%
Nicht schuldig Gesprochene (*Császár*)	50%	50%
Verurteilung zu ambulanter Maßnahme (*Hügel*)	50%	50%
Urteilsverfahren in Mainz (*Kalpers-Schwaderlapp*)	52%	48%
Sozialer Trainingskurs (*Kraus/Rolinski*)	56%	44%
Arrest (*Storz*)	58%	42%
Urteilsverfahren (*Császár*)	66%	34%
Sozialer Trainingskurs (*Wellhöfer*)	70%	30%
Arrest (*Wellhöfer*)	78%	22%
Strafvollzug (*Kerner/Janssen*)	78%	22%
Strafvollzug (*Storz*)	79%	21%
Strafvollzug (*Maetze*)	84%	16%
Strafvollzug (*Dolde/Grübl*)	85%	15%

(Quelle: *Keudel* Die Effizienz des Täter-Opfer-Ausgleichs, bislang unveröffentlichtes Manuskript)

Fundstellen der Studien:

Császár, Franz	Rückfall nach Jugendstrafrecht, in: Festschrift für Franz Pallin zum 80. Geburtstag, hrsg. v. Walter Melnizky und Otto F. Müller, Wien 1989, S. 63-80
Dolde, Gabriele/Grübl, Günther	Verfestigte »kriminelle Karriere« nach Jugendstrafvollzug? Rückfalluntersuchung an ehemaligen Jugendstrafgefangenen in Baden-Württemberg, in: ZfStrVo 1988, S. 29-34
Hock-Leydecker, Gertrud	Die Praxis der Verfahrenseinstellung im Jugendstrafverfahren, Frankfurt a.M. 1993
Hügel, Christine	Erzieherische Maßnahmen im Jugendstrafrecht, Konstanz 1996
Kalpers-Schwaderlapp, Martina	DIVERSION TO NOTHING, Mainz 1989
Keudel	Die Effizienz des Täter-Opfer-Ausgleichs, bislang unveröffentlichtes Manuskript
Kraus, Ludwig/Rolinski, Klaus	Rückfall nach sozialem Training auf der Grundlage offiziell registrierter Delinquenz, in: MschrKrim 1992, S. 32-46
Kerner, Hans-Jürgen/Janssen, Helmut	in: *Kerner, Hans-Jürgen/Dolde, Gabriele/Mey, Hans-Georg* Jugendstrafvollzug und Bewährung, Godesberg 1996, S. 137-218
Maetze, Winfried	in: *Kerner, Hans-Jürgen/Dolde, Gabriele/Mey, Hans-Georg* Jugendstrafvollzug und Bewährung, Godesberg 1996, S. 359-387
Matheis, Bernhard	Intervenierende Diversion – Eine empirische Untersuchung unterschiedlicher Verfahrens- und Reaktionsalternativen im Jugendstrafverfahren im Landgerichtsbezirk Kaiserslautern, Mainz 1991
Storz, Renate	in: *Heinz, Wolfgang/Storz, Renate* Diversion im Jugendstrafverfahren der Bundesrepublik Deutschland, hrsg. v. Bundesministerium der Justiz, Bonn 1992, zit.: *Storz*
Wellhöfer, Peter R.	Soziale Trainingskurse und Jugendarrest, Versuch einer vergleichenden Erfolgskontrolle, MschrKrim 1995, S. 42.

21 Im Hinblick auf die individualpräventiven Wirkungen sind die Sanktionsmöglichkeiten des JGG miteinander zu vergleichen, bei gleicher Tauglichkeit und gleichem Wirkungsgrad ist die Sanktion zu wählen, die nicht so sehr in die Rechte des/der Verurteilten eingreift, weniger Interesseneinbuße bedeutet – Notwendigkeitskriterium (ebenso *Albrecht* § 9 VII. 7.).

Hierbei hat man sich zunächst die ganze Palette der Sanktionsmöglichkeiten vor Augen zu führen, so z. B. auch die im Erwachsenenstrafrecht unbekannte Sanktion »Aussetzung der Verhängung der Jugendstrafe« (§ 27). Auch dürfen § 60 StGB sowie die speziellen Erlaubnisse im StGB und im Nebenstrafrecht (§ 31 BtMG), von Strafe abzusehen, nicht vergessen werden; durch die – positive – Aufzählung der Sanktionsarten wird die mildere Sanktionsart nicht gem. § 2 ausgeschlossen (s. *BayObLGSt* 1961, 171; zust. *Nothacker* S. 315; s. auch *Eisenberg* § 5 Rn. 11; *Tröndle/ Fischer* § 60 StGB Rn. 2; a. M. hinsichtlich § 60 StGB *Terdenge* JA 1978, 95, 148); unter den Voraussetzungen des § 60 StGB hat das Gericht auch von Erziehungsmaßregeln und Zuchtmitteln abzusehen (s. *BayObLG* JR 1992, 387 m. zust. Anm. v. *Brunner* sowie von *Scheffler* NStZ 1992, 491). Im Bereich der Drogenkriminalität ist § 29 Abs. 5 BtMG zu beachten. Erst recht sind immer auch die Einstellungsmöglichkeiten zu bedenken. Nicht nur hierfür (s. § 45 Abs. 2, § 47 Abs. 1 S. 1 Nr. 2) sind Straftatreaktionen außerhalb der Strafjustiz und durch das Strafverfahren sowie deren präventive Wirkungen zu berücksichtigen; ist diese Wirkung bereits eingetreten, besteht schon keine Rückfallgefahr mehr (s. Rn. 13, 18).

Für die Einschätzung der Reihenfolge scheint § 5 eine Richtschnur zu geben: Erziehungsmaßregel, dann Zuchtmittel, dann Jugendstrafe (s. auch § 17 Abs. 2). Diese Richtschnur ist aber nicht nur nicht lang genug, da die Sanktion des § 27 nicht mit aufgeführt wird, die Differenzierungen bei der Jugendstrafe nicht genannt werden, sie verfälscht auch die Schweregrade. Zweifelsohne stellt das Zuchtmittel der Verwarnung einen geringeren Eingriff als die Erziehungsmaßregeln der Arbeitsweisung, der heilerzieherischen Behandlung oder der Erziehungskur dar. Es muß als ein gesetzgeberischer Etikettenschwindel entlarvt werden, erst den Zuchtmitteln mit den §§ 5 Abs. 2 und 13 Abs. 1 einen Ahndungscharakter zuzusprechen (s. aber *Göbel* NJW 1954, 15; *Eisenberg* § 5 Rn. 18, § 10 Rn. 6). Dies zeigt sich auch darin, daß mit dem 1. JGGÄndG (§ 15 Abs. 1 S. 1 Nr. 3) die Arbeitsleistung sowohl als Erziehungsmaßregel als auch als Zuchtmittel verhängt werden kann. Entscheidend ist, wie die Betroffenen subjektiv die Eingriffsschwere empfinden: Nach einer Befragung von 716 repräsentativ ausgewählten Jugendlichen wurden einzelne Weisungen gem. § 10 in ihrer Schwere ähnlich eingestuft wie Verwarnung und Schadenswiedergutmachung; Geldbußen wurden mit dem Arrest auf die gleiche Stufe gestellt und die Heimeinweisung gem. § 10 Abs. 1 S. 2 Nr. 2 wurde annähernd so schwer beurteilt wie Jugendstrafe (s. *Berlitz/Guth/Kaulitzki/Schumann* KrimJ 1987, Heft 1). Nicht der repressive Charakter, sondern eine repressive Zielsetzung der Erziehungsmaßregeln ist zu verneinen; die Frage nach der Erforderlichkeit ist von der Frage nach der Eignung zu unterscheiden (s. Rn. 20). Von daher ist es besser, zwischen ambulanten und stationären Sanktionen zu unterscheiden (s. *Schaffstein/Beulke* § 10 I.), wobei von den stationären Sanktionen der Arrest die mildeste Form darstellt. Die Heimerziehung kann je nach der Art der Durchführung härter einzustufen sein als eine Jugendstrafe zur Bewährung oder auch als eine kürzere unbedingte Jugendstrafe (s. auch *Eisenberg* § 12 Rn. 30, andererseits § 55 Rn. 77 b). Die stationären Maßregeln der Unterbringung in einem psychiatrischen Krankenhaus und einer Entziehungsanstalt werden ausdrücklich den Zuchtmitteln und der Jugendstrafe vorgezogen (§ 5 Abs. 3); neben dem spezielleren Präventionsversprechen müssen sie auch als härtere Maßnahmen gelten (zur Begründungspflicht, wenn von der Vorgabe des § 5 Abs. 3 abgewichen werden soll, s. § 7 Rn. 10). Wenn die Sanktionen, auch stationäre gegen ambulante, ohne negative Folgen i. S. von Rückfall weitgehend austauschbar sind (so *Albrecht/Dünkel/Spieß* MschrKrim 1981, 314 ff.; *Heinz* Schriftenreihe der Polizei-Führungsakademie 1/85, 22 S. 46 ff.), so heißt dies, grundsätzlich den Sanktionen mit der geringeren Interesseneinbuße den Vorrang einzuräumen. Hierbei kommt den Maßregeln gem. § 7 häufig eine größere Bedeutung zu als den eigentlichen jugendstrafrechtlichen Folgen, wobei auch hier, d. h. bereits bei der Anordnung der Maßregel, – entgegen einer verbreiteten Ansicht – das Subsidiaritätsprinzip gilt (s. § 7 Rn. 5); auch ist eine mögliche – entgegen § 74 – Kostenbelastung zu beachten.

Erstes Hauptstück. Verfehlungen Jugendlicher und ihre Folgen § 5

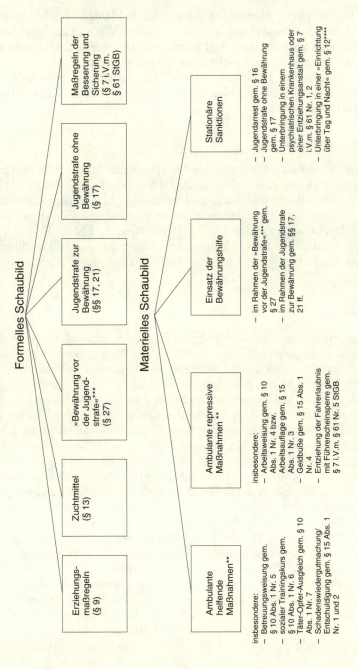

§ 6. Nebenfolgen

(1) Auf Unfähigkeit, öffentliche Ämter zu bekleiden, Rechte aus öffentlichen Wahlen zu erlangen oder in öffentlichen Angelegenheiten zu wählen oder zu stimmen, darf nicht erkannt werden. Die Bekanntgabe der Verurteilung darf nicht angeordnet werden.
(2) Der Verlust der Fähigkeit, öffentliche Ämter zu bekleiden und Rechte aus öffentlichen Wahlen zu erlangen (§ 45 Abs. 1 des Strafgesetzbuches), tritt nicht ein.

I. Anwendungsbereich

1 § 6 gilt für Jugendliche, auch vor den für allgemeine Strafsachen zuständigen Gerichten (§ 104 Abs. 1 Nr. 1). Auf Heranwachsende findet die Bestimmung ebenfalls Anwendung, und zwar sowohl vor Jugendgerichten als auch vor den für allgemeine Strafsachen zuständigen Gerichten, wenn Jugendstrafrecht angewendet wird (§§ 105 Abs. 1, 112 i. V. m. § 104 Abs. 1 Nr. 1); darüber hinaus können bei Anwendung des Erwachsenenstrafrechts die Folgen gem. § 45 Abs. 1 StGB angewendet werden (§ 106 Abs. 2 S. 2).

II. Reichweite

2 In § 6 werden bestimmte Nebenfolgen ausgeschlossen; in § 8 Abs. 3 werden weitere, nicht ausdrücklich ausgeschlossene Nebenfolgen – zusätzlich zu Nebenstrafen – zugelassen. Während so als **einzige Nebenstrafe** das Fahrverbot gem. § 44 StGB zulässig ist (s. auch § 76), ist der Bereich der Nebenfolgen nicht klar umgrenzt. Im StGB sind die §§ 45 bis 45 b als Nebenfolgen überschrieben, d. h. Verlust der Amtsfähigkeit, der Wählbarkeit und des Stimmrechts; diese werden sowohl als Muß- als auch als Kann-Anordnung untersagt (§ 6 Abs. 2 und § 6 Abs. 1 S. 1). Weiterhin wird die Bekanntgabe einer Verurteilung (§§ 165, 200 StGB) hierzu gerechnet (s. *Baumann/Weber* Strafrecht AT, 9. Aufl., S. 612), was mit dem Ausschluß in § 6 Abs. 1 S. 2 bestätigt wird. Wenn weiterhin **Verfall, Einziehung und Unbrauchbarmachung** nach den §§ 73 ff. StGB hierzu gezählt werden (s. *Brunner/Dölling* § 6 Rn. 6; *Eisenberg* § 6 Rn. 5, 6), ergibt sich eine begriffliche Differenz zu § 11 Abs. 1 Nr. 8 StGB, wo diese Anordnungen als Maßnahmen definiert werden. Da diese Definition aber erst mit dem zweiten Gesetz zur Reform des Strafrechts vom 4. 7. 1969 eingeführt wurde, müssen diese Maßnahmen als **zulässig** angesehen werden, da der Gesetzgeber des Jahres 1953 eine andere Terminologie verwendete (s. auch die Überschrift zu § 8): Im § 76 S. 1 werden Verfall und Einziehung sogar im vereinfachten Jugendverfahren für zulässig erklärt. Andererseits soll eine Geldbuße gerade nur unter der – alternativen – Voraussetzung

des Verfalls angeordnet werden (s. § 15 Abs. 2 Nr. 2). Diese Regelung erscheint jedoch nicht als Ausschluß einer selbständigen Anordnung, zumal die individualpräventive Zielsetzung einheitlich ist. Eine spezielle Form des Verfalls ist die Abführung des Mehrerlöses gem. § 8 WiStG, ein spezieller Fall der Einziehung (s. § 74 Abs. 4 StGB) die Einziehung des Jagdscheines gem. § 40 BJagdG.

Eine Einziehung des **Wertersatzes** gem. § 74 c StGB ist nur erlaubt, wenn dieser Wertersatz auch **beim Jugendlichen vorhanden** ist. Eine darüber hinausgehende Inanspruchnahme würde sich als bloße Vermögenseinbuße und damit als Geldstrafe darstellen, die das JGG nicht kennt; vollstreckt wird diese Nebenfolge wie eine Geldstrafe (s. § 459 g Abs. 2 i. V. m. den §§ 459 ff. StPO). Demgegenüber widerspricht die Einziehung eines vorhandenen Wertersatzes nicht allgemeinen Grundsätzen des JGG (so aber *Eisenberg* § 6 Rn. 7). Vermögensbezogenen Strafcharakter hat bereits die Einziehung des Deliktgegenstandes (s. *Lackner/Kühl* § 74 Rn. 1); § 15 Abs. 2 Nr. 2 erkennt ausdrücklich diesen Sanktionsgrund an. Für diese Ansicht kann auch *BGHSt* 6, 258, herangezogen werden, wonach die Wertersatzstrafe gem. § 401 Abs. 2 RAO a. F. unzulässig war, weil hierfür erforderlichenfalls eine Ersatzfreiheitsstrafe festzusetzen war (s. auch *Dallinger/Lackner* § 6 Rn. 6).

3

Die Anordnung der Einziehung ist – von wenigen Ausnahmen abgesehen (s. § 74 Abs. 4 StGB i. V. m. §§ 150, 285 b S. 1 StGB) – als Kann-Vorschrift formuliert (s. § 74 Abs. 1 StGB); somit stehen alle Anordnungen unter dem Vorbehalt der individualpräventiven Notwendigkeit (s. auch RL zu § 6). Da Verfall, Einziehung und Unbrauchbarmachung unmittelbare Reaktionen auf das Delikt darstellen und z. T. damit weitere Deliktsbegehungsmöglichkeiten ausgeschlossen werden, kommt ihnen generell diese präventive Wirkung zu; wegen der Kumulierung der Sanktionen ist aber das Verhältnismäßigkeitsprinzip (s. § 5 Rn. 2 bis 7) zu beachten.

4

III. Rechtsmittel

Soweit die §§ 74 ff. StGB im Urteil angewendet werden, bestehen die allgemeinen Rechtsmittelmöglichkeiten (s. § 55); soweit eine nachträgliche Anordnung (§ 76 StGB) oder eine selbständige Anordnung (§ 76 a StGB) erfolgt, gilt das Strafvollstreckungsverfahren gem. den §§ 462 a, 462 StPO).

5

§ 7. Maßregeln der Besserung und Sicherung

Als Maßregeln der Besserung und Sicherung im Sinne des allgemeinen Strafrechts können die Unterbringung in einem psychiatrischen Krankenhaus oder einer Entziehungsanstalt, die Führungsaufsicht oder die Entziehung der Fahrerlaubnis angeordnet werden (§ 61 Nr. 1, 2, 4 und 5 des Strafgesetzbuches).

Literatur

P.-A. Albrecht Aspekte des Maßregelvollzugs im psychiatrischen Krankenhaus, MschrKrim 1978, 104; *Bandemer* Gesucht wird: Eine Aufhebungsursache, NZV 1991, 300; *Dessecker* Suchtbehandlung als strafrechtliche Sanktion, 1996; *Dessecker/Egg* (Hrsg.) Die strafrechtliche Unterbringung in einer Entziehungsanstalt, 1995; *Füllkrug* Führungsaufsicht bei Vollverbüßern von Jugendstrafe, BewH 1989, 145; *Gebauer/Jehle* (Hrsg.) Die strafrechtliche Unterbringung in einem psychiatrischen Krankenhaus, 1993; *Gretenkord/Lietz* Zur Entwicklung des Maßregelvollzuges (§ 63 StGB) in Hessen, MschrKrim 1983, 376; *H. J. Horn* Aspekte der prognostischen Beurteilung im Maßregelvollzug, Kriminologische Gegenwartsfragen 17 (1986), 47; *Jöckel/Müller-Isberner* Entwicklungen im psychiatrischen Maßregelvollzug, MschrKrim 1994, 353; *Müller-Dietz* Unterbringung in der Entziehungsanstalt und Verfassung, JR 1995, 353; *Schniedermeyer* Vergessene? – Jugendliche im Maßregelvollzug, Praxis KiPsych 1985, 239; *Westfälischer Arbeitskreis* »Maßregelvollzug« Lockerungen im Maßregelvollzug (§ 63 StGB) – ein »kalkuliertes Risiko«?, NStZ 1991, 64; *Wölfl* Die Geltung der Regelvermutung des § 69 Abs. 2 StGB im Jugendstrafrecht, NZV 1999, 69.

Inhaltsübersicht

		Rn.
I.	Anwendungsbereich	1
II.	Ausschluß von Maßregeln	2
III.	Allgemeine Anwendungsvoraussetzungen	3
IV.	Spezielle Anwendungsvoraussetzungen	6
	1. Unterbringung in einem psychiatrischen Krankenhaus	7
	2. Unterbringung in einer Entziehungsanstalt	11
	3. Führungsaufsicht	14
	4. Entziehung der Fahrerlaubnis	15
V.	Rechtsmittel	17

I. Anwendungsbereich

1 Zum Anwendungsbereich s. § 6 Rn. 1; zusätzlich wird auch bei einem/einer Heranwachsenden, auf den/die das allgemeine Strafrecht angewendet wird, die Maßregel der Sicherungsverwahrung untersagt (§ 106 Abs. 2 S. 1).

II. Ausschluß von Maßregeln

Es sind nur die Maßregeln gem. § 61 Nr. 1, 2, 4, 5 StGB zulässig; hinsichtlich der Unterbringung in einer Entziehungsanstalt gibt § 93 a eine Sonderanweisung. Die Sicherungsverwahrung sowie das Berufsverbot dürfen nicht angeordnet werden; bei Verstoß ist eine solche Anordnung nichtig (s. § 1 Rn. 13, 14). Mit Gesetz vom 20. 12. 1984 (BGBl I, 1654) wurde die im Jahre 1969 aufgenommene Maßregel »Unterbringung in einer sozialtherapeutischen Anstalt«, deren Inkrafttreten immer wieder hinausgeschoben worden war, im Rahmen einer Vollzugslösung im § 9 StVollzG wieder aufgehoben (s. hierzu *Rehn* Recht und Psychiatrie, 1984, S. 7 ff.).

III. Allgemeine Anwendungsvoraussetzungen

Da die jugendstrafrechtlichen Sanktionen und die Maßregeln dasselbe Präventionsziel verfolgen (s. Grdl. z. §§ 1-2 Rn. 5), läßt sich insoweit kein Vorrang begründen (a. M. *Eisenberg* § 7 Rn. 36). Bei Beachtung der jeweiligen Anordnungsvoraussetzungen im StGB und des Verhältnismäßigkeitsprinzips gem. § 62 StGB (s. hierzu *BVerfG* StV 1986, 160 ff.; s. auch § 5 Rn. 2-7) sind die Maßregeln **neben den Sanktionen gleichberechtigt anwendbar**, im § 5 Abs. 3 wird z. T. den Maßregeln sogar ein Vorrang eingeräumt (s. auch § 67 StGB), wenngleich bei schuldhafter Tatbegehung – im Urteil – immer auch Sanktionen i. S. des § 5 mit Ausnahme der Möglichkeiten, von Strafe abzusehen (s. § 5 Rn. 21), ausgesprochen werden müssen. Nur soweit mit den Maßregeln primär das Sicherungsinteresse der Gesellschaft verfolgt wird, sind sie sekundär gegenüber der positiven Individualprävention durch jugendstrafrechtliche Sanktionen. Obwohl nach § 7 die zulässigen Maßregeln angeordnet werden »können«, sind die Anweisungen des StGB **verpflichtend**; hiermit wird lediglich der Ausschluß der anderen Maßregeln begründet (*BGH* NStZ 1991, 384; a. M. *LG Oldenburg* bei *Böhm* NStZ 1985, 447; *LG Oldenburg* Blutalkohol 1988, 199; s. aber auch Rn. 15).

Hinsichtlich der Rückfallprognose gilt, daß die zukünftige Gefährlichkeit des/der Angeklagten nachgewiesen werden muß (s. § 5 Rn. 17). Für die diesbezüglichen Tatsachenfeststellungen greift der Grundsatz »in dubio pro reo« ein (s. *Lackner/Kühl* § 61 StGB Rn. 4). Der Wahrscheinlichkeitsgrad ist unterschiedlich im Gesetz vorgeschrieben (s. im einzelnen Rn. 8, 12, 14, 15). Hiervon hat sich das Gericht Gewißheit zu verschaffen (§ 261 StPO), was bei Anwendung einer Prognosetafel erleichtert wird (s. § 5 Rn. 16; zu speziellen Risikofaktoren schizophrener Gewalttäter s. *Horn* Kriminologische Gegenwartsfragen 17 [1986], 50 m. w. N.).

5 Im Rahmen der Sanktionsprognose ist bereits bei der Anwendung der Maßregeln das **Subsidiaritätsprinzip** zu beachten, d. h., die Maßregel muß im Hinblick auf weniger einschneidende Maßnahmen erforderlich sein (wie hier *LK-Hanack* Vor § 61 Rn. 61 m. w. N.). Gegenüber dem Maßregelvollzug ist gerade bei Jugendlichen und Heranwachsenden immer nach ambulanten Alternativen zu suchen, da aus der Praxis über fehlende jugendgerechte Einrichtungen Klage geführt wird (s. *Schniedermeyer* Praxis KiPsych 1985, 239 ff.). Im Hinblick auf die Geeignetheit der positiven Individualprävention gibt § 64 Abs. 2 StGB i. V. m. § 7 einen ausdrücklichen Prüfungshinweis: Wenn die Maßregel ungeeignet (»von vornherein aussichtslos«) ist, darf sie nicht angeordnet werden. Nach der Auslegung des *BVerfG* muß insoweit eine »hinreichend konkrete Aussicht auf einen Behandlungserfolg« bestehen (StV 1994, 597; kritisch insoweit *Müller-Dietz* JR 1995, 358). Die Ungeeignetheit kann einmal in der Person des/der Angeklagten begründet sein, wenn sie durch diese Maßregel nicht »gebessert« werden kann (wie hier *Schröder* Drogentherapie nach den §§ 93 a JGG, 35 ff. BtMG, 1986, S. 95 ff., in einer ausführlichen Auseinandersetzung mit Rechtsprechung und Rechtslehre; s. jetzt auch *BVerfG* StV 1994, 596). Das *OLG Düsseldorf* hat richtigerweise selbst die Konsequenz weiterer Straftaten akzeptiert (JMBl. NW 1978, S. 81; s. hierzu *Tondorf* Recht und Politik 1980, S. 115). Allerdings kann Aussicht auf Behandlungserfolg auch bei einem zunächst Therapieunwilligen bestehen (s. *BGH* bei *Holtz* MDR 1996, 880). Die Ungeeignetheit kann sich aber auch daraus ergeben, daß entgegen dem gesetzgeberischen Auftrag keine geeigneten Einrichtungen von der Exekutive zur Verfügung gestellt werden. Eine Eignung ist dann auszuschließen, wenn keine speziellen therapeutischen Mittel zur Verfügung stehen; so ist eine gleichzeitige Unterbringung von Patienten gem. § 63 und § 64 StGB als ungeeignet im Sinne einer Therapie anzusehen (s. *Wagner* Effektiver Rechtsschutz im Maßregelvollzug – § 63 StGB, 1988, S. 9 m. N. in Fn. 9). Eine gemeinsame Unterbringung von Jugendlichen bzw. Heranwachsenden mit Erwachsenen erscheint ebenfalls im Hinblick auf § 92 Abs. 1 sowie § 93 a Abs. 1 mit den gesetzgeberischen Zielvorstellungen nicht vereinbar (zur entgegengesetzten Praxis s. *Schniedermeyer* Praxis KiPsych 1985, 241). Die Maßregel ist zu beenden, wenn sich in ihrem Verlauf die Ungeeignetheit herausstellt (so jetzt auch *BVerfG* StV 1994, 596; s auch § 93 a Rn. 6).

IV. Spezielle Anwendungsvoraussetzungen

6 Nachfolgend werden nur die speziellen jugendstrafrechtlichen Aspekte für die Anwendung der zulässigen Maßregeln der Besserung und Sicherung genannt; hinsichtlich der sonstigen Anwendungsvoraussetzungen wird auf die Kommentarliteratur zu den §§ 63, 64, 68-68 g, 69-69 b StGB verwiesen.

Erstes Hauptstück. Verfehlungen Jugendlicher und ihre Folgen § 7

1. Unterbringung in einem psychiatrischen Krankenhaus

Diese Maßregel ist zulässig bei Schuldunfähigkeit gem. § 20 StGB und bei verminderter Schuldfähigkeit gem. § 21 StGB, nicht bei allein jugendlicher Unverantwortlichkeit gem. § 3 (h. M., s. *Brunner/Dölling* § 3 Rn. 10 m. w. N.; s. aber § 3 Rn. 20). Es werden Delikte mit Krankheitswert vorausgesetzt, »nicht bloße charakterliche, unter dem Einfluß von Alkohol verstärkte Mängel« (*BGH*, Beschluß vom 18.8.1992 – 4 StR 239/92). Der Jugendrichter als Einzelrichter darf diese Maßregel nicht treffen (§ 39 Abs. 2); zur Sanktionskompetenz des Jugendschöffengerichts s. § 40 Rn. 5. 7

Entscheidend ist die Gefahrenprognose: »wenn die Gesamtwürdigung des Täters und seiner Tat ergibt, daß von ihm infolge seines Zustandes erhebliche rechtswidrige Taten zu erwarten sind und er deshalb für die Allgemeinheit gefährlich ist« (§ 63 Abs. 1 StGB). Insoweit müssen »positive« Anzeichen über eine Indizwirkung der verurteilten Tat hinaus i. S. einer hohen Wahrscheinlichkeit vorliegen; Möglichkeiten reichen nicht aus (*BGH* GA 1959, 339: »bestimmte Wahrscheinlichkeit«; *BVerfG* StV 1986, 163). Für die Feststellung ist ein Sachverständiger heranzuziehen (§ 246 a StPO). Wahr-Unterstellungen sind nicht erlaubt (*OLG Schleswig* SchlHA 1957, S. 161). Die Gefahr muß weiter für **erhebliche** rechtswidrige Taten begründet werden. Bei der Unbestimmtheit dieses Rechtsbegriffs hat man sich an die Konkretisierungen im § 66 Abs. 1 Nr. 3 StGB zu halten (anders die h. M., s. *BGHSt* 27, 248; *Tröndle/Fischer* § 63 StGB Rn. 8 m. w. N.; wie hier *Hanack* JR 1977, 171); die Massendelikte erhalten erst aufgrund ihrer Massenhaftigkeit ein Gewicht. 8

Bei der Unterbringung in einem psychiatrischen Krankenhaus ist neben der gesetzgeberischen Anweisung im § 63 die Wirklichkeit dieses Maßregelvollzugs entscheidend zu berücksichtigen. Es werden hier menschenunwürdige Zustände festgestellt, wobei die Schäden der Hospitalisierung häufig größer sind als die Einweisungsschäden (s. Bericht über die Lage der Psychiatrie, BT-Drucks. 7/4200, S. 281, 282; *Albrecht* MschrKrim 1978, 104). Obwohl § 136 StVollzG einen Vorrang für die ärztliche Behandlung aufstellt, wird vielfach nur verwahrt, »ruhiggestellt«. Schon die gesetzlichen Grundlagen fehlen zum Teil. Gemäß § 138 StVollzG richtet sich die Unterbringung in einem psychiatrischen Krankenhaus – wie auch in einer Entziehungsanstalt – nach Landesrecht. 9

Insoweit haben bislang nur die Länder Hessen (Maßregelvollzugsgesetz vom 3. 12. 1981, GVBl I, 414), Niedersachsen (Maßregelvollzugsgesetz vom 1. 6. 1982, GVBl S. 131, i. d. F. des Gesetzes vom 17. Dezember 1991, GVBl S. 367), Bremen (Maßregelvollzugsgesetz vom 28. 6. 1983, GBl S. 407), Nordrhein-Westfalen (Maßregelvollzugsgesetz vom 15.06.99, GVBl 1999, 402), Rheinland-Pfalz (Maßregelvollzugsgesetz vom 23.9.1986,

GVBl S. 223, i. d. F. des Gesetzes vom 17. November 1995, GVBl S. 473), Hamburg (Maßregelvollzugsgesetz vom 14.6.1989, GVBl S. 99, i. d. F. des Gesetzes vom 11. April 1995, GVBl S. 84), Saarland (Maßregelvollzugsgesetz v. 29.11.1989, Amtsbl. 1990, S. 81, i. d. F. des Gesetzes vom 15. Juli 1992, Amtsbl. S. 839), Sachsen-Anhalt (Maßregelvollzugsgesetz vom 9.10.1992, GVBl S. 736) und Schleswig-Holstein (Maßregelvollzugsgesetz, GVOBl 2000, S. 114) selbständige Vollzugsgesetze verabschiedet, während in den Ländern Bayern (Unterbringungsgesetz vom 20. 4. 1982, GVBl S. 202, i. d. F. der Bekanntmachung vom 5. April 1992, GVBl S. 61, Art. 41), Baden-Württemberg (Unterbringungsgesetz vom 11. 4. 1983, GBl S. 133, i. d. F. vom 2. Dezember 1991, Gbl S. 794) und Berlin (Gesetz für psychisch Kranke vom 8. 3. 1985, GVBl S. 586, § 46) sowie in den neuen Bundesländern Mecklenburg-Vorpommern (Gesetz über Hilfen und Schutzmaßnahmen für psychisch Kranke vom 13.4.2000, GVBl 2000, 182), Brandenburg (Brandenburgisches Psychisch-Kranken-Gesetz vom 8. Februar 1996, GVBl S. 26), Thüringen (Thüringer Gesetz zur Hilfe und Unterbringung psychisch Kranker vom 2. Februar 1994, GVBl S. 81) und Sachsen (Sächsisches Gesetz über die Hilfen und die Unterbringung bei psychischen Krankheiten vom 16. Juni 1994, GVBl 1994 S. 1097; zum Wiederaufbau des Maßregelvollzuges in den »neuen« Bundesländern s. *Dahle/Egg* MschrKrim 1996, 253 ff.) eine kleine Lösung gesucht wurde und nur einige Vorschriften für den Maßregelvollzug in die Unterbringungsgesetze hineingenommen wurden (s. auch Alternativ-Entwurf eines Strafvollzugsgesetzes, 1973; Rahmenentwurf zu einem »Gesetz über den Vollzug von Maßregeln der Besserung und Sicherung in einem psychiatrischen Krankenhaus und in einer Entziehungsanstalt«, BT-Drucks. 8/2565, S. 216 ff.; »Musterentwurf« der *Arbeitsgemeinschaft sozialdemokratischer Juristen Nordrhein-Westfalen*, Frankfurter Rundschau vom 11. 3. 1981). Das sog. besondere Gewaltverhältnis stellt seit *BVerfGE* 33, 1 keine Rechtfertigung für die massive Einschränkung von Grundrechten dar (s. auch Psychiatrie-Bericht, BT-Drucks. 7/4200, S. 282; *Tondorf* Recht und Politik 1980, 115; zu den Folgeproblemen des gesetzlosen Zustands s. *Baur* Recht und Politik 1980, 161). Zusätzlich ist zu berücksichtigen, daß die Einweisung auf unbestimmte Dauer erfolgt (zur Aussetzung s. §§ 67 b, 67 c, 67 d Abs. 2, 67 e StGB) und vormals durchschnittlich 11,8 Jahre betrug (s. *Albrecht* MschrKrim 1978, 113 ff.). Nach einer neueren Untersuchung für das Land Hessen betrug dort die durchschnittliche Dauer im Jahre 1993 4,0 Jahre (s. *Jöckel/Müller-Isberner* MschrKrim 1994, 353). Eine deutliche Verkürzung der Verweildauer von 1970 bis 1983 hat ebenfalls *Athen* für das Land Bayern festgestellt (*Athen* MschrKrim 1985, 37; für das Bezirkskrankenhaus Haar bei München ergab sich am 31. 12. 1981 eine durchschnittliche Dauer von 5,25 Jahren, *Bischof* MschrKrim 1985, 30). Die größte Problemgruppe bleiben aber die **Langzeitpatienten** (s. *Venzlaff* in: Die strafrechtliche Unterbringung in einem psychiatrischen

Krankenhaus, hrsg. v. *Gebauer/Jehle*, 1993, S. 196). Unter diesen Voraussetzungen ist gerade bei Jugendlichen besondere Zurückhaltung geboten: Mit dieser Einweisung kann das Leben zerstört werden (s. *BGH* JZ 1951, 344; *OLG Schleswig* SchlHA 1957, 161; *Brunner/Dölling* § 7 Rn. 2; *Eisenberg* § 7 Rn. 11).

Umzusetzen ist diese Rechtsfolgenbetrachtung über das Verhältnismäßigkeitsprinzip. Auch bei ungünstiger Prognose sind alle weniger belastenden Möglichkeiten zur Gefahrenabwehr – insbesondere unter Anwendung der Weisungsmöglichkeiten gem. § 10, auch im Rahmen einer Bewährung gem. § 23 – zu nutzen. Dies erlaubt nicht erst die Aussetzung zur Bewährung gem. § 67 b Abs. 1 StGB (s. hierzu sowie zur Forderung eines gestuften Übergangs in Freiheit mit der Einrichtung psychiatrischer Übergangswohnheime *Horn* Kriminologische Gegenwartsfragen 17 [1986], 56 ff.), sondern zwingt, die Möglichkeit einer sonstigen kontrollierenden Hilfe zu nutzen (*BGHSt* 37, 373: »Die Anordnung der Unterbringung eines knapp 17jährigen Jugendlichen in einem psychiatrischen Krankenhaus kann aber immer nur in besonderen Ausnahmefällen gerechtfertigt sein«; *BGH*, Beschluß vom 18.8.1992 – 4 StR 239/92: »Ähnlich wie bei einem Jugendlichen (*BGHSt* 37, 373) kommt eine Unterbringung in einem psychiatrischen Krankenhaus auch bei einem Heranwachsenden, der die Schwelle des § 1 Abs. 2 JGG gerade überschritten hat, nur nach sorgfältiger Überprüfung aller Umstände des Einzelfalles in Betracht«). Bei einer sekundären Alkoholproblematik ist zudem die weniger belastende Maßregel des § 64 StGB zu prüfen. Bei einer Unterbringung gilt: »Je länger die Unterbringung in einem psychiatrischen Krankenhaus andauert, umso strenger werden die Voraussetzungen für die Verhältnismäßigkeit des Freiheitsentzuges sein« (*BVerfG* StV 1986, 160). Eine Unverhältnismäßigkeit erfordert, die Vollstreckung selbst dann für beendet zu erklären, wenn künftige rechtswidrige Taten fast sicher zu erwarten sind; in einem solchen Fall ist auch eine Aussetzung der Vollstreckung zur Bewährung gem. § 67 d Abs. 2 StGB unzulässig, weil »sie demnächst gem. § 67 g StGB widerrufen werden müßte und weitere gegen das Verhältnismäßigkeitsgebot verstoßende Vollstreckung erforderlich würde« (so *OLG Celle* MDR 1989, 928). Das Verhältnismäßigkeitsprinzip wie auch das Resozialisierungsanliegen können Vollzugslockerungen gebieten, die nach einem Stufenmodell gesteigert werden und über die an Hand einer kriminologischen Checkliste zu entscheiden ist (s. *Rasch* in: Festschrift für Venzlaff, 1986, S. 106; zur praktischen Erprobung s. *Westfälischer Arbeitskreis* »Maßregelvollzug« NStZ 1991, 64 ff.). Bei der Prüfung ist auch eine Hilfestellung im Wege der Nachsorge zu bedenken, die aber in der Praxis noch unzureichend organisiert ist (s. *Gutachten* Sexualstraftäter im Maßregelvollzug MschrKrim 1996, 184). Eine Sanktionierung ist neben der Anordnung der Maßregel regelmäßig nicht notwendig (s. § 5 Abs. 3). Wird sie trotzdem angeordnet, so gilt die Regel, daß die Maßregel vor der Strafe zu vollstrecken ist (§ 67 Abs. 2 StGB). Ein Abweichen von dieser Regel ist zu begründen; geschieht dies nicht, so ist die Entscheidung insgesamt rechtsfehlerhaft, weil Anordnung und Reihenfolgebestimmung in einem inneren Zusammenhang stehen (*OLG Hamm* bei *Böhm* NStZ 1985, 447; *BGH* StV 1993, 534). Als Begründung reicht nicht aus, der/die Angeklagte müsse einem gewissen Leidensdruck unterworfen werden, damit er/sie für therapeutische Maßnahmen aufgeschlossen werde (s. *BGH* bei *Böhm* NStZ 1988, 493). Auch ist die Begründung, mit Hilfe des Strafvollzuges strenger auf die Lebensgestaltung des/der Verurteilten einwirken zu können als im Maßregelvollzug, nicht ausreichend (s. *BGH* NStZ 1986, 331).

2. Unterbringung in einer Entziehungsanstalt

11 Diese Maßregel knüpft an den »Hang« zu Rauschmitteln an (s. hierzu *Mrozynski* MschrKrim 1985, 8 ff.). Ein jugendliches »Ausprobieren« fällt nicht hierunter. Auch hier ist ein Sachverständigengutachten gefordert (§ 246 a StPO), das aber in der Praxis z. T. gar nicht oder nur oberflächlich erstellt wird (s. *Schalast/Leygraf* MschrKrim 1994, 1; *von der Haar* in: Die strafrechtliche Unterbringung in einer Entziehungsanstalt, hrsg. v. *Dessecker/Egg* 1995, S. 145); die Rechtsprechung maßt sich eine zu große Sachkompetenz an (*BGH* DAR 1977, 175; s. auch *Eisenberg* § 7 Rn. 27 m. w. N.). Im vereinfachten Jugendverfahren darf nicht auf diese Maßregel erkannt werden (§ 78 Abs. 1 S. 2).

12 An die Gefahrenprognose (»wenn die Gefahr besteht, daß er infolge seines Hanges erhebliche rechtswidrige Taten begehen wird«) werden vom Wortlaut her geringere Anforderungen als bei § 63 StGB gestellt. Trotzdem ist auch hier ein Überwiegen der negativen Faktoren Voraussetzung. *BVerfG* StV 1994, 595: »Voraussetzung der Maßregel muß stets sein, daß der Täter durch Begehung von rechtswidrigen Taten seine konkrete Gefährlichkeit offenbart, für die Zukunft weitere Verfehlungen dieser Art als wahrscheinlich besorgen läßt und dadurch die öffentliche Sicherheit bedroht.«

13 Weiterhin ist die Verhältnismäßigkeit zu prüfen (§ 62 StGB). Es müssen die enormen physischen und psychischen Belastungen einer zwangsweisen Entziehung mit Freiheitsentzug beachtet werden, wobei der psychische Druck durch die Strafandrohungen noch verstärkt wird (s. §§ 35, 36 BtMG; § 67 Abs. 5 StGB). Umgekehrt besteht hier Veranlassung, bereits die Geeignetheit dieser Maßregel in Frage zu stellen (s. Rn. 5). Hierbei sind auch die durchschnittlichen Rückfallquoten zu berücksichtigen: Nach einer von der kriminologischen Zentralstelle durchgeführten Untersuchung wurden innerhalb von zwei Jahren nach der Entlassung 60 %

wegen neuer Straftaten registriert, wobei es in 43 % der Fälle zu einer Verurteilung bzw. Einstellung gem. § 20 StGB kam. Widerrufen wurde die Aussetzung in 27 % der Fälle (s. *Dessecker* Suchtbehandlung als strafrechtliche Sanktion, 1996, S. 187, 190). Bei Fehlen eines geeigneten Therapieplatzes scheidet auch die Möglichkeit eines Vorwegvollzuges gem. § 67 Abs. 2 StGB aus, da hiermit nur Gründe in der Person des/der Verurteilten anerkannt werden (*BGH* NStZ 1981, 492 mit kritischer Anmerkung von *Scholz*; *BGH* NStZ 1982, 132; *LG Hamburg* MDR 1981, 778; s. auch *BGH* bei *Holtz* MDR 1990, 96, wonach »Schwierigkeiten bei der organisatorischen Ausgestaltung und praktischen Durchführung der Maßregel das Gericht nicht hindern dürfen, das Gesetz so anzuwenden, wie es sein Wortlaut befiehlt«; a. M. *LG Bonn* NJW 1977, 345, bestätigt durch *BVerfG* JMBl. NW 1977, 222; unklar *Brunner/Dölling* § 93 a Rn. 7; wie hier *Eisenberg* § 7 Rn. 25). Es muß dann – im Rechtsmittelverfahren – eine ganz andere Sanktionierung angeordnet werden, eine ambulante Hilfsmaßnahme gem. § 10; wenn **lediglich z. Z.** kein Unterbringungsplatz zur Verfügung steht, muß die Vollstreckung warten, es sei denn, im Strafvollzug werden ebenso Therapiemöglichkeiten angeboten oder eine andere Einrichtung wird gem. § 67 a StGB gewählt (s. *OLG Hamm* MDR 1981, 70). Die gesetzgeberisch vorgesehene Möglichkeit zur Erzeugung eines »Leidensdrucks« über § 67 Abs. 2 StGB (s. *BGH* NStZ 1982, 132; *Meyer* MDR 1982, 177) muß allerdings als illusionär entlarvt werden (s. *LK-Hanack* § 67 StGB Rn. 49 ff. m. w. N.). Der Drogenmarkt existiert auch im »Knast« (s. *Becker/Schimkus* BewH 1982, 254; *Borkenstein* Suchtgefahren 1983, 147). Unter dem Gesichtspunkt der Geeignetheit sind die Sanktionen Jugendarrest und Jugendstrafe regelmäßig ebenso unangebracht (s. § 5 Abs. 3), da sich für den Entzug der sonstigen Lebensfreuden die Ersatzdrogen geradezu anbieten und dementsprechend im »Knast« auch genommen werden (s. *Eisenberg* § 7 Rn. 20). Mit Rücksicht auf die gegen Entziehungsanstalten vorgetragene Kritik (s. auch Grundlagen zu § 93 a Rn. 5) sind ambulante Sanktionen in besonderer Weise vorab zu bedenken. Wenn die Sanktionsprognose gleich schlecht ist, so ist die Entziehungskur per Weisung gem. § 10 Abs. 2, sind differenzierte Weisungen gem. § 10 Abs. 1 wegen der geringeren Interesseneinbuße vorzuziehen (s. § 10 Rn. 20; s. auch *Eisenberg* § 7 Rn. 18; *Brunner* Zbl 1980, 419). Erst recht sind freiwillige Bemühungen aufzugreifen und mit dem Verzicht auf justitiellen Zwang zu unterstützen (anders z. T. die Kommentarliteratur, s. *Stree* in: *Schönke/Schröder* § 64 StGB Rn. 10; *Tröndle/Fischer* § 64 StGB Rn. 7d; wie hier *LK-Hanack* § 64 StGB Rn. 82). In einem solchen Fall ist im Grunde bereits die Rückfallgefahr zu verneinen (s. *Frisch* Prognoseentscheidungen im Strafrecht, 1983, S. 149).

3. Führungsaufsicht

14 Soweit die Führungsaufsicht von der Verwirkung einer Freiheitsstrafe von mindestens sechs Monaten abhängig gemacht ist (§ 68 Abs. 1 StGB), erfüllen auch entsprechende Jugendstrafen diese Voraussetzung; das Problem, ob dies auch für den Rückfall gem. § 48 StGB a. F. galt, hat sich mit der Gesetzesneufassung erledigt (s. 23. StrÄG vom 13. 4. 1986, BGBl I, 393). Soweit im § 68 f StGB eine Freiheitsstrafe von zwei Jahren Voraussetzung ist, so genügt eine Einheitsstrafe gem. § 31 von zwei Jahren Jugendstrafe. Entscheidend ist, daß der/die Verurteilte aufgrund der zweijährigen Strafverbüßung und des ungünstigen Strafablaufs nach der Entlassung einer Hilfe bedarf; nicht ist entscheidend, ob eine Einzelstrafe zwei Jahre betragen hat (wie hier die wohl h. M., s. *Diemer* in: *D/S/S* § 7 Rn. 7; *Tröndle/Fischer* § 68 f StGB Rn. 2 a m. w. N.; *Füllkrug* BewH 1989, 147; a. M. *Eisenberg* § 7 Rn. 33; *LG Hamburg* StV 1990, 508). Wenn somit auch theoretische Einwände gegen diese Maßregel ausgeräumt werden können, so bleiben die praktischen Bedenken: die Aufgabenaufteilung gem. § 68 a StGB; die Überforderung der Bewährungshelfer angesichts ihrer Probandenzahl (s. *Landesarbeitsgemeinschaft der Bewährungshelfer in Baden-Württemberg*, Rundbrief Soziale Arbeit und Strafrecht 1985, Nr. 2, S. 11; s. auch Grdl. z. §§ 21–26 a Rn. 5); die strafrechtliche Belastung des Betreuungsverhältnisses durch § 145 a StGB; die Überbetreuung der Probanden, insbesondere im Fall einer Führungsaufsicht gem. § 68 f StGB. Wenn auch gem. *BVerfGE* 55, 28 die Führungsaufsicht mit ihren Weisungen gem. § 68 b StGB nicht gegen das Verbot der Doppelbestrafung (Art. 103 Abs. 3 GG) und gegen das Verhältnismäßigkeitsprinzip verstößt, so sind diese Bedenken im Einzelfall sehr wohl zu beachten (ebenso *Eisenberg* § 7 Rn. 30; a. M. zur Anwendung gem. § 68 f *Brunner/Dölling* § 7 Rn. 10). Zusätzlich wird die Anwendung – neben der Prognoseentscheidung (s. Rn. 12) – durch die Kann-Bestimmung des § 68 Abs. 1 StGB relativiert.

4. Entziehung der Fahrerlaubnis

15 Die Entziehung der Fahrerlaubnis gem. § 69 StGB mit der Erteilung einer Sperrfrist gem. § 69 a StGB ist nicht abhängig von der Schuld, so daß auch bei Verneinung der strafrechtlichen Verantwortung gem. § 3 diese Maßregel in Betracht kommt (h. M., s. *Brunner/Dölling* § 7 Rn. 13 m. w. N.). Die Rückfallprognose wird durch die Regelbeispiele im § 69 Abs. 2 StGB weitgehend vorbestimmt (s. *Wölfl* NZV 1999, 69). Die Untersuchungen über die Rückfallwahrscheinlichkeit, insbesondere auch über das Verhältnis von allgemeiner und Verkehrskriminalität (s. hierzu *Eisenberg* § 7 Rn. 39 ff.), verlieren somit de lege lata an Relevanz (für eine Einzelfallprüfung *AG Saalfeld* Blutalkohol 1994, 269 m. abl. Anm. von *Molketin*; abl. auch *Hentschel* NJW 1995, 635). Sie erlangen auch nicht über die Be-

achtung des Verhältnismäßigkeitsgrundsatzes (so *Eisenberg* § 7 Rn. 37) Bedeutung, da dieser hier ausdrücklich ausgeschlossen ist (§ 69 Abs. 1 S. 2 StGB; wie hier *BGH* NStZ 1991, 384). Allerdings sollte gerade im Jugendstrafrecht die Sperrfrist nicht zu lang bemessen werden; ansonsten ergeben sich erhebliche Gefahren von Folgekriminalität (Fahren ohne Fahrerlaubnis; Unfallflucht), da der jugendliche Fahrreiz durch das Verbotensein noch verstärkt wird (s. auch *Böhm* Einführung in das Jugendstrafrecht, S. 157). Darüber hinaus sind Ausnahmen von der Entziehung der Fahrerlaubnis zulässig und angezeigt, so wenn aus Gründen der Individualprävention von der Anordnung einer Sperrfrist abgesehen wird, sofern der Täter keine Fahrerlaubnis hat (§ 69 a Abs. 1 S. 3 StGB). Das Sicherheitsinteresse ist in diesem Fall zur Zeit, d. h. solange der Täter keine Fahrerlaubnis hat, gewahrt. Darüber hinaus ist gerade bei Jugendlichen/Heranwachsenden, auf die mit einer Freiheitsstrafe eingewirkt wurde, die nachträgliche Sperrzeitverkürzung gem. § 69 a Abs. 7 StGB zu prüfen (zu restriktiv *OLG Düsseldorf* NZV 1990, 237 m. krit. Anm. von *Eisenberg/ Dickhaus* NZV 1990, 455); assistierte Einstellungsänderungen sind dann neue Tatsachen (in diesem Sinne auch *Bandemer* NZV 1991, 300).

Hier kommt umgekehrt die Weisung in Betracht, eine Fahrerlaubnis zu erwerben (§ 10), um dem Täter in der Fahrschule das Können und das Verantwortungsbewußtsein für das Führen von Kraftfahrzeugen zu vermitteln (s. *LG Oldenburg* bei *Böhm* NStZ 1985, 447). Dies gilt insbesondere beim fortgesetzten Fahren ohne Fahrerlaubnis (§ 21 StVG) ohne ein zusätzliches Delikt i. S. des § 69 Abs. 2 StGB (s. hierzu *Seiler* DAR 1974, 260; *Händel* DAR 1977, 309). Wegen der Kosten eines Führerscheinerwerbs ergeben sich jedoch Zumutbarkeitsgrenzen (s. § 10 Rn. 8). Ansonsten ist die Wegnahme eines Führerscheins als größerer Eingriff zu bewerten als die Verpflichtung zum Führerscheinerwerb. Ein Nichtbestehen der Prüfung sollte allerdings nicht gem. § 11 Abs. 3 sanktioniert werden, zumal die Schuldhaftigkeit kaum nachzuweisen sein wird. Eine solche Weisung stellt sich auch nicht als eine Umgehung der regelmäßigen Maßregelanordnung dar, da die Weisungen gem. § 10 sich häufig als kontrafaktisch zu anderen Sanktionen auswirken. Als eine Umgehung der Maßregel gem. §§ 69, 69 a StGB bzw. des Fahrverbots gem. § 44 StGB muß es aber erscheinen, wenn in Anwendung des § 10 ein Fahrverbot angeordnet wird, wobei auch die Einziehungsmöglichkeiten gem. den §§ 74 ff. StGB i. V. m. § 6 zu beachten sind (weitergehend, d. h. Ausnahmen zulassend, *Brunner/Dölling* § 10 Rn. 14; *Eisenberg* § 7 Rn. 36; s. auch *OLG Köln* VRS 27, 186; *OLG Düsseldorf* NJW 1968, 2156; *OLG Braunschweig* NdsRpfl 1969, 235). Diese Sanktionen dienen gerade der Individualprävention i. S. der Sicherung und der individuellen Abschreckung vor einer Wiederholung. Ein weiteres Wirkungsziel, um einer Verwahrlosung vorzubeugen bzw. zu begegnen, ist kein jugendstrafrechtliches Präventions-

§ 7

ziel (s. Grdl. z. §§ 1-2 Rn. 4, 5). Mit der Einführung des Fahrverbots durch das 2. Straßenverkehrssicherungsgesetz vom 26. 11. 1964 (BGBl I, 921) wurden frühere Überlegungen hinfällig (s. *Hartung* DRiZ 1958, 51).

V. Rechtsmittel

17 Gegen die Anordnung von Maßregeln sind die allgemeinen Rechtsmittel zulässig, ohne daß aber eine Teilanfechtung möglich wäre (s. § 55 Rn. 9); gegen Vollstreckungsmaßnahmen im Rahmen der Unterbringung in einem psychiatrischen Krankenhaus oder in einer Entziehungsanstalt wird gem. Gesetz zur Änderung des StVollzG vom 20. 1. 1984 (BGBl I, 97) durch Verweisung im § 138 Abs. 2 StVollzG auf die §§ 109 ff. der Rechtsweg zur Strafvollstreckungskammer eröffnet (h. M., s. *OLG Karlsruhe* NStZ 1997, 511; dagegen *Eisenberg* NStZ 1998, 104), anschließend die Rechtsbeschwerde zum OLG (s. § 116 StVollzG, § 121 Abs. 1 Nr. 3 GVG). Von dem Rechtsweg gegen Maßnahmen im Vollzug ist der Rechtsweg gegen Anordnungen zu unterscheiden, die der Jugendrichter als Vollstreckungsleiter gem. § 463 StPO, § 83 Abs. 1 zu treffen hat (s. *OLG Hamm*, MDR 1989, 1022). Hier ist die sofortige Beschwerde zulässig (§ 83 Abs. 3). Dies gilt auch für die Staatsanwaltschaft im Falle der Ablehnung eines Antrages auf Widerruf der Aussetzung einer Unterbringung in einem psychiatrischen Krankenhaus (s. *OLG Nürnberg* NStZ-RR 1998, 242, das aber die einfache Beschwerde für zulässig erachtet; zur Unzulässigkeit der Anfechtung bei Ablehnung des Antrags auf Widerruf der Jugendstrafe zur Bewährung s. aber § 59 Rn. 15).

§ 8. Verbindung von Maßnahmen und Jugendstrafe

(1) Erziehungsmaßregeln und Zuchtmittel, ebenso mehrere Erziehungsmaßregeln oder mehrere Zuchtmittel können nebeneinander angeordnet werden. Mit der Anordnung von Hilfe zur Erziehung nach § 12 Nr. 2 darf Jugendarrest nicht verbunden werden.
(2) Der Richter kann neben Jugendstrafe nur Weisungen und Auflagen erteilen und die Erziehungsbeistandschaft anordnen. Steht der Jugendliche unter Bewährungsaufsicht, so ruht eine gleichzeitig bestehende Erziehungsbeistandschaft bis zum Ablauf der Bewährungszeit.
(3) Der Richter kann neben Erziehungsmaßregeln, Zuchtmitteln und Jugendstrafe auf die nach diesem Gesetz zulässigen Nebenstrafen und Nebenfolgen erkennen.

Literatur

Heinen Nebeneinander von Fürsorgeerziehung und Bewährungshilfe, BewH 1955, 233; *Roestel* Jugendarrest bei Erziehungsmaßnahmen, Zbl 1967, 10.

Inhaltsübersicht

	Rn.
I. Anwendungsbereich	1
II. Zulässige Verbindungen	2
III. Unzulässige Verbindungen	3
IV. Zweckmäßigkeit	7
V. Verhältnismäßigkeit	8

I. Anwendungsbereich

Hinsichtlich des Anwendungsbereichs s. § 4 Rn. 1.   1

II. Zulässige Verbindungen

Grundsätzlich wird mit § 8 die Möglichkeit einer Verbindung jugendstrafrechtlicher Sanktionen eröffnet, und zwar ausdrücklich für die Verbindung von Erziehungsmaßregeln mit Zuchtmitteln (Abs. 1 S. 1) sowie von Jugendstrafe mit Weisungen, Auflagen (zur Kombination im Rahmen einer »Vorbewährung« s. § 57 Rn. 6) und mit Erziehungsbeistandschaft (Abs. 2 S. 1). **Zusätzlich** (s. *Dallinger/Lackner* § 8 Rn. 19; mißverständlich *Eisenberg* § 8 Rn. 4) können die Nebenstrafe gem. § 44 StGB sowie bestimmte Nebenfolgen (s. § 6 Rn. 2, 3) angeordnet werden. Die Vermögensstrafe (§ 43 a StGB) ist keine Sanktion des Jugendstrafrechts, zumal die für den Fall der Uneinbringlichkeit vorgesehene Ersatzfreiheitsstrafe   2

(§ 43 a Abs. 3 StGB) dem Jugendstrafrecht fremd ist (ebenso *Nibbeling* NStZ 1997, 66). Mit § 7 werden daneben, d. h. neben allen jugendstrafrechtlichen Sanktionen, bestimmte Maßregeln gleichberechtigt (s. § 7 Rn. 3) für anwendbar erklärt, z. T. wird ihnen sogar ein Vorrang eingeräumt (s. § 5 Abs. 3). Weiterhin besteht gem. § 112 b Abs. 4 die Möglichkeit, Jugendstrafe mit der Erziehungshilfe für Soldaten zu kombinieren. Im einzelnen müssen die jeweiligen Anordnungsvoraussetzungen vorliegen.

III. Unzulässige Verbindungen

3 Abweichend vom **Grundsatz der Kombinationsmöglichkeit** ist ausdrücklich die Verbindung von Hilfe zur Erziehung nach § 12 Nr. 2 mit Jugendarrest untersagt (§ 8 Abs. 1 S. 2). Daneben ist die Kombinationsmöglichkeit von Jugendstrafe auf die ausdrücklich genannten Sanktionen (s. Rn. 2) eingeschränkt. Ausgeschlossen ist damit die Verbindung von Jugendstrafe mit Hilfe zur Erziehung nach § 12 Nr. 2, mit Jugendarrest und mit der Verwarnung. Bei einer Bewährungsaufsicht ruht eine gleichzeitig bestehende Erziehungsbeistandschaft (§ 8 Abs. 2 S. 2); d. h., daß in der Praxis eine Kombination regelmäßig ausscheidet.

4 Über den Wortlaut hinaus ist eine Kombination der Aussetzung der Verhängung der Jugendstrafe gem. § 27 mit Jugendarrest vom Gesetzeszweck »Bewährung vor der Jugendstrafe« her unzulässig (umstritten, s. im einzelnen § 27 Rn. 10, 11).

5 Die Kopplungsverbote gelten formal (s. aber § 31 Rn. 14) nur für die gleichzeitige Verhängung von Sanktionen. Nur die Ruhensbestimmung (§ 8 Abs. 2 S. 2) geht von einer **bestehenden** Erziehungsbeistandschaft aus, so daß auch eine vorher angeordnete Erziehungsbeistandschaft während der Bewährungszeit ruht (ebenso *Eisenberg* § 8 Rn. 14).

6 Als eine Umgehung des Koppelungsverbots muß es gewertet werden, wenn neben einem vom Strafrichter angeordneten Jugendarrest vom Familien- bzw. Vormundschaftsrichter, dem gem. § 53 die weitere Auswahl und Anordnung von Erziehungsmaßregeln überlassen wurde, Hilfe zur Erziehung nach § 12 Nr. 2 angeordnet wird (wie hier *Heinen* BewH 1955, 233; problematisierend *Roestel* Zbl 1967, 10; s. auch RL a. F. S. 2 zu § 8; lediglich für unzweckmäßig hält *Eisenberg* § 8 Rn. 16 diese Vorgehensweise). Zwar steht § 8 einer selbständigen Anordnung der Hilfe zur Erziehung nach § 12 Nr. 2 durch den Familien- bzw. Vormundschaftsrichter nicht unmittelbar entgegen, wobei aber die gesetzgeberische Wertung im § 8 auch diese selbständige Entscheidung des Vormundschaftsrichters bestimmen sollte. Als formal-juristischer Trick muß es aber entlarvt werden,

wenn die Überweisung an den Vormundschaftsrichter als – zulässige – Weisung an den Angeklagten gedeutet wird (so *Brunner/Dölling* § 8 Rn. 2 a). Es kommt auch nicht darauf an, ob subjektiv die Überweisung der Umgehung des Koppelungsverbots dient (so aber *Brunner/Dölling* § 8 Rn. 2 a; s. auch *Potrykus* § 8 Anm. 2). Die Sanktionierung im Wege des § 53 beruht auf einer abgeleiteten Kompetenz. Wenn sie der Strafrichter nicht hat, so hat sie auch nicht der Vormundschaftsrichter.

IV. Zweckmäßigkeit

Entgegen einer in der Praxis häufig anzutreffenden Kombination unterschiedlicher Sanktionen (s. Grdl. z. §§ 5-8 Rn. 4) und teilweisen Befürwortung in der Rechtslehre (s. *Schaffstein* ZStW 97 [1985], 571) ist von der zulässigen Kombinationsmöglichkeit nur **restriktiv Gebrauch zu machen**. Insbesondere lassen sich ambulante Sanktionen regelmäßig nicht mit stationären Sanktionen vereinbaren (ebenso *Bundesarbeitsgemeinschaft für ambulante Maßnahmen nach dem Jugendrecht* in: Ambulante sozialpädagogische Maßnahmen für junge Straffällige, 2. Aufl., DVJJ 14, 29). Hierfür gibt der Gesetzgeber in § 31 Abs. 3 S. 2 einen ausdrücklichen Hinweis (s. auch § 53 S. 1). Der in die Interessen des/der Angeklagten einschneidende Arrest, erst recht die unbedingte Jugendstrafe, müssen sich auf die Bereitschaft des/der Angeklagten zur Verantwortungsübernahme, zur präventiven Mitarbeit negativ auswirken (s. auch § 15 Rn. 3). Dem Anliegen einer rechtzeitigen und effektiven Entlassungsvorbereitung bei Verbüßung einer Jugendstrafe ist von seiten der Justizvollzugsanstalt sowie durch rechtzeitige Bestellung eines Bewährungshelfers im Falle einer Entlassung auf Bewährung zu entsprechen. Insbesondere sollte die Betreuungsweisung stationäre Sanktionen ersetzen und nicht ergänzen (s. aber *AG Berlin-Tiergarten* NStZ 1988, 428 m. insoweit zust. Anm. von *Matzke*). Allerdings kann es sinnvoll sein, den Gewinn und das Entgelt aus der Tat durch eine Geldbuße »abzuschöpfen« (s. § 15 Abs. 2 Nr. 2) oder gem. den §§ 74 ff. StGB einzuziehen (ebenso *Dallinger/Lackner* § 8 Rn. 16; *Eisenberg* § 8 Rn. 15; s. auch § 6 Rn. 4). Ansonsten kann der Eindruck einer Doppelbestrafung entstehen. Umgekehrt hat eine Verwarnung neben einem Arrest kein Gewicht, muß daneben als lächerlich erscheinen. Wenn besondere Hilfen zur Erziehung i. S. des § 12 angeordnet werden, erübrigen sich in der Regel weitere Maßnahmen, da hiermit eine erzieherische Gesamtbetreuung erfolgen soll. Ein solches von außen »Hineinregieren« könnte dem Erziehungskonzept der Erzieher zuwiderlaufen.

V. Verhältnismäßigkeit

8 Die Kombinationsmöglichkeiten verführen dazu, das Verhältnismäßigkeitsprinzip (s. § 5 Rn. 2-7) außer acht zu lassen. Wie beim Freiheitsentzug der Dauer eine unterschiedliche Bedeutung zukommt, die Interesseneinbußen nicht linear, sondern progressiv anwachsen, so zeigt sich auch in der Kombination von ambulanten mit oder ohne stationäre Sanktionen eine potenzierte Kumulation von Interesseneinbußen. Diese Wirkung ist jeweils im Hinblick auf die Verhältnismäßigkeit von Straftat und Sanktion zu beachten.

Zweiter Abschnitt. Erziehungsmaßregeln

Grundlagen zu den §§ 9-12

1. Systematische Einordnung

Im 2. Abschnitt des zweiten Teils des JGG werden die Erziehungsmaßregeln als erste Sanktion gegen jugendliche Straffällige näher bestimmt.

2. Historische Entwicklung

Ursprünglich wurden unter Erziehungsmaßregeln alle jugendadäquaten Sanktionen vor der Verhängung einer eigentlichen Strafe verstanden. 1. Verwarnung, 2. Überweisung in die Zucht der Erziehungsberechtigten oder der Schule, 3. Auferlegung besonderer Verpflichtungen, 4. Unterbringung, 5. Schutzaufsicht, 6. Fürsorgeerziehung (s. §§ 5-7 JGG 1923; s. auch Grdl. z. §§ 5-8 Rn. 2). Mit dem JGG 1943 wurden die Zuchtmittel ausgesondert (§§ 7-10); es blieben die Erteilung von Weisungen, die Schutzaufsicht und die Fürsorgeerziehung. Bei Nichterfüllung konnte »aus Gründen der Staatsautorität« (s. *Kümmerlein* DJ 1943, 536) der 1940 eingeführte (RGBl I, 1336) Jugendarrest verhängt werden (§ 19). Bis dahin, d. h. unter Geltung des JGG 1923, war eine Erzwingung der Erziehungsmaßregeln nicht vorgesehen. Sie sollte ausdrücklich vermieden werden, um eine freiwillige Erfüllung zu gewährleisten und um aus Erziehungsmaßregeln nicht Strafen werden zu lassen. Wurden die auferlegten Pflichten nicht erfüllt, so waren hieraus, d. h. aus dem offensichtlich fehlgeschlagenen Erziehungsversuch, bei erneuter Straffälligkeit Konsequenzen zu ziehen (s. *Kiesow* JGG 1923, § 7 Anm. 9 c).

Eine grundsätzliche Neuformulierung erfolgte im JGG 1953. Mit dem Gesetz zur Änderung und Ergänzung des RJWG vom 11. 8. 1961 (BGBl I, 1193) wurde die Schutzaufsicht in die Erziehungsbeistandschaft umgewandelt (zur historischen Entwicklung s. *Iben* Von der Schutzaufsicht zur Erziehungsbeistandschaft – Idee und Wirklichkeit einer sozialpädagogischen Maßnahme, 1967); mit dem 1. StrRG vom 25. 6. 1969 (BGBl I, 645) wurde das Zumutbarkeitserfordernis gem. § 10 Abs. 1 S. 2 eingefügt; mit dem BtMG vom 22. 12. 1971 (BGBl I, 2092) wurde im § 10 Abs. 2 die

Entziehungskur mit aufgenommen. Weitere Veränderungen erfolgten mit dem EGStGB vom 2. 3. 1974 (BGBl I, 469) sowie mit dem Gesetz zur Neuregelung der Volljährigkeit vom 31. 7. 1974 (BGBl I, 1713). Die heutige Fassung beruht auf dem 1. JGGÄndG vom 30. 8. 1990 (BGBl I, 1853) sowie auf dem KJHG vom 26. 6. 1990 (BGBl I, 1163), geändert durch das Gesetz vom 16.2.1993 (BGBl I, 239). Mit dem KJHG wurde § 12 grundlegend reformiert; bedeutsam ist insbesondere die Abschaffung der Fürsorgeerziehung. Durch das Änderungsgesetz vom 16.2.1993 wurde die Zustimmungsvoraussetzung zu Maßnahmen gem. § 12 zu einer Anhörung des Jugendamtes heruntergestuft. Mit dem 1. JGGÄndG wurden die Betreuungsweisung, der soziale Trainingskurs sowie der Täter-Opfer-Ausgleich ausdrücklich in den Weisungskatalog des § 10 Abs. 1 aufgenommen. Hinsichtlich der Dauer wurden für die Betreuungsweisung sowie für den sozialen Trainingskurs Sollbestimmungen in § 11 Abs. 1 formuliert. Die Problematik des »Ungehorsamsarrestes« wurde mit dem neuen § 11 Abs. 3 S. 3 entschärft.

3. Gesetzesziel

4 Ziel dieser Bestimmungen ist es, eine jugendadäquate Sanktionierung zu ermöglichen, und zwar auf der ersten Stufe der Sanktionenfolge. Nach dem Gesetz soll der Erziehung gedient werden, nicht eine repressive Bestrafung erfolgen (§ 10 Abs. 2 S. 1). Dies drückt sich schon im Wortlaut »Erziehungsmaßregeln« aus; in der Realität stellt sich dies aber als ein gesetzgeberischer Etikettenschwindel dar (s. auch § 5 Rn. 22): Gemeinnützige Arbeit ist im Erwachsenenstrafrecht der Ersatz für eine Ersatzfreiheitsstrafe (s. Art. 293 EGStGB). Alle noch so gut gemeinten Maßnahmen stellen – z. T. erhebliche – Eingriffe in die Freiheitsrechte des/der Verurteilten dar; hinter allen Weisungen steht die Sanktion des »Ungehorsamsarrestes«. Lediglich die Hilfen zur Erziehung gem. § 12 sind nicht unmittelbar zwanghaft, wenngleich damit auch in die Interessensphäre eingegriffen wird. Trotz dieser repressiven Wirkungen bleibt als einziges Ziel der Erziehungsmaßregeln die positive Individualprävention (s. § 5 Rn. 20). Die »verkrampfte« Differenzierung zwischen Erziehungs- und Ahndungssanktionen ist aufzugeben (s. aber *Wolf* S. 202 ff.; *Eisenberg* § 10 Rn. 6, § 13 Rn. 8; *Schaffstein* ZStW 97 [1985], 569; s. auch § 5 Rn. 22).

4. Justizpraxis

5 Im Rahmen der Erziehungsmaßregeln (Übersicht über die gesamten Sanktionen s. Grdl. z. §§ 5-8 Rn. 4) dominieren eindeutig die Weisungen, wobei deren Anteil immer mehr angestiegen ist:

Erstes Hauptstück. Verfehlungen Jugendlicher und ihre Folgen **Grdl. z. §§ 9-12**

Jahr	Erziehungs-maßregeln zusammen	Weisungen		Erziehungs-beistandschaft*		Fürsorge-erziehung**	
		n	%	n	%	n	%
1950	2 075	352	17,0	1 164	56,1	559	26,9
1960	8 513	6 457	75,8	1 411	16,6	645	7,6
1970	13 153	12 207	92,8	654	5,0	292	2,2
1980	41 312	40 840	98,9	339	0,8	133	0,3
1985	49 951	49 655	99,4	214	0,4	82	0,2
1990	32 861	32 702	99,5	129	0,4	30	0,1
1995	15 045	14 763	98,1	214	1,4	68	0,5
1998	17 763	17 441	98,2	228	1,3	94	0,5

* mit dem 1. JGGÄndG abgeändert in Hilfe zur Erziehung in der Form der Erziehungsbeistandschaft
** mit dem 1. JGGÄndG aufgehoben; jetzt Heimerziehung i. S. des § 12 Nr. 2

(Quelle: Statistisches Bundesamt, Fachserie 10, Reihe 3, Strafverfolgung; Gebiet: bis 1990 alte Länder, ab 1995 alte Länder einschl. Berlin-Ost)

Der drastische Rückgang der Weisungen trotz der Einführung der »neuen ambulanten Maßnahmen« ist auf die Verlagerung der Arbeitsleistungen in die Zuchtmittel zurückzuführen.

Im Vergleich zu den **Sanktionen insgesamt** ergeben sich folgende Prozentanteile:

Jahr	Weisungen	Erziehungs-beistandschaft*	Fürsorgeerziehung**
1970	9,7 %	0,52 %	0,21 %
1980	21,9 %	0,18 %	0,07 %
1985	29,7 %	0,13 %	0,04 %
1990	30,1 %	0,12 %	0,03 %
1995	13,8 %	0,20 %	0,06 %
1998	13,3 %	0,17 %	0,07 %

* mit dem 1. JGGÄndG abgeändert in Hilfe zur Erziehung in der Form der Erziehungsbeistandschaft
** mit dem 1. JGGÄndG aufgehoben; jetzt Heimerziehung i. S. des § 12 Nr. 2

(Quelle: Statistisches Bundesamt, Fachserie 10, Reihe 3, Strafverfolgung; Gebiet: bis 1990 alte Länder, ab 1995 alte Länder einschl. Berlin-Ost)

Nach einer bundesweiten Befragung von Jugendämtern und freien Trägern wurde für das Jahr 1993 der Prozentanteil der Verurteilten mit einem sozialen Trainingskurs im Vergleich zu allen Verurteilten nach dem JGG in den alten Bundesländern mit minimal 6,9 % und maximal mit 11,4 %, in den neuen Bundesländern mit minimal 6,9 % und maximal 9,3 % errechnet (s. *Dünkel/Geng/Kirstein* Soziale Trainingskurse und andere neue ambulante Maßnahmen nach dem JGG in Deutschland, hrsg. vom Bundesministerium der Justiz, 1998, S. 238). Hierbei hat die Gesamtanzahl der gemeldeten Teilnehmer von 3903 im Jahre 1991 auf 5741 im Jahre 1993 deutlich zugenommen. Hinsichtlich des Täter-Opfer-Ausgleichs wurden 1991 2073 Teilnehmer, im Jahre 1993 5182 Teilnehmer gemeldet. Ebenso hat das Angebot für diese »neuen ambulanten Maßnahmen« mit Einschluß der Betreuungsweisung durch Jugendämter und freie Träger deutlich zugenommen. Bundesweit werden nach dieser Befragung der soziale Trainingkurs zu 73,6 %, der Täter-Opfer-Ausgleich zu 73,9 % und die Betreuungsweisung zu 87 % angeboten (S. 67, 71, 75), wobei qualitativ von den Autoren erhebliche Abstriche gemacht werden (S. 275). Auch ist das Interesse an einer positiven Selbstdarstellung der Beteiligten zu berücksichtigen. Die Praxis der »neuen ambulanten Maßnahmen« ist entsprechend den Angeboten vor Ort und den unterschiedlichen kriminalpolitischen Einschätzungen der Staatsanwälte und Jugendrichter sehr unterschiedlich (vorbildhaft die Jugendgerichtshilfe Aachen mit dem Informationsblatt »Wir gehen neue Wege« sowie die Landesarbeitsgemeinschaft »Ambulante Maßnahmen im Saarland«, s. *Brings* DVJJ-Journal 1998, 55). Teilweise und zunehmend werden Betreuungsweisungen und soziale Trainingskurse auch für Wiederholungs- und Intensivtäter eingesetzt (s. *Kraus/Rolinski* MschKrim 1992, 32 ff.). Richtungsweisend war insoweit das Uelzener Modell (s. *Brandler* Kriminalstatistik 1995, 762 ff.). Diese Tendenz wird durch eine Richterbefragung in der genannten Untersuchung bestätigt (S. 229).

Die Unbedeutendheit von Erziehungsbeistandschaft und bisheriger Fürsorgeerziehung beruht offensichtlich auf unterschiedlichen Gründen: Während die geschlossene Heimerziehung generell im Hinblick auf ihre Tauglichkeit zur Diskussion steht und überwiegend negativ beurteilt wird (s. Grdl. z. §§ 71-73 Rn. 8), scheint die Nichtanwendung der Erziehungsbeistandschaft auch in dem tatsächlichen Fehlen von Erziehungsbeiständen begründet zu sein (s. auch *Eisenberg* § 12 Rn. 8), wenn die Betreuungsweisung andererseits hoch im Kurs steht (s. Rn. 7). Zum Ungehorsamsarrest« s. Grdl. z. §§ 13-16 Rn. 7.

5. Rechtspolitische Einschätzung

6 Trotz der Kritik an der Tarnung des Sanktionscharakters und an der fehlerhaften Bewertung als Eingangsstufe der jugendstrafrechtlichen Folgen (s. Rn. 4; § 5 Rn. 22) sind Sanktionen im Wege der Weisungen wegen ihres individuellen Bezuges noch mit am ehesten als (re-)sozialisierungs-

geeignet einzustufen, wenngleich Einzelweisungen kaum eine Gefährlichkeitssituation verändern können und z. T. wegen ihrer Unkontrollierbarkeit ins Leere gehen. Eine längere und effektive Beeinflussung, personale Stabilisierung und das Einüben von sozialem Verhalten sind im Rahmen der sog. Betreuungsweisung möglich, wobei in einer Gruppentherapie Solidarität erlebt werden kann. »Soziale Trainingskurse« wurden als »Erziehungskurse« erstmals von der **Arbeiterwohlfahrt** im Jahr 1967 in ihren »Vorschlägen für ein erweitertes Jugendhilferecht« in die Diskussion eingeführt. Aufgegriffen wurden sie in einem Diskussionsentwurf des Bundesministeriums für Jugend, Familie und Gesundheit aus dem Jahre 1973. Hiernach sind Erziehungskurse »zeitlich befristete Übungs- und Erfahrungskurse, die auf der Grundlage eines therapeutisch-pädagogischen Konzepts eingehende Hilfen für die Konfliktverarbeitung Jugendlicher bieten, wenn eine schwere Fehlentwicklung noch nicht vorliegt« (§ 50 Abs. 3; s. auch § 42 Gesetzesentwurf »Jugendhilfe« vom 8. 11. 1978). Mittlerweile sind in einer Vielzahl von Modellversuchen positive Erfahrungen gemacht worden, wobei soziales Training im Rahmen der Betreuungsweisung als sozialpädagogische Einzelfallhilfe in Form einer Individualbetreuung und/oder einer offenen Gruppenarbeit durchgeführt wird (s. den Überblick über Kursmodelle bei *Busch/Hartmann/Mehlich* Soziale Trainingskurse im Rahmen des Jugendgerichtsgesetzes, 3. Aufl., S. 95 ff.; über 400 Projekte haben sich in einer Broschüre der Bundesarbeitsgemeinschaft für ambulante Maßnahmen nach dem Jugendrecht vorgestellt, Schriftenreihe der DVJJ, Heft 14, 2. Aufl.; s. auch *Busch* in: Neue ambulante Maßnahmen nach dem Jugendgerichtsgesetz, hrsg. vom *Bundesministerium der Justiz*, 1986, S. 8 ff.; s. auch § 10 Rn. 16, 17). Mit einem Ausbau dieser Sanktionen können belastendere und trotzdem oder gerade deshalb ineffektivere Sanktionen, insbesondere der Arrest (s. Grdl. z. §§ 13-16 Rn. 9), zurückgedrängt werden (zum Vorreiter »Uelzener Modell« s. *Brandler* Kriminalistik 1995, 762; zu positiven Erfahrungen eines Aachener Modellprojekts s. *Schaar* Zbl 1987, 18; zum positiven Abschneiden des sozialen Trainingskurses bei einer vergleichenden Erfolgskontrolle mit dem Arrest s. *Wellhöfer* MschrKrim 1995, 42 ff.). Da insoweit ein pädagogisch-institutionelles Angebot den Sanktionszusprechenden zu machen ist, stellt Hilfe zur Erziehung i. S. des § 12 Nr. 1 auch keine Alternative dar, zumal Proband und Betreuer regelmäßig aus einer Gruppe unterstützt werden sollten. Soweit wegen des drohenden »Ungehorsamsarrestes« gem. § 11 Abs. 3 der Hilfe zur Erziehung Vorrang eingeräumt wird (so *Eisenberg* § 12 Rn. 8), ist demgegenüber ein weitgehend praktischer Verzicht hierauf (so auch *Eisenberg* Bestrebungen zur Änderung des Jugendgerichtsgesetzes, 1984, S. 26) sowie eine Reform dieser Zwangsmaßnahme zu propagieren. »Ungehorsamsarrest« ist nicht zwangsläufig auszusprechen. Gesetzgeberisch sollte klargestellt werden (s. § 11 Rn. 11), daß mit § 11 Abs. 3 S. 1 eine **korrigierende Ersatzmaßnahme** angeboten wird (s. *Ostendorf* Zbl 1983, 575; nachf. *Werlich* in: Jugendarrest und/oder Betreuungsweisung, hrsg. von *Schumann*, 1985 S. 152 ff.; *Dünkel* Freiheitsentzug für junge Rechtsbrecher, 1990, S. 357 ff.; s. auch *Möller* DVJJ 12 [1981], 321), die als stationärer sozialer Trainingskurs zu gestalten ist; über eine inhaltliche Reformierung und Reduzierung (zur Vermeidung von sog. Ungehorsamsarresten in der Praxis s. *Emig* DVJJ-Journal 1/1991, 51) hinaus ist ein gänzlicher Verzicht zu prüfen mit der Folge, daß eine Sanktionsverweigerung erst bei erneuter Straffälligkeit zu berücksichtigen ist (in diesem Sinne *Schumann* in: Und wenn es künftig weniger werden, DVJJ 17 (1986), 413; *Frehsee* in: Mehrfach Auffällige – mehrfach Betroffene/Erlebnisweisen und Reaktionsformen, DVJJ 18 (1989), 326; *Hinrichs* unter Hinweis auf die Regelung im JGG 1923 sowie auf praktische Erfahrungen im Hamburger Arrestvollzug in: Mehrfach Auffällige – mehrfach Betroffene/Erlebnisweisen und Reaktionsformen, DVJJ 18 (1989), 341; *Herrlinger* – bei Erziehungsmaßregeln – DVJJ-Journal 2/1991, 157; wohl auch *Feltes* NStZ 1993, 111; s. auch die insoweit unterschiedlichen Auffassungen des *Arbeitskreises VI des 21. Deutschen Jugendgerichtstages*, DVJJ 18 (1989), 352). Weiterhin ist eine **Höchstbegrenzung für die Arbeitsweisung** zu fordern, wie problematisch auch immer die Begründung für eine solche Konkretisierung ist (s. auch *D. Meyer* und *Schüler-Springorum* in: Neue ambulante Maßnahmen nach dem Jugendgerichtsgesetz, hrsg. vom *Bundesministerium der Justiz*, 1986, S. 88 bzw. S. 209; *Arbeitskreis VI des 21. Deutschen Jugendgerichtstages*, DVJJ 18 (1989), 352). Für die Erbringung gemeinnütziger Leistungen sind im österreichischen JGG 1988 konkrete Begrenzungen eingeführt: maximal 60 Stunden (§ 20 Abs. 2; zust. *Brodkorb* Verfassungsrechtliche Grenzen bei der Erteilung von Erziehungsmaßregeln und Zuchtmitteln gegenüber Jugendlichen und Heranwachsenden, 1998, S. 400). Nach der RL Nr. 2 b zu § 30 JGG 1943 sollte die Dauer der Arbeitsauflage nicht über vier Freizeiten hinausgehen. Hinsichtlich der Betreuungsweisung ist zu verlangen, daß die Betreuungszeit im Regelfall nicht über sechs Monate hinausgeht (s. § 10 Rn. 16) und nur ausnahmsweise auf ein Jahr ausgedehnt werden darf. Längere Betreuungszeiten sind nicht nur unter dem Gesichtspunkt der Zumutbarkeit abzulehnen, sie verführen auch zu einem verzögerten und damit ineffektiven Einsatz. Die Kostenfrage ist für alle Weisungen eindeutig vom Gesetzgeber zu beantworten. Schließlich ist an den Grundgesetzgeber die Aufforderung zu richten, die verfassungsrechtlichen Bedenken hinsichtlich der Vereinbarkeit des Arbeitszwanges (§ 10 Abs. 1 S. 3 Nr. 4) mit Art. 12 Abs. 2 und 3 GG (s. § 10 Rn. 13) auszuräumen.

Veränderungsbedürftig ist auch die Regelung, die bei Jugendlichen und Heranwachsenden in Verfahren vor dem Erwachsenenstrafgericht die Auswahl und Anordnung von Erziehungsmaßregeln dem Vormundschaftsrichter (§ 104 Abs. 4) bzw. dem Jugendrichter (§ 112 S. 3) überläßt. Diese Sanktionsübertragung erscheint prozeßunökonomisch und für die Angeklagten doppelt belastend; wenn Erwachsenenstrafrichter die Entscheidungen über § 3 bzw. § 105 Abs. 1 und die Sanktionsauswahl treffen dürfen, sollten sie auch für die letztliche Sanktionsentscheidung zuständig sein.

Gegenüber diesen Forderungen bleibt das 1. JGGÄndG zurück. Zwar wurden nunmehr auch die Betreuungsweisung, der soziale Trainingskurs und der Täter-Opfer-Ausgleich ausdrücklich in den Weisungskatalog des § 10 Abs. 1 aufgenommen. Eine Begrenzung ist jedoch lediglich als Sollvorschrift in § 11 Abs. 1 vorgenommen worden. Für die Arbeitsweisung fehlt die Höchstbegrenzung weiterhin. Die Problematik des Ungehorsamsarrestes wurde zwar in der Weise entschärft, daß von der Vollstreckung des Arrestes abzusehen ist, wenn der Verurteilte nach Verhängung des Arrestes der Weisung nachkommt (§ 11 Abs. 3 S. 3). Damit ist aber weiterhin nicht ausgeschlossen, daß nach Vollstreckung des Arrestes die Durchführung der Weisung betrieben wird (s. aber § 11 Rn. 11, 12). Auch wurde die mündliche Anhörung vor einer Verhängung von Jugendarrest nur als Sollvorschrift in § 65 Abs. 1 S. 3 hereingenommen.

Positiv ist die Neuregelung in § 12 zu bewerten, die durch das KJHG getroffen wurde; dies gilt insbesondere für die Abschaffung der Fürsorgeerziehung. Das letzte Wort über diese normative Verzahnung von Jugendstrafrecht und Jugendhilferecht ist aber noch nicht gesprochen (so die Begründung des Gesetzesentwurfes selbst BT-Drucks. 11/5948, S. 117; für eine ersatzlose Streichung *Böhm* Einführung in das Jugendstrafrecht, S. 162; für eine Ausweitung auf Heranwachsende *Ranft* in: Festschrift für Gitter, S. 755).

7

§ 9. Arten

Erziehungsmaßregeln sind
1. die Erteilung von Weisungen,
2. die Anordnung, Hilfe zur Erziehung im Sinne des § 12 in Anspruch zu nehmen.

Inhaltsübersicht

	Rn.
I. Anwendungsbereich	1
II. Abgrenzung zu anderen Maßnahmen	4
III. Allgemeine Anwendungsvoraussetzungen	5
IV. Weitere Folgen	8

I. Anwendungsbereich

1 Erziehungsmaßregeln kommen gegen Jugendliche auch in den Verfahren vor den für allgemeine Strafsachen zuständigen Gerichten in Betracht (§ 104 Abs. 1 Nr. 1); allerdings sind dann Auswahl und letztliche Anordnung dem Vormundschaftsrichter zu überlassen (§ 104 Abs. 4).

2 Soweit bei Heranwachsenden das materielle Jugendstrafrecht angewendet wird, können auch Erziehungsmaßregeln in der Form von Weisungen verhängt werden; Einschränkungen ergeben sich aber für die heilerzieherische Behandlung (s. § 10 Rn. 23) sowie für die Erziehungshilfe (s. § 112 a Rn. 7). Hilfen zur Erziehung sind mit Rücksicht auf das Volljährigkeitsalter ausgeschlossen (s. § 105 Abs. 1; zur Hilfe für junge Volljährige auf Freiwilligkeitsbasis s. aber § 41 KJHG). Diese Regelung gilt auch vor Gerichten, die für allgemeine Strafsachen zuständig sind, wobei die Auswahl und letztliche Anordnung dem Jugendrichter zu überlassen ist, in dessen Bezirk sich der Heranwachsende aufhält (§ 112 S. 3).

3 Bei jugendlichen und heranwachsenden Soldaten kommen ebenfalls Hilfen zur Erziehung nicht zur Anwendung (§ 112 a Nr. 1). Als zusätzliche Erziehungsmaßregel ist gem. § 112 a Nr. 2 für die Dauer des Wehrdienstverhältnisses die Erziehungshilfe durch den Disziplinarvorgesetzten vorgesehen (zur Verfassungswidrigkeit s. § 112 a Rn. 7).

II. Abgrenzung zu anderen Maßnahmen

4 Die Erziehungsmaßregeln sind in § 9 – mit Ergänzung in § 112 a Nr. 2 – abschließend genannt, wobei für die Weisungen im § 10 Abs. 1 S. 3 nur Regelbeispiele formuliert sind. Hiervon zu unterscheiden sind die vormundschaftsrichterlichen Erziehungsaufgaben (s. § 34 Abs. 3), die auch

vom Jugendrichter gem. § 3 S. 2 wahrgenommen werden können, sowie die allgemeinen erzieherischen Maßnahmen gem. den §§ 45 Abs. 2, 71 Abs. 1. Zum Teil gebraucht der Gesetzgeber für Sanktionen, die keine Jugendstrafe und keine Maßregel (§ 7) sind, den Begriff der Maßnahmen (s. Überschrift zu § 8 sowie die §§ 31, 66).

III. Allgemeine Anwendungsvoraussetzungen

Da es sich bei den Erziehungsmaßregeln um strafrechtliche Sanktionen handelt (s. § 5 Abs. 1 im Unterschied zu § 1 Abs. 1: »Verfehlung«), müssen für die Anwendbarkeit – natürlich – alle Straftat- und Strafverfolgungsvoraussetzungen erfüllt sein; dies gilt auch für die Verantwortlichkeit gem. § 3 S. 1 (h. M., s. *Brunner/Dölling* § 9 Rn. 2; a. M. nur *Potrykus* § 9 Anm. 5; für die heilerzieherische Behandlung s. § 10 Rn. 24). 5

Im weiteren sollen nach h. M. (s. *Brunner/Dölling* § 9 Rn. 3) Erziehungsbedürftigkeit und Erziehungsfähigkeit Voraussetzung sein; *Eisenberg* (§ 9 Rn. 10) verlangt zusätzlich noch die Erziehungswilligkeit (a. M. *Diemer* in: *D/S/S* § 9 Rn.7). Diese wird im Strafverfahren regelmäßig nicht vorliegen, da hier Erziehung immer auch Interesseneinbuße bedeutet (so *Eisenberg* selbst, § 5 Rn. 17); das Strafverfahren ist gerade durch den Zwang gekennzeichnet. Dies steht einem Bemühen um die Akzeptanz des Urteils nicht entgegen. Erziehungsfähigkeit wird im jugendlichen Alter grundsätzlich vorausgesetzt; gemeint ist die Eignung der konkreten Sanktion (s. auch *Eisenberg* § 5 Rn. 16). Darüber hinaus ist **diese Terminologie verführerisch**. Es geht im Strafverfahren nicht um eine Erziehung, sondern um jugendadäquate Reaktionen auf eine Straftat zur Verhinderung einer Wiederholung (s. Grdl. z. §§ 1-2 Rn. 4, 5; § 5 Rn. 2; s. auch *Brunner/Dölling* § 9 Rn. 4). Bei wem – auch bei Erwachsenen – wird man nicht auch schlechte Seiten entdecken, wer ist nicht besserungsbedürftig! Wenn ein einmaliges Fehlverhalten angenommen und eine Erziehungsbedürftigkeit somit abgelehnt wird, besteht umgekehrt die Gefahr, daß neben dem Erziehungs- ein Sühne- und Schuldvergeltungsziel definiert wird und insoweit Erziehungsmaßregeln begründet oder schwerwiegendere Zuchtmittel verhängt werden (s. *Brunner/Dölling* § 9 Rn. 5); damit würde jedoch das individualpräventive Ziel des Jugendstrafverfahrens verfehlt. 6

Es gilt daran festzuhalten, daß bei Berücksichtigung der Verhältnismäßigkeit von Straftat und Sanktion (s. § 5 Rn. 2-7) zunächst die Rückfallprognose zu stellen ist (zust. *Brodkorb* Verfassungsrechtliche Grenzen bei der Erteilung von Erziehungsmaßregeln und Zuchtmitteln gegenüber Jugendlichen und Heranwachsenden, 1998, S. 383). Nur wenn eine begründete Rückfallgefahr besteht (s. § 5 Rn. 18), ist eine Erziehungsmaßregel erlaubt; ansonsten ist das Verfahren wegen Geringfügigkeit einzustellen (§ 45 7

Abs. 1, § 47 Abs. 1 S. 1 Nr. 1 i. V. m. § 153 StPO). Bei negativer Rückfallprognose sind im Rahmen einer anschließenden Sanktionsprognose die zur Verfügung stehenden Sanktionsmöglichkeiten auf ihre Geeignetheit, Notwendigkeit sowie Zumutbarkeit gem. § 10 Abs. 1 S. 2 zu prüfen. Hierbei ist gegen die negativen Bedingungen für eine erneute Straffälligkeit anzugehen (s. § 5 Rn. 20); ein Abschreckungszweck ist nicht erlaubt.

IV. Weitere Folgen

8   Mit der Verurteilung zu Erziehungsmaßregeln ist deren Eintragung in das Erziehungsregister gem. § 60 Abs. 1 Nr. 2 BZRG verbunden. In das Zentralregister werden Erziehungsmaßregeln eingetragen, wenn sie zusammen mit einem Schuldspruch gem. § 27 oder einer Verurteilung zur Jugendstrafe oder einer Maßregel der Besserung und Sicherung angeordnet werden (§ 5 Abs. 2 BZRG). Da Voraussetzung für eine Erziehungsmaßregel eine Straftat ist und es sich dementsprechend um eine Strafsanktion handelt, sind alle Konsequenzen zu beachten, die an eine Straftat bzw. Strafsanktion anknüpfen, z. B. das Aussageverweigerungsrecht gem. § 55 StPO (unklar *Brunner/Dölling* § 13 Rn. 5, 7 und *Eisenberg* § 13 Rn. 15, 18, da diese Folgen dort erst für die Zuchtmittel angesprochen werden).

§ 10. Weisungen

(1) Weisungen sind Gebote und Verbote, welche die Lebensführung des Jugendlichen regeln und dadurch seine Erziehung fördern und sichern sollen. Dabei dürfen an die Lebensführung des Jugendlichen keine unzumutbaren Anforderungen gestellt werden. Der Richter kann dem Jugendlichen insbesondere auferlegen,
1. Weisungen zu befolgen, die sich auf den Aufenthaltsort beziehen,
2. bei einer Familie oder in einem Heim zu wohnen,
3. eine Ausbildungs- oder Arbeitsstelle anzunehmen,
4. Arbeitsleistungen zu erbringen,
5. sich der Betreuung und Aufsicht einer bestimmten Person (Betreuungshelfer) zu unterstellen,
6. an einem sozialen Trainingskurs teilzunehmen,
7. sich zu bemühen, einen Ausgleich mit dem Verletzten zu erreichen (Täter-Opfer-Ausgleich),
8. den Verkehr mit bestimmten Personen oder den Besuch von Gast- oder Vergnügungsstätten zu unterlassen oder
9. an einem Verkehrsunterricht teilzunehmen.

(2) Der Richter kann dem Jugendlichen auch mit Zustimmung des Erziehungsberechtigten und des gesetzlichen Vertreters auferlegen, sich einer heilerzieherischen Behandlung durch einen Sachverständigen oder einer Entziehungskur zu unterziehen. Hat der Jugendliche das sechzehnte Lebensjahr vollendet, so soll dies nur mit seinem Einverständnis geschehen.

Literatur

Bizer Kostentragungspflicht für die jugendrichterliche Weisung, einen sozialen Trainingskurs zu besuchen, Zbl 1992, 616; *Brandler* Jugend – Strafe – Gewalt, Kriminalistik 1995, 762; *Brodkorb* Verfassungsrechtliche Grenzen bei der Erteilung von Erziehungsmaßregeln und Zuchtmitteln gegenüber Jugendlichen und Heranwachsenden, 1998; *Busch/Hartmann/Mehlich* Soziale Trainingskurse im Rahmen des Jugendgerichtsgesetzes, hrsg. vom *Bundesministerium der Justiz*, 3. Aufl. (1986); *Busch/Hartmann* Soziale Trainingskurse im Rahmen des Jugendgerichtsgesetzes, 1984; *Bussmann/Gerhardt* Die Nachschulung alkoholauffälliger Kraftfahrer als Weisung nach dem Jugendrecht, Blutalkohol 1980, 117; *Engstler* Die heilerzieherische Behandlung gem. § 10 Abs. 2 Jugendgerichtsgesetz in der jugendstrafrechtlichen Praxis, 1985; *Gerhardt/Vögele* Die Betreuungsweisung nach § 10 JGG, Zbl 1979, 371; *Göbel* Grenzen jugendrichterlicher Weisungen, NJW 1954, 15; *Heinz/Huber* Ambulante sozialpädagogische Maßnahmen für junge Straffällige, 2. Aufl., DVJJ, S. 37; *Kraus/Rolinski* Rückfall nach Sozialem Training auf der Grundlage offiziell registrierter Delinquenz, MschrKrim 1992, 32 ff.; *Kremer* Der Einfluß des Elternrechts aus Art. 6 Abs. 2, 3 GG auf die Rechtmäßigkeit der Maßnahmen des JGG, 1984; *Maelicke* Ambulante Alternativen zum Jugendarrest und Jugendstrafvollzug, 1988; *Maier/Pfeiffer* Stellungnahme der DVJJ zur Frage der Verfassungsmäßigkeit von jugendrichterlichen Arbeitsauflagen, 1984; *Matenaer* Betreuungsweisungen nach § 10 JGG, Zbl 1984, 281; *Meyer* Neue ambulante Maßnahmen nach dem Jugendgerichtsgesetz, insbesondere Betreuungsweisungen/Soziale Trainingskurse/ Erzieherische Gruppenarbeit, in: Jugendstrafrechtsreform durch die Praxis, hrsg. vom *Bundesministerium der Justiz*, 1989, S. 203; *Mohr* Neue ambulante Maßnahmen nach dem Jugendgerichtsgesetz, insbesondere Arbeitsweisungen, in: Jugendstrafrechtsreform durch die Praxis, hrsg. vom *Bundesministerium der Justiz*, 1989, S. 197; *Mückenberger* Die heilerzieherische Behandlung nach § 10 Abs. 2 JGG, 1970; *Niedersächsischer Minister der Justiz* (Hrsg.), Neue ambulante Maßnahmen nach § 10 JGG in Niedersachsen, 1985; *Pfeiffer* Arbeit als Konzept der Resozialisierung, BewH 1978, 334; *Pfohl* Gemeinnützige Arbeit als strafrechtliche Sanktion, 1983; *Plank* Übungs- und Erfahrungskurse in der Jugendgerichtshilfe, Kriminalpädagogische Praxis 16 (1983), 23; *Reinecke/Fuchs* »Erziehungskurse« zwischen Jugendhilfegesetz und Jugendgerichtsgesetz, RdJB 1983, 359; *Schaar* Drogendelinquenz in Jugendstrafsachen, Zbl 1985, 118; *ders*. Die Bedeutung der Betreuungsweisung gem. § 10 JGG/Ein Erfahrungsbericht nach dreijähriger Praxiserprobung, Zbl 1987, 18; *Schlotheim* Zum Problem der freien Arbeit gem. § 26 StGB, § 10 I Ziff. 4 JGG, MschrKrim 1955, 32; *Schumann* (Hrsg.), Jugendarrest und/oder Betreuungsweisung, 1985; *Stree* Deliktsfolgen und Grundgesetz, 1960; *Wellhöfer* Soziale Trainingskurse und Jugendarrest, Versuch einer vergleichenden Erfolgskontrolle, MschrKrim 1995, 42; *Wimmer* Versicherungsrechtliche Fragen bei Weisungen/Auflagen nach dem JGG, DVJJ-Journal 1998, 35.

Zum Täter-Opfer-Ausgleich: *Dassel* Täter-Opfer-Ausgleich/Theoretische Grundlagen und Akzeptanz durch soziale Dienste der Justiz, in: Und wenn es künftig weniger werden, DVJJ 17 (1987), 274; *Frühauf* Wiedergutmachung zwischen Täter und Opfer. Eine neue Alternative in der strafrechtlichen Sanktionspraxis, 1988; *Görlach* Täter-Opfer-Ausgleich im Jugendstrafverfahren, in: Und wenn es künftig weniger werden, DVJJ 17 (1987), 291; *Hartmann* Täter-Opfer-Ausgleich im Spannungsfeld von Anspruch und Wirklichkeit 1995; *Hassebrauck* Modellprojekt »Täter-Opfer-Ausgleich« in Braunschweig, in: Und wenn es künftig weniger werden, DVJJ 17 (1987), 299; *Kerner/Marks/Rößner/Schreckling* Täter-Opfer-Ausgleich im Jugendstrafrecht, DVJJ Rundbrief Nr. 131/Juni 1990, S. 19; *Kuhn* Projekt »Handschlag«, in: Und wenn es künftig weniger werden, DVJJ 17 (1987), 312; *Marks/Meyer/Schreckling/Wandrey* Wiedergutmachung und Strafrechtspraxis, 1993; *Schreckling* Täter-Opfer-Ausgleich nach Jugendstraftaten in Köln, 1990; *ders*. Bestandsaufnahmen zur Praxis des Täter-Opfer-Ausgleichs in der Bundesrepublik Deutschland, hrsg. Bundesministerium der Justiz, 1991; *Schreckling/Pieplow* Täter-Opfer-Ausgleich: Eine Zwischenbilanz nach zwei Jahren Fallpraxis beim Modellprojekt »Die Waage«, ZRP 1989, 10; *Schultze* Der Täter-Opfer-Ausgleich im Jugendstrafrecht, in: Jugendgerichtsverfahren und Kriminalprävention, DVJJ 13 [1984], 387; *Viet* Der »Täter-Opfer-Ausgleich« als eine Aufgabe der Jugendgerichtshilfe. 5 Jahre Erfahrungen aus Braunschweig, Zbl 1988, 17; *Voß* Täter-Opfer-Ausgleich: Unwirksame Kriminalprävention, Neue Kriminalpolitik 1989, Heft 3, S. 5; *Wandrey* »Was ist drin, wenn TOA draufsteht?«, DVJJ-Journal 1999, 274; *Wandrey/Delattre* Organisations- und Umsetzungsprobleme von TOA-Projekten, DVJJ-Rundbrief Nr. 131/Juni 1990, 22.

Inhaltsübersicht

	Rn.
I. Anwendungsbereich	1
II. Voraussetzungen und Grenzen	
1. Bestimmtheit	2
2. Kontrollierbarkeit	3
3. Positive Individualprävention	4

Erstes Hauptstück. Verfehlungen Jugendlicher und ihre Folgen § 10

	Rn.
4. Grundrechtskonformität	5
5. Gesetzessystematische Bindungen	6
6. Verhältnismäßigkeit	7
7. Zumutbarkeit	8
III. Die speziellen Weisungen gem. Abs. 1 S. 3	
1. Weisungen zu befolgen, die sich auf den Aufenthaltsort beziehen	9
2. bei einer Familie oder in einem Heim zu wohnen	10
3. eine Ausbildungs- oder Arbeitsstelle anzunehmen	11
4. Arbeitsleistungen zu erbringen	12
5. sich der Betreuung und Aufsicht einer bestimmten Person (Betreuungshelfer) zu unterstellen	16
6. an einem sozialen Trainingskurs teilzunehmen	17
7. sich zu bemühen, einen Ausgleich mit dem Verletzten zu erreichen (Täter-Opfer-Ausgleich)	18
8. den Verkehr mit bestimmten Personen oder den Besuch von Gast- oder Vergnügungsstätten zu unterlassen	19
9. an einem Verkehrsunterricht teilzunehmen	20
IV. Allgemeine Weisungen gem. Abs. 1 S. 1	21
V. Weisungen gem. Abs. 2	
1. Gemeinsame Voraussetzungen	23
2. Heilerzieherische Behandlung	25
3. Entziehungskur	27
VI. Durchführung	28
VII. Kosten	29

I. Anwendungsbereich

Zum personalen Anwendungsbereich s. § 9 Rn. 1.   1

II. Voraussetzungen und Grenzen

1. Bestimmtheit

Neben den allgemeinen Straftat- und Strafverfolgungsvoraussetzungen (s.   2
Grdl. z. §§ 9-12 Rn. 5-7) ist bei den Weisungen gem. Abs. 1 zunächst ihre
Bestimmtheit zu beachten. Der/die Verurteilte muß wissen, was von
ihm/ihr verlangt wird. Insbesondere die drohende Sanktion eines »Ungehorsamsarrestes« gem. § 11 Abs. 3 setzt eine **klare und eindeutige Anweisung** voraus. Zu unbestimmt ist beispielsweise die Weisung, »bestehende
Pflichten gut zu erfüllen« oder Hilfen zur Erziehung gem. §§ 28-35
KJHG in Anspruch zu nehmen (so *Scholz* DVJJ-Journal 1994, 238). Da-

mit wird zwar keine alternative Weisung ausgeschlossen; eine solche Wahlmöglichkeit verlangt aber eine besonders sorgfältige Prüfung der Handlungskompetenz des/der Verurteilten. Andererseits genügt – auch im Hinblick auf § 38 Abs. 2 S. 5 – die Weisung »16 Stunden Arbeit nach Weisung der Jugendgerichtshilfe« dem Bestimmtheitsprinzip (s. *BVerfGE* 74, 115). Die Konkretisierung der Art und Weise durch die JGH ist naturgemäß auch für Weisungen gem. § 10 Abs. 1 S. 3 Nr. 2, 5, 6, 7, 9 zulässig. Änderungen können gem. § 11 Abs. 2 erfolgen. Mit der Auswahl ist die Laufzeit zu bestimmen (§ 11 Abs. 1). Zur Sicherheit sollten die Weisungen – wie auch die sonstigen Sanktionen – in verständlicher Sprache dem/der Verurteilten nochmals schriftlich mit der Folgenandrohung gem. § 11 Abs. 3 mitgeteilt werden (ebenso *Brunner/Dölling* § 10 Rn. 3 a): In der Aufregung bei der Urteilsverkündung wird vieles nicht verstanden oder sofort vergessen.

2. Kontrollierbarkeit

3 Weisungen müssen – wie alle strafrechtlichen Sanktionen – auf ihre Erfüllung hin kontrollierbar sein. Unkontrollierbare Weisungen werden nicht ernstgenommen; das ganze Strafverfahren gibt sich damit der Lächerlichkeit preis. Die Weisung gem. Abs. 1 S. 3 Nr. 8, den Verkehr mit bestimmten Personen oder den Besuch von Gast- oder Vergnügungsstätten zu unterlassen, ist mit Rücksicht hierauf mehr als problematisch. Zu Recht wurde das Verbot, geistige Getränke zu genießen oder zu rauchen (§ 10 Abs. 1 S. 3 Nr. 6 a. F.), gestrichen (s. Grdl. z. §§ 9-12 Rn. 2). Die Realisierung ist häufig nur unter **Einbeziehung der Eltern** möglich; insoweit ist bereits in der Hauptverhandlung eine Zusammenarbeit anzustreben.

3. Positive Individualprävention

4 Die Erziehungsmaßregeln müssen inhaltlich in unmittelbarem Bezug zur Tat bzw. zu deren Ursachen stehen, um eine Wiederholung zu verhindern (s. § 9 Rn. 6, 7). Eine repressive Zielsetzung i. S. eines Denkzettels oder Schuldausgleichs ist unzulässig (wie hier *Eisenberg* § 10 Rn. 6; weitergehend *Dallinger/ Lackner* § 10 Rn. 2; *Brunner/Dölling* § 10 Rn. 3; s. auch § 5 Rn. 20). Mit einer solch inhaltlichen Verknüpfung mit der Tat kann am ehesten die Akzeptanz der Sanktionierung erreicht werden. Umgekehrt stellt die Weisung »jeden Umgang mit verbotenen Drogen zu meiden« lediglich eine Wiederholung des gesetzlichen Verbots dar und keine präventiv-unterstützende Regelung (s. hierzu *OLG Zweibrücken* Justizblatt Rheinland-Pfalz 1991, 203). Im einzelnen kommt es auf die Person des/der Verurteilten und ihres Bezugsumfeldes an. Weisungen, die für einen 15jährigen sinnvoll erscheinen, können bei einem 19jährigen unsinnig sein (s. auch *Brunner/Dölling* § 10 Rn. 4). Nicht erforderlich ist, daß die

Weisung auf Dauer ausgerichtet ist. Gerade in der Dauerhaftigkeit kann ein repressives Element liegen (insoweit widersprüchlich *Eisenberg* § 10 Rn. 16).

4. Grundrechtskonformität

Die Erziehungsmaßregeln müssen mit den Grundrechten vereinbar sein. Insoweit setzen insbesondere die Art. 4, 5, 6, 9 und 12 GG Grenzen. Die positive und negative Religionsfreiheit gem. Art. 4 hat in jedem Fall unangetastet zu bleiben; ebenso darf die Koalitionsfreiheit gem. Art. 9 GG nicht genommen werden, d. h., es darf nicht die Weisung erteilt werden, in einen bestimmten oder irgendeinen Verein einzutreten oder aus einem rechtmäßigen Verein auszutreten (so *Eisenberg* § 10 Rn. 10; wie hier *Wolf* S. 299 m. Fn. 27). Umgekehrt sind Freizügigkeit (Art. 11 GG), Freiheit des Arbeitsplatzes (Art. 12 Abs. 1 GG), das Erziehungsrecht (Art. 6 Abs. 2 GG) und die allgemeine Handlungsfreiheit (Art. 2 Abs. 1 GG) mit dem Katalog im § 10 Abs. 1 S. 3 eingeschränkt. Im einzelnen ist insoweit die Güterabwägung entscheidend. Problematisch ist die Weisung, für eine bestimmte Zeit Urinproben zum Nachweis der Drogenfreiheit abzugeben, da damit der/die Verurteilte in eine Konfliktsituation gebracht werden kann, sich entweder selbst wegen einer neuen Straftat zu überführen oder einen »Ungehorsamsarrest« herauszufordern. Das Selbstbegünstigungsprinzip ist damit betroffen. Das *BVerfG* (StV 1993, 465) hat eine solche Weisung im Rahmen einer Strafaussetzung zur Bewährung für zulässig erklärt, wobei allerdings die Frage, ob eine positive Urinprobe für ein erneutes Strafverfahren verwertet werden darf, offengelassen wurde (s. auch *OLG Zweibrücken* JR 1990, 121 m. w. N. und m. zust. Anm. von *Stree*). Im Hinblick auf den Zwangscharakter dieser Weisung erscheint in der Tat eine solche Inpflichtnahme erst im Rahmen einer Strafaussetzung zur Bewährung zulässig (s. § 23 Rn. 2). Die Lebensführung würde nicht primär im Sinne des § 10 Abs. 1 S. 1 geregelt, sondern primär eine Kontrollmaßnahme für eine straffreie Lebensführung eingesetzt; im Hinblick hierauf müssen die strengeren Voraussetzungen der Verurteilung zu einer Jugendstrafe zur Bewährung für eine solche Weisung vorliegen (a. M. *LG Detmold* StV 1999, 663). Soweit elterliche Maßnahmen ein staatliches »Hineinregieren« überflüssig machen, ist die Einstellung des Verfahrens geboten (§ 45 Abs. 2, § 47 Abs. 1 S. 1 Nr. 2). Das Erziehungsrecht ersetzende oder korrigierende Eingriffe sind aber durch das »staatliche Wächteramt«, letztlich wahrgenommen durch die strafrechtliche Sozialkontrolle, ausdrücklich erlaubt (Art. 6 Abs. 2 S. 2 GG; s. *BVerfGE* 24, 145; ebenso *Brodkorb* Verfassungsrechtliche Grenzen bei der Erteilung von Erziehungsmaßregeln und Zuchtmitteln gegenüber Jugendlichen und Heranwachsenden, 1998, S. 686; s. auch *Dallinger/Lackner* § 10 Rn. 30 m. w. N.); dies folgt als Umkehrschluß auch aus § 10 Abs. 2 (wie hier *Mau-*

rach/*Gössel/Zipf* AT 2, 7. Aufl., S. 711; *Baumann/Weber* Strafrecht AT, 9. Aufl., S. 747; *Miehe* ZStW 93 [1981], 596 ff.; *Schaffstein/Beulke* § 15 II. 1.; *Diemer* in: *D/S/S* § 10 Rn. 29; a. M. *Böhm* Einführung in das Jugendstrafrecht, S. 168 für die »Durchsetzbarkeit« von Weisungen gem. § 10 Abs. 1 S. 3 Nr. 1-3; *Brunner* § 10 Rn. 8, und *Eisenberg* § 10 Rn. 17 für die Weisungen gem. § 10 Abs. 1 S. 3 Nr. 1 und 2; für eine Güterabwägung im Einzelfall *Kremer* Der Einfluß des Elternrechts aus Art. 6 Abs. 2, 3 GG auf die Rechtmäßigkeit der Maßnahmen des JGG, 1984, S. 52, der aber den Konflikt allzusehr auf das Sanktionsrecht des Staates einerseits und das Elternrecht andererseits verengt und dabei die Selbständigkeit der Beschuldigteninteressen vernachlässigt). Allerdings verlangt das Präventionsziel, entgegenstehende faktische Einflußnahmen durch die Eltern zu berücksichtigen und somit zu möglichst einvernehmlichen, zumindest tolerierten Maßnahmen zu kommen; auch sind andere Rechtsbegrenzungen zu beachten (s. Rn. 11, 12). Im Hinblick auf die staatliche Durchsetzungsmacht gem. § 11 Abs. 3 hat der Streit aber weitgehend akademischen Charakter, da bei einem Widerspruch der Erziehungsberechtigten regelmäßig ein Verschulden zu verneinen ist (s. § 11 Rn. 17). Mit dem Erreichen der Volljährigkeit endet zwar das elterliche und damit auch ein staatliches Erziehungsrecht; im Hinblick auf das Präventionsziel (s. Grdl. z. §§ 9-12 Rn. 4) sind aber Weisungen auch gegen Heranwachsende zulässig (zu Einschränkungen für die heilerzieherische Behandlung s. aber Rn. 23; zur Verfassungswidrigkeit der Erziehungshilfe s. § 112 a Rn. 7).

5. Gesetzessystematische Bindungen

6 Da der Begriff der Weisung umfassend ist, können sich Überschneidungen mit speziellen richterlichen Sanktionsermächtigungen ergeben. Die dort genannten Voraussetzungen dürfen nicht mit der allgemeinen Zulässigkeit von Erziehungsmaßregeln umgangen werden (ebenso *Eisenberg* § 10 Rn. 8). So dürfen die besonderen Voraussetzungen für eine Einziehung (s. aber *Dallinger/Lackner* § 10 Rn. 26) oder für die Maßregel »Entziehung der Fahrerlaubnis« nicht über § 10 herabgesetzt werden (s. hierzu und zu der gegenläufigen Weisung, den Führerschein zu erwerben, § 7 Rn. 16). Der Einsatz eines Bewährungshelfers ist für die Bewährungszeit reserviert (s. Grdl. z. §§ 21-26 a Rn. 8). Wird ein Bewährungshelfer mit der Durchführung von Weisungen beauftragt, kann dies bei erneuter Straffälligkeit zu einer Versagung der Strafaussetzung zur Bewährung führen, weil die Betreuung durch einen Bewährungshelfer bereits erfolglos geblieben ist. Auch dürfen nicht über § 10 die Verfahrenskosten auferlegt werden (wie hier für die Bewährungsauflage *BGHSt* 9, 365; a. M. *Meyer* NJW 1957, 371). Insbesondere darf nicht in die Kompetenz einer anderen Gerichtsbarkeit eingegriffen werden; dies geschieht, wenn mit einer strafjustitiellen Weisung die Einreiseerlaubnis für einen Ausländer versagt wird, über die nach dem Ausländergesetz und

von den Verwaltungsgerichten zu entscheiden ist (s. hierzu *LG Freiburg* JR 1988, 523 mit abl. Anm. von *Eisenberg; OLG Schleswig* SchlHA 1991, 118). Ebenso darf nicht die Weisung gegeben werden, aus der Bundesrepublik Deutschland auszureisen, auch nicht, wenn der/die Betroffene – um eine milde Sanktion zu erzielen – dem zustimmt (s. *OLG Karlsruhe* Die Justiz 1964, 90; *BayObLGSt* 1980, 105; *OLG Schleswig*, Az. 2 Ws 563 u. 564/89).

6. Verhältnismäßigkeit

Wie alle staatlichen Eingriffe in Rechte des Bürgers stehen auch die Erziehungsmaßregeln unter dem Gebot der Verhältnismäßigkeit, d. h., sie müssen zu der auslösenden Straftat in einem angemessenen Verhältnis stehen (h. M., s. *Brunner/Dölling* § 10 Rn. 3 m. w. N.; bedenklich *Böhm* Einführung in das Jugendstrafrecht, S. 118, der zwar die Erteilung von Weisungen bei offenkundigen Bagatellen ablehnt, die Obergrenze dieser Sanktionen ansonsten aber nur nach erzieherischen Gesichtspunkten festlegen will; s. auch § 5 Rn. 2-7). Angesichts eines vermehrten Angebots ambulanter sozialpädagogischer Maßnahmen gilt es, die **Gefahr eines Sogeffekts** zu beachten: »Ambulante sozialpädagogische Maßnahmen sollten als Reaktion auf strafbares Verhalten nur bei solchen Jugendlichen/Heranwachsenden in Betracht gezogen werden, die in eine kriminelle Karriere zu geraten drohen und von offener Jugendarbeit nicht erreichbar sind. Sind Gefährdungen in diesem Sinne nicht zu erkennen, so sollte auf die Anordnung solcher Maßnahmen verzichtet werden, da anderenfalls die Gefahr einer Überbetreuung und Verunselbständigung der Betroffenen besteht« (These 20 der *Bundesarbeitsgemeinschaft für ambulante Maßnahmen nach dem Jugendrecht*, in: Ambulante sozialpädagogische Maßnahmen für junge Straffällige, 2. Aufl., DVJJ 14, S. 26; s. demgegenüber *Busch/Hartmann* Soziale Trainingskurse im Rahmen des Jugendgerichtsgesetzes, 1984, S. 62, 155, 164, 236; hierzu auch *H. E. Löhr* in: Neue ambulante Maßnahmen nach dem Jugendgerichtsgesetz, hrsg. vom *Bundesministerium der Justiz*, 1986, S. 133). Im einzelnen ist die Eignung, Notwendigkeit und die Angemessenheit zu prüfen. Hierbei ist zu beachten, daß die **Eignung gesetzgeberisch auf positiv-präventive Zielsetzungen** eingegrenzt ist (s. Grdl. z. §§ 9-12 Rn. 3; s. auch Rn. 4). Ungeeignet ist eine Erziehungsmaßregel, die von vornherein auf den Widerstand des/der Verurteilten stößt (ebenso *Brunner* § 9 Rn. 3). Hinsichtlich der Notwendigkeit gilt es, **geringfügigere Eingriffe durch Zuchtmittel** zu sehen. Unangemessen wäre eine Weisung, allen erzieherischen Anforderungen einer Betreuungsperson Folge zu leisten, gerade wegen ihrer Unbestimmtheit (s. Rn. 2), wobei hierin schon eine unzulässige Kompetenzverlagerung zu sehen ist (s. auch *Eisenberg* § 10 Rn. 9). Bei Soldaten ist zusätzlich auf die Besonderheiten des Wehrdienstes Rücksicht zu nehmen

(§ 112 a Nr. 3). Die Angemessenheit scheint in der Praxis gerade bei den Arbeitsweisungen aus den Augen verlorengegangen zu sein, wenn bis zu 300 Arbeitsstunden verhängt werden (s. *Heinz/Huber* in: Ambulante sozialpädagogische Maßnahmen für junge Straffällige, 2. Aufl., DVJJ 14, S. 49; s. auch *D. Meyer* in: Neue ambulante Maßnahmen nach dem Jugendgerichtsgesetz, hrsg. vom *Bundesministerium der Justiz*, 1986, S. 88; zur Höchstgrenze von Arbeitsweisungen wie auch Arbeitsauflagen s. § 11 Rn. 3).

7. Zumutbarkeit

8   Ausdrücklich ist im § 10 Abs. 1 S. 2 die Voraussetzung der Zumutbarkeit aufgestellt, die nur eine besondere Ausprägung der Angemessenheit im Rahmen der Verhältnismäßigkeitsprüfung darstellt. Hiermit sind zusätzlich zu der grundrechtlichen Untersagung Eingriffe in die Privatsphäre untersagt, z. B. eine Verlobung zu lösen, wie überhaupt dieser Begriff durch die Wertungen in der Rechtsordnung zu konkretisieren ist (s. *Frellesen* Die Zumutbarkeit der Hilfeleistungen, 1980, S. 167 m. w. N.). Das Selbstbestimmungsrecht des/der Jugendlichen ist mit zunehmendem Alter mehr zu achten (s. auch § 1626 Abs. 2 BGB). Unzumutbar werden Weisungen auch, die unangemessene finanzielle Nebenkosten mit sich bringen; so scheidet die Weisung, den Führerschein zu erwerben, für einen Jugendlichen ohne eigenes Einkommen aus (s. auch § 7 Rn. 16).

III. Die speziellen Weisungen gem. Abs. 1 S. 3

Im Abs. 1 S. 3 sind ausdrücklich einige Weisungen als Regelbeispiele genannt:

1. Weisungen zu befolgen, die sich auf den Aufenthaltsort beziehen

9   Mit dieser Weisung wird die Freizügigkeit eingeschränkt; es ist damit ein erheblicher Eingriff in die Freiheitsrechte des einzelnen (Art. 11 GG) verbunden. Da das Erziehungsrecht der Eltern nicht entzogen wird, ist insoweit auch nur das Aufenthaltsbestimmungsrecht gem. § 1631 Abs. 1 BGB der strafrechtlichen Kompetenz zugewiesen. Die Voraussetzungen des Art. 6 Abs. 3 GG liegen bei einer negativen Rückfallprognose vor (a. M. *Kremer* Der Einfluß des Elternrechts aus Art. 6 Abs. 2, 3 GG auf die Rechtmäßigkeit der Maßnahmen des JGG, 1984, S. 76, der die Voraussetzungen des Art. 6 Abs. 3 GG regelmäßig verneint; im Ergebnis wie hier *Brodkorb* Verfassungsrechtliche Grenzen bei der Erteilung von Erziehungsmaßregeln und Zuchtmitteln gegenüber Jugendlichen und Heranwachsenden, 1998, S. 505). Wenn somit auch rechtlich gegen den Willen der Erziehungsberechtigten entschieden werden darf (s. Rn. 5), sollte dies

im Hinblick auf das Präventionsziel nur ganz ausnahmsweise geschehen (s. Rn. 5).

2. bei einer Familie oder in einem Heim zu wohnen

Die Zustimmung der Erziehungsberechtigten ist auch hier nicht erforderlich (s. Rn. 5). Sinnvoll erscheint diese Maßregel aber ebenfalls nur in Übereinstimmung mit den Erziehungsberechtigten. Hierbei ist dem **Verbleib in der eigenen Familie grundsätzlich Vorrang einzuräumen**, dies gilt insbesondere gegenüber der Heimerziehung. Voraussetzung ist darüber hinaus, daß die Aufnahmebedingungen geklärt sind. Hierzu gehört nicht nur die Bereitschaft der Familie bzw. des Heimes, sondern auch die Regelung der Kosten. Bei eigener Kostenlast kann die Weisung unzumutbar sein (s. näher Rn. 29). Bei diesem Eingriff ist die Verhältnismäßigkeit in besonderer Weise zu prüfen. Positiv sind bestehende Möglichkeiten für die Einweisung in eine sozialtherapeutische Wohngemeinschaft zu prüfen. Hierfür kommen Jugendliche und Heranwachsende in Betracht, die aufgrund eines schädlichen Milieus oder Kontaktstörungen nicht mehr bei ihren Eltern leben können und nicht imstande sind, ihr Leben bereits selbständig zu führen. In einer kleinen überschaubaren Gruppe bietet sich ein Lernfeld für den Erwerb von Lebenstechniken, für das Erlernen von sozialen Verhaltensweisen und Regeln sowie für die Auseinandersetzung mit sich selbst. Voraussetzung ist eine begleitende Betreuung und Beratung von Sozialtherapeuten, wobei Problemgruppen, z. B. Abhängige, zusammenzufassen sind; hierbei kann die Koedukation hilfreich sein (s. § 90 Rn. 7; §§ 91, 92 Rn. 4). Auch hier ist die Finanzierung vorher sicherzustellen (s. Rn. 29).

3. eine Ausbildungs- oder Arbeitsstelle anzunehmen

Diese Weisung ist mit Rücksicht auf die Freiheit, Beruf, Arbeitsplatz und Ausbildungsstätte frei zu wählen (Art. 12 Abs. 1 GG), nur in der Weise erlaubt, daß zu einer – sofortigen – **Aufnahme einer nicht näher bestimmten Ausbildungs- oder Arbeitsstelle** angewiesen wird. Allerdings ist es zulässig, zu einer sozialversicherungspflichtigen Arbeit zu verpflichten (h. M., s. auch *BVerfG* NStZ 1981, 21, und NJW 1983, 442). Dies heißt konsequenterweise auch, daß nicht die Beendigung einer Ausbildung angeordnet werden darf. Ebenso darf nicht angeordnet werden, eine aufgenommene Ausbildung oder Arbeit beizubehalten oder nur mit Zustimmung des Gerichts zu wechseln (wie hier *Schaffstein/Beulke* § 15 II. 1.; *Diemer* in: *D/S/S*, § 10 Rn. 31, *Brodkorb* Verfassungsrechtliche Grenzen bei der Erteilung von Erziehungsmaßregeln und Zuchtmitteln gegenüber Jugendlichen und Heranwachsenden, 1998, S. 497). Daher sind nähere Weisungen nur in Absprache mit den Erziehungsberechtigten und bzw. oder dem/der Verurteilten zulässig (noch weiter im Hinblick auf das

Erziehungsrecht einschr. *Kremer* Der Einfluß des Elternrechts aus Art. 6 Abs. 2, 3 GG auf die Rechtmäßigkeit der Maßnahmen des JGG, 1984, S. 87 ff.). Angesichts des Mangels an Ausbildungsplätzen und angesichts der Jugendarbeitslosigkeit erscheint heute diese Weisung realitätsfern. Viele wären dankbar, wenn ihnen per Gerichtsbeschluß Ausbildung und Arbeit vermittelt würden. So bleibt eigentlich nur die Weisung, sich beim Arbeitsamt zu melden und die möglicherweise angebotenen Vorstellungstermine einzuhalten (s. bereits *Brunner/Dölling* § 10 Rn. 8 a).

4. Arbeitsleistungen zu erbringen

12 Arbeitsleistungen als Erziehungsmaßregel dürfen nur i. S. einer positiven Individualprävention (s. Rn. 4) angeordnet werden, d. h., nur eine positive Beeinflussung zur Befolgung der strafrechtlichen Verhaltensanweisungen **durch Arbeit** darf angestrebt werden. Eine Anleitung **zur Arbeit** dürfte nur dann bezweckt werden, wenn in der negativen Arbeitsauffassung eine Kriminalitätsursache gefunden würde. Eine solche unmittelbare Verursachung wird sich aber nur schwer nachweisen lassen (s. *Albrecht* KrimJ 1984, S. 218 ff.). Zudem verlangt eine solche Einübung ein anderes Verfahren als eine kurzfristige, stundenweise Beschäftigung. Vermutlich wird mehr abgeschreckt als angeleitet, da hier Arbeiten verlangt werden, die entweder sehr abwertend eingeschätzt werden (Reinigungsarbeiten) oder bei denen so erhebliche Anforderungen gestellt werden (soziale Dienste), daß sie der Normalbürger auf ein besonderes Fachpersonal abschiebt (s. auch *Mrozynsky* Jugendhilfe und Jugendstrafrecht, S. 166). Die Auffassung der Obergerichte, wonach mit der Arbeitsweisung grundsätzlich nur die Einstellung zur Arbeit beeinflußt werden darf (*KG* JR 1965, 29 m. zust. Anm. von *Lackner*; *BGH* bei *Dallinger* MDR 1976, 634; *BayObLG* StV 1984, 254; *OLG Karlsruhe* Justiz 1988, 488; ebenso *Dallinger/Lackner* § 10 Rn. 9), ist somit zu eng, die untergerichtliche Praxis, die häufig hiermit auch eine Ahndung i. S. einer bloßen Interesseneinbuße mit einer individuellen Abschreckung vor einer Wiederholung bezweckt, zu weit. Soweit mit einer Ausdehnung der »Arbeitsauflage« – der falsche Wortgebrauch ist bezeichnend – der schwerwiegendere Eingriff des Arrestes sowie eine bloß »büßende« Geldzahlungsauflage zurückgedrängt werden sollen (s. *Pfeiffer* BewH, 1980, 58 ff.; *ders.* Kriminalprävention im Jugendgerichtsverfahren, 1983, S. 141 ff.), sind dies kriminalpolitisch lobenswerte Absichten. Jedoch ist die Arbeitsweisung nur teilweise der richtige Ersatz. Die Arbeitsweisung darf somit nicht allgemein zum sozialen Lernen eingesetzt werden, sondern nur, um Sozialisationsdefizite, die sich in der Tat gezeigt haben, auszugleichen (zur Ausgestaltung sozialpädagogischer Arbeitsleistungen s. *Meißner* DVJJ-Journal 1996, 370). »Der Schläger«, der Unfallverursacher kann mit der Arbeit auf der Krankenstation die negativen sozialen Folgen seines Handelns erfahren. Soweit ein Bedürfnis

Erstes Hauptstück. Verfehlungen Jugendlicher und ihre Folgen § 10

des/der Verurteilten zu einer Sühneleistung besteht und eine Schadenswiedergutmachung nicht in Betracht kommt, läßt sich eine Arbeitsleistung auch als konstruktive Verarbeitung von Schuld begründen (s. *Adam* in: Neue ambulante Maßnahmen nach dem Jugendgerichtsgesetz, hrsg. vom *Bundesministerium der Justiz*, 1986, S. 96); allerdings darf ein von außen herangetragenes Vergeltungsstreben nicht zu einem Täterbedürfnis umdefiniert werden. Zu unbestimmt wird aber das Präventionsziel, wenn in der Arbeit generell eine »sozial nützliche Leistung« gesehen wird, bei der sich der/die Verurteilte »auf ein Stück Realität der Erwachsenenwelt aktiv einläßt« und wobei eine Chance geboten wird, »den individuellen Reifungsprozeß zu stützen und zu fördern« (so *Maier* und *Pfeiffer* in einer Stellungnahme der DVJJ, S. 10; *Pfeiffer* Kriminalprävention im Jugendgerichtsverfahren, 1983, S. 154; *Brunner/Dölling* § 10 Rn. 9 a). Wenn hierin »ein gewisses Erfolgs-«, ein Gemeinschafts- und oft weiterführendes Kontakterlebnis« gesehen wird (so *Brunner/Dölling* § 10 Rn. 9 b), so wird damit nicht nur die regelmäßige Praxis verkannt, sondern auch die **Arbeit einseitig und heroisierend** betrachtet, da die Mühsal der Arbeit und die zeitliche Inpflichtnahme übergangen werden. Unbeachtet bleibt auch die psychische Belastung für den/die Verurteilte(n), wenn er/sie zu einer Arbeitsstelle in dem Wissen gehen muß, daß die ihm/ihr hier gegenübertretenden Personen von der Verurteilung und der dieser zugrundeliegenden Tat Kenntnis haben und man dementsprechend eingeschätzt wird. Wenn in den Parkanlagen unter den Augen der Öffentlichkeit Laub geharkt werden muß, so erfolgt hier primär eine negative Ausgrenzung, die schon demütigenden Charakter annimmt. Die Durchführung von Arbeitweisungen wie von Arbeitsauflagen verlangt eine fachliche Organisation, um so positiv auf den Verurteilten einwirken zu können. Mit der gesetzgeberischen Zielsetzung ist auch unvereinbar, wenn die Arbeitsleistungen den Jugendlichen hinsichtlich der Dauer überfordern (s. auch *D. Meyer* und *Adam* in: Neue ambulante Maßnahmen nach dem Jugendgerichtsgesetz, hrsg. vom *Bundesministerium der Justiz*, 1986, S. 88 bzw. S. 96; zur anderen Praxis s. Rn. 7; zur Höchstgrenze s. § 11 Rn. 3). Zudem stellt sich bei so hohen Arbeitsweisungen die Frage nach der Angemessenheit (s. Rn. 7; zu rechtspolitischen Forderungen s. Grdl. z. §§ 9-12 Rn. 6).

Darüber hinaus können gegen die Arbeitsweisung mit Rücksicht auf Art. 12 Abs. 2 und Abs. 3 GG **generelle Bedenken** entwickelt werden. Unabhängig von der Abgrenzung des »Arbeitszwanges« gem. Abs. 2 und der »Zwangsarbeit« gem. Abs. 3 (s. hierzu *Pfohl* S. 150 ff.), handelt es sich hier um einen Zwang zu einer bestimmten Arbeit, die nicht »im Rahmen einer herkömmlichen, allgemeinen, für alle gleichen öffentlichen Dienstleistungspflicht« oder »bei einer gerichtlich angeordneten Freiheitsentziehung« zu leisten ist. Der Wortlaut des Art. 12 GG scheint eindeutig gegen die Zulässigkeit dieser Weisung als ambulante Sanktion zu sprechen. 13

Eine verfassungskonforme Interpretation ist deshalb schwierig. Zum Teil wird Art. 12 Abs. 3 GG eine andere historische Bedeutung zugesprochen (so *Pfohl* S. 153; a. M. *Stree* S. 184, Fn. 167). So hat auch das *BVerfG* in seiner Entscheidung vom 13. 1. 1987 zur Verfassungskonformität der Weisung, Arbeitsleistungen zu erbringen, argumentiert (*BVerfGE* 74, 102 = EzSt JGG § 10 Nr. 1 m. krit. Anm. von *Ostendorf*; zust. *Schaffstein* NStZ 1987, 502 und *Brunner* Zbl 1987, 257). Hiernach ist Art. 12 Abs. 2 und 3 GG »als Ausdruck bewußter Abkehr von Methoden, die die Person herabwürdigen und für totalitäre Herrschaftssysteme kennzeichnend sind,« zu verstehen; es ist danach die zwangsweise Heranziehung zur Arbeit untersagt, »die auch nur im Ansatz die Gefahr begründet auszuufern, mißbraucht zu werden und so in der Praxis zu einer Verletzung der Menschenwürde führen könnte.« Eine solche Gefahr sieht das Gericht nicht (bestätigt durch *BVerfGE* 83, 119 – hier ausgesprochen für die Auferlegung gemeinnütziger Leistungen gem. § 56 b Abs. 2 Nr. 3 StGB; trotz Kritik zust. *Brodkorb* Verfassungsrechtliche Grenzen bei der Erteilung von Erziehungsmaßregeln und Zuchtmitteln gegenüber Jugendlichen und Heranwachsenden, 1998, S. 450). Die historische Interpretation vermag jedoch den strengeren Wortlaut der Verfassungsbestimmung nicht überzeugend zu korrigieren, solange nicht klare Grenzen gegen einen solchen Mißbrauch gezogen werden. Auch erscheint die Schlußfolgerung, daß ein Arbeitszwang ohne Freiheitsentzug zulässig sein müsse, wenn dieser im Freiheitsentzug erlaubt sei (so *Pfohl* S. 151; s. auch *OLG Bremen* GA 1957, 415), nicht folgerichtig. Es erscheint durchaus sinnvoll, daß der besondere Zwang zur Arbeit erst mit dem Freiheitsentzug erlaubt sein soll. So stellt die Geldbuße regelmäßig einen geringeren Eingriff in die Rechte des Bürgers dar, mag sie als Sanktion auch wenig tauglich sein (s. § 15 Rn. 13). Ebenso ist der Lösungsweg, über das Erziehungsrecht der Eltern diese Strafsanktion zu begründen (s. *Stree* S. 199, 200), nicht überzeugend: Den Eltern fehlt eine Durchsetzungskompetenz zu gemeinnützigen Arbeitsleistungen; dem Staat, der mit der Sanktionierung in das Erziehungsrecht eintritt, werden mit Art. 12 Abs. 2, 3 GG neue Grenzen gezogen. Es stellt sich auch nicht die Alternative zwischen Arbeitsweisung oder schwerwiegenderen Sanktionen in der Form des Arrestes oder gar der Jugendstrafe. Wenn in der Praxis mit einem vermehrten Angebot von Arbeitsstellen dieser Freiheitsentzug zurückgedrängt werden konnte (s. *Maier* und *Pfeiffer* in der Stellungnahme der DVJJ, S. 11), so ist damit nicht beantwortet, ob nicht auch ohne diesen Sanktionsersatz von diesen freiheitsentziehenden Sanktionen zu lassen wäre. Zudem geht es nicht darum, die Gesetzeslage an die Praxis anzugleichen, sondern umgekehrt die Praxis durch eine Gesetzesinterpretation zu beeinflussen. Gangbar erscheint nur der Weg, wie bei der Verurteilung zu einer Freiheitsstrafe, die zur Bewährung ausgesetzt wird (s. aber *Stree* in: *Schönke/Schröder* § 56 b StGB Rn. 15, 16), auch bei der Arbeitsweisung mit der gesetzlichen Möglichkeit des »Ungehorsamsarrestes« eine Wahlmöglichkeit des/der Verurteilten zu begründen. Dies ist aber nur dann möglich, wenn der »Ungehorsamsarrest« als korrigierende Ersatzsanktion begriffen wird (s. § 11 Rn. 11). Zwar ist die endgültige Entscheidung über einen Freiheitsentzug nicht getroffen, die Voraussetzungen hierfür liegen aber bereits vor. Wenn in einer solchen Situation dem/der Verurteilten die Auswahl überlassen wird zwischen Arbeit oder Freiheitsentzug, so wird ihm/ihr ein Vorzug eingeräumt, nicht ein Nachteil zugefügt. Allerdings ist es nicht möglich, in einer solchen Situation einen Zwang wegzudefinieren (s. aber *OLG Nürnberg* NJW 1959, 1452: »Es steht dem Angeklagten ja frei, wenn er sie – sc. die Bewährungsauflage – nicht erfüllen will, die Strafe zu verbüßen«); es wird jedoch eine selbständige eingriffsmildernde Entscheidung des/der Jugendlichen getroffen, die als – **nachträgliche** – **Zustimmung zu der gerichtlichen Weisung** zu werten ist (a. M. für die Bewährungsauflage im Erwachsenenstrafrecht *OLG Hamburg* NJW 1969, 1780; *Stree* Deliktsfolgen und Grundgesetz, S. 184 ff.; s. aber *Amelung* Die Einwilligung in die Beeinträchtigung eines Grundrechtsgutes, 1981, S. 109 ff.; *Schall* NStZ 1985, 108, zur Ableistung einer gemeinnützigen Arbeit zur Vermeidung der Ersatzfreiheitsstrafe gem. Art. 293 EGStGB). Pädagogisch besser erscheint allerdings die vorherige Zustimmung. Dementsprechend werden Forderungen nach Einführung der gemeinnützigen Arbeit als eigenständige Sanktion im Erwachsenenstrafrecht unter der Voraussetzung der Einwilligung des/der Verurteilten aufgestellt (s. *Schall* in: Dokumentation der 13. Bundestagung der Deutschen Bewährungshilfe, Schriftenreihe der Deutschen Bewährungshilfe, 1990, S. 370; ebenso Arbeitsgruppe 12 dieser Tagung a. a. O., S. 401; grundsätzlich ablehnend *Gerken/Henningsen* MschrKrim 1989, 222 ff.). Darüber hinaus wird das Verbot einer Zwangsarbeit verletzt, wenn arbeitslose Jugendliche zu einer Arbeitsleistung verurteilt werden, bis sie eine Anstellung gefunden haben, da hier der – verbotene – Zwangscharakter so eindeutig ist, daß er auch mit einer – unterstellten – Zustimmung nicht weggewischt werden kann.

Bei der Aufnahme der Arbeit sind die **Jugendarbeitsschutzbestimmungen** entsprechend anzuwenden (weniger verbindlich *Brunner* § 10 Rn. 9, und *Eisenberg* § 10 Rn. 20, wonach nur die Grundprinzipien zu beachten sind; *Mrozynski* Jugendhilfe und Jugendstrafrecht, S. 167, spricht hier zu Recht von einem »sozialrechtlichen Schattendasein«). **Versicherungsschutz** für einen Arbeitsunfall besteht gem. § 2 SGB VII. Der Versicherungsverband für Gemeinden und Gemeindeverbände gewährt Haftpflichtversicherungsschutz für Schäden, die von den Jugendlichen/Heranwachsenden in Durchführung der Weisung Dritten zugefügt werden. Dies gilt aber nur, wenn die Einsatzstelle ein kommunaler Träger ist. Ansonsten greift für Schäden an Dritte die jeweilige Betriebshaftpflichtversicherung ein. Für Schäden bei der Einrichtung selbst sollte von seiten der Ju- 14 gendämter/freien Träger eine Haftpflichtversicherung abgeschlossen werden (s. im einzelnen *Wimmer* DVJJ-Journal 1998, 36).

15 Ein Entgelt für die Arbeitsleistung ist bislang – soweit ersichtlich – noch nicht thematisiert worden, lediglich als Mittel für die Schadenswiedergutmachung (s. § 15 Rn. 5). Stillschweigend geht man von Unentgeltlichkeit aus, obwohl der Wortlaut offen ist. Aus pädagogischer Sicht sprechen gute Gründe (Anreiz zur Arbeit, Einübung in die tatsächliche Arbeitswelt) dafür, ein – gewisses – Entgelt zu zahlen. Selbst im Freiheitsentzug ist ein, wenn auch den Sozialstaat beschämendes Arbeitsentgelt zu entrichten (s. §§ 43, 200 StVollzG). Dem steht auch nicht das Präventionsziel entgegen, da Erziehungsmaßregeln keinen Denkzettel-Charakter haben dürfen (s. § 5 Rn. 20; Grdl. z. §§ 9-12 Rn. 4); lediglich staatsökonomische Gegenargumente können formuliert werden. Zumindest sollten freiwillige Zuwendungen von seiten der »Arbeitgeber« nicht unterbunden werden (ebenso § 1 Abs. 2 der hessischen Verordnung über die Tilgung uneinbringlicher Geldstrafen durch freie Arbeit vom 20. 8. 1981, GVBl I, 298).

5. sich der Betreuung und Aufsicht einer bestimmten Person (Betreuungshelfer) zu unterstellen

16 Die gesetzgeberische Entscheidung, diese Weisung in den ausdrücklichen Katalog aufzunehmen, macht die positive Einschätzung dieser Weisung deutlich. Als Beleg für die Tauglichkeit dieser Sanktion sei stellvertretend für viele Projekte auf den *Modellversuch zur ambulanten Betreuung junger Straffälliger im niedersächsischen Amtsgerichtsbezirk Uelzen* verwiesen, der von 1979 bis 1984 durchgeführt wurde: Es wurden nicht nur weniger Geldbußen verhängt, die Zahl der Arreststrafen ging von 96 im Jahre 1978 auf 12 im Jahre 1983, die Zahl der Jugendstrafen ohne Bewährung ging von 10 im Jahre 1978 auf 1 im Jahre 1983 zurück (Neue ambulante Maßnahmen nach § 10 JGG in Niedersachsen, hrsg. vom *Niedersächsischen Minister der Justiz*, 1985, S. 74) – entgegen dem bundesweiten Trend (s. Grdl. z. §§ 5-8 Rn. 4). Gleichzeitig sank die Zahl der Tatverdächtigen in diesem Zeitraum, auch entgegen der bundesrepublikanischen Entwicklung (s. Grdl. z. §§ 1-2 Rn. 6). Allerdings wurde bislang noch keine wissenschaftliche Vergleichsuntersuchung mit einem vergleichbaren Bezirk ohne ein entsprechendes Betreuungsangebot angestellt (s. *Busch/Hartmann/Mehlich* Soziale Trainingskurse im Rahmen des Jugendgerichtsgesetzes, 3. Aufl., S. 166 ff.). Bestätigt wird dieses Einzelergebnis durch die Vielzahl ähnlicher Nachfolgeprojekte sowie eine Befragung der hierfür eingesetzten Kursleiter (s. hierzu *Busch/Hartmann/Mehlich* Soziale Trainingskurse im Rahmen des Jugendgerichtsgesetzes, 3. Aufl., S. 95 ff. und S. 169, 170). Solange noch keine Ablösung aus dem Elternhaus erfolgt ist, sollte diese Weisung jedoch nur mit Zustimmung der Er-

ziehungsberechtigten angeordnet werden. Die Hilfe zur Erziehung gem. § 12 stellt insoweit keine Alternative dar (s. aber *Eisenberg* § 10 Rn. 28), da schon vom Wortlaut her mehr eine Hilfe für die Erziehungsberechtigten als für den/die Jugendliche(n) zu geben ist. Die Betreuungsweisung kommt gerade auch bei Auseinandersetzungen mit den Eltern bzw. Erziehungsberechtigten in Betracht. Voraussetzung für den Erfolg ist eine Vertrauensbasis. Diese wird bei einer engen Anbindung der Betreuungsperson an die Justiz, wie beim Bewährungshelfer (a. M. *Neupert* in: Junge Volljährige im Kriminalrecht, DVJJ 11 (1977), 541; s. bereits Rn. 6), aber auch bei der Jugendgerichtshilfe (insoweit nur eingeschränkte Bedenken bei *Eisenberg* § 10 Rn. 30) schwer zu erreichen sein, ganz abgesehen von der üblichen Arbeitsüberlastung dieser Personen. Dagegen verspricht eine für den/die Betroffene(n) auch erfahrbare Selbständigkeit gegenüber der Justiz in der Regel mehr Erfolg (s. *Plewig* in: Damit Erziehung nicht zur Strafe wird, hrsg. von *Müller/Otto*, 1986, S. 265). Private Einrichtungen oder auch Einzelpersonen sind daher bei entsprechender Professionalisierung in der Jugendarbeit vorzuziehen.

Die Dauer hängt vom einzelnen Probanden und der Intensität der Betreuung ab. Die Entscheidung hierüber darf nicht offenbleiben (s. § 11 Abs. 1; a. M. *Bundesarbeitsgemeinschaft für ambulante Maßnahmen nach dem Jugendrecht* in: Ambulante sozialpädagogische Maßnahmen für junge Straffällige, 2. Aufl., DVJJ 14, 29). Im Regelfall sollte ein Zeitraum von 6 Monaten genügen (wie hier *Meyer* in: Jugendstrafrechtsreform durch die Praxis, S. 207; a. M. *Schumann* (Hrsg.), Jugendarrest und/oder Betreuungsweisung, 1985, S. 175: 3 Monate); in der Praxis wird häufig ein längerer Zeitraum gewählt (s. *Pfeiffer* Kriminalprävention im Jugendgerichtsverfahren, 1983, S. 207: zwischen 6 und 12 Monate; *Heinz/Huber* DVJJ 14, 49: zwischen 9 und 12 Monaten; Jahresbericht der »Brücke Kiel« 1998: 4,5 Monate). Gem. § 11 Abs. 1 S. 2 n. F. soll die Laufzeit nicht mehr als 1 Jahr betragen.

Die Arbeit im einzelnen ist von der Ausbildung der Betreuungsperson und von den Bedürfnissen des Betreuten abhängig. Hierbei darf die Betreuungsperson nur beraten und anregen, keine Anordnungen treffen. In der Gesetzesbegründung heißt es hierzu: »Die für die Betreuungsweisung vorgeschlagene Formulierung orientiert sich zwar an der für die Bewährungshilfe geltenden Regelung des § 24 Abs. 1 S. 1 JGG, verzichtet jedoch auf das Element der »Leitung« und stellt den mehr pädagogischen Begriff der Betreuung in den Vordergrund, um zu verdeutlichen, daß der Jugendliche zwar wegweisende Hilfe erwarten kann, zugleich aber den Freiraum behält, der für seine Entwicklung zur Selbständigkeit erforderlich ist. Bestandteil der Betreuungsweisung ist allerdings auch – wenn auch nachrangig – das Element der Aufsicht« (BT-Drucks. 11/5829, S. 16). Auch sollte nicht vorschnell mit dem »Ungehorsamsarrest« gedroht werden (strikt gegen die Erzwingung einer Betreuung durch Arrest *Meyer* in: Jugendstrafrechtsreform durch die Praxis, 1989, S. 205; ebenso *Brodkorb* Verfassungsrechtliche Grenzen bei der Erteilung von Erziehungsmaßregeln und Zuchtmitteln gegenüber Jugendlichen und Heranwachsenden, 1998, S. 551 Fn. 3432). Eine Motivation sollte auf andere, pädagogische Art angestrebt werden (ebenso *Busch/Hartmann/Mehlich* Soziale Trainingskurse im Rahmen des Jugendgerichtsgesetzes, 3. Aufl., S. 193); ggf. kommt auch eine Weisungsänderung in Betracht (s. § 11 Rn. 18; für einen gänzlichen Verzicht *Schumann* (Hrsg.), Jugendarrest und/oder Betreuungsweisung, 1985, S. 175). Rückschläge müssen einkalkuliert werden. Der Verzicht auf eine strenge richterliche Kontrolle hat sich in der Praxis als hilfreich herausgestellt (s. *Schaar* Zbl 1987, 20). Allein der Kontakt und das Angebot zur Hilfe wirken sich oft schon stabilisierend aus. Hilfe heißt hier häufig zunächst soziale Hilfe, wobei die Behördengänge mitzugehen sind und die Rechtsdurchsetzung eingeübt werden muß.

Hinsichtlich der Bestimmung des Betreuungshelfers gilt, daß der/die Betreuer/in möglichst in der Hauptverhandlung bekannt werden sollte, und zwar – soweit die Person dem/der Angeklagten bereits bekannt ist – mit seiner/ihrer Zustimmung. Allerdings ist es auch erlaubt, die Betreuungsperson erst später durch die Jugendgerichtshilfe bestimmen zu lassen (ebenso die Begründung zum Entwurf des 1. JGGÄndG, BT-Drucks. 11/5829, S. 16; Bedenken bei *Albrecht* § 20 II. 4. a]); allerdings darf nicht das Jugendamt oder die Jugendgerichtshilfe als solche eingesetzt werden, da damit die Gefahr eines Wechsels in der Betreuungsperson begründet würde. Dem steht nicht entgegen, daß gem. § 38 Abs. 2 S. 7 n. F. die Vertreter der Jugendgerichtshilfe Betreuungsweisungen durchzuführen haben, wenn keine andere Person damit vom Gericht betraut wird; auch dann ist durch einen Organisationsakt innerhalb der Jugendgerichtshilfe eine bestimmte Person mit der Aufgabe zu beauftragen (s. auch § 38 Rn. 19). Erst recht scheidet der Bewährungshelfer aus, da er für ein anderes Aufgabenfeld reserviert ist (s. *Ostendorf* NStZ 1999, 516). Die Bereitschaft, die Betreuung anzunehmen, wird regelmäßig nicht geweckt, eher verschüttet, wenn in Kombination Jugendarrest angeordnet wird (was in der Praxis allerdings häufiger geschieht: So wurde bei der »Brücke Kiel« im Jahre 1998 bei 72 Betreuungsweisungen in 12 Fällen zusätzlich Jugendarrest angeordnet, laut Jahresbericht 1998, S. 7).

6. an einem sozialen Trainingskurs teilzunehmen

17 Soziale Trainings- oder Erziehungskurse können selbständig oder im Rahmen einer Betreuungsweisung durchgeführt werden. Mit ihnen soll gefährdeten Jugendlichen/Heranwachsenden die Sozialkompetenz vermittelt werden, ein Leben ohne Straftaten führen zu können. Mit Recht wird jedoch vor einer überhöhten Zielsetzung gewarnt (s. *Meyer* in: Ju-

gendstrafrechtsreform durch die Praxis, 1989, S. 211). In der Begründung zum 1. JGGÄndG (BT-Drucks. 11/5829, S. 16) wird betont, daß der Begriff »Sozialer Trainingskurs« nur beispielhaft als eine mögliche Form erzieherischer Gruppenarbeit zu verstehen ist. Andere Formen erzieherischer Gruppenarbeit sollen damit nicht ausgeschlossen werden. Voraussetzung für eine solche Gruppenarbeit ist die Bereitschaft zur Mitarbeit. Diese ist vor der Urteilsverkündung beim Angeklagten abzufragen. Da der soziale Trainingskurs eine intensive Inanspruchnahme bedeutet, scheidet er bei Bagatellen aus. Er ist umgekehrt in der Praxis gerade als Ersatz für Arrestmaßnahmen konzipiert worden. Im einzelnen können zu einer Vielzahl von Problemlagen unterschiedliche Kurse angeboten werden (s. *Busch/Hartmann/Mehlich* Soziale Trainingskurse im Rahmen des Jugendgerichtsgesetzes, 3. Aufl.; *Plank* Kriminalpädagogische Praxis 1983, Heft 16, S. 23; *Reinecke/Fuchs* RdJB 1983, 359; zur Beschreibung und positiven Bewertung eines sozialen Trainingskurses s. *Homfeldt/Kahl* Zbl 1987, 575 ff.; kritisch *Frehsee* MschrKrim 1988, 281 ff.; s. auch Grdl. zu den §§ 9-12 Rn. 6). Es werden hierbei folgende Kurstypen unterschieden (s. *Busch* in: Neue ambulante Maßnahmen nach dem Jugendgerichtsgesetz, hrsg. vom *Bundesministerium der Justiz*, 1986, S. 16):
- Wochenendkurse (ein oder mehrere Wochenenden in entsprechenden Tagungsstätten),
- Blockkurse (über mehrere Tage oder Wochen, meist erlebnisorientiert, z. B. Segeltörns, Gebirgswanderungen, Ferienlager),
- Dauerkurse (kontinuierlich über mehrere Monate an Wochenenden und/oder in der Woche),
- kombinierte Kurse (in Verbindung mit anderen Sanktionen, z. B. zur Aufarbeitung von Arbeitsauflagen, im Rahmen des Arrestes oder der Jugendstrafe).

Die Erfolgsquote wird gerade auch bei sozial belasteten Wiederholungs- und Intensivtätern (nach einer qualitativen Analyse 63 %) als positiv beurteilt (*Kraus/Rolinski* MschrKrim 1992, 32 ff.). Eine vergleichende Erfolgskontrolle von sozialem Trainingskurs und Arrest ergab eine signifikant geringe Rückfallquote für Teilnehmer des sozialen Trainingskurses, obwohl diese höher deliktsspezifisch vorbelastet waren (*Wellhöfer* MschrKrim 1995, 42 ff.). Speziell soll hier auf Drogenseminare hingewiesen werden, in denen über die gesundheitlichen Risiken, über Gefahren der sozialen Verelendung, über soziale Hilfen und Strafbedrohungen informiert wird, zugleich Selbstreflexion geübt und die Erfahrung von Mitbetroffenheit vieler vermittelt wird (s. *Schaar* Zbl 1985, 118). Eine solche Weisung verspricht mehr Erfolg als die, den formalen Gang zur Drogenberatungsstelle zu gehen. Obwohl bei pädagogischen Maßnahmen eine quantitative Verrechnung mit der Tatschuld kaum möglich erscheint, ist eine zeitliche Begrenzung im Hinblick auf § 11 Abs. 1 geboten, um einer Überbetreuung entgegenzuwirken und um dem Verhältnismäßigkeitsprinzip Genüge zu tun. Die in § 11 Abs. 1 S. 2 formulierte Zeitdauer von 6 Monaten hat als Höchstgrenze zu gelten, wobei im Wiederholungsfall aber durchaus ein früherer Trainingskurs fortgesetzt werden kann (ebenso *Busch/Hartmann/Mehlich* Soziale Trainingskurse im Rahmen des Jugendgerichtsgesetzes, 3. Aufl., S. 187). Drogenseminare sind nicht nur für Abhängige illegaler Drogen anzubieten, sondern auch für Abhängige legaler Drogen, insbesondere von Alkohol. Die kriminogene Wirkung dieser Droge wird häufig unterschätzt.

17a Als sozialer Trainingskurs kommt auch die Teilnahme an einem Kurs von German Mills in Betracht. German Mills bietet gruppenpädagogische Intensivkurse für Mehrfachauffällige im Alter von 15 bis 17 Jahren gerade auch aus dem Bereich der Gewaltkriminalität an, die über einen Zeitraum von 6 bis 12 Monaten an den Glen Mills Schools (bei Philadelphia/USA) durchgeführt werden. Auch wenn eine externe Evaluation noch aussteht, wird von guten Erfolgen berichtet (s. *Ferrainola* und *Guder* DVJJ-Journal 1999, 321 ff., 324 ff.; Kontaktadresse: German Mills, Hindenburgstr. 45, 21335 Lüneburg). Vor der Entscheidung ist aber das Einvernehmen des Jugendlichen, seiner gesetzlichen Vertreter sowie – wegen der Kosten (pro Tag 300,-- DM) – des Jugendamtes herzustellen.

7. sich zu bemühen, einen Ausgleich mit dem Verletzten zu erreichen (Täter-Opfer-Ausgleich)

18 Mit dem 1. JGGÄndG ist der Täter-Opfer-Ausgleich neben der Auflage zur Schadenswiedergutmachung als ausdrückliche Weisung in den Katalog mitaufgenommen. Es gelten im wesentlichen die Voraussetzungen des § 15 Abs. 1 S. 1 Nr. 1 (s. § 15 Rn. 2-10), wobei hier aber der persönliche Ausgleich gemeint ist, d. h. auch, daß ein persönliches oder personifiziertes Opfer (keine Versicherungsgesellschaft, kein Kaufhaus) vorliegen muß. Abweichend vom materiellen Schadensausgleich erfaßt der Täter-Opfer-Ausgleich auch und gerade den immateriellen Ausgleich, d. h. die Entschuldigung, die Versöhnung. Auch ist die Weisung auf **das Bemühen zum Täter-Opfer-Ausgleich** begrenzt. Ein Erfolg i. S. eines abschließenden Ausgleiches wird somit nicht erwartet. Damit werden auch die Fälle erfaßt, in denen das Opfer weitergehende Forderungen stellt oder sich gänzlich einem Ausgleich verweigert. In solchen Situationen kann das Bemühen des Täters ausreichend sein, so daß nicht über § 11 Abs. 2 eine andere Maßnahme angeordnet werden muß. Im Hinblick auf die Schwere der Straftaten gibt es grundsätzlich keine Begrenzung. Ein nicht abschließender Deliktskatalog wurde im nordrhein-westfälischen Erlaß »Täter-Opfer-Ausgleich im Jugendstrafverfahren« aufgenommen (JMBl. NW 1995, 98). In der Begründung zum 1. JGGÄndG heißt es ausdrücklich: »Wenn auch in aller Regel Straftaten, die jenseits der leichten, mittleren

und mittelschweren Kriminalität liegen, für einen Täter-Opfer-Ausgleich ausscheiden dürften, hängen doch die Konfliktschlichtungsmöglichkeiten derart eng mit den individuellen Fallkonstellationen zusammen, daß sich die Abgrenzung Vergehen/Verbrechen für eine Orientierung ebensowenig eignet wie die Unterteilung nach bestimmten Deliktsgruppen« (BT-Drucks. 11/5829, S. 17). Hiermit sowie mit der gleichzeitigen Formulierung des Täter-Opfer-Ausgleichs als Diversionsgrund gem. § 45 Abs. 2 macht der Gesetzgeber seine positive Einschätzung dieser Sanktionsart deutlich. Damit wird vielfachen Forderungen aus der Wissenschaft, die in verschiedenen Modellprojekten Bestätigung gefunden haben, entsprochen (s. *Schreckling* Bestandsaufnahmen zur Praxis des Täter-Opfer-Ausgleichs in der Bundesrepublik Deutschland, hrsg. v. Bundesministerium der Justiz, 1991). Hierbei scheiden auf der einen Seite Bagatellen regelmäßig aus, auf der anderen Seite sind auch Verbrechen – im Unterschied zu § 153 a StPO – nicht ausgenommen wie z. B. der Handtaschenraub (s. aber § 1 Rn. 10). Allerdings kommt gerade im Hinblick auf die geforderte Freiwilligkeit und anzustrebende Eigeninitiative dem Täter-Opfer-Ausgleich in Anwendung des § 45 Abs. 2 Vorrang zu (s. § 45 Rn. 13).

8. den Verkehr mit bestimmten Personen oder den Besuch von Gast- oder Vergnügungsstätten zu unterlassen

Da sich Gruppen immer aus Einzelpersonen zusammensetzen, kann ein Kontaktverbot auch zu bestimmten Gruppierungen aufgestellt werden (s. für die Weisung gem. § 24 StGB *OLG Hamburg* NJW 1964, 1814; *BGH* MDR 1978, 623); eine »Verletzung des Elternrechts« (s. *Kremer* Der Einfluß des Elternrechts aus Art. 6 Abs. 2, 3 GG auf die Rechtmäßigkeit der Maßnahmen des JGG, 1984, S. 91) wird durch die Sanktionsbefugnis gerechtfertigt. Allerdings erscheint die Weisung in der Praxis wegen der Unkontrollierbarkeit kaum geeignet (s. Rn. 3; s. auch *Brunner/Dölling* § 10 Rn. 13).

19

9. an einem Verkehrsunterricht teilzunehmen

Dieser Weisung kommt eine große praktische Bedeutung zu. Noch wichtiger als das Erlernen von Verkehrsregeln ist eine psychologische Nachschulung. Diese kommt gerade für alkoholauffällige Kraftfahrer, für »fahrende Trinker« in Betracht (*Schöch* NStZ 1991, 17; zum Modell Mainz 77 s. *Kunkel* Behandlung alkoholauffälliger Kraftfahrer, Modell »Mainz 77«, 1977; zu den vom TÜV Bayern in München durchgeführten Kursen s. *Bußmann/Gerhardt* Blutalkohol 1980, 117 ff.; zu entsprechenden Trainingskursen im Strafvollzug s. §§ 91, 92 Rn. 19). Ein Modellversuch zur Nachschulung alkoholauffälliger Ersttäter aus dem Jahre 1983 hat erheblich niedrigere Rückfälligkeiten ergeben (s. *Ostermann* in: Tätigkeitsbericht des Max-Planck-Instituts für ausländisches und internationales Straf-

20

recht, 1986, S. 57 ff.). Diese positiven Ergebnisse wurden in neueren Untersuchungen bestätigt: Im Unterschied zu einer Rückfallquote von 43,2 % bei Alkoholersttätern und 32,35 % bei Zweittätern ohne Nachschulung (*Stephan* Blutalkohol 1988, 220) lag die Rückfallquote bei Teilnehmern an Nachschulungskursen bei ca. 13 % (s. *Winkler/Jacobshagen/Nickel* Unfall- und Sicherheitsforschung – Straßenverkehr, Bundesanstalt für Straßenwesen, Heft 64, 1988, S. 31; s. auch die Auseinandersetzung zwischen *Hundhausen* Blutalkohol 1989, 349, *Utzelmann* Blutalkohol 1990, 106 und *Jensch* Blutalkohol 1990, 285; zusammenfassend *Himmelreich* DAR 1989, 5 sowie *Gontard/Janker* DAR 1992, 8). Der Gesetzgeber hat mit der Streichung der Voraussetzung »bei einer Verletzung von Verkehrsvorschriften« zusätzlich den Anwendungsbereich dieser Weisung erweitert. Allerdings muß mit der Sanktion eine Beziehung zu der Straftat hergestellt werden, so daß im Regelfall eine Verkehrsstraftat Voraussetzung ist.

IV. Allgemeine Weisungen gem. Abs. 1 S. 1

21 Neben den speziellen Weisungen gem. § 10 Abs. 1 S. 3 sind weitere, vom Richter näher zu bestimmende Weisungen zulässig. Da insoweit keine nähere Eingrenzung erfolgt ist, stellt § 10 Abs. 1 S. 1 keine Ermächtigungsgrundlage für Eingriffe in spezielle Grundrechte dar; insoweit wird der Gesetzesvorbehalt nicht ausgefüllt (s. *BVerfG* StV 1982, 68). Dies gilt erst recht für die Grundrechte, die nur aufgrund der immanenten Schranken einschränkbar sind (s. *Heinitz* JR 1965, 265). Hierbei sollten keine Selbstverständlichkeiten angeordnet werden, schon gar nicht gesetzliche Verbindlichkeiten wiederholt werden, zumal dann über § 11 Abs. 3 die Gefahr einer Doppelbestrafung begründet würde (s. aber *Eisenberg* § 10 Rn. 30). So ist der Vorschlag von *Brunner/Dölling* (§ 10 Rn. 14 c), bei einer Verurteilung zu Jugendarrest die zusätzliche Weisung zu geben, »den Arrest zu dem in der Ladung genannten Termin pünktlich unter Vorlage eines Ausweispapieres anzutreten«, als unzulässig abzulehnen (unbestimmt *Eisenberg* § 10 Rn. 34). Mag die Drohung des »Ungehorsamsarrestes« regelmäßig eine Vorführung zum Arrest erübrigen, bei einem tatsächlich vollstreckten »Ungehorsamsarrest« wird der/die Verurteilte doppelt bestraft, und zwar nur deshalb, weil er/sie nicht freiwillig zur Verbüßung der Sanktion erschienen ist. Ansonsten wird über diesen Umweg die vormals erlaubte Möglichkeit, den Jugendarrest zu verlängern (s. § 61 Abs. 2 JGG 1943; s. auch Grdl. z. §§ 86-87 Rn. 2), wieder eingeführt (zur Unzulässigkeit einer polizeilichen Vorführung und zur Zulässigkeit der Anwendung unmittelbaren Zwanges s. § 85 Rn. 3).

22 Immer ist die Lebenswelt der Jugendlichen/Heranwachsenden zu beachten (zu früheren »altväterlichen« Weisungen s. *Göbel* NJW 1954, 15; s. auch 1. Aufl. § 10 Rn. 22). Die Weisung, keine Ratenzahlungskäufe zu tä-

tigen, mag zur Lösung finanzieller Probleme sinnvoll sein; vom Richtertisch her kann aber eine solche notwendige Hilfestellung kaum geleistet werden, hierfür wäre ein Betreuer einzusetzen.

V. Weisungen gem. Abs. 2

1. Gemeinsame Voraussetzungen

Als weitere Erziehungsmaßregeln werden gem. § 10 Abs. 2 die heilerzieherische Behandlung und die Entziehungskur angeboten. Über die allgemeinen Voraussetzungen hinausgehend ist bei Jugendlichen die Zustimmung des Erziehungsberechtigten und des gesetzlichen Vertreters zwingend erforderlich. Zusätzlich **sollen** diese Erziehungsmaßregeln gem. Abs. 2 S. 2 nur mit Einverständnis des über 16 Jahre alten Jugendlichen angeordnet werden, abweichend von dem Zustimmungs**erfordernis** gem. § 57 Abs. 3 S. 2. Bei Heranwachsenden ist für die heilerzieherische Behandlung das Einverständnis rechtlich gefordert, da bei dieser Sanktion die Erziehung dominiert, Erziehung bei Heranwachsenden aber nicht staatlicherseits verordnet werden darf (s. *BVerfGE* 22, 180; s. auch Grdl. z. §§ 105-106 Rn. 4). Im Erfolgsinteresse sollte versucht werden, die Zustimmung auch schon bei Jüngeren zu erhalten (ebenso *Eisenberg* § 10 Rn. 37; s. auch Rn. 8). Insbesondere für eine heilerzieherische Behandlung und speziell für eine psychotherapeutische Behandlung ist Freiwilligkeit unabdingbare Voraussetzung. Durchsetzbar sind diese Weisungen letztlich gegen den Willen des/der Verurteilten nicht; der »Ungehorsamsarrest« vermag hier allenfalls zu drohen. Bei Heranwachsenden verdichtet sich die Soll-Vorschrift zu einer Muß-Vorschrift, da hier das Zustimmungserfordernis der Erziehungsberechtigten wegfällt. Schon vor der Anordnung der heilerzieherischen Behandlung durch einen Sachverständigen sollte ein Sachverständiger gehört werden, da regelmäßig nur dieser über die Notwendigkeit und Geeignetheit befinden kann (s. *Engstler* Die heilerzieherische Behandlung gemäß § 10 Abs. 2 Jugendgerichtsgesetz in der jugendstrafrechtlichen Praxis, 1985, S. 57 ff.). In einem ersten Kontaktgespräch mit dem/der Jugendlichen kann die von den Therapeuten geforderte Bereitschaft (»Leidensdruck«) ausfindig gemacht bzw. begründet werden. Gefahren der vorzeitigen Festlegung der Art und Weise der Behandlung bzw. der Entziehungskur sind nicht zu leugnen, auch kann ein Eigeninteresse bestimmend werden; diese Gefahren sind aber geringer einzuschätzen als die Nachteile aufgrund einer unwissenden Entscheidung (s. auch RL Nr. 9 zu § 10; Bedenken bei *Eisenberg* § 10 Rn. 38). 23

Problematisch für die Anwendung dieser Erziehungsmaßregel ist weiterhin die notwendige Prüfung des § 3. Soweit ein Anlaß für diese Weisungen besteht, sind umgekehrt bereits Zweifel an der Verantwortlichkeit an- 24 gebracht. Umgehen läßt sich dieses Problem nur dadurch (für eine Anwendbarkeit unabhängig von der Verantwortlichkeit gem. § 3 bzw. auch bei Vorliegen des § 20 StGB aber *Albrecht* § 21 A., »insbesondere um eine Einweisung in den Maßregelvollzug zu vermeiden«; *Bernsmann* in: Grundfragen des Jugendkriminalrechts und seiner Neuregelung, 1992, S. 214; zum Ausschluß des Maßregelvollzugs bei Verneinung der Verantwortlichkeit gem. § 3 und verminderter Zurechnungsfähigkeit gem. § 21 StGB s. § 3 Rn. 4 bzw. zum Vorrang der Maßnahmen gem. § 3 S. 2 bei Ausschluß der Zurechnungsfähigkeit gem. § 20 StGB s. § 3 Rn. 3), daß das Verfahren vorläufig eingestellt wird und eine Erziehungsmaßregel zur »freiwilligen« Befolgung unter Mithilfe des Jugendamtes angeregt wird. Dann sind aber die Kosten – auch bei endgültiger Einstellung – keine notwendigen Auslagen. Auch kann sich das Verfahren hierdurch unangemessen hinauszögern. Der »gradlinigere« Weg ist die Einschaltung des Familien- bzw. Vormundschaftsrichters vor der Hauptverhandlung, dem die Anwendung dieser Maßnahme überlassen wird, wonach das Strafverfahren gem. den §§ 47 Abs. 1 Nr. 2, 45 Abs. 2 eingestellt werden kann (s. auch *Eisenberg* § 10 Rn. 43). Allerdings wird damit, d. h. mit der Einschaltung einer weiteren Instanz, der Stigmatisierungseffekt vergrößert.

2. Heilerzieherische Behandlung

25 Für eine heilerzieherische Behandlung kommen nicht nur Heilpädagogen im engeren Sinne in Betracht, sondern alle Behandlungsberufe; so können die Gesprächs-, die Verhaltens- und die analytische Psychotherapie zur Überwindung von kriminellen Verhaltensstörungen angewendet werden. Die Durchführung kann stationär oder ambulant, in Gruppen oder einzeln erfolgen, wobei der ambulanten Therapie wegen der geringeren Interesseneinbuße Vorrang einzuräumen ist. Bei der Therapie ist regelmäßig das Umfeld, insbesondere sind die Eltern und Geschwister, Freundin bzw. Freund – auf freiwilliger Basis – miteinzubeziehen. Hierbei können konkrete Lebenshilfen durch den Therapeuten in der Schule, am Arbeitsplatz, zur finanziellen Sicherung eine Vertrauensbasis schaffen (zu den unterschiedlichen Methoden der Psychotherapie s. *Engstler* Die heilerzieherische Behandlung gemäß § 10 Absatz 2 Jugendgerichtsgesetz in der jugendstrafrechtlichen Praxis, 1985, S. 25 ff.).

26 Anlaßtaten für eine heilerzieherische Behandlung sind häufig übersteigerte Aggressionstaten aus »nichtigem« Grund, Sexualdelikte (nach der Untersuchung von *Engstler* a. a. O. S. 236 war die Tathandlung in 42,9 % der Fälle sexuell motiviert) oder Brandstiftungen. Die in dem Delikt sich zeigenden Verhaltensstörungen können im psychischen oder physisch-geistigen Bereich ihren Ursprung haben, wobei sich hier häufig Entwicklungen aus der Kindheit und einer – damaligen – Auffälligkeit (Stottern,

Einnässen, Einkoten) zeigen (sehr weit die Empfehlungen der *DVJJ* und der *DV für Kinder- und Jugendpsychiatrie* vom 14./15. 7. 1972, MschrKrim 1972, 381). Soweit die heilerzieherische Behandlung angeordnet wird (zur Praxis s. Grdl. z. §§ 9-12 Rn. 5), werden »beachtliche Behandlungsresultate« festgestellt (s. zusammenfassend *Engstler* Die heilerzieherische Behandlung gemäß § 10 Absatz 2 Jugendgerichtsgesetz in der jugendstrafrechtlichen Praxis, S. 38 ff., S. 230; *Böllinger* Psychoanalyse und die Behandlung von Delinquenten, 1978, S. 38 ff., S. 235).

3. Entziehungskur

Die Entziehungskur gilt es abzugrenzen von der Maßregel »Unterbringung in einer Entziehungsanstalt« (§ 61 Nr. 2 StGB). Sie kommt somit »vorab« in Betracht, ohne jedoch schon bei einer Gefährdung indiziert zu sein (a. M. *Eisenberg* § 10 Rn. 62). Bei dem gesellschaftlichen Stellenwert der Droge Alkohol ist eine Vielzahl gefährdet; die Alkoholdelikte im Straßenverkehr beweisen dies. Nach neueren Untersuchungen ist allerdings die alkoholbedingte Delinquenz Jugendlicher und Heranwachsender rückläufig (*Lutz/Sauer* Blutalkohol 1991, 16). Für Personen, bei denen sich die Drogengefährdung zu einer kriminellen Gefährlichkeit auswirkt, kommen soziale Trainingskurse gegen Drogenabhängigkeit in Betracht (s. Rn. 17). Umgekehrt fehlt häufig den Abhängigen die Motivation (s. *Brunner/Dölling* § 10 Rn. 19), da sie glauben, ihre Lebenssituation am ehesten mit den Drogen meistern zu können. Trotzdem kann richterlicherseits ein Anstoß gegeben werden, insbesondere zu der Mitarbeit in einer selbsthelfenden Wohngemeinschaft. Die anschließende Gruppenkontrolle kann einen Teil der zunächst fehlenden Motivation ersetzen. **Rückfälle müssen mit einkalkuliert werden**. Wo diese aber vorauszusehen sind, scheidet die nicht durchsetzbare Entziehungskur aus: Der Abbruch bedeutet nicht nur für den Betroffenen eine »Schlappe«, sondern ist auch häufig ein Grund für rigidere Zwangsmaßnahmen. Soweit keine stationäre Therapie angeordnet wird, ist insbesondere die Einbeziehung des Umfeldes Erfolgsvoraussetzung. Auch die Eltern müssen zur Mitarbeit gewonnen werden (s. *Eisenberg* § 10 Rn. 68). Im einzelnen muß sich die Strafjustiz über die angebotene Palette der Drogenhilfe-Einrichtungen kundig machen. Es sei hier hingewiesen auf die Deutsche Hauptstelle gegen Suchtgefahren, Westring 2, 59065 Hamm, auf Anonyme Alkoholiker (AA), Interessengemeinschaft e.V., Ingolstädter Straße 68 a, 80939 München, sowie auf die Nationale Kontakt- und Informationsstelle zur Anregung und Unterstützung von Selbsthilfegruppen (NAKOS), Albrecht-Achilles-Straße 65, 10709 Berlin.

VI. Durchführung

28 Die Durchführung der Weisungen obliegt der Jugendgerichtshilfe gem. § 38 Abs. 2 S. 5 (s. § 38 Rn. 19), wobei der Jugendrichter aber Vollstreckungsleiter ist (§ 82 Abs. 1 S. 1). Dementsprechend ist sie vor der Anordnung von Weisungen stets zu hören (§ 38 Abs. 3 S. 3). Ersatzweise kann auch ein Bewährungshelfer berufen werden (s. aber Rn. 6). Daneben können nur private Vereinigungen für Jugendhilfe eingesetzt werden, die gem. § 38 Abs. 1 im Zusammenwirken mit den Jugendämtern die Jugendgerichtshilfe ausüben. Die Einschaltung von Privatpersonen erscheint bei dem eindeutigen Wortlaut nicht zulässig (a. M. *Brunner/Dölling* § 10 Rn. 21; *Eisenberg* § 10 Rn. 71; wie hier *Diemer* in: *D/S/S* § 10 Rn. 56), zusätzlich unzweckmäßig, da dann die offizielle Jugendbetreuungsstelle, das Jugendamt, ausgeschaltet wird. Deshalb sollte auch bei der Betreuung durch eine private Vereinigung oder durch einen Bewährungshelfer das Jugendamt über den Verlauf der Weisung informiert werden. Soweit eine Einzelperson im Wege der Betreuungsweisung beauftragt wird, ist auch insoweit eine Zusammenarbeit mit dem Jugendamt erforderlich; letztlich hat das Jugendamt die Kontrolle auszuüben.

Bei der Durchführung im einzelnen ist darauf zu achten, daß dem/der Verurteilten – soweit wie möglich – ein **Mitspracherecht** eingeräumt wird. So sollte die Durchführung der Betreuungsweisung im einzelnen besprochen und verabredet werden. Über das Wann und Wo einer Arbeitsleistung sollte ebenfalls ein Einvernehmen erzielt werden.

VII. Kosten

29 In der Praxis scheitert die Durchführung der »Neuen ambulanten Maßnahmen« häufig an einem mangelnden Angebot durch Jugendämter und freie Träger. Hierfür wiederum sind häufig die Kosten entscheidend, d. h., die Durchführung von Weisungen scheitert am fehlenden Geld. Nicht selten wird ein Zuständigkeitsstreit zwischen Justiz und kommunalen Jugendämtern geführt – zu Lasten der betroffenen Jugendlichen und Heranwachsenden. Formal werden die Kosten aufgrund richterlicher Anordnung verursacht, so daß zunächst von justitiellen Kosten auszugehen ist. Inhaltlich werden aber häufig lediglich gesetzliche, d. h. durch die §§ 27 ff. KJHG aufgestellte Verpflichtungen der Jugendämter konkretisiert, so daß auch von kommunalen Kosten gesprochen werden kann. In Betracht kommt schließlich auch eine Kostentragungspflicht für den Verurteilten/die Verurteilte gem. § 465 Abs. 1 StPO. Hiergegen wird von der h. M. eingewandt, daß Vollstreckungskosten nur dann entstehen, wenn Sanktionen auch vollstreckt werden können, d. h. erzwingbar sind (s. *Brunner/Dölling* § 10 Rn. 22; *Eisenberg* § 10 Rn. 81; *Hilger* in: *Löwe/Rosenberg* § 465 StPO Rn. 11; s. auch RL Nr. 5 zu § 74). Allerdings steht der sogen.

Ungehorsamsarrest im Hintergrund. Da nach der hier vertretenen Auffassung dieser die zugrunde liegende Weisung aber ersatzweise korrigiert (s. § 11 Rn. 11), ist in der Tat die ursprüngliche Weisung nicht mit Zwang durchsetzbar, so daß auch nicht Vollstreckungskosten im Sinne des § 464 a Abs. 1 StPO entstehen. Es können aber mit der Weisung notwendige Auslagen des Verurteilten verbunden sein; diese sind gem. § 464 a Abs. 2 StPO nicht abschließend definiert. Das Verfahren ist erst mit der Vollstreckung abgeschlossen. Alles, was vom Angeklagten/von der Angeklagten notwendigerweise auszulegen ist, fällt hierunter, auch die notwendigen Ausgaben aufgrund einer Verurteilung.

Im einzelnen ist demnach zu differenzieren (z. T. abweichend von der 2. Aufl.). Soweit dem/der Verurteilten bei der Durchführung der Weisung eigene Unkosten entstehen, z. B. Fahrtkosten, hat er/sie mit der Entscheidung gem. § 465 StPO als notwendige Auslagen selbst zu tragen, es sei denn, hiervon wird gem. § 74 abgesehen (s. hierzu § 74 Rn. 2, 11). Soweit Kosten für andere entstehen, ist zu differenzieren zwischen Weisungen, die in den Aufgabenkatalog des KJHG fallen, und Weisungen, die sich als außerordentliche Leistungen der Jugendhilfe darstellen. Die Kosten von Weisungen, die in den Aufgabenkatalog des KJHG fallen, diese gesetzlich bestehenden Aufgaben nur konkretisieren, sind entsprechend den Zuständigkeits- und Kostenregeln im KJHG zu tragen, auch wenn eine ausdrückliche Kostenregelung für die Durchführung aufgrund jugendrichterlicher Anordnung nicht getroffen wurde (s. auch *Bizer* Zbl 1992, 618, 619). Nach den §§ 85 Abs. 1, 86 ff. KJHG i. V. m. § 3 Abs. 2 S. 2 KJHG ist der öffentliche Träger der Jugendhilfe – sprich Jugendamt – für die Gewährung von Leistungen zuständig. Damit haben die Jugendämter grundsätzlich auch dann die Leistungen des KJHG auf eigene Kosten zu erbringen, wenn sie vom Jugendgericht angeordnet werden. Hierzu zählen die Heimerziehung und die sonstige betreute Wohnform (§ 34 KJHG) als Weisung gem. § 10 Abs. 1 S. 3 Nr. 2, die soziale Gruppenarbeit (§ 29 KJHG) als Weisung gem. § 10 Abs. 1 S. 3 Nr. 6 (a. M. insoweit *P. Mayer* DVJJ-Journal 1/1993, S. 64; *Nothacker* Jugendstrafrecht, 2. Aufl., S. 169), die Einsetzung eines Betreuungshelfers (§ 30 KJHG) als Betreuungsweisung gem. § 10 Abs. 1 S. 3 Nr. 5 (im Ergebnis ebenso Konferenz der Justizministerinnen und -minister vom 22./23.11.1994, s. DRiZ 1995, S. 59; s. auch *H. Pfeiffer* Info Landesgruppe Baden-Württemberg in der DVJJ 1995, S. 67). Gemäß § 92 Abs. 1 KJHG haben die Träger der öffentlichen Jugendhilfe die Kosten von Jugendhilfeleistungen zu tragen, soweit nicht den betreuten Personen bzw. ihren Eltern die Aufbringung der Mittel aus ihren Einkommen und Vermögen nach Maßgabe näherer Bestimmungen zuzumuten ist. Allerdings kann das Jugendamt u. U. – teilweisen – Kostenersatz vom Verurteilten/von der Verurteilten verlangen, so daß insoweit wiederum notwendige Auslagen entstehen können. Gemäß § 91 Abs. 1 Nr. 4 c KJHG kommt eine Kostenbeteiligung für Jugendliche nur für eine Weisung

i. S. des § 34 KJHG – Heimerziehung, sonstige betreute Wohnform – in Betracht. Auch wenn gem. § 92 Abs. 3 ausdrücklich bestimmt ist, daß das Jugendamt Kostenträger bleibt, so kann ein Kostenbeitrag verlangt werden. Insoweit können in Anbetracht der heutigen Unterbringungskosten erhebliche notwendige Auslagen des/der verurteilten Jugendlichen entstehen.

Für junge Volljährige – »wer 18, aber noch nicht 27 Jahre alt ist« (§ 7 Abs. 1 Nr. 3 KJHG) – ist gem. § 91 Abs. 3 Nr. 3 bestimmt, daß auch diese zu Kosten für Hilfen in Form des Heimaufenthalts oder in einer sonstigen betreuten Wohnform herangezogen werden; weitergehende Kostentragungspflichten sind mit dem 1. Änderungsgesetz zum KJHG aufgehoben worden. Auch für verurteilte Heranwachsende können somit notwendige Auslagen entstehen, wobei das Alter zum Zeitpunkt der Leistung maßgebend ist, d. h., auch der-/diejenige, der/die zum Tatzeitpunkt Jugendlicher/Jugendliche war und dementsprechend verurteilt worden ist, kann zur Kostenbeteiligung herangezogen werden, wenn er/sie diese Leistung im Heranwachsendenalter erfährt. Eine – anteilsmäßige – Beteiligung des/der Verurteilten zu den Kosten eines Heimaufenthalts ist daher nur über § 74 abzuwehren. Dies gilt auch für Kosten, die im Zusammenhang mit anderen Weisungen entstehen, die nicht zum Aufgabenbereich des KJHG gehören. Hierzu gehören auch die Weisungen gem. § 10 Abs. 2. Zwar ist mit dem 1. ÄndG zum KJHG auch eine Eingliederungshilfe für seelisch behinderte Kinder und Jugendliche vorgesehen (§ 35 a KJHG). Diese erfaßt aber nicht die spezielle heilerzieherische Behandlung durch einen Sachverständigen. Gemäß § 40 Abs. 1 Nr. 2 a BSHG, auf den in § 35 a Abs. 1 Nr. 4 KJHG verwiesen wird, erfaßt der Aufgabenkatalog nur eine heilerzieherische Maßnahme für Kinder, die noch nicht im schulpflichtigen Alter sind. Als Kostenträger kommen insoweit aber die Krankenkassen in Betracht, soweit die Anordnung auch aus gesundheitlichen Gründen notwendig war. Dem/der Verurteilten entstehen dann keine notwendigen Auslagen. Sofern keine Kostenträger außerhalb des Strafverfahrens in Betracht kommen und man die Bezahlung eines Dritten – hier eines Sachverständigen – wie auch die Unkosten anderer Weisungen nicht als notwendige Auslagen des/der Verurteilten im Rahmen der Vollstreckung bewerten will, von denen dann gem. § 74 befreit werden kann und sollte, bleiben diese Vollstreckungskosten bei der Justiz »hängen«. Die RL zu Nr. 5 zu § 74 ist in jedem Fall falsch und damit unbeachtlich.

Immer sollte die Kostenlast vor dem Urteilsspruch geklärt werden. Ein Streit darf nicht auf dem Rücken des/der Angeklagten ausgetragen werden. Der Weg über § 43 SGB I, wonach bei einem Zuständigkeitsstreit der zuerst angegangene Leistungsträger verpflichtet wird, ist für den/die Verurteilte(n) unzumutbar (s. aber *Engstler* Die heilerzieherische Behandlung gem. § 10 Abs. 2 JGG in der jugendstrafrechtlichen Praxis, 1985, S. 149). Solange der Lösungsweg über § 74 nicht gegangen wird, ist durch eine **generelle politische Absprache** zwischen den potentiellen Kostenträgern des Landes bzw. Stadtstaates (Ministerien bzw. Behörden für Justiz, Jugend und Soziales) sowie in den Flächenländern, den kommunalen Spitzenverbänden (Landkreistag, Städtetag) die Kostenlast zu regeln. Dies ist beispielsweise in Schleswig-Holstein durch das 1. Gesetz zur Ausführung des Kinder- und Jugendhilfegesetzes (Jugendförderungsgesetz) vom 5. Februar 1992 (GVBl. für Schleswig-Holstein 1992, 158) geschehen, indem sich das Land gem. § 59 zu 34 % an den Kosten der gem. den §§ 27-41 KJHG zu erbringenden Leistungen beteiligt. Das Land Baden-Württemberg hat seit 1957 im Haushaltsplan des Justizministeriums Mittel für Weisungen gem. § 10 Abs. 2 zur Verfügung gestellt (s. die Nachweise bei *Engstler* a. a. O. S. 144). Darüber hinaus sind spezielle justitielle Aufgaben gem. § 10 wie z. B. die Einrichtung von Täter-Opfer-Ausgleichsstellen durch freie Träger aus dem Justizhaushalt finanziell zu unterstützen (s. für Schleswig-Holstein SchlHA 1989, 171). Bei ungeklärter Kostentragungspflicht kommt die Einschaltung eines Pflichtverteidigers gem. den §§ 83 Abs. 3, 68 Nr. 1 i. V. m. § 140 Abs. 2 StPO wegen der Schwierigkeit der Sach- und Rechtslage in Betracht, um eine kostenverursachende Weisung durchzusetzen. Bei gesetzwidriger Weigerung droht letztlich den Beteiligten die Strafbestimmung des § 258 a StGB wegen **Strafvollstreckungsvereitlung.**

§ 11. Laufzeit und nachträgliche Änderung von Weisungen; Folgen der Zuwiderhandlung

(1) Der Richter bestimmt die Laufzeit der Weisungen. Die Laufzeit darf zwei Jahre nicht überschreiten; sie soll bei einer Weisung nach § 10 Abs. 1 Satz 3 Nr. 5 nicht mehr als ein Jahr, bei einer Weisung nach § 10 Abs. 1 Satz 3 Nr. 6 nicht mehr als sechs Monate betragen.
(2) Der Richter kann Weisungen ändern, von ihnen befreien oder ihre Laufzeit vor Ablauf bis auf drei Jahre verlängern, wenn dies aus Gründen der Erziehung geboten ist.
(3) Kommt der Jugendliche Weisungen schuldhaft nicht nach, so kann Jugendarrest verhängt werden, wenn eine Belehrung über die Folgen schuldhafter Zuwiderhandlung erfolgt war. Hiernach verhängter Jugendarrest darf bei einer Verurteilung insgesamt die Dauer von vier Wochen nicht überschreiten. Der Richter sieht von der Vollstreckung des Jugendarrestes ab, wenn der Jugendliche nach Verhängung des Arrestes der Weisung nachkommt.

Literatur

W. *Arndt* Der Jugendarrest nach den §§ 11 Abs. 2 und 15 Abs. 3 JGG, SchlHA 1963, 114; *Dünkel* Zur Situation des Jugendarrestes in der Bundesrepublik Deutschland vor und nach der Vereinigung, DVJJ-Journal 1/1991, 23; *Emig* Die Vermeidung, DVJJ-Journal 1/1991, 51; *Eisenberg* Jugendarrest wegen schuldhafter Nichtbefolgung von Weisungen oder Auflagen, Zbl 1989, 16; *Feltes* Der Jugendarrest – Aktuelle Probleme der »kurzen Freiheitsstrafe« im Jugendstrafrecht, NStZ 1993, 105; *Frehsee* Der Ungehorsamsarrest – Repressive Antwort auf schwierige Fälle? – Wege zu seiner Vermeidung, in: Mehrfach Auffällige – mehrfach Betroffene/ Erlebnisweisen und Reaktionsformen, DVJJ 18 (1989), 314; *Hartwig* Bremens Weg der Arrestvermeidung, DVJJ-Journal 1/1991, 48; *Hellmer* Erziehung und Strafe, 1957; *Herrlinger* Hat der Arrest noch eine Zukunft?... Vielleicht doch!, DVJJ-Journal 1/1991, 156; *Hinrichs* Der Ungehorsamsarrest – Repressive Antwort auf schwierige Fälle? – Wege zu seiner Vermeidung, in: Mehrfach Auffällige – mehrfach Betroffene/ Erlebnisweisen und Reaktionsformen, DVJJ 18 (1989), 330; *Ostendorf* Wider die Verselbständigung des sog. Ungehorsamsarrestes zu einer zusätzlichen jugendgerichtlichen Sanktion, Zbl 1983, 563; *Pfeiffer/Strobl* Abschied vom Jugendarrest?, DVJJ-Journal 1/1991, 35; *Schnitzerling* Der Jugendarrest des § 11 II JGG, JZ 1956, 274; *ders.* Rechtsstaatsprinzip und Jugendrechtsprobleme, UJ 1957, 135; *Sonnen* Mindestanforderungen an einen erzieherisch ausgestalteten Jugendarrest, DVJJ-Journal 1/1991, 56; *Voss* Der Jugendarrest, SchlHA 1959, 135; *Weber* Der Ungehorsamsarrest – Repressive Antwort auf schwierige Fälle? – Wege zu seiner Vermeidung, in: Mehrfach Auffällige – mehrfach Betroffene/Erlebnisweisen und Reaktionsformen, DVJJ 18 (1989), 344; *Werlich* Der Ungehorsamsarrest, in: Jugendarrest und/oder Betreuungsweisung, hrsg. von *Schumann*, 1985, 140.

Inhaltsübersicht
                                                                    Rn.
I. Anwendungsbereich   1
II. Laufzeit   2
III. Änderung und Befreiung   4
IV. Nichterfüllung von Weisungen
   1. Rechtsnatur   8
   2. Konsequenzen   12
   3. Voraussetzungen   16

I. Anwendungsbereich

Zum Anwendungsbereich s. § 9 Rn. 1-3.   1

II. Laufzeit

Gemäß Abs. 1 S. 1 hat der Richter die Laufzeit der Weisungen festzulegen, d. h., zeitlich unbegrenzte Weisungen sind nicht zulässig. Diese Bestimmung hat bereits im Urteil zu erfolgen.   2

Für die Betreuungsweisung (»nicht mehr als 1 Jahr«) sowie für den sozialen Trainingskurs (»nicht mehr als 6 Monate«) sind dem Richter in Form einer Sollvorschrift Einzelvorgaben gemacht (zur Zweckmäßigkeit kürzerer Zeitbemessungen s. § 10 Rn. 16, 17). Als längste Dauer ist gem. Abs. 1 S. 2 eine Zeit von zwei Jahren festgesetzt, die gem. Abs. 2 in besonderen Fällen auf drei Jahre verlängert werden kann. Dies ist eine **Höchstgrenze**, die keineswegs regelmäßig erreicht werden darf. Gegen eine allzu lange Ausdehnung sprechen sowohl erzieherische als auch rechtsstaatliche Gründe. Aus erzieherischer Sicht wirkt eine zu lange Dauer demotivierend. Der Bezug zum Anlaß der Sanktionierung, zu der Straftat, geht verloren (ebenso *Brunner/Dölling* § 11 Rn. 1). Unselbständigkeit kann eine weitere negative Folge gerade auch bei der Betreuungsweisung sein. Allerdings erscheint bei dieser Weisung eine Dauer von wenigstens drei Monaten Voraussetzung. Aus rechtsstaatlicher Sicht verbietet das Verhältnismäßigkeitsprinzip ein Übermaß, ohne daß hieraus positiv eine allein richtige Entscheidung abgeleitet werden kann. Hinweise für eine Konkretisierung gibt aber Abs. 3, wenn hiernach bei Nichterfüllung der Weisung allenfalls vier Wochen Dauerarrest verhängt werden dürfen. Der Sanktionscharakter der Weisung darf bei einer Definition als »korrigierende Ersatzsanktion« (s. Rn. 11) diese Sanktionswirkung nicht überschreiten. Wenn auch die Eingriffsintensität des Arrestes größer ist als im Falle einer Arbeitsverpflichtung, so sollte diese Höchstgrenze von vier Wochen auch für die Arbeitsverpflichtung gelten (ebenso *Maier/Pfeiffer* in einer Stellungnahme der DVJJ zur Frage der Verfassungsmäßigkeit von jugendrichterlichen Arbeitsauflagen, 1984, S. 15); ansonsten kommt der   3

Charakter einer unzulässigen Zwangsarbeit zum Durchbruch (s. § 10 Rn. 13). Hieraus folgt, daß bei einer wöchentlichen Arbeitszeit von 35 Stunden max. 140 Stunden Arbeit auferlegt werden dürfen (a. M. *Feuerhelm* Stellung und Ausgestaltung der gemeinnützigen Arbeit im Strafrecht, 1997, S. 190, der wegen der geringeren Belastung durch Arbeit im Vergleich zum Arrest für eine max. Dauer von 8 Wochen eintritt; zur rechtspolitischen Forderung s. Grdl. z. §§ 9-12 Rn. 6).

III. Änderung und Befreiung

4 Gemäß Abs. 2 können Weisungen auch nach Rechtskraft des Urteils geändert werden, »wenn dies aus Gründen der Erziehung geboten ist«. Diese Gründe verlangen Flexibilität; Rechtssicherheitsgründe sowie der Grundsatz des Verschlechterungsverbots (s. hierzu § 55 Rn. 13) werden demgegenüber zurückgestellt, allerdings nur insoweit, als Änderungen sich nicht nachteiliger auswirken dürfen. Wenn auch formal das Gebot der Rechtssicherheit aufgehoben ist, so verbietet doch regelmäßig das **Vertrauensprinzip** eine Schlechterstellung: Der/die Verurteilte vertraut darauf, daß mit dem Urteil das Strafübel feststeht. Zudem würde eine andere Verfahrensweise einer strafjustitiellen Erziehung entgegenstehen, da hierfür die Verläßlichkeit des Systems Voraussetzung ist. Dies bedeutet beispielsweise, daß eine »ausgeurteilte« Arbeitsleistung nicht erhöht werden darf (a. M. *Brunner/Dölling* § 11 Rn. 3; ebenso *Dallinger/Lackner* § 11 Rn. 1; Bedenken bei *Eisenberg* § 11 Rn. 5). Auch können nach dem Wortlaut Änderungen nur im Rahmen der Weisungen erfolgen, auch wenn einigen Zuchtmitteln eine geringere Eingriffsintensität zukommt (wie hier *Dallinger/Lackner* § 11 Rn. 1; *Brunner/Dölling* § 11 Rn. 3; a. M. *Potrykus* § 11 Anm. 1 hinsichtlich der Geldauflage). Dies gilt nicht bei Soldaten, da im § 112 a Nr. 3 die Anpassung von Weisungen und Auflagen im »gleichen Atemzug« verlangt werden und damit eine Austauschbarkeit erlaubt wird, soweit nicht eine Strafverschärfung damit verbunden ist (wie hier *Dallinger/Lackner* § 112 a Rn. 28; Bedenken bei *Eisenberg* § 112 a Rn. 21; a. M. *Brunner/Dölling* § 11 Rn. 3; s. auch § 112 a Rn. 10).

5 Ebenso ist eine Befreiung von Weisungen möglich. Dies kommt dann in Betracht, wenn bei Durchführung von Weisungen oder anderen Sanktionen keine Einwirkungsnotwendigkeit mehr besteht oder sich die Ungeeignetheit der Weisung herausgestellt hat. Keinesfalls darf aber bei dem Urteilsspruch bereits auf diese Möglichkeit »geschielt« und eine zunächst überhöhte Sanktion i. S. einer »Schocktherapie« verhängt werden. Dies würde den Anforderungen an ein gerechtes Urteil unter Beachtung des Verhältnismäßigkeitsprinzips widersprechen. Insbesondere bei der Einberufung zum Wehrdienst können aufgrund der dortigen Inpflichtnahme Anpassungen erforderlich sein, wenngleich die Erziehungshilfe durch den

Disziplinarvorgesetzten (§ 112 a Nr. 2) bei Heranwachsenden aus verfassungsrechtlichen Gründen nicht zur Anwendung kommt (s. § 112 a Rn. 7).

Die Gründe für eine Änderung oder Befreiung müssen in der Erziehung liegen; d. h., Änderung oder Befreiung müssen aus Gründen der Prävention erforderlich sein. Nicht dürfen hiermit Fehler bei der Bewertung der Strafbarkeitsvoraussetzungen oder ein unzulässiger Straffolgenausspruch (s. aber *LG Freiburg* JR 1988, 523 mit einer zu Recht kritischen Anm. von *Eisenberg*) korrigiert werden. Nur die Straftatfolgen können neu bestimmt werden. Insoweit können sowohl neue Tatsachen als auch alte, bei der Urteilsfindung nicht bekannte Tatsachen verwertet werden; auch sind andere Einschätzungen zur Gefährlichkeits- und Sanktionsprognose zulässig. Insoweit gibt § 11 Abs. 2 sogar eine Verpflichtung zur laufenden Prüfung auf, dies gilt insbesondere bei auf längere Dauer angeordneten Weisungen.

6

Änderungen und Befreiungen erfolgen im Beschlußwege (s. im einzelnen § 65). Zusätzlich zu der Anhörung der Staatsanwaltschaft und des/der Verurteilten sind nunmehr gem. § 65 Abs. 1 S. 2 n. F. – »soweit erforderlich« – der Vertreter der Jugendgerichtshilfe, der nach § 10 Abs. 1 S. 3 Nr. 5 bestellte Betreuungshelfer und der nach § 10 Abs. 1 S. 3 Nr. 6 tätige Leiter eines sozialen Trainingskurses zu hören. Zumindest für die Anhörung der Jugendgerichtshilfe schreibt § 38 Abs. 3 S. 1 eine verpflichtende Beteiligung vor.

7

IV. Nichterfüllung von Weisungen

1. Rechtsnatur

Gemäß § 11 Abs. 3 S. 1 kann bei Nichterfüllung von Weisungen Jugendarrest verhängt werden, der allgemein »**Ungehorsamsarrest**« genannt wird. Soweit damit ein **strafrechtlicher Sondertatbestand** zugrunde gelegt wird (so *Dallinger/Lackner* § 11 Rn. 7; *Schaffstein/Beulke* § 15 III. 4.; *Brunner/Dölling* § 11 Rn. 4; *Eisenberg* Zbl 1989, 17, 18; weitere Nachweise bei *Ostendorf* Zbl 1983, 564 i. Fn. 2 und 3; s. jetzt auch *Werlich* S. 148 ff.; ebenso *Brodkorb* Verfassungsrechtliche Grenzen bei der Erteilung von Erziehungsmaßregeln und Zuchtmitteln gegenüber Jugendlichen und Heranwachsenden, 1998, S. 848: »Verfassungsverstoß«, widersprüchlich hierzu aber S. 856), kann dem nicht gefolgt werden. Als erstes müßte dann der formal-rechtsstaatliche Weg der Zuschreibung und Sanktionierung kriminellen Unrechts eingehalten werden; als zweites müßte ein anzuerkennendes Rechtsgut »Gehorsam« überhaupt strafrechtlich zu schützen sein. Beide Voraussetzungen sind aber nicht gegeben. Zwar ist im § 65

8

JGG der Anspruch eines rechtlichen Gehörs nochmals ausdrücklich genannt, auch wird materiell-rechtlich die Ahndung unter den Vorbehalt der schuldhaften Nichterfüllung gestellt. Es wird aber nicht das rechtsstaatliche Verfahren der Überführung mit formeller Anklageerhebung und umfassenden Verteidigungsmöglichkeiten durchgeführt. Das Anklageprinzip als eine Prozeßmaxime wird nicht eingehalten, auch wenn nunmehr die mündliche Anhörung des/der Verurteilten durch den Richter vorgeschrieben ist (§ 65 Abs. 1 S. 3). Ebenso fehlen die üblichen Rechtsmittel; gem. § 65 Abs. 2 besteht nur die sofortige Beschwerdemöglichkeit. Auch das Wiederaufnahmeverfahren wird z. T. abgelehnt (s. *LG Stuttgart* NJW 1957, 1686; s. im einzelnen § 65 Rn. 8). Erst recht mangelt es an einem Rechtsgut, das eines strafrechtlichen Schutzes bedürfte. Die schuldhafte Nichtbefolgung einer gerichtlichen Anweisung könnte sich zwar als Leugnung ihrer Legitimität darstellen. Der bloße Ungehorsam gegenüber staatlichen Anordnungen ohne jedwede konkrete Schädigung bildet aber nur im militärischen Bereich, der in klassischer Weise durch Befehl und Gehorsam gekennzeichnet ist, einen mit Kriminalstrafe bewehrten Tatbestand (§§ 19, 20 WStG), wenn man von der verfassungsrechtlich, insbesondere kriminalpolitisch höchst problematischen Bestimmung des § 145 a StGB (»Verstoß gegen Weisungen während der Führungsaufsicht«) absieht (s. hierzu *Lackner/Kühl* § 145 a Rn. 1 m. w. N.). Lediglich disziplinarrechtlich wird Ungehorsam in Dienstverhältnissen mit besonderen Verbindlichkeiten wie im Beamtenverhältnis geahndet. Ansonsten müßte schließlich bei einem Heranwachsenden nochmals erneut gem. § 105 Abs. 1 geprüft werden, ob Jugend- oder Erwachsenenstrafrecht zur Anwendung kommt (s. auch *Potrykus* § 11 Anm. 7).

9   Ebenso scheidet eine Charakterisierung als **Ordnungswidrigkeit** gem. der Definition im § 1 Abs. 1 OWiG aus; auch kann diese Zwangsmaßnahme nicht als **Ordnungsmaßnahme** zur Durchsetzung eines rechtlichen Verfahrens eingestuft werden (s. aber *Hellmer* Erziehung und Strafe, S. 222), da sie unmittelbar auf die – nicht erfüllte – Sanktion aufbaut und damit den Sanktionscharakter dieser Grundmaßnahme übernimmt. Damit ist der Bereich der Ordnungsmaßnahmen als Nachteilszufügungen zur Erzwingung eines prozeßordnungsgemäßen Verhaltens verlassen. Der Arrest gem. § 11 Abs. 3 unterscheidet sich in der Durchführung nicht von dem Urteilsarrest gem. § 16.

10 Schließlich scheidet eine Einstufung als bloße **Zusatzsanktion**, die **bedingt** mit der eigentlichen Urteilssanktion ausgesprochen wurde (so *Schnitzerling* UJ 1957, 136; *ders.* JZ 1956, 275), aus. Zunächst folgt die Arrestanordnung nicht automatisch aus dem Urteilsspruch, vielmehr muß ein subjektiver Unrechtsvorwurf erhoben werden, sind die Erforderlichkeit, Geeignetheit sowie Angemessenheit dieser Maßnahme im Hinblick

auf die zugrundeliegende Tat zu prüfen. Weiterhin läßt sich hiergegen der Vorwurf der Doppelbestrafung erheben. Wenn die Arrestmaßnahme gem. dem § 11 Abs. 3 S. 1 als eine zusätzliche Sanktion anzusehen ist, die die zugrundeliegende Anordnung des Gerichts unberührt läßt, stellt sich diese zusätzliche Maßnahme in der Tat als ein Verstoß gegen den Grundsatz »ne bis in idem« des Art. 103 Abs. 3 GG dar. Dieses Verbot der Doppelbestrafung ist ein Prozeßgrundrecht, womit ein Abwehrrecht gegenüber staatlichen Maßnahmen begründet ist, die den gleichen Vorgang mehrfach im gleichen Rechtssystem ahnden (s. *BVerfGE* 28, 277). Die Anordnung des Arrestes ist aber eine zweite Sanktionierung, wenn nicht – wie bereits abgelehnt – ein neuer selbständiger Strafgrund vorliegt und wenn nicht mit jeder Verurteilung zu einer Weisung zugleich der höchstzulässige Zwangsarrest angeordnet wird, die spätere Entscheidung sozusagen als Straferlaß wirken soll. Dies erscheint bei den positiven Prüfungsanforderungen jedoch als Fiktion (so bereits *Ostendorf* Zbl 1983, 573). Eine spätere zusätzliche Bestrafung widerspricht auch dem Erziehungsziel des Arrestes gem. § 90 Abs. 1. Dem entspricht die Jugendarrestvollzugsordnung in der Fassung vom 30. 11. 1976 (BGBl I, 3271). So sind an den Jugendlichen während des Vollzugs dieselben Anforderungen zu erheben, »die bei wirksamer Erziehung in der Freiheit an ihn gestellt werden müssen« (§ 8 Abs. 1 JAVollzO). Nach § 10 Abs. 1 JAVollzO soll der Vollzug so gestaltet werden, »daß die körperliche, geistige und sittliche Entwicklung des Jugendlichen gefördert wird«. Von diesem Erziehungsauftrag ausgehend erscheint aber eine Erziehung, die die Persönlichkeit des »Zöglings« achtet (s. auch *Eisenberg* Zbl 1989, 19), grundsätzlich nur bei Freiwilligkeit möglich. Erziehung gegen den Willen des Betroffenen ist Zwang. So ist die Freiheitsmaxime ein Grundsatz sozialtherapeutischer Maßnahmen, grundlegendes Prinzip jeglicher Pädagogik (*Plewig* MschrKrim 1980, 30). Diese an sich schon bestehende Problematik für eine Erziehung in einer Arrestanstalt verstärkt sich zu einem Widerspruch, wenn der Anlaß in einem Ungehorsamsarresttatbestand gefunden wird und die zugrunde liegende Sanktion mit ihrem Sozialisationsproblem unberücksichtigt bleibt. Einüben von Gehorsam an sich erscheint gerade bei Jugendlichen nicht nur schwerlich möglich, sondern auch schädlich. Es führt dazu, daß formale Anpassung (»Formalausbildung«) erreicht wird und Unaufrichtigkeit die Folge ist. Der isolierte »Ungehorsamsarrest« verdeckt, ob hier eine echte Uneinsichtigkeit in die Notwendigkeit, fremde Rechtsgüter zu respektieren, vorliegt und damit reale Behandlungsbedürfnisse in Richtung auf eine Sozialisierung und gleichzeitig Selbstfindung vorhanden sind oder ob hier nur eine temporäre (Trotz-)Reaktion gegeben ist, die trotz vorliegender Einsicht aus jugendtypischer Gefühlswelt entstanden ist oder ob sich hier ein ernstzunehmender Sozialprotest zeigt (*Werlich* S. 164; s. *Pfeiffer* Kriminalprävention im Jugendgerichtsverfahren, 1983, S. 136; s. auch Grdl. z. §§ 13-16 Rn. 7). Nicht der äußere »Erfolg« der Befolgung einer Intervention bzw. äußere »Nichterfolg« kann unter dem Blickwinkel der Individualprävention maßgebend sein, sondern die innere Einstellungsänderung, die allein für die Zukunft Gewähr für ein entsprechendes äußeres Verhalten bietet (s. auch *Voss* SchlHA 1959, 136; *Hellmer* Erziehung und Strafe, S. 233; *Plewig* MschrKrim 1980, 20; ebenso bereits *Ostendorf* Zbl 1983, 574).

11 Damit, d. h. mit der Verneinung aller anderen in Betracht kommenden Möglichkeiten, wird die positive Charakterisierung bestimmt. Der Jugendarrest gem. § 11 Abs. 3 S. 1 ist nur als **Ersatzmaßnahme** zu kennzeichnen, **mit der die ursprüngliche Reaktion ersatzweise korrigiert wird** (nachfolgend *Werlich* S. 152; *Dünkel* Freiheitsentzug für junge Rechtsbrecher, 1990, S. 360; im Ergebnis ebenso *Möller* DVJJ 12 [1981], 321; wohl auch *Feltes* NStZ 1993, 111: »ersatzweises Strafübel«; krit. *Frehsee* in: Mehrfach Auffällige – mehrfach Betroffene/Erlebnisweisen und Reaktionsformen, DVJJ 18 (1989), 315; abl. *Diemer* in: *D/S/S* § 11 Rn. 12). Nur in Verbindung mit der Grundmaßnahme kann die Legitimation gefunden werden. Hierbei ist es unschädlich, ja positiv, daß im Gegensatz zu der formalisierten Ersetzung im Erwachsenenstrafrecht hier im Jugendstrafrecht eine individuelle Korrektur möglich ist. Ob eine einbeziehende, abschließende Sanktionierung in der Form des Freiheitsentzuges notwendig ist, muß im Einzelfall allein unter dem positiv-individualpräventiven Aspekt entschieden werden.

2. Konsequenzen

12 Aus dieser Beschreibung der Rechtsnatur ergibt sich zwangsläufig die Konsequenz, daß mit der Verbüßung eines Zwangsarrestes von den zuvor angeordneten Weisungen gem. § 11 Abs. 2 zu befreien ist. Gem. § 11 Abs. 3 S. 3 i. d. F. des 1. JGGÄndG hat der Richter jetzt kraft ausdrücklicher gesetzlicher Anordnung (zur bereits nach altem Recht bestehenden Verpflichtung s. 1. Aufl., § 11 Rn. 12) von der Vollstreckung des Jugendarrestes abzusehen, wenn der Jugendliche nach Verhängung des Arrestes der Weisung nachkommt. Allerdings ist der Wortlaut in § 15 Abs. 3 S. 3 unverändert geblieben, wonach der Richter nach Vollstreckung des Jugendarrestes die Auflagen ganz oder zum Teil für erledigt erklären kann. Dementsprechend wird von der h. M. in Rechtsprechung und Rechtslehre der Ungehorsamsarrest neben die bisherige Sanktionierung gestellt (*Brunner/Dölling* § 11 Rn. 4; *Eisenberg* § 11 Rn. 24, der aber eine Befreiung für »angezeigt« hält; LG Lübeck SchlHA 1983, 126). Aufgrund der rechtstheoretischen Abgrenzung, aufgrund der rechtsstaatlichen Kriterien und des Präventionszwecks des JGG verdichtet sich aber das formelle Ermessen gem. § 11 Abs. 2, Abs. 3 S. 3 **zu einer generellen Verpflichtung.** Von einem Wahlrecht des/der Verurteilten zugunsten des Zwangsarrestes (so *Brunner/Dölling* § 11 Rn. 8; hiergegen bereits *Eisenberg* § 11 Rn. 24) kann man schwerlich sprechen, da das Gericht über die Sanktion des Jugendarrestes entscheidet und dieser regelmäßig die schärfere Sanktion darstellt. Zuständig ist der Richter des ersten Rechtszuges (zum weiteren Verfahren s. § 65).

Eine weitere Konsequenz ist, daß eine Arrestverbüßung aufgrund eines Urteilsspruches **insgesamt nicht über vier Wochen** hinausgehen darf. Zwar besagt der Wortlaut des § 11 Abs. 3 S. 2 nicht eindeutig, ob Jugendarrest »insgesamt«, d. h. Urteilsarrest gem. § 16 und Zwangsarrest gem. § 11 Abs. 3 zusammen, die Dauer von vier Wochen nicht überschreiten darf. Systematische Erwägungen könnten für eine Höchstdauer von insgesamt acht Wochen sprechen, da im § 16 Abs. 4 nochmals eine Begrenzung festgelegt wird und gem. § 8 Abs. 1 S. 1 Weisungen grundsätzlich neben einem Arrest zulässig sind. Die spätere Einfügung der Begrenzung gem. § 11 Abs. 3 S. 2 durch das EGStGB vom 2. 3. 1974 (s. Grdl. z. §§ 9–12 Rn. 3) gibt ebenfalls keinen Aufschluß, wobei allerdings vorher die Meinung vertreten wurde, daß bei der Nichterfüllung von verschiedenen Weisungen in jedem Fall ein Arrest bis zur Höchstdauer von vier Wochen angeordnet werden dürfte (s. *Dallinger/Lackner* § 11 Rn. 12; ebenso *Grethlein/Brunner* 3. Aufl., § 11 Anm. 2 c). Heute steht die h. M. auf dem Standpunkt, daß § 11 Abs. 3 S. 2 und § 16 Abs. 4 nebeneinander gelten, daß damit insgesamt ein Arrest von acht Wochen möglich ist (*Potrykus* § 11 Anm. 8 – allerdings widersprüchlich, wenn dies nicht für den Fall gelten soll, daß der Arrest noch nicht verbüßt ist, und dann gem. § 66 unter Beachtung der Höchstgrenze von vier Wochen gem. § 31 Abs. 1 S. 2 einheitlich entschieden werden soll; *Dallinger/Lackner* § 11 Rn. 7; *Brunner/Dölling* § 11 Rn. 7; *LG Hannover* NdsRpfl. 1969, 191; wie hier *Schnitzerling* UJ 1957, 136; *Nothacker* Jugendstrafrecht, 2. Aufl., S. 59). Dem steht aber ebenso die Definition »korrigierende Ersatzmaßnahme« entgegen, da damit die Höchstgrenze gem. § 16 Abs. 4 maßgebend ist und § 11 Abs. 3 S. 2 nur Bedeutung insoweit erhält, als diese Höchstgrenze für alle Weisungen zusammen gilt. Bereits vom Wortlaut her ist ein Arrest untersagt, wenn die Höchstgrenze für den Zwangsarrest gem. § 11 Abs. 3 S. 2 ausgeschöpft wurde, dieser aber gem. § 87 Abs. 4 nicht mehr vollstreckt werden kann oder von der Vollstreckung gem. § 11 Abs. 3 S. 3 abgesehen wurde (*OLG Zweibrücken* NStZ 1992, 84 m. zust. Anm. von *Ostendorf*; zu rechtspolitischen Abänderungsvorschlägen s. Grdl. z. §§ 9–12 Rn. 6). Zusätzlich lassen sich aus individualpräventiver Sicht Argumente anführen. Nach den Untersuchungsergebnissen von *Eisenhardt* führt die derzeitige Arrestpraxis mit einer längeren Arrestdauer zu mehr Aggressivität bei den in der Dissozialisation stärker belasteten Jugendlichen, wie insgesamt »die stärker belasteten Probanden durch den Arrest noch weiter belastet werden« (*Eisenhardt* Die Wirkungen der kurzen Haft auf Jugendliche, 1980, S. 445, 489). Auch ein reformierter Arrest i. S. eines sozialen Trainingskurses muß auf der einen Seite die notwendige und mögliche Ansprechdauer berücksichtigen und muß auf der anderen Seite dem Isolations- und Stigmatisierungsprozeß entgegenwirken, der durch die Länge einer Herausnahme aus dem sozialen Umfeld verstärkt wird. Als pädagogisch wünschenswerter Zeitraum werden somit allenfalls drei Wochen angesehen (s. *Schnitzerling* JZ 1956, 275; *Plewig* MschrKrim 1980, 20; die Thesen zur Reform des Jugendkriminalrechts der Arbeitsgemeinschaft sozialdemokratischer Juristen vom 11. 1. 1980 begrenzen den sozialen Trainingskurs auf zwei Wochen, These C 3, s. hierzu *Isola* Recht und Politik 1979, 90; s. auch die These 5 des Arbeitskreises VI auf dem 18. Dt. Jugendgerichtstag, Schriftenreihe der DVJJ 12 [1980], 323).

14 Eben diese fehlende Ansprechbarkeit steht auch einer Arrestvollstreckung **bei einem mittlerweile Erwachsenen** entgegen (a. M. *Brunner/Dölling* § 11 Rn. 6; *Böhm* Einführung in das Jugendstrafrecht, S. 178; *Potrykus* § 11 Anm. 7), da auch in einem reformierten Arrestvollzug jugendtypische Sozialisationstechniken angewandt werden. Spätestens mit Erreichen des 25. Lebensjahres müßte in entsprechender Anwendung des § 92 Abs. 2 S. 3 ein Erwachsenenarrest-Vollzug eingerichtet werden.

15 Schließlich und insbesondere wird mit dieser Auslegung eine **wiederholte Arrestanordnung** bei Nichtbefolgung einer Weisung entgegen den Richtlinien (s. Nr. 2 zu § 11) und der h. M. (*Schaffstein/Beulke* § 15 III. 4.; *Brunner/Dölling* § 11 Rn. 7; *Eisenberg* § 11 Rn. 21; a. M. nur *Voss* SchlHA 1959, 137) unterbunden. Nach den Richtlinien »regt die Staatsanwaltschaft an, ein solches Maß festzusetzen, das im Wiederholungsfall gesteigert werden kann, falls sich dies aus erzieherischen Gründen als notwendig erweist« (hiergegen *Eisenberg* § 11 Rn. 22 mit erziehungspsychologischen Bedenken). Verwaltungsrichtlinien als interne Verwaltungsvorschriften kommt aber kein externer Verbindlichkeitsgrad zu. Über die bereits angeführten Argumente hinaus muß sich der wiederholte Zwangsarrest erziehungsfeindlich auswirken. So wichtig die Konsequenz für eine wirksame Erziehung ist, so darf sie doch nicht in Unduldsamkeit ausarten. Die Frage der Erfüllung oder Nichterfüllung der Weisung wird zu einem Prestigekampf zwischen Verurteiltem und Gericht, der bei Hartnäckigkeit des/der Jugendlichen für das Gericht aufgrund der vierwöchigen Sperrfrist verloren gehen muß. Der/die Jugendliche wird hieraus mit dem Triumph herausgehen, es »denen dort oben« gezeigt zu haben. Überhaupt ist eine Wiederholung der Arrestmaßnahme erzieherisch regelmäßig ungeeignet. *Schaffstein* hat die negativen Erfahrungen von wiederholten Arrestmaßnahmen an der Rückfallquote festgemacht und hieraus folgende Schlußfolgerung gezogen: »Daß es Jugendgerichte gibt, die einen Jugendlichen nicht nur zum zweitenmal, was sich anscheinend in besonders gelagerten

Fällen verantworten läßt –, sondern sogar zum dritten- und viertenmal in den Dauerarrest schicken, zeigt ebenfalls, wie sehr noch manchmal Wesen und Funktion des Jugendarrestes mißverstanden werden« (*Schaffstein* ZStW 82 [1970], 869). Auch muß der Vorwurf der Doppel- und Mehrfachbestrafung hier erst recht erhoben werden, wenn die Arrestmaßnahme wiederholt durchgeführt wird. Selbst bei der nur als Beugemaßnahme angesehenen Erzwingungshaft (§ 96 Abs. 3 S. 3 OWiG) sowie bei der Ordnungshaft gem. § 70 Abs. 4 StPO ist eine Wiederholung untersagt, während diese bei Zeugen gem. dem § 51 Abs. 1 S. 3 und § 77 Abs. 1 S. 3 StPO jeweils nur einmal erneut durchgeführt werden darf. Gem. § 98 Abs. 3 S. 1 OWiG i. d. F. gem. 1. JGGÄndG (Art. 2 Nr. 4) darf ein Jugendarrest bei einer Bußgeldentscheidung wegen desselben Betrages nicht wiederholt angeordnet werden. Diese Doppelbestrafung würde explizit sichtbar, wenn der »Ungehorsamsarrest« neben der zugrundeliegenden Weisung in das Erziehungsregister gem. § 60 Abs. 1 Nr. 2 (so *Eisenberg* § 11 Rn. 26) bzw. in das Zentralregister gem. § 5 Abs. 2 eingetragen würde; eine Eintragung wäre nur bei Streichung der Weisung vertretbar, ist aber z. Z. gesetzlich nicht erlaubt (s. *Diemer* in: *D/S/S* § 11 Rn. 22).

3. Voraussetzungen

Voraussetzung für einen so eingeschränkten korrigierenden Jugendarrest sind Weisungen, die in einem jugendstrafrechtlichen Urteil oder gem. § 53 vom Vormundschaftsrichter angeordnet wurden. Demgegenüber ist ein Zwangsarrest nach Einstellung des Verfahrens durch die Staatsanwaltschaft ausgeschlossen (§ 45 Abs. 3 S. 3). Gem. § 47 Abs. 1 S. 6 n. F. gilt dies jetzt auch ausdrücklich für richterliche Verfahrenseinstellungen gem. § 47 Abs. 1 (zum Ausschluß eines Zwangsarrestes bereits nach altem Recht s. 1. Aufl., § 11 Rn. 16). Für selbständige vormundschaftsrichterliche Anordnungen kommt § 11 Abs. 3 ebenfalls nicht zur Anwendung. Während § 11 Abs. 3 für Weisungen gilt, wird im § 15 Abs. 3 S. 2 die entsprechende Anordnung für Auflagen getroffen. Ebenso ist die Nichtbefolgung von Weisungen und Auflagen in der Bewährungszeit geregelt (§ 23 Abs. 1 S. 4). Weiterhin kann gem. § 98 Abs. 2-4 OWiG ein »Ungehorsamsarrest« – **längstens 1 Woche** – verhängt werden, wenn der/die Jugendliche einer Anordnung, die gem. § 98 Abs. 1 OWiG anstelle der nichtgezahlten Geldbuße aufgrund eines Bußgeldbescheids ergangen ist, keine Folge leistet. Zu weiteren Restriktionen s. § 2 Rn. 6. **16**

Voraussetzung ist weiter, daß die Weisung »schuldhaft« nicht erfüllt wurde. Während eine fahrlässige Nichtbefolgung schwer vorstellbar ist, scheidet eher ein Verschulden wegen einer Pflichtenkollision und Unzumutbarkeit aus. Hierbei wirken sich vielfache Abhängigkeiten vom Elternhaus, von der Schule, vom Ausbilder bzw. Arbeitgeber aus (s. *Hellmer* **17**

Erziehung und Strafe, S. 229 ff.; *Kremer* Der Einfluß des Elternrechts aus Art. 6 Abs. 2, 3 GG auf die Rechtmäßigkeit der Maßnahmen des JGG 1984, S. 112; *Eisenberg* § 11 Rn. 14). Wenn entgegen dem Willen der Erziehungsberechtigten der Aufenthaltsort vom Jugendrichter bestimmt wird, so kann dies den/die Jugendliche(n) in eine »Zwickmühle« bringen, die ein Verschulden ausschließt. Ebenso können schulische und berufliche Anforderungen der Erfüllung einer Arbeitsweisung entgegenstehen (zum soldatischen Konflikt s. § 112 a Rn. 9). Das Verschulden setzt zudem immer voraus, daß die Weisung verstanden wurde. Auch wird ausdrücklich eine Belehrung über die Folgen schuldhafter Zuwiderhandlung verlangt, die nach den Richtlinien im Protokoll der Hauptverhandlung zu vermerken oder sonst aktenkundig zu machen ist (RL Nr. 8 zu § 10).

18 Unter diesen Voraussetzungen »**kann**« der Zwangsarrest angeordnet werden, d. h., die Anordnung steht im pflichtgemäßen Ermessen. Hierfür sind im Rahmen der individualpräventiven Zielsetzung dieselben Überlegungen wie für die Sanktionierung ansonsten anzustellen, d. h., die Rückfallprognose und die Sanktionsprognose müssen negativ ausfallen, und das Verhältnismäßigkeitsprinzip ist zu wahren. Hinsichtlich der Eignung dieser Sanktion müssen für den herkömmlichen Arrestvollzug erhebliche Zweifel angemeldet werden (s. Grdl. z. §§ 13-16 Rn. 9). Hinsichtlich der Notwendigkeit und Angemessenheit ist darauf hinzuweisen, daß der Arrest als Zuchtmittel grundsätzlich die schärfere Sanktion gegenüber den Weisungen darstellt und für eine ersatzweise Sanktionierung es an der **Vergleichbarkeit der Eingriffsschwere** fehlt. Vorab ist eine Weisungsänderung zu bedenken (s. auch RL Nr. 2 zu § 11). Nur bei absoluter Nichtbefolgung von Weisungen mit erheblichen Interesseneinbußen kommt der »Ungehorsamsarrest« in Betracht (s. auch *Eisenberg* § 11 Rn. 18; *Werlich* S. 153, 154). Hierbei sollte der Verurteilte darauf hingewiesen werden, daß er trotz des »Ungehorsamsbeschlusses« die Möglichkeit hat, durch Erfüllung der Weisung bzw. Auflage die Vollstreckung abzuwenden (s. auch *Hinrichs* DVJJ-Journal 1999, 268).

§ 12. Hilfe zur Erziehung

Der Richter kann dem Jugendlichen nach Anhörung des Jugendamtes auch auferlegen, unter den im Achten Buch Sozialgesetzbuch genannten Voraussetzungen Hilfe zur Erziehung
1. in Form der Erziehungsbeistandschaft im Sinne des § 30 des Achten Buches Sozialgesetzbuch oder
2. in einer Einrichtung über Tag und Nacht oder in einer sonstigen betreuten Wohnform im Sinne des § 34 des Achten Buches Sozialgesetzbuch

in Anspruch zu nehmen.

Literatur

Iben Von der Schutzaufsicht zur Erziehungsbeistandschaft – Idee und Wirklichkeit einer sozialpädagogischen Maßnahme, 1967; *ders.* Lebensbewährung nach Erziehungsbeistandschaft, in: Die Jugendkriminalrechtshelfer im Licht der kriminologischen Forschung, DVJJ 7 [1969], 83; *Martikke* Jugend in der Fürsorgeerziehung, 1971; *Miehe* Zur Anordnung der Fürsorgeerziehung bei Unerziehbaren, RdJ 1966, 5; *ders.* Zur Anordnung von Hilfen zur Erziehung nach §§ 27-35 SGB VIII durch Vormundschafts- und Jugendrichter, in: Festschrift für Fenge, 1996, S. 429; *Neumann* Heimerziehung und Kriminalität, Praxis Kinderpsychologie, 1975, 181; *Pentz* Neues zum Jugendgerichtsgesetz, RdJ 1956, 44; *Pongratz/Hübner* Lebensbewährung nach öffentlicher Erziehung, 1959; *Possin* Heimerziehung gem. §§ 27, 34 SGB VIII als jugendstrafrechtliche Intervention, 1995; *Ranft* Die Anordnung von Heimerziehung gem. § 12 Nr. 2 JGG, in: Festschrift für Gitter, hrsg. von *Heinze/Schmitt*, 1995, S. 745; *Roestel* Die Fürsorgeerziehung im Jugendstrafverfahren, UJ 1964, 19; *Schüpp* »Verwahrlosung« und Lebensbewährung, Praxis Kinderpsychologie 1979, 148; *Swientek* Heimerziehung und Kriminalprävention, in: Präventive Kriminalpolitik, hrsg. von *Schwind/Berckhauer/Steinhilper* 1980, S. 265; *Vent* Verwahrlosung Minderjähriger, 1979; *ders.* Die Rechtsstellung des Erziehungsbeistandes de lege lata und de lege ferenda, RdJB 1980, 240.

Inhaltsübersicht

		Rn.
I.	Anwendungsbereich	1
II.	Anwendungsvoraussetzungen	
	1. Straftatvoraussetzungen bzw. Voraussetzung gem. § 3 S. 2	2
	2. Sanktionsvoraussetzungen	
	a) materiell-rechtliche	3
	b) formal-rechtliche	8
III.	Sanktionsbestimmung	9
IV.	Ausübung und Ausführung	10
V.	Beendigung	12
VI.	Kosten	13
VII.	Rechtsmittel	14

I. Anwendungsbereich

1 Zum Anwendungsbereich s. zunächst § 9 Rn. 2, 3; die frühere Regelung, wonach eine Fürsorgeerziehung bei einem Siebzehnjährigen nur angeordnet werden durfte, wenn bereits eine vorläufige Fürsorgeerziehung bestand (§§ 64, 67 Abs. 4 JWG), hat keine Bedeutung mehr. Umgekehrt sind nach dem neuen KJHG Hilfen für junge Volljährige möglich (§ 41), die jedoch nicht im Jugendstrafverfahren angeordnet werden dürfen (s. § 105 Abs. 1).

II. Anwendungsvoraussetzungen

1. Straftatvoraussetzungen bzw. Voraussetzung gem. § 3 S. 2

2 Erste Voraussetzung für die jugendrichterliche Anordnung ist die Feststellung einer rechtswidrig und schuldhaft begangenen Straftat; insoweit muß auch die Verantwortlichkeit gem. § 3 S. 1 bejaht werden. Darüber hinaus kann das Jugendgericht gem. § 3 S. 2 i. V. m. §§ 1666, 1666 a BGB als familienrichterliche Maßnahme auch Hilfen zur Erziehung anordnen, wenn die Verantwortlichkeit »mangels Reife« zu verneinen ist (die Kompetenz des Familienrichters ist insoweit umstr., s. § 3 Rn. 19).

2. Sanktionsvoraussetzungen

a) materiell-rechtliche

3 Inhaltlich richten sich die Voraussetzungen nach dem KJHG, d. h. für die Erziehungsbeistandschaft nach § 30 KJHG, für die Heimerziehung bzw. die Betreuung in einer besonderen Wohnform nach § 34 KJHG. Allgemein sollen gem. § 27 KJHG Hilfen zur Erziehung gewährt werden, wenn eine dem Wohl des Jugendlichen entsprechende Erziehung nicht gewährleistet und die Hilfe für seine Entwicklung geeignet und notwendig ist. Dementsprechend umfassen Hilfen zur Erziehung insbesondere die Gewährung pädagogischer und damit verbundener therapeutischer Leistungen (§ 27 Abs. 3 KJHG). Der vormals für die Anordnung einer Fürsorgeerziehung maßgebliche Begriff der »Verwahrlosung« ist nunmehr hinfällig (zur Problematik s. 1. Aufl., § 12 Rn. 3). Da der Gesetzgeber sich bewußt von diesem stigmatisierenden Begriff lösen wollte (BT-Drucks. 11/5948, S. 116), ist es auch nicht zulässig, die unter diesem Begriff entwickelten Voraussetzungen fortan ohne weiteres gelten zu lassen (s. aber *Albrecht* S. 199). In Konkretisierung der allgemeinen Aufgabenstellung einer Hilfe zur Erziehung soll der Erziehungsbeistand den Jugendlichen bei der Bewältigung von Entwicklungsproblemen unterstützen und seine Verselbständigung fördern; hierbei ist das soziale Umfeld einzubeziehen und ins-

Erstes Hauptstück. Verfehlungen Jugendlicher und ihre Folgen § 12

besondere der Lebensbezug zur Familie zu erhalten. Bei einer Heimerziehung bzw. einer Betreuung in einer sonstigen Wohnform sind konkrete pädagogische und therapeutische Angebote für die Entwicklung des Jugendlichen zu machen. Darüber hinaus sollen die Erziehungsbedingungen in der Beherbergungsfamilie verbessert werden, um eine Rückkehr in die Familie zu ermöglichen. Hieraus läßt sich als Voraussetzung für diese Form der Hilfe zur Erziehung neben dem persönlichen Hilfebedürfnis des Jugendlichen die fehlende Betreuung in der Herkunftsfamilie ableiten. Dem entsprechen die Eingriffsvoraussetzungen gem. § 1666 Abs. 1 BGB (»Gefährdung des Kindswohls«). Darüber hinaus werden die Voraussetzungen durch die allgemeine Zielsetzung des Jugendstrafverfahrens, durch individualpräventive Sanktionen eine zukünftige Normbefolgung zu erreichen (s. Grdl. zu den §§ 1 u. 2 Rn. 4, 5), in der Weise bestimmt, daß Sozialisationsstörungen mit einer kriminellen Gefährdung vorliegen müssen, wobei im Falle einer Erziehungsbeistandschaft die primäre Sozialisationsinstanz, die Eltern, noch einwirken können und wollen (s. *OLG Stuttgart* SjE 15, 31), während im Fall einer Heimerziehung bzw. einer Betreuung in einer speziellen Wohnform diese Instanz weitgehend ausgefallen ist und durch die öffentliche Erziehung ersetzt wird.

Da auch diese Definition noch relativ unbestimmt bleibt (*Ranft* in: Festschrift für Gitter, S. 748 bestreitet, daß im KJHG Eingriffsvoraussetzungen formuliert wurden), ist umso größeres Gewicht auf die **Einhaltung des Verhältnismäßigkeitsprinzips** (Eignung, Notwendigkeit, Angemessenheit) zu legen; die Eignung und Notwendigkeit einer Hilfe zur Erziehung werden im § 27 Abs. 1 KJHG ausdrücklich verlangt. 4

Hinsichtlich der Eignung der Institution »Erziehungsbeistandschaft« sind sowohl von den rechtlich zulässigen Handlungsmöglichkeiten her als auch von den praktischen Gegebenheiten her Zweifel angebracht (positiv beurteilt aber von *Eisenberg* § 12 Rn. 8; negativ von *Brunner/Dölling* § 12 Rn. 4; zu begrenzten »Erfolgen« der früheren Schutzaufsicht s. *Iben* in: Die Jugendkriminalrechtspflege im Licht kriminologischer Forschung, DVJJ 7 [1969], 86, 87). Der Erziehungsbeistand soll unterstützen und fördern; konkrete Eingriffsrechte hat er nicht. Er hat insoweit nur eine beratende, keine bestimmende Funktion. Die Ausschöpfung hängt in der Praxis von der Bereitschaft des/der Minderjährigen sowie der Eltern zur Zusammenarbeit ab, die wiederum eine Vertrauensbasis voraussetzt. Eine in den Kreis der Familie befohlene Person kann nichts bewirken, eine solche Situation kann sich sogar negativ auswirken. »Ist von Anfang an zu erwarten, daß Personensorgeberechtigte den Ratschlägen des Erziehungsbeistandes nicht zugänglich sind, sondern diesem sogar Widerstand leisten, so ist die Erziehungsbeistandschaft ein ungeeignetes Mittel zur Abwendung einer dem Minderjährigen drohenden Gefahr« (*OLG Stuttgart* 5

157

SjE 15, 31). Auch wenn im Gerichtssaal im Zusammenwirken mit der Jugendgerichtshilfe Einvernehmen über die Person des Erziehungsbeistandes erzielt und diese später vom Jugendamt bestellt wird, so stellt sich das Urteil doch als ein Hineinregieren, als eine Fremdbestimmung dar, womit Barrieren errichtet werden können. Weshalb muß eine Anordnung getroffen werden, wenn sowieso eine Vertrauensperson bereits vorhanden ist?! Auch können Vertrauenskonflikte zwischen den Erziehungsberechtigten und dem/der Betreuten entstehen (s. *Vent* RdJB 1980, 245). Als Vertrauensperson eignen sich kaum Amtspersonen, insbesondere nicht Bewährungshelfer. In den hier in Betracht kommenden Familien ist mit einem Amtsmalus zu rechnen, bei justizangehörigen Personen wird sich zusätzliches Mißtrauen einschleichen. Auch hauptamtlichen Erziehungsbeiständen wird der Geruch einer staatlichen Erziehungsordnung vorausgehen (positiv aber *Vent* RdJB 1980, 244); ehrenamtlicher Ersatz ist selten zu finden. Dementsprechend findet diese Sanktion in der Praxis keinen Anklang (s. Grdl. z. §§ 9-12 Rn. 5). Die Betreuungsweisung beläßt demgegenüber mehr Privatheit und verspricht in der Praxis mehr Erfolg (s. § 10 Rn. 16), auch wenn hier im Unterschied zu der Erziehungsbeistandschaft der »Ungehorsamsarrest« droht (falsch *Vent* RdJB 1980, 245).

6   Noch mehr steht die Geeignetheit der Heimerziehung in Frage, obwohl sie nach wie vor dominierend ist: Im Jahre 1994 waren im Rahmen der Jugendhilfe 63423 Jugendliche in einem Heim, 3327 in einer Wohngemeinschaft und 1440 in einer eigenen Wohnung untergebracht. Häufig wird umgekehrt eine kriminogene Wirkung von Heimerziehung behauptet. Die vorliegenden Untersuchungen sind aber im einzelnen zu hinterfragen. Soweit bei der Analyse der Lebensgeschichte von Straffälligen auf häufige Heimaufenthalte verwiesen wird (s. *Benkert* Kriminogene Faktoren und intuitive Prognose bei jugendlichen Erstdelinquenten, 1971, S. 88; *Rehn* Behandlung im Strafvollzug, 1979, S. 97), so haben diese Angaben ohne einen Vergleich mit der Entwicklung von Jugendlichen, die mit demselben »Befund« nicht in eine Fürsorgeeinrichtung eingewiesen wurden, keine Bedeutung (s. auch *Swientek* S. 267). Soweit Entlassene auf die Legalbewährung untersucht wurden, ist einmal – wie auch sonst – umstritten, wie dieser Begriff zu definieren ist, zum anderen wird nicht zwischen den vom Vormundschaftsrichter und den vom Jugendgericht Eingewiesenen unterschieden. Zudem sind diese Untersuchungen älteren Datums: *Pongratz/Hübner* Lebensbewährung nach öffentlicher Erziehung, S. 71: 66,7 % Straffälligkeit bei den männlichen Probanden und 31,3 % Straffälligkeit bei den weiblichen Probanden, die 1950 und 1951 entlassen wurden, in einem Zeitraum von fünf bis sieben Jahren; *Martikke* Jugend in der Fürsorgeerziehung: 62,3 % Straffälligkeit bei männlichen Probanden, die spätestens 1951 entlassen wurden, in einem Zeitraum von zehn Jahren; *Neumann* Praxis Kinderpsychologie 1975, 183: Jugendliche »mit unter-

durchschnittlicher Soziallabilität« bis zu 41 % mehr legales Fehlverhalten als vergleichbare Jugendliche, die in einem Jugendwohnheim untergebracht waren; *Schüpp* Praxis Kinderpsychologie 1979, 155: Straffälligkeit von 47,5 % bei »neurotisch-dissozial« eingestuften Jugendlichen, die in einem therapeutisch-pädagogischen Jugendheim von 1962 bis 1973 mit unterschiedlicher Verweildauer behandelt wurden, festgestellt im Dezember 1976. Trotz dieser Relativierungen kann zumindest festgestellt werden, daß über eine gewisse zeitliche Sicherung hinaus, die nun aber gerade nicht der Zweck der Erziehungsmaßregel ist (Grdl. z. §§ 9-12 Rn. 4), ein Präventionserfolg nicht nachgewiesen ist (s. auch *Swientek* S. 284), wobei die Begleitkriminalität bei Ausreißversuchen »hausgemacht« ist; mehr sind negative Folgen der Formalanpassung und Hospitalisierung sowie durch Stigmatisierung bedingte Ungleichbehandlung bei der strafrechtlichen Verfolgung (s. *Lamnek* in: Mehrfach auffällig, hrsg. von *Schüler-Springorum*, 1982, S. 44) sowie allgemeine soziale Benachteiligungen zu sehen (s. auch *Eisenberg* § 12 Rn. 34 ff. m. w. N.; s. auch Grdl. z. §§ 71-73 Rn. 8). Als Mittel der Kriminalprävention ist die Heimerziehung in der traditionellen Form somit im Regelfall **als ungeeignet** einzustufen. Immer ist eine erzieherische Ansprechbarkeit erforderlich, die sowohl aus geistig-psychischen Gründen als auch – und natürlich – aus pädagogischen Gründen verneint werden kann, da die pädagogische Beeinflussung ja gerade gewollt ist (a. M. *OLG Celle* Zbl 1980, 143; *OLG Hamm* FamRZ 1964, 102; *Miehe* RdJ 1966, 5 ff.; tendenziell wie hier *Eisenberg* § 12 Rn. 33 m. w. N.). Zwar ist es richtig, daß eine erzieherische Beeinflussung im jugendlichen Alter niemals ausgeschlossen werden sollte, um diese Jugendlichen nicht von vornherein »aufs Abstellgleis« zu stellen, wohl aber kann die Eignung der Heimerziehung für diese »Schwererziehbaren« geleugnet werden, womit unter positiv-individualpräventiven Gesichtspunkten auch der Jugendstrafvollzug ausscheidet. Vor der Änderung der Jugendlichen steht die Änderung der Heimstrukturen, insbesondere ist deren Öffnung nach außen notwendig.

Demgegenüber ist die Eignung einer Hilfe zur Erziehung in der Form des betreuten Wohnens grundsätzlich positiv zu bewerten, da hier die Selbständigkeit belassen, durch Betreuung gestärkt wird. In der Form von Wohngemeinschaften wird neben der konkreten Lebensbewältigung zusätzlich das Erlernen sozialer Fähigkeiten gefördert. Im einzelnen ist die Organisation der jeweiligen Einrichtung entscheidend, ob Sozialisationserfolge zu erwarten sind, wobei Überbetreuungstendenzen entgegengewirkt werden muß. Bei dieser Form der Sanktionierung ist zudem zu beachten, daß ein großer Bedarf an derartigen Unterbringungen besteht; gerade für die Jugendlichen, die von zu Hause weggelaufen oder »rausgeschmissen« sind, ergibt sich hier eine »Auffangstation«, wobei nach dem

Willen des Gesetzgebers immer die Rückkehr in die Herkunftsfamilie anzustreben ist.

b) formal-rechtliche

8 Für die Anordnung einer Hilfe zur Erziehung war vormals das »Einvernehmen mit dem Jugendamt« herzustellen. Nunmehr ist lediglich eine Anhörung vorgeschrieben, so daß nunmehr das Jugendgericht entscheidungskompetent ist (h. M., s. *Eisenberg* § 12 Rn. 5; *Schaffstein/Beulke* § 17 II.; a. M. *Miehe* in: Festschrift für Fenge, 1996, S. 449 ff.). Obwohl gem. § 8 KJHG Kinder und Jugendliche entsprechend ihrem Entwicklungsstand an allen sie betreffenden Entscheidungen der öffentlichen Jugendhilfe zu beteiligen sind, kann formal die strafgerichtliche Entscheidung auch gegen den Willen des Jugendlichen getroffen werden. Formal ist auch keine Zustimmung der Erziehungsberechtigten Voraussetzung. Wenn die Maßnahmen jedoch »fruchten« sollen, muß auch mit ihnen eine einvernehmliche Lösung gefunden werden. Eine Anordnung von Hilfen zur Erziehung gegen die unmittelbar Betroffenen erscheint von vornherein als gescheitert (s. auch Rn. 5). Gefordert ist daher eine vorherige Abstimmung aller Beteiligten (s. *Scholz* DVJJ-Journal 4/1992, S. 309: »Konferenz-Gerichtsebene-Modell«; *ders.* DVJJ-Journal 3-4/1994, S. 238).

III. Sanktionsbestimmung

9 Die Hilfe zur Erziehung wird entweder vom Jugendgericht, und zwar konkret (s. aber *Scholz* DVJJ-Journal 1994, 238) oder vom Familien- bzw. Vormundschaftsrichter angeordnet, dem gem. § 53 die Auswahl überlassen wurde. Um das Verfahren nicht unnötig in die Länge zu ziehen und um die Verfahrenssicherungen im Jugendstrafverfahren nicht zu umgehen, sollte von der Abtretung der Entscheidung an den Familien- bzw. Vormundschaftsrichter nur ausnahmsweise Gebrauch gemacht werden (wie hier *Eisenberg* § 12 Rn. 35, 36; *Possin* Heimerziehung gem. §§ 27, 34 SGB VIII als jugendstrafrechtliche Intervention, 1995, S. 142; a. M. *Brunner/ Dölling* § 12 Rn. 5; *Bundesarbeitsgemeinschaft der Landesjugendämter und überörtlichen Erziehungsbehörden* Zbl 1983, 501).

IV. Ausübung und Ausführung

10 Voraussetzung für die Ausübung der Erziehungsbeistandschaft bzw. für die Durchführung der Heimerziehung bzw. Betreuung in einer besonderen Wohnform ist die Rechtskraft des Urteils. Danach richtet sich die Zuständigkeit nach dem KJHG (s. § 82 Abs. 2). Die Bestellung des Erziehungsbeistandes erfolgt durch das Jugendamt, wenn nicht die Person schon im Urteil bestimmt wurde (s. § 54 Rn. 6); hierbei hat die Auswahl entsprechend den Erörterungen im Gerichtssaal im engen Einvernehmen mit den Erziehungsberechtigten und dem/der Betroffenen zu erfolgen. Eine Institution darf nicht bestellt werden.

Die Durchführung der Heimerziehung bzw. die Unterbringung in einer betreuten Wohnform ist ebenfalls Aufgabe der Jugendhilfe (§ 2 Abs. 2 Nr. 4 KJHG). Sie entscheidet über die Art der Durchführung und bestimmt die Auswahl. Obwohl die richterliche Anordnung gem. § 12 Nr. 2 nicht mit Zwang gem. § 11 Abs. 3 umgesetzt werden kann, geht es zu weit, von einer »lediglich deklaratorischen Rechtspflege« zu sprechen (so *Possin* Heimerziehung gemäß §§ 27, 34 SGB VIII als jugendstrafrechtliche Intervention, 1995, S. 121). Die Justiz als dritte Gewalt im Staate hat von der Sozialverwaltung als Teil der zweiten Gewalt die Durchsetzung ihrer von der ersten Gewalt (Legislative) verliehenen Befugnisse über Dienstaufsicht, letztlich unter Hinweis auf die Strafbedrohung »Strafvereitelung im Amt« (§ 258 a StGB) einzufordern. Gefordert ist eine konstruktive Zusammenarbeit (s. Rn. 8). 11

V. Beendigung

Hilfen zur Erziehung enden mit Eintritt des Volljährigkeitsalters (s. § 105 Abs. 1 sowie § 27 i. V. m. § 7 Nr. 2 KJHG). Darüber hinaus ist eine Fristsetzung erlaubt, auch wenn dies nicht ausdrücklich vom Gesetzgeber ausgesprochen wurde. Eine solche Begrenzungsmöglichkeit ist sowohl aus pädagogischer als auch aus rechtsstaatlicher Sicht geboten (zust. *Brodkorb* Verfassungsrechtliche Grenzen bei der Erteilung von Erziehungsmaßregeln und Zuchtmitteln gegenüber Jugendlichen und Heranwachsenden, 1998, S. 691). Die Kompetenz zur Sanktionierung als solcher schließt die Kompetenz zu einer begrenzten Sanktionierung mit ein (für eine analoge Anwendung des § 11 Abs. 1 *Brodkorb* a. a. O., S. 697). Da die notwendige Dauer erzieherischer Hilfen zum Zeitpunkt der Entscheidung häufig nicht überblickt werden kann, stellt sich die Frage, ob eine vorzeitige Beendigung möglich ist. Der Gesetzgeber hat hierzu keine Antwort gegeben. Allerdings heißt es in § 36 Abs. 2 KJHG, daß regelmäßig geprüft werden muß, »ob die gewählte Hilfeart weiterhin geeignet und notwendig ist«. Diese Anweisung ist jedoch für die freiwilligen Hilfen zur Erziehung gedacht. Es liegt somit eine planwidrige Gesetzeslücke vor, die im Wege der Analogie zu schließen ist. Da gem. § 11 Abs. 2 Erziehungsmaßregeln in Form von Weisungen aus Gründen der Erziehung vorzeitig geändert bzw. beendet werden können, ist diese Regelung aufgrund gleicher Interessenlage auch für die Erziehungsmaßregel in Form der Hilfen zur Erziehung anzuwenden, d. h., das Jugendamt hat die Beendigung beim Jugendrichter zu beantragen (a. M. *Schaffstein/Beulke* § 17 IV.: Zuständigkeit des Vor- 12 mundschaftsrichters; *Scholz* DVJJ-Journal 3-4/1994, S. 238: Beendigung durch Entscheidung der Jugendhilfe).

Die Beendigung einer durch das Vormundschaftsgericht angeordneten Erziehungsbeistandschaft ist durch Art. 18 Abs. 4 KJHG geregelt. Diese Maßnahme **ist** vom Vormundschaftsgericht **von Amts wegen aufzuheben**. Nicht geregelt ist die Beendigung von Erziehungsbeistandschaften, wenn diese durch das Jugendgericht angeordnet wurden. Insoweit wird eine entsprechende Anwendung des Art. 18 Abs. 4 KJHG in der Weise vorgeschlagen, daß das Jugendgericht diese Maßnahmen vorzeitig beenden kann, um anschließend durch das Vormundschaftsgericht Maßnahmen gem. § 1666 BGB prüfen zu lassen.

VI. Kosten

13   Für die Gewährung der Hilfen zur Erziehung sind die örtlichen Jugendämter zuständig (s. § 89 KJHG i. V. m. § 82 Abs. 2). Gem. § 91 Abs. 1 Nr. 5 c KJHG haben der Jugendliche und dessen Eltern zu den Kosten im Falle einer Hilfe zur Erziehung gem. § 34 KJHG (Heimerziehung, sonstige betreute Wohnform) beizutragen. Für evtl. Kosten des Erziehungsbeistandes hat das Jugendamt allein aufzukommen. Gem. § 92 Abs. 1 KJHG ist von dieser Kostenbeitragungspflicht abzusehen, soweit eine solche Beteiligung unzumutbar ist.

VII. Rechtsmittel

14   Gegen die Anordnung von Hilfen zur Erziehung stehen Rechtsmittel nur dem/der Verurteilten sowie den gesetzlichen Vertretern und den Erziehungsberechtigten zu (§ 67 Abs. 3) – ohne die Rechtsmittelbeschränkung des § 55 Abs. 1 (s. § 55 Abs. 1 S. 2). Erst nach Rechtskraft des Urteils übernehmen Erziehungsbeistand, Jugendamt und Landesjugendamt die Rolle des Erziehungsberechtigten (s. § 67 Rn. 3).

Dritter Abschnitt.   Zuchtmittel

Grundlagen zu den §§ 13-16

1. Systematische Einordnung

Im 3. Abschnitt des 2. Teils des JGG werden als zweite Sanktionsart die   1
Zuchtmittel näher bestimmt.

2. Historische Entwicklung

Der Begriff der Zuchtmittel wurde formal erst mit dem JGG 1943 (RGBl   2
I, 635; s. aber bereits § 1 der Durchführungsverordnung vom 28. 11. 1940,
RGBl I, 1541) entsprechend der nationalsozialistischen Erziehungsideologie eingeführt; vorher – im JGG 1923 (RGBl I, 135) – wurden diese Sanktionen als Erziehungsmaßregeln definiert. Wenn auch im § 7 JGG 1943 die Reihenfolge umgestellt war, finden sich hier bereits die heutigen Zuchtmittel:
a) Jugendarrest in der Form des Dauer-, Kurz- und Freizeitarrestes;
b) die Auferlegung besonderer Pflichten als Schadenswiedergutmachung, Entschuldigung und Geldbußenzahlung;
c) die Verwarnung.
Der **Arrest** war allerdings bereits im Jahre **1940 als nationalsozialistische Neuschöpfung** (*Sieverts* in: Kriminologie und Vollzug der Freiheitsstrafe, hrsg. von Würtenberger, 1961, S. 150; s. aber *Schaffstein* Gesellschaft für deutsches Strafrecht, 1939, S. 129, der sich auf schweizerische Vorbilder beruft, und seine »Rechtfertigung« in: Gedächtnisschrift für H. Kaufmann 1986, S. 393 ff.) durch Verordnung zur Ergänzung des Jugendstrafrechts (RGBl I, 1336) eingeführt worden. Nach *Freisler*, damals noch Staatssekretär im Reichsjustizministerium, soll der Jugendarrest »den ehrliebenden, rassisch an sich gesunden jugendlichen Rechtsbrecher zweckentsprechend treffen« (Monatsschrift für Kriminalbiologie und Strafrechtsreform 1939, 209 ff.; neu abgedruckt im DVJJ-Journal 1994, 75). Entsprechende rechtspolitische Forderungen waren schon vorher erhoben worden (s. *Förster* in: Weg und Aufgabe des Jugendstrafrechts, hrsg. von Schaffstein/Miehe, 1968 (Original 1912), S. 31 ff.; *van Dühren* Zbl 1925, 82; s. auch *Eisenhardt* Die Wirkungen der kurzen Haft auf Jugendliche, 1980,

s. 9 ff.; aufklärend zur Entstehungsgeschichte und zu Kontinuitäten *Meyer-Höger* Der Jugendarrest, 1998, S. 149 ff.). Er wurde als das »modernste nationalsozialistische Erziehungsmittel« (Reichsjugendführer *Artur Axmann* Das junge Deutschland, 1940, S. 277), als das »Kernstück des deutschen Jugendstrafrechts« (*Kümmerlein* DJ 1943, 535) bezeichnet (s. auch *Böhm* Einführung in das Jugendstrafrecht, 2. Aufl., S. 162: »Rückblickend war die Entwicklung jedenfalls ein Fortschritt«; eine positive Einschätzung findet sich auch bei *Bindzus/Musset* Grundzüge des Jugendrechts, 1999, S. 281) Auch die Polizei war ermächtigt, Jugendarrest zu verhängen (§ 52 JGG 1943; zu sonstigen freiheitsentziehenden Zugriffsmöglichkeiten gegenüber Jugendlichen im NS-Staat s. *Huvalé* Zbl 1984, 61 ff.). Obwohl die Zuchtmittel bereits damals nicht die Rechtswirkungen einer Strafe haben sollten (§ 7 Abs. 3 JGG 1943), wurde dem Arrest schon früh ein Strafcharakter i. S. einer Erziehungs-, Ehren-, Schockstrafe zugesprochen (s. *Schaffstein* DR 1936, 66). Er sollte die erzieherische Funktion erfüllen, »die im Leben außerhalb der rechtlichen Sphäre bei einem Jungen eine kräftige Tracht Prügel haben kann« (*Schaffstein* Gesellschaft für deutsches Strafrecht, 1939, S. 129). Dem entspricht die Verbalisierung »züchtigen«. Von der Praxis wurde die Sanktion »begeistert aufgenommen« (s. *Dörner* Erziehung durch Strafe, 1991, S. 214). So lauteten bereits 1942 72 % der Verurteilungen auf Jugendarrest (s. *Meyer-Höger* Der Jugendarrest, 1998, S. 90), wobei hinsichtlich der Härte davon ausgegangen wurde, »daß ein Monat Jugendarrest an Empfindlichkeit hinter drei Monaten Jugendgefängnis nicht zurücksteht« (*RG* DJ 1942, 139; zum Alltag des damaligen Arrestes s. auch *Hinrichs* DVJJ-Journal 1997, 313 ff.).

3   Das JGG 1953 (BGBl I, 751) hat weitgehend – mit einigen Umstellungen – die Formulierung des JGG 1943 übernommen. Die Zumutbarkeitsklausel des § 15 Abs. 1 S. 2 wurde mit dem ersten StrRG vom 25. 6. 1969 (BGBl I, 645) eingefügt. Nach Veränderungen in § 15 Abs. 3 durch das EGStGB vom 2. 3. 1974 (BGBl I, 469) beruht die heutige Fassung auf dem 1. JGGÄndG vom 30. 8. 1990 (BGBl I, 1853), d. h., es wurde die Arbeitsleistung auch als Zuchtmittel eingeführt, die nachträgliche Änderung von Auflagen ermöglicht und die Zahl der Freizeitarreste auf zwei reduziert.

3. Gesetzesziel

4   Erst dieser zweiten Sanktionsgruppe wird allgemein ein repressiver Charakter zuerkannt (s. Grdl. z. §§ 9-12 Rn. 4; § 5 Rn. 22), ohne bereits die Wirkung einer echten Kriminalstrafe zu haben (§ 13 Abs. 3). Dieses repressive Element wird ausdrücklich in § 13 Abs. 1 S. 1 ausgesprochen, das aber im Falle der Verwarnung nur Symbolcharakter hat. Nichtsdestotrotz bleibt das Ziel aller jugendstrafrechtlichen Sanktionen maßgebend, durch Individualprävention eine Wiederholung der Tat zu verhindern (s. Grdl.

z. §§ 1 und 2 Rn. 4 und 5). Mit den Zuchtmitteln **wird lediglich auch die negative Individualprävention** i. S. der individuellen Abschreckung (»Denkzettel«) erlaubt, die insbesondere mit der Geldbuße und dem Arrest verwirklicht wird. Diese zusätzliche Zielsetzung steht aber an zweiter Stelle, **primär** gilt auch hier die **positive Individualprävention**. Eine generalpräventive Zielsetzung ist ausgeschlossen (h. M.). Erst recht ist ein absolutes Sanktionsziel des Unrechtsausgleichs, der Tatschuldvergeltung untersagt (wie hier *Meyer-Höger* Der Jugendarrest, 1998, S. 10; a. M. *Eisenberg* § 13 Rn. 8; *Brunner/Dölling* § 13 Rn. 2; s. auch § 16 Rn. 2). Bezeichnend für eine auf den geschichtlichen Ursprung zurückgehende Auffassung ist die Umformulierung des Gesetzestextes, wonach dem Täter »die Autorität der Rechtsordnung« zum Bewußtsein gebracht werden soll (*Brunner/Dölling* § 13 Rn. 2). Es geht nicht um ein Ansehen der Rechtsordnung, sondern um ihre **Verbindlichkeit für den Rechtsgüterschutz**. Auch die Eingrenzung auf »im Grunde gutartige, erzieherisch ansprechbare Jugendliche« (*Brunner/Dölling* § 13 Rn. 3; *BGHSt* 18, 207) lehnt sich an eine – vorsichtig ausgedrückt – überholte Charaktertypisierung an (s. *Papendorf* KrimJ 1982, 156 Fn. 13; kritisch auch *Eisenberg* § 13 Rn. 12). Der Anwendungsbereich ist demgegenüber durch die Rückfallprognose und durch das Verhältnismäßigkeitsprinzip im Rahmen einer Sanktionsprognose zu bestimmen (s. § 13 Rn. 3).

In der Justizpraxis werden am häufigsten die Zuchtmittel verhängt; sie sind im Vergleich zu den anderen Sanktionsarten dominierend (s. Grdl. z. §§ 5-8 Rn. 4). Hierzu trägt bei, daß mit dem 1. JGGÄndG die Arbeitsleistung auch als Zuchtmittel verhängt werden kann.

5

Im Vergleich zu den **Sanktionen insgesamt** ergeben sich folgende Prozentanteile:

Jahr	Jugendarrest	Geldbuße	Schadenswiedergutmachung	Verwarnung
1970	20,1 %	28,9 %	1,7 %	26,8 %
1980	14,6 %	27,1 %	1,1 %	25,3 %
1990	11,8 %	22,3 %	1,5 %	22,9 %
1995	12,1 %	15,8 %	1,4 %	20,9 %
1998	13,0 %	13,4 %	1,4 %	19,9 %

(Quelle: Statistisches Bundesamt, Fachserie 10, Reihe 3, Strafverfolgung; Gebiet: bis 1990 alte Länder, ab 1995 alte Länder einschl. Berlin-Ost)

In der Zeitabfolge ist insbesondere die Abnahme des Jugendarrests auffällig, der noch im Jahre 1958 über 40 % aller nach Jugendstrafrecht verhängten Rechtsfolgen ausmachte; allerdings hat sich der Anteil in den letzten Jahren stabilisiert.

Im einzelnen ergibt sich folgende Aufschlüsselung:

Jahr	Zuchtmittel zusammen	Jugendarrest	Auflagen	Verwarnungen
1950	20 437	11 696 (57,3 %)	2 705 (13,2 %)	6 036 (29,5 %)
1960	73 816	30 492 (41,3 %)	24 251 (32,9 %)	19 073 (25,8 %)
1970	101 061	25 270 (25,0 %)	42 003 (41,6 %)	33 780 (33,4 %)
1980	127 115	27 183 (21,4 %)	52 697 (41,5 %)	47 235 (37,2 %)
1985	99 534	23 990 (24,1 %)	36 061 (36,2 %)	39 483 (39,7 %)
1990	63 507	12 785 (20,1 %)	25 967 (40,9 %)	24 755 (39,0 %)
1995	78 318	12 953 (16,5 %)	42 899 (54,8 %)	22 466 (28,7 %)
1998	95 972	16 985 (17,7 %)	52 881 (55,1 %)	26 106 (27,2 %)

Aufgrund von Auf- bzw. Abrundungen ergibt sich nicht immer die Summe von 100 %.

Hierbei unterteilen sich die Auflagen und der Arrest wie folgt:

Jahr	Auflagen zusammen	Geldbuße	Entschuldigung	Schadenswiedergutmachung	Arbeitsleistung	Arbeitsl. und Entschuldigung
1954	15 191	10 811 (71,2 %)	1 784 (11,7 %)	2 596 (17,1 %)		
1960	24 251	19 626 (80,9 %)	1 929 (8,0 %)	2 696 (11,1 %)		
1970	42 003	36 354 (86,6 %)	3 476 (8,3 %)	2 173 (5,1 %)		
1980	52 697	50 469 (95,8 %)	25 (0,5 %)	1 972 (3,7 %)		
1985	36 061	34 308 (95,1 %)	148 (0,4 %)	1 605 (4,5 %)		
1990	25 965	24 154 (93,0 %)	135 (0,5 %)	1 678 (6,5 %)		
1995	42 899	16 915 (39,4 %)	108 (0,3 %)	1 466 (3,4 %)	24 144 (56,3 %)	296 (0,7 %)
1998	52 881	17 530 (33,1 %)	152 (0,3 %)	1 823 (3,4 %)	33 003 (62,4 %)	373 (0,7 %)

Aufgrund von Auf- bzw. Abrundungen ergibt sich nicht immer die Summe von 100 %.

Erstes Hauptstück. Verfehlungen Jugendlicher und ihre Folgen **Grdl. z. §§ 13-16**

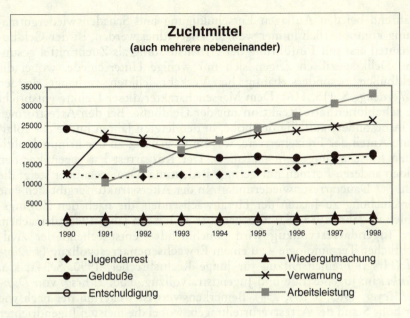

(Quelle: Statistisches Bundesamt, Fachserie 10, Reihe 3, Strafverfolgung; Gebiet: bis 1990 altes Bundesgebiet, ab 1995 alte Länder einschl. Berlin-Ost)

Jahr	Arrestarten zusammen	Dauerarrest	Kurzarrest	Freizeitarrest
1950	11 696	7 293 (62,4 %)	540 (4,6 %)	3 863 (33,0 %)
1960	30 492	14 978 (49,1 %)	1 511 (5,0 %)	14 003 (45,9 %)
1970	25 270	10 983 (43,5 %)	1 196 (4,7 %)	13 091 (51,8 %)
1980	27 183	10 413 (38,3 %)	2 012 (7,4 %)	14 758 (54,3 %)
1985	23 990	9 931 (41,4 %)	1 914 (8,0 %)	12 145 (50,6 %)
1990	12 785	5 625 (44,0 %)	879 (6,9 %)	6 281 (49,1 %)
1995	12 953	6 717 (51,9 %)	841 (6,5 %)	5 395 (41,7 %)
1998	16 985	8 529 (50,2 %)	980 (5,8 %)	7 476 (44,0 %)

Aufgrund von Auf- bzw. Abrundungen ergibt sich nicht immer die Summe von 100 %.

(Quelle: Statistisches Bundesamt, Fachserie 10, Reihe 3, Strafverfolgung; Gebiet: bis 1990 altes Bundesgebiet, ab 1995 alte Länder einschl. Berlin-Ost)

6 Während bei den Auflagen Entschuldigung und Schadenswiedergutmachung kontinuierlich immer weniger angeordnet werden, ist der Geldbußenanteil erst mit Einführung der Arbeitsleistung als Zuchtmittel gesunken. Deliktspezifisch zeigen sich nur wenige Unterschiede, wobei die Geldbußen besonders häufig bei Verkehrsdelikten verhängt werden (s. *Terdenge* S. 115, 116). Dem Massencharakter dieser Delikte entspricht die **schablonenhafte Reaktion** mit der Geldbuße. Bei den Arrestformen ist insbesondere auffällig der hohe, in den letzten Jahren nur leicht abfallende Anteil der Freizeitarreste, was im Gegensatz zu der kriminalpolitischen Einschätzung steht (s. Rn. 9). Der Kurzarrest hat gegenüber den beiden anderen Formen nur geringe Bedeutung. Demgegenüber steigt die Zahl der Dauerarreste wiederum an. In der Altersstruktur ergibt sich eine Verschiebung zu Lasten der Heranwachsenden, die nach den Zugangszahlen im Jahre 1988 66,0 % gegenüber 42,1 % im Jahre 1965 ausmachen: Der **Jugendarrestvollzug** wird zunehmend – entsprechend der zivilrechtlichen Terminologie – zu einem **Erwachsenenarrestvollzug** (s. *Dünkel* (Hrsg.) Freiheitsentzug für junge Rechtsbrecher, 1990, S. 341; s. a. *Dünkel* in: Jugendstrafe und Jugendstrafvollzug, Tbd. 1, hrsg. von *Dünkel/Meyer*, 1985, S. 154, 254). Bemerkenswert ist weiterhin der nach wie vor hohe Stand der Arrestverurteilungen, wobei die meisten Jugendrichter auf Abschreckung und Besinnung setzen (s. *Pfeiffer* Kriminalprävention im Jugendgerichtsverfahren, 1983, S. 267 ff.; *Schumann* Zbl 1986, 363), z. T. auch nur die Verhängung einer Jugendstrafe vermeiden wollen (s. *Hauser* Der Jugendrichter – Idee und Wirklichkeit, 1980, S. 79; *Eisenhardt* Gutachten über den Jugendarrest, 1989, S. 92, 117). Im Ländervergleich zeigen sich erhebliche Unterschiede, wobei in Hamburg Freizeit- und Kurzarrest so gut wie nicht mehr verhängt wird (s. Grundlagen zu § 90 Rn. 4). Trotz unterschiedlicher Bemühungen um Verbesserungen in den einzelnen Arrestanstalten (s. § 90 Rn. 5) fällt das Gesamturteil auch nach der letzten, vom Bundesjustizministerium in Auftrag gegebenen Untersuchung negativ aus: »Wenn der Jugendarrest nicht weiterentwickelt wird, dann sollte man erkennen, daß er zur Zeit lediglich die Funktion einer kurzen Freiheitsstrafe erfüllen kann, die nur keinen entsprechenden Eintrag in das Strafregister beinhaltet. Man muß also aufgrund der Analyse der Vollzugsgegebenheiten klar sagen, daß der Jugendarrest in der derzeitigen Ausgestaltung in den Arrestanstalten keine geeignete Reaktion auf jugendliches Fehlverhalten darstellt. Dies gilt besonders für die Ausgestaltung des Dauerarrestes« (s. *Eisenhardt* Gutachten über den Jugendarrest, 1989, S. 135).

7 Zu den Arrestmaßnahmen aufgrund eines Urteils kommen die **sog. Ungehorsamsarreste**. Obwohl hierzu keine offiziellen Zahlen vorliegen, ist dieser Bereich in der Größenordnung nicht zu unterschätzen. Eine Berechnung aus dem Vergleich der angeordneten Arreste mit der behördlichen Übersicht über die Zugänge ist nicht möglich, da bei den Zugängen Mehrfachzählungen, insbesondere bei Freizeitarresten, zu berücksichtigen sind (s. auch *Eisenberg* § 16 Rn. 7). Nach einer Umfrage von *Hinrichs* wurden im Jahre 1988 bei ansteigender Tendenz in 30 Anstalten zu 32,7 % Ungehorsamsarreste vollstreckt (*Hinrichs* in: Mehrfach Auffällige – mehrfach Betroffene/Erlebnisweisen und Reaktionsformen, DVJJ 18 (1989), 338). Die Einschätzung, daß der sog. Ungehorsamsarrest gegenüber den Arrestmaßnahmen gem. § 16 eine zunehmende Bedeutung erhält, wird durch eine vom Verfasser bei den Arrestanstalten durchgeführte Umfrage bestätigt: Hiernach betrug der Anteil der sog. Ungehorsamsarreste gem. dem JGG im Jahre 1992 bei Vollstreckungsersuchen 39,2%, für sog. Ungehorsamsarreste gem. § 98 Abs. 2 OWiG 4,6%; der Anteil bei durchgeführter Arrestvollstreckung betrug bei sog. Ungehorsamsarresten nach dem JGG 22,4% (in 36,4 % der Vollstreckungsmaßnahmen wurde die Vollstreckung nach Erfüllung der Weisung bzw. Auflage gem. den §§ 11 Abs. 3 S. 3, 15, Abs. 3 S. 2 für erledigt erklärt), bei sog. Ungehorsamsarresten gem. § 98 Abs. 2 OWiG 5,6 % (s. *Ostendorf* MschrKrim 1995, 357). Hierbei zeigt sich gerade bei diesen Verurteilten eine soziale Benachteiligung, die den Ungehorsam eher als **Sozialprotest** erscheinen läßt (s. *Pfeiffer* MschrKrim 1981, 48; *Werlich* a. a. O., S. 159, 161; s. auch § 16 Rn. 3). Hierzu paßt der extrem hohe Anteil der Zwangsarrestanten, die sich nicht freiwillig zum Arrestantritt stellen, sondern per Haftbefehl zugeführt werden müssen: nach einer Bremer Untersuchung fast 50 % (s. *Werlich* a. a. O., S. 158) – eine im hohen Maße kriminogene Wirkung (s. *Busch/Hartmann* Soziale Trainingskurse im Rahmen des Jugendgerichtsgesetzes, 1984, s. 267). Zur Rechtsgrundlage von Arrestzuführungen s. § 85 Rn. 7.

4. Rechtspolitische Einschätzung

Die »Geringschätzung« der Schadenswiedergutmachung in der Justizpraxis steht einer »Hochschätzung« in der Rechtslehre gegenüber: Die opferbezogene Strafrechtspflege rückt immer mehr in den Mittelpunkt (s. *Rössner/Wulf* Opferbezogene Strafrechtspflege, Beiheft Nr. 3 zum Rundbrief Soziale Arbeit und Strafrecht, hrsg. Deutsche Bewährungshilfe, 2. Aufl.; Arbeitskreis VIII auf dem 19. Dt. Jugendgerichtstag, DVJJ 13 [1984], 366 ff.; *Sessar* in: Festschrift für Leferenz, 1983, S. 145 ff.; *Kaiser* NStZ 1982, 105; *Hellmer* JZ 1979, 41; *Brunner* Zbl 1976, 269; grundlegend *Frehsee*: »Schadenswiedergutmachung als Thema der Verständigung zwischen Täter und Opfer«, Schadenswiedergutmachung als Instrument strafrechtlicher Sozialkontrolle, 1987, S. 135; s. auch *Schöch* in: Festschrift für Mayhofer, 1988, S. 461 ff.).

    In verschiedenen Städten der Bundesrepublik, in Braunschweig (Modellprojekt »Täter-Opfer-Ausgleich«), in Kiel (»Brücke«), in Köln

8

(»Waage«), in München (»Modellversuch der Jugendstaatsanwälte bei den Landgerichten in Landshut und München I«) und in Reutlingen (»Handschlag«) sind entsprechende Modellprojekte ins Leben gerufen worden (s. hierzu die Referate im Arbeitskreis VII des 20. Deutschen Jugendgerichtstages in Köln, DVJJ 17 (1987), 274 ff.). In ersten Auswertungen wird von hohen Erfolgsquoten berichtet (*Schreckling/Pieplow* ZRP 1989, 12: 80 % für das Modellprojekt »Die Waage«; zu positiven Erfahrungen mit dem Braunschweiger Täter-Opfer-Projekt s. *Viet* Zbl 1988, 17 ff.). Der Täter-Opfer-Ausgleich hat sich auch bei schweren Taten als durchführbar erwiesen. (*Schreckling* Täter-Opfer-Ausgleich nach Jugendstraftaten in Köln, 1990, S. 143). Auch haben Umfragen hohe Akzeptanzen für diese Konfliktregelung ergeben. Nach einer in Hamburg durchgeführten Bevölkerungsumfrage äußerten sich bis zu 70 % der Befragten zustimmend (s. *Sessar/Beurskens/Boers* KrimJ 1986, 93). Nach einer Bielefelder Untersuchung zeigt nur eine Minderheit von 14,7 % der Opfer von Straftaten Jugendlicher und Heranwachsender diese bei der Polizei an, damit diese auch bestraft werden. Fast jedem zweiten Geschädigten bzw. Verletzten – 42 % – geht es vor allem um die zivilrechtliche Regelung der Schäden. 64 % halten hierbei eine staatsanwaltschaftliche Erledigung gegenüber der richterlichen Sanktionierung für ausreichend. Selbst bei schwerwiegenderen Delikten wie beim Handtaschenraub wollen sich viele – 23,4 % – mit dem bloßen Täter-Opfer-Ausgleich begnügen; insgesamt waren 55 % der Opfer in ihrem konkreten Fall zur Teilnahme an einem solchen Verfahren bereit (*Voß* MschrKrim 1989, 34 ff.; zu ausländischen Befragungen s. *Schädler* ZRP 1990, 1950). Nach einer Untersuchung, der allerdings aufgrund der geringen Zahl der Befragten keine repräsentative Bedeutung zukommt, werden in der Praxis als Gründe für die Nichtanwendung der Schadenswiedergutmachung die Überschneidung mit zivilrechtlichen Ersatzansprüchen, die Probleme einer genauen Ermittlung der Schadenshöhe im Strafprozeß, dessen Ausweitung und die damit verbundene zusätzliche Arbeitsbelastung genannt (*Knoll* Empirische Untersuchungen zur richterlichen Sanktionsauswahl, 1978, S. 166, 167). Mit dem 1. JGGÄndG, d. h. mit der Hereinnahme des Täter-Opfer-Ausgleichs in die Diversion gem. § 45 Abs. 2 sowie mit der Möglichkeit, gem. § 10 Abs. 1 S. 3 Nr. 7 eine Weisung zum Täter-Opfer-Ausgleich auszusprechen, hat der Gesetzgeber nunmehr das erforderliche Signal gesetzt. Durch eine andere Anrechnung auf den Pensenschlüssel ist dem Arbeitseinwand zu begegnen. Darüber hinaus sind Institutionen außerhalb der Strafjustiz einzurichten, die den Ausgleich der Täter-Opfer-Interessen anstreben, was in der Form von kommunalen Schlichtungsstellen versucht werden sollte (s. *Ostendorf* ZRP 1983, 398).

9 Weiterhin ist der Arrest grundlegend zu reformieren: Der Freizeit- und Kurzarrest ist abzuschaffen, der Dauerarrest als sozialer Trainingskurs zu

gestalten (s. *Arbeitskreis VII auf dem 17. Dt. Jugendgerichtstag* DVJJ 11 [1977], 453, und *Arbeitskreis VI auf dem 18. Dt. Jugendgerichtstag*, DVJJ 12 [1981], 323; These C 3 zur Reform des Jugendkriminalrechts der *Arbeitsgemeinschaft sozialdemokratischer Juristen* s. *Isola* Recht und Politik 1979, 90; Antrag der SPD-Bundestagsfraktion, BT-Drucks. 11/4892; *Laue* DVJJ-Journal 1995, 95; für eine generelle Abschaffung *Arbeitskreis junger Kriminologen* s. *Papendorf* KrimJ 1982, 150; *Albrecht* § 27 IV. 2. b); *Schumann* DVJJ 17 (1987), 412; langfristig auch *Dünkel* Freiheitsentzug für junge Rechtsbrecher, 1990, S. 354, der aber – ersatzweise – für die Abschaffung der 6-Monats-Grenze für Jugendstrafen eintritt; gegen den Freizeitarrest *DVJJ* Stellungnahme zum Arbeitsentwurf eines Gesetzes zur Änderung des Jugendgerichtsgesetzes, 1982, S. 16; für einen Freizeitarrest aber Deutscher Richterbund DRiZ 1983, Information S. 19; für Beibehaltung des Arrestes auch *Arbeitskreis Juristen der CSU* Zbl 1982, 82; *Miehe* ZStW 97 [1985], 1010; mit Vorbehalten *Schaffstein* in: Festschrift für H. Kaufmann, 1986, S. 401 ff.; für eine vermehrte Anwendung eines reformierten, d. h. pädagogisch ausgerichteten Jugendarrestes bis zu drei Monaten *Koepsel* in: Festschrift für Böhm, 1999, 619 ff.). Die Reformbedürftigkeit des Arrestes zeigt sich insbesondere an den Rückfallzahlen; in verschiedenen Untersuchungen wurde überwiegend eine Rückfälligkeit zwischen 60 und 70 % festgestellt (*Arndt* Kriminologische Untersuchungen zum Jugendarrest, 1970, S. 119: 63,3 % bei 270 in den Jahren 1960 und 1961 entlassenen Arrestanten; *Schneemann* Beobachtungen zum Jugendarrestvollzug und die Bewährung entlassener Dauerarrestanten, 1970, S. 60: 62,25 % bei 400 in den Jahren 1963 und 1964 entlassenen Arrestanten; *Süssenguth* Jugendarrest in Bayern, 1973, S. 115: 69,5 % bei 300 Straftätern aus dem Jahre 1965; *Nolte* Die Rückfälligkeit Jugendlicher und Heranwachsender nach der Verbüßung von Jugendarrest, 1978, S. 139 f.: 69,2 % bei 260 Probanden der Jahre 1966-1971; die Rückfallquote von 31,5 % bei *Eisenhardt* Die Wirkungen der kurzen Haft auf Jugendliche, 1980, S. 551, beruht nur auf einer Auswertung des Straf-, nicht des Erziehungsregisters – verkannt in der Stellungnahme des *Dt. Anwaltsvereins* Anwaltsblatt 1976, 78; s. auch *Schaffstein* ZStW 82 [1970], 858 ff.; *Eisenberg* § 16 Rn. 20 jeweils m. w. N.). Nach Studien aus den 80er Jahren wurden Freizeitarrestanten zu 90 % wieder straffällig (*Bruns* Jugendliche im Freizeitarrest, 1984, S. 146 ff.), Bremer Arrestanten wurden zu 72,5 % und Bremerhavener Arrestanten zu 81,1 % wieder rückfällig, wobei die Ergebnisse für die Beugearrestanten noch schlechter ausfielen (s. *Schumann/Döpke* in: Jugendarrest und/oder Betreuungsweisung, hrsg. von *Schumann*, 1985, S. 136, 137). Eine Rückfalluntersuchung der Arrestanten des Jahres 1989 in Schleswig-Holstein ergab eine Rückfälligkeitsquote von 64,2 % (s. *Ostendorf* MschrKrim 1995, 360). Die weiteren negativen Wirkungen (negative Rollenübernahme, Aggressionsstau) des weithin noch weitergehend praktizierten Jugendarrestes hat *Eisenhardt* in einer großangelegten Untersuchung nachgewiesen, wobei die stärker belasteten Probanden durch den Arrest noch weiter belastet werden (*Eisenhardt* Die Wirkungen der kurzen Haft auf Jugendliche, 1980, S. 489). Dieses Ergebnis wurde in der Nachfolgeuntersuchung für das Jahr 1987 weitgehend bestätigt (s. *Eisenhardt* Gutachten über den Jugendarrest, 1989, S. 134, 135; s. auch *Dünkel* Freiheitsentzug für junge Rechtsbrecher, 1990, S. 344 ff.). Das Short-sharp-shock-Ziel kann schon deshalb nicht erreicht werden, weil der Arrest nach früheren Untersuchungen durchschnittlich erst sechs bis neun Monate nach der Tat vollstreckt wurde (s. *Arndt* Kriminologische Untersuchungen zum Jugendarrest, 1970, S. 34; *Pfeiffer* MschrKrim 1981, 32 m. w. N.); nach neueren Untersuchungen dauert das Verfahren mit Einschluß der Vollstreckung noch länger (s. *Giffey/Werlich* in: Jugendarrest und/oder Betreuungsweisung, hrsg. von *Schumann*, 1985, S. 38, 39: fast ein Jahr; *Ostendorf* MSchrKrim 1995, 364: etwas mehr als 10 Monate; *Schwegler* Dauerarrest als Erziehungsmittel für junge Straftäter, 1999, S. 279: 13 Monate). Vor allem hat nach einer Bremer Untersuchung der »Jugendknast« für die Mehrheit den Schrecken verloren, nachdem man den Arrest überstanden hat: »Statt abzuschrecken, hat der Arrest dazu beigetragen, dem Gefängnis den Schrecken zu nehmen« (s. *Schumann* Zbl 1986, 367). Nach einer Untersuchung in der Jugendarrestanstalt Nürnberg gaben zwar 57 % der Arrestanten an, vom Arrest beeindruckt zu sein, es zeigte sich aber auch, daß diese positive Beurteilung der Sanktion durch die Arrestanten nicht mit einer auf Dauer angelegten, positiv veränderten moralischen Urteilsfähigkeit bzw. Rechtseinstellung einherging (*Schwegler* a. a. O., S. 285). Die Wirkungen reduzieren sich somit offensichtlich auf eine kurze Zeit. Es geht somit nicht um die Frage, wer für den Arrest tauglich ist, sondern ob überhaupt Arrest für Jugendliche und Heranwachsende tauglich ist. In einem Vergleich der Legalbewährung von Arrestanten und Betreuten gem. § 10 hat sich gezeigt, daß trotz gleicher oder eher stärkerer Problembelastung bei den Betreuten die Rückfallquote um 14 % niedriger lag (s. *Schumann/Döpke* a. a. O., S. 136).

10 Der Gesetzgeber hat die Problematik des Arrestes erkannt (s. Begründung S. 49, BR-Drucks. 464/89), ohne sie jedoch ernsthaft anzupacken. Allein die Reduzierung der bisherigen vier Freizeitarreste auf zwei ist keine Abhilfe. Die geforderte grundsätzliche Reform, d. h. Abschaffung des Freizeit- und Kurzarrestes sowie die Umgestaltung des Dauerarrestes in standortgebundene soziale Trainingskurse steht noch aus. Vormals wurde auch von der »Denkschrift« über die kriminalrechtliche Behandlung junger Volljähriger (DVJJ 1977, S. 41, 42) ein sog. Rückholarrest vorgeschlagen, der »bei Gefahr eines erneuten Rückfalls« vom Vollzugsleiter durch einfache Ladungsverfügung angeordnet werden sollte (s. auch *Schaffstein* MschrKrim 1978, 101; *Jung* JZ 1978, 624). Dies war aber schon aus rechtsstaatlichen Gründen abzulehnen (s. *Arbeitskreis VII des 17. Dt. Jugendge-*

richtstages DVJJ 11 [1977], 453; s. auch *Ostendorf* Zbl 1984, 574). Ein Schritt in die falsche Richtung war, die Arbeitsleistung auch zu einem Zuchtmittel zu erklären. Diese Abänderung mag einer Vervollkommnung des Strafsystems dienen, sie steht aber der Zielsetzung entgegen, die repressiven Elemente des Sanktionssystems zugunsten einer positiven Individualprävention in den Hintergrund zu rücken (s. auch *DVJJ Stellungnahme* zum Arbeitsentwurf eines Gesetzes zur Änderung des Jugendgerichtsgesetzes, 1982, S. 6; *Arbeitsgruppe Jugendrecht der Universität Bremen* Stellungnahme zum Arbeitsentwurf eines Gesetzes zur Änderung des Jugendgerichtsgesetzes, 1983, S. 5; *Eisenberg* Bestrebungen zur Änderung des JGG, 1984, S. 17 ff.; mit Bedenken befürwortet *Pfeiffer* Kriminalprävention im Jugendgerichtsverfahren, 1983, S. 174). Ebenso ist bei der Diversion vor dem Ausweichen in die Arbeitsweisung vorrangig die Schadenswiedergutmachung anzusteuern (s. *Köpcke* KrimJ 1982, 299). Zu einer materiell-rechtlichen Regelung des Täter-Opfer-Ausgleichs de lege ferenda s. *Kerner/Marks/Rößner/Schreckling* DVJJ-Rundbrief Nr. 131/Juni 1990, S. 19 ff.; s. hierzu auch *Ostendorf* Ansätze für eine materiellrechtliche Entkriminalisierung im Jugendstrafrecht in: Grundfragen des Jugendkriminalrechts und seiner Neuregelung, hrsg. vom *Bundesministerium der Justiz*, 1992, S. 203).

Zu begrüßen ist, daß mit dem 1. JGGÄndG Auflagen – ohne eine Sanktionsverschärfung – wie Weisungen abänderbar sind. Zurückzuweisen ist allerdings die Überlegung, dem/der Verurteilten wahlweise zu gestatten, statt der Geldbuße oder eines Jugendarrests eine gemeinnützige Arbeit entsprechend der Regelung im Erwachsenenstrafrecht für die Ersatzfreiheitsstrafe (Art. 293 EGStGB) zu erbringen (s. *Böhm* Einführung in das Jugendstrafrecht, 2. Aufl., S. 160). Damit würden die individualpräventiven Überlegungen hinfällig und der Strafcharakter dominierend (zu Änderungsmöglichkeiten für den Jugendarrest s. § 87 Abs. 3). Wie bei der Arbeits- und Betreuungsweisung (s. Grdl. z. §§ 9-12 Rn. 6) ist auch für die Geldbuße eine Höchstgrenze zu fordern, damit zumindest nicht die Grenzen für die Geldstrafe nach dem Erwachsenenstrafrecht überschritten werden (s. § 20 Abs. 1 österreichisches JGG 1988).

11

§ 13. Arten und Anwendung

(1) Der Richter ahndet die Straftat mit Zuchtmitteln, wenn Jugendstrafe nicht geboten ist, dem Jugendlichen aber eindringlich zum Bewußtsein gebracht werden muß, daß er für das von ihm begangene Unrecht einzustehen hat.
(2) Zuchtmittel sind
1. die Verwarnung,
2. die Erteilung von Auflagen,
3. der Jugendarrest.
(3) Zuchtmittel haben nicht die Rechtswirkungen einer Strafe.

I. Anwendungsbereich

1 Zuchtmittel können gegen Jugendliche auch in den Verfahren vor den für allgemeine Strafsachen zuständigen Gerichten verhängt werden (§ 104 Abs. 1 Nr. 1); ebenso kommen bei Heranwachsenden, gegen die das materielle Jugendstrafrecht angewendet wird, Zuchtmittel in Betracht (§ 105 Abs. 1), auch vor Gerichten, die für allgemeine Strafsachen zuständig sind (§ 112 S. 1).

II. Arten

2 Die Zuchtmittel sind in § 13 Abs. 2 ausgeführt; auch die Auflagen sind – im Unterschied zu den Weisungen gem. § 10 – i. V. m. § 15 Abs. 1 abschließend festgeschrieben.

III. Allgemeine Anwendungsvoraussetzungen

3 Die Anwendungsvoraussetzungen werden durch das Sanktionsziel und durch das Verhältnismäßigkeitsprinzip bestimmt (s. auch § 9 Rn. 7). Das Ziel der positiven und der hier sekundär erlaubten **negativen Individualprävention** (s. Grdl. z. §§ 13-16 Rn. 4) darf erst nach einer negativen Rückfallprognose ins Auge gefaßt werden; insoweit gelten die allgemeinen Überlegungen (s. § 5 Rn. 18). Die Prüfung der Notwendigkeit und Geeignetheit des Zuchtmittels hat im Rahmen der Sanktionsprognose zu erfolgen. Diese ist hier besonders geboten angesichts der Unterschiede in der Eingriffsschwere, auch im Vergleich zu den Erziehungsmaßregeln, und in der Effizienzbewertung. Entgegen dem gesetzlichen Stufenverhältnis gem. § 5 Abs. 2 können Erziehungsmaßregeln eine größere Interesseneinbuße bedeuten als Zuchtmittel (s. § 5 Rn. 22; s. aber *Eisenberg* § 13 Rn. 11). Hinsichtlich der Eignung wird auf den kurzzeitigen Ansprechcharakter hingewiesen (s. *Brunner/Dölling* § 13 Rn. 2); soweit damit eine Verbindung mit längerfristig wirkenden Sanktionen angeregt werden soll, ist

aber die damit verbundene höhere Interesseneinbuße und häufig stigmatisierende Wirkung (s. auch *Eisenberg* § 13 Rn. 10) zu berücksichtigen. Auf die Angemessenheitsprüfung wird mit dem Zumutbarkeitskriterium gem. § 15 Abs. 1 S. 2 nochmals ausdrücklich aufmerksam gemacht. Besonderheiten des Wehrdienstes sind zu berücksichtigen (§ 112 a Nr. 3).

IV. Weitere Folgen

Ausdrücklich wird den Zuchtmitteln der Charakter einer Strafe aberkannt (§ 13 Abs. 3). **Der/die Verurteilte darf sich damit als nicht vorbestraft ausgeben.** Dementsprechend erfolgt eine Eintragung »nur« in das Erziehungsregister (§ 60 Abs. 1 Nr. 2 BZRG); in das Zentralregister wird ein Zuchtmittel eingetragen, wenn damit ein Schuldspruch gem. § 27, eine Verurteilung zu einer Jugendstrafe oder die Anordnung einer Maßregel der Besserung und Sicherung verbunden ist (§ 5 Abs. 2 BZRG). Da Voraussetzung für ein Zuchtmittel eine Straftat ist und da es sich dementsprechend um eine Strafsanktion handelt, kommen auch alle Folgen in Betracht, die an eine Straftat bzw. Strafsanktion anknüpfen, z. B. Aussageverweigerung gem. § 55 StPO, Begnadigung (s. *Brunner/Dölling* § 13 Rn. 5, 7; *Eisenberg* § 13 Rn. 15, 18); zur Berücksichtigung im Rahmen des § 8 WDO, um eine Doppelbestrafung durch eine zusätzliche Disziplinarmaßnahme zu vermeiden, s. *WDS* NZWehrR 1988, 256; s. auch § 112 a Rn. 15).

4

§ 14. Verwarnung

Durch die Verwarnung soll dem Jugendlichen das Unrecht der Tat eindringlich vorgehalten werden.

Literatur

Heinen »Ich verwarne dich«, UJ 1952, 29.

Inhaltsübersicht

	Rn.
I. Anwendungsbereich	1
II. Anwendungsvoraussetzungen	
1. Abgrenzung zur Ermahnung	2
2. Verbindung mit anderen Sanktionen	3
3. Personenkreis	4
III. Sanktionsvollzug	
1. bei Rechtsmittelverzicht in der Hauptverhandlung	5
2. bei späterer Rechtskraft	6
a) Besonderer Verwarnungstermin	7
b) Schriftliche Verwarnung	8
c) Verwarnung unter Vorbehalt	9

I. Anwendungsbereich

1 Zum Anwendungsbereich s. § 13 Rn. 1; zur »sinnvollen« Einschränkung auf Jugendliche (so *Dallinger/Lackner* § 105 Rn. 63; *Brunner* § 14 Rn. 4; s. auch *Eisenberg* § 14 Rn. 1) s. Rn. 4.

II. Anwendungsvoraussetzungen

1. Abgrenzung zur Ermahnung

2 Die Verwarnung ist mehr als die Ermahnung (a. M. *Schaffstein* S. 94); sie weist auf die drohende Sanktionskonsequenz im Falle einer Wiederholung hin. Die Ermahnung ist in erster Linie der Appell an die eigene oder allgemeine Wertüberzeugung; sie ist dementsprechend formloser und gem. den §§ 45 Abs. 3, 47 Abs. 1 Nr. 3 für die Einstellung des Verfahrens vorgesehen. Immer dann, wenn im Hinblick auf den Tatvorwurf und das Präventionsziel diese Reaktion als ausreichend anzusehen ist, scheidet die Urteilsverwarnung aus.

2. Verbindung mit anderen Sanktionen

In der Praxis wird die Verwarnung häufig mit anderen Sanktionen gekoppelt; dementsprechend lautet auch die Anregung in der Rechtslehre (s. *Böhm* Einführung in das Jugendstrafrecht, S. 153; *Brunner/Dölling* § 14 Rn. 3; a. M. *Eisenberg* § 14 Rn. 7: »nicht die Regel«). Nach der RL a. F. Nr. 1 S. 2 zu § 13 soll in diesem Fall von einer Hauptverhandlung zugunsten der Einstellung gem. § 45 Abs. 3 n. F. (s. Rn. 2) abgesehen werden. Damit würde aber dieser Sanktion ihr eigenständiger Charakter genommen. So richtig es ist, zunächst die Einstellungsmöglichkeiten zu bedenken, so verfehlt ist es, die Verwarnung nur i. V. m. anderen Sanktionen auszusprechen. Die **symbolische Sanktion** verliert bei einer »fühlbaren« Maßregelung ihre Aussagekraft. Soweit angenommen wird, daß ein solch bloß warnender Normappell nicht ernst genommen wird (s. *Böhm* Einführung in das Jugendstrafrecht, S. 181; *Brunner/Dölling* § 14 Rn. 3) und insofern als Präventionsmittel wenig geeignet ist, so ist dem die heute als gesichert geltende Auffassung entgegenzuhalten, daß weniger die Strafhöhe als die strafrechtliche Verfolgung, die Sanktionswahrscheinlichkeit und die mit der Strafverfolgung verbundenen Konsequenzen, die vom Gericht ausgehen, Eindruck hinterlassen (s. *Schöch* in: Jugendgerichtsverfahren und Kriminalprävention, DVJJ 13 [1984], 276; *Pfeiffer* Kriminalprävention im Jugendgerichtsverfahren, S. 88 ff., 94 m. w. N.). Dem steht auch nicht entgegen, daß nach Untersuchungen über die Rückfälligkeit die Sanktion der Verwarnung relativ schlecht abschneidet (s. *Schaffstein* ZStW 82 [1970], 874 m. w. N.); in diesen Untersuchungen sind die Verurteilten außer Betracht geblieben, die nicht wieder straffällig wurden, bei denen die »milde« Sanktion ausreichend war. Dementsprechend führte eine neuere Untersuchung zu entgegenstehenden Ergebnissen (s. *Lamnek* in: Jugendstrafe an Vierzehn- und Fünfzehnjährigen, hrsg. von *Albrecht/Schüler-Springorum*, 1983, S. 62; krit. *Berckhauer* in: Soziale Dienste in der Strafrechtspflege, hrsg. von *Steinhilper* 1984, S. 62 mit Fn. 21; zur »Mißerfolgsrate« von 33,5 % bei der vergleichbaren Sanktionierung mit einer »Ermahnung« gem. § 45 Abs. 1 a. F. s. *Pfohl* Jugendrichterliche Ermahnungen, 1973, S. 135; s. auch § 45 Rn. 17). Allerdings kann die Verwarnung nicht kriminogene Umweltsituationen beseitigen. Da dies auch für die anderen Sanktionen gilt, wären möglicherweise diese Probanden auch bei einer härteren Sanktionierung wieder rückfällig geworden (für den Einsatz dieses »Zuchtmittels« *Heinen* UJ 1952, 30, 31).

3

3. Personenkreis

Nach einer verbreiteten Meinung in der Rechtslehre (s. Rn. 1) soll die Verwarnung nur gegenüber Jugendlichen ausgesprochen werden, und zwar nur gegenüber »gutgearteten« Jugendlichen (s. auch *Schaffstein/*

4

Beulke 12. Aufl., § 20 I.). Abgesehen davon, daß eine solche Charaktertypisierung abzulehnen ist (s. Grdl. z. §§ 13-16 Rn. 4), wird damit der Einsatzbereich allzusehr eingeengt. Auch bei – einmaligen – schwerwiegenden Verfehlungen kommt diese Sanktion in Betracht (ebenso *Eisenberg* § 14 Rn. 6), auch dann, wenn die Angeklagten z. Z. der Aburteilung über 18 Jahre alt sind. Insoweit ist im Rahmen der Sanktionsprognose das Verhältnismäßigkeitsprinzip zu prüfen (s. § 13 Rn. 3).

III. Sanktionsvollzug

1. bei Rechtsmittelverzicht in der Hauptverhandlung

5 Sanktionsausspruch und Sanktionsvollzug sind zu unterscheiden, d. h., es genügt nicht, die Verwarnung nur im Urteilstenor auszusprechen. Dies ist formal schon deshalb nicht möglich, da zu diesem Zeitpunkt das Urteil noch nicht rechtskräftig ist (s. aber Rn. 9). Bei einem allseitigen Rechtsmittelverzicht ist im Anschluß an die Urteilsbegründung die Verwarnung mündlich auszusprechen (s. RL zu den §§ 82-85 IV Nr. 1; a. M. *van Dühren* Zbl 1925, 78).

2. bei späterer Rechtskraft

6 Häufig wird das Urteil jedoch in der Hauptverhandlung nicht rechtskräftig, schon deshalb nicht, weil im vereinfachten Jugendverfahren die Staatsanwaltschaft nicht vertreten ist (§ 78 Abs. 2 S. 1) oder der gesetzliche Vertreter fehlt. Die dann notwendige Verfahrensweise ist umstritten und problematisch.

a) Besonderer Verwarnungstermin

7 Gegen einen besonderen Verwarnungstermin im Anschluß an die Rechtskraft sprechen der Zeitaufwand und die persönlichen Interesseneinbußen für Schule, Ausbildung oder Arbeitsplatz (*Brunner/Dölling* § 14 Rn. 5). Er könnte mangels einer Rechtsgrundlage auch nicht mit einer polizeilichen Vorführung durchgesetzt werden (h. M., s. *Brunner/Dölling* § 14 Rn. 6). Individualpräventiv könnte allerdings ein späteres Gespräch im Richterzimmer durchaus nützlich sein (s. aber *Eisenberg* § 14 Rn. 10). Gemildert werden die Nachteile im Falle eines Ortswechsels des Jugendlichen durch die Inanspruchnahme einer **Amtshilfe**, nicht Rechtshilfe gem. den §§ 156 ff. GVG, eines anderen Jugendrichters gem. § 84 Abs. 2; Maßnahmen der Vollstreckung mit Ausnahme der jugendrichterlichen Entscheidungen gem. § 83 Abs. 1 sind Justizverwaltungsakte (*OLG Hamm* Zbl 1970, 56 gegen *OLG Hamm* GA 1969, 251; s. auch *Brunner/Dölling* § 14 Rn. 5).

b) Schriftliche Verwarnung

Eine schriftliche Verwarnung ist gesetzlich nicht ausgeschlossen, erscheint jedoch bei diesem Personenkreis wenig geeignet. Für die Verurteilten hat die schriftliche Verwarnung nicht die Bedeutung, wenn sie überhaupt verstanden wird. Allerdings würden mit dieser Verfahrensweise die Nachteile eines besonderen Verwarnungstermins umgangen (s. auch *Brunner/ Dölling* § 14 Rn. 5).

c) Verwarnung unter Vorbehalt

Richtig erscheint demgegenüber der Weg, die Verwarnung unter Vorbehalt der Rechtskraft auszusprechen. Mit dem Urteilstenor ist sie ja bereits ausgesprochen (»der/die Angeklagte wird verwarnt«) bzw. angekündigt (»der/die Angeklagte soll verwarnt werden«). Es erscheint allzu theoretisch, diesen Ausspruch für den/die Verurteilte(n) nicht gelten zu lassen. So wird denn auch im Erwachsenenstrafrecht bei der Verurteilung gem. § 59 StGB (Verwarnung mit Strafvorbehalt) hierin kein Problem gesehen (s. *Stree* in: *Schönke/Schröder* § 59 StGB Rn. 17; *Tröndle/Fischer* § 59 StGB Rn. 6); gem. § 268 a Abs. 3 StPO hat der Vorsitzende im Anschluß an die Urteilsverkündung und den Bewährungsbeschluß den/die Angeklagte(n) über die Bedeutung der Verwarnung zu belehren. Von daher erscheint es erlaubt und angebracht, bei noch nicht rechtskräftiger Verurteilung die Verwarnung unter Vorbehalt auszusprechen, wobei mit Argumenten, nicht mit dem Pochen auf richterliche Autorität der Gesetzesanspruch zu begründen ist. Lediglich bei nachdrücklicher Leugnung des Tatvorwurfs kommt diese Vorgehensweise nicht in Betracht, da dann in einer solchen Situation der/die Verurteilte kaum ein Ohr für Belehrungen haben wird.

§ 15. Auflagen

(1) Der Richter kann dem Jugendlichen auferlegen,
1. nach Kräften den durch die Tat verursachten Schaden wiedergutzumachen,
2. sich persönlich bei dem Verletzten zu entschuldigen,
3. Arbeitsleistungen zu erbringen oder
4. einen Geldbetrag zugunsten einer gemeinnützigen Einrichtung zu zahlen.

Dabei dürfen an den Jugendlichen keine unzumutbaren Anforderungen gestellt werden.

(2) Der Richter soll die Zahlung eines Geldbetrages nur anordnen, wenn
1. der Jugendliche eine leichte Verfehlung begangen hat und anzunehmen ist, daß er den Geldbetrag aus Mitteln zahlt, über die er selbständig verfügen darf, oder
2. dem Jugendlichen der Gewinn, den er aus der Tat erlangt, oder das Entgelt, das er für sie erhalten hat, entzogen werden soll.

(3) Der Richter kann nachträglich Auflagen ändern oder von ihrer Erfüllung ganz oder zum Teil befreien, wenn dies aus Gründen der Erziehung geboten ist. Bei schuldhafter Nichterfüllung von Auflagen gilt § 11 Abs. 3 entsprechend. Ist Jugendarrest vollstreckt worden, so kann der Richter die Auflagen ganz oder zum Teil für erledigt erklären.

Literatur

Arndt Kriminologische Untersuchungen zum Jugendarrest, 1970; *Baur* Die Bewährungsauflage der Schadenswiedergutmachung und das Zivilrecht, GA 1957, 338; *Bekker* Jugendarrest und Erziehungskurs, MDR 1974, 106; *Brodkorb* Verfassungsrechtliche Grenzen bei der Erteilung von Erziehungsmaßregeln und Zuchtmitteln bei Jugendlichen und Heranwachsenden, 1998; *Brunner* Die Auflage der Schadenswiedergutmachung im Jugendstrafrecht, Zbl 1976, 269; *Bruns* Jugendliche im Freizeitarrest 1984; *Dilcher* Die Bewährungsauflage der Schadenswiedergutmachung im Verhältnis zur zivilrechtlichen Haftung, NJW 1956, 1346; *Eisenhardt* Die Wirkungen der kurzen Haft auf Jugendliche, 1980; *Feltes* Jugendarrest – Es wird Zeit, daß sich was ändert, in: Die jugendrichterlichen Entscheidungen – Anspruch und Wirklichkeit, DVJJ, 12 (1981), 290; *Fluck* Der Jugendarrest als Mittel der Bekämpfung der Jugendkriminalität, 1969; *Frehsee* Wiedergutmachungsauflage und Zivilrecht, NJW 1981, 1253; *ders.* Wiedergutmachung statt Strafe, KrimJ 1982, 126; *ders.* Schadenswiedergutmachung als Instrument strafrechtlicher Sozialkontrolle, 1987; *Gramlich* Möglichkeiten und Grenzen des Jugendarrests, 1964; *Hartenstein* Zur Wirksamkeit des Jugendarrestvollzugs, MschrKrim 1966, 314; *Hellmer* Wiedergutmachung und Strafe, AcP 155 [1956], 527; *ders.* Identitätsbewußtsein und Wiedergutmachungsgedanke, JZ 1979, 41; *Hinze* Handhabung und Bewährung des Jugendarrests und der entsprechenden Maßnahmen des englischen Rechts, 1972; *Hofmann* Die Schadenswiedergutmachung im Strafrecht, 1973; *Holtfreter* Das Hamburger Modell »Jugendarrest und Nachbetreuung«, in: Jugendgerichtsverfahren und Kriminalprävention, DVJJ, 13 (1984), 449; *Jaath* Die Ver-

Erstes Hauptstück. Verfehlungen Jugendlicher und ihre Folgen § 15

ordnung zur Änderung der JAVollzO, JZ 1977, 46; *Jakobs/Molketin* Auflage der Schadenswiedergutmachung (§ 15 Abs. 1 Nr. 1 JGG) und Zivilrecht, Jugendwohl 1983, 159; *Jung* Der Jugendarrest im jugend-(straf-)rechtlichen Sanktionssystem, JZ 1978, 621; *Klosterkemper* Erfolg und Mißerfolg ambulanter Maßnahmen und des Dauerarrestes, festgestellt an 200 Erstverurteilten im Lande Bremen aus dem Jahre 1960, 1971; *Krieger* Anwendungsbereich und Wirksamkeit des Jugendarrests im Saarland, 1970; *Miehe* Rückfall und Bewährung nach Jugendstraf- und Jugendarrestvollzug, RDJB 1969, 81; *Möller* Der Jugendarrest als Erziehungsmaßnahme – Grund zur Resignation?, in: Die jugendrichterlichen Entscheidungen – Anspruch und Wirklichkeit, DVJJ, 12 (1981), 311; *Nolte* Die Rückfälligkeit Jugendlicher und Heranwachsender nach Verbüßung von Jugendarrest, 1978; *Pentz* Nochmals: Die Bewährungsauflage der Schadenswiedergutmachung, NJW 1956, 1867; *Pfeiffer* Jugendarrest – für wen eigentlich? Arrestideologie und Sanktionswirklichkeit, MschrKrim 1981, 28; *Plewig* Zur Reform des Jugendarrests, oder: Was man so alles über »kriminelle Jugendliche« weiß, MschrKrim 1980, 20; *Plewig/Hinrichs* Jugendarrest, Erziehungskurs, Intermediate Treatment, in: Junge Volljährige im Kriminalrecht, DVJJ, 11 (1977), 387; *Roestel* Erziehungshilfen im Arrestvollzug, RDJB 1976, 99; *Schädler* Den Geschädigten nicht nochmals schädigen, ZRP 1990, 150; *Schaffstein* Zur Problematik des Jugendarrestes, ZStW 82 (1970), 853; *ders.* Zum Funktionswandel des Jugendarrestes, in: Gedächtnisschrift für H. Kaufmann, 1986, S. 393; *Schall* Bedeutung der zivilrechtlichen Verjährungseinrede bei Anordnung der Wiedergutmachungsauflage, NJW 1977, 1045; *Schneemann* Beobachtungen zum Jugendarrestvollzug und die Bewährung entlassener Dauerarrestanten, 1970; *Schnitzerling* Die Schadenswiedergutmachung im Strafrecht, DAR 1959, 201; *ders.* Die Schadenswiedergutmachung im Jugendstrafrecht, RdJ 1959, 260; *Schöch* Strafrecht zwischen Freien und Gleichen im demokratischen Rechtsstaat/Zur konkreten Utopie der Wiedergutmachung im Strafverfahren, in: Festschrift für Mayhofer, 1988, S. 461; *Schumann* (Hrsg.), Jugendarrest und/oder Betreuungsweisung, 1985; *ders.* Der Jugendarrest – (Zucht-)Mittel zu jedem Zweck?, Zbl 1986, 363; *Sessar/Beurskens/Boers* Wiedergutmachung als Konfliktregelungsparadigma?, KrimJ 1986, 86; *Süssenguth* Jugendarrest in Bayern, 1973; *Theißen* Die kriminalrechtliche Auflage der Schadenswiedergutmachung – Bestandsaufnahme und Ausblick, Zbl 1984, 543; *Trips* Die Rückfälligkeit der Arrestanten der Jugendarrestanstalt Bruchsal des Vollzugsjahres 1958, MschrKrim 1963, 228; *Ullrich* Jugendarrest – Der »moderne Hexenhammer«?, UJ 1967, 30; *Urban* Übungs- und Erfahrungskurse in der Jugendarrestanstalt Hamburg-Wandsbek, in: Jugendgerichtsbarkeit und Sozialarbeit, DVJJ, 10 (1975), 139;

Inhaltsübersicht Rn.
I. Anwendungsbereich 1
II. Schadenswiedergutmachung
    1. Anwendungsvoraussetzungen
       a) Präventionseignung 2
       b) Art der Rechtsgutsverletzungen 4
       c) Art der Wiedergutmachung 5
       d) Bereitschaft des Opfers und des Täters 6
    2. Umfang 7
    3. Bestimmung und Durchführung 9

		Rn.
III.	Entschuldigung	
	1. Anwendungsvoraussetzungen	11
	2. Durchführung	12
IV.	Arbeitsleistung	13
V.	Geldbuße	
	1. Anwendungsvoraussetzungen	
	a) Präventionseignung	14
	b) Spezielle Voraussetzungen gem. § 15 Abs. 2	15
	2. Höhe der Geldbuße	16
	3. Bestimmung und Durchführung	17
VI.	Änderung und Befreiung	19
VII.	Nichterfüllung von Auflagen	20

I. Anwendungsbereich

1 Zum Anwendungsbereich s. § 13 Rn. 1.

II. Schadenswiedergutmachung

1. Anwendungsvoraussetzung

a) Präventionseignung

2 Die Schadenswiedergutmachung steht nicht ohne Grund an erster Stelle der Auflagen. Die Wiedergutmachung eines angerichteten Schadens ist an sich die primäre Reaktion. So hat diese Sanktion auch eine längere Tradition als die heutige Praxis (s. hierzu die Grdl. z. §§ 13-16 Rn. 5) vermuten läßt: Im germanischen Recht hatten Täter und Sippe das Recht, die Rache »abzukaufen« (s. *Schmidt* Einführung in die Geschichte der deutschen Strafrechtspflege, 3. Aufl., S. 24 ff.; *Hellmer* AcP 155 [1956], 529 ff.). Der Rechtsfriede wurde durch einen sog. Sühnevertrag zwischen den Beteiligten im Rahmen eines Kompositionensystems (Bußkatalog) wiederhergestellt. Mit der Übernahme der Strafgewalt durch die Obrigkeit und mit der Trennung von Zivil- und Strafgewalt wurde diese »natürliche« Sanktion immer mehr in den Hintergrund gedrängt. Erst heute wird ihr Wert wieder neu entdeckt (s. auch Grdl. z. §§ 13-16 Rn. 8). Dem Straftäter wird hiermit ermöglicht, durch eine konstruktive Leistung Schuldgefühle abzubauen **und Verantwortung zu übernehmen**. Die unmittelbare Erfahrung der Unrechtsfolgen beim Opfer, die ansonsten gar nicht wahrgenommen oder mit dem Neutralisationsmittel »Strafe« (s. *Wilsnet/Gareis* Schuld und Gewissen bei jugendlichen Rechtsbrechern, 1976, S. 225 ff.; s. auch *Hellmer* JZ 1976, 46 m. w. N.) verdrängt werden, dient der Prävention vor einer Wiederholung (s. *Brunner* Zbl 1976, 269, 270; *Frehsee* KrimJ 1982, 130; *Theißen* Zbl 1984, 545). Von der Opferseite her be-

trachtet, erscheint diese Sanktion vernünftig, da dem Opfer zunächst an der Wiedergutmachung gelegen ist. Dem Täter werden durch andere Sanktionen nicht die Möglichkeiten hierzu genommen. Die Wirkung und Durchsetzung des Strafurteils im Vergleich zum Zivilurteil kommen diesen Opferinteressen entgegen. Insgesamt wird so Befriedigung erreicht (s. auch *Ostendorf* ZRP 1983, 306 ff.). Für die Betroffenen und die Umwelt (zur Befürwortung der Schadenswiedergutmachung in der Bevölkerung s. *Sessar* in: Festschrift für Jescheck, 1985, S. 1155; *Sessar/Beurskens/ Boers* KrimJ 1986, 91 ff.; *Voß* MschrKrim 1989, 34; zu ausländischen Umfrageergebnissen s. *Schädler* ZRP 1990, 150; s. auch *Steinert* in: Abweichendes Verhalten IV, hrsg. von *Lüderssen/Sack*, 1980, S. 325 ff.; s. auch Grdl. zu den §§ 13-16 Rn. 8) ist die Schadenswiedergutmachung ein **Lehrstück für Sozialisation**: Täter und Opfer werden nicht aus dem Konflikt ausgegrenzt, sondern der Konflikt wird mit ihnen, wenn auch nicht von ihnen gelöst. Kriminalpolitisch wird darüber hinaus einem Vergeltungsstreben die Grundlage entzogen (s. *Plack* Plädoyer für die Abschaffung des Strafrechts, 1974, S. 122; *Sessar* BewH 1980, 337; *Sessar/Beurskens/Boers* KrimJ 1986, 88, 100).

Wegen der besonderen Eignung dieser Sanktion i. S. des Präventionsziels ist der Vorschlag, sie »zumeist« in Verbindung mit anderen Maßnahmen anzuordnen (*Brunner/Dölling* § 15 Rn. 8; *ders.* Zbl 1976, 278; ebenso Denkschrift über die kriminalrechtliche Behandlung junger Volljähriger, DVJJ 1977, 54), abzulehnen (wie hier *Hellmer* JZ 1976, 47; *Theißen* Zbl 1984, 546; s. auch *Eisenberg* § 15 Rn. 12; *Kaiser* NStZ 1982, 105), wobei allerdings eine Betreuungsweisung gerade bei einer längerfristigen Ratenverpflichtung eine Unterstützung sein kann. Nach einer amerikanischen Studie lag die Erfüllungsquote in den Fällen höher, in denen die »Restitution« allein angeordnet wurde (s. *Schneider/Griffith/Schneider* Juvenile Restitution as a sole Sanction or Condition of Probation – An empirial Analysis, 1982, S. 50).

3

b) Art der Rechtsgutsverletzungen

Daß ein solches Ziel nicht in jedem Fall zu erreichen ist, erscheint selbstverständlich. Die Schadenswiedergutmachung scheidet aus bei Verletzungen gemeinschaftlicher Rechtsgüter. Insoweit kommt nur eine Wiedergutmachung an der Gemeinschaft durch Geldbußenzahlung in Betracht. Ansonsten sind aber alle Verletzungen von Individualrechtsgütern wiedergutmachungsfähig, nicht bloß Vermögensrechtsgüter. Schadensausgleich kann aber nicht für Verletzungen von Rechtsgütern angeordnet werden, die strafrechtlich nicht sanktioniert werden; insoweit muß ein **unmittelbarer Zusammenhang zur Tat**, d. h. zur tatbestandsmäßigen Tat (s. § 11 Abs. 1 Nr. 5 StGB), bestehen. Es darf daher zu keiner Scha-

4

denswiedergutmachung für eine fahrlässige Sachbeschädigung im Zusammenhang mit einer fahrlässigen Körperverletzung durch einen Verkehrsunfall verurteilt werden.

c) Art der Wiedergutmachung

5 In Betracht kommen zwei Arten der Wiedergutmachung: Naturalrestitution und Ersatzleistung. Ersatz kann auf vielfältige Art geleistet werden, durch Dienstleistungsarbeit, durch Geld (auch Schmerzensgeld), durch eine Ehrenerklärung als immaterielle Wiedergutmachung. Die Art der Wiedergutmachung richtet sich einmal nach dem verletzten Rechtsgut, zum anderen nach den Möglichkeiten des Täters. Im Mittelpunkt wird die Geldbußenzahlung stehen. Aber auch Arbeitsleistungen kommen gerade bei nichtverdienenden Jugendlichen in Betracht (s. auch RL Nr. 1 zu § 15). Hiervon ist eine mittelbare Schadenswiedergutmachung zu unterscheiden, bei der eine Arbeitsweisung erteilt und das hierfür aus einem Fonds der Jugendgerichtshilfe gezahlte Entgelt zur Wiedergutmachung verwendet wird (so das Modell Braunschweig, s. *Schultze* in: Jugendgerichtsverfahren und Kriminalprävention, DVJJ 13 [1984], 389). Diese Vorgehensweise kommt jedoch nur sekundär in Betracht (s. auch These 8 des *Arbeitskreises VIII auf dem 19. Dt. Jugendgerichtstag* DVJJ 13 [1984], 396).

d) Bereitschaft des Opfers und des Täters

6 Immer ist die Bereitschaft des Opfers Voraussetzung. Ansonsten kann die bezweckte Aussöhnung nicht erreicht werden. In bestimmten Konflikten kann dem Opfer der unmittelbare Kontakt mit dem Täter (Vergewaltigung!) unzumutbar sein (s. *Theißen* Zbl 1984, 545). Eine **aufgedrängte Schadenswiedergutmachung** ist abzulehnen. Da diese Sanktion aber auch für die Opfer ungewohnt ist, kann hier ein Aufklärungsgespräch die Bereitschaft erschließen. Insoweit ist die Jugendgerichtshilfe bereits vor dem Urteilsspruch einzuschalten, um diese Bereitschaft zu ergründen und nähere Umstände abzusprechen. Ebenso sollte die grundsätzliche Bereitschaft des Täters bestehen. Ansonsten kann sich der Konflikt sogar verschärfen und zu weiteren Straftaten führen. Hierbei ist auch der Abschluß eines Prozeßvergleichs vor dem Strafgericht zu erwägen (s. § 127 a BGB), wobei die mangelnde Handlungskompetenz und die situative Bedrängnis des/der Angeklagten für seine/ihre Zustimmung zu beachten ist (s. *Brunner* Zbl 1976, 276; s. auch *BGH* bei *Herlan* GA 1961, 358) und zur Rechtswirksamkeit bei Jugendlichen die Zustimmung des gesetzlichen Vertreters hinzukommen muß.

2. Umfang

Hinsichtlich des Umfangs eines strafrechtlichen Schadensersatzes im Erwachsenenstrafrecht gem. § 56 b Abs. 2 Nr. 1 StGB ist nach der h. M. das Zivilrecht entscheidend, d. h., die Schadenswiedergutmachung muß auf zivilrechtliche Ansprüche begründet sein (s. *OLG Stuttgart* MDR 1971, 1025; *OLG Stuttgart* NJW 1980, 1114; *OLG Hamburg* MDR 1982, 340; *Baur* GA 1957, 340; *Hofmann* S. 131; a. M. *Dilcher* NJW 1956, 1346; *Hellmer* AcP 155 [1956], 541; *Frehsee* NJW 1981, 1253; *LG Oldenburg* NdsRpfl. 1990, 49; s. auch *Stree* in: *Schönke/Schröder* § 56 b Rn. 9). Allerdings wird bei Verjährung die Schadenswiedergutmachungsauflage nicht ausgeschlossen (*OLG Stuttgart* MDR 1971, 1025; *Schall* NJW 1977, 1046; a. M. *Jakobs/Molketin* Jugendwohl 1983, 162; *Eisenberg* § 15 Rn. 6). Dem hat sich auch die jugendstrafrechtliche Literatur angeschlossen (*Schnitzerling* RdJ 1959, 260; *Brunner/Dölling* § 15 Rn. 5; *Diemer* in: *D/S/S* § 15 Rn. 6). Für diese Ansicht spricht, daß es ansonsten zu einer Diskrepanz zwischen Zivil- und Strafjustiz kommen kann und dies vom Täter und seiner Umgebung nicht verstanden wird. Andererseits **ist Strafe immer etwas Zusätzliches an Interesseneinbuße** gegenüber dem zivilrechtlichen Schadensausgleich (s. auch Sonderausschuß für die Strafrechtsreform, 5. Wahlperiode, 35. Sitzung, S. 662). Mit dem Strafrecht werden weitere rechtliche Verpflichtungen begründet (*Dilcher* NJW 1956, 1346). Das Rekurrieren auf zivilrechtliche Grundsätze (s. *Eisenberg* § 15 Rn. 6) erscheint somit nicht überzeugend (s. auch *Bruns* Die Befreiung des Strafrechts vom zivilistischen Denken, 1938, S. 25), zumal im Falle der Verjährung hiervon selbst z. T. wieder Abstand genommen wird (s. auch *Wolf* S. 309). Daß der Hinweis auf § 305 a Abs. 1 S. 2 StPO (*Baur* GA 1957, 340; *Brunner* Zbl 1976, 271) einen Zirkelschluß darstellt, hat *Frehsee* bereits deutlich gemacht (NJW 1981, 1253 m. w. N.), wobei bei einer Urteilssanktion schon formal eine solche Begrenzung ausscheidet. Noch weniger überzeugend ist der Hinweis auf Art. 3 Abs. 1 GG (so *Jakobs/Molketin* Jugendwohl 1983, 162), da mit Rücksicht auf das Dunkelfeld ansonsten überhaupt keine Sanktionierung mehr erfolgen dürfte. Entscheidend ist das Strafziel der Individualprävention. Unter diesem Blickwinkel wird **allerdings regelmäßig das Zivilrecht den Maßstab** abgeben, da das Strafrecht nur als schärferes Mittel den ansonsten geregelten vermögensrechtlichen Interessenausgleich gewährleisten soll und der gerechte Interessenausgleich die Basis der angestrebten Befriedigung ist. Nur dort, wo mit Rücksicht auf die Partei- und Dispositionsmaxime im Zivilrecht Opferinteressen zu kurz kommen, erlauben das Offizial- und Untersuchungsprinzip des Strafrechts einen angemesseneren Interessenausgleich. Das heißt, eine strafrechtliche Schadenswiedergutmachung ist nicht von Einreden und Fristwahrnehmungen abhängig; ebenso gelten nicht die zivilprozessualen Beweislastregeln (für einen grundsätzlichen Vorrang des Strafrechts

Frehsee Schadenswiedergutmachung als Instrument strafrechtlicher Sozialkontrolle, 1987, S. 248).

Insoweit ist der Strafrichter auch nicht an ein vorhergehendes Zivilurteil gebunden (ebenso *LG Oldenburg* NdsRpfl. 1990, 49), umgekehrt tritt natürlich ebensowenig eine Bindungswirkung ein. Dieses Präventionsziel gebietet es, in der Praxis häufig von einem vollständigen Schadensausgleich abzusehen (s. auch *Eisenberg* § 15 Rn. 8). Das Bemühen um Wiedergutmachung ist schon ein Erfolg (*Hellmer* JZ 1979, 46). Gerade bei größeren Schäden (z. B. durch einen Verkehrsunfall oder durch eine Brandstiftung) kommt ein Abschlag bzw. ein nur bruchstückhafter Ausgleich in Betracht, womit allerdings die zivilrechtliche Haftung nicht berührt wird. Auch muß die gesamtschuldnerische Haftung (§ 840 BGB) nicht strafrechtlich durchgesetzt werden. Hierfür gibt das Gesetz mit der Formulierung »nach Kräften« einen konkreten Hinweis. Auch gebietet die Zumutbarkeitsklausel (§ 15 Abs. 1 S. 2), einen Freiraum für Freizeit und finanzielle Verpflichtungen zu belassen; zwingend ist insoweit die Beachtung der Pfändungsfreigrenzen (s. *Brunner* Zbl 1976, 278).

8   Ein Ersatz von Verfahrenskosten scheidet aus (h. M. im Erwachsenen- sowie im Jugendstrafrecht, s. *Dallinger/Lackner* § 15 Rn. 3; *Eisenberg* § 15 Rn. 9; *Böhm* Einführung in das Jugendstrafrecht, S. 185; *Wolf* S. 309; *Frehsee* Schadenswiedergutmachung als Instrument strafrechtlicher Sozialkontrolle, 1987, S. 251; a. M. *Brunner* § 15 Rn. 7; wie hier jetzt *Brunner/Dölling* § 15 Rn. 7). Unter erzieherischen Gesichtspunkten mag die gegenteilige Auffassung sogar noch vertretbar sein (s. aber *BGH* NJW 1956, 1886). Die gesonderten Regelungen über die Kostentragung, insbesondere § 74, dürfen hiermit aber nicht umgangen werden: Erstattung von Kosten der Allgemeinheit ist keine Schadenswiedergutmachung i. S. der obigen Zielsetzung (s. Rn. 2; s. auch § 10 Rn. 6).

3. Bestimmung und Durchführung

9   Obwohl der Gesetzeswortlaut scheinbar keine Konkretisierung der Schadenswiedergutmachung verlangt, ist diese aus rechtsstaatlichen Gründen geboten. Der/die Verurteilte muß wissen, was von ihm/ihr verlangt wird (*Brunner* Zbl 1976, 274; s. auch § 10 Rn. 2). Ansonsten ist auch keine »Zwangskorrektur« gem. § 15 Abs. 3 S. 2 möglich. Dies bedeutet, daß sowohl Art und Weise als auch die Höchstgrenze als auch die Teilzahlung durch das Gericht festzulegen sind (wie hier *Brunner/Dölling* § 15 Rn. 6 a; *Eisenberg* § 15 Rn. 10; *LG Berlin* DAR 1959, 144). Wenn auch die Kontrolle – zunächst – bei der Jugendgerichtshilfe liegt (§ 38 Abs. 2 S. 5, 6), darf ihr nicht die Schadensfestsetzung überlassen werden, ebenso nicht dem Bewährungshelfer (a. M. *Schnitzerling* DAR 1959, 203). Allerdings hat die Jugendgerichtshilfe schon vor der Hauptverhandlung die Chancen

für eine Wiedergutmachungsauflage zu eruieren bzw. hierauf durch einen Vermittlungsvorschlag hinzuwirken (s. *Frehsee* KrimJ 1982, 132; s. auch Rn. 6).

Die Schadenswiedergutmachung wird nicht gegenstandslos, wenn ein Dritter (Versicherung) den Schaden ersetzt oder das Opfer verzichtet (a. M. *Brunner* Zbl 1976, 272; *Eisenberg* § 15 Rn. 10; *Dallinger/Lackner* § 15 Rn. 2 m. w. N.). Wenn auch nach dem Zivilrecht der Anspruch erlischt, der rechtskräftige Sanktionsausspruch bleibt bestehen. Insoweit gibt § 15 Abs. 3 S. 1 nur die Möglichkeit, von der Auflage ganz oder z. T. zu befreien. Da Versicherungen Rückgriff zu nehmen pflegen und auch diese Art der Schadensregulierung im Interesse einer Sozialisation liegt, ist die Schadenswiedergutmachung auch nach Zahlung durch die Versicherung oder durch einen sonstigen Dritten (Gesamtschuldner) sinnvoll. Die Ersatzleistung wird nur an den unmittelbar Geschädigten unmöglich (s. auch *Schultze* in: Jugendgerichtsverfahren und Kriminalprävention, DVJJ 13 [1984], 392: »mittelbarer Schadensausgleich«; *Frehsee* Schadenswiedergutmachung als Instrument strafrechtlicher Sozialkontrolle, 1987, S. 253; a. M. *Dilcher* NJW 1956, 1347; *Schnitzerling* DAR 1959, 203; *Pentz* NJW 1956, 1867), die nach dem Gesetzeswortlaut nicht Voraussetzung ist; der unmittelbar folgende Ausgleichsanspruch bleibt erfüllbar. Inhaltlich ist dies eine Schadenswiedergutmachung, wobei im Streit auch eine Hinterlegung bzw. Zahlung auf ein Sonderkonto erfolgen kann.

III. Entschuldigung

1. Anwendungsvoraussetzungen

Die Anordnung der Entschuldigung gem. § 15 Abs. 1 Nr. 2 erscheint nur in wenigen Fällen als eine geeignete Sanktion. Regelmäßig wird hier bereits die Einstellung des Verfahrens gem. §§ 45, 47 geboten sein. Sinnvoll kann sie nur als Hilfe eingesetzt werden, um jugendtypische Hemmungen für diesen Schritt zu überwinden. Als typisches Erziehungsmittel bei Kindern (»Entschuldige dich!«) ist sie bei Heranwachsenden regelmäßig unangebracht (s. demgegenüber *Eisenberg* § 15 Rn. 13). Aber auch wenn sich der/die Angeklagte im Verhandlungsgespräch zur Entschuldigung bereit erklärt, verliert sie die Bedeutung für die eigene Schuldverarbeitung und Verantwortungsübernahme sowie für die Aussöhnung mit dem Opfer. Das Opfer wird in der angeordneten Entschuldigung regelmäßig eine **Formalie** erblicken. Die Bereitschaft des Täters zur Abgabe, die Bereitschaft des Opfers zur Annahme sind immer Voraussetzung (s. auch *Eisenberg* § 15 Rn. 13; a. M. *Wolf* S. 310).

2. Durchführung

12 Nach der RL a. F. Nr. 2 zu § 15 soll die Entschuldigung im Anschluß an die Hauptverhandlung nach Möglichkeit in Gegenwart des Richters durchgeführt werden (ebenso *Eisenberg* § 15 Rn. 13). Dies mag praktisch sein hinsichtlich der Überprüfung. Um dem/der Verurteilten aber noch einen Rest Selbständigkeit zu überlassen, sollte hierauf nicht gedrängt werden. Auch müßte dann der Verletzte vor Gericht erscheinen, wozu er außer als Zeuge nicht verpflichtet ist (s. auch *Schaffstein/Beulke* § 20 II. 2.). Durchsetzbar ist die Entschuldigung letztlich nicht. Angesichts der geringen Sanktionsschwere verbietet das Verhältnismäßigkeitsprinzip auch eine Zwangsmaßnahme gem. § 15 Abs. 3 S. 2; zudem macht der Zwang die Entschuldigung zur Farce (s. auch *Eisenberg* § 15 Rn. 13: »erhebliche erzieherische Bedenken«). Eine Nachfrage beim Opfer über die Erfüllung dieser Auflage kann somit nur den Sinn haben, für den Fall erneuter Straffälligkeit Aufschluß über die frühere Sanktionierung zu gewinnen.

IV. Arbeitsleistung

13 Mit dem 1. JGGÄndG wurde die Möglichkeit eingeführt, Arbeitsleistungen auch als Zuchtmittel aufzuerlegen (§ 15 Abs. 1 S. 1 Nr. 3). In der Begründung des Gesetzes heißt es u. a. (BT-Drucks. 11/5829, S. 18): »Die jugendrichterliche Praxis sieht offensichtlich ein Bedürfnis, Verpflichtungen zur Leistung gemeinnütziger Arbeit nicht nur als reine Erziehungsmaßregel, sondern auch dann auferlegen zu können, wenn damit dem Jugendlichen zudem eindringlich zu Bewußtsein gebracht werden soll, daß er für das von ihm begangene Unrecht einzustehen hat (§ 13 Abs. 1 JGG). Da nach geltendem Recht die Erbringung einer Arbeitsleistung aber nur als Erziehungsmaßregel gem. § 10 Abs. 1 S. 3 Nr. 4 JGG angeordnet werden kann, legt die Praxis diese Vorschrift angesichts der derzeit noch bestehenden dogmatischen Trennung zwischen Erziehungsmaßregeln und Zuchtmitteln mitunter zu weit aus. Oder sie sieht sich wegen der dogmatischen Schwierigkeiten zur Anwendung der Arbeitsweisung nicht in der Lage und ordnet Zuchtmittel bis hin zum Jugendarrest an, obgleich die Auferlegung gemeinnütziger Arbeit die angemessenere Reaktion wäre. Ihr Vorzug wird u. a. darin gesehen, daß sie sich der Höhe nach abstufen läßt und daß dadurch die Art der zugewiesenen Arbeit an der Person des Täters orientiert werden kann und von diesem dann als angemessene Rechtsfolge des begangenen Unrechts eher angenommen werden dürfte.«

Damit, d. h. mit der ausdrücklichen Formulierung als repressive Sanktion in Form eines Zuchtmittels, wird aber der Argumentation des Bundesverfassungsgerichts widersprochen, das die Verfassungskonformität einer Arbeitsleistung gerade auf die Einstufung als Erziehungsmaßregel gestützt hat: »Daß Art. 12 Abs. 2 u. 3 GG demgegenüber von einem Richter auferlegte begrenzte Arbeitspflichten, die nur als erzieherische Maßnahme in Reaktion auf Jugendstrafen ergehen, generell ausschließen sollte, ist nicht anzunehmen. ... Einer länger dauernden Ausnutzung der Arbeitskraft steht die Stellung der Weisung als eines der milderen Mittel im Gefüge des Sanktionssystems des Jugendgerichtsgesetzes entgegen, das für schwerwiegende Verfehlungen Zuchtmittel und Jugendstrafe als Rechtsfolgen bereit hält.« (*BVerfG* EzSt JGG § 10 Nr. 1, S. 15, 16) Abgesehen von verfassungsrechtlichen Bedenken (s. § 10 Rn. 13) sollten im Jugendstrafrecht primär Sanktionen gesucht werden, die auf die mit der Straftat aufgezeigten Problemlagen positiv eingehen. Von daher gilt auch für Arbeitsleistungen als Zuchtmittel, daß Arbeitsmöglichkeiten gesucht werden müssen, die vom Verurteilten nicht als allein repressive Übelzufügungen verstanden werden. Immer muß die Verhältnismäßigkeit zur Tat gewahrt bleiben; das Zuchtmittel »Arbeitsleistung« darf nicht zu einem »Arbeitsdienst« verkommen. Insoweit sind die aus der Ersatzsanktion des »Ungehorsamsarrestes« abzuleitenden zeitlichen Grenzen zu beachten (s. § 11 Rn. 3).

V. Geldbuße

1. Anwendungsvoraussetzungen

a) Präventionseignung

Die Geldbuße hat in der Praxis die Funktion der Geldstrafe im Erwachsenenstrafrecht eingenommen (s. Grdl. z. §§ 13-16 Rn. 5, 6). In ihrer massenhaften Anwendung zeigt sich die Unbeweglichkeit der Jugendrichter, mag sie auf falsche Sanktionsziele, auf Phantasielosigkeit oder auf äußere Zwänge (Arbeitsanfall, unzureichende Unterstützung durch die Jugendgerichtshilfe, Fehlen von sozialpädagogischen Einrichtungen) beruhen. Im umgekehrten Verhältnis zu der Anwendungshäufigkeit steht die Sanktionsgeeignetheit. Mit der Geldbuße wird primär ein Denkzettel ausgestellt, die negative Individualprävention bezweckt (s. Grdl. z. §§ 13-16 Rn. 4). Damit wird nicht nur keine Hilfe bei der Bewältigung persönlicher Schwierigkeiten gegeben, sondern auch die häufig anzutreffende **soziale Mängellage verschärft**, damit **neuen Straftaten Vorschub geleistet** (s. auch *Eisenberg* § 15 Rn. 16; *Pfeiffer* Kriminalprävention im Jugendgerichtsverfahren, 1983, S. 141). Zudem muß vermutet werden, daß die Geldbuße in Wirklichkeit z. T. von anderen Personen (Eltern, Partnern) gezahlt wird (s. auch § 15 Abs. 2 Nr. 1). Eine Abwehr dieser Sanktionsabwälzung durch § 258 StGB erfolgt nicht, da dort Voraussetzung ist, daß Strafen im eigentlichen Sinne vereitelt werden (nach *BGH* MDR 1991, 268 erfüllt auch im Erwachsenenstrafrecht die Bezahlung einer Geldstrafe durch Dritte nicht den Tatbestand der Strafvereitelung). Auch können

14

Weisungen hier schwerlich abhelfen (s. aber *Eisenberg* § 15 Rn. 16). Diese Nachteile werden auch nicht dadurch entschärft, daß die Geldbuße an eine gemeinnützige Einrichtung zu zahlen ist, die häufig dem/der Verurteilten näher steht als das anonyme Staatswesen. Damit soll die Eignung nicht gänzlich bestritten werden. Die Gewinnabschöpfung gem. § 15 Abs. 2 Nr. 2 erscheint sinnvoll. Auch wird man bei den Massendelikten des Straßenverkehrs kaum auf diese Massensanktion verzichten können, um nicht zu härteren Sanktionen des Arrestes und der Jugendstrafe zu greifen. Auch ist der Schweregrad einer Arbeitsleistung regelmäßig höher einzuschätzen als die Auflage einer adäquaten Geldbuße. Daß damit der Eindruck entstehen oder verstärkt werden kann, »mit Geld sei alles gutzumachen« (s. *Brunner/Dölling* § 15 Rn. 10; *Eisenberg* § 15 Rn. 15), ist unvermeidbar; diese Kritik wäre ansonsten auf das ganze Gesellschaftssystem auszudehnen (s. auch *Böhm* Einführung in das Jugendstrafrecht, S. 187). Auch sind mit der Arbeitsweisung regelmäßig größere Stigmatisierungseffekte verbunden (s. § 10 Rn. 12). Immer sollte man sich aber den primären Repressionscharakter deutlich machen und dementsprechend vermehrt nach Alternativen suchen. Vor allem darf die Geldbußenauflage nicht dazu führen, eine Schadenswiedergutmachung zu erschweren oder gar zu verhindern.

b) Spezielle Voraussetzungen gem. § 15 Abs. 2

15 Gemäß § 15 Abs. 2 ist die Geldbuße an zwei alternative Voraussetzungen geknüpft; auch wenn hier nur eine Soll-Vorschrift formuliert ist, erscheint sie zwingend, da Ausnahmen nicht begründet sind. Bei leichteren Verfehlungen ist Voraussetzung, daß der/die Verurteilte die Geldbuße aus eigenen Mitteln bezahlt, d. h., er/sie muß hierzu finanziell in der Lage sein und es dürfen für eine Abwälzung auf Dritte keine Anzeichen vorhanden sein. Ansonsten darf die Geldbuße zum Gewinn- und Entgeltabzug eingesetzt werden, womit sich diese Sanktion mit den Nebenfolgen des Verfalls und der Einziehung des Wertersatzes (s. § 6 Rn. 2, 3) überschneidet.

2. Höhe der Geldbuße

16 Die Höhe der Geldbuße richtet sich in Anwendung des Verhältnismäßigkeitsprinzips **zunächst nach dem Unrechtsvorwurf**, nach der Tatschuld (*Schnitzerling* MDR 1957, 201); sie muß angemessen sein. Zumindest darf die Praxis der Erwachsenensanktionierung nicht »übertrumpft« werden. Sodann sind die wirtschaftlichen Verhältnisse des/der Verurteilten maßgebend (s. RL Nr. 4 zu § 15; *OLG Hamm* Zbl 1972, 357). Auch insoweit setzt das Tagessatzsystem aus dem Erwachsenenstrafrecht Grenzen (so für die Geldbußenauflage im Erwachsenenstrafrecht *SK-Horn* § 56 b Rn. 9, 9 a m. N. zu der abweichenden h. M.; zur rechtspolitischen Forderung s. Grdl. z. §§ 13-16 Rn. 11). Die Zumutbarkeit ist im § 15 Abs. 1 S. 2

nochmals ausdrücklich genannt. Entsprechend § 42 StGB ist immer auch eine **Ratenzahlungsgewährung** zu bedenken.

3. Bestimmung und Durchführung

Im Urteilstenor müssen die Höhe der Geldbuße, die Einräumung einer Ratenzahlung sowie die gemeinnützige Einrichtung (s. *OLG Düsseldorf* JMBl. NW 1960, 220) bestimmt werden. Gemeinnützig sind solche Einrichtungen, die ausschließlich und unmittelbar die Allgemeinheit durch ihre Tätigkeit fördern (s. *OLG Düsseldorf* JMBl. NW 1962, 191). Der Staat und seine Einrichtungen sind – anders im § 56 b Abs. 2 Nr. 2 StGB – hier ausgegrenzt (*OLG Hamm* MDR 1954, 245; *OLG Köln* NJW 1967, 455; *OLG Zweibrücken* NStZ 1992, 84 m. zust. Anm. von *Ostendorf*; a. M. aber *Händel* JR 1955, 378; *ders.* JZ 1955, 377; hiergegen *Schnitzerling* MDR 1957, 201). Eine formelle Anerkennung durch das Finanzamt belegt diese Gemeinnützigkeit, sie ist jedoch nicht Voraussetzung, ebensowenig die Aufnahme in eine beim OLG geführte Liste (s. *OLG Düsseldorf* JMBl. NW 1962, 192). Gemäß RL a. F. Nr. 3 zu § 15 sollen Einrichtungen begünstigt werden, die der Betreuung der gefährdeten oder straffälligen Jugend dienen. Soweit aber gerade gegenüber diesen Einrichtungen von seiten des/der Verurteilten Vorbehalte bestehen, ist diese Empfehlung nicht zu befolgen (s. auch *Eisenberg* § 15 Rn. 14). Generell sollte der/die Verurteilte gefragt werden, ob er/sie persönliche Einwände gegen die Einrichtung hat, z. B. wenn es sich um kirchliche oder politisch ausgerichtete Organisationen handelt (s. auch *Händel* JR 1955, 378). Das Gericht darf nicht den Eindruck entstehen lassen, daß ihm persönlich zugetane gemeinnützige Einrichtungen bevorzugt werden. 17

Die Geldbuße ist dem/der Verurteilten schriftlich unter Angabe der Kontonummer des Geldbußenempfängers sowie dem Geldbußenempfänger selbst mit der Aufforderung zur Rückmeldung mitzuteilen. Die Aufforderung an den Verurteilten, die Zahlung nachzuweisen (so *Brunner/Dölling* § 15 Rn. 12 a; unbestimmt *Eisenberg* § 15 Rn. 20), kann nur als selbständige Weisung im Urteil ausgesprochen werden, da die Verpflichtung mit der Zahlung erfüllt ist. Wenn auch die Jugendgerichtshilfe grundsätzlich zur Überwachung der Auflagen zuständig ist (§ 38 Abs. 2 S. 5), empfiehlt sich aus verfahrensökonomischen Gründen, die Kontrolle vom Jugendrichter als Vollstreckungsleiter gem. § 82 Abs. 1 durchzuführen. 18

VI. Änderung und Befreiung

Mit dem 1. JGGÄndG können Auflagen jetzt auch geändert werden; aufgrund des ausdrücklichen Wortlauts ist eine solche Änderung jedoch nur 19 im Rahmen der Auflagen möglich, nicht darf auf eine Weisung zurückgegriffen werden (s. auch § 11 Rn. 4). Es darf sowohl die einzelne Auflage geändert als auch eine andere Auflage angeordnet werden. Diese Änderungen dürfen sich jedoch nicht als eingriffsintensiver darstellen (s. § 11 Rn. 4). Wenn sich die Durchführung der Auflage als sinnlos herausstellen sollte, ist teilweise oder ganz von ihr abzusehen. Problematisch erscheint die Empfehlung in der Begründung zum 1. JGGÄndG (BT-Drucks. 11/5829), »eine gegenüber einem arbeitslosen Jugendlichen angeordnete Arbeitsauflage in eine Geldauflage umzuwandeln, wenn der Jugendliche inzwischen eine Arbeitsstelle gefunden und sich dort bewährt hat.« Mit einem Verzicht auf die Durchführung der Arbeitsauflage ohne eine Umwandlung in eine Geldauflage könnte der positive Ansatz in der Entwicklung häufig besser unterstützt werden.

VII. Nichterfüllung von Auflagen

20 Wenn die Auflagen schuldhaft nicht erfüllt werden, kann gem. § 11 Abs. 3 Jugendarrest als **korrigierende Ersatzmaßnahme** angeordnet werden (§ 15 Abs. 3 S. 2; s. im einzelnen § 11 Rn. 8-11). Bei der Auflage zur Entschuldigung scheidet ein »Ungehorsamsarrest« grundsätzlich aus (s. Rn. 12; zu den sonstigen Voraussetzungen s. § 11 Rn. 16-17). Das Ermessen, nach Vollstreckung des Jugendarrestes die Auflage für erledigt zu erklären (§ 15 Abs. 3 S. 2), verdichtet sich zu einer **generellen Verpflichtung** (s. § 11 Rn. 12; zu den weiteren Konsequenzen s. § 11 Rn. 13-15).

§ 16. Jugendarrest

(1) Der Jugendarrest ist Freizeitarrest, Kurzarrest oder Dauerarrest.
(2) Der Freizeitarrest wird für die wöchentliche Freizeit des Jugendlichen verhängt und auf eine oder zwei Freizeiten bemessen.
(3) Der Kurzarrest wird statt des Freizeitarrestes verhängt, wenn der zusammenhängende Vollzug aus Gründen der Erziehung zweckmäßig erscheint und weder die Ausbildung noch die Arbeit des Jugendlichen beeinträchtigt werden. Dabei stehen zwei Tage Kurzarrest einer Freizeit gleich.
(4) Der Dauerarrest beträgt mindestens eine Woche und höchstens vier Wochen. Er wird nach vollen Tagen oder Wochen bemessen.

Literatur

Arndt Kriminologische Untersuchungen zum Jugendarrest, 1970; *Becker* Jugendarrest und Erziehungskurs, MDR 1974, 106; *Eisenhardt* Die Wirkungen der kurzen Haft auf Jugendliche, 1980; *ders.* Gutachten über den Jugendarrest, 1989; *Feltes* Jugendarrest – Es wird Zeit, daß sich was ändert, in: Die jugendrichterlichen Entscheidungen – Anspruch und Wirklichkeit, DVJJ, 12 [1981], 290; *Fluck* Der Jugendarrest als Mittel der Bekämpfung der Jugendkriminalität, 1969; *Gramlich* Möglichkeiten und Grenzen des Jugendarrests, 1964; *Hinze* Handhabung und Bewährung des Jugendarrests und der entsprechenden Maßnahmen des englischen Rechts, 1972; *Holtfreter* Das Hamburger Modell »Jugendarrest und Nachbetreuung«, in: Jugendgerichtsverfahren und Kriminalprävention, DVJJ, 13 [1984], 449; *Jung* Der Jugendarrest im jugend-(straf-)rechtlichen Sanktionssystem, JZ 1978, 621; *Keiner* Jugendarrest – Zur Praxis eines Reform-Modells, 1989; *Klosterkemper* Erfolg und Mißerfolg ambulanter Maßnahmen und des Dauerarrestes, festgestellt an 200 Erstverurteilten im Lande Bremen aus dem Jahre 1960, 1971; *Koepsel* Jugendarrest – Eine zeitgemäße Sanktionsform des Jugendstrafrechts?, in: Festschrift für Böhm, 1999, 619; *Krieger* Anwendungsbereich und Wirksamkeit des Jugendarrests im Saarland, 1970; *Laue* Jugendarrest in Deutschland, DVJJ-Journal 1995, 91; *Meyer-Höger* Der Jugendarrest, 1998; *Miehe* Rückfall und Bewährung nach Jugendstraf- und Jugendarrestvollzug, RDJB 1969, 81; *Möller* Der Jugendarrest als Erziehungsmaßnahme – Grund zur Resignation?, in: Die jugendrichterlichen Entscheidungen – Anspruch und Wirklichkeit, DVJJ, 12 [1981], 311; *Nolte* Die Rückfälligkeit Jugendlicher und Heranwachsender nach Verbüßung von Jugendarrest, 1978; *Ostendorf* Reform des Jugendarrests, MschrKrim 1995, 352; *Pfeiffer* Jugendarrest – für wen eigentlich? Arrestideologie und Sanktionswirklichkeit, MschrKrim 1981, 28; *Plewig* Zur Reform des Jugendarrests, oder: Was man so alles über »kriminelle Jugendliche« weiß, MschrKrim 1980, 20; *Plewig/Hinrichs* Jugendarrest, Erziehungskurs, Intermediate Treatment, in: Junge Volljährige im Kriminalrecht, DVJJ, 11 [1977], 387; *Schaffstein* Zur Problematik des Jugendarrestes, ZStW 82 [1970], 853; *ders.* Zum Funktionswandel des Jugendarrestes, in: Gedächtnisschrift für H. Kaufmann, 1986, S. 393; *Schneemann* Beobachtungen zum Jugendarrestvollzug und die Bewährung entlassener Dauerarrestanten, 1970; *Schwegler* Dauerarrest als Erziehungsmittel für junge Straftäter, 1999; *Schumann* (Hrsg.), Jugendarrest und/oder Betreuungsweisung, 1985; *ders.* Der Jugendarrest – (Zucht-)Mittel zu jedem Zweck? Zbl 1986, 363; *Süssenguth* Jugendarrest in Bayern, 1973; *Trips* Die Rückfälligkeit der Arre-

stanten der Jugendarrestanstalt Bruchsal des Vollzugsjahres 1958, MschrKrim 1963, 228; *Ullrich* Jugendarrest – Der »moderne Hexenhammer«?, UJ 1967, 30.
Siehe auch die Angaben zu § 90.

Inhaltsübersicht Rn.
I. Anwendungsbereich 1
II. Anwendungsvoraussetzungen
   1. Sanktionsziel 2
   2. Sanktionsgeeignetheit 3
   3. Tat- und Tätervoraussetzungen 5
III. Arrestformen
   1. Freizeitarrest 10
   2. Kurzarrest 11
   3. Dauerarrest 12
IV. Urteilsfassung und Rechtsmittelbelehrung 13

I. Anwendungsbereich

1   Zum formalen Anwendungsbereich s. § 13 Rn. 1; bei einem zum Zeitpunkt des Urteils bereits Erwachsenen kommt diese Sanktion jedoch nicht mehr in Betracht, da hier spezifisch jugendtypische Behandlungstechniken angewendet werden (s. *Trips* MschrKrim 1963, 228 ff.; s. auch § 11 Rn. 14 m. w. N. zur abw. M.). Bei Soldaten können militärische Notwendigkeiten bereits einer Verurteilung entgegenstehen (s. § 112 c Abs. 2); dieser Gesichtspunkt der schulisch-beruflichen Einbindung ist aber generell zu beachten (s. Rn. 4).

II. Anwendungsvoraussetzungen

1. Sanktionsziel

2   Daß der Arrest inhaltlich repressiv-strafenden Charakter hat, ist nicht bestreitbar, auch wenn ihm formal die Strafwirkungen abgesprochen werden (§ 13 Abs. 3): »Der Strafcharakter ist die einfache Lebenswahrheit, welche durch bloßen Etikettenschwindel nicht beseitigt wird« (*H. Mayer* Strafrecht AT, 1953, S. 389); »materiell ist Jugendarrest Strafe« (*Welzel* Das Deutsche Strafrecht, 11. Aufl., S. 273). Umstritten ist nur, ob die Strafwirkung auch das Ziel der Sanktionierung oder nur notwendige Begleiterscheinung des Arrestes darstellt. Nach *BGHSt* 18, 209 »soll er Ausgleich für begangenes Unrecht sein und durch seine Einflußnahme auf den Jugendlichen auch der Besserung dienen, ferner vermöge seines harten Vollzuges abschreckend wirken«. Der kurze, harte Zugriff auf das Ehrgefühl des/der Angeklagten ist hiernach bezweckt (zur geschichtlichen Grundle-

gung dieser Auffassung s. Grdl. z. §§ 13-16 Rn. 2). Das *BVerfG* hat den Jugendarrest sogar als zulässige und taugliche Sanktion für eine Befehlsverweigerung eines Kriegsdienstverweigerers angesehen, selbst zu einem Zeitpunkt, als dessen Anerkennung mittlerweile erfolgt war (*BVerfGE* 32, 40 ff., 50; s. aber die abw. Stellungnahme des Bundesjustizministeriums sowie die a. M. dreier Verfassungsrichter, *BVerfGE* 32, 43 f. und 51 ff.). Aus erzieherischer Sicht wird damit vom Verurteilten eine größere Achtung vor dem formalen Gesetz und dem darauf fußenden Befehl als vor dem Gewissen in Berufung auf das Grundrecht des Art. 4 Abs. 3 GG abverlangt – **Arrest zur Einübung von Formalgehorsam**.

Im Hinblick auf die hohen Rückfallzahlen und weitere negative Wirkungen des Arrestes (s. Grdl. z. §§ 13-16 Rn. 9) wird dieses Sanktionsziel schon seit längerem problematisiert. Hierbei kann es kein Anliegen sein, die nach diesem Sanktionsziel Arresttauglichen von den Arrestuntauglichen zu trennen und den Arrest auf die Tauglichen zu begrenzen (s. aber *Schaffstein* ZStW 82 [1970], 862 ff. m. w. N.). Nach *BGHSt* 18, 210 kommt nämlich der Jugendarrest vor allem in Betracht für »Verfehlungen aus Unachtsamkeit, jugendlichem Kraftgefühl oder Übermut, aus typisch jugendlichen Neigungen und jugendlichem Vorwärtsstreben, jugendlicher Trotzhaltung, jugendlicher Abenteuerlust, mangelnder Selbständigkeit sowie bei Gelegenheits- und Augenblicksverfehlungen, die sich aus einer plötzlich auftretenden Situation ergeben, ohne daß der Täter sonst zu kriminellem Verhalten neigt« (s. auch RL a. F. Nr. 1 zu § 16). Für diese Tätergruppe scheidet die »kurzfristige Freiheitsstrafe des Jugendstrafrechts« (s. *Schmidhäuser* AT, S. 850) regelmäßig aus, da die negativen Wirkungen die angestrebte positive Wirkung der »Besserung« zumindest immer relativieren werden und zusätzlich das Verhältnismäßigkeitsprinzip eine solche harte Sanktionierung verbietet (s. *Pfeiffer* MschrKrim 1981, 39). Es gilt also nicht bloß die Praxis, den Jugendarrest auch bei mittelschweren Straftaten und gegenüber erheblich Gefährdeten anzuordnen (s. *Schaffstein* S. 88; zur Praxis s. auch Grdl. z. §§ 13-16 Rn. 5), zu verändern, sondern das Sanktionsziel grundlegend entsprechend der allgemeinen Zielsetzung (s. Grdl. z. §§ 13-16 Rn. 4) neu zu bestimmen: Auch beim Jugendarrest hat die positive Individualprävention im Vordergrund zu stehen, nur sekundär darf das Ziel einer negativen Individualprävention (individuelle Abschreckung) verfolgt werden (zust. *Schneider* Prüfe dein Wissen, Jugendstrafrecht, Wirtschaftsstrafrecht, Strafvollzug, 3. Aufl., S. 91). Es muß versucht werden, eine Einstellungsänderung zu bestimmten negativen Problemlösungstechniken zu erreichen. Dies bedeutet, daß mit einem Freizeitarrest nicht bezweckt werden darf, Freizeit zu nehmen, insoweit einen Denkzettel zu »verpassen«, sondern daß es darum gehen muß, eine Freizeitbeschäftigung zu erlernen, die nicht in unmittelbarer Nähe zur Kriminalität steht. Der Arrest allgemein darf nicht zu einer kurzen Jugendstrafe, zum »kleinen Strafvollzug« umfunktioniert werden, die

– aus gutem Grund – nicht unter sechs Monaten ausgesprochen werden darf (§ 18 Abs. 1 S. 1).

2. Sanktionsgeeignetheit

3 Selbst einer auf Schuldausgleich und Abschreckung ausgerichteten Zielsetzung genügt der Arrestvollzug nicht (s. Grdl. z. §§ 13-16 Rn. 9). Der kurzfristige Arrest hat hierbei eine noch größere Rückfälligkeit zur Folge, da offensichtlich wenige Tage für die gewollte Einschüchterung zu kurz sind (s. *Schaffstein* ZStW 82 [1970], 882 ff. m. w. N.); umgekehrt hat der Arrest von vier Wochen ebenso eine überdurchschnittliche Rückfälligkeit ergeben, was mit einem Gewöhnungs- und Abstumpfungseffekt begründet wird. Darüber hinaus verliert im traditionellen Jugendarrest der Jugendstrafvollzug seinen Schrecken (s. Grdl. z. §§ 13-16 Rn. 9). Dem traditionellen Sanktionsziel steht weiterhin die lange Dauer zwischen Tat und Vollzug entgegen (s. Grdl. z. §§ 13-16 Rn. 9). Problematisch ist insbesondere die Praxis, bereits Erstverurteilte mit dieser Schocktherapie zu behandeln. Nach einer großangelegten Untersuchung waren dies knapp die Hälfte (*Pfeiffer* MschrKrim 1981, 39); nach einer Untersuchung in Bremen und Bremerhaven waren dies 26 % (s. *Schumann/Döpke* in: Jugendarrest und/oder Betreuungsweisung, hrsg. von *Schumann*, 1985, S. 132). Mit der überharten Sanktionierung werden die regelmäßig entwicklungs- und sozialstrukturell bedingten Probleme der Angeklagten nur verschärft. Bei 40,5 % wird die Lebenssituation durch schwerwiegende soziale Probleme bestimmt (s. *Papendorf* KrimJ 1982, 151 unter Bezugnahme auf die Ergebnisse von *Feltes*, in: Die jugendrichterlichen Entscheidungen – Anspruch und Wirklichkeit, DVJJ, 1981, 308; s. auch *Giffey/Werlich* in: Jugendarrest und/oder Betreuungsweisung, hrsg. von *Schumann*, 1985, S. 29 ff.). Noch problematischer ist bei der traditionellen Zielsetzung die wiederholte Arrestanordnung, da der Schock eine einmalige Erfahrung voraussetzt (s. auch *Brunner/Dölling* § 16 Rn. 11; s. bereits § 11 Rn. 15). Dementsprechend ist die Rückfallquote bei diesen Verurteilten noch höher (s. *Schaffstein* ZStW 82 [1970], 874 m. w. N.). So baut die heutige Arrestkonzeption weitgehend auf einer **Illusion** auf (*Pfeiffer* Kriminalprävention im Jugendgerichtsverfahren, 1983, S. 144).

4 Aber auch bei Ausgestaltung des Jugendarrestes zu einer sozialpädagogisch ausgerichteten stationären Sanktion, die möglichst in offener Form durchgeführt wird (s. Thesen des *Arbeitskreises VI auf dem 18. Dt. Jugendgerichtstag* DVJJ 1981, 323), müssen negative Folgen immer bedacht werden, die nicht ausgeräumt, sondern nur begrenzt werden können (s. auch *Schumann* (Hrsg.), Jugendarrest und/oder Betreuungsweisung, 1985, S. 179). So bleiben immer die unmittelbaren negativen Folgen der Herausnahme aus einer Schul- oder Berufsausbildung oder aus der Arbeit;

auch muß mit negativen Fernwirkungen der Stigmatisierung gerechnet werden, die weithin auch für soziale Hilfemaßnahmen erfolgt. Um dem entgegenzuwirken, sind Ferien und Urlaubszeiten zu nutzen (so auch *Eisenberg* § 87 Rn. 3; s. auch § 87 Rn. 4). Großes Gewicht ist hierbei auf die Nachbetreuung zu legen (s. § 90 Rn. 15). Es ist ebenso eine Illusion, innerhalb von wenigen Wochen Sozialisation aufholen zu wollen und anschließend die Bewältigung der Probleme dem »Sozialisierten« allein zu überlassen.

3. Tat- und Tätervoraussetzungen

Tat- und Tätervoraussetzungen lassen sich nur negativ formulieren. Eine 5
positive Beschreibung erscheint bei Notwendigkeit einer individuellen Rückfall- und Sanktionsprognose nicht möglich außer auf einer Abstraktionshöhe, die den Blick auf den Einzelfall nicht mehr freigeben würde (s. aber *Brunner/Dölling* § 16 Rn. 10). Als Freiheitsentzug scheidet Jugendarrest mit Rücksicht auf das Verhältnismäßigkeitsgebot zunächst bei leichter Kriminalität aus (s. aber *Dallinger/Lackner* § 16 Rn. 24; nachfolgend *Eisenberg* § 16 Rn. 30; wie hier *Brunner/Dölling* § 16 Rn. 10). Hierbei ist immer zu beachten, welche Sanktion bei Erwachsenen ausgesprochen würde, da insoweit dem Jugendstrafrecht Grenzen gezogen werden (s. § 5 Rn. 2-7). Keineswegs darf Arbeitslosigkeit als sanktionsbegünstigender, darf nur als nichtsanktionshindernder Umstand bewertet werden, da ansonsten diese Tätergruppe weiter benachteiligt würde. Ebenso darf nicht auf die Möglichkeit gem. § 87 Abs. 3, von der weiteren Vollstreckung abzusehen, bereits bei der Urteilsfindung »geschielt« werden, da damit den Anforderungen an ein gerechtes Urteil nicht entsprochen würde (s. auch § 11 Rn. 5).

Jugendarrest sollte nicht bei einer bereits durchgeführten Hilfe zur Erzie- 6
hung in der Art einer betreuten Wohnform gem. § 12 Nr. 2 oder sonstigen öffentlichen Erziehungsmaßnahme angeordnet werden (s. *Trips* MschrKrim 1963, 228; *Schaffstein* ZStW 82 [1970], 880; s. auch *Eisenberg* § 16 Rn. 16; s. auch § 8 Rn. 7); eine gleichzeitige Anordnung ist gem. § 8 Abs. 1 S. 2 ausdrücklich untersagt. Allerdings ist der Grund hierfür weniger in der »Gefahr der Infizierung ›gutgearteter‹ Jugendarrestanten« (so *Schaffstein* ZStW 82 [1970], 880) als in dem »Hineinregieren« in ein erzieherisches Konzept zu sehen – ganz abgesehen von dem verführerischen Rückgriff auf einen kriminalbiologischen Wortschatz.

Ebenfalls sollte bei der gegenwärtigen Praxis des Arrestvollzuges die Wie- 7
derholung des Dauerarrestes ausgeschlossen sein (nur für ein Verbot der zweifachen Wiederholung *Schaffstein* ZStW 82 [1970], 881; für ein Behandlungsmodell, bei dem zunächst ein Freizeitarrest als Schockerlebnis

ausgesprochen und bei erneuter Straffälligkeit ein Dauerarrest von vier Wochen verhängt wird, *Eisenhardt* Die Wirkungen der kurzen Haft auf Jugendliche, 1980, S. 514, 515; zust. *Böhm* Einführung in das Jugendstrafrecht, 2. Aufl., S. 168; unbestimmt *Eisenberg* § 16 Rn. 15).

8 Da Jugendarrest immer in Gemeinschaft vollzogen wird, ist bei Einzelgängern, sensiblen und leicht verletzbaren Jugendlichen, bei geistig Zurückgebliebenen hiervon Abstand zu nehmen, da sie zusätzlich aus ihrem Kreis heraus benachteiligt und stigmatisiert würden. Umgekehrt kann ein Angeklagter, der zum Urteilszeitpunkt die jugendliche Entwicklung bereits abgeschlossen hat, als »Fremdkörper« wirken (s. auch Rn. 1).

9 Die Ausgrenzung weiterer Charaktertypisierungen wie »Hangtäter«, »brutale Rohlinge« (s. *Trips* MschrKrim 1963, 229) mag inhaltlich richtig sein, kann aber aufgrund fehlender Kriterien und des besonderen Stigmatisierungseffekts nicht nachvollzogen werden. Ebenfalls ist der Arrest nicht als ein »Rücktritt auf der Kriminalitätsleiter« ausgeschlossen, wenn schon vorher U-Haft oder eine Strafe auf Bewährung verbüßt wurde. Die Erfahrung, daß es auch anders geht, daß die Sanktionsschraube nicht immer fester angezogen werden muß, daß eine heute sinnvolle Sanktion nicht wegen einer früheren Fehleinschätzung ihren Sinn verliert, daß Strafjustiz funktionsgerecht zum Schutze vor zukünftigen Rechtsgüterverletzungen entscheidet, mag mehr soziales Lernen vermitteln als ein mehrmonatiger Freiheitsentzug in der Jugendstrafe. Allerdings sind diejenigen, die bereits – negative – Hafterfahrung oder die geschlossene Heimerziehung erlebt haben, kaum mit einem Arrest ansprechbar und können als Störenfriede wirken. Dies bedeutet aber wiederum nicht, daß andere Sanktionen unterhalb der Freiheitsentziehung nicht mehr in Betracht kommen (s. § 5 Rn. 20).

III. Arrestformen

1. Freizeitarrest

10 Der Freizeitarrest ist gesetzlich nur auf die »wöchentliche Freizeit« festgelegt; er muß mindestens eine Freizeit, darf höchstens zwei Freizeiten erfassen (§ 16 Abs. 2). Nach der RL Nr. 1 zu § 16 und nach der Jugendarrestvollzugsordnung vom 30. 11. 1976 (BGBl I, 3271) sowie nach der Bundeswehrvollzugsordnung vom 29. 11. 1972 (BGBl I, 2205) wird regelmäßig in die Wochenendfreizeit vollstreckt, d. h. von Sonnabend 8.00 Uhr bis Montag 7.00 Uhr bzw. eine Stunde vor Dienstbeginn (s. § 25 Abs. 3 JAVollzO; § 5 Abs. 3 BwVollzO); wenn der/die Verurteilte am Sonnabend arbeitet oder die Schule besucht, beginnt der Arrest um 15.00 Uhr. Die Entlassung ist früher vorzunehmen, wenn die verkehrlichen

Erstes Hauptstück. Verfehlungen Jugendlicher und ihre Folgen § 16

Verhältnisse ansonsten das rechtzeitige Erscheinen in der Schule oder am Arbeitsplatz nicht ermöglichen würden (§ 25 Abs. 2 JAVollzO). Auch wenn die »wöchentliche Freizeit« heute über diese Zeiträume hinausgeht, ist an der maximalen Dauer von zwei Tagen festzuhalten; dies folgt – abgesehen von der Beachtung des Verhältnismäßigkeitsprinzips – aus der Umrechnung gem. § 16 Abs. 3 S. 2 (s. auch *Eisenberg* § 16 Rn. 25). Die Praxis des Freizeitarrestes ist für ein erzieherisches Strafkonzept mit Ausnahme weniger Reformanstalten **beschämend**. Außer der Schlafmöglichkeit wird regelmäßig nichts angeboten (s. *Feltes* in: Die jugendrichterlichen Entscheidungen – Anspruch und Wirklichkeit, DVJJ, 1981, 294; zur beispielhaften Situation in einer niedersächsischen Vollzugsanstalt s. *Drechsler* ÖTV in der Rechtspflege, 1985, Heft 32, S. 13, 14, zur vollständigen Isolierung in der Jugendarrestanstalt Bremen-Lesum s. *Giffey/Werlich* in: Jugendarrest und/oder Betreuungsweisung, hrsg. von *Schumann*, 1985, S. 17). Mit Rücksicht auf die zu kurze Beeinflußbarkeit wird in Hamburg nach einer Absprache der dortigen Jugendrichter nur noch Dauerarrest verhängt (zur rechtspolitischen Forderung nach Abschaffung des Freizeitarrestes s. Grdl. z. §§ 13-16 Rn. 9).

2. **Kurzarrest**

Der Kurzarrest ist die Ersatzform des Freizeitarrestes; er wird unter der Voraussetzung des § 16 Abs. 3 S. 1 verhängt. Wenn aus vollzugstechnischen Gründen am Wochenende keine Betreuung durchgeführt wird, sind dies auch Gründe der Erziehung (ebenso *Dallinger/Lackner* § 86 Rn. 3; *Eisenberg* § 86 Rn. 3); ökonomische Interessen dürfen jedoch nicht berücksichtigt werden. Da der wiederholte Arrestvollzug regelmäßig belastender ist und gleichzeitig wegen der kurzen Dauer weniger Beeinflussungsmöglichkeiten bietet, ist dem Kurzarrest **gegenüber dem Freiheitsarrestvollzug** der Vorzug zu geben; damit bleiben aber die grundsätzlichen Bedenken gegen diese Art der Sanktionierung bestehen. Die Mindestdauer sind zwei, die Höchstdauer vier Tage (§ 16 Abs. 3 S. 2). Der formale Umrechnungsmodus erlaubt auch nicht einen Kurzarrest von drei oder fünf Tagen (wie hier *Potrykus* § 16 Anm. 7; a. M. *Dallinger/Lackner* § 16 Rn. 12; *Eisenberg* § 16 Rn. 27). Zur Teilumwandlung s. § 86 Rn. 7. Zum besseren Verständnis der Urteilsfolgen ist bereits im Urteilstenor der »Kurzarrest« auszusprechen, zumal diese Sanktion im § 16 Abs. 1 ausdrücklich neben dem Freizeit- und dem Dauerarrest genannt wird (a. M. *Potrykus* § 16 Anm. 7; *Eisenberg* § 16 Rn. 34). Der Freizeitarrest kann auch nachträglich in einen Kurzarrest umgewandelt werden (s. § 86).

11

3. **Dauerarrest**

Der Dauerarrest beträgt mindestens eine, höchstens vier Wochen (nicht einen Monat), wobei innerhalb dessen auch eine Bemessung nach Tagen

12

möglich ist (§ 16 Abs. 4). Selbst nach herkömmlichem Arrestverständnis werden vier Wochen regelmäßig für überzogen gehalten (s. *Potrykus* § 16 Anm. 8; *Brunner/Dölling* § 16 Rn. 18). Die tendenzielle Ungeeignetheit dieser Sanktion zwingt darüber hinaus zu einer Reduzierung (s. auch *Eisenberg* § 16 Rn. 33). Im einzelnen ist auf den jeweiligen Vollzug in der zuständigen Arrestanstalt abzustellen (ebenso *Brunner/Dölling* § 16 Rn. 18).

IV. Urteilsfassung und Rechtsmittelbelehrung

13 Wenn nach der RL a. F. Nr. 7 zu § 16 sowie nach einer Kommentierung (s. *Eisenberg* § 16 Rn. 34) in der Urteilsfassung der Strafcharakter des Arrestes vermieden werden soll, so wird damit dem Etikettenschwindel (s. Rn. 2) Vorschub geleistet. Die reale Folge des Urteils (Freiheitsentzug) darf nicht mit Worten beschönigt werden. Wichtig ist allerdings der Hinweis, daß damit noch keine Vorstrafenbelastung verbunden ist (s. § 13 Rn. 4). Ebenso hat die Rechtsmittelbelehrung korrekt zu erfolgen. Eine »Veranlassung« zum Rechtsmittelverzicht, um den Arrest möglichst schnell durchführen zu können (so *Dallinger/Lackner* § 16 Rn. 30), ist unzulässig (s. bereits *Eisenberg* § 16 Rn. 36).

Vierter Abschnitt. Die Jugendstrafe

Grundlagen zu den §§ 17 und 18

1. Systematische Einordnung

Im vierten Abschnitt des ersten Hauptstücks »Verfehlungen Jugendlicher und ihre Folgen« wird die Sanktion der Jugendstrafe als Freiheitsentzug in einer Jugendstrafanstalt (§ 17 Abs. 1) geregelt. Es ist dies die **eingriffsintensivste Sanktion**, deren Strafcharakter auch mit der Eintragung in das Zentralregister deutlich wird (§ 4 Nr. 1 BZRG).

2. Historische Entwicklung

Während im JGG 1923 nur die Regelung des § 57 RStGB 1871 (Absenkung der Freiheitsstrafenrahmen und Ausschluß der Zuchthausstrafe) übernommen wurde (§ 9), wurde im JGG 1943 das Jugendgefängnis eingeführt. Die §§ 4-6 entsprachen hierbei der späteren Regelung im JGG von 1953. Abweichungen zeigen sich insbesondere beim Mindestmaß für das bestimmte Jugendgefängnis (§ 5 Abs. 1: 3 Monate) und für das unbestimmte Jugendgefängnis (§ 6 Abs. 1: 9 Monate). Auch war die heutige Voraussetzung wegen »Schwere der Schuld« umformuliert und an die erste Stelle gerückt: »Der Richter verhängt Jugendgefängnis, wenn das Bedürfnis der Volksgemeinschaft nach Schutz und Sühne wegen der Größe der Schuld oder wegen der schädlichen Neigungen des Jugendlichen, die in der Tat hervorgetreten sind, eine Strafe fordert« (§ 4 Abs. 2). Damit wurde ehrlicher gesagt, was heute gemeint wird (s. § 17 Rn. 5). Die Voraussetzung der »schädlichen Neigungen« findet sich bereits in der Verordnung vom 10. 9. 1941 (RGBl I, 567), mit der die unbestimmte Jugendstrafe eingeführt wurde. Hierbei lehnte man sich an das Österreichische JGG an, nach dem »kriminelle Neigungen« Voraussetzung für eine Freiheitsstrafe waren (s. *Müller* Zum Erziehungserfolg der Jugendstrafe von unbestimmter Dauer, 1969, S. 31). Die unbestimmte Verurteilung war hierbei keine nationalsozialistische Erfindung. Bereits im Jahre 1889 hatte *v. Liszt* in den »Kriminalpolitischen Aufgaben« diese Sanktion gefordert und sich auf amerikanische Vorbilder gestützt (ZStW 9 [1889], 497; zur weiteren Geschichte s. *Müller* Zum Erziehungserfolg der Jugendstrafe von unbestimmter Dauer, 1969, S. 24 f.). Mit dem JGG 1953 (BGBl I, 751) wurde die Fassung in Kraft gesetzt, die mit geringfügigen Änderungen durch das 1. StrRG vom 25. 6. 1969 (BGBl I, 645) und durch das EGStGB vom 2. 3. 1974 (BGBl I, 469) heute noch gilt; hierbei wurden der Begriff der »Volksgemeinschaft« gestrichen und die Mindeststrafe neu festgesetzt. An der unbestimmten Verurteilung wurde ausdrücklich festgehalten, weil sie sich bewährt habe (s. Begründung zu § 13 des Entwurfs eines Gesetzes zur Änderung des Reichsjugendgerichtsgesetzes, BT-Drucks. I/3264, S. 41). Mit dem 1. JGGÄndG wurde die unbestimmte Jugendstrafe (§ 19) gestrichen.

3. Gesetzesziel

3   Das Gesetzesziel findet sich im § 19 Abs. 1 a. F.: »Um den Jugendlichen durch den Strafvollzug zu einem rechtschaffenden Lebenswandel zu erziehen« (s. auch § 91 Abs. 1). Hierbei ist die Aufgabenstellung zunächst auf den **straffreien Lebenswandel** zu begrenzen (s. Grdl. z. §§ 1-2 Rn. 4; s. demgegenüber RL Nr. 1 zu § 17; hierzu *Ostendorf* DVJJ-Journal 1994, 193). In der Praxis wird das Gesetzesziel zudem selten erreicht (s. § 17 Rn. 10). Es steht somit hier die Individualprävention in ihrer negativen Ausprägung als **Sicherungsmaßnahme** im Vordergrund (s. im einzelnen § 17 Rn. 11). Dem entsprechen die Mindestgrundsätze der Vereinten Nationen für die Jugendgerichtsbarkeit: »Freiheitsentzug wird nur angeordnet, wenn der Jugendliche einer schweren Gewalttat gegen eine Person oder mehrfach wiederholter anderer schwerer Straftaten für schuldig befunden worden ist und keine anderen angemessenen Lösungen zur Verfügung stehen« (Nr. 17. I c, abgedruckt in ZStW 99 [1987], 273). Eine Abschreckung anderer durch Freiheitsstrafe (negative Generalprävention) ist nicht erlaubt (ständige BGH-Rechtsprechung, s. *BGH* StV 1990, 505); selbst bei Heranwachsenden wurde eine beabsichtigte Berücksichtigung gestrichen (s. Grdl. z. §§ 105-106 Rn. 4). Insoweit verbleibt es bei der allgemeinen Wirkung jeder strafgerichtlichen Ahndung (s. *BGH* StV 1982, 173; 1982, 335 jeweils m. w. N.; *Böhm* Einführung in das Jugendstrafrecht, S. 214; *Eisenberg* § 17 Rn. 5; *Bruns* StV 1982, 593). Eine strengere Bestrafung darf auch nicht erfolgen, »weil im Bezirk des Gerichts in letzter Zeit mehrere gleichgelagerte Taten vorgekommen seien« (*BGH* bei *Herlan* GA 1956, 346). Wenn demgegenüber »exemplarische« Strafen erlaubt sein sollen (*Schaffstein/Beulke* § 23 III.), verursachten Kriminalitätsanreizen begegnet werden soll (*Brunner* § 18 Rn. 9), wird dieser Grundsatz wieder aufgeweicht. Jugendliche lassen sich noch weniger als Erwachsene von der Normübertretung durch ein Abwägen möglicher strafjustitieller Nachteile, auch nicht der Strafschwere, abhalten (so eine Untersuchung von *Berlitz/Guth/Kaulitzki/Schumann* KrimJ 1987, Heft 9); eher werden negative privat-gesellschaftliche Folgen befürchtet. Im übrigen rechnet gerade die-

ser Personenkreis damit, daß er nicht erwischt wird. Entscheidend für die »Rechtstreue« ist die innere Überzeugung wenn nicht von der Richtigkeit, so doch von der Verbindlichkeit der Norm (so eine Untersuchung von *Schöch* in: Jugendgerichtsverfahren und Kriminalprävention, DVJJ, 13 [1984], 276). Hierzu leistet das Strafrecht bereits durch seine Existenz im Rahmen des Sozialisationsprozesses seinen Beitrag, wobei die Entdeckungs- und Sanktionswahrscheinlichkeit entscheidend sind. Aber auch dieser Beitrag darf nicht überschätzt werden, da für Jugendliche, die noch kein Verständnis für gesellschaftliche »Sachzwänge« haben, Verbotsnormen mehr Anreiz zur Übertretung als zur Befolgung darstellen, wenn sie überhaupt gekannt werden. Sozialisation erfolgt bei Jugendlichen primär nicht anhand abstrakter Normen, sondern »auf interpersonellem Wege« (s. *Feltes* Jugend, Konflikt und Recht, 1979, S. 338 ff.; demgegenüber betont *Bottke* die Funktion des Strafrechts – als letztes Mittel –, Normbefolgung zu erlernen, *Bottke* Generalprävention und Jugendstrafrecht aus kriminologischer und dogmatischer Sicht, 1984, S. 15). Die einzelne Sanktion kann zusätzlich angesichts der vielen Nichterwischten als ungerechte Strafe empfunden werden, dies nicht nur von dem/der Betroffenen, sondern auch von seiner/ihrer Umwelt. Damit wird einer Normverinnerlichung aber wieder entgegengewirkt (s. *Schumann* in: Jugendgerichtsverfahren und Kriminalprävention, DVJJ 13 [1984], 291). Diese **positive Generalprävention** (zur Definition s. *BVerfG* NJW 1977, 1531) ist deshalb **im allgemeinen kein besonderes Anliegen** der Sanktionierung im Jugendstrafrecht, wird nur ausnahmsweise in § 17 Abs. 2, 2. Alt. näher angesprochen (s. im einzelnen § 17 Rn. 5). Demgegenüber wird vereinzelt die positive Generalprävention allgemein als ein Strafzumessungskriterium auch bei der Jugendstrafe wegen »schädlicher Neigungen« anerkannt (s. *Brunner* JR 1982, 433; wie hier jetzt *Brunner/Dölling* § 18 Rn. 9 a; umgekehrt will *Bottke* generalpräventive Überlegungen gegenüber dieser Voraussetzung strafreduzierend einsetzen, Generalprävention und Jugendstrafrecht aus kriminologischer und dogmatischer Sicht, 1984, S. 41). Der Begriff »Verteidigung der Rechtsordnung« findet sich jedoch nicht im JGG (wie hier die These des *Arbeitskreises VI des 19. Dt. Jugendgerichtstages* DVJJ 13 [1984], 295). Dementsprechend lehnt der *BGH* in ständiger Rechtsprechung die Berücksichtigung generalpräventiver Gesichtspunkte bei der Bemessung der Jugendstrafe ab (s. *BGH* StV 1990, 505 m. w. N.).

4. Justizpraxis

Im Verhältnis zu den anderen Sanktionen hat die Jugendstrafe auch quantitativ ein nicht zu unterschätzendes Gewicht (s. Grdl. z. §§ 5-8 Rn. 4). Gerade in den letzten Jahren ist sowohl die absolute Zahl als auch der prozentuale Anteil – wiederum – gestiegen.

Das Verhältnis der Strafbegründungen wegen »schädlicher Neigungen« und wegen »Schwere der Schuld« sieht nach Einzeluntersuchungen wie folgt aus:

Autor und Titel der Untersuchung	»Schädliche Neigungen«	»Schwere der Schuld«	Beide Voraussetzungen
Benske Die Bedeutung des Erziehungsgedankens für die Bemessung der Jugendstrafe, 1966, S. 141	79,0 %	12,5 %	8,5 %
Lange Rückfälligkeit nach Jugendstrafe, 1973, S. 113	69,3 %	10,1 %	20,6 %
Matzke Der Leistungsbereich bei Jugendstrafgefangenen, 1982, S. 182, 183	71,9 %	15,8 %	12,3 %
Meier Richterliche Erwägungen bei der Verhängung von Jugendstrafe und deren Berücksichtigung durch Vollzug und Bewährungshilfe, 1994, S. 73	38,7 %	32,3 %	29,0 %
Schulz Die Höchststrafe im Jugendstrafrecht (10 Jahre) – Eine Analyse der Urteile von 1987-1996, bislang unveröffentlichtes Manuskript, Tab. 11	4,1 %	36,5 %	58,1 %

Der Untersuchung von Meier kommt nach eigener Einschätzung auf Grund der lokalen und quantitativen (35 Urteile) Begrenzung, der Untersuchung von *Schulz* auf Grund der Schwereauswahl keine Repräsentanz zu, so daß in der Praxis von einer Dominanz der »schädlichen Neigungen« auszugehen ist.

5 Nach der Strafhöhe wurden folgende Jugendstrafen ausgesprochen:

Jahr*	6 Monate bis 1 Jahr	1 Jahr bis 2 Jahre	2 Jahre bis 5 Jahre	5 Jahre bis 10 Jahre
1960	8 253 (82,1 %)	1 445 (14,4 %)	333 (3,3 %)	21 (0,2 %)
1970	8 318 (76,1 %)	2 071 (18,9 %)	496 (4,5 %)	45 (0,4 %)
1980	12 771 (72,2 %)	3 607 (20,4 %)	1 186 (6,7 %)	121 (0,7 %)
1985	11 493 (65,8 %)	4 343 (24,9 %)	1 488 (8,5 %)	139 (0,8 %)
1990	7 524 (62,2 %)	3 393 (28,0 %)	1 066 (8,8 %)	67 (0,6 %)
1995	7 890 (56,8 %)	4 496 (32,4 %)	1 416 (10,2 %)	78 (0,6 %)
1998	9 636 (56,0 %)	5 623 (32,7 %)	1 872 (10,9 %)	89 (0,5 %)

* Bis 1990 wurden nur die »bestimmten« Jugendstrafen gezählt.
(Quelle: Statistisches Bundesamt, Fachserie 10, Reihe 3, Strafverfolgung; Gebiet: bis 1990 altes Bundesgebiet, ab 1995 alte Länder einschl. Berlin-Ost)

Verurteilungen zur Jugendhöchststrafe von 10 Jahren:

Jahr	zu Jugendstrafe Verurteilte insgesamt	davon zu 10 Jahren Höchststrafe Verurteilte n	%
1991	12 938	10	0,08
1992	13 040	5	0,04
1993	13 991	10	0,07
1994	13 998	2	0,01
1995	13 880	13	0,09
1996	15 146	5	0,03

(Quelle: *Schulz* Die Höchststrafe im Jugendstrafrecht [10 Jahre] - Eine Analyse der Urteile von 1987-1996, bislang unveröffentlichtes Manuskript, Tab. 3; Gebiet: alte Länder, ab 1995 einschl. Berlin-Ost)

Insgesamt ergibt sich eine deutliche **Tendenz zu höheren Jugendstrafen**, wobei diese Strafzumessung im Vergleich zum Erwachsenenstrafrecht härter ausfällt (s. § 5 Rn. 6). Dies beruht aufgrund der vergleichbaren Sanktionspraxis (s. *Walter/Eckert* MschrKrim 1985, 69 ff.) nicht auf einer stärkeren Einbeziehung der Heranwachsenden (s. die Nachweise bei *Heinz* in: Jugendgerichtsbarkeit in Europa und Nordamerika, hrsg. von *Kerner/Galaway/Janssen*, 1986, S. 582 ff.).

5. Rechtspolitische Einschätzung

Der Begriff der »**schädlichen Neigungen**« ist **selbst schädlich** (s. § 17 Rn. 3) und schnellstens zu ersetzen. Demgegenüber bleibt auch nach dem 1. JGGÄndG und trotz einer diesbezüglichen Bundesratsinitiative (BT-Drucks. 11/5829, S. 42) dieses seit langem diskutierte Ärgernis unausgeräumt. Die im Arbeitsentwurf (Stand August 1982) vorgeschlagene Änderung der Sanktionsvoraussetzung in die Bedingung, daß »durch die Tat des Jugendlichen eine Gefährdung oder Störung seiner Persönlichkeitsentwicklung von einem Ausmaß erkennbar wird, daß die weitere Begehung nicht unerheblicher Taten zu befürchten ist« (Art. 1 Nr. 6), ist aber ebensowenig akzeptabel. In der Sache wird keine Konkretisierung geleistet (ebenso *Eisenberg* Bestrebungen zur Änderung des Jugendgerichtsgesetzes, 1984, S. 26). Abzulehnen ist zudem die Individualisierung der kriminellen Gefährlichkeit, wobei das Persönlichkeitsbild leicht zu einem Verbrechertyp umdefiniert werden kann (s. auch die Stellungnahme der *Arbeitsgruppe Jugendrecht, Universität Bremen*, Zum Arbeitsentwurf eines Gesetzes zur Änderung des Jugendgerichtsgesetzes, 1983, S. 6, 7; positiv jedoch die Stellungnahme der *DVJJ*, 1982, 18, 19). Ebenso ist die Umwandlung in »kriminelle Neigungen« (in diesem Sinne *Schaffstein/*

6

Beulke § 22 II. 1.; *Balzer* Der strafrechtliche Begriff der »schädlichen Neigungen«, 1964, S. 29) abzulehnen, da damit weiterhin eine biologische Verbrechenspathologie unterstellt wird. Statt dessen ist nüchtern **eine negative Rückfallprognose** zu fordern (ebenso *Eisenberg* Bestrebungen zur Änderung des Jugendgerichtsgesetzes, 1984, S. 27; Stellungnahme der *Arbeitsgruppe Jugendrecht, Universität Bremen*, a. a. O.), und zwar **für erhebliche Straftaten**, deren Wiederholung nicht mehr effektiv mit ambulanten Sanktionen entgegengewirkt werden kann (ebenso Stellungnahme der *DVJJ*, a. a. O.; s. auch *Nothacker* S. 193), die schwerer sind als »nicht unerhebliche« Straftaten (so aber *Eisenberg* Bestrebungen zur Änderung des Jugendgerichtsgesetzes, 1984, S. 7; nach einer – erfolglosen – Bundesratsinitiative zum 1. JGGÄndG [BT-Drucks. 11/5829, S. 42] sollten Bagatellfälle selbst bei häufiger Begehung und mittlere Kriminalität bei gelegentlicher Begehung ausgeschlossen werden). Da auch diese Umformulierung noch relativ unbestimmt ist, sollte das Ziel der Jugendstrafe als **Sicherungsstrafe und** ausnahmsweise **bei Verbrechen gegen das Leben** (weitergehend die SPD-Thesen: Kapitaldelikte, s. Recht und Politik 1981, 148) zur Normstabilisierung **im Sinne einer positiven Generalprävention** (heute: § 17 Abs. 2, 2. Alt.) definiert werden; allerdings sollte hierfür nicht an dem verführerischen Begriff »Schwere der Schuld« festgehalten werden (so aber *Begemann* ZRP 1991, 44). Nur im letzten Fall dürfte ein Strafmaß über vier Jahre erlaubt sein. Dementsprechend wäre § 18 Abs. 2 abzuändern, d. h., es müssen für die Dauer der Jugendstrafe die entsozialisierenden Wirkungen mit den resozialisierenden Bemühungen des Strafvollzugs abgewogen werden und es muß dem Verurteilten seine Resozialisierungschance belassen werden (s. auch § 17 Rn. 8).

7 Zu begrüßen ist, daß mit dem 1. JGGÄndG die unbestimmte Jugendstrafe ersatzlos gestrichen wurde (zur kriminalpolitischen Einschätzung im einzelnen s. 1. Aufl. Grdl. z. §§ 17-18 Rn. 7).

8 Forderungen, den Strafgrund für Jugendstrafe »wegen schädlicher Neigungen« abzuschaffen (s. *Begemann* ZRP 1991, 44; *Dünkel* Neue Kriminalpolitik 3/1992, S. 30) und die Mindestdauer der Jugendstrafe zu reduzieren (s. *Viehmann* in: Beiträge zur Erziehung im Jugendkriminalrecht, hrsg. von *Walter* 1989, S. 120; *Dünkel* Neue Kriminalpolitik 3/1992, S. 31; *Unterkommission IV der DVJJ-Kommission »Jugendkriminalrecht«*, DVJJ-Journal 1-2/1992, S. 35), konnten sich auf dem 22. Deutschen Jugendgerichtstag (*Arbeitskreis V/3*, DVJJ-Journal 4/1992, S. 290) nicht durchsetzen. Derartige Anlehnungen an das Erwachsenenstrafrecht sind in der Tat zurückzuweisen, weil so sozialschädliche kurze Freiheitsstrafen mit generalpräventiven Begründungen Eingang in das Jugendstrafrecht finden würden. Im Ergebnis wäre das Gegenteil der damit verknüpften Absichten zu erwarten: Eine Strafausweitung! Es ist bzw. wäre zudem

widersinnig, auf der einen Seite die Problematik des Arrestes als kurzzeitigen Freiheitsentzug, seine sozialschädlichen Nebenwirkungen zu erkennen mit der Folge, entweder seine Abschaffung zu fordern oder – wie hier – über eine Reduzierung hinaus eine grundsätzliche Umstrukturierung im Sinne eines stationären sozialen Trainingskurses (s. Grdl. zu den §§ 13-16 Rn. 10), auf der anderen Seite einen kurzzeitigen Freiheitsentzug wieder einzuführen.

Forderungen nach Anhebung der Höchststrafe von 10 Jahren (Gesetzesanträge der Bayerischen Staatsregierung BR-Drucks. 662/97, 449/99 sowie zusammen mit der Sächsischen Landesregierung BR-Drucks. 459/98) sind aus kriminologischer und kriminalpolitischer Sicht zurückzuweisen. Hierfür spricht bereits die geringe Anzahl dieser Verurteilungen: 74 Personen im Zeitraum von 1987 bis 1996. Zudem konnte in einer umfassenden, d. h. vollständigen Analyse aller Höchststrafenurteile aus diesem Zeitraum kein kriminalpolitscher Bedarf festgestellt werden. Vielmehr deuten die vorzeitigen Entlassungen darauf hin, daß selbst dieser Zeitraum von der Strafjustiz letztlich nicht für erforderlich gehalten wird. Unterstützt wird diese Schlußfolgerung durch eine – begrenzte – Rückfalluntersuchung, in der kein einschlägiger Rückfall nach diesen Entlassungen auf Bewährung festgestellt wurde (*Schulz* Die Höchststrafe im Jugendstrafrecht [10 Jahre] – Eine Analyse der Urteile von 1987-1996, bislang unveröffentlichtes Manuskript, S. 138).

9

§ 17. Form und Voraussetzungen

(1) Die Jugendstrafe ist Freiheitsentzug in einer Jugendstrafanstalt.
(2) Der Richter verhängt Jugendstrafe, wenn wegen der schädlichen Neigungen des Jugendlichen, die in der Tat hervorgetreten sind, Erziehungsmaßregeln oder Zuchtmittel zur Erziehung nicht ausreichen oder wenn wegen der Schwere der Schuld Strafe erforderlich ist.

Literatur

Balzer Der strafrechtliche Begriff der »schädlichen Neigungen«, 1964; *Begemann* Zur Legitimationskrise der Jugendstrafe, ZRP 1991, 44; *Bellon* Anwendungsbereich und Wirksamkeit der bestimmten Jugendstrafe, 1965; *Benske* Die Bedeutung des Erziehungsgedankens für die Bemessung der Jugendstrafe, 1966; *Böhm* Rückfall und Bewährung nach verbüßter Jugendstrafe, RdJB 1973, 33; *ders.* Anmerkung zu BayObLG, StV 1985, 155; *Bottke* Generalprävention und Jugendstrafrecht aus kriminologischer und dogmatischer Sicht, 1984; *Brunner* Anm. zu BGH, JR 1982, 432; *Bruns* Zur Antinomie der Strafzwecke im Jugendstrafrecht/Neuorientierung der Rechtsprechung?, StV 1982, 592; *Dünkel* Situation und Reform von Jugendstrafe ..., in: Jugendstrafe und Jugendstrafvollzug, hrsg. von *Dünkel/Meyer*, 1985, S. 45; *Lange* Rückfälligkeit nach Jugendstrafe, 1973; *Meier* Richterliche Erwägungen bei der Verhängung von Jugendstrafe und deren Berücksichtigung durch Vollzug und Bewährungshilfe, 1994; *M.-K. Meyer* Jugendstrafe wegen »Schwere der Schuld«, Zbl 1984, 445; *Meyer-Odewald* Die Verhängung und Zumessung der Jugendstrafe gemäß § 17 Absatz 2 2. Alt. JGG im Hinblick auf das zugrundeliegende Antinomieproblem, 1993; *Mollenhauer* Zur Problematik langer Freiheitsstrafen vollzogen an jungen Gefangenen, MschrKrim 1961, 162; *Schüler-Springorum* zu OLG Schleswig, NStZ 1985, 476; *Schumann/Guth/Kaulitzki* Verurteilung zu Jugendstrafe zum Zweck einer Berufsausbildung?, Kriminalpädagogische Praxis 1982, Heft 13, 7; *Streng* Jugendstrafe wegen »schädlicher Neigungen« (§ 17 Abs. 2, 1. Alt. JGG), GA 1984, 149; *ders.* Anmerkung zu OLG Schleswig, StV 1985, 421; *Tenckhoff* Jugendstrafe wegen Schwere der Schuld?, JR 1977, 485; *Weber* Die Anwendung der Jugendstrafe/Rechtliche Grundlagen und gerichtliche Praxis, 1990.

Inhaltsübersicht

	Rn.
I. Anwendungsbereich	1
II. Definition	2
III. Anwendungsvoraussetzungen	
1. »Schädliche Neigungen«	3
2. »Schwere der Schuld«	4
3. Sanktionsprognose	
a) Geeignetheit	10
b) Notwendigkeit	12
c) Angemessenheit	13

Erstes Hauptstück. Verfehlungen Jugendlicher und ihre Folgen § 17

I. Anwendungsbereich

Jugendstrafe kann gegenüber Jugendlichen und Heranwachsenden, soweit das Jugendstrafrecht für diese zur Anwendung kommt, auch von den für allgemeine Strafsachen zuständigen Gerichten verhängt werden (§§ 104 Abs. 1 Nr. 1, 105 Abs. 1, 112 S. 1, 2). 1

II. Definition

Abweichend vom allgemeinen Sprachgebrauch wird gem. § 17 Abs. 1 der Begriff der Jugendstrafe auf die Freiheitsstrafe als Freiheitsentzug in einer Jugendstrafanstalt begrenzt. Entsprechend dieser Bestimmung ist die Verurteilung in das Zentralregister einzutragen (§ 4 Nr. 1 BZRG). 2

III. Anwendungsvoraussetzungen

1. »Schädliche Neigungen«

Jugendstrafe kann einmal gem. § 17 Abs. 2, 1. Alt. verhängt werden, wenn sich »schädliche Neigungen« in der Tat gezeigt haben. Der Begriff der »schädlichen Neigungen« ist provozierend, da damit eine biologische Zuneigung zum Verbrechen unterstellt wird; von den Betroffenen wird er als Kränkung empfunden (*Eilsberger* MschrKrim 1969, 309 mit Fn. 6). Der Begriff hat einen hohen Stigmatisierungseffekt (s. *Böhm* Einführung in das Jugendstrafrecht, S. 171; s. auch den Roman von *J. Nolte* Schädliche Neigungen, 1978; s. auch Grdl. z. §§ 17-18 Rn. 6) und sollte demnach in der Urteilsbegründung umformuliert werden (für einen gänzlichen Verzicht *Wolf* S. 319 m. Fn. 77); dies zeigt sich auch in der Anlehnung an eine Typenlehre (s. *Balzer* Der strafrechtliche Begriff der »schädlichen Neigungen«, 1964, S. 31 ff.; *Müller* Zum Erziehungserfolg der Jugendstrafe von unbestimmter Dauer, 1969, S. 39 ff.). Die von der Rechtsprechung angebotene Konkretisierung ist aber ebenso ausgrenzend, auch wenn als Ursachen nicht bloß Erbanlagen anerkannt werden: »Es muß sich mindestens um, sei es anlagebedingte, sei es durch unzulängliche Erziehung oder ungünstige Umwelteinflüsse bedingte Mängel der Charakterbildung handeln, die ihn – sc. den Angeklagten – in seiner Entwicklung zu einem brauchbaren Glied der sozialen Gemeinschaft gefährdet erscheinen und namentlich befürchten lassen, daß er durch weitere Straftaten deren Ordnung stören werde« (*BGH* bei *Holtz* MDR 1985, 796; *BGHSt* 16, 261). Richtig ist hieran aber, daß spontane Reaktionen zu Straftaten (s. *OLG Hamm* NStZ-RR 1999, 377), jugendliche oder verständliche Motivationen keine Grundlage für eine Jugendstrafe bilden. »Kriminelle Abenteuerlust« oder »falsch verstandene Kameradschaft« reichen nicht aus (s. *BGH* bei *Holtz* MDR 1985, 796). Auch die wiederholte Deliktsbegehung spricht 3 nicht notwendigerweise für diese Voraussetzung; selbst ein 17facher Großdiebstahl, um den Eltern aus finanzieller Not zu helfen, begründet keine »schädlichen Neigungen« (*BGHSt* 15, 224). Ebenso lassen sich allein aus dem – länger andauernden – Erwerb von Heroin keine »schädlichen Neigungen« ableiten (s. *OLG Zweibrücken* StV 1989, 313; weiterhin *OLG Zweibrücken* JR 1990, 304 m. zust. Anm. von *Brunner*; *OLG Köln* StV 1993, 531). Umgekehrt können sich zwar »schädliche Neigungen« – theoretisch – schon in einer ersten Straftat zeigen; bei einem bislang noch nicht strafrechtlich in Erscheinung getretenen Täter wird der Nachweis für eine Gefährlichkeitsprognose jedoch schwer zu führen sein (s. auch *BGH* NStZ 1988, 499; *BGH* StV 1993, 531: »Es bedarf dann aber regelmäßig der Feststellung schon vor der Tat entwickelt gewesener Persönlichkeitsmängel, die auf die Tat Einfluß gehabt haben und befürchten lassen, daß der Angeklagte weitere Straftaten begehen wird«). Auch ein erheblicher Tatvorwurf (Messerstiche mit »nicht unerheblichen« Verletzungen) ist nicht zwingend (*BGH* StV 1982, 335); selbst der schwere Raub (*BGH* StV 1984, 253), der Totschlagsversuch (*BGH* StV 1985, 155) oder die Vergewaltigung (*BGH* StV 1998, 331) müssen nicht zu einer Jugendstrafe wegen »schädlicher Neigungen« führen (s. auch *Böhm* Einführung in das Jugendstrafrecht, S. 172). Wenn nach diesen Entscheidungen lediglich »in der Regel« die Feststellung von Persönlichkeitsmängeln vorausgesetzt wird, so sind solche Sozialisationsmängel als generelle Voraussetzung zu fordern. Es genügen aber nicht allgemeine Sozialisationsmängel, es genügt nicht eine bloße Verwahrlosung, sondern hierin muß eine Rückfallgefahr begründet sein (s. im einzelnen § 5 Rn. 8-13), und zwar für ein der verurteilten Tat ähnliches Delikt, d. h. mit ähnlichem Schutzgut. Dies bedeutet, daß es nicht auf die Gefahr z. Z. der Tat ankommt, daß sie auch nicht allein zum Zeitpunkt der Urteilsfindung bestehen muß (*BGH* StV 1984, 30; *BGH* bei *Böhm* NStZ 1985, 47; *OLG Hamm* NStZ-RR 1999, 377), sondern auch für die naheliegende Zukunft (s. *OLG Zweibrücken* Justizblatt Rheinland-Pfalz 1989, 104 m. w. N.). Schon eine längere straffreie Zeit seit Tatbegehung spricht gegen »schädliche Neigungen« (s. *BGH* StV 1992, 431). Aber auch diese Begrenzung genügt noch nicht: **Die persönlichkeitsspezifische Rückfallgefahr muß für »erhebliche« Straftaten bestehen** (zust. *Schneider* Prüfe dein Wissen, Jugendstrafrecht, Wirtschaftsstrafrecht, Strafvollzug, 3. Aufl., S. 97; *Nothacker* Jugendstrafrecht, 2. Aufl., S. 78; s. auch *Weber* Die Anwendung der Jugendstrafe, 1990, S. 69: »Neigungen zu Straftaten von gewisser Erheblichkeit«), d. h., die sog. gemeinlästige Kriminalität und die Bagatellkriminalität (Hausfriedensbruch, einfacher Diebstahl, Sachbeschädigung, Fahren ohne Fahrerlaubnis, Erschleichen von Leistungen, Besitz von Rauschgift) scheiden bereits auf dieser Prüfungsstufe aus (s. *Eisenberg* § 17 Rn. 18; *Böhm* Einführung in das Jugendstrafrecht, S. 204; *Herz* Jugendstrafrecht, S. 62; *LG Gera* DVJJ-Journal 1998, 280; *Böhm* spricht in diesem Zusammenhang von »der einhelligen jugendstrafrechtlichen Lehre«, NStZ-RR 1999, 289; s. auch Grdl. z. §§ 17-18 Rn. 6). Nicht erforderlich ist ein Verschulden für diese Rückfallgefahr (s. *BGHSt* 11, 171; *BGH* StV 1998, 334; *Brunner/Dölling* § 17 Rn. 12; s. auch § 5 Rn. 9). Soweit hiergegen rechtsstaatliche Bedenken erhoben werden (*Eisenberg* § 17 Rn. 18), so ist dem mit dem Hinweis auf die Einhaltung des Verhältnismäßigkeitsprinzips zu begegnen. Auch kann diese Unverantwortlichkeit auf die Verantwortlichkeit für die Tat gem. § 3 S. 1 bzw. auf die verminderte Schuldfähigkeit gem. § 21 StGB (s. *BGH* StV 1998, 334) durchschlagen.

2. »Schwere der Schuld«

Noch unbestimmter als der Begriff der »schädlichen Neigungen« ist die zweite Voraussetzung für die Jugendstrafe wegen »Schwere der Schuld«, zumal die Rechtsprechung widersprüchlich ist (s. *Bruns* Zur Antinomie der Strafzwecke im Jugendstrafrecht – Neuorientierung der Rechtsprechung?, StV 1982, 592). Während der Wortlaut das Strafziel »Schuldausgleich« nahelegt (so auch *BayObLG* StV 1985,156, das von der »reinen Schuldstrafe« i. S. der 2. Alt. des § 17 Abs. 2 ausgeht; ebenso *Wolf* S. 313 ff.), gegründet auf einen moralischen Schuldvorwurf, will der *BGH* eine Jugendstrafe gem. § 17 Abs. 2, 2. Alt., nur zulassen, »wenn diese aus erzieherischen Gründen zum Wohl des Jugendlichen erforderlich ist« (*BGHSt* 15, 224; 16, 261). Auch wenn der *BGH* den Schuldgesichtspunkt nur »in zweiter Linie« mit berücksichtigen will (*BGH* StV 1982, 335), bleiben hier Friktionen zwischen dem Erziehungsgedanken und dem Schuldausgleich: Unter Schuldgesichtspunkten mag ein erheblicher Vorwurf zu machen, unter Präventionsgesichtspunkten nur eine geringfügige Ermahnung erforderlich sein. Versuche, auf diesem Wege, d. h. mit der »angemessenen« Gewichtung der Schwere der individuellen Schuld zu einem einheitlichen Ziel zu kommen, müssen scheitern (so aber *Brunner/Dölling* § 17 Rn. 14, 14 a; unbestimmt *Eisenberg* § 17 Rn. 34, 35). So wird denn auch mit Recht darauf hingewiesen, daß mit dem Primat des Erziehungsgedankens die zweite Anwendungsvoraussetzung für eine Jugendstrafe leerlaufe (*Brunner/Dölling* § 17 Rn. 14 a). Weiterhin ist der erzieherische Aspekt im Hinblick auf ein Sühneverlangen des Täters oder um eine Sühnebereitschaft zu wecken (*BGHSt* 15, 225; *BayObLG* StV 1985, 156), zu hinterfragen, so begrüßenswert und im Ergebnis richtig auch die restriktive Anwendung dieser zweiten Voraussetzung für die Jugendstrafe ist. Die innere Akzeptanz für eine Strafe ist für die zukünftige Straffreiheit nicht Voraussetzung. Gerade Tötungsdelikte, der Hauptanwendungsfall für die Jugendstrafe wegen »Schwere der Schuld« (s. *BGH* bei *Holtz* MDR 1978, 280), werden aus personalen Konfliktsituationen begangen, die eine solche Übernahme der Schuld nicht ermöglichen. Bereits die Schuldfähigkeit ist hier regelmäßig erheblich eingeschränkt (s. *Tenckhoff*

JR 1977, 489). Bei alledem nimmt der *BGH* das sekundäre Kriterium »Schwere der Schuld« nicht immer ernst, wenn er »eine kritik- und haltschwache, undifferenzierte, kontaktarme Persönlichkeit mit einem an der Grenze zum Schwachsinn liegenden Intelligenzquotienten« trotz zusätzlicher alkoholbedingter verminderter Zurechnungsfähigkeit wegen »Schwere der Schuld« zu einer Jugendstrafe verurteilt (*BGHSt* 24, 360; s. demgegenüber *BayObLG* StV 1985, 156; s. auch Rn. 6). Auch wird die Voraussetzung der Erziehungsfähigkeit des/der Verurteilten regelmäßig lediglich unterstellt, ohne insoweit überhaupt in eine Prüfung einzutreten (s. *Streng* GA 1984, 160). Es zeigt sich somit ein erziehungsideologisches Anspruchsdenken gegenüber Personenkreisen, denen ansonsten ein materielles Anspruchsdenken vorgeworfen wird.

5 Wenn grundsätzlich zwar die Größe des Tatunrechts, das Erfolgsunrecht keine Rolle spielen soll, hierin aber doch wiederum eine relevante Bezugsgröße für die Beurteilung der Schuldschwere gesehen wird (s. *BGH* StV 1982, 335; *BayObLG* StV 1985, 156; *BGH* StV 1998, 332), so weist dies auf einen anderen, hinter der Schuldbestrafung stehenden wahren Strafgrund: Auf die **positive Generalprävention** als Ausgleich für die Erschütterung des Rechtsvertrauens durch schwerwiegende Rechtsgüterverletzungen (ebenso *Tenckhoff* JR 1977, 485 ff.; *Weber* Die Anwendung der Jugendstrafe, 1990, S. 91 m. w. N.; *U./H. Schneider* Übungen in Kriminologie, Jugendstrafrecht, Strafvollzug, 1995, S. 234; zur Berücksichtigung einer Generalprävention für die Verhängung einer Jugendstrafe im allgemeinen s. Grdl. z. §§ 17-18 Rn. 3). Hierauf deutet auch die Dauer der Jugendstrafe von bis zu zehn Jahren hin, die unter erzieherischen Aspekten und auch unter engen Schuldgesichtspunkten schwerlich begründet werden kann (s. *Bruns* StV 1982, 593; *Böhm* Einführung in das Jugendstrafrecht, S. 208). Hier wird Strafe aus generalpräventiven Gesichtspunkten für erforderlich gehalten, zu denen man sich in einer rationalen Umformulierung des § 17 Abs. 2, 2. Alt., auch bekennen sollte, wie überhaupt die absolute Straftheorie vom Schuldausgleich rationalen Überlegungen in einem aufgeklärten Strafsystem nicht zugänglich ist. Dementsprechend wird in der Praxis gerade bei fremdenfeindlichen Brandanschlägen, die zu Recht die Öffentlichkeit erregen, die Verurteilung zu einer Jugendstrafe in der Mehrzahl der Fälle auf die Schwere der Schuld gestützt (s. *Neubacher* Fremdenfeindliche Brandanschläge, 1998, 242). Ein rein individualpräventives Vollzugsziel steht einer generalpräventiven Berücksichtigung auf der Urteilsebene nicht entgegen. Mit dem Urteil, mit der Verurteilung von Tat und Täter, wird die Erschütterung des Rechtsvertrauens kompensiert, wird die Rechtsordnung stabilisiert. Nach dieser – ausnahmsweisen – Berücksichtigung generalpräventiver Wirkungen im Jugendstrafrecht setzt sich im Vollzug, der unter Ausschluß der Öffentlichkeit stattfindet, wiederum die individualpräventive Zielsetzung durch

(s. hierzu § 88 Rn. 7). Soweit in der Rechtslehre an der Rechtsprechung des *BGH* Kritik geübt und das »reine Schuldprinzip« hochgehalten wird, wird dieses Schuldprinzip mehr oder weniger offen generalpräventiv besetzt (s. *Böhm* Einführung in das Jugendstrafrecht, S. 208: »Vergeltungsbedürfnis der Allgemeinheit«; *Schaffstein/Beulke* § 22 II. 2. c): »allgemeines Gerechtigkeitsgefühl«; insb. *M.-K. Meyer* Zbl 1984, 453; *Bottke* S. 41; s. auch These 3 des *Arbeitskreises VI auf dem 19. Dt. Jugendgerichtstag*, DVJJ 13 [1984], 295). Auch in der untergerichtlichen Rechtsprechung finden sich generalpräventive Begründungen, so wenn die Schwere der Schuld an »der wohl herrschenden Auffassung in der Bevölkerung, daß ein Verbrecher – Erwachsener, Heranwachsender oder Jugendlicher –, der ein besonders schweres Delikt begangen hat und deswegen zu einer hohen Strafe verurteilt worden ist, diese Strafe auch wenigstens zum größten Teil verbüßen soll«, festgemacht wird (*LG Bonn* StV 1984, 256; *BGH* StV 1988, 307). Auch lehnt die Rechtsprechung (*BGH* bei *Böhm* NStZ 1989, 522; *OLG Zweibrücken* StV 1990, 508) zu Recht bei Verführungen zum Drogenhandel bzw. Drogenkonsum eine Schwere der Schuld ab, da damit auch aus generalpräventiver Sicht eine tendenzielle Entschuldigung der Tat verbunden ist. Grundsätzlich darf nicht allein aus der Verwirklichung eines Tatbestandes, vom äußeren Tatgeschehen eine Schuldschwere abgeleitet werden (*BGH* bei *Böhm* NStZ 1988, 491; *OLG Zweibrücken* StV 1990, 508). Für eine generalpräventive Deutung der »Schwere der Schuld« spricht auch, daß ein längerer Zeitablauf seit Tatbegehung nicht nur für die Prüfung der »schädlichen Neigungen«, sondern auch der »Schwere der Schuld« zu berücksichtigen ist (*BGH* StV 1992, 431).

Eine Grenze für die Begründung einer Jugendstrafe wegen »Schwere der Schuld« aus positiver Generalprävention ergibt sich einmal aus dem Gesetz. Gemäß § 48 Abs. 1 ist die Verhandlung gegenüber Jugendlichen nicht öffentlich, bei einer gemeinschaftlichen Verhandlung mit Heranwachsenden oder Erwachsenen kann die Öffentlichkeit ebenso ausgeschlossen werden (§ 48 Abs. 3). Die Öffentlichkeit kann somit nur über Gerichtsmitteilungen, die die Anonymität des/der Jugendlichen zu wahren haben, etwas über die Straftat und ihre Sanktionierung erfahren. Auch heißt diese generalpräventive Sichtweise keineswegs, daß eine Berücksichtigung der subjektiven Vorwerfbarkeit von der Bevölkerung nicht verstanden wird (so aber *Tenckhoff* JR 1977, 488 ff., der die Schwere der Schuld als Schwere des Unrechtsgehalts definiert, hierbei diesen Anwendungsfall aber auf vorsätzliche Verbrechen gegen das Leben beschränkt wissen will, 491, 492). Ohne hierfür sozialwissenschaftliche Belege zu kennen, wird im eigenen Erfahrungskreis durchaus jugendliches Fehlverhalten aus Nachlässigkeit, auch aus Leichtfertigkeit entschuldigt (s. auch *Streng* ZStW 92 [1980], 654). Die häufig zu hörende Entschuldigung lautet: »Das wollte ich nicht« oder »Das habe ich nicht mit Absicht getan«.

6

Wenn somit Beeinträchtigungen des Rechtsbewußtseins nur für **vorsätzliches Handeln** vermutet werden können, muß – in einem ersten Schritt – der Anwendungsfall des § 17 Abs. 2, 2. Alt., auch hierauf begrenzt werden. Die h. M. (*OLG Hamm* NJW 1968, 462; *OLG Celle* NdsRpfl 1969, 95; *BayObLG* StV 1985, 156; einschränkend *OLG Karlsruhe* NZV 1996, 416; *Brunner/Dölling* § 17 Rn. 16) geht weiter und bestraft – ausnahmsweise – auch bei bewußter Fahrlässigkeit (noch weitergehend *Böhm* StV 1985, 156). Weiterhin gilt, daß das Ziel der positiven Generalprävention durch Schuldbestrafung nicht verfolgt werden darf, wenn im Gesetz selbst bereits von der Schwere der Schuld abgerückt wird. Dies geschieht z. B. in § 21 sowie in § 17 S. 2 StGB (s. *BGH* StV 1985, 156; *Schaffstein/Beulke* § 22 II. 2. b); *Eisenberg* § 17 Rn. 30; offen *Brunner/Dölling* § 17 Rn. 15 b: Ausschluß oder zumindest Minderung; ebenso *M.-K. Meyer* Zbl 1984, 452). Nach *BGH* StV 1982, 336, ist die »Schwere der Schuld« bei einem Jugendlichen generell »unter Berücksichtigung seines Entwicklungsstandes und seines gesamten Persönlichkeitsbildes besonders zu prüfen, in welchem Ausmaß er sich bereits frei und selbstverantwortlich gegen das Recht und für das Unrecht entschieden hat«. Deshalb scheidet eine »Schwere der Schuld« aus, wenn die Altersverantwortlichkeit gem. § 3 »gerade noch« bejaht oder »das Ausmaß der Schuld durch Wesenszüge des Täters verringert« wurde (s. *BGH* StV 1986, 305). Ebenso darf nicht aus einem zulässigen Verteidigungsverhalten – hartnäckiges Leugnen der Tat – auf eine Schwere der Schuld geschlossen werden (*BGH* StraFo 1999, 412).

7 Gerade mit Rücksicht auf die Schwierigkeit, dem Begründungszwang für eine Jugendstrafe wegen »Schwere der Schuld« im Hinblick auf die Beeinträchtigung der Rechtstreue zu genügen, darf diese Voraussetzung als zweites – wie bei dem Kriterium »Verteidigung der Rechtsordnung« – nur angenommen werden, wenn im Einzelfall der Verzicht auf Jugendstrafe für das Rechtsempfinden **»schlechthin unverständlich«** wäre (s. *BGHSt* 24, 47; *OLG Schleswig* SchlHA 1996, 119: »nur bei schweren Taten«; *Naucke u. a.* »Verteidigung der Rechtsordnung«, 1971, S. 88 f. m. w. N.; *Schaffstein/Beulke* § 22 II. 2. c); *Westphal* Die Aussetzung der Jugendstrafe zur Bewährung gemäß § 21 JGG, 1995, S. 88; *U./H. Schneider* Übungen in Kriminologie; Jugendstrafrecht, Strafvollzug, 1995, S. 235). Nur wenn mit dem Rechtsbruch dem Mitmenschen seine Daseinsberechtigung abgesprochen wird, wenn das existentielle Rechtsgut »Leben« betroffen ist, darf diese Sanktion gewählt werden. Dies ist zu bejahen, wenn – erneut – Ausländer allein wegen ihres Ausländerseins massiv angegriffen werden (s. auch *Meier/Verrel* JuS 1994, 1044).

8 Als dritte Grenze ist zu verlangen, daß eine Jugendstrafe aus Gründen der positiven Generalprävention nicht zu einer individualpräventiven Schädi-

gung führen darf (s. die beiden BGH-Entscheidungen bei *Böhm* NStZ 1989, 522; s. bereits *Ostendorf* ZRP 1976, 285). Gemäß § 18 Abs. 2 muß immer die erzieherische Einwirkung möglich bleiben (s. § 18 Rn. 7). Es kann somit nicht darum gehen, tatsächliche oder durch Medien eingeredete Strafbedürfnisse in jedem Fall zu befriedigen, wobei häufig die eigenen Strafbedürfnisse mit kollektiven gleichgesetzt werden. Kollektive Irrationalität darf nicht Grundlage für individuelle Übelzufügungen werden. Insofern ist mit der Ansprache der Öffentlichkeit durch das Strafurteil neben der Resozialisierung des Straftäters auch die Resozialisierung der strafenden Gesellschaft ins Auge zu fassen (s. *Jäger* in: Kriminologie im Strafprozeß, hrsg. von *Jäger*, 1980, S. 53) – »das ist die letzte Zuflucht für die Verteidiger der Strafe« (*Nietzsche* Die fröhliche Wissenschaft, 3. Buch, Aphorismus 219).

Entsprechend der sekundären Zielsetzung einer positiven Generalprävention durch Jugendstrafe wegen »Schwere der Schuld« sind ihre Voraussetzungen erst in zweiter Linie zu prüfen. Da mit jeder Sanktionierung bereits generalpräventiv gewirkt wird, kommt dieser Sanktionierung lediglich eine Auffangposition zu. Auch könnten ansonsten Schuldmilderungsgesichtspunkte übersehen werden (s. *BGH* StV 1986, 305). Wenn bereits eine Jugendstrafe wegen »schädlicher Neigungen« begründet wurde, sind die Voraussetzungen für eine Jugendstrafe wegen »Schwere der Schuld« nur ausnahmsweise zu bejahen (s. aber *Brunner/Dölling* § 17 Rn. 18; *Böhm* Einführung in das Jugendstrafrecht, S. 209). Dementsprechend werden in der Praxis ganz überwiegend die »schädlichen Neigungen« für die Begründung der Jugendstrafe herangezogen (s. Grdl. z. §§ 17-18 Rn. 4); nicht selten wird aber die Jugendstrafe zusätzlich-salvatorisch mit der »Schwere der Schuld« untermauert (s. *BGH* StV 1982, 335; *BGH* StV 1984, 254). Zu den Konsequenzen für die Strafaussetzung zur Bewährung s. § 21 Rn. 7.

3. Sanktionsprognose

a) Geeignetheit

Die Geeignetheit der Jugendstrafe wegen »schädlicher Neigungen« ist im Hinblick auf das allgemeine Strafziel der positiven Individualprävention (s. Grdl. z. §§ 1-2 Rn. 4) mehr als fragwürdig. Diese Ausgangsfrage wird unter Hinweis auf die gesetzgeberische Entscheidung für eine Erziehungsstrafe (s. § 18 Abs. 2, § 91 Abs. 1) in der Regel übergangen (s. aber *OLG Schleswig* StV 1985, 420), im Hinblick auf die Geeignetheit wird lediglich die Länge der Jugendstrafe problematisiert (s. demgegenüber *Streng* GA 1984, 154 f.; s. auch *Eisenberg* § 17 Rn. 12-15, dessen Schlußfolgerung für die Anwendbarkeit aber offenbleibt, s. Rn. 24). Die Eignungsfrage ist aber aus verfassungsrechtlicher Sicht grundsätzlich zu beantworten (s. § 5

Rn. 2, § 7 Rn. 5; a. M. *Schüler-Springorum* NStZ 1985, 477 mit Fn. 8, dessen ultima-ratio-Begründung aber auf die hier vertretene Lösung »zuläuft«). Die Fragwürdigkeit zeigt sich in der Rückfallquote derjenigen, die aus dem Jugendstrafvollzug entlassen wurden, wobei psychische und soziale Deprivationen, die nicht in Straffälligkeit einmünden, hier außer Betracht bleiben sollen. Nach einer Sekundäranalyse vorliegender empirischer Arbeiten mit unterschiedlichen Rückfallkriterien ergab sich eine Rückfallquote von 70 % nach der bestimmten und von 74 % nach der unbestimmten Jugendstrafe (*Berckhauer/Hasenpusch* in: Modelle zur Kriminalitätsvorbeugung und Resozialisierung, hrsg. von *Schwind/Steinhilper*, 1982, S. 285). Wird der Rückfall als Eintragung in das Erziehungs- bzw. Strafregister innerhalb von fünf Jahren nach Entlassung aus dem Strafvollzug definiert, ergeben sich folgende Rückfallquoten: Nach *Liebe/Meyer* Rückfall oder Legalbewährung, 1981, S. 52 – 82,3 %; nach *Lange* Rückfälligkeit nach Jugendstrafe, 1973, S. 133 – 80,8 % (s. auch *Streng* GA 1984, 154 m. w. N. in Fn. 23 und 24). Andere Untersuchungen kamen zu etwas besseren Ergebnissen (40 % – gleichbleibende oder stärkere Rückfälligkeit; 60 % – völlige oder langsame Entkriminalisierung), wobei die Unterschiede sich in der Definition der Legalbewährung zeigen (s. *Böhm* Strafvollzug, S. 33; *ders.* Einführung in das Jugendstrafrecht, S. 215; s. auch *Schaffstein/Beulke* § 23 V.). Die Rückfallquoten sind günstiger bei einem Vollzug in offenen Anstalten, die – zusammenfassend – »nur« eine Mißerfolgsquote von 40 bis 50 % aufweisen (s. *Dünkel* in: Jugendstrafe und Jugendstrafvollzug, hrsg. von *Dünkel/Meyer*, 1985, S. 170 m. w. N.). Auch wenn dieser Personenkreis von vornherein nicht so gefährdet ist und daher gezielt für den offenen Vollzug ausgewählt wird, können hier tendenzielle Sozialisationserfolge festgemacht werden (s. *Kerner* in: Strafvollzug, hrsg. von *Kaiser/Kerner/Schöch*, 1983, S. 455 m. w. N.). In der Praxis ist dieser offene Vollzug aber die Ausnahme (s. Grdl. z. §§ 91-92 Rn. 5). Bei alledem bleiben die nichterkannten Straftaten im Dunkelfeld noch unberücksichtigt. Nach der Rückfallstatistik '90 des Bundeszentralregisters, hrsg. vom Generalbundesanwalt (zu Verbesserungen in der statistischen Erfassung s. *Jehle* [Hrsg.] Datensammlungen und Akten in der Strafrechtspflege/Nutzbarkeit für Kriminologie und Kriminalpolitik, 1989) haben sich folgende Rückfallquoten ergeben (zu anderen Sanktionsarten s. Grdl. z. §§ 5-8):

Erstes Hauptstück. Verfehlungen Jugendlicher und ihre Folgen § 17

Rückfälligkeit nach Verbüßung von Freiheitsstrafe, Strafarrest, Jugendstrafe und Sicherungsverwahrung innerhalb von 5 Jahren

Verurteilung	Gesamt	Keine Strafe		Geldstrafe		Freiheitsstrafe		Rückf. Quote
	Anzahl	Anzahl	%	Anzahl	%	Anzahl	%	%
A. Strafe insgesamt	90 083	44 031	43,88	16 165	17,94	29 749	33,02	50,97
davon männlich	82 698	39 599	47,88	14 971	18,10	28 004	33,86	51,97
davon weiblich	7 385	4 432	60,01	1 194	16,17	1 745	23,63	39,80
B. Freiheitsstrafe	81 429	42 213	51,84	14 234	17,43	24 981	30,68	48,16
davon männlich	74 451	37 892	50,90	13 146	17,66	23 413	31,45	49,10
davon weiblich	6 977	4 321	61,93	1 088	15,59	1 566	22,47	38,07
C. Jugendstrafe	8 443	1 769	20,95	1 922	22,76	4 752	56,28	79,05
davon männlich	8 051	1 659	20,61	1 816	22,56	4 576	56,84	79,39
davon weiblich	392	110	23,06	106	27,04	176	44,90	71,94

Männliche Betroffene Altersgruppe 15-20 Jahre

	Verurteilung insgesamt	Keine erneute Verurteilung		Folgeverurteilungen				
				Geldstrafe		Freiheitsstrafe		Rückfallquote
Jahr	Anzahl	Anzahl	%	Anzahl	%	Anzahl	%	%
1986	1062	74	6,97	156	14,69	832	78,34	93,03
1987	1050	81	7,71	160	15,24	809	77,05	92,29
1988	1005	70	6,97	135	13,43	800	79,60	93,03
1989	937	89	9,50	137	14,62	710	75,77	90,39
1990	790	62	7,35	122	15,44	605	76,53	92,03

Wenn somit statistisch mehr gegen die (Re-)Sozialisierungseignung des Jugendstrafvollzugs spricht als dafür und für den Einzelfall kaum eine bessere Prognose gestellt werden kann (s. aber *OLG Schleswig* StV 1985, 421), da die Vollzugsgestaltung nicht in den Händen des Richters liegt, sind Konsequenzen zu ziehen. Dies gilt erst recht, wenn aufgrund einer

11

Persönlichkeitsanalyse eine Ansprechbarkeit zur Sozialisation im Freiheitsentzug verneint oder umgekehrt entsozialisierende Wirkungen bejaht werden müssen. Dementsprechend wird heute allgemein der Jugendstrafe die Eignung für eine (Re-)Sozialisierung von Jugendlichen im Alter von 14 bis 16 Jahren abgesprochen (s. *Brunner/Dölling* § 17 Rn. 4; *Eisenberg* § 17 Rn. 26): »Die Jugendstrafe erzieht nicht zum rechtschaffenen Lebenswandel, sondern sie verfestigt und produziert verstärkt abweichendes Verhalten der ihr Unterworfenen« (*Albrecht/Schüler-Springorum* Jugendstrafe an Vierzehn- und Fünfzehnjährigen, 1983, S. 8). Dies bedeutet, daß Jugendstrafe nicht mit dem Zweck der (Re-) Sozialisierung verhängt werden darf, sondern nur, **um den Sicherungsinteressen der Gesellschaft für eine gewisse Zeit i. S. einer negativen Individualprävention zu genügen oder um – ausnahmsweise** (s. Rn. 9) **– unter Beachtung des Schädigungsverbotes dem Strafbedürfnis der Allgemeinheit Rechnung zu tragen** (ebenso *Dünkel* in: Jugendstrafe und Jugendstrafvollzug, hrsg. von *Dünkel/Meyer*, 1985, S. 177; *Streng* GA 1984, 165; s. auch die Forderung des Arbeitskreises junger Kriminologen, begründet von *Papendorf* KrimJ 1982, 141 ff.). Dies schließt eine Angebotsresozialisierung nicht aus, das Gesetz (§ 18 Abs. 2, § 91 Abs. 1) und das Sozialstaatsprinzip verlangen sie. Wir bestrafen nicht (mehr), um zu resozialisieren, sondern, wenn wir schon bestrafen müssen, versuchen wir zu resozialisieren. Wenn mit einer so praktizierten Jugendstrafe die verbotene Maßregel der Unterbringung in der Sicherungsverwahrung (s. § 7) – auf Zeit – ersetzt wird, untermauert diese realistische Sichtweise die strengen Anforderungen für diese Sanktion. Damit erledigt sich auch der Streit, ob eine Erziehbarkeit Voraussetzung für die Jugendstrafe ist (s. hierzu *Eisenberg* § 17 Rn. 24), zumal eine Unerziehbarkeit in der Praxis nicht nachgewiesen werden kann (s. *Streng* GA 1984, 160).

b) Notwendigkeit

12 Im Rahmen der Sanktionsprognose ist weiterhin die Notwendigkeit einer Jugendstrafe zu prüfen; dies schreibt der Gesetzgeber für die Begründung einer Jugendstrafe wegen »schädlicher Neigungen« ausdrücklich vor (s. § 17 Abs. 2). Schon wegen des geringeren Eingriffscharakters haben Erziehungsmaßregeln und Zuchtmittel Vorrang. Hinzu kommt, daß diesen Sanktionen tendenziell eine größere Resozialisierungschance zukommt als der Jugendstrafe, wenn für diese überhaupt resozialisierende Effekte festgemacht werden können (s. Rn. 10). Die vergleichende Sanktionsforschung hat zum Ergebnis, daß tendenziell Verurteilte mit einer Jugendstrafe ohne Bewährung schlechter als Vergleichsgruppen mit einer anderen Sanktionierung abschnitten (s. *Lamnek* in: Jugendstrafe an Vierzehn- und Fünfzehnjährigen, hrsg. von *Albrecht/Schüler-Springorum*, 1983, S. 25 f.). Vor dem Hintergrund weiterer Untersuchungen und unter

Bezug auf internationale Erfahrungen wird heute festgestellt, daß »durch die Ersetzung schärferer Sanktionen durch weniger eingriffsintensive ein ungünstiger Effekt auf die Jugendkriminalitäts- und Rückfallrate nicht nachgewiesen werden konnte« (s. *Dünkel* in: Jugendstrafe und Jugendvollzug, hrsg. von *Dünkel/Meyer*, 1985, S. 176). Als weniger eingriffsintensiv ist hierbei von vornherein auch die Aussetzung der Jugendstrafe zu bedenken (s. Grdl. z. §§ 21-26 a Rn. 3). Positive Ansätze in der Entwicklung des/der Jugendlichen/Heranwachsenden müssen aufgegriffen, dürfen nicht mit einer Freiheitsstrafe zunichte gemacht werden (s. *BGH* StV 1988, 307). Aufgrund des verfassungsrechtlichen Verhältnismäßigkeitsprinzips gilt diese Notwendigkeitsprüfung auch für die Begründung einer Jugendstrafe wegen »Schwere der Schuld«. Hierbei ist insbesondere zu beachten, daß allgemein gegenüber Jugendlichen eine größere Toleranz besteht und daß die strafrechtliche Reaktion (Ermittlung, Verfahren und Verurteilung) bereits als Bewährung der Rechtsordnung verstanden wird (s. auch Rn. 9). So darf die Jugendstrafe nur die »ultima ratio« in der strafrechtlichen Reaktion auf abweichendes Verhalten sein, darf nicht zum Ausdruck strafjustitieller Ratlosigkeit verkommen (s. *Schüler-Springorum* Festschrift für Würtenberger, 1977, S. 429; so aber *OLG Zweibrücken* StraFo 1998, 280: »...so ist Jugendstrafe auch dann zu verhängen, wenn sie ebenfalls als ungeeignete Reaktion erscheint«; hiergegen *Ostendorf* NStZ 1999, 515 sowie *Eisenberg/Forstreuter* JR 1999, 174).

c) **Angemessenheit**

Die Angemessenheitskriterien werden im § 18 näher formuliert (s. dort Rn.4-6). 13

§ 18. Dauer der Jugendstrafe

(1) Das Mindestmaß der Jugendstrafe beträgt sechs Monate, das Höchstmaß fünf Jahre. Handelt es sich bei der Tat um ein Verbrechen, für das nach dem allgemeinen Strafrecht eine Höchststrafe von mehr als zehn Jahren Freiheitsstrafe angedroht ist, so ist das Höchstmaß zehn Jahre. Die Strafrahmen des allgemeinen Strafrechts gelten nicht.
(2) Die Jugendstrafe ist so zu bemessen, daß die erforderliche erzieherische Einwirkung möglich ist.

Literatur

(s. die Angaben zu § 17)

Inhaltsübersicht   Rn.
  I. Anwendungsbereich   1
 II. Anwendungskompetenz   2
III. Genereller Strafrahmen   3
 IV. Strafbemessung
     1. Verhältnismäßigkeit von Straftat und Sanktion   4
     2. Geeignetheit   7
     3. Notwendigkeit   11
     4. Begründungszwang   13

I. Anwendungsbereich

1 Zum Anwendungsbereich s. zunächst § 17 Rn. 1. Das Höchstmaß beträgt bei Heranwachsenden abweichend von § 18 Abs. 1 S. 1 und 2 bei allen Delikten zehn Jahre (§ 105 Abs. 3).

II. Anwendungskompetenz

2 Der Jugendrichter als Einzelrichter darf nur eine Jugendstrafe bis zu einem Jahr verhängen (§ 39 Abs. 2).

III. Genereller Strafrahmen

3 Der Strafrahmen von sechs Monaten als Mindestmaß und als Höchstmaß von fünf Jahren bzw. von zehn Jahren bei Verbrechen, für die nach dem Erwachsenenstrafrecht eine Höchststrafe von mehr als zehn Jahren Freiheitsstrafe angedroht ist, gilt **absolut** (ebenso *Brunner/Dölling* § 18 Rn. 3; zu den zeitlich überholten Übergangsregelungen s. § 116); d. h., weder mit Hilfe von Strafmilderungs- noch von Strafverschärfungsvorschriften aus dem all-

gemeinen oder dem besonderen Teil des StGB oder aus dem Nebenstrafrecht darf dieser Strafrahmen unter- oder überschritten werden, auch nicht bei der Einheitsstrafenbildung gem. § 31. Dies gilt entgegen der h. M. auch im Hinblick auf das Verschlechterungsverbot im Rechtsmittelverfahren; es ist dann auf eine mildere Sanktion (Arrest) auszuweichen (s. im einzelnen § 55 Rn. 21). Die Strafrahmenerweiterung auf zehn Jahre gem. § 18 Abs. 1 S. 2 folgt einer abstrakten Betrachtung (s. § 12 Abs. 1 StGB); es kommt nicht darauf an, ob im konkreten Fall eine Bestrafung von mehr als zehn Jahren Freiheitsstrafe ausgesprochen würde. Insoweit müssen auch besonders schwere oder minderschwere Fälle unberücksichtigt bleiben (*BGHSt* 8, 79; *Brunner/Dölling* § 18 Rn. 4). Umgekehrt kann ein Strafzumessungsfehler vorliegen, wenn fälschlicherweise ein Strafrahmen bis zu 10 Jahren zugrundegelegt wurde (s. *BGH* bei *Böhm* NStZ-RR 1998, 290).

IV. Strafbemessung

1. Verhältnismäßigkeit von Straftat und Sanktion

Obwohl die Strafrahmen aus dem Erwachsenenstrafrecht nicht gelten (s. § 18 Abs. 1 S. 3), sind die dort erfolgten Wertungen des Gesetzgebers inhaltlich zu berücksichtigen (s. § 5 Rn. 4). Das heißt, die §§ 13 S. 2, 17 S. 2, 21, 27 Abs. 2 S. 2 jeweils i. V. m. § 49 StGB sowie die Strafänderungen im Besonderen Teil des StGB und des Nebenstrafrechts (s. § 31 BtMG – hier genügt nicht die Erwähnung eines Geständnisses, s. *BGH* NStZ 1998, 90) können sich auch im Jugendstrafrecht auswirken (h. M., umfassende Nachweise über die Rechtsprechung bei *BGH* StV 1986, 304; s. auch *BGH* bei *Böhm* NStZ-RR 1999, 290; *Eisenberg* § 18 Rn. 15), wobei »Aufhänger« die Angemessenheit im Rahmen der Verhältnismäßigkeitsprüfung ist: »insoweit müssen aber Umstände, die im allgemeinen Strafrecht zu einer Strafmilderung führen, im Jugendstrafrecht mit ihrem vollen Gewicht bei der eigentlichen Strafzumessung berücksichtigt werden« (*BGH* StV 1992, 432). Dies bedeutet, auch im Jugendstrafverfahren sind diese dogmatischen Abgrenzungen zu treffen, auch wenn sie sich im Urteilstenor nur in der Paragraphen-Aufzählung widerspiegeln (s. § 54 Rn. 4). Da die gesetzlichen Tatbestände noch nicht zur Bildung von Strafrahmen herangezogen werden, gilt hier nicht das Verbot der Doppelverwertung von Tatbestandsmerkmalen gem. § 46 Abs. 3 StGB (s. *BGH* bei *Herlan* GA 1956, 346). Das Fehlen von Milderungsgründen darf aber auch hier nicht strafverschärfend berücksichtigt werden (*BGH* bei *Böhm* NStZ 1984, 446).

Immer darf im Vergleich zum Erwachsenenstrafrecht die jugendstrafrechtliche Sanktion nicht härter ausfallen; insoweit besteht ein »**Verbot der Benachteiligung Jugendlicher gegenüber Erwachsenen in vergleichbarer Verfahrenslage**« (s. *Nothacker* Zbl 1985, 111; *Burscheidt* S. 95, 98; s.

auch § 5 Rn. 4). In der Rechtsprechung werden von diesem Grundsatz immer noch Ausnahmen zugelassen, d. h., es soll die Höhe der Jugendstrafe über dem allgemeinen Strafrahmen für einen minder schweren Fall liegen dürfen (s. *BGHSt* 8, 78; *BGH* bei *Böhm* NStZ 1982, 414; s. auch *Dallinger/Lackner* § 18 Rn. 6). In der Praxis werden darüber hinaus die gesetzlichen Strafrahmen, die für Erwachsene gelten, häufig nicht eingehalten (s. *Weber* Die Anwendung der Jugendstrafe, 1990, S. 174-183). Mittlerweile hat sich die h. M. dem entgegengestellt (*BGH* StV 1989, 545; *BGH* StV 1992, 432; *Schaffstein/Beulke* § 23 III.; *Sonnen* in: *D/S/S* § 18 Rn. 14; *Eisenberg* § 18 Rn. 15; *Böhm* Einführung in das Jugendstrafrecht, S. 211). Entscheidend ist, daß die gesetzgeberische Bewertung der Angemessenheit angesichts zusätzlicher Zweifel an der Geeignetheit der Sanktionierung (s. § 17 Rn. 10) nicht vom Gesetzesanwender zu Lasten der Jugendlichen und Heranwachsenden korrigiert werden darf. Im Gegenteil: Das Entwicklungsstadium spricht tendenziell für eine geringere Verantwortlichkeit (*BGH* StV 1986, 304). Sowohl ist das »Andershandelnkönnen«, die Widerstandskraft gegenüber den Deliktsanreizen i. S. des normativen Schuldbegriffs (s. *BGHSt* 2, 200) geringer einzuschätzen (s. auch *BGH* StV 1984, 30; *Wolf* S. 246), als auch ist nach dem kriminalpolitisch ausgerichteten Schuldbegriff (s. *Roxin* in: Festschrift für Henkel, 1974, S. 182) aufgrund der geringeren Normmotivierbarkeit ein geringeres Strafbedürfnis zu konstatieren (s. *Streng* GA 1984, S. 164 m. Fn. 52). Bei der Bewertung des Tatunrechts »ist bei einem Jugendlichen besonders sorgfältig zu prüfen, in welchem Ausmaß er sich bereits frei und selbstverantwortlich gegen das Recht und für das Unrecht entschieden hat« (*BGH* StV 1994, 598).

6 Andererseits darf die Bewertung des Tatunrechts nicht dominierend sein (s. auch *BGH* StV 1994, 598; 1996, 269), muß sich der jugendstrafrechtlichen Zielsetzung der positiven Individualprävention unterordnen, der sowohl gegenüber der negativen Individualprävention gem. § 17 Abs. 2, 1. Alt., als auch gegenüber der positiven Generalprävention gem. § 17 Abs. 2, 2. Alt., Vorrang zukommt (s. § 17 Rn. 8). Tat- und Schuldbewertung limitieren die Strafe, dürfen nicht zu Straferhöhungen führen (s. § 5 Rn. 3, 6); umgekehrt ist ein Unterschreiten der Schuldgrenze aus Gründen der Individualprävention im Jugendstrafrecht nicht nur zulässig, sondern kann auch geboten sein (so auch *Meyer-Odewald* Die Verhängung und Zumessung der Jugendstrafe gemäß § 17 Absatz 2, 2. Alt. JGG im Hinblick auf das zugrundeliegende Antinomieproblem, 1993, S. 94).

2. Geeignetheit

7 Innerhalb der so abgesteckten Angemessenheitshöhe im Rahmen des § 18 Abs. 1 S. 1, 2 stellt sich weiterhin die Frage nach der konkreten Dauer der Jugendstrafe. Hierfür ist zunächst die Geeignetheit von längeren oder kür-

zeren Freiheitsstrafen im Hinblick auf das Sanktionsziel zu prüfen. Auch wenn realistischerweise eine Jugendstrafe wegen »schädlicher Neigungen« nur dem Sicherungsinteresse als negative Individualprävention genügt (s. § 17 Rn. 3) und mit der Jugendstrafe wegen »Schwere der Schuld« rechtskonform nur der Beeinträchtigung der Rechtstreue als positive Generalprävention entgegengewirkt werden darf (s. § 17 Rn. 5), ist das Interesse an der positiven Individualprävention maßgebend zu berücksichtigen: Eine (Re-)Sozialisierung muß einmal von der Dauer her gesehen **möglich sein** (§ 18 Abs. 2; demgegenüber wird diese Begrenzungsfunktion von *Wolf* für die Jugendstrafe wegen »Schwere der Schuld« geleugnet, S. 313; hiergegen zu Recht *Miehe* ZStW 97 [1985], 1005); ein andermal **erlöscht das Sicherungsinteresse**, wenn eine (Re-)Sozialisierung erfolgt ist, und **wächst das Verständnis** bei einem (re-)sozialisierten Täter. Hierbei steht außer Frage, daß mit einer längeren Jugendstrafe sowohl dem Sicherungsinteresse als auch einem Strafbedürfnis mehr entsprochen wird und somit diese Eignung nicht zu diskutieren ist (zu grundsätzlichen Einwendungen gegen die Eignung für eine positive Generalprävention s. § 17 Rn. 6). Über bessere oder schlechtere Folgen von kurzer Jugendstrafe im Vergleich zur längeren Jugendstrafe sind die Ansichten sehr geteilt. Während zum einen eine Jugendstrafe von sechs Monaten bis zu einem Jahr für unzweckmäßig gehalten wird (s. *Böhm* Einführung in das Jugendstrafrecht, S. 212; *Schaffstein* MschrKrim 1973, 335: »Meinung aller Vollzugsexperten«), wird kriminalpolitisch die Aussparung einer Freiheitsentziehungsmöglichkeit von vier bis sechs Monaten kritisiert (*Eisenberg* § 18 Rn. 5). Als »erzieherisches Optimum« wird einerseits eine Dauer von vier bis fünf Jahren angesehen (*Bruns* StV 1982, 593; s. auch *Böhm* StV 1986, 71 sowie *Brunner/Dölling* § 18 Rn. 3 jeweils m. w. N.); hiervon scheint auch der Gesetzgeber ausgegangen zu sein, als er den Höchstrahmen für die Jugendstrafe in der Regel auf fünf Jahre festsetzte (s. BT-Drucks. 1/3264, S. 41).

Auch die sozialwissenschaftlichen Untersuchungen widersprechen sich. So hat *Lange* eine Rückfallquote von 85,1 % bei einer Jugendstrafe von sechs bis neun Monaten, von 89,7 % bei einer Jugendstrafe von neun bis zwölf Monaten gegenüber 80,8 % bei allen Probanden mit einer Jugendstrafe ohne Bewährung festgestellt (*Lange* Rückfälligkeit nach Jugendstrafe, 1973, S. 133, 180; s. auch zusammenfassend *Schaffstein* Kriminologische Gegenwartsfragen Nr. 68, S. 66 f.). Andere Untersuchungen haben gegenteilige Ergebnisse gehabt: Nach *Liebe/Meyer* wurden 78,4 % derjenigen, die eine Jugendstrafe von bis zu einem Jahr verbüßt hatten, wieder verurteilt und 88,5 % derjenigen, die länger als ein Jahr inhaftiert waren (*Liebe/Meyer* Rückfall oder Legalbewährung, 1981, S. 99; s. auch *Böhm* RdJB 1973, 39). Abgesehen davon, daß die Ergebnisse auf z. T. so kleinen Fallgruppen beruhen, daß keine allgemeinverbindlichen Aussagen getroffen werden können, ist der Haupteinwand der, daß diese Personenkreise

8

schon im Hinblick auf ihre unterschiedliche kriminelle Gefährlichkeit nicht miteinander verglichen werden können (s. *Eisenberg* § 17 Rn. 14 ff.). Aber auch die Untersuchungen mit vergleichbaren Probanden, d. h. bei gleicher Ausgangslage zu Beginn der Strafzeit, widersprechen sich. Nach *Luzius* hatten diejenigen, die eine Jugendstrafe bis zu elf Monaten »absitzen« mußten, eine signifikant niedrigere Rückfallquote als diejenigen mit einer längeren Strafzeit (*Luzius* Möglichkeiten der Resozialisierung durch Ausbildung im Jugendstrafvollzug, 1979, S. 66 f). *Eisenberg* (§ 17 Rn. 14) gibt demgegenüber das Ergebnis einer schwedischen Untersuchung wieder, wonach diejenigen mit einer Strafhaft von bis zu sieben Monaten schlechter abschnitten als diejenigen mit einer längeren Dauer.

9   Die Eignung für die Verhinderung des Rückfalls wird auch nur unwesentlich bei Ausbildungsmaßnahmen erhöht. Von den in den Jahren 1974 bis 1978 aus der Jugendstrafanstalt Rockenberg (Hessen) entlassenen Strafgefangenen wurden diejenigen mit beruflichen Abschlüssen um durchschnittlich 6 %, diejenigen mit schulischen Abschlüssen um durchschnittlich 4,2 % weniger rückfällig als diejenigen ohne Abschlüsse (*Fleck/Müller* ZfStrVo 33 [1984], 77; demgegenüber kam eine frühere Untersuchung für die Entlassungsjahre 1961 bis 1965 zu besseren Ergebnissen, s. *Böhm* RdJB 1973, 39 f.; sowie die hierauf aufbauende Analyse von *Luzius* Möglichkeiten der Resozialisierung durch Ausbildung im Jugendstrafvollzug, 1979, S. 80 f.; dagegen *Schumann/Guth/Kaulitzki* Kriminalpädagogische Praxis 13 [1982], 10 ff.). Dem entspricht das Ergebnis einer vom *Kriminologischen Dienst des nordrhein-westfälischen Justizministeriums* durchgeführten Untersuchung, wonach die erfolgreichen Teilnehmer an beruflichen Bildungsmaßnahmen um 4 % besser abschnitten, d. h. nach der Rückfalldefinition »Verurteilung zu Freiheitsstrafe ohne Bewährung« zu 36 % rückfällig wurden (s. Presseerklärung vom 7. 11. 1985). Nach einer Untersuchung der 1974 aus dem niedersächsischen Vollzug entlassenen Jugendstrafgefangenen wurden innerhalb von 5 Jahren 78 % ohne und 69 % mit Bildungsmaßnahmen wieder verurteilt (*Berckhauer/Hasenpusch* in: Modell zur Kriminalitätsvorbeugung und Resozialisierung, hrsg. von *Schwind/Steinhilper*, 1982, S. 320). Nach einer Untersuchung der 1981 in die Jugendstrafvollzugsanstalt Adelsheim aufgenommenen Strafgefangenen wurde eine Erfolgsquote (keine eingetragene Wiederverurteilung im Bundeszentralregister innerhalb von 4 Jahren nach der Entlassung) bei Nichtteilnehmern an Bildungsmaßnahmen ohne eine vorausgegangene berufliche Qualifikation von 18 %, bei Teilnehmern an Bildungsmaßnahmen von 22 % ermittelt (*Geissler* DVJJ-Journal 3/1991, S. 214; im einzelnen *dies.* Ausbildung und Arbeit im Jugendstrafvollzug, 1991, S. 274 ff.). Bei diesen Untersuchungen wurde mit den Ausbildungsmaßnahmen aber auch bereits eine »positive« Auslese getroffen (s. *Dünkel* in: Jugendstrafe und Jugendstrafvollzug, hrsg. von *Dünkel/Meyer*, 1985, S. 171; s. auch

Schumann/Guth/Kaulitzki Kriminalpädagogische Praxis 13 [1982], 12). Zu beachten ist hierbei, daß derartige Bildungsmaßnahmen regelmäßig im Rahmen eines Behandlungsvollzuges angeboten werden und der »Erfolg« nicht für einen Teil der Maßnahmen verbucht werden kann (zu besseren Ergebnissen eines Behandlungsvollzuges s. *Rehn* Behandlung im Strafvollzug, 1979). Aber auch ein eingerichteter Behandlungsvollzug fordert keine Langstrafen, da eine dort erreichte »soziale Kompetenz« an das Vollzugssystem geknüpft ist und gleichzeitig ihre Möglichkeiten, im Freiheitssystem zu bestehen, tendenziell abnehmen; hierbei gelangen die Langstrafigen nur auf Kosten der Kurzstrafigen, die sich noch nicht so auskennen, eine größere Handlungskompetenz (s. *Stenger* in: Jugendgerichtsverfahren und Kriminalprävention, DVJJ, Heft 13 [1984], 470 ff.).

Bei dem jetzigen Stand der Sanktionsforschung kann somit **nicht festgestellt werden, ob ein längerer oder kürzerer Strafvollzug größere Aussicht auf eine (Re-)Sozialisierung verspricht** (s. *Dünkel* in: Jugendstrafe und Jugendstrafvollzug, hrsg. von *Dünkel/Meyer*, 1985, S. 173; *Eisenberg* § 17 Rn. 14 ff.; zust. *Brunner/Dölling* § 18 Rn. 3); sozialtherapeutische Behandlung, insbesondere Ausbildungsmaßnahmen wirken sich allerdings positiv, jedoch nicht entscheidend aus. Einigkeit scheint darüber zu bestehen, daß **spätestens nach einer Dauer von vier bis fünf Jahren die entsozialisierenden Wirkungen größer sind als die resozialisierenden** (s. bereits *Peters* Grundprobleme der Kriminalpädagogik, 1960, S. 193; s. aber *Mollenhauer* MschrKrim 1961, 162 ff.); selbst für den Erwachsenenvollzug werden nach fünf Jahren Sozialisationsschäden i. S. von Hospitalisation und Deprivation festgestellt (s. die Vollzugspraktiker *Einsele* und *Stark* in der Anhörung des Bundesverfassungsgerichts, NJW 1977, 1528). Eine Jugendstrafe zwischen 5 und 10 Jahren läßt sich erzieherisch nicht mehr begründen (so auch der 1. Strafsenat des *BGH* StV 1996, 269, der 2. Strafsenat NStZ 1997, 29 und der 3. Strafsenat StV 1998, 344; in Abweichung von diesen Entscheidungen geht der 4. Senat des *BGH* davon aus, daß auch eine Jugendstrafe von mehr als fünf Jahren nicht erzieherisch schädlich sein muß, *BGH* NStZ 1996, 496; hiergegen *Streng* StV 1998, 336; rechtfertigend unter dem Gesichtspunkt der Tatverarbeitung *Dölling* NStZ 1998, 39). Unabhängig von dieser Zeitgrenze geht die höchstrichterliche Rechtsprechung übereinstimmend davon aus, daß ein längerer Freiheitsentzug zumindest erzieherisch problematisch ist und deshalb im Hinblick auf § 18 Abs. 2 besonders begründet werden muß (s. vier BGH-Entscheidungen in StV 1998, 334, 335).

3. Notwendigkeit

Die Entscheidung über die Höhe einer Jugendstrafe ist – innerhalb der zunächst abgesteckten Sanktionsgröße – letztlich im Hinblick auf die

Notwendigkeit zu treffen. Notwendig ist eine Strafhöhe nur, wenn nicht eine geringere Strafe auch bereits das beabsichtigte Strafziel zu erreichen verspricht; ansonsten wird unnötig in die Interessen des/der Angeklagten eingegriffen. Dieses Gebot, das am wenigsten interessenverletzende Mittel einzusetzen, folgt aus dem Rechtsstaatsprinzip (s. *Herzog* in *Maunz/Dürig/Herzog/Scholz* 6. Aufl., Art. 20 VII Rn. 75). Dies bedeutet, daß bei den Fragezeichen hinter der Eignung der Jugendstrafe überhaupt (s. § 17 Rn. 10) sowie speziell einer höheren Jugendstrafe (s. Rn. 10) immer bei dem Strafmaß Halt zu machen ist, mit dem das jeweilige Strafziel erreicht werden kann. Das Tatunrecht muß dieser jugendstrafrechtlichen Zielsetzung untergeordnet werden (*BGH* StV 1996, 269). Die Suche muß in Richtung einer milderen Sanktionierung erfolgen (s. *BGH* NStZ 1984, 508). Wenn somit mit der Jugendstrafe wegen »schädlicher Neigungen« das Sicherungsinteresse der Gesellschaft verfolgt wird, ist zunächst zu fragen, wie lange nach der Rückfallprognose hier unmittelbare Gefahren drohen. Hierbei darf nicht jeder Bürger zum Sicherheitsrisiko gemacht werden, d. h., es müssen konkrete Hinweise dafür bestehen, daß auch nach einer Haftverbüßung eine solche Gefahr droht. Hierbei ist zu berücksichtigen, daß jede Inhaftierung bereits ein Schockerlebnis darstellt, das für die Zukunft i. S. individueller Abschreckung weiterwirkt. Dies gilt insbesondere für die Altersgruppe bis 18 Jahre. Der »Knast« wird von den Insassen gehaßt. Die erlittene Untersuchungshaft muß berücksichtigt werden, ebenso eine zwischenzeitliche Veränderung, wie »die Auflösung der Gruppe, ohne deren Dynamik der Angeklagte nicht straffällig geworden wäre«(*BGH* StV 1986, 68; *BGH* StV 1991, 423). Weiterhin ist zu beachten, daß Kriminalität auch in Abhängigkeit vom Alter steht, daß mit dem Überschreiten der Altersgrenze von 24/25 Jahren durchschnittlich die Kriminalitätsauffälligkeit wieder abnimmt (s. Grdl. z. §§ 1-2 Rn. 6). Eine Sicherung über diesen Zeitraum hinaus ist damit bereits fragwürdig. Hierbei ist zu beachten, daß eine Sicherung auf Dauer sowieso nicht möglich ist und ihr schon in Anbetracht der Verhältnismäßigkeit Grenzen gesetzt sind. Entgegen diesen Sicherungsinteressen stehen die entsozialisierenden Folgen einer längeren Inhaftierung. Insbesondere ist es nicht notwendig, Jugendliche zu Ausbildungszwecken in den Strafvollzug zu stekken (s. auch *Schumann/Guth/Kaulitzki* Kriminalpädagogische Praxis 13 [1982], 13; *Dünkel* in: Jugendstrafe und Jugendstrafvollzug, hrsg. von *Dünkel/Meyer*, 1985, S. 172). Hierfür stehen Weisungen zur Verfügung. Wenn eine Jugendstrafe ausgesprochen werden muß, **so darf die Höhe nicht nach der Ausbildungszeit bemessen werden**. Abgesehen von der Frage nach der Angemessenheit und der besonderen Eignung, einer Straftatwiederholung vorzubeugen (s. Rn. 9), ist es eine bloße Organisationsfrage, die Weiterführung der Ausbildung nach der Entlassung von draußen als Angebot zu ermöglichen (so auch ein Versuchsprojekt in der Bremer Jugendstrafanstalt Blockland; s. auch Jugendstrafvollzugskommission, S. 49). Nicht notwendig ist eine Jugendstrafe weiter dann, wenn es nur darum geht, »dem Jugendlichen einen Bewährungshelfer zu verschaffen« (s. *Böhm* Einführung in das Jugendstrafrecht, 2. Aufl., S. 180). So richtig es ist, daß bei einer Sanktionierung mit einer Jugendstrafe von vornherein die Bewährung mitbedacht wird, so falsch ist es, eine Jugendstrafe wegen der Bewährung zu verhängen. Abgesehen von möglichen Bedenken hinsichtlich der Wahrung der Angemessenheit ist in einem solchen Fall die Betreuungsweisung oder die Bewährung ohne Freiheitsstrafe gem. § 27 auszusprechen.

Im Hinblick auf die Notwendigkeit einer Strafhöhe bei der Verurteilung zu einer Jugendstrafe wegen »Schwere der Schuld« sind die Einwände, die grundsätzlich gegen die Sanktionierung erhoben wurden (s. § 17 Rn. 6-8), natürlich und erst recht gegen eine Überhöhung zu wiederholen. Die – rechtlich begrenzte – Publizität des Jugendstrafverfahrens und die allgemeine Nachsicht gegenüber jugendlichen Verfehlungen führen dazu, daß die Verurteilung zu einer Jugendstrafe als solche häufig bereits das normpsychologische Gleichgewicht wiederherstellt. Wie der Täter am meisten Angst vor der Entdeckung hat, so wird das allgemeine Normbewußtsein bereits mit der tatächtenden Verurteilung befriedigt. Eine Jugendstrafe von fünf bis zehn Jahren erscheint für die Erreichung dieses Strafzweckes regelmäßig nicht erforderlich, ganz abgesehen davon, daß einer solchen Dauer § 18 Abs. 2 entgegensteht. Für Delikte, die wie die NS-Taten die Rechtsordnung als solche negieren, mag ein solches Strafmaß reserviert bleiben. 12

4. Begründungszwang

Die Bemessung der Jugendstrafe ist im Hinblick auf die Verhältnismäßigkeit, die Geeignetheit und Notwendigkeit **im einzelnen** zu begründen; es genügt nicht, sich lediglich auf ein Erziehungsstrafrecht zu berufen (s. *BGH* StV 1982, 474; *BGH* StV 1986, 304; *BGH* NStZ 1989, 119). Die Begründungspflicht besteht insbesondere für die Annahme einer Rückfallgefahr für erhebliche Straftaten i. S. »schädlicher Neigungen« (s. *OLG Hamm* StraFo 2000, 127). Die spezifischen Voraussetzungen des Jugendstrafrechts verlangen, sich nicht mit den Strafzumessungserwägungen für Erwachsene zu bescheiden (*BGH* StV 1986, 305). Im Verhältnis zur Urteilsbegründung im Erwachsenenstrafrecht nach § 267 StPO ist hier eine besonders sorgfältige Sanktionsbegründung notwendig (s. *ThürOLG* StV 1998, 340; s. auch § 54 Rn. 17). Wird die Jugendstrafe sowohl auf »schädliche Neigungen« als auch auf die »Schwere der Schuld« gestützt, so müssen beide Voraussetzungen nachvollziehbar begründet werden, weil ansonsten die Strafe überhöht sein kann (*BGH* StV 1992, 431; StV 1998, 331). 13

§ 19. Jugendstrafe von unbestimmter Dauer

(aufgehoben)

Fünfter Abschnitt.   Aussetzung der Jugendstrafe zur Bewährung

Grundlagen zu den §§ 21-26 a

1. Systematische Einordnung

Im ersten Hauptstück »Verfehlungen Jugendlicher und ihre Folgen« wird neben den Erziehungsmaßregeln, den Zuchtmitteln, der Jugendstrafe und der nachfolgenden Aussetzung der Verhängung der Jugendstrafe (§§ 27-30) als 5. Abschnitt (§§ 21-26 a) die Aussetzung der Jugendstrafe zur Bewährung geregelt. Während hier die materiellen Voraussetzungen und Folgen bestimmt werden, finden sich die verfahrensrechtlichen Vorschriften in den §§ 57-60. Diese gänzliche Aussetzung der Jugendstrafe gilt es zu unterscheiden von der Aussetzung des Restes einer bereits teilweise verbüßten Jugendstrafe (s. §§ 88, 89 a), erst recht von Gnadenentscheidungen. 1

2. Historische Entwicklung

Die Forderung nach Einführung einer bedingten Freiheitsstrafe (s. *v. Liszt* Vorträge und Aufsätze, Bd. 1, 1905, S. 411 ff.; zur Geschichte s. auch *Walter* in: Handwörterbuch der Kriminologie, hrsg. von *Sieverts/Schneider*, 2. Aufl., Bd. 5, S. 151 f.) wurde im § 10 des JGG 1923 erfüllt: »damit der Verurteilte sich durch gute Führung während einer Probezeit Straferlaß verdienen kann«. Bereits damals konnte auch die Entscheidung über die Aussetzung vorbehalten werden. Allerdings wurde der/die Verurteilte auch sich selbst überlassen, um durch eigene Anstrengungen sich von dem Strafübel zu befreien; eine hohe Mißerfolgsquote war die Folge dieser »gnadenweise gewährten Wohltat« (s. *Schaffstein/Beulke* § 24 I.). Als Reaktion hierauf wurde durch Verordnung vom 28. 11. 1940 (RGBl I, 1411) die Strafaussetzung zur Bewährung weitgehend und im JGG 1943 gänzlich wieder abgeschafft und statt dessen der Arrest eingeführt (s. Grdl. z. §§ 13-16 Rn. 2). Mit dem JGG 1953 wurde wieder die Möglichkeit geschaffen, die Jugendstrafe zur Bewährung auszusetzen, und zwar i. S. der englischen »probation« mit Bewährungsauflagen und der Bewährungs- 2 hilfe. Die Aussetzung war jedoch für eine Jugendstrafe bis zu einem Jahr möglich, »damit der Jugendliche durch gute Führung während der Bewährungszeit Straferlaß erlangen kann« (§ 20 a. F.). Im § 21 a. F. waren die Voraussetzungen weiter erhöht (»nur aussetzen, wenn ...«). Wesentliche Änderungen, d. h. Erweiterung der Aussetzungsmöglichkeiten auf 2 Jahre, erfolgten mit dem 1. StrRG vom 25. 6. 1969 (BGBl I, 645). Mit der Fassung durch das EGStGB vom 2. 3. 1974 (BGBl I, 469) ist bei Bejahung der Voraussetzungen gem. § 21 Abs. 1 ein **Aussetzungszwang** festgeschrieben. Aufschlußreich ist die Änderung der Widerrufsgründe, die vormals wie folgt lauteten: »Der Richter widerruft, falls andere Maßnahmen nicht ausreichen, die Aussetzung der Jugendstrafe, wenn 1. Umstände bekannt werden, die bei Würdigung des Wesens der Aussetzung zu ihrer Versagung geführt hätten, 2. der Jugendliche, der das 16. Lebensjahr vollendet hat, sich weigert, die Erfüllung der Bewährungsauflage zu versprechen (§ 60 Abs. 3), 3. der Jugendliche Bewährungsauflagen schuldhaft nicht nachkommt oder 4. sich auf andere Weise zeigt, daß das in ihn gesetzte Vertrauen nicht gerechtfertigt war.« Mit dem 1. JGGÄndG wurde die Regelaussetzung auch für Jugendstrafen von 1 Jahr bis zu 2 Jahren festgeschrieben (§ 21 Abs. 2). Gegenläufig ist die Entscheidung des Gesetzgebers, die Bewährungsbetreuung für höchstens 2 Jahre zu ermöglichen. Gleichzeitig wurden mit dem 1. JGGÄndG die Widerrufsbestimmungen abgeändert.

3. Gesetzesziel

3   Mit den §§ 21 bis 26 a wird eine eigenständige Sanktion geschaffen, die zwar in ihren Voraussetzungen von der Verhängung der Jugendstrafe abhängig ist, in ihrer Zielsetzung und ihrer praktischen Bedeutung hiervon jedoch grundsätzlich abweicht: Die Vollstreckung der Freiheitsstrafe soll vermieden werden (wie hier *Jagusch* JZ 1953, 688 ff.; *Hellmer* Die Strafaussetzung im Jugendstrafrecht, 1959, S. 54 f.; *Walter* in: Handwörterbuch der Kriminologie, hrsg. von *Sieverts/Schneider*, 2. Aufl., 5. Bd., S. 159, 160; *Westphal* Die Aussetzung der Jugendstrafe zur Bewährung gemäß § 21 JGG, 1995, S. 158; OLG Hamm MDR 1954, 374; LG Göttingen NJW 1954, 892; s. auch *Horn* ZRP 1990, 81, der de lege ferenda die Einführung einer Bewährungsstrafe fordert). Demgegenüber wird nach anderer Ansicht die Strafaussetzung zur Bewährung lediglich als »eine Modifikation der nicht ausgesetzten Jugendstrafe von gleicher Art und Dauer« betrachtet (*Potrykus* Vorbem. 2 zu den §§ 20 ff.; ebenso *Dallinger/ Lackner* § 20 Rn. 4; *Schaffstein/Beulke* § 25 I. 1. m. w. N.). *Herre* (Die Prognoseklauseln der §§ 56 StGB und 2 JGG, 1997, S. 21) charakterisiert die Bewährungsentscheidung nur negativ als eigenständigen Rechtseingriff im Falle einer Ablehnung. Unabhängig von diesem Streit ist, daß formal vor der Entscheidung über die Bewährung zunächst über die Jugendstrafe

als solche entschieden werden muß. Dies folgt sowohl aus der inhaltlichen Vorgabe als auch aus verfahrensrechtlichen Überlegungen; zwar ist heute auch für die Strafaussetzung eine Zweidrittel-Mehrheit gem. § 263 Abs. 1 StPO erforderlich, die Möglichkeit einer nachträglichen Entscheidung gem. § 57 setzt aber eine zweiaktige Entscheidung voraus, wobei dieser Beschluß jedoch immer vor dem Beginn des Vollzuges erfolgen muß. Die Festsetzung der Jugendstrafe darf aber nur erfolgen, indem diese Bewährungsmöglichkeit von vornherein bedacht wird, »weil eine zur Bewährung ausgesetzte Strafe nach ihrem Wesen und ihrem Ziel etwas anderes ist als die zu vollstreckende Strafe« (s. *Brunner/Dölling* § 21 Rn. 2; ebenso *Böhm* Einführung in das Jugendstrafrecht, S. 225; *Eisenberg* § 21 Rn. 4 – allesamt ohne hieraus Konsequenzen zu ziehen). Soweit in diesem Zusammenhang auf die Rechtsprechung zur Strafaussetzung zur Bewährung im Erwachsenenstrafrecht verwiesen wird (s. *Hellmer* Die Strafaussetzung im Jugendstrafrecht, 1959, S. 23, 24 unter Hinweis auf *BGH* NJW 1954, 40, 41; *Eisenberg* § 21 Rn. 4 unter Hinweis auf *BGHSt* 29, 321 ff.), so ist dem entgegenzuhalten, daß dort nicht von einer schuldangemessenen Strafe abgewichen werden soll, der Schuldausgleich im Jugendstrafrecht aber kein Strafziel darstellt (s. § 5 Rn. 2).

Auch wenn sich im Falle des Widerrufs die Strafandrohung realisiert, hat zunächst auch für diese Verurteilten die Strafaussetzung eine eigenständige Bedeutung. Die Weisungen und Auflagen sowie die obligatorische Bewährungshilfe bestimmen den Charakter, die Betreuungs- und Hilfefunktion für die **Bewährung in Freiheit** ist dominierend. Für diese Ansicht spricht auch, daß gem. den §§ 26 Abs. 3 S. 1 und 26 a S. 2 die Leistungen, die der/die Verurteilte zur Erfüllung von Weisungen, Auflagen, Zusagen oder Anerbieten erbracht hat, nicht erstattet werden. Damit hat und behält diese Sanktion Strafcharakter, deren Eigenständigkeit auch mit den gesonderten Eintragungen im Zentralregister (§ 13 Abs. 1 Nr. 1, 3, 4, 6 BZRG) unterstrichen wird, wobei sie allerdings – und dies im Unterschied zur unbedingten Jugendstrafe – nicht ins Führungszeugnis eingetragen wird (s. § 32 Abs. 1 Nr. 3 BZRG). Der – sekundäre – Strafcharakter als Aussetzungsstrafe kann nicht mit der Begründung geleugnet werden, daß ansonsten im Fall des Widerrufs eine Doppelbestrafung bei Nichtanrechnung der erbrachten Leistungen erfolgen würde (so aber *Walter* in: Handwörterbuch der Kriminologie, hrsg. von *Sieverts/Schneider*, 2. Aufl., Bd. 5, S. 160). Umgekehrt ist die Anrechnungsmöglichkeit in verfassungskonformer Weise als eine Anrechnungsverpflichtung zu konkretisieren (s. §§ 26, 26 a Rn. 16). Selbst formaljuristisch wird somit ein Unterschied zwischen der unbedingten und der bedingten Jugendstrafe gemacht, der durch die systematische Stellung (s. Rn. 1) noch unterstrichen wird. Jedoch kommt die Bezeichnung »dritte Säule« (s. *Jescheck/Weigend* Strafrecht AT, 5. Aufl., S. 79) oder »dritte Spur« (s. *SK-Horn* § 56 StGB Rn. 2)

4

im eigentlichen Sinn erst der Aussetzung der Verhängung der Jugendstrafe zu (s. bereits *Ostendorf* NJW 1981, 383).

4. Justizpraxis

5   Die Aussetzungen der Jugendstrafe zur Bewährung haben in den letzten Jahren im Vergleich zu den unbedingten Jugendstrafen, die zur Bewährung ausgesetzt werden können, d. h. bis zu zwei Jahren, erheblich zugenommen:

Jahr	aussetzungsfähige Jugendstrafen zusammen	davon Aussetzung
1960	8 253	4 553 (55,2 %)
1969	8 247	5 881 (71,3 %)
1980	16 378	11 192 (68,3 %)
1985	15 836	10 936 (69,1 %)
1990	10 917	7 784 (71,3 %)
1995	12 386	8 875 (71,7 %)
1998	15 259	10 977 (71,9 %)

(Quelle: Statistisches Bundesamt, Fachserie 10, Reihe 3, Strafverfolgung; Gebiet: bis 1990 alte Länder, ab 1995 alte Länder einschl. Berlin-Ost; weitere Nachweise bei *Terdenge* Strafsanktionen in Gesetzgebung und Gerichtspraxis, 1983, S. 128)

Der exorbitante Anstieg der Aussetzung im Jahre 1969 ist auf die damalige Erweiterung der Aussetzungsmöglichkeiten zurückzuführen (s. Rn. 2). Hierbei ist die Aussetzungsquote bei den geringeren Jugendstrafen – naturgemäß – höher, auch höher gegenüber dem Erwachsenenstrafrecht (s. *Terdenge* a. a. O., S. 129):

Jahr	Jugendstrafe 1/2-1 Jahr	davon Aussetzung	Jugendstrafe 1-2 Jahre	davon Aussetzung
1960	8 253	4 553 (55,2 %)		
1970	8 318	6 052 (72,8 %)		
1980	12 771	10 161 (79,6 %)	3 607	1 031 (28,6 %)
1985	11 493	9 093 (79,1 %)	4 343	1 843 (42,7 %)
1990	7 542	5 961 (79,0 %)	3 393	1 823 (53,7 %)
1995	7 890	6 193 (78,5 %)	4 496	2 682 (59,7 %)
1997	9 125	7 430 (81,4 %)	5 410	3 269 (60,4 %)
1998	9 636	7 748 (80,4 %)	5 623	3 229 (57,4 %)

(Quelle: Statistisches Bundesamt, Fachserie 10, Reihe 3, Strafverfolgung)

Deliktsspezifisch auffällig ist die überdurchschnittliche Bewährungsquote bei Drogentätern: 1982 lag die Bewährungsquote bei Jugendstrafen von 1/2 bis 1 Jahr bei 84,6 %, bei Jugendstrafen von 1 Jahr bis 2 Jahren bei 46,1 %, in den besonders schweren Fällen gem. den §§ 29 Abs. 3, 30 BtMG sogar bei 52,8 % (s. Strafverfolgungsstatistik) – ein Versuch der Praxis, die Kriminalisierungstendenzen des BtMG zu umgehen (s. auch *Dünkel* in: Kriminologie im Spannungsfeld von Kriminalpolitik und Kriminalpraxis, hrsg. von *Brusten/Häußling/Malinowski*, 1986, S. 255).

Bewährungsaufsichten nach Unterstellungsgründen

Stichtag 31.12. Land	Unterstellung unter Bewährungsaufsicht[1]				Nach allgemeinem Strafrecht				Nach Jugendstrafrecht			
	insgesamt	die Probanden waren			unterstellt nach		zusammen	dar. weibliche Probanden	unterstellt nach		zusammen	dar. weibliche Probanden
		männlich	weiblich		Strafaussetzung[2]	Aussetzung d. Strafrestes			Strafaussetzung[3]	Aussetzung d. Strafrestes		
1980	93 840	86 295	7 545		27 263	26 209	53 472	4 542	30 833	9 535	40 368	3 003
1990	131 381	119 612	11 769		55 259	42 320	97 579	9 777	24 914	8 888	33 802	1 992
1991	130 750	118 877	11 873		56 247	42 665	98 912	10 066	23 580	8 258	31 838	1 807
1992	128 318	116 323	11 995		56 469	41 405	97 874	10 230	22 911	7 533	30 444	1 765
davon (1992):												
Baden-Württemberg	17 239	15 591	1 648		7 974	4 863	12 837	1 411	3 183	1 219	4 402	237
Bayern	15 897	14 453	1 444		5 943	4 689	10 632	1 118	3 690	1 575	5 265	326
Berlin-West[4]	4 766	4 219	547		2 333	1 400	3 733	488	789	244	1 033	59
Bremen	2 112	1 935	177		1 027	767	1 794	163	257	61	318	14
Hamburg[4]	4 665	4 282	383		1 852	1 914	3 766	329	700	199	899	54
Hessen	12 220	11 053	1 167		5 519	4 487	10 006	1 036	1 742	472	2 214	131
Niedersachsen	16 856	15 294	1 562		8 486	5 481	13 967	1 390	2 175	714	2 889	172
Nordrhein-Westfalen	40 172	36 360	3 812		17 773	12 824	30 597	3 250	7 416	2 159	9 575	562
Rheinland-Pfalz[2]	8 039	7 230	809		3 130	2 769	5 899	681	1 657	483	2 140	128
Saarland	2 230	2 047	183		630	887	1 517	126	540	173	713	57
Schleswig-Holstein[4]	4 122	3 859	263		1 802	1 324	3 126	238	762	234	996	25

[1] ohne Unterstellungen bei ehrenamtlichen Bewährungshelfern
[2] einschl. der Fälle, bei denen die Anordnung des Berufverbots zur Bewährung ausgesetzt wurde
[3] einschl. Aussetzung der Verhängung der Jugendstrafe nach § 27
[4] Angaben aus 1991

(Quelle: Statistisches Jahrbuch 1997, S. 379; Gebiet: alte Länder)

Erstes Hauptstück. Verfehlungen Jugendlicher und ihre Folgen **Grdl. z. §§ 21-26 a**

Mit Einschluß der Führungsaufsicht hatten die Bewährungshelfer im Jahre 1990 in den alten Bundesländern folgende Fallbelastung:

Baden-Württemberg	- 70,5
Bayern	- 67,5
Berlin (West)	- 50,3
Bremen	- 55,6
Hamburg	- 51,3
Hessen	- 73,7
Niedersachsen	- 68,1
Nordrhein-Westfalen	- 70,2
Rheinland-Pfalz	- 88,4
Saarland	- 69,4
Schleswig-Holstein	- 75,6
Alte Bundesländer insgesamt	- 68,5

Demgegenüber soll nach einer Empfehlung der Justizministerkonferenz aus dem Jahre 1974 die Fallzahl auf 40 herabgesetzt werden; nach einem Beschluß des DGB-Beamtentages aus dem Jahre 1975 soll die Fallmeßzahl 30 nicht überschreiten (s. auch eine Verwaltungsvorschrift aus dem Jahre 1954, wonach ein Bewährungshelfer als voll belastet anzusehen ist, wenn ihm 40 Bewährungsfälle übertragen sind; s. Empfehlungen zur Bewährungshilfe, Führungsaufsicht, Gerichtshilfe, hrsg. vom Niedersächsischen Ministerium der Justiz 1979, S. 97; s. auch *Neupert* in: Junge Volljährige im Kriminalrecht, DVJJ, 11 [1977], 545; s. auch *Brunner* 7. Aufl., § 25 Rn. 11: »höchstens 40 bis 50 Fälle«). In Österreich ist für die hauptamtliche Bewährungshilfe die Fallzahl auf höchstens 20 Probanden festgelegt, ein ehrenamtlicher Bewährungshelfer darf nicht mehr als 5 Probanden betreuen (*Jesionek* in: Entwicklungstendenzen und Reformstrategien im Jugendstrafrecht im europäischen Vergleich, hrsg. v. *Dünkel/van Kalmthout/Schüler-Springorum*, 1997, S. 285). In Schweden wurde die Zahl von 137 im Jahre 1969 auf 32 im Jahre 1978 gesenkt (s. *Cornils/Wiskemann* in: Alternativen zur Freiheitsstrafe, hrsg. von *Dünkel/Spieß*, 1983, S. 143). Hierbei ist zu berücksichtigen, daß aufgrund der vermehrten Aussetzungen auch die Klientel sich »verschlechtert« hat, d. h. stärker sozial benachteiligte und gefährdete Probanden betreut werden müssen (s. *Spieß* Kriminalpädagogische Praxis 29 [1989], 11).

Bei alledem ist die **Widerrufsquote relativ niedrig und deutlich fallend** (s. *Berckhauer* in: Soziale Dienste in der Strafrechtspflege, hrsg. von *Steinhilper* 1984, S. 81). Nach der Bewährungshilfe-Statistik wurden im Jahre 1996 von 10 067 beendeten Bewährungsaufsichten gem. § 21 4 051 (40,2 %) erlassen (s. Statistisches Bundesamt, Fachserie 10, Reihe 5, Bewährungshilfe). Diese Erfolgszahl ist jedoch aufgrund der Abgabe und der Beendigung aus sonstigen Gründen, insbesondere aufgrund der Einbeziehung, zu erhöhen:

6

Beendete Bewährungsaufsichten aufgrund § 21 nach Beendigungsgründen 1992-1996

Jahr	Insgesamt*	Erlaß (§ 26 a)		Ablauf der Unterstellungszeit (§ 24 I)		Aufhebung der Unterstellung (§ 24 II)		Einbeziehung in ein neues Urteil (§ 31 II)		Widerruf (§ 26 I)	
		n	%	n	%	n	%	n	%	n	%
1992	7 852	5 337	68,0	16	0,2	41	0,5	648	8,3	1 810	23,1
1993	8 917	4 811	54,0	249	2,8	159	1,8	1 907	21,4	1 791	20,1
1994	9 433	4 280	45,4	775	8,2	262	2,8	2 406	25,5	1 710	18,1
1995	9 753	4 159	42,6	1 078	11,1	274	2,8	2 604	26,7	1 638	16,8
1996	10 067	4 051	40,2	1 267	12,6	288	2,9	2 765	27,5	1 696	16,8

* ohne Aufsichten, die im Wege der Gnade oder »aus anderen Gründen beendet« wurden
(Quelle: unveröffentlichte Tabelle RB 43.H des Statistischen Bundesamts; Gebiet: alte Länder einschl. Berlin-Ost, ohne Hamburg)

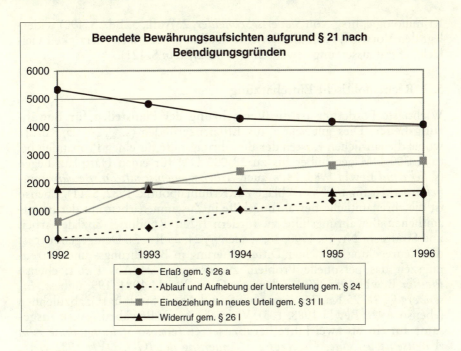

In Einzeluntersuchungen hat man früher eine höhere Mißerfolgsrate festgestellt: *Nerlich* Die kriminalpolitischen Auswirkungen der Strafaussetzung zur Bewährung nach § 20 JGG bei Jugendlichen und Heranwachsenden, 1966, S. 11 – 52,7 %; *Schünemann* Die Bewährungshilfe bei Jugendlichen und Heranwachsenden, 1971, S. 39 – 41,7 %; *Rohnfelder* Die Bewährungshilfe, 1974, S. 87 Fn. 328 – 38,1 % (w. N. bei *Heinz* BewH 1977, 307, 308). Eine neuere Untersuchung aus Baden-Württemberg hat bei 170 Probanden folgendes Ergebnis gehabt: 22 % Widerrufe bei Probanden ohne Vorstrafe, 41 % bei Probanden mit geringen Vorstrafen unterhalb von Jugendstrafe, 59 % bei Probanden mit mehrfachen Verurteilungen zu Jugendstrafe (s. *Spieß* Kriminalpädagogische Praxis 29 [1989], 12). Der Widerruf erfolgt in erster Linie wegen Straftaten: Im Jahre 1996 zu 79,4 % bei Bewährungen gem. § 21. Hierbei schneiden die jüngeren, d. h. die 14- bis 15jährigen, aber auch die 16- bis 17jährigen gegenüber den Heranwachsenden und auch den Erwachsenen erheblich besser ab (s. *Kerner* BewH 1977, 293). Umgekehrt spricht für einen größeren Erfolg der Bewährungsstrafe als in den Bewährungshilfestatistiken sichtbar wird, daß diese Abgangsstatistiken sind und der Widerruf regelmäßig zeitlich eher erfolgt als der Erlaß (s. hierzu *Kerner/Hermann/Bockwaldt* Strafrestaussetzung und Bewährungshilfe, 1984, S. 28 ff.; s. auch Grdl. z. §§ 27-30 Rn. 4). Diese »Erfolgsquote« (zur Problematik, den Erfolg am Widerruf zu messen, s. *Kury* BewH 1980, 285; *Walter* in: Handwörterbuch der

Kriminologie, hrsg. von *Sieverts/Schneider*, 2. Aufl., 5. Bd., S. 190) widerlegt den Vorwurf, »daß die Gerichte in allzu großer Weichherzigkeit vielfach ... Strafaussetzung gewähren« (so *Schaffstein* S. 121).

5. Rechtspolitische Einschätzung

7 Wichtigste Forderung ist die **Vermehrung der Planstellen für Bewährungshelfer**. Dies gilt schon aus Effizienzgründen (s. §§ 24, 25 Rn. 2), wobei die jährlichen Kosten der Bewährungshilfe für einen Probanden bei ca. 1 300 DM gegenüber bis zu 28 000 DM für einen Haftplatz liegen (s. *Schwind* BewH 1984, 74; s. auch *Arbeitsgemeinschaft Dt. Bewährungshelfer* Erklärung und Vorschläge zur Kriminalpolitik, 1982, S. 11). Ebenso ist die ehrenamtliche Bewährungshilfe in Zusammenarbeit mit der hauptamtlichen Bewährungshilfe zu fördern (*Mett* Rundbrief Soziale Arbeit und Strafrecht Nr. 16, 1990, 38; s. auch §§ 24, 25 Rn. 3). Demgegenüber ist die Neuregelung, mit einer Differenzierung in Bewährungs- und Betreuungszeit das personelle Problem zu lösen (s. § 24 Abs. 1 S. 1; ebenso *Pfeiffer* BewH 1984, 70 ff.; dagegen *Cyrus* BewH 1984, 199; unbest. *Eisenberg* §§ 24, 25 Rn. 7; s. jetzt aber § 56 d Abs. 1 StGB n. F.), abzulehnen (ebenso *Ayass* BewH 1988, 105). Vielmehr ist die **Bewährungszeit insgesamt auf ein bis zwei Jahre herabzusetzen** (ebenso *Stellungnahme zum Arbeitsentwurf eines Gesetzes zur Änderung des JGG, DVJJ* 1982, 9 ff.; *Arbeitsgemeinschaft Dt. Bewährungshelfer* Erklärung und Vorschläge zur Kriminalpolitik 1982, S. 12; s. auch Art. 2 Nr. 3 des Diskussionsentwurfs eines Bundesresozialisierungsgesetzes der *Arbeitsgemeinschaft sozialdemokratischer Juristen* 1986). Auch wenn der Widerruf prozentual ganz überwiegend in den ersten beiden Jahren erfolgt (s. die Nachweise bei *Heinz* BewH 1977, 305), wird aber mit einer betreuungslosen Bewährungszeit der historische Fortschritt gegenüber dem JGG 1923 (s. Rn. 2) wieder rückgängig gemacht. Ebenso ist der Vorschlag, von der Bestellung im Einzelfall abzusehen (so *Müller-Engelmann* BewH 1982, 335), abzulehnen (wie hier die Leitsätze der *CSU* zum Jugendstrafrecht und Jugendstrafvollzug, Zbl 1982, 828). Zu begrüßen ist jedoch, daß nach dem 1. JGGÄndG zwischen der Strafaussetzung einer Jugendstrafe bis zu 1 Jahr und der Strafaussetzung einer Jugendstrafe von 1 Jahr bis zu 2 Jahren nicht mehr differenziert werden darf, d. h., daß regelmäßig eine Bewährung einzuräumen ist (für eine klarstellende Gesetzesnovelle *Westphal* Die Aussetzung der Jugendstrafe zur Bewährung gemäß § 21 JGG, 1995, S. 291); weitergehend soll auch eine höhere Jugendstrafe zur Bewährung ausgesetzt werden (so eine Initiative des Landes Nordrhein-Westfalen, BR-Drucks. 533/82; Art. 2 Nr. 2 b des Diskussionsentwurfs eines Bundesresozialisierungsgesetzes der *Arbeitsgemeinschaft sozialdemokratischer Juristen* 1986; ebenso *Feltes* Strafaussetzung zur Bewährung bei freiheitsentziehenden Strafen von mehr als einem Jahr, 1982, S. 50; s. auch *Dünkel*

in: Alternativen zur Freiheitsstrafe, hrsg. von *Dünkel/Spieß*, 1983, S. 8) diese Forderungen stehen aber im Gegensatz zu der hier verlangten Herabsetzung der Bewährungszeit; bei Erfüllung würde auch die Gefahr begründet, daß gerade hohe Jugendstrafen mit Rücksicht auf die Bewährung – als Alibi – ausgesprochen werden, anstatt die Dauer der Jugendstrafe zu reduzieren.

Die persönliche Zuordnung des Probanden zum Bewährungshelfer sollte bestehenbleiben (s. aber *Kerner* BewH 1980, 76), da nur so die Offenheit für die Erörterung der persönlichen Probleme zu erreichen ist. Die Auswahl sollte verbindlich erst nach Anhörung der Bewährungshilfe am Ort erfolgen (ebenso Art. 2 Nr. 4 des Diskussionsentwurfs eines Bundesresozialisierungsgesetzes der *Arbeitsgemeinschaft sozialdemokratischer Juristen* 1986; s. §§ 24, 25 Rn. 5). Weiterhin muß die Unabhängigkeit des einzelnen Bewährungshelfers gewährleistet bleiben; der Rollenkonflikt (s. §§ 24, 25 Rn. 6) muß eigenverantwortlich ausgetragen werden, ein »Oberbewährungshelfer« (s. *Spieß* in: Alternativen zur Freiheitsstrafe, hrsg. von *Dünkel/Spieß*, 1983, S. 45) hat bei einer kollegialen Berufsauffassung und einer Supervision (s. hierzu Empfehlungen zur Bewährungshilfe, Führungsaufsicht, Gerichtshilfe, hrsg. vom Niedersächsischen Ministerium der Justiz, 1979, S. 174 ff.) keinen Platz. Die Einbindung in einen justiz-eigenen sozialen Dienst (s. hierzu *Müller-Dietz* in: Kleines kriminologisches Wörterbuch, hrsg. von *Kaiser/Kerner/Sack/Schellhoss*, 2. Aufl., S. 402 ff.) kann hilfreich sein, wenn die Eigenständigkeit der Bewährungshilfe mit der besonderen personenspezifischen Betreuung gewährleistet bleibt (für eine Differenzierung in einem justitiellen sozialen Dienst auch *Ayaß/Kühnel/Neupert/Obstfeld/Quadt/Wegener/Wolf* BewH 1974, 38; ebenso die *Arbeitsgemeinschaft deutscher Bewährungshelfer* BewH 1977, 268 ff.; Empfehlungen zur Bewährungshilfe, Führungsaufsicht, Gerichtshilfe, hrsg. vom Niedersächsischen Ministerium der Justiz, 1979, S. 117; für einen eigenständigen Fachdienst »Bewährungshilfe« innerhalb der Sozialen Dienste der Justiz auch Art. 4 § 14 des Diskussionsentwurfs eines Bundesresozialisierungsgesetzes der *Arbeitsgemeinschaft sozialdemokratischer Juristen* 1986). Damit könnte auch wiederum eine wirksame Kontrolle in der Fachaufsicht eingeführt werden, die zur Zeit von den Gerichten mangels Fachkompetenz und mangels organisatorischer Voraussetzungen nicht geleistet wird (s. *Cornell* GA 1990, 59 ff.); eine solche Kontrolle erscheint aber angesichts der rechtlichen Regelungsbefugnisse und vor allem angesichts der faktischen Eingriffe in das Leben der Probanden unverzichtbar (ebenso *Cornell* GA 1990, 69). Eine andere Möglichkeit, neue Anstöße für die Arbeit in der Bewährungshilfe zu geben, kann die Projektarbeit sein im Zusammenwirken mit freien Trägern in der Straffälligenhilfe (s. »Ausbildungs- und Beschäftigungsprojekte für arbeitslose Probanden in der Bewährungshilfe« in Niedersachsen; s. hierzu

Wegener Rundbrief Soziale Arbeit und Strafrecht Nr. 16, 1990, 33; s. Wohnprojekte in der Straffälligenhilfe; s. hierzu *Pelz* Rundbrief Soziale Arbeit und Strafrecht Nr. 16, 1990, 41). Der Bewährungshelfer ist auf die Probanden festgelegt, die in unmittelbarer Nähe zur Jugendstrafe – vorher oder nachher – stehen. Damit scheiden auch Aufgaben im Rahmen des § 10 (s. auch dort Rn. 6) oder des § 71 aus, da – abgesehen von der Arbeitsüberlastung – die allgemeine Aufgabenstellung auf die Betreuung negativ abstrahlt: Wer von einem Bewährungshelfer betreut wird, wird als »Krimineller« eingestuft (ebenso *Eisenberg* § 10 Rn. 24). Demgegenüber haben nach § 3 Abs. 2 des West-Berliner Gesetzes über die Bewährungshelfer für Jugendliche und Heranwachsende vom 25. 11. 1954, GVBl S. 652, die Bewährungshelfer auch im Rahmen von Weisungen tätig zu werden (s. *Neupert* BewH 1970, 222; *Koßert* in: Neue ambulante Maßnahmen nach dem Jugendgerichtsgesetz, hrsg. vom *Bundesministerium der Justiz*, 1986, S. 159). Gegenüber einer früheren Umfrage (s. *Neupert* in: Junge Volljährige im Kriminalrecht, DVJJ 11 [1977], 546) scheint die Zahl dieser Bestellungen zurückzugehen, zumindest werden sie jetzt in den meisten Bundesländern nicht mehr angeordnet (s. Rn. 5). Ein sozialer Notdienst (»soziale Feuerwehr«) ist im übrigen auch außerhalb von Kriminalitätskonflikten einzurichten (s. *Ostendorf* ZRP 1983, 304). Gefordert ist hier eine speziellere Ausrichtung der Bewährungshelfer auf die Probanden; so ist insbesondere eine spezielle Betreuung für Jugendliche notwendig, wie sie in den Stadtstaaten Berlin, Hamburg und Bremen mit einer Jugendbewährungshilfe eingerichtet ist (tendenziell wie hier *Bücker* in: Und wenn es künftig weniger werden, DVJJ 17 (1987), 212; s. auch *Eisenberg* § 113 Rn. 5). Hierbei kann die Einbindung in eine Jugendbehörde hilfreich sein, solange nicht die Dienstaufsicht zu einer Fachaufsicht im Einzelfall führt. Über die Änderung in den §§ 48 Abs. 2, 50 Abs. 4 hinaus sollte grundsätzlich die Rechtsstellung des Bewährungshelfers der der Jugendgerichtshilfe angeglichen werden (s. Gesetzesentwurf der Bundesregierung, Entwurf eines Sozialgesetzbuches – Jugendhilfe – vom 8. 11. 1978, Art. 2 § 4 Nr. 16; s. auch §§ 24, 25 Rn. 7 sowie Grdl. z. §§ 48-51 Rn. 7).

§ 20. (aufgehoben)

§ 21. Strafaussetzung

(1) Bei der Verurteilung zu einer Jugendstrafe von nicht mehr als einem Jahr setzt der Richter die Vollstreckung der Strafe zur Bewährung aus, wenn zu erwarten ist, daß der Jugendliche sich schon die Verurteilung zur Warnung dienen lassen und auch ohne die Einwirkung des Strafvollzugs unter der erzieherischen Einwirkung in der Bewährungszeit künftig einen rechtschaffenen Lebenswandel führen wird. Dabei sind namentlich die Persönlichkeit des Jugendlichen, sein Vorleben, die Umstände seiner Tat, sein Verhalten nach der Tat, seine Lebensverhältnisse und die Wirkungen zu berücksichtigen, die von der Aussetzung für ihn zu erwarten sind.
(2) Der Richter setzt unter den Voraussetzungen des Absatzes 1 auch die Vollstreckung einer höheren Jugendstrafe, die zwei Jahre nicht übersteigt, zur Bewährung aus, wenn nicht die Vollstreckung im Hinblick auf die Entwicklung des Jugendlichen geboten ist.
(3) Die Strafaussetzung kann nicht auf einen Teil der Jugendstrafe beschränkt werden. Sie wird durch eine Anrechnung von Untersuchungshaft oder einer anderen Freiheitsentziehung nicht ausgeschlossen.

Literatur

Bindzus Strafaussetzung zur Bewährung bei Jugendlichen und Heranwachsenden, 1966; *Bockwoldt* Strafaussetzung und Bewährungshilfe in Theorie und Praxis, 1983; *Feltes* Strafaussetzung zur Bewährung bei freiheitsentziehenden Strafen von mehr als einem Jahr, 1982; *Hausen* Die Strafaussetzung zur Bewährung bei Strafen von über einem Jahr bis zu zwei Jahren gem. § 23 Abs. 2 StGB und § 21 Abs. 2 JGG, 1980; *Heinz* Straf(rest)aussetzung, Bewährungshilfe und Rückfall/Ergebnisse und Probleme kriminologischer Dokumentenanalyse, BewH 1977, 296; *Hellmer* Die Strafaussetzung im Jugendstrafrecht, 1959; *Kerner* Strukturen von »Erfolg« und »Mißerfolg« der Bewährungshilfe/Eine Analyse anhand offizieller Daten, BewH 1977, 285; *ders.* Bewährungshilfe, in: Kleines kriminologisches Wörterbuch, hrsg. von *Kaiser/Kerner/Sack/Schellhoss*, 2. Aufl., S. 67; *Nerlich* Die kriminalpolitischen Auswirkungen der Strafaussetzung zur Bewährung nach § 20 JGG, 1966; *H.-W. Schünemann* Bewährungshilfe bei Jugendlichen und Heranwachsenden, 1971; *Spieß* Strafaussetzung und Bewährungshilfe in der Bundesrepublik Deutschland, in: Alternativen zur Freiheitsstrafe, hrsg. von *Dünkel/Spieß*, 1983, S. 23; *Vogt* Strafaussetzung zur Bewährung und Bewährungshilfe bei Jugendlichen und Heranwachsenden, 1972; *Walter* Strafaussetzung zur Bewährung, Bewährungshilfe und Führungsaufsicht, in: Handwörterbuch der Kriminologie, hrsg. von *Sieverts/Schneider*, Bd. 5, 2. Aufl., S. 151; *Westphal* Die Aussetzung der Jugendstrafe zur Bewährung gemäß § 21 JGG, 1995.

§ 21

Inhaltsübersicht	Rn.
I. Anwendungsbereich	1
II. Anwendungskompetenz	2
III. Voraussetzungen	
1. Verurteilung zu einer Jugendstrafe nicht über zwei Jahre	3
2. Günstige Legalprognose	5
a) Rückfallgefahr	6
b) Wirkungen der Verurteilung und von Bewährungsmaßnahmen	9
c) Einzelfallbeurteilung	13
d) Wahrscheinlichkeitsgrad gem. Abs. 1 und Abs. 2	17
IV. Verfahren und Rechtsmittel	21
V. Weitere Folgen	22

I. Anwendungsbereich

1 Zum Anwendungsbereich s. § 17 Rn. 1.

II. Anwendungskompetenz

2 Die Anwendungskompetenz richtet sich nach der Kompetenz zur Verhängung einer Jugendstrafe (s. § 18 Rn. 2). Bei einer Verurteilung durch das Erwachsenenstrafrecht sind die weiteren Entscheidungen (§§ 22-26 a) auf den Jugendrichter zu übertragen, in dessen Bezirk sich der/die Verurteilte aufhält (§§ 104 Abs. 5 S. 1, 112 S. 1).

III. Voraussetzungen

1. Verurteilung zu einer Jugendstrafe nicht über zwei Jahre

3 Erste Voraussetzung ist die Verurteilung zu einer Jugendstrafe, die 2 Jahre nicht übersteigen darf; die Verurteilung zu zwei Jahren ist nach dem Gesetzeswortlaut (§ 21 Abs. 2) noch aussetzungsfähig. Hierbei ist der **formelle Strafausspruch entscheidend**. Die Anrechnung von Untersuchungshaft (§ 52 a) oder eines vorherigen Freiheitsentzuges im Wege der Einheitsstrafenbildung (§ 31 Abs. 2) verändert nicht diese Eingangsvoraussetzung, d. h., es kommt nicht auf die noch zu vollstreckende Zeit an.

4 Allerdings verhindert diese Anrechnung auch nicht – bei einer Strafhöhe nicht über zwei Jahren – eine Aussetzung (§ 21 Abs. 3 Satz 2). Dem Wortlaut nach ist eine Aussetzung auch möglich, wenn durch die Anrechnung kein Strafrest mehr übrigbleibt. Damit würde aber dem Sinn der Anrechnungsvorschriften widersprochen: Es soll auf eine Sanktionierung verzichtet werden, weil die bisherigen Maßnahmen bereits für die Erreichung des Strafzieles ausreichen (s. § 52 a S. 2, 3) und weil die Strafe ansonsten unverhältnismäßig würde (s. *BGH* NJW 1961, 1220; *BGHSt* 31, 25; *Eisenberg* § 21 Rn. 11; *Brunner/Dölling* § 21 Rn. 5; a. M. *Westphal* Die Aussetzung der Jugendstrafe zur Bewährung gemäß § 21 JGG, 1995, S. 174 ff. im Hinblick auf registerrechtliche Nachteile, die aber weitgehend durch eine Beseitigung des Strafmakels gem. den §§ 97 ff. ausgeräumt werden können).

2. Günstige Legalprognose

Obwohl mit der Verurteilung zu einer Jugendstrafe wegen »schädlicher Neigungen« immer auch eine Rückfallgefahr prognostiziert werden muß (s. § 17 Rn. 3), ist für die Anordnung der Aussetzung eine **günstige Legalprognose** erforderlich **aufgrund einer Strafabschreckung** (negative Individualprävention) **und aufgrund von Bewährungsmaßnahmen** (positive Individualprävention). Hierbei sind der Grad der Rückfallgefahr und die Eignung der Bewährungsmaßnahmen (§§ 23, 24) abzuwägen. Der äußere Unrechtsgehalt der Tat muß demgegenüber zurückstehen (*BGH* StV 1996, 269).

5

a) Rückfallgefahr

Die Rückfallgefahr ist entsprechend dem Kriterienkatalog für eine kriminologische Individualprognose (s. § 5 Rn. 14, 16) einzustufen. Obwohl der Gesetzgeber positiv die Erwartung eines »rechtschaffenen« Lebenswandels ausspricht, ist wie im Erwachsenenstrafrecht (s. § 56 Abs. 1 StGB) nur **die Gefahr für erneute Straftaten** zu prüfen (s. auch *Eisenberg* § 21 Rn. 17 i. V. m. § 5 Rn. 4, der aber in anderem Zusammenhang [§§ 88 Rn. 8] den lediglich umformulierenden Begriff der »Sozialprognose« verwendet, s. § 88 Rn. 5). Dies verlangen sowohl die allgemeine jugendstrafrechtliche Zielsetzung (s. Grdl. z. §§ 1–2 Rn. 4) als auch die Umformulierung der »schädlichen Neigungen« in eine persönlichkeitsspezifische Rückfallgefahr für »erhebliche« Straftaten (s. § 17 Rn. 3). Die Gesinnung ist frei, auch für Jugendliche (s. *Lackner/Kühl* § 56 StGB Rn. 8); mit Rücksicht auf die Menschenwürde darf nur eine Verhaltensänderung angestrebt werden. Ansonsten käme für Überzeugungstäter eine Strafaussetzung niemals in Betracht. Wenn auch nicht eine Wiederholungsgefahr für die gleiche Tat zu prognostizieren ist, so **scheiden** jedoch sowohl **Gefahren für unerhebliche Delikte als auch für tatfremde Delikte aus.** In der Praxis könnte anders bei unser aller Schwäche niemals von einer günstigen Legalprognose ausgegangen werden.

6

Voraussetzung ist weiterhin, daß der/die Angeklagte wegen neuer Straftaten auch tatsächlich bestraft werden kann. Wenn dem »Totalverweigerer« eine Gewissensentscheidung zugebilligt wird, bedeutet dies, daß die abzusehende neue Straftat kein Grund sein darf, eine Bewährung nicht einzuräumen, da wegen dieser neuen Tat nach dem Grundsatz »ne bis in idem« nicht erneut bestraft werden darf (wie hier *OLG Stuttgart* MDR 1988, 1080).

7   Da eine Jugendstrafe wegen »Schwere der Schuld« nach der hier vertretenen Ansicht nur verhängt werden darf im Interesse einer positiven Generalprävention, nicht zur Abwehr drohender Straftaten durch den/die Angeklagte(n) (s. § 17 Rn. 5), ist, soweit diese Voraussetzung allein angenommen wird und die Jugendstrafe innerhalb der Zwei-Jahresgrenze bleibt, immer die Strafe zur Bewährung auszusetzen; es kann dann auch keine individuelle Rückfallgefahr bejaht werden (zust. *Westphal* Die Aussetzung der Jugendstrafe zur Bewährung gemäß § 21 JGG, 1995, S. 230;). Etwas anderes gilt, wenn kumulativ beide Voraussetzungen des § 17 Abs. 2 angenommen wurden.

8   Es dürfen nur die **Rückfallgefahren** abgewogen werden, die **z. Z. der Entscheidung** »künftig«, nicht vorher zum Zeitpunkt der Tat bestehen (s. § 17 Rn. 3), wobei der zu prognostizierende Zeitraum über die Bewährungszeit hinausgeht (ebenso *Eisenberg* § 21 Rn. 14). Dies gilt selbst dann, wenn erst aufgrund einer Verzögerung der Hauptverhandlung negative Prognosekriterien bekannt werden. Umgekehrt stehen selbst mehrfache einschlägige Vorstrafen der Prognose einer geringen Rückfallgefahr nicht entgegen, wenn sich die sonstigen Prognosefaktoren positiv verändert haben (s. *OLG Frankfurt* NJW 1977, 2175; s. auch *BGH* StV 1986, 307). Hierbei ist zu berücksichtigen, daß die jugendliche Entwicklung nicht in einem kontinuierlichen Prozeß verläuft, sondern sprunghaft mit abrupten Veränderungen, auch hinsichtlich einer Kriminalitätsanfälligkeit (s. Grdl. z. §§ 1-2 Rn. 6; ebenso *Eisenberg* § 21 Rn. 20). Allerdings dürfen neue Straftaten nur Berücksichtigung finden, wenn sie im Wege der Nachtragsanklage mitverhandelt oder sonst – rechtskräftig hinsichtlich der Straftatvoraussetzungen – hierüber entschieden wurde (s. ausführlich § 5 Rn. 13; § 30 Rn. 9).

b) Wirkungen der Verurteilung und von Bewährungsmaßnahmen

9   Die Wirkungen sind allein auf ihre Individualprävention zu prüfen. Aus generalpräventiven Gründen, und zwar sowohl aus positiven wie aus negativen Gründen, darf keine Strafaussetzung verweigert werden (s. *Böhm* Einführung in das Jugendstrafrecht, S. 217; *Eisenberg* § 21 Rn. 6); die »Verteidigung der Rechtsordnung« (s. § 56 Abs. 3 StGB) ist im Jugendstrafrecht kein besonderes Anliegen (zur begrenzten Bedeutung für die Strafaussetzung im Erwachsenenstrafrecht s. *BGHSt* 24, 45).

Erstes Hauptstück. Verfehlungen Jugendlicher und ihre Folgen § 21

Die Wirkung des Urteilsspruchs selbst ist nicht allzu hoch einzuschätzen. Die meisten Verurteilten, gegen die eine Jugendstrafe verhängt wird, stehen nicht zum ersten Mal vor Gericht, sind sanktionserfahren. Auch wenn die Sanktion nicht ausrechenbar ist, auch nicht mit Hilfe des Verteidigers oder der Jugendgerichtshilfe, so wird doch schon lange vor der Urteilsverkündung über die Sanktionierung spekuliert. Vor allem ist mit einer Strafaussetzung die Strafe selbst in weite Entfernung gerückt, die Drohung wird häufig verdrängt. Allerdings kann die Erfahrung einer U-Haft oder einer vorherigen Strafhaft ein abschreckendes Erlebnis darstellen, ohne daß hieraus eine Berechtigung zur Verhängung einer U-Haft entnommen werden darf (s. § 72 Rn. 4). Diese Überlegung spricht umgekehrt bei Ersttätern – trotz eines nicht einsehbaren Dunkelfeldes – regelmäßig für eine Aussetzung der Jugendstrafe, wenn sie überhaupt erforderlich sein sollte (s. aber RL Nr. 1 Satz 1 zu § 21 sowie *Eisenberg* § 21 Rn. 23). 10

Die Wirkung der Bewährungsmaßnahmen wird in der Praxis angesichts der Bewährungsziffern offensichtlich hoch eingeschätzt (s. Grdl. z. §§ 21-26 a Rn. 5). Mit Recht wird aber gefragt, ob diese Bewährungspraxis nicht Anlaß sein muß, bereits von der Verhängung der Jugendstrafe abzusehen. Die Strafaussetzung übernimmt eine **Feigenblattfunktion**, wobei auf eine Abschreckung gesetzt und die mögliche Folge des Widerrufs als frei wählbare Entscheidung des/der Verurteilten entschuldigt wird. Unsicherheiten in der Beurteilung der Rückfallgefahr werden so übergangen, denen aber gerade mit der Möglichkeit, die Verhängung der Jugendstrafe selbst zur Bewährung auszusetzen (§ 27), Rechnung getragen wurde (s. bereits *Eisenberg* § 21 Rn. 9 a). 11

Die Praxis der Strafaussetzung wird durch wissenschaftliche Rückfalluntersuchungen bestätigt; hiernach ist die Rückfälligkeit geringer als bei den Probanden, die Jugendstrafe verbüßt haben: 12

Name und Titel der Untersuchung	Rückfälligkeit bei Jugendstrafe zur Bewährung	Rückfälligkeit bei Jugendstrafe ohne Bewährung
Liebe/Meyer Rückfall oder Legalbewährung, 1981, S. 52	75,4 %	82,3 %
Lange Rückfälligkeit nach Jugendstrafe, 1973, S. 133	72,9 %	80,8 %

(s. auch *Streng* GA 1984, 154 m. w. N. in Fn. 22; s. weiter § 17 Rn. 10)

Diese Ergebnisse werden unterstützt durch die geringere Widerrufsrate bei der Strafaussetzung zur Bewährung gegenüber der Aussetzung des Strafrestes zur Bewährung (s. Grdl. z. §§ 21-26 a Rn. 6 sowie Grdl. z. §§ 88-89 a Rn. 5). Die Ergebnisse sind allerdings mit Rücksicht auf die Unterschiede hinsichtlich der Kriminalitätsgefährdung dieser Probandengruppen zu relativieren.

c) Einzelfallbeurteilung

13 Immer ist eine Einzelfallbeurteilung notwendig (s. auch RL Nr. 1 S. 1 zu § 21). Dies schreibt der Gesetzgeber ausdrücklich vor: »Dabei sind namentlich die Persönlichkeit des Jugendlichen, sein Vorleben, die Umstände seiner Tat, sein Verhalten nach der Tat, seine Lebensverhältnisse und die Wirkungen zu berücksichtigen, die von der Aussetzung für ihn zu erwarten sind.« Es hat eine »erschöpfende Gesamtwürdigung« zu erfolgen (*BGH* StV 1986, 69). Umstände, die für eine Strafaussetzung sprechen, sind namentlich: »die führende Rolle eines Mitangeklagten bei der Tatausführung, ein umfassendes Geständnis, im wesentlichen bisher straffreie Lebensführung, familiäre Bindungen und das erforderliche Bemühen um Arbeitsverhältnisse« (s. *BGH* StV 1986, 69; s. ausführlich § 5 Rn. 14 ff.). Hieraus folgt, daß nicht eine Strafaussetzung schematisch für bestimmte Straftaten ausgeschieden werden darf (ebenso *Eisenberg* § 21 Rn. 18). Auch Straftaten nach dem BtMG kommen trotz der besonderen Regelung in den §§ 38, 35 BtMG für eine Strafaussetzung in Betracht. Diese Sanktionierung ist eine härtere Strafe und deshalb erst nachrangig zu prüfen (ebenso *Brunner/Dölling* § 21 Rn. 16; *Eisenberg* § 21 Rn. 19). Der Vollzug oder auch nur der Teilvollzug der Strafe stellt zudem gerade für Drogenkonsumenten keine Hilfe dar, treibt sie noch weiter in eine psychische Abhängigkeit. Insoweit ist auch bereits die Verurteilung zu einer Jugendstrafe zur Bewährung mit Rücksicht auf das hier bestehende hohe Rückfallrisiko **gefährlich**. Ein Verzicht unter Strafdruck hält häufig nicht lange vor. Ambulante Maßnahmen sind deshalb vorzuziehen (§ 10 Rn. 16, 17, 18, 27). Im Einzelfall kann unter Beachtung der gesetzgeberischen Entscheidung für die strafende Reaktion auf Drogenkonsum eine – vordergründige – Motivation geschaffen werden, die mit Hilfe einer intensiven Betreuung durch den Bewährungshelfer in einen eigenen Therapiewillen einmünden kann.

14 Ebensowenig dürfen von vornherein bestimmte Straftäter für eine Strafaussetzung ausgegrenzt werden. Soweit solche Ausgrenzungen für geistigkranke oder psychopathische Täter erfolgen, scheidet schon eine Jugendstrafe mangels Verantwortlichkeit gem. § 3, § 20 StGB aus; z. T. kommt eine kriminalbiologische Erklärung zum Vorschein, die man heute als überwunden glaubt (s. z. B. *Kübel* BewH 1961, 224; *Siegmund* BewH 1958, 105 ff.; hierzu *Brunner/Dölling* § 21 Rn. 6). Auch Vorstrafen als Freiheitsstrafe mit oder ohne Bewährung zwingen nicht zu einer unbe-

dingten Jugendstrafe (s. *OLG Frankfurt* NJW 1977, 2175; *AG Kiel* Zbl 1965, 55); dies gilt auch für eine neue Straftat in einer »laufenden« Bewährung (*BGH* StV 1996, 270). Der **Rücktritt auf der Sanktionsleiter** kann mehr Erfolg versprechen als die weitere Strafeskalierung (wie hier *Eisenberg* § 21 Rn. 20; s. auch § 5 Rn. 20). Die vorausgegangene Sanktionierung kann mit Rücksicht auf die Straftatwiederholung auch als falsch gedeutet werden.

Bei laufenden strafrechtlichen oder erzieherischen Maßnahmen spricht mehr dafür, diese auf ihre Wirkung hin abzuwarten, d. h., es sollte hier grundsätzlich keine neue Sanktionierung erfolgen, das neue Strafverfahren im Wege der vorläufigen Einstellung gem. § 154 Abs. 2 StPO eingestellt werden, wenn sich nicht die Prognosekriterien entscheidend verändert haben. Unsicherheiten, widersprüchliche Anweisungen und damit eine Überforderung des/der Verurteilten können ansonsten die Folge sein. Wenn dieser Weg nicht beschritten wird, ist gem. § 31 Abs. 2 eine einheitliche Sanktionierung geboten (s. aber *Brunner/Dölling* § 21 Rn. 7). 15

Soweit jugendtypische Kriminalitätserklärungen (Pubertät, übersteigertes Ehrgefühl, allgemein entwicklungsbedingte Schwierigkeiten, emotionale Kurzschlußhandlungen, »Primitivreaktionen«) als besonders prädestiniert für die Strafaussetzung zur Bewährung hingestellt werden (s. *Eisenberg* § 21 Rn. 23), so sind hier bereits die Voraussetzungen der Jugendstrafe mehr als fragwürdig. Umgekehrt darf unter dem gesetzlichen Aufhänger »Verhalten nach der Tat« eine **jugendtypische Trotzreaktion** nicht als ein negatives Kriterium für die Strafaussetzung gewertet werden. Unsicherheit und Hilflosigkeit drücken sich hierin eher aus als eine »rechtsfeindliche Gesinnung«. Erst recht wird eine Schadenswiedergutmachung durch Eigeninitiative regelmäßig den jugendlichen Täter überfordern (s. bereits *Eisenberg* § 21 Rn. 25). Erst recht darf nicht negativ verwertet werden, wenn lediglich von der gesetzlichen Möglichkeit der Aussageverweigerung Gebrauch gemacht wird. Ebensowenig darf eine soziale Randständigkeit gegen die Strafaussetzung ins Feld geführt werden. Mag damit eine größere Rückfallgefahr bejaht werden, für die Auswahl der Sanktion ist entscheidend, ob der Strafvollzug hier besser abhelfen kann (s. *Böhm* Einführung in das Jugendstrafrecht, S. 218). Dies wird angesichts der zusätzlichen sozialen Belastungen durch den Vollzug regelmäßig zu verneinen sein. Hier ist umgekehrt eine besondere Betreuung durch den Bewährungshelfer geboten (ebenso *Böhm* Einführung in das Jugendstrafrecht, S. 218; *Eisenberg* § 21 Rn. 20). 16

d) Wahrscheinlichkeitsgrad gem. Abs. 1 und Abs. 2

17 Da die Legalprognose zukünftiges Verhalten einer fremden Person betrifft, ist sie immer mit Unsicherheiten verbunden. Dementsprechend wird im § 21 auch nur eine »Erwartung« verlangt – »**Risikoprognose**«. Eine Gewißheit ist nicht bloß nicht erforderlich, sie ist auch unmöglich. Umgekehrt stehen für gänzliche Unsicherheiten hinsichtlich der Rückfallgefahr die Aussetzung der Verhängung einer Jugendstrafe gem. § 27 sowie eingeschränkt für Unsicherheiten hinsichtlich der Wirkung des Urteilsspruchs und möglicher Weisungen und Auflagen die »Vorbewährung« gem. § 57 zur Verfügung (s. § 57 Rn. 5-7). Die Unbestimmtheit wird auch nicht mit der Qualifikation der begründeten Erwartung behoben (s. aber *Eisenberg* § 21 Rn. 16), wobei auch der Begriff der nicht unbegründeten Erwartung im Unterschied zu einer bloßen Hoffnung angeboten wird (s. *OLGSt* Köln zu § 56 S. 20); eine begründete Hoffnung wäre dann wiederum eine Erwartung.

18 Die Erwartung muß sich **auf Tatsachen stützen**, die den Grad der Rückfälligkeit und die Wirkungen des Urteilsspruchs sowie von Bewährungsmaßnahmen betreffen. Diese Tatsachen wiederum können im Einzelfall zweifelhaft sein. Hier gilt dann der Grundsatz »**in dubio pro reo**« (so allgemein für Strafzumessungstatsachen *Gribbohm* in: LK § 46 StGB Rn. 55, 56; *Bruns* Strafzumessungsrecht, S. 172 ff.; speziell für Bewährungstatsachen *BGH* bei *Dallinger* MDR 1973, 900; *Lackner/Kühl* § 56 StGB Rn. 8; *Stree* in: *Schönke/Schröder* § 56 StGB Rn. 16; a. M. *Dallinger/Lackner* § 21 Rn. 7). Das Gericht muß selbst die Tatsachenfeststellungen treffen; dies gilt auch für die Zugrundelegung weiterer, noch »offener« Straftaten, die nicht in diesem Verfahren angeklagt sind (a. M. *LG Hamburg* MDR 1992, 978, das bei der Entscheidung über eine Reststrafaussetzung eine Anklageschrift der StA trotz Zweifel über den Schuldnachweis bei dem entscheidenden Gericht ausreichen läßt).

19 Hiervon zu unterscheiden ist die Frage, ob dieser Grundsatz auch letztlich für das Prognoseurteil gilt. Wenn insoweit Zweifel sich zum Nachteil des Täters ausschlagen sollen (s. *Lackner/Kühl* § 56 StGB Rn. 8 m. w. N.), so werden damit die Anforderungen contra legem und entgegen den real bestehenden Möglichkeiten, hier zu einer persönlichen Gewißheit zu gelangen, erhöht. Der Gesetzgeber verlangt nur eine Erwartung; aus diesem Grunde paßt dieser Grundsatz formal hier nicht (s. *SK-Horn* § 56 StGB, Rn. 12; *Frisch* Prognoseentscheidungen im Strafrecht, 1983, S. 50 ff.), er deckt sich aber bereits inhaltlich mit den gesetzlich reduzierten Anforderungen. Werden diese bejaht, muß die Strafe zur Bewährung ausgesetzt werden. Zweifel müssen nicht ausgeräumt sein; es reichen »gute Gründe«

(ebenso im Ergebnis *Böhm* Einführung in das Jugendstrafrecht, S. 218; *Eisenberg* § 21 Rn. 7).

Mit der Neuformulierung des § 21 Abs. 2 ist nunmehr gesetzgeberisch klargestellt, daß auch **bei einer Jugendstrafe von 1 Jahr bis 2 Jahren im Regelfall Bewährung** auszusprechen ist. Die Begründung zum 1. JGGÄndG ist eindeutig: »Der Entwurf beseitigt die Schwierigkeiten des geltenden Rechts, indem er – entsprechend dem Vorschlag der Jugendstrafvollzugskommission (vgl. Schlußbericht von 1980 S. 8) – die einschränkenden Voraussetzungen des § 21 Abs. 2 JGG streicht und Strafaussetzung zur Bewährung von Jugendstrafen von mehr als 1 bis zu 2 Jahren – unter den Voraussetzungen des Abs. 1 – für den Regelfall bindend vorschreibt. Er folgt damit der bei Änderung des § 21 Abs. 1 S. 1 JGG durch das EGStGB getroffenen Feststellung (vgl. RegE zum EGStGB, BT-Drucks. VI/3250, S. 314/315), daß mit der obligatorischen Bewährungshilfe im Jugendstrafrecht eine ambulante Behandlungsart zur Verfügung stehe, die bei günstigen Voraussetzungen ebenso gut oder sogar besser geeignet sei, das angestrebte Erziehungsziel zu erreichen, als dies durch den Jugendstrafvollzug in einer Jugendstrafanstalt der Fall sei. Dies gilt auch für den nunmehr einbezogenen Bereich der Jugendstrafen von mehr als 1 bis zu 2 Jahren und rechtfertigt auch deren Aussetzung bei günstiger Prognose für den Regelfall« (s. BT-Drucks. 11/5829, S. 20). Die Einschränkung »wenn nicht die Vollstreckung im Hinblick auf die Entwicklung des Jugendlichen geboten ist« sollte nur ganz ausnahmsweise Bedeutung erlangen. Regelmäßig wird die Entwicklung eines Jugendlichen/Heranwachsenden mit ambulanten Maßnahmen (Betreuungsweisung, sozialer Trainingskurs, Täter-Opfer-Ausgleich) oder mit der Bewährungshilfe besser zu beeinflussen sein als mit Freiheitsentzug. Vor allem dürfen damit nicht generalpräventive Gesichtspunkte eingeführt werden (s. auch Begründung z. Gesetzesentwurf, BT-Drucks. 11/5829, S. 20); eine § 56 Abs. 3 StGB vergleichbare Bestimmung fehlt im Jugendstrafrecht. § 21 Abs. 2 schreibt somit auch bei einer Verurteilung zu einer Jugendstrafe von 1 Jahr bis zu 2 Jahren wegen »Schwere der Schuld« regelmäßig eine Strafaussetzung zur Bewährung vor (s. auch Rn. 7). Im Unterschied zu der tendenziell anders gestellten Frage in *BGHSt* 24, 363 ist gesetzlich von einer größeren (Re-)Sozialisierungschance durch Bewährung auszugehen (s. auch Rn. 12; *Feltes* Strafaussetzung zur Bewährung bei freiheitsentziehenden Strafen von mehr als 1 Jahr, 1982, S. 46, 52).

IV. Verfahren und Rechtsmittel

Die Strafaussetzung zur Bewährung erfolgt entweder im Urteil oder nachträglich durch Beschluß (s. § 57); es kann hierbei immer nur die ganze

Strafe ausgesetzt werden (§ 21 Abs. 3 S. 1). Zur Urteilsfassung s. § 54 Rn. 9, zum Rechtsmittel s. § 59.

V. Weitere Folgen

22 Eine Jugendstrafe zur Bewährung wird in das Zentralregister (§§ 4 Nr. 1, 13 Abs. 1 Nr. 1 BZRG), nicht aber in das Führungszeugnis (§ 32 Abs. 2 Nr. 3 BZRG) aufgenommen; dies hat zur Konsequenz, daß sich der/die Verurteilte gegenüber Nichtauskunftsberechtigten als nicht vorbestraft bezeichnen darf. Während der Bewährungszeit ruht die Vollstreckungsverjährung (§ 79 a Nr. 2 b StGB, § 2).

§ 22. Bewährungszeit

(1) Der Richter bestimmt die Dauer der Bewährungszeit. Sie darf drei Jahre nicht überschreiten und zwei Jahre nicht unterschreiten.
(2) Die Bewährungszeit beginnt mit der Rechtskraft der Entscheidung über die Aussetzung der Jugendstrafe. Sie kann nachträglich bis auf ein Jahr verkürzt oder vor ihrem Ablauf bis auf vier Jahre verlängert werden. In den Fällen des § 21 Abs. 2 darf die Bewährungszeit jedoch nur bis auf zwei Jahre verkürzt werden.

Literatur

Hein Verlängerung der Bewährungsfrist nach deren Ablauf?, NStZ 1983, 252; *Ostendorf* Die Bewährungszeit im Jugendstrafrecht und ihre Abänderung StV, 1987, 320 (s. auch die Angaben zu § 21).

I. Zeitrahmen

Im Unterschied zu der Aussetzung der Verhängung der Jugendstrafe (s. § 28) beträgt der Zeitrahmen für die Strafaussetzung zwei bis drei Jahre (§ 22 Abs. 1), der **nachträglich** im Mindestmaß auf ein Jahr und vor Ablauf der Bewährungszeit im Höchstmaß auf vier Jahre verändert werden kann (§ 22 Abs. 2 S. 2). Immer bleibt dieser Zeitraum im Höchstmaß unter dem des Erwachsenenstrafrechts: fünf Jahre (§ 56 a Abs. 1 StGB).

II. Zeitbemessung

Die konkrete Bewährungszeit wird durch den Richter festgesetzt (zum Verfahren s. §§ 57 ff.). Die Festsetzung erfolgt nach dem Sanktionsziel (s. Grdl. z. §§ 21-26 a Rn. 4), d. h., es ist zu entscheiden, wieviel Zeit zur Erreichung des Ziels für angemessen angesehen wird (pflichtgemäßes Ermessen); diese **Strafzielorientierung** wird **durch das Verhältnismäßigkeitsprinzip begrenzt.** Hierbei zeigt die gesetzgeberische Reduzierung der Bewährungszeit gegenüber dem Erwachsenenstrafrecht, daß lange Bewährungszeiten als ungeeignet i. S. des (Re-) Sozialisierungsziels angesehen werden. Ein allzu langer Zeitrahmen ist für den/die Verurteilte(n) kein Ansporn mehr, sondern eine Entmutigung (s. § 28 Rn. 1); damit wird dem Strafziel der (Re-)Sozialisierung entgegengewirkt. Eine zweijährige Legalbewährung gibt regelmäßig genügenden Anlaß für eine weitere positive Prognose. Auch würde der Vorschlag, tendenziell das Höchstmaß auszusprechen, um dieses später reduzieren zu können (so *Dallinger/Lackner* § 22 Rn. 2; a. M. *Hellmer* Strafaussetzung im Jugendstrafrecht, 1959, S. 62; ebenso *Eisenberg* § 22 Rn. 3), zu einer unangemessenen Sanktionierung führen. Die Bewährungszeit ist ein Übel, eine lange Bewährungszeit ist ein großes Übel, die Verlängerung der Bewährung ein **weiteres Übel**. Von daher sollte man sich tendenziell **am Mindestmaß von zwei Jahren orientieren** (ebenso *Böhm* Einführung in das Jugendstrafrecht, S. 221; s. auch *Pfeiffer* Kriminalprävention im Jugendgerichtsverfahren, 1983, S. 203; a. M. *Brunner/Dölling* § 22 Rn. 1). Zusätzlich könnte damit die Überlastungsquote der Bewährungshelfer (s. Grdl. z. §§ 21-26 a Rn. 5) verringert werden, d. h., sie könnten sich intensiver um ihre Probanden kümmern. In der Praxis wird demgegenüber in der Mehrzahl eine dreijährige Bewährungszeit ausgesprochen (s. *Ulmschneider* Durchführung, Erfolg und rechtliche Grenzen der Bewährungsauflage bei Jugendlichen, 1966, S. 139; *Kaiser* Gesellschaft, Jugend und Recht, 1977, S. 156 m. w. N.).

3 Der Anfang der Bewährungszeit ist vom Gesetzgeber festgelegt: mit der Rechtskraft der Entscheidung (§ 22 Abs. 2 S. 1; a. jetzt § 56 f. Abs. 1 S. 2 StGB). Diese steht zum Zeitpunkt des Beschlusses noch nicht fest, wenn nicht allseitiger Rechtsmittelverzicht erklärt wird. Deshalb sollte das Ende nicht durch Datumsangaben (hierfür *Brunner/Dölling* § 22 Rn. 2; wohl auch *Eisenberg* § 22 Rn. 4), sondern durch bestimmte Zeitquanten (Jahre, Monate) festgesetzt werden, zumal eine datumsmäßige Festsetzung aus individual-resozialisierender Sicht nicht zwingend ist (s. aber *Eisenberg* § 22 Rn. 4). Die Berechnung erfolgt dann gem. § 188 BGB.

III. Zeitveränderung

4 Gem. § 22 Abs. 2 S. 2 kann die Zeitbemessung nachträglich verändert werden, d. h. auf ein Jahr verkürzt oder auf vier Jahre verlängert werden. Die Verkürzung wird für Bewährungsfälle gem. § 21 Abs. 2 jedoch auf zwei Jahre begrenzt (§ 22 Abs. 2 S. 3). Während die Verkürzung aus der Natur der Sache heraus während einer laufenden Bewährungszeit erfolgen muß, wird dies kraft gesetzgeberischer Entscheidung auch für die Verlängerung vorgeschrieben: »vor ihrem Ablauf«. Eine Ausnahme gilt nur für die Abwendung eines Widerrufs (s. §§ 26, 26 a Rn. 12). Damit schließt sich auch die verlängerte Bewährungszeit unmittelbar an.

5 Wie die ursprüngliche Festsetzung orientiert sich auch die Veränderung an dem Sanktionsziel, das durch das Verhältnismäßigkeitsprinzip begrenzt wird. Diese Limitierung gilt insbesondere für die Verlängerung, die sich für den/die Verurteilte(n) als eine Strafverschärfung darstellt; so ist allein die Erwägung, daß ansonsten Ratenzahlungen für eine Schadenswiedergutmachung nicht geprüft werden könnten (so *OLG Hamburg* MDR 1980, 246; zustimmend *Brunner/Dölling* § 22 Rn. 4), nicht erlaubt, da damit der Tatbezug nicht mehr beachtet wird (zur Begrenzung im Rechtsmittelverfahren s. § 55 Rn. 13). Zu weit geht es aber, für eine Verlängerung

Widerrufsgründe zu fordern (so *Hein* NStZ 1983, 253, für das Erwachsenenstrafrecht), da der Gesetzgeber nur dort diese Voraussetzungen aufgestellt hat. Noch größere Zurückhaltung ist für eine erneute Verlängerung – innerhalb der Höchstgrenze von vier Jahren – zu üben. Umgekehrt kann die Verkürzung als Belohnung für rechtstreues Verhalten gerade für Personen, die ansonsten häufig nur Nachteile von der – justitiellen – Staatsgewalt erfahren haben, eine positive Wirkung haben.

Nicht wird die Bewährungszeit automatisch um die Zeit eines erlittenen 6
Freiheitsentzuges verlängert (ebenso *Brunner/Dölling* § 22 Rn. 2; *Dreher* in Anm. zu der Entscheidung *OLG Braunschweig*, NJW 1964, 1581, 1584, wo dies für eine überwiegend stationäre Unterbringung angenommen wird, da der Verurteilte »nicht die Möglichkeit zur Begehung strafbarer Handlungen hat«; s. auch *Eisenberg* § 22 Rn. 10). Zwar kann sich der/die Verurteilte in dieser Zeit nicht in Freiheit bewähren, die stationäre (Re-)Sozialisierungsmaßnahme ersetzt aber die ambulante, auch wenn gem. § 31 Abs. 3 von der Einbeziehung abgesehen wurde. Eine Benachteiligung durch eine Verlängerung kann nur der Gesetzgeber anordnen (s. §§ 67 d Abs. 1 S. 3, 68 c Abs. 2 S. 2 StGB). Die Veränderung der Bewährungszeit wirkt sich auch auf das Ruhen der Vollstreckungsverjährung aus (§ 79 a Nr. 2 b StGB, § 2).

Die Veränderung der Bewährungszeit ist in das Zentralregister einzutragen (§ 13 Abs. 1 Nr. 3 BZRG). 7

§ 23. Weisungen und Auflagen

(1) Der Richter soll für die Dauer der Bewährungszeit die Lebensführung des Jugendlichen durch Weisungen erzieherisch beeinflussen. Er kann dem Jugendlichen auch Auflagen erteilen. Diese Anordnungen kann er auch nachträglich treffen, ändern oder aufheben. Die §§ 10, 11 Abs. 3 und § 15 Abs. 1, 2, 3 Satz 2 gelten entsprechend.

(2) Macht der Jugendliche Zusagen für seine künftige Lebensführung oder erbietet er sich zu angemessenen Leistungen, die der Genugtuung für das begangene Unrecht dienen, so sieht der Richter in der Regel von entsprechenden Weisungen oder Auflagen vorläufig ab, wenn die Erfüllung der Zusagen oder des Anerbietens zu erwarten ist.

Literatur

Ulmschneider Durchführung, Erfolg und rechtliche Grenzen der Bewährungsauflage bei Jugendlichen, dargestellt an der tatsächlichen Praxis im Landgerichtsbezirk Stuttgart 1954-1960, 1966. (s. auch die Angaben zu § 21 und den §§ 10 und 15)

Inhaltsübersicht

	Rn.
I. Anwendungsvoraussetzungen	
1. Für die Dauer der Bewährungszeit	1
2. Art und Umfang der Weisungen und Auflagen	2
3. Konkretisierende Bestimmung	3
4. Sollvorschrift für Weisungen	4
5. Kannvorschrift für Auflagen	5
6. Absehen bei Zusagen oder Anbieten von Leistungen und Auflagen	6
7. Absprache mit dem Bewährungshelfer	8
II. Nachträgliche Anordnung, Änderung und Aufhebung	10
III. Nichterfüllung	12

I. Anwendungsvoraussetzungen

1. Für die Dauer der Bewährungszeit

1 »Für die Dauer der Bewährungszeit« sollen bzw. können Weisungen oder Auflagen erteilt werden. Dies schließt Maßnahmen aus, die darüber hinaus Verpflichtungen auferlegen. Sie müssen umgekehrt sich aber nicht auf die ganze Bewährungszeit erstrecken, können sich – wie im Falle der Schadenswiedergutmachung – in einer einzigen Handlung erledigen.

2. Art und Umfang der Weisungen und Auflagen

Die Art der Weisungen und Auflagen ist in den §§ 10 und 15, auf die im § 23 Abs. 1 S. 2 Bezug genommen wird, geregelt (s. im einzelnen die Kommentierung dort). Soweit spezielle Voraussetzungen bestehen (§§ 10 Abs. 2, 15 Abs. 2), sind diese auch hier zu beachten (s. auch § 57 Abs. 3 S. 2). Der Umfang wird durch das Ziel der Individualprävention und durch das Verhältnismäßigkeitsprinzip bestimmt. Hinsichtlich der Angemessenheit ist zu berücksichtigen, daß die Bewährung bereits eine Belastung darstellt, hier **zusätzliche Interesseneinbußen** erfolgen, wobei im Hintergrund immer der Widerruf droht. Angesichts der finanziellen Mängellage bei den allermeisten Verurteilten sind Geldbußen regelmäßig unangebracht. Auch für Auflagen ist abweichend von § 56 b Abs. 1 StGB, wo auf die Genugtuung für das begangene Unrecht abgestellt wird (s. *Gribbom* in: LK § 56 b StGB, Rn. 1), das allgemeine Ziel der Individualprävention, durch Einwirkung eine Straftatwiederholung zu verhindern (s. Grdl. z. §§ 13-16 Rn. 4), maßgebend. Ein eigenständiger Ahndungszweck ist abzulehnen, wenngleich im § 23 Abs. 2 (»Genugtuung für das begangene Unrecht«) hierauf ausdrücklich abgestellt wird. Die Weisung, zum Nachweis der Drogenfreiheit Urinproben abzugeben, erscheint im Interesse einer straffreien Lebensführung bei der Verurteilung nach dem BtMG als zulässig (s. *OLG Zweibrücken* JR 1990, 121 m. w. N. und m. zust. Anm. von *Stree*; gegen die Zulässigkeit als Auflage, ohne die Möglichkeit einer Weisung zu prüfen, und unter falscher Bezugnahme auf *BVerfG* StV 1983, 465 *LG Detmold* StV 1999, 663; s. auch § 10 Rn. 5).

3. Konkretisierende Bestimmung

Art und Umfang müssen vom Gericht bestimmt werden. Unzulässig ist die in Vordrucken häufig aufgeführte Weisung, Anordnungen durch den Bewährungshelfer allgemein oder für bezeichnete Lebensbereiche nachzukommen (wie hier *Ulmschneider* Durchführung, Erfolg und rechtliche Grenzen der Bewährungsauflage bei Jugendlichen, 1966, S. 228 m. N. zur früher abweichenden Meinung; *Eisenberg* § 23 Rn. 14; *Schaffstein/Beulke* § 25 III. 3.). Zu weit geht es auch, dem Bewährungshelfer die Konkretisierung allgemein gehaltener Weisungen zu übertragen, z. B. für die Schuldentilgung (so aber *Dallinger/Lackner* § 23 Rn. 6 a; *Mrozynski* Jugendhilfe und Jugendstrafrecht, S. 216). Die Kompetenzzuweisung an den Richter ist einzuhalten (s. auch *Brunner/Dölling* § 23 Rn. 3), zumal hieran mit dem Widerruf schwerwiegende Nachteile geknüpft sein können. Die Verpflichtungen müssen zudem genau festgelegt sein, damit sich der/die Verurteilte darauf einstellen kann (**Bestimmtheitsprinzip**). Ansonsten werden sie auch unangemessen (s. § 10 Rn. 7). Problematisch ist somit die Weisung, zum Nachweis der Drogenfreiheit Urinproben nach näherer Bestimmung durch den Bewährungshelfer abzugeben (so *OLG Zweibrücken* JR 1990, 121 m. krit. Anm. von *Stree*). Der Umfang der Weisung liegt dann weitgehend in der Kompetenz des Bewährungshelfers; hier sollte das Gericht mitentscheiden (zur rechtlichen Zulässigkeit s. § 10 Rn. 5; zu positiven Ergebnissen s. *Leber/Friedrich/Weigend* BewH 1993, 186 ff.). Dem steht nicht entgegen, daß gem. § 24 der/die Verurteilte der Aufsicht und Leitung eines Bewährungshelfers unterstellt wird. Insbesondere werden damit keine Ratschläge unterbunden. Insoweit spricht der Gesetzgeber auch eine Erwartung an den/die Verurteilte(n) aus. Ratschläge haben aber nicht die Qualität von Weisungen und Auflagen. Problematisch für das Bewährungsverhältnis wäre es auch, wenn nichterfüllte Ratschläge regelmäßig in eine Weisung oder Auflage umgewandelt würden (s. aber *Brunner/Dölling* § 23 Rn. 3; *Berndt* BewH 1963, S. 229). Dies muß im Interesse einer Zusammenarbeit zwischen Bewährungshelfer und Probanden das letzte Mittel bleiben. In der Praxis wird gegen den Grundsatz der Bestimmtheit häufig verstoßen. Nach einer Untersuchung waren von 2 686 Weisungen und Auflagen 636 in gesetzwidriger Weise unbestimmt, d. h. fast 24 % (s. *Ulmschneider* a. a. O., S. 233; s. auch *Vogt* Strafaussetzung zur Bewährung und Bewährungshilfe bei Jugendlichen und Heranwachsenden, 1972, S. 102).

4. Sollvorschrift für Weisungen

4 Weisungen **sollen** gem. § 23 Abs. 1 ausgesprochen werden. Das heißt, sie sind zwar nicht in jedem Fall verpflichtend, aber regelmäßig anzuordnen, wenn keine begründete Ausnahme vorliegt (s. insbesondere Rn. 6).

5. Kannvorschrift für Auflagen

5 Auflagen kommen erst sekundär nach den Weisungen in Betracht: Sie **können** erteilt werden. Insoweit besteht ein pflichtgemäßes Ermessen. Mit dieser Abstufung der Anordnungsverpflichtung wird dem Verhältnismäßigkeitsprinzip entsprochen: Soweit Auflagen eine größere Interesseneinbuße bedeuten, haben Weisungen mit geringerer Eingriffsintensität Vorrang.

6. Absehen bei Zusagen oder Anbieten von Leistungen und Auflagen

6 Die Anordnung von Weisungen und Auflagen steht unter dem Vorbehalt der »freiwilligen« Zusage oder dem »freiwilligen« Angebot, sofern diese ernsthaft sind und die Erfüllung zu erwarten ist. Damit wird nicht nur der Selbstbestimmung des/der Verurteilten Rechnung getragen, sondern auch der Überlegung entsprochen, daß Freiwilligkeit eine bessere Ausgangslage für die Bewährung darstellt als Zwang. Dementsprechend ist der/die Ver-

urteilte hiernach ausdrücklich zu befragen (§ 57 Abs. 3), was in der Praxis häufig übersehen wird (s. *Mrozynski* Jugendhilfe und Jugendstrafrecht, S. 215).

Allerdings ist die Freiwilligkeit hier zu relativieren. Es besteht bereits im Prozeß eine Zwangssituation und nur innerhalb dieses Zwangs kann gehandelt werden. So werden die Angebote und Zusagen häufig erfolgen, um »Schlimmeres«, d. h. den Jugendstrafvollzug, zu verhindern. Die Situation ist dazu angetan, sich »Liebkind« bei einem Richter zu machen, was dem Sprachgewandten und demjenigen, der von den Eltern oder einem Verteidiger unterstützt wird, leichter fällt. Benachteiligungen sind durch eine einfühlsame Befragung auszugleichen. Um den/die Angeklagte(n) damit nicht in Widerspruch zu einer Verteidigung gegen den Tatvorwurf zu bringen, ist hierauf erst nach dem Schuldinterlokut einzugehen, d. h., die Frage nach den Straftatvoraussetzungen sollte – informell – beantwortet sein. Der Hinweis auf ein – besseres – nachträgliches Beschlußverfahren (s. *Thiesmeyer* RdJB 1970, 33; *Brunner/Dölling* § 23 Rn. 8; *Eisenberg* § 23 Rn. 20) erübrigt sich somit. 7

7. Absprache mit dem Bewährungshelfer

Soweit eine Abstimmung mit dem Bewährungshelfer gefordert wird (*Eisenberg* § 23 Rn. 6), stehen dem regelmäßig praktische Schwierigkeiten entgegen. Die Person des Bewährungshelfers wird in der Regel erst nach dem Beschluß der Bewährungshilfe bestimmt (s. hierzu §§ 24, 25 Rn. 5). Wo allerdings die Zuständigkeit eines Bewährungshelfers z. Z. des Beschlusses bereits feststeht, ist dieser in das Verfahren einzubeziehen. Dies gilt erst recht, wenn schon vorher eine Betreuung stattfand. Aber auch dann sollten Vorschläge für Weisungen und Auflagen tunlichst nicht im Beisein des Probanden gemacht werden, um das Verhältnis nicht von vornherein zusätzlich zu belasten. 8

Zum Verfahren s. §§ 57 ff., zum Bewährungsplan s. § 60. 9

II. Nachträgliche Anordnung, Änderung und Aufhebung

Gem. § 23 Abs. 1 S. 2 können die Weisungen und Auflagen auch nachträglich, d. h. nach dem Bewährungsbeschluß, angeordnet werden. Diese Möglichkeit sollte aber nur ausnahmsweise genutzt werden, da die etappenweise Sanktionierung unangemessene Härten mit sich bringt und für den/die Betroffene(n) unverständlich erscheinen muß. Wenn die entgegenstehende Auffassung sich auf den Erstbericht des Bewährungshelfers stützen will (so *Brunner/Dölling* § 23 Rn. 6), so ist dem entgegenzuhalten, daß die Lebenssituation bereits für die Sanktionierung erforscht sein müßte. 10

11 Weiterhin können Weisungen und Auflagen geändert und aufgehoben werden. Eine Änderung kann sowohl in der Modifizierung der einzelnen Weisung oder Auflage als auch in der Ersetzung durch eine andere bestehen. Grundlage für Änderung oder Aufhebung können sowohl neue Tatsachen als auch alte, bei der Urteilsfindung nicht bekannte Tatsachen als auch neue Einschätzungen zur Lebenssituation des Probanden sein. Soweit eine Ausnahme für die bloße Änderung von Bewertungsmaßstäben gemacht wird (s. *Tröndle/Fischer* § 56 e StGB Rn. 1; *Brunner/Dölling* § 23 Rn. 5), so ist diese von den erlaubten neuen Einsichten nicht abgrenzbar. Wichtiger als die Differenzierung in den Begründungen ist die Begrenzung der Veränderungsmöglichkeiten. Formal erscheint zwar eine Schlechterstellung erlaubt, da der Wortlaut (»ändern«) auch diese erfaßt; hierfür spricht auch, daß im Unterschied zu der Verurteilung zu einer Weisung (s. § 11 Rn. 4) hier die Sanktionierung Vorläufigkeitscharakter hat. Auch steht nach der hier vertretenen Auffassung das Sanktionsziel der Auflagen einer Schlechterstellung nicht entgegen (so aber *Eisenberg* § 23 Rn. 9 unter Bezug auf *Stree* in: *Schönke/Schröder* § 56 e StGB Rn. 3; s. bereits oben Rn. 2). § 26 Abs. 2 macht aber deutlich, daß eine Verschärfung der Weisungen und Auflagen gerade bei Vorliegen von Widerrufsgründen in Betracht kommt. Es besteht eine **begrenzte Verläßlichkeit** für Weisungen und Auflagen, die für die Bewährungszeit angeordnet wurden. Daher ist die Schlechterstellung (zum Rechtsmittelverfahren s. § 55 Rn. 13) nur für begründete Ausnahmefälle zuzulassen; insoweit müssen in der Tat dem Gericht neue Umstände vorliegen (s. auch *Lackner/Kühl* § 56 e StGB Rn. 1).

III. Nichterfüllung

12 Werden Weisungen oder Auflagen schuldhaft nicht erfüllt, kann Jugendarrest gem. den §§ 23 Abs. 1 S. 4, 11 Abs. 3, 15 Abs. 3 S. 2 verhängt werden. Insoweit ersetzt der Jugendarrest diese Maßnahmen (s. § 11 Rn. 8 ff., 11), d. h., sie müssen erneut angeordnet werden, wenn hierauf bestanden werden soll. Dies erscheint sowohl im Hinblick auf die Rechtsnatur dieses Arrestes als auch unter Beachtung des Verhältnismäßigkeitsprinzips als auch unter erzieherischen Gesichtspunkten zwingend. Die Nichterfüllung von »freiwillig« gemachten Zusagen oder Angeboten berechtigt nicht zum Jugendarrest, nur dazu, diese selbständig anzuordnen.

§ 24. Bewährungshilfe

(1) Der Richter unterstellt den Jugendlichen in der Bewährungszeit für höchstens zwei Jahre der Aufsicht und Leitung eines hauptamtlichen Bewährungshelfers. Er kann ihn auch einem ehrenamtlichen Bewährungshelfer unterstellen, wenn dies aus Gründen der Erziehung zweckmäßig erscheint. § 22 Abs. 2 Satz 1 gilt entsprechend.
(2) Der Richter kann eine nach Absatz 1 getroffene Entscheidung vor Ablauf der Unterstellungszeit ändern oder aufheben; er kann auch die Unterstellung des Jugendlichen in der Bewährungszeit erneut anordnen. Dabei kann das in Absatz 1 Satz 1 bestimmte Höchstmaß überschritten werden.
(3) Der Bewährungshelfer steht dem Jugendlichen helfend und betreuend zur Seite. Er überwacht im Einvernehmen mit dem Richter die Erfüllung der Weisungen, Auflagen, Zusagen und Anerbieten. Der Bewährungshelfer soll die Erziehung des Jugendlichen fördern und möglichst mit dem Erziehungsberechtigten und dem gesetzlichen Vertreter vertrauensvoll zusammenwirken. Er hat bei der Ausübung seines Amtes das Recht auf Zutritt zu dem Jugendlichen. Er kann von dem Erziehungsberechtigten, dem gesetzlichen Vertreter, der Schule, dem Ausbildenden Auskunft über die Lebensführung des Jugendlichen verlangen.

§ 25. Bestellung und Pflichten des Bewährungshelfers

Der Bewährungshelfer wird vom Richter bestellt. Der Richter kann ihm für seine Tätigkeit nach § 24 Abs. 3 Anweisungen erteilen. Der Bewährungshelfer berichtet über die Lebensführung des Jugendlichen in Zeitabständen, die der Richter bestimmt. Gröbliche oder beharrliche Verstöße gegen Weisungen, Auflagen, Zusagen oder Anerbieten teilt er dem Richter mit.

Literatur

Cornell Rechtliche Aspekte der Wahrnehmung der Dienst- und Fachaufsicht im Bereich der Bewährungshilfe, GA 1990, 55; *Foth* Grenzen der Berichtspflicht des Bewährungshelfers, BewH 1987, 194; *Gräber* Die Stellung des Bewährungshelfers in Strafrechtspflege und Justizverwaltung, BewH 1982, 302; *Pfeiffer* Bewährungshilfe auf falschen Gleisen?, BewH 1984, 66; *Winter, W. u. G.* Bewährungshelfer im Rollenkonflikt, 1973. (s. auch Angaben zu § 21)

Inhaltsübersicht

		Rn.
I.	Pflicht zur Bestellung	1
II.	Auswahl	2
III.	Aufgabenstellung	6
IV.	Rechte und Pflichten im einzelnen	
	1. Informations- und Zutrittsrecht	7
	2. Hilfe- und Betreuungspflicht	9
	3. Kontrollpflicht für Weisungen, Auflagen, Zusagen und Anerbieten	10
	4. Berichts- und Meldepflicht	11
	5. Schweigepflicht	12
V.	Gerichtliche Aufsicht	13

I. Pflicht zur Beteiligung

1   Nach § 24 Abs. 1 **muß** – im Unterschied zum Erwachsenenstrafrecht (s. § 56 d Abs. 1 StGB) – ein Bewährungshelfer bestellt werden, nach der Abänderung durch das 1. JGGÄndG allerdings nur für höchstens 2 Jahre (§ 24 Abs. 1 S. 1; zur kriminalpolitischen Einschätzung s. Grdl. zu den §§ 21-26 a Rn. 7). Bei späterer erneuter Bestellung kann allerdings das Höchstmaß von 2 Jahren überschritten werden (§ 24 Abs. 2 S. 2), wobei das Ende der Bewährungszeit immer auch das Ende der Betreuungszeit bedeutet. Die Bestellung erfolgt durch den Richter (§ 25 S. 1). Obwohl im § 58 die Bestellung des Bewährungshelfers nicht genannt ist, ergeht auch diese Entscheidung durch Beschluß, wobei der Name des Bewährungshelfers in dem Bewährungsplan eingetragen wird (§ 60 Abs. 2).

II. Auswahl

2   Im Gesetz wird zwischen hauptamtlichen und ehrenamtlichen Bewährungshelfern unterschieden (§ 24 Abs. 1 S. 1 und 2; s. auch § 113). Hierbei wird eine Präferenz für den hauptamtlichen Bewährungshelfer ausgesprochen. Die für eine Bestellung eines ehrenamtlichen Bewährungshelfers genannten Gründe der Erziehung sind jedoch regelmäßig schon in der Überlastung der hauptamtlichen Bewährungshelfer zu finden (s. Grdl. z. §§ 21-26 a Rn. 5). Daß die Überbelastung sich auf den Erfolg der Bewährungshilfe negativ auswirkt, ist nicht nur plausibel, sondern auch wissenschaftlich nachgewiesen (s. *Schünemann* Bewährungshilfe bei Jugendlichen und Heranwachsenden, 1971, S. 49, 168; *Kury* BewH 1980, 280 m. w. N.; s. auch *Kaiser* Gesellschaft, Jugend und Recht, 1977, S. 156; zurückhaltend *Kerner* in: Kleines kriminologisches Wörterbuch, hrsg. von *Kaiser/Kerner/Sack/Schellhoss*, 2. Aufl., S. 69; a. M. *Hermann* Kölner Zeitschrift für Soziologie und Sozialpsychologie 1983, 721).

Erstes Hauptstück. Verfehlungen Jugendlicher und ihre Folgen §§ 24-25

Für eine stärkere Berücksichtigung der ehrenamtlichen Helfer – entgegen der Reserviertheit der hauptamtlichen Bewährungshelfer (s. *Spieß* in: Alternativen zur Freiheitsstrafe, hrsg. von *Dünkel/Spieß*, 1983, S. 36) – spricht weiterhin, daß sich Verurteilte mit diesen eher auf eine Zusammenarbeit einlassen (s. *Cyrus* Laienhelfer im Strafvollzug, 1982, S. 208; s. auch *Eisenberg* §§ 24-25 Rn. 5). Der hauptamtliche Bewährungshelfer wird aufgrund seiner dienstrechtlichen Abhängigkeit (§ 113) mehr mit der Strafjustiz identifiziert, als dies bei einem Laienhelfer der Fall ist. Dies gilt insbesondere, wenn der ehrenamtliche Helfer aus dem näheren Umfeld, dem Bekanntenkreis des/der Verurteilten bestimmt wird. Hinzu kommt die Erfahrung einer Einzelbetreuung gegenüber der Massenbetreuung durch den hauptamtlichen Bewährungshelfer. Schließlich wird damit die gesamtgesellschaftliche Verantwortlichkeit für Kriminalität deutlich gemacht. Auf der anderen Seite genügt nicht allein der gute Wille. Die Eignung im Hinblick auf die Betreuungs- und Überwachungsfunktion muß überprüft werden, wobei eine Erfahrung in der Sozialarbeit Voraussetzung ist (s. auch RL Nr. 5 zu den §§ 24 und 25). Der ehrenamtliche Helfer sollte zudem eingebunden sein in die hauptamtliche Bewährungshilfe, um hier notfalls Rat und Hilfe einzuholen und um sich psychisch wieder aufrüsten zu können; dies geschieht beispielsweise in Hamburg durch den Hamburger Fürsorgeverein (s. *Siekmann* BewH 1977, 202 ff.; zur Gruppen-Supervision in der Bewährungshilfe s. *Schubert* u. a. BewH 1983, 144 ff.). Eine justizamtliche Vorauswahl oder Bestätigung ist jedoch nicht vorgesehen, der Richter entscheidet allein über die Eignung, wobei immer – natürlich – die Bereitschaft hinzukommen muß.

3

Personen, die unmittelbar in die Strafjustiz eingebunden sind, scheiden aus den oben angeführten Überlegungen für eine ehrenamtliche Bewährungshilfe aus: Polizeibeamte, Staatsanwälte, Strafrichter. Auch sollte die starke Position des Heimleiters im Rahmen der Jugendhilfe nicht für die Bewährungshilfe ausgenutzt werden. Diese Überlegungen gelten auch für den militärischen Dienstvorgesetzten als ehrenamtlichen Bewährungshelfer (wie hier *Brunner/Dölling* § 25 Rn. 15; *Kuhnen* Die Anwendung von Jugendstrafrecht bei militärischen Straftaten, 1970, S. 163 ff. m. w. N. in Fn. 2 auf S. 165; a. M. *Grethlein* NJW 1959, 1503), wobei dem Disziplinarvorgesetzten gesetzlich immer der Vorrang eingeräumt bleibt (§ 112 a Nr. 5 S. 2; krit. hierzu mit Recht *Brunner/Dölling* § 25 Rn. 16). Zu den Einwänden aufgrund des Abhängigkeitsverhältnisses (s. auch *Fietze* BewH 1965, 276) kommt, daß die Kriminalitätsursachen trotz des kriminogenen Charakters des Militärs (s. *Kuhnen* Die Anwendung von Jugendstrafrecht bei militärischen Straftaten, 1970, S. 130 ff. m. w. N.) auch nichtmilitärischer Natur sind, sich »zivile« Probleme auch in der Fahnenflucht und der unerlaubten Abwesenheit zeigen: Zur Aufarbeitung ist

4

nicht nur Verständnis, sondern auch Sachkenntnis in der Sozialarbeit erforderlich (s. aber *Potrykus* NJW 1957, 817).

5 Formal ist der Richter auch bei der Auswahl der hauptamtlichen Bewährungshelfer frei, sofern mehrere für den Gerichtsbezirk bestellt sind, in dem sich die/der Verurteilte aufhält. Der Wohnort sollte hierbei immer Anknüpfungspunkt sein, auch bei wehrpflichtigen Soldaten (ebenso BGH NJW 1959, 1503 mit zustimmender Anm. von *Grethlein*; *Brunner/Dölling* § 25 Rn. 15). Sofern mehrere hauptamtliche Bewährungshelfer zur Verfügung stehen, sollte vor der namentlichen Bestellung bei der Bewährungshilfe nachgefragt werden, welcher Helfer am besten die Betreuung übernehmen kann. Die Antwort wiederum sollte nicht allein nach dem Verteilerschlüssel erfolgen. Die persönliche Kenntnis des Probanden oder seiner Familie, die speziellen Erfahrungen mit kulturellen und sozialen Randgruppen sollte für die Auswahl entscheidend sein. Allerdings kann auch nach einer vorausgegangenen Betreuung ein Wechsel für einen Neuanfang geboten sein. Von Bedeutung ist bei weiblichen Probanden die Geschlechtszugehörigkeit. Die Entscheidung muß aber der Richter treffen, darf sie nicht dem Bewährungszusammenschluß überlassen, wobei auch der Dienstplan für den Richter nicht maßgebend ist.

III. Aufgabenstellung

6 Die Aufgaben des Bewährungshelfers decken sich mit dem Ziel der Aussetzung der Jugendstrafe zur Bewährung (s. Grdl. z. §§ 21-26 a Rn. 4). Das heißt, die Betreuungs- und Hilfefunktion steht im Vordergrund (§ 24 Abs. 3 S. 1), sekundär hat der Bewährungshelfer auch bei der Überwachung der Bewährung mitzuhelfen (§ 24 Abs. 3 S. 2). Demgegenüber wird z. T. in der Kommentarliteratur die Kontrollfunktion tendenziell in den Vordergrund gerückt (s. *Dallinger/Lackner* § 24 Rn. 13). Dementsprechend sehen sich die Bewährungshelfer nicht nur durch äußere Umstände in ihrer beratenden und betreuenden Aufgabenstellung behindert, sondern erkennen für diese Seite ihrer Aufgabenstellung eine justizamtliche Ablehnung bei gleichzeitiger Forderung nach mehr Kontrolle. Nach einer großangelegten Umfrage (s. *Kerner/Herrmann/Bockwoldt* Straf(rest-)aussetzung und Bewährungshilfe, 1984, S. 59, 60) fühlen sich die Bewährungshelfer von der Justiz eher als repressive Instanz eingesetzt, während sie selbst schon aufgrund ihrer beruflichen Sozialisation mehr Probandenhelfer sein möchten (s. auch *Spieß* in: Alternativen zur Freiheitsstrafe, hrsg. von *Dünkel/Spieß*, 1983, S. 36), als Helfer, um die Lebenssituation des Probanden zu verbessern und um die Freiheitsstrafe abzuwenden. Wenn dieser **Rollenkonflikt** in der Person des einzelnen Bewährungshelfers letztlich auch nicht zu lösen ist, gilt es doch, die primäre Funktion der Betreuung zu betonen, da sie nur in einer **offenen Zusammenarbeit** ge-

lingen kann. Umgekehrt erscheint das Ziel eines Vertrauensverhältnisses zu dem/der Verurteilten (RL Nr. 2 zu den §§ 24 und 25) nicht nur häufig unrealistisch, sondern auch tendenziell falsch, da damit die Kontrollfunktion zum Nachteil des/der Verurteilten verdeckt wird. Im Gesetz (§ 24 Abs. 3 S. 3) ist auch von einem anzustrebenden vertrauensvollen Zusammenwirken mit dem Erziehungsberechtigten und dem gesetzlichen Vertreter die Rede (s. aber *Kaiser* Gesellschaft, Jugend und Recht, 1977, S. 156). Ansonsten würden mit dieser Zielvorgabe die Schwierigen, Mißtrauischen wieder ausgegrenzt, führt eine solche Betrachtung dazu, gerade diejenigen, die der Bewährungshilfe insbesondere bedürfen, als ungeeignet abzulehnen (s. *Bockwoldt* Strafaussetzung und Bewährungshilfe in Theorie und Praxis, 1982, S. 216, 228). Vielmehr hat der Bewährungshelfer seine Berichts- und Meldepflichten sofort und offen anzusprechen, damit sich der Proband hierauf einstellen kann (ebenso *Eisenberg* §§ 24-25 Rn. 19; »deutliche Schranken« setzt insoweit *Walter* in: Handwörterbuch der Kriminologie, hrsg. von *Sieverts/Schneider*, 2. Aufl., S. 186). Da die Bewährungshilfe auch Kontroll-, Berichts- und Meldepflichten hat (s. Rn. 10, 11) und damit Mitteilungen des Probanden sich für ihn nachteilig auswirken können, ist für solche Informationen auf das Schweigerecht entsprechend den §§ 136 Abs. 1 S. 2, 163 a Abs. 3, 4 StPO hinzuweisen (s. *Schipholt* NStZ 1993, 471; s. auch § 38 Rn. 9 a). Offene Zusammenarbeit erfolgt so in Kenntnis und unter Beachtung der Grenzen für Offenbarung und Verschwiegenheit. Dies schließt nicht aus, sondern das Betreuungsziel verlangt es, daß **von seiten des Bewährungshelfers** immer wieder Vertrauen in den Betreuten gesetzt wird, immer wieder Mut gemacht wird, obwohl und weil nicht nur die fremden Erwartungen so oft enttäuscht wurden. Das heißt auch, daß neue Enttäuschungen von vornherein mit einkalkuliert werden.

IV. Rechte und Pflichten im einzelnen

1. Informations- und Zutrittsrecht

Die primäre Hilfe- und Betreuungsfunktion setzt eine Kenntnis der Situation des Probanden voraus. Die erste Information erfolgt durch die Urteilsbegründung, die dem Bewährungshelfer zu überlassen ist. Sodann hat **alsbald** ein erstes Kontaktgespräch mit dem Probanden stattzufinden, und zwar möglichst in der Wohnung des Probanden, damit sich der Bewährungshelfer einmal einen persönlichen Eindruck verschaffen kann, ein andermal um nicht eine bürokratische Atmosphäre aufkommen zu lassen. Auf sein Zutrittsrecht (§ 24 Abs. 3 S. 4) sollte der Bewährungshelfer jedoch nicht pochen. Damit würde Mißtrauen begründet. In keinem Fall darf er Gewalt anwenden, da mit § 24 Abs. 3 S. 4 kein ausnahmsweises Selbsthilferecht eingeräumt wird (a. M. *Dallinger/Lackner* § 24 Rn. 27 m.

7

w. N.; wie hier *Hellmer* Die Strafaussetzung im Jugendstrafrecht, 1959, S. 88); nur die Polizei dürfte zu Hilfe genommen werden. Ein Zutrittsrecht hat der Bewährungshelfer auch für den Fall der U-Haft (s. § 93 Abs. 3; zu einer z. T. einschränkenden Praxis s. *Rappenecker* BewH 1973, 236). Für den Fall einer erneuten Hauptverhandlung hat der Bewährungshelfer gem. § 48 Abs. 2 S. 1 ein Anwesenheitsrecht; dieses »verdichtet« sich im Hinblick auf die Betreuungsfunktion (s. Rn. 9) sowie im Hinblick auf die gerichtliche Aufklärungspflicht (s. § 244 Abs. 2 StPO) zu einer **Anwesenheits- und Berichtspflicht**, auch wenn die Anhörung im Falle der Anwesenheit nur erfolgen **soll** (s. § 50 Abs. 4; s. auch Grdl. zu den §§ 48-51 Rn. 7 sowie § 50 Rn. 15). Um diesen Verpflichtungen nachkommen zu können, sind dem Bewährungshelfer entsprechend § 50 Abs. 3 Ort und Zeit der Hauptverhandlung mitzuteilen (s. auch Gesetzesentwurf der Bundesregierung, Entwurf eines Sozialgesetzbuches – Jugendhilfe – vom 8. 11. 1978, Art. 2 § 4 Nr. 16). Darüber hinaus besteht ein allgemeines Anhörungsrecht vor weiteren Bewährungsentscheidungen.

8 Zu seiner Information kann der Bewährungshelfer weiter Auskunft von dem Erziehungsberechtigten, dem gesetzlichen Vertreter, der Schule, dem Ausbildenden verlangen (§ 24 Abs. 3 S. 5). Auch dieses Recht sollte nur sehr behutsam ausgeübt werden, da mit der Befragung der Schule und des Ausbilders häufig auch eine weitere Stigmatisierung einhergeht und der Proband dies als eine Befragung »hinter seinem Rücken« deuten muß. Eine zwangsweise Durchsetzung der Auskunftserteilung ist nicht vorgesehen. Dem kann weder mit dem Verweis auf § 33 FGG (so *Potrykus* § 24 Anm. 6; hiergegen *Dallinger/Lackner* § 24 Rn. 28 m. w. N.) noch mit einer richterlichen Zeugenvernehmung (so aber *Dallinger/Lackner* § 24 Rn. 28; nachfolgend *Brunner/Dölling* § 25 Rn. 10) abgeholfen werden; das FGG-Verfahren ist hier sachfremd, und der Zeuge ist nur ein Beweismittel im Prozeß, nicht in der Vollstreckung.

2. Hilfe- und Betreuungspflicht

9 Die Hilfe- und Betreuungspflicht besteht umfassend. Der Gesetzgeber verlangt sogar eine Erziehung des Probanden; hierfür soll der Bewährungshelfer mit dem Erziehungsberechtigten und dem gesetzlichen Vertreter vertrauensvoll zusammenwirken. Abgesehen davon, daß eine solche Zusammenarbeit häufig von seiten dieser Personen verweigert wird, geht es im Jugendstrafverfahren nur darum, den Probanden von der Tatwiederholung abzuhalten (s. Grdl. z. §§ 1-2 Rn. 4). Hierfür gilt es zunächst, die **existentielle Problemlage** des Probanden zu bewältigen. Notsituationen bestehen regelmäßig in der Ausbildung und in der Arbeit, in der Wohnungssituation und im finanziellen Bereich (zur Rangfolge dieser »Themen« s. *Spieß* in: Alternativen zur Freiheitsstrafe, hrsg. von *Dün-*

kel/Spieß, 1983, S. 37, s. auch S. 39; s. auch § 29 Rn. 2). Hier ist eine Einzelfallhilfe geboten, die bei der allgemeinen Mangellage nur über ein enggestricktes Kontaktnetz erfolgreich sein kann. Hierbei sind Wohngruppen-Projekte (zum Wohnprojekt Bewährungshilfe in West-Berlin s. *Petersen* BewH 1980, 382 ff.) und alternative Arbeitsmöglichkeiten, insbesondere im Rahmen kommunaler oder privatrechtlicher Programme »Arbeit statt Sozialhilfe« zu nutzen (s. Rundbrief Soziale Arbeit und Strafrecht 1985, Nr. 2, S. 6 ff.; allgemein zu den Möglichkeiten und Pflichten einer Arbeitsvermittlung s. *Müller-Engelmann* BewH 1982, 332 ff.). Für die Schuldenregulierung ist ein Entschuldungsplan zu konzipieren, wobei die Möglichkeiten, aus einem »Entschuldungstopf« der Bewährungshilfe oder eines Resozialisierungsfonds ein Startgeld als zinsloses Darlehen oder Bürgschaft zu geben, auszunutzen sind (s. hierzu Bewährungshilfe 1981, Heft 2; *Seebode* ZRP 1983, 174 ff.). Soweit der Bewährungshelfer sich in Rechtsfragen kompetent glaubt, darf er auch Rechtsrat erteilen (s. Art. 1 § 3 Nr. 1 Rechtsberatungsgesetz; ebenso *Brunner/Dölling* § 25 Rn. 6). Wegen seiner Doppelfunktion scheidet aber das einseitige Unterstützungsamt des Beistandes (s. § 69 Rn. 2) aus. Zusätzlich ist zu einem Freizeitverhalten anzuregen, das nicht unmittelbar Kriminalität begünstigt. Über die Herstellung von Kontakten zu Sport- und Jugendverbänden hinaus ist ein aktives Freizeitangebot zu machen. Bei alledem darf die psychosoziale Not vieler Probanden nicht vergessen werden, die in persönlichen Gesprächen und/oder in einer Gruppenbetreuung (s. hierzu problemorientierte Gruppenarbeit mit Probanden, hrsg. von der Deutschen Bewährungshilfe, 1982; *Lippenmeier/Sagebiel* in: Alternativen zur Freiheitsstrafe, hrsg. von *Dünkel*/Spieß, 1983, S. 50 ff.; *Kastenhuber* BewH 1984, 53 ff.) abzuhelfen ist (zur Betreuungspflicht im Falle einer neuen Hauptverhandlung s. Rn. 7). Dieses sozialpädagogische Hilfeverlangen ist im derzeitigen Alltag der Bewährungshilfe für die Vielzahl der Probanden kaum zu erfüllen. Allerdings gaben nach einer Untersuchung der Reststrafenbewährung von 92 Nichtrückfälligen, die einem Bewährungshelfer unterstellt wurden, 62 an, daß der Bewährungshelfer sie in erster Linie »auf den geraden Weg« gebracht habe (*Munkwitz* Die Prognose der Frühkriminalität, 1967, S. 108). Soweit die eigenen Fähigkeiten bzw. Kräfte überfordert sind, darf die Bewährungshilfe sich nicht scheuen, gegenüber dem Gericht über den Weg von Weisungen externe Hilfe, z. B. eines Psychotherapeuten, anzufordern; hierbei muß aber die Kostenfrage vorher beantwortet werden (s. § 10 Rn. 29).

3. Kontrollpflicht für Weisungen, Auflagen, Zusagen und Anerbieten

Gemäß § 24 Abs. 3 S. 2 hat der Bewährungshelfer »im Einvernehmen mit dem Richter« die Erfüllung der Weisungen, Auflagen, Zusagen und Aner- 10 bieten zu überwachen. Das heißt, für bestimmte Maßnahmen kann der Richter die Kontrolle auch selbst übernehmen, z. B. für Geldbußenzahlungen. Überwachen heißt nicht, daß der Bewährungshelfer diese Maßnahmen selbst bestimmen oder auch nur konkretisieren darf (s. § 23 Rn. 3).

4. Berichts- und Meldepflicht

11 »Gröbliche oder beharrliche Verstöße« gegen Weisungen, Auflagen, Zusagen oder Anerbieten hat der Bewährungshelfer von sich aus und sofort dem Richter zu melden. Darüber hinaus besteht eine Berichtspflicht in vom Richter bestimmten zeitlichen Abständen. Eine zusätzliche Begründung folgt aus § 24 Abs. 2 n. F.: Die hier dem Richter eingeräumte Befugnis, die Bewährungsbetreuung aufzuheben bzw. erneut anzuordnen oder die Dauer abzuändern, kann nur bei entsprechender Information wahrgenommen werden. Der Erst- und der Schlußbericht (s. RL Nr. 1 zu den §§ 26 und 26 a) sollte umfassend sein, wobei der Schlußbericht immer, und zwar rechtzeitig vor Ablauf der Bewährungszeit, Stellung zu der Frage des Straferlasses zu nehmen hat. Gegenstand dieser Berichte ist die »Lebensführung« des Probanden. Zu weit geht es, wenn der Bewährungshelfer nach der RL Nr. 3 zu den §§ 24 und 25 »alles Wesentliche« mitzuteilen hat, »was ihm über die Entwicklung des Jugendlichen, seine Lebensverhältnisse und sein Verhalten bekannt wird«. Das Vorleben ist nicht mehr gefragt. Bei der Mitteilung ist zwischen Tatsachenschilderung und Bewertung streng zu unterscheiden. Für die Tatsachenschilderung sind immer die Quellen anzugeben. Die »Lebensführung« schließt – natürlich – die Begehung neuer Straftaten mit ein (ebenso *Eisenberg* § 25 Rn. 17). Auch wenn keine Anzeigepflicht gem. § 138 StGB besteht, hat der Bewährungshelfer derartige Geschehnisse zu melden, wenn sie nicht ausgesprochenen Bagatellcharakter und damit für die Bewährung keine Relevanz haben. Die weitergehende Differenzierung zwischen »erheblichen« und »nicht erheblichen« Straftaten (so *Schaffstein/Beulke* § 27 III. 2.) kann jedoch nicht dem Bewährungshelfer überlassen werden, da insoweit keine verläßliche Abgrenzungskriterien vorliegen und die Entscheidungskompetenz dem Richter zukommt (wie hier *Gräber* BewH 1982, 303; s. auch *Brunner/Dölling* § 25 Rn. 2). So richtig im Ergebnis die zurückhaltende Bewertung neuer Straftaten für den Erfolg bzw. Nichterfolg der Bewährung ist (s. §§ 26, 26 a Rn. 5-7), so darf dies noch nicht auf dieser Stufe berücksichtigt werden, wobei das Argument des Vertrauensverhältnisses (so aber *Eisenberg* § 25 Rn. 17) schon vom Ansatz her nicht stichhaltig ist (s. Rn. 6). Die Situation des Vertrauensbruchs muß durch rechtzeitigen Hinweis auf die Meldepflicht vermieden werden. Die Meldung über Straftaten hat hierbei wie über Verstöße gegen Weisungen, Auflagen, Zusagen oder Anerbieten umgehend zu erfolgen. Ein bloßer

Verdacht ist jedoch nicht mitzuteilen, da dieser für das Bewährungsverfahren nicht verwertbar ist.

5. Schweigepflicht

Die Berichts- und Meldepflicht besteht nur gegenüber dem zuständigen Richter; ansonsten ist der Bewährungshelfer strafrechtlich entweder als staatlich anerkannter Sozialarbeiter bzw. staatlich anerkannter Sozialpädagoge (§ 203 Abs. 1 Nr. 5 StGB) oder als Amtsträger gem. § 11 Abs. 1 Nr. 2 StGB (§ 203 Abs. 2 Nr. 1 StGB) zum Schweigen verpflichtet. Zusätzlich verbietet das Bundesdatenschutzgesetz die Weitergabe von personenbezogenen Daten, soweit sie in Dateien zusammengefaßt sind (s. §§ 41, 10 Abs. 1 S. 2 BDSG). Die Amtshilfe (Art. 35 GG) erlaubt dagegen keinen allgemeinen behördlichen Informationsaustausch. Dies heißt konkret, daß gegenüber Anfragen von Behörden oder von Privaten (Arbeitgeber) persönliche Daten zu verheimlichen sind (s. *LG Stuttgart* Justiz 1976, 469). Auch wenn nach der Entscheidung des Bundesverfassungsgerichts (*BVerfGE* 33, 367; kritisch *Kühne* JuS 1973, 685; s. auch *Würtenberger* JZ 1973, 784) dem schweigepflichtigen Sozialarbeiter vor Gericht kein Zeugnisverweigerungsrecht zukommt, so ist dieser Persönlichkeitsschutz, der gerade auch für die Effizienz der Bewährungshilfe im staatlichen Interesse liegt, bei der Aussagegenehmigung gem. § 54 StPO zu berücksichtigen; das »Gemeinwohl« wird durch den privaten Geheimnisschutz mit bestimmt (s. *Ostendorf* DRiZ 1981, 9). Um den Rollenkonflikt des Bewährungshelfers nicht auf der Gerichtsbühne darzustellen, sollte deshalb tunlichst von seiner Zeugenvernehmung abgesehen werden. Allerdings ist die »formlose Vernehmung« kein Beweismittel (*OLG Oldenburg* MDR 1977, 775; s. auch *Brunner/Dölling* § 25 Rn. 9).

V. Gerichtliche Aufsicht

Auch wenn der Bewährungshelfer nicht unter der Dienstaufsicht des einzelnen Richters steht (s. § 113 Rn. 1), unterliegt er der richterlichen Fachaufsicht (s. *Cornell* GA 1990, 59 m. w. N.). Die Kontrollpflicht ist »im Einvernehmen« mit dem Richter zu erfüllen (§ 24 Abs. 3 S. 2), der Richter kann dem Bewährungshelfer darüber hinaus für die Betreuungsarbeit Anweisungen erteilen (§ 25 S. 2), nicht jedoch dem Soldaten als ehrenamtlichen Bewährungshelfer (§ 112 a Nr. 4 S. 2). Gem. § 24 Abs. 2 kann der Richter die Bewährungsbetreuung aufheben bzw. erneut anordnen oder die Dauer abändern. Schließlich kann der Richter den Bewährungshelfer auch entlassen und durch einen anderen Bewährungshelfer ersetzen. Ein solcher Wechsel sollte jedoch nur bei einem ernsthaften Verstoß gegen die Pflichten erfolgen oder wenn die Beziehung zwischen Bewährungshelfer und Proband unwiderruflich zerstört ist. Darüber hinaus ist es geboten, dem Bewährungshelfer einen Freiraum für seine sozialpädagogische Arbeit einzuräumen, insbesondere darf vom Richter nicht eine bestimmte Betreuungsmethode vorgeschrieben werden (s. RL Nr. 1 S. 2 zu den §§ 24 und 25). Dies gebietet sich auch deshalb, weil dem Richter in der Regel die Fachkenntnisse fehlen, die sozialarbeiterischen Aspekte der Bewährungshilfe zu beurteilen (s. *Cornell* GA 1990, 55 ff.). In der Praxis ist darauf zu achten, daß neben der Strafakte als Hauptakte eine gesonderte Bewährungsakte geführt wird, um bei Einsichtnahmen Dritter (Geschädigter) in die Hauptakte den Datenschutz zu gewährleisten und um eine (Re-)Sozialisierung nicht zu gefährden (s. *Foth* BewH 1987, 200).

§ 26. Widerruf der Strafaussetzung

(1) Der Richter widerruft die Aussetzung der Jugendstrafe, wenn der Jugendliche
1. in der Bewährungszeit eine Straftat begeht und dadurch zeigt, daß die Erwartung, die der Strafaussetzung zugrunde lag, sich nicht erfüllt hat,
2. gegen Weisungen gröblich oder beharrlich verstößt oder sich der Aufsicht und Leitung des Bewährungshelfers beharrlich entzieht und dadurch Anlaß zu der Besorgnis gibt, daß er erneut Straftaten begehen wird, oder
3. gegen Auflagen gröblich oder beharrlich verstößt.

Satz 1 Nr. 1 gilt entsprechend, wenn die Tat in der Zeit zwischen der Entscheidung über die Strafaussetzung und deren Rechtskraft begangen worden ist.

(2) Der Richter sieht jedoch von dem Widerruf ab, wenn es ausreicht,
1. weitere Weisungen oder Auflagen zu erteilen,
2. die Bewährungs- oder Unterstellungszeit bis zu einem Höchstmaß von vier Jahren zu verlängern oder
3. den Jugendlichen vor Ablauf der Bewährungszeit erneut einen Bewährungshelfer zu unterstellen.

(3) Leistungen, die der Jugendliche zur Erfüllung von Weisungen, Auflagen, Zusagen oder Anerbieten (§ 23) erbracht hat, werden nicht erstattet. Der Richter kann jedoch, wenn er die Strafaussetzung widerruft, Leistungen, die der Jugendliche zur Erfüllung von Auflagen oder entsprechenden Anerbieten erbracht hat, auf die Jugendstrafe anrechnen.

§ 26 a. Erlaß der Jugendstrafe

Widerruft der Richter die Strafaussetzung nicht, so erläßt er die Jugendstrafe nach Ablauf der Bewährungszeit. § 26 Abs. 3 Satz 1 ist anzuwenden.

Literatur

Blumenstein Der Widerruf der Strafaussetzung zur Bewährung wegen der Begehung einer neuen Straftat nach § 56 f Abs. 1 S. 1 Nr. 1 StGB, 1995; *Böckenhauer* Der Widerruf der Aussetzung der Vollstreckung der freiheitsentziehenden Maßregeln der Besserung und Sicherung nach § 67 g StGB, 1985; *Frank* Der Widerruf der Strafaussetzung zur Bewährung und der Widerruf der Aussetzung des Strafrestes, MDR 1982, 353; *Haberstroh* Unschuldsvermutung und Rechtsfolgenausspruch, NStZ 1984, 289; *Molketin* § 26 Abs. 2 JGG – eine in der Praxis leider viel zu oft vernachlässigte Vorschrift,

Zbl. 1981, 265; *Mrozynski* Die Wirkung der Unschuldsvermutung auf spezialpräventive Zwecke des Strafrechts, JZ 1978, 255; *Ostendorf* Unschuldsvermutung und Bewährungswiderruf, 1990, 230; *ders.* Bewährungswiderruf bei eingestandenen, aber nicht rechtskräftig verurteilten neuen Straftaten?, StV 1992, 288; *Vogler* Die strafschärfende Verwertung strafbarer Vor- und Nachtaten bei der Strafzumessung und die Unschuldsvermutung (Art. 6 Abs. 2 EMRK), in: Festschrift für Kleinknecht, 1985, 429; *ders.* Zum Aussetzungswiderruf wegen einer neuen Straftat (§ 56 f Abs. 1 Nr. 1 StGB), in: Festschrift für Tröndle, 1989, 423. (s. auch die Angaben zu § 21)

Inhaltsübersicht

	Rn.
I. Zeitpunkt der Entscheidung	1
II. Widerruf	
1. Zeitlicher Beurteilungsraum	4
2. Materielle Entscheidungskriterien	
a) Begehung neuer Straftaten (§ 26 Abs. 1 Nr. 1.)	5
b) Verstöße gegen Weisungen oder die Bewährungsaufsicht (§ 26 Abs. 1 Nr. 2.)	8
c) Verstöße gegen Auflagen (§ 26 Abs. 1 Nr. 3.)	9
3. Vorläufige Maßnahmen gem. § 453 c StPO	10
4. Alternativen	
a) Weitere Weisungen oder Auflagen	11
b) Verlängerung der Bewährungs- oder Unterstellzeit	12
c) Erneute Unterstellung unter einem Bewährungshelfer	13
d) Anordnung eines »Ungehorsamsarrestes«	14
III. Straferlaß	15
IV. Leistungen zur Erfüllung von Weisungen, Auflagen, Zusagen oder Anerbieten	16
V. Verfahren und Rechtsmittel	17

I. Zeitpunkt der Entscheidung

1 Die Entscheidung über Widerruf oder Erlaß setzt die **Rechtskraft der Strafaussetzung** zur Bewährung voraus (h. M., s. *Stree* in: *Schönke/Schröder* § 56 f StGB Rn. 12). Dies ist nicht nur formal mit der Voraussetzung der »Bewährungszeit« zu begründen (s. § 26 Abs. 1 Nr. 1), sondern auch materiell, da die Erwartungen an eine Verurteilung geknüpft werden, die ansonsten entweder vom Verurteilten nicht akzeptiert wird oder deren Verbindlichkeit zumindest noch nicht feststeht (s. aber Rn. 4). Insbesondere können Weisungen und Auflagen noch keine Wirkung entfalten. Ein Widerruf scheidet auch aus, wenn die Entscheidung über die Aussetzung gem. § 57 aufgehoben wurde (s. *OLG Stuttgart* StV 1996, 271; s. auch § 57 Rn. 13).

Nach h. M. soll die Entscheidung über Widerruf oder Erlaß »jederzeit« 2
auch nach Ablauf der Bewährungszeit möglich sein (s. *Brunner/Dölling*
§ 26 Rn. 1; hiergegen *Eisenberg* §§ 26, 26 a Rn. 22, ohne jedoch seinen
Standpunkt zu konkretisieren). Allerdings soll hier ein Beschleunigungsgebot gelten. Nur bei ganz außergewöhnlichen Verzögerungen soll aus
rechtsstaatlichen Gründen ein Widerrufsverbot bestehen. Nach *OLG
Hamm* JMBl. NW 1982, 166 soll ein Widerruf sogar drei Jahre nach Ablauf der Bewährungszeit noch möglich sein (nach *OLG Düsseldorf* ist bei
drei Jahren und zwei Monaten der zulässige Zeitraum überschritten,
StraFo 1997, 346). Zum Teil wird aber auch eine formale Grenze bei sechs
Monaten (so *OLG Hamm* MDR 1966, 165; *LG Dortmund* NJW 1968,
1149; *LG Tübingen* JZ 1974, 683 m. abl. Anm. von *Schröder*), bei einem
Jahr (*OLG Celle* NdsRpfl. 1980, 91; *Tröndle/Fischer* § 56 f StGB Rn. 2 a;
Stree in: *Schönke/Schröder* § 56 f StGB Rn. 13) gezogen (hiergegen *Lackner/Kühl* § 56 g StGB Rn. 1 m. w. N.). Entscheidend wird insoweit mit
dem Vertrauensschutz des Verurteilten argumentiert (s. *OLG Hamm* StV
1985, 198; *OLG Düsseldorf* StV 1998, 213; s. auch *Frank* MDR 1982, 360).

Daß eine nachträgliche Entscheidung an sich erlaubt sein muß, ergibt sich 3
daraus, daß auch das Verhalten am letzten Tag der Bewährungszeit Berücksichtigung finden muß. Insoweit bedarf es eines zeitlichen Nachlaufs,
wenn nicht bereits vorher hinreichende Gründe für einen Widerruf vorlagen (s. aber *Jagusch* LK, 8. Aufl., § 25 StGB Anm. 1). In einem solchen
Fall ist auch sofort zu entscheiden, d. h., es darf nicht der Ablauf der Bewährungszeit abgewartet werden (s. *OLG Bremen* StV 1986, 165 ; *OLG
Schleswig* vom 28.9.1993, Az. 1 Ws 348/93: »Unzulässig wird demgemäß
der Widerruf, wenn er durch das zuständige Gericht ungebührlich verzögert wird oder wenn die Verzögerung der Entscheidung über Widerruf
oder Straferlaß auf Versäumnisse anderer Organe der Rechtspflege zurückzuführen sind« – hier Aufhebung einer Widerrufsentscheidung, die
50 Tage (!) nach Ablauf der Bewährungszeit ergangen war). Ansonsten
vergrößert sich nicht nur der zeitliche Abstand zwischen Tat und Sanktion, womit der Erfolg der (Re-)Sozialisierung zusätzlich behindert wird; in
einer Zeit der Widerrufserwartung ist der/die Verurteilte zudem in besonderer Weise gefährdet. Diese Gründe verlangen neben dem rechtsstaatlichen Vertrauensschutz **unmittelbar** nach Ablauf der Bewährungszeit eine
Entscheidung. Hierbei ist immer zu berücksichtigen, daß nicht das –
rechtskräftige – Urteil der zeitliche Anknüpfungspunkt ist, sondern die
Tat, auf die individualpräventiv reagiert wird. Für eine rigide Handhabung
im Jugendstrafrecht spricht auch, daß der Widerruf des Straferlasses (§ 56
g Abs. 2 StGB) im Jugendstrafrecht nicht erlaubt ist und auch sonst auf
eine zügige Vollstreckung Wert gelegt wird (s. z. B. §§ 55, 87 Abs. 4).
Wenn zur Konkretisierung nach einer Frist gesucht wird, drängt sich keine verfahrensrechtliche Regelung auf. Die Rechtsmittelfrist von einer Wo-

che erscheint nicht nur zu kurz, sondern auch nicht vergleichbar, da dort nicht das Gericht in die Pflicht genommen wird und für notwendige Ermittlungen der Prozeß zur Verfügung stand. Auch verbietet sich die Frist von sechs Monaten gem. § 121 StPO heranzuziehen, da dort der – vorläufige – Freiheitsentzug zur Verfahrenssicherung erfolgt, hier über eine endgültige Sanktionierung zu entscheiden ist. Am ehesten bietet sich die Frist an, die für die Aussetzung des Verfahrens maximal eingeräumt wird: **30 Tage** (s. § 229 Abs. 2 S. 1 StPO). Wie dort muß die Justiz zu einem Abschluß gezwungen werden; innerhalb dieser Frist kann der Strafregisterauszug eingesehen sowie von der Polizei des Wohnortes eine Antwort über eventuelle neue Ermittlungsverfahren eingeholt werden. Wenn trotzdem bei einem Erlaß eine Straftatwiederholung unberücksichtigt geblieben ist, bleibt hierfür immer die Möglichkeit einer erneuten Sanktionierung.

II. Widerruf

1. Zeitlicher Beurteilungsraum

4   Mit der Einführung des § 26 Abs. 1 S. 2 durch das 1. JGGÄndG kann eine Aussetzung auch dann widerrufen werden, wenn der/die Verurteilte eine neue Straftat vor Beginn der Bewährungszeit, d. h. vor Rechtskraft der Entscheidung über die Strafaussetzung zur Bewährung (§ 22 Abs. 2 S. 1), aber nach der letzten tatrichterlichen Entscheidung begangen hat. Diese Regelung ist rechtsstaatlich bedenklich, da sich für den Bürger nachteilige Folgen ergeben können, obwohl noch keine verbindliche Entscheidung getroffen wurde. Wenn ein Rechtsmittel eingelegt wird, tritt ein Schwebezustand ein; wenn hiermit der Tatvorwurf als solcher bestritten wird, erscheint es zumindest problematisch, in der vorläufigen Verurteilung eine besondere Warnfunktion zu erblicken. Zumindest müssen diese Überlegungen für die Entscheidung über einen möglichen Widerruf mitberücksichtigt werden. Wird die Bewährungszeit nachträglich verlängert, so dürfen Taten, die nach Ablauf der ursprünglichen Bewährungszeit und vor der Verlängerung begangen wurden, keine Bedeutung gewinnen (s. Rn. 12). Dies gilt nach dem Wortlaut des § 26 Abs. 1 Nr. 1 für neue Straftaten (s. auch § 56 f Abs. 1 Nr. 1 StGB n. F.), muß darüber hinaus und erst recht für die nachrangigen Widerrufsgründe, für Verstöße gegen Weisungen und Auflagen sowie die Bewährungsaufsicht gelten (h. M., s. *Stree* in: *Schönke/Schröder* § 56 f StGB Rn. 15; a. M. *OLG Braunschweig* NJW 1964, 1581; *Dallinger/Lackner* § 26 Rn. 20 jeweils m. w. N.). Dies gilt auch für die Prognose gem. § 26 Abs. 1 Nr. 2, da dort ausdrücklich auf die Verstöße in der Bewährungszeit Bezug genommen wird (a. M. *Stree* in: *Schönke/Schröder* § 56 f StGB Rn. 15; w. N. bei *Frank* MDR 1982, 356 Fn. 63). Aus rechtsstaatlichen Gründen wird auf eine

Verwertung aller Informationen verzichtet. Dagegen ist eine Berücksichtigung positiver Entwicklungen nicht nur nicht ausgeschlossen, sondern zur Vermeidung einer unnötigen Bestrafung auch geboten (ebenso *Eisenberg* §§ 26, 26 a Rn. 12).

2. Materielle Entscheidungskriterien

a) Begehung neuer Straftaten (§ 26 Abs. 1 Nr. 1)

Erste Voraussetzung für den Widerruf ist die Begehung einer neuen Straftat, wobei bei Dauerdelikten ein Teilakt in die Bewährungzeit fallen muß. Dem Wortlaut nach genügt jede Straftat. Eingrenzungen müssen jedoch aufgrund der Voraussetzung »nicht erfüllte Legalprognose« erfolgen. Wenn insoweit lediglich die begründete Erwartung ausgesprochen wurde, daß keine »einschlägigen«, erheblichen Straftaten begangen werden (s. § 21 Rn. 6), kann auch bei tatfremden, unerheblichen Straftaten keine Erwartung enttäuscht werden (s. auch *Eisenberg* §§ 26, 26 a Rn. 6; zum kriminologischen Zusammenhang s. *Molketin* Zbl 1981, 266 m. w. N. in Fn. 20). Die Voraussetzungen bleiben die gleichen (s. *OLG Schleswig* NJW 1980, 2320 gegen *OLG Bremen* MDR 1974, 593; ebenso *Molketin* Zbl 1981, 266 m. w. N.). Auf eine Fahrlässigkeitstat kann nur ganz ausnahmsweise ein Widerruf gestützt werden (ebenso *Brunner/Dölling* § 26 Rn. 3; *Molketin* Zbl 1981, 266; s. aber *OLG Hamm* MDR 1971, 942; *Tröndle/Fischer* § 56 f StGB Rn. 3 b). Hat das Gericht, das über die neue Straftat zu entscheiden hatte, eine erneute Strafaussetzung zur Bewährung angeordnet, so ist es naheliegend, diese sach- und zeitnähere – weiterhin günstige – Prognose auch für die Widerrufsentscheidung zugrundezulegen (*OLG Düsseldorf* StV 1998, 214). 5

Aber auch die Wiederholung einer einschlägigen Tat muß nicht zum Widerruf führen; dies gilt insbesondere im Bereich der Drogenkriminalität, wo der »Rückfall fast zur Regel wird« (s. *Brunner/Dölling* § 26 Rn. 16). Zwischenzeitliche Änderungen der Lebensbedingungen, z. B. aufgrund einer Langzeittherapie gegen Drogenabhängigkeit (s. *AG Krefeld* StV 1983, 250; *OLG Zweibrücken* MDR 1983, 150; s. auch *OLG Frankfurt* NJW 1977, 2175; *Eisenberg* §§ 26, 26 a Rn. 6) oder einer neuen festen Beziehung können dieses negative Indiz wieder wettmachen, was gerade bei der Entwicklungsphase der Jugendlichen zu bedenken ist (ebenso *Brunner/Dölling* § 26 Rn. 3). Hierbei ist auch der Zeitabstand zur Verurteilung zu berücksichtigen, wobei die – im Vergleich zu früher – längere Zeit der Legalbewährung positiv gewertet werden kann sowie im Fall der kurzzeitigen Wiederholung berücksichtigt werden muß, daß die Bewährungsmaßnahmen noch nicht gewirkt haben können (für eine Großzügigkeit auch *Böhm* Einführung in das Jugendstrafrecht, S. 223; s. auch *LG Marburg* bei *Böhm* NStZ 1982, 415; *LG Hamburg* StV 1984, 32). 6

7 Die Frage, ob für einen Widerruf gem. § 26 Abs. 1 Nr. 1, § 88 Abs. 6 (entsprechend § 56 f Abs. 1 Nr. 1, § 57 Abs. 3 StGB) vorausgesetzt wird, daß insoweit eine rechtskräftige Verurteilung vorliegt (so grundlegend *Vogler* in: Festschrift für Kleinknecht, 1985, 442; *ders.* in: Festschrift für Tröndle, 1989, 423 ff.; nachfolgend *Blumenstein* Der Widerruf der Strafaussetzung zur Bewährung wegen der Begehung einer neuen Straftat nach § 56 f Abs. 1 S. 1 Nr. 1 StGB, 1995, S. 137 f.; s. aber auch bereits *Böhm* Einführung in das Jugendstrafrecht, S. 224, der ein »ungutes Gefühl« bei der derzeitigen Praxis hat), ist in der Rechtslehre wie auch in der Rechtsprechung scheinbar heillos umstritten. Auch in der jugendstrafrechtlichen Literatur wird diese Frage uneinheitlich beantwortet (s. *Eisenberg* §§ 26, 26 a Rn. 5; *Sonnen* in: *D/S/S* §§ 26, 26 a Rn. 7; *Brunner* NStZ 1991, 534). *Böhm* hat »es nicht selten erlebt, daß der Proband zwar nach dem Widerruf die ausgesetzte Strafe verbüßen mußte, danach aber im Verfahren wegen der 'neuen Straftat' freigesprochen wurde oder, noch häufiger, daß die neue Sache im Hinblick auf den Widerruf nicht weiterverfolgt, sondern nach den Vorschriften der Strafprozeßordnung oder des Jugendgerichtsgesetzes eingestellt, mithin auch nicht aufgeklärt wurde. Manchmal wird in solchen Fällen ein anderer Widerrufsgrund angegeben, der aber nur deshalb die Widerrufsfolge nach sich zieht, weil der Richter davon ausgeht, der Proband habe die neue Straftat wirklich begangen« (s. Einführung in das Jugendstrafrecht, S. 224; s. auch *H. Mayer* ZStW 80 (1968), 155). Der Rechtsstreit ist bis zur Europäischen Kommission für Menschenrechte kulminiert.

Im Rahmen einer sogenannten gütlichen Regelung gem. Art. 28 b der Europäischen Konvention zum Schutze der Menschenrechte und Grundfreiheiten (EMRK) über eine gegen die Bundesrepublik Deutschland gerichtete Individualbeschwerde (Nr. 12748/87) vom 11.10.1989 hat die *Europäische Kommission für Menschenrechte* deutlich gemacht, daß bei einem Bewährungswiderruf die Unschuldsvermutung gem. Art. 6 Abs. 2 der Konvention zu beachten ist (positive Kommentierungen dieses Verfahrensausgangs finden sich bei *Ostendorf* StV 1990, 230, bei *Boetticher* NStZ 1991, 4, sowie bei *Götz* SchlHA 1991, 205, jeweils m. w. N. zur Rechtsprechung und Rechtslehre; s. auch *SK-Horn* § 56 f Rn. 8). Infolge dieses Verfahrensausgangs und entsprechender Hinweise der Bundesregierung sowie der Landesjustizverwaltungen an die Staatsanwaltschaften und Gerichte hat sich in der Rechtsprechung ein Wandel ergeben. Während vormals einhellig ein Widerruf der Strafaussetzung zur Bewährung wegen einer neuen Straftat auch dann für zulässig erachtet wurde, wenn über diese Straftat noch nicht rechtskräftig entschieden wurde, ist diese Auffassung in folgenden Entscheidungen aufgegeben worden: *OLG Celle* StV 1990, 504; *OLG München* StV 1991, 174; *OLG Schleswig* StV 1991, 173; *OLG Koblenz* StV 1991, 172; *OLG Bamberg* StV 1991, 174; nicht eindeutig ist die Entscheidung des *OLG Zweibrücken* JR 1991, 447:

Einerseits hat hiernach das Gericht, das über den Widerruf zu entscheiden hat, selbständig festzustellen, ob eine neue Straftat von dem Verurteilten begangen wurde; andererseits wird bezweifelt, ob insoweit ein rechtskräftiger Strafbefehl ausreichend ist. Die bisherige Rechtsprechung haben aufrechterhalten: *OLG Hamburg* StV 1992, 286; *OLG Hamm* StV 1992, 284; *OLG Düsseldorf* MDR 1991, 982; *OLG Düsseldorf* StV 1992, 283; *OLG Köln* NJW 1991, 505; *OLG Stuttgart* MDR 1991, 982; *LG Osnabrück* NStZ 1991, 533 mit zust. Anm. von *Brunner*; *LG Kiel* SchlHA 1992, 10. Das *BVerfG* hat seine die bisherige Rechtsprechung stützende Ansicht (Kammerbeschlüsse, NStZ 1987, 118, sowie NStZ 1988, 21) in einem weiteren Kammerbeschluß trotz des eingangs erwähnten Verfahrensausgangs vor der Europäischen Kommission für Menschenrechte aufrechterhalten und eine entsprechende Verfassungsbeschwerde nicht zur Entscheidung angenommen (NStZ 1991, 30; s. auch *BVerfG* NJW 1994, 377 sowie StV 1996, 163). In einem weiteren Verfahren vor der *Europäischen Kommission für Menschenrechte* (Nr. 15871/89) wurde erneut die Rechtsfrage aufgeworfen, ob der Widerruf einer Strafaussetzung wegen einer weiteren Straftat vor rechtskräftiger Verurteilung gegen Art. 6 Abs. 2 EMRK verstößt. Die Kommission hat mit der Entscheidung vom 9.10.1991 die Beschwerde gegen einen Widerruf als offensichtlich unbegründet abgewiesen. Im Hinblick auf die letztgenannte Entscheidung des zuständigen Gerichts für die Einhaltung der Europäischen Menschenrechtskonvention ist eine erneute Änderung in der Rechtsprechung zu erwarten (s. *LG Hamburg* MDR 1994, 1140; s. aber auch *OLG Düsseldorf* JMBl. NW, 1996, 8, wonach selbst ein rechtskräftiges Urteil bei »offenbarer Unzulänglichkeit« nicht für den Widerruf ausreicht).

Art. 6 Abs. 2 EMRK garantiert die »bis zum gesetzlichen Nachweis seiner Schuld« bestehende Vermutung, »daß der wegen einer strafbaren Handlung Angeklagte unschuldig ist«. Über den Weg des Art. 20 Abs. 3 GG kommt dieser Unschuldsvermutung Verfassungsrang zu. Hieraus folgt, daß niemand als schuldig – zumindest – von der Strafjustiz bezeichnet oder behandelt werden darf, bis im vorgesehenen rechtsstaatlichen Verfahren über Schuld oder Unschuld entschieden worden ist (s. hierzu *Meyer* in: Festschrift für Tröndle, 1989, S. 61 ff). Der gesetzliche Weg der Schuldfeststellung kann innerstaatlich unterschiedlich festgelegt werden; für den Bereich der Bundesrepublik Deutschland ist dies mit der Anklageerhebung, – im Regelfall – der Hauptverhandlung sowie dem Urteil über die Anklage vorgeschrieben. Nicht nur für dieses Verfahren, sondern auch für andere strafjustitielle Verfahren, in denen ausdrücklich oder konkludent über einen Strafvorwurf entschieden wird, gilt die Unschuldsvermutung des Art. 6 Abs. 2 EMRK (so ausdrücklich die Entscheidung der *Europäischen Kommission für Menschenrechte* vom 9.10.1991; a. M. *OLG Hamm* StV 1992, 284). Dagegen überzeugt nicht, daß mit dem Widerruf der Strafaussetzung nur eine zunächst eingeräumte Vergünstigung wegfalle (so aber *OLG Stuttgart* MDR 1991, 982; *Tröndle/Fischer* § 56 f Rn. 3 b). Das Urteil lautet auf Strafaussetzung zur Bewährung; diese Bewährung in Freiheit – im Regelfall begleitet mit Weisungen und Auflagen sowie mit der Zuweisung eines Bewährungshelfers, letzte im Jugendstrafrecht verpflichtend – macht den Charakter dieser Sanktion aus. Ebenso bringt der Reststrafenbeschluß nicht nur eine Wohltat für den Gefangenen; wenn eine freiheitsentziehende Sanktionierung im Sinne des § 88 Abs. 1 nicht mehr notwendig ist, würde – auch im Hinblick auf das Erreichen des Vollzugsziels – eine weitere Freiheitsentziehung gesetzeswidrig (s. § 88 Rn. 8). Ebensowenig wird mit der ursprünglichen Sanktion der Freiheitsstrafe ein eventueller Widerruf von vornherein mit abgedeckt. Hierfür sind eigenständige Voraussetzungen vom Gesetzgeber geschaffen. Der Widerruf ist eine strafbelastende Entscheidung. Ein Abweichen von dieser Regel, daß vor einer nachteiligen Berücksichtigung einer Straftat durch die Strafjustiz über diese auf dem strafprozessual hierfür vorgesehenen Weg entschieden werden muß, erscheint entsprechend der Entscheidung der *Europäischen Kommission für Menschenrechte* nur dann zulässig, wenn von der Strafjustiz keine Schuldfeststellung ausgesprochen wird, sondern lediglich die selbst eingeräumte Schuld für eine nachteilige Entscheidung zugrunde gelegt wird, auch wenn das Gericht selbst von der Schuld des Betroffenen überzeugt sein muß. Dies ist der Fall des **glaubhaften Schuldeingeständnisses**. Wenn der/die Verurteilte ein solches Schuldeingeständnis ablegt und über die weiteren Folgen dieses Schuldeingeständnisses informiert ist, kann in diesem Verhalten **ein Verzicht auf die Wirkungen des Art. 6 Abs. 2 EMRK** gesehen werden (insoweit wird die bislang vertretene Ansicht modifiziert; s. im einzelnen *Ostendorf* StV 1992, 288). Zwar ist ein allgemeiner und genereller Verzicht auf Grundrechte rechtlich nicht möglich. Auch wenn die Unschuldsvermutung nicht nur im Rechtsstaatsprinzip, sondern auch im allgemeinen Persönlichkeitsrecht ihre Wurzeln hat, steht aber der strafprozessuale Charakter im Vordergrund; es ist dies ein »Prozeßgrundrecht«, auf dessen Einhaltung der Bürger bei Gewährleistung von »**Wahrheitsgarantien**« autonom verzichten kann (s. auch *BGHSt* 38, 214, wonach auf die Einhaltung des Prozeßgrundrechts des § 136 StPO unter bestimmten Voraussetzungen verzichtet werden kann). Dem Angeklagten steht es ebenso frei, durch Beweisanträge den Verfahrensgang zu beeinflussen oder dies – aus welchen Gründen auch immer – zu unterlassen; es steht ihm frei, Rechtsmittel gegen eine Verurteilung einzulegen oder hierauf zu verzichten.

Um sicherzustellen, daß der Verurteilte die Bedeutung und die weiteren Folgen eines Schuldeingeständnisses erkennt und um falsche Geständnisse zu verhindern, sind zusätzliche »Wahrheitsgarantien« zu verlangen (so auch *OLG Schleswig* JR 1993, 39 m. abl. Anm. von *Stree*; s. auch *OLG Karlsruhe* MDR 1993, 780):

1. glaubhaftes Schuldeingeständnis
2. im Beisein eines Verteidigers
3. vor einem Richter
4. kein begründeter Widerruf.

Dem entspricht die Entscheidung der *Europäischen Kommission für Menschenrechte* vom 9.10.1991:
»Im Hinblick auf die Frage, ob die Schlußfolgerungen in den angegriffenen gerichtlichen Entscheidungen substantiell auf eine Festlegung der Schuld des Beschwerdeführers hinauslaufen, welche gegen Artikel 6 Absatz 2 der Konvention verstößt, mißt die Kommission der Tatsache besondere Bedeutung zu, daß der Beschwerdeführer bei der polizeilichen Vernehmung und – was nach Auffassung der Kommission entscheidend ist – bei der Vernehmung durch den Ermittlungsrichter im Beisein seines Verteidigers ein umfassendes Schuldeingeständnis abgelegt hat.«
»Die Entscheidungen der deutschen Gerichte beruhten jedoch auf dem Schuldeingeständnis des Beschwerdeführers bei der polizeilichen Vernehmung und der Vernehmung durch den zuständigen Richter im Beisein seines Verteidigers. Zu dem Zeitpunkt, zu dem der Beschluß des Landgerichts Arnsberg und des Oberlandesgerichts Hamm erging, hatte der Beschwerdeführer sein Geständnis nicht widerrufen.«
Die Assistenz eines Verteidigers ist auch deswegen geboten, weil für dieses Widerrufsverfahren – auch im Hinblick auf die Fernwirkungen für das neue Verfahren – ein Pflichtverteidiger gem. § 140 Abs. 2 StPO zu bestellen ist (s. *OLG Hamburg* StV 1989, 520; s. auch *Molketin* Jura 1992, 121 m. w. N. in Fn. 26). Die Widerrufsgründe dürfen in diesem Verfahren nicht im einzelnen überprüft werden (a. M. *OLG Düsseldorf* StV 1992, 283). Eine Durchbrechung der Unschuldsvermutung ist nur dann erlaubt, wenn ein Schuldeingeständnis vorliegt und damit für diesen Verfahrensgang auf einen gesetzlichen Schuldnachweis verzichtet wird. Wird der Verzicht begründet und das Geständnis nicht nur formal widerrufen, so muß die Entscheidung in der Sache abgewartet werden, und zwar die rechtskräftige Entscheidung über die Straftatvoraussetzungen (Teilrechtskraft). Lediglich mit einem Haftbefehl zur Durchsetzung des neuen Verfahrens (§ 112 StPO), zur Verhinderung einer Straftatwiederholung (§ 112 a StPO, § 453 c Abs. 1, 2. Alt. StPO) oder zur Durchsetzung des »alten« Verfahrens (§ 453 c Abs. 1, 1. Alt. StPO) kann über diese Voraussetzungen hinweggegangen werden; insoweit reicht dann der dringende Tatverdacht bzw. bei § 453 c StPO der hinreichende Tatverdacht. So hat auch die *Europäische Kommission für Menschenrechte* ausdrücklich darauf abgestellt, daß in dem dort zu entscheidenden Fall der Beschwerdeführer zum Zeitpunkt der Widerrufsentscheidung noch nicht widerrufen hatte.

b) Verstöße gegen Weisungen oder die Bewährungsaufsicht (§ 26 Abs. 1 Nr. 2.)

8 Als zweites kommen für einen Widerruf Verstöße gegen Weisungen oder die Bewährungsaufsicht in Betracht; die Nichterfüllung von Zusagen oder Anerbieten (§ 23 Abs. 2) ist nicht unmittelbar sanktionsfähig (s. auch § 23 Rn. 12). Die Rechtmäßigkeit der Weisung, insbesondere ihre Bestimmtheit, ist nochmals selbständig zu prüfen (s. *Stree* in: *Schönke/Schröder* § 56 f StGB Rn. 6). »Gröblich« ist ein Verstoß, wenn es sich um eine objektiv schwerwiegende Zuwiderhandlung handelt und sich der Proband subjektiv dieses Verstoßes nicht nur bewußt ist (so *Tröndle/Fischer* § 56 f StGB Rn. 4), sondern auch von seiner Motivation her gewollt die Weisung nicht beachtet (s. auch *Brunner/Dölling* § 26 Rn. 4; wohl auch *Eisenberg* §§ 26, 26 a Rn. 8). Ein gröblicher Verstoß scheidet aus, wenn die Einweisung sowie Belehrung gem. § 60 Abs. 1 S. 2 nicht oder unzureichend erfolgt sind. Beharrlich ist ein Verstoß, wenn nach einer Nichtbefolgung trotz Abmahnung durch den Bewährungshelfer oder durch das Gericht die Weisung weiter nicht beachtet wird (weitergehend *Eisenberg* §§ 26, 26 a Rn. 8, und *Brunner* § 26 Rn. 4; s. auch *Lackner/Kühl* § 56 f StGB Rn. 6). Der Proband entzieht sich der Aufsicht und Leitung des Bewährungshelfers beharrlich, wenn er sich für den Bewährungshelfer unerreichbar macht, z. B. durch wiederholten Umzug ohne Benachrichtigung (s. auch § 60 Abs. 1 S. 3), was ein Bemühen des Bewährungshelfers um Kontakt voraussetzt; es genügt nicht, wenn der Proband »bloß« Termine nicht einhält (s. *Stree* in: *Schönke/Schröder* § 56 f StGB Rn. 6). Ebenso genügt es nicht, wenn der Proband nicht der Verpflichtung gem. § 60 Abs. 1 S. 3 nachkommt, jeden Wechsel des Arbeitsplatzes anzuzeigen, sofern insoweit keine selbständige Weisung ergangen ist (s. auch *Dallinger/Lackner* § 60 Rn. 10). Zusätzlich muß eine hierdurch veranlaßte, nicht allein bedingte schlechte Legalprognose abgegeben werden, d. h., es müssen jetzt – im Unterschied zum Bewährungsbeschluß – Anzeichen dafür bestehen, daß erhebliche Straftaten begangen werden. Insoweit müssen **objektive Verdachtsmomente** vorliegen (s. *Eisenberg* §§ 26, 26 a Rn. 8; *Brunner/Dölling* § 26 Rn. 4 jeweils m. w. N.). Wenn schon die Tatwiederholung nicht in jedem Fall ein Indiz für eine schlechte Prognose ist, so sind hier die Anforderungen besonders hoch gesteckt (s. *Frank* MDR 1982, 355). Insoweit ist auch immer an die Alternative einer Arrestanordnung zu denken (s. Rn. 13).

c) Verstöße gegen Auflagen (§ 26 Abs. 1 Nr. 3)

9 Nach dem Wortlaut reichen gröbliche oder beharrliche Verstöße gegen Auflagen für einen Widerruf aus. Da aber für den bloßen Ungehorsam der Arrest zur Verfügung steht und mit den Auflagen kein Selbstzweck (s. *Kratzsch* JR 1972, 373), sondern die Verhinderung einer Tatwiederholung verfolgt wird, ist auch insoweit eine negative Prognose erforderlich

(a. M. *Walter* in: Handwörterbuch der Kriminologie, hrsg. v. *Sieverts/ Schneider*, 2. Aufl., Bd. 5, S. 164), wobei allerdings die Anzeichen für eine Straffälligkeit nicht so konkretisiert sein müssen wie bei § 26 Abs. 1 Nr. 2; der Gesetzgeber geht in diesen Fällen offensichtlich von der Vermutung für eine Rückfallgefahr aus, die aber widerlegbar ist (krit. insoweit *Eisenberg* §§ 26, 26 a Rn. 9).

3. Vorläufige Maßnahmen gem. § 453 c StPO

Vorläufige Maßnahmen bis hin zur Sicherungshaft sind gem. § 453 c Abs. 2 StPO erlaubt (s. § 58 Abs. 2). Diese Maßnahmen dürfen aber nicht als Alternative zum Widerruf eingesetzt werden, indem die kurzfristige U- oder Sicherungshaft bewußt als Denkzettel »verabreicht« wird (s. auch *Burmann* Die Sicherungshaft gem. § 453 c StPO, 1984, S. 57 ff.; *Eisenberg* §§ 26, 26 a Rn. 14). 10

4. Alternativen

a) Weitere Weisungen oder Auflagen

Als erste Alternative zu einem Widerruf der Strafaussetzung zur Bewährungen kommen weitere Weisungen oder Auflagen in Betracht (§ 26 Abs. 2 Nr. 1). Hierbei ist zu beachten, daß diese Maßnahmen nicht als repressive Sanktion angeordnet werden, sondern um einen erfolgreichen Verlauf der Bewährungszeit zu erreichen. Insoweit ist auch die allgemeine Möglichkeit, Weisungen und Auflagen zu ändern oder aufzuheben (§ 23 Abs. 1 S. 2), zu bedenken. So kann auch der Austausch eines Bewährungshelfers hilfreich sein (s. aber §§ 24, 25 Rn. 13). 11

b) Verlängerung der Bewährungs- oder Unterstellzeit

Anstelle des Widerrufs kommt gem. § 26 Abs. 2 Nr. 2 auch eine Verlängerung der Bewährungs- oder Unterstellzeit, d. h. eine Unterstellung durch einen Bewährungshelfer auf bis zu 4 Jahre, in Betracht. Die Änderung dieser Vorschrift durch das 20. StrÄndG vom 8. 12. 1981 (BGBl I, 1329), in der vormals ausdrücklich auf § 22 Abs. 2 Bezug genommen wurde, hätte zwar eindeutiger ausfallen können, der gesetzgeberische Wille ist jedoch ersichtlich (wie hier *Eisenberg* §§ 26, 26 a Rn. 11; *OLG Stuttgart* MDR 1981, 69; *OLG Koblenz* NJW 1981, 1971; *OLG Stuttgart* StV 1998, 666). Für diese Auslegung spricht auch, daß die Ersatzfunktion ansonsten für die Fälle ausgeschlossen wäre, in denen nach Ablauf der Bewährungszeit entschieden wird. Mit der Verlängerung nach Ablauf der Bewährungszeit wird somit die Bewährungszeit unmittelbar fortgesetzt (s. *KG* StV 1986, 165; *OLG Schleswig* NStZ 1986, 363; *OLG Hamm* StV 1998, 215; *OLG Stuttgart* StV 1998, 666; *OLG Celle* Nds Rpfl. 1991, 94, jeweils zum Er- 12 wachsenenstrafrecht; krit. hierzu *Frank* MDR 1982, 360; a. M. *Horn* NStZ 1986, 356 m. w. N.); gegen eine »ex-nunc-Verlängerung«, d. h. erst ab Verlängerungsbeschluß, spricht einmal der Wortlaut, zum anderen würde damit faktisch die **Belastungszeit für die Probanden** über das gesetzlich erlaubte Maß verlängert, da die Zeit der Ungewißheit nach Ablauf der Bewährungszeit häufig eine größere Belastung als die Bewährung selbst darstellt. Dies wird von der a. M. nicht hinreichend gewürdigt. Jedoch dürfen zwischenzeitliche Verstöße mit Rücksicht darauf, daß zu dieser Zeit keine Bewährungsverpflichtungen mehr bestanden, nicht berücksichtigt werden (ebenso *Lackner/Kühl* § 56 f StGB Rn. 3; s. auch *OLG Hamburg* JR 1979, 115; *KG* StV 1986, 165; *OLG Schleswig* NStZ 1986, 363). Für diese Auslegung spricht auch, daß mit dem 1. JGGÄndG lediglich Verstöße in der Zeit zwischen der Verurteilung und der Rechtskraft Verstößen in der Bewährungszeit gleichgesetzt werden. Für eine entsprechende Anwendung für die Zeit einer Verlängerung der Bewährungs- oder Unterstellzeit zum Nachteil des/der Verurteilten besteht somit kein Anlaß.

c) **Erneute Unterstellung unter einem Bewährungshelfer**

13 Mit Rücksicht auf die Neuregelung in § 24, d. h. auf die Differenzierung zwischen einer Bewährungs- und einer Unterstellzeit durch das 1. JGGÄndG, hat der Gesetzgeber diese weitere Alternative zum Widerruf der Strafaussetzung zur Bewährung geschaffen.

d) **Anordnung eines »Ungehorsamsarrestes«**

14 Schließlich ist auch bei einem Verstoß gegen Weisungen oder Auflagen die Möglichkeit in Betracht zu ziehen, einen »Ungehorsamsarrest« zu verhängen (s. § 23 Rn. 12). Wenn die heutige Arrestvollstreckung auch vielfach dem Resozialisierungsziel nicht dient, so ist diese Sanktionierung ein geringeres Übel als die Strafverbüßung, deren resozialisierender Wert noch zweifelhafter ist (s. auch *Kratzsch* JR 1972, 374; *Molketin* Zbl 1981, 265; *Pfeiffer* BewH 1984, 71; *Brunner/Dölling* § 26 Rn. 8). Einwände hinsichtlich der Systemkonformität (s. *Eisenberg* §§ 26, 26 a Rn. 13; *Nothakker* Jugendstrafrecht, 2. Aufl., S. 100) müssen demgegenüber zurückgewiesen werden. Eine individuell abschreckende Funktion kann gerade dem heutigen Arrestvollzug zugesprochen werden. Aber bereits die Anhörung beim Richter mit einer nachdrücklichen Ermahnung kann die Zwangsmaßnahme sowie den Widerruf überflüssig machen.

III. **Straferlaß**

15 Wird die Strafaussetzung nicht widerrufen, so ist die Jugendstrafe nach Ablauf der Bewährungszeit zu erlassen (§ 26 a S. 1). Auch dieser Beschluß

(§ 58 Abs. 1 S. 1) hat unmittelbar nach Beendigung der Bewährungszeit zu erfolgen. Deshalb sind schon vorher Ermittlungen hierfür anzustellen (s. *Eisenberg* §§ 26, 26 a Rn. 27). Wegen seines begünstigenden Charakters darf er im Unterschied zum Widerruf auch nach Ablauf der 30 Tage (s. Rn. 3) ergehen. Gleichzeitig wird der »Strafmakel« für beseitigt erklärt (s. § 100). Der Erlaß wird mit der Verkündung oder Zustellung rechtskräftig (s. § 59 Abs. 4); er ist nicht widerrufbar (*BGH* StV 1992, 432).

IV. Leistungen zur Erfüllung von Weisungen, Auflagen, Zusagen oder Anerbieten

Leistungen, die der/die Verurteilte zur Erfüllung von Weisungen, Auflagen, Zusagen oder Anerbieten (§ 23) erbracht hat, werden sowohl für den Fall des Widerrufs (§ 26 Abs. 3 S. 1) als auch für den Fall des Straferlasses (§ 26 a S. 2 i. V. m. § 26 Abs. 3 S. 1) nicht erstattet. Diese Regelung dient nicht nur der Ausschaltung etwaiger Zweifelsfragen nach bürgerlichem Recht (so *Eisenberg* §§ 26, 26 a Rn. 23), sondern sie macht primär den selbständigen Sanktionscharakter der Bewährung deutlich (s. Grdl. z. §§ 21-26 a Rn. 4). Gem. § 26 Abs. 3 S. 2 kann der Richter jedoch Leistungen, die der/die Verurteilte zur Erfüllung von Auflagen oder entsprechenden Anerbieten erbracht hat, auf die Jugendstrafe anrechnen. Zunächst erscheint die Ausgrenzung der Weisungen nicht einsichtig (s. § 5 Rn. 21; s. aber *Brunner/Dölling* § 26 Rn. 11; *Eisenberg* §§ 26, 26 a Rn. 25). Darüber hinaus ist die Ermessensentscheidung **in eine Verpflichtung umzudeuten**. Wenn mit den Auflagen nicht bloß bestehende Verpflichtungen strafrechtlich verstärkt werden, wenn beispielsweise eine Schadenswiedergutmachung in Höhe des zivilrechtlichen Anspruchs angeordnet wird (s. auch *OLG München* MDR 1980, 510), sondern selbständige Nachteile verhängt werden, insbesondere in Form von Geldbußen, folgt aus Art. 103 Abs. 3 GG die Verpflichtung zur Anrechnung (s. auch *Walter* in: Handwörterbuch der Kriminologie, hrsg. von *Sieverts/Schneider*, 2. Aufl., S. 160; *LG Freiburg* StV 1983, 292; s. auch Grdl. z. §§ 21-26 a Rn. 4). Dies muß auch für Weisungen gelten, bei denen nicht die Hilfefunktion, sondern der Pressionscharakter überwiegt, wobei im Unterschied zur Geldbuße, für die sich eine An- und Umrechnung gem. § 51 StGB anbietet, der Maßstab offen ist. Vom Wortlaut her ist auch die Anrechnung des sog. Ungehorsamsarrestes ausgeschlossen, da seine Anrechenbarkeit im § 26 Abs. 3 nicht erwähnt wird (ebenso *Brunner/Dölling* § 26 Rn. 12; *Eisenberg* §§ 26, 26 a Rn. 25). Da mit diesem Arrest aber die Weisungen und Auflagen ersetzt werden (s. § 23 Rn. 12), hat auch insoweit eine Anrechnung zu erfolgen.

V. Verfahren und Rechtsmittel

17 Zum Verfahren s. § 58, zu Rechtsmitteln s. § 59. Sowohl der Widerruf als auch der Erlaß werden in das Zentralregister eingetragen (s. § 13 Abs. 1 Nr. 4, 6 BZRG).

Sechster Abschnitt. Aussetzung der Verhängung der Jugendstrafe

Grundlagen zu den §§ 27-30

1. Systematische Einordnung

Eine weitere, im Erwachsenenstrafrecht unbekannte Sanktionsmöglichkeit ist in den §§ 27 bis 30 geschaffen. Über die Schuldfeststellung hinaus wird die Jugendstrafe für den Fall in Aussicht gestellt, daß der/die Verurteilte sich nicht bewährt. Es ist somit keine bedingte Verurteilung, weder aufschiebend noch auflösend (a. M. *BayObLG* GA 1971, 182; *Potrykus* JR 1961, 408; *Pichler-Drechsler* UJ 1955, 551; *Schaffstein/Beulke* § 26 I. 2.), auch keine Form des »Schuldinterlokut«, sondern eine **eigenständige** – möglicherweise vorläufige – Sanktion, die zwischen den Zuchtmitteln und der Verhängung einer Jugendstrafe zur Bewährung einzuordnen ist: »**Bewährung vor der Jugendstrafe**« (s. *Hellmer* Erziehung und Strafe, S. 281; *Balzer* Der strafrechtliche Begriff der »schädlichen Neigungen«, 1964, S. 102 ff.; *Schneider* Prüfe dein Wissen, Jugendstrafrecht, Wirtschaftsstrafrecht, Strafvollzug, 3. Aufl., S. 100; ausführlich *Ostendorf* NJW 1981, 378 ff.; für eine alleinige prozessuale Maßnahme: *Potrykus* JR 1961, 407; *Lorbeer* S. 77 ff.; ebenso *OLG Karlsruhe* Justiz 1960, 234). Sanktionsgewicht kommt der Aussetzung der Verhängung der Jugendstrafe auch deshalb zu, weil die Verurteilung in das Zentralregister und nicht bloß in das Erziehungsregister einzutragen ist (§ 4 Nr. 4 BZRG). Insofern hat sie schon einen Strafmakel (a. M. *Eisenberg* § 27 Rn. 6; *Brunner/Dölling* § 27 Rn. 1), obwohl sie nicht in das Führungszeugnis aufgenommen wird (§ 32 Abs. 2 Nr. 2 BZRG; s. auch die Mitteilungspflicht für Strafen und Schuldfeststellungen gem. § 27 an die Polizei, MiStra Nr. 11 Abs. 1 f).

2. Historische Entwicklung

Die Sanktion der Aussetzung der Verhängung der Jugendstrafe ist neueren Datums. Sie wurde erst mit der Neufassung des JGG im Jahre 1953 eingeführt. Sie sollte als **neues Institut** erprobt werden (s. die amtliche Begründung zu § 13 m des Entwurfs, BT-Drucks. 1/3264, S. 43; BT-

Drucks. 1/4437, S. 6, 7). Vorbild war die angelsächsische »Probation« (s. hierzu *Lorbeer* S. 24 ff.), wobei in Anwendung des § 32 JGG 1923 vereinzelt auch in Deutschland die »Bewährung vor dem Urteil« bereits praktiziert worden war (s. *Clostermann* DJ 1938, 827 ff.). Mit dem 1. JGGÄndG ist die seit langem und vielfach erhobene Forderung (s. Vorauflagen Grdl. zu §§ 27-30 Rn. 6) erfüllt worden, die Sanktionshärte gem. § 30 Abs. 1 S. 2 a. F. aufzuheben; hiernach war im Nachverfahren eine Strafaussetzung zur Bewährung gem. § 21 unzulässig. Gleichzeitig ist es nunmehr in Entsprechung des § 24 Abs. 1 S. 1 n. F. erlaubt, die Betreuung durch einen Bewährungshelfer auf eine kürzere Dauer als die Bewährungszeit festzusetzen (s. § 29 S. 1).

3. Gesetzesziel

3 Bevor die schärfste Sanktion des JGG, die Jugendstrafe, angewendet wird, soll mit der Aussetzung der Verhängung der Jugendstrafe dem/der Verurteilten eine letzte Chance eingeräumt werden. Diese Sanktion bedeutet eine letzte Warnung, wobei die Drohwirkung aufgrund ihrer Ungewißheit verstärkt wird. Ob dieser »Schwebezustand« unter Maximaldrohung in jedem Fall erzieherisch gutzuheißen ist (so *Brunner/Dölling* § 27 Rn. 1; *Eisenberg* § 27 Rn. 6), erscheint fraglich (ebenso *Schaffstein/Beulke* § 26 I. 3.). Entscheidend für den Erfolg ist die Bewährungsanordnung mit den Bewährungsauflagen. Der Verurteilung mit der Aussetzung der Verhängung der Jugendstrafe kommt somit über die **Mißbilligung** der verurteilten Tat eine **Warnungs- und Hilfefunktion** zu, ohne den Stigmatisierungseffekt einer Jugendstrafe zu übernehmen. Damit wird zugleich gesetzgeberisch das Problem offengelegt, das mit der Feststellung »schädlicher Neigungen« als Voraussetzung der Jugendstrafe begründet wird. Während ansonsten vom Strafrichter eine endgültige Entscheidung über die Sanktion verlangt wird, wird hier eine Überlegungsfrist eingeräumt. Diese Unsicherheit in der Rückfallprognose geht hier zuungunsten des Verurteilten aus, da an sich nach dem Grundsatz »in dubio pro reo« die Verhängung einer Jugendstrafe ausgeschlossen wäre.

4. Justizpraxis

4 Es ist umstritten, ob § 27 Ausnahmecharakter hat (so *OLG Frankfurt* NJW 1955, 603; *Potrykus* § 27 Anm. 2; *Schaffstein/Beulke* § 26 I. 3.; verneinend *Dallinger/Lackner* § 27 Rn. 12; *Brunner/Dölling* § 27 Rn. 9; *Hellmer* S. 286; *Kreischer* S. 140; *Riedel* § 27 Rn. 1; *Eisenberg* § 27 Rn. 7). Die bejahende Ansicht kann sich auf die Gesetzesmaterialien stützen (s. o. Rn. 2). Allerdings sollte dieses Institut nur vorerst beschränkt bleiben, bei positiven Erfahrungen sollte sein Anwendungsbereich ausgedehnt werden (s. *Lackner* JZ 1953, 529). Fraglich ist somit bereits, ob der Vorläufigkeits-

charakter nicht bereits durch den Zeitablauf verlorengegangen ist. Dafür spricht vor allem die Erfolgsquote. Im Jahre 1996 wurden 1 572 Unterstellungen unter Bewährungshilfe gem. § 27 beendet; in 96 Fällen wurden eine Jugendstrafe ausgesprochen. Die Erfolgsquote von 93,8 % ist ungleich höher als bei den Probanden einer Jugendstrafe: Nach § 21 beträgt sie 74 % (s. Statistisches Bundesamt, Fachserie 10, Reihe 5, Bewährungshilfe).

Beendete Bewährungsaufsichten aufgrund § 27 nach Beendigungsgründen 1992 - 1996

Jahr	Insgesamt*	Tilgung (§ 30 II)		Ablauf der Unterstellungszeit (§ 24 I i.V.m. § 29)		Aufhebung der Unterstellung (§ 24 II i.V.m. § 29)		Einbeziehung in ein neues Urteil (§ 31 II)		Verhängung der Jugendstrafe (§ 30 I)	
		n	%	n	%	n	%	n	%	n	%
1992	1 008	766	76,0	4	0,4	3	0,3	91	9,0	144	14,3
1993	1 273	756	59,4	28	2,2	16	1,3	378	29,7	95	7,5
1994	1 458	802	55,0	64	4,4	22	1,5	485	33,3	85	5,8
1995	1 446	822	56,8	93	6,4	18	1,2	434	30,0	79	5,5
1996	1 572	863	54,9	106	6,7	25	1,6	482	30,7	96	6,1

* ohne Aufsichten, die im Wege der Gnade oder »aus anderen Gründen beendet« wurden
(Quelle: unveröffentlichte Tabelle RB 42.H des Statistischen Bundesamts; Gebiet: alte Länder einschl. Berlin-Ost, ohne Hamburg)

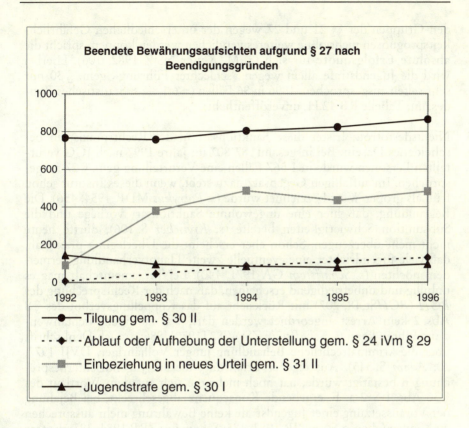

Aktenanalysen früherer Jahre haben mit Rücksicht auf die vormals häufigere Sanktionsanwendung und damit eine gefährdetere Klientel höhere Mißerfolgsquoten ergeben (*Gütt* S. 3: 26,5 %; *Meyer/Wentrupp* S. 221: 34,8 %; *Kreischer* S. 61 a: 21,5 %; *Lange* S. 148: 39,1 %; *Lorbeer* S. 179: 25,9 %; *Meyer* Zbl 1981, 373 (Untersuchung für die Jahre 1972/73): 35 %; als mittlere Widerrufsquote wurde für die Jahre 1963-1974 ein Wert von 24,9 % errechnet, s. *Kerner* BewH 1977, 293). Demgegenüber wurde in einer Sekundäranalyse der Bewährungshilfestatistik Niedersachsen für das Jahr 1977 eine Widerrufsquote von nur 14 % errechnet (*Berckhauer/Hasenpusch* MschrKrim 1984, 179).

Auch über die Legalbewährung nach Abschluß der Bewährungszeit liegen positive Berichte vor, wobei diesen eine unterschiedliche Definition des »Rückfalls« zugrundeliegt (*Kreischer* S. 61 a; *Lange* S. 151, dessen Ergebnis mit Rücksicht auf die geringe Probandenzahl (23) zu relativieren ist; aus diesem Grunde ist auch die Untersuchung von *Meyer* Zbl 1981, 373 – nur 16 Probanden – nicht repräsentativ). Auch wenn die Probanden-Gruppen der §§ 21 und 27 wegen der unterschiedlichen Gefährlichkeitsprognosen nicht ohne weiteres verglichen werden können, spricht die **absolute Erfolgsquote** für sich (a. M. *Kaiser* NStZ 1982, 106). Hierbei wird die Jugendstrafe allein wegen »schlechter Führung« gem. § 30 nur sehr selten ausgesprochen: 1996 in 96 Fällen (= 6,1 %; s. Statistisches Bundesamt, Tabelle RB 42.H, unveröffentlicht).

5 Nichtsdestotrotz fristet diese Sanktionsart in der Rechtspraxis ein **bescheidenes Dasein**. Bei insgesamt 87 807 im Jahre 1997 nach JGG verurteilten Personen wurde in 1 567 Fällen eine Verurteilung gem. § 27 ausgesprochen. Im auffälligen Gegensatz dazu steht, wenn dieses Institut schon früh als großer Wurf bezeichnet wurde (s. *Potrykus* MDR 1954, 456). Die Begründung, daß hier eine ungewohnte Sanktionsart vorliege und die Subsumtion Schwierigkeiten bereite (s. *Kreischer* S. 106), dürfte heute nicht mehr überzeugen. Schon eher erscheint die Überlegung praxisnah, daß viele Jugendrichter eine eventuelle zweite Hauptverhandlung vermeiden möchten (s. *Schaffstein* GA 1971, 140). Bei Tatgemeinschaft mag es unbillig und unbefriedigend erscheinen, daß nach der Rechtsprechung des *BGH* (*BGH*St 18, 207) mit Rücksicht auf das Koppelungsverbot des § 8 Abs. 2 kein Arrest angeordnet werden darf, was zu einer Nichtanwendung führen kann (s. *Schaffstein* ZStW 82 [1970], 886; s. auch Denkschrift über die kriminalrechtliche Behandlung junger Volljähriger, DVJJ 1977, 20; *Adam* S. 345). Aus eigener Erfahrung, die auf Jugendrichterbesprechungen bestätigt wurde, hat noch mehr die sich aus dem Wortlaut des § 30 Abs. 1 S. 2 a. F. ergebende Konsequenz abgeschreckt, bei Bejahung der Voraussetzung einer Jugendstrafe keine Bewährung mehr aussprechen zu können (ebenso *Streng* JR 1983, 485; *Schumann* ZRP 1984, 323; weitere Begründungen bei *Adam* S. 346, und *Eisenberg* § 27 Rn. 15; demgegenüber sieht *Kaiser* bei nachfolgenden Straftaten »eine größere Flexibilität im sozialpädagogischen Handeln«, NStZ 1982, 106).

5. Rechtspolitische Einschätzung

6 Die rechtspolitische Einschätzung schwankt zwischen der Charakterisierung als »seltsamer Fremdkörper von fragwürdiger Praktikabilität« (*Schmidhäuser* Strafrecht AT, S. 853; nachfolgend *Lorbeer* S. 82) und als »Vorbild für die allgemeine Rechtsentwicklung« (*Peters* Strafprozeß, S. 532). Vorbild für einen dritten Weg zwischen ambulanten und stationären Sanktionen (hierfür auch *Wenger* in: Zwischen Erziehung und Strafe, hrsg. v. *Busch/Müller-Dietz/Wetzstein,* 1995, S. 88) kann die Aussetzung der Verhängung der Jugendstrafe erst jetzt werden, nachdem sie von dem Hemmschuh des § 30 Abs. 1 S. 2 a. F. befreit worden ist. Unabhängig von gangbaren Auswegen konnte sich ansonsten diese Sanktion als eine »Falltür im Jugendstrafrecht« (*Ostendorf* NJW 1981, 378) auswirken. Es

bleibt die Forderung nach einer Änderung des Bundeszentralregisters. Die Verurteilung gem. § 27 gehört mit Rücksicht auf die Sanktionseinstufung (s. Rn. 1 u. 3) nicht ins Zentralregister. Auch sollte § 29 wiederum in der Weise geändert werden, daß für die gesamte Dauer der Bewährungszeit ein Bewährungshelfer bestellt wird (s. Grdl. zu den §§ 21-26 a Rn. 7). Zu der Forderung nach Abänderung des Begriffs »schädliche Neigungen« s. Grdl. zu den §§ 17-18 Rn. 6.

Ein »Einstiegsarrest« (Art. 1 Nr. 1 Referentenentwurf 1. JGG ÄndG) ist demgegenüber abzulehnen (s. bereits *Ostendorf* Zbl 1983, 576; s. auch § 27 Rn. 10; ebenso – de lege ferenda – in ausführlicher Abwägung *Eisenberg* Bestrebungen zur Änderung des Jugendgerichtsgesetzes, 1984, 9 ff. und *Schumann* ZRP 1984, 319 ff.; demgegenüber wird der »Einstiegsarrest« in einem vorsichtigen, experimentierenden Vorgehen von der *DVJJ* gerade für die Fälle des § 27 vorgeschlagen, Stellungnahme zum Arbeitsentwurf eines Gesetzes zur Änderung des Jugendgerichtsgesetzes, 1982, 15). Dieser Rückschritt wird auch nicht dadurch gemildert, daß der Arrest im Falle der Anordnung der Jugendstrafe auf diese anzurechnen ist. Der Fortschritt muß dahin gehen, unter Einschränkung der stationären Behandlung die ambulanten Maßnahmen um die selbständige kriminalpädagogische Sanktion der Bewährungshilfe, d. h. unabhängig von den Voraussetzungen einer Freiheitsentziehungsmaßnahme, zu bereichern (s. bereits *Ostendorf* NJW 1981, 383 m. w. N.; für eine Überprüfung ihrer Notwendigkeit im Hinblick auf die Sanktionsalternative »Betreuungsweisung« *These 10 der SPD*, s. Recht und Politik 1981, 148; für eine Streichung dieser Sanktionsart *Lorbeer* S. 244 ff.). Das Problem der Bewährungsbeurteilung im Hinblick auf den Zeitpunkt der »Aussetzungstat« (die Denkschrift über die kriminalrechtliche Behandlung junger Volljähriger, DVJJ, 1977, 21 ff., hat mit Rücksicht hierauf eine abgewandelte Sanktion »Bewährung in Freiheit« vorgeschlagen; zur möglichen Akzeptanz durch die Jugendgerichte s. *Janssen* Heranwachsende im Jugendstrafverfahren, 1980, 256 ff.; s. auch die Stellungnahme der DVJJ zum Arbeitsentwurf eines Gesetzes zur Änderung des Jugendgerichtsgesetzes, 1982, S. 13) läßt sich in richtiger Gesetzesanwendung lösen (s. § 30 Rn. 2, 6). Auch ist die in Art. 1 Nr. 22 b des Referentenentwurfs vorgesehene entsprechende Anwendung des § 453 c StPO im Hinblick auf den Haftgrund der Flucht bzw. Fluchtgefahr (§ 112 Abs. 2 Nr. 1, Nr. 2 StPO) nicht nur unnötig (s. § 62 Rn. 1), sondern stellt sich auch als eine **Vorbeugehaft** dar (»Sind hinreichende Gründe für die Annahme vorhanden, daß nach § 30 Abs. 1 Jugendstrafe verhängt werden wird, so ist...«). Es liegt eben noch kein Strafurteil vor (wie hier *Eisenberg* Bestrebungen zur Änderung des Jugendgerichtsgesetzes, 1984, S. 36; s. auch Begründung zum StVÄG vom 5. 10. 1978, BT-Drucks. 8/976, S. 70; für einen Sicherungshaftbefehl die Denkschrift über die kriminalrechtliche Behandlung junger Volljähriger, DVJJ 1977, 32;

ebenso *Arbeitskreis VII auf dem 18. Dt. Jugendgerichtstag*, DVJJ 12 [1981], 352, These 3.5.3); anders ist es bei einer Bewährungsstrafe (s. § 58 Abs. 2), wobei auch hier noch keine Vollstreckungshaft, sondern nur eine Sicherungshaft als selbständige Reaktionsart vorliegt (s. hierzu *Burmann* Die Sicherungshaft gemäß § 453 c StPO, 1984, S. 16 ff.; zum Verbot einer analogen Anwendung vor Entscheidung über die Bewährung s. § 57 Rn. 13).

§ 27. Voraussetzungen

Kann nach Erschöpfung der Ermittlungsmöglichkeiten nicht mit Sicherheit beurteilt werden, ob in der Straftat eines Jugendlichen schädliche Neigungen von einem Umfang hervorgetreten sind, daß eine Jugendstrafe erforderlich ist, so kann der Richter die Schuld des Jugendlichen feststellen, die Entscheidung über die Verhängung der Jugendstrafe aber für eine von ihm zu bestimmende Bewährungszeit aussetzen.

Literatur

Adam Nicht »ausgereizte« Maßnahmen im Jugendgerichtsgesetz, in: Die jugendrichterlichen Entscheidungen – Anspruch und Wirklichkeit, DVJJ 12 [1981], 337; *Bockemühl* Anmerkung zu BayObLG, StraFo 1999, 52; *Grethlein* Jugendarrest, Jugendstrafe und Bewährung, NJW 1957, 1463; *Gütt* Die Bewährung bedingt verurteilter Jugendlicher und Heranwachsender, 1964; *Kreischer* Die Aussetzung der Verhängung der Jugendstrafe § 27 JGG in ihrer praktischen Bedeutung, 1970; *Lange* Rückfälligkeit nach Jugendstrafe. Eine Untersuchung anhand von Jugendlichen und Heranwachsenden. § 27 JGG, 1973; *Lorbeer* Probleme der Aussetzung der Verhängung der Jugendstrafe nach §§ 27 ff. JGG, 1980; *Meyer, D.* Das Aussetzungsverbot des § 30 Abs. 1 Satz 2 JGG bei Einbeziehung eines Schuldspruchs (§ 27 JGG) gem. § 31 JGG in eine neue verurteilende Entscheidung, MDR 1978, 983; *ders.* Anmerkung zu BayObLG, JR 1980, 261; *Meyer, K.-P.* Möglichkeiten des Absehens von Jugendstrafe und die Effizienz solcher Maßnahmen, Zbl 1981, 365; *Meyer/Wentrup* Die erneute Straffälligkeit nach Jugendstrafe, 1966; *Miesen* Anmerkung zu LG Duisburg, MDR 1972, 802, MDR 1973, 157; *Ostendorf* Bewährung ohne Freiheitsstrafe – eine Falltür im Jugendstrafrecht?, NJW 1981, 378; *Pichler/Drexler* Zur Aussetzung der Verhängung der Jugendstrafe, UJ 1955, 551; *Potrykus* Neueste Zweifelsfragen nach dem Jugendgerichtsgesetz, NJW 1955, 244; *ders.* Jugendarrest und Schuldspruch (§ 27 JGG), JR 1961, 407; *Schumann* Der »Einstiegsarrest« – Renaissance der kurzen Freiheitsstrafe im Jugendrecht?, ZRP 1984, 319; *Schüler-Springorum* Denkschrift über die Reform des Jugendgerichtsgesetzes im Rahmen der großen Strafrechtsreform, MschrKrim 1964, 1; *Streng* Das Aussetzungsverbot des § 30 Abs. I S. 2 JGG, JR 1983, 485; *Wenger* Steht die Aussetzung der Verhängung der Jugendstrafe nach § 27 JGG vor der »Re-Naissance«, in: Zwischen Erziehung und Strafe, hrsg. v. *Busch/Müller-Dietz/Wetzstein*, 1995, 64.

Inhaltsübersicht

	Rn.
I. Formelle Voraussetzungen	
1. Anwendungsbereich	1
2. Anwendungskompetenz	2
II. Materielle Voraussetzungen	
1. Hinweis auf »schädliche Neigungen«	3
2. Erforderlichkeit einer Jugendstrafe	4
3. Erschöpfung der Ermittlungsmöglichkeiten	5
4. »Ermessen«	6

	Rn.
III. Sanktionsfolgen	
1. Schuldspruch	7
2. Bewährung	8
3. Koppelung	9

I. Formelle Voraussetzungen

1. Anwendungsbereich

1 § 27 findet auf Jugendliche und Heranwachsende (§ 105 Abs. 1) Anwendung; dies gilt auch für eine Aburteilung durch das Erwachsenengericht (§ 104 Abs. 1 Nr. 1; § 112).

2. Anwendungskompetenz

2 Die Anwendungskompetenz steht bereits dem Jugendrichter zu (§ 39). Die Forderung nach einer – regelmäßigen – Abgabe an das Jugendschöffengericht (§ 39 Abs. 1 S. 3; § 209 Abs. 2 StPO), sofern sich nicht sicher voraussehen läßt, daß in einem eventuellen Nachverfahren eine Jugendstrafe von nicht mehr als einem Jahr zu verhängen ist (*Brunner/Dölling* § 27 Rn. 11; *Eisenberg* § 27 Rn. 4), erscheint allzu theoretisch. Wenn schon die Frage nach den Voraussetzungen als solche offen ist, kommt eine höhere Jugendstrafe erst recht nicht in Betracht. Bei einer Verurteilung durch ein Erwachsenengericht sind die Bewährungsentscheidungen (§§ 28, 29), nicht aber die Entscheidungen gem. § 30, auf den Jugendrichter zu übertragen, in dessen Bezirk sich der/die Verurteilte aufhält (§§ 104 Abs. 5 S. 2, 112 S. 1).

II. Materielle Voraussetzungen

1. Hinweis auf »schädliche Neigungen«

3 § 27 findet nur Anwendung, wenn eine Jugendstrafe wegen »schädlicher Neigungen« (s. § 17 Rn. 3) in Betracht kommt; eine Aussetzung zur Prüfung einer Jugendstrafe wegen »Schwere der Schuld« scheidet aus. Für »schädliche Neigungen« müssen einerseits konkrete Hinweise bestehen, denen aber andererseits Indikationen entgegenstehen, d. h., die **Gefährlichkeitsprognose muß ungewiß sein**. Nach dem Wortlaut müssen »schädliche Neigungen« an sich vorliegen, nur der für eine Jugendstrafe erforderliche Umfang darf zweifelhaft sein (a. M. *Dallinger/Lackner* § 27 Rn. 13; *Brunner/Dölling* § 27 Rn. 5; *Schaffstein/Beulke* § 26 I. 2.; wie hier *Eisenberg* § 27 Rn. 11). Mit Rücksicht auf die generelle Ungewißheit der Gefährlichkeitsprognose wird sich diese Differenzierung aber in der Praxis nicht auswirken (s. auch *OLG Düsseldorf* MDR 1990, 466).

2. Erforderlichkeit einer Jugendstrafe

Immer ist die – potentielle – Erforderlichkeit einer Jugendstrafe Voraussetzung. Nur wenn entsprechend dem Verhältnismäßigkeitsgrundsatz keine andere, mildere Sanktion ausreichend ist, darf § 27 angewendet werden. Die mit Rücksicht auf die Ungewißheit des Umfangs »schädlicher Neigungen« noch offene Sanktionsprognose ist damit durch die Tat negativ nach unten begrenzt, z. B. bei Bagatelldelikten. Negativ nach oben ist die Anwendbarkeit begrenzt, wenn die Jugendstrafe aus Gründen der Person des/der Angeklagten ungeeignet erscheint. Positiv ist im Rahmen der Sanktionsprognose die **präventive Ansprechbarkeit** durch eben die Sanktion des § 27 zu prüfen. Die Hilfestellung durch den Bewährungshelfer, insbesondere für die äußeren Lebensumstände (Schule, Arbeitsplatz, Wohnung) sind hier zu berücksichtigen. Allerdings darf dieser Sanktionsart kein erzieherischer Wert zugeschrieben werden, der nicht auf der unsicheren Gefährlichkeitsprognose fußt. In der Praxis kommt nicht nur der/die Angeklagte für diese Sanktion in Betracht, bei dem/der sich ein Bruch in der Entwicklung durch eine plötzliche Kriminalitätsauffälligkeit zeigt (s. *Schaffstein/Beulke* § 26 I. 3.), sondern auch der/die Angeklagte, bei dem/der sich ein vorbelasteter Entwicklungsprozeß fortsetzt, ohne daß die Täterdiagnose Klarheit über einen Rückfall gebracht hätte (s. *Brunner/Dölling* § 27 Rn. 6). Hier wirkt sich die grundsätzliche Einschätzung dieser Sanktionsart aus (s. Grdl. z. §§ 27-30 Rn. 6).

4

3. Erschöpfung der Ermittlungsmöglichkeiten

Welche Anforderungen an diese Voraussetzung gestellt werden, hängt ebenfalls von der Sanktionseinstufung ab. Wer – wie hier – mehr den eigenständigen Charakter betont, wird sich im Hinblick auf die Täterdiagnose mit weniger zufrieden geben, wobei die hierdurch verursachte Bloßstellung und Belastung des/der Angeklagten zu berücksichtigen ist. Ein Gutachten ist keineswegs erforderlich (ebenso *Eisenberg* § 27 Rn. 10).

5

4. »Ermessen«

Nach dem Wortlaut steht bei Vorliegen der obigen materiellen Voraussetzungen die Entscheidung immer noch im Ermessen des Richters bzw. des Gerichts (»kann«). Da bei Anwendung des Verhältnismäßigkeitsgrundsatzes das Ausreichen einer milderen Sanktion schon die Anwendbarkeit von vornherein ausschließt, erst recht damit die Verhängung der schärferen Sanktion »Jugendstrafe« untersagt ist, verdichtet sich das Ermessen zu einer Verpflichtung (weniger zwingend *Eisenberg* § 27 Rn. 13: pflichtgemäßes Ermessen; ebenso *Dallinger/Lackner* § 27 Rn. 11). Immer ist die Entscheidung inhaltlich so zu begründen, daß sie für den Adressaten und die anderen Prozeßbeteiligten nachvollziehbar und für ein Rechtsmittelgericht überprüfbar ist.

6

III. Sanktionsfolgen

1. Schuldspruch

7 Die erste Sanktionsfolge ist der Schuldspruch. Rechtskraft hat bei einem/einer Heranwachsenden auch die Entscheidung über die Anwendung des JGG. Eine weitere Bindung besteht nicht, auch nicht an eine Aussage in der Urteilsbegründung über die Höhe einer eventuell zu verhängenden Jugendstrafe. Der Schuldspruch wird in das Zentralregister eingetragen (§ 4 Nr. 4 BZRG), die jedoch nicht in das Führungszeugnis aufgenommen wird (§ 32 Abs. 2 Nr. 2 BZRG; s. auch oben Grundlagen Rn. 1).

2. Bewährung

8 Die Bewährungszeit ist entsprechend § 28 festzusetzen; zumindest zeitweise, regelmäßig für die gesamte Dauer der Bewährungszeit (s. § 29 Rn. 1) ist ein Bewährungshelfer zur Seite zu stellen. Zusätzlich sollen Weisungen und Auflagen angeordnet werden (§ 29 S. 2 i. V. m. § 23). Während der Bewährungszeit ruht die Strafvollstreckungsverjährung (§ 79 a Nr. 2 b StGB).

3. Koppelung

9 Mit dem Schuldspruch auf Bewährung können zunächst die Maßregeln der Besserung und Sicherung gekoppelt werden (§ 7), wobei § 5 Abs. 3 auch hier zu beachten ist. Auch die Nebenstrafe des Fahrverbots gem. § 44 StGB kann angeordnet werden (zw. *Brunner/Dölling* 27 Rn. 17; a. M. *Eisenberg* § 27 Rn. 20; *Böhm* JR 1989, 298 m. w. N.); dafür spricht, daß mit dem Fahrverbot ein spezielles Präventionsanliegen verfolgt wird, das nicht im Widerspruch zu dem Sanktionsziel des § 27 steht; nicht spricht dagegen, daß § 27 nicht in § 8 Abs. 3 mitaufgezählt wird, da der Gesetzgeber diese Sanktion auch sonst »vergißt«, wenn die jugendstrafrechtlichen Sanktionen zusammenfassend angesprochen werden (s. § 5). Der Hinweis auf Nebenfolgen gem. § 8 Abs. 3 wird durch § 6 weitgehend irrelevant; es bleiben im wesentlichen (s. § 6 Rn. 2, 3) nur Verfall und Einziehung (§§ 73 ff. StGB). Weiterhin kommen Weisungen und Auflagen in Betracht (§ 8 Abs. 2); wegen der notwendigen Bewährungsaufsicht scheidet eine Erziehungsbeistandschaft regelmäßig aus (s. auch § 8 Abs. 2 S. 2).

10 Umstritten war, ob mit dem Schuldspruch auch Jugendarrest verhängt werden darf. Mit *BGH*St 18, 207 wird diese Frage verneint (ebenso *OLG Celle* JR 1989, 214 mit weiterhin abl. Anm. von *Brunner*; jetzt auch *BayObLG* StV 1998, 331 mit zust. Anm. von *Bockemühl* StraFo 1999, 52; wie hier *Eisenberg* § 8 Rn. 11; *Diemer* in: *D/S/S* § 8 Rn. 6; nunmehr auch *Brunner/Dölling* § 27 Rn. 15; weiterhin *Schneider* Prüfe dein Wissen, Jugendstrafrecht, Wirtschaftsstrafrecht, Strafvollzug, 3. Aufl., S. 101; a. M. aber *LG*

Augsburg NStZ 1986, 507 m. zust. Anm. von *Brunner* und abl. Anm. von *Schaffstein*; ebenso abl. *Herrlinger/Eisenberg* NStZ 1987, 177). Zwar ist der Wortlaut nicht eindeutig, da § 27 ausdrücklich von § 8 Abs. 2 S. 1 nicht angesprochen wird. Die 27er-Entscheidung steht aber unmittelbar vor der Jugendstrafe, mündet häufig in einen Freiheitsentzug ein; dementsprechend wird sie in das BZRG (§ 4 Abs. 1 Nr. 3) eingetragen, auch wenn sie als eigenständige, möglicherweise nur vorläufige Sanktion zu sehen ist (s. Grdl. zu §§ 27-30 Rn. 1), so daß schon von daher eine entsprechende Anwendung des § 8 Abs. 2 Satz 1 naheliegt. Vom Gesetzeszweck her ist gegen eine Arrestanordnung zu votieren, weil mit dieser – freiheitsentziehenden – Sanktion die Rechtsnatur des § 27 als »Bewährung vor der Jugendstrafe« verfälscht würde. Auch bei einer anderen Sinndeutung als sozialer Trainingskurs (s. § 16 Rn. 4) bleibt der Arrest eine kurzzeitige Ahndung, die einer Bereitschaft zur längerfristigen Betreuung entgegenwirkt. So ist es kein Zweck des Arrestes, die Aussichten für eine erfolgreiche Bewährung zu erhöhen; dafür ist der Bewährungshelfer bestimmt. Zudem führt eine Hafterfahrung »nicht etwa zu verbesserten, sondern zu verschlechterten Chancen auf Bewährungserfolg« (*Schumann* ZRP, 1984, 323). Auch wenn bei Durchführung eines Arrestes diese Zeit auf die Jugendstrafe angerechnet wird, so bleiben über die heutige Arrestpraxis hinaus grundsätzliche Einwände: Ein – kurzzeitiger – Freiheitsentzug widerspricht der Entscheidung, in der die Notwendigkeit eines Freiheitsentzuges offengehalten wird [im Ergebnis wie hier *Schaffstein/Beulke* § 26 IV. a); *Dallinger/Lackner* § 27 Rn. 5 a; *Albrecht* § 35 II. 1.; *Böhm* Einführung in das Jugendstrafrecht, S. 249; unentschieden *Eisenberg* § 27 Rn. 18, § 8 Rn. 11; jetzt auch *Brunner/Dölling* § 27 Rn. 14 m. w. N.].

Diese Überlegungen gelten sinngemäß auch für die Anordnung einer Hilfe zur Erziehung nach § 12 Nr. II. Die Heimunterbringung, insbesondere die nach wie vor praktizierte geschlossene Heimunterbringung (s. demgegenüber *Böhm* JR 1989, 298, der schlichtweg behauptet: »Geschlossene Heime gibt es nicht mehr«) bedeutet Einschränkung der Freizügigkeit, der persönlichen Lebensgestaltung. Eine Bewährung in Freiheit ist damit ausgeschlossen, ganz abgesehen von der Schwierigkeit, mit der Bejahung der Voraussetzungen einer Heimerziehung bzw. der Unterbringung in eine betreute Wohnform noch eine ungewisse Gefährlichkeits- und/oder Sanktionsprognose aufzustellen; zudem entsteht ein Kompetenzkonflikt, wenn das Jugendgericht eine Jugendstrafe gem. § 30 aussprechen will, solange die Heimerziehung bzw. die Unterbringung in einer betreuten Wohnform weiterbesteht, über deren Beendigung die Strafjustiz nicht zu entscheiden hat (wie hier *BGH* JR 1989, 297 mit zust. Anm. von *Böhm*; *OLG Frankfurt* NJW 1955, 603; *Eisenberg* § 8 Rn. 10; *Schneider* Prüfe dein Wissen, Jugendstrafrecht, Wirtschaftsstrafrecht, Strafvollzug, 3. Aufl., S. 101; *Wenger* in: Zwischen Erziehung und Strafe, hrsg. v. *Busch/Müller-Dietz/Wetzstein*, 1995, S. 77, 78; *Brunner/Dölling* § 27 Rn. 16).

12 Zum Verfahren s. §§ 62, 63.

§ 28. Bewährungszeit

(1) Die Bewährungszeit darf zwei Jahre nicht überschreiten und ein Jahr nicht unterschreiten.
(2) Die Bewährungszeit beginnt mit der Rechtskraft des Urteils, in dem die Schuld des Jugendlichen festgestellt wird. Sie kann nachträglich bis auf ein Jahr verkürzt oder vor ihrem Ablauf bis auf zwei Jahre verlängert werden.

I. Zeitrahmen

Im Unterschied zur Strafaussetzung zur Bewährung (§ 22) beträgt der Zeitrahmen für die Aussetzung des Strafausspruchs ein bis zwei Jahre. Dieser kurze Zeitraum wird rechtsstaatlich begründet: Der Bürger hat einen Anspruch darauf, daß das **Damokles-Schwert der Strafe** nicht unverhältnismäßig lange über ihm schwebt (s. Art. 5 Abs. 2 MRK). Daneben sprechen auch erzieherische Gründe für eine kurze Bewährungszeit (a. M. *Schaffstein/Beulke* § 26 II.). Hier ist nochmals auf die Problematik der Erziehung unter Angst hinzuweisen. Die Ungewißheit der Strafe stellt eine große psychische Belastung dar, die – abhängig von der jeweiligen Person – destabilisierend wirken kann. Wenn dies auch noch nicht unmittelbar zu einem Kriminalitätskonflikt führen muß, so kann dies doch einen Leistungsabfall in Schule, Ausbildung und Beruf bedeuten wie auch den Verlust von persönlichen Beziehungen. Immer verflüchtigt sich mit der Zeit das Unrechtsgefühl. Ein zeitlich allzu lange erhobener Vorwurf ruft Selbstrechtfertigungen – nach *Sykes/Matza* (Techniken der Neutralisierung. Eine Theorie der Delinquenz, in: *Sack/König*, 1968, S. 360 ff.) Neutralisationstechniken – auf den Plan, die der Erziehung zur Normbefolgung entgegenwirken.

II. Zeitbemessung

Die konkrete Festlegung der Bewährungszeit hat die Begründungen für den kurzen Zeitrahmen zu berücksichtigen. Das heißt, zunächst ist nach dem Zeitraum zu fragen, der für eine verläßlichere Beurteilung erforderlich ist. Hierbei gilt es, sich immer daran zu erinnern, daß nicht »schädliche Neigungen« als solche zu prüfen sind, sondern eine tatindizierte Kriminalitätsanfälligkeit. Je weiter die verurteilte Tat zurückliegt, um so schwieriger wird eine solche Beziehung herzustellen sein. Zum anderen müssen im Hinblick auf den eigenständigen Sanktionscharakter (s. Grdl. z. §§ 27-30 Rn. 3) auch die (re-)sozialisierenden Gesichtspunkte bedacht werden (a. M. *Schaffstein/Beulke* § 26 II.; *Brunner/Dölling* § 28 Rn. 1). Abweichend von dieser individuellen Festsetzung wird in der Praxis ganz überwiegend schematisch das Höchstmaß von zwei Jahren gewählt (*Krei-*

scher S. 130: 87,1%), wobei häufig die Tilgung des Schuldspruchs auf sich warten läßt und so die Bewährungszeit für den Probanden faktisch noch verlängert wird (zur korrekten Handhabung s. § 62 Rn. 5).

3 Zur Veränderung s. § 22 Rn. 4-6, zum Verfahren s. §§ 62-64.

§ 29. Bewährungshilfe

Der Jugendliche wird für die Dauer oder einen Teil der Bewährungszeit der Aufsicht und Leitung eines Bewährungshelfers unterstellt. Die §§ 23, 24 Abs. 1 Satz 1 und 2, Abs. 2 und 3 und die §§ 25, 28 Abs. 2 Satz 1 sind entsprechend anzuwenden.

I. Konzept

Die bedeutsamste Folge der Aussetzung des Strafspruchs ist die Einsetzung eines Bewährungshelfers. Damit wird der Hilfe- und Betreuungsfunktion dieser Sanktion (s. Grundlagen Rn. 3) entsprochen. Die Neufassung durch das 1. JGGÄndG erlaubt es, diese Betreuung nur für einen Teil der Bewährungszeit anzuordnen. Mit Rücksicht auf die Kürze der Bewährungszeit von maximal 2 Jahren (s. § 28 Abs. 1) sollte hiervon regelmäßig kein Gebrauch gemacht werden. Durch Verweisung auf § 28 Abs. 2 S. 1 ist ausdrücklich klargestellt, daß auch die Betreuungszeit mit der Rechtskraft des Urteils beginnt, in dem die Schuld des/der Jugendlichen festgestellt wird. Zusätzlich können Weisungen und Auflagen ausgesprochen werden; insoweit wird auf die §§ 23 bis 25 verwiesen. Damit ist aber keine regelmäßige Anwendung gemeint (i. d. S. *Schaffstein/Beulke* § 26 II.). Die Sanktion des § 27 muß i. S. der Effizienz vor allem nicht mit einer repressiven Maßnahme gekoppelt werden: unerwarteter Sanktionsverzicht kann mehr bewirken als das weitere Hinaufklettern auf der Sanktionsleiter. Immer gilt es zu beachten, daß Weisungen und Auflagen auch dann noch verhältnismäßig sein müssen, wenn die Entwicklung positiv verläuft und »schädliche Neigungen« zu verneinen sind. Allerdings widerspricht die Auffassung, Arbeitsauflagen sowie Geldbußen seien mit der speziellen Zielsetzung der Sanktion gem. § 27 nicht vereinbar (*Feuerhelm* Stellung und Ausgestaltung der gemeinnützigen Arbeit im Strafrecht, 1997, S. 61), sowohl dem Gesetzeswortlaut als auch dem Gesetzesziel (s. Grdl. z. §§ 27-30 Rn. 3; *Ostendorf* NJW 1981, 379).

II. Realität

In der Realität zeigt sich dieselbe Crux wie bei der Strafaussetzung zur Bewährung. Zu der Überlastung des einzelnen Bewährungshelfers (s. Grdl. z. §§ 21-26 a Rn. 5) kommt hinzu, daß die Arbeitslosigkeit gerade die Straffälligen trifft – nach Schätzungen über 50 % (s. Rundbrief soziale Arbeit und Strafrecht, Juli 1984, S. 8). Aufgrund der beschränkten finanziellen Möglichkeiten potenziert sich damit das Wohnungsproblem, wobei alternative Wohnformen (Wohngruppen) so gut wie nicht zur Verfügung stehen. Statt dessen die Heimeinweisung mit der salvatorischen Klausel »wo ein geeignetes Heim zur Verfügung steht« zu propagieren (s.

Brunner 6. Aufl., § 29 Rn. 1), ist nicht nur der untaugliche Versuch, dieses Problem zu umgehen, sondern steht tendenziell auch im Widerspruch zu der Sanktion des § 27. Untauglich ist der Versuch deshalb, weil in den heutigen Heimen die negativen Einflüsse regelmäßig überwiegen (s. *Bielefeld* in: Jugendstrafe an Vierzehn- und Fünfzehnjährigen, 1983, S. 179 ff.), systemwidrig, weil hier gerade die Bewährung in Freiheit, d. h. in eigener Verantwortung erprobt werden soll, was der Heimbevormundung entgegensteht (s. auch *Eisenberg* § 29 Rn. 3). Im einzelnen s. die Kommentierung zu den §§ 23 bis 25.

3   Zum Verfahren s. §§ 62 bis 64.

§ 30. Verhängung der Jugendstrafe; Tilgung des Schuldspruchs

(1) Stellt sich vor allem durch schlechte Führung des Jugendlichen während der Bewährungszeit heraus, daß die in dem Schuldspruch mißbilligte Tat auf schädliche Neigungen von einem Umfang zurückzuführen ist, daß eine Jugendstrafe erforderlich ist, so erkennt der Richter auf die Strafe, die er im Zeitpunkt des Schuldspruchs bei sicherer Beurteilung der schädlichen Neigungen des Jugendlichen ausgesprochen hätte.

(2) Liegen die Voraussetzungen des Absatzes 1 nach Ablauf der Bewährungszeit nicht vor, so wird der Schuldspruch getilgt.

Inhaltsübersicht	Rn.
I. Verhängung der Jugendstrafe	
1. Voraussetzungen	
a) Zeitlicher Beurteilungsraum	1
b) Materielle Entscheidungskriterien	2
2. Folgen	
a) Bindungswirkung	3
b) Unbedingte oder bedingte Jugendstrafe	4
c) Höhe der Jugendstrafe	5
3. Verfahren	6
II. Einbeziehung des Schuldurteils	7
III. Tilgung des Schuldspruchs	8

I. Verhängung der Jugendstrafe

1. Voraussetzungen

a) Zeitlicher Beurteilungsraum

Zur Beurteilung steht nach einer Lehrmeinung nicht nur die Bewährungszeit, sondern auch die Zeit vor dem Schuldspruch (*Dallinger/Lackner* § 30 Rn. 4, 14; *Eisenberg* § 30 Rn. 4). Diese Meinung ist abzulehnen (ebenso *Diemer* in: D/S/S § 30 Rn. 6). Zunächst spricht der Wortlaut gegen diese zeitlich unbegrenzte Nachprüfung, wenn dort ausdrücklich auf die Bewährungszeit Bezug genommen wird. Zum anderen wird diese Lösung dem Anspruch auf ein faires Verfahren nicht gerecht. Der Bürger hat einen Anspruch darauf, daß sein Verhalten so schnell wie möglich strafjustitiell beurteilt wird (Art. 6 Abs. 1 MRK). Unsicherheiten gehen zu seinen Gunsten aus; mit § 27 wird hiervon eine Ausnahme gemacht (s. Grdl. z. §§ 27-30 Rn. 3). Diese Ausnahme darf nicht extensiv interpretiert werden. Schließlich könnte der Vorwurf eines Vertrauensbruchs erhoben werden: Wer sich auf seine gute Führung verläßt, sich insbesondere straffrei führt, wird nicht verstehen, daß frühere Vorgänge, über die schon zu Gericht gesessen wurde, zu einer Jugendstrafe herangezogen werden. Der Beginn der Beurteilungszeit ist somit die Rechtskraft des Schuldurteils (s. § 28 Abs. 2 S. 1). Eine vorgreifende Berücksichtigung ab der Entscheidung im Schuldurteil ist hier im Unterschied zu § 26 Abs. 1 S. 2 nicht vorgesehen, ganz abgesehen von den rechtsstaatlichen Bedenken gegen eine solche Vorverlagerung (s. dazu §§ 26, 26 a Rn. 1). Zur Berücksichtigung von Vorgängen nach Ablauf der Bewährungszeit s. §§ 26, 26 a Rn. 4.

b) Materielle Entscheidungskriterien

2 Die Frage nach den »schädlichen Neigungen« ist auch in diesem Verfahren zunächst im Hinblick auf die verurteilte Tat zu beantworten, d. h., es muß insoweit eine Rückfallgefahr begründet werden (s. im einzelnen § 17 Rn. 3). Das Bewährungsverhalten ist somit nur – neben dem in den Urteilsgründen festgehaltenen Vorleben – weiteres Indiz für die Gefährlichkeitsprognose. Eine schlechte Führung kann einmal in dem Verstoß gegen Weisungen und Auflagen gesehen werden; insoweit gibt es aber den »Ungehorsamsarrest« (§§ 29 S. 2, 23 Abs. 1 S. 4, 11 Abs. 3). Auch der *BGH* (JR 1983, 525) verlangt, daß der »Anwendungsbereich möglichst eng gezogen werden muß«. Zum anderen kann eine erneute Straffälligkeit für eine schlechte Führung sprechen. Bagatellstraftaten und nicht »einschlägige« Delikte begründen aber noch keine schlechte Führung, die auf den Mahnappell des Schuldurteils zu beziehen ist. Bei vormaliger häufiger Deliktsbegehung kann der größere zeitliche Abstand schon einen Erfolg darstellen. Darüber hinaus ergibt sich das Problem des rechtsstaatlichen Schuldnachweises für neue Straftaten (s. hierzu §§ 26, 26 a Rn. 7), das mit einer Einbeziehung des Schuldurteils im Rahmen der Verhandlung über die neuen Straftaten zu umgehen ist (s. Rn. 7).

2. Folgen

a) Bindungswirkung

3 Der Schuldspruch bleibt bestehen – auch dann, wenn der »Strafrichter« eine andere Auffassung hinsichtlich der Straftatvoraussetzungen hat als der »Schuldrichter«. Insoweit besteht eine Bindung an das rechtskräftige Urteil, auch hinsichtlich der Entscheidung zu § 105 (heute einhellige Meinung; *Potrykus* hat seine frühere gegenteilige Ansicht, NJW 1955, 246, ausdrücklich aufgegeben, s. Kommentar zum JGG, § 30 Anm. 2 a; a. M. nur *Lorbeer* S. 162 ff.). Diese Rechtskraftwirkung entfällt nur dann, wenn auch das »Strafurteil« für sich genommen rechtsfehlerhaft würde. So ist es, wenn ein Strafverfolgungshindernis nicht beachtet wurde (Verjährung, fehlender Strafantrag). Wenn die Schuldfähigkeit gem. § 20 StGB oder gem. § 3 entgegen dem Schuldspruch zu verneinen ist, kann nicht das die

Sanktion begrenzende Verhältnismäßigkeitsprinzip angewandt oder die Sanktionsprognose erstellt werden. Dies gilt erst recht, wenn die Überlegung – streng genommen – erst im Strafurteil anzustellen war, so für § 21 StGB. Schließlich besteht keine Bindungswirkung, wenn das Urteil nichtig ist, ihm nach der Evidenztheorie die Fehlerhaftigkeit auf der Stirn geschrieben steht (z. B. bei Anwendung einer nicht existierenden Strafnorm, s. *BayObLG* NJW 1954, 611). Der »Strafrichter« darf nicht gezwungen werden, Unrecht zu vollstrecken. Diese Ausnahme darf aber nicht zu einer allgemeinen Kontrolle des Schuldurteils führen; hierfür standen die Rechtsmittel zur Verfügung (s. auch *Brunner/Dölling* § 30 Rn. 10, und *Eisenberg* § 30 Rn. 20: »offensichtlich unrichtig«).

b) Unbedingte oder bedingte Jugendstrafe

Nach § 30 Abs. 1 S. 2 a. F. war eine Strafaussetzung zur Bewährung unzulässig. Diese Bestimmung ist mit dem 1. JGGÄndG aufgehoben, so daß entsprechend § 21 immer auch eine Bewährungsanordnung zu prüfen ist.

4

c) Höhe der Jugendstrafe

Für die Höhe der Jugendstrafe gelten die allgemeinen Anweisungen. Wenn formuliert wird, daß das Verhalten in der Bewährungszeit nicht zu einer Strafverschärfung führen darf (*Dallinger/Lackner* § 30 Rn. 5; *Brunner/Dölling* § 30 Rn. 8; *Eisenberg* § 30 Rn. 9), so ist dies aus dreifachem Grunde falsch. Auch bei einer einheitlichen Schuld-Strafentscheidung ist das Verhalten nach der Tat für die Prognose zu berücksichtigen; die Nichtbeachtung erscheint zudem theoretisch und praktisch unmöglich – theoretisch deshalb, weil für beide Entscheidungen die Gefährlichkeitsprognose maßgebend ist, praktisch deshalb, weil der Richter sein Wissen nicht wegwischen kann, es zumindest unbewußt die Sanktionshöhe beeinflussen wird.

5

3. Verfahren

Die Entscheidung gem. § 30 Abs. 1 ist – im Unterschied zu der Tilgung gem. Abs. 2 – nicht an das Ende der Bewährungszeit geknüpft; sie hat immer dann zu erfolgen, wenn die Unsicherheit im negativen Sinne behoben worden ist. Sie muß aber aus Rechtssicherheitsgründen spätestens 30 Tage nach Beendigung der Bewährungszeit erfolgen (s. § 62 Rn. 5), ansonsten ist der Schuldspruch gem. Abs. 2 zu tilgen, wobei hier der Grundsatz »in dubio pro reo« seine Wirkung wieder entfaltet. Im einzelnen s. §§ 62, 63.

6

II. Einbeziehung des Schuldurteils

7 Neue Straftaten können einmal Anlaß für ein isoliertes Nachverfahren sein, wobei die Straftaten später entweder selbständig angeklagt oder – regelmäßig – gem. § 154 Abs. 1 StPO eingestellt werden. Sofern eine Einstellung wegen Geringfügigkeit in Betracht kommt, gibt es schon keinen Anlaß für das isolierte Nachverfahren. Zum anderen können die Straftaten vor dem Fortgang des alten Verfahrens angeklagt werden, wobei dieses zunächst entweder außen vor bleibt oder zusammen verhandelt wird (§ 237 StPO). Hierbei kommt eine Einbeziehung des Schuldspruchs (§ 31 Abs. 1) oder auch der endgültigen Entscheidung gem. § 30, d. h. der verhängten, aber noch nicht vollstreckten Jugendstrafe, in Betracht (§ 31 Abs. 2). Umstritten war in der Vergangenheit, ob die Einbeziehung eines Schuldspruchs auch die gesetzgeberische Entscheidung des § 30 Abs. 1 S. 2 a. F. beachten mußte. Mit der Streichung dieser Bestimmung hat sich dieser Streit erledigt. So werden mit einem Federstrich des Gesetzgebers zwar nicht ganze Bibliotheken, wohl aber eine Serie von Entscheidungen sowie von wissenschaftlichen Beiträgen (s. Vorauflage Rn. 8) Makulatur. Mit Rücksicht auf die Unschuldsvermutung, die nur auf einem rechtsstaatlichen Verfahrensweg widerlegt werden darf (s. §§ 26, 26 a Rn. 7), ist von dieser Einbeziehungsmöglichkeit grundsätzlich Gebrauch zu machen. Das neue Strafverfahren ist hierbei mit besonderer Eile zu verhandeln, um Klarheit über die Sanktionierung zu gewinnen.

III. Tilgung des Schuldspruchs

8 Wird keine Jugendstrafe ausgesprochen, so ist der Schuldspruch gem. § 30 Abs. 2 zu tilgen. Entgegen einer Mindermeinung (*OLG Schleswig* NJW 1978, 2108; *OLG Karlsruhe* Justiz 1960, 235; *Potrykus* NJW 1955, 246; *ders.* § 30 Anm. 2 c) darf diese Tilgung nicht mit Maßnahmen gekoppelt werden (ebenso *BGH*St 18, 211; *Dallinger/Lackner* § 30 Rn. 8; *Brunner/Dölling* § 30 Rn. 3; *Schaffstein/Beulke* § 27 III. 2.). Einer solchen Koppelung steht der eindeutige Wortlaut des § 30 Abs. 2 entgegen; eine weitere Maßnahme ist danach nicht zulässig. Eine andere Auslegung verstößt gegen den Verfassungsgrundsatz »nulla poena sine lege« (Art. 103 Abs. 2 GG). Sie widerspricht auch eindeutig dem Willen des Gesetzgebers, der den § 13 p Abs. 2 des Regierungsentwurfs (BT-Drucks. 1/3264) ausdrücklich nicht hat Gesetz werden lassen. Vor allem würde eine solche Handhabung nicht dem Resozialisierungsauftrag des JGG gerecht. Erziehungsmaßregel und Zuchtmittel am Schluß der Bewährungszeit kommen zu spät. Der Bezug zu dem verurteilten Delikt besteht nicht mehr. Der Betreffende muß eine solche Sanktionierung als zwecklose Strafe empfinden, insbesondere auch dann, wenn noch ein Arrest angeordnet wird.

Dementsprechend entfallen unerfüllte Weisungen und Auflagen (*Eisenberg* § 30 Rn. 15), sie gelten nur für die Bewährungszeit (§ 23 Abs. 1 S. 1).

Zum Verfahren s. §§ 62, 63.

9

Siebenter Abschnitt.   Mehrere Straftaten

Grundlagen zu den §§ 31 und 32

1. Systematische Einordnung

1 Mit dem 7. Abschnitt werden die Konkurrenzen im Fall einer Tatmehrheit (§ 31), auch in verschiedenen Alters- und Reifestufen (§ 32), abweichend vom Erwachsenenstrafrecht (§§ 53-55 StGB) geregelt. Es ist dies der – konsequente – Abschluß des ersten Hauptstücks »Verfehlungen Jugendlicher und ihre Folgen«, wobei im Vergleich zu den Schuldfeststellungen die Bedeutung für die Sanktionierung im Vordergrund steht.

2. Historische Entwicklung

2 Das Prinzip der einheitlichen Sanktionierung wurde mit den §§ 14 und 15 im JGG 1943 eingeführt. Die geplante Übernahme in das Erwachsenenstrafrecht hat sich – noch – nicht durchgesetzt (s. hierzu *Jescheck* Niederschriften über die Sitzungen der Großen Strafrechtskommission, 2. Bd., S. 283 ff.; s. auch § 64 AE 1966). Im wesentlichen entspricht die damalige Regelung der heutigen Gesetzesfassung. Allerdings wurde mit dem JGG 1953 die einheitliche Sanktionierung von Straftaten in verschiedenen Alters- und Reifestufen ausdrücklich auf die gleichzeitige Aburteilung begrenzt (§ 32 S. 1), weil »kein durchschlagendes Bedürfnis für einen einheitlichen Vollzug besteht, wenn ein Täter als Erwachsener eine Straftat begeht, die nach geltendem Recht nur deshalb unter das RJGG fällt, weil das Schwergewicht bei früheren, noch nicht erledigten Jugendstraftaten liegt« (so die Stellungnahme der *Bundesregierung* zu den Änderungsvorschlägen eines Gesetzes zur Änderung des Reichsjugendgerichtsgesetzes, BT-Drucks. 1/3264, S. 64; s. auch Schriftlicher Bericht des *Ausschusses für Rechtswesen und Verfassungsrecht*, BT-Drucks. 1/4437, S. 7); demgegenüber war vormals ausdrücklich die nachträgliche einheitliche Sanktionierung erlaubt (§ 55 JGG 1943). Seit der Neufassung mit dem JGG 1953 wurden keine Änderungen vorgenommen.

3. Gesetzesziel

Ziel der §§ 31 und 32 i. V. m. § 66 ist es, eine einheitliche Sanktionierung im Interesse einer Individualprävention zu gewährleisten, ohne den formal-umständlichen Weg einer Gesamtstrafenbildung zu gehen und ohne deren einschränkenden Voraussetzungen im § 55 StGB. Mit dem Nebeneinander von Jugend- und Erwachsenenstrafrecht war auch eine einheitliche Lösung für Straftaten in verschiedenen Alters- und Reifestufen geboten (s. §§ 32, 105 Abs. 2). Mit mehreren – möglicherweise sich widersprechenden – Sanktionen würde ansonsten die Gefahr einer Ineffizienz, ja einer schädigenden Wirkung begründet. Wenn es darum geht, für die Zukunft eine Straftatwiederholung zu verhindern, muß ein einheitliches Sanktionskonzept aufgestellt werden (zur teilweisen Zurücknahme dieses Konzepts s. § 56).

4. Justizpraxis

Die Justizpraxis ist nicht einsehbar, insbesondere gibt es keine Untersuchung über die Ermessensentscheidungen gem. § 31 Abs. 3 und gem. § 32. In Insider-Kreisen wird aber vermutet, daß die Regel des § 31 Abs. 2 nicht sachgemäß angewendet wird, da der Verbund nicht in der Jahresstatistik der Richter und Staatsanwälte berücksichtigt wird (s. Thesen des *Arbeitskreises XI auf dem 19. Dt. Jugendgerichtstag*, DVJJ, 13 [1984], 508).

5. Rechtspolitische Einschätzung

Das Prinzip der einheitlichen Sanktionierung ist nur zu begrüßen und dementsprechend auszubauen. So sollten auch Sanktionen, die im Einstellungsverfahren ausgesprochen wurden, gem. § 31 Abs. 2 miteinbezogen werden dürfen – allerdings nicht Urteilssanktionen in Einstellungsbeschlüssen. Die vormals erlaubte (s. Rn. 2) nachträgliche einheitliche Sanktionierung von Straftaten in verschiedenen Alters- und Reifestufen sollte wieder erlaubt werden. Das Gegenargument, daß damit diese Verurteilten ungerechtfertigt bevorzugt würden (s. die Stellungnahme der *Bundesregierung* zu den Änderungsvorschlägen eines Gesetzes zur Änderung des Reichsjugendgerichtsgesetzes, BT-Drucks. 1/3264, S. 64; Schriftlicher Bericht des *Ausschusses für Rechtswesen und Verfassungsrecht*, BT-Drucks. 1/4437, S. 7), ist nicht überzeugend. Es geht nicht um eine mildere, sondern um eine für die Prävention zweckmäßigere Sanktion; die beklagte Nichtanwendbarkeit der Rückfallvorschrift (vormals § 48 StGB) hat sich mit dem Wegfall dieser starren Sanktionsregel (s. 23. StrÄndG vom 13. 4. 1986, BGBl I, 393) erledigt. Schließlich sollte gesetzgeberisch im § 32 klargestellt werden (s. § 32 Rn. 14), daß im Zweifel Jugendstrafrecht zur Anwendung kommt. Daß der Gesetzgeber im Erwachsenenstrafrecht höhere

Strafandrohungen aufstellt und hier immer noch an der absoluten Strafandrohung für Mord festhält, mag unter dem Gleichbehandlungsgesichtspunkt in konstruierten Fällen (s. *Krauth* in: Festschrift für Lackner, 1987, S. 1060) zu problematischen Ergebnissen führen; die Problematik ist aber nicht durch eine Übernahme des Erwachsenenstrafrechts, sondern durch seine reformerische Anpassung an das Jugendstrafrecht zu lösen.

§ 31. Mehrere Straftaten eines Jugendlichen

(1) Auch wenn ein Jugendlicher mehrere Straftaten begangen hat, setzt der Richter nur einheitliche Erziehungsmaßregeln, Zuchtmittel oder eine Jugendstrafe fest. Soweit es dieses Gesetz zuläßt (§ 8), können ungleichartige Erziehungsmaßnahmen und Zuchtmittel nebeneinander angeordnet oder Maßnahmen mit der Strafe verbunden werden. Die gesetzlichen Höchstgrenzen des Jugendarrestes und der Jugendstrafe dürfen nicht überschritten werden.
(2) Ist gegen den Jugendlichen wegen eines Teils der Straftaten bereits rechtskräftig die Schuld festgestellt oder eine Erziehungsmaßregel, ein Zuchtmittel oder eine Jugendstrafe festgesetzt worden, aber noch nicht vollständig ausgeführt, verbüßt oder sonst erledigt, so wird unter Einbeziehung des Urteils in gleicher Weise nur einheitlich auf Maßnahmen oder Jugendstrafe erkannt. Die Anrechnung bereits verbüßten Jugendarrestes steht im Ermessen des Richters, wenn er auf Jugendstrafe erkennt.
(3) Ist es aus erzieherischen Gründen zweckmäßig, so kann der Richter davon absehen, schon abgeurteilte Straftaten in die neue Entscheidung einzubeziehen. Dabei kann er Erziehungsmaßregeln und Zuchtmittel für erledigt erklären, wenn er auf Jugendstrafe erkennt.

Literatur

von Beckerath Jugendstrafrechtliche Reaktionen bei Mehrfachtäterschaft, 1997; *Brunner* Anmerkung zu *BGH*, JR 1989, 521; *Böhm* Anmerkung zu *BGH*, StV 1986, 70; *Frisch* Zur Einheitsstrafe des § 31 JGG, NJW 1959, 1669; *Potrykus* Zur Einbeziehung im Jugendstrafrecht (§ 31 JGG), NJW 1959, 1064; *Seiser* Die Untergrenze der Einheitsjugendstrafe nach Einbeziehung eines früheren Urteils, NStZ 1997, 374; *Walter/Pieplow* Anmerkung zu *BGH*, NStZ 1989, 574.

Inhaltsübersicht

	Rn.
I. Persönlicher Anwendungsbereich	1
II. Sachlicher Anwendungsbereich	2
III. Einheitliche Sanktionierung gem. Abs. 1	4
IV. Einbeziehung gem. Abs. 2 und Abs. 3	
1. Voraussetzungen	
a) Rechtskräftige Verurteilung	7
b) Möglichkeit der Strafvollstreckung	10
aa) Vollständige Ausführung und Verbüßung	11
bb) Sonstige Erledigung	12
cc) Beurteilungszeitpunkt	13

	Rn.
c) Erzieherische Zweckmäßigkeit	14
aa) Unbedeutung der noch ausstehenden Sanktionen	16
bb) Unbedeutung der neuen Sanktionierung	17
cc) Umgehung von Härten	18
d) Pflichtgemäßes Ermessen	19
2. Durchführung	20
3. Rechtsfolgen	
a) für das Jugendstrafrecht	23
b) für das Erwachsenenstrafrecht	25
4. Urteilsfassung	28
V. Rechtsmittel	
1. gegen das Unterlassen der Einbeziehung	29
2. gegen eine Einbeziehung	32
3. gegen die einheitliche Sanktionierung	34

I. Persönlicher Anwendungsbereich

1 § 31 findet in Verfahren gegen Jugendliche auch vor den für allgemeine Strafsachen zuständigen Gerichten Anwendung (§ 104 Abs. 1 Nr. 1); dies gilt auch für Heranwachsende, und zwar sowohl vor Jugendgerichten als auch vor den für allgemeine Strafsachen zuständigen Gerichten, wenn gem. § 105 Abs. 1 Jugendstrafrecht angewendet wird (§§ 105 Abs. 1, 112 S. 1 i. V. m. § 104 Abs. 1 Nr. 1).

II. Sachlicher Anwendungsbereich

2 Die einheitliche Sanktionierung gem. § 31 setzt immer voraus, daß **ein Urteil gesprochen wird**; erweitert wird diese Regelung lediglich gem. § 66 Abs. 2 S. 2 auf das nachträgliche Beschlußverfahren. Ausgeschlossen ist damit eine Einbeziehung in einen einstellenden Beschluß gem. den §§ 45, 47 (ebenso *Brunner/Dölling* § 31 Rn. 26); dies gilt auch für den Beschluß eines Zwangsarrestes (wie hier *Dallinger/Lackner* § 31 Rn. 49, deren Hinweis auf eine a. M. von *Potrykus* § 11 Anm. 8 nicht nachvollzogen werden kann; s. auch *Potrykus* NJW 1967, 187; ebenso wie hier *Brunner/ Dölling* § 31 Rn. 27); dieser schließt nur für das einzelne Verfahren die Sanktionierung mit der Folge ab, daß ein eventuell gesondert verhängter Jugendarrest hinsichtlich der angeordneten Dauer auf die Höchstdauer von vier Wochen anzurechnen ist (s. § 11 Rn. 12, 13; für den Fall, daß der Urteilsarrest noch nicht verbüßt ist, wie hier *Potrykus* § 11 Anm. 8; zur Einbeziehung in ein Strafurteil s. Rn. 7). Soweit von *Eisenberg* (§ 31 Rn. 6) hiergegen erzieherische Bedenken angemeldet werden, so steht dem einmal der Gesetzeswortlaut entgegen, da das Zuchtmittel des Arrestes und

die Jugendstrafe nicht im Einstellungsverfahren festgesetzt werden können; ein andermal spricht gegen diese Auffassung die Gesetzessystematik, wenn in den §§ 65 und 66 für die Anordnung des Zwangsarrestes und die nachträgliche Einbeziehung getrennte Verfahren vorgesehen sind.

Umgekehrt dürfen **nur urteilsmäßige Sanktionen einbezogen** werden, wenn es im § 31 Abs. 2 S. 1, der auf Abs. 1 Bezug nimmt, heißt: »unter Einbeziehung des Urteils« und im Abs. 3 S. 1: »abgeurteilte Straftaten« (s. hierzu Rn. 7; zur abändernden rechtspolitischen Forderung s. Grdl. z. §§ 31-32 Rn. 5).

III. Einheitliche Sanktionierung gem. Abs. 1

Gem. § 31 Abs. 1 wird eine einheitliche Sanktionierung auch dann vorgeschrieben, wenn mehrere Straftaten begangen wurden. Damit erfaßt diese Regelung nicht die Situation einer tatsächlichen Tateinheit (§ 52 StGB) und nicht die einer rechtlichen Tateinheit (Gesetzeskonkurrenz, Dauerstraftat, Fortsetzungstat); ersetzt werden damit nur die §§ 53, 54 StGB. Im Fall der tatsächlichen Tateinheit gilt bereits das Prinzip der einheitlichen Sanktionierung (s. § 52 Abs. 1 StGB), da die Sanktionsfolgen gem. § 5 an die Straftat und nicht an die Gesetzesverletzungen anknüpfen; hierbei ist im Jugendstrafrecht das Absorptionsprinzip der schwersten Strafandrohung aufgrund der fehlenden Bindung an die Strafrahmen ohne Bedeutung, d. h., es stehen alle Sanktionsmöglichkeiten unter Beachtung ihrer jeweiligen Anwendungsvoraussetzungen und des § 8 zur Verfügung. Die rechtliche Tateinheit erfaßt in Wirklichkeit nur eine scheinbare Konkurrenz. Mit Rücksicht auf diese Ausblendung im Urteilstenor muß auch der Jugendrichter die oftmals schwierige, von der Dogmatik überspitzte Entscheidung über die Konkurrenzen treffen; allerdings ist die Unterscheidung zwischen tatsächlicher Tateinheit und Tatmehrheit weitgehend irrelevant, zumal der prozessuale Tatbegriff des § 264 StPO und damit die Rechtskraft (s. Art. 103 Abs. 2 GG) auch mehrere selbständige Taten erfassen können.

Selbstverständlich erscheint, daß für alle Straftaten nicht nur die Straftatvoraussetzungen, sondern auch die Strafverfolgungsvoraussetzungen vorliegen; dies gilt damit auch für den Umfang der deutschen Strafgerichtsbarkeit. Bei Vorverurteilungen im Ausland und Auslieferung an die Bundesrepublik Deutschland ist der Grundsatz der Spezialität nach Art. 14 EuAlÜbk (BGBl. 1976 II, S. 1778) zu beachten (*BGH* StV 1998, 324: nur die zur Auslieferung führenden, im Haftbefehl aufgeführten Delikte dürfen für § 31 berücksichtigt werden; s. auch *Eisenberg* § 31 Rn. 10). Hierbei sind diese Voraussetzungen für jede einzelne Straftat zu prüfen; so darf auch das gesetzliche Einheitsprinzip nicht zu negativen Folgen, z. B.

durch eine Addition geringwertiger Sachen gem. § 248 a StGB, führen. Zur Verpflichtung einer einheitlichen Anklage bzw. einer gerichtlichen Verbindung s. § 32 Rn. 17.

6 Hinsichtlich der Rechtsfolgen gelten auch hier die allgemeinen Grenzen (§ 31 Abs. 1 S. 2), d. h., es dürfen vier Wochen Arrest (§ 16 Abs. 4 S. 1) und fünf Jahre bzw. zehn Jahre Jugendstrafe (§ 18 Abs. 1 S. 1, 2) nicht überschritten werden, wobei für das Höchstmaß von zehn Jahren ausreicht, wenn eine Straftat sich als Verbrechen darstellt, für das nach dem allgemeinen Strafrecht eine Höchststrafe von mehr als zehn Jahren Freiheitsstrafe angedroht ist; ebenso genügt es für das Höchstmaß gem. § 105 Abs. 3, daß eine Straftat im heranwachsenden Alter begangen wurde. Auch wenn die Sanktionierung gem. § 27 nicht ausdrücklich im § 31 Abs. 1 S. 1 genannt wird, so ist – natürlich – diese hier möglich (s. ausdrücklich Abs. 2 S. 1); der Begriff der Jugendstrafe wird hier umfassend gebraucht, ebenso mit Einschluß der Bewährung (s. *Dallinger/Lackner* § 31 Rn. 5).

IV. Einbeziehung gem. Abs. 2 und Abs. 3

1. Voraussetzungen

a) Rechtskräftige Verurteilung

7 Erste Voraussetzung für eine Einbeziehung gem. § 31 Abs. 2 ist eine rechtskräftige Verurteilung (zur nachträglichen Einbeziehung s. § 66). Diese kann in der Schuldfeststellung gem. § 27 sowie in der Verurteilung zu einer Erziehungsmaßregel, einem Zuchtmittel oder einer Jugendstrafe liegen. Mit der Gesetzesergänzung im § 105 Abs. 2 (zur früheren Rechtsmeinung s. *BGH*St 14, 287; s. auch *BGH* bei *Böhm* NStZ 1981, 252) wird bei Heranwachsenden auch die rechtskräftige Vorverurteilung nach Erwachsenenstrafrecht einbezogen, also auch die Verurteilung zu einer Geld- oder Freiheitsstrafe. Entgegen einer vormals h. M. (s. *Dallinger/Lackner* § 31 Rn. 10; *Brunner* § 31 Rn. 8; kritisch *Eisenberg* § 31 Rn. 16) ist auch eine Verurteilung zu einer Maßregel (§ 5 Abs. 3) einziehungsfähig (wie hier *BGH* JZ 1993, 529 m. im Ergebnis zust. Anm. von *Eisenberg/Sieverking*; *Schoreit* in: *D/S/S* § 31 Rn. 14; ebenso jetzt *Brunner/Dölling* § 31 Rn. 8). Zunächst wird hinsichtlich der Heranwachsenden allein auf eine Verurteilung nach Erwachsenenstrafrecht, d. h. ohne eine Eingrenzung, verwiesen. Sodann folgt aus § 5 Abs. 3, daß die Maßregel der Unterbringung in einem psychiatrischen Krankenhaus oder einer Entziehungsanstalt der Verurteilung zu einem Zuchtmittel oder einer Jugendstrafe gleichgestellt ist. Schließlich und darüber hinaus wird mit den Nebenfolgen und den Maßregeln dieselbe Zielsetzung der Individualprävention verfolgt (s. Grdl. z. §§ 1-2 Rn. 5; s. auch *Eisenberg* § 31 Rn. 16, ande-

rerseits § 7 Rn. 3; a. M. *Dallinger/Lackner* § 31 Rn. 10). Nach dem Gesetzeszweck soll **jede rechtskräftige Verurteilung einziehungsfähig** sein. Auch die Verurteilung mit der Überweisung an den Familien-/Vormundschaftsrichter zur Auswahl der Erziehungsmaßregel (§ 53) fällt hierunter. Als urteilsmäßige Sanktion gelten auch diejenigen, die nachträglich durch eine ändernde Entscheidung gem. § 11 Abs. 2 getroffen wurden; hierzu gehört auch die Ersetzung durch einen Zwangsarrest (s. § 11 Rn. 12; wie hier *Dallinger/Lackner* § 31 Rn. 42; *Eisenberg* § 31 Rn. 7; a. M. *Brunner/Dölling* § 31 Rn. 27).

Im Unterschied zu der nachträglichen Bildung einer Gesamtstrafe gem. § 55 StGB kommt es nicht darauf an, ob die Taten in dem anhängigen Verfahren vor der früheren Verurteilung begangen wurden; der Gesetzgeber schreibt insoweit keine Reihenfolge vor (s. auch RL Nr. 1 zu § 31; ebenso *Dallinger/Lackner* § 31 Rn. 17; *Brunner/Dölling* § 31 Rn. 5; *Eisenberg* § 31 Rn. 13).

8

Ebenso gibt es keine Einschränkungen für eine Einbeziehung aufgrund einer besonderen Zuständigkeit für die abgeurteilte Straftat (§§ 39 ff., 102). Dieses Verfahren ist rechtskräftig abgeschlossen. Dies muß entgegen h. M. (s. *Dallinger/Lackner* § 40 Rn. 2; *Brunner/Dölling* § 41 Rn. 41; *Eisenberg* § 40 Rn. 6, § 102 Rn. 3) auch für eine Verurteilung gem. § 27 gelten. Zwar ist hier die endgültige Strafe noch nicht gefunden, dies trifft aber auch für die Verurteilung zu einer Jugendstrafe mit Bewährung zu, wie auch Weisungen und Auflagen noch geändert sowie von ihnen noch befreit (§§ 11 Abs. 2, 15 Abs. 3 S. 1) und Zwangsarrest angeordnet werden kann (§§ 11 Abs. 3, 15 Abs. 3, S. 2); gemäß § 104 Abs. 5 wird auch für den Widerruf der Strafaussetzung zur Bewährung ein funktional anderes Gericht zuständig (s. § 58 Rn. 4), für die nachträglichen Entscheidungen, Überweisungen und Auflagen ist gem. § 65 der Richter des ersten Rechtszuges und nicht das anordnende Gericht zuständig (s. § 65 Rn. 2). Entscheidend ist, daß bereits die 27er-Entscheidung eine Sanktionierung darstellt (s. Grdl. z. §§ 27-30 Rn. 1, 3), die auch im § 31 Abs. 2 ausdrücklich für die Einbeziehung vorgesehen ist. Der Jugendrichter als Einzelrichter hat lediglich die Grenzen seiner Sanktionskompetenz (s. § 39 Abs. 2) zu beachten (s. § 39 Rn. 9).

9

b) Möglichkeit der Strafvollstreckung

Eine Einbeziehung scheidet aus, wenn keine Strafvollstreckung mehr möglich ist, wenn die Sanktionen »vollständig ausgeführt, verbüßt oder sonst erledigt« sind. Ist ein Teil der Sanktionen ausgeführt, verbüßt oder sonst erledigt, so wird zwar das gesamte Urteil einbezogen, nur der noch nicht erledigte Teil darf aber für die einheitliche Sanktionierung berück-

10

sichtigt werden (ebenso *BGH*, Beschluß vom 14.11.1996 – 1 StR 598/96; s. Rn. 23, 28).

aa) Vollständige Ausführung und Verbüßung

11 Der Gesetzgeber unterscheidet zwischen der Ausführung von Erziehungsmaßregeln und Zuchtmitteln, denen er gem. § 13 Abs. 3 noch keinen Strafcharakter beimißt (zum Etikettenschwindel s. § 5 Rn. 21; § 16 Rn. 2), und der Verbüßung von Jugendstrafe; inhaltlich macht dies keinen Unterschied. Im einzelnen kommt es auf den Inhalt der Sanktionen, wie sie im Urteil oder durch eine nachträgliche Änderung angeordnet wurden. Hierbei ist zu beachten, daß mit der Verbüßung des Zwangsarrestes gem. den §§ 11 Abs. 3 S. 1, 15 Abs. 3 S. 2 auch die zugrundeliegende Sanktionierung ausgeführt wurde (s. § 11 Rn. 12), daß der Vollzug der Verwarnung regelmäßig im Anschluß an die Hauptverhandlung erfolgt (s. § 14 Rn. 9). Eine Jugendstrafe ist noch nicht vollständig verbüßt, wenn der Strafrest gem. § 88 zur Bewährung ausgesetzt wurde; ebenso ist die Sanktion des § 27 noch nicht vollständig ausgeführt, solange der Schuldspruch noch nicht – innerhalb der zulässigen Zeit (s. § 62 Rn. 5) – getilgt ist. Bei mehreren Sanktionen – auch Maßregeln – genügt es, wenn ein Teil noch nicht ausgeführt wurde, wobei – selbstverständlich – nur dieser unerledigte Teil in die neue Sanktionierung aufgenommen werden kann (s. *BGH* StV 1998, 344 zur abgelaufenen Sperrfrist der Erteilung einer Fahrerlaubnis gem. § 69 a StGB; s. auch § 31 Rn. 28).

bb) Sonstige Erledigung

12 Die sonstige Erledigung kann auf tatsächlichen oder rechtlichen Gründen beruhen. Faktisch ist bei Tod des Verletzten oder Geschädigten eine Entschuldigung oder Schadenswiedergutmachung nicht mehr ausführbar. Rechtlich erledigt sich eine Sanktion, wenn von ihr gem. den §§ 11 Abs. 2, 15 Abs. 3 S. 1 befreit wird, wenn von der Vollstreckung des Jugendarrestes gem. § 87 Abs. 3 abgesehen wird, wenn eine Vollstreckung gem. § 87 Abs. 4 unzulässig ist, wenn die Strafe gemäß § 26 a erlassen wird, wenn der Schuldspruch gem. § 27 getilgt ist (§ 30 Abs. 2), wenn eine Vollstreckungsverjährung eingetreten ist (s. § 4 Rn. 4-6), wenn ein Gnadenakt oder eine Amnestie ergangen ist.

cc) Beurteilungszeitpunkt

13 Maßgeblich für die Beurteilung, ob eine Strafvollstreckung noch möglich ist, ist der **Zeitpunkt der jeweiligen Sachentscheidung**. Wird das Verfahren aufgrund einer Revision zurückgewiesen, so ist der Zeitpunkt der neuen tatrichterlichen Verhandlung entscheidend; dies muß auch dann gelten, wenn die Aufhebung wegen Verstoßes gegen § 31 erfolgte, da der

frühere Gesetzesverstoß nicht einen neuen rechtfertigen kann (a. M. *Dallinger/Lackner* § 31 Rn. 12 unter Berufung auf *BGH* 2 Str 61/63 vom 13. 3. 1963; nachfolgend *Eisenberg* § 31 Rn. 27; *Schoreit* in: *D/S/S* § 31 Rn. 21-23; *BGH* StV 1992, 433; wie hier *BGH* 4 Str 198/64 vom 31. 7. 1964).

c) Erzieherische Zweckmäßigkeit

Obwohl zunächst im § 31 Abs. 2 eine Verpflichtung zur Einbeziehung unter den dort genannten Voraussetzungen aufgestellt wird, steht sie gem. § 31 Abs. 3 S. 1 unter dem Vorbehalt der erzieherischen Zweckmäßigkeit. Aus der Gesetzesfassung folgt aber, daß der Gesetzgeber grundsätzlich von einer solchen Zweckmäßigkeit ausgeht (ebenso *Frisch* NJW 1959, 1670; *OLG Düsseldorf* MDR 1983, 956; *BGH* bei *Holtz* MDR 1985, 628, s. auch Grdl. z. §§ 31-32 Rn. 3). Die Nichtberücksichtigung in der Jahresstatistik der Richter und Staatsanwälte darf für das gesetzgeberische Ziel der einheitlichen Sanktionierung keine Hürde darstellen (zur vermuteten Rechtspraxis s. Grdl. z. §§ 31-32 Rn. 4). Ebenso darf das Koppelungsverbot des § 8 nicht mit einer selbständigen Sanktionierung umgangen werden (so aber *Brunner/Dölling* § 31 Rn. 22 f; Bedenken bei *Eisenberg* § 8 Rn. 13; s. auch bereits § 8 Rn. 5). Die dort begründete Unzweckmäßigkeit muß notwendigerweise auch hier gelten, erlaubt nicht die Nichteinbeziehung; vielmehr wird mit § 31 Abs. 3 S. 2 der Gesichtspunkt unzweckmäßiger Verbindungen nochmals betont.

14

Eine Einbeziehung erscheint **verpflichtend**, wenn durch eine selbständige Sanktionierung die Höchstgrenzen für den Arrest (§ 16 Abs. 4 S. 1) oder die Jugendstrafe (§ 18 Abs. 1 S. 1, 2, § 105 Abs. 3) überschritten würden (ebenso *Frisch* NJW 1959, 1670; *Böhm* Einführung in das Jugendstrafrecht, S.151; *Nothacker* S. 253 m. Fn. 850; s. auch *BGH* bei *Böhm* NStZ 1981, 251 sowie *BGH* StV 1986, 70, wonach der erzieherische Zweck durch eine selbständige Sanktionierung intensiver einzuwirken, nicht ausreicht; a. M. *BGH* NStZ 1989, 574 für Ausnahmefälle, in denen Gründe vorliegen, die unter dem Gesichtspunkt der Erziehung von ganz besonderem Gewicht sind; abl. zu dieser »Rechtsprechungswende« *Walter/ Pieplow* NStZ 1989, 577). Soweit im Einzelfall eine Überschreitung aus erzieherischen Gründen für zulässig gehalten wird (*Dallinger/Lackner* § 31 Rn. 42; *Brunner/Dölling* § 31 Rn. 23-24 c; *ders.* JR 1989, 522; *Schaffstein/ Beulke* § 12 III.), so ist dem die Ungeeignetheit einer solchen Sanktionierung für eine positive Individualprävention, ja ihre Schädlichkeit entgegenzuhalten (s. auch *BGH* bei *Böhm* NStZ 1981, 252). Unzulässig erscheint es, einen erzieherischen Bedarf im Hinblick auf eine unterschiedliche Reaktionsweise zu Erwachsenen zu begründen (so aber *BGH* StV 1996, 273): Die unterschiedliche Reaktionsweise ist eine grundsätzliche

15

Entscheidung des Gesetzgebers gerade mit Rücksicht auf erzieherische Gründe! Voraussetzung ist ein zusammenhängender Vollzug, wobei dieser Gesichtspunkt auch bei einer Reststrafenbewährung zu berücksichtigen ist (s. aber *Böhm* StV 1986, 72). Es erscheint nicht überzeugend, aus der ausdrücklichen Höchststrafenbegrenzung in § 31 Abs. 1, S. 2 ein Argument für ein Überschreiten in den Fällen des § 31 Abs. 3, S. 1 ableiten zu wollen (so aber *BGH* NStZ 1989, 575). In § 31 Abs. 2 heißt es ausdrücklich, daß »in gleicher Weise« wie gem. Abs. 1 auf eine einheitliche Sanktion zu erkennen ist; § 31 Abs. 3 wiederum ist lediglich eine einschränkende Regel zu der Grundregel des Abs. 2, so daß für diese Einschränkung auch die Höchstbegrenzung zu gelten hat.

Ein Sonderfall stellt die Situation dar, in der bereits die gesetzliche Höchststrafe von fünf bzw. zehn Jahren Jugendstrafe angeordnet wurde, da dann die Höchststrafe als Freibrief angesehen werden könnte (so *KG* JR 1981, 308; offen *BGH*St 22, 24; ebenso *BGH* bei *Böhm* NStZ 1981, 251 sowie *BGH* StV 1986, 69; s. auch *Brunner/Dölling* § 31 Rn. 23; *Eisenberg* § 31 Rn. 33). Es ist dies die spezielle Situation der erneuten Straftatenbegehung aus der U- oder Strafhaft (s. *BGH* StV 1996, 273). Entschärft wird das Problem entscheidend dadurch, daß faktisch auch ohne eine neue Verurteilung die Strafe verschärft wird, indem die Reststrafenbewährung verzögert oder gänzlich versagt wird (s. *Böhm* Einführung in das Jugendstrafrecht, S.151; *Mrozynski* Jugendhilfe und Jugendstrafrecht, S. 293). Mit Rücksicht hierauf kann häufig gem. § 154 StPO verfahren werden. Zusätzlich sind disziplinarrechtliche Maßnahmen zu bedenken. Allerdings wird nach Ausschöpfung der Höchststrafen auch aus Gründen der negativen Individualprävention eine ahndende Reaktion bei neuen schwersten Verbrechen, insbesondere bei Tötungsdelikten geboten sein (keine Ausnahmen wollen dagegen zulassen *Frisch* NJW 1959, 1671; *Böhm* Einführung in das Jugendstrafrecht, S.151; *ders.* StV 1986, 73; *Mrozynski* Jugendhilfe und Jugendstrafrecht, S. 293; wie hier aus Rechtsgründen *Potrykus* NJW 1959, 1064; *KG* JR 1981, 306; zw. *Eisenberg* § 31 Rn. 33).

Folgende Gründe können umgekehrt für eine Nichteinbeziehung maßgebend sein, womit sich auch eine Verweisung durch den Jugendrichter aufgrund einer fehlenden Sanktionskompetenz gem. § 39 Abs. 2 erledigt (s. auch § 39 Rn. 9):

aa) Unbedeutung der noch ausstehenden Sanktionen

16 Wenn die noch ausstehenden Sanktionen gegenüber der wegen der neuen Straftat zu verhängenden Sanktionen unbedeutend erscheinen, so sind diese eher »auslaufen« zu lassen oder ist gem. den §§ 11 Abs. 2, 15 Abs. 3 S. 1 von ihnen zu befreien; zusätzlich ist in § 31 Abs. 3 S. 2 die Erledigungserklärung für Erziehungsmaßregeln und Zuchtmittel vorgesehen, wenn wegen der neuen Sache auf Jugendstrafe erkannt wird.

bb) Unbedeutung der neuen Sanktionierung

Wenn eine Sanktionierung gegenüber der früheren nicht ins Gewicht fallen würde, erscheint ebenfalls eine Einbeziehung unzweckmäßig. Hier ist gem. § 154 StPO das neue Verfahren einzustellen (s. RL Nr. 4 zu § 31 sowie Rn. 15); in Betracht kommt auch die Änderung der Erziehungsmaßregeln bzw. Auflagen oder der Bewährungsauflagen sowie eine Verlängerung der Bewährungszeit. Über einen Widerruf der Strafaussetzung zur Bewährung ist aber erst nach Durchführung des neuen Strafverfahrens, d. h. im Wege der Einbeziehung, zu entscheiden, da nur so die rechtsstaatlichen Erfordernisse erfüllt werden (s. §§ 26, 26 a Rn. 7; a. M. *Brunner/Dölling* § 31 Rn. 22 b; *Eisenberg* § 31 Rn. 30).   17

cc) Umgehung von Härten

Eine Einbeziehung kann zu ungewöhnlichen, für den Verurteilten schwer oder nicht akzeptablen Härten führen. So ist es, wenn die Einbeziehung einer längeren Jugendstrafe, deren Strafrest zur Bewährung ausgesetzt wurde, zu einer erneuten, langen Jugendstrafe führen würde (s. auch *Brunner/Dölling* § 31 Rn. 22 d, s. aber auch Rn. 10; *Eisenberg* § 31 Rn. 31). Zu der Härte eines Aufschubes und einer erneuten Verhandlung durch Verweisung s. § 39 Rn. 9. Ebenso kann eine selbständige Verurteilung »richtiger«, d. h. individualpräventiver sein, wenn ansonsten neben einer bereits ausgesprochenen Jugendstrafe zur Bewährung keine Bewährung aufgrund der Überschreitung der Zweijahresgrenze gem. § 21 Abs. 2 mehr »drin« ist (s. *AG Kiel* Zbl 1965, 55; *OLG Düsseldorf* MDR 1983, 956: »wenn besondere erzieherische Gründe eine Strafaussetzung zur Bewährung anzeigen«); einer solchen parallelen Verurteilung steht § 21 Abs. 2 nicht entgegen (h. M.). Dieser Grundsatz gilt auch, um nicht über die Zweijahresgrenze des § 35 Abs. 2 Nr. 1 BtMG zu kommen (s. *BGH* StV 1985, 378; s. auch § 82 Rn. 12).   18

d) Pflichtgemäßes Ermessen

Letztlich liegt die Entscheidung über die Einbeziehung oder Nichteinbeziehung im pflichtgemäßen Ermessen, das rational zu begründen ist (s. *Dallinger/Lackner* § 31 Rn. 43; *BGH* bei *Holtz* MDR 1985, 629). Hierbei müssen besondere Gründe für die Nichteinbeziehungen genannt werden. Es müssen Gründe vorliegen, die unter dem Gesichtspunkt der Erziehung das Nebeneinander zweier Sanktionierungen notwendig erscheinen lassen; bloße Tatabweichungen nach Art und Schwere genügen nicht (*BGH* StV 1998, 344).   19

2. Durchführung

20 Einbezogen werden nicht nur die Rechtsfolgen, sondern das gesamte Urteil mit den Feststellungen zu den Straftatvoraussetzungen. Dies bedeutet, daß die neue Sanktion einheitlich unter Berücksichtigung aller Tatumstände entsprechend den allgemeinen Sanktionierungsregeln, d. h. durch eine Rückfall- und Sanktionsprognose unter Beachtung der Verhältnismäßigkeit von Straftaten und Sanktionen (s. die Kommentierung zu § 5), zu bilden ist. Die früher begangenen und die jetzt abgeurteilten Straftaten sind neu zu bewerten und zur Grundlage einer einheitlichen Sanktionierung zu machen (*BGH* StV 1996, 273). Für eine vollständige Beurteilungsgrundlage sind dementsprechend auch die früheren Taten darzustellen.

21 Während hinsichtlich des Schuldausspruchs eine Bindungswirkung besteht (s. *BGH* GA 1953, 83; *Brunner/Dölling* § 31 Rn. 12; zu Einschränkungen s. § 30 Rn. 3), sind die bislang getroffenen Überlegungen zur Sanktionierung nicht bindend; dies gilt auch für die frühere Kostenentscheidung (*BGH* StV 1989, 308). Sie können durch neue Prognoseeinschätzungen ersetzt werden. Insoweit kann auch eine neue Beweisaufnahme stattfinden, um Widersprüche aufzulösen (einschränkend *Dallinger/Lackner* § 31 Rn. 22; a. M. *Brunner/Dölling* § 31 Rn. 12). Gegen die früher vertretene Position (1. Aufl., Rn. 21; ebenso *Dallinger/Lackner* § 31 Rn. 26; *Brunner* § 31 Rn. 13; *OLG Karlsruhe* MDR 1979, 781; *OLG Karlsruhe* MDR 1981, 519), daß im Falle einer Gesamtsanktionierung die neuen Sanktionen nicht milder als die alten ausfallen dürfen, hat sich der *BGH* gestellt (StV 1990, 505 sowie StV 1992, 432; zust. *Eisenberg* § 31 Rn. 42; *Brunner/Dölling* § 31 Rn. 13; *Albrecht* § 16 II. 5.; ebenso *LG Gera* DVJJ-Journal 1998, 281; für im Einzelfall begründete Ausnahmen *Schoreit* in: *D/S/S* § 31 Rn. 32; a. M. *Seiser* NStZ 1997, 374). Gegenüber der rechtsstaatlichen Argumentation, insbesondere Einhaltung der intrajustitiellen Gewaltenteilung durch Zuständigkeitsregeln, hat der *BGH* den erzieherischen Gesichtspunkten im Falle einer einheitlichen Sanktionierung Vorrang eingeräumt. In der Tat können sich zwischenzeitlich Veränderungen in der persönlichen Konstellation des/der Angeklagten, in seiner/ihrer familiären, beruflichen Situation ergeben haben, die ein Abweichen von dem früheren Sanktionsmaß erforderlich machen können. Es ist dies ein Votum für das maßgebliche jugendstrafrechtliche Sanktionsziel der Individualprävention. Da sich eine solche Gesetzesauslegung hier täterbegünstigend auswirkt, erscheint es vertretbar, die Gegenargumente zurücktreten zu lassen.

22 Über die Anrechnung der U-Haft (s. §§ 52, 52 a) ist neu zu entscheiden, d. h., sie kann auch erfolgen, wenn die Anrechnung im ersten Urteil verwehrt wurde (s. RL Nr. 5 zu § 31; *BGH*St 25, 355; *Brunner/Dölling* § 31

Rn. 14); insoweit geht die neue Sanktionsbefugnis vor, da der eigentliche rechtskräftige Strafausspruch davon nicht berührt wird.

3. Rechtsfolgen

a) für das Jugendstrafrecht

Mit der Einbeziehung wird das frühere Urteil mit seinem gesamten Rechtsfolgenausspruch hinfällig (s. RL Nr. 2 zu § 31); dies gilt auch für die Maßregeln der Besserung und Sicherung, für Nebenstrafen und Nebenfolgen sowie für die Kostenentscheidung. Zwar tritt diese Wirkung erst mit Rechtskraft der einheitlichen Sanktionsentscheidung ein (s. *Dallinger/ Lackner* § 56 Rn. 7), doch sind bis dahin Vollstreckungsmaßnahmen aus dem »alten« Urteil mit Rücksicht auf das Gesetzesziel zu unterlassen. Schon verbüßte Sanktionen sind hinsichtlich der Eingriffswirkungen in Beachtung des Verhältnismäßigkeitsprinzips bei der Strafzumessung anzurechnen und hinsichtlich der präventiven Wirkungen für die Prognoseentscheidungen zu berücksichtigen (a. M. *Eisenberg* § 31 Rn. 48). Lediglich die Anrechnung eines verbüßten Jugendarrestes steht gem. § 31 Abs. 2 S. 2 im Ermessen, sofern auf Jugendstrafe erkannt wird (zur Berechnung der Strafzeit s. *Krauss* NJW 1965, 1167). Da zwar hinsichtlich der Eingriffsintensität, kaum aber hinsichtlich der (Re-)Sozialisierungswirkung Unterschiede bestehen, sollte hiervon regelmäßig Gebrauch gemacht werden. Wird in dem neuen Verfahren im Unterschied zum früheren Urteil von der Auferlegung der Kosten gem. § 74 abgesehen, so sind bereits gezahlte Kosten zurückzuzahlen (ebenso *Brunner/Dölling* § 31 Rn. 16; *Eisenberg* § 31 Rn. 46; a. M. *Potrykus* NJW 1959, 1066). Auch wenn formal die abgelaufene Bewährungszeit des früheren Urteils bei einer neuen Bewährungsstrafe nicht angerechnet werden kann, so hat sich diese Bewährung aber doch bei der Festsetzung der Bewährungszeit reduzierend auszuwirken (a. M. *Potrykus* NJW 1959, 1065; nachfolgend *Brunner/Dölling* § 31 Rn. 15; *Eisenberg* § 31 Rn. 51). Die grundsätzliche Verpflichtung, Leistungen, die zur Erfüllung von Auflagen oder entsprechenden Anerbieten erbracht wurden, gem. § 26 Abs. 3 S. 2 anzurechnen, besteht im Falle einer Einbeziehung erst recht, wenn in dieser auf eine unbedingte Freiheitsstrafe erkannt wird (s. *BGH* StV 1986, 16 m. w. N.).

23

Auch sonst darf die einheitliche Sanktionierung sich nicht zum Nachteil des/der Verurteilten auswirken. Die Vollstreckungsverjährung hat an den Zeitpunkt der Rechtskraft des früheren Urteils anzuknüpfen (zur Teilvollstreckung s. § 56 Rn. 9). Ebenso beginnen die Tilgungsfristen mit dem Tag des ersten Urteils gem. § 34 S. 2 Nr. 1 BZRG. Wenn eine Amnestie sich nach der Strafhöhe richtet, so ist die frühere Straffestsetzung maßgeblich, für die neu hinzukommenden Taten sind nachträglich vom erkennenden Gericht Einzelstrafen festzusetzen, um nicht durch die Ver-

24

einheitlichung eine Amnestie zu verhindern (zur Auflösung einer Verurteilung gem. § 31 Abs. 1 s. *BayObLG* 1970, 186; s. auch *Brunner/Dölling* § 31 Rn. 18; ebenso *Eisenberg* § 31 Rn. 71).

b) für das Erwachsenenstrafrecht

25 Allgemein ist für die Sanktionierung nach dem Erwachsenenstrafrecht die Jugendstrafe der Freiheitsstrafe gleichzusetzen (h. M., s. *OLG Karlsruhe* MDR 1989, 927; *Lackner/Kühl* § 57 StGB Rn. 15; *Böhm* Einführung in das Jugendstrafrecht, S.152; a. M. nur *Eisenberg* § 17 Rn. 36, 37). Hierfür spricht nicht nur die Vollzugsrealität, sondern der Gesetzgeber gibt hierfür auch mit den §§ 17 Abs. 1, 92 Abs. 2 ausdrückliche Hinweise. Diese Gleichstellung gilt auch für § 68 Abs. 1 StGB (s. § 7 Rn. 14).

26 Da die Einheitsstrafe den Prozeßgegenstand nicht verändert, war nach der Rechtsprechung die Voraussetzung des gleichartigen Rückfalls für die Anwendung des § 48 StGB a. F. nur erfüllt, »wenn sich erkennen läßt, daß der Angeklagte gerade auch für die rückfallbegründenden Symptomtaten eine Jugendstrafe von mindestens drei Monaten verwirkt gehabt hätte« (*OLG Köln* GA 1984, 517). Dies sollte anhand der Zumessungserwägungen bei der Vorverurteilung eruiert werden. Dieselbe Problematik stellt sich für die Unterbringung in der Sicherungsverwahrung, da dort zu prüfen ist, ob »der Täter wegen vorsätzlicher Straftaten, die er vor der neuen Tat begangen hat, schon zweimal jeweils zu einer Freiheitsstrafe von mindestens einem Jahr verurteilt worden ist« (§ 66 Abs. 1 Nr. 1 StGB; s. hierzu *BGH*St 26, 152; *BGH* bei *Holtz* MDR 1980, 628; s. auch *Brunner/Dölling* § 31 Rn. 18). Mit dieser Auslegung soll der/die Jugendliche nicht schlechtergestellt werden als der/die Erwachsene. Andererseits wird dem Jugendgericht, das § 31 anwendet, aber gerade eine Sanktionszurechnung zu den einzelnen Straftaten untersagt (s. Rn. 20). Eine Klärung ist deshalb für § 66 StGB nur so möglich, wenn die einbezogene Sanktion mindestens ein Jahr Jugendstrafe betrug (s. *BGH*St 26, 155; *BGH* StV 1998, 343); ggf. liegt auch die zweite erforderliche Vorverurteilung vor, wenn nämlich nach Abzug der in Wegfall kommenden Jugendstrafe noch ein Strafrest von mindestens einem Jahr für die weitere Verurteilung bleibt (ebenso bereits *Böhm* Einführung in das Jugendstrafrecht, S. 152). Ansonsten scheidet die Einheitsstrafe als Voraussetzung dieser Sanktionierung aus, da aus richtigen Sanktionsüberlegungen keine Rückschlüsse möglich sind, aus falschen keine gezogen werden dürfen (wie hier *Nothacker* S. 317; *BGH* StV 1992, 63).

27 Demgegenüber ist für § 66 Abs. 3 S. 1 StGB relativ leicht feststellbar, ob die Einheitsstrafe einer Gesamtstrafe entspricht, d. h., ob sie bei Anwendung des Erwachsenenstrafrechts gem. § 55 StGB hätte ausgesprochen

werden dürfen (s. Rn. 8). Wenn in dieser Prüfung der Einheitsstrafe ein Verstoß gegen das erzieherische Ziel der Einheitssanktionierung gesehen wird (so *Eisenberg* § 31 Rn. 53; *ders.* NStZ 1983, 28), so erscheint diese Kritik an der Realität, d. h. an der Gedankenwelt des/der Verurteilten, vorbeizugehen, in der diese juristischen Sanktionsregeln nicht existent sind. Wenn im § 66 Abs. 3 S. 1 nur auf die Gesamtstrafe Bezug genommen wird, so ist diese Begrenzung nicht eine formale, sondern entspricht der Bindung an den Gesetzeswortlaut (wie hier *Dallinger/Lackner* § 31 Rn. 30; *Böhm* Einführung in das Jugendstrafrecht, S. 152; *OLG Hamm* NJW 1971, 1664; *BayObLG* MDR 1979, 600; *OLG Köln* GA 1984, 517).

4. Urteilsfassung

Im Urteilstenor ist die Einbeziehung des Urteils unter genauer Bezeichnung – allerdings ohne Angabe der damals verurteilten Straftaten (*BGH*St 16, 337; s. auch *Brunner/Dölling* § 54 Rn. 8; *Eisenberg* § 54 Rn. 20) – mit aufzunehmen (s. § 54 Rn. 11). Ist von mehreren, im selben Urteil ausgesprochenen Rechtsfolgen eine bereits vollständig erledigt, sollte dies im Tenor klargestellt werden (s. *BGH* MDR 1997, 184; StV 1998, 344; s. auch § 31 Rn. 11). Im Urteilstenor ist weiterhin die Anrechnung von Jugendarrest auszusprechen. Die Anrechnung einer teilweise verbüßten Jugendstrafe muß nicht in den Tenor mitaufgenommen werden, da diese bereits zwingend vom Gesetz vorgeschrieben ist (§ 51 Abs. 2 StGB; s. *BGH* NStZ 1996, 279). Die Sachverhaltsdarstellung hat sich auch auf das einbezogene Urteil zu erstrecken, da nur so die Sanktionsbegründung nachvollziehbar ist (*BGH*St 16, 337; *BGH* StV 1981, 527; 1982, 338; 1982, 474); d. h., es müssen die früheren Taten kurz dargestellt und die Strafzumessungsgründe kurz mitgeteilt werden (BGH StV 1998, 344). Soweit in die frühere Entscheidung bereits andere Entscheidungen einbezogen waren, sind auch diese im einzelnen aufzuführen und erneut einzubeziehen; es genügt nicht, auf die tragenden Strafzumessungserwägungen des einbezogenen Urteils zu verweisen (*BGH* StV 1989, 308; s. auch Rn. 20).

28

V. Rechtsmittel

1. gegen das Unterlassen der Einbeziehung

Das unberechtigte Unterlassen der Einbeziehung ist mit Berufung oder Revision (§ 55 Abs. 2) angreifbar, wobei zu bedenken ist, daß es sich hier letztlich um eine Ermessensentscheidung handelt (s. Rn. 19). Der/die Anfechtungsberechtigte darf nicht auf das nachträgliche Verfahren gem. § 66 verwiesen werden; Ausnahmen erscheinen nicht begründet, da die Ermittlungen für das einbezogene Verfahren an sich abgeschlossen sind und für die Sanktionierung im neuen Verfahren alle Strafzumessungsüberlegungen angestellt werden müssen (s. aber zum Nachtragsverfahren der

29

Gesamtstrafenbildung nach Erwachsenenstrafrecht *BGH*St 12, 10; nachfolgend *Eisenberg* § 31 Rn. 66). Erst recht ist eine Aktenversendung keine ausreichende Begründung (so aber *OLG Hamm* NJW 1970, 1200 m. w. N. aus der Rechtsprechung und mit zust. Anm. von *Küper* NJW 1970, 1559); die Mühe, ein Aktendoppel anzulegen, kann nicht das Interesse an einer endgültigen Sanktionierung aufwiegen. Lediglich wenn gegen die rechtskräftige Vorverurteilung die Wiedereinsetzung wegen Versäumnis der Rechtsmittelfrist bezüglich des früheren Urteils beantragt wurde, erscheint es sinnvoll, den Ausgang dieses Verfahrens abzuwarten (s. für das Nachtragsverfahren der Gesamtstrafenbildung nach Erwachsenenstrafrecht *BGH*St 23, 98; *Küper* MDR 1970, 885).

30 Eine isolierte Anfechtung gem. § 31 Abs. 2 ohne eine Anfechtung der Rechtsfolgen ist nicht möglich, da die Einbeziehung wesentlich die Sanktionierung bestimmt (*BGH* bei *Herlan* GA 1983, 105; *Brunner/Dölling* § 55 Rn. 6; *Eisenberg* § 55 Rn. 16); bei einer Revision ist zur Neubeantwortung der Straffrage die Sachrüge gem. § 344 Abs. 2 StPO zu erheben.

31 Wird auf die Berufung hin eine rechtskräftige Verurteilung zur Jugendstrafe auf Bewährung einbezogen, jetzt aber keine Bewährung gewährt, so hat der/die Anfechtende kein weiteres Rechtsmittel, auch nicht die Möglichkeit einer sofortigen Beschwerde gem. § 59 Abs. 3 (*OLG Stuttgart* MDR 1976, 1043; zust. *Brunner/Dölling* § 31 Rn. 15; *Eisenberg* § 31 Rn. 69). Eine solche verschlechternde Sanktion ist aber im Hinblick auf § 331 Abs. 1 StPO nur zulässig, wenn auch die Staatsanwaltschaft zum Nachteil des/der Verurteilten Berufung eingelegt hat: ansonsten ist entgegen § 55 Abs. 2 doch die Revision erlaubt (s. § 55 Rn. 38).

2. gegen eine Einbeziehung

32 Wird gegen eine Einbeziehung geklagt, ist auch hier die Straffrage insgesamt neu zu stellen. Nach der Rechtsprechung (*BGH*St 16, 335; *BGH* bei *Herlan* GA 1963, 105; zust. *Brunner/Dölling* § 31 Rn. 19; unbestimmt *Eisenberg* § 31 Rn. 68) soll das Verschlechterungsverbot nicht eine Erhöhung hindern, wenn in dem angegriffenen Einheitsurteil nur der noch nicht vollstreckte, noch zu verbüßende Teil einer Jugendstrafe einbezogen wurde. Dieser Gesetzesverstoß der nicht vollständigen Einbeziehung (s. Rn. 23) darf sich aber nicht zum Nachteil des/der Verurteilten auswirken, wenn nur er/sie Rechtsmittel eingelegt hat (§§ 331 Abs. 1, 358 Abs. 2, 373 Abs. 2 StPO). Auch wenn eine Anrechnung erfolgt, stellt der Urteilsspruch eine Verschlechterung dar.

33 Neben der Nichtbeachtung der allgemeinen Sanktionsgrundsätze kann im Rechtsmittelverfahren angegriffen werden, daß sich die Begründung nicht

auf das einbezogene Urteil erstreckt hat und daß Einsatzstrafen entsprechend dem Erwachsenenstrafrecht für die Sanktionierung ausgeworfen wurden (s. Rn. 20, 28).

3. gegen die einheitliche Sanktionierung

Bei Tateinheit ist der Schuld- und Strafspruch unteilbar. Eine Teilanfechtung ist nur möglich bei Tatmehrheit, und zwar nur im Hinblick auf die Schuldfrage (s. *BGH* GA 1953, 85; *Brunner/Dölling* § 55 Rn. 6 m. w. N.). Die Straffrage ist gem. § 31 Abs. 1 einheitlich beantwortet und kann dementsprechend auch nur einheitlich geprüft werden (s. *Dallinger/Lackner* vor § 55 Rn. 16; zu Ausnahmen hinsichtlich bestimmter Sanktionen s. § 55 Rn. 8, 9; zur Teilvollstreckung s. § 56). Mit der beschränkten Aufhebung des Schuldspruchs für eine Tat stellt sich aber die Straffrage insgesamt neu. Wird im Revisionsverfahren zurückgewiesen, so tritt allerdings hinsichtlich des rechtskräftigen Schuldspruchs eine Bindung ein (h. M., s. *Dallinger/Lackner* vor § 55 Rn. 15 m. w. N.).

34

§ 32. Mehrere Straftaten in verschiedenen Alters- und Reifestufen

Für mehrere Straftaten, die gleichzeitig abgeurteilt werden und auf die teils Jugendstrafrecht und teils allgemeines Strafrecht anzuwenden wäre, gilt einheitlich das Jugendstrafrecht, wenn das Schwergewicht bei den Straftaten liegt, die nach Jugendstrafrecht zu beurteilen wären. Ist dies nicht der Fall, so ist einheitlich das allgemeine Strafrecht anzuwenden.

Literatur

von Beckerath Jugendstrafrechtliche Reaktionen bei Mehrfachtäterschaft, 1997; *Bringewat* Das Nebeneinander von Jugend- und Freiheitsstrafe und angemessener Härteausgleich – *BGH*St 36, 270, JuS 1991, 24; *Böhm/Büch-Schmitz* Anmerkung zu *BGH*, NStZ 1991, 131; *Brunner* Anmerkung zu *BGH*, JR 1990, 524; *Dingeldey* Zur analogen Anwendung von § 32 JGG, Zbl 1981, 150; *dies.* Anmerkung zu *BGH*, NStZ 1981, 355; *dies.* (*Knüllig-Dingeldey*) Anmerkung zu *OLG Schleswig*, NStZ 1987, 226; *Drees* Einfluß von Teileinstellungen nach § 154 StPO auf die Anwendbarkeit von formellem und materiellem Jugendstrafrecht, NStZ 1995, 481; *Eisenberg* Anmerkung zu *BGH*, JR 1990, 483; *Grethlein* Zusammentreffen von Jugendstrafe mit Gefängnisstrafe, NJW 1954, 1397; *Krauth* Mehrere Straftaten in verschiedenen Alters- und Reifestufen, Festschrift für Lackner, 1987, S. 1057; *Lackner* Kollisionen zwischen Jugend- und Erwachsenenstrafrecht, GA 1955, 33; *Miehe* Taten in Adoleszenz und Erwachsenenalter, Festschrift für Stutte, 1979, S. 237; *Schoreit* Zur Frage der Bildung einer Gesamtstrafe aus einer Jugendstrafe und einer Freiheitsstrafe, NStZ 1989, 461; *ders.* Gesamtstrafenbildung unter Einbeziehung einer Jugendstrafe, ZRP 1990, 175; *Walter/Pieplow* Anmerkung zu *BGH*, StV 1991, 5.

Inhaltsübersicht

	Rn.
I. Anwendungsbereich	1
II. Anwendungsvoraussetzungen	
1. Mehrere Straftaten	2
2. Gleichzeitige Aburteilung	4
3. Schwergewicht der Straftaten	10
a) Objektiver und subjektiver Unrechtsgehalt	11
b) Verantwortlichkeit	12
c) Beurteilungszeitpunkt	13
4. Ermessen	14
III. Rechtsfolgen	
1. bei Anwendung von Jugendstrafrecht	15
2. bei Anwendung von Erwachsenenstrafrecht	16
IV. Verfahren	17
V. Rechtsmittel	19

Erstes Hauptstück. Verfehlungen Jugendlicher und ihre Folgen § 32

I. Anwendungsbereich

Zum persönlichen Anwendungsbereich s. zunächst § 31 Rn. 1; da die Straftaten aller Altersstufen zusammengefaßt werden sollen, ist die Bestimmung auch auf Erwachsenenstraftaten anzuwenden, wenn Straftaten mit abgeurteilt werden, auf die Jugendstrafrecht anzuwenden ist (s. auch *Böhm* Einführung in das Jugendstrafrecht, S. 46). Zur vorgezogenen Prüfung des § 105 Abs. 1 für Taten im Heranwachsendenalter s. § 105 Rn. 4. 1

II. Anwendungsvoraussetzungen

1. Mehrere Straftaten

Erste Voraussetzung ist die Feststellung aller Straftatvoraussetzungen mit Einschluß der strafrechtlichen Verantwortlichkeit sowie der Strafverfolgungsvoraussetzungen. 2

Sodann müssen mehrere Straftaten vorliegen, d. h., es ist die Situation einer Tatmehrheit i. S. des § 53 StGB gemeint; für eine Tateinheit kommt nur einheitlich Jugend- oder Erwachsenenstrafrecht zur Anwendung. Mehrere Straftaten liegen aber auch vor, wenn diese nur im Wege einer rechtlichen Bewertung zusammengefaßt werden, d. h. bei Dauerdelikten (s. *BGH*St 6, 6; *OLG Düsseldorf* JR 1983, 479 mit zust. Anm. von *Brunner*; *LG Berlin* StV 1984, 520; *BGH* bei *Holtz* MDR 1988, 1003; *BGH* StV 1989, 308; *Eisenberg* § 32 Rn. 2). 3

2. Gleichzeitige Aburteilung

Weitere Voraussetzung ist eine gleichzeitige Aburteilung, d. h., mehrere Straftaten müssen in einem Verfahren verurteilt werden. Hierbei ist es unmaßgeblich, ob diese Straftaten zusammen angeklagt wurden oder erst später zu einer gleichzeitigen Verhandlung verbunden wurden (§§ 237, 2, 4 StPO; zur Verpflichtung einer Verbindung s. Rn. 17). Die Sanktionierung gem. § 27 stellt noch keine endgültige Aburteilung dar, so daß auch die hier zugrundeliegenden Straftaten – im Wege des Nachverfahrens – gleichzeitig abgeurteilt werden. Die Feststellung der Straftatvoraussetzungen ist zwar abgeschlossen, entscheidend ist aber für die Anwendung des § 32 die Offenheit in der Sanktionierung (s. *Memmler* RdJ 1966, 227; *Ostendorf* NJW 1981, 380; *Eisenberg* § 32 Rn. 5). 4

Eine gleichzeitige Aburteilung ist auch im Rechtsmittelverfahren möglich. Wird dieses nur hinsichtlich einer Straftat durchgeführt und werden die anderen Verurteilungen rechtskräftig, so besteht an sich keine Gleichzeitigkeit mehr. Die bloße zeitliche Verzögerung aufgrund des unterschiedlichen Verfahrensganges erfordert aber eine analoge Anwendung, auch 5 dann, wenn das Verfahren nach Teilaufhebung zurückverwiesen wurde (*BGH* LM Nr. 4 zu § 32; a. M. – beiläufig – *BGH*St 10, 103; wie hier *Eisenberg* § 32 Rn. 6; s. auch Rn. 19). Eine darüber hinausgehende analoge Anwendung in Fällen der Teileinstellung gem. § 154 StPO der Taten, die nach Jugendstrafrecht zu ahnden wären (so *Drees* NStZ 1995, 481), dürfte im Hinblick auf die Einstellungsvoraussetzungen des § 154 StPO nur theoretisch in Betracht kommen, wäre zudem im Hinblick auf den eindeutigen Wortlaut abzulehnen.

6   Eine einheitliche Sanktionierung ist nach der Rechtsprechung des *BGH* (*BGH*St 10, 100; 14, 287; *BGH* NJW 1978, 384; *BGH* bei *Holtz* MDR 1979, 281) nicht möglich, **wenn ein Angeklagter rechtskräftig nach Jugendstrafrecht verurteilt wurde und später nach Erwachsenenstrafrecht bestraft wird.** Zwar ist im Fall der primären Verurteilung eines Heranwachsenden nach Erwachsenenstrafrecht eine einheitliche Sanktionierung gem. § 31 Abs. 2 S. 1 aufgrund des § 105 Abs. 2 vorgesehen; der Fall hier ist aber gesetzlich nicht geregelt, § 66 erlaubt nur eine nachträgliche Entscheidung gem. § 31. Der Standpunkt des *BGH* könnte einmal zu einer Schlechterbehandlung des/der jugendlichen bzw. heranwachsenden Angeklagten führen, da im Erwachsenenstrafrecht unter der Voraussetzung, daß die später abgeurteilten Taten vor den erstverurteilten Taten begangen wurden, eine Strafermäßigung im Wege der Gesamtstrafenbildung vorgesehen ist (s. *Nothacker* S. 316). Zum anderen könnte damit eine Unterbrechung des Vollzuges notwendig werden, wenn zunächst der Jugendstrafvollzug und anschließend der Erwachsenenstrafvollzug durchgeführt wird. Darüber hinaus würde eine einheitliche Sanktionierung, insbesondere auch die Anwendung des Sanktionenkatalogs des JGG, unterbunden.

7   Der generelle Hinweis auf eine uneinheitliche Sanktionierung ist nicht überzeugend. Zunächst hat der Gesetzgeber die formale Grenze von 18 bzw. 21 Jahren für die Anwendung des Jugendstrafrechts aufgestellt. Dies ist die grundsätzliche Regelung, die lediglich ausnahmsweise mit den §§ 32, 105 Abs. 2 durchbrochen wird. Der gesetzgeberische Wille gegen eine nachträgliche Vereinheitlichung ist eindeutig formuliert (s. Stellungnahme der *Bundesregierung* zu den Änderungsvorschlägen eines Gesetzes zur Änderung des RJGG, BT-Drucks. 1/3264, S. 64; Schriftlicher Bericht des *Ausschusses für Rechtswesen und Verfassungsrecht*, BT-Drucks. 1/4437, S. 7; s. auch Grdl. z. §§ 31-32 Rn. 2). Der Vollzug ist darüber hinaus gem. § 114 bis zum Beginn des 25. Lebensjahres einheitlich in einer Jugendstrafanstalt möglich; umgekehrt kann bei Nichteignung für den Jugendstrafvollzug der Freiheitsentzug bei über 18jährigen in einer Erwachsenenstrafanstalt vollzogen werden (s. § 92 Abs. 2 S. 1), wobei gerade die Notwendigkeit einer alsbaldigen Unterbrechung für eine Nichteignung sprechen kann. Eine analoge Anwendung des § 32 mit der Folge, daß auch

Jugendstrafrecht angewendet werden dürfte, soweit das Schwergewicht auf den Jugendstraftaten liegt (so *OLG Koblenz* GA 1954, 281; *Dallinger/Lackner* § 32 Rn. 5; *Lackner* GA 1955, 40; *Potrykus* § 31 Anm. 16, 2. Abs.; *Böhm* Einführung in das Jugendstrafrecht, S. 67; *Schaffstein/Beulke* § 9 II.; *Brunner/Dölling* § 32 Rn. 5; *Böhm/Büch-Schmitz* NStZ 1991, 132; *Eisenberg* § 32 Rn. 9), ist demnach in Wirklichkeit eine **Rechtsfortbildung contra legem**: Eine »planwidrige Gesetzeslücke« besteht nicht (so jetzt auch *BGH*St 36, 270; *Schoreit* NStZ 1989, 462; *Frister* in: Nomos-Kommentar zum StGB § 55 StGB Rn. 40; s. auch die kriminalpolitische Begründung des *AG Hannover* bei *Böhm* NStZ 1981, 253; a. M. *Dingeldey* Zbl 1981, 151, 152, die jedoch eine systemwidrige Regelung in eine Nichtregelung umdefiniert). Zudem würde mit der Anwendung des § 32 durch ein Erwachsenengericht die Zuständigkeitsregel (s. Rn. 18; § 33 Rn. 1) gebrochen; möglicherweise müßten für den Erwachsenen unpassende jugendstrafrechtliche Sanktionen angeordnet werden.

Möglich und angebracht erscheint demgegenüber die **Bildung einer Gesamtfreiheitsstrafe** unter der Voraussetzung des § 55 StGB (*Frister* in: Nomos-Kommentar zum StGB § 55 StGB Rn. 39; ebenso *LG Braunschweig* MDR 1965, 594, allerdings unter der Voraussetzung, daß die Jugendstrafe gem. § 92 Abs. 2 in einer Erwachsenenanstalt vollzogen wird; s. auch *Grethlein* NJW 1954, 1398, der jedoch unter entsprechender Anwendung des § 32 auch eine Gesamtjugendstrafe zulassen will; a. M. *OLG Schleswig* NStZ 1987, 225 m. abl. Anm. von *Knüllig-Dingeldey*; *BGH*St 36, 270; zust. insoweit *Bringewat* JuS 1991, 24). Die fortwährende Behauptung, daß die Jugendstrafe und die Freiheitsstrafe »ihrem Wesen nach völlig verschiedene Strafübel sind« (*BGH*St 14, 287; s. bereits *BGH*St 10, 103; weiterhin *BGH* bei *Holtz* MDR 1979, 106; *BGH* bei *Holtz* MDR 1979, 281; s. demgegenüber *BGH*St 29, 272, wonach im Vollzug zwischen diesen beiden Sanktionen nach der Bewertung des Gesetzgebers kein Unterschied besteht), geht sowohl am theoretischen Anspruch (s. Grdl. z. §§ 17-18 Rn. 3) als auch an der Realität vorbei (s. *Dingeldey* NStZ 1981, 355; *dies.* Zbl 1981, 152, 154; *dies.* NStZ 1987, 227; s. auch *Brunner/Dölling* § 32 Rn. 5; *OLG Koblenz* GA 1954, 281). Diese Ablehnung stimmt auch nicht mit der sonstigen Gleichsetzung von Jugend- und Freiheitsstrafe überein (s. § 31 Rn. 25). Dies gilt auch für die Gleichsetzung von Geldbuße und Geldstrafe (s. *LG Osnabrück* MDR 1980, 957, das jedoch rechtswidrigerweise eine einheitliche Geldbuße festgesetzt hat). Im Ergebnis hat sich der *BGH* dieser Auffassung auch angenähert, wenn gem. *BGH*St 14, 287 der Strafrichter in einem solchen Fall strafmildernd berücksichtigen **muß**, »daß die unverkürzte Vollziehung der Jugendstrafe und der Freiheitsstrafe des allgemeinen Strafrechts eine durch die Schwere der Straftaten nicht gerechtfertigte Härte bedeuten würde«. Dieses Verbot der formalen Sanktionsaddition liegt aber auch gerade der Gesamtstrafenbildung zugrunde

8

(verkannt von *Dingeldey* Zbl 1981, 153; s. auch *BGH*St 31, 102; *BGH* NStZ 1985, 309). Mit diesem Berücksichtigungsgebot sind auch die Problemfälle zu lösen, in denen jugendrechtliche Sanktionen ausgesprochen wurden, die im Erwachsenenstrafrecht keinen Vergleich zulassen. Soweit der *BGH* (*BGH*St 36, 270) gegen diese Lösung das Verbot der Schlechterstellung anführt, das der Umwandlung einer Jugendstrafe in eine Freiheitsstrafe entgegenstehe, so wird damit eine tatsächliche Begünstigung durch die Bildung einer Gesamtstrafe mit der Abwehr einer nur scheinbaren Verschlechterung verhindert. Einmal zeigt § 92 Abs. 2 S. 1, daß selbst bei einer Einzelverurteilung zu einer Jugendstrafe diese in einer Erwachsenenvollzugsanstalt vollstreckt werden kann; zum anderen und vor allem erlaubt § 114 den Vollzug bis zum 24. Lebensjahr in einer Jugendvollzugsanstalt. Ältere Gefangene sollen gem. § 92 Abs. 2 S. 3 immer in den Erwachsenenvollzug überwiesen werden. Zudem entspricht die hier vorgeschlagene Lösung einer zusammenfassenden Sanktionierung nicht nur den immer wieder aktualisierten Forderungen nach Einführung einer Einheitsstrafe auch im Erwachsenenstrafrecht (s. *Jescheck* Niederschriften über die Sitzungen der Großen Strafrechtskommission, 2. Bd., S. 283 ff.; *Alternativentwurf* z. AT, 1966, § 64; *Zipf* Die Strafmaßrevision, 1969, S. 143 ff.; BT-Drucks. 10/2720, S. 29; *Schoreit* ZRP 1990, 176), sondern auch weitgehend der Praxis, in der die Gesamtstrafe als eine »verkappte Einheitsstrafe« angewendet wird und wohl auch rechtstheoretisch nur angewendet werden kann (s. *Montenbruck* JZ 1988, 332). Allerdings muß bei der Gesamtstrafenbildung zusätzlich strafmildernd der Wegfall der günstigeren Reststrafenaussetzung gem. § 88 Abs. 1, Abs. 2 berücksichtigt werden (s. auch *Schoreit* ZRP 1990, 176).

9 Die Entscheidung im Fall der umgekehrten Fallkonstellation ist ebenfalls strittig: Der zur Tatzeit Heranwachsende soll in Anwendung des § 105 Abs. 1 nach Jugendstrafrecht behandelt werden; er ist bereits rechtskräftig wegen Taten verurteilt, die er nach dem 21. Lebensjahr begangen hat. Es stellt sich die Frage, ob auch diese Erwachsenenstraftaten in die neue Sanktionierung einbezogen werden können. Der *BGH* (*BGH*St 37, 34 mit zust. Anm. von *Eisenberg* JR 1990, 481 sowie abl. Anm. von *Ostendorf* NStZ 1991, 185; *BGH* StV 1994, 603; 1998, 345; s. auch *Arloth* Jura 1995, 34) will die Grundsätze des § 32 zur Anwendung kommen lassen, obwohl er den Anwendungsbereich des § 105 Abs. 2 – zu Recht – auch auf diese Fallkonstellation erstreckt. Die Schwergewichtslösung nach § 32 erscheint aber unlogisch, da § 105 Abs. 2 nicht auf § 32, sondern allein auf § 31 Abs. 2 Satz 1 sowie auf § 31 Abs. 3 verweist; zudem liegt die Grundvoraussetzung des § 32, die gleichzeitige Aburteilung, hier nicht vor. Dem Anliegen, die Einbeziehung in jedem Einzelfall zu prüfen, kann unter Anwendung des § 31 Abs. 3 entsprochen werden. Der Unterschied zwischen der BGH-Lösung und der hier vertretenen Auffassung besteht also

Erstes Hauptstück. Verfehlungen Jugendlicher und ihre Folgen § 32

darin, daß bei der BGH-Lösung die Unrechtsbewertung – Schwergewicht der Straftaten – im Vordergrund steht, während hier die Sanktionsfolgen im Mittelpunkt stehen. Eine Überprüfung der früheren Straftat, begangen im Erwachsenenalter, die dementsprechend mit Erwachsenensanktionen geahndet werden mußte, »ob aufgrund neuer Erkenntnisse für sie Jugendstrafrecht anwendbar ist«, erscheint sachfremd und kompetenzlos. Nur der zunächst vom BGH aufgezeichnete Weg, über § 105 Abs. 2 § 31 Abs. 2 und 3 anzuwenden, führt zur richtigen Lösung mit der Folge, daß Art und Höhe der jugendstrafrechtlichen Sanktion unabhängig von den bisherigen Erwachsenenstrafen zu bestimmen sind (so auch *BGH* StV 1998, 345 mit der insoweit widersprüchlichen, da auf § 31 Abs. 2 gestützten Argumentation: »denn mit einer auf § 105 Abs. 2 JGG i. V. m. § 31 Abs. 2 S. 1 JGG gestützten Entscheidung verliert das einbezogenen Urteil im Strafausspruch seine Wirkung«). Der dort formulierte Vorrang der einheitlichen Sanktionierung durch die Jugendstrafgerichte erscheint als primäre Zielsetzung der Konkurrenznormen des JGG, so daß diese Anwendung auch aus teleologischen Gründen angebracht ist. Eine einheitliche Sanktionierung sollte immer nach jugendstrafrechtlichen Gesichtspunkten erfolgen, wenn ein Jugendgericht – noch – das Jugendstrafrecht anwendet. Bei alledem darf nicht übersehen werden, daß immer Jugendstrafrecht angewendet werden muß, um über § 31 Abs. 2 S. 1 das Urteil nach Erwachsenenstrafrecht »einzukassieren« und daß schließlich bei der Gesamtproblematik die Anwendung des § 154 StPO zu berücksichtigen bleibt. Hierbei ist nicht entscheidend, ob der zweiten Verurteilung eine Jugend- oder Heranwachsendenverfehlung zugrundeliegt (so aber *BGH* NJW 1978, 384; *Eisenberg* § 105 Rn. 44; *Brunner/Dölling* § 105 Rn. 25). Zwar sprechen der Wortlaut, die Systematik und auch die Entstehungsgeschichte (s. BT-Drucks. 7/550, S. 332, 333) gegen diese Auffassung. Die historische Begründung ist aber bereits in sich nicht schlüssig, wenn für die Einführung des § 105 Abs. 2 die Erwartung ausgesprochen wird, »daß, wenn der Richter trotz vorangegangener Verurteilung nach allgemeinem Strafrecht nunmehr Jugendstrafrecht anwendet, er dazu aufgrund genauerer Persönlichkeitsforschung kommt«. Hier wird § 105 Abs. 2 sinnwidrigerweise als Urteilskorrektur eingesetzt, wobei die Anwendung von Jugendstrafrecht gem. § 105 Abs. 1 Nr. 2 zusätzlich außer Betracht bleibt. Entscheidend ist, daß eine einheitliche Sanktionierung erst recht geboten erscheint, wenn gegen einen/eine Angeklagte(n) einmal Erwachsenenstrafrecht angewendet wurde und jetzt noch jugendstrafrechtliche Sanktionen angeordnet werden: »Strafen und Maßnahmen aus den verschiedenen Strafrechtsordnungen nebeneinander bestehen zu lassen und auch zu vollstrecken, widerspräche dem das JGG beherrschenden Erziehungsgedanken« (so BT-Drucks. 7/550, S. 333; zust. *von Beckerath* Jugendstrafrechtliche Reaktionen bei Mehrfachtäterschaft, 1997, S. 239).

3. Schwergewicht der Straftaten

10 Dritte Voraussetzung ist, daß an sich für mehrere Straftaten sowohl Jugend- als auch Erwachsenenstrafrecht angewendet werden müßte. Soweit bereits die Prüfung des § 105 Abs. 1 zu einer einheitlichen Sanktionierung kommt, ist § 32 nicht anwendbar. Die Entscheidung über die Sanktionierung erfolgt dann nach dem »Schwergewicht« der Straftaten.

a) Objektiver und subjektiver Unrechtsgehalt

11 Obwohl nach h. M. die Anzahl und der Unrechtsgehalt der Straftaten keine entscheidende Bedeutung haben (s. *BGH* JR 1954, 271; *OLG Düsseldorf* 1983, 378; *BGH* NStZ 1986, 219; *Brunner/Dölling* § 32 Rn. 3; *Eisenberg* § 32 Rn. 11), müssen diese Kriterien Ausgangspunkt der Überlegungen sein. Insofern ist auf die gesetzgeberische Schwereeinschätzung in den Strafrahmen des Erwachsenenstrafrechts Bezug zu nehmen. Hierbei ist zwischen dem – objektiven – Erfolgsunrecht (Höhe des Schadens, Größe der Verletzung) und dem – subjektiven – Handlungsunrecht (Art und Weise der Ausführung, Vorsatz, Fahrlässigkeit) zu unterscheiden. Bei Dauerdelikten sind die Tatanteile zu trennen. Keineswegs darf aber der gesetzgeberischen Unrechtseinstufung ein solches Gewicht zugemessen werden, daß bei Straftaten mit der Androhung lebenslanger Freiheitsstrafe oder mit einer Freiheitsstrafe von mindestens 10 Jahren immer bzw. »im allgemeinen« ein Übergewicht angenommen wird (so aber *Krauth* in: Festschrift für Lackner, 1987, S. 1071, 1072).

b) Verantwortlichkeit

12 Entsprechend dem Grundsatz, daß eine Bestrafung von der Verantwortlichkeit abhängig ist, ist als zweites das Schwergewicht nach der individuellen Verantwortlichkeit zu beurteilen. Dies verlangt eine Persönlichkeitsbeurteilung mit einer Bewertung der Tatursachen. Zwar wird man allgemein die Verantwortlichkeit eines Erwachsenen höher einzustufen haben; wenn sich die Erwachsenenstraftat jedoch als eine Wiederholung der Jugendstraftat darstellt, so wird hinsichtlich der Verantwortlichkeit das Schwergewicht bei der Jugendstraftat liegen, da die Hemmschwelle nach einem Rechtsbruch herabgesetzt ist (ebenso *OLG Düsseldorf* StV 1983, 378 und *BGH* NStZ 1986, 219 m. w. N.). Dem steht nicht ein Verständnis entgegen, das auch Mehrfachauffälligkeit als altersmäßig-entwicklungsbedingte Wahrscheinlichkeit versteht: Wenn sich die Straftaten über das Alter dieser Entwicklungsphase fortsetzen, so ist – gegenargumentierend – eben doch ein Zusammenhang zu erwarten (s. aber *Walter* in: Diversion als Leitgedanke, hrsg. v. *Walter*, 1986, S. 27). Liegt die »Tatwurzel« im Jugend- bzw. Heranwachsendenalter, ist auch dann Jugendstrafrecht anzuwenden (bei Heranwachsenden, wenn die Voraussetzungen des § 105

Abs. 1 bejaht werden), wenn die Mehrzahl der Straftaten im Erwachsenenalter begangen wurde (s. *BGH* bei *Böhm* NStZ 1989, 523) oder der Unrechtsgehalt der »Erwachsenenstraftat« eindeutig überwiegt (s. *BGH* bei *Holtz*, MDR 1993, 9 für eine anschließende Mordtat). Bei einer Dauerstraftat, die sich über verschiedene Altersstufen erstreckt, gilt dies erst recht, insbesondere wenn ein anfänglicher Gesamtvorsatz bestand (*BGH*St 6, 7; *LG Berlin* StV 1984, 520; *Eisenberg* § 32 Rn. 13). Zuständig ist das Jugendgericht, wenn der 1. Teilakt als Jugendlicher oder Heranwachsender (§ 108) begangen wurde (s. *OLG Hamburg* StV 1985, 158; ausführlicher § 33 Rn. 1). Zu berücksichtigen ist weiterhin, daß im Hinblick auf eine sekundäre Devianz, die gerade auch mit der strafrechtlichen Sanktionierung beeinflußt wird, für die nachfolgenden Straftaten eine geringere Verantwortlichkeit die Folge sein kann (ebenso *Eisenberg* § 32 Rn. 10).

c) Beurteilungszeitpunkt

Als Beurteilungszeitpunkt wird überwiegend der Zeitpunkt des Urteils genannt, wobei die spätere Entwicklung mit berücksichtigt werden soll (*Dallinger/Lackner* § 32 Rn. 10; *Brunner/Dölling* § 32 Rn. 4; *Eisenberg* § 32 Rn. 14). Diese Anknüpfung ist weder mit dem Gesetzeswortlaut zu vereinbaren noch sachlich notwendig. Nach dem Gesetz kommt es auf die Straftaten an, nicht auf die weitere Entwicklung. Allerdings ist die Entwicklung nach der ersten Tat bis zum Zeitpunkt der letzten, hier abgeurteilten Tat im Rahmen der Verantwortlichkeitsbeurteilung eben dieser letzten Tat zu berücksichtigen (s. Rn. 12; wie hier *Schoreit* in: D/S/S § 32 Rn. 23). Auch ergibt sich ein Vergleich des Unrechtsgehaltes erst aus der gleichzeitigen Betrachtung der späteren Tat. Eine Berücksichtigung des Zeitraumes nach der letzten Tat ist jedoch ausgeschlossen (s. auch *OLG Bremen* MDR 1951, 569; *Potrykus* § 32 Anm. 4). Mit Hilfe eines sog. Erziehungsstrafrechts und der damit begründeten Voraussetzung einer – noch bestehenden – Erziehungseignung wird ansonsten eine vom Wortlaut sich entfernende, täterbenachteiligende Auslegung betrieben (sehr deutlich bei *Krauth* in: Festschrift für Lackner, 1987, S. 1069 ff.), wobei es doch auch dem Jugendstrafrecht allein auf die Verhinderung zukünftiger Straftaten ankommt (s. Grdl. zu §§ 1 u. 2 Rn. 4).

13

4. Ermessen

Die einheitliche Sanktionierung entweder nach Jugend- oder nach Erwachsenenstrafrecht ist verpflichtend (s. *BGH* bei *Böhm* NStZ-RR 199, 290), die Entscheidung zwischen dem Jugend- oder Erwachsenenstrafrecht liegt im pflichtgemäßen Ermessen des Gerichts, das im Revisionsverfahren – lediglich – auf einen Ermessensfehler zu prüfen ist, d. h. auf die richtige Zugrundelegung der Beurteilungsmaßstäbe (s. *OLG Düsseldorf* StV 1983, 378; noch einschränkender *BGH* bei *Holtz*, MDR 1988, 1003: »Diese Be-

14

urteilung ist im wesentlichen Tatfrage, die der Tatrichter nach seinem pflichtgemäßen Ermessen zu entscheiden hat und daher der Nachprüfung des Revisionsgerichts grundsätzlich entzogen ist«). Diese Prüfung ist nur möglich, wenn auch die Beurteilungsgrundlagen mitgeteilt werden; geschieht dies nicht, ist das Urteil i. S. des § 337 StPO rechtsfehlerhaft (*OLG Düsseldorf* JR 1983, 479 mit zust. Anm. v. *Brunner*; *Krauth* in: Festschrift für Lackner, 1987, S. 1065). Soweit bei nicht behebbaren Zweifeln aus dem Wortlaut ein Vorrang für das Erwachsenenstrafrecht abgeleitet wird (*BGH*St 12, 134; *BGH* bei *Böhm* NStZ-RR 1998, 291; *Böhm* Einführung in das Jugendstrafrecht, S. 65; *Schaffstein/Beulke* § 9 I.; *Brunner/Dölling* § 32 Rn. 3; s. auch *BGH* NStZ 1986, 219: »Es sind aber auch Fälle denkbar, bei denen schon der Umstand, daß bei getrennter Aburteilung für die vom Angeklagten als Erwachsener begangene Tat lebenslange Freiheitsstrafe verwirkt hätte, dazu führt, nach § 32 JGG einheitlich das allgemeine Strafrecht anzuwenden.«), ist dieser Auffassung entgegenzutreten. Zunächst folgt unmittelbar aus dem Wortlaut nur, daß bei einem Gleichgewicht der Taten Erwachsenenstrafrecht anzuwenden ist (so *Dallinger/Lackner* § 32 Rn. 12; die Berufung auf diese Kommentierung in *BGH*St 12, 134, sowie von anderen ist nicht korrekt). Eine Gleichgewichtigkeit wird in Anbetracht der o. g. Beurteilungskriterien (s. Rn. 11, 12), insbesondere mit Rücksicht auf die altersbedingte unterschiedliche Bewertung der Verantwortlichkeit nur sehr selten festzustellen sein (ebenso *Schoreit* in: D/S/S § 32 Rn. 18). Wenn aus diesem praxisfernen Vorrang des Erwachsenenstrafrechts eine Regelung für die praxisnahen Zweifel über eine Schwergewichtigkeit abgeleitet wird, so ist dem eine teleologische Auslegung entgegenzuhalten: Mit seinen differenzierenden Sanktionsmöglichkeiten stellt das JGG das »bessere« Präventionsstrafrecht dar (wie hier *Potrykus* § 32 Anm. 4; krit. *Eisenberg* § 32 Rn. 17). Zudem ist die Entwicklung des jugendlichen Heranwachsenden mit dem 21. Lebensjahr keineswegs abgeschlossen, was in der rechtspolitischen Diskussion Grund ist, ein Jungtäterrecht bis zum 25. Lebensjahr zu fordern (s. *Asbrock* ZRP 1977, 191 ff.; s. auch Grdl. z. §§ 105-106 Rn. 11). Diese Auslegung stimmt mit der zu § 105 überein, wenn dort zweifelhaft ist, ob Jugend- oder Erwachsenenstrafrecht zur Anwendung kommt, obwohl auch dort der Wortlaut mehr für die Anwendung des Erwachsenenstrafrechts spricht (s. *BGH*St 12, 116; s. ausführlich § 105 Rn. 24). Wie dort, wirkt eine Fehlentscheidung für die Anwendung des Erwachsenenstrafrechts sich regelmäßig für den/die Angeklagte(n) nicht nur belastender, sondern auch für eine Prävention ungünstiger aus. Argumente wie »kaum erträgliche Vorteile« (s. schriftlicher Bericht des *Ausschusses für Rechtswesen und Verfassungsrecht*, BT-Drucks. 1/4437, S. 7), »ungerechte Bevorzugungen« (s. *Krauth* in: Festschrift für Lackner, 1987, S. 1066) müssen im Hinblick auf die Sanktionsforschung und ihr Ergebnis, daß Sanktionen ohne Effizienzverlust weitgehend austauschbar sind, daß vor allem längerer Freiheitsentzug mehr entsozialisierende als resozialisierende Wirkungen entfaltet (s. § 17 Rn. 12, § 18 Rn. 7-9), hinten anstehen.

III. Rechtsfolgen

1. bei Anwendung von Jugendstrafrecht

Wird einheitlich Jugendstrafrecht angewendet, sind auch nur die Sanktionen des JGG erlaubt. Eine zusätzliche Sanktion nach dem Erwachsenenstrafrecht ist auch nicht in der Berufungsverhandlung, in der gleichzeitig über eine erstinstanzliche Anklage entschieden wird, gestattet (*BGH*St 29, 67). 15

2. bei Anwendung von Erwachsenenstrafrecht

Bei Anwendung des Erwachsenenstrafrechts sind zunächst für alle Taten Erwachsenensanktionen auszuwerfen, auch für die Tat, auf die ansonsten mit Jugendstrafrecht reagiert worden wäre. Sodann sind die Konkurrenzregeln der §§ 53, 54 StGB zu beachten (*BGH* bei *Herlan* GA 1954, 309). 16

IV. Verfahren

Hinsichtlich des Verfahrens ergeben sich keine Besonderheiten, wenn die Straftaten bei einem Gericht zusammen angeklagt werden (s. Rn. 4). Probleme können für eine Verbindung entstehen. § 103 greift nicht ein, da dort nur die Verbindung von Strafsachen gegen Jugendliche und gegen Erwachsene, nicht gegen denselben/dieselbe Beschuldigte(n) geregelt wird (s. *BGH*St 8, 352; 10, 102). § 237 StPO setzt voraus, daß bereits mehrere Strafsachen bei einem Gericht anhängig sind. Es bleiben somit nur die allgemeinen Bestimmungen der §§ 2-4 StPO; der notwendige Zusammenhang besteht gem. § 3 StPO. Wenn danach vom Gesetzeswortlaut nur die Möglichkeit einer Verbindung eingeräumt wird (»können«), so verdichtet sich dieses Ermessen außer aus prozeßökonomischen Gründen aufgrund des grundsätzlichen Anliegens nach einer einheitlichen Sanktionierung **zu einer Verpflichtung** (wie hier *Dallinger/Lackner* § 32 Rn. 16; *Walter/Pieplow* StV 1991, 6; *Böhm* Einführung in das Jugendstrafrecht, S. 66; *Brunner/Dölling* § 32 Rn. 13, s. aber andererseits vor § 102 Rn. 2, § 103 Rn. 1 und Rn. 19; *Eisenberg* § 32 Rn. 19, s. aber auch § 103 Rn. 31, 32; einschränkend *Miehe* in: Festschrift für Stutte, 1979, S. 244, 245 auf Taten, die nicht allzu weit vor und nicht allzu weit nach der 21-Jahresgrenze begangen worden sind; a. M. *BGH*St 10, 101). Ansonsten wird durch eine verfahrensrechtliche Entscheidung die ausdrücklich vom Gesetzgeber vorgesehene und vom Rechtsanwender zu prüfende Möglichkeit einer einheitlichen Sanktionierung umgangen (s. Schriftlicher Bericht des *Ausschusses für Rechtswesen und Verfassungsrecht*, BT-Drucks. 1/4437, S. 7; *Ranft* Jura 1994, 663; s. demgegenüber *BGH*St 10, 101). Daß dann Ju- 17 gendgerichte sich auch mit Erwachsenensachen zu beschäftigen haben, stellt sich nur als ein justizorganisatorisches Problem dar; die Prüfung der Straftatvoraussetzungen ist einheitlich. Deshalb ist der Jugendstaatsanwalt grundsätzlich zu einer zusammenfassenden Anklage verpflichtet (ebenso *Brunner/Dölling* § 32 Rn. 13; s. auch § 36 Rn. 1). Ein Strafverfolgungshindernis scheidet jedoch im Falle eines Verstoßes nach *BGH* NJW 1990, 920 zumindest in Fällen nicht reiner Willkür aus.

18 Zuständig für die gerichtliche Verbindung ist entsprechend der allgemeinen primären Zuständigkeit für Straftaten Jugendlicher und Heranwachsender (§§ 107, 108 Abs. 1; s. auch § 47 a) das Jugendgericht (s. *BGH*St 7, 26 ff.; 8, 351; *BayObLG* 1966, 120; *Brunner/Dölling* § 32 Rn. 13, § 103 Rn. 1; *Brunner* JR 1974, 430; *Eisenberg* § 103 Rn. 28); die Ausnahmen des § 103 Abs. 2 S. 2 gelten nicht, nur die gem. § 102. Dies muß auch für die Trennung gelten (a. M. *BGH* MDR 1974, 54; im Grundsatz wie hier *Brunner* JR 1974, 429, der aber im Ergebnis der Entscheidung des *BGH* zustimmt, da dort eindeutig das Schwergewicht auf den Erwachsenenstraftaten lag – die richtige Sachentscheidung vermag aber nicht einen Verfahrensfehler zu heilen). Erst recht kann bei Dauerdelikten die Zuständigkeit des Erwachsenengerichts nicht damit begründet werden, daß die jugendlichen Taten gem. § 154 a StPO eingestellt werden (s. *BayObLG* 1966, 119; zust. *Brunner/Dölling* § 32 Rn. 14 sowie *Eisenberg* § 103 Rn. 32; a. M. aber *BGH* NStZ 1992, 503 mit abl. Anm. von *Eisenberg/Sieveking* NStZ 1992, 295).

V. Rechtsmittel

19 Die Rechtsmittelmöglichkeiten richten sich je nach Anwendung entweder nach dem Erwachsenen- oder nach dem Jugendstrafrecht. Zur Prüfung des Ermessens s. Rn. 14. Bei einer einheitlichen Sanktionierung nach Jugendstrafrecht ist die Straffrage insgesamt zur Prüfung gestellt; eine Begrenzung der Straffrage auf eine Teilanfechtung ist nur hinsichtlich der Schuldfrage möglich (s. § 31 Rn. 34). Nach einer begrenzten Aufhebung des Schuldspruchs ist trotz des Fehlens einer »gleichzeitigen Aburteilung« § 32 anzuwenden (s. Rn. 5). Dies gilt auch, wenn einheitlich Erwachsenenstrafrecht angewendet, die Anfechtung hinsichtlich der Straffrage begrenzt und dementsprechend der Strafausspruch nur teilweise aufgehoben wurde (wie hier *Eisenberg* § 55 Rn. 19; *Brunner/Dölling* § 55 Rn. 6). Im Falle einer bewußten Umgehung des § 32 durch die Staatsanwaltschaft, um dem/der Angeklagten die »Vorteile« des Jugendstrafrechts zu entziehen, liegt ein Verstoß gegen das Rechtsstaatsprinzip sowie gegen das Prinzip eines fairen Verfahrens (Art. 6 Abs. 1 MRK) vor, der sich für das spätere Verfahren als ein Verfahrenshindernis unter Anwendung des § 260 Abs. 3 StPO darstellen müßte, wenn nicht – wie hier vertreten (s. Rn. 8) – § 55

StGB analog angewendet wird (s. aber *BGH*St 36, 270, wonach ein »Härteausgleich« im Rahmen des Rechtsfolgenausspruches bei Verhängung einer Höchstjugendstrafe nicht zwingend ist und trotzdem kein Verfahrenshindernis begründet ist; zust. *Brunner* JR 1990, 525).

Zweites Hauptstück. Jugendgerichtsverfassung und Jugendstrafverfahren

Erster Abschnitt. Jugendgerichtsverfassung

Grundlagen zu den §§ 33-38

1. Systematische Einordnung

In den §§ 33-38 wird als erster Abschnitt des 2. Hauptstücks die **Jugendgerichtsverfassung** bestimmt, soweit sie von den allgemeinen Vorschriften abweicht. Behandelt werden die speziellen Jugendgerichte mit Einschluß der Jugendschöffen, die Jugendstaatsanwaltschaft sowie die Jugendgerichtshilfe. Die Regelung der »Gegenseite«, d. h. der Verteidigung und des Beistandes sowie der Erziehungsberechtigten und gesetzlichen Vertreter, findet sich in den gemeinsamen Verfahrensvorschriften (§§ 67-69).

1

2. Historische Entwicklung

Der Anfang einer selbständigen Jugendgerichtsverfassung wurde von der Praxis gemacht. Die um 1890 einsetzende Jugendgerichtsbewegung (s. *Hauber* Zbl 1977, 316) forderte die Einrichtung von besonderen Jugendgerichten, die in Personalunion mit dem Vormundschaftsgericht (s. *Otto* Der Grundsatz der Ämtereinheit des Jugend- und Vormundschaftsrichters, 1970, S. 2 ff. m. w. N.) von pädagogisch und psychologisch geschulten Richtern besetzt sein sollten. Erstmalig wurde über die Geschäftsverteilung im Jahre 1907 in Frankfurt ein deutsches Jugendgericht eingerichtet. Im Jahre 1912 wurden bereits 1 283 »Jugendgerichte« gezählt (s. Anlagen zu den stenographischen Berichten des Reichstages 1912/13, S. 1820). Der erste deutsche Jugendgerichtstag wurde im Jahre 1909 abgehalten. Nachfolgend wurde im Jahre 1912 unter Federführung von *v. Liszt* ein Antrag im Reichstag eingebracht, mit dem das Verfahren gegen Jugendliche gesondert geregelt werden sollte und besondere Jugendgerichte geschaffen werden sollten (s. Verhandlungen des Reichstages, Bd. 298, Antrag Nr. 198; s. hierzu auch *v. Liszt* in: Festgabe für Riesser, 1913,

2

S. 114 ff.). Eine gesetzliche Regelung erfolgte aber erst mit dem JGG 1923, mit der die heutige Gesetzeslage wesentlich vorbereitet wurde. Auch wenn die erzieherische Befähigung der beteiligten Personen noch nicht verlangt wurde, so sollten aber schon damals »die Geschäfte des Jugendrichters und des Vormundschaftsrichters demselben Richter übertragen werden« (§ 19 S. 2). Auch war »in allen Abschnitten des Verfahrens« die Jugendgerichtshilfe heranzuziehen (§ 22).

3 Mit dem JGG 1943 wurden besondere Jugendstaatsanwälte eingeführt (§ 23) sowie eine besondere persönliche Qualifikation verlangt: »Die Richter bei Jugendgerichten und die Jugendstaatsanwälte sollen erzieherisch befähigt und in der Jugenderziehung und in der Jugendführung erfahren sein.« Wenn man von der nationalsozialistischen Führungsideologie absieht, wurde damit die heutige Regelung des § 37 vorweggenommen. Ein Schöffengericht gab es wie im allgemeinen Strafverfahren aufgrund der »Vereinfachungsverordnung« vom 1. 9. 1939 (RGBl I, 1658) nicht mehr. Gleichberechtigt neben der Jugendgerichtshilfe stand die Hitler-Jugend, wobei die Aufgabenstellung nur in einer Generalklausel umschrieben war (§ 25; s. aber auch §§ 32 Abs. 2, 35, 44, 50). Von Veränderungen, die durch andere gesetzliche Neuregelungen erforderlich wurden sowie von unwesentlichen sprachlichen Korrekturen abgesehen, entspricht die Regelung im JGG 1953 der heutigen Gesetzeslage. Mit dem 1. JGGÄndG sowie mit dem KJHG wurden in § 34 neben terminologischen Veränderungen Gesetzeskorrekturen durchgeführt, die aufgrund des Gesetzes zur Neuregelung des Rechts der elterlichen Sorge vom 18. 07. 1979 (s. 1. Aufl., § 34 Rn. 3) sowie aufgrund des Wegfalls des Instituts der Fürsorgeerziehung notwendig wurden. In § 38 wurden mit dem 1. JGGÄndG einmal die Funktion der Jugendgerichtshilfe als Haftentscheidungshilfe ausdrücklich betont, zum anderen ihre Funktion im Rahmen von Betreuungsweisungen geregelt.

3 a Mit dem Rechtspflegeentlastungsgesetz vom 11.1.1993 (BGBl I, 50) wurde mit Inkrafttreten zum 1.3.1993 die kleine Jugendkammer gem. § 33 b Abs. 1 (ein Berufsrichter als Vorsitzender, 2 Jugendschöffen) für Berufungen gegen Urteile des Jugendrichters eingerichtet. Gleichzeitig wurde gem. § 33 b Abs. 2 die Möglichkeit geschaffen, in der erstinstanzlichen Hauptverhandlung (zur Berufungsinstanz s. §§ 33-33 b Rn. 11) die große Jugendkammer nur mit 2 Berufsrichtern und 2 Jugendschöffen zu besetzen (z. Z. begrenzt auf den 31.12.2000 durch das 3. Verjährungsgesetz vom 22.12.1997, BGBl I, 3223). Mit dem Kindschaftsrechtsreformgesetz vom 16. Dezember 1997 (BGBl. I, 2942) wurden die bisherigen vormundschaftsrichterlichen Aufgaben teilweise auf den Familienrichter verlagert und die Verbindung von Jugend- und Vormundschaftsrichter gem. § 34 Abs. 2 auf die Übertragung der familien- und vormundschaftrichterlichen Erziehungsaufgaben begrenzt.

3. Gesetzesziel

Ziel dieser Bestimmungen ist es, für die strafgerichtliche Ahndung von Verfehlungen Jugendlicher und Heranwachsender ein besonderes, hierfür **geeignetes Personal** zur Verfügung zu stellen. Die materielle Zielsetzung verlangt eine entsprechende personelle Besetzung. Von Bedeutung ist hierbei einmal über die besondere Qualifikation der Berufsrichter und Laienrichter sowie der Staatsanwälte hinaus (§§ 37, 35 Abs. 2 S. 2) die verpflichtende Beteiligung der Jugendgerichtshilfe (§ 38 Abs. 3 S. 1). Diese heute nicht mehr wegzudenkende Institution im Jugendgerichtsverfahren hat z. T. auch im Erwachsenenstrafrecht mit der allgemeinen Gerichtshilfe (s. § 160 Abs. 3 S. 2 StPO) Nachahmung gefunden, wobei die Einführung und Regelung im einzelnen den Ländern überlassen ist (Art. 294 EGStGB) und die Praxis wenig befriedigend ist (s. *Roxin* § 10 Rn. 44). Zur Forderung einer funktionalen Personenidentität von Jugend- und Vormundschaftsrichtern s. Grundlagen zu § 53 Rn. 3.

Ebenso eine Besonderheit sind die speziellen Jugendschöffen, wobei beide Geschlechter zu berücksichtigen sind (§ 33 a Abs. 1 S. 2, § 33 b Abs. 3). Ihre Aufgabe ist es, daß allein schon durch ihre Anwesenheit und ihre Mitbestimmungsbefugnis sich die Juristen mit ihrer speziellen Sprach- und Verfahrenstechnik im Gerichtssaal und damit dem/der Angeklagten verständlich machen müssen, daß mit dem Einsatz eines speziellen Fachwissens adäquatere Entscheidungen getroffen werden sowie daß durch eine Bürgerbeteiligung der Gefahr einer Isolierung der justitiellen Gewalt zu einem Staat im Staate begegnet sowie die Akzeptanz der strafgerichtlichen Entscheidungen in der Bevölkerung erhöht wird (s. hierzu allgemein *Wassermann* Recht und Politik, 1982, 117; krit. *Volk* in: Festschrift für Dünnebier, 1982, 373; *Kühne* ZRP 1985, 237; hierzu *Baumann* ZRP 1985, 311 sowie *Rennig* ZRP 1986, 30; ausführliche Nachweise bei *Villmow/ter Veen/Walkoviak/Gerken* in: Festschrift für Pongratz, 1986, S. 308, 309, Fn. 9, 10). Inwieweit diese Postulate tatsächlich eingelöst werden, ist eine empirisch bislang weitgehend unbeantwortete Frage (s. hierzu *Villmow/ter Veen/Walkoviak/Gerken* a. a. O., S. 310).

4. Justizpraxis

Während im Jahre 1953 die Jugendrichterstellen als »Aschenputtelstellen der Justiz für weniger Tüchtige oder ganz junge Beamte, die zudem häufig wechseln« genannt wurden (s. *Middendorff* Kriminelle Jugend in Europa, S. 93), erschien im Jahre 1959 ein »Loblied« auf sieben besonders bekannt gewordene Jugendrichter, die als »praktische Synthese durch Leben und Wirken« hingestellt wurden, »die dem Jugendrichter dann zu gelingen scheint, wenn sein sachkundiges Tun von einem sehr liebevollen Verantwortungsgefühl für bedrohte junge Menschen beseelt ist« (S. 4). Die erste wissenschaftliche Untersuchung bestätigte die erste Behauptung: Befragungen in vier badischen Landgerichtsbezirken bei insgesamt 33 Jugendrichtern in den Jahren 1975/1976 ergaben, daß bei fast allen (32) innerorganisatorische Überlegungen und nicht pädagogische Qualifikationen für die Besetzung maßgebend waren (s. *Hauser* Der Jugendrichter – Idee und Wirklichkeit, 1980, S. 25; *ders.* MschrKrim 1980, 6). Weder in der universitären Ausbildung noch in der Referendarzeit noch durch Weiterbildungsmaßnahmen sei man auf die jugendstrafrichterlichen Aufgaben vor- oder nachbereitet worden. Mit der Einführung des Wahlfachstudiums haben sich allerdings Veränderungen ergeben: Nach einer Befragung niedersächsischer Jugendrichter im Jahre 1979 hatten »nur noch« 36,8 % weder eine kriminologische noch eine strafvollzugskundliche Lehrveranstaltung besucht, wobei die Erwachsenenstrafrichter sogar besser abschnitten (s. *Streng* in: BKA Jugendkriminalität, Teil 1, 1982, S. XXXIII). Nach einer bundesweiten empirischen Erhebung bei Jugendrichtern und Jugendstaatsanwälten haben 56 % an einer kriminologischen und 40 % an einer jugendstrafrechtlichen Lehrveranstaltung teilgenommen (*Adam/Albrecht/ Pfeiffer* Jugendrichter und Jugendstaatsanwälte in der Bundesrepublik Deutschland, 1986, S. 53 ff.). Allerdings ist der Wert solcher Einzelveranstaltungen gering einzuschätzen, zumal damit diese Materie noch nicht Prüfungsgegenstand ist. Diese Einschätzung stimmt weitgehend mit einer Untersuchung aus den Jahren 1979/80 überein. Eine repräsentative Befragung mit allerdings nur 142 verwertbaren Rückläufen hat ergeben: »Eine sozialwissenschaftliche Fundierung des pädagogischen oder erzieherischen Verständnisses ist bei den Jugendrichtern wenig erkennbar« (s. *Pommerening* MschrKrim 1982, 195; *dies.* Pädagogisch relevante Dimensionen des Selbstbildnisses von Jugendrichtern, 1982). Damit geht konform, daß nur 38 % ausschließlich, 21 % zu 60 bis 90 % und 14 % zu 50 % jugendrichterliche Aufgaben wahrnahmen, wobei 70 % nicht gleichzeitig Vormundschaftsrichter waren (s. *Pommerening* MschrKrim 1982, 194; in etwa bestätigt durch die Untersuchung von *Adam/Albrecht/ Pfeiffer* Jugendrichter und Jugendstaatsanwälte in der Bundesrepublik Deutschland, 1986; diese Praxis wird von *Brunner/Dölling* §§ 39-41 Rn. 7 verkannt, s. auch Grundlagen zu § 53 Rn. 4). Nach der Untersuchung von *Hauser* (Der Jugendrichter – Idee und Wirklichkeit, 1980, S. 219) waren 36 %, nach der Untersuchung von *Otto* (Der Grundsatz der Ämtereinheit des Jugend- und Vormundschaftsrichters, 1970, S. 68) waren 29 % nicht gleichzeitig Vormundschaftsrichter. Nach einer neueren Untersuchung aus dem Jahre 1992 betrug die durchschnittliche Auslastung mit jugendrichterlichen Tätigkeiten an den Amtsgerichten nur 56,7 % (*Hupfeld* DVJJ-Journal 1993, 15). Hierbei zeigt sich, daß gerade diejenigen, die ausschließlich sich mit Jugendstrafsachen beschäftigen, den Gesetzesanforderungen eher genügen, wobei ihre persönliche und berufliche Sozialisation hierfür mitursächlich heranzuziehen ist (s. *Pommerening* Pädagogisch relevante Dimensionen des Selbstbildes von Jugendrichtern, 1982, S. 214). Mit dieser Analyse stimmt eine große Untersuchung für Jugendstaatsanwälte (fast 800 Befragungen) überein, wonach ca. drei Fünftel »zufällig« Jugendstaatsanwälte geworden sind und sich nur ca. ein Drittel um die Stelle als Jugendstaatsanwalt bemüht hat (s. *Albrecht* in: Jugendgerichtsverfahren und Kriminalprävention, DVJJ 13 [1984], 155). Nach der Untersuchung von *Adam/Albrecht/Pfeiffer* a. a. O. sind von 341 befragten Jugendrichtern 42,8 % und nur 31,4 % der Jugendstaatsanwälte aufgrund eigener Bemühungen in ihr Amt gekommen. Aus persönlicher Erfahrung, gerade auch mit den heutigen Jugendrichtern und Jugendstaatsanwälten, kann aber gesagt werden, daß sich mehr und mehr gerade die Engagierten in der Jugendstrafgerichtsbarkeit einfinden, womit sich erhebliche Unterschiede in der Berufsauffassung zu den »Zugewiesenen« ergeben. Nicht selten werden Berufsanfänger für kurze Zeit eingesetzt. »Rückgratverstärker« und Impulsgeber ist dagegen insbesondere die Deutsche Vereinigung für Jugendgerichte und Jugendgerichtshilfen. Damit kommen die eingangs erwähnten Stellungnahmen zu einem konformen Ergebnis, wobei die negative Einschätzung in der Justiz sich neutralisiert hat (s. *Albrecht* a. a. O. 155), speziell die Jugendrichter eine sehr große Zufriedenheit mit ihrer Tätigkeit ausdrücken, wenngleich sie um eine niedrigere Bewertung durch ihre Kollegen wissen (s. *Pommerening* Pädagogisch relevante Dimensionen des Selbstbildes von Jugendrichtern, 1982, S. 179).

Richterstellen bei Jugendgerichten (bundesweit im Durchschnitt)

Jahr	Jugendrichter	Vorsitzende eines Jugendschöffengerichts	Richter in kleinen Jugendkammern
1992	341,76	212,04	
1993	340,37	219,01	
1994	398,72	253,79	29,54
1995	431,94	276,78	31,73
1996	431,67	270,91	28,04
1997	435,62	279,46	30,22
1998	439,87	281,18	29,83

(Quelle: Auskunft des Bundesministeriums der Justiz; Gebiet: 1992, 1993 – alte Länder, 1994 – Bundesgebiet ohne Sachsen, ab 1995 – Bundesgebiet)

In der Amtsperiode 1997 bis 2000 sind von insgesamt 60 947 Schöffen im gesamten Bundesgebiet 19 169 Jugendschöffen tätig (*Lieber* Die Struktur der Schöffen der Amtsperiode 1997 bis 2000 nach Geschlecht, Alter und Beruf, RohR 1999, S. 75–81). Hierunter sind nach einer Untersuchung für

West-Berlin hinsichtlich der Berufsstruktur überdurchschnittlich viele Angehörige des öffentlichen Dienstes: 49,8 % der Landgerichts- und 36,4 % der Amtsgerichtsschöffen (s. *Klausa* Zur Typologie der ehrenamtlichen Richter, 1972, S. 50; s. auch *Katholnigg/Bierstedt* ZRP 1982, 268). Es sind dies vor allem Lehrer, Sozialarbeiter und Kindergärtnerinnen. Damit scheint den Forderungen des § 35 Abs. 2 S. 2 eher entsprochen zu werden als der des § 37 für Jugendrichter und Jugendstaatsanwälte. Daß darunter das Prinzip der demokratischen Repräsentanz »leidet«, ist eine logische Folge (s. *Hauber* Zbl 1978, 333). Damit stimmt die im Vergleich zum Erwachsenenstrafrecht »hohe Meinung« der Jugendrichter über »ihre« Schöffen überein (s. *Klausa* Zur Typologie der ehrenamtlichen Richter, 1972, S. 69), wie auch die Jugendschöffen selbst gerade mit Rücksicht auf ihre pädagogische Berufserfahrung positiv zu ihrer Funktion eingestellt sind (*Klausa* a. a. O. S. 70).

8 Bei der Jugendgerichtshilfe ist die Zahl der Zugänge erstmals im Jahre 1983 leicht zurückgegangen. Seitdem ist eine kontinuierliche Abnahme zu verzeichnen, wobei allerdings die Problemfälle, insbesondere Ausländer, angestiegen sind. Auch wird die Jugendgerichtshilfe intensiver bei der Durchführung der Sanktionen (Betreuungsweisungen, soziale Trainingskurse, Täter-Opfer-Ausgleich) in Anspruch genommen.
Von den betroffenen Jugendlichen waren im Jahre 1983 9,5 % und von den betroffenen Heranwachsenden 8,0 % Ausländer, wobei sich von 1982 auf 1983 die Zahlen von 26 319 auf 31 156 erhöhten (18,4 %). An der Hauptverhandlung nimmt die Jugendgerichtshilfe allerdings nur etwas mehr als zu 50 % teil: 1981 – ca. 57 % (berechnet nach der Beteiligung in der Hauptverhandlung gem. Rechtspflege, Fachserie 10, Reihe 2 Zivil- und Strafrecht, 1981, S. 112, sowie der Anzahl der Hauptverhandlungen vor dem Jugendrichter, Jugendschöffengericht sowie der Berufungen vor der Jugendkammer gem. *Rieß* StV 1985, 212 f. zusätzlich der Anklagen zur Jugendkammer gem. Staatsanwaltsstatistik 1981, S. 10). Nach einer Untersuchung (s. *Momberg* Die Ermittlungstätigkeit der Jugendgerichtshilfe und ihr Einfluß auf die Entscheidung des Jugendgerichts, 1982, S. 103) erfolgte in 30,8 % keine Vertretung in der Hauptverhandlung, wobei in 18,1 % ein Totalausfall zu verzeichnen war, d. h., es lag auch kein schriftlicher Bericht vor (s. auch *Hauser* Der Jugendrichter – Idee und Wirklichkeit, 1980, S. 187; *Janssen* Heranwachsende im Jugendstrafverfahren, 1980, S. 116; *Möller* Zbl 1974, 394). Praxisuntersuchungen zufolge wird die Jugendgerichtshilfe innerhalb der Justiz positiv bewertet. So betonten Jugendrichter in einer Befragung ihre Gemeinsamkeit mit der Jugendgerichtshilfe und schätzten ihre Zusammenarbeit mit ihnen als wesentlich und wichtig ein (*Pommerening* MschrKrim 1982, 197). Allerdings wird die Jugendgerichtshilfe von den Jugendrichtern dann als überflüssig empfunden, wenn sie nur sog. Gerichtsgeher sind und sich ihre Tätigkeit

auf die Verlesung eines von einem anderen verfaßten Berichtes beschränkt (*John* Zbl 1982, 21; *Hauser* Der Jugendrichter – Idee und Wirklichkeit, 1980, S. 187; s. auch *Ullrich* UJ 1971, 412 ff.). Damit geht konform, daß zu 73 % die Urteilssanktionen im wesentlichen mit dem Vorschlag der Jugendgerichtshilfe übereinstimmen (s. *Momberg* MschrKrim 1982, 78; s. auch *Wild* Jugendgerichtshilfe in der Praxis, 1989, S. 206: fast völlige Übereinstimmung von Maßnahmevorschlägen der spezialisierten Jugendgerichtshilfe mit den späteren Urteilen). Zur Vorbereitung der jugendstaatsanwaltlichen Entscheidung spielt die Jugendgerichtshilfe »praktisch keine Rolle« (s. *Adam/Albrecht/Pfeiffer* Jugendrichter und Jugendstaatsanwälte in der Bundesrepublik Deutschland, 1986, S. 127). Zu der Einschätzung durch die Probanden liegt nur eine selektive und mittlerweile veraltete Untersuchung vor: Eine Befragung von 150 Gefangenen zur Einschätzung der Tätigkeit der Jugendgerichtshilfe ergab, daß 20 % der befragten Jugendlichen vor der Hauptverhandlung positive, 45 % negative und 35 % keine Erfahrungen mit dem Jugendamt gehabt hatten (s. *Neulandt* RdJ 1964, 97). Über 60 % der befragten Jugendlichen gaben an, in der Verhandlung mit der Jugendgerichtshilfe schlechte Erfahrungen gemacht zu haben; so habe die Jugendgerichtshilfe nur schlechte Seiten aufgeführt (s. *Neulandt* RdJ 1964, 98). Die Jugendgerichtshilfe selbst sieht sich in der Wahrnehmung ihrer Rechte durch die Jugendrichter nicht beeinträchtigt (*Hauser* Der Jugendrichter – Idee und Wirklichkeit, 1980, S. 192, 193). Jedoch beklagten über ein Viertel der Befragten (28 %) die Herabsetzung ihrer erzieherischen Hilfe durch die Richter, die sie vielfach nur als Ermittlungshilfe ansehen würden. Im Gegensatz hierzu empfanden annähernd drei Viertel (72 %), daß das Gericht ihre sozialpädagogischen und fürsorgerischen Aufgaben anerkennt. Einen wichtigen Indikator für ihren Stellenwert sahen die Befragten darin, daß der Richter im allgemeinen mit ihren Rechtsfolgevorschlägen übereinstimmt (*Hauser* a. a. O. S. 194; s. auch § 38 Rn. 12). Demgegenüber kommt eine Untersuchung aus dem Jahre 1980 zu folgendem Ergebnis: »Zusammenfassend kann also festgestellt werden, daß der Inhalt der JGH-Berichte keinen meßbaren Einfluß auf die Entscheidung der Gerichte und Staatsanwaltschaften hat. Beteiligt sich die Jugendgerichtshilfe am gerichtlichen Verfahren (die Verfahren nach § 45 JGG können hier nicht berücksichtigt werden, da an diesen die JGH regelmäßig nicht teilnimmt, so ist die Verurteilungswahrscheinlichkeit höher als bei Verfahren ohne Teilnahme der JGH. Auffallend ist, daß im Vergleich mit den gerichtlichen Entscheidungen vor der JGH im allgemeinen eingriffsintensivere Reaktionen bzw. Maßnahmen vorgeschlagen werden.« (s. *Heinz/Hügel* Erzieherische Maßnahmen im deutschen Jugendstrafrecht, hrsg. vom Bundesministerium der Justiz, 1986, S. 53; kritisch hierzu *Weyel* BewH 1988, 313; s. auch die Erwiderung von *Heinz/Hügel* BewH 1988, 319). Damit stimmt die Selbstanalyse eines Betroffenen überein: »Armenpolizist. Doch er schützt nicht die Armen.

Er wendet sich gegen sie« (*Kahl* Kein Thema/Geschichten aus zehn beschädigten Jahren, 1982, S. 24). Die Betreuung während des Strafverfahrens setzt demgegenüber regelmäßig sehr spät ein: Da die Jugendgerichtshilfe in ca. 80 % der Fälle erst mit der Anklageschrift informiert wird, vergehen vom Zeitpunkt der Tat durchschnittlich zwei bis drei Monate (s. *Momberg* MschrKrim 1982, 71; s. auch *Pfeiffer* Zbl 1980, 389). Von Modellprojekten abgesehen, in denen für das Diversionsverfahren eine Zusammenarbeit mit der Jugendgerichtshilfe organisiert ist (s. hierzu § 45 Rn. 13, 15), ist die Jugendgerichtshilfe in Verfahren nach § 45 nur ganz ausnahmsweise beteiligt: Nach *Gréus* Das Absehen von der Verfolgung jugendlicher Straftäter in der Praxis, 1968, S. 177 ff., lagen nur in 5,7 % der Fälle Jugendgerichtshilfeberichte vor; nach *Pfohl* Jugendrichterliche Ermahnungen, 1973, S. 3, wurden in Hamburg grundsätzlich keine Berichte eingeholt; nach *Albrecht* in: Jugendgerichtsverfahren und Kriminalprävention, DVJJ 13 [1984], 155, greifen nur 3 % der befragten Jugendstaatsanwälte im Regelfall auf die Jugendgerichtshilfe zurück (s. auch *Bietz* Zbl 1983, 328; *Staeter* Zbl 1984, 502).

5. Rechtspolitische Einschätzung

9 Die Änderungen gem. dem Rechtspflegeentlastungsgesetz mit der Einführung der kleinen Jugendkammer sowie der möglichen Reduzierung der Berufsrichter der großen Jugendkammer auf zwei erscheint akzeptabel (s. auch die Forderung in der 2. Aufl., Grdl. zu den §§ 39-42 Rn. 6), zumal die weitergehende Forderung, auch über Berufungen gegen Urteile des Jugendschöffengerichts die kleine Jugendstrafkammer entscheiden zu lassen (so die entsprechende Regelung im Erwachsenenstrafrecht, s. § 76 Abs. 1 S. 1 GVG), abgewendet werden konnte (wiederaufgegriffen vom *Strafrechtsausschuß der Justizministerkonferenz vom 3.-5.5.1994*; zur vorgreifenden, gesetzeskorrigierenden Rechtsprechung s. aber §§ 33-33 b Rn. 11); darüber hinaus ist hinsichtlich der Gerichtsstruktur im Jugendstrafverfahren als erstes zu fordern, daß auch am Oberlandesgericht und Bundesgerichtshof spezielle Jugendgerichte eingesetzt werden (zur Begründung s. § 37 Rn. 1; ebenso *Eisenberg* §§ 33-33b Rn. 12; s. auch *Dallinger/Lackner* § 33 Rn. 5; *Brunner/Dölling* § 33 Rn. 9; *Schoreit* in: D/S/S § 33 Rn. 15; differenzierend zwischen Revisionsverfahren und erstinstanzlichen Verfahren *Schoreit* NStZ 1997, 71). Prüfenswert ist die Einführung eines erweiterten Schöffengerichts, womit die Abgabemöglichkeit an die Jugendkammer gem. § 40 Abs. 2 wegfallen würde (s. *Deisberg/Hohendorf* DRiZ 1984, 273). Als weiteres ist eine Änderung der Soll-Vorschriften, §§ 34 Abs. 2, 37, in Muß-Vorschriften zu verlangen (für § 34 Abs. 2 ebenso *Schaffstein* NStZ 1981, 291; s. auch *Weil/Wilde* Zbl 1983, 497 m. w. N.), wobei die Voraussetzungen auf jugendkriminologische und jugendpädagogische Grundkenntnisse zu begrenzen sind (s. auch § 37

Rn. 3 und 4). Wenn bislang gegen eine gesetzliche Verbindlichkeit des § 37 Praxisbedenken erhoben werden (s. *Brunner* JR 1978, 501; *Schaffstein* NStZ 1981, 291), so sind diese bei einer geänderten Juristenausbildung ausräumbar (ebenso *Weil/Wilde* Zbl 1983, 497; s. auch *Kaiser* Gesellschaft, Jugend und Recht, 1977, S. 139; s. auch die Resolution auf dem 18. Dt. Jugendgerichtstag, DVJJ 12 [1981], 554). Die Forderung »Ein Richter auf Probe darf im ersten Jahr nach seiner Ernennung die Geschäfte des Jugendrichters oder des Jugendstaatsanwalts nicht wahrnehmen« (so die *Stellungnahme der DVJJ* zum Arbeitsentwurf eines Gesetzes zur Änderung des JGG, 1982, S. 23; ablehnend der *Dt. Richterbund* DRiZ 1983, Information S. 19) ist auf die gesamte Strafgerichtsbarkeit in der Weise auszudehnen, daß zunächst Erfahrungen als Beisitzer in einer Kammer zu sammeln sind (s. auch § 37 Rn. 3). Allerdings ist eine Herauslösung aus der Strafgerichtsbarkeit nicht sinnvoll (so aber *Hauber* Zbl 1977, 381 ff.; *ders*. Die Funktionsverteilung zwischen Richtern und Sachverständigen im deutschen Jugendgerichtsverfahren, 1976; *Weil/Wilde* Zbl 1983, 500; s. auch *Kreuzer* StV 1982, 439; *Arbeitskreis IV/3 des 22. Deutschen Jugendgerichtstages* DVJJ-Journal 4/1992, S. 287; wohl auch *Eisenberg* §§ 33-33 b Rn. 10; wie hier *Schoreit* in: D/S/S § 33 Rn. 2; *Dallinger/Lackner* § 37 Rn. 8; *Brunner/Dölling* § 37 Rn. 10; *Schaffstein* NStZ 1981, 291; *Böhm* Einführung in das Jugendstrafrecht, S. 59). Dagegen steht, daß damit der strafende Charakter der jugendstrafrechtlichen Sanktionen sowie des jugendstrafrechtlichen Verfahrens noch mehr geleugnet würde (s. auch § 33 Rn. 7) und daß die Vorreiterrolle für Reformen im allgemeinen Strafrecht wegfallen würde. Die Jugendrichter wollen diese Abspaltung auch selbst nicht: »Als Spezialisten, deren Ausbildung zu irgendeinem Zeitpunkt in dauerhafte Sonderlaufbahn mündet, wollen sich die Jugendrichter nicht sehen« (s. *Pommerening* Pädagogisch relevante Dimensionen des Selbstbildes von Jugendrichtern, 1982, S. 208). Damit wird aber nur einer stärkeren Spezialisierung innerhalb der Strafgerichtsbarkeit das Wort geredet (s. auch § 37 Rn. 6; s. auch die Diskussion auf dem 18. Dt. Jugendgerichtstag, DVJJ 12 [1981], 551 ff.; zur vergleichbaren Situation bei den Jugendschöffen s. Rn. 10). Diese muß notgedrungen schon in der Ausbildung anfangen (s. bereits *Potrykus/Becker/Cohnitz* RdJ 1955, 36 ff.) und sich in der Weiterbildung fortsetzen (zu Verbesserungsvorschlägen s. *Kreuzer* ZRP 1987, 236 ff.).

An dem Einsatz von Jugendschöffen ist grundsätzlich festzuhalten (zur Begründung s. Rn. 5; s. auch *Arbeitsgemeinschaft sozialdemokratischer Juristen* Recht und Politik 1986, 96), auch wenn ihre ursprüngliche Aufgabenstellung, die Unabhängigkeit der Justiz gegenüber der Exekutive zu sichern, weggefallen ist und die in der Bevölkerung vorherrschende Auffassung, daß mit der Laienbeteiligung ein »natürliches« Rechtsempfinden, mehr Lebensnähe in den Gerichtssaal einkehrt (s. *Villmow/ter Veen/* 10

Walkoviak/Gerken in: Festschrift für Pongratz, 1986, S. 324), mehr als fragwürdig ist. Ebenso hat sich das Argument eines sozialstrukturellen Gegengewichts gegen die einseitige Schichtenzugehörigkeit der Berufsrichter als haltlos erwiesen (s. Rn. 7; s. auch *Hauber* Zbl 1978, 332). Es bleibt, die Fachkunde dieser Personenkreise heranzuziehen, d. h. **ehrenamtlich tätige Jugendfachrichter** zu fordern (ebenso *Arbeiterwohlfahrt* Vorschläge für ein erweitertes Jugendhilferecht, 1970; *Arbeitsgemeinschaft sozialdemokratischer Juristen* Recht und Politik 1986, 96; *Delitzsch* MschrKrim 1979, 26 ff.; s. auch bereits *Hauber* Zbl 1978, 338; zu neuen, demokratischen Wegen, Personen für das Amt des Jugendschöffen ausfindig zu machen, s. *Ludemann* Jugendwohl 1974, 235). Das bisherige Benennungsverfahren könnte hierbei bestehen bleiben (a. M. *Delitzsch* MschrKrim 1979, 32). Jugendfachschöffen sind nicht schon durch ein jugendliches Alter ausgewiesen (s. aber *Haegert* NJW 1968, 929; positiv aufgenommen von *Eisenberg* § 35 Rn. 2; dagegen *Ullrich* RdJ 1969, 303; *Hauber* Zbl 1978, 338; *Weil/Wilde* Jugendwohl 1983, 305), wenngleich das Alter von heute 25 Jahren (s. § 33 Nr. 1 GVG) auf das Volljährigkeitsalter von 18 Jahren gesenkt werden sollte: Wer *Volks*vertreter sein kann (s. Art. 38 Abs. 2 GG), sollte auch Gerichtsvertreter sein dürfen.

11 Voraussetzung ist aber, daß die Schöffen über ihre Rechte im Verfahren informiert sind (s. bereits *Heinen* Zbl 1954, 165), um die Unabhängigkeit von der Exekutive nicht durch eine Abhängigkeit von der Judikative zu ersetzen. Hier besteht in der Praxis ein großer Nachholbedarf. Wenn auch der Hinweis auf Merkblätter und Informationsschriften (s. hierzu *Hinrichs/Sonnen/Trenczek* Leitfaden für Jugendschöffen, 1995 – für 14,00 DM zu beziehen unter der Anschrift: DVJJ, Lützerodestraße 9, 30161 Hannover –; s. auch die Zeitschrift »Richter ohne Robe« der Dt. Vereinigung der Schöffinnen und Schöffen) nicht genügt, so soll hier doch das »Merkblatt für Geschworene« von Kurt Tucholsky aus dem Jahre 1929 nachgedruckt werden, auch wenn die Bezeichnung »der Geschworene« abgeschafft wurde und sich auch sonst einige veraltete Begriffe hierin finden; auch hat sich die Justiz mit Einschluß der Staatsanwaltschaft seit den dreißiger Jahren i. S. einer rechtsstaatlichen Justiz verändert. Als »innere Aufrüstung« gegen ein pharisäerhaftes, obrigkeitshöriges Judizieren ist es weiter empfehlenswert:

Merkblatt für Geschworene

Nachdruck erbeten
Wenn du Geschworener bist, dann glaube nicht, du seist der liebe Gott. Daß du neben dem Richter sitzt und der Angeklagte vor euch steht, ist Zufall – es könnte ebensogut umgekehrt sein.

*Zweites Hauptstück. Jugendgerichts-
verfassung und Jugendstrafverfahren* **Grdl. z. §§ 33–38**

Wenn du Geschworener bist, gib dir darüber Rechenschaft, daß jeder Mensch von Äußerlichkeiten gefangengenommen wird – du auch. Ein Angeklagter mit brandroten Haaren, der beim Sprechen sabbert, ist keine angenehme Erscheinung; laß ihn das nicht entgelten.

Wenn du Geschworener bist, denk immer daran, daß dieser Angeklagte dort nicht der erste und einzige seiner Art ist, tagtäglich stehen solche Fälle vor andern Geschworenen; fall also nicht aus den Wolken, daß jemand etwas Schädliches begangen hat, auch wenn du in deiner Bekanntschaft solchen Fall noch nicht erlebt hast.

Jedes Verbrechen hat zwei Grundlagen: die biologische Veranlagung eines Menschen und das soziale Milieu, in dem er lebt. Wo die moralische Schuld anfängt, kannst du fast niemals beurteilen – niemand von uns kann das, es sei denn ein geübter Psychoanalytiker oder ein sehr weiser Beicht-Priester. Du bist nur Geschworener: strafe nicht – sondern schütze die Gesellschaft vor Rechtsbrechern.

Bevor du als Geschworener fungierst, versuche mit allen Mitteln, ein Gefängnis oder ein Zuchthaus zu besichtigen; die Erlaubnis ist nicht leicht zu erlangen, aber man bekommt sie. Gib dir genau Rechenschaft, wie die Strafe aussieht, die du verhängst – versuche, mit ehemaligen Strafgefangenen zu sprechen, und lies: Max Hölz, Karl Plättner und sonstige Gefängnis- und Zuchthauserinnerungen. Dann erst sage deinen Spruch.

Wenn du Geschworener bist, laß nicht die Anschauung deiner Klasse und deiner Kreise als die allein mögliche gelten. Es gibt auch andre – vielleicht schlechtere, vielleicht bessere, jedenfalls andre.

Glaub nicht an die abschreckende Wirkung eures Spruchs; eine solche Abschreckung gibt es nicht. Noch niemals hat sich ein Täter durch angedrohte Strafen abhalten lassen, etwas auszufressen. Glaub ja nicht, daß du oder die Richter die Aufgabe hätten, eine Untat zu sühnen – das überlaß den himmlischen Instanzen. Du hast nur, nur, nur die Gesellschaft zu schützen. Die Absperrung des Täters von der Gesellschaft ist ein zeitlicher Schutz.

Wenn du Geschworener bist, vergewissere dich vor der Sitzung über die Rechte, die du hast: Fragerechte an den Zeugen und so fort.

Die Beweisaufnahme reißt oft das Privatleben fremder Menschen vor dir auf. Bedenke –: wenn man deine Briefe, deine Gespräche, deine kleinen Liebesabenteuer und deine Ehezerwürfnisse vor fremden Menschen ausbreitete, sähen sie ganz, ganz anders aus, als sie in Wirklichkeit sind. Nimm nicht jedes Wort gleich tragisch – wir reden alle mehr daher, als wir unter Eid verantworten können. Sieh nicht in jeder Frau, die einmal einen Schwips gehabt hat, eine Hure; nicht in jedem Arbeitslosen einen Einbrecher; nicht in jedem allzuschlauen Kaufmann einen Betrüger. Denk an dich.

Wenn du Geschworener bist, vergiß dies nicht –: echte Geschworenengerichte gibt es nicht mehr. Der Herr Emminger aus Bayern hat sie zerstört, um den Einfluß der »Laien« zu brechen. Nun sitzt ihr also mit den Berufsrichtern zusammen im Beratungszimmer. Sieh im Richter zweierlei: den Mann, der in der Maschinerie der juristischen Logik mehr Erfahrung hat als du – und den Fehlenden aus Routine. Der Richter kennt die Schliche und das Bild der Verbrechen besser als du – das ist sein Vorteil; er ist abgestumpft und meist in den engen Anschauungen seiner kleinen Beamtenkaste gefangen – das ist sein Nachteil. Du bist dazu da, um diesen Nachteil zu korrigieren.

Laß dir vom Richter nicht imponieren. Ihr habt für diesen Tag genau die gleichen Rechte; er ist nicht dein Vorgesetzter; denke dir den Talar und die runde Mütze weg, er ist ein Mensch wie du. Laß dir von ihm nicht dumm kommen. Gib deiner Meinung auch dann Ausdruck, wenn der Richter mit Gesetzesstellen und Reichsgerichtsentscheidungen zu beweisen versucht, daß du unrecht hast – die Entscheidungen des Reichsgerichts taugen nicht viel. Du bist nicht verpflichtet, dich nach ihnen zu richten. Versuche, deine Kollegen in deinem Sinne zu beeinflussen, das ist dein Recht. Sprich knapp, klar und sage, was du willst – langweile die Geschworenen und die Richter während der Beratung nicht mit langen Reden.

Du sollst nur über die Tat des Angeklagten dein Urteil abgeben – nicht etwa über sein Verhalten vor Gericht. Eine Strafe darf lediglich auf Grund eines im Strafgesetzbuch angeführten Paragraphen verhängt werden; es gibt aber kein Delikt, daß da heißt ›Freches Verhalten vor Gericht‹. Der Angeklagte hat folgende Rechte, die ihm die Richter, meistens aus Bequemlichkeit, gern zu nehmen pflegen: der Angeklagte darf leugnen; der Angeklagte darf jede Aussage verweigern; der Angeklagte darf ›verstockt‹ sein. Ein Geständnis ist niemals ein Strafmilderungsgrund –: das haben die Richter erfunden, um sich Arbeit zu sparen. Das Geständnis ist auch kein Zeichen von Reue, man kann von außen kaum beurteilen, wann ein Mensch reuig ist, und ihr sollt das auch gar nicht beurteilen. Du kennst die menschliche Seele höchstens gefühlsmäßig, das mag genügen; du würdest dich auch nicht getrauen, eine Blinddarmoperation auszuführen – laß also ab von Seelenoperationen.

Wenn du Geschworener bist, sieh nicht im Staatsanwalt eine über dir stehende Persönlichkeit. Es hat sich in der Praxis eingebürgert, daß die meisten Staatsanwälte ein Interesse daran haben, den Angeklagten ›hineinzulegen‹ – sie machen damit Karriere. Laß den Staatsanwalt reden. Und denk dir dein Teil.

Vergewissere dich vorher, welche Folgen die Bejahung oder Verneinung der an euch gerichteten Fragen nach sich zieht.
Hab Erbarmen. Das Leben ist schwer genug.

12 Hinsichtlich der Jugendgerichtshilfe bleibt einmal organisatorisch die Abschaffung des »Gerichtsgehersystems« zu fordern (s. hierzu *Ullrich* Ar-

*Zweites Hauptstück. Jugendgerichts-
verfassung und Jugendstrafverfahren* **Grdl. z. §§ 33–38**

beitsanleitung für Jugendgerichtshelfer, 1982, S. 60 ff.; *Stellungnahme der DVJJ* zum Arbeitsentwurf eines Gesetzes zur Änderung des JGG, 1982, S. 25; s. auch Rn. 8; »erhebliche Bedenken« erhebt dagegen der *Dt. Richterbund*, s. DRiZ 1983, Information S. 19); gesetzlich ist dies mit § 52 Abs. 3 KJHG sowie § 38 Abs. 2 S. 4 nunmehr klargestellt (so ausdrücklich die Begründung zu § 52 Abs. 3 KJHG, BT-Drucks. 11/5948). Organisatorisch ist weiterhin an einer spezialisierten JGH festzuhalten (zur Begründung s. § 38 Rn. 4 a). Zum anderen ist gesetzgeberisch ein Zeugnisverweigerungsrecht einzuführen, um die Betreuungsfunktion zu stärken und den Geheimnisschutz der Betroffenen zu sichern (s. hierzu § 38 Rn. 10, 11; *Laubenthal* Jugendgerichtshilfe im Strafverfahren, 1993, S. 135 m. w. N. in Fn. 700). Eine Verstärkung der aktiven Rechte im Verfahren erscheint demgegenüber nicht angebracht, da damit die justitielle Einbindung indirekt sogar verstärkt wird (s. auch *Arbeitskreis II des 18. Dt. Jugendgerichtstages* DVJJ 12 [1981], 176). Entsprechende Vorschläge (s. *Arbeitsgruppe Jugendgerichtshilfe in der DVJJ*, DVJJ-Rundbrief Nr. 131/Juni 1990; s. auch die Diskussion auf dem Symposium »Jugendgerichtshilfe – Quo vadis?«, s. Dokumentation des Bundesministers der Justiz, 1991, dort insbesondere *Weyel* S. 117 ff.; wie hier *Kiehl* in: Das neue Kinder- und Jugendhilfegesetz, hrsg. von *Wiesner/Zarbock*, 1991, S. 197) erscheinen als kurzsichtig und sind dementsprechend im Interesse einer funktionalen Jugendgerichtshilfe zurückzuweisen. Wohl aber ist eine **Präsenzpflicht** in der Hauptverhandlung zu fordern (s. *Ullrich* Zbl 1973, 342 m. N. zu entsprechenden Forderungen der DVJJ und der Arbeiterwohlfahrt); zwar ist im 1. JGGÄndG hierzu keine ausdrückliche Regelung getroffen, sie folgt aber aus dem Sinn und Zweck von § 38 Abs. 2 und 3 (s. § 50 Rn. 12).

§ 33. Jugendgerichte

(1) Über Verfehlungen Jugendlicher entscheiden die Jugendgerichte.
(2) Jugendgerichte sind der Strafrichter als Jugendrichter, das Schöffengericht (Jugendschöffengericht) und die Strafkammer (Jugendkammer).
(3) Die Landesregierungen werden ermächtigt, durch Rechtsverordnung zu regeln, daß ein Richter bei einem Amtsgericht zum Jugendrichter für den Bezirk mehrerer Amtsgerichte (Bezirksjugendrichter) bestellt und daß bei einem Amtsgericht ein gemeinsames Jugendschöffengericht für den Bezirk mehrerer Amtsgerichte eingerichtet wird. Die Landesregierungen können die Ermächtigung durch Rechtsverordnung auf die Landesjustizverwaltungen übertragen.

§ 33 a

(1) Das Jugendschöffengericht besteht aus dem Jugendrichter als Vorsitzenden und zwei Jugendschöffen. Als Jugendschöffen sollen zu jeder Hauptverhandlung ein Mann und eine Frau herangezogen werden.
(2) Bei Entscheidungen außerhalb der Hauptverhandlung wirken die Jugendschöffen nicht mit.

§ 33 b

(1) Die Jugendkammer ist mit drei Richtern einschließlich des Vorsitzenden und zwei Jugendschöffen (große Jugendkammer), in Verfahren über Berufungen gegen Urteile des Jugendrichters mit dem Vorsitzenden und zwei Jugendschöffen (kleine Jugendkammer) besetzt.
(2)* Bei Eröffnung des Hauptverfahrens beschließt die große Jugendkammer, daß sie in der Hauptverhandlung mit zwei Richtern einschließlich des Vorsitzenden und zwei Jugendschöffen besetzt ist, wenn nicht die Sache nach den allgemeinen Vorschriften einschließlich der Regelung des § 74 e des Gerichtsverfassungsgesetzes zur Zuständigkeit des Schwurgerichtes gehört oder nach dem Umfang oder der Schwierigkeit der Sache die Mitwirkung eines dritten Richters notwendig erscheint.
(3) § 33 a Abs. 1 Satz 2, Abs. 2 gilt entsprechend.

Literatur

Dallinger Anmerkung zu *BGH*, MDR 1955, 181; *Deisberg/Hohendorf* Das erweiterte Schöffengericht – ein Stiefkind der Strafrechtspflege, DRiZ 1984, 261; *Schmidt* Die Be-

---

* § 33 b Abs. 2 tritt mit Ablauf des 31.12.2000 außer Kraft, s. Art. 3 des Gesetzes zur weiteren Verlängerung strafrechtlicher Verjährungsfristen und zur Änderung des Gesetzes zur Entlastung der Rechtspflege vom 22.12.1997, BGBl I, 3223.

setzung der großen Jugendkammer in Verfahren über Berufungen gegen Urteile des Jugendschöffengerichts (§ 33 b JGG), NStZ 1995, 215.

Inhaltsübersicht Rn.
  I. Persönlicher Anwendungsbereich   1
 II. Sachlicher Anwendungsbereich   4
III. Funktionelle Zuständigkeit   6
 IV. Besetzung 11
  V. Örtliche Zuständigkeitskonzentration 13

I. Persönlicher Anwendungsbereich

Die Vorschriften über die Jugendgerichtsverfassung gelten – naturgemäß – **nur für Angeklagte vor Jugendgerichten**, nicht vor den für allgemeine Strafsachen zuständigen Gerichten (s. §§ 104 Abs. 1, 112 S. 1). Sie finden auch auf Heranwachsende Anwendung, d. h., alle Angeklagten, die zur Tatzeit Heranwachsende waren, kommen vor ein Jugendgericht (§ 107) mit Ausnahme einer gemeinsamen Verhandlung gegen Erwachsene in den Fällen des § 103 Abs. 2 S. 2 sowie im Fall einer Anklage gem. § 120 GVG (s. § 102 i. V. m. § 112 S. 1); dies gilt auch **in Zweifelsfällen**, d. h. wenn zweifelhaft ist, ob der/die Angeklagte zur Tatzeit noch 20 oder bereits 21 Jahre alt war. Insoweit greift der Grundsatz »in dubio pro reo« ein, da Erwachsenengerichte nicht dieselbe jugendstrafrechtliche Kompetenz beanspruchen können, umgekehrt die Jugendgerichte eher in der Lage sind, Erwachsenenstrafsachen mit abzuurteilen (s. *Dallinger* MDR 1955, 181; *Brunner/Dölling* §§ 33-33 b Rn. 1; *Eisenberg* §§ 33-33 b Rn. 6 a). Den Jugendgerichten ist gesetzgeberisch ein Vorrang eingeräumt (s. §§ 47 a, 103 Abs. 1, Abs. 2 S. 1). Wenn Serienstraftaten angeklagt werden, ist die Zuständigkeit des Jugendgerichts immer dann begründet, wenn ein Teilakt in diesen Zeitraum fällt (*OLG Hamburg* StV 1985, 158; s. auch § 32 Rn. 3, 18), wie überhaupt die Jugendgerichte zuständig sind, wenn Taten gemeinschaftlich angeklagt werden, die ein/eine Angeklagte(r) als Jugendliche(r)/ Heranwachsende(r) und als Erwachsene(r) begangen haben soll (ausführlich *BGH*St 8, 349; ebenso bereits *BGH*St 7, 27 mit insoweit abl. Anm. von *Dallinger* MDR 1955, 182; s. auch § 32 Rn. 18). Die Jugendgerichte sind nicht mehr zuständig, wenn die Taten, die im jugendlichen oder heranwachsenden Alter begangen wurden, gem. §§ 154, 154 a StPO aus dem Verfahren ausgeschieden wurden (*BGH* NStZ 1996, 244; Bedenken insoweit und für eine analoge Anwendung des § 32 *Drees* NStZ 1995, 481). Bei mißbräuchlicher Anwendung des § 154 StPO – um die Zuständigkeit eines Erwachsenengerichts zu begründen – liegt aber der absolute Revisionsgrund gem. § 338 Nr. 1 StPO vor. Eine Geschäftsverteilung, nach der ein Jugendgericht für Jugendliche, ein anderes für Heranwachsende zuständig ist, wäre gesetzeswidrig, da ein richtiges Judizieren voraussetzt, daß der Richter beide Personengruppen im Verfahren kennenlernt, insbesondere für die Entscheidung gem. § 105 (so auch RL a. F. Nr. 2 zu § 36; wie hier *Becker* JR 1953, 413; weniger konsequent *Brunner/Dölling* §§ 33-33 b Rn. 11, § 34 Rn. 3; *Eisenberg* § 34 Rn. 13).

2 Gemäß § 103 Abs. 1, Abs. 2 S. 1 kann die Bestimmung auch für Erwachsene Bedeutung erlangen, wobei die Jugendgerichte auch als Jugendschutzgerichte über Erwachsene urteilen können (s. §§ 26, 74 b GVG).

3 Umgekehrt scheidet eine Verfahrenszuständigkeit für Kinder aus; entscheidender Anknüpfungspunkt ist der Zeitpunkt der Tat, nicht der Zeitpunkt des Unrechtserfolges (s. § 1 Rn. 7). Zweifel wirken sich immer zugunsten des Kindes aus (s. § 1 Rn. 11). Ist das Verfahren rechtswidrigerweise eröffnet worden, so ist es durch Beschluß gem. § 206 a StPO bzw. durch Urteil gem. § 260 Abs. 3 StPO einzustellen, nicht gem. § 47 Abs. 1 S. 1 Nr. 4 (s. § 1 Rn. 11). Wird dem entgegengesetzt ein Urteil in der Sache gesprochen, so ist diese Entscheidung nichtig (ausführlicher § 1 Rn. 13).

II. Sachlicher Anwendungsbereich

4 Gemäß § 33 Abs. 1 entscheiden die Jugendgerichte über die Verfehlungen Jugendlicher. Als Verfehlungen gelten gem. § 1 Abs. 1 alle mit Kriminalstrafe bedrohten Verhaltensweisen, d. h. alle Verbrechen und Vergehen i. S. des § 12 StGB, auch im Nebenstrafrecht (s. § 1 Rn. 10). Nach § 68 Abs. 2 OWiG entscheidet der Jugendrichter nach einem Einspruch gegen einen Bußgeldbescheid auch über Ordnungswidrigkeiten.

5 Wenn ein Jugendgericht über Straftaten Jugendlicher und unter Anwendung des § 105 über Straftaten Heranwachsender Sanktionen aus dem Erwachsenenstrafrecht anordnet, so ist entgegen der h. M. die Entscheidung nichtig, da diese Sanktionen in diesen Fällen generell ausgeschlossen sind und deshalb das Verfahren mit einem so offenkundigen Fehler behaftet ist, der dem Urteil jede Wirkung nimmt (s. auch § 1 Rn. 13); dies gilt umgekehrt auch, wenn ein Erwachsener – von welchem Gericht auch immer – jugendstrafrechtlich sanktioniert wird. Hiervon ist die Kompetenzüberschreitung in der funktionellen Zuständigkeit (s. Rn. 8, 9) sowie in der sachlichen Zuständigkeit (s. § 39 Rn. 2) zu unterscheiden.

III. Funktionelle Zuständigkeit

6 Die Jugendgerichte fungieren als Strafgerichte (s. §§ 33 Abs. 2, 34 Abs. 1). Als Jugendgerichte sind hierbei der Jugendrichter als Einzelrichter, das Jugendschöffengericht und die Jugendstrafkammer eingerichtet, die als

große oder kleine Strafkammer entscheidet; ein erweitertes Jugendschöffengericht sowie ein Jugendschwurgericht gibt es nicht (h. M., s. *Deisberg/Hohendorf* DRiZ 1984, 272; *Eisenberg* §§ 33-33 b Rn. 15 m. w. N.; a. M. hinsichtlich der Anwendbarkeit des § 29 Abs. 2 GVG – erweitertes Schöffengericht – nur *Peters* Strafprozeß, 3. Aufl., S. 563); dies gilt auch im Jugendschutzverfahren vor einem Jugendschöffengericht (s. *Deisberg/Hohendorf* DRiZ 1984, 273; a. M. *Siolek* in: *Löwe/Rosenberg* § 29 GVG Rn. 13). Auch bestehen nur an den Amts- und Landgerichten spezielle Jugendgerichte; beim Oberlandesgericht und Bundesgerichtshof – nicht nur in der Revisionsinstanz (s. § 102 i. V. m. § 120 Abs. 1 und 2 GVG; s. aber *Eisenberg* §§ 33-33 b Rn. 12) – entscheiden die allgemeinen Strafgerichte (zur Regelung de lege ferenda s. Grdl. z. §§ 33-38 Rn. 9).

Die Frage, ob die Jugendgerichte auch ein Teil der allgemeinen Strafgerichtsbarkeit sind oder als Gerichte für ein besonderes Sachgebiet gem. Art. 101 Abs. 2 GG entscheiden, ist umstritten. Diese Frage ist entgegen *Brunner* (s. § 33 Rn. 4; s. auch *Eisenberg* §§ 33-33 b Rn. 10) auch noch nicht eindeutig mit dem StVÄG 1978 (BGBl I, 1645) beantwortet (s. auch BT-Drucks. 8/976, S. 22; *BGH* NStZ 1991, 503). Wenn hiernach den Jugendgerichten ein gegenüber den allgemeinen Strafgerichten höherer Ordnungsrang zukommt (s. §§ 209 a Nr. 2, 225 a Abs. 1, 270 Abs. 1 S. 1, 2. Halbsatz StPO; §§ 47 a, 103 Abs. 1, Abs. 2 S. 1), so ist damit über eine weitergehende Sonderstellung noch nicht entschieden, auch wenn der Gesetzgeber von der Auffassung ausging, daß die Jugendgerichte Teil der allgemeinen Strafgerichtsbarkeit sind (s. BT-Drucks. 8/976, S. 20). So hat sich auch bereits vor Verabschiedung dieses Gesetzes die heute h. M. herausgebildet (s. *BGH*St 18, 79; 18, 173; 22, 48; *BayObLGSt* 1974, S. 135; *OLG Koblenz* GA 1977, 375). Aus dem gesetzlichen Gesamtzusammenhang folgt jedoch, daß das Jugendstrafverfahren und damit die **Jugendgerichte Teile der Strafrechtsordnung** sind. Im § 2 wird zunächst auf die allgemeinen Vorschriften verwiesen. Damit kommen hinsichtlich der Straftatvoraussetzungen die allgemeinen Strafbestimmungen zur Anwendung. Zusätzlich wird vielfach auf Regelungen aus dem StGB (s. §§ 4, 7, 18 Abs. 1 S. 2) sowie aus der StPO (§§ 45 Abs. 1, 46, 47 Abs. 1 S. 1 Nr. 1, 57 Abs. 4, 58 Abs. 2, 68 Nr. 1) Bezug genommen. Mit dem StVÄG 1978 wurden sowohl innerhalb der StPO als auch im JGG ein Vorrangverhältnis für die Jugendgerichte begründet, im § 103 Abs. 2 werden gesetzgeberisch Jugendgericht und Erwachsenenstrafgericht ausgetauscht. Wenn sich auch weiterhin Besonderheiten zeigen, insbesondere auch mit den §§ 36, 37 eine Sonderstellung von Jugendstaatsanwalt und Jugendgericht begründet wird, so bleibt die Zuordnung zur Strafgerichtsbarkeit bestehen (zu rechtspolitischen Forderungen s. Grdl. z. §§ 33-38 Rn. 9).

8 Bei alledem hat der Streit über die funktionelle Einordnung wenig praktische Bedeutung: Das Gericht hat nicht nur seine sachliche Zuständigkeit in jeder Lage des Verfahrens zu prüfen (§ 6 StPO), sondern auch die funktionelle Prüfung gem. den §§ 4 Abs. 2, 209 Abs. 2, 225 a Abs. 1, 270 Abs. 1 S. 2 2. Halbsatz StPO vorzunehmen, wobei gem. § 47 a nach Eröffnung des Hauptverfahrens ein Vorrang der Jugendgerichte begründet ist. Ein Rechtsfehler liegt bei Unzuständigkeit immer vor, trotz § 22 d GVG, so daß er auch immer in der Berufungsinstanz zu korrigieren ist (s. *OLG Koblenz* GA 1977, 374; zur weiteren funktionellen Zuständigkeit im Rechtsmittelverfahren s. aber *BGH*St 22, 48; ausführlicher s. § 41 Rn. 8). Lediglich für die Revision hat der Streit konkrete Auswirkungen, da »bloße« Verfahrensfehler als solche angegriffen und auch für den absoluten Revisionsgrund des § 338 Nr. 4 StPO die Tatsachen mitgeteilt werden müssen (§ 344 Abs. 2 StPO; s. *BGH* StV 1998, 345; *OLG Karlsruhe* Die Justiz 1999, 142). Wäre die Jugendgerichtsbarkeit eine sachlich-eigene Gerichtsbarkeit, so wäre eine Entscheidung durch Jugendgerichte Prozeßvoraussetzung und daher immer von Amts wegen zu prüfen (so auch *Dallinger* MDR 1955, 181; *Nothacker* S. 279). Eine funktionelle Zuständigkeitsanmaßung liegt jedoch regelmäßig auf der Hand, so daß hieran eine Revision nicht scheitern sollte (s. aber *BGH*St 18, 79; 26, 191; w. N. bei *Rieß* NStZ 1981, 305). Hierbei ist die Revisionsrüge auf § 338 Nr. 4 StPO, nicht auf § 338 Nr. 1 StPO zu stützen (h. M., s. *BGH*St 10, 75; *Dallinger* MDR 1955, 181; *Rieß* NStZ 1981, 305; *Brunner/Dölling* §§ 33-33 b Rn. 8; *Eisenberg* §§ 33-33 b Rn. 41). Ein vorheriger Einwand gem. § 6 a StPO ist nicht erforderlich, da diese Bestimmung hier nicht eingreift (h. M., s. *Brunner/Dölling* §§ 33-33 b Rn. 8 m. w. N.).

9 Im Ergebnis hat die – begründete – Revision immer Erfolg, wenn ein Jugendlicher oder Heranwachsender von einem Erwachsenengericht abgeurteilt wurde, ohne daß die Voraussetzungen der §§ 102, 103 Abs. 2 S. 2, 112 S. 1 vorlagen. Dies gilt auch, wenn nach dem Geschäftsverteilungsplan eines mit mehreren Richtern besetzten Gerichts kein besonderes Jugendgericht eingerichtet ist; hier wird der/die Angeklagte seinem/ihrem gesetzlichen Richter gem. Art. 101 Abs. 1 S. 2 GG entzogen (s. *BayObLG* 1959, S. 210; *OLG Saarbrücken* NJW 1966, 1041; *Brunner/Dölling* §§ 33-33 b Rn. 15). Bei einem Ein-Mann-bzw. Ein-Frau-Gericht ist der/die Amtsrichter(in) gleichzeitig Jugendrichter(in). Wird ein Erwachsener durch ein Jugendgericht verurteilt, ohne daß die Voraussetzungen des § 103 Abs. 1, Abs. 2 S. 1 vorlagen, so kommt es auf die vergleichbare Sanktionskompetenz im Rahmen der sachlichen Zuständigkeit an. Diese Fallsituation ist heute weitgehend durch § 47 a geregelt, d. h., es wird eine **neue Zuständigkeit für das Jugendgericht** begründet, wenn das Verfahren ansonsten vor einem Erwachsenengericht gleicher oder niedriger Ordnung zu verhandeln gewesen wäre. Demgegenüber wurde früher re-

gelmäßig eine Beschwer verneint (s. *BGH*St 9, 403; *OLG Oldenburg* NJW 1957, 1330). Eine Ausnahme besteht nur in den Fällen, in denen ein Erwachsenengericht höherer Ordnung zu entscheiden gehabt hätte, sowie in den Fällen des § 103 Abs. 2 S. 2 (s. § 47 a S. 2); wird hier von einem Jugendgericht entschieden, so ist immer eine Beschwer dargetan, da der Gesetzgeber davon ausgeht, daß für diese Anklagen vermehrter Sachverstand oder eine spezielle Fachkompetenz erforderlich ist; für die Fälle des § 103 Abs. 2 S. 2 kommt es aber für eine Revision auf den rechtzeitigen Einwand gem. § 6 a StPO an (s. *Kleinknecht/Meyer-Goßner* § 6 a StPO Rn. 16).

Vor der Urteilsfällung sieht die StPO (zur Anwendung s. § 2) unterschiedliche Regelungen vor, eine Anklage beim unzuständigen Gericht »auf den richtigen Weg« zu bringen; die Möglichkeit der Klagerücknahme ist bis zur Eröffnung des Hauptverfahrens begrenzt (s. § 156 StPO).

Vor der Eröffnung des Hauptverfahrens ist innerhalb desselben Gerichts die Abgabe zur Entscheidung über die Hauptverhandlung möglich (s. *Eisenberg* §§ 33-33 b Rn. 30 m. w. N.). Wurde die Anklage beim unzuständigen Erwachsenengericht eingereicht, so legt dieses Gericht die Akten durch Vermittlung der Staatsanwaltschaft dem entsprechenden Jugendgericht vor, wenn es ein Jugendgericht gleicher oder höherer Ordnung für zuständig ansieht (§§ 209 Abs. 2, 209 a Nr. 2 a StPO). Hält es ein Jugendgericht niederer Ordnung für zuständig, so ist das Hauptverfahren vor diesem Gericht zu eröffnen (§ 209 Abs. 1 StPO). Wurde die Anklage beim unzuständigen Jugendgericht erhoben, so hat das Gericht den Weg des § 209 Abs. 2 StPO nur zu beschreiten, wenn es ein Erwachsenengericht höherer Ordnung für zuständig hält; ansonsten hat es das Hauptverfahren vor dem jeweiligen – gleichen oder niedrigeren – Erwachsenengericht zu eröffnen (s. § 209 Abs. 1 i. V. m. § 209 a Nr. 2 StPO; s. aber auch § 103 Abs. 2 S. 2 und 3). Dies alles gilt nur, wenn innerhalb eines Gerichtsbezirks gehandelt wird. Ansonsten liegt keine örtliche Zuständigkeit vor, so daß die Eröffnung des Hauptverfahrens abzulehnen ist (s. § 16 StPO).

Nach Eröffnung des Hauptverfahrens, aber außerhalb der Hauptverhandlung legt ein unzuständiges Erwachsenengericht die Akten durch Vermittlung der Staatsanwaltschaft dem Jugendgericht höherer oder gleicher Ordnung vor (§ 225 a Abs. 1 S. 1 StPO), es sei denn, es handelt sich um eine Jugendschutzsache, da insoweit eine Doppelzuständigkeit besteht (§§ 26, 74 b GVG). Die Vorlage an ein Jugendgericht niederer Ordnung ist nicht gestattet (§ 269 StPO). Ein Jugendgericht darf sich demgegenüber nur für unzuständig erklären, wenn ein Erwachsenengericht höherer Ordnung zuständig wäre bzw. im Fall des § 103 Abs. 2 S. 2 (s. § 47 a). Nach Beginn der Hauptverhandlung gilt entsprechendes gem. § 270 StPO, wobei jetzt durch Beschluß zu verweisen ist.

V. Besetzung

11 Die Besetzung der Jugendgerichte ist in den §§ 33 Abs. 2, 33 a, 33 b geregelt. Der Jugendrichter entscheidet allein; das Jugendschöffengericht entscheidet in der Hauptverhandlung mit dem Jugendrichter als Vorsitzenden und zwei Jugendschöffen. Die Jugendkammer entscheidet entweder – erstinstanzlich sowie bei Berufungen gegen Urteile des Jugendschöffengerichts – als große Strafkammer mit 3 Berufsrichtern einschließlich des Vorsitzenden und 2 Jugendschöffen oder – bei Berufungen über Urteile des Jugendrichters – als kleine Jugendkammer mit dem Vorsitzenden und 2 Jugendschöffen (§ 33 b Abs. 1). Bei der Eröffnung des – erstinstanzlichen – Hauptverfahrens hat die große Jugendkammer entsprechend den Vorgaben des § 33 b Abs. 2 zu entscheiden, ob sie mit 2 oder 3 Berufsrichtern tagt (zur zeitlichen Begrenzung s. Grdl. z. §§ 33-38 Rn. 3 a). Dies gilt nicht im Berufungsverfahren (s. *Böttcher/Mayer* NStZ 1993, 158; *Ostendorf* DRiZ 1995, 304 in Antwort auf *Pohl* DRiZ 1995, 24; *Schmid* NStZ 1995, 215; *Eisenberg* §§ 33-33 b Rn. 16; a. M. BGH bei *Böhm* NStZ 1996, 480, wonach die Vorschrift des § 33 b Abs. 2 »ihrem Wortlaut nach zwar nur für die erstinstanzlichen Sachen [gilt] ... aber entsprechend anzuwenden [ist]«; zust. *BayObLG* NStZ 1998, 102 in »verfassungskonformer, mit dem Wortlaut des § 33 b Abs. 2 noch vereinbarer Auslegung«; *Kleinknecht/Meyer-Goßner* § 76 GVG Rn. 5). Justizökonomischen Interessen darf gegenüber jugendstrafrechtlichen Vorgaben des Gesetzgebers kein Vorrang eingeräumt werden. Hierbei ist nach dem Gesetzeswortlaut eine Präferenz für die Besetzung mit 2 Berufsrichtern und 2 Jugendschöffen ausgesprochen. Außerhalb der Hauptverhandlung entscheiden die Berufsrichter allein, d. h. beim Jugendschöffengericht der Vorsitzende, bei der Jugendkammer die drei Berufsrichter (§§ 30 Abs. 2, 76 Abs. 1 GVG). Ein Richter auf Probe darf im ersten Jahr nach seiner Ernennung nicht Vorsitzender des Schöffengerichts, erst recht nicht Vorsitzender der Jugendkammer sein (s. § 29 Abs. 1 S. 2 GVG; ebenso *Eisenberg* §§ 33-33 b Rn. 14).

12 Als Jugendschöffen sollen gem. § 33 a Abs. 1 S. 2, § 33 b Abs. 3 **zu jeder Hauptverhandlung** ein Mann und eine Frau herangezogen werden. Wenn diese Bestimmung auch nur als Sollvorschrift formuliert ist, so wird ihre Bedeutung dadurch unterstrichen, daß eine entsprechende Regelung im Erwachsenenstrafrecht fehlt. Diese Besetzung hat somit der Regelfall zu sein (s. auch § 35 Rn. 10). Die Begründung hierfür liegt nicht in einer besonderen erzieherischen Befähigung der Frauen (krit. hierzu *Eisenberg* §§ 33-33 b Rn. 18), auch wenn diese in der Mehrzahl der Familien überwiegend die Erziehung der Kinder wahrnehmen, oder in einer spezifischen Sanktionseinstellung (nach einer Befragung von 239 Richterinnen und Richtern sanktionieren Richterinnen zwar grundsätzlich milder, eine

stärkere Berücksichtigung der persönlichen Tätersituation im Verhältnis zu gesellschaftlichen Interessen konnte aber nicht festgestellt werden, s. *Drewniak* Strafrichterinnen als Hoffnungsträgerinnen?, 1994, S. 72 ff.); wenn durch die Laienbeteiligung sowohl das juristische Verfahren entkrampft, wieder vermenschlicht als auch die demokratische Legitimation und Kontrolle der strafjustitiellen Staatsgewalt verstärkt werden soll, ist es nur eine Selbstverständlichkeit, daß beide Geschlechter an diesen Aufgaben beteiligt werden.

V. Örtliche Zuständigkeitskonzentration

Die Einrichtung von Bezirksjugendgerichten und gemeinsamen Jugendschöffengerichten wird durch § 33 Abs. 3 ermöglicht, und zwar durch Rechtsverordnung. Es ist dies eine Erlaubnis zu einer örtlichen Zuständigkeitskonzentration. Die Zweifel hinsichtlich der Verfassungskonformität gem. Art. 80 Abs. 1 GG (»dabei müssen Inhalt, Zweck und Ausmaß der erteilten Ermächtigung im Gesetz bestimmt werden«) können nur mit Mühe in entsprechender Anwendung des § 58 GVG behoben werden (s. bereits *Dallinger/Lackner* § 33 Rn. 36; *Eisenberg* §§ 33-33 b Rn. 20). Eine »sachdienliche Förderung« wäre es, wenn nur so die Anforderungen des § 37 erfüllt werden könnten; dagegen steht, daß damit gleichzeitig das gesetzliche Verlangen gem. § 34 Abs. 2 S. 1 unmöglich gemacht wird. Eine weitere Überlegung ist die der Verfahrensbeschleunigung durch eine »eingespielte« Justizbürokratie in Zusammenarbeit mit der Jugendgerichtshilfe; der Prävention dienen umständliche und langatmige Verfahren nicht (gegen diesen Gesichtspunkt aber *Eisenberg* §§ 33-33 b Rn. 22). Das Argument der Vereinheitlichung der Rechtsprechung (s. *Dallinger/Lackner* § 33 Rn. 35; *Eisenberg* §§ 33-33 b Rn. 22) erscheint auf der Gerichtsebene des Amtsgerichts demgegenüber nicht überzeugend. Entscheidend ist, daß die Forderung des § 37 auch ohne örtliche Zuständigkeitskonzentration erfüllbar ist durch eine Besetzung entsprechend der Wahlfach- bzw. Schwerpunktausbildung im juristischen Studium, entsprechend sonstiger jugendrichterlicher Qualifikation, wobei bereits der entsprechende Wunsch ein Indiz ist, sowie durch gezielte Fortbildungsmaßnahmen; diese Anforderungen verlangen gerade einen Bezug zu örtlichen Erziehungseinrichtungen und ehrenamtlicher Hilfe in Wohnortnähe. Die Ortsnähe ist weniger zur Überführung als für die Sanktionierung von Bedeutung. Im Ergebnis wird mit der h. M. Zurückhaltung in der Anwendung dieser Vorschriften empfohlen, auch hinsichtlich der gemeinsamen Schöffengerichte (insoweit aber a. M. *Dallinger/Lackner* § 33 Rn. 40; *Brunner/Dölling* §§ 33-33 b Rn. 10; wie hier *Eisenberg* § 33 Rn. 26). Demgegenüber wird in der Praxis hiervon großzügig Gebrauch gemacht (s. die entsprechenden Verordnungen, abgedr. im *Schönfelder* bei § 33).

§ 34. Aufgaben des Jugendrichters

(1) Dem Jugendrichter obliegen alle Aufgaben, die ein Richter beim Amtsgericht im Strafverfahren hat.

(2) Dem Jugendrichter sollen für die Jugendlichen die familien- und vormundschaftsrichterlichen Erziehungsaufgaben übertragen werden. Ist dies nicht durchführbar, so sollen ihm für die Jugendlichen die vormundschaftsrichterlichen Erziehungsaufgaben übertragen werden. Aus besonderen Gründen, namentlich wenn der Jugendrichter für den Bezirk mehrerer Amtsgerichte bestellt ist, kann hiervon abgewichen werden.

(3) Familien- und vormundschaftsrichterliche Erziehungsaufgaben sind
1. die Unterstützung der Eltern, des Vormundes und des Pflegers durch geeignete Maßnahmen (§ 1631 Abs. 3, §§ 1800, 1915 des Bürgerlichen Gesetzbuches),
2. die Maßnahmen zur Abwendung einer Gefährdung des Jugendlichen (§§ 1666, 1666 a, 1837 Abs. 4, § 1915 des Bürgerlichen Gesetzbuches).

Literatur

Otto Der Grundsatz der Ämtereinheit des Jugend- und des Vormundschaftsrichters, 1970.

I. Persönlicher Anwendungsbereich

1 Zum persönlichen Anwendungsbereich s. § 33 Rn. 1 und 2; die Anwendung des § 34 Abs. 2 und 3 scheidet hierbei für Heranwachsende aus, da gegenüber Volljährigen keine vormundschaftsrichterlichen Erziehungsaufgaben bestehen (s. § 107).

II. Verpflichtende Aufgaben des Jugendrichters

2 Die Aufgaben des Jugendrichters umfassen alle Aufgaben eines Richters beim Amtsgericht im Strafverfahren (§ 34 Abs. 1); damit gilt diese Aufgabenverteilung auch für den Jugendschöffenrichter (s. § 33 Abs. 3). Dazu gehören alle richterlichen Handlungen im Ermittlungsverfahren, insbesondere in Haftsachen, sowie die Rechtshilfe (s. §§ 156 ff. GVG; RL Nr. 1 zu § 34; gem. *VG Schleswig* DRiZ 1991, 98 – rechtskräftig – ist es unzulässig, im Geschäftsverteilungsplan lediglich die Ermittlungssachen – Haftsachen – einem Richter zuzuweisen, der im übrigen nicht als Jugendrichter eingesetzt ist). Zusätzliche Aufgaben werden gem. den §§ 45 Abs. 3, 71, 72

Abs. 3, 73, 77 Abs. 1, 82 ff., 97 ff. übertragen. Es ist unzulässig, einzelne Aufgaben aufgrund eines Geschäftsverteilungsplanes auszunehmen. Der Jugendrichter soll den Überblick über das gesamte jugendstrafrechtliche Verfahren behalten, gerade auch im Hinblick auf die Folgen seiner Entscheidungen. Das Präsidium ist in seiner Geschäftsverteilung durch § 34 Abs. 1 gebunden. § 22 d GVG greift nicht ein, da hiernach ein gesetzmäßiger Geschäftsverteilungsplan Voraussetzung ist (*LG Göttingen* NdsRpfl 1977, 218 m. w. N.; *OLG Köln* Zbl 1981, 34). Allerdings ist die richterliche Amtshandlung aufgrund eines solchen Geschäftsverteilungsplans nicht nichtig, sondern »nur« anfechtbar (s. § 338 Nr. 4 StPO; s. auch *BVerfG* StV 1985, 1).

III. Gesetzgeberisch gewünschte Aufgaben des Jugendrichters

Gem. § 34 Abs. 2 S. 1 »**sollen**« die familien- und vormundschaftsrichterlichen Erziehungsaufgaben dem Jugendrichter übertragen werden. Hieraus folgt, daß nur objektive Unmöglichkeiten, d. h. rechtliche oder faktische Hindernisse, dieser Aufgabenkombination entgegenstehen. Insoweit ist die Gesetzesanweisung auch bindend, wobei die frühere gesetzliche Forderung nach einer Personalunion aufgegeben wurde. Die Gesetzesanweisung wird untermauert durch die besondere jugendstrafrechtliche Regelung für die örtliche Zuständigkeit (s. § 42 Abs. 1 Nr. 1). Die namentliche Ausnahmemöglichkeit gem. § 34 Abs. 2 S. 2 gibt lediglich ein Beispiel für die rechtliche Unmöglichkeit, die weitere Ausnahmemöglichkeit »aus besonderen Gründen« ist im Hinblick auf die zunächst aufgestellte Anforderung restriktiv auszulegen. Faktisch unmöglich ist eine solche Kombination, wenn damit der Jugendrichter in seiner Dezernatsarbeit überlastet würde und eine Aufteilung des jugendrichterlichen Dezernats – zusammen mit den familien-/ vormundschaftsrichterlichen Aufgaben – nicht möglich ist, sei es, weil dann ein Bruchteil einem anderen Richter ohne Fachkompetenz i. S. des § 37 zugewiesen werden müßte, oder ein solcher Richter überhaupt fehlt. § 37 kommt insoweit Vorrang vor § 34 Abs. 2 zu, da es primär um die Erledigung der jugendstrafrechtlichen Aufgabe geht, wobei mit § 42 Abs. 1 Nr. 1, Abs. 2, § 46 FGG (s. auch RL Nr. 2 und 3 zu § 34) weitere Möglichkeiten eingeräumt werden, die Entscheidungen »in einer Hand« zu vereinigen; mit § 3 S. 2, mit der Überweisung an den Familien-/ Vormundschaftsrichter gem. § 53, sowie mit der Informationspflicht gem. § 70 S. 1 hat der Gesetzgeber allerdings einer Trennung der Aufgaben von vornherein Rechnung getragen. Die Zusammenfassung der jugendstrafrichterlichen und der familien-/ vormundschaftsrichterlichen Aufgaben bietet aber eine größere Gewähr für ein rechtzeitiges Eingreifen (zur abweichenden Praxis s. Grdl. z. §§ 33-38 Rn. 6). Gegenüber dieser Aufgabenkombination hat eine dezernatsmäßige Zusammenlegung von Jugend- und Erwachsenenstrafsachen zurückzustehen (s. *Brunner*/

Dölling § 34 Rn. 3; *Eisenberg* § 34 Rn. 12; *Schaffstein* NStZ 1981, 287), wenn auch das Jugendstrafverfahren eben ein Strafverfahren bleibt und der Gesetzgeber auch die Entscheidung über Erwachsenenstrafsachen den Jugendgerichten anvertraut hat (s. §§ 47 a, 103 Abs. 2 S. 1) und somit von ähnlichen Aufgabenstellungen ausgeht (s. auch *BGH* NJW 1966, 1037). Diese Kompetenz zur »Miterledigung« gilt aber umgekehrt nur ausnahmsweise (s. § 103 Abs. 2 S. 2).

§ 35. Jugendschöffen

(1) Die Schöffen der Jugendgerichte (Jugendschöffen) werden auf Vorschlag des Jugendhilfeausschusses für die Dauer von vier Geschäftsjahren von dem in § 40 des Gerichtsverfassungsgesetzes vorgesehenen Ausschuß gewählt. Dieser soll eine gleiche Anzahl von Männern und Frauen wählen.

(2) Der Jugendhilfeausschuß soll ebensoviele Männer wie Frauen und mindestens die doppelte Anzahl von Personen vorschlagen, die als Jugendschöffen und -hilfsschöffen benötigt werden. Die Vorgeschlagenen sollen erzieherisch befähigt und in der Jugenderziehung erfahren sein.

(3) Die Vorschlagsliste des Jugendhilfeausschusses gilt als Vorschlagsliste im Sinne des § 36 des Gerichtsverfassungsgesetzes. Für die Aufnahme in die Liste ist die Zustimmung von zwei Dritteln der stimmberechtigten Mitglieder erforderlich. Die Vorschlagsliste ist im Jugendamt eine Woche lang zu jedermanns Einsicht aufzulegen. Der Zeitpunkt der Auflegung ist vorher öffentlich bekanntzumachen.

(4) Bei der Entscheidung über Einsprüche gegen die Vorschlagsliste des Jugendhilfeausschusses und bei der Wahl der Jugendschöffen und -hilfsschöffen führt der Jugendrichter den Vorsitz in dem Schöffenwahlausschuß.

(5) Die Jugendschöffen werden in besondere für Männer und Frauen getrennt zu führende Schöffenlisten aufgenommen.

Literatur

Delitzsch Empfiehlt es sich, den Jugendschöffen durch einen ehrenamtlich tätigen Jugendfachrichter zu ersetzen?, MschrKrim 1979, 26; *Haegert* Einschaltung der Jugend in Jugendgerichtsbarkeit und Jugendbehörden, NJW 1968, 927; *Hauber* Ist die Laienbeteiligung im Jugendstrafverfahren noch vertretbar?, Zbl 1978, 329; *Heinen* Auswahl und Aufgaben der Jugendschöffen, Zbl 1954, 163; *Jung* Die Beteiligung von Laien an der Strafrechtspflege, in: Festschrift 150 Jahre Landgericht Saarbrücken, 1985, S. 317; *Katholnigg/Bierstedt* Sind bei den Schöffen alle Gruppen der Bevölkerung angemessen berücksichtigt?, ZRP 1982, 267; *Klausa* Ehrenamtliche Richter, 1972; *Ludemann* Vorschlag der Jugendschöffen – Möglichkeit der Aktivierung ehrenamtlicher Mitarbeiter, Jugendwohl 1974, 233; *Ullrich* Minderjährige Jugendschöffen?, RdJB 1969, 303; *Villmow/ter Veen/Walkoviak/Gerken* Die Mitwirkung von Laien in der (Jugend-) Strafgerichtsbarkeit, in: Festschrift für Pongratz, 1986, S. 306; *Wagner, H.* Anmerkung zu OLG Celle, JR 1981, 170; *Wagner, R.* Die Rechtsstellung der Jugendschöffen, Zbl 1982, 325; *Weil/Wilde* Der Jugendschöffe im Jugendstrafverfahren, Jugendwohl 1983, 303.

§ 35

Inhaltsübersicht | **Rn.**
- I. Persönlicher Anwendungsbereich — 1
- II. Aufgaben — 2
- III. Persönliche Qualifikation — 3
- IV. Vorschlagsrecht — 5
- V. Auswahl — 9
- VI. Auslosung — 10

I. Persönlicher Anwendungsbereich

1 Zum persönlichen Anwendungsbereich s. § 33 Rn. 1-3.

II. Aufgaben

2 Die Jugendschöffen üben in der Hauptverhandlung ihr Richteramt – von gesetzlichen Ausnahmen abgesehen (s. § 31 Abs. 2 StPO) – im vollen Umfang und mit gleichem Stimmrecht wie die Berufsrichter aus (§ 30 GVG), entscheiden damit über die Straftatvoraussetzungen und Straftatfolgen, und zwar sowohl über Tatsachen- als auch über Rechtsfragen. Im Ergebnis können die beiden Schöffen beim Schöffengericht den Berufsrichter überstimmen (s. § 196 GVG), in der Jugendkammer eine für den/die Angeklagte(n) nachteilige Entscheidung über die Schuldfrage und die Rechtsfolgen verhindern, da insoweit eine Zweidrittelmehrheit erforderlich ist (s. § 263 Abs. 1 StPO). Sie sind hierbei während der Hauptverhandlung (s. §§ 30 Abs. 2, 76 Abs. 1 GVG) an allen Entscheidungen beteiligt. Wichtig ist weiterhin das selbständige Fragerecht gem. § 240 StPO, wobei der Vorsitzende allerdings »ungeeignete oder nicht zur Sache gehörende Fragen« zurückweisen kann (§ 241 Abs. 2 StPO). Zu beachten ist weiterhin, daß gem. § 241 a Abs. 1 StPO die Vernehmung von **Zeugen unter 16 Jahren** allein vom Vorsitzenden durchgeführt wird, wobei die Schöffen aber verlangen können, daß der Vorsitzende weitere Fragen an die Zeugen stellt und der Vorsitzende auch eine unmittelbare Befragung gestatten kann (§ 241 a Abs. 2 StPO). Daß Fragen gestellt werden müssen, folgt schon aus dem notwendigen Bemühen, sich das Urteil bis zur Beratung offenzuhalten. Hierbei ist vorsichtig zu formulieren, da ansonsten der Eindruck der Voreingenommenheit aufkommen kann (zur Ablehnung wegen Besorgnis der Befangenheit s. §§ 24 ff. StPO; die Entscheidung trifft der Vorsitzende des Schöffengerichts bzw. treffen die Berufsrichter der Jugendstrafkammer, s. § 31 Abs. 2 S. 1 und 2 StPO).

III. Persönliche Qualifikation

3 Zu Schöffen dürfen nur Deutsche gewählt werden (§ 31 S. 2 GVG) – im Hinblick auf die vielfachen Anklagen gegen ausländische Mitbürger und ihre gerechte Bewertung eine problematische Bestimmung. Der Gesetzgeber unterscheidet im weiteren zwischen der Unfähigkeit zum Schöffenamt (§ 32 GVG) und der Ungeeignetheit (§ 33 GVG), wobei die letzte Vorschrift eine Soll-Vorschrift ist. Weiterhin sollen gem. § 34 GVG bestimmte Staatsorgane, Regierungsbeamte, Berufsgruppen, aber auch Schöffen, die acht Jahre lang tätig waren und deren letzte Dienstleistung weniger als acht Jahre zurückliegt, nicht berufen werden. Werden die §§ 31 S. 2, 32 GVG nicht eingehalten, so liegt ein absoluter Revisionsgrund gem. § 338 Nr. 1 StPO vor (ebenso *Dallinger/Lackner* § 35 Rn. 6; *Eisenberg* § 35 Rn. 17). Bei der Soll-Vorschrift des § 33 GVG ist von – negativer – Bedeutung, daß Personen, die bei Beginn der Amtsperiode das 25. Lebensjahr noch nicht vollendet haben würden, nicht berufen werden sollen (§ 33 Nr. 1 GVG; s. hierzu auch Grdl. z. §§ 33-38 Rn. 10). Die Bestimmung des § 33 Nr. 3, nach der Personen ungeeignet sind, die z. Z. der Aufstellung der Vorschlagsliste noch nicht ein Jahr in der Gemeinde wohnen, ist nur entsprechend anwendbar, da hier die Vorschlagsliste nicht von der Gemeinde (s. § 36 GVG) aufgestellt wird. Dies bedeutet, daß die Vorgeschlagenen ein Jahr lang im Bezirk des Jugendhilfeausschusses gewohnt haben müssen und – um die Regionalisierung durchzusetzen – z. Z. des Vorschlages wie auch der späteren Wahl im Bezirk des Amtsgerichts wohnen müssen, für das sie vorgeschlagen werden (so bereits Dallinger/*Lackner* § 35 Rn. 6; nachfolgend *Eisenberg* § 35 Rn. 6).

Des weiteren sollen die Vorgeschlagenen erzieherisch befähigt und in der Jugenderziehung erfahren sein (s. § 35 Abs. 2 S. 2). Obwohl diese Bestimmung – wie die im § 37 – sehr unbestimmt und nur als Soll-Vorschrift konzipiert ist, gilt es, ihre Bedeutung hervorzuheben, zumal in der Praxis häufig mehr nach der Abkömmlichkeit für die Sitzungen gefragt wird (s. Grdl. z. §§ 33-38 Rn. 7). Die erzieherische Befähigung und Erfahrung i. S. dieser Vorschrift wird nicht schon durch die »erfolgreiche« Vater- oder Mutterrolle nachgewiesen (a. M. *Dallinger/Lackner* § 35 Rn. 6). Es geht hier um entdeckte Kriminalität, um eine Kriminalität, die den Eltern bei ihren Kindern häufig verborgen bleibt, im weiteren darum, ob und wie hierauf mit strafenden Maßnahmen von seiten des Staates reagiert werden soll, wobei Sozialisationsgefährdungen von altersbedingten Auffälligkeiten zu unterscheiden sind. Häufig liegen solche Erfahrungen bei Eltern auch schon so weit zurück, daß ein Verständnis für die heutigen Jugendprobleme nicht mehr besteht. Es sollten daher Personen vorgeschlagen werden, die in der praktischen Jugendarbeit stehen. Dies müssen keine Hauptberuflichen sein, gerade auch die Ehrenamtlichen können aus ihrer distanzierteren beruflichen Sicht Entscheidungshilfe leisten. Im Ergebnis läuft dies auf **Fachschöffen** hinaus wie beim Handelsgericht, Arbeits- und Sozialgericht (s. auch Grdl. z. §§ 33-38 Rn. 10).

4

IV. Vorschlagsrecht

5 Das Vorschlagsrecht für die Jugendschöffen liegt beim Jugendhilfeausschuß (§ 35 Abs. 1 S. 1). Er ist nicht weisungsgebunden, wenngleich sich in der Praxis vielfache politische Abhängigkeiten zeigen (s. *Ullrich* RdJ 1969, 304; *Delitzsch* MschrKrim 1979, 28 m. Fn. 18; *Klausa* Zur Typologie der ehrenamtlichen Richter, 1970, S. 48, 49). Dies wird durch das Erfordernis einer Zweidrittelzustimmung (§ 35 Abs. 3 S. 2) nicht verhindert, da hier häufig Absprachen i. S. von jeweils akzeptierten Gruppenvorschlägen getroffen werden, was formalrechtlich nicht zu beanstanden ist (s. *BGH*St 12, 197), materiell-rechtlich und politisch aber bedenklich ist, da dann in Wirklichkeit nur eine Minderheit vorschlägt und ungeeignete Kandidaten aus Parteienproporz auf die Vorschlagsliste kommen können. Die gesetzgeberisch gewollte Politisierung der Schöffenwahl wird damit unter der Hand wieder entpolitisiert. Politisierung heißt hier das Herstellen einer hohen Akzeptanz für die einzelnen Kandidaten, was nur nach einer Personaldiskussion möglich erscheint. Demgegenüber ist auch rechtlich im Hinblick auf § 35 Abs. 2 S. 2 nicht haltbar, wenn nach dem Zufallsprinzip aus der Wahlkartei Personen »herausgegriffen« werden (s. *BGH*St 12, 201).

6 Wenn für den Bezirk eines Amtsgerichts, insbesondere für das Bezirksjugendgericht sowie das gemeinsame Jugendschöffengericht, mehrere Jugendämter zuständig sind, so ist das Vorschlagsrecht aufzuteilen. Eine ausdrückliche gesetzliche Regelung fehlt insoweit; es bietet sich eine entsprechende Handhabung gem. den §§ 43 Abs. 1, 58 Abs. 2 GVG an, d. h., der Landgerichtspräsident bestimmt die jeweils vorzuschlagende Anzahl (ebenso *Dallinger/Lackner* § 35 Rn. 8; *Brunner/Dölling* § 35 Rn. 3; *Eisenberg* § 35 Rn. 5; *OLG Celle* JR 1981, 169). Hierbei ist der Bevölkerungsanteil maßgebend (ebenso *OLG Celle* JR 1981, 170). Die Überlegung, daß in größeren Städten eher geeignete Personen für das Schöffenamt zu finden sind, darf nicht Gewicht erhalten (so aber *Dallinger/Lackner* § 35 Rn. 10), da damit das demokratische Prinzip der Schöffenbeteiligung verletzt würde (wie hier *Wagner* JR 1981, 171). Ebenso müssen die vorgeschlagenen Schöffen in dem jeweiligen Gerichtsbezirk wohnen (s. § 33 Nr. 3 GVG), wenn ein Jugendhilfeausschuß für mehrere Amtsbezirke zuständig ist. Das **Prinzip der angemessenen regionalen Verteilung** gilt auch für die Schöffen bei der Jugendstrafkammer (s. hierzu § 77 GVG). Ansonsten kann die Revision wegen § 338 Nr. 1 StPO begründet sein (s. aber *OLG Celle* JR 1981, 169 m. abl. Anm. von *Wagner*, das nur bei Willkür einen Verstoß gegen die gesetzliche Besetzung annimmt, nicht bei einem error in procedendo; zust. *Brunner/Dölling* § 35 Rn. 3; zw. *Eisenberg* § 35 Rn. 11, 16). Lediglich bei Hilfsschöffen wird aus Gründen der Pro-

zeßökonomie von dem Regionalprinzip Abstand genommen (s. §§ 42 Abs. 1 S. 2, 77 Abs. 2 S. 2 GVG).

Der Jugendhilfeausschuß hat die doppelte Anzahl von Personen vorzuschlagen, die als Schöffen bzw. Hilfsschöffen benötigt werden, und zwar Männer und Frauen in gleicher Anzahl (s. § 35 Abs. 2 S. 1; zur Parität s. § 33 Rn. 12). Hierauf hat der Vorsitzende des Wahlausschusses zu bestehen (*BGH*St 26, 394). Wird ein Schöffe gewählt, der nicht auf der Vorschlagsliste des Jugendhilfeausschusses stand, so ist die Wahl rechtswidrig und ungültig. Wirkt eine so gewählte Person an einer Hauptverhandlung mit, so ist das Gericht nicht ordnungsgemäß besetzt, es liegt der absolute Revisionsgrund gem. § 338 Nr. 1 StPO vor (*BGH*St 26, 393; *Dallinger/Lackner* § 35 Rn. 21; *Brunner/Dölling* § 35 Rn. 3; *Eisenberg* § 35 Rn. 17; a. M. *Potrykus* § 35 Anm. 2). 7

Gegen die Vorschlagsliste kann gem. § 37 GVG Einspruch eingelegt werden. Hierfür ist die Vorschlagsliste im Jugendamt eine Woche lang zu jedermanns Einsicht auszulegen (§ 35 Abs. 3 S. 3); der Zeitpunkt der Auslegung ist vorher öffentlich bekannt zu geben (§ 35 Abs. 3 S. 4), ebenso die Einspruchsmöglichkeit sowie die gesetzliche Einspruchsfrist (s. *Dallinger/Lackner* § 35 Rn. 13; *Eisenberg* § 35 Rn. 12), da es sich vergleichsweise um eine allgemeine Rechtsmittelbelehrung handelt (s. § 35 a StPO). Zum weiteren Vorgehen s. die §§ 38 ff. GVG. 8

V. Auswahl

Aus der Vorschlagsliste **wählt** (s. *BGH* StV 1984, 455; s. hierzu auch *BVerfG* StV 1985, 1; zur Zulässigkeit eines Auszählverfahrens s. *LG Hamburg* StV 1985, 10; s. hierzu aber auch *OLG Hamburg* StV 1985, 228 sowie *BGH* StV 1986, 237) der Schöffenwahlausschuß (s. § 40 GVG; zur ordnungsgemäßen Besetzung s. *BVerfG*E 31, 181; *BGH* StV 1986, 49) für vier Jahre die erforderliche Anzahl von Schöffen aus (s. § 35 Abs. 1). Hierbei fordert der Gesetzgeber eine geschlechtliche Parität (s. § 35 Abs. 1 S. 2; s. auch § 33 Rn. 12). Auch hier ist eine Zweidrittelmehrheit erforderlich (§ 42 Abs. 1 GVG). Vor der Wahl ist erforderlichenfalls über Einsprüche gegen die Vorschlagsliste – mit einfacher Mehrheit – zu entscheiden (s. § 41 GVG). Hierbei sowie bei der Wahl selbst führt der Jugendrichter den Vorsitz (§ 35 Abs. 4). Bei Einrichtung eines Bezirksjugendgerichts hat der Bezirksjugendrichter in allen Wahlausschüssen seines Bezirks den Vorsitz (h. M., s. *Brunner/Dölling* § 35 Rn. 3; *Eisenberg* § 35 Rn. 14). Die gewählten Schöffen werden in Schöffenlisten, getrennt nach Männern und Frauen (s. § 35 Abs. 5) sowie nach Haupt- und Hilfsschöffen (s. § 44 GVG), aufgenommen. Wird ein Hilfsjugendschöffengericht oder eine Hilfsjugendstrafkammer eingerichtet, so sind die Hauptschöffen 9 bzw. Hilfsschöffen nach ihrer Reihenfolge heranzuziehen (§ 47 GVG); nicht dürfen diese – im Unterschied zu der Einrichtung eines zusätzlichen Spruchkörpers gem. § 46 GVG – aus der Hilfsschöffenliste ausgelost werden (*BGH*St 31, 157; *BGH* StV 1986, 49; *KG* StV 1986, 49 m. Anm. von *Danckert*).

VI. Auslosung

10 Die Reihenfolge, in der die Schöffen an den einzelnen Verhandlungen teilnehmen, wird durch Auslosung in öffentlicher Sitzung (s. hierzu *LG Bremen* StV 1982, 461 m. Anm. v. *Jungfer*) bestimmt (im einzelnen s. die §§ 45, 47 Abs. 3 S. 1 GVG). Die Hauptschöffen werden an den ordentlichen Sitzungstagen eingesetzt (s. § 45 Abs. 1 GVG), die Hilfsschöffen an zusätzlichen Sitzungstagen sowie in Vertretung (s. § 47 GVG). Wenn entsprechend § 35 Abs. 1 S. 2 eine gleiche Anzahl von Männern und Frauen als Jugendschöffen gewählt wurde – nach *Dallinger/Lackner* (§ 33 Rn. 9) konnten vormals nicht immer genügend geeignete Frauen gefunden werden –, so besteht auch eine Verpflichtung, die Auslosung gem. den §§ 45, 47 GVG aus der jeweiligen Schöffenliste (s. § 35 Abs. 5) so vorzunehmen, daß immer eine Frau und ein Mann für einen Sitzungstag bestimmt werden (s. auch § 33 Abs. 3 S. 2). Geschieht dies nicht, so ist der Revisionsgrund des § 338 Nr. 1 StPO gegeben (a. M. *Dallinger/Lackner* § 33 Rn. 10; *Brunner/Dölling* § 35 Rn. 3; zw. *Eisenberg* §§ 33-33 b Rn. 43). Als Begründung für eine ungleiche geschlechtliche Schöffenbesetzung ist somit nur akzeptabel, daß von vornherein eine ungleiche Auswahl getroffen wurde; hierfür reicht wiederum nicht als Begründung aus, daß vom Jugendhilfeausschuß nicht eine gleiche Anzahl vorgeschlagen wurde. Wenn die ausgeloste Reihenfolge nicht eingehalten wird, auch hinsichtlich der Hilfsschöffen, so liegt erst recht ein Revisionsgrund vor, es sei denn, es wurde von der Einzelsitzung gem. § 54 GVG entbunden (s. auch *Eisenberg* §§ 33-33 b Rn. 44 m. w. N.).

§ 36. Jugendstaatsanwalt
Für Verfahren, die zur Zuständigkeit der Jugendgerichte gehören, werden Jugendstaatsanwälte bestellt.

Literatur

Eisenberg Zu einem Konflikt der Staatsanwaltschaft mit dem Gesetz (§ 36 JGG), NStZ 1994, 67; *ders.* Grundsätzliche Unzulässigkeit der Sitzungsvertretung durch Referendare in Jugendsachen, DRiZ 1998, 161; *H. E. Löhr* Die reine Lehre und die Erfordernisse der Praxis, DRiZ 1998, 165; *Matzke* Prävention und Jugendstrafrechtspflege, BewH 1995, 409.

Inhaltsübersicht

	Rn.
I. Anwendungsbereich	1
II. Aufgaben	2
III. Örtliche Zuständigkeit	5
IV. Organisation	6
V. Rechtsmittel	8

I. Anwendungsbereich

Die Vorschrift gilt für alle Verfahren, für die Jugendgerichte zuständig sind (s. § 33 Rn. 1, 2). Damit entscheidet der Jugendstaatsanwalt auch über Erwachsenentaten, wenn gleichzeitig gegen den/die Beschuldigte(n) Ermittlungen wegen Jugendstraftaten laufen, da dann grundsätzlich Anklage beim Jugendgericht zu erheben ist (s. § 32 Rn. 17). Der Jugendstaatsanwalt hat weiter Jugendschutzsachen zu bearbeiten, wenn eine Anklage beim Jugendgericht erhoben werden soll, da insoweit auch eine Zuständigkeit der Jugendgerichte besteht (s. §§ 26, 74 b GVG). Er entscheidet auch über Verbindungen von Anklagen gegen Jugendliche/Heranwachsende und Erwachsene gem. § 103 Abs. 1, Abs. 2 S. 1 (s. dort Rn. 7), nicht aber im Fall des § 103 Abs. 2 S. 2 sowie bei Erstzuständigkeit des OLG (s. § 102 Rn. 2).

1

II. Aufgaben

Der Jugendstaatsanwalt hat grundsätzlich die Aufgaben eines Erwachsenenstaatsanwalts mit Ausnahme der Vollstreckung, die dem Jugendrichter obliegt (s. § 82). Auch wenn für die Revisionsinstanzen keine besonderen Jugendgerichte gebildet sind (s. § 33 Abs. 2), hat auch die Jugendstaatsanwaltschaft die Revision zu vertreten (a. M. *Eisenberg* § 36 Rn. 8). Dies

2

folgt aus dem Sachzusammenhang, zumal die Revisionsgerichte in der Regel das Verfahren zurückweisen (s. § 354 StPO).

3   Besondere Handlungsanweisungen ergeben sich aus den §§ 43-46. Auch wenn bei der Polizei Jugendsachbearbeiter eingestellt sind, hat der Jugendstaatsanwalt frühzeitig sich in das Ermittlungsverfahren einzuschalten, insbesondere um das Verfahren bei einer in Betracht kommenden Einstellung nicht unnötig hinauszuzögern. Entgegen einer z. T. anderen Polizeipraxis (s. § 45 Rn. 16) darf sich der Jugendstaatsanwalt insoweit das Heft nicht aus der Hand nehmen und die Entscheidung über Einstellung mit oder ohne Sanktionierung sowie über die Anklage nicht durch die Polizei präjudizieren lassen. Das Beschleunigungsgebot gilt weiterhin gerade in U-Haft-Sachen (s. § 72 Rn. 8). Bei der Ermittlung der persönlichen Verhältnisse gilt es, nicht nur § 46 in entsprechender Anwendung zu beachten; der Umfang der Ermittlungen ist von vornherein durch das Verhältnismäßigkeitsprinzip begrenzt, d. h. durch den Tatvorwurf, da bereits das Ermittlungsverfahren Interesseneinbußen mit sich bringt, Sanktionscharakter hat. Zum Umgang und zur persönlichen Anrede s. Grdl. z. §§ 48-51 Rn. 4.

4   Streit besteht, inwieweit durch selbständige Anträge in der Hauptverhandlung unterschiedliche Auffassungen zum Gericht offengelegt oder verdeckt werden sollen. Zum Teil wird aus erzieherischen Gründen ein Verzicht auf Austragung von Meinungsverschiedenheiten gefordert (s. *Potrykus* § 36 Anm. 3; *Dallinger/Lackner* § 36 Rn. 8). Diese erzieherischen Gründe bestehen jedoch nur vordergründig, da dem/der Angeklagten nicht vorenthalten werden sollte, daß man über Rechts- und Beweisfragen unterschiedlicher Auffassung sein kann, erst recht über die Sanktionierung (s. auch *Eisenberg* § 36 Rn. 5 a). Ansonsten wird eine »heile Rechtswelt« vorgetäuscht (s. auch § 68 Rn. 4). Hieraus folgt, daß eine Verpflichtung besteht, im Schlußvortrag (§ 258 Abs. 1 StPO) konkrete Anträge zur Schuld- und Straffrage zu stellen (wie hier *Peters* § 32 JGG 1943 Anm. 4; anders die h. M., s. *Potrykus* § 36 Anm. 3; *Dallinger/Lackner* § 36 Rn. 8; lediglich einen Vorschlag für die Rechtsfolgen verlangen *Brunner* § 36 Rn. 4; *Eisenberg* § 36 Rn. 5 a). Nur wenn spezifische jugendstrafrechtliche Gesichtspunkte bestehen würden, dürfte von diesem grundsätzlichen Erfordernis (s. *OLG Düsseldorf* NJW 1963, 1167; *Kleinknecht/Meyer-Goßner* § 258 StPO Rn. 6; *Gollwitzer* in: *Löwe/Rosenberg* § 258 StPO Rn. 16) abgesehen werden.

III. Örtliche Zuständigkeit

5   Die örtliche Zuständigkeit richtet sich nach der für die Jugendgerichte (s. § 143 GVG i. V. m. § 2). Insoweit ist § 42 neben den §§ 7 ff. StPO zu be-

achten. In § 42 Abs. 2 wird insofern eine ausdrückliche Anweisung gegeben. Wechselt die Gerichtszuständigkeit durch Abgabe oder im Rahmen der Vollstreckung, so bleibt es gem. § 85 Abs. 7 n. F. i. V. m. § 451 Abs. 3 StPO bei der ursprünglichen Zuständigkeit, wobei diese Zuständigkeit abgegeben werden kann, wenn dies im Interesse des Verurteilten geboten erscheint und die StA am Ort der Vollstreckung zustimmt.

IV. Organisation

Wie bei den Jugendgerichten (s. § 33 Rn. 1) wäre ein Geschäftsverteilungsplan gesetzeswidrig, in dem für Jugendliche und Heranwachsende jeweils eine gesonderte Zuständigkeit festgelegt ist (s. auch RL a. F. Nr. 2 S. 2 zu § 36), da nur im Rahmen einer einheitlichen Zuständigkeit sachgerechte Entscheidungen für beide Altersgruppen ermöglicht werden. Erst recht ist eine scheinbar verbreitete Praxis, spezielle Deliktsbereiche wie insbesondere Jugendverkehrssachen aus der Jugendabteilung herauszulösen und den allgemeinen Abteilungen zuzuordnen (s. *Bürgerschaft der Freien und Hansestadt Hamburg* Drucks. 11/5530, S. 4; wie hier *Schoreit* in: *D/S/S* § 36 Rn. 5), nicht mit dem Gesetz vereinbar. Von der »Allzuständigkeit« der Jugendabteilung darf nur ausnahmsweise abgewichen werden, wenn andere Spezialkenntnisse unverzichtbar und in der Jugendabteilung nicht vorhanden sind. Darüber hinaus ist eine Ortsbezogenheit der Dezernate (keine Buchstabendezernate) sicherzustellen, um Kenntnisse vom sozialen Umfeld der Beschuldigten in das Verfahren einzubringen und um die Zusammenarbeit mit den örtlichen Behörden wie auch der Polizei zu verbessern (s. *Matzke* BewH 1995, 413). Gemäß RL zu § 36 soll der Sachbearbeiter die Anklage auch in der Hauptverhandlung vertreten, wenn nicht im vereinfachten Verfahren auf die Teilnahme an der mündlichen Verhandlung verzichtet wird (s. § 78 Abs. 2).

6

Entgegen der h. M., die insoweit nur Bedenken entwickelt (s. *Brunner/Dölling* § 36 Rn. 3; *Eisenberg* § 36 Rn. 11), sowie entgegen vereinzelten Anordnungen über Organisation und Dienstbetrieb der Staatsanwaltschaften (s. hierzu *Eisenberg* § 36 Rn. 11 sowie *Schoreit* in: *D/S/S* § 36 Rn. 6) ist darüber hinaus mit § 36 **nicht vereinbar**, in Jugendstrafsachen **Amtsanwälte einzusetzen** (a. M. *OLG Hamm* JMBl. NW 1962, 143; *OLG Karlsruhe* NStZ 1988, 241; *OLG Hamm* JMBl. NW 1994, 23). Dementsprechend hat die von den Landesjustizverwaltungen eingesetzte Arbeitsgruppe zur Überarbeitung des Wortlauts der »Anordnung über Organisation und Dienstbetrieb der Staatsanwaltschaft« vorgeschlagen (Bericht vom März 1993), daß die Amtsanwälte von der Vertretung der Anklage vor dem Jugendrichter ausgenommen werden (s. auch Nr. 26 OrgStA Mecklenburg-Vorpommern, Amtsblatt 1995, 1060). Ein zusätzliches Argument ergibt sich aus § 37 (so auch *Kreuzer* ZRP 1987, 237).

7

Zwar wird gem. § 142 Abs. 1 Nr. 3 GVG das Amt der Staatsanwaltschaft bei den Amtsgerichten durch Staatsanwälte oder Amtsanwälte ausgeübt. § 36 muß insoweit aber als Sondervorschrift gelten (s. § 2), die diese Regelung außer Kraft setzt – und dies aus guten Gründen: Die Anforderungen des § 37 werden nicht einmal von den Staatsanwälten erfüllt (s. Grdl. z. §§ 33-38 Rn. 6); hinzu kommt, daß das Jugendgerichtsverfahren spezielle Rechtskenntnisse erfordert und ein sporadischer Einsatz nicht das praktische Wissen für konkrete Sanktionsmöglichkeiten bzw. für deren Ersatz an Ort und Stelle vermittelt. Die entgegengesetzte historische Argumentation des *OLG Hamm* (JMBl. NW 1962, 113) überzeugt nicht: Während im § 21 JGG 1923 nur bestimmt war, daß die Bearbeitung der Jugendsachen bei jeder Staatsanwaltschaft tunlichst in den Händen »bestimmter Beamter« vereinigt werden sollte, wurde bereits mit § 23 JGG 1943 die einengende heutige Fassung in Kraft gesetzt, wobei nach der damaligen RL Nr. 3 eine Abgabe an die Amtsanwaltschaft möglich war. Daß heute eine solche RL nicht besteht, weist auf einen anderen gesetzgeberischen Willen hin. Die Tatsache, daß die Amtsanwaltschaft in den einzelnen Bundesländern verschieden geregelt ist, hätte eine generelle Zulassung durchaus erlaubt (s. aber *Potrykus* NJW 1954, 1349). Diese Einwände bestehen erst recht gegen den Einsatz örtlicher Sitzungsvertreter aus der Rechtspflegerschaft oder Beamtenschaft eines Amtsgerichts in Jugendstrafsachen (auch insoweit sprechen *Brunner/Dölling* § 36 Rn. 3 und *Eisenberg* § 36 Rn. 10 nur Empfehlungen aus); *BVerfG* NJW 1981, 1033 steht dieser Auffassung nicht entgegen. Für Referendare gilt, daß zu Ausbildungszwecken Sitzungsvertretungen nur wahrgenommen werden dürfen, wenn zusammen mit dem Ausbilder die Hauptverhandlung vorbereitet und die möglichen Antworten auf die Straffrage durchgegangen wurden. Insoweit erlaubt das Gesetz im Einzelfall die Wahrnehmung der Aufgaben eines Staatsanwaltes unter dessen Aufsicht (s. § 142 Abs. 3 2. Alt. GVG; a. M. *Eisenberg* DRiZ 1998, 161; dagegen *H. E. Löhr* DRiZ 1998, 165, vor allem im Hinblick auf Praxisbedürfnisse; s. auch *Brunner/Dölling* § 36 Rn. 3 a, die eine Sitzungsvertretung nur bei durchgehender Anwesenheit eines Jugendstaatsanwalts erlauben; wie hier Beschlüsse des *LG Berlin* v. 14.5.1997 – Az. 509 Qs 21/97 – und v. 28.5.1997 – Az. 507 Qs 20/97).

V. Rechtsmittel

8   Nach einer Rechtsmeinung, die sich auf eine frühe Entscheidung des *BGH* (bei *Herlan* GA 1961, 358; *OLG Karlsruhe* NStZ 1988, 241; zust. *Brunner/Dölling* § 36 Rn. 1; zw. *Eisenberg* § 36 Rn. 12, 13) beruft, stellt ein Verstoß gegen § 36 weder einen absoluten Revisionsgrund gem. § 338 Nr. 5 StPO noch einen Gesetzesverstoß gem. § 337 StPO dar. Während die erste Auffassung im Hinblick auf § 144 GVG vertretbar erscheint, so

ist die zweite Auffassung mit dem Gesetz nicht vereinbar. Die Herabstufung einer Gesetzesbestimmung zu einer bloßen Ordnungsvorschrift ist selbst bei Soll-Vorschriften als »Zauberformel« (s. *Grünwald* JZ 1968, 752) entlarvt worden und wird als »methodisch veraltet« (s. *Hanack* JZ 1971, 169) angesehen (s. auch *BGH*St 25, 329; s. aber *Kleinknecht/Meyer-Goßner* § 337 StPO Rn. 4 m. w. N.). Hier handelt es sich zudem um eine zwingende Gesetzesanweisung. Wenn somit an einer Verhandlung ein Staatsanwalt, der nicht gem. § 36 zum Jugendstaatsanwalt bestellt ist, oder ein Amtsanwalt teilnimmt, so ist das Urteil rechtsfehlerhaft. Ob es auf der Gesetzesverletzung i. S. des § 337 StPO beruht, ist im Einzelfall zu prüfen.

§ 37. Auswahl der Jugendrichter und Jugendstaatsanwälte

Die Richter bei den Jugendgerichten und die Jugendstaatsanwälte sollen erzieherisch befähigt und in der Jugenderziehung erfahren sein.

Literatur

Adam/Albrecht/Pfeiffer Jugendrichter und Jugendstaatsanwälte in der Bundesrepublik Deutschland, 1986; *Becker* Zur Frage der Vor- und Ausbildung der Jugendrichter, RdJ 1955, 362; *Brunner* Der Jugendrichter – Anspruch und Möglichkeit, JR 1978, 499; *Cohnitz* Zur Frage der Vor- und Ausbildung der Jugendrichter, RdJ 1955, 364; *Grotenbeck* Überlegungen zu gemeinsamen Fortbildungsmaßnahmen für Jugendrichter und Jugendgerichtshelfer, Zbl 1977, 252; *Hauber* Das Bild vom Jugendrichter in der Entwicklung des Jugendkriminalrechts, Zbl 1977, 315; *ders.* Spezialisierung als Legitimation jugendrichterlichen Handelns, Zbl 1977, 372; *Hauser* Der Jugendrichter – Idee und Wirklichkeit, 1980; *ders.* Der Jugendrichter – Idee und Wirklichkeit, MschrKrim 1980, 6; *Kreuzer* Aus- und Fortbildung von Jugendrichtern und Jugendstaatsanwälten, ZRP 1987, 235; *Lignitz* Die Ausbildung des französischen Jugendrichters und seine Weiterbildung im Centre de Vaucresson, 1977; *Müller* Aufgaben, Persönlichkeit und Stellung des Jugendrichters, RdJ 1955, 24; *Pommerening* Pädagogisch relevante Dimensionen des Selbstbildes von Jugendrichtern, 1982; *dies.* Das Selbstbild der deutschen Jugendrichter, MschrKrim 1982, 193; *Potrykus* Der Jugendrichter und die Anforderungen an seine Vorbildung, RdJ 1955, 361; *Sach* Jugendrichterausbildung: Erzieherisch befähigt und in der Jugenderziehung erfahren?, RdJB 1969, 298; *Schaffstein* Zur Situation des Jugendrichters, NStZ 1981, 286; *Vaupel* Zum Selbstverständnis jugendrichterlicher Tätigkeit, UJ 1980, 391; *Weil/Wilde* Der Jugendrichter im Jugendstrafverfahren, Zbl 1983, 497.

Inhaltsübersicht

	Rn.
I. Anwendungsbereich	1
II. Rechtsnatur	2
III. Leitbild des Jugendrichters und Jugendstaatsanwalts	3
IV. Rechtsmittel	7

I. Anwendungsbereich

1 Die Vorschrift gilt für alle (Berufs-)Richter bei den Jugendgerichten (Jugendrichter, Jugendschöffengericht, Jugendkammer) sowie für alle Jugendstaatsanwälte. Da bei den Oberlandesgerichten und dem Bundesgerichtshof keine speziellen Jugendsenate eingerichtet und dementsprechend auch keine speziellen Jugendstaatsanwälte eingesetzt sind (s. § 36), findet § 37 dort unmittelbar keine Anwendung (zur Reform s. Grdl. z. §§ 33-38 Rn. 9). Es ist jedoch eine logische Selbstverständlichkeit, daß auch in diesen Instanzen Personen mit der Qualifikation gem. § 37 eingesetzt werden müssen, wenn sie über Entscheidungen von Gerichten urteilen sollen, für

die der Gesetzgeber eine besondere Qualifikation aufgestellt hat, und darüber hinaus Leitlinien für die Jugendstrafjustiz entwickeln sollen (s. auch *Brunner/Dölling* § 37 Rn. 12).

II. Rechtsnatur

§ 37 ist »lediglich« als **Soll-Vorschrift** konzipiert; sie wird darüber hinaus als sog. Ordnungsvorschrift herabgestuft (s. *BGH* MDR 1958, 356; *Brunner/Dölling* § 37 Rn. 5; krit. *Kreuzer* StV 1982, 439; *Weil/Wilde* Zbl 1983, 497; *Böhm* Einführung in das Jugendstrafrecht, S. 58). Damit ist die Bestimmung aber keineswegs unverbindlich (s. aber *Peters* Strafprozeß, 3. Aufl., S. 564). Die gesetzgeberische Intention ist eindeutig. Die Soll-Vorschrift ist allein aus heute bestehenden praktischen Notwendigkeiten begründet: Solange keine spezielle Ausbildung in oder neben dem juristischen Studium angeboten wird und dementsprechend die Qualifikation auch nicht durch Zertifikate belegt werden kann, müßten die Revisionsgerichte, ohne daß der Gesetzgeber formal eine entsprechende Befähigung für sie selbst verlangt (s. aber Rn. 1), über die erzieherische Befähigung und Erfahrung im Einzelfall entscheiden. Dies erscheint nicht nur unpraktikabel (s. *Schaffstein* NStZ 1981, 291), sondern wäre auch nicht als eine justitielle Sachentscheidung haltbar (zur Reform s. Grdl. z. §§ 33-38 Rn. 9).

2

III. Leitbild des Jugendrichters und Jugendstaatsanwalts

Im § 37 wird als Qualifikation des Jugendrichters und Jugendstaatsanwalts die erzieherische Befähigung und Erfahrung verlangt. In den Richtlinien (Nr. 3) wird hierzu ausgeführt, daß »Kenntnisse auf den Gebieten der Pädagogik, der Jugendpsychologie, der Jugendpsychiatrie, der Kriminologie und der Soziologie von besonderem Nutzen« sind. In der Ausdrucksweise *Franz v. Liszts* lautet dies: »Wer das Verbrechen bekämpfen will, muß das Verbrechen kennen, er muß es studieren nicht als begriffliche Abstraktion, sondern als Erscheinung, als Ereignis des gesellschaftlichen sowohl wie des individuellen Lebens« (*v. Liszt* Vorträge und Aufsätze, 2. Bd., S. 3). Das Wissen und die Erfahrung dürfen auch nicht erst im Richterberuf gesammelt werden, da sich ansonsten die Anfangszeit zu Lasten der Angeklagten auswirken kann. Die Einführung als Beisitzer in einer Jugendkammer ist aber immer empfehlenswert (s. auch *Brunner/Dölling* § 37 Rn. 12).

3

Andererseits dürfen aber auch nicht zu hohe, unrealistische Ansprüche erhoben werden, zumal damit die Erfüllung von vornherein verhindert wird (s. die Nachweise bei *Hauser* Der Jugendrichter – Idee und Wirklichkeit, 1980, S. 2, 3). Einmal ist der persönliche Kontakt außer im Falle des Ar-

4

restvollzugsleiters sowie des Vollstreckungsleiters bei Jugendstrafen im Regelfall auf die Hauptverhandlung begrenzt. Insoweit sind pädagogischen Fähigkeiten aber schon aufgrund der Unschuldsvermutung bis zum Schuldinterlokut bzw. zum Urteil Grenzen gesetzt, auch wenn die Hauptverhandlung Teil, wesentlicher Teil des Sozialisationsprozesses ist und statusbedingte Benachteiligungen in der Wahrnehmung eigener Rechte durch eine sozialkompensatorische Verhandlungsführung auszugleichen bzw. zu minimieren sind. Die Kürze der Zeit sowie die situative Bedrängnis ermöglichen aber keine bleibende pädagogische Einflußnahme. Diese ist im Hinblick auf das Strafziel (s. Grdl. z. §§ 1-2, Rn. 4, 5) auch für die Sanktionierung auf das Ziel der Normbefolgung begrenzt. Insoweit ist es wichtig, die begrenzten Möglichkeiten einer (Re-)Sozialisierung durch Strafen, ja die schädlichen Wirkungen von Strafen für diesen (Re-)Sozialisierungsprozeß zu kennen. Dies müssen die zusätzlichen Kenntnisse des Jugendrichters, des Jugendstaatsanwalts sein, zumal er nicht wie ein »Sozialingenieur« die gesellschaftlichen Bedingungen für den/die einzelne(n) Angeklagte(n) verändern kann.

5 Da richterliche und staatsanwaltschaftliche Tätigkeit Machtausübung über andere Menschen darstellt, ist daneben ein besonderes Verantwortungsgefühl zu verlangen, auch wenn vielfach die Anforderungen an die persönlichen Eigenschaften in idealistischer Weise überhöht werden (s. auch *Eisenberg* § 37 Rn. 6). Die richterliche und staatsanwaltschaftliche Verantwortung steigert sich in Jugendstrafsachen, da Verhandlung und Urteil den weiteren Lebensweg entscheidend beeinflussen, bestimmen können (s. auch *Brunner/Dölling* § 37 Rn. 1). Letztlich ist das jeweilige Verständnis von Sinn und Zweck des Strafrechts entscheidend. Wer hier nicht die Inhumanität sowie weitgehende Ineffektivität erkennt, wird leichter Verantwortung für die Strafe übernehmen; richtigerweise kann man aber in Anlehnung an ein Wort von *Gustav Radbruch* (Einführung in die Rechtswissenschaft, zit. nach der 11. Aufl., S. 136) nur mit einem schlechten Gewissen sanktionieren. Hieraus folgt, daß im Rahmen der Prüfung der Straftatvoraussetzungen nach den geschützten Interessen der jeweiligen Strafnorm gefragt sowie die Verantwortlichkeitszuschreibung (§ 3, § 20 StGB) ernsthaft geprüft wird, daß im Rahmen der Prüfung der Straftatfolgen die soziale Realität, in der der/die jeweilige Angeklagte steht, erfaßt und die Notwendigkeit, Geeignetheit und Angemessenheit strafrechtlicher Sanktionierung mit ihren weiteren Folgen abgewogen wird. Wie das rechtliche Sollen erlernt werden muß, ist auch die Fähigkeit, das zukünftige Verhalten junger Menschen sowie die Wirkung von außerstrafrechtlichen und strafrechtlichen Maßnahmen zu beurteilen, nicht angeboren (s. aber *Vins* UJ 1953, 439: »Menschenkenntnis ist kein Lehrfach«; *Potrykus* RdJ 1955, 361: »Die erzieherische Befähigung ist angeboren«). Es genügt auch nicht, sich zur helfenden Liebe zu bekennen, »die

weiß von der Verstrickung aller in Schuld und Unrecht« (s. *Bertram* RdJ 1958, S. 341). Der Strafrichter, der sich als Samariter gibt, verkennt die Wirkung des Strafprozesses und der Sanktionen. Das in einer Untersuchung festgestellte große Selbstbewußtsein (s. *Pommerening* Pädagogisch relevante Dimensionen des Selbstbildes von Jugendrichtern, 1982, S. 210) wird leicht zur Hybris. Sozialwissenschaftliches Mehrwissen muß erlernt werden (s. auch *Sach* RdJB 1969, 300; *Eisenberg* § 37 Rn. 7), wobei eine solche berufliche Sozialisation auch zu humaneren Einstellungen führen kann.

Als Konsequenz dieser Forderung nach einem Mehrwissen folgt, daß das Leitbild des juristischen »Alleskönners«, der heute dieses Dezernat und morgen jenes bearbeiten kann (s. aber *Dallinger/Lackner* § 37 Rn. 8; *Schaffstein* NStZ 1981, 291; *Schäfer* in: *Löwe/Rosenberg* § 21 e GVG Rn. 109), aufgegeben wird. Auch innerhalb der Justiz ist eine Spezialisierung vonnöten (s. *Böhm* Einführung in das Jugendstrafrecht, S. 59), wenn man den Menschen, über die zu richten ist, gerecht werden will. Ein Wechsel im Dezernat wird damit nicht unterbunden, wobei der Wunsch der Betroffenen ausschlaggebend zu sein hat. Ein Wechsel allein im Interesse einer wechselnden Aufgabenverteilung ist abzulehnen (ebenso *Brunner/Dölling* § 37 Rn. 12; *Eisenberg* § 37 Rn. 9). Ohne ein persönliches Engagement ist gerade in Jugendstrafsachen die Funktion des Jugendrichters und des Jugendstaatsanwalts nicht ausfüllbar. Dies gilt insbesondere, solange häufig erst im autodidaktischen Verfahren die gesetzlichen Anforderungen erworben werden (zur Reform s. Grdl. z. §§ 33-38 Rn. 9). 6

IV. Rechtsmittel

Eine Revision, die sich allein auf § 338 Nr. 1 StPO stützt, hat keine Erfolgschancen (ebenso *Brunner/Dölling* § 37 Rn. 5; *Eisenberg* § 37 Rn. 15), da § 37 als »bloße« Ordnungsvorschrift gilt (s. Rn. 2). Der *BGH* hat aber ausdrücklich den Hinweis gegeben, daß ein Verstoß gegen § 37 zu einem rechtsfehlerhaften Urteil führen kann, wenn das Gericht trotz fehlender Sachkunde keinen Sachverständigen auf dem Gebiet der Jugendpädagogik heranzieht – Aufklärungsrüge (*BGH* MDR 1958, 356 = EJF, CI, Nr. 36 m. zust. Anm. von *Kohlhaas*; s. auch *Eisenberg* § 37 Rn. 15 m. w. N.). 7

§ 38. Jugendgerichtshilfe

(1) Die Jugendgerichtshilfe wird von den Jugendämtern im Zusammenwirken mit den Vereinigungen für Jugendhilfe ausgeübt.

(2) Die Vertreter der Jugendgerichtshilfe bringen die erzieherischen, sozialen und fürsorgerischen Gesichtspunkte im Verfahren vor den Jugendgerichten zur Geltung. Sie unterstützen zu diesem Zweck die beteiligten Behörden durch Erforschung der Persönlichkeit, der Entwicklung und der Umwelt des Beschuldigten und äußern sich zu den Maßnahmen, die zu ergreifen sind. In Haftsachen berichten sie beschleunigt über das Ergebnis ihrer Nachforschungen. In die Hauptverhandlung soll der Vertreter der Jugendgerichtshilfe entsandt werden, der die Nachforschungen angestellt hat. Soweit nicht ein Bewährungshelfer dazu berufen ist, wachen sie darüber, daß der Jugendliche Weisungen und Auflagen nachkommt. Erhebliche Zuwiderhandlungen teilen sie dem Richter mit. Im Fall der Unterstellung nach § 10 Abs. 1 Satz 3 Nr. 5 üben sie die Betreuung und Aufsicht aus, wenn der Richter nicht eine andere Person damit betraut. Während der Bewährungszeit arbeiten sie eng mit dem Bewährungshelfer zusammen. Während des Vollzugs bleiben sie mit dem Jugendlichen in Verbindung und nehmen sich seiner Wiedereingliederung in die Gemeinschaft an.

(3) Im gesamten Verfahren gegen einen Jugendlichen ist die Jugendgerichtshilfe heranzuziehen. Dies soll so früh wie möglich geschehen. Vor der Erteilung von Weisungen (§ 10) sind die Vertreter der Jugendgerichtshilfe stets zu hören; kommt eine Betreuungsweisung in Betracht, sollen sie sich auch dazu äußern, wer als Betreuungshelfer bestellt werden soll.

Literatur

Arbeitsgruppe Jugendgerichtshilfe in der DVJJ Jugendgerichtshilfe – Standort und Wandel –, DVJJ-Rundbrief Nr. 131/Juni 1990, S. 4; *Becker* Jugendgerichtshilfe als Institution sozialer Kontrolle, KrimJ 1980, 108; *Bottke* Das Jugendamt als ermittelnde Jugendgerichtshilfe – ein Unding?, Zbl 1980, 12; *Brunner* Spezialisierte Jugendgerichtshilfe, Zbl 1972, 321; *ders.* Jugendrichter und Jugendgerichtshelfer nach 20 Jahren JGG, Zbl 1973, 53; *ders.* Die Eltern des volljährigen Heranwachsenden im Jugendgerichtsverfahren, insbesondere bei der Persönlichkeitserforschung durch den Jugendgerichtshelfer im Bereich der Verletzung von Privatgeheimnissen (§ 203 StGB), Zbl 1977, 366; *ders.* Anmerkung zu *BGH*, NStZ 1984, 467; *Bundesministerium d. Justiz* (Hrsg.) Jugendhilfe quo vadis?, 1991; *Dölling* Datenschutz und JGH-Bericht, BewH 1993, 128; *Dyck* Erfahrungen mit der Spezialisierung der Jugendgerichtshilfe, Zbl 1975, 425; *Eisenberg* Anmerkung zu LG Frankfurt, NStZ 1985, 42; *ders.* Zur verfahrensrechtlichen Stellung der Jugendgerichtshilfe, StV 1998, 304; *Ensslen* Mitwirkung des Jugendamtes im jugendgerichtlichen Verfahren, Beiträge zum Recht der sozialen Dienste und Einrichtungen 1999, Heft 42, S. 23; *Füllkrug* Der Jugendgerichtshelfer als Zeuge vor Gericht, BewH 1988, 322; *Graf* Jugendgerichtshilfe in der Spannung zwi-

Zweites Hauptstück. Jugendgerichtsverfassung und Jugendstrafverfahren § 38

schen Strafe und Erziehung sowie zwischen Jugendhilfe und Justiz, Zbl 1989, 481; *Grothenbeck* Überlegungen zu gemeinsamen Fortbildungsmaßnahmen für Jugendrichter und Jugendgerichtshelfer, Zbl 1977, 252; *ders.* Unterliegen Bericht und Ahndungsvorschlag der Jugendgerichtshilfe einer verwaltungsgerichtlichen Nachprüfung?, Zbl 1981, 302; *Hauber* Der Jugendgerichtshelfer als »Sozialanwalt« des jugendlichen Straftäters, Zbl 1980, 509; *ders.* Die örtliche Zuständigkeit der Jugendgerichtshilfe, Mitteilungen des Landesjugendamtes, Landschaftsverband Westfalen-Lippe, Nr. 91, 1987, S. 62; *Heinz* Jugendgerichtshilfe in den neunziger Jahren, BewH 1988, 261; *Heinz* Jugendgerichtshilfe in den neunziger Jahren, in: Mehrfach Auffällige – mehrfach Betroffene/Erlebnisweisen und Reaktionsformen, DVJJ 18 (1989), 128; *Heinz/Hügel* Erwiderung auf die Kritik von *Weyl*, BewH, 319; *Hellmer* Der Jugendgerichtshelfer im Spannungsfeld seiner Funktionen, RdJ 1967, 309; *Homfeldt/Kahl* Der Jugendgerichtshelfer – ein Büttel der Justiz?, Zbl 1987, 572; *Hügel* Es geht auch ohne JGH, BewH 1988, 308; *Jens* Handbuch für die Jugendgerichtshilfe, 1968; *John* Was nützt das Rollenkonzept für die Reform der Jugendgerichtshilfe, Zbl 1982, 10; *Kiehl* Jugendgerichtshilfe: Soziale Arbeit im Spannungsfeld zwischen Jugendhilfe und Jugendstrafrecht, in: Das neue Kinder- und Jugendhilfegesetz (KJHG), hrsg. von *Wiesner/Zarbock*, 1991, S. 173; *ders.* Zum pragmatischen Vordergrund und den konzeptionellen Hintergründen von Problemen mit der örtlichen Zuständigkeit der Jugendgerichtshilfe, DVJJ-Journal 1997, 39; *Klier/Brehmer/Zinke* Jugendhilfe in Strafverfahren – Jugendgerichtshilfe, 1995; *Korth* Jugendgerichtshilfe. Die Einzelbetreuung im Jugendstrafverfahren nach § 10 JGG, 1995; *von Kullwitz* Berufsbild und Tätigkeitsmerkmale des Jugendgerichtshelfers, Zbl 1975, 421; *Laubenthal* Aufgabenwandel der Jugendgerichtshilfe als Folge kriminologischer Erkenntnisse über abweichendes Verhalten Jugendlicher, in: Festschrift für Spendel, 1992, S. 795; *ders.* Jugendgerichtshilfe im Strafverfahren, 1993; *Lindemann* Nachgehende Fürsorge der Jugendgerichtshilfe, Kriminalistik 1965, 38; *Lühring* Die Berichterstattung des Jugendgerichtshelfers und ihre Grenzen, 1992; *Lux* Die Schuldfrage als Brücke zur Persönlichkeitserforschung und Vorschlag zum Strafmaß als Problem der Jugendgerichtshilfe, Zbl 1978, 340; *dies.* Jugendgerichtshilfestatistik, 1993; *Maelicke* Organisationskonzepte und Kooperationsformen der Jugendgerichtshilfe, in: Mehrfach Auffällige – mehrfach Betroffene/Erlebnisweisen und Reaktionsformen, DVJJ 18 (1989), 180; *Matenaer* Die Beteiligung der Jugendgerichtshilfe bei der Unterbringung von Jugendlichen und Heranwachsenden in U-Haft, Zbl 1983, 21; *Möller* Abschied von der Jugendgerichtshilfe?, Zbl 1974, 394; *Momberg* Die Ermittlungstätigkeit der Jugendgerichtshilfe und ihr Einfluß auf die Entscheidung des Jugendrichters, 1982; *ders.* Der Einfluß der Jugendgerichtshilfe auf die Entscheidung des Jugendrichters, MschrKrim 1982, 65; *Müller-Dietz* Jugendgerichtsbarkeit und Sozialarbeit, MschrKrim 1975, 1; *Neuland-Berg* Wie sieht der jugendliche Strafgefangene das Jugendamt?, RdJ 1964, 97; *Olbricht-Sondershaus* Datenschutz in der Jugendgerichtshilfe, DVJJ-Journal Nr. 132/Sept. 1990, S. 14; *Ostendorf* Jugendgerichtshilfe in der Rolle der »Doppelagentin« – Chance oder programmiertes Versagen?, Zbl 1991, S. 9; *ders.* Argumente für einen Fachdienst JGH bzw. gegen eine Auflösung der JGH in einen allgemeinen sozialen Dienst der Jugendgerichtshilfe, DVJJ-Journal 1997, 242; *Pfeiffer* Jugendgerichtshilfe als Brücke zwischen Jugendhilfe und Jugendgerichtsbarkeit, Zbl 1980, 403; *Philipp* Betreuung durch die Jugendgerichtshilfe, Zbl 1977, 393; *Rein* Geht es auch ohne JGH?, DVJJ-Journal 1998, 335; *Reinecke* Perspektiven für die Jugendgerichtshilfe in den neunziger Jahren oder ein JGH-Bericht über die JGH, in: Mehrfach Auffällige – mehrfach Betroffene/Erlebnisweisen und Reaktionsformen, DVJJ 18 (1989), 156; *Roestel* Aufgabe und Form des Berichts der Jugendgerichtshilfe, UJ 1965, 543; *ders.* Ist die Persönlichkeitserforschung in der Hauptverhandlung gegen Jugendliche nur begrenzt zulässig?, RdJ 1967, 239; *Schaffstein* Aufgabe und verfahrensrechtliche Stellung der Jugendgerichtshilfe, in: Festschrift für Dünnebier, 1982, S. 660; *Seidel* Die Jugendgerichtshilfe in ihrer Ermittlungsfunktion und ihr Einfluß auf richterliche Entscheidungen in Jugendstrafverfahren gegen weibliche Jugendliche, 1988; *Sonntag* Die prozessuale Stellung des Jugendgerichtshelfers, NJW 1976, 1436; *Stemmildt* Jugendgerichtshilfe als sozialpädagogisches Angebot für mehrfach benachteiligte Jugendliche mit signifikantdelinquentem Verhalten, in: Mehrfach Auffällige – mehrfach Betroffene/Erlebnisweisen und Reaktionsformen, DVJJ 18 (1989), 166; *Trenczek* Datenschutz in der Jugend(gerichts)hilfe, DVJJ-Journal, 3/1991, S. 251; *ders.* Die JGH – das (un)bekannte Wesen in Kriminalverfahren, DVJJ-Journal 1999, S. 151; *ders.* Was tut die Jugendgerichtshilfe im Strafverfahren?/Arbeitsinhalte und Abläufe in der Jugendgerichtshilfe, DVJJ-Journal 1999, S. 375; 2000, S. 43; *Trenczek/Mörsberger* Jugendgerichtshilfe – Quo vadis?, DVJJ-Journal Nr. 132/Sept. 1990, S. 10; *Ullrich* Die nachgehende Fürsorge bei strafentlassenen Jugendlichen, RdJ 1956, Heft 5; *ders.* Der Bericht der Jugendgerichtshilfe – Vordruck oder freie Fassung?, Zbl 1969, 185; *ders.* Sinn und Aufgabe der Jugendgerichtshilfe, Zbl 1970, 97; *ders.* Der Jugendgerichtshelfer, Entwurf eines Berufsbilds, Zbl 1971, 253; *ders.* Wider den Gerichtsgeher, UJ 1971, 412; *ders.* Nochmals: Wer unterschreibt den Ermittlungsbericht, Zbl 1972, 125; *ders.* Gedanken zur Präsenzpflicht der Jugendgerichtshilfe, Zbl 1973, 342; *ders.* Das ist keine Jugendgerichtshilfe, Zbl 1977, 337; *ders.* Delegierung – Ungelöstes Problem der Jugendgerichtshilfe, Zbl 1980, 216; *ders.* Jugendgerichtshilfe bei jungen Ausländern, Zbl 1979, 244; *ders.* Arbeitsanleitung für Jugendgerichtshelfer, 1982; *Vieten-Groß* Die Anforderungen der Justiz an die Jugendgerichtshilfe: Kritische Betrachtungen zum Ist-Zustand und Versuch der Einordnung in die aktuelle Debatte, DVJJ-Journal 1997, 246; *Wagner* Die Stellung der Jugendgerichtshilfe im Jugendstrafverfahren, Jugendwohl 1980, 97; *Walter* Die ermittelnden, berichtenden und beratenden Aufgaben der Jugendgerichtshilfe, Zbl 1973, 485; *ders.* Organisation des Jugendamtes: Jugendgerichtshilfe, 1976; *Wehner* Zusammenarbeit zwischen Jugendgerichtshilfe und Strafvollzug, Zeitschrift für das Fürsorgewesen 1963, 229; *Weyel* Der Einfluß der JGH auf Sanktionsentscheidungen, BewH 1988, 313; *ders.* Was ist los mit der Jugendgerichtshilfe?, in: Mehrfach Auffällige – mehrfach Betroffene/Erlebnisweisen und Reaktionsformen, DVJJ 18 (1989), 143; *ders.* Vom Sterben der alten Jugendgerichtshilfe – Gibt es noch Rettung?, ZfJ 1996, 349; *Wild* Jugendgerichtshilfe in der Praxis, 1989; *Wilhelm* Die Stellung der Jugendgerichtshilfe im Verfahren, 1992.

Inhaltsübersicht Rn.
  I. Persönlicher Anwendungsbereich 1
 II. Sachlicher Anwendungsbereich 2
III. Träger 4
IV. Rechtsstellung 6
 V. Aufgaben 12
    1. Ermittlungshilfe 13
    2. Sanktionsvorschlag 17
    3. Sanktionsüberwachung 19
    4. Betreuung 21
VI. Rechte 22
VII. Rechtsmittel 25

Zweites Hauptstück. Jugendgerichtsverfassung und Jugendstrafverfahren § 38

I. Persönlicher Anwendungsbereich

Die Vorschrift gilt für Jugendliche und Heranwachsende (§ 107), und zwar auch vor Gerichten, die für allgemeine Strafsachen zuständig sind (§§ 104 Abs. 1 Nr. 2, 112 S. 1; s. auch *BGH* EJF, CI, Nr. 7). Im Hinblick auf die Aufgabenstellung gem. § 38 Abs. 2 S. 1 bestehen auch keine Einschränkungen für – mittlerweile – Volljährige, wenn man die erzieherische Aufgabenstellung – wie hier (s. Grdl. z. §§ 1-2 Rn. 4, 5) – auf Beeinflussung zum Legalverhalten begrenzt (s. auch *BGH* EJF, CI, Nr. 7 m. zust. Anm. von *Kohlhaas*; *BGHSt* 27, 250). Damit erstreckt sich der persönliche Anwendungsbereich naturgemäß auch auf Ausländer (s. *BGH* bei *Holtz* MDR 1980, 456), selbst wenn diese nur als »Touristen« ohne festen Wohnsitz in der Bundesrepublik Deutschland aufhältig sind (s. *BGH* StV 1982, 337).

II. Sachlicher Anwendungsbereich

§ 38 gilt für alle Strafverfahren (zur Einschränkung des § 50 Abs. 3 auf die Tatsacheninstanz s. § 50 Rn. 6); gem. § 78 Abs. 3 S. 1 kann ausnahmsweise von der Heranziehung in der Weise abgesehen werden, daß von der mündlichen Teilnahme entbunden wird (s. auch §§ 76-78 Rn. 16). Auf eine schriftliche Information oder – mit Einverständnis des/der Angeklagten – wenigstens fernmündliche Information darf auch im vereinfachten Verfahren nicht verzichtet werden, da dann die Erforschung der Wahrheit beeinträchtigt würde (s. aber *Dallinger/Lackner* § 38 Rn. 57; *Eisenberg* § 38 Rn. 4). Zu beachten ist weiter, daß gem. § 78 Abs. 3 S. 2 die Mitteilungspflichten des § 70 gelten, d. h., die Jugendgerichtshilfe ist immer so rechtzeitig zu informieren, daß ihre aktive Mitwirkung am Verfahren möglich ist (a. z. T. die Lehrmeinung, s. §§ 76-78 Rn. 16).

In Ordnungswidrigkeitenverfahren kann auf die Einschaltung der Jugendgerichtshilfe verzichtet werden (§ 46 Abs. 6 OWiG). Sie sollte eingeschaltet werden, wenn § 12 Abs. 1 S. 2 OWiG anzuwenden ist sowie bei Vollstreckungsmaßnahmen gem. § 98 OWiG (ebenso *Brunner/Dölling* § 38 Rn. 9; *Eisenberg* § 38 Rn. 5 m. w. N.).

III. Träger

Gem. § 38 Abs. 1 sind Träger der Jugendgerichtshilfe die Jugendämter (s. auch § 52 KJHG) in Zusammenwirken mit den Vereinigungen für Jugendhilfe (s. § 3 Abs. 2 KJHG). Die Aufgaben können an die Vereinigungen im einzelnen sowie pauschal delegiert werden (s. § 3 Abs. 3 KJHG). Damit geht auch die Verantwortung für die jeweiligen Aufgaben über, wenngleich das Jugendamt Kontrollinstanz bleibt und eine Prüfung ermöglicht werden muß (s. auch § 10 Rn. 28). Das heißt auch, daß die Vertretung in der Hauptverhandlung von den freien Vereinigungen der Jugendhilfe möglich ist (s. jetzt auch § 52 Abs. 3 KJHG sowie die insoweit eindeutige Begründung BT-Drucks. 11/5948; a. M. *Kommunale Gemeinschaftsstelle für Verwaltungsvereinfachung*, Bericht Nr. 9, 1976, Nr. 4.4). Wenn auch keine Pflicht zur Übertragung von Aufgaben an die freien Vereinigungen – mehr (s. AV DJ 1941, S. 1054) – besteht (h. M.), so ist eine generelle Ablehnung ebensowenig haltbar. Dem steht nicht nur der Wortlaut des § 38 Abs. 1, sondern auch das Subsidiaritätsprinzip entgegen, wonach die staatlichen Träger hinter den freien Trägern zurückzustehen haben (s. § 4 Abs. 2 KJHG; s. auch *Zuleeg* RdJB 1984, 365 ff.; *BVerfGE* 22, 200 ff.). In der Praxis ergeben sich jedoch nicht selten Differenzen, da sich die Jugendämter »nicht die Butter vom Brot nehmen lassen« wollen. Hier sollte angesichts der traditionellen Überbelastung der Jugendämter aber eine einvernehmliche Lösung möglich sein. Ob allerdings eine Aufgabenverteilung, nach der die freien Verbände die Betreuung und die Jugendämter die Ermittlungsaufgabe übernehmen (so *Peters* Strafprozeß, 4. Aufl., S. 597; *Eisenberg* § 38 Rn. 6), akzeptabel ist, erscheint fraglich. Auch bleibt dann offen, wer die Sanktionskontrolle übernimmt. Der Rollenkonflikt erscheint so nicht auflösbar (s. aber *Eisenberg* § 38 Rn. 6), was im Interesse eines ehrlichen Umgangs auch nicht wünschenswert erscheint; zudem würde damit das Jugendamt noch mehr mit einem Negativimage umgeben.

4a Neuerdings umstritten ist, ob die Jugendgerichtshilfe innerhalb der Jugendhilfe eine eigenständige Einrichtung bleiben soll oder in einen allgemeinen Sozialdienst (ASD) integriert wird (so *Kommunale Gemeinschaftsstelle für Verwaltungsvereinfachung*: Aufbauorganisation in der Jugendhilfe, KGST-Bericht 3/195; s. auch 8. Jugendbericht der *Bundesregierung*, 1990, S. 148; a. M. *Bundesarbeitsgemeinschaft JGH in der DVJJ* (Hrsg.) Jugendhilfe im Jugendstrafverfahren – Standort und Wandel/Leitfaden für die Arbeit der Jugendgerichtshilfe, 1994; *Weyel* ZfJ 1996, 349). Nach einer bundesweiten Befragung von Mitarbeitern der Jugendämter und freier Träger mit Aufgaben der JGH (1998/99) gaben drei Viertel der Befragten (n = 361) an, daß die JGH bei ihnen als Spezialdienst bzw. durch spezialisierte Mitarbeiter wahrgenommen wird (*Trenczek* DVJJ-Journal 1999, 156). Unabhängig von der Organisationsform ist ein Spezialwissen für die Wahrnehmung der Aufgaben gem. § 38 und damit auch eine spezielle Zuständigkeit erforderlich (s. auch *Rein* DVJJ-Journal 1998, 340). Erfahrungen können sonst nicht ausgewertet werden. Es erscheint widersprüchlich, diese Spezialisierung von Richtern und Staatsanwälten zu verlangen, spezielle Jugendsachbearbeiter in der Polizei zu fordern (s. *Vieten-Groß* DVJJ-Journal 1997, 246; *Ostendorf* DVJJ-Journal 1997, 242; s. auch § 43 Rn. 8), im Bereich der Jugendhilfe hierauf aber verzichten zu wollen (für eine Spezialisierung in allen drei Berufsfeldern *Arbeitskreis II/1 des 23. Deutschen Jugendgerichtstages*, DVJJ-Journal 1995, S. 261; ebenso Thesen des *24. Deutschen Jugendgerichtstages* DVJJ-Journal 1998, 297). Auch die von einer Integration in den ASD versprochenen Vorteile haben sich nach der bundesweiten Befragung in der Praxis nicht eingestellt: »Entgegen bislang umherschwirrender Vermutungen zeichnet sich die Aufgabenwahrnehmung der – mehr – spezialisiert arbeitenden Kollegen nicht durch eine größere Ferne zu den Betreuungsaufgaben der Jugendhilfe aus. Vielmehr ist bei den ASD-Mitarbeitern der Anteil der spezifischen, der Betreuung von straffälligen Jugendlichen dienenden Hilfeangebote und Unterstützungsleistungen deutlich niedriger« (*Trenczek* DVJJ-Journal 1999, 388).

Die örtliche Zuständigkeit ist nunmehr gem. § 87 b KJHG für das Jugendamt bestimmt, in dessen Bereich die Eltern des Jugendlichen bzw. die Heranwachsenden ihren gewöhnlichen Aufenthalt haben, d. h. das Heimat-Jugendamt (s. *Laubenthal* Jugendgerichtshilfe im Strafverfahren, 1993, S. 43, 44; *Kiehl* DVJJ-Journal 1997, 39, auch zur teilweise anderen Praxis). Die h. M. wendete vormals § 143 GVG entsprechend an, d. h., die Gerichtszuständigkeit bestimmt die Zuständigkeit der Jugendgerichtshilfe (s. *Becker* NJW 1954, 337; *Dallinger/Lackner* § 38 Rn. 17; *Momberg* Die Ermittlungstätigkeit der Jugendgerichtshilfe und ihr Einfluß auf die Entscheidung des Richters, 1982, S. 3; *Brunner* § 38 Rn. 3; a. M. *Potrykus* § 38 Anm. 1; *Ullrich* Arbeitsanleitung für Jugendgerichtshelfer, 1982, S. 64; *Bundesarbeitsgemeinschaft der Landesjugendämter und überörtlichen Erziehungsbehörden* Zbl 1984, 75). Die Begründung, daß nur so die notwendige enge Zusammenarbeit zwischen Jugendgerichtshilfe, Jugendgericht und Jugendstaatsanwaltschaft möglich ist, überzeugt nicht. Zunächst sollte diese Zusammenarbeit zwar organisatorisch »klappen«; damit dürfen aber nicht die unterschiedlichen Aufgabenstellungen (s. Rn. 6) vernebelt und eine »reibungslose« Zusammenarbeit angestrebt werden. Entscheidend ist, daß das Heimat-Jugendamt besser die Person und die Situation des/der Angeklagten beurteilen kann als ein fremdes Jugendamt. Mit der Anknüpfung an die Gerichtszuständigkeit wurde das Jugendamt wie ein Justizorgan behandelt (wie hier *Hauber* Mitteilungen des Landesjugendamtes, Landschaftsverband Westfalen-Lippe, Nr. 91, 1987, S. 62 ff.). Mögliche praktische Probleme lassen sich über die Einschaltung freier Träger vor Ort sowie im Wege der Amtshilfe lösen (s. *Kiehl* DVJJ-Journal 1997, 42; zur Begrenzung der Amtshilfe auf eine Entfernung über 100 km vom zuständigen Jugendamt s. *Klier/Brehmer/Zinke* Jugendhilfe in Strafverfahren – Jugendgerichtshilfe, 1995, S. 117; zur Möglichkeit, einen schriftlichen Bericht in der Hauptverhandlung zu verlesen, s. § 38 Rn. 8).

IV. Rechtsstellung

6 Die Rechtsstellung der Jugendgerichtshilfe wird üblicherweise als »Prozeß(hilfe)organ eigener Art« definiert (s. *Dallinger/Lackner* § 38 Rn. 7; *Brunner/Dölling* § 38 Rn. 1; *Schaffstein/Beulke* § 34 II. 2.; *Böhm* Einführung in das Jugendstrafrecht, S. 120). Eine Differenzierung zwischen Prozeßorgan und Prozeßhilfeorgan (s. *Eisenberg* § 38 Rn. 23) erscheint hierbei ohne Relevanz. Wichtig an dieser abstrakten Einordnung ist, daß damit **die eigenständige Verfahrensrolle** festgestellt wird. Die Jugendgerichtshilfe ist damit weder Gehilfe der Staatsanwaltschaft noch des Verteidigers (s. auch RL Nr. 5 S. 1 zu § 50), sondern eben **weisungsfreier Gehilfe für das Gericht,** für eine richtige Entscheidung über den Anklagevorwurf, ohne selbst Organ der Strafverfolgung zu sein. Damit ist der Aufgabenkonflikt aber nicht gelöst und allein die »neutrale Hilfe« (s. aber *Brunner/Dölling* § 38 Rn. 1; *Ullrich* Arbeitsanleitung für Jugendgerichtshelfer, 1982, S. 19) gefordert. Der Widerspruch zwischen Ermittlung und Kontrolle einerseits sowie Betreuung andererseits, der in der Verpflichtung, einen Sanktionsvorschlag zu unterbreiten, kulminiert, besteht weiter; zu ihm sollte man sich auch bekennen. Die Jugendgerichtshilfe ist in der Rolle einer »Doppelagentin«, d. h., sie muß Hilfe sowohl dem/der Beschuldigten als auch der Justiz gewähren (ebenso *Graf* Zbl 1981, 481 ff.); im Falle ihres Einsatzes im Rahmen des Täter-Opfer-Ausgleichs hat sie sogar drei unterschiedliche Interessen wahrzunehmen (s. *Ostendorf* Zbl 1991, S. 9; für einen alleinigen Gutachterstatus aber *Müller/Otto* Damit Erziehung nicht zur Strafe wird, 1986, S. 8). Aufgrund der beruflichen Herkunft der Jugendgerichtshilfe aus der Sozialhilfe bzw. Sozialpädagogik, aufgrund ihrer Einbindung in die allgemeine Betreuungsfunktion des Jugendamtes bzw. der freien Träger in die Funktion der Jugendhilfe (s. auch *Böhm* Einführung in das Jugendstrafrecht, S. 120) und mit Rücksicht auf die grundsätzlichen, gerade von der Pädagogik erkannten Bedenken, auf einen Kriminalitätskonflikt mit repressivem Zwang zu reagieren, sollte im Selbstverständnis der Jugendgerichtshilfe die Betreuungsfunktion die primäre Bedeutung haben (s. *Klier/Brehmer/Zinke* unter dem bezeichnenden Titel »Jugendhilfe in Strafverfahren – Jugendgerichtshilfe«, 1995, S. 16; s. auch Rn. 21); dies kann gerade bei Fehlen einer sonstigen Unterstützung des/der Angeklagten durch gesetzliche Vertreter oder Erziehungsberechtigte oder eines Verteidigers/Beistandes zu einer **Sozialanwaltschaft** führen (dagegen *Schaffstein* in: Festschrift für Dünnebier, 1982, S. 666; *Müller/Otto* Damit Erziehung nicht zur Strafe wird, 1986, S. 8; s. auch § 69 Rn. 4).

7 Die Jugendgerichtshilfe ist »ein grundsätzlich notwendiger Verfahrensbeteiligter« (s. *Dallinger/Lackner* § 38 Rn. 7; abw. *Eisenberg* § 38 Rn. 23), wobei Ausnahmen zulässig sind (s. §§ 76-78 Rn. 16; s. ausführlicher

Rn. 16, 17, 23; zur anderen Rechtspraxis s. Grdl. z. §§ 33-38 Rn. 8). Dieser Grundsatz folgt aus § 38 Abs. 3 sowie § 50 Abs. 3. Die Jugendgerichtshilfe wird von Gesetzes wegen tätig, nicht auf Bestellung. Als Konsequenz ergibt sich, daß der Bericht der Jugendgerichtshilfe grundsätzlich obligatorisch ist, auch wenn sich der Jugendliche verweigert. Der Bericht wird hierbei nicht als Beweismittel, als Zeugenaussage, Urkunde oder Sachverständigengutachten eingeführt. Er ist eine Information wie die Ausführungen der Staatsanwaltschaft sowie der Verteidigung. Diese Information dient der Staatsanwaltschaft und Verteidigung für ihre Beurteilung, letztlich zur richtigen gerichtlichen Entscheidung. Sie ist **Teil der Verhandlung i. S. des § 261 StPO**.

Die selbständige Rolle im Prozeß mit der grundsätzlich vom Beweisverfahren unabhängigen Berichterstattung hat weiterhin zur Folge, daß § 250 StPO (Mündlichkeitsprinzip) nicht gilt, daß abweichend von der h. M. in der Rechtslehre (s. *Dallinger/Lackner* § 38 Rn. 33; *Brunner/Dölling* § 38 Rn. 13; *Eisenberg* § 38 Rn. 49, § 50 Rn. 32; s. aber *BGH* NStZ 1984, 467: Verlesung durch den »Gerichtsgeher« erlaubt, mit abl. Anm. v. *Brunner* sowie *Eisenberg* NStZ 1985, 84; *OLG Koblenz* MDR 1973, 873 für die Berufung, krit. hierzu *Eisenberg* § 38 Rn. 55) der **schriftliche Bericht auch verlesen werden darf** (ebenso *Ensslen* Beiträge zum Recht der sozialen Dienste und Einrichtungen 1999, Heft 42, S. 42); es wäre widersinnig, ansonsten gänzlich auf die Information verzichten zu wollen (zur Anwesenheitspflicht s. § 50 Rn. 12). Damit ist allerdings noch nicht entschieden, ob insoweit der Aufklärungspflicht Genüge getan wird (s. Rn. 26). Ein Rückgriff auf § 256 StPO ist insoweit verfehlt (s. aber *Eisenberg* § 50 Rn. 32), da die Behörden und Ärzte anders als die Jugendgerichtshilfe keine Stellung als Prozeßorgan haben. Allerdings ist mit § 52 Abs. 3 KJHG und § 38 Abs. 2 S. 4 das »Gerichtsgeher-Unwesen« gesetzlich untersagt (s. auch Grdl. zu den §§ 33-38 Rn. 12).

Wenn jedoch mit dem Bericht der Jugendgerichtshilfe neue Tatsachen in den Prozeß eingeführt werden, was mit den Ausführungen zur Person und ihrem sozialen Umfeld häufig geschieht, so dürfen diese nur im Wege der formellen Beweisaufnahme **verwertet** werden. Eine sog. informatorische Befragung genügt nicht (*OLG Celle* StV 1995, 292). Insoweit ist zunächst der/die Angeklagte zu befragen, ob der Bericht »stimmt«. Demgegenüber will *Eisenberg* (§ 38 Rn. 49) in erster Linie den Bericht über die Zeugenvernehmung des Vertreters der Jugendgerichtshilfe einführen. Damit wird aber nicht nur die Konfliktsituation für den Jugendgerichtshelfer noch verschärft (s. auch *Eisenberg* § 38 Rn. 30), sondern eine solche formale Beweiserhebung ist auch nur dann erwägenswert, wenn die Tatsachen von dem/der Angeklagten bestritten werden. Allerdings geht es zu weit, im Zweifel, d. h., wenn im Protokoll hierüber nichts vermerkt ist, zu unterstellen, daß dies im Wege des Vorbehalts geschehen ist (s. *Dallinger/Lackner* § 38 Rn. 33 unter Hinweis auf *BGH* vom 18. 6. 1959, 2 StR 215/59; *OLG Koblenz* OLGSt (alt) zu § 338 StPO, S. 20; *Brunner/Dölling* § 38 Rn. 13 a; *BGH*St 11, 161 verlangt zunächst einen Hinweis in den Urteilsgründen; zw. *Eisenberg* § 50 Rn. 32 b). Für den/die – jugendliche(n) – Angeklagte(n) tritt die Jugendgerichtshilfe mit einem Autoritätsvorschuß auf, dem er/sie häufig nicht zu widersprechen wagt oder wogegen er/sie einen Widerspruch für sinnlos hält. Dies gilt in der Regel für die gesetzlichen Vertreter und Erziehungsberechtigten. Umgekehrt mag ein Verteidiger auf die formelle Einhaltung der prozessualen Regeln vertrauen. Eine schriftliche Verwertung des Berichts ist in diesen Fällen nur über § 251 Abs. 2 StPO möglich (s. *Dallinger/Lackner* § 38 Rn. 34; *Brunner/Dölling* § 38 Rn. 13; zw. *Eisenberg* § 50 Rn. 32), wobei auch § 251 Abs. 3 StPO in Betracht kommt. Der Grund der Verhinderung gem. § 251 Abs. 2 StPO muß beim Jugendgerichtshelfer liegen; liegt er beim Informanten, ist eine Verlesung unzulässig. Macht der Informant (Gewährsperson) zu Recht von seinem Zeugnisverweigerungsrecht Gebrauch, so darf der Jugendgerichtshelfer hierüber in entsprechender Anwendung des § 252 StPO nicht vernommen werden, dementsprechend auch nicht bei Vorliegen der Voraussetzungen des § 251 Abs. 2 StPO der Bericht hierüber verlesen werden (*Dallinger/Lackner* § 38 Rn. 37; s. auch *BGH*St 1, 375, wonach es darauf ankommt, ob jemand aus freien Stücken oder in Erfüllung einer Zeugenpflicht ausgesagt hat; *Brunner/Dölling* § 38 Rn. 13). Das Verlesungsverbot entfällt auch dann nicht, wenn die Beteiligten der Umgehung zustimmen.

9a Die Jugendgerichtshilfe muß wie andere Ermittlungspersonen den/die Beschuldigte(n) auf das Aussageverweigerungsrecht (§§ 136 Abs. 1 S. 2, 163 a Abs. 3, 4 StPO) hinweisen (zur Bewährungshilfe s. §§ 24-25 Rn. 6; zum Sachverständigen s. § 43 Rn. 17). Ohne eine Belehrungspflicht würde der Grundsatz »Niemand ist verpflichtet, sich selbst zu belasten« (*BVerfGE* 56, 37 ff.) umgangen (wie hier *Lühring* Die Berichterstattung des Jugendgerichtshelfers und ihre Grenzen, 1992, S. 16; *Laubenthal* Jugendgerichtshilfe im Strafverfahren, 1993, S. 69 unter Hinweis auf § 62 Abs. 2 S. 2 KJHG; *Albrecht* § 41 B. I. 2. c); *Zieger* Verteidigung in Jugendstrafsachen, 3. Aufl., Rn. 126; *Bottke* ZStW 95 (1983), 91; *Rogall* in: Systematischer Kommentar zur StPO, § 136 StPO Rn. 18; *Kleinknecht/Meyer-Goßner* § 160 StPO, Rn. 25 für die Gerichtshilfe; a. M. *Füllkrug* BewH 1988, 326). Ansonsten besteht ein Verwertungsverbot für die ohne Belehrung offenbarten Tatsachen (*BGH* NJW 1992, 1463; s. auch *Eisenberg* StV 1998, 308 Fn. 45: »kommt ein Verwertungsverbot in Betracht«).

10 Umstritten ist, ob und in welchen Fällen der Jugendgerichtshelfer ein Zeugnisverweigerungsrecht hat, wenn er in den Zeugenstand gerufen wird. Grundsätzlich soll ein solches Recht wegen der abschließenden

Aufzählung im § 53 StPO nicht bestehen (für ein Zeugnisverweigerungsrecht abgeleitet aus § 35 Abs. 3 SGB I *Ensslen* Beiträge zum Recht der sozialen Dienste und Einrichtungen, 1999, Heft 42, S. 49 ff.); Ausnahmen werden aber im Hinblick auf Art. 2 Abs. 1 i. V. m. Art. 1 Abs. 1 GG nicht ausgeschlossen (s. *BVerfGE* 33, 367; krit. zu der Begründung *Kühne* JuS 1973, 685; für eine restriktive Auslegung *Foth* JR 1976, 9; für eine Ausnahme für den individual behandelnden Sozialarbeiter *Württenberger* JZ 1973, 784; grundsätzlich ablehnend *Dallinger/Lackner* § 38 Rn. 38; *Brunner/Dölling* § 38 Rn. 14; *Schaffstein/Beulke* § 34 III. 1.; *Bottke* Zbl 1980, 16 ff.). Dagegen steht, daß gem. § 203 Abs. 1 Nr. 5 StGB diese Personenkreise strafbedroht geheimnisverpflichtet sind. Eine Lösung bietet sich für die Mitarbeiter des Jugendamtes, nicht für die Mitarbeiter freier Vereinigungen, über die Notwendigkeit einer Aussagegenehmigung gem. § 54 StPO i. V. m. § 39 Abs. 2, 3 BRRG, § 62 BBG an (s. bereits *Dallinger/Lackner* § 38 Rn. 38; *Böhm* Einführung in das Jugendstrafrecht, S. 126; *VG Schleswig-Holstein* vom 11.1.1984, neu abgedr. in: DVJJ-Rundbrief Nr. 131/Juni 1990, S. 43, krit. hierzu *Brunner/Dölling* § 38 Rn. 14 a; *BGH* bei *Dallinger* MDR 1952, 659 für Polizeibeamte; s. auch *Zieger* StV 1982, 307; nur in Ausnahmefällen *Laubenthal* Jugendgerichtshilfe im Strafverfahren, 1993, S. 133; ebenso *Eisenberg* § 38 Rn. 30). Das zur Verweigerung der Aussagegenehmigung maßgebende »Gemeinwohl« ist hier betroffen. Mit dem Geheimnisschutz soll nicht nur das »informationelle Selbstbestimmungsrecht« (s. *BVerfGE* 65, 1), die Privatsphäre geschützt werden, sondern es wird damit auch die Funktionstüchtigkeit der staatlichen Jugendhilfe gewährleistet. Nur mit Hilfe des Geheimnisschutzes können das für das Funktionieren der Jugendhilfe notwendige Vertrauen und die darauf fußende Offenheit der Betreuten hergestellt werden (s. bereits *Ostendorf* DRiZ 1981, 9). Hinzu kommt, daß im Falle einer Zeugenvernehmung das grundsätzliche Anwesenheitsrecht der Jugendgerichtshilfe (s. §§ 50 Abs. 3, 48 Abs. 2) nicht eingelöst wird, da dann ein Ausschluß gem. § 243 Abs. 2 S. 1 StPO zwingend ist (s. *Dallinger/Lackner* § 38 Rn. 66; *Eisenberg* § 38 Rn. 29; a. M. *Peters* Strafprozeß, 4. Aufl., S. 597), wobei auch das Rechtsvertrauen der Bürger in die Gewährleistung der Grundrechte durch die staatlichen Instanzen tangiert wird. Der Gesetzgeber mag ursprünglich als »Gemeinwohl«-Interessen andere »staatstragende« Interessen gemeint haben. Mit der grundrechtlichen Absicherung des Geheimnisschutzes in Art. 2 Abs. 1 i. V. m. Art. 1 Abs. 1 GG, die mit § 203 StGB und den Datenschutzgesetzen untermauert wird, muß heute eine andere Wertung erfolgen, die sich auch prozessual auswirkt. Konkret heißt dies, daß die Genehmigung zur Zeugenaussage zu verweigern ist, wenn nur im Vertrauen auf den Geheimnisschutz Tatsachen mitgeteilt wurden (zum Rechtsweg gegen eine erteilte Aussagegenehmigung s. Rn. 27, zur Beschlagnahme von Jugendamtsakten s. § 50 Rn. 13). Umgekehrt heißt dies, daß der Jugendgerichtshelfer seine an sich bestehende

Zeugnispflicht offenbaren muß, daß er sich Geheimnisoffenbarungen nicht erschleichen darf (s. auch *Dallinger/Lackner* § 38 Rn. 38 unter Hinw. auf *Peters*; *Bottke* Zbl 1980, 17; *ders.* ZStW 95 [1983], 91 unter entsprechender Anwendung der §§ 136 Abs. 1 S. 2, 163 a Abs. 3 S. 2, 163 a Abs. 4 S. 2 StPO m. w. N. in Fn. 62; s. auch *Schaffstein* in: Festschrift für Dünnebier, 1982, S. 670; s. auch § 43 Rn. 10). Zur Auswertung von Sozialakten s. § 43 Rn. 14.

11 Da dieser Lösungsweg nicht für die Mitarbeiter der freien Vereinigungen gangbar ist, bleibt für diese nur eine restriktive Begründung der Zeugnispflicht. Soweit Tatsachen, die der/die Angeklagte dem Jugendgerichtshelfer mitgeteilt hat, aufgedeckt werden sollen, sollte eine Vernehmung nur mit Einverständnis des/der Angeklagten erfolgen. Wichtiger als ein kurzsichtiger Ermittlungserfolg ist die langfristige Betreuung durch die Jugendhilfe. Der Ausschluß von der Hauptverhandlung gem. § 51 stellt keinen Ausweg dar, da damit nur Mißtrauen gesät werden kann (s. *Ullrich* Arbeitsanleitung für Jugendgerichtshelfer, 1982, S. 63) und das Ergebnis gem. § 51 Abs. 1 S. 2 mitgeteilt werden muß; erzieherische Nachteile sind somit umgekehrt gerade durch den Ausschluß zu befürchten (s. § 51 Rn. 6). Zum Ausschluß von Mitangeklagten sowie von gesetzlichen Vertretern, insbesondere auch von gesetzlichen Vertretern von mitangeklagten Jugendlichen und zu entsprechenden Anregungen der JGH s. § 51 Rn. 6, 9, 11 a.

V. Aufgaben

12 Die allgemeine Aufgabenstellung ist im § 38 Abs. 2 S. 1 umschrieben. Hiernach wird bewußt eine andere, d. h. von der rechtlichen Betrachtungsweise abweichende, sozialpädagogische Sichtweise in das Verfahren eingebracht. Wenn auch die anderen Verfahrensbeteiligten diesen Gesichtspunkten selbst aufgeschlossen sein sollen (s. §§ 35 Abs. 2 S. 2, 37), so ist damit doch ein **institutioneller Widerspruch** gesetzgeberisch angelegt. Zu leistende Hilfe für das Judizieren ist somit nicht als Vereinfachung gemeint, sondern soll im Gegenteil durch die Hereinnahme einer anderen Betrachtung zu einer differenzierten Beurteilung beitragen. Von daher kann die in der Praxis festgestellte Übereinstimmung der Jugendgerichte mit der Jugendgerichtshilfe (s. *Pommerening* Pädagogisch relevante Dimensionen des Selbstbildes von Jugendrichtern, 1982, S. 140; s. auch Grdl. z. §§ 33-38 Rn. 8) neben der positiven Bewertung der Kooperationsbereitschaft auch stutzig machen; zumindest kann hier aus der praktizierten Zusammenarbeit auch eine Rollenverschiebung der Jugendgerichtshilfe hin zu einer mehr strafjustitiellen Rollenübernahme erfolgt sein. Hierfür spricht, daß nach Untersuchungen Jugendgerichtshelfer selbst ihre Bedeutung nach dem – hohen – Grad der Übereinstimmung zwischen ihrem

Sanktionsvorschlag und der gerichtlichen Entscheidung bemessen (s. Grdl. z. §§ 33-38 Rn. 8; *Becker* KrimJ 1980, 114). Eine kritische Bewertung gilt erst recht, wenn man dem Ergebnis einer Aktenuntersuchung aus dem Jahre 1980 folgt, wonach von der JGH im allgemeinen eingriffsintensivere Reaktionen bzw. Maßnahmen als tatsächlich ausgesprochene gerichtliche Entscheidungen vorgeschlagen werden (s. *Heinz/Hügel* Erzieherische Maßnahmen im deutschen Jugendstrafrecht, hrsg. vom Bundesministerium der Justiz, 1986, S. 53; kritisch hierzu *Weyel* BewH 1988, 313; s. auch die Erwiderung von *Heinz/Hügel* BewH 1988, 319 sowie nochmals *Weyel* und den humoristisch-selbstkritischen »JHG-Bericht über die JHG« von *Reinecke* in: Mehrfach Auffällige – mehrfach Betroffene/Erlebnisweisen und Reaktionsformen, DVJJ 18 (1989), S. 143 ff. bzw. S. 156 ff.; nach einer Untersuchung von Verfahren gegen weibliche Jugendliche stimmten die vorgeschlagenen mit den verhängten Sanktionen weit überein, s. *Seidel* Die Jugendgerichtshilfe in ihrer Ermittlungsfunktion und ihr Einfluß auf richterliche Entscheidungen in Jugendstrafverfahren gegen weibliche Jugendliche, 1988, S. 228).

So kann auch die sozialpädagogische Instanz der Jugendgerichtshilfe zu einer Institution werden, die durch Zuschreibung und Selektion die sekundäre Devianz verstärkt (s. hierzu *Quensel* KritJ 1975, 375 ff.; *Plewig* Zeitschrift für Pädagogik, 1981, 365; zu widersprüchlichen Ergebnissen s. einerseits *Brusten/Müller* Neue Praxis 1972, 191, andererseits *Peters/ Cremer-Schäfer* Die sanften Kontrolleure – wie Sozialarbeiter mit Devianten umgehen, 1975, S. 44). Auch angesichts der Schwierigkeiten eines empirischen Nachweises des Stigmatisierungsprozesses bis hin zur Übernahme der abweichenden Interpretation in das Selbstbild und eines hierin begründeten abweichenden Verhaltens kann doch zumindest festgestellt werden, daß die Jugendgerichtshilfe diesen Prozeß nicht unterbricht, vielmehr aufgrund ihrer Eingebundenheit in das strafrechtliche System immer auch Gefahr läuft, daran aktiv mitzuwirken (zu einer anderen, gegensteuernden Handlungsanleitung s. *Klier/Brehmer/Zinke* Jugendhilfe in Strafverfahren – Jugendgerichtshilfe, 1995, S. 28 ff., 90 ff.).

1. Ermittlungshilfe

Die Jugendgerichtshilfe soll zunächst die Persönlichkeit des/der Angeklagten und seine/ihre sozialen Verhältnisse ermitteln. Es ist aber von vornherein zu beachten, daß die Ermittlung der Persönlichkeitsdaten und der sozialen Situation keinen Selbstzweck hat, sondern für ein Jugendstrafverfahren geschieht. Das heißt, die Analyse hat im Hinblick auf mögliche Rückfallgefahren und Sanktionserfordernisse zu erfolgen (s. im einzelnen § 5 Rn. 8 ff.). Insoweit kommt der Jugendgerichtshilfe auch von Gesetzes wegen nur eine Unterstützungsfunktion zu (s. auch § 160 Abs. 3 S. 1 StPO); in der Praxis wird ihr diese Arbeit aber weitgehend überlassen.

13

Wenn insoweit von den »beteiligten Behörden« gesprochen wird, so ist damit auch die **Verteidigung einzuschließen**, d. h., die Jugendgerichtshilfe hat Anregungen der Verteidigung ebenso aufzugreifen wie von seiten der Staatsanwaltschaft oder des Gerichts. Dies gebietet das Prinzip des fairen Verfahrens, wobei auch sonst spätere Entscheidungsfehler häufig schon im Ermittlungsverfahren angelegt sind.

Gem. § 38 Abs. 2 S. 3 hat die Jugendgerichtshilfe ausdrücklich auch die Funktion übertragen bekommen, in Haftentscheidungssachen Hilfe zu leisten. Die Nachforschungen haben sich einmal auf die Voraussetzungen des – ganz überwiegend angenommenen – Haftgrundes der Fluchtgefahr sowie auf mögliche Alternativen zur U-Haft zu erstrecken (s. auch § 72 a Rn. 2).

14 Bei alledem sind **Grenzen** einzuhalten. Zunächst hat sich die Ermittlungstätigkeit nicht auf den Tatvorwurf zu erstrecken. Wenn der/die Beschuldigte gegenüber der Jugendgerichtshilfe ein Geständnis ablegt oder sie sonst von Umständen Kenntnis erlangt, die den Tatvorwurf betreffen und gegen den/die Beschuldigte(n) sprechen, ist sie nicht verpflichtet, dies dem Gericht mitzuteilen (ebenso *Brunner/Dölling* § 38 Rn. 11; *Eisenberg* § 38 Rn. 12; *Füllkrug* BewH 1988, 323). Die Jugendgerichtshilfe ist keine Ermittlungsinstanz hinsichtlich des Tatvorwurfes; umgekehrt würden Mitteilungen dem Vertrauensprinzip und der Betreuungsfunktion widersprechen. Auch ist es nicht Aufgabe der Jugendgerichtshilfe, anderen im Zuge der Erhebungen bekanntgewordenen strafbaren Handlungen nachzugehen. Insoweit besteht auch keine Anzeigepflicht über § 138 StGB, die nur für geplante Straftaten gilt. Einer Verdachtsmitteilung steht zudem die Betreuungsaufgabe (s. Rn. 21) entgegen. Umgekehrt kann aus der Betreuung eine Garantenstellung (§ 13 StGB) zum Schutz des Probanden erwachsen.

15 Generell darf sich der Bericht nur auf Tatsachen stützen, nicht auf Vermutungen. Insofern ist auch immer der Quellennachweis zu führen (s. auch *Dallinger/Lackner* § 38 Rn. 25; *Roestel* UJ 1965, 547; s. auch *Klier/Brehmer/Zinke* Jugendhilfe in Strafverfahren – Jugendgerichtshilfe, 1995, S. 103). Besondere Vorsicht ist deshalb bei der Schilderung kindlicher Verfehlungen geboten (s. aber RL Nr. 1 zu § 38), auch wenn diese polizeilich ermittelt wurden. Der Nachweis in einem rechtsstaatlichen Verfahren ist nicht erbracht (s. § 1 Rn. 3), ganz abgesehen von der Fragwürdigkeit ihrer Bedeutung (s. § 1 Rn. 5). Zwischen Tatsachenmitteilung und Bewertung ist streng zu trennen (*Brunner/Dölling* § 38 Rn. 12 a; zu negativen und positiven Beispielen s. *Ullrich* Arbeitsanleitung für Jugendgerichtshelfer, 1982, S. 97 ff.; *Seidel* Die Jugendgerichtshilfe in ihrer Ermittlungsfunktion und ihr Einfluß auf richterliche Entscheidungen in Jugendstrafverfahren gegen weibliche Jugendliche, 1988, S. 140 ff., 223). An-

dererseits sind Bewertungen unumgänglich und dabei immer subjektiv (s. aber *Eisenberg* § 38 Rn. 13; *Brunner/Dölling* § 38 Rn. 12).

Schließlich steht auch die Ermittlungsaufgabe unter dem Gebot der Verhältnismäßigkeit (s. auch § 5 Rn. 7; § 43 Rn. 5). Damit wird zwar der Umfang des Berichts selbst nicht begrenzt; insoweit werden nur durch die Arbeitsökonomie Grenzen gesetzt. Der Umfang und die Intensität der Ermittlungstätigkeit muß sich aber nach dem Tatvorwurf richten. Die Persönlichkeitsanalyse ist immer ein **Eingriff in die Privatsphäre**. Die Grenzziehung gilt insbesondere unter dem Aspekt, **Stigmatisierungseffekte** zu **vermeiden**. Befragungen Dritter, insbesondere auch von Personen, zu denen der/die Angeklagte in einem Abhängigkeitsverhältnis steht (Schule, Arbeitgeber, Ausbilder), sind nur bei schwerwiegenden Vorwürfen und undurchsichtigen sozialen Verhältnissen erlaubt (s. auch *Klier/Brehmer/Zinke* Jugendhilfe in Strafverfahren – Jugendgerichtshilfe, 1995, S. 113); ist der Verlust des Ausbildungs- oder Arbeitsplatzes zu befürchten, hat eine Befragung zu unterbleiben (s. § 43 Abs. 1 S. 3; s. auch § 43 Rn. 5). Hinzu kommt, daß in diesem Stadium noch die Unschuldsvermutung besteht, es sich herausstellen kann, daß die psychosoziale Analyse irrelevant ist. Dies gilt insbesondere im Fall der Haftentscheidungshilfe.

16

Bei Bagatellvorwürfen sollte regelmäßig auf eine Ermittlungshilfe verzichtet werden (a. M. *Wild* Jugendgerichtshilfe in der Praxis, 1989, S. 204, der aber für eine Reduzierung des Ermittlungsumfangs eintritt). Dies gilt insbesondere, wenn das Verfahren gem. § 45 Abs. 1 eingestellt werden soll (s. § 45 Rn. 10); auch bei der Einstellung gem. § 45 Abs. 2 sowie gem. § 45 Abs. 3 ist ein Ermittlungsbericht nicht zwingend (s. § 45 Rn. 13, 17). Die Diversion ist nicht der Einsatzort für die Jugendgerichtshilfe (s. *Ostendorf* in: Jugendgerichtshilfe – quo vadis?, hrsg. vom *Bundesministerium der Justiz*, 1991, S. 62; zust. *Laubenthal* in: Festschrift für Spendel, 1992, S. 808; s. auch *Arbeitskreis II des 21. Deutschen Jugendgerichtstages* DVJJ 18 (1989), S. 187).

2. Sanktionsvorschlag

Obwohl das Urteil über Schuld oder Nichtschuld noch nicht gesprochen ist, hat sich die Jugendgerichtshilfe hypothetisch – um die Verteidigungskonzeption nicht zu stören oder gar zu untergraben (zur entsprechenden Verteidigungsstrategie s. *Zieger* Verteidigung in Jugendstrafsachen, 3. Aufl., Rn. 176) – auf einen Sanktionsvorschlag einzulassen (§ 38 Abs. 2 S. 2; weniger verpflichtend *Dallinger/Lackner* § 38 Rn. 25, 41). Damit wird der vielfach diskutierte Rollenkonflikt sichtbar, der aber als Konflikt zwischen Erziehung i. S. einer emanzipierenden Hilfe und Strafe grundsätzlicher Natur und für das Jugendstrafrecht immanent ist (s. hierzu *John* Zbl 1982, 16 ff.; *Ostendorf* Zbl 1991, 9; s. bereits Grdl. z. §§ 1-2 Rn. 4; s. auch

17

Rn. 6). Eine »Lösung« ist formal nur über eine Erklärung der Doppelrolle gegenüber dem/der Angeklagten, mit der Abkehr von dem Bemühen, sich eine Vertrauensbasis zu schaffen (s. *Walter* Zbl 1973, 497; zur entsprechenden Forderung für den Bewährungshelfer s. §§ 24, 25 Rn. 6), und inhaltlich über Vorschläge zur informellen und weniger eingriffsintensiven Reaktion im Strafverfahren möglich. Immer sollte gerade für die weitere Zusammenarbeit mit dem/der Angeklagten der Hilfecharakter deutlich gemacht werden. Auch darf es der Jugendgerichtshilfe nicht verwehrt werden, kann umgekehrt die Betreuungsfunktion es gebieten, Anregungen für die Beweisaufnahme zu geben, womit der/die Angeklagte entlastet werden könnte, wenn diese gerade aus dem persönlichen Kontakt oder aufgrund der sonstigen Kenntnis der »Sache« erwachsen. Maßnahmen i. S. des § 38 Abs. 2 S. 2 sind hierbei alle Sanktionsmöglichkeiten, wobei auch vorläufige Maßnahmen, wie die Begutachtung im Hinblick auf § 3, und – natürlich – auch die Verfahrenseinstellung dazugehören. Bei Heranwachsenden ist Stellung zu § 105 Abs. 1 zu beziehen (s. § 105 Rn. 21); auch sollte die Kostenbelastung und damit § 74 miteinbezogen werden (s. § 74 Rn. 7 am Schluß). Insbesondere ist die Entscheidungshilfe für die U-Haft zu beachten, und zwar möglichst schon vor der Verhängung (s. jetzt auch § 38 Abs. 2 S. 3 sowie § 72 a). Dies einmal, um unnötige Freiheitsentziehungen zu vermeiden, ein andermal, weil die Situation der U-Haft nicht dazu angetan ist, ein reales Bild von der Persönlichkeit des/der Angeklagten zu zeichnen (s. hierzu *Eisenberg* § 38 Rn. 13; *Brunner/Dölling* § 38 Rn. 11; zur psychischen Belastung der U-Häftlinge s. ausführlicher § 93 Rn. 9). Gem. § 72 a S. 2 ist die Jugendgerichtshilfe bereits von der vorläufigen Festnahme zu unterrichten, wenn nach dem Stand der Ermittlungen zu erwarten ist, daß eine Vorführung gem. § 128 StPO erfolgen wird (s. auch bereits *Matenaer* Zbl 1983, 21); eine solche Unterrichtung muß notfalls auch telefonisch erfolgen (s. auch § 72 a Rn. 6; zur Zuständigkeit s. § 72 a Rn. 7). Der Vorschlag sollte entgegen einer verbreiteten Auffassung (s. *Walter* Zbl 1973, 487; *Momberg* Die Ermittlungstätigkeit der Jugendgerichtshilfe und ihr Einfluß auf die Entscheidung des Jugendrichters, 1982, S. 157) hinsichtlich der Auswahl und der Art der Durchführung möglichst konkret sein. Hierfür spricht auch, daß vor der Erteilung von Weisungen die Jugendgerichtshilfe immer zu hören ist (§ 38 Abs. 3 S. 3); gem. § 38 Abs. 3 S. 3, 2. HS soll die Jugendgerichtshilfe, sofern eine Betreuungsweisung in Betracht kommt, sich auch dazu äußern, wer als Betreuungshelfer bestellt werden soll. Wenn es allein um die Höhe einer strafenden Sanktion geht (z. B. 10 oder 20 Stunden Arbeitsauflage), sollte man allerdings im Interesse der weiteren Betreuung Zurückhaltung üben. Für den Vorschlag ist das Ergebnis der Hauptverhandlung mitzuberücksichtigen (s. § 50 Rn. 12). Deshalb kann der Vorschlag in dem schriftlichen Bericht immer nur ein vorläufiger sein, wenn er überhaupt vor dem Ergebnis der Hauptverhandlung angebracht ist (die

Kritik von *Seidel* Die Jugendgerichtshilfe in ihrer Ermittlungsfunktion und ihr Einfluß auf richterliche Entscheidungen in Jugendstrafverfahren gegen weibliche Jugendliche, 1988, S. 242, an einer entsprechenden Praxis geht fehl). Für die Rückfall- und Sanktionsprognose können die Ergebnisse einer JGH-Statistik (s. *Lux* Jugendgerichtshilfestatistik, 1993, S. 132 ff.) mit Nutzen herangezogen werden, wenngleich durchschnittliche Erfahrungswerte immer individuell überprüft werden müssen. Bei allen Unsicherheiten ist für den Sanktionsvorschlag eine Rückfall- und Sanktionsprognose (zu den Prognosekriterien für eine Rückfallprognose s. § 5 Rn. 16) im Interesse eines vernünftigen und angemessenen Reagierens unverzichtbar (widersprüchlich *Klier/Brehmer/Zinke* Jugendhilfe in Strafverfahren – Jugendgerichtshilfe, 1995, S. 107: »prognostische Aussagen – ja, Rückfall- und Sanktionsprognose – nein«).

Formblätter sollten für den Bericht nicht verwendet werden (ebenso *Roestel* UJ 1965, 543; *Ullrich* Zbl 1969, 185; *Klier/Brehmer/Zinke* Jugendhilfe in Strafverfahren – Jugendgerichtshilfe, 1995, S. 103; Bedenken bei *Eisenberg* § 38 Rn. 45; a. M. *Brunner/Dölling* § 38 Rn. 12). Auch wenn dort alle wichtigen Fragen zusammengestellt werden, so überwiegen die Nachteile: Die Darstellung von Schwerpunkten wird verhindert; es wird dazu angehalten, die Ermittlungen über das notwendige Maß hinaus zu erstrecken; es besteht die Gefahr, daß im Interesse eines »stimmigen« Gesamtergebnisses widersprechende oder nicht einzuordnende Fakten weggelassen oder verfälschend gedeutet werden (s. hierzu insb. *Walter* Zbl 1973, 489; *Eisenberg* § 38 Rn. 45 m. w. N.). Andererseits ist zum schnelleren und besseren Verständnis eine möglichst einheitliche Strukturierung wünschenswert (s. hierzu den Vorschlag bei *Klier/Brehmer/Zinke* Jugendhilfe in Strafverfahren – Jugendgerichtshilfe, 1995, S. 211-213). 18

3. Sanktionsüberwachung

Die Jugendgerichtshilfe hat weiter die Sanktionsüberwachung von Weisungen und Auflagen vor Ort durchzuführen, soweit nicht ein Bewährungshelfer hierfür zuständig ist (§ 38 Abs. 2 S. 2). Wichtig ist aber, daß der Jugendrichter der Vollstreckungsleiter ist und die Überwachung, z. B. bei Geldbußenzahlungen, an sich ziehen kann (§ 82 Abs. 1 S. 1). Auch hat nicht die Jugendgerichtshilfe unbestimmt gebliebene Urteile zu konkretisieren; sie darf zur Ausfüllung nur Vorschläge unterbreiten, wobei sich allerdings die Frage nach der Verbindlichkeit des Urteils stellt (s. §§ 10 Rn. 2, 15 Rn. 9, 17). Im Falle einer Betreuungsweisung gem. § 10 Abs. 1 S. 3 Nr. 5 nehmen die Vertreter der Jugendgerichtshilfe die Durchführung wahr, wenn der Richter nicht eine andere Person damit betraut hat; innerbehördlich ist dann eine bestimmte Person zu beauftragen (s. auch § 10 Rn. 16). Auch ansonsten ist die Jugendgerichtshilfe zur Durchführung der 19 angeordneten Weisungen und Auflagen verpflichtet. Die Überwachungsfunktion schließt diese Aufgabe mit ein. Dies war für die »alten« Weisungen und Auflagen auch nicht bestritten; so hat die Jugendgerichtshilfe schon immer die Arbeitsweisungen durchgeführt. Ansonsten könnten die gesetzgeberisch eingeführten neuen ambulanten Maßnahmen nicht in die Praxis umgesetzt werden (wie hier *Böhm* Einführung in das Jugendstrafrecht, S. 176: »organisiert selbst entsprechende Programme«). Der Gesetzgeber hat zwar für die Durchführung von sozialen Trainingskursen wie auch des Täter-Opfer-Ausgleichs (§ 10 Abs. 1 Satz 3 Nr. 6, 7) darauf verzichtet, die Jugendgerichtshilfe zur Durchführung dieser Weisungen zu verpflichten, wenn nicht ein freier Träger der Jugendhilfe, die Bewährungshilfe oder eine sonstige Organisation oder Person die Durchführung vermittelt oder übernimmt. Nach der Gesetzesbegründung (BT-Drucks. 11/5829, S. 22) ist dies aus Kostengründen geschehen, »aber auch in der Überzeugung, daß diese eher den traditionellen Aufgaben der Jugendgerichtshilfe zuzurechnende Maßnahme im Zweifelsfall auch von der Jugendgerichtshilfe durchgeführt wird, wie übrigens die derzeitige Praxis bestätigt, nach der soziale Trainingskurse überwiegend von den Jugendämtern vermittelt und organisiert werden« (a. M. *H. Pfeiffer* DVJJ-Journal 1996, 137; ebenso – aber politisch motiviert – *Konferenz der Justizministerinnen und -minister vom 22./23.11.1994*, s. DRiZ 1995, 59). Gemäß § 38 Abs. 2 S. 6 teilen Jugendgerichtshilfe und Bewährungshelfer nur »erhebliche Zuwiderhandlungen« dem Gericht mit. Damit wird indirekt gesagt, daß zunächst der Konflikt von der Jugendgerichtshilfe zusammen mit dem/der Verurteilten gelöst werden soll (ebenso *Dallinger/Lackner* § 25 Rn. 8; *Eisenberg* § 38 Rn. 17) und nur bei konstanter Weigerung Meldung an das Gericht zu machen ist. Hiervon ist abzusehen, wenn nur noch ein geringer Teil der Sanktion, z. B. im Fall der Arbeitsweisung oder der Geldbußenauflage, zu erfüllen ist. Im Falle einer Meldung ist der »Vorgang« im einzelnen mitzuteilen und sind Konfliktlösungsmöglichkeiten i. S. der §§ 11 Abs. 2 und 3, 15 Abs. 3 vorzuschlagen. Immer ist vor einem Beschluß gem. § 65 die Jugendgerichtshilfe zu hören (s. § 11 Rn. 7; zum Verfahren s. § 65 Rn. 4, 5).

20 Eine vielfach diskutierte Überschneidung mit der Bewährungshilfe (s. *Eisenberg* § 38 Rn. 18 m. w. N.) dürfte es in der Praxis nicht geben. Soweit eine Bewährungsaufsicht besteht, hat der Bewährungshelfer die Überwacherfunktion (s. § 38 Abs. 2 S. 5: »Soweit nicht ein Bewährungshelfer berufen ist, ...«). Dies gilt auch in dem Fall, in dem der/die Verurteilte durch mehrere Urteile einmal zu einer Bewährungsstrafe, ein andermal zu Weisungen oder/und Auflagen verurteilt wurde (a. M. wohl *Eisenberg* § 38 Rn. 18), da die Überwachung der Bewährungsauflagen und Bewährungsweisungen schon gem. § 24 Abs. 3 S. 2 dem Bewährungshelfer übertragen wird. Nur die Ermittlungshilfe und der Sanktionsvorschlag bleiben dann

in der Zuständigkeit der Jugendgerichtshilfe. Hinsichtlich der Betreuung ist im Falle einer Bewährungsaufsicht primär der Bewährungshelfer zuständig, auch wenn insoweit die Jugendgerichtshilfe eng mit dem Bewährungshelfer zusammenarbeiten soll (§ 38 Abs. 2 S. 8). Eine Aufgabenteilung, nach der sich die Bewährungshilfe um die Überwachung und die Jugendgerichtshilfe um die Betreuung zu kümmern hat, entspricht nicht der gesetzlichen Aufgabenstellung des Bewährungshelfers (s. §§ 24, 25 Rn. 6, 9). Wenn und solange keine Entlassungsbewährung angeordnet wird, ist umgekehrt die Jugendgerichtshilfe zuständig (s. §§ 88, 89 Rn. 22). Insoweit wird gem. § 38 Abs. 2 S. 9 ausdrücklich die Weisung gegeben, mit dem/der Verurteilten Kontakt zu halten. Im übrigen sollte die Bewährungshilfe auf den Einsatz während der Bewährungszeit beschränkt werden (s. § 10 Rn. 6; Grdl. z. §§ 21-26 a Rn. 8).

4. Betreuung

Obwohl die Betreuungsfunktion im § 38 Abs. 2 als letzte genannt und dementsprechend an dieser Stelle kommentiert wird, kommt ihr entsprechend der allgemeinen Aufgabenstellung des Jugendamtes sowie der freien Träger der Jugendhilfe (§ 2 KJHG) eine **gleichrangige Bedeutung** gegenüber der Hilfe für das Gerichtsverfahren zu (ebenso *Schaffstein/Beulke* § 34 I. 2.; *Schaffstein* in: Festschrift für Dünnebier, 1982, S. 662, 666; s. auch *Dallinger/Lackner* § 38 Rn. 47: »erhebliche Bedeutung«). Dementsprechend lautet der Musterentwurf für das Anschreiben der Jugendgerichtshilfe an den/die Angeklagte(n) bzw. seine/ihre gesetzlichen Vertreter oder Erziehungsberechtigten: »Nach dem Jugendgerichtsgesetz habe ich die Aufgabe, Sie zu beraten und dem Jugendrichter einen Überblick über Ihren bisherigen Lebensweg sowie Ihre familiäre und persönliche Situation zu geben« (s. *Ullrich* Arbeitsanleitung für Jugendgerichtshelfer, 1982, S. 144). Hierbei ist der Eindruck zu vermeiden, die Anklage sei bereits bewiesen (problematisch deshalb die Einleitung im Informationsblatt an die Eltern bei *Klier/Brehmer/Zinke* Jugendhilfe in Strafverfahren – Jugendgerichtshilfe, 1995, S. 205: »die bekanntgewordene Straftat ihrer Tochter / ihres Sohnes ...«). Demgegenüber thematisierten *Brunner/Dölling* (§ 38 Rn. 16) nur die nachgehende Betreuung, die in der Praxis häufig vernachlässigt wird (s. *Mattig* Zbl 1972, 325 ff.; *Kiehl* in: Das neue Kinder- und Jugendhilfegesetz, hrsg. von *Wiesner/Zarbock*, 1991, S. 174). Die Situation der Anklage ist für jeden jungen Menschen eine besondere Belastung, die zu der kriminalitätsauslösenden Konfliktsituation hinzukommt. Die Belastung wirkt sich einmal psychisch, häufig aber auch familiär, schulisch oder am Ausbildungs-, Arbeitsplatz sowie im Bekanntenkreis aus. Die Vorbereitung auf die Hauptverhandlung mit einer Instruktion über die dort auftretenden Personen und ihre Rollen, über den technischen Ablauf ist ebenso erforderlich (ebenso *Eisenberg* § 38 Rn. 20) wie die psychische Unterstützung in der Verhandlung und während der Pause. Im Gerichtssaal wenden sich häufig die Augen des/der Angeklagten an die Vertreter der Jugendgerichtshilfe und warten auf ein Kopfnicken oder Augenzwinkern (s. auch *Klier/Brehmer/Zinke* Jugendhilfe in Strafverfahren – Jugendgerichtshilfe, 1995, S. 122 ff.). Immer sollte der/die Angeklagte über den zu erwartenden Vorschlag für die Sanktionierung frühzeitig unterrichtet werden. Ebenso und erst recht ist wie im Falle einer berufsmäßigen Verteidigung (s. § 68 Rn. 5) eine Nachbetreuung erforderlich, schon um die Sanktion zu erklären und Niedergeschlagenheit aufzufangen. Die Belastung hält in der Zeit eines Rechtsmittels an, ja kann sich zu einer unerträglichen Spannung steigern. Die eigentliche Rechtsberatung sollte jedoch einem Rechtsanwalt überlassen werden, wenngleich Wege hierzu aufzuzeigen sind und ein Antrag auf Bestellung eines Pflichtverteidigers unterstützt werden darf, gegebenenfalls die Bestellung eines Pflichtverteidigers anzuregen ist. Im übrigen ist auf die vergleichbare Betreuungsaufgabe der Bewährungshilfe zu verweisen (s. §§ 24, 25 Rn. 9).

VI. Rechte

22 Die eigenständige Verfahrensrolle wird untermauert durch vielfältige Rechtszuweisungen:
1. Mitwirkungsrecht im gesamten Verfahren (§ 38 Abs. 3 S. 1, 2),
2. Recht auf Anwesenheit in der Hauptverhandlung (§§ 50 Abs. 3 S. 1, 48 Abs. 2; zur geforderten Anwesenheitspflicht s. § 50 Rn. 12),
3. Recht auf Äußerung (§ 38 Abs. 2 S. 2, Abs. 3 S. 3), insbesondere auch in der Hauptverhandlung (§ 50 Abs. 3 S. 2),
4. Verkehrsrecht mit dem/der U-Gefangenen (§ 93 Abs. 3 i. V. m. § 148 StPO),
5. Recht auf Kontakt während des Vollzugs der Jugendstrafe (§ 38 Abs. 2 S. 9),
6. Recht auf Unterrichtung von der Einleitung und vom Ausgang eines Strafverfahrens (§ 70 S. 1),
7. Recht auf Antragstellung zur Strafmakelbeseitigung (§ 97 Abs. 1 S. 2).

23 Gemäß § 38 Abs. 3 S. 2 ist die Jugendgerichtshilfe so früh wie möglich heranzuziehen (zur anderen Praxis s. Grdl. z. §§ 33-38 Rn. 8). Damit korrespondiert § 70 S. 1 (s. auch RL Nr. 6 S. 2 zu § 43). Andererseits ist zu beachten, daß über diesen Weg benachteiligende Fakten geschaffen werden, die im Falle eines Freispruchs oder einer Einstellung des Verfahrens wegen Geringfügigkeit nicht wieder beseitigt werden können (s. auch *Eisenberg* § 38 Rn. 24). Die Jugendgerichtshilfe hat nach Eingang der polizeilichen Meldung – auf Grund einer fehlenden gesetzlichen Grundlage nur im Auftrag oder im Wege einer Absprache mit der Staatsanwaltschaft erlaubt; s. aber PDV 382 Nr. 3.2.7 – für sich selbst zu prüfen, ob Jugend-

hilfemaßnahmen erforderlich sind. Keineswegs darf ihre Tätigkeit eine Hilfe für Ermittlungen zum Tatvorwurf werden. Die Arbeit für den Ermittlungsbericht darf grundsätzlich erst nach Eingang der Anklageschrift bzw. des Antrags eines Haftbefehls einsetzen, da die Jugendgerichtshilfe selbst nicht über die Begründung des Verdachts über einen Anfangsverdacht hinaus entscheiden kann (s. auch *Bietz* Zbl 1983, 325, 326; *Eisenberg* § 38 Rn. 24; a. M. *Schaffstein* in: Festschrift für Dünnebier, 1982, S. 662; s. weiterhin § 43 Rn. 5, 6, sowie § 45 Rn. 10). Wichtig ist deshalb ein zwischenzeitlicher Informationsstrang für staatsanwaltschaftliche Einstellungen sowie vorläufige Maßnahmen (s. *Schalk* in: Die Einstellung des Strafverfahrens im Jugendrecht, hrsg. von *Walter/Koop*, 1984, S. 85; Ensslen Beiträge zum Recht der sozialen Dienste und Einrichtungen 1999, Heft 42, S. 28; s. RL Nr. 6 S. 3, 4 zu § 43; s. auch § 45 Rn. 10, 17; § 72 Rn. 13).

24 Als Umkehrschluß aus der detaillierten Rechtzuweisung folgt, daß weitere Verfahrensrechte nicht bestehen. Insbesondere hat die Jugendgerichtshilfe formell kein Akteneinsichtsrecht (h. M., s. *Dallinger/Lackner* § 38 Rn. 64; *Brunner/Dölling* § 38 Rn. 7; *Eisenberg* § 38 Rn. 27; a. M. nur *Potrykus* § 38 Anm. 6). In der Praxis ist aber für Jugendhilfemaßnahmen sowie für die »richtige« Erstellung des Berichts ein Informationsaustausch, der über die Polizeimeldung und die Anklageschrift hinausgeht, erforderlich (s. RL Nr. 7 S. 1 zu § 43; ebenso *Dallinger/Lackner* § 38 Rn. 64; *Brunner/Dölling* § 38 Rn. 7). Dies gilt insbesondere für einen rechtzeitigen Vorschlag zur Einstellung des Verfahrens sowie für die Haftentscheidungshilfe. Weiterhin hat die Jugendgerichtshilfe kein Fragerecht gem. § 240 StPO (a. M. *Wilhelm* Die Stellung der Jugendgerichtshilfe im Verfahren, 1992, S. 145) sowie kein Beweisantragsrecht (h. M.). Anregungen bleiben aber erlaubt (s. auch *Dallinger/Lackner* § 50 Rn. 26; *Eisenberg* § 38 Rn. 28); auch können unmittelbare Fragen an den/die Angeklagte(n) gestattet werden. Dementsprechend hat die Jugendgerichtshilfe kein selbständiges Rechtsmittelrecht (s. auch Rn. 21; s. auch Grdl. zu den §§ 33-38 Rn. 12).

VII. Rechtsmittel

25 Es besteht Einigkeit, daß die Nichtheranziehung der Jugendgerichtshilfe (s. § 38 Abs. 3 S. 1) eine Gesetzesverletzung i. S. des § 337 StPO darstellt und auf Rüge das Urteil auch in der Revisionsinstanz aufzuheben ist (s. *BGH*St 6, 354; *BGH* StV 1982, 336; 1993, 536; *OLG Saarbrücken* NStZ-RR 1999, 284, auch zu möglichen Ausnahmen; *Brunner/Dölling* § 38 Rn. 8; *Eisenberg* § 38 Rn. 52). Bei einem/r Heranwachsenden kann die Nichtheranziehung grundsätzlich nur den Strafausspruch, nicht den Schuldausspruch berühren (s. *BGH* bei *Herlan* GA 1961, 358; s. aber *OLG Hamburg* EJF, CI, Nr. 34 mit abl. Anm. von *Deisendorfer*); anders ist dies – mit Rücksicht auf § 3 – bei Jugendlichen. Ausnahmsweise kann

aber auch der Schuldspruch fehlerhaft sein, wenn eine Beurteilung gem. § 20 StGB ansteht oder die psycho-soziale Beschuldigten-Diagnose für die Feststellung der Straftatvoraussetzungen sonst von Bedeutung ist (s. *Dallinger/Lackner* § 107 Rn. 17). Gleichzeitig ist regelmäßig die Aufklärungsrüge gem. § 244 Abs. 2 StPO begründet (*BGH* EJF, CI, Nr. 7; *OLG Karlsruhe* MDR 1975, 422; *Brunner/Dölling* § 38 Rn. 8; *Eisenberg* § 38 Rn. 53). »Heranziehen« heißt insbesondere, daß Ort und Zeit der Hauptverhandlung gem. § 50 Abs. 3 S. 1 mitzuteilen sind. Die Unterlassung, der zuständigen Jugendgerichtshilfe Ort und Zeit der Hauptverhandlung mitzuteilen, begründet die Revision, wenn die für den Angeklagten zuständige Jugendgerichtshilfe an der Hauptverhandlung nicht teilgenommen hat; es hilft dann auch nicht, daß der für einen Mitangeklagten anwesende Vertreter aufgrund der Hauptverhandlung eine kurze Stellungnahme abgibt (*BGH* StV 1989, 308). Insoweit hilft auch nicht die Verwertung des schriftlichen Berichts unmittelbar oder über einen Sachverständigen (s. *BGH* VRS 53 [1977], 126 gegen eine frühere Entscheidung). Die Jugendgerichtshilfe könnte gerade aufgrund der Hauptverhandlung zu einem geänderten Vorschlag kommen. Die Heranziehung zur Hauptverhandlung ist aber regelmäßig nur für die Tatsacheninstanz erforderlich (weiter einschränkend *OLG Koblenz* MDR 1973, 873, für die Berufungsinstanz; s. hierzu § 50 Rn. 6). Da die Heranziehung der Jugendgerichtshilfe eine zwingende Vorschrift ist, können auch der Verteidiger sowie andere Verfahrensbeteiligte nicht rechtswirksam auf ihre Mitwirkung verzichten (*OLG Karlsruhe* MDR 1975, 422; *BGH* StV 1982, 27). Wird die Jugendgerichtshilfe im Ermittlungsverfahren zu spät eingeschaltet, so kann dies ebenfalls die Aufklärungsrüge begründen (*BGH* StV 1982, 336; *Eisenberg* § 38 Rn. 53). Darüber hinaus kann ein fehlender Bericht zur Zeit der Entscheidung über die Eröffnung des Hauptverfahrens bereits dazu führen, daß diese Entscheidung aufgeschoben werden muß (s. *AG Emden* Zbl 1979, 117: Ablehnung).

26 Nimmt die Jugendgerichtshilfe den Termin nicht wahr, so ist damit noch kein Gesetzesverstoß begründet; wohl aber kann die Aufklärungspflicht nicht erfüllt sein (s. *BGH*St 27, 250; *BGH* bei *Holtz* MDR 1984, 797; *BayObLG* bei *Rüth* DAR 1982, 251; *Brunner/Dölling* § 38 Rn. 8; *Eisenberg* § 38 Rn. 53). Voraussetzung dafür ist, daß konkrete, greifbare Anhaltspunkte die Annahme nahelegen, die Jugendgerichtshilfe habe von der Erstattung eines Berichts und ihrer Teilnahme an der Hauptverhandlung abgesehen, obgleich sie Erkenntnisse hatte oder gewinnen konnte, die für den Anspruch über die Rechtsfolgen von Bedeutung gewesen wären (so *BayObLG* VRS 88 [1995], 287). Wenn ein eventuell vorliegender schriftlicher Bericht nicht genügt (s. Rn. 8) und die Jugendgerichtshilfe nicht telefonisch noch herangerufen werden kann, ist ein neuer Termin anzusetzen. (zur diskutierten Kostenpflicht für die Jugendgerichtshilfe s. § 50 Rn. 13).

Wird der Vertreter der Jugendgerichtshilfe in den Zeugenstand gerufen und wird hierfür die Genehmigung zur Aussage erteilt (s. Rn. 10), so stellt diese Genehmigung einen Verwaltungsakt dar, gegen den der Verwaltungsrechtsweg eröffnet ist. Wenn ein Dritter eine Information gegeben hat, die für den/die Angeklagte(n) günstig ist, so kann er/sie auch gegen eine Nichtgenehmigung vorgehen (h. M., s. *Kleinknecht/Meyer-Goßner* § 54 StPO Rn. 28 m. w. N.). 27

Zweiter Abschnitt. Zuständigkeit

Grundlagen zu den §§ 39-42

1. Systematische Einordnung

In den §§ 39-41 wird die sachliche Zuständigkeit der einzelnen Jugendgerichte, mit § 42 eine besondere örtliche Zuständigkeit bestimmt. Obwohl erst der 3. Abschnitt des 2. Hauptstücks mit Jugendstrafverfahren überschrieben ist, handelt es sich hiermit auch um verfahrensrechtliche Bestimmungen.

2. Historische Entwicklung

Nach dem JGG 1923 war für Jugendstrafsachen grundsätzlich das Jugendgericht als Schöffengericht zuständig (s. § 17 Abs. 1 S. 2); Jugendgerichte als Einzelrichter gab es nicht. Gehörte die Strafsache nach den allgemeinen Vorschriften zur Zuständigkeit des Reichsgerichts oder des Schwurgerichts, so war das sog. große Jugendgericht zuständig (s. § 17 Abs. 1 S. 3, § 24 Abs. 1). Eine besondere örtliche Zuständigkeitsregelung fand sich im § 25, wonach primär das Jugendgericht zuständig war, »in dessen Bezirk die vormundschaftsgerichtliche Zuständigkeit für den Beschuldigten begründet ist oder sich der Angeschuldigte zur Tat der Erhebung der Anklage aufhält«. Weitergehende Regelungen wurden im JGG 1943 getroffen (s. §§ 26, 27), wobei die Sanktionskompetenz des Jugendrichters gegenüber der heutigen Rechtslage erheblich ausgedehnt war (Jugendgefängnis bis zu vier Jahren oder von unbestimmter Dauer; Unterbringung in einer Heil- oder Pflegeanstalt; s. § 26 Abs. 1). Die besondere örtliche Zuständigkeit des Vollstreckungsleiters war auf die Verbüßung einer Jugendgefängnisstrafe von unbestimmter Dauer begrenzt (§ 27 Abs. 1 Nr. 3). Die heutige Gesetzeslage wurde weitgehend mit dem JGG 1953 geschaffen. Allerdings wurden das Verbot der Unterbringung in ein psychiatrisches Krankenhaus durch den Jugendrichter gem. § 39 Abs. 2 2. Halbsatz erst mit dem EGStGB vom 2. 3. 1974 (BGBl I, 469) und die Zuständigkeitsregeln für die Jugendkammer gem. § 41 Abs. 1 Nr. 3 erst mit dem StVÄG vom 5. 10. 1978 (BGBl I, 1645) eingefügt. Bereits vorher wurde durch das EGOWiG vom 24. 5. 1968 (BGBl I, 503) für die örtliche

Zuständigkeit im § 42 Abs. 1 auch auf die Zuständigkeit »nach besonderen Vorschriften« verwiesen. Die Entwicklung ist somit durch eine fortschreitende Differenzierung der Zuständigkeitsregelungen gekennzeichnet.

3. Gesetzesziel

3   Gesetzesziel der §§ 39–41 ist es, die Zuständigkeiten und Sanktionskompetenzen der einzelnen Jugendgerichte festzulegen und gegeneinander abzugrenzen. Damit wird die Sanktionsfreiheit des Jugendrichters mit der Unabhängigkeit von den Erwachsenenstrafrahmen erheblich eingeschränkt, umgekehrt die Sanktionsbefugnis des Jugendschöffengerichts gegenüber dem Erwachsenenschöffengericht ausgedehnt, wobei die Regelung für Heranwachsende widersprüchlich ist (s. § 40 Rn. 5). Hinter allem steht einmal die Überlegung, daß eine größere personelle Besetzung mehr Sanktionskompetenz vermittelt, zum anderen, daß Jugendstrafsachen nicht »zu hoch gehängt« werden sollen.

4   Mit der besonderen örtlichen Zuständigkeitsregelung wird einmal das Prinzip der einheitlichen Reaktion auf abweichendes Verhalten durch Strafgericht und Vormundschaftsgericht verfolgt (§ 42 Abs. 1 Nr. 1), ein andermal die Entscheidungsnähe in den Vordergrund gerückt (§ 42 Abs. 1 Nr. 2, 3), wobei hier der sozialen Handlungskompetenz des/der Angeklagten eine unterschiedliche Bedeutung beigemessen wird (s. § 42 Rn. 7, 8).

4. Justizpraxis

5   Nach der Staatsanwaltsstatistik erfolgten im Jahre 1997 im Bundesgebiet (Gesamtdeutschland) 169 833 Anklagen beim Jugendrichter, 42 289 Anklagen beim Jugendschöffengericht und 1 911 Anklagen bei der Jugendkammer. Für die Belastung der Jugendrichter sind die vereinfachten Jugendverfahren gem. den §§ 76–78 (20 733) sowie die Einstellungen gem. § 45 Abs. 3 (12 296) hinzuzurechnen. Von 247 062 erstinstanzlichen gerichtlichen Verfahren insgesamt entfielen somit 82,1 % auf die Jugendrichter, 17,1 % auf die Jugendschöffengerichte und 0,8 % auf die Jugendkammern. Zur Berufungsbelastung der Jugendkammer s. Grdl. z. §§ 55–56 Rn. 5. Die Praxis hinsichtlich der Auswahl aus den örtlichen Zuständigkeiten und der Abgabe gem. § 42 Abs. 3 ist nicht einsehbar.

5. Rechtspolitische Einschätzung

6   Mit der Einführung eines erweiterten Schöffengerichts würde sich die Abgabe gem. § 40 Abs. 2 an die Jugendkammer erledigen (s. hierzu Grdl. z. §§ 33–38 Rn. 9). Eine Verschiebung der Sanktionskompetenz des Jugend-

schöffengerichts zugunsten der Jugendkammer für Anordnungen der Unterbringung in einem psychiatrischen Krankenhaus ist dagegen nicht angebracht, auch nicht bei Heranwachsenden (so aber *Nothacker* S. 319 und *Eisenberg* NJW 1986, 2410, 2411): Höhere Zuständigkeiten können zu härteren Sanktionen verführen, wobei die Angleichung an das Erwachsenenstrafrecht keine Ausnahme von der allgemeinen Sanktionskompetenz bei gleicher Zielsetzung von Sanktionen und Maßregeln (s. Grdl. z. §§ 1-2 Rn. 5) begründet (s. auch § 40 Rn. 5). Zudem wird die Handlungskompetenz der Angeklagten gegenüber größeren Besetzungen tendenziell eingeschränkt.

Hinsichtlich der örtlichen Zuständigkeitsregelung wird vorgeschlagen, den Zusatz im § 42 Abs. 1 Nr. 2 »auf freiem Fuß befindliche« zu streichen (s. *Denkschrift der DVJJ* MschrKrim 1964, 20; krit. auch *Potrykus* NJW 1954, 823). Mit Rücksicht auf die Gefahr einer Zuständigkeitsmanipulation (s. *Dallinger/Lackner* § 42 Rn. 8) sowie im Interesse der Handlungskompetenz (s. § 42 Rn. 7) ist dieser Vorschlag abzulehnen.

7

§ 39. **Sachliche Zuständigkeit des Jugendrichters**

(1) Der Jugendrichter ist zuständig für Verfehlungen Jugendlicher, wenn nur Erziehungsmaßregeln, Zuchtmittel, nach diesem Gesetz zulässige Nebenstrafen und Nebenfolgen oder die Entziehung der Fahrerlaubnis zu erwarten sind und der Staatsanwalt Anklage beim Strafrichter erhebt. Der Jugendrichter ist nicht zuständig in Sachen, die nach § 103 gegen Jugendliche und Erwachsene verbunden sind, wenn für die Erwachsenen nach allgemeinen Vorschriften der Richter beim Amtsgericht nicht zuständig wäre. § 209 Abs. 2 der Strafprozeßordnung gilt entsprechend.

(2) Der Jugendrichter darf auf Jugendstrafe von mehr als einem Jahr nicht erkennen; die Unterbringung in einem psychiatrischen Krankenhaus darf er nicht anordnen.

Inhaltsübersicht	Rn.
I. Persönlicher Anwendungsbereich	1
II. Sachlicher Anwendungsbereich	2
III. Anklagezuständigkeit	3
IV. Sanktionskompetenz	9
V. Rechtsmittel	10

I. Persönlicher Anwendungsbereich

1 Der persönliche Anwendungsbereich des § 39 baut auf den des § 33 auf (s. dort Rn. 1). Insoweit gilt die Vorschrift nur für Angeklagte vor Jugendgerichten, nicht vor den für allgemeine Strafsachen zuständigen Gerichten (s. §§ 104 Abs. 1, 112 S. 1). Hierbei besteht die Zuständigkeit auch für Heranwachsende, und zwar auch dann, wenn die Anwendung des allgemeinen Strafrechts zu erwarten ist und nach § 25 GVG der Strafrichter zu entscheiden hätte (§ 108 Abs. 2). Zur ausnahmsweisen Zuständigkeit der Erwachsenengerichte gem. § 102 sowie gem. § 103 Abs. 2 S. 2 i. V. m. § 112 S. 1 für Jugendliche und Heranwachsende s. die dortige Kommentierung. Umgekehrt kann die Vorschrift auch für Erwachsene Bedeutung erlangen, wenn Strafsachen gegen Jugendliche/Heranwachsende und Erwachsene miteinander gem. § 103 Abs. 1, Abs. 2 S. 1 verbunden werden (s. § 39 Abs. 1 S. 2).

II. Sachlicher Anwendungsbereich

2 § 39 gilt nur in Jugendstrafsachen, d. h., es wird die **Zuständigkeit innerhalb der Jugendgerichte** geregelt. Soweit Erwachsenengerichte gegen Jugendliche oder Heranwachsende funktionell zuständig sind, ist mit den

§§ 102, 103 Abs. 2 S. 2 zugleich die sachliche Zuständigkeit bestimmt. Im Bußgeldverfahren wird die sachliche Zuständigkeit für den Jugendrichter durch § 68 Abs. 2 OWiG festgelegt. In Jugendschutzsachen wird die sachliche Zuständigkeit mit den §§ 26 Abs. 1 S. 2, 74 b S. 2 GVG geregelt.

III. Anklagezuständigkeit

Die Anklagezuständigkeit (§ 39 Abs. 1) ist von der Sanktionskompetenz (§ 39 Abs. 2) zu unterscheiden. Gemäß § 39 Abs. 1 ist der Jugendrichter für Anklagen des Jugendstaatsanwalts zuständig, aufgrund derer »nur« Erziehungsmaßregeln, Zuchtmittel, zulässige Nebenstrafen und Nebenfolgen (s. § 6 Rn. 2) oder die Entziehung der Fahrerlaubnis zu erwarten sind. Insoweit kommt es immer auf den Einzelfall an, d. h., es ist – in rechtsstaatlich bedenklicher Weise – vor dem Schuldspruch die Sanktion zu prognostizieren, und zwar sowohl vom Jugendstaatsanwalt als auch vom »angegangenen« Jugendrichter. Wird als Sanktion eine Jugendstrafe erwartet, so ist der Jugendrichter unzuständig; dies gilt aufgrund der negativen Abgrenzung zum Jugendschöffengericht (s. § 40 Abs. 1) auch, wenn die Sanktion des § 27 zu erwarten ist (s. *Brunner/Dölling* §§ 39-41 Rn. 7), auch wenn eine solche Erwartung selten vorab ausgesprochen werden kann und inhaltlich diese Sanktion zwischen den Zuchtmitteln und der Jugendstrafe steht (s. Grdl. z. §§ 27-30 Rn. 1). Der Jugendstaatsanwalt hat kein Auswahlrecht, sondern muß nach pflichtgemäßem Ermessen entscheiden.

3

Nach einer Lehrmeinung (*Dallinger/Lackner* § 39 Rn. 4; *Potrykus* NJW 1957, 1135; *Roestel* NJW 1966, 334; *Brunner/Dölling* §§ 39-41 Rn. 7; *Eisenberg* § 39 Rn. 8: »ernsthafte Zweifel«) soll bei Zweifeln über die Anklagezuständigkeit Anklage beim Schöffengericht erhoben werden. Dieser auf den ersten Blick einleuchtenden Auslegung ist jedoch so nicht zu folgen (wie hier *Schaffstein/Beulke* § 29 II. 2.; *Nix/Herz* § 39 Rn. 7). Zunächst wird im Gesetz nur von einer Erwartung gesprochen; Gewißheit gibt es in diesem Verfahrensstadium nicht. Das heißt, Zweifel sind außer in den Fällen, in denen aufgrund des Verhältnismäßigkeitsgebotes schärfere Sanktionen ausgeschlossen sind (s. § 5 Rn. 2-7), immer zu begründen. Vor allem aber wird mit der Anklage vor dem Jugendschöffengericht immer bereits ein besonderes Unwerturteil über die angeklagte Tat abgegeben, die sowohl unmittelbar als auch über Dritte zu besonderen Belastungen für den/die Angeklagte(n) führen kann. Auch bei der Gerichts»wahl« muß das Präventionsziel berücksichtigt werden. Nur wenn Zweifel an der Sanktionskompetenz gem. § 39 Abs. 2 bestehen, ist daher das höherstufige Gericht mit der Sache zu befassen.

4

5 Eine Einschränkung dieser Anklagezuständigkeit erfolgt mit § 39 Abs. 1 S. 2: Wenn gem. § 103 Abs. 1, Abs. 2 S. 1 eine Anklage gegen Erwachsene vor dem Jugendgericht verbunden wird (s. Rn. 2), so entfällt die Zuständigkeit des Jugendrichters als Einzelrichter, wenn ansonsten gem. den §§ 25, 28 GVG ein Erwachsenenschöffengericht zu entscheiden hätte. Dies gilt erst recht, wenn eine große Strafkammer zu urteilen hätte (s. § 41 Abs. 1 Nr. 3; s. hierzu § 41 Rn. 5).

6 Der »angegangene« Jugendrichter hat selbständig seine sachliche Zuständigkeit zu prüfen. Er ist nicht an die Ermessensentscheidung des Jugendstaatsanwalts gebunden (h. M.). Ist der Jugendrichter der Auffassung, daß er sachlich nicht zuständig sei, so gibt es verschiedene Wege, die Anklage »auf den richtigen Weg zu bringen«. **Vor der Eröffnung des Hauptverfahrens** kann – aufgrund einer Anregung des Jugendrichters – die Anklage vom Jugendstaatsanwalt zurückgenommen werden (s. § 156 StPO). Ansonsten werden die Akten durch Vermittlung der Staatsanwaltschaft dem für zuständig erachteten Gericht zur Entscheidung vorgelegt (s. § 39 Abs. 1 S. 3 i. V. m. § 209 Abs. 2 StPO). Die Vermittlung durch die Staatsanwaltschaft ist auch dann erforderlich, wenn innerhalb des Amtsgerichts vom Jugendrichter an das Jugendschöffengericht abgegeben wird (ebenso *LG Lübeck* SchlHA 1966, 47; *Brunner/Dölling* §§ 39-41 Rn. 21); dies erfordert einmal der Gesetzeswortlaut, zum anderen das Interesse an einer rechtzeitigen Beteiligung der Staatsanwaltschaft (s. § 33 Abs. 2 StPO). Eine Ausnahme ist auch bei Personenidentität des Jugendgerichts sowie des Jugendschöffengerichts nicht zulässig. Das so angerufene höhere Gericht prüft seine Zuständigkeit nach, d. h., es ist nicht durch die Aktenvorlegung gebunden. Wenn es nicht selbst gem. § 209 Abs. 2 StPO weiterverweist, hat es entweder das Hauptverfahren vor sich selbst bzw. gem. § 209 Abs. 1 StPO bei dem zuständigen Gericht niedriger Ordnung, das auch das vorlegende Gericht sein kann, zu eröffnen oder gem. § 204 StPO die Eröffnung des Hauptverfahrens abzulehnen. Eine interne Abgabe ist nur erlaubt, wenn nach dem Geschäftsverteilungsplan ein anderer Jugendrichter zuständig ist (s. *Eisenberg* § 39 Rn. 16 m. w. N.).

7 **Nach Eröffnung des Hauptverfahrens** ist zwischen der Abgabe in der Hauptverhandlung und außerhalb der Hauptverhandlung zu unterscheiden. Außerhalb der Hauptverhandlung ist gem. § 225 a Abs. 1 S. 1 StPO zu verfahren, wenn an ein Gericht höherer Ordnung abgegeben werden soll. Innerhalb des jeweiligen Gerichts kann auch zu diesem Zeitpunkt noch an ein Gericht gleicher Ordnung formlos abgegeben werden (h. M., s. *Kleinknecht/Meyer-Goßner* § 269 StPO Rn. 6 m. w. N.; Bedenken bei *Eisenberg* § 39 Rn. 21), da die Hauptverhandlung vor einem Jugendgericht eröffnet wird (s. § 207 Abs. 1 StPO) und nicht vor einem Jugendrichter; dieser wird durch den Geschäftsverteilungsplan bestimmt. Während der

Hauptverhandlung gibt § 270 StPO das Verfahren vor. Zu beachten ist, daß das angerufene Gericht höherer Ordnung an den Beschluß – im Interesse einer schnellen Verfahrenserledigung – gebunden ist, auch wenn die Verweisung unrichtig war (*BGH*St 27, 99), außer es liegt Willkür und damit ein nichtiger Beschluß vor (s. *Kleinknecht/Meyer-Goßner* § 270 StPO Rn. 21).

Zum Verfahren bei funktioneller Unzuständigkeit im Verhältnis Jugendgericht – Erwachsenengericht s. § 33 Rn. 10. 8

IV. Sanktionskompetenz

Abweichend von der Anklagezuständigkeit besteht eine **erweiterte Sanktionskompetenz** für den Jugendrichter. Nur die in § 39 Abs. 2 genannten Sanktionen dürfen nicht verhängt werden. Damit ist auch die Sanktionierung gem. § 27 möglich; die geforderte Begrenzung auf eine eventuell im Nachverfahren erforderliche Jugendstrafe bis zu einem Jahr (s. *Eisenberg* § 39 Rn. 12; *Brunner/Dölling* § 27 Rn. 11), erscheint allzu theoretisch. Wenn schon die Frage nach den Voraussetzungen einer Jugendstrafe überhaupt offen ist, kommt eine höhere Jugendstrafe erst recht nicht in Betracht (s. § 27 Rn. 2). Die Erweiterung der Sanktionskompetenz hat nicht nur prozeßökonomische Gründe (so aber *Brunner/Dölling* §§ 39-41 Rn. 18; *Eisenberg* § 39 Rn. 12), sie dient auch dem Interesse des/der Angeklagten, einmal weil so auch im Zweifel über die Anklagezuständigkeit Anklage beim Jugendrichter zu erheben ist (s. Rn. 4) und damit die Drucksituation und die Stigmatisierungsgefahr verringert werden, ein andermal weil so eine Verzögerung des Verfahrensabschlusses vermieden wird. Die Sanktionsbegrenzung gilt – natürlich – auch im Falle einer Einbeziehung gem. § 31 Abs. 2 (s. *OLG Celle* GA 1960, 86; *Brunner/Dölling* §§ 39-41 Rn. 41). Allerdings dürfen auch Sanktionen eines höherrangigen Gerichts vom Jugendrichter als Einzelrichter einbezogen werden; dies gilt auch für den Schuldspruch gem. § 27 (anders die h. M., s. ausführlicher § 31 Rn. 9). Vor einer Verweisung sind zudem Gründe für eine Nichteinbeziehung zu bedenken (s. § 31 Rn. 16-18), wobei im Falle einer bereits angefangenen Hauptverhandlung der weitere Aufschub und die erneute Hauptverhandlung für den/die Angeklagte(n) Härten bedeuten können, die einer Akzeptanz der strafjustitiellen Sanktionierung und damit einer Prävention entgegenstehen. Anders ist es, wenn das Verfahren mit einem vor dem Jugendschöffengericht noch anhängigen Verfahren gem. § 31 Abs. 1 verbunden werden soll. 9

V. Rechtsmittel

10 Hat der Jugendrichter entgegen der Begrenzung seiner Sanktionskompetenz oder entgegen der Sachzuweisung gem. § 39 Abs. 1 S. 2 oder gem. § 41 Abs. 1 verurteilt, so ist dieser Gesetzesverstoß von Gerichts wegen in der Revision zu beachten (§ 338 Nr. 4 StPO), d. h., es bedarf insoweit keiner ausdrücklichen Rüge, da damit eine Prozeßvoraussetzung fehlt (h. M., s. *Brunner/Dölling* §§ 33-33 b Rn. 19; *Eisenberg* § 39 Rn. 24). Die sachliche Zuständigkeit ist in jeder Lage des Verfahrens zu prüfen (§ 6 StPO). Das Revisionsgericht kann umgekehrt eine Sache, die vom Jugendschöffengericht oder von der Jugendkammer gekommen ist, gem. § 354 Abs. 3 StPO auch an den Jugendrichter zurückverweisen, wenn dessen Zuständigkeit ausreichend ist (s. auch *Dallinger/Lackner* § 39 Rn. 16; *Eisenberg* § 39 Rn. 25). Zum Rechtsmittel wegen eines Verstoßes gegen die funktionelle Zuständigkeit im Verhältnis Jugendgericht – Erwachsenengericht s. § 33 Rn. 8, 9.

§ 40. Sachliche Zuständigkeit des Jugendschöffengerichts

(1) Das Jugendschöffengericht ist zuständig für alle Verfehlungen, die nicht zur Zuständigkeit eines anderen Jugendgerichts gehören. § 209 der Strafprozeßordnung gilt entsprechend.
(2) Das Jugendschöffengericht kann bis zur Eröffnung des Hauptverfahrens von Amts wegen die Entscheidung der Jugendkammer darüber herbeiführen, ob sie eine Sache wegen ihres besonderen Umfangs übernehmen will.
(3) Vor Erlaß des Übernahmebeschlusses fordert der Vorsitzende der Jugendkammer den Angeschuldigten auf, sich innerhalb einer zu bestimmenden Frist zu erklären, ob er die Vornahme einzelner Beweiserhebungen vor der Hauptverhandlung beantragen will.
(4) Der Beschluß, durch den die Jugendkammer die Sache übernimmt oder die Übernahme ablehnt, ist nicht anfechtbar. Der Übernahmebeschluß ist mit dem Eröffnungsbeschluß zu verbinden.

Literatur

Eisenberg Zur Frage der sachlichen Zuständigkeit des Jugendschöffengerichts bei Anordnung der Unterbringung, NJW 1986, 2408.

Inhaltsübersicht

	Rn.
I. Persönlicher und sachlicher Anwendungsbereich	1
II. Umfang der Zuständigkeit	2
III. Sanktionskompetenz	5
IV. Abgabeverfahren	7
V. Rechtsmittel	9

I. Persönlicher und sachlicher Anwendungsbereich

Zum persönlichen und sachlichen Anwendungsbereich s. § 39 Rn. 1, 2.   1

II. Umfang der Zuständigkeit

Die Zuständigkeit des Jugendschöffengerichts ergibt sich aus der negativen Abgrenzung zu den sachlichen Zuständigkeiten der anderen Jugendgerichte (§ 40 Abs. 1 S. 1). Im Hinblick auf den Jugendrichter besteht so eine Zuständigkeit insbesondere dann, wenn eine Jugendstrafe (mit oder ohne Bewährung) oder eine Entscheidung gem. § 27 (s. auch § 39 Rn. 3) oder als Maßregel die Unterbringung in einem psychiatrischen Krankenhaus oder einer Entziehungsanstalt oder die Führungsaufsicht zu erwarten   2 ist. Die Zuständigkeit im Hinblick auf die Jugendkammer wird durch § 41 bestimmt. Hierbei kann gem. § 40 Abs. 2 bis zur Eröffnung des Hauptverfahrens ein Zuständigkeitswechsel wegen eines besonderen Umfangs herbeigeführt werden (s. Rn. 8). Eine besondere Regelung gilt für Heranwachsende: Ist die Anwendung von Erwachsenenstrafrecht und in diesem Fall eine Freiheitsstrafe von mehr als drei Jahren zu erwarten, so ist die Jugendkammer zuständig (§ 108 Abs. 3 S. 2).

3 Wie der Jugendrichter hat auch das Jugendschöffengericht seine sachliche Zuständigkeit in jeder Lage des Verfahrens von Amts wegen zu prüfen (§ 6 StPO). Hierbei entscheidet außerhalb der Hauptverhandlung der Berufsrichter allein (§ 30 Abs. 2 GVG). Wird die Jugendkammer oder ein Erwachsenengericht höherer Ordnung als zuständig angesehen, so regelt sich das Verfahren gem. § 40 Abs. 1 S. 2 i. V. m. § 209 Abs. 2 StPO, §§ 225 a Abs. 1 S. 1, 270 Abs. 1 StPO (s. im einzelnen § 39 Rn. 6, 7). Wird der Jugendrichter als zuständig angesehen, eröffnet der Vorsitzende des Jugendschöffengerichts das Hauptverfahren vor diesem Jugendrichter (§ 40 Abs. 1 S. 2 i. V. m. § 209 Abs. 1 StPO). Ist das Verfahren bereits vor dem Jugendschöffengericht eröffnet, so ist eine Abgabe nicht mehr erlaubt (§ 269 StPO).

4 Zum Verfahren bei funktioneller Unzuständigkeit im Verhältnis Jugendgericht – Erwachsenengericht s. §§ 33-33b Rn. 10.

III. Sanktionskompetenz

5 Abweichend zu der Regelung für den Jugendrichter (s. § 39 Rn. 3, 9) besteht für das Jugendschöffengericht in Anwendung des JGG formal keine eingegrenzte Sanktionskompetenz, d. h., **es dürfen alle nach dem JGG zulässigen Sanktionen mit Einschluß der Maßregeln bis zum Höchstmaß ausgesprochen werden** (h. M., s. *Dallinger/Lackner* § 40 Rn. 1; *Brunner/Dölling* §§ 39-41 Rn. 15; *Eisenberg* § 40 Rn. 5; teilweise a. M. *Potrykus* § 40 Anm. 1), wenngleich schon allein aufgrund der Zuständigkeitsregelung für die Jugendkammer (§ 41) hier in der Regel kein Anlaß besteht, den Sanktionenkatalog bis zum Höchstmaß auszuschöpfen. Die Begrenzung im § 24 Abs. 2 GVG ist nicht entsprechend anwendbar; insoweit erfolgt im JGG eine Sonderregelung, wie sich insbesondere aus § 39 Abs. 2 ergibt (h. M., *BVerfG* [Vorprüfungsausschuß] NJW 1986, 771; *Brunner/Dölling* §§ 39-41 Rn. 16; *Eisenberg* § 40 Rn. 7; *LG Bonn* NJW 1976, 2312). Im Widerspruch zu dieser umfassenden Sanktionskompetenz für Sanktionen nach dem JGG steht, daß gegen Heranwachsende bei Anwendung von Erwachsenenstrafrecht nicht auf Freiheitsstrafe von mehr als drei Jahren erkannt werden darf (§ 108 Abs. 3 S. 1). Zu erklären ist dies nur mit einer Angleichung an die Sanktionskompetenz des Erwachsenen-

schöffengerichts gem. § 24 Abs. 2 GVG. Der Kompetenzwirrwarr wird aber unnötig vergrößert, wenn bei Anwendung von Erwachsenenstrafrecht gegen einen Heranwachsenden auch die weitere Begrenzung für die Unterbringung in einem psychiatrischen Krankenhaus gem. § 24 Abs. 2 GVG gelten soll (so *Brunner/Dölling* §§ 39-41 Rn. 16; *Eisenberg* § 108 Rn. 12, ders. NJW 1986, 2410). Es ist kein gesetzlicher Hinweis formuliert, daß Jugendliche und Heranwachsende vom Jugendschöffengericht in ein psychiatrisches Krankenhaus eingewiesen werden dürfen, daß diese Sanktionskompetenz bei Anwendung von Erwachsenenstrafrecht gegen Heranwachsende aber nicht bestehen soll. Insbesondere bei gemeinschaftlichen Anklagen muß diese Auslegung auf Unverständnis stoßen. Aus der Einzelregelung im § 108 Abs. 3 S. 1 folgt im Umkehrschluß, daß weitere Begrenzungen nicht bestehen (wie hier *OLG Saarbrücken* NStZ 1985, 93). Über die Notwendigkeit eines so schwerwiegenden Eingriffs in die Freiheitssphäre sollte nach sachlichen Kriterien entschieden werden, nicht aufgrund einer formellen Zuständigkeitsregelung. Mit einer generellen Sanktionskompetenz des Jugendschöffengerichts für die Unterbringung in einem psychiatrischen Krankenhaus werden zudem Zweifel an der Garantie des gesetzlichen Richters gem. Art. 101 Abs. 1 S. 2 GG beseitigt, wenn nicht behebbare Zweifel hinsichtlich § 105 Abs. 1 vorliegen (s. hierzu *Eisenberg* NJW 1986, 2411). Dies gilt auch für das Sicherungsverfahren gem. den §§ 413 ff. StPO, d. h., auch hier darf das Jugendschöffengericht die Unterbringung in einem psychiatrischen Krankenhaus anordnen (h. M., s. *Dallinger/Lackner* § 40 Rn. 4; *Brunner/Dölling* §§ 39-41 Rn. 16; *LG Bonn* NJW 1976, 2312; *OLG Saarbrücken* NStZ 1985, 93; *OLG Stuttgart* NStZ 1988, 225; abw. *Eisenberg* § 40 Rn. 7).

Die Kompetenz des Jugendschöffengerichts wird über § 31 Abs. 2 erweitert, indem auch Verfahren, die vor dem Oberlandesgericht gem. § 120 oder gem. § 41 vor der Jugendkammer abgeschlossen werden, miteinbezogen werden dürfen. Diese Möglichkeit der Einbeziehung besteht grundsätzlich auch für die 27er-Entscheidung (s. § 39 Rn. 9). Allerdings ist auch bei einer Einbeziehung die Begrenzung des § 108 Abs. 3 S. 1 zu beachten. 6

IV. Abgabeverfahren

Gemäß § 40 Abs. 2 kann das Jugendschöffengericht, d. h. hier der Vorsitzende (s. § 30 Abs. 2 GVG), bis zur Eröffnung des Hauptverfahrens von Amts wegen die Entscheidung der Jugendkammer darüber herbeiführen, ob sie eine Sache wegen ihres besonderen Umfanges übernehmen will. Diese Abgabekompetenz ist begrenzt auf das Gericht (s. auch RL zu den §§ 39-41), wenngleich von den anderen Verfahrensbeteiligten Anregungen gegeben werden dürfen. Mit dieser Regelung wird die Möglichkeit kompensiert, im Erwachsenenstrafverfahren gem. § 29 Abs. 2 S. 1 GVG einen 7 zweiten Berufsrichter (erweitertes Schöffengericht) heranzuziehen. Abgabegrund ist allein der besondere Umfang, nicht die tatsächliche oder rechtliche Brisanz (h. M., s. *Brunner/Dölling* §§ 39-41 Rn. 34; *Eisenberg* § 40 Rn. 11; s. auch RL S. 2 zu den §§ 39-41). Die Entscheidung liegt bei der Jugendkammer und steht in ihrem Ermessen (s. § 40 Abs. 4 S. 1; s. auch *OLG Karlsruhe* MDR 1980, 427). Nicht nur wegen des Verlustes einer Tatsacheninstanz, sondern auch wegen der größeren Belastung und Stigmatisierungsgefahr vor der Jugendkammer ist **Zurückhaltung geboten** (ebenso *Nothacker* S. 318; zust. *Burscheidt* S. 40; *Eisenberg* § 40 Rn. 11; s. aber *BGH* bei *Böhm* NStZ 1983, 449; a. M. *Simon* DRiZ 1980, 456). Es muß nicht immer alles verhandelt werden; die Umfangsbegrenzung durch § 154 StPO ist zu beachten.

8 Verfahrensrechtlich ist das Übernahmeverfahren Teil des Zwischenverfahrens (s. *OLG Schleswig* SchlHA 1958, 290), d. h., daß die Vorlage nach Eingang der Anklageschrift bis zur Eröffnung des Hauptverfahrens erfolgen kann (s. *Alsberg/Nüse/Meyer* Der Beweisantrag im Strafprozeß, 5. Aufl., S. 348; zur ausnahmsweisen Abgabe durch das Revisionsgericht, wenn zunächst fälschlicherweise ein Erwachsenengericht entschieden hat, s. *BGH* NJW 1960, 2203). Vor dem Übernahmebeschluß ist der/die Angeklagte dazu zu hören, ob er/sie die Vornahme einzelner Beweiserhebungen vor der Hauptverhandlung beantragen will; damit soll der Verlust der Tatsacheninstanz ausgeglichen werden (s. *Brunner/Dölling* §§ 39-41 Rn. 34; *Alsberg/Nüse/Meyer* a. a. O. S. 348; krit. *Eisenberg* § 40 Rn. 12). Da eine solche Rechtswahrnehmung ohne einen berufsmäßigen Verteidiger in der Regel nur auf dem Papier steht, ist die Beiordnung eines Rechtsanwalts als Pflichtverteidiger gem. § 68 Nr. 1 i. V. m. § 140 Abs. 2 StPO schon aus diesem Grunde naheliegend (s. auch *Molketin* Zbl 1981, 378 ff.; *ders.* Zbl 1981, 200; *Oellerich* StV 1981, 439; s. auch § 68 Rn. 9). Daneben besteht auch in diesem Verfahrensabschnitt die Möglichkeit der Beweissicherung (s. § 202 StPO). Im Falle einer Übernahme ist dieser Beschluß mit dem des Eröffnungsbeschlusses zu verbinden (§ 40 Abs. 4 S. 2).

V. Rechtsmittel

9 Zu den Rechtsmitteln s. § 39 Rn. 10. Der Übernahmebeschluß selbst ist nicht anfechtbar (§ 40 Abs. 4 S. 1; s. auch *OLG Karlsruhe* MDR 1980, 427; zur angeordneten Übernahme im Revisionswege s. Rn. 8). Eine Ausnahme gilt nur, wenn die Übernahme »willkürlich« war (s. § 39 Rn. 8; s. auch *BGH* 4 StR 387/82 vom 19. 8. 1982 bei *Hilger* NStZ 1983, 340), d. h. ein nichtiger Beschluß vorliegt, wovor allerdings bereits ein arbeitsökonomisches Denken schützt.

§ 41. Sachliche Zuständigkeit der Jugendkammer

(1) Die Jugendkammer ist als erkennendes Gericht des ersten Rechtszuges zuständig in Sachen,
1. die nach den allgemeinen Vorschriften einschließlich der Regelung des § 74 e des Gerichtsverfassungsgesetzes zur Zuständigkeit des Schwurgerichts gehören,
2. die sie nach Vorlage durch das Jugendschöffengericht wegen ihres besonderen Umfangs übernimmt (§ 40 Abs. 2) und
3. die nach § 103 gegen Jugendliche und Erwachsene verbunden sind, wenn für die Erwachsenen nach allgemeinen Vorschriften eine große Strafkammer zuständig wäre.

(2) Die Jugendkammer ist außerdem zuständig für die Verhandlung und Entscheidung über das Rechtsmittel der Berufung gegen die Urteile des Jugendrichters und des Jugendschöffengerichts. Sie trifft auch die in § 73 Abs. 1 des Gerichtsverfassungsgesetzes bezeichneten Entscheidungen.

Inhaltsübersicht	Rn.
I. Persönlicher und sachlicher Anwendungsbereich	1
II. Umfang der Zuständigkeit	
1. im ersten Rechtszug	2
a) Zuständigkeit eines Schwurgerichts nach Erwachsenenstrafrecht (§ 41 Abs. 1 Nr. 1)	3
b) Zuständigkeit durch Übernahmebeschluß (§ 41 Abs. 1 Nr. 2)	4
c) Zuständigkeit einer großen Strafkammer nach Erwachsenenstrafrecht im Falle einer Verbindung gem. § 103 (§ 41 Abs. 1 Nr. 3)	5
d) Zuständigkeit bei einer Sanktionserwartung von Freiheitsstrafe von mehr als drei Jahren (§ 108 Abs. 3 S. 2)	6
2. im zweiten Rechtszug (Rechtsmittelinstanz)	8
III. Sanktionskompetenz	10
IV. Rechtsmittel	12

I. Persönlicher und sachlicher Anwendungsbereich

Zum persönlichen und sachlichen Anwendungsbereich s. § 39 Rn. 1, 2.   1

§ 41 Zweiter Teil. Jugendliche

II. Umfang der Zuständigkeit

1. im ersten Rechtszug

2 Im ersten Rechtszug ist die Jugendkammer in vier Fällen zuständig:

a) Zuständigkeit eines Schwurgerichts nach Erwachsenenstrafrecht (§ 41 Abs. 1 Nr. 1)

3 Wenn im Erwachsenenstrafrecht das Schwurgericht zuständig ist (s. §§ 74 Abs. 2 S. 1, 74 e GVG), ist bei entsprechender Anklage gegen Jugendliche und Heranwachsende, ebenso bei entsprechendem Antrag im Sicherungsverfahren (s. *OLG Düsseldorf* JMBl. NW 1992, 69) die Jugendkammer zuständig. Diese Zuständigkeit gilt auch dann, wenn bei einer verbundenen Strafsache gegen Erwachsene die an sich bestehende Zuständigkeit einer Wirtschaftsstrafkammer oder Staatsschutzkammer gem. § 103 Abs. 2 S. 2 von der Zuständigkeit des Schwurgerichts gem. § 74 e Nr. 1 GVG verdrängt wird (s. *Brunner/Dölling* §§ 39-41 Rn. 10). Voraussetzung ist aber, daß auch insoweit gem. § 203 StPO ein »hinreichender Tatverdacht« vorliegt (ebenso *Nix/Herz* § 41 Rn. 5). Nicht genügt es, daß »ein nicht allzu fern liegender Verdacht« besteht (so aber *BGH* GA 1982, 149; zust. *Brunner/Dölling* §§ 39-41 Rn. 10; *Eisenberg* § 41 Rn. 5: »ernsthafter Verdacht«; wie hier wohl *BGH*St 1, 347), da der Verdacht nicht für eine Straftat als solche, sondern immer nur für eine konkrete Straftat zu begründen ist und der Stigmatisierungsgefahr sowie der Gefahr einer Sanktionsausweitung durch justitielle Zuständigkeitsverschiebungen zu begegnen ist (s. auch § 39 Rn. 4); in einem solchen Fall ist gem. § 209 Abs. 1 StPO das Hauptverfahren vor dem Jugendgericht bzw. Jugendschöffengericht zu eröffnen. Nach Eröffnung vor der Jugendkammer bleibt es allerdings bei der Zuständigkeit, da eine Verweisungsmöglichkeit gem. § 270 StPO fehlt, auch wenn der Verdacht einer Katalogtat gem. § 74 Abs. 2 S. 1 GVG entfällt (s. *BGH* bei *Holtz* MDR 1977, 810 m. w. N.).

b) Zuständigkeit durch Übernahmebeschluß (§ 41 Abs. 1 Nr. 2)

4 Weiter wird die Zuständigkeit der Jugendkammer durch einen Übernahmebeschluß aufgrund der Vorlage durch das Jugendschöffengericht gem. § 40 Abs. 2 begründet (s. hierzu § 40 Rn. 7, 8).

c) Zuständigkeit einer großen Strafkammer nach Erwachsenenstrafrecht im Falle einer Verbindung gem. § 103 (§ 41 Abs. 1 Nr. 3)

5 Werden Straftaten gegen Jugendliche/Heranwachsende mit Straftaten gegen Erwachsene gem. § 103 Abs. 1 verbunden, so wäre ohne eine Sonderregelung in der Regel im Wege der Zuständigkeit der Jugendgerichte (s. § 103 Abs. 2 S. 1) das Jugendschöffengericht zuständig, da dessen Zu-

ständigkeit über die gem. § 24 Abs. 1 GVG hinausgeht (s. § 40 Rn. 2, 5) und die Zuständigkeit des Jugendrichters als Einzelrichter bereits durch § 39 Abs. 1 S. 2 begrenzt wird (s. § 39 Rn. 5). Um für Erwachsene die sachliche Zuständigkeit des LG zu erhalten, erfolgt mit § 41 Abs. 1 Nr. 3 insoweit wiederum eine Angleichung für Jugendliche/Heranwachsende (s. BT-Drucks. 8/976, S. 69). Um die damit verbundenen Nachteile für Jugendliche/Heranwachsende (s. § 40 Rn. 7) zu vermeiden, sollte in diesen Fällen insbesondere (zur ausnahmsweisen Verbindung ansonsten s. § 103 Rn. 5, 6) von einer Verbindung abgesehen werden (ebenso *Brunner/ Dölling* §§ 39-41 Rn. 12).

d) Zuständigkeit bei einer Sanktionserwartung von Freiheitsstrafe von mehr als drei Jahren (§ 108 Abs. 3 S. 2)

Wird gegen Heranwachsende verhandelt und ist bei Anwendung von Erwachsenenstrafrecht eine Freiheitsstrafe von mehr als drei Jahren zu erwarten, so ist die Jugendkammer zuständig. Diese Zuständigkeit muß auch dann gelten, wenn Verfahren gegen Jugendliche hiermit verbunden sind, da nur so die Zuständigkeitsregel des § 108 Abs. 3 S. 2 beachtet wird. Auch dann ist aber eine Trennung vorzuziehen (s. Rn. 5). 6

Zur Verweisung an ein gem. § 102 zuständiges Oberlandesgericht s. §§ 209 Abs. 2, 270 Abs. 1 StPO, zum Verfahren bei funktioneller Unzuständigkeit im Verhältnis Jugendgericht – Erwachsenengericht s. §§ 33-33 b Rn. 10. 7

2. im zweiten Rechtszug (Rechtsmittelinstanz)

Die Jugendkammer ist weiter Berufungsinstanz für Berufungen gegen Urteile des Jugendrichters und des Jugendschöffengerichts (§ 41 Abs. 2 S. 1). Revisionsinstanz ist insoweit das Oberlandesgericht (§ 121 Abs. 1 GVG), gegen erstinstanzliche Urteile der Jugendkammer der *BGH* (§ 135 Abs. 1 GVG). Diese Zuständigkeit besteht auch, wenn gegen einen Heranwachsenden Erwachsenenstrafrecht angewendet wird. Auch wenn ein Erwachsener, der gem. § 103 Abs. 1, Abs. 2 S. 1 zusammen mit einem Jugendlichen/Heranwachsenden vor dem Jugendgericht stand, allein die Berufung einlegt, ist die Jugendkammer zuständig; für den Rechtsmittelzug ist maßgebend, welches Gericht vorher entschieden hat (*BGH*St 22, 48 gegen *BGH*St 13, 157; *Brunner/Dölling* §§ 39-41 Rn. 36 m. w. N. zu unveröffentlichten Entscheidungen; *Eisenberg* § 41 Rn. 1; a. M. *Pentz* GA 1958, 300). Für den Fall einer Zurückverweisung s. aber § 103 Rn. 14. Die Jugendkammer entscheidet entweder als große Jugendkammer oder als kleine Jugendkammer (s. § 33 b Abs. 1). 8

9 Die Jugendkammer trifft weiter die Entscheidungen gem. § 73 Abs. 1 GVG (s. § 41 Abs. 4 S. 2), d. h. ist Beschwerdeinstanz über Verfügungen und Entscheidungen des Jugendrichters und Entscheidungen des Jugendschöffengerichts; sie entscheidet weiter über Anträge auf gerichtliche Entscheidung gegen Zwangsmaßnahmen der Staatsanwaltschaft bei unberechtigtem Ausbleiben oder unberechtigter Weigerung eines Zeugen oder Sachverständigen, wenn sich das Verfahren gegen Jugendliche oder Heranwachsende richtet. Im Vollstreckungsverfahren entscheidet die Jugendkammer gem. § 83 Abs. 2 (s. § 83 Rn. 3, 6), im Ordnungswidrigkeitenverfahren entscheidet sie über das Rechtsmittel der sofortigen Beschwerde (s. §§ 70 Abs. 2, 100 Abs. 2 S. 2, 104 Abs. 3 S. 1, 108 Abs. 1 S. 2, 110 Abs. 2 S. 2 OWiG) sowie über die Rechtsbeschwerde (s. § 79 Abs. 3 OWiG).

III. Sanktionskompetenz

10 Die Sanktionskompetenz der Jugendkammer ist im ersten Rechtszug – im gesetzlichen Rahmen – unbegrenzt. Als Berufungsinstanz ist sie an die Sanktionskompetenz des erstinstanzlichen Gerichts (s. hierzu § 39 Rn. 9, § 40 Rn. 5, 6) gebunden (h. M., s. *Pentz* GA 1958, 302; *Brunner/Dölling* §§ 39-41 Rn. 36; *Eisenberg* § 41 Rn. 11).

11 Entscheidet die Jugendkammer als Berufungskammer, so hebt sie, wenn die sachliche Zuständigkeit des Jugendgerichts fehlte, das Urteil auf und verweist die Sache gem. § 328 Abs. 3 StPO an das zuständige Gericht (s. auch *Eisenberg* § 41 Rn. 10 m. w. N.). Ist sie selbst als erstinstanzliches Gericht zuständig, ist die Verweisung an sich selbst vorzunehmen und anschließend neu zu verhandeln, wobei dann die unbegrenzte Sanktionskompetenz gilt (s. *Pentz* GA 1958, 303; *BGH*St 21, 229; *Eisenberg* § 41 Rn. 11). Unzulässig ist es aber, ein Berufungsurteil, in dem die begrenzte Sanktionskompetenz des erstinstanzlichen Gerichts nicht beachtet wurde, in ein erstinstanzliches Urteil umzudeuten, auch wenn die hierfür geltenden Verfahrensvorschriften beachtet wurden (so aber die h. M., s. *BGH* GA 1958, 340; *BGH*St 23, 283; *Kleinknecht/Meyer-Goßner* § 328 StPO Rn. 11; *Pentz* GA 1958, 303; *Brunner/Dölling* §§ 39-41 Rn. 36). Abgesehen von der formalen Rechtsunsicherheit bis zu einer Revisionsentscheidung, ob ein Berufungs- oder erstinstanzliches Urteil vorliegt, können damit die Sanktionsüberlegungen sowie die entsprechenden Argumentationen der anderen Verfahrensbeteiligten durchkreuzt werden, die von einer begrenzten Sanktionskompetenz ausgegangen sind; insoweit ist das Prinzip des fair trial betroffen, wobei allerdings für den Rechtsmittelführer kein Verbrauch des Rechtsmittels gem. § 55 Abs. 2 eintritt (s. § 55 Rn. 38). Auch kann es für die Sanktionszumessung des Gerichts und damit für eine entsprechende Überprüfung von Bedeutung sein, ob es sich über die erweiterte Sanktionskompetenz im klaren ist oder nicht. Einer

Verbindung von Verfahren erster und zweiter Instanz in gleicher Verfahrenslage stehen diese Einwände nicht entgegen (s. hierzu *BGH*St 25, 51; *BGH* NJW 1976, 720; *Brunner/Dölling* §§ 39-41 Rn. 36 m. w. N.).

IV. Rechtsmittel

Zu den Rechtsmitteln s. § 39 Rn. 10 und § 40 Rn. 9. Die Einhaltung der Sanktionskompetenz als Berufungskammer ist vom Revisionsgericht zu beachten, ohne daß eine Rüge erforderlich wäre (s. *BGH* NJW 1970, 155), da das Gericht gem. § 338 Nr. 4 StPO seine Zuständigkeit zu Unrecht angenommen hat, die gem. § 6 StPO in jeder Lage des Verfahrens zu prüfen ist (s. auch § 39 Rn. 10). Wird auf eine Revision hin das Verfahren gem. § 354 Abs. 3 StPO an eine andere Jugendkammer des Landgerichts verwiesen, obwohl keine zweite Jugendkammer eingerichtet ist, so kann nachträglich der Geschäftsverteilungsplan geändert werden (s. *BGH* 1 StR 49/70; *OLG Schleswig* bei *Ernesti/Jürgensen* SchlHA 1976, 169), wenn die erforderlichen Jugendschöffen gem. den §§ 46, 77 Abs. 1 GVG aus der Hilfsschöffenliste ausgelost werden; geschieht dies nicht, ist gem. § 15 StPO zu verfahren (s. *Brunner/Dölling* §§ 39-41 Rn. 37). Wird nur an »das Landgericht x« verwiesen, so hat sich ebenfalls ein Spruchkörper gleicher Art mit der Sache zu befassen (s. *BGH* bei *Holtz* MDR 1977, 810).

12

§ 42. Örtliche Zuständigkeit

(1) Neben dem Richter, der nach dem allgemeinen Verfahrensrecht oder nach besonderen Vorschriften zuständig ist, sind zuständig
1. der Richter, dem die familien- oder vormundschaftsrichterlichen Erziehungsaufgaben für den Beschuldigten obliegen,
2. der Richter, in dessen Bezirk sich der auf freiem Fuß befindliche Beschuldigte zur Zeit der Erhebung der Anklage aufhält,
3. solange der Beschuldigte eine Jugendstrafe noch nicht vollständig verbüßt hat, der Richter, dem die Aufgaben des Vollstreckungsleiters obliegen.

(2) Der Staatsanwalt soll die Anklage nach Möglichkeit vor dem Richter erheben, dem die familien- oder vormundschaftsrichterlichen Erziehungsaufgaben obliegen, solange aber der Beschuldigte eine Jugendstrafe noch nicht vollständig verbüßt hat, vor dem Richter, dem die Aufgaben des Vollstreckungsleiters obliegen.

(3) Wechselt der Angeklagte seinen Aufenthalt, so kann der Richter das Verfahren mit Zustimmung des Staatsanwalts an den Richter abgeben, in dessen Bezirk sich der Angeklagte aufhält. Hat der Richter, an den das Verfahren abgegeben worden ist, gegen die Übernahme Bedenken, so entscheidet das gemeinschaftliche obere Gericht.

Literatur

Lackner Die Abgabe des Verfahrens nach dem Jugendgerichtsgesetz, GA 1956, 379; *Lange* Darf und soll die Staatsanwaltschaft bei Gruppendelikten Jugendlicher in besonderen Fällen abweichend von den Gerichtsständen des § 42 JGG eine gemeinsame Anklage zum Tatortgericht erheben?, NStZ 1995, 110; *Schnitzerling* Die Abgabe des Jugendgerichtsverfahrens bei einem Aufenthaltswechsel des Angeklagten, DRiZ 1958, 315.

Inhaltsübersicht

	Rn.
I. Persönlicher und sachlicher Anwendungsbereich	1
II. Verhältnis zu den Gerichtsständen des allgemeinen Verfahrensrechts	4
III. Die jugendstrafrechtlichen Gerichtsstände (§ 42 Abs. 1)	
1. Gerichtsstand der vormundschaftsrichterlichen Zuständigkeit (§ 42 Abs. 1 Nr. 1)	5
2. Gerichtsstand des freiwilligen Aufenthalts (§ 42 Abs. 1 Nr. 2)	6
3. Gerichtsstand des Vollstreckungsleiters (§ 42 Abs. 1 Nr. 3)	8
IV. Auswahl des Gerichtsstandes (§ 42 Abs. 2)	9
V. Abgabe des Verfahrens (§ 42 Abs. 3)	11
VI. Rechtsmittel	14

Zweites Hauptstück. Jugendgerichtsverfassung und Jugendstrafverfahren §42

I. Persönlicher und sachlicher Anwendungsbereich

Die Vorschrift gilt nur in Verfahren vor den Jugendgerichten; nur insoweit werden die allgemeinen Vorschriften ergänzt (s. § 42 Abs. 1; s. auch *BGH*St 18, 176 hinsichtlich der Anwendbarkeit von § 42 Abs. 3). Entgegen der allgemeinen Verweisung im § 108 Abs. 1 findet § 42 Abs. 1 Nr. 1 und insoweit auch § 42 Abs. 2 auf Heranwachsende keine Anwendung, da mit Erreichen der Volljährigkeit keine vormundschaftsrichterlichen Erziehungsaufgaben mehr bestehen. 1

Der sachliche Anwendungsbereich erstreckt sich entgegen dem Wortlaut im § 42 Abs. 1 (»neben dem Richter ...«) auch auf das Jugendschöffengericht und die Jugendkammer (h. M., s. *Brunner/Dölling* § 42 Rn. 1; *Eisenberg* § 42 Rn. 7; *BGH*St 18, 4). Dies folgt sowohl aus der systematischen Stellung dieser Vorschrift als auch aus teleologischen Überlegungen (s. Grdl. z. §§ 39-42 Rn. 4), da diese für alle Anklagen zutreffen. Die Vorschrift gilt über § 143 Abs. 1 GVG **auch für die Jugendstaatsanwaltschaft** (h. M.). 2

Die örtliche Zuständigkeit nach einem Einspruch gegen den Bußgeldbescheid richtet sich einmal nach § 42, sodann – nach dem allgemeinen Verfahrensrecht – nach §68 OWiG mit einer eventuellen Zuständigkeitskonzentration gem. § 68 Abs. 3 OWiG (s. *LG Cottbus* NStZ-RR 1998, 285; *Bohnert* in: Karlsruher Kommentar § 68 OWiG Rn. 29 ff.; die bis zur 4. Auflage vertretene Rechtsposition wird aufgegeben). 3

II. Verhältnis zu den Gerichtsständen des allgemeinen Verfahrensrechts

Die Gerichtsstände des allgemeinen Verfahrensrechts gelten weiter (»neben ...«), ebenso die »nach besonderen Vorschriften«, d. h. die Konzentrationsbestimmungen in besonderen Gesetzen (s. hierzu *Kleinknecht/Meyer-Goßner* § 58 GVG Rn. 2). Hierbei hat die örtliche Zuständigkeit gem. § 42 Vorrang, wie sich aus § 42 Abs. 2 ergibt (h. M., s. *Dallinger/Lackner* § 42 Rn. 19; *Brunner/Dölling* § 42 Rn. 2; *Eisenberg* § 42 Rn. 6). 4

III. Die jugendstrafrechtlichen Gerichtsstände (§ 42 Abs. 1)

1. Gerichtsstand der vormundschaftsrichterlichen Zuständigkeit (§ 42 Abs. 1 Nr. 1)

Der Wortlaut des § 42 Abs. 1 Nr. 1 ist mißverständlich formuliert. Bei der Auslegung ist zu beachten, daß die örtliche Zuständigkeitsregelung die funktionelle Zuständigkeit voraussetzt, auf diese aufbaut. Demnach ist 5 nach § 42 Abs. 1 Nr. 1 **das Jugendgericht** örtlich zuständig, in dessen Bezirk die vormundschaftsrichterlichen Aufgaben wahrzunehmen sind (s. *Dallinger/Lackner* § 42 Rn. 6). Damit wird dem Prinzip der einheitlichen – strafrechtlichen und vormundschaftsrichterlichen – Reaktion auf abweichendes Verhalten (s. § 34 Abs. 2) entsprochen, ohne daß es auf konkrete Auswirkungen ankommt. Das heißt, die örtliche Zuständigkeit wird unabhängig davon begründet, ob eine Personalunion gem. § 34 Abs. 2 besteht; ebenso kommt es nicht darauf an, ob vormundschaftsrichterliche Aufgaben gegen den/die Angeklagte(n) bereits wahrgenommen wurden oder wahrgenommen werden sollen (s. auch *Brunner/Dölling* § 42 Rn. 4). Die örtliche Zuständigkeit des Familien-/ Vormundschaftsgerichts ihrerseits bestimmt sich nach den § 36 FGG.

5 a Probleme können sich bei Getrenntleben des jugendlichen Beschuldigten und seiner Eltern (Heimunterbringung) für die örtliche Zuständigkeit des Familien-/Vormundschaftsgerichts (§ 42 Abs. 1 Nr. 1, Abs. 2) ergeben. Gem. § 36 FGG i. V. m. § 11 BGB teilt das Kind grundsätzlich den Wohnsitz seiner Eltern, so daß hiernach das Gericht sowie die Staatsanwaltschaft (s. § 143 GVG) des Wohnsitzes der Eltern zuständig wären. § 11 BGB schließt aber nicht aus, daß ein anderer oder zusätzlich gewillkürter Wohnsitz für das Kind begründet wird (*Staudinger-Habermann/Weick* 13. Aufl. 1997 § 11 BGB Rn. 13). Voraussetzung einer gewillkürten Wohnsitzbegründung ist, daß die Voraussetzungen der §§ 7 und 8 BGB erfüllt sind (*OLG Schleswig* SchlHA 1978 S. 21 f.; *Erman-Westermann* 9. Aufl. 1993 § 11 Rn. 6). Dies ist der Fall, wenn das Kind selbst mit Zustimmung der Eltern oder diese gemeinsam für das Kind einen anderen Wohnsitz begründet haben. Begründung und Zustimmung bedürfen keiner ausdrücklichen Erklärungen, sondern können sich auch aus den Umständen ergeben (*BGHZ* 7, 104, 109 ff.; *BGH* FamRZ 1958, 178 f.; *Jansen* FGG 2. Aufl. § 36 Rn. 16). Eine gewillkürte Wohnsitzbegründung ist z. B. anzunehmen, wenn die Eltern ein Kind auf Dauer in einer Pflegestelle anmelden (*Palandt-Heinrichs* 56. Aufl. 1997 § 11 BGB m. w. N.) oder wenn das Kind ständig in einem Internat lebt (*BayObLG* NJW-RR 1989, 262 f.; *Palandt-Heinrichs* a. a. O.). Damit ist in diesen Fällen regelmäßig das Familien-/Vormundschaftsgericht örtlich zuständig, in dessen Bezirk sich der Jugendliche tatsächlich aufhält. Im Falle eines Doppelwohnsitzes greift das Auswahlermessen zugunsten des tatsächlichen Aufenthalts ein (s. Rn. 9).

2. Gerichtsstand des freiwilligen Aufenthalts (§ 42 Abs. 1 Nr. 2)

6 Der Aufenthalt ist vom Wohnsitz zu unterscheiden: Während für den Wohnsitz eine ständige Niederlassung Voraussetzung ist (s. § 7 Abs. 1 BGB), genügt für den Aufenthalt, daß die Person an einem bestimmten

Zweites Hauptstück. Jugendgerichtsverfassung und Jugendstrafverfahren § 42

Ort vorübergehend anwesend ist (s. auch § 8 Abs. 1, 2 StPO). Entscheidend ist der Zeitpunkt der Anklageerhebung. Hiermit wird die primäre Anknüpfung an den Wohnsitz gem. § 8 Abs. 1 StPO geändert, wobei für minderjährige Kinder der Wohnsitz der Eltern gilt (s. § 11 BGB).

»Auf freiem Fuß« befindet sich, »wer in keiner Weise durch eine behördliche Anordnung in seiner Freiheit und in der Wahl seines Aufenthaltsortes beschränkt ist« (*BGH*St 13, 212; ebenso *BGH* NJW 1954, 1775; *Dallinger/Lackner* § 42 Rn. 10; *Potrykus* § 42 Anm. 3; *Eisenberg* § 42 Rn. 11 m. w. N.). Nicht freiwillig i. d. S. halten sich somit auf: Strafgefangene; Personen, die sich im stationären Maßregelvollzug befinden (§ 7 i. V. m. den §§ 63, 64 StGB); Jugendarrestanten; U- und Sicherungsgefangene (§ 72 Abs. 1, 2 i. V. m. den §§ 112 ff. StPO; § 58 Abs. 2 i. V. m. § 453 StPO); einstweilig Untergebrachte (§§ 71 Abs. 2, 72 Abs. 3); zur Beobachtung Untergebrachte (§ 73); Personen, die nach den Unterbringungsgesetzen (PsychKG) untergebracht sind; Personen, die aufgrund richterlicher Anordnung wegen Gefährdung des Kindeswohls außerhalb des Elternhauses untergebracht sind (§§ 1666, 1666 a BGB). Entgegen der h. M. (s. *Dallinger/Lackner* § 42 Rn. 9; *Brunner/Dölling* § 42 Rn. 5; *Eisenberg* § 42 Rn. 11) sind auch diejenigen, deren Aufenthalt gem. § 10 Abs. 1 Nr. 1 durch richterliche Weisung bestimmt wurde, nicht auf freiem Fuß: Ihre Freizügigkeit wird ebenfalls durch eine hoheitliche Anordnung beschränkt (für eine extensive Auslegung auch *Nothacker* S. 319; s. auch § 10 Rn. 9). Soweit die Rechtsprechung des *BGH* im Hinblick auf die »Fürsorgezöglinge« als eine formalistische Handhabung des Gesetzes kritisiert wird, die zu unpraktikablen Ergebnissen führe (s. *Brunner/Dölling* § 42 Rn. 5 m. w. N.), so ist dem entgegenzuhalten, daß am unfreiwilligen Aufenthaltsort die soziale Handlungskompetenz am wenigsten gesichert erscheint, zumal dort eine Unterstützung durch die Eltern bzw. Erziehungsberechtigten sowie durch das Jugendamt erschwert ist. Allerdings gilt dies an sich auch für die elterliche Aufenthaltsbestimmung, die aber nach dem Gesetzeswortlaut nicht hierunter fällt. Es geht also nicht allein darum, eine willkürliche Bestimmung der örtlichen Zuständigkeit durch die Strafverfolgungsorgane auszuschließen (so aber *Dallinger/Lackner* § 42 Rn. 8; *Brunner/Dölling* § 42 Rn. 5; *Eisenberg* § 42 Rn. 10; a. auch die amtliche Begründung, s. BT-Drucks. 1/3264, S. 45; s. auch *BGH*St 13, 211; s. demgegenüber *BGH* bei *Herlan* GA 1963, 106, wo die örtliche Zuständigkeit gem. § 42 Abs. 1 Nr. 2 unabhängig von einer Möglichkeit der Zuständigkeitsmanipulation verneint wurde). Wenn aber die Bestimmung der Eltern durch einen behördlichen Akt als freiwillige Erziehungshilfe »abgesegnet« wird, so ist auch in einem solchen Fall von einem unfreiwilligen Aufenthalt auszugehen (a. M. *Potrykus* NJW 1954, 823; *Brunner/Dölling* § 42 Rn. 5; zw. *Eisenberg* § 42 Rn. 11), da hier behördliche Autorität und behördliche Maßnahmen als Konsequenzen bei einer Zuwider-

7

handlung den Charakter einer originären behördlichen Anordnung vermitteln. Dies gilt erst recht, wenn gem. § 1631 b BGB für die Unterbringung die Genehmigung des Vormundschaftsrichters erforderlich ist, was für geschlossene Heime auch im Rahmen einer freiwilligen Erziehungshilfe gilt (s. *AK-BGB Münder* § 1631 b Rn. 2; s. aber auch *Prahl* NJW 1964, 530). Es besteht aber in solchen Fällen die Möglichkeit, den Gerichtsstand des § 42 Abs. 1 Nr. 1 i. V. m. § 44 FGG (»in dessen Bezirk das Bedürfnis der Fürsorge hervortritt«) zu wählen. Wehrpflichtsoldaten befinden sich demgegenüber »auf freiem Fuß«, auch wenn der Wehrdienst häufig widerwillig angetreten wird, da hier nur eine allgemeine Einschränkung von Freiheitsrechten erfolgt, die nicht mit einem individuellen Freiheitsentzug vergleichbar ist (s. auch *OLG Karlsruhe* Justiz 1963, 244; *Brunner/Dölling* § 42 Rn. 5).

3. Gerichtsstand des Vollstreckungsleiters (§ 42 Abs. 1 Nr. 3)

8 Mit dem Gerichtsstand des Vollstreckungsleiters wird dem Gesichtspunkt der Entscheidungsnähe mit einer eventuellen besseren Personenkenntnis Vorrang vor dem Gesichtspunkt der sozialen Handlungskompetenz eingeräumt, wobei fraglich ist, ob ein anderer Gerichtsort für den Strafgefangenen mehr Kompetenz vermittelt. Dieser Gerichtsstand ist an die noch nicht vollständig verbüßte Jugendstrafe geknüpft. Vollständig verbüßt ist die Jugendstrafe auch bei einer Reststrafenbewährung noch nicht (h. M.). Der Gerichtsstand besteht nicht bei einem Jugendarrest oder, wenn die Jugendstrafe von vornherein gem. § 21 zur Bewährung ausgesetzt wurde. Zur Zuständigkeit des Vollstreckungsleiters s. § 85 Rn. 5. Wurde die Vollstreckung gem. § 85 Abs. 5 abgegeben, so ist der neue Vollstreckungsleiter zuständig; auch wenn der abgebende Richter aufgrund der Widerrufsmöglichkeit potentieller Vollstreckungsleiter bleibt (s. § 85 Rn. 12), so ist seine Zuständigkeit nicht mehr begründet, da die Abgabe gerade erfolgt, weil keine Vollzugsnähe mehr besteht (a. M. *Dallinger/Lackner* § 42 Rn. 14; zw. *Brunner/Dölling* § 42 Rn. 6; unbestimmt *Eisenberg* § 42 Rn. 14; *Potrykus* § 42 Anm. 4, 5 will nach der Widerruflichkeit der Abgabe differenzieren). Zur Zuständigkeit bei Vollstreckung einer Freiheitsstrafe sowie bei Übergang in den Erwachsenenvollzug s. § 108 Rn. 7.

IV. Auswahl des Gerichtsstandes (§ 42 Abs. 2)

9 Da mit § 42 Abs. 1 sowie mit den allgemeinen Vorschriften (s. Rn. 4) verschiedene Gerichtsstände begründet werden können, hat die Staatsanwaltschaft nach sachlichen Gesichtspunkten einen Gerichtsstand auszuwählen (s. *BGH*St 21, 212). Für die Auswahl werden im § 42 Abs. 2 Vorgaben gemacht: Hiernach ist zunächst der Gerichtsstand des Vollstreckungsleiters (§ 42 Abs. 1 Nr. 3), dann der Gerichtsstand der vormundschaftsrich-

terlichen Zuständigkeit (§ 42 Abs. 1 Nr. 1) und dann der Gerichtsstand des freiwilligen Aufenthaltes gegeben; die Gerichtsstände nach dem allgemeinen Verfahrensrecht greifen hiernach erst anschließend ein (s. Rn. 4). Demgegenüber soll nach der RL Nr. 1 zu § 42 bei Verfehlungen von geringem Unrechtsgehalt, bei denen vormundschaftsrichterliche Maßnahmen nicht erforderlich sind, in der Regel der Jugendrichter zuständig sein, in dessen Bezirk sich der auf freiem Fuß befindliche Beschuldigte z. Z. der Erhebung der Anklage aufhält (so auch RL zu § 108) oder in dessen Bezirk der Beschuldigte ergriffen worden ist (§ 9 StPO). In der Tat gilt es, unnötige Belastungen für den/die Angeklagte(n) sowie die anderen Verfahrensbeteiligten zu vermeiden. Der **faktische Aufenthaltsort** des/der Angeklagten ist daher der primäre Anknüpfungspunkt (s. auch *BGH* bei *Böhm* NStZ 1982, 415), zumal auch die Jugendgerichtshilfe so am besten ihren Aufgaben gerecht werden kann (zur Zuständigkeit beim Heimaufenthalt s. § 42 Rn. 5 a). Bei unfreiwilligem Aufenthalt ist aber auf den Gesichtspunkt der Handlungskompetenz zu achten (s. Rn. 7). Insoweit kann der/die Beschuldigte auch ein Ersuchen an die Staatsanwaltschaft richten, das bei der Abwägung zu beachten ist (s. aber *Eisenberg* § 42 Rn. 17: »keinen Einfluß«). Eine Anklage beim Tatortgericht ist demgegenüber nur dann zu erheben, wenn ansonsten die Beweisaufnahme, z. B. in Verkehrssachen, zu einem unverhältnismäßigen, unzumutbaren Aufwand (s. auch RL zu § 108 S. 2) oder bei Gruppendelikten die verfahrenstechnische Aufspaltung »zu Reibungsverlusten, Verzögerungen und der Gefahr einander widersprechender Entscheidungen« führen würde (s. *Lange* NStZ 1995, 111).

Das Gericht ist nicht befugt, die Auswahl des Gerichtsstandes zu prüfen; es hat nur zu prüfen, ob **ein** örtlicher Gerichtsstand eingreift. Ist kein Gerichtsstand gegeben, so ist die Eröffnung des Hauptverfahrens abzulehnen. Eine Abgabe gem. § 209 StPO ist hier nicht vorgesehen, wohl aber eine Abgabe gem. § 42 Abs. 3 (s. hierzu Rn. 11-13). Auch kann eine Abgabe mit Einverständnis der Staatsanwaltschaft als Rücknahme der Anklage (s. § 156 StPO) und Neuanklage bei dem »angegangenen« Gericht gedeutet werden, wobei das abgebende Gericht nur als Bote tätig wird; in einem solchen Fall hat das neue Gericht über die Eröffnung des Verfahrens zu entscheiden (zu einem anderen Ausweg s. *OLG Braunschweig* JZ 1962, 420; s. auch *Brunner/Dölling* § 42 Rn. 8 m. w. N.). Nach Eröffnung des Hauptverfahrens ist die örtliche Unzuständigkeit nur auf – rechtzeitige – Rüge des/der Angeklagten (s. § 16 S. 2, 3 StPO) zu beachten und das Verfahren gem. den §§ 206 a, 260 Abs. 3 StPO einzustellen. 10

V. Abgabe des Verfahrens (§ 42 Abs. 3)

11 Bei einem Aufenthaltswechsel kann das Gericht das Verfahren mit Zustimmung der Staatsanwaltschaft an das Gericht des neuen Aufenthaltsortes abgeben. Diese Abgabe ist nur nach Eröffnung des Hauptverfahrens erlaubt, da hier vom Angeklagtenstatus ausgegangen wird (s. § 157 StPO). Bei mehreren Anklagen müssen beide zugelassen sein (*BGH* NStZ-RR 1997, 380). Da im vereinfachten Verfahren die Terminanberaumung der Eröffnung des Hauptverfahrens gleichsteht (s. §§ 76-78 Rn. 3), ist die Verweisung auch in diesen Verfahren möglich (ausführlicher s. §§ 76-78 Rn. 17; a. die h. M., s. *BGH*St 12, 180; *Brunner/Dölling* § 42 Rn. 11; *Eisenberg* § 42 Rn. 20; wie hier *Schnitzerling* DRiZ 1958, 316; *Nix/Herz* § 42 Rn. 15). Dies gilt auch für das beschleunigte Verfahren gegen einen Heranwachsenden gem. § 109 (wie hier *Böhm* NStZ-RR 1999, 290, allerdings schon nach Einreichung der Antragsschrift; a. M. *BGH*St 15, 314; *Schoreit* in: *D/S/S* § 42 Rn. 19).Wenn rechtzeitig (s. § 16 S. 3 StPO) eine begründete Rüge erhoben wird, d. h. das Verfahren vor einem unzuständigen Gericht eröffnet wurde, scheidet diese Verfahrensart aus (s. Rn. 10). Auf die Freiwilligkeit des Aufenthaltswechsels kommt es hier im Unterschied zu § 42 Abs. 1 Nr. 2 nicht an (s. *BGH* NJW 1954, 1775; *BGH*St 13, 214; *Potrykus* NJW 1954, 823; *Brunner/Dölling* § 42 Rn. 10; unbestimmt *Eisenberg* § 42 Rn. 22 m. w. N.; s. auch § 58 Rn. 4). Der Aufenthaltswechsel muß aber zumindest nach Erhebung der Anklage vorgenommen worden sein (s. *BGH*St 13, 216; *OLG Schleswig* SchlHA 1960, 179; zwei *BGH*-Entscheidungen bei *Böhm* NStZ 1982, 415). Bei mehrfachem Aufenthaltswechsel ist auch – entgegen der Regelung im § 58 Abs. 3 S. 2 (s. dort Rn. 10) – eine mehrfache Abgabe möglich (*BGH*St 13, 286; *Brunner* § 42 Rn. 10 m. Fn. 3; *Eisenberg* § 42 Rn. 23). Allerdings ist hier – wie auch sonst – zu beachten, daß mit der Abgabe **nicht unangemessene Verfahrensverzögerungen** eintreten. Insoweit ist die Abgabe eine Ermessensentscheidung (s. auch § 58 Rn. 6). Bei kleineren Verstößen gegen Strafnormen ist eher eine Einstellung als eine Abgabe des Verfahrens angebracht (s. auch *BGH*St 13, 190; *Brunner/Dölling* § 42 Rn. 10 a; *Eisenberg* § 42 Rn. 19). Eine Abgabe scheidet auch aus, wenn der Aufenthaltswechsel nur vorübergehend oder unbestimmt ist (s. zwei *BGH*-Entscheidungen bei *Böhm* NStZ 1981, 252). Ebenso ist die Abgabe unsachgerecht, wenn der/die Angeklagte sich jetzt lediglich im benachbarten Gerichtsbezirk aufhält (s. *BGH* bei *Kusch* NStZ 1994, 230; s. auch § 58 Rn. 6). Die Nachteile einer Verfahrensverzögerung wiegen dann die Vorteile einer wohnortsnahen Verhandlung nicht auf.

12 Eine Abgabe ist nur bis zur Verkündung des erstinstanzlichen Urteils erlaubt; danach ist der Instanzenweg einzuhalten (*BGH*St 10, 177; 19, 179; *Brunner/Dölling* § 42 Rn. 12; *Eisenberg* § 42 Rn. 21). Wird das Verfahren

zurückverwiesen, ist eine Abgabe nicht mehr zugelassen (*BGH*St 18, 261). Im Nachverfahren gem. § 30 ist die Verweisung ebenfalls ausgeschlossen (s. § 62 Abs. 4, wo ausdrücklich nur auf § 58 Abs. 3 S. 1 und nicht auf § 58 Abs. 3 S. 3 verwiesen wird; wie hier *BGH*St 8, 346; *Schnitzerling* DRiZ 1958, 317; *Eisenberg* § 42 Rn. 21; a. M. *Lackner* GA 1956, 381).

Die Wirksamkeit der Abgabe hängt von der Bereitschaft des »angegangenen« Gerichts zur Übernahme ab. Wird die Übernahme abgelehnt, so kann das gemeinschaftliche Obergericht angerufen werden (s. auch § 58 Rn. 8). Durch den übernehmenden Jugendrichter kann die wirksame Übernahme nicht nachträglich aufgehoben werden (s. *OLG Schleswig* SchlHA 1991, 167).

13

VI. Rechtsmittel

Bei Verstoß gegen die örtliche Zuständigkeit besteht der absolute Revisionsgrund gem. § 338 Nr. 4 StPO, wenn der Einwand gem. § 16 S. 3 StPO rechtzeitig erhoben wurde (s. Rn. 10). Dieser Revisionsgrund besteht auch bei einer falschen Abgabe gem. § 42 Abs. 3.

14

Dritter Abschnitt. Jugendstrafverfahren

Erster Unterabschnitt. Das Vorverfahren

Grundlagen zu den §§ 43 und 44

1. Systematische Einordnung

In den §§ 43 und 44 wird die Ermittlungstätigkeit im Rahmen der Strafverfolgung Jugendlicher und Heranwachsender näher geregelt. Die Vorschriften der StPO, insbesondere die §§ 160, 163, 163 a StPO, werden hiermit ergänzt.

1

2. Historische Entwicklung

Der Vorläufer der heutigen Bestimmungen war § 31 JGG 1923. Weitergehende Regelungen finden sich in den §§ 28 und 29 JGG 1943. Hierin wurzelte auch das veraltete Verlangen nach einer »kriminalbiologischen Untersuchung« im § 43 Abs. 3 S. 2, entsprechend der kriminalbiologischen nationalsozialistischen Doktrin. Der Änderungsvorschlag des Bundesrates (BT-Drucks. 1/3264, S. 58, Nr. 37), das Wort »kriminalbiologisch« durch das Wort »kriminologisch« zu ersetzen, dem auch die Bundesregierung in ihrer Stellungnahme (S. 65) zustimmte, ist später wieder fallengelassen worden. Die medizinische Betrachtungsweise wurde lediglich mit der Ersetzung des »Jugendarztes« (§ 28 Abs. 3 JGG 1943) durch den »Sachverständigen« im § 43 Abs. 3 S. 2 zurückgenommen; gleichzeitig wurden mit dem JGG 1953 die Vorschriften »an die derzeitigen Verhältnisse angepaßt« (s. Begründung zu dem Entwurf eines Gesetzes zur Änderung des Reichsjugendgerichtsgesetzes, BT-Drucks. 1/3264, S. 45). Mit dem 1. JGGÄndG ist der Ausschluß einer Anhörung gem. § 43 Abs. 1 S. 3 auf die Schule erweitert worden, mit dem Wegfall des Instituts der Fürsorgeerziehung ist der frühere Abs. 2 sowie im früheren Abs. 3 (heute Abs. 2) der Begriff »kriminalbiologisch« gestrichen worden. Die ursprünglich im 1. JGG-ÄndG vorgesehene Anhörung der Leiter von Erziehungsheimen und vergleichbaren Einrichtungen ist mit dem später in Kraft gesetzten KJHG (Art. 6 Nr. 5 a) wieder aufgehoben worden.

2

3. Gesetzesziel

3   Mit den §§ 43 und 44 sollen möglichst frühzeitig die Person des/der Beschuldigten und seine/ihre Lebensverhältnisse erforscht werden, um für das weitere Verfahren den richtigen Weg einzuschlagen. Gleichzeitig werden aber auch die Grenzen angesprochen, die durch das **Verhältnismäßigkeitsprinzip** und die **Unschuldsvermutung** abgesteckt werden (s. insbesondere § 43 Abs. 1 S. 3, Abs. 3 S. 1 am Anfang). Darüber hinaus gilt es, Gefahren zu sehen, daß durch vorgezogene Ermittlungen rechtsstaatliche Grundsätze weniger verbindlich werden. Im Gespräch mit der Jugendgerichtshilfe, im Explorationsgespräch mit dem Gutachter, in der informellen Vernehmung gem. § 44 kann »mehr herausgeholt« werden als in der Hauptverhandlung (s. *Brunner/Dölling* § 44 Rn. 1, wonach die rechtsstaatlichen Zwänge in einem Spannungsverhältnis zum Erziehungszweck stehen). Wichtiger erscheint demgegenüber, daß durch mitmenschlichen Kontakt die Akte frühzeitig personifiziert, der subjektiven Seite des/der Angeklagten Beachtung geschenkt wird, woraus sich häufig Herabstufungen des Unrechtsvorwurfs ergeben. Auch kann so Klarheit über die Bestellung eines Pflichtverteidigers (s. § 68 i. V. m. § 140 StPO) gewonnen werden. Nach Aktenlage wiegt der Fall häufig schwerer als in der mündlichen Verhandlung. Derartige Korrekturen gegenüber der polizeilichen Bewertung sind möglichst schon vor der Anklageerhebung vorzunehmen, da schwerere Unrechtsvorwürfe auch ein schwereres Verfahren nach sich ziehen und damit größere Belastungen mit sich bringen und häufig für die Umwelt doch – auch bei einem korrigierenden Urteil – »etwas hängenbleibt«. Sogar die nachteilige Beeinflussung durch die Aktenlage für die richterliche Beweiswürdigung ist empirisch nachgewiesen (s. *Schünemann* in: Deutsche Forschungen zur Kriminalitätsentstehung und Kriminalitätskontrolle, hrsg. von *Kerner/Kury/Sessar*, Band 6/2, 1983, S. 1110 ff.). Umgekehrt kann das Gesprächsbemühen bereits der Prävention dienen, indem die Notwendigkeit staatlicher Reaktion auf Gesetzesverletzungen deutlich gemacht wird. Hierbei ist aber streng darauf zu achten, daß das Ergebnis des Strafverfahrens nicht vorweggenommen wird (bedenklich *Eisenberg* § 44 Rn. 13).

4. Justizpraxis

4   Die Justizpraxis zu den §§ 43 und 44 ist nur im Hinblick auf die Tätigkeit der Jugendgerichtshilfe und auf den Einsatz von Gutachtern einsehbar. Nach einer Untersuchung (*Momberg* MschrKrim 1982, 72) werden folgende Informationsquellen für den Jugendgerichtshilfebericht genutzt:

n = 166	Anteilige durchschnittliche Verwendung der Quellen für die Berichterstattung	
Quelle	Mittelwert	Ausfallquote
Jugendlicher	25,0 %	24 %
Eltern (Erzp.)	17,2 %	43 %
Akten	13,6 %	58 %
Schule, Arbeitgeber	1,8 %	85 %
Freunde, Freizeit	0,1 %	99 %
sonstige Quellen	2,2 %	77 %
nicht zuzuordnen	10,3 %	26 %
Personalien	12,1 %	4 %
eigene Angaben der JGH	17,5 %	4 %

Zum Einsatz in der Hauptverhandlung s. Grdl. z. §§ 33-38 Rn. 8, zu Stellungnahmen zu § 3 s. Grundlagen zu § 3 Rn. 4.

Gutachter werden regelmäßig nur zur Prüfung der strafrechtlichen Verantwortlichkeit und hier regelmäßig zur Prüfung der §§ 20, 21 StGB eingesetzt (s. Grundlagen zu § 3 Rn. 4); hierbei scheint die Gutachtenzahl abzunehmen (s. *Kaufmann/Pirsch* JZ 1969, 363). Nach einer Essener Untersuchung wurden jugendpsychiatrische Gutachter nur »bei einer mit hohem Risiko behafteten Gruppe« eingesetzt (s. *Schepker* Zur Indikationsstellung jugendpsychiatrischer Gerichtsgutachten, 1998, S.165). Ältere Untersuchungen aus den 60er Jahren zum Einsatz eines Gutachters für Entscheidungen nach § 105 haben einen Anteil von höchstens 5 % ergeben (Nachweise bei *Eisenberg* § 43 Rn. 35).

5. Rechtspolitische Einschätzung

Über die mit dem 1. JGGÄndG und dem KJHG eingeführten Einschränkungen hinaus ist eine ausdrückliche gesetzgeberische Begrenzung zu fordern, mit der das Verhältnismäßigkeitsprinzip stärker berücksichtigt wird. Den datenschutzrechtlichen Anforderungen wird mit dem § 61 Abs. 3 KJHG nur mangelhaft entsprochen (s. die Gegenäußerung der *Bundesregierung* im Gesetzgebungsverfahren, BT-Drucks. 12/2866, S. 42; *Kiehl* NJW 1993, 1052).

§ 43. Umfang der Ermittlungen

(1) Nach Einleitung des Verfahrens sollen so bald wie möglich die Lebens- und Familienverhältnisse, der Werdegang, das bisherige Verhalten des Beschuldigten und alle übrigen Umstände ermittelt werden, die zur Beurteilung seiner seelischen, geistigen und charakterlichen Eigenart dienen können. Der Erziehungsberechtigte und der gesetzliche Vertreter, die Schule und der Ausbildende sollen, soweit möglich, gehört werden. Die Anhörung der Schule oder des Ausbildenden unterbleibt, wenn der Jugendliche davon unerwünschte Nachteile, namentlich den Verlust seines Ausbildungs- oder Arbeitsplatzes, zu besorgen hätte. § 38 Abs. 3 ist zu beachten.
(2) Soweit erforderlich, ist eine Untersuchung des Beschuldigten, namentlich zur Feststellung seines Entwicklungsstandes oder anderer für das Verfahren wesentlicher Eigenschaften, herbeizuführen. Nach Möglichkeit soll ein zur Untersuchung von Jugendlichen befähigter Sachverständiger mit der Durchführung der Anordnung beauftragt werden.

Literatur

Blau Der psychologische Sachverständige im Prozeß, in: Gerichtliche Psychologie, hrsg. v. *Blau/Müller-Luckmann*, 1962; *Bresser* Die Beurteilung Jugendlicher und Heranwachsender im Straf- und Zivilrecht, in: Handbuch der forensischen Psychiatrie, hrsg. v. *Göppinger/Witter*, Bd. 2, 1972; *Ell* Der Psychologe als Helfer des Richters, Zbl 1980, 531; *Focken/Pfeiffer* Thesen zur Zusammenarbeit des Jugendrichters mit dem psychiatrisch-psychologischen Sachverständigen, Zbl 1979, 378; *Gerchow* Forensischmedizinische Beurteilung der Jugendlichen und Heranwachsenden, in: Lehrbuch der gerichtlichen Medizin, hrsg. v. *Ponsold*, 3. Aufl.; *Hauber* Die Funktionsverteilung zwischen Richter und Sachverständigen im deutschen Jugendgerichtsverfahren, 1976; *ders.* Der Sachverständige im Jugendstrafverfahren, Zbl 1981, 92; *ders.* Der Kompetenzstreit zwischen Psychiater und Psychologen im Jugendverfahren, Zbl 1982, 157; *Roestel* Ist die Persönlichkeitserforschung in der Hauptverhandlung gegen Jugendliche nur begrenzt zulässig, RdJ 1967, 239; *Schepker* Zur Indikationsstellung jugendpsychiatrischer Gerichtsgutachten, 1998; *Schüler-Springorum* Sachverständiger und Verhältnismäßigkeit, in: Festschrift für Stutte, 1979, S. 307; *Suttinger* Die Beurteilung des Entwicklungsstandes Heranwachsender, in: Handbuch der Psychologie, hrsg. v. *Undeutsch*, Bd. 11 – Forensische Psychologie, 1967; *Werner* Die Persönlichkeitserforschung im Jugendstrafverfahren, 1967. (weitere Literaturangaben bei § 3, bei den §§ 27-31 und bei § 105)

Inhaltsübersicht

	Rn.
I. Persönlicher Anwendungsbereich	1
II. Sachlicher Anwendungsbereich	2
III. Psycho-soziale Beschuldigten-Diagnose	
1. Gegenstandsbereich	4

	Rn.
2. Umfang der Untersuchung	5
3. Zeitpunkt der Untersuchung	6
4. Untersuchungsführer	7
5. Erkenntnisquellen	
a) Beschuldigte(r)	9
b) Gesetzliche Vertreter und Erziehungsberechtigte	10
c) Schule und Ausbildende	11
d) Betreuer, Beistand, Bewährungshelfer, Untersuchungshaftanstalt, militärische Disziplinarvorgesetzte	12
e) Soziales Umfeld	13
f) Schriftliche Vorgänge, Erziehungsregister, Strafregister	14
g) Sachverständigengutachten	15
IV. Rechtsmittel	19

I. Persönlicher Anwendungsbereich

§ 43 gilt für (Ermittlungs-)Verfahren gegen Jugendliche auch vor den für allgemeine Strafsachen zuständigen Gerichten (§ 104 Abs. 1 Nr. 3; zu Ausnahmen gem. § 104 Abs. 3 s. § 104 Rn. 8). Im (Ermittlungs-)Verfahren gegen Heranwachsende findet die Vorschrift entsprechende Anwendung (§ 109 Abs. 1 S. 1), und zwar ebenso vor den für allgemeine Strafsachen zuständigen Gerichten (§ 112 S. 1). Sie gilt auch für Soldaten, wobei hier die Anhörung des Disziplinarvorgesetzten hinzukommt (s. §§ 112 d, 112 e).

II. Sachlicher Anwendungsbereich

Im vereinfachten Jugendverfahren ist § 43 nicht als eine zwingende Vorschrift genannt (s. § 78 Abs. 3 S. 2); infolgedessen darf von ihr »zur Vereinfachung, Beschleunigung und jugendgemäßen Gestaltung des Verfahrens« abgesehen werden, »soweit dadurch die Erforschung der Wahrheit nicht beeinträchtigt wird« (§ 78 Abs. 3 S. 1). Der Beschleunigungsgrundsatz findet sich aber bereits in § 43 (s. Rn. 6); eine umfassende Persönlichkeitserforschung, insbesondere der Einsatz eines Sachverständigen, steht mit der Zielsetzung des vereinfachten Jugendverfahrens von vornherein im Widerspruch: Ist eine solche notwendig, so verbietet sich dieses Verfahren. Keineswegs wird aber im vereinfachten Jugendverfahren das Beweisantragsrecht eingeschränkt (s. hierzu §§ 76-78 Rn. 15).

§ 43 ist grundsätzlich auch im Bußgeldverfahren anwendbar (s. § 46 Abs. 1 OWiG), wobei § 46 Abs. 3 OWiG zu beachten ist und mit § 46 Abs. 6 OWiG ein Hinweis gegeben wird, das Verhältnismäßigkeitsprinzip zu beachten (s. auch *Eisenberg* § 43 Rn. 4).

III. Psycho-soziale Beschuldigten-Diagnose

1. Gegenstandsbereich

4 Die Beschuldigten-Diagnose hat sich gem. § 43 Abs. 1 S. 1 nicht nur auf die Persönlichkeit des/der Beschuldigten zu erstrecken, sondern ebenso auf die nähere und weitere Umwelt (»Lebens- und Familienverhältnisse« und »alle übrigen Umstände«). Die übliche Bezeichnung »Persönlichkeitserforschung« ist daher zu eng (s. aber *Brunner/Dölling* § 43 Rn. 1 und *Eisenberg* § 43 Rn. 12), wenn es auch letztlich auf eine Beurteilung der Persönlichkeit, d. h. der »seelischen, geistigen und charakterlichen Eigenart« hinausläuft; hierfür können auch körperliche Gebrechen Bedeutung gewinnen (ebenso *Eisenberg* § 43 Rn. 12). Es geht jedoch nicht um eine Persönlichkeitsbeurteilung als solche, sondern immer nur um eine **strafrechtliche Persönlichkeitsbeurteilung** (nach *Brunner/Dölling* § 43 Rn. 11 soll hier lediglich das Schwergewicht liegen; s. auch *Eisenberg* § 43 Rn. 9, 10). Eine allgemeine erzieherische oder moralische Persönlichkeitsbewertung steht außerhalb des Gesetzeszwecks (s. Grdl. z. §§ 1-2 Rn. 4). Konkret hat sich die Persönlichkeitsbeurteilung entweder auf die Verantwortlichkeit gem. § 3 bzw. Unverantwortlichkeit gem. § 20 StGB mit Einschluß des § 21 StGB (s. im einzelnen § 3 Rn. 12) oder auf die Prüfung des § 105 (s. im einzelnen § 105 Rn. 5-13; mißverständlich *Brunner/Dölling* § 43 Rn. 10, da »genügende Anhaltspunkte« für die Anwendung des Erwachsenenstrafrechts erst nach einer Untersuchung gem. § 43 feststehen können) oder/und auf die Rückfall- und Sanktionsprognose (s. im einzelnen § 5 Rn. 8-22) zu beziehen; zusätzlich ist eine Persönlichkeitsbeurteilung für die Entscheidung gem. § 32 erforderlich (s. dort Rn. 12).

2. Umfang der Untersuchung

5 Im Hinblick auf § 62 KJHG könnte es fraglich sein, ob eine personenbezogene Datenerhebung gegen den Willen des/der Jugendlichen erlaubt ist. § 62 Abs. 3 Nr. 2 c KJHG erlaubt zwar eine solche Erhebung ohne Mitwirkung des/der Betroffenen für die Wahrnehmung bestimmter Aufgaben der Jugendhilfe; § 52 KJHG (»Mitwirkung in Verfahren nach dem Jugendgerichtsgesetz«) ist hier jedoch nicht aufgeführt. Darüber hinaus ist es aber gem. § 62 Abs. 3 Nr. 1 KJHG gestattet, personenbezogene Daten ohne Mitwirkung des/der Betroffenen zu erheben, »wenn eine gesetzliche Bestimmung dies vorschreibt oder erlaubt«. § 43 Abs. 1 i. V. m. § 38 Abs. 3, auf den in § 43 Abs. 1 S. 4 ausdrücklich hingewiesen wird, muß als eine solche gesetzliche Erlaubnis gelten; der im § 43 Abs. 1 geforderte Umfang der Ermittlungen setzt die Ermittlungsbefugnis als solche voraus (a. M. *Eisenberg* StV 1998, 307, der aber über § 13 Abs. 2 BDSG i. V. m. § 38 eine datenschutzrechtliche Erlaubnis begründet). Einzelne Dritte, bei denen Ermittlungen zu erheben sind, werden nur ausdrücklich genannt;

weitere zu befragende Personen sind damit nicht ausgeschlossen. Eine strenge Wortinterpretation müßte dazu führen, daß diese ausdrückliche Aufgabenzuweisung in vielen Fällen nicht erfüllt werden könnte; dies würde gleichzeitig dazu führen, daß in vielen Fällen keine fundierte Rückfall- und Sanktionsprognose abgegeben werden könnte. Eine solche Einschränkung hat auch der Gesetzgeber des KJHG offensichtlich nicht gewollt, wenn nur der Abs. 2 des § 43 gestrichen, die allgemeine Aufgabenzuweisung in § 43 Abs. 1 aber beibehalten wurde, wobei hier dem Persönlichkeitsschutz bereits mit einschränkenden Regelungen Rechnung getragen wurde (s. aber auch die insoweit kontrovers geführte Diskussion auf dem Symposium »Jugendgerichtshilfe – quo vadis?«, Dokumentation des Bundesministers der Justiz, 1991; wie hier *Eisenberg* § 38 Rn. 43; *Brunner/Dölling* § 38 Rn. 19 b; *Schaffstein/Beulke* § 34 III. 1.; *Dölling* DVJJ-Journal 3/1991, S. 242; *Kiehl* in: Das neue Kinder- und Jugendhilfegesetz (KJHG) und seine Umsetzung in die Praxis, hrsg. von *Wiesner/Zarbock*, 1991, S. 189; *Laubenthal* Jugendgerichtshilfe im Strafverfahren, 1993, S. 74; s. auch bereits *Ostendorf* in: Strafverfolgung und Strafverzicht/Festschrift zum 125jährigen Bestehen der Staatsanwaltschaft Schleswig-Holstein, hrsg. von *Ostendorf*, 1992, S. 619 ff.; a. M. *Mörsberger* Zbl 1990, 367; *Trenczek* DVJJ-Journal 3/1991, S. 252; *Viet* DVJJ-Journal 1/1993, S. 74; *Sonnen* in *D/S/S* § 38 Rn. 12). Vor allem hat der Gesetzgeber mit der Einführung des § 61 Abs. 3 KJHG (»Für die Erhebung, Verarbeitung und Nutzung personenbezogener Daten durch das Jugendamt bei der Mitwirkung im Jugendstrafverfahren gelten die Vorschriften des Jugendgerichtsgesetzes.«) eine Legitimation für die Datenerhebung und Datenverarbeitung schaffen wollen. In der Begründung dieser Gesetz gewordenen Fassung durch den Bundesrat heißt es: »Die Informationsgewinnung, -verarbeitung und -nutzung durch die Jugendgerichtshilfe richtet sich nach den §§ 38, 43 JGG. Sie stellen insbesondere für die Ermittlungstätigkeit (vgl. z. B. § 38 Abs. 1 S. 3 JGG, »Nachforschung«) sowie für die Datenübermittlung an die am Jugendstrafverfahren Beteiligten eine ausreichende Rechtsgrundlage dar. Es scheint geboten, dies in § 61 SGB VIII klarzustellen« (BT-Drucks. 12/2866, S. 33). Trotz rechtlicher Einwände der Bundesregierung sowie in den Beratungen der Bundestagsabgeordneten hat sich diese Rechtsauffassung durchgesetzt. Damit gelten unbestritten nicht mehr die spezifischen Datenschutzregeln des KJHG. Umstritten ist weiterhin nur, ob die Regeln der §§ 38, 43 eine ausreichende gesetzliche Erlaubnis darstellen. Der Kritik ist einzuräumen, daß eine spezifische datenschutzrechtliche Regelung – wie im Regierungsentwurf vorgesehen (BT-Drucks. 12/2866, S. 5) – vorzuziehen gewesen wäre; die jetzige Regelung muß als »gesetzlicher Trick« erscheinen. Letztendlich kann aber die Regelung Gültigkeit beanspruchen, zumal in § 43 Abs. 1 S. 2, 3 Detailanweisungen gegeben werden. Daß diese Daten nur zu Justizzwecken, d. h. an die am Jugendstrafverfahren Beteiligten (Jugendgericht, Jugendstaatsanwaltschaft, Bewährungshilfe, Jugendstrafvollzug, freie Träger der Jugendhilfe im Rahmen des § 38 Abs. 1) geliefert werden dürfen (s. hierzu *Dölling* BewH 1993, 131 ff.), ergibt sich aus der Natur der Sache, d. h. der Jugendgerichtshilfe. Letztlich geht es um eben diese Natur der Jugendgerichtshilfe. Der Gesetzgeber hält ganz offensichtlich an der Doppelnatur, richtiger an der Dreifachfunktion (Hilfe für die Justiz, Hilfe für die Beschuldigten, Hilfe für die Opfer im Rahmen eines Täter-Opfer-Ausgleichs) fest: Die Jugendgerichtshilfe ist die Personifikation des Konflikts, des Widerspruchs von Erziehung und Strafe, des Erziehungsstrafrechts (*Ostendorf* Zbl 1991, 9). Das in § 62 KJHG zum Ausdruck gebrachte Interesse eines Persönlichkeitsschutzes im Rahmen von Jugendhilfemaßnahmen sowie das aus dem Rechtsstaatsprinzip des Art. 20 Abs. 3 GG abzuleitende Verhältnismäßigkeitsprinzip sind aber in der Praxis besonders zu beachten. Auch aus sozialpädagogischer Sicht folgt, daß eine Mitwirkung des Probanden einerseits unverzichtbar ist, diese Mitwirkung andererseits in der Weise geschützt werden muß, daß über eine evtl. Weitergabe von persönlichen Informationen von vornherein Klarheit hergestellt wird und immer auch die subjektive Sicht des Probanden mit dargestellt werden muß (s. hierzu auch *Olbricht-Sondershaus* DVJJ-Journal Nr. 132/Sept. 1990, 14). Das heißt, der Umfang der Diagnose richtet sich nach dem Tatvorwurf, wie er in dem jeweiligen Ermittlungsstadium erhoben wird (ausführlich § 5 Rn. 7; s. auch § 3 Rn. 14, § 36 Rn. 3, § 38 Rn. 16). Jede Diagnose ist nicht nur ein Eingriff in das Persönlichkeitsrecht, in die Privatsphäre des/der Beschuldigten, sondern sie kann mit Rücksicht auf die Stigmatisierungsgefahr auch kriminogene Wirkungen haben. Im Bagatellbereich genügt die Beachtung der §§ 67 Abs. 1, 38 Abs. 3. Mit § 43 Abs. 1 S. 3, d. h. mit dem Verzicht auf eine Anhörung der Schule und des Ausbildenden, werden diese Gesichtspunkte ausdrücklich angesprochen, wie auch gem. § 70 die Schule nur »in geeigneten Fällen« von der Einleitung des Verfahrens zu unterrichten ist. Im § 43 Abs. 1 S. 2 muß es daher richtigerweise heißen: »**soweit notwendig**« (*Arbeitsgruppe Jugendgerichtshilfe in der DVJJ* Jugendgerichtshilfe – Standort und Wandel, Sonderdruck, S. 9: »so wenig wie möglich, so viel wie nötig«). Die Vorschrift verführt dazu, den Normalitätscharakter der Mehrzahl jugendlicher Straftaten (s. § 1 Rn. 5) zu verkennen, die entwicklungsbedingt, nicht eine »Eigenart« des/der Beschuldigten sind.

3. Zeitpunkt der Untersuchung

6 Nach § 43 Abs. 1 S. 1 ist die psycho-soziale Beschuldigten-Diagnose »so bald wie möglich« durchzuführen. Dementsprechend heißt es in der RL Nr. 6 S. 2 zu § 43, daß das Jugendamt seine Erhebungen »mit größter Beschleunigung« anzustellen hat, und zwar schon aufgrund der polizeilichen Verständigung. Soweit hierhinter das Bemühen steht, das Verfahren als-

bald abzuschließen, ist dieses Bemühen zu unterstützen. Das **Beschleunigungsgebot** gilt nicht nur im Interesse einer effektiven Sanktionierung (s. RL Nr. 6 S. 1 zu § 43; s. auch *Brunner/Dölling* § 43 Rn. 16), sondern auch im Interesse des/der Beschuldigten, um die Last des ungewissen Verfahrensausgangs zu nehmen. Da der Vorwurf, wie er in der Polizeimeldung erhoben wird, aber häufig zu korrigieren ist und das Ermittlungsverfahren immer noch unter der Unschuldsvermutung steht, ist die **vorausgreifende** Beschuldigten-Diagnose von dem **Konkretisierungsgrad des Verdachts** abhängig zu machen. Ein »Anfangsverdacht« ist leicht begründet. Während über die Betreuungsaufgabe von der Jugendgerichtshilfe unmittelbar nach der Polizeimeldung zu entscheiden ist, sollte die Ermittlungsaufgabe der Jugendgerichtshilfe in der Regel erst mit der staatsanwaltschaftlichen Entscheidung über die Anklage bzw. über einen Haftbefehlsantrag beginnen. Wird eine Einstellung des Verfahrens oder der verkürzte Verfahrensweg im vereinfachten Jugendverfahren erwogen, hat sich die Staatsanwaltschaft mit der Jugendgerichtshilfe »kurzzuschließen« (s. RL Nr. 7 S. 1 zu § 43; s. auch § 38 Rn. 23). Entsprechende Anregungen können naturgemäß auch von der Jugendgerichtshilfe, und zwar vor einer umfassenden Beschuldigten-Diagnose, gegeben werden. Insbesondere ist mit der Beauftragung eines Sachverständigen zu warten, bis alle sonstigen Strafbarkeitsfragen beantwortet sind (s. auch Rn. 15). Das Beschleunigungs-Gebot richtet sich somit vor allem an die Strafverfolgungsbehörden; keineswegs darf es sich zum Nachteil des/der Beschuldigten auswirken, indem auf die Persönlichkeitsbeurteilung durch die Jugendgerichtshilfe zugunsten einer schnellen Entscheidung, wie auch der Untersuchungshaftsanordnung (s. § 38 Rn. 17), verzichtet wird.

4. Untersuchungsführer

Gemäß § 160 StPO ist formell die Staatsanwaltschaft Untersuchungsführer im Ermittlungsverfahren, auch im Hinblick auf die Anforderungen des § 43 (s. auch RL Nr. 1 zu § 43; s. aber *Brunner/Dölling* § 43 Rn. 3; *Eisenberg* § 43 Rn. 16); die Jugendgerichtshilfe tritt ihr hierbei zur Seite (s. §§ 43 Abs. 1 S. 4, 38 Abs. 3). Eine Überwacherfunktion (so *Brunner/Dölling* § 43 Rn. 3) oder Leitungsfunktion (so *Eisenberg* § 43 Rn. 16) kommt der Staatsanwaltschaft jedoch nicht zu, da die Jugendgerichtshilfe nicht Gehilfe für die Staatsanwaltschaft ist, sondern selbständiges Prozeßorgan (s. § 38 Rn. 6). Insoweit besteht eine **Doppelzuständigkeit**, wobei allerdings faktisch die Jugendgerichtshilfe diese Aufgaben weitgehend übernimmt (s. auch § 38 Rn. 13). Das Gericht kann daneben ab Anklageerhebung ebenfalls selbständig Ermittlungen i. S. des § 43 anstellen.

Wenn in der Praxis die Ermittlungsarbeit zum Tatvorwurf gerade auch in Jugendstrafsachen ganz überwiegend bei der Polizei liegt, so ergibt sich, daß erste Ermittlungen zur Person und zum sozialen Umfeld auch bereits von polizeilicher Seite angestellt werden (s. § 163 Abs. 1 StPO). Hierbei sind gerade auch bei Jugendlichen – entgegen einer beklagten Praxis (s. *Nix* MschKrim 1993, 190) – im Hinblick auf ihre eingeschränkte Handlungskompetenz die rechtsstaatlichen Regeln für eine Vernehmung (§§ 136, 136 a i. V. m. § 163 a Abs. 4 StPO) zu beachten. Auch gutgemeinte, erzieherische Absichten erlauben keine Ausnahmen. Um einerseits rechtsstaatlichen Anforderungen zu entsprechen, andererseits jugendspezifische Kenntnisse einzubringen, ist eine spezielle Jugendsachbearbeitung bei der Polizei erforderlich (s. *Ostendorf* DVJJ-Journal 1/1995, S. 103; *Wieben* Deutsche Polizei 3/1995, S. 18; ebenso PDV 382 »Bearbeitung von Jugendsachen«, Ausgabe 1995, Nr. 1.2; noch deutlicher Nr. II. 1.3 niedersächsische Leitlinie für die polizeiliche Bearbeitung von Jugendsachen vom 7.12.1998, DVJJ-Journal 1999, 208; s. hierzu auch *H. Pfeiffer* DVJJ-Journal 1999, 190). Dementsprechend heißt es unter der Nr. 12 in den Mindestgrundsätzen der Vereinten Nationen für die Jugendgerichtsbarkeit – beschlossen auf der Generalversammlung am 29. November 1985 (ZStW 99, 1987, 253 ff.): »Im Hinblick auf die bestmögliche Erfüllung ihrer Aufgaben erhalten Polizeibeamte, die oft oder ausschließlich mit Jugendlichen zu tun haben oder hauptsächlich mit der Verhütung von Jugendkriminalität befaßt sind, eine besondere theoretische und praktische Ausbildung. In großen Städten sollen für diesen Zweck eigene Polizeieinheiten geschaffen werden.« Für eine Professionalisierung der polizeilichen Ermittlungsarbeit hat sich auch der *Arbeitskreis III/4 auf dem 22. Deutschen Jugendgerichtstag* in Regensburg ausgesprochen (DVJJ-Journal 4/1992, S. 284). Ansonsten ist an der grundsätzlichen Aufgabenteilung von Polizei und Jugendgerichtshilfe festzuhalten (s. auch RL Nr. 6 S. 2 zu § 43; ebenso *Eisenberg* § 43 Rn. 16 a; Thesen des *Arbeitskreises III auf dem 19. Dt. Jugendgerichtstag* DVJJ 13 [1984], 149). Diese Aufgabentrennung darf auch nicht im Wege einer institutionellen Zusammenarbeit überbrückt werden. Bezug wird hier auf den angeblich geglückten »Modellversuch Hannover« genommen (Projektbeschreibungen durch *Wilhelm/Reiss* in: Präventive Kriminalpolitik, hrsg. v. *Schwind/Berckhauer/Steinhilper*, 1980, S. 405 ff., und in: Diversion – Alternativen zu klassischen Sanktionsformen, hrsg. v. *Kury/Lerchenmüller*, 1981, Bd. 2, S. 575 ff.), aus dem sich der Organisationsvorschlag mit der irreführenden Bezeichnung »Jugendbüro« ableitet (s. *Steinhilper* Kriminalistik 1983, 105 ff.). Mit der institutionalisierten Zusammenarbeit ist ein Vertrauensbruch bzw. ein Vertrauensverlust der Sozialarbeiter zu ihren Klienten angelegt. Das für die Polizei geltende Legalitätsprinzip überschneidet sich notwendigerweise mit dem für die Sozialarbeit nur durch die Anzeigepflicht gem. § 138 StGB begrenzten Freiraum für Kriminalitätswissen. Deshalb gehen Hinweise auf erfolgreiche ausländische Modelle auch fehl (s. auch *Wilhelm/Reiss* a. a. O., S. 593). Das Bemühen, den Strang der Wissensvermittlung nur einseitig von der Polizei hin zur Sozialarbeit zu ziehen, ist im Ernstfall, z. B. bei der Zeugenvernehmung und bei der Beschlagnahme, schwer durchzuhalten (s. § 38 Rn. 10, 11), wird vor allem von den Betroffenen nicht gebilligt. Das Mißtrauen muß sich bei einer solch engen Zusammenarbeit einschleichen. Das wechselseitige Verständnis von Polizei und Sozialarbeit ist sicherlich wünschenswert, geht aber zu Lasten des Verständnisses von Sozialarbeit und ihren Klienten, den Hauptpersonen. Dieser Versuch sollte keine Nachahmung finden (s. *ÖTV-Hauptvorstand Bundesabteilung Sozialarbeit*: Sozialarbeit bei der Polizei/Eine Dokumentation zum »Modell Sozialarbeit« – Präventionsprogramm Polizei/Sozialarbeiter (PPS), 1980; ebenso *Lessing/Liebel* CILIP 1979, 11 f.; 1980, 3 ff.; s. auch *Ostendorf* ZRP 1983, 303). Darüber hinaus ist bei derartigen Modellen darauf zu achten, inwieweit lediglich eine Intensivierung der Strafverfolgung auch bereits bei Ersttätern angestrebt wird. So ist nach der Konzeption des »Haus des Jugendrechts« in Stuttgart keine Zuständigkeit für Serientäter gegeben. Gerade für Serientäter sind aber kurzfristige, abgestimmte Reaktionen erforderlich. Es ist somit eine rechtzeitige, informative Zusammenarbeit in den Fällen, in denen erzieherische Hilfen bzw. Maßnahmen notwendig erscheinen (s. PDV 382, Nr. 3.2.7), und die Einrichtung einer jederzeit einsetzbaren Jugendhilfe (s. auch Grdl. zu den §§ 1 u. 2 Rn. 8) gefordert (ebenso *Nix* MschrKrim 1993, 191), ohne Zuständigkeiten und Kompetenzen zu verwischen (so auch das Ergebnis einer Untersuchung der Clearing-Stelle Jugendhilfe/Polizei in Berlin, s. *Hanstein/Scheudel* DVJJ-Journal 1998, 345 ff.).

Soweit hinter diesen organisatorischen Verknüpfungen der Verfahrensbeteiligten das Bemühen um eine Verfahrensbeschleunigung steht, ist dieser Ansatz positiv aufzugreifen. Für alle Verfahrensbeteiligten muß die überlange Dauer des Jugendstrafverfahrens eine Herausforderung darstellen. Für die Dauer der Verfahren vor den Jugendgerichten vom Tag des Eingangs bis zur Erledigung wurden folgende Durchschnittswerte (in Monaten) ermittelt (BT-Drucks. 13/7992, S. 45):

8 a

	1992	1993	1994	1995
Jugendrichter	3,2	3,4	3,6	3,7
Jugendschöffengericht	3,4	3,6	3,9	4,1
Jugendkammer	4,8	5,1	5,5	5,5

Die gerichtliche Verfahrensdauer ist demnach in den letzten Jahren kontinuierlich angestiegen, sicherlich auch deshalb, weil mehr einfache Verfahren im Wege der Diversion erledigt wurden. Hinzu kommen die Bearbeitungszeiten für die Polizei und die Staatsanwaltschaft. Weiterhin ist für die Wirksamkeit der Sanktionen die Dauer von der Entscheidung bis zur Vollstreckung zu beachten. So ergab sich bei einer Überprüfung aller

Verfahren (n = 604), in denen vom 1.7.1993 bis zum 30.6.1994 in Schleswig-Holstein Jugendarrest vollstreckt wurde, eine durchschnittliche Dauer von der Tat bis zum rechtskräftigen Urteil von etwas mehr als 7 Monaten. Vom Urteil bis zum Arrestantritt dauerte es durchschnittlich etwas mehr als 3 Monate, so daß erst ca. 10 Monate nach Tatbegehung eine Sanktion erfolgte (s. *Ostendorf* MschrKrim 1995, 352). Demgegenüber heißt es in den Mindestgrundsätzen der Vereinten Nationen für die Jugendgerichtsbarkeit: »Die zügige Erledigung der förmlichen Verfahren in Jugendsachen ist von überragender Bedeutung. Kommt es zu Verzögerungen, wird die möglicherweise positive Wirkung des Verfahrens und der Entscheidung selbst in Frage gestellt. Je mehr Zeit verstreicht, desto schwieriger, wenn nicht gar unmöglich, wird es für den Jugendlichen, das Verfahren und die getroffene Entscheidung geistig und psychologisch noch mit der Tat in Verbindung zu bringen« (Teil 1 Nr. 20 – Kommentar –, ZStW 99 [1987], 277). Zur Abkürzung der Verfahrensdauer ist neben einer Einstellungsänderung der Verfahrensbeteiligten eine intensivere Kooperation gefordert. Dies setzt einmal eine regionale Zuständigkeitsregelung, abweichend vom Buchstabenprinzip, voraus, die zwar überwiegend bei der JGH, aber nur zum Teil bei der Justiz mit Einschluß der Staatsanwaltschaft verbreitet ist (s. *Trenczek* DVJJ-Journal 1999, 160). Nur so läßt sich vermeiden, daß mehrere Verfahren – im unterschiedlichen Verfahrensstadium – nebeneinander laufen (s. auch die örtliche Zuständigkeitskonzentration in Brandenburg gem. Richtlinien für die Bearbeitung von Jugendstrafsachen bei den Staatsanwaltschaften, Rundverfügung des GenStA vom 24.8.1999, Az. 421-2). Zum anderen ist vor Ort eine Kooperation im Wege lokaler runder Tische gefordert (s. im einzelnen *Ostendorf* ZfJ 1998, 481 ff.; *ders.* Das Jugendstrafverfahren, 1998, S. 8/9).

5. Erkenntnisquellen
a) Beschuldigte(r)

9   Erste – unmittelbare – Erkenntnisquelle für die psycho-soziale Diagnose ist naturgemäß der/die Beschuldigte(r). Diese(r) hat einen **Anspruch, gehört zu werden**; das Prinzip des rechtlichen Gehörs (s. Art. 103 Abs. 1 GG; Art. 6 MRK; § 163 a StPO) hat auch gegenüber dem Prozeßorgan Jugendgerichtshilfe zu gelten, da damit eine wesentliche Entscheidungsgrundlage hergestellt wird (allgemein zur Verletzung des rechtlichen Gehörs zu einem Gutachten s. *BVerfG* Zbl 1983, 93). Im Vordergrund steht hierbei das persönliche Gespräch mit dem Jugendgerichtshelfer, aber auch telefonische und schriftliche Informationen (Lebenslauf) sind möglich. Hierfür sollte der/die Beschuldigte nicht ins Büro bestellt werden. Wenn die Wohnung des/der Beschuldigten auf seinen/ihren Wunsch ausscheidet, sollte ein neutraler Ort gewählt werden. Dem/der jugendlichen Be-

schuldigten ist anheimzustellen, ob die Erziehungsberechtigten und gesetzlichen Vertreter an dem Gespräch teilnehmen sollen. Auch ist der Wunsch zu akzeptieren, nur im Beisein eines Verteidigers ein Gespräch zu führen (s. auch Rn. 17). Ansonsten scheidet diese Erkenntnisquelle gänzlich aus.

b) Gesetzliche Vertreter und Erziehungsberechtigte

Gemäß § 67 Abs. 1 haben auch die Erziehungsberechtigten und gesetzlichen Vertreter ein Recht auf Anhörung für die psycho-soziale Beschuldigten-Diagnose, wenn der/die Beschuldigte ein Anhörungsrecht hat (s. Rn. 9). Die Einschränkung im § 43 Abs. 1 S. 2 (»soweit möglich«) bezieht sich insoweit nur auf faktische Hindernisse (a. M. *Dallinger/Lackner* § 43 Rn. 30; *Eisenberg* § 43 Rn. 20; gerade das dort als Ausnahme formulierte erziehungswidrige Verhalten der Erziehungsberechtigten oder gesetzlichen Vertreter verlangt aber ein aufklärendes Gespräch), wobei die Erziehungsberechtigten und gesetzlichen Vertreter natürlich auch das Gespräch verweigern können. Fragen der familiären Sozialisation stehen hier im Vordergrund, wobei auch eventuelle erzieherische Korrekturen, die für eine Einstellung des Verfahrens gem. § 45 Abs. 2, § 47 Abs. 1 Nr. 2 bedeutsam sind, zu besprechen sind. Bei alledem ist zu beachten, daß hier eigene Fehler der Erziehungsberechtigten und gesetzlichen Vertreter auf den/die Beschuldigte(n) abgeladen werden können, diese zumindest häufig verheimlicht werden. Umgekehrt gilt es ebenso, die Erziehungsberechtigten und gesetzlichen Vertreter vor einer unbedachten Bloßstellung zu schützen. Die Jugendgerichtshilfe hat deshalb auf die Verwertungsmöglichkeit rechtzeitig hinzuweisen, gegebenenfalls auch auf das Aussageverweigerungsrecht gem. § 52 Abs. 1 Nr. 3 StPO (s. auch § 38 Rn. 10); dies gilt auch im Gerichtssaal für das Gericht (s. *Roestel* RdJ 1967, 240), auch dann, wenn diese Personen »nur« in ihrer Unterstützungsfunktion für den/die Angeklagte(n) gehört werden und nicht als Zeugen für Informationen zur Beantwortung der Sanktionsfrage.

10

c) Schule und Ausbildende

Schule und der Leiter der Berufsausbildung sind nur soweit notwendig in die Ermittlungen zur psychosozialen Diagnose miteinzubeziehen (s. auch *Eisenberg* § 43 Rn. 20 a; s. auch § 38 Rn. 16). Die Gefahren für eine Stigmatisierung sowie für Benachteiligungen sind tendenziell höher als die Vorteile für eine bessere Diagnose. Die Anhörung hat gem. § 43 Abs. 1 S. 3 ausdrücklich zu unterbleiben, wenn der Verlust des Arbeits- und Ausbildungsplatzes zu befürchten steht. Mit dem 1. JGGÄndG gilt dies auch für die Schule. Schlechte Noten in den Schulzeugnissen sind zudem häufig Ergebnisse eines nicht bewältigten Konflikts, deren Ursachen und konkrete Bezeichnungen damit noch nicht deutlich werden, wobei mit der

11

schulischen Bewertungsmacht schulische Mitverursachungen abgestritten werden.

d) Betreuer, Beistand, Bewährungshelfer, Untersuchungshaftanstalt, militärische Disziplinarvorgesetzte

12 Als weitere Informationsquellen kommen alle Personen in Betracht, die in amtlicher Funktion Betreuungsaufgaben wahrnehmen und damit im unmittelbaren Kontakt mit dem/der Beschuldigten stehen. Dies gilt namentlich für Betreuer aufgrund einer Weisung gem. § 10 oder in einem Erziehungsheim, gerichtlich bestellte Beistände und Bewährungshelfer (s. RL Nr. 2 zu § 43), für die Untersuchungshaftanstalt (s. RL Nr. 5 zu § 43) und für militärische Disziplinarvorgesetzte (s. §§ 112 d, 112 e). Je weiter der Kreis der Informationen gezogen wird, desto enger ist das Verhältnismäßigkeitsprinzip (Rn. 5) zu beachten. Gerade hier ist zudem in Rechnung zu stellen, daß diese Informationsquellen immer auch Betroffene sind.

e) Soziales Umfeld

13 Wichtig können Informationen aus dem sozialen Umfeld des/der Beschuldigten (Freundin, Freund, Bekannte) sein, schon um ein **Gegengewicht zu den offiziellen Informationen** zu erhalten. Voraussetzung ist aber regelmäßig, daß das Verfahren dort bereits bekannt ist oder in jedem Fall bekannt werden wird. Um Vertrauensbrüche zu vermeiden, sollte der/die Beschuldigte vorher über diese Informationsermittlung unterrichtet werden, zumal später im Falle eines Berichts immer die Quellen anzugeben sind (s. § 38 Rn. 15).

f) Schriftliche Vorgänge, Erziehungsregister, Strafregister

14 Schriftliche Informationen scheinen für Objektivität zu bürgen. In Wirklichkeit stellen sie auch nur subjektive Informationen dar, wobei jetzt zusätzlich der Zeitablauf zu berücksichtigen ist. Das **amtliche Vergessen**, das vom Bundeszentralregistergesetz nach den dort festgesetzten Fristen verlangt wird, darf nicht durch informelle Informationen unterlaufen werden. Entsprechende Vorgänge in Polizeimeldungen oder Jugendamtsakten dürfen entgegen einer vielfachen Praxis nicht mehr verwertet werden. Allgemein ist die Verwertung von Daten, die das Jugendamt im Rahmen seiner Tätigkeit auf anderen Gebieten der Jugendhilfe ermittelt hat, gem. § 69 Abs. 1 SGB X i. V. m. § 61 Abs. 1 KJHG zulässig, wenn die Daten für die Ermittlungshilfe gem. § 38 Abs. 2 S. 2 notwendig sind (s. *LG Hamburg* NStZ 1993, 401; *Schaffstein/Beulke* § 34 III. 1.). Speziell setzt § 76 SGB X Grenzen für die Auswertung von personenbezogenen Daten, die von anderen staatlichen/kommunalen Sozialpersonen im Sinne des § 203 Abs. 1 Nr. 5 StGB erfaßt worden sind. Diese »gesteigerten« Ge-

heimnispflichten gelten auch gegenüber Kollegen und Vorgesetzen, soweit nicht eine Zusammenarbeit in der Sache geboten ist oder die Daten für andere Zwecke verwendet werden sollen (s. auch *Neuhaus* Jura 1990, 631). Der Gesetzgeber hat bewußt auf solche Informationsquellen verzichtet. Dies gilt generell für eine polizeilich registrierte Kinder-Delinquenz, da insoweit in gesetzwidrigerweise Informationen gesammelt wurden, ohne daß zudem die Unschuldsvermutung in rechtsstaatlicher Weise widerlegt worden wäre (wie hier *Laubenthal* Jugendgerichtshilfe im Strafverfahren, S. 77; ausführlich § 1 Rn. 3). Nur kinderdelinquentes Verhalten, das unabhängig von polizeilichen Vorgängen Anlaß für die Tätigkeit der Jugendhilfe war und dementsprechend in Jugendamtsakten festgehalten ist, darf bei Aussagekraft für die Beschuldigten-Diagnose (s. aber § 1 Rn. 5) verwertet werden (a. M. *Bottke* in: Festschrift für Geerds, S. 284 ff.). Verwertbare Vorverurteilungen sind darüber hinaus im einzelnen zu prüfen, d. h., eine Verwertung nur aufgrund von Registerauszügen ist nicht möglich. Bei der Aktenauswertung ist zu berücksichtigen, daß zwischen der Herstellung einer Entscheidung und ihrer anschließenden Darstellung zu unterscheiden ist, daß nicht alles schriftlich niedergelegt wird, was entscheidend war, daß schriftliche Entscheidungsgründe hinzukommen können, die entscheidungsunerheblich waren. Im übrigen spiegelt sich in einem aufgefüllten Register zumindest immer auch, wenn nicht primär, das Versagen der justitiellen Sanktionen wider.

g) Sachverständigengutachten

Bei schwerwiegenden Vorwürfen kommt zuletzt als Erkenntnisquelle auch ein Sachverständigengutachten in Betracht, zuletzt deshalb, weil damit immer ein erheblicher Eingriff in die Privatsphäre verbunden ist, das Verfahren hinausgezögert und zusätzliche Kosten verursacht werden. Von daher beginnt § 43 Abs. 2 auch mit der Einschränkung: »soweit erforderlich«. Auch für die »Erschöpfung der Ermittlungsmöglichkeiten« gem. § 27 ist keineswegs ein Gutachten erforderlich (s. § 27 Rn. 5). Insbesondere ist Zurückhaltung für eine stationäre Begutachtung gem. § 73 geboten (s. § 73 Rn. 4, 5); eine ambulante Begutachtung hat Vorrang (s. auch *Eisenberg* § 43 Rn. 37). Auch die Unterbringung zur Begutachtung gem. § 73 ist Freiheitsentzug, muß somit in einem angemessenen Verhältnis zur Tat stehen. Eine **Verpflichtung**, einen Sachverständigen heranzuziehen, besteht umgekehrt gem. den §§ 80 a, 246 a StPO, wenn damit zu rechnen ist, daß die Unterbringung in einem psychiatrischen Krankenhaus oder einer Entziehungsanstalt angeordnet wird.

15

Hinsichtlich der Auswahl kommt es auf die formulierte Fragestellung an. Der frühere Begriff »zur kriminalbiologischen Untersuchung von Jugendlichen befähigter Sachverständiger« (§ 43 Abs. 3 S. 2) ist historisch bedingt

16

veraltet (s. Grdl. z. §§ 43-44 Rn. 2; s. auch § 73 Rn. 9) und engte den Kreis der Sachverständigen allzusehr ein. Für die Feststellung der Schuld gem. § 20 StGB bzw. der verminderten Schuld gem. § 21 StGB kommen Jugendpsychiater und Jugendpsychologen in Betracht, wobei die Gerichte ein Auswahlermessen haben, soweit keine Krankheit zu diagnostizieren ist; im letzten Fall ist die Hinziehung eines Sachverständigen mit klinischer Erfahrung Voraussetzung (s. *BGH* NJW 1959, 2315; *BGH*St 23, 15; *BGH* RdJ 1961, 313; s. auch *Brunner/Dölling* § 43 Rn. 15). Dies gilt auch für Begutachtung gem. den §§ 80 a, 246 a StPO, wenn mit einer Einweisung in ein psychiatrisches Krankenhaus oder eine Entziehungsanstalt zu rechnen ist (s. *BGH* bei *Dallinger* MDR 1976, 17). Für eine Begutachtung der Verantwortlichkeit gem. § 3, des Entwicklungsstandes gem. § 105 Abs. 1 Nr. 1 sowie des Schwergewichts gem. § 32 sind Entwicklungspsychologen heranzuziehen, nicht Psychiater (*Haddenbrock* Psychologische Rundschau 1966, 10; *Eisenberg* § 43 Rn. 43, 44 m. w. N.; s. auch § 3 Rn. 13). Für Beurteilungen im Hinblick auf die Rückfall- und Sanktionsprognose wiederum kommen neben Erziehungs- und Sozialpsychologen, Psycho-Therapeuten auch gerade Kriminalsoziologen und kriminologisch geschulte Sozialpädagogen und Sozialarbeiter in Betracht (zum Einsatz der Graphognostik s. *Avé-Lallemant* Graphologie des Jugendlichen Bd. III: Straftäter im Selbstausdruck, 1993). Dies gilt insbesondere, wenn eine Weisung zu einer heilerzieherischen Behandlung oder zu einer Entziehungskur gem. § 10 Abs. 2 erteilt werden soll (ebenso *Eisenberg* § 43 Rn. 45). Grundsätzlich gilt aber für diesen Bereich, daß sich das Gericht selbst sachkundig zu machen hat, zumal der Sachverständige immer nur Gehilfe des Gerichts ist, das letztlich die Entscheidung zu verantworten hat. Die in der Praxis z. T. anzutreffende Verantwortungsdelegation auf den Sachverständigen ist gesetzeswidrig. Für die kriminologische Individualprognose wird hier eine praktikable Prognosetafel angeboten (s. § 5 Rn. 16).

17 Der Sachverständige hat keine justitiellen Machtbefugnisse. Insbesondere umfaßt die Beauftragung nicht die Erlaubnis zu körperlichen Untersuchungen; hierfür gelten die §§ 81 a, b StPO (h. M.). Soweit in solche Untersuchungen oder psychologische Testverfahren eingewilligt wird, ist zu beachten, daß der Autoritätsglaube nicht mit Freiwilligkeit verwechselt wird. Bei Jugendlichen sind insoweit die Erziehungsberechtigten und gesetzlichen Vertreter einzuschalten (§ 67 Abs. 1; s. § 67 Rn. 10). Der/die zu Untersuchende muß nicht »mitmachen«, braucht sich entsprechend dem Aussageverweigerungsrecht gem. § 136 StPO nicht dem Sachverständigen zu offenbaren. Auf das Recht zur Aussageverweigerung ist entsprechend § 136 Abs. 1 S. 2 StPO hinzuweisen (ebenso *Eisenberg* § 43 Rn. 52; *Schipholt* NStZ 1993, 471; *Roxin* Strafverfahrensrecht, 24. Aufl., § 27 Rn. 15; *Schmidt-Recla* NJW 1998, 800 m. w. N. in Fn. 6 und 7; a. M. *BGH*

JZ 1969, 437; NJW 1998, 839). Bei Zeugen verlangt auch die höchstrichterliche Rechtsprechung vor der Begutachtung eine Belehrung, die zwar von dem Gericht bzw. von der Staatsanwaltschaft erteilt werden soll, deren Ausbleiben aber zu einem Verwertungsverbot (*BGH* StV 1989, 375; NStZ 1989, 218) oder zur Besorgnis der Befangenheit des Gutachters führt (*BGH* NStZ 1997, 349). Was für Zeugen gilt, muß – erst recht – für den Beschuldigten gelten. Ansonsten führt die Exploration zur Informationserschleichung (*Schmidt-Recla* NJW 1998, 801; s. auch § 38 Rn. 9 a). Die Verweigerung darf sich nicht nachteilig auswirken. Der **Verteidiger**, der bei einer stationären Begutachtung gem. § 73 vom Gericht zu bestellen ist, wenn noch kein Verteidiger gewählt wurde (s. § 68 Rn. 12), hat bei den Explorationsgesprächen ein **Anwesenheitsrecht**, da sich der/die Beschuldigte »in jeder Lage des Verfahrens« eines Verteidigerbeistandes bedienen kann (§ 137 StPO). Für die Erstellung eines Sachverständigengutachtens mag dies im Einzelfall störend sein; der Mandant/die Mandantin könnte aber ansonsten sich gänzlich verweigern (s. auch § 73 Rn. 8). Lediglich wenn die Untersuchung gem. § 73 angeordnet wird, muß der/die Beschuldigte sich der Freiheitsentziehung fügen. Eine Vorführung zu einer ambulanten Untersuchung vor dem Sachverständigen ist nicht vorgesehen. Dies ist nur möglich, wenn der Richter oder Staatsanwalt die Vorführung zu sich anordnet (s. §§ 133 Abs. 2, 163 a Abs. 3 StPO) und der Sachverständige hinzukommt (s. auch § 80 Abs. 2 StPO). Aus dieser begrenzten Vernehmungsbefugnis, die nicht einmal für die Polizei gilt, folgt im Umkehrschluß, daß eine entsprechende Anwendung für den Sachverständigen nicht erlaubt ist (a. M. *Brunner/Dölling* § 43 Rn. 15 a; zw. *Eisenberg* § 43 Rn. 37).

Die Untersuchung hat sich auf die gestellte Fragestellung zu beschränken. Rechtliche Schlußfolgerungen sind dem Gericht zu überlassen. Nicht selten wird aber in der Praxis der Gutachtenauftrag nicht näher spezifiziert (s. *Heim* StV 1988, 319). Der Tathergang darf nur insoweit erörtert werden, als es für die Beurteilung notwendig ist. Hierbei ist der/die Befragte auf die Verwertung im Gutachten und die entsprechende Bekanntgabe an das Gericht – rechtzeitig (!) – hinzuweisen. Neue Tatsachen können nicht mit dem Gutachten eingeführt werden. Insoweit ist eine Beweisaufnahme erforderlich. Der ärztliche Sachverständige ist hierbei nicht nur zur Zeugnisverweigerung gem. § 53 Abs. 1 Nr. 3 StPO befugt; die Geheimniswahrung wird auch strafbedroht gem. § 203 StGB verlangt. Nur sog. Befundtatsachen dürfen mitgeteilt werden (s. *Krauß* ZStW 97 [1985], 110). Die Auffassung, daß hier eine Schweigepflicht nicht eingreift, da es an einem Vertrauensverhältnis Arzt-Patient fehle (*Brunner/Dölling* § 43 Rn. 15 a), ist nicht haltbar, da dieses Vertrauensverhältnis für den strafrechtlichen Schutz gem. § 203 StGB nicht Voraussetzung ist und hier nur Geheimnisse geschützt werden sollen, die aus faktischer oder rechtlicher Notwen-

18

digkeit offenbart wurden (s. *Ostendorf* JR 1981, 447; s. auch *Lackner/Kühl* § 203 StGB Rn. 23 m. w. N.). Daß der/die Beschuldigte die Tatsachen ursprünglich freiwillig mitgeteilt hat, stellt noch keine Einwilligung für die Geheimnisverletzung dar.

IV. Rechtsmittel

19 Ein Verstoß gegen § 43 ist nur in der Weise angreifbar, daß damit auch ein Verstoß gegen die gerichtliche Aufklärungspflicht (§ 244 Abs. 2 StPO) behauptet wird (s. aber auch § 244 Abs. 4 S. 1 StPO); unmittelbar betrifft § 43 – wie auch § 80 a StPO – nur das Ermittlungsverfahren (s. *BGH*St 6, 328). Fehler im Ermittlungsverfahren wirken sich aber häufig auch im Urteil aus (s. *BGH*St 6, 329; ebenso *Brunner/Dölling* § 43 Rn. 4; *Eisenberg* § 43 Rn. 61). Die Aufklärungsrüge ist erst recht begründet, wenn den Verpflichtungen gem. § 246 a S. 1 und S. 2 StPO nicht entsprochen wird (ebenso *Eisenberg* § 43 Rn. 65 m. w. N.).

20 Ein gerichtlicher Sachverständiger kann gem. § 74 StPO abgelehnt werden. Die Auswahl ist ebenso mit § 244 Abs. 2 StPO angreifbar. Zur Ablehnung eines weiteren Sachverständigen s. § 244 Abs. 4 S. 2 StPO (s. hierzu auch *BGH* NStZ 1984, 467 m. Anm. v. *Brunner* sowie Anm. v. *Eisenberg* NStZ 1985, 84). Wird dem Begehren eines Sachverständigen gem. § 80 StPO nicht entsprochen, insbesondere seinem Verlangen, während der Beweisaufnahme anwesend zu sein, so ist damit die Verletzung der Aufklärungspflicht indiziert (s. auch *BGH*St 19, 367). Zum Rechtsmittel wegen Verletzung des rechtlichen Gehörs s. Rn. 9, zum Rechtsmittel gegen die Unterbringung zur Beobachtung gem. § 73 s. dort Rn. 12.

§ 44. Vernehmung des Beschuldigten

Ist Jugendstrafe zu erwarten, so soll der Staatsanwalt oder der Vorsitzende des Jugendgerichts den Beschuldigten vernehmen, ehe die Anklage erhoben wird.

Inhaltsübersicht	Rn.
I. Persönlicher Anwendungsbereich	1
II. Voraussetzungen	2
III. Durchführung	
1. Zuständigkeit	4
2. Verfahren	5
IV. Rechtsmittel	7

I. Persönlicher Anwendungsbereich

Die Vorschrift gilt unmittelbar nur in Verfahren gegen Jugendliche vor den Jugendgerichten. In Verfahren gegen Jugendliche vor den für allgemeine Strafsachen zuständigen Gerichten ist aber das Ermessen gem. § 104 Abs. 2 für eine Anwendung auszuüben, da gerade vor den Erwachsenengerichten eine jugendadäquate Behandlung in Frage steht (s. auch RL Nr. 1 S. 2 zu § 44; *Eisenberg* § 44 Rn. 1). Eine entsprechende Anwendung erscheint auch für Heranwachsende angebracht, einmal im Hinblick auf § 105, zum anderen zur Aufklärung der subjektiven Tatseite (s. Grdl. z. §§ 43-44 Rn. 3). 1

II. Voraussetzungen

Voraussetzung ist die Erwartung einer Jugendstrafe, auch einer Jugendstrafe zur Bewährung. Gleichzusetzen ist die Erwartung einer Freiheitsstrafe, wenn bei Heranwachsenden voraussichtlich Erwachsenenstrafrecht angewendet wird (s. auch Rn. 1). Darüber hinaus ist eine solche Verfahrensweise auch bei anderen voraussichtlich zu verhängenden schwerwiegenden Sanktionen geboten (so auch *Schaffstein/Beulke* § 35 I. 4.; *Eisenberg* § 44 Rn. 4). 2

Die Vernehmung *soll* durchgeführt werden. Auch wenn damit keine Verpflichtung aufgestellt wird, so müssen Gründe dafür vorliegen, daß ausnahmsweise diese Bestimmung nicht ausgeführt wird; nicht müssen umgekehrt über die Erwartung einer Jugend- oder Freiheitsstrafe hinaus (s. Rn. 2) Gründe bestehen, um eine Vernehmung durchzuführen (zur anderen Praxis s. Grdl. z. §§ 43-44 Rn. 4). 3

III. Durchführung

1. Zuständigkeit

4 Nach dem Gesetzeswortlaut sind Staatsanwalt und Gerichtsvorsitzender **alternativ zuständig**. Als Staatsanwalt ist hier der Jugendstaatsanwalt gemeint (s. § 36). Da die Vernehmung vor der Anklageerhebung zu erfolgen hat, sollte sie in der Regel vom Staatsanwalt durchgeführt werden, um Aufschluß über den Anklagevorwurf zu gewinnen (a. M. *Potrykus* § 44 Anm. 3; für eine Einzelfallbeurteilung *Brunner/Dölling* § 44 Rn. 4 und *Eisenberg* § 44 Rn. 7). Auch steht der zuständige Jugendrichter vor Anklageerhebung häufig noch nicht fest. Nur wenn der/die Beschuldigte richterlich aus anderen Gründen in jedem Fall vernommen werden soll, so um die Verjährung zu unterbrechen (§ 78 c Abs. 1 Nr. 2 StGB) oder um ein Geständnis verwerten zu können (§ 254 Abs. 1 StPO), ist der Richter zuständig, um eine doppelte Vernehmung und damit auch weitere Belastung zu vermeiden (s. auch *Eisenberg* § 44 Rn. 13). Falsch ist die Anwendung des § 162 StPO mit der Konsequenz, daß der Antrag der Staatsanwaltschaft auf richterliche Vernehmung nicht abgelehnt werden kann (so aber *Dallinger/Lackner* § 44 Rn. 5; *Brunner/Dölling* § 44 Rn. 5; zw. *Eisenberg* § 44 Rn. 9); auf diese Weise würde die spezielle Zuständigkeitsregelung im § 44 umgangen, d. h., der Staatsanwalt muß bei Ablehnung durch den Richter selbst die Vernehmung durchführen.

2. Verfahren

5 Für das Verfahren sind die §§ 136 Abs. 1 S. 1-3, Abs. 2, 136 a, 168 c Abs. 1, Abs. 5 S. 1 StPO (s. aber *Brunner/Dölling* § 44 Rn. 1, wonach die Vernehmung »am besten« ohne Staatsanwalt durchzuführen ist), § 67 Abs. 1 zu beachten (s. auch § 163 a Abs. 3 StPO). Insbesondere ist der/die Beschuldigte darauf hinzuweisen, daß es ihm/ihr freisteht, auszusagen und vor der Vernehmung einen Verteidiger zu befragen. Es ist dies auch ein Anlaß, die Frage nach der Notwendigkeit einer Pflichtverteidigerbestellung zu beantworten (s. § 68 i. V. m. § 140 StPO). Eine Protokollierung gem. den §§ 168 ff. StPO ist nicht erforderlich (zur Ausnahme s. Rn. 6); es genügt eine spätere Aktennotiz (s. RL a. F. Nr. 2 S. 2 zu § 44). Inhaltlich darf das Gespräch nicht schon als eine erzieherische Maßnahme (s. aber *Brunner/Dölling* § 44 Rn. 1; s. auch Grdl. z. §§ 43-44 Rn. 3) verstanden werden, da dies zu einer Vorverurteilung führen würde.

6 Wenn die Vernehmung gem. § 44 gleichzeitig zur Ermittlung des Sachverhalts gem. den §§ 133 ff. StPO durchgeführt wird (s. auch Rn. 4), so gelten die allgemeinen Vorschriften der §§ 162, 166, 168, 168 a, 168 b, 168 c, 169 StPO.

IV. Rechtsmittel

Obwohl § 44 »nur« eine Soll-Vorschrift ist (s. Rn. 3), kann im Falle eines Anwendungsverzichts die Aufklärungsrüge gem. § 244 Abs. 2 StPO begründet sein, sei es, daß die Persönlichkeit des/der Angeklagten nicht hinreichend erforscht wurde und/oder die Sachaufklärung mangelhaft geblieben ist (h. M., s. *Brunner/Dölling* § 44 Rn. 6; *Eisenberg* § 44 Rn. 14). Allerdings reicht der Hinweis auf einen Verstoß gegen § 44 allein nicht aus.

7

Grundlagen zu den §§ 45 und 47

1. Systematische Einordnung

1   Obwohl von der Verfolgung gem. § 45 im Vorverfahren abgesehen wird – erster Unterabschnitt des 3. Abschnitts »Jugendstrafverfahren« – und die Einstellung des Verfahrens gem. § 47 im Hauptverfahren erfolgt – zweiter Unterabschnitt des 3. Abschnitts »Jugendstrafverfahren« –, gehören beide Bestimmungen zusammen. Mit ihnen werden die Einstellungsmöglichkeiten im Jugendstrafverfahren erweitert, die heute auch als »Diversion«, als Ablenkung von der formellen Strafkontrolle, bezeichnet werden (s. *Kaiser* in: Kleines kriminologisches Wörterbuch, hrsg. v. *Kaiser/Kerner/Sack/Schellhoss*, 2. Aufl., S. 72). Auch wenn der Begriff nicht einheitlich gebraucht wird, insbesondere auch die amerikanischen Diversionsprogramme mit Rücksicht auf andere Kompetenzzuweisungen nicht ohne weiteres in unser Strafrechtssystem übertragbar sind (zum amerikanischen Vorbild und zur Übertragbarkeit auf unser System s. *Walter* ZStW 95 [1983], 32 ff., 49; *Dirnaichner* Der nordamerikanische Diversionsansatz und rechtliche Grenzen seiner Rezeption im bundesdeutschen Jugendstrafrecht, 1990; s. auch *Kirchoff* in: Diversion/Alternativen zu klassischen Sanktionsformen, Bd. 1, hrsg. v. *Kury/Lerchenmüller*, 1981, S. 245 ff.), wird hier doch ein Konzept angeboten, das als Alternative zur strafverurteilenden Konfliktserledigung anzusehen ist (s. *Ostendorf* ZRP 1983, 305).

2. Historische Entwicklung

2   Einstellungsmöglichkeiten für die Staatsanwaltschaft und das Gericht wurden bereits mit § 32 JGG 1923 eröffnet, wenn schon eine Erziehungsmaßregel angeordnet war und weitere Maßnahmen nicht erforderlich waren sowie wenn in besonders leichten Fällen von Strafe abgesehen werden konnte. Damit wurde die Regelung des heutigen § 45 Abs. 1 u. Abs. 2 vorweggenommen. Weitergehend sollte nach einem Gesetzesentwurf aus dem Jahre 1912, an dem *v. Liszt* maßgeblich beteiligt war (s. Verhandlungen des Reichstages, Bd. 298, Anlagen zu den stenografischen Berichten, S. 203, Antrag Nr. 198), der Staatsanwalt gegen Jugendliche keine öffentliche Klage erheben, »wenn Erziehungs- und Besserungsmaßnahmen einer Bestrafung vorzuziehen sind«. Eingeschränkt wurde die Einstellungsbefugnis auch wegen fehlender Verantwortlichkeit, die gem. § 32 Abs. 1 JGG 1923 kein Einstellungsgrund gem. § 170 Abs. 2 StPO war (s. hierzu § 45 Rn. 4).

3   Im JGG 1943 wurden diese Einstellungsmöglichkeiten i. S. des heutigen § 45 Abs. 3 komplettiert, zugleich die Differenzierung zwischen dem Vor- und Hauptverfahren deutlicher gemacht (s. §§ 30, 31 JGG 1943); allerdings konnte der Richter – abweichend von der Regelung im JGG 1923

und im heutigen § 47 Abs. 1 S. 1 Nr. 1 i. V. m. § 45 Abs. 1 – das Verfahren nicht wegen Geringfügigkeit einstellen. Noch deutlicher als heute war ausgesprochen, daß der Staatsanwalt keine eigene Sanktionskompetenz hatte (s. hierzu § 45 Rn. 12). Die Voraussetzung des Geständnisses für die Einstellung gem. den §§ 45 Abs. 3, 47 Abs. 1 S. 1 Nr. 3 wurde erst mit dem JGG 1953 verlangt, und zwar erst im Gesetzgebungsverfahren (s. Schriftlicher Bericht des Ausschusses für Rechtswesen und Verfassungsrecht, BT-Drucks. 1/4437, S. 8). Mit dem EGStGB vom 2. 3. 1974 (BGBl I, 469) wurden die §§ 45, 47 auch auf Heranwachsende für anwendbar erklärt, wenn Jugendstrafrecht zur Anwendung kommt (s. § 109 Abs. 2 S. 1; s. auch § 45 Rn. 1, § 47 Rn. 1). Mit dem 1. JGGÄndG wurden die §§ 45, 47 neu gefaßt, wobei sich diese Neufassung im wesentlichen auf eine strukturelle Umstellung begrenzt. Nach dem Willen des Gesetzgebers soll damit den eingriffsschwächsten Maßnahmen Vorrang sowie ein Signal zu einer gleichmäßigeren Anwendung informeller Erledigungen gegeben werden (s. BT-Drucks. 11/5829, Begründung S. 23).

3. Gesetzesziel

Die Einstellungsmöglichkeiten gem. den §§ 45, 47 beruhen auf dem **Opportunitätsprinzip**, mit dem der Verfolgungszwang, das Legalitätsprinzip, nicht nur aufgelockert, sondern hintenan gestellt wird (s. auch *Brunner/Dölling* § 45 Rn. 3; *Eisenberg* § 45 Rn. 9; *H. E. Löhr* in: Neue ambulante Maßnahmen nach dem Jugendgerichtsgesetz, hrsg. vom Bundesministerium der Justiz, 1986, S. 135; *Kratzsch* Heilpädagogische Forschung, Bd. XV, Heft 3, 1989, S. 135: »Verfahrensrechtliches Subsidiaritätsprinzip«). Das formelle Strafverfahren erscheint vielfach als überflüssig und unangemessen angesichts der Normalität und Bagatellität des größten Anteils der Jugendkriminalität einerseits sowie der Selbst- oder Spontanbewährung andererseits. Die Täter sollen nicht mit dem bloßstellenden Strafverfahren in seiner ganzen Länge und Breite überzogen werden. Stigmatisierung und Chancenabschneidung sollen vermieden werden. Über die Eliminierung des Strafziels der Vergeltung hinaus findet so die gegenteilige Reaktion, die Vergebung, die **Verzeihung** Eingang in das Jugendgerichtsverfahren. Zudem kann im informellen Wege häufig individueller und damit präventiver reagiert werden, insbesondere wenn die primäre Sozialisationsinstanz, das Elternhaus, ihre Aufgaben übernimmt. Die Reaktion des sozialen Umfelds, insbesondere der Familie, ist bedeutsamer als eine kriminalrechtliche Sanktionierung (s. die empirische Untersuchung von *Schöch* in: Deutsche Forschungen zur Kriminalitätsentstehung und Kriminalitätskontrolle, hrsg. von *Kerner/Kury/Sessar*, Bd. 6/2, 1983, S. 1095 ff.; s. auch die Ergebnisse einer englischen Untersuchung bei *Pfeiffer* Kriminalprävention im Jugendgerichtsverfahren, 1983, S. 94). Schließlich wird die Strafjustiz entlastet, sie kann sich den wirklichen Problemfällen zuwenden, wobei aber auch eine **mittlere Kriminalität** (s. *Sessar* in: Die Einstellung des Strafverfahrens im Jugendrecht, hrsg. v. *Walter/Koop*, 1984, S. 50) und **Mehrfachtäter** (s. hierzu *Walter* S. 22 ff. und *Spieß* S. 51 ff., jeweils in: Diversion als Leitgedanke – über den Umgang mit jungen Mehrfachauffälligen, hrsg. v. *Walter*, 1986) durchaus für diese Verfahrenserledigung in Betracht kommen, für letztere ein »Ausstieg« aus einem Strafschärfungsautomatismus, da Intensivtäter in der Regel auch Karrieretäter sind. Im wesentlichen können somit drei Ziele formuliert werden:

a) **geringere Belastung des/der Beschuldigten,**
b) **bessere Prävention** durch individuelle Konfliktaufarbeitung und geringere Stigmatisierung,
c) **Entlastung der Strafjustiz** (s. im einzelnen *Heinz* RdJB 1984, 291 ff.; *Sonnen* in: Die jugendrichterlichen Entscheidungen – Anspruch und Wirklichkeit, DVJJ, 12 [1981], 180).

Bei der Verfolgung dieser Ziele hat sich nach verschiedenen empirischen Untersuchungen herausgestellt, daß die Legalbewährung nach einer Verfahrenseinstellung regelmäßig besser ist als nach einer Verurteilung; diese Ergebnisse wurden im Vergleich zu entsprechenden Tat- sowie Tätergruppen gefunden (s. *Heinz/Hügel* Erzieherische Maßnahmen im deutschen Jugendstrafrecht, 3. Aufl., S. 21 ff. sowie zusammenfassend *Heinz* ZRP 1990, 7 ff.). So wurde an Hand der Eintragungen im Bundeszentral- sowie im Erziehungsregister der gesamte Geburtsjahrgang 1968 überprüft. Hierbei wurden zwei homogene Gruppen, »Einfacher Diebstahl« und »Fahren ohne Fahrerlaubnis«, jeweils begangen von Ersttätern, gebildet. Wenn auf diese erste Straftat informell reagiert wurde, d. h. das Verfahren eingestellt wurde, war eine geringere Rückfälligkeit – über 10 % – festzustellen als bei den Tätern, bei denen auf diese erste Tat mit einer Verurteilung reagiert wurde (s. *Storz* in: Diversion im Jugendstrafverfahren in der Bundesrepublik Deutschland, hrsg. v. *Heinz/Storz*, 1992, S. 131 ff.).
Sozusagen einen Feldversuch stellt die Entwicklung der Verurteilten- und Diversionsziffern auf der einen Seite sowie der Tatverdächtigenziffern auf der anderen Seite in der zweiten Hälfte der 80er Jahre dar. Trotz vermehrten Einsatzes der Diversion sowie ambulanter Maßnahmen sank die Kriminalitätsrate (s. auch die Antwort der *Bundesregierung* auf eine Große Anfrage der SPD-Bundestagsfraktion, BT-Drucks. 13/8284, S. 104):

Zweites Hauptstück. Jugendgerichtsverfassung und Jugendstrafverfahren Grdl. z. §§ 45 u. 47

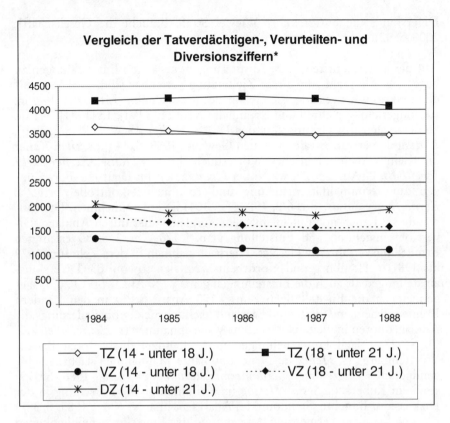

* Einstellungen gem. §§ 45 und 47 bezogen auf 100.000 Jugendliche / Heranwachsende
(Quellen: Polizeiliche Kriminalstatistik sowie Arbeitsunterlagen »Strafverfolgung« und »Staatsanwaltschaften«, hrsg. v. Statistischen Bundesamt)

Gegen diese Erfolge der Diversion kann auch nicht die broken-windows-Theorie ins Feld geführt werden, da einmal Diversion gerade im Sinne dieser Theorie eine frühzeitige Reaktion darstellt und zum anderen Diversion nicht mit Null-Reaktion zu verwechseln ist (s. *Walter* DRiZ 1998, 354 ff.). Bereits die Entdeckung der Tat, die Reaktion des Opfers (beim Ladendiebstahl die Einforderung der »Fangprämie« sowie ein eventuelles Hausverbot), die Vernehmung durch die Polizei, die Reaktionen des sozialen Umfeldes, insbesondere des Elternhauses, das Abwarten der justitiellen Entscheidung sind Reaktionen auf eine Straftat. Es gilt, die Präventivwirkung des Verfahrens nicht zu unterschlagen (s. *Ostendorf* in: Handbuch der Kriminalprävention, hrsg. von *Northoff*, 1997, 5. 1. 2.). Zur Bilanz der

Diversion s. auch *Ostendorf* Wieviel Strafe braucht die Gesellschaft?, 2000, S. 92).

5 Auf der anderen Seite gilt es, Ausuferungen, negativen Entwicklungen zu begegnen, die nicht mit dieser Zielsetzung vereinbar sind. Der Vorwurf der Sanktionsausweitung, die Gefahr des net-widening-Effekts (s. *Voß* in: Jugendgerichtsverfahren und Kriminalprävention, DVJJ, 13 [1984], 341 ff.; zu derartigen Auswirkungen in den USA s. *Walter* ZStW 95 [1983], 39 ff.; *Ludwig* Diversion: Strafe im neuen Gewand, 1989, S. 44 ff.; s. auch *Kaiser* in: Kleines kriminologisches Wörterbuch, hrsg. v. *Kaiser/Kerner/Sack/Schellhoss*, 2. Aufl., S. 75; w. N. bei *Heinz/Spieß* in: Deutsche Forschungen zur Kriminalitätsentstehung und Kriminalitätskontrolle, hrsg. v. *Kerner/Kury/Sessar*, Bd. 6/2, 1983, Fn. 104) ist ernstzunehmen. Die Einwände sind auch noch nicht mit dem Vergleich aller durch Anklage, Diversionseinstellung und Einstellung gem. § 170 Abs. 2 StPO erledigten Ermittlungsverfahren widerlegt. Hiernach nahmen in dem Zeitraum 1979 bis 1981 in Hamburg und Nordrhein-Westfalen sowohl die Diversionseinstellungen als auch die Einstellungen gem. § 170 Abs. 2 StPO zu. Dagegen gingen die Einstellungen gem. § 170 Abs. 2 StPO in den Ländern Bremen, Rheinland-Pfalz und Saarland leicht zurück, wobei allerdings die Anklagequoten in weitaus stärkerem Maße abnahmen (s. *Heinz/Spieß* a. a. O. S. 927). Nach Untersuchungen in 17 Landgerichtsbezirken Baden-Württembergs (s. *Heinz* in: Neue ambulante Maßnahmen nach dem Jugendgerichtsgesetz, hrsg. v. *Bundesministerium der Justiz*, 1986, S. 179) sowie in Lübeck (s. *Sessar/Hering* in: Kriminologische Forschung in der Diskussion: Berichte, Standpunkte, Analysen, hrsg. v. *Kury*, 1985, S. 387) hat sich bei einer vermehrten Anwendung der Einstellungsmöglichkeiten gem. den §§ 45, 47 die Rate der Freisprüche bzw. der Einstellungen gem. § 170 Abs. 2 StPO nicht negativ verändert. Nach Untersuchungen von *Kerner* (in: Jugendstrafrechtsreform durch die Praxis, hrsg. vom Bundesministerium der Justiz, 1989, S. 271, 286) und von *Hering/Sessar* (Praktizierte Diversion, 1990, S. 131) gibt es keine empirischen Beweise **für** eine Kontrollausweitung in der Bundesrepublik Deutschland (s. *Heinz* ZStW 104 (1992), 626 m. w. N.; *Voß* Staatsanwaltliche Entscheidung – Beeinflussung durch systematische Informationserweiterung?, 1993, S. 207). Voraussetzung für eine Widerlegung der net-widening-Hypothese wäre aber einmal, daß sich die ermittelte Deliktstruktur in den untersuchten Zeiträumen nicht verändert hat (s. hierzu *Kaiser* Jugendkriminalität, 3. Aufl., S. 87 ff.) und daß die Einstellungsquote gem. § 170 Abs. 2 StPO bzw. die Freispruchsrate am Beginn dieses Vergleichs korrekt war, da andernfalls bereits damals eine Korrektur ohne den Einstieg in die Diversion notwendig gewesen wäre. Zudem macht es für den/die Angeklagte(n) regelmäßig keinen Unterschied, ob die Sanktionierung durch Einstellungsbeschluß in der Hauptverhandlung oder durch Urteil erfolgt. Entscheidend sind In-

tensität und Dauer der Sanktion. Hierbei können »moderne« Sanktionen, wie Arbeits- und Betreuungsweisung, mehr Einbußen als traditionelle Sanktionen, wie Geldbuße und Arrest, bringen. Insbesondere ist bei speziellen Diversionsprogrammen diese Gefahr der Sanktionsausweitung im Auge zu behalten, ist der **Nonintervention**, der Einstellung wegen Geringfügigkeit, Vorrang einzuräumen (s. § 45 Rn. 9; § 47 Rn. 7, 10; s. auch die Kritik von *Köpcke* KrimJ 1982, 297). Dies gilt auch bereits für die Beschuldigtendiagnose. Bei Bagatelltaten darf mit Rücksicht auf das Verhältnismäßigkeitsprinzip nicht mit einem verfahrensrechtlichen Eingriff in die Privatsphäre reagiert werden; deshalb ist hier die formelle Anknüpfung an das Tatunrecht geboten (wie hier *Böhm* Einführung in das Jugendstrafrecht, S. 106; ebenso eine vom Hamburger Senat eingesetzte Arbeitsgruppe der Bürgerschaft der Freien und Hansestadt Hamburg, Drucks. 11/5530, S. 11; s. auch § 45 Rn. 10; s. aber andererseits die Kritik von *Kaiser* NStZ 1982, 104; *Weinschenk* MschrKrim 1984, 18; *Heinz* RdJB 1984, 298) – zur ähnlichen Begründung für den Vorrang des § 105 Abs. 1 Nr. 2 vor § 105 Abs. 1 Nr. 1 s. dort Rn. 23.

Bedenken müssen weiter gegen Kompetenzverlagerungen erhoben werden. Die Sanktionskompetenz steht dem Richter zu. Wenn der Staatsanwaltschaft eine Kompetenz zugesprochen wird, im Rahmen des heutigen § 45 Abs. 2 selbst die Voraussetzungen für ein Absehen von der Verfolgung zu schaffen, falls noch keine angemessene erzieherische Reaktion erfolgt ist (s. hierzu § 45 Rn. 13), so ist dies schon eine Ausnahme. Weitere Verlagerungen auf die Staatsanwaltschaft oder gar auf Jugendamt oder Polizei sind mit Rücksicht auf das Gewaltenteilungsprinzip rechtswidrig (s. hierzu § 45 Rn. 12-14). Schließlich ist darauf zu achten, daß die in ihrer Handlungskompetenz benachteiligten Beschuldigten, insbesondere auch die Ausländer, auch und gerade von der Diversion erfaßt werden (s. *Arbeitskreis X des 19. Dt. Jugendgerichtstages* DVJJ 13 [1984], 477; *Böhm* Einführung in das Jugendstrafrecht, S. 109). Zu beachten bleibt weiterhin die Unschuldsvermutung. Der hierauf fußenden grundsätzlichen Kritik von *Kuhlen* (Diversion im Jugendstrafverfahren, 1988, S. 52; zustimmend insoweit *Deichsel* KrimJ 1989, 146; ebenso *Dirnaichner* Der nordamerikanische Diversionsansatz und rechtliche Grenzen seiner Rezeption im bundesdeutschen Strafrecht, 1990, S. 240; *Müller* DRiZ 1996, 443; zw. *Weigend* in: Wiedergutmachung und Strafrechtspraxis, hrsg. v. *Marks/Meyer/Schreckling/Wandrey*, 1993, S. 60) wird jedoch nicht gefolgt; ihr wird in der Kommentierung im einzelnen entsprochen (s. § 45 Rn. 13-17).

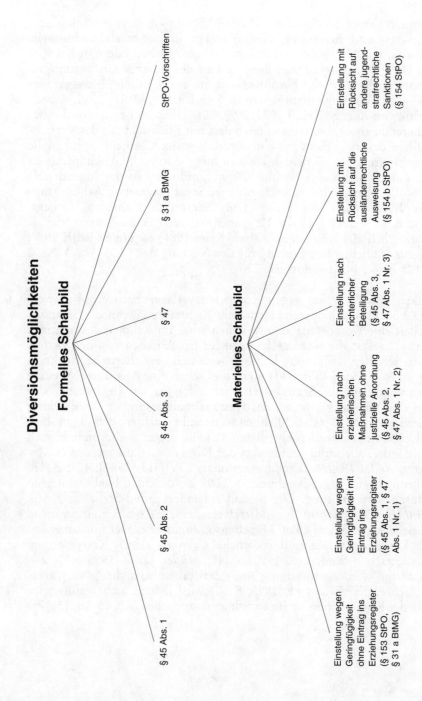

4. Justizpraxis

Die Einstellungen gem. den §§ 45, 47 haben in der Praxis eine nicht zu überschätzende Bedeutung:

Einstellungspraxis gem. den §§ 45, 47 im Zeitvergleich
(Prozentangaben bezogen auf alle Einstellungen gem. §§ 45, 47)

Jahr	Verurteilte	Absehen v. d. Verfolgung mit richterl. Mitwirkung (§ 45 Abs. 3*)		Absehen v. d. Verfolgung ohne richterl. Zustimmung (§ 45 Abs. 1 + 2**)		Einstellungen durch den Richter (§ 47)	
	N	N	%	N	%	N	%
1954	43 405	6 648	–	–	–	2 301	–
1960	67 391	11 732	–	–	–	3 130	–
1970	89 593	19 214	–	–	–	9 071	–
1980	132 649	26 000	25,4	29 000	28,4	47 259	46,2
1985	119 126	16 000	12,9	58 000	46,9	49 636	40,1
1990	78 463	11 000	8,9	77 000	62,6	35 000	28,5
1995	76 731	10 344	6,7	105 294	68,5	38 183	24,8
1997	87 807	10 574	6,0	124 464	70,9	40 578	23,1

*) vor dem 1. JGGÄndG (1990): § 45 Abs. 1
**) vor dem 1. JGGÄndG (1990): § 45 Abs. 2

Anmerkungen:
Über die Praxis gem. § 45 Abs. 2 liegen erst seit dem Ende der 70er Jahre Angaben aus der Staatsanwaltsstatistik vor. Bei den Angaben zu § 45 Abs. 1 und Abs. 2 JGG handelt es sich bis 1990 nur um Näherungswerte, da die Zahlen der Staatsanwaltschaftsstatistik hoch- und umgerechnet werden mußten.
Quellen:
Angaben zu § 45 bis 1980: Statistische Landesämter von Baden-Württemberg, Bayern, Bremen, Hamburg, Niedersachsen, Nordrhein-Westfalen, Rheinland-Pfalz und Saarland: Unveröffentlichte Maschinentabellen der Staatsanwaltschaftsstatistik 1980; Angaben zu § 45 ab 1985: Statistisches Bundesamt, Arbeitsunterlage »Staatsanwaltschaften«; Angaben zu Verurteilten sowie § 47: Strafverfolgungsstatistik des Statistischen Bundesamts (heutige Fachserie 10, Reihe 3)
Gebiet:
bis 1990 alte Länder, ab 1995 alte Länder einschl. Berlin-Ost

Es ist darauf hinzuweisen, daß bis 1960 das Saarland und West-Berlin nicht einbezogen waren und daß erst ab dem 1. 1. 1975 die §§ 45, 47 a. F. auch auf Heranwachsende angewendet werden (s. Rn. 3). Weiterhin hat sich aufgrund eines Vergleiches mit der Staatsanwaltsstatistik herausgestellt, daß die Angaben aus der Strafverfolgungsstatistik zu § 45 Abs. 1 a. F. fehlerhaft und hier häufig auch Fälle des § 45 Abs. 2 a. F. erfaßt sind (s. *Heinz/Spieß* in: Deutsche Forschungen zur Kriminalitätsentstehung und Kriminalitätskontrolle, hrsg. v. *Kerner/Kury/Sessar*, Bd. 6/2, 1983, S. 917,

978; *Pfeiffer* in: Bürgerschaft der Freien und Hansestadt Hamburg, Drucks. 11/5530, Anlage 1, S. 11). Aus diesem Grunde wurden in der Tabelle die Zahlen aus der Strafverfolgungsstatistik ab 1980 korrigiert (s. *Heinz* in: Neue ambulante Maßnahmen nach dem Jugendgerichtsgesetz, hrsg. v. Bundesministerium der Justiz, 1986, S. 26). Auffällig ist einmal die Abnahme von Einstellungen gem. § 45 Abs. 3 sowie die Zunahme von Einstellungen gem. § 45 Abs. 1 und 2 – bedingt durch die Diversionsprogramme –, zum anderen der hohe Anteil der gerichtlichen Einstellungen zu der staatsanwaltschaftlichen Anwendung des § 45 Abs. 1 und 2, obwohl insgesamt die Einstellungsquote im Vergleich zum Erwachsenenstrafrecht höher ist.

Im Jahre 1987 kamen auf 100 nach Jugendstrafrecht Verurteilte 99 Verfahrenseinstellungen, auf 100 nach allgemeinem Strafrecht Verurteilte 73 Verfahrenseinstellungen. Hierbei hat die Staatsanwaltschaft, bezogen auf 100 Verurteilte, in 62 Fällen das Verfahren nach dem JGG und in 54 Fällen das Verfahren nach dem StGB eingestellt. Der frühere jugendunfreundliche Kontrollstil der Staatsanwälte (s. 1. Aufl., Grdl. zu den §§ 45, 47 Rn. 7) hat sich somit offensichtlich gewandelt, wobei allerdings die Jugendrichter im Vergleich zu den Erwachsenenrichtern mehr Verfahren einstellen.

Bei alledem zeigen sich erhebliche Unterschiede im Ländervergleich:

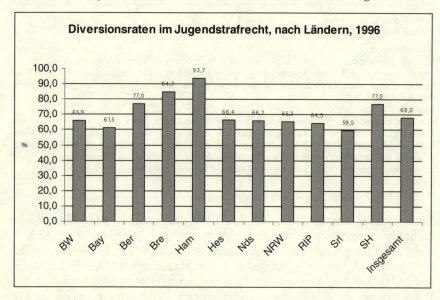

(Quelle: *Heinz* Diversion im Jugendstrafrecht und im Allgemeinen Strafrecht, DVJJ-Journal 1998, 252)

Das **Anklage- und Verurteilungsrisiko** ist abgesehen vom Entdeckungsrisiko somit im Ländervergleich **sehr unterschiedlich**. Auch innerhalb von Bundesländern wurden sehr unterschiedliche Einstellungspraktiken festgestellt (s. *Herbort* Wer kommt vor das Gericht? Die Entscheidung der Staatsanwaltschaft über Anklage und Einstellung im Jugendstrafverfahren, 1992, S. 97 ff.).

Die Praxis der selbständigen Einstellungen gem. den §§ 153, 153 a StPO ist bislang lediglich durch eine Erhebungsbilanz durch das Seminar für Jugendrecht der Universität Hamburg bei vier Jugendstaatsanwaltschaften erhellt: Hiernach wurden im Jahre 1983 von der StA Lübeck 0,6 % der Verfahren, von der StA Hamburg 1,6 %, von der StA Braunschweig 2,7 % und von der StA Köln 3,2 % der Verfahren gem. den §§ 153 Abs. 1, 153 a Abs. 1 StPO eingestellt.
Über die »Vorbewährung« (s. § 45 Rn. 19) gibt es keine genauen Angaben (s. *Heinz/Spieß* a. a. O., S. 926). Aus der Praxis, die aus eigener Erfahrung bestätigt werden kann, wird jedoch eine häufige Anwendung berichtet (s. *Bietz* ZRP 1981, 218; *Walter* ZStW 95 [1983], 61 m. Fn. 104; *Kaiser* NStZ 1982, 104).

V. Rechtspolitische Einschätzung

Es ist an der Zeit, Lehren aus den vielfältigen Diversionsprojekten (s. auch § 45 Rn. 13) zu ziehen, und zwar nicht auf dem niedrigsten Level der Verfahrenseinstellungen, sondern mit dem primären Ziel, angesichts der Normalität der Jugendkriminalität einerseits und der Selbst- oder Spontanbewährung andererseits das Verfahren **möglichst ohne Sanktionierung** zu beenden (gegen eine Verbesserung der informellen Erledigungsmöglichkeiten aber der *Dt. Richterbund* DRiZ 1983, Information S. 19). Das Opportunitätsprinzip ist inhaltlich so zu gestalten, daß eine strafrechtliche Sanktionierung als **Ausnahme von der Regel** zu begründen ist (s. auch *Sessar* in: Die Einstellung des Strafverfahrens im Jugendrecht, hrsg. v. *Walter/Koop*, 1984, S. 50). Wenn hierauf aus Präventionsgründen nicht verzichtet werden kann, ist zunächst die informelle Verfahrenserledigung zu suchen. Erst wenn diese Verfahrenserledigung ausscheidet, sei es, weil der/die Beschuldigte mit dieser Verfahrenserledigung nicht einverstanden ist, sei es, daß härtere Sanktionen ergriffen werden müssen als im Diversionsverfahren erlaubt sind, ist Anklage zu erheben. Vorab ist jedoch noch zu prüfen, ob nicht das vereinfachte Jugendverfahren ausreicht. Diesen Ansprüchen ist mit dem 1. JGGÄndG nicht Genüge getan. Insbesondere ist zu befürchten, daß sich die Ungleichbehandlung Jugendlicher/Heranwachsender im Bundesgebiet weiterhin fortsetzt. Grund für diese Befürchtung sind insbesondere die unterschiedlichen Diversionsrichtlinien in den einzelnen Bundesländern:

Baden-Württemberg:	Gemeinsame Richtlinien des Justizministeriums, des Innenministeriums und des Sozialministeriums zur Förderung der Diversion bei jugendlichen und heranwachsenden Beschuldigten (Diversions-Richtlinien) vom 4.12.1997 (Die Justiz 1998, S. 20);
Bayern:	Bayern hat als einziges Bundesland noch keine Diversions-Richtlinien erlassen;
Berlin:	Gemeinsame Anordnung der Senatsverwaltungen für Justiz, für Inneres und für Schule, Jugend und Sport zur vermehrten Anwendung des § 45 JGG im Verfahren gegen Jugendliche und Heranwachsende (Diversionsrichtlinie) vom 22.3.1999 (DVJJ-Journal 1999, S. 207);
Brandenburg:	Einstellung von Jugendstrafverfahren nach §§ 45, 47 JGG (Diversion). Rundverfügung des Ministers der Justiz vom 20.5.1991 (JMBl. Brandenburg 1991, S. 38);
Bremen:	Gemeinsame Richtlinien des Senators für Justiz und Verfassung, des Senators für Inneres und des Senators für Jugend und Soziales zur Anwendung des § 45 JGG bei jugendlichen und heranwachsenden Beschuldigten vom 22.12.1988 (Amtsblatt der Freien Hansestadt Bremen 1989, S. 99);
Hamburg:	Rundverfügung des Leitenden Oberstaatsanwalts bei dem Landgericht Hamburg vom 25.6.1992 betr. Absehen von der Verfolgung in Jugendstrafsachen nach § 45 JGG (Diversion) (421.31);
Hessen:	Diversion im Jugendstrafverfahren bei den Staatsanwaltschaften in Hessen. Gemeinsamer Runderlaß des Hessischen Ministeriums der Justiz, des Hessischen Ministeriums des Innern und des Hessischen Sozialministeriums vom 22.12.1989 (unveröffentlicht), Unterrichtung der Leiter der Staatsanwaltschaften über die Sichtweise des Hessischen Justizministeriums (Förderung der Diversion im Jugendstrafverfahren) (unveröffentlichter Erlaß vom 2.2.1994);
Mecklenburg-Vorpommern:	Richtlinien zur Förderung der Diversion bei jugendlichen und heranwachsenden Beschuldigten vom 18.3.1993 (Amtsblatt Mecklenburg-Vorpommern 1993, S. 780);
Niedersachsen:	Richtlinien für die Bearbeitung von Ermittlungsverfahren in Jugendstrafsachen bei jugendtypischem Fehlverhalten (Diversionsrichtlinien) vom 29.7.1998 (NdsRpfl., S. 236);
Nordrhein-Westfalen:	Richtlinien zur Förderung der Diversion im Jugendstrafverfahren (Diversionsrichtlinien) vom 1.2.1992 (JMBl. NW 1992, S. 451);
Rheinland-Pfalz:	Diversionsstrategie für die Praxis des Jugendstaatsanwalts nach § 45 JGG vom 31.7.1987 (Justizblatt Rheinland-Pfalz 1987, S. 188), geändert durch Gemeinsames Rundschreiben vom 1.4.1993 (Justizblatt Rheinland-Pfalz 1993, S. 105);

*Zweites Hauptstück. Jugendgerichtsverfassung
und Jugendstrafverfahren* **Grdl. z. §§ 45 u. 47**

Saarland:	Richtlinie für Diversionsverfahren im Saarland vom 7.9.1989 (Amtsblatt des Saarlandes, S. 1451), geändert durch Richtlinie vom 3.1.1992 (Amtsblatt des Saarlandes, S. 62);
Sachsen:	Generalstaatsanwalt des Freistaates Sachsen: Hinweise zur Diversion bei jugendlichen und heranwachsenden Beschuldigten nach §§ 45 ff. JGG vom 24.7.1995 (DVJJ-Journal 1999, S. 432);
Sachsen-Anhalt:	Richtlinien und Empfehlungen für die Bearbeitung von Jugendstrafsachen gemäß §§ 45, 47 des Jugendgerichtsgesetzes (Diversionsrichtlinien) vom 18.8.1997 (JMBl. 1997, S. 321);
Schleswig-Holstein:	Richtlinien zur Förderung der Diversion bei jugendlichen und heranwachsenden Beschuldigten vom 24.6.1998 (DVJJ-Journal 1998, S. 260);
Thüringen:	Einstellung von Jugendstrafverfahren nach den §§ 45, 47 des Jugendgerichtsgesetzes (JGG) – Diversion. Verwaltungsvorschrift des Thüringer Ministeriums für Justiz und Europaangelegenheiten vom 25.4.1996 (Thüringer Staatsanzeiger, S. 1133).

Nach einem Forschungsprojekt zur Diversionspraxis in Baden-Württemberg ist selbst bei eingeführten Richtlinien die erwartete Vereinheitlichung nicht eingetreten (s. *Beck/Spieß* MschrKrim 1994, 91; zu weitergehenden Spannweiten der Diversionsraten aus den Jahren 1987/88 in den Staatsanwaltschaften Nordrhein-Westfalens s. *Ludwig-Mayerhofer* sowie *Libuda-Köster* in: Informalisierung des Rechts, hrsg. von *B.-A. Albrecht*, 1990, S. 213 bzw. 308; s. auch *Heinz* in: Das Ermittlungsverhalten der Polizei und die Einstellungspraxis der Staatsanwaltschaften, hrsg. von *Geisler*, 1999, S. 194 ff.).

Ein Geständnis als Voraussetzung für eine Einstellung gem. § 45 Abs. 2 ist auch de lege ferenda nicht zu fordern (s. auch § 45 Rn. 14), da ansonsten diejenigen, die sich gegen den Tatvorwurf wehren wollen, schlechter gestellt würden und dies eine fragwürdige Geständnisbereitschaft erhöhen würde. Vielmehr ist die Geständnisvoraussetzung für § 45 Abs. 3 (= Abs. 1 a. F.) in Frage zu stellen (s. *Bohnert* NJW 1980, 929; *Theißen* Zbl 1985, 289; Stellungnahme der *Arbeitsgruppe Jugendrecht, Universität Bremen*, zum Arbeitsentwurf eines Gesetzes zur Änderung des Jugendgerichtsgesetzes, 1983, S. 11; *van den Woldenberg* Diversion im Spannungsfeld zwischen »Betreuungsjustiz« und Rechtsstaatlichkeit, 1993, S. 174), lediglich ein Tat- und Schuldnachweis zu verlangen. Wohl aber ist bei der Anwendung des § 45 Abs. 2 darauf zu achten, daß formal die richterliche Anordnungskompetenz gem. § 45 Abs. 3 nicht unterlaufen wird und inhaltlich dies primär ein Einstellungsgrund bleibt für außerstrafjustitielle Maßregelung. Solange Einstellungen gem. § 45 in das Erziehungsregister eingetragen werden (s. hierzu Rn. 9), ist weiterhin de lege ferenda die Einführung eines Zustimmungserfordernisses zu verlangen; allerdings sollten die Einstellungen nicht von der Zustimmung der Eltern abhängig gemacht werden, da mit strafjustitiellen Eingriffen auch mangelnde Erziehungseingriffe kompensiert werden sollen (a. M. aber *van den Woldenberg* Diversion im Spannungsfeld zwischen »Betreuungsjustiz« und Rechtsstaatlichkeit, 1993, S. 175). Weitergehende Forderungen nach einer Formalisierung des Rechtsweges mit Einführung eines Widerspruchsverfahrens (*van den Woldenberg* a. a. O., S. 178 ff.; *Heinz* MschrKrim 1993, 372) oder eines richterlichen Überprüfungsverfahrens (*Breymann* DRiZ 1997, 83) widersprechen der Zielsetzung der Diversion i. S. einer informellen Verfahrenserledigung (ausführlicher *Ostendorf* Formalisierung der entformalisierten Verfahrensbeendigung im Jugendstrafrecht [Diversion]?, in: Festschrift für Böhm, 1999, S. 635). Die Voraussetzung »rechtswirksam erteilte Zustimmung«, die bei konkreten Maßnahmen zudem praktisch umgesetzt wird, würde auch den Mindestgrundsätzen der Vereinten Nationen (Nr. 11.3) genügen (ZStW 99 [1987], 266, 267).

9 Für alle Einstellungen gem. den §§ 45, 47 ist die Forderung zu wiederholen, diese Verfahrenserledigung auch auf den Pensenschlüssel anzurechnen, um einmal der Bedeutung dieser Verfahren gerecht zu werden und ein andermal arbeitsökonomische Hürden aus dem Weg zu räumen (Thesen des *Arbeitskreises III auf dem 18. Dt. Jugendgerichtstag*, DVJJ 12 [1981], 203; These V des *Arbeitskreises IV auf dem 19. Dt. Jugendgerichtstag*, DVJJ 13 [1984], 231; Stellungnahme der *DVJJ* zum Arbeitsentwurf eines Gesetzes zur Änderung des Jugendgerichtsgesetzes, 1982, S. 22; eine vom Hamburger Senat eingesetzte *Arbeitsgruppe der Bürgerschaft der Freien und Hansestadt Hamburg*, Drucks. 11/5530, S. 13). Weiterhin sollte die Eintragung im Erziehungsregister gestrichen werden, dies gilt zumindest für Einstellungen gem. § 45 Abs. 1, Abs. 2 (ebenso Thesen des *Arbeitskreises III auf dem 18. Dt. Jugendgerichtstag*, DVJJ 12 [1981], 203 hinsichtlich nicht geständiger Beschuldigter; These IV des *Arbeitskreises IV auf dem 19. Dt. Jugendgerichtstag*, DVJJ 13 [1984], 231; Stellungnahme der *Arbeitsgruppe Jugendrecht*, Universität Bremen, zum Arbeitsentwurf eines Gesetzes zur Änderung des Jugendgerichtsgesetzes, 1983, S. 11; eine vom Hamburger Senat eingesetzte *Arbeitsgruppe der Bürgerschaft der Freien und Hansestadt Hamburg*, Drucks. 11/5530, S. 13; *Rautenberg* Zbl 1984, 509; *Müller* DRiZ 1996, 447; a. M. *Böhm* in: Festschrift für Spendel, 1992, S. 782, 783). Der *Arbeitskreis III/2 des 22. Dt. Jugendgerichtstages* hat sich »zur Zeit noch« für eine Eintragung der Einstellung gem. § 45 Abs. 2 ausgesprochen, wobei allerdings die Tilgungsfristen erheblich verkürzt werden sollen (DVJJ-Journal 4/1992, S. 283; s. auch *Böhm* in: Festschrift für Spendel, 1992, S. 782; *Heinz* MschrKrim 1993, 374). Um das Kriterium »Ersttäter« bzw. »Serientäter« prüfen zu können, wird in der Zukunft – in Schleswig-Holstein schon zur Zeit Praxis – eine EDV-gestützte Aktenverarbeitung mit Abfragemöglichkeiten für die jeweils be-

arbeitende Staatsanwaltschaft genügen, die allerdings gesetzlich abgesichert und geregelt werden muß.

§ 45. Absehen von der Verfolgung

(1) Der Staatsanwalt kann ohne Zustimmung des Richters von der Verfolgung absehen, wenn die Voraussetzungen des § 153 der Strafprozeßordnung vorliegen.
(2) Der Staatsanwalt sieht von der Verfolgung ab, wenn eine erzieherische Maßnahme bereits durchgeführt oder eingeleitet ist und er weder eine Beteiligung des Richters nach Absatz 3 noch die Erhebung der Anklage für erforderlich hält. Einer erzieherischen Maßnahme steht das Bemühen des Jugendlichen gleich, einen Ausgleich mit dem Verletzten zu erreichen.
(3) Der Staatsanwalt regt die Erteilung einer Ermahnung, von Weisungen nach § 10 Abs. 1 Satz 3 Nr. 4, 7 und 9 oder von Auflagen durch den Jugendrichter an, wenn der Beschuldigte geständig ist und der Staatsanwalt die Anordnung einer solchen richterlichen Maßnahme für erforderlich, die Erhebung der Anklage aber nicht für geboten hält. Entspricht der Jugendrichter der Anregung, so sieht der Staatsanwalt von der Verfolgung ab, bei Erteilung von Weisungen oder Auflagen jedoch nur, nachdem der Jugendliche ihnen nachgekommen ist. § 11 Abs. 3 und § 15 Abs. 3 Satz 2 sind nicht anzuwenden. § 47 Abs. 3 findet entsprechende Anwendung.

Literatur

Albrecht, H. J. Präventive Aspekte der Verfahrenseinstellung im Jugendstrafrecht, in: Die Einstellung des Strafverfahrens im Jugendstrafrecht, hrsg. von *Walter/Koop*, 1984, S. 51; *Albrecht, P.-A.* (Hrsg.) Informalisierung des Rechts, 1990; *Arbeitsgruppe des Hamburger Senats*, Diversion im Jugendstrafverfahren, Bürgerschaft der Freien und Hansestadt Hamburg, Drucks. 11/5530; *Beckmann* Möglichkeiten zur Diversion im Jugendstrafverfahren in der Praxis der Jugendgerichtshilfe, Zbl 1983, 210; *Bietz* Zur »Diversion« und Funktion der Jugendgerichtshilfe im Rahmen des § 45 JGG, Zbl 1983, 321; *Böhm* Zur sogenannten Staatsanwaltsdiversion im Jugendstrafverfahren, in: Festschrift für Spendel, 1992, S. 777; *Blau/Franke* Diversion und Schlichtung, ZStW 96 (1984), 485; *Bohnert* Die Reichweite der staatsanwaltlichen Einstellung im Jugendstrafrecht, NJW 1980, 1927; *Breymann* Diversion – für wen eigentlich?, Zbl 1985, 14; *ders.* Diversion im Justizalltag. Notizen vom Hindernisparcours, in: Jugendstrafrechtsreform durch die Praxis, hrsg. vom *Bundesministerium der Justiz*, 1989, S. 101; *ders.* Diversion in der Kritik, DRiZ 1997, S. 82; *Dietrich* Diversion: Für wen und durch wen?, in: Jugendstrafrechtsreform durch die Praxis, hrsg. vom *Bundesministerium der Justiz*, 1989, S. 108; *Dirnaichner* Der nordamerikanische Diversionsansatz und rechtliche Grenzen seiner Rezeption im bundesdeutschen Jugendstrafrecht, 1990; *Haase-Schur* Diversion – Aufgaben und Funktion der Jugendgerichtshilfe, in: Jugendstrafrechtsreform durch die Praxis, hrsg. vom *Bundesministerium der Justiz*, 1989, S. 117; *Heinz* Strategien der Diversion in der Jugendgerichtsbarkeit der Bundesrepublik Deutschland, RdJB 1984, 291; *ders.* Diversion im Jugendstrafverfahren, ZStW 104 (1992), 591; *ders.* Neues zur Diversion im Jugendstrafverfahren – Kooperation, Rolle und Rechtsstellung der Beteiligten, MschrKrim 1993, 355; *ders.* Diversion im Jugendstrafrecht und im Allgemeinen Strafrecht, DVJJ-Journal 1998, 245; 1999, 11, 131, 261;

Heinz/Hügel Erzieherische Maßnahmen im deutschen Jugendstrafrecht, hrsg. vom *Bundesministerium der Justiz*, 1987; *Heinz/Spieß* Alternativen zu formellen Reaktionen im deutschen Jugendstrafrecht/Ein Forschungsvorhaben zu §§ 45, 47 JGG und erste Ergebnisse, in: Deutsche Forschungen zur Kriminalitätsentstehung und Kriminalitätskontrolle, hrsg. von *Kerner/Kury/Sessar*, Bd. 6/2, 1983, S. 896; *Heinz/Storz* Diversion im Jugendstrafverfahren der Bundesrepublik Deutschland, 1992; *Herbort* Wer kommt vor das Gericht? Die Entscheidung der Staatsanwaltschaft über Anklage und Einstellung im Jugendstrafverfahren, 1992; *Hering/Sessar* Praktische Diversion/Das »Modell Lübeck« sowie die Diversionsprogramme in Köln, Braunschweig und Hamburg, 1990; *Herrmann* Diversion und Schlichtung in der Bundesrepublik Deutschland, ZStW 96 (1984), 455; *Hilse* Zur Umsetzbarkeit des Diversionsgedankens im Jugendgerichtsgesetz, in: Ambulante Maßnahmen zwischen Hilfe und Kontrolle, hrsg. von *Kury*, 1984, S. 150; *Janssen* Diversion im Jugendstrafrecht als kriminalpolitische Alternative?, Kriminalistik 1985, 208; *Kalpers-Schwaderlapp* Diversion to nothing, 1989; *Karstedt/Henke* Sanktionserfahrungen und Sanktionserwartungen von Jugendlichen. Eine empirische Studie zur Integration von Individual- und Generalprävention, in: Jugendstrafrechtsreform durch die Praxis, hrsg. vom *Bundesministerium der Justiz*, 1989, S. 168; *Kerner* (Hrsg.), Diversion statt Strafe? Probleme und Gefahren einer neuen Strategie strafrechtlicher Sozialkontrolle, 1983; *Köpcke* Fragwürdigkeiten aktueller Diversionsstrategien – zugleich eine Kritik der »Brücke«-Projekte, KrimJ 1982, 289; *Kuhlen* Diversion im Jugendstrafverfahren, 1988; *Löhr* Justizinterne Diversion unter Verzicht auf ambulante Maßnahmen?, in: Neue ambulante Maßnahmen nach dem Jugendgerichtsgesetz (Bielefelder Symposium), hrsg. vom *Bundesministerium der Justiz*, 1986, S. 130; *Ludwig* Diversion: Strafe im neuen Gewand, 1989; *Marks* Es geht auch ohne Anklage/Diversionsmöglichkeiten auf der Ebene der Staatsanwaltschaft im Rahmen des Jugendgerichtsgesetzes, Zbl 1982, 25; *Matheis* Intervenierende Diversion, 1991; *Müller* Diversion im Jugendstrafrecht und rechtsstaatliches Verfahren, DRiZ 1995, 443; *Nothacker* Das Absehen von der Verfolgung im Jugendstrafverfahren (§ 45 JGG), JZ 1982, 57; *Ostendorf* Prävention durch Strafverfahren, in: Handbuch der Kriminalprävention, hrsg. von *Northoff*, 1997, 5.1.2.; *ders.* Formalisierung der entformalisierten Verfahrensbeendigung im Jugendstrafrecht (Diversion)?, in: Festschrift für Böhm, 1999, S. 635; *ders.* Bilanz der Diversion, in: Wieviel Strafe braucht die Gesellschaft?, 2000, S. 92; *Pfeiffer* Diversion – Alternativen zum Freiheitsentzug, Entwicklungstrends und regionale Unterschiede, in: Jugendstrafrechtsreform durch die Praxis, hrsg. vom *Bundesministerium der Justiz*, 1989, S. 74; *ders.* Diversion in Hamburg?, Anlage 1 Bürgerschaft der Freien und Hansestadt Hamburg, Drucks. 11/5530; *Pfohl* Jugendrichterliche Ermahnungen, 1973; *Plewig* Diversion statt Strafe?, KrimJ 1985, 59; *Pohl-Laukamp* Legalitätsprinzip und Diversion, Kriminalistik 1983, 131; *Rautenberg* Eintragung in das Erziehungsregister beim Absehen von der Verfolgung nach § 45 Abs. 2 Nr. 2 JGG?, Zbl 1984, 507; *Rosenkötter* Die Sperrwirkung des jugendrichterlichen Beschlusses nach § 45 Abs. 1 S. 1 JGG, 1970; *Schaffstein* Überlegungen zur Diversion, in: Festschrift für Jescheck, 1985, S. 937; *Schalk* Die Zusammenarbeit zwischen Jugendstaatsanwalt und Jugendgerichtshilfe bei Verfahrenseinstellungen, in: Die Einstellung des Strafverfahrens im Jugendrecht, hrsg. von *Walter/Koop*, 1984, S. 79; *Schumann* Verlust der Rechtstreue der Bevölkerung und des Vertrauens in die Bestands- und Durchsetzungskraft der Rechtsordnung als Folge informeller Erledigungsweisen? Ergebnisse der Generalpräventionsforschung, in: Jugendstrafrechtsreform durch die Praxis, hrsg. vom *Bundesministerium der Justiz*, 1989, S. 154; *Schweckendieck* Die »Einstellung zur Bewährung« nach den §§ 45, 47 JGG, ZRP 1988, 276; *Sessar* Jugendstrafrechtliche Konsequenzen aus jugendkriminologischer Forschung: Zur Trias von Ubiquität, Nichtregistrierung und Spontanbewährung im Bereich der Jugendkriminalität, in: Die Einstellung des Strafverfahrens im Jugendrecht, hrsg. v. *Walter/Koop*, 1984, S. 26; *ders.* Einsatz ambulanter Maßnahmen im Bereich der §§ 45, 47 JGG – Erfahrungen aus dem »Lübecker Modell«, in: Neue ambulante Maßnahmen nach dem Jugendgerichtsgesetz (Bielefelder Symposium), hrsg. v. *Bundesministerium der Justiz*, 1986, S. 116; *Sessar/Hering* Bedeutung und Reichweite pädagogisch gemeinter Verfahrenseinstellungen durch den Jugendstaatsanwalt/Das Beispiel des »Lübecker Modells«, in: Kriminologische Forschung in der Diskussion: Berichte, Standpunkte, Analysen, hrsg. v. *Kury*, 1985, S. 371; *Spieß* Der kriminalrechtliche Umgang mit jungen Mehrfachtätern – Kriminologische Befunde und kriminalpolitische Überlegungen in Fortführung des Diversionsgedankens, in: Diversion als Leitgedanke – über den Umgang mit jungen Mehrfachauffälligen –, hrsg. v. *Walter*, 1986, S. 28; *Spieß/Storz* Informelle Reaktionsstrategien im deutschen Jugendstrafrecht: Legalbewährung und Wirkungsanalyse, in: Jugendstrafrechtsreform durch die Praxis, hrsg. vom *Bundesministerium der Justiz*, 1989, S. 127; *Staeter* Diversion zwischen Theorie und Praxis, Zbl 1984, 498; *Theißen* Die informelle Verfahrenserledigung nach §§ 45, 47 JGG, Zbl 1985, 285; *van den Woldenberg* Diversion im Spannungsfeld zwischen »Betreuungsjustiz« und Rechtsstaatlichkeit, 1993; *Voß* Staatsanwaltschaftliche Entscheidung – Beeinflussung durch systematische Informationserweiterung?, 1993; *Walter* Wandlungen in der Reaktion auf Kriminalität, ZStW 95 (1983), 32; *ders.* Überlegungen zum kriminalrechtlichen Umgang mit jungen Mehrfachauffälligen, in: Diversion als Leitgedanke – über den Umgang mit jungen Mehrfachauffälligen –, hrsg. v. *Walter*, 1986, S. 5; *ders.* Diversionsstrategien und individuelle Rechte der Divertierten, in: Alternativen zur Strafjustiz und die Garantie individueller Rechte der Betroffenen, hrsg. v. *Jung*, 1989, S. 137; *Winterfeld* Das formlose jugendrichterliche Erziehungsverfahren – Förderung sanktionslosen Ungehorsams?, MDR 1982, 273.

(Zu weiteren Literaturhinweisen s. Auswahlbibliographie von *Heinz*, in: »Diversion« im deutschen Jugendstrafrecht, hrsg. vom *Bundesministerium der Justiz*, 1989, S. 65 ff.)

Inhaltsübersicht Rn.
I. Persönlicher Anwendungsbereich 1
II. Sachlicher Anwendungsbereich 2
III. Verfahrenseinstellungen außerhalb des JGG
  1. Einstellungen gem. § 170 Abs. 2 StPO 4
  2. Einstellungen gem. § 153 StPO 5
  3. Einstellungen gem. § 153 a StPO 6
  4. Einstellungen gem. den §§ 153 b Abs. 1; 153 c Abs. 1, 2, 4; 153 d; 153 e Abs. 1; 154 Abs. 1; 154 a Abs. 1; 154 b; 154 c StPO 7
  5. Einstellung gem. § 31 a BtMG und Absehen von der Verfolgung gem. den §§ 38 Abs. 2, 37 Abs. 1 S. 1 und 2 BtMG 8
IV. Absehen von der Verfolgung ohne Zustimmung des Richters
  1. Einstellung wegen Geringfügigkeit (§ 45 Abs. 1) 9
  2. Einstellung wegen Durchführung einer erzieherischen Maßnahme (§ 45 Abs. 2) 11
V. Absehen von der Verfolgung mit Einschaltung des Richters (§ 45 Abs. 3) 17
VI. Rechtsfolgen 20
VII. Rechtsmittel 23

I. Persönlicher Anwendungsbereich

Die Vorschrift gilt in Verfahren gegen Jugendliche, auch vor den für allgemeine Strafsachen zuständigen Gerichten (§ 104 Abs. 1 Nr. 4). Sie gilt ebenso für Verfahren gegen Heranwachsende, wenn Jugendstrafrecht zur Anwendung kommt (s. §§ 105 Abs. 1, 109 Abs. 2, S. 1), und zwar auch vor den für allgemeine Strafsachen zuständigen Gerichten (§ 112 S. 1, S. 2). Zwar knüpft der Gesetzgeber in § 109 Abs. 2 S. 1 an den Richter an (»wendet der Richter Jugendstrafrecht an ...«), so daß die Anwendung für § 45 Abs. 1, 2 in Frage stehen könnte, doch ist der gesetzgeberische Wille eindeutig (s. Grdl. z. §§ 45-47 Rn. 3; s. auch RL Nr. 5 zu § 109; ebenso *Sonnen* in: *D/S/S* § 45 Rn. 1; im Ergebnis ebenso *Brunner/Dölling* § 109 Rn. 5; s. aber auch hier § 105 Rn. 24).

1

II. Sachlicher Anwendungsbereich

§ 45 hat Vorrang vor dem vereinfachten Jugendverfahren (s. RL Nr. 1 S. 3 zu § 76; s. auch Grdl. z. §§ 76-78 Rn. 5 am Schluß).

2

Für das Ordnungswidrigkeitenverfahren ist die Anwendung des § 45 trotz der allgemeinen Verweisung im § 46 OWiG auszuschließen, da sich § 47 OWiG als eine spezielle Einstellungsregelung darstellt und Benachteiligungen Jugendlicher und Heranwachsender, insbesondere auch durch eine Eintragung ins Erziehungsregister, zu vermeiden sind (so überzeugend *Bohnert* Ordnungswidrigkeiten und Jugendrecht, 1989, S. 60; die in der 1. Aufl. vertretene Position einer parallelen Anwendungsmöglichkeit wurde aufgegeben, s. bereits *Ostendorf* JZ 1990, S. 590; ebenso *Eisenberg* NStZ 1991, 451; a. M. *Brunner* § 45 Rn. 38). Es gilt, auch im Ordnungswidrigkeitenrecht das jugendtypische Ausprobieren, die Normalität von Normbrüchen in einer Entwicklungsphase vermehrt zum Anlaß zu sanktionslosen Verfahrensbeendigungen zu nehmen; die grundsätzliche Orientierung an einem Bußgeldkatalog unter Ausblendung des § 47 OWiG erscheint zumindest für Jugendliche nicht hinnehmbar (s. auch § 2 Rn. 6).

3

III. Verfahrenseinstellungen außerhalb des JGG

1. Einstellungen gem. § 170 Abs. 2 StPO

Einstellungen gem. § 170 Abs. 2 StPO aus tatsächlichen oder rechtlichen Gründen haben unbedingten Vorrang (ebenso *Walter* in: Alternativen zur Strafjustiz und die Garantie individueller Rechte der Betroffenen, hrsg. v. *Jung*, 1989, S. 143). Der Verführung, mit einer Einstellung gem. § 45 noch ungelösten Problemen aus dem Weg zu gehen (zur »Prophylaxe fremder Beschwerdemacht« s. *Barton* MschrKrim 1980, 211), muß widerstanden werden, vor allem auch im Hinblick auf die Eintragungspflicht in das Er-

4

ziehungsregister (s. Rn. 22). Der Vorrang der Einstellung gem. § 170 Abs. 2 StPO gilt auch für Zweifel hinsichtlich der strafrechtlichen Verantwortlichkeit gem. § 3 (mißverständlich RL a. F. Nr. 7 zu § 45; a. noch § 32 Abs. 1 JGG 1923, s. Grdl. z. §§ 45-47 Rn. 2; ausführlicher § 3 Rn. 15, 16), zu vormundschaftsrichterlichen Anordnungen gem. § 3 S. 2 s. § 3 Rn. 18. Wenn bei belanglosen Taten eine Weiterermittlung gegen das Verhältnismäßigkeitsprinzip verstoßen würde, ist nach dem Grundsatz »in dubio pro reo« die Einstellung gem. § 170 Abs. 2 StPO zu wählen (a. M. *Rautenberg* Zbl 1984, 508 m. Fn. 16 hinsichtlich § 45 Abs. 1; wie hier *Dallinger/Lackner* § 45 Rn. 10, 20; *Bottke* ZStW 95 [1983], 92; *Bohnert* NJW 1980, 1929; *Eisenberg* § 45 Rn. 8).

2. Einstellungen gem. § 153 StPO

5   Eine Einstellung **unmittelbar** gem. § 153 StPO scheint durch § 45 Abs. 1 nicht nur ausgeschlossen, sondern auch überflüssig. Die selbständige Prüfung ist demgegenüber mit Rücksicht auf die Eintragungspflicht gem. § 60 Abs. 1 Nr. 7 BZRG im Unterschied zu der unmittelbaren Anwendung angebracht und notwendig (s. auch *Miehe* ZStW 97 [1985], 998). Hierfür spricht auch die RL Nr. 5 S. 1 zu § 45 a. F., wo lediglich eine einschränkende Anwendung des § 153 StPO verlangt wird, zumal im Anschluß (S. 2) auf die weitere Einstellungsregel des § 153 a StPO eingegangen wird (a. M. *Rautenberg* Zbl 1984, 509; wie hier *Kaiser* NStZ 1982, 104). In der Rechtslehre wird z. T. danach differenziert, ob eine Zustimmung des Gerichts vorliegt; in diesem Fall soll eine unmittelbare Anwendung des § 153 StPO erlaubt sein, um die Jugendlichen/Heranwachsenden nicht gegenüber den Erwachsenen zu benachteiligen (*Nothacker* JZ 1982, 61; *Eisenberg* § 45 Rn. 10). Darüber hinaus ist § 153 StPO generell Vorrang als der weniger belastenden Maßnahme einzuräumen (ebenso *Bohnert* NJW 1980, 1931; *Kaiser* NStZ 1982, 104; *Bottke* ZStW 95 [1983], 93; *Sonnen* in: D/S/S, 1. Aufl. § 45 Rn. 15; *LG Itzehoe* StV 1993, 537 m. zust. Anm. von *Ostendorf*; a. M. *LG Aachen* NStZ 1991, 450 m. abl. Anm. von *Eisenberg*; *Böhm* in: Festschrift für *Spendel*, 1992, S. 778 ff; *Brunner/Dölling* § 45 Rn. 3; *Diemer* in: D/S/S, 3. Aufl. § 45 Rn. 9; *Burscheidt* S. 75). Eine Vorrangstellung sehen auch die Richtlinien zur Förderung der Diversion bei jugendlichen und heranwachsenden Beschuldigten in Schleswig-Holstein vor (Nr. 2.2, s. DVJJ-Journal 1998, 261; zust. *Breymann* DVJJ-Journal Nr. 132/Sept. 1990, 44; für eine ausnahmsweise Anwendung die Diversionsrichtlinien in Sachsen-Anhalt, B. IV.). Nur wenn aus Präventionsgründen vom Jugendstaatsanwalt eine Eintragung im Erziehungsregister für notwendig erachtet wird, ist gem. § 45 Abs. 1 zu verfahren. Hierfür darf ein fehlendes Geständnis oder die Aussageverweigerung aber kein Kriterium sein. Die Unschuldsvermutung spricht in diesen Fällen mehr dafür, von einer Eintragung abzusehen, die für die Zukunft Nachteile

bringen kann. Bei unmittelbarer Anwendung des § 153 StPO sind die dortigen Zustimmungserfordernisse – abweichend von der Regelung gem. § 45 Abs. 1 – zu beachten (s. auch § 4). Zu den weiteren Voraussetzungen s. Rn. 10.

3. Einstellungen gem. § 153 a StPO

Gegenüber der Einstellung gem. § 45 Abs. 1 u. 2 ist § 153 a StPO die subsidiäre Bestimmung (s. *Nothacker* JZ 1982, 61). Neben § 45 Abs. 3 kann § 153 a StPO zur Anwendung kommen, wenn die in § 45 Abs. 3 aufgeführten Maßnahmen nicht »passen«. So lautete auch die RL a. F. Nr. 5 S. 2 zu § 45 (ebenso *Bottke* ZStW 95 [1983], 94; a. M. *Brunner/Dölling* § 45 Rn. 3 m. w. N.; s. auch *Rieß* in: *Löwe/Rosenberg* § 153 a StPO Rn. 19). Unzulässig ist es aber, die Voraussetzung eines Geständnisses gem. § 45 Abs. 3 mit der Anwendung des § 153 a StPO zu umgehen (so aber *Bohnert* NJW 1980, 1931; *Nothacker* JZ 1982, 62; *Eisenberg* § 45 Rn. 12), mag das Geständnis als Einstellungsvoraussetzung auch noch so zweifelhaft und im § 153 a StPO hierauf aus gutem Grund verzichtet worden sein. Im jugendstrafrechtlichen Einstellungsverfahren verlangt der Gesetzgeber für die in § 45 Abs. 3 vorgesehenen Maßnahmen gleichzeitig das Geständnis; eine andere Auslegung verstößt contra legem. Mit dem Satz, daß Jugendliche in vergleichbarer Verfahrenssituation nicht schlechter als Erwachsene dastehen dürfen, läßt sich eine ausdrücklich gesetzgeberische Schlechterstellung nicht korrigieren (so aber *Nothacker* JZ 1982, 62; offen *Zieger* Verteidigung in Jugendstrafsachen, 3. Aufl., Rn. 147).

6

4. Einstellungen gem. den §§ 153 b Abs. 1; 153 c Abs. 1, 2, 4; 153 d; 153 e Abs. 1; 154 Abs. 1; 154 a Abs. 1; 154 b; 154 c StPO

Die weiteren Einstellungsmöglichkeiten nach der StPO werden nicht von der Sonderregelung in § 45 angetastet; sie bleiben **daneben bestehen**, wobei insbesondere die §§ 154 Abs. 1, 154 a Abs. 1 StPO praktische Bedeutung haben (h. M., s. *Brunner/Dölling* § 45 Rn. 3; *Eisenberg* § 45 Rn. 13-15; z. T. abweichend *Bohnert* NJW 1980, 1930; nachfolgend *Wolf* S. 332). Wenn in der Praxis häufig die Einstellung gem. § 154 StPO als ein Anwendungsfall des § 45 Abs. 2 behandelt wird (s. *Raben* in: Die jugendrichterlichen Entscheidungen – Anspruch und Wirklichkeit, DVJJ, 12 [1981], 193, 194), so ist demgegenüber zu betonen, daß im § 45 Abs. 2 die Maßnahme wegen der Beschuldigtentat ergriffen sein muß, während eine Einstellung gem. § 154 Abs. 1 Nr. 1 StPO erfolgt, weil neben Sanktionen, die gegen den/die Beschuldigte(n) »wegen einer anderen Tat« verhängt wurden oder zu erwarten sind, die zu erwartende Sanktion wegen der Beschuldigtentat nicht beträchtlich ins Gewicht fällt. § 154 StPO ist kein Anwendungsfall des § 45 Abs. 2 (ebenso im Ergebnis eine vom Hamburger Senat eingesetzte *Arbeitsgruppe der Bürgerschaft der Freien und Han-*

7

sestadt Hamburg, Drucks. 11/5530, S. 12; s. auch Richtlinien zur Förderung der Diversion bei jugendlichen und heranwachsenden Beschuldigten in Schleswig-Holstein Nr. 2.2, DVJJ-Journal 1998, 261). Bei vermehrten Ausweisungen von Ausländern/Asylbewerbern wird auch § 154 b vermehrt Bedeutung erlangen.

5. Einstellung gem. § 31 a BtMG und Absehen von der Verfolgung gem. den §§ 38 Abs. 2, 37 Abs. 1 S. 1 und 2 BtMG

8 Mit dem Gesetz zur Änderung des Betäubungsmittelgesetzes, das am 9.9.1992 in Kraft getreten ist (BGBl I, 1593), wurde u. a. der § 31 a BtMG eingeführt, mit dem der Staatsanwaltschaft eine Einstellungskompetenz über § 153 Abs. 1 S. 2 StPO hinaus zugewiesen wird. Nach der Gesetzesbegründung (BT-Drucks. 12/934, S. 5) sollen damit weitreichende Einstellungsmöglichkeiten für die Staatsanwaltschaft in »Konsumentenverfahren« geschaffen werden (s. auch *BVerfG*, Beschluß vom 9.3.1994). Diese Einstellungsnorm hat im Hinblick auf ihre Spezialität Vorrang vor den §§ 45, 47 (mißverständl. *Körner* NJW 1993, 238). Zur Konkretisierung des Begriffs »geringe Menge« sind unterschiedliche Verwaltungsvorschriften ergangen; am weitesten wohl die gemeinsame Richtlinie zur Umsetzung des § 31 a BtMG in Schleswig-Holstein vom 12.5.1993 (Amtsblatt Schleswig-Holstein 1993, 675):
»Die Staatsanwaltschaft sieht in der Regel – auch in Wiederholungsfällen – von der Verfolgung ab, wenn sich Anbau, Herstellung, Einfuhr, Ausfuhr, Durchfuhr, Erwerb, Verschaffen in sonstiger Weise oder Besitz bezieht lediglich auf
– Cannabisprodukte (außer Haschischöl) von nicht mehr als 30 Gramm (Bruttogewicht),
– Kokain und Amphetamine von nicht mehr als 5 Gramm (Bruttogewicht),
– Heroin von nicht mehr als 1 Gramm (Bruttogewicht).«
Die Möglichkeit gem. den §§ 38 Abs. 2, 37 Abs. 1 S. 1 und 2 BtMG mit Zustimmung des Gerichts unter bestimmten Umständen von der Verfolgung abzusehen, wenn der/die Beschuldigte nachweist, daß eine Entziehungsbehandlung durchgeführt wird, bleibt neben § 45 bestehen, ja geht dieser Einstellungsmöglichkeit vor, wenngleich die praktische Umsetzung wegen Fehlens von der Justiz akzeptierter Einrichtungen große Schwierigkeiten bereitet und die Vorschrift mit Rücksicht auf »die Erfordernisse einer wirksamen und zügigen Strafverfolgung« kaum angewendet wird (s. BT-Drucks. 10/843, S. 37). Insoweit darf auch nicht die fehlende Zustimmung des Gerichts durch eine Einstellung gem. § 45 Abs. 2 ersetzt werden (so aber *Nothacker* JZ 1982, 62; wie hier *Brunner/Dölling* § 45 Rn. 48), da hier eine gesetzliche Spezialregelung besteht (s. im einzelnen § 82 Rn. 10, 11). Daneben besteht für das Gericht die Möglichkeit, gem. § 29 Abs. 5

BtMG von einer Bestrafung abzusehen – eine Möglichkeit, die in der Praxis kaum genutzt wird, obwohl die Justiz auch im Drogenbereich zunehmend auf ambulante Sanktionen setzt und gerade auch in den besonders schweren Fällen in die Bewährungsstrafe ausweicht (s. im einzelnen *Dünkel* in: Kriminologie im Spannungsfeld von Kriminalpolitik und Kriminalpraxis, hrsg. v. *Brusten/Häußling/Malinowski*, 1986, S. 251 ff.; s. auch den Fall des *LG Mainz* NStZ 1984, 121; hierzu § 55 Rn. 27).

IV. Absehen von der Verfolgung ohne Zustimmung des Richters

1. Einstellung wegen Geringfügigkeit (§ 45 Abs. 1)

Nach der Umstrukturierung des § 45 im 1. JGGÄndG steht die Einstellung wegen Geringfügigkeit gem. § 45 Abs. 1 i. V. m. § 153 StPO an erster Stelle der jugendstrafrechtlichen Einstellungsgründe; dementsprechend ist dieser Einstellungsgrund primär zu prüfen (zum Vorrang des § 170 Abs. 2 StPO s. Rn. 4, zum Vorrang einer isolierten Einstellung gem. § 153 StPO s. Rn. 5). Es ist dies die weniger belastende Reaktion. Gerade im Jugendstrafverfahren kommt dieser Einstellungsgrund in Betracht, da es sich hier vielfach um Bagatellen handelt und die Straftaten in der Mehrzahl Episodencharakter haben, die keiner weiteren strafrechtlichen Reaktion bedürfen. **Die »Non-intervention« hat Vorrang vor einer Diversion**. Auch wenn keine weiteren Maßnahmen ergriffen werden, ist zu beachten, daß das Ermittlungsverfahren mit seinem ungewissen Ausgang schon Strafcharakter hat. Mit den – ansonsten zu begrüßenden – Diversionsprojekten wird die Gefahr begründet, daß aufgrund des »erzieherischen« Angebots auch darauf zurückgegriffen wird (»net-widening-Effekt«), daß die Einstellung ohne eine Sanktionierung aus den Augen verloren wird; auch für ambulante Maßnahmen kann eine Sogwirkung entstehen (s. Thesen 20, 21 der *Bundesarbeitsgemeinschaft für ambulante Maßnahmen nach dem Jugendrecht* in: Ambulante sozialpädagogische Maßnahmen für junge Straffällige, 2. Aufl., DVJJ 14, 26; s. auch Grdl. z. §§ 45 und 47 Rn. 5; § 10 Rn. 7). Auch das Gleichbehandlungsprinzip von jugendlichen/ heranwachsenden und erwachsenen Angeklagten spricht dafür, diese Einstellungsmöglichkeit immer vorab zu bedenken (ebenso These 7 der *Bundesarbeitsgemeinschaft für ambulante Maßnahmen nach dem Jugendrecht* a. a. O., 22).

9

Abweichend von der Zustimmungsregelung in § 153 StPO gilt für die Einstellung gem. § 45 Abs. 1, daß immer ohne Zustimmung des Jugendrichters eingestellt werden kann. Der Wortlaut ist insoweit eindeutig (ebenso *Dallinger/Lackner* § 45 Rn. 11, 18; *Brunner/Dölling* § 45 Rn. 17; a. M. *Potrykus* § 45 Anm. 8. m. w. N.). Nach der RL a. F. Nr. 6 zu § 45 sollte der Staatsanwalt jedoch in Zweifelsfällen Gelegenheit zur Äußerung geben, bevor er

10

von der Verfolgung absieht (zust. *Dallinger/Lackner* § 45 Rn. 11). Damit wird nicht nur die selbständige Einstellungskompetenz der Staatsanwaltschaft minimiert; einer solchen Verfahrensweise steht auch die Verfahrensökonomie entgegen, die bei der Einstellung wegen Geringfügigkeit auch eine (Neben-)Rolle spielt (s. *Heinz* RdJB 1984, 292). Allerdings kommt diese Einstellung nur bei Vergehen (s. § 4) in Betracht; daneben ist weiter die Geringfügigkeit der Schuld (zu jugendspezifischen Exkulpationen s. § 5 Rn. 5) sowie ein fehlendes öffentliches Interesse an der Verfolgung zu prüfen. Das öffentliche Interesse ist hierbei anders als im Erwachsenenstrafrecht zu konkretisieren, d. h., maßgebend ist insoweit auch hier die Individualprävention, und zwar bestimmend die positive Individualprävention (s. Grdl. z. §§ 1-2 Rn. 4). Generalpräventive Überlegungen sind im Jugendstrafrecht grundsätzlich (zur Ausnahme s. § 17 Abs. 2 2. Alt.) fehl am Platz. Deshalb spricht die Erkenntnis, daß Jugendkriminalität eine vorübergehende Erscheinung ist, die sich regelmäßig selbst reguliert, maßgeblich gegen ein öffentliches Interesse (s. auch *H. E. Löhr* in: Neue ambulante Maßnahmen nach dem Jugendgerichtsgesetz, hrsg. vom *Bundesministerium der Justiz*, 1986, S. 137). Ein Geständnis ist nicht Voraussetzung, sofern der Tat- und Schuldnachweis auf andere Weise geführt werden kann und die/der Beschuldigte nicht widerspricht (ebenso Richtlinien zur Förderung der Diversion bei jugendlichen und heranwachsenden Beschuldigten in Schleswig-Holstein Nr. 2.4, DVJJ-Journal 1998, 261 sowie Diversionsrichtlinien in Berlin, B. I. 3., DVJJ-Journal 1999, 202; s. auch RL Nr. 3 zu § 45; a. M. Richtlinie für Diversionsverfahren im Saarland Nr. 2.2.2, DVJJ-Rundbrief Nr. 130/März 1990, S. 27).

In Betracht kommen somit entsprechend einem Straftatenkatalog der Richtlinien zur Förderung der Diversion bei jugendlichen und heranwachsenden Beschuldigten in Schleswig-Holstein (s. DVJJ-Journal 1998, 262; ähnliche, z. T. nicht so weitgehende Regelungen sind in den anderen Richtlinien enthalten, s. die Zusammenschau bei *Heinz*, DVJJ-Journal 1999, 261):

Allgemeine Straftaten
- alle Fälle, in denen ein Strafgesetz auf § 248 a StGB (»geringwertige Sachen«) verweist;
- Diebstahl (§ 242 StGB), Unterschlagung (§ 246 StGB) und Betrug (§ 263 StGB), wenn die Höhe des Schadens oder der Wert der Sache nicht mehr als etwa 100 DM beträgt (geringer Schaden);
- leichte Fälle von Urkundenfälschung, ggf. in Tateinheit mit Betrug, bei Preisetikettenaustausch (§§ 263, 267 StGB);
- leichte Fälle des Fahrraddiebstahls (§§ 242, 243 StGB);
- leichte Fälle des Automatenaufbruchs (§§ 242, 243 StGB);
- unbefugter Gebrauch eines Fahrzeuges (§ 248 b StGB);
- Hehlerei (§ 259 StGB);

Zweites Hauptstück. Jugendgerichtsverfassung und Jugendstrafverfahren § 45

- Sachbeschädigung (§§ 303, 304 StGB) ohne feste Wertgrenze: entscheidend ist die jugendtypische Motivation oder Situation;
- vorsätzliche Körperverletzung (§§ 223, 224 StGB), bei leichtem Angriff und leichten Folgen sowie bei leichtem Angriff und schweren Folgen, wenn trotz der schweren Folgen aufgrund besonderer Umstände der Schuldgehalt als gering anzusehen ist;
- fahrlässige Körperverletzung (§ 229 StGB);
- leichte Fälle der Nötigung und Bedrohung (§§ 240, 241 StGB);
- Hausfriedensbruch (§ 123 StGB);
- Beleidigung (§ 185 StGB);
- Mißbrauch von Notrufen (§ 145 StGB) und Vortäuschung einer Straftat (§ 145 d StGB), z. B. wenn diese den Charakter eines »Streiches« haben;
- Beförderungserschleichung (§ 265 a StGB);

Verkehrsstraftaten
- Fahren ohne Fahrerlaubnis (§ 21 StVG);
- leichte Verstöße gegen das Pflichtversicherungsgesetz (§§ 1, 6 PflVG) bzw. Kraftfahrzeugsteuergesetz (§§ 1, 4 KfzStG) in Verbindung mit leichten Vergehen gegen die Abgabenordnung (§ 370 AO);
- leichte Fälle des unerlaubten Entfernens vom Unfallort (§ 142 StGB);

Verstöße gegen strafrechtliche Nebengesetze
- geringfügige Vergehen nach dem Waffengesetz, sofern ein Verzicht auf die Rückgabe der sichergestellten Waffen vorliegt;
- geringfügige Verstöße gegen das Urheberrechtsgesetz;
- geringfügige Verstöße gegen das Ausländergesetz und das Asylverfahrensgesetz.

Diese Delikte sollten bei Ersttätern in der Regel eingestellt werden, wobei auch im Wiederholungsfall von der Verfolgung abgesehen werden kann, insbesondere wenn der/die Beschuldigte längere Zeit nicht auffällig geworden ist oder die frühere Straftat im Hinblick auf das geschützte Rechtsgut oder die Art der Tatbegehung mit der Straftat, die Gegenstand des Verfahrens ist, nicht vergleichbar ist (ebenso Richtlinien zur Förderung der Diversion bei jugendlichen und heranwachsenden Beschuldigten in Schleswig-Holstein sowie die vom Hamburger Senat eingesetzte *Arbeitsgruppe* a. a. O.).

Ein Bericht der Jugendgerichtshilfe ist in diesen Fällen der Bagatellkriminalität nicht erforderlich (ebenso *Arbeitsgruppe* a. a. O., S. 14; *Schalk* in: Die Einstellung des Strafverfahrens im Jugendrecht, hrsg. von *Walter/Koop*, 1984, S. 83; *Rein* DVJJ-Journal 1998, 337; s. auch Bericht der *Arbeitsgemeinschaft der obersten Landesjugendbehörden* 1997, auszugsweise wiedergegeben bei *Rein* a. a. O., 342 Fn. 19). Von einer Unterrichtung der Jugendgerichtshilfe sollte daher regelmäßig abgesehen werden, um Bagatellen nicht auf der Verfahrensebene aufzubauschen. Ebenso sind die polizeilichen Ermittlungen im Hinblick auf die »zu erwartenden

Rechtsfolgen« zu begrenzen (s. PDV 382 Ziff. 3.1.2; s. auch *H. Pfeiffer* DVJJ-Journal 1999, 190).

2. Einstellung wegen der Durchführung einer erzieherischen Maßnahme (§ 45 Abs. 2)

11 Gem. § 45 Abs. 2 ist – ebenfalls ohne Zustimmung des Richters – von der Verfolgung abzusehen, wenn erstens eine erzieherische Maßnahme bereits durchgeführt oder eingeleitet ist, zweitens der Staatsanwalt weder eine Beteiligung des Richters gem. § 45 Abs. 3 noch drittens die Erhebung der Anklage für erforderlich hält. Nach dem Wortlaut braucht die erzieherische Maßnahme nur eingeleitet, noch nicht durchgeführt zu sein. Da die Befolgung aber erst den gewollten Effekt erzielen kann, wird regelmäßig zumindest der Beginn der Durchführung abzuwarten sein (s. auch *Eisenberg* § 45 Rn. 19). Abweichend von § 45 Abs. 1 kann nach dieser Vorschrift jedes Delikt, auch ein Verbrechen, eingestellt werden.

12 Die entscheidende Frage für diese Einstellungsmöglichkeit ist neben der Bewertung einer ausreichenden Prävention, wer die erzieherischen Maßnahmen anordnen darf und wie die Jugendgerichtshilfe hierbei zu beteiligen ist. Damit sind die verschiedenen Diversionsmodelle angesprochen, deren Vorreiterposition nicht verdecken darf, daß in der durchschnittlichen Praxis diese Einstellungsmöglichkeit noch zu wenig genutzt wird (s. Grdl. z. §§ 45 und 47 Rn. 7). Eine Anordnungskompetenz haben formal nur Erziehungsberechtigte, d. h. Eltern, Erzieher im Rahmen des KJHG sowie der Vormundschaftsrichter. Auch ohne eine ausdrückliche Anordnungskompetenz sind darüber hinaus alle Maßnahmen, die aufgrund der beschuldigten Straftat getroffen wurden, zu berücksichtigen. Entscheidend ist insoweit die präventive Wirkung, nicht die formale Anordnungsberechtigung (s. auch RL Nr. 3 zu § 45). Wie auch immer die erzieherische Maßnahme zustandegekommen sein mag, maßgebend ist, daß eine weitere strafjustitielle Reaktion überflüssig ist. Dies gilt natürlich auch, wenn hierbei über das erforderliche Maß hinausgegangen wurde. In diesen Fällen sollte von seiten der Jugendstaatsanwaltschaft bzw. der eingeschalteten Jugendgerichtshilfe ein korrigierendes Gespräch geführt werden. Eine andere Frage ist es, ob der beschrittene Weg rechtmäßig war. § 45 Abs. 2 gibt insoweit **keine Kompetenz**, Sanktionen anzuordnen, setzt vielmehr diese Anordnungskompetenz voraus. Dies gilt auch für die Staatsanwaltschaft. Gemäß § 45 Abs. 3 hat sie insoweit nur eine Anregungskompetenz an den Jugendrichter (s. auch *Bohnert* NJW 1980, 1927 m. Fn. 1). Demnach darf auch die Staatsanwaltschaft nicht Sanktionen anordnen; dies gilt auch für andere als in § 45 Abs. 3 angeführte Sanktionen (ebenso jetzt *Dirnaichner* Der nordamerikanische Diversionsansatz und rechtliche Grenzen seiner Rezeption im bundesdeutschen Jugendstrafrecht, 1990,

S. 386, 387, 401 aus verfassungsrechtlicher Sicht, insbesondere im Hinblick auf das richterliche Sanktionsmonopol). Durch § 45 Abs. 2 soll gerade der **informellen Sozialkontrolle Vorrang** vor der formellen Strafkontrolle eingeräumt werden, womit dem Subsidiaritätsprinzip entsprochen wird; dies gilt insbesondere für den Vorrang elterlicher Maßnahmen (s. *Nothacker* S. 345).

In Grenzen ist jedoch der Weg erlaubt, dem/der Beschuldigten die Alternative Weiterverfolgung oder Einstellung nach Durchführung »angeregter« Maßnahmen anzubieten. Eine solche Anregungskompetenz kommt der Staatsanwaltschaft zu (so auch die Begründung S. 24 zum Gesetzesentwurf 1. JGGÄndG, BT-Drucks. 11/5829; RL Nr. 3 zu § 45). Das Fehlen bzw. der Mangel einer Handlungskompetenz Jugendlicher/Heranwachsender speziell sowie allgemein die Drucksituation in einem Strafverfahren begründen aber die Gefahr, daß in Wirklichkeit doch justitieller Zwang ausgeübt, »angeordnet« wird. So ist bei diesem Verfahrensweg immer die Einschaltung der Erziehungsberechtigten und gesetzlichen Vertreter gefordert. Eine Zustimmung ist jedoch formal nicht notwendig, da mit der Sanktions-»Anregung« noch nicht in das Elternrecht hineingeregiert wird (s. aber RL Nr. 3 zu § 45); trotzdem ist ein Einvernehmen anzustreben (s. auch *Eisenberg* § 45 Rn. 20). Auch muß der/die Beschuldigte einverstanden sein. Die Mitwirkung der Jugendgerichtshilfe ist nicht zwingend (ebenso Richtlinien zur Förderung der Diversion bei jugendlichen und heranwachsenden Beschuldigten in Schleswig-Holstein, Nr. 3. 1. 3, DVJJ-Journal 1998, 262; Niedersächsische Diversionsrichtlinien, Nds Rpfl. 1995, 137; das Braunschweiger Projekt, s. *Staeter* Zbl 1984, 402; anders noch die 1. Aufl., § 45 Rn. 13; ebenso das Kölner Projekt, s. *Marks* Zbl 1982, 27); andererseits kann die Jugendgerichtshilfe zur Einleitung und Durchführung von Erziehungsmaßnahmen nach dem KJHG eingesetzt werden. Als staatsanwaltschaftliche Maßnahme kommt vor allem das Ermahnungsgespräch in Betracht, in dessen Rahmen erforderliche Maßnahmen primär von den Eltern getroffen werden (zu diesem – zwischenzeitlich aufgegebenen – Lübecker Modell s. *Pohl-Laukamp* Kriminalistik 1983, 132, 133 sowie *Sessar* in: Neue ambulante Maßnahmen nach dem Jugendgerichtsgesetz, hrsg. vom *Bundesministerium der Justiz*, 1986 S. 116 ff.). Ein solches Ermahnungsgespräch ist zwar nicht ausdrücklich legitimiert und steht in enger Verwandtschaft zu der richterlichen Ermahnung gem. § 45 Abs. 3, ist aber im Hinblick auf die Entstehungsgeschichte der gesetzlichen Neufassung vom Willen des Gesetzgebers und der Teleologie der Diversion gedeckt (s. Begründung S. 24 zum Gesetzesentwurf 1. JGGÄndG, BT-Drucks. 11/5829; wie hier *Albrecht P.-H.* in: Informalisierung des Rechts, hrsg. v. *Albrecht*, 1990, S. 42; *Sonnen* in *D/S/S*, 1.Aufl., § 45 Rn. 21; im Ergebnis auch *Böhm* in: Festschrift für Spendel, 1992, S. 791: »erzieherisches Gespräch«). Eine »Vorführung zur Ermahnung«

13

im Wege einer Vorführung zur Vernehmung (§ 163 a Abs. 3 i. V. m. § 133 Abs. 2 StPO) wäre allerdings nicht nur ungesetzlich, sondern regelmäßig auch präventionsungeeignet (s. auch *Ostendorf* Das Jugendstrafverfahren, 1998, S. 18). Unter Beachtung der gesetzlichen Funktionszuweisung gem. § 45 Abs. 3 dürfen die hier vorgesehenen Maßnahmen nicht von der StA selbständig angeregt werden (ebenso *Walter* ZStW 95 [1983], 61; *Schneider* Prüfe dein Wissen, Jugendstrafrecht/Wirtschaftsstrafrecht/Strafvollzug, 3. Aufl., S. 105; *Nothacker* Jugendstrafrecht, 2. Aufl., S. 15; *Böhm* in: Festschrift für Spendel, 1992, S. 790; *Sonnen* in: *D/S/S*, 1. Aufl., § 45 Rn. 21; wohl auch *Eisenberg* § 45 Rn. 21; weitergehend *Schaffstein/Beulke* § 36 II. 2. sowie *Heinz* DVJJ-Journal 1999, 137, ebenso die 2. Aufl.; enger *van den Woldenberg* Diversion im Spannungsfeld zwischen »Betreuungsjustiz« und Rechtsstaatlichkeit, 1993, S. 156, die selbst Anregungen i. S. des § 45 Abs. 2 ausschließt). Auch wenn der Täter-Opfer-Ausgleich als eine Weisung gem. § 45 Abs. 3 vorgesehen ist, hat der Gesetzgeber das – freiwillige – Bemühen um den Ausgleich mit dem Verletzten gem. § 45 Abs. 2 S. 2 erzieherischen Maßnahmen gleichgesetzt, deren Prüfung im Rahmen der staatsanwaltlichen Diversion zu erfolgen hat. Wird – wie hier (a. M. *Weigend* in: Wiedergutmachung und Strafrechtspraxis, hrsg. v. *Marks/Meyer/Schreckling/Wandrey*, 1993, S. 51; *Diemer* in: *D/S/S* § 45 Rn. 15) – insoweit der Staatsanwaltschaft eine Anregungskompetenz eingeräumt, erfaßt diese Anregungskompetenz auch den Täter-Opfer-Ausgleich (dem entspricht, daß nach dem Gesetz zur verfahrensrechtlichen Verankerung des Täter-Opfer-Ausgleichs pp. v. 20.12.1999, BGBl I, 2491, die StA in Bagatellsachen – § 153 a Abs. 1 S. 7 i. V. m. § 153 Abs. 1 S. 2 StPO – ohne Zustimmung des Gerichts die Weisung zu einem Täter-Opfer-Ausgleich erteilen kann). Es bleiben somit für die staatsanwaltliche Diversion neben dem Ermahnungsgespräch Anregungen zum Täter-Opfer-Ausgleich sowie Anregungen an die Erziehungsberechtigten zu erzieherischen Maßnahmen. Zu beachten bleiben weiterhin vom Jugendamt durchgeführte Maßnahmen gem. § 52 Abs. 2 KJHG (s. aber Rn. 15). Erst recht dürfen nicht rechtswidrige Sanktionen wie die Prügelstrafe verhängt werden (s. *BGHSt* 32, 357; hierzu *Spendel* JR 1985, 485).

Da der Täter-Opfer-Ausgleich aber auch eine eigenständige Sanktion gem. § 10 Abs. 1 S. 3 Nr. 7 darstellt, ist diese erzieherische Maßnahme nicht in Bagatellfällen, sondern bei schon mittelschweren Straftaten einzusetzen. Hierfür ist die Jugendgerichtshilfe einzuschalten, da für einen Täter-Opfer-Ausgleich regelmäßig eine Vermittlung erfolgen muß und hierfür sozialpädagogische Fähigkeiten gefordert sind. Abgesehen von einer rechtlichen Beratung hat die Jugendgerichtshilfe dann den Täter-Opfer-Ausgleich in eigener Kompetenz durchzuführen, sofern nicht freie Träger eingeschaltet werden (Nach einer TOA-Statistik konnten nach einem Ausgleichsgespräch 85 % der jugendstrafrechtlichen Verfahren einvernehmlich abgeschlossen werden, s. *Dölling* u. a., Täter-Opfer-Ausgleich, hrsg. v. Bundesministerium der Justiz, 1998, S.65). Der Täter-Opfer-Ausgleich hat somit im Rahmen des § 45 Abs. 2 noch den weiteren Vorteil der Vermeidung einer Anklageerhebung. Deshalb sollte in jedem Verfahren vor einer Anklageerhebung die Möglichkeit eines Täter-Opfer-Ausgleichs von der Staatsanwaltschaft geprüft werden (s. auch den positiven Modellversuch der Jugendstaatsanwälte bei den Landgerichten Landshut und München I, Projektbeschreibung bei *Görlach* in: Und wenn es künftig weniger werden, DVJJ 17 (1987), 291 ff.). Anregungen an die Staatsanwaltschaft können hierzu sowohl von polizeilicher Seite als auch von seiten der Jugendgerichtshilfe erfolgen: Eine unmittelbare Einschaltung der Jugendgerichtshilfe zum Täter-Opfer-Ausgleich durch die Polizei oder ein eigenständiger Täter-Opfer-Ausgleich durch die Jugendgerichtshilfe ohne eine vorherige Einschaltung der Staatsanwaltschaft sind jedoch nicht erlaubt, da ansonsten ein strafjustitieller Täter-Opfer-Ausgleich durchgeführt würde, ohne daß von zuständiger Seite über die Tatschuld und über die Notwendigkeit eines Täter-Opfer-Ausgleichs entschieden würde (wie hier *Arbeitsgruppe Jugendgerichtshilfe in der DVJJ* DVJJ-Rundbrief Nr. 131/Juni 1990, S. 10; a. M. *Hassebrauck* in: Und wenn es künftig weniger werden, DVJJ 17 (1987), 307; s. auch die Täter-Opfer-Ausgleichs-Empfehlung *der Braunschweiger Polizei*, s. DVJJ-Journal Nr. 132/Sept. 1990, 82). Für eine Einstellung reicht es aus, wenn sich der/die Beschuldigte um den Ausgleich bemüht, womit im Falle eines materiellen Täter-Opfer-Ausgleichs die Aufnahme von Ratenzahlungen genügt. Da der Täter-Opfer-Ausgleich – abgesehen von Pilotprojekten – in der Breite der Strafverfolgung nach wie vor ein Schattendasein fristet (s. *Hartmann* Täter-Opfer-Ausgleich im Spannungsfeld von Anspruch und Wirklichkeit, 1995, S. 186 ff.), ist es empfehlenswert, das Verfahren zu formalisieren (s. hierzu die Rundverfügung des Generalstaatsanwalts in Schleswig-Holstein vom 26.7.1991, SchlHA 1991, 153; ähnlich die »Grundaussagen für einen Täter-Opfer-Ausgleich im Jugendstrafrecht in Rheinland-Pfalz«, Justizblatt 1992, 242 sowie »Täter-Opfer-Ausgleich im Jugendstrafverfahren« in Nordrhein-Westfalen, JMBl. NW 1995, 97).

Ein Geständnis ist für § 45 Abs. 2 – ebenfalls wie für § 45 Abs. 1 – nach dem eindeutigen Wortlaut gerade auch in Abgrenzung zu § 45 Abs. 3 nicht Voraussetzung (a. M. *Brunner/Dölling* § 45 Rn. 24 und *Breymann* Zbl 1985, 16, dessen Hinweis auf ein erst geplantes gesetzgeberisches Verlangen aber schon ein Gegenargument darstellt; wie hier *Bohnert* NJW 1980, 1931; *Eisenberg* § 45 Rn. 18; *Diemer* in *D/S/S* § 45 Rn. 17). Die Gründe, die für das Geständnis gem. § 45 Abs. 3 sprechen, schlagen auch bei einer staatsanwaltschaftlichen »Anregung« nicht durch (so aber *Walter* ZStW 95 [1983], 61; s. auch Rn. 17). Soweit damit ein Schutz des/der Beschuldigten erreicht werden soll (s. *Dallinger/Lackner* § 45 Rn. 23), so ist dem entgegenzuhalten, daß einmal die Geständnisbereitschaft Jugendli-   14 cher sehr groß ist (s. *Hauser* Der Jugendrichter – Idee und Wirklichkeit, 1980, S. 221; *Momberg* MschrKrim 1982, 79 m. Fn. 51) und hier auch falsche Geständnisse zu hören sind (s. allgemein *Peters* Fehlerquellen im Strafprozeß, 1. Bd., 1970, S. 516; 2. Bd., 1972, S. 13; zu den Gründen aus jugendpsychiatrischer Sicht s. *Dauner* in: Festschrift für Stutte, 1979, S. 3; s. auch *Schlothauer* StV 1981, 39 ff.; *Eisenberg* NStZ 1999, 282). Ein andermal zeigen sich gerade auch hier Verweigerungen, sich zum Rechtsbruch zu bekennen, sei es aus Trotz oder aus Scham; mit einer Einstellungsvoraussetzung »Geständnis« würde diesen nicht der Vorteil des § 45 Abs. 2 zugute kommen (s. auch *Nothacker* JZ 1982, 59). Richtig ist allerdings, daß der Nachweis der Schuld eindeutig geführt sein muß. Soweit das Geständnis als Voraussetzung für eine weniger eingriffsintensive Sanktionierung gesehen wird, gelten dieselben Überlegungen. Gerade Jugendlichen fällt es z. T. leichter, Sanktionen zu übernehmen als sich nach außen zur Schuld zu bekennen. Insoweit werden mit § 45 Abs. 1 u. Abs. 2 leichtere Voraussetzungen für eine Diversion aufgestellt als in § 45 Abs. 3.

15 Ein vorgreifendes, autonomes Einschreiten der JGH, um die Voraussetzungen für eine Einstellung zu schaffen, ist aus rechtsstaatlicher Sicht (Unschuldsvermutung, Kompetenzverlagerung) nicht erlaubt; dies gilt auch für »private Anbieter« (ebenso *Dirnaichner* Der nordamerikanische Diversionsansatz und rechtliche Grenzen seiner Rezeption im bundesdeutschen Jugendstrafrecht, 1990, S. 268, 269, 315, 340). Bedenklich ist das Marler-Modell, mit dem im Rahmen des § 45 Abs. 2 die Sanktionskompetenz für die Jugendgerichtshilfe – das Einverständnis der Staatsanwaltschaft wird unterstellt – beansprucht wird (s. hierzu *Beckmann* Zbl 1983, 210 ff.; krit. *Bietz* Zbl 1983, 329). Die Jugendgerichtshilfe übernimmt damit allzusehr die Rolle eines Justizorgans. Die Staatsanwaltschaft muß das Einstellungsverfahren in der Hand behalten, schon um das Gleichbehandlungsprinzip im Sanktionsmaß durchzusetzen. Allein ein sozialpädagogisches Vorgehen löst sich allzu leicht vom eigentlichen Tatvorwurf. Auch wenn gem. § 52 Abs. 2 KJHG n. F. das Jugendamt frühzeitig zu prüfen hat, ob Leistungen der Jugendhilfe in Betracht kommen und durchgeführte Leistungen der Staatsanwaltschaft und dem Gericht zur Prüfung der Einstellungsmöglichkeiten mitzuteilen hat, dürfen diese Leistungen nicht im Hinblick auf die Straftat bzw. zum Zwecke einer Diversion erfolgen. Die Straftat, genauer der Verdacht einer Straftat, kann nur Auslöser für Leistungen i. S. d. § 2 Abs. 2 KJHG sein; entscheidend ist der Bedarf aus der Sicht des Jugendlichen bzw. Heranwachsenden i. S. d. § 1 Abs. 1 KJHG. Keineswegs darf mit dieser Aufgabenzuweisung das Jugendamt die Rolle eines justitiellen Kontrollorgans übernehmen (s. *Laubenthal* Jugendgerichtshilfe im Strafverfahren, 1993, S. 39, 40), auch nicht in der Weise, daß die Diversionsentscheidung der Staatsanwaltschaft vorherbestimmt wird (s. *van den Wol-*

denberg Diversion im Spannungsfeld zwischen »Betreuungsjustiz« und Rechtsstaatlichkeit, 1993, S. 145 ff., 173).

Völlig abzulehnen ist eine »**Polizeidiversion**«, soweit die Maßnahmen nicht präventiv-polizeilicher Natur sind. Als solche kommen in Betracht: die Weisung, das Mofa in einen ordnungsgemäßen Zustand zu versetzen, nachdem es durch einen Ritzelaustausch schneller und damit führerscheinpflichtig gemacht wurde; die Weisung, bei einem Verstoß gegen das Pflichtversicherungsgesetz den Nachweis einer Nachversicherung zu erbringen (so eine vom Hamburger Senat eingesetzte *Arbeitsgruppe der Bürgerschaft der Freien und Hansestadt Hamburg*, Drucks. 11/5530, S. 14). Weiterhin haben Vernehmungen in der Polizeipraxis häufig auch Ermahnungscharakter, wobei die damit angesprochene Drohung als staatliche Reaktion genügen kann. Rechtsstaatswidrig ist es jedoch, wenn nach verschiedenen Modellen der Polizei ausdrücklich die Kompetenz zu derartigen Ermahnungen und zu »Anregungen« für erzieherische Maßnahmen zugesprochen wird. Dies bedeutet eine Kompetenzverlagerung von der Staatsanwaltschaft bzw. dem Gericht auf die Polizei. Ohne daß die Schuld des/der Beschuldigten justitiell festgestellt oder auch nur von der Staatsanwaltschaft geprüft wurde, wird dann bereits von der Polizei eine Sanktion eingeleitet. Dies widerspricht sowohl dem rechtsstaatlichen Gewaltenteilungsprinzip (Art. 20 Abs. 2 GG) als auch der Unschuldsvermutung (Art. 6 Abs. 2 MRK). Zwar braucht der/die Beschuldigte der »Anregung« nicht zu folgen; faktisch wird hier aber auf die Jugendlichen/Heranwachsenden ein Druck ausgeübt, dem sie schwer widerstehen können. Hierbei muß die Gefahr gesehen werden, daß Geständnisse unter Hinweis auf die mögliche Einstellung bzw. das ansonsten drohende förmliche Jugendstrafverfahren »herausgeholt« werden. Tendenziell werden in einzelnen Diversionsrichtlinien wie z. B. in Berlin (Nr. C. I., s. DVJJ-Journal 1999, 203; abl. *Herrlinger* sowie die *Landesgruppe Berlin der DVJJ*, s. DVJJ-Journal 1999, 148) und in Schleswig-Holstein (Nr. 3.1, s. DVJJ-Journal 1998, 261; abl. *Engel* DVJJ-Journal 1998, 257) justitielle Kompetenzen auf die Polzei verlagert und Gefahren einer Vermischung von Ermittlungs- und Sanktionskompetenzen begründet; in Sachsen wurde die ebenfalls beabsichtigte Kompetenzverlagerung auf die Polizei abgewendet (s. Vorbemerkung zu der Dokumentation, DVJJ-Journal 1999, 432). In Niedersachsen wurde der Polizei zwar bei jugendlichen Ersttätern und leichten Delikten die Ermahnung im Rahmen der polizeilichen Vernehmung zugestanden: »Dies allerdings nicht als ›erzieherische Maßnahmen‹ nach dem JGG, sondern als weitere Grundlage der Diversionsentscheidung durch die zuständige Staatsanwaltschaft« (s. Niedersächsische Leitlinie für die polizeiliche Bearbeitung von Jugendsachen vom 7.12.1998, Nr. III. 4., DVJJ-Journal 1999, 208). Dem entspricht der einstimmige Beschluß auf der Justizministerkonferenz 7./9.6.1999 in Baden-   16

Baden: »Die Justizministerinnen und -minister teilen die Ansicht, daß es in vielen Fällen sinnvoll sein kann, bereits im ersten Vernehmungsgespräch normverdeutlichend auf den Jugendlichen einzuwirken. Soweit hierdurch Diversionsentscheidungen präjudiziert werden könnten, bedarf es dabei der Verständigung mit der Staatsanwaltschaft, der die Sachleitungsbefugnis auch im Jugendverfahren obliegt«. Zwar soll auch nach den Diversionsrichtlinien in Berlin und Schleswig-Holstein die ermittelnde Polizeibehörde bei der Staatsanwaltschaft – das kann auch der Bereitschaftsstaatsanwalt sein – nachfragen, ob die von ihr ins Auge gefaßten erzieherischen Maßnahmen dort Zustimmung finden. Auf diesem Wege wird aber faktisch die Entscheidung auf die Ebene der Polizei verlagert, wobei in Berlin dann ein sog. Diversionsmittler, d. h. ein Sozialarbeiter, eingeschaltet wird, der autonom, ohne eine vorherige Eingrenzung durch die Staatsanwaltschaft »erzieherische Maßnahmen durchführt oder einleitet und die Polizei darüber unterrichtet« (wie hier *Heinz* DVJJ-Journal 1999, 141; *Eisenberg* NStZ 1999, 282 Fn. 18: »(Schein-) Legitimation der ministeriellen Übertragung von Sanktionskompetenz z. B. auf die Polizei«; *ders.* § 45 Rn. 20 e; *Diemer* in: *D/S/S* § 45 Rn. 3; s. auch bereits *Ostendorf* SchlHA 2000, 2; s. auch *Böhm* Einführung in das Jugendstrafrecht, S. 105, *Schaffstein/Beulke* § 36 I.; bedenklich die Formulierung in den Thesen des *24. Deutschen Jugendgerichtstages* DVJJ-Journal 1998, 297; zu den unterschiedlichen Positionen auf früheren Jugendgerichtstagen s. *Heinz* MschrKrim 1993, 366 Fn. 81). Die Ermittlungskompetenz und die Sanktionskompetenz liegen bei der Polizeidiversion in einer Hand. Damit wird tendenziell wieder der Inquisitionsprozeß eröffnet. Auch kann die Staatsanwaltschaft in der Praxis diese eingeleiteten Maßnahmen kaum wieder rückgängig machen, wenn sie den Fall anders als die Polizei beurteilt, wenn sie zu dem Ergebnis kommt, daß hier überhaupt keine Straftat vorliegt oder nachzuweisen ist oder daß diese wegen Geringfügigkeit ohne eine weitere Sanktionierung einzustellen gewesen wäre (wie hier *Sessar/Hering* in: Kriminologische Forschung in der Diskussion: Berichte, Standpunkte, Analysen, hrsg. von *Kury*, 1985, S. 407, 411; *Schaffstein* in: Festschrift für Jescheck, 1985, S. 953; s. auch *Brunner/Dölling* § 45 Rn. 12, der aber eine polizeiliche »Ermahnung« für die Einstellung gem. § 45 Abs. 2 nutzen will).

16a Wohl aber sollte die Polizei kooperativ in das Diversionsverfahren in der Weise eingebunden werden, daß von ihrer Seite Vorschläge für die Diversion in den Akten aufgenommen werden; ihre speziellen Kenntnisse vor Ort sollten mit in das Verfahren einfließen. In der Praxis liegen der Staatsanwaltschaft häufig/regelmäßig nur wenige, zu wenige Informationen speziell für die Einstellung des Verfahrens gem. § 45 Abs. 2 vor. Auch sollte die Polizei entsprechende Informationen über durchgeführte bzw. eingeleitete erzieherische Maßnahmen mit Einschluß der Schadenswieder-

Zweites Hauptstück. Jugendgerichtsverfassung und Jugendstrafverfahren § 45

gutmachung bei dem/der Beschuldigten abfragen, wobei diese zuvor über die Bedeutung und ihr Recht, solche Informationen zu verweigern, aufgeklärt werden müssen (s. *Albrecht* in: Informalisierung des Rechts, hrsg. von *Albrecht*, 1990, S. 41; *Heinz* ZStW 104 [1992], 632). Mit Hilfe eines standardisierten Informationsbogens ist in Bielefeld ein entsprechender Modellversuch (Bielefelder Informationsmodell) erfolgreich durchgeführt worden (s. *Voß* Staatsanwaltschaftliche Entscheidung – Beeinflussung durch systematische Informationserweiterung?, 1993, S. 209 ff.). Informationen wurden zu folgenden Kategorien gesammelt: subjektive Stellung zur Tat, erzieherische Wirkung des Verfahrens, das Verhalten des Beschuldigten in der Vernehmung, Schadenswiedergutmachung, erzieherische Reaktionen des sozialen Umfeldes, tatbegünstigendes Verhalten des Opfers, besondere Bemerkungen des vernehmenden Beamten (s. auch Erlaß des Innenministers des Landes Schleswig-Holstein vom 9.3.1992, Az.: 503 a – 32.11; Niedersächsische Leitlinie für die polizeiliche Bearbeitung von Jugendsachen vom 7.12.1998, DVJJ-Journal 1999, 208).

V. Absehen von der Verfolgung mit Einschaltung des Richters (§ 45 Abs. 3)

Im Rahmen der Einstellungsmöglichkeiten gem. § 45 kommt dem sog. formlosen Erziehungsverfahren gem. § 45 Abs. 3 erst der dritte Rang zu, wobei vorab immer auch eine isolierte Einstellung gem. § 153 StPO zu bedenken ist (s. Rn. 5). Hierbei ist der Begriff des »formlosen Erziehungsverfahrens« schon ungenau, da mit der polizeilichen Vernehmung, der Einschaltung der Jugendgerichtshilfe, insbesondere auch mit einem Ermahnungstermin immer auch Förmlichkeiten verbunden sind (s. auch *Walter* ZStW 95 [1983], 60; zur Fragwürdigkeit einer strafenden Erziehung durch die Justiz s. Grdl. z. §§ 1-2 Rn. 4). Formelle Voraussetzungen sind einmal das Geständnis des/der Beschuldigten, ein andermal die Sanktionsanordnung durch den Jugendrichter auf Anregung der Staatsanwaltschaft. Das Geständnis ist als Beweismittel aber auf seine Glaubwürdigkeit zu prüfen, da falsche Geständnisse nicht auszuschließen sind (s. Rn. 14). Geständnisse bei der Polizei, die grundsätzlich hier genügen, sind insoweit zu überprüfen. Insbesondere sind Selbstbeschuldigungen dahin zu prüfen, ob diese nicht bloß jugendliche Aufschneidereien darstellen. Es darf keinen Täter ohne einen Tatnachweis geben (weitergehend *Weigend*, der die Geständnisvoraussetzung »für unvereinbar mit dem im Rechtsstaatsprinzip enthaltenen Verbot eines Zwanges zur Selbstbezichtigung« hält, in: Wiedergutmachung und Strafrechtspraxis, hrsg. v. *Marks/Meyer/ Schreckling/Wandrey*, 1993, S. 55). Die Anregung der Staatsanwaltschaft und die Zustimmung des Jugendrichters sind einmal davon abhängig zu machen, ob eine der im § 45 Abs. 3 **enumerativ** aufgeführten Maßnahmen als die richtige Sanktion anzusehen ist, ein andermal, ob dieses Verfahren

17

ausreichend, aber auch im Vergleich zu den anderen Einstellungsmöglichkeiten notwendig ist. Im einzelnen sind die Ermahnung, die Arbeitsweisung, die Weisung, sich um einen Ausgleich mit dem Verletzten zu bemühen, die Weisung, an einem Verkehrsunterricht teilzunehmen sowie alle Auflagen gem. § 15 Abs. 1 zulässig. Eine Kombination ist erlaubt, regelmäßig aber unzweckmäßig, da damit die Wirkung der einzelnen Maßnahme verblaßt (s. auch § 8 Rn. 7); immer ist das Verhältnismäßigkeitsprinzip zu beachten. Ob die Jugendgerichtshilfe eingeschaltet werden sollte, ist in der Begründung zum 1. JGGÄndG (BT-Drucks. 11/5829, S. 25) offengelassen. Das Anliegen, das Verfahren beschleunigt zu beenden, unnötige Stigmatisierungen bei weiteren Instanzen der sozialen Kontrolle zu vermeiden sowie die Arbeitskraft der Jugendgerichtshilfe für die wirklich betreuungsbedürftigen Fälle zu reservieren, spricht gegen die Einschaltung der Jugendgerichtshilfe in diesen Fällen (s. auch § 70 Rn. 2). In Zweifelsfällen sollte aber die Jugendgerichtshilfe informativ befragt werden; Rechtsgrundlage ist insoweit § 38 Abs. 3 Satz 1, da dann auch ein »ordentliches« Jugendstrafverfahren in Betracht kommt. Als besondere Sanktion außerhalb des Sanktionskataloges, der für Urteile zur Verfügung steht, ist die **Ermahnung** genannt, die aber von der Verwarnung gem. § 14 inhaltlich kaum zu unterscheiden ist (s. aber *Pfohl* Jugendrichterliche Ermahnungen, 1973, S. 23, 24). Da hier Probleme der Rechtskraft nicht auftauchen (s. § 14 Rn. 6-9), ist die Ermahnung nach Möglichkeit mündlich abzusprechen. Bei Aufenthalt in der Bundesrepublik dürfte eine Amtshilfe kaum notwendig werden, da in entsprechender Anwendung des § 42 Abs. 1 Nr. 2 der Richter des jeweiligen Aufenthaltsortes zuständig ist (s. aber *Brunner/Dölling* § 45 Rn. 31; *Eisenberg* § 45 Rn. 26). Bei längerem Auslandsaufenthalt ist angesichts des Zeitablaufs, der gegen die Notwendigkeit einer Sanktionierung spricht, gem. § 45 Abs. 1 das Verfahren einzustellen. Wenn darüber hinaus in der RL Nr. 2 zu § 45 empfohlen wird, die Ermahnung mit anderen Maßnahmen gem. § 45 Abs. 3 zu verbinden, so ist dem zu widersprechen. Als **symbolische Sanktion** verliert sie im Gegenteil ihren Wert, wenn gleichzeitig reale Interesseneinbußen angeordnet werden (s. auch § 14 Rn. 3; wie hier *Eisenberg* § 45 Rn. 26). Hinsichtlich der Geeignetheit ist zu bedenken, daß der Ermahnungstermin für den Richter eine Kleinigkeit ist, für den/die Beschuldigte(n) häufig, wenn nicht in der Regel, eine große Belastung darstellt, auch wenn man hinterher erleichtert aus dem Gerichtsgebäude geht (zu einem insgesamt positiven Ergebnis für die »leichte Kriminalität gutgearteter Jugendlicher« kommt eine Rückfalluntersuchung für Ermahnungen in den Jahren 1961/62, s. *Pfohl* Jugendrichterliche Ermahnungen, 1973, S. 144). Generell ist der **Gefahr** zu begegnen, **im Einstellungsverfahren härter zu reagieren** als mit einer Verurteilung. Eine solche Praxis läßt sich teilweise beobachten; sie wird damit begründet, daß als Ausgleich für den Verzicht auf eine formelle Verurteilung eine materiell schwerere Sanktionierung erforderlich sei. Umgekehrt sprechen die Überlegungen für eine Verfahrenseinstellung auch für eine mildere Sanktionierung.

Der Richter braucht der Anregung des Jugendstaatsanwalts nicht zu folgen; er kann aber das Verfahren nur gänzlich ablehnen, sei es, daß er eine Hauptverhandlung, sei es, daß er eine andere Einstellungsart für erforderlich hält. Wenn er die vorgeschlagene Sanktionierung für falsch hält, so muß sich der Richter mit dem Staatsanwalt einigen oder den Antrag ablehnen. Die entgegengesetzte h. M. führt zu nicht lösbaren Problemen hinsichtlich der Bindungswirkung gem. § 45 Abs. 3 S. 2 (wie hier *Potrykus* § 45 Anm. 6; a. M. *Dallinger/Lackner* § 45 Rn. 28; *Brunner/Dölling* § 45 Rn. 33; *Eisenberg* § 45 Rn. 29). Wenn nämlich der Staatsanwalt wiederum mit der abweichenden Sanktionierung nicht einverstanden ist, so könnte er Anklage erheben, was nicht nur auf seiten des/der Angeklagten auf Unverständnis stoßen müßte. Eine Bindung besteht gem. § 45 Abs. 3 S. 2 nur, wenn der Jugendrichter der Anregung folgt (h. M., s. *Dallinger/Lackner* § 45 Rn. 32, 36; *Brunner/Dölling* § 45 Rn. 37; *Eisenberg* § 45 Rn. 32, a. M. nur *Pentz* NJW 1954, 1352). Die Staatsanwaltschaft hat außerhalb des Urteils ein Mitentscheidungsrecht (s. auch § 47 Abs. 2 S. 1). 18

Eine Aussetzung der Entscheidung gem. § 45 Abs. 2 zur Bewährung ist unzulässig; nur das Absehen von der Verfolgung gem. § 45 Abs. 3 darf auf Frist gesetzt werden, um die Erfüllung von Weisungen oder Auflagen zu kontrollieren. Damit hat sich der frühere Rechtsstreit weitgehend erledigt (s. hierzu *Dallinger/Lackner* § 45 Rn. 39; *Eisenberg* § 45 Rn. 30; *Walter* ZStW 95 (1983), 61; *Potrykus* § 45 Anm. 10; *Kaiser* NStZ 1982, 104; *Schweckendiek* ZRP 1988, 276). Für § 45 Abs. 2 behalten aber die Einwände gegen eine Diversion auf Bewährung (s. 1. Aufl. Rn. 19) ihre Geltung, d. h., für erzieherische Maßnahmen darf keine Bewährungszeit eingeführt werden, abgesehen von der fehlenden Sanktionskompetenz der Staatsanwaltschaft (s. Rn. 12). 19

VI. Rechtsfolgen

Wird das Verfahren gem. § 45 Abs. 1 u. Abs. 2 eingestellt, so soll nach einhelliger Meinung »jederzeit« das Verfahren wieder aufgenommen werden dürfen, ohne daß neue Beweismittel oder Tatsachen vorliegen (s. *Brunner/Dölling* § 45 Rn. 20; *Eisenberg* § 45 Rn. 31 m. w. N.). Auch wenn formal keine Rechtskraft entsteht, da hier keine richterliche Entscheidung getroffen wird, gilt es, im Hinblick auf das Vertrauensprinzip die **Selbstbindung** der staatsanwaltschaftlichen Ermessensentscheidung zu beachten (zust. *Nothacker* Jugendstrafrecht, 2. Aufl., S. 52). Der/die Beschuldigte verläßt sich auf die Einstellung, nachdem gem. § 170 Abs. 2 S. 2 StPO von der Einstellung Bescheid gegeben wurde. Eine neue Anklage allein auf- 20 grund eines personellen Dezernatswechsels wäre mit dem Rechtsstaatsprinzip nicht vereinbar (s. auch § 55 Rn. 13).

21 Wird das Verfahren gem. § 45 Abs. 3 entsprechend der Anregung der Staatsanwaltschaft durchgeführt (zu einer abweichenden Verfahrensweise s. Rn. 18), so ist die Einstellung für die Staatsanwaltschaft zwingend (s. § 45 Abs. 3 S. 2), allerdings nur, wenn der/die Beschuldigte auch den angeordneten Maßnahmen nachkommt. Insoweit hat das 1. JGGÄndG zu einer Klarstellung geführt (zum früheren Rechtsstreit s. 1. Aufl. Rn. 21). Die Staatsanwaltschaft hat deshalb auf die Erfüllung der angeordneten Sanktionen zu warten (s. auch Rn. 19), zumal ein sog. Ungehorsamsarrest gem. § 45 Abs. 3 S. 3 ausgeschlossen ist (s. § 11 Rn. 16). Dieses Verbot kann aber auch als Hinweis darauf verstanden werden, in diesen Verfahren den Versuch einer **kooperativen Sanktionierung** (hierzu *Ostendorf* in: Jugendstrafrechtsreform durch die Praxis, hrsg. v. *Bundesministerium der Justiz*, 1989, 328 ff.; unterstützt von *Kräupl* in: Festschrift für Stree und Wessels, 1993, S. 920; beim *Arbeitskreis V/3 des 22. Deutschen Jugendgerichtstages* wurde dementsprechend die Einführung einer Sanktionsform »Vereinbarung oder Auferlegung von Verpflichtungen« vorgeschlagen, s. DVJJ-Journal 4/1992, S. 290 f.; zum dänischen Modellprojekt »Jugendvertrag« s. *Weber/Matzke* ZfJ 1996, 171) zu wagen, wobei dem/der Beschuldigten ein Vertrauensvorschuß gegeben wird. Wird die Sanktion erfüllt, ist dieser Verfahrensweg sicherlich der bessere gewesen; wird sie nicht erfüllt, mag sich bei dem/der Beschuldigten ein »Siegesgefühl« einstellen, womit aber eine schlechtere Präventionswirkung noch nicht bewiesen ist: Das »schlechte Gewissen« kann länger andauern als ein »Denkzettel« in der Form einer Sanktionsmaßnahme gem. § 45 Abs. 3. Nach der richterlichen Maßregelung **und** der Erfüllung der Sanktionsanordnung bzw. nach der staatsanwaltschaftlichen Einstellungsverfügung (insoweit a. M. *Dallinger/Lackner* § 45 Rn. 32; wie hier *Brunner/Dölling* § 45 Rn. 34) liegt ein Verfahrenshindernis für eine Anklage oder einen Antrag im vereinfachten Jugendverfahren vor. Die Rechtskraft besteht aber nur beschränkt: Gem. § 45 Abs. 3 S. 4 findet § 47 Abs. 3 entsprechende Anwendung, wonach nur aufgrund neuer Tatsachen oder Beweismittel von neuem Anklage erhoben werden kann. Aber auch in einem solchen Fall gilt es aus rechtsstaatlichen Gründen – auch innerhalb der Verjährungszeiten –, einmal getroffene Entscheidungen nicht ohne Not wieder aufzuheben (s. auch § 153 a Abs. 1 S. 4 StPO). Die Nichterfüllung der Weisungen und Auflagen berechtigt nicht, das Verfahren wiederaufzunehmen, wenn die Staatsanwaltschaft von der Verfolgung abgesehen hat (s. § 47 Rn. 14). Immer sind erbrachte Sanktionsleistungen in einer späteren Verurteilung anzurechnen; zuvor ist eine Rückerstattung zu prüfen (s. *BGH* NJW 1951, 894 für das Strafbefehlsverfahren; wie hier *Dallinger/ Lackner* § 45 Rn. 37; *Brunner/Dölling* § 45 Rn. 37; *Eisenberg* § 45 Rn. 32).

Für Einstellungen gem. § 45 besteht eine Mitteilungspflicht an das Erziehungsregister gem. den §§ 20, 59, 60 Abs. 1 Nr. 7 Abs. 2 BZRG; die Mitteilungspflichten gem. § 70 greifen hier aufgrund einer restriktiven Norminterpretation noch nicht ein (s. § 70 Rn. 2; zu der Rechtswidrigkeit weiterer Mitteilungspflichten aufgrund von Verwaltungsvorschriften s. § 70 Rn. 5-7). Nach geltendem Recht (zu rechtspolitischen Änderungsvorschlägen s. Grdl. z. §§ 45 und 47 Rn. 9) ist diese Verpflichtung zwingend. Die Diskussion darüber, ob mit dem Verweis auf § 153 StPO im § 45 Abs. 1 nicht auch auf die Nichteintragung einer Einstellung gem. § 153 StPO verwiesen wird (s. *Sessar* in: Die Einstellung des Strafverfahrens im Jugendrecht, hrsg. v. *Walter/Koop*, 1984, S. 48 Fn. 61; *Eisenberg* § 45 Rn. 39) erübrigt sich, wenn insoweit der isolierten Einstellung gem. § 153 StPO ein Vorrang zuerkannt wird (s. Rn. 5). In der Praxis werden nach einer stichprobenartigen Untersuchung 27 % der Entscheidungen nach § 45 nicht in das Erziehungsregister eingetragen (s. *Heinz/Spieß/Storz*, in: Kriminologische Forschung in den achtziger Jahren, hrsg. von *Kaiser/Kury/Albrecht*, 1988, S. 643 Fn. 13). Nachlässigkeiten und Unkenntnisse auf der Geschäftsstelle müssen hierfür ursächlich gemacht werden. Wird umgekehrt eine Eintragung wegen eines Verfahrensabschlusses gem. § 45 nicht mit Vollendung des 24. Lebensjahres gelöscht (§ 63 Abs. 1 u. 2 BZRG), darf das Verfahren nicht mehr nachteilig berücksichtigt werden (*BGH* StV 1991, 425).

22

VII. Rechtsmittel

Gegen die Entscheidungen gem. § 45 gibt es kein förmliches Rechtsmittel (zum unzulässigen Rechtsweg gem. den §§ 23 ff. EGGVG s. *OLG Hamm* MDR 1983, 255). Auch das Klageerzwingungsverfahren scheidet unter entsprechender Anwendung des § 172 Abs. 2 S. 3 StPO aus, da es sich hier ebenfalls um eine Ermessensentscheidung handelt (h. M., s. *Brunner/Dölling* § 45 Rn. 40; *OLG Braunschweig* NJW 1960, 1214; a. M. *Pentz* NJW 1958, 819). Allerdings ist dieser Rechtsbehelf bei einer Einstellung gem. § 170 Abs. 2 StPO zulässig (a. M. *Brunner* § 45 Rn. 2; wie hier *Eisenberg* § 45 Rn. 41; jetzt auch *Brunner/Dölling* § 45 Rn. 2). Es bleibt somit in Fällen des § 45 nur die Dienstaufsichtsbeschwerde (zu rechtspolitischen Änderungsvorschlägen s. *Ostendorf* in: Festschrift für Böhm, 1999, S. 635 ff.; s. auch Grdl. z. §§ 45 u. 47 Rn. 8).

23

Grundlagen zu den §§ 46 und 54

1. Systematische Einordnung

1 Obwohl die §§ 46 und 54 in zwei verschiedenen Unterabschnitten – Vor- und Hauptverfahren – eingeordnet sind, stellen sie inhaltlich **Parallelbestimmungen** dar: Anklageschrift und Urteil sollen zusammen auf jugendspezifische Belange Rücksicht nehmen.

2. Historische Entwicklung

2 Während § 46 erst mit dem JGG 1953 (s. § 30 a des Entwurfes eines Gesetzes zur Änderung des Reichsjugendgerichtsgesetzes, BT-Drucks. 1/3264) eingeführt wurde, hatte § 54 einen identischen Vorläufer: § 39 JGG 1943.

3. Zielsetzung

3 Die §§ 46 und 54 sind Ausdruck eines traditionellen Erziehungsstrafrechts, das die persönliche »Eigenart« des/der Angeklagten umformen will (s. § 54 Abs. 1 S. 2) und Erziehung als ein autoritatives Unternehmen ansieht, deren Begründung dem/der Jugendlichen nicht mitgeteilt werden muß (s. § 46, § 54 Abs. 2). Ein emanzipatorisches pädagogisches Konzept verlangt demgegenüber eine bei Einbeziehung der Umwelt prinzipielle Respektierung der Persönlichkeit sowie eine Offenlegung der Gründe für bestimmte Erziehungsmaßnahmen. Schon von daher ergeben sich Konsequenzen für eine andere, restriktive Auslegung dieser Normen, abgesehen von der ansonsten begründeten Gefahr der Beschneidung der rechtlichen Gegenwehr.

4. Justizpraxis

4 Aus dem eigenen Erfahrungskreis als Jugendrichter kann berichtet werden, daß sich die Anklagen gegen Jugendliche und Heranwachsende in der Regel kaum von den Erwachsenenanklagen unterscheiden. Der Vorwurf einer juristischen Übertünchung der sozialen Realität bis hin zur Unverständlichkeit gilt deshalb auch hier. Nach Aktenuntersuchungen finden sich in Urteilen trotz des Postulats einer Persönlichkeitsbeurteilung vielfach stereotype Formulierungen und begründungsleere Deklarationen (s. *Wasserburg* Die Jugendstrafe in der Rechtsprechung der LG-Bezirke Frankenthal und Mainz, 1980, S. 184 f.; *Momberg* Die Ermittlungstätigkeit der Jugendgerichtshilfe und ihr Einfluß auf die Entscheidungen des Jugendrichters, 1982, S. 247; *Kreissl* in: Jugendstrafe an Vierzehn- und Fünfzehnjährigen, hrsg. v. *Albrecht/Schüler-Springorum*, 1983, S. 121 ff.)

– ein Ausdruck der Fragwürdigkeit der Strafbegründung überhaupt. Ein Entscheidungsverfahren mit so viel Machtanspruch verführt zu der Darstellung von Unfehlbarkeit.

5. Rechtspolitische Einschätzung

Entsprechend der hier anders formulierten Zielsetzung (s. Rn. 3) sollten die §§ 46 und 54 geändert werden: Das soziale Umfeld des/der Angeklagten ist in der Anklage und im Urteil realistischer wiederzugeben, Begründungen sind individueller abzustimmen und Unsicherheiten in der Beurteilung sind offener darzulegen. Dem stehen Bestrebungen entgegen, auf die Rechtsmittelbelehrung de lege ferenda zu verzichten (s. *Middendorf* Jugendkriminologie, 1956, S. 190; zust. *Hauber/Mayer-Rosa* Zbl 1983, 493). Damit würde jedoch nicht nur ein überholtes Erziehungskonzept fortgesetzt (abl. auch *Eisenberg* § 54 Rn. 44), sondern auch die Interessenwahrnehmung durch den/die Verurteilte(n) in einer rechtsstaatlich nicht mehr akzeptablen Weise beschnitten, indem die realen Interessengegensätze geleugnet werden.

§ 46. Wesentliches Ergebnis der Ermittlungen

Der Staatsanwalt soll das wesentliche Ergebnis der Ermittlungen in der Anklageschrift (§ 200 Abs. 2 der Strafprozeßordnung) so darstellen, daß die Kenntnisnahme durch den Beschuldigten möglichst keine Nachteile für seine Erziehung verursacht.

Inhaltsübersicht	Rn.
I. Persönlicher Anwendungsbereich	1
II. Sachlicher Anwendungsbereich	2
III. Inhalt der Anklageschrift	3
IV. Form der Anklageschrift	5
V. Rechtsmittel	6

I. Persönlicher Anwendungsbereich

1 Die Vorschrift gilt unmittelbar nur für Verfahren gegen Jugendliche vor den Jugendgerichten. Die Anwendung in Verfahren gegen Jugendliche vor den Erwachsenengerichten ist eine Ermessensentscheidung (s. § 104 Abs. 2); sowohl hier wie auch in Verfahren gegen Heranwachsende (s. §§ 109, 112) ist aber kein Grund ersichtlich, weshalb von dieser Bestimmung abgewichen werden sollte (s. auch RL Nr. 2 zu § 46).

II. Sachlicher Anwendungsbereich

2 Die Bestimmung gilt für alle Anklagen, auch für die – mündliche – Nachtragsanklage gem. § 266 StPO; hinsichtlich der Zustimmung des/der Angeklagten (s. § 266 Abs. 1 StPO) ist jedoch die Handlungskompetenz kritisch zu prüfen (s. auch die Bedenken von *Roestel* NJW 1966, 335), wenngleich auch dem/der Jugendlichen/Heranwachsenden regelmäßig an einem »strafrechtlichen Schlußstrich« gelegen ist (s. auch *Brunner/Dölling* § 46 Rn. 9). Der sachliche Anwendungsbereich erstreckt sich auch auf den Antrag im vereinfachten Jugendverfahren (s. RL a. F. Nr. 3 zu § 46). Keinesfalls dürfen unterschiedliche Anklagen für den/die Beschuldigte(n), die Erziehungsberechtigten und gesetzlichen Vertreter (§ 67 Abs. 2), den Verteidiger (§ 145 a Abs. 4 S. 2 StPO) sowie für das Gericht angefertigt werden. Die Vorschrift ist entsprechend für den Schlußvortrag des Staatsanwalts (s. § 258 Abs. 1 StPO) zu beachten (ebenso *Eisenberg* § 46 Rn. 3).

III. Inhalt der Anklageschrift

3 Für den Inhalt der Anklageschrift ist § 200 Abs. 1 StPO bestimmend. Zu den Strafvorschriften, die anzuführen sind, gehören bei Jugendlichen § 3

und bei Heranwachsenden § 105. Von dem verpflichtenden Inhalt kann auch nicht mit Rücksicht auf erzieherische Erwägungen abgewichen werden.

Das wesentliche Ergebnis der Ermittlungen ist gem. § 200 Abs. 2 S. 2 StPO nur darzulegen, wenn die Anklage beim Jugendschöffengericht oder der Jugendkammer erhoben wird. Bereits die Abfassung dieser Vorschrift spricht für eine regelmäßige Darstellung auch bei Anklagen vor dem Jugendrichter. Gerade Jugendliche/Heranwachsende sind auf eine genaue Darstellung der Ermittlungen angewiesen, um den Vorwurf zu verstehen und sich hiergegen zur Wehr setzen zu können (s. auch *Eisenberg* § 46 Rn. 8, 9). Dies gilt erst recht, wenn die beim Jugendrichter erhobene Anklage gem. § 39 Abs. 1 S. 3 zum Jugendschöffengericht verwiesen wird; in einem solchen Fall sollte die Anklage ergänzt werden (ebenso *Brunner/Dölling* § 46 Rn. 5; *Eisenberg* § 46 Rn. 8, 9; s. aber *Roestel* NJW 1966, 335). Der Inhalt des wesentlichen Ergebnisses der Ermittlungen ist nicht näher vorbestimmt, ergibt sich aber aus den Anforderungen für eine Verurteilung. Danach sind die Straftatvoraussetzungen mit den jeweiligen Beweismitteln im einzelnen darzulegen, sodann die für die Rückfall- und Sanktionsprognose bedeutsamen Umstände. Wie weit im letzten Punkt »auszuholen« ist, hängt mit Rücksicht auf das Verhältnismäßigkeitsprinzip vom Tatvorwurf ab. Bei Heranwachsenden ist Stellung zu § 105 Abs. 1 zu nehmen. Abgesehen von der Form dieser Darstellung (s. Rn. 5) kann es notwendig sein, bestimmte Umstände aus der Lebensgeschichte – noch – auszuklammern; so darf der/die Jugendliche nicht aus der Anklageschrift seine/ihre wahre Abstammung erfahren. Zurückhaltung ist auch gerade dann angebracht, wenn der Tatvorwurf bestritten wird und somit sanktionserhebliche Umstände möglicherweise gar keine Rolle spielen werden. Allerdings dürfen solche Rücksichtnahmen nicht zu Einschränkungen für die Verteidigung, zu Überraschungseffekten in der Hauptverhandlung führen (ebenso *Brunner/Dölling* § 46 Rn. 5, 6; *Eisenberg* § 46 Rn. 10). Bedenklich ist es somit, wenn nach der RL Nr. 1 zu § 46 »Einzelheiten über Straftaten gegen die sexuelle Selbstbestimmung oder über kriminelle Methoden und ähnliche Angaben« nicht mitaufgenommen werden sollen (einschränkend auch *Brunner/Dölling* § 46 Rn. 2; *Eisenberg* § 46 Rn. 6); **erst ein detaillierter Vorwurf erlaubt eine detaillierte Verteidigung.** Bei gemeinschaftlichen Anklagen ist auf das Persönlichkeitsrecht des jeweiligen Angeklagten sowie seiner Eltern zu achten. So ist – ohne Einverständnis der Beteiligten – es nicht gestattet, intime Daten aus dem Lebenslauf in die Anklageschrift aufzunehmen und so anderen Personen bekanntzugeben (s. *AG* sowie *LG Berlin* DVJJ-Journal 2000, 85 ff.).

IV. Form der Anklageschrift

5 Entgegen einer vielfach anzutreffenden Praxis (s. Grdl. z. §§ 46 und 54 Rn. 4) ist die Anklageschrift auf das Verständnis des/der Jugendlichen/Heranwachsenden »zuzuschneiden« (s. auch RL Nr. 1 zu § 46). Juristische Fachausdrücke sind in das Umgangsdeutsch zu übersetzen, juristische Sprachgewohnheiten (»Bandwurmsätze«; Substantivierungen) sind aufzugeben (s. auch These C 4 c des *Arbeitskreises I auf dem 18. Dt. Jugendgerichtstag*, DVJJ 12 [1981], 151). Immer gilt es, darauf zu achten, daß das Urteil noch nicht gesprochen ist, sondern nur die Situation des staatsanwaltlichen Verdachts beschrieben wird. Hierbei ist auf die Verpflichtung, auch entlastende Umstände vorzutragen (s. § 160 Abs. 2 StPO), besonders hinzuweisen. Vor allem sind gerade gegenüber Jugendlichen/Heranwachsenden stigmatisierende, moralisierende Wortwendungen zu unterlassen (s. auch *Eisenberg* § 46 Rn. 7). Die Voreingenommenheit im Gerichtssaal beruht nicht selten auf zu »scharfen« Formulierungen in der Anklageschrift.

V. Rechtsmittel

6 Gegen die Anklageschrift als Prozeßakt gibt es kein Rechtsmittel von seiten des/der Angeklagten; nur der Richter kann die Eröffnung des Hauptverfahrens ablehnen. Fehlen aber wesentliche Teile i. S. des § 200 Abs. 1 StPO und werden diese nicht im Eröffnungsbeschluß ergänzt, so ist die Einleitung des Verfahrens unwirksam und das Verfahren selbst einzustellen (s. *Kleinknecht/Meyer-Goßner* § 200 StPO Rn. 26 m. w. N.; *OLG Karlsruhe* StV 1986, 336; *LG Frankfurt* StV 1986, 337). Mängel hinsichtlich des wesentlichen Ermittlungsergebnisses sind wegen der nicht näher bestimmten Form nur wegen Verletzung des fair-trial-Prinzips angreifbar. Insoweit besteht für den Staatsanwalt auch ein Rechtfertigungsgrund für § 186 StGB. Unabhängig von dem Wahrheitsbeweis durch Urteilsspruch kann die Form der Anschuldigung aber eine Beleidigung gem. § 185 StGB darstellen (s. § 192 StGB).

Zweiter Unterabschnitt. Das Hauptverfahren

§ 47. Einstellung des Verfahrens durch den Richter

(1) Ist die Anklage eingereicht, so kann der Richter das Verfahren einstellen, wenn
1. die Voraussetzungen des § 153 der Strafprozeßordnung vorliegen,
2. eine erzieherische Maßnahme im Sinne des § 45 Abs. 2, die eine Entscheidung durch Urteil entbehrlich macht, bereits durchgeführt oder eingeleitet ist,
3. der Richter eine Entscheidung durch Urteil für entbehrlich hält und gegen den geständigen Jugendlichen eine in § 45 Abs. 3 Satz 1 bezeichnete Maßnahme anordnet oder
4. der Angeklagte mangels Reife strafrechtlich nicht verantwortlich ist.

In den Fällen von Satz 1 Nr. 2 und 3 kann der Richter mit Zustimmung des Staatsanwalts das Verfahren vorläufig einstellen und dem Jugendlichen eine Frist von höchstens sechs Monaten setzen, binnen der er den Auflagen, Weisungen oder erzieherischen Maßnahmen nachzukommen hat. Die Entscheidung ergeht durch Beschluß. Der Beschluß ist nicht anfechtbar. Kommt der Jugendliche den Auflagen, Weisungen oder erzieherischen Maßnahmen nach, so stellt der Richter das Verfahren ein. § 11 Abs. 3 und § 15 Abs. 3 Satz 2 sind nicht anzuwenden.

(2) Die Einstellung bedarf der Zustimmung des Staatsanwalts, soweit er nicht bereits der vorläufigen Einstellung zugestimmt hat. Der Einstellungsbeschluß kann auch in der Hauptverhandlung ergehen. Er wird mit Gründen versehen und ist nicht anfechtbar. Die Gründe werden dem Angeklagten nicht mitgeteilt, soweit davon Nachteile für die Erziehung zu befürchten sind.

(3) Wegen derselben Tat kann nur aufgrund neuer Tatsachen oder Beweismittel von neuem Anklage erhoben werden.

Literatur

Siehe die Angaben zu § 45.

§ 47   *Zweiter Teil. Jugendliche*

Inhaltsübersicht   Rn.
  I. Persönlicher Anwendungsbereich   1
 II. Sachlicher Anwendungsbereich   2
III. Verfahrenseinstellungen außerhalb des JGG
     1. Einstellungen im Wege der Klagerücknahme
        gem. § 156 StPO   5
     2. Einstellungen gem. § 203 StPO   6
     3. Einstellungen gem. den §§ 153 ff. StPO   7
     4. Einstellungen gem. den §§ 38 Abs. 2, 37 Abs. 1, 2 BtMG   8
 IV. Voraussetzungen
     1. materielle   9
     2. formelle   11
  V. Rechtsfolgen   14
 VI. Rechtsmittel   16

I. Persönlicher Anwendungsbereich

1 Die Vorschrift gilt für Jugendliche auch in Verfahren vor den für allgemeine Strafsachen zuständigen Gerichten (§ 104 Abs. 1 Nr. 4). Sie gilt ebenso mit Einschränkungen für Verfahren gegen Heranwachsende, wenn Jugendstrafrecht zur Anwendung kommt, und zwar auch vor den für allgemeine Strafsachen zuständigen Gerichten (§§ 105 Abs. 1, 109 Abs. 2 S. 1, 112 S. 1, 2 i. V. m. § 104 Abs. 1 Nr. 4; s. auch RL Nr. 3 zu § 47); über die Nichtanwendbarkeit des § 47 Abs. 1 S. 1 Nr. 4 hinaus ist in diesen Verfahren auch § 47 Abs. 2 S. 4 ausgeschlossen, da insoweit die Ausschlußregelung für § 54 Abs. 2 (s. § 109 Abs. 2 S. 1), wonach die Urteilsgründe dem/der Angeklagten unter denselben Voraussetzungen nicht mitgeteilt werden, entsprechend anwendbar ist: Was für die Urteilsgründe gilt, muß auch für die Einstellungsgründe gelten (s. bereits *Eisenberg* § 47 Rn. 2).

II. Sachlicher Anwendungsbereich

2 § 47 gilt auch in vereinfachten Jugendverfahren, da der Antrag einer Anklageerhebung gleichsteht (§ 76 S. 2). In diesen Fällen bedarf es keiner Zustimmung der Staatsanwaltschaft, wenn sie gem. § 78 Abs. 2 S. 1 nicht an der Hauptverhandlung teilnimmt (s. § 78 Abs. 2 S. 2; s. auch RL Nr. 2 zu § 47); dies gilt selbst dann, wenn die Staatsanwaltschaft bei Antragstellung ausdrücklich einer solchen Einstellung widersprochen hat (s. §§ 76-78 Rn. 12).

3 Die Einstellungsmöglichkeiten bestehen im gesamten Jugendgerichtsverfahren, von der Anklageerhebung (zur Ausnahme für § 47 Abs. 1 S. 1 Nr. 4 s. Rn. 6) bis zum rechtskräftigen Abschluß. Das heißt, die Bestimmung ist auch im Rechtsmittelverfahren anwendbar, und zwar unabhän-

gig davon, ob der Anfechtungsgrund mit der Einstellungsbegründung übereinstimmt (h. M., s. *Dallinger/Lackner* § 47 Rn. 9; *Brunner/Dölling* § 47 Rn. 5; *Eisenberg* § 47 Rn. 6 m. w. N.). Auch wenn aufgrund neuer Tatsachen oder Beweismittel gem. § 47 Abs. 3 von neuem Anklage erhoben worden ist (s. aber auch Rn. 14), kann erneut hiervon Gebrauch gemacht werden (*Dallinger/Lackner* § 47 Rn. 26; *Eisenberg* § 47 Rn. 7).

Im Ordnungswidrigkeitenverfahren gilt ausschließlich § 47 Abs. 2 OWiG trotz der allgemeinen Verweisung in § 46 OWiG. § 47 OWiG stellt sich als eine spezielle Einstellungsregelung dar; eine Anwendung des § 47 könnte zu Benachteiligungen Jugendlicher/Heranwachsender, insbesondere aufgrund einer Eintragung ins Erziehungsregister, führen (wie hier *Bohnert* Ordnungswidrigkeiten und Jugendrecht, 1989, S. 60; die in der 1. Aufl. vertretene Position einer parallelen Anwendungsmöglichkeit wurde aufgegeben, s. bereits *Ostendorf* JZ 1990, S. 590; wie hier jetzt *Brunner/Dölling* § 47 Rn. 6; *Eisenberg* § 47 Rn. 8). Für eine Einstellung gem. § 47 Abs. 2 OWiG bedarf es nicht der Zustimmung der Staatsanwaltschaft, wenn sie nicht an der Hauptverhandlung teilnimmt (§ 75 Abs. 2 OWiG).

III. Verfahrenseinstellungen außerhalb des JGG

1. Einstellungen im Wege der Klagerücknahme gem. § 156 StPO

Vor einer Einstellung gem. § 47 Abs. 1 ist von seiten der Staatsanwaltschaft vorab die Möglichkeit einer Klagerücknahme bis zur Eröffnung des Hauptverfahrens zu bedenken (s. § 156 StPO), wobei im vereinfachten Jugendverfahren die Terminanberaumung der Eröffnung gleichsteht (s. §§ 76-78 Rn. 3). In einem solchen Fall ist das Verfahren entweder gem. § 170 Abs. 2 StPO einzustellen oder es sind die Einstellungsmöglichkeiten vor Klageerhebung zu nutzen (s. im einzelnen § 45 Rn. 4-8). Insbesondere kommt § 45 Abs. 2 Nr. 1 in Betracht, wenn nach Anklageerhebung eine erzieherische Maßnahme nachgewiesen oder angeboten wird (ebenso *Dallinger/Lackner* § 47 Rn. 5; *Eisenberg* § 47 Rn. 4).

2. Einstellungen gem. § 203 StPO

Von seiten des Gerichts ist immer vorab der »hinreichende Tatverdacht« gem. § 203 StPO zu prüfen (s. *Dallinger/Lackner* § 47 Rn. 7; *Brunner/Dölling* § 47 Rn. 3). Dies gilt insbesondere für die Bejahung einer strafrechtlichen Verantwortlichkeit gem. § 3. Wenn auch ansonsten für eine Einstellung gem. § 47 auf einen förmlichen Eröffnungsbeschluß verzichtet werden kann (s. Rn. 13), so muß in einem solchen Fall immer auch eine förmliche Entscheidung getroffen werden, da § 47 Abs. 1 S. 1 Nr. 4 den Eröffnungsbeschluß voraussetzt. Dies folgt aus dem Begriff »der Angeklagte« (s. § 157 StPO) sowie aus dem gesetzgeberischen Ziel, hier jede

Umgehung der – nicht immer leichten – Prüfung des § 3 auszuschließen (ausführlicher s. § 3 Rn. 16 m. w. N.).

3. Einstellungen gem. den §§ 153 ff. StPO

7 Weiterhin kommen neben der Einstellung gem. § 47 Abs. 1 die Einstellungsmöglichkeiten gem. den §§ 153 ff. StPO in Betracht, d. h. die §§ 153 Abs. 2 (a. M. *LG Frankfurt* SjE F3, S. 243), 153 a Abs. 2, 153 b Abs. 2, 153 c Abs. 3, 153 d Abs. 2, 153 e Abs. 2, 154 Abs. 2, 154 a Abs. 2, 154 b Abs. 4, 154 e Abs. 2 StPO. Hierbei haben Einstellungen ohne Sanktionen mit Rücksicht auf das Verhältnismäßigkeitsprinzip generell Vorrang vor einer Einstellung mit Sanktionen; auch ist eine isolierte Anwendung des § 153 StPO, d. h. ohne eine Anknüpfung an § 47 Abs. 1 S. 1 Nr. 1 geboten, wenn eine Eintragung in das Erziehungsregister (s. § 60 Abs. 1 Nr. 7 BZRG) als eine unnötige und unangemessene Reaktion zu werten ist (s. im einzelnen § 45 Rn. 5). Auf § 153 a Abs. 2 StPO ist allerdings nur zurückzugreifen, wenn die im § 45 Abs. 3 aufgeführten Maßnahmen nicht »passen« (s. § 45 Rn. 6; weitergehend *Eisenberg* § 47 Rn. 9; ablehnend *Brunner/Dölling* § 47 Rn. 4).

4. Einstellungen gem. den §§ 38 Abs. 2, 37 Abs. 1, 2 BtMG

8 Die Möglichkeit, vorläufig das Verfahren wegen einer Straftat aufgrund einer Betäubungsmittelabhängigkeit gem. den §§ 38 Abs. 2, 37 Abs. 1, 2 BtMG einzustellen, ist weiterhin als spezielle Einstellungsermächtigung zu prüfen (s. im einzelnen § 45 Rn. 8).

IV. Voraussetzungen

1. materielle

9 Nach Erhebung der Anklage kann das Verfahren aus vier Gründen eingestellt werden. Es ist dies eine Ermessensentscheidung, wobei das Ermessen aus Gründen der Prävention, der geringeren Belastung für den/die Angeschuldigte(n)/Angeklagte(n) und für die Justiz (s. Grdl. z. §§ 45 und 47 Rn. 4) **tendenziell für eine Einstellung** auszuüben ist. Hinsichtlich der Einstellung gem. § 47 Abs. 1 S. 1 Nr. 1 wird auf die Voraussetzungen des § 153 StPO (geringe Schuld und fehlendes öffentliches Interesse) verwiesen (s. § 45 Rn. 9, 10; s. aber auch Rn. 7). Hinsichtlich der Einstellung gem. § 47 Abs. 1 S. 1 Nr. 2 wird auf die Voraussetzungen des § 45 Abs. 2 verwiesen (s. hierzu § 45 Rn. 11-16 a). Diese spezielle Regelung des Täter-Opfer-Ausgleichs verdrängt den § 46 a StGB (§ 2). Hinsichtlich der Einstellung gem. § 47 Abs. 1 S. 1 Nr. 3 wird auf die Voraussetzungen des § 45 Abs. 3 Bezug genommen (s. hierzu § 45 Rn. 17-19). Im letzten Fall ist ein Geständnis Voraussetzung im Unterschied zu den anderen Einstellungs-

möglichkeiten. Hinsichtlich der Einstellung gem. § 47 Abs. 1 S. 1 Nr. 4 kommt es auf die Voraussetzung der strafrechtlichen Verantwortlichkeit gem. § 3 nach Eröffnung des Hauptverfahrens (s. Rn. 6) an (s. hierzu im einzelnen § 3 Rn. 5-11). Wenn allein (s. aber § 3 Rn. 3 am Schluß) die Schuldunfähigkeit gem. § 20 StGB festgestellt wird, so ist schon die Eröffnung des Hauptverfahrens abzulehnen oder im Urteil freizusprechen (s. auch *Brunner/Dölling* § 47 Rn. 10; *Eisenberg* § 47 Rn. 12).

Hinsichtlich der Rangfolge gilt auch hier, daß mit Rücksicht auf das Verhältnismäßigkeitsprinzip – entgegen der Reihenfolge im § 47 Abs. 1 – zunächst die Einstellung wegen fehlender Verantwortlichkeit (§ 47 Abs. 1 S. 1 Nr. 4 i. V. m. § 3), dann die Einstellung wegen Geringfügigkeit (§ 47 Abs. 1 S. 1 Nr. 1 i. V. m. § 153 StPO), dann wegen vorausgegangener Sanktionierung (§ 47 Abs. 1 S. 1 Nr. 2 i. V. m. § 45 Abs. 2) und erst dann die Einstellung mit einer Sanktionierung (§ 47 Abs. 1 S. 1 Nr. 3 i. V. m. § 45 Abs. 3) zu prüfen ist. Der Anwendungsbereich ist wie bei § 45 Abs. 1 abzustecken (s. dort Rn. 9), wobei immer der **strafende Charakter des Verfahrens sowie die Eintragung im Erziehungsregister** zu berücksichtigen sind. Aus diesem Grunde ist auch so früh wie möglich zu entscheiden, um den/die Angeschuldigte(n) nicht unnötig zu belasten (im Ergebnis ebenso *Eisenberg* § 47 Rn. 13; s. auch Rn. 12). Dies gilt zwar auch für die Einstellung gem. § 47 Abs. 1 S. 1 Nr. 4; insoweit sind aber die Ablehnung der Eröffnung des Hauptverfahrens (§ 203 StPO) und der Freispruch in der Hauptverhandlung vorzuziehen, um die stigmatisierende Eintragung im Erziehungsregister zu vermeiden (s. auch § 3 Rn. 16 m. w. N. zur abweichenden h. M.). Bei einer Einstellung bleibt regelmäßig doch etwas von der ethischen Mißbilligung der Tat an dem Täter hängen, obwohl ein Schuldvorwurf hier nicht erhoben werden kann (s. auch Grundlagen zu § 3 Rn. 3). 10

2. formelle

Die Entscheidung über eine Einstellung gem. § 47 Abs. 1 steht dem Richter zu. Sie bedarf der Zustimmung der Staatsanwaltschaft (§ 47 Abs. 2 S. 1; zum Verzicht im vereinfachten Jugendverfahren ohne Teilnahme der Staatsanwaltschaft s. Rn. 2). Eine Zustimmung des/der Angeschuldigten/Angeklagten ist nicht erforderlich; dies folgt aus der Unanfechtbarkeit (s. § 47 Abs. 2 S. 3; s. auch *BVerfG* v. 21. 1. 1983, Az. 2 BvR 92/83, zit. nach *Brunner/Dölling* § 47 Rn. 14). Die Zustimmung der Staatsanwaltschaft ist als Prozeßhandlung unwiderruflich und bedingungsfeindlich. Im Falle einer vorläufigen Einstellung ist die diesbezügliche Zustimmung nicht korrigierbar. Möglich ist aber, daß die Zustimmung im Falle einer geplanten Einstellung gem. § 47 Abs. 1 S. 1 Nr. 2 u. 3 nur für die Anordnung konkreter Maßnahmen erteilt wird (*OLG Hamm* MDR 1977, 949, 950 für § 153 a StPO; *Eisenberg* § 47 Rn. 19). 11

12 Die in der Praxis teilweise schon seit den dreißiger Jahren praktizierte (s. *Hoefer* Bewährungsfrist vor dem Urteil, 1931, S. 14 ff.; *Clostermann* DJ 1938, 827 ff.; a. M. aber noch zuletzt *LG Berlin* NStZ 1987, 560 m. abl. Anm. von *Eisenberg*) und in der Rechtslehre ganz überwiegend akzeptierte (*Dallinger/Lackner* § 47 Rn. 18, 19; *Raben* in: Die jugendrichterlichen Entscheidungen – Anspruch und Wirklichkeit, DVJJ 12 (1981), 198; *Böhm* Einführung in das Jugendstrafrecht, 2. Aufl., S. 69; *Schweckendieck* ZRP 1988, 276 ff.) »Einstellung zur Bewährung« hat mit dem 1. JGG-ÄndG ihre gesetzliche Grundlage erhalten. Neben der Aussetzung des Verfahrens gem. den §§ 202, 228 StPO wird gem. § 47 Abs. 1 S. 2 die vorläufige Einstellung erlaubt, damit der/die Jugendliche innerhalb einer vom Gericht festgesetzten Frist, die 6 Monate nicht übersteigen darf, Auflagen, Weisungen oder erzieherische Maßnahmen nachkommt. In der Begründung zu der Gesetzesänderung heißt es (BT-Drucks. 11/5829, S. 26): »Dem Bedürfnis der Praxis trägt die neue Regelung in Abs. 1 S. 2 Rechnung. Sie erfolgt auch aus der Befürchtung heraus, daß andernfalls die Erfüllung sinnvoller erzieherischer Maßnahmen vom Richter nicht mehr kontrolliert werden kann und er allein aus diesem Grund von einer Einstellung absieht.« Mit der Erweiterung der Einstellungsmöglichkeiten um die »Einstellung zur Bewährung« geht aber gleichzeitig auch eine Ausdehnung der Kontrolle einher. Damit wird zugleich dem Ziel einer informellen und schnellen Erledigung des Verfahrens entgegengewirkt. Trotz der gesetzgeberischen Erlaubnis ist daher zunächst der Versuch einer **kooperativen Sanktionierung** zu bedenken, anstatt einem Sanktionsperfektionismus nachzulaufen (s. § 45 Rn. 21). Der Verzicht auf einen Erziehungszwang durch den sogen. Ungehorsamsarrest wird ansonsten allzu schnell unterlaufen.

13 Die Einstellung gem. § 47 Abs. 1 erfolgt durch Beschluß, auch in der Hauptverhandlung (s. § 47 Abs. 2 S. 2). Im Ermittlungsverfahren braucht nicht gleichzeitig die Eröffnung des Hauptverfahrens gem. § 203 StPO beschlossen zu werden, wenngleich die Voraussetzungen hierfür zu prüfen und zu bejahen sind (s. Rn. 6). Auf die Förmlichkeit soll möglichst verzichtet werden. Der Beschluß ist zu begründen (§ 47 Abs. 2 S. 3). Von der Möglichkeit, diese Gründe aus erzieherischer Rücksichtnahme dem/der Angeschuldigten/Angeklagten nicht mitzuteilen (§ 47 Abs. 2 S. 4), sollte nur ausnahmsweise Gebrauch gemacht werden (a. M. *Brunner/Dölling* § 47 Rn. 14; einschränkend *Eisenberg* § 47 Rn. 23). Ansonsten wird dies für den/die Jugendliche(n) – für Heranwachsende gilt diese Bestimmung nicht (s. Rn. 1) – zu einer unverständlichen, autoritären Entscheidung. Gerade erzieherische Gründe sprechen dafür, die Begründung mitzuliefern. Dies gilt auch für eine Einstellung gem. § 47 Abs. 1 S. 1 Nr. 4, wenngleich die Darstellung nicht immer leicht ist. Das Unrecht der Tat kann aber auch in diesen Fällen vermittelt werden. Allerdings darf die Begrün-

dung der fehlenden Verantwortlichkeit nicht zu einer Entwürdigung des/ der Angeklagten ausarten. Der Beschluß ist mit einer Kostenentscheidung zu verbinden, in der auch über die notwendigen Auslagen zu entscheiden ist (§ 464 Abs. 1, 2 StPO). Gemäß § 467 Abs. 1 StPO hat hierbei der Staat die Kosten und die notwendigen Auslagen zu tragen; nur bei einer Einstellung gem. § 47 Abs. 1 S. 1 Nr. 1, 2 u. 3 kann gem. § 467 Abs. 4 StPO davon abgesehen werden, die notwendigen Auslagen des/der Angeschuldigten/Angeklagten der Staatskasse aufzuerlegen. Diese Möglichkeit besteht nicht für eine Einstellung gem. § 47 Abs. 1 S. 1 Nr. 4, da hier in Wirklichkeit keine Ermessensentscheidung ergeht: Würde das Verfahren nicht eingestellt, müßte freigesprochen werden (s. *Brunner/Dölling* § 47 Rn. 14; ebenso *Eisenberg* § 47 Rn. 22). Mit Rücksicht darauf, daß im Jugendstrafverfahren Kosten regelmäßig nicht zu einer Belastung für den/ die Angeklagte(n) führen sollen (s. § 74 Rn. 6, 7, 11), ist von der Möglichkeit gem. § 467 Abs. 4 StPO nur ganz ausnahmsweise Gebrauch zu machen. Bei einer vorläufigen Einstellung ist die Kostenentscheidung im abschließenden Beschluß zu treffen.

V. Rechtsfolgen

Der Einstellungsbeschluß gem. § 47 Abs. 1 S. 1 ist endgültig (s. aber Rn. 12). Er ist zwingend, wenn zunächst Maßnahmen gem. § 47 Abs. 1 S. 2 angeordnet und diese auch tatsächlich durchgeführt wurden; eine Fortsetzung des Verfahrens aufgrund neuer Erkenntnisse ist nicht erlaubt – Gegenschluß aus § 47 Abs. 3 (ebenso *Dallinger/Lackner* § 47 Rn. 26; *Brunner/Dölling* § 47 Rn. 16; *Eisenberg* § 47 Rn. 24). Nur wenn neue Tatsachen oder Beweismittel bekanntwerden, kann wegen derselben Tat von neuem Anklage erhoben werden. Insoweit besteht nur eine **beschränkte Rechtskraft**, und es gelten die Grundsätze zu § 211 StPO, d. h., es müssen neue Tatsachen oder Beweismittel von so erheblicher Bedeutung vorliegen, daß sie der bisherigen rechtlichen Beurteilung der Tat die Grundlage entziehen. Änderungen in der Täterbeurteilung auch aufgrund neuer Tatsachen oder Beweismittel scheiden für eine Neuanklage mit Rücksicht auf das Verbot der Doppelbestrafung gem. Art. 103 Abs. 3 GG aus. Auch das Verfahren mit einer Einstellung ohne weitere Maßnahmen hat Sanktionscharakter. Die bisher angeklagte Tat muß für eine erneute Anklage in der rechtlichen Wirklichkeit eine ganz andere sein; eine falsche Rechtsauffassung genügt nicht (im Ergebnis ebenso *Brunner/Dölling* § 47 Rn. 16; *Eisenberg* § 47 Rn. 24; s. auch *BGHSt* 18, 225 für § 211 StPO). Allerdings brauchen diese Neuigkeiten nur für das Gericht zu bestehen (s. *BGHSt* 7, 66 für § 211 StPO). Insbesondere scheidet für eine Neuanklage eine schlechte Führung nach dem Einstellungsbeschluß aus (wie hier *Dallinger/Lackner* § 47 Rn. 25; *Brunner/Dölling* § 47 Rn. 16; *Eisenberg* § 47 Rn. 24; a. M. *Potrykus* § 47 Anm. 8; *Schaffstein* S. 162). Ebenso ist es nicht zulässig, mit einer neuen Anklage zu reagieren, wenn keine vorläufige Einstellung gem. § 47 Abs. 1 S. 2 angeordnet, sondern gem. § 47 Abs. 1 S. 1 verfahren wurde und wenn die im Einstellungsbeschluß angeordneten Maßnahmen gem. § 47 Abs. 1 S. 1 Nr. 3 nicht durchgeführt werden (*Dallinger/Lackner* § 47 Rn. 25; *Brunner/Dölling* § 47 Rn. 16; *Eisenberg* § 47 Rn. 24; *Böhm* Einführung in das Jugendstrafrecht, 2. Aufl., S. 87; a. M. *Potrykus* § 47 Anm. 5; *Schaffstein* S. 162). Der Ausweg, in solchen Fällen den »Ungehorsamsarrest« anzuordnen (so *Winterfeld* MDR 1982, 273), ist mit der Einführung des § 47 Abs. 1 S. 5 ausdrücklich untersagt; diese Einführung hat allerdings nur klarstellenden Charakter (s. 1. Auflage Rn. 14).

15 Zu den erforderlichen Mitteilungen S. § 45 Rn. 20.

VI. Rechtsmittel

16 Gemäß § 47 Abs. 2 S. 3 ist der Einstellungsbeschluß **als Ermessensentscheidung nicht anfechtbar**. Eine Beschwerdemöglichkeit (§ 304 StPO) besteht für die Staatsanwaltschaft nur, wenn ohne ihre Zustimmung und damit entgegen § 47 Abs. 2 S. 1 entschieden wurde (s. *Brunner/Dölling* § 47 Rn. 14 m. w. N.; *Eisenberg* § 47 Rn. 26). Dies gilt auch, wenn die Zustimmung nur für bestimmte Maßnahmen gem. § 47 Abs. 1 S. 1 Nr. 3 gegeben wurde (s. *OLG Hamm* MDR 1977, 949, 950 zu § 153 a Abs. 2 StPO). Ebenso ist eine Beschwerde, soweit eine Beschwer vorliegt, zulässig, wenn die Einstellung mit einer in den §§ 47 Abs. 1 S. 1 Nr. 3, 45 Abs. 3 S. 1 nicht genannten Maßnahme verbunden wird (*LG Krefeld* NJW 1976, 815; *Eisenberg* § 47 Rn. 26) oder die Einstellung wegen Geringfügigkeit gem. § 47 Abs. 1 S. 1 Nr. 1 bei einem Verbrechen erfolgt (s. *OLG Celle* NdsRPfl 1966, 178 zu § 153 Abs. 3 StPO a. F.). Lediglich die Ermessensentscheidung ist nicht überprüfbar; wohl aber können die rechtlichen Voraussetzungen überprüft werden.

Grundlagen zu § 47 a

1. Systematische Einordnung

Mit § 47 a wird § 269 StPO für die Abgabe eines Verfahrens vom Jugendgericht zu einem Gericht, das für allgemeine Strafsachen zuständig ist, ergänzt. Die Vorschrift stellt damit eine Zuständigkeitsregelung dar, die inhaltlich § 225 a StPO entspricht.

2. Historische Entwicklung

Die Vorschrift wurde – wie sich aus dem Buchstabenzusatz ergibt – später eingefügt, und zwar durch das StVÄG vom 5. 10. 1978 (BGBl I, 1645). Bis dahin galt, daß das Verfahren an ein gleich- oder höherrangiges Erwachsenengericht abgegeben werden konnte (s. *Dallinger/Lackner* § 33 Rn. 26 m. w. N.). Die neue Regelung beruht auf der Fiktion des § 209 a Nr. 2 StPO, wonach die Jugendgerichte für Entscheidungen über die funktionelle Zuständigkeit gegenüber den für allgemeine Strafsachen zuständigen Gerichten gleicher Ordnung als Gerichte höherer Ordnung gelten.

3. Gesetzesziel

Ziel der Vorschrift ist es, das Verfahren, das bereits bis zur Eröffnung der Hauptverhandlung geführt wurde, nicht durch eine Abgabe hinauszuzögern, wobei den Jugendgerichten auch die Kompetenz zugewiesen wird, über Erwachsene zu entscheiden. § 6 StPO wird insoweit eingeschränkt.

4. Justizpraxis

Es kann davon ausgegangen werden, daß die Vorschrift auch eingehalten wird, da erfahrungsgemäß innerhalb der Justiz auf die Zuständigkeit sehr geachtet wird. Eine Unzuständigkeit wird regelmäßig vorher auffallen.

5. Rechtspolitische Einschätzung

Die verfahrensbeschleunigende Regelung ist zu begrüßen.

§ 47 a. Vorrang der Jugendgerichte

Ein Jugendgericht darf sich nach Eröffnung des Hauptverfahrens nicht für unzuständig erklären, weil die Sache vor ein für allgemeine Strafsachen zuständiges Gericht gleicher oder niedrigerer Ordnung gehöre. § 103 Abs. 2 Satz 2, 3 bleibt unberührt.

Inhaltsübersicht

	Rn.
I. Persönlicher Anwendungsbereich	1
II. Sachlicher Anwendungsbereich	3
III. Voraussetzungen	4
IV. Rechtsmittel	6

I. Persönlicher Anwendungsbereich

1 § 47 a gilt in Verfahren gegen Jugendliche und Heranwachsende (s. § 109 Abs. 1 S. 1).

2 Die Vorschrift gilt grundsätzlich auch, wenn Verfahren gegen Jugendliche/Heranwachsende mit Verfahren gegen Erwachsene verbunden sind (s. § 103 Abs. 2 S. 1); ausgenommen sind Verfahren, die gem. § 103 Abs. 2 S. 2 zur Zuständigkeit der Wirtschaftsstrafkammer oder Strafkammer nach § 74 a GVG gehören (s. § 47 a S. 2).

II. Sachlicher Anwendungsbereich

3 Die Vorschrift findet nur in Verfahren vor Jugendgerichten Anwendung, in denen über die Eröffnung des Hauptverfahrens zu entscheiden ist, d. h. nicht im vereinfachten Jugendverfahren; dieses ist nicht einmal gegen Heranwachsende durchführbar (§ 109) und auch nicht gegen Jugendliche vor den für allgemeine Strafsachen zuständigen Gerichten (§ 104). Wenn ein Termin zur Hauptverhandlung anberaumt wurde, der der Eröffnung des Hauptverfahrens gleichsteht (s. §§ 76-78 Rn. 3), so kann das Verfahren bis zur Verkündung des Urteils abgelehnt werden (s. § 77 Abs. 1 S. 1, 2).

III. Voraussetzungen

4 Voraussetzung für das Verweisungsverbot gem. § 47 a ist die Eröffnung des Hauptverfahrens gem. § 203 StPO; vorher gelten die §§ 209 Abs. 1 i. V. m. § 209 a Nr. 2 a (s. § 33-33 b Rn. 10). Nach Beginn der Hauptverhandlung gilt Entsprechendes gem. § 270 StPO. Eine Abgabe gem. § 47 a S. 2 i. V. m. § 103 Abs. 2 S. 2, 3 ist nur möglich, wenn der/die Angeklagte

den Einwand der Unzuständigkeit bis zum Beginn der Vernehmung geltend gemacht hat (§ 6 a S. 3 StPO).

Wird ein bei der Eröffnung des Hauptverfahrens verbundenes Verfahren gegen Jugendliche/Heranwachsende und gegen Erwachsene getrennt, so gilt die Bestimmung des § 47 a weiter, d. h., eine Abgabe an ein Erwachsenengericht gleicher oder niedriger Ordnung ist nicht erlaubt (*BGH* MDR 1982, 244; *BayObLG* MDR 1980, 958; *Brunner/Dölling* § 47 a Rn. 6; *Eisenberg* § 47 a Rn. 8). Scheidet der/die Jugendliche/Heranwachsende im Rechtsmittelverfahren aus, so verbleibt es ebenso bei der Zuständigkeit der Jugendgerichte (ebenso *Brunner/Dölling* § 47 a Rn. 6 m. w. N.; s. auch § 41 Rn. 8; für den Fall der Zurückverweisung s. aber § 103 Rn. 14). 5

IV. Rechtsmittel

Wird das Verfahren entgegen § 47 a vom Jugendgericht an ein Erwachsenengericht niedrigerer Ordnung abgegeben, so ist dieser Gesetzesverstoß bei einer Anfechtung von Amts wegen zu prüfen (§ 6 StPO) und bedarf nicht der Rüge gem. § 338 Nr. 4 StPO (ebenso *Eisenberg* § 47 a Rn. 9). Wird das Verfahren unter Verstoß gegen § 47 a an ein Erwachsenengericht gleicher Ordnung abgegeben, so ist die Revision gem. § 338 Nr. 4 StPO zu begründen; eine Prüfung von Amts wegen scheidet wegen der funktionellen Verbindung von Jugend- und Erwachsenenstrafgericht aus (ausführlich § 33-33 b Rn. 9). Hier fehlt es aber regelmäßig an einer Beschwer. 6

Wird entsprechend § 47 a verfahren, ist die Anfechtung immer unbegründet, da hiermit eine neue Zuständigkeit begründet wird (s. § 33-33 b Rn. 9). 7

Grundlagen zu den §§ 48-51

1. Systematische Einordnung

1   Mit den §§ 48-51 werden für das Hauptverfahren im Jugendstrafprozeß Sonderregelungen getroffen: Die prinzipielle Nichtöffentlichkeit gem. § 48, der Verzicht auf eine Vereidigung gem. § 49, die erweiterte Anwesenheitspflicht gem. § 50 mit einer ebenfalls erweiterten Ausschlußmöglichkeit gem. § 51.

2. Historische Entwicklung

2   Das Prinzip der Nichtöffentlichkeit wurde bereits mit § 23 des JGG 1923 aufgestellt – schon vorher verlangt in einem Gesetzesentwurf aus dem Jahre 1912 unter Federführung von *v. Liszt* (s. § 480 i Abs. 2 des Antrages Nr. 198, Verhandlungen des Reichstages, Bd. 298, Anlagen zu den stenografischen Berichten, S. 203, 204). Im JGG 1943 wurden die Nichtöffentlichkeit, die Anwesenheitspflicht sowie der zeitweilige Ausschluß in den §§ 32-34 geregelt. Die heutigen Bestimmungen sind hiermit weitgehend identisch. Der Vereidigungsverzicht wurde erst mit dem JGG 1953 aufgenommen; gleichzeitig wurde klargestellt, daß auch die Verkündung des Urteils nicht öffentlich erfolgt (s. Begründung zu dem Entwurf eines Gesetzes zur Änderung des Reichsjugendgerichtsgesetzes, BT-Drucks. 1/3264, S. 46). Seitdem sind nur geringfügige redaktionelle Änderungen erfolgt. Mit dem 1. ÄndG zum JGG wurden die Anwesenheitsrechte in der Hauptverhandlung geändert (§ 48 Abs. 2) sowie neue Anhörungspflichten aufgestellt (§ 50 Abs. 4).

3. Gesetzesziel

3   Bei den §§ 48-51 konkurrieren mehrere Gesetzesziele miteinander: Persönlichkeitsschutz, Wahrheitsermittlung, Prävention. Im Vordergrund steht der Persönlichkeitsschutz des/der Angeklagten. Insbesondere das Nichtöffentlichkeitsprinzip des § 48 sowie die erweiterte Anwesenheitspflicht gem. § 50 dienen diesem Anliegen. Wenn demgegenüber als Begründung für die Anwesenheitspflicht gem. § 50 Abs. 1 die Persönlichkeitserforschung herausgestellt wird (s. *Brunner/Dölling* § 50 Rn. 1; RL Nr. 1 zu § 50; s. auch *Eisenberg* § 50 Rn. 15, andererseits Rn. 11), so ist dem entgegenzuhalten, daß es in gleicher Weise um den Schutz des/der Angeklagten geht, da man sich in Abwesenheit schlecht wehren kann, und um eine Prozeßführung, die eine strafrechtliche Reaktion dem/der Angeklagten verständlich macht. Zusammenfassend kann die Zielsetzung als **jugendspezifische Kommunikation** definiert werden (überzogen *Härringer* in: Kriminologie und Vollzug der Freiheitsstrafe, hrsg. von *Würten-*

berger, 1961, S. 176: »große pädagogische Chance«). Mit den §§ 48-51 soll eine Diskussion im Gerichtssaal ermöglicht werden, die zwar angesichts der Sanktionskompetenz nicht herrschaftsfrei, wohl aber in einer Weise geführt werden kann, in der von seiten des Gerichts versucht wird, die Position des/der Angeklagten wie auch der Zeugen, insbesondere des Verletzten, zu verstehen und ernstzunehmen und die eigene (Macht-) Position zu erklären. Demgegenüber wurde im Gesetzgebungsverfahren das Ziel eines Erziehungsverfahrens postuliert und damit der Eidesverzicht (s. Begründung zu dem Entwurf eines Gesetzes zur Änderung des Reichsjugendgerichtsgesetzes, BT-Drucks. 1/3264, S. 46) und das Nichtöffentlichkeitsprinzip begründet, »weil aus Erziehungsgründen vermieden werden muß, daß sich der Jugendliche als Mittelpunkt eines allgemeinen Interesses fühlt« (s. Schriftlicher Bericht des *Ausschusses für Rechtswesen und Verfassungsrecht*, BT-Drucks. 1/4437, S. 8). Im Mittelpunkt des Strafverfahrens steht in der Tat der/die Angeklagte. Nur wenn der/die Angeklagte als hauptbeteiligtes Subjekt verstanden und behandelt wird, kann er/sie sich auch aus der vielfach anzutreffenden Abwehrhaltung gegenüber der Justiz und damit gegenüber dem durch sie repräsentierten Staat lösen, kann auf Akzeptanz des justitiellen Handelns gehofft, kann der Prozeß zu einem »therapeutischen Anliegen« (s. *Mergen* Kriminalistik 1990, 97) werden.

Hierbei dürfen die Sanktionsbedrohungen nicht vertuscht, darf Vertrauen sich nicht erschlichen werden, wo Mißtrauen zunächst angebracht ist; insbesondere ist über die Straftatvoraussetzungen zunächst – in einem formellen oder informellen Schuldinterlokut – Klarheit zu schaffen, was andererseits aber nicht wiederum eine »hoheitliche Verhandlungsführung« (so *Tröndle* DRiZ 1970, 213 ff., 218) verlangt. In diesem Zusammenhang ist die vielfache Praxis, jugendliche Angeklagte zu duzen, zu kritisieren. Mit dem »Du« wird »ein Autoritätsgefälle, ein Verweis in die Unmündigkeit demonstriert« (s. *Schönfelder* Zeitschrift für Kinder- und Jugendpsychiatrie 1974, 133; ebenso *Böhm* Einführung in das Jugendstrafrecht, S. 68). Das Duzen ist allenfalls noch bei 14- und 15jährigen Jungen angebracht, und auch dann nur, wenn die Angeklagten und Zeugen insoweit um ihr Einverständnis befragt wurden; bei Mädchen, die regelmäßig in ihrer Entwicklung weiter, häufig auch sensibler sind, sollte nur ganz ausnahmsweise dieser vertrauliche Ton angeschlagen werden (s. auch § 8 Abs. 2 JAVollzO). 4

Dem Ziel einer jugendspezifischen Kommunikation kann auch das Tragen einer Robe entgegenstehen. Für das vereinfachte Jugendverfahren wird das Verhandeln ohne Robe nicht nur allgemein akzeptiert, sondern auch gefordert (s. *Müller* S. 109; *Brunner/Dölling* §§ 76-78 Rn. 18; s. auch §§ 76-78 Rn. 17). In begründeten Ausnahmefällen ist auch im förmlichen Jugendstrafverfahren nach geltendem Recht von dem Anlegen der Robe 5 abzusehen (s. Hessischer Dienstgerichtshof für Richter, *OLG Frankfurt* Az. DGH5/84; weitergehend die Position bis zur 4. Auflage). Dies gilt insbesondere für die Vernehmung von kindlichen Zeugen. Die Verfahrensweise sollte in solchen Fällen mit den anderen Verfahrensbeteiligten erörtert werden. Die Entscheidung ist dem jeweiligen Richter zu überlassen. Solange sich das Verhandeln ohne Robe noch nicht durchgesetzt hat, muß allerdings diese Verhandlungsweise den Beteiligten erläutert werden.

4. Justizpraxis

6   Die unmittelbare Anwendung der §§ 48-51 in der Justizpraxis ist nicht einsehbar. Hinsichtlich der jugendrichterlichen Verhandlungsführung im allgemeinen werden von den Angeklagten immer wieder Informationsdefizite und Verständigungsschwierigkeiten beklagt. Viele bemängeln, daß sie nicht verstanden worden (*Eilsberger* MschrKrim 1969, 307), daß sie nicht genügend zu Wort gekommen seien (*Böhm* Einführung in das Jugendstrafrecht, S. 69 m. Fn. 5), daß der Fall ohne Eingehen auf persönliche Probleme routinemäßig abgewickelt worden sei (s. *Hauser* Der Jugendrichter – Idee und Wirklichkeit, 1980, S. 69). In traditionell geführten Verhandlungen fühlt sich ca. ein Viertel der Angeklagten unfair behandelt (s. *Pfeiffer* Kriminalprävention im Jugendgerichtsverfahren, 1973, S. 249). Die Richter sehen ihre Tätigkeit demgegenüber z. T. in einem ganz anderen, helleren Licht (s. *Hauser* a. a. O., S. 120 ff.; sehr unterschiedliche Sichtweisen sind bei *Pfeiffer* a. a. O., S. 261 ff., abgedruckt).

5. Rechtspolitische Einschätzung

7   Mit dem 1. ÄndG zum JGG wurde – zu Recht – das Anwesenheitsrecht der Kriminalpolizei gestrichen, umgekehrt das Anwesenheitsrecht auf Betreuungshelfer sowie Leiter von Erziehungseinrichtungen erweitert. Diesen Erweiterungen sollte eine Korrekturmöglichkeit entsprechend § 171 b GVG zur Seite gestellt werden, da zwischen dem/der Angeklagten und den Anwesenheitsberechtigten Konflikte bestehen können, die sowohl im Hinblick auf die Schutzbedürftigkeit des/der Angeklagten als auch im Hinblick auf die Wahrheitserforschung einen – zeitweiligen – Ausschluß erforderlich machen können. Im § 50 Abs. 3 sollte klargestellt werden, daß als Vertreter der Jugendgerichtshilfe derjenige an der Hauptverhandlung teilzunehmen hat, der die Nachforschungen gem. § 38 Abs. 2 S. 2 auch angestellt hat (ebenso noch Referentenentwurf 1. JGGÄndG Art. 1 Nr. 18). Die Einführung von Anhörungspflichten für einen bestellten Bewährungshelfer, Betreuungshelfer sowie den Leiter eines sozialen Trainingskurses geht nicht weit genug. Die Verpflichtung ist auf eine Information dieser Personen über Ort und Zeit der Hauptverhandlung sowie ihr Äußerungsrecht zu erweitern, da diese Vorschrift ansonsten nicht

die gewünschte praktische Bedeutung gewinnt (s. auch §§ 24, 25 Rn. 7; Grdl. zu den §§ 21-26 a Rn. 8 am Schluß). Darüber hinaus ist eine Neustrukturierung der Jugendgerichtsverhandlung am »**runden Tisch« nach einem Schuldinterlokut** zu fordern (s. *Schreiber/Schöch/Bönitz* Die Jugendgerichtsverhandlung am »Runden Tisch«, 1981; *Schüler-Springorum* in: Festschrift für Dünnebier, 1982, S. 652; *Stutte* MschrKrim 1961, 121 ff.; abl. *Tröndle* DRiZ 1970, 218), ohne daß damit auch für diesen Verfahrensabschnitt Verteidigungsmöglichkeiten beschnitten werden.

§ 48. Nichtöffentlichkeit

(1) Die Verhandlung vor dem erkennenden Gericht einschließlich der Verkündung der Entscheidungen ist nicht öffentlich.
(2) Neben den am Verfahren Beteiligten ist dem Verletzten und, falls der Angeklagte der Aufsicht und Leitung eines Bewährungshelfers oder der Betreuung und Aufsicht eines Betreuungshelfers untersteht oder für ihn ein Erziehungsbeistand bestellt ist, dem Helfer und dem Erziehungsbeistand die Anwesenheit gestattet. Das gleiche gilt in den Fällen, in denen dem Jugendlichen Hilfe zur Erziehung in einem Heim oder einer vergleichbaren Einrichtung gewährt wird, für den Leiter der Einrichtung. Andere Personen kann der Vorsitzende aus besonderen Gründen, namentlich zu Ausbildungszwecken, zulassen.
(3) Sind in dem Verfahren auch Heranwachsende oder Erwachsene angeklagt, so ist die Verhandlung öffentlich. Die Öffentlichkeit kann ausgeschlossen werden, wenn dies im Interesse der Erziehung jugendlicher Angeklagter geboten ist.

Literatur

Brunner Die Zulassung von Zuhörern, insbesondere von Schulklassen und Pressevertretern zu nichtöffentlichen Jugendgerichtsverhandlungen, Zbl 1973, 337; *Greupner* Das Nichtöffentlichkeitsgebot des § 48 Abs. 1 JGG unter besonderer Berücksichtigung der Zulassung von Schulklassen zum Jugendstrafverfahren, DRiZ 1985, 389.

Inhaltsübersicht

	Rn.
I. Persönlicher Anwendungsbereich	1
II. Sachlicher Anwendungsbereich	6
III. Abgrenzung zu den §§ 169 ff. GVG	9
IV. Anwesenheitsberechtigung und Zulassung (§ 48 Abs. 2)	10
V. Ausschluß der Öffentlichkeit im Interesse der Erziehung jugendlicher Angeklagter (§ 48 Abs. 3 S. 2)	18
VI. Rechtsmittel	20

I. Persönlicher Anwendungsbereich

1 § 48 gilt zwingend in Verfahren gegen Jugendliche vor den Jugendgerichten; in Verfahren gegen Jugendliche vor den Erwachsenengerichten ist die Bestimmung gem. § 104 Abs. 2 nach Ermessen des Gerichts anwendbar (h. M., s. *Dallinger/Lackner* § 104 Rn. 29; *Brunner/Dölling* § 48 Rn. 3; *Eisenberg* § 48 Rn. 1; a. M. *Potrykus* § 48 Anm. 3). Entsprechend der allgemeinen Zielsetzung (s. Grdl. z. §§ 48-51 Rn. 3) ist dieses Ermessen tendenziell

für einen Ausschluß der Öffentlichkeit auszuüben (s. auch *Nothacker* S. 278).

In Verfahren gegen Heranwachsende vor den Jugendgerichten gilt § 48 nicht (s. § 109 Abs. 1, 2); ein Ausschluß der Öffentlichkeit ist jedoch gem. § 109 Abs. 1 S. 4 möglich (s. auch RL Nr. 1 zu § 109). In Verfahren gegen Heranwachsende vor den Erwachsenengerichten ist § 48 über die §§ 112 S. 1, 104 Abs. 2 entsprechend anwendbar. 2

Entscheidend ist das Alter zur Tatzeit (s. § 1 Abs. 2). Wurden die angeklagten Taten teils im jugendlichen, teils im heranwachsenden Alter begangen, so ist immer § 48 anzuwenden (s. *BGHSt* 22, 21; *BGHSt* 23, 178; *Eisenberg* § 48 Rn. 3); eine entsprechende Anwendung des § 32 scheidet aus. Die Öffentlichkeit bleibt auch dann ausgeschlossen, wenn das Verfahren wegen der Taten, die der Angeklagte als Jugendlicher begangen hat, nach § 154 Abs. 2 StPO vorläufig eingestellt worden ist (*BGH* NJW 1998, 2066 m. abl. Anm. *Wölfl* JR 1999, 172); insofern ist der Angeklagtenstatus zu Beginn der Verhandlung entscheidend, da die eingestellten Taten für die weitere Verhandlung und Entscheidung Bedeutung behalten können. Diese Überlegungen gelten auch, wenn Taten angeklagt werden, die teilweise im Heranwachsendenalter, teilweise im Erwachsenenalter begangen wurden. Dann ist allein nach § 109 Abs. 1 S. 4 zu entscheiden. 3

Nur § 48 Abs. 3 ist anzuwenden, wenn gegen Jugendliche und Heranwachsende, Jugendliche und Erwachsene oder gegen Jugendliche, Heranwachsende und Erwachsene zusammen verhandelt wird; wird die Öffentlichkeit gem. § 48 Abs. 3 S. 2 ausgeschlossen, gilt auch § 48 Abs. 2. 4

In Verfahren gegen Erwachsene vor den Jugendgerichten (s. § 103 Abs. 1, Abs. 2 S. 1), auch in Jugendschutzsachen (s. §§ 26, 74 b GVG), findet § 48 keine Anwendung; es gelten dann die allgemeinen Ausschlußbestimmungen der §§ 171 a, 171 b, 172, 173 GVG (s. *BGH* MDR 1955, 246; *BGHSt* 23, 82). Dies gilt auch, wenn aus einem verbundenen Verfahren jugendliche Angeklagte ausgeschieden sind und nur noch gegen Erwachsene verhandelt wird (s. *Eisenberg* § 48 Rn. 5). 5

II. Sachlicher Anwendungsbereich

§ 48 gilt für die Hauptverhandlung in allen Rechtszügen (h. M.) mit Einschluß der Urteilsverkündung (insoweit abweichend von § 173 Abs. 1 GVG). Dies gilt auch für den Ausschluß gem. § 48 Abs. 3 S. 2; auch hiervon wird die Urteilsverkündung miterfaßt, da § 48 Abs. 3 eine Sonderregelung zu § 173 Abs. 2 GVG darstellt (h. M., s. *OLG Düsseldorf* NJW 1961, 1547; *Dallinger/Lackner* § 48 Rn. 29 m. w. N.; *Brunner/Dölling* § 48 6

Rn. 11; a. M. *Eisenberg* § 48 Rn. 22). Darüber hinaus hat der Grundsatz der Nichtöffentlichkeit weitere Auswirkungen: Auf dem Terminzettel, der z. T. auch der Presse übergeben wird, ist der Name des/der Angeklagten wegzulassen oder nur in Abkürzel zu setzen (s. *Müller* RdJ 1958, 357, 358; ebenso *Dallinger/Lackner* § 48 Rn. 3; *Eisenberg* § 48 Rn. 11). Allerdings muß regelmäßig bei der Zeugenladung der Name des/der Angeklagten genannt werden, um den Zeugen vorher über den Grund der Vernehmung ins Bild zu setzen (a. M. *Eisenberg* § 48 Rn. 11); jedoch sollte die strafrechtliche Bezeichnung des Vorwurfs weggelassen werden (ebenso *Dallinger/Lackner* § 48 Rn. 3; s. auch Nr. 64 Abs. 1 RiStBV). Daneben besteht das Verbot einer unnötigen Bloßstellung des/der Beschuldigten im Ermittlungsverfahren (s. Nr. 4 a RiStBV).

7 Mit § 48 sind auch **keine öffentlichen Zustellungen** gem. § 40 StPO vereinbar, da damit gerade der gegenteilige Effekt erreicht würde (ebenso *OLG Stuttgart* MDR 1987, 340; *Brunner/Dölling* § 2 Rn. 5; *Eisenberg* § 2 Rn. 6; *Sonnen* in: *D/S/S* § 2 Rn. 15; s. auch *Nothacker* S. 279; a. M. *LG Zweibrücken*, MDR 1991, 985 für die Ladung zur Berufungsverhandlung). Dieses Verbot besteht über den Anwendungsbereich des § 48 i. V. m. den §§ 104 Abs. 2, 112 S. 1 hinaus auch für den Anwendungsbereich des § 109 Abs. 1 S. 4 (s. Rn. 1, 2). Zum Ausschluß der §§ 288, 291 StPO s. § 50 Rn. 5.

8 In Ordnungswidrigkeitenverfahren sind die §§ 48 und 109 Abs. 1 S. 4 gem. § 46 Abs. 1 OWiG entsprechend anzuwenden.

III. Abgrenzung zu den §§ 169 ff. GVG

9 § 48 Abs. 1 ist gegenüber den §§ 169 ff. GVG die speziellere Regelung, da hier generell und nicht erst im Einzelfall die Öffentlichkeit auszuschließen ist. Ebenfalls verdrängt § 48 Abs. 2 S. 2 den § 175 Abs. 2 GVG. Bei dieser Entscheidung sind aber die Ausschlußgründe gem. den §§ 171 a, 171 b, 172 GVG mitzuberücksichtigen. Diese Ausschlußgründe sind selbständig auch für die gem. § 48 Abs. 2 S. 1 zur Anwesenheit Berechtigten – mit Ausnahme der Verfahrensbeteiligten – zu prüfen, da mit der Ausschlußregelung des § 48 nicht weitergehende Ausschlußmöglichkeiten unterbunden werden sollen (ebenso *Dallinger/Lackner* § 48 Rn. 13; *Brunner/Dölling* § 48 Rn. 24; *Eisenberg* § 48 Rn. 13; *Schaal/Eisenberg* NStZ 1988, 53). Weiterhin gilt § 175 Abs. 1 GVG neben § 48 Abs. 2 S. 1; andererseits wird die Dienstaufsicht gem. § 175 Abs. 3 GVG nicht durch den Ausschluß der Öffentlichkeit verhindert (ebenso *Dallinger/Lackner* § 48 Rn. 12; *Brunner/Dölling* § 48 Rn. 12). Im Verhältnis zu § 48 Abs. 3 sowie zu den §§ 104 Abs. 2, 112 S. 1, 109 Abs. 1 S. 4 haben die allgemeinen Ausschluß-

gründe selbständige Bedeutung (h. M.). Zum Verfahren s. § 174 GVG; zum Verfahren für den Ausschluß gem. § 48 Abs. 3 S. 2 s. Rn. 19.

IV. Anwesenheitsberechtigung und Zulassung (§ 48 Abs. 2)

Gemäß § 48 Abs. 2 S. 1 ist außer den Verfahrensbeteiligten bestimmten Personen trotz Nichtöffentlichkeit der Verhandlung die Anwesenheit gestattet. Insoweit bedarf es keiner richterlichen Erlaubnis, da diese von Gesetzes wegen erteilt ist. Allerdings brauchen die hiernach Berechtigten nicht von der Verhandlung benachrichtigt bzw. hierzu eingeladen zu werden, sofern dies nicht nach anderen Vorschriften erforderlich ist, so für den Verletzten als Zeugen (s. § 48 StPO), so für den Bewährungshelfer (s. §§ 24, 25 Rn. 7) und für den Erziehungsbeistand als Miterziehungsberechtigten gem. § 67 Abs. 1, 2, § 50 Abs. 2 (s. § 67 Rn. 4, 9). 10

Verfahrensbeteiligte sind der/die Angeklagte (zum ausnahmsweisen Ausschluß s. die §§ 50, 51), das Gericht, die Staatsanwaltschaft (s. § 226 StPO), der Verteidiger (s. §§ 137, 218 StPO), der Urkundsbeamte der Geschäftsstelle (s. § 226 StPO), weiterhin die Erziehungsberechtigten und gesetzlichen Vertreter (§ 67 Abs. 1, 5, § 50 Abs. 2), der Pfleger im Falle des § 67 Abs. 4, der Beistand (s. § 69) und die Jugendgerichtshilfe (§ 38 Abs. 3, § 50 Abs. 3). Zeugen sind nur bis zu ihrer Vernehmung am Verfahren beteiligt (s. aber § 243 Abs. 2 S. 1 StPO; s. auch Rn. 13). 11

Zur **Anwesenheit berechtigt** sind der/die Verletzte, im Falle einer Bewährungsaufsicht der Bewährungshelfer, im Falle einer Betreuungsweisung der Betreuer sowie der Erziehungsbeistand, wenn ein Erziehungsbeistand angeordnet ist. Durch eine Bundesratsinitiative wurde dieses Anwesenheitsrecht auf den Leiter eines Erziehungsheimes bzw. einer Erziehungseinrichtung erweitert, sofern der/die Angeklagte dort betreut wird. Hinsichtlich des Verletzten geht die verbindlichere Bestimmung des § 48 Abs. 2 S. 1 der des § 175 Abs. 2 S. 2 GVG (Sollvorschrift) vor. Verletzter ist jeder, der durch die Tat in seinen rechtlich geschützten Interessen betroffen ist; dies sind nicht nur die durch die jeweilige Strafnorm geschützten Rechtsgüter, sondern auch mittelbare Interessen sind zu berücksichtigen, so die Interessen der Eltern, deren Kind durch eine Straftat getötet wurde (s. *BGH* v. 21. 4. 1955, 3 StR 460/54, zit. nach *Dallinger/Lackner* § 48 Rn. 9; ebenso *Brunner/Dölling* § 48 Rn. 15; *Eisenberg* § 48 Rn. 16; a. M. *Potrykus* § 48 Anm. 6). Verletzter ist aber nur, wer in **seinen Rechtsgütern** betroffen ist; eine mittelbare Betroffenheit durch Verletzung von Gemeinschaftsrechtsgütern scheidet aus, wie für § 172 StPO (s. hierzu *Ostendorf* Recht und Politik, 1980, 201 m. w. N.). Auch geht es zu weit, da über den Wortlaut hinaus, bei konkreten Gefährdungsdelikten dem/der Gefährdeten ein Anwesenheitsrecht zuzusprechen (so aber *Dal-* 12 linger/*Lackner* § 48 Rn. 9; *Brunner/Dölling* § 48 Rn. 12; *Eisenberg* § 48 Rn. 16). Der Hinweis auf die Auslegung des § 61 Nr. 2 StPO überzeugt nicht, da dort ein Schutz des/der Verletzten vor einem Eidesdelikt in einer betroffenen Situation bezweckt, hier aber lediglich dem Informationsinteresse entsprochen wird; auch ist die Anwesenheit für einen anzustrebenden Täter-Opfer-Ausgleich in diesen Fällen einer bloßen Gefährdung nicht erforderlich. Soweit die Verletzteneigenschaft zu bejahen ist, gilt auch § 406 f. Abs. 2 und Abs. 3 StPO; d. h., der/die Verletzte kann einen Rechtsanwalt als Beistand sowie eine Person seines/ihres Vertrauens hinzuziehen. Die abweichende Ansicht (*Schaal/Eisenberg* NStZ 1988, 57) überzeugt nicht, da nach dem Gesetzeswortlaut die Nichtöffentlichkeit der Verhandlung ausdrücklich für den/die Verletzte(n) aufgehoben ist und mit dem Opferschutzgesetz vom 18. 12. 1986 (BGBl I, 2496) die Verletztenrechte gezielt erweitert werden sollten, wobei der Gesetzgeber durchaus die jugendstrafrechtlichen Regeln mit im Auge gehabt hat (s. Begründung zum Regierungsentwurf, BT-Drucks. 10/5305, S. 25). Der Hinweis auf das Anwesenheitsrecht des Erziehungsbeistandes sowie des Beschuldigtenbeistandes gem. § 69 spricht eher **für** die Zulassung auch eines Verletztenbeistandes, zumal dann im Regelfall auch ein Pflichtverteidiger zu bestellen ist (s. § 68 Rn. 10). Allerdings ist die Anwesenheit des Rechtsanwalts nur bei der Vernehmung des Verletzten gestattet; ein durchgehendes Anwesenheitsrecht gem. § 406 g Abs. 2 StPO besteht nicht (s. § 80 Rn. 1).

13 Wenn der/die Verletzte als Zeuge vernommen werden soll, so muß er/sie zunächst wie die anderen Zeugen den Sitzungssaal verlassen (s. § 243 Abs. 2 S. 1, § 58 Abs. 1 StPO). Allerdings darf das Anwesenheitsrecht nicht dadurch unterlaufen werden, daß diese Zeugenvernehmung an den Schluß der Beweisaufnahme gesetzt wird (s. *BGHSt* 4, 206 für die Zulassung eines Ehegatten als Beistand gem. § 149 StPO; ebenso *Eisenberg* § 48 Rn. 15); vielmehr ist der/die Verletzte prinzipiell als erster Zeuge zu vernehmen. Dies gilt auch für die anderen Anwesenheitsberechtigten. Wenn gerade die Verletzteneigenschaft aus rechtlichen oder tatsächlichen Gründen umstritten ist, so genügt entsprechend dem hinreichenden Tatverdacht gem. § 203 StPO eine hinreichende Opferprognose für die Anwendung des § 48 Abs. 2 S. 1. Andere Zeugen haben kein Anwesenheitsrecht, d. h., sie müssen nach ihrer Vernehmung den Sitzungssaal verlassen, es sei denn, ihnen wird gem. § 48 Abs. 2 S. 2 **ausdrücklich** die Anwesenheit gestattet; es genügt nicht, daß keine Bedenken gegen ihre Anwesenheit bestehen (so aber *Eisenberg* § 51 Rn. 18), da sie nach der Vernehmung keine Verfahrensbeteiligte mehr sind (s. Rn. 11). In der Praxis wird hiergegen nicht selten verstoßen.

14 Gemäß § 48 Abs. 2 S. 2 kann der Richter anderen Personen »aus besonderen Gründen, namentlich zu Ausbildungszwecken« die Anwesenheit ge-

statten. Dies kommt insbesondere für Studentinnen und Studenten der Rechts- und Erziehungswissenschaften, für Referendare, angehende Sozialarbeiter/innen und Polizeibeamte in Betracht (s. auch RL Nr. 2 S. 1 zu § 48). Auch Angehörigen und Freunden sowie zu Forschungszwecken kann die Anwesenheit erlaubt werden. Hierbei ist immer auf eine Begrenzung der Zuhörerzahl zu achten.

Mit dem Ziel des § 48 ist es grundsätzlich nicht vereinbar, Schulklassen zur nichtöffentlichen Hauptverhandlung zuzulassen (ebenso *Brunner* Zbl 1973, 337 ff.; *Greupner* DRiZ 1985, 390; s. auch *Dallinger/Lackner* § 48 Rn. 20; *Eisenberg* § 48 Rn. 18; RL Nr. 2 S. 2 zu § 48). Der »Anschauungsunterricht«, z. B. im Fach Rechtskunde, muß in anderen Gerichtsverfahren erfolgen. Gerade in Anwesenheit gleichaltriger Jugendlicher kann sich der/die Angeklagte unfrei und belastet fühlen, woraus umgekehrt auch eine »Hervortuer-Rolle« erwachsen kann (s. *Böhm* Einführung in das Jugendstrafrecht, S. 72). Auch das Einverständnis des/der Angeklagten ist kein Grund, von dem Prinzip der Nichtöffentlichkeit abzuweichen. Die Handlungskompetenz des/der Jugendlichen ist begrenzt; Geltungsbedürfnis oder die Scheu, auf einer geschlossenen Hauptverhandlung zu bestehen, können hier zu einer Aufgabe des Persönlichkeitsschutzes führen. 15

Die Berichterstattung durch Pressevertreter ist ebenso nur gem. § 48 Abs. 2 S. 2 zu erlauben (zum Ausschluß von Ton- und Fernseh-Rundfunkaufnahmen sowie Ton- und Filmaufnahmen s. § 169 S. 2 GVG). Eine Sensationspresse hat im Gerichtssaal nichts zu suchen; andererseits kann eine aufklärerische Berichterstattung mit der Darstellung der Entwicklungsgeschichte und den Hintergründen der Tat zum Verständnis von Kriminalität beitragen und darüber hinaus präventiv wirken. Immer ist auf die Beachtung des Persönlichkeitsrechts des/der Angeklagten sowie auf die einer (Re-)Sozialisierung entgegenwirkenden Stigmatisierungsgefahr hinzuweisen, womit Namensnennungen und Identifizierungsmöglichkeiten untersagt sind (s. auch RL S. 3 zu § 48; *Brunner* Zbl 1973, 340; *Greupner* DRiZ 1985, 390; *Böhm* Einführung in das Jugendstrafrecht, S. 73; *Eisenberg* § 48 Rn. 20). Wirksam ist in diesem Zusammenhang häufig der Hinweis, daß ansonsten Schadensersatzforderungen gestellt werden können (s. *OLG Braunschweig* NJW 1975, 651; *OLG Hamburg* in: *Schulze* OLGZ 124). Wenn dem Gericht bekannt ist, daß bestimmte Journalisten sich nicht an diese rechtlichen Verpflichtungen halten, hat es diesen die Zulassung zur Hauptverhandlung zu verweigern (ebenso *Brunner* Zbl 1973, 341; *Eisenberg* § 48 Rn. 20); dies darf allerdings nicht zu einer Pressezensur führen, um damit eine mißliebige Kritik an der Verhandlungsführung und der Sanktionierung zu unterbinden (s. *BVerfG* NJW 1979, 1400). 16

17 Für die ausnahmsweise Zulassung ist zwar entsprechend § 175 Abs. 2 S. 3 GVG keine Anhörung der Beteiligten verpflichtend (h. M.); zumindest sollte der/die Angeklagte aber dazu gehört werden, da es um seine/ihre Interesseneinbußen geht. Die Entscheidung ist zu begründen und auch widerruflich.

V. Ausschluß der Öffentlichkeit im Interesse der Erziehung jugendlicher Angeklagter (§ 48 Abs. 3 S. 2)

18 Der Ausschluß der Öffentlichkeit ist auch gem. § 48 Abs. 3 S. 2 in verbundenen Verfahren gegen Jugendliche und Heranwachsende, Jugendliche und Erwachsene oder gegen Jugendliche, Heranwachsende und Erwachsene möglich (s. Rn. 4). Obwohl vom Wortlaut her und aus systematischen Erwägungen dieser Ausschluß nur ausnahmsweise in Betracht zu kommen scheint, ist aus teleologischen Überlegungen mehrheitlich hiervon Gebrauch zu machen, wobei dann das generelle Verbot unter Anwendung von § 48 Abs. 2 S. 2 aufgelockert werden kann. Auch kann ein Ausschluß nur für Teile der Hauptverhandlung erfolgen. Als Erziehungsinteressen sind hierbei sowohl Persönlichkeits- als auch Präventionsinteressen zu verstehen.

19 Der Beschluß ist entsprechend § 174 GVG zu begründen und öffentlich zu verkünden (ebenso *Dallinger/Lackner* § 48 Rn. 31; *Brunner/Dölling* § 48 Rn. 22; *Eisenberg* § 48 Rn. 21). Vorher ist allen Beteiligten Gelegenheit zur Äußerung zu geben (s. *BGHSt* 10, 120).

VI. Rechtsmittel

20 Der Verstoß gegen § 48 Abs. 1 ist kein absoluter Revisionsgrund gem. § 338 Nr. 6 StPO, da nicht gegen das Gebot der Öffentlichkeit, sondern gegen das Gebot der Nichtöffentlichkeit verstoßen wird; er ist in der Revision nur gem. § 337 StPO angreifbar (h. M., s. *BGHSt* 23, 176 m. w. N.; s. auch *BGHSt* 23, 85; *Brunner/Dölling* § 48 Rn. 23; *Böhm* Einführung in das Jugendstrafrecht, S. 73; zw. *Eisenberg* § 48 Rn. 23; a. M. *Roxin* in: Festschrift für Peters, 1974, S. 402 ff.; *ders.* Strafverfahrensrecht, 22. Aufl., S. 318). Das heißt, es muß dargelegt werden, daß das Urteil möglicherweise bei Beachtung des § 48 anders ausgefallen wäre (z. B. weil der/die Angeklagte sich durch die Anwesenheit hat einschüchtern lassen und sich selbst belastet oder eine entlastende Erklärung unterlassen hat) und das Urteil gerade auf der Einlassung des/der Angeklagten beruht (s. *BGHSt* 22, 83; *BGH* bei *Kusch NStZ* 1994, 230). Dies gilt auch, wenn einem gem. § 48 Abs. 2 S. 1 zur Anwesenheit Berechtigten der Zutritt verweigert wurde, da jetzt die psychische Unterstützung des/der Angeklagten ausgefallen ist; zusätzlich kann hierin ein Verstoß gegen § 244 Abs. 2 StPO sowie ge-

gen § 258 StPO liegen, wenn die Erziehungsberechtigten und gesetzlichen Vertreter ausgeschlossen wurden (s. auch § 67 Rn. 11). Der Beweis über die Nichtöffentlichkeit bzw. den Ausschluß von Anwesenheitsberechtigten wird durch das Protokoll geführt (s. §§ 274, 272 Nr. 5 StPO). Die ausgeschlossenen Personen, die gem. § 48 Abs. 2 S. 1 ein Anwesenheitsrecht haben, können selbst Beschwerde gem. § 304 StPO einlegen (s. *Dallinger/Lackner* § 48 Rn. 14; *Brunner/Dölling* § 48 Rn. 21; *Eisenberg* § 48 Rn. 17). Andere Personen haben kein Anfechtungsrecht, auch dann nicht, wenn sie einen Antrag gem. § 48 Abs. 2 S. 2 gestellt haben und dieser abgelehnt wurde, da insoweit kein Rechtsanspruch besteht, da das Begehren außerhalb ihres Rechtskreises liegt (ebenso *Brunner/Dölling* § 48 Rn. 21); insoweit scheidet auch § 258 Abs. 2 StPO aus.

Wird die Öffentlichkeit gem. § 48 Abs. 3 S. 2 ausgeschlossen, so hat der/die Jugendliche keine Anfechtungsmöglichkeit; es fehlt insoweit an einer Beschwer, da ansonsten, d. h. ohne eine Verbindung, auch die Öffentlichkeit ausgeschlossen gewesen wäre (s. *BGHSt* 10, 119 m. zust. Anm. v. *Jagusch* LM § 48 Nr. 2; ebenso *Brunner/Dölling* § 48 Rn. 23; *Eisenberg* § 48 Rn. 24). Für die mitangeklagten Heranwachsenden und Erwachsenen besteht eine Prüfungsmöglichkeit im Rechtsmittelverfahren; wurde ohne Prüfung und Entscheidung die Öffentlichkeit ausgeschlossen – in Unkenntnis des § 48 Abs. 3 oder aus Vergeßlichkeit –, so besteht der absolute Revisionsgrund gem. § 338 Nr. 6 StPO (s. *OLG Koblenz* GA 1977, 374; *Brunner/Dölling* § 48 Rn. 23; *Eisenberg* § 48 Rn. 24).

§ 49. **Vereidigung von Zeugen und Sachverständigen**

(1) Im Verfahren vor dem Jugendrichter werden Zeugen nur vereidigt, wenn es der Richter wegen der ausschlaggebenden Bedeutung der Aussage oder zur Herbeiführung einer wahren Aussage für notwendig hält. Von der Vereidigung von Sachverständigen kann der Jugendrichter in jedem Falle absehen.

(2) Sind in dem Verfahren auch Heranwachsende oder Erwachsene angeklagt, so ist Absatz 1 nicht anzuwenden.

Inhaltsübersicht Rn.
I. Anwendungsbereich 1
II. Voraussetzungen einer Vereidigung gem. § 49 Abs. 1 4
III. Verhältnis zu den §§ 59 ff., 79 StPO 6
IV. Verfahren 7
V. Rechtsmittel 8

I. Anwendungsbereich

1 § 49 Abs. 1 gilt nur in Verfahren **gegen Jugendliche**, und zwar **nur vor den Jugendrichtern**. Der Wortlaut begrenzt die Regelung ausdrücklich auf dieses Gericht; damit sind das Jugendschöffengericht und die Jugendkammer, auch im Berufungsverfahren (insoweit a. M. *Dallinger/Lackner* § 49 Rn. 3), von dieser Regelung ausgeschlossen (h. M., s. *Brunner/Dölling* § 49 Rn. 2; *Eisenberg* § 49 Rn. 2 m. w. N.). Dies gilt erst recht für Verfahren gegen Jugendliche vor den Erwachsenengerichten; d. h., insoweit kommt auch keine Ermessensentscheidung gem. § 104 Abs. 2 in Betracht (s. *Dallinger/Lackner* § 49 Rn. 13).

2 Sind in dem Verfahren vor dem Jugendrichter auch Heranwachsende oder/und Erwachsene angeklagt, so ist § 49 Abs. 1 ausgeschlossen (s. § 49 Abs. 2). Dies gilt erst recht, wenn gegen Heranwachsende allein (s. § 109 Abs. 1, 2) oder gegen Erwachsene allein – nach Ausscheiden des/der jugendlichen Angeklagten aus dem Verfahren – verhandelt wird.

3 Im Bußgeldverfahren wird § 49 durch § 48 OWiG ersetzt (s. § 46 Abs. 1 OWiG).

II. Voraussetzungen einer Vereidigung gem. § 49 Abs. 1

4 Gemäß § 49 Abs. 1 S. 1 sollen Zeugen nur **ausnahmsweise** vereidigt werden (ebenso *Dallinger/Lackner* § 49 Rn. 4; *Eisenberg* § 49 Rn. 6; a. M. *Brunner/Dölling* § 49 Rn. 1). Grund für eine Ausnahme ist einmal die

»ausschlaggebende« Bedeutung der Aussage, um dieses Beweismittel noch »kräftiger« zu machen. Die Aussage muß das »Zünglein an der Waage« sein. Dies ist nur möglich, wenn der Richter sie für glaubhaft hält; einer offensichtlich unwahren Aussage kommt keine ausschlaggebende Bedeutung zu (s. *BGHSt* 16, 99; *Dallinger/Lackner* § 49 Rn. 5 m. w. N.; ebenso *Brunner/Dölling* § 49 Rn. 3; *Eisenberg* § 49 Rn. 7 a). Zum anderen kann die Vereidigung eingesetzt werden, um eine wahre Aussage herbeizuführen, d. h. um den Zeugen zu einer Korrektur anzuhalten, insbesondere bisher Verschwiegenes zu offenbaren. Von daher wird die Ansicht, daß § 49 eine Ausprägung des Bagatellprinzips darstellt (so *Eisenberg* § 49 Rn. 5), dem Gesetzeswortlaut nicht gerecht. Hierbei müssen diese Gründe für notwendig erachtet werden. Die Kritik an der religiös-ideologischen Überhöhung einer Aussage durch den Eid gem. § 66 c StPO oder auch nur durch die Bekräftigung gem. § 66 d StPO (s. *Roxin* Strafverfahrensrecht, 22. Aufl., S. 175 m. w. N.) muß dazu führen, diese Notwendigkeitsvoraussetzung in dem Sinne ernstzunehmen, daß die Vereidigung nur, **wenn »unbedingt notwendig«**, zu verlangen ist. Insbesondere von der Möglichkeit »zur Herbeiführung einer wahren Aussage« ist restriktiv Gebrauch zu machen, da ja schon die Falschaussage mit Strafe bedroht ist (s. §§ 153, 163 StGB) und nur bei rechtzeitiger Berichtigung von Strafe abgesehen werden kann (s. § 158 StGB). Mit der Vereidigung wird der Zeuge/die Zeugin nur ins größere Strafleid gestürzt (s. auch *Kleinknecht/Meyer-Goßner* § 62 StPO Rn. 3; a. M. *Zieger* Verteidigung in Jugendstrafsachen, 3. Aufl., Rn. 202). Diese grundsätzlichen Einwände haben die Gesetzesanwendung heute mehr zu bestimmen als das ursprüngliche gesetzgeberische Anliegen, das Strafverfahren vor dem Jugendrichter zu entformalisieren (s. Grdl. z. §§ 48–51 Rn. 3), wobei es primär auch hier ein Strafverfahren bleibt. Die Zurücknahme der Eidespflicht im Erwachsenenstrafverfahren gem. § 61 Nr. 5 StPO wirkt sich für diese restriktive Normanwendung des § 49 verstärkend aus.

Diese Restriktion ist noch deutlicher für die Vereidigung des Sachverständigen ausgesprochen, wenn gem. § 49 Abs. 1 S. 2 »in jedem Fall« von der Vereidigung abgesehen werden kann. Damit ist auch die Verpflichtung gem. § 79 Abs. 1 S. 2 StPO aufgehoben, auf Antrag der Staatsanwaltschaft, des/der Angeklagten oder des Verteidigers zu vereidigen (s. *Dallinger/Lackner* § 49 Rn. 11; ebenso *Brunner/Dölling* § 49 Rn. 4; *Eisenberg* § 49 Rn. 6). 5

III. Verhältnis zu den §§ 59 ff., 79 StPO

Da mit § 49 Abs. 1 das Prinzip der regelmäßigen Vereidigung im Erwachsenenstrafrecht (§ 59 StPO) aufgehoben wird, behalten die dortigen Verbote und Einschränkungen (§§ 60, 61, 63, 79 StPO) insoweit ihre Bedeu- 6 tung, als hiermit weitere Gründe genannt werden, von der Vereidigung abzusehen. Wegen der gesetzlichen Verpflichtung haben hierbei die §§ 60, 63 StPO Vorrang; umgekehrt stellt § 49 Abs. 1 S. 1 eine Sonderregelung zu § 61 Nr. 3 StPO dar (ebenso für den vergleichbaren § 62 StPO *BGHSt* 16, 102, 103; *KG DAR* 1964, 169), nicht aber zu § 61 Nr. 5 StPO, da dann ein formalisierter Absehensgrund wegfallen würde und dies nicht mit § 49 Abs. 1 S. 1 bezweckt wird (a. M. *Eisenberg* § 49 Rn. 6). Unkorrekt ist es, den Absehensgründen gem. § 61 Nr. 1, 2, 4 StPO Vorrang vor § 49 Abs. 1 S. 1 einzuräumen (so aber *Dallinger/Lackner* § 49 Rn. 4; *Eisenberg* § 49 Rn. 7). Da es sich um eine einheitliche Ermessensentscheidung handelt, sind alle Gründe zusammen abzuwägen, wobei auch eine **kumulative Begründung** möglich ist; dies gilt auch für § 61 Nr. 5 StPO.

IV. Verfahren

7 Gemäß § 64 StPO ist bei Nichtvereidigung eines Zeugen der Grund im Protokoll anzugeben. Obwohl diese Bestimmung für die Regel einer Vereidigung im Erwachsenenstrafverfahren aufgestellt wurde, gilt sie auch für § 49 Abs. 1 S. 1 (ebenso für die vergleichbare Regelung im § 48 OWiG bzw. im § 62 StPO *OLG Hamm* NJW 1972, 1211; *BGHSt* 10, 109; 14, 374; s. auch *Brunner/Dölling* § 49 Rn. 3; *Eisenberg* § 49 Rn. 7 a). Zum Verfahren der Vereidigung eines Zeugen s. die §§ 66 c-67 StPO, der Vereidigung eines Sachverständigen s. § 79 StPO.

V. Rechtsmittel

8 Die Ermessensentscheidung als solche ist nicht angreifbar. Allerdings kann mit der Aufklärungsrüge gem. § 244 Abs. 2 StPO die Begründung der Nichtvereidigung überprüft werden. Die Revision gem. § 337 StPO ist begründet, wenn sich aus der Urteilsbegründung ergibt, daß entgegen der Darstellung im Protokoll der Zeugenaussage doch ausschlaggebende Bedeutung beigemessen wird.

§ 50. Anwesenheit in der Hauptverhandlung

(1) Die Hauptverhandlung kann nur dann ohne den Angeklagten stattfinden, wenn dies im allgemeinen Verfahren zulässig wäre, besondere Gründe dafür vorliegen und der Staatsanwalt zustimmt.
(2) Der Vorsitzende soll auch die Ladung des Erziehungsberechtigten und des gesetzlichen Vertreters anordnen. Die Vorschriften über die Ladung, die Folgen des Ausbleibens und die Entschädigung von Zeugen gelten entsprechend.
(3) Dem Vertreter der Jugendgerichtshilfe sind Ort und Zeit der Hauptverhandlung mitzuteilen. Er erhält auf Verlangen das Wort.
(4) Nimmt ein bestellter Bewährungshelfer an der Hauptverhandlung teil, so soll er zu der Entwicklung des Jugendlichen in der Bewährungszeit gehört werden. Satz 1 gilt für einen bestellten Betreuungshelfer und den Leiter eines sozialen Trainingskurses, an dem der Jugendliche teilnimmt, entsprechend.

Literatur

Albrecht, P.-A. Anmerkung zu *LG Frankfurt*, StV 1985, 159; *Eisenberg* Anmerkung zu *LG Frankfurt*, NStZ 1985, 42; *ders.* Beschlagnahme von Akten der Jugendgerichtshilfe durch das Jugendgericht, NStZ 1986, 308; *Northoff* Einsparungen bei der Jugendgerichtshilfe?, DRiZ 1984, 403; *Rosenthal* Anmerkung zu *LG Frankfurt*, Zbl 1984, 435; *Stein* Anmerkung zu *LG Frankfurt*, BewH 1985, 87.

Inhaltsübersicht

	Rn.
I. Persönlicher Anwendungsbereich	1
II. Sachlicher Anwendungsbereich	5
III. Anwesenheit des/der Angeklagten (§ 50 Abs. 1)	9
IV. Anwesenheit der Erziehungsberechtigten und gesetzlichen Vertreter (§ 50 Abs. 2)	11
V. Anwesenheit der Jugendgerichtshilfe (§ 50 Abs. 3)	12
VI. Anhörung des Bewährungshelfers, des Betreuungshelfers sowie des Leiters eines sozialen Trainingskurses (§ 50 Abs. 4)	15
VII. Rechtsmittel	16

I. Persönlicher Anwendungsbereich

§ 50 Abs. 1 gilt in Verfahren gegen Jugendliche vor Jugendgerichten; in Verfahren vor den Erwachsenengerichten ist § 50 Abs. 1 ebenfalls gem. § 104 Abs. 2 anzuwenden, da das gesetzgeberische Anliegen, grundsätzlich nur in Anwesenheit des/der jugendlichen Angeklagten zu verhandeln (s. auch Grdl. z. §§ 48-51 Rn. 3), auch hier besteht (ebenso *Dallinger/* 1

Lackner § 104 Rn. 30; *Brunner/Dölling* § 50 Rn. 5; *Eisenberg* § 50 Rn. 1; a. M. *Potrykus* § 104 Anm. 3).

2 In Verfahren gegen Heranwachsende ist § 50 Abs. 1 nicht anwendbar (s. § 109 Abs. 1 S. 1). Insbesondere mit Rücksicht darauf, daß die Entscheidung gem. § 105 grundsätzlich die Anwesenheit des/der Heranwachsenden erfordert (s. *OLG Hamburg* NJW 1963, 67; *Dallinger/Lackner* § 109 Rn. 24; *Eisenberg* § 50 Rn. 2), ist eine Hauptverhandlung in Abwesenheit nach allgemeinem Recht (s. §§ 231-233 StPO) auch hier in der Regel untersagt; Ausnahmen bestehen für eine Verhandlung gem. den §§ 231 a-c StPO.

3 § 50 Abs. 2 gilt in Verfahren gegen Jugendliche sowohl vor den Jugendgerichten als auch vor den Erwachsenengerichten (§ 104 Abs. 1 Nr. 9; s. aber auch § 104 Abs. 3), nicht in Verfahren gegen Heranwachsende (§§ 109 Abs. 1 S. 1, 112; s. auch RL Nr. 5 zu § 50).

4 § 50 Abs. 3 ist in Verfahren gegen Jugendliche vor den Jugendgerichten und den Erwachsenengerichten anzuwenden (§ 104 Abs. 1 Nr. 2; s. aber auch § 104 Abs. 3); dies gilt auch in Verfahren gegen Heranwachsende (s. §§ 109 Abs. 1 S. 1, 112 S. 1), wobei es auch hier auf die Tatzeit ankommt (s. *BGHSt* 6, 354; *BGH* StV 1982, 336 ff. m. zust. Anm. v. *Gatzweiler*; *Dallinger/Lackner* § 50 Rn. 33; *Eisenberg* § 50 Rn. 5). Merkwürdigerweise (Redaktionsversehen des Gesetzgebers?) ist der neue § 50 Abs. 4 nicht ausdrücklich – s. aber § 104 Abs. 2 – in Verfahren gegen Jugendliche vor Erwachsenengerichten sondern nur in Verfahren gegen Heranwachsende vor den Jugendgerichten anwendbar (s. § 109 Abs. 1 S. 1).

II. Sachlicher Anwendungsbereich

5 § 50 gilt nur für Hauptverhandlungen. Deshalb wird mit § 50 Abs. 1 nicht auf das Verfahren gem. den §§ 276 ff. StPO Bezug genommen (a. M. *Dallinger/Lackner* § 50 Rn. 4; *Eisenberg* § 50 Rn. 17). Dort geht es nur um eine Beweissicherung ohne Hauptverhandlung (s. § 285 Abs. 1 S. 1 StPO). Für dieses Verfahren sind deshalb die Restriktionen des § 50 Abs. 1 nur entsprechend anwendbar. Immer sind die Zeitungsaufforderung (§ 288 StPO) und die Veröffentlichung einer Vermögensbeschlagnahme (§ 192 StPO) untersagt, da diese Maßnahmen mit dem Nichtöffentlichkeitsprinzip des § 48 unvereinbar sind (s. auch § 48 Rn. 7). Zur Anwendung des § 50 Abs. 1 und Abs. 2 in der Berufung und Revision s. Rn. 9 und 11 am Schluß.

6 § 50 Abs. 3 und Abs. 4 gelten **regelmäßig nicht vor den Revisionsgerichten,** da dort die Entscheidungen nur in rechtlicher Hinsicht geprüft werden (*Dallinger/Lackner* § 50 Rn. 32; *Brunner/Dölling* § 50 Rn. 12; offen *Eisen-*

berg § 50 Rn. 6; a. M. *Potrykus* § 50 Anm. 4 am Schluß); eine Heranziehung kann aber geboten sein, wenn die Beteiligung der Jugendgerichtshilfe oder die Auslegung des Berichts im Streite steht; dies gilt auch für Berichte des Bewährungs-, Betreuungshelfers und des Leiters eines sozialen Trainingskurses. Dagegen findet die Vorschrift in der zweiten Tatsacheninstanz, **in der Berufung** immer Anwendung (s. auch § 38 Rn. 25).

Die Vorschrift gilt auch im vereinfachten Verfahren (einschränkend für § 50 Abs. 3 *Eisenberg* § 50 Rn. 8; »regelmäßig«). § 50 Abs. 1 ist mit der Maßgabe anzuwenden, daß es nicht der Zustimmung der Staatsanwaltschaft bedarf, wenn diese nicht an der mündlichen Verhandlung teilnimmt (s. § 78 Abs. 2 S. 2; s. auch RL Nr. 2 zu § 50). 7

In Bußgeldverfahren ist mit § 73 OWiG eine Sonderregelung für § 50 Abs. 1 ergangen; ansonsten gilt über § 78 Abs. 2 OWiG i. V. m. § 78 Abs. 3 die Vorschrift auch hier, wobei allerdings auf die Heranziehung der Jugendgerichtshilfe verzichtet werden kann (s. § 46 Abs. 6 OWiG). Auf eine Ladung der Erziehungsberechtigten und gesetzlichen Vertreter kann nicht verzichtet werden, da ihre Unterstützungsfunktion im Ordnungswidrigkeitsverfahren nicht aufgehoben ist (a. M. *Brunner/Dölling* § 50 Rn. 6; *Eisenberg* § 50 Rn. 10); allerdings sollte der Zusatz erfolgen, daß ein Erscheinen nicht unbedingt notwendig ist. 8

III. Anwesenheit des/der Angeklagten (§ 50 Abs. 1)

Gemäß § 50 Abs. 1 ist die Durchführung der Hauptverhandlung in Abwesenheit nur unter **drei Voraussetzungen zulässig**:
1. Zulässigkeit im allgemeinen Verfahren nach der StPO,
2. besondere Gründe,
3. Zustimmung der Staatsanwaltschaft.
Die Zulässigkeit im allgemeinen Verfahren richtet sich nach den §§ 231-233 StPO. Das Verfahren gem. den §§ 276 ff. StPO ist hier nicht gemeint (s. Rn. 5). Für das Berufungsverfahren ist in § 329 StPO eine Sonderregelung getroffen, wobei bei Durchführung der Berufungsverhandlung eine Anwesenheitspflicht des/der Angeklagten besteht (s. hierzu § 55 Rn. 10); für die Revision wird gem. § 350 Abs. 2 StPO auf eine Anwesenheit verzichtet. 9

Bei der Anwendung der §§ 232, 233 StPO taucht das Problem der Vergleichbarkeit der Sanktionen auf. Nach h. M. (s. *Dallinger/Lackner* § 50 Rn. 4, s. aber auch Rn. 5; *Brunner/Dölling* § 50 Rn. 2; *Eisenberg* § 50 Rn. 17 m. z. T. abw. Begründung) sollen diese Vorschriften anwendbar sein, wenn Erziehungsmaßregeln und/oder Zuchtmittel zu erwarten sind. Demgegenüber ist auch bei Erwartung eines Arrestes die Durchführung 10 der Hauptverhandlung in Abwesenheit gem. § 232 StPO ausgeschlossen, da es sich hier im Gegensatz zu den dort aufgeführten ambulanten Sanktionen um eine Freiheitsentziehung handelt. Auch muß – für § 232 und § 233 StPO – die erwartete Geldbuße unterhalb einer umgerechneten Geldstrafe von 180 Tagessätzen liegen (s. auch § 15 Rn. 15). Bei alledem müssen außer der formalen Zustimmung der Staatsanwaltschaft (zur Ausnahme im vereinfachten Verfahren s. Rn. 7) besondere Gründe vorliegen. Ein bloßes Nichterscheinen gem. § 232 StPO oder ein bloßer Antrag gem. § 233 StPO reichen nicht aus. Die Gründe positiv zu formulieren, fällt angesichts der alternativen Verfahrenserledigung gem. den §§ 45, 47 bzw. den §§ 153, 153 a StPO schwer. Insbesondere ist die Geringfügigkeit kein Anlaß, in dieses Verfahren auszuweichen (s. aber RL Nr. 1 S. 2 zu § 50; tendenziell wie hier *Dallinger/Lackner* § 50 Rn. 6; *Eisenberg* § 50 Rn. 18; *Zieger* Verteidigung in Jugendstrafsachen, 3. Aufl., Rn. 203). Ein Anwendungsbereich ist somit für die §§ 232, 233 StPO, gerade auch bei der erweiterten Gerichtswahl gem. § 42, nicht zu sehen, so daß nur die §§ 231 Abs. 2, 231 a-c StPO ausnahmsweise in Betracht kommen. Zur Umgehung dieser Bestimmungen durch eine vorübergehende Abtrennung verbundener Strafsachen s. *BGH* StV 1984, 185.

IV. Anwesenheit der Erziehungsberechtigten und gesetzlichen Vertreter (§ 50 Abs. 2)

11   Das Anwesenheitsrecht der Erziehungsberechtigten und gesetzlichen Vertreter ist bereits mit dem § 67 Abs. 1 festgelegt (s. § 67 Rn. 10). Eine Entziehung ist nur ausnahmsweise gem. § 51 Abs. 2, § 67 Abs. 4 gestattet. Im § 50 Abs. 2 wird über eine Benachrichtigung hinaus die Ladung unter Hinweis auf die Folgen des Ausbleibens gem. § 51 StPO verlangt. Hierbei muß die Sollvorschrift in eine **Mußvorschrift** umgedeutet werden (wie hier *Schellenberg* Die Hauptverhandlung im Strafverfahren, 1996, S. 15; zur vergleichbaren Bestimmung des § 67 Abs. 2 s. dort Rn. 8). Dies gebietet einmal das Elternrecht gem. Art. 6 Abs. 2 GG (so *Kremer* Der Einfluß des Elternrechts aus Art. 6 Abs. 2, 3 GG auf die Rechtmäßigkeit der Maßnahmen des JGG, 1984, S. 172; nachfolgend *Nothacker* S. 346; krit. *Eisenberg* § 50 Rn. 21), zum anderen das Schutzinteresse des/der Angeklagten, um ein faires Verfahren zu gewährleisten. Das Anwesenheitsrecht ist ansonsten nicht durchsetzbar. Eine Ladung ist – natürlich – entbehrlich, wenn die Betroffenen gem. § 51 Abs. 2 gänzlich von der Verhandlung ausgeschlossen werden sollen, wobei aber rechtliches Gehör einzuräumen ist (s. § 51 Rn. 8, 12) oder eine Entschuldigung für ein Nichterscheinen i. S. des § 51 Abs. 2 StPO, z. B. Auslandsaufenthalt, auf der Hand liegt. Hinsichtlich der Ladung mehrerer Erziehungsberechtigter und gesetzlicher Vertreter s. § 67 Rn. 9. Allerdings ist eine Maßregelung der Erziehungsberechtigten und gesetzlichen Vertreter gem. § 51 StPO wenig dazu

angetan, daß diese die strafgerichtliche Entscheidung akzeptieren, geschweige in eine Zusammenarbeit mit der Justiz zur Vermeidung einer Wiederholung der Straftat eintreten. Hierbei kann das Nichterscheinen vielfache Gründe haben, muß nicht als Desinteresse oder Opposition gegen die strafrechtliche Ahndung verstanden werden. Auf die möglichen Konsequenzen muß das Gericht aber gem. § 50 Abs. 2 S. 2 ausdrücklich hinweisen, ebenso auf die Entschädigung gem. § 71 StPO i. V. m. dem Gesetz über die Entschädigung von Zeugen und Sachverständigen. Zur Anwesenheit in der Berufungsverhandlung s. § 55 Rn. 10; für die Revision ist keine Anwesenheit erforderlich (s. § 350 Abs. 2 StPO).
Selbstverständlich ist neben den Erziehungsberechtigten und gesetzlichen Vertretern der angeklagte Jugendliche selbst zu laden.

V. Anwesenheit der Jugendgerichtshilfe (§ 50 Abs. 3)

Aus § 50 Abs. 3 folgt über die grundsätzliche Beteiligung im gesamten Verfahren hinaus (s. § 38 Abs. 3) ein Anwesenheitsrecht der Jugendgerichtshilfe. Zu diesem Zweck sind ihr Ort und Zeit der Hauptverhandlung **rechtzeitig** mitzuteilen. Es genügt nicht, daß die Jugendgerichtshilfe vor Beginn der Hauptverhandlung telefonisch vom Termin verständigt wird (s. *BGH* StV 1982, 336). Auch ist die Frist entsprechend § 217 StPO nicht ausreichend, wenn die Jugendgerichtshilfe entgegen der gesetzlichen Verpflichtung (s. § 38 Abs. 3) vorher nicht im Verfahren beteiligt war, da sie innerhalb einer Woche regelmäßig nicht ihre Aufgaben zur Ermittlungshilfe und zum Sanktionsvorschlag (s. § 38 Rn. 13-18) erfüllen kann (s. auch § 38 Rn. 23). Auch genügt es nicht, nur den ersten Sitzungstag einer mehrtägig geplanten Hauptverhandlung mitzuteilen, da Terminkollisionen von vornherein einkalkuliert werden müssen (a. M. *BGH* bei *Martin* DAR 1964, 100; zust. *Brunner/Dölling* § 50 Rn. 12; unbestimmt *Eisenberg* § 50 Rn. 24). Wenn auch bei unterbrochener Hauptverhandlung nicht die Ladungsfrist eingehalten werden muß (s. *BGH* StV 1982, 1), so darf das Anwesenheitsrecht nicht faktisch unterlaufen werden; § 265 Abs. 4 StPO gilt entsprechend (s. § 68 Rn. 3). Wird der Vertreter der Jugendgerichtshilfe krank, so daß er nicht an den weiteren Sitzungen teilnehmen kann, so ist die Verhandlung zu unterbrechen und ggf. einem anderen Vertreter der Jugendgerichtshilfe Gelegenheit zur Mitwirkung im Verfahren zu geben (*BGH* Neue Kriminalpolitik 1989, 41 mit Anm. von *Sonnen*). Darüber hinaus ist eine **Anwesenheitspflicht** (zur Ausnahme im vereinfachten Verfahren s. §§ 76-78 Rn. 16) zu begründen (anders die h. M., s. *BGHSt* 27, 250; *LG Frankfurt* Zbl 1974, 74; NStZ 1985, 42 mit zust. Anm. v. *Eisenberg* zur geltenden Rechtslage; auch de lege ferenda zust. *Albrecht* StV 1985, 159). Dies folgt aus dem Sinn und Zweck der geforderten Verfahrensbeteiligung gem. § 38 Abs. 3 und der Aufgabenstellung der Jugendgerichtshilfe gem. § 38 Abs. 2. Der Sanktionsvorschlag (s. § 38 Abs. 2 S. 2) ist auch vom Ergebnis der Hauptverhandlung abhängig; eine vorherige Beurteilung wird nicht immer dem/der Angeklagten gerecht (s. auch § 38 Rn. 17). Die Betreuungsfunktion macht gerade auch die Anwesenheit in der Hauptverhandlung, der Stunde der größten Bedrängnis, erforderlich (s. auch § 38 Rn. 21). Der Gesetzgeber hat allerdings eine solche Verpflichtung nicht generell aufgestellt, was angesichts der vielfachen Praxis, auch Bagatellen zur Verhandlung zu bringen (s. Grdl. z. §§ 45 und 47 Rn. 7), nicht nur unökonomisch wäre, sondern auch gegen das Verhältnismäßigkeitsprinzip verstoßen würde. Formal **konkretisiert** wird die Anwesenheitspflicht daher erst durch den Hinweis des Gerichts, daß die Hauptverhandlung ohne Anwesenheit des Jugendgerichtshelfers, der die Ermittlungen angestellt hat, oder eines informierten Vertreters nicht stattfinden kann (s. RL a. F. Nr. 8 S. 2 zu § 43; so auch *OLG Karlsruhe* NStZ 1992, 251; gegen eine Teilnahmeverpflichtung der Jugendgerichtshilfe *Ensslen* Beiträge zum Recht der sozialen Dienste und Einrichtungen 1999, Heft 42, S. 45, wobei jedoch die Aufgabenstellung des Jugendamtes einseitig i. S. von Jugendhilfe gewertet wird). Damit wird die grundsätzlich eigenständige Verfahrensrolle der Jugendgerichtshilfe (s. § 38 Rn. 6) nicht tangiert, da die Selbständigkeit in der Art ihrer Mitwirkung besteht und ihre Mitwirkungspflicht als solche gesetzgeberisch bestimmt ist.

13 Umstritten ist, ob der Jugendgerichtshilfe für den Fall, daß ihre Anwesenheit richterlicherseits mit der Benachrichtigung verlangt wurde und sie zu der Hauptverhandlung nicht erscheint, die Kosten der deshalb unterbrochenen oder ausgesetzten Hauptverhandlung auferlegt werden können (so *OLG Köln* NStZ 1986, 570; *Brunner* § 50 Rn. 12; *Schaffstein* in: Festschrift für Dünnebier, 1982, S. 675; *Northoff* DRiZ 1984, 405; *Rosenthal* Zbl 1984, 436; a. M. *OLG Karlsruhe* NStZ 1992, 251 mit abl. Anm. von *Schaffstein*; *LG Frankfurt* StV 1985, 158 = NStZ 1985, 42 mit zust. Anm. von *Albrecht*; *Eisenberg* § 50 Rn. 26; jetzt auch *Brunner/Dölling* § 50 Rn. 12; zust. auch *Stein* BewH 1985, 87; offen *Böhm* Einführung in das Jugendstrafrecht, S. 121 Fn. 10 sowie *LG Frankfurt* Zbl 1974, 75). Für eine Kostenabwälzung fehlt es in der Tat an einer gesetzlichen Ermächtigung (ebenso *OLG Schleswig* SchlHA 1994, 88 zur zwangsweisen Durchsetzung der Mitwirkungspflicht des Jugendamtes gem. § 50 KJHG). Der Hinweis auf die »Grundgedanken« der §§ 51, 77, 145 Abs. 4, 467 Abs. 2 StPO, § 56 GVG (so *Brunner* § 50 Rn. 12) macht dies expressis verbis deutlich. Das Dilemma, ohne eine Beteiligung der Jugendgerichtshilfe einen Revisionsgrund zu schaffen (s. Rn. 15), ist nur über eine zeugenschaftliche Vernehmung des Vertreters der Jugendgerichtshilfe oder – wenn dieser sich nicht kundig gemacht hat oder die Aussagegenehmigung durch den Dienstherrn verweigert wird (s. § 38 Rn. 10) - mit der Beauftragung eines freien Sozialarbeiters/Sozialpädagogen als Sachverständigen zu lösen. Möglich wäre nach der hier vertretenen Auffassung (s. *Osten-*

dorf DRiZ 1981, 5 m. w. N.) auch eine Beschlagnahme der Jugendamtsakten (ebenso *LG Bonn* NStZ 1986, 40 mit krit. Anm. von *Eisenberg* NStZ 1986, 308 ff.; *OLG Köln* NStZ 1986, 570), soweit nicht, z. B. im Falle eines Arztberichts, Dritte dagegen Rechte geltend machen können (s. *LG Hamburg* NStZ 1993, 401 m. zust. Anm. v. *Dölling*), womit aber das Klima für eine erforderliche Zusammenarbeit sich noch weiter verschlechtern würde. Vor allem ist bei der Entscheidung über die Beschlagnahme gem. § 94 Abs. 2 StPO im Rahmen der Verhältnismäßigkeitsprüfung das für die Jugendhilfearbeit unabdingbare Vertrauensprinzip maßgeblich zu berücksichtigen, auch dann, wenn von einer Sperrerklärung gem. § 96 StPO abgesehen wurde. Die Staatsanwaltschaft hat darüber hinaus das Auskunftsrecht gem. § 161 StPO. Aber auch diese Auskunftsverpflichtung steht nur unter dem Druck einer Strafvereitelung im Amt (§ 258 a StGB) sowie einer Dienstaufsichtsbeschwerde. Wirksamer ist dann schon die Einschaltung der Medien. Diese könnten auch als Hilfe für die Durchsetzung von Personalforderungen gegenüber den politisch Verantwortlichen eingesetzt werden.

Gemäß § 50 Abs. 3 S. 2 erhält der Vertreter der Jugendgerichtshilfe auf Verlangen das Wort. Über den Zeitpunkt und die Häufigkeit entscheidet der Vorsitzende, bei Beanstandung dieser Entscheidung das Gericht (s. § 238 Abs. 1, 2 StPO). Meldet sich die Jugendgerichtshilfe nicht zu Wort, so ist sie hierzu von Gerichts wegen aufzufordern, um der gerichtlichen Aufklärungspflicht (§ 244 Abs. 2 StPO) zu genügen. Eine Anhörungspflicht besteht insbesondere gem. § 38 Abs. 3 S. 3, wenn Weisungen erteilt werden sollen. Weitergehende Rechte, das Fragerecht gem. § 240 StPO und das Beweisantragsrecht, hat die Jugendgerichtshilfe nicht; Anregungen sind aber erlaubt, auch können unmittelbare Fragen an den/die Angeklagte(n) gestattet werden (s. § 38 Rn. 24 m. w. N.). 14

VI. Anhörung des Bewährungshelfers, des Betreuungshelfers sowie des Leiters eines sozialen Trainingskurses (§ 50 Abs. 4)

Durch das 1. JGGÄndG wurde der Absatz 4 neu eingeführt. In der Gesetzesbegründung heißt es hierzu: »Der Bewährungshelfer des Jugendlichen arbeitet regelmäßig mit ihm eng zusammen, ist meist mit den neuesten Veränderungen im sozialen Umfeld des Jugendlichen vertraut und verfügt in der Regel über eine Fülle von Informationen, die für die richterliche Entscheidungsfindung von Bedeutung sein können. Nimmt der Bewährungshelfer daher an der Hauptverhandlung gegen seinen Probanden teil, so soll sich der Richter auch dessen Kenntnisse über die Entwicklung des Jugendlichen in der Bewährungszeit für seine Entscheidung zunutze machen. Entsprechendes gilt nach dem neuen Abs. 4 S. 2 auch für den bestellten Betreuungshelfer, der im Rahmen einer bereits laufenden 15

Betreuungsweisung über die Entwicklung des seiner Betreuung und Aufsicht unterstehenden Jugendlichen in der Hauptverhandlung gehört werden soll, sowie für den Leiter eines sozialen Trainingskurses, an dem der Jugendliche teilnimmt.« (BT-Drucks. 11/5829, S. 26). Unverständlich bleibt, weshalb insoweit nur eine Sollvorschrift konzipiert wurde. Im Hinblick auf die Betreuungsfunktion dieser Personen sowie im Hinblick auf die gerichtliche Aufklärungspflicht (s. § 244 Abs. 2 StPO) verdichtet sich die Sollvorschrift zu einer Mußvorschrift (s. auch § 24, 25 Rn. 7).

VII. Rechtsmittel

16 Eine Verhandlung in Abwesenheit des/der Angeklagten, ohne daß die Voraussetzungen des § 50 Abs. 1 vorliegen, stellt einen absoluten Revisionsgrund gem. § 338 Nr. 5 StPO dar (h. M., s. *Brunner/Dölling* § 50 Rn. 2; *Eisenberg* § 50 Rn. 29).

17 Wird gegen § 50 Abs. 2 oder Abs. 4 verstoßen, kann die Aufklärungspflicht gem. § 244 Abs. 2 StPO verletzt sein. Dies liegt vor, wenn der/die Angeklagte dadurch in seinen/ihren Verteidigungsmöglichkeiten eingeschränkt wird (s. *Brunner/Dölling* § 50 Rn. 9; *Dallinger/Lackner* § 50 Rn. 16; *Eisenberg* § 50 Rn. 30; s. auch § 48 Rn. 20). Darüber hinaus liegt ein Gesetzesverstoß gem. § 337 StPO vor, da es sich hier um eine Mußvorschrift handelt (s. Rn. 11). Schließlich besteht ein absoluter Revisionsgrund gem. § 338 Nr. 8 StPO, wenn einem Antrag auf nachträgliche Ladung gem. § 238 Abs. 2 StPO nicht stattgegeben wird. Zur Wiedereinsetzung in den vorigen Stand, wenn ein Rechtsmittel versäumt wurde, weil die Erziehungsberechtigten und gesetzlichen Vertreter nicht zur Hauptverhandlung geladen wurden, s. § 67 Rn. 20.

18 Zu den Rechtsmitteln, wenn die Jugendgerichtshilfe nicht herangezogen wurde, s. § 38 Rn. 25-27; zur Verwertung mündlicher und schriftlicher Berichte der Jugendgerichtshilfe s. § 38 Rn. 7-11.

§ 51. Zeitweilige Ausschließung von Beteiligten

(1) Der Vorsitzende soll den Angeklagten für die Dauer solcher Erörterungen von der Verhandlung ausschließen, aus denen Nachteile für die Erziehung entstehen können. Er hat ihn von dem, was in seiner Abwesenheit verhandelt worden ist, zu unterrichten, soweit es für seine Verteidigung erforderlich ist.
(2) Der Vorsitzende soll auch Angehörige, den Erziehungsberechtigten und den gesetzlichen Vertreter des Angeklagten von der Verhandlung ausschließen, soweit gegen ihre Anwesenheit Bedenken bestehen.

Literatur

Bex Zu der Möglichkeit und zu den Grenzen der zeitweiligen Ausschließung einzelner Prozeßbeteiligter und der Öffentlichkeit bei verbundenen Strafsachen aufgrund eines sachlichen Zusammenhangs für die Dauer des Jugendgerichtshilfeberichts, DVJJ-Journal 1997, 418; *Hauber/Mayer-Rosa* Gutachtenerstattung und Urteilsbegründung in der Hauptverhandlung gegen jugendliche Angeklagte, Zbl 1983, 484.

Inhaltsübersicht

	Rn.
I. Persönlicher Anwendungsbereich	1
II. Sachlicher Anwendungsbereich	2
III. Verhältnis zu den Ausschlußgründen nach allgemeinem Verfahrensrecht	4
IV. Zeitweiliger Ausschluß des/der Angeklagten (§ 51 Abs. 1)	5
V. Ausschluß von Angehörigen, Erziehungsberechtigten und gesetzlichen Vertretern (§ 51 Abs. 2)	9
VI. Rechtsmittel	13

I. Persönlicher Anwendungsbereich

§ 51 gilt in Verfahren gegen Jugendliche vor den Jugendgerichten; in Verfahren vor den Erwachsenengerichten ist die Vorschrift entsprechend anwendbar (s. § 104 Abs. 2; s. auch RL Nr. 4 S. 1 zu § 51). In Verfahren gegen Heranwachsende gilt § 51 nicht (s. § 109). Insoweit besteht nur die Möglichkeit, den/die Angeklagte(n) nach den Vorschriften des allgemeinen Verfahrensrechts von der Verhandlung auszuschließen (s. Rn. 4; s. auch RL S. 2 zu § 51). 1

II. Sachlicher Anwendungsbereich

§ 51 gilt **nur für die Hauptverhandlung** (anders die h. M., s. *Dallinger/ Lackner* § 51 Rn. 27; *Brunner/Dölling* § 51 Rn. 11; zw. *Eisenberg* § 51 2

Rn. 3). Dies folgt aus der systematischen Stellung und aus dem Ausnahmecharakter (s. auch § 50 Rn. 5). Eine entsprechende Anwendung für andere Verhandlungen (s. § 67 Rn. 10) scheidet aus, da es dort entweder gerade auf die Anwesenheit des/der Beschuldigten ankommt (so für Vernehmungen gem. den §§ 115, 133, 163 a StPO und für die mündliche Verhandlung bei der Haftprüfung gem. § 118 StPO) oder eine spezielle Anwesenheitsregelung getroffen ist (so im § 224 StPO für kommissarische Vernehmungen).

3 Im Bußgeldverfahren ist § 51 über § 46 Abs. 1 OWiG sinngemäß anwendbar, wobei hier grundsätzlich keine Anwesenheitspflicht besteht (s. § 73 Abs. 2 OWiG).

III. Verhältnis zu den Ausschlußgründen nach allgemeinem Verfahrensrecht

4 Die Ausschlußgründe nach allgemeinem Verfahrensrecht bestehen neben § 51 weiter. Diese sind im § 247 StPO (im Interesse der Wahrheitsfindung, zum Schutz von Zeugen unter 16 Jahren, zum Schutz der Gesundheit des/der Angeklagten) sowie im § 177 GVG i. V. m. § 231 b StPO (zur Gewährleistung des Verfahrens) festgelegt. Bei alledem darf der **Grundsatz der Anwesenheit** (s. §§ 231, 338 Nr. 5 StPO; Art. 103 Abs. 1 GG) nicht aus den Augen verloren werden. Insbesondere ist § 177 GVG restriktiv anzuwenden; nur wenn eine Verhandlung unmöglich gemacht wird, darf nach dieser Vorschrift verfahren werden. Bloße Störungen, z. B. Zwischenrufe, sind allenfalls Anlaß, Maßnahmen gem. § 178 GVG zu ergreifen. Hierbei darf die Definition der »Ungebühr« nicht vom Anstandsgefühl oder einem Herrschaftsdenken bestimmt werden. Während mit § 177 GVG der äußere Verfahrensablauf gesichert werden soll, ist Schutzgut des § 178 GVG die Funktion der jeweiligen gerichtlichen Verhandlung, im Strafprozeß die Prüfung des Anklagevorwurfs und – ggf. – die Suche der richtigen Sanktion; damit ist eine Druckausübung – von welchem Verfahrensbeteiligten auch immer – untersagt. Nicht wird die Würde des Gerichts als solche geschützt (s. demgegenüber aber § 175 Abs. 1 GVG; zur äußerst extensiven Rechtsprechung s. *Kleinknecht/Meyer-Goßner* § 178 GVG Rn. 3; krit. zum Anliegen einer Gerichtswürde *Menne* in: Festschrift für Richard Schmid, 1985, S. 231 ff.). Zudem: »Würde ist die konditionale Form von dem, was einer ist« (*Karl Kraus*) – und nicht, was er von anderen erwartet. Nach Nr. 124 Abs. 3 RiStBV a. F. verstieß es sogar gegen die Würde des Gerichts, eine Rechtsmitteleinlegung im Anschluß an die Hauptverhandlung ins Sitzungsprotokoll aufzunehmen. Kleidung und äußeres Auftreten fallen bei Jugendlichen auch sonst aus der Alltagsnorm; hinzu kommen jugendliche Unsicherheit und Trotzreaktionen (s. auch *Böhm* Einführung in das Jugendstrafrecht, S. 70). Großzügigkeit ist daher am Platze und nicht Engstirnigkeit. Wenn z. B. der/die Angeklagte mit der »Bierpulle« erscheint, muß zwar nicht »Prost« gesagt werden; es genügt aber die Aufforderung, die Flasche zur Seite zu stellen. Aber auch dann, wenn dieser Aufforderung nicht nachgekommen wird, muß nicht sanktioniert werden. Ein Nachgeben von seiten des Gerichts erleichtert häufig mehr die Verhandlung als das Pochen auf Ordnungsprinzipien (s. auch Grdl. z. §§ 48-51 Rn. 3). Das Aufstehen beim Eintreten des Gerichts oder der Urteilsverkündung dient – in Beantwortung einer bekannt gewordenen Frage des früheren Berliner »Kommunarden« *Fritz Teufel* – nicht der Gerechtigkeit (s. aber *OLG Koblenz* NStZ 1984, 234 unter Hinweis auf Nr. 124 Abs. 2 RiStBV; wie hier *Roxin* § 45 Rn. 12).

IV. Zeitweiliger Ausschluß des/der Angeklagten (§ 51 Abs. 1)

Gemäß § 51 Abs. 1 S. 1 soll der/die Angeklagte für die Dauer solcher Erörterungen von der Verhandlung ausgeschlossen werden, aus denen Erziehungsnachteile entstehen können. Damit wird gleichzeitig gesagt, daß ein Ausschluß **für die gesamte Verhandlung unzulässig** ist, sondern nur zeitweilig in Betracht kommt. Erörterungen sind hierbei alle Ausführungen von Prozeßbeteiligten mit Einschluß der Schlußvorträge. Die Verkündung des Urteils selbst fällt nicht hierunter; sie stellt keine Erörterung in der Verhandlung dar, was sich auch als Umkehrschluß aus § 54 Abs. 2 ergibt (h. M., s. *Dallinger/Lackner* § 51 Rn. 4; *Brunner/Dölling* § 51 Rn. 2; *Eisenberg* § 51 Rn. 7; a. M. *Potrykus* § 51 Anm. 2). Eine Vereidigung ist ebensowenig eine Erörterung wie auch erzieherische Nachteile hiermit nicht verbunden werden können.

5

Erzieherische Nachteile sind prinzipiell bei einer offenen Auseinandersetzung weniger zu befürchten als bei einer Geheimniskrämerei (s. auch *Böhm* Einführung in das Jugendstrafrecht, S. 72; *Potrykus* RdJ 1956, 203). Das Gefühl, daß »über den Kopf weg« verhandelt, »gemauschelt« wird, steht einer Akzeptanz des Urteils trotz der Verpflichtung gem. § 51 Abs. 1 S. 2 entgegen. Dies gilt insbesondere für die Beweisaufnahme zu den Straftatvoraussetzungen. Aber auch die Ausführungen zur Sanktionierung sollte der/die Angeklagte grundsätzlich mit anhören, da die Sanktionsfrage regelmäßig die entscheidende ist. Damit wird zugleich ein heilsamer Zwang für Sachverständige und Jugendgerichtshilfe ausgeübt, sich korrekt und nicht persönlichkeitsverletzend auszudrücken. »Enthüllende« Dinge sollten tunlichst vorher mit dem/der Angeklagten besprochen werden (s. aber *Klosinski* Zeitschrift für Kinder- und Jugendpsychiatrie 1983, 349; s. auch *Eisenberg* § 51 Rn. 9). Daß die weitere Betreuungsarbeit der Jugendgerichtshilfe mit einer offenen Beurteilung erschwert wird, ist zwar mit abzuwägen (a. M. *Eisenberg* § 51 Rn. 9; wie hier *Dallinger/Lackner* § 51

6

Rn. 7; *Brunner/Dölling* § 51 Rn. 2), das bei einem Ausschluß begründete Mißtrauen wird aber regelmäßig hinderlicher sein (s. auch § 38 Rn. 11). Völlig unverständlich muß es dem/der Angeklagten erscheinen, wenn er/sie die entscheidenden Ausführungen der Staatsanwaltschaft und der Verteidigung nicht mit anhören darf (s. auch § 68 Rn. 4). Etwas anderes kann für die Berichte der JGH bei mehreren Angeklagten gelten. Das Mithören von z. T. intimen Angelegenheiten eines Mitangeklagten ist nicht nur für die eigene Verteidigung entbehrlich, es kann auch das Achtungsgefühl für Privatheit verletzen und damit den Erziehungsprozeß stören; § 51 Abs. 1 schließt weder vom Wortlaut her noch im Hinblick auf das Gesetzesziel eine solche Anwendung aus (a. M. *Bex* DVJJ-Journal 1997, 421; *Eisenberg* § 51 Rn. 6). Der Ausschluß von Mitangeklagten bei der Erörterung höchstpersönlicher Angelegenheiten bedeutet eine Respektierung der eigenen Persönlichkeit (zur Berücksichtigung bei der Anklageschrift s. § 46 Rn. 4, bei der Urteilsbegründung s. § 54 Rn. 23).

7 Nach alledem ist von dem Ausschluß gem. § 51 Abs. 1 S. 1 nur **ganz ausnahmsweise** Gebrauch zu machen (für eine vermehrte Anordnung aber *Hauber/Mayer-Rosa* Zbl 1983, 492; wie hier *Nothacker* S. 325). Dies gilt auch deshalb, weil gem. § 51 Abs. 1 S. 2 der/die Angeklagte doch über alle belastenden und entlastenden Umstände zu unterrichten ist (reduzierend auf belastende Umstände *Tröndle* Zbl 1953, 194; *Brunner/Dölling* § 51 Rn. 5; *Eisenberg* § 51 Rn. 12). Dies gilt gerade auch für Umstände, die die strafrechtliche Verantwortlichkeit und die Sanktionierung bestimmen. Mit Rücksicht auf Art. 103 Abs. 1 GG und das Gebot eines fair trial **ist im Zweifel** über die Verteidigungserheblichkeit eine Unterrichtung geboten (*Burscheidt* S. 106; s. auch *Eisenberg* § 51 Rn. 12). Hierbei hat die Unterrichtung entsprechend § 247 S. 4 StPO immer **sofort** nach der Erörterung in Abwesenheit zu erfolgen (s. *BGHSt* 3, 386; *Brunner/Dölling* § 51 Rn. 5). Sie ist im Protokoll zu vermerken.

8 Der Ausschluß erfolgt in Abweichung von § 247 StPO durch den Vorsitzenden. Anregungen können von den Prozeßbeteiligten ausgehen. Einen entsprechenden Hinweis hat der Vorsitzende regelmäßig jedoch angesichts der ausnahmsweisen Anwendung nicht zu geben (Bedenken bei *Eisenberg* § 51 Rn. 10). Vor der Ausschließung müssen alle Prozeßbeteiligten gehört werden. Der Ausschluß ist zu begründen und ins Protokoll zu nehmen (s. *BGHSt* 4, 364; 15, 196; *Brunner/Dölling* § 51 Rn. 3; *Eisenberg* § 51 Rn. 11). Ein »freiwilliges« Entfernen auf Anregung des Gerichts ist unzulässig, da damit die Restriktionen des § 51 unterlaufen würden (im Ergebnis wie hier *Brunner/Dölling* § 51 Rn. 1; *Böhm* Einführung in das Jugendstrafrecht, S. 72; a. M. *Dallinger/Lackner* § 51 Rn. 25; *Potrykus* § 51 Anm. 3); im § 231 Abs. 2 StPO ist eine andere Situation gemeint.

Zweites Hauptstück. Jugendgerichtsverfassung und Jugendstrafverfahren § 51

V. Ausschluß von Angehörigen, Erziehungsberechtigten und gesetzlichen Vertretern (§ 51 Abs. 2)

Gemäß § 51 Abs. 2 sollen auch Angehörige, Erziehungsberechtigte und gesetzliche Vertreter des/der Angeklagten von der Verhandlung ausgeschlossen werden, »soweit gegen ihre Anwesenheit Bedenken bestehen«. Obwohl hiernach ein Ausschluß für die gesamte Verhandlung – im Unterschied zu § 51 Abs. 1 S. 1 (s. Rn. 5) – erlaubt ist, muß zuvor ein bloß zeitweiliger Ausschluß in Betracht gezogen werden. Ein zeitweiliger Ausschluß ist gem. den §§ 243 Abs. 2 S. 1, 58 Abs. 1 StPO notwendig, wenn die betroffenen Personen als Zeugen vernommen werden sollen (s. *BGH LM* § 67 Nr. 1). Allerdings ist dann ihre Vernehmung vorzuziehen, um ihr Anwesenheitsrecht nicht zu unterlaufen (s. *BGHSt* 4, 206; *Eisenberg* § 51 Rn. 13; s. auch bereits § 48 Rn. 13). 9

Die Ausschlußmöglichkeit besteht nur für Angehörige, Erziehungsberechtigte und gesetzliche Vertreter. Zur Bestimmung der Angehörigen s. § 11 Abs. 1 Nr. 1 StGB. Damit scheidet insbesondere eine Anwendung auf die Staatsanwaltschaft, Verteidigung und die Jugendgerichtshilfe aus. Eine entsprechende Anwendung auf Personen, denen gem. § 48 Abs. 2 S. 1 die Anwesenheit gestattet ist, ist aber geboten, da deren Anwesenheitsrecht nicht stärker sein kann als das der Erziehungsberechtigten und gesetzlichen Vertreter (wie hier *Dallinger/Lackner* § 51 Rn. 18; *Eisenberg* § 51 Rn. 17). Personen, denen gem. § 48 Abs. 2 S. 2 die Anwesenheit vom Gericht gestattet wurde, kann diese Erlaubnis selbst wieder entzogen werden (s. § 48 Rn. 17). Sind Angehörige, Erziehungsberechtigte oder gesetzliche Vertreter als Beistand gem. § 69 bestellt oder gem. § 149 StPO zugelassen, so besteht keine Ausschlußmöglichkeit (anders die h. M., s. *Dallinger/Lackner* § 51 Rn. 23; *Brunner/Dölling* § 51 Rn. 6; *Eisenberg* § 51 Rn. 16; s. auch *BGHSt* 4, 206; wie hier *Kümmerlein* § 34 JGG 1943 Anm. 2). Die Beistandsfunktion hat Vorrang vor sonstigen Bedenken; ansonsten muß diese Position grundsätzlich aufgehoben werden (s. auch § 69 Rn. 7). 10

Die Voraussetzungen für eine Ausschlußmöglichkeit sind sehr weit gefaßt (»Bedenken bestehen«), müssen aber angesichts des Anwesenheitsrechts der gesetzlichen Vertreter und Erziehungsberechtigten und im Hinblick auf ihre Unterstützerfunktion (s. § 67 Rn. 10) restriktiv ausgelegt werden. § 51 Abs. 2 ist eine **Ausnahmevorschrift** (ebenso *Dallinger/Lackner* § 51 Rn. 20; *Brunner/Dölling* § 51 Rn. 7; *Eisenberg* § 51 Rn. 14). Bedenken können bestehen, um die Einlassung des/der Angeklagten sowie Zeugenaussagen nicht durch die Anwesenheit dieser Personen zu beeinflussen (s. auch RL a. F. Nr. 2 S. 2 zu § 51). Insofern müssen aber konkrete Anhaltspunkte vorliegen, wobei diese vorab – mit der Jugendgerichtshilfe – zu klären sind. Falsch wäre es, den/die Angeklagte(n) oder die Zeugen in 11

Anwesenheit dieser Personen nach solchen Belastungen zu fragen. Soweit bei der Erörterung der persönlichen Verhältnisse »schmutzige Wäsche gewaschen« werden muß, so ist dies an sich kein Grund, die Betroffenen auszuschließen. Wenn sie ausgeschlossen werden, wird notgedrungen nur eine Seite gehört. Man sollte in diesen Fällen anheimstellen, den Sitzungssaal zu verlassen. Hinsichtlich der Zusammenarbeit mit der Jugendgerichtshilfe oder anderen Betreuungsstellen gilt auch hier (Rn. 6), daß eine offene Auseinandersetzung eine bessere Grundlage hierfür abgibt als ein Verheimlichen (a. M. *Dallinger/Lackner* § 51 Rn. 19; *Brunner/Dölling* § 51 Rn. 6; offen *Eisenberg* § 51 Rn. 15).

11 a Eine Ausnahme von der Ausnahme gilt für den Jugendgerichtshilfe-Bericht, wenn mehrere angeklagt sind. Die Darstellung der persönlichen Daten des einzelnen jugendlichen Angeklagten »geht regelmäßig diese Personen nichts an«; über ihre Anwesenheit würde faktisch die Öffentlichkeit wiederhergestellt (s. *Bex* DVJJ-Journal 1997, 421). Ein solcher Ausschluß sollte vom Vertreter der JGH angeregt werden, auch um möglichst keine Vertrauensbrüche entstehen zu lassen.

12 Zum Verfahren s. Rn. 8. Eine nachträgliche Unterrichtung ist zwar im § 51 Abs. 2 nicht ausdrücklich vorgeschrieben; sie ist aber mit Rücksicht auf die sonstige Rechtsstellung gem. § 67 Abs. 1, 2 i. V. m. Art. 6 Abs. 2 GG sowie im Interesse einer Verteidigung des/der Angeklagten ebenso zu verlangen wie im § 51 Abs. 1 S. 2 (wie hier *Schnitzerling* UJ 1957, 369; weniger verbindlich *Dallinger/Lackner* § 51 Rn. 22; *Eisenberg* § 51 Rn. 21; a. M. *Potrykus* § 51 Anm. 6).

VI. Rechtsmittel

13 Wird entgegen § 51 Abs. 1 S. 1 der/die Angeklagte von der Verhandlung ausgeschlossen, so besteht der absolute Revisionsgrund des § 338 Nr. 5 StPO. Hierfür muß in Abweichung von § 338 Nr. 8 StPO auch keine Entscheidung des Gerichts gem. § 238 Abs. 2 StPO ergangen sein (ebenso *Dallinger/Lackner* § 51 Rn. 12; *Brunner/Dölling* § 51 Rn. 4; *Eisenberg* § 51 Rn. 22). Der Revisionsgrund liegt bereits dann vor, wenn eine förmliche Begründung für den Ausschluß fehlt (s. *BGHSt* 15, 196 für § 247 StPO).

14 Wird der/die Angeklagte nicht entsprechend § 51 Abs. 1 S. 2 unterrichtet, so ist diese Gesetzesverletzung ebenfalls angreifbar. Neben einer Revision gem. § 337 StPO kommt auch der absolute Revisionsgrund gem. § 338 Nr. 8 StPO in Betracht. Im letzten Fall muß allerdings ein Beschluß gem. § 238 Abs. 2 StPO herbeigeführt worden sein. Die Unterrichtung ergibt sich aus der Protokollierung. Steht hierüber nichts vermerkt, ist gem. § 274 S. 1 StPO von einer Unterlassung auszugehen (s. auch *BGHSt* 1, 350).

Ein gesetzeswidriger Ausschluß gem. § 51 Abs. 2 ist mit der Berufung   15
oder Revision (§§ 337, 338 Nr. 8 StPO) angreifbar.

Grundlagen zu den §§ 52 und 52 a

1. Systematische Einordnung

1   Obwohl die §§ 52 und 52 a im Dritten Abschnitt »Jugendstrafverfahren« eingeordnet sind, müssen sie inhaltlich als **Sanktionsregeln** eingestuft werden. Die Entscheidung über die Berücksichtigung bzw. Anrechnung von U-Haft oder einer anderen vergleichbaren Freiheitsentziehung wirkt sich für den/die Verurteilte(n) in gleicher Weise aus wie die Anordnung von Arrest und Jugendstrafe selbst. An die Regelung der §§ 52, 52 a schließt sich nahtlos (s. § 52 Rn. 3) die Anrechnung gem. dem § 450 StPO an, der gem. § 87 Abs. 2 auch für den Jugendarrest anzuwenden ist.

2. Historische Entwicklung

2   Nach Einführung des Jugendarrestes im Jahre 1940 (RGBl I, 1336; s. auch Grdl. z. §§ 13-16 Rn. 2) hatte zunächst das *Reichsgericht* (*RGSt* 75, 279) entschieden, daß die U-Haft entsprechend § 60 StGB a. F. auch für den Jugendarrest angerechnet werden kann. Im JGG 1943 wurde die Berücksichtigung von U-Haft oder einer anderen wegen der Tat erlittenen Freiheitsentziehung auf Jugendarrest gesetzlich festgeschrieben (§ 36). Diese Regelung wurde im JGG 1953 als § 52 Abs. 1 übernommen und stimmt mit dem heutigen § 52 überein. Im § 52 Abs. 2 und 3 des JGG 1953 wurde ebenso eine Berücksichtigung von U-Haft auf Jugendstrafe ermöglicht, wobei dies als Ausnahmebestimmung formuliert war.

3   Nach der Neufassung des § 60 StGB mit dem § 51 StGB wurden in Anlehnung hieran im Jahre 1974 § 52 Abs. 2 und 3 aufgehoben und durch § 52 a in der heute geltenden Fassung ersetzt (EGStGB vom 2. 3. 1974, BGBl I, 469). Wesentliche Änderungen waren die regelmäßige Anrechnung der U-Haft sowie von anderen Freiheitsentziehungen und die Auswirkungen auf die unbestimmte Jugendstrafe gem. § 52 a Abs. 2. Mit der Streichung der unbestimmten Jugendstrafe ist am 1. 1. 1996 auch § 52 a Abs. 2 (Art. 7 Abs. 3 1. JGGÄndG) entfallen.

3. Gesetzesziel

4   Mit den §§ 52, 52 a soll dem/der Verurteilten Gerechtigkeit zuteil werden, indem die im Zuge des Ermittlungsverfahrens bereits erlittenen Freiheitseinbußen berücksichtigt bzw. angerechnet werden. Demgegenüber wird z. T. bei § 52 der Erziehungszweck in den Vordergrund gerückt (s. *OLG Hamburg* JR 1983, 171 mit Anm. von *Eisenberg* JR 1983, 173). Dieses **Gerechtigkeitsziel** der angemessenen Sanktionierung wäre zwar im Rahmen der Prüfung der Rückfallgefahr bzw. der Sanktionsnotwendigkeit auch

ohnedem zu beachten (s. auch § 52 Rn. 10); ebenso ist die Angemessenheit ein eigenständiges Prüfungskriterium (s. § 5 Rn. 2-7). Mit der ausdrücklichen Anordnung werden aber sowohl der Richter hierauf nochmals hingewiesen als auch dem/der Verurteilten eben diese »Verrechnung« deutlich gemacht und damit seine/ihre Akzeptanz der Sanktionierung erhöht. Weiterhin dienen diese Vorschriften dem **Präventionsziel**, da »überzogene« Sanktionen schädlich sind.

4. Justizpraxis

Die Anwendungspraxis ist im einzelnen nicht feststellbar. Die Bedeutung für die Praxis folgt aber bereits aus der Häufigkeit der U-Haft (s. Grdl. z. §§ 71-73 Rn. 5).

5

5. Rechtspolitische Einschätzung

Rechtspolitisch ist zu fordern, daß unabhängig von einer zukünftigen Ausgestaltung des Arrestvollzuges wie auch der U-Haft **eine regelmäßige Anrechnung** erfolgt. Der interessenverletzenden Wirkung der Freiheitsentziehung kommt entscheidende Bedeutung zu. Schließlich sind entsprechend der hier vorgenommenen Auslegung (s. § 52 a Rn. 6, 7) die Gründe für eine ausnahmsweise Nichtanrechnung zu konkretisieren.

6

§ 52. Berücksichtigung von Untersuchungshaft bei Jugendarrest

Wird auf Jugendarrest erkannt und ist dessen Zweck durch Untersuchungshaft oder eine andere wegen der Tat erlittene Freiheitsentziehung ganz oder teilweise erreicht, so kann der Richter im Urteil aussprechen, daß oder wieweit der Jugendarrest nicht vollstreckt wird.

Literatur

Eisenberg Anmerkung zu *OLG Hamburg*, JR 1983, 172; *Flöhr* Die Anrechnung der Untersuchungshaft auf Jugendarrest und Jugendstrafe, 1995; *Walter* Anmerkung zu *OLG Hamburg*, NStZ 1983, 367.

Inhaltsübersicht

	Rn.
I. Persönlicher Anwendungsbereich	1
II. Sachlicher Anwendungsbereich	2
III. Voraussetzungen	
1. Anordnung von Jugendarrest	4
2. Untersuchungshaft oder andere erlittene Freiheitsentziehung	5
3. Sachzusammenhang	7
4. Zweckerreichung	8
5. Beurteilungsspielraum	9
IV. Durchführung	10
V. Rechtsmittel	12

I. Persönlicher Anwendungsbereich

1 Die Vorschrift findet gegen Jugendliche auch vor den für allgemeine Strafsachen zuständigen Gerichten Anwendung (§ 104 1 Nr. 5); sie gilt auch für Heranwachsende, und zwar vor Jugendgerichten wie auch vor den für allgemeine Strafsachen zuständigen Gerichten, wenn gem. § 105 Abs. 1 Jugendstrafrecht angewandt wird (§§ 109 Abs. 2 S. 1, 112 S. 1, 2; s. auch RL Nr. 2 zu §§ 52 und 52 a).

II. Sachlicher Anwendungsbereich

2 § 52 ist in den Tatsacheninstanzen anzuwenden (»wird auf Jugendarrest erkannt«); eine selbständige Anwendung durch ein Revisionsgericht ist im Hinblick auf § 354 Abs. 1, 2 StPO nur möglich, wenn gegen die gerichtliche Festsetzung der Strafzeit gem. § 458 StPO sofortige Beschwerde eingelegt wird (wie hier *Flöhr* Die Anrechnung der Untersuchungshaft auf Jugendarrest und Jugendstrafe, 1995, S. 113; s. auch *Schoreit* in *D/S/S* § 52 Rn. 2; weitergehend *Eisenberg* § 52 Rn. 3; zum Rechtsmittel wegen Ver-

letzung des § 52 s. Rn. 12). Wenn das Gericht eine Anrechnung vornimmt, so ist die Zeit bis zur Rechtskraft des Urteils anzurechnen (s. *OLG Düsseldorf* JMBl. NW 1990, 43 m. w. N.)

Der Zeitraum zwischen der – negativen – Entscheidung im Urteil und dem Beginn der Anrechnung gem. § 87 Abs. 2 i. V. m. § 450 StPO, d. h. bis zur »relativen Rechtskraft« (s. § 87 Rn. 5), ist nicht ausdrücklich geregelt. Für diese Gesetzeslücke wird eine analoge Anwendung des § 52 vorgeschlagen (s. *Brunner/Dölling* §§ 52, 52 a Rn. 6 und *Eisenberg* § 52 Rn. 4, jeweils unter Hinweis auf Entscheidungen zum allgemeinen Strafrecht; s. auch *OLG München* NJW 1971, 2275 für die Anrechnung auf die Jugendstrafe). Im allgemeinen Strafrecht ist die Anrechnung vorgeschrieben; die Fassung »bei Fällung des Urteils« im § 60 StGB a. F. ist weggefallen: Voraussetzung ist nur noch ein Freiheitsentzug »aus Anlaß einer Tat, die Gegenstand des Verfahrens ist oder gewesen ist«. In Wirklichkeit wird die analoge Anwendung aber nicht beachtet, wenn die Berücksichtigung »stets« erfolgen soll, auch wenn im Urteil ausdrücklich von einer »Anrechnung« auf die Vollstreckung abgesehen wurde (s. *Brunner/Dölling* §§ 52, 52 a Rn. 6; nachfolgend *Eisenberg* § 52 Rn. 3; zur Diskussion im Erwachsenenstrafrecht s. *SK-Horn* § 51 StGB Rn. 5-7). Zwar kann das Urteilsgericht nicht über die Wirkung des späteren Freiheitsentzuges befinden (s. *Stree* in: *Schönke/Schröder* § 51 StGB Rn. 2; *SK-Horn* § 51 StGB Rn. 6; a. M. *Tröndle/Fischer* § 51 StGB Rn. 6); eine nachträgliche Entscheidung gem. § 458 Abs. 1 StPO wäre aber möglich. Es ist dann das Gericht des ersten Rechtszuges zuständig, solange die Arrestsanktion noch nicht vollstreckt wird (s. §§ 462, 462 a Abs. 1 StPO, § 82 Abs. 1 S. 2). Da sich aufgrund des ausdrücklichen Wortlautes eine entsprechende Anwendung des § 450 StPO verbietet (so wohl *Dallinger/Lackner* § 52 Rn. 9), ist nur dieser Weg einer entsprechenden Anwendung des § 52 i. V. m. § 458 StPO gangbar (wie hier *Flöhr* Die Anrechnung der Untersuchungshaft auf Jugendarrest und Jugendstrafe, 1995, S. 116). Wenn auch regelmäßig für diesen Zeitraum eine »Anrechnung« geboten ist (s. Rn. 9), so soll sie nach dem Willen des Gesetzgebers nur zwingend sein ab den Voraussetzungen des § 450 StPO.

III. Voraussetzungen

1. Anordnung von Jugendarrest

Erste Voraussetzung ist die Anordnung von Jugendarrest gem. § 16, in welcher Form auch immer (s. auch Rn. 2).

2. Untersuchungshaft oder andere erlittene Freiheitsentziehung

Nicht nur die Untersuchungshaft, sondern auch jede andere Freiheitsentziehung (s. auch § 39 Abs. 1, 3 StVollstrO) ist »anrechenbar«; die Überschrift ist insoweit nicht korrekt. Als andere Freiheitsentziehungen gelten: Unterbringung in einem Erziehungsheim gem. den §§ 71 Abs. 2, 72 Abs. 3 sowie zur Beobachtung gem. § 73 (s. auch RL Nr. 1 zu § 52); Unterbringung zur Beobachtung gem. § 81 StPO, auch wenn der/die Betroffene »als bloßer Patient« eingewiesen wird (s. *BGHSt* 4, 326); die Untersuchungszeit gem. § 81 StPO (umstritten, wie hier *SK-Horn* § 51 StGB Rn. 4; *Lackner/Kühl* § 51 StGB Rn. 1 m. w. N.); einstweilige Unterbringung gem. § 126 a StPO; vorläufige Festnahmen gem. § 127 Abs. 1 und Abs. 2 StPO; Vorführungshaft gem. § 230 Abs. 2 StPO; Abschiebehaft vor Rechtskraft der Entscheidung (s. *OLG Frankfurt* NJW 1980, 537 m. w. N.); Auslieferungs- und Zulieferungshaft gem. dem Gesetz über die internationale Rechtshilfe (s. *Lackner/Kühl* § 51 StGB Rn. 1; zum Umrechnungsmaßstab s. *LG Stuttgart* NStZ 1986, 362); Festnahmen durch Nato-Angehörige gem. Art. VII Abs. 5 des Nato-Truppenstatuts (s. hierzu *Brunner/Dölling* §§ 52, 52 a Rn. 1 mit Fn. 1 und *Eisenberg* § 52 Rn. 8, jeweils m. w. N.); Unterbringungen wegen einer psychischen Gefährdung, die durch die Tat bedingt ist (*OLG Düsseldorf* JMBl. NW 1990, 42). Es genügt die Weisung im Rahmen eines Aussetzungsbeschlusses (hierzu § 126 a StPO), sich in einer bestimmten Einrichtung aufzuhalten, da Freiheitsentziehung nicht nur durch äußere Zwangsmittel, sondern auch durch psychischen Zwang erfolgen kann (s. *BVerfG* NStZ 1999, 570).

6   Freiheitsentziehung wurde auch aufgrund einer **disziplinarischen Arreststrafe gem.** § 22 WDO erlitten; die Anrechnung ist verfassungsrechtlich verpflichtend (s. *BVerfGE* 21, 378; *BVerfGE* 27, 180; h. M.); dies gilt nicht für den Arrest im Strafvollzug nach § 103 Abs. 1 Nr. 9 StVollzG, da hier »nur« verschärfter Freiheitsentzug praktiziert wird, wobei allerdings diese weitere Freiheitseinschränkung beim Strafmaß zu berücksichtigen ist (*OLG Hamm* NJW 1972, 593). Die Begründung für die Anrechnung einer disziplinarischen Arreststrafe folgt außer aus § 52 auch aus dem Verbot der Doppelbestrafung gem. Art. 103 Abs. 3 GG (s. hierzu *Lackner/ Kühl* § 51 StGB Rn. 17). Zweifelhaft erscheint, ob auch die disziplinarische Ausgangssperre für Soldaten zu berücksichtigen ist. Wenn damit auch eine erhebliche Einschränkung der Fortbewegungsfreiheit verbunden ist, so steht diese Maßnahme doch nicht einer U-Haft gleich (s. *OLG Zweibrücken* NJW 1975, 509; zust. *Eisenberg* § 52 Rn. 8). Unabhängig hiervon ist sie aber **eine interessenverletzende Reaktion** auf ein Fehlverhalten, die nach allgemeinen Grundsätzen zu berücksichtigen ist; dies gilt auch für die Anrechnung der Disziplinarbuße auf den Arrest (s. *OLG Oldenburg* NZWehrR 1982, 157), wie auch eine Disziplinarbuße auf eine Geldbuße bzw. Geldstrafe anzurechnen ist (s. *OLG Hamm* NJW 1978, 1063; s. auch § 112 a Rn. 15).

3. Sachzusammenhang

Die Freiheitsentziehung muß »wegen der Tat« erlitten sein, auf die mit Arrest reagiert wird. Dieser Sachzusammenhang besteht auch dann, wenn mehrere Taten einheitlich sanktioniert werden (§ 31 Abs. 1, Abs. 2) und nur wegen einer dieser Taten Freiheit entzogen wurde (*BGH* bei *Böhm* NStZ 1984, 447). Wenn ein Zusammenhang während des Verfahrens bestanden hat, hindert ein späteres Ausscheiden durch Freispruch, Einstellung oder Abtrennung nicht die »Anrechnung« (h. M., s. *Stree* in: *Schönke/Schröder* § 51 StGB Rn. 10). Selbst wenn die Freiheitsentziehung bereits zum Zeitpunkt der abgeurteilten Tat beendet war, ist eine Berücksichtigung möglich (zum Erwachsenenstrafrecht s. *BGHSt* 28, 29 mit Anm. von *Sonnen* JA 1979, 52 und *Tröndle* JR 1979, 73; s. auch *SK-Horn* § 51 StGB Rn. 8; ebenso *Eisenberg* § 52 Rn. 9; *Brunner/Dölling* §§ 52, 52 a Rn. 2). Darüber hinaus muß nach einer verbreiteten Ansicht nicht einmal ein Verfahrensverbund, nur die Möglichkeit hierzu bestanden haben (s. *Lackner/Kühl* § 51 StGB Rn. 3 m. w. N.; so jetzt auch *BGH* StV 1997, 475 in ausführlicher Auseinandersetzung mit der z. T. abweichenden obergerichtlichen Auffassung); womit das Prinzip einer formalen Verfahrenseinheit zugunsten einer funktionalen aufgegeben wird. Auch wenn die Formulierung im Erwachsenenstrafrecht weitergeht (»Gegenstand des Verfahrens«; ebenso im § 52 a), kommt es auch im Jugendstrafrecht allein darauf an, ob auf ein strafrechtliches Fehlverhalten mit Freiheitsentzug reagiert wurde, **den der/die Verurteilte aufgrund des Sachzusammenhangs als sanktionierende Interesseneinbuße für die abgeurteilte Tat empfunden hat** (zust. *BVerfG* NStZ 1999, 570). Dies gebietet einmal das Gesetzesziel (s. Grdl. z. §§ 52-52 a Rn. 4), das nicht durch verfahrenstechnische Besonderheiten unterlaufen werden darf, zum anderen das Prinzip, nach dem Jugendliche in vergleichbaren Verfahrenssituationen gegenüber Erwachsenen nicht benachteiligt werden dürfen (s. § 5 Rn. 4).

7

4. Zweckerreichung

Weitere Voraussetzung ist die Zweckerreichung. Dann kommt es darauf an, wie der Zweck der Arrestsanktion definiert wird (s. hierzu § 16 Rn. 2). Wenn weiterhin der Zweck in der »Aufrüttelung, Besinnung und Sühne für das begangene Unrecht« gesehen wird (s. *OLG Hamburg* JR 1983, 171), so ist dieses Ziel regelmäßig mit dem Schockerlebnis der U-Haft sowie jeden Freiheitsentzuges erreicht (s. § 93 Rn. 9; ebenso *Eisenberg* JR 1983, 173). Wenn demgegenüber das Ziel der positiven Individualprävention in den Vordergrund gerückt wird, so stimmt dieses zwar mit der gesetzgeberischen Zielsetzung für den Vollzug der U-Haft (s. § 93 Abs. 2) überein; das Postulat einer erzieherischen Gestaltung der U-Haft ist aber einmal aus rechtsstaatlichen Gründen zu begrenzen (s. § 93 Rn. 7, 8), zum anderen sieht die Wirklichkeit häufig, wenn nicht regelmäßig anders aus (s. § 93 Rn. 9, 10).

8

Eine Übereinstimmung ergibt sich aber auch hier, wenn man die Praxis des Arrestvollzuges betrachtet (s. Grundlagen zu § 90 Rn. 5). Diese **übereinstimmende Realität** muß abweichende gewollte Zielsetzungen verdrängen, da ansonsten der gesetzgeberisch gewollte Ausgleich für erlittene Interesseneinbußen durch justitielle Unzulänglichkeiten verweigert würde. Wenn heute angesichts der Arrestrealität trotzdem von dieser Sanktion Gebrauch gemacht wird, so wird hierfür das Ziel einer negativen Individualprävention maßgebend sein; dieses wird – indirekt – auch mit der U-Haft sowie mit anderen Freiheitsentziehungsmaßnahmen erreicht. Falls ein anderer, sozialisierender Arrest angestrebt wird, so dürfte dieser schon nicht verhängt werden, weil »nach dem Erlebnis der U-Haft eine Neuorientierung zusammen mit dem (und nicht gegen den) jungen Delinquenten in den Mauern einer Arrestanstalt als Symbolen für Haftschock und Gewalt nicht mehr sinnvoll durchführbar ist« (so *Walter* NStZ 1983, 368, der allerdings hiermit erst eine Verpflichtung zur Anrechnung begründet).

5. Beurteilungsspielraum

9   Eine eindeutig richtige oder eindeutig falsche Beurteilung der Zweckerreichung wird nur selten zu treffen sein; dies gilt insbesondere für die Frage, ob der Zweck vollständig oder teilweise erreicht wurde. Insoweit kommt dem Gericht ein Beurteilungsspielraum zu. Andere Erwägungen – im Rahmen einer Ermessensentscheidung (s. aber *OLG Hamburg* JR 1983, 171) – dürfen aber nicht angestellt werden. Der Gesetzeswortlaut (»kann«) ist insoweit zu korrigieren, als **bei Zweckerreichung eine Berücksichtigung verpflichtend** ist. Für die Beurteilung ist von der Regel einer »Anrechnung« auszugehen (ebenso *Dallinger/Lackner* § 52 Rn. 6; *Brunner/Dölling* §§ 52, 52 a Rn. 10; *Eisenberg* § 52 Rn. 10; *OLG Hamburg* JR 1983, 171). Wenn entsprechend den obigen Ausführungen (s. Rn. 8) eine negative Individualprävention mit jeder Freiheitsentziehung verbunden ist, so ist auch regelmäßig von der Zweckerreichung auszugehen. Außerdem ist nicht anzunehmen, daß der Gesetzgeber Jugendliche gegenüber der Anwendungsregel des § 51 Abs. 1 S. 1 StGB für Erwachsene benachteiligen wollte (s. auch *Eisenberg* JR 1983, 173).

IV. Durchführung

10   Eine spätere »Anrechnung« soll nicht schon die Sanktionierung bestimmen dürfen, d. h., der Arrest ist hiernach unabhängig zu begründen (s. *Dallinger/Lackner* § 52 Rn. 5; *Brunner/Dölling* §§ 52, 52 a Rn. 3, 8; *OLG Hamburg* JR 1983, 171 mit zust. Anm. von *Walter* NStZ 1983, 367 und *Eisenberg* JR 1983, 172). Der Wortlaut des § 52 scheint ein solches zweiaktiges Verfahren vorzuschreiben. Eine solche Sichtweise geht aber nicht nur an der Realität vorbei; im Rahmen der Rückfall- und Sanktionspro-

gnose sind bereits durchgeführte Straftatreaktionen von vornherein für die Beurteilung einer Sanktionsnotwendigkeit zu berücksichtigen (s. § 5 Rn. 13, 21). Allerdings schreibt § 52 vor, daß die Sanktion symbolhaft nochmals ausgesprochen wird. Unabhängig von dem Zeitpunkt der Prüfung besteht eine Prüfungspflicht gem. § 52. Hierbei sind Auskünfte über die Führung im Freiheitsentzug und seine Wirkungen einzuholen, notfalls, d. h. bei anderer Darstellung des/der Angeklagten, ist Beweis durch Zeugenvernehmung zu erheben (s. *Brunner/Dölling* §§ 52, 52 a Rn. 9).

Eine lediglich formale Anrechnung der Zeit des tatsächlich erlittenen Freiheitsentzuges auf die Dauer der Arrestsanktion ist im Unterschied zu § 52 a sowie zu § 51 StGB nicht vorgeschrieben. Gemäß § 52 wird lediglich die Nichtvollstreckung angeordnet. Dementsprechend heißt es in der Überschrift: »Berücksichtigung von Untersuchungshaft bei Jugendarrest«. Dies heißt aber auch umgekehrt, daß von der Vollstreckung abgesehen werden kann (s. auch § 87 Abs. 3), wenn ein Freiheitsentzug erlitten wurde, der kürzer war als der angeordnete Arrest. Dies folgt primär aus dem Gesetzesziel, da der Zweck, insbesondere der Zweck der negativen Individualprävention, auch schon in kürzerer Zeit erreicht werden kann (zu weiteren Argumenten s. *OLG Hamburg* JR 1983, 171; im Ergebnis zust. *Eisenberg* JR 1983, 173; *ders.* § 52 Rn. 11; ebenso *Walter* NStZ 1983, 367; s. auch *Potrykus* § 52 Anm. 1; a. M. *Brunner* § 52 a Rn. 10; wie hier jetzt *Brunner/Dölling* §§ 52, 52 a Rn. 10). Bei richtiger Gesetzesanwendung dürfte dieses Problem aber gar nicht entstehen, da ansonsten der Sanktionsausspruch über eine Sanktionsnotwendigkeit hinausgeht und einen Sühnecharakter annimmt (s. auch bereits Rn. 10).

11

V. Rechtsmittel

Nach h. M. ist eine Anfechtung des Urteils, das auf Jugendarrest lautet und nicht oder teilweise nicht von der Vollstreckung gem. § 52 absieht, mit Rücksicht auf § 55 Abs. 1 S. 1 unzulässig (*LG Tübingen* MDR 1961, 170; *OLG Hamburg* JR 1983, 171 mit zust. Anm. von *Walter* NStZ 1983, 367; *Dallinger/Lackner* § 52 Rn. 9; § 55 Rn. 20; *Brunner/Dölling* §§ 52, 52 a Rn. 11; a. M. *Eisenberg* JR 1983, 172; *ders.* § 52 Rn. 13; ebenso *Nothacker* S. 327); eine Anfechtung ist hiernach nur erlaubt, wenn die **Rechtswidrigkeit der Maßnahme** geltend gemacht wird. Dieser Auffassung wird zugestimmt, da in Wirklichkeit § 52 nur einen Teilaspekt der Arrestsanktionierung darstellt (s. Rn. 10). Rechtswidrig ist es dann auch, wenn weder im Urteilstenor noch in der Begründung zu der Anwendung des § 52 etwas gesagt wird und somit möglicherweise gar keine Prüfung stattgefunden hat (s. *BGHSt* 3, 330; *Dallinger/Lackner* § 52 Rn. 18). Soweit von *Eisenberg* weiterhin dagegen argumentiert wird, daß der vorausgehende Freiheitsentzug eine im Vergleich zum Arrest gravierende Sank-

12

tion darstelle, die nicht vom § 55 Abs. 1 S. 1 erfaßt werde, so stehen insoweit die Rechtsmittel gegen die vorausgehende Freiheitsentziehung zur Verfügung. Eine Kumulierung freiheitsentziehender Eingriffe wird im Urteilszeitpunkt nicht vorgenommen. Wird allerdings ein Arrest zusammen mit einer Sanktion angeordnet, die nicht der Beschränkung des § 55 Abs. 1 S. 1 unterfällt, so ist auch das Absehen einer Anrechnung gem. § 52 anfechtbar, da eine solche Sanktionierung nur zusammenfassend gewürdigt werden kann (*BGH* bei *Böhm* NStZ 1984, 447).

§ 52 a. Anrechnung von Untersuchungshaft bei Jugendstrafe

Hat der Angeklagte aus Anlaß einer Tat, die Gegenstand des Verfahrens ist oder gewesen ist, Untersuchungshaft oder eine andere Freiheitsentziehung erlitten, so wird sie auf die Jugendstrafe angerechnet. Der Richter kann jedoch anordnen, daß die Anrechnung ganz oder zum Teil unterbleibt, wenn sie im Hinblick auf das Verhalten des Angeklagten nach der Tat oder aus erzieherischen Gründen nicht gerechtfertigt ist. Erzieherische Gründe liegen namentlich vor, wenn bei Anrechnung der Freiheitsentziehung die noch erforderliche erzieherische Einwirkung auf den Angeklagten nicht gewährleistet ist.

Literatur

Brunner Anmerkung zu *BGH* NStZ 1999, 34; *Flöhr* Die Anrechnung der Untersuchungshaft auf Jugendarrest und Jugendstrafe, 1995; *Walter/Pieplow* Anmerkung zu *BGH* NStZ, 1991, 332.

Inhaltsübersicht

	Rn.
I. Persönlicher und sachlicher Anwendungsbereich	1
II. Voraussetzungen	
1. Anordnung von Jugendstrafe	2
2. Untersuchungshaft oder andere Freiheitsentziehung	3
3. Verfahrenseinheit	4
4. Keine ausnahmsweise Versagung	5
a) Verhalten nach der Tat oder erzieherische Gründe	6
b) Ermessensentscheidung	8
III. Durchführung	9
IV. Rechtsmittel	10

I. Persönlicher und sachlicher Anwendungsbereich

Zum persönlichen Anwendungsbereich s. § 52 Rn. 1, zum sachlichen Anwendungsbereich, insbesondere zur Anrechnung einer U-Haft, die nach der Entscheidung in der Tatsacheninstanz bis zur »relativen Rechtskraft« gem. § 450 StPO i. V. m. § 2 erlitten wurde, s. § 52 Rn. 2, 3. 1

II. Voraussetzungen

1. Anordnung von Jugendstrafe

Erste Voraussetzung ist die Anordnung einer Jugendstrafe, wobei sowohl die unbedingte als auch die Jugendstrafe auf Bewährung gemeint ist. 2

§ 52 a

2. Untersuchungshaft oder andere Freiheitsentziehung

3   Zu den vergleichbaren anderen Freiheitsentziehungen s. § 52 Rn. 5, 6. Auch im Ausland wegen dieser Tat verbüßter Freiheitsentzug ist zu berücksichtigen (entsprechend § 51 Abs. 3 StGB).

3. Verfahrenseinheit

4   Abweichend von § 52 muß die U-Haft oder eine andere Freiheitsentziehung »aus Anlaß einer Tat« vollstreckt worden sein, »die Gegenstand des Verfahrens ist oder gewesen ist«. Der Wortlaut stimmt insoweit mit § 51 StGB überein. Inhaltlich ergeben sich keine Abweichungen von dem Erfordernis des Sachzusammenhangs gem. § 52 (s. dort Rn. 7).

4. Keine ausnahmsweise Versagung

5   Im Unterschied zu § 52, aber in Übereinstimmung mit § 51 StGB wird **regelmäßig** die U-Haft oder eine andere vergleichbare Freiheitsentziehung angerechnet (s. § 52 a S. 1; zur früher abweichenden Regelung s. Grdl. z. §§ 52-52 a Rn. 2). Hiervon darf nur ausnahmsweise gem. § 52 a S. 2 abgewichen, d. h., die Anrechnung kann nur ganz oder z. T. aus besonderen Gründen versagt werden.

a) Verhalten nach der Tat oder erzieherische Gründe

6   Im Gesetz sind alternativ zwei Gründe für eine Versagung der Anrechnung genannt. Da der Gesichtspunkt, unter dem das Verhalten nach der Tat zu würdigen ist, unbestimmt bleibt und demgegenüber in § 52 a S. 3 die erzieherischen Gründe durch den Sanktionszweck konkretisiert werden, ist **einheitlich die Präventionsvereitelung maßgebend** (a. M. *BGH* StV 1990, 507). Im Erwachsenenstrafrecht soll demgegenüber ein Verhalten, das zu einer Verschleppung des Verfahrens und damit zu einer Verlängerung der U-Haft geführt hat, zu einer Versagung der Anrechnung führen (s. *BGHSt* 23, 307; *Lackner/Kühl* § 51 StGB Rn. 8; ebenso jetzt *BGH* StV 1990, 507 für das Jugendstrafrecht; krit. hierzu *Walter/Pieplow* NStZ 1991, 332). Damit finden Bestrafungstendenzen Eingang – um »ungerechtfertigte Vorteile« auszugleichen –, die im Jugendstrafrecht fehl am Platze sind, da hier grundsätzlich kein Schuldausgleich angestrebt wird (zu Konsequenzen für die Anwendung des § 105 Abs. 1 s. dort Rn. 24). Die Präventionsvereitelung wird beim Verhalten nach der Tat nur in tatsächlicher Hinsicht begrenzt. Ein Verhalten vor der Tatbegehung oder das nicht im unmittelbaren Zusammenhang damit steht, ist unter diesem Gesichtspunkt nicht subsumierbar; so hat auch die Führung in der U-Haft – unter diesem Gesichtspunkt (!) – außer Betracht zu bleiben (s. *BGH* StV 1990, 507 sowie *LG Freiburg* StV 1982, 338, allerdings mit der falschen, aus dem Erwachsenenstrafrecht entlehnten Begründung, daß nur ein Ver-

halten zu berücksichtigen sei, das die Anrechnung »ungerechtfertigt« mache; s. auch *Brunner/Dölling* §§ 52, 52 a Rn. 13 a). Die Nichtanrechnung der U-Haft darf nicht als Sanktionsmittel für ein Fehlverhalten eingesetzt werden (*BGH* StV 1996, 274). Das Abstreiten der Tat, die Wahrung von Verteidigungsrechten, selbst Fluchtvorbereitungen und Fluchtversuche dürfen nicht negativ im Hinblick auf die Prävention gewertet werden (ebenso *OLG Bremen* NJW 1951, 286; *BGH* NJW 1956, 1845; *BGHSt* 23, 307; *BGH* bei *Holtz* MDR 1978, 459; *Eisenberg* § 52 a Rn. 7; *Lackner/ Kühl* § 51 StGB Rn. 7; für eine indirekte Berücksichtigung *Dallinger/ Lackner* § 52 Rn. 16).

Erzieherische Gründe gegen eine Anwendung sind darüber hinaus schwer zu finden, wenn die Eignung der Jugendstrafe für eine positive Individualprävention generell in Frage gestellt wird (s. § 18 Rn. 10; ebenso *Eisenberg* § 52 a Rn. 8; *Walter/Pieplow* NStZ 1991, 332). Wenn nach einer Auffassung vermieden werden muß, daß der für den Strafvollzug verbleibende Zeitraum unter ein »notwendiges Maß« herabsinkt (s. *Brunner/ Dölling* §§ 52, 52 a Rn. 14; *Schaffstein/Beulke* § 39 II. 2.), so ist dem entgegenzuhalten, daß die Rückfallquote der Kurzzeitverbüßenden nicht höher als die der Langzeitverbüßenden ist (s. § 18 Rn. 8) und angesichts der mit jedem Freiheitsentzug verbundenen negativen Folgen dieser grundsätzlich so kurz wie möglich zu halten ist. So hat auch der *BGH* (NStZ 1999, 34 mit abl. Anm. von *Brunner*) die Begründung für die Nichtanrechnung von 10 Monaten U-Haft auf eine zweijährige Jugendstrafe, bei Anrechnung der U-Haft sei die verbleibende Restdauer der Vollstreckung bei einem Widerruf der Strafaussetzung für eine erzieherische Einwirkung zu gering, nicht akzeptiert. Weiter ist es unzulässig, im Hinblick auf das Ausbleiben eines Erziehungseffekts in der U-Haft ihre Anrechnung zu versagen (ebenso *BGH* StV 1990, 507). 7

b) Ermessensentscheidung

Die Versagung einer Anrechnung steht unter Beachtung der o. g. Voraussetzungen letztlich im Ermessen des Richters. Hierbei gilt es, sich nochmals zu vergegenwärtigen, daß die Versagung eine Ausnahme sein soll (s. Rn. 5). Angesichts der zusätzlichen Erschwernisse, eine Prävention i. S. einer Erziehung durch Strafvollzug zu erzielen, muß die Entscheidung in besonderer Weise begründet werden (s. auch *BGH* StV 1994, 603). 8

III. Durchführung

Die Anrechnung wird von Gesetzes wegen, d. h. von der Vollstreckungsbehörde vorgenommen, wenn nicht ausdrücklich von ihr abgesehen wird (h. M. s. *Brunner/Dölling* §§ 52, 52 a Rn. 15; *Eisenberg* § 52 a Rn. 9). Dies 9 gilt auch für eine im Ausland erlittene Freiheitsentziehung, z. B. Auslieferungshaft (s. § 450 a StPO), da § 52 a gegenüber § 51 Abs. 3 StGB eine Sonderregelung darstellt (wie hier *BGH* StV 1985, 503 zu § 51 StGB; a. M. *OLG Oldenburg* NJW 1982, 2741). Allerdings hat das Gericht den Maßstab festzusetzen (analog § 51 Abs. 4 Satz 2 StGB), wobei z. T. härtere Haftbedingungen zu einem Anrechnungsmaßstab von 1 : 3 führen können (für Kenia s. *LG Zweibrücken* MDR 1997, 279; für Bulgarien s. *LG Berlin* StV 1998, 347; wie hier *Schoreit* in: *D/S/S* § 52 a Rn. 11 mit Nachw. zu unveröffentlichten Entscheidungen des *BGH*). Trotzdem empfiehlt es sich, die Anrechnung deklaratorisch auszusprechen, da dem/der Verurteilten häufig diese Gesetzeskenntnis fehlt (wie hier *Flöhr* Die Anrechnung der Untersuchungshaft auf Jugendarrest und Jugendstrafe, 1995, S. 150; a. M. *Eisenberg* § 54 Rn. 22; wohl auch *Brunner/Dölling* § 54 Rn. 9). Dies gilt zumindest für nicht eindeutige Fälle, insbesondere für den vergleichbaren Freiheitsentzug (s. auch *Lackner/Kühl* § 51 StGB Rn. 4; *BGHSt* 27, 287; *BGH* StV 1985, 503).

IV. Rechtsmittel

10 Eine Klärung über die Anrechnung ist erforderlichenfalls gem. den §§ 458 Abs. 1, 462 Abs. 1 StPO herbeizuführen. Zuständig ist zum Beginn der Vollstreckung das erkennende Gericht (s. *OLG Oldenburg* NJW 1982, 2741; so generell *Eisenberg* § 52 a Rn. 11), ansonsten die Vollstreckungskammer (§ 462 a Abs. 1 StPO), d. h. in Jugendstrafsachen der Vollstreckungsleiter gem. § 82 Abs. 1 S. 2 (zur Berechnung im einzelnen s. *Krauss* NJW 1958, 49). Weiterhin ist die Anrechnung bzw. Nichtanrechnung selbständig mit der Berufung oder Revision anfechtbar (s. *BGH* StV 1985, 503), zumal die Beschränkung des § 55 Abs. 1 nicht gilt.

Grundlagen zu § 53

1. Systematische Einordnung

Im zweiten Unterabschnitt »Hauptverfahren« des zweiten Hauptstücks »Jugendgerichtsverfassung und Jugendstrafverfahren« findet sich systemfremd § 53: Nach einer Vorausbestimmung von Erziehungsmaßregeln wird die Überweisung an den Familien-/Vormundschaftsrichter zur Auswahl und Anordnung im einzelnen erlaubt. Eher dürfte man eine solche Bestimmung im Abschnitt »Erziehungsmaßregeln« vermuten – eine **versteckte Sanktionsregel**.

1

2. Historische Entwicklung

Bereits nach dem JGG 1923 (§ 5 Abs. 2) konnten die Auswahl und Anordnung von Erziehungsmaßregeln dem Vormundschaftsgericht überlassen werden, wobei diese Vorgehensweise als Alternative zur selbständigen Anordnung formuliert war (s. auch bereits § 480 k Abs. 2 des Gesetzesentwurfs vom 17. 2. 1912, Verhandlungen des Reichstages, Bd. 298, Anlagen zu den stenografischen Berichten, Antrag Nr. 198, S. 204). Mit dem § 37 des JGG 1943 wurde einerseits die Überweisung auf die Auswahl und Anordnung von Zuchtmitteln erweitert, andererseits die Anwendung nach der Gesetzesbegründung auf »manche Fälle« begrenzt (s. *Kümmerlein* DJ 1943, 559). Erst in der Beratung des JGG 1953 (s. Schriftlicher Bericht des *Ausschusses für Rechtswesen und Verfassungsrecht*, BT-Drucks. 1/4437, S. 9) wurde diese Erweiterung wieder gestrichen. Die Vorschrift hat inhaltlich seit der Gesetzesneufassung Bestand. Die Erweiterung auf den Familienrichter wurde aufgrund des Kindschaftsreformgesetzes v. 16.12.1997 (BGBl I, 2942) notwendig.

2

3. Gesetzesziel

Mit § 53 soll – auf Umwegen – das Ziel einer Verknüpfung von strafrichterlichen und vormundschaftsrichterlichen Anliegen erreicht werden, wenn schon die grundsätzliche Forderung nach einer Personenidentität (§ 34 Abs. 2) nicht erfüllt ist. Da nur die – abschließende – Sanktionierung übertragen wird, stellt § 53 eine **gesetzliche Regelung des »Schuldinterlokuts«** dar. Aus der geschichtlichen Entwicklung (s. Rn. 2) sowie aus der systematischen Stellung (s. Rn. 1) folgt aber ein **Ausnahmecharakter**. Dieser wird durch die negativen Folgen, die mit einer Überweisung verbunden sind, untermauert: Eine neue Verhandlung vor dem Familien-/Vormundschaftsrichter führt nicht nur zu einer Verfahrensverzögerung, sondern stellt auch eine zusätzliche Belastung für den/die Angeklagte(n) sowie für die Justiz dar. Zudem wird dann eine justitielle Sanktionierung zu Ende geführt, ohne daß die besonderen Schutzbestimmungen der StPO für den/die Angeklagte(n) noch gelten und im Hinblick auf

3

die besonderen Anforderungen an Familien- und Vormundschaftsrichter spezielle jugendpädagogische und jugendkriminologische Kenntnisse in der Regel vorliegen werden.

4. Justizpraxis

4 In der Justizpraxis spielt die Überweisung an den Familien-/Vormundschaftsrichter nur eine marginale Rolle. 1997 wurden von 87 807 Verurteilten lediglich 18 (0,02 %) an den Vormundschaftsrichter überwiesen. Nach dem Zweiten Weltkrieg wurde maximal im Jahre 1952 in 111 Fällen so verfahren. Seitdem hat die Zahl ständig abgenommen. Nur z. Z. des Diskussionsentwurfs eines einheitlichen Jugendhilfegesetzes, in den Jahren 1973 und 1974, ist die Zahl vorübergehend leicht – auf 0,1 % der Verurteilten – angestiegen. Die Begründung liegt primär in den von den Jugendrichtern erkannten negativen Begleiterscheinungen (s. Rn. 3), nicht so sehr in der gesetzgeberisch gewollten, in der Praxis aber weitgehend unterbliebenen Personalunion von Jugendrichtern und Vormundschaftsrichtern (so aber *Schaffstein/Beulke* § 37 III. 3.; hiergegen bereits *Eisenberg* § 53 Rn. 6; zur Praxis des § 34 Abs. 2 s. Grdl. z. §§ 33–38 Rn. 6).

5. Rechtspolitische Einschätzung

5 Mit einer Änderung des § 34 Abs. 2 in eine Muß-Vorschrift (s. Grdl. z. §§ 33–38 Rn. 9) erübrigt sich auch eine Überweisungsmöglichkeit gem. § 53. Mit Rücksicht auf die negativen Begleitfolgen (s. Rn. 3) sollte die Bestimmung aber auch ohnedem wegfallen.

§ 53. Überweisung an den Familien- oder Vormundschaftsrichter

Der Richter kann dem Familien- oder Vormundschaftsrichter im Urteil die Auswahl und Anordnung von Erziehungsmaßregeln überlassen, wenn er nicht auf Jugendstrafe erkennt. Der Familien- oder Vormundschaftsrichter muß dann eine Erziehungsmaßregel anordnen, soweit sich nicht die Umstände, die für das Urteil maßgebend waren, verändert haben.

Inhaltsübersicht

	Rn.
I. Persönlicher Anwendungsbereich	1
II. Sachlicher Anwendungsbereich	3
III. Voraussetzungen	5
IV. Entscheidung des Familien-/Vormundschaftsrichters	7
V. Rechtsmittel	11

I. Persönlicher Anwendungsbereich

Die Vorschrift gilt in Verfahren gegen Jugendliche vor den Jugendgerichten. In Verfahren gegen Jugendliche vor den für allgemeine Strafsachen zuständigen Gerichten kommt § 104 Abs. 4 zur Anwendung, wonach die Auswahl und Anordnung von Erziehungsmaßregeln zwingend dem Vormundschaftsrichter zu überlassen ist; soweit in der RL zu § 53 dies auch für den Fall der gleichzeitigen Verhängung einer Jugendstrafe gefordert wird, so ist demgegenüber die Unzweckmäßigkeit der Verbindung von stationären und ambulanten Sanktionen zu wiederholen (s. § 8 Rn. 7). 1

In Verfahren gegen Heranwachsende gilt § 53 nicht (s. § 109 Abs. 2). Für das Erwachsenengericht ist jedoch § 112 S. 3 zu beachten, d. h., die Auswahl und Anordnung von Weisungen sind dem Jugendrichter zu überlassen; dieser wiederum hat die §§ 112 a, b zu beachten. 2

II. Sachlicher Anwendungsbereich

Im vereinfachten Jugendverfahren kann zwar gem. § 78 Abs. 1 S. 2 auch § 53 Anwendung finden; dem steht aber nicht nur die Absicht einer Verfahrensbeschleunigung (s. Grdl. z. §§ 76-78 Rn. 3), sondern auch § 76 S. 1 entgegen, wonach für den Antrag der Staatsanwaltschaft § 53 nicht als Sanktion erwartet werden darf (s. auch §§ 76-78 Rn. 17 m. w. N.). 3

Im Berufungsverfahren ergibt sich die Schwierigkeit, die Sanktionsschwere im Hinblick auf das Verschlechterungsverbot zu bestimmen, da die endgültige Erziehungsmaßregel noch nicht feststeht. Immer ist die Sankti- 4 on gem. § 53 gegenüber der Verwarnung gem. § 14 als eingriffsintensiver einzustufen (s. § 5 Rn. 22; s. auch § 55 Rn. 15).

III. Voraussetzungen

5   Positive Voraussetzungen sind im § 53 für die Überweisung an den Familien-/Vormundschaftsrichter nicht bestimmt. Insoweit besteht ein Ermessen, das aber angesichts des Ausnahmecharakters und der negativen Begleiterscheinungen (s. Grundlagen zu § 53 Rn. 3) **restriktiv** auszuüben ist. Vorausgesetzt wird die Bejahung der Schuldfrage i. S. des § 263 StPO, so daß umgekehrt nur noch die Entscheidung über die Rechtsfolgen offensteht. Mit Rücksicht auf die grundsätzlichen Bedenken gegen die Erziehungsbeistandschaft (s. § 12 Rn. 5) und die schwerwiegenderen Einwände gegen eine Heimerziehung darf § 53 auch nicht als Umweg zu diesen Sanktionen gewählt werden (so aber *Dallinger/Lackner* § 53 Rn. 3; *Müller* S. 74; *Brunner/Dölling* § 53 Rn. 1; wie hier *Eisenberg* § 53 Rn. 8; s. auch § 12 Rn. 6). Abzulehnen ist auch der Einsatz wegen einer noch fehlenden »Entscheidungsreife« (so aber *Dallinger/Lackner* § 53 Rn. 3; *Brunner/ Dölling* § 53 Rn. 1; *Eisenberg* § 53 Rn. 7); der Familien-/Vormundschaftsrichter muß diese auch und erst gänzlich herbeiführen. Nicht nur als unsinnig (s. *Potrykus* § 53 Anm. 3), sondern auch als eine rechtswidrige Abkehr vom strafprozessualen Verfahren muß es erscheinen, wenn der Jugendrichter, der gleichzeitig Familien-/Vormundschaftsrichter ist, an sich selbst verweist (s. aber *Dallinger/Lackner* § 53 Rn. 3). Schließlich ist § 53 nicht dafür vorgesehen, wenn Kollegialgerichte sich nicht einigen können (s. aber *Potrykus* § 53 Anm. 2; *Brunner/Dölling* § 53 Rn. 1; *Eisenberg* § 53 Rn. 8). Hierfür gibt es Abstimmungsmodalitäten (s. § 263 StPO; § 196 GVG), die quantitativ immer noch mehr Gewicht haben als die Einzelentscheidung des Vormundschaftsrichters. Im Grunde bleibt somit für die Abgabe an den Vormundschaftsrichter nur die **fehlende eigene Sachkompetenz** für die Beantwortung der Sanktionsfrage.

6   Weitere – formale – Grenzen werden vom Gesetzgeber ausdrücklich vorgegeben. So darf die Überweisung nicht erfolgen, wenn gleichzeitig eine Jugendstrafe verhängt wird. Eine Ausnahme für den Fall, daß der/die Jugendliche bald volljährig wird (so *Brunner/Dölling* § 53 Rn. 2), ist nicht begründet. Ein solches Sanktionssplitting ist darüber hinaus grundsätzlich fragwürdig, da auch für ein – gleichzeitig angeordnetes – Zuchtmittel kaum eine besondere Sachkenntnis bestehen wird, wenn diese für Erziehungsmaßregeln verneint wird. Weiterhin darf das Jugendgericht nicht die Auswahl der Erziehungsmaßregeln bereits selbst treffen, wenngleich Anregungen nicht ausgeschlossen sind (s. RL a. F. Nr. 1 S. 2 zu § 53), ebensowenig eine Erziehungsmaßregel anordnen und die Anordnung weiterer Erziehungsmaßregeln dem Vormundschaftsrichter überlassen. Schließlich

Zweites Hauptstück. Jugendgerichtsverfassung und Jugendstrafverfahren § 53

darf nur für die Auswahl und Anordnung von Erziehungsmaßregeln, nicht von anderen Sanktionen das Verfahren abgegeben werden.

IV. Entscheidung des Familien-/Vormundschaftsrichters

Die Entscheidung des Familien-/Vormundschaftsrichters ergeht im Verfahren der freiwilligen Gerichtsbarkeit (FGG), d. h. als Beschluß. Seine Zuständigkeit bestimmt sich nach den §§ 36 und 46 FGG, soweit nicht § 34 Abs. 2, 3 eingreift; für die Beweisaufnahme gilt die Amtsermittlungsmaxime gem. § 12 FGG; die Anfechtung der Entscheidungen ist abweichend von § 55 in den §§ 57 ff. FGG geregelt (s. auch Rn. 11). 7

Grundsätzlich **muß** der Familien-/Vormundschaftsrichter nach der Überweisung Erziehungsmaßregeln anordnen (s. § 53 S. 2), d. h., er darf weder die Übernahme des Verfahrens ablehnen noch auf eine Sanktionierung verzichten noch andere Sanktionen als Erziehungsmaßregeln anordnen. Eine Ausnahme besteht, soweit sich »die Umstände, die für das Urteil maßgebend waren, verändert haben«. In einem solchen Fall darf er von der Anordnung von Erziehungsmaßregeln absehen, was vergleichbar ist mit der Einstellung gem. § 47 Abs. 1 S. 1 Nr. 2. Veränderte Umstände sind in erster Linie die tatsächlichen Voraussetzungen für die Rückfall- und Sanktionsprognose (s. hierzu auch § 5 Rn. 13), die zu der Vorausbestimmung von Erziehungsmaßregeln geführt hat. Hierzu gehört auch die Beurteilung der Täterpersönlichkeit, die sich schon aufgrund des Eindrucks des bisherigen Verfahrens mit dem Schuldspruch ändern kann (ebenso *Dallinger/Lackner* § 53 Rn. 17; *Brunner/Dölling* § 53 Rn. 7; *Eisenberg* § 53 Rn. 10). Ebenso können zwischenzeitlich vom Familien-/Vormundschaftsrichter selbständig angeregte oder angeordnete Erziehungsmaßnahmen die Umstände des Urteilsspruchs verändern (s. aber *Dallinger/Lackner* § 53 Rn. 14, aber auch Rn. 13; *Eisenberg* § 53 Rn. 10, aber auch Rn. 12), auch wenn § 47 Abs. 1 S. 1 Nr. 2 i. V. m. § 45 Abs. 2 nicht unmittelbar anwendbar ist. Auch wenn die Straftatvoraussetzungen bereits vom Jugendgericht bejaht wurden, ist eine Änderung dieser Umstände vom Vormundschaftsrichter zu beachten. Ansonsten wäre er gezwungen, eine rechtswidrige Sanktionierung durchzuführen, zumal die Entscheidung des Jugendgerichts nicht isoliert angefochten werden kann (s. Rn. 11). Eine Änderung liegt aber nur vor, wenn die Umstände dem erkennenden Gericht nicht bekannt waren (*Dallinger/Lackner* § 53 Rn. 18; *Brunner/Dölling* § 53 Rn. 7; *Eisenberg* § 53 Rn. 10; wohl auch *Potrykus* § 53 Anm. 6). Eine darüber hinausgehende Korrektur des Strafurteils ist dem Familien-/Vormundschaftsrichter versagt. Entscheidend ist nach dem Gesetzeswortlaut der Urteilszeitpunkt (so auch RL Nr. 2 zu § 53), nicht die Rechtskraft (so aber *Potrykus* § 53 Anm. 8). Immer sollte im Falle ei- 8 nes Sanktionsverzichts Rücksprache mit der Jugendgerichtshilfe und dem erkennenden Jugendgericht gehalten werden (s. RL Nr. 2 zu § 53).

9 Bei der Auswahl der Erziehungsmaßregeln gem. § 9 und § 112 Nr. 2 hat sich der Vormundschaftsrichter nach der **jugendstrafrechtlichen Zielsetzung** der Individualprävention (s. Grdl. z. §§ 1-2 Rn. 4; Grdl. z. §§ 9-12 Rn. 4) zu richten. Es ist unzulässig, mit strafrechtlichen Sanktionen einem allgemeinen Erziehungsbedarf zu entsprechen. Der Grundsatz der Subsidiarität von vormundschaftsrichterlich angeordneten Maßnahmen gegenüber freiwilligen Hilfen zur Erziehung gem. den §§ 27-35 KJHG hat ebenso gegenüber Maßnahmen aufgrund einer Überweisung gem. § 53 Gültigkeit.

10 Die Sanktionszuständigkeit umfaßt auch die Durchführung der Erziehungsmaßregeln (ebenso *Dallinger/Lackner* § 53 Rn. 21) sowie die Erledigungserklärung der Erziehungshilfe gem. § 112 a Nr. 2 (s. § 112 c Abs. 1). Dies ist im Unterschied zu der gem. § 12 angeordneten Hilfe zur Erziehung (s. § 82 Abs. 2) zwar nicht ausdrücklich ausgesprochen, ergibt sich aber aus der Zielsetzung, das Erkenntnis- und Vollstreckungsverfahren möglichst in einer Hand zu belassen (s. Grdl. z. §§ 82-85 Rn. 3). Auch folgt aus § 65, daß der Familien-/Vormundschaftsrichter über Änderungen, Befreiungen und Verlängerungen von Weisungen gem. § 11 Abs. 2 zu entscheiden hat, da er der Sanktionsrichter des ersten Rechtszuges ist (s. auch § 65 Rn. 1). Allerdings darf der Familien-/Vormundschaftsrichter keinen »Ungehorsamsarrest« gem. § 11 Abs. 3 anordnen, da damit eine Korrektur der Anordnung von Erziehungsmaßregeln erfolgt und inhaltlich jetzt ein Zuchtmittel zur Anwendung kommt, für das der Familien-/Vormundschaftsrichter keine Anordnungskompetenz hat (im Ergebnis ebenso *Dallinger/Lackner* § 53 Rn. 23; *Brunner/Dölling* § 53 Rn. 8 ; s. auch § 65 Rn. 1).

V. Rechtsmittel

11 Die Überweisung an den Familien-/Vormundschaftsrichter kann als solche nicht angefochten werden (s. § 55 Abs. 1); das Strafurteil ist nur hinsichtlich der Straftatvoraussetzungen sowie – unter Beachtung des § 55 Abs. 1 – hinsichtlich weiterer Sanktionen überprüfbar. Mit Rechtskraft ist das Strafverfahren als solches beendet – mit der Wirkung des Art. 103 Abs. 3 GG. Die nachträgliche Arrestanordnung ist mit der sofortigen Beschwerde gem. § 65 Abs. 2 S. 2 angreifbar (s. § 65 Rn. 6). Nachträgliche Änderungen von Weisungen sind gem. § 57 Abs. 1 Nr. 9 FGG beschwerdefähig. Beschwerdeberechtigt sind der/die Jugendliche sowie die gesetzlichen Vertreter und Erziehungsberechtigten (s. § 67 Abs. 3, § 298 StPO; s. auch § 67 Rn. 13). Ebenso ist die Ablehnung einer Weisungsänderung be-

schwerdefähig, da § 65 Abs. 2 S. 1 hier nicht gilt (ebenso *Eisenberg* § 53 Rn. 18): Nach der Überweisung gilt das Verfahrensrecht gem. FGG (s. Rn. 7). Bleibt der Familien-/Vormundschaftsrichter untätig, so haben Jugendamt und Jugendgericht neben der Dienstaufsichtsbeschwerde die Beschwerdemöglichkeiten gem. § 57 Abs. 1 Nr. 9 FGG (ebenso *Dallinger/ Lackner* § 53 Rn. 20; *Eisenberg* § 53 Rn. 17).

Grundlagen zu § 54
s. vor § 46

§ 54. Urteilsgründe
(1) Wird der Angeklagte schuldig gesprochen, so wird in den Urteilsgründen auch ausgeführt, welche Umstände für seine Bestrafung, für die angeordneten Maßnahmen, für die Überlassung ihrer Auswahl und Anordnung an den Familien- oder Vormundschaftsrichter oder für das Absehen von Zuchtmitteln und Strafe bestimmend waren. Dabei soll namentlich die seelische, geistige und körperliche Eigenart des Angeklagten berücksichtigt werden.
(2) Die Urteilsgründe werden dem Angeklagten nicht mitgeteilt, soweit davon Nachteile für die Erziehung zu befürchten sind.

Literatur

Hauber/Mayer-Rosa Gutachtenerstattung und Urteilsbegründung in der Hauptverhandlung gegen jugendliche Angeklagte, Zbl 1983, 484.

Inhaltsübersicht   Rn.
   I. Persönlicher Anwendungsbereich   1
  II. Sachlicher Anwendungsbereich   2
 III. Urteilsformel
    1. im allgemeinen   4
    2. im besonderen
      a) Erziehungsmaßregeln   6
      b) Zuchtmittel   7
      c) Aussetzung der Verhängung einer Jugendstrafe   8
      d) Jugendstrafe   9
      e) Überweisung an den Familien-/ Vormundschaftsrichter   10
      f) Einbeziehung einer rechtskräftigen Verurteilung 11
      g) Anrechnung von U-Haft   12
 IV. Urteilsbegründung   13
    1. Tatsachenfeststellung   14
    2. Beweiswürdigung   15
    3. Subsumtion   16
    4. Sanktionsbegründung   17
  V. Urteilsverkündung   20
 VI. Mitteilung der schriftlichen Urteilsgründe   23
VII. Rechtsmittel   24

I. Persönlicher Anwendungsbereich

Die Vorschrift gilt in Verfahren gegen Jugendliche, auch vor den für allgemeine Strafsachen zuständigen Gerichten (§ 104 Abs. 1 Nr. 6; s. auch RL Nr. 4 zu § 54). In Verfahren gegen Heranwachsende gilt nur § 54 Abs. 1, und zwar dann, wenn Jugendstrafrecht zur Anwendung kommt (§ 109 Abs. 2); insoweit kommt die Vorschrift auch vor den für allgemeine Strafsachen zuständigen Gerichten zur Anwendung (§ 112 S. 1, 2 i. V. m. § 104 Abs. 1 Nr. 6; s. auch RL Nr. 4 zu § 54).

1

II. Sachlicher Anwendungsbereich

§ 54 gilt auch im vereinfachten Jugendverfahren, da das Urteil dort dieselbe Bedeutung hat wie im »normalen« Jugendverfahren und lediglich von Verfahrensvorschriften abgewichen werden darf, die für das Ermittlungsverfahren und die Beweisaufnahme bis zur Verkündung des Urteils gelten (s. § 78 Abs. 3 S. 1: »..., soweit dadurch die Erforschung der Wahrheit nicht beeinträchtigt wird«; s. auch §§ 76-78 Rn. 17; s. aber *Dallinger/Lackner* § 54 Rn. 25).

2

Im Bußgeldverfahren ist § 54 theoretisch über § 46 Abs. 1 OWiG entsprechend anwendbar. Da hier die Sanktionierung trotz des § 17 Abs. 3 OWiG weitgehend formalisiert ist (s. auch den Geldbußenkatalog für Verkehrsverstöße), kommt die Vorschrift in der Praxis kaum zur Anwendung. Dies gilt insbesondere für § 54 Abs. 2 (s. auch *Eisenberg* § 54 Rn. 3).

3

III. Urteilsformel

1. im allgemeinen

Der Urteilsspruch ist entsprechend § 260 Abs. 4 StPO (s. § 2) zu formulieren. Wenn auch die Fassung »im übrigen« im Ermessen des Gerichts steht (§ 260 Abs. 4 S. 5 StPO), ist zunächst die rechtliche Bezeichnung der Tat anzugeben (§ 260 Abs. 4 S. 1 StPO). Hierbei sind die gesetzgeberischen Überschriften zu verwenden. Strafzumessungsbezeichnungen wie »im besonders schweren Fall« oder »im minder schweren Fall«, gehören nicht hierher. Dies gilt auch für die in der Praxis bedeutsamen Regelbeispiele gem. § 243 Abs. 1 StGB (s. *BGH* MDR 1976, 769; zum Erwachsenenstrafrecht s. *BGH* NJW 1978, 230). Diese angewendeten Sanktionsregeln werden nur in der anschließenden Paragraphenliste aufgeführt (s. § 260 Abs. 5 StPO). Bei mehreren Gesetzesverletzungen ist auch das Konkurrenzverhältnis zu nennen. Ansonsten sollte die Urteilsformel **nicht rechtlich überfrachtet** werden; Tatmodalitäten, wie gemeinschaftlich oder fortgesetzt handelnd, gehören in die Begründung (*BGH* NJW 1978, 230). Um

4

§ 54 *Zweiter Teil. Jugendliche*

den Urteilsspruch verständlicher zu machen, erscheint es ratsam, die Formel **aufzuteilen in einen Schuldspruch** – »der/die Angeklagte hat sich eines(r) ... schuldig gemacht« (s. auch § 260 Abs. 4 S. 1 StPO) – **und einen Sanktionsspruch** (s. auch Rn. 8, 10, 11). Hierbei müssen die Sanktionen so bestimmt werden, daß der/die Verurteilte auch weiß, was er/sie zu tun oder zu unterlassen hat. Wenn vorgeschlagen wird, den Begriff der Verurteilung zu vermeiden (s. *Eisenberg* § 54 Rn. 9-12) oder für die Sanktionierung mit einer Jugendstrafe zu reservieren (s. *Brunner/Dölling* § 54 Rn. 2), so erscheint dies als ein untauglicher Versuch, dem Strafurteil seinen Strafcharakter zu nehmen (s. auch Grundlagen zu § 5 Rn. 22; § 68 Rn. 3). Eine ehrliche Sprache erscheint erziehungspsychologisch richtiger. Neutralere Formulierungen können allenfalls den Eindruck einer moralischen Abqualifizierung mindern, soweit sie aus dem Wort »Verurteilung« herausgelesen werden. Dem steht aber einmal entgegen, daß auch im Zivilurteil der Beklagte »verurteilt« wird; zum anderen kann diesem Mißverständnis eher mit der Aufteilung in einen Schuld- und Sanktionsspruch begegnet werden.

5 Zur Urteilsformel gehört auch die Kostenentscheidung (s. § 464 Abs. 1, 2 StPO i. V. m. § 2). Wenn nach verbreiteter Meinung aus erzieherischen Gründen für § 74 hiervon eine Ausnahme gemacht werden soll (s. *OLG Schleswig* SchlHA 1956, 299; *Dallinger/Lackner* § 74 Rn. 15; *Potrykus* § 74 Anm. 1; wie hier *Brunner/Dölling* § 54 Rn. 7; *Roestel* SchlHA 1956, S. 300; *Eisenberg* § 54 Rn. 23), so ist diese Auffassung nicht mit dem Gesetz vereinbar, ganz abgesehen von der erzieherischen Fragwürdigkeit: Ob erst der Ausspruch und dann die Begründung folgt oder dies zusammen geschieht, erscheint irrelevant (s. auch § 74 Rn. 13).

2. im besonderen

a) Erziehungsmaßregeln

6 Wegen der relativen Unbestimmtheit von Erziehungsmaßregeln ist im Urteilsspruch eine genaue Bezeichnung erforderlich. Dies gilt insbesondere, soweit im § 10 nicht aufgeführte Weisungen angeordnet werden. Zu unbestimmt ist die Weisung, »bestehende Pflichten gut zu erfüllen«. Hinsichtlich alternativer Weisungen, die die Erfüllung der Entscheidung des/der Verurteilten überlassen, ist die Handlungskompetenz des/der Verurteilten besonders sorgfältig zu prüfen (s. auch § 10 Rn. 2). Insbesondere ist auch die Dauer der Weisung zu bestimmen, was auch bei Hilfen zur Erziehung möglich ist (s. § 12 Rn. 12). Bei Anordnung der Erziehungsbeistandsschaft ist möglichst schon im Urteil der Name des Erziehungsbeistandes zu nennen (s. auch *Brunner/Dölling* § 54 Rn. 4); zur Absprache mit dem/der Jugendlichen und den Erziehungsberechtigten s. § 12 Rn. 10.

b) Zuchtmittel

Die Anforderungen an eine Konkretisierung gelten auch für die Zuchtmittel. So sind bei der Schadenswiedergutmachung und der Geldbuße sowohl der zu zahlende Betrag als auch der Empfänger als auch eventuelle Ratenzahlungen anzugeben (s. § 15 Rn. 9, 16). Zur Verpflichtung, die Zahlung nachzuweisen, s. § 15 Rn. 17; zum Ausspruch und zu der Durchführung der Verwarnung s. § 14 Rn. 5-9.

7

c) Aussetzung der Verhängung einer Jugendstrafe

Die Aufteilung in einen Schuld- und Strafspruch (s. Rn. 4) ist gerade für die Entscheidung gem. § 27 geboten: »Der/die Angeklagte hat sich eines(r) ... schuldig gemacht. Die Entscheidung über die Verhängung einer Jugendstrafe wird zur Bewährung ausgesetzt« (s. auch § 62 Rn. 1). Die Entscheidungen zur Bewährung ergehen durch Beschluß (§§ 62 Abs. 4, 58 Abs. 1; s. auch § 62 Rn. 2). Ein eventuell nachfolgendes Strafurteil lautet: »In Ergänzung des Urteils vom ... wird der/die Angeklagte zu einer Jugendstrafe von ... verurteilt«; die Formulierung »aufgrund« (so *Eisenberg* § 54 Rn. 16; *Brunner/Dölling* § 54 Rn. 6) vernachlässigt die zwischenzeitliche Bewährungszeit. Zur Entscheidung über die U-Haft bzw. ihrer Anrechnung s. § 62 Rn. 1. Eine Tilgung des Schuldurteils lautet: »Der im Urteil vom ... gegen den/die Angeklagte(n) getroffene Schuldspruch wird getilgt.«

8

d) Jugendstrafe

Wie sonst hat in der Urteilsformel auch bei der Jugendstrafe eine Begründung (wegen »schädlicher Neigungen« oder wegen »Schwere der Schuld«) zu unterbleiben. Die Bewährungsentscheidungen im einzelnen erfolgen in Beschlußform (s. § 268 a StPO), nur der Ausspruch, daß die Jugendstrafe zur Bewährung ausgesetzt wird, ist in die Urteilsformel mit aufzunehmen (s. § 260 Abs. 4 S. 4 StPO i. V. m. § 57 Abs. 4). Eine Ablehnung der Strafaussetzung zur Bewährung erfolgt nur in den Gründen; ebenfalls sollte nur hier ausgesprochen werden, daß das Gericht eine spätere Strafaussetzung ins Auge faßt, um für die Registereintragungen keine Unklarheiten entstehen zu lassen (s. § 57 Rn. 4).

9

e) Überweisung an den Familien-/ Vormundschaftsrichter

Für die Überweisung an den Familien-/Vormundschaftsrichter (§ 53) wird folgende Urteilsformel empfohlen: »Der/die Angeklagte hat sich einer(s) ... schuldig gemacht. Die Auswahl und Anordnung von Erziehungsmaßregeln werden dem Familien-/Vormundschaftsrichter überlassen.«

10

f) Einbeziehung einer rechtskräftigen Verurteilung

11 Auch bei der Einbeziehung einer rechtskräftigen Verurteilung empfiehlt sich die Aufteilung in einen Schuld- und Sanktionsausspruch, um einen »Bandwurmtenor« zu vermeiden: »Der/die Angeklagte hat sich einer(s) ... schuldig gemacht. Unter Einbeziehung des Urteils des ... (Gericht) vom ..., Az ... wird er/sie einheitlich zu ... verurteilt.« Die Anrechnung eines Jugendarrestes ist ebenfalls im Urteilstenor auszusprechen (s. *BGHSt* 16, 335; *Brunner/Dölling* § 54 Rn. 8; *Eisenberg* § 54 Rn. 20; s. auch § 31 Rn. 28); die Anrechnung einer teilweise verbüßten Jugendstrafe muß demgegenüber nicht in den Tenor mit aufgenommen werden, da diese bereits zwingend vom Gesetz vorgeschrieben ist (§ 51 Abs. 2 StGB; s. *BGH NStZ* 1996, 279). Ebenso gehört die Erledigungserklärung gem. § 31 Abs. 3 S. 2 zur Klarstellung mit in den Urteilstenor.

g) Anrechnung von U-Haft

12 Bei der Anrechnung von U-Haft oder einer anderen Freiheitsentziehung gem. den §§ 52, 52 a ist symbolhaft auch dann zunächst Arrest- bzw. Jugendstrafe auszusprechen, wenn diese Sanktionen damit als verbüßt gelten (s. § 52 Rn. 10). Anschließend ist für die Anrechnung auf den Arrest zu formulieren: »Dieser Arrest wird mit Rücksicht auf die von dem/der Angeklagten erlittene U-Haft nicht (oder nur noch in Höhe von ...) vollstreckt.« Auch wenn die Anrechnung auf die Jugendstrafe von Gesetzes wegen erfolgt (s. § 52 a Abs. 1 S. 1, Abs. 2 S. 1), sollte sie deklaratorisch ausgesprochen werden, da dem/der Verurteilten häufig, wenn nicht regelmäßig diese Gesetzeskenntnis fehlt (a. M. *Eisenberg* § 54 Rn. 22; wohl auch *Brunner/Dölling* § 54 Rn. 9, s. auch § 52 a Rn. 9).

IV. Urteilsbegründung

13 Zunächst ist klarzustellen, daß die Urteilsbegründung, weder die mündliche noch die schriftliche, nicht primär für die Justiz oder das Jugendamt, auch nicht für die Revisionsinstanz erfolgt, sondern **primär für den/die Verurteilte(n)**. Es ist somit auf diesen Empfängerhorizont abzustellen. Eine für Nichtjuristen verständliche Begründung ist abzugeben. Hierbei muß die Einlassung des/der Angeklagten ernstgenommen werden; wenn ihr nicht gefolgt wird, sind die Gründe hierfür im einzelnen darzulegen. Schematische Urteilsbegründungen sind durch § 54 Abs. 1 ausdrücklich untersagt (zu einer anderen Praxis s. Grdl. z. §§ 46 und 54 Rn. 4). Wird die Einlassung des/der Angeklagten pauschal oder sogar in einer verletzenden Form zurückgewiesen (»Der Angeklagte ist als notorischer Lügner bekannt.«), so wird damit eine Begründung für die Ablehnung des Urteils geschaffen, das Ziel einer individualpräventiven Wirkung verstellt. Eine besonders sorgfältige Begründung, insbesondere zur Sanktionszumessung,

ist bei der Verhängung eingriffsintensiver, insbesondere bei der Verhängung stationärer Sanktionen erforderlich (s. auch RL Nr. 1 S. 4 zu § 54). Umgekehrt können allzu lange Ausführungen nicht nur im Hinblick auf den Tatvorwurf unangemessen sein, sondern auch die Aufnahmebereitschaft des/der Verurteilten beenden. Allerdings sollte ein **abgekürztes Urteil** (s. § 267 Abs. 4 StPO) nur im Falle eines Freispruchs ergehen (s. § 267 Abs. 5 StPO). § 54 Abs. 1 steht einer solchen formelhaften Urteilsbegründung entgegen. Hierbei ist zu bedenken, daß das Urteil auch für andere Instanzen von Bedeutung sein kann (im Ergebnis wie hier *Brunner/Dölling* § 54 Rn. 17; *Eisenberg* § 54 Rn. 26; s. auch RL Nr. 1 S. 2, Nr. 2 zu § 54).

1. Tatsachenfeststellung

Für die Urteilsbegründung ist zunächst § 267 StPO maßgebend. Auch wenn im Unterschied zum Zivilurteil Tatbestand und Entscheidungsgründe nicht formal getrennt werden, müssen die Urteilsgründe als erstes »die für erwiesen erachteten Tatsachen angeben, in denen die gesetzlichen Merkmale der Straftat gefunden werden« (§ 267 Abs. 1 S. 1 StPO). Dazu gehören auch die Umstände, »welche die Strafbarkeit ausschließen, vermindern oder erhöhen« (§ 267 Abs. 2 StPO). **Nicht gehört an den Anfang eine Darstellung der Täterbiografie**, seiner Entwicklungsgeschichte (so aber *Dallinger/Lackner* § 54 Rn. 14; *Brunner/Dölling* § 54 Rn. 11; *Eisenberg* § 54 Rn. 28; s. aber auch *Kroschel/Meyer-Goßner* Die Urteile in Strafsachen, 26. Aufl., S. 86 f.). Ebenso ist in der Hauptverhandlung die Vernehmung zur Person gem. § 243 Abs. 2 S. 2 StPO auf die Identitätsfeststellung zu begrenzen (s. *Kleinknecht/Meyer-Goßner* § 243 StPO Rn. 11 m. w. N.; a. M. *Roestel* RdJ 1967, 239). Die Tat ist Grund der Verurteilung und Ausgangspunkt der Sanktionierung (s. auch Rn. 5 Rn. 2, 3). Dementsprechend sind die Tatsachen für die Feststellung der Strafmündigkeit gem. § 3, § 20 StGB zunächst zurückzustellen (ebenso *Dallinger/Lackner* § 54 Rn. 15; *Eisenberg* § 54 Rn. 29). Gemäß § 54 Abs. 1 S. 2 soll – erst – bei der Begründung der Sanktion »dabei« die Täterpersönlichkeit berücksichtigt werden. Die Kopflastigkeit einer vorrangigen Täterbeurteilung wird insbesondere bei einem Freispruch deutlich.

14

2. Beweiswürdigung

Als zweites ist die Begründung für die festgestellten Tatsachen zu liefern (s. § 267 Abs. 1 S. 2, 3 StPO). Dies hat in der Weise zu geschehen, daß eine Prüfung im Rechtsmittelverfahren möglich ist (zur umfangreichen Beweisliteratur s. *Roxin* § 15).

15

3. Subsumtion

16 Als drittes müssen die »zur Anwendung gebrachten Strafgesetz(e)« aufgeführt werden (§ 267 Abs. 3 S. 1 1. Halbs. StPO). Diese Subsumtion umfaßt alle entscheidungserheblichen Bestimmungen mit Einschluß des Versuchs der Teilnahme sowie der Konkurrenzen. Hier hat auch die Prüfung der strafrechtlichen Verantwortlichkeit gem. § 3, § 20 StGB zu erfolgen, da sie als Schuldvoraussetzung im Rahmen der Straftatvoraussetzungen zu prüfen ist (s. auch § 3 Rn. 4; zur falschen Prüfungsfolge in der Praxis s. Grundlagen zu § 3 Rn. 4; abw. auch *Dallinger/Lackner* § 54 Rn. 18; *Brunner/Dölling* § 54 Rn. 14; wie hier *Eisenberg* § 54 Rn. 30). Zu den Anforderungen im einzelnen s. die Kommentierung zu § 3.

4. Sanktionsbegründung

17 Am Beginn der Sanktionsbegründung hat bei Heranwachsenden die Begründung des Jugendstrafrechts zu stehen (s. Rn. 1) – Prüfung des § 105. Sodann sind die Umstände anzuführen, die für die »Bestrafung, für die Überlassung ihrer Auswahl und Anordnung an den Vormundschaftsrichter oder für das Absehen von Zuchtmitteln und Strafe bestimmend waren« (s. § 54 Abs. 1 S. 1; s. auch § 267 Abs. 3 S. 1, 2. Halbs. StPO). Im einzelnen ist zwischen den in der Kommentierung zu § 5 näher dargelegten Prüfungsabschnitten »Verhältnismäßigkeit von Straftat und Sanktion« (s. auch § 56 Abs. 1 S. 3 sowie § 267 Abs. 3 S. 2, 3 StPO), »Rückfallprognose« und »Sanktionsprognose« zu differenzieren. In Abkehr von der Gesetzesformulierung ist bei der Sanktionsprognose **von der mildesten Sanktionierung auszugehen**, d. h., es bedarf einer Begründung, warum Erziehungsmaßregel und/oder Zuchtmittel nicht ausreichen (s. auch § 5 Abs. 2), und es bedarf keiner Begründung, warum Zuchtmittel und/oder Jugendstrafe verhängt werden (ebenso *Eisenberg* § 54 Rn. 32, 33). Die Notwendigkeit der Sanktion ist hierbei unabhängig von der offiziellen Klassifizierung nach der Eingriffsintensität zu prüfen (s. § 5 Rn. 22). Wenn Jugendstrafe verhängt wird, ist **auch zugleich die Aussetzung zur Bewährung bzw. die Nichtaussetzung zu begründen** (s. auch Grdl. z. §§ 21-26 a Rn. 3); letztes gilt über eine abgelehnte Antragstellung hinaus (s. § 267 Abs. 3 S. 4 StPO i. V. m. § 57 Abs. 4) immer in den Fällen, in denen eine Strafaussetzung zur Bewährung gesetzlich möglich wäre. Auch für die Aussetzung der Verhängung einer Jugendstrafe gilt § 267 Abs. 3 S. 4 StPO sinngemäß (s. § 62 Abs. 1 S. 2). Ebenso ist auf die Begründungspflicht bei Anordnung bzw. Nichtanordnung von Maßregeln der Besserung und Sicherung zu achten (s. § 267 Abs. 6 StPO). Wird bei Unterbringung in einem psychiatrischen Krankenhaus oder einer Entziehungsanstalt nicht von Zuchtmitteln und Jugendstrafe abgesehen, so ist dies ebenfalls besonders zu begründen (s. § 5 Abs. 3).

Die Berücksichtigung von U-Haft oder einer anderen Freiheitsentziehung bei Jugendarrest (§ 52) ist zu begründen. Darüber hinaus muß sich entweder aus dem Urteilstenor oder der Urteilsbegründung ergeben, daß § 52 geprüft wurde (s. § 52 Rn. 12 m. w. N.). Für § 52 a bedarf nur die Nichtanrechnung, auch teilweise Nichtanrechnung der Begründung, da die Anrechnung von Gesetzes wegen erfolgt (s. § 52 a Rn. 9). **18**

Auch die Kostenentscheidung ist zu begründen, insbesondere muß die Prüfung des § 74 ersichtlich werden. Der bloße Hinweis auf die §§ 465, 467 StPO genügt nicht (s. näher § 74 Rn. 14). **19**

V. Urteilsverkündung

Die Urteilsverkündung erfolgt gem. § 268 StPO. Wenn teilweise vorgeschlagen wird, die Urteilsformel in der Form einer persönlichen Ansprache in Abweichung von § 268 Abs. 2 S. 1 StPO zu verkünden (s. *Heinen* UJ 1951, 418; zust. *Dallinger/Lackner* § 54 Rn. 2; *Schaffstein/Beulke* § 37 III. 2.; *Hauber/Mayer-Rosa* Zbl 1983, 493; *Eisenberg* § 54 Rn. 43), so ist der erzieherische Vorteil gegenüber dem Anliegen nach Rechtssicherheit nicht ersichtlich. Umgekehrt können erzieherische Gründe für die Entpersönlichung angeführt werden, um die – demokratisch abgeleitete – Straflegitimation deutlich zu machen und damit die Akzeptanz des Urteils zu erhöhen. Keineswegs darf die Reihenfolge – Urteilsformel, dann Urteilsbegründung (s. § 268 Abs. 2 S. 3 StPO: »in jedem Fall«) – umgetauscht werden (so aber *Heinen* UJ 1958, 513, 514; *Hauber/Mayer-Rosa* Zbl 1983, 493; zw. *Eisenberg* § 54 Rn. 43). **20**

Gemäß § 54 Abs. 2 sollen die Urteilsgründe nicht mitgeteilt werden, »soweit davon Nachteile für die Erziehung zu befürchten sind« (zur Begrenzung auf Jugendliche s. Rn. 1). Eine solche Befürchtung kann **nur ganz ausnahmsweise** ausgesprochen werden, so wenn nach einem Sachverständigengutachten Triebanomalien bestehen, die dem/der Verurteilten nicht bekannt sind. Die Aufklärung hierüber hat nicht im Gerichtssaal stattzufinden. Auch die Zuschreibung von Schwachsinn hat mit größter Behutsamkeit zu erfolgen (s. das abschreckende Beispiel *von Machura/Stirn* Eine kriminelle Karriere, 1978, S. 82). Ansonsten erscheint es erzieherisch sinnvoller, offen miteinander umzugehen und den/die Jugendliche(n) für »voll zu nehmen«, anstatt Mißtrauen zu säen (s. auch *Eisenberg* § 54 Rn. 42, 45; s. aber *Hauber/Mayer-Rosa* Zbl 1983, 492). Eine – ersatzweise – Entfernung aus dem Gerichtssaal während der Urteilsverkündung ist nicht erlaubt (s. § 51 Rn. 5). **21**

Im Anschluß an die Urteilsverkündung und einen eventuellen Bewährungszeit- und Pflichtenbeschluß (s. § 268 a StPO) erfolgt die Rechtsmittelbelehrung gem. § 35 a StPO, wobei auf die Einschränkungen durch § 55 **22** hinzuweisen ist. Bei einer Bewährung ist weiterhin gem. § 268 a Abs. 3 StPO zu belehren. Hiervon dürfen keine Abstriche gemacht werden, indem z. B. nur pauschal auf eine Rechtsmittelmöglichkeit verwiesen wird (wie hier *Eisenberg* § 54 Rn. 44). Soweit hierin ein erzieherisches Problem gesehen wird (s. Grdl. z. §§ 46 und 54 Rn. 5; s. auch *Brunner/Dölling* § 54 Rn. 18) ist dem zu entgegnen, daß die Überzeugungskraft der Urteilsbegründung keineswegs vermindert wird, wenn auf die Rechtsmittelmöglichkeit hingewiesen wird. Umgekehrt scheint es gerade bei jugendlichen Verurteilten geboten, für Unzufriedenheit, für das Gefühl einer ungerechten Behandlung ein Ventil zu öffnen. Erzieherisch kann damit zudem ein rechtsstaatliches Verfahrensprinzip verdeutlicht und eingeübt werden. Die Rechtsmittelbelehrung ist im Protokoll zu vermerken (s. Nr. 142 Abs. 1 S. 3 RiStBV).

VI. Mitteilung der schriftlichen Urteilsgründe

23 Grundsätzlich sind alle schriftlichen Urteilsgründe mitzuteilen; Beschränkungen gem. § 54 Abs. 2 sind nur ganz ausnahmsweise zu machen (s. Rn. 21). Die schriftliche Mitteilung an den/die Verurteilte(n) sollte entgegen § 35 Abs. 1 S. 2 StPO nicht erst auf Verlangen geschehen. Abgesehen davon, daß die genaue Sanktionierung häufig nicht im Gedächtnis behalten wird, sollte Gelegenheit gegeben werden, das schriftliche Urteil später zu »studieren«. Wenn eine Beschränkung für notwendig erachtet wird, so trifft der Vorsitzende des erkennenden Gerichts die Verfügung (h. M., s. auch RL Nr. 3 S. 1 zu § 54). In jedem Fall ist die nur auszugsweise Mitteilung auf der Ausfertigung oder der Abschrift zu vermerken (s. auch RL Nr. 3 S. 2 zu § 54). Eine Beschränkung für die Erziehungsberechtigten und gesetzlichen Vertreter ist gesetzlich nicht erlaubt (h. M., s. *Brunner/ Dölling* § 54 Rn. 19; *Dallinger/Lackner* § 54 Rn. 27; *Eisenberg* § 54 Rn. 46; *Nothacker* S. 346). Eine entsprechende Anwendung des § 54 Abs. 2, damit der/die Jugendliche nicht auf indirektem Wege Kenntnis erlangt, verbietet sich aufgrund des Ausnahmecharakters. Die Erziehungsberechtigten und gesetzlichen Vertreter müssen in eigener Verantwortung dann über eine Mitteilung an den/die Jugendliche(n) entscheiden. Bei mehreren Angeklagten erscheint in analoger Anwendung die Herausnahme intimer Daten von Mitangeklagten geboten (s. *AG* sowie *LG Berlin* DVJJ-Journal 2000, 86 bzw. 87; s. auch § 46 Rn. 4 sowie § 51 Rn. 6).

VII. Rechtsmittel

24 Allgemein zu Rechtsmitteln gegen das Urteil s. § 55, zu Rechtsmitteln gegen die Kostenentscheidung s. §§ 464 Abs. 3 S. 1 StPO (s. auch §§ 55 Rn. 33, 74 Rn. 14). Speziell wegen Verstoßes gegen die schriftliche Begründung kann geltend gemacht werden, daß in dem Urteil nicht die gem. § 267 Abs. 3 S. 1

StPO für das Gericht bestimmend gewesenen Umstände angeführt werden (s. *BGH* MDR 1970, 899; *Kleinknecht/Meyer-Goßner* § 267 StPO Rn. 43).

Dritter Unterabschnitt. Rechtsmittelverfahren

Grundlagen zu den §§ 55 und 56

1. Systematische Einordnung

1 Im 3. Unterabschnitt des 2. Hauptstücks »Jugendgerichtsverfassung und Jugendstrafverfahren« werden Besonderheiten des Rechtsmittelverfahrens sowie der Vollstreckbarkeit in Jugendstrafsachen geregelt – die gemeinsame Überschrift »Rechtsmittelverfahren« ist nicht korrekt. Mit § 55 wird einmal die allgemeine Regelung der Rechtsmittel im dritten und vierten Buch der StPO (§§ 296-373 a StPO) zugrundegelegt, gleichzeitig aber in wesentlichen Punkten – Ausschluß der Anfechtbarkeit von bestimmten Sanktionen und Beschränkungen auf ein Rechtsmittel – abgeändert. Mit § 56 wird zwar § 449 StPO nicht angetastet; von dem Prinzip der einheitlichen Sanktionierung gem. § 31 wird jedoch wieder ein »Rückzieher gemacht«.

2. Historische Entwicklung

2 Bereits im JGG 1923 wurde die Anfechtbarkeit der damaligen Erziehungsmaßregeln mit der Begründung ausgeschlossen, »weil eine andere oder eine weitere Erziehungsmaßregel hätte angeordnet werden sollen, oder weil die Auswahl und Anordnung der Erziehungsmaßregel dem Vormundschaftsgericht überlassen worden ist« (§ 35 Abs. 1 S. 1). Ein Ausschluß der Anfechtung wegen des Umfangs der Maßnahmen war entgegen der heutigen Regelung (§ 55 Abs. 1) noch nicht vorgesehen. Mit § 40 JGG 1943 wurde die Anfechtbarkeit von Erziehungsmaßregeln und Zuchtmitteln generell ausgeschlossen, wobei allerdings neben der Ausnahme der Fürsorgeerziehung eine Anfechtung durch die Staatsanwaltschaft zu Lasten des/der Verurteilten zugelassen war, um eine Jugendstrafe zu erreichen. Diese rechtsstaatswidrige Einschränkung sollte nach der Begründung zu dem Entwurf eines Gesetzes zur Änderung des Reichsjugendgerichtsgesetzes (BT-Drucks. 1/3264, S. 46) aufgegeben werden. Entgegen der erklärten Absicht kehrte man aber nicht zu der Regelung des JGG 1923 zurück, sondern dehnte die inhaltliche Rechtsmittelbeschränkung weit darüber aus. Zwar sollte nach den Änderungsvorschlägen des Bundesrates der Dauerarrest von dieser Beschränkung ausgenommen werden (BT-Drucks. 1/3264, S. 57); der Ausschuß für Rechtswesen und Verfassungsrecht (BT-Drucks. 1/4437, S. 9) hat aber die nach seiner Auffassung »verhältnismäßig zurückhaltende Rechtsmittelbeschränkung« gebilligt. Die instanzielle Rechtsmittelbeschränkung gem. § 55 Abs. 2 wurde im Jugendstrafverfahren erst mit dem JGG 1953

eingeführt. Vorläufer war insoweit (s. Begründung zu dem Entwurf eines Gesetzes zur Änderung des Reichsjugendgerichtsgesetzes, BT-Drucks. 1/3264, S. 46) eine Regelung im allgemeinen Verfahrensrecht durch die (Not-)Verordnung über Maßnahmen auf dem Gebiet der Rechtspflege und Verwaltung vom 14. 6. 1932 (RGBl I, 265). Seit 1953 haben Abs. 1 und 2 des § 55 Bestand; Abs. 1 S. 2 wurde lediglich mit dem 1. JGGÄndG aufgrund des Wegfalls des Instituts der Fürsorgeerziehung angepaßt. Abs. 3 wurde durch Art. 24 Nr. 23 EGStGB vom 2. 3. 1974 (BGBl I, 469) mit dem Ziel einer Angleichung an die für die Staatsanwaltschaft geltende Regelung im § 302 Abs. 2 S. 2 StPO eingefügt (BT-Drucks. 7/550, S. 330).

§ 56 stützt sich auf eine Regelung in der RL Nr. 7 S. 1 zu § 40 JGG 1943, wonach durch Beschluß des Rechtsmittelgerichts ein Teil der Jugendgefängnisstrafe für vollstreckbar erklärt werden konnte, wenn das Rechtsmittel offensichtlich keinen Erfolg versprach (s. Begründung zu dem Entwurf eines Gesetzes zur Änderung des Reichsjugendgerichtsgesetzes, BT-Drucks. 1/3264, S. 46). Während mit der RL aber die vorläufige Vollstreckbarkeit entgegen dem allgemeinen strafrechtlichen Prinzip der Unvollstreckbarkeit nicht rechtskräftiger Entscheidungen eingeführt worden war (s. auch *Eisenberg* § 56 Rn. 3), wurden jetzt die einheitliche Sanktionierung gem. § 31 wieder aufgelöst und rechtskräftige Teile für vollstreckbar erklärt. Die Einwände des Bundesrates (s. BT-Drucks. 1/3264, S. 57) wurden im weiteren Gesetzgebungsverfahren zurückgestellt, da die Teilvollstreckung »ein notwendiges Korrelat zur Einheitsstrafe« sei (s. BT-Drucks. 1/3264, S. 65; s. auch Schriftlicher Bericht des Ausschusses für Rechtswesen und Verfassungsrecht, BT-Drucks. 1/4437, S. 9, 10, wonach mit der Einfügung des »wohlverstandenen Interesses« ein Mißbrauch verhindert werden sollte). 3

3. Gesetzesziel

Erklärtes Ziel des Rechtsmittelausschlusses bzw. der Rechtsmittelbeschränkung sowie der Teilvollstreckung ist die Beschleunigung des Verfahrensabschlusses, um die für notwendig erachteten Sanktionen auch umgehend durchzuführen: »Die Strafe hat nur dann die notwendige erzieherische Wirkung, wenn sie der Tat sobald wie möglich folgt« (s. Begründung zu dem Entwurf eines Gesetzes zur Änderung des Reichsjugendgerichtsgesetzes, BT-Drucks. 1/3264, S. 46; s. auch RL Nr. 1 S. 1 zu § 55). Dieser Grundsatz verdient auch für ein Präventionsziel (s. Grdl. z. §§ 1-2 Rn. 4) Zustimmung, auch dann, wenn schon häufig mit dem erstinstanzlichen Verfahren der Tatzusammenhang zeitlich verlorengeht, da ansonsten die Gefahr einer zwischenzeitlichen Straftatwiederholung besteht und das Übel der zeitlichen Verzögerung nicht ein weiteres Übel rechtfertigt (s. aber *Eisenberg* § 55 Rn. 35: »wenig überzeugend«; ebenso *Not-* 4 *hacker* GA 1982, 453; *Bottke* ZStW 95 [1983], 102; wie hier *Brunner/ Dölling* § 55 Rn. 1 m. w. N.). Jedoch muß auf der anderen Seite die im Vergleich zum Erwachsenenrecht benachteiligende Beschneidung der Rechtsmittelmöglichkeiten gesehen werden, die zu ungerechter sowie unsachgemäßer Sanktionierung führen kann. Die vielfach veröffentlichten Revisionsentscheidungen, mit denen erstinstanzlich verhängte Jugendstrafen aufgehoben werden, zeigen, daß gerade in der Sanktionszumessung häufiger über das gesetzlich erlaubte Maß hinausgegangen wird. Der Vorprüfungsausschuß des *BVerfG* (NStZ 1988, 34) hat in der Regelung des § 55 Abs. 2 zwar noch keinen Grundrechtsverstoß gesehen, jedoch zugestanden, »daß es in Ausnahmefällen doch zur Durchführung eines Berufungs- und eines Revisionsverfahrens kommen kann« (s. auch § 55 Rn. 38). Hinsichtlich nicht anfechtbarer Sanktionen (§ 55 Abs. 1) muß sogar ein Mißbrauch befürchtet werden (zu rechtspolitischen Folgerungen s. Rn. 6). Unter erzieherischen Gesichtspunkten kann zudem die Erfahrung und Einübung eines rechtsstaatlichen Verfahrens wertvoll sein (s. auch § 55 Rn. 25 sowie Grdl. z. §§ 46 und 54 Rn. 5).

4. Justizpraxis

Jahr	Verurteilungen nach Jugendstrafrecht	Berufungen gegen Urteile des		Revisionen vor dem Oberlandesgericht* gegen Urteile		
		Jugendrichters	Jugendschöffengerichts	des Jugendrichters	des Jugendschöffengerichts	der Jugendkammer
1976	107 185	4 220	4 294	101	30	316
1977	115 659	4 387	4 373	124	44	325
1978	124 792	4 879	4 669	103	52	334
1979	127 236	4 987	4 615	129	47	340
1980	132 649	4 886	4 472	136	34	305
1981	141 517	4 957	4 606	142	34	272
1982	149 760	5 038	4 981	148	55	277
1983	148 522	4 784	4 920	112	55	229
1984	133 597	4 363	4 564	103	49	211
1985	119 126	3 874	4 021	101	40	216
1986	108 320	3 927	3 979	112	43	203
1987	100 073	3 615	3 652	105	38	170
1988	96 691	3 552	3 591	109	46	161
1989	84 951	3 299	3 153	51	49	180
1990	77 274	2 759	2 936	36	37	113
1991	72 728	2 307	2 734	34	29	86
1992	71 839	2 233	2 736	30	34	73

Zweites Hauptstück. Jugendgerichtsverfassung und Jugendstrafverfahren   **Grdl. z. §§ 55-56**

Jahr	Verurtei-lungen nach Jugend-strafrecht	Berufungen gegen Urteile des		Revisionen vor dem Oberlandesge-richt* gegen Urteile		
		Jugend-richters	Jugendschöffen-gerichts	des Ju-gend-richters	des Jugend-schöffen-gerichts	der Ju-gend-kammer
1993	72 664	2 119	3 364	23	43	82
1994	71 965	2 113	3 353	19	30	83
1995	76 731	2 514	3 782	22	35	94
1996	80 846	2 552	3 855	43	34	103
1997	87 807	2 879	4 382	29	40	109
1998	92 001	3 202	4 819	41	54	105

* Die Revision vor dem Bundesgerichtshof wird in Jugendstrafsachen statistisch nicht gesondert ausgewiesen.
Quellen:
bis 1980: Statistisches Bundesamt, Fachserie 10, Reihe 2.2 (Strafgerichte); 1981: a. a. O., Reihe 2 (Zivilgerichte und Strafgerichte); 1982 bis 1984: Statistisches Bundesamt, Arbeitsunterlage »Strafgerichte«; 1985 bis 1989: Statistisches Bundesamt, Fachserie 10, Reihe 3 (Strafverfolgung); 1990 bis 1995: Statistische Jahrbücher 1995, 1997 und 1998; ab 1996: Statistisches Bundesamt, Arbeitsunterlage »Strafgerichte«.
Gebiet:
bis 1990: alte Länder; 1991 bis 1994: alte Länder einschl. Berlin-Ost; ab 1995: gesamtes Bundesgebiet; Verurteiltenzahl nur alte Länder einschl. Berlin-Ost.

Im Vergleich zum Erwachsenenstrafrecht werden im Jugendstrafrecht **erheblich weniger Rechtsmittel** eingelegt: Im Jahre 1992 wurde gegen Urteile des Jugendrichters in 1,5 % der Verfahren Berufung eingelegt, gegen Urteile des Strafgerichts dagegen in 8 % der Verfahren; gegen Urteile des Jugendschöffengerichts gab es 7 % Berufungen, gegen Urteile des Schöffengerichts 15 % Berufungen (s. *Böhm* Einführung in das Jugendstrafrecht, S. 94, 95). 5

Die Praxis des § 56 ist nicht einsehbar; angesichts der allgemein angeregten restriktiven Handhabung (s. § 56 Rn. 8) ist aber eine Bedeutungslosigkeit zu vermuten.

5. Rechtspolitische Einschätzung

Die Einwände gegen eine allzu starke Einengung der Rechtsmittelmöglichkeiten [s. Rn. 4; *Eisenberg* § 55 Rn. 35, 36; *Albrecht* § 49 A. II. 3. d); s. auch *OLG Celle* JR 1980, 38] müssen in konkrete rechtspolitische Forderungen einmünden (s. auch Ziff. 7.1 der Mindestgrundsätze der Vereinten Nationen für die Jugendgerichtsbarkeit aus dem Jahre 1986, wonach Jugendliche das Recht haben, »die Entscheidung durch eine höhere Instanz nachprüfen zu lassen«, ZStW 99 [1987], 253 ff.; s. auch Art. 40 des Gesetzes zu dem Übereinkommen vom 20.11.1989 über die Rechte des Kindes 6 vom 17.2.1992, BGBl II, 121). Hierbei ist zusätzlich die Benachteiligung derjenigen zu beachten, die nicht die inhaltliche Rechtsmittelbeschränkung mit der Anfechtung der Straftatvoraussetzungen zu umgehen wissen (s. hierzu § 55 Rn. 25). Das Ergebnis sind **höchst ungleiche Rechtsmittelchancen** für Jugendliche und Heranwachsende im Vergleich zu den Erwachsenen. Wenn überhaupt eine inhaltliche Rechtsmittelbeschränkung weiterhin für notwendig angesehen wird (für eine Annahmeberufung *Schäfer* NStZ 1998, 335), so sollte diese jedoch nur für ambulante Sanktionen gelten; sofern dort keine Höchstgrenzen gesetzgeberisch aufgestellt werden (s. Grdl. z. §§ 9-12 Rn. 6; Grdl. z. §§ 13-16 Rn. 11), müssen darüber hinaus auch ambulante Sanktionen, die über ein bestimmtes Maß hinausgehen (z. B. Geldbußen über das monatliche Einkommen hinaus), anfechtbar bleiben. Insbesondere gilt dies für den Arrest (zur entsprechenden historischen Forderung für den Dauerarrest s. Rn. 2). Im übrigen erscheint es vor dem Hintergrund eines einheitlichen Präventionskonzepts für das Jugend- und Erwachsenenstrafrecht naheliegend, einen einheitlichen Instanzenweg einzuschlagen, wobei für eine Rechtsvereinfachung das Jugendstrafrecht Vorreiter sein kann. Aus Art. 6 Abs. 2 GG lassen sich jedoch schwerlich Einwände ableiten (s. aber *Eisenberg* § 55 Rn. 66; *Nothacker* S. 346), da mit der Rechtsmitteleinlegung nicht Erziehungsfragen beantwortet werden. Ebenso müssen Überlegungen zurückgewiesen werden, das Verschlechterungsverbot im Jugendstrafverfahren abzulösen (s. aber *Potrykus* RdJ 1962, 68, 69; *ders.* RdJ 1964, 293 ff.). Derartige Benachteiligungen Jugendlicher und Heranwachsender sind nur begründbar, wenn der Strafcharakter der Sanktionen geleugnet wird.

7 Die Aufgabe des Prinzips der einheitlichen Sanktionierung gem. § 31 durch § 56 ist nicht nur überflüssig; mit der Wahrnehmung dieser Möglichkeit einer Teilvollstreckung kann gerade das Beschleunigungsziel aus dem Auge verloren werden, da bei einer Inhaftierung leichter angenommen werden kann, daß das weitere Verfahren nicht eilt.

§ 55. Anfechtung von Entscheidungen

(1) Eine Entscheidung, in der lediglich Erziehungsmaßregeln oder Zuchtmittel angeordnet oder die Auswahl und Anordnung von Erziehungsmaßregeln dem Familien- oder Vormundschaftsrichter überlassen sind, kann nicht wegen des Umfangs der Maßnahmen und nicht deshalb angefochten werden, weil andere oder weitere Erziehungsmaßregeln oder Zuchtmittel hätten angeordnet werden sollen oder weil die Auswahl und Anordnung der Erziehungsmaßregeln dem Familien- oder Vormundschaftsrichter überlassen worden sind. Diese Vorschrift gilt nicht, wenn der Richter angeordnet hat, Hilfe zur Erziehung nach § 12 Nr. 2 in Anspruch zu nehmen.
(2) Wer eine zulässige Berufung eingelegt hat, kann gegen das Berufungsurteil nicht mehr Revision einlegen. Hat der Angeklagte, der Erziehungsberechtigte oder der gesetzliche Vertreter eine zulässige Berufung eingelegt, so steht gegen das Berufungsurteil keinem von ihnen das Rechtsmittel der Revision zu.
(3) Der Erziehungsberechtigte oder der gesetzliche Vertreter kann das von ihm eingelegte Rechtsmittel nur mit Zustimmung des Angeklagten zurücknehmen.

Literatur

L. A. Baumann Das strafprozessuale Verbot der refomatio in peius und seine Besonderheiten im Jugendstrafrecht, 1998; *Gerhardt* Das Verbot der reformatio in peius bei den Nebenstrafen, Nebenfolgen und Maßregeln der Sicherung und Besserung des Strafgesetzbuches, 1970; *Grethlein* Problematik des Verschlechterungsverbotes im Hinblick auf die besonderen Maßnahmen des Jugendrechts, 1963; *Neuhaus* Anmerkung zu *OLG Hamm*, NStZ, 1990, 140; *Kretschmann* Das Verbot der reformatio in peius im Jugendstrafrecht, 1968; *Nothacker* Zur besonderen Beschränkung der Rechtsmittel im Jugendstrafverfahren (§ 55 JGG), GA 1982, 451; *Ostendorf* Anmerkung zu *BayObLG* NStZ 1989, 194; *Schäfer* Das Berufungsverfahren in Jugendsachen, NStZ 1998, 330.

Inhaltsübersicht	Rn.
I. Persönlicher Anwendungsbereich	1
II. Sachlicher Anwendungsbereich	2
III. Allgemeine Regeln	
1. Anfechtungsberechtigung	3
2. Teilanfechtung	7
3. Ausbleiben des/der Angeklagten und/oder seiner/ihrer gesetzlichen Vertreter bzw. Erziehungsberechtigten in der Berufungsverhandlung	10

	Rn.
4. Verschlechterungsverbot	
a) Anwendungsbereich	11
b) Maßstab	14
c) Verhältnis der Rechtsfolgen nach dem JGG untereinander	15
IV. Inhaltliche Rechtsmittelbeschränkungen gem. § 55 Abs. 1	
1. Grundsatz	25
2. Voraussetzungen	26
3. Rechtsfolgen	30
V. Instanzielle Rechtsmittelbeschränkungen gem. § 55 Abs. 2	
1. Grundsatz	32
2. Voraussetzungen	34
3. Rechtsfolgen	39

I. Persönlicher Anwendungsbereich

1 § 55 gilt auch in Verfahren gegen Jugendliche vor den für allgemeine Strafsachen zuständigen Gerichten (§ 104 Abs. 1 Nr. 7; s. auch RL Nr. 3 zu § 55). In Verfahren gegen Heranwachsende gilt die Vorschrift dann, wenn materiell Jugendstrafrecht angewendet wird (§ 109 Abs. 2), auch vor den für allgemeine Strafsachen zuständigen Gerichten (§ 112 S. 1, 2). In Verfahren gegen Erwachsene vor Jugendgerichten (s. § 103 Abs. 1, Abs. 2 S. 1, §§ 26, 74 b GVG) findet die Vorschrift keine Anwendung.

II. Sachlicher Anwendungsbereich

2 Sachlich gilt § 55 für Rechtsmittel sowohl gegen Entscheidungen im vereinfachten Jugendverfahren (s. aber § 77 Abs. 1 S. 3) als auch im formellen Jugendverfahren mit Einschluß nachträglicher Entscheidungen, nicht aber im beschleunigten Verfahren (s. § 109 Abs. 2 S. 2). Im Einstellungsverfahren ist ein Rechtsmittel gem. § 47 Abs. 2 S. 3 ausgeschlossen (s. hierzu § 47 Rn. 16); ebenso fehlt ein förmliches Rechtsmittel gegen Entscheidungen gem. § 45 (s. hierzu § 45 Rn. 23). Im übrigen ist die Reichweite sehr umstritten (s. *Nothacker* GA 1982, 451 ff.). Immer haben gesetzliche Sonderregelungen Vorrang (s. auch RL Nr. 2 zu § 55). So wird die Regelung im § 55 Abs. 2 ausdrücklich auf die förmlichen Rechtsmittel Berufung und Revision begrenzt (s. Rn. 33). Weitere Sonderregelungen finden sich für die Anfechtung der Entscheidungen, die in Verfahren bei Aussetzung der Jugendstrafe zur Bewährung (§ 59) sowie bei Aussetzung der Verhängung der Jugendstrafe (§ 63) notwendig werden, für die Anfechtung nachträglicher Entscheidungen über Weisungen und Auflagen (§ 65 Abs. 2), für die

Anfechtung nachträglich ergänzender Entscheidungen i. S. des § 31 (§ 66 Abs. 2 S. 3 i. V. m. § 462 Abs. 3 StPO), für die Anfechtung einstweiliger Unterbringungen gem. § 71 Abs. 2 (§ 71 Abs. 2 S. 2 i. V. m. § 117 Abs. 2 StPO), für die Anfechtung der Unterbringung zur Beobachtung (§ 73 Abs. 2), für die Anfechtung der Ablehnung eines vereinfachten Jugendverfahrens (§ 77 Abs. 1 S. 3), für die Anfechtung im Vollstreckungsverfahren (§§ 83 Abs. 3 S. 1, 88 Abs. 6 S. 3, 99 Abs. 3). Ebenso gelten die Sonderregelungen in der StPO, insbesondere für Rechtsbehelfe im Ermittlungsverfahren (für die U-Haft s. § 117 StPO) sowie die allgemeinen Rechtsmittelvorschriften (§§ 296-303 StPO).

III. Allgemeine Regeln

1. Anfechtungsberechtigung

Anfechtungsberechtigt ist zunächst der unmittelbar Betroffene (s. § 296 Abs. 1 StPO), d. h., **der/die verurteilte Jugendliche/Heranwachsende kann selbständig Rechtsmittel einlegen**. Dies gilt selbst dann, wenn ihm/ihr die Schuldfähigkeit abgesprochen wurde und familien-/vormundschaftsrichterliche Maßnahmen gem. § 3 S. 2 im Strafurteil angeordnet wurden (s. Rn. 27; zur Unwirksamkeit der Rechtsmitteleinlegung durch einen Schuldunfähigen ansonsten s. *OLG Düsseldorf* StV 1984, 17). Ebenso kann der/die Verurteilte auf ein Rechtsmittel rechtswirksam, d. h. schriftlich oder zu Protokoll des Gerichts (s. § 67 Rn. 13) oder der Geschäftsstelle (s. §§ 306, 314, 341 StPO), verzichten oder das Rechtsmittel zurücknehmen (§ 302 Abs. 1 S. 1 StPO). Erforderlich ist jedoch die **Verhandlungsfähigkeit**. Diese kann gerade bei jugendlichen Verurteilten aufgrund des Eindrucks der Hauptverhandlung und der Urteilsverkündung fehlen; insbesondere ist die Verhandlungsfähigkeit zu verneinen, wenn eine Pflichtverteidigung an sich geboten gewesen wäre (s. *OLG Bremen* StV 1984, 17; ebenso *OLG Stuttgart* MDR 1985, 344; *OLG Frankfurt* StV 1991, 296; *OLG Düsseldorf* StV 1998, 647; *OLG Köln* StV 1998, 645; a. M. *OLG Hamburg* MDR 1996, 629, zust. *Rogall* StV 1998, 643), wenn eine Rechtsmittelerklärung »abverlangt« wurde, ohne anheimzustellen, sich zuvor mit einem Verteidiger zu beraten, aber auch dann, wenn »ohne Einwirkung auf den Angeklagten, aber ohne daß diesem Gelegenheit zur vorherigen Beratung mit seinem Verteidiger geboten worden wäre, ein entsprechender Verzicht zu Protokoll genommen wird« (s. *BGH* StV 1983, 268; s. auch *BGHSt* 18, 257; 19, 101). Dies gilt insbesondere für einen Ausländer, der der deutschen Sprache nicht mächtig ist (s. *OLG Hamm* NJW 1983, 530; *OLG Zweibrücken* Justizblatt Rheinland Pfalz 1994, 269; siehe auch *OLG München* StV 1998, 646).

§ 55 *Zweiter Teil. Jugendliche*

4 Daneben haben die **Erziehungsberechtigten und gesetzlichen Vertreter** ein Anfechtungsrecht für den/die Angeklagte(n) (§ 67 Abs. 3, § 298 StPO). Nach der hier vertretenen Auffassung fallen hierunter auch die Pflegepersonen, Erziehungsbeistände sowie die Jugendämter im Rahmen ihrer Aufgaben nach dem KJHG (s. im einzelnen § 67 Rn. 4 m. w. N.). Diese Berechtigung besteht selbständig, d. h., das Rechtsmittel kann auch bei einem Verzicht des/der Jugendlichen gegen seinen/ihren Willen, aber **nur zu seinen/ihren Gunsten** eingelegt werden. Entscheidend sollte regelmäßig die – eigenverantwortliche – Interessendefinition durch den/die Verurteilte(n) selbst sein; wird von ihm/ihr die gerichtliche Entscheidung »geschluckt«, so sollte sie nur bei eindeutiger Fehlerhaftigkeit angefochten werden. Die Selbständigkeit des Anfechtungsrechts kann allerdings, insbesondere bei schwerwiegenden Sanktionen gebieten, Zweifeln an der Richtigkeit nachzugehen, obwohl der jugendliche Widerstandswille erlahmt ist. Grundfalsch wäre es, aus »erzieherischen Gründen« ein Fehlurteil rechtskräftig werden zu lassen. Werden umgekehrt die Erziehungsberechtigten und gesetzlichen Vertreter zu einem Rechtsmittel von dem/der Jugendlichen gedrängt, obwohl sie von der Aussichtslosigkeit überzeugt sind, so ist der/die Jugendliche auf sein/ihr eigenes Anfechtungsrecht zu verweisen. Eine Rücknahme des Rechtsmittels ist nur mit Zustimmung des/der Verurteilten möglich (§ 55 Abs. 3), ebenso eine nachträgliche Beschränkung des Rechtsmittels (s. *OLG Düsseldorf* NJW 1957, 840; *Eisenberg* § 55 Rn. 11). Auch kann der/die Verurteilte nach Eintritt der Volljährigkeit das zuvor von den Erziehungsberechtigten oder gesetzlichen Vertretern eingelegte Rechtsmittel übernehmen, auch wenn von ihm/ihr zuvor ein Rechtsmittelverzicht erklärt wurde. Formalistisch ist es jedoch, die Begründungspflicht allein dem/der jetzt Volljährigen aufzuerlegen (so *RGSt* 42, 342; *Eisenberg* § 55 Rn. 5), da die Begründung nur die Konsequenz der Entscheidung über die Rechtsmitteleinlegung darstellt (s. auch § 67 Rn. 13).

5 Auch der **Verteidiger** (Wahl- oder Pflichtverteidiger) ist gem. § 297 StPO selbständig anfechtungsberechtigt; dies darf jedoch nicht gegen den Willen des/der Verurteilten geschehen (zum Konflikt mit den Interessen der gesetzlichen Vertreter und Erziehungsberechtigten s. § 68 Rn. 6). Für die Rücknahme bedarf es einer ausdrücklichen Ermächtigung (§ 302 Abs. 2 StPO), ebenso für einen Verzicht (zur Rechtsmittelbeschränkung als Teilverzicht s. Rn. 25). Der Beistand gem. § 69 hat keine Rechtsmittelmöglichkeit (s. § 69 Rn. 8).

6 Die Anfechtungsberechtigung besteht – natürlich – auch für die **Staatsanwaltschaft**, und zwar auch zugunsten des/der Verurteilten, soweit eine Beschwer für den/die Verurteilte(n) vorliegt (§ 296 Abs. 2 StPO; zum Verschlechterungsverbot s. Rn. 11). Ohne Zustimmung des/der Verurteilten

kann dann das Rechtsmittel nicht zurückgenommen werden (§ 302 Abs. 1 S. 2 StPO). Eine Beschwer der Staatsanwaltschaft – für eine Rechtsmitteleinlegung zuungunsten des/der Verurteilten – i. S. einer Abweichung von ihren Anträgen ist nicht erforderlich. Insoweit genügt die Behauptung einer Gesetzesverletzung. Allerdings sollte diese Möglichkeit nicht zu einer »Rechthaberei« genutzt werden: Gem. RL Nr. 1 S. 2 zu § 55 ist bei Einlegung von Rechtsmitteln zuungunsten des/der Verurteilten eine **besondere Zurückhaltung** geboten, um das Verfahren möglichst schnell zu Ende zu bringen. Für ein Rechtsmittel zugunsten des/der Verurteilten darf demgegenüber auf seiten der Staatsanwaltschaft nur die objektive Rechtslage entscheidend sein, woraus eine Verpflichtung zur Rechtsmitteleinlegung erwachsen kann (*OLG Düsseldorf* NJW 1957, 840).

2. Teilanfechtung

Eine Teilanfechtung ist grundsätzlich wie im Erwachsenenstrafrecht möglich (s. §§ 316, 318, 327, 343, 344, 352, 353 StPO), soweit sich der angefochtene Entscheidungsteil von dem nicht angefochtenen für eine selbständige Beurteilung trennen läßt. Dies gilt insbesondere für das Verhältnis von Schuld- und Strafausspruch. Allerdings können sich bei separater Anfechtung sog. **doppelrelevante Tatsachen** herausstellen, die eine Übereinstimmung von materieller Gerechtigkeit und Rechtssicherheit unmöglich machen (deshalb gegen die Trennbarkeit *Grünwald* Die Teilrechtskraft im Strafverfahren, 1964). Die besondere Prüfung der Schuldvoraussetzung gem. § 3 gebietet, bei beschränkter Anfechtung der Sanktionen (s. aber § 55 Abs. 1) die Prüfung auch auf die Schuldfeststellung auszudehnen, wenn sich hierbei die Schuldunfähigkeit herausgestellt hat, weil ansonsten das strafrechtliche Schuldprinzip verletzt würde (so allgemein *Spendel* ZStW 67 [1955], 556 ff.; nachfolgend *Peters* Strafprozeß, 4. Aufl., S. 500; *Roxin* § 51 Rn. 19; *Dallinger/Lackner* vor § 55 Rn. 15; anders die Rechtsprechung, s. *BGHSt* 7, 283 m. w. N.; s. aber auch zwei *BGH*-Entscheidungen bei *Rüth* DAR 1982, 255, für den Fall einer ungenügenden Schuldprüfung).

7

Die Entscheidung gem. § 105 Abs. 1 ist von der allgemeinen Straffrage nicht trennbar, da damit die Weichen für das Sanktionssystem und damit auch für das Rechtsmittelsystem gestellt werden (s. *BGH* bei *Herlan* GA 1964, 135; *Brunner/Dölling* § 105 Rn. 29; *Eisenberg* § 55 Rn. 20; a. M. *Potrykus* § 105 Anm. 7; s. auch Rn. 32). Wohl aber kann die Nichtanwendung einer Strafmilderungsvorschrift geprüft werden, ohne die Entscheidung für das Erwachsenenstrafrecht gem. § 105 Abs. 1 neu aufzurollen (*BayObLG*St 1956, 7). Dies gilt auch – bei Anwendung von Erwachsenenstrafrecht – für die Prüfung der Versagung der Strafaussetzung zur Bewährung (s. *BayObLG* bei *Rüth* DAR 1982, 255; zur Anfechtung einer

8

Strafaussetzung zur Bewährung nach Jugendstrafrecht s. § 59 Abs. 1, 2); allerdings ist das Gericht dann nicht gehindert, zugunsten des/der Verurteilten die Anwendung des Erwachsenenstrafrechts überhaupt zu prüfen (s. *BGH* bei *Böhm* NStZ 1984, 447; a. M. *OLG Frankfurt* NJW 1956, 233, mit zust. Anm. von *Schnitzerling*; s. auch § 105 Rn. 29).

9 Weiterhin sind nach h. M. selbständig die Maßregeln der Besserung und Sicherung sowie Nebenstrafen und Nebenfolgen anfechtbar (s. *BGHSt* 6, 183 ff.; zust. *Dallinger/Lackner* vor § 55 Rn. 17; *Brunner/Dölling* § 55 Rn. 6 c; *Eisenberg* § 55 Rn. 17). Dem muß mit Rücksicht auf das einheitliche Ziel der Individualprävention (s. Grdl. z. §§ 1-2 Rn. 5; Grdl. z. §§ 5-8 Rn. 3) widersprochen werden: Alle Sanktionen nach dem JGG stehen in Abhängigkeit voneinander; eine andere Bewertung einer Teilsanktion kann und wird regelmäßig Auswirkungen auf andere Maßnahmen haben (wie hier *BayObLG* bei *Rüth* DAR 1982, 255; s. auch *BGHSt* 10, 382, für ein Strafmaßrechtsmittel unter Ausklammerung der Maßregel »Entziehung der Fahrerlaubnis«). Dies gilt ausdrücklich (s. § 5 Abs. 3) für das Verhältnis von Zuchtmitteln und Jugendstrafe einerseits sowie der Unterbringung in einem psychiatrischen Krankenhaus oder einer Entziehungsanstalt andererseits, so daß ein Rechtsmittel nicht auf die Maßregel begrenzt werden kann (ebenso *BayObLG* JR 1990, 209 m. zust. Anm. von *Brunner*) und nicht umgekehrt auf die jugendstrafrechtliche Sanktion (s. *BGH* NStZ-RR 1998, 189). Zu speziellen Problemen für die Teilanfechtung einer einheitlichen Sanktionierung gem. § 31 s. dort Rn. 34, gem. § 32 s. dort Rn. 19, zur separaten Anfechtung einer Einbeziehung bzw. Nichtanrechnung gem. § 52 s. dort Rn. 12, gem. § 52 a s. dort Rn. 12.

3. Ausbleiben des/der Angeklagten und/oder seiner/ihrer gesetzlichen Vertreter bzw. Erziehungsberechtigten in der Berufungsverhandlung

10 Erscheinen zu Beginn der Berufungsverhandlung nur die gesetzlichen Vertreter oder Erziehungsberechtigten und nicht der/die Verurteilte selbst, so könnte nach allgemeinem Verfahrensrecht unter Beachtung des § 244 Abs. 2 StPO verhandelt werden, wenn die Berufung von den gesetzlichen Vertretern bzw. Erziehungsberechtigten eingelegt wurde (§ 330 Abs. 2 S. 2, 2. Halbs. i. V. m. § 329 Abs. 2 S. 1 StPO; Bedenken bei *Brunner/Dölling* § 55 Rn. 4; a. M. *Eisenberg* § 55 Rn. 21). Im Jugendstrafverfahren ist aber zusätzlich § 50 Abs. 1 zu prüfen, wobei besondere Gründe für eine Verhandlung in Abwesenheit (s. § 50 Rn. 10) regelmäßig auch in der Berufungsverhandlung zu verneinen sind. Würde das Nichterscheinen als besonderer Grund (Desinteresse) gewertet, so würde damit das selbständige Anfechtungsrecht der gesetzlichen Vertreter und Erziehungsberechtigten unterlaufen. Statt dessen ist gem. § 330 Abs. 1 i. V. m. den

§§ 133 Abs. 2, 134 StPO zu verfahren (ebenso *Schäfer* NStZ 1998, 334); ein Haftbefehl gem. § 230 Abs. 2 StPO ist durch die besondere Regelung im § 330 Abs. 1 StPO ausgeschlossen (so auch *Kleinknecht/Meyer-Goßner* § 330 StPO Rn. 2; *Brunner/Dölling* § 55 Rn. 4 m. w. N.). Bleiben die gesetzlichen Vertreter bzw. Erziehungsberechtigten bei eigener Berufung der Hauptverhandlung fern, so ist ohne sie zu verhandeln (§ 330 Abs. 2 S. 1 StPO), es sei denn, es wird gem. § 50 Abs. 2 S. 2 im Hinblick auf § 244 Abs. 2 StPO oder im Hinblick auf die Fürsorgepflicht auch hier die zwangsweise Vorführung angeordnet. Bleiben sowohl gesetzliche Vertreter bzw. Erziehungsberechtigte als auch der/die Verurteilte aus, so ist sowohl die Berufung des/der Verurteilten als auch die Berufung der gesetzlichen Vertreter bzw. Erziehungsberechtigten ohne Verhandlung zur Sache zu verwerfen, wenn das Ausbleiben nicht genügend entschuldigt ist (§ 329 Abs. 1 S. 1, § 330 Abs. 2 S. 2 StPO). In der Revision ist keine Anwesenheit erforderlich (s. § 350 Abs. 2 StPO). Hat ein jugendlicher Angeklagter gegen das Urteil des Jugendgerichts eine zulässige Berufung eingelegt, ist das Urteil somit nicht mehr mit der Revision anfechtbar, ist ihm im Falle der Berufungsverwerfung wegen Versäumung der Berufungshauptverhandlung Wiedereinsetzung in den vorigen Stand zu gewähren, wenn er zu der Berufungshauptverhandlung nicht ordnungsgemäß geladen war (s. *OLG Düsseldorf* StV 1988, 291).

4. Verschlechterungsverbot

a) Anwendungsbereich

Das Verschlechterungsverbot – Verbot der reformatio in peius – gilt auch im Rechtsmittelverfahren nach dem JGG (s. *BGHSt* 10, 202; *BGHSt* 16, 337 zu § 358 Abs. 2 StPO), d. h., der/die Verurteilte darf durch ein eigenes Rechtsmittel nicht schlechter gestellt werden, ebensowenig durch ein Rechtsmittel der gesetzlichen Vertreter bzw. Erziehungsberechtigten sowie durch ein Rechtsmittel der Staatsanwaltschaft zu seinen/ihren Gunsten (s. §§ 331 Abs. 1, 358 Abs. 2, 373 Abs. 2 StPO). Legt die Staatsanwaltschaft zugleich mit einem Rechtsmittel des/der Verurteilten zuungunsten des/der Verurteilten ein Rechtsmittel ein, so gilt das Verschlechterungsverbot nicht; jedoch ist hier die Beschränkung des Rechtsmittels durch die Staatsanwaltschaft zu beachten (s. *Brunner/Dölling* § 55 Rn. 21). Auch besteht bei einem Rechtsmittel der Staatsanwaltschaft zuungunsten des/der Verurteilten kein Verbesserungsverbot (s. § 301 StPO). Gesetzlich ausgenommen ist die Unterbringung in einem psychiatrischen Krankenhaus oder einer Entziehungsanstalt (s. §§ 331 Abs. 2, 358 Abs. 2 S. 2, 373 Abs. 2 S. 2 StPO; s. auch *BGH* StV 1998, 343). Auch bezieht sich das Verbot nur auf die Rechtsfolgen der Tat, nicht auf die Schuldfrage (s. im einzelnen *Grethlein* Problematik des Verschlechterungsverbots im Hinblick auf die besonderen Maßnahmen des Jugendrechts, 1963; *Kretschmann* Das Ver-

11

bot der reformatio in peius im Jugendstrafrecht, 1968). Der Schuldspruch darf nach h. M. (s. demgegenüber mit beachtlichen Argumenten *Wittschier* Das Verbot der reformatio in peius im strafprozessualen Beschlußverfahren, 1984, S. 43 ff., 224 ff.) nachteilig verändert werden. Auch dürfen die Rechtsfolgen verschärft werden, wenn sich der Schuldvorwurf durch eine Nachtragsanklage im Berufungsverfahren erhöht hat (s. *BGHSt* 9, 330; *OLG Braunschweig* NJW 1964, 1237; *Brunner/Dölling* § 55 Rn. 21 m. w. N.). Umgekehrt kann formal der Sanktionsausspruch bestehenbleiben, wenn bei einer Verurteilung wegen mehrerer Taten ein Teil dieser Verurteilungen aufgehoben (s. *BGHSt* 7, 86) oder rechtlich milder eingeordnet wird (*OLG Frankfurt* NJW 1969, 1915). Für den/die Verurteilte(n) wird aber eine solche Handhabung **kaum verständlich** sein, da die Sanktion zunächst für eine »schlimmere« Verfehlung ausgesprochen wurde. Materiell gesehen wird die Sanktion im Vergleich zum Tatvorwurf erhöht (s. auch RL Nr. 1 S. 2 zu § 56; dagegen *Brunner/Dölling* § 55 Rn. 21).

12   Das Verschlechterungsverbot gilt nach dem Gesetzeswortlaut nur für Urteile, insoweit aber auch für Urteile im vereinfachten Jugendverfahren. Darüber hinaus ist das Verschlechterungsverbot auch für **urteilsgleiche Beschlüsse** zu beachten, d. h. für Beschlüsse, in denen Rechtsfolgen in einem förmlichen Verfahren festgelegt werden, so bei Anordnung von »Ungehorsamsarrest« gem. §§ 11 Abs. 3, 15 Abs. 3 S. 2, 23 Abs. 1 S. 4, 29 S. 2, bei Beschlußentscheidungen, in denen die Bewährung angeordnet wird (§§ 21, 57 Abs. 1; § 88), bei der nachträglichen Anordnung einer Einheitssanktion gem. den §§ 31, 66, bei der vorzeitigen Entlassung aus dem Jugendarrest gem. § 87 Abs. 3, bei der Festsetzung einer Sperrfrist gem. § 88 Abs. 5 (s. hierzu im einzelnen *Grethlein* S. 128 ff.; *Brunner/Dölling* § 55 Rn. 45 m. w. N. zum Erwachsenenstrafrecht). Ebenso verstößt es gegen das Verschlechterungsverbot, wenn im Rechtsmittelverfahren die ursprünglich durch Beschluß gewährte Strafaussetzung zur Bewährung gestrichen wird (zur urteilsmäßigen Strafaussetzung zur Bewährung s. Rn. 16). Diese Beschlüsse müssen aber Sanktionen betreffen; hierunter fallen nicht vorläufige Anordnungen gem. § 71 (s. *Grethlein* S. 135) oder Kostenfestsetzungsbeschlüsse gem. § 464 b StPO (s. *KG* MDR 1982, 251 m. abl. Anm. von *Schmidt; Kleinknecht/Meyer-Goßner* § 464 b StPO Rn. 8 m. w. N.), wohl aber urteilsmäßige Kostenentscheidungen (s. Rn. 24).

13   Das Verschlechterungsverbot gilt formal nicht, wenn Urteils- oder Beschlußentscheidungen unabhängig von einer Anfechtung von Gerichts wegen – nachteilig – abänderbar sind (s. § 11 Abs. 2, § 23 Abs. 1 S. 3, 4; s. *BGH* NJW 1982, 1544; *BayObLG* bei *Rüth* DAR 1983, 247; *Brunner/Dölling* § 55 Rn. 47; Bedenken bei *Eisenberg* § 55 Rn. 82). Aber auch hier ist das **Vertrauensprinzip** zu beachten (s. § 11 Rn. 4; § 23 Rn. 11);

dieses würde insbesondere verletzt, wenn das Rechtsmittel auf die Gesetzwidrigkeit der Maßnahmen gestützt (s. § 59 Abs. 2 S. 2, 2. Alt. sowie Rn. 25), die Maßnahme deshalb aufgehoben und statt dessen eine härtere Sanktion verhängt würde. Hinzu kommt, daß ansonsten der fatale Eindruck entstehen könnte, wegen der Rechtsmitteleinlegung sei die Sanktion verschärft worden. Immer muß darauf bestanden werden, daß diese Sanktionsverschärfungen mit Tatsachen begründet werden. Eine beschränkte Rechtskraft besteht gem. § 47 Abs. 3, der inhaltlich auch für § 45 gilt (s. § 45 Rn. 20, 21), auch in »formlosen Erziehungsverfahren« (s. § 47 Rn. 14; mit anderer Begründung im Ergebnis ebenso *Grethlein* S. 131; *Brunner/Dölling* § 55 Rn. 44; *Eisenberg* § 55 Rn. 24). Zwar ist die Bewährungszeit auch von Gerichts wegen nachteilig abänderbar, d. h. verlängerbar (s. § 22 Abs. 2 S. 2; zur restriktiven Anwendung s. § 22 Rn. 5); wird aber gerade die Verlängerung der Bewährungszeit angegriffen (s. § 59 Abs. 2 S. 2, 1. Alt.), so darf in der Beschwerdeentscheidung nicht nochmals verlängert werden, da dann die Rechtsmittelmöglichkeit pervertiert würde. Wird in der Berufungsinstanz die Bewährungszeit verlängert, so ist für die h. M. eine Verschlechterung darin zu sehen, daß jetzt die Beschwerdemöglichkeit wegfällt (zu einer anderen Auslegung s. § 59 Rn. 2); wohl mit Rücksicht hierauf wird dies teilweise als ein Verstoß gegen das Verschlechterungsverbot angesehen (s. *Grethlein* S. 56, 57; *Eisenberg* § 55 Rn. 82; a. M. *OLG Hamburg* NJW 1981, 470).

b) Maßstab

Maßstab für die Beachtung des Verschlechterungsverbots ist eine Gesamtschau der ursprünglich verhängten Sanktionen im Vergleich zu den neu verhängten Sanktionen (s. *BGHSt* 24, 14 m. w. N.). Dies gilt insbesondere, wenn gem. § 8 mehrere Sanktionen zusammen ausgesprochen werden. Hierbei kommt es auf die konkrete Belastung für den/die Verurteilte(n) an. Die rechtliche Einstufung ist nicht entscheidend, auch wenn hieraus Hinweise abzuleiten sind (s. *BayObLG*St 1970, 161; *OLG Hamm* NJW 1971, 1166; *Eisenberg* § 55 Rn. 74, 74 b m. w. N.); entscheidend ist letztlich die subjektive Einschätzung durch den/die Verurteilte(n) nach Aufklärung über alle mit der Sanktionierung verbundenen Rechtsfolgen, insbesondere auch über die Eintragungen im Erziehungs- bzw. Zentralregister (ähnlich *Schoreit* in: *D/S/S* § 55 Rn. 18; *Dallinger/Lackner* Vor § 55 Rn. 26; a. M. *L. A. Baumann* Das strafprozessuale Verbot der reformatio in peius und seine Besonderheiten im Jugendstrafrecht, 1998, S. 93 ff.). Da häufig eine solche subjektive Einschätzung nicht vorliegt, muß die Subjektivität nach Vernunftmaßstäben objektiviert werden (zu weit aber *Gollwitzer* in: *Löwe/Rosenberg* § 331 StPO Rn. 34, wonach es auf das »rein subjektive Empfinden des Betroffenen« nicht ankommt; s. dort auch w. N.).

14

c) **Verhältnis der Rechtsfolgen nach dem JGG untereinander**

15 Weisungen sind untereinander zwar formal austauschbar, ihre materiellen Unterschiede hinsichtlich der **Eingriffsintensität** sind im konkreten Fall jedoch zu beachten (s. Rn. 13; wie hier *Albrecht* § 49 C. II. 1. c); anders die h. M., s. *Brunner/Dölling* § 55 Rn. 23; *Eisenberg* § 55 Rn. 75 jeweils m. w. N.). Ebenso stehen die gem. § 53 vom Familien-/Vormundschaftsrichter angeordneten Weisungen prinzipiell damit auf gleicher Stufe; aber auch hier kommt es auf den Einzelfall an (s. aber *Eisenberg* § 55 Rn. 75; *Brunner/Dölling* § 55 Rn. 25). Die Erziehungsbeistandschaft ist mit der Betreuungsweisung vergleichbar, deren Einbußen jedoch nicht allein auf die Durchsetzbarkeit (s. § 12 Rn. 5 am Schluß) beurteilt werden dürfen (so aber *Brunner/Dölling* § 55 Rn. 23); das Bewußtsein der ständigen Kontrolle wird häufig auch bei der Erziehungsbeistandschaft bestehen, was sich schwerwiegender auswirken kann als eine formelle Zwangsdurchsetzung. Die Einordnungen der Hilfen zur Erziehung gem. § 12 und der Weisungen gem. § 10 Abs. 2 sowie der Verwarnung machen insbesondere deutlich, daß die Rangfolge Erziehungsmaßregel, dann Zuchtmittel, dann Jugendstrafe nicht stimmig ist (s. auch § 5 Rn. 22; Grdl. z. §§ 9-12 Rn. 4). Unter Einbeziehung der Zuchtmittel ist demgegenüber **zwischen ambulanten und stationären Sanktionen zu unterscheiden** und sind generell die stationären, freiheitsentziehenden Sanktionen härter zu bewerten als die ambulanten (s. demgegenüber *BayObLG*St 1970, 159 für das Verhältnis Geldstrafe und Jugendarrest). Hierbei stellt von den stationären Sanktionen der Arrest die mildeste Form dar. Das Unterscheidungskriterium ambulant oder stationär hat auch für die Maßregeln der Besserung und Sicherung zu gelten. Innerhalb der ambulanten Sanktionen erscheint es verfehlt, die Weisungen generell (so *Brunner* § 55 Rn. 23; wie hier jetzt *Brunner/Dölling* § 55 Rn. 23) oder regelmäßig (so *Eisenberg* § 55 Rn. 75) gegenüber den Auflagen als härtere Sanktionen einzustufen. Wie beim Freiheitsentzug (Arrest, Jugendstrafe, Unterbringung in einem psychiatrischen Krankenhaus oder einer Entziehungsanstalt) ist auch hier das Ausmaß, d. h. die Höhe der Schadenswiedergutmachung und der Geldbuße mitentscheidend und gegenüber der Dauer der Weisung abzuwägen. Unbestritten erscheint die Verwarnung als die mildeste Sanktionierung. Aber bereits die Einordnung der Entschuldigung kann nicht schematisch erfolgen (für eine Reihenfolge Entschuldigung, Wiedergutmachung, Geldauflage aber *Grethlein* S. 109; demgegenüber hält *Potrykus* alle Auflagen und Erziehungsmaßregeln für gleichgewichtig, § 66 Anm. 4): Im Einzelfall wird hier von dem/der Verurteilten sehr viel mehr verlangt als bei einer Geldauflage (so bereits *Hellmer* Erziehung und Strafe, 1957, S. 238, 239; *Eisenberg* § 55 Rn. 78).

Besondere Probleme wirft die Einordnung der Aussetzung der Verhängung einer Jugendstrafe (§ 27) sowie der Aussetzung zur Bewährung (§ 21) auf, da hier neben der Bewährungsaufsicht, neben eventuellen Weisungen und Auflagen (s. § 23) **potentiell** Freiheitsentzug droht. Der Gesamtcharakter dieser Sanktionen mit ihren Bedrohungselementen muß einmal dazu führen, sie gegenüber dem ursprünglichen Arrest – erst recht gegenüber ambulanten Sanktionen – regelmäßig als schwerwiegender einzuordnen (sehr umstritten, wie hier *Eisenberg* § 55 Rn. 79 b, 80; *Brunner/Dölling* § 55 Rn. 26, 27 jeweils m. w. N.), auch wenn sie gegenüber der unbedingten Jugendstrafe als eigenständige Sanktionen abzugrenzen sind (s. für § 27 Grdl. z. §§ 27-30 Rn. 1, für § 21 Grdl. z. §§ 21-26 a Rn. 3). Umgekehrt muß jede auch noch so kurze unbedingte Jugendstrafe als härtere Sanktion eingestuft werden (h. M., s. *BGHSt* 7, 182; *BayObLGSt* 1962, 1; *Eisenberg* § 55 Rn. 81), auch dann, wenn die Strafaussetzung zur Bewährung nicht ausdrücklich abgelehnt wird, sondern die Entscheidung gem. § 57 vorbehalten bleibt: Die sichere ambulante Sanktion ist weniger schwerwiegend als die eventuelle stationäre Sanktion (ebenso *Dallinger/Lackner* § 59 Rn. 4; *Brunner/Dölling* § 55 Rn. 31; *Eisenberg* § 55 Rn. 81). Zum anderen kann auch ein traditionell vollstreckter Arrest schwerer wiegen als eine Bewährungsstrafe (s. § 87 Rn. 2). Auch eine erst in der Rechtsmittelinstanz erfolgte Anrechnung der U-Haft sowie eine Verkürzung der Jugendstrafe als solche verändern nicht diese Unterschiede (h. M., s. *Brunner/Dölling* § 55 Rn. 30; *Eisenberg* § 55 Rn. 81). Anders ist es, wenn mit der Anrechnung die gesamte Strafe als verbüßt gilt (s. *Grethlein* S. 49; *BGH* NJW 1961, 1220). Gegen das Verschlechterungsverbot würde es aber verstoßen, wenn in der Rechtsmittelinstanz eine Jugendstrafe ohne Bewährung ausgesprochen würde, obwohl in der ersten Instanz die Entscheidung über eine Bewährung ausdrücklich oder stillschweigend (s. hierzu § 57 Rn. 4) noch nicht getroffen wurde (a. M. *Dallinger/Lackner* § 59 Rn. 6; *Grethlein* S. 58; *Brunner/Dölling* § 55 Rn. 31). Zwar ist eine Verschlechterung nicht in einem verlorengegangenen Rechtsmittel zu sehen (so *Eisenberg* § 55 Rn. 81; s. hierzu § 59 Rn. 2); da die Vollstreckung in einem solchen Fall jedoch noch gehindert ist (s. § 57 Rn. 8), tritt mit der Versagung einer Bewährung eine Verschlechterung ein. Wird erst in der Rechtsmittelinstanz eine Bewährung eingeräumt, die in der ersten Instanz abgelehnt wurde, gleichzeitig aber die Jugendstrafe verlängert, so ist hierin wegen der Widerrufsmöglichkeit ebenfalls eine Verschlechterung zu sehen (h. M., s. *Brunner/Dölling* § 55 Rn. 28 m. w. N. in Fn. 8).

Wird in der ersten Instanz gem. den §§ 52, 52 a eine U-Haft oder ein sonst erlittener Freiheitsentzug angerechnet und in der zweiten Instanz nicht, liegt ein Verstoß gegen das Verschlechterungsverbot vor (s. *BGH* bei *Herlan* GA 1956, 345; *Brunner/Dölling* § 55 Rn. 30; *Eisenberg* § 55 Rn. 83). Wird die U-Haft oder der sonst erlittene Freiheitsentzug unmittelbar »verrechnet«, d. h. die Jugendstrafe um diese Zeit verkürzt, so liegt im Hinblick auf die Voraussetzung der Ein-Drittel-Verbüßung für eine Reststrafenbewährung bei einer Jugendstrafe von mehr als einem Jahr (§ 88 Abs. 2 S. 2) ebenfalls eine Verschlechterung vor (ebenso *Brunner/Dölling* § 55 Rn. 30; *Eisenberg* § 55 Rn. 83). Wurde umgekehrt in der ersten Instanz nicht angerechnet und geschieht dies in der Rechtsmittelinstanz, wird hier aber gleichzeitig die Jugendstrafe um diese angerechnete Zeit verlängert, so geschieht dem/der Verurteilten kein Nachteil, sondern mit der Anrechnung wird die Mindeststrafzeit gem. § 88 Abs. 2 S. 2 ermäßigt. Zur selbständigen Anfechtung der Anrechnung bzw. Nichtanrechnung gem. den §§ 52, 52 a s. § 52 Rn. 12, § 52 a Rn. 12.

18, 19 (gestrichen wegen Wegfalls der unbestimmten Jugendstrafe)

20 Im Vergleich zu den Sanktionen aus dem Erwachsenenstrafrecht ist eine Schlechterstellung nicht schon darin zu sehen, daß jetzt eine Verurteilung nach Erwachsenenstrafrecht erfolgt oder umgekehrt (h. M., s. *Brunner/Dölling* § 55 Rn. 38 m. w. N.); es kommt auf die konkrete Gestaltung der Rechtsfolgen an.

21 Die Freiheitsstrafe ist mit Rücksicht auf die erleichterten Aussetzungsmöglichkeiten gem. § 88 sowie mit Rücksicht auf die Möglichkeit der Strafmakelbeseitigung und die günstigeren Registerfolgen (s. §§ 32, 34, 46 BRZG) als härtere Sanktionierung zu werten, weshalb ein Wechsel von der Jugend- zur Freiheitsstrafe in demselben Umfang unzulässig ist (h. M., s. *BGHSt* 29, 273, ohne aber die beiden letzten Gründe anzuerkennen; *Brunner/Dölling* § 55 Rn. 39; *Eisenberg* § 55 Rn. 87). Auch wenn der Freiheitsentzug verkürzt wird, kann gerade im Hinblick auf die schlechteren Aussetzungsmöglichkeiten eine Schlechterstellung erfolgen. Deshalb muß eine Entlassung gem. § 57 StGB nach der gleichen Zeit wie gem. § 88 möglich sein; ist eine solche Strafbemessung nicht möglich, scheidet der Wechsel von der Jugend- zur Freiheitsstrafe aus (s. *BGHSt* 29, 274; *Brunner/Dölling* § 55 Rn. 39). Weitere Sanktionsfolgen sind gem. § 106 Abs. 2 zu untersagen. Der Streit, ob trotzdem die Jugendstrafe in ihrer Vollstreckung der Freiheitsstrafe entspricht, ist im übrigen hier irrelevant (zur Relevanz s. die Kommentierung zu den §§ 91 und 92). Umgekehrt darf deshalb eine Freiheitsstrafe durch eine Jugendstrafe ersetzt werden, nicht jedoch eine längere Jugendstrafe ausgesprochen werden. Wurde in der ersten Instanz eine Freiheitsstrafe unter sechs Monaten ausgesprochen und soll jetzt Jugendstrafrecht angewendet werden, so darf keine Jugendstrafe unter sechs Monaten angeordnet werden (a. die h. M., s. *OLG Oldenburg* NJW 1956, 1730; *OLG Hamm* JMBl. NW 1958, 203; *OLG Düsseldorf* NJW 1964, 216; *Brunner/Dölling* § 55 Rn. 40; *Eisenberg* § 55 Rn. 88); die Gesetzesanweisung im § 18 Abs. 1 S. 2 ist eindeutig (wie hier *Schoreit* in

D/S/S § 55 Rn. 33, s. auch § 18 Rn. 3). Anstelle eines solch kurzen Freiheitsentzuges ist eine ambulante Sanktionierung zu wählen oder auf den Arrest zurückzugreifen. Hinsichtlich der Geldstrafe gilt die grundsätzliche Differenzierung zwischen ambulanten und stationären Sanktionen (s. Rn. 15), wobei mit § 43 S. 2 StGB für den Wechsel von stationären jugendstrafrechtlichen Sanktionen zur Geldstrafe ein Umrechnungsmaßstab gegeben wird, wonach die Ersatzfreiheitsstrafe nicht den jugendstrafrechtlichen Freiheitsentzug überschreiten darf (s. hierzu *BayObLG* bei *Rüth* DAR 1971, 207; *OLG Köln* NJW 1964, 1684; *Brunner/Dölling* § 55 Rn. 43; mit Bedenken *Eisenberg* § 55 Rn. 91). In keinem Fall darf umgekehrt eine Geldstrafe – im Hinblick auf die dahinterstehende Ersatzfreiheitsstrafe – in einen Freiheitsentzug, auch nicht in der Form des Arrestes, umgewandelt werden (a. M. *LG Kassel* bei *Böhm* NStZ 1992, 529).

Hinsichtlich **Nebenstrafen** und **Nebenfolgen** (s. § 6, § 8 Abs. 3) gilt das Verschlechterungsverbot ebenso, wobei allerdings Nachteile in einer Gesamtbetrachtung kompensiert werden dürfen. Das Fahrverbot darf aber nicht erstmalig in der Rechtsmittelinstanz – bei einem alleinigen Rechtsmittel des/der Verurteilten – mit einer geringeren Geldbuße ausgesprochen werden, da hieran im Wiederholungsfall regelmäßig schwerwiegendere Sanktionen geknüpft werden (s. demgegenüber *OLG Schleswig* NStZ 1984, 90). Umgekehrt steht der Kompensation eines erstinstanzlichen Fahrverbots durch eine höhere Sanktionierung, z. B. der Geldbußenauflage, in der Rechtsmittelinstanz dieser Einwand nicht entgegen (s. *BGHSt* 24, 11 m. abl. Anm. von *Peters* JR 1971, 40; *OLG Hamm* VRS 41 [1971], 24; *BayObLG* NJW 1980, 849; unbest. *Eisenberg* § 55 Rn. 92, dessen Hinweis auf eine a. M. des *OLG Oldenburg* NJW 1969, 2213 fehlgeht, da dort das Fahrverbot als unbegründet aufgehoben wurde). 22

Das Verschlechterungsverbot gilt auch für **Maßregeln der Besserung und Sicherung** mit Ausnahme der Unterbringung in einem psychiatrischen Krankenhaus oder einer Entziehungsanstalt (s. §§ 331 Abs. 1, 358 Abs. 2, 373 Abs. 2 StPO). Entgegen der h. M. (s. *BGHSt* 11, 319; *Dallinger/Lackner* vor § 55 Rn. 24; *Brunner/Dölling* § 55 Rn. 35; *Eisenberg* § 55 Rn. 93; für einen Wechsel zwischen stationären Maßregeln aber *BGHSt* 5, 312) ist aber ein Wechsel von dieser Unterbringung zur Jugendstrafe zulässig, wenn bei der Unterbringung in einer Entziehungsanstalt die zweijährige Dauer nicht überschritten wird (s. § 67 d Abs. 1 S. 1 StGB). Hierfür spricht nicht nur dieselbe gesetzliche Zielsetzung (s. Grdl. z. §§ 1-2 Rn. 5; Grdl. z. §§ 5-8 Rn. 3), sondern auch die von den Betroffenen regelmäßig als stärker empfundene Belastung dieser freiheitsentziehenden Maßregeln (grundsätzlich wie hier *Gerhardt* Das Verbot der reformatio in peius bei den Nebenstrafen, Nebenfolgen und Maßregeln der Sicherung und Besserung des Strafgesetzbuchs, 1970, S. 71 ff.; s. auch § 7 Rn. 9, 13). Diese Ein- 23 schätzung der Eingriffsintensität wird nicht erst durch eine ausdrückliche Bitte des/der Verurteilten begründet (so aber *Brunner/Dölling* § 55 Rn. 35 m. w. N.). Hinsichtlich der Entziehung der Fahrerlaubnis stellt das Fahrverbot die geringere Sanktion dar (s. *OLG Frankfurt* VRS 34 [1968], 35; *Eisenberg* § 55 Rn. 94), zumal die Mindestsperrfrist gem. § 69 Abs. 4 S. 2 StGB der Höchstdauer eines Fahrverbots gem. § 44 Abs. 1 S. 1 StGB entspricht (s. hierzu *OLG Hamm* MDR 1978, 332). Umgekehrt darf die rechtswidrige Weisung, den Führerschein zu hinterlegen (s. § 7 Rn. 16; § 10 Rn. 6), nicht in der Rechtsmittelinstanz durch die Maßregel gem. § 61 Nr. 5 StGB ersetzt werden (h. M., s. *Brunner/Dölling* § 55 Rn. 35).

24 Entgegen einer verbreiteten Meinung wird auch die **Kostenentscheidung** vom Verschlechterungsverbot erfaßt, da mit § 74 die repressiven Folgen des Strafverfahrens vermieden werden sollen (s. Grundlagen zu § 74 Rn. 3) und mit der gegenteiligen Entscheidung in der Rechtsmittelinstanz konkrete Nachteile für den/die Verurteilte(n) verbunden wären (wie hier *Grethlein* S. 135 ff.; *Eisenberg* § 55 Rn. 95; *Schoreit* in: D/S/S § 55 Rn. 37; *L. A. Baumann* Das strafprozessuale Verbot der reformatio in peius und seine Besonderheiten im Jugendstrafrecht, 1998, S. 67; a. M. *Dallinger/Lackner* § 74 Rn. 17; *Brunner/Dölling* § 55 Rn. 37). Die Überlegungen zum Erwachsenenstrafrecht, wo die Kostenfolge weitgehend mit § 465 StPO gesetzgeberisch festgelegt ist, können nicht für das Jugendstrafrecht übernommen werden, da hier eine nach Präventionsgesichtspunkten ausgerichtete richterliche Entscheidung zu treffen ist, es sich somit um »Rechtsfolgen der Tat« (s. § 331 Abs. 1 StPO) handelt.

IV. Inhaltliche Rechtsmittelbeschränkung gem. § 55 Abs. 1

1. Grundsatz

25 Gemäß § 55 Abs. 1 sind Entscheidungen, in denen Erziehungsmaßregeln – mit Ausnahme der Hilfen zur Erziehung gem. § 12 Nr. 2 – oder Zuchtmittel angeordnet werden oder die Auswahl und Anordnung von Erziehungsmaßregeln dem Vormundschaftsrichter überlassen wird, nicht **wegen Art und Umfang der Sanktion** anfechtbar. Bei derartigen Sanktionen kann die Anfechtung nur darauf gestützt werden, daß die Schuldfrage rechtlich oder tatsächlich falsch beantwortet wurde oder die Sanktion selbst rechtswidrig ist, weil z. B. die Weisung unzumutbar ist gem. § 10 Abs. 1 S. 2 oder gegen gesetzessystematische Bindungen verstößt (s. § 10 Rn. 6, 8) oder bei Heranwachsenden die Entscheidung gem. § 105 falsch getroffen wurde (s. auch § 112 b Rn. 2; h. M., s. nur *Schaffstein/Beulke* § 38 I. 2.; a. M. aber für die Revision beim Einwand der Gesetzeswidrigkeit der Sanktion *Schoreit* in D/S/S § 55 Rn.7). **Indirekt ist so mit der Prüfung der Schuldfrage auch die Straffrage neu zu beantworten.**

Auch wenn nämlich das Rechtsmittelgericht zu dem Ergebnis kommt, daß die Schuldfrage korrekt beantwortet wurde, kann es die Sanktion auch im Bereich des § 55 Abs. 1 ändern – unter Beachtung des Verschlechterungsverbots (h. M., s. *BGHSt* 10, 198; *OLG Stuttgart* NJW 1956, 33; *OLG Hamm* NJW 1956, 1736; *Brunner/Dölling* § 55 Rn. 12; *Eisenberg* § 55 Rn. 53; *Böhm* Einführung in das Jugendstrafrecht, S. 91 m. Fn. 12; *Albrecht* S. 390; a. M. *OLG Frankfurt* NJW 1956, 32 m. zust. Anm. von *Schnitzerling*; *Schaffstein/Beulke* § 38 I. 2.). Aus rechtsstaatlichen Gründen darf das Rechtsmittelgericht, das zulässigerweise angerufen wurde, nicht gezwungen werden, eine falsche Sanktionsentscheidung zu bestätigen. Da eine Rechtsmittelbeschränkung einen Teilverzicht darstellt und somit gem. § 302 Abs. 2 StPO einer ausdrücklichen Ermächtigung durch den/die Verurteilte(n) bedarf (s. Rn. 5), ist ohne den Nachweis einer solchen ausdrücklichen Ermächtigung, die zudem widerrufbar ist, von einer umfassenden Rechtsmitteleinlegung auszugehen (*OLG Düsseldorf* AnwBl 1989, 350 m. w. N.). Die vielfach verlangte Zurückhaltung (s. *Dallinger/Lackner* § 55 Rn. 28; *Brunner/Dölling* § 55 Rn. 12; *Schaffstein/Beulke* § 38 I. 2.) darf nicht über die hinausgehen, die generell bei der Prüfung von Sanktionsentscheidungen notwendig ist (wie hier *Albrecht* § 49 B. I. 6.). Erzieherisch muß eine Korrektur des Ersturteils sich keineswegs negativ auswirken, kann vielmehr umgekehrt verdeutlichen, daß auch Strafrichter fehlerhaft handeln können und ein rechtsstaatliches Verfahren erforderlich ist, um ungerechte Reaktionen auf Unrecht zu verhindern.

2. Voraussetzungen

»Eine Entscheidung« i. S. des § 55 Abs. 1 muß nicht ein Urteil, kann auch ein Beschluß sein gem. den §§ 65, 66, 86 (s. auch Rn. 2), d. h., § 55 Abs. 1 gilt für Beschwerden, Berufung und Revision. Hierfür sprechen Wortlaut – im Unterschied zu § 55 Abs. 2 – sowie systematische Stellung. Darüber hinaus erscheint eine entsprechende Anwendung auf ein Wiederaufnahmeverfahren geboten, da dieser Rechtsbehelf nicht für eine inhaltlich weitergehende Prüfung durch Rechtsmittel zur Verfügung steht (s. *Brunner/Dölling* § 55 Rn. 48; krit. *Eisenberg* § 55 Rn. 40, 28). 26

Voraussetzung für die Rechtsmittelbeschränkung gem. § 55 Abs. 1 ist, daß nur die hier aufgeführten Sanktionen verhängt wurden. Werden diese Sanktionen mit anderen, härteren Sanktionen gem. § 8 verbunden oder daneben Maßregeln der Besserung oder Sicherung, Nebenstrafen oder Nebenfolgen angeordnet, so gilt die Beschränkung nicht (s. *BGH* bei *Böhm* NStZ 1984, 447; *OLG Zweibrücken* MDR 1983, 1046; *Brunner/Dölling* § 55 Rn. 9; *Eisenberg* § 55 Rn. 42, 43; a. M. hinsichtlich Nebenstrafen und Nebenfolgen *Potrykus* § 55 Anm. 5 A am Schluß). In einem solchen Fall ist **der gesamte Sanktionsausspruch** überprüfbar mit Einschluß der Erzie- 27 hungsmaßregeln und der Zuchtmittel (s. *Dallinger/Lackner* § 55 Rn. 11; *Eisenberg* § 55 Rn. 50; a. M. *Potrykus* NJW 1954, 1349). Auch gilt die Sperre nicht für familien-/vormundschaftsrichterliche Maßnahmen gem. § 3 S. 2; in einem solchen Fall liegt für den/die Verurteilte(n) auch eine Beschwer für die Entscheidung gem. § 3 S. 1 vor, die ansonsten nicht selbständig anfechtbar ist (ebenso *Dallinger/Lackner* § 55 Rn. 15; *Brunner/Dölling* § 55 Rn. 11; *Eisenberg* § 55 Rn. 42). Wurden Erziehungsmaßregeln oder Zuchtmittel verhängt, so kann der Sanktionsausspruch nicht angegriffen werden, um gänzlich von Strafe abzusehen, da auch dann der »Umfang der Maßnahme« angefochten wird (wie hier *LG Mainz* NStZ 1984, 121 zu § 29 Abs. 5 BtMG m. abl. Anm. von Eisenberg; zust. *Böhm* NStZ 1984, 447); ansonsten könnte die inhaltliche Rechtsmittelbeschränkung immer unter Berufung auf § 60 StGB unterlaufen werden (s. § 5 Rn. 21).

28 Umgekehrt kann die Sanktionsentscheidung – von der Staatsanwaltschaft – angefochten werden, um härtere Sanktionen als Erziehungsmaßregeln oder Zuchtmittel zu erreichen; aus § 55 Abs. 1 S. 2 a. F. wurde gefolgert, daß das Ziel nicht die Anordnung von Fürsorgeerziehung sein darf, wenn die Rechtsmittelbeschränkung bei Anordnung dieser Sanktionen zugunsten des/der Verurteilten nicht gelten soll (s. *Dallinger/Lackner* § 55 Rn. 18) – ein so nicht zwingend begründetes Ergebnis, das aber im Hinblick auf das allgemeine Zurückhaltungsgebot (s. Rn. 6) auch für die Hilfe zur Erziehung nach § 12 Nr. 2 gut vertretbar ist (*Brunner/Dölling* § 55 Rn. 11; *Eisenberg* § 55 Rn. 49; a. M. *Schoreit* in *D/S/S* § 55 Rn. 9). Nach dem Wortlaut gilt die Rechtsmittelbeschränkung weiterhin nur für die Anfechtung der Entscheidung, mit der die Auswahl und Anordnung von Erziehungsmaßregeln dem Familien-/Vormundschaftsrichter überlassen wurde, und nicht für die Anfechtung, um eine solche Überlassung zu erreichen. Würde eine solche Anfechtung aber erlaubt, würde damit der Anfechtungsgrund der nicht ausreichenden fachlichen Qualifikation (s. § 53 Rn. 5) eingeführt (im Ergebnis wie hier *Potrykus* § 55 Anm. 5 A II b; *Dallinger/Lackner* § 55 Rn. 22; a. M. *Nothacker* GA 1982, 459; offen *Eisenberg* § 55 Rn. 45).

29 Zur Anfechtung wegen Nichtberücksichtigung von U-Haft oder sonst erlittenem Freiheitsentzug auf Jugendarrest s. § 52 Rn. 12. Wo die Anrechnung verfassungsrechtlich verpflichtend ist, wie bei einer disziplinarischen Arreststrafe gem. § 22 WDO (s. *BVerfGE* 21, 378; s. § 52 Rn. 6, § 112 a Rn. 15), wird der Sanktionsausspruch als solcher rechtswidrig und kann demnach (s. Rn. 25) angefochten werden (die Anfechtung einer erfolgten Anrechnung hält *OLG Oldenburg* NZWehrR 1982, 157 jedoch für unzulässig).

3. Rechtsfolgen

Wird entgegen § 55 Abs. 1 ein Urteil angefochten, so kann das Berufungsgericht die Berufung durch Beschluß oder Urteil als unzulässig verwerfen (s. § 322 Abs. 1 StPO). Wird durch Beschluß entschieden, so ist diese Entscheidung mit der sofortigen Beschwerde anfechtbar (§ 322 Abs. 2 StPO); einer Anfechtung des Urteils steht § 55 Abs. 2 entgegen. Wird die Berufung der gesetzlichen Vertreter oder Erziehungsberechtigten als unzulässig verworfen, so hat der/die Verurteilte auch dann diese Beschwerdemöglichkeit, wenn er/sie zuvor selbst auf ein Rechtsmittel verzichtet hatte (s. *OLG Celle* NJW 1964, 417; *Dallinger/Lackner* § 55 Rn. 23; *Eisenberg* § 55 Rn. 51).

30

Solange die Berufung nicht begründet wird, scheidet eine Verwerfung aus, da dann das Urteil insgesamt als angefochten gilt (§ 318 S. 2 StPO); eine Revision muß begründet werden (§ 344 StPO). Der Rückschluß von einer durch den in erster Instanz geständigen Beschwerdeführer nicht begründeten Berufung auf eine Beschränkung der Anfechtung auf die Rechtsfolgen ist unzulässig. Für eine Befragung nach den Gründen ist Zurückhaltung geboten. Formal stellt sich die Begrenzung als eine Teilrücknahme des Rechtsmittels dar (s. *OLG Celle* NJW 1964, 417; *Brunner/Dölling* § 55 Rn. 10). Hierfür sind § 55 Abs. 3 sowie § 302 Abs. 2 StPO zu beachten. Inhaltlich wird der/die Verurteilte regelmäßig nicht die Beschränkung durch § 55 Abs. 1 kennen. Eine verständliche Aufklärung ist daher mit Rücksicht auf die prozessuale Fürsorgepflicht erforderlich (s. *OLG Karlsruhe* Justiz 1986, 28; *Dallinger/Lackner* § 55 Rn. 29; *Eisenberg* § 55 Rn. 52; *Schäfer* NStZ 1998, 331); auch ist hier an die Bestellung eines Pflichtverteidigers zu denken (s. § 68 Rn. 9). Die Möglichkeit, das zunächst auf das Strafmaß beschränkte Rechtsmittel zu erweitern, endet jedoch mit Ablauf der Einlegungsfrist (s. *BGHSt* 38, 367 f.).

31

V. Instanzielle Rechtsmittelbeschränkung gem. § 55 Abs. 2

1. Grundsatz

Gemäß § 55 Abs. 2 darf von dem Verfahrensbeteiligten, der eine zulässige Berufung eingelegt hat, gegen das Berufungsurteil keine Revision erhoben werden; nur die jeweils andere Seite, die keine Berufung eingelegt hat, ist hierzu berechtigt. Hierbei wird die Berufung des/der Verurteilten, der Erziehungsberechtigten und gesetzlichen Vertreter gem. § 55 Abs. 2 S. 2 wechselseitig zugerechnet, d. h., es besteht nur ein einheitliches Wahlrecht für Berufung oder Revision (s. § 335 StPO). Hat der/die Verurteilte Berufung und haben die gesetzlichen Vertreter oder Erziehungsberechtigten Revision eingelegt – oder umgekehrt –, so wird das Rechtsmittel einheitlich als Berufung entsprechend § 335 Abs. 3 S. 1 StPO behandelt, solange die Berufung nicht zurückgenommen oder als unzulässig verworfen ist

32

(ebenso *Eisenberg* § 55 Rn. 67; s. aber auch Rn. 38). Die Rechtsmittelbeschränkung gilt auch dann, wenn aufgrund der Berufung der Staatsanwaltschaft das Berufungsurteil für den/die Angeklagte(n) ungünstiger ausfällt als das von ihm vergeblich angefochtene erstinstanzliche Urteil (s. *OLG Düsseldorf* VRS 78 [1990], 292). Bedeutung erlangt die instanzielle Rechtsmittelbeschränkung für die Urteile des Jugendrichters und des Jugendschöffengerichts. Gegen Urteile der Jugendkammer kommt gem. den §§ 312, 333 StPO nur die Revision in Betracht. Die Rechtsmittelbeschränkung gilt nur, wenn – bei Heranwachsenden – auch Jugendstrafrecht angewendet wird (s. Rn. 1), aber auch dann, wenn die zulässige Berufung gem. § 329 Abs. 1 StPO verworfen wurde (ausführlich *BGHSt* 30, 98 gegen *OLG Celle* JR 1980, 37; gegen die letzte Entscheidung *Brunner* JR 1980, 39; ebenso *OLG Düsseldorf* MDR 1994, 1141); dies gilt selbst dann, wenn ein mit einem absoluten Revisionsgrund behaftetes erstinstanzliches Urteil Rechtskraft erhalten würde, s. *OLG Düsseldorf* JMBl. NW 1991, 183 – in MDR 1992, 71 ist der Sachverhalt verkürzt dargestellt). Wird entgegen der erstinstanzlichen Entscheidung in der Berufungsinstanz Erwachsenenstrafrecht angewendet, so gilt § 55 Abs. 2 nicht (h. M., s. *OLG Köln* NJW 1963, 1073; *Brunner/Dölling* § 55 Rn. 18; *Eisenberg* § 109 Rn. 34). Umgekehrt ist die Revision unzulässig, wenn erst in der Berufungsinstanz Jugendstrafrecht angewendet wurde (s. *OLG Karlsruhe* Justiz 1972, 325; *OLG Schleswig* SchlHA 1980, 74; *OLG Düsseldorf* MDR 1986, 257). Wird der/die Heranwachsende in beiden Instanzen freigesprochen, so hat die Staatsanwaltschaft auch noch die Revisionsmöglichkeit, weil über die Anwendung von Jugendstrafrecht und damit von § 55 Abs. 2 nicht entschieden wurde (s. *Brunner/Dölling* § 55 Rn. 16 unter Hinw. auf *BayObLG* vom 10. 10. 1980, 2 St 249/80). Ebenfalls ist ein neues Rechtsmittel (Berufung oder Revision) zulässig, wenn das erstinstanzliche Urteil in der Revisionsinstanz aufgehoben und das Verfahren zurückgewiesen wurde (*OLG Celle* MDR 1992, 286).

33 Dieser Grundsatz der instanziellen Rechtsmittelbeschränkung besteht nach dem ausdrücklichen Wortlaut **nur für das Verhältnis Berufung-Revision**. Die Anfechtung der Kostenentscheidung mit der sofortigen Beschwerde gem. § 464 Abs. 3 S. 1 StPO wird hiervon nicht erfaßt, so daß – entgegen der h. M. (s. *OLG Düsseldorf* NStZ 1985, 522 mit krit. Anm. von *Eisenberg/v. Wedel*) – auch die Kostenentscheidung des Berufungsurteils von derselben Seite anfechtbar ist (s. hierzu § 74 Rn. 14 m. w. N.). Ebenso wird – entgegen der h. M. – mit § 55 Abs. 2 demjenigen nicht das Recht auf sofortige Beschwerde gegen die Entscheidung über die Aussetzung der Jugendstrafe gem. § 59 Abs. 1, Abs. 3 genommen, der vorher Berufung eingelegt hat (s. § 59 Rn. 2 m. w. N.; s. auch Rn. 13, 16). Dies gilt auch für die sofortige Beschwerde gegen einen Beschluß, durch den der Antrag auf Ablehnung wegen Besorgnis der Befangenheit als unbegründet zurückgewiesen wurde (s. § 28 Abs. 2 S. 1 StPO); diese Beschwerde ist auch nach Einlegung einer Berufung möglich, da ansonsten die Ablehnung in der Berufungsinstanz nicht durchsetzbar wäre (a. M. *OLG Köln* Zbl 1976, 308; zw. *Eisenberg* § 55 Rn. 72 a). § 28 Abs. 2 S. 2 StPO, wonach die Entscheidung eines erkennenden Gerichts nur mit dem Urteil angefochten werden kann, löst das Problem nicht, wenn es um die Befangenheit der Berufungsrichter geht (so aber *Burscheidt* S. 152).

2. Voraussetzungen

Voraussetzung für die instanzielle Rechtsmittelbeschränkung ist **die Einlegung** einer zulässigen Berufung mit der Möglichkeit einer erneuten Sachentscheidung. Entscheidend ist hierbei die Einlegung; eine Zurücknahme (s. §§ 302, 303 StPO; § 55 Abs. 3) hat dieselben Folgen (s. *OLG Celle* MDR 1964, 527; *OLG Schleswig* bei *Ernesti/Lorenzen* SchlHA 1984, 89; zu den Voraussetzungen einer Rücknahme s. Rn. 3), allerdings nur, wenn die Berufung ohne Korrekturmöglichkeit eingelegt wurde (s. *BGHSt* 25, 321; s. auch Rn. 35). So tritt der Verbrauch des Rechtsmittels auch ein, wenn die Berufung wegen unentschuldigten Ausbleibens gem. § 329 Abs. 1 StPO (s. Rn. 10) verworfen wurde (s. *BGHSt* 30, 98 m. zust. Anm. von *Brunner* JR 1982, 123; ebenso *OLG Düsseldorf* MDR 1988, 343; s. auch Rn. 32). Hat der/die Angeklagte die Berufungsverhandlung versäumt, weil er/sie nicht ordnungsgemäß geladen war, so ist gem. § 44 StPO Wiedereinsetzung zu gewähren (*OLG Düsseldorf* NStZ 1987, 523).

34

Wird das erstinstanzliche Urteil ohne eine nähere Bezeichnung angefochten bzw. werden die Erfordernisse einer zulässigen Revision nicht eingehalten (s. §§ 344, 345 Abs. 2 StPO), so gilt das Rechtsmittel als Berufung, da diese nicht begründet werden muß und das Urteil insgesamt geprüft wird (s. *BGHSt* 2, 70; *Dallinger/Lackner* § 55 Rn. 35, 36; *Eisenberg* § 55 Rn. 60). Das Revisionsgericht, an das die Akten gesandt sind, hat dann entsprechend § 348 StPO zu verfahren und das Verfahren an das Berufungsgericht abzugeben (s. *BGH* JZ 1983, 154). Die Wahl zwischen Berufung und Revision muß mit Rücksicht auf § 345 Abs. 1 StPO spätestens binnen eines Monats nach Ablauf der Einlegungsfrist, d. h. nach einer Woche nach Verkündung des Urteils (s. § 341 Abs. 1 StPO), erfolgen. Eine Bindung ohne Korrekturmöglichkeit innerhalb dieses Zeitraums tritt nur ein, wenn die schriftlichen Urteilsgründe bekannt waren (s. *Brunner/Dölling* § 55 Rn. 15; *Eisenberg* § 55 Rn. 59). Bis dahin kann das Rechtsmittel noch verändert werden (s. *BGHSt* 25, 321; *BayObLGSt* 1971, 72; *OLG Celle* NdsRpfl 1981, 201). Wird die Frist für die Ausübung des Wahlrechts versäumt, so ist entsprechend der §§ 44 ff. StPO die Wiedereinsetzung in den vorigen Stand erlaubt, da ansonsten dem/der Verurteilten die Revision verschlossen würde (s. *Dallinger/Lackner* § 55 Rn. 38; *Eisenberg* § 55 Rn. 61 a). Nach

35

Wiedereinsetzung besteht die Wahlmöglichkeit, wenn das Rechtsmittel vor der Kenntnisnahme der schriftlichen Urteilsbegründung eingelegt wurde (s. *OLG Zweibrücken* MDR 1979, 957); diese Wahlmöglichkeit besteht insbesondere, wenn die Wiedereinsetzung erfolgte, weil nur über ein Rechtsmittel – Berufung oder Revision – belehrt wurde (s. *Dallinger/Lackner* § 55 Rn. 39; *Eisenberg* § 55 Rn. 61 c); insoweit steht die Unvollständigkeit einer Belehrung ihrer Unterlassung gleich.

36 Auch eine nur beschränkt eingelegte Berufung führt zu der Rechtsmittelbeschränkung, auch wenn sich die Berufung nur gegen eine Verurteilung wegen einer selbständigen Tat richtet, die gem. § 31 einheitlich sanktioniert wurde. Mit Rücksicht auf diese weitreichende Konsequenz gebietet es die prozessuale Fürsorgepflicht, den/die Verurteilte(n) ohne Verteidiger hierauf nachdrücklich aufmerksam zu machen bzw. einen Pflichtverteidiger zu bestellen (s. § 68 Rn. 9; s. auch *Nothacker* GA 1982, 463; *Burscheidt* S. 132). Unzweckmäßig ist eine solch beschränkte Berufung für den/die Verurteilte(n) immer dann, wenn auch die Staatsanwaltschaft Berufung eingelegt hat.

37 Allerdings erfaßt die Rechtsmittelbeschränkung nur einen Sachverhalt, der auch **Gegenstand einer Berufung** war. Wird in der ersten Instanz der/die Angeklagte von einem Anklagepunkt – als selbständige Handlung in Tatmehrheit angeklagt – freigesprochen und gegen die Verurteilung von ihm/ihr und der Staatsanwaltschaft Berufung eingelegt, so kann der/die Verurteilte weiterhin die Revision einlegen, wenn in der Berufung der Freispruch aufgehoben wurde (s. *BayObLGSt* 1972, 274; *OLG Karlsruhe* Justiz 1974, 137). Ebenso ist eine Revision zulässig, wenn zwei erstinstanzliche Entscheidungen in der Berufung zusammen verhandelt werden, nachdem gegen das eine Urteil der/die Verurteilte und gegen das andere Urteil die Staatsanwaltschaft Berufung eingelegt hatte, und zwar unabhängig davon, ob der/die Verurteilte und/oder die Staatsanwaltschaft die Berufung auf das Strafmaß beschränkt hatte (wie hier *OLG Hamm* NStZ 1990, 140 m. zust. Anm. von *Neuhaus*; *Brunner/Dölling* § 55 Rn. 17; a. M. *OLG Hamm* Zbl 1964, 306, das eine Beschränkung der Berufung auf das Strafmaß durch den/die Angeklagte(n) verlangte; *Dallinger/Lackner* § 55 Rn. 4, *Eisenberg* § 55 Rn. 62 a, die eine Beschränkung der Berufung auf das Strafmaß sowohl von seiten des/der Angeklagten als auch der Staatsanwaltschaft verlangen). Die verspätete Einheitsstrafenbildung darf nicht zu einer Einschränkung der Rechtsmittel führen.

38 Weiterhin muß das Berufungsgericht **im Hinblick auf das Verlangen** des/der Verurteilten bzw. der Staatsanwaltschaft entschieden haben. Hat das Berufungsgericht eine Rechtsfolge ausgesprochen, die es nur als erstinstanzliches Gericht aussprechen durfte, so liegt im Grunde keine Urteil-

sprüfung auf Verlangen und damit kein Verbrauch des Rechtsmittels vor; auch für den Rechtsmittelführer steht dann noch die Revision offen, ohne daß diese Entscheidung zu einem erstinstanzlichen Urteil umdefiniert werden darf (s. § 41 Rn. 11 m. w. N.). Darüber hinaus ist ein **Berufungsurteil, das den Grundsatz des Verschlechterungsverbots nicht einhält, auch vom Rechtsmittelführer mit der Revision angreifbar,** da dieses Prinzip gegenüber der Einschränkung der Rechtsmittelmöglichkeiten Vorrang hat, wenn nicht die Staatsanwaltschaft Revision einlegt. Die – beschränkte – Möglichkeit der Urteilsprüfung zugunsten des/der Verurteilten würde sich ansonsten ins Gegenteil verkehren. Mit der vom *BayObLG* (NStZ 1989, 193; ebenso *OLG Zweibrücken* bei *Böhm* NStZ 1991, 523; bezeichnend *Burscheidt* S. 183, wonach »die Rechte des jugendlichen Angeklagten hinter den Resozialisierungszweck des JGG zurücktreten«) vertretenen anderslautenden Gesetzesinterpretation wird das Vertrauen des/der Verurteilten, daß er/sie aufgrund seiner/ihrer Berufung nicht härter bestraft werden kann als vom Erstgericht, enttäuscht. Damit wird das Vertrauen in das gesetzmäßige Handeln der Justiz untergraben (ähnlich *Kudlich* JuS 1999, 881; s. bereits *Ostendorf* NStZ 1989, 195; *Grethlein* S. 169, 170 will de lege ferenda die sofortige Beschwerde zulassen, die aber als systemfremdes Rechtsmittel unpassend ist; ebenfalls nur für eine Änderung de lege ferenda Eisenberg, § 55 Rn. 56; offen *Dallinger/Lackner* § 55 Rn. 46). Auch ist die Revision zulässig, wenn im Berufungsurteil laut Urteilsformel über die Berufung des Rechtsmittelführers nicht mitentschieden wurde (s. *Dallinger/Lackner* § 55 Rn. 52; *Brunner/Dölling* § 55 Rn. 17; *Eisenberg* § 55 Rn. 65). Wird aber in einem solchen Fall keine Revision eingelegt, wird die Berufung gegenstandslos (s. *BayObLG*St 1951, 593), das Urteil bleibt – rechtsfehlerhaft – wirksam. Ebenso ist die Revision zulässig, wenn das Rechtsmittel zunächst mit Rücksicht auf § 55 Abs. 2 S. 2 als Berufung verhandelt wurde (s. Rn. 32). Die Revision muß dann allerdings neu erhoben werden (s. *OLG Stuttgart* Justiz 1969, 228; *OLG Celle* MDR 1964, 527; *Brunner/Dölling* § 55 Rn. 17 m. w. N.). War der/die Angeklagte gleichzeitig Nebenkläger gegen einen Mitangeklagten – nur zulässig, wenn kein Fall von Mittäterschaft oder Beteiligung vorliegt (s. *BGH* NJW 1978, 330) – und hat er/sie in dieser Funktion Berufung eingelegt, so ist gegen seine/ihre Verurteilung trotzdem Revision zulässig (s. *OLG Hamm* JMBl. NW 1955, 59; *Dallinger/Lackner* § 55 Rn. 53).

3. Rechtsfolgen

Wird eine Revision von einem Rechtsmittelführer eingelegt, der vorher in die Berufung gegangen war, so ist das Rechtsmittel durch Beschluß als unzulässig zu verwerfen (s. § 349 Abs. 1 StPO). Die Entscheidung trifft das angerufene Revisionsgericht, nicht das Berufungsgericht gem. § 346 Abs. 1 StPO (*BGH* MDR 1959, 507; *BayObLG*St 1962, 207). Wird trotz-

39

dem gem. § 346 Abs. 1 StPO entschieden, so kann auch gem. § 346 Abs. 2 StPO die Entscheidung des Revisionsgerichts beantragt werden.

40 Wurde die Berufung des/der Verurteilten bei gleichzeitiger Berufung der Staatsanwaltschaft als unzulässig verworfen oder umgekehrt, so ist die Revision nicht deswegen unzulässig, weil nach Auffassung des Revisionsgerichts die Berufung zulässig war (s. *Dallinger/Lackner* § 55 Rn. 51; *Eisenberg* § 55 Rn. 64).

41 Wird in der Revisionsinstanz das Urteil zugunsten eines Angeklagten aufgehoben, so ist die Entscheidung gem. § 357 StPO auf die anderen Mitangeklagten zu erstrecken, als ob sie gleichfalls Revision eingelegt hätten, auch wenn ihnen die Revision gem. § 55 Abs. 2 versagt war (h. M., s. *Dallinger* MDR 1963, 539; *Brunner/Dölling* § 55 Rn. 16; *Eisenberg* § 55 Rn. 70). Dies gilt aber nur, wenn die Aufhebung wegen Gesetzesverletzung bei Anwendung des Strafgesetzes erfolgt und nicht wegen Anwendung eines z. Z. der angefochtenen Entscheidung nicht geltenden Strafgesetzes (s. *BGHSt* 20, 77, 78; *Brunner/Dölling* § 55 Rn. 16; *Eisenberg* § 55 Rn. 70).

§ 56. Teilvollstreckung einer Einheitsstrafe

(1) Ist ein Angeklagter wegen mehrerer Straftaten zu einer Einheitsstrafe verurteilt worden, so kann das Rechtsmittelgericht vor der Hauptverhandlung das Urteil für einen Teil der Strafe als vollstreckbar erklären, wenn die Schuldfeststellungen bei einer Straftat oder bei mehreren Straftaten nicht beanstandet worden sind. Die Anordnung ist nur zulässig, wenn sie dem wohlverstandenen Interesse des Angeklagten entspricht. Der Teil der Strafe darf nicht über die Strafe hinausgehen, die einer Verurteilung wegen der Straftaten entspricht, bei denen die Schuldfeststellungen nicht beanstandet worden sind.
(2) Gegen den Beschluß ist sofortige Beschwerde zulässig.

Literatur

Bohlander Einleitung der Vollstreckung rechtskräftiger Jugendstrafen nach Einbeziehung gem. § 31 Abs. 2 JGG, aber vor Rechtskraft der einbeziehenden Entscheidung?, NStZ 1998, 236; *Nothacker* Zur Teilvollstreckung einer einheitlichen Jugendstrafe (§ 56 JGG), MDR 1982, 278.

Inhaltsübersicht

	Rn.
I. Anwendungsbereich	1
II. Materielle Voraussetzungen	
1. Verurteilung zu einer Jugendstrafe in Tatmehrheit	2
2. Rechtskraft des Schuldspruchs	4
3. »Wohlverstandenes Interesse« des/der Verurteilten	8
4. Begrenzung auf verurteilte Straftaten	9
III. Formelle Voraussetzungen	10
IV. Rechtsmittel	11

I. Anwendungsbereich

Zum persönlichen und sachlichen Anwendungsbereich s. § 55 Rn. 1 und 2 (s. auch RL Nr. 2 zu § 56).   **1**

II. Materielle Voraussetzungen

1. Verurteilung zu einer Jugendstrafe in Tatmehrheit

Erste Voraussetzung ist die Verurteilung wegen mehrerer rechtlich selbständiger Taten. Dies kann gem. § 31 – u. U. i. V. m. § 32 –, aber auch gem. § 66 geschehen sein, da die ursprüngliche Rechtskraft mit der nach-   **2** träglichen Entscheidung wieder beseitigt wird (s. § 31 Rn. 23). Zur Einbeziehung gem. § 31 Abs. 2 S. 1 s. Rn. 6.

3 Obwohl der Wortlaut des § 56 nicht ganz eindeutig ist, da nur von Strafe und nicht von Jugendstrafe gesprochen wird, kommt für eine Teilvollstreckung **nur eine Jugendstrafe** in Betracht (h. M., s. *Dallinger/Lackner* § 56 Rn. 4; s. auch RL Nr. 1 S. 2 zu § 56). Dies folgt aus der geschichtlichen Entwicklung und dem Entstehungsprozeß dieser Vorschrift sowie aus dem Ausnahmecharakter (s. Grdl. z. §§ 55-56 Rn. 3). Immer muß die Einheitsstrafe aber unbedingt ausgesprochen, d. h. keine Bewährung eingeräumt sein. Auch insoweit sind die Entstehungsgeschichte und das Gesetzesziel maßgebend. Nur um den sofortigen Vollzug der Jugendstrafe zu ermöglichen, wird von dem Prinzip der einheitlichen Sanktionierung wieder abgerückt (zur Einbeziehung einer Jugendstrafe zur Bewährung gem. § 31 Abs. 2 S. 1 s. Rn. 9).

2. Rechtskraft des Schuldspruchs

4 Eine Teilvollstreckung ist nur soweit erlaubt, als Schuldfeststellungen rechtskräftig geworden sind. Das heißt, es muß wenigstens die Schuldfeststellung wegen einer Tat unanfechtbar geworden sein. Erst recht genügt es, wenn der gesamte Schuldspruch unanfechtbar geworden ist, d. h. die Straftatvoraussetzungen hinsichtlich aller abgeurteilten Taten rechtskräftig bejaht wurden (wie hier *Dallinger/Lackner* § 56 Rn. 5 in der 2. Aufl.; *Potrykus* § 56 Anm. 3, *Schoreit* in *D/S/S* § 56 Rn. 6; a. M. *Brunner/Dölling* § 56 Rn. 3; *Eisenberg* § 56 Rn. 9). Zwar wird dies so nicht ausdrücklich formuliert, der **Erst-Recht-Schluß** ist aber zwingend. Die Begrenzung auf die rechtskräftigen Schuldsprüche wird auch so eingehalten. Auch liegt dieser Auffassung das Prinzip der vertikalen Teilrechtskraft zugrunde (s. hierzu *Kleinknecht/Meyer-Goßner* StPO, Einleitung Rn. 185), da die einheitliche Sanktionierung jetzt wieder nach einzelnen Taten aufgelöst wird (a. M. *Eisenberg* § 56 Rn. 9).

5 Allerdings ist eine weitere Voraussetzung zu verlangen: Ungeschriebene Voraussetzung ist nämlich, daß nicht nur die Schuldfeststellungen unbeanstandet geblieben sind, **sondern auch – teilweise – die Straffeststellungen** (wie hier *Dallinger/Lackner* § 56 Rn. 9). Wird nämlich gerade über die Festsetzung der Jugendstrafe gestritten, so ist diese Entscheidung nicht vorab zu treffen, ohne die Prinzipien eines rechtsstaatlichen Verfahrens, insbesondere des fair-trial-Prinzips zu verletzen. Für diese Entscheidung ist das förmliche Rechtsmittelverfahren vorgesehen, so daß bei alleiniger Anfechtung der Straffeststellungen eine Teilvollstreckungserklärung ausscheidet. Hierbei wird sich diese Anfechtung regelmäßig nicht auf bestimmte Taten begrenzen lassen, da schon die gedankliche Ausweisung

von Einzelstrafen bei der einheitlichen Sanktionierung untersagt ist (s. § 31 Rn. 20).

Die Voraussetzung der Rechtskraft eines Schuldspruchs ist auch bei der Einbeziehung eines sogar hinsichtlich des Strafspruchs rechtskräftigen Urteils gem. § 31 Abs. 2 S. 1 erfüllt (h. M., s. *Dallinger/Lackner* § 56 Rn. 7; *Brunner/Dölling* § 56 Rn. 2; *Eisenberg* § 56 Rn. 8; zw. *Nothacker* MDR 1982, 278). Zwar geht der Gesetzgeber mit seiner Formulierung »wenn die Schuldfeststellungen bei einer Straftat oder bei mehreren Straftaten nicht beanstandet worden sind« offensichtlich zunächst von dem Fall der gleichzeitigen Aburteilung gem. § 31 Abs. 1 aus (s. auch Begründung zu dem Entwurf eines Gesetzes zur Änderung des Reichsjugendgerichtsgesetzes, BT-Drucks. 1/3264, S. 46, sowie Schriftlicher Bericht des Ausschusses für Rechtswesen und Verfassungsrecht, BT-Drucks. 1/4437, S. 9, 10). Im Vordergrund steht aber die Überlegung einer Korrektur der Einheitsstrafe insgesamt (s. Grdl. z. §§ 55–56 Rn. 3), so daß hier als Begrenzung nur die Rechtskraft des Schuldspruchs Voraussetzung ist, wann und wie auch immer – auch nach Rechtskraft im Rechtsmittelverfahren der früheren Entscheidung – diese eingetreten ist. 6

Entgegen einer weit verbreiteten Meinung (s. *Dallinger/Lackner* § 56 Rn. 7; *Brunner/Dölling* § 56 Rn. 2; *Eisenberg* § 56 Rn. 8) bleibt für die Teilvollstreckung ein nomineller Anwendungsbereich (zur gebotenen Zurückhaltung s. Rn. 8). Zwar bleibt die Vollstreckbarkeit der früheren Entscheidung bis zur Rechtskraft der Einbeziehung bestehen; diese Vollstreckung ist aber umgekehrt regelmäßig zu unterlassen, um dem Anliegen einer einheitlichen Sanktionierung nicht zuwiderzulaufen (s. auch § 31 Rn. 23), zumal häufig in der einbezogenen Entscheidung Erziehungsmaßregeln oder Zuchtmittel ausgesprochen wurden, deren Vollstreckung vor dem Vollzug einer Jugendstrafe regelmäßig unangebracht ist (s. auch § 8 Rn. 7). Bei der Teilvollstreckungserklärung gem. § 56 würde sich wegen der anderen Reihenfolge dieses Problem nicht stellen. Angesichts der Notwendigkeit eines Vollzugsplans (s. §§ 91 und 92 Rn. 15) ist es auch nicht angängig, eine bereits ursprünglich verhängte Jugendstrafe zu vollstrecken (so aber *Nothacker* MDR 1982, 278; wie hier *Bohlander* NStZ 1998, 237), da die Dauer der Jugendstrafe maßgeblich den Vollzugsplan mitbestimmt, wobei allerdings dieser Gesichtspunkt auch gegen eine Teilvollstreckung gem. § 56 spricht (s. Rn. 8). Wird nicht die ursprüngliche Sanktion vollstreckt, so kann auch die Vollstreckungsverjährung drohen (s. § 31 Rn. 24), womit allerdings regelmäßig auch die Sinnlosigkeit einer jetzt noch durchgeführten Sanktionierung angezeigt wird. 7

3. »Wohlverstandenes Interesse« des/der Verurteilten

8 Gemäß § 56 Abs. 1 S. 2 ist die Anordnung nur zulässig, wenn sie dem »wohlverstandenen Interesse des Angeklagten entspricht«. Hiermit wird zunächst der **Ausnahmecharakter** ausdrücklich festgelegt. Allerdings werden die Ausnahmen wenig konkretisiert. Das Interesse des/der Verurteilten wird regelmäßig dahin gehen, jede Chance, die Verbüßung einer Jugendstrafe zu vermeiden, zu nutzen, d. h. auch die endgültige Entscheidung über die einheitliche Sanktionierung abzuwarten. Mit dem Zusatz »wohlverstanden« wird dieses Interesse »objektiviert«, d. h. umgedeutet i. S. einer besseren (Re-)Sozialisierungschance. So kann ein jetzt beginnender Ausbildungslehrgang in der zuständigen Vollzugsanstalt im objektiven Interesse des/der Verurteilten liegen. Auf der anderen Seite sind negative Auswirkungen zu sehen, so für einen abgestimmten Vollzug (s. Rn. 7) sowie für Verteidigungsmöglichkeiten hinsichtlich der noch nicht rechtskräftig abgeurteilten Delikte (s. *Dallinger/Lackner* § 56 Rn. 12). Auch kann sich entsprechend der RL Nr. 1 S. 2 zu § 56 im weiteren Verfahren bei einem Wegfall einzelner Schuldfeststellungen ein anderes Bild von der Persönlichkeit des Jugendlichen ergeben und damit die Verhängung von Jugendstrafe überhaupt entbehrlich werden. Die **Ermessensentscheidung** muß deshalb so ausfallen, daß die positiven Auswirkungen einer solchen Entscheidung die negativen **eindeutig übertreffen**, was nur ausnahmsweise begründet werden kann (h. M., s. *Dallinger/Lackner* § 56 Rn. 10, 12).

4. Begrenzung auf verurteilte Straftaten

9 Schließlich ist viertens die Teilvollstreckung auf die Taten zu begrenzen, deren Schuld- und Straffeststellungen (s. Rn. 5) unbeanstandet geblieben sind (s. § 56 Abs. 1 S. 3). Hieraus folgt, daß auch die Straffestsetzung sich allein auf diese Taten beziehen darf und daß insoweit das Verhältnismäßigkeitsprinzip (s. § 5 Rn. 2-7, 20-22) zu beachten ist. Die Taten, deren Verurteilung beanstandet wurden, müssen gänzlich ausgeblendet werden. Die Jugendstrafe muß allein mit Rücksicht auf die rechtskräftig erklärte Verurteilung begründet sein. Liegt eine einheitliche Sanktionierung gem. § 31 Abs. 2 S. 1 vor und wurde hierbei eine Jugendstrafe zur Bewährung einbezogen, so scheidet eine Teilvollstreckung hinsichtlich dieser Taten aus (wie hier *von Beckerath* Jugendstrafrechtliche Reaktionen bei Mehrfachtäterschaft, 1997, S. 168; a. M. *OLG Karlsruhe* MDR 1981, 519; zust. *Brunner/Dölling* § 56 Rn. 2; wohl auch *Eisenberg* § 56 Rn. 8): Da inhaltlich die Teilvollstreckungserklärung sich hier als Widerruf der Strafaussetzung zur Bewährung wegen neuer Straftaten darstellt, müssen diese nach allgemeinen Grundsätzen rechtskräftig festgestellt worden sein (s. §§ 26, 26 a Rn. 7; wie hier mit weitergehender Begründung *Nothacker* MDR 1982, 278).

III. Formelle Voraussetzungen

Die Anordnung erfolgt durch Beschluß des Rechtsmittelgerichts, nicht des 10
Gerichts des ersten Rechtszuges, also durch das Berufungsgericht oder durch das Revisionsgericht. In Betracht kommt hier in der Regel nur der Zeitraum bis zum Beginn der Hauptverhandlung über das Rechtsmittel (s. *Dallinger/Lackner* § 56 Rn. 13) und auch nur dann, wenn nicht die Revision wegen offensichtlicher Unbegründetheit verworfen wird (s. § 349 Abs. 2 StPO). Zur Anhörungspflicht s. § 33 Abs. 2, 3 StPO. Der Beschluß ist zu begründen (§ 34 StPO). Die Rechtsmittelbelehrung ist gem. § 35 a StPO auszusprechen, soweit ein Rechtsmittel zur Verfügung steht (s. Rn. 11).

IV. Rechtsmittel

Gegen die Entscheidung des Landgerichts als Berufungskammer ist die 11
sofortige Beschwerde zulässig (s. § 56 Abs. 2, § 331 StPO). Entscheidet das Oberlandesgericht bzw. der Bundesgerichtshof als Revisionsinstanz, so steht nach allgemeinen Grundsätzen kein Rechtsmittel zur Verfügung (s. § 304 Abs. 4 StPO). Auch scheidet eine weitere Beschwerde gem. § 310 Abs. 2 StPO aus.

Entgegen § 307 Abs. 1 StPO wird der Beschluß gem. § 56 erst nach Ent- 12
scheidung über die Beschwerde vollstreckbar, da ansonsten eine vorläufige Vollstreckbarkeit entgegen § 449 StPO eingeführt würde (wie hier *Dallinger/Lackner* § 56 Rn. 16; *Brunner/Dölling* § 56 Rn. 8; *Eisenberg* § 56 Rn. 14). Zu den urkundlichen Grundlagen für die Vollstreckung s. RL II, Nr. 3 zu den §§ 82-85. Ab Rechtskraft (s. § 34 a StPO) gilt jede Freiheitsentziehung (U-Haft) als Strafhaft (h. M.).

Vierter Unterabschnitt. Verfahren bei Aussetzung der Jugendstrafe zur Bewährung

Grundlagen zu den §§ 57-60

1. Systematische Einordnung

1 In den §§ 57-60 werden die verfahrensrechtlichen Regeln für die Aussetzung der Jugendstrafe zur Bewährung getroffen. Diese auch in der Überschrift dieses Abschnitts dokumentierte Einordnung gilt es für Bestrebungen zu beachten, hier eine eigenständige Sanktion »Vorbewährung« zu begründen (s. § 57 Rn. 5-7).

2. Historische Entwicklung

2 Entsprechend der materiell-rechtlichen Einführung der Freiheitsstrafe auf Probe (s. Grdl. z. §§ 21-26 a Rn. 2) wurden auch bereits im Jahre 1923 erste verfahrensrechtliche Regelungen getroffen. Insbesondere war bereits nach dem damaligen Recht möglich, den Beschluß über die Bewährung erst später, d. h. nicht im Urteil zu treffen, auch wenn nach der Gesetzesfassung dies der Regelfall sein sollte (s. §§ 10, 11). Die weiteren Regelungen erfolgten im JGG 1953, wobei § 58 Abs. 2, die Möglichkeit, vorläufige Sicherungsmaßnahmen gem. § 453 c StPO zu treffen, durch das StVÄG vom 5. 10. 1978 (BGBl I, 1645) eingeführt wurde. Vorher war durch das erste StVRG vom 9. 12. 1974 (BGBl I, 3393) § 61 gestrichen und durch § 453 c StPO ersetzt worden. Mit dem 1. JGGÄndG wurde dem/der Beschuldigten Gelegenheit zur mündlichen Äußerung vor dem Richter eingeräumt, bevor eine Entscheidung gem. § 26 getroffen wird (s. § 58 Abs. 1 S. 3); weiterhin wurden Folgeänderungen im Hinblick auf die Trennung von Bewährungs- und Betreuungszeit notwendig.

3. Gesetzesziel

3 Als gesetzgeberische Zielsetzung zeigt sich einmal eine vom Erwachsenenstrafrecht abweichende **Erweiterung der Entscheidungsmöglichkeiten** über die Bewährung im § 57 sowie ebenso der Anfechtungsmöglichkeiten im § 59 Abs. 1, zum anderen eine Stärkung der Bewährungssanktion durch § 60.

4. Justizpraxis

Die Praxis des Bewährungsverfahrens ist schwer einsehbar. Insbesondere liegen keine repräsentativen Zahlen zu der nachträglichen Anordnung der Bewährung vor. Allerdings erfolgten im Jahre 1984 insgesamt gem. den §§ 10, 57 und 71 nur 1 244 Bestellungen gegenüber insgesamt 115 624 Bewährungen, d. h. 1,08 % gegenüber 1,31 % im Jahre 1983; derartige Bestellungen wurden nur in Baden-Württemberg (245), Bayern (40), West-Berlin (634), Bremen (15) und Hamburg (310) getroffen (s. »Sofortstatistik Bewährungshilfe«, Rundbrief Soziale Arbeit und Strafrecht 1985, Nr. 2, S. 12). Die Erweiterung der verfahrensrechtlichen Möglichkeit, die Entscheidung über die Strafaussetzung erst später zu treffen, zu einer eigenständigen Sanktionierung (s. § 57) ist seit 1966 dokumentiert (s. *Neupert* BewH 1970, 221; s. auch *Wollny* BewH 1970, 17), wobei allerdings in der Denkschrift über die Reform des JGG hierzu noch nichts gesagt wird (s. *Schüler-Springorum* MschrKrim 1966, 21) und – soweit ersichtlich – erstmals auf dem 18. Dt. Jugendgerichtstag im Jahre 1980 diese Praxis diskutiert wurde (s. DVJJ 12 [1981], 347, 352). Ausgangspunkt und Vorreiter ist offensichtlich West-Berlin gewesen (s. *Neupert* BewH 1970, 221). Nach einer Untersuchung von Untersuchungsgefangenen waren im Landgerichtsbezirk Karlsruhe 65 % (n = 65), im Landgerichtsbezirk Freiburg 26 % (n = 74) und im Landgerichtsbezirk Mannheim 2 % (n = 22) der Unterstellungen unter einen Bewährungshelfer Vorbewährungsfälle (s. *Flümann* Die Vorbewährung nach § 57 JGG, 1983, S. 105). Entgegen dieser enormen Abweichung bei der Anwendungshäufigkeit bestand bei den Richtern eine übereinstimmende Kenntnis dieser Regelung (s. *Flümann* a. a. O., S. 157), was bei dem allgemeinen Ausbildungsstand der Jugendrichter aber nicht verallgemeinert werden darf (s. Grdl. z. §§ 33-38 Rn. 6). Darüber hinaus ist das Ergebnis wenig aussagekräftig, da einmal eine »Vorbewährung« nicht mit der Unterstellung unter einen Bewährungshelfer verknüpft sein muß, nach der hier vertretenen Ansicht nicht verknüpft sein darf, andererseits mag es gerade bei Untersuchungshäftlingen naheliegen, nach der Zeit ihres Freiheitsentzuges eine Probezeit für die Bewährung in Freiheit anzuordnen. Schließlich wird nach der Bewährungshilfe-Statistik in den meisten Bundesländern die »Vorbewährung« nicht praktiziert.

Die Praxis der Anfechtungen ist ebenfalls nicht durchleuchtet.

Die Praxis des Bewährungsplans scheint sehr unterschiedlich zu sein, wobei vielfach auf einen mündlichen Übergabetermin verzichtet wird, was aus eigener jugendrichterlicher Arbeit bestätigt werden kann (s. *Schüler-Springorum* Denkschrift über die Reform des JGG, MschrKrim 1966, 21; s. auch These 3.9 des *Arbeitskreises VII auf dem 18. Dt. Jugendgerichtstag*, DVJJ 12 [1981], 353).

5. Rechtspolitische Einschätzung

7 Rechtspolitisch ist neben der rechtlich begründeten Ablehnung der »Vorbewährung« (s. § 57 Rn. 5-7) Position zu beziehen, d. h. sie auch für die Zukunft abzulehnen (s. demgegenüber *Flümann* Die Vorbewährung nach § 57 JGG, 1983, S. 37 ff.; *Kruse* ZRP 1993, 226; *Eisenberg* § 57 Rn. 6; These 3.6 des *Arbeitskreises VII auf dem 18. Dt. Jugendgerichtstag*, DVJJ 12 [1981], 352; wie hier *Schaffstein* ZStW 98 [1986], 123; *Albrecht* § 34 D. 2.; *Walter/Pieplow* NStZ 1988, 165 ff.). Abgesehen von der Überforderung der Bewährungshelfer würde damit die **Sanktionspalette zum Nachteil der Beschuldigten komplettiert**: Nach der regelmäßig schon allzu langen Dauer des Ermittlungs- und Strafverfahrens sollte eine endgültige Entscheidung im Strafurteil getroffen werden; bestehende Unsicherheiten sind mit der Sanktion des § 27 aufzufangen. Es besteht ansonsten die Gefahr, daß zunächst mit der harten Sanktion der Jugendstrafe reagiert und lediglich die Bewährungsentscheidung offengehalten, § 27 damit »ausgehebelt« wird.

8 Die Einrichtung des Bewährungsplans ist nicht nur beizubehalten, sondern durch eine individuelle Handhabung unter Ablegung aller Formalitäten auch effektiver zu gestalten (für eine Streichung aber Art. 2 Nr. 12 Diskussionsentwurf eines Bundesresozialisierungsgesetzes der *Arbeitsgemeinschaft sozialdemokratischer Juristen*, 1986). Formblätter sollten hierfür prinzipiell untersagt werden.

9 Schließlich ist eine weitere Ausdehnung der Abgabemöglichkeiten abzulehnen, da damit häufig nur Arbeit abgewälzt wird und zu Lasten der Betroffenen zeitliche Verzögerungen eintreten, wobei aufgrund der erst erforderlichen Einarbeitung eine bessere Sachkompetenz mehr als fraglich ist.

§ 57. Entscheidung über die Aussetzung

(1) Die Aussetzung der Jugendstrafe zur Bewährung wird im Urteil oder, solange der Strafvollzug noch nicht begonnen hat, nachträglich durch Beschluß angeordnet. Für den nachträglichen Beschluß ist der Richter zuständig, der in der Sache im ersten Rechtszuge erkannt hat; der Staatsanwalt und der Jugendliche sind zu hören.
(2) Hat der Richter die Aussetzung im Urteil abgelehnt, so ist ihre nachträgliche Anordnung nur zulässig, wenn seit Erlaß des Urteils Umstände hervorgetreten sind, die allein oder in Verbindung mit den bereits bekannten Umständen eine Aussetzung der Jugendstrafe zur Bewährung rechtfertigen.
(3) Kommen Weisungen oder Auflagen (§ 23) in Betracht, so ist der Jugendliche in geeigneten Fällen zu befragen, ob er Zusagen für seine künftige Lebensführung macht oder sich zu Leistungen erbietet, die der Genugtuung für das begangene Unrecht dienen. Kommt die Weisung in Betracht, sich einer heilerzieherischen Behandlung oder einer Entziehungskur zu unterziehen, so ist der Jugendliche, der das sechzehnte Lebensjahr vollendet hat, zu befragen, ob er hierzu seine Einwilligung gibt.
(4) § 260 Abs. 4 Satz 4 und § 267 Abs. 3 Satz 4 der Strafprozeßordnung gelten entsprechend.

Literatur

Brunner Anmerkung zu *OLG Karlsruhe*, JR 1983, 518; *Fischer* Anmerkung zu *LG Freiburg*, NStZ 1990, 52; *Eisenberg/Wolski* Anmerkung zu *OLG Stuttgart*, NStZ 1986, 220; *Flümann* Die Vorbewährung nach § 57 JGG, 1983; *ders.* Die Vorbewährung nach § 57 JGG, BewH 1984, 340; *Kruse* Zum Anwendungsbereich des § 57 Abs. 1 JGG, ZRP 1993, 221; *Kübel/Wollentin* Vorbewährung erzieherisch notwendig, rechtlich zulässig?, BewH 1970, 215; *Neupert* Zur Anwendung der Vorbewährung in Berlin, BewH 1970, 221; *Walter/Pieplow* Zur Zulässigkeit eines Vorbehalts der Vollstreckbarkeitsentscheidung, insbesondere einer »Vorbewährung« gem. § 57 JGG, NStZ 1988, 165; *Wollny* Bewährungshilfe schon vor der Strafaussetzung zur Bewährung?, BewH 1970, 17.

Inhaltsübersicht

	Rn.
I. Anwendungsbereich und Anwendungskompetenz	1
II. Entscheidung im Urteil	
1. Entscheidungszeitpunkt	2
2. Entscheidungsform	4
III. »Vorbewährung«	5
IV. Entscheidung durch nachträglichen Beschluß	

		Rn.
1.	Formelle Voraussetzungen	8
2.	Materielle Voraussetzungen	12
3.	Vorläufige Maßnahmen	13
V. Befragungspflicht gem. Abs. 3		14

I. Anwendungsbereich und Anwendungskompetenz

1 Zum Anwendungsbereich s. § 17 Rn. 1, zur Anwendungskompetenz s. § 21 Rn. 2.

II. Entscheidung im Urteil

1. Entscheidungszeitpunkt

2 Über die Strafaussetzung zur Bewährung **ist grundsätzlich im Urteil zu entscheiden** (wie hier *Brunner/Dölling* § 57 Rn. 3; *Eisenberg* § 57 Rn. 5; a. M. *Flümann* BewH 1984, 341). Der Gesetzgeber hat aber in Anlehnung an § 10 Abs. 2 JGG 1923 die Möglichkeit geschaffen, die Entscheidung auch aufzuschieben (a. M. insoweit *Walter/Pieplow* NStZ 1988, 165 ff.; nachfolgend *Kruse* ZRP 1993, 221 ff.; *Westphal* Die Aussetzung der Jugendstrafe zur Bewährung gemäß § 21 JGG, 1995, S. 274). Dies folgt insbesondere aus § 57 Abs. 2, womit die Anforderungen für eine Änderung einer durch Urteil abgelehnten Bewährungsanordnung erhöht werden; während hier nur für die nachträgliche Anordnung nach einer vorherigen Ablehnung durch Urteil besondere Voraussetzungen aufgestellt werden, wird in § 57 Abs. 1 die Entscheidungskompetenz sowohl für das Urteil als auch für einen nachfolgenden Beschluß – lediglich begrenzt bis zum Beginn des Vollzuges – eingeräumt. Aus dieser Zusammenschau folgt, daß es neben der Bewährungsanordnung und der Bewährungsversagung auch ein Drittes, nämlich das Hinausschieben der Entscheidung, geben soll. Obwohl formal die Entscheidung durch nachträglichen Beschluß gleichgeordnet neben der Urteilsentscheidung steht, kommt der letzten Vorrang zu (a. M. *BGHSt* 14, 74). Wenn abweichend vom Erwachsenenstrafrecht im Jugendstrafrecht die Entscheidung noch aufgeschoben werden kann, **so nur ausnahmsweise, um Unklarheiten für die Bewährung** zu klären. Im Interesse der Angeklagten sollten angekündigte positive Veränderungen in der Lebensführung, deren Realisierung eine Strafaussetzung begründen würde, Berücksichtigung finden (s. auch *Kruse* ZRP 1993, 223; *Sonnen* in: *D/S/S* § 57 Rn. 11). Diese Aufklärung sollte aber grundsätzlich schon vor und in der Verhandlung erfolgen. Ansonsten wird nicht nur ohne Not die Richterbank verändert, d. h. die Laienbeteiligung ausgeschlossen (s. Rn. 9), sondern der Anspruch des/der Verurteilten auf eine endgültige Entscheidung über die Sanktionierung (Art. 6 Abs. 1 S. 1 MRK) bleibt auch weiterhin unerfüllt.

Ebenso ist es keine ausreichende Begründung für eine nachträgliche Entscheidung, um nicht vor der Urteilsverkündung schon Fragen gem. § 57 Abs. 3 stellen zu müssen. Dieses Problem ist mit dem Schuldinterlokut zu lösen (s. § 23 Rn. 7 m. w. N.).

2. Entscheidungsform

»Die Entscheidung über die Bewährung ist in der Urteilsformel zum Ausdruck zu bringen« (§ 57 Abs. 4 i. V. m. § 260 Abs. 4 S. 4 StPO); sie ist zu begründen (§ 57 Abs. 4 i. V. m. § 267 Abs. 3 S. 4 StPO). Die Ablehnung erfolgt nur in den Gründen; sie muß begründet werden, wenn ein entsprechender Antrag gestellt wurde (s. § 57 Abs. 4 i. V. m. § 267 Abs. 3 S. 4 StPO; s. hierzu *BGHSt* 14, 74), wobei die formelhafte Wiedergabe des Gesetzestextes nicht genügt (ebenso *Eisenberg* § 57 Rn. 10). Die entgegenstehenden Gründe sind zur Akzeptanz der Entscheidung immer zu benennen, wobei umgekehrt die Nichtakzeptanz (s. § 59 Abs. 1 S. 2) ansonsten von seiten des/der Verurteilten nur schwer zu begründen ist. Ebenso sollte das Gericht deutlich machen, daß es eine spätere Strafaussetzung ins Auge faßt; um für den Registereintrag keine Unsicherheiten aufkommen zu lassen, sollte dies nur in den Gründen ausgesprochen werden (a. M. *Brunner/Dölling* § 57 Rn. 2; nachfolgend *Eisenberg* § 57 Rn. 8). Wenn entgegen dieser Verpflichtung nichts zu einer Strafaussetzung zur Bewährung gesagt wird, so ist das Schweigen nicht als eine Entscheidung über die Bewährung zu deuten, d. h. als Nichtbewährung, sondern angesichts der Möglichkeit eines nachträglichen Beschlusses als ein – **stillschweigendes** – **Hinausschieben** der Entscheidung; etwas anderes gilt nur, wenn ein ausdrücklicher Antrag auf Bewährung gestellt wurde (h. M., s. *BGHSt* 14, 74; *Eisenberg* § 57 Rn. 11 m. w. N.). Wenn eine spätere Strafaussetzung dem/der Verurteilten ausdrücklich in Aussicht gestellt wird, so sollte ein Zeitlimit für die Entscheidung – spätestens nach drei Monaten – festgesetzt werden (ebenso *Schaffstein/Beulke* § 25 V.; demgegenüber sind für das *OLG Dresden* NStZ-RR 1998, 318 sechs Monate »noch hinnehmbar«; s. auch *OLG Frankfurt* NStZ-RR 1996, 52), auch wenn danach – bis zum Beginn des Strafvollzugs – immer noch die mildere Sanktionierung erfolgen darf. Nach einer Untersuchung liegt die tatsächliche Dauer der Vorbewährungszeit bei 6,7 Monaten (s. *Flümann* Die Vorbewährung nach § 57 JGG, 1983, S. 148, der dementsprechend auch den Höchstrahmen auf fünf bis sechs Monate festlegen will, s. BewH 1984, 346; für drei bis vier Monate *Eisenberg* § 57 Rn. 6 b).

III. »Vorbewährung«

In der Rechtslehre wird neben den beiden Aussetzungsmöglichkeiten gem. § 27 und gem. § 21 eine dritte Variante propagiert, deren zahlenmäßige Nachfolge noch nicht geprüft wurde (s. Grdl. z. §§ 57-60 Rn. 4). Es soll neben der Nachbewährung gem. § 88 eine »Vorbewährung« eingeführt werden, aus pädagogischen Gründen die Entscheidung hinausgezögert, durch Weisungen und Auflagen vorbereitet werden (s. *Dallinger/ Lackner* § 57 Rn. 3; *Brunner/Dölling* § 57 Rn. 4; *Eisenberg* § 57 Rn. 6; insbesondere *Flümann* BewH 1984, 344 m. w. N. in Fn. 12; ebenso *Adam* in: Die jugendrichterlichen Entscheidungen – Anspruch und Wirklichkeit, DVJJ 12 [1981], 347). In Wirklichkeit wird die »Disziplinierungsschraube« angezogen, was von *Flümann* als »positiver Verstärker« verbrämt wird (s. BewH 1984, 344). Die spätere Strafaussetzung als »Belohnung oder Verdienst für die während der Probezeit gezeigte Mitarbeit« anzusehen, ist eine Auffassung, die nach richtiger Beurteilung »ihre Rechtswidrigkeit auf der Stirn trägt« (so *Walter/Pieplow* NStZ 1988, 168, Fn. 31; *Schaffstein/Beulke* § 25 V.; krit. auch *Albrecht* § 34 D. II.). Dies zeigt sich expressis verbis, wenn ein Hinausschieben der Bewährungsentscheidung empfohlen wird, um die Untersuchungshaft für eine Entlassungsvorbereitung über den noch nicht rechtskräftigen Urteilsspruch auszudehnen (s. *Adam* in: Die jugendrichterlichen Entscheidungen – Anspruch und Wirklichkeit, DVJJ, 12 [1981], 348; ebenso aus pragmatischen Gründen *Zieger* Verteidigung in Jugendstrafsachen, 3. Aufl., Rn. 80). Auch aus historischer Sicht spricht mehr dafür, daß eine spätere Entscheidung über die Bewährung nur zu rechtfertigen ist, um noch unbekannte Prognosetatsachen zu berücksichtigen, nicht um neue Prognosetatsachen zu schaffen: § 57 wurde den §§ 10-15 des JGG 1923 nachgebildet (s. Begründung zu dem Entwurf eines Gesetzes zur Änderung des Reichsjugendgerichtsgesetzes, BT-Drucks. 1/3264, S. 41); dort war die Aussetzung auf Probe zunächst nur durch § 10 im Urteil erlaubt, wurde erst nachträglich das Institut der vorbehaltenden Entscheidungen gem. § 10 Abs. 2 eingeführt (s. RT-Sitzungen I/1920-22, S. 9545); gem. § 11 konnte die Entscheidung nachträglich getroffen werden, wenn nach Erlaß des Urteils indizierende Umstände bekannt wurden. Auch der heutige Wortlaut und die heutige Systematik geben **keinen Hinweis auf ein eigenes Sanktionsinstitut.**

6 Gegen eine »Vorbewährung« spricht aber auch eine am Sinn und Zweck orientierte Auslegung. An sich zulässige Weisungen und Auflagen (s. § 8 Abs. 2 S. 1) dürfen nicht als zusätzliche Strafsanktionen verhängt werden, damit der/die Jugendliche das Urteil mit Strafaussetzung nicht als »halben Freispruch« ansieht (so *Brunner/Dölling* § 57 Rn. 3; s. auch *Flümann* BewH 1984, 541: »Schon die Ungewißheit einer Strafvollstreckung sollte eine symbolische Sühneleistung darstellen«; kritisch *Eisenberg* § 57 Rn. 4, ebenso *Eisenberg/Wolski* NStZ 1986, 220). Weisungen und Auflagen dürfen nur ihrer Zielsetzung dienen, durch Individualprävention eine Straftatwiederholung zu verhindern. Wenn sie mit der Drohung des Zaunpfahls »Jugendstrafe« angeordnet werden, wird die Erfüllung regelmäßig allein zur Vermeidung dieser Jugendstrafe erfolgen. Die allgemeine Unzweckmäßigkeit der Verbindung von stationären und ambulanten Sanktionen (s. § 8 Rn. 7) gilt auch hier: Die ausgesprochene Jugendstrafe ist in ihrer Wirkung dominierend, sie nimmt den ambulanten Sanktionen als Mittel zum Zweck ihre Wirkung auf eine Einstellungsänderung, fördert ein kurzfristiges, auf Außenwirkung bedachtes Wohlverhalten. Wenn schon ein Bewährungshelfer eingesetzt werden soll (s. *Fischer* NStZ 1990, 53), kann sogleich die Bewährungsentscheidung getroffen werden. Die Einwände kulminieren in den **Vorwurf des Verfassungsverstoßes**: Die Anwendung einer nach den strafrechtlichen Auslegungsregeln unerlaubten Sanktion verletzt das Rechtsstaatsprinzip des Art. 20 Abs. 3 GG und das Grundrecht des Art. 2 Abs. 1 GG, da der Vorbehalt des Gesetzes für Eingriffe in die Interessen des Bürgers nicht ausgefüllt wurde. Werden Weisungen und Auflagen zum Zweck einer »Vorbewährung« angeordnet, so besteht zudem die Gefahr der Doppelbestrafung, die sich im Fall, daß die Jugendstrafe nicht zur Bewährung ausgesetzt wird, auch realisiert, sofern keine Anrechnung erfolgt (für eine Anrechnung der Vorbewährungszeit auf die Bewährungszeit *Flümann* Die Vorbewährung nach § 57 JGG, 1983, S. 213 ff.; ebenso *Eisenberg* § 57 Rn. 6; s. aber *Eisenberg/Wolski* NStZ 1986, 220). Weder der Wortlaut noch die Gesetzessystematik noch eine historische und eine an Präventionsgesichtspunkten und verfassungsrechtlichen Grundsätzen orientierte teleologische Auslegung erlauben es somit, der Bewährungszeit ein »Belohnungsinstitut« voranzustellen, das in seinen Anforderungen über die der Bewährungszeit noch hinausgeht (so aber ausdrücklich *Kübel/Wollentin* BewH 1970, 218; im Ergebnis wie hier *Flümann* Die Vorbewährung nach § 57 JGG, 1983, S. 23 ff.; *ders.* BewH 1984, 347; ebenso *Schaffstein* ZStW 98 [1986], 121; *Schaffstein/Beulke* § 25 V.; *Walter/Pieplow* NStZ 1988, 165 ff.; *Nothacker*, Jugendstrafrecht, 2. Aufl., S. 103).

Unzulässig ist es, für die Zeit der noch nicht ausgesprochenen Bewährung bereits einen Bewährungshelfer gem. den §§ 24, 25 zu bestellen (wie hier *Wollny* BewH 1970, 23; *Kruse* ZRP 1993, 223; s. aber *AG Karlsruhe* bei *Wollny*, BewH 1970, 18, sowie die von *Flümann* registrierte Praxis, s. *Flümann* Die Vorbewährung nach § 57 JGG, 1983, S. 105; *OLG Dresden* NStZ-RR 1998, 318). Dieses Verbot darf auch nicht mit Hilfe einer Weisung gem. § 10 umgangen werden, da ja nicht bloß die Kontaktaufnahme gemeint ist, sondern die Aufsicht und Betreuung (wie hier *Wollny* BewH 1970, 22; *Flümann* Die Vorbewährung nach § 57 JGG, 1983, S. 27 ff.; a. M. aber *Kaiser* NStZ 1982, 106; *Eisenberg* § 57 Rn. 6; *Neupert* BewH 1970, 221; *Kübel/Wollentin* BewH 1970, 219; s. auch bereits § 10 Rn. 6).

7

IV. Entscheidung durch nachträglichen Beschluß

1. Formelle Voraussetzungen

8   Eine Entscheidung über die Strafaussetzung zur Bewährung ist nur möglich bis zum Beginn des Strafvollzuges, wohl aber in einer U-Haft (s. § 57 Abs. 1 S. 1); die Ladung zum Strafantritt ist nicht hinderlich. Soweit ausnahmsweise eine Entscheidung nach Strafantritt zugelassen wird (s. *Dallinger/Lackner* § 57 Rn. 12; *Eisenberg* § 57 Rn. 21), so ist dem nicht zu folgen: Das Gesetz erlaubt umgekehrt keine Vollstreckung, solange die Entscheidung über die Aussetzung zur Bewährung ausdrücklich oder stillschweigend vorbehalten wurde, diese noch nicht getroffen wurde (s. auch Rn. 10); es fehlt insoweit an einer Vollstreckungswirkung, da nur eine Teilentscheidung und damit nur eine Teilrechtskraft hinsichtlich des Schuld- und des Strafausspruchs vorliegt, nicht jedoch eine Rechtskraft hinsichtlich der Nichtbewährung (*KG* NStZ 1988, 182; *OLG Frankfurt* NStZ-RR 1998, 292; a. M. *OLG Karlsruhe* JR 1983, 517; wohl zust. *Brunner* JR 1983, 518; *OLG Stuttgart* NStZ 1986, 220; dagegen *Eisenberg/Wolski* NStZ 1986, 221).

9   Zuständig ist das erkennende Gericht des ersten Rechtszuges; da es außerhalb der Hauptverhandlung entscheidet, sind die Laienrichter nicht beteiligt (s. § 33 Abs. 3). Soweit verlangt wird, daß die Entscheidung über die Verhängung der Jugendstrafe rechtskräftig geworden ist (s. *Brunner/Dölling* § 57 Rn. 9; *Eisenberg* § 57 Rn. 22), so ergibt sich diese Voraussetzung nicht aus dem Gesetz (zust. *Sonnen* in: *D/S/S* § 57 Rn. 17). Wie die Bewährung im Urteil immer vor Rechtskraft ausgesprochen wird, so ist dies auch hier im nachträglichen Beschlußverfahren möglich. Im Falle einer Anfechtung mag dies als ein Rückzieher des Gerichts gedeutet werden, § 57 erlaubt aber auch eine solch bessere Erkenntnis.

10 Das nachträgliche Beschlußverfahren kann auf Antrag von seiten der Staatsanwaltschaft und des/der Verurteilten nach pflichtgemäßem Ermessen eingeleitet werden, ist daneben immer von Amts wegen zu prüfen, auch wenn – mit Ausnahme eines Vorbehaltes (s. Rn. 8) – hier eine Rechtskraft eintritt, da ansonsten niemals die Vollstreckung eingeleitet werden könnte. Es gibt darüber hinaus eine Verpflichtung, das Verfahren durchzuführen, wenn im Urteil ausdrücklich oder stillschweigend die Entscheidung über die Bewährung aufgeschoben wurde (wie hier *Brunner/Dölling* § 57 Rn. 5; *Eisenberg* § 57 Rn. 12). Wird der selbstauferlegte Entscheidungszeitraum deutlich überschritten, ist von der Einräumung einer Bewährung auszugehen, die nach Ablauf der gesetzlichen Höchstdauer (§ 22) beendet wird; eine spätere Versagung der Bewährung stellt sich dann als unzulässiger Widerruf der Bewährung dar (*OLG Dresden*

NStZ-RR 1998, 318). Eine abschließende, bloß negative Bestätigung ist allerdings nicht vorgesehen, ist auch überflüssig, da die – negative – Urteilsentscheidung weiterwirkt. Ansonsten kann die Staatsanwaltschaft die Vollstreckung beantragen, worüber dann der Jugendrichter als Vollstreckungsleiter zu entscheiden hat (s. *KG* NStZ 1988, 182). Ausgeschlossen ist eine nachträgliche Aussetzung, wenn zuvor eine Aussetzung widerrufen wurde (ebenso *Brunner/Dölling* § 57 Rn. 5; *Eisenberg* § 57 Rn. 13), da eine Prüfung des Widerrufs damit nicht ermöglicht werden sollte (s. § 59 Abs. 3).

Die Entscheidung darf ohne mündliche Verhandlung getroffen werden, sollte aber schon wegen des allseitigen Anhörungsrechts (s. § 57 Abs. 1 S. 2; § 67 Abs. 1) aufgrund einer mündlichen Verhandlung erfolgen (ebenso *Eisenberg* § 57 Rn. 15; für eine mündliche Anhörung auch *Brunner/Dölling* § 57 Rn. 8). Die Entscheidung ergeht als Beschluß, der nach mündlicher Verhandlung zu verkünden, ansonsten zuzustellen ist (§ 35 StPO). Mit der Bewährungsanordnung sollte auch der Bewährungsplan aufgestellt werden. Der Beschluß ist zu begründen (§ 34 StPO); gleichzeitig muß eine Belehrung über das Recht der sofortigen Beschwerde (§ 59 Abs. 1) erfolgen (§ 35 a StPO). Der Verteidiger ist gem. § 145 a Abs. 3 S. 2 StPO zu benachrichtigen (zur Weiterwirkung einer Wahl- bzw. Pflichtverteidigung s. *OLG Karlsruhe* StV 1998, 348, s. auch § 68 Rn. 5).

11

2. Materielle Voraussetzungen

Materiellrechtlich ist die Entscheidung über die Strafaussetzung auch im nachträglichen Beschlußverfahren von § 21 abhängig. Wenn die Entscheidung nicht ausdrücklich oder stillschweigend vorbehalten, vielmehr die Strafaussetzung im Urteil abgelehnt wurde, so ist sie nachträglich nur zulässig, wenn seit der letzten Tatsacheninstanz neue Tatsachen **bekannt** werden, die für eine Bewährung sprechen; eine bloß andere Bewertung ist unzulässig (§ 57 Abs. 2). Diese Beschränkung soll nach verbreiteter Meinung auch gelten, wenn die Strafaussetzung vorher schon durch Beschluß abgelehnt worden war (s. *Dallinger/Lackner* § 57 Rn. 22; *Brunner/Dölling* § 57 Rn. 5; *Eisenberg* § 57 Rn. 24). Obwohl die Korrektur im Wege eines neuen Verfahrens ohne Zeitbegrenzung neben der sofortigen Beschwerde gem. § 59 Abs. 1 nicht widerspruchsfrei ist, muß die gesetzgeberische Entscheidung zur Begrenzung der Prüfung auf die Ablehnung im Urteil akzeptiert werden (wie hier *Potrykus* § 57 Anm. 3; *Sonnen* in: *D/S/S* § 57 Rn. 17). Inhaltlich kann hierfür angeführt werden, daß einem Beschluß nicht die Rechtsverbindlichkeit wie einem Urteil zukommt, das unter Beteiligung der Laienrichter nach einer Hauptverhandlung verkündet wird.

12

3. Vorläufige Maßnahmen

13 Von der h. M. (s. *OLG Karlsruhe* JR 1983, 517 m. w. N. sowie die zust. Anm. von *Brunner*; kritisch zu der Entscheidung des *OLG Karlsruhe Walter/Pieplow* NStZ 1988, 168 Fn. 30; *LG Freiburg* NStZ 1989, 387 m. krit. Anm. von *Fuchs*, zust. *Fischer* NStZ 1990, 53; wie hier *Sonnen* in: D/S/S § 57 Rn. 20) werden vorläufige Maßnahmen analog § 453 c StPO mit Einschluß der Sicherungshaft für zulässig erklärt. Unmittelbar ist § 453 c StPO nicht anwendbar, da in § 58 Abs. 2 nur eine Zuständigkeitsregel aufgestellt wird und hier, d. h. bei ausdrücklichem oder stillschweigendem Bewährungsvorbehalt, nicht ein Widerruf der Bewährung droht, sondern erst über die Bewährung bzw. Nichtbewährung zu entscheiden ist (ebenso *OLG Karlsruhe* JR 1982, 517). Erst recht gilt der Ausschluß des § 453 c StPO, wenn die »Vorbewährung« befristet angeordnet worden ist (ebenso *Fischer* NStZ 1990, 53). Ebenso scheiden die §§ 112 ff. StPO i. V. m. § 72 dann aus, wenn das Urteil hinsichtlich der Verurteilung zur Jugendstrafe rechtskräftig geworden ist, da dann kein bloßer dringender »Tatverdacht« mehr vorliegt (ebenso *Brunner/Dölling* § 57 Rn. 10). Eine Untersuchungshaft kommt jedoch wegen neuer Straftaten in Betracht, die regelmäßig Anlaß für die Prüfung des § 453 c StPO sind. Die Ausfüllung einer Gesetzeslücke ist somit nicht nur **nicht geboten** – auch der Gesetzgeber hat im 1. JGGÄndG hierzu im Unterschied zu der nachträglichen Entscheidung gem. § 30 keine Regelungsbedürftigkeit gesehen –, sondern erscheint **auch unzulässig**: Mit der analogen Anwendung des § 453 c StPO werden dem/der Verurteilten die Aussetzungsmöglichkeiten gem. den §§ 116, 116 a StPO sowie nach verbreiteter Meinung der Rechtsbehelf der weiteren Beschwerde gem. § 310 Abs. 2 StPO (s. aber § 58 Rn. 23) sowie nach umstrittener Auffassung auch der Rechtsbehelf der Haftprüfung gem. § 117 (s. aber § 58 Rn. 24, 25) abgeschnitten (grundsätzlich gegen analoge strafprozessuale Grundrechtseingriffe *Mertens* Strafprozessuale Grundrechtseingriffe und Bindung an den Wortsinn der ermächtigenden Norm, 1996). Wenn im weiteren damit die Sanktion der »Vorbewährung« abgesichert werden soll (s. *Brunner* JR 1983, 518), so sind dagegen die grundsätzlichen Einwände gegen ein solches Institut zu wiederholen (s. Rn. 5, 6).

V. Befragungspflicht gem. Abs. 3

14 Die Pflicht, gem. § 57 Abs. 3 in geeigneten Fällen zu fragen, ob Zusagen für die künftige Lebensführung gemacht oder Leistungen angeboten werden, gilt sowohl für die Bewährungsentscheidung im Strafurteil wie im nachträglichen Beschlußverfahren. Die Pflicht schließt an die Regelung im § 23 Abs. 2 an (s. dort Rn. 6). Die geeigneten Fälle sind durch eine sozialkompensatorische Verhandlungsführung und Beachtung eines informellen

Schuldinterlokuts im Fall der Urteilsentscheidung herbeizuführen (s. § 23 Rn. 7), um dem Freiwilligkeitsprinzip Rechnung zu tragen (s. auch *Eisenberg* § 57 Rn. 16). Ebenso ist die Einwilligung für eine heilerzieherische Behandlung oder eine Entziehungskur bei dem/der Jugendlichen, der/die das 16. Lebensjahr vollendet hat, einzuholen; diese Maßnahmen sind hier im Unterschied zu § 10 Abs. 2 S. 2 auch formell nur mit Zustimmung des/der Jugendlichen erlaubt (s. aber § 10 Rn. 23).

§ 58. Weitere Entscheidungen

(1) Entscheidungen, die infolge der Aussetzung erforderlich werden (§§ 22, 23, 24, 26, 26 a), trifft der Richter durch Beschluß. Der Staatsanwalt, der Jugendliche und der Bewährungshelfer sind zu hören. Wenn eine Entscheidung nach § 26 oder die Verhängung von Jugendarrest in Betracht kommt, ist dem Jugendlichen Gelegenheit zur mündlichen Äußerung vor dem Richter zu geben. Der Beschluß ist zu begründen.
(2) Der Richter leitet auch die Vollstreckung der vorläufigen Maßnahmen nach § 453 c der Strafprozeßordnung.
(3) Zuständig ist der Richter, der die Aussetzung angeordnet hat. Er kann die Entscheidungen ganz oder teilweise dem Jugendrichter übertragen, in dessen Bezirk sich der Jugendliche aufhält. § 42 Abs. 3 Satz 2 gilt entsprechend.

Literatur

Burmann Die Sicherungshaft gem. § 453 c StPO, 1984; *Brunner* Anmerkung zu OLG Stuttgart, NStZ 1990, 358; *Eisenberg/Krauth* Anmerkung zu OLG Frankfurt, NStZ 1989, 199.

Inhaltsübersicht

	Rn.
I. Persönlicher Anwendungsbereich und Anwendungskompetenz	1
II. Sachlicher Anwendungsbereich	2
III. Zuständigkeit	
1. Primäre Zuständigkeit	3
2. Sekundäre Zuständigkeit	4
IV. Verfahren	
1. Anhörung	11
2. Beschluß und Begründung	13
V. Vorläufige Maßnahmen	
1. Sachlicher Anwendungsbereich und materiell-rechtliche Voraussetzungen	14
a) Hinreichende Gründe für den Aussetzungswiderruf	15
b) Von der Aussetzung bis zur Rechtskraft des Widerrufsbeschlusses	16
c) Vorläufige sichernde Maßnahme	17
2. Zuständigkeit	20
3. Verfahren	21
4. Vollstreckung des Sicherungshaftbefehls	22

	Rn.
5. Rechtsmittel	24
6. Anrechnung und Entschädigung	26

I. Persönlicher Anwendungsbereich und Anwendungskompetenz

S. hierzu § 57 Rn. 1. 1

II. Sachlicher Anwendungsbereich

Das im § 58 geregelte Verfahren gilt zunächst für die ausdrücklich genannten weiteren Entscheidungen: Bestimmung und Änderung der Bewährungszeit (§ 22), Anordnung, Änderung und Aufhebung von Weisungen und Auflagen mit Einschluß der Anordnung des Zwangsarrestes (§ 23), Entscheidungen über die Betreuungszeit (§ 24), Widerruf der Strafaussetzung zur Bewährung mit Einschluß der alternativen Verlängerung (§ 26), Erlaß der Jugendstrafe (§ 26 a). Für die Bestellung des Bewährungshelfers und die Aufstellung des Bewährungsplanes ist das förmliche Verfahren nicht vorgesehen. Eine Anhörung der Staatsanwaltschaft sowie des/der Jugendlichen sowie eine Begründung wäre hier auch überzogen (s. aber *Brunner/Dölling* § 58 Rn. 2 und *Eisenberg* § 58 Rn. 5, die eine entsprechende Anwendung empfehlen; zur einheitlichen Zuständigkeit s. Rn. 3). Zur sachlich erforderlichen Anfrage bei der Bewährungshilfe vor der Bestellung des Bewährungshelfers s. §§ 24, 25 Rn. 5. Das Verfahren für vorläufige Maßnahmen gem. § 58 Abs. 2 i. V. m. § 453 c StPO ergibt sich aus der dortigen Regelung (zur Zuständigkeitsregelung gem. § 58 Abs. 3 s. Rn. 5). Ebenso ist das Verfahren der Gnadenentscheidung gesondert in den Begnadigungsbestimmungen geregelt (s. *BGH* bei *Böhm* NStZ 1984, 447). 2

III. Zuständigkeit

1. Primäre Zuständigkeit

Primär ist der Richter, ist das Gericht zuständig, der bzw. das die Aussetzung angeordnet hat (§ 58 Abs. 3 S. 1). Die Sachkenntnis des aussetzenden Gerichts soll auch für weitere Entscheidungen genutzt werden; dies gilt auch für das Berufungsgericht, sofern es die Strafaussetzung im Unterschied zum Gericht des ersten Rechtszuges angeordnet und nicht bloß bestätigt hat (h. M., s. *BGHSt* 19, 170; *Dallinger/Lackner* § 58 Rn. 8; *Brunner/Dölling* § 58 Rn. 5; wohl auch *Eisenberg* § 58 Rn. 35; a. M. *Potrykus* § 58 Anm. 2). Gerade die abweichenden Regelungen in § 57 Abs. 1 S. 2 sowie § 462 a Abs. 2 StPO für die Vollstreckung der Freiheitsstrafe nach dem Erwachsenenstrafrecht lassen hier eine vom Wortlaut abweichende Regelung nicht zu. Diese grundsätzliche Zuständigkeitsregelung für das 3 anordnende Gericht hat entsprechend in den Fällen von Bewährungsentscheidungen zu gelten, die nicht ausdrücklich im § 58 Abs. 1 S. 1 genannt werden (ebenso *BGHSt* 19, 173; *Brunner/Dölling* § 58 Rn. 2; *Eisenberg* § 58 Rn. 5), da sie im unmittelbaren Zusammenhang stehen.

2. Sekundäre Zuständigkeit

4 Sekundär ist das – nicht anordnende – Jugendgericht gem. § 104 Abs. 5 S. 1 zuständig, wenn ein Erwachsenengericht entschieden hat; insoweit muß das Verfahren abgegeben werden (s. § 21 Rn. 2). Der Aufenthaltsort ist aus faktischer Sicht zu bestimmen, auch der unfreiwillige Aufenthaltsort im Rahmen einer Heimerziehung ist maßgebend (*OLG Schleswig* SchlHA 1957, 106).

5 Diese Anknüpfung erlaubt auch die gänzliche oder teilweise Abgabe gem. § 58 Abs. 3 S. 2 vom anordnenden Jugendgericht zum Jugendgericht des Aufenthaltsorts, und zwar an den Jugendrichter als Einzelrichter. Eine Begrenzung der Abgabe ist deutlich zu machen, ansonsten gilt eine allgemeine Übertragung. Eine Abgabe ist auch möglich, wenn bereits erste Bewährungsentscheidungen getroffen wurden (s. *Dallinger/Lackner* § 58 Rn. 14; s. aber auch Rn. 6).
Mit dem Gesetzeszweck ist es nicht vereinbar, das weitere Verfahren von der Jugendstrafkammer und dem Jugendschöffengericht auf den Jugendrichter zu übertragen, wenn der/die Verurteilte sich im Bezirk der Jugendkammer bzw. des Jugendschöffengerichts aufhält (a. die h. M., s. *Potrykus* § 58 Anm. 2; *OLG Köln* NJW 1955, 603; zust. *Dallinger/Lackner* § 58 Rn. 11; *Brunner/Dölling* § 58 Rn. 6; *Eisenberg* § 58 Rn. 36). Mit § 58 Abs. 3 S. 2 soll ein örtlicher, nicht ein sachlicher Zuständigkeitswechsel ermöglicht werden, wie auch der Hinweis auf § 42 Abs. 3 S. 2 nochmals deutlich macht. Da der Jugendkammer regelmäßig für Erkenntnisse aus der Hauptverhandlung ein Kompetenzvorsprung zukommt und mit der Abgabe Zeitverzögerungen verbunden sind, liegt auch sachlich in der Regel kein Abgabegrund vor (ebenso *OLG Frankfurt* NStZ 1989, 199 mit einer krit. Anm. von *Eisenberg/Krauth*, die für eine gleichrangige Alternative eintreten; nach *OLG Stuttgart* NStZ 1990, 358 muß die Entscheidung zwischen diesen beiden Alternativen begründet werden; krit. hierzu *Brunner* in einer Anm., der tendenziell für eine Übertragung an den Jugendrichter eintritt).

6 Die Abgabe gem. § 58 Abs. 3 S. 2 ist eine **Ermessensentscheidung** (kann), die auch nicht – im Unterschied zu § 42 Abs. 3 S. 1 – von der Zustimmung der Staatsanwaltschaft abhängig ist. Es wäre ein Ermessensfehler, kurz vor Beendigung der Bewährungszeit die Übertragung vorzunehmen. Arbeitsunlust darf nicht die Ermessensentscheidung bestimmen. Grundsätzlich

Zweites Hauptstück. Jugendgerichtsverfassung und Jugendstrafverfahren § 58

wird vom Gesetzgeber **dem erkennenden Gericht** Vorrang eingeräumt, die Abgabe muß daher über die formal-gesetzliche Möglichkeit hinaus begründet werden (s. *Dallinger/Lackner* § 58 Rn. 10; *Eisenberg* § 58 Rn. 37; s. auch zwei BGH-Entscheidungen zu § 42 Abs. 3 bei *Böhm* NStZ 1981, 252). Ein nur vorübergehender Aufenthaltswechsel, wie z. B. im Falle der Wehrdienstzeit, reicht regelmäßig nicht aus, und zwar unabhängig davon, ob die Taten vorher begangen wurden (hierauf einschränkend *Brunner/Dölling* § 58 Rn. 6 a, und *Eisenberg* § 58 Rn. 3 m. w. N.).

Mit der Abgabe vom Erwachsenen- zum Jugendgericht und zum Jugendrichter des Aufenthaltsortes ist auch ein Wechsel bei der Staatsanwaltschaft verbunden (s. § 36; § 143 Abs. 1 GVG). 7

Wird vom Erwachsenengericht gem. § 104 Abs. 5 übertragen, ist die Abgabe bindend, wird von einem Jugendgericht gem. § 58 Abs. 3 S. 1 übertragen, so kann gem. den §§ 58 Abs. 3 S. 2, 42 Abs. 3 S. 2 das gemeinschaftliche obere Gericht angerufen werden (*OLG Stuttgart* NStZ 1990, 358). Allein die Abgabe durch eine Jugendkammer hindert nicht diese Anrufung, da diese nicht das gemeinschaftliche Obergericht sein muß (s. aber *Brunner/Dölling* § 58 Rn. 7). Bis zu dieser Entscheidung ist das abgabewillige Gericht zuständig (ebenso *Brunner/Dölling* § 58 Rn. 7; *Eisenberg* § 58 Rn. 41). 8

Das abgebende Gericht kann seine Entscheidung entgegen der h. M. (s. *BGHSt* 24, 26; *Brunner/Dölling* § 58 Rn. 7; *Eisenberg* § 58 Rn. 38) **nicht korrigieren**. Ein wiederholter Wechsel in der Zuständigkeit ist nicht nur unzweckmäßig, da immer neue Entscheidungspersonen sich einarbeiten müssen und damit häufig ein Zuständigkeitsstreit heraufbeschworen wird; damit wird dem/der Verurteilten auch sein bzw. ihr gesetzlicher Richter (Art. 101 Abs. 1 S. 2 GG) entzogen und die Gefahr einer Manipulation begründet. Für diese Ansicht spricht auch, daß im Unterschied hierzu in § 85 Abs. 5 ausdrücklich der Widerruf der Abgabe für die Vollstreckung erlaubt ist. Wenn diese Unwiderruflichkeit allgemein anerkannt wird (s. *Brunner/Dölling* § 58 Rn. 7; *Eisenberg* § 58 Rn. 38), so ist die Änderung der Abgabe nichts anderes (so ausdrücklich *BGHSt* 24, 335). Aus § 104 Abs. 5 S. 1 wird auch ansonsten das Verbot der Rücknahme mit einer anderen Delegation abgeleitet (s. *BGHSt* 25, 89; zust. *Eisenberg* § 58 Rn. 39 a). 9

Auf der anderen Seite kann auch der übernehmende Richter bei einem Aufenthaltswechsel des/der Verurteilten **nicht weiter übertragen** (h. M., s. *BGHSt* 24, 26; *Brunner/Dölling* § 58 Rn. 7; *Eisenberg* § 58 Rn. 39 m. w. N.). Der Wortlaut ist eindeutig, wenn die Abgabemöglichkeit nur für den Richter, der die Aussetzung angeordnet hat, erlaubt wird (s. § 58 Abs. 3 S. 2 der auf S. 1 Bezug nimmt). Diese scheinbare formale Strenge wird im 10

Hinblick auf die heutigen Informations- und Kommunikationsmöglichkeiten weitgehend aufgehoben. Bei einer teilweisen Abgabe besteht zudem die Gefahr eines Kompetenzwirrwarrs. Dieses Argument gilt zwar nicht für die Übertragung gem. § 104 Abs. 5 S. 1; vom Gesetzeswortlaut her wird aber weder hier noch im § 58 Abs. 3 eine weitere Übertragungsmöglichkeit eingeräumt. Wenn demgegenüber vom *BGH* (*BGHSt* 25, 89; zust. *Brunner* JR 1973, 208; *Eisenberg* § 58 Rn. 39 a) diese Weitergabe erlaubt wird, so setzt sich diese Rechtsmeinung in Widerspruch zu dem ansonsten postulierten Verbot der Weitergabe gem. § 58 Abs. 3 S. 1.

IV. Verfahren

1. Anhörung

11 Gem. § 58 Abs. 1 S. 2 sind zu den weiteren Entscheidungen die Staatsanwaltschaft, der/die Jugendliche und der Bewährungshelfer, zusätzlich gem. § 67 Abs. 1 auch die Erziehungsberechtigten und gesetzlichen Vertreter zu hören. Weiterhin ist die Jugendgerichtshilfe heranzuziehen (s. § 38 Abs. 3 S. 1; weniger verbindlich *Brunner/Dölling* § 58 Rn. 4; s. jetzt auch § 463 d StPO n. F.). Formal genügt insoweit eine schriftliche Anhörung. Diese wird häufig jedoch nicht dem Anliegen einer richtigen Entscheidung i. S. der Prävention gerecht. Häufig werden erst im Rahmen einer **mündlichen Verhandlung** die Fakten auf den Tisch kommen, in der Diskussion aller Verfahrensbeteiligten. Insbesondere besteht ansonsten die Gefahr, daß die Interessen des/der Verurteilten nicht ausreichend gewahrt werden, da hier häufig, wenn nicht regelmäßig, die schriftliche Handlungskompetenz fehlt (s. auch § 57 Rn. 8; zum Verfahren bei nachträglichen Entscheidungen über Weisungen und Auflagen s. § 65 Rn. 5; s. auch § 11 Rn. 7 sowie Grdl. z. §§ 9-12 Rn. 7). Im Hinblick hierauf ist nach § 58 Abs. 1 S. 3 i. d. F. des 1. JGGÄndG vor einer Entscheidung gem. § 26 sowie vor der Verhängung von Jugendarrest gem. § 23 Abs. 1 S. 3 i. V. m. §§ 11 Abs. 3, 15 Abs. 3 S. 2 dem/der Jugendlichen/Heranwachsenden Gelegenheit zur mündlichen Äußerung vor dem Richter zu geben. Im Unterschied zum Gesetzesentwurf (BT-Drucks. 11/5829), in dem die Anhörung nur als eine Sollvorschrift konzipiert war, besteht nunmehr für die Anhörung eine gesetzliche Verpflichtung. Allerdings muß nur eine Gelegenheit zur Anhörung gegeben werden; diese muß jedoch zumutbar sein, ggf. ist die Jugendgerichtshilfe einzuschalten (ebenso Begründung S. 27, BT-Drucks. 11/5829).

12 Gem. § 33 Abs. 3 StPO i. V. m. § 2 sind dem/der Verurteilten sowie seinem/ihrem gesetzlichen Vertreter und Erziehungsberechtigten die Tatsachen und Beweismittel mitzuteilen, die zu seinem/ihrem Nachteil verwendet werden können und zu denen sie noch nicht gehört wurden. In-

soweit ist auch die negative Bewertung durch den Bewährungshelfer bekanntzugeben; diese Bewertung ist eine Tatsache (s. auch *Dallinger/Lackner* § 58 Rn. 5). Die im Erwachsenenstrafrecht gebilligte Praxis, bei unbekanntem Aufenthaltsort auf die Anhörung zunächst – Nachholung gem. § 33 a StPO – zu verzichten, wenn zuvor die Weisung erteilt worden war, einen Wohnungswechsel mitzuteilen (s. *BGHSt* 26, 127; *Kleinknecht/ Meyer-Goßner* § 453 StPO Rn. 6; s. aber *OLG Hamburg* NJW 1976, 1327), ist im Jugendstrafrecht insbesondere problematisch. Hier weiß der/die Betroffene regelmäßig nicht die Konsequenzen einer solchen Unterlassung einzuschätzen (s. auch *Eisenberg* § 58 Rn. 9). Grundsätzlich darf darüber hinaus ein Verstoß gegen eine Weisung nicht zu Nachteilen führen, die mit diesem Verstoß in keinem unmittelbaren Zusammenhang stehen. Von einer Verwirkung des Rechts auf Gehör wird man nur sprechen können, wenn der/die Verurteilte in Kenntnis der Situation dieses unmöglich macht, wie natürlich auch ein Verzicht möglich ist. Bei alledem gilt es, die »normative Kraft« einer zunächst einmal geschaffenen Lage zu beachten, so daß informelle Kontaktmöglichkeiten, gerade auch über den Bewährungshelfer und die Jugendgerichtshilfe, auszuschöpfen sind, notfalls Maßnahmen gem. § 453 c StPO vorab zu bedenken sind (ebenso *Brunner/Dölling* § 58 Rn. 4; *Eisenberg* § 58 Rn. 9).

2. Beschluß und Begründung

Die weiteren Entscheidungen ergehen durch Beschluß (§ 58 Abs. 1 S. 1), der immer auch bei Unanfechtbarkeit (s. § 59 Abs. 4) zu begründen ist (§ 58 Abs. 1 S. 4). Damit sind im Unterschied zu der Strafaussetzung zur Bewährung selbst, soweit sie in der Hauptverhandlung erfolgt (s. § 57 Abs. 1, 1. Alt), die Festsetzung der Bewährungs- und Betreuungszeit, die Bewährungsweisungen und Bewährungsauflagen nicht in das Urteil mit aufzunehmen (wie hier *Dallinger/Lackner* § 58 Rn. 3; *Brunner/Dölling* § 58 Rn. 3; *Eisenberg* § 58 Rn. 10; a. M. *Potrykus* § 58 Anm. 1, 2). Regelmäßig sind diese Entscheidungen aber unmittelbar im Anschluß an das Urteil zu treffen. Zur Bekanntmachung s. § 35 StPO. Immer ist eine Rechtsmittelbelehrung zu erteilen (s. § 35 a StPO i. V. m. § 2). Die nachträglichen Entscheidungen gem. den §§ 22 Abs. 2 S. 2, 26 Abs. 1 und 26 a sind dem Zentralregister mitzuteilen (s. § 13 Abs. 1 Nr. 3, 4, 6 BZRG). Zu den Rechtsmitteln s. § 59.

13

V. Vorläufige Maßnahmen

1. Sachlicher Anwendungsbereich und materiell-rechtliche Voraussetzungen

Gem. § 58 Abs. 2 wird indirekt die Anwendbarkeit des § 453 c StPO, werden vorläufige Sicherungsmaßnahmen erlaubt, da ansonsten die Zu-

14

ständigkeitsregelung sinnlos wäre. Damit gelten die dortigen Voraussetzungen:

a) Hinreichende Gründe für den Aussetzungswiderruf

15 Die Gründe müssen auf einer vorläufigen Einschätzung der materiellen Entscheidungskriterien gem. § 26 Abs. 1 Nr. 1-3 (s. §§ 26, 26 a Rn. 5) beruhen. Insoweit genügt eine Wahrscheinlichkeit, die über eine bloße Möglichkeit hinausgeht. Polizeiliche Informationen sind über Anfragen bei der Familie und dem Bewährungshelfer zu prüfen (ebenso *Brunner* § 61 Rn. 4). Im Unterschied zum Widerruf ist hier nicht erforderlich, daß die Straftat gem. § 26 Abs. 1 Nr. 1 durch eine rechtskräftige Gerichtsentscheidung über die Straftatvoraussetzungen festgestellt ist. Allerdings muß eine solche erwartet werden. Über § 463 StPO gilt die Vorschrift auch für die Aussetzung der Unterbringung in einem psychiatrischen Krankenhaus oder einer Entziehungsanstalt (§§ 67 b, 67 g StGB). Eine Anwendung im Verfahren gem. § 27 ist nicht vorgesehen und auch nicht empfehlenswert (s. Grdl. z. §§ 27-30 Rn. 7); zum Verbot einer analogen Anwendung vor der Entscheidung über die Bewährung s. § 57 Rn. 13).

b) Von der Aussetzung bis zur Rechtskraft des Widerrufsbeschlusses

16 Der Zeitpunkt für mögliche Sicherungsmaßnahmen beginnt mit der Rechtskraft der Bewährungsentscheidung (s. § 22 Abs. 2 S. 1) und endet mit Rechtskraft des Widerrufsbeschlusses (zur früher abweichenden Regelung im § 61 s. *Eisenberg* § 58 Rn. 19). Zur Rechtskraft s. § 59 Rn. 16. Wurde der/die Verurteilte in Sicherungshaft genommen, so geht diese mit der Rechtskraft über in Vollstreckungshaft.

c) Vorläufige sichernde Maßnahmen

17 Alle Maßnahmen müssen der Sicherung dienen, d. h., es muß insoweit ein konkreter Verdacht bestehen, daß sich der/die Verurteilte der ausstehenden Strafvollstreckung entziehen wird (s. *Eisenberg* § 58 Rn. 20). **§ 453 c StPO darf nicht als »Schuß vor den Bug« mißbraucht werden** (s. aber *Abel* BewH 1964, 129; vorsichtig zustimmend *Eisenberg* § 58 Rn. 32), auch wenn dies in der modernen Sprache als Krisenintervention bezeichnet wird (wie hier *Burmann* Die Sicherungshaft gem. § 453 c StPO, 1984, S. 57 ff.). Ebenso ist es nicht erlaubt, den/der Verurteilten mit Hilfe des § 453 c StPO rechtliches Gehör zu verschaffen, zum Vorteil des Probanden (so aber *Brunner/Dölling* § 453 c StPO Rn. 8). Das Verbot der öffentlichen Zustellung (s. § 48 Rn. 7) darf nicht mit einer Maßnahme kompensiert werden, die zu weit größeren Interesseneinbußen führt (wie hier *Burmann* Die Sicherungshaft gem. § 453 c StPO, 1984, S. 60 ff.). Hier sind andere, informelle Informations- und Kommunikationsquellen zu nutzen.

Für eine gut laufende Bewährung können Maßnahmen gem. § 453 c StPO schon deshalb nicht in Betracht kommen, weil keine hinreichenden Gründe für den Widerruf vorliegen (s. Rn. 15). Für eine Sicherungshaft ist diese Voraussetzung der Entziehung entweder als eine durch Tatsachen begründete Flucht oder Fluchtgefahr (§ 112 Abs. 1 Nr. 1, 2 StPO) oder als Gefahr für die Begehung erheblicher Straftaten zu konkretisieren.

Als vorläufige Maßnahmen kommen außer der Sicherungshaft das ernste, richterliche Gespräch mit dem Probanden, die Vereinbarung einer intensiveren Aufsicht durch Erziehungsberechtigte, gesetzliche Vertreter oder andere Personen bzw. die entsprechende Anweisung an den Bewährungshelfer, die Meldepflicht, die Bestimmung über Wohnung und Wohnort in Betracht. 18

Hinsichtlich der Auswahl gilt das Verhältnismäßigkeitsprinzip, d. h., es ist das Mittel zu wählen, das mit der geringsten Interesseneinbuße Erfolg verspricht. Erst als **letztes Mittel** (notfalls) ist die Sicherungshaft einzusetzen. 19

2. Zuständigkeit

Ausdrücklich wird die Zuständigkeit nur für die Vollstreckung der vorläufigen Maßnahmen bestimmt: Insoweit ist das Gericht und nicht die Staatsanwaltschaft zuständig (s. § 58 Abs. 2). Es ist dies das Gericht, das die Aussetzung angeordnet hat (s. § 58 Abs. 3 S. 1), wenn dieses das Verfahren nicht gem. § 58 Abs. 3 S. 2 oder § 104 Abs. 5 S. 1 abgegeben hat. Wie der Zuständigkeitsbereich allgemein mit Hilfe einer zweckbestimmten Auslegung auch auf Bewährungsentscheidungen zu erweitern ist, die nicht im § 58 Abs. 1 genannt sind (s. Rn. 3), so gilt dies auch und hier erst recht für die Anordnung der Sicherungsmaßnahmen: Es wäre sinnlos, Anordnung und Vollstreckung in die Kompetenz verschiedener Personen zu legen (so im Ergebnis auch *Brunner/Dölling* § 453 c StPO Rn. 15; *Eisenberg* § 58 Rn. 27). 20

3. Verfahren

Vorläufige Maßnahmen, mit denen eine Verpflichtung für den Probanden begründet wird, werden durch Beschluß, andere formlos getroffen (s. *Dallinger/Lackner* § 61 Rn. 6; *Eisenberg* § 58 Rn. 24). Hierfür ist die Staatsanwaltschaft (§ 33 Abs. 2), wenn es zeitlich möglich ist, sind auch der Bewährungshelfer (entsprechend § 58 Abs. 1 S. 2) und die Jugendgerichtshilfe (§ 38 Abs. 3 S. 1) zu hören, der Proband sowie die Erziehungsberechtigten und gesetzlichen Vertreter nur, wenn damit nicht der Zweck, insbesondere die Sicherungshaft, gefährdet würde (§ 33 Abs. 4 S. 1 StPO i. V. m. § 2). 21

§ 58   *Zweiter Teil. Jugendliche*

4. Vollstreckung des Sicherungshaftbefehls

22 Hinsichtlich der Vollstreckung des Sicherungshaftbefehls werden im § 453 c Abs. 2 StPO die §§ 114-115 a StPO für entsprechend anwendbar erklärt, d. h., es gelten hinsichtlich der Form und des Inhalts § 114 StPO, hinsichtlich der Bekanntmachung § 114 a StPO, hinsichtlich der Benachrichtigung von Angehörigen oder einer Vertrauensperson § 114 b StPO, hinsichtlich der richterlichen Vernehmung mit Rechtsmittelbelehrung die §§ 115, 115 a StPO; der Vollzug selbst hat sich an § 119 StPO und den speziellen jugendrechtlichen Vorschriften gem. § 93 auszurichten.

23 Mit Rücksicht auf die ausdrückliche Benennung einzelner Vorschriften ist die Anwendung der anderen U-Haft-Bestimmungen ausgeschlossen, so die §§ 116, 116 a StPO für die Aussetzung des Vollzuges; in einem solchen Fall stehen weniger eingriffsintensive vorläufige Maßnahmen nach Aufhebung der Sicherungshaft zur Verfügung (s. *Brunner/Dölling* § 453 c StPO Rn. 12; *Eisenberg* § 58 Rn. 31). Auf den Einsatz eines Steckbriefes gem. § 131 StPO wird ebenfalls nicht verwiesen. Sein Einsatz ist auch mit dem Charakter der Vorläufigkeit nicht zu vereinbaren, da damit für die Öffentlichkeit der endgültige Eindruck entstehen muß, hier wird jemand gesucht, der in den »Knast« gehört (wie hier *Dallinger/Lackner* § 61 Rn. 10 m. w. N.; nachfolgend *Eisenberg* § 58 Rn. 29; ebenso *Burmann* Die Sicherungshaft gem. § 453 c StPO, 1984, S. 74 Fn. 185; jetzt auch *Brunner/Dölling* § 453 c StPO Rn. 13).

5. Rechtsmittel

24 Vorläufige Maßnahmen mit Interesseneinbußen für den Probanden sind mit der einfachen Beschwerde gem. § 304 StPO i. V. m. § 2 angreifbar; sie hat keine aufschiebende Wirkung (§ 307 Abs. 1 StPO), die Vollziehung kann aber ausgesetzt werden (§ 307 Abs. 2 StPO). Soweit von der h. M. (s. *OLG Düsseldorf* NJW 1964, 69; *OLG Hamburg* NJW 1964, 605 – jeweils zu § 61 a. F.; *OLG Stuttgart* MDR 1975, 951; *OLG Düsseldorf* NJW 1977, 968 m. w. N.; *Dallinger/Lackner* § 61 Rn. 7; *Brunner/Dölling* § 453 c StPO Rn. 9) die weitere Beschwerde gem. § 310 Abs. 1 StPO für unzulässig erklärt wird, ist diese Auffassung zwar aus verfahrensökonomischen Gründen vertretbar, aus dem Gesetz folgt sie nicht (wie hier *Schoreit* in: *D/S/S* § 58 Rn. 20; *Eisenberg* § 58 Rn. 25; *Ellersiek* Die Beschwerde im Strafprozeß, 1981, S. 96 ff.; *Burmann* Die Sicherungshaft gem. § 453 c StPO, 1984, S. 117 ff. m. w. N.). Verhaftet wird auch aufgrund eines Sicherungshaftbefehls, die Begrenzung des § 310 Abs. 1 StPO auf eine Freiheitsentziehung vor einer Verurteilung ergibt sich weder aus dem Wortlaut noch aus dem Gesetzeszweck, da hier mit dem Urteil weiterhin Freiheit gewährt wurde (wie hier *OLG Braunschweig* StV 1993, 596). Auch setzt sich diese Auffassung in Widerspruch zu den weiteren Rechtsmitteln in der Untersu-

chungshaft, die auch für Sicherungshaft anerkannt werden (s. *Brunner/Dölling* § 453 c StPO Rn. 11; *Eisenberg* § 58 Rn. 30; insoweit konsequent a. M. *Dallinger/Lackner* § 61 Rn. 10; *OLG Karlsruhe* Justiz 1974, 101 zu § 61 a. F.). Auf die §§ 117, 118 StPO – Haftprüfung mit mündlicher Verhandlung – wird indirekt über die Belehrungspflicht im § 115 Abs. 4 StPO, auf den wieder § 453 c Abs. 2 StPO Bezug nimmt, verwiesen (so die h. M., s. *Brunner/Dölling* § 453 c StPO Rn. 10; *Eisenberg* § 58 Rn. 30; *Fuchs* NStZ 1989, 388; a. M. aber *LG Freiburg* NStZ 1989, 387 m. zust. Anm. von *Fischer* NStZ 1990, 53 m. w. N.).

Soweit das Gebot zur Haftprüfung von Amts wegen nach drei Monaten (§ 117 Abs. 5 StPO) und zur Haftprüfung durch das OLG nach sechs Monaten (§§ 121 ff. StPO) hier eindeutig nicht gelten soll (s. *Brunner/Dölling* § 453 c StPO Rn. 12; ebenso *Burmann* Die Sicherungshaft gem. § 453 c StPO, 1984, S. 125, 126), so kann diese Auffassung nicht nachvollzogen werden. Diese Gebote fußen auf dem ansonsten als zulässig angesehenen Haftprüfungsverfahren, stehen hiermit im unmittelbaren Zusammenhang. Allerdings dürften rechtmäßigerweise diese Fristen niemals erreicht werden, da die Sicherungsmaßnahmen für einen Widerruf der Strafaussetzung zur Bewährung einen ausgesprochen kurzfristigen Charakter haben und eine derartige zeitliche Ausdehnung weder mit dem Institut der Bewährung in Freiheit noch mit der Vorläufigkeit der Sicherungsmaßnahmen zu vereinbaren ist (in diese Richtung auch *Eisenberg* § 58 Rn. 30).

6. Anrechnung und Entschädigung

Gem. § 453 c Abs. 2 S. 1 StPO ist die aufgrund des Sicherungshaftbefehls erlittene Haft im Falle eines Widerrufs anzurechnen, ebenso sind vorläufige andere Maßnahmen mit Interesseneinbußen zu berücksichtigen (s. §§ 26, 26 a Rn. 16). Eine Entschädigung gem. dem Gesetz über die Entschädigung für Strafverfolgungsmaßnahmen kann nicht gewährt werden (h. M., s. *OLG Karlsruhe* MDR 1977, 600; *Brunner/Dölling* § 61 Rn. 16; ebenso *Kleinknecht/Meyer-Goßner* § 2 StrEG Rn. 2), da § 2 Abs. 1 StrEG ausdrücklich an die U-Haft anknüpft und die Sicherungshaft nicht als eine andere Strafverfolgungsmaßnahme definiert ist (s. § 2 Abs. 2, 3 StrEG; a. M. *von Meding* NJW 1977, 914, der irrigerweise § 4 StrEG in Abkoppelung von § 2 als Anspruchsgrundlage ansieht). Mit Rücksicht auf die abschließende Aufzählung scheidet auch eine analoge Anwendung aus, obwohl der korrigierte Sicherungshaftbefehl zu einer ungerechten Freiheitsentziehung geführt hat, da nach der hier vertretenen Auffassung die Bewährungsstrafe einen von der Freiheitsstrafe abweichenden Charakter hat, eben eine Bewährung in Freiheit ist (a. M. *Eisenberg* § 58 Rn. 34; *Schoreit* in: *D/S/S* § 58 Rn. 34).

§ 59. Anfechtung

(1) Gegen eine Entscheidung, durch welche die Aussetzung der Jugendstrafe angeordnet oder abgelehnt wird, ist, wenn sie für sich allein angefochten wird, sofortige Beschwerde zulässig. Das gleiche gilt, wenn ein Urteil nur deshalb angefochten wird, weil die Strafe nicht ausgesetzt worden ist.
(2) Gegen eine Entscheidung über die Dauer der Bewährungszeit (§ 22), die Dauer der Unterstellungszeit (§ 24), die erneute Anordnung der Unterstellung in der Bewährungszeit (§ 24 Abs. 2) und über Weisungen oder Auflagen (§ 23) ist Beschwerde zulässig. Sie kann nur darauf gestützt werden, daß die Bewährungs- oder die Unterstellungszeit nachträglich verlängert, die Unterstellung erneut angeordnet worden oder daß eine getroffene Anordnung gesetzwidrig ist.
(3) Gegen den Widerruf der Aussetzung der Jugendstrafe (§ 26 Abs. 1) ist sofortige Beschwerde zulässig.
(4) Der Beschluß über den Straferlaß (§ 26 a) ist nicht anfechtbar.
(5) Wird gegen ein Urteil eine zulässige Revision und gegen eine Entscheidung, die sich auf eine in dem Urteil angeordnete Aussetzung der Jugendstrafe zur Bewährung bezieht, Beschwerde eingelegt, so ist das Revisionsgericht auch zur Entscheidung über die Beschwerde zuständig.

Literatur

Eisenberg/Wolski Anmerkung zu *OLG Stuttgart*, NStZ 1986, 220; *Sieveking/ Eisenberg* Anm. zu *LG Hamburg*, NStZ 1996, 250.

Inhaltsübersicht

	Rn.
I. Anwendungsbereich	1
II. Allgemeine Anfechtungsmöglichkeiten	2
III. Spezielle Rechtsmittel	
1. gegen die Anordnung oder Ablehnung der Bewährung oder gegen die Verschiebung der Entscheidung (§ 59 Abs. 1)	
a) Anwendungsbereich	4
b) Zuständigkeit	5
c) Verfahren	8
2. gegen die Entscheidungen über die Dauer der Bewährungszeit, der Unterstellzeit, über die erneute Anordnung der Unterstellung sowie über Weisungen oder Auflagen (§ 59 Abs. 2)	11

	Rn.
3. gegen den Widerruf der Aussetzung der Jugendstrafe (§ 59 Abs. 3)	15
4. gegen den Straferlaß (§ 59 Abs. 4)	18
IV. Zuständigkeit für Rechtsmittel gegen Bewährungsentscheidungen mit Ausnahme gem. § 59 Abs. 1 (§ 59 Abs. 5)	19

I. Anwendungsbereich

Zum Anwendungsbereich s. § 57 Rn. 1.   1

II. Allgemeine Anfechtungsmöglichkeiten

Die allgemeinen Anfechtungsmöglichkeiten der Berufung und der Revision (s. § 55) bestehen **neben der speziellen Regelung im § 59**. Für Beschlüsse gem. § 57 Abs. 1, 2 sowie § 58 Abs. 1 besteht zudem die Wiederaufnahmemöglichkeit, da die §§ 35 ff. StPO auf urteilsgleiche Beschlüsse entsprechend anzuwenden sind (ebenso *Brunner/Dölling* § 55 Rn. 49; s. auch Rn. 17). Das heißt, mit der Berufung oder der Revision wird auch die im Urteil getroffene Bewährungsentscheidung angefochten, es sei denn, die Anfechtung wird allein hierauf beschränkt. Die Bewährungsentscheidung ist Teil des Rechtsfolgenausspruchs. In diesem Fall gilt das Rechtsmittel unabhängig von seiner Bezeichnung als sofortige Beschwerde gem. § 59 Abs. 1 (s. § 300 StPO); das Rechtsmittel gilt als sofortige Beschwerde auch dann, wenn die Aussetzungsfrage nicht getrennt von der Straffrage beantwortet werden kann (s. *OLG Düsseldorf* MDR 1990, 178). Damit wird der allgemeine Rechtsmittelweg jedoch nicht nach oben erweitert, d. h., die Bewährungsentscheidung des Revisionsgerichts ist nicht angreifbar; ist der Bundesgerichtshof Revisionsinstanz, gibt es schon faktisch kein Beschwerdegericht (s. auch § 304 Abs. 4 S. 1 StPO). Gegen Berufungsentscheidungen bleiben die Beschwerdemöglichkeiten sowohl gem. § 59 Abs. 1 (a. die h. M., s. *OLG Düsseldorf* NStZ 1994, 198 m. w. N. und unter fälschlicher Berufung auf diesen Kommentar) als auch gem. § 59 Abs. 2 (h. M., s. *OLG Celle* NStZ 1993, 400 m. zust. Anm. von *Nix*) erhalten. Mit § 55 Abs. 2 (zum Verschlechterungsverbot s. § 55 Rn. 13, 16) wird der Rechtsmittelweg ausdrücklich nur für die Berufung und die Revision verkürzt. Hier werden spezielle Anfechtungsmöglichkeiten eingeräumt, die wegen ihrer Fristbegrenzung (s. § 311 Abs. 2 S. 1 StPO: eine Woche) auch sachlich nicht von diesem Verbot erfaßt sein müssen. Innerhalb der Revisionsbegründungsfrist kann von der Berufung oder Revision auf die bloße Anfechtung der Bewährungsentscheidung gewechselt werden, da erst ab Kenntnis der Urteilsbegründung über die Art des Rechtsmittels von seiten des Verurteilten entschieden werden kann (h. M., s. *BGHSt* 6, 206; *OLG*   2

Koblenz bei *Böhm* NStZ 1982, 415; *Brunner/Dölling* § 59 Rn. 2; *Eisenberg* § 59 Rn. 9).

3   Ebenso wird mit der speziellen Regelung für die Verlängerung der Bewährungszeit, für die Anordnung von Weisungen und Auflagen im § 59 Abs. 2 nicht die Beschwerde gegen andere Bewährungsentscheidungen, insbesondere gegen die Bestellung eines – haupt- oder ehrenamtlichen – Bewährungshelfers ausgeschlossen, da dort angesichts § 304 StPO nicht die Zulässigkeit als solche eingeräumt, sondern diese nur eingeschränkt wird (wie hier *Brunner/Dölling* § 59 Rn. 7; ebenso *Eisenberg* § 59 Rn. 25).

III. Spezielle Rechtsmittel

1. gegen die Anordnung oder Ablehnung der Bewährung oder gegen die Verschiebung der Entscheidung (§ 59 Abs. 1).

a) Anwendungsbereich

4   Wird **allein** die anordnende oder ablehnende Bewährungsentscheidung – durch Urteil oder durch Beschluß – angegriffen, so ist gem. § 59 Abs. 1 S. 1 nur die sofortige Beschwerde zulässig. Dies gilt auch, wenn die Strafaussetzung vorbehalten wird; dieser Fall ist im § 59 Abs. 1 S. 2 gemeint, und zwar auch der stillschweigende Vorbehalt (s. § 57 Rn. 4), da die Form nicht vorgeschrieben ist (a. M. *Brunner/Dölling* § 59 Rn. 2; wie hier *Dallinger/Lackner* § 59 Rn. 10; *Eisenberg/Wolski* NStZ 1986, 221). Aus der Gesetzesfassung folgt, daß insoweit nur zugunsten des/der Verurteilten ein Anfechtungsrecht besteht; die Staatsanwaltschaft kann diese Entscheidung zuungunsten des/der Verurteilten nur mit der Berufung oder Revision angreifen (s. *OLG Schleswig* OLGSt 59, 1; *OLG Schleswig* SchlHA 1978, 90; *OLG Stuttgart* NStZ 1986, 219; wohl auch *Eisenberg* § 59 Rn. 6; deutlicher *Eisenberg/Wolski* NStZ 1986, 221; a. M. *Dallinger/Lackner* § 59 Rn. 10). Ein selbständiges Beschwerderecht steht der StA allerdings für die Anordnung der Aussetzung des Strafrestes gem. § 88 Abs. 6 Satz 4 zu (s. § 88 Rn. 16). Zur Vollstreckung eines »Vorbehaltsurteils« s. § 57 Rn. 8-10. Eine entsprechende Anwendung gegen die Aussetzung des Jugendarrestes ist nicht erlaubt, da diese Sanktionsform gem. § 87 Abs. 1 nicht zulässig ist und dann eine grundsätzliche Entscheidung im Wege der Berufung oder Revision zu treffen ist (s. § 87 Rn. 3).

b) Zuständigkeit

5   Zuständig für die sofortige Beschwerde ist die »nächste Instanz«, d. h. bei Entscheidungen des Jugendrichters und des Jugendschöffengerichts die Jugendkammer des Landgerichts (s. § 41 Abs. 2 S. 2 i. V. m. § 73 Abs. 1 GVG), bei Entscheidungen der entsprechenden Erwachsenengerichte die

Strafkammer (s. § 73 Abs. 1 GVG), bei Entscheidungen der Jugendkammer das Oberlandesgericht (s. § 121 Abs. 1 Nr. 2 i. V. m. § 2), bei Entscheidungen des Oberlandesgerichts gem. § 120 Abs. 1, 2 GVG der Bundesgerichtshof (s. § 102 S. 2). Die Zuständigkeit gilt auch, wenn das Rechtsmittel gewechselt wird (s. Rn. 2); das Verfahren ist dann abzugeben (s. *BGHSt* 6, 206).

Wird neben der Berufung von einem anderen Verfahrensbeteiligten die sofortige Beschwerde eingelegt, so entscheidet die Jugendkammer gem. § 41 Abs. 2 **in einer Hauptverhandlung** durch Urteil zusammen über die Rechtsmittel (ebenso *Brunner/Dölling* § 59 Rn. 3; *Eisenberg* § 59 Rn. 15 m. w. N.). Eine Beschleunigung durch das Rechtsmittel »sofortige Beschwerde« kann hier nicht eintreten. Ebenso besteht dieselbe Zuständigkeit, wenn gegen ein Berufungsurteil von der »Gegenseite« Revision eingelegt wird (s. § 55 Abs. 2) und gleichzeitig durch einen anderen Verfahrensbeteiligten sofortige Beschwerde (s. § 121 Abs. 1 Nr. 1 b, Nr. 2 GVG). Auch hier drängt sich eine einheitliche Entscheidung auf (s. *Dallinger/Lackner* § 59 Rn. 16; *Eisenberg* § 59 Rn. 16).

6

Wird neben der Wahlrevision von einem Verfahrensbeteiligten die sofortige Beschwerde eingelegt, so ergeben sich zwei Zuständigkeiten. Der Gesetzgeber hat keinen Vorrang eingeräumt. Dementsprechend haben auch beide Instanzen zu entscheiden, zunächst die Beschwerdeinstanz, welche auch die Tatsachen zu würdigen hat, sodann die Revisionsinstanz (ebenso *Brunner/Dölling* § 59 Rn. 3); die Ansicht, daß die sofortige Beschwerde in diesem Fall als unzulässiges Rechtsmittel gelten soll (*Dallinger/Lackner* § 59 Rn. 15; *Potrykus* JZ 1954, 538; s. auch *Eisenberg* § 59 Rn. 18, 19 m. w. N., der eine Entscheidung durch den Gesetzgeber einfordert), verkürzt ohne einen gesetzgeberischen Hinweis die Anfechtungsmöglichkeiten: § 55 Abs. 2 greift nicht ein, da einmal zwei unterschiedliche Verfahrensbeteiligte Rechtsmittel einlegen, ein andermal die sofortige Beschwerde nicht mit der Berufung gleichzusetzen ist (so aber *Brunner/Dölling* § 59 Rn. 3); ebensowenig steht § 310 StPO, das Verbot der weiteren Beschwerde, entgegen (s. auch *OLG Schleswig* SchlHA 1978, 90), da hier nicht bloß die Bewährungsentscheidung vom Revisionsgericht zu prüfen ist, sondern das gesamte erstinstanzliche Urteil, und zwar auf Antrag eines anderen Beteiligten.

7

c) **Verfahren**

Zur Frist und zum zuständigen Adressaten s. § 311 Abs. 2 StPO; zu Abhilfemöglichkeiten s. § 311 Abs. 3 StPO. Die Entscheidung ergeht ohne mündliche Verhandlung durch Beschluß (s. § 309 StPO; zur Ausnahme s. Rn. 6). Das Beschwerdegericht hat nicht nur in tatsächlicher, sondern

8

auch in rechtlicher Hinsicht mit Einschluß der Prognoseentscheidungen die Voraussetzungen des § 21 neu zu überdenken (s. *BGH* LM Nr. 1 zu § 59 m. Anm. von *Sarstedt*; *OLG Schleswig* bei *Ernesti* und *Jürgensen*, SchlHA 1973, 193; *OLG Hamm* OLGSt zu § 59, 5, 7; *OLG Düsseldorf* NStZ 1982, 119) – dies im Unterschied zum Revisionsverfahren, wo nur zu prüfen ist, ob dem Tatrichter ein Ermessensmißbrauch oder ein rechtlich bedeutsamer Ermessensfehlgebrauch vorzuwerfen ist. Allerdings ist einschränkend zu berücksichtigen, daß im Beschwerdeverfahren nicht ein persönlicher Eindruck vom Verurteilten gewonnen werden kann. Die weitere Beschwerde ist unzulässig (s. § 310 StPO i. V. m. § 2), auch dann, wenn zunächst eine Bewährung eingeräumt, diese auf die sofortige Beschwerde der Staatsanwaltschaft aufgehoben wurde. Insoweit ist auch keine Wiedereinsetzung in den vorherigen Stand (§ 44 StPO) möglich, da § 308 StPO gilt (s. *BayObLG* JZ 1978, 204; zw. *Eisenberg* § 59 Rn. 11) und die §§ 33 a und 311 a StPO eine Änderung des Beschlusses nach Nachholung des rechtlichen Gehörs ermöglichen.

9 Das **Verschlechterungsverbot** (§§ 331, 358, 373 StPO) gilt auch hier (ebenso *Brunner* § 59 Rn. 10), auch wenn für das Beschwerdeverfahren eine ausdrückliche Bestimmung fehlt; die sofortige Beschwerde gegen die Bewährungsentscheidung steht gleichgewichtig neben den sonstigen Rechtsmitteln, so daß eine **analoge Anwendung** geboten ist.

10 Eine besondere Gebühr fällt für die Anwaltsvertretung gem. § 59 Abs. 2 nicht an (s. §§ 83 ff. BRAGebO), obwohl sachlich eine analoge Anwendung geboten wäre, da die sofortige Beschwerde den gleichen Arbeitsanfall wie Berufung und Revision bedingen; der Gesetzgeber hat aber – auch zugunsten der Probanden – anders entschieden (wie hier *OLG Koblenz* MDR 1973, 957 gegen *LG Lübeck* NJW 1963, 2336; zust. *Brunner/ Dölling* § 59 Rn. 3; *Eisenberg* § 59 Rn. 12).

2. gegen die Entscheidungen über die Dauer der Bewährungszeit, der Unterstellzeit, über die erneute Anordnung der Unterstellung sowie über Weisungen oder Auflagen (§ 59 Abs. 2)

11 Gegen die zulässige nachträgliche Verlängerung der Bewährungszeit gem. § 22 Abs. 2 S. 2 ist die einfache Beschwerde gem. § 304 StPO zulässig (§ 59 Abs. 2 S. 1, 2). Insoweit ist die Entscheidung im vollen Umfang prüfbar. Damit wird gleichzeitig eine Anfechtung der ursprünglichen Entscheidung über die Bewährungszeit untersagt. Wird die Bewährungszeit rechtswidrigerweise erst nach Ablauf der Bewährungszeit verlängert (s. § 22 Rn. 4), so ist keine Ermessensentscheidung, sondern eine Rechtswidrigkeitsentscheidung zu treffen (s. § 59 Abs. 2 S. 2, 2. Alt.). Gesetzeswidrig ist es auch, wenn die Mindest- oder Höchstfristen nicht eingehalten wur-

Zweites Hauptstück. Jugendgerichtsverfassung und Jugendstrafverfahren § 59

den oder der Anspruch auf rechtliches Gehör (§ 58 Abs. 1 S. 2) nicht eingehalten wurde.

Die einfache Beschwerde ist weiter zulässig gegen Abänderungen sowie Aufhebungen der Unterstellzeit sowie gegen die erneute Unterstellung in der Bewährungszeit (s. § 24 Abs. 2). Ebenso ist die einfache Beschwerde zulässig gegen Weisungen oder Auflagen; sie kann allerdings nur mit einem Gesetzesverstoß begründet werden (s. hierzu die Kommentierung zu § 10 und § 15). Zur Gesetzmäßigkeit gehören aber auch die Verhältnismäßigkeit und Zumutbarkeit i. S. v. § 10 Abs. 1 S. 2, § 15 Abs. 1 S. 2 (wie hier *OLG Nürnberg* NJW 1959, 1452; *OLG Hamm* MDR 1975, 1041 zu § 56 b StGB; im Ergebnis ebenso *Brunner/Dölling* § 59 Rn. 6; *Eisenberg* § 59 Rn. 26). 12

Die Beschwerden brauchen entgegen der Formulierung im § 59 Abs. 2 S. 2 nicht begründet zu werden (ebenso *Dallinger/Lackner* § 59 Rn. 22; *Brunner* § 59 Rn. 6; *Eisenberg* § 59 Rn. 26); insoweit wird nur die Prüfungskompetenz eingeschränkt. 13

Das Beschwerdegericht (zur besonderen Zuständigkeit s. Rn. 19) kann im Fall der Begründetheit selbst eine neue Entscheidung treffen (s. § 309 Abs. 2 StPO i. V. m. § 2). Regelmäßig sollten die Entscheidungen aber dem Bewährungsrichter wegen dessen Entscheidungsnähe vorbehalten werden, an den dann das Verfahren zurückzuverweisen ist (s. auch *Dallinger/Lackner* § 59 Rn. 25; *Brunner/Dölling* § 59 Rn. 6). 14

3. gegen den Widerruf der Aussetzung der Jugendstrafe (§ 59 Abs. 3)

Der Widerruf der Strafaussetzung gem. § 26 Abs. 1 ist nur mit der sofortigen Beschwerde angreifbar. Dies kann von seiten der Staatsanwaltschaft auch zugunsten des Verurteilten geschehen (s. § 301 StPO i. V. m. § 2). Wird umgekehrt ein **Antrag der Staatsanwaltschaft auf Widerruf abgelehnt**, ergibt sich aus dem Gesetzeszusammenhang, daß diese Entscheidung **nicht anfechtbar** ist (h. M., s. *KG* JR 1998, 389; *LG Potsdam* NStZ-RR 1996, 285; *Dallinger/Lackner* § 59 Rn. 26; *Brunner/Dölling* § 59 Rn. 5 und *Eisenberg* § 59 Rn. 27; a. M. *LG Hamburg* StV 1995, 480). Die sofortige Beschwerde ist in § 59 Abs. 3 auf den Widerruf der Aussetzung der Jugendstrafe begrenzt; im Erwachsenenstrafrecht ist gem. § 453 Abs. 1 S. 1 StPO i. V. m. § 56 f Abs. 2 StGB auch die Ablehnung eines Antrages der Staatsanwaltschaft auf Widerruf mit der sofortigen Beschwerde angreifbar (s. *Kleinknecht/Meyer-Goßner* § 453 StPO Rn. 13; *LG Hamm* NStZ 1988, 291). Die Nichtregelung im JGG führt zum Umkehrschluß, daß im Jugendstrafrecht eine Anfechtung der Ablehnung eines beantragten Widerrufs mittels der sofortigen Beschwerde nicht erlaubt ist. Der Jugendliche 15 soll durch das Rechtsmittelverfahren nicht in einen Streit zwischen StA und Gericht hineingezogen und verunsichert werden. Die einfache Beschwerde scheidet aus, weil das Schwert des Widerrufs nicht über einen längeren Zeitraum gezogen werden soll. Zusätzlich ließe sich anführen, daß im Falle einer – einfachen oder sofortigen – Beschwerde ein Gericht zu entscheiden hätte, das nicht am Erkenntnisverfahren beteiligt gewesen ist (so *B. Körner* in einer unveröffentlichten Stellungnahme zu einer abweichenden Entscheidung des *LG München* I, Az. JKQs 110/89). Wenn der Richter überhaupt nicht entscheidet, besteht nur die Möglichkeit einer Dienstaufsichtsbeschwerde (a. M. *Schnitzerling* Zbl 1960, 115).

16 Obwohl gem. § 307 Abs. 1 StPO der Vollzug durch die sofortige Beschwerde nicht gehindert wird, gebieten das Interesse des/der Verurteilten, keinen unrechtmäßigen Freiheitsentzug erleiden zu müssen, sowie die Rechtssicherheit, den Vollzug der Jugendstrafe gem. § 307 Abs. 2 auszusetzen, letztlich unabhängig hiervon eine aufschiebende Wirkung zuzuerkennen (s. auch *Kleinknecht/Meyer-Goßner* § 307 StPO Rn. 1; *Gollwitzer* in: *Löwe/Rosenberg* § 307 StPO Rn. 2; ebenso *Brunner/Dölling* §§ 26, 26 a Rn. 13; *Eisenberg* § 59 Rn. 28; demgegenüber wollen *Dallinger/Lackner* Ausnahmen zulassen, vor § 82 Rn. 18). Die Vollstreckung darf erst ab materieller Rechtskraft durchgeführt werden. Insoweit steht ausdrücklich § 453 c StPO zur Verfügung (s. § 58 Rn. 16; ebenso *Brunner/Dölling* §§ 26, 26 a Rn. 13; *Eisenberg* § 59 Rn. 28).

17 Wegen seines urteilsvertretenen Charakters kann der Widerrufsbeschluß bei Vorliegen von Wiederaufnahmegründen (s. § 359 StPO) aufgehoben werden (s. *Dallinger/Lackner* § 59 Rn. 26 m. w. N.; ebenso *Eisenberg* § 59 Rn. 29; *Brunner/Dölling* § 55 Rn. 49; s. auch *Böckenhauer* Der Widerruf der Aussetzung der Vollstreckung der freiheitsentziehenden Maßregeln der Besserung und Sicherung nach § 67 g StGB, 1985, S. 94; s. auch Rn. 2).

4. gegen den Straferlaß (§ 59 Abs. 4)

18 Der Beschluß über den Straferlaß gem. § 26 a ist **ohne Ausnahme** nicht anfechtbar; damit ist auch eine Wiederaufnahme analog § 362 StPO ausgeschlossen. Die Befürchtung von *Eisenberg* (s. § 59 Rn. 30), daß mit Rücksicht hierauf die Staatsanwaltschaft bewogen werden könnte, die negativen Gesichtspunkte aus der Bewährungszeit erst unmittelbar vor Ablauf zu benennen, ist nicht nachvollziehbar, da vor Ablauf kein Erlaß zulässig ist und danach immer eine abschließende Wertung vorzunehmen ist, wobei länger zurückliegende Verstöße regelmäßig an Bedeutung verlieren.

IV. Zuständigkeit für Rechtsmittel gegen Bewährungsentscheidungen mit Ausnahme gem. § 59 Abs. 1 (§ 59 Abs. 5)

Soweit eine Beschwerde eingelegt wird, ist zur Entscheidung über die Zulässigkeit und Begründetheit grundsätzlich das nächstinstanzliche Beschwerdegericht zuständig (s. Rn. 5). Abweichend hiervon ist das Revisionsgericht gem. § 59 Abs. 5 zuständig, wenn eine zulässige Revision eingelegt wird und gleichzeitig – von welchem Verfahrensbeteiligten auch immer – gegen eine Entscheidung, die sich auf eine in dem Urteil angeordnete Aussetzung der Jugendstrafe zur Bewährung bezieht, Beschwerde eingelegt wird. Gemeint sind alle Entscheidungen gem. den §§ 22, 23, 24, 25, 26, 26 a, nicht aber die Anordnung oder Ablehnung der Bewährung oder deren Verschiebung (s. *BGHSt* 6, 206; s. auch *Dallinger/Lackner* § 59 Rn. 29). Für eine analoge Anwendung auf die Berufung fehlt es bereits an einem Anlaß, da Berufungs- und Beschwerdegericht identisch sind. 19

Die ausnahmsweise Zuständigkeit für die Beschwerde begründet jedoch keine Ausnahme von der Regel, daß eine Neuentscheidung vom Bewährungsrichter und nicht vom Beschwerdegericht getroffen werden sollte (s. Rn. 14). 20

§ 60. Bewährungsplan

(1) Der Vorsitzende stellt die erteilten Weisungen und Auflagen in einem Bewährungsplan zusammen. Er händigt ihn dem Jugendlichen aus und belehrt ihn zugleich über die Bedeutung der Aussetzung, die Bewährungs- und Unterstellungszeit, die Weisungen und Auflagen sowie über die Möglichkeit des Widerrufs der Aussetzung. Zugleich ist ihm aufzugeben, jeden Wechsel seines Aufenthalts, Ausbildungs- oder Arbeitsplatzes während der Bewährungszeit anzuzeigen. Auch bei nachträglichen Änderungen des Bewährungsplans ist der Jugendliche über den wesentlichen Inhalt zu belehren.
(2) Der Name des Bewährungshelfers wird in den Bewährungsplan eingetragen.
(3) Der Jugendliche soll durch seine Unterschrift bestätigen, daß er den Bewährungsplan gelesen hat, und versprechen, daß er den Weisungen und Auflagen nachkommen will. Auch der Erziehungsberechtigte und der gesetzliche Vertreter sollen den Bewährungsplan unterzeichnen.

Inhaltsübersicht	Rn.
I. Zuständigkeit	1
II. Zeitpunkt	2
III. Inhalt	3
IV. Aushändigung und Belehrung	4
V. Bestätigung und Versprechen	7
VI. Anfechtung	9

I. Zuständigkeit

1 Obwohl nicht ausdrücklich geregelt, richtet sich die Zuständigkeit nach § 58 Abs. 3, da die Aufstellung des Bewährungsplans im unmittelbaren Zusammenhang mit den weiteren Entscheidungen steht; diese werden lediglich hiermit dokumentiert (h. M., s. § 58 Rn. 3). Mit der Übertragung der Zuständigkeit gem. § 58 Abs. 3 S. 2 wird dementsprechend auch die Zuständigkeit für den Bewährungsplan verändert (s. *OLG Köln* NJW 1955, 603; *BGHSt* 19, 173; a. M. *OLG Düsseldorf* JMBl. NW 1954, 85). Die bloße Aushändigung und Belehrung kann zusätzlich im Wege der Rechtshilfe (§§ 156 ff. GVG) von einem ersuchten Richter durchgeführt werden. Die Übertragung auf den Rechtspfleger ist jedoch unzulässig (ebenso *Dallinger/Lackner* § 60 Rn. 17).

II. Zeitpunkt

Der Bewährungsplan ist **umgehend nach Rechtskraft der Entscheidung** 2
über die Strafaussetzung (§ 22 Abs. 2 S. 1) aufzustellen. Soweit einzelne
Entscheidungen angefochten werden, sind diese zunächst außen vor zu
lassen und ggf. später zu ergänzen (s. § 60 Abs. 1 S. 4). Die endgültige Klärung kann nicht immer abgewartet werden (a. M. *Brunner/Dölling* § 60
Rn. 5; *Eisenberg* § 60 Rn. 10; wie hier *Sonnen* in *D/S/S* § 60 Rn. 3). Ein
Abwarten bis zum ersten Bericht des Bewährungshelfers erscheint unzulässig (so aber *Brunner/Dölling* § 60 Rn. 5), da dann die Informationswirkung des Bewährungsplans möglicherweise erst einsetzt, wenn es schon
zu spät ist, d. h. die ersten Schwierigkeiten aufgetreten sind. Andererseits
ist der Bewährungsplan auch bei allseitigem Rechtsmittelverzicht nicht
unmittelbar im Anschluß an die Hauptverhandlung aufzustellen und auszuhändigen, da der/die Verurteilte in dieser Situation kaum ein offenes Ohr
für die Bewährungsentscheidungen haben wird (s. *Schüler-Springorum*
Denkschrift über die Reform des JGG, MschrKrim 1966, 22; ebenso
Eisenberg § 60 Rn. 10). Änderungen von Bewährungsentscheidungen sind
im Bewährungsplan zu vermerken; wenn dieser beim Verurteilten nicht
mehr auffindbar ist, so sollte ein neuer Bewährungsplan aufgestellt werden, was bei umfangreichen Änderungen immer geschehen sollte.

III. Inhalt

Der Bewährungsplan muß enthalten die erteilten Weisungen und Auflagen (§ 60 Abs. 1 S. 1) und den Namen des Bewährungshelfers (§ 60 3
Abs. 2); er sollte enthalten die Dauer der Bewährungszeit, die Dauer der
Unterstellzeit, die Verpflichtung, den Wechsel des Aufenthalts, Ausbildungs- oder Arbeitsplatzes während der Bewährungszeit mitzuteilen (s.
§ 60 Abs. 1 S. 3), soweit nicht eine diesbezügliche ausdrückliche Weisung
ergangen ist, die Anschrift mit Telefonnummer des Bewährungshelfers
sowie die Rechtsmittelbelehrung (wie hier *Brunner/Dölling* § 60 Rn. 3;
Eisenberg § 60 Rn. 7). Die Weisungen und Auflagen, die angefochten
werden, sind nicht aufzunehmen, wohl aber diejenigen, die nur kurze Zeit
gelten, da auch insoweit eine Klarstellung erfolgen soll (a. M. *Brunner/
Dölling* § 60 Rn. 2; *Dallinger/Lackner* § 60 Rn. 3; *Eisenberg* § 60 Rn. 6;
noch weitergehend *Potrykus* § 60 Anm. 1). Durch eine genaue Formulierung, ggf. mit einer zeitlichen Begrenzung, kann hier auch eine Änderung
des Bewährungsplans vermieden werden. Eine Rechtskraft der Anordnungen ist nicht erforderlich, da insoweit immer die zeitlich unbefristete
Beschwerde möglich ist (s. § 59 Abs. 2). Sind keine speziellen Weisungen
oder Auflagen erteilt, ist trotzdem ein Bewährungsplan aufzustellen, da
der Bewährungshelfer immer schriftlich festgehalten werden muß (§ 60
Abs. 2) und mit der Aushändigung die weiteren Verpflichtungen gem.

§ 60 Abs. 1 S. 2 und 3 verknüpft sind, ganz abgesehen von dem Soll-Inhalt (weniger verbindlich *Brunner/Dölling* § 60 Rn. 4; erst recht *Eisenberg* § 60 Rn. 4: »mitunter«).

IV. Aushändigung und Belehrung

4 Gem. § 60 Abs. 1 S. 2 ist der Bewährungsplan dem/der Verurteilten auszuhändigen. Dies schließt die Übersendung oder Zustellung aus (h. M.; a. M. nur *Potrykus* § 60 Anm. 2; zur abweichenden Praxis s. Grdl. z. §§ 57-60 Rn. 6). Für diese Aushändigung ist ein besonderer Termin (»Bewährungstermin«) anzuberaumen (s. auch *Schüler-Springorum* Denkschrift über die Reform des JGG, MschrKrim 1966, 22; weniger verbindlich *Eisenberg* § 60 Rn. 12), der nicht unbedingt im Gerichtsgebäude stattfinden muß, in jedem Fall nicht als eine »förmliche Verhandlung aufgezogen« werden sollte. Hierbei ist nochmals umfassend die Situation des/der Verurteilten zu erörtern; allerdings können hier Weisungen und Auflagen ohne vorherige Anhörung der Staatsanwaltschaft (s. § 58 Abs. 1 S. 2) nicht geändert werden. An dem Gespräch sind bei jugendlichen Probanden der Erziehungsberechtigte und gesetzliche Vertreter (§ 60 Abs. 3 S. 2) sowie tunlichst auch der Bewährungshelfer zu beteiligen (s. auch RL zu § 60). Weder deren Beteiligung noch das Erscheinen des/der Verurteilten können aber erzwungen werden; insoweit fehlt es an einer ausdrücklichen gesetzlichen Ermächtigung (s. auch *OLG Celle* MDR 1963, 523 zu § 453 a StPO; ebenso *Dallinger/Lackner* § 60 Rn. 8; *Brunner/Dölling* § 60 Rn. 7; *Eisenberg* § 60 Rn. 14). Im letzten Fall ist neben der Vermittlung durch den Bewährungshelfer die schriftliche Bekanntgabe unausweichlich, wobei das Nichterscheinen kein Verstoß gegen Bewährungsverpflichtungen darstellt. Dem Erziehungsberechtigten und gesetzlichen Vertreter sowie dem Bewährungshelfer ist eine Durchschrift des Bewährungsplans auszuhändigen.

5 Ganz geringfügige Änderungen des Bewährungsplans müssen nicht erneut in einem Gespräch, können auch schriftlich mitgeteilt werden (ebenso *Dallinger/Lackner* § 60 Rn. 12; *Brunner/Dölling* § 60 Rn. 7; unbestimmt *Eisenberg* § 60 Rn. 19). Hierfür spricht neben der Geringfügigkeit der Abweichung die Gefahr einer weiteren Stigmatisierung, wenn der/die Verurteilte erneut beim Gericht erscheinen muß.

6 Der/die Verurteilte ist in diesem Gespräch über die rechtlichen Verpflichtungen der Bewährungszeit, über die – eventuell unterschiedliche – Dauer von Bewährungs- und Unterstellzeit, die Weisungen und Auflagen sowie die Widerrufsmöglichkeit zu belehren; weiterhin ist die Anzeigepflicht gem. § 60 Abs. 1 S. 3 zu erläutern. Der Ernst der Situation muß

deutlich werden, wobei positiv die Chance, vor der Strafverbüßung »wegzukommen«, herauszustreichen ist (s. auch *Eisenberg* § 60 Rn. 15).

V. Bestätigung und Versprechen

Der Proband soll durch Unterschrift das Lesen des Bewährungsplans bestätigen (§ 60 Abs. 3 S. 1). Hierbei ist an die Unterschrift des Bewährungsplans selbst gedacht, und zwar des Exemplares, das bei den Gerichtsakten verbleibt (s. auch *Eisenberg* § 60 Rn. 16; a. M. *Dallinger/Lackner* § 60 Rn. 13 und *Brunner/Dölling* § 60 Rn. 9, die auch die Unterschrift im Protokoll genügen lassen); dies ergibt sich aus § 60 Abs. 3 S. 2, wonach auch der Erziehungsberechtigte und der gesetzliche Vertreter den Bewährungsplan unterschreiben sollen. Zugleich soll der Proband das Versprechen geben, daß er den Weisungen und Auflagen nachkommen will. 7

Beide Verpflichtungen sind nicht durchsetzbar; ihre Nichtbefolgung ist folgenlos (h. M., s. *Brunner/Dölling* § 60 Rn. 10). Nicht nur deshalb sollte hierauf auch nicht gedrängt werden. Ansonsten kann sich ein unnützer Streit entzünden, der der Bewährungsbereitschaft des Probanden abträglich ist (s. auch *Eisenberg* § 60 Rn. 17). 8

VI. Anfechtung

Da der Bewährungsplan nur die zugrundeliegenden Entscheidungen dokumentiert, ist er selbst nicht anfechtbar. 9

§ 61 (aufgehoben)

Fünfter Unterabschnitt. Verfahren bei Aussetzung der Verhängung der Jugendstrafe

Grundlagen zu den §§ 62-64

Im 5. Unterabschnitt des Jugendstrafverfahrens ist das Verfahren für die Sanktion des § 27 geregelt. Insoweit gelten die Grundlagen zur Aussetzung der Verhängung der Jugendstrafe auch hier. S. im übrigen auch die Grdl. z. §§ 57-60.

Literatur

(s. Angaben zu den §§ 27-30)

§ 62. Entscheidungen

(1) Entscheidungen nach den §§ 27 und 30 ergehen auf Grund einer Hauptverhandlung durch Urteil. Für die Entscheidung über die Aussetzung der Verhängung der Jugendstrafe gilt § 267 Abs. 3 Satz 4 der Strafprozeßordnung sinngemäß.
(2) Mit Zustimmung des Staatsanwalts kann die Tilgung des Schuldspruchs nach Ablauf der Bewährungszeit auch ohne Hauptverhandlung durch Beschluß angeordnet werden.
(3) Ergibt eine während der Bewährungszeit durchgeführte Hauptverhandlung nicht, daß eine Jugendstrafe erforderlich ist (§ 30 Abs. 1), so ergeht der Beschluß, daß die Entscheidung über die Verhängung der Strafe ausgesetzt bleibt.
(4) Für die übrigen Entscheidungen, die infolge einer Aussetzung der Verhängung der Jugendstrafe erforderlich werden, gilt § 58 Abs. 1 Satz 1, 2 und 4 und Abs. 3 Satz 1 sinngemäß.

Inhaltsübersicht	Rn.
I. Verfahren zum Schuldurteil	1
II. Verfahren zur Bewährungszeit	2
III. Verfahren zur Einbeziehung des Schuldurteils	3
IV. Verfahren zum Strafurteil	4
V. Verfahren zur Tilgung des Schuldurteils	6

I. Verfahren zum Schuldurteil

Gemäß § 62 Abs. 1 wird die Entscheidung der Aussetzung der Verhängung einer Jugendstrafe aufgrund einer Hauptverhandlung durch Urteil getroffen. Der Schuldspruch erfordert eine Zweidrittel-Mehrheit (§ 263 Abs. 1 StPO); dies gilt auch für die Sanktion »Aussetzung der Verhängung der Jugendstrafe«, da dies die – nachteilige – Rechtsfolge darstellt mit Einschluß der Bewährungsbetreuung (a. M. *Brunner/Dölling* § 62 Rn. 1; wohl auch *Eisenberg* § 62 Rn. 4). Die Entscheidung ist auch im vereinfachten Verfahren möglich (anders die h. M., s. *BayObLG* MDR 1971, 864; *Brunner/Dölling* §§ 76-78 Rn. 3; *Eisenberg* § 27 Rn. 10). Zwar brauchen hier zur Vereinfachung und Beschleunigung nicht alle Verfahrensvorschriften eingehalten zu werden, aber nur soweit hierdurch die Erforschung der Wahrheit nicht beeinträchtigt wird. Auch ist der Katalog der hier nicht erlaubten Sanktionen abschließend. Das Argument, daß hier die Grundlage für die eventuelle Verhängung einer Jugendstrafe gelegt werde (*Brunner/Dölling* §§ 76-78 Rn. 3), ist nicht überzeugend, da hierüber erst in einem Nachverfahren entschieden wird. Durch Einstellungsbeschluß (s. § 45) ist § 27 nicht anwendbar. Eine eventuelle U-Haft ist aufzuheben, 1 auch vor Rechtskraft, da kein Haftgrund mehr besteht. Mit dem Schuldurteil entfällt eine Verdunklungsgefahr, bei Wiederholungsgefahr scheidet die Sanktion des § 27 aus; ebenso ist eine Fluchtgefahr regelmäßig zu verneinen, immer würde eine U-Haft mit dem Grundsatz der Verhältnismäßigkeit kollidieren. Sie darf erst – wieder – während der Bewährungszeit angeordnet werden, wenn sich die »schädlichen Neigungen« konkretisiert haben und ein Strafurteil bevorsteht. Allerdings kann sie auch dann – nach dem Schuldurteil – nicht mehr auf eine Verdunklungsgefahr gestützt werden. Die **Lücke des Sicherungshaftbefehls** gem. § 453 c StPO wird so aufgefüllt (s. auch *Brunner/Dölling* § 62 Rn. 4; unbestimmt *Eisenberg* § 58 Rn. 17; zur zukünftigen Regelung s. Grdl. z. §§ 27-30 Rn. 7). Da noch keine Entscheidung über eine Freiheitsentziehung getroffen wird, kann auch noch keine Anrechnung der U-Haft (§ 52 a) erfolgen, ebenso keine Entschädigung (§ 4 Abs. 1 Nr. 2 des Gesetzes über die Entschädigung für Strafverfolgungsmaßnahmen). In den Urteilsgründen (§ 54) ist insbesondere Stellung zu der Ungewißheit nach Ausschöpfung der Ermittlungsmöglichkeiten zu beziehen.

II. Verfahren zur Bewährungszeit

2 Die Entscheidung über die Bewährungszeit ergeht gem. § 62 Abs. 4 i. V. m. § 58 Abs. 1 durch Beschluß, wobei die Dauer später noch geändert werden kann (§ 28 Abs. 2 S. 2), aber nur vor ihrem Ablauf (s. § 22 Rn. 4). Hinsichtlich der weiteren Entscheidungen gilt kraft Verweisung ebenfalls § 58 Abs. 1 S. 1, 2, 4 und Abs. 3 S. 1. Eine Zuständigkeitsübertragung ist nicht vorgesehen, damit das Gericht des Hauptverfahrens auch im Nachverfahren entscheidet (s. *OLG Zweibrücken* Justizblatt Rheinland-Pfalz 1990, 42; *BGH* NStZ 1999, 361). Auch der sog. Ungehorsamsarrest darf bei einem Verstoß gegen Weisungen und Auflagen angeordnet werden (s. die §§ 29 S. 2, 23 Abs. 1 S. 4, 11 Abs. 3); die früher umstrittene Frage ist seit dem 1. Januar 1975 in diesem Sinne entschieden. Zur besonderen Zuständigkeit s. § 27 Rn. 2. Eine während der Bewährungszeit durchgeführte Hauptverhandlung kann auch zum Ergebnis haben, daß die Bewährungszeit fortgesetzt wird (§ 62 Abs. 3).

III. Verfahren zur Einbeziehung des Schuldurteils

3 (s. § 30 Rn. 7)

IV. Verfahren zum Strafurteil

4 Auch diese Entscheidung ergeht aufgrund einer Hauptverhandlung durch Urteil (§ 62 Abs. 1). Voraussetzung ist, daß das Schuldurteil rechtskräftig geworden ist. Der Termin zur Hauptverhandlung ist von Amts wegen an-

zuberaumen; die Staatsanwaltschaft hat – zusätzlich – ein Antragsrecht. Gegen die Ablehnung, einen Termin zur Hauptverhandlung anzuberaumen, steht der Staatsanwaltschaft nach h. M. (s. *Eisenberg* § 63 Rn. 6 m. w. N.) die einfache Beschwerde (§ 304 StPO) zu, obwohl § 63 Abs. 1 eine Anfechtung der Entscheidung, daß die Verhängung der Jugendstrafe ausgesetzt bleibt (§ 62 Abs. 3), ausschließt. Diese Nichtanfechtbarkeit gilt auch, wenn der Beschluß erst in der Berufungsinstanz getroffen wird (s. *OLG Schleswig* bei *Lorenzen/Görl* SchlHA 1989, 121). Dieser Auffassung ist zuzustimmen. Die Staatsanwaltschaft hat einen Anspruch auf Prüfung in einer Hauptverhandlung; dies ergibt sich aus § 62 Abs. 1 und Abs. 2. Zuständig ist das Gericht des Schuldurteils (s. § 62 Abs. 4 i. V. m. § 58 Abs. 3); nur die Nebenentscheidungen können übertragen werden (a. M. *Brunner/Dölling* § 62 Rn. 6); sie müssen es bei der Aussetzung durch ein Erwachsenengericht (§ 104 Abs. 5 S. 2); eine Abgabe des Gesamtverfahrens ist nicht möglich (s. § 62 Abs. 4: »Für die übrigen Entscheidungen«; ebenso *Brunner/Dölling* § 62 Rn. 6 m. w. N.). Allerdings erscheint eine Verweisung gem. § 270 StPO zulässig (wie hier *Brunner/Dölling* § 62 Rn. 6; a. M. *Pentz* NJW 1954, 1353), obwohl nach dem Gesetz eine Personenidentität von Schuld- und Strafrichter angestrebt wird. Eine Notwendigkeit wird sich allerdings hierfür kaum herausstellen, da der Strafrahmen des Jugendrichters regelmäßig ausreicht.

Das Nachverfahren selbst ist im Gesetz nicht geregelt. Insoweit gelten die Ladungsgebote mit den Ladungsfristen (§§ 216 ff. StPO). Gleichzeitig ist der Beschluß über die Weiterführung der Verhandlung zuzustellen (§ 215 StPO). Hierin sind die Verdachtsmomente für »schädliche Neigungen« mitzuteilen und die Beweismittel zu benennen. In der Hauptverhandlung ist zunächst das Schuldurteil entsprechend § 324 StPO zu verlesen, ebenso der Beschluß über das Nachverfahren (s. auch *Brunner/Dölling* § 62 Rn. 3). Nach Ablauf der Bewährungszeit hat das Nachverfahren unverzüglich stattzufinden. Der/die Angeklagte hat nach der Zeit der Unsicherheit einen Anspruch auf eine abschließende Entscheidung. Auch wenn der Gesetzgeber insoweit keine ausdrückliche zeitliche Vorgabe macht, ist im Interesse des/der Verurteilten und der Rechtssicherheit die zeitliche Grenze der Verfahrensaussetzung (§ 229 Abs. 1 S. 2 StPO) analog auch hier heranzuziehen. 30 Tage nach Ablauf der Bewährungszeit muß das Verfahren ein Ende finden, entweder mit einem Strafurteil oder mit der Tilgung des Schuldurteils, nach Ablauf der Frist immer mit der Tilgung (s. zur vergleichbaren Situation beim Widerruf §§ 26, 26 a Rn. 3). Auch in diesem Nachverfahren ist die Anrechnung der U-Haft gem. § 52 a zu prüfen.

V. Verfahren zur Tilgung des Schuldurteils

6 Die Tilgung des Schuldurteils erfolgt aufgrund einer Hauptverhandlung durch Urteil oder mit Zustimmung der Staatsanwaltschaft ohne Hauptverhandlung durch Beschluß. Sie hat unmittelbar nach Ablaufen der – erfolgreichen – Bewährungszeit zu erfolgen (anders häufig die Praxis, s. § 29 Rn. 2); zum Verfahren s. Rn. 5. Mit der Tilgung wird die Eintragung ins Zentralregister entfernt (§ 13 Abs. 2 S. 2 Nr. 1 BZRG). Der Schuldspruch wird auch getilgt, wenn er in eine Erziehungsmaßregel oder ein Zuchtmittel einbezogen wird (§ 13 Abs. 2 S. 2 Nr. 2 BZRG); statt dessen erfolgt die Eintragung in das Erziehungsregister (§ 60 Abs. 1 Nr. 2, 3 BZRG).

§ 63. Anfechtung

(1) Ein Beschluß, durch den der Schuldspruch nach Ablauf der Bewährungszeit getilgt wird (§ 62 Abs. 2) oder die Entscheidung über die Verhängung der Jugendstrafe ausgesetzt bleibt (§ 62 Abs. 3), ist nicht anfechtbar.
(2) Im übrigen gilt § 59 Abs. 2 und 5 sinngemäß.

I. Rechtsmittel gegen das Schuld- und Strafurteil sowie gegen die Tilgung des Schuldurteils

Das Schuldurteil gem. § 27 ist selbständig anfechtbar mit Berufung oder Revision (s. § 55 Abs. 2), ebenso das »Strafurteil« gem. § 30 Abs. 1. Dies gilt auch für die Tilgung des Schuldurteils durch **Urteil**, allerdings mangels einer Beschwer nur für die Staatsanwaltschaft; die Tilgung durch Beschluß ist unanfechtbar (§ 63 Abs. 1), da wegen des Zustimmungserfordernisses der Staatsanwaltschaft (s. § 62 Abs. 3) niemand beschwert ist. Fehlt die Zustimmung, besteht für die Staatsanwaltschaft die Möglichkeit einer sofortigen Beschwerde (h. M.). Ebenso ist die sofortige Beschwerde zulässig, wenn – unzulässigerweise – der Schuldspruch vor Ablauf der Bewährungszeit getilgt wird (*LG Hamburg* bei *Böhm* NStZ 1989, 523).

II. Rechtsmittel in der Bewährungszeit

Aufgrund der Verweisung in § 63 Abs. 2 kann gegen die Entscheidung über die Dauer der Bewährungszeit (§ 28) sowie über Weisungen und Auflagen (§§ 29 S. 2, 23) Beschwerde eingelegt werden (§ 59 Abs. 2); zur besonderen Zuständigkeit im Falle einer Revision s. § 59 Abs. 5 (s. im einzelnen § 59 Rn. 11-14 sowie Rn. 19, 20). Der Beschluß über die weitere Aussetzung der Verhängung der Jugendstrafe ist nicht anfechtbar (§ 63 Abs. 1).

§ 64. Bewährungsplan

§ 60 gilt sinngemäß. Der Jugendliche ist über die Bedeutung der Aussetzung, die Bewährungs- und Unterstellzeit, die Weisungen und Auflagen sowie darüber zu belehren, daß er die Festsetzung einer Jugendstrafe zu erwarten habe, wenn er sich während der Bewährungszeit schlecht führe.

I. Allgemeine Anforderungen

1   Hinsichtlich der allgemeinen Anforderungen wird auf § 60 (s. dort Rn. 3, 4) verwiesen.

II. Besondere Anforderungen

2   Zusätzlich ist der Proband auf die besondere Bedeutung der Sanktion des § 27 hinzuweisen. In der Praxis wird die 27er-Entscheidung von den Verurteilten häufig als Freispruch gewertet (s. *Adam* in: Die jugendrichterlichen Entscheidungen – Anspruch und Wirklichkeit, DVJJ 12, [1981], 345; *Ostendorf* NJW 1981, 380 m. w. N. in Fn. 26). Das Gefühl, nochmals »davongekommen« zu sein, ist trügerisch. Die Drohung mit der Jugendstrafe darf aber nicht für die Nichtbefolgung der Weisungen und Auflagen ausgesprochen werden (zu unverbindlich *Eisenberg* § 64 Rn. 6); insoweit kommt nur der Ungehorsamsarrest in Betracht (s. § 62 Rn. 2).

Sechster Unterabschnitt. Ergänzende Entscheidungen

Grundlagen zu den §§ 65 und 66

Im 6. Unterabschnitt wird das Verfahren für nachträgliche Entscheidungen über Weisungen und Auflagen (§ 65) und für die Ergänzung rechtskräftiger Entscheidungen bei mehrfacher Verurteilung (§ 66) geregelt. Hinsichtlich § 65 wird auf die Grdl. z. §§ 9-12 sowie §§ 13-16 und hinsichtlich § 66 wird auf die Grdl. z. §§ 31-32 verwiesen.

§ 65. Nachträgliche Entscheidungen über Weisungen und Auflagen

(1) Nachträgliche Entscheidungen, die sich auf Weisungen (§ 11 Abs. 2, 3) oder Auflagen (§ 15 Abs. 3) beziehen, trifft der Richter des ersten Rechtszuges nach Anhören des Staatsanwalts und des Jugendlichen durch Beschluß. Soweit erforderlich, sind der Vertreter der Jugendgerichtshilfe, der nach § 10 Abs. 1 Satz 3 Nr. 5 bestellte Betreuungshelfer und der nach § 10 Abs. 1 Satz 3 Nr. 6 tätige Leiter eines sozialen Trainingskurses zu hören. Wenn die Verhängung von Jugendarrest in Betracht kommt, ist dem Jugendlichen Gelegenheit zur mündlichen Äußerung vor dem Richter zu geben. Der Richter kann das Verfahren an den Jugendrichter abgeben, in dessen Bezirk sich der Jugendliche aufhält, wenn dieser seinen Aufenthalt gewechselt hat. § 42 Abs. 3 Satz 2 gilt entsprechend.

(2) Hat der Richter die Änderung von Weisungen abgelehnt, so ist der Beschluß nicht anfechtbar. Hat er Jugendarrest verhängt, so ist gegen den Beschluß sofortige Beschwerde zulässig. Diese hat aufschiebende Wirkung.

Inhaltsübersicht

	Rn.
I. Anwendungsbereich und sachliche Zuständigkeit	1
II. Örtliche und funktionelle Zuständigkeit	2
III. Verfahren	
1. Einleitung	4
2. Durchführung	5
3. Rechtsmittel	6

I. Anwendungsbereich und sachliche Zuständigkeit

1 Die Vorschrift gilt in Verfahren vor den Jugendgerichten, und zwar gegen Jugendliche und Heranwachsende, soweit gegen sie Jugendstrafrecht zur Anwendung kommt (§ 109 Abs. 2 S. 1). In Verfahren vor den für allgemeine Strafsachen zuständigen Gerichten soll nach verbreiteter Meinung eine Regelungslücke bestehen, da im § 104 Abs. 1, auf den wiederum § 112 Bezug nimmt, nicht auf die §§ 65 und 66 verwiesen wird. Entweder wird eine entsprechende Anwendung vorgeschlagen (*Eisenberg* § 65 Rn. 2; *Dallinger/Lackner* § 104 Rn. 8 c mit Ausnahme von § 65 Abs. 1 S. 3) oder die Anwendung gem. § 104 Abs. 2 begründet (*Potrykus* § 65 Anm. 3) oder gem. § 42 der örtlich zuständige Jugendrichter berufen (*Brunner/Dölling* § 65 Rn. 4). Sachlich folgt aus § 65, daß das Gericht, das sich in der ersten Hauptverhandlung Gedanken über die Sanktionierung gemacht hat und deshalb die Situation des/der Verurteilten einzuschätzen weiß, auch über nachträgliche Entscheidungen bestimmen soll. Dies bedeutet zunächst,

*Zweites Hauptstück. Jugendgerichtsverfassung
und Jugendstrafverfahren* § 65

daß im Fall der Abgabe an den Vormundschaftsrichter/Familienrichter gem. § 53 bzw. gem. § 104 Abs. 4 dieser auch über Änderungen der Weisungen gem. § 11 Abs. 2 zu befinden hat; sofern ein »Ungehorsamsarrest« in Betracht kommt, hat wiederum der abgebende Richter zu entscheiden, da damit eine Korrektur der Anordnung von Erziehungsmaßregeln erfolgt, inhaltlich jetzt ein Zuchtmittel angewendet wird (h. M.; s. § 53 Rn. 10). Diese Überlegung gilt auch für das Erwachsenenstrafgericht, soweit es selbst über die Sanktionen befunden hat, wobei hinsichtlich der Zuständigkeit gar keine Regelungslücke besteht. Im § 65 Abs. 1 wird neben den §§ 102, 103 eine weitere selbständige Zuständigkeitsregelung getroffen; die Verfahrensanwendung ist gem. den §§ 104 Abs. 2, 112 S. 1 geboten. Im Ergebnis hat demnach in diesen Fällen das Erwachsenenstrafgericht des ersten Rechtszuges zu entscheiden, wobei gem. § 65 Abs. 1 S. 2 im Falle des Aufenthaltswechsels an den **Jugendrichter** abgegeben werden kann.

II. Örtliche und funktionelle Zuständigkeit

Zuständig ist das Gericht des ersten Rechtszuges, nicht der Vollstreckungsleiter gem. § 82, wenngleich hier regelmäßig Personenidentität bestehen wird (s. § 84). Der Vollstreckungsleiter prüft nur, ob das Verfahren – nicht bloß, wenn ein »Ungehorsamsarrest« in Betracht kommt – dem Richter des ersten Rechtszuges vorzulegen ist. Er hat vorher aber alle Möglichkeiten (Hinweis auf den drohenden »Ungehorsamsarrest«; Änderung der Weisungen) auszuschöpfen, um die Sanktionierung ohne den »Ungehorsamsarrest« durchzusetzen (ebenso *Eisenberg* § 65 Rn. 5). 2

Gem. § 65 Abs. 1 S. 2 kann das Verfahren an den Jugendrichter abgegeben werden, in dessen Bezirk der/die Verurteilte verzogen ist. Eine Zustimmung der Staatsanwaltschaft ist im Unterschied zu § 42 Abs. 3 S. 1 nicht erforderlich; § 42 Abs. 3 S. 2 wiederum gilt entsprechend (§ 65 Abs. 1 S. 3). 3

III. Verfahren

1. Einleitung

Das Verfahren kann von Amts wegen oder auf Anregung bzw. Antrag jedes Verfahrensbeteiligten, insbesondere der Jugendgerichtshilfe und der Bewährungshilfe, die gem. § 38 Abs. 2 S. 5 über die Durchführung der Weisungen und Auflagen zu wachen und erhebliche Zuwiderhandlungen mitzuteilen haben (§ 38 Abs. 2 S. 6), eingeleitet werden. 4

2. Durchführung

5 Eine mündliche Verhandlung ist nicht zwingend; es müssen aber die Staatsanwaltschaft und der/die Verurteilte (§ 65 Abs. 1 S. 1), die Erziehungsberechtigten und gesetzlichen Vertreter (§ 67 Abs. 2) gehört werden. Gem. § 65 Abs. 1 S. 2 n. F. sind – »soweit erforderlich« – der Vertreter der Jugendgerichtshilfe, der nach § 10 Abs. 1 S. 3 Nr. 5 bestellte Betreuungshelfer und der nach § 10 Abs. 1 S. 3 Nr. 6 tätige Leiter eines sozialen Trainingskurses zu hören. Zumindest für die Anhörung der Jugendgerichtshilfe schreibt aber § 38 Abs. 3 S. 1 eine verpflichtende Beteiligung vor (nur für eine Anhörung »in der Regel« *Eisenberg* § 11 Rn. 10). Da die Verurteilten häufig sich nicht hinreichend schriftlich ausdrücken können, häufig das, was ihnen droht, nicht abschätzen können, ist eine mündliche Anhörung regelmäßig geboten (ebenso im Ergebnis *Brunner/Dölling* § 65 Rn. 5; *Werlich* in: Jugendarrest und/oder Betreuungsweisung, hrsg. von *Schumann*, 1985, S. 166); zur besseren Sachaufklärung und im Interesse einer »richtigen« Entscheidung kann auch eine allgemeine mündliche Verhandlung erforderlich sein. Gem. § 65 Abs. 1 S. 3 n. F. ist dem/der Jugendlichen/Heranwachsenden Gelegenheit zur mündlichen Äußerung vor dem Richter zu geben, wenn die Verhängung von Jugendarrest in Betracht kommt. Im Unterschied zum Gesetzesentwurf (BT-Drucks. 11/5829), in dem die Anhörung nur als eine Sollvorschrift konzipiert war, besteht insoweit eine gesetzliche Verpflichtung. Allerdings muß nur eine Gelegenheit zur Anhörung gegeben werden; diese muß jedoch zumutbar sein, wobei auch die Einschaltung der Jugendgerichtshilfe zu bedenken ist. Allerdings kann der/die Verurteilte nicht zum Erscheinen gezwungen werden; auch darf ein Nichterscheinen nicht nachteilig bewertet werden. Die Entscheidung ergeht durch Beschluß, der zu begründen und mit Rechtsmittelbelehrung zu versehen ist (s. §§ 34, 35 a StPO i. V. m. § 2); zur Bekanntmachung s. § 35 StPO, § 67 Abs. 2. Über die Entscheidung ist die Jugendgerichtshilfe zu unterrichten (vgl. RL III Nr. 1 und IV Nr. 2 S. 1 zu den §§ 82-85). Ebenfalls hat gem. den §§ 60 Abs. 1 Nr. 2, 20 S. 1 BZRG eine Mitteilung an das Bundeszentralregister zu erfolgen; die Bedenken von *Eisenberg* (§ 65 Rn. 14) überzeugen nicht, da auch der Beschluß eine »Anordnung« beinhaltet. Allerdings darf dies nicht zu einer Doppeleintragung führen: Die ursprüngliche Sanktion ist zu streichen (s. auch § 11 Rn. 15).

3. Rechtsmittel

6 Unter Beachtung des § 55 kann die Änderung von Weisungen mit Einschluß ihrer Befreiung und der Verlängerung der Laufzeit sowie die Befreiung von Auflagen gem. § 304 StPO i. V. m. § 2 mit der einfachen Beschwerde angefochten werden (h. M., s. *Brunner/Dölling* § 65 Rn. 8; *Eisenberg* § 65 Rn. 16); dies gilt jedoch nur, wenn auch eine tatsächliche Be-

schwer vorliegt. Wird »Ungehorsamsarrest« verhängt, ist gem. § 65 Abs. 2 S. 2 die sofortige Beschwerde zulässig, die hier aufschiebende Wirkung hat (§ 65 Abs. 2 S. 3).

Wird ein Antrag auf Änderung von Weisungen abgelehnt, so ist dieser Beschluß unanfechtbar (§ 65 Abs. 2 S. 1); dies gilt nicht für den Antrag, Auflagen zu ändern oder von Weisungen und Auflagen zu befreien, da in den §§ 11 Abs. 2, 15 Abs. 3 S. 1 zwischen Änderung und Befreiung sowie zwischen Weisung und Auflage differenziert wird (ebenso *Dallinger/ Lackner* § 65 Rn. 11; *Eisenberg* § 65 Rn. 16; *Schoreit* in: *D/S/S* § 65 Rn. 9). 7

Die Wiederaufnahme des Verfahrens, in dem Jugendarrest verhängt wurde, ist unter entsprechender Anwendung der §§ 359 ff. StPO möglich. Da hier die ursprüngliche Sanktion durch den »Ungehorsamsarrest« ersetzt wird (s. § 11 Rn. 11), hat der Beschluß urteilsähnlichen Charakter: Über die Strafrechtsfolgen wird neu entschieden (mit anderer Begründung ebenso *Brunner/Dölling* § 65 Rn. 9, § 55 Rn. 49, und *Eisenberg* § 65 Rn. 20, § 55 Rn. 30: im Interesse einer materiellen Gerechtigkeit; a. M. *LG Stuttgart* NJW 1957, 1686; *Dallinger/Lackner* § 65 Rn. 13). Ansonsten ist auf den Weg der fristlosen Beschwerde oder – im Fall des § 65 Abs. 2 S. 1 – einer erneuten Antragstellung zu verweisen. 8

§ 66. Ergänzung rechtskräftiger Entscheidungen bei mehrfacher Verurteilung

(1) Ist die einheitliche Festsetzung von Maßnahmen oder Jugendstrafe (§ 31) unterblieben und sind die durch die rechtskräftigen Entscheidungen erkannten Erziehungsmaßregeln, Zuchtmittel und Strafen noch nicht vollständig ausgeführt, verbüßt oder sonst erledigt, so trifft der Richter eine solche Entscheidung nachträglich. Dies gilt nicht, soweit der Richter nach § 31 Abs. 3 von der Einbeziehung rechtskräftig abgeurteilter Straftaten abgesehen hatte.

(2) Die Entscheidung ergeht auf Grund einer Hauptverhandlung durch Urteil, wenn der Staatsanwalt es beantragt oder der Vorsitzende es für angemessen hält. Wird keine Hauptverhandlung durchgeführt, so entscheidet der Richter durch Beschluß. Für die Zuständigkeit und das Beschlußverfahren gilt dasselbe wie für die nachträgliche Bildung einer Gesamtstrafe nach den allgemeinen Vorschriften. Ist eine Jugendstrafe teilweise verbüßt, so ist der Richter zuständig, dem die Aufgaben des Vollstreckungsleiters obliegen.

Inhaltsübersicht

	Rn.
I. Anwendungsbereich	1
II. Voraussetzungen	
1. Unterlassung einer einheitlichen Sanktionierung gem. § 31	3
2. Rechtskraft der Entscheidungen	5
3. Möglichkeit der Vollstreckung	6
4. Ermessensentscheidung	9
III. Rechtsfolgen	11
IV. Zuständigkeit	
1. Allgemeine Regelung	12
2. Besondere Regelung	13
V. Verfahren	
1. Entscheidung durch Urteil	17
2. Entscheidung durch Beschluß	20
VI. Rechtsmittel	
1. gegen das Urteil	21
2. gegen den Beschluß	22
3. gegen die Entscheidung über das Verfahren	23

I. Anwendungsbereich

1 Die Vorschrift ist in Verfahren vor den Jugendgerichten, und zwar gegen Jugendliche und Heranwachsende, anzuwenden, soweit gegen Heranwachsende Jugendstrafrecht angewendet wird (§ 109 Abs. 2 S. 1); dies gilt

auch dann, wenn die einheitliche Festsetzung von Maßnahmen oder Jugendstrafe nach § 105 Abs. 2 unterblieben ist (§ 109 Abs. 2 S. 2), es sei denn, der Richter hatte aus erzieherischen Gründen von der Einbeziehung abgesehen (§ 66 Abs. 1 S. 2 i. V. m. den §§ 31 Abs. 3, 105 Abs. 2).

Für die Anwendung in Verfahren vor den Erwachsenengerichten fehlt eine ausdrückliche Verweisung im § 104 Abs. 1, auf den im § 112 S. 1 Bezug genommen wird. Insoweit ist aber aufgrund einer pflichtgemäßen Ermessensentscheidung gem. den §§ 104 Abs. 2, 112 S. 1 die Anwendung geboten (ebenso *Brunner/Dölling* § 66 Rn. 13; *Eisenberg* § 66 Rn. 1 und 2; a. M. *Potrykus* § 104 Anm. 3; wohl auch *Dallinger/Lackner* § 104 Rn. 25). Die Erwachsenenzuständigkeit, die gem. § 66 Abs. 2 S. 3 i. V. m. § 462 a StPO auch für das nachträgliche Verfahren begründet wird (s. auch § 65 Rn. 1), darf sich nicht zum Nachteil des/der Jugendlichen oder Heranwachsenden auswirken.

II. Voraussetzungen

1. Unterlassung einer einheitlichen Sanktionierung gem. § 31

Erste Voraussetzung ist das Unterlassen einer einheitlichen Sanktionierung gem. § 31, d. h., sowohl nach Abs. 1 als auch Abs. 2 und 3. Dies bedingt, daß diese Voraussetzungen jetzt bestehen müssen (s. im einzelnen die Kommentierung zu § 31 Rn. 4-19). Die Frage nach dem Grund der Unterlassung stellt sich nur im Hinblick auf § 66 Abs. 1 S. 2; ansonsten sind die Gründe unmaßgeblich, so daß sowohl eine einheitliche Sanktionierung geboten ist, wenn die Voraussetzungen, Rechtskraft der Vorverurteilung, erst später eingetreten sind, als auch wenn die Voraussetzungen damals verkannt wurden. Auch wenn rechtsirrig die Voraussetzungen verneint wurden, ist nachträglich anders zu entscheiden; § 66 Abs. 1 S. 1 sieht insoweit keine Einschränkung vor, die aufgrund der Möglichkeit einer Hauptverhandlung auch sachlich nicht geboten ist (s. *Dallinger/Lackner* § 66 Rn. 3; *Brunner/Dölling* § 66 Rn. 3; *Eisenberg* § 66 Rn. 17).

Ausgeschlossen ist eine nachträgliche Entscheidung, wenn die einheitliche Sanktionierung gem. § 31 Abs. 3, d. h. aus erzieherischen Gründen unterblieben ist (§ 66 Abs. 1 S. 2). Eine Prüfung der erzieherischen Zweckmäßigkeit soll nicht stattfinden; d. h., es ist auch eine Entscheidung zu akzeptieren, die erzieherisch falsch ist. Allerdings muß die Ablehnung der einheitlichen Sanktionierung ausdrücklich auf erzieherischen Gründen beruhen; dies muß in der vorausgegangenen Entscheidung formuliert sein (s. *Dallinger/Lackner* § 66 Rn. 4; *Brunner/Dölling* § 66 Rn. 2). Kommen zu einer ablehnenden Entscheidung weitere Verfahren hinzu, so entfällt die Sperrwirkung, d. h., alle noch vollstreckbaren Entscheidungen sind für eine einheitliche Sanktionierung zu prüfen (ebenso *Dallinger/Lackner* § 66 Rn. 4; *von*

Beckerath Jugendstrafrechtliche Reaktionen bei Mehrfachtäterschaft, 1997, S. 152).

2. Rechtskraft der Entscheidungen

5 Für die nachträgliche einheitliche Sanktionierung ist es erforderlich, daß die Entscheidung, die korrigiert werden soll, bzw. die Entscheidungen, die zusammengefaßt werden sollen, rechtskräftig ist bzw. sind. Damit soll ein möglicher Konflikt im Rechtsmittelverfahren vermieden werden. Zweifel über den Urteilsspruch, über die Berechnung der Jugendstrafe, des Jugendarrestes müssen gem. den §§ 458, 462 StPO vom entscheidenden Gericht behoben sein (s. *BayObLG* NJW 1955, 601; zust. *Potrykus* § 66 Anm. 3; *Brunner/Dölling* § 66 Rn. 2; *Eisenberg* § 66 Rn. 19) bzw. von diesem Gericht in der zusammenfassenden Entscheidung behoben werden. Sind von mehreren einzubeziehenden Verfahren noch nicht alle rechtskräftig, so kann eine einheitliche Sanktionierung der bereits rechtskräftigen Entscheidungen trotzdem bereits zum Zweck einer einheitlichen Vollstreckung geboten sein (ebenso *Dallinger/Lackner* § 66 Rn. 6; *Eisenberg* § 66 Rn. 19); dadurch wird eine nochmalige spätere Zusammenfassung zusammen mit anderen Entscheidungen nicht gehindert.

3. Möglichkeit der Vollstreckung

6 Eine Entscheidung ist nur korrigierbar bzw. einziehbar, wenn die erkannten Sanktionen noch nicht vollständig ausgeführt, verbüßt oder sonst erledigt sind (s. im einzelnen § 31 Rn. 10-13). Diese Voraussetzung weicht von der im § 460 StPO ab, so daß nicht entscheidend ist, ob zum Zeitpunkt der letzten rechtskräftigen Entscheidung noch die Möglichkeit einer Vollstreckung bestand (so aber *Potrykus* § 66 Anm. 1; wie hier *Dallinger/Lackner* § 66 Rn. 7; *Eisenberg* § 66 Rn. 21).

7 **Auch die Schuldfeststellung gem. § 27 ist einziehbar**, wie bei § 31 Abs. 2 (s. § 31 Rn. 7, 9; a. M. *Dallinger/Lackner* § 66 Rn. 8; *Potrykus* RdJ 1956, 210; *Eisenberg* § 66 Rn. 22; wie hier *Brunner/Dölling* § 66 Rn. 2). Zwar werden im § 66 Abs. 1 lediglich die Erziehungsmaßregeln, Zuchtmittel und Strafen genannt. Diese Unterlassungssünde begeht der Gesetzgeber auch anderswo (s. §§ 5, 8, 31 Abs. 1). Zum anderen wird allgemein auf Maßnahmen gem. § 31 Bezug genommen (§ 66 Abs. 1 S. 1); im § 31 Abs. 2 S. 1 wird aber ausdrücklich die Schuldfeststellung erwähnt. Insofern war eine besondere Erwähnung im § 66 auch nicht erforderlich (so aber *Eisenberg* § 66 Rn. 22; wie hier *von Beckerath* Jugendstrafrechtliche Reaktionen bei Mehrfachtäterschaft, 1997, S. 157). Ebenso ist es nicht entscheidend, daß gem. § 66 Abs. 2 S. 2 die nachträgliche Einbeziehung auch durch Beschluß ergehen kann, während § 62 für die Entscheidung gem. § 30 eine Hauptverhandlung zwingend vorschreibt (so aber *Dallinger/Lackner* § 66

Rn. 8; nachfolgend *Eisenberg* § 66 Rn. 22). Dies führt lediglich zu einer Bindung des Ermessens für die Durchführung einer Hauptverhandlung. Entscheidend ist das Gesetzesziel, wonach das Prinzip der einheitlichen Sanktionierung auch für den Schuldspruch zu gelten hat.

Auch eine noch ausstehende Maßregel der Besserung und Sicherung sowie Nebenfolgen erfüllen die Voraussetzung »Möglichkeit der Vollstreckung« (s. § 31 Rn. 7). 8

4. Ermessensentscheidung

Nach dem Wortlaut des § 66 hat der Richter bei Vorliegen der o. g. Voraussetzungen (Rn. 3-8) nachträglich eine einheitliche Sanktionierung gem. § 31 zu treffen. Da aber die Entscheidung gem. § 31 Abs. 2 über die Einbeziehung im Ermessen steht, gilt dieses insoweit auch für § 66 (s. RL Nr. 1 S. 2 zu § 66; ebenso *Dallinger/Lackner* § 66 Rn. 10; *Brunner/Dölling* § 66 Rn. 6; *Eisenberg* § 66 Rn. 8). Wegen der seinerseitigen Bindungswirkung (s. Rn. 4) ist ein solcher Verzicht ausdrücklich auszusprechen: »Von einer nachträglichen Ergänzung der Urteile ... durch eine einheitliche Sanktionierung wird abgesehen« (so bereits *Dallinger/Lackner* § 66 Rn. 10). Diese Entscheidung ist zu begründen. Im Regelfall ist jedoch von einer erzieherischen Zweckmäßigkeit auszugehen (s. § 31 Rn. 14). 9

Unzulässig ist es, durch Abwarten sich um eine Entscheidung herumzudrücken (s. *Potrykus* § 66 Anm. 1; *Dallinger/Lackner* § 66 Rn. 12); lediglich wenn abzusehen ist, daß sich die Vollstreckung zum Zeitpunkt der späteren Entscheidung erledigt haben wird, oder wenn die Rechtskraft einer weiteren Entscheidung unmittelbar bevorsteht, ist hiervon eine Ausnahme erlaubt. 10

III. Rechtsfolgen

Die Rechtsfolgen entsprechen denen des § 31 (s. dort Rn. 6, 23, 24). Das Verschlechterungsverbot, die reformatio in peius, besteht nicht, da hier keine andere Rechtsmittelinstanz entscheidet, wobei der/die Verurteilte nicht einmal ein Antrags-, lediglich Anregungsrecht hat. Das heißt, die einzelnen Sanktionen dürfen verschärft werden. Soweit darüber hinaus auch gebilligt wird, daß die Summe der bislang angeordneten Sanktionen übertroffen wird (so *Dallinger/Lackner* § 66 Rn. 9; zust. *Brunner/Dölling* § 66 Rn. 5; zw. *Eisenberg* § 66 Rn. 7), so kann dem nicht gefolgt werden. Das Verbot des § 54 Abs. 2 S. 1 StGB hat hier mit Rücksicht auf das Prinzip, Jugendliche in gleicher Verfahrenslage nicht gegenüber Erwachsenen zu benachteiligen (s. § 5 Rn. 4), analog zu gelten. 11

IV. Zuständigkeit

1. Allgemeine Regelung

12 Mit Ausnahme der Regelung im § 66 Abs. 2 S. 4 richtet sich die Zuständigkeit nach § 462 a Abs. 3 S. 1, 2 StPO: Es entscheidet das Gericht des ersten Rechtszuges; waren verschiedene Gerichte an den Urteilen beteiligt, so steht die Entscheidung dem Gericht zu, daß auf die schwerste Strafart oder bei Strafen gleicher Art auf die höchste Strafe erkannt hat, und falls hiernach mehrere Gerichte zuständig sein würden, dem Gericht, dessen Urteil zuletzt ergangen ist. Diese Abstufung der Sanktionsschwere ist im Jugendstrafrecht allerdings schwerer zu treffen als im Erwachsenenstrafrecht (s. § 5 Rn. 21). Die Grenzen für die Sanktionskompetenz (s. § 462 a Abs. 3 S. 4 StPO) gelten auch hier (ebenso *Potrykus* § 66 Anm. 3).

2. Besondere Regelung

13 Abweichend von der allgemeinen Regelung gilt eine besondere Zuständigkeit für den Vollstreckungsleiter (s. § 82), wenn eine Jugendstrafe teilweise verbüßt ist (s. § 66 Abs. 2 S. 4). Für den Vollstreckungsleiter des Jugendarrestes gibt es aufgrund der eindeutig begrenzenden Regelung keine Sonderzuständigkeit (ebenso *Dallinger/Lackner* § 66 Rn. 20; *Brunner/Dölling* § 66 Rn. 11; *Eisenberg* § 66 Rn. 12; a. M. *Potrykus* § 66 Anm. 6).

14 Soweit bislang lediglich die U-Haft angerechnet wurde und der Strafvollzug selbst noch nicht begonnen hat, liegt keine teilweise Verbüßung i. S. des § 66 Abs. 2 S. 4 vor; entscheidend ist die bessere Sachkompetenz des Vollstreckungsleiters, der den/die Verurteilte(n) im Vollzug bereits kennengelernt hat (ebenso *Brunner/Dölling* § 66 Rn. 10; *Eisenberg* § 66 Rn. 10). Ist die Strafe gänzlich verbüßt oder ist sie erlassen, ist auch die besondere Zuständigkeit beendet; bei Aussetzung des Restes der Jugendstrafe (§ 88) bleibt sie bestehen.

15 Die Zuständigkeit ist sachlich eine ausschließliche, so daß hier die Grenze für die Sachkompetenz des § 39 Abs. 2 nicht besteht (ausführlich begründet von *Dallinger/Lackner* § 66 Rn. 25; ebenso *Brunner/Dölling* § 66 Rn. 10; *Eisenberg* § 66 Rn. 11; der Hinweis von *Dallinger/Lackner* und *Eisenberg* auf eine abweichende Meinung von *Potrykus* kann nicht nachvollzogen werden).

16 Die örtliche Zuständigkeit ist von der Vollstreckungszuständigkeit abhängig, d. h., ein dortiger Wechsel (s. §§ 85, Abs. 2-5, 88 Abs. 6 S. 3, 58 Abs. 3 S. 2) begründet auch hier einen Übergang. Wird nur teilweise die Entscheidungskompetenz übertragen (s. §§ 88 Abs. 5 S. 3, 58 Abs. 3 S. 2), so sind beide Richter zuständig (*Dallinger/Lackner* § 66 Rn. 26); empfeh-

lenswert ist es insoweit, bei der Abgabe eine Klärung herbeizuführen, wobei die Widerrufsmöglichkeit gem. § 85 Abs. 3 für eine maßgebliche Kompetenz des abgebenden Vollstreckungsleiters spricht (s. auch *Dallinger/Lackner* § 66 Rn. 26; *Brunner/Dölling* § 66 Rn. 10; *Eisenberg* § 66 Rn. 11). Eine parallele Zuständigkeit besteht auch, wenn mehrere Jugendstrafen ausgesprochen wurden und bereits teilweise – durch Bewährungsentlassung – verbüßt sind; entscheidend ist, wer zuerst das Verfahren einleitet (ebenso *Dallinger/Lackner* § 66 Rn. 22; *Brunner/Dölling* § 66 Rn. 10; *Eisenberg* § 66 Rn. 11).

V. Verfahren

1. Entscheidung durch Urteil

Die Entscheidung ergeht durch Urteil, wenn die Staatsanwaltschaft es beantragt hat oder der Vorsitzende es für angemessen hält. In einem solchen Fall muß vorher eine Hauptverhandlung durchgeführt werden. Angebracht ist sie gem. RL Nr. 2 zu § 66, wenn zu erwarten ist, daß die ergänzende Entscheidung von den früheren Entscheidungen erheblich abweicht. Darüber hinaus erscheint die Hauptverhandlung regelmäßig als die bessere Verfahrensart, um dem Mangel einer jugendlichen Handlungskompetenz entgegenzuwirken und in der allseitigen Erörterung die richtige Sanktion zu finden. Insbesondere ist auch dem Antrag des/der Verurteilten bzw. der Erziehungsberechtigten und gesetzlichen Vertreter zu entsprechen, auch wenn dies nur eine Anregung für die Ausübung des Ermessens ist (s. auch *Eisenberg* § 66 Rn. 25). 17

Da es nur um die Art und Weise der Durchführung eines Nachverfahrens geht, ist die Entscheidung des Vorsitzenden weder für ihn noch für das Gericht bindend (ebenso *Dallinger/Lackner* § 66 Rn. 16; *Eisenberg* § 66 Rn. 26; a. M. *Brunner/Dölling* § 66 Rn. 7). Eine Bindung besteht jedoch hinsichtlich des Nachverfahrens selbst, d. h., dieses muß wenigstens im Beschlußwege durchgeführt werden. Insoweit gebietet das Vertrauensprinzip eine Selbstbindung. 18

Für die Vorbereitung und Durchführung der Hauptverhandlung gelten die allgemeinen Vorschriften des JGG und der StPO. Ein Eröffnungsbeschluß ist nicht erforderlich (h. M.). 19

2. Entscheidung durch Beschluß

Wird nicht aufgrund einer Hauptverhandlung durch Urteil entschieden, so ist ohne mündliche Verhandlung durch Beschluß zu entscheiden (§ 31 Abs. 2 S. 2, 3 i. V. m. § 462 Abs. 1 S. 1 StPO). Vor der Entscheidung sind die Staatsanwaltschaft und der/die Verurteilte (s. § 462 Abs. 2 S. 1 StPO) 20

§ 66

sowie der Erziehungsberechtigte und der gesetzliche Vertreter (s. § 67 Abs. 1) zu hören; die Jugendgerichtshilfe ist ebenfalls gem. § 38 Abs. 3 zu beteiligen. Der Beschluß ist zu begründen (s. § 34 StPO i. V. m. § 2); da der Beschluß urteilsvertretenden Charakter hat, sind insoweit § 54 sowie § 267 Abs. 3 S. 1 StPO maßgebend (s. auch *Eisenberg* § 66 Rn. 29). Zur Bekanntmachung und Rechtsmittelbelehrung s. §§ 35, 35 a StPO i. V. m. §§ 2, 67 Abs. 2. Auch hier ist eine Kostenentscheidung zu treffen (s. RL 2 zu § 74).

VI. Rechtsmittel

1. gegen das Urteil

21 Das ergänzende Urteil ist unter Beachtung des § 55 mit Berufung oder Revision anfechtbar. Die Prüfung findet nur hinsichtlich des Strafausspruchs statt, da die Schuldsprüche in Rechtskraft erwachsen sind (s. *Dallinger/Lackner* § 66 Rn. 18; *Brunner/Dölling* § 66 Rn. 7; *Eisenberg* § 66 Rn. 31).

2. gegen den Beschluß

22 Gegen den ergänzenden Beschluß ist das Rechtsmittel der sofortigen Beschwerde gegeben (s. § 31 Abs. 2 S. 3 i. V. m. § 462 Abs. 3 StPO), mit Ausnahme von Beschlüssen des Bundesgerichtshofs und der Oberlandesgerichte (s. § 304 Abs. 4 StPO). Die Begrenzungen des § 55 Abs. 1 gelten auch hier, da der Beschluß urteilsvertretenden Charakter hat (ebenso *Brunner/Dölling* § 66 Rn. 7; *Eisenberg* § 55 Rn. 40); infolgedessen bestehen andererseits auch das Verbot der reformatio in peius (ebenso *Eisenberg* § 66 Rn. 32, § 55 Rn. 24) sowie die Möglichkeit der Wiederaufnahme des Verfahrens (ebenso *Brunner/Dölling* § 55 Rn. 49; *Eisenberg* § 55 Rn. 30).

3. gegen die Entscheidung über das Verfahren

23 Die Entscheidung des Vorsitzenden darüber, ob eine Hauptverhandlung durchgeführt wird oder nicht (§ 66 Abs. 2 S. 1, 2. Alt.), ist nicht angreifbar; der Vorsitzende vertritt insoweit das erkennende Gericht (s. § 305 S. 1 StPO i. V. m. § 2; im Ergebnis ebenso *LG Zweibrücken* MDR 1993, 679; *Dallinger/Lackner* § 66 Rn. 15; *Brunner/Dölling* § 66 Rn. 7; *Eisenberg* § 66 Rn. 25, die ihre Ansicht auf die Ermessensentscheidung stützen).

Zweites Hauptstück. Jugendgerichtsverfassung **Grdl. z. §§ 67-69**
und Jugendstrafverfahren

Siebenter Unterabschnitt. Gemeinsame Verfahrensvorschriften

Grundlagen zu den §§ 67-69

1. Systematische Einordnung

Mit den §§ 67 bis 69 werden dem/der jugendlichen Angeklagten, z. T. dem/der Heranwachsenden, zusätzliche Verfahrenshilfen eingeräumt. Sie ergänzen insoweit die §§ 140, 149 StPO, wobei faktisch zusätzlich die Jugendgerichtshilfe häufig zugunsten des/der Beschuldigten einspringt (s. § 38 Rn. 21). 1

2. Historische Entwicklung

Über die Pflichtverteidigerbestellung nach dem Erwachsenenprozeßrecht hinaus wurden mit dem JGG 1923 auch die gesetzlichen Vertreter als Verfahrensbeteiligte anerkannt (§ 30). Zusätzlich sollte dem/der Beschuldigten, der/die keinen Verteidiger hat, aus besonderen Gründen ein Beistand bestellt werden, der die Rechte eines Verteidigers hat (§ 29); diese Regelung geht auf einen Vorschlag aus dem Jahre 1912 der damaligen Fortschrittspartei zurück (s. Antrag Nr. 198, Anlagen zu den stenografischen Berichten, Verhandlungen des Reichstages Bd. 298, S. 203), an dem *v. Liszt* maßgeblich beteiligt war. Im JGG 1943 wurden zusätzlich die Erziehungspflichtigen in den Kreis der – aktiven – Verfahrensbeteiligten aufgenommen (§ 41). Dem Beistand wurde in der Kommentierung entgegen dem Gesetzeswortlaut (§ 43 Abs. 3) das Recht zu schriftlichen Anträgen und Begründungen genommen (s. *Kümmerlein* DJ 1943, 561). Der Betonung des Erziehungsstrafrechts entsprach es, daß nunmehr der Verteidiger erzieherisch befähigt und in der Jugenderziehung und Jugendführung erfahren sein soll (§ 42 Abs. 2). Dieses Erfordernis wurde im JGG 1953 gestrichen, die notwendige Verteidigung im § 68 mit der Nr. 3 ausgedehnt, die Regelung für gesetzliche Vertreter und Erziehungsberechtigte im Hinblick auf den im § 41 Abs. 4 JGG 1943 enthaltenen Verstoß gegen das Gleichberechtigungsprinzip geändert, die Regelung für den Beistand entgegen dem § 43 Abs. 3 des ersten Entwurfs (BT-Drucks. 1/3264) zurückgenommen, wobei das Akteneinsichtsrecht als Kann-Bestimmung formuliert wurde (s. zum Ganzen auch *Hauber* Zbl 1982, 216, 217). Während vormals kein Anlaß gesehen wurde, »Vorschläge für eine gesetzliche Regelung zur Ausweitung der Verteidigung in Jugendstrafsachen zu machen« (BT-Drucks. 10/6739, S. 12), wurde mit dem 1. JGGÄndG die 2

Pflichtverteidigung auf den Fall einer Vollstreckung einer U-Haft sowie einer einstweiligen Unterbringung gem. § 126 a StPO bis zur Vollendung des 18. Lebensjahres erweitert.

3. Gesetzesziel

3   Der Wortlaut und die Gesetzessystematik machen deutlich, daß alle drei Bestimmungen **dem Schutze und der Hilfe des/der Beschuldigten dienen**. Dies war noch deutlicher im JGG 1923 ausgesprochen. Im Unterschied zu § 38 sind hier keine Unterstützungsorgane für die Justiz – Jugendgerichtshilfe – eingesetzt, sondern – tendenziell – ein personelles Strafverfolgungshindernis, wenn dies auch die gemeinsame Suche nach der besten Lösung im Rahmen der Sanktionierung nicht ausschließt. Auch die Deutung des JGG als Erziehungsstrafrecht steht dem nicht entgegen, was mit dem Wegfall der besonderen Qualifikation erzieherische Befähigung für den Pflichtverteidiger deutlich wird (zu insoweit überholten Auffassungen s. § 68 Rn. 3). Allerdings wird mit § 67 auch das elterliche Erziehungsprimat angesprochen.

4   Während bei der Strafverteidigung die rechtliche Betreuung im Mittelpunkt steht, ist die Unterstützung durch die gesetzlichen Vertreter und Erziehungsberechtigten vorrangig persönlich ausgerichtet; die Beistandschaft umfaßt gleichgewichtig beide Aspekte, wobei allerdings auch das für eine effektive Strafverteidigung notwendige Vertrauensverhältnis ohne eine persönliche Ansprache nicht begründbar ist.

4. Justizpraxis

5   Die praktische Bedeutung des § 67 versteht sich von selbst, da Eltern und andere Personensorgeberechtigte regelmäßig ihre Kinder nicht vor Gericht allein lassen, solange die Beziehungen intakt sind. Häufig werden aber gerade Jugendliche beschuldigt, deren Elternhaus zerstört ist (s. *Kaiser* Jugendkriminalität, S. 159 ff.). Auch wirken sich – bei drohender Arbeitslosigkeit vermehrt – die Arbeitsplatzsicherung sowie das Bestreben, die Straftat des Jugendlichen zu verheimlichen, dahin aus, daß häufig nur die Mütter ihre Rechte vor Gericht wahrnehmen. Zur Praxis der Rechtsmitteleinlegung durch Erziehungsberechtigte oder gesetzliche Vertreter s. Grdl. z. §§ 55-56 Rn. 5. Die Assistenz für den Prozeß kommt aber häufig zu spät; die Weichen werden im Ermittlungsverfahren gestellt und hier, vor allem in der ersten polizeilichen Vernehmung, sind jugendliche Beschuldigte in der Regel auf sich allein gestellt. Mit der ersten polizeilichen Vernehmung können darüber hinaus Weichen für die Sozialisierung gestellt werden: »Der erste Kontakt des Jugendlichen mit der in den Kontrollorganen personifizierten Obrigkeit kann spätere Einstellung, Tendenz

oder Richtung im Sinne von Einpassung in die Gesellschaft, oder von Anti- respektive Asozialität mitverursachen oder in Akzenten festlegen« (s. *Mergen* Kriminalistik 1990, 95).

Ebenso läßt sich die praktische Bedeutung des Pflichtverteidigers im Einzelfall leicht, umgekehrt in der Vielzahl nur schwer einsehen, da nur wenige Zahlen über den Umfang vorliegen. Nach einer bundesweiten Untersuchung aus dem Jahre 1977, die sich auf 242 amtsgerichtliche Verfahren gegen Heranwachsende stützt, wurde in 5 % der Verfahren ein Pflichtverteidiger bestellt und in 27 % ein Wahlverteidiger genommen; da die Verkehrsdelikte unterrepräsentiert waren, sind die Prozentangaben aufgrund der hier eingreifenden Rechtsschutzversicherungen zu erhöhen (s. *Janssen* Heranwachsende im Jugendstrafverfahren, 1980, S. 105). Allgemein, d. h. Pflicht- und Wahlverteidigung zusammengenommen, ist insbesondere beim Jugendrichter, eine geringe Beteiligung zu verzeichnen: **Hauptverhandlungen, an denen Verteidiger teilgenommen haben,** prozentual berechnet auf alle Hauptverhandlungen vor dem

6

	1971	1974	1977	1980	1983	1985
Jugendrichter	18,3	20,0	22,3	23,1	20,9	23,8
Jugendschöffengericht	46,1	44,8	47,2	48,8	47,2	47,8

(Quelle: *Rieß* Festschrift für Sarstedt, 1981, S. 303 und StV 1985, 212, berechnet nach der Länderzählkartenstatistik in Strafsachen; eine geringere Quote – ca. 14 % – ergab eine Stichprobe bei *Homberg* MschrKrim 1982, 82 m. Fn. 63)

Allgemein wird eine restriktive Handhabung konstatiert (s. *Molketin* Zbl 1981, 199; *Diehl* ZRP 1984, 297; *Walter* und *Beulke* auf dem vierten Kölner Symposium, MschrKrim 1997, 108, 109). Im Jahre 1986 waren in Verfahren vor dem Jugendrichter Verteidiger in 25,7 %, in Verfahren vor dem Erwachsenenstrafrichter demgegenüber in 59,1 % beteiligt (s. »Kölner Richtlinien« zur notwendigen Verteidigung in Jugendstrafverfahren, NJW 1989, 1025). In einer Bielefelder Untersuchung – 1 700 Jugendakten mit Anklageerhebung aus dem Jahr 1984 – wurde für den dortigen LG-Bezirk eine erheblich niedrigere Quote – 8 % – von Strafverteidigerbeteiligungen in Jugendstrafverfahren festgestellt, wobei Pflichtverteidigungen 13 % ausmachten (s. *Bandilla* DVJJ-Rundbrief Nr. 131/Juni 1990, S. 25; als weiteres Ergebnis wird berichtet, daß die Einstellungsquote bei Einsatz von Verteidigern erheblich höher liegt). In einer weiteren Bielefelder Untersuchung aus den Jahren 1990/1991 wurde eine anwaltliche Vertretung von 15 % vor allen Jugendgerichten festgestellt (s. *Ludwig-Mayerhofer* auf dem vierten Kölner Symposium, MschrKrim 1997, 112). Allgemein ist die Verteidigung junger Beschuldigter eine weithin wenig geliebte und ertragreiche Anwaltstätigkeit (so eine Kölner Befragung, s. *Semrau/Kubink/ Walter* MschrKrim 1995, 34).

7   Die Bedeutung des Beistandes gem. § 69 tritt demgegenüber ganz in den Hintergrund (s. *Brunner/Dölling* § 69 Rn. 2; *Hauber* spricht von einem vergessenen Prozeßorgan, Zbl 1982, 215).

5. Rechtspolitische Einschätzung

8   Die positive Einschätzung der Verteidigung und damit auch der Pflichtverteidigung ergibt sich aus der kritischen Sicht des Jugendstrafrechts als taugliches und effektives Mittel der Sozialkontrolle. Allerdings werden in der Praxis viele Strafverteidiger gerade im Jugendstrafverfahren ihrer Rolle als strafabwehrendes Prozeßorgan nicht gerecht. Viele verstehen sich noch als justitielles Erziehungsorgan (s. Leitsätze zum Jugendstrafrecht und Jugendstrafvollzug der *CSU* Zbl 1982, 828). Die Forderungen nach einer verbesserten Ausbildung werden seit über 30 Jahren erhoben (s. *Herold* RdJ 1956, 201; *Potrykus* RdJ 1956, 202, 203); die Ausbildung an den Universitäten muß dieses Berufsfeld mit erschließen, Fortbildungsveranstaltungen müssen organisiert werden (ebenso *Diehl* ZRP 1984, 299; s. auch *Zieger* StV 1982, 306). Dementsprechend ist die restriktive Handhabung bei der Pflichtverteidigerbestellung aufzugeben (s. § 68 Rn. 7-12). Die Ausdehnung der Pflichtverteidigung im 1. JGGÄndG ist als nicht ausreichend zu kritisieren. Auch und gerade die U-Haft bei Heranwachsenden sollte Grund für eine Pflichtverteidigung sein (s. auch § 68 Rn. 10). Darüber hinaus sollte der Pflichtverteidiger spätestens bei der Vorführung vor dem Haftrichter anwesend sein. Bereits wenige Stunden des Freiheitsentzuges können nicht wiedergutzumachende Folgen für das Leben des Verhafteten mit sich bringen.

9   Wenn zusätzlich die Position des Beistandes aufgewertet werden soll (s. *Hauber* Zbl 1982, 215 ff.; Thesen 8-11 des *Verbandes Anwalt des Kindes*, 1985; *Kaum* Der Beistand im Strafprozeßrecht, 1992, S. 129), ist dem skeptisch zu begegnen. Zunächst hat der Beistand regelmäßig nicht die juristische Qualifikation wie der Verteidiger, auch sind seine rechtlichen Möglichkeiten außerhalb der Hauptverhandlung begrenzt. Da die Fälle notwendiger Verteidigung insbesondere im Hinblick auf § 140 Abs. 2 StPO nicht gesetzlich von vornherein abgesteckt sind, entsteht zudem die Gefahr, daß mit dem Beistand ein Ausweg aus der Pflichtverteidigerbestellung gesucht wird, wobei auch Kostengesichtspunkte eine Rolle spielen könnten. Das kompetente Verteidigungsorgan im Strafverfahren ist der Strafverteidiger. Damit soll allerdings auch nicht für eine Streichung des § 69 plädiert werden, da im Einzelfall hier adäquatere Lösungen gefunden werden mögen, vor allem solange die geforderte Ausweitung der

Pflichtverteidigerbestellung noch nicht in die Tat – sprich gesetzlich – umgesetzt worden ist.

Die Stellung der Erziehungsberechtigten und der gesetzlichen Vertreter sollte im Hinblick auf die Informationsrechte verbessert und § 67 Abs. 2 als Muß-Vorschrift formuliert werden. Auch sollten Mitteilungen und Ladungen entgegen § 67 Abs. 5 S. 3 an alle Erziehungsberechtigten ergehen, wenn diese nicht unter derselben Anschrift zu erreichen sind (s. § 67 Rn. 8-9).

§ 67. Stellung des Erziehungsberechtigten und des gesetzlichen Vertreters

(1) Soweit der Beschuldigte ein Recht darauf hat, gehört zu werden, Fragen und Anträge zu stellen oder bei Untersuchungshandlungen anwesend zu sein, steht dieses Recht auch dem Erziehungsberechtigten und dem gesetzlichen Vertreter zu.
(2) Ist eine Mitteilung an den Beschuldigten vorgeschrieben, so soll die entsprechende Mitteilung an den Erziehungsberechtigten und den gesetzlichen Vertreter gerichtet werden.
(3) Die Rechte des gesetzlichen Vertreters zur Wahl eines Verteidigers und zur Einlegung von Rechtsbehelfen stehen auch dem Erziehungsberechtigten zu.
(4) Der Richter kann diese Rechte dem Erziehungsberechtigten und dem gesetzlichen Vertreter entziehen, soweit sie verdächtig sind, an der Verfehlung des Beschuldigten beteiligt zu sein, oder soweit sie wegen einer Beteiligung verurteilt sind. Liegen die Voraussetzungen des Satzes 1 bei dem Erziehungsberechtigten oder dem gesetzlichen Vertreter vor, so kann der Richter die Entziehung gegen beide aussprechen, wenn ein Mißbrauch der Rechte zu befürchten ist. Stehen dem Erziehungsberechtigten und dem gesetzlichen Vertreter ihre Rechte nicht mehr zu, so bestellt der Vormundschaftsrichter einen Pfleger zur Wahrnehmung der Interessen des Beschuldigten im anhängigen Strafverfahren. Die Hauptverhandlung wird bis zur Bestellung des Pflegers ausgesetzt.
(5) Sind mehrere erziehungsberechtigt, so kann jeder von ihnen die in diesem Gesetz bestimmten Rechte des Erziehungsberechtigten ausüben. In der Hauptverhandlung oder in einer sonstigen Verhandlung vor dem Richter wird der abwesende Erziehungsberechtigte als durch den Anwesenden vertreten angesehen. Sind Mitteilungen oder Ladungen vorgeschrieben, so genügt es, wenn sie an einen Erziehungsberechtigten gerichtet werden.

Literatur

Bohnert Die Erziehungsberechtigten in der jugendstrafrechtlichen Hauptverhandlung, Zbl 1989, 232; *Eisenberg* Zum Schutzbedürfnis jugendlicher Beschuldigter im Ermittlungsverfahren, NJW 1988, 1250; *Meyer-Gerhards* Die Rechtsstellung des gesetzlichen Vertreters des Beschuldigten nach der Strafprozeßordnung, 1977; *Schnitzerling* Probleme um die Stellung des Erziehungsberechtigten und des gesetzlichen Vertreters im Jugendstrafrecht, UJ 1957, 367.

Inhaltsübersicht

	Rn.
I. Anwendungsbereich	1
II. Personenkreis	2
III. Aufgaben	6
IV. Rechte	7
1. Informationsrechte	8
2. Anwesenheitsrechte und Ladungsansprüche	10
3. Erklärungsrechte	11
4. Frage- und Antragsrechte	12
5. Anfechtungsrechte	13
6. Vertretung in den Rechten	14
V. Entzug der Rechte	15
VI. Rechtsmittel	
1. Bei Verhinderung der Rechtswahrnehmung	19
2. Gegen den Entzug der Rechte	21

I. Anwendungsbereich

Die Vorschrift gilt mit Rücksicht auf das Volljährigkeitsalter nur für Jugendliche, für diese auch in Verfahren vor den für allgemeine Strafsachen zuständigen Gerichten (§ 104 Abs. 1 Nr. 9) mit der Ausnahmemöglichkeit aus Gründen der Staatssicherheit gem. § 104 Abs. 3. Sie findet auch im vereinfachten Verfahren Anwendung (§ 78 Abs. 3 S. 2) sowie im Vollstreckungsverfahren (§ 83 Abs. 3 S. 2). Entscheidend ist das **Alter zur Zeit der Hauptverhandlung**, nicht das Alter zur Tatzeit (s. *BGH* NJW 1956, 1607; *Schnitzerling* UJ 1957, 368; *Dallinger/Lackner* § 67 Rn. 26; a. M. *Potrykus* § 67 Anm. 4; s. auch Rn. 13).   1

II. Personenkreis

Der hier angesprochene Personenkreis der Erziehungsberechtigten und der gesetzlichen Vertreter wird durch das BGB und das KJHG bestimmt. Erziehungsberechtigte sind nach deren Terminologie Personensorgeberechtigte, wobei die Berechtigung gleichzeitig eine Verpflichtung darstellt. Es sind dies **primär die Eltern** des/der Jugendlichen (Art. 6 Abs. 2 GG, § 1626 Abs. 2 BGB), wobei – bei Verpflichtung zu gegenseitigem Einvernehmen – jedem Elternteil, mit Ausnahme des Vaters eines nichtehelichen Kindes (s. § 1705 BGB), dieses Recht zukommt (§ 1626 Abs. 1 BGB). Nach der Trennung bzw. Scheidung der Eltern ist die Entscheidung des Familiengerichts maßgebend (§§ 1671, 1672 BGB). Den leiblichen Eltern gleichgestellt sind die Adoptiveltern (§ 1757 BGB).   2

Personensorgeberechtigt sind **sekundär der Vormund** (§§ 1773, 1793 BGB) und der **Pfleger** (§§ 1909, 1915 BGB).   3

4 Erziehungsberechtigte sind entgegen der h. M. (s. *Brunner/Dölling* § 67 Rn. 1 f; *Schoreit* in: *D/S/S* § 67 Rn. 8; *Eisenberg* § 67 Rn. 6; *OLG Hamburg* NJW 1964, 605) auch Personen, denen das Erziehungsrecht mit ausdrücklicher gesetzlicher Befugnis freiwillig eingeräumt wurde: **Pflegepersonen** (§§ 33, 44 KJHG; ebenso *Nothacker* Jugendstrafrecht, 2. Aufl., S. 153) **und Erziehungseinrichtungen** (§§ 34, 45 KJHG; ebenso *Herz* in: Kurzkommentar zum JGG, hrsg. von *Nix*, § 67 Rn. 3), **Erziehungsbeistände** (§§ 1685 ff. BGB, § 58 KJHG). Dagegen scheiden Personen aus, denen allein aufgrund privatrechtlicher Abmachung die Erziehung übertragen wurde, z. B. Internatserzieher. Die Begriffsdefinition für Erzieher gem. § 7 Abs. 1 Nr. 6 KJHG »paßt« insoweit nicht für das JGG, da ansonsten der Umfang der Beteiligung in Jugendstrafverfahren in das Belieben der Personensorgeberechtigten gestellt wäre. Über die Beteiligung muß ausdrücklich vom Gesetzgeber oder durch einen förmlichen gerichtlichen Akt entschieden sein. Dies ist mit § 38 Abs. 1 KJHG geschehen. Hiernach sind die Erziehungseinrichtungen gem. den §§ 33, 34 KJHG »berechtigt, den Personensorgeberechtigten in der Ausübung der elterlichen Sorge zu vertreten« und »bei Gefahr im Verzug alle Rechtshandlungen vorzunehmen, die zum Wohl des Kindes oder des Jugendlichen notwendig sind«. Hieraus folgt zwingend eine Erweiterung des Begriffs der Erziehungsberechtigten auch für das Jugendstrafverfahren. Praktikabilitätsgesichtspunkte können dagegen nicht geltend gemacht werden, sind auch in der Sache nicht begründet. Die Erweiterung und damit der Aufwand ist eng begrenzt, wobei zusätzlich § 67 Abs. 5 eine Verfahrensvereinfachung erlaubt (s. aber Rn. 9). Unterschiedliche, auch widersprüchliche Interessenvertretungen sind zwar nicht auszuschließen, sind aber grundsätzlich i. S. der gesetzlichen Aufgabenstellung zu beurteilen, da derartige Konflikte auch und gerade zwischen Erziehungsberechtigten und Jugendlichen entstehen (s. Rn. 6). Abgesehen von den Interessen der Erziehungseinrichtungen in ihrer Betreuungsarbeit – so ein Schreiben des *Niedersächsischen Justizministeriums* vom 01.06.1993 (Az. 4210-302.117) an die Länderjustizverwaltungen und das Bundesministerium der Justiz – hat sich in der Praxis des Jugendstrafverfahrens immer wieder bewahrheitet, daß Fehlentscheidungen bei der Gefährlichkeits- und Sanktionsprognose häufig auf eine mangelnde Information zur Lebenssituation der Angeklagten zurückzuführen sind. Für diese erweiterte Auslegung spricht auch die historische Auslegung: Während § 30 JGG 1923 lediglich dem gesetzlichen Vertreter die verfahrensrechtliche Unterstützung zubilligte und den Eltern im § 31 Abs. 2 nur ein Anhörungsrecht einräumte, wenn es ohne erhebliche Schwierigkeiten geschehen konnte, erweiterte das JGG 1943 den Personenkreis ausdrücklich auf alle Erziehungspflichtigen (s. *Kümmerlein* DJ 1943, 560). Im § 41 Abs. 5 des Entwurfs eines JGG (BT-Drucks. 1/3264) war dementsprechend Erziehungsberechtigter, wer allein oder mit anderen das Recht und die Pflicht zur Sorge für die Person des

Beschuldigten hat. In den Beratungen wurde diese umfassende Definition lediglich aus dem Grunde fallengelassen, weil man – irrigerweise – glaubte, daß sich die Definition bereits aus dem BGB ergebe (BT-Drucks. 1/4437, S. 10).

Die gesetzlichen Vertreter sind regelmäßig die Personensorgeberechtigten. Relevant wird diese zusätzliche Nennung nur in den Fällen der §§ 1633, 1673 Abs. 2 S. 2, 1679 Abs. 1, 1680 BGB. Praktische Bedeutung hatte die Unterscheidung vormals für nichteheliche Kinder, da nach § 1705 BGB a. F. die Mutter nicht gesetzliche Vertreterin war. Die Doppelnennung ist im Abs. 5 unterblieben, was Konsequenzen für die Auslegung hat.

III. Aufgaben

Aufgabe von Erziehungsberechtigten und gesetzlichen Vertretern ist die persönliche Unterstützung des/der Jugendlichen im Strafverfahren; dies ist ohne eine verfahrensrechtlich eigene Position nicht möglich. Insofern deckt sich die Aufgabenstellung mit der des Verfahrensbeistandes, dem allerdings mehr Rechte zugestanden werden (s. § 69 Rn. 2). Das Gesetz erlaubt sogar, diese Betreuung in der Form der Anwesenheit bei der Hauptverhandlung mit Zwang durchzusetzen (§ 50 Abs. 2 S. 2). Insoweit ist die **Aufgabenstellung primär, eine drohende Sanktionierung abzuwehren.** Nur sekundär werden mit § 67 auch Erziehungsinteressen angesprochen, indem die Eltern über die Tat und deren offizielle Sanktionierung unterrichtet, ggf. in diese eingebunden werden (a. M. für § 67 Abs. 2 *BGHSt* 18, 25; *Brunner/Dölling* § 67 Rn. 5). Wenn Erziehungsberechtigte und gesetzliche Vertreter aktiv zu der Aufklärung von Tat und Täter beitragen sollen, müssen sie als Zeugen vernommen werden, wobei ihnen alle Rechte eines Zeugen (s. *Bohnert* Zbl 1989, 234), insbesondere das Recht der Zeugnisverweigerung (§ 52 Abs. 1 Nr. 3 StPO), zustehen. Informationen, die für die Entscheidung zur Schuld- und/oder Straffrage entscheidungserheblich sind, müssen in der Form des Sachbeweises eingeholt werden (s. § 38 Rn. 9). Hierbei sind von dem Betroffenen die »objektiven« Interessen an einer strafjustitiellen Erziehung mit den persönlichen Vertrauensinteressen abzuwägen. Für diese Aufgabendefinition sprechen sowohl der Wortlaut, nach dem jeweils Rechte des/der Beschuldigten und für den/die Beschuldigten eingeräumt oder entzogen werden, als auch die systematische Stellung im Zusammenhang mit den anderen verfahrensrechtlichen Unterstützungsvorschriften. Dies bedeutet, daß letztlich auch die Interessenwahrnehmung so zu erfolgen hat, wie sie der/die Beschuldigte wünscht. Diese **autonome Interessenwahrnehmung** ist lediglich einschränkbar, wenn aus fehlender Einsicht falsche Wege beschritten werden sollen. Wenn aber gegenüber dem/der Jugendlichen die Sanktionierung verantwortet wird, so muß er/sie auch selbst seine/ihre Duldungsrolle bestimmen dürfen. Eine Interessenwahrnehmung gegen den Willen des/der Beschuldigten, in dessen/deren »wohlverstandenem« Interesse kann daher nur ausnahmsweise akzeptiert werden. Rechtlich ist die so formulierte Aufgabenstellung jedoch nicht erzwingbar, da dem Gericht keine Kontrollbefugnis eingeräumt ist (s. aber *Dallinger/Lackner* § 67 Rn. 17).

IV. Rechte

7 Die verfahrensrechtliche Position der Erziehungsberechtigten und gesetzlichen Vertreter entspricht der des/der Beschuldigten.

1. Informationsrechte

8 Es besteht eine grundsätzliche Mitteilungspflicht in den Fällen, in denen eine Mitteilung an den Beschuldigten vorgesehen ist, auch wenn § 67 Abs. 2 nur als Sollvorschrift konzipiert ist (zur vergleichbaren Bestimmung des § 50 Abs. 2 s. dort Rn. 11). Ausnahmen sind außer bei der Rechtsentziehung gem. § 67 Abs. 4 sowie des Ausschlusses gem. § 51 Abs. 2 auf die Fälle zu begrenzen, in denen eine Benachrichtigung faktisch nicht durchführbar ist (s. *Dallinger/Lackner* § 67 Rn. 12). Daß die Erziehungsberechtigten und gesetzlichen Vertreter früher einmal ohne Begründung auf die Wahrnehmung ihrer Rechte verzichtet haben, ist keine ausreichende Begründung, sie jetzt nicht zu benachrichtigen (so aber *BGHSt* 18, 23; *Kremer* Der Einfluß des Elternrechts aus Art. 6 Abs. 2, 3 GG auf die Rechtmäßigkeit der Maßnahmen des JGG, 1984, S. 173); ein Einstellungswandel kann niemals ausgeschlossen werden. Bedeutung hat diese Verpflichtung vor allem für die Mitteilung von der Verhaftung (§ 114 b StPO) sowie der Anklageschrift (§ 201 StPO); s. weiterhin die §§ 204 Abs. 2, 215, 222, 224, 225, 316 Abs. 2 StPO. Soweit Entscheidungen in Anwesenheit der Erziehungsberechtigten und der gesetzlichen Vertreter ergehen, brauchen sie nicht zusätzlich mitgeteilt zu werden; nur auf Verlangen ist eine Abschrift zu erteilen (§ 35 Abs. 1 StPO). Entscheidungen in Abwesenheit sind mitzuteilen, zuzustellen, sofern – wie bei Urteilen – eine Frist in Gang gesetzt wird (§ 35 Abs. 2 StPO; gegen eine Verpflichtung *Dallinger/Lackner* § 67 Rn. 11; wie hier *Brunner/Dölling* § 67 Rn. 11). Da die Urteilsbegründung erst fünf Wochen nach Verkündung bzw. noch später schriftlich formuliert sein muß (§ 275 Abs. 1 StPO), dann aber die Rechtsmittelfrist verstrichen wäre, ist wenigstens der Urteilsspruch mitzuteilen (*OLG Stuttgart* NJW 1960, 2354). Hierbei ist die Rechtsmittelbelehrung auszusprechen; diese Belehrung ist gem. § 35 a StPO verpflichtend, wenn nicht gänzlich – bei faktischer Unmöglichkeit – die Mitteilung unterbleibt (anders die h. M. in der Kommentarliteratur, s. *Brunner/Dölling* § 67 Rn. 11; wie hier *BayObLG* NJW 1954, 1378; *Nothacker* S. 348; s. auch *OLG Stuttgart*

NJW 1960, 2353); die Mußvorschrift des § 35 a StPO geht bei Anwendung der Sollvorschrift des § 67 Abs. 2 vor.

Nach § 67 Abs. 5 S. 3 »genügt es«, wenn Mitteilungen an einen Erziehungsberechtigten ergehen. Entgegen dem Wortlaut ist gerade in Anbetracht des erweiterten Personenkreises (s. Rn. 3 und 4) eine Mitteilung an alle verpflichtend, wenn die Erziehungsberechtigten nicht unter derselben postalischen Anschrift zu erreichen sind (wie hier *Albrecht* § 45 II. 3.; a. M. *Brunner/Dölling* § 67 Rn. 3; nach *Eisenberg* § 67 Rn. 21 »wird es sich empfehlen«). Dies gilt auch, wenn die Eltern getrennt leben. Ansonsten könnte das Recht des/der Jugendlichen auf eine verfahrensrechtliche persönliche Unterstützung leerlaufen. Eine Benachrichtigung sollte auch bei Anwesenheit eines Erziehungsberechtigten erfolgen (ebenso *Potrykus* § 67 Anm. 11; *Eisenberg* § 67 Rn. 21), wenn nicht eine Bevollmächtigung zu einer gemeinsamen Interessenwahrnehmung bei Gericht nachgewiesen wird. Die Fiktion des § 67 Abs. 5 S. 2 nützt dem/der Beschuldigten nichts, sie dient nur der Rechtssicherheit (s. Rn. 12). Soweit Erziehungsberechtigte und gesetzliche Vertretung auseinanderfallen (s. Rn. 5), ist mit Rücksicht auf diese spezielle Regelung für die Erziehungsberechtigten eine doppelte Mitteilung erforderlich – argumentum e contrario.

2. Anwesenheitsrechte und Ladungsansprüche

Gemäß § 67 Abs. 1 haben die Erziehungsberechtigten und gesetzlichen Vertreter (s. auch PDV 382 »Bearbeitung von Jugendsachen«, Ausgabe 1995, Nr. 3.6.4) das Anwesenheitsrecht wie der Beschuldigte. Dies bedeutet zunächst einmal, daß ein Recht auf Anwesenheit bei jeder polizeilichen Vernehmung besteht (h. M., s. *Hanack* in: *Löwe/Rosenberg* § 136 Rn. 50), erst recht für Vernehmungsvorführungen gem. den §§ 133 Abs. 2, 163 a Abs. 3 StPO, für die Vorführung und erste Vernehmung nach einer Verhaftung (§ 115 StPO), sofern die Wahrnehmung dieses Rechts nicht zu einer gesetzeswidrigen Verzögerung führt, sowie für Haftprüfungen (§§ 117 ff. StPO), weiterhin für kommissarische Beweisaufnahmen (§§ 223, 224, 225 StPO), für die Hauptverhandlung (§ 48 Abs. 2 S. 1) und für die jugendrichterlichen Entscheidungen im Vollstreckungsverfahren (§ 83 Abs. 3 S. 2). Über die diesbezüglichen Benachrichtigungspflichten hinaus ist für die Hauptverhandlung die Ladung vorgeschrieben (s. § 50 Rn. 11). Die Benachrichtigungspflicht besteht grundsätzlich auch für die polizeiliche Vernehmung (unbestimmt *Eisenberg* NJW 1988, 1251), da ansonsten dieses Recht in der Praxis leerläuft, auch wenn § 67 Abs. 2 insoweit nicht eingreift. Auf eine solche Unterstützung kann der/die Jugendliche regelmäßig erst dann verzichten, wenn eine Besprechung mit seinen/ihren Erziehungsberechtigten bzw. gesetzlichen Vertreter über seine/ihre Verteidigung stattgefunden hat. Dementsprechend ist der/die Jugendliche analog den §§ 163 a Abs. 4, 136 Abs. 1 StPO darüber zu belehren, daß er/sie sich vor einer Einlassung mit seinen/ihren Erziehungsberechtigten bzw. gesetzlichen Vertretern beraten kann (ebenso *Eisenberg* NJW 1988, 1251). Vor dem Hintergrund, daß in der Polizeipraxis häufig die Belehrungen in unzulässiger Weise vorgenommen werden bzw. vorab informatorische Befragungen durchgeführt werden (s. *Wulf* Strafprozessuale und kriminalpraktische Fragen der polizeilichen Beschuldigtenvernehmung auf der Grundlage empirischer Untersuchungen, 1984, S. 217 ff.), ist in diesem Zusammenhang auf die Einhaltung der Belehrungspflichten nachdrücklich hinzuweisen. Die Einschränkung in der PDV 382 »Bearbeitung von Jugendsachen« Nr. 3.4.2 (»Dies gilt nicht, wenn Anhaltspunkte vorliegen, daß dadurch die Aufklärung einer rechtswidrigen Tat gefährdet wird«) genügt nicht diesen Anforderungen. Wenn das Recht auf Anwesenheit nicht wahrgenommen wird, bleibt die Prozeßhandlung wirksam (s. auch § 224 Abs. 1 S. 1 StPO). Die Ausschlußregelung des § 51 Abs. 2 gilt nur für die Hauptverhandlung (a. die h. M., s. § 51 Rn. 2). Hinsichtlich der Ladung mehrerer Erziehungsberechtigter und gesetzlicher Vertreter s. Rn. 9. Der/die jugendliche Beschuldigte ist – daneben – persönlich mit Zustellungsurkunde zu laden; § 171 Abs. 1 ZPO findet insoweit keine Anwendung (s. *Schweckendieck* NStZ 1990, 171).

3. Erklärungsrechte

11 Zur Wahrnehmung der Verfahrensrechte müssen Erziehungsberechtigte und gesetzliche Vertreter gehört werden (Art. 103 Abs. 1 GG) vor allen Entscheidungen in der Hauptverhandlung (§ 33 Abs. 1 StPO) und vor allen belastenden Entscheidungen außerhalb der Hauptverhandlung (§ 33 Abs. 3 StPO; §§ 57 Abs. 1, 58 Abs. 1, 62 Abs. 4, 65 Abs. 1, 88 Abs. 4 mit Ausnahme der Fälle gem. § 33 Abs. 4 StPO; s. auch §§ 33 a, 311 a StPO). Im einzelnen sind auch Erziehungsberechtigte und gesetzliche Vertreter wie der/die Angeklagte gem. § 257 Abs. 1 StPO zu befragen, ob sie nach Vernehmung eines Zeugen, Sachverständigen oder Mitangeklagten sowie nach Verlesung eines Schriftstückes etwas zu erklären haben (s. *Eisenberg* § 67 Rn. 9; *Gollwitzer* in: *Löwe/Rosenberg* § 257 StPO, Rn. 9; a. M. *BGH* DAR 1977, 176; *Brunner/Dölling* § 67 Rn. 6; *Schoreit* in: *D/S/S* § 67 Rn. 11; nur für die gleichzeitige Funktion eines Beistandes gemäß § 69 *Bohnert* Zbl 1989, 236). Ebenso haben die Erziehungsberechtigten und die gesetzlichen Vertreter das Recht auf einen Schlußvortrag (§ 258 Abs. 1 StPO) sowie das »letzte Wort« gem. § 258 Abs. 2, 3 StPO (zur Revisionserheblichkeit s. *BGH* StV 1985, 155; s. auch *OLG Düsseldorf* JMBl. NW 1989, 212; *OLG Frankfurt* StV 1994, 604; *BGH* StV 1998, 324: »Es genügt die bloße Möglichkeit des Beruhens. Diese Möglichkeit wird sich nur selten ausschließen lassen« – gegen die Annahme eines hier ausnahmsweisen Ausschlusses *Eisenberg/Düffer* JR 1997, 83; s. auch *BGH* NStZ 1999, 473: die Beruhens-

möglichkeit kann »nur in besonderen Ausnahmefällen ausgeschlossen werden«). Dieses ist auch dann von Amts wegen und nicht nur auf Verlangen zu erteilen, wenn sie vorher als Zeugen vernommen wurden (*BGHSt* 21, 288; h. M.).

4. Frage- und Antragsrechte

Ausdrücklich ist weiterhin das Frage- und Antragsrecht eingeräumt (§ 67 Abs. 1). Über das Erklärungsrecht (s. Rn. 11) hinaus haben Erziehungsberechtigte und gesetzliche Vertreter das Fragerecht, das nicht nur in der Hauptverhandlung (§ 240 Abs. 2 StPO), sondern auch bei allen justitiellen Untersuchungshandlungen besteht. Das Recht, Anträge zu stellen, schließt neben den Beweisanträgen (§§ 219, 244 StPO), neben Anträgen auf und bei Haftprüfung (§§ 117, 118 StPO; s. auch §§ 118 b, 298 StPO) das Recht auf Verteidigerwahl ein (§ 67 Abs. 3, § 137 Abs. 2 StPO). Dieses Recht zur Wahl eines Verteidigers hat natürlich auch der Beschuldigte (§ 137 Abs. 1 StPO), so daß sich hier Unstimmigkeiten ergeben können. Da der/die Beschuldigte in erster Linie seine/ihre Verteidigungsinteressen bestimmt (s. Rn. 6), ist grundsätzlich auch seine/ihre Verteidigerwahl zu respektieren. Allenfalls können Erziehungsberechtigte und gesetzliche Vertreter einen weiteren Verteidiger bestellen, wobei die Höchstzahl von drei Verteidigern (s. § 137 Abs. 2 S. 2 i. V. m. § 137 Abs. 1 S. 2 StPO) nicht überschritten werden darf. Entscheidend wird sich hierbei die Kostentragungspflicht des jeweiligen Auftraggebers auswirken. In der Praxis werden häufig Erziehungsberechtigte und gesetzliche Vertreter die Verteidigerkosten für den/die Beschuldigten übernehmen. Um Widersprüche zwischen mehreren Erziehungsberechtigten zu vermeiden, handelt kraft gesetzlicher Fiktion der anwesende Erziehungsberechtigte für den Abwesenden (§ 67 Abs. 5 S. 2).

5. Anfechtungsrechte

Schließlich haben Erziehungsberechtigte und gesetzliche Vertreter das Anfechtungsrecht, d. h., sie können wie der/die Beschuldigte Rechtsmittel einlegen (§ 67 Abs. 3, § 298 StPO). Zu den Rechtsbehelfen gehört auch die Wiedereinsetzung in den vorherigen Stand (s. Rn. 20). Im Hinblick auf die Aufgabenstellung (s. Rn. 6) dürfen die Rechte **nur zugunsten des Beschuldigten** eingesetzt werden; hierbei wird häufig Streit bestehen, ob nicht mit Rücksicht auf psychische und finanzielle Belastungen die Annahme der justitiellen Entscheidung günstiger ist. Da dies von der Rechtsbehelfsinstanz nicht zu prüfen ist, dürfen Rechtsbehelfe auch nicht mit dieser Begründung zurückgewiesen werden. Die Selbständigkeit des Anfechtungsrechts bedeutet, daß Erziehungsberechtigte und gesetzliche Vertreter auch dann hierzu befugt sind, wenn der/die Beschuldigte hierauf verzichtet hat oder sein/ihr Rechtsmittel zurückgenommen hat; dies gilt –

natürlich – auch umgekehrt. Eine Einschränkung der Selbständigkeit erfolgt durch § 55 Abs. 2 S. 2 und Abs. 3. Auch eine Beschränkung der Berufung ist nachträglich nur mit Zustimmung des/der Angeklagten zulässig (*OLG Düsseldorf* NJW 1957, 840). Die Selbständigkeit bewirkt weiterhin, daß ein Rechtsmittel der Erziehungsberechtigten bzw. gesetzlichen Vertreter auch dann wirksam bleibt, wenn nach Einlegung das Betreuungsverhältnis beendet wird, selbst wenn zuvor von dem/der Beschuldigten auf ein Rechtsmittel verzichtet wurde; allerdings steht jetzt die Entscheidungsbefugnis allein dem/der Angeklagten zu (*BGHSt* 10, 174). Formalistisch erscheint es jedoch, die Berechtigung zu einer Rechtsmittelbegründung zu verneinen, wenn zwischenzeitlich das Betreuungsverhältnis geendet hat (so *RGSt* 42, 342; *Eisenberg* § 67 Rn. 26); inhaltlich gehört die Begründung zur Rechtsmitteleinlegung, was sich auch in der Auswahl der Rechtsmittel zeigt (s. auch § 55 Rn. 4). Aufgrund der Verweisung im § 67 Abs. 3 auf § 298 StPO gilt die Rechtsmittelfrist des/der Beschuldigten auch für Erziehungsberechtigte und gesetzliche Vertreter. Die Rechtssicherheit wird höhergestellt als die Interessenwahrnehmung. Insoweit besteht aber die Möglichkeit der Wiedereinsetzung in den vorherigen Stand (s. Rn. 20). Hat ein Erziehungsberechtigter in der Hauptverhandlung auf ein Rechtsmittel verzichtet, gilt dies auch für andere Erziehungsberechtigte (§ 67 Abs. 5 S. 2). Wird der Verzicht nach Schließung der Hauptverhandlung erklärt, aber noch in Anwesenheit des Gerichts zu Protokoll genommen, so ist auch dieser wirksam, da dann »in einer sonstigen Verhandlung« gehandelt wird (h. M., s. *Dallinger/Lackner* § 67 Rn. 25); ausdrücklich »zu Protokoll der Geschäftsstelle oder schriftlich« (so die §§ 306 Abs. 1 S. 1, 314 Abs. 1, 341 Abs. 1 StPO) braucht der Rechtsmittelverzicht oder die Rechtsmittelrücknahme nicht erklärt zu werden (a. M. *Stratenwerth* JZ 1964, 265), da das Protokoll des Gerichts zumindest gleichwertig ist (s. auch § 55 Rn. 3). Zur Kostentragung s. § 74 Rn. 5.

6. Vertretung in den Rechten

14 Eine Vertretung in den Rechten als Erziehungsberechtigte oder gesetzliche Vertreter ist in der Hauptverhandlung sowie bei Vernehmungen und gerichtlichen Untersuchungen in Anwesenheit des/der Beschuldigten mit der Aufgabenstellung einer persönlichen Betreuung nicht vereinbar (*BGH* RdJB 1961, 313; *Eisenberg* § 67 Rn. 7). Im Schriftverkehr (Anträge, Rechtsmittel) ist dagegen eine – anwaltliche – Vertretung zulässig, wie auch die anwaltliche Betreuung – nicht durch den Verteidiger – bei Anwesenheit der Erziehungsberechtigten und gesetzlichen Vertreter unbedenklich ist.

V. Entzug der Rechte

Gemäß § 67 Abs. 4 S. 1 können die Rechte dem Erziehungsberechtigten und dem gesetzlichen Vertreter wegen »Beteiligung« entzogen werden. Insoweit muß ein – konkreter – Verdacht bestehen oder eine – rechtskräftige – Verurteilung vorliegen. Als Beteiligung wird in der Kommentarliteratur (*Potrykus* § 67 Anm. 7; *Dallinger/Lackner* § 67 Rn. 27; *Brunner/Dölling* § 67 Rn. 13; *Eisenberg* § 67 Rn. 17) nicht nur Täterschaft und Teilnahme (Anstiftung und Beihilfe) bewertet, sondern auch die Beteiligung nach der Tat durch Begünstigung, Strafvereitelung oder Hehlerei. Zur Begründung wird auf § 60 Nr. 2 StPO verwiesen, wo neben der Beteiligung auch Begünstigung, Strafvereitelung und Hehlerei als Gründe aufgeführt sind, von der Verteidigung des Zeugen abzusehen. Diese zusätzliche Nennung spricht aber für die gegenteilige Ansicht, da hier unter Beteiligung eben nur Täterschaft und Teilnahme an der Tat selbst verstanden werden. Diese einschränkende Auslegung entspricht auch der sonstigen Terminologie des Gesetzgebers. So werden für den Ausschluß des Verteidigers neben der Beteiligung im § 138 a Abs. 1 Nr. 1 StPO ausdrücklich im § 138 a Abs. 1 Nr. 3 StPO Begünstigung, Strafvereitelung und Hehlerei genannt; im § 29 StGB wird ausdrücklich der Begriff der Beteiligung auf Täterschaft und Teilnahme begrenzt. Aufgrund der Wortinterpretation ist deshalb ein Entzug bei Begünstigung, Strafvereitelung und Hehlerei versagt, wobei bei der Strafvereitelung zudem der persönliche Strafausschließungsgrund des § 258 Abs. 6 StGB eingreifen würde. Widersprüchlich ist zudem, wenn für den Entzug gem. § 67 Abs. 4 S. 2 (Mißbrauch des anderen Erziehungsberechtigten bzw. gesetzlichen Vertreters) eine Verdunkelung als typische Form der Begünstigung und Strafvereitelung nicht als ausreichend angesehen wird, sofern nicht die Voraussetzungen des § 67 Abs. 4 S. 2 vorliegen (*Dallinger/Lackner* § 67 Rn. 28; nachfolgend *Eisenberg* § 67 Rn. 18). Der Mißbrauch muß sich auf den primären Grund zum Entzug der Rechte gem. § 67 Abs. 4 S. 1 beziehen, d. h., es muß die Stellung im Verfahren für das Interesse des anderen Erziehungsberechtigten bzw. gesetzlichen Vertreters ausgenutzt werden, nicht oder milder bestraft zu werden. Der Nachteil kann einmal für den Betreuten, zum anderen für die justitiellen Überführungsmöglichkeiten eintreten. Auch insoweit muß eine konkrete Gefahr bestehen; eine generelle Vermutung, daß z. B. Ehepartner sich beistehen, genügt nicht (h. M.).

15

Der Entzug ist bei Vorliegen der Voraussetzungen nicht verpflichtend (»kann«). Das pflichtgemäße Ermessen ist zurückhaltend zu gebrauchen (ebenso *Eisenberg* § 67 Rn. 19), da der Entzug nicht nur die Situation des/der Angeklagten verschlechtert, sondern allgemein zu einer Belastung des Prozeßklimas führen wird.

16

17 Zuständig für den Entzug ist ab Einreichung der Klage das Gericht (h. M., a. M. nur *Potrykus* § 67 Anm. 7), vorher der Jugendrichter.

18 Die weiteren Konsequenzen ergeben sich aus dem Gesetz: § 67 Abs. 4 S. 3 und 4. Zusätzlich ist ein Verteidiger zu bestellen: § 68 Nr. 2.

VI. Rechtsmittel

1. Bei Verhinderung der Rechtswahrnehmung

19 Wird den Erziehungsberechtigten und gesetzlichen Vertretern die Wahrnehmung ihrer Rechte durch Versäumnis einer Benachrichtigung, der Ladung, durch die Verweigerung des Frage- und Antragsrechts unmöglich gemacht, ist das ein Rechtsverstoß, der im Rahmen von Berufung oder Revision angreifbar ist. Wenn hierüber in der Hauptverhandlung ein Beschluß des Gerichts gem. § 238 Abs. 2 StPO herbeigeführt wird, liegt sogar ein absoluter Revisionsgrund gem. § 338 Nr. 8 StPO vor (einschränkend *Potrykus* § 67 Anm. 5): Die Funktion der Erziehungsberechtigten und gesetzlichen Vertreter hat ausgesprochene Verteidigungselemente (s. Rn. 6). Dies gilt aufgrund der hier vertretenen Mitteilungspflicht (s. Rn. 8) auch für § 67 Abs. 2 (a. M. *BGH* NStZ 1996, 612; *Brunner/Dölling* § 67 Rn. 11; »in der Regel« wie hier *Eisenberg* § 67 Rn. 22, § 50 Rn. 30; ebenso *Eisenberg/Düffer* JR 1997, 80). Wird eine Rücksprache mit den Erziehungsberechtigten und gesetzlichen Vertretern ausdrücklich verwehrt, besteht hinsichtlich der gemachten Angaben ein Verwertungsverbot wie bei der Verweigerung der Verteidigerbefragung (s. *BGH* MDR 1993, 257). Weiterhin kann die Aufklärungsrüge gem. § 244 Abs. 2 StPO begründet sein (s. auch § 50 Rn. 17).

20 Wurde ein Rechtsmittel versäumt, weil die Erziehungsberechtigten und gesetzlichen Vertreter nicht in der Hauptverhandlung anwesend waren und sie vom Ausgang des Verfahrens auch nicht informiert wurden (s. Rn. 8), so ist die Wiedereinsetzung in den vorherigen Stand gem. den §§ 44 ff. StPO möglich. Dies gilt auch dann, wenn sie ordnungsgemäß zur Hauptverhandlung gem. § 50 Abs. 2 S. 1 geladen wurden; eine Erkundigungspflicht würde häufig den juristischen Laien überfordern (so aber *BGHSt* 18, 21; *Eisenberg* § 67 Rn. 23 m. w. N.; wie hier *BayObLG* NJW 1954, 1379; *OLG Stuttgart* NJW 1960, 2354). Das Verschulden liegt auf seiten des Gerichts, wenn entgegen der »Sollvorschrift« (s. Rn. 8) keine Mitteilung ergangen ist. Dem steht nicht entgegen, daß grundsätzlich nur im Rahmen der Frist, die für den Verurteilten gelten, Rechtsmittel zulässig sind (§ 298 Abs. 1 StPO). Diese Bestimmung behält weiter ihre Bedeutung, nämlich dann, wenn Jugendliche sowie Erziehungsberechtigte und gesetzliche Vertreter bei der Entscheidung anwesend waren oder letztere

von der Entscheidung benachrichtigt wurden (a. M. *Dallinger/Lackner* § 67 Rn. 19), wobei faktisch zudem das Recht auf Wiedereinsetzung häufig nicht ausgeübt wird.

2. Gegen den Entzug der Rechte

Die Entscheidung über den Entzug der Rechte ist mit einfacher Beschwerde gem. den §§ 304, 305 S. 2 StPO anfechtbar; eine aufschiebende Wirkung besteht nicht (§ 307 StPO). Dieses Rechtsmittel können sowohl die Jugendlichen als auch die unmittelbar betroffenen Erziehungsberechtigten und gesetzlichen Vertreter einlegen.

§ 68. Notwendige Verteidigung

Der Vorsitzende bestellt dem Beschuldigten einen Verteidiger, wenn
1. einem Erwachsenen ein Verteidiger zu bestellen wäre,
2. dem Erziehungsberechtigten und dem gesetzlichen Vertreter ihre Rechte nach diesem Gesetz entzogen sind,
3. zur Vorbereitung eines Gutachtens über den Entwicklungsstand des Beschuldigten (§ 73) seine Unterbringung in einer Anstalt in Frage kommt, oder
4. gegen ihn Untersuchungshaft oder einstweilige Unterbringung gemäß § 126 a der Strafprozeßordnung vollstreckt wird, solange er das 18. Lebensjahr nicht vollendet hat; der Verteidiger wird unverzüglich bestellt.

Literatur

Bandilla Die Verteidigung in Jugendstrafsachen – erste Ergebnisse einer Bielefelder Untersuchung, DVJJ-Rundbrief Nr. 131/Juni 1990, 25; *Beulke/Herrlinger/Kahlert/Pieplow/Schmitz/Schmitz-Justen/Simon/Viehmann/Walter* »Kölner Richtlinien« zur notwendigen Verteidigung in Jugendstrafverfahren, NJW 1989, 1024; *Bottke* Zur Ideologie und Teleologie des Jugendstrafverfahrens, ZStW 95 [1983], 69; *Bundesminister der Justiz* (Hrsg.) Verteidigung in Jugendstrafsachen, 1987; *Cohnitz* Der Verteidiger in Jugendsachen, RdJ 1956, 196; *ders.* Der Verteidiger in Jugendsachen, 1957; *Diehl* Der Verteidiger in Jugendstrafsachen im Verhältnis zu anderen Verfahrensbeteiligten, ZRP 1984, 296; *Fuchs* Der Verteidiger im Jugendstrafverfahren, 1992; *Eisenberg* Der Verteidiger in Jugendstrafsachen, NJW 1984, 2913; *Grethlein* Pflichtverteidiger im vereinfachten Jugendverfahren?, NJW 1965, 1365; *ders.* Kein Pflichtverteidiger im vereinfachten Jugendverfahren bei Verbrechen, NJW 1966, 143; *Hauber* Das Dilemma der Verteidigung jugendlicher Straftäter, RdJB 1979, 355; *Hellmer/Herold/Hinrichsen/Potrykus/Schilling* Zur Frage, ob im Jugendstrafverfahren die Mitwirkung eines Verteidigers notwendig ist, RdJ 1956, 198 ff.; *Höfner* Das Dilemma der Verteidigung jugendlicher Straftäter, RdJB 1973, 364; *Kahlert* Verteidigung in Jugendstrafsachen, 2. Aufl., 1986; *Lüderssen* Die Pflichtverteidigung, NJW 1986, 2742; *Molketin* »Pflichtverteidigung« im Jugendstrafverfahren, Zbl 1981, 199; *ders.* Die Schutzfunktion des § 140 Abs. 2 StPO zugunsten des Beschuldigten im Strafverfahren, 1986; *Oellerich* Voraussetzungen einer notwendigen Verteidigung und Zeitpunkt der Pflichtverteidigerbestellung, StV 1981, 434; *Ostendorf* Die Pflichtverteidigung im Jugendstrafverfahren, StV 1986, 308; *Potrykus* Pflichtverteidiger im vereinfachten Jugendverfahren?, NJW 1965, 1950; *J. Radbruch* Zur Reform der Verteidigung in Jugendstrafsachen, StV 1993, 553; *Schlickum* Verteidigung in Jugendstrafsachen: Mithilfe zur Verurteilung?, StV 1981, 359; *Walter* Stellung und Bedeutung des Strafverteidigers im jugendkriminalrechtlichen Verfahren, NStZ 1987, 481; *Walther* Strafverteidigung junger Menschen vor den Jugendgerichten, MschrKrim 1997, 108; *Zieger* Verteidiger in Jugendstrafsachen – Erfahrungen und Empfehlungen, StV 1982, 305; *ders.* Verteidigung in Jugendstrafsachen, 3. Aufl. (1998).

Zweites Hauptstück. Jugendgerichtsverfassung und Jugendstrafverfahren § 68

Inhaltsübersicht Rn.
I. Anwendungsbereich 1
II. Aufgaben 3
III. Die Bestellung des Pflichtverteidigers
  1. Materiellrechtliche Voraussetzungen
    a) Pflichtverteidigung gem. § 68 Nr. 1 i. V. m. § 140 StPO 7
    b) Pflichtverteidigung gem. § 68 Nr. 2 11
    c) Pflichtverteidigung gem. § 68 Nr. 3 i. V. m. § 73 12
    d) Pflichtverteidigung gem. § 68 Nr. 4 13
  2. Verfahrensrechtliche Voraussetzungen 14
IV. Kosten 18
V. Rechtsmittel
  1. gegen eine Bestellung 20
  2. bei einer Nichtbestellung 21

I. Anwendungsbereich

§ 68 Nr. 1 und Nr. 3 gilt sowohl für Jugendliche als auch für Heranwachsende (§ 109 Abs. 1), und zwar auch vor den für allgemeine Strafsachen zuständigen Gerichten (§§ 104 Abs. 1 Nr. 10, 112 S. 1, 2). § 68 Nr. 2 gilt nur für Jugendliche, § 68 Nr. 4 nur für die Altersgruppe von 14 Jahren bis zur Vollendung des 18. Lebensjahres. 1

Die Verpflichtung zur Verteidigerbestellung nach § 68 besteht **ebenso im vereinfachten Verfahren** (*OLG Düsseldorf* NStZ 1999, 211; ebenso *Eisenberg* ab der 8. Auflage § 68 Rn. 3; *Bottke* ZStW 95 [1983], 98; a. M. *Brunner/Dölling* § 68 Rn. 26). Soweit die Pflichtverteidigerbestellung ansonsten wegen persönlichkeits-, verfahrens- oder tatbedingter Einschränkung bzw. Verhinderung der Verteidigungsmöglichkeiten vorgeschrieben ist, wird ohne einen Verteidiger eine Beeinträchtigung der Wahrheitserforschung vermutet, die ein Abweichen von den Verfahrensvorschriften im vereinfachten Verfahren verbietet (§ 78 Abs. 3 S. 1); das Fehlen in der Hauptverhandlung ist deshalb als absoluter Revisionsgrund formuliert (§ 338 Nr. 5 StPO; s. auch § 145 StPO). Soweit die Pflichtverteidigerbestellung ansonsten wegen der Schwere des Tatvorwurfs und damit wegen der Schwere der möglichen Sanktionsfolgen vorgeschrieben ist, erscheint das vereinfachte Verfahren als ungeeignet gem. § 77 Abs. 1; ein gesetzlicher Hinweis auf die Einhaltung des § 68 war daher nicht notwendig. Daß darüber hinaus über Anklagen, die eine notwendige Verteidigung bedingen, nicht im vereinfachten Verfahren zu entscheiden ist, erscheint so offensichtlich, daß das Problem lediglich praxisrelevant werden dürfte, wenn sich die Voraussetzungen gem. § 68 erst in der Hauptverhandlung herausstellen; bis zur Urteilsverkündung ist aber immer noch die Ablehnung des vereinfachten Verfahrens möglich (§ 77 Abs. 1 S. 3). Es darf 2

§ 68 Zweiter Teil. Jugendliche

nicht in das Belieben der Strafjustiz gestellt werden, mit der Verfahrenswahl auch die Verteidigungsmöglichkeiten des/der Angeklagten einzuschränken.

II. Aufgaben

3   Die Aufgaben des Pflichtverteidigers entsprechen denen des Wahlverteidigers (s. *Lüderssen* NJW 1986, 2743), der in jeder Lage des Verfahrens vom Beschuldigten sowie vom gesetzlichen Vertreter und Erziehungsberechtigten beauftragt werden kann (§ 137 Abs. 2 StPO, § 67 Abs. 3, s. auch § 67 Rn. 12). Die Aufgaben unterscheiden sich auch nicht von denen im Erwachsenenstrafverfahren, d. h., der Pflichtverteidiger ist **einseitiger Interessenvertreter** seines Mandanten und hat als solcher den staatlichen »Strafanspruch« abzuwehren (wie hier *Hellmer* RdJ 1956, 199; *Schlickum* StV 1981, 362; *Zieger* StV 1982, 305; *Bottke* ZStW 95 [1983], 99; *Kahlert* S. 7; *Eisenberg* NJW 1984, 2215; allgemein zur Aufgabenstellung des Strafverteidigers s. *Ostendorf* NJW 1978, 1348; *Beulke* Der Verteidiger im Strafverfahren, 1980; *Strzyz* Die Abgrenzung von Strafverteidigung und Strafvereitelung, 1983; *Heinicke* Der Beschuldigte und sein Verteidiger in der BRD, 1984). Demgegenüber wird in der Rechtslehre dem Verteidiger häufig eine primäre oder gleichbedeutende erzieherische Aufgabe zugesprochen (*Potrykus* RdJ 1956, 198; *Böhm* Einführung in das Jugendstrafrecht, 1. Aufl., S. 72, aufgegeben in der 3. Aufl., S. 116; *Hauber* RdJB 1979, 360; *Brunner/Dölling* § 68 Rn. 13). Ja, der Verteidiger wird in einem erzieherisch gestalteten Strafprozeß als Störenfried, als »pädagogisches Risiko« betrachtet (s. *Hinrichsen* RdJ 1956, 201; ebenso *Schilling* RdJ 1956, 204). Der kontradiktorische Prozeß soll zu einer einvernehmlichen Verhandlung umgestaltet werden, indem die Konflikte notfalls unter Ausschluß des Hauptbeteiligten, des/der Angeklagten, außerhalb der Verhandlung vorab bereinigt werden (s. *Cohnitz* RdJ 1956, 198; *Potrykus* RdJ 1956, 203). Diese Auffassung ist mit aller Entschiedenheit zurückzuweisen (weniger deutlich *Eisenberg* NJW 1984, 2913; für eine »erzieherische Einbindung« ohne Einschränkung der Verteidigerbefugnisse *Walter* NStZ 1987, 483; nach *Fuchs* Der Verteidiger im Jugendstrafverfahren, 1992, S. 41 ff. hat der Verteidiger – in den Grenzen seiner Beistandsfunktion – einen Erziehungsauftrag, sich bei seinen Mandanten um Akzeptanz des justitiellen Erziehungsanspruchs zu bemühen). Zunächst spricht gegen diese Auffassung der Gesetzeswortlaut, der keinen Hinweis auf erzieherische Aufgaben des Verteidigers enthält. Im JGG 1953 wurde gerade diese Aufgabenstellung, wie sie im § 42 Abs. 2 JGG 1943 formuliert war, gestrichen, auch wenn dies aus Zweckmäßigkeitsgründen erfolgte, um »unerwünschte Differenzierungen bei der Auswahl der Pflichtverteidiger« zu vermeiden (s. BT-Drucks. 1/4437, S. 10; s. auch Grdl. z. §§ 67-69 Rn. 2). Ebenso wurde eine entsprechende Empfehlung in der RL Nr. 1 zu § 68

(ebenso *Leitsätze zum Jugendstrafrecht und Jugendstrafvollzug der CSU* Zbl 1982, 820) gestrichen. Entscheidend ist, daß auch das »Erziehungsstrafrecht« des JGG ein Strafrecht bleibt, d. h., es wird »Rechtsgüterschutz durch Rechtsgüterverletzung« betrieben (*v. Liszt* »Marburger Programm«, S. 22, neu hrsg. von *Ostendorf* Von der Rache zur Zweckstrafe, 1982). Auch noch so wohlgemeinte erzieherische Absichten können nicht den Übelscharakter der jugendstrafrechtlichen Sanktion mit ihrer stigmatisierenden Wirkung, nicht zuletzt aufgrund der Eintragung in das Erziehungs- bzw. Zentralregister, nehmen: Auf die Straftat wird eben nicht mit einer Wohltat reagiert (so aber ausdrücklich *Cohnitz* RdJ 1956, 198; s. auch *Höfner* RdJB 1979, 371). Das vom Verteidiger geforderte Bemühen um Akzeptanz (s. *Fuchs* a. a. O.) kann nur so weit gehen, als die Notwendigkeit des strafjustitiellen Tätigwerdens im Sinne eines staatlichen Notwehrrechts vermittelt wird; darüber hinaus stellt sich die Frage nach der Akzeptanz notwendigerweise bei der Prüfung, ob nach der Entscheidung des Gerichts ein Rechtsmittel eingelegt werden soll. Jede weitere Einbindung des Verteidigers muß zu einem Konflikt mit der gesetzlichen Beistands- und Hilfsfunktion führen. Der Verteidiger hat dementsprechend alle prozessualen Möglichkeiten zur Abwehr der Strafe auszuschöpfen mit Einschluß der Rechtsmittel, was einen Verzicht aus taktischen Gründen nicht ausschließt, um das Wohlwollen des Gerichts zu »erkaufen«. Diese Beistandspflicht wirkt sich auch auf die Fürsorgepflicht des Gerichts gerade gegenüber jugendlichen Angeklagten aus; so liegt ein Verstoß gegen § 265 Abs. 4 StPO vor, wenn das Gericht nicht mit der Hauptverhandlung wartet, obwohl der Wahlverteidiger eine Verspätung angezeigt hat (s. *OLG Köln* Zbl 1981, 34, mit zust. Anm. von *Molketin* Zbl 1981, 220).

Der Urteilsspruch nach einem Austragen des Interessenkonflikts wird zudem erzieherisch besser auf den/die Angeklagte(n) einwirken als nach einvernehmlicher Verhandlung, in der mit dem Begriff des wohlverstandenen Interesses die gegenläufigen Interessen des/der Angeklagten zugeschüttet wurden. Eine Akzeptanz der strafjustitiellen Entscheidung erscheint bei der kritischen Einstellung in der Jugend gegenüber staatlicher Gewalt gerade in der justitiellen Form (so das Ergebnis einer Infra-Umfrage aus dem Jahre 1981; s. auch *Höfner* RdJB 1979, 366) nur so möglich. Da letztlich eine autoritative Entscheidung gefällt wird, kann zwar eine offen geführte Verhandlung kein Lehrmodell für das Austragen von Konflikten unter Gleichberechtigten, wohl aber für die Interessenwahrnehmung gegenüber Vorgesetzten sein und darüber hinaus zur Selbständigkeit anleiten. Soweit ein Verfahren am runden Tisch – nach einem Schuldinterlokut – durchgeführt wird, ist so die Teilnahme des/der Angeklagten regelmäßig geboten. Wenn demgegenüber gerade auch für das Verteidigungsplädoyer der Ausschluß des/der Angeklagten gem. § 51 angeregt wird (s. *Herold* RdJ 1956, 200; früher *Eisenberg*, 5. Aufl., § 68 Rn. 13, zurücknehmend in

NJW 1984, 2918; demgegenüber krit. *Potrykus* RdJ 1956, 203: »diskriminierende Maßnahme des § 51«; *Böhm* Einführung in das Jugendstrafrecht, S. 72: bedenkliche Geheimnistuerei; s. auch § 51 Rn. 6), steht dies einer erzieherischen Funktion gerade entgegen. Im Interesse des Mandanten wird sich der Verteidiger aber auf eine abgeschottete Besprechung einlassen müssen, wenn nur so schwerere Sanktionen abgewehrt werden können (für eine Flexibilität in der Verteidigungsstrategie ebenso *Diehl* ZRP 1984, 298).

5   Die so formulierte Aufgabenstellung verlangt, daß der Strafverteidiger **selbst initiativ** werden muß i. S. einer Diversion durch Verfahrenseinstellung (s. Grdl. z. §§ 45 und 47 Rn. 4); er soll schon vorher zu einer internen Konflikterledigung zwischen beschuldigtem Täter und Opfer durch Vermittlung eines Gespräches, durch Anregung einer Entschuldigung, durch Schadenswiedergutmachung anhalten, wenn hierzu – vor Anzeigeerstattung oder durch Rücknahme des Strafantrages – noch Gelegenheit ist. Eine Schadenswiedergutmachung wirkt sich zudem im Rahmen der Sanktionierung günstig aus (s. auch *Eisenberg* NJW 1984, 2918). Ebenso darf die rechtliche Betreuung nicht mit dem Urteilsspruch des Gerichts ihr Ende finden: Die Verdeutlichung der Sanktion ist gerade bei jugendlichen Angeklagten regelmäßig notwendig; ebenso ist er/sie über das Verfahren der Strafvollstreckung, insbesondere des Strafvollzuges, aufzuklären, wenngleich die weitere Betreuung einen neuen Auftrag voraussetzt (a. M. *OLG Hamm* NJW 1955, 1201; *Dallinger/Lackner* § 83 Rn. 6; wie hier wohl *Kahlert* S. 89 ff.; *Zieger* StV 1982, 313; *Eisenberg* NJW 1984, 2914; *Brunner/Dölling* § 68 Rn. 27). Dementsprechend kommt gem. § 83 Abs. 3 S. 2 auch eine besondere Pflichtverteidigung im Strafvollstreckungsverfahren in Betracht, wenn dort neue justitielle Entscheidungen getroffen werden müssen (so auch im Erwachsenenstrafrecht, s. *OLG Hamm* NStZ 1983, 189; *OLG Bamberg* NStZ 1985, 39 mit abl. Anm. von *Pöpperl*; s. auch *Schwenn* StV 1983, 189 m. w. N.). Diese – begrenzte – Nachbetreuung ist gerade auch für die Beantwortung der Rechtsmittelfrage zu leisten (s. *Hauber* RdJB 1979, 361), d. h., die Bestellung gilt **bis zum rechtskräftigen Abschluß des Verfahrens** (s. *OLG Celle* NStZ 1985, 519). Insofern wirkt auch die Bestellung im Verfahren über die Aussetzung der Jugendstrafe gem. § 57 fort (*OLG Karlsruhe* StV 1998, 348).

6   Selbstverständlich erscheint, daß der Verteidiger die Interessen des/der Angeklagten, nicht der gesetzlichen Vertreter oder Erziehungsberechtigten zu vertreten hat, und zwar auch dann, wenn diese seine Auftraggeber sind (s. *Cohnitz* S. 19; *Zieger* StV 1982, 306). Mit dieser Feststellung ist die Interessenkollision aber in der Praxis nicht aus dem Wege geräumt. Bei einer Wahlverteidigung ist der Auftraggeber auch der Geldgeber. Die gesetzlichen Vertreter bzw. Erziehungsberechtigten können aber ein Inter-

esse daran haben, sie belastende, den/die Angeklagte(n) entlastende Umstände aus dem Familienleben zu verbergen (s. *Schilling* RdJ 1956, 203). Als einseitiger Interessenvertreter des/der Angeklagten muß der Verteidiger diese Mitteilungen in den Prozeß einbringen, wobei er Gefahr läuft, daß das Auftragsverhältnis beendet wird. Dies gilt erst recht, wenn der Verteidiger einer Anweisung zu einem Rechtsmittel nicht folgt, weil der Mandant/die Mandantin ein oder kein Rechtsmittel einlegen will. Die gesetzlichen Vertreter und Erziehungsberechtigten können zwar unabhängig von dem Willen des/der jugendlichen Angeklagten den Rechtsmittelweg beschreiten (§ 137 Abs. 2 StPO, § 67 Abs. 3; s. § 67 Rn. 13), aber nicht durch den Verteidiger gegen den Willen des Mandanten/der Mandantin (s. auch § 67 Rn. 14): **Es droht die Strafbestimmung des Parteiverrates gem. § 356 StGB**, nachdem er die Interessenvertretung des/der Angeklagten übernommen hat (a. M. *Dallinger/Lackner* § 68 Rn. 4; *Zieger* StV 1982, 306, hält ein solches Vorgehen »zumindest für standeswidrig«). Die durch den/die Angeklagte(n) anders formulierten Interessen sind aber entgegengesetzte Interessen, da die Interessenformulierung nur subjektiv erfolgen kann. Diese Interessenkollision kann aber gerade mit der Bestellung des Wahlverteidigers zum Pflichtverteidiger aufgelöst werden (zu diesem Konflikt s. auch *Zieger* Verteidigung in Jugendstrafsachen, 3. Aufl., Rn. 165).

III. Die Bestellung des Pflichtverteidigers

1. **Materiellrechtliche Voraussetzungen**

a) **Pflichtverteidiger gem. § 68 Nr. 1 i. V. m. § 140 StPO**

Ein Verteidiger ist im Jugendgerichtsverfahren zu bestellen, wenn die Bestellung auch für einen Erwachsenen geboten wäre. Insoweit wird auf § 140 StPO verwiesen. Während die Fallgruppen gem. § 140 Abs. 1 StPO keine jugendspezifischen Auslegungsprobleme aufwerfen, sind die Bestellungsvoraussetzungen gem. § 140 Abs. 2 StPO aus jugendstrafrechtlicher Sicht auslegungsbedürftig. Hinzuweisen ist lediglich darauf, daß die ersatzweise Einweisung in ein Erziehungsheim zur Vermeidung der U-Haft eine Verteidigerbestellung gem. § 140 Abs. 1 Nr. 5 StPO erforderlich machen kann, wenn die persönliche Freiheit erheblich eingeschränkt ist (s. *LG Braunschweig* StV 1986, 472). Ausgangspunkt der Überlegungen hat zu sein, daß gerade Jugendliche in ihrer Interessenwahrnehmung vor Gericht gehandikapt sind aufgrund ihrer Unerfahrenheit im Umgang mit staatlichen Instanzen, aufgrund ihrer eingeschränkten sprachlichen Ausdrucksmöglichkeiten, wobei häufig schon die juristische Sprache nicht verstanden wird, aufgrund des geringeren sozialen Status: Jugendliche vor Gericht haben keine oder nur eine geringe Handlungskompetenz. Insoweit ist entgegen einer vielfach beobachteten Praxis eine **extensive Inter-**

7

pretation zugunsten des/der Beschuldigten geboten (*Potrykus* § 68 Anm. 2 b; *Dallinger/Lackner* § 68 Rn. 10; *Hauber* RdJB 1979, 357; *Molketin* Zbl 1981, 199; *Diehl* ZRP 1984, 297). Hierbei ist die Bestellung bereits und fortwährend im Ermittlungsverfahren zu prüfen, da hier häufig schon die Weichen falsch gestellt werden (ebenso *Bringewat* ZPR 1979, 251; *Eisenberg* NJW 1984, 2916). Wenn die Voraussetzungen für eine Pflichtverteidigung schon im Ermittlungsverfahren abzusehen sind, hat die Staatsanwaltschaft die Bestellung gem. § 141 Abs. 3 S. 2 StPO zu beantragen (s. *Radbruch* StV 1993, 554).

8   So ist ein Pflichtverteidiger geboten wegen der Schwere der Tat, wenn als Tatfolge ein Freiheitsentzug droht, da die Bewertung der Tatschwere sich in erster Linie nach der zu erwartenden Strafe richtet (*LG Gera* StraFo 1998, 270 = DVJJ-Journal 1998, 189; StraFo 1998, 342 = DVJJ-Journal 1998, 279; *OLG Frankfurt* bei *Böhm* NStZ 1994, 531; *OLG Köln* StV 1998, 645; ebenso »Kölner Richtlinien« zur notwendigen Verteidigung in Jugendstrafverfahren, NJW 1989, 1026; *Molketin* AnwBl 1991, 619; *Diemer* in: *D/S/S* § 68 Rn. 10; *Brunner/Dölling* § 68 Rn. 20; *Eisenberg* § 68 Rn. 24); im Erwachsenenstrafrecht wird nach der Rechtsprechung ein Pflichtverteidiger bestellt, wenn eine Freiheitsstrafe von einem Jahr zu erwarten ist (s. *LG Oldenburg* StV 1983, 236; *LG Heilbronn* StV 1983, 277; *BayObLG* StV 1985, 447; *KG* StV 1998, 325; s. auch *OLG Celle* StV 1986, 142; *OLG Köln* StV 1986, 238 verlangt nur noch eine Freiheitsstrafe »von deutlich mehr als 6 Monaten«). Hierbei ist ein möglicher Widerruf einer Strafaussetzung zur Bewährung in einer anderen Strafsache mit zu berücksichtigen (*OLG Köln* StV 1993, 402: »Auch im Falle einer Verurteilung zu 3 Monaten Freiheitsstrafe gebietet die Schwere der Tat die Beiordnung eines Verteidigers, wenn der Widerruf mehrerer Bewährungsaussetzungen davon abhängt, ob die neuerliche Strafe zur Bewährung ausgesetzt wird oder nicht«; *BayObLG* MDR 1995, 841; s. auch *Molketin* Jura 1992, 121 m. w. N. in Fn. 26). Nach *OLG Düsseldorf* (AnwBl 1989, 234) ist eine Pflichtverteidigung nicht geboten, wenn in der Berufungsinstanz wegen des Verbots der Schlechterstellung gem. § 331 Abs. 1 StPO nicht auf eine höhere Jugendstrafe als 6 Monate erkannt werden darf. Da über eine Bewährung erst in einem zweiten Schritt entschieden wird, der später in der Bewährungszeit wieder zurückgenommen werden kann, sollte auch ein Pflichtverteidiger bestellt werden, wenn eine Bewährung in Betracht kommt (wie hier *LG Gera* StraFo 1998, 342 = DVJJ-Journal 1998, 279; *Eisenberg* § 68 Rn. 24; *Diemer* in: *D/S/S* § 68 Rn. 10; *Brunner/Dölling* § 68 Rn. 20; *Lüderssen* NJW 1986, 2746; *Beulke* in: Verteidigung in Jugendstrafsachen, hrsg. vom *Bundesministerium der Justiz*, 1987, S. 177; *Albrecht* S. 348; *Hartmann-Hilter* StV 1988, 316; s. aber *OLG Frankfurt* StV 1984, 370), darüber hinaus bei der Erwartung einer freiheitsentziehenden Maßregel gem. § 7, d. h. bei Unterbringung in einem

psychiatrischen Krankenhaus (§ 61 Nr. 1 StGB) oder einer Entziehungsanstalt (§ 61 Nr. 2 StGB, § 93 a). Für den letzten Bestellungsgrund spricht auch § 68 Nr. 3, wenn bereits für die vorbereitende Maßregel gem. § 73 ein Verteidiger zu bestellen ist. Diese Grundsätze gelten auch für die Bildung einer Einheitsstrafe gem. § 31 (s. *OLG Köln* StV 1991, 151; *KG* StV 1998, 325).

Wegen der Schwierigkeit der Sach- und Rechtslage ist eine Pflichtverteidigerbestellung geboten, wenn wegen des »besonderen Umfangs« der einzelne Angeklagte den Überblick über die Beweisaufnahme verlieren kann (s. *LG Düsseldorf* StraFo 1997, 307: 15 Angeklagte, mehr als 30 Zeugen, mit zust. Anm. *Schmitz-Justen*) und eine Abgabe an die Jugendkammer gem. § 40 Abs. 2 in Betracht kommt (ebenso *Molketin* Zbl 1981, 200; *Oellerich* StV 1981, 439; *Lüderssen* NJW 1986, 2746). Bei Abgabe ist die Bestellung verpflichtend (s. § 140 Abs. 1 Nr. 1 StPO). Z. T. wird eine Bestellung bereits bei Verhandlungen vor dem Jugendschöffengericht gefordert (s. *Oellerich* StV 1981, 439; *Lüderssen* NJW 1986, 2746; s. auch *LG Frankfurt* StV 1983, 70; ebenso »Kölner Richtlinien« zur notwendigen Verteidigung in Jugendstrafverfahren, NJW 1989, 1025; *Radbruch* StV 1993, 556). Immer erscheint unter diesem Gesichtspunkt ein Verteidiger notwendig, wenn sich das Gericht mit Hilfe eines Sachverständigen selbst erst sachkundig machen muß (s. *OLG Koblenz* OLGSt [alt] § 140 Abs. 2 StPO, S. 13), so insbesondere bei der Beurteilung der Schuldfähigkeit gem. § 3, § 20 StGB (s. *OLG Düsseldorf* AnwBl 1978, 355) oder zur Entscheidung gem. § 105 (ebenso *Lüderssen* NJW 1986, 2746). Bei Verneinung der Schuldvoraussetzungen (§ 3, § 20 StGB) bzw. bei Vorliegen verminderter Schuldfähigkeit (§ 21 StGB) liegt auch ein Fall der persönlichen Verhinderung vor (s. Rn. 10). Ist eine Akteneinsicht für die sachgerechte Verteidigung notwendig, gebietet die Schwierigkeit der Sachlage die Beiordnung, da gem. § 147 StPO nur ein Verteidiger Akteneinsicht erhält (*LG Essen* StV 1987, 320; zust. *Molketin* NStZ 1987, 476); diese Notwendigkeit besteht regelmäßig, wenn sich in den Akten ein schriftliches Gutachten befindet (s. *OLG Köln* StV 1986, 238). Mit Rücksicht auf die Beschneidung der Rechtsmittelmöglichkeiten gem. § 55 ist auch für dieses Zwischenstadium nach Urteilsverkündung die Schwierigkeit der Rechtslage besonders sorgfältig zu prüfen (*Dallinger/Lackner* § 68 Rn. 10; *Molketin* Zbl 1981, 200; *LG Gera* DVJJ-Journal 1999, 214; s. auch § 55 Rn. 31, 36).

9

Die dritte Begründung für die Bestellung eines Pflichtverteidigers im Rahmen des § 140 Abs. 2 StPO ist die persönliche Verhinderung zur Verteidigung, und zwar vor, während und nach der Hauptverhandlung. Diese ist bei einer Verhandlung in Abwesenheit offensichtlich (s. *OLG Zweibrücken* StV 1986, 306). Dies gilt auch, wenn ein Gutachter § 20 oder § 21 StGB bejaht bzw. § 3 verneint hat, zumal der Angeklagte nicht selbst in

10

das schriftliche Gutachten Einsicht nehmen kann (*OLG Schleswig* SchlHA 1997, 153; s. auch Rn. 9). Insoweit ist es aber nicht erforderlich, daß jegliche Verteidigungsmöglichkeiten ausgeschlossen sind, sondern es genügt, daß der/die Angeklagte in der eigenen Interessenwahrnehmung gegenüber anderen Angeklagten benachteiligt ist. Diese Benachteiligungen zeigen sich gerade infolge des jugendlichen Alters (s. Rn. 7), wobei Jugendliche, die schon mehrfach vor Gericht gestanden haben, sich allerdings auf die Justiz einzustellen wissen. Benachteiligungen können sich auch bei Abwesenheit der Erziehungsberechtigten/gesetzlichen Vertreter (Auslandsaufenthalt, unbekannter Aufenthalt) und alleiniger Lebensstellung des Jugendlichen ergeben (s. *LG Braunschweig* StV 1998, 325, allerdings unter Hinweis auf § 68 Nr. 2; ebenso *LG Lüneburg* StV 1998, 326, selbst bei Pflegerbestellung). Benachteiligungen sind generell bei ausländischen Angeklagten zu vermuten, die noch nicht in unserem Gesellschafts- und damit Justizsystem integriert sind, auch wenn das sprachliche Unvermögen mit einem Dolmetscher überwunden wird (*Höfner* RdJB 1979, 368; *Molketin* Zbl 1981, 201; *ders.* Die Schutzfunktion des § 140 Abs. 2 StPO zugunsten des Beschuldigten im Strafverfahren, 1986, 97 ff.; *Oellerich* StV 1981, 438 ff.; *Eisenberg* NJW 1984, 2916; *LG Heilbronn* sowie *LG Osnabrück* StV 1984, 506; *OLG Köln* StV 1986, 238; BVerfGE 64, 150; s. auch die kontroversen Entscheidungen des *AG Hamburg* und des *LG Hamburg* StV 1998, 326 bzw. 327 m. krit. Anm. *Sättele* zu *LG Hamburg*). Nach *OLG Zweibrücken* (StV 1988, 379; *LG Oldenburg* StV 1991, 104; w. N. bei *Molketin* Jura 1992, 123 in Fn. 76) ist jedem mittellosen Angeklagten, der die deutsche Sprache nicht versteht, unabhängig von der Bedeutung des strafrechtlichen Vorwurfs, ein Pflichtverteidiger beizuordnen (a. M. *OLG Düsseldorf* AnwBl 1989, 235 und *OLG Hamm* NStZ 1990, 143). Dies gilt insbesondere, wenn aufgrund der Verurteilung die Ausweisung droht (s. *OLG Schleswig* vom 10.5.1994, Az. 2 Ws 135/94; *AG Hamburg* StV 1998, 326; zum Konflikt des Jugendstrafrechts mit dem Ausweisungsrecht s. *Walter* StV 1998, 313 ff.). Bei geringen Tatvorwürfen können derartige Benachteiligungen allerdings mit Hilfe eines sachkundigen Dolmetschers ausgeglichen werden (s. *OLG Köln* NJW 1991, 22/23, wobei hier allerdings eine im Vergleich zu der Straftat – Diebstahl von 18 Packungen Zigaretten – exorbitante Strafe – 2 Monate Freiheitsstrafe – vom erstinstanzlichen Gericht verhängt worden war). Diese Forderungen gelten folgerichtig auch bei Analphabeten (s. *OLG Celle* VRS 78, 286; *BayObLG* vom 29.1.1990, Az. 1 St 9/90). Ein Verteidigungshindernis wird man in Erweiterung des § 140 Abs. 1 Nr. 5 StPO in jedem Freiheitsentzug vor der Hauptverhandlung zu sehen haben, da damit die Herbeischaffung von Beweismitteln erheblich erschwert wird (s. auch *AG Kleve* StV 1984, 507; *AG Hannover* StV 1986, 52; Bedenken insoweit auch bei *Eisenberg* NJW 1984, 2916). Über rechtspolitische Vorstellungen hinaus (s. Grdl. z. §§ 67-69 Rn. 8), die in Hessen für die in U-Haft einsitzenden

Frauen bereits verwirklicht werden (s. ZfStrVo 1985, 238), in Frankfurt darüber hinaus für männliche mittellose U-Gefangene (s. Frankfurter Rundschau v. 16.12.1991), ist eine Verteidigerbestellung schon nach geltendem Recht unter diesem Aspekt sehr sorgfältig zu prüfen. Über die erfolgte ausdrückliche Regelung mit dem 1. JGG ÄndG für die U-Haft von 14jährigen bis zur Vollendung des 18. Lebensjahres hinaus (s. Rn. 13) ist auch für den Fall einer U-Haft von Heranwachsenden eine Pflichtverteidigung regelmäßig angezeigt (s. auch »Kölner Richtlinien« zur notwendigen Verteidigung in Jugendstrafsachen, NJW 1989, 1027). Bei Gruppenanklagen kann eine Einschränkung der Verteidigungsmöglichkeiten darin bestehen, daß einige angeklagte Gruppenmitglieder einen Verteidiger haben und andere nicht (*LG Frankfurt* StV 1983, 70; *OLG Stuttgart* StV 1987, 8; *Molketin* AnwBl 1989, 22; *Eisenberg* NJW 1984, 2916). Letztere müssen sich nicht nur subjektiv benachteiligt vorkommen (s. *BGH* 5 StR 413/54, zit. nach *Molketin* Die Schutzfunktion des § 140 Abs. 2 StPO zugunsten des Beschuldigten im Strafverfahren, 1986, S. 85). Häufig wird versucht, eine mildere Sanktionierung zu Lasten der anderen Mitangeklagten durchzusetzen (*Dallinger/Lackner* § 68 Rn. 10 unter Hinweis auf eine nicht veröffentlichte *BGH*-Entscheidung; *Oellerich* StV 1981, 440), wobei das Verbot der unmittelbaren Befragung eines Angeklagten durch den Mitangeklagten (§ 240 Abs. 2 S. 2 StPO) sich bereits benachteiligend auswirkt, da dieses nicht für den Verteidiger gilt (ebenso *Molketin* Zbl 1981, 201). Diese Überlegungen gelten erst recht, wenn ein mitangeklagter Erwachsener von einem Anwalt verteidigt wird (s. *AG Saalfeld* StV 1994, 604; einschränkend *Bärens* DVJJ-Journal 1995, 343). Mit der Änderung des Gesetzeswortlauts durch das Opferschutzgesetz vom 18. 12. 1986 (BGBl I, 2496) wird eine Benachteiligung vermutet, wenn dem Verletzten gem. den §§ 397 a und 406 g Abs. 3 und 4 StPO ein Rechtsanwalt beigeordnet worden ist. Zwar gilt diese Änderung im Verfahren gegen Jugendliche nicht unmittelbar, da die Nebenklage insoweit unzulässig ist (§ 80 Abs. 3) und diese Bestimmungen an die Nebenklage anknüpfen (s. § 80 Rn. 1). Der Rechtsgedanke ist aber auch auf die Situation des § 406 f Abs. 2 StPO zu übertragen, wenn ein Rechtsanwalt als Verletztenbeistand auftritt (ebenso *Schaal/Eisenberg* NStZ 1988, 52).

b) Pflichtverteidigung gem. § 68 Nr. 2

Gemäß § 68 Nr. 2 ist eine Bestellung erforderlich, wenn dem Erziehungsberechtigten und dem gesetzlichen Vertreter die Rechte gem. § 67 Abs. 4 entzogen worden sind; dies bedeutet, daß bei Personenverschiedenheit von Erziehungsberechtigten und gesetzlichen Vertretern ein Teilentzug noch nicht verpflichtend ist; insoweit kann aber eine Bestellung gem. § 68 Nr. 1 i. V. m. § 140 Abs. 2 StPO notwendig werden (ebenso *Dallinger/Lackner* § 68 Rn. 12). Dies gilt auch, wenn diese Personen aus Gründen

11

der Staatssicherheit gem. § 104 Abs. 3 von der Beteiligung am Verfahren ausgeschlossen werden (h. M.). Zur faktischen Unmöglichkeit, die Rechte als Erziehungsberechtigte/gesetzliche Vertreter wahrzunehmen (Auslandsaufenthalt, unbekannter Aufenthalt), s. Rn. 10.

c) Pflichtverteidigung gem. § 68 Nr. 3 i. V. m. § 73

12 Ein Pflichtverteidiger ist gem. § 68 Abs. 3 i. V. m. § 73 nicht erst im Beschlußverfahren, sondern schon vorher, wenn diese Maßnahme »droht«, zu bestellen. »In Frage kommt« eine Unterbringung spätestens dann, wenn ein begründeter Antrag gestellt wurde, von welchem Prozeßbeteiligten auch immer; ein solches Gutachten kommt bis zur rechtskräftigen Entscheidung des Verfahrens in Betracht (*BGH* NJW 1952, 797; *Dallinger/Lackner* § 68 Rn. 13; *Eisenberg* § 68 Rn. 20).

d) Pflichtverteidigung gem. § 68 Nr. 4

13 Gemäß der Neuregelung durch das 1. JGGÄndG zum JGG ist jetzt auch eine Pflichtverteidigung im Falle der Vollstreckung einer U-Haft bzw. einer einstweiligen Unterbringung gem. § 126 a StPO vom 14. Lebensjahr an bis zur **Vollendung** des 18. Lebensjahres anzuordnen. Zur Unverzüglichkeit der Bestellung wird in der Begründung des Gesetzes (BT-Drucks. 11/5829, S. 28) ausgeführt: »In Anbetracht der erheblichen psychischen Belastungen und der negativen Auswirkungen im Sozial- sowie Ausbildungs- bzw. Arbeitsbereich, die mit dem Vollzug des Haft- oder Unterbringungsbefehls einhergehen, ist der Verteidiger in einem solchen Fall unverzüglich, d. h. gegebenenfalls noch am gleichen Tage und für den Verkündungstermin, zu bestellen. Der Entwurf geht davon aus, daß die Mitwirkung des Verteidigers in einem frühen Verfahrensstadium dazu beitragen kann, die Voraussetzungen für eine Aufhebung oder Außervollzugsetzung des Haft- oder Unterbringungsbefehls zu schaffen oder sogar den Erlaß abzuwenden.« Dem ist beizupflichten (s. auch »*Kölner Richtlinien*« zur notwendigen Verteidigung in Jugendstrafsachen, NJW 1989, 1027) mit der Maßgabe, daß die Bestellung nicht erst mit der Vollstreckung der U-Haft, sondern bereits mit der Anordnung erfolgen sollte (s. auch *Arbeitskreis II/5 des 23. Dt. Jugendgerichtstages* DVJJ-Journal 1995, 263). Ansonsten werden die entscheidungsrelevanten Vernehmungen, auch die bei der Haftvorführung, ohne Verteidiger durchgeführt (s. auch § 141 Abs. 3 S. 1, 2 StPO).

2. Verfahrensrechtliche Voraussetzungen

14 Voraussetzung für die Bestellung eines Pflichtverteidigers ist verfahrensrechtlich, daß der/die Angeklagte noch keine Verteidiger gewählt hat. Dies folgt schon aus prozeßökonomischen Gründen sowie aus § 143

StPO, der – wie die anderen Verfahrensvorschriften – mangels einer eigenständigen Regelung gem. § 2 zur Anwendung kommt. Darüber hinaus stehen zu erwartende gegensätzliche Verteidigungsstrategien einer effektiven Verteidigung durch einen Wahl- und Pflichtverteidiger entgegen (*OLG Frankfurt* StV 1983, 234). Wenn die gesetzlichen Vertreter oder Erziehungsberechtigten einen Verteidiger gewählt haben, der nicht das Vertrauen des/der Angeklagten genießt, kommt trotzdem eine Pflichtverteidigung in Betracht, da es allein um die Interessen des/der Angeklagten geht und für diese Interessenwahrnehmung eine vertrauensvolle Zusammenarbeit Voraussetzung ist (h. M., s. *Potrykus* § 68 Anm. 3; *Dallinger/Lackner* § 68 Rn. 15). Die Bestellung eines Pflichtverteidigers neben einem Wahlverteidiger gegen den Willen des/der Angeklagten aus Gründen der Verfahrenssicherung ist gesetzlich nicht vorgesehen, trotzdem spätestens seit den Terroristen-Prozessen Rechtspraxis (*BGHSt* 15, 306; *OLG Stuttgart* NJW 1967, 944; *BGH* NJW 1973, 1985; *BVerfG* NJW 1975, 1015; zur ausnahmsweisen Bestellung aus »sonstigen Gründen« s. *OLG Frankfurt* StV 1986, 144). Da der »Zwangsverteidiger« keine spezielle Problematik des Jugendgerichtsverfahrens darstellt, sei hier auf die ansonsten geführte Diskussion verwiesen (s. *Rieß/Künzel/Haffke* StV 1981, 460 ff.; zum Gesetzesvorschlag eines Ersatzverteidigers s. *Arbeitskreis Strafprozeßreform* Die Verteidigung 1979, 123 ff., § 144 EStVÄG 1983; ablehnend der *Deutsche Anwaltsverein* sowie die *Strafverteidiger-Vereinigungen* StV 1983, 218; Forderung Nr. 11 des *Republikanischen Anwaltsvereins* zur Reform des Rechts der Strafverteidigung, 1985; *Frohn* GA 1984, 567; *Schneider* ZRP 1985, 211, 212; fallengelassen im EStVÄG 1984).

Persönliche Voraussetzung ist die berufsmäßige Qualifikation als Rechtsanwalt (§ 142 Abs. 1 StPO). Andere Personen können nur in Gemeinschaft mit einem Rechtsanwalt als Wahlverteidiger zugelassen werden (§ 138 Abs. 2 StPO). Zusätzlich erlaubt § 142 Abs. 2 StPO, Rechtsreferendare in einzelnen bestimmten Fällen als Pflichtverteidiger zu bestellen; dies gilt auch für Teilnehmer an einer einstufigen Juristenausbildung, wenn sie den Ausbildungsstand erreicht haben, der für ihre Tätigkeit als Verteidiger erforderlich ist (§ 5 b Abs. 2 DRiG). Rechtsbeistände können danach nicht als Verteidiger bestellt werden (wie hier *Potrykus* NJW 1957, 1137). Eine weitere Voraussetzung ist im Gesetz nicht vorgesehen, insbesondere auch nicht eine Erziehungsbefähigung (s. aber Rn. 3, 4). **15**

Die Auswahl des Pflichtverteidigers liegt im pflichtgemäßen Ermessen des Vorsitzenden. Oberstes Prinzip für die Auswahl ist, ein eventuell bestehendes **Vertrauensverhältnis zwischen einem Rechtsanwalt und dem/der Angeklagten** zu berücksichtigen, da nicht nur allein so eine effektive Verteidigung möglich ist, sondern auch der/die Angeklagte nur so als Prozeßsubjekt ernstgenommen wird: »In der Regel wird es also gebo- **16** ten sein, dem Angeklagten den Anwalt seines Vertrauens als Pflichtverteidiger beizuordnen, wenn nicht besondere Gründe dagegen sprechen« (*BVerfGE* 9, 38; s. auch *BVerfGE* 39, 242; ebenso die einhellige Meinung in Rechtsprechung und Rechtslehre, ohne allerdings dieses Prinzip immer im Prozeß umzusetzen, s. *Schlothauer* StV 1981, 443 ff.). Das Vertrauensverhältnis wird mit der Nennung durch den Mandanten dokumentiert; für eine Prüfung besteht kein Anlaß, ein Vertrauen ist rational nicht prüfbar (wie hier *Schlothauer* StV 1981, 446 m. N. zu gegenteiligen Gerichtsentscheidungen; s. auch *Schneider* ZRP 1985, 210). Nach der Bestellung hat allerdings der Mandant die Umstände darzulegen, die aus seiner Sicht ein fehlendes Vertrauen begründen (*OLG Bamberg* StV 1984, 234). Das Vertrauensprinzip kann auch gebieten, einen Verteidiger außerhalb des Gerichtsbezirks zu bestellen; davon darf nur abgesehen werden, wenn hierdurch die ordnungsgemäße Durchführung des Verfahrens gefährdet würde (*OLG Düsseldorf* StV 1981, 226; *OLG Frankfurt* StV 1983, 234; *OLG Düsseldorf* StV 1984, 372; *LG Oldenburg* StV 1984, 506). In Beachtung dieses Prinzips ist es sogar möglich, einen sofort oder später unerwünschten Pflichtverteidiger im Prozeß mit Hilfe des § 143 StPO auszutauschen, wenn sich zunächst ein Wahlverteidiger meldet, dieser im Verlauf des Verfahrens das Mandat niederlegt und dann den Antrag auf Pflichtverteidigerbestellung einreicht (s. aber *KG* JR 1974, 433; *KG* StV 1981, 454; wie hier *Schlothauer* StV 1981, 452). Ein eventueller Standesverstoß gegen die Verpflichtung zur Kollegialität ist auf standesrechtlicher Ebene zu ahnden. Nicht ist es umgekehrt möglich, einen dem Gericht mißlichen Wahlverteidiger durch eine Pflichtverteidigerbestellung »herauszuschießen«. In umfangreicheren Verfahren kann dies auch eine wiederholte Entpflichtung bedeuten, wenngleich das Vertrauensprinzip auch zur Prozeßsabotage mißbraucht werden kann. Um dem von vornherein zu begegnen, kann es ratsam sein, zugleich mehrere Pflichtverteidiger im Einvernehmen mit dem/der Angeklagten zu bestellen.

17 Die Beachtung des Vertrauensprinzips setzt voraus, daß der/die Angeklagte vor der Bestellung nach einem Anwalt des Vertrauens gefragt wird (*OLG Bamberg* StV 1981, 612; *OLG Celle* StV 1982, 360; *OLG Hamm* StV 1984, 235; ebenso Art. 1 Nr. 9 EStVÄG 1984, a. M. *OLG Hamburg* StV 1983, 234). Notfalls muß dem/der Angeklagten Gelegenheit gegeben werden, sich zu informieren und einen Anwalt des Vertrauens zu suchen, auch in der U-Haft (s. *Schneider* ZRP 1985, 210). Wenn kein Wunsch geäußert wird, hat der Vorsitzende auszuwählen. Entscheidend muß hierfür neben dem Engagement in der Sache die Kenntnis im Jugendstrafrecht sein. Keineswegs darf ein willfähriger Verhandlungspartner gesucht werden. Das Wissen um solche Rechtsanwälte speist sich aus der eigenen bzw. kollegialen Erfahrung, kann – um auch neuen Anwälten eine Chance zu geben – formal aus einer Eintragung in eine spezielle Verteidigerliste für

Jugendstrafsachen abgefragt werden (kritisch *Eisenberg* NJW 1984, 2915 Fn. 23 m. w. N.; zum rechtspolitischen Vorschlag, das Wahlrecht auf die Rechtsanwaltskammer zu übertragen, s. *Schneider* ZRP 1985, 211). Hierbei werden häufig gerade jüngere Anwälte aufgrund der Nähe zu ihrem Universitätsstudium und einer noch ausreichenden Zeit für die Vorbereitung des Prozesses diese Qualifikation erfüllen. Die Bestellung erfolgt auf Antrag oder von Amts wegen, d. h., der Vorsitzende hat selbständig die Voraussetzungen zu prüfen; insoweit hat er kein Ermessen, das nur auf einen Fehlgebrauch geprüft werden könnte (a. M. *Molketin* Zbl 1981, 199; *Diehl* ZRP 1984, 297). Im übrigen scheitert die Auswahl eines »erziehungstüchtigen« Pflichtverteidigers bereits daran, daß die Wahl von Personen getroffen werden müßte, die in ihrer Mehrheit pädagogische und sozialwissenschaftliche Erkenntnisse nicht zur Kenntnis nehmen (s. *Pommerening* Pädagogisch relevante Dimensionen des Selbstbildes von Jugendrichtern, 1982, S. 147, 161 ff.; s. auch Grdl. z. §§ 33-38 Rn. 6).

IV. Kosten

Im Falle einer Verurteilung hat letztlich der Mandant – nicht der gesetzliche Vertreter oder Erziehungsberechtigte (s. § 74 Rn. 5) – die Pflichtverteidigerkosten zu tragen (§§ 465, 464 a Abs. 1 StPO; Nr. 1906 des Kostenverzeichnisses zu § 11 Abs. 1 GKG), auch wenn sie zunächst von der Staatskasse übernommen werden (§§ 97 ff. BRAGebO) und es in der Praxis hierbei regelmäßig bleibt (zu einer zukünftigen Regelung s. *Arbeitskreis Strafprozeßreform* Die Verteidigung, 1979, § 3; Forderung Nr. 4 des *Republikanischen Anwaltsvereins* zur Reform des Rechts der Strafverteidigung, 1985). Darüber hinaus kann gem. § 100 BRAGebO eine unmittelbare Kostenpflicht gegenüber dem Pflichtverteidiger begründet werden (*OLG Hamm* NJW 1961, 1640; *Brunner/Dölling* § 74 Rn. 11); die Bedenken von *Eisenberg* (NJW 1984, 2917 Fn. 42; *ders.* § 74 Rn. 17) überzeugen nicht, da die Pflichtverteidigerbestellung nicht im Erziehungsinteresse, sondern – wie im Erwachsenenstrafrecht – zur Abwehr des staatlichen »Strafanspruchs« erfolgt (s. Rn. 3). Von der Kostentragungspflicht für den Pflichtverteidiger kann aber ebenso wie für die Wahlverteidigung gem. § 74 (s. dort Rn. 10) abgesehen werden (s. *Kahlert* S. 105). Eine ungerechtfertigte Benachteiligung für die Angeklagten, die finanziell bessergestellt sind, ergibt sich nicht (so aber *Eisenberg* NJW 1984, 2917 Fn. 42; *ders.* § 74 Rn. 17), da in diesen Fällen bereits die Voraussetzungen für eine Freistellung gem. § 74 fraglich sind; wenn trotzdem, z. B. bei Gruppendelikten, von der Auferlegung der Kosten und notwendigen Auslagen abgesehen wird, so bleibt für den finanziell bessergestellten Angeklagten allenfalls – bei einer entsprechenden Gerichtsentscheidung – der Differenzbetrag zwischen Pflicht- und Wahlverteidigerhonorar zu zahlen – diese Ungleichbehandlung ist aber in der ungleichen Vermögenssituation begründet. Werden die notwendigen Auslagen gem. § 74 der

18

Staatskasse auferlegt, so kann der Pflichtverteidiger die Wahlverteidigergebühren gem. § 100 BRAGebO von der Staatskasse nur verlangen, wenn der Mandant unabhängig von dieser Kostenentscheidung vermögend i. S. des § 100 Abs. 2 BRAGebO ist. Etwas anderes gilt im Falle eines Freispruchs; dann wird der Anspruch des/der Angeklagten gegen die Staatskasse auf Erstattung der notwendigen Auslagen bei der Beurteilung seiner/ihrer Leistungsfähigkeit mitberücksichtigt (s. *LG Heidelberg* Zbl 1985, 470 m. w. N.). Die Begründung für diese Differenzierung liegt darin, daß im Falle eines Freispruchs die Staatskasse immer die notwendigen Auslagen des/der Angeklagten zu tragen hat bis zur Höhe der Wahlverteidigergebühren, während mit § 74 die Kostenlast zwischen dem/der Angeklagten und der Staatskasse verschoben wird im alleinigen Interesse des/der Angeklagten, nicht im Interesse des Verteidigers.

19 Im allgemeinen steht dieser Regelung auch Art. 6 Abs. 3 c MRK nicht entgegen, wonach jeder Beschuldigte das Recht hat, **unentgeltlich** den Beistand eines Pflichtverteidigers zu erhalten, wenn dies im Interesse der Rechtspflege erforderlich ist. Wenn der Verurteilte die verauslagten Pflichtverteidiger-Kosten nicht bezahlen kann, schützen ihn die Schutzbestimmungen der **Zwangsvollstreckung** (s. § 6 der Justizbeitreibungsordnung sowie zusätzlich § 10 der Kostenverfügung, wonach die Kosten außer Ansatz zu lassen sind, wenn die Mittellosigkeit des Kostenschuldners offenkundig ist). Entscheidend ist aber, ob der/die **Angeklagte z. Z. der Bestellung** mittellos war. Die »unentgeltliche« Bestellung ist endgültig, darf nicht nachträglich zu einer entgeltlichen gemacht werden (so ausführlich *OLG Düsseldorf* StV 1982, 361 ff.; ebenso *AG Dortmund* StV 1985, 100; *Fischer* StV 1981, 229; a. M. *OLG Köln* MDR 1975, 955; *LG Stuttgart* StV 1981, 228; *OLG Düsseldorf* StV 1984, 149; *Europäische Kommission für Menschenrechte* StV 1985, 89). Diese Regelung in der MRK ist auch vorrangig, da sie durch Ratifikation vom 15. 12. 1953 (BGBl II, 1954/14) als Bundesgesetz gilt und gegenüber dem GKG das spätere Gesetz (»lex posterior«) darstellt; dem steht auch nicht die spätere Regelung durch das Kostenänderungsgesetz vom 20. 8. 1975 entgegen, da sich inhaltlich keine Änderungen ergeben haben (ebenso *OLG Düsseldorf* StV 1982, 363; s. zusätzlich Art. 14 Abs. 3 d Internationaler Pakt über bürgerliche und politische Rechte vom 14. 6. 1976, BGBl II, S. 1608). Mit dieser Auslegung stimmt auch überein, daß nach einer Entscheidung des *Europäischen Gerichtshofs für Menschenrechte* (NJW 1979, 1091) die Dolmetscher- und Übersetzungskosten endgültig gem. Nr. 1904 des Kostenverzeichnisses zu § 11 Abs. 1 GKG (BGBl I, 1980, S. 1503) von den erstattungspflichtigen Auslagen ausgenommen wurden, wobei nach Art. 6 Abs. 3 e MRK die Beiziehung eines Dolmetschers ebenso »unentgeltlich« erfolgt. Dolmetscherkosten sind Justizkosten, auch im Rahmen der Haftentscheidungshilfe gem. § 72 a (s. § 72 a Rn. 5 a).

V. Rechtsmittel

1. gegen eine Bestellung

Gegen eine unerwünschte Pflichtverteidigung hat der/die Angeklagte die Beschwerdemöglichkeit gem. § 304 StPO. Dies gilt auch, wenn die Bestellung erst während der Hauptverhandlung erfolgt; § 305 StPO steht insoweit nicht entgegen, weil kein unmittelbarer Zusammenhang mit der Urteilsfällung besteht (s. *Lüderssen* in: *Löwe/Rosenberg* § 141 StPO Rn. 48; *Kleinknecht/Meyer-Goßner* § 305 StPO Rn. 3, § 141 StPO Rn. 10 jeweils m. w. N.; ebenso *OLG München* NJW 1981, 2208; *OLG Celle* NStZ 1985, 519 mit abl. Anm. v. *Paulus*; a. M. *OLG Köln* NJW 1981, 1523; *OLG Hamburg* NStZ 1985, 88; s. auch *Schlothauer* StV 1981, 451). In der Rechtsmittelinstanz gegen das Urteil wird nur das rechtmäßige Vorgehen des Gerichts, nicht das Vorgehen der Verteidigung geprüft; insoweit dürfte auch § 338 Nr. 8 StPO nicht anwendbar sein (s. hierzu *Schlothauer* StV 1981, 452). Die Beschwerde ist begründet, wenn ein Vertrauen zu einem nichtbestellten Verteidiger oder ein Mißtrauen zu dem bestellten Verteidiger nicht berücksichtigt wurde (s. Rn. 15). Wird der Sollvorschrift des § 142 Abs. 1 S. 2 StPO nicht entsprochen, so kann bei weiterer Begründung i. S. des § 337 StPO, d. h. bei sachlichen Einwänden gegen den Pflichtverteidiger, die Revision begründet sein (*BGH* AnwBl 1992, 277). Die Bestellung ist im Hinblick auf eine pflichtgemäße Ermessensausübung zu prüfen, wobei ein Ermessensfehlgebrauch bereits darin liegt, daß die Anhörung des/der Angeklagten vor der Bestellung versäumt wurde (*OLG Hamm* StV 1984, 235). Der Verteidiger selbst hat keine Beschwerdemöglichkeit, da er unabhängig von einer Vertrauensbeziehung in die Pflicht genommen wird und selbst nicht in seinen Rechten betroffen ist. Wird allerdings die Beiordnung aufgehoben, so hat auch der Verteidiger das Beschwerderecht (s. *Molketin* Die Schutzfunktion des § 140 Abs. 2 StPO zugunsten des Beschuldigten im Strafverfahren, 1986, S. 143).

20

2. bei einer Nichtbestellung

Wenn ein Verteidiger nicht bestellt wird, der bisherige Wahlverteidiger nicht als Pflichtverteidiger beigeordnet wird, ist ebenso eine Beschwerde möglich (*LG Frankfurt* StV 1983, 69; *OLG Zweibrücken* StV 1984, 193). Die Beschwerde ist auch im Rechtsmittelverfahren zulässig (*OLG Hamm* StV 1986, 306). Diese Entscheidung ist in vollem Umfang prüfbar, da die Voraussetzungen gem. § 68 i. V. m. § 140 StPO Rechtsvoraussetzungen sind, auch wenn diese im § 140 Abs. 2 StPO relativ unbestimmt sind (ebenso *Kappe* GA 1960, 370; *Lautzke* NJW 1971, 738; *Oellerich* StV 1981, 440). Wird die Beschwerde unmittelbar vor oder während der Hauptverhandlung erhoben, ist diese zu vertagen bzw. zu unterbrechen, weil der Nachteil, der dem/der Angeklagten ohne einen Verteidiger droht,

21

häufig nicht wiedergutzumachen ist (*RGSt* 67 313; *Oellerich* StV 1981, 440; s. auch *Molketin* Die Schutzfunktion des § 140 Abs. 2 StPO zugunsten des Beschuldigten im Strafverfahren, 1986, S. 144). Daneben besteht der absolute Revisionsgrund gem. § 338 Nr. 5 StPO (*Dallinger/Lackner* § 68 Rn. 11; *Eisenberg* § 68 Rn. 35 a); dies gilt auch für § 68 Nr. 1 i. V. m. § 140 Abs. 2 StPO (*BGHSt* 15, 307; *OLG Düsseldorf* AnwBl 1978, 355; *OLG Hamm* StV 1982, 475; *OLG Celle* MDR 1986, 164; *Oellerich* StV 1981, 441). Schließlich und endlich kommt auch eine Verfassungsbeschwerde in Betracht: Wenn entgegen dem gesetzlichen Gebot – auch gem. § 140 Abs. 2 StPO – ein Pflichtverteidiger nicht bestellt wird, ist nach *BVerfGE* 46, 202 hierin ein Verstoß gegen das Rechtsstaatsprinzip in seiner Ausgestaltung als Verpflichtung zu fairer Verhandlungsführung zu sehen.

§ 69. Beistand

(1) Der Vorsitzende kann dem Beschuldigten in jeder Lage des Verfahrens einen Beistand bestellen, wenn kein Fall der notwendigen Verteidigung vorliegt.
(2) Der Erziehungsberechtigte und der gesetzliche Vertreter dürfen nicht zum Beistand bestellt werden, wenn hierdurch ein Nachteil für die Erziehung zu erwarten wäre.
(3) Dem Beistand kann Akteneinsicht gewährt werden. Im übrigen hat er in der Hauptverhandlung die Rechte eines Verteidigers.

Literatur

Grotenbeck Beistandschaft nach dem Jugendgerichtsgesetz, Zbl 1979, 424; *Hauber* Der Beistand als Sachwalter des Jugendlichen im Strafprozeß, Zbl 1982, 215; *Kaum* Der Beistand im Strafprozeßrecht, 1992; *Peters* Einige Bemerkungen zum Beistand des Jugendgerichtsgesetzes, Jugendwohl (Katholische Zeitschrift für Kinder- und Jugendsorge) 1956, 401.

Inhaltsübersicht   Rn.
  I. Anwendungsbereich   1
 II. Aufgaben   2
III. Bestellungsvoraussetzungen
      1. Sachliche Voraussetzungen   3
      2. Persönliche Voraussetzungen   4
      3. Ermessen   5
 IV. Rechte
      1. bis zur Hauptverhandlung   6
      2. in der Hauptverhandlung   7
      3. nach der Hauptverhandlung   8
  V. Verfahren   9
 VI. Rechtsmittel   10

I. Anwendungsbereich

§ 69 gilt für Jugendliche. Obwohl im § 104 Abs. 1 nicht genannt, sollte die Bestimmung auch in Verfahren vor den für allgemeine Strafsachen zuständigen Gerichten angewendet werden (§ 104 Abs. 2); gerade hier erscheint eine verfahrensrechtliche Unterstützung notwendig. Auf Heranwachsende findet § 69 keine Anwendung (§ 109 Abs. 1). Wenn mit Rücksicht auf den Eintritt des Volljährigkeitsalters die Beistandschaft **im Verfahren** beendet wird (*OLG Stuttgart* Justiz 1976, 267; *Brunner/Dölling* 1

§ 69 Rn. 10; ebenso *Eisenberg* § 69 Rn. 2), liegt die Bestellung eines Verteidigers gem. den §§ 109 Abs. 1 S. 1, 68 Nr. 1, § 140 Abs. 2 StPO nahe.

II. Aufgaben

2 Die Aufgaben sind – negativ abgegrenzt – nicht die des Erziehungsbeistandes gem. § 12; der Beistand hat keine primäre oder sekundäre erzieherische Aufgabe (s. aber *OLG Stuttgart* Justiz 1976, 268; *Brunner/Dölling* § 69 Rn. 6; *Hauber* Zbl 1982, 217; wie hier *Hinrichsen* Einführung in das Jugendkriminalrecht, S. 130; *Diemer* in: *D/S/S* § 69 Rn. 2; s. auch *Schaffstein/Beulke* § 33 4. und *Potrykus* § 69 Anm. 1, 3). Der Hinweis auf § 69 Abs. 2 überzeugt nicht, im Gegenteil, dort werden gerade die Interessen von Erziehung und Beistandschaft aufgelöst. Aus der systematischen Stellung und aus der Abgrenzung zu der ausdrücklich geregelten Erziehungsbeistandschaft sowie aus § 69 Abs. 3 folgt die **verfahrensrechtliche Unterstützungsfunktion**, wobei hier der Beistand gerade auch in der persönlichen Betreuung des Beschuldigten zu leisten ist (ebenso *Peters* Jugendwohl 1956, 403: »nur das Interesse des Beschuldigten«; ein Gegensatz zu *Kaum* Der Beistand im Strafprozeßrecht, 1992, S. 104, erscheint konstruiert, s. auch dortselbst S. 107, Fn. 30). Die psychische Unterstützung i. S. einer Solidarität mit dem Angeklagten, nicht mit der Tat, ist allerdings auch und gerade Aufgabe einer richtig verstandenen Strafverteidigung (s. *Ostendorf* Das Recht zum Hungerstreik, 1983, 230, 231 sowie Grdl. z. §§ 67-69 Rn. 4). Von daher unterscheidet sich die Aufgabenstellung von der des Verteidigers nur in der Intensität und im Umfang der Betreuung; zum Beistand des § 149 StPO besteht kein Unterschied (a. M. *Eisenberg* § 69 Rn. 3), wenngleich dort die Beistandsmöglichkeiten eingeschränkt sind. Eine funktionsgerechte Wahrnehmung der Beistandspflicht ist auch die Ausschöpfung der Diversionsmöglichkeiten unter Anerbietung von privater Konflikterledigung. Insoweit ist auch eine **Koppelung** als Betreuer gem. einer Weisung nach § 10 und als Beistand gem. § 69 möglich und angebracht (so *Hauber* Zbl 1982, 216, 222; s. bereits *Peters* Jugendwohl 1956, 403), wobei – strenggenommen – die Voraussetzungen doppelt i. S. der jeweiligen Vorschriften zu prüfen sind. Allerdings erfordert die Betreuungsweisung in der Praxis eine Professionalisierung (s. § 10 Rn. 16), die der individuellen Auswahl des Beistandes gemäß § 69 zuwiderläuft.

III. Bestellungsvoraussetzungen

1. Sachliche Voraussetzungen

3 In jeder Lage des Verfahrens, d. h. ab Einleitung des Ermittlungsverfahrens bis zum Abschluß der Vollstreckung (§ 83 Abs. 3 S. 3), kann ein Beistand bestellt werden mit Ausnahme einer Pflichtverteidigerbestellung: Es

sollen von justizamtlicher Seite nicht zwei Personen mit der Interessenwahrnehmung betraut werden. Deshalb ist die Bestellung auch bei einer Wahlverteidigung möglich, wenn ansonsten ein Pflichtverteidiger hätte beauftragt werden müssen (wie hier *Potrykus* § 69 Anm. 3; a. M. *Dallinger/Lackner* § 69 Rn. 9; *Brunner/Dölling* § 69 Rn. 5; *Eisenberg* § 69 Rn. 5). Hier erscheint ein Beistand notwendiger als bei einer »bloßen« Wahlverteidigung (s. aber Rn. 5).

2. Persönliche Voraussetzungen

Persönliche Voraussetzungen sind für die Beistandschaft nicht genannt; gem. § 69 Abs. 2 ist lediglich eine Interessenkollision zwischen Erziehung und Beistand geregelt: Wenn für die Erziehung ein Nachteil zu erwarten ist, dürfen Erziehungsberechtigte und gesetzliche Vertreter nicht zum Beistand bestellt werden. Diesen Fall ausgenommen, kann formal jeder bestellt werden. Die persönlichen Voraussetzungen werden aber materiell durch die Aufgabenstellung bestimmt (s. Rn. 3). Die geforderte persönliche Unterstützung, d. h. auch die Überwindung von Angst, die Hilfe bei der Artikulation, muß gewährleistet sein. Eine persönliche Beziehung wird hierbei kaum zu Amtspersonen bestehen, so daß in erster Linie Verwandte, Freunde und Bekannte für die Auswahl in Betracht kommen. Das Jugendamt scheidet zusätzlich wegen der Interessenkollision mit seiner Funktion als Jugendgerichtshilfe und damit als soziale Kontrollinstanz regelmäßig als Beistand aus (anders die Regelung in § 29 Abs. 3 S. 3 JGG 1923; s. auch *Potrykus* § 69 Anm. 3; *Dallinger/Lackner* § 69 Rn. 9), obwohl in der Praxis die Entwicklung in Richtung einer Sozialanwaltschaft (s. § 38 Rn. 6, 21) gegangen ist. Als Beistand kann auch ein Rechtsanwalt fungieren, der aber weder – über § 69 hinaus – die Rechte noch die Gebühren eines Verteidigers beanspruchen kann (s. aber Rn. 7).

4

3. Ermessen

Die Bestellung steht im Ermessen des Gerichtsvorsitzenden. Ein Antrag bzw. Wunsch des Angeklagten bzw. Beschuldigten sollte ein Indiz für die Beistandsbedürftigkeit sein (s. auch *Kaum* Der Beistand im Strafprozeßrecht, 1992, S. 114, nach dem bei Zweifeln über das Vorliegen der Beteiligungsvoraussetzungen ein Beistand zu bestellen ist). Bei einer Wahlverteidigung ist nur mit Einverständnis des Beschuldigten ein Beistand zu beauftragen (s. Rn. 3), da die zusätzliche Bestellung ansonsten als Mißtrauen dem Verteidiger gegenüber und für den Beschuldigten als oktroyierte Betreuung erscheinen muß (s. auch *Peters* Jugendwohl 1956, 403; zur ähnlichen Situation bei einer Pflichtverteidigerbestellung neben einer Wahlverteidigung s. *Arbeitskreis Strafprozeßreform* Die Verteidigung, 1979, § 16; s. auch *Wächtler* StV 1981, 466 ff.; *Haffke* StV 1981, 474 ff. sowie § 68 Rn. 13). Die Auswahl der Person sollte immer mit dem/der Beschul-

5

digten abgesprochen werden (so auch das »verfassungsrechtliche« Prinzip bei der Pflichtverteidigerauswahl, s. *OLG Hamm* StV 1984, 235; s. auch § 68 Rn. 15). Wenn eine notwendige Verteidigung gem. § 140 Abs. 2 StPO in Betracht kommt, ist immer – wegen der größeren Rechtskompetenz – ein Verteidiger zu bestellen (wie hier *Peters* Jugendwohl 1956, 403; *Kaum* Der Beistand im Strafprozeßrecht, 1992, S. 112; a. M. *Brunner/Dölling* § 69 Rn. 5; ebenso *Eisenberg* § 69 Rn. 5).

IV. Rechte

1. bis zur Hauptverhandlung

6 Abweichend von der Beistandsregelung in § 149 StPO ist die Rechtsstellung des Beistandes gem. § 69 weitgehend der des Verteidigers angeglichen. So hat er zwar kein Akteneinsichtsrecht (§ 147 StPO); die Kann-Bestimmung (§ 69 Abs. 3 S. 1) verdichtet sich jedoch regelmäßig zu einer Verpflichtung (anders die h. M.: »pflichtgemäßes Ermessen«; wie hier ein Forderungskatalog des *Verbandes* »Anwalt des Kindes«, 1985; *Kaum* Der Beistand im Strafprozeßrecht, 1992, S. 120). Ohne eine Akteneinsicht kann kein wirksamer Beistand geleistet werden. Vorbehalte gegen die Person wegen eines Mißbrauchs der Informationen (s. BT-Drucks. 1/3264, S. 57) sind bereits bei der Bestellung zu berücksichtigen. Allerdings muß dann auch die Verweigerungsmöglichkeit gem. § 147 Abs. 2 StPO zugestanden werden. Weitere Rechte sind für den Beistand vor der Hauptverhandlung nicht ausdrücklich bewilligt; so hat er insbesondere kein Verkehrsrecht gem. § 148 StPO. Dies schließt aber keine Beistandshandlungen aus, vielmehr sind diese zur effektiven Unterstützung in der Hauptverhandlung (z. B. durch Benennung von Zeugen und Sachverständigen) geboten. Auch ist die Anwesenheit beim Haftprüfungstermin gem. § 118 a StPO vom Gesetzeszweck gefordert (weniger bestimmt *Dallinger/Lackner* § 69 Rn. 16 und *Eisenberg* § 69 Rn. 8; »pflichtgemäßes Ermessen«; weitergehend *Kaum* Der Beistand im Strafprozeßrecht, 1992, S. 123).

2. in der Hauptverhandlung

7 In der Hauptverhandlung hat der Beistand die prozessualen Rechte eines Verteidigers, d. h., als Verfahrensbeteiligter (§ 48 Abs. 1) hat er zunächst ein Anwesenheitsrecht (s. §§ 227, 228 Abs. 2 StPO; *Dallinger/Lackner* § 69 Rn. 18 und *Eisenberg* § 69 Rn. 8 verweisen insoweit fälschlicherweise auf § 48 Abs. 2 S. 1, wo die Anwesenheit des Erziehungsbeistandes geregelt ist); das Anwesenheitsrecht wird auch nicht durch § 51 Abs. 2 eingeschränkt, da der Ausschluß gerade der Beistandsfunktion zuwiderlaufen würde (wie hier *Diemer* in: *D/S/S* § 69 Rn. 11; a. M. *Dallinger/Lackner* § 69 Rn. 18, *Eisenberg* § 69 Rn. 8). Ausgeschlossen werden dürfte er nur, wenn er gleichzeitig als Zeuge vernommen werden soll; eine solche Inter-

essenkollision ist jedoch bereits bei der Bestellung auszuschließen, zwingt wenigstens dazu, den Beistand zu Beginn der Beweisaufnahme zu vernehmen (so auch *Eisenberg* § 69 Rn. 8). Über Mitteilungen »seines« Beschuldigten darf er das Zeugnis verweigern (analog § 53 Abs. 1 Nr. 2 StPO; ebenso *Dallinger/Lackner* § 69 Rn. 21); wenn diesem hierdurch ein Nachteil entstehen würde, ist er hierzu verpflichtet (ebenso *Peters* Jugendwohl 1956, 403). Zur Wahrnehmung des Anwesenheitsrechts ist der Beistand gem. § 218 zu laden. Er hat weiterhin das Rede- und Antragsrecht (s. §§ 239, 240, 244, 251 Abs. 1 Nr. 4, 257 Abs. 2, 258 StPO). Zur Hauptverhandlung gehören auch die vorweggenommenen Teile (§§ 223, 225, 233 StPO). Eine Entschädigung ist nicht ausdrücklich vorgesehen. Aufgrund der gleichgelagerten staatsbürgerlichen Inpflichtnahme sollte sie aber entsprechend der Zeugenentschädigung gem. § 71 StPO i. V. m. dem Gesetz über die Entschädigung von Zeugen und Sachverständigen gewährt werden. Möglich ist auch eine Kostenabwälzung gem. § 74, indem die Auslagen des Beistandes als notwendige Auslagen des/der Angeklagten gewertet werden (s. hierzu § 74 Rn. 10). Nach dem Ersten Gesetz zur Verbesserung der Stellung des Verletzten im Strafverfahren vom 18. 12. 1986 (BGBl I, 2496) soll der Opferbeistand die Hälfte der Gebühren erhalten (Art. 4). Dies muß auch für den Beschuldigtenbeistand gelten.

3. nach der Hauptverhandlung

Spezielle Rechte nach der Hauptverhandlung sind dem Beistand nicht eingeräumt; so hat er insbesondere auch keine Rechtsmittelmöglichkeit. Wie bei der Strafverteidigung (s. § 68 Rn. 5) sollte aber die Beistandschaft nicht mit dem Ende der Hauptverhandlung aufhören, insbesondere dann nicht, wenn es um die Interessenwahrnehmung im Freiheitsentzug geht.

V. Verfahren

Der Beistand wird auf Antrag oder von Amts wegen vom Gerichtsvorsitzenden (analog § 141 Abs. 4 StPO) bestellt. Zur Auswahl oder zum Ermessen s. Rn. 4 und 5. Dies ist in jeder Lage des Verfahrens möglich (s. Rn. 3). Auch ist eine Rücknahme zulässig; von dieser Möglichkeit sollte aber nur ausnahmsweise Gebrauch gemacht werden, da mit dem Wechsel die Interessenwahrnehmung des Beschuldigten erschwert wird und subjektiv allzu leicht der Eindruck entsteht, der Prozeß solle mit einem willfährigen Helfer erleichtert werden (s. auch *Dallinger/Lackner* § 69 Rn. 24; *Eisenberg* § 69 Rn. 12). Die Rücknahme ist verpflichtend, wenn ein Pflichtverteidiger bestellt wird (§ 69 Abs. 1).

VI. Rechtsmittel

10 Die Bestellung ist in der Regel nicht prüfbar; es fehlt an einer Beschwer. Wohl aber ist die Auswahl sowie die Nichtbestellung mit der Beschwerde (§ 304 StPO) angreifbar (wie hier für die Nichtbestellung *OLG Stuttgart* Justiz 1976, 267; a. M. *Brunner/Dölling* § 69 Rn. 7; *Eisenberg* § 69 Rn. 10; *Diemer* in: *D/S/S* § 69 Rn. 14; weitergehend *Kaum* Der Beistand im Strafprozeßrecht, 1992, S. 117, der auch die Bestellung als solche für anfechtbar erklärt). Es handelt sich insoweit nicht um eine prozeßleitende Maßnahme i. S. des § 305 StPO. Es werden nur solche Entscheidungen von der Anfechtbarkeit ausgenommen, die in unmittelbarem Zusammenhang mit der Urteilsfällung stehen, um ein Zerreißen der Hauptverhandlung zu verhindern (s. *Roxin* § 54 Rn. 4). Wie die Pflichtverteidigerbestellung (s. § 68 Rn. 19, 20) ist auch die Beistandsbestellung von der Hauptverhandlung abgelöst, sie sichert das spezifisch jugendgerichtliche Verfahren; die Beistandsbestellung wird auch nicht automatisch mit dem Rechtsmittel gegen das Urteil geprüft, ja eine Nichtbestellung kann gerade zu einem Interessenverzicht auch auf dem Rechtsmittelweg führen. Widersprüchlich ist es auch, wenn nach h. M. (s. *Brunner/Dölling* § 69 Rn. 8; *Eisenberg* § 69 Rn. 7) – mit Recht – ein Beschwerderecht für die Ablehnung der Akteneinsicht bejaht wird: Erst recht muß die Nichtbestellung als solche beschwerdefähig sein.

Grundlagen zu § 70

1. Systematische Einordnung

Im Rahmen der gemeinsamen Verfahrensvorschriften ist im JGG abweichend vom Erwachsenenstrafrecht eine besondere gesetzliche Regelung für Mitteilungen über Strafverfahren getroffen; für das Erwachsenenstrafrecht sind insoweit nur verwaltungsrechtliche Regelungen (MiStra) ergangen, in denen über § 70 hinaus auch Mitteilungen im Jugendstrafverfahren angeordnet sind (zur Rechtsunwirksamkeit s. § 70 Rn. 5 bis 7). Die Bestimmung steht im engen Zusammenhang mit der Einbeziehung des Vormundschaftsrichters (§§ 34 Abs. 2, 42 Abs. 1 Nr. 1, 53, 98 Abs. 1, 104 Abs. 4) sowie der Jugendgerichtshilfe (§ 38) in das Jugendstrafverfahren.

2. Historische Entwicklung

Die Vorschrift beruht auf § 44 des JGG 1943 (RGBl I, S. 635 ff.). Hiernach war neben dem Vormundschaftsrichter, der Schule und der Jugendgerichtshilfe auch die Hitler-Jugend zu unterrichten. Diese war darüber hinaus zur selbständigen Benachrichtigung der Staatsanwaltschaft über ein bei ihr anhängiges Disziplinarverfahren mit strafrechtlichem Gegenstand verpflichtet (§ 44 Abs. 2). Die Reinigung des JGG vom nationalsozialistischen Gedankengut führte zu einer Streichung dieser Institution; auch ist seit dem JGG 1953 die Schule nur noch »in geeigneten Fällen« zu unterrichten. Seit dem 1. JGGÄndG ist auch die Mitteilungspflicht an das Vormundschaftsgericht auf diese Fälle eingegrenzt, wobei zusätzlich das Familiengericht in diesen Fällen zu informieren ist. Mit dem Justizmitteilungsgesetz vom 18.6.1997 (BGBl I, 1430) wurden zusätzliche Benachrichtigungspflichten für familien- und vormundschaftsrichterliche Maßnahmen eingeführt.

3. Gesetzesziel

Gesetzesziel ist einmal (§ 70 S. 1), das Zusammenwirken der sekundären Erziehungsträger durch Information zu gewährleisten; die primäre Sozialisationsinstanz ist bereits gem. § 67 Abs. 2 zu informieren (s. § 67 Rn. 8, 9). Die Einschränkung auf eine Benachrichtigung des Vormundschaftsgerichts, sowie der Schule »in geeigneten Fällen« sowie der Grundsatz der Nichtöffentlichkeit des Jugendstrafverfahrens (§ 48) machen aber deutlich, daß die Mitteilung über das Strafverfahren zur Vermeidung einer Stigmatisierung und mit Rücksicht auf das Persönlichkeitsrecht eine Ausnahme darstellt. Eine umfassende Verbreitung des Strafverfahrens würde gerade dem Präventionszweck des JGG zuwiderlaufen und wäre nicht mit dem »**informationellen Selbstbestimmungsrecht**« (s. *BVerfGE* 65, 1) vereinbar.

4. Justizpraxis

4 Untersuchungen über die Anwendung des § 70 sind nicht bekannt. Die Information der Jugendgerichtshilfe sowie – bei Personenverschiedenheit entgegen § 34 Abs. 2 – des Vormundschaftsrichters wird üblicherweise geschäftsstellenmäßig abgewickelt. Die Information der Schule wird nach eigener Erfahrung als Jugendrichter selten vorgenommen. Ebenso scheinen die Anweisungen der MiStra kaum befolgt zu werden; für diese Annahme sprechen über die eigenen Erfahrungen hinaus die teilweise Unkenntnis dieser Verwaltungsvorschriften, die gesteigerte Sensibilisierung der Jugendrichter gegenüber Stigmatisierungseffekten wie allgemein über die Wahrung der Persönlichkeitsrechte, das richterliche Bestreben, die Unabhängigkeit gegenüber der Exekutive zu wahren, sowie die Arbeitsökonomie, wenngleich umgekehrt eine bürokratische Einübung auch zu einer regelmäßigen Anwendung (ver-)führen kann.

5. Rechtspolitische Einschätzung

5 Die derzeitige Regelung, über § 70 hinaus Mitteilungspflichten durch eine Verwaltungsanordnung zu begründen, ist unhaltbar; so wollen jetzt auch die Länderjustizminister eine **gesetzliche Grundlage** schaffen (s. Einleitung zu der MiStra in der Fassung vom 15. 3. 1985; für eine gesetzliche Regelung auch *Franzheim* ZRP 1981, 9). Die Mitteilungsbefugnisse müssen konkret bestimmt werden; eine salvatorische Klausel »im öffentlichen Interesse« erfüllt nicht den Vorbehalt des Gesetzes. Bei der Umstellung auf eine gesetzliche Grundlage sollte aber gleichzeitig der Umfang überprüft werden (s. bereits AV des nordrhein-westfälischen Justizministers vom 19. 10. 1984, JMBl. NW, 253, zu den Anforderungen s. auch die gemeinsame Stellungnahme der Datenschutzbeauftragten des Bundes und der Länder, 1983). Ausgangspunkt der Überlegungen muß hierbei einmal sein, daß das Strafverfahren ein persönliches Geheimnis darstellt und somit dem **Schutz der Privatsphäre** unterfällt. Ein andermal ist alles zu vermeiden, was zu einer **Stigmatisierung** des/der Beschuldigten führt, unabhängig davon, ob aus einem übernommenen Selbstbild heraus Straftaten unmittelbar erwachsen oder die Stigmatisierung »nur« zur Verschlechterung der Lebensbedingungen führt, welche Kriminalität begünstigen, oder »lediglich« negative Einschätzungen durch die justitiellen Kontrollinstanzen verursacht, was zu schärferer Reaktion verleitet (s. *Hohmeier* in: Stigmatisierung 1, hrsg. von *Brusten/Hohmeier* 1975, S. 5 ff.). Gegenläufige Interessen sind dann genau zu formulieren und gegenüber diesen vorrangigen Interessen abzuwägen. Grundsätzlich können nur **Interessen der Kriminalprävention** eine Mitteilungspflicht begründen (s. Nr. 32 MiStra). Die Kriminalprävention wird hierbei bereits durch gezielte Maßnahmen im Einstellungsbeschluß oder Urteilsspruch angestrebt. Soweit derartige

Maßnahmen gegenüber dem Beschuldigten nicht ausgesprochen werden, um ihn nicht auf Abwehrmaßnahmen vorzubereiten, kann somit eine Mitteilung im Einzelfall angebracht sein; hierüber sollte aber der Richter entscheiden. Immer sollte die ermittelnde Polizeidienststelle vom Ausgang des Verfahrens erfahren, um eine überzeichnete Kriminalität in den polizeilichen Dateien zu korrigieren. Diese Rückkoppelung findet in der Praxis nicht immer statt. Allgemeine Sicherheitsinteressen bei Ausländern oder öffentlich Bediensteten sollten daneben nur ausnahmsweise eine Mitteilungspflicht begründen, die an einer Verurteilung zu einer Jugendstrafe festgemacht werden könnte. Erziehungsinteressen allein sind unbeachtlich, da die primären und sekundären Erziehungsträger über § 67 Abs. 2 bzw. § 70 bereits informiert werden, wobei eine Benachrichtigung der Schule nur in Betracht kommt, wenn es sich um ein Schuldelikt handelt oder eine kriminelle Gefährdung im Schulbereich – z. B. durch Rauschgifthandel – zu befürchten ist oder der Schulbesuch durch Freiheitsentziehungsmaßnahmen unterbrochen wird (der *Arbeitskreis II des 19. Dt. Jugendgerichtstages* hat empfohlen, die Mitteilung des Verfahrensausganges an die Schule gänzlich abzuschaffen, DVJJ 13 [1984], 118; nach der Stellungnahme des Bundesrates (BT-Drucks. 11/5829, S. 43) sollte die Information an die Schule nur erfolgen, wenn die Jugendgerichtshilfe dies für notwendig hält).

Darüber hinaus ist eine Mitteilungspflicht an den Vormundschaftsrichter überflüssig, da dieser bei Bedarf bereits vom Jugendamt unterrichtet wird (§ 50 Abs. 3 KJHG), dieses aber vom Ausgang des Strafverfahrens informiert wird. Mit der Reduzierung dieser Mitteilungspflicht auf »geeignete Fälle« durch das 1. ÄndG zum JGG sowie der gleichzeitigen Erweiterung auf die Mitteilungspflicht – in diesen Fällen – zum Familiengericht bleibt hier ein Stück bürokratischer Perfektionismus erhalten, für den die abgegebenen Begründungen nicht überzeugen (s. auch die Stellungnahme der *Internationalen Gesellschaft für Heimerziehung* ZfStrVo 1985, 100): Auch vor der Entscheidung des Familienrichters über das Sorgerecht nach Scheidung der Eltern (§ 1671 BGB) ist das Jugendamt zu hören (§ 50 Abs. 1 KJHG). 6

§ 70. Mitteilungen

Die Jugendgerichtshilfe, in geeigneten Fällen auch der Vormundschaftsrichter, der Familienrichter und die Schule werden von der Einleitung und dem Ausgang des Verfahrens unterrichtet. Sie benachrichtigen den Staatsanwalt, wenn ihnen bekannt wird, daß gegen den Beschuldigten noch ein anderes Strafverfahren anhängig ist. Der Familien- und Vormundschaftsrichter teilt dem Staatsanwalt ferner familien- und vormundschaftsgerichtliche Maßnahmen sowie ihre Änderung und Aufhebung mit, soweit nicht für den Vormundschaftsrichter erkennbar ist, daß schutzwürdige Interessen des Beschuldigten oder des sonst von der Mitteilung Betroffenen an dem Ausschluß der Übermittlung überwiegen.

Literatur

Adam Behinderung präventiver Arbeit durch bürokratische Faktoren, in: Jugendgerichtsverfahren und Kriminalprävention, DVJJ 13 [1984], 479; *Franzheim* Informationspflichten in Strafsachen im Konflikt mit dem Daten- und Geheimnisschutz, ZRP 1981, 6; *Kamlah* Informationsweitergabe und Amtshilfe, NJW 1976, 510; *Maeck* Zwischenbehördliche Informationswiedergabe und Resozialisierung jugendlicher Rechtsbrecher, MDR 1981, 183; *Ostendorf* Die Informationsrechte der Strafverfolgungsbehörden gegenüber anderen staatlichen Behörden im Widerstreit mit deren strafrechtlichen Geheimhaltungspflichten, DRiZ 1981, 4; *ders.* Mitteilungen in Jugendstrafsachen, DRiZ 1986, 254; *v. Wedel/Eisenberg* Informationsrechte Dritter im (Jugend-) Strafverfahren, NStZ 1989, 505.

Inhaltsübersicht

	Rn.
I. Anwendungsbereich	1
II. Mitteilungspflichten	
1. auf gesetzlicher Grundlage	2
2. auf behördlicher Grundlage	5
III. Benachrichtigungspflichten	8
IV. Rechtsmittel	12

I. Anwendungsbereich

1 § 70 gilt für Jugendliche, auch im Verfahren vor den für allgemeine Strafsachen zuständigen Gerichten (§ 104 Abs. 1 Nr. 10; Ausnahme § 104 Abs. 3, s. § 104 Rn. 16). Für Heranwachsende war notwendigerweise von der Mitteilungspflicht an das Vormundschaftsgericht/Familiengericht abzusehen (s. § 109 Abs. 1 S. 2 und 3); für Heranwachsende vor Gerichten, die für allgemeine Strafsachen zuständig sind, s. § 112 S. 1 und 2, womit auch § 104 Abs. 3 zu beachten ist. Eine Benachrichtigungspflicht des Fa-

milien-/Vormundschaftsrichters scheidet bei Heranwachsenden aus. § 70 findet auch im vereinfachten Verfahren Anwendung (§ 78 Abs. 3 S. 2).

II. Mitteilungspflichten

1. auf gesetzlicher Grundlage

In den §§ 70 S. 1, 109 Abs. 1 werden gesetzliche Mitteilungspflichten an die Jugendgerichtshilfe, »in geeigneten Fällen« an das Vormundschafts- und Familiengericht und an die Schule aufgestellt. Die Jugendgerichtshilfe ist darüber hinaus am Verfahren zu beteiligen (§ 38 Abs. 3, § 50 Abs. 3) wie auch die Erziehungsberechtigten und die gesetzlichen Vertreter (§ 67). Mitzuteilen sind die Einleitung und der – rechtskräftige – Ausgang des Verfahrens; mitteilungspflichtig ist einmal die Staatsanwaltschaft als maßgebliche Strafverfolgungsbehörde, die insbesondere im Verhältnis zur Polizei über die »geeigneten Fälle« zu entscheiden hat, zum anderen das Gericht, soweit das Verfahren dort beendet wird. Gemeint sind nur **förmliche** Verfahren mit Anklageerhebung, mit Einschluß des sog. vereinfachten Verfahrens gem. den §§ 76-78, nicht jedoch Verfahren, in denen von der Verfolgung gem. § 45 abgesehen wird (s. § 45 Rn. 10, 13, 17). Dies folgt aus den Gesetzesmaterialien (s. Begründung zum 1. JGGÄndG, BT-Drucks. 11/5829 S. 24, 25) sowie aus dem Gesetzesziel, das insbesondere durch die Regelung des BZRG unterstützt wird, nämlich unnötige Informationen an Dritte im Interesse des Persönlichkeitsschutzes sowie zur Vermeidung einer benachteiligenden Stigmatisierung zu unterbinden; nur wenn ausnahmsweise Jugendhilfemaßnahmen nach dem KJHG angezeigt sind, ist die Jugendgerichtshilfe zu informieren. Ein Akteneinsichtsrecht für den Verletzten ist gemäß § 406 e StPO normiert, das aber gemäß § 406 e Abs. 2 S. 1 StPO unter dem Vorbehalt steht, daß nicht überwiegende schutzwürdige Interessen des Beschuldigten entgegenstehen. Im Jugendstrafverfahren ist im Hinblick auf die besondere Schutzwürdigkeit des/der Angeklagten diese Einschränkung besonders zu prüfen (ebenso *Schaal/ Eisenberg* NStZ 1988, 52); immer sollten die Berichte der Jugendgerichtshilfe herausgenommen werden (s. auch § 25 Abs. 1 i. V. m. §§ 67 ff. SGB X). Weiterhin gibt es die Hinweispflicht der Registerbehörde gem. § 22 BZRG.

Eine darüber hinausgehende Mitteilungspflicht kraft Amtshilfe gem. Art. 35 GG (so *OLG Frankfurt* NJW 1975, 2028) ist abzulehnen (ebenso *Kamlah* NJW 1976, 510; *Maeck* MDR 1981, 185 m. w. N. in Fn. 26, 27; ebenso *v. Wedel/Eisenberg* NStZ 1989, 507). Die **Amtshilfe** ist nur als allgemeines Prinzip formuliert; sie ist **keine** gesetzliche **Ermächtigungsgrundlage** für einzelne Rechtsbeeinträchtigungen. Die Mitteilung muß als solche gesetzlich erlaubt sein (Vorbehalt des Gesetzes), da hiermit in das

»informationelle Selbstbestimmungsrecht« gem. Art. 2 Abs. 1 GG eingegriffen wird. Das Bundesverfassungsgericht hat in seinem richtungsweisenden Volkszählungsurteil dieses grundrechtlich geschützte Recht, über die Freigabe und Verwendung der persönlichen Daten selbst zu bestimmen, ausdrücklich anerkannt und Einschränkungen nur aufgrund »einer verfassungsgemäßen gesetzlichen Grundlage, die dem rechtsstaatlichen Gebot der Normenklarheit entsprechen muß«, zugelassen (*BVerfGE* 65, 1, Leitsatz 2; s. bereits vorher *BVerfGE* 27, 344). Das Strafverfahren ist aber ein persönlicher Lebenssachverhalt, an dem regelmäßig ein außerordentliches Geheimhaltungsinteresse besteht.

Dieses Geheimhaltungsinteresse wird auch nicht mit der öffentlichen Verhandlung und Verurteilung bei Jugendlichen vor Gerichten, die für allgemeine Strafsachen zuständig sind, und bei Heranwachsenden – in den §§ 104, 109 wird nicht auf § 48 verwiesen – aufgegeben, da faktisch nur eine sehr begrenzte Personenzahl hiervon Kenntnis erhält. Eine Ermächtigung i. S. des *BVerfG* enthalten aufgrund fehlender Bestimmtheit auch nicht Länderpolizeigesetze, in denen eine umfassende Unterrichtungspflicht aufgestellt wird, wie z. B. im § 62 Abs. 2 PolG Baden-Württemberg: »Die Polizeidienststellen sind verpflichtet, die Ortspolizeibehörden – sprich Ämter für öffentliche Ordnung – von allen sachlichen Wahrnehmungen zu unterrichten« (einschränkend auf Übermittlungen, die »zur Aufgabenerfüllung unbedingt erforderlich« sind, *Adam* in: Jugendgerichtsverfahren und Kriminalprävention, DVJJ 13 [1984] 481).

4 Das verfassungsrechtlich abgesicherte informationelle Selbstbestimmungsrecht wirkt sich neben dem grundsätzlichen Präventionsziel des JGG auch für die gesetzlich angeordnete, aber eingeschränkte Mitteilungspflicht an Schulen aus. Die Frage der Geeignetheit ist im Hinblick auf die generelle Zielsetzung der Mitteilungspflichten zu beantworten. Ziel ist es nicht, zusätzliche schulische Disziplinarmaßnahmen zu ermöglichen; ansonsten hätten im § 70 Vorgesetzte allgemein, wenigstens aus dem öffentlichen Dienst als Mitteilungsempfänger genannt werden müssen. Die zunächst und immer zu informierende Jugendgerichtshilfe **wird allein aus erzieherischen Erwägungen** benachrichtigt, um Hilfen, wenn erforderlich auch zwangsweise, anzubieten. Derartige Hilfen stehen der Schule aber nur in sehr begrenztem Umfang zur Verfügung. Vor allem gilt es, den Effekt einer gerade im schulischen Bereich einsetzenden **Stigmatisierung** des/der Beschuldigten zu beachten (zum Stigmatisierungsprozeß in der Schule s. *Lösel* in: Stigmatisierung 2, hrsg. von *Brusten/Hohmeier* 1975, S. 7 ff.), was regelmäßig einer Information entgegensteht (einschränkend auch *Potrykus* § 70 Anm. 2 c). Erforderliche präventive Maßnahmen (s. hierzu *Feltes* in: Ursachen, Prävention und Kontrolle von Gewalt, hrsg. von *Schwind* u. a., 1990, Bd. III, S. 338 ff.) können auch ohne Nennung der Person ergriffen werden. Eine »Schulzucht« (so MiStra a. F. Nr. 34

Zweites Hauptstück. Jugendgerichtsverfassung und Jugendstrafverfahren § 70

Abs. 1) ist kein strafjustitielles Anliegen. Die Weitergabe an Schüler oder deren Eltern ist strafrechtlich untersagt; die Drohung des § 203 StGB trifft jede Veröffentlichung als Beschuldigter (s. *Ostendorf* GA 1980, 447 ff.; s. auch Rn. 7, 10). Diese Restriktion gilt in besonderer Weise für Mitteilungen von Ordnungswidrigkeiten (s. auch *Eisenberg* § 70 Rn. 5). Allerdings kann der **Lehrer als Zeuge** für die die Sanktionierung bestimmende psychosoziale Diagnose befragt werden, wobei § 54 StPO zu beachten ist. Eine Verpflichtung, als Zeuge auszusagen, besteht aber nur vor Gericht (§§ 48 ff. StPO) und bei der Staatsanwaltschaft (§ 161 a StPO), nicht bei der Polizei (wie hier jetzt *Brunner/Dölling* § 70 Rn. 8).

2. auf behördlicher Grundlage

Neben diesen gesetzlichen Mitteilungspflichten gibt es eine Vielzahl behördlicher Anweisungen in der Anordnung über Mitteilungen in Strafsachen (MiStra) vom 15. 11. 1977 (Bundesanzeiger Nr. 215 in der Fassung vom 15. 3. 1985). Über die detaillierte Regelung hinaus wird eine Mitteilung dann angeordnet, »wenn sie zwar nicht ausdrücklich vorgeschrieben, aber wegen eines besonderen öffentlichen Interesses unerläßlich ist« (Nr. 2 Abs. 2 MiStra). Gem. Nr. 185 RiStBV ist eine Akteneinsicht grundsätzlich Gerichten, Staatsanwaltschaften, den obersten Bundes- und Landesbehörden und höheren Verwaltungsbehörden (Abs. 1), eingeschränkt anderen Behörden (Abs. 2) sowie Privatpersonen, soweit sie durch einen Rechtsanwalt oder Rechtsbeistand vertreten sind, zu gewähren, wenn ein berechtigtes Interesse dargelegt wird und »sonst Bedenken nicht bestehen« (Abs. 3). Abgesehen von der Bewertung dieser verwaltungsrechtlichen Befugnisse sind von Gesetzes wegen vor einer Akteneinsicht Auskünfte aus dem BZRG zu entfernen (§§ 44, 61 Abs. 3), wie auch die Berichte der JGH, soweit nicht Akteneinsicht durch eine Sozialbehörde verlangt wird (§ 25 Abs. 1 i. V. m. §§ 67 ff. SGB X). All diese Mitteilungspflichten und Akteneinsichtsrechte sind mit Rücksicht auf das Volkszählungsurteil des *BVerfG* (s. Rn. 3) als **verfassungswidrig** einzustufen (*AG Wolfratshausen* NStZ 1994, 505; Bedenken auch bei *Eisenberg* § 70 Rn. 8; schwerwiegende Bedenken bei *v. Wedel/Eisenberg* NStZ 1989, 507; s. auch 5. Tätigkeitsbericht des *Bundesbeauftragten für den Datenschutz*, BT-Drucks. 9/2386, S. 19), soweit sie nicht bestehende gesetzliche Bestimmungen lediglich erläutern. Der Vorbehalt des Gesetzes wird mit bloßen Verwaltungsvorschriften nicht ausgefüllt. Hiervon darf auch für eine Übergangszeit keine Ausnahme gemacht werden (a. M. die Länderjustizminister in der Einleitung zur MiStra in der Fassung vom 15. 3. 1985; *OLG Karlsruhe* NStZ 1988, 184; *OLG Hamm* NStZ 1988, 186 m. krit. Anm. von *Johnigk*; *OLG Schleswig* SchlHA 1989, 101; *OLG Karlsruhe* MDR 1993, 1229; wie hier *Schoreit* in: *D/S/S* § 70 Rn. 5; *Eisenberg* § 70 Rn. 10), da ohne sie weder polizeilicher Schutz noch justitielle Prävention

5

zusammenbrechen. Der Hinweis (s. *Tröndle/Fischer* § 203 StGB Rn. 32) auf *BVerfGE* 41, 266 ist nicht überzeugend, da danach nur »eine sonst eintretende Funktionsunfähigkeit staatlicher Einrichtungen« überbrückt werden darf. Die von den Gerichten dem Gesetzgeber eingeräumte Übergangszeit dürfte zumindest mit dem Ablauf der 12. Legislaturperiode, d. h. 11 Jahre nach der Entscheidung des Bundesverfassungsgerichts zum Volkszählungsgesetz (*BVerfGE* 65, 1 ff.) verstrichen sein (so auch *OLG Bremen* NStZ 1989, 277; *OLG Frankfurt* CR 1989, 509 für Namenskarteien der Staatsanwaltschaft). Ebenso sind indirekte Mitteilungen über die Anhörung interessierter Behörden vor der Einstellung des Ermittlungsverfahrens gem. Nr. 90 RiStBV gesetzlich nicht abgedeckt (s. aber *Brunner* § 45 Rn. 6).

6 Darüber hinaus ist aus **systematischen Gründen** eine Grenze zu ziehen. Da das Bundeszentralregistergesetz nur sehr eingeschränkt Auskunft gewährt (§§ 41, 61 BZRG), ist diese gesetzliche Verweigerung auch gegenüber behördlichen Mitteilungspflichten zu beachten (grundsätzlich wie hier *Maeck* MDR 1981, 188; ebenso *Adam* in: Jugendgerichtsverfahren und Kriminalprävention, DVJJ 13 [1984], 483, sowie MiStra Nr. 3 a, die aber allesamt Ausnahmen zulassen; s. auch Nr. 3 a – Mitteilungen über Jugendstrafverfahren – gem. AV des nordrhein-westfälischen Justizministers vom 19. 10. 1984, JMBl. NW, 253; ebenso die Thesen des *Arbeitskreises XI auf dem 19. Dt. Jugendgerichtstag* DVJJ 13 [1984], 508). So sind beispielhaft Disziplinarvorgesetzte bei der Bundeswehr gem. §§ 41, 61 BZRG nicht auskunftsberechtigt; die entgegenstehende Verwaltungsordnung (Nr. 20 MiStra, erst recht Nr. 29 MiStra) ist gesetzeswidrig (a. M. *OLG Frankfurt* NJW 1975, 2028; wie hier *Kamlah* NJW 1976, 510; *v. Wedel/Eisenberg* NStZ 1989, 506;); allerdings sollte in den Fällen, in denen ein Ermittlungsverfahren durch eine Anzeige von seiten der Bundeswehr eingeleitet wird, das Verfahren dort somit bereits bekannt ist, dieses später eingestellt wird, eine rückkoppelnde Benachrichtigung erfolgen, damit die Betroffenen nicht weitere Nachteile (Beförderungsstopp; Versagung von Lehrgangsteilnahmen etc.) erleiden. Die Gesetzesmaterialien zum BZRG besagen zwar, daß man über die beschränkte Auskunftserlaubnis der §§ 41, 61 BZRG hinaus Ausnahmen zulassen wollte (BT-Drucks. 6/1550, S. 19, 24); diese Absicht hat aber keinen Niederschlag im Gesetz gefunden. Nach der objektiv-teleologischen Auslegungsmethode hat die Auffassung des historischen Gesetzgebers hintenanzustehen. Ansonsten würde gerade der Zweck des BZRG, im Interesse des Bürgers ein **amtliches Vergessen** einzuführen, verhindert. Nur so können die stigmatisierenden Hindernisse für eine Individualprävention beiseite geräumt werden (s. *Arbeitskreis XI des 19. Dt. Jugendgerichtstages* DVJJ, 13 [1984], 508). Das Verbot, Eintragungen aus dem Zentral- oder Erziehungsregister mitzuteilen, darf nicht dadurch umgangen werden, daß die Akten selbst

verschickt oder allgemeine Sachstandauskünfte gegeben werden (so im Prinzip auch *OLG Frankfurt* NJW 1976, 2029; s. auch *Maeck* MDR 1981, 187; *Brunner/Dölling* § 70 Rn. 3).

Nach dem seit 1.1.1991 geltenden Ausländergesetz sind die für die Einleitung und Durchführung eines Straf- und eines Bußgeldverfahrens zuständigen Stellen verpflichtet, »die zuständige Ausländerbehörde unverzüglich über die Einleitung des Verfahrens sowie die Verfahrenserledigungen bei der Staatsanwaltschaft, bei Gericht und bei der für die Verfolgung und Ahndung der Ordnungswidrigkeit zuständigen Verwaltungsbehörde unter Angabe der gesetzlichen Vorschriften zu unterrichten« (§ 76 Abs. 4 S. 1 AuslG; zur a. M. s. 1. Auflage § 70 Rn. 6). Die Benachrichtigungspflicht besteht nicht für Verfahren wegen einer Ordnungswidrigkeit, die nur mit einem Bußgeld bis zu 1 000,- DM geahndet werden kann (§ 76 Abs. 4 S. 3 AuslG). Auch für jugendliche und heranwachsende Ausländer besteht somit eine allgemeine Informationspflicht, obwohl gem. § 48 Abs. 2 S. 1 AuslG ein minderjähriger Ausländer nicht ausgewiesen werden darf, dessen Eltern oder dessen allein personensorgeberechtigter Elternteil sich rechtmäßig im Bundesgebiet aufhalten, es sei denn, er ist wegen serienmäßiger Begehung nicht unerheblicher vorsätzlicher Straftaten, wegen schwerer Straftaten oder einer besonders schweren Straftat rechtskräftig verurteilt worden. Das gleiche gilt für einen Heranwachsenden, der im Bundesgebiet geboren oder aufgewachsen ist und mit seinen Eltern in häuslicher Gemeinschaft lebt (§ 48 Abs. 2 S. 2 AuslG). Eine rigide Ausländerpolitik zeigt somit ihre Wirkungen auch im Jugendstrafverfahren.

Zusätzlich ist das Offenbaren von fremden Geheimnissen (§ 203 Abs. 1 StGB) oder von nur persönlichen Daten, die für die Angaben der öffentlichen Verwaltung erfaßt sind (§ 203 Abs. 2 StGB), **unter Strafe gestellt**. Der Beschuldigtenstatus ist regelmäßig ein persönliches Geheimnis, da er nur einer begrenzten Personenzahl bekannt ist; der Verurteiltenstatus aufgrund einer öffentlichen Hauptverhandlung ist unabhängig von dem Geheimhaltungsinteresse (s. Rn. 3) zwar kein Geheimnis mehr, wohl aber ein persönliches Datum gem. § 203 Abs. 2 StGB. Verwaltungsvorschriften geben gegenüber dieser gesetzlichen Strafandrohung keinen Rechtfertigungsgrund ab (s. *Ostendorf* GA 1980, 450; ebenso *Lenckner* in: *Schönke/Schröder* § 203 StGB Rn. 52; weitergehend *Tröndle/Fischer* § 203 StGB Rn. 32; *Franzheim* ZRP 1981, 8). Der verwaltungsinterne Informationsaustausch ist gem. § 203 Abs. 2 S. 2 StGB allgemein nur für Einzelangaben erlaubt.

III. Benachrichtigungspflichten

Im umgekehrten Verhältnis zu den – zum Teil eingeschränkten – Mitteilungspflichten steht die Benachrichtigung durch die Jugendgerichtshilfe,

§ 70 *Zweiter Teil. Jugendliche*

das Vormundschafts-, Familiengericht sowie die Schule über ein sonst noch anhängiges Strafverfahren an die Staatsanwaltschaft.

9 Die Benachrichtigungspflicht ist davon abhängig, daß zuvor umgekehrt die Mitteilung gem. § 70 S. 1 erfolgte (a. M. *Brunner/Dölling* § 70 Rn. 9, wohl auch *Potrykus* § 70 Anm. 6: bei jeglichem Kenntnisstand; *Dallinger/Lackner* § 70 Rn. 20). Gegen die h. M. spricht einmal, daß die Benachrichtigungspflicht unmittelbar an die Mitteilungspflicht im S. 1 anknüpft (»noch ein anderes Strafverfahren anhängig ist«); zum anderen ist es unpraktikabel, die Meldung jedes Strafverfahrens durch diese Behörden zu verlangen.

10 Die Benachrichtigungspflicht ist begrenzt auf die Mitteilung eines anhängigen Strafverfahrens; Mitteilungen zur besseren Ermittlung werden nicht verlangt. Insbesondere ist die Jugendgerichtshilfe nicht verpflichtet, eine Straftat anzuzeigen (ebenso *Potrykus* § 70 Anm. 6) – von § 138 StGB abgesehen. Umgekehrt steht einer solchen Information die Geheimnisverpflichtung des Art. 2 Abs. 1 GG entgegen. Das informationelle Selbstbestimmungsrecht verpflichtet zur Geheimhaltung der ermittelten Daten, in Ausnahmefällen kann sich hieraus sogar ein Zeugnisverweigerungsrecht ergeben (*BVerfGE* 33, 374; zu dem Widerstreit der Informationsrechte der Strafverfolgungsbehörden gegenüber den strafrechtlichen Geheimhaltungspflichten anderer Behörden s. *Ostendorf* DRiZ 1981, 4 ff.). Dieses Geheimhaltungsinteresse ist strafrechtlich mit § 203 StGB abgesichert. Die Geheimhaltung ist zudem die Arbeitsgrundlage für die Jugendgerichtshilfe, da nur so die Betroffenen ihre Probleme offenlegen werden (ebenso *Potrykus* § 70 Anm. 6).

11 Zusätzliche Benachrichtigungspflichten bestehen für familien-/vormundschaftsrichterliche Maßnahmen bzw. deren Änderung und Aufhebung. Auch insoweit ist Voraussetzung, daß ein Ermittlungsverfahren anhängig ist (»Beschuldigten«). Die Benachrichtigung steht unter dem Vorbehalt, daß nicht schutzwürdige Interessen des Beschuldigten oder eines sonst von der Mitteilung Betroffenen entgegenstehen, wobei ein »Überwiegen« genügt. Insbesondere bei Bagatellvorwürfen scheidet damit eine Benachrichtigung aus.

IV. Rechtsmittel

12 Mitteilungen der Strafverfolgungsbehörden sowie Benachrichtigungen von Seiten des Familien-/Vormundschaftrichters sind Justizverwaltungsakte; sie unterliegen damit der Prüfung gem. den §§ 23 ff. EGGVG. Ein anderslautendes Rechtsmittel ist gem. § 300 StPO i. V. m. § 29 Abs. 2

EGGVG als Antrag auf gerichtliche Entscheidung nach § 23 EGGVG umzudeuten (s. *OLG Frankfurt* NJW 1975, 2028). Gegen Benachrichtigungen von Behörden an die Staatsanwaltschaft sind die Verwaltungsgerichte anzurufen.

Grundlagen zu den §§ 71-73

1. Systematische Einordnung

1   Die §§ 71 bis 73 erlauben vorläufige richterliche Maßnahmen vor rechtskräftiger Verurteilung. Sie ergänzen damit die §§ 112, 112 a sowie 126 a und 81 StPO. Gemeinsames Kennzeichen ist die **Vorläufigkeit richterlicher Freiheitseinschränkung bzw. Freiheitsentziehung.**

2. Historische Entwicklung

2   Die Geschichte der vorläufigen Maßnahmen beginnt mit dem Jugendgerichtsgesetz 1923 (§§ 8, 28; s. auch §§ 45, 46 JGG 1943), das sich auf einen Gesetzesantrag aus dem Jahre 1912 (Drucks. Nr. 198, Anlagen zu den stenographischen Berichten, Verhandlungen des Reichstages, Bd. 298, S. 203) stützen konnte, an dem *v. Liszt* maßgeblich mitgewirkt hatte. Die Hinwendung zu einer vorläufigen strafenden Heimerziehung erfolgte 1944 durch die Richtlinie Nr. 1 S. 1 zu § 45 JGG 1943, wonach auch eine Unterbringung in einer Jugendarrestanstalt erlaubt war. 1953 wurde einerseits die Möglichkeit einer vorläufigen Fürsorgeerziehung gestrichen (§ 71 Abs. 1 S. 2), andererseits wurde die Heimunterbringung gem. § 71 Abs. 2, d. h. außerhalb der Voraussetzungen der U-Haft, eingeführt. Mit dem 1. JGGÄndG wurden wichtige Erneuerungen eingeführt: Im § 71 Abs. 2 wurden die Voraussetzungen für die Einweisung in ein Erziehungsheim neu formuliert; im § 72 wurden der Grundsatz der Verhältnismäßigkeit im Hinblick auf jugendspezifische Anforderungen konkretisiert (Abs. 1 S. 2, 3), die Voraussetzungen für eine Untersuchungshaft bei Jugendlichen im Alter von 14 und 15 Jahren erhöht und im § 72 a die Beteiligung der Jugendgerichtshilfe im Entscheidungsprozeß ausdrücklich festgeschrieben; im § 73 Abs. 1 wurde die Bezeichnung »kriminal-biologisch« gestrichen.

3. Gesetzesziel

3   Ziel dieser Paragraphen ist es, rechtzeitige Anordnungen zu treffen, entweder zum Zwecke der Erziehung (§ 71 Abs. 1, Abs. 2), um die Wiederholung von Straftaten zu verhindern (§ 71 Abs. 2; § 72 i. V. m. § 112 a StPO), zur Sicherung des Strafverfahrens und der Strafvollstreckung (§ 72 i. V. m. § 112 StPO) oder um eine sachverständige Entscheidungsgrundlage zu erhalten (§ 73). Während die Ziele der Verfahrenssicherung und der Sachverständigen-Entscheidungsgrundlage mit dem anhängigen Verfahren verknüpft sind, gehen die Ziele der Erziehung und der Vorbeugung einer Straftatwiederholung über das anhängige Verfahren hinaus. Die Gefahr einer »Verdachtsstrafe« ist nicht zu leugnen.

4. Justizpraxis

In der Praxis ist § 71 unbedeutsam. Von der Möglichkeit einer vorläufigen ambulanten Erziehungsmaßnahme gem. § 71 Abs. 1 wird selten Gebrauch gemacht. Bis zur Diskussion über die geschlossene Heimerziehung in den 80er Jahren war diese eine Alternative zur U-Haft. Seitdem werden Unterbringungen gem. § 71 Abs. 2 in der Regel in (teil-) offenen Heimen durchgeführt (s. *Bindel-Kögel/Heßler* DVJJ-Journal, 1997, 301). Dies gilt naturgemäß in den Bundesländern, in denen keine geschlossenen Heimerziehung mehr angeboten wird (so in Berlin, Hamburg, Hessen, Thüringen, Schleswig-Hostein). Gegen eine Unterbringung in offen Einrichtungen wird die fehlende Fluchtsicherheit geltend gemacht. Die Kompensation durch eine sozialtherapeutische Intensivbetreuung muß teilweise erst geschaffen und den justitiellen Entscheidungsträgern vermittelt werden. Eine Untersuchung zur U-Haft-Vermeidung in Thüringen aufgrund einer entsprechenden Vereinbarung zwischen Jugendhilfe und Justiz ergab für die Jahre 1994/1995, daß in ca. 2 % der Fälle Jugendliche zur Haftvermeidung und in 12,8% der Fälle Jugendliche zur Haftverkürzung in Heimen der Jugendhilfe untergebracht wurden (s. *Will* DVJJ-Journal 1999, 62; zur Situation in Berlin, wo von April 1994 bis Ende 2997 insgesamt 286 Jugendliche zur Vermeidung von U-Haft in offene Wohngruppen aufgenommen wurden s. *Bindel-Kögel/Heßler* DVJJ-Journal 1999, 289). Belegungsprobleme gibt es so offensichtlich auch bei dem Modellprojekt »Jugendhilfe statt Untersuchungshaft« im bayerischen Jugenddorf Pius-Heim, mit dem ansonsten nach Darstellung der Anstaltsleitung sowie der wissenschaftlichen Begleitung gute Erfahrungen gemacht wurden (s. *Hartel/Krohnen* DVJJ-Rundbrief Nr. 130/März 1990, S. 64 ff.).

Umgekehrte Bedeutung hat die **U-Haft**. Sie ist der **häufigste Freiheitsentzug**.

Jugendliche und Heranwachsende in Untersuchungshaft pro 100 000 der Altersgruppe 1970-1998

	Untersuchungshaft			
	Jugendliche		Heranwachsende	
Jahr*	abs.	pro 100 000 der Altersgruppe	abs.	pro 100 000 der Altersgruppe
1970	755	23,6	1 734	70,1
1980	711	17,0	1 894	63,7
1990	381	14,8	1 309	49,9
1995	892 (301)	24,9	2 199 (498)	85,4
1996	934 (246)	25,5	2 232 (544)	84,9
1997	933 (209)	25,3	2 154 (526)	80,9
1998	854 (180)	23,3	2 216 (505)	81,0

* Angaben 1970 und 1980 zum 31.3. des Jahres, ab 1990 jeweils zum 31.12. des Jahres

Quellen:
1970 und 1980: *Dünkel* Freiheitsentzug für junge Rechtsbrecher, Tab. 50 (Angaben jeweils zum 31.3. eines Jahres); Häftlingszahlen ab 1990: Statistisches Bundesamt, Fachserie 10, Reihe 4.2 (Strafvollzug); Bevölkerungszahlen ab 1990: Tabelle B15 des Statistischen Bundesamts.

Gebiet:
bis 1990: alte Länder; ab 1995: gesamtes Bundesgebiet, Angaben in Klammern: neue Länder.

Hinzu kommt eine geringe Anzahl von U-Häftlingen, die gem. § 93 Abs. 1 in Arresträumen untergebracht sind: Im Jahre 1988 waren dies im Bundesgebiet insgesamt lediglich 63 Personen (s. *Dünkel* Freiheitsentzug für junge Rechtsbrecher, 1990, S. 363); nach *Hinrichs* (DVJJ-Journal 1999, 270) wurde im Jahre 1999 nur in 4 von 28 Jugendarrestanstalten von dieser Möglichkeit Gebrauch gemacht, wobei die U-Haft auf die Dauer von 4 Wochen beschränkt ist.

Von 1990 auf 1995 zeigt sich ein deutlicher Anstieg der U-Haftquote; durch vermehrte U-Haft bei Ausländern/Asylbewerbern sind die U-Haftzahlen z. T. drastisch angestiegen, wobei der prozentuale Anteil gegenüber der Strafhaft im Vergleich zu Erwachsenen erheblich höher liegt. So betrug der Anteil der Untersuchungshaft gegenüber der Strafhaft im Jahre 1985 bei Jugendlichen 45,2 % zu 54,8 %, bei Heranwachsenden 31,0 % zu 69 % und bei Erwachsenen 19,9 % zu 80,1 %; im Jahre 1988 betrug der Anteil der Untersuchungshaft gegenüber der Strafhaft bei Jugendlichen 50,9 % zu 49,1 %, bei Heranwachsenden 33,6 % zu 66,4 % und bei Erwachsenen 20,5 % zu 79,5 % (s. *Dünkel* Freiheitsentzug für junge Rechtsbrecher, 1990, S. 782). Auffällig hieran ist, daß Jugendliche im Vergleich zur Strafhaft erheblich häufiger Untersuchungshaft verbüßen als Heranwachsende und Erwachsene; bei ihnen ist das Verhältnis ca. 2:1, bei Heranwachsenden ca. 1:1 und bei Erwachsenen ca. 1:3, berechnet für die Jahre 1992, 1993 (s. *Dünkel* Neue Kriminalpolitik 4/1994, 21). Die Behauptung, daß im Jugendstrafrecht sog. apokryphe Haftgründe (mit-)bestimmend sind (s. auch § 72 Rn. 4), kann sich auf diesen statistischen Vergleich stützen.

Diese Ansicht wird weiterhin durch die Tatsache unterstützt, daß die Untersuchungshaftpraxis im regionalen Vergleich sehr unterschiedlich ausfällt. So konnte im Jahre 1986 in 24 von 93 Landgerichtsbezirken durch gezielte Maßnahmen zur Haftvermeidung Untersuchungshaft gegen 14- und 15jährige Jugendliche völlig vermieden werden. Die Spanne bei der Häufigkeitsziffer, d. h. der Zahl der U-Haftanordnungen pro 100 000 der 14- bis 21jährigen, reichte bei Verdacht eines schweren Diebstahls im Zeitraum 1985/1986 von 0 im Landgerichtsbezirk Hildesheim bis 51 im Landgerichtsbezirk Kassel (s. *Pfeiffer* Die Anordnung von Untersuchungshaft gegenüber 14-/15jährigen bzw. 14-21jährigen in den 93 Landgerichtsbezirken der Bundesrepublik Deutschland, 1988, S. 9). Diese gravierenden Unterschiede machen deutlich, daß nicht unterschiedliche Kriminalitätsstrukturen, sondern unterschiedliche Einstellungen und Verfahrensmuster die Untersuchungshaftpraxis bestimmen. Dies wird auch dadurch belegt, daß in einer Vielzahl von Fällen Untersuchungshaft in Verfolgung von Bagatellkriminalität verhängt wird. Nach einer Untersuchung von *Gebauer* lagen 18 % der Untersuchungshaftfälle Delikte zugrunde, die nicht einmal das Gewicht des vollendeten einfachen Diebstahls hatten (*Gebauer* Die Rechtswirklichkeit der Untersuchungshaft in der Bundesrepublik Deutschland, 1987, S. 177). Nach der Untersuchung von *Pfeiffer* (a. a. O., S. 15) wurden bei 14- und 15jährigen zu 66,2 %, bei 16- und 17jährigen zu 57,2 % und bei 18-20jährigen 46,1 % wegen Eigentumsdelikten (Diebstahl und Unterschlagung) die Untersuchungshaftanordnungen getroffen.

Die Dauer der U-Haft für Jugendliche und Heranwachsende ist statistisch nicht genauer ausgewiesen. Die U-Haft dauerte 1997 für alle Altersgruppen bis zu einem Monat in 31,5 %, von einem Monat bis zu drei Monaten in 25,8 %, von drei Monaten bis zu sechs Monaten in 22,7 %, von sechs Monaten bis ein Jahr in 14,9 % und mehr als ein Jahr in 5,1 % der Fälle (Quelle: Statistisches Bundesamt, Arbeitsunterlage »Strafverfolgung« 1997; zu früheren Jahren s. *Abenhausen* in: Reform der Untersuchungshaft, S. 122). Einzeluntersuchungen haben eine durchschnittliche Dauer der U-Haft für Jugendliche und Heranwachsende von zwei bis drei Monaten ergeben (Landtag in Baden-Württemberg, Drucks. 7/4770; *Hermann* Jugendliche in der Untersuchungshaft, hrsg. von der *Evangelischen Akademie Bad Boll*, 1977, S. 48; *Kreuzer* RdJB 1978, 339; *Pfeiffer* Die Anordnung von Untersuchungshaft gegenüber 14-15jährigen bzw. 14-21jährigen in den 93 Landgerichtsbezirken der Bundesrepublik Deutschland, 1988, S. 33: durchschnittlich 3 Monate mit einer Schwankungsbreite in den einzelnen LG-Bezirken von 1,4 bis 5,3 Monaten; *Jehle* Entwicklung der Untersuchungshaft bei Jugendlichen und Heranwachsenden vor und nach der Wiedervereinigung, hrsg. v. Bundesministerium der Justiz, 1995, S. 74; für Thüringen in den Jahren 1994/1995 ca. zweieinhalb Monate, s. *Will* DVJJ-Journal 1999, 53).
Bei einer durchschnittlichen Untersuchungshaftdauer von 2,5 Monaten saßen somit im Jahre 1997 etwa 4 500 Jugendliche und etwa 10 300 Heranwachsende in Untersuchungshaft (eine genaue Zahlenangabe ist schwer möglich, da die von den Vollzugsanstalten registrierten Zugangszahlen aufgrund der damit eingeschlossenen Verlegungen zu relativieren sind, s. 1. Aufl., Grdl. zu den §§ 71-73 Rn. 6; auch *Böhm* Einführung in das Jugendstrafrecht, S. 136; *Heinz* in: Jugendgerichtsbarkeit in Europa und Nordamerika, hrsg. von *Kerner/Galaway/Jansen*, 1986, Fn. 158, 159). Von diesen Inhaftierten erhalten z. Z. weniger als 40 % eine vollstreckbare

Jugendstrafe, wobei die Vollstreckungsquote absinkt – im Hinblick auf das bei der U-Haft maßgebliche Verhältnismäßigkeitsprinzip ein gesamtjustitieller Gesetzesverstoß! Erwachsene, die in U-Haft eingesessen haben, werden zu 63 % tatsächlich mit Freiheitsentzug bestraft (höhere Prozentberechnungen bei *Hilger* NStZ 1989, 107).

Verfahrensausgang bei Jugendlichen/Heranwachsenden mit U-Haft

Sanktionen:	1989 n	%	1990 n	%	1991 n	%
Freiheits- und Jugendstrafe o. Bewährung	1.632	39,6	1.567	33,9	1.833	36,2
Freiheits- und Jugendstrafe mit Bewährung	1.472	35,7	1.447	31,3	1.722	34,0
ambulante Sanktionen*	1.019	24,7	1.608	34,8	1.507	29,8
Gesamt	4.123	100	4.622	100	5.062	100

* Geldstrafe, jugendstrafrechtliche Erziehungsmaßregeln, Zuchtmittel sowie andere gerichtliche Entscheidungen (ohne Freisprüche)

(Quelle: *Jehle* Entwicklung der Untersuchungshaft bei Jugendlichen und Heranwachsenden vor und nach der Wiedervereinigung, hrsg. vom Bundesministerium der Justiz, 1995, S. 79)

7   Zahlen zu § 73 liegen nicht vor.

5. Rechtspolitische Einschätzung

8   In der **kriminal**politischen Diskussion verlief der Trend bis vor kurzem in Richtung Heimunterbringung. Mit dieser stationären Erziehungsmaßnahme sollte die U-Haft zurückgedrängt werden. Dementsprechend wird die geringe Anzahl der Heimplätze bemängelt (*Eisenberg* § 71 Rn. 10; *Jugendstrafvollzugskommission* S. 8; *Philipp* Zbl 1979, 429). Neben der strafjustitiellen Heimunterbringung wurde die vorläufige Fürsorgeerziehung vorgeschlagen (s. Art. 1 Nr. 25 Referentenentwurf 1. JGGÄndG; anders noch Art. 2 § 4 Nr. 21 des Jugendhilfegesetz-Entwurfs [BT-Drucks. 8/4010], der aber in der grundsätzlichen Abschaffung der Fürsorgeerziehung begründet war). Mit der Schließung der geschlossenen Heime in Hamburg, Hessen und Schleswig-Holstein hat die Diskussion einen anderen Verlauf genommen, wobei im politischen Raum auch rückwärtsgerichtete Positionen vertreten werden. Die **sozialpädagogische Verweigerung einer Erziehung hinter Mauern** hat die grundsätzliche Problematik eines jugendlichen – vorläufigen – Freiheitsentzugs zum Zwecke

der Erziehung wieder neu offengelegt (s. hierzu *Plewig* KrimJ 1982, 107 f.; *Bittscheidt-Peters/Koch/Ehlers* KrimJ 1982, 230 ff.; *Bielefeld* in: Jugendstrafe an Vierzehn- und Fünfzehnjährigen, 1983, S. 117 ff.; *Bittscheidt-Peters* DVJJ 13 [1984], 233 ff.; *Birtsch* »Wenn ihr uns nicht einschließt, schließen wir uns nicht aus«, Institut für Sozialarbeit und Sozialpädagogik – Materialien 25, Frankfurt, 1983). Ein wesentliches Ergebnis dieses Diskussionsprozesses ist die Abschaffung des Instituts der Fürsorgeerziehung und damit auch der vorläufigen Fürsorgeerziehung durch das KJHG vom 26. 9. 1990 (BGBl I, 1163). In der Tat erscheint die Alternative »Heimunterbringung oder U-Haft« aufgedrängt und falsch. Das Gegenargument ist die Restgruppe gefährlicher Jugendlicher, wobei eine genauere Beschreibung fehlt (s. *Plewig* KrimJ 1982, 119). Als Beispiele werden Aggressionstäter, sexuelle Triebtäter und »Feuerteufel« genannt. Hierbei erscheint die Suche nach einer sicheren Unterbringung von vielleicht 80 Jugendlichen der besonders problematischen Altersgruppe 14 bis 15 Jahre (s. *Bielefeld* S. 184) schon als eine Suche nach der Inkarnation des Bösen. Wenn das pädagogisch-therapeutische Ziel ernstgenommen wird, so heißt dies die Öffnung zur Konfliktlösung in Freiheit. Das pädagogische Handlungsfeld innerhalb von Mauern ist eben keine alltägliche Lebenswelt, sie ist nicht auf Dauer real. Natürlich kann hier auch erzogen werden, nicht nur zur Sauberkeit und Ordnung. Aber ob die Erziehung anhält, ob nicht mit dem Verlassen der Mauern auch die dort vermittelten Grundsätze wieder einstürzen, ist angesichts der Heimerfahrung unserer jugendlichen Strafgefangenen (s. *Blath/Dillig/ Egg/Frey* Daten zur Sozialisationsbiographie junger Strafgefangener, 1976; *Ludwig* in: Jugendstrafe an Vierzehn- und Fünfzehnjährigen, 1983, S. 73) keine Frage mehr. Auch beim – bloß – gelernten Zusammenleben (»therapeutisches Milieu«) wird immer auf die Außenwelt geschielt. Das Ausreißerproblem ist deshalb in erster Linie ein Problem der geschlossenen Heime. Diese sozialpädagogischen Bedenken werden bei einer geschlossenen Heimunterbringung vor dem Hintergrund eines bevorstehenden Strafverfahrens und einer zu erwartenden Sanktion »Jugendstrafe« noch erhöht. Vor allem: Je mehr strafjustitielle Erziehungsmöglichkeiten angeboten werden, umso mehr und umso länger (!) werden sie genutzt (ebenso die Stellungnahme der *Internationalen Gesellschaft für Heimerziehung* ZfStrVo 1985, 100). Der Bedarf an einer »totalen Institution« besteht entweder nur einmal oder gar nicht. Heimunterbringung entlastet immer die Justiz, schafft freie Plätze in den überfüllten U-Haft-Anstalten. Es gilt, rechtspolitisch die geschlossene Heimunterbringung **kraft strafrichterlicher Anweisung** zu kappen (s. auch *Carspecken* Zbl 1976, 284), gleichzeitig die U-Haft für Jugendliche bis zu 16 Jahren zu unterbinden (so These 1 einer *SPD-Kommission* »*Kriminalpolitisches Programm*« zur Reform des Jugendkriminalrechts; ebenso *Jugendstrafvollzugskommission* S. 10; Stellungnahme der *Internationalen Gesellschaft für Heimerziehung* ZfStrVO 1985, 99; zur weitergehenden

Forderung des *Arbeitskreises Junger Kriminologen* s. *Papendorf* KrimJ 1982, 148 ff.). Erst die – scheinbar paradoxe – Gleichzeitigkeit dieser Forderungen vermag ein Ausweichen zu verhindern. Ab 16 Jahren mag als letzte Zuflucht die U-Haft nach Ausschöpfen der ambulanten Hilfen zur Verfügung stehen. Von diesem Standpunkt aus wird mit dem 1. JGGÄndG erst der erste Schritt getan: Abkehr von der geschlossenen Heimunterbringung als Alternative zur U-Haft (s. Begründung S. 29) und Heraufsetzung der Voraussetzungen für eine Untersuchungshaft, insbesondere für Jugendliche bis 16 Jahren. Da dem Problem der öffentlichen Sicherheit strafjustiziell bei der hier geforderten Heraufsetzung der Strafmündigkeitsgrenze bis zum 16. Lebensjahr (s. These B 1 der Thesen zur Reform des Jugendkriminalrechts der *AsJ*) generell nicht mehr begegnet werden kann, muß insoweit die Verantwortung an die Jugendbehörden abgegeben werden, **durch eigene Entscheidung** bei Gefährdung durch schwere Kriminalität ausnahmsweise und für den Anfang der Betreuung eine sichere Unterbringung durchzuführen (s. jetzt auch die §§ 42, 43 KJHG). Aufgrund des anders geschulten Personals und einer geringeren Stigmatisierung ist diese Problemverlagerung aus dem Strafjustizbereich vorzuziehen, wenn die rechtsstaatlichen Bedingungen für eine derartige Einweisung eingehalten werden. Auch wenn die Persönlichkeit des jungen Menschen im Mittelpunkt von Jugendhilfemaßnahmen steht, werden über den Weg einer Verhinderung der Eigengefährdung durch Delikte auch Fremdgefährdungen vermieden. Ob im Fall der pädagogischen Kapitulation für die Zukunft ein Bedarf an geschlossener Unterbringung besteht, läßt sich erst nach Erprobung und Ausschöpfung von Alternativen beantworten (s. § 46 Jugendhilfegesetzentwurf sowie die Amtliche Begründung BT-Drucks. 8/2571, S. 105; zur grundsätzlichen Diskussion s. *Bundesjugendkuratorium* Erziehung in geschlossenen Heimen, 1982, sowie *Arbeitskreis V des 19. Dt. Jugendgerichtstages* DVJJ 13 [1984], 233 ff.; von *Wolffersdorf/Spran/Kuhlen* Geschlossene Unterbringung in Heimen/Kapitulation der Jugendhilfe?, 2. Aufl.; *Pankhofer* Freiheit hinter Mauern/Mädchen in geschlossenen Heimen, 1997; *Ostendorf* Wieviel Strafe braucht die Gesellschaft?, 2000, S. 129 ff.).

9 Auch die Neuformulierung der Einweisungsgründe durch das 1. JGG-ÄndG (Art. 72 Abs. 1) ist auf halbem Wege stehengeblieben: Aus rechtsstaatlichen Gründen ist **immer** eine Rückfallgefahr Voraussetzung für vorläufige strafjustizielle Maßnahmen (s. § 71 Rn. 3), die dann – natürlich – auch eine Entwicklungsgefährdung darstellt. Zudem wird das Verhältnismäßigkeitsprinzip (s. § 71 Rn. 4) allzu sehr aufgelockert, wenn die einstweilige Unterbringung in einem Erziehungsheim zukünftig nicht mehr von der Erwartung einer Jugendstrafe abhängig gemacht wird (ebenso *Eisenberg* Bestrebungen zur Änderung des Jugendgerichtsgesetzes, 1984, S. 36; Stellungnahme der *Internationalen Gesellschaft für Heimerziehung*

ZfStrVo 1985, 100). Mißlich ist weiterhin, daß zunächst das Damoklesschwert des Haftbefehls gezückt wird, um dann die »Wohltat« des § 72 Abs. 3 im Wege der Aussetzung zu verteilen. Nicht zufriedenstellen kann insbesondere die halbherzige Neuregelung der Untersuchungshaft für Jugendliche bis zu 16 Jahren gem. § 72 Abs. 2. Selbst in der Begründung des Gesetzesentwurfs (BT-Drucks. 11/5829, S. 33) heißt es: »Untersuchungshaft erscheint grundsätzlich auch bei den 14- und 15-jährigen Jugendlichen nicht geboten, die sich eines Tötungsdelikts schuldig gemacht haben und in der Öffentlichkeit als besonders gefährlich angesehen werden.« Dementsprechend ist gerade diese Neuregelung in der parlamentarischen Beratung auf Kritik gestoßen (s. Protokolle des Deutschen Bundestages, 11. Wahlperiode, S. 17085 ff.). Selbst die ursprünglich vorgesehene Begrenzung der Untersuchungshaft für 14- und 15-jährige auf Fälle des Verdachts eines Verbrechenstatbestandes (s. § 72 Abs. 2 Referentenentwurf 1987), die in Frankreich seit dem 1. 3. 1989 in Kraft ist, konnte nicht durchgesetzt werden; der Vorschlag, die Untersuchungshaft für diese Altersgruppe gänzlich abzuschaffen (s. Gesetzesentwurf der Fraktion der Grünen vom 21. 4. 1988, BT-Drucks. 11/2181 und Antrag der Fraktion der SPD vom 28. 6. 1989, BT-Drucks. 11/4892) wurde nicht ernsthaft aufgegriffen (s. hierzu auch *Dünkel* Freiheitsentzug für junge Rechtsbrecher, 1990, S. 448 und S. 465). Positiv ist demgegenüber die ausdrückliche Heranziehung der Jugendgerichtshilfe (s. § 72 a) zu vermerken. Dies sollte allerdings vor Erlaß des Haftbefehles geschehen, um die Jugendgerichtshilfe zu einer echten Haftvermeidungs- und nicht nur zu einer Haftverkürzungshilfe heranzuziehen. Soweit von anderer Stelle die Anwendung des § 71 auch auf Heranwachsende vorgeschlagen wird (s. *Jugendstrafvollzugskommission* S. 8), so stehen dem zwar bei Zustimmung der Heranwachsenden keine rechtsstaatlichen (so aber *Eisenberg* § 109 Rn. 6 m. w. N.), wohl aber sozialpädagogische Gründe entgegen (ebenso Stellungnahme der *DVJJ* zum Arbeitsentwurf eines Gesetzes zur Änderung des Jugendgerichtsgesetzes, 1982, S. 27).

Forderungen nach Verschärfung der U-Haft treffen immer auch Jugendliche und Heranwachsende, sind zum Teil gerade auf diese Altersgruppe gemünzt (s. Initiative der *CDU/CSU-Bundestagsfraktion* gegen Gewalt und Extremismus, DVJJ-Journal 2/1993, S. 103). Derartige Forderungen müssen sich der Prüfung verfassungsrechtlicher Vorgaben stellen. Zur geforderten Erweiterung des Haftgrundes gem. § 112 Abs. 3 StPO hat das *BVerfG* ausgeführt: »Weder die Schwere der Verbrechen wider das Leben noch die Schwere der (noch nicht festgestellten) Schuld rechtfertigen für sich allein die Verhaftung des Beschuldigten; noch weniger ist die Rücksicht auf eine mehr oder minder deutlich feststellbare »Erregung der Bevölkerung« ausreichend, die es unerträglich finde, wenn ein »Mörder« frei umhergehe. Es müssen vielmehr auch hier stets Umstände vorliegen, die

10

die Gefahr begründen, daß ohne Festnahme des Beschuldigten die alsbaldige Aufklärung und Ahndung der Tat gefährdet sein könnte« (*BVerfGE* 19, 342). Zum anderen soll die Untersuchungshaft wegen einer Wiederholungsgefahr (§ 112 a StPO) auch auf die sog. mittlere Kriminalität ausgeweitet werden. Als Begründung wird ausdrücklich auf die Erregung der »rechtstreuen« Bevölkerung hingewiesen, für die es unerträglich sei, »daß Polizeibeamte mit hohem Einsatz und erheblicher Gefahr für die eigene Gesundheit Straftäter dingfest machen, um kurze Zeit später erleben zu müssen, daß dieselben Täter ihr Treiben an anderem Ort fortsetzen«. Hierzu ist zunächst zu bemerken, daß bereits im geltenden Recht der schwere Diebstahl, d. h. gerade auch der Einbruchsdiebstahl als Wiederholungstat genannt ist. Vor allem hat das *BVerfG* auch für diesen präventiven Haftgrund der Wiederholungsgefahr, der eigentlich in der Strafprozeßordnung einen Fremdkörper darstellt, enge Grenzen gezogen, die offensichtlich von diesem Vorschlag gesprengt werden sollen. *BVerfGE* 35, 183: »Dem Gesetzgeber sind bei der Ausdehnung des Haftgrundes der Wiederholungsgefahr auch bisher nicht erfaßte Straftatbestände im Hinblick auf Art. 2 Abs. 2 S. 2 GG enge Grenzen gezogen. Nur unter bestimmten Voraussetzungen überwiegt das Sicherungsbedürfnis der Gemeinschaft den verfassungsrechtlich geschützten Freiheitsanspruch des noch nicht verurteilten, lediglich verdächtigen Beschuldigten. Bei dem wiederholt oder fortgesetzt begangenen »Anlaßdelikt« muß es sich um eine Straftat handeln, die schon nach ihrem gesetzlichen Tatbestand einen erheblichen, in der Höhe der Strafandrohung zum Ausdruck kommenden Unrechtsgehalt aufweist und den Rechtsfrieden empfindlich stört.« Das bisherige Haftrecht ist keine Ursache für die Welle der ausländerfeindlichen Gewalttaten, es bietet hinreichende rechtsstaatliche Möglichkeiten der Gegenreaktion. Eine Verschärfung ist kein Lösungsansatz (s. *Walter* und *Ostendorf* DVJJ-Journal 2/1993, S. 111 ff. bzw. S. 113; *Kreuzer* in: Die Zeit vom 1.10.1993).

§ 71. Vorläufige Anordnungen über die Erziehung

(1) Bis zur Rechtskraft des Urteils kann der Richter vorläufige Anordnungen über die Erziehung des Jugendlichen treffen oder die Gewährung von Leistungen nach dem Achten Buch Sozialgesetzbuch anregen.
(2) Der Richter kann die einstweilige Unterbringung in einem geeigneten Heim der Jugendhilfe anordnen, wenn dies auch im Hinblick auf die zu erwartenden Maßnahmen geboten ist, um den Jugendlichen vor einer weiteren Gefährdung seiner Entwicklung, insbesondere vor der Begehung neuer Straftaten, zu bewahren. Für die einstweilige Unterbringung gelten die §§ 114 bis 115 a, 117 bis 118 b, 120, 125 und 126 der Strafprozeßordnung sinngemäß. Die Ausführung der einstweiligen Unterbringung richtet sich nach dem für das Heim der Jugendhilfe geltenden Regelungen.

Literatur

Barasch Das Haus Kieferngrund – eine Alternative zur Untersuchungshaft, in: »Jugendgerichtsbarkeit und Sozialarbeit«, DVJJ 9 [1975], 160; *Becker* Festnahme und Verhaftung von Jugendlichen und Heranwachsenden – Probleme der geschlossenen Heime, Zbl 1981, 355; *Bielefeld* Geschlossene Heime als Alternative zum Jugendstrafvollzug?, in: Jugendstrafe an Vierzehn- und Fünfzehnjährigen, hrsg. von *Albrecht/Schüler-Springorum*, 1983, S. 177; *Bittscheidt-Peters/Koch/Ehlers* »Im Prinzip sind wir für die Freiheit, ...«. Eine notwendige Replik, KrimJ 1982, 230; *Bittscheidt-Peters/Pauer* Erziehung als Strafe, in: »Jugendgerichtsverfahren und Kriminalprävention«, DVJJ 13 [1984], 233; *Buchhierl* Einstweilige Unterbringungen nach §§ 71, 72 JGG, MschrKrim 1969, 329; *Carspecken* Problematik der »einstweiligen Unterbringung« in einem Erziehungsheim nach §§ 71 Abs. 2, 72 Abs. 3 JGG, Zbl 1976, 284; *Giehring* Gewährleistung der öffentlichen Träger der Jugendhilfe für geschlossene Einrichtungen als »geeignetes Erziehungsheim« i. S. der §§ 71 Abs. 2, 72 Abs. 3 JGG?, Zbl 1981, 461; *Lüthke* Vorläufige Maßnahmen nach §§ 71, 72 JGG, insbesondere die Unterbringung in offenen Einrichtungen als Alternative zur Untersuchungshaft bei Jugendlichen, Zbl 1982, 125; *Miehe* Form der Heimerziehung als Alternative zur Untersuchungshaft (Inhaltsthesen), in: »Jugendgerichtsverfahren und Kriminalprävention«, DVJJ 13 [1984], 242; *Philipp* § 71 Jugendgerichtsgesetz (JGG) – eine ungenutzte Möglichkeit?, Zbl 1979, 429; *ders.* Überlegungen zum § 71 Jugendgerichtsgesetz (JGG) aus der Sicht einer Jugendgerichtshilfe (JGH), Zbl 1982, 224; *Plewig* Gesicherte Unterbringung? Die Sichtweisen verantwortlich Beteiligter, KrimJ 1982, 107; *Roestel* Untersuchungshaft oder Erziehungsheim für straffällige Minderjährige?, SchlHA 1968, 155; *Trenczek* Geschlossene Unterbringung/Inobhutnehmen oder einsperren?, hrsg. v. niedersächsischen Jugendamt, 1995; *Wehner* Die Heimunterbringung im Strafverfahren nach den §§ 71-73 JGG, RdJB 1963, 381.

Inhaltsübersicht   **Rn.**
- I. Anwendungsbereich   1
- II. Voraussetzungen
    1. Hinreichender Tatverdacht   2
    2. Dringende Erziehungsbedürftigkeit   3
    3. Verhältnismäßigkeit   4
    4. Ermessen   5
- III. Folgen
    1. Freiheitsbeschränkende Maßnahmen   6
    2. Freiheitsentziehende Maßnahmen   7
- IV. Verfahren
    1. Zuständigkeit   8
    2. Form   9
    3. Vollstreckung   10
- V. Rechtsmittel   13

I. Anwendungsbereich

1 § 71 gilt für Jugendliche; für Jugendliche vor Gerichten, die für allgemeine Strafsachen zuständig sind, nur aufgrund einer Ermessensentscheidung (§ 104 Abs. 2). Aufgrund der Verweisung in § 72 Abs. 4 auf § 71 Abs. 2 ist seine Anwendung (unter den Voraussetzungen der U-Haft) aber verpflichtend (§ 104 Abs. 1 Nr. 5; s. auch § 72 Rn. 1). Auf Heranwachsende findet § 71 keine Anwendung (§ 109 Abs. 1 S. 1; s. aber Rn. 7 a). Nichtsdestotrotz ist es Aufgabe der Jugendgerichtshilfe (s. auch § 41 i. V. m. § 34 KJHG) sowie freier Träger, sich um Alternativen zur U-Haft von Heranwachsenden in Form von »betreutem Wohnen« zu bemühen.

II. Voraussetzungen

1. Hinreichender Tatverdacht

2 Erste Voraussetzung für die Anwendung des § 71 ist der Verdacht einer Straftat, und zwar ein »hinreichender« Verdacht gem. § 203 StPO. Auch wenn das Hauptverfahren noch nicht eröffnet, nicht einmal eine Anklage erhoben worden ist, muß wenigstens – im Unterschied zu § 112 StPO (s. § 72 Rn. 2) – dieser Verdachtsgrad vorliegen, um vorläufige Anordnungen rechtfertigen zu können. Der Verdacht besteht bis zur rechtskräftigen Verurteilung, so daß auch im Rechtsmittelverfahren § 71 anzuwenden ist.

2. Dringende Erziehungsbedürftigkeit

3 Zweite Voraussetzung ist eine Erziehungsbedürftigkeit, die dringend sein muß, d. h., **ein Abwarten bis zum Urteil darf nicht zu verantworten sein**. Eine einmalige Verfehlung berechtigt niemals zu einem vorläufigen

Eingreifen. Für die Einweisung in ein Erziehungsheim ist die Erziehungsbedürftigkeit konkretisiert: Die Wiederholung von Straftaten muß prognostiziert werden. Die Alternative, »um den Jugendlichen vor einer weiteren Gefährdung seiner Entwicklung zu bewahren«, hat keine selbständige Bedeutung, stellt lediglich eine salvatorische Klausel dar, die aber aus rechtsstaatlichen Gründen auf die Gefahr weiterer Deliktsbegehung zu begrenzen ist (a. M. Gesetzesentwurf 1. JGGÄndG, BT-Drucks. 11/5829, Begründung S. 29, und *Giehring* Zbl 1981, 468, die erst mit Rücksicht auf den Einweisungsgrund »Entwicklungsgefährdung« verfassungsrechtliche Bedenken ausgeräumt sehen). Strafjustitielle Maßnahmen, erst recht vorläufige, dürfen nicht allein aus Erziehungszwecken erfolgen (s. auch Grdl. z. §§ 71-73 Rn. 9). Das Argument, »da selbst im allgemeinen Haftrecht der Haftgrund der Wiederholungsgefahr auf die Fälle des § 112 a der Strafprozeßordnung beschränkt ist, dürfte Wiederholungsgefahr als solche kein hinreichender Grund für eine einstweilige Unterbringung in einem Erziehungsheim sein« (s. Gesetzesentwurf 1. JGG ÄndG, BT-Drucks. 11/5829, S. 29), erscheint nicht stichhaltig: Mit einem Verzicht auf die Voraussetzung »Wiederholung von Straftaten« werden die Eingriffsmöglichkeiten in die Freiheit des/der noch als unschuldig geltenden Beschuldigten erleichtert! Die §§ 112 ff. StPO sollten zu einer restriktiven Norminterpretation anleiten. Vorläufige Anordnungen über die Erziehung sind somit nur bei einer kriminellen Gefährdung erlaubt, sind abhängig von einer Wiederholungsgefahr. Darüber hinausgehend gebietet Art. 6 GG nicht, die Maßnahmen gem. § 71 von der Zustimmung der Eltern abhängig zu machen (so aber *Miehe* DVJJ 13 [1984], 243; *Nothacker* S. 348).

3. Verhältnismäßigkeit

Da es sich bei den – auch noch so gutgemeinten – Anordnungen um Eingriffe in die Freiheitssphäre des Jugendlichen handelt, ist wie bei der U-Haft (s. § 72 Rn. 5-8) das Verhältnismäßigkeitsprinzip zu beachten, d. h., Notwendigkeit, Geeignetheit und Angemessenheit müssen vorliegen. Dies bedeutet, daß grundsätzlich **ambulanten Maßnahmen Vorrang** vor stationären zukommt. Für die Einweisung in ein Heim der Jugendhilfe (»Unterbringungsbefehl«) ist das Angemessenheitsprinzip nochmals ausdrücklich benannt: »wenn dies auch im Hinblick auf die zu erwartenden Maßnahmen geboten ist«; wenn auch die frühere Voraussetzung »ist Jugendstrafe zu erwarten« vom Gesetzgeber gestrichen worden ist, gilt weiterhin, daß für vorläufige freiheitsentziehende Maßnahmen ein Freiheitsentzug zu erwarten sein muß. Soweit die Einweisung in ein »offenes« Heim erfolgt, genügt die Erwartung einer bedingten Jugendstrafe. Ansonsten ist auch hier – wie bei der Anordnung der U-Haft (s. § 72 Rn. 9) – die Erwartung einer unbedingten Jugendstrafe Voraussetzung, da nur dieser Freiheitsentzug dem in einem geschlossenen Heim entspricht (zust. *Tren-*

4

czek Geschlossene Unterbringung/Inobhutnehmen oder einsperren?, hrsg. v. Niedersächsischen Jugendamt, 1995, S. 21).

4. Ermessen

5 Die Entscheidung steht im richterlichen Ermessen (»kann«), das sich zur Vermeidung der U-Haft aber zu einer Verpflichtung verdichtet (s. § 72 Rn. 10).

III. Folgen

1. Freiheitsbeschränkende Maßnahmen

6 Als vorläufige Maßnahmen gem. Abs. 1 kommen die Weisungen gem. § 10 in Betracht. Hierbei ist insbesondere auch an die Betreuungsweisung gem. § 10 Abs. 1 S. 3 Nr. 5 zu denken sowie an soziale Trainingskurse als ambulantes gruppenpädagogisches Angebot gem. § 10 Abs. 1 S. 3 Nr. 6. Entgegen einer Praxis sollte ein Bewährungshelfer nicht mit der Betreuung beauftragt werden, da dessen sonstiges Betätigungsfeld stigmatisierend wirkt und der Verdacht naheliegt, daß hier auf eine Jugendstrafe zur Bewährung vorgegriffen wird. Erzwingbar (§ 11 Abs. 3) ist die Anordnung nicht; ein »Ungehorsamsarrest« scheidet zusätzlich wegen seines freiheitsentziehenden Charakters aus. Damit ist auch jede Einweisung in eine Arrestanstalt untersagt (a. M. *Potrykus* § 71 Anm. 1; wie hier *Eisenberg* § 71 Rn. 3, 5; *Brunner/Dölling* § 71 Rn. 4). Dies gilt entgegen der h. M. (*Dallinger/Lackner* § 71 Rn. 7; *Brunner/Dölling* § 71 Rn. 4; *Eisenberg* § 71 Rn. 6) auch für die Heimeinweisung, da diese gerade im Abs. 2 mit dem dort festgeschriebenen besonderen Verfahren geregelt ist (widersprüchlich *Giehring* Zbl 1981, 463 mit Fn. 14 und S. 464, 465). Eine stationäre Maßnahme nach Abs. 1 erscheint nur als Einweisung in eine Familie oder Wohnungsgemeinschaft zulässig. Der Heimcharakter geht regelmäßig über eine freiheitsbeschränkende Maßnahme hinaus. Darüber hinaus sind Zuchtmittel i. S. des § 13 nicht erlaubt, da sie den Charakter einer endgültigen Sanktion haben; neben eigenständigen erzieherischen Maßnahmen in Anlehnung an den Weisungskatalog des § 10 kann der Richter Anregungen für die Gewährung von Leistungen nach dem 8. Buch Sozialgesetzbuch (KJHG) geben.

2. Freiheitsentziehende Maßnahmen

7 Gem. § 71 Abs. 2 ist als vorläufige Maßnahme auch die einstweilige Unterbringung in einem »geeigneten« Heim der Jugendhilfe zulässig. Die Eignung richtet sich nach dem Ziel, durch erzieherische Beeinflussung (Therapie) die Wiederholung von Straftaten zu verhindern (s. Rn. 3). Wenn aus sozialpädagogischer Sicht geschlossene Heime hierzu nicht ge-

eignet sind (so insbesondere *Bittscheidt-Peters/Koch/Ehlers* KrimJ 1982, 230 ff. in Auseinandersetzung mit *Plewig* KrimJ 1982, 107 ff., der aber das Wagnis der Schließung der geschlossenen Anstalten »bei allem Verständnis für die Kritik« eingehen will; gegen geschlossene Unterbringung *Trenczek* Geschlossene Unterbringung/Inobhutnehmen oder einsperren?, hrsg. v. niedersächsischen Jugendamt, 1995; v. *Wolffersdorff* Neue Kriminalpolitik 4/1994, 30; s. auch die Beiträge von *Remschmidt, Thiersch, Sonnen, Trenczek, Reinecke, Birtsch/Trauernicht, Fegert, Eissing, Jordan* in DVJJ-Journal 1994, S. 299 ff.; *Arbeitskreis III/4 des 23. Dt. Jugendgerichtstages* DVJJ-Journal 1995, 267; *Ostendorf* Intensive Betreuung als Alternative zur geschlossenen Heimunterbringung, in: Wieviel Strafe braucht die Gesellschaft?, 2000, S. 129 ff.), bleiben nur offene Heime als geeignet übrig. Im Runderlaß des Hessischen Justizministers vom 13.4.1993 (JMBl. S. 418) heißt es unter Ziff. 2 hierzu: »Zusätzliche bauliche Sicherungen können von der Einrichtung nicht verlangt werden. Das Entweichen soll im Rahmen des nach der pädagogischen Zielsetzung der Einrichtung möglichen durch pädagogisch legitimierte Kontrollmaßnahmen verhindert werden.« In einer gemeinsamen Konzeption der zuständigen Ministerien in Nordrhein-Westfalen vom 3.5.1995 (JMBl. NW 1995, 134) heißt es: »Eine fluchtsichere Unterbringung ist nicht Voraussetzung...« Vereinzelt wird demgegenüber sogar ein verfassungsrechtlicher Anspruch auf die Alternative der geschlossenen Heimunterbringung behauptet (s. *Kreuzer* RdJB 1978, 345, unter Hinweis auf *Eschke*; ebenso *Gienulla/Barton* RdJB 1982, 293; offen *Giehring* Zbl 1981, 470). Keinesfalls ist umgekehrt als geeignetes Heim lediglich ein fluchtsicheres zu verstehen (*Becker* MschrKrim 1969, 332; *Miehe* DVJJ 13 [1984], 242; wie hier *Eisenberg* § 71 Rn. 10; *Giehring* Zbl 1981, 465; *Lüthke* Zbl 1982, 129; *Lünen* Zbl 1982, 224; klargestellt im Gesetzesentwurf 1. JGGÄndG, BT-Drucks. 11/5829, S. 29; s. auch *Arbeitskreis V des 19. Dt. Jugendgerichtstages* DVJJ 13 [1984], 257). Das gilt auch für die Ersetzung einer U-Haft durch die Heimeinweisung (§ 72 Abs. 4). Ob die in den USA gelegene Einrichtung Glenn Mills Schools ein Erziehungsheim i. S. des § 71 Abs. 2, § 72 Abs. 4 darstellt oder eine sonstige Einrichtung (so *OLG Hamm* NJW 1990, 230), ist eine Tatsachenfrage. Zumindest die Begründung, daß dort ein sozialpädagogisches Programm »ohne Schloß und Riegel« durchgeführt wird, überzeugt nicht (ebenso *Eickelkamp* DVJJ-Journal 1999, 95). Da die Heime ganz unterschiedlich organisiert sind und sich nicht in die Schablonen »offen-geschlossen« einpassen lassen (s. *Bielefeld* S. 179), hat das Gericht eine Auswahl zu treffen und das Erziehungsheim konkret zu bezeichnen. Ein Einfluß auf das Heimleben steht ihm selbst aber nicht zu: Im § 71 Abs. 2 S. 3 ist klargestellt, daß sich die Ausführung der einstweiligen Unterbringung allein nach den für das Heim geltenden Regelungen richtet.

7a Eine Alternative zur Heimeinweisung ist die U-Haftverschonung – im Unterschied zur U-Haftvollstreckung gem. § 93 Abs. 1 S. 1 – mit der Weisung (§ 116 Abs. 1 StPO), sich in die Betreuung einer Jugendarrestanstalt zu begeben. Diese Alternative wurde in der – offenen – Jugendarrestanstalt Hamburg-Wandsbek für Heranwachsende entwickelt (s. *Hinrichs/Urbahn* DVJJ-Journal Nr. 132/Sept. 1990, S. 84, 85) und mit Erfolg umgesetzt (s. *Hinrichs* DVJJ-Journal 1 – 2/1992, S. 133). Das Land Baden-Württemberg ist gem. AV des Justizministers vom 30.4.1992 (Die Justiz S. 172; abgedr. in DVJJ-Journal 2/1993, S. 177) bei Erweiterung auf jugendliche Haftverschonte dieser Initiative gefolgt (zu ersten Erfahrungen s. *Bühler* DVJJ-Journal 1995, 234 ff.). Mittlerweile ist diese Praxis bundesweit in 4 Jugendarrestanstalten eingeführt (s. *Hinrichs* DVJJ-Journal 1999, 270).

IV. Verfahren

1. Zuständigkeit

8 Zuständig ist allein der Richter. Kraft ausdrücklicher Verweisung gelten hier die §§ 125 und 126 StPO.

2. Form

9 Die vorläufige Anordnung ergeht durch Beschluß, der zu begründen ist (§ 34 StPO). Die vorherige Anhörung des Betroffenen sowie der Erziehungsberechtigten und der gesetzlichen Vertreter ist vorgeschrieben (§ 33 Abs. 3 StPO, § 67 Abs. 2); ebenso muß die Staatsanwaltschaft beteiligt (§ 33 Abs. 2 StPO) und die Jugendgerichtshilfe eingeschaltet werden (§ 38 Abs. 3). Zur Bekanntmachung s. die §§ 35, 41 StPO, 67 Abs. 2.

3. Vollstreckung

10 Die vorläufigen Anordnungen gem. Abs. 1 können nicht vollstreckt werden; für freiheitsentziehende Einweisungen werden bestimmte Regelungen der Vollstreckung der U-Haft für entsprechend anwendbar erklärt (s. Abs. 2 S. 2 unter Hinweis auf die entsprechenden Bestimmungen der StPO). Damit ist dem Jugendlichen gem. § 117 Abs. 4 StPO (nach *Eisenberg* § 71 Rn. 14 und *Brunner/Dölling* § 71 Rn. 9 in entsprechender Anwendung) auch ein Verteidiger zu bestellen. Die Einweisung in ein – offenes oder geschlossenes – Heim steht unter dem Druck der Verhängung der U-Haft (§ 72 Abs. 4). Hinsichtlich der Anrechnung ist die Einweisung in ein geschlossenes Heim einer U-Haft gleichgestellt (§§ 52, 52 a). Bei unschuldig erlittener Unterbringung in einer geschlossenen Anstalt besteht ein Anspruch auf Entschädigung (§ 2 Abs. 2 Nr. 1 StrEG).

Nicht geregelt ist die Zuständigkeit für die Durchführung der Vollstreckung. Die staatsanwaltliche Zuständigkeit gem. § 36 Abs. 2 StPO ist nicht vorgesehen. In Betracht kommt somit nur eine polizeiliche Amtshilfe gem. Art. 35 GG. Dagegen spricht, daß mit einer zwangsweisen polizeilichen Zuführung die Ansprechbarkeit des/der Jugendlichen verschlechtert und die Heimunterbringung polizeilichen Charakter erhalten würde. Die Unterbringung ist keine besondere Form der Untersuchungshaft, sondern eine von der Jugendhilfe bereitgestellte erzieherische Alternative (s. Erlaß des Justizministeriums, des Ministeriums für Arbeit, Gesundheit und Soziales und des Innenministeriums in Nordrhein-Westfalen vom 3.5.1995, JMBl. NW 1995, 133). Anknüpfend an die Zuständigkeitsregelung gem. §§ 38 Abs. 3, 72 a sollte daher die Jugendgerichtshilfe herangezogen werden, die allerdings nicht mit Zwang vorgehen darf. Der Hinweis auf eine ansonsten drohende U-Haft sollte regelmäßig genügen. **11**

Die Kosten der vorläufigen Maßnahmen sind Kosten des Verfahrens gem. § 74, die zunächst von der Justiz zu tragen sind (s. Nr. 9011 Anlage 1 zu § 11 Abs. 1 GKG; *OLG Dresden* DVJJ-Journal 1998, 278; Ziff. 8 des Runderlasses des Hessischen Justizministers vom 13.4.1993, JMBl. S. 418; Erlaß des Justizministers und der Ministerin für Bildung, Wissenschaft, Jugend und Kultur in Schleswig-Holstein vom 15.8.1989, V 250/4210 – 64 SH; Ziff. 9 der gemeinsamen Konzeption der zuständigen Ministerien in Nordrhein-Westfalen vom 3.5.1995, JMBl. NW 1995, 134). Nach *OLG Frankfurt* (NStZ-RR 1996, 183) sowie nach *OLG Jena* (NStZ-RR 1997, 320; nachfolgend *Eisenberg* § 71 Rn. 19; *Diemer* in *D/S/S* § 71 Rn. 20) soll die justitielle Kostentragungspflicht entfallen, wenn im Rahmen eines U-Haftverschonungsbeschlusses die Anweisung gegeben wird, sich in einem Heim der Jugendhilfe aufzuhalten. Die Begründung erscheint formal und inhaltlich nicht überzeugend. Die Gerichte räumen selbst ein, daß diese Anweisungen »einen faktischen Zwang zur Befolgung auf den Jugendlichen ausüben«. Dies sollte entscheidend sein, zumal unter ökonomischen Gesichtspunkten mit der U-Haftverschonung die Justiz entlastet wird. Es spricht nichts dagegen, in der Anweisung im Rahmen der U-Haftverschonung zugleich eine Unterbringungsanordnung i. S. des § 71 Abs. 2 zu sehen. Zur Vermeidung von Rechtsstreitigkeiten wird allerdings ein entsprechender Hinweis im U-Haftverschonungsbeschluß empfohlen. **12**

V. Rechtsmittel

Gegen die Anordnung ist das Rechtsmittel der Beschwerde (§ 304 StPO) gegeben. Die allgemeine Rechtsmittelbeschränkung des § 55 Abs. 1 gilt auch für die freiheitsbeschränkenden Maßnahmen gem. Abs. 1 (h. M.). Bei einer Unterbringung in einem Erziehungsheim ist auch die weitere Beschwerde entsprechend § 310 Abs. 1 StPO möglich (s. *OLG Hamburg* **13**

NJW 1963, 1167). Da die §§ 121 ff. StPO von der Verweisung ausgenommen sind, muß eine entsprechende Prüfung durch das OLG nach geltendem Recht ausscheiden (s. *OLG Celle* NJW 1965, 2069; *Brunner/Dölling* § 71 Rn. 9 b; Bedenken bei *Eisenberg* § 71 Rn. 16 und *Nothacker* S. 329). Dieser gesetzliche Ausschluß gilt aber dann nicht mehr, wenn eine Anordnung zu einer geschlossenen Heimunterbringung in eine U-Haft umgewandelt wird. Hier ist nach dem Sinn des Gesetzes (Schutz vor einem unverhältnismäßigen vorläufigen Freiheitsentzug) § 121 StPO anzuwenden (wie hier *Paeffgen* NStZ 1991, 424; offen *OLG Celle* NJW 1965, 2069; a. M. *Brunner/Dölling* § 71 Rn. 9 b; *Eisenberg* § 71 Rn. 16; *KG* JR 1990, 216, sofern die einstweilige Unterbringung in einem Erziehungsheim gem. § 71 Abs. 2 angeordnet worden war).

§ 72. Untersuchungshaft

(1) Untersuchungshaft darf nur verhängt und vollstreckt werden, wenn ihr Zweck nicht durch eine vorläufige Anordnung über die Erziehung oder durch andere Maßnahmen erreicht werden kann. Bei der Prüfung der Verhältnismäßigkeit (§ 112 Abs. 1 Satz 2 der Strafprozeßordnung) sind auch die besonderen Belastungen des Vollzuges für Jugendliche zu berücksichtigen. Wird Untersuchungshaft verhängt, so sind im Haftbefehl die Gründe anzuführen, aus denen sich ergibt, daß andere Maßnahmen, insbesondere die einstweilige Unterbringung in einem Heim der Jugendhilfe, nicht ausreichen und die Untersuchungshaft nicht unverhältnismäßig ist.

(2) Solange der Jugendliche das 16. Lebensjahr noch nicht vollendet hat, ist die Verhängung von Untersuchungshaft wegen Fluchtgefahr nur zulässig, wenn er

1. sich dem Verfahren bereits entzogen hatte oder Anstalten zur Flucht getroffen hat oder
2. im Geltungsbereich dieses Gesetzes keinen festen Wohnsitz oder Aufenthalt hat.

(3) Über die Vollstreckung eines Haftbefehls und über die Maßnahmen zur Abwendung seiner Vollstreckung entscheidet der Richter, der den Haftbefehl erlassen hat, in dringenden Fällen der Jugendrichter, in dessen Bezirk die Untersuchungshaft vollzogen werden müßte.

(4) Unter denselben Voraussetzungen, unter denen ein Haftbefehl erlassen werden kann, kann auch die einstweilige Unterbringung in einem Heim der Jugendhilfe (§ 71 Abs. 2) angeordnet werden. In diesem Falle kann der Richter den Unterbringungsbefehl nachträglich durch einen Haftbefehl ersetzen, wenn sich dies als notwendig erweist.

(5) Befindet sich ein Jugendlicher in Untersuchungshaft, so ist das Verfahren mit besonderer Beschleunigung durchzuführen.

(6) Die richterlichen Entscheidungen, welche die Untersuchungshaft betreffen, kann der zuständige Richter aus wichtigen Gründen sämtlich oder zum Teil einem anderen Jugendrichter übertragen.

Literatur

Abenhausen Statistische und empirische Untersuchungen zur Untersuchungshaft, in: Reform der Untersuchungshaft, Schriftenreihe des Bundeszusammenschlusses für Straffälligenhilfe, Heft 31 [1983], 99; *Arbeitskreis Strafprozeßreform (Amelung, Bemmann, Grünwald, Hassemer, Krauß, Lüderssen, Naucke, Rudolphi, Schubarth, Welp)* Die Untersuchungshaft, 1983; *Fachausschuß I »Strafrecht und Strafvollzug des Bundeszusammenschlusses für Straffälligenhilfe«* Reform der Untersuchungshaft, 1983 (Schriftenreihe Heft 31); *Eisenberg/Tóth* Über Verhängung und Vollzug von Untersuchungshaft bei Jugendlichen und Heranwachsenden, GA 1993, 293; *Gebauer* Die Rechtswirklichkeit der Untersuchungshaft in der Bundesrepublik Deutschland, 1987;

§ 72

Kallien Untersuchungshaft an jungen Gefangenen und die Grenzen ihrer erzieherischen Ausgestaltung, KrimJ 1980, 116; *Krause* Anordnung und Vollzug der Untersuchungshaft bei Jugendlichen, 1971; *Kreuzer* Untersuchungshaft bei Jugendlichen und Heranwachsenden, RdJB 1978, 337; *Pfeiffer* Die Anordnung von Untersuchungshaft gegenüber 14-/15-jährigen bzw. 14-21-jährigen in den 93 Landgerichtsbezirken der Bundesrepublik Deutschland (Kurzfassung des ersten Teils einer Expertise zum 8. Jugendbericht), hrsg. vom Kriminologischen Forschungsinstitut Niedersachsen, 1988; *Schulz* Untersuchungshaft – Erziehungsmaßnahme und vorweggenommene Jugendstrafe?, in: Die Jugendrichterlichen Entscheidungen – Anspruch und Wirklichkeit, DVJJ 12 [1981], 399; *Seiser* Untersuchungshaft als Erziehungshaft im Jugendstrafrecht? Eine strafrechtsdogmatische Analyse unter Berücksichtigung pädagogischer und psychologischer Bezüge, 1987; *Severin* §§ 71/72 JGG: Formen der Heimerziehung als Alternative, in: Jugendgerichtsverfahren und Kriminalprävention, DVJJ 13 [1984], 247; *Walter* Untersuchungshaft und Erziehung bei jungen Gefangenen, MschrKrim 1978, 337; *Weber* Geschlossene Unterbringung im Jugendstrafverfahren, RdJB 1999, 305; *Zirbeck* Die Untersuchungshaft bei Jugendlichen und Heranwachsenden, 1973.

Inhaltsübersicht Rn.
  I. Anwendungsbereich 1
 II. Materielle Voraussetzungen
    1. Dringender Tatverdacht 2
    2. Haftgründe
      a) Gesetzliche Haftgründe 3
      b) Verdeckte Haftgründe 4
    3. Verhältnismäßigkeit 5
      a) Notwendigkeit 6
      b) Geeignetheit 7
      c) Angemessenheit 8
    4. Ermessen 9
 III. Verfahren 10
    1. Zuständigkeit 11
    2. Informationspflichten 13
 IV. Rechtsmittel 14

I. Anwendungsbereich

1 § 72 gilt für Jugendliche, auch im Verfahren vor den für allgemeine Strafsachen zuständigen Gerichten (§ 104 Abs. 1 Nr. 5). Wenn es in der RL zu § 104 heißt, daß die Anwendung des § 72 Abs. 4 im Ermessen des Richters steht, so wird die Ermessensentscheidung gem. § 104 Abs. 2 (Anwendung überhaupt) mit der inhaltlichen Ermessensprüfung gem. § 72 Abs. 4 verwechselt (im Ergebnis ebenso *Eisenberg* § 72 Rn. 1; s. auch § 104 Rn. 10). Für Heranwachsende findet § 72 unmittelbar keine Anwendung (§ 109 Abs. 1); zur grundsätzlichen Bedeutung s. Rn. 5 bis Rn. 8.

II. Materielle Voraussetzungen

1. Dringender Tatverdacht

§ 72 nimmt hinsichtlich der materiellen Voraussetzungen Bezug auf die §§ 112, 112 a StPO (zu § 113 StPO s. Rn. 5). Insoweit ist zunächst ein dringender Tatverdacht erforderlich (§ 112 Abs. 1 S. 1 StPO). Dies ist der **stärkste Verdachtsgrad** im Ermittlungsverfahren, der die täterschaftlichen Strafbarkeitsvoraussetzungen mit einschließt. Bei Jugendlichen ist deshalb **auch § 3 zu prüfen**.

2

2. Haftgründe

a) Gesetzliche Haftgründe

Es gelten weiterhin die Haftgründe aus dem Erwachsenenstrafrecht: Flucht (§ 112 Abs. 2 Nr. 1 StPO), Fluchtgefahr (§ 112 Abs. 2 Nr. 2 StPO), Verdunkelungsgefahr (§ 112 Abs. 2 Nr. 3 StPO), Wiederholungsgefahr (§ 112 a StPO), wobei im Fall des § 112 Abs. 3 StPO ein solcher Haftgrund nicht durch bestimmte Tatsachen nachgewiesen sein muß. Zwischen § 71 Abs. 2 (s. § 71 Rn. 3) und dem Haftgrund der Wiederholungsgefahr (§ 112 a StPO; zur restriktiven Normanwendung bei wiederholten Einbruchsdiebstählen s. *OLG Frankfurt* StV 2000, 209) besteht ein Konkurrenzverhältnis. Dieses ist dahin aufzulösen, daß die weniger einschneidende Reaktion gem. § 71 Abs. 2 zu wählen ist, wenn hiermit der Wiederholungsgefahr adäquat begegnet werden kann (weitergehend *Weber* RdJB 1999, 311, der ein Ausschlußverhältnis zugunsten des § 71 Abs. 2 begründet). In der Praxis ist die **Flucht bzw. die Fluchtgefahr** der **häufigste Haftgrund** (im Jahre 1997 machte er 96 % der Haftgründe bei Erwachsenen und Jugendlichen zusammen aus, s. Strafverfolgungsstatistik 1997; *Jehle* hat für Jugendliche und Heranwachsende im Jahr 1991 eine Quote von 95,5 % errechnet [in: Entwicklung der Untersuchungshaft bei Jugendlichen und Heranwachsenden vor und nach der Wiedervereinigung, hrsg. v. Bundesministerium der Justiz, 1995, S. 70]). Es gilt, die Anwender des Jugendstrafrechts wieder mehr auf die gesetzlichen Haftgründe zu verpflichten. Der bei Erwachsenen häufig gezogene Rückschluß »kein fester Wohnsitz = Fluchtgefahr« ist bei Jugendlichen zusätzlich verwehrt. Rechtlich besteht ein Wohnanspruch bei den Erziehungsberechtigten, praktisch bestehen wenn nicht zur Familie, so doch zum sozialen Umfeld regelmäßig starke Bindungen. Da auch die Sanktionserwartung aufgrund der im Jugendgerichtsverfahren mit Ausnahme des § 17 Abs. 2 allein maßgeblichen Individualprävention ungewisser ist als im Erwachsenenstrafverfahren, kann ebenfalls nicht aus der Höhe der zu erwartenden Strafe eine Fluchtgefahr konstruiert werden (umformuliert als Haftgrund bei »nicht auszuschließendem Fluchtverdacht«, s. *OLG Hamm* NJW 1966, 2075), ganz abgesehen davon, daß jugendliche Ersttäter erfahrungsgemäß

3

immer eine hohe Strafe befürchten, wenn sie erwischt worden sind. Zu beachten ist weiter die häufig anzutreffende Behörden-, speziell Justizangst (s. auch *Eisenberg* § 72 Rn. 6 a); diese kann zwar zu einem »Untertauchen« am Ort führen, bedeutet regelmäßig keine Unerreichbarkeit durch Nachforschungen im jugendlichen Milieu. Hierbei sind auch die fehlenden faktischen, insbesondere finanziellen Möglichkeiten zur Flucht zu bedenken (s. *Walter* MschrKrim 1978, 344). In diesem Zusammenhang kommt der Jugendgerichtshilfe als Haftentscheidungshilfe eine wichtige Vermittlungsfunktion zu (s. *Fachausschuß I »Strafrecht und Strafvollzug«* in: Reform der U-Haft, S. 33; s. auch Rn. 13). Einen besonderen Anstoß zur Einhaltung der gesetzlichen Haftgründe bei den 14- und 15-jährigen hat der Gesetzgeber mit § 72 Abs. 2 i. d. F. des 1. JGGÄndG gegeben. Jeder Haftbefehl muß sich mit den dort konkretisierten Anforderungen für die Annahme einer Fluchtgefahr auseinandersetzen; dies gilt insbesondere für die Inhaftierungen von »herumstreunenden« Jugendlichen. Solange der/die Jugendliche nicht bei seinen/ihren Eltern oder aus einer anderen Wohnung ausgezogen ist, hat er/sie noch einen festen Wohnsitz; allein ein nächtliches Herumtreiben reicht nicht aus, um die Verfahrenssicherung »Freiheitsentzug« anzuordnen (wie hier für eine restriktive Auslegung des Begriffs der Fluchtgefahr bei jugendlichen Beschuldigten *OLG Hamm* StV 1996, 275). Der Wortlaut des § 72 Abs. 2 entspricht hierbei dem § 113 Abs. 2 Nr. 1 und 2 StPO, der für den Bereich der Bagatellkriminalität Untersuchungshaft wegen Fluchtgefahr ebenfalls nur in eingeschränktem Umfang zuläßt. Die Ernsthaftigkeit dieser gesetzgeberischen Absicht, 14- und 15-jährige möglichst von der Untersuchungshaft zu verschonen, steht aber in Abhängigkeit von konkreten Angeboten für alternative Unterbringungs- bzw. Hilfemöglichkeiten.

b) Verdeckte Haftgründe

4 Die Praxis muß vor dem Hintergrund beurteilt werden, daß die Vollstreckungsquote, d. h. der Anteil vollstreckbaren Jugendstrafen bei vorheriger U-Haft, im Durchschnitt deutlich unter 40 % liegt (s. Grdl. zu den §§ 71-73 Rn. 6); dem entspricht in etwa der Anteil der Untersuchungsgefangenen an der Gesamtpopulation der Jugendstrafanstalten (s. Grdl. zu den §§ 71-73 Rn. 5). Hierbei zeigt sich, daß die Dauer der U-Haft korreliert mit der Haftwiederholung (s. *Kallien* KrimJ 1980, 119). Vermutungen (*Kreuzer* RdJB 1978, 342, 345; *Walter* MschrKrim 1978, 343; *Schulz* S. 402; zum notwendigen Eingreifen der Verteidigung s. *Zieger* Verteidigung in Jugendstrafsachen, 3. Aufl., Rn. 186), daß weitere ungesetzliche Haftgründe zu den gesetzlichen hinzukommen, von diesen verdeckt werden, gewinnen so Plausibilität: Neben einem miteinkalkulierten »Geständniszwang« (s. hierzu *Seebode* Der Vollzug der Untersuchungshaft, 1985, S. 65 ff.) soll einmal bei der Ersthaft ein erzieherischer Schock ein-

setzen, die Strafe der Tat auf dem Fuße folgen – wohlfeil umschrieben als »stationäre Krisenintervention« –, ein andermal – bei Haftwiederholung – soll die sofortige stationäre »Behandlung« einsetzen, wobei die Zeit auch zur Klärung über die weitere Sanktionierung genutzt werden soll (s. *Walter* MschrKrim 1978, 342; *Abenhausen* in: Reform der Untersuchungshaft, S. 169; so auch die Befragung von 14 Jugendrichtern, durch *Pfeiffer* wiedergegeben bei *Schulz* S. 402 ff.). Man muß feststellen, daß das Schlagwort des Erziehungsstrafrechts zu einer Freiheitseinschränkung führt, wobei die Einlassung, bei der späteren Verurteilung könne nur so eine Bewährung herauskommen (so die Zielsetzung eines Freiburger Modells, s. *Blumenberg* ZfStrVo 1978, 139 ff.; zum Ausbleiben eines individualpräventiven Erfolgs s. *Kury* ZStW 93 [1981], 319 ff.; s. auch *Böhm* Einführung in das Jugendstrafrecht, S. 107; *Eisenberg* § 72 Rn. 9), nur den Charakter der Verdachtsstrafe deutlich macht (**Vorbeugehaft**). Die Untersuchungshaft darf nicht als präventive Sanktion genutzt werden (s. auch *Seiser* Untersuchungshaft als Erziehungshaft im Jugendstrafrecht?, 1987, S. 348). Der vorgegebene Haftgrund der Fluchtgefahr ist somit häufig nicht real, verdeckt wird der hier ungesetzliche Haftgrund der Wiederholungsgefahr (s. auch *Potrykus* § 72 Anm. 4), dem der Riegel der U-Haft vorgeschoben werden soll (s. auch *Dünkel* in: Jugendstrafe und Jugendstrafvollzug, Tbd. 1, hrsg. von *Dünkel/Meyer*, 1985, S. 163). Zum Teil wird hierbei nicht einmal der Einzelfall gewürdigt, so als nach Krawallen in Nürnberg im Frühjahr 1981 141 zumeist Jugendliche und Heranwachsende mit derselben pauschalen Begründung in U-Haft wegen Flucht und Verdunklungsgefahr genommen wurden.

Neben diesem Gesetzesverstoß (s. auch *Kreuzer* RdJB 1978, 345: »praeter oder contra legem«; a. M. *Walter* MschrKrim 1978, 344; s. auch *Schulz* S. 412) wird damit das Verbot einer Jugendstrafe unter einem halben Jahr (§ 18 Abs. 1) umgangen. Hierbei wird das gesetzwidrige Ziel der sofortigen Erziehungsstrafe in der Praxis nicht erreicht (s. § 93 Rn. 9); im Gegenteil: Nach einer Untersuchung konnten ca. 50 % derjenigen U-Häftlinge, die zur Tatzeit noch in einem festen Ausbildungs- oder Arbeitsverhältnis standen, nicht an ihre alte Stelle zurückkehren (s. *Spieß* in: Prävention abweichenden Verhaltens – Maßnahmen der Vorbeugung und Nachbetreuung, hrsg. von *Kury*, 1982, S. 591).

Besondere Bedeutung hat diese rechtswidrige Praxis der U-Haft als erzieherische Maßnahme bei Drogenabhängigen. Mit der U-Haft soll eine Therapie-Motivation erreicht werden, die entscheidend für die Aussetzung der Jugendstrafe zur Bewährung ist. Da Therapie-Plätze Mangelware darstellen, ist auch eine bewußte Ausdehnung der U-Haft zu befürchten, bis ein Therapie-Platz zur Verfügung steht (so bereits *Eisenberg* § 93 Rn. 23), zumal subsidiäre Maßnahmen gem. § 71 Abs. 1 und Abs. 2 hier als ungeeignet angesehen werden (*Brunner* Zbl 1971, 244).

3. Verhältnismäßigkeit

5 Das Verhältnismäßigkeitsprinzip als Ausfluß des Rechtsstaatsprinzips (Art. 20 Abs. 3 GG) hat bereits für die Anordnung im Erwachsenenstrafrecht Geltung (§ 112 Abs. 1 S. 2 StPO; s. auch *Kleinknecht/Meyer-Goßner* § 112 StPO Rn. 8), ist im § 113 StPO und durch § 116 StPO für den Vollzug nochmals konkretisiert. Das heißt, die U-Haft muß notwendig, geeignet und angemessen im Hinblick auf ihr Ziel »Sicherung des Strafverfahrens und der Strafvollstreckung« sein. Die hierin begründete **Subsidiarität** wird mit § 72 Abs. 1 ausdrücklich betont. Das Verhältnismäßigkeitsprinzip verlangt besondere Beachtung, weil mit dem Freiheitsentzug durch die U-Haft die vorläufige Zwangsmaßnahme angeordnet wird, die am stärksten in die Rechte des Bürgers eingreift, und ebenso aufgrund der negativen Auswirkungen dieser Haft. Diese Beachtung ist insbesondere für die Untersuchungshaft von Jugendlichen geboten und muß im Haftbefehl zum Ausdruck gebracht werden (s. § 72 Abs. 1 S. 2, 3 n. F.). In der Begründung (BT-Drucks. 11/5829, S. 30) heißt es hierzu: »Diese Forderung des Gesetzes beruht in erster Linie auf erzieherischen Bedenken gegen die Verhängung und Vollstreckung von Untersuchungshaft wegen der negativen Folgen einer Inhaftierung. Gerade bei jugendlichen Gefangenen, die aufgrund ihrer noch in der Entwicklung begriffenen Persönlichkeit kaum in der Lage sind, die belastenden Situationen während der Untersuchungshaft, insbesondere die Trennung von der gewohnten sozialen Umwelt zu verarbeiten, werden die nachteiligen Folgen von Untersuchungshaft deutlich. Unter der räumlichen Unfreiheit leiden junge Menschen besonders stark, weil sie in eine Lebensphase fällt, die durch das Streben nach Entfaltung und Eigenständigkeit charakterisiert ist. Abgesehen von der Gefahr krimineller Ansteckung können die Folgen von Identitätsverlusten bis hin zu dauernden Störungen der seelischen Entwicklung reichen.«

a) Notwendigkeit

6 Notwendig ist die U-Haft trotz dringenden Tatverdachts und eines Haftgrundes dann nicht, wenn andere Maßnahmen, insbesondere eine vorläufige Anordnung über die Erziehung gem. § 71, möglich sind. Hier kommt neben dem Maßnahmenkatalog des § 116 Abs. 1 S. 2 StPO und der Unterbringung in einem – geeigneten – Heim der Jugendhilfe gem. § 72 Abs. 4 auch das ernsthafte Gespräch zwischen Angeklagtem(r) und Richter mit entsprechenden Zusagen des/der Angeklagten in Betracht. Insbesondere ist an die Weisung zu denken, sich in die Betreuungsobhut des Jugendamtes, einer ehrenamtlichen Hilfe oder einer privaten Vertrauensperson zu begeben. Wenn sich die fehlende Notwendigkeit der U-Haft während ihrer Dauer herausstellt, ist sie unverzüglich aufzuheben. Dies kann auch durch eine Einstellungsänderung in der Person des/der Angeklagten bedingt sein: Eine zunächst – real – bestehende Fluchtgefahr kann aufgrund der Erfahrung mit der Strenge der Justiz nach einigen Tagen ausgeräumt sein. Umgekehrt kann sich auch die Notwendigkeit eines Wechsels von der leichteren Maßnahme zur strengeren U-Haft ergeben (s. § 72 Abs. 4 S. 2); insoweit ist primär die Notwendigkeit entscheidend, über die der Richter seine Meinung ändern kann (a. M. *Potrykus* § 72 Anm. 4; Bedenken bei *Eisenberg* § 72 Rn. 3 b). Mit dem neuen § 72 Abs. 1 S. 3 wird der Haftrichter verpflichtet, bei Ausstellung eines Haftbefehls die Gründe anzugeben, weshalb andere Maßnahmen, insbesondere die einstweilige Unterbringung in einem Heim der Jugendhilfe, nicht ausreichen und warum die Untersuchungshaft nicht unverhältnismäßig ist. Formelhafte Wendungen, die keine Prüfung des Einzelfalls erkennen lassen, reichen nicht aus. Die Verwendung von Vordrucken, in denen die Haftgründe bereits eingetragen sind, sowie von Faksimiles ist mit dieser gesetzgeberischen Aufforderung nicht zu vereinbaren; ansonsten würde die Verpflichtung zur Eigenkontrolle umgangen und die Fremdkontrolle erschwert. Insbesondere müssen Alternativen zur Untersuchungshaft in Form von ambulanter Betreuung sowie in Form von betreuten Unterbringungen ausgeschöpft sein, die von freien und staatlichen Trägern angeboten werden (s. auch § 71 Rn. 7 a). Der Wortlaut des § 72 Abs. 4 geht zwar von einem Ermessen des Richters aus; im Hinblick auf das verfassungsrechtliche Gebot, unnötige Freiheitsentziehungen zu vermeiden, haben weniger eingriffsintensive Alternativen aber Vorrang (zum erfolgreichen Modellprojekt »Erziehungshilfe statt Untersuchungshaft« im Heinrich-Wetzlar-Haus des Landesjugendheims Schloß Stutensee s. den entsprechenden Schlußbericht des *Landeswohlfahrtsverbandes Baden, Wissenschaftliches Institut des Freiburger Jugendhilfswerks an der Universität Freiburg*, 1991).

b) **Geeignetheit**

Die – vordergründige – Geeignetheit der U-Haft, die Durchführung des Strafverfahrens sowie der Vollstreckung zu sichern, kann nicht geleugnet werden, wohl aber die hintergründige. Das Strafverfahren ist kein Selbstzweck, sondern hat neben der – generalpräventiven – Einlösung der gesetzlichen Strafandrohung vor allem individualpräventive Zielsetzungen. Wenn die negativen Folgen in der U-Haft (Entsozialisierung durch Verlust des Arbeitsplatzes, der Wohnung, durch Abbruch sozialer Beziehungen, häufig auch psychische Entwurzelung, kriminogene Auswirkungen) auch durch spätere positive Einwirkungen während eines Strafvollzuges nicht wieder ausgeglichen werden können, ist die U-Haft ungeeignet und damit unzulässig. Dies gilt insbesondere für 14- und 15jährige U-Gefangene, die auf diese Weise in ein kriminelles Milieu gezogen und als Kriminelle abgestempelt werden (s. hierzu *Albrecht/Schüler-Springorum* Jugendstrafe an Vierzehn- und Fünfzehnjährigen, 1983; zu der mit Rücksicht hierauf erhobenen rechtspolitischen Forderung, keine 14- und

7

15jährigen in Jugendstrafanstalten einzuweisen, s. Grdl. z. §§ 71-73 Rn. 8). Die Ungeeignetheit der U-Haft ist auch zu bejahen, wenn der/die Jugendliche sie physisch-psychisch nicht verkraften kann. Auch hieran wird man gerade bei Jugendlichen im Alter von 14 und 15 Jahren zu denken haben. Suizide sind nur der spektakulärste Ausdruck dieser Lebensnot (im Jahre 1982 begingen allein in den niedersächsischen Vollzugsanstalten fünf Jugendliche, hiervon zwei in Untersuchungshaft, Suizid; zu den unterschiedlichen Aussagen zur Suizidhäufigkeit in Justizvollzugsanstalten s. *Swientek* Autoaggressivität bei Gefangenen aus pädagogischer Sicht, 1982, S. 23; s. auch *OLG Hamm* JR 1991, 122 m. w. N.). Die generelle Straferwartung hat vor einer solchen individuellen Rücksichtnahme zurückzustehen, unabhängig von der Akzeptanz in der Bevölkerung zu einem hierdurch möglicherweise bedingten Strafverzicht.

c) **Angemessenheit**

8 Die U-Haft als solche und ihre Dauer müssen in einem angemessenen Verhältnis zu der erwarteten Strafe stehen, d. h., die Dauer der U-Haft darf zumindest nicht über der der erwarteten Strafe liegen. Wenn keine – unbedingte (!) – Jugendstrafe zu erwarten ist, scheidet U-Haft aus: Insoweit genügt die Vorführung bzw. der Haftbefehl für die Hauptverhandlung gem. § 230 Abs. 2 StPO (a. M. *Kleinknecht/Meyer-Goßner* § 112 StPO Rn. 11; wie hier *OLG Zweibrücken* sowie *LG Zweibrücken* StV 1999, 161; generell, d. h. auch für Erwachsene *Fachausschuß I »Strafrecht und Strafvollzug«* in: Reform der Untersuchungshaft, S. 14; ebenso *Arbeitskreis Strafprozeßreform* S. 61; *Kaiser* in: Festschrift zum 125jährigen Bestehen der Juristischen Gesellschaft zu Berlin, 1984, S. 313; unklar *Eisenberg/Tóth* GA 1993, 296 m. Fn. 16 a einerseits, andererseits 302 m. Fn. 42). Im § 71 Abs. 2 ist dieses Angemessenheitskriterium ausdrücklich genannt (s. § 71 Rn. 4). Die im Erwachsenenstrafrecht vorgenommene Gleichsetzung mit der Geldstrafe (§ 43 StGB) scheidet im Jugendstrafrecht auch theoretisch aus. Da die Prognose über die spätere Sanktion immer ungewiß ist, diese faktisch häufig umgekehrt durch die U-Haft bestimmt wird, und da die Vollstreckung der Jugendstrafe für den Rest zur Bewährung ausgesetzt werden kann (§ 88), was in der Praxis die Regel ist (s. Grdl. zu den §§ 88-89 a Rn. 4), sollte die U-Haft immer ein gutes Stück unter der prognostizierten Jugendstrafe bleiben. Insoweit ist die Praxis der Reststrafenbewährung in Rechnung zu stellen. Da Haftaufhebungen kein besonderes Verfahren voraussetzen, ist der **Weg der besonderen Beschleunigung** des Verfahrens (§ 72 Abs. 5) – z. B. durch Abtrennung des Verfahrens eines Mitbeschuldigten –, keine Alternative, um die Angemessenheit zu wahren; dies ist nur eine **zusätzliche Verpflichtung** (zur Aufhebung eines Haftbefehls wegen Verletzung des Beschleunigungsgrundsatzes *OLG Hamburg* StV 1983, 289).

4. Ermessen

Letztlich steht die Entscheidung im richterlichen Ermessen (»darf«), das sich aber bei Vorliegen der genannten Voraussetzungen zu einer Verpflichtung verdichtet (s. *Kleinknecht/Meyer-Goßner* § 112 StPO Rn. 1). 9

III. Verfahren

Hier gelten zunächst die Verfahrensvorschriften aus der StPO (§§ 114 ff. StPO). Insbesondere gilt auch hier das Beschleunigungsgebot: Haftsachen haben – auch im Jugendstrafrecht – Vorrang (s. *OLG Köln* MDR 1996, 1284). 10

1. Zuständigkeit

Zuständig für den Erlaß ist der örtlich zuständige Jugendrichter (§§ 34, 42), der auch über die Vollstreckung und über die Maßnahmen zur Abwendung der Vollstreckung zu entscheiden hat mit Ausnahme dringender Fälle, in denen der Jugendrichter zuständig ist, in dessen Bezirk die Untersuchungshaft vollzogen werden müßte (§ 72 Abs. 3). Nach Erhebung der Klage ist das mit der Sache befaßte Jugendgericht zuständig (§ 126 Abs. 1 S. 1 StPO). 11

Nach § 72 Abs. 6 kann die Entscheidungskompetenz übertragen werden; in Betracht kommt hier der Jugendrichter des Haftortes. Ein besonderes Verfahren (Antrag) ist nicht erforderlich. Die Übertragung soll nach der gesetzlichen Formulierung (»aus wichtigen Gründen«) die Ausnahme sein. Wenn aber die U-Haft überwiegend zentral vollzogen wird, ist aus Gründen der Verfahrensbeschleunigung hiervon regelmäßig Gebrauch zu machen. Entsprechend der gesetzlichen Formulierung (»kann ...übertragen«) hat der zuständige Richter die Übertragungskompetenz, an die der angewiesene Richter gebunden ist (ebenso für § 126 Abs. 1 S. 3 StPO *OLG Hamm* JMBl. NW 1966, 606; *Kleinknecht/Meyer-Goßner* § 126 StPO Rn. 3; a. M. *OLG Hamm* JMBl. NW 1961, 224; *Brunner/Dölling* § 72 Rn. 11 mit Fn. 1; *Eisenberg* § 72 Rn. 14). Die Gegenmeinung kann nicht überzeugen: Auf § 42 Abs. 3 S. 2 wird hier eben nicht verwiesen; die Frage, ob die besonderen Voraussetzungen vorliegen, kann nur von seiten des/der U-Gefangenen mit der Beschwerde (§ 304 StPO) geprüft werden, um einen zeitraubenden Zuständigkeitsstreit zu vermeiden. 12

2. Informationspflichten

Von der Verhaftung sind über § 114 b StPO hinaus die Erziehungsberechtigten und die gesetzlichen Vertreter zu benachrichtigen: Diese haben ein Recht, bei der richterlichen Vernehmung gem. § 115 StPO und der 13

Haftprüfung (§ 117 StPO) anwesend zu sein (§ 67 Abs. 1). Dies gilt – natürlich – auch für den Verteidiger (§ 168 c Abs. 1, Abs. 5 StPO). Spätestens zu diesem Zeitpunkt ist auch die Jugendgerichtshilfe als Haftentscheidungshilfe einzuschalten (s. jetzt § 72 a).

IV. Rechtsmittel

14 Der/die Angeklagte hat neben den Erziehungsberechtigten und den gesetzlichen Vertretern (§ 67 Abs. 1, §§ 118 b, 298 StPO) das Recht auf – mündliche – Haftprüfung (§§ 117, 118 StPO) oder die Beschwerdemöglichkeit (§ 304 StPO). Da die Beschwerde immer mit einer Aktenversendung verbunden ist, ist sie zeitaufwendig. Verkürzt werden kann der Anhörungsweg der StA (§§ 308, 309 StPO), wenn die Akten doppelt geführt werden und das Duplikat an die Staatsanwaltschaft geschickt wird. Die Ausschlußwirkung des § 117 Abs. 2 StPO für die Beschwerde neben einer Haftprüfung ist zu beachten. Es gilt auch hier die Haftprüfung durch das OLG bei einer U-Haft über sechs Monate hinaus (§§ 121, 122, 122 a StPO). Hierbei wird die Zeit einer zwischenzeitlichen Unterbringung (§ 73, § 81 StPO) mit eingerechnet; dies gilt auch für die Unterbringung in einem Erziehungsheim gem. § 72 Abs. 4, da hier Freiheitsentzug als Alternative zur U-Haft angeordnet wird (*OLG Dresden* JR 1994, 377, sofern § 72 Abs. 4 S. 2 angewendet wird, m. abl. Anm. v. *Brunner*; *Kleinknecht/Meyer-Goßner* § 121 StPO Rn. 6 a; *Paeffgen* NStZ 1996, 74; zur Unterbringung gem. § 71 Abs. 2 s. § 71 Rn. 11). Die Dauer der U-Haft kann auch gem. Art. 5 Abs. 2, Art. 25 MRK durch die Europäische Kommission für Menschenrechte geprüft werden (zur Praxis s. *Vogler* in: Die Untersuchungshaft im deutschen, ausländischen und internationalen Recht, hrsg. von *Jescheck/Krümpelmann*, 1971, S. 783).

15 Die Strafverteidigung hat die ungesetzlichen Intentionen der U-Haftpraxis (s. Rn. 4) mit in Rechnung zu stellen. So kann eine **Absprache** mit dem entscheidenden Richter für eine Jugendstrafe zur Bewährung nach »Verbüßung« einer U-Haft, nicht eine bloße Erwartung (so *Kahlert* Verteidigung in Jugendstrafsachen, 2. Aufl., S. 54), dazu führen, auf ein erfolgversprechendes Rechtsmittel zu verzichten. Der Verteidiger hat allein die Interessen seines Mandanten zu wahren, nicht auf die Ordnungsgemäßheit des Verfahrens im Interesse des Gesetzes zu achten (s. § 68 Rn. 3). Hierbei darf aber ein ansonsten verhängter Arrest wegen der geringeren Freiheitseinbuße nicht durch eine U-Haft abgewendet werden (a. M. *Kahlert* a. a. O., S. 54). Auch kann der Verteidiger in Abstimmung mit dem/der Angeklagten aus taktischen Gründen wegen der Dauer des Rechtsmittelverfahrens auf eine Überprüfung der Angemessenheit verzichten; mit einer besonderen Beschleunigung wird er jedoch mit Rücksicht auf die verdeck-

ten Haftgründe und der in der Praxis routinemäßigen Erledigung des Arbeitsanfalls nicht rechnen können (a. M. *Kahlert* a. a. O., S. 53).

§ 72 a. Heranziehung der Jugendgerichtshilfe in Haftsachen

Die Jugendgerichtshilfe ist unverzüglich von der Vollstreckung eines Haftbefehls zu unterrichten; ihr soll bereits der Erlaß eines Haftbefehls mitgeteilt werden. Von der vorläufigen Festnahme eines Jugendlichen ist die Jugendgerichtshilfe zu unterrichten, wenn nach dem Stand der Ermittlungen zu erwarten ist, daß der Jugendliche gemäß § 128 der Strafprozeßordnung dem Richter vorgeführt wird.

Literatur

Beckmann Einige Anmerkungen der Haftentscheidungshilfe für Erwachsene in Hamburg, in: Vermeidung und Reduzierung von Untersuchungshaft, hrsg. von *Cornel*, 1987, S. 35; *Bindel-Kögel/Heßler* Vermeidung von U-Haft in Berlin, DVJJ-Journal 1999, 289; *Cornel* Die Praxis der Verhängung von Untersuchungshaft und Möglichkeiten, sie durch das Angebot sozialpädagogischer ambulanter Hilfen zu vermeiden oder zu reduzieren, MschrKrim 1987, 65; *Hochgesand/Grabenhorst* Parerga zur U-Haft-Vermeidung, DVJJ-Journal Nr. 132, 1990, S. 42; *Plemper* Wem nützt die Haftentscheidungshilfe? Analyse eines Zielfindungsprozesses in einem Modell, KrimJ 1979, 282.

Inhaltsübersicht

	Rn.
I. Anwendungsbereich	1
II. Ziel der Heranziehung der Jugendgerichtshilfe in Haftsachen	2
III. Sachliche und örtliche Zuständigkeit einer Haftentscheidungs- und Haftverkürzungshilfe	4
IV. Zeitpunkt der Unterrichtung	6
V. Zuständigkeit für die Information der Haftentscheidungs- und Haftverkürzungshilfe	7

I. Anwendungsbereich

1 Die Bestimmung des § 72 a ist weder im § 109 – Verfahren gegen Heranwachsende – noch im § 104 – Verfahren gegen Jugendliche vor den für allgemeine Strafsachen zuständigen Gerichten – aufgeführt. Offensichtlich handelt es sich hierbei aber um ein redaktionelles Versehen des Gesetzgebers, da § 72 a erst im Zuge der Gesetzesberatung als selbständige Norm eingeführt wurde (s. Stellungnahme des Bundesrates, BT-Drucks. 11/5829, S. 44; ebenso *Laubenthal* Jugendgerichtshilfe im Strafverfahren, 1993, S. 153). Für die Anwendung auf Heranwachsende sowie in Verfahren gegen Jugendliche vor den Erwachsenengerichten sprechen die grundsätzlichen Überlegungen zu der Einführung einer Haftentscheidungs- und Haftverkürzungshilfe; hinzu kommt, daß in § 38 Abs. 2, S. 3 und 4 n. F.

die Mitwirkung der JGH in Haftsachen ausdrücklich gefordert wird und daß § 38 für Heranwachsende gilt (s. § 107); schließlich würde bei einer Einführung einer mancherorts geplanten Haftentscheidungshilfe in Erwachsenenstrafsachen die Gruppe der Heranwachsenden außen vor bleiben.

II. Ziel der Heranziehung der Jugendgerichtshilfe in Haftsachen

Das Ziel der Heranziehung der Jugendgerichtshilfe in Haftsachen ist ein zweifaches: Einmal sollen die Entscheidungsgrundlagen für die Anordnung einer Untersuchungshaft verbessert werden, insbesondere sollen die Gründe für die Annahme einer Fluchtgefahr überprüft werden. Hierbei sind die persönlichen und sozialen Lebensbedingungen des/der Beschuldigten zu erkunden. Zum anderen sind Haftalternativen i. S. des § 72 Abs. 4 zu prüfen und den Entscheidungspersonen mitzuteilen, um eine Untersuchungshaft möglichst zu vermeiden oder zu verkürzen.

In der Praxis sind in verschiedenen Städten mit der Einführung einer Haftentscheidungs- und Haftverkürzungshilfe gute Erfahrungen gesammelt worden, so in dem 1977 gestarteten Modellprojekt in Hamburg, so in dem 1982 von der Sozialberatung Stuttgart initiierten Projekt für Jugendliche und Heranwachsende, so in von der Jugendgerichtshilfe beim Stadtjugendamt Aachen sowie vom Verein zur Förderung von Jugendwohnmodellen in Frankfurt betriebenen Projekten (s. hierzu im einzelnen *Dünkel* Freiheitsentzug für junge Rechtsbrecher, 1990, S. 390 ff.). Dementsprechend lautet auch eine Empfehlung der Konferenz der Justizminister und Justizsenatoren vom 20./22. Sept. 1988, deren Beschlußfassung sich auf einen Bericht einer ad-hoc-Kommission stützt (Diversion). Zur Vereinbarung und zu Standards der einstweiligen Unterbringung von U-Haft in Berlin s. *Bindel-Kögel/Heßler* DVJJ-Journal 1999, 289.

III. Sachliche und örtliche Zuständigkeit einer Haftentscheidungs- und Haftverkürzungshilfe

Sachlich ist die Jugendgerichtshilfe zuständig. Da diese gem. § 38 Abs. 1 im Zusammenwirken mit den Vereinigungen für Jugendhilfe ausgeübt wird, können in Absprache auch freie Träger eingesetzt werden. Da nicht selten Probanden der Bewährungshilfe wiederum verhaftet werden, ist auch die Bewährungshilfe mit einzubeziehen (s. auch § 38 Abs. 2 S. 6). Im Wege der Amtshilfe kann der Bewährungshilfe die Aufgabe auch überlassen werden (s. auch den Erlaß des Schleswig-Holst. Justizministers vom 6. 4. 1990 § 2 Abs. 3).

5 Die örtliche Zuständigkeit richtet sich nach § 87 b i. V. m. § 86 Abs. 1-4 KGHG, d. h., der gewöhnliche Aufenthaltsort der Eltern bzw. des Jugendlichen ist entscheidend.

5a Anfallende Kosten sind grundsätzlich von der Jugendgerichtshilfe zu tragen. Dies gilt nicht für Dolmetscherkosten, die grundsätzlich von der Staats-(Justiz-)kasse zu übernehmen sind (s. hierzu § 68 Rn.19; zu den Kosten einer Heimeinweisung im Rahmen einer U-Haftverschonung s. § 71 Rn. 12).

IV. Zeitpunkt der Unterrichtung

6 Der letzte Zeitpunkt der Unterrichtung ist die Vollstreckung des Haftbefehls (s. § 72 a S. 1); bereits der Erlaß eines Haftbefehls soll aber der Jugendgerichtshilfe mitgeteilt werden. Darüber hinaus ist im Falle einer vorläufigen Festnahme die Jugendgerichtshilfe zu informieren, wenn ein Haftbefehl zu erwarten ist (s. § 72 a S. 2). Die frühestmögliche Information ist notwendig, um noch rechtzeitig Informationen zu sammeln bzw. um noch rechtzeitig Alternativen anbieten zu können; andererseits darf nicht vorschnell informiert werden, d. h., die Information hat erst dann zu erfolgen, wenn die Haftgründe geprüft wurden und ein Haftbefehlsantrag geplant ist (s. Ministerielles Rundschreiben in Rheinland-Pfalz »Haftentscheidungshilfe bei Jugendlichen« vom 1.7.1997, Nr. 2. 1.: »Die Polizei klärt so früh wie möglich mit der Staatsanwaltschaft ab, ob eine Vorführung zur Entscheidung über den Erlaß eines Haftbefehls zu erwarten ist. Ist dies der Fall, informiert sie unverzüglich das Jugendamt, das eine ständige Erreichbarkeit sicherstellt«, DVJJ-Journal 1997, 432). Im Fall einer Verdunklungsgefahr muß die Jugendgerichtshilfe entsprechend informiert werden, damit sie mit ihren Erkundigungen nicht die Ermittlungen stört, ggf. im Fall einer Fahndung nicht den/die Beschuldigte(n) warnt.

V. Zuständigkeit für die Information der Haftentscheidungs- und Haftverkürzungshilfe

7 Im Gesetz ist nicht geregelt, wer die Jugendgerichtshilfe zu unterrichten hat. Von der Sache her trifft diese Verpflichtung im Falle des Erlasses eines Haftbefehls bzw. seiner Vollstreckung den Haftrichter; sofern die Staatsanwaltschaft beabsichtigt, einen Haftbefehlsantrag zu stellen, hat sie die Jugendgerichtshilfe zu informieren. Nur in Absprache mit ihr sollte dies auch die Polizei tun, um nicht unbegründet die Jugendgerichtshilfe in »Alarm zu setzen« und um stigmatisierende Folgen aufgrund von Nachfragen zu vermeiden (kritisch zu einem anders strukturierten Frankfurter Projekt *Hochgesand/Grabenhorst* DVJJ-Journal Nr. 132/Sept. 1990, S. 42; anders auch das Berliner Modell gem. Vereinbarung über Grundsätze der

Unterbringung und des Unterbringungsverfahrens der Berliner Jugendhilfe gem. Jugendgerichtsgesetz Nr. 3.1, DVJJ-Journal 1999, 291). Die Staatsanwaltschaft hat die alleinige Antragskompetenz, damit auch die entscheidende Prüfungskompetenz, ob ein Haftbefehlsantrag zu erwarten ist. Voraussetzung für die Unterrichtung ist die jederzeitige Ansprechbarkeit, die organisatorisch zumindest über das Mobiltelefon sichergestellt sein muß (s. *Klier/Brehmer/Zinke* Jugendhilfe in Strafverfahren – Jugendgerichtshilfe, 1995, S. 93; in Berlin ist die Haftentscheidungshilfe der JGH am Bereitschaftsgericht eingerichtet, s. DVJJ-Journal 1999, 233).

§ 73. Unterbringung zur Beobachtung

(1) Zur Vorbereitung eines Gutachtens über den Entwicklungsstand des Beschuldigten kann der Richter nach Anhören eines Sachverständigen und des Verteidigers anordnen, daß der Beschuldigte in eine zur Untersuchung Jugendlicher geeignete Anstalt gebracht und dort beobachtet wird. Im vorbereitenden Verfahren entscheidet der Richter, der für die Eröffnung des Hauptverfahrens zuständig wäre.
(2) Gegen den Beschluß ist sofortige Beschwerde zulässig. Sie hat aufschiebende Wirkung.
(3) Die Verwahrung in der Anstalt darf die Dauer von sechs Wochen nicht überschreiten.

Inhaltsübersicht Rn.
- I. Anwendungsbereich — 1
- II. Materielle Voraussetzungen
    1. »Dringender Tatverdacht« — 2
    2. Ungeklärter Entwicklungsstand — 3
    3. Verhältnismäßigkeitsprinzip — 4
    4. Ermessen — 5
- III. Rechtsfolgen — 6
- IV. Verfahren
    1. Zuständigkeit — 7
    2. Form — 8
    3. Vollstreckung — 11
    4. Rechtsmittel — 12

I. Anwendungsbereich

1 § 73 gilt für Jugendliche und Heranwachsende (§ 109 Abs. 1), auch vor Gerichten, die für allgemeine Strafsachen zuständig sind (§§ 104 Abs. 1 Nr. 12, 112 S. 1).

II. Materielle Voraussetzungen

1. »Dringender Tatverdacht«

2 Obwohl im § 73 lediglich das Ziel »Gutachten über den Entwicklungsstand« angegeben ist, wird für die Unterbringung – entsprechend den §§ 112, 112 a StPO – als erstes ein »dringender Tatverdacht« vorausgesetzt (s. auch § 72 Rn. 2; ebenso für § 81 StPO *Kleinknecht/Meyer-Goßner* § 81 StPO Rn. 6; demgegenüber läßt das *OLG Oldenburg* NJW 1961, 982 für § 81 StPO einen hinreichenden Tatverdacht genügen; wohl auch *Eisenberg* § 73 Rn. 8). Wenn die strafrechtliche Verantwortlichkeit gem. § 3 in Frage

steht, genügt einfacher Verdacht, da diese Ungewißheit gerade behoben werden soll.

2. Ungeklärter Entwicklungsstand

Spezieller Einweisungsgrund des § 73 ist der ungeklärte Entwicklungsstand des Beschuldigten; die Formulierung »Abweichungen vom normalen Entwicklungsstand« – so *Brunner/Dölling* § 73 Rn. 2; nachfolgend *Eisenberg* § 73 Rn. 8 – wird nicht übernommen, da geklärte Abweichungen keine Untersuchung erforderlich machen, ganz abgesehen davon, daß der Entwicklungsstand immer individuell ist. Der Entwicklungsstand ist einmal für die Prüfung der strafrechtlichen Verantwortlichkeit gem. § 3, ein andermal für die Anwendung des Jugendstrafrechts auf Heranwachsende (§ 105) sowie für die konkrete **Sanktionierung** entscheidend (s. auch § 43 Rn. 4). Die diesbezügliche Unsicherheit muß über die letztlich niemals behebbaren Zweifel (deshalb § 261 StPO) hinausgehen. Unsicherheiten im Hinblick auf den psychischen Zustand (§§ 20, 21, 63 StGB) sind gem. § 81 StPO zu beheben.

3

3. Verhältnismäßigkeitsprinzip

Wie bei jeder belastenden staatlichen Maßnahme ist auch hier das Verhältnismäßigkeitsprinzip zu beachten, d. h., die Unterbringung muß **notwendig, geeignet und angemessen** sein (ebenso *Brunner/Dölling* § 73 Rn. 3; *Eisenberg* § 73 Rn. 8; s. § 72 Rn. 5). Sie ist nicht notwendig, wenn eine ambulante Untersuchung ausreichend ist (*OLG Düsseldorf* JMBl. NW 1961, 45 für § 81 StPO: »Alle zu Gebote stehenden Mittel« müssen vorher ausgenutzt sein). Die Geeignetheit ist nicht nur bei jüngeren Beschuldigten fraglich: Auch ältere Jugendliche verschließen sich häufig in einer Anstalt jeder Exploration. Unangemessen ist der vorläufige Freiheitsentzug, wenn nur eine ambulante Sanktion in Betracht kommt; umgekehrt ist die Erwartung einer unbedingten Jugendstrafe zu verlangen, eine Arresterwartung reicht wegen der dortigen geringeren Freiheitseinschränkung nicht aus (*Brunner/Dölling* § 73 Rn. 3 sowie *Eisenberg* § 73 Rn. 8 erachten die Erwartung der Sanktion gem. § 12 Nr. 2 als ausreichend). Rechtswidrig ist es, § 73 bei Bagatellen einzusetzen, wenn der/die Beschuldigte Angaben zur Person verweigert (s. aber den Fall einer »heranwachsenden, ziemlich harmlosen Verkehrssünderin« gem. *Roestel* RdJ 1967, 239). Bei alledem ist nicht nur der Vorteil der Begutachtung, sondern sind auch die – negativen – **Eingriffe in die Intimsphäre** zu sehen, die im Zusammenhang mit der Anstaltsunterbringung Folgeschäden verursachen können. Die Angemessenheit ist auch – richterlicherseits – im Laufe der Unterbringung zu prüfen. Unzulässig ist es insbesondere, prophylaktisch die Unterbringung bis zur maximalen Höchstdauer von sechs Wochen anzuordnen und dem Gutachter die weitere Entscheidung zu

4

belassen (*OLG Oldenburg* NJW 1961, 982 für § 81 StPO). Umgekehrt ist auch eine Verlängerung – innerhalb der Höchstdauer –, möglich, wenn die zunächst angesetzte Zeit nicht ausreicht. Allerdings kann eine erneute Unterbringung – bis zur Ausschöpfung von sechs Wochen – im Hinblick auf die Angemessenheit ausscheiden, wenn die erste Untersuchung für das Gericht nicht überzeugend ist: Die erneute Einweisung stellt einen weitaus größeren Eingriff dar als eine Verlängerung (für die Zulässigkeit einer wiederholten Einweisung bis zu sechs Wochen *Dallinger/Lackner* § 73 Rn. 8; *OLG Schleswig* MDR 1959, 415; zw. *Eisenberg* § 73 Rn. 11; ebenso für § 81 StPO bejahend *BGH* NJW 1968, 2298). Unzulässig ist es, die Höchstdauer mit einer vorhergehenden oder nachfolgenden Unterbringung gem. § 81 StPO zu verdoppeln (ebenso *Diemer* in: D/S/S § 73 Rn. 14; *Nothacker* S. 330; a. M. *Potrykus* § 73 Anm. 6; *Brunner/Dölling* § 73 Rn. 4; zw. *Eisenberg* § 73 Rn. 6; wie hier für die §§ 81, 83 StPO *RGSt* 23, 209). Abgesehen davon, daß der »Unterbringungsgegenstand« identisch ist und die Unterbringungsfragen sich überschneiden, ist aus rechtsstaatlichen Gründen an dieser Begrenzung der vorläufigen freiheitsentziehenden Maßnahme festzuhalten.

4. Ermessen

5 Trotz der so abgesteckten Voraussetzungen bleibt ein Entscheidungsfreiraum, ein Ermessen (»kann«), das letztlich dem Persönlichkeitsschutz Vorrang vor der Wahrheitssuche einzuräumen hat (s. § 136 a StPO).

III. Rechtsfolgen

6 Die Kehrseite der Unterbringungsbefugnis ist die Verpflichtung des Beschuldigten, sich dieser Freiheitsentziehung zu fügen, wenngleich das Entlaufen nicht strafbeschwert ist (s. § 120 StGB); Disziplinarbefugnisse bestehen nicht. Entsprechend dem Aussageverweigerungsrecht des Beschuldigten (§ 136 StPO) braucht der Eingewiesene nicht »mitzumachen«, braucht sich nicht zu offenbaren. Auf das Recht zur Aussageverweigerung ist entsprechend § 136 Abs. 1 S. 2 StPO hinzuweisen. Diese Belehrungspflicht trifft allerdings nicht den Sachverständigen (so aber *Diemer* in: D/S/S § 73 Rn. 12), sondern das Justizorgan, das den Gutachterauftrag erteilt hat. Der Gutachter muß jedoch, wenn er feststellt, daß die Belehrung unterblieben ist, ihre Nachholung veranlassen (*BGH* NStZ 1997, 350). Die Verweigerung darf ihm im Verfahren (»in dubio pro reo«) und auch nicht bei der Sanktionierung nachteilig angerechnet werden. Die Untersuchung hat sich auf den Entwicklungsstand zu beschränken; der Tathergang darf nur insoweit erörtert werden, als es für die Beurteilung notwendig ist. Hierbei ist der/die Befragte auf die Verwertung im Gutachten und die entsprechende Bekanntgabe an das Gericht – rechtzeitig (!)

Zweites Hauptstück. Jugendgerichtsverfassung und Jugendstrafverfahren § 73

– hinzuweisen. Körperliche Untersuchungen (§ 81 a StPO) oder psychische Beeinflussungen (§ 136 a StPO) sind erst recht nicht gestattet. Verwertet wird das Gutachten in der Form des Sachverständigenbeweises gem. den §§ 72 ff., 251 StPO.

IV. Verfahren

1. Zuständigkeit

Zuständig ist das Gericht, bei dem das Verfahren anhängig ist oder das für die Eröffnung des Hauptverfahrens zuständig wäre (§ 73 Abs. 1 S. 2). 7

2. Form

Die Entscheidung ergeht durch Beschluß auf Antrag der Staatsanwaltschaft oder der Verteidigung, auf Anregung der Jugendgerichtshilfe oder von Amts wegen. Zuvor sind ein Sachverständiger und der Verteidiger zu hören (§ 73 Abs. 1 S. 1), ferner die Staatsanwaltschaft (§ 33 Abs. 2 StPO) sowie die Jugendgerichtshilfe (§ 38 Abs. 3). Die Anhörungspflicht für den Sachverständigen und Verteidiger verlangt, daß diese die Möglichkeit haben, sich persönlich über den Beschuldigten ins Bild zu setzen. Wenn noch kein Verteidiger gewählt oder bestellt wurde, ist jetzt eine Pflichtverteidigung geboten (§ 68 Nr. 3). Eine sachverständige Stellungnahme nach Aktenlage ist zudem nicht möglich und damit nicht ausreichend (*Potrykus* § 73 Anm. 2; *Eisenberg* § 73 Rn. 16; *Brunner/Dölling* § 73 Rn. 8; ebenso *KG* JR 1965, 69 für § 81 StPO m. w. N. für die Rechtsprechung; a. M. *Dallinger/Lackner* § 73 Rn. 11; für Ausnahmen *OLG Hamburg* MDR 1964, 434 für § 81 StPO). Für die Verteidigung bedeutet dies, daß der Verteidiger so zu informieren ist, daß genügend Zeit für ein Mandantengespräch und weitere Erkundigungen besteht. Immer muß er nach der Anhörung des Sachverständigen noch Gelegenheit zur Stellungnahme erhalten, d. h., die Ausführungen sind ihm zugänglich zu machen (ebenso *Eisenberg* § 73 Rn. 15). Da sich der/die Beschuldigte gem. § 137 StPO »in jeder Lage des Verfahrens des Beistandes eines Verteidigers bedienen« kann, hat der **Verteidiger** bei den einzelnen Explorationsgesprächen auch ein **Anwesenheitsrecht**, was faktisch durch die Möglichkeit der sonstigen Verweigerung unterstützt wird (demgegenüber stellt in *Diemer* in: D/S/S § 73 Rn. 12 auf den Untersuchungserfolg ab). Insoweit ist aber ein besonderer Antrag erforderlich. Darüber hinaus sind der Beschuldigte, der Erziehungsberechtigte und der gesetzliche Vertreter zu hören (§ 33 Abs. 1, Abs. 3 StPO, § 67 Abs. 1). Dies gilt auch außerhalb der Hauptverhandlung, da das »rechtliche Gehör« nur gewährt wird, wenn auch das Wozu deutlich ist; in der polizeilichen Vernehmung wird aber die mögliche Unterbringung zur Beobachtung gem. § 73 regelmäßig nicht angesprochen (weniger verbindlich *Brunner/Dölling* § 73 Rn. 8; *Eisenberg* § 73 Rn. 14). 8

9 Der Beschluß muß **eindeutig** sein, d. h., es müssen sowohl die Dauer (s. Rn. 4) als auch die Unterbringungsanstalt (insoweit a. M. *Potrykus* § 73 Anm. 2) bestimmt werden (*OLG Schleswig* MDR 1959, 415). Die Person des Gutachters muß zwar nicht namentlich, wohl aber in ihrer Funktion bezeichnet werden. Herkömmlicherweise werden insoweit abgeschlossene psychiatrische Krankenhäuser bzw. entsprechende Abteilungen beauftragt (s. Psychiatrie-Bericht, BT-Drucks. 7/4200, S. 419; s. auch die entsprechende Forderung von *Brunner/Dölling* § 73 Rn. 7). Wegen des **Stigmatisierungseffekts** sollte hiervon jedoch tunlichst abgesehen werden; ebensogut kommen offene stationäre Einrichtungen (Kliniken) in Betracht, sie sind ebensogut »geeignet« (s. § 71 Rn. 6). Zugleich wird mit der Auswahl der Disziplin »Psychiatrie« bereits eine Richtung vorbestimmt: **Entwicklungspsychologen** sind zumindest vom äußeren Anschein her **kompetenter** (zum Kompetenzstreit s. *Beckmann* Die Bestimmung der strafrechtlichen Verantwortlichkeit nach § 3 JGG, 1969, S. 23 ff.). Der Begriff der kriminalbiologischen Untersuchung wurde mit dem 1. JGGÄndG gestrichen (s. auch Grdl. zu den §§ 43 u. 44 Rn. 2); nach der Neufassung des § 81 StPO kommt dementsprechend dort auch eine Einweisung in sozialtherapeutische Anstalten in Betracht (§ 81 Abs. 1 StPO).

10 Der Beschluß muß begründet werden (§ 34 StPO) und mit Rechtsmittelbelehrung versehen sein (§ 35 a StPO). Eine einweisende Entscheidung in Abwesenheit ist zuzustellen (§§ 35 Abs. 1, Abs. 2 S. 1, 145 a Abs. 1, Abs. 4 StPO, § 67 Abs. 2), eine ablehnende Entscheidung bekanntzumachen (§ 35 Abs. 1, Abs. 2 S. 1 StPO).

3. Vollstreckung

11 Vor einer zwangsweisen Vollstreckung wird der Beschuldigte zur Unterbringung geladen. Ansonsten liegt die Vollstreckung in den Händen der Staatsanwaltschaft (§ 36 Abs. 1 S. 1 StPO). Voraussetzung ist die Rechtskraft der Anordnung (s. § 73 Abs. 2 S. 2). Die Kosten sind solche des Verfahrens (s. Nr. 9011 Anlage 1 zu § 11 Abs. 1 GKG), wobei diese unverschuldete Kostensteigerung nicht auf den Verurteilten abgewälzt werden sollte (§ 74). Zur Anrechenbarkeit auf die Jugendstrafe und den Jugendarrest s. § 52 Rn. 5.

4. Rechtsmittel

12 Der Anordnungsbeschluß kann mit der sofortigen Beschwerde angefochten werden, die aufschiebende Wirkung hat (§ 73 Abs. 2). Es ist dies eine Sonderregelung zu § 305 S. 1 StPO (h. M., s. *OLG Schleswig* MDR 1959, 415). Dieses Recht steht sowohl dem gesetzlichen Vertreter (§ 298 StPO) als auch dem Erziehungsberechtigten (§ 67 Abs. 3) zu; zur begrenzten Rücknahmemöglichkeit s. § 55 Abs. 3. Da hier nicht der Geisteszustand

geprüft wird – insoweit gilt § 81 StPO –, darf **der Verteidiger nicht gegen den Willen** des/der Beschuldigten vorgehen, auch nicht auf Anweisung des gesetzlichen Vertreters oder eines Erziehungsberechtigten (so aber *Brunner/Dölling* § 73 Rn. 9; ebenfalls zust. *Eisenberg* § 73 Rn. 22), da dann das Mandantenverhältnis belastet würde. Eine weitere Beschwerde ist ausgeschlossen, da § 310 StPO auf die einfache Beschwerde Bezug nimmt und die einstweilige Unterbringung im § 310 Abs. 1 StPO sich auf § 126 a StPO bezieht. Das Beschwerdegericht prüft die gesamte Entscheidung mit Einschluß des Ermessens (*OLG Schleswig* MDR 1959, 415; *Eisenberg* § 73 Rn. 23; *Kleinknecht/Meyer-Goßner* § 81 StPO Rn. 29), d. h. auch mit Einschluß der Auswahl des Sachverständigen (a. M. *OLG Celle* MDR 1966, 949); gerade gegen die Person können begründete Einwände bestehen (s. Rn. 9). Der Ablehnungsbeschluß ist unanfechtbar (§ 305 StPO). Das Unterlassen kann jedoch als Verletzung der Aufklärungspflicht (§ 244 Abs. 2 StPO) gegen das Urteil selbst eingewendet werden (*BGH* RdJ 1961, 313).

Grundlagen zu § 74

1. Systematische Einordnung

1   Im Rahmen der gemeinsamen Verfahrensvorschriften (7. Unterabschnitt) werden als letztes die Kosten und Auslagen geregelt, was jedoch nicht ihrer praktischen Bedeutung entspricht. Mit § 74 kann die Kostentragungspflicht gem. § 465 Abs. 1 StPO aufgehoben werden; die anderen Regelungen aus dem Erwachsenenstrafrecht (§§ 464 ff. StPO) gelten gem. § 2 auch im Jugendstrafrecht (s. § 74 Rn. 4).

2. Historische Entwicklung

2   Die Möglichkeit, von Kosten und Auslagen abzusehen, wurde mit § 37 JGG 1943 geschaffen, der mit dem heutigen Wortlaut fast identisch ist. Damit wurde einem seit langem geäußerten Bedürfnis entsprochen und die Kostentragung bewußt als Ausnahme konzipiert (s. *Kümmerlein* DJ 1943, 559). Die Fassung wurde seit 1953 nicht mehr verändert, obwohl über den Begriff der »Auslagen« ein heftiger Meinungsstreit geführt wird (s. § 74 Rn. 10).

3. Gesetzesziel

3   Mit § 74 wird zunächst der Situation der jugendlichen und heranwachsenden Angeklagten entsprochen, die häufig aus sozial schwachen Kreisen stammen (zur schichtenspezifischen Delinquenzbelastung s. *Kaiser* Jugendkriminalität, 2. Aufl., S. 152 ff.) und faktisch nicht in der Lage sind, Verfahrenskosten sowie Verteidigungshonorare zu bezahlen. Darüber hinaus wird im JGG allgemein das Bemühen sichtbar, **die repressiven Elemente des Strafverfahrens zu minimieren und die Präventionsgesichtspunkte in den Vordergrund zu rücken**. So stimmt mit der Regelung des § 74 das Verbot der Geldstrafe zugunsten einer restriktiven Geldbuße überein (s. *Schnitzerling* MDR 1962, 541; *OLG Hamm* NJW 1963, 1168; s. auch § 15 Rn. 13, 14). Präventive Sanktionen sollen nicht mit der Kostenbelastung be- oder sogar verhindert werden (grundsätzliche Bedenken gegen die Kostenlast im Strafverfahren bei *Hassemer* ZStW 85 [1973], 651).

4. Justizpraxis

4   Während in der Rechtslehre ganz überwiegend eine häufige Anwendung des § 74 propagiert (s. § 74 Rn. 7, 11) und z. T. eine entsprechende Praxis vermutet wird (s. *Brunner/Dölling* § 74 Rn. 1; *Kahlert* Verteidigung in Jugendstrafsachen, 1984, S. 78; *Herz* S. 107), wird nach einer Einzeluntersu-

*Zweites Hauptstück. Jugendgerichtsverfassung
und Jugendstrafverfahren* **Grdl. z. § 74**

chung eher zurückhaltend von dieser Bestimmung Gebrauch gemacht (*Matzke* Der Leistungsbereich bei Jugendstrafgefangenen, 1982, S. 77 ff.). Damit gehen die Versuche konform, die Reichweite im Hinblick auf die notwendigen Auslagen des/der Verurteilten zu begrenzen (s. § 74 Rn. 10).

5. Rechtspolitische Einschätzung

Rechtspolitisch sind lediglich Klarstellungen zu fordern: Einmal sollte die Regelhaftigkeit der Kostenbefreiung deutlicher gemacht (weitergehend *Arbeitskreise IV/1 und IV/3 des 22. Dt. Jugendgerichtstages* Jugend im sozialen Rechtsstaat/Für ein neues Jugendgerichtsgesetz, Schriftenreihe der DVJJ, Bd. 23, 1996, S. 731), ein andermal klargestellt werden, daß unter »Auslagen« auch die notwendigen Auslagen des/der Verurteilten fallen, und zwar auch in der Vollstreckung (s. § 74 Rn. 2, 11; § 10 Rn. 29).

§ 74. Kosten und Auslagen

Im Verfahren gegen einen Jugendlichen kann davon abgesehen werden, dem Angeklagten Kosten und Auslagen aufzuerlegen.

Literatur

Bizer Kostentragungspflicht für die jugendrichterliche Weisung einen sozialen Trainingskurs zu besuchen, Zbl 1992, 616; *Brunner* Anmerkung zu *BGH*, NStZ 1989, 239; *Eisenberg* Anmerkung zu *BGH*, JR 1990, 41; *Grotenbeck* Die Kostenentscheidung nach § 74 JGG, Zbl 1980, 439; *Kropf* Anmerkung zu *LG Nürnberg-Fürth*, Anwaltsblatt 1977, 263; *Mellinghoff* Kostenentscheidung nach § 74 JGG und notwendige Auslagen des jugendlichen Angeklagten, NStZ 1982, 405; *Mümmler* Erstattung der notwendigen Auslagen des jugendlichen Angeklagten aus der Staatskasse, Das juristische Büro 1975, Sp. 309; *ders.* Anmerkung zu *LG Regensburg*, Das juristische Büro 1978, Sp. 87; *ders.* Anmerkung zu *LG Zweibrücken*, Das juristische Büro 1979, Sp. 243; *ders.* Anmerkung zu *OLG Frankfurt*, Das juristische Büro 1981, Sp. 1857; *ders.* Anmerkung zu *OLG München*, Das juristische Büro 1983, Sp. 1853; *ders.* Anmerkung zu *LG Bonn*, Das juristische Büro 1984, 1053; *Ostendorf* Anmerkung zu *BGH*, StV 1989, 309; *ders.* Kosten – ein Hindernis für ambulante jugendstrafrechtliche Sanktionen?, ZRP 1988, 432; *Schmidt* Anmerkung zu *LG Augsburg*, Anwaltsblatt 1984, 263; *Schnitzerling* Die Kostenentscheidung im Jugendstrafverfahren, MDR 1962, 541; *Waldschmidt* Anmerkung zu *OLG München*, NStZ 1984, 138.

Inhaltsübersicht

	Rn.
I. Persönlicher Anwendungsbereich	1
II. Sachlicher Anwendungsbereich	2
III. Allgemeine Regelung	4
IV. Sonderregelung des § 74	6
V. Reichweite des § 74	
1. Kosten	8
2. Auslagen	10
VI. Kostenausspruch	13
VII. Rechtsmittel	14

I. Persönlicher Anwendungsbereich

1 § 74 gilt für Jugendliche auch in Verfahren vor den für allgemeine Strafsachen zuständigen Gerichten (§ 104 Abs. 1 Nr. 13); er gilt ebenso für Heranwachsende, wenn Jugendstrafrecht zur Anwendung kommt, und zwar sowohl vor den Jugendgerichten als auch vor den für allgemeine Strafsachen zuständigen Gerichten (§§ 109 Abs. 2 S. 1, 112 S. 1, 2 i. V. m. § 104 Abs. 1 Nr. 13; s. auch RL Nr. 6 zu § 74).

II. Sachlicher Anwendungsbereich

»Im Verfahren gegen einen Jugendlichen« wird auch die Kostenentscheidung im Falle einer Widerklage gem. § 80 Abs. 2 getroffen (s. § 471 Abs. 3 StPO); ebenso gilt § 74 für die Privat- und Nebenklage gegen einen Heranwachsenden (s. § 80 Rn. 3). Im Ordnungswidrigkeitenrecht ist § 74 für entsprechend anwendbar erklärt (s. § 105 Abs. 1 OWiG). Eine analoge Anwendung ist in den Fällen der §§ 469, 470 StPO geboten, da sich dann das Verfahren gegen den Anzeigenden oder Antragsteller zurückwendet (ebenso *Eisenberg* § 74 Rn. 3; im Ergebnis ebenso *OLG Stuttgart* MDR 1982, 518 unter Hinweis auf die fehlende Prozeßfähigkeit des minderjährigen Anzeigeerstatters; a. M. *Brunner/Dölling* § 74 Rn. 15). § 74 ist **auch im Vollstreckungsverfahren** entsprechend anwendbar, wenn Entscheidungen getroffen werden, die mit einer gerichtlichen Kostenfolge verbunden sind (so im Fall einer Beschwerde, s. § 473 StPO) und/oder die für den/die Verurteilte(n) notwendige Auslagen mit sich bringen (s. § 99 Rn. 5). Dies folgt einmal aus dem Gesetzeszweck; zum anderen zeigt § 464 a Abs. 1 S. 2 StPO, daß auch die finanziellen Folgekosten in der Vollstreckung von der gesetzlichen Kostenregelung erfaßt werden. Auch ohne eine neue Kostenentscheidung erstreckt sich die Reichweite einer urteilsmäßigen Anwendung des § 74 auf die Vollstreckung (s. § 10 Rn. 29).

2

Im Falle einer Privat- oder Nebenklage **von seiten des/der Jugendlichen** ist § 74 nicht anwendbar; dies ist im Hinblick auf die gesetzliche Vertretung gem. den §§ 374 Abs. 3, 395 Abs. 1 StPO auch sachlich nicht geboten.

3

III. Allgemeine Regelung

Die Vorschriften über Kosten und Auslagen aus dem Erwachsenenstrafrecht (§§ 464 ff. StPO) gelten über § 2 auch im Jugendstrafverfahren. Hierbei kommt es für eine Verurteilung i. S. des § 465 Abs. 1 StPO auf den **Schuld-, nicht auf den Strafausspruch** an, so daß auch die Sanktionierung mit einer Erziehungsmaßregel oder gem. § 27 (a. M. *Potrykus* RdJ 1956, 281) oder mit einer bloßen Maßregel, auch das Absehen von Strafe (s. § 465 Abs. 1 S. 2 StPO) ausreichen (h. M., s. *Brunner/Dölling* § 74 Rn. 5; *Eisenberg* § 74 Rn. 5). Im Falle einer Sanktionierung gem. § 3 S. 2 nach Freispruch oder Einstellung sind grundsätzlich gem. § 467 Abs. 1 StPO die Kosten des Verfahrens sowie die notwendigen Auslagen der Staatskasse aufzuerlegen (zu Abweichungen s. § 467 Abs. 2-4 StPO; s. auch *BGHSt* 7, 276; a. M. *Brunner/Dölling* § 74 Rn. 5, wonach hier § 74 anzuwenden ist; wie hier *Eisenberg* § 74 Rn. 6). Das strafrechtliche Verfahren findet trotz vormundschaftlicher Maßnahmen keinen strafrechtlichen Abschluß, der eine Kostenabwälzung erlauben würde. Dies gilt für Einstellungen gem. den §§ 45, 47 generell.

4

5 Zu den notwendigen Auslagen gehören nach dem allgemeinen Kostenrecht (s. § 464 a Abs. 2 Nr. 2 StPO i. V. m. § 91 Abs. 2 ZPO) auch die Kosten eines Wahlverteidigers, wenn dieser von den Erziehungsberechtigten oder gesetzlichen Vertretern beauftragt wurde. Auch wenn der Geschäftsbesorgungsvertrag allein und nicht in Vertretung für den/die Jugendliche(n) abgeschlossen wurde – Vertrag zugunsten Dritter –, bleiben es Kosten des/der Jugendlichen, da die Erziehungsberechtigten bzw. gesetzlichen Vertreter gem. § 683 BGB Aufwendungsersatz verlangen können (der Hinweis von *Eisenberg* § 74 Rn. 7; *ders.* NJW 1984, 2917 auf § 685 Abs. 2 BGB wäre nur dann überzeugend, wenn die Tragung der Wahlverteidigerkosten als Unterhaltspflicht zu definieren wäre). Umgekehrt haften die Erziehungsberechtigten bzw. gesetzlichen Vertreter für die Kosten des Verfahrens nur mit dem ihnen anvertrauten Vermögen des/der Jugendlichen, wenn sie nicht ausschließlich im eigenen Namen aufgetreten sind (a. M. *Kahlert* Verteidigung in Jugendstrafsachen, 2. Aufl., S. 109; wie hier *BGH* NJW 1956, 520; *LG Bückeburg* NJW 1960, 1026; *Brunner/Dölling* § 74 Rn. 12; *Eisenberg* § 74 Rn. 19). Dies gilt auch im Falle eines Rechtsmittels, außer der Rechtsmittelführer hat keine Vertretungsmacht (s. *LG Lüneburg* NdsRpfl. 1966, 274; *Eisenberg* § 74 Rn. 19); so hat auch der Urteilstenor in Abweichung von § 473 Abs. 1 StPO zu lauten (wie hier *OLG Düsseldorf* MDR 1985, 77; *OLG Hamburg* MDR 1969, 73; a. M. *Schäfer* in: *Löwe/Rosenberg* § 473 StPO Rn. 8; *Kleinknecht/Meyer-Goßner* § 473 StPO Rn. 6; *Brunner/Dölling* § 74 Rn. 12). Ebenso wie der Verteidiger, der das Rechtsmittel eingelegt hat, nicht die Kosten auferlegt bekommt, ist auch beim gesetzlichen Vertreter und Erziehungsberechtigten nach außen hin die Stellvertretung in den Rechten deutlich zu machen. Im Hinblick auf diese Vertretung fällt bei einem Rechtsmittel auch nur eine Gebühr an, wenn sowohl der/die Verurteilte als auch der gesetzliche Vertreter bzw. Erziehungsberechtigte Rechtsmittel eingelegt haben (*Brunner/Dölling* § 74 Rn. 9 b).

IV. Sonderregelung des § 74

6 § 74 erlaubt, von der Auferlegung der Kosten und Auslagen abzusehen, d. h. wenn der/die Verurteilte sie nach allgemeinem Recht zu tragen hätte. Damit ist auch ein teilweises Absehen möglich (s. RL Nr. 1 S. 2 zu § 74; h. M.). Allerdings muß die Aufteilung plausibel sein. Die Entscheidung steht im pflichtgemäßen Ermessen. **Entscheidend** ist hierbei **der Präventionszweck des JGG** (s. *Grotenbeck* Zbl 1980, 439 f.; s. auch *BGH* StV 1998, 351). Kosten und Auslagen dürfen nicht um der Bestrafung willen auferlegt werden und das eigentliche Ziel der positiven Veränderung verstellen (bedenklich *OLG Düsseldorf* GA 1994, 76). Eine unzulässige Zielsetzung wäre es, die Kostentragung als Ersatz für eine im Jugendstrafrecht unstatthafte Geldstrafe einzusetzen (ebenso *Eisenberg* § 74 Rn. 8); auch

würde sie zu einer Nebenstrafe, wenn die besondere Verwerflichkeit der Tat (so *Brunner/Dölling* § 74 Rn. 4) Beurteilungskriterium wäre (s. bereits *Kahlert* Verteidigung in Jugendstrafsachen, 2. Aufl., S. 104; s. auch *Eisenberg* § 74 Rn. 8). Ebensowenig darf Prozeßverhalten damit sanktioniert werden, wie »mutwilliges Erzwingen einer größeren Beweisaufnahme, böswillige Verzögerung des Verfahrens« (so aber *Brunner/Dölling* § 74 Rn. 4; dagegen bereits *Kahlert* Verteidigung in Jugendstrafsachen, 2. Aufl. S. 103; *Eisenberg* § 74 Rn. 8; zur Vorsicht mahnen *Dallinger/Lackner* § 74 Rn. 13). Den Beweisantragsrechten darf nur mit § 244 Abs. 2-5 StPO begegnet werden. Aus dem Präventionszweck folgt, daß eine finanzielle Belastung, die wiederum eine Gefahr für eine Straftat, insbesondere für ein Eigentums- oder Vermögensdelikt, begründet, vermieden werden muß (s. *LG Osnabrück* StV 1990, 509; *BGH* bei *Böhm* NStZ 1991, 524; *BGH* StV 1998, 351; *OLG Jena* StV 1998, 352). Ebenso dürfen andere positive Sanktionen, insbesondere die Schadenswiedergutmachung, nicht mit der Kostenbelastung ver- oder behindert werden (s. *LG Freiburg* NStZ-RR 2000, 183: Außergewöhnlich hohe gerichtliche Auslagen dürfen die eigentliche Sanktion nicht in den Hintergrund treten lassen). Das erzieherische Ziel der Konsequenz wird auch nicht erreicht, wenn erwartet werden muß, daß die Kostentragung auf Dritte abgewälzt wird (s. RL Nr. 1 S. 1 zu § 74; ebenso *Eisenberg* § 74 Rn. 8; *Brunner/Dölling* § 74 Rn. 4). Umgekehrt ist es mehr als mißlich, wenn der/die jugendliche Angeklagte für die Entschädigung der Erziehungsberechtigten und gesetzlichen Vertreter (s. § 50 Abs. 2 S. 2 i. V. m. § 71 StPO) herangezogen wird. Erst recht ist die Kostenlast einem Jugendlichen nicht zu vermitteln, die ihn durch die vom gesetzlichen Vertreter eingelegte, unzulässige Revision entstanden ist (s. *OLG Schleswig* SchlHA 1998, 196). Überhaupt steht die Begründung, daß der/die Angeklagte auch für alle Folgen seiner/ihrer Taten einzustehen habe, bei Jugendlichen auf schwachen Füßen, die alters- und entwicklungsbedingt ihr Verhalten nicht so rational-zukunftsorientiert bestimmen. Wenn mögliche Sanktionen noch bedacht werden, so stehen **mittelbare Folgekosten** regelmäßig außerhalb der Erfahrungswelt dieser Delinquenten.

Nach alledem ist das Ermessen tendenziell dahin auszuüben, daß von der Auferlegung der Kosten und Auflagen abgesehen wird (ebenso *Dallinger/Lackner* § 74 Rn. 13; *Eisenberg* § 74 Rn. 8; *Schaffstein/Beulke* § 37 III. 4.; *Grotenbeck* Zbl 1980, 439; *Albrecht* § 44 B. IV. 1.; s. auch RL Nr. 1 S. 1 zu § 74 sowie Rn. 11; a. M. *Roestel* SchlHA, 1956, 300; ohne Präferenz *Brunner/Dölling* § 74 Rn. 4). Eine Ausnahme gilt, wenn der/die Verurteilte selbst so vermögend ist, daß die Kostentragung für ihn/sie nicht ins Gewicht fällt, wobei aber auch dann bei Gruppenanklagen eine Gleichbehandlung angebracht sein kann. Immer sollte von den Kosten für eine Begutachtung gem. den §§ 3, 105 Abs. 1 befreit werden, da diese erst durch

7

die gesetzgeberische Verfahrensordnung verursacht werden (so bereits *Kahlert* Verteidigung in Jugendstrafsachen, 2. Aufl., S. 104). Der Vorschlag der Jugendgerichtshilfe sollte auch die Kostenentscheidung umfassen (s. auch *Grotenbeck* Zbl 1980, 439 f.; *Momberg* MschrKrim 1982, 77).

V. **Reichweite des § 74**

1. **Kosten**

8   Gemäß der Legaldefinition im § 464 a Abs. 1 S. 1 StPO sind Kosten des Verfahrens »die Gebühren und Auslagen der Staatskasse«. Hierzu gehören auch die Kosten der Verfahrensvorbereitung sowie der Vollstreckung (§ 464 a Abs. 1 S. 2 StPO). Gerichtsgebühren fallen erst bei der Verhängung einer Jugendstrafe an, d. h., die Anordnung von Erziehungsmaßregeln und von Zuchtmitteln sowie die Verurteilung gem. § 27 sind gerichtsgebührenfrei (*Wetterich/Hamann* Strafvollstreckung, 3. Aufl., S. 373). Die Gebührensätze richten sich im einzelnen nach den §§ 40, 41 GKG; § 31 Abs. 2 oder bei Ergänzung rechtskräftiger Entscheidungen nach § 66 werden die Gerichtskosten gem. § 41 GKG (s. auch RL Nr. 3 S. 2 zu § 74) berechnet. Bei Anordnung einer Maßregel der Besserung und Sicherung gilt § 40 Abs. 4 GKG.

9   Auslagen entstehen für die Staatskasse im Jugendstrafverfahren insbesondere durch die Bestellung eines Pflichtverteidigers (s. § 97 BRAGO), durch vorläufige Maßnahmen gem. § 71 und durch die Unterbringung zur Beobachtung gem. § 73 (s. RL Nr. 4 zu § 74); hinzu kommen die Aufwendungen für die U-Haft (zu den Kosten bei einer Heimeinweisung im Ramen einer U-Haftverschonung s. § 71 Rn. 12). Hierfür (s. § 12 KostenVfg) sowie für die Vollstreckung der Jugendstrafe gilt folgendes: Bis zum Inkrafttreten des im § 189 StVollzG geänderten § 10 der Verordnung über Kosten im Bereich der Justizverwaltung (s. § 198 Abs. 3 StVollzG) gilt § 50 StVollzG in der Fassung des § 199 Abs. 2 Nr. 3 StVollzG (s. § 176 Abs. 4 StVollzG). Hiernach werden von Gefangenen, die Bezüge nach dem StVollzG erhalten, keine Haftkosten erhoben (§ 50 Abs. 1 in der Fassung gem. § 199 Abs. 2 Nr. 3 StVollzG); von Gefangenen, die in einem freien Beschäftigungsverhältnis gem. § 39 Abs. 1 StVollzG stehen – bei Anordnung auch von Gefangenen, die sich gem. § 39 Abs. 2 StVollzG selbst beschäftigen –, darf ein Haftkostenbeitrag erhoben werden, dessen durchschnittliche Höhe vom Bundesjustizminister alljährlich festgesetzt wird (§ 50 Abs. 2 und 3 in der Fassung des § 199 Abs. 2 Nr. 3 StVollzG). Daneben gilt weiterhin § 10 Justizverwaltungskostenordnung (JVKostO) i. d. F. vom 17. 12. 1986 (BGBl I, 2337):

»(1) Kosten der Vollstreckung von Freiheitsstrafen und von freiheitsentziehenden Maßregeln der Besserung und Sicherung (**Haftkosten**) werden unbeschadet des Anspruchs **nicht erhoben, wenn der Gefangene die ihm zugewiesene oder ermöglichte Arbeit verrichtet,** oder wenn **er ohne sein Verschulden nicht arbeiten kann**. Hat jedoch der Gefangene, der ohne sein Verschulden während eines zusammenhängenden Zeitraumes von mehr als einem Monat nicht arbeiten kann, **auf diese Zeit** entfallende Einkünfte, so hat er die Kosten der Vollstreckung für diese Zeit **bis zur Höhe der auf sie entfallenden Einkünfte** zu entrichten, soweit nicht aus ihnen Ansprüche unterhaltsberechtigter Angehöriger zu befriedigen sind. Dem Gefangenen muß ein Betrag verbleiben, der dem »mittleren Arbeitsentgelt in den Vollzugsanstalten des Landes« entspricht, ...

Von der **Geltendmachung** des Anspruches **ist abzusehen**, soweit dies notwendig ist, um die **Wiedereingliederung** des Gefangenen in die Gemeinschaft **nicht zu gefährden**.

(2) Die Kosten nach Absatz 1 bestimmen sich nach der Höhe des **Haftkostenbeitrages** (§ 50 StVollzG). Bei Selbstverpflegung ermäßigt sich der Betrag um 54 v. H.«

Abgesehen von der Schwierigkeit, die sich somit überschneidenden normativen Voraussetzungen festzustellen (s. hierzu die AV der Hamburger Justizbehörde Nr. 2/1989, HmbJVBl. 1989, S. 19) sowie von der Schwierigkeit, in der Praxis das Geld einzutreiben, sollten Einkünfte primär zur Schadenswiedergutmachung, Schuldentilgung und Unterhaltsleistung verwendet werden; hierum sollte sich der Strafvollzug kümmern und nicht den kleinkrämerischen Versuch unternehmen, den eigenen Haushaltstitel zu entlasten (s. auch *Roxin* Strafverfahrensrecht, 22. Aufl., S. 399).

2. Auslagen

Auslagen sind gem. § 464 a Abs. 2 StPO die Kosten der sonstigen Verfahrensbeteiligten, während die Auslagen der Staatskasse unter die Kosten fallen (§ 464 a Abs. 1 StPO). Zu den Verfahrensbeteiligten gehört auch und gerade der/die Angeklagte (s. auch § 467 Abs. 1 StPO; h. M.). Von daher liegt es schon aufgrund der Wortinterpretation und aus systematischen Gründen nahe, § 74 auch auf die Kosten des/der Angeklagten und damit seines Wahlverteidigers (zu den Kosten des Pflichtverteidigers s. Rn. 9) zu erstrecken (s. auch *LG Nürnberg-Fürth* AnwBl 1977, 263 mit zust. Anm. von *Kropf*; *Brunner/Dölling* § 74 Rn. 7; *Mümmler* Das juristische Büro 1975, Sp. 311; a. M. *Waldschmidt* NStZ 1984, 139). Daß im Fall einer Verurteilung die Übernahme der eigenen Auslagen gem. § 465 Abs. 1 StPO nicht ausgesprochen zu werden braucht und deshalb von ihnen auch nicht abgesehen werden könne, ist kein »schlagendes« Gegenargument (so aber *Waldschmidt* NStZ 1984, 139), da auch die gesetzgeberische »Auferlegung« gemeint sein kann (s. auch *Mellinghoff* NStZ 1982, 405). Trotzdem werden nach der Rechtsprechung die notwendigen Ausla-

10

gen des/der Angeklagten nicht hierunter verstanden (*BGHSt* 36, 27 ff.; *OLG Frankfurt* GA 1994, 286 unter Aufgabe der früheren Rechtspr.; *OLG Düsseldorf* MDR 1991, 561; *KG* JR 1983, 37; *OLG München* NStZ 1984, 138; *LG Augsburg* AnwBl 1984, 263; *LG Düsseldorf* AnwBl 1985, 151; a. M. aber *LG Nürnberg-Fürth* Anwaltsblatt 1977, 263; *LG Regensburg* Das juristische Büro 1978, Sp. 86; *OLG Stuttgart* Rechtspfleger 1982, 438; *LG Darmstadt* MDR 1982, 603; *LG Münster* NStZ 1983, 139; *OLG Frankfurt* StV 1984, 31 unter Aufgabe von *OLG Frankfurt* Rechtspfleger 1978, 148 und *OLG Frankfurt* Das juristische Büro 1981 Sp. 1857; *OLG Oldenburg* bei *Böhm* NStZ 1984, 447; *LG Heidelberg* Zbl 1985, 470). Der gegenteilige Standpunkt wird überwiegend in der jugendstrafrechtlichen Literatur eingenommen (s. *Brunner/Dölling* § 74 Rn. 7; *ders.* NStZ 1989, 239; *Schaffstein/Beulke* § 37 III. 4.; *Ostendorf* StV 1989, 309; nachfolgend *Meyer-Höger* Jura 1991, 435; *Albrecht* § 44 B. IV. 2.; *Eisenberg* § 74 Rn. 15; *Herz* S. 107; *Mellinghoff* NStZ 1982, 405 ff.; *Bietzer* Zbl 1992, 621; *Nicolai* in *Nix* § 74 Rn. 9; wohl auch *Kahlert* Verteidigung in Jugendstrafsachen, 2. Aufl., S. 104, 105; ebenso *Herde* DAR 1984, 309; a. M. wiederholt *Mümmler,* s. die Angaben im Literaturverzeichnis; *Waldschmidt* NStZ 1984, 139; *Schmidt* AnwBl 1984, 263; *Schoreit* in: *D/S/S* § 74 Rn. 15; offen *Hilger* in: *Löwe/Rosenberg* § 465 StPO Rn. 11). Entscheidend ist, daß nicht fiskalische Interessen die Auslegung des § 74 bestimmen dürfen (s. aber *OLG München* NStZ 1984, 138: »So ist nicht einzusehen, warum der Gesetzgeber über dadurch hervorgerufene Belastungen der Staatskasse mit Verfahrenskosten (Gerichtsgebühren und gerichtliche Auslagen) und eines Dritten (Nebenkläger) hinaus einen verurteilten Jugendlichen hinsichtlich seiner notwendigen Auslagen noch begünstigen sollte«; so auch *KG* JR 1983, 38 am Ende). Maßgebend muß demgegenüber das Ziel der Prävention (s. Grdl. zu § 74 Rn. 3; zust. *Bizer* Zbl 1992, 620 für die Kostenbelastung bei der Durchführung von Weisungen) sein. Die Kostenlast hat demgegenüber allein repressiven Charakter. Der *BGH* (*BGHSt* 9, 366) hat vormals richtig vermutet, daß »das Empfinden hierfür dem Verurteilten ziemlich fern liegt. Im Verurteilten wird sich vielmehr leicht der Gedanke in den Vordergrund drängen, daß der Staat hier seine eigenen fiskalischen Interessen wahrnehmen wolle.« Gerade die Anwaltskosten können den/die Verurteilte(n) finanziell so schwer belasten, daß alle noch so gutgemeinten Sanktionen daneben »verpuffen«, daß die Sanktion der Schadenswiedergutmachung nicht realisiert werden kann, ja, daß aus finanzieller Not neue Straftaten erwachsen (ausführlicher *Ostendorf* ZRP 1988, 433 ff.). Soweit für die Gegenposition der Gedanke mitbestimmend ist, daß Strafverteidiger eigentlich für das Jugendstrafverfahren überflüssig seien (s. *OLG München* NStZ 1984, 138; zu sonstigen Vorbehalten s. § 68 Rn. 3), so ist dem die Bedeutung der anwaltlichen Unterstützung gerade für die Personen entgegenzuhalten, die keine oder eine nur geringe Handlungskompetenz haben. Die traditionelle Auslegung führt im Ergebnis zu einer rechtlichen Benachteiligung einkommensschwacher Jugendlicher und Heranwachsender.

Von diesen notwendigen Auslagen sollte dementsprechend der/die Angeklagte **regelmäßig freigehalten werden** (a. M. *Brunner/Dölling* § 74 Rn. 7 a am Ende; *Mellinghoff* NStZ 1982, 409; wie hier wohl *Eisenberg* § 74 Rn. 15). Unmittelbare Eigenlasten (Fahrtkosten) aus Anlaß der Gerichtsverhandlung sollten aber ebenso regelmäßig – im Falle der Verurteilung – nicht von der Staatskasse ersetzt werden, da sich Sanktionierung einerseits und andererseits Entgelt für den/die Verurteilte(n) als Widerspruch darstellen muß. Die Sanktionierungskosten, die dem/der Verurteilten entstehen, sind aber notwendige Auslagen für das Verfahren, und nicht bloß Begleitkosten der Sanktionierung (s. § 10 Rn. 29; s. aber RL Nr. 5 zu § 74). 11

Die Kosten einer Nebenklage bei Heranwachsenden fallen ebenso unter die Auslagen i. S. des § 74 (h. M.). Bei der Entscheidung über eine mögliche Freistellung ist zu berücksichtigen, daß die Sanktion gerade auch dem Täter-Opfer-Ausgleich zu dienen hat (s. § 15 Rn. 2). Die Nebenklagekosten erscheinen als Folge der Straftat, wenn die Nebenklage aus der Situation heraus verständlich erscheint (z. B. im Fall einer Vergewaltigung) und nicht als eine schikanöse Wahrnehmung, um die Prozeßkosten aufzublähen (s. *OLG Hamm* NJW 1963, 1168; *Schnitzerling* MDR 1962, 541; *Brunner/Dölling* § 74 Rn. 8 m. w. N.). In Betracht kommt auch eine teilweise Kostenverpflichtung. Bei alledem ist zu beachten, daß nach h. M. für den Fall der Freistellung der/die Nebenkläger(in) keinen Ersatz von der Staatskasse verlangen kann (s. *OLG Hamm* NJW 1963, 1168; *OLG Celle* MDR 1975, 338; *OLG Frankfurt* Das juristische Büro 1978, Sp. 78; *Hilger* in: *Löwe/Rosenberg* § 472 StPO Rn. 7). Der Verurteilte wird daher für die Kosten der Nebenklage eher in die Verantwortung zu nehmen sein, wobei allerdings auch hier eine Abwägung mit der individuellen Situation erfolgen muß (wie hier *KG* JR 1996, 216 m. abl. Anm. von *Eisenberg/Schimmel*). 12

VI. Kostenausspruch

Das Absehen von der Kostenbelastung gem. § 74 ist im Urteil, und zwar im Urteilstenor (a. M. *Dallinger/Lackner* § 74 Rn. 15; wie hier *Brunner/Dölling* § 54 Rn. 7; insoweit empfehlend *Eisenberg* § 74 Rn. 20, s. auch § 54 Rn. 23; *Schnitzerling* MDR 1962, 541; *Grotenbeck* Zbl 1980, 440; s. auch § 54 Rn. 5) auszusprechen; dies folgt aus § 464 Abs. 1, 2 StPO, da Entscheidungen im Urteilstenor und nicht in der Begründung getroffen werden. Werden allein die Kosten des Verfahrens dem/der Verurteilten auferlegt, so ist das Urteil unvollständig. Es bleibt dann dabei, daß der/die 13

Verurteilte seine/ihre notwendigen Auslagen selbst trägt, da ein staatlicher Übernahmeakt fehlt (h. M.; s. *OLG Zweibrücken* Rechtspfleger 1979, 110; *Brunner/Dölling* § 74 Rn. 7 a; *Eisenberg* § 74 Rn. 21; *Gotenbeck* Zbl 1980, 439; die von *Kahlert* Verteidigung in Jugendstrafsachen, 2. Aufl., S. 105, problematisierte Verfahrenssituation entsteht nur bei Versäumnis eines solchen Ausspruchs). Allerdings genügt es, den Wortlaut des § 74 zu wiederholen, wenn auch angesichts des Auslegungsstreits eine Klarstellung sinnvoll und angebracht erscheint (wie hier *LG Darmstadt* MDR 1982, 603; *LG Regensburg* Das juristische Büro 1978, Sp. 86 ff. mit abl. Anm. von *Mümmler*; a. M. *OLG Zweibrücken* Das juristische Büro 1979, Sp. 242 mit zust. Anm. von *Mümmler*; *OLG Frankfurt* Rechtspfleger 1978, 148; *LG Würzburg* Das juristische Büro 1978, Sp. 1042; *Mellinghoff* NStZ 1982, 405, 409; *Brunner/Dölling* § 74 Rn. 7 a; offen *Eisenberg* § 74 Rn. 21). Dies gilt erst recht, wenn davon abgesehen wird, die »notwendigen Auslagen« aufzuerlegen (s. *LG Nürnberg-Fürth* AnwBl 1977, 263; *Schmidt* AnwBl 1984, 283 zu der abweichenden Entscheidung des *LG Augsburg*; *OLG Frankfurt* StV 1984, 31; a. M. *BGH*St 36, 27). Nach der hier vertretenen Auffassung erfassen gerade die »Auslagen« im § 74 die notwendigen Auslagen des/der Verurteilten, die dann – zwangsläufig – von der Staatskasse zu tragen sind, da ein anderer Kostenträger nicht in Betracht kommt (s. Rn. 5). Es ist offensichtlich, daß die a. M. andere Sachentscheidungen korrigieren will (s. *LG Frankfurt* Rechtspfleger 1977, 64; *LG Augsburg* AnwBl 1984, 263; *Mellinghoff* NStZ 1982, 405 m. Fn. 12). Zum Kostenausspruch bei einer einheitlichen Sanktionierung gem. den §§ 31 Abs. 2, 66 s. RL Nr. 2 zu § 74. Werden mehrere Angeklagte wegen derselben Tat verurteilt und ist teilweise nach § 74 von der Auferlegung der Kosten abgesehen worden, so tritt bei den erwachsenen Verurteilten wegen der gemeinsamen Auslagen keine gesamtschuldnerische Haftung ein, d. h., sie haften nur für den auf sie entfallenden Anteil, da sie ansonsten gem. § 426 BGB Rückgriff auf den jugendlichen Verurteilten nehmen könnten (*OLG Koblenz* NStZ-RR 1999, 160).

VII. Rechtsmittel

14 Gegen die Kostenentscheidung selbst ist gem. § 464 Abs. 3 S. 1 StPO sofortige Beschwerde zulässig; im Falle einer gleichzeitigen Berufung oder Revision ist das Berufungs- bzw. Revisionsgericht auch für die Entscheidung über die sofortige Beschwerde zuständig, solange es mit der Berufung oder Revision befaßt ist (s. § 464 Abs. 3 S. 3 StPO; zur Umdeutung einer Revision, mit der allein die Nichtanwendung des § 74 beanstandet wird, in eine sofortige Beschwerde, über die nicht mehr das Revisionsgericht zu entscheiden hat, *OLG Düsseldorf* NStZ-RR 1999, 252). Diese Kostenentscheidung ist entgegen der Rechtsprechung (s. *OLG Frankfurt* Zbl 1976, 131; *OLG Koblenz* MDR 1978, 595; *OLG Frankfurt* bei *Böhm*

NStZ 1982, 416; *OLG Hamm* JMBl. NW 1983, 65; zust. *Brunner/Dölling* § 55 Rn. 14; kritisch *Eisenberg* § 55 Rn. 72) auch nach Unanfechtbarkeit der Hauptentscheidung gem. § 55 Abs. 2 mit der Beschwerde anfechtbar, da der Wortlaut des § 55 Abs. 2 für einen solchen Ausschluß nichts hergibt und mit der Beschwerdemöglichkeit nur eine geringfügige Verfahrensverlängerung verursacht wird (s. § 310 StPO), die gerade mit Rücksicht auf die sachgerechte Entscheidung des § 74 in Kauf zu nehmen ist (s. auch § 59 Rn. 2). Die Ermessensentscheidung gem. § 74 (Rn. 6) ist **im Revisionsverfahren** nur begrenzt auf einen Ermessensfehlgebrauch überprüfbar (s. *BGH* bei *Herlan* GA 1964, 135; *OLG Schleswig* RdJ 1957, 94; *OLG Hamm* NJW 1963, 1168). Ein **Ermessensfehlgebrauch** liegt möglicherweise auch vor, **wenn sich** aus der Urteilsformel und den Gründen **nicht ergibt, daß § 74 überhaupt geprüft wurde**; in einem solchen Fall ist das Urteil, auch zugunsten von Mitangeklagten, die kein Rechtsmittel eingelegt haben, aufzuheben (s. § 357 StPO; ebenso *BGHSt* 16, 263; *OLG Hamm* NJW 1963, 1168; *Dallinger/Lackner* § 74 Rn. 16; *Eisenberg* § 74 Rn. 26). Die bloße Zitierung der §§ 465 f. StPO genügt nicht (ebenso *Schnitzerling* MDR 1962, 541; *Dallinger/Lackner* § 74 Rn. 16; a. M. *BGH* bei *Herlan* GA 1959, 47; teilweise korrigierend *BGHSt* 16, 263); nach *OLG Düsseldorf* MDR 1993, 1113 kann bei einer im Jugendstrafrecht erfahrenen Jugendkammer davon ausgegangen werden, daß auch ohne eine ausdrückliche Stellungnahme § 74 geprüft wurde – die in der Entscheidung nachgeholte Abwägung spricht gegen diese Unterstellung.

§ 75 (aufgehoben)

Achter Unterabschnitt. Vereinfachtes Jugendverfahren

Grundlagen zu den §§ 76-78

1. Systematische Einordnung

1   Mit den §§ 76 bis 78 wird eine besondere jugendstrafrechtliche Verfahrensart eingeführt: das vereinfachte Jugendverfahren (nach veralteter Terminologie: »ein Zucht- und Erziehungsverfahren eigener Art«, s. *BGHSt* 12, 182). Es ist gekennzeichnet durch eine vereinfachte, beschleunigte und jugendadäquate Gestaltung des Verfahrens mit einer eingeschränkten Sanktionskompetenz. Auffällig ist das regelmäßige Fehlen der Staatsanwaltschaft. Das vereinfachte Jugendverfahren bildet so einen Ersatz für die gegen Jugendliche unzulässigen Verfahrensarten »Strafbefehl« und »Beschleunigtes Verfahren« (s. § 79).

2. Historische Entwicklung

2   Das vereinfachte Jugendverfahren wurde mit der Jugendstrafrechtsverordnung vom 6. 11. 1943 (RGBl I, 635 ff.) in den §§ 48 bis 50 eingeführt (s. hierzu *Kümmerlein* DJ 1943, 561, 562) und in seinem wesentlichen Inhalt vom JGG 1953 übernommen (s. auch *Kolbe* MDR 1978, 801). Vorher (JGG 1923) standen nur und eingeschränkt schriftliche Verfahrensarten, der richterliche Strafbefehl (§ 39) und die polizeiliche Strafverfügung (§ 40), sowie ab 1940 das beschleunigte Verfahren auch für Jugendliche (Verordnung vom 4. 10. 1940, RGBl I, 1336) zur schnelleren Abwicklung zur Verfügung. Die spätere polizeiliche Strafverfügung im § 52 JGG 1943 wurde 1953 in die jugendrichterliche Verfügung (§ 75) umgewandelt, die wiederum mit dem Wegfall der Übertretungen am 1. 1. 1975 gestrichen wurde (Ersatz: polizeiliche Verwarnung und Geldbuße nach dem OWiG). Von daher ist das vereinfachte Jugendverfahren jetzt das einzig zulässige besondere Verfahren im Jugendstrafverfahren, das mit einem Urteil endet. Durch das 1. JGGÄndG ist der Anwendungsbereich des vereinfachten Jugendverfahrens in Verkehrsstrafsachen erweitert worden: Die Staatsanwaltschaft kann nunmehr dieses Verfahren auch dann beantragen, wenn zu erwarten ist, daß auf eine Entziehung der Fahrerlaubnis sowie eine Sperre von nicht mehr als 2 Jahren erkannt werden wird.

3. Gesetzesziel

3   Das Gesetzesziel dieser besonderen Verfahrensvorschriften ist im § 78 Abs. 3 genannt: »Vereinfachung, Beschleunigung und jugendgemäße Ge-

staltung des Verfahrens«. Zwar gilt diese Zielsetzung für jedes Jugendstrafverfahren; aus rechtsstaatlichen Gründen konnte jedoch generell nicht von den Verfahrensvorschriften der StPO abgewichen werden. Da auch im vereinfachten Verfahren Strafen und Maßregeln ausgesprochen werden, können insoweit auch nur geringe Abstriche gemacht werden. Zu verkennen ist weiterhin nicht, daß die Vereinfachungs- und Beschleunigungstendenz im Widerspruch zu dem Anliegen an einer jugendgemäßen Gestaltung stehen kann. So bedeutet die Beteiligung der Jugendgerichtshilfe sowie der gesetzlichen Vertreter bzw. Erziehungsberechtigten immer auch eine Ausweitung des Verfahrens. Vereinfachung ist im Interesse des/der Beschuldigten, nicht der Justiz auszulegen, auch wenn damit sekundär verfahrensökonomische Interessen angesprochen werden. So bleibt die informellere Erledigung weitgehend auf Äußerlichkeiten begrenzt. Das vereinfachte Jugendverfahren steht so zwischen dem Einstellungsverfahren gem. den §§ 45 und 47 (Diversion) und dem förmlichen Jugendgerichtsverfahren (*Schaffstein/Beulke* § 40 II. 1.). Sein Einsatzbereich ist die leichte bis mittlere Jugendkriminalität; für Bagatellen ist eine Verhandlung nicht erforderlich (ebenso *Brunner/Dölling* §§ 76-78 Rn. 5).

4. Justizpraxis

In der Justizpraxis wird von dem vereinfachten Jugendstrafverfahren nur selten Gebrauch gemacht, offensichtlich weil zunehmend die Diversionsmöglichkeiten genutzt werden.

Erledigte Verfahren, beendet durch Antrag gem. §76:

1981 – 46 634 (ohne Schleswig-Holstein, Hessen und Berlin)
1985 – 33 137 (ohne Schleswig-Holstein und Hessen)
1990 – 16 647 (Angaben für Hamburg geschätzt)
1994 – 16 723 (ohne Mecklenburg-Vorpommern)
1996 – 18 220
1997 – 20 733*

Zu den Abgeurteiltenzahlen ergibt sich im alten Bundesgebiet folgendes Verhältnis:

	Abgeurteilte insgesamt	vereinfachtes Jugendverfahren
1990	156 467	16 647 (10,6 %)
1997	138 628	17 030* (12,3 %)

* Für Hamburg Ergebnisse von 1996.
(Quelle: Statistisches Bundesamt, Arbeitsunterlage »Staatsanwaltschaften« sowie Fachserie 10, Reihe 3, Strafverfolgung; Gebiet: bis 1990 alte Länder, ab 1994 gesamtes Bundesgebiet)

Bei alledem sind erhebliche regionale Unterschiede feststellbar (s. *Heinz* in: Das Ermittlungsverhalten der Polizei und die Einstellungspraxis der Staatsanwaltschaften, hrsg. v. *Geisler*, 1999, S. 176).
Speziell für schnelle Reaktionen auf Delikte im Schulbereich wurde das »Lemgoer Modell« entwickelt mit einer bedenklichen »Vormachtstellung der Polizei« (s. *Schlie* DVJJ-Journal 1999, 335)

5. Rechtspolitische Einschätzung

5   Die Zielsetzung »jugendgemäße Gestaltung« des Verfahrens ist uneingeschränkt zu begrüßen. Eine hier praktizierte kompensatorische Verhandlungsführung kann zum Vorbild auch für das förmliche Jugendstrafverfahren werden. Insofern verdient dieses Verfahren auch in der Rechtslehre, die in der Diversionsdiskussion diesen informellen Verfahrensgang bislang weitgehend ausgeklammert hat, mehr Beachtung. Zur Vereinfachung und Beschleunigung haben sich aber in der Praxis rechtsstaatlich bedenkliche Entwicklungen breit gemacht (s. Rn. 14, 15, 16 sowie § 68 Rn. 2), denen mit Nachdruck entgegenzutreten ist. Insoweit ist auch der Gesetzgeber gefordert, Klarstellungen im rechtsstaatlichen Sinne vorzunehmen. Justizökonomische Interessen dürfen nicht das Verfahren bestimmen. Ansonsten ist die »Horror-Liste« der 52. Konferenz der Justizminister und -senatoren zur Änderung des Strafverfahrensrechts (zum späteren Referentenentwurf s. die Stellungnahme des *Deutschen Anwaltsvereins* und der *Strafverteidigervereinigungen* StV 1983, 214 ff.) bereits auf »kaltem Wege« in Kraft gesetzt (ein Großteil der kritisierten Änderungsvorschläge wurde mit dem EStVÄG 1984 zurückgenommen). Auch nur dann läßt sich eine Ausdehnung auf Heranwachsende (so die Denkschrift über die kriminalrechtliche Behandlung junger Volljähriger der DVJJ, 1977, 61) und Erwachsene (so *Wolter* GA 1985, 77 ff.) befürworten. Den Vorrang vor dem vereinfachten Jugendverfahren hat zudem immer das informellere Erledigungsverfahren gem. § 45.

§ 76. Voraussetzungen des vereinfachten Jugendverfahrens

Der Staatsanwalt kann bei dem Jugendrichter schriftlich oder mündlich beantragen, im vereinfachten Jugendverfahren zu entscheiden, wenn zu erwarten ist, daß der Jugendrichter ausschließlich Weisungen erteilen, die Hilfe zur Erziehung im Sinne des § 12 Nr. 1 anordnen, Zuchtmittel verhängen, auf ein Fahrverbot erkennen, die Fahrerlaubnis entziehen und eine Sperre von nicht mehr als zwei Jahren festsetzen oder den Verfall oder die Einziehung aussprechen wird. Der Antrag des Staatsanwalts steht der Anklage gleich.

§ 77. Ablehnung des Antrags

(1) Der Jugendrichter lehnt die Entscheidung im vereinfachten Verfahren ab, wenn sich die Sache hierzu nicht eignet, namentlich wenn die Anordnung von Hilfe zur Erziehung im Sinne des § 12 Nr. 2 oder die Verhängung von Jugendstrafe wahrscheinlich oder eine umfangreiche Beweisaufnahme erforderlich ist. Der Beschluß kann bis zur Verkündung des Urteils ergehen. Er ist nicht anfechtbar.

(2) Lehnt der Jugendrichter die Entscheidung im vereinfachten Verfahren ab, so reicht der Staatsanwalt eine Anklageschrift ein.

§ 78. Verfahren und Entscheidung

(1) Der Jugendrichter entscheidet im vereinfachten Jugendverfahren auf Grund einer mündlichen Verhandlung durch Urteil. Er darf auf Hilfe zur Erziehung im Sinne des § 12 Nr. 2, Jugendstrafe oder Unterbringung in einer Entziehungsanstalt nicht erkennen.
(2) Der Staatsanwalt ist nicht verpflichtet, an der Verhandlung teilzunehmen. Nimmt er nicht teil, so bedarf es seiner Zustimmung zu einer Einstellung des Verfahrens in der Verhandlung oder zur Durchführung der Verhandlung in Abwesenheit des Angeklagten nicht.
(3) Zur Vereinfachung, Beschleunigung und jugendgemäßen Gestaltung des Verfahrens darf von Verfahrensvorschriften abgewichen werden, soweit dadurch die Erforschung der Wahrheit nicht beeinträchtigt wird. Die Vorschriften über die Anwesenheit des Angeklagten (§ 50), die Stellung des Erziehungsberechtigten und des gesetzlichen Vertreters (§ 67) und die Mitteilung von Entscheidungen (§ 70) müssen beachtet werden.

Literatur

Heinen Die Gestaltung der Jugendgerichtsverhandlung im vereinfachten Verfahren, UJ 1957, 204; *Kolbe* Vorführung und Haftbefehl im vereinfachten Jugendverfahren zulässig?, MDR 1978, 800; *Müller* Streitfragen aus dem Rechte des Jugendstrafverfahrens, RdJ 1958, 337; *Roestel* Ablehnung des beschleunigten Strafverfahrens und des vereinfachten Jugendverfahrens, NJW 1966, 1952; *Schaffstein* Das vereinfachte Jugendverfahren, MschrKrim 1978, 313.

Inhaltsübersicht

	Rn.
I. Anwendungsbereich	1
II. Anwendungsvoraussetzungen	
1. Antrag der Staatsanwaltschaft	
a) Formelle Erfordernisse	2
b) Inhaltliche Voraussetzungen	4
c) Ermessen	7
2. Jugendrichterliche Zustimmung	
a) Formelle Voraussetzungen	8
b) Inhaltliche Voraussetzungen	9
III. Rechtsfolgen	11
IV. Verfahren	
1. im vorbereitenden Verfahren und in der mündlichen Verhandlung	14
2. bei Rechtsmittel gegen das erstinstanzliche Urteil	18

I. Anwendungsbereich

Das vereinfachte Jugendverfahren (§§ 76 bis 78) ist nur gegen Jugendliche, nicht gegen Heranwachsende zulässig (s. § 109; s. aber Grdl. z. §§ 76-78 Rn. 5 und Grdl. z. §§ 79-81 Rn. 9); vor den für allgemeine Strafsachen zuständigen Gerichten findet es auch gegen Jugendliche keine Anwendung (s. § 104 Rn. 22).

II. Anwendungsvoraussetzungen

1. Antrag der Staatsanwaltschaft

a) Formelle Erfordernisse

Erste Voraussetzung für das vereinfachte Jugendverfahren ist ein Antrag der Staatsanwaltschaft beim Jugendrichter (§ 76 Abs. 1 S. 1); d. h., beim Jugendschöffengericht und der Jugendstrafkammer ist ein vereinfachtes Jugendverfahren ausgeschlossen. Aufgrund der ausdrücklichen gesetzlichen Erlaubnis darf der Antrag auch mündlich, damit auch fernmündlich gestellt werden. Schon aus Rechtssicherheitsgründen sollte aber immer die Schriftform gewählt werden (ebenso RL Nr. 2 zu § 76; *Eisenberg* §§ 76 bis 78 Rn. 11; *Brunner/Dölling* §§ 76-78 Rn. 8). Da der Antrag einer Klage gleichsteht (§ 76 S. 2), sind die Angeschuldigten eindeutig zu benennen, muß der Anklagevorwurf in tatsächlicher und rechtlicher Hinsicht erhoben werden (s. RL Nr. 2 zu § 76; *Dallinger/Lackner* § 76 Rn. 9; a. M. *Müller* S. 110). Ansonsten bedarf es keiner bestimmten Form; somit kann der Antrag auch in der Form einer Anklageschrift mit einem entsprechenden Zusatz gestellt werden. Wenn auf eine Teilnahme an der Hauptverhandlung gem. § 78 Abs. 2 S. 1 verzichtet wird, ist dies als ein Antrag gem. § 76 zu verstehen (s. *AG Tübingen* DRiZ 1948, 217 ff.). Der Antrag kann auch mit Rücksicht auf § 156 StPO bis zur Eröffnung des Hauptverfahrens einer Anklageschrift nachgereicht werden (h. M., s. *Eisenberg* §§ 76-78 Rn. 12 m. w. N.).

Nach h. M. kann der Antrag bis zur Vernehmung des/der Jugendlichen zur Sache zurückgenommen werden (s. *Eisenberg* §§ 76-78 Rn. 13). Das Verbot der Klagerücknahme (§ 156 StPO) ist aber nicht nur ein Ausfluß des Legalitätsprinzips (so *Roxin* § 14 Rn. 32), es dient ebenso dem Interesse des/der Angeschuldigten, im Wege einer justitiellen Verhandlung den staatlicherseits erhobenen und von der Justiz für begründet angesehenen Vorwurf »aus der Welt« zu schaffen. Wo die Eröffnung des Hauptverfahrens fehlt, ist ein vergleichbarer Zeitpunkt die Terminanberaumung (offen *BGHSt* 12, 184), da hier das Gericht zum ersten Mal im Sinne eines hinreichenden Tatverdachts entschieden hat, was auch mit der Heranziehung der Beweismittel deutlich wird. Diese Terminanberaumung genügt den

Anforderungen an die Rechtssicherheit (a. M. *Brunner/Dölling* §§ 76-78 Rn. 9), so daß auch nicht die Hauptverhandlung mit der Bekanntgabe des Antrages abgewartet werden muß (so *Potrykus* § 76 Anm. 3). Nach einer wirksamen Rücknahme ist die Rechtshängigkeit beseitigt, so daß – ebenso wie bei der Ablehnung (s. Rn. 13) – eine neue staatsanwaltschaftliche Entscheidung erforderlich ist, nachdem der Abschluß der Ermittlungen gem. § 169 a StPO vermerkt worden ist.

b) Inhaltliche Voraussetzungen

4 Da mit dem Antrag der Staatsanwaltschaft ein anklagemäßiger Vorwurf erhoben wird (§ 76 S. 2), ist erste inhaltliche Voraussetzung ein »hinreichender Tatverdacht« gem. § 170 Abs. 1 StPO; dieser muß auch im Hinblick auf die strafrechtliche Verantwortlichkeit gem. § 3 vorliegen. Rechtliche Unklarheiten dürfen nicht mit dem vereinfachten Verfahren übergangen werden; im Gegenteil: Sie sprechen gegen das vereinfachte Verfahren.

5 Als spezielle Voraussetzung für den Antrag ist die reduzierte Straferwartung gem. § 76 S. 1 zu beachten. Bereits die Erwartung einer »27er Entscheidung« steht einer Antragstellung entgegen, ebenso die Erwartung einer Sanktion gem. § 53 (s. dort Rn. 3).

6 Zusätzlich gilt bereits für die Antragstellung der richterliche Ablehnungsgrund »umfangreiche Beweisaufnahme«, die sich auf Tat oder Täter beziehen kann.

c) Ermessen

7 Unter diesen Voraussetzungen steht die Antragstellung im pflichtgemäßen Ermessen der Staatsanwaltschaft. Dieses ist grundsätzlich **im bejahenden Sinne** auszuüben, da die gegenüber dem normalen Jugendstrafverfahren informellere Erledigungsart vorzuziehen ist (s. RL Nr. 1 zu § 76; *Heinen* UJ 1957, 205; *Eisenberg* §§ 76-78 Rn. 8). Hierbei sind aber vorrangig die eigentlichen Diversionsmöglichkeiten auszuschöpfen (s. Grdl. z. §§ 76-78 Rn. 5).

2. Jugendrichterliche Zustimmung

a) Formelle Voraussetzungen

8 Der Jugendrichter muß dem Antrag der Staatsanwaltschaft nicht ausdrücklich zustimmen; nur die Ablehnung muß in Beschlußform ergehen (§ 77 Abs. 1 S. 2). Die Zustimmung wird für das weitere Verfahren still-

schweigend vorausgesetzt. Eine Ablehnung im laufenden Verfahren, die bis zur Urteilsverkündung möglich ist (§ 77 Abs. 1 S. 2), sollte nur dann erfolgen, wenn die Sanktionskompetenz tatsächlich nicht ausreicht, da ein erneutes Verfahren den Jugendlichen unverhältnismäßig belasten muß; auch im vereinfachten Jugendverfahren läßt sich eine schwierige Sach- und Rechtslage aufklären, letztlich mit Einschaltung eines Pflichtverteidigers (s. § 68 Rn. 2), da von den Verfahrensvorschriften nicht abgewichen werden muß.

b) Inhaltliche Voraussetzungen

Wie für die Staatsanwaltschaft ist für den Fortgang des strafjustitiellen Verfahrens zunächst ein hinreichender Tatverdacht erforderlich, auch wenn dies im § 77 nicht ausdrücklich aufgeführt ist (a. M. *Dallinger/Lackner* § 77 Rn. 3; *Kolbe* MDR 1978, 801). Insoweit genügt nicht ein Anraten zur Prüfung (so *Brunner/Dölling* §§ 76-78 Rn. 11, 13; wohl auch *Eisenberg* §§ 76-78 Rn. 14). Dem Beschleunigungsprinzip steht nur entgegen, in demselben Umfang wie im Normalverfahren dieser Prüfungspflicht nachzukommen. Für das Fehlen der Zuständigkeit, für das Vorliegen von Strafverfolgungshindernissen ist diese Prüfungsverpflichtung auch allgemein anerkannt. **Eine andere Verfahrensweise wäre die Verfolgung Unschuldiger (§ 344 StGB).**

Fortwährende materiellrechtliche Voraussetzung ist weiterhin die Geeignetheit. Diese ist namentlich aber nicht ausschließlich für die Erwartung der Hilfe zur Erziehung gem. § 12 Nr. 2 und der Jugendstrafe zu verneinen, wobei auch bei Erwartung einer Sanktion, die in § 76 S. 1 nicht vorgesehen und dementsprechend schon eine Antragstellung verhindern sollte, die Geeignetheit verneint werden kann. Insoweit decken sich – sinnwidrigerweise – nicht die Antrags- mit den Zustimmungsvoraussetzungen, wobei die Entscheidungskompetenz letztlich hiervon nochmals abweicht (s. Rn. 11). Weiterhin ist ein komplizierter Sachverhalt, der eine umfangreiche Beweisaufnahme erforderlich macht, nicht geeignet (§ 77 Abs. 1 S. 1). Hierzu gehört auch eine komplizierte Rechtsfolgenentscheidung. Darüber hinaus ist für den Fall einer notwendigen Verteidigung immer ein vereinfachtes Verfahren zu verneinen (s. § 68 Rn. 2). In diesen Fällen, in denen die Verteidigungsmöglichkeiten aufgrund der Person, der Tat oder der Verfahrenssituation eingeschränkt oder verhindert werden, ist immer ein formal-ordnungsgemäßes Prozessieren erforderlich, so insbesondere auch bei einem verhafteten Angeklagten (anders die h. M., wenn auf ein Besuchsrecht des Verteidigers sowie der Jugendgerichtshilfe hingewiesen wird; s. *Brunner/Dölling* §§ 76-78 Rn. 18, 20; *Eisenberg* §§ 76-78 Rn. 24, 26). Ein Geständnis ist jedoch nicht Voraussetzung, wenn auch ein begründetes Bestreiten in einem förmlichen kontradiktorischen Verfahren überprüft werden sollte (s. *Bottke* ZStW 95 [1983], 97 m. Fn. 239). Umgekehrt sind mit Rücksicht auf das Verhältnismäßigkeitsprinzip die informellen Verfahrenserledigungen gem. den §§ 45, 47 immer vorab zu bedenken (s. auch Grundlagen Rn. 5), so daß auch insoweit ein – vereinfachtes – Verfahren ungeeignet sein kann (s. *Brunner/Dölling* §§ 76-78 Rn. 6; a. M. *Kümmerlein* DJ 1943, 562; *Eisenberg* §§ 76-78 Rn. 18).

III. Rechtsfolgen

11 Letztlich darf der Jugendrichter auf alle Strafen und Maßnahmen mit Ausnahme von Hilfe zur Erziehung i. S. des § 12 Nr. 2, Jugendstrafe und Unterbringung in einer Entziehungsanstalt erkennen. Dies schließt auch die Aussetzung der Verhängung der Jugendstrafe gem. § 27 mit ein (s. § 62 Rn. 1).

12 Auch im vereinfachten Jugendverfahren ist immer die Einstellung des Verfahrens zu prüfen (zur entsprechenden Initiativaufgabe der Verteidigung s. *Zieger* Verteidigung in Jugendstrafsachen, 3. Aufl., Rn. 221). Im § 78 Abs. 2 S. 2 wird bei Teilnahmeverzicht durch die Staatsanwaltschaft insofern auch auf das Zustimmungserfordernis gem. § 47 Abs. 2 S. 1, §§ 153 Abs. 2 S. 1, 153 a Abs. 2 S. 1 StPO (s. § 47 Rn. 2) verzichtet (a. M. aber LG Aachen NStZ 1991, 450 m. abl. Anm. von *Eisenberg*), wobei dienstinterne Einschränkungen für den Sitzungsvertreter aber nicht als Fehlen der Staatsanwaltschaft gewertet werden dürfen (so *Potrykus* § 78 Anm. 2; wie hier *Brunner/Dölling* §§ 76-78 Rn. 18). Dies gilt selbst dann, wenn die Staatsanwaltschaft bei Antragstellung einer eventuellen Einstellung ausdrücklich widersprochen hat: Die gesetzgeberische Entscheidung kann nicht durch eine justitielle Anordnung unterlaufen werden (h. M., s. *Eisenberg* §§ 76-78 Rn. 18; anders § 50 des Entwurfs eines Gesetzes zur Änderung des Reichsjugendgerichtsgesetzes vom 31. 3. 1952, BGBl. I, 3264).

13 Die Ablehnung des Antrages auf ein vereinfachtes Jugendverfahren erfolgt durch Beschluß, der unanfechtbar ist (§ 77 Abs. 1 S. 2 und 3). Entgegen § 77 Abs. 2 ist die Staatsanwaltschaft anschließend nicht gezwungen, in jedem Fall eine Anklageschrift einzureichen (h. M.; a. M. nur *Roestel* NJW 1966, 1953). Wenn die Ablehnung erfolgte, weil kein hinreichender Tatverdacht vorlag, so hat die Staatsanwaltschaft gem. § 170 Abs. 2 StPO einzustellen, wenn sie nicht mit einer Anklage die Voraussetzung dafür schaffen will, die richterliche Ablehnung gem. § 210 Abs. 2 StPO überprüfen zu lassen; wurde das Verfahren abgelehnt, weil eine Einstellung für adäquater angesehen wurde, so steht der Weg gem. § 45 offen (h. M., s. *Brunner/Dölling* §§ 76-78 Rn. 15 m. w. N.), auch dann, wenn sie selbst den Antrag nicht mehr zurücknehmen konnte (s. Rn. 3). Diese Umorien-

Zweites Hauptstück. Jugendgerichtsverfassung §§ 76-78
und Jugendstrafverfahren

tierung der Staatsanwaltschaft ist auch dann zulässig, wenn sie von sich aus sich eines »Besseren« besinnt.

IV. Verfahren

1. im vorbereitenden Verfahren und in der mündlichen Verhandlung

Nach § 78 Abs. 3 darf »zur Vereinfachung, Beschleunigung und jugendgemäßen Gestaltung des Verfahrens« von Verfahrensvorschriften abgewichen werden, »soweit dadurch die Erforschung der Wahrheit nicht beeinträchtigt wird«. Die h. M. geht in der Verfahrensabweichung sehr weit, zu weit. So soll über den – richtigen – Verzicht auf die Eröffnung des Verfahrens keine Ladungsfrist erforderlich sein (*Brunner/Dölling* §§ 76-78 Rn. 18; zw. *Eisenberg* §§ 76-78 Rn. 27). Wenn die Verhandlung gegen einen auf frischer Tat ergriffenen Jugendlichen durchgeführt wird, erscheint die Erforschung der Wahrheit regelmäßig aufgrund des Überraschungseffekts beeinträchtigt (s. aber *Dallinger/Lackner* § 78 Rn. 3 und *Schaffstein* MschrKrim 1978, 317). Zumindest sollte eine 24stündige Ladungsfrist eingehalten werden (s. auch § 418 Abs. 2 S. 3 StPO), wobei mit der Ladung der Gegenstand des Vorwurfs mitzuteilen ist. Zur Anwendung des § 43 s. dort Rn. 2.

14

Noch bedenklicher sind die Verfahrensabweichungen, die für das Beweisantragsrecht zugestanden werden. Obwohl der Grundsatz des § 244 Abs. 2 StPO, die Amtsermittlungsmaxime, gelten soll, wird auf die Einhaltung der Ablehnungsgründe eines Beweisantrags gem. § 244 Abs. 3 S. 2 StPO verzichtet (*Brunner/Dölling* §§ 76-78 Rn. 20) und auf das pflichtgemäße Ermessen des Gerichts abgestellt (*Dallinger/Lackner* § 78 Rn. 12, 15; *Eisenberg* §§ 76 bis 78 Rn. 22, 23, der in diesem Zusammenhang auf die Entscheidung des *Reichsgerichts* JW 1933, 953, hinweist, das nach der Reichspräsidentenverordnung vom 14. 6. 1932 nur noch zu prüfen hatte, ob das »freie Ermessen« für den Umfang der Beweisaufnahme verletzt wurde; dieses »freie Ermessen« galt für die Strafjustiz im »Dritten Reich« generell, s. § 24 der Verordnung vom 1. 9. 1936, RGBl I, S. 1658). § 244 Abs. 3 StPO ist aber im Kern nur eine antragsmäßige Konkretisierung des Aufklärungsprinzips gem. § 244 Abs. 2 StPO, wenngleich nach h. M. mit dem Beweisantragsrecht das Gericht zu einer weitergehenden Aufklärung gezwungen werden kann (s. *BGH* StV 1984, 3; *Alsberg/Nüse/Meyer* Der Beweisantrag im Strafprozeß, 5. Aufl., S. 29 ff. m. w. N.); hier wirkt sich die Anerkennung einer eigenständigen Verfahrensposition der Prozeßbeteiligten aus. Nach einer beachtlichen Mindermeinung stimmen darüber hinaus Aufklärungspflicht und Antragsrecht überein (*Dallinger/Lackner* § 78 Rn. 15: »Kehrseite des Gebotes der Pflicht zur Wahrheitserforschung«), ja

15

§§ 76-78

die Aufklärungspflicht wird als weitergehend angesehen (s. *Engels* Die Aufklärungspflicht nach § 244 Abs. 2 StPO, 1979, S. 52 ff.; *ders.* GA 1981, 26 jeweils m. w. N.). Unabhängig von diesem Verhältnisstreit werden im § 78 Abs. 3 von der – wo und wie auch immer begründeten – Wahrheitserforschungspflicht ausdrücklich keinerlei Abstriche gemacht, so daß auch alle sonst geltenden Wahrheitsforschungsregeln hier gelten.

Die Ablehnung eines Beweisantrages, weil »die Erhebung des Beweises zur Erforschung der Wahrheit nicht erforderlich ist« (so *Dallinger/Lackner* § 78 Rn. 15), »das Gericht sei schon vom Gegenteil der Beweistatsache überzeugt« (so *Alsberg/Nüse/Meyer* a. a. O., S. 838; hiergegen *Brunner/Dölling* §§ 76-78 Rn. 20; *Eisenberg* §§ 76-78 Rn. 23), verstößt in klassischer Weise gegen das Beweisantizipationsverbot. Auch § 245 StPO ist in der heutigen Fassung vom 5. 10. 1978 (BGBl. I, S. 1645) zu beachten, da die präsenten Beweismittel der Verteidigung gem. § 245 Abs. 2 StPO – ebenso der Staatsanwaltschaft – nur genutzt werden müssen, wenn ein Beweisantrag gestellt wird, der wiederum nur unter vergleichbar engen Voraussetzungen abgelehnt werden darf (so auch *Dallinger/Lackner* § 78 Rn. 17, wonach eine Abweichung nur erlaubt ist, »soweit diese Vorschrift über § 244 Abs. 2 hinausgeht«). Dieses **Festhalten an den Beweisregeln** ist auch deshalb geboten, weil regelmäßig außer dem Jugendrichter kein Rechtskundiger an der Verhandlung teilnimmt: Die Staatsanwaltschaft verzichtet in der Regel, ein Verteidiger wird ebenso nur ausnahmsweise beauftragt. Über das Beweisantragsrecht hinaus dürfen an den elementaren Verteidigungsrechten (Wahl eines Verteidigers mit Akteneinsichtsrecht gem. § 147 StPO, spätestens nach Abschluß der Ermittlungen gem. § 169 a StPO; Hinweis gem. § 243 Abs. 4 StPO; rechtliches Gehör; Schlußwort) keine Abstriche gemacht werden (a. M. hinsichtlich des letzten Wortes *Heinen* UJ 1957, 207; hiergegen *Müller* RdJ 1958, 338).

16 Das Prinzip der uneingeschränkten Wahrheitsermittlung wirkt sich weiterhin in der gesetzlich vorgeschriebenen Beachtung der Vorschriften über die Anwesenheit des/der Angeklagten (§ 50), die Stellung des Erziehungsberechtigten und des gesetzlichen Vertreters (§ 67) und die Mitteilung von Entscheidungen (§ 70) aus. Entgegen dem Gesetzeswortlaut in § 70 wird es teilweise für ausreichend angesehen, daß im Hinblick auf eine drohende Verfahrensverzögerung die Jugendgerichtshilfe erst nachträglich informiert wird (*Brunner/Dölling* §§ 76-78 Rn. 18; *Müller* S. 109; *Eisenberg* §§ 76-78 Rn. 26; s. auch RL zu § 78). Entgegen dieser Lehrmeinung ist in Beachtung des § 38 Abs. 3 die **Jugendgerichtshilfe so rechtzeitig zu informieren, daß ihre aktive Mitwirkung am Verfahren möglich ist**; ansonsten wird die Information ihres eigentlichen Zwecks beraubt (s. auch *Dallinger/Lackner* § 78 Rn. 9). Allerdings wird hier in der Regel die Verlesung des schriftlichen Jugendhilfeberichts ausreichen (ebenso *Schaffstein* MschrKrim 1968, 318 gegen *Dallinger/Lackner* § 78 Rn. 14 und *Tröndle*

Zbl 1953, 196), soweit damit nicht Tatsachen verwertet werden sollen, die von dem/der Angeklagten bestritten werden (s. § 38 Rn. 9). Eine fernmündliche Information (s. *Brunner/Dölling* §§ 76-78 Rn. 18) darf nur dann verwertet werden, wenn der/die Angeklagte damit einverstanden ist und er/sie in entsprechender Anwendung des § 51 Abs. 1 S. 2 hierüber unterrichtet wird.

Neben dem üblichen und anzuratenden (s. *Potrykus* § 78 Anm. 2) Verzicht auf eine ansonsten notwendige Teilnahme der Staatsanwaltschaft (§ 226 StPO), die dann auch nicht benachrichtigt zu werden braucht (unklar *Dallinger/Lackner* § 78 Rn. 6; *Eisenberg* §§ 76-78 Rn. 25), erlaubt das vereinfachte Verfahren somit in erster Linie ein **Abweichen von der äußeren Form** des Verfahrens. Das heißt, es kann und sollte auf die Robe verzichtet werden (zum Ablegen der Robe in förmlichen Verfahren s. Grdl. z. §§ 48-51 Rn. 5), die Verhandlung kann entgegen Nr. 124 Abs. 1 RiStBV im Arbeitszimmer des Richters stattfinden, zumindest in einer aufgelockerten Sitzordnung, ein Protokollführer braucht nicht anwesend zu sein, ohne daß aber auf ein Protokoll verzichtet werden kann, die Justizsprache und Justizgebärde sollten zugunsten einer allgemeinverständlichen Ausdrucksweise und einer kompensatorischen Verhandlungsführung aufgegeben werden, ohne daß allerdings die justitielle Machtausübung verschleiert werden darf (s. auch *Brunner/Dölling* §§ 76-78 Rn. 18; *Müller* S. 109; unbestimmt *Eisenberg* §§ 76-78 Rn. 27). Insbesondere sollte auch vom Schuldinterlokut Gebrauch gemacht (ebenso *Bottke* ZStW 95 [1983], 97, 98) und die Urteilsverkündung auf den/die Angeklagte/n abgestimmt werden (ebenso *Heinen* UJ 1957, 207; a. M. *Müller* RdJ 1958, 338). Die Bestimmungen, die generell im Jugendstrafverfahren diesem Verhandlungsstil entgegenkommen (§§ 48, 49), gelten dementsprechend hier erst recht. Der informellen Verfahrensweise steht auch der Einsatz von Zwangsmitteln gem. § 230 Abs. 2 StPO entgegen (de lege ferenda für eine Einführung die Mehrheit auf der Justizministerkonferenz vom 7.-9.6.99 in Baden-Baden). Noch umständlicher ist aber der Weg, der von der h. M. vorgeschlagen wird: Rücknahme des Antrages durch die Staatsanwaltschaft bei Nichterscheinen zum Termin, Anklageerhebung, erforderlichenfalls Einsatz von Zwangsmitteln gem. § 230 Abs. 2 StPO (s. *Brunner/Dölling* §§ 76-78 Rn. 17; nachfolgend *Eisenberg* §§ 76 bis 78 Rn. 21). Nach der hier vertretenen Meinung ist eine solche Rücknahme nach Terminanberaumung zudem nicht mehr möglich (s. Rn. 3). Wenn mit Rücksicht auf den Begriff »Hauptverhandlung« im § 230 Abs. 2 StPO diese Zwangsmittel nicht anwendbar sind (ausführlich *Kolbe* MDR 1978, 800), so bleibt die Möglichkeit eines Vorführungsbefehls gem. § 134 StPO, wenn in der Ladung, die unverzichtbar ist (s. Rn. 14), hierauf hingewiesen wurde; eine Vernehmung ist die Verhandlung allemal. Allerdings erscheint vor dem Einsatz des Vorführungsbefehls die Abgabe des Verfahrens gem. § 42

17

Abs. 3 zweckdienlich, wenn das Nichterscheinen in einem Ortswechsel begründet ist. Diese Verfahrensverzögerung ist regelmäßig geringer, zumal der Richter das vereinfachte Verfahren in einer solchen Situation auch gänzlich ablehnen kann (anders die h. M., *BGHSt* 12, 180; *Brunner/Dölling* §§ 76-78 Rn. 16; *Eisenberg* §§ 76 bis 78 Rn. 19; s. auch § 42 Rn. 11). Eine umfangreiche Beweisaufnahme kann in dem Wechsel des Gerichts nicht gesehen werden. Allerdings sollte vor der Abgabe die Bereitschaft des angesprochenen Gerichts zur Übernahme abgefragt werden, damit durch einen Zuständigkeitsstreit gem. § 42 Abs. 3 S. 2 das Verfahren nicht unverhältnismäßig hinausgezögert wird. Ebenso ist eine Überweisung an den Vormundschaftsrichter gem. § 53 zulässig, dem aber regelmäßig die Beschleunigungsmaxime entgegensteht (s. *Potrykus* RdJ 1959, 351; *Brunner/Dölling* §§ 76-78 Rn. 3).

2. bei Rechtsmittel gegen das erstinstanzliche Urteil

18 Das erstinstanzliche Urteil des Jugendgerichts ist wie sonst anfechtbar (s. § 55); die Vorschriften über die Rechtsmittelfristen gelten auch hier. Die Rechtsmittelfrist beginnt für die in der ersten Verhandlung abwesende Staatsanwaltschaft erst, wenn ihr das Urteil zugestellt worden ist (§§ 35 Abs. 2, 41 StPO). Dementsprechend ist der/die Verurteilte auch über die Rechtsmittel zu belehren.

19 Die Prüfung hat nach den allgemeinen Vorschriften der StPO zu erfolgen, wobei Prüfungskriterien die §§ 77, 78 sind und auch das Rechtsmittelgericht nur die Sanktionen gem. § 78 Abs. 1 S. 2 aussprechen darf. Kommt das Rechtsmittelgericht zur Auffassung, daß das vereinfachte Verfahren nicht geeignet war bzw. ist, so muß es das Verfahren gem. § 260 Abs. 3 StPO einstellen, da eine Prozeßvoraussetzung fehlt (*BayObLG* 1970, 218; *Brunner/Dölling* §§ 76-78 Rn. 22). Dies gilt auch, wenn aufgrund einer umfangreichen Beweisaufnahme die Eignung abgelehnt wird. Nach der Aufhebung des Urteils hat die Staatsanwaltschaft wie nach einer Ablehnung ihres Antrages durch den Jugendrichter zu entscheiden (s. Rn. 13). Wurden Verfahrensvorschriften zum Nachteil der Wahrheitserforschung nicht beachtet, kann gem. § 328 Abs. 2 StPO zurückverwiesen werden; allerdings kann nicht ohne weiteres, d. h. ohne Anklageerhebung durch die Staatsanwaltschaft, in das ordentliche Jugendverfahren übergegangen werden (so aber *LG Schweinfurt* RdJ 1959, 351; mißverständlich *Brunner/Dölling* §§ 76-78 Rn. 22; *Eisenberg* §§ 76 bis 78 Rn. 35).

Zweites Hauptstück. Jugendgerichtsverfassung und Jugendstrafverfahren
Grdl. z. §§ 79-81

Neunter Unterabschnitt. Ausschluß von Vorschriften des allgemeinen Verfahrensrechts

Grundlagen zu den §§ 79-81

1. Systematische Einordnung

Im Rahmen des Jugendstrafverfahrens (3. Abschnitt) werden im 9. Unterabschnitt einige Vorschriften des Erwachsenenstrafrechtsverfahrens ausdrücklich (s. § 2) ausgeschlossen: Strafbefehl (§§ 407 ff. StPO), beschleunigtes Verfahren (§§ 417 ff. StPO), Privatklage (§§ 374 ff. StPO), Nebenklage (§§ 395 ff. StPO), Entschädigung des Verletzten (§§ 403 ff. StPO). Die Regelung für Heranwachsende ist unterschiedlich (s. §§ 79 Rn. 2, 80 Rn. 3, 81 Rn. 2). Ersatz sind für Strafbefehl und beschleunigtes Verfahren das vereinfachte Jugendverfahren gem. den §§ 76 bis 78 (s. dort Grundlagen Rn. 1); anstelle von Privat- und Nebenklage ist lediglich das Anwesenheitsrecht dem Verletzten eingeräumt (§ 48 Abs. 2 S. 1); die Entschädigung kann zwar vom Verletzten nicht selbständig durchgesetzt werden, insoweit ist aber materiell-rechtlich die eigenständige Sanktion »Schadenswiedergutmachung« an ihre Stelle getreten (§§ 10 Abs. 1 S. 3 Nr. 7, 15 Abs. 1 Nr. 1; s. auch §§ 23 Abs. 1, 29 S. 2, 88 Abs. 6). 1

2. Historische Entwicklung

Im JGG 1923 war das schriftliche Verfahren in der Form des richterlichen Strafbefehls (§ 39) und der polizeilichen Strafverfügung (§ 40) ausdrücklich zugelassen. Im Jahre 1940 wurde auch das beschleunigte Verfahren gegen Jugendliche ermöglicht (Verordnung vom 4. 10. 1940, RGBl I, 1336). Diese besonderen Verfahrensweisen wurden erst mit dem JGG 1943 gestrichen, mit dem das vereinfachte Jugendverfahren eingeführt wurde (s. Grdl. z. §§ 76-78 Rn. 2). Von daher fand der Ausschluß der Verfahrensvorschriften Eingang in das JGG 1953. 2

Ebenso wurde mit dem JGG 1943 die verfahrensrechtliche Durchsetzung einer Entschädigung des Verletzten abgeschafft (§ 51 Abs. 3). 3

Demgegenüber war die Privatklage bereits im JGG 1923 für unzulässig erklärt (§ 38), nicht aber die Nebenklage; diese wurde erst mit § 53 JGG 1943 untersagt. Auch fand sich die Regelung der Widerklage gegen die Privatklage eines/einer Jugendlichen bereits im JGG 1923. Als Ersatz für die Privatklage konnte die öffentliche Klage auch dann erhoben werden, 4

»wenn ein berechtigtes Interesse des Verletzten dies rechtfertigt« (§ 38). Diese Regelung wurde im JGG 1943 geändert: »Eine Verfehlung, die durch Privatklage verfolgt werden kann, verfolgt der Staatsanwalt, wenn es wegen der öffentlichen Belange oder aus Gründen der Erziehung geboten ist« (§ 53). In der Kommentierung wurde zwar ausdrücklich das Privatinteresse des Verletzten als ein dem Erziehungsstrafrecht fremdes Anliegen charakterisiert, gleichzeitig eine erzieherische Ahndung für jede Verletzung von »Ehre und Eigentum eines Volksgenossen« gefordert (*Kümmerlein* DJ 1943, 563). Im JGG 1953 wurden – formal strafausdehnend – sowohl das Erziehungsinteresse als auch das Verletzteninteresse als öffentlicher Klagegrund formuliert, letzteres durch den Erziehungszweck begrenzt; hierbei wurde die Selbstverständlichkeit aufgenommen, daß für Privatklagedelikte keine Jugendstrafe verhängt werden darf. Der Ausschluß der Nebenklage, auch »wenn eine staatliche Behörde die Rechte eines Nebenklägers hat« (§ 80 Abs. 3 S. 2 JGG 1953), wurde durch Art. 26 Nr. 37 EGStGB vom 2. 3. 1974, BGBl I, 469 gestrichen.

3. Gesetzesziel

5 Die Vorschriften der §§ 79 bis 81 sollen das spezielle jugendförmige Verfahren sichern. Mit dem Verbot des schriftlichen Verfahrens soll die **Mündlichkeitsmaxime** eingehalten werden, zum Schutze des Jugendlichen und im Interesse einer sachgerechten Sanktionierung (ausführlich *Dallinger/Lackner*, § 79 Rn. 2). Einmal wirkt sich die fehlende oder eingeschränkte Handlungskompetenz des/der Jugendlichen (s. § 68 Rn. 7) gerade im schriftlichen Verfahren aus; zum anderen ist sowohl für die Entscheidung nach § 3 als auch über die Sanktion der **persönliche Eindruck** unverzichtbar. Diese Überlegungen gelten tendenziell auch für das beschleunigte Verfahren.

6 Die Privat- und Nebenklage sind im Jugendstrafrecht gestrichen, um den vorrangigen Sanktionierungszweck, die Wiederholung der Straftat durch erzieherisch gestaltete Sanktionen oder durch bloße verfahrensrechtliche Intervention mit Sanktionsverzicht zu verhindern, nicht durch private Einflüsse zu gefährden bzw. zu vereiteln. Rache- und Vergeltungsgelüste – mögen sie heute auch in andere Begriffe gekleidet werden – dürfen nicht das Verfahren und erst recht nicht die Sanktion bestimmen. Im Vergleich mit dem sonst geltenden Offizialprinzip bilden diese Klagemöglichkeiten bereits einen **Fremdkörper** im Erwachsenenstrafrecht (s. *von Liszt* Strafrechtliche Aufsätze und Vorträge I, 1905, S. 21 ff.; *Ostendorf* Recht und Politik, 1980, 202). Dem stehen »moderne« Überlegungen zur Stärkung des Opfers im Verfahren sowie zur größeren Berücksichtigung im Rahmen der Sanktionierung nicht entgegen. Für das letzte Anliegen kann gerade das JGG mit der Schadenswiedergutmachungssanktion (§§ 10 Abs. 1

S. 3 Nr. 7, § 15 Abs. 1 Nr. 1) Vorreiter spielen, wobei das eigentliche Problem die Realisierung ist (s. Grdl. z. §§ 13-16 Rn. 8). Auch geht es mit der Privat- und Nebenklage wie auch mit dem Adhäsionsverfahren nicht um einen Schutz des Opfers, sondern um die eigenständige Rechtsdurchsetzung. Der staatliche Strafapparat soll aber gerade gegen jugendliche Delinquenten nicht in die Hände Privater gelegt werden. Eine Ausnahme gilt für die weiterhin zulässige Privatklage von seiten der Jugendlichen: Die Widerklage ist dann nicht nur prozeßökonomisch, mit ihr wird auch mit den gleichen Waffen »zurückgeschlagen« (s. *Dallinger/ Lackner* § 80 Rn. 18). Die umfassende Konfliktserledigung ist auch ein individualpräventives Ziel (kritisch *Eisenberg* § 80 Rn. 10).

4. Justizpraxis

Daß die Befolgung der §§ 79 bis 81 Justizpraxis ist, darf allgemein vermutet werden. Allerdings ist **in der Anwendung des Strafbefehlsverfahrens gegen Heranwachsende** häufig ein **Mißbrauch** festzustellen. Die Gefahr eines Mißbrauchs des Strafbefehlsverfahrens gegen Heranwachsende, d. h. das Übergehen einer Prüfung des § 105, wird mit einer Anwendung des § 408 a StPO – Strafbefehl aus der Hauptverhandlung gegen einen nicht erschienenen Angeklagten – vergrößert. Die Prüfung des § 105 Abs. 1 erfolgt bei Verkehrsdelikten nicht nur allgemein zuungunsten des Jugendstrafrechts (s. Grdl. z. §§ 105-106 Rn. 6), sie führt hier auch zu einer oberflächlichen verfahrensrechtlichen Behandlung im Wege des Strafbefehls. Dies muß zumindest bei Beachtung des verfahrensökonomischen Faktors für die staatsanwaltliche Entscheidungspraxis vermutet werden (s. auch *Schaffstein* MschrKrim 1976, 97), zumal für die Straftaten im Straßenverkehr, bei denen im Verhältnis zu den Anklagen deutlich mehr Anträge auf Strafbefehl gestellt werden: 1997 wurde bei diesen Straftätern (alle Altersgruppen) in 120 178 Fällen (10,6 %) Anklage und in 297 583 Fällen (26,3 %) der Antrag auf Erlaß eines Strafbefehls gestellt (s. Arbeitsunterlage »Staatsanwaltschaften«, hrsg. v. Statistischen Bundesamt). Gerade im Hinblick hierauf ist die Untersuchung von *Janssen* Heranwachsende im Jugendstrafverfahren, 1980, nicht aussagekräftig, da hier die Verkehrsdelikte unterrepräsentiert waren (S. 100, 102; nach einer Befragung von 118 Jugendrichtern wird der durchschnittliche Anteil des Strafbefehlsverfahrens gegen Heranwachsende auf 5 % bis 15 % geschätzt, S. 274).

5. Rechtspolitische Einschätzung

Der Ausschluß von Strafbefehl und beschleunigtem Verfahren, von Privat- und Nebenklage sowie des Adhäsionsverfahrens gegen Jugendliche ist nur zu begrüßen; insoweit wird den gesetzgeberischen Zielvorstellungen (s. Rn. 5, 6) gefolgt. Zu streichen ist die im Vergleich zu Erwachsenen erweiterte Privatklagebefugnis gegen Jugendliche gem. § 80 Abs. 1 S. 2, zumal gerade bei Jugendlichen der Unrechtsgehalt dieser Delikte weiter abnimmt (siehe Beschluß des *Arbeitskreises II/1 des 22. Dt. Jugendgerichtstages* DVJJ-Journal 1992, 281). Erweiternd ist der Ausschluß auch für Heranwachsende zu fordern (ebenso Denkschrift über die kriminalrechtliche Behandlung junger Volljähriger, DVJJ 1977, 9, 52, 54, 55, 60, 61). Im Hinblick auf das Strafbefehlsverfahren würde damit einer mißbräuchlichen Praxis (s. Rn. 7) Einhalt geboten. Hier kann regelmäßig eine sachgerechte Prüfung des § 105 Abs. 1 sowie der »richtigen« Sanktion nicht erfolgen. Zudem gilt es, das Verfahren selbst als einen (Re-)Sozialisierungsprozeß zu begreifen. Diese Einwände gelten tendenziell auch gegen das beschleunigte Verfahren, das zudem im Erwachsenenstrafrecht trotz eines erneuten gesetzgeberischen Anstoßes in den §§ 417 ff. StPO durch das sog. Verbrechensbekämpfungsgesetz vom 28.10.1994 eine relativ geringe Bedeutung hat: Von den 4 421 659 im Jahre 1997 von den Staatsanwaltschaften erledigten Ermittlungsverfahren waren 30 819 Anträge für das beschleunigte Verfahren und 20 733 Anträge für das vereinfachte Jugendverfahren (s. Arbeitsunterlage »Staatsanwaltschaften«, hrsg. v. Statistischen Bundesamt). Mit den Diversionsmöglichkeiten und dem vereinfachten Jugendverfahren kann jugendadäquat das Verfahren beschleunigt werden.

9 Die Einwände gegen die Privat- und Nebenklage gelten – insbesondere für die Feststellung der Straftatvoraussetzungen – auch für Heranwachsende, wie auch für Erwachsene (ebenso These 12 des Kriminalpolitischen Programms der *Arbeitsgemeinschaft sozialdemokratischer Juristen* Recht und Politik 1976, 257; für ein offizielles Verfahren bei dem Täter-Opfer-Ausgleich ebenso der *Arbeitskreis VIII des 19. Dt. Jugendgerichtstages* DVJJ 13 [1984], 397; s. auch *Hassemer* in: Festschrift für Klug, 1983, S. 219, 226 ff.; modifizierende Vorschläge bei *Jung* ZStW 93 [1981], 1164 ff. m. w. N.). Damit würde sich auch das Problem der Widerklage gegen eine Privatklage von Jugendlichen erledigen. Dementsprechend sollte anstelle des in der Praxis »toten« Adhäsionsverfahrens (s. *Jescheck* JZ 1958, 591) die Sanktion der Schadenswiedergutmachung auch außerhalb von § 153 a Abs. 1 Nr. 1 StPO und den §§ 56 b Abs. 2 Nr. 1, 57 Abs. 3, 57 a Abs. 3 StGB selbständig angeordnet werden dürfen (zur positiven Wirkung der Schadenswiedergutmachung s. § 15 Rn. 2, 3). Insoweit ist über die zeugenschaftliche Anhörung oder über eine vermittelnde Instanz auch das Opfer am Verfahren zu beteiligen, auch wenn die Opferschutzregelungen in den §§ 406 e und 406 g StPO im Verfahren gegen Jugendliche nicht anwendbar sind (s. § 80 Rn. 1).

10 Auch der »jugendrichterliche Bescheid« (vorgeschlagen in der Denkschrift über die kriminalrechtliche Behandlung junger Volljähriger, DVJJ, 1977,

60) stellt keine akzeptable Alternative dar. Wenn für Massendelikte ein vereinfachtes Verfahren gegen Heranwachsende für erforderlich gehalten wird (nach einer Befragung von 118 Jugendrichtern könnte der »jugendrichterliche Bescheid« in durchschnittlich 26 % der Verfahren gegen Heranwachsende zur Anwendung kommen, s. *Janssen* Heranwachsende im Jugendstrafverfahren, 1980, S. 274), sollte bei einer gleichzeitig generellen Anwendung des JGG auf Heranwachsende ein rechtsstaatliches (s. Grdl. z. §§ 76-78 Rn. 5) vereinfachtes Jugendverfahren angewendet werden (a. M. *Eisenberg* § 109 Rn. 9).

§ 79. Strafbefehl und beschleunigtes Verfahren

(1) Gegen einen Jugendlichen darf kein Strafbefehl erlassen werden.
(2) Das beschleunigte Verfahren des allgemeinen Verfahrensrechts ist unzulässig.

I. Anwendungsbereich

1. gegen Jugendliche

1   Strafbefehl und beschleunigtes Verfahren sind gegen Jugendliche unzulässig, auch bei Gerichten, die für allgemeine Strafsachen zuständig sind (§ 104 Abs. 1 Nr. 14); Ersatz ist das vereinfachte Verfahren gem. den §§ 76 bis 78, das aber nicht bei den für allgemeine Strafsachen zuständigen Gerichten erlaubt ist (s. §§ 76 bis 78 Rn. 1). Entscheidend ist das Alter zur Tatzeit (s. hierzu § 1 Rn. 7-9).

2. gegen Heranwachsende

2   Das beschleunigte Verfahren ist gegen Heranwachsende aufgrund einer hier fehlenden Verweisung im § 109 theoretisch immer (s. aber § 109 Rn. 10), das Strafbefehlsverfahren nur dann zulässig, wenn das Erwachsenenstrafrecht Anwendung findet (s. § 109 Abs. 2). Dies setzt sorgfältige und **abschließende** Ermittlungen zu den Voraussetzungen des § 105 Abs. 1 voraus. Dies ist regelmäßig ohne eine mündliche Verhandlung nicht möglich (s. auch § 105 Rn. 19 sowie *Eisenberg* § 109 Rn. 18). Trotzdem wird in der Praxis häufig aus justizökonomischen Gründen so verfahren, obwohl hierfür die informelle Erledigung gem. § 45 einen Weg eröffnet (s. Grdl. z. §§ 79-81 Rn. 7; s. auch *Brunner/Dölling* § 109 Rn. 12).

II. Rechtsfolgen

3   Nach h. M. sind Entscheidungen, die in einem nach § 79 unzulässigen Verfahren getroffen wurden, nach Ablauf der Rechtsmittelfristen rechtswirksam (*BayObLG* NJW 1957, 838; *Brunner/Dölling* § 79 Rn. 3; *Eisenberg* § 79 Rn. 6; ebenso die StPO-Kommentare, s. *Kleinknecht/Meyer-Goßner* § 407 StPO Rn. 10; *Gössel* in: *Löwe/Rosenberg* § 407 StPO Rn. 59); damit stimmt überein, daß eine Nichtigkeit auch dann verneint wird, wenn Erwachsenenstrafen gegen einen Jugendlichen – und umgekehrt – verhängt wurden (s. § 1 Rn. 14). Dem wird nicht zugestimmt; wenn in einem gegen Jugendliche prinzipiell verbotenen Verfahren (s. Grdl. z. §§ 79-81 Rn. 1, 5) Strafen nach dem Erwachsenenstrafrecht ausgesprochen werden, ist der Prozeß mit einem so offenkundigen Fehler behaftet, daß **das Urteil gegenstandslos** sein muß (ebenso *Potrykus* § 1 Anm. 4). Damit stimmt überein, daß nach einer beachtlichen Lehrmeinung bei Überschreitung des Strafrahmens gem. § 407 Abs. 2 StPO der

Strafbefehl nichtig ist (s. hierzu *Vent* JR 1980, 401 m. w. N.). Dies gilt auch, wenn elementare Verfahrensbestandteile des Jugendstrafverfahrens nicht beachtet wurden: Mündlichkeitsprinzip, Unterstützung des/der Angeklagten durch gesetzliche Vertreter und Erziehungsberechtigte, Entscheidungshilfe durch die Jugendgerichtshilfe. Es geht hier nicht um förmliche Mängel eines Verfahrens (so im Fall *OLG Düsseldorf* NJW 1960, 1921), sondern darum, daß das Verfahren gänzlich untersagt ist (ebenso für Unbeachtlichkeit eines Strafbefehls gegen Jugendliche *Eb. Schmidt* StPO Teil II, § 409 Rn. 8). Bei Nichtigkeit ist die Entscheidung ohne eine Rechtsrelevanz; um den formalen Spruch »aus der Welt« zu schaffen, sind aber **Berufung und Revision**, unter den Voraussetzungen des § 359 StPO auch die **Wiederaufnahme** zulässig (s. *Kreisgericht Saalfeld* DVJJ-Journal 3/1993, S. 305: Wird das – ermittelte – jugendliche Alter vom Gericht nicht beachtet, so ist dies eine neue Tatsache i. S. d. § 359 Nr. 5 StPO; s. auch § 1 Rn. 14).

Wenn – entgegen der hier vertretenen Ansicht – von einer bloßen Rechtswidrigkeit ausgegangen wird, sind abweichend von § 55 die Rechtsmittel einzusetzen, die gegen die Entscheidungsform ansonsten möglich sind, d. h. auch der Einspruch gegen einen Strafbefehl; hierbei wäre aber die einwöchige Frist (§ 409 Abs. 1 Nr. 7 StPO) zu beachten (s. hierzu *BGHSt* 13, 306). 4

Wenn rechtzeitig gegen einen Strafbefehl Einspruch eingelegt wird, so ist der Strafbefehlsantrag nicht ohne weiteres in eine Anklageschrift und die Anberaumung zur Hauptverhandlung oder der Strafbefehl in einen Eröffnungsbeschluß umdeutbar (so aber *BayObLG* NJW 1957, 838, wo jedoch insbesondere auf die heute gestrichene jugendrichterliche Verfügung gem. § 75 Bezug genommen wird; *Brunner/Dölling* § 79 Rn. 3; unbestimmt *Eisenberg* § 79 Rn. 7; kritisch *Dallinger/Lackner* § 79 Rn. 5). Die Staatsanwaltschaft hätte ansonsten möglicherweise das Einstellungsverfahren oder – hier naheliegend – das vereinfachte Verfahren gewählt; diese vorzuziehenden Erledigungsmöglichkeiten würden dann nicht mehr ausgeschöpft. Die Staatsanwaltschaft hat daher selbständig über die Deutung des Strafbefehlsantrages bzw. des Antrages auf ein beschleunigtes Verfahren zu entscheiden. 5

§ 80. Privatklage und Nebenklage

(1) Gegen einen Jugendlichen kann Privatklage nicht erhoben werden. Eine Verfehlung, die nach den allgemeinen Vorschriften durch Privatklage verfolgt werden kann, verfolgt der Staatsanwalt auch dann, wenn Gründe der Erziehung oder ein berechtigtes Interesse des Verletzten, das dem Erziehungszweck nicht entgegensteht, es erfordern.
(2) Gegen einen jugendlichen Privatkläger ist Widerklage zulässig. Auf Jugendstrafe darf nicht erkannt werden.
(3) Nebenklage ist unzulässig.

Literatur

Brunner Anmerkung zu *OLG Stuttgart*, NStZ 1989, 137; *Dähn* Die Beteiligung des Verletzten am Strafverfahren gegen Jugendliche, in: Festschrift für Lenckner, 1998, S. 671; *Eisenberg* Anmerkung zu OLG *Köln* und OLG *Düsseldorf*, NStZ 1994, 299; *Franze* Die Nebenklage im verbundenen Verfahren gegen Jugendliche und Heranwachsende/Erwachsene, StV 1996, 289; *Graul* Anmerkung zu *BGH*, NStZ 1996, 402; *Mitsch* Nebenklage im Strafverfahren gegen Jugendliche und Heranwachsende, GA 1998, 159; *Ostendorf* Anmerkung zu *OLG Düsseldorf*, StV 1994, 605; *Pentz* Zweifelsfragen im Strafverfahren gegen Jugendliche, GA 1958, 299; *Schaal/Eisenberg* Rechte und Befugnisse von Verletzten im Strafverfahren gegen Jugendliche, NStZ 1988, 49.

Inhaltsübersicht

	Rn.
I. Anwendungsbereich	
1. gegen Jugendliche	1
2. gegen Heranwachsende	3
II. Rechtsfolgen	4
III. Staatsanwaltschaftliche Verfolgung von Privatklagedelikten	
1. Voraussetzungen	5
a) Gründe der Erziehung	6
b) Berechtigtes Interesse des Verletzten	7
c) Pflichtgemäßes Ermessen	9
2. Rechtsfolgen	10
IV. Widerklage gegen einen jugendlichen Privatkläger	
1. Voraussetzungen	12
2. Rechtsfolgen	13

I. Anwendungsbereich

1. gegen Jugendliche

1 Privat- und Nebenklage sind gegen Jugendliche nicht zulässig (Abs. 1 und 3), auch nicht im Verfahren vor den für allgemeine Strafsachen zuständi-

gen Gerichten (§ 104 Abs. 1 Nr. 14); der Verletzte hat nur ein Anwesenheitsrecht gem. § 48 Abs. 2 S. 1. Damit ist auch der Sühneversuch gem. § 380 StPO vor einer Vergleichsbehörde ausgeschlossen. Dies schließt aber – wie bei Erwachsenen – eine private Schlichtung erforderlichenfalls mit Einschaltung einer Schiedsperson, einer Rechtsauskunftsstelle oder einer T-O-A-Stelle nicht aus; im Gegenteil: Die private Konfliktserledigung ist regelmäßig vorzuziehen, weil sie dem Täter das getane Unrecht unmittelbar vor Augen führt und ihn damit eher von einer Wiederholung abhält, weil das Opfer hier eine Wiedergutmachung erfährt und der Konflikt abschließend bereinigt wird, weil damit die Autonomie des Bürgers bei gleichzeitiger Einschränkung der Staatsgewalt wiederhergestellt wird (grundsätzlich *Ostendorf* ZRP 1983, 302 ff.). Voraussetzung ist aber, daß auch hier dem/der Jugendlichen durch gesetzliche Vertreter und Erziehungsberechtigte beigestanden wird (wie hier bereits *Dallinger/Lackner* § 80 Rn. 6 m. w. N. zur älteren Literatur; Bedenken bei *Brunner/Dölling* § 80 Rn. 1; a. M. *Potrykus* NJW 1957, 1138). Ebenso sind die Verletztenrechte gemäß den §§ 406 e Abs. 1 S. 2, 406 g StPO, die mit dem Opferschutzgesetz vom 18. 12. 1986 (BGBl I, 2496) eingeführt wurden, im Verfahren gegen Jugendliche ausgeschlossen, da diese Rechte die Befugnis zum Anschluß als Nebenkläger voraussetzen (ebenso *Rieß/Hilger* NStZ 1987, 153 Fn. 193; *Schaal/Eisenberg* NStZ 1988, 51; *Schaffstein/Beulke* § 40 I. 3.; *Schoreit* in: *D/S/S* §80 Rn.12; a. M. *Schöch* Alternativkommentar zur StPO, 1996, vor § 406 d Rn. 13, § 406 d Rn. 6; ebenso *Dähn* in: Festschrift für Lenckner, 1998, S. 679; *Wölfl* Jura 2000, 13). Damit scheidet auch eine Prozeßkostenhilfe in Strafverfahren gegen Jugendliche aus (*Kaster* MDR 1994, 1076). Zum Anwesenheitsrecht des Verletztenbeistandes s. § 48 Rn. 12.

Bei verbundenen Verfahren gegen Jugendliche und Heranwachsende und/oder Erwachsene ist zu differenzieren: Soweit – auch – Taten angeklagt werden, die dem Heranwachsenden oder Erwachsenen allein zur Last gelegt werden, ist gegen diese insoweit eine Nebenklage zulässig. Bei Anklagen wegen gemeinsamer Tatbegehung oder wegen Tatbeteiligung ergibt sich eine Interessenkollision. Aus jugendstrafspezifischer Sicht scheidet eine Nebenklage gegen Heranwachsende oder Erwachsene aus, da die Wirkungen der Nebenklage sich notwendigerweise auf den Jugendlichen erstrecken würde. Die Fragen und Anträge des Nebenklägers zu den identischen Vorwürfen gegen einen Heranwachsenden oder Erwachsenen müssen sich notwendigerweise auch auf den jugendlichen Angeklagten auswirken, auch wenn dieser formal hiervon nicht betroffen ist, können sich auf die Urteilsfindung auswirken. Andererseits würde aus der Sicht der Verletzten der Ausschluß der Nebenklage zu einem Verlust von Rechten führen, der lediglich durch die – aus der Sicht der Verletzten zufällige – Beteiligung von Jugendlichen bedingt wäre (für eine getrennte

1a

Anwendung des jeweiligen Verfahrensrechts und damit für die Zulässigkeit einer Nebenklage gegen Heranwachsende/Erwachsene *Dallinger/ Lackner* § 109 Rn. 46; *Brunner/Dölling* § 109 Rn. 6; *OLG Düsseldorf* NStZ 1994, 605; NStZ 1995, 143; *BGHSt* 41, 288; *Mitsch* GA 1998, 159 ff.). Da das Recht zur Nebenklage vom Gesetzgeber bereits für bestimmte Verfahren, nämlich gegen Jugendliche, ausgeschlossen wurde, erscheint es zulässig, den Ausschluß auch auf solche Prozeßsituationen grundsätzlich zu erweitern (für einen generellen Ausschluß der Nebenklage gegen Jugendliche *LG Aachen* MDR 1993, 679; *LG Duisburg* StV 1994, 606; *OLG Köln* NStZ 1994, 298; *Schaffstein/Beulke* § 40 I. 2.; *Eisenberg* § 80 Rn. 13; *Sonnen* in *D/S/S* § 109 Rn. 2; *Franze* StV 1996, 293; *Graul* NStZ 1996, 402; *Kurth* Heidelberger Kommentar zur StPO, 2. Aufl., § 395 Rn. 24 mit Ausnahme eines Sicherungsverfahrens gegen einen jugendlichen Mittäter). Dies sollte aber nicht generell geschehen; hierüber sollte und kann bei Berücksichtigung der gegenläufigen Interessenlage nur im Einzelfall entschieden werden. Hierbei ist die Interessenlage des jugendlichen Angeklagten unter Berücksichtigung seines Alters, seiner Persönlichkeitsstruktur mit der Interessenlage der Verletzten gerade auch im Hinblick auf Tatsituation und Tatfolgen abzuwägen. Als Lösung bietet sich eine Einzelfallentscheidung in Anlehnung an die gesetzliche Regelung für die Öffentlichkeit bzw. Nichtöffentlichkeit in derartigen Verfahren an (§ 48 Abs. 3). Vor einer solchen rechtsanalogen Lösung ist der Ausweg der Verfahrenstrennung zu prüfen (s. *Franze* StV 1996, 293).

2 Während die Privat- und Nebenklage gegen eine(n) Jugendliche(n) ausgeschlossen sind, sind umgekehrt **die Privat- und Nebenklage von seiten eines(r) Jugendlichen** erlaubt (s. auch § 80 Abs. 2 S. 1); allerdings müssen diese vom gesetzlichen Vertreter erhoben werden (§§ 374 Abs. 3, 395 Abs. 1 StPO). Hierbei ist der Wille des Jugendlichen wie auch eines verletzten Kindes entsprechend seiner tatsächlichen Einsichtsfähigkeit zu berücksichtigen (weitergehend *Eisenberg*, der den Willen auch des verstandesunreifen Minderjährigen für die Erhebung der Nebenklage als maßgeblich erklärt, GA 1998, 38).

2. gegen Heranwachsende

3 Die Vorschrift gilt nicht für Heranwachsende (§§ 109, 112 S. 2); gegen sie ist Privat- und Nebenklage zulässig, auch dann wenn das Jugendstrafrecht zur Anwendung kommt. Entscheidend ist das Alter zur Tatzeit (§ 1 Abs. 2). Wurden die Straftaten aber z. T. als Jugendliche(r) und z. T. als Heranwachsende(r) begangen, ist bei Einheitlichkeit des Verfahrens die Nebenklage insgesamt unzulässig (s. *LG Hamburg* bei *Böhm* NStZ 1989, 523).

II. Rechtsfolgen

Wird entgegen dem ausdrücklichen Verbot eine Privat- oder Nebenklage gegen eine(n) Jugendliche(n) geführt, so ist sie vom Gericht zurückzuweisen (§§ 383 Abs. 1 S. 1; 396 Abs. 2 StPO); ein trotzdem eröffnetes Privatklageverfahren ist mit der Kostenfolge des § 471 Abs. 2 StPO einzustellen (§§ 206 a, 260 Abs. 3, 389 StPO). Entgegen der h. M. (s. *Brunner/Dölling* § 80 Rn. 1; *Eisenberg* § 80 Rn. 4) ist ein Urteil gegen eine(n) Jugendliche(n) im Privatklageverfahren dann als nichtig anzusehen, wenn wesentliche Elemente des Jugendstrafverfahrens (Beiziehung der Jugendgerichtshilfe, Ladung der gesetzlichen Vertreter und Erziehungsberechtigten, Sanktionsfolge aus dem JGG) nicht beachtet wurden (s. § 79 Rn. 3). Zur Aufhebung eines nichtigen Privatklageurteils s. § 79 Rn. 4 i. V. m. § 390 StPO. Wenn unzulässigerweise eine Nebenklage zugelassen wurde, ist das Urteil wegen Verletzung einer Verfahrensnorm (s. § 344 Abs. 2 S. 1 StPO) mit Berufung oder Revision anfechtbar (§ 55 Abs. 2). Die Beschwer ist prozessual nicht überholt (s. aber *Kleinknecht/Meyer-Goßner* § 396 StPO Rn. 21 m. w. N.), da der Nebenkläger auch die Sanktionsfolgen entgegen dem jugendstrafrechtlichen Sanktionszweck beeinflußt haben kann.

III. Staatsanwaltschaftliche Verfolgung von Privatklagedelikten

1. Voraussetzungen

Die staatsanwaltschaftliche Verfolgung von Privatklagedelikten (§ 374 Abs. 1 StPO) ist über die Bejahung des öffentlichen Interesses hinaus (§ 376 StPO) gegen Jugendliche auch dann zulässig, »wenn Gründe der Erziehung oder ein berechtigtes Interesse des Verletzten, das dem Erziehungszweck nicht entgegensteht, es erfordern« (§ 80 Abs. 1 S. 2). Damit wird ein Ausgleich für das Verbot der Privatklage geschaffen, wobei die Erziehungsinteressen bereits von den öffentlichen Interessen miterfaßt werden. Voraussetzung ist aber immer, daß die sonstigen Straftat- und Strafverfolgungsvoraussetzungen vorliegen; so wird bei »reinen« Antragsdelikten ein fehlender Strafantrag nicht durch eine Entscheidung der Staatsanwaltschaft ersetzt (s. *Dallinger/Lackner* § 80 Rn. 15). Gegenläufige Überlegungen wurden bereits mit dem JGG 1943 zurückgewiesen (s. *Kümmerlein* DJ 1943, 562).

a) Gründe der Erziehung

Gründe der Erziehung sind in einem Strafverfahren nur Gründe für ein zukünftiges straffreies Verhalten. Nicht darf hiermit eine bloß für falsch angesehene Erziehungsmethode korrigiert werden, wenn diese nicht kriminogenen Charakter hat. Das Ausbleiben einer privaten Repression verlangt nicht den Einsatz der staatlichen Repression. Die Relativierung der

Straftat und die Suche nach einer persönlichkeitsfremden Erklärung bedeutet noch keine Billigung, können die Gesetzesverbindlichkeit ebenso deutlich machen. Die Gefahr, daß die Erziehungsmethoden, die in »Staatsanwaltskreisen« für richtig angesehen werden, mit dem Strafrecht durchgesetzt werden, gilt es zu sehen (s. auch *Eisenberg* § 80 Rn. 6).

b) Berechtigtes Interesse des Verletzten

7 Nach h. M. (s. *Brunner* § 80 Rn. 2; *Eisenberg* § 80 Rn. 7) sind hier auch die Interessen des mittelbar Verletzten angesprochen. Damit verliert dieser strafrechtliche Eingriffsgrund nicht nur jede Kontur, sondern diese Auslegung dehnt auch eine Ausnahmebestimmung unzulässig aus; mittelbar, d. h. auf die allgemeine Rechtstreue bezogen, hat jeder Gesetzesverstoß Auswirkungen. Verletzter ist somit nur derjenige, der vom Schutzzweck der Strafnorm selbst erfaßt wird; damit scheiden insbesondere alle Normen aus, die gemeinschaftliche Rechtsgüter schützen sollen.

8 Berechtigt sind die Interessen, die dem ideellen oder materiellen Ausgleich sowie der Sicherung vor einer Wiederholung dienen, die nicht dem Einsatz des Strafrechts als Präventionsmittel (»Erziehungszweck«) gerade zuwiderlaufen. Damit scheiden Rache- und Vergeltungsgelüste aus (ebenso *Brunner/Dölling* § 80 Rn. 2); auch darf das strafrechtliche Amtsermittlungsverfahren nicht zur Durchsetzung rein zivilrechtlicher Interessen mißbraucht werden (s. auch *Schaffstein/Beulke* § 40 I. 2.). Da im Strafverfahren der Täter im Mittelpunkt steht, ist bei einem Widerspruch von Präventionsanliegen und Opferinteressen ersterem der Vorrang einzuräumen. Auch geringe erzieherische Bedenken stehen den berechtigten Interessen des Verletzten entgegen (*Eisenberg* § 80 Rn. 7; a. M. *Dallinger/Lackner* § 80 Rn. 12; *Brunner/Dölling* § 80 Rn. 2).

c) Pflichtgemäßes Ermessen

9 Die Anklageerhebung steht letztlich im pflichtgemäßen Ermessen der Staatsanwaltschaft (h. M.); hierbei genügt es nicht, daß »Gründe der Erziehung« oder »ein berechtigtes Interesse des Verletzten« dafür sprechen, sondern es ist eine Notwendigkeit (»es erfordern«) zu bejahen (s. auch *Schüler-Springorum* in: Neue ambulante Maßnahmen nach dem Jugendgerichtsgesetz, hrsg. vom *Bundesministerium der Justiz*, 1986, S. 213: »nur dann«). Die Anklageerhebung muß das **einzige Mittel** sein, um diesen Interessen zu entsprechen. Auf andere, weniger einschneidende Maßnahmen hat der Staatsanwalt vorher hinzuwirken. Das Diversionsanliegen (s. Grdl. z. §§ 45 und 47 Rn. 1) kommt bereits hier, d. h. vor der Aufnahme der staatsanwaltlichen Verfolgung, zum Tragen.

2. Rechtsfolgen

Wird von der Staatsanwaltschaft Anklage erhoben, so ist diese Entscheidung wie die Bejahung eines öffentlichen Interesses gem. § 376 StPO (s. *Kleinknecht/Meyer-Goßner* § 376 StPO Rn. 7) nicht anfechtbar (h. M., s. *Brunner/Dölling* § 80 Rn. 3; *Eisenberg* § 80 Rn. 9). Eine Prüfung kann nur über die Verfahrenseinstellung gem. § 47 erfolgen. Umgekehrt dürfte sogar auf eine Jugendstrafe erkannt werden – § 80 Abs. 2 S. 2 gilt hier nicht –, wenn nicht das Verhältnismäßigkeitsprinzip bei Bagatelldelikten eine Freiheitsstrafe verbieten würde (s. § 5 Rn. 2, 5). 10

Wird keine Anklage erhoben, werden die Voraussetzungen des § 80 Abs. 1 S. 2 verneint, so kann nur mit Gegenvorstellung oder/und Dienstaufsichtsbeschwerde vorgegangen werden; das Klageerzwingungsverfahren gem. § 172 StPO ist unzulässig, soweit es sich um eine Ermessensentscheidung und nicht um die Befolgung des Legalitätsprinzips handelt, d. h., die Einstellung des Verfahrens gegen einen Jugendlichen wegen eines Privatklagedelikts gem. § 170 Abs. 2 StPO aus tatsächlichen oder rechtlichen Gründen ist überprüfbar, die Einstellung wegen Verneinung der Gründe aus § 80 nicht (ebenso die h. M., s. *OLG Braunschweig* NJW 1960, 1214; *OLG Hamburg* MDR 1971, 596; *OLG Stuttgart* NStZ 1989, 136; *Böhm* Einführung in das Jugendstrafrecht, S. 112; *Pentz* NJW 1958, 819; *Eisenberg* § 80 Rn. 8; weitergehend *OLG Frankfurt* MDR 1959, 415; anders für die Frage nach dem berechtigten Interesse des Verletzten *Dallinger/Lackner* § 80 Rn. 13; generell ablehnend, d. h. auch bei einer Einstellung gem. § 170 Abs. 2 StPO, *Brunner* § 80 Rn. 3; *ders.* NStZ 1989, 137; wie hier jetzt *Brunner/Dölling* § 80 Rn. 3). Die Staatsanwaltschaft wird nur in Befolgung des Legalitätsprinzips kontrolliert, ansonsten ist sie unterhalb der Grenze »Strafvereitelung im Amt« (§ 258 a StGB) bei Ermessenseinstellungen omnipotent (s. zum Ganzen *Ostendorf* Recht und Politik 1980, 200 f. mit der Forderung nach einem »öffentlichen« Klageerzwingungsverfahren). Ist ein Klageerzwingungsverfahren – in der Praxis äußerst selten – erfolgreich, darf die StA noch nicht zur Anklage angewiesen werden, vielmehr müssen ihr noch die Prüfung der Verfolgungsgründe gem. § 80 Abs. 1 Satz 2 sowie allgemein die Prüfung der Einstellungsmöglichkeiten gem. § 45 eingeräumt werden. 11

IV. Widerklage gegen einen jugendlichen Privatkläger

1. Voraussetzungen

Gegen die Privatklage eines Jugendlichen (s. Rn. 2) ist die Widerklage unter den Voraussetzungen des § 388 StPO zulässig. Zuständig bleibt das mit der Privatklage angerufene Gericht, d. h. bei einem Erwachsenen das Erwachsenenstrafgericht. 12

2. Rechtsfolgen

13 Im Fall einer Widerklage vor einem Erwachsenengericht gelten die jugendstrafrechtlichen Vorschriften gem. § 104. Zusätzlich scheidet eine Jugendstrafe aus (§ 80 Abs. 2 S. 2 – ein Ausfluß des Verhältnismäßigkeitsprinzips, s. § 5 Rn. 2 ff.; s. auch *Dallinger/Lackner* § 80 Rn. 21). Weiter gilt, daß Maßregeln der Besserung und Sicherung nicht angeordnet werden dürfen (§ 384 Abs. 1 S. 2 StPO).

14 Nimmt der jugendliche Privatkläger die Klage zurück (s. § 391 StPO), so ist entgegen § 388 Abs. 4 StPO die Widerklage gegenstandslos, da einer Weiterführung das grundsätzliche Verbot einer Privatklage gegen Jugendliche entgegensteht. Nur für den Fall einer selbständigen Privatklage von seiten des Jugendlichen wurde hiervon aus prozeßökonomischen und erzieherischen Gründen (s. Grdl. z. §§ 79-81 Rn. 6) eine Ausnahme gemacht. Die Eröffnung des Verfahrens ist abzulehnen (§ 204 StPO), nach Eröffnung ist das Verfahren einzustellen (§ 206 a StPO). Dies gilt auch, wenn zur Widerklage bereits verhandelt wurde (dann § 260 Abs. 3 StPO) oder ein Urteil ergangen ist, das mit einem Rechtsmittel angegriffen wird (a. M. *Brunner/Dölling* § 80 Rn. 7; nachfolgend *Eisenberg* § 80 Rn. 11, nach denen das Verfahren an das Jugendgericht übergeht; weitergehend *Pentz* GA 1958, 302, der auch nach Einstellung gem. § 383 Abs. 2 das Verfahren weiterführen will). Das Prozeßhindernis gilt in jeder Lage des Verfahrens, solange es noch nicht rechtskräftig abgeschlossen ist (s. auch *Kleinknecht/Meyer-Goßner* § 206 a StPO Rn. 6). Dies setzt allerdings voraus, daß der jugendliche – ehemalige – Privatkläger gegen die Entscheidungen über die Widerklage Rechtsmittel einlegt.

§ 81. Entschädigung des Verletzten

Die Vorschriften der Strafprozeßordnung über die Entschädigung des Verletzten (§§ 403 bis 406 c der Strafprozeßordnung) werden im Verfahren gegen einen Jugendlichen nicht angewendet.

I. Anwendungsbereich

1. gegen Jugendliche

Die Entschädigung des Verletzten im sog. Adhäsionsverfahren gem. den §§ 403 bis 406 c StPO ist gegen Jugendliche generell ausgeschlossen, auch vor den für allgemeine Strafsachen zuständigen Gerichten (§ 104 Abs. 1 Nr. 14). Frühere landesrechtliche Vorschriften sind mit Art. 17 EGStGB vom 2. 3. 1974 (BGBl I, 469) außer Kraft gesetzt. 1

2. gegen Heranwachsende

Gegen Heranwachsende ist das Adhäsionsverfahren ausgeschlossen, wenn gem. § 105 Abs. 1 das Jugendstrafrecht zur Anwendung kommt (§ 109 Abs. 1 S. 1; s. *BGH* StV 1998, 325); dies gilt auch vor Gerichten, die für allgemeine Strafsachen zuständig sind (§ 112 S. 1, 2). Entscheidend ist das Alter zur Tatzeit (§ 1 Abs. 2). Die in der ehemaligen DDR zulässige Sanktion des Schadensersatzes darf auch für die Taten, die vor dem Beitritt begangen wurden (s. Einigungsvertrag, Anlage I, Kap. III Sachgebiet C Abschnitt III Nr. 3 f S. 1 Abs. 1; s. Anlage 7 hier), nicht angeordnet werden (s. *BGH* 2 StR 614/90). 2

II. Rechtsfolgen

Der Ausspruch einer Entschädigung entgegen § 81 ist nichtig, da dieses Verfahren im Jugendstrafrecht generell untersagt ist (s. §§ 79 Rn. 3, 80 Rn. 4); zur Aufhebung s. § 79 Rn. 4. Als Ersatz steht die Schadenswiedergutmachung gem. § 10 Abs. 1 S. 3 Nr. 7, § 15 Abs. 1 Nr. 1 zur Verfügung (s. auch Grdl. z. §§ 79-81 Rn. 1), die auch als Bewährungsauflage angeordnet werden kann (§§ 23 Abs. 1, 29 S. 2, 88 Abs. 6). Wird der Antrag – richtigerweise – als unzulässig zurückgewiesen, so hat der Antragsteller die insoweit entstandenen Auslagen des Gerichts sowie des Beschuldigten zu tragen (s. § 472 a Abs. 2 StPO); bei Heranwachsenden, bei denen die Anwendung des Jugendstrafrechts in Frage steht, trägt daher der Antragsteller das Kostenrisiko (s. *Brunner/Dölling* § 81 Rn. 2). 3

Drittes Hauptstück. Vollstreckung und Vollzug

Erster Abschnitt. Vollstreckung

Erster Unterabschnitt. Verfassung der Vollstreckung und Zuständigkeit

Grundlagen zu den §§ 82-85

1. Systematische Einordnung

In den §§ 82-85 werden die sachliche, funktionelle und örtliche Zuständigkeit für die Vollstreckung der jugendstrafrechtlichen Sanktionen geregelt, überschrieben als »Verfassung der Vollstreckung und Zuständigkeit«. Hierbei erfaßt die Vollstreckung die gesamte Durchführung der angeordneten Sanktionen mit Einschluß der Einleitungs- und Beendigungsmaßnahmen, während unter Vollzug der zeitlich engere Bereich der tatsächlichen Umsetzung der Sanktion verstanden wird (s. *Brunner/Dölling* vor § 82 Rn. 1; *Eisenberg* § 82 Rn. 15); dementsprechend wird bei der Vollstreckung der Jugendstrafe zwischen dem richterlichen Strafvollstreckungsleiter und dem beamteten Strafvollzugsleiter unterschieden. Im übrigen finden die Vorschriften der Strafvollstreckungsordnung entsprechende Anwendung (s. RL Nr. II 6 zu den §§ 82-85), soweit sich nicht eine ausdrückliche Begrenzung auf das Erwachsenenstrafrecht ergibt (s. § 88 Rn. 13).

1

2. Historische Entwicklung

Gegenüber dem JGG 1953 haben sich zunächst mit dem EGStGB vom 2. 3. 1974 (BGBl I, 469) sowie mit dem 1. StVRG vom 9. 12. 1974 (BGBl I, 3393) Veränderungen in den §§ 82 und 83 ergeben, die im wesentlichen durch die am 1. 1. 1975 erfolgte Einführung der Strafvollstreckungskammer im Erwachsenenstrafrecht (§ 462 a StPO) veranlaßt wurden. Hierbei war die Zuständigkeitsregelung für die Vollstreckung der Jugendstrafe

2

selbst wiederum Vorbild für die Einrichtung der Strafvollstreckungskammer. Mit dem KJHG wurde § 82 Abs. 2 im Hinblick auf die Neufassung des § 12 angepaßt; mit dem 1. JGGÄndG wurden praktische Probleme der jugendrichterlichen Zuständigkeit bei der Vollstreckung einer Jugendstrafe und einer Maßregel der Besserung und Sicherung sowie die Abgabe der Vollstreckung in den Erwachsenenvollzug geregelt.

3. Gesetzesziel

3 Ziel dieser Strafvollstreckungsvorschriften ist es, die Vollstreckung möglichst schnell und unbürokratisch sowie gleichzeitig sachkundig durchzuführen. Hierfür ist der Jugendrichter, der in den meisten Fällen auch das Erkenntnisverfahren geleitet hat, vorgesehen (§ 84): **Einheit des Erkenntnis- und Vollstreckungsverfahrens**; der erkennende Richter soll auch die Vollstreckung leiten, um die Wirkung der Sanktionen selbst durchzusetzen, notfalls – soweit zulässig – zu korrigieren (s. §§ 11 Abs. 2 und 3, 15 Abs. 3, 57 ff.). Zur Vermeidung eines Kompetenzwirrwarrs wurde die Zuständigkeit des Jugendrichters auch darüber hinaus begründet, insbesondere von der Einführung eines besonderen Strafvollstreckungsgerichts abgesehen. Für die örtliche Zuständigkeit kommt der Gesichtspunkt der **Vollzugsnähe** hinzu, um bei freiwilligem oder erzwungenem Aufenthaltswechsel den Kontakt zu dem/der Verurteilten zu ermöglichen.

4. Justizpraxis

4 Hinsichtlich der Justizpraxis ist aus dem eigenen Erfahrungskreis zu vermuten, daß das grundsätzliche Anliegen der Einheit von Erkenntnis- und Vollstreckungsverfahren durch Einschaltung des Rechtspflegers (s. § 82 Rn. 3) sowie der Jugendgerichtshilfe (s. § 38 Rn. 21, 22) z. T. und durch die Abgabemöglichkeiten häufiger unterlaufen wird; auch wird häufig das Vollstreckungsverfahren nicht mit der erforderlichen Mühe durchgeführt. Vollstreckung wird traditionsgemäß als eine Verwaltungsangelegenheit, nicht als richterliche Tätigkeit verstanden, obwohl die Sanktionsrealität das entscheidende Ergebnis des Strafverfahrens ist und Anlaß zu einer Selbstreflexion geben sollte (s. auch Jugendarrest und/oder Betreuungsweisung, hrsg. von *Schumann*, 1985, S. 180). So wurde im Jahre 1999 die Nichtbeachtung der Richtlinien zu den §§ 82-85 Abschnitt II und VI mit der Folge von Vollstreckungsverzögerungen, gerade auch bei vorangegangener U-Haft, auf der Ebene der Landesjustizverwaltungen kritisch diskutiert. Nach dem Tagungsprotokoll 1997 der Vollstreckungsleiter ist es wegen zu später Übersendung der Verfahrensakten schon zu Überschreitungen von Haftzeiten gekommen (DVJJ-Journal 1998, 187). Fast gänzlich wird im Vollstreckungsverfahren die entsprechende Anwendung des § 68 (s. § 83 Abs. 3 S. 2), d. h. die Bestellung eines Pflichtverteidigers unterlassen (s.

Hartmann-Hilter StV 1988, S. 312: »Vergessene Vorschrift«; *Beulke* in: Verteidigung in Jugendstrafsachen, hrsg. vom *Bundesministerium der Justiz*, 1987, S. 193, der die Anwendung dieser Bestimmung als »noch Zukunftsmusik« bezeichnet). Allgemein zur Verteidigung im Strafvollzug s. *Volckart* Verteidigung in der Strafvollstreckung und im Strafvollzug, 1988, sowie *Litwinski/Bublies* Strafverteidigung im Strafvollzug, 1989.

5. Rechtspolitische Einschätzung

Die jugendstrafrechtliche Konzeption von der Einheit des Erkenntnis- und Vollstreckungsverfahrens sollte beibehalten werden. Umgekehrt erscheint die Zuständigkeit der Staatsanwaltschaft im Erwachsenenstrafrecht (§ 451 StPO) reformbedürftig. Die Vollzugsnähe ist am besten durch den Richter zu erreichen, der die Rückfall- und Sanktionsprognose im Urteil getroffen hat. Eine Ausnahme gilt für den Vollzug von freiheitsentziehenden Sanktionen, deren richterliche Kontrolle nur vor Ort erfolgen kann und Spezialwissen verlangt, auch wenn sich die Erwartungen des Gesetzgebers hinsichtlich der Einführung einer Strafvollstreckungskammer nach einer Untersuchung nicht erfüllt haben (s. *Northoff* Strafvollstreckungskammer, 1985, S. 187 ff.). Das Problem der speziellen Eignung i. S. des § 37 stellt sich aber hier in besonderer Weise, (s. *Gottwaldt* DRiZ 1954, 118) wobei eine praxisnahe Spezialausbildung erforderlich erscheint.

5

Obwohl das Prinzip der umgehenden Vollstreckung gilt (s. auch § 82 Rn. 8), ist an der Voraussetzung der Rechtskraft festzuhalten. Die Forderung nach einer Möglichkeit, den Jugendarrest für sofort vollstreckbar zu erklären (so *Potrykus* NJW 1953, 1455), ist aus Präventionsgründen zurückzuweisen, da bei einer Aufhebung oder Änderung im Wege des Rechtsmittelverfahrens der Schaden nicht wiedergutzumachen wäre und während eines Rechtsmittelverfahrens selten die Bereitschaft zur Mitarbeit im Arrestvollzug bestehen wird.

6

Im einzelnen ist die Regelung der örtlichen Zuständigkeit für Volljährige zu ergänzen (s. § 84 Rn. 3) und gesetzgeberisch klarzustellen (s. § 85 Rn. 8), daß mit dem Übergang des Vollzugs freiheitsentziehender Sanktionen in den Erwachsenenvollzug immer auch ein Zuständigkeitswechsel verbunden ist, da hier neues Spezialwissen erforderlich ist (so auch *Brunner* JR 1977, 259; *ders.* JR 1980, 468; *ders.* § 85 Rn. 11). Wenn in § 85 Abs. 6 i. d. F. des 1. JGGÄndG lediglich eine Abgabemöglichkeit eingeräumt wird, »wenn der Straf- oder Maßregelvollzug voraussichtlich noch länger dauern wird und die besonderen Grundgedanken des Jugendstrafrechts unter Berücksichtigung der Persönlichkeit des Verurteilten für die weiteren Entscheidungen nicht mehr maßgebend sind«, so ist dem entgegenzuhalten, daß auch nur unter diesen Voraussetzungen ein Wechsel in

7

den Erwachsenenvollzug in Betracht kommt (s. § 91, 92 Rn. 1). Die weiteren Änderungen des 1. JGGÄndG betreffen die Bestimmung des Vollstreckungsleiters, wobei grundsätzlich der Ortsnähe Vorrang eingeräumt wird. Um die Erkenntnisse aus dem Erkenntnisverfahren einzubringen, bleibt es gem. § 85 Abs. 7 n. F. i. V. m. § 451 Abs. 3 StPO bei der ursprünglichen Zuständigkeit der StA, wobei diese unter den dort genannten Bedingungen abgegeben werden kann. Die Überlegungen für eine Abänderung dieser Bestimmung, d. h. für eine Zuständigkeit der Staatsanwaltschaft am Ort des Vollzuges (s. *Eisenberg* JVJJ-Journal 2/1991, S. 151), überzeugen nicht. Zwar sprechen arbeitsökonomische Gesichtspunkte sowie Gesichtspunkte der Gleichbehandlung für eine solche Abänderung. Wirkliches Wissen über den Verurteilten und sein soziales Umfeld, auch über neue Gefährdungen bzw. positive Entwicklungen, kann aber in der Regel nur die »Erkenntnisstaatsanwaltschaft« einbringen.

§ 82. Vollstreckungsleiter

(1) Vollstreckungsleiter ist der Jugendrichter. Er nimmt auch die Aufgaben wahr, welche die Strafprozeßordnung der Strafvollstreckungskammer zuweist.
(2) Soweit der Richter Hilfe zur Erziehung im Sinne des § 12 angeordnet hat, richtet sich die weitere Zuständigkeit nach den Vorschriften des Achten Buches Sozialgesetzbuch.

Inhaltsübersicht   Rn.
I. Persönlicher Anwendungsbereich   1
II. Sachlicher Anwendungsbereich   2
III. Sachliche Zuständigkeit   3
IV. Allgemeine Voraussetzungen   6
V. Durchführung
   1. Ambulante Sanktionen   8
   2. Stationäre Sanktionen   9
   3. Geldbußen nach dem OWiG   12

I. Persönlicher Anwendungsbereich

Die Vorschrift gilt für Jugendliche und Heranwachsende (s. § 110 Abs. 1), 1
wenn in Anwendung von Jugendstrafrecht – von welchem Gericht auch
immer – Sanktionen ausgesprochen wurden.

II. Sachlicher Anwendungsbereich

Zur Vollstreckung gehört die Durchführung aller angeordneten jugend- 2
strafrechtlichen Folgen mit Einschluß der Nebenfolgen (s. § 6), Nebenstrafen (s. § 8 Abs. 3) und der Maßregeln der Besserung und Sicherung (s.
§ 7). Dies gilt auch für die Zurückstellung der Strafvollstreckung gem. den
§§ 38, 35 Abs. 1 u. Abs. 2, 36 BtMG (s. *BGH* bei *Katholnigg* NJW 1990,
2296) sowie für die vorzeitige Aufhebung einer Sperrfrist gem. § 69 a
Abs. 7 StGB, sofern der Strafrest zur Bewährung ausgesetzt wurde, gem.
§ 82 Abs. 1 S. 2 i. V. m. §§ 462, 462 a Abs. 1 S. 2, § 463 Abs. 5 StPO (a. M.
OLG Düsseldorf NZV 1990, 237; wie hier *Eisenberg/Dickhaus* NZV
1990, 455). So ist der Jugendrichter als Vollstreckungsleiter auch für die
Führungsaufsicht zuständig (s. *OLG Koblenz* GA 1975, 285). Zur Vollstreckung im weiteren gehören auch Gnadenentscheidungen; dementsprechend sind in einigen Bundesländern auch die Jugendrichter für zuständig
erklärt (s. *Wetterich/Hamann* Strafvollstreckung, 5. Aufl., Rn. 542), wobei
auch eine Zuständigkeitsverlagerung gem. § 85 Abs. 5 in Betracht kommt
(s. *BGHSt* 32, 330). Inhaltlich sind für die Gnadenentscheidung die Krite-

rien der Gerechtigkeit sowie der Prävention maßgebend (s. *Dallinger/ Lackner* vor § 82 Rn. 27-29). Gemäß § 97 Abs. 1 OWiG gelten die §§ 82 Abs. 1, 83 Abs. 2, 84 und 85 Abs. 5 auch für die Vollstreckung einer Erzwingungshaft gem. § 96 OWiG, darüber hinaus für die Vollstreckung der gerichtlichen Bußgeldentscheidung gem. § 91 OWiG.

III. Sachliche Zuständigkeit

3   Sachlich ist für die Vollstreckung der **Jugendrichter** zuständig, unabhängig davon, ob er das Urteil gesprochen hat oder als Vorsitzender des Jugendschöffengerichts daran beteiligt war (zur unterschiedlichen funktionellen Zuständigkeit s. § 83 Rn. 2 und 3; zur Zuständigkeit im Falle der Vollstreckung in einer Erwachsenenjustizvollzugsanstalt gem. § 92 Abs. 2, 3 s. § 85 Rn. 7, 8). Diese sachliche Zuständigkeit weicht von der Regelung im Erwachsenenstrafrecht ab, nach der die Staatsanwaltschaft Vollstreckungsbehörde ist (§ 451 StPO). Ebenfalls in Abweichung vom Erwachsenenstrafrecht dürfen dem Rechtspfleger nur eingeschränkt die Geschäfte übertragen werden (s. § 34 Abs. 5 S. 1 RPflG). Hiernach bleibt die Leitung der Vollstreckung immer dem Richter vorbehalten (§ 31 Abs. 5 S. 1, 4 RPflG). Dem Rechtspfleger werden nur die Geschäfte der Vollstreckung übertragen, durch die eine richterliche Vollstreckungsanordnung oder eine die Leitung der Vollstreckung nicht betreffende allgemeine Verwaltungsvorschrift ausgeführt wird (§ 31 Abs. 5 S. 2 RPflG). Darüber hinaus ist der Bundesjustizminister ermächtigt, durch Rechtsverordnung dem Rechtspfleger nichtrichterliche Geschäfte zu übertragen, »soweit nicht die Leitung der Vollstreckung durch den Jugendrichter beeinträchtigt wird oder das Vollstreckungsgeschäft wegen seiner rechtlichen Schwierigkeit, wegen der Bedeutung für den Betroffenen, vor allem aus erzieherischen Gründen, oder zur Sicherung einer einheitlichen Rechtsanwendung dem Vollstreckungsleiter vorbehalten bleiben muß« (§ 31 Abs. 5 S. 3 RPflG). Bis zum Inkrafttreten einer Rechtsverordnung gelten gem. § 33 a RPflG die Bestimmungen über die Entlastung des Jugendrichters in Strafvollstreckungsgeschäften weiter, d. h., die RL Nr. II, 6 zu den §§ 82-85 i. V. m. der **Bekanntmachung der Landesjustizverwaltungen über die Entlastung des Jugendrichters bei Vollstreckungsgeschäften vom 1. 12. 1962** (diese Verwaltungsvorschrift und die darin erfolgte generelle Übertragung des »Vollstreckungsgeschäfts« auf den Rechtspfleger gelten jedoch nicht automatisch in den neuen Bundesländern; sofern keine ausdrückliche Übernahme erfolgt ist – z. B. in Sachsen-Anhalt –, kann die Vollstreckung nur im Einzelfall übertragen werden):

»I. Zur Entlastung des Jugendrichters sind dem Rechtspfleger durch Abschnitt II Nr. 6 der Richtlinien zu den §§ 82 bis 85 des Jugendrichtergesetzes in der Fassung vom 1. Dezember 1962 Vollstreckungsgeschäfte in

Drittes Hauptstück.
Vollstreckung und Vollzug §82

bestimmtem Umfange übertragen worden. Darüber hinaus kann der Rechtspfleger zur Vorbereitung von Vollstreckungsgeschäften, die dem Vollstreckungsleiter vorbehalten sind, herangezogen werden. Dadurch soll es dem Jugendrichter ermöglicht werden, sich in verstärktem Maße den erzieherischen Aufgaben zu widmen, die ihm innerhalb des Jugendstrafverfahrens auch im Rahmen der Vollstreckung obliegen.

II. Hierzu wird folgendes bestimmt:
1) Der Jugendrichter kann den Rechtspfleger zur Mitwirkung bei den ihm vorbehaltenen Geschäften der Vollstreckung heranziehen, ihn insbesondere zur Vorbereitung solcher Geschäfte mit der Fertigung von Entwürfen beauftragen. Die Unterzeichnung bleibt dem Jugendrichter vorbehalten. Die Überwachung von Weisungen und Auflagen ist Sache des Jugendrichters (vgl. auch Abschnitt III Nr. 1 der Richtlinien zu den §§ 82 bis 85 JGG). Er kann sich dabei der Mithilfe des Rechtspflegers oder eines anderen Beamten der Vollstreckungsbehörde bedienen.
Eine Mitwirkung des Rechtspflegers bei jugendrichterlichen Entscheidungen (§ 83 Satz 1 JGG) kommt nicht in Betracht.
2) a) Zu den Geschäften, die dem Rechtspfleger durch Abschnitt II Nr. 6 der Richtlinien zu den §§ 82 bis 85 JGG übertragen worden sind, gehören vor allem folgende:
die Ausführung einer richterlichen Vollstreckungsanordnung (Anordnung der Ladung zum Arrest- oder Strafantritt, Aufnahme- und Überführungsersuchen und Strafzeitberechnung),
der Erlaß eines Vollstreckungshaft- oder Vorführungsbefehls und die Zwangszuführung zum Jugendarrest (Abschnitt V Nr. 8 der Richtlinien zu §§ 82-85 JGG) auf richterliche Anordnung sowie die Maßnahmen zu ihrer Vollziehung,
die Anordnung über das Anlegen von Vollstreckungsheften,
die Ausführung von richterlichen Anordnungen über Fahndungsmaßnahmen,
die Rücknahme erledigter Fahndungsmaßnahmen,
die Ausführung von richterlichen Anordnungen nach § 61 Abs. 1 Satz 1 StVollstrO,
die nach den §§ 56, 59 und 63 bis 86 StVollstrO erforderlichen Maßnahmen der Vollstreckungsbehörde.
Die hiernach vorgesehenen richterlichen Anordnungen sind schriftlich zu erteilen.
Der Rechtspfleger ist bei der Ausführung der ihm übertragenen Geschäfte an Weisungen des Jugendrichters nach § 10 Abs. 2 StVollstrO gebunden. Vor allem hat er bei Aufnahmeersuchen besondere Vollzugshinweise des Jugendrichters, die über § 30 Abs. 2 StVollstrO hinausgehen, zu beachten.

b) Die Wahrnehmung der dem Rechtspfleger durch Abschnitt II Nr. 6 der Richtlinien zu den §§ 82-85 JGG übertragenen Vollstreckungsgeschäfte obliegt dem Jugendrichter, wenn der Vollstreckungsbehörde hierfür ein Rechtspfleger nicht zur Verfügung steht.

III. Die Zuständigkeit von Beamten des gehobenen oder des mittleren Dienstes zur Anordnung und Ausführung von Nachrichten zum Strafregister, zur Erziehungskartei und zum Verkehrszentralregister sowie von Mitteilungen und Zählkarten richtet sich nach den allgemeinen Vorschriften (vgl. Abschnitt II Nr. 4 der Richtlinien zu den §§ 82-85 JGG).

IV. Diese Verfügung tritt am 1. Januar 1963 in Kraft. Vorschriften, die ihr entgegenstehen, sind vom gleichen Zeitpunkt ab nicht mehr anzuwenden.«

Wird der Rechtspfleger anstelle des Richters tätig, obwohl die Geschäfte dem Richter vorbehalten sind, so hat der Richter die Vollstreckungshandlung selbständig zu wiederholen. Eine bloße nachträgliche Billigung reicht nicht aus (wie hier *Eisenberg* § 82 Rn. 24; jetzt auch *Brunner/Dölling* vor § 82 Rn. 11), da ein nichtiges Geschäft immer unwirksam bleibt, nicht »geheilt« werden kann.

4 Gemäß § 82 Abs. 1 S. 2 wird die Zuständigkeit um die Aufgaben der Strafvollstreckungskammern gem. §§ 462 a, 463 StPO erweitert. Gemäß § 83 Abs. 2 Nr. 2 wird die sachliche Zuständigkeit auf die Jugendkammer verlagert, wenn der Vollstreckungsleiter ansonsten über seine eigene Anordnung zu entscheiden hätte.

5 Im Ordnungswidrigkeitenrecht besteht die sachliche Zuständigkeit des Jugendrichters (§ 104 Abs. 1 Nr. 3 OWiG) mit Ausnahme einer nachträglichen Entscheidung über die Einziehung (§ 100 Abs. 1 Nr. 2 i. V. m. § 104 Abs. 1 Nr. 3 OWiG) generell für alle bei der Vollstreckung notwendigen gerichtlichen Entscheidungen (zur Vollstreckung im einzelnen s. Rn. 12).

IV. Allgemeine Voraussetzungen

6 Generell ist für Vollstreckungsmaßnahmen die **Rechtskraft** des Strafurteils Voraussetzung (§ 449 StPO). Vorläufige Entscheidungen sind in dem System der Strafsanktionierung nur zur Verfahrenssicherung erlaubt. § 56 steht dem nicht entgegen, weil hier eine Teilrechtskraft ausgesprochen wird (s. auch RL Nr. II, 3 zu den §§ 82-85). Maßgebend ist der Urteilstenor, der vom Urkundsbeamten der Geschäftsstelle mit einem Rechtskraftvermerk versehen ist, § 451 Abs. 1 StPO). Über Auslegungszweifel entscheidet gem. den §§ 458 Abs. 1, 462 Abs. 1 S. 1 StPO das entscheidende Gericht (so generell *Brunner/Dölling* § 83 Rn. 6; *Eisenberg* § 83 Rn. 7),

Drittes Hauptstück.
Vollstreckung und Vollzug § 82

nach dem Beginn der Vollstreckung der Jugendrichter gem. § 462 a Abs. 1 StPO, § 82 Abs. 1 S. 2 (s. auch § 83 Rn. 4). Zur Vollstreckung eines »Vorbehaltsurteils« s. § 57 Rn. 8-10.

Nach Rechtskraft ist die Vollstreckung regelmäßig umgehend in die Wege zu leiten – Beschleunigungsgebot – (s. RL Nr. II, 1, IV, 1, V, 4, VI, 1 zu den §§ 82-85 s. auch § 2 StVollstrO). Die Dauer des Verfahrens ist nicht nur eine zusätzliche Belastung, sie mindert auch die Präventionseignung. Allerdings können gerade auch Präventionsgesichtspunkte dazu führen, die Vollstreckung zu verzögern, so beispielsweise, um den Arrest in den Schulferien zu vollstrecken (s. auch § 456 StPO). 7

V. Durchführung

1. Ambulante Sanktionen

Für die Vollstreckung der ambulanten Sanktionen gibt der Gesetzgeber im § 38 Abs. 2 S. 5-8 einige Hinweise: Außer im Fall der Bewährungshilfe ist die Jugendgerichtshilfe für die Durchführung der Weisungen und Auflagen zuständig; dies schließt allerdings die selbständige Überwachung durch den Jugendrichter nicht aus (s. im einzelnen § 38 Rn. 19). Ansonsten gibt es nur Richtlinien zu den §§ 82-85: RL Nr. III, 1 für die Vollstreckung von Weisungen; RL IV, 1 für die Vollstreckung der Verwarnung (s. hierzu aber bereits § 14 Rn. 5-9); RL Nr. IV, 2 für die Vollstreckung von Auflagen. 8

2. Stationäre Sanktionen

Die Vollstreckung des Arrestes ist näher in den §§ 86-87 ausgesprochen, der Vollzug selbst ist im § 90 – marginal – geregelt; zusätzlich geben die RL Nr. V zu den §§ 83-85 Hinweise. Große praktische Bedeutung haben die Jugendarrestvollzugsordnung und die Bundeswehrvollzugsordnung (s. § 90 Rn. 2, 5-17). 9

Für die Vollstreckung und den Vollzug der Jugendstrafe sind in den §§ 88 sowie 91 und 92 Regelungen getroffen, wobei der Vollzug sich im einzelnen nach den bundeseinheitlichen Verwaltungsvorschriften zum Jugendstrafvollzug richtet (s. §§ 91, 92 Rn. 3). Weitere Hinweise erfolgen in den RL Nr. VI zu den §§ 82-85. Große praktische Bedeutung hat **die Zurückstellung der Strafvollstreckung** bei Jugendlichen und Heranwachsenden, die wegen eines Verstoßes gegen das BtMG oder wegen Betäubungsmittelabhängigkeit zu einer Jugendstrafe von nicht mehr als zwei Jahren verurteilt wurden bzw. deren Reststrafe – nach Abzug der U-Haft gem. § 52 a – zwei Jahre nicht übersteigt (s. §§ 38, **35 Abs. 1 und Abs. 2, 36 BtMG**). Hierbei ist bei der Berechnung des noch zu vollstreckenden Re- 10 stes nicht von dem Fall einer vollständigen Verbüßung, sondern von der voraussichtlichen Dauer unter Berücksichtigung einer Reststrafenbewährung auszugehen (*OLG Koblenz* StV 1985, 379). Nach dem Gesetzeszweck reicht auch eine Einheitsstrafe gem. den §§ 31, 32 aus, ohne daß die Voraussetzungen einer Gesamtstrafenbildung nach dem Erwachsenenstrafrecht vorliegen müssen.

11 Im einzelnen stellt sich bei der Fragwürdigkeit der strafrechtlichen Reaktion auf den Konsum bestimmter Drogen (s. Grundlagen zu § 93 a Rn. 6, 7) das Problem, geeignete Einrichtungen zu finden, die sowohl den psychischen Belastungen dieser Drogenabhängigen entgegenkommen als auch den justitiellen Anforderungen nach einer Kontrolle (s. § 35 Abs. 4, 2. Halbsatz BtMG) entsprechen. Allerdings braucht die Behandlung nicht notwendigerweise stationär zu erfolgen (s. *OLG Zweibrücken* StV 1983, 249, 250 unter Hinweis auf § 36 Abs. 2 BtMG; *OLG Zweibrücken* StV 1984, 124; *OLG Oldenburg* Nds Rpfl. 1994, 124: »§ 35 Abs. 1 BtMG kommt auch bei Durchführung einer Substitutionstherapie in Betracht«; zu den Voraussetzungen s. *OLG Köln* StV 1995, 649); nach einer Untersuchung (s. *Spies/Winkler* Suchtgefahren 32 [1986], 180 ff.) geschieht dies aber in über 90 % der Fälle (s. auch *Kurze* NStZ 1996, 179). Hierbei kann »Therapiewilligkeit« auch notgedrungen – unter Bedrohung des Strafrechts – oder erst in der Therapie erzeugt bzw. geweckt werden. Auch sind Kostenprobleme zu bedenken. Zur Unterstützung des/der Verurteilten ist ein Pflichtverteidiger zu bestellen (s. § 83 Abs. 3, S. 2; s. auch *LG Hagen* StV 1986, 146). Die Anforderungen an die Ernsthaftigkeit eines Therapiewunsches sind niedrig zu halten (s. *OLG Hamm* MDR 1982, 1044; *OLG Karlsruhe* StV 1983, 112; ebenso *Eisenberg* § 82 Rn. 5 c), wobei ein eigenwilliger Wechsel der Therapieeinrichtung nicht zum Widerruf gem. § 35 Abs. 5 BtMG führen darf (s. *AG Karlsruhe* StV 1985, 247). In der Praxis werden dementsprechend – nach Überwindung von Anlaufschwierigkeiten – offensichtlich die meisten Anträge genehmigt: Nach der Untersuchung von *Spies/Winkler* (Suchtgefahren 32 [1986], 185) wurden von 85 Anträgen 8 Anträge (9 %) abgelehnt. Dementsprechend wird in einer Untersuchung der kriminologischen Zentralstelle Wiesbaden über die heutige Praxis ein positives Urteil abgegeben, wobei die Zahl der Zurückstellungen von 1084 im Jahre 1986 auf 2930 im Jahre 1994 gestiegen ist (s. *Kurze* NStZ 1996, 179, 182). Die verweigerte Einwilligung der Erziehungsberechtigten und gesetzlichen Vertreter (§ 38 Abs. 1 S. 3 BtMG) kann gem. § 1666 BGB ersetzt werden, wobei das gesetzgeberische Ziel der Therapie statt Strafe für die Anwendung dieser Vorschrift spricht (zurückhaltender *Eisenberg* § 82 Rn. 5 c; s. auch *Brunner/Dölling* § 17 Rn. 27 c). Ein Widerruf gem. § 35 Abs. 5 BtMG ist auch bei einer neuen Straftat wegen Drogenabhängigkeit nicht zwingend, wenn diese gem. § 35 Abs. 6 Nr. 1 BtMG in eine Einheitsjugendstrafe gem. § 31 einbezogen

wird und hierfür die Voraussetzungen des § 35 Abs. 1 und 2 BtMG vorliegen. Dies muß im Hinblick auf § 35 Abs. 1 und 2 BtMG unabhängig davon gelten, ob die Voraussetzungen einer Gesamtstrafe nach Erwachsenenstrafrecht vorliegen, da mit § 38 BtMG eine entsprechende Anwendung vorgeschrieben ist und sowohl die »Vergünstigung« (s. o. Rn. 11) als auch der Widerruf hiervon unabhängig gestellt ist (a. M. *Brunner/Dölling* § 17 Rn. 31; widersprüchlich *Eisenberg* § 82 Rn. 5 h). Allerdings kann es hier angebracht sein, eine Einbeziehung zu unterlassen (s. § 31 Rn. 18), da die Zurückstellung auch dann gewährt werden kann, wenn mehrere Freiheitsstrafen nebeneinander bestehenbleiben, die zusammen mehr als zwei Jahre Freiheitsstrafe ausmachen (s. *BGH* auf Vorlage, StV 1985, 378). Ansonsten ist bei einer neuen Strafverurteilung zu einer Freiheitsstrafe oder freiheitsentziehenden Maßregel gem. § 35 Abs. 6 Nr. 2 ein Widerruf nicht zu umgehen, wenn nicht die Vollstreckung ebenso zurückgestellt wird (*KG* StV 1983, 291; *OLG Saarbrücken* StV 1983, 468; mißverständlich *Brunner/Dölling* § 17 Rn. 31, die allgemein auf § 35 Abs. 4 S. 2 BtMG verweisen, der sich aber nur auf die Nichtdurchführung der Behandlung gem. § 35 Abs. 4 S. 1 bezieht). Zur Anrechnung und Strafaussetzung zur Bewährung s. § 36 i. V. m. § 38 Abs. 1 S. 4 und 5, Abs. 2 BtMG; wird gem. § 36 Abs. 1 oder Abs. 2 BtMG die (Rest-)Freiheitsstrafe zur Bewährung ausgesetzt, so erfolgt keine Eintragung in das Führungszeugnis (§ 32 Abs. 2 Nr. 3 BZRG). Gegen die Ablehnung der Zurückstellung ist der Rechtsweg gem. den §§ 23 ff. EGGVG eröffnet (h. M.), auf dem auch die richterliche Entscheidung, d. h. die Ablehnung der Zurückstellung oder deren Zustimmung, inzidenter überprüfbar ist (s. § 35 Abs. 2 S. 3 BtMG; a. M. *OLG Stuttgart* NStZ 1986, 141); gegen den Widerruf kann die Entscheidung des Gerichts des ersten Rechtszuges herbeigeführt werden (§ 35 Abs. 6 S. 2 BtMG), im Falle, daß der Vollstreckungsleiter selbst oder unter seinem Vorsitz das Jugendschöffengericht im ersten Rechtszug erkannt hat, die Entscheidung der Jugendkammer (s. § 83 Abs. 2 Nr. 1).

3. Geldbußen nach dem OWiG

Geldbußen nach dem OWiG werden entweder beigetrieben oder es wird die Erzwingungshaft angeordnet (s. §§ 95, 96 OWiG). Bei Jugendlichen und Heranwachsenden ist zusätzlich eine alternative Vollstreckung vorgesehen (s. § 98 OWiG), wobei es auf das Alter zum Zeitpunkt der Entscheidung ankommt (s. *Brunner/Dölling* § 82 Rn. 11; *Eisenberg* § 82 Rn. 10; *OLG Köln* Zbl 1984, 378 m. w. N.). Zur Durchsetzung darf nach Maßgabe des § 98 Abs. 2-4 OWiG n. F. ein Jugendarrest angeordnet werden, wobei im Falle seiner Vollstreckung nach korrigierender Auslegung des § 98 Abs. 3 S. 3 OWiG die Vollstreckung der Geldbuße für erledigt zu erklären ist (s. § 11 Rn. 12). Dementsprechend hat nach § 98 Abs. 3 S. 2 OWiG n. F. der Richter von der Vollstreckung des Jugendarrestes abzusehen, wenn der

12

Jugendliche/Heranwachsende nach Verhängung der Weisung nachkommt oder die Geldbuße zahlt (s. auch bereits *OLG Köln* Zbl 1984, 378). Zum Rechtsmittel der sofortigen Beschwerde s. § 104 Abs. 3 S. 1 OWiG.

§ 83. **Entscheidungen im Vollstreckungsverfahren**

(1) Die Entscheidungen des Vollstreckungsleiters nach den §§ 86 bis 89 a und 92 Abs. 3 sowie nach den §§ 462 a und 463 der Strafprozeßordnung sind jugendrichterliche Entscheidungen.
(2) Für die bei der Vollstreckung notwendig werdenden gerichtlichen Entscheidungen gegen eine vom Vollstreckungsleiter getroffene Anordnung ist die Jugendkammer in den Fällen zuständig, in denen
1. der Vollstreckungsleiter selbst oder unter seinem Vorsitz das Jugendschöffengericht im ersten Rechtszug erkannt hat,
2. der Vollstreckungsleiter in Wahrnehmung der Aufgaben der Strafvollstreckungskammer über seine eigene Anordnung zu entscheiden hätte.
(3) Die Entscheidungen nach den Absätzen 1 und 2 können, soweit nichts anderes bestimmt ist, mit sofortiger Beschwerde angefochten werden. Die §§ 67 bis 69 gelten sinngemäß.

Literatur

Hartmann-Hilter Notwendige Verteidigung im jugendgerichtlichen Vollstreckungsverfahren/§ 83 Abs. 3 S. 2 JGG – eine vergessene Vorschrift, StV 1988, 312.

Inhaltsübersicht	Rn.
I. Persönlicher und sachlicher Anwendungsbereich	1
II. Entscheidungen als Justizverwaltungsakte	2
III. Entscheidungen als richterliche Entscheidungen	3
IV. Verfahren bei jugendrichterlichen Entscheidungen	5
V. Rechtsmittel
1. gegen Justizverwaltungsakte	6
2. gegen richterliche Entscheidungen	8

I. **Persönlicher und sachlicher Anwendungsbereich**

Zum persönlichen und sachlichen Anwendungsbereich s. § 82 Rn. 1 und 2.   1

II. **Entscheidungen als Justizverwaltungsakte**

Grundsätzlich sind die Entscheidungen im Vollstreckungsverfahren Justizverwaltungsakte und keine richterlichen Entscheidungen (h. M., s. auch RL Nr. II, 5 zu den §§ 82-85). Dies ergibt sich außer aus der Natur der Strafvollstreckung als Folge richterlicher Entscheidungen aus einem Umkehrschluß im Hinblick auf § 83 Abs. 1 (*OLG Karlsruhe* NStZ 1993, 104). Dies   2 bedeutet, daß der Jugendrichter insoweit **weisungsabhängig** ist, und zwar über den LG-Präsidenten von der Justizverwaltung, d. h. letztlich vom Justizminister bzw. Justizsenator; nicht aber ist der GenStA weisungsbefugt (so aber die h. M., s. *Pohlmann/Gabel* § 21 StVollStrO Rn. 3; *Kleinknecht/ Meyer-Goßner* § 451 StPO Rn. 9; *Wendisch* in: *Löwe/Rosenberg* § 451 StPO Rn. 12: »nach der natürlichen Ordnung der Dinge«; *Lorenz* NJW 1963, 701; *Eisenberg* § 83 Rn. 2; nachfolgend wie hier *Sonnen* in: *D/S/S* § 83 Rn. 2), da dieser Behördenstrang hier nicht eingreift. § 151 S. 2 GVG steht dem ausdrücklich entgegen, da das Verbot einer Dienstaufsicht – aus gutem Grunde – nicht auf richterliche Geschäfte begrenzt ist, da ansonsten indirekt immer auch eine Abhängigkeit entstehen würde; dementsprechend räumt § 147 Nr. 3 GVG nur eine Dienstaufsicht »hinsichtlich aller Beamten der Staatsanwaltschaft« ein. Zur Beschwerdeinstanz »Generalstaatsanwaltschaft« s. aber Rn. 7.

III. Entscheidungen als richterliche Entscheidungen

3   Abweichend von dem Grundsatz (s. Rn. 2) sind die Entscheidungen, die gem. den §§ 86-89 a und 92 Abs. 3 zu treffen sind, sowie die Entscheidungen der Strafvollstreckungskammer gem. den §§ 462 a, 463 StPO, die der Jugendrichter gem. § 82 Abs. 1 S. 2 wahrnimmt (zur Zuständigkeit der Jugendkammer s. § 83 Abs. 2 Nr. 2; s. auch § 82 Rn. 4), (jugend-)richterliche Entscheidungen (s. *OLG Karlsruhe* NStZ 1993, 104 zur Entscheidung über Strafunterbrechung). Insoweit kommt dem Jugendrichter die **richterliche Unabhängigkeit** (Art. 97 Abs. 1 GG) zugute. Weiterhin sind gem. § 112 c Abs. 3 die Erledigungsentscheidung über eine Erziehungsmaßregel (§ 112 c Abs. 1) sowie das Absehen von der Arrestvollstreckung (§ 112 c Abs. 2) jugendrichterliche Entscheidungen. Hierzu gehören auch die im Rahmen der Bewährungsüberwachung anstehenden Entscheidungen (§§ 453 b Abs. 2, 454 Abs. 3 S. 1, 462 Abs. 1 S. 1 StPO i. V. m. § 83 Abs. 1). Durch die Zuordnung der Überwachung an das Gericht wird der eigenständigen Bedeutung der Bewährungsstrafe Rechnung getragen. Zur Zurückstellung der Strafvollstreckung gem. § 35 BtMG s. § 82 Rn. 11; zu nachträglichen Entscheidungen, Überweisungen und Auflagen s. § 65.

4   Nicht gehört die Anrechnung der U-Haft gem. § 87 Abs. 2 hierzu, da diese von Gesetzes wegen und nicht kraft richterlicher Entscheidung erfolgt (wie hier *Dallinger/Lackner* § 83 Rn. 3; *Brunner/Dölling* § 83 Rn. 6; *Eisenberg* § 83 Rn. 8; a. M. *Potrykus* § 83 Anm. 1). Für die Auslegung des Urteils in Zweifelsfällen ist entscheidend, ob die Vollstreckung bereits begonnen hat; nach Beginn der Vollstreckung entscheidet der Jugendrichter in Wahrnehmung der Aufgaben der Strafvollstreckungskammer (ebenso *Brunner/Dölling* § 83 Rn. 4). Allerdings hat der Jugendrichter als Vollstreckungsbehörde tunlichst vorher die Entscheidung des erkennenden

Gerichts herbeizuführen (ebenso *Brunner/Dölling* § 83 Rn. 4). Der Jugendrichter als Vollstreckungsbehörde hat jedoch nicht die Beschwerdemöglichkeit gem. § 462 Abs. 3 StPO (so aber *Krauß* NJW 1958, 49; wie hier jetzt *Brunner/Dölling* § 83 Rn. 4), da sich hieraus eine gerichtsinterne Streitigkeit entwickeln würde, wobei die Vollstreckungsbehörde nicht in ihren Rechten verletzt ist. Wenn der Staatsanwaltschaft im Erwachsenenstrafrecht gem. § 462 Abs. 3 StPO das Beschwerderecht zugestanden wird, so nicht in der Funktion der Vollstreckungsbehörde, sondern als Kontrollorgan der Justiz (wie hier *Wendisch* in: *Löwe/Rosenberg* § 462 StPO Rn. 9; *Fischer* in: Karlsruher Kommentar, 4. Aufl., § 462 StPO Rn. 4; s. auch *Kleinknecht/Meyer-Goßner* § 462 StPO Rn. 5). Ist gem. § 92 Abs. 3 die Entscheidung für den Erwachsenenvollzug gefallen, so entscheidet im weiteren über Einwendungen gegen Vollzugsmaßnahmen die Strafvollstreckungskammer gem. § 462 a StPO (s. BGHSt 29, 33; s. auch § 85 Rn. 7, 8).

IV. Verfahren bei jugendrichterlichen Entscheidungen

Hinsichtlich des Verfahrens bei jugendrichterlichen Entscheidungen werden ausdrücklich die §§ 67-69 für entsprechend anwendbar erklärt (§ 83 Abs. 3 S. 2). Das bedeutet insbesondere auch, daß eine gesonderte Pflichtverteidigung gem. § 68 zu prüfen ist (s. näher § 68 Rn. 5). Soweit vereinzelt vertreten wird, daß eine Pflichtverteidigerbestellung für die Hauptverhandlung automatisch weitergilt (*Peters* Strafprozeßrecht, 4. Aufl., S. 29; *Hartmann-Hilter* StV 1988, 313), so ist dem entgegenzuhalten, daß dies in vielen Fällen wünschbar sein mag, daß aber gerade die nur sinngemäße Anwendbarkeit gem. § 83 Abs. 3 S. 2 dagegen spricht; so sind in § 140 Abs. 1 StPO z. T. Pflichtverteidigungen gerade auf die Hauptverhandlung abgestellt, so daß eine generelle Weitergeltung nicht gemeint sein kann. Praxisrelevant ist lediglich eine sinngemäße Anwendung des § 140 Abs. 2 StPO; eine Bestellung gem. § 68 Nr. 3 scheidet ebenso aus, da im Vollstreckungsverfahren eine solche Unterbringung nicht möglich ist (s. aber *Beulke* in: Verteidigung in Jugendstrafsachen, hrsg. vom *Bundesministerium der Justiz*, 1987, S. 192; wie hier *Hartmann-Hilter* StV 1988, 315). Aber auch die sinngemäße Anwendung des § 140 Abs. 2 StPO i. V. m. § 68 Nr. 1 ist schwierig. Das Kriterium »Schwere der Tat« erscheint für das Vollstreckungsverfahren verbraucht (a. M. *Hartmann-Hilter* StV 1988, S. 316). Allerdings kann ein Verstoß gegen Vollzugsregeln so schwerwiegende Folgen haben (Beendigung von Freigang, Disziplinarmaßnahmen, Versagung einer Strafrestaussetzung), daß diese Folgen mit denjenigen vergleichbar, die für eine Konkretisierung des Begriffs »Schwere der Tat« herangezogen werden. Für den Betroffenen macht es keinen Unterschied, ob Freiheitsentzug und Interesseneinbußen im Erkenntnis- oder im Vollstreckungsverfahren angeordnet werden. Dies müßte auch für den Widerruf einer Strafrestaussetzung wie auch der Strafaussetzung zur Bewährung gelten. Allerdings ist im Erkenntnisverfahren – unter Mitwirkung eines Verteidigers – über die Berechtigung der Strafe bereits entschieden, so daß nur zusätzliche Übel (Schlechterbehandlung im Vergleich zu Mitgefangenen, Disziplinarmaßnahmen) unter dem Gesichtspunkt »Schwere der Tat« eine Pflichtverteidigung begründen können. So ist der Einsatz eines Pflichtverteidigers immer dann erforderlich, wenn von der sonst üblichen Entscheidungspraxis abgewichen werden soll, wenn insbesondere die Entlassung auf Bewährung gem. § 88 nicht oder nicht rechtzeitig gewährt wird (demgegenüber soll nach *Hartmann-Hilter* in jedem Entlassungs- und Widerrufsverfahren ein Strafverteidiger eingeschaltet werden, StV 1988, 316; *Beulke* stellt sehr unbestimmt auf die Erheblichkeit der Reststrafe ab, in: Verteidigung in Jugendstrafsachen, hrsg. vom *Bundesministerium der Justiz*, 1987, S. 192; *Radbruch* StV 1993, 557 stellt auf »gravierende Reststrafen« ab; nach den »Kölner Richtlinien« zur notwendigen Verteidigung in Jugendstrafverfahren, NJW 1989, 1026 ist es nur vertretbar, einen Antrag auf Reststrafenaussetzung bei Vorliegen der Voraussetzungen des § 88 Abs. 2 abzulehnen, wenn ein Verteidiger mitgewirkt hat). Bei einem drohenden Widerruf der Strafrestaussetzung zur Bewährung – Antrag der Staatsanwaltschaft – kann der Einsetzungsgrund »Schwierigkeit der Sach- und Rechtslage« herangezogen werden (s. auch »Kölner Richtlinien« a. a. O.). Bei alledem gilt die entsprechende Anwendung nur für jugendrichterliche Entscheidungen, nicht für Vollstreckungsverwaltungsakte (s. hierzu Rn. 2, 3). Hierbei ist nicht allein das Beschwerdeverfahren als solches gemeint, sondern das gesamte Verfahren, in dem jugendrichterliche Entscheidungen getroffen werden (ebenso *Hartmann-Hilter* StV 1988, 314). Für die Verteidigung gelten dann auch die besonderen Kommunikationsrechte mit dem Strafgefangenen (s. Nr. 21 Abs. 1-3, 22 Abs. 3, 24 Abs. 1 der bundeseinheitlichen Verwaltungsvorschriften zum Jugendstrafvollzug). Auch erfaßt das Akteneinsichtsrecht (§ 147 StPO) die Stellungnahmen der Arrest- sowie der Justizvollzugsanstalten (s. *Dallinger/Lackner* § 83 Rn. 6). Im weiteren bestehen über die Verpflichtungen gem. § 33 Abs. 2 und 3 StPO, § 67 Abs. 1 hinaus besondere Anhörungspflichten: §§ 87 Abs. 3 S. 3, 88 Abs. 4 S. 1, 112 d. Wenn auch für die Entscheidung keine mündliche Verhandlung vorgeschrieben ist, so sollte sie bei kontroversen Stellungnahmen zu einer sachlich besseren Entscheidung und im Interesse ihrer Akzeptanz durchgeführt werden (a. M. *Eisenberg* § 83 Rn. 9; *Brunner/Dölling* § 83 Rn. 7), zumal für die Aussetzung des Strafrestes gem. § 88 Abs. 4 S. 2 dem/der Verurteilten immer Gelegenheit zur mündlichen Äußerung zu geben ist (für eine extensive Handhabung der mündlichen Anhörung *Dallinger/Lackner* § 83 Rn. 9; im Erwachsenenstrafrecht wird z. T. der Staatsanwaltschaft und der Verteidigung ein Anwesenheitsrecht abgesprochen, s. *Kleinknecht/Meyer-Goßner* § 454 StPO Rn. 35, 36; s. demgegenüber *Wegener* Das Verfahren vor der

Drittes Hauptstück.
Vollstreckung und Vollzug § 83

Strafvollstreckungskammer nach der Strafprozeßordnung unter besonderer Berücksichtigung der Anhörung der Verfahrensbeteiligten, 1979, S. 86 ff., sowie *Northoff* Strafvollstreckungskammer, 1985, 84 ff. jeweils m. w. N.; s. auch *BVerfG* NStZ 1993, 355; s. außerdem § 88 Rn. 11, 12). Der Beschluß ist zu begründen (§ 34 StPO), gem. § 35 StPO, § 67 bekanntzumachen und mit einer Rechtsmittelbelehrung zu versehen, soweit nur die sofortige Beschwerde zulässig ist (§ 35 a StPO); zur Klarstellung sollte sie immer erfolgen (s. auch *Dallinger/Lackner* § 83 Rn. 12). Zur entsprechenden Anwendbarkeit des § 74 s. dort Rn. 2.

V. Rechtsmittel

1. gegen Justizverwaltungsakte

Grundsätzlich sind die Entscheidungen als Justizverwaltungsakte mit dem Antrag auf gerichtliche Entscheidung durch den zuständigen Strafsenat gem. den §§ 23 ff. EGGVG angreifbar (h. M., s. *Brunner/Dölling* § 83 Rn. 3; *Eisenberg* § 83 Rn. 3). Ausnahmen bestehen nur gem. den §§ 458 Abs. 1 und 2, 462 Abs. 1 StPO, wonach das Gericht, das das Urteil gesprochen hat, auch bei Zweifeln über die Urteilsauslegung oder Strafzeitberechnung (s. *OLG Koblenz* MDR 1984, 691, dessen Leitsatz allerdings nicht mit § 83 Abs. 2 Nr. 1 übereinstimmt) sowie über die Einwendungen gegen die Entscheidungen der Vollstreckungsbehörde, d. h. des Jugendrichters, in den Fällen der §§ 455, 456 StPO zu befinden hat (s. auch RL Nr. II, 5 S. 3 zu den §§ 82-85). Gemäß § 83 Abs. 2 Nr. 1 ist dann die Jugendkammer zuständig, damit der Jugendrichter als erkennender Richter nicht über die Vollstreckungsmaßnahmen, die er angeordnet hat, entscheidet. Ebenso soll er nicht über eigene Vollstreckungsentscheidungen »richten« (§ 83 Abs. 2 Nr. 2; s. hierzu *Böhm* NStZ 1993, 529). Entscheidet die Jugendkammer gem. § 83 Abs. 2, ist diese Entscheidung wiederum gem. § 83 Abs. 3 S. 1 mit der sofortigen Beschwerde angreifbar; insoweit wird § 462 Abs. 3 StPO wiederholt.

6

Über den gerichtlichen Weg hinaus sind Dienstaufsichts- und Sachaufsichtsbeschwerde gegen die Vollstreckungsentscheidungen als Justizverwaltungsakte zulässig; aufgrund der ausdrücklichen Nennung im § 21 StVollstrO ist dies auch ein förmlicher Rechtsbehelf gem. § 24 Abs. 2 EGGVG (s. *Kleinknecht/Meyer-Goßner* § 24 EGGVG Rn. 5 m. w. N.). Obwohl der GenStA nicht weisungsbefugt ist (s. Rn. 2), ist er gem. § 21 StVollstrO Beschwerdeinstanz (h. M., s. *Brunner/Dölling* § 83 Rn. 3; *Eisenberg* § 83 Rn. 3; *GenStA Hamburg* NStZ 1985, 285). Über § 29 Abs. 3 EGGVG sind die Vorschriften über die Bewilligung von Prozeßkostenhilfe (§§ 114 ff. ZPO) entsprechend anwendbar. Eine Pflichtverteidigung scheidet für dieses Verfahren aus (s. auch Rn. 5).

7

2. gegen richterliche Entscheidungen

8 Gegen die richterlichen Entscheidungen gem. § 83 Abs. 1 – also mit Einschluß der Entscheidungen gem. den §§ 462 a, 463 StPO – ist die sofortige Beschwerde zulässig (§ 83 Abs. 3), wenn nicht etwas anderes bestimmt ist. Insoweit gilt § 311 StPO; der Vollzug wird hierdurch nicht gehemmt (§ 307 StPO). Eine andere Regelung ist für die Anfechtung in den §§ 88 Abs. 6 S. 3, 4 i. V. m. § 59 Abs. 2-4 getroffen. Gegen Entscheidungen auf die sofortige Beschwerde ist eine weitere Beschwerde unzulässig (§ 310 StPO; ebenso *OLG Schleswig* vom 19.3.1991, Az. 1 Ws 91/91). Der Verfahrensweg gem. §§ 23 ff EGGVG scheidet aus.

§ 84. Örtliche Zuständigkeit

(1) Der Jugendrichter leitet die Vollstreckung in allen Verfahren ein, in denen er selbst oder unter seinem Vorsitz das Jugendschöffengericht im ersten Rechtszuge erkannt hat.
(2) Soweit, abgesehen von den Fällen des Absatzes 1, die Entscheidung eines anderen Richters zu vollstrecken ist, steht die Einleitung der Vollstreckung dem Jugendrichter des Amtsgerichts zu, dem die familien- oder vormundschaftsrichterlichen Erziehungsaufgaben obliegen. Ist in diesen Fällen der Verurteilte volljährig, steht die Einleitung der Vollstreckung dem Jugendrichter des Amtsgerichts zu, dem die familien- oder vormundschaftsrichterlichen Erziehungsaufgaben bei noch fehlender Volljährigkeit oblägen.
(3) In den Fällen der Absätze 1 und 2 führt der Jugendrichter die Vollstreckung durch, soweit § 85 nichts anderes bestimmt.

I. Persönlicher und sachlicher Anwendungsbereich

Zum persönlichen und sachlichen Anwendungsbereich s. § 82 Rn. 1 und 2.   1

II. Einleitung der Vollstreckung

In § 84 Abs. 1 und 2 wird die Einleitung der Vollstreckung geregelt. Hiernach ist grundsätzlich der Jugendrichter zuständig, der die Strafsache allein oder als Vorsitzender des Jugendschöffengerichts im ersten Rechtszuge entschieden hat (§ 84 Abs. 1); d. h., er bleibt auch zuständig, wenn ein Rechtsmittelgericht die Sanktionierung festgesetzt hat. Dies gilt auch im Falle einer im Rechtsmittelverfahren erfolgten Einbeziehung gem. § 31 Abs. 2. Im Falle einer nachträglichen Einbeziehung gem. § 66 ist der Richter zuständig, der diese Entscheidung getroffen hat (s. § 66 Rn. 12); im Fall des § 66 Abs. 2 S. 4 ist der Vollstreckungsleiter der Jugendstrafe zuständig (s. § 66 Rn. 16).   2

Hat erstinstanzlich eine Jugendkammer oder hat ein Erwachsenengericht entschieden, so ist gem. § 84 Abs. 2 der Jugendrichter des Amtsgerichts für die Einleitung zuständig, dem die vormundschaftsrichterlichen Erziehungsaufgaben obliegen (s. § 34 Abs. 2; s. auch RL Nr. I 1 b zu den §§ 82-85). Hierbei ist die Einrichtung des Bezirksjugendrichters zu beachten (s. § 33 Abs. 4). Ein Wechsel in ein anderes Bundesland ist bedeutungslos (s. *Dallinger/Lackner* § 84 Rn. 6). Ist der/die Verurteilte volljährig (geworden), so ist der Jugendrichter örtlich zuständig, der für die familien- oder vormundschaftsrichterlichen Erziehungsaufgaben im Falle der Nichtvolljährigkeit zuständig gewesen wäre (so § 84 Abs. 2 S. 3 in der Fassung des Kindschaftsrechtsreformgesetzes vom 16.12.1997). Bei Verurteilten, die im   3

Inland weder Wohnsitz noch Aufenthalt haben, ist gem. § 36 Abs. 2 S. 1 FGG das Amtsgericht Berlin-Schöneberg zuständig (zu einer abweichenden Bestimmung s. *OLG Zweibrücken* bei *Böhm* NStZ 1991, 524).

III. Durchführung der Vollstreckung

4 Die Durchführung der Vollstreckung obliegt grundsätzlich dem Jugendrichter, der auch für die Einleitung örtlich zuständig ist (§ 34 Abs. 3); Abweichungen sind in § 85 geregelt. Zur örtlichen Zuständigkeit der StA s. § 85 Abs. 7 i. V. m. § 451 Abs. 3 StPO.

IV. Zuständigkeitsstreit

5 Ein Zuständigkeitsstreit wird entsprechend § 14 StPO vom gemeinschaftlichen oberen Gericht entschieden, d. h. von der Jugendkammer im Streit zweier Jugendrichter in einem Landgerichtsbezirk, bei Streit zweier Jugendrichter, die verschiedenen Landgerichtsbezirken angehören, von dem gemeinschaftlichen Oberlandesgericht, sonst vom *BGH* (wie hier *BayObLG* NJW 1955, 601; *BGHSt* 16, 80; *Brunner/Dölling* § 84 Rn. 2; *Eisenberg* § 84 Rn. 8).

§ 85. Abgabe und Übergang der Vollstreckung

(1) Ist Jugendarrest zu vollstrecken, so gibt der zunächst zuständige Jugendrichter die Vollstreckung an den Jugendrichter ab, der nach § 90 Abs. 2 Satz 2 als Vollzugsleiter zuständig ist.

(2) Ist Jugendstrafe zu vollstrecken, so geht nach der Aufnahme des Verurteilten in die Jugendstrafanstalt die Vollstreckung auf den Jugendrichter des Amtsgerichts über, in dessen Bezirk die Jugendstrafanstalt liegt. Die Landesregierungen werden ermächtigt, durch Rechtsverordnung zu bestimmen, daß die Vollstreckung auf den Jugendrichter eines anderen Amtsgerichts übergeht, wenn dies aus verkehrsmäßigen Gründen günstiger erscheint. Die Landesregierungen können die Ermächtigung durch Rechtsverordnung auf die Landesjustizverwaltungen übertragen.

(3) Unterhält ein Land eine Jugendstrafanstalt auf dem Gebiet eines anderen Landes, so können die beteiligten Länder vereinbaren, daß der Jugendrichter eines Amtsgerichts des Landes, das die Jugendstrafanstalt unterhält, zuständig sein soll. Wird eine solche Vereinbarung getroffen, so geht die Vollstreckung auf den Jugendrichter des Amtsgerichts über, in dessen Bezirk die für die Jugendstrafanstalt zuständige Aufsichtsbehörde ihren Sitz hat. Die Regierung des Landes, das die Jugendstrafanstalt unterhält, wird ermächtigt, durch Rechtsverordnung zu bestimmen, daß der Jugendrichter eines anderen Amtsgerichts zuständig wird, wenn dies aus verkehrsmäßigen Gründen günstiger erscheint. Die Landesregierung kann die Ermächtigung durch Rechtsverordnung auf die Landesjustizverwaltung übertragen.

(4) Absatz 2 gilt entsprechend bei der Vollstreckung einer Maßregel der Besserung und Sicherung nach § 61 Nr. 1 oder 2 des Strafgesetzbuches.

(5) Aus wichtigen Gründen kann der Vollstreckungsleiter die Vollstreckung widerruflich an einen sonst nicht oder nicht mehr zuständigen Jugendrichter abgeben.

(6) Hat der Verurteilte das vierundzwanzigste Lebensjahr vollendet, so kann der nach den Absätzen 2 bis 4 zuständige Vollstreckungsleiter die Vollstreckung einer nach den Vorschriften des Strafvollzugs für Erwachsene vollzogenen Jugendstrafe oder einer Maßregel der Besserung und Sicherung an die nach den allgemeinen Vorschriften zuständige Vollstreckungsbehörde abgeben, wenn der Straf- oder Maßregelvollzug voraussichtlich noch länger dauern wird und die besonderen Grundgedanken des Jugendstrafrechts unter Berücksichtigung der Persönlichkeit des Verurteilten für die weiteren Entscheidungen nicht mehr maßgebend sind; die Abgabe ist bindend. Mit der Abgabe sind die Vorschriften der Strafprozeßordnung und des Gerichtsverfassungsgesetzes über die Strafvollstreckung anzuwenden.

(7) Für die Zuständigkeit der Staatsanwaltschaft im Vollstreckungsverfahren gilt § 451 Abs. 3 der Strafprozeßordnung entsprechend.

Literatur

Eisenberg Zur Frage der örtlichen Zuständigkeit der Staatsanwaltschaft im Falle des Wechsels des Vollzugsleiters, DVJJ-Journal 2/1991, S. 151; *Franze* Probleme des Vollzugs der Jugendstrafe nach Erwachsenenrecht, Jura 1997, 72; *Hinrichs* Zur Unzulässigkeit einer polizeilichen Zuführung zum Jugendarrest, StV 1990, 380.

Inhaltsübersicht

		Rn.
I.	Persönlicher und sachlicher Anwendungsbereich	1
II.	Vollstreckungsabgabe beim Jugendarrest	
	1. Abgabeverpflichtung	2
	2. Durchführung	3
III.	Vollstreckungsübergang bei der Jugendstrafe	
	1. Übergang im Jugendstrafvollzug	5
	2. Übergang in den Erwachsenenvollzug	7
	3. Übergang in den Maßregelvollzug	9
	4. Durchführung	11
IV.	Vollstreckungsabgabe aus wichtigen Gründen	
	1. Gegenstandsbereich	12
	2. Abgabe- und Widerrufskompetenz	13
	3. Annahmeverpflichtung	14
	4. Ermessen	15
V.	Staatsanwaltschaftliche Zuständigkeit	16
VI.	Rechtsmittel	17

I. Persönlicher und sachlicher Anwendungsbereich

1   Zum persönlichen und sachlichen Anwendungsbereich s. § 82 Rn. 1 und 2; § 85 Abs. 1 gilt auch für die Vollstreckung des Jugendarrestes gem. § 98 Abs. 2 OWiG.

II. Vollstreckungsabgabe beim Jugendarrest

1. Abgabeverpflichtung

2   Die Vollstreckung des Jugendarrestes liegt in den Händen des Jugendrichters am Ort des Vollzuges (s. § 90 Abs. 2 S. 2). Zu diesem Zweck hat der zunächst gem. § 84 Abs. 1 und Abs. 2 zuständige Vollstreckungsleiter die Vollstreckung grundsätzlich an diesen abzugeben, wenn er nicht selbst der Jugendrichter am Ort des Vollzuges ist. Soll der Arrest nach der

Bundeswehrvollzugsordnung durch die Bundeswehr vollstreckt werden, so ist der von den Vollzugsbehörden der Bundeswehr bestellte Vollzugsleiter (s. § 4 BwVollzO) für den Vollzug zuständig; zu diesem Zweck ist die zuständige Bundeswehreinheit um den Vollzug zu ersuchen (s. Art. 5 Abs. 2 EGWStG). In beiden Fällen **bleibt** aber **der Jugendrichter** der **Vollstreckungsleiter** (s. § 112 c Abs. 2; § 7 Nr. 2 BwVollzO).

2. Durchführung

Die **Abgabe hat unmittelbar nach Rechtskraft** zu erfolgen (s. § 82 Rn. 8). Eine Ladung vor Abgabe ist untunlich, da hierfür immer erst die Zustimmung des Vollzugsleiters einzuholen ist (s. RL Nr. V 1 S. 2 zu den §§ 82-85). Die weitere Durchführung der Ladung erfolgt nach der RL Nr. V, der Arrest selbst wird nach der Jugendarrestvollzugsordnung bzw. der Bundeswehrvollzugsordnung vollstreckt (s. hierzu die Kommentierung zu § 90). Mit der Abgabe geht die Gesamtzuständigkeit auf den neuen Vollstreckungsleiter über, auch hinsichtlich der Arrestzeitberechnung (s. RL V 9 zu den §§ 82-85; § 25 JAVollzO). Der Vollstreckungsleiter am Ort des Vollzuges hat auch die Entscheidungen gem. § 86 und § 87 Abs. 3 zu treffen.

3

Ein Zuständigkeitsstreit soll eine Angelegenheit der Justizverwaltung und von ihr zu entscheiden sein (so *Brunner/Dölling* § 85 Rn. 2 und *Eisenberg* § 85 Rn. 5 jeweils unter Berufung auf zwei *BGH*-Entscheidungen bei *Böhm* NStZ 1982, 415, 416). Soweit der Streit noch auf der Ebene des Rechtspflegers bzw. der Vollstreckungsabteilung ausgetragen wird, ergibt sich in der Tat noch kein Streit zweier Gerichte, da er insoweit durch jugendrichterliche Anweisung noch geschlichtet werden kann. Soweit aber Gerichte über die örtliche Zuständigkeit streiten, ist § 14 StPO anzuwenden, wie dies auch ansonsten für § 84 (s. dort Rn. 5) und für § 85 (s. hier Rn. 14, 16) vertreten wird.

4

III. Vollstreckungsübergang bei der Jugendstrafe

1. Übergang im Jugendstrafvollzug

Die Einleitung der Vollstreckung der Jugendstrafe wird vom Vollstreckungsleiter gem. § 84 Abs. 1 und 2 durchgeführt; hierfür ist der Rechtspfleger gem. § 31 Abs. 5 S. 2 RPflG zuständig (s. § 82 Rn. 3). Nach der Aufnahme in die Jugendstrafanstalt geht die Zuständigkeit **von Gesetzes wegen** auf den Jugendrichter über, in dessen Bezirk die Strafanstalt liegt, sofern dieser nicht schon vorher zuständig war. Wenn gem. § 456 a StPO bei Auslieferung oder Ausweisung von der Vollstreckung abgesehen wird, erfolgt noch kein Zuständigkeitsübergang gem. § 85 Abs. 2, sofern die Vollstreckung noch nicht begonnen hat (so auch bei einer Teilverbü-

5

ßung *OLG Hamm* MDR 1983, 602; s. hierzu auch Rn. 15). Die Landesregierungen oder – nach Übertragung der Ermächtigung – die Landesjustizverwaltungen werden ermächtigt, im Wege der Rechtsverordnung die Vollstreckungsleitung einem anderen Jugendrichter zu übertragen, wenn dies aus verkehrsmäßigen Gründen günstiger erscheint. Hierbei wird das Amt, nicht eine Person bestimmt (s. *Gottwald* DRiZ 1954, 118). Die Person wird durch den gerichtlichen Geschäftsverteilungsplan festgelegt, wobei gerade hier die Voraussetzungen gem. § 37 zu beachten sind und eine Kontinuität gewährleistet sein muß; Proberichter scheiden somit für dieses Amt aus. Gem. § 85 Abs. 3 ist auch eine länderübergreifende Zuständigkeitsregelung möglich. Gem. § 121 war bis zum Ablauf des 4.9.1991 der Jugendrichter des Amtsgerichts zuständig, in dessen Bezirk die für die Jugendstrafanstalt zuständige Aufsichtsbehörde ihren Sitz hatte.

6 Wird der/die Gefangene verlegt, wechselt auch die Zuständigkeit gem. § 85 Abs. 2, **wenn die Verlegung nicht nur vorübergehend ist**, z. B. um eine Zeugenvernehmung durchzuführen (s. *BGHSt* 26, 278 zu § 462 a StPO entgegen *OLG Zweibrücken* NJW 1976, 258; *OLG Düsseldorf* MDR 1975, 863; *OLG Stuttgart* NJW 1977, 1074; s. auch *Brunner/ Dölling* § 85 Rn. 3; *Eisenberg* § 85 Rn. 8). Entgegen *Brunner/Dölling* (§ 85 Rn. 6) ist die Entscheidung zwischen einer dauernden oder nur vorübergehenden Verlegung nicht immer leicht zu treffen (s. auch *Treptow* NJW 1975, 1107: 14 Tage; dagegen *OLG Düsseldorf* MDR 1975, 864). Maßgebend ist der Zweck der Verlegung, wobei eine längere Dauer einen vorübergehenden Zweck aber korrigieren kann (s. auch *Doller* MDR 1977, 274). Bei einer Verlegung in eine Außenstelle bleibt der Sitz der Hauptanstalt maßgeblich (*BGH* NStZ 1994, 204).

2. Übergang in den Erwachsenenvollzug

7 Über den Übergang in den Erwachsenenvollzug entscheidet der Jugendrichter als Vollstreckungsleiter (§ 92 Abs. 3). Geschieht dies entsprechend den Voraussetzungen gem. § 92 Abs. 2 S. 3, so ist gem. § 85 Abs. 6 die Vollstreckung an die Erwachsenenvollstreckungsbehörde abzugeben. Die Kann-Bestimmung ist insoweit mißverständlich; sie steht lediglich unter dem Vorbehalt des § 92 Abs. 2 S. 3. Korrekterweise hätten die Voraussetzungen, »wenn der Straf- oder Maßregelvollzug voraussichtlich noch länger dauern wird und die besonderen Grundgedanken des Jugendstrafrechts unter Berücksichtigung der Persönlichkeit des Verurteilten für die weiteren Entscheidungen nicht mehr maßgebend sind«, bei § 92 Abs. 2 S. 3 eingefügt werden sollen; um dem Anliegen des Gesetzgebers Genüge zu tun, sind diese Voraussetzungen bereits bei dieser Entscheidung sinngemäß zu berücksichtigen (a. M. *Franze* Jura 1997, 78). Mit der Abgabe an die StA als Strafvollstreckungsbehörde wird für die gerichtliche Kontrolle

die Strafvollstreckungskammer zuständig (*OLG Hamm* StV 1996, 278; *OLG Dresden* NStZ-RR 1998, 60; *Eisenberg* § 85 Rn. 17; *Sonnen* in: *D/S/S* § 85 Rn. 16). Zur weiteren Geltung des § 88 s. dort Rn. 1.

Weiterhin gesetzlich nicht ausdrücklich geregelt ist die Zuständigkeitsfrage, wenn Jugendstrafe gem. § 92 Abs. 2 S. 1, S. 2 in einer Erwachsenenstrafanstalt vollzogen wird (zu unterscheiden von der Abgabe gem. § 92 Abs. 2 S. 3, s. Rn. 7). Aus den speziellen Regelungen in § 85 Abs. 6 sowie in § 89 a Abs. 3 läßt sich der Umkehrschluß ziehen, daß in den anderen Fällen einer Abgabe es bei der jugendrichterlichen Zuständigkeit als Vollstreckungsleiter verbleibt, zumal für die Entscheidung über die Entlassung auf Bewährung weiterhin die Voraussetzungen des § 88 gelten (s. § 88 Rn. 1). Insofern wird der Argumentation des *OLG Dresden* (NStZ-RR 1998, 60) gefolgt, wenngleich der Grundsatz »der fort- und immerwährenden Zuständigkeit des Vollstreckungsleiters« durch den Gesetzgeber mit den §§ 85 Abs. 6, 89 a Abs. 3 selbst durchbrochen wurde. Die vom Gesetzgeber verlangte besondere fachliche Ausrichtung des Jugendrichters als Vollstreckungsleiter auf die jugendspezifischen Belange (s. § 37) spricht gegen eine analoge Ausweitung des Zuständigkeitswechsels (wie hier *BGHSt* 27, 329; *Sonnen* in: *D/S/S* § 85 Rn. 16; *Eisenberg* § 85 Rn. 10; anders die bis zur 4. Aufl. vertretene Auffassung). 8

3. Übergang in den Maßregelvollzug

Gemäß § 85 Abs. 4 gilt die Regelung des § 85 Abs. 2 entsprechend bei der Vollstreckung einer Maßregel der Besserung und Sicherung nach § 61 Nr. 1 u. Nr. 2 StGB. 9

Nach h. M. galt bislang die Zuständigkeit des Jugendrichters weiter, wenn der/die Verurteilte erwachsen geworden ist (*OLG Celle* NJW 1975, 2253; *OLG Karlsruhe* JR 1980, 468 m. zust. Anm. von *Brunner*; *ders.* § 85 Rn. 9). Dem mußte bereits nach früherem Recht widersprochen worden sein (s. 1. Aufl., § 85 Rn. 10). Nach dem jetzt geltenden § 85 Abs. 6 kann der zuständige Vollstreckungsleiter die Vollstreckung einer Maßregel der Besserung und Sicherung an die nach dem Erwachsenenstrafrecht zuständige Vollstreckungsbehörde abgeben, sofern der Verurteilte das 24. Lebensjahr vollendet hat, der Maßregelvollzug voraussichtlich noch länger dauern wird und die besonderen Grundgedanken des Jugendstrafrechts unter Berücksichtigung der Persönlichkeit des Verurteilten für die weiteren Entscheidungen nicht mehr maßgebend sind. Diese Abgabe ist bindend. Damit geht die Zuständigkeit wie im Strafvollzug (s. Rn. 7) auch auf die örtlich zuständige Strafvollstreckungskammer über (§§ 462 a, 463 StPO). Diese besteht von vornherein, wenn der/die Heranwachsende nach Erwachsenenstrafrecht verurteilt wurde (§ 110 Abs. 1). Allerdings besteht 10 diese Erwachsenenzuständigkeit nicht, wenn über die Anwendung von Jugend- oder Erwachsenenstrafrecht nichts gesagt wurde (so aber *OLG Celle* NJW 1975, 2255; *OLG Schleswig* SchlHA 1983, 120, obwohl die Kostenentscheidung sogar auf § 74 gestützt wurde; zust. *Brunner/Dölling* § 85 Rn. 9; Bedenken bei *Eisenberg* § 110 Rn. 2), sondern umgekehrt die Zuständigkeit nach dem Jugendstrafrecht, das auch ansonsten im Zweifelsfalle gilt (s. § 105 Rn. 24; § 32 Rn. 14).

4. Durchführung

11 Wie sonst gilt es, auch für die Vollstreckung der Jugendstrafe das Beschleunigungsgebot (s. § 82 Rn. 7) zu beachten. Der Zuständigkeitsübergang erfaßt alle Angelegenheiten der Vollstreckung bis zu ihrem Abschluß. Das heißt, der Vollstreckungsleiter gem. § 85 Abs. 2 entscheidet auch über die Entlassungsbewährung mit einer eventuellen Führungsaufsicht (s. *BGH* bei *Böhm* NStZ 1982, 415; *Brunner/Dölling* § 85 Rn. 3; s. auch § 82 Rn. 2).

IV. Vollstreckungsabgabe aus wichtigen Gründen

1. Gegenstandsbereich

12 Gemäß § 85 Abs. 5 kann über die Abgabe gem. § 85 Abs. 1 und den Übergang gem. § 85 Abs. 2 hinaus die Vollstreckung aus wichtigen Gründen an einen sonst nicht oder nicht mehr zuständigen Jugendrichter abgegeben werden. Diese Abgabe kommt für alle Sanktionen in Betracht, nicht nur für den Jugendarrest und die Jugendstrafe (*BGHSt* 30, 79). Wenn man der Rechtsansicht folgt, daß mit dem Wechsel in den Erwachsenenstraf- bzw. Erwachsenenmaßregelvollzug kein Zuständigkeitswechsel auf die örtlich zuständige Vollstreckungskammer verbunden ist (s. Rn. 7, 8), ist jetzt Gelegenheit, den Jugendrichter des neuen Vollzugsortes einzuschalten (*BGHSt* 30, 9; *BGHSt* 30, 78 unter Aufgabe früherer gegenteiliger Entscheidungen mit zust. Anm. von *Brunner* JR 1981, 481; *BGH* NStZ 1995, 567; a. M. aber *Brunner* JR 1977, 260).

2. Abgabe- und Widerrufskompetenz

13 Die Kompetenz zur Abgabe hat nur der »Vollstreckungsleiter«, unabhängig davon, ob dieser primär gem. § 84 Abs. 1 oder 2 oder sekundär gem. § 85 Abs. 1 oder 2 zuständig ist; der gem. § 85 Abs. 5 eingeschaltete Richter darf nicht abgeben oder zurückgeben (h. M., s. *BGHSt* 24, 335; *BGH* NStZ 1983, 139; *Brunner/Dölling* § 85 Rn. 14; *Eisenberg* § 85 Rn. 13; s. auch § 58 Rn. 10). Der abgebende Richter bleibt Herr des Verfahrens, bleibt – potentieller – Vollstreckungsleiter; er kann die Abgabe widerrufen und die Vollstreckung erforderlichenfalls an einen dritten Jugendrichter

abgeben (s. *OLG Düsseldorf* JMBl. NW 1989, 274). Ein Widerruf ist auch zulässig, wenn dieser nicht ausdrücklich vorbehalten wurde; um die Prüfung des Widerrufs zu ermöglichen, ist der abgebende Richter über die Entscheidungen im weiteren Vollstreckungsverfahren zu unterrichten (*BGHSt* 7, 318; s. auch RL Nr. VI 8 S. 2 zu den §§ 82-85; ebenso *Brunner/Dölling* § 85 Rn. 20; *Eisenberg* § 85 Rn. 16). Allerdings ist der fungierende Vollstreckungsleiter in seinen Entscheidungen selbständig. Von daher kann er auch gem. § 88 Abs. 6 S. 2, Abs. 3 i. V. m. § 58 Abs. 3 S. 2 die Zuständigkeit – begrenzt – weiter übertragen, da dort die Weitergabekompetenz dem Vollstreckungsleiter zugesprochen wird (wie hier *BGHSt* 24, 332); der Jugendrichter, der die Vollstreckung übernimmt, handelt »in Vertretung«. Zum Wechsel der örtlichen Zuständigkeit gem. § 42 Abs. 1 Nr. 3 s. § 42 Rn. 8.

3. Annahmeverpflichtung

Entgegen der h. M. (s. *BGH* bei *Herlan* GA 1961, 358; *BGHSt* 24, 332; *Dallinger/Lackner* § 85 Rn. 18; *Brunner/Dölling* § 85 Rn. 18; *Eisenberg* § 85 Rn. 15) ist die Übernahme verpflichtend. Dies folgt sowohl aus dem Wortlaut, nachdem die Möglichkeit der Abgabe ausdrücklich eingeräumt ist, die bei einer Weigerungsmöglichkeit eben nicht bestehen würde; zum anderen ergibt sich die Annahmeverpflichtung aus systematischen Gründen: Im Unterschied zu § 42 Abs. 3 S. 2, auf den auch in § 58 Abs. 3 S. 2 ausdrücklich verwiesen wird, ist hier die Prüfung durch eine obere Instanz nicht vorgesehen. Schließlich kann sich diese Rechtsauffassung auf eine zweckorientierte Auslegung stützen, da ein Zuständigkeitsstreit häufig auf dem Rücken des/der Betroffenen ausgetragen wird. Weigert sich somit der Jugendrichter, die Vollstreckung zu übernehmen, so ist der Streit gem. § 14 StPO zu entscheiden (s. *BGHSt* 30, 79; s. auch § 84 Rn. 5); hierbei sind allerdings nach der hier vertretenen Ansicht nicht die »wichtigen Gründe« zu prüfen, sondern nur die Übergabekompetenz (a. M. *BGHSt* 30, 10; *BGHSt* 30, 80). Jedoch muß der übernehmende Richter nicht Berichtspflichten übernehmen, die nicht mit seiner richterlichen Unabhängigkeit zu vereinbaren sind (so im Ergebnis auch *BGHSt* 7, 318). 14

4. Ermessen

Letztlich steht die Abgabe im Ermessen des Vollstreckungsleiters, wobei dieses mit der Voraussetzung »aus wichtigen Gründen« tendenziell eingeschränkt wird. Insoweit besteht eine **Begründungspflicht**. Abzuwägen sind die Vorteile der Vollstreckungsnähe mit den Vorteilen der – bisher – besseren Kenntnis des/der Verurteilten unter Berücksichtigung eventueller zeitlicher Verzögerungen. Wenn im Falle der Strafaussetzung zur Bewährung wegen eines Aufenthaltswechsels kein Kontakt mit dem/der Verurteilten mehr gehalten werden kann, ist die Abgabe regelmäßig geboten (s. 15

RL VI 8 S. 1 zu den §§ 82-85), es sei denn, die Bewährungszeit steht kurz vor ihrem Ende. Dies gilt auch für weitere Maßnahmen nach einer Entlassung aus der Strafanstalt (s. *BGH* bei *Böhm* NStZ 1982, 415) oder aus dem Maßregelvollzug (*BGHSt* 30, 78 mit zust. Anm. von *Brunner* JR 1981, 481). Allerdings ist eine Verlegung in einen anderen Gerichtsbezirk dann kein wichtiger Grund, wenn die Entfernung keine Kommunikationserschwernis mit sich bringt; so hat das *OLG Düsseldorf* (MDR 1990, 1037) einen wichtigen Grund bei einer Entfernung von ca. 20 km abgelehnt. Die Vollzugsnähe allein ist angesichts der vorrangigen Bedeutung der Erkenntnisse aus dem Erkenntnisverfahren in das Vollstreckungsverfahren einzubringen, kein wichtiger Grund i. S. des § 85 Abs. 5 (s. *BGH* bei *Katholnigg* NJW 1990, 2296). Der Gesichtspunkt der besseren Sachkenntnis führt dazu, daß im Fall ausstehender Entscheidungen gem. § 36 BtMG die Abgabe an das Gericht des ersten Rechtszuges geboten erscheint (*BGH* NJW 1984, 745; zust. *Eisenberg* § 85 Rn. 14). Wenn gem. § 456 a StPO nach Ausweisung von der Vollstreckung der Reststrafe abgesehen wird, so liegt kein Grund zu einer Übertragung vor (*OLG Hamm* MDR 1983, 602; zust. *Brunner/Dölling* § 85 Rn. 19; *Eisenberg* § 85 Rn. 9).

V. Staatsanwaltschaftliche Zuständigkeit

16 Im Falle des Wechsels des Vollzugsleiters, und zwar sowohl im Jugendstrafvollzug als auch im Jugendarrestvollzug (s. § 87 Rn. 12), ist gem. § 85 Abs. 7 i. V. m. § 451 Abs. 3 StPO die Staatsanwaltschaft zuständig, die im Hauptverfahren mit der Sache befaßt war. Eine Abänderung ist nur gem. § 451 Abs. 3 S. 2 StPO zulässig.

VI. Rechtsmittel

17 Die Prüfung durch das gemeinschaftliche obere Gericht ist hier im Falle der Abgabe gem. § 85 Abs. 5 nicht vorgesehen; ein Zuständigkeitsstreit ist gem. § 14 StPO nicht zu schlichten (s. Rn. 14). Der/die Verurteilte kann gegen die Abgabe gem. den §§ 23 ff. EGGVG vorgehen, d. h. einen Antrag auf gerichtliche Entscheidung beim OLG stellen (dies gilt auch für die Abgabe gem. § 85 Abs. 6).

Drittes Hauptstück.
Vollstreckung und Vollzug **Grdl. z. §§ 86-87**

Zweiter Unterabschnitt. Jugendarrest

Grundlagen zu den §§ 86 und 87

1. Systematische Einordnung

In den §§ 86 und 87 werden Besonderheiten für das Vollstreckungsverfahren des Jugendarrestes geregelt, nicht der Vollzug selbst (s. hierzu § 90). 1

2. Historische Entwicklung

Mit der Einführung des Jugendarrestes durch den nationalsozialistischen Gesetzgeber (s. Grdl. z. §§ 13-16 Rn. 2) wurde zugleich eine besondere Regelung für das Vollstreckungsverfahren getroffen, die weitgehend der heutigen Gesetzeslage entspricht (s. §§ 61, 62 JGG 1943, RGBl I, 635). Zusätzlich war die Verlängerung des Jugendarrestes erlaubt, »wenn der Jugendliche der Ladung ohne Entschuldigung nicht gefolgt ist« (§ 61 Abs. 2; zur Umgehung dieser gesetzlichen Aufhebung s. § 10 Rn. 21) oder wenn im Anschluß an den Jugendarrest schuldhaft die Arbeit versäumt wurde (§ 61 Abs. 3). Mit dem 1. StrRG vom 25. 6. 1969 (BGBl I, 645) wurde die Möglichkeit, auf den Jugendarrest gänzlich zu verzichten, im § 87 Abs. 3 S. 2 aufgenommen. Mit dem 1. JGGÄndG wurde dem Vollstreckungsleiter die Möglichkeit eingeräumt, mit Rücksicht auf zwischenzeitlich eingetretene positive Änderungen in der Lebenssituation des/der Verurteilten gänzlich auf die Arrestvollstreckung zu verzichten. Mit der Erweiterung der Anhörung auf die JGH sollen dieser die Möglichkeiten gegeben werden, entsprechende Anregungen zu geben. 2

3. Gesetzesziel

Ziel dieser Vollstreckungsvorschriften ist einmal, die Flexibilität im Jugendstrafverfahren zugunsten einer Individualprävention und zur Vermeidung einer Überreaktion zu erhöhen (§ 86, § 87 Abs. 2, 3), zum anderen den eigenständigen Präventionscharakter zu bewahren (§ 87 Abs. 1, 4). 3

4. Justizpraxis

Für die Umwandlung des Freizeitarrestes in Kurzarrest gem. § 86 liegen keine Zahlen vor, ebensowenig für die Anrechnung der U-Haft gem. § 87 Abs. 2. Nur die vorzeitige Entlassung ist aufgrund vergleichender Untersuchungen näher einsehbar, wobei sich erhebliche Unterschiede gezeigt haben: Im Jahre 1987 wurden Arrestanten in Hamburg in 37,4 % der Fälle – vormals waren es sogar 84,2 % (s. *Feltes* in: Die jugendrichterlichen Entscheidungen – Anspruch und Wirklichkeit, DVJJ 12 [1981], 309) –, in 4

Hessen in 39,1 % und in Rheinland-Pfalz sogar in 51 % der Fälle vorzeitig entlassen; im Bundesdurchschnitt erfolgte die vorzeitige Entlassung dagegen nur in 16,4 % der Fälle (s. *Dünkel* Freiheitsentzug für junge Rechtsbrecher, 1990, S. 351). Die Vollstreckungsquote beim sog. Ungehorsamsarrest lag in Hamburg im Jahre 1986 bei 32,4 %, nach einer Aktenuntersuchung aus dem Jahre 1980 bundesweit bei 41,7 % (s. *Heinz/ Hügel* Erzieherische Maßnahmen im deutschen Jugendstrafrecht, hrsg. vom *Bundesministerium der Justiz*, 1986, S. 55). Eine vom Verfasser bei den Arrestanstalten für das Jahr 1992 durchgeführte Umfrage hat höchst unterschiedliche Ergebnisse zur Anwendung des § 87 Abs. 3 S. 1 u. S. 2 (MschrKrim 1995, 358) erbracht. Zum Teil wird von dieser Kompetenz, von der Vollstreckung abzusehen, so gut wie kein Gebrauch gemacht, z. T. sehr intensiv. Zwei Beispiele für eine intensive Anwendung: In einer Anstalt wurde bei insg. 1 712 Vollstreckungsersuchen und insg. ca. 650 Erledigungserklärungen in insg. 422 Fällen von § 87 Abs. 3 S. 1, 2 Gebrauch gemacht; in einer anderen Anstalt wurde bei 429 Vollstreckungsersuchen für Urteilsarreste, 184 Ersuchen für sog. Ungehorsamsarreste nach dem JGG sowie bei 71 Erledigungserklärungen in 194 Fällen von der Vollstreckung von Urteilsarresten und in 46 Fällen von der Vollstreckung von sog. Ungehorsamsarresten gem. § 87 Abs. 3 S. 1 abgesehen. Ob ein Absehen von der Vollstreckung gem. § 87 Abs. 3 S. 3 in Betracht kommt, wird nach einer neueren Befragung nur in vier von insgesamt 28 Anstalten geprüft (s. *Hinrichs* DVJJ-Journal 1999, 368 m. weiteren detaillierten Informationen).

5. Rechtspolitische Einschätzung

5 Eine begrenzte Flexibilität nach Rechtskraft des Urteils ist zu begrüßen, solange damit nicht zum Nachteil des/der Verurteilten Änderungen eintreten und nicht lediglich das Sanktionssystem komplettiert wird. So ist die kriminalpolitische Anregung, auch die Rückumwandlung von Kurz- in Freizeitarrest zuzulassen (s. *Eisenberg* § 86 Rn. 3), angesichts der hier unterstützten Forderung nach Abschaffung des Freizeit- und Kurzarrestes (s. Grdl. z. §§ 13-16 Rn. 9) gegenstandslos. Soweit Zweifel an der Berechtigung des Verbots, den Jugendarrest zur Bewährung auszusetzen, erhoben werden (s. *Eisenberg* § 87 Rn. 2 unter Berufung auf einen Änderungsvorschlag des Bundesrates vom 29. 2. 1952, BT-Drucks. 1/3264, S. 55), so ist demgegenüber darauf hinzuweisen, daß anstelle einer solchen Drohsanktion die Betreuungsweisung zu treten hat. Die Notwendigkeit eines stationären Sozialtrainings besteht entweder sofort oder gar nicht; ansonsten wird der Arrest wieder in die Schublade des kurzzeitigen Freiheitsentzuges gesteckt (s. auch die Stellungnahme der Bundesregierung zu dem Änderungsvorschlag des Bundesrates, BT-Drucks. 1/3264, S. 64). Uneingeschränkt zu begrüßen ist, daß mit dem 1. JGGÄndG von der Vollstreckung des Arrestes gänzlich

abgesehen werden kann, um so nicht nur auf positive Veränderungen reagieren zu können, sondern dem/der Verurteilten auch einen zusätzlichen Anreiz zur Lebensveränderung zu geben.

§ 86. Umwandlung des Freizeitarrestes

Der Vollstreckungsleiter kann Freizeitarrest in Kurzarrest umwandeln, wenn die Voraussetzungen des § 16 Abs. 3 nachträglich eingetreten sind.

Inhaltsübersicht Rn.
- I. Anwendungsbereich 1
- II. Zuständigkeit 2
- III. Voraussetzungen
  - 1. Anordnung des Freizeitarrestes 3
  - 2. Nachträgliche Voraussetzungen gem. § 16 Abs. 3 4
- IV. Umwandlungsmodus 6
- V. Verfahren 8
- VI. Rechtsmittel 10

I. Anwendungsbereich

1 Zum Anwendungsbereich s. § 82 Rn. 1.

II. Zuständigkeit

2 Zuständig ist der Vollstreckungsleiter gem. § 82 Abs. 1.

III. Voraussetzungen

1. Anordnung des Freizeitarrestes

3 Die Anordnung des Freizeitarrestes kann aufgrund eines Strafurteils oder aufgrund eines Beschlusses gem. § 65 (»Ungehorsamsarrest«) oder gem. § 66 (nachträgliche Sanktionszusammenfassung) erfolgt sein.

2. Nachträgliche Voraussetzungen gem. § 16 Abs. 3

4 Für die Umwandlung gelten die Voraussetzungen gem. § 16 Abs. 3: **Erzieherische Zweckmäßigkeit und Nichtbeeinträchtigung der Ausbildung bzw. Arbeit**. Die erzieherische Zweckmäßigkeit wird hierbei regelmäßig zu bejahen sein (s. § 16 Rn. 11). Fraglich ist, ob die Umwandlungsvoraussetzungen auch gegeben sind, wenn an sich diese Gründe bereits zum Zeitpunkt des Freizeitarrestes bestanden. Der Gesetzeswortlaut scheint diese Frage eindeutig zu verneinen. Unterstützend wird argumentiert, daß ansonsten der Vollstreckungsleiter sein Ermessen an die Stelle des erkennenden Richters treten lassen würde (*Eisenberg* § 86 Rn. 3). Selbst wenn die Umstände, die für eine Umwandlung sprechen, damals

dem Gericht unbekannt waren, soll eine nachträgliche Anpassung nicht erlaubt sein (so *Brunner/Dölling* § 86 Rn. 1; zw. *Eisenberg* § 86 Rn. 3).

Eine solche Auslegung widerspricht dem Sinn und Zweck dieser Bestimmung. Die formelle Rechtskraft wird hier – wie auch sonst (s. §§ 11 Abs. 2, 15 Abs. 3, 66, 87 Abs. 3, Abs. 4, 88) – ausdrücklich zugunsten des Sanktionszwecks zurückgestellt. Auch ist die hier vertretene gegenteilige Ansicht mit dem Wortlaut der §§ 86, 16 Abs. 3 zu vereinbaren: Die Voraussetzung der erzieherischen Zweckmäßigkeit unterliegt letztlich immer einer subjektiven Wertung (»zweckmäßig erscheint«); da der erkennende Richter regelmäßig die Nichtumwandlung nicht begründet, auch nicht begründen muß, kann diese subjektive Wertung im einzelnen auch nicht festgemacht werden, dementsprechend muß zugunsten des/der Verurteilten von einer nachträglichen Änderungsmöglichkeit ausgegangen werden. Nur wenn der erkennende Richter die Gründe ausnahmsweise für eine Nichtumwandlung genannt hat und keine neuen tatsächlichen Umstände eingetreten sind, die zu einer anderen Beurteilung führen, scheidet § 86 aus. Immer sind die Umstände für die Ermessensentscheidung neu, die damals noch nicht bekannt waren. 5

IV. Umwandlungsmodus

Entsprechend dem ausdrücklichen Wortlaut darf nur Freizeitarrest in einen Kurzarrest umgewandelt werden; d. h., es scheidet sowohl eine Rückumwandlung von Kurzarrest zu Freizeitarrest als auch von Dauerarrest zu Kurzarrest aus (s. aber Grdl. z. §§ 86-87 Rn. 5). Hierbei gilt der Umrechnungsmodus des § 16 Abs. 3 S. 2. Auch hier ist ein Kurzarrest von drei Tagen nicht erlaubt (s. § 16 Rn. 11; mit anderer Begründung ebenso *Dallinger/Lackner* § 86 Rn. 8; *Brunner/Dölling* § 86 Rn. 1; unbestimmt *Eisenberg* § 86 Rn. 4). Auch ist die Höchstgrenze für die Umwandlung zu beachten: Insgesamt dürfen nur vier Tage Arrest vollstreckt werden. 6

Im Hinblick auf die Verringerung der Freizeitarreste auf zwei kommt eine Teilumwandlung nicht mehr in Betracht. 7

V. Verfahren

Die Entscheidung ist eine jugendrichterliche Entscheidung gem. § 83 Abs. 1, die durch Beschluß ergeht (s. § 83 Rn. 3). 8

Die Umwandlung ist im Unterschied zu der Meldung des »Ungehorsamsarrestes« (s. § 11 Rn. 15; § 15 Rn. 19) nicht dem Erziehungsregister mitzuteilen, da damit keine neue Information über die Straffälligkeit und ihre Sanktionierung erfolgt (ebenso *Brunner/Dölling* § 86 Rn. 3); dies läßt 9 sich formal auch aus dem Wortlaut des § 60 Abs. 1 Nr. 2 BZRG (»Anordnung« und Nichtumwandlung) begründen (so *Eisenberg* § 86 Rn. 6; a. M. *Dallinger/Lackner* § 86 Rn. 15).

VI. Rechtsmittel

10   Die Entscheidung ist gem. § 83 Abs. 3 mit der sofortigen Beschwerde (§ 311 StPO) anfechtbar, die gem. § 307 Abs. 1 StPO keine aufschiebende Wirkung hat. Jedoch sollte im Interesse eines wirksamen Arrestvollzuges die Durchführung gem. § 307 Abs. 2 StPO ausgesetzt werden (aus rechtsstaatlichen Gründen ebenso *Dallinger/Lackner* § 86 Rn. 13; nachfolgend *Eisenberg* § 86 Rn. 7).

11   Inhaltlich wird die sofortige Beschwerde durch § 55 begrenzt, d. h., die Ermessensentscheidung ist nicht als solche angreifbar. Angreifbar sind aber die fehlerhafte Annahme der Umwandlungsvoraussetzungen (*Dallinger/Lackner* § 86 Rn. 12; unbestimmt *Eisenberg* § 86 Rn. 7) und die Anwendung eines falschen Umrechnungsmaßstabes, auch wenn sich dieser letztlich im »Umfang der Maßnahme« ausdrückt (ebenso *Brunner/Dölling* § 86 Rn. 3).

§ 87. Vollstreckung des Jugendarrestes

(1) Die Vollstreckung des Jugendarrestes wird nicht zur Bewährung ausgesetzt.
(2) Für die Anrechnung von Untersuchungshaft auf Jugendarrest gilt § 450 der Strafprozeßordnung sinngemäß.
(3) Der Vollstreckungsleiter sieht von der Vollstreckung des Jugendarrestes ganz oder, ist Jugendarrest teilweise verbüßt, von der Vollstreckung des Restes ab, wenn seit Erlaß des Urteils Umstände hervorgetreten sind, die allein oder in Verbindung mit den bereits bekannten Umständen ein Absehen von der Vollstreckung aus Gründen der Erziehung rechtfertigen. Sind seit Eintritt der Rechtskraft sechs Monate verstrichen, sieht er von der Vollstreckung ganz ab, wenn dies aus Gründen der Erziehung geboten ist. Von der Vollstreckung des Jugendarrestes kann er ganz absehen, wenn zu erwarten ist, daß der Jugendarrest neben einer Strafe, die gegen den Verurteilten wegen einer anderen Tat verhängt worden ist oder die er wegen einer anderen Tat zu erwarten hat, seinen erzieherischen Zweck nicht mehr erfüllen wird. Vor der Entscheidung hört der Vollstreckungsleiter nach Möglichkeit den erkennenden Richter, den Staatsanwalt und den Vertreter der Jugendgerichtshilfe.
(4) Die Vollstreckung des Jugendarrestes ist unzulässig, wenn seit Eintritt der Rechtskraft ein Jahr verstrichen ist.

Literatur

Hinrichs Auswertung einer Befragung der Jugendarrestanstalten in der Bundesrepublik Deutschland 1999, DVJJ-Journal 1999, 267; *Potrykus* Aussetzung des Jugendarrestes trotz § 87 Abs. 1 JGG, NJW 1961, 863.

Inhaltsübersicht

	Rn.
I. Anwendungsbereich	1
II. Nichtaussetzung zur Bewährung (§ 87 Abs. 1)	
1. Das Verbot	2
2. Das Rechtsmittel	3
3. Auswege	4
III. Anrechnung der U-Haft nach »relativer Rechtskraft«	
1. Rechtsgrundlage (§ 87 Abs. 2)	5
2. Voraussetzungen	7
IV. Absehen von der Vollstreckung (§ 87 Abs. 3)	
1. Materielle Voraussetzungen für einen gänzlichen Verzicht	8
2. Materielle Voraussetzungen für einen Restverzicht	11

	Rn.
3. Verfahrensvoraussetzungen	12
4. Rechtsmittel	13
V. Vollstreckungsverbot (§ 87 Abs. 4)	
1. Rechtsnatur	14
2. Voraussetzungen	15
3. Wirkungen	16
VI. Polizeiliche Vorführung bei Nichtantritt	17

I. Anwendungsbereich

1   Zum Anwendungsbereich s. § 82 Rn. 1.

II. Nichtaussetzung zur Bewährung (§ 87 Abs. 1)

1. Das Verbot

2   Gemäß § 87 Abs. 1 darf die Vollstreckung des Jugendarrestes im Unterschied zum Strafarrest (s. § 14 a WStG) nicht zur Bewährung ausgesetzt werden; dies erscheint als sinnvolle Konsequenz, gleich welcher Konzeption (s. § 16 Rn. 2) man folgt. Insoweit stellt sich diese Sanktion nachteiliger als die Jugendstrafe dar, die zur Bewährung ausgesetzt werden kann und unter den Voraussetzungen des § 21 Abs. 1 bei einer Jugendstrafe bis zu einem Jahr auch zur Bewährung ausgesetzt werden soll (h. M., s. *OLG Düsseldorf* NJW 1961, 891; *OLG Hamm* JR 1972, 73; *Brunner/Dölling* § 87 Rn. 3, § 55 Rn. 26 m. Fn. 6; a. M. nur *Potrykus* NJW 1961, 864); das Verschlechterungsverbot (§§ 331, 358 Abs. 2, 373 Abs. 2 StPO) steht aber einem traditionellen Jugendarrest, der sich als »kleiner Strafvollzug« darstellt (s. § 16 Rn. 2), entgegen (a. M. *OLG Düsseldorf* NJW 1961, 891; *OLG Hamm* JR 1972, 73; wie hier *Brunner* JR 1972, 74 ff. und ausführlich *LG Nürnberg-Fürth* NJW 1968, 120, unter Aufgabe der früheren Entscheidung MDR 1962, 326 jeweils m. w. N.; s. auch § 55 Rn. 15).

2. Rechtsmittel

3   Wird entgegen dem grundsätzlichen Verbot eine Bewährung bewilligt, ist diese Entscheidung mit der Berufung oder der Revision anfechtbar (s. *OLG Düsseldorf* NJW 1961, 891; *OLG Frankfurt* NJW 1963, 969); sie ist nicht von vornherein nichtig (h. M.). § 59 Abs. 1 ist aufgrund des ausdrücklichen Bezugs auf die Aussetzung der Jugendstrafe zur Bewährung nicht anwendbar (*OLG Frankfurt* NJW 1963, 969).

3. Auswege

4   Das Bewährungsverbot schließt den Aufschub und die Unterbrechung der Vollstreckung nicht aus (s. § 5 Abs. 3 JAVollzO; in entsprechender An-

Drittes Hauptstück.
Vollstreckung und Vollzug　　　　　　　　　　　　　　　　　　§ 87

wendung §§ 455, 456 StPO). Der Aufschub ist jedoch die Ausnahme von der sofortigen Vollstreckung gem. § 4 JAVollzO; da die »nachdrückliche Vollstreckung« aus Gründen der Sanktionseffizienz erfolgen soll, sind vorübergehende Umstände, die der beabsichtigten Präventionswirkung entgegenstehen, als Ausnahmen ebenso begründet (s. § 16 Rn. 4). Auch ist eine Unterbrechung zu Geburtstags- und Familienfeiern angezeigt, um die Arrestverbüßung nicht unnötig bekanntwerden zu lassen; zur Unterbrechung mit einer »Vereinbarung« über die Lebensführung s. § 90 Rn. 15. Weiterhin ist neben dem Absehen von der Vollstreckung gem. § 87 Abs. 3 (s. Rn. 8-11) sowie gem. § 112 c Abs. 2 (s. dort Rn. 2) eine Gnadenentscheidung bei Versäumnis der Anfechtung eines eindeutig rechtswidrigen Urteils sowie bei persönlich unzumutbaren Härten möglich. Allerdings darf damit nicht das Bewährungsverbot (a. M. *Brunner/Dölling* § 87 Rn. 3), kann nur der Arrest als solcher aufgehoben werden.

III. Anrechnung der U-Haft nach »relativer Rechtskraft«

1. Rechtsgrundlage (§ 87 Abs. 2)

Während die Anrechnung der U-Haft vor der Urteilsverkündung in § 52 geregelt ist (zur entsprechenden Anwendung über § 458 StPO bis zur »relativen Rechtskraft« s. § 52 Rn. 3), wird im § 87 Abs. 2 die Anrechnung gem. § 450 StPO für entsprechend anwendbar erklärt, d. h., auf den Arrest »ist unverkürzt die Untersuchungshaft anzurechnen, die der Angeklagte erlitten hat, seit er auf Einlegung eines Rechtsmittels verzichtet oder das eingelegte Rechtsmittel zurückgenommen hat oder seitdem die Einlegungsfrist abgelaufen ist, ohne daß er eine Erklärung abgegeben hat«. Diese Verweisung stellt damit die materiell-rechtliche Grundlage für die Anrechnung der U-Haft nach »relativer Rechtskraft« dar. Hierbei ist jedoch zu beachten, daß regelmäßig die U-Haft schon aus Gründen der Verhältnismäßigkeit mit der Verurteilung zu einem Jugendarrest aufzuheben ist (s. §§ 112 Abs. 1 S. 2, 120 StPO); insofern wird diese Bestimmung selten Anwendung finden. 　5

Bei Eintritt der absoluten Rechtskraft sind die Voraussetzungen der U-Haft erst recht entfallen. Da hier aber eine Vorschrift, die die automatische Überleitung in den Strafvollzug regelt (§ 38 c StVollStrO), für den Arrestvollzug fehlt, gilt die Anrechnung gem. § 450 StPO – natürlich – auch für einen eventuellen U-Haftvollzug nach Rechtskraft. 　6

2. Voraussetzungen

Die Voraussetzungen für die Anrechnung müssen in der Person des/der Verurteilten bestehen, d. h., er/sie bzw. sein/ihr Verteidiger muß auf das Rechtsmittel verzichten oder das eingelegte Rechtsmittel zurücknehmen 　7 oder die Einlegungsfrist verstreichen lassen. Die Anrechnung wird nicht durch ein Rechtsmittel der Staatsanwaltschaft, auch nicht zugunsten des/der Verurteilten gehindert. Ebenso scheidet die Anrechnung nicht aus, wenn nur der gesetzliche Vertreter (§ 298 StPO) oder der Erziehungsberechtigte (§ 67 Abs. 3) das Rechtsmittel eingelegt hat (h. M., s. *Brunner/Dölling* §§ 52, 52 a Rn. 7; *Eisenberg* § 52 Rn. 5). Ergibt sich die Situation, daß nach Eintritt der Volljährigkeit der/die Verurteilte das Rechtsmittel des gesetzlichen Vertreters oder Erziehungsberechtigten übernimmt (s. § 67 Rn. 13), obwohl er/sie vorher auf ein Rechtsmittel verzichtet hatte, so ist nur die Zeit der U-Haft vom Zeitpunkt des Verzichts zur Übernahme des Rechtsmittels anzurechnen (s. *LG Bamberg* NJW 1967, 68 mit zust. Anm. von *Eb. Kaiser* und m. w. N., s. auch *Eisenberg* § 52 Rn. 5).

IV. Absehen von der Vollstreckung (§ 87 Abs. 3)

1. Materielle Voraussetzungen für einen gänzlichen Verzicht

8 Ganz kann von der Vollstreckung des Arrestes abgesehen werden, wenn wegen erneuter Straffälligkeit eine Sanktion ausgesprochen wurde oder zu erwarten ist, die dem Arrestvollzug ihre inhaltliche Bedeutung nehmen würde (s. § 87 Abs. 3 S. 3). Dies wird regelmäßig bei einer Verurteilung zu einer unbedingten Jugendstrafe oder Freiheitsstrafe nach dem Erwachsenenstrafrecht sowie bei einer freiheitsentziehenden Maßregel – der Begriff »Strafe« ist hier umfassend zu verstehen – vorliegen. Dem steht nicht entgegen, daß grundsätzlich gem. § 31 Abs. 2 eine Einbeziehung erfolgen sollte (s. auch § 66); wenn die Selbständigkeit der Strafverurteilung gem. § 31 Abs. 3 bestehenbleiben sollte, kann die Vollstreckung trotzdem unterbleiben. In diesem Fall erscheint eine Anhörung gem. § 87 Abs. 3 S. 4 verpflichtend (s. auch *Brunner/Dölling* § 87 Rn. 8; *Eisenberg* § 87 Rn. 8).

9 Darüber hinaus ist nach dem 1. JGGÄndG gänzlich von der Vollstreckung abzusehen, wenn seit Erlaß des Urteils Umstände hervorgetreten sind, die allein oder i. V. m. bereits bekannten Umständen ein Absehen von der Vollstreckung **aus Gründen der Erziehung** rechtfertigen (§ 87 Abs. 3 S. 1). Bislang konnte in den Fällen, in denen sich die Lebenssituation des/der Verurteilten nach dem Urteil entscheidend verbessert hatten, z. B. mit der Findung eines Ausbildungs- oder Arbeitsplatzes nach langer Arbeitslosigkeit, nur mit einer »Anvollstreckung« geholfen werden. In der Begründung zum Gesetzesentwurf des 1. JGGÄndG heißt es dazu: »Der Vorrang des Erziehungsgedanken verlangt jedoch gerade bei dieser besonders einschneidenden Sanktion, daß sie wieder aufgehoben werden kann, wenn sich nach dem Urteil herausstellt, daß die Arrestverbüßung dem Jugendlichen eher schaden würde« (s. BT-Drucks. 11/5829, S. 35). Unter den genannten Voraussetzungen besteht kein Ermessen für den

Drittes Hauptstück.
Vollstreckung und Vollzug § 87

Sanktionsverzicht, sondern eine Verpflichtung, wobei die Umstände ein Absehen von der Vollstreckung lediglich »rechtfertigen«, nicht zwingend machen müssen. »Aus Gründen der Erziehung« ist von der Vollstreckung auch dann abzusehen, wenn »der Vollzug des Zuchtmittels aber wohl mehr zerstören als aufbauen würde« (*LG Heidelberg* DVJJ-Journal 1-2/1992, S. 147: Absehen bei einer alleinerziehenden Mutter).

Weiterhin ist nach der Neufassung von der Vollstreckung abzusehen, wenn seit Eintritt der Rechtskraft 6 Monate verstrichen sind und wenn dies aus Gründen der Erziehung geboten ist (§ 87 Abs. 3 S. 2). Der Gesetzgeber hat auch hier eine Verpflichtung – »sieht er von der Vollstreckung ganz ab« – aufgestellt. Die Sanktion des Arrestes verliert ihre Zweckbestimmung, je länger sich die Vollstreckung hinschiebt. Die Vollstreckung des Arrestes wird nicht nur sinnlos, sondern kann sich kontraproduktiv auswirken, wenn neue Entwicklungen eingetreten sind und der Tatbezug verlorengegangen ist. 10

2. Materielle Voraussetzungen für einen Restverzicht

Wenn kein völliger Verzicht geboten ist, kommt gem. § 87 Abs. 3 S. 1 ein teilweiser Verzicht in Betracht. Dies gilt insbesondere für die Fallsituationen, daß erst während des Vollzuges günstige Veränderungen im Umfeld des/der Verurteilten bekannt werden oder sich erst während des Vollzuges günstige Entwicklungen in der Person des/der Verurteilten zeigen. Hierbei kann und sollte in Fällen noch nicht erfolgter Konfliktbereinigung von seiten der Arrestbetreuung ein Anstoß zum Täter-Opfer-Ausgleich gegeben werden, um damit sowohl die Chancen für eine zukünftige Legalbewährung zu erhöhen als auch Voraussetzungen für einen Vollstreckungsverzicht zu schaffen. Auch sonstige Sozialisationsbemühungen (Schuldenregulierung, Wiederaufnahme von Ausbildung/Arbeit) sollten aus der Arrestanstalt initiiert bzw. unterstützt werden, um so einen Teilverzicht zu ermöglichen. 11

3. Verfahrensvoraussetzungen

Gem. § 87 Abs. 3 S. 4 soll der Vollstreckungsleiter vor der Entscheidung über den gänzlichen Verzicht oder einen Restverzicht den erkennenden Richter, den Staatsanwalt sowie den Vertreter der Jugendgerichtshilfe hören. Diese Sollvorschrift stellt eine Ausnahme von § 33 Abs. 2 StPO dar. Erkennender Richter ist das erkennende Tatsachengericht, nicht das Revisionsgericht. Zuständiger Staatsanwalt ist dementsprechend der Staatsanwalt beim erkennenden Gericht (ebenso *Potrykus* § 87 Anm. 4; *LG Kiel* SchlHA 1956, 274); dies ist nunmehr mit § 85 Abs. 7 i. V. m. § 451 Abs. 3 StPO ausdrücklich klargestellt. (s. *Eisenberg* DVJJ-Journal 2/1991, S. 151; *AG Wiesloch* DVJJ-Journal 1996, 86 = NStZ-RR 1996, 153; a. M. *AG* 12

Müllheim DVJJ-Journal 4/1991, S. 434 – kriminalpolitisch argumentierend: »unsinniger« § 85 Abs. 7).

4. Rechtsmittel

13 Die positive Entscheidung kann nur von der Staatsanwaltschaft gem. § 83 Abs. 3 mit der sofortigen Beschwerde angefochten werden, die keine aufschiebende Wirkung hat (§ 307 Abs. 1 StPO); für den/die Verurteilte(n) und seine/ihre gesetzlichen Vertreter und Erziehungsberechtigten besteht nur eine Beschwer im Falle einer ablehnenden Entscheidung.

V. Vollstreckungsverbot (§ 87 Abs. 4)

1. Rechtsnatur

14 In § 87 Abs. 4 wird ein Vollstreckungsverbot ausgesprochen; es ist dies keine Bestimmung über die Vollstreckungsverjährung (s. hierzu § 4 Rn. 4-6), so daß auch allgemeine Vorschriften nicht zur Anwendung kommen, insbesondere nicht die Ruhensbestimmung des § 79 a StGB. Begründung für diese Anordnung ist, daß nach Jahresfrist die Vollstreckung eines Arrestes immer ungeeignet ist i. S. einer Individualprävention, da gerade bei Jugendlichen dann kein Tatbezug mehr bestehen wird, zumal die Tat selbst noch weiter zurückliegt.

2. Voraussetzungen

15 Voraussetzung ist der Zeitablauf eines Jahres seit Rechtskraft der **Anordnung,** auch gem. den §§ 65, 66. Die Umwandlung gem. § 86 ist nicht maßgebend. Im Unterschied zu § 187 Abs. 1 BGB ist analog § 79 Abs. 6 StGB der Fristbeginn der Tag der Rechtskraft (ebenso *Dallinger/Lackner* § 87 Rn. 15; *Brunner/Dölling* § 87 Rn. 2). Die Frist endet gem. § 188 Abs. 2 BGB.

3. Wirkungen

16 Die Wirkung ist absolut, d. h., auch bei einem begonnenen Arrest ist dieser nach Jahresfrist abzubrechen. Ansonsten droht die Strafbestimmung »Verfolgung Unschuldiger« (§ 344 StGB). Allerdings darf der Jugendrichter das Vollstreckungsverbot nicht bewußt herbeiführen, auch wenn § 258 a StGB hier nicht eingreift; insoweit darf nur über § 87 Abs. 3 oder auf dem Gnadenwege geholfen werden (ebenso *Brunner/Dölling* § 87 Rn. 2; *Eisenberg* § 87 Rn. 10).

Drittes Hauptstück.
Vollstreckung und Vollzug

§ 87

VI. Polizeiliche Vorführung bei Nichtantritt

Umstritten ist die Zulässigkeit einer polizeilichen Vorführung oder gar 17
des Erlasses eines Haftbefehls und der Ausschreibung zur Festnahme im
Falle des Nichtantritts zum Arrest (zur Unzulässigkeit einer zusätzlichen
Weisung s. § 10 Rn. 21). Zum Teil wird die Anwendung des § 457 StPO
befürwortet (*Brunner/Dölling* § 16 Rn. 21; widersprüchlich *D/S/S* § 16
Rn. 27 sowie § 90 Rn. 8; soweit hier auf die allgemeine polizeiliche Aufgabe zur Aufrechterhaltung der öffentlichen Sicherheit und Ordnung abgestellt wird, erscheint dies nicht als ausreichend konkretisierte Rechtsgrundlage; offen *Eisenberg* § 87 Rn. 12); dementsprechend wird in der
Praxis mit Ausnahme Hamburgs verfahren (s. *Hinrichs* DVJJ-Journal
1999, 268; s. auch RL Nr. V 7). Hiergegen wird eingewandt, daß im § 457
StPO die Vollstreckung einer Freiheitsstrafe geregelt ist und der Arrest
hiermit nicht gleichgesetzt werden dürfe (s. *Hinrichs* StV 1990, 380). Eine
analoge Anwendung erscheint in der Tat mit Rücksicht auf die geringere
Eingriffsschwere des Arrestes nicht erlaubt, auch wenn es einheitlich um
die Vollstreckung eines rechtskräftigen Urteils geht. Das Verfahren ist im
Falle der Vollstreckung einer Freiheitsstrafe entsprechend der Bedeutung
dieser Sanktion rigoroser. Entgegen *Hinrichs* sind damit aber die Möglichkeiten einer zwangsweisen Vollstreckung des Arrestes nicht ausgeschöpft; sie hat nach den Landesverwaltungsgesetzen bzw. Verwaltungsvollstreckungsgesetzen der Länder zu erfolgen: Die Vollstreckungsbehörde, d. h. der Jugendrichter, erläßt mit der Ladung zum Arrest einen Verwaltungsakt, wobei zugleich der unmittelbare Zwang angedroht wird (s.
entsprechend § 13 Verwaltungsvollstreckungsgesetz); diese Androhung ist
zuzustellen. Bei Nichterscheinen des/der Verurteilten ist das Zwangsmittel des unmittelbaren Zwanges festzusetzen und die Polizei um Vollstreckung zu ersuchen.

Dritter Unterabschnitt. Jugendstrafe

Grundlagen zu den §§ 88 und 89 a

1. Systematische Einordnung

1 In den §§ 88 und 89 a werden Besonderheiten für die Vollstreckung – nicht für den Vollzug – der Jugendstrafe geregelt. Diese Regelung ersetzt die im § 57 StGB für die Freiheitsstrafe nach Erwachsenenstrafrecht.

2. Historische Entwicklung

2 Mit der Einführung der unbestimmten Jugendstrafe wurde auch die Entlassung auf Probe formell ermöglicht (§ 2 der Verordnung über die unbestimmte Verurteilung Jugendlicher vom 10. 9. 1941, RGBl I, 567). Die Möglichkeit wurde im JGG 1943 auf die bestimmte Jugendstrafe ausgedehnt (RGBl I, 635), während die Strafaussetzung zur Bewährung ohne vorherige Verbüßung wieder abgeschafft wurde (s. Grdl. z. §§ 21-26 a Rn. 2). Der Kern der heutigen Regelung findet sich somit bereits in den §§ 58, 59 JGG 1943. Schon vorher war aus § 11 Abs. 2 JGG 1923 die Zulässigkeit einer Strafrestaussetzung abgeleitet worden (s. *Francke* JGG, 2. Aufl., § 10 Anm. II). Wichtige Änderungen gegenüber dem JGG 1953 haben sich hinsichtlich der Voraussetzungen ergeben: Während vormals eine eindeutig positive Prognose gestellt werden mußte (»und die Umstände erwarten lassen, daß er künftig einen rechtschaffenden Lebenswandel führen wird«), genügt heute (verändert durch das 1. StrRG vom 25. 6. 1969, BGBl I, 645) eine »Risikoprognose« (s. § 88 Rn. 6). Auch sind für die Entlassungsbewährung vor Verbüßung von sechs Monaten die Anforderungen heruntergeschraubt, da der ursprüngliche Zusatz »ausnahmsweise« gestrichen wurde (s. EGStGB vom 2. 3. 1974, BGBl I, 469; s. auch § 88 Rn. 3). Weiterhin wurde mit dem EGStGB vom 2. 3. 1974 § 88 Abs. 4 verändert, der in der alten Fassung einen zurückgewiesenen Antrag voraussetzte. Mit dem 1. JGGÄndG wurde infolge der Streichung der unbestimmten Jugendstrafe auch § 89 aufgehoben. Mit dem § 88 Abs. 3 n. F. soll die Überleitung in die Freiheit verbessert werden; das Nebeneinander von Jugend- und Freiheitsstrafe wird in § 89 a geregelt. Mit dem Gesetz zur Bekämpfung von Sexualdelikten und anderen gefährlichen Straftaten vom 26.1.1998 (BGBl. I, 160) wurde die sog. Erprobungsklausel in § 88 Abs. 1 ohne inhaltliche Änderung (s. § 88 Rn. 6) neu formuliert.

3. Gesetzesziel

Ziel dieser Bestimmungen ist es, **die Flexibilität** im Jugendstrafverfahren zugunsten einer **Individualprävention und zur Vermeidung einer Überreaktion zu erhöhen.** Gleichzeitig wird damit die Fragwürdigkeit von Prognoseentscheidungen nochmals deutlich gemacht, wobei der Gesetzgeber mit der Aussetzung eines Restes der Jugendstrafe bewußt auch ein Rückfallrisiko in Kauf nimmt. Die Entlassungsprognose ist immer auch eine **Risikoprognose**, da die sichere Erwartung zukünftigen Legalverhaltens nicht gestellt werden kann und darf (s. auch *BVerfG* StV 1986, 163). Hieran hat sich auch nichts durch die Neuformulierung in § 88 Abs. 1 geändert (s. § 88 Rn. 6; s. auch *BVerfG* NStZ 1998, 374 zu § 57 Abs. 1 Nr. 2 StGB neu).

3

4. Justizpraxis

Die Praxis der Entlassungen gem. § 88 (bis 1995 auch gem. § 89) ist schwer zu überprüfen; eine genaue statistische Erfassung erfolgt nicht. Veröffentlicht werden lediglich die jährlichen Entlassungen mit einer Reststrafenbewährung gem. §§ 88, 89:

4

1985	4 327
1990	2 834
1995	2 909
1996	2 931
1997	2 947

(Quelle: Statistisches Bundesamt, Fachserie 10, Reihe 4[.2], Strafvollzug)
(Gebiet: bis 1991 alte Länder, 1992 alte Länder einschl. Berlin-Ost, ab 1993 Gesamtdeutschland)

Auffällig sind die unterschiedlichen Entlassungsquoten in den einzelnen Bundesländern, wobei sogar innerhalb der Bundesländer von Anstalt zu Anstalt gravierende Unterschiede festgestellt wurden (s. *Dünkel/Rosner* Die Entwicklung des Strafvollzugs in der Bundesrepublik Deutschland seit 1970, 2. Aufl., S. 79, 420; *von Moers* Die vorzeitige Entlassung aus dem Jugendstrafvollzug, 1992, S. 163, 166). Hier zeigt sich aufgrund der gegenüber dem Erwachsenenstrafrecht zurückgenommenen formalen Grenzen (im Erwachsenenvollzug wurde 1997 nur zu 28,7 % bedingt entlassen, s. Strafvollzugsstatistik 1997, S. 9) ein richterlicher Freiraum, den die Gefangenen natürlich auszuschöpfen trachten.

Auch der durchschnittliche Zeitpunkt der vorzeitigen Entlassung im Hinblick auf die Gesamtzeit der angeordneten Jugendstrafe steht nicht fest. Es liegen nur Einzeluntersuchungen aus den 80er Jahren vor: Nach einer Untersuchung in Bremen für das Jahr 1982 wurden vor dem Zweidrittel-Zeitpunkt nur 11 % der Gefangenen entlassen (*Claasen* in: Ein trojanisches Pferd im Rechtsstaat, hrsg. v. *Gerken/Schumann*, 1988, S. 131); von einigen wird hier in Anlehnung an das Erwachsenenstrafrecht eine Zweidrittel-Entlassung vermutet (s. *LG Bonn* StV 1984, 256); nach einer unveröffentlichten Hamburger Untersuchung für das Jahr 1985 wurden in der Jugendstrafanstalt Hahnöfersand die Gefangenen mit einer Reststrafenbewährung (n = 45) zu 53,3 % bis zum Zweidrittel-Zeitpunkt und zu 46,7 % nach dem Zweidrittel-Zeitpunkt entlassen; nach einer Untersuchung der Abgänge in den Jugendstrafanstalten Siegburg und Heinsberg im Jahre 1987 wurden nur 20,3 % bzw. 9,9 % vor Ablauf der Zweidrittel-Verbüßung entlassen (s. *von Moers* Die vorzeitige Entlassung aus dem Jugendstrafvollzug, 1992, S. 163, 166). Ein Grund für die späte Entlassung soll die Verwendung von Formularen sein, die für die Vollstreckung von Erwachsenen gebraucht werden (s. *Dünkel* in: Jugendstrafe und Jugendstrafvollzug, Tbd. 1, hrsg. von *Dünkel/Meyer*, 1985, S. 127 unter Hinw. auf einen Abänderungsvorschlag in Hessen). Da in den Vordrucken aber nicht die Voraussetzungen für die Entlassung aufgeführt sind, scheint die Entlassungspraxis in erster Linie durch die Person des Richters bestimmt zu werden; ein Dezernatswechsel kann hier zu einer ganz anderen Praxis führen.

Nach der Bewährungshilfestatistik ergibt sich folgendes Bild:

Jahr *	Probanden gem. § 88	Probanden gem. § 89	Strafrest bei der Entlassung **			
			weniger als 6 Mon.	6 Mon. bis unter 1 J.	1 J. bis unter 2 J.	2 J. und mehr
1980	8 796	616	3 890	3 956	1 399	290
			40,8 %	41,5 %	14,7 %	3,0 %
1985	10 900	385	4 182	4 801	2 015	397
			36,7 %	42,1 %	17,7 %	3,5 %
1990	8 659	163	3 077	3 701	1 717	393
			34,6 %	41,6 %	19,3 %	4,4 %
1992	7 148	-	5 386		1 840	
			74,5 %		25,5 %	
1994	6 382	-	4780		1 640	
			74,5 %		25,5 %	
1996	6 524	-	4 927		1 628	
			75,2 %		24,8 %	

(Quelle: Statistisches Bundesamt, Fachserie 10, Reihe 5, Bewährungshilfe; Gebiet: alte Länder, ab 1992 ohne Hamburg sowie einschl. Berlin-Ost)
* Stichtag ist jeweils der 31.12.
** In diesen Zahlen sind auch die gnadenweise erfolgten Strafrestaussetzungen enthalten.

Drittes Hauptstück.
Vollstreckung und Vollzug **Grdl. z. §§ 88-89 a**

Nach einer Untersuchung erhielten von 77 Probanden, deren Entlassung zur Bewährung widerrufen worden war, zwei Drittel noch einmal eine Bewährung, wobei der ausgesetzte Strafrest zwischen drei und fünf Monaten lag (s. *Lassen* Rückfälligkeit und Bewährung von 200 Probanden, die nach Widerruf einer Strafaussetzung zur Bewährung in der Strafanstalt Wolfenbüttel Freiheitsstrafen verbüßten, unter besonderer Berücksichtigung ihres Anstaltsverhaltens, 1973, S. 162)

Hinsichtlich der Beendigungsgründe bei Reststrafenbewährungen ergibt sich aus der Statistik folgendes Bild: 5

Beendete Bewährungsaufsichten aufgrund § 88 nach Beendigungsgründen 1992-1996

Jahr	Insgesamt*	Erlaß (§ 88 VI i.V.m. § 26 a)		Ablauf der Unterstellungszeit (§ 88 VI i.V.m. § 24 I)		Aufhebung der Unterstellung (§ 88 VI i.V.m. § 24 II)		Einbeziehung in ein neues Urteil (§ 31 II)		Widerruf (§ 88 VI i.V.m. § 26 I)	
		n	%	n	%	n	%	n	%	n	%
1992	3 013	1 963	65,2	5	0,2	13	0,4	43	1,4	989	32,8
1993	2 907	1 645	56,6	55	1,9	40	1,4	178	6,1	989	34,0
1994	2 787	1 335	47,9	254	9,1	79	2,8	229	8,2	890	31,9
1995	2 662	1 108	41,6	346	13,0	100	3,8	228	8,6	880	33,1
1996	2 741	1 038	37,9	478	17,4	86	3,1	241	8,8	898	32,8

* ohne Aufsichten, die im Wege der Gnade oder »aus anderen Gründen beendet« wurden
(Quelle: unveröffentlichte Tabelle RB 45.H des Statistischen Bundesamts; Gebiet: alte Länder einschl. Berlin-Ost, ohne Hamburg)

Drittes Hauptstück.
Vollstreckung und Vollzug **Grdl. z. §§ 88-89 a**

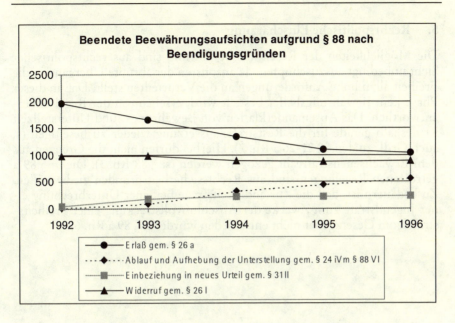

Widerrufe erfolgen hierbei ganz überwiegend wegen neuer Straftaten:

Widerrufsquote wegen neuer Straftaten

	§ 88
1990	92,6 %
1992	90,3 %
1993	91,5 %
1994	90,1 %
1995	90,6 %
1996	88,8 %

(Quellen: 1990 – Statistisches Bundesamt, Fachserie 10, Reihe 5, Bewährungshilfe; ab 1992 – unveröffentlichte Tabelle RB 45.H des Statistischen Bundesamts; Gebiet: alte Länder, ab 1992 ohne Hamburg sowie einschl. Berlin-Ost)

Die Erlaßquote ist hiernach in den letzten Jahren deutlich gesunken. Wie bei der Widerrufsquote der Strafaussetzung zur Bewährung gem. § 21 sind diese Zahlen aber aufgrund der Abgabe und der Beendigung aus sonstigen Gründen zu relativieren (s. Grdl. z. §§ 21-26 a Rn. 6), zumal die Widerrufsquote nahezu unverändert geblieben ist.

5. Rechtspolitische Einschätzung

6 Die Möglichkeiten der Reststrafenbewährung sind aus rechtspolitischer Sicht unbedingt auszuschöpfen, da ansonsten der abrupte Übergang in die Freiheit allzu hohe Anforderungen an die Verurteilten stellt. Daß in dieser Phase kein Bewährungshelfer bestellt wird, erscheint in der Regel unverantwortlich. Das Auseinanderklaffen von Bewährungs- und Unterstellzeit ist deshalb gerade für die Reststrafenaussetzung wieder zu beseitigen (s. auch Grdl. zu den §§ 21-26 a Rn. 7). Hierbei dürfen nicht die Grenzen aus dem Erwachsenenstrafrecht gezogen werden (s. § 88 Rn. 3). Die in § 89 a getroffenen Regelungen sind aus Rechtssicherheitsgründen zu begrüßen. Zu bedauern ist, daß die Zuständigkeitsfrage bei einer Unterbrechung einer Jugendstrafe zum Zwecke der Anschlußvollstreckung einer Freiheitsstrafe vom Gesetzgeber nicht entschieden wurde (s. § 89 a Rn. 6).

§ 88. Aussetzung des Restes der Jugendstrafe

(1) Der Vollstreckungsleiter kann die Vollstreckung des Restes der Jugendstrafe zur Bewährung aussetzen, wenn der Verurteilte einen Teil der Strafe verbüßt hat und dies im Hinblick auf die Entwicklung des Jugendlichen, auch unter Berücksichtigung des Sicherheitsinteresses der Allgemeinheit, verantwortet werden kann.
(2) Vor Verbüßung von sechs Monaten darf die Aussetzung der Vollstreckung des Restes nur aus besonders wichtigen Gründen angeordnet werden. Sie ist bei einer Jugendstrafe von mehr als einem Jahr nur zulässig, wenn der Verurteilte mindestens ein Drittel der Strafe verbüßt hat.
(3) Der Vollstreckungsleiter soll in den Fällen der Absätze 1 und 2 seine Entscheidung so frühzeitig treffen, daß die erforderlichen Maßnahmen zur Vorbereitung des Verurteilten auf sein Leben nach der Entlassung durchgeführt werden können. Er kann seine Entscheidung bis zur Entlassung des Verurteilten wieder aufheben, wenn die Aussetzung aufgrund neu eingetretener oder bekanntgewordener Tatsachen im Hinblick auf die Entwicklung des Jugendlichen, auch unter Berücksichtigung des Sicherheitsinteresses der Allgemeinheit, nicht mehr verantwortet werden kann.
(4) Der Vollstreckungsleiter entscheidet nach Anhören des Staatsanwalts und des Vollzugsleiters. Dem Verurteilten ist Gelegenheit zur mündlichen Äußerung zu geben.
(5) Der Vollstreckungsleiter kann Fristen von höchstens sechs Monaten festsetzen, vor deren Ablauf ein Antrag des Verurteilten, den Strafrest zur Bewährung auszusetzen, unzulässig ist.
(6) Ordnet der Vollstreckungsleiter die Aussetzung der Vollstreckung des Restes der Jugendstrafe an, so gelten § 22 Abs. 1, 2 Satz 1 und 2 sowie die §§ 23 bis 26 a sinngemäß. An die Stelle des erkennenden Richters tritt der Vollstreckungsleiter. Auf das Verfahren und die Anfechtung von Entscheidungen sind die §§ 58, 59 Abs. 2 bis 4 und § 60 entsprechend anzuwenden. Die Beschwerde der Staatsanwaltschaft gegen den Beschluß, der die Aussetzung des Strafrestes anordnet, hat aufschiebende Wirkung.

Literatur

Böhm Grenzen der Ermessensentscheidung des Vollstreckungsleiters, NJW 1977, 2198; *Dessecker* Kriminalitätsbekämpfung durch Jugendstrafrecht, StV 1999, 678; *Erdmann-Degenhardt* Ermessenseinschränkung und Begutachtungspflicht bei Aussetzung des Strafrestes zur Bewährung nach § 88 III n. F. JGG?, SchlHA 1999, 293; *Holleis* »Erfolgsstatistik« der im Jahr 1976 mit zwei und drei Jahren Bewährungszeit sowie 1977 mit zwei Jahren Bewährungszeit gem. §§ 88, 89 JGG aus der Justizvollzugsanstalt Laufen-Lebenau Entlassenen, BewH 1981, 56; *ders.* »Erfolgsstatistik« der in den Jahren 1976 bis einschließlich 1978 aus der JVA Laufen-Lebenau Entlassenen, BewH 1984, 61; *Jabel* Anmerkung zu OLG Hamburg, NStZ 1986, 336; *von Moers* Die vorzeitige Entlassung aus dem Jugendstrafvollzug, 1992; *Ostendorf* Neue Rechtsprobleme bei der Entlassung auf Bewährung aus dem Jugendstrafvollzug, NJW 2000, 1090; *Rzepka* Anm. zu OLG Düsseldorf, StV 1998, 348; *Scheschonka* Anmerkung zu GenStA Hamburg, NStZ 1985, 285; *Schönberger* Anm. zu LG Berlin, NStZ 1999, 102; *Tondorf* Anmerkung zu LG Bonn, StV 1984, 257. *Walter/Geiter/Fischer* Halbstrafenaussetzung – ein ungenutztes Institut zur Verringerung des Freiheitsentzuges, NStZ 1989, 405.

Inhaltsübersicht

	Rn.
I. Persönlicher und sachlicher Anwendungsbereich	1
II. Voraussetzungen	
1. Teilverbüßung	2
2. Günstige Legalprognose	5
3. Ermessen	7
III. Verfahren	
1. Zuständigkeit	9
2. Einleitung	10
3. Anhörung	11
4. Entscheidung	
a) Zeitpunkt	13
b) Nebenentscheidungen	14
c) Folgeentscheidungen	15
IV. Rechtsmittel	16

I. Persönlicher und sachlicher Anwendungsbereich

1 § 88 gilt für alle Jugendstrafen, unabhängig davon, ob sie von einem Jugend- oder Erwachsenengericht ausgesprochen wurden. Dies gilt auch, wenn die Vollstreckung gem. den §§ 92 Abs. 2 S. 3, 85 Abs. 6 abgegeben wird oder die Jugendstrafe gem. § 92 Abs. 2 S. 1, S. 2 in einer Erwachsenenstrafanstalt vollzogen wird (*OLG Hamm* StV 1996, 277 gegen *OLG Düsseldorf* JMBl. NW 1995, 258; ebenso *OLG Zweibrücken* NStE § 454 b StPO; *OLG Frankfurt* NStZ-RR 1999, 91; *Kühn* NStZ 1992, 527; *Eisenberg* § 85 Rn. 17; *Sonnen* in: *D/S/S* § 85 Rn. 16; *Rzepka* StV 1998, 349). Gem. § 85 Abs. 6 S. 2 wird nur auf die Vorschriften der Strafprozeßordnung und des Gerichtsverfassungsgesetzes verwiesen; es wird lediglich die Zuständigkeit verlagert, nicht werden die materiell-rechtlichen Voraussetzungen für den Vollzug der Jugendstrafe verändert. Insbesondere ist nicht § 57 StGB anzuwenden (so aber *OLG Düsseldorf* JMBl. NW 1995, 258 = StV 1998, 348; ebenso *Hamann* Rechtspfleger 1991, 408, korrigiert in Rechtspfleger 1992, 147; wie hier *Bauer* Rechtspfleger 1992, 145), da an-

sonsten die Entscheidung des erkennenden Gerichts, bei Heranwachsenden Jugendstrafrecht anzuwenden bzw. die grundsätzliche Entscheidung des Gesetzgebers, bei Jugendlichen einen andersgearteten Freiheitsentzug gem. den Bestimmungen des JGG durchzuführen, unterlaufen würde. Ein Zuständigkeitswechsel kann nicht die sachlichen Voraussetzungen für die Behandlung des jugendlichen/heranwachsenden Delinquenten verändern. Die in § 88 verfolgte Zielsetzung, mit einer größeren Flexibilität die Wirkungen des Freiheitsentzuges auf junge Menschen zu beachten und hierbei für eine Legalbewährung auch größere Risiken als im Erwachsenenstrafrecht einzugehen (s. Grdl. z. §§ 88-89 a Rn. 3), behält unabhängig von der Vollzugsform ihre Geltung.

II. Voraussetzungen

1. Teilverbüßung

Gemäß § 88 Abs. 1 ist für die Aussetzung des Restes der Jugendstrafe eine Teilverbüßung erforderlich. Wird auf die Jugendstrafe U-Haft oder sonst erlittener Freiheitsentzug gem. § 52 a angerechnet, so gilt dies als Teilverbüßung (so jetzt ausdrücklich § 57 Abs. 4 StGB; s. auch *BGHSt* 6, 215; *OLG Köln* NJW 1954, 205; a. M. *OLG Düsseldorf* NJW 1954, 485). Dies gilt auch für die Anrechnung gem. § 450 StPO bzw. für die analoge Anwendung des § 52 a für die Zeit bis zur »relativen Rechtskraft« (s. § 52 a Rn. 1 i. V. m. § 52 Rn. 3) sowie für eine gnadenweise Anrechnung (*OLG Hamburg* MDR 1977, 771; ebenso *Eisenberg* § 88 Rn. 3). Bloße Strafzeitunterbrechungen sind keine Vollstreckung (*OLG Hamburg* MDR 1977, 771). Wenn die Leistungen, die der/die Verurteilte zur Erfüllung von Auflagen oder entsprechenden Anerbieten für einen Widerruf der Strafaussetzung zur Bewährung auf die Jugendstrafe gem. § 26 Abs. 3 S. 2 angerechnet werden können, nach der hier vertretenen Auffassung angerechnet werden müssen, und zwar auch Leistungen in Erfüllung repressiver Weisungen (s. §§ 26, 26 a Rn. 16), so müssen diese Leistungen auch als Teilverbüßung gewertet werden (zum Erwachsenenstrafrecht s. *Lackner/Kühl* § 57 StGB Rn. 4). Es kann nicht nur so eine Akzeptanz der Sanktionierung erreicht werden (s. *Eisenberg* § 88 Rn. 4), diese Wertung ist auch aus rechtsstaatlichen Gründen geboten, um das Verbot einer Doppelbestrafung (Art. 103 Abs. 3 GG) nicht zu verletzen (s. §§ 26, 26 a Rn. 16; wie hier jetzt auch *Brunner/Dölling* § 88 Rn. 2).

Mindestfristen bestehen im Unterschied zum Erwachsenenstrafrecht nur bei einer Jugendstrafe von mehr als einem Jahr (s. § 88 Abs. 2 S. 2); hierbei fällt die Jugendstrafe von genau einem Jahr nicht hierunter (s. zur vergleichbaren Problematik bei § 21 dort Rn. 3). Die Auffassung des *LG Bonn* (NJW 1977, 2226; StV 1984, 256), daß bei einer Verurteilung wegen

»Schwere der Schuld« eine Aussetzung der Vollstreckung auch bei günstiger Sozialprognose vor Verbüßung von zwei Drittel der Jugendstrafe nur dann in Betracht kommt, »wenn besondere Umstände in der Tat und in der Persönlichkeit des Verurteilten vorliegen oder die Aussetzung aus besonders wichtigen Gründen geboten erscheint«, verstößt nicht nur gegen den Gesetzeswortlaut (so das Gericht selbst), sondern auch gegen das Gesetzesziel: Im Jugendstrafrecht sind im Unterschied zum Erwachsenenstrafrecht, auf das sich das Gericht unter Hinweis auf § 57 Abs. 1 Nr. 1 StGB stützt, die freiheitsentziehenden Sanktionen zugunsten ambulanter Maßnahmen zurückgedrängt, womit gleichzeitig formale Grenzen zugunsten einer Individualbeurteilung aufgegeben werden (ablehnend deshalb wie hier *Böhm* NJW 1977, 2198 ff.; *Tondorf*, StV 1984, 257; *Stein* BewH 1985, 89; *Sonnen* in: Festschrift für Pongratz, 1986, S. 303, 304 m. Nachw. zur West-Berliner Praxis; *Nothacker* S. 140; *Walter/Geiter/Fischer* NStZ 1989, 416; *Albrecht* § 34 B. I. 4. a; *von Moers* Die vorzeitige Entlassung aus dem Jugendstrafvollzug, 1992, S. 87; *Eisenberg* § 88 Rn. 9 b). Im übrigen ist diese Anlehnung an das Erwachsenenstrafrecht durch die gesetzgeberischen Änderungen z. T. gegenstandslos geworden. Soweit bei einer Verurteilung wegen »schädlicher Neigungen« ein längerer Beurteilungszeitraum (*LG Bonn* StV 1984, 256: zwei Drittel-Verbüßung) gefordert wird, so steht dem ebenso der Gesetzeswortlaut entgegen sowie die grundsätzliche Schwierigkeit, aufgrund von Vollzugsdaten eine Prognose anzustellen (s. Rn. 6). Im übrigen werden vor der Verbüßung von sechs Monaten die Anforderungen an die Prognose erhöht: »nur aus besonders wichtigen Gründen« (§ 88 Abs. 2 S. 1). Allerdings ist zu beachten, daß die frühere Regelung, nach der nur »ausnahmsweise« vor der Verbüßung von sechs Monaten eine Strafrestaussetzung in Betracht kam, gestrichen wurde (s. Grdl. z. §§ 88-89 a Rn. 2; ebenso *Brunner/Dölling* § 88 Rn. 2; *Eisenberg* § 88 Rn. 5). Die Grenzen des § 88 Abs. 2 bestehen nebeneinander und sind dementsprechend auch kumulativ zu prüfen.

4 Nicht ist Voraussetzung, daß sich der/die Verurteilte im Strafvollzug befindet, d. h., die Reststrafenbewährung ist auch möglich vor Strafantritt, wenn die U-Haft angerechnet wurde (s. Rn. 2), oder bei Strafunterbrechungen (s. *BGHSt* 6, 216; *Brunner/Dölling* § 88 Rn. 3; *Eisenberg* § 88 Rn. 7). Ebenso ist nicht entscheidend, ob die vollstreckte Jugendstrafe zunächst zur Bewährung ausgesetzt war oder früher in diesem oder in einem anderen Verfahren bereits gem. den §§ 88, 89 a verfahren wurde. Einer erneuten Strafrestaussetzung zur Bewährung steht nicht entgegen, daß schon einmal eine Entlassung zur Bewährung erfolgt war und diese widerrufen wurde. Eine Entscheidung gem. den §§ 88, 89 a **ist kein Gnadenakt**. Dieser ist **daneben** möglich, wobei die Rechtsentscheidung Vorrang haben sollte (ebenso *Brunner/Dölling* § 88 Rn. 13; s. auch § 4 Abs. 2 der Gnadenordnung für Schleswig-Holstein, SchlHA 1984, S. 91). Vor allem

die formalen Hürden des § 88 Abs. 2 können aber hiermit übersprungen werden (ebenso *Eisenberg* § 88 Rn. 10; kritisch *Brunner/Dölling* § 88 Rn. 13). Auch sind auf diesem Wege Zweifel an der Richtigkeit des Strafurteils aufzuheben; zur Korrektur der Urteilsvoraussetzungen ist nicht die Reststrafenbewährung vorgesehen (s. aber *Eisenberg* § 88 Rn. 5, wonach die Richtigkeit des Urteils allgemein zu prüfen ist; wohl auch *LG Bonn* StV 1984, 257), lediglich der Sanktionsausspruch wird mit der Entscheidung über eine Reststrafenbewährung geprüft (s. Rn. 5).

2. Günstige Legalprognose

Zweite Voraussetzung ist eine günstige Legalprognose. Hierauf weist die Gesetzesformulierung »Berücksichtigung des Sicherheitsinteresses der Allgemeinheit« hin. Somit ist wie im Erwachsenenstrafrecht (s. § 57 Abs. 1 Nr. 2 StGB) die **Gefahr einer Straftatwiederholung** maßgebend. Es gelten hier die Grundsätze wie bei der Strafaussetzung zur Bewährung, auch hinsichtlich der Ausgrenzung der Gefahr unerheblicher sowie tatfremder Delikte (s. § 21 Rn. 6; ebenso *Eisenberg* § 88 Rn. 8). Damit wird der Sanktionsausspruch sowohl hinsichtlich der Rückfall- als auch hinsichtlich der Sanktionsprognose geprüft, was sich als (Teil-)Korrektur des Urteils auswirken kann (s. *Dallinger/Lackner* § 88 Rn. 5; s. auch o. Rn. 4).

5

Da eine Prognose, auch wenn die Kriterien einer kriminologischen Individualprognose beachtet werden (s. § 5 Rn. 14, 16; hierfür auch *von Moers* Die vorzeitige Entlassung aus dem Jugendstrafvollzug, 1992, S. 285), immer mit Unsicherheiten behaftet ist, kommt es auf den Wahrscheinlichkeitsgrad an. Auch nach der Neuformulierung wenn »dies im Hinblick auf die Entwicklung des Jugendlichen, auch unter Berücksichtigung des Sicherheitsinteresses der Allgemeinheit, verantwortet werden kann« durch das Gesetz zur Bekämpfung von Sexualdelikten und anderen gefährlichen Straftaten vom 26.1.1998 (BGBl I, 161) ist eine Risikoprognose abzugeben. Eine Verschärfung der sachlichrechtlichen Voraussetzungen für eine vorzeitige, bedingte Entlassung ergibt sich weder aus dem Wortlaut noch aus der Entstehungsgeschichte (*OLG Frankfurt* NStZ-RR 1999, 91; *Schönberger* NStZ 1999, 103; *Dessecker* StV 1999, 682; *Sonnen* in: *D/S/S* § 88 Rn. 14; zur entsprechenden Problematik des § 57 Abs. 1 Nr. 2 StGB n. F. s. die Nachw. bei *Ostendorf* NJW 2000, 1090). Ein Rückfall kann niemals mit Sicherheit ausgeschlossen werden; wie bei § 21 Abs. 1 reichen »gute Gründe« aus (s. § 21 Rn. 19), wobei hier dem Richter aber ein größerer Freiraum eingeräumt wurde (s. auch *Brunner/Dölling* § 88 Rn. 2; s. auch Rn. 7). Immer muß sich die Prognose auf Tatsachen – positive oder negative – stützen, die zur Überzeugung des Vollstreckungsleiters vorliegen müssen (einschränkend *LG Hamburg* MDR 1992, 978 hinsichtlich des Verdachts einer während des Hafturlaubs oder im Vollzug begange-

6

nen Straftat; s. auch § 21 Rn. 18). Mit zu berücksichtigen sind die Wirkungen des bisherigen Vollzugs. Diese sind allerdings schwer abzuschätzen, da die Gefangenensituation nicht mit der späteren Bewährungssituation vergleichbar ist. Scheinbare und reale Resozialisierung sind kaum auseinanderzuhalten, da die Anstaltsordnung ein angepaßtes Verhalten (»gute Führung«) fördert und Selbständigkeit tendenziell unterdrückt (s. *Munkwitz* Die Prognose der Frühkriminalität, 1967, S. 104, dessen Untersuchungsergebnis von 340 Gefangenen lautet: »Anstaltungsunangepaßtes Verhalten ist demnach ein rückfallprognostisch irrelevantes Symptom«; s. auch *K.-P. Meyer* MschrKrim 1982, 287; *Eisenberg* § 88 Rn. 8; a. M. *Brunner/Dölling* § 88 Rn. 1). Regelmäßig muß allerdings von einem **Abschreckungseffekt** für den/die Gefangene(n) ausgegangen werden, der durch den Strafvollzug verursacht wird. Dies gilt auch dann, wenn in großsprecherischer Manier die Wirkung des Knastes auf die leichte Schulter genommen wird. Unter diesen Umständen gewinnen die Bewährungsmaßnahmen sowie sonstige Hilfen für die Zeit nach der Entlassung entscheidende Bedeutung (s. hierzu im einzelnen die Kommentierung zu den §§ 23, 24). Die Lebenssituation hat sich regelmäßig gegenüber dem Verurteilungszeitpunkt mit dem Abbruch sozialer Beziehungen, dem Verlust von Wohnung und Arbeit sowie der Schuldenanhäufung noch verschlechtert. Hilfen sind vor allem für die Wohnungs- und Arbeitsbeschaffung notwendig (s. auch *Eisenberg* § 88 Rn. 20). Diese müssen bereits während der Inhaftierungszeit eingeleitet werden (s. auch Rn. 14). Vorübergehende Bleibe ist in Übergangshäusern oder Wohngemeinschaften anzubieten, die möglichst nicht am Ort des Vollzuges, sondern dezentral einzurichten sind. Insoweit ist auch die ehrenamtliche Straffälligenhilfe heranzuziehen. Optimal ist die Einzelbetreuung mit der Aufnahme in einer Familie, was über den Weg der ehrenamtlichen Bewährungshilfe durchführbar ist. Entscheidend ist häufig die Kostentragung, wobei Hilfen für Gefährdete gem. § 72 BSHG sowie Leistungen zum Aufbau oder zur Sicherung der Lebensgrundlage (§ 30 BSHG) sowie der Jugendhilfe (§ 27 SGB I) in Betracht kommen. Der gewünschte Einsatz Privater im Rahmen der gesellschaftlichen Verantwortungsübernahme für Kriminalität darf aber nicht zu einer Privatisierung der Strafrechtspflege führen, bei der den staatlich-justitiellen Organen ihre Aufgaben abgenommen und die entlassenen Gefangenen als billige Arbeitskräfte in Gemeinschaftsunterkünften ausgenutzt werden, wie dies z. T. bereits bundesrepublikanische Realität ist; in den USA sowie in England werden sogar Privatgefängnisse im staatlichen Auftrag eingerichtet (s. Rundbrief soziale Arbeit und Strafrecht, 1984, Nr. 1, S. 16; s. hierzu *Ostendorf* ZfStrVo 1991, 87). Ein weiterer Hilfeeinsatz ist zur Schuldenregulierung und Schuldentilgung erforderlich, da sich die finanziellen Lasten häufig durch Verpflichtungen für Unterhalt, Ratenzahlungen, Schadensersatz, Versicherungsbeiträge sowie durch Zinsen so aufgetürmt haben, daß für den/die Entlassene(n) kein

Drittes Hauptstück.
Vollstreckung und Vollzug § 88

Ausweg mehr möglich erscheint (s. hierzu §§ 24-25 Rn. 9). Für Drogenabhängige ist eine anschließende psycho-therapeutische Sozialtherapie zu organisieren (s. Grundlagen zu § 93 a Rn. 6; s. auch *Brunner/Dölling* § 88 Rn. 14). Aber auch wenn keine oder nur wenige Hilfen von außen angeboten werden, ist zu berücksichtigen, daß die Hilfechancen bei längerem Vollzug sich regelmäßig noch weiter verschlechtern.

3. Ermessen

Letztlich steht die Entscheidung im Ermessen des Vollstreckungsleiters. 7
Entscheidend ist hierbei die günstige Legalprognose. Überlegungen im Hinblick auf eine positive Generalprävention dürfen nach dem Gesetzeswortlaut nicht mehr angestellt werden (s. bereits § 21 Rn. 9). Nur das Sicherheitsinteresse, nicht ein Sühnebedürfnis der Allgemeinheit, darf berücksichtigt werden. Auch wenn eine Jugendstrafe – allein – wegen »Schwere der Schuld« verhängt wurde, ist dieses Anliegen mit dem Urteilsspruch und der Teilverbüßung erfüllt (*Sonnen* in: *D/S/S* § 88 Rn. 12; *Albrecht* § 34 B. I. 4. a; *von Moers* Die vorzeitige Entlassung aus dem Jugendstrafvollzug, 1992, S. 61; für einen Ausgleich der »vertretbare(n) Belange des Vergeltungsgedankens mit den Erfordernissen der Erziehung« *Eisenberg* § 88 Rn. 9 b; a. M. *Böhm* NJW 1977, 2199 m. w. N.; *OLG Schleswig* SchlHA 1998, 196 für Extremfälle; *LG Berlin* NStZ 1999, 102 mit abl. Anm. von *Schönberger*; s. auch o. Rn. 3). Das *BVerfG* hat selbst für das Erwachsenenstrafrecht festgestellt: »Deshalb besteht Einigkeit darüber, daß die Schwere der Schuld, eine Sühne oder Gesichtspunkte der Generalprävention sowie der Verteidigung der Rechtsordnung nicht dazu führen dürfen, die Strafaussetzung zur Bewährung nach § 57 StGB zu verweigern« (*BVerfG* NJW 1994, 378). Dies muß erst recht für die Entlassung aus dem Jugendstrafvollzug gelten. Jedenfalls darf der Gesichtspunkt der positiven Generalprävention nicht zum Nachteil für die Individualprävention führen (s. § 17 Rn. 8); wenn aber aus individualpräventiven Gründen kein Freiheitsentzug mehr erforderlich ist, so muß jede weitere Inhaftierung zu Schädigungen i. S. von Hospitalisierung und Deprivation führen (*Böhm* NJW 1977, 2200; *Tondorf* StV 1984, 257). Eine Sühnefunktion (so *Böhm* Einführung in das Jugendstrafrecht, S. 216; *Schaffstein/Beulke* § 22 II.; *Potrykus* § 88 Anm. 2; *Dallinger/Lackner* § 88 Rn. 20; *LG Bonn* StV 1984, 256) oder ein Schuldausgleich (so *Brunner/Dölling* § 88 Rn. 7) sind zudem keine speziellen Strafziele des Jugendstrafrechts (s. Grdl. z. §§ 1-2 Rn. 4, 5 sowie § 17 Rn. 5). Allerdings kann die Verheimlichung der Beute unter individualpräventiven Gesichtspunkten negativ gedeutet werden (s. jetzt auch § 57 Abs. 5 StGB n. F.). Keineswegs darf es eine Überlegung sein, »eine begonnene Ausbildung oder pädagogische Behandlung zu einem gewissen Abschluß zu führen« (so aber *Brunner/Dölling* § 88 Rn. 7; *Böhm* NJW 1977, 2199; wie hier *Schaffstein/Beulke*

§ 23 III.). Hier ist, wenn nicht ein Ersatz möglich ist, die Weiterführung extern zu ermöglichen (s. bereits § 18 Rn. 11).

8 Wenn »gute Gründe« (s. Rn. 6) sowohl für die Reststrafenbewährung als auch dagegen sprechen, ist **im Zweifel** diese zu wagen (wie hier *Eisenberg* § 88 Rn. 9; a. M. *Potrykus* § 88 Anm. 2). Hierfür sprechen sowohl der Wortlaut des § 88 Abs. 1 (»verantwortet werden kann«) als auch die besseren Ergebnisse der Bewährungsprobanden (s. § 21 Rn. 12 sowie Grdl. z. §§ 88-89 a Rn. 5). Lediglich wenn vor Verbüßung von sechs Monaten die Entlassung zur Bewährung angeordnet werden soll (§ 88 Abs. 2 S. 1), müssen »bessere Gründe« für die Reststrafenbewährung bestehen. Als solche gelten in der Formulierung von *Dallinger/Lackner* »erkennbar schädliche Einwirkung des Vollzugs auf die Persönlichkeitsentwicklung; nachträgliche Feststellungen, die eine weitere Vollstreckung des Urteils unbillig erscheinen lassen; schwere Schicksalsschläge, die den Verurteilten so beeindrucken, daß alle Ansätze für eine weitere erfolgreiche Vollzugsarbeit fehlen, oder die seine Anwesenheit an anderer Stelle unumgänglich erfordern; ganz außergewöhnliche Leistungen, die eine großzügige Belohnung aus Gründen der Billigkeit notwendig machen und schließlich die einmalige und nicht wiederkehrende Gelegenheit, den Verurteilten in geordneten und für seine Entwicklung besonders günstigen Verhältnissen unterzubringen« (s. § 88 Rn. 10; nachfolgend *Eisenberg* § 88 Rn. 5).

III. Verfahren

1. Zuständigkeit

9 Die Zuständigkeit regelt sich nach den §§ 82-85, d. h., zuständig ist vor der Aufnahme in eine Jugendstrafanstalt der Jugendrichter gem. § 84 Abs. 1 und Abs. 2, nach Aufnahme der Jugendrichter als Vollstreckungsleiter gem. § 85 Abs. 2 (s. auch § 88 Abs. 6 S. 2). Die Entscheidungen werden in der Funktion des Jugendrichters getroffen (s. § 83 Abs. 1).

2. Einleitung

10 Die Einleitung des Verfahrens erfolgt entweder auf Antrag des/der Verurteilten bzw. seiner/ihrer Erziehungsberechtigten oder gesetzlichen Vertreter oder von Amts wegen. Im letzten Fall muß aber eine Einwilligung des/der Verurteilten eingeholt werden. Auch wenn diese regelmäßig erteilt wird und auch – im Unterschied zum Erwachsenenstrafrecht (s. § 57 Abs. 1 Nr. 3 StGB) – kein Anspruch auf Verbüßung der Jugendstrafe besteht, so ist eine Erfolgschance von vornherein zu verneinen, wenn nicht die Bereitschaft zur Bewährung besteht (im Ergebnis ebenso *Brunner/Dölling* § 88 Rn. 7). Für die Einleitung durch Antrag des/der Verurteilten bzw. seiner/ihrer Erziehungsberechtigten oder gesetzlichen Vertreter sind

Sperrfristen zu beachten, die der Vollstreckungsleiter gem. § 88 Abs. 5 festsetzen kann. Voraussetzung ist, daß für die festgesetzte Zeit keine positive Veränderung der Legalprognose zu erwarten ist (*OLG Düsseldorf* MDR 1983, 247 m. w. N.; *Lackner/Kühl* § 57 StGB Rn. 37). Von daher sollte nur ausnahmsweise hiervon Gebrauch gemacht werden, um eine querulatorische Antragshäufung zu unterbinden (s. auch *Eisenberg* § 88 Rn. 17). Diese Fristen dürfen nach dem Gesetzeswortlaut mehrfach ausgesprochen werden, jeweils aber höchstens für sechs Monate. Die erste Fristsetzung setzt eine Entscheidung über einen Aussetzungsantrag voraus; wenn *OLG Hamm* (NStZ 1983, 265) eine Sperrfrist auch bei einem Widerruf der Strafaussetzung zulassen will, so steht dem entgegen, daß nach § 88 Abs. 5 der Vollstreckungsleiter zuständig ist. Hierbei muß die negative Entscheidung im Unterschied zu § 88 Abs. 4 a. F. nicht auf Antrag des/der Verurteilten getroffen werden (*OLG Hamm* NStZ 1983, 265). Ebenso muß nach Ablauf der Höchstfrist erneut eine Entscheidung getroffen werden, bevor eine neue Frist ausgesprochen wird, da ansonsten die Höchstfrist überschritten würde. Die Frist beginnt mit dem Erlaß, nicht mit der Rechtskraft der Entscheidung (h. M., s. *Lackner/Kühl* § 57 StGB Rn. 38); sie ist vom Vollstreckungsleiter abkürz- und aufhebbar (zur Anfechtbarkeit der Sperrfristenentscheidung mit der sofortigen Beschwerde s. § 83 Abs. 3; s. auch § 83 Rn. 8). Im übrigen kann ein unzulässiger Antrag immer eine Anregung sein, die Prüfung von Amts wegen durchzuführen. Die Sperrfrist gilt nur für den/die Verurteilte(n) und nicht für die Staatsanwaltschaft (wie hier jetzt *Brunner/Dölling* § 88 Rn. 5; *Eisenberg* § 88 Rn. 18). Nur nach dem früheren Wortlaut war jede neue Antragstellung ausgeschlossen. Eine Ausdehnung auf die Staatsanwaltschaft ist auch sachlich nicht gerechtfertigt, da von ihr keine grundlosen Anträge zu erwarten sind.

3. Anhörung

Zur Vorbereitung der Entscheidung sind gem. § 88 Abs. 4 S. 1 die Staatsanwaltschaft sowie der Vollzugsleiter zu hören; dies geschieht in der Regel in einer schriftlichen Stellungnahme. Während die Staatsanwaltschaft von sich aus kaum neue Informationen bringen kann, wird sich der Bericht des Vollzugsleiters vor allem auf die Führung in der Anstalt beziehen. Zusätzlich sind mögliche Entlassungshilfen zu benennen. Weiterhin ist gem. § 88 Abs. 4 S. 2 der/die Verurteilte **mündlich** vom Vollzugsleiter zu hören. Das Ergebnis ist in den Akten festzuhalten, um die Grundlagen der Entscheidung – auch für ein eventuelles Rechtsmittelverfahren – zu dokumentieren (s. *OLG Schleswig* SchlHA 1998, 197). Damit müssen auch die Erziehungsberechtigten und gesetzlichen Vertreter angehört werden, allerdings nicht in mündlicher Form; § 67 Abs. 1 schreibt nicht dieselbe Form vor (wie hier *Brunner/Dölling* § 88 Rn. 7; *Eisenberg* § 88 Rn. 15). Es

11

gilt aber, daß Streitpunkte am besten in einer mündlichen Verhandlung in Anwesenheit aller Beteiligten ausdiskutiert werden können (s. § 83 Rn. 5); demgegenüber favorisierten *Brunner/Dölling* (§ 88 Rn. 7) ein Gespräch unter vier Augen, das auf Wunsch des/der Verurteilten aber zusätzlich – vorher – stattfinden kann. Hierbei ist die Einschaltung eines Wahl- oder Pflichtverteidigers zu beachten (s. § 83 Rn. 5). Dem Pflichtverteidiger wie auch einem Wahlverteidiger steht ein Anwesenheitsrecht zu, wobei die §§ 168 c Abs. 4, 224 Abs. 2 StPO entsprechend anwendbar sind; dies folgt aus dem Verweis im § 83 Abs. 3 S. 2 auf die allgemeine Beistandsregel für das Strafverfahren, da ein Beistand gerade in dieser mündlichen Anhörung zu gewährleisten ist. Eine Anhörung im Wege der Rechtshilfe scheidet schon faktisch regelmäßig aus, sollte darüber hinaus nur ganz ausnahmsweise erfolgen (ebenso *Brunner/Dölling* § 88 Rn. 7; *Eisenberg* § 88 Rn. 15).

11a Die Einschaltung eines Gutachters entsprechend § 454 Abs. 2 StPO ist vom Gesetzgeber nicht vorgesehen. Dies folgt aus einer Wortinterpretation, aus einer systematischen sowie aus einer teleologischen Auslegung (s. im einzelnen *Ostendorf* NJW 2000, 1090; wie hier *OLG Frankfurt* NStZ-RR 1999, 91, das sogar die Aussetzung des Restes einer Jugendstrafe, die bei einem mittlerweile erwachsenen Gefangenen gem. § 85 Abs. 6 in einer Erwachsenenstrafanstalt vollzogen wird, nicht von der Einschaltung eines Gutachters abhängig macht; nachfolgend *Sonnen* in: *D/S/S* § 85 Rn. 16; wie hier weiterhin *Dessecker* StV 1999, 682; a. M. *Erdmann-Degenhardt* SchlHA 1999, 296).

12 Gemäß § 33 Abs. 3 StPO i. V. m. § 2, verfassungsrechtlich untermauert durch Art. 103 Abs. 1 GG, sind dem/der Verurteilten sowie seinem/ihrem gesetzlichen Vertreter und Erziehungsberechtigten die Tatsachen oder Beweismittel mitzuteilen, die zu seinem/ihrem Nachteil verwendet werden können und zu denen er/sie noch nicht gehört wurde. Insoweit ist auch eine negative Stellungnahme durch den Vollzugsleiter bekanntzugeben (*OLG Hamm* MDR 1960, 424; *BVerfG* NJW 1964, 293; *Heiss* NJW 1961, 1094 gegen *Schütz* NJW 1961, 582 ff.); diese Bewertung ist auch eine Tatsache (s. auch bereits § 58 Rn. 12; im Ergebnis ebenso *Brunner/Dölling* § 88 Rn. 7; *Eisenberg* § 88 Rn. 15). Zum Schutze des Anstaltspersonals kann es notwendig sein, Namensnennungen im Bericht des Vollzugsleiters zu unterlassen; er selbst muß aber für die Bewertung geradestehen (offengelassen von *BVerfG* NJW 1964, 293, ebenso von *Brunner/Dölling* § 88 Rn. 7 und *Eisenberg* § 88 Rn. 15).

4. Entscheidung

a) Zeitpunkt

Die Entscheidung ist so zu terminieren, daß die Entlassungsvorbereitung 13
und -hilfen nach der Entlassung rechtzeitig durchgeführt werden können
(s. § 88 Abs. 3 S. 1); dies bedeutet, daß die erste Prüfung bereits vor der
frühestmöglichen Entlassung gem. § 88 Abs. 1, Abs. 2 zu erfolgen hat.
Diese vorbereitenden Entscheidungen sind korrigierbar (Abs. 3 S. 2), wobei der/die Inhaftierte jedoch nicht zum »Spielball der Justiz« werden
darf. Abgesehen von einem **Vertrauensschutz** müssen Rückschläge in der
Vollzugsarbeit befürchtet werden, wenn zunächst genährte Hoffnungen
auf eine Entlassung zunichte gemacht werden. Hat der Vollstreckungsleiter seine Entscheidung widerrufen, hat er auch für die weitere Haftzeit das
Gebot der rechtzeitigen Prüfung zu beachten. Obwohl die Regelung des
§ 88 vom Wortlaut her nicht auf mehrere Jugendstrafen, die gem. § 31
Abs. 3 nicht zusammengezogen wurden, anwendbar ist, ist eine analoge
Anwendung geboten, um nicht weitere Nachteile über den nicht eingetretenen Straferlaß aufgrund einer Zusammenziehung hinaus zuzufügen.
Dies bedeutet, daß mehrere Jugendstrafen zusammenzurechnen sind und
eine einheitliche Entscheidung geboten ist (s. auch Begründung des 1.
JGGÄndG, BT-Drucks. 11/5829, S. 37). Einzelentscheidungen zur Strafaussetzung zur Bewährung in entsprechender Anwendung des § 89 a (s.
Bauer Rechtspfleger 1991, 147) bzw. des § 454 b StPO (*Eisenberg* § 82
Rn. 19) erscheinen überflüssig und im Hinblick auf die letztlich nur einheitlich zu beantwortenden Entscheidungskriterien unangebracht. Zum
Prüfungszeitpunkt im Falle einer Anschlußvollstreckung einer Freiheitsstrafe s. § 89 a. Wird im Fall einer stationären Maßregel diese vor der
Strafe vollzogen (§ 67 Abs. 1 StGB), so gelten aufgrund der Anrechnung
dieser Maßregelvollzugszeit auf die Jugendstrafe (§ 67 Abs. 3 StGB) die
Voraussetzungen des § 88 einheitlich für die Aussetzung zur Bewährung
(s. auch § 67 Abs. 5 StGB), die für beide Sanktionen nur zusammen getroffen werden kann (s. *OLG Frankfurt* GA 1981, 40 ff. m. w. N.). Für
die umgekehrte Reihenfolge in der Vollstreckung von Jugendstrafe und
Maßregel s. § 67 c StGB. Im Falle einer Anrechnung einer Drogentherapie
auf die Jugendstrafe (s. hierzu § 82 Rn. 10, 11) gelten nicht die Voraussetzungen des § 88, sondern die Zweidrittel-Regelung des § 36 Abs. 1 S. 3
BtMG, wenn nicht das Ziel der Therapie vorher erreicht wird. Das heißt,
daß auch eine Anrechnung vor Verbüßung von einem Drittel einer Jugendstrafe von mehr als einem Jahr erlaubt ist, wenn eine weitere Behandlung nicht mehr erforderlich ist, da das **BtMG als die speziellere Regelung** gelten muß (ebenso *Kreuzer/Oberheim* NStZ 1984, 557 ff. m. w.
N. gegen *LG Nürnberg-Fürth* NStZ 1984, 175; ebenso jetzt *OLG Stuttgart* StV 1986, 111 und *OLG Celle* StV 1986, 113; s. auch *Walter/Geiter/Fischer* NStZ 1989, 415 m. w. N. in Fn. 203, 204).

b) Nebenentscheidungen

14 Nach der Neuregelung durch das 1. JGGÄndG ist auch für die Reststrafenbewährung ein Bewährungshelfer nicht zwingend vorgeschrieben; seine Bestellung erscheint aber in der Regel zur Hilfestellung gerade dieses gefährdeten Personenkreises geboten (s. auch Grdl. zu den §§ 88-89 a Rn. 6). Im weiteren gelten § 22 Abs. 1, Abs. 2 S. 1, 2 und die §§ 23-26 a sinngemäß, wobei an die Stelle des erkennenden Richters der Vollstreckungsleiter tritt (s. § 88 Abs. 6 S. 1, 2). Ebenso gelten die Verfahrensvorschriften der §§ 58, 59 Abs. 2-4 und 60 entsprechend (§ 88 Abs. 6 S. 3). Die besondere Hilfestellung durch die Bewährungshilfe ergibt sich aus der besonderen Notsituation des/der entlassenen Gefangenen (s. Rn. 6). Mit der Entlassung an einen anderen Wohnort ist auch die Abgabe der Vollstreckung gem. § 85 Abs. 5 möglich; in dem Wohnortwechsel des Probanden ist regelmäßig ein wichtiger Grund zu sehen (s. im einzelnen § 85 Rn. 15). Daneben ist eine Übertragung der Bewährungsentscheidungen gem. § 58 Abs. 3 S. 2 – s. dort aber auch S. 3 im Unterschied zu der Abgabe gem. § 85 Abs. 5 (s. dort Rn. 13) – i. V. m. § 88 Abs. 6 S. 3 möglich, ohne diese jedoch widerrufen zu können (s. näher § 58 Rn. 9). Damit ist auch der Vorbehalt der Entscheidungen über Widerruf und Straferlaß möglich. Sicherzustellen ist aber, daß die Bewährungsbetreuung rechtzeitig, d. h. unmittelbar mit dem Tag der Entlassung (s. *Loesch* BewH 1954-55, 145; *Brunner/Dölling* § 88 Rn. 9) beginnt; dies bedeutet, daß schon vorher der Kontakt herzustellen ist (s. auch §§ 91-92 Rn. 24). Die Bewährungszeit selbst fängt mit der Rechtskraft der Aussetzungsentscheidung an (s. § 22 Abs. 2 S. 1 i. V. m. § 88 Abs. 6 S. 1). Wurden alle Bewährungsentscheidungen gem. § 58 Abs. 3 S. 2 übertragen, so endet diese Zuständigkeit mit dem Widerruf, weil dann keine Entscheidungen »infolge der Aussetzung« mehr erforderlich sind (*OLG Karlsruhe* Justiz 1983, 163). Hinsichtlich eines Widerrufs ist zu beachten, daß nur die Vorgänge in der Bewährungszeit zu würdigen sind (s. §§ 26-26 a Rn. 4); hinsichtlich der Prognose gem. § 26 Abs. 1 Nr. 2 ist zu beachten, daß Verstöße in der Bewährungszeit nicht ausreichen, sondern »konkrete und objektivierbare Verdachtsmomente« für neue Straftaten vorliegen müssen (s. *OLG Hamburg* MDR 1976, 946; zu den Anforderungen für einen Widerruf gem. § 26 Abs. 1 Nr. 1 s. §§ 26-26 a Rn. 7). Darüber hinaus darf ein neues Delikt nicht »lediglich Ausdruck einer vorübergehenden und nunmehr bewältigten krisenhaften Entwicklung« sein (*LG Hamburg* StV 1984, 32; s. auch §§ 26-26 a Rn. 6; ebenso *Eisenberg* § 88 Rn. 25).

c) Folgeentscheidungen

15 Als Folgeentscheidung ist bei einem Straferlaß einer Jugendstrafe von nicht mehr als zwei Jahren die Beseitigung des Strafmakels auszusprechen (s. § 100). Hinsichtlich der Mitteilung an das Zentralregister s. § 13 Abs. 1

Drittes Hauptstück.
Vollstreckung und Vollzug § 88

Nr. 2-6 BZRG, hinsichtlich der Mitteilungen an die Jugendgerichtshilfe s. Nr. 32 i MiStra.

IV. Rechtsmittel

Gegen die anordnende oder ablehnende Bewährungsentscheidung als richterliche Entscheidung gem. § 83 Abs. 1 ist die sofortige Beschwerde zulässig (s. § 83 Abs. 3; s. auch § 83 Rn. 8); im übrigen wird gem. § 88 Abs. 6 S. 3 auf die Anfechtungsregel des § 59 Abs. 2-4 verwiesen (s. hierzu § 59 Rn. 11-18). Mit § 88 Abs. 6 S. 4 wird nochmals klargestellt, daß die Beschwerde der Staatsanwaltschaft gegen den Beschluß, der die Aussetzung des Strafrestes anordnet, aufschiebende Wirkung hat; dies verlangt zusätzlich, die Entscheidung so rechtzeitig zu treffen, daß vor der tatsächlichen Entlassung dieses Rechtsmittel eingesetzt werden kann. Auch wenn Bewährungen häufig nur bei der gleichzeitigen Anordnung von Weisungen gegeben werden, diese sozusagen die Geschäftsgrundlage für die Reststrafenbewährung darstellen, dürfen die Rechtsmittelmöglichkeiten gegen Weisungen und Auflagen nicht auf die sofortige Beschwerde beschränkt werden; insoweit ist die einfache Beschwerde das zutreffende Rechtsmittel (s. *Wendisch* in: *Löwe/Rosenberg* § 454 StPO Rn. 73; *OLG Schleswig* Az. 2 Ws 563 u. 564/89). 16

§ 89. Aussetzung des Restes einer Jugendstrafe von unbestimmter Dauer

(aufgehoben)

§ 89 a. Unterbrechung und Vollstreckung der Jugendstrafe neben Freiheitsstrafe

(1) Ist gegen den zu Jugendstrafe Verurteilten auch Freiheitsstrafe zu vollstrecken, so wird die Jugendstrafe in der Regel zuerst vollstreckt. Der Vollstreckungsleiter unterbricht die Vollstreckung der Jugendstrafe, wenn die Hälfte, mindestens jedoch sechs Monate, der Jugendstrafe verbüßt sind. Er kann die Vollstreckung zu einem früheren Zeitpunkt unterbrechen, wenn die Aussetzung des Strafrestes in Betracht kommt. Ein Strafrest, der auf Grund des Widerrufs seiner Aussetzung vollstreckt wird, kann unterbrochen werden, wenn die Hälfte, mindestens jedoch sechs Monate, des Strafrestes verbüßt sind und eine erneute Aussetzung in Betracht kommt. § 454 b Abs. 3 der Strafprozeßordnung gilt entsprechend.

(2) Ist gegen einen Verurteilten außer lebenslanger Freiheitsstrafe auch Jugendstrafe zu vollstrecken, so wird, wenn die letzte Verurteilung eine Straftat betrifft, die der Verurteilte vor der früheren Verurteilung begangen hat, nur die lebenslange Freiheitsstrafe vollstreckt; als Verurteilung gilt das Urteil in dem Verfahren, in dem die zugrundeliegenden tatsächlichen Feststellungen letztmals geprüft werden konnten. Wird die Vollstreckung des Restes der lebenslangen Freiheitsstrafe durch das Gericht zur Bewährung ausgesetzt, so erklärt das Gericht die Vollstreckung der Jugendstrafe für erledigt.

(3) In den Fällen des Absatzes 1 gilt § 85 Abs. 6 entsprechend mit der Maßgabe, daß der Vollstreckungsleiter die Vollstreckung der Jugendstrafe abgeben kann, wenn der Verurteilte das einundzwanzigste Lebensjahr vollendet hat.

Inhaltsübersicht Rn.
  I. Persönlicher und sachlicher Anwendungsbereich 1
 II. Reihenfolge der Vollstreckung von Jugend- und Freiheitsstrafe 2
III. Unterbrechung im Fall der Anschlußvollstreckung einer zeitigen Freiheitsstrafe 3
 IV. Unterbrechung im Falle eines Widerrufs der Reststrafenbewährung 4
  V. Vollstreckung einer lebenslangen Freiheitsstrafe neben Jugendstrafe 5
 VI. Zuständigkeit 6

Drittes Hauptstück.
Vollstreckung und Vollzug § 89 a

I. Persönlicher und sachlicher Anwendungsbereich

Zum persönlichen und sachlichen Anwendungsbereich s. § 82 Rn. 1 u. 2, s. auch § 88 Rn. 1.   1

II. Reihenfolge der Vollstreckung von Jugend- und Freiheitsstrafe

Gem. § 89 a Abs. 1 S. 1 wird »in der Regel« die Jugendstrafe vor der Freiheitsstrafe vollstreckt. Auf Initiative des Bundesrates hin ist die Einschränkung erfolgt, damit flexibel reagiert werden kann, um insbesondere während des Vollzuges einer Freiheitsstrafe diese nicht unterbrechen zu müssen, wenn in dieser Zeit eine Jugendstrafe zur Bewährung widerrufen wird (s. BT-Drucks. 11/5829, S. 45). Eine Ausnahme ist dann angebracht, wenn zu einer bereits vollstreckten Freiheitsstrafe eine Jugendstrafe hinzukommt, die im Erwachsenenvollzug (§ 92 Abs. 2) vollstreckt werden soll (ebenso *Bauer* Rechtspfleger 1991, 146); die Freiheitsstrafe ist dann gem. § 454 b StPO zum Halb- bzw. Zweidrittelzeitpunkt für eine Unterbrechung zu prüfen.   2

III. Unterbrechung im Fall der Anschlußvollstreckung einer zeitigen Freiheitsstrafe

Gem. § 89 a Abs. 1 S. 2 ist die Vollstreckung einer Jugendstrafe zu unterbrechen, wenn die Hälfte, mindestens jedoch 6 Monate, der Jugendstrafe verbüßt sind. Gem. § 89 a Abs. 1 S. 3 kann die Vollstreckung bereits zu einem früheren Zeitpunkt unterbrochen werden, wenn die Aussetzung des Strafrestes in Betracht kommt (zur früher umstrittenen Handhabung s. 1. Aufl., § 88 Rn. 13). Hierfür sind die ansonsten geltenden, weitergehenden Möglichkeiten einer Strafaussetzung zur Bewährung gem. § 88 Abs. 2 zu beachten (BT-Drucks. 11/5829, S. 37). Der Unterbrechung kommt Vorrang zu vor einer Restaussetzung der Jugendstrafe; über diese ist zusammen mit der Restaussetzung der Freiheitsstrafe zu entscheiden. Immer ist eine – weitere – rechtskräftige Verurteilung Voraussetzung; wird diese erst nach Verbüßung der Hälfte der Jugendstrafe bekannt, so ist ab Rechtskraft der neuen Verurteilung rückwirkend die Jugendstrafe zu unterbrechen (*LG Wiesbaden* bei *Böhm* NStZ 1993, 529; s. auch *LG München* StV 1999, 664). Zur rechtzeitigen Unterbrechung einer vorweg vollzogenen Freiheitsstrafe und zur gemeinsamen Entscheidung über das Ende des Vollzuges s. *OLG Celle* NdsRpfl. 1992, 95.   3

IV. Unterbrechung im Falle eines Widerrufs der Reststrafenbewährung

Eine § 89 a Abs. 1 S. 2 entsprechende Regelung gilt, wenn der Widerruf einer Reststrafenbewährung erfolgt ist und im Anschluß hieran noch eine   4

835

Freiheitsstrafe zu vollstrecken ist. Allerdings müssen in diesem Fall mindestens 6 Monate des Strafrestes verbüßt sein (§ 89 a Abs. 1 S. 4).

V. Vollstreckung einer lebenslangen Freiheitsstrafe neben Jugendstrafe

5 Im Fall einer lebenslänglichen Freiheitsstrafe wird gem. § 89 a Abs. 2 nur diese Freiheitsstrafe vollstreckt, wenn die Verurteilung zu einer Jugendstrafe eine Straftat betrifft, die der/die Verurteilte vor der Verurteilung zu der lebenslangen Freiheitsstrafe begangen hat. Dies gilt auch, wenn der Rest der lebenslangen Freiheitsstrafe zur Bewährung ausgesetzt wird; in diesem Fall hat das Gericht die Vollstreckung der Jugendstrafe für erledigt zu erklären (§ 89 a Abs. 2 S. 2).

VI. Zuständigkeit

6 Eine ausdrückliche Zuständigkeitsregelung hat der Gesetzgeber nicht getroffen (s. auch Begründung, BT-Drucks. 11/5829, S. 37). In § 89 a Abs. 3 heißt es lediglich, daß im Fall der Unterbrechung § 85 Abs. 6 entsprechend mit der Maßgabe gilt, daß der Vollstreckungsleiter die Vollstreckung der Jugendstrafe abgeben kann, wenn der Verurteilte das 21. Lebensjahr vollendet hat. Dies bedeutet, daß zunächst bis zum 21. Lebensjahr und solange auch später keine Abgabe erfolgt, der Jugendrichter als Vollstreckungsleiter zuständig bleibt, auch dann, wenn er die Jugendstrafe unterbrochen hat. Daneben greift an sich die Zuständigkeit der Strafvollstreckungskammer ein. Um die speziellen jugendstrafrechtlichen Gesichtspunkte mit einzubringen und um keine divergierenden Entscheidungen aufkommen zu lassen, sollte der Jugendrichter in dieser Fallkonstellation aber allein entscheiden. Nur wenn der Erwachsenenstrafvollzug in seiner Dauer so überwiegt, daß die Zeit des Jugendstrafvollzugs im Verhältnis dazu »verschwindet«, sollte einheitlich die Strafvollstreckungskammer entscheiden. Mit dieser Maßgabe, d. h. in Abänderung von § 462 a Abs. 4 S. 2, Abs. 3 S. 2 StPO, ist § 462 a Abs. 4 S. 1 StPO analog anzuwenden. Im übrigen erledigt sich die Problematik zum Teil, wenn – wie hier gefordert (s. § 32 Rn. 8, 9) – im Wege einer Gesamtstrafenbildung von vornherein eine einheitliche Sanktionierung erfolgt oder gem. § 105 Abs. 2 auch eine Erwachsenenstraftat einbezogen wird. Wird die Vollstreckung der Jugendstrafe abgegeben, so hat die Strafvollstreckungskammer auch die weiteren Entscheidungen zu treffen (s. *OLG Düsseldorf* MDR 1992, 896 sowie MDR 1993, 171).

Zweiter Abschnitt. Vollzug

Grundlagen zu § 90

1. Systematische Einordnung

In § 90 wird der Vollzug des Jugendarrestes angesprochen; im Abs. 1 wird das Vollzugsziel definiert, im Abs. 2 werden der Vollzugsort und die Vollzugsleitung bestimmt. Die weitere Regelung wurde Rechtsverordnungen (s. § 90 Rn. 2) überlassen (§ 115).

2. Historische Entwicklung

Der Wortlaut des § 90 beruht auf der Fassung des § 66 Abs. 1 und 2 des JGG 1943 (RGBl I, 635). Zusätzlich war in Abs. 3 für den Dauerarrest und den Kurzarrest von mehr als drei Tagen eine Verschärfung durch »strenge Tage« vorgesehen, »an denen der Jugendliche vereinfachte Kost und hartes Lager erhält«. Diese Verschärfung galt für den Freizeitarrest und den »kurzen« Kurzarrest generell (Abs. 4). Weiterhin konnte als Hausstrafe der Jugendarrest ganz oder teilweise für nicht verbüßt erklärt werden (Abs. 5), was zu einer Wiederholung und damit Doppelbestrafung führte. Letzte Bestimmung wurde im JGG 1953 (BGBl I, 751) gestrichen, blieb aber zunächst in der JAVollzO Nr. 20 Abs. 5, 6 als Hausstrafe bestehen (zur Rechtsunwirksamkeit s. *Dallinger/Lackner* § 90 Rn. 14; rechtspolitisch erneut gefordert von der Denkschrift über die kriminalrechtliche Behandlung junger Volljähriger, DVJJ 1977, 40 als Dauerarrest mit Rückholmöglichkeit; s. hierzu Grdl. z. §§ 13-16 Rn. 10); die »strengen Tage« wurden im JGG 1953 zu einer Kann-Bestimmung umformuliert. Mit dem EGStGB vom 2. 3. 1974 (BGBl I, 469) wurde schließlich auch dieser Arrestvollzug untersagt, dem dann im Jahre 1976 eine neue JAVollzO (BGBl I, 3271) folgte. Mit dem 1. JGGÄndG wurde das Ziel des Jugendarrestes, einer Straftatwiederholung vorzubeugen, eindeutiger formuliert (§ 90 Abs. 1 S. 2, 3); mit dem Wegfall des Instituts der Fürsorgeerziehung wurde gleichzeitig die Möglichkeit genommen, den Jugendarrest bei Fürsorgezöglingen, die sich in Heimerziehung befinden, in der Fürsorgeanstalt vollziehen zu lassen (s. § 90 Abs. 2 S. 3 a. F.).

3. Gesetzesziel

3 (s. § 90 Rn. 3)

4. Justizpraxis

4 Die Vollzugspraxis wird zunächst durch die Verurteilungspraxis bestimmt (s. Grdl. z. §§ 13-16 Rn. 5, 6); hierzu kommt die Vollstreckung des »Ungehorsamsarrests« (s. Grdl. z. §§ 13-16 Rn. 7). Aufgrund des mehrfach angeordneten Freizeitarrestes und aufgrund von Unterbrechungen decken sich die Zugänge nicht mit den Verurteiltenzahlen. Im einzelnen zeigen sich im Ländervergleich erhebliche Unterschiede:

Durchschnittsbelegung der Jugendarrestanstalten nach Bundesländern

	1996	1997	1998
Baden-Württemberg	27	38	41
Bayern	78	84	97
Berlin	18	16	80
Brandenburg	–	6	11
Bremen	–	–	–
Hamburg	1	4	4
Hessen	45	45	46
Mecklenburg-Vorpommern	11	8	15
Niedersachsen	31	43	54
Nordrhein-Westfalen	21	111	128
Rheinland-Pfalz	22	18	19
Saarland	13	14	18
Sachsen	13	17	23
Sachsen-Anhalt*	18	20	23
Schleswig-Holstein	10	10	17
Thüringen*	–	–	–

* Sachsen-Anhalt bildet eine Vollzugsgemeinschaft mit Thüringen, 10 Plätze sind in der Jugendarrestanstalt Halle für Thüringen »reserviert«. Die Gemeinschaft wird demnächst aufgelöst.

(Quelle: Auskunft des Justizministeriums Sachsen-Anhalt)

Drittes Hauptstück.
Vollstreckung und Vollzug **Grdl. z. § 90**

Die Praxis im einzelnen wurde in verschiedenen Monographien untersucht (s. Literaturverzeichnis zu § 90), insbesondere in der empirischen Studie von *Eisenhardt*, Die Wirkungen der kurzen Haft auf Jugendliche (1. Aufl. 1977, 2. unveränderte Aufl. 1980), einer kritischen Würdigung unterzogen. Seine wesentlichen Ergebnisse waren:
»Der Arrest bewirkt bei den meisten Jugendlichen zu Beginn einen Schock, der aber nach spätestens 10 Tagen durch eine Phase der Gewöhnung abgelöst wird.« »Die Aggressivität nimmt zu, ebenso die antisemitische und machiavellistische Tendenz.«
»Man kann sagen, der Arrest ›stärkt‹ die weniger belasteten Jugendlichen und wirkt damit indirekt negativ, während stärker belastete Probanden durch den Arrest noch weiter belastet werden« (S. 489).

Bei alledem zeigen sich in dem **Anstaltsvollzug erhebliche Unterschiede**. Diese Unterschiede zeigen sich nach außen auch in der sehr unterschiedlichen Handhabung der vorzeitigen Entlassung (s. Grdl. zu §§ 86-87 Rn. 4). Als Ergebnis einer Umfrage aus dem Jahre 1999 wird festgehalten, daß die Arrestwirklichkeit weder den Anforderungen der § 2 Abs. 2 S. 1 und § 3 JAVollzO noch des § 90 Abs. 1 gerecht wird (*Hinrichs* DVJJ-Journal 1999, 269; zur früheren Arrestvollzugswirklichkeit s. Hinweise bis zur 4. Aufl.). Hierbei sollen bemerkenswerte sozialpädagogische und richterliche Einzelinitiativen nicht verschwiegen werden. Die Rückfallquote als Indikator für Untauglichkeit beweist diese negative Einschätzung (s. Grdl. z. §§ 13-16 Rn. 9). Nach einer Befragung der Arrestanten sind deren Erfahrungen bei 76,9 % negativ (s. *Giffey/Werlich* in: Jugendarrest und/oder Betreuungsweisung, hrsg. von *Schumann*, 1985, S. 41).

5. Rechtspolitische Einschätzung

Eine rechtspolitische Würdigung kann vor dem Hintergrund der negativen Bilanz der Vollzugspraxis sich nicht mit Randkorrekturen begnügen. Angesichts der tatsächlichen Situation im Arrestvollzug stellen sich die Veränderungen gem. dem 1. JGGÄndG als bloße kosmetische Korrekturen dar. Keineswegs genügt auch eine Soll-Vorschrift zur erzieherischen Gestaltung, wie sie jetzt im § 90 Abs. 1 S. 2, 3 formuliert ist (krit. die Stellungnahme des *Dt. Vereins für öffentliche und private Fürsorge* Nachrichtendienst des Dt. Vereins für öffentliche und private Fürsorge, 1984, 207). Obwohl die Praxis angesichts der schon seit Jahren erhobenen Kritik offensichtlich nur durch einen legislativen Anstoß verändert werden kann, wird damit weder die antiquierte Zielsetzung im Abs. 1 S. 1 aufgegeben (s. auch die Stellungnahme zum Arbeitsentwurf eines Gesetzes zur Änderung des JGG, *DVJJ* 1982, 18) noch eine verbindliche Anordnung i. S. eines »sozialen Trainingskurses« geschaffen (zu Reformmöglichkeiten im Rahmen des geltenden Rechts s. *Ostendorf* MschrKrim 1995, 360 ff.; zur reformerischen Ausgestaltung s. im einzelnen § 90 Rn. 6-16). In jedem Fall ist umgehend eine detaillierte gesetzliche Grundlage für den Vollzug zu schaffen (s. § 90 Rn. 2).

§ 90. Jugendarrest

(1) Der Vollzug des Jugendarrestes soll das Ehrgefühl des Jugendlichen wecken und ihm eindringlich zum Bewußtsein bringen, daß er für das von ihm begangene Unrecht einzustehen hat. Der Vollzug des Jugendarrestes soll erzieherisch gestaltet werden. Er soll dem Jugendlichen helfen, die Schwierigkeiten zu bewältigen, die zur Begehung der Straftat beigetragen haben.

(2) Der Jugendarrest wird in Jugendarrestanstalten oder Freizeitarresträumen der Landesjustizverwaltung vollzogen. Vollzugsleiter ist der Jugendrichter am Ort des Vollzugs.

Literatur

Bruns Jugendliche im Freizeitarrest, 1984; *Hartenstein* Zur Wirksamkeit des Jugendarrestvollzugs, MschrKrim 1966, 314; *Hinrichs* Praxis des Jugendarrestes, DVJJ-Journal 1995, 96; *ders.* Auswertung einer Befragung der Jugendarrestanstalten in der Bundesrepublik Deutschland 1999, DVJJ-Journal 1999, 267; *Jaath* Die Verordnung zur Änderung der JAVollzO, JZ 1977, 46; *Roestel* Erziehungshilfen im Arrestvollzug, RdJB 1976, 99; *Urban* Übungs- und Erfahrungskurse in der Jugendarrestanstalt Hamburg-Wandsbek, in: Jugendgerichtsbarkeit und Sozialarbeit, DVJJ, 10 [1975], 139. Siehe auch die Angaben zu § 16.

Inhaltsübersicht

	Rn.
I. Anwendungsbereich	1
II. Gesetzliche Regelung	2
III. Zielsetzung	3
IV. Organisation	
1. Vollzugseinrichtungen	5
2. Leitung	8
3. Mitarbeiter	9
V. Innere Ausgestaltung	
1. Persönlichkeitserforschung	10
2. »Lebenshaltung«	11
3. Hilfeangebote in der Anstalt	12
4. Außenkontakte	14
5. Nachbetreuung	15
VI. Zwangs- und Disziplinarmaßnahmen	16
VII. Rechtsmittel	17

I. Anwendungsbereich

1 § 90 gilt für Jugendliche und Heranwachsende, soweit die Sanktion des Jugendarrestes – von welchem Gericht auch immer – angeordnet wurde (§ 110 Abs. 1). Die Rücknahme eines erzieherischen Anspruchs (s. Rn. 3) gilt insbesondere für Heranwachsende (s. § 93 Rn. 7; § 110 Rn. 4).

II. Gesetzliche Regelung

2 Der Vollzug des Jugendarrestes ist nur unzureichend gesetzlich bestimmt. Die einzelnen Rechte und Pflichten des Arrestanten werden erst mit der Jugendarrestvollzugsordnung (JAVollzO) vom 30. 11. 1976 (BGBl I, 3271) bzw. mit der Bundeswehrvollzugsordnung (BwVollzO) vom 29. 11. 1972 (BGBl I, 2205) geregelt (s. § 115). Damit wird den rechtsstaatlichen Anforderungen nicht genügt, da in Grundrechte nur aufgrund eines förmlichen Gesetzes eingegriffen werden darf (*BVerfGE* 31, 1; s. auch § 93 Rn. 3). Ergänzend zu der JAVollzO gibt es bundeseinheitliche Richtlinien (s. die Bayerische Bekanntmachung vom 14. 5. 1979, BayJMBl. 1979, 93). Derartigen Verwaltungsvorschriften kommt aber kein rechtsverbindlicher Charakter zu. Dementsprechend unterschiedlich ist die Arrestvollzugspraxis (s. *Pfeiffer* MschrKrim 1981, 28 ff.; *Feltes* in: Die jugendrichterlichen Entscheidungen – Anspruch und Wirklichkeit, DVJJ 12 [1981], 300 ff.; ausführlich *Dünkel* Freiheitsentzug für junge Rechtsbrecher, 1990, S. 344 ff. unter Verwendung einer unveröffentlichten Auswertung eines Fragebogens von *Hinrichs* aus dem Jahre 1986; *Hinrichs* DVJJ-Journal 1995, 96; 1999, 267). Als Vorbild für einen reformierten Arrestvollzug kann hierbei die Jugendarrestanstalt Hamburg-Wandsbek gelten, in der versucht wird, durch Gesprächs- und Beschäftigungstherapie und mit einem aufgelockerten Vollzug eine Verhaltensänderung ohne Deprivation zu erreichen (s. hierzu *Urban* in: Jugendgerichtsbarkeit und Sozialarbeit, DVJJ 10 [1975], 139 ff.; *Plewig/ Hinrichs* in: Junge Volljährige im Kriminalrecht, DVJJ 11, [1977], 410 ff.). Zu weiteren »fortschrittlichen« Anstalten s. *H. Möller* in: Die jugendrichterlichen Entscheidungen – Anspruch und Wirklichkeit, DVJJ 12 (1981), 318 sowie *Dünkel* Freiheitsentzug für junge Rechtsbrecher, 1990, S. 346.

III. Zielsetzung

3 Die Zielsetzung des Jugendarrestvollzuges wird im § 90 Abs. 1 beschrieben. Der Wortlaut ist auslegungsfähig. Nach der JAVollzO aus dem Jahre 1966 wurde dieses Ziel als Inhaftierungsschock angestrebt und dementsprechend im § 90 Abs. 3 und Abs. 4 a. F. mit sog. strengen Tagen, d. h. mit vereinfachter Kost und mit »hartem Lager« reagiert (s. Grundlagen zu § 90 Rn. 2). Aus dieser Gesetzesänderung folgt, daß die individuelle Abschreckung als Zielsetzung entfallen ist; diese ist lediglich – notwendige – Begleiterschei-

Drittes Hauptstück.
Vollstreckung und Vollzug § 90

nung, die auf der Urteilsebene sekundär angestrebt werden darf (s. Grdl. z. §§ 13-16 Rn. 4), im Vollzug selbst jedoch keinen Platz hat. Es bleibt als Zielsetzung die positive Beeinflussung, um eine Straftatwiederholung zu verhindern. Diese Zielsetzung hat jetzt mit § 90 Abs. 1 S. 2 u. 3 auch gesetzgeberisch Anerkennung gefunden. Zu weit und unbestimmt ist daher § 10 JAVollzO, wonach »die körperliche, geistige und sittliche Entwicklung des Jugendlichen« gefördert werden soll. Erst recht geht es nicht um soldatische Pflichterfüllung (s. aber § 2 Abs. 1 BwVollzO). Der Arrest dient wie alle jugendstrafrechtlichen Sanktionen (s. Grdl. z. §§ 1-2 Rn. 4) nur der Verhinderung zukünftiger Straftaten, der »gute« Mensch darf nicht mit staatlichem Zwang formiert werden.

In diesem Sinne heißt »erzieherische Gestaltung«, den Arrestanten bei der Suche nach seiner Identität ernstzunehmen und ihn insoweit zu unterstützen, das Selbstwertgefühl zu stärken; die reale Situation, in der die Verurteilten stecken, ist regelmäßig deprimierend, in deren Sprache »beschissen«. Gleichzeitig und trotzdem ist die **Tatverantwortung** zu vermitteln, Bewußtsein bei dem Verurteilten zu wecken, »daß er für das von ihm begangene Unrecht einzustehen hat« – so die frühere Formulierung in § 90 Abs. 1 (a. M. *Plewig* MschrKrim 1980, 30); gerade mit diesem Tatbezug kann die gewünschte Interaktion erreicht werden, da ansonsten der Eindruck einer »Moralwäsche« entstehen kann und häufig die Aufarbeitung der Straftat im Unterbewußtsein gerade gewünscht wird. »**Kern eines erzieherisch ausgerichteten Vollzuges** muß aber die Aufarbeitung und sozialtherapeutische Bearbeitung der Problem- und Konfliktlagen der Probanden sein, die das abweichende Verhalten in Gang gesetzt haben« (so *Eisenhardt* Gutachten über den Jugendarrest, 1989, S. 158). Die Jugendarrestanstalten müssen »**soziale Trainingszentren**« werden.

4

Um dieses Ziel zu erreichen, muß die Vollstreckung des Arrestes beschleunigt werden. Nach einer Untersuchung der Arrestanstalt Rendsburg (604 Verfahren im Zeitraum vom 1.7.1993 bis 30.6.1994) betrug die durchschnittliche Dauer von der Tat bis zum – rechtskräftigen – Urteil über 7 Monate; in 4,1 % der Verfahren waren es 18 Monate und mehr. Vom Urteil bis zum Arrestantritt dauerte es durchschnittlich 3 Monate und 6 Tage, so daß fast 10 Monate nach Tatbegehung erst die »Strafe« folgte (*Ostendorf* MschrKrim 1995, 364). Noch länger zieht sich die Vollstreckung beim sog. Ungehorsamsarrest hin: Zwischen der Sanktionsanordnung im Urteil und dem Beschluß über den sog. Ungehorsamsarrest liegt durchschnittlich eine Zeit von 8 Monaten und 9 Tagen, zwischen dem Arrestbeschluß und dem Arrestantritt 3 Monate und 19 Tage, so daß seit Tatbegehung in den Fällen des sog. Ungehorsamsarrestes bis zum Arrestbeginn durchschnittlich 19 Monate verstrichen sind. Gerade Jugendliche/ Heranwachsende vergessen/verdrängen Taten, die so weit zurückliegen,

4 a

und empfinden die spätere Sanktionierung als ungerecht. Diese kann eine zwischenzeitliche Stabilisierung wieder zunichte machen. Eine solche Vollstreckung erscheint regelmäßig sinnlos. Hierbei soll nicht verkannt werden, daß vielfach gerade das anzuerkennende Bemühen der Jugendgerichte, den sog. Ungehorsamsarrest zu vermeiden, diese lange Dauer verursacht. Insoweit sind auch in Zukunft zeitliche Verzögerungen in Kauf zu nehmen.

IV. Organisation

1. Vollzugseinrichtungen

5 Der Dauerarrest wird in speziellen Jugendarrestanstalten, Freizeitarrest und Kurzarrest bis zu zwei Tagen sollen in Freizeitarresträumen vollzogen werden, die den örtlichen Amtsgerichten angegliedert sind (s. § 90 Abs. 2 S. 1; § 1 Abs. 1 JAVollzO). Um eine bessere Betreuung auch im Kurz- und Freizeitarrest zu erreichen, werden in der Praxis diese Arrestformen zunehmend in den Arrestanstalten durchgeführt (s. *Hinrichs* DVJJ-Journal 1999, 270). Die Jugendarrestanstalten und Freizeitarresträume müssen von den sonstigen Einrichtungen des Erwachsenen- und Jugendstrafvollzugs räumlich und organisatorisch getrennt sein (s. § 1 Abs. 2 JAVollzO). Nur U-Haft darf ausnahmsweise gem. § 93 Abs. 1 in einer Jugendarrestanstalt vollstreckt werden. Auf Ersuchen des Vollstreckungsleiters wird bei Soldaten der Jugendarrest in Einrichtungen der Bundeswehr vollzogen (Art. 5 Abs. 1 S. 1 des EGWStG und des JGG vom 21. 8. 1972, BGBl I, 1507).

6 In der Praxis sind aber immer noch viele Arrestanstalten ehemalige Gefängnisse oder sogar Zuchthäuser. Vielfach sind Arrestanstalten in Strafvollzugsanstalten integriert, wird dementsprechend dasselbe Betreuungspersonal eingesetzt. Ein solch äußerer Rahmen wirkt auch negativ auf das Anstaltsklima (s. *Eisenhardt* Die Wirkungen der kurzen Haft auf Jugendliche, 1980, S. 347). Hieran hat sich nach dem neuen Gutachten von *Eisenhardt* über den Jugendarrest, 1989, S. 130, nichts geändert; in Bayern sind mit Ausnahme von Landau alle Arrestanstalten in einen JVA-Komplex einbezogen. Hierbei sind weniger die Modernität der Gebäude und das Komfortangebot für die sozialkompensatorische Kommunikation und Hilfeangebote bedeutsam als eine wohnliche Einrichtung ohne Zellencharakter, freie Bewegungsmöglichkeiten im Innern und Öffnung der Anstalt nach außen. Dies bedeutet auch, daß Arrestanstalten innerhalb eines Stadtgebietes und nicht »auf dem Lande« ohne Kommunikationsmöglichkeiten nach außen einzurichten sind. Hierfür sind Großanstalten wenig geeignet, ganz abgesehen von der Gefahr einer Subkultur und der Sogwirkung von Ordnungsmaßnahmen für alle; gerade in kleinen Anstalten kann

auch durch wenige, aber geschulte Mitarbeiter individuelle Hilfe geleistet werden (wie hier These 5 des *Arbeitskreises VII auf dem 17. Dt. Jugendgerichtstag* DVJJ 11 [1977], 456; a. M. *Schaffstein* ZStW 82 [1970], 891 ff.). Die Kapazitätsgrenze sollte aber nicht unter zehn Arrestanten liegen (s. auch § 1 Abs. 4 JAVollzO).

Gem. § 1 Abs. 3 S. 2 JAVollzO ist für religiöse Veranstaltungen und erzieherische Maßnahmen eine Zusammenführung von männlichen und weiblichen Arrestanten erlaubt. Da der Arrest insgesamt eine erzieherische Maßnahme darstellen soll, ist die Regel der Geschlechtertrennung nicht verständlich (s. bereits *Plewig/Hinrichs* in: Junge Volljährige im Kriminalrecht, DVJJ 11 [1977], 446). Darüber hinaus sprechen erzieherische Gründe für einen gemeinsamen Vollzug (s. These 2 des *Arbeitskreises VII auf dem 17. Dt. Jugendgerichtstag* DVJJ 11 [1977], 455), wie dies gem. § 93 a allgemein und in der Jugendarrestanstalt Hamburg-Wandsbek auch weitgehend für den Jugendarrest praktiziert wird. Mittlerweile setzt sich ein gemeinsamer Vollzug immer mehr durch (s. *Hinrichs* DVJJ-Journal 1999, 271).

2. Leitung

Die Leitung liegt beim Jugendrichter am Ort des Vollzugs (§ 90 Abs. 2 S. 2). Ist dort – sinnwidrigerweise – kein Jugendrichter oder sind mehrere Jugendrichter tätig, so bestimmt die Landesjustizverwaltung einen Jugendrichter als Vollzugsleiter (§ 2 Abs. 1 S. 2 JAVollzO). Der Vollzugsleiter ist für den gesamten Vollzug verantwortlich, wobei die Aufgaben delegiert werden können, die nicht der besonderen Kompetenz des Vollzugsleiters vorbehalten sind: Gesprächsangebote durch den Vollzugsleiter (§ 10 Abs. 2 JAVollzO), Entscheidungen über den Außenkontakt (§§ 18 Abs. 2, 20 Abs. 2 JAVollzO), Entscheidungen über besondere Sicherungsmaßnahmen (§ 22 JAVollzO), über Hausstrafen (§ 23 JAVollzO), über die Unterbrechung aus gesundheitlichen Gründen (§ 17 Abs. 4 JAVollzO), das Absehen von der Vollstreckung gem. § 87 Abs. 3, die Abfassung des Schlußberichts (§ 27 JAVollzO).

3. Mitarbeiter

Nach § 3 Abs. 1 JAVollzO sollen die Mitarbeiter erzieherisch befähigt und in der Jugenderziehung erfahren sein. Sie sollen mit dem Vollzugsleiter »eine erzieherische Einheit« bilden, d. h., eine kollegiale Leitung ist gefordert (s. auch § 2 Abs. 3 JAVollzO). In der Praxis rekrutiert sich das Personal weitgehend aus dem Strafvollzug ohne eine weitere Ausbildung. Deutlich wird dies regelmäßig an der Dienstkleidung der Strafvollzugsbeamten. Zum Teil wird umgekehrt davor gewarnt, Fachkräfte aus dem Jugendstrafvollzug abzuziehen, da diese dort dringender gebraucht und im

Jugendarrest »verschwendet« würden (s. Stellungnahme des *Dt. Anwaltsvereins* AnwBl 1976, 78). Gem. § 3 Abs. 3 JAVollzO sollen Psychologen, Sozialpädagogen, Sozialarbeiter, Lehrer und andere Fachkräfte als Mitarbeiter bestellt werden; weiter können und sollen ehrenamtliche Mitarbeiter herangezogen werden (§ 3 Abs. 4 JAVollzO), die dann auf Verschwiegenheit zu verpflichten sind. In der Praxis sind nach einer Umfrage von *Hinrichs* (DVJJ-Journal 1999, 269) die Anforderungen an einen spezialisierten Fachdienst nur zum Teil umgesetzt: Von insgesamt 28 Jugendarrestanstalten war nur in einer Anstalt ein Psychologe (halbe Stelle) eingesetzt; 8 Anstalten verfügen über keinen Sozialdienst, wobei in den anderen Anstalten dieser Dienst nur zeitweise oder durch einen Mitarbeiter besetzt ist. Hinzu kommt eine unzureichende Ausstattung des Aufsichtsdienstes. Unzulänglich ist die personelle Ausstattung bei Durchführung des Freizeitarrestes in gesonderten Einrichtungen.

V. Innere Ausgestaltung

1. Persönlichkeitserforschung

10 Soweit auf eine differenzierte Persönlichkeitsforschung zu Beginn des Arrestes großer Wert gelegt wird (s. *Brunner/Dölling* § 90 Rn. 7; *Eisenhardt* Gutachten über den Jugendarrest, 1989, S. 108; s. auch § 7 JAVollzO), so ist dem das Verhältnismäßigkeitsprinzip entgegenzuhalten, das bei der kurzen Verweildauer und angesichts der im Strafverfahren mehrfach erfolgten Exploration des Jugendlichen eine erneute Ausforschung verbietet. Umgekehrt sind angesichts des Haftschocks erste »stille Tage« aus erziehungspsychologischer Sicht nicht zu verantworten. Statt dessen sind neben dem Aufnahmegespräch und weiteren Gesprächsangeboten selbstreflektierende Gesprächsgruppen anzubieten, damit der Arrestant mehr von sich selbst erfährt. Das Augenmerk ist hierbei von vornherein auf die Hilfe nach der Entlassung zu richten (ebenso *Brunner/Dölling* § 90 Rn. 7).

2. »Lebenshaltung«

11 Die »Lebenshaltung« (s. § 12 JAVollzO) ist soweit wie möglich den Lebensbedingungen außerhalb der Anstalt anzupassen. Was für den Strafvollzug gem. § 3 Abs. 1 StVollzG gilt, muß erst recht für den Arrestvollzug gelten. Dies heißt, daß der Tagesablauf weitgehend eigenverantwortlich mit Einschluß der Verpflegung und der Arbeit zu gestalten ist (s. *Feltes* in: Die jugendrichterlichen Entscheidungen – Anspruch und Wirklichkeit, DVJJ 12 [1981], 302). Demgegenüber zieht die JAVollzO engere Grenzen. Schon die Verpflichtung, »sämtliche eingebrachten Sachen, die er während des Vollzuges nicht benötigt, bei der Aufnahme abzugeben« (§ 5 Abs. 1 S. 1 JAVollzO), ist nicht einsichtig. In der Praxis wird diese Verwaltungsvorschrift auch häufig anders gehandhabt. Ebenso muß die

Verpflichtung, Anstaltssachen – außerhalb der Arbeit – zu tragen, wenn die eigene Kleidung »unangemessen« ist (§ 12 Abs. 1 S. 2 JAVollzO), dem Arrestanten als Repressalie erscheinen.

3. Hilfeangebote in der Anstalt

Neben der erwähnten Gesprächstherapie (s. Rn. 10) und einer psychologischen Konflikthilfe sind Arbeit und Ausbildung die wichtigsten Beschäftigungsmaßnahmen, wobei Arbeit nicht sein muß, wie die Arrestanstalt Gelnhausen (Hessen) zeigt. Wie im Strafvollzug werden hier aber häufig stupide Arbeitsverrichtungen angeboten, die nur zu einer Arbeitsabneigung, nicht zur Integration in einen Arbeitsprozeß führen können (z. B. *Giffey/Werlich* in: Gegenwart und/oder Betreuungsweisung, hrsg. von *Schumann*, 1985, S. 22, 41). Verstärkt wird eine Arbeitsunlust mit der verwaltungsrechtlichen Versagung eines Arbeitsentgelts (§ 11 Abs. 4 JA VollzO; s. aber AV des Justizministers von Baden-Württemberg vom 25. 09. 1989, Die Justiz 1989, 423, wonach für erbrachte Leistungen und hergestellte Erzeugnisse grundsätzlich Preise, und zwar in der Regel nach Tariflohn, zu verrechnen sind (Nr. 21); nach der AV der Hamburger Justizbehörde Nr. 29/1988, HmbJVBl. 1989, 17, ist für erbrachte Leistungen ein Taschengeld in Höhe von 50 % der Eckvergütung für Gefangene gem. § 43 Abs. 1 StVollzG zu zahlen). Auch hier gilt – wie in der Außenwelt – die Überlegung, daß die Bezahlung regelmäßig erst die Arbeit interessant macht. Dementsprechend ist sie auch im Strafvollzug (s. §§ 43 Abs. 1, 200 Abs. 1 StVollzG; Nr. 38 der Verwaltungsvorschrift zum Jugendstrafvollzug) vorgesehen; die Ausnahme für den Arrest ist nicht begründet (s. *Plewig/Hinrichs* in: Junge Volljährige im Kriminalrecht, DVJJ 11 [1977], 445; These 2 des *Arbeitskreises VII auf dem 17. Dt. Jugendgerichtstag* DVJJ 11 [1977], 454; s. *Dünkel* Freiheitsentzug für junge Rechtsbrecher, 1990, S. 349: »anachronistisch«); zusätzlich fällt für diesen Zeitraum die Sozialversicherung aus. Über das Arbeitstraining hinausgehend sind die Probleme und Konfliktsituationen, die zu der kriminellen Tat geführt haben, in **sozialen Trainingskursen** aufzuarbeiten, müssen alternative, legale Lösungsmöglichkeiten erprobt werden (s. *Feltes* in: Die jugendrichterlichen Entscheidungen – Anspruch und Wirklichkeit, DVJJ 12 [1981], 301). Daneben sind Hobby- und Freizeitkurse zur Freizeitgestaltung anzubieten.

12

Insbesondere ist die **Entlassungsvorbereitung** zu betreiben. Dies bedeutet konkret, Behördengänge anzuregen und zu begleiten, um die notwendigen Papiere (Personalausweis, Lohnsteuer-, Versicherungskarte) zu besorgen, um sich beim Arbeitsamt anzumelden, um sich ggf. bei einer Ausbildungs- oder Arbeitsstelle vorzustellen, um den Kontakt zu sozialen Einrichtungen herzustellen, insbesondere zu Wohnungsvermittlungsstel-

13

len. Hierbei sind die Träger der öffentlichen und freien Jugendhilfe einzubeziehen (s. § 26 Abs. 1 JAVollzO).

4. Außenkontakte

14 Da der Arrest auf die Zeit danach ausgerichtet ist, dürfen bestehende soziale Beziehungen nicht unterbunden werden. Das heißt, die ungehinderte Kommunikation über Telefon- und Postweg sowie die Öffnung der Anstalten für Besuche und durch Ausgang sind zu gewährleisten. Dies heißt aber auch, gerade angesichts der Ausbildungs- und Arbeitsmisere in den Anstalten (s. Rn. 12), daß **externer Schulbesuch** und **externe Arbeit** zu erlauben sind (s. § 11 Abs. 3 JAVollzO; *Plewig/Hinrichs* in: Junge Volljährige im Kriminalrecht, DVJJ 11 [1977], 415; *Feltes* in: Die jugendrichterlichen Entscheidungen – Anspruch und Wirklichkeit, DVJJ 12 [1981], 302; These 10 des *Arbeitskreises VI auf dem 18. Dt. Jugendgerichtstag* DVJJ 12 [1981], 324). Im Abschlußbericht »Reform des Jugendarrestes in Schleswig-Holstein« (*Ostendorf* MschrKrim 1995, 361) wurde darüber hinaus eine **Öffnung** der Jugendarrestanstalten durch folgende Maßnahmen vorgeschlagen:

- Erweiterung der sportlichen Möglichkeiten durch Nutzung einer Sport- bzw. Schwimmhalle sowie Teilnahme am Training von Sportvereinen

- Arbeiten für die Umwelt:
  - Anlegen und Pflegen eines Biotops
  - regelmäßige Pflege eines Waldstücks bzw. einer Stadtparkanlage
  - Arbeiten im ökologischen Schrebergarten

- Besuch von
  - kulturellen Veranstaltungen
  - Museen und Ausstellungen
  - Sportveranstaltungen

5. Nachbetreuung

15 Auch ohne eine Betreuungsweisung gem. § 10 (zum Modellprojekt »Jugendarrest/Nachbetreuung« im Hamburger Jugendarrest s. *Holtfreter* in: Jugendgerichtsverfahren und Kriminalprävention, DVJJ 13 [1984], 449 ff.; kritisch *Eisenberg* § 16 Rn. 13) ist eine Nachbetreuung von seiten der Jugendarrestanstalt anzubieten (s. § 26 JAVollzO), d. h., es müssen Kontakte zu vorher festgesetzten Terminen sowie auf Wunsch angeboten werden, die weitere Hilfen ermöglichen. *Eisenhardt* (Gutachten über den Jugendarrest, 1989, S. 137): »Ein Jugendarrest ohne Nachbetreuung bei einem

großen Teil der Probanden erscheint – auch bei interner erzieherischer Ausgestaltung – sinnlos.« Dies gilt erst recht, wenn der Arrest nur unterbrochen wird. Diese im Gesetz und in der JAVollzO nicht ausdrücklich vorgesehene Möglichkeit – Ausnahme: § 10 Abs. 4 JAVollzO – ist in diesem Sinne zu nutzen (s. die rechtspolitische Forderung in These 12 des *Arbeitskreises VI des 18. Dt. Jugendgerichtstages* DVJJ 12 [1981], 324). In der Arrestanstalt Hamburg-Wandsbek werden zu 21,1 % Arrestunterbrechungen angeordnet, wobei sich die Arrestanten verpflichten, eine bestimmte Arbeitsstelle anzunehmen oder den Schulbesuch wieder aufzunehmen (s. *Plewig/Hinrichs* in: Junge Volljährige im Kriminalrecht, DVJJ 11 [1977], 415). In anderen Anstalten wird von dieser Möglichkeit so gut wie kein Gebrauch gemacht (s. *Feltes* in: Die jugendrichterlichen Entscheidungen – Anspruch und Wirklichkeit, DVJJ 12 [1981], 300). Wenn eine Nachbetreuung durch Mitarbeiter der Arrestanstalt z. B. aus Entfernungsgründen ausscheidet, müssen die im Arrestvollzug gewonnenen Erkenntnisse an das erkennende Gericht und das zuständige Jugendamt weitergegeben werden, um so eine häufig notwendige weitere sozialpädagogische Begleitung zu ermöglichen.

VI. Zwangs- und Disziplinarmaßnahmen

Die Sicherungsmaßnahmen und die Hausstrafen sind in den §§ 22, 23 JA-VollzO geregelt. Da hier in besonderer Weise in die Rechte des Arrestanten eingegriffen wird, ist die fehlende Gesetzesgrundlage besonders problematisch. Grundsätzlich sollte von Hausstrafen abgesehen werden, da diese den Sozialisationsbemühungen teilweise ausdrücklich entgegenstehen (Außenkontakte, alternative Freizeitgestaltung, Gemeinschaftsleben) und ein sozialisationsfeindliches Klima schaffen.

16

VII. Rechtsmittel

Über die Möglichkeit hinaus, Bitten und Beschwerden mit Einschluß der Dienstaufsichtsbeschwerde einzureichen (s. § 24 JAVollzO), ist der Rechtsweg gemäß den §§ 23 ff. EGGVG an den Strafsenat des OLG zulässig; dies gilt auch für den Vollzug bei der Bundeswehr.

17

Grundlagen zu den §§ 91 und 92

1. Systematische Einordnung

1 Mit den §§ 91 und 92 wird der Vollzug der Jugendstrafe angesprochen. Während im § 91 das Vollzugsziel und die Vollzugsmittel bestimmt werden, wird im § 92 die äußere Anstaltsform geregelt.

2. Historische Entwicklung

2 Das Prinzip der Trennung von jugendlichen und erwachsenen Strafgefangenen findet sich schon im § 16 JGG 1923, ebenso der Grundsatz, daß der Strafvollzug gegenüber Jugendlichen erzieherisch auszugestalten ist. Bereits in den 1897 verabschiedeten »Bundesratsgrundsätzen« war die Trennung der Strafgefangenen bis zur Vollendung des 18. Lebensjahres vorgeschrieben (s. *Cornel* Geschichte des Jugendstrafvollzugs, 1984, S. 56 ff.; s. auch *Dünkel* in: Jugendstrafe und Jugendstrafvollzug, Tbd. 1, hrsg. von *Dünkel/Meyer*, 1985, S. 92; zur Geschichte des Jugendstrafvollzugs von 1871 bis 1945 s. *Dörner* Erziehung durch Strafe, 1991). Grundlage für die geltenden Bestimmungen waren die §§ 64 und 65 des JGG 1943. Abweichungen ergeben sich u. a. gegenüber dem Vollzugsziel (»sich verantwortungsbewußt in die Volksgemeinschaft einzuordnen«); als zusätzliche, primäre Grundlage der Erziehung war entsprechend dem damaligen Zeitgeist die Zucht genannt. Auch wurde der aufgelockerte und freie Vollzug gem. § 91 Abs. 3 erst im Jahre 1953 ermöglicht. Gemäß § 65 Abs. 2 konnte weiterhin jeder zur Jugendstrafe Verurteilte, der sich nicht für den Jugendstrafvollzug eignete, aus dem Jugendstrafvollzug herausgenommen werden. Umgekehrt fehlte die Soll-Begrenzung auf Verurteilte, die das 24. Lebensjahr noch nicht vollendet haben (§ 92 Abs. 2 S. 3). Die heutige Regelung entspricht mit Ausnahme von Sprachangleichungen der aus dem Jahre 1953. Die zugehörige Jugendstrafvollzugsordnung vom 1. 9. 1944 ist durch die bundeseinheitlichen Verwaltungsvorschriften zum Jugendstrafvollzug vom 1. 1. 1977 (s. Anhang 5) gegenstandslos geworden (s. aber §§ 91-92 Rn. 3). Das 1. JGGÄndG hat – leider – für den Jugendstrafvollzug nur eine redaktionelle Änderung im § 91 Abs. 2 S. 3 gebracht.

3. Gesetzesziel

3 Zum Gesetzesziel s. die §§ 91-92 Rn. 11-14.

Drittes Hauptstück.
Vollstreckung und Vollzug **Grdl. z. §§ 91-92**

4. Justizpraxis

Der Vollzug der Jugendstrafe steht natürlich in Korrelation zu den Verurteilungen zu einer Jugendstrafe, wobei sich aber das Bild durch zeitliche Verzögerungen zum Strafantritt, durch die Reststrafenbewährung, durch Widerrufe von Bewährungen, durch Strafunterbrechungen und Beurlaubungen, durch Strafverschonungen gem. § 456 a StPO und Strafverbüßungen im Ausland (s. §§ 91-92 Rn. 2), durch Herausnahme aus dem Jugendstrafvollzug gem. § 92 Abs. 2 sowie umgekehrt durch Hereinnahme von Erwachsenen in den Jugendstrafvollzug gem. § 114 sowie schließlich durch Begnadigungen und Amnestie erheblich verändert.

Die Statistik zeigt, daß die Gefangenenzahl im Jahr 1984 einen **absoluten Höchststand** erreicht hatte und danach ein **starker Rückgang** zu verzeichnen war (von März 1983 bis zum September 1989: 46 %!); auch der Anteil an der Gesamtpopulation der Gefangenen hatte seinen Höchststand überschritten. In den 90er Jahren ist wiederum ein Anstieg zu verzeichnen, wobei ab 1992 die Gefangenenzahlen aus den neuen Bundesländern einbezogen sind. Ein besonders bemerkenswerter Anstieg erfolgte im Jahre 1998: 8,8 % gegenüber 1997. Der Anstieg ist insbesondere auf die Verurteilungspraxis in den neuen Bundesländern zurückzuführen. So betrug 1998 der Anteil der Gefangenen im Jugendstrafvollzug an den Gefangenen insgesamt im Bundesdurchschnitt 11,4 %, in den alten Bundesländern 9,7 %, in den neuen Bundesländern aber 21 %. Hierbei ist der Anteil der Gefangenen im Alter von 21 Jahren und mehr bis zum Jahre 1990 deutlich angestiegen, danach wiederum gesunken. Die Zahl der Gefangenen im Alter von 14 bis 17 Jahren ist umgekehrt bis 1990 gesunken, in den letzten Jahren wiederum deutlich angestiegen. In der Altersstruktur ist der Jugendstrafvollzug weiterhin überwiegend und zunehmend ein Volljährigen- bzw. Erwachsenenvollzug. Bei der Gefangenenzahl ist zu berücksichtigen, daß eine nicht unbedeutende Zahl von Gefangenen aus dem Jugendstrafvollzug gem. § 92 Abs. 2 herausgenommen wird: 1990 (alte Länder) 922 Gefangene, 1995 (Gesamtdeutschland) 861 Gefangene und 1998 934 Gefangene.

Gefangene im Jugendstrafvollzug (jeweils am 31. 3. eines Jahres)

Jahr	insgesamt	Anteil an den Strafgefangenen u. Sicherungsverwahrten aller Altersgruppen	14-17 Jahre	18-20 Jahre	21 Jahre und mehr
1970	4 759	13,2 %	724 (15,2 %)	2 888 (60,7 %)	1 138 (23,9 %)
1980	6 490	15,4 %	760 (11,7 %)	3 494 (53,8 %)	2 236 (34,5 %)
1985	6 360	13,1 %	631 (9,9 %)	3 238 (50,9 %)	2 491 (39,2 %)
1990	4 197	10,8 %	310 (7,4 %)	1 901 (45,3 %)	1 986 (47,3 %)
1995	4 980	10,7 %	545 (10,9 %)	2 354 (47,3 %)	2 081 (41,8 %)
1998*	6 438	11,4 %	823 (12,8 %)	3 132 (48,6 %)	2 483 (38,6 %)

* für Hamburg Ergebnisse von 1996
(Quelle: Statistisches Bundesamt, Fachserie 10, Reihe 1 und 4[.1])
(Gebiet: bis 1990 alte Länder, ab 1995 Gesamtdeutschland)

5   Im einzelnen sind folgende strukturelle Unterschiede festzustellen:

Jahr	männlich	weiblich	verheiratet	geschieden	Ausländer	offener Vollzug
1978	6 183	238	190	22	276	668
1984	6 764	168	230	29	591	975
1986	5 546	147	179	32	664	852
1988	4 860	126	196	16	719	902
1990	4 087	110	164	15	777	675
1995	4 851	129	170	12	1 567	534
1996	5 142	111	152	11	1 633	554
1997*	5 592	132	141	7	1 651	560
1998*	6 247	191	155	11	1 685	612

* für Hamburg Ergebnisse von 1996
(Quelle: Statistisches Bundesamt, Fachserie 10, Reihe 4[.1]; Gebiet: bis 1990 alte Länder, ab 1995 Gesamtdeutschland)

Aus den Zahlen ergibt sich, daß der Ausländeranteil in den letzten Jahren deutlich zugenommen hat. Die Hauptproblemgruppe im Jugendstrafvollzug sowie in der U-Haft sind heute ausländische Gefangene mit Ein-

schluß der jungen Aussiedler aufgrund fehlender oder mangelnder Sprachkenntnisse, aufgrund kultureller Eigenarten bis hin zu besonderen Essensgewohnheiten sowie aufgrund gesellschaftlicher Ausgrenzungen und fehlender Perspektiven für die Zeit nach ihrer Entlassung. Nicht selten führt dies in den Anstalten zur subkulturellen Bandenbildung (s. *J. Walter* Neue Kriminalpolitik 4/1998, 5 ff.). Eine Umfrage zur ethnischen Zusammensetzung (Stichtag 30.4.1998) bei 19 Jugendvollzugsanstalten in 10 westlichen Bundesländern hatte folgendes Ergebnis:
– Aussiedler: 10,0 %
– sonstige Deutsche: 54,8 %
– Türken: 16,3 %
– sonstige Ausländer: 18,9 %
(*Pfeiffer/Dworschak* DVJJ-Journal 1999, 185).
In diesem Zusammenhang ist darauf hinzuweisen, daß in Nordrhein-Westfalen sehr positive Erfahrungen mit der Unterbringung ausländischer Gefangener im offenen Vollzug gemacht wurden trotz rechtskräftiger oder für vollziehbar erklärter Ausweisungsverfügungen (so das Tagungsprotokoll der Anstaltsleiter, DVJJ-Journal 1998, 185).
Auffällig ist weiter die im Hinblick auf § 91 Abs. 3 schon als gesetzeswidrig zu bezeichnende geringe Zahl der Gefangenen im offenen Vollzug.
Dies ist zusätzlich aus Effizienzgründen zu kritisieren. Vergleichende Untersuchungen der Rückfälligkeit nach Verbüßung von Jugendstrafe haben deutlich bessere Ergebnisse für den offenen Vollzug erbracht. Dem möglichen Einwand, Freigänger seien unabhängig von der Vollzugsform als »Auslese« weniger rückfallgefährdet, wird hierbei mit der Bildung möglichst homogener Vergleichsgruppen begegnet.

		Rückfälligkeit	
		nach geschlossenem Vollzug	nach offenem Vollzug (Freigang)
Gatz	Erfolg, Mißerfolg und Rückfallprognose bei Straffälligen, die eine bestimmte Jugendstrafe verbüßten, 1967, S. 30	81,9 %	73,3 %
Nolting	Freigänger im Jugendstrafvollzug, 1985, S. 147	85 %	72 %
Frankenberg	Offener Jugendstrafvollzug, Vollzugsbedingungen und Legalbewährung von Freigängern aus der Jugendstrafvollzugsanstalt Rockenberg/Hessen, 1999, S. 133	73 %	67 %

6 Auffällig ist aus der Justizpraxis weiterhin, daß gegenüber dem Erwachsenenvollzug **unverhältnismäßig viele Disziplinarmaßnahmen** verhängt werden: Im Jahre 1996 wurden pro 100 Gefangene der Jahresdurchschnittsbelegung 139,5 Disziplinarmaßnahmen gegenüber 47,6 im Erwachsenenvollzug und 31,3 Arreste gegenüber 8,8 im Erwachsenenvollzug angeordnet (Quelle: unveröffentlichte Statistik »St 8« des Bundesjustizministeriums; seit 1997 werden diese Daten nur noch pauschal für den gesamten Strafvollzug erhoben. Zu älteren Jahrgängen s. *Dünkel*, Empirische Forschung im Strafvollzug, 1996).

Umgekehrt wurden im Jahre 1996 45 Tätlichkeiten gegen Anstaltsbedienstete im Jugendstrafvollzug gezählt, d. h. pro 100 Gefangene Durchschnittsbelegung 1,0 gegenüber 0,5 im Erwachsenenvollzug. Bei alledem zeigen sich kaum nachvollziehbare Unterschiede in den einzelnen Anstalten (s. hierzu im einzelnen *Dünkel* Freiheitsentzug für junge Rechtsbrecher, 1990, S. 766; s. auch *Lambropoulou* Erlebnisbiographie und Aufenthalt im Jugendstrafvollzug, 1987), so daß unabhängig von der Art des Vollzuges in geschlossener oder offener Form offensichtlich unterschiedliche Handlungsstile und Konfliktbewältigungen durch das Anstaltspersonal entscheidend sind (s. *Walkenhorst* DVJJ-Journal 1999, 254). Derartige unterschiedliche Reaktionsformen zeigen sich selbst innerhalb der einzelnen Anstalten, z. B. in den Urlaubszeiten (s. *J. Walter* MschrKrim 1993, 282). Neben besonderen Belastungssituationen werden besondere Erziehungsansprüche als Erklärung für einen vermehrten Einsatz von Disziplinarmaßnahmen genannt (s. *Dünkel* Freiheitsentzug für junge Rechtsbrecher, 1990, S. 215; *J. Walter* MschrKrim 1993, 285). Trotz der vielfältigen Reglementierungen und der großen Anzahl der Disziplinarmaßnahmen rufen nur wenige Gefangene die Gerichte an. Nach einer Umfrage von *Böhm* sind in den Jahren von 1980-1985 lediglich ca. 15-20 Entscheidungen nach § 23 EGGVG getroffen worden, so daß »effektiv eine gerichtliche Kontrolle von Vollzugsmaßnahmen im Jugendstrafvollzug nicht stattfindet« (s. Stellungnahme der *DVJJ* zum Arbeitsentwurf eines Strafvollzugsgesetzes, 1985, S. 18).

5. Rechtspolitische Einschätzung

7 Rechtspolitisch ist mit Nachdruck ein Jugendstrafvollzugsgesetz zu fordern, um den verfassungswidrigen Zustand des weitgehend gesetzeslosen Vollzuges (s. §§ 91-92 Rn. 3) zu beenden. Hierbei kann es angesichts des Umfangs der zu regelnden Materie nicht darum gehen, die §§ 91 und 92 lediglich zu ergänzen (so aber der Arbeitsentwurf 1980 sowie *Eisenberg* ZRP 1985, 41; *ders.* § 91 Rn. 5; s. demgegenüber *Jugendstrafvollzugskommission* S. 7; Arbeitsentwurf 1984 mit insoweit positiver Stellungnahme der *DVJJ* 1985, S. 4, *Baumann* Entwurf eines Jugendstrafvollzugsgesetzes, 1985; s. hierzu auch die Besprechungen von *Böhm* StV 1986, 132,

und *Calliess* ZRP 1986, 55; Entwurf eines Jugendstrafvollzugsgesetzes von Anstaltsleitern im Jugendstrafvollzug, 1988; weiterhin *Ayass* BewH 1984, 351 ff., *Busch* UJ 1985, 126 ff. sowie umfassend *Dünkel* Freiheitsentzug für junge Rechtsbrecher, 1990, S. 471 ff., mit einer Synopse des Arbeitsentwurfs 1984, des Entwurfs von *Baumann* sowie des Entwurfs der Anstaltsleiter, S. 786 ff.; Entwurf des Bundesministers der Justiz vom 24.09.1991; *Kreideweiß* Die Reform des Jugendstrafvollzuges, 1993 mit einem eigenen Gesetzesvorschlag). Den Anforderungen an ein Jugendstrafvollzugsgesetz, das nicht lediglich das StVollzG für Erwachsene auf Jugendliche überträgt, das Innovationen für einen verbesserten Vollzug bringt (s. auch *Jung* ZRP 1977, 185), werden der vorliegende Arbeitsentwurf 1984 (zur Kritik s. *Ayass* BewH 1984, 351 ff.; *Busch* UJ 1985, 126 ff.; *Dünkel* in: Jugendstrafe und Jugendstrafvollzug, Tbd. 1, hrsg. von *Dünkel/Meyer*, 1985, S. 180 ff.; *Baumann* Entwurf eines Jugendstrafvollzugsgesetzes, 1985; Stellungnahme des *Diakonischen Werkes der EKD* Kriminalpädagogische Praxis 19/20 [1985], 35; Stellungnahme der *DVJJ* 1985, S. 2; s. auch *Eisenberg* ZRP 1985, 41 ff.) sowie der Entwurf 1991 (radikal ablehnend *Dünkel* ZRP 1992, 176 ff.; ebenso die Stellungnahmen der *Arbeitsgemeinschaft für Jugendhilfe* sowie der *internationalen Gesellschaft für Heimerziehung* DVJJ-Journal 1-2/1992, S. 61 ff.; positiv-kritisch die Stellungnahme der *DVJJ* DVJJ-Journal 1-2/1992, S. 41 ff.) nicht gerecht. Dies gilt mit Einschränkungen auch für den Entwurf von *Baumann* sowie für den Entwurf der Anstaltsleiter (ebenso *Dünkel* Freiheitsentzug für junge Rechtsbrecher, 1990, S. 490). Auch wenn hier eine Einzelkritik nicht möglich ist, so darf sich der Gesetzgeber nicht damit begnügen, die Pflichten des/der Gefangenen in bürokratischer Strenge festzuschreiben, sondern es muß auch und gerade vor dem Hintergrund der negativen Erfahrungen mit der Umsetzung des StVollzG der (Re-)Sozialisierungsauftrag des Staates verbindlich gemacht werden, so durch eine Festlegung der Größe und der Ausstattung des Haftraumes, eines Pensenschlüssels für die personelle Betreuung, um tatsächliche Erziehungsangebote und eine persönliche Betreuung möglich zu machen, durch Festlegung eines gerechten Arbeitsentgelts sowie durch Hereinnahme in die Sozialversicherung (so aber § 52 des Entwurfs der Anstaltsleiter). Auch müssen neue Wege in Vorreiterposition beschritten werden; so sollte nicht nur die Möglichkeit geschaffen werden, daß die/der Entlassene in einer Krisensituation auf eigenen Antrag vorübergehend wieder in der Anstalt Aufnahme findet (s. § 125 StVollzG; *Eisenberg* § 91 Rn. 32 c), sondern auch die Fortsetzung der Ausbildung als externe ermöglicht werden (s. *Jugendstrafvollzugskommission* S. 49; s. auch § 18 Rn. 11). Der Täter-Opfer-Ausgleich ist auch als eine Aufgabe des Strafvollzuges zu definieren; vor der Heranziehung zu einem Haftkostenbeitrag sollte die Schadenswiedergutmachung stehen. Daneben ist der antiquierte Rechtsweg zum Oberlandesgericht mit der Rechtsmittelverkürzung aufzuheben (s. auch die

Vorschläge im § 110 des Entwurfs von *Baumann* sowie in den §§ 86 u. 87 des Entwurfs der Anstaltsleiter, die sich an die §§ 109 ff. StVollzG anlehnen; ebenso § 110 des Entwurfs des Bundesministers der Justiz vom 24.9.1991). Größere Sachnähe und Vereinfachung würde demgegenüber die Zuweisung an den Jugendrichter als Vollstreckungsleiter mit der anschließenden – sofortigen – Beschwerdemöglichkeit an die Jugendkammer gemäß § 83 Abs. 3 bringen (s. auch *Dünkel* ZRP 1992, 179 m. Fn. 41 sowie Stellungnahme der *DVJJ* DVJJ-Journal 1-2/1992, S. 47). Zugleich mit der gesetzlichen Reform ist ein justizpolitisches Umdenken erforderlich: Nicht mehr Großanstalten, sondern dezentrale offene Vollzugsabteilungen sind einzurichten (zu politischen Versuchen, Neubaupläne für Gefängnisse radikal über Bord zu werfen, s. *Papendorf* Gesellschaft ohne Gitter, 1985, S. 144 ff.). Eine **Umkehr in der Vollzugsplanung** wird nicht nur aus Präventionsgründen (s. §§ 91-92, Rn. 5, 6), sondern auch im Hinblick auf die anstehende Neukonzeption des (Jugend-) Strafvollzuges in den neuen Bundesländern gefordert, in denen einerseits quantitativ ein Überangebot an Haftplätzen vorliegt, andererseits die Anstalten qualitativ den Anforderungen an einen modernen Vollzug in keinster Weise gerecht werden (s. *Dünkel* Neue Kriminalpolitik 1993, 39, 40). Zugleich gilt es, damit einem behaupteten Sogeffekt durch einen quantitativen und qualitativen Ausbau der Jugendstrafanstalten für die Verhängung von Jugendstrafe (s. *Feltes* ZfStrVo 1984, 196 ff.) zu begegnen.

*Drittes Hauptstück.
Vollstreckung und Vollzug* § 91

§ 91. Aufgabe des Jugendstrafvollzugs

(1) Durch den Vollzug der Jugendstrafe soll der Verurteilte dazu erzogen werden, künftig einen rechtschaffenen und verantwortungsbewußten Lebenswandel zu führen.
(2) Ordnung, Arbeit, Unterricht, Leibesübungen und sinnvolle Beschäftigung in der freien Zeit sind die Grundlagen dieser Erziehung. Die beruflichen Leistungen des Verurteilten sind zu fördern. Ausbildungsstätten sind einzurichten. Die seelsorgerische Betreuung wird gewährleistet.
(3) Um das angestrebte Erziehungsziel zu erreichen, kann der Vollzug aufgelockert und in geeigneten Fällen weitgehend in freien Formen durchgeführt werden.
(4) Die Beamten müssen für die Erziehungsaufgabe des Vollzugs geeignet und ausgebildet sein.

§ 92. Jugendstrafanstalten

(1) Die Jugendstrafe wird in Jugendstrafanstalten vollzogen.
(2) An einem Verurteilten, der das achtzehnte Lebensjahr vollendet hat und sich nicht für den Jugendstrafvollzug eignet, braucht die Strafe nicht in der Jugendstrafanstalt vollzogen zu werden. Jugendstrafe, die nicht in der Jugendstrafanstalt vollzogen wird, wird nach den Vorschriften des Strafvollzugs für Erwachsene vollzogen. Hat der Verurteilte das vierundzwanzigste Lebensjahr vollendet, so soll Jugendstrafe nach den Vorschriften des Strafvollzugs für Erwachsene vollzogen werden.
(3) Über die Ausnahme vom Jugendstrafvollzug entscheidet der Vollstreckungsleiter.

Literatur

Albrecht/Schüler-Springorum (Hrsg.), Jugendstrafe an Vierzehn- und Fünfzehnjährigen, 1983; *Ayass* Arbeitsentwurf eines Jugendstrafvollzugsgesetzes, BewH 1984, 351; *Baumann* Entwurf eines Jugendstrafvollzugsgesetzes, 1985; *Böhm* Jugendstrafvollzug, in: Handwörterbuch der Kriminologie, 4. Bd., hrsg. v. *Sieverts/Schneider*, 1979, S. 522; *Bruns* Theorie und Praxis des Wohngruppenvollzuges/Zur Situation der Unterbringung junger Strafgefangener in der Jugendanstalt Hameln, 1989; *Bulczak* Rahmenbedingungen für eine erzieherische Ausgestaltung des Jugendvollzuges, Zbl 1986, 326; *Bulczak/Fleck/Jöcks/Kreutzner/Scheschonka* Jugendstrafvollzugsgesetz-Entwurf, hrsg. von der DVJJ, 1988; *Bundesminister der Justiz* (Hrsg.), Schlußbericht der Jugendstrafvollzugskommission, 1980; *Busch* Erziehung junger Gefangener, UJ 1985, 126; *Cornel* Geschichte des Jugendstrafvollzugs, 1984; *Dörner* Erziehung durch Strafe/Die Geschichte des Jugendstrafvollzuges 1871-1945, 1991; *Dünkel* Situation und Reform von Jugendstrafe, Jugendstrafvollzug und anderen freiheitsentziehenden Sanktionen gegenüber jugendlichen Rechtsbrechern in der Bundesrepublik Deutschland, in: Jugendstrafe und Jugendstrafvollzug, Tbd. 1, hrsg. v. *Dünkel/Meyer*, 1985, S. 45; *Dünkel* Freiheitsentzug für junge Rechtsbrecher, 1990; *ders.* Brauchen wir ein Jugendstrafvollzugsgesetz?, ZRP 1992, 176; *ders.* Empirische Forschung im Strafvollzug, 1996; *Eisenberg* Aufgaben (ergänzender) gesetzlicher Regelung des Jugendstrafvollzugs, ZRP 1985, 41; *Frankenberg* Offener Jugendstrafvollzug, Vollzugsbedingungen und Legalbewährung von Freigängern aus der Jugendstrafvollzugsanstalt in Rokkenberg/Hessen, 1999; *Geissler* Ausbildung und Arbeit im Jugendstrafvollzug/Haftverlauf- und Rückfallanalyse, 1991; *Hofmann* Jugend im Gefängnis, 1967; *Jung* Schwerpunkte der Reform des Jugendstrafvollzuges, ZRP 1977, 185; *Justizminister des Landes Schleswig-Holstein* (Hrsg.), Reform des Jugendstrafvollzugs in Schleswig-Holstein, Schlußbericht einer Projektgruppe, 1989; *Kersten/v. Wolffersdorff-Ehlert* Jugendstrafe – Innenansichten aus dem Knast, 1980; *Lambropoulou* Erlebnisbiographie und Aufenthalt im Jugendstrafvollzug, 1987; *Kreideweiß* Die Reform des Jugendstrafvollzuges, 1993; *Ludwig* Die Funktion des Erziehungsgedankens im Jugendstrafvollzug, Zbl 1986, 333; *Luzius* Möglichkeiten der Resozialisierung durch Ausbildung im Jugendstrafvollzug, 1979; *Machura/Stirn* Eine kriminelle Karriere, 1978; *Matzke* Der Leistungsbereich bei Jugendstrafgefangenen, 1982; *Nickolai u. a.* Sozialpädagogik im Jugendstrafvollzug, 1985; *Stenger* Berufliche Sozialisation im Jugendstrafvollzug – Überlegungen zu den pädagogischen Möglichkeiten berufsbildender Maßnahmen und zur Kompetenzentwicklung Langstrafiger, in: Jugendgerichtsverfahren und Kriminal-

Drittes Hauptstück.
Vollstreckung und Vollzug §§ 91-92

prävention, DVJJ 13 [1984], 463; *Trenczek* (Hrsg.) Freiheitsentzug bei jungen Straffälligen, 1993; *Walkenhorst* Sicherheit, Ordnung und Disziplin im Jugendstrafvollzug – einige pädagogische Überlegungen, DVJJ-Journal 1999, 247; *J. Walter* Formelle Disziplinierung im Jugendstrafvollzug, MschrKrim 1993, 273; *ders.* Formelle Disziplinierung im Jugendstrafvollzug, 1997; *ders.* Anti-Gewalttraining im Jugendstrafvollzug – Tummelplatz für »crime fighter«?, ZStrVo 1999, 23; *Wattenberg* Arbeitstherapie im Jugendstrafvollzug – eine Bestandsaufnahme, 3. Aufl.

Inhaltsübersicht   Rn.
   I. Anwendungsbereich   1
  II. Gesetzliche Regelung   3
 III. Äußere Organisation   4
 IV. Innere Organisation   8
  V. Innere Gestaltung
     1. Zielsetzung   11
     2. Hilfsangebote
       a) Aufnahmeverfahren   15
       b) Arbeit   16
       c) Unterricht und Berufsausbildung 18
       d) Therapeutische Maßnahmen 19
       e) Verkehr mit der Außenwelt 20
       f) Freizeit   22
       g) Entlassungsvorbereitung 24
 VI. Zwangs- und Disziplinarmaßnahmen   25
VII. Rechtsmittel   27

I. Anwendungsbereich

Die §§ 91 und 92 finden auf alle Verurteilte Anwendung, die zu einer Jugendstrafe verurteilt wurden (s. § 110), d. h., sie gelten auch, wenn diese Personen mittlerweile im Erwachsenenalter stehen. Zusätzlich können gem. § 114 auch **Freiheitsstrafen** in der Jugendstrafanstalt vollzogen werden, wenn die Verurteilten das 24. Lebensjahr noch nicht vollendet haben und sich für den Jugendstrafvollzug eignen. Umgekehrt soll die **Jugendstrafe** ab diesem Zeitraum nach den Vorschriften des Erwachsenenvollzugs vollzogen werden (s. § 92 Abs. 2 S. 3); dies kann schon für einen Verurteilten angeordnet werden, der das 18. Lebensjahr vollendet hat und sich nicht für den Jugendstrafvollzug eignet (§ 92 Abs. 2 S. 1 und 2). Zuständig für eine solche Herausnahme ist allein der Vollstreckungsleiter (s. § 92 Abs. 3); seine Entscheidung ist eine jugendrichterliche Entscheidung gem. § 83 Abs. 1, d. h., insoweit ist er nicht von den Justizbehörden weisungsabhängig. Inhaltlich handelt es sich um eine Ermessensentscheidung, wobei ab dem 24. Lebensjahr eine Präferenz für den Erwachsenenvollzug ausgesprochen wird (»soll«). Ausnahmen sind insbesondere bei kurzzeiti- 1

859

gem Vollzug über das 24. Lebensjahr hinaus begründet, aber auch, um eingeleitete Vollzugsmaßnahmen in der Ausbildung oder Therapie nicht abzubrechen. Die Voraussetzungen für die Zuständigkeitsabgabe an die Erwachsenenvollstreckungsbehörde gem. § 85 Abs. 6, »wenn der Straf- oder Maßregelvollzug voraussichtlich noch länger dauern wird und die besonderen Grundgedanken des Jugendstrafrechts unter Berücksichtigung der Persönlichkeit des Verurteilten für die weitere Entscheidung nicht mehr maßgebend sind«, gelten sinngemäß auch hier. Umgekehrt spricht die grundsätzliche Differenzierung zwischen dem Erwachsenen- und dem Jugendstrafvollzug dafür, regelmäßig die 18- bis 24jährigen im Jugendstrafvollzug zu belassen (ebenso *BGHSt* 29, 35; *Brunner/Dölling* § 92 Rn. 5; *Eisenberg* § 92 Rn. 13). Hierfür spricht auch, daß die Eignung für den Jugendstrafvollzug schwer zu verneinen ist, wenn dort individuellere und vermehrte Hilfen zur (Re-)Sozialisierung angeboten werden sollen. Bei »Vollzugsstörern« sind in der Regel andere Mittel als die Verlegung einzusetzen, zumal damit die Probleme häufig nur verlagert oder überdeckt würden (s. auch *Sonnen* in: *D/S/S* § 92 Rn. 11). Keineswegs darf die Verlegung als Strafmaßnahme mißbraucht werden; ebenso dürfen ökonomische oder organisatorische Überlegungen keine Rolle spielen. Über die Eignung kann regelmäßig erst im Vollzug entschieden werden, der aber immer als Jugendstrafvollzug zu beginnen ist (s. auch RL Nr. VI.2 zu den §§ 82-85; *Brunner/Dölling* § 92 Rn. 6; *Eisenberg* § 92 Rn. 15). Erst danach kann eine Begutachtung durch die Anstalt erfolgen. Vor der Entscheidung, die potentiell Nachteile bewirkt, ist weiterhin die/der Verurteilte zu hören (§ 33 Abs. 3 StPO), sofern Kontakt mit der Jugendgerichtshilfe besteht, auch diese (§ 38 Abs. 3 S. 1); zur Zuständigkeit nach einer Verlegung in den Erwachsenenvollzug sowie zu Rechtsmitteln im Erwachsenenvollzug s. § 85 Rn. 7, 8.

2 Wichtig ist es, bei Ausländern die Bestimmung des § 456 a StPO zu beachten, was in der Praxis allzu selten geschieht. Hiernach kann von der Vollstreckung der Jugendstrafe oder einer Maßregel der Besserung und Sicherung abgesehen werden, »wenn der Verurteilte wegen einer anderen Tat einer ausländischen Regierung ausgeliefert oder wenn er aus dem Geltungsbereich dieses Bundesgesetzes ausgewiesen wird«. Häufig kann damit das gerade bei Ausländern für eine (Re-)Sozialisierung fragliche Strafübel vermieden werden, wenn die Ausweisung beschlossene Sache ist. Eine Motivation zur Mitarbeit im Vollzug wird damit regelmäßig genommen. Eine Rücksprache mit der Ausländerbehörde ist daher erforderlich. Zugleich können damit unnötige Haftkosten gespart werden (s. auch *Kaiser* in: Strafvollzug, hrsg. v. *Kaiser/Kerner/Schöch*, 3. Aufl., S. 236). Allerdings darf dies nicht ein Anlaß sein, die Ausweisungspraxis zu intensivieren. Soweit in verwaltungsinternen Regelungen zusätzlich auf die Erreichung des Erziehungsziels abgestellt wird, so darf dies nicht zu einer

Benachteiligung von Jugendlichen/Heranwachsenden führen (ebenso *Giehring* in: Strafverfolgung und Strafverzicht/Festschrift zum 125jährigen Bestehen der Staatsanwaltschaft Schleswig-Holstein, hrsg. von *Ostendorf*, 1992, S. 507). Wenn der ausländische Gefangene einen Antrag i. S. des § 88 stellt und diesem nicht entsprochen wird, weil eine vollziehbare Ausweisungsverfügung voliegt, kann hierin auch eine Anregung zum Absehen der Vollstreckung gem. § 456 a StPO gesehen werden (so die Vollstreckungsleiter gem. Tagungsprotokoll 1997 entgegen einem Beschluß des *AG Heinzberg* vom 8.4.1997, s. DVJJ-Journal 1998, 186).

II. Gesetzliche Regelung

Der Vollzug der Jugendstrafe ist nur ansatzweise geregelt. Neben den Vorschriften im JGG, den §§ 91, 92 sowie 115, finden sich im Strafvollzugsgesetz für Erwachsene Regelungen für das Arbeitsentgelt und Taschengeld (§ 176 StVollzG, wobei die Abs. 2 und 3 erst durch ein besonderes Bundesgesetz in Kraft treten, s. § 198 Abs. 3 StVollzG; bis dahin gilt § 176 Abs. 3 i. d. F. des § 199 Abs. 2 Nr. 5 StVollzG), für den unmittelbaren Zwang (§ 178 i. V. m. den §§ 94-101 StVollzG). Daneben bestehen die bundeseinheitlichen Verwaltungsvorschriften zum Jugendstrafvollzug (VVJug) vom 1. 1. 1977, die sich weitgehend an das StVollzG anlehnen. Damit sind die VVJug vom 1.9.1944 überholt (s. auch JMBl. NW 1977, 5; *Eisenberg* § 91 Rn. 4 sowie Einleitung Rn. 17; a. M. *Brunner/Dölling* § 91 Rn. 5, nach dem diese »weitgehend« gegenstandslos geworden ist; s. auch Grdl. z. §§ 91-92 Rn. 2). Entsprechend ihrem Vorwort sollen die Verwaltungsvorschriften »lediglich die Übergangszeit bis zum Erlaß umfassender gesetzlicher Regelungen überbrücken«. Diese Übergangszeit ist nunmehr nach Verabschiedung des StVollzG am 16. 3. 1976 und nach Vorlage eines umfassenden Schlußberichts einer vom Bundestag geforderten und vom Bundesjustizminister im Jahre 1976 eingesetzten Jugendstrafvollzugskommission überschritten. Nicht einmal eine Rechtsverordnung wurde erlassen, die zwar gem. § 115 formell erlaubt ist, aber im Hinblick auf die Anforderungen des Art. 80 GG als unzulässig anzusehen ist (s. *Böhm* Einführung in das Jugendstrafrecht, S. 229; s. aber auch *Schüler-Springorum* in: Festschrift für Würtenberger, 1977, S. 426; s. auch § 93 Rn. 3). So haben das *OLG Stuttgart* und das *OLG Koblenz* (ZfStrVo 1980, 60 ff.) **im Jahre 1980** festgestellt, daß der Jugendstrafvollzug nicht in der erforderlichen gesetzlichen Form durchgeführt wird; der verfassungswidrige Zustand könne in Anlehnung an die Entscheidungen des *BVerfG* zum Erwachsenenstrafvollzug (s. *BVerfGE* 33, 1; 40, 276) nur noch bis zum alsbaldigen Erlaß eines Jugendstrafvollzugsgesetzes hingenommen werden. Allerdings werden auch heute noch Entscheidungen über die Rechtmäßigkeit von Vollzugsakten getroffen, ohne daß die grundsätzliche Fragestellung aufgeworfen wird. Der derzeitige Jugendstrafvollzug wird auf

§§ 91-92   Zweiter Teil. Jugendliche

keiner rechtswirksamen Grundlage durchgeführt, es wird in die Rechte des Bürgers eingegriffen, ohne daß dies in einem gesetzgeberischen Abwägungsprozeß erlaubt wurde (s. auch § 93 Rn. 3); **der derzeitige Zustand ist somit verfassungswidrig** (s. *Baumann* Entwurf eines Jugendstrafvollzugsgesetzes, 1985, S. 1; *AG Herford* NStZ 1991, 255 m. zust. Anm. von *Scheschonka*; *AG Herford* DVJJ-Journal 4/1991, S. 438; zust. *Sonnen* in: *D/S/S* § 91 Rn 8-10; *Schaffstein/Beulke* § 44 II. 1.; *Dünkel* Freiheitsentzug für junge Rechtsbrecher, 1990, S. 140; *Kreideweiß* Die Reform des Jugendstrafvollzugs, 1993, S. 4; *Laubenthal* Strafvollzug 2. Aufl., Rn. 746; a. M. *Walter* Strafvollzug, 2. Aufl., Rn. 349; Bedenken bereits bei *Jung* ZRP 1977, 185; *Eisenberg* ZRP 1985, 42; *ders.* § 91 Rn. 5; offen *Brunner/Dölling* § 91 Rn. 6; s. auch *Böhm* Einführung in das Jugendstrafrecht, S. 230, der aber letztlich die Verfassungsmäßigkeit bejaht). Hierbei ist zusätzlich zu berücksichtigen, daß die gesetzgeberischen Arbeiten nicht vor einem Abschluß stehen, sondern lediglich ein Entwurf eines Jugendstrafvollzugsgesetzes (Stand: 24.9.1991) vorliegt (s. auch *Böhm* Einführung in das Jugendstrafrecht, S. 230; Grdl. z. §§ 91-92 Rn. 7). In Anbetracht der Vollzugswirklichkeit und der Unsicherheit eines Verdikts durch das Bundesverfassungsgericht soll trotzdem eine Einzelkommentierung erfolgen, zumal einzelne gesetzliche Regelungen doch vorhanden sind.

III. Äußere Organisation

4   Gemäß § 92 Abs. 1 soll die Jugendstrafe in speziellen Jugendstrafanstalten vollzogen werden. Es genügt nicht, daß eine besondere Abteilung im Rahmen einer größeren Anstalt eingerichtet wird (*KG* NJW 1978, 284 mit zust. Anm. v. *Frenzel*; *Kaiser* in: Strafvollzug, hrsg. v. *Kaiser/Kerner/Schöch*, 4. Aufl., § 9 Rn. 86; *Brunner/Dölling* § 92 Rn. 1; *Eisenberg* § 92 Rn. 4). Dem steht teilweise die Rechtswirklichkeit entgegen. Insbesondere für weibliche Jugendstrafgefangene wird der Vollzug häufig als Anhängsel des Erwachsenenvollzuges durchgeführt. Nach Nr. 94 VVJug (s. auch § 140 Abs. 2 StVollzG) sind weibliche Gefangene getrennt von männlichen Gefangenen unterzubringen. Die Verwaltungsvorschrift erscheint angesichts der geringen Zahl weiblicher Jugendstrafgefangener (s. Grdl. z. §§ 91-92 Rn. 5) nur mit einem Verstoß gegen § 92 Abs. 1 erfüllbar (s. auch *Jugendstrafvollzugskommission* S. 51 ff. mit den Sondervoten); das Gesetz hat aber Vorrang, so daß eher ein **koedukativer Vollzug** (»cocorrection«) einzurichten ist als die Auflösung eines Jugendstrafvollzugs. Auch sachlich spricht mehr dafür, weibliche und männliche Jugendstrafgefangene **in etwa gleich großen Gruppen** zusammenzufassen, da häufig Kontakt- und Umgangsprobleme mit dem anderen Geschlecht für ein Legalverhalten gelöst werden müssen (s. *Böhm* Handwörterbuch der Kriminologie, 4. Bd., S. 523; *Kaiser* in: Strafvollzug, hrsg. v. *Kaiser/Kerner/Schöch*, 4. Aufl., § 9 Rn. 75; »grundsätzlich« für einen gemeinsamen Vollzug *Kreideweiß*

Drittes Hauptstück.
Vollstreckung und Vollzug **§§ 91-92**

Die Reform des Jugendstrafvollzuges, 1993, S. 90; *Walter* Strafvollzug, 1991, Rn. 177; s. aber auch *Einsele* Tagungsberichte der Jugendstrafvollzugskommission, Bd. VII, S. 113 ff.; s. auch § 90 Rn. 7). Den Schwierigkeiten darf im »Knast« nicht aus dem Weg gegangen werden, da diese ansonsten spätestens am Tage ihrer Entlassung wieder vor den Betroffenen stehen (s. auch Reform des Jugendstrafvollzugs in Schleswig-Holstein, Schlußbericht der Projektgruppe, 1989, S. 65). Zum Problem junger Strafgefangener mit Kindern s. § 80 StVollzG (s. auch *Jugendstrafvollzugskommission* S. 51).

Hinsichtlich der Größe und der Lage der Anstalten ist in Abkehr von dem Prinzip der Zentralanstalten (s. z. B. in Hameln, Neumünster) eine Dezentralisierung anzustreben (ebenso *Böhm* Handwörterbuch für Kriminologie, 4. Bd., S. 532; *Dünkel* in: Jugendstrafe und Jugendstrafvollzug, Tbd. 1, hrsg. von *Dünkel/Meyer*, 1985, S. 146; *Kaiser* in: Strafvollzug, hrsg. von *Kaiser/Kerner/Schöch*, 4. Aufl., § 9 Rn. 90; *Eisenberg* § 92 Rn. 5; s. auch *Mrozynski* Jugendhilfe und Jugendstrafrecht, 1980, S. 241). Die Unterteilung in Wohngruppen bis zu 60 Personen (s. *Jugendstrafvollzugskommission* S. 12; s. auch § 118 Entwurf eines Jugendstrafvollzugsgesetzes von *Baumann* sowie §§ 20, 131 Entwurf des Bundesministers der Justiz vom 24.9.1991) stellt keine Abhilfe gegen Subkultur und Auflösung der sozialen Bindungen außerhalb des Vollzuges dar (s. hierzu *Bruns* Theorie und Praxis des Wohngruppenvollzugs/Zur Situation der Unterbringung junger Strafgefangener in der Jugendanstalt Hameln, 1989). Nur in kleinen dezentralisierten Einheiten kann die notwendige Öffnung des Vollzuges durchgeführt, können die umweltbedingten Kriminalitätsprobleme angepackt werden (so detailliert Reform des Jugendstrafvollzugs in Schleswig-Holstein, Schlußbericht der Projektgruppe, 1989, S. 18 ff.; s. *Ostendorf* ZfStrVo 1991, 85 ff.; begrüßt von *Dünkel* Freiheitsentzug für junge Rechtsbrecher, 1990, S. 328). Das Kostenargument kehrt sich um, wenn die Freizeitangebote, die schulischen und beruflichen Ausbildungsmöglichkeiten außerhalb der Anstalt genutzt und nicht selbständig vorgehalten werden müssen (s. auch das Ergebnis eines Sachverständigen-Hearings bei *Ostendorf* MschrKrim 1980, 242 ff.). Darüber hinaus kann die notwendige Akzeptanz der Bevölkerung eher gegenüber kleinen Anstalten erreicht werden, während Großanstalten schon aus Kriminalitätsfurcht nicht nur ausgegrenzt, sondern auch in einer Weise abgelehnt werden, die für die kollektive Kriminalitätsverarbeitung schädlich ist. Aus diesem Grund sind auch spezielle Einrichtungen für ausländische Strafgefangene abzulehnen, wohl aber eine besonders intensive Betreuung unter Einsatz ausländischer Vollzugsbediensteter sowie ehrenamtlicher Mitarbeiter, insbesondere auch von Sprachlehrern, zu fordern (*J. Walter* Neue Kriminalpolitik 4/1998, 5 ff.; s. auch *Kaiser* in: Strafvollzug, hrsg. von *Kaiser/Kerner/Schöch*, 4. Aufl., § 9 Rn. 28; Stellungnahme der *Arbeiter-*

wohlfahrt zur Straffälligkeit von Ausländern, Theorie und Praxis der sozialen Arbeit, 1985, Heft 12).

6 Nur im Wege einer Dezentralisierung können auch die vorgesehenen Lockerungen des Vollzuges (§ 91 Abs. 3; Nr. 6 VVJug) als Außenbeschäftigung und Freigang durchgeführt werden, da bei einer Massierung von Gefangenen erst recht keine Beschäftigungsmöglichkeiten zur Verfügung stehen. Im Rahmen dieser Dezentralisierung ist auch die gesetzliche Forderung nach einem freien, offenen Vollzug (§ 91 Abs. 3; Nr. 5 VVJug) zu erfüllen (zu vergleichsweise besseren Ergebnissen s. Grdl. z. §§ 91-92 Rn. 5). Diese Forderung wird durch § 10 StVollzG verstärkt, wonach **primär** der offene Vollzug und erst »im übrigen« der geschlossene Vollzug durchgeführt werden soll, da eine Verschlechterung gegenüber dem Erwachsenenvollzug nicht zu begründen ist (s. AV d. Hamburger Justizbehörde Nr. 4/1993 vom 11.2.1993, Ziff. 1.1: »Gefangene sind mit ihrer Zustimmung grundsätzlich in den offenen Vollzug einzuweisen, wenn sie der Ladung zum Strafantritt fristgemäß Folge geleistet haben, oder wenn ausschließlich Ersatzfreiheitsstrafe zu vollziehen ist, oder wenn die voraussichtliche Verbüßungsdauer weniger als 24 Monate beträgt«). Offener Vollzug bedeutet gem. § 141 Abs. 2 StVollzG, daß »keine oder nur verminderte Vorkehrungen gegen Entweichungen« vorzusehen sind. In diesem Zusammenhang ist insbesondere die Einrichtung von Übergangshäusern möglichst in Nähe des späteren Wohn- und Arbeitsplatzes zu verlangen (s. auch *Eisenberg* § 92 Rn. 6 b; *Böhm* Einführung in das Jugendstrafrecht, S. 240).

7 Im einzelnen sind die Mindestanforderungen an eine menschenwürdige Unterbringung zu beachten (s. Nr. 12-14 VVJug). Hinsichtlich der Raumgröße ist die Mindestgröße von zehn Quadratmetern (s. § 10 Abs. 3 AE) zwar nicht Gesetz geworden; auch wurde von der Möglichkeit, gem. § 144 Abs. 2 StVollzG eine nähere Bestimmung durch Rechtsverordnung zu treffen, bislang abgesehen; immerhin haben das *KG* eine Doppelbelegung in einem Raum mit 19,84 cbm Inhalt und das *LG Braunschweig* in einem Raum mit ca. 22 cbm Inhalt als rechtswidrig erklärt (s. *KG* ZfStrVo 1980, 191; *LG Braunschweig* NStZ 1984, 286; s. aber auch *OLG Zweibrücken* NStZ 1982, 221, wonach aus § 144 Abs. 1 StVollzG keine Rechte für die Gefangenen hergeleitet werden können). Entscheidend ist aber nicht der Luftinhalt, sondern die Bodenfläche, die den Aufenthalt und die Bewegungsfreiheit in der Zelle determiniert (s. *OLG Frankfurt* StV 1986, 27 mit Anm. von *Lesting*). Bei einer Mehrfachbelegung ist weiterhin immer ein Toilettenbesuch außerhalb der Zelle zu ermöglichen.

IV. Innere Organisation

An der Spitze der Jugendstrafanstalt steht der Anstaltsleiter, der in der 8
Praxis ganz überwiegend ein Jurist ist, aber nicht sein muß; daß auch andere Berufsgruppen, z. B. Psychologen, dieses Amt ausfüllen können, hat der frühere Anstaltsleiter von »Santa Fu« in Hamburg, Dr. Stark, bewiesen. Der Anstaltsleiter ist der verantwortliche Vollzugsleiter und Dienstvorgesetzte des Anstaltspersonals (zu den Aufgaben und Kompetenzen s. Nr. 103 VVJug). Er bestimmt maßgeblich das Anstaltsklima. Über dem Anstaltsleiter stehen die Landesjustizverwaltungen als Aufsichtsbehörde; Aufsichtsbefugnisse können auf besondere Justizvollzugsämter übertragen werden (s. Nr. 98 VVJug). Die Aufgaben der Jugendstrafanstalten werden vor Ort von den Vollzugsbediensteten wahrgenommen, wobei auch nebenamtliche Personen sowie zeitlich befristete Angestellte eingesetzt werden. Auf die Öffnung für ehrenamtliche Mitarbeit ist besonderes Augenmerk zu legen. In der Praxis werden solche Mitarbeiter noch allzuhäufig als Störenfriede angesehen (s. *OLG Hamm* JR 1991, 121). Neben den allgemeinen Mitarbeitern im Vollzugsdienst ist ein Fachpersonal (Werkdienst) einzustellen, so für schulische und berufsbildende Maßnahmen (s. auch § 91 Abs. 2 S. 2) sowie den Arbeitsdienst, für therapeutische Maßnahmen, insbesondere auch für Drogenabhängige, für den Freizeitbereich (s. im einzelnen *Jugendstrafvollzugskommission* S. 55 ff.). Zusätzlich ist die ärztliche (s. Nr. 105 VVJug) sowie seelsorgerische Betreuung (s. § 91 Abs. 2 S. 3; Nr. 104 VVJug) zu gewährleisten. Die seelsorgerische Betreuung ist gerade auch für Ausländer zu besorgen, da hier häufig eine enge Religionsgemeinschaft und im »Knast« ein besonderer Bedarf bestehen.

Der Gesetzgeber schreibt vor, daß die Beamten für die Erziehungsaufgaben 9
des Vollzuges geeignet und ausgebildet sein müssen (§ 91 Abs. 4). Gerade die Qualifikation des Aufsichtspersonals ist entscheidend, da im tagtäglichen Umgang regelmäßig mehr Einfluß ausgeübt wird als in vereinzelten Therapiemaßnahmen. Der Vollzugsbeamte ist die Bezugsperson für die Gefangenen, aber auch emotionaler »Blitzableiter«. Wenn auch in der Ausbildung diesen Anforderungen in neuerer Zeit ansatzweise Rechnung getragen wird, so wird die Umsetzung in der Praxis weitgehend durch den zu geringen Personalschlüssel verhindert, auch wenn im Vergleich zum Erwachsenenvollzug eine günstigere Situation besteht (s. *Dünkel* in: Jugendstrafe und Jugendstrafvollzug, Tbd. 1, hrsg. von *Dünkel/Meyer*, 1985, S. 146). Die Überstundenlastquote verhindert häufig jedes Gespräch mit den Gefangenen (zur Besserung der Personalstruktur s. die Vorschläge der ÖTV »den Rückfall in die Straffälligkeit verhindern«, 1980; s. auch *Kerner* in: Strafvollzug, hrsg. von *Kaiser/Kerner/Schöch*, 4. Aufl., § 10 Rn. 7, 8). Allerdings zeigen sich hier erhebliche Unterschiede zwischen den einzel-

nen Anstalten (s. *Dünkel* a. a. O., S. 147). Damit wird der »allgemeine Vollzugsdienst« (§ 155 Abs. 2 StVollzG) wieder zum »Schlüsseldienst« herabgestuft (s. *Ch.* u. *D. Beckers/Plumeyer* Kriminalpädagogische Praxis 18 [1984], 8). Perspektivisch ist eine Neuregelung der Dienstordnung in Richtung eines »Einheitsbeamten« anzustreben, der alle Aufgaben (Aufsicht, Betreuung, Ausbildung) in einer Hand wahrnimmt; bereits heute ist der Einsatz von männlichen und weiblichen Mitarbeitern zu etwa gleichen Anteilen zu verwirklichen.

10 Die traditionelle hierarchische Organisationsstruktur ist durch **Gruppenarbeit** (Teamwork) und Konferenzen (s. Nr. 106 VVJug) unter Beteiligung aller Vollzugsmitarbeiter gem. § 154 Abs. 1 StVollzG aufzulockern (s. auch Nr. 101 Abs. 1 VVJug; s. auch *Claßen* ZfStrVo 1983, 143; *Walkenhorst* DVJJ-Journal 1999, 256). Nur so können Reibungsverluste gerade auch unter den verschiedensten Diensten mit unterschiedlichen Zielvorgaben vermieden werden. Hierbei ist den Gefangenen ein Mitspracherecht einzuräumen, das zu übergreifenden Fragen von einer Gefangenenvertretung wahrgenommen wird (s. Nr. 107 VVJug). Die im StVollzG vorgesehene Bildung von **Anstaltsbeiräten** (s. §§ 162-165 StVollzG) hat entsprechend für den Jugendstrafvollzug zu gelten. Auch wenn die Anstaltsbeiräte häufig ihre Funktion nicht wahrnehmen, den wenigen Engagierten ihre Arbeit durch bürokratische Hindernisse erschwert wird (s. im einzelnen *Gerken* Anstaltsbeiräte, 1985), ist an dieser Institution zur potentiellen Öffnung der Anstalten und öffentlichen Kontrolle festzuhalten.

V. Innere Gestaltung

1. Zielsetzung

11 Die Zielsetzung ist im § 91 Abs. 1 wie folgt formuliert: »Durch den Vollzug der Jugendstrafe soll der Verurteilte dazu erzogen werden, künftig einen rechtschaffenen und verantwortungsbewußten Lebenswandel zu führen.« Entsprechend der allgemeinen Zielsetzung des JGG (s. Grdl. z. §§ 1-2 Rn. 4) und entsprechend der speziellen Zielsetzung der Jugendstrafe (s. Grdl. z. §§ 17-18 Rn. 3) ist demgegenüber als Ziel das **künftige Legalverhalten** zu definieren (ebenso *Wolf* S. 255; zustimmend *Miehe* ZStW 97 [1985], 1003; s. auch *Ludwig* Zbl 1986, 338; *Geissler* Ausbildung und Arbeit im Jugendstrafvollzug, 1991, S. 69). Auf diese sog. Resozialisierung hat der Gefangene einen verfassungsrechtlichen Anspruch, sie dient gleichzeitig dem Schutz der Gemeinschaft: »Diese hat ein unmittelbares eigenes Interesse daran, daß der Täter nicht wieder rückfällig wird und erneut seine Mitbürger und die Gemeinschaft schädigt« (s. *BVerfG* NJW 1998, 3337). Die Strafvollzugsanstalt ist aber keine Moralanstalt (s. *BVerfGE* 22, 219), wobei dann die herrschende Moral oder die Moral der

Drittes Hauptstück.
Vollstreckung und Vollzug §§ 91-92

Herrschenden nachzuvollziehen wäre; aus welcher Motivation sich der Bürger rechtskonform verhält, kann und muß dem Staat gleich sein. Ein Erziehungsrecht wird zudem prinzipiell – auch für die Eltern – auf die noch nicht Volljährigen begrenzt (s. § 93 Rn. 7). Der Erziehungsauftrag im § 91 Abs. 1 ist auf eine sozialstaatliche **Verpflichtung zu Hilfeangeboten** herabzustufen (ebenso *J. Walter* MschrKrim 1993, 276). Ein Zwang zu »innerer Umkehr« ist verfassungswidrig (s. auch *Kreideweiß* Die Reform des Jugendstrafvollzuges, 1993, S. 41: »Gefragt ist die freiwillige Bereitschaft«; s. auch § 93 Rn. 6-8). Erst recht kann es nicht um eine Statusdegradierung gehen (s. aber *Garfinkel* Bedingungen für den Erfolg von Degradierungsritualen, Gruppendynamik 5 [1974], 77 ff.; *Peters* MschrKrim 1966, 56; *Eisenberg* § 91 Rn. 10). Das Unwerturteil ist über die Tat auszusprechen, dem Täter ist zu helfen. Die innere Aufrüstung zur Orientierungshilfe und konkreten Bewältigung von Krisensituationen ist gefragt (s. *Arbeitskreis I, 19. Dt. Jugendgerichtstag* DVJJ 13 [1984], 81). Im übrigen kann im Vollzug sinnvollerweise nicht eine andere Zielsetzung als bei der Anordnung erstrebt werden, soweit diese sich auf die Person des/der Verurteilten bezieht (s. bereits *Ostendorf* ZRP 1976, 282). Soweit also mit der Verurteilung gem. § 17 Abs. 2 2. Alt. wegen »Schwere der Schuld« eine positive Generalprävention bezweckt wurde, so ist diese Wirkung schon im Urteilsspruch selbst und in dem Vollzug als solchem zu sehen. Eine besondere Gestaltung des Vollzuges wird hierdurch nicht verlangt. Demgegenüber scheidet nach *OLG Frankfurt* (NStZ 1984, 382) eine Beurlaubung wegen Schwere der Schuld aus, auch wenn Gründe der Sicherheit der Allgemeinheit dem nicht entgegenstehen (krit. hierzu *Böhm* NStZ 1984, 383); noch genereller ist der Leitsatz bei *OLG Stuttgart* (NStZ 1987, 430) formuliert: »Auch im Jugendstrafvollzug sind bei der Entscheidung über die Zulassung zum Freigang die Strafzwecke der Sühne und des gerechten Schuldausgleichs zu berücksichtigen. Bei der im Rahmen einer Ermessensentscheidung vorzunehmenden Abwägung kommt dem das Jugendstrafrecht beherrschenden Erziehungsgedanken besonderes Gewicht zu« (abl. *Schüler-Springorum* sowie *Funck* NStZ 1987, 431, 432; ebenso *Kreideweiß* Die Reform des Jugendstrafvollzuges, 1993, S. 56, 57; *Walter* Strafvollzug, 1991, Rn. 56; *Sonnen* in: *D/S/S* § 91 Rn. 21; s. aber auch bereits *BVerfGE* 64, 261 ff.; abl. hierzu *Bemmann* StV 1988, 550). Die Schuldschwere ist in § 91 nicht erwähnt, umgekehrt könnten mit der eigenmächtigen Einführung von Sühne und Schuldausgleich die für die (Re-)Sozialisierung geeigneten und notwendigen Maßnahmen blockiert, d. h. dem gesetzgeberisch formulierten Vollzugsziel entgegengewirkt werden. Auch die individuelle Abschreckung im Rahmen der Individualprävention braucht nicht besonders beachtet zu werden, da der Freiheitsentzug so viele Einbußen von Lebensfreuden mit sich bringt, wie außerhalb der Anstalt kaum vorstellbar ist (s. *Thiesmeyer* Zbl. 1978, 13). Die Darstellungen der Betroffenen (s. *Hofmann* Jugend im Gefängnis, 1967;

Machura/Stirn Eine kriminelle Karriere, 1978; *Kersten/v. Wolffersdorff/ Ehlert* Jugendstrafe – Innenansichten aus dem Knast, 1980; *Ortner* Hinter Schloß und Riegel, 1983) mögen insoweit überzeugender sein als die sozial-psychologischen Analysen über Deprivation und Prisonisierung (s. hierzu *Ortmann* in: Kleines Kriminologisches Wörterbuch, hrsg. v. *Kaiser/Kerner/Sack/Schellhoss*, 2. Aufl., S. 143 ff.).

12 In einem scheinbaren unauflöslichen Widerspruch scheinen demgegenüber die Ziele der negativen und positiven Individualprävention zu stehen. Während die negative Prävention eine Sicherung der Gesellschaft vor dem/der Verurteilten verlangt, möglichst ohne Außenbeschäftigung, Freigang, Ausführung, Ausgang, Urlaub und mit festem Einschluß hinter Gittern, so verlangt die positive Individualprävention eine Wiedereingliederung in die freie Gesellschaft mit dem Eingehen von Rückfallrisiken. Wenn ansonsten der Grundsatz »in dubio pro libertate« lautet, so scheint hier die Umkehrung »in dubio pro securitate« geboten zu sein. Nun machen die Grundrechte nicht vor den Anstaltstoren halt, sie gelten vielmehr auch hier, soweit nicht der Sanktionscharakter dem entgegensteht, ja es gilt, auf sie besonders Obacht zu geben. Dies bedeutet, daß das aus dem Persönlichkeitsrecht und aus dem Sozialstaatsprinzip zu entwickelnde (Re-)Sozialisierungsgebot (s. *BVerfGE* 35, 202; *Ostendorf* ZRP 1976, 282) dem Sicherheitsinteresse in der konkreten Gestaltung des Vollzuges vorgeht, auch wenn primär wegen des Sicherheitsinteresses der Gesellschaft zur Jugendstrafe verurteilt wurde. Dieses negative Verurteilungsziel wurde nur deshalb verfolgt, weil aufgrund der vielfach festgestellten schädlichen, weiter kriminalisierenden Auswirkungen des Strafvollzugs nicht ehrlicherweise zum Zwecke einer positiven Individualprävention verurteilt werden kann (s. § 17 Rn. 11). Es sind aber alle Möglichkeiten für eine solche Individualprävention auszuschöpfen; als solche gilt gerade das selbständige Einüben der Verhaltensregeln durch Außenkontakte unter Hilfestellung des Vollzugs. Im übrigen wäre es mehr als kurzsichtig, bis zum Entlassungstage einseitig und absolut dem Sicherungsinteresse den Vorrang einzuräumen, um es danach völlig preisgeben zu müssen. Diese Sichtweise legitimiert, ja fordert **kontrollierte Risiken im (Re-)Sozialisierungsprozeß** (im Ergebnis ebenso *Eisenberg* § 91 Rn. 12). Der oben formulierte scheinbare Widerspruch ist somit i. S. eines Vorrangs für die positive Individualprävention gegenüber der negativen Individualprävention aufzulösen. Dies bedeutet in der Praxis, eine aktive Presse- und Informationspolitik zu betreiben, um von bestimmten Medien geschürten Vorurteilen wirksam begegnen zu können. Die Aufklärung ist immer wieder zu wiederholen, da die Angst vor der personifizierten Kriminalität immer wieder ausbricht. In gleicher Weise muß versucht werden, auf das Bewußtsein der Anstaltsinsassen und des Anstaltspersonals i. S. eines (Re-)Sozialisierungsklimas einzuwirken. Das Anstaltspersonal muß sich mit dem

(Re-)Sozialisierungsziel **identifizieren**, um hiervon etwas an die Gefangenen abgeben zu können, damit diese es **akzeptieren**. Dies setzt voraus, daß die Betreuer auch als Helfer, und nicht bloß als »Schließer« auftreten, wobei der unauflösbare Konflikt zwischen dem Sicherheitsinteresse und dem (Re-)Sozialisierungsauftrag den Betroffenen deutlich zu machen ist.

Schließlich ist das Ordnungsinteresse, das reibungslose Funktionieren des Anstaltslebens in die Zielbestimmung einzuordnen. Das Ordnungsinteresse wird im § 91 Abs. 2 S. 1 als erste Grundlage der Erziehung genannt. Dementsprechend findet sich in den Verwaltungsvorschriften eine Vielzahl von Detailregelungen im Interesse des ordnungsgemäßen Anstaltslebens. Gemäß Nr. 14 Abs. 2 VVJug können so »Vorkehrungen und Gegenstände, die die ... Sicherheit und Ordnung ... gefährden«, ausgeschlossen werden. Auch das Tragen der Anstaltskleidung (Nr. 15 Abs. 1 VVJug) ist hierin begründet. Die Berechtigung eines Ordnungsinteresses gerade in einer so dicht und zwangsweise zusammengeführten Gemeinschaft von »Problemfällen« ist nicht zu leugnen. Das Ordnungsinteresse hat sich aber immer dem (Re-)Sozialisierungsgebot unterzuordnen (ebenso *Eisenberg* ZRP 1985, 46; § 5 Abs. 2 Arbeitsentwurf 1984; § 5 Abs. 3 Entwurf eines Jugendstrafvollzugsgesetzes von *Baumann*). »Streng und starr durchgeführte Ordnungen schaden der Förderung der Probanden mehr als sie nutzen« (*Walkenhorst* DVJJ-Journal 1999, 255). Von einer äußeren, formalen Ordnung läßt sich schwerlich auf eine innere, akzeptierte Wertordnung schließen (ebenso *Böhm* Einführung in das Jugendstrafrecht, S. 200). In der Mehrzahl werden damit die weiterhin bestehenden Probleme verdeckt. Ja, umgekehrt wird damit die Anpassung an das Leben in Freiheit erschwert, da »draußen« eben nicht so eine Formalordnung besteht. Zusätzlich begünstigt eine solche Ordnung mit dem Kalfaktorensystem eine Subkultur mit ihren nicht nur vielfach negativen Einflüssen, sondern auch mit vielen Abhängigkeiten, Demütigungen sowie ökonomischen und sexuellen Knechtschaften (s. hierzu *Hofmann* Jugend im Gefängnis, 1967, S. 141 ff.). Es wird damit der Meinung gefolgt, daß die Gefangenensubkultur in originärer Abhängigkeit von der »totalen Institution« steht, und die Theorie der bloßen kulturellen Übertragung eines außeranstaltlichen Normen- und Wertesystems abgelehnt (s. hierzu *Eisenberg* Kriminologie, 4. Aufl., § 37 Rn. 4 f.). Diese Subkultur steht der Vermittlung einer Rechtskultur diametral entgegen. Auch wird die Akzeptanz von (Re-)Sozialisierungsbemühungen gestört, wenn nicht verhindert durch Eingriffe in den Persönlichkeitsbereich, die von den Gefangenen als Schikane empfunden werden.

So sollte Großzügigkeit bezüglich der Gestaltung des Haftraums am Platze sein: Der Fernseher oder der Hamster stört auch in einem Mietshaus nicht (s. bereits § 93 Rn. 15; zur Ausstattung mit einem frei zugänglichen

Lichtschalter und einer Steckdose s. § 22 Entwurf eines Jugendstrafvollzugsgesetzes von *Baumann*). Als gefährlich für die Sicherheit kann nahezu jeder Gegenstand gedeutet werden (s. *Schöch* in: Strafvollzug, hrsg. v. *Kaiser/Kerner/Schöch*, 4. Aufl., § 6 Rn. 63 m. N. zur Rechtsprechung). Ebenso sollte von der Möglichkeit, das **Tragen eigener Kleidung** zuzulassen (s. Nr. 15 Abs. 3 VVJug), Gebrauch gemacht werden (ebenso *Eisenberg* ZRP 1985, 49; *Grübl*, in: Sozialpädagogik im Jugendstrafvollzug, hrsg. v. *Nickolai*, 1985, S. 15; s. auch § 3 Abs. 2 *AE*; Stellungnahme der *DVJJ* zum Arbeitsentwurf eines Jugendstrafvollzugsgesetzes, 1985, S. 12; § 5 Abs. 2 S. 3 Entwurf eines Jugendstrafvollzugsgesetzes von *Baumann*), zumindest für die Freizeit. Der für diese Zwecke ausgegebene »Blaumann« (s. Nr. 15 Abs. 1 S. 2 VVJug; § 20 Abs. 1 S. 2 StVollzG) genügt nicht der Anforderung gem. § 3 Abs. 1 StVollzG, wonach der Vollzug den allgemeinen Lebensverhältnissen soweit als möglich anzugleichen ist (so *OLG Celle* ZfStrVo Sonderheft 1978, 20). Gerade heute ist die Kleidung vielfach Ausdruck der eigenen Persönlichkeit (s. *Bulczak* in: Strafvollzug in der Praxis, hrsg. v. *Schwindt/Blau*, 1976, S. 101) und daher von der Anstaltsordnung zu respektieren. Als ein Spießrutenlaufen muß es erscheinen, wenn Gefangene in Anstaltskleidung ausgeführt werden (s. aber Nr. 15 Abs. 2 VVJug). Dem Personal sollte die Entscheidung über eine Dienstkleidung freigestellt werden; nach dem Vorschlag der Jugendstrafvollzugskommission sollen alle Bedienstete Zivilkleidung tragen (s. Jugendstrafvollzugskommission S. 57; s. auch *Eisenberg* ZRP 1985, 49; *ders.* § 91 Rn. 31). Diese liberale Sichtweise hat auch bei der Kontrolle des Briefverkehrs zu gelten (ebenso *Eisenberg* ZRP 1985, 49; *ders.* § 91 Rn. 27). Zu Recht betont *Eisenberg* die Ventilfunktion, die ein »kräftig formulierter« Brief haben kann. Die generelle Ermächtigung »Der übrige Schriftwechsel darf aus Gründen der Erziehung oder der Sicherheit oder Ordnung der Anstalt überwacht werden« (Nr. 24 Abs. 3 VVJug; s. auch § 29 Abs. 3 StVollzG) erlaubt im Hinblick auf die grundsätzliche Verbürgung gem. Art. 10 GG, nur im konkret begründeten Einzelfall tätig zu werden (s. im einzelnen m. N. zur z. T. weitergehenden Rechtspr. *Calliess/Müller-Dietz* § 29 StVollzG Rn. 3; s. auch *BVerfG* StV 1993, 600).

2. Hilfeangebote

a) Aufnahmeverfahren

15   Das formelle Aufnahmeverfahren ist in der Nr. 1 VVJug geregelt. Anschließend soll durch eine Persönlichkeitserforschung ein Vollzugsplan erstellt werden (Nr. 2 und 3 VVJug). Auf die analysierende Eingangsphase wird auch in der Rechtslehre großes Gewicht gelegt (s. *Brunner* § 91 Rn. 2; *Eisenberg* § 91 Rn. 17, allerdings mit Bedenken gegen psychodiagnostische Testverfahren; *Schöch* in: Strafvollzug, hrsg. v. *Kaiser/Kerner/Schöch*, 4. Aufl., § 6 Rn. 15, 16; *Bulczak* Zbl 1986, 328; zum Zugang zum

Drittes Hauptstück.
Vollstreckung und Vollzug §§ 91-92

Gefangenen mit Hilfe der Graphognostik s. *Avé-Lallemant* Graphologie des Jugendlichen Bd. III: Straftäter im Selbstausdruck, 1993; s. auch §§ 7 und 8 Entwurf eines Jugendstrafvollzugsgesetzes von *Baumann*). Nach der Verwaltungsvorschrift darf – im Unterschied zum Erwachsenenvollzug (s. § 6 Abs. 1 S. 2 StVollzG) – selbst bei kurzfristiger Vollzugsdauer nicht von dieser Persönlichkeitserforschung abgesehen werden. Daß damit immer auch ein Persönlichkeitseingriff verbunden ist, wird vielfach nicht beachtet (s. auch § 3 Rn. 14). Zudem: Was nützt die beste Diagnose, wenn diese anschließend nicht in eine Therapie umgesetzt wird. Hierbei ist zu bedenken, daß aufgrund der Anrechnung der U-Haft (s. Grdl. z. §§ 71-73 Rn. 6) und der regelmäßigen vorzeitigen Entlassung (s. Grdl. z. §§ 88-89 a Rn. 4) der Jugendstrafvollzug in der Masse ein kurzzeitiger Vollzug ist (s. auch *Eisenberg* ZRP 1985, 44, dessen Hinweis auf die statistischen Angaben über die voraussichtliche Vollzugsdauer allerdings wenig aussagekräftig ist, da dort die Entlassung auf Bewährung hierbei nicht berücksichtigt werden konnte). Darüber hinaus wird mit einem detaillierten Vollzugsplan die Gefahr begründet, daß in Anlehnung an einen Stufenstrafvollzug der weitere Vollzug bereits so festgelegt wird, daß Veränderungen und Entwicklungen beim Gefangenen sowie im Vollzug nicht hinreichend Rechnung getragen wird. Das geschichtliche Modell der formalisierten Vergünstigungsprogression muß aber als gescheitert angesehen werden (s. *Kaiser* a. a. O., S. 50 ff. m. w. N.): Tendenziell werden damit Behandlungsmöglichkeiten eingeschränkt, die Stufenfolge führt zu einer Formalanpassung und kann als wirksames Disziplinierungsmittel eingesetzt werden (s. auch *Eisenberg* § 91 Rn. 35; befürwortend *Brunner/Dölling* § 91 Rn. 7). Wenn auch bei länger »Einsitzenden« ein planerisches Konzept sinnvoll und notwendig ist, und sei es, um die Diskrepanz zwischen Anspruch und Wirklichkeit den Beteiligten vor Augen zu führen (nach *OLG Hamm* ZfStrVo 1979, 63 hat der Gefangene einen durchsetzbaren Anspruch auf Aufstellung eines schriftlichen Vollzugsplanes), so stellt sich in der Mehrzahl der Fälle dieses Eingangsverfahren doch als **»(re-)sozialisierende Selbstbefriedigung«** dar. Wichtiger ist einmal die psychisch-menschliche Betreuung in dieser Anfangszeit, die häufig von Verunsicherung, Angst und Depression geprägt ist (s. *Schütze* MschrKrim 1980, 152, 153). Dies gilt auch für diejenigen, die schon den Schock der U-Haft (s. § 93 Rn. 9) erlebt haben. Jetzt ist der Freiheitsentzug auf kürzere oder längere Dauer endgültig, die Tore sind geschlossen, während in der U-Haft immer noch Hoffnung bestand. Zudem ist der Anpassungsdruck des sozialen Systems »Vollzug« enorm, die Regelbeherrschung will erlernt sein. Hinzu kommt der subkulturelle Sog, dem der/die »Neue« kaum allein widerstehen kann. Zum anderen muß gerade zu Beginn der Strafhaft dafür Sorge getragen werden, daß die Schäden, die durch die Straftat für Außenbeziehungen entstehen können, begrenzt werden. Hierunter fällt die Aufrechterhaltung sozialer Bindungen, die Kündigung von rechtlichen Verpflichtungen, die Sicherstellung von Vermögenswerten.

b) Arbeit

16 Wie im Erwachsenenstrafvollzug (s. § 41 StVollzG) ist der/die jugendliche Gefangene zur Arbeit verpflichtet (s. § 91 Abs. 2; Nr. 36 VVJug; s. auch *Brunner/Dölling* § 91 Rn. 12; problematisierend als Sklavenarbeit *Pecic* Kriminalpädagogische Praxis 13 [1982], 14; zur rechtmäßigen Ablehnung einer gesundheitsgefährdenden Zellenarbeit s. *LG Bonn* NStZ 1988, 575). Auch wenn die Arbeitsverpflichtung formell verfassungsrechtlich gem. Art. 12 Abs. 3 GG abgesichert ist (s. § 92 Rn. 10 am Schluß) und das Erziehungsrecht der Eltern gegenüber ihren noch nicht volljährigen Kindern mit der rechtskräftigen Verurteilung durch das – sekundäre – Erziehungsrecht des Staates ersetzt wird, so ergibt sich aber aus § 91 Abs. 2, daß nur eine erzieherisch wirkende Arbeit verlangt wird. Nach den Verwaltungsvorschriften soll demgegenüber dem/der Gefangenen primär eine wirtschaftlich ergiebige Arbeit zugewiesen werden, sekundär eine »angemessene Beschäftigung« (s. Nr. 32 Abs. 2 und 3 VVJug). Angemessen soll eine Beschäftigung sein, »wenn ihr Ergebnis wirtschaftlich vertretbar ist und in einem vertretbaren Verhältnis zum Aufwand steht« (Nr. 32 Abs. 5 VVJug). Bereits insoweit wird das Mittel »Arbeit« für die (Re-)Sozialisierung tendenziell in den Hintergrund gerückt, auch wenn für die »wirtschaftlich ergiebige Arbeit« die Fähigkeiten, Fertigkeiten und Neigungen zu berücksichtigen sind (abl. deshalb auch *Eisenberg* § 91 Rn. 21). Dementsprechend sieht die Praxis aus. Nach einer Untersuchung waren im Jahre 1980 auf der Basis von acht der 22 bundesdeutschen Jugendstrafanstalten 13,4 % der Gefangenen beschäftigungslos; 44,3 % verrichteten eine Arbeit, die in keinem pädagogischen Zusammenhang stand (s. *Stenger* in: Jugendgerichtsverfahren und Kriminalprävention, DVJJ, 13 [1984], 465, 466). Insbesondere die Bedingungen der Zellenarbeit stellen das Gegenteil von einer Arbeitstherapie dar, auch wenn sie von den Gefangenen zur Aufbesserung ihres Hausgeldes (s. Nr. 41 VVJug) angenommen wird (s. auch *Böhm* Einführung in das Jugendstrafrecht, S. 233). Abgesehen von den stupiden Beschäftigungen sind auch die völlig unangemessene Entlohnung (s. Nr. 38 VVJug; im Hamburger Erwachsenenvollzug ist demgegenüber nach Zeitungsberichten ein Pilotprojekt »Tariflohn für arbeitende Strafgefangene« eingerichtet) sowie die Herausnahme aus der Sozialversicherung demotivierend (s. auch § 93 Rn. 10; zur Praxis s. weiterhin *Sohns* Die Gefangenenarbeit im Jugendstrafvollzug, 1973; *Wattenberg* ZfStrVo 1983, 279 ff.). Das *BVerfG* hat das Arbeitsentgelt für Gefangene im Strafvollzug und damit auch für den Jugendstrafvollzug (s. § 176 StVollzG), das gem. § 200 Abs. 1 StVollzG auf 5 % der sozialversicherungsrechtlichen Bezugsgröße begrenzt ist, für verfassungswidrig erklärt – anwendbar

nur noch bis zum 31.12.2000 (*BVerfG* NJW 1998, 3337 ff.). Eine Freistellung von der Arbeit ist erst nach einem Jahr Tätigkeit möglich, wobei auf diese Zeit der Freistellung der Urlaub aus der Haft angerechnet wird, »soweit er in die Arbeitszeit fällt und nicht wegen einer lebensgefährlichen Erkrankung oder des Todes eines Angehörigen erteilt worden ist« (Nr. 37 Abs. 1, 2,3 VVJug). Die positive Einstellung zur Arbeit als »zentraler Faktor des sozialen Integrationsprozesses« (s. *Bode/Vehre* Kriminalpädagogische Praxis 13 [1982], 21) ist so nicht zu vermitteln. Die bislang gemachten negativen Erfahrungen zu diesem Lebensbereich setzen sich in der Anstalt fort. Persönliche Befriedigung und Anerkennung ist nur bei einem differenzierten, auf die Interessen der Jugendlichen abgestellten, qualifizierten Angebot von Arbeitsmöglichkeiten, d. h. vor allem zunächst von Ausbildungsmöglichkeiten, zu erreichen. Nur dann können auch die Grundvoraussetzungen des heutigen Arbeitsprozesses wie Pünktlichkeit, Gewöhnung an Arbeitsabläufe und sorgfältiger Umgang mit den Arbeitsmaterialien gelernt werden. Als Konsequenz gilt es somit weniger die Arbeitspflicht zu betonen, als die Pflicht des Staates, für die (Re-)Sozialisierung geeignete Arbeit anzubieten (zum vorbildhaften Angebot in der JVA Hameln s. *Bode/Vehre* Kriminalpädagogische Praxis 13 [1982], 19 ff. sowie *Wattenberg* Arbeitstherapie im Jugendstrafvollzug – eine Bestandsaufnahme, 3. Aufl.) und ein angemessenes Entgelt zu zahlen.

Die praktischen Ergebnisse einer bloßen Beschäftigungstherapie sind dementsprechend negativ: Die Gefangenen, die aus einer solchen Arbeit entlassen werden, entsprechen nicht den an sie gestellten Arbeitsanforderungen in Freiheit; sie werden in der Mehrzahl alsbald arbeitslos bzw. erlangen erst gar keine Arbeitsstelle, womit zugleich eine erhöhte Gefährdung für den Rückfall eintritt (s. *Neuland* in: Prognose und Bewährung, 1966, S. 49, 50; *Wachter* Untersuchungen über Erfolg und Mißerfolg der Erziehung durch die Jugendstrafe von unbestimmter Dauer, 1966, S. 94 ff.). Weiterhin soll auch die Legalbewährung von eben dieser Arbeitseinstellung bzw. der Arbeitsqualifikation abhängig sein (s. hierzu § 18 Rn. 9). 17

c) **Unterricht und Berufsausbildung**

Im engen Zusammenhang mit dem Arbeitsangebot stehen Unterricht und Berufsausbildung. Da die positive Einstellung zur Arbeit regelmäßig nur in einem qualifizierten Beruf zu gewinnen ist, stehen schulische und berufliche Ausbildung am Anfang und im Mittelpunkt der Bemühungen. Gegenüber der Arbeitsverpflichtung sollte ein Vorrang auch für die nicht schulpflichtige sowie berufliche Ausbildung bestehen; hierfür sprechen auch die Nr. 32 und 33 VVJug. Dies gilt unabhängig von den Auswirkungen auf die Legalbewährung (s. § 18 Rn. 9), da bereits das Herausholen aus 18 der sozialen Randständigkeit als Positivum zu bewerten ist. Insbesondere gegenüber ausländischen Strafgefangenen besteht hier ein sozialstaatlicher Nachholbedarf. Allerdings sind Erfolge in der Anstalt vor dem Hintergrund einer Jugendarbeitslosigkeit, die gerade die entlassenen Gefangenen unabhängig von ihrer – möglicherweise erst in der Anstalt erworbenen – beruflichen Qualifikation trifft, zu relativieren. Soweit Schulpflicht besteht, gilt diese Verpflichtung auch hier (Nr. 33 Abs. 2 VVJug). Nr. 33 Abs. 4 VVJug bestimmt weiterhin: »Daneben soll nach Möglichkeit Unterricht zur Erlangung anderer staatlich anerkannter Schulabschlüsse, zur Förderung besonderer Begabungen und individueller Interessen sowie lebenskundlicher Unterricht und berufsbildender Unterricht auf Einzelgebieten erteilt werden.« Von der Gesamtbeschäftigung hatten im Jahre 1980 die schulischen Maßnahmen einen Anteil von 12,9 % und die berufsbildenden Maßnahmen einen Anteil von 26,4 % (s. *Stengel*, in: Jugendgerichtsverfahren und Kriminalprävention, DVJJ 13 [1984], 465). Zu vorbildhaften schulisch-beruflichen Maßnahmen in der JVA Hameln s. *Bode/Vehre* Kriminalpädagogische Praxis 13 [1982], 19 ff.; zur Zielsetzung und Methode s. auch § 93 Rn. 11. Wenn zu Berufsausbildungsmaßnahmen nach den Verwaltungsvorschriften auch keine Verpflichtung besteht, so wird diese doch aus § 91 Abs. 1 und 2 hergeleitet (so *OLG Frankfurt* bei *Böhm* NStZ 1984, 448; a. M. *Böhm* Handwörterbuch der Kriminologie, 4. Bd., S. 528; Bedenken im Hinblick auf den konkreten Fall bei *Eisenberg* § 92 Rn. 24; für eine Berücksichtigung des Elternwunsches *Kremer* Der Einfluß des Elternrechts aus Art. 6 Abs. 2, 3 GG auf die Rechtmäßigkeit der Maßnahmen des JGG, 1984, S. 142). Es sollte hierzu jedoch nur mit pädagogischen Mitteln angehalten werden, weil unter Zwang keine Motivation geschaffen werden kann und die Pflichterfüllung letztlich auch mit Disziplinarmaßnahmen nicht durchsetzbar ist. Hierbei ist zu beachten, daß auch kein informeller Zwang ausgeübt wird, indem bei Abbruch einer Ausbildung Hilfstätigkeiten angeordnet werden (s. Nr. 36 VVJug; wie hier *Eisenberg* § 91 Rn. 24), wobei die Versagung von Vergünstigungen, insbesondere der Entlassung auf Bewährung, immer droht.

d) Therapeutische Maßnahmen

19 Über die Arbeitstherapie sowie die Schulausbildung und Berufsvorbereitung hinaus sind spezielle Therapieangebote zu machen (s. Nr. 3 Abs. 2 Ziff. 7 VVJug). Zum Einsatz kommen hier vor allem Psychologen und Psychotherapeuten sowie Sozialarbeiter und Sozialpädagogen. Hierbei ist die Bandbreite der Therapiemöglichkeiten auszunutzen: Gesprächstherapie, Gruppentherapie, Verhaltens- und analytische Psychotherapie (s. auch *Jugendstrafvollzugskommission* S. 30 ff.; *Christ* Psychoanalytische Gruppenbehandlung im Jugendgefängnis, 1978; *Nikolai u. a.* Sozialpädagogik im Jugendstrafvollzug, 1985). Besondere Bedeutung kommt der

praktischen Einübung der Bewältigung von Krisensituationen zu (»Antiaggressionstraining«). In sozialen Trainingskursen ist diese Beherrschung modellhaft zu erlernen (zum »Therapeutischen Intensivprogramm gegen Gewalt und Aggression« in der Hamburger Jugendanstalt Hahnöfersand s. die Selbstdarstellung von *Wolters* DVJJ-Journal 1998, 361; zu einem ambulanten Modell in Frankfurt s. *Hansen/Rönnhild* DVJJ-Journal 1998, 383; zu einem alternativen Modellversuch »Demokratische Gemeinschaft« in der Jugendanstalt Adelsheim s. *J. Walter* DVJJ-Journal 1998, 236; s. auch § 10 Rn. 17). So hilft bei Vergewaltigung nicht das Einsperren, sondern nur eine veränderte Einstellung zum anderen Geschlecht, die mit Geschlechtsrollenseminaren (Hamelner Modell) erreicht werden kann (s. hierzu *Bulczak* Zbl 1986, 331 m. w. N.). Hierbei gilt es, die Gefahr zu sehen und ihr zu begegnen, im Rahmen eines Anti-Gewalttrainings selbst gewaltsam gegen Gefangene vorzugehen (zu den therapeutischen und gleichzeitig rechtsstaatlichen Anforderungen s. *J. Walter* ZfStrVo 1999, 23 ff.). Das Problem der Therapiemotivation stellt sich aber auch hier (s. hierzu *Will* in: Sozialpädagogik im Jugendstrafvollzug, hrsg. v. *Nikolai*, 1985, S. 76 ff.). Die Bereitschaft zur Tatverarbeitung ist in der ersten Phase der Inhaftierung noch häufig vorhanden und sollte gerade bei Tötungsdelinquenten und anderen Schwerstdelinquenten mit psychotherapeutischer Unterstützung genutzt werden (s. hierzu sowie zur psychotherapeutischen Behandlung von jugendlichen und heranwachsenden Tötungsdelinquenten durch die Klinik für Kinder- und Jugendpsychiatrie in Kiel – Prof. *Schütze* – *Geraedts* Zur Tötungsdelinquenz bei jugendlichen und heranwachsenden Straftätern, 1998, S. 59 f.). Eine besondere – objektive und z. T. auch subjektive – Therapiebedürftigkeit besteht für Drogenabhängige, wobei hierbei nicht nur an die kulturfremden Drogen, sondern auch an die Droge Alkohol sowie an Medikamenten-Abhängigkeit zu denken ist. Die Bedenken, daß in der Strafanstalt kein problemhaftes Lernen möglich sei, werden nicht geteilt. Der Drogenmarkt findet auch in den Anstalten statt, trotz Überwachung und eingeschränkter finanzieller Mittel. So stimmt umgekehrt auch nur teilweise, daß die Abhängigen dem gewöhnten Milieu entzogen werden, womit ein positiver Ansatz gegeben sei (s. *Brunner* Zbl 1980, 417). Fraglich ist es allerdings, ob eine Behandlung in der Gesamtpopulation möglich ist, wenn Abstinenz Voraussetzung ist und das therapeutische Milieu fehlt. Auch können Wege, über eine zeitlich begrenzte Ersatzdroge die Abhängigkeit zu beseitigen, hier nur schwer gegangen werden; notwendig ist es allerdings, auch für drogenabhängige Gefangene ein »Methadon-Programm« anzubieten (s. hierzu Grundlagen zu § 93 a Rn. 6). Erfolge können somit am ehesten noch in Sonderabteilungen sowie in der freien Form des Vollzugs erreicht werden (gem. Richtlinien des Schleswig-Holsteinischen Justizministers vom 13.7.1993, Az. V 230/4550 – 141 SH – ist grundsätzlich auch in den Vollzugsanstalten die Substitutionsbehandlung intravenös opiatabhängiger

Gefangener zulässig; in der Hamburger Untersuchungshaft werden bereits seit Februar 1991 inhaftierte Drogensüchtige im Rahmen eines psychosozialen Betreuungsprogramms mit der »Ersatzdroge« L-Polamidon versorgt; s. *Kindermann* MschrKrim 1979, 225; *Wiedemann/Tasch* ZfStrVo 1978, 222; Jugendstrafvollzugskommission S. 33; s. aber auch *Kerner* in: Strafvollzug, hrsg. von *Kaiser/Kerner/Schöch*, 4. Aufl., § 17 Rn. 59; s. weiterhin *Müller-Fricke/Kraske* sowie *Koop* Kriminalpädagogische Praxis 19/20 [1985], 32 sowie S. 22). Immer ist »Freiwilligkeit« zur Voraussetzung einer Behandlung zu machen. Positive Erfahrungen werden auch von sozialen Trainingskursen für alkoholauffällige Verkehrstäter berichtet (s. *Walter* Blutalkohol 1989, 176; zu entsprechenden ambulanten Nachschulungskursen s. § 10 Rn. 20).

e) **Verkehr mit der Außenwelt**

20 Allgemein wird der Kontakt mit der Außenwelt über Brief-, Paket- und Telefonverkehr (s. Nr. 23-28 VVJug), über Besuche (Nr. 19-22 VVJug), über den Bezug von Zeitungen und Zeitschriften sowie über Hörfunk und Fernsehen (Nr. 59 und 60 VVJug) stark reglementiert. Demgegenüber verliert der Grundsatz, daß der Außenkontakt zu fördern ist (Nr. 18, 23 VVJug; s. auch § 3 StVollzG; s. auch *Hassemer* ZRP 1984, 292 ff.), an Bedeutung, so wenn die (Mindest-)Gesamtdauer des Besuchs auf eine Stunde im Monat festgesetzt wird (Nr. 19 Abs. 1 S. 2 VVJug). Die besondere Regelung von Besuchstagen in der Hausordnung kann sich weiter restriktiv auswirken. Diese Verwaltungsvorschriften müssen daher i. S. des Präventionszieles ausgelegt, notfalls zurückgestellt werden, da die Aufrechterhaltung von sozialen Beziehungen einen wesentlichen Faktor für die Wiedereingliederung darstellt (s. auch *Eisenberg* § 91 Rn. 30; zum Briefverkehr s. auch Rn. 14). So verstößt die Regelung, daß eigene Fernsehgeräte nur »in begründeten Ausnahmefällen« zuzulassen sind (Nr. 60 Abs. 2 VVJug), gegen das Ziel einer emanzipierenden Sozialtherapie (s. auch § 93 Rn. 15). Es scheint hierfür weiterhin die Ansicht zugrunde zu liegen, daß die Freiheitsstrafe über den Freiheitsverlust hinaus auch weitere Einbußen von Lebensfreuden bezwecke (so expressis verbis *KG* NJW 1966, 1088; s. aber bereits *Freudenthal* in: Enzyklopädie der Rechtswissenschaft, 7. Aufl., 1914, 5. Bd., S. 81; s. auch *Hassemer* ZRP 1984, 293). Das Fernsehen ist für politische Informationen, für kulturelle und sportliche Interessen, für die Freizeitbeschäftigung »zum unverzichtbaren Bestandteil des Alltagslebens« geworden (s. *OLG Koblenz* StV 1989, 210). Sicherheitsbedenken können nach langjährigen positiven Erfahrungen heute nicht mehr geltend gemacht werden (*OLG Koblenz* a. a. O.; *OLG Düsseldorf* StV 1985, 22; *OLG Zweibrücken* Justizblatt Rheinland-Pfalz 1990, 57, unter Aufgabe der früheren Rechtsprechung; s. auch AV der Hamburger Justizbehörde Nr. 10/1991 vom 25.3.1991 Ziff. 2.2 Abs. 2, wonach die Geräte,

die durch die Anstalt bezogen und durch einen von der Anstaltsleitung bestimmten konzessionierten Fachhändler kontrolliert werden, auch im geschlossenen Vollzug zulässig sind; a. M. aber wiederum *LG Stuttgart* Die Justiz 1990, 337 sowie *OLG Karlsruhe* StV 1990, 555, das allerdings ein Kleinstgerät mit Flüssigkristallanzeige erlaubt). Auch muß die Pflege freundschaftlicher Beziehungen mit Einschluß des **sexuellen Kontakts** für gefestigte Beziehungen möglich sein; nach erfolgreicher Erprobung in den Vollzugsanstalten Werl und Geldern sind »Langzeitbesuchsräume« in allen Vollzugsanstalten Nordrhein-Westfalens eingerichtet worden (s. auch § 93 Rn. 14). Die Nichtbehandlung dieses Themas in der Rechtslehre steht im Gegensatz zu seiner Bedeutung für die Gefangenen (s. *Hofmann* Jugend im Gefängnis, 1967, S. 140 ff.; *Kersten/Wolffersdorf-Ehlert* Jugendstrafe, 1980, S. 311 ff.). Konkret ist in einem ungestörten Besucherzimmer hierfür Gelegenheit zu schaffen, wie dies beispielsweise in Dänemark praktiziert wird. Immerhin stand und steht auch ein Teil der jugendlichen Gefangenen bereits in festen Beziehungen (s. im einzelnen Grdl. z. §§ 91-92 Rn. 5).

Spezielle Kontaktmöglichkeiten bestehen über **Vollzugslockerungen** im Wege der Außenbeschäftigung, des Freigangs, der Ausführung und des Ausgangs (s. Nr. 6 VVJug; s. auch § 91 Abs. 3) sowie im Urlaub (s. Nr. 8 VVJug). Im Unterschied zu § 11 Abs. 2 StVollzG ist im § 91 Abs. 3 für den aufgelockerten Vollzug kein ausdrücklicher Versagungsgrund wegen Flucht- oder Mißbrauchsgefahr genannt. Anderslautende Verwaltungsvorschriften (s. Nr. 6 Abs. 10 S. 1 und Nr. 8 Abs. 9 S. 1 VVJug vom 15. 12. 1976) wurden abgeändert. Allerdings stehen diese Vollzugsformen in Abhängigkeit vom Vollzugsziel, das zunächst auch eine Sicherung bezweckt, um aber alsbald die Sozialisation in Freiheit schrittweise zu üben (zum Verbot von Schuld- und Sühneüberlegungen s. Rn. 11). Wenn demgegenüber nach Nr. 8 Abs. 10 VVJug für einen Urlaub regelmäßig Gefangene ausscheiden, »die sich im geschlossenen Vollzug befinden und gegen die bis zum voraussichtlichen Entlassungszeitpunkt noch mehr als 18 Monate Jugendstrafe zu vollziehen sind«, so würde die Befolgung dieser Verwaltungsvorschrift tendenziell zu einer formelhaften Aufhebung dieser Gesetzesvorschrift führen (so aber *KG* bei *Böhm* NStZ 1985, 449; krit. *Böhm* a. a. O.). Hierbei wird festgestellt, daß diese Verwaltungsvorschrift gegenüber dem Erwachsenenvollzug sogar noch strenger angewendet wird, d. h., es werden weniger Beurlaubungen insgesamt ausgesprochen, weniger Freigänge, dafür mehr Ausgänge gewährt (s. *Dünkel* in: Jugendstrafe und Jugendstrafvollzug, Tbd. 1, hrsg. v. *Dünkel/Meyer*, 1985, S. 245). Im Jahre 1994 wurden im Erwachsenenvollzug 50 % mehr Beurlaubungen gewährt als im Jugendstrafvollzug (s. *Dünkel* Empirische Forschung im Strafvollzug, 1996, S. 128). Bei alledem sind die Nichtrückkehrquoten im Jugendstrafvollzug relativ niedrig: Im Jahre 1994 (1988) kehrten pro 100

Gefangene der Jahresdurchschnittsbelegung 1,7 (2,2) nicht rechtzeitig aus dem Urlaub zurück, 4,4 (5,3) nicht rechtzeitig vom Freigang und 0,4 (0,7) nicht rechtzeitig vom Ausgang zurück (s. *Dünkel* a. a. O.). Eine damit noch nicht beantwortete Frage ist die nach Straftaten während der Vollzugslockerungen, die jedoch nach verschiedenen Untersuchungen auf wenige Fälle beschränkt bleiben (s. *Jürgensen/Rehn* MschrKrim 1980, 232; *Beckers* in: Ambulante Maßnahmen zwischen Hilfe und Kontrolle, hrsg. von *Kury*, 1984, S. 388; *Berckhauer* in: Rechtstatsächliche Untersuchungen aus Niedersachsen zu Strafvollzug und Bewährungshilfe, hrsg. vom *Niedersächsischen Minister der Justiz*, 1986, S. 73; *Dünkel/Meyer-Velde* in: Kriminalpolitischer Bericht für den Hessischen Minister der Justiz, hrsg. von *Groß/Schädler*, 1990, S. 107), die allerdings nicht selten Anlaß für spektakuläre Darstellungen in den Medien geben.

f) Freizeit

22 In der Nr. 58 VVJug (Abs. 1 S. 2) ist ein umfangreiches Freizeitangebot gefordert (s. hierzu den Forderungskatalog des rheinland-pfälzischen Justizministers, Justizblatt Rheinland-Pfalz 1990, 148). Dem entspricht, daß gerade auch der Freizeitbereich, d. h. vor allem die weitverbreitete Langeweile, Konfliktauslöser und damit auch Kriminalitätsauslöser ist (s. *Walkenhorst* DVJJ-Journal 1999, 258). In der Praxis läßt sich von dem geforderten attraktiven Angebot (s. *Böhm* Handwörterbuch der Kriminologie, 4. Bd., S. 528; *Eisenberg* § 91 Rn. 25) wenig sehen. Im Alltag des »Knastes« sieht die Freizeitbeschäftigung, von einigen z. T. publizistisch vermarkteten Sonderveranstaltungen abgesehen, ziemlich trübe aus. Hierbei genügt es nicht, Angebote am »Schwarzen Brett« zu unterbreiten. Die Freizeitaktivierung muß angeregt werden. Es müssen alternative, z. B. musische Freizeitformen »schmackhaft« gemacht werden, zu denen die Gefangenen in ihrem bisherigen Milieu keinen Zugang hatten. Umgekehrt ist eine dienstliche Verpflichtung zu Freizeitbeschäftigungen mit dem Ziel, eine Freizeitbeschäftigung zu lernen, mit der eigenen Interessen und Bedürfnissen nachgegangen wird, widersprüchlich (s. aber Nr. 58 Abs. 1 letzter Halbs. VVJug); »individualtherapeutische Gründe im Erziehungsplan« (so *Eisenberg* § 91 Rn. 25) sind demgegenüber nicht stichhaltig.

23 Da es hier um junge Menschen geht, die regelmäßig vom Sport als Freizeitbeschäftigung leicht ansprechbar sind, ist die sportliche Betätigung in der Freizeit besonders zu fördern. In den Mannschaftsspielen sowie im Wettbewerb kann damit gleichzeitig Sozialverhalten geübt werden (s. *Jugendstrafvollzugskommission* S. 37). Auch ist über Anstaltsklubs die Öffnung des Vollzugs möglich, wenngleich auch Vorurteile über die »Knakkis« hiermit verstärkt werden können (s. hierzu *Jugendstrafvollzugskommission* S. 38; *Kruse* ZfStrVo 1982, 297; *Spang* ZfStrVo 1982, 279). Weiter-

hin ist im Rahmen des gelockerten Vollzugs der Besuch von Sportstätten außerhalb der Anstalt sowohl als Aktive als auch als Besucher zu ermöglichen.

g) Entlassungsvorbereitung

Die Entlassungsvorbereitung muß mit dem ersten Tag der Inhaftierung anfangen, da auf diesen Tag der Freiheitserlangung alle Bemühungen hinauslaufen. Es genügt somit nicht, am Schluß Entlassungsabteilungen und Übergangshäuser einzurichten, so wichtig dies auch ist. Es dürfte kein Gefangener entlassen werden, ohne daß ihm vorher wenigstens eine Unterkunft besorgt wurde (s. auch Nr. 65 Abs. 1 S. 3 VVJug). Zum Überbrückungsgeld s. Nr. 43 VVJug. Statt dessen kommt es immer wieder vor, daß der/die Gefangene nicht einmal einen gültigen Personalausweis besitzt (s. auch *Jugendstrafvollzugskommission* S. 49). Darüber hinaus sind Hilfen bei der Suche nach einem Ausbildungs- oder Arbeitsplatz, für die Erlangung von Sozialleistungen sowie für persönlichen Beistand zu geben. Die Schuldenregulierung, d. h. eine Bestandsaufnahme und ein Entschuldungsplan (s. hierzu §§ 24-25 Rn. 9), hat möglichst schon vorher stattzufinden. Solange keine Reststrafenbewährung mit dem Einsatz eines Bewährungshelfers gewährt wird, d. h. **während des ganzen Vollzuges**, hat sich die Jugendgerichtshilfe um den/die Verurteilte(n) zu kümmern (§ 38 Abs. 2 S. 9, Abs. 3); nicht selten ist der Jugendgerichtshelfer die einzige Kontaktperson nach draußen (s. *Ullrich* Arbeitsanleitung für den Jugendgerichtshelfer, 1982, S. 75). Nach der Entlassung erstrecken sich die Erziehungs- und Freizeithilfe durch das Jugendamt und die Träger der freien Jugendhilfe auch auf Personen über 18 Jahre (§ 41 KJHG). Wenn demgegenüber generell der Bewährungshelfer eingeschaltet werden soll (so die *Jugendstrafvollzugskommission* S. 20, 21; § 89 a Arbeitsentwurf 1980; *Eisenberg* § 91 Rn. 32), so geschieht dies ohne eine rechtliche Grundlage. Wenn eine Entlassung auf Bewährung ansteht, ist der Kontakt schon vor der Entlassung herzustellen; das Gegenargument einer unvoreingenommenen Begegnung (s. *Eisenberg* § 91 Rn. 32 b) ist fadenscheinig. Durch eine bessere Absprache unter den Betreuungsverpflichteten bei primärer Verantwortlichkeit des Vollzuges sind sowohl ein Leerlaufen als auch eine Überbetreuung zu vermeiden (s. auch Reform des Jugendstrafvollzuges in Schleswig-Holstein, hrsg. vom *Justizminister des Landes Schleswig-Holstein*, 1989, S. 68, 69).

VI. Zwangs- und Disziplinarmaßnahmen

Die Zwangsmaßnahmen des Strafvollzugsgesetzes finden entsprechende Anwendung (s. § 178 i. V. m. den §§ 94-101 StVollzG; s. auch Rn. 3). Eine gesetzliche Regelung der Disziplinarmaßnahmen fehlt; die ausdrücklichen

Grenzen im § 115 Abs. 2 setzen den Erlaß einer Rechtsverordnung voraus, da § 115 Abs. 2 S. 2 Bezug nimmt auf § 115 Abs. 2 S. 1 und damit auf »die Rechtsverordnungen der Bundesregierung« (a. M. wohl *Böhm* NStZ 1985, 449; *J. Walter* MschrKrim 1993, 274). Lediglich in den Verwaltungsvorschriften finden sich hierzu Ausführungen (s. Nr. 86-91 VVJug). Das Verdikt der Verfassungswidrigkeit (s. Rn. 3) gilt hier aber erst recht (s. auch § 93 Rn. 18). Insoweit hilft auch keine entsprechende Anwendung des § 103 StVollzG (so aber *OLG Frankfurt* bei *Böhm* NStZ 1985, 449), da eine solche eben gesetzlich – wie für die Anwendung des unmittelbaren Zwanges – bestimmt sein muß. Erst recht gilt dies für Zwangsmaßnahmen, die im StVollzG nicht vorgesehen sind: Erziehungsmaßnahmen gem. Nr. 86 Abs. 1 VVJug (so auch *J. Walter* MschrKrim 1993, 275).

26 Im übrigen gilt auch hier, daß Konflikte nicht mit dem Ordnungsbesen der Disziplinargewalt unter den Tisch gekehrt werden dürfen, sondern – wie in Freiheit – ausgetragen werden müssen: Die Konfliktbewältigung muß erlernt werden (s. auch § 93 Rn. 18; für eine restriktive Anwendung *J. Walter* MschrKrim 1993, 273 ff., insbesondere für einen Verzicht auf den Disziplinararrest, S. 291 ff.); ansonsten besteht die Gefahr, daß sich der Konflikt noch verschärft und ein (re)sozialisierungsfeindliches Klima geschaffen wird (zur vergleichsweise häufigen Anwendung von Disziplinarmaßnahmen in der Praxis s. Grdl. z. §§ 91-92 Rn. 6). Ordnungsverstöße können auch als Gelegenheit verstanden werden, einen sozialen Lernprozeß in Gang zu setzen (s. *Walkenhorst* DVJJ-Journal 1999, 255).

VII. Rechtsmittel

27 Neben der Fach- und Dienstaufsichtsbeschwerde sowie der Möglichkeit, sich an den Beirat zu wenden (s. § 164 Abs. 1 S. 1: »Wünsche, Anregungen und Beanstandungen«) ist für Einwendungen gegen die Rechtmäßigkeit einzelner Vollstreckungshandlungen der Rechtsweg zum Oberlandesgericht gem. den §§ 23 ff. EGGVG eröffnet (zur Rechtsreform s. Grdl. z. §§ 91-92 Rn. 7). Die Strafvollstreckungskammer entscheidet – gem. § 109 StVollzG – nur, wenn die Jugendstrafe in einer Erwachsenenanstalt vollstreckt wird (s. § 85 Rn. 7, 8; richtungsweisend *BGHSt* 29, 33) sowie bei Einwendungen, die sich gegen die angewendete Vollzugsart im allgemeinen richten (s. *Wendisch* in: *Löwe/Rosenberg* § 458 StPO Rn. 6; *Kleinknecht/Meyer-Goßner* § 458 StPO Rn. 8; *Frenzel* NJW 1978, 285). »Die Zulässigkeit der Strafvollstreckung« steht auch in Frage, wenn die Jugendstrafe in einer Erwachsenenanstalt vollstreckt wird, ohne daß eine Entscheidung gem. § 92 Abs. 3 getroffen wurde (a. M. *KG* NJW 1978, 284).

Drittes Hauptstück.
Vollstreckung und Vollzug

§§ 91-92

Rechtswege im Jugendstrafvollzug und im Maßregelvollzug bei Jugendlichen / Heranwachsenden:

Jugendstrafvollzug*		Maßregelvollzug**	
Entscheidungen des Anstaltsleiters sowie Justizverwaltungsakte des Jugendrichters als Vollstreckungsleiter	richterliche Entscheidungen des Vollstreckungsleiters (§ 83 Abs. 1) bzw. der Jugendkammer (§ 83 Abs. 2)	Entscheidungen des Anstaltsleiters sowie Justizverwaltungsakte des Jugendrichters als Vollstreckungsleiter	richterliche Entscheidungen des Vollstreckungsleiters (§ 83 Abs. 1) bzw. der Jugendkammer (§ 83 Abs. 2)
↓	↓	↓	↓
Beschwerden an den Generalstaatsanwalt (§ 24 Abs. 2 EGGVG i. V. m. § 21 StVollstrO)	sofortige Beschwerde (§ 83 Abs. 3) (Jugendkammer bzw. Oberlandesgericht)	Antrag auf gerichtliche Entscheidung gem. § 109 StVollzG (Strafvollstreckungskammer)	sofortige Beschwerde (§ 83 Abs. 3) (Jugendkammer bzw. Oberlandesgericht)
↓			
gerichtliche Entscheidung gem. §§ 23 ff. EGGVG			

* Soweit gem. § 92 Abs. 2 S. 1, 2 die Jugendstrafe im Erwachsenenvollzug durchgeführt wird, gilt für Entscheidungen des Anstaltsleiters § 109 StVollzG – Antrag auf gerichtliche Entscheidung durch die Srafvollstreckungkammer. Die gerichtlichen Entscheidungen verbleiben aber beim Jugendgericht. Die Strafvollstreckungskammer wird nur zuständig, wenn die Vollstreckung gem. § 85 Abs. 6 i. V. m. § 92 Abs. 2 S. 3 oder gem. § 89 a Abs. 3 abgegeben wird (für die Strafrestaussetzung bleibt aber § 88 weiter bestimmend).

** In der Praxis wird selten der Maßregelvollzug getrennt für Jugendliche, Heranwachsende und Erwachsene durchgeführt, so daß die Abgabemöglichkeit gem. § 85 Abs. 6 mehr theoretischer Natur ist.

Grundlagen zu § 93

1. Systematische Einordnung

1 In § 93 wird der Vollzug der U-Haft ausgesprochen, während die Voraussetzungen im § 72 i. V. m. den §§ 112 ff. StPO geregelt sind.

2. Historische Entwicklung

2 Bereits im JGG 1923 (§ 28) waren erste Bestimmungen über den Vollzug der U-Haft enthalten, so u. a. auch das Trennungsprinzip i. S. des § 93 Abs. 1 sowie die Beistandsmöglichkeiten gem. § 93 Abs. 3. Die entsprechende Bestimmung im JGG 1943 war der § 68, wobei jetzt auch die erzieherische Gestaltung des Vollzugs verlangt wurde. Von redaktionellen Änderungen sowie geringfügigen inhaltlichen Änderungen durch das 1. JGGÄndG abgesehen entspricht die heutige Fassung der aus dem Jahre 1953.

3. Gesetzesziel

3 Zum Gesetzesziel s. § 93 Rn. 6-8.

4. Justizpraxis

4 Zur Justizpraxis s. Grdl. z. §§ 71-73 Rn. 4-6.

5. Rechtspolitische Einschätzung

5 Rechtspolitisch ist einmal die Verabschiedung eines Untersuchungshaftvollzugsgesetzes zu fordern (s. auch *Baumann* Entwurf eines Untersuchungshaftvollzugsgesetzes, 1981), in dem die Unschuldsmaxime Vorrang vor dem Ziel einer erzieherischen Beeinflussung hat, und ein andermal eine Änderung der desolaten Praxis (s. § 93 Rn. 9, 10; s. auch *Dünkel* in: Jugendstrafe und Jugendstrafvollzug, Tbd. 1, hrsg. von *Dünkel/Meyer*, S. 166: »trostlos«) zugunsten von wirksamen Hilfeangeboten. Zur generellen Einschränkung der U-Haft s. Grdl. z. §§ 71-73 Rn. 8, 9. Im Rahmen eines Untersuchungshaftvollzugsgesetzes ist auch der in Österreich und in der Schweiz praktizierte freiwillige Wechsel von der U-Haft in die Strafhaft zu ermöglichen (s. hierzu *Dünkel* ZStW 105 [1993], 161).

§ 93. Untersuchungshaft

(1) An Jugendlichen wird die Untersuchungshaft nach Möglichkeit in einer besonderen Anstalt oder wenigstens in einer besonderen Abteilung der Haftanstalt oder in einer Jugendarrestanstalt vollzogen.
(2) Der Vollzug der Untersuchungshaft soll erzieherisch gestaltet werden.
(3) Den Vertretern der Jugendgerichtshilfe und, wenn der Beschuldigte der Aufsicht und Leitung eines Bewährungshelfers oder der Betreuung und Aufsicht eines Betreuungshelfers untersteht oder für ihn ein Erziehungsbeistand bestellt ist, dem Helfer und dem Erziehungsbeistand ist der Verkehr mit dem Beschuldigten in demselben Umfang wie einem Verteidiger gestattet.

Literatur

Blumenberg Jugendliche in der Untersuchungshaft, ZfStrVo 1978, 139; *Bundesminister der Justiz* (Hrsg.), Schlußbericht der Jugendstrafvollzugskommission, 1980; *Dünkel* Zur Situation und Entwicklung von Untersuchungshaft und Untersuchungshaftvollzug in der Bundesrepublik Deutschland, ZfStrVo 1985, 334; *Eberle* Überlegungen zum Unterricht für Jugendliche in der Untersuchungsanstalt, ZfStrVo 1978, 74; *Giemulla/Barton* Die Untersuchungshaft bei Jugendlichen und Heranwachsenden aus verfassungsrechtlicher Sicht, RdJB 1982, 289; *Kippes* Arbeitspflicht für jugendliche Untersuchungsgefangene?, RdJB 1967, 243; *Linck* Zulässigkeit und Grenzen der erzieherischen Gestaltung der Untersuchungshaft bei Jugendlichen nach Art. 6 GG, ZRP 1971, 57; *Molketin/Jakobs* Arbeitspflicht jugendlicher und heranwachsender Untersuchungsgefangener aus erzieherischen Gründen?, ZfStrVo 1982, 335; *Mrozynski* Verfassungsrechtliche Probleme der Untersuchungshaft in Jugendstrafsachen, RdJB 1973, 326; *Müller-Dietz* Problematik und Reform des Vollzuges der Untersuchungshaft, StV 1984, 79; *Rotthaus* Unzulänglichkeiten der heutigen Regelung der Untersuchungshaft, NJW 1973, 2269; *Schütze* Jugendliche und Heranwachsende in der Untersuchungshaft, MschrKrim 1980, 148; *Seeboode* Gesetz- und Verfassungsmäßigkeit einer Arbeitspflicht für junge Gefangene, JA 1979, 611; *ders.* Der Vollzug der Untersuchungshaft, 1985; *de Wyl* Die Untersuchungshaft bei Jugendlichen und Heranwachsenden, 1957. (s. auch die Angaben zu § 72)

Inhaltsübersicht

	Rn.
I. Anwendungsbereich	1
II. Gesetzliche Regelung	2
III. Äußere Organisation	4
IV. Innere Ausgestaltung	
1. Prinzipien	6
2. Erziehung von Heranwachsenden	7

	Rn.
3. Erziehung von Jugendlichen	
a) Verfassungsrechtliche Begründung	8
b) Faktische Behinderungen	9
4. Hilfeangebote	
a) Arbeit	10
b) Unterricht und Berufsausbildung	11
c) Therapeutische Maßnahmen	12
d) Verkehr mit der Außenwelt	13
e) Freizeit	15
f) Taschengeld	15 a
g) Übergangshilfen	16
V. Verfahren	
1. Zuständigkeit	17
2. Zwangs- und Disziplinarmaßnahmen	18
VI. Rechtsmittel	19

I. Anwendungsbereich

1 Die Bestimmungen des § 93 gelten auch für Heranwachsende (§ 110 Abs. 2), unabhängig davon, ob die U-Haft von einem Jugend- oder Erwachsenengericht (§ 104 Abs. 1 Nr. 5) angeordnet wird. Aufgrund der Neuregelung im § 110 Abs. 2 S. 2 durch das 1. JGGÄndG kann die Untersuchungshaft auch bei Erwachsenen, die 21, aber noch nicht 24 Jahre alt sind, nach den Vorschriften des § 93 vollzogen werden.

II. Gesetzliche Regelung

2 Der Vollzug der Untersuchungshaft ist nur **marginal gesetzlich geregelt**. Im § 93 finden sich neben dem Grundsatz der erzieherischen Ausgestaltung (Abs. 2) lediglich Hinweise zur äußeren Organisation (Abs. 1) sowie zum Verkehrsrecht mit dem/der Gefangenen (Abs. 3). Daneben gelten § 119 StPO (gem. § 2) sowie § 177 StVollzG (Arbeitsentgelt) und die §§ 94 bis 101 (unmittelbarer Zwang) StVollzG (gem. § 178 StVollzG). Das Manko wird z. Z. mit der UVollzO vom 12. 2. 1953 in der Fassung vom 15. 12. 76 ausgefüllt, die keine Rechtsverordnung gem. § 115 darstellt (s. hierzu § 115 Rn. 1). Hierin finden sich spezielle Regelungen für Jugendliche (Nr. 1 Abs. 4, 13, 19, 22 Abs. 4, 23 Abs. 3, 77-85); ansonsten werden die Verwaltungsanordnungen für die Erwachsenen entsprechend angewendet. Diesen Verwaltungsvorschriften kommt aber kein verbindlicher Charakter zu; sie stellen lediglich Anweisungen für die Verwaltung (Vollzugsbehörde) und in »dringenden Fällen« für die Staatsanwaltschaft dar (s. § 119 Abs. 6 StPO). Obwohl somit der Richter nicht gebunden ist, wird die UVollzO in der Praxis regelmäßig umgesetzt (*Zirbeck* S. 28, 29),

verstanden wird. Zusätzlich läuft gerade der Haftbetrieb dem Erziehungszweck zuwider, da hier angepaßtes Verhalten in wirklichkeitsfernen Situationen und nicht eigenständige Konfliktlösung verlangt wird (*Walter* MschrKrim 1978, 340). Abgesehen davon, daß in der Praxis das Erziehungspostulat nicht eingelöst wird (*Böhm* Strafvollzug, S. 205), ist dieses aus rechtlichen Gründen zu begrenzen, ohne damit ein »normatives Alibi« für Nichtstun (s. *Müller/Dietz* JZ 1982, 223) zu begründen.

2. Erziehung von Heranwachsenden

Ausgehend von dem Volljährigkeitsalter ab 18 Jahren kann das Erziehungspostulat schon bei heranwachsenden U-Gefangenen nicht gelten. Auch das vorrangige elterliche Erziehungsrecht – besser die elterliche Betreuungspflicht – besteht mit der Vollendung des 18. Lebensjahres nicht mehr (wie hier *Eisenberg* § 110 Rn. 7; s. Grdl. z. §§ 1-2 Rn. 4). Einschränkende Maßnahmen wie das Verbot, – bestimmte – Zeitschriften, Raucherwaren zu beziehen, sind nicht gedeckt, da insoweit weder ein Erziehungsrecht eingreift, noch die Sicherung des Haftzwecks angeführt werden kann (*Müller-Dietz* StV 1984, 82; *Böhm* Strafvollzug, S. 202; *Dünkel* in: Jugendstrafe und Jugendstrafvollzug, Tbd. 1, hrsg. von *Dünkel/Meyer*, 1985, S. 157; *Seebode* Der Vollzug der Untersuchungshaft, 1985, S. 225 m. w. N.). Dies gilt erst recht, wenn gem. § 110 Abs. 2 S. 2 Erwachsene im Alter von 21-24 Jahren nach den Vorschriften des § 93 behandelt werden, auch wenn der Gesetzgeber fälschlicherweise diese als Heranwachsende bezeichnet. Soweit innerhalb einer Jugendvollzugsanstalt negative Einflüsse auf Jugendliche befürchtet werden, wenn mit dem Wegfall des Erziehungspostulats den Heranwachsenden größere Freiheiten einzuräumen sind, muß eine Trennung von Jugendlichen und Heranwachsenden vorgenommen werden. Dies gilt erst recht für Einschränkungen gegenüber Erwachsenen, die zusammen mit Jugendlichen/Heranwachsenden untergebracht sind (s. demgegenüber *OLG Koblenz* MDR 1986, 426). Umgekehrt sind erzieherische **Angebote** zur Freizeitgestaltung in Form von Beratungshilfen und Berufsausbildung, Angebote zur Arbeit **verpflichtend** (§ 93 Abs. 2). Dies folgt aus der Menschenwürde und aus dem Sozialstaatsprinzip; staatliche Hilfe ist immer dort anzubieten, wo sich Benachteiligungen zeigen, insbesondere dann, wenn sie gesellschaftlich bedingt sind und durch staatliche Maßnahmen noch gefestigt werden (s. auch *Kreuzer* RdJB 1978, 351).

3. Erziehung von Jugendlichen

a) Verfassungsrechtliche Begründung

Die gesetzliche Verpflichtung zur Erziehung von jugendlichen U-Gefangenen ist verfassungsrechtlich nur aus der **sozialstaatlichen Ver-**

pflichtung zu begründen, die **akute U-Haft-bedingte Gefährdung auszugleichen** (s. auch *Zirbeck* S. 47; *Seebode* JA 1979, 614). Konkretisierend ist auf § 1 KJHG zu verweisen (s. auch *Nothacker* S. 348). Ohne eine solche Kompensation besteht nicht nur ein erzieherisches Manko, sondern auch die Gefahr der Verwahrlosung, der »kriminellen Infektion«. Das Erziehungsrecht der Eltern gem. Art. 6 Abs. 2 GG wird häufig gegenüber Jugendlichen vor und während der U-Haft nicht wahrgenommen; im Alltag ist es zudem schwer in einer U-Haft umzusetzen. Gerade hier ist aber aufgrund der negativen Einflüsse eine erzieherische Hilfestellung erforderlich. Soweit das elterliche Erziehungsrecht ausgeübt werden kann, bleibt dieses **vorrangig** bestehen (a. M. *Kremer* Der Einfluß des Elternrechts aus Art. 6 Abs. 2, 3 GG auf die Rechtmäßigkeit der Maßnahmen des JGG, 1984, S. 167). Über einen eventuellen Mißbrauch hat nicht die Anstaltsleitung zu entscheiden (im Ergebnis a. M. *Zirbeck* S. 47; *Seebode* JA 1979, 614; s. aber jetzt *ders.* Der Vollzug der Untersuchungshaft, 1985, S. 228; *Eisenberg* § 93 Rn. 13), sondern an sich gem. § 1666 BGB das Vormundschaftsgericht, das hier aber durch den Vollstreckungsleiter (§ 82) ersetzt wird, sofern nicht generell über den Entzug des Sorgerechts zu entscheiden ist; der Jugendrichter hat hierbei inhaltlich § 1666 BGB zu beachten. Vor wichtigen erzieherischen Entscheidungen sind daher die Eltern zu befragen. Über ihre rechtlichen Erziehungsmöglichkeiten darf nicht hinausgegangen werden (ebenso *Seebode* JA 1979, 614). Eigenentscheidungen der Anstaltsleitung bzw. des richterlichen Vollstreckungsleiters (s. Rn. 17) ergeben sich somit nur bei Nichtausübung des elterlichen Erziehungsrechts (wie hier *Giemulla/Barton* RdJB 1982, 292; a. M. *Mrozynski* RdJB 1973, 329, nach dem immer zuvor ein Mißbrauch des Elternrechts gerichtlich festzustellen ist). Nicht vergessen werden darf hierbei, daß nach dem neuen Recht der elterlichen Sorge die Ausbildungs- und Berufsinteressen des/der Minderjährigen zu berücksichtigen sind (§ 1631 a Abs. 2 BGB). Mit dem Alter wächst auch die verfassungsrechtlich gesicherte Selbstbestimmung (Art. 2 Abs. 1 GG). Es ist daher ein Einvernehmen sowohl der Erziehungsberechtigten (so *Link* ZRP 1971, 57 ff.; *Kreuzer* RdJB 1978, 351; *Seebode* JA 1979, 614; *Eisenberg* § 93 Rn. 13; *Nothacker* S. 349) als auch des U-Häftlings herbeizuführen. Mit dieser Auslegung wird weder ein Haftgrund der Erziehung (so mißverständlich *AG Zweibrücken* NJW 1979, 1557; *Kippes* RdJB 1967, 243; *Mrozynski* RdJB 1973, 328) begründet noch der Jugendliche mit seinen Entwicklungsproblemen allein gelassen.

b) Faktische Behinderungen

9   Bei grundsätzlicher Anerkennung eines – eingeschränkten – Erziehungsrechts gilt es generell, faktische Behinderungen zu konstatieren. Da ist zunächst die ungewisse Dauer der U-Haft, wobei zusätzlich Verschiebungen

Drittes Hauptstück.
Vollstreckung und Vollzug § 93

und Vorführungen zu Unterbrechungen führen. Auch mit Rücksicht auf den Schichtdienst des Personals bedingt dies eine »Atmosphäre des **Durchgangsverkehrs**« (*de Wyl* S. 63; *Zirbeck* S. 51; *Walter* MschrKrim 1978, 341). Für gemeinsame Projekte ist weiterhin hinderlich, daß Tatgenossen getrennt gehalten werden müssen, um Absprachen zu verhindern. Weitere Einschränkungen für die Möglichkeiten einer erzieherischen Beeinflussung ergeben sich aus den subjektiven Faktoren, die den jungen U-Gefangenen nach der vermuteten Begehung einer Straftat bestimmen. Hierbei ist die psychische Ausgangsposition in sehr vielen Fällen bereits durch Verunsicherung und Ohnmacht belastet (s. *Blumenberg* ZfStrVo 1978, 140, 141). Insbesondere bei erstmalig Verhafteten behindert der Schock aufgrund der neuen Situation die erzieherische Ansprechbarkeit und die Konzentration zur notwendigen Mitarbeit. Die inhaftierten jungen Gefangenen sind zunächst einmal auf die Aufhebung der U-Haft sowie auf den Ausgang des gegen sie anhängigen Verfahrens fixiert (*Zirbeck* S. 52; *Walter* MschrKrim 1978, 341). Außerdem befinden sich viele der jungen U-Gefangenen in einer psychisch angespannten Situation, weil sie – teilweise nach Begehung erheblicher Straftaten – mit der Verarbeitung des eigenen Verhaltens beschäftigt sind. Auch wenn diese Verarbeitung in den meisten Fällen schwerpunktmäßig durch Verdrängung geleistet wird, ändert dies nichts an der grundsätzlich introvertierten Situation. Hinzu kommt noch die Ungewißheit über Reaktionen aus dem persönlichen Bekanntenkreis sowie die Angst, durch den Haftaufenthalt vorhandene soziale Kontakte zu verlieren. Schließlich behindert – wie bei den verurteilten Gefangenen – die gesamte Atmosphäre hinter Gefängnismauern die Schaffung eines erziehungsgünstigen Klimas: Die **Erzieher** erscheinen dem Häftling – natürlich – nicht als **Helfer** in einer schwierigen Situation, sondern als dem Gefängnisbetrieb angehöriger **Gegner**, denen Vertrauen entgegenzubringen außerordentlich schwerfällt – insbesondere im Hinblick auf die oft nur kurze Dauer des Aufenthaltes. Dies gilt um so mehr, wenn Erzieher tätig werden (sollen), um den Inhaftierten zu einem Geständnis zu bewegen oder ihn einer Straftat zu überführen. Wird das Vollzugspersonal mit solchen Aufgaben betraut, muß sich Mißtrauen einschleichen (*Zirbeck* S. 54). Gleiches gilt auch für Persönlichkeitserforschung zur Weiterreichung an Gericht und Jugendamt (s. Nr. 79 Untersuchungshaftvollzugsordnung; wie hier *Kreuzer* RdJB 1978, 350; »erhebliche Bedenken« bei *Eisenberg* § 93 Rn. 16), wobei rechtlich dies als ein Eingriff in das Recht auf »informationelle Selbstbestimmung« (s. *BVerfGE* 65, 1) zu werten ist, dem die erforderliche gesetzliche Grundlage fehlt (ebenso *Seebode* Der Vollzug der Untersuchungshaft, 1985, S. 224). Wo immer das Betreuungspersonal eine solche Zwitterstellung einnimmt, werden die pädagogischen Bemühungen nur wenig Erfolg haben. Darüber hinaus bleibt der grundsätzliche Konflikt zwischen einer emanzipatorischen Erziehung und einer »totalen Institution«: Während diese zur

Selbst- und Mitbestimmung motivieren will, verlangt jene die Anpassung und Unterwerfung. Dialog und Anordnung widersprechen sich.

4. Hilfeangebote

a) Arbeit

10 Wenn eine Verpflichtung zur Arbeit für jugendliche U-Gefangene im Unterschied zu Erwachsenen (Nr. 42 UVollzO) und damit auch zu Heranwachsenden besteht (§ 93 Abs. 2 i. V. m. § 91 Abs. 2), so kann diese **nur eine Arbeit** sein, **die erzieherisch wirkt** und mit den Eltern sowie mit dem/der Jugendlichen abgesprochen ist (anders die h. M., s. *Brunner/Dölling* § 93 Rn. 5; *Vorprüfungsausschuß des BVerfG* JA 1979, 612). Dies ist die rechtliche Konsequenz aus der verfassungsrechtlichen Begrenzung einer Erziehungspflicht (s. Rn. 8). Dies bedeutet, daß gegen den Willen der Eltern keine Arbeit zugeteilt, erst recht nicht Disziplinarstrafen im Fall einer Weigerung ausgesprochen werden dürfen (a. M. *OLG Bamberg* JA 1979, 612). Weiterhin ist bei der Auswahl das Interesse des/der U-Gefangenen zu berücksichtigen (weitergehend, d. h. Freiwilligkeit des Gefangenen voraussetzend *Brodkorb* Verfassungsrechtliche Grenzen bei der Erteilung von Erziehungsmaßregeln und Zuchtmitteln gegenüber Jugendlichen und Heranwachsenden, 1998, S. 478).

Erziehungsbedürftigkeit zur Arbeit wird bei einer Vielzahl der U-Gefangenen angesichts der Anforderungen unserer Leistungsgesellschaft zu bejahen sein. Mehr als fraglich ist aber der erzieherische Wert der – heute – angebotenen Arbeit. Genannt werden: Zusammensetzen von Sprühdosenventilen, Anmalen von Walt-Disney-Figuren, Zusammenfalzen von Ordnern, Tütenkleben, Abfüllen und Abpacken von Stinkbomben (*Krause* S. 132 ff., s. auch *Böhm* Strafvollzug, S. 204). Bei diesen Arbeiten handelt es sich durchweg um monotone bis stumpfsinnige Verrichtungen, die nicht dazu geeignet sind, die Integration in den Arbeitsprozeß oder gar Freude an der Arbeit zu vermitteln. Hinzu kommt die geringe Entlohnung (s. §§ 91-92 Rn. 16), die von dem Gefangenen nur als ungerecht empfunden werden kann und demotivierend wirkt. Durchschnittlich wurden nach einer Untersuchung weit mehr als die Hälfte, in einzelnen Bundesländern ca. 90 % der beschäftigten U-Gefangenen nach den untersten beiden Vergütungsstufen entlohnt (s. *Dünkel* in: Jugendstrafe und Jugendstrafvollzug, Tbd. 1, hrsg. von *Dünkel/Meyer*, 1985, S. 166). So wird ein erzieherischer Erfolg jedenfalls nicht zu erwarten sein, wenn man nicht die Ablehnung gegenüber einer solchen Arbeit als Erziehungsziel anstrebt. Positiv ist allenfalls der Effekt einer situativen Lebensbewältigung als »Beschäftigungstherapie« (bejaht von *Zirbeck* S. 59; *OLG Bamberg* JA 1979, 612; dagegen *Eisenberg* § 93 Rn. 18); das JGG schreibt aber eine andere, weiterführende Hilfe vor. So drängt sich der Verdacht auf, daß solchen Arbeiten weniger eine Erziehungs- als vielmehr eine schlichte **Disziplinierungsfunktion** zukommt. Unter diesen Voraussetzungen kann auch unter erzieherischen Gesichtspunkten keine Arbeitspflicht begründet werden (wie hier *AG Zweibrücken* NJW 1979, 1557; *AG Hamburg* NStZ 1985, 288; *Seebode* JA 1979, 614, 615; *Molketin/Jacobs* ZfStrVo 1982, 338; erhebliche Bedenken bei *Eisenberg* § 93 Rn. 18 und *Nothacker* S. 331). Demgegenüber verstößt eine Arbeitsverpflichtung nicht gegen Art. 12 GG (so aber *Mrozynski* RdJB 1973, 329; *Seebode* JA 1979, 615; *Molketin/Jacobs* ZfStrVo 1982, 338; *AG Hamburg* NStZ 1985, 288; erhebliche Bedenken bei *Eisenberg* § 93 Rn. 18; wie hier *Brodkorb* Verfassungsrechtliche Grenzen bei der Erteilung von Erziehungsmaßregeln und Zuchtmitteln gegenüber Jugendlichen und Heranwachsenden, 1998, S. 468); Art. 12 Abs. 3 läßt ausdrücklich eine Zwangsarbeit bei einer gerichtlich angeordneten Freiheitsentziehung zu. Die U-Haft ist eine solche Freiheitsentziehung (s. auch Art. 4 Abs. 3 a i. V. m. Art. 5 Abs. 1 c MRK). Wenn gearbeitet wird, ist § 62 Jugendarbeitsschutzgesetz zu beachten; das Entgelt richtet sich nach § 177 StVollzG i. V. m. § 43 StVollzG; die Festsetzung der Höhe gem. § 200 Abs. 1 StVollzG ist verfassungswidrig (s. *BVerfG* NJW 198, 3337; s. auch §§ 91-92 Rn. 16).

b) Unterricht und Berufsausbildung

Unterricht und Berufsausbildung sind in der Praxis die wichtigsten Hilfeangebote, da gerade bei diesen Jugendlichen **erhebliche Defizite** bestehen. Hierbei ist einmal dem kurzfristigen Aufenthalt, zum anderen den negativen Erfahrungen dieser Gruppe Rechnung zu tragen. Dies heißt nicht, die Wissens- durch eine Wertevermittlung auszutauschen (s. aber *Dallinger/Lackner* § 93 Rn. 29; zw. *Eisenberg* § 93 Rn. 19). Das Unterrichts- und Ausbildungskonzept muß versuchen, den U-Gefangenen aus seiner durch die Situation verfestigten Passivitätsrolle herauszuholen und zu selbständigem Denken und Handeln zu befähigen. Statt Frontalunterricht ist die Gruppenarbeit zu initiieren, in der gerade auch die Unfähigkeit der Artikulation am ehesten behoben werden kann (hierzu *Eberle* ZfStrVo 1978, 74 ff.). Erzieherisch wirken Unterricht und Ausbildung gerade dann, wenn die Einsicht in die Ursachen der Defizite vermittelt werden kann. Diese Erklärungen können in eine kritische Reflexion der eigenen Situation als U-Gefangene überhaupt einmünden, wobei sich bei den häufig ähnelnden Lebensläufen Ansätze für generalisierende Erklärungen finden lassen. Es gilt aber nicht nur bei einer kritischen Sicht der Umwelt stehenzubleiben, sondern den Impetus zur Veränderung auch für sich selbst gelten zu lassen.

11

c) Therapeutische Maßnahmen

12 Entsprechend dieser Zielsetzung sind auch therapeutische Angebote zu machen als »**soziales Training**«. Wegen der Kürze der Zeit wird hierbei trotz eines nicht zu verkennenden Bedarfs eine Psychotherapie regelmäßig nicht durchführbar sein (s. aber *Blumenberg* ZfStrVo 1978, 143). Allerdings sollte gerade in der krisenhaften Anfangssituation das psychotherapeutische Gespräch angeboten werden (*Schütze* MschrKrim 1980, 152, 153; zu therapeutischen Maßnahmen mit Einschluß der sog. Ersatzdrogenbehandlung bei Drogenabhängigen s. § 91-92 Rn. 19). Effizienter erscheint es, in sozialen Trainingseinheiten die **Lösung von Alltagsproblemen und die Beherrschung von Konfliktsituationen modellhaft zu lernen**. Keineswegs dürfen therapeutische Maßnahmen zu einer Persönlichkeitserforschung für die Sanktionierung oder gar zu einer Tatüberführung ausgenutzt werden (s. *Neufeld* ZfStrVo 1982, 224). Soweit die Persönlichkeitserforschung erforderlich ist (s. § 43; Nr. 79 UVollzO), ist die Verwendungsabsicht rechtzeitig deutlich zu machen. Wichtiger als alle Diagnose ist die praktische Therapie.

d) Verkehr mit der Außenwelt

13 Positiv ist in Abs. 3 der Verkehr mit der Jugendgerichtshilfe, mit einem Bewährungshelfer und Betreuungshelfer sowie einem Erziehungsbeistand geregelt: Wie beim Verteidiger (§ 148 StPO) ist der mündliche und schriftliche Verkehr frei, d. h. bedarf keiner Erlaubnis, noch darf er eingeschränkt oder überwacht werden. Ob damit für ein Verfahren gem. § 129 a StGB auch die Einschränkung des § 148 Abs. 2 StPO gilt (Briefkontrolle, Trennscheibe), wurde bislang – soweit ersichtlich – nicht erörtert. Dagegen spricht, daß die Verweisung allein eine positive ist und vor der Einschränkung des Verkehrsrechts durch § 148 Abs. 2 StPO Gesetz war (historische Auslegung). Aber auch eine teleologische Auslegung verlangt nicht diese Einschränkung, da hier andere Einfluß- und Kontrollmöglichkeiten zur Verfügung stehen. Umgekehrt würde mit einer derartigen Kontrolle dem Gefangenen der Vertrauensrückhalt genommen.

14 Der übrige Außenkontakt wird kontrolliert (Nr. 24, 27, 30 UVollzO), aus Gründen des Zwecks der U-Haft (Flucht, Verdunkelung) und der Anstaltsordnung (Alkohol, Rauschgift). Mit Rücksicht auf das Prinzip, schädliche Folgen einer U-Haft möglichst abzuwehren, sind derartige Außenkontakte entsprechend § 23 Abs. 2 StVollzG grundsätzlich zu fördern (ebenso *Seebode* Der Vollzug der Untersuchungshaft, 1985, S. 204). Beleidigungen von Justizpersonen erfüllen nicht den Eingriffstatbestand des § 119 Abs. 3 StPO (*OLG Celle* NJW 1973, 1659; *BVerfGE* 57, 180; s. aber § 31 Abs. 1 Nr. 4 StVollzG); § 32 StGB gibt insoweit keine Amtsbefugnis (a. M. *Wimmer* GA 1983, 151 ff.). Eine Unterbindung des Außen-

kontakts aus erzieherischen Gründen ist nur mit Einverständnis der Erziehungsberechtigten gestattet (weitergehend *Eisenberg* § 93 Rn. 7; *Brunner/Dölling* § 93 Rn. 8; s. auch Rn. 8; zur Bedeutung der familiären Beziehungen für den eigenen Briefverkehr s. *BVerfGE* 57, 178), bei Heranwachsenden gänzlich untersagt (s. Rn. 7; a. M. *OLG Stuttgart* NJW 1974, 759 für pornographische Zusendungen; diese Entscheidung ist heute aber nicht beweiskräftig, da sie vor dem Volljährigkeitsgesetz aus dem Jahre 1974 ergangen ist; zust. aber *Eisenberg* § 93 Rn. 8; *Brunner/Dölling* § 93 Rn. 8; wie hier *Schneider* NJW 1974, 1207). Dies verlangt z. B. die Einrichtung von öffentlichen Fernsprechern in den Anstalten, deren Benutzung nur für diejenigen zu unterbinden ist, die wegen Verdunklungsgefahr einsitzen (s. *Dünkel* ZfStrVo 1985, 343). Umgekehrt ist die **Aufrechterhaltung von Kontakten zur Außenwelt als positive Aufgabe** zu formulieren (für eine Kommunikationsfreiheit in der Haft *Hassemer* ZRP 1984, 292). Auch muß die Pflege freundschaftlicher Beziehungen möglich **sein mit Einschluß des sexuellen Kontakts** für **gefestigte** Beziehungen (so ausführlich und mit vielen Nachweisen allgemein für die U-Haft *Seebode* Der Vollzug der Untersuchungshaft, 1985, S. 179 ff.; a. M. *Brunner/Dölling* § 93 Rn. 8: »entwürdigend«). Hierbei ist die Schwierigkeit, »aller Wünsche unter einen Hut zu bekommen«, bewußt anzusteuern und möglichst einvernehmlich zu bewältigen (s. auch §§ 91-92 Rn. 20, 21).

e) Freizeit

Ziel der Freizeitgestaltung darf es nicht sein, über die Freiheitsbeschränkung hinaus Lebensfreuden einzuschränken. Das heißt, das Leben ist im »Knast« – wie beim rechtskräftig verurteilten Freiheitsentzug (§ 3 Abs. 1 StVollzG) – **dem Leben »draußen« soweit wie möglich anzugleichen**. Einmal dürfen eigene Aktivitäten nicht behindert werden, solange die Anstaltsordnung hierdurch nicht behindert wird: Der Fernseher oder der Hamster in der eigenen Zelle stört auch in einem Mietshaus nicht; soweit bei Jugendlichen erzieherische Gründe gegen einen uneingeschränkten Fernsehkonsum geltend gemacht werden, ist zunächst die Entscheidung der Erziehungsberechtigten einzuholen (s. Rn. 8); soweit durch einen eventuellen Umbau zu einem Sender Gründe der U-Haft entgegenstehen, ist dieser Gefährdung durch technische Vorkehrungen zu begegnen (s. jetzt auch Nr. 40 Abs. 2 UVollzO; zur widersprüchlichen Rechtsprechung über die Benutzung eines eigenen Fernsehers s. die Entscheidungen des *OLG Koblenz* NStZ 1983, 331, 332; grundsätzlich bejahend *OLG Düsseldorf* StV 1985, 22; grundsätzlich verneinend *BGH-Ermittlungsrichter* ZfStrVo 1985, 64; der Vorprüfungsausschuß des *BVerfG* hat eine Verfassungsbeschwerde wegen der Versagung einer Genehmigung nicht einmal zugelassen, NStZ 1983, 331; s. auch § 69 Abs. 2 StVollzG). Der Benutzung einer elektronischen Schreibmaschine stehen Sicherheitsbedenken nicht entgegen, wenn das Gerät über keine externe Datenübertragungsvorrichtung verfügt (*OLG Düsseldorf* StV 1999, 609; a. M. für die Benutzung eines Computers *OLG Düsseldorf* StV 1999, 610 m. abl. Anm. von *Staechelin*). Zum anderen ist ein aktives Freizeitangebot zu machen, wobei durch das gemeinsame Erlebnis wichtige soziale Prozesse gefördert werden können, das häufig anzutreffende Unvermögen einer »sinnvollen«, d. h. befriedigenden Freizeitbeschäftigung durch Lernen von alternativem Freizeitverhalten beseitigt werden kann. Konkret bedeutet dies, daß neben Sport, Fernsehen, Radio und Zeitungen auch Hobbykurse und Kulturveranstaltungen angeboten werden müssen.

f) Taschengeld

15 a Soweit der/die U-Gefangene gemäß den Nrn. 50, 52, 56 UVollzO nur eine Grundversorgung erhält, steht ihm in Übereinstimmung mit der Rechtsprechung der Verwaltungsgerichtsbarkeit ein »angemessenes« Taschengeld gegenüber dem örtlich zuständigen Träger der Sozialhilfe gemäß den §§ 11, 12, 22 Abs. 1 S. 2 BSHG zu (s. *OVG Rheinland-Pfalz* NStZ 1988, 335; *OVG Lüneburg* NdsRpfl. 1992, 222; s. auch *BVerwGE* 51, 281; ebenso *Calliess/Müller-Dietz* § 177 StVollzG Rn. 2 m. w. N.; a. M. *OVG Nordrhein-Westfalen* NStZ 1988, 384). Eine analoge Anwendung des § 46 StVollzG auf U-Gefangene (so geplant in § 127 des Entwurfs eines Jugendstrafvollzugsgesetzes vom 24.09.1991) wird überwiegend von der Rechtsprechung abgelehnt (*OLG Koblenz* vom 4.11.1984, Az.: 2 VAs 30/84; *OVG Rheinland-Pfalz* NStZ 1988, 335; *OLG Schleswig* ZfStrVO 1992, 72; *OLG Hamm* NStZ 1993, 608). Da häufig für U-Gefangene keine Arbeitsplätze zur Verfügung stehen und sie oft völlig mittellos sind, besteht in der Praxis ein großes Bedürfnis (ebenso die Stellungnahme der *DVJJ* DVJJ-Journal 1-2/1992, S. 48).

g) Übergangshilfen

16 Praktische Übergangshilfen sind zunächst zur **Sicherung der sozialen Existenz** geboten. Hier geht es um den Arbeitsplatz – zunächst durch Urlaub zu sichern –, Wohnung, Sicherstellung von Werten (PKW), aber auch um die Schaffung einer neuen Lebensgrundlage durch Rechtsberatung, Festlegung eines Entschuldungsplans, Berufsberatung (s. *Fachausschuß I »Strafrecht und Strafvollzug«*, in: Reform der U-Haft, S. 34). Im Ergebnis kann es schon als Erfolg verbucht werden, wenn die negativen Einflüsse durch die U-Haft so gering wie möglich gehalten werden.

V. Verfahren

1. Zuständigkeit

Die Entscheidungen, die über den Tagesablauf hinausgehen und nicht als unmittelbarer Zwang situativ gebunden notwendig sind (s. Rn. 18), hat der Jugendrichter zu treffen; in Eilfällen muß der Staatsanwalt, der Anstaltsleiter oder ein anderer Aufsichtsbeamter vorläufige Maßnahmen ergreifen, die aber der anschließenden Genehmigung des Richters bedürfen (§ 119 Abs. 6 StPO; Nr. 2 bis Nr. 6 UVollzO).

17

2. Zwangs- und Disziplinarmaßnahmen

Die §§ 92 bis 101 StVollzG über den unmittelbaren Zwang gelten kraft § 178 StVollzG auch für die U-Haft nach dem JGG. **Disziplinarmaßnahmen** (»Hausstrafen«) **sind gesetzlich nicht geregelt.** Die gesetzlichen Grenzen in § 115 Abs. 2 setzen den Erlaß einer Rechtsverordnung voraus, wie sich aus dem Wortlaut »Die Rechtsverordnungen ...« ergibt. Nur in der UVollzO finden sich demnach Anweisungen (Nr. 67 bis Nr. 72). Die Verfassungswidrigkeit des derzeitigen Rechtsbestandes (s. Rn. 2) besteht hier in besonderer Weise. Die Erlaubnis für den Anstaltsleiter, bei leichteren Verstößen eine Ermahnung oder Verwarnung auszusprechen (Nr. 67 Abs. 2 UVollzO), verstößt schon gegen das geltende Gesetz (§ 119 Abs. 6 StPO; § 115 Abs. 2 S. 1; a. M. *Eisenberg* § 93 Rn. 5; *Brunner/Dölling* § 93 Rn. 9). Grundsätzlich gilt, daß Konflikte nicht mit dem Ordnungsbesen der Disziplinargewalt unter den Tisch gekehrt werden dürfen, sondern – wie »draußen« – ausgetragen werden müssen: Die **Konfliktbewältigung muß gelernt werden** (s. auch *Sondervotum Jugendstrafvollzugskommission* S. 86).

18

VI. Rechtsmittel

Gegen Entscheidungen des Richters, die sich als Beschränkungen der U-Haft i. S. des § 119 Abs. 3 StPO darstellen, ist **Beschwerde** möglich (§§ 304 ff. StPO). Wenn eine Leistung begehrt wird, die über die übliche Leistungsgewährung in der U-Haft hinausgeht, gilt bei Verweigerung § 23 Abs. 1 EGGVG (s. *OLG Hamburg* StV 1982, 531). Auch Außenstehenden, die in ihren Rechten (z. B. Besuchsrecht) eingeschränkt werden, steht dieses Beschwerderecht zu. Eine weitere Beschwerde ist ausgeschlossen (§ 310 Abs. 2 StPO). Gegen Vollzugsanordnungen des Anstaltsleiters ist der Rechtsweg an den Strafsenat des OLG möglich (§ 23 Abs. 1 EGGVG), es sei denn, es handelt sich um eine Eilentscheidung gem. § 119 Abs. 6 StPO, die durch den Jugendrichter zu prüfen ist.

19

Grundlagen zu § 93 a

1. Systematische Einordnung

1 Im § 93 a wird der **Vollzug** der Maßregel »Unterbringung in einer Entziehungsanstalt« gem. § 61 Nr. 2 StGB i. V. m. § 7 näher bestimmt. Sie betrifft damit nur die stationäre Einrichtung des Maßregelvollzugs, nicht die sozialtherapeutische Anstalt im Rahmen des Strafvollzugs (§ 9 StVollzG) und nicht das Belegkrankenhaus gem. § 65 StVollzG. Während ansonsten die Maßregelunterbringungen innerhalb des allgemeinen gesundheitlichen Versorgungssystems durchgeführt werden, wird hier ein gesonderter Maßregelvollzug gefordert, der in der Praxis aber Teil der Gesundheitsverwaltung geblieben ist.

2. Historische Entwicklung

2 § 93 a wurde mit dem Gesetz zur Änderung des Gesetzes über den Verkehr mit Betäubungsmitteln (BtMG) v. 22. 12. 1971 in das JGG eingeführt (BGBl I, 2092). Die heutige Fassung beruht auf dem EGStGB v. 2. 3. 1974 (BGBl I, 469) – zur Normgenese s. *Schröder* Drogentherapie nach den §§ 93 a JGG, 35 ff. BtMG, 1986.

3. Gesetzesziel

3 Grund für die Einführung des § 93 a war die ansteigende Zahl der drogenabhängigen Verurteilten, deren Probleme im herkömmlichen »Knast« nicht gelöst, häufig verschärft wurden. Entsprechend der bundesrepublikanischen Konzeption, auf den Drogenkonsum repressiv-strafend zu reagieren, sollten besondere Einrichtungen im Rahmen des Maßregelvollzuges zur **zwangsweisen Entwöhnung** angeboten werden; ersetzt werden sollte die bisherige Unterbringung, die häufig zusammen mit psychisch Kranken erfolgte. Eine Lockerung des Zwanges wurde im § 93 a Abs. 2 zwar ausdrücklich erlaubt, ohne jedoch das System der Zwangstherapie aufzugeben. Auch wenn in den Einrichtungen nicht unmittelbar zu bestimmten therapeutischen Maßnahmen gezwungen wird, steht doch im Hintergrund die Androhung der Reststrafe (s. § 67 Abs. 5 StGB); außerdem sind bei den meisten Untergebrachten noch Ermittlungsverfahren offen, die nur bei erfolgreichem Ausgang der Maßregel eingestellt werden. Erst mit den §§ 35-38 des BtMG v. 28. 7. 1981 (BGBl I, 681) wird unter bestimmten Voraussetzungen auf justitiellen Zwang verzichtet, wobei das Schwert des Strafrechts aber weiter im Hintergrund droht (s. § 82 Rn. 11, 12).

4. Justizpraxis

Die **Praxisbedeutung ist gering**, wenn im Jahre 1997 nur 62 Jugendliche und Heranwachsende zu einer Unterbringung in einer Entziehungsanstalt verurteilt wurden (s. Grdl. z. §§ 5-8 Rn. 5). Die für diesen Personenkreis speziellen Einrichtungen wurden erst ein Jahrzehnt nach dem Gesetzesbefehl geschaffen (s. hierzu *BVerfG* JMBl. NW 1977, 222). Seit Anfang 1980 besteht in Bayern das mehr geschlossene Behandlungszentrum für suchtkranke Jugendliche und Heranwachsende **Bezirkskrankenhaus Parsberg II** (Oberpfalz) mit 56 Plätzen (s. hierzu ausführlich *Kühne* Staatliche Drogentherapie auf dem Prüfstand, 1985, S. 82 ff.). Im Oktober 1981 wurde im niedersächsischen **Landeskrankenhaus in Brauel** (Kreis Uelzen) mit 100 Plätzen die Arbeit aufgenommen; beteiligt waren hieran aufgrund eines Länderabkommens Berlin, Bremen, Hamburg, Niedersachsen und Schleswig-Holstein. Seit dem 1. 7. 1989 werden für die Länder Bremen 4, für Hamburg 11, für Niedersachsen 38, für Schleswig-Holstein 10 und für Rheinland-Pfalz 13 Plätze, insgesamt 76 Plätze vorgehalten. Auf eine streng abgeschlossene Eingangsphase (28 Plätze) folgt ein gelockerter Vollzug in weitgehend offener Form (s. hierzu *Kühne* a. a. O., S. 99 ff., dessen Bericht insbesondere über das Therapiekonzept und den Therapieerfolg infolge einer vom Anstaltsleiter verhängten Zugangssperre bruchstückhaft bleibt). Nach *Dessecker* Suchtbehandlung als strafrechtliche Sanktion, 1996, S. 190 unter Hinweis auf einen Endbericht zur wissenschaftlichen Begleitung von *Schulzke/Rach/Wolken* betrug die Rückfallquote innerhalb von 3 Jahren, d. h. Verurteilung oder Einstellung gem. § 20 StGB, 58 %. Hinzu gekommen ist eine Anstalt in Marsberg (Nordrhein-Westfalen) mit ca. 80 Plätzen. In den anderen Bundesländern wird die Maßregel gem. § 64 StGB auch bei Jugendlichen und Heranwachsenden ganz überwiegend in psychiatrischen Krankenhäusern durchgeführt.

5. Rechtspolitische Einschätzung

Solange man mit strafender Staatsgewalt gegen den Konsum bestimmter, »kulturfremder« Drogen vorgeht, ist § 93 a konsequent i. S. einer Zwangstherapie. Die Hürden für einen solchen Einsatz sind aber hochaufgestellt: »Hang« zu Drogen, eine rechtswidrige Rausch- bzw. Hangtat, Gefahr für erhebliche rechtswidrige Taten (s. § 7 Rn. 11-13). Dies hat in der Praxis zur Folge, daß nur wenige Verurteilte in den Maßregelvollzug gem. § 93 a kommen. Das Hauptproblem, der Drogenkonsum in den Strafvollzugsanstalten mit den dortigen zusätzlichen Abhängigkeiten, wird damit nicht angepackt. In die Einrichtungen gem. § 93 a kommen nur diejenigen, die den Leidensweg der Drogenabhängigkeit und ihrer staatlichen Unterdrückung – noch – durchgestanden haben. Für diese oftmals Gescheiterten mag die Zwangstherapie ihr Gutes haben, wenngleich der finanzielle Mitteleinsatz in Abwägung zu vorgreifenden ambulanten Hilfen fragwürdig erscheint. So stehen denn auch diese Einrichtungen im Kreuzfeuer der Kritik (sehr positiv zu der Drogenklinik in Brauel *Stromberg* DRiZ 1983, 189; sehr negativ *E. Quensel u. a.* KrimJ 1982, 81; allgemein zur Fragwürdigkeit von Sondereinrichtungen für Drogenabhängige im Strafvollzug s. *Bachmann/Burkhard u. a.* Drogenabhängige im Strafvollzug, 1985). Nach der vom Bundesministerium für Jugend, Familie und Gesundheit beauftragten wissenschaftlichen Begleitforschung lag die Erfolgsquote für Parsberg nach anfänglichen erheblichen Schwierigkeiten mit einem »explosiven Klima« bei 31 % und war damit überdurchschnittlich (s. *Kühne* Staatliche Drogentherapie auf dem Prüfstand, 1985, S. 94 ff., 110); nach einem Zwischenbericht der wissenschaftlichen Begleitung für Brauel aus dem Jahre 1986 waren 32 % der Klienten als Behandlungserfolg einzustufen (zu dem Problem eines wissenschaftlichen Vergleichs s. *Schroth* in seinem Bericht über das 16. dt. Kolloquium der Südwestdeutschen Kriminologischen Institute, MschrKrim 1981, 104; *Schröder* Drogentherapie nach den §§ 93 a JGG, 35 ff. BtMG, 1986, S. 149 ff.). Nach einer anstaltsinternen Evaluation wurden 1 Jahr nach der Entlassung 26 % der Klienten als Behandlungserfolg, 23 % als Behandlungsteilerfolg und 52 % als Rückfällige eingestuft. Bei der Überprüfung 3 Jahre nach der Entlassung stieg die Rückfälligkeit auf 60 % an. Wichtig erscheint auch folgendes Ergebnis der anstaltsinternen Untersuchung: »Die Wahrscheinlichkeit eines Behandlungserfolges steigt zunächst mit der Dauer der Behandlung, reduziert sich jedoch deutlich, beträgt die Aufenthaltszeit der Klienten mehr als 24 Monate.«

6 Die **Kritik** muß grundsätzlicher ansetzen: **an der strafrechtlichen Reaktion auf den Konsum bestimmter Drogen** (s. hierzu *Kappel/Scheerer* StV 1982, 182 ff. sowie *Scheerer* Kriminalpädagogische Praxis 19/20 [1985], 4 ff. m. w. N.; s. auch *Ostendorf* Wieviel Strafe braucht die Gesellschaft?, 2000, S. 21 ff.). Einen Anstoß hat der 20. Jugendgerichtstag in Köln gegeben, der sich für eine Entkriminalisierung des Erwerbs und Besitzes von Haschisch und Marihuana in geringen Mengen ausgesprochen hat. Hierbei stellt nicht allein der niederländische Weg, den Drogenkonsum mit der Methadonabgabe in geordnete Bahnen zu lenken, eine Alternative dar (befürwortend *St. Quensel* Mit Drogen leben, 1985, S. 127 ff.; *Wiedermann* Demokratie und Recht 1985, 316, 317; *Grimm* Die Lösung des Drogenproblems, 1985, der als Arzt selbst Codein-Programme durchführt). Soweit dahinter die Auffassung steht, daß der Staat hier nicht hineinzuregieren habe, so steht dem ein sozialpolitischer Ansatz entgegen. Drogenkonsum – in welcher Form auch immer – führt in unserer Leistungsgesellschaft zur sozialen Verelendung. Die Beherrschung gelingt nur wenigen. So bleibt es eine sozialstaatliche Aufgabe, über Gesundheits-

risiken und Gefahrenmomente aufzuklären und **immer wieder** Hilfen anzubieten (zu differenzierten emanzipierenden Behandlungskonzepten s. *Krauß/Steffan* (Hrsg.), »... nichts mehr reindrücken«. Drogenarbeit, die nicht bevormundet, 1985). Notwendig ist ein Verbundsystem von Abstinenz- und Ersatzmitteltherapie, eingebunden in eine psychotherapeutische Sozialtherapie (s. hierzu umfassend *Schumacher* Methadon als Ersatzdroge, 1989). Das bloße Verschreiben von Ersatzdrogen ist keine Hilfe, kann ebenso lebensgefährdend sein, wie die Todesrate solcher Patienten beweist (s. auch *BGH* JR 1979, 429).

Die strafrechtliche Reaktion auf den »bloßen« Drogenkonsum ist hierbei wenig hilfreich. Wer die Einfuhr und den Vertrieb dieser Drogen i. S. des BtMG, wer den Dealer bestrafen will, muß bedenken, daß hiermit eine **Verknappung durch Strafrecht** verursacht wird und damit der illegalen Suchtmittelbeschaffung Vorschub geleistet wird. Trotz vielfacher Alkohol- und Nikotinabhängigkeit (nach Angaben der Dt. Hauptstelle gegen Suchtgefahren sind in der Bundesrepublik Deutschland bis zu 1,8 Millionen Menschen alkoholabhängig) gehen wir bei diesen Drogen nicht diesen Weg; umgekehrt verdient der Staat an diesen Drogen über Steuern. Rational erscheint somit lediglich die Bestrafung, wenn »unsaubere« Stoffe oder Drogen an Kinder, Jugendliche oder sonst nach der Rechtsordnung nicht frei Handelnde abgegeben werden. Solange aber eine andere gesetzgeberische Entscheidung getroffen ist, gilt es, den sozialtherapeutischen Ansatz – soweit wie möglich – innerhalb des Strafsystems durchzusetzen.

7

Allen wegen – dauerhaften – Drogenkonsums zu Jugendstrafe Verurteilten ist in Abkoppelung von den Voraussetzungen des § 64 StGB eine spezielle Drogentherapie anzubieten, wie überhaupt allen Strafgefangenen. Hierbei sind altersspezifische Einrichtungen zu schaffen (s. auch *Kühne* Staatliche Drogentherapie auf dem Prüfstand, 1985, S. 125, der § 93 a auch auf die Personen anwenden will, »die zur Zeit der Tat älter als 21 Jahre, jedoch bereits als Jugendliche drogenabhängig waren und zur Zeit der Urteilsfindung nicht älter als 25 Jahre sind«). § 9 Abs. 2 StVollzG ermöglicht insoweit den Weg der Verlegung in eine sozialtherapeutische Anstalt: »Die besonderen therapeutischen Mittel und sozialen Hilfen der Anstalt zu ihrer Resozialisierung« sind für diese Gefangenen regelmäßig angezeigt. Wichtig und von den Patienten gewünscht ist, die Nachbetreuung in das Konzept der Rehabilitationsbehandlung einzubeziehen.

Hierbei ist und bleibt der Alkohol die gefährlichste Droge. Beim Totschlag stehen nach der Polizeilichen Kriminalstatistik 1998 38,1 % der Täter unter Alkoholeinfluß, bei der Vergewaltigung 30,5 %, bei der gefährlichen und schweren Körperverletzung 26,2 %. Bei der Brandstiftung ist jeder fünfte Täter stark alkoholisiert. Da die Polizei die Täter häufig nicht sofort »erwischt« und dementsprechend eine Tatalkoholisierung nicht mehr festgestellt werden kann, ist der Prozentsatz der alkoholisierten Täter noch deutlich höher anzusetzen. So lautet das Ergebnis einer Analyse wissenschaftlicher Forschungsarbeiten zum Thema Alkohol und aggressives Sexualverhalten: »Alkohol erhöht die Wahrscheinlichkeit aggressiver Handlungen und hat einen enthemmenden Effekt auf sexuelles Verhalten« (*Lightfoot/Barbaree*, in: The juvenile sex offender, hrsg. v. *Barbaree/Marshall/Hudson*, 1993, S. 212).

*Drittes Hauptstück
Vollstreckung und Vollzug*

§ 93 a

§ 93 a. Unterbringung in einer Entziehungsanstalt

(1) Die Maßregel nach § 61 Nr. 2 des Strafgesetzbuches wird in einer Einrichtung vollzogen, in der die für die Behandlung suchtkranker Jugendlicher erforderlichen besonderen therapeutischen Mittel und sozialen Hilfen zur Verfügung stehen.
(2) Um das angestrebte Behandlungsziel zu erreichen, kann der Vollzug aufgelockert und weitgehend in freien Formen durchgeführt werden.

Literatur

Baur Besserung und Sicherung – Zur Problematik des Vollzuges der Maßregeln der Besserung und Sicherung für psychisch Kranke und suchtkranke Täter nach §§ 63 und 64 StGB, StV 1982, 33; *Brunner* Strafrechtliche Rechtsfolgen und Therapie als Gesamtkonzeption für Drogenabhängige, Zbl 1980, 415; *Kühne, H.-H.* Staatliche Drogentherapie auf dem Prüfstand, 1985; *Meyer* Zur Rechtslage bei der Unterbringung drogenabhängiger Jugendlicher, die nach § 93 a JGG vollzogen wird, MDR 1982, 177; *Quensel, E., u. a.* Abschließende Feststellungen zu Brauel, KrimJ 1982, 81; *Schröder* Drogentherapie nach den §§ 93 a JGG, 35 ff. BtMG, 1986; *Tondorf* Der Maßregelvollzug für psychisch kranke Täter und Suchtkranke (§§ 63, 64 StGB), Recht und Politik 1980, 114.

Inhaltsübersicht	Rn.
I. Anwendungsbereich	1
II. Gesetzliche Regelung	2
III. Organisation	3
IV. Therapeutische Mittel	5
V. Soziale Hilfen	7
VI. Entscheidungskompetenz und richterliche Kontrolle	8

I. Anwendungsbereich

§ 93 a gilt für Jugendliche und Heranwachsende, soweit gegen diese das Jugendstrafrecht gem. § 105 Abs. 1 zur Anwendung gekommen ist (s. § 110 Abs. 1), und zwar auch dann, wenn ein Erwachsenengericht zu der Maßregel verurteilt hat (s. §§ 104 Abs. 1 Nr. 1, 11 S. 1). 1

II. Gesetzliche Regelung

Der Vollzug der Unterbringung in einer Entziehungsanstalt ist – wie in einem psychiatrischen Krankenhaus – bundesweit **nur marginal gesetzlich geregelt**; nicht alle Länder haben die Verweisung auf das Landesrecht in § 138 StVollzG bislang konkretisiert (s. § 7 Rn. 9). Die allgemeine Ziel- 2 setzung gem. § 137 StVollzG (»Ziel der Behandlung des Untergebrachten in einer Entziehungsanstalt ist es, ihn von seinem Hang zu heilen und die zugrunde liegende Fehlhaltung zu beheben.«) stellt keine Ermächtigungsgrundlage für die Einschränkung von Grundrechten dar (a. M. *Baumann* NJW 1980, 1878, wonach hierin eine Ermächtigung zur Zwangsbehandlung der »Anlaßkrankheit« besteht; wie hier *Tondorf* Recht und Politik, 1980, 114; *Baur* StV 1982, 34; s. auch *Kühne* Staatliche Drogentherapie auf dem Prüfstand, 1985, S. 89). Die Unterbringungsgesetze – soweit deren Regelungen nicht auf die strafjustiziell Untergebrachten für entsprechend anwendbar erklärt werden – erfassen eine andere Personengruppe, von welcher – lediglich – eine Störung der öffentlichen Sicherheit und Ordnung ausgeht. Da in den neuen Unterbringungsgesetzen sich aber mehr und mehr der fürsorgerische Aspekt durchsetzt (s. *Ostendorf* Das Recht zum Hungerstreik, 1983, S. 178 m. w. N. in Fn. 153), erscheint eine entsprechende Anwendung bis zu einer spezialgesetzlichen Regelung noch vertretbar (a. M. *Baur* StV 1982, 34; wie hier *Böhm* Strafvollzug, S. 188; *Baumann* NJW 1980, 1878); ergänzend ist das Strafvollzugsgesetz heranzuziehen. Einschränkend gilt für diese Übergangszeit die Formel des *BVerfG*, daß Eingriffe unerläßlich sein müssen, »um den Vollzug aufrechtzuerhalten und geordnet durchzuführen« (*BVerfGE* 40, 276; ebenso *Schröder* Drogentherapie nach den §§ 93 a JGG, 35 ff. BtMG, 1986, S. 93, für unerläßliche medizinische und therapeutische Maßnahmen).

III. Organisation

3   Mit § 93 a wird die Organisation dieser Entziehungsanstalten näher bestimmt. Gemäß Abs. 1 müssen es spezielle Einrichtungen sein, die gerade für die Behandlung suchtkranker Jugendlicher und Heranwachsender konzipiert sind. Dies verlangt eine Abschottung von erwachsenen Suchtkranken, wobei die 24-Jahres-Grenze des § 114 auch hier gelten kann (s. auch *Kühne* Staatliche Drogentherapie auf dem Prüfstand, 1985, S. 124; anders geregelt in Parsberg, wo die Untergebrachten bis zu 30 Jahre alt sind, s. *Brunner,* 8. Aufl., § 93 a Rn. 9), ein besonderes Betreuungspersonal und die Gewährleistung von Schule und Ausbildung.

4   Im Abs. 2 wird einmal der aufgelockerte Vollzug erlaubt. Dies bedeutet gem. § 11 StVollzG, daß Außenbeschäftigung und Freigang sowie Ausführung und Ausgang ermöglicht werden; zum anderen kann der Vollzug weitgehend in freier Form durchgeführt werden, d. h. in der Terminologie des Strafvollzuges (s. § 141 StVollzG), daß keine oder nur verminderte Vorkehrungen gegen Entweichungen bestehen müssen. Eine Trennung zwischen Männern und Frauen ist entgegen § 140 Abs. 2 StVollzG nicht vorgesehen.

IV. Therapeutische Mittel

Die therapeutischen Mittel werden inhaltlich aus ärztlicher Sicht bestimmt. Sie reichen in einer **Therapiekette** von der Entgiftung und Diagnose über die Gesprächs-, Beschäftigungs- und Arbeitstherapie, über die Außenbeschäftigung und den Freigang bis hin zur Entlassungsvorbereitung und Fortsetzung der Therapie in Übergangsheimen und Selbsthilfeeinrichtungen – möglichst ohne Wechsel des Therapeuten (s. *Kühne* Staatliche Drogentherapie auf dem Prüfstand, 1985, S. 125).

5

Stellt sich im Vollzug der Maßregel die Aussichtslosigkeit (Ungeeignetheit) heraus – aus welchen Gründen auch immer (s. § 7 Rn. 5) – so ist in Konsequenz zu dem Verbot der Anordnung gem. § 64 Abs. 2 StGB der Vollzug vom Jugendrichter in der Zuständigkeit der §§ 82, 84, 85 Abs. 5 abzubrechen; dies gilt nicht nur, wenn die Gründe für die Ungeeignetheit in der Person des Untergebrachten liegen (vormals umstr., wie hier *OLG Düsseldorf* NJW 1980, 1345; *OLG Celle* NStZ 1981, 318; *OLG Zweibrücken* MDR 1989, 179; *Wendisch* NStZ 1981, 319; *Meyer* MDR 1982, 179; ausführlich *Schröder* Drogentherapie nach den §§ 93 a JGG, 35 ff. BtMG, 1986, S. 95 ff., 145; wie hier jetzt auch *Brunner/Dölling* § 93 a Rn. 8; s. aber *Stree* in: *Schönke/Schröder* § 64 StGB Rn. 11 m. w. N.). Die abweichende Ansicht widerspricht dem in § 64 Abs. 2 StGB zum Ausdruck gebrachten Gesetzeswillen (s. jetzt auch *BVerfG* StV 1994, 594); ein weiterer Vollzug würde eine zeitliche Sicherungsverwahrung zum Schutze der Allgemeinheit bedeuten, die gem. § 7 nicht zulässig ist. Nach der gesetzlichen Zieldefinition im § 137 StVollzG (s. auch Sonderausschuß, BT-Drucks. 4/650, S. 24) sind allein individualpräventive Gesichtspunkte für diese Maßregel maßgebend. Bei Unmöglichkeit bzw. Aussichtslosigkeit einer Therapie in einer Unterbringung gem. § 93 a scheidet auch eine Aussetzung zur Bewährung gem. § 67 d Abs. 2 StGB aus (s. *OLG Zweibrücken* MDR 1989, 179).

6

V. Soziale Hilfen

Soziale Hilfen sind gerade bei diesem Personenkreis erforderlich, der häufig arbeitsentwöhnt und mit Schulden belastet ist. Sofern die Ablösung vom bisherigen Freundes- und Bekanntenkreis therapeutisch für notwendig erachtet wird, ist neben der Arbeitsstelle eine neue Wohnung zu vermitteln, wobei sich selbsthelfende Wohngemeinschaften anbieten.

7

VI. Entscheidungskompetenz und richterliche Kontrolle

Die Einzelentscheidungen im Vollzug trifft der Therapeut bzw. die Leitung der Einrichtung (Vollzugsbehörde). Über einschneidendere Maß-

8

nahmen muß der Vollstreckungsleiter, d. h. der Jugendrichter gem. § 83, entscheiden. Da dieser die Funktion der Vollstreckungskammer wahrnimmt, hat er insbesondere über den Beginn und über die Fortdauer der Unterbringung bzw. eine Aussetzung der weiteren Vollstreckung zur Bewährung mit den anschließenden Folgen zu bestimmen (§ 83 Abs. 1 i. V. m. §§ 462 a, 454 StPO; s. auch *BGHSt* 26, 164). Dies gilt auch für eine Erledigung, wenn keine konkrete Aussicht besteht, den Süchtigen zu heilen, zumindest für eine geraume Zeit (s. *BVerfG* NStZ 1995, 174; gegen die vollstreckungsrechtliche Entscheidungskompetenz *Radtke* ZStW 110 [1998], 297). Zu den Entscheidungskompetenzen über Vollzugslockerungen s. die Maßregelvollzugsgesetze (§ 5 Abs. 2 Hessisches Maßregelvollzugsgesetz, § 6 Bremer Maßregelvollzugsgesetz, § 15 Abs. 2 Niedersächsisches Maßregelvollzugsgesetz, Art. 41 Abs. 2 Bayerisches Unterbringungsgesetz; zu den Fundstellen s. § 7 Rn. 9). Zu den Rechtsmitteln gegen die Maßnahmen in der Unterbringung s. § 7 Rn. 17.

§§ 94-96 (aufgehoben)

Viertes Hauptstück. Beseitigung des Strafmakels

Grundlagen zu den §§ 97-101

1. Systematische Einordnung

Als 4. Hauptstück im Rahmen der strafrechtlichen Regelung für Jugendliche ist neben den Sanktionen, dem Verfahren und der Vollstreckung die Beseitigung des Strafmakels geregelt. Die Vorschriften der §§ 97 bis 101 schließen damit an die Vollstreckung an. Beim Erwachsenenstrafrecht findet sich keine Parallele.

2. Historische Entwicklung

Die Beseitigung des Strafmakels durch Richterspruch war bereits im JGG 1943 ermöglicht (§§ 71-75), wurde ihrerseits aus dem italienischen Jugendstrafrecht entlehnt. Diese Regelung wurde im JGG 1953 im wesentlichen übernommen. Gleichzeitig fanden sich in den §§ 69 und 70 JGG 1943 bzw. 94-96 JGG 1953 Regeln über die Führung des Strafregisters. Diese wurden mit dem Gesetz über das Zentral- und Erziehungsregister vom 18. 3. 1971 (BGBl I, 243) in das BZRG übernommen und die §§ 94-96 sowie § 100 aufgehoben. Die jugendstrafrechtlichen Vorschriften über Eintragungen in das Zentral- bzw. Erziehungsregister, über die Tilgung, über Auskunft und Eintragungen in das Führungszeugnis sind jetzt dort enthalten. Gleichzeitig wurde im § 101 der Zusatz »zu Freiheitsstrafe« aufgenommen, um den Widerruf von Bagatellsachen zu vermeiden (s. Sonderausschuß für Strafrechtsreform, 6. Wahlperiode, 26. Sitzung, S. 820). Eingefügt wurde der heutige § 100 mit dem EGStGB vom 2. 3. 1974 (BGBl I, 469). Mit dem Gesetz zur Bekämpfung von Sexualdelikten und anderen gefährlichen Straftaten vom 26.1.1998 (BGBl I, 160) wurden die Sexualdelikte von der Beseitigung des Strafmakels ausgenommen.

3. Gesetzesziel

Gesetzesziel ist es, die stigmatisierenden Wirkungen der Jugendstrafe, gerade auch durch die Eintragung im Zentralregister, zu mindern. Insbesondere die Eintragung im Führungszeugnis sowie die Auskunftspflicht gegenüber Behörden vermögen eine (Re-)Sozialisierung zu verhindern, da damit häufig schon eine Arbeitsaufnahme unmöglich gemacht wird (s. auch *Eisenberg* § 97 Rn. 4). Daneben ist die moralisch-psychologische Wirkung als justitielle »Rehabilitation« (s. *Schaffstein/Beulke* § 45 III.; *Brunner/Dölling* § 97 Rn. 2) gering einzuschätzen, da der gerichtliche Spruch nicht publiziert wird und nur begrenzte Wirkungen damit verbunden sind. Die soziale Stellung des/der Verurteilten wird damit in der Realität noch nicht verändert.

4. Justizpraxis

4 Die Justizpraxis ist mangels statistischer Angaben oder sozialwissenschaftlicher Untersuchungen nicht einsehbar, wobei sich die Praxis der Strafmakelbeseitigung gem. § 100 an die Erlaßpraxis gem. § 26 a anschließt (s. hierzu Grdl. z. §§ 21-26 a Rn. 6; Grdl. z. §§ 88-89 a Rn. 4). Ebenso liegt die Widerrufspraxis gem. § 101 im Dunkeln, wobei hier ein geringer Prozentsatz zu vermuten ist: Es fehlt den erneut verurteilenden Gerichten regelmäßig die Information über eine Strafmakelbeseitigungserklärung.

5. Rechtspolitische Einschätzung

5 Die Vergünstigungen in der registerrechtlichen Behandlung sind zu begrüßen und dementsprechend auszubauen (anders hat der Gesetzgeber mit dem Gesetz zur Bekämpfung von Sexualdelikten und anderen gefährlichen Straftaten vom 26.1.1998 entschieden; ablehnend ebenso *Eisenberg* § 97 Rn. 4). Hierbei sollte die antiquierte Bezeichnung »Beseitigung des Strafmakels« aufgegeben werden. Zumindest indirekt wird damit eine moralische Abqualifizierung eingestanden, die aber nicht Sinn und Zweck der Verurteilung ist (s. Grdl. z. §§ 1-2 Rn. 4, 5): Nur die Tat ist negativ abzustempeln, dem Täter aber zu helfen.

§ 97. Beseitigung des Strafmakels durch Richterspruch

(1) Hat der Jugendrichter die Überzeugung erlangt, daß sich ein zu Jugendstrafe verurteilter Jugendlicher durch einwandfreie Führung als rechtschaffener Mensch erwiesen hat, so erklärt er von Amts wegen oder auf Antrag des Verurteilten, des Erziehungsberechtigten oder des gesetzlichen Vertreters den Strafmakel als beseitigt. Dies kann auch auf Antrag des Staatsanwalts oder, wenn der Verurteilte im Zeitpunkt der Antragstellung noch minderjährig ist, auf Antrag des Vertreters der Jugendgerichtshilfe geschehen. Die Erklärung ist unzulässig, wenn es sich um eine Verurteilung nach den §§ 174 bis 180 oder 182 des Strafgesetzbuches handelt.

(2) Die Anordnung kann erst zwei Jahre nach Verbüßung oder Erlaß der Strafe ergehen, es sei denn, daß der Verurteilte sich der Beseitigung des Strafmakels besonders würdig gezeigt hat. Während des Vollzugs oder während einer Bewährungszeit ist die Anordnung unzulässig.

Inhaltsübersicht	Rn.
I. Anwendungsbereich	1
II. Voraussetzungen	
1. Verurteilung zu einer Jugendstrafe	2
2. Leben des/der Verurteilten	3
3. Verbüßung oder Erlaß der Strafe	4
4. Zweijähriger Zeitablauf	5
5. »Einwandfreie Führung als rechtschaffener Mensch«	7
6. Antrag	8
7. Kein Ermessen	10
III. Folgen	
1. Mitteilungspflicht	11
2. Registerrechtliche Auswirkungen	12

I. Anwendungsbereich

Die Vorschrift gilt für Jugendliche und Heranwachsende, wenn eine Jugendstrafe ausgesprochen wurde (§ 111); sie gilt auch, wenn die Jugendstrafe durch ein für allgemeine Strafsachen zuständiges Gericht verhängt wurde.

II. Voraussetzung

1. Verurteilung zu einer Jugendstrafe

Erste Voraussetzung für die Beseitigung des Strafmakels durch Richterspruch ist – natürlich – ein Strafmakel durch eine rechtskräftige Verurteilung zu einer Jugendstrafe, die nicht wegen einer Straftat gem. den §§ 174-180 oder 182 StGB erfolgt sein darf (§ 97 Abs. 1 S. 3). Aus der Abgrenzung zu § 100 folgt, daß die Dauer über zwei Jahren liegen muß; ansonsten erfolgt die Beseitigung gem. § 100 unabhängig von den Voraussetzungen des § 97. Weitere Sanktionsfolgen gem. § 8 sind hierbei nicht hinderlich, da diese auch nicht die Rechtsfolgen der Beseitigung (s. Rn. 12) berühren (h. M., s. *Brunner/Dölling* § 97 Rn. 3; *Eisenberg* § 97 Rn. 10).

2. Leben des/der Verurteilten

3   Zweite Voraussetzung ist, daß der/die Verurteilte noch lebt; eine postmortale Strafmakelbeseitigung ist nicht vorgesehen, insoweit greift § 24 BZRG ein (s. auch *Brunner/Dölling* § 97 Rn. 4).

3. Verbüßung oder Erlaß der Strafe

4   Aus § 97 Abs. 2 folgt, daß die Strafe verbüßt oder gem. § 88 Abs. 6 i. V. m § 26 a erlassen sein muß. Erlassen wird sie auch durch eine Amnestie; nicht ist eine Strafunterbrechung oder ein Strafaufschub ausreichend. Ausdrücklich heißt es im § 97 Abs. 2 S. 2: »Während des Vollzugs oder während einer Bewährungszeit ist die Anordnung unzulässig.«

4. Zweijähriger Zeitablauf

5   Grundsätzlich ist gem. § 97 Abs. 2 S. 1 ein Zeitablauf von zwei Jahren seit Verbüßung oder Erlaß erforderlich. Maßgebend ist der Zeitpunkt der Beschlußfassung, da dieser nicht anfechtbar ist (s. § 88 Abs. 6 S. 3 i. V. m. § 59 Abs. 4). Die Zustellung darf nicht entscheidend sein (so aber *Dallinger/Lackner* § 97 Rn. 13; *Eisenberg* § 97 Rn. 8), da ansonsten keine Tilgung erfolgen könnte, wenn aufgrund unbekannten Aufenthalts eine Zustellung unterblieben ist (zum Verbot einer öffentlichen Zustellung s. § 48 Rn. 7).

6   Ausnahmsweise darf der Strafmakel auch schon vor Ablauf der Zweijahresfrist getilgt werden, wenn »der Verurteilte sich der Beseitigung des Strafmakels besonders würdig gezeigt hat« (§ 97 Abs. 2 S. 1). Damit wird ein über die Straffreiheit hinausgehendes positives Verhalten gefordert, das sich beispielsweise in der aktiven Mitarbeit in gemeinnützigen Vereinen oder politischen Parteien zeigen kann.

5. »Einwandfreie Führung als rechtschaffener Mensch«

7   Im Unterschied zu der vorzeitigen Beseitigung des Strafmakels (s. Rn. 6) ist ansonsten »nur« ein straffreies Leben erforderlich (a. M. *Sieverts* ZStW 57 [1938], 778, 779; *Dallinger/Lackner* § 97 Rn. 8-10; *Brunner/Dölling* § 97 Rn. 7; zw. *Eisenberg* § 97 Rn. 11). Das Jugendstrafrecht will nicht er-

ziehen um der Erziehung willen, sondern will Straftaten verhindern. Wie es bei der Verurteilung auf die Verhinderung von zukünftigen Straftaten ankommt (s. Grdl. z. §§ 1-2 Rn. 4; § 17 Rn. 3; § 21 Rn. 6), so ist auch hier die »einwandfreie Führung als rechtschaffener Mensch« auf die Rechtsbefolgung zu begrenzen. Insoweit ist der Strafregisterauszug maßgebend (s. auch § 98 Rn. 4). Noch nicht rechtskräftig abgeurteilte Straftaten dürfen nur in der Weise berücksichtigt werden, daß die Entscheidung zunächst zurückgestellt wird. Ansonsten besteht die Möglichkeit des Widerrufs (s. § 101).

6. Antrag

Die Beseitigung kann entweder von Amts wegen oder auf Antrag erfolgen. Diese gesetzliche Reihenfolge darf nicht in der Weise umgekehrt werden, daß von Amts wegen nur ausnahmsweise vorgegangen wird (so aber *Brunner/Dölling* § 97 Rn. 8; *Eisenberg* § 97 Rn. 5). Zwar ist in einem solchen Fall mit aller Diskretion das frühere Verfahren nochmals gegenüber dem/der Verurteilten anzusprechen (s. § 98 Rn. 6); der Wille des/der Verurteilten sollte auch immer respektiert werden (ebenso *Potrykus* § 97 Anm. 3; reduzierend auf »vernünftige Einwendungen« *Dallinger/Lackner* § 97 Rn. 17). Vielfach werden aber die Möglichkeiten der Strafmakelbeseitigung nicht bekannt sein, so daß durch eine entsprechende Wiedervorlageverfügung (»nach Ablauf von zwei Jahren«) die Prüfung von Amts wegen sicherzustellen ist. Zur Anregung einer Prüfung von Amts wegen durch eine Antragstellung gem. §§ 39, 49 BZRG s. RL zu § 97.

8

Zur Antragstellung sind neben dem/der Verurteilten die gesetzlichen Vertreter und Erziehungsberechtigten, die Staatsanwaltschaft sowie die Jugendgerichtshilfe berechtigt; einer Antragstellung durch gesetzliche Vertreter und Erziehungsberechtigte sowie durch die Jugendgerichtshilfe steht aber die Volljährigkeit des/der Verurteilten zum Zeitpunkt der Antragstellung entgegen (s. auch § 97 Abs. 1 S. 2).

9

7. Kein Ermessen

Wenn die o. a. Voraussetzungen vorliegen, muß der Strafmakel beseitigt werden; es besteht **kein Ermessen** (»so erklärt ... als beseitigt«). Die h. M. verschafft dem Richter allerdings mit ihrer extensiven Auslegung des Begriffs »einwandfreie Führung als rechtschaffener Mensch« einen Beurteilungsspielraum, auch wenn insoweit die Beurteilung auf Tatsachen gestützt sein muß (s. auch *Brunner/Dölling* § 97 Rn. 7; *Eisenberg* § 97 Rn. 12).

10

III. Folgen

1. Mitteilungspflicht

11 Die Beseitigung des Strafmakels ist dem Zentralregister vom Gericht mitzuteilen und dort einzutragen (§§ 13 Abs. 1 Nr. 5, 20 BZRG; s. auch RL Nr. 2 zu § 97). Eine umgekehrte Verpflichtung von seiten der Registerbehörde an das Gericht besteht gem. § 22 BZRG nicht, auch nicht, um einen Widerruf noch zu ermöglichen. Eine entsprechende Anwendung wird durch die dortige enumerative Aufzählung untersagt (wie hier jetzt *Brunner/Dölling* § 97 Rn. 9; so auch *Eisenberg* § 97 Rn. 13: »wird schwerlich entsprechend anwendbar sein«).

2. Registerrechtliche Auswirkungen

12 Trotz Beseitigung des Strafmakels bleibt die Verurteilung zur Jugendstrafe im Zentralregister vermerkt; sie wird aber nicht mehr in ein Führungszeugnis aufgenommen (§ 32 Abs. 2 Nr. 4 BZRG), auch dann nicht, wenn ansonsten bei Eintragung mehrerer Verurteilungen alle in das Führungszeugnis gem. § 38 Abs. 1 BZRG einzutragen sind, wenn nur eine eintragungspflichtig ist (s. § 38 Abs. 2 Nr. 2 BZRG). Weiterhin darf die Verurteilung nur noch den Strafgerichten und den Staatsanwälten für eine Strafverfolgung gegen den/die Verurteilte(n) mitgeteilt werden (§ 39 Abs. 3 BZRG). Insoweit wird die Auskunft auch nur auf ausdrückliches Ersuchen erteilt, wobei der Zweck anzugeben ist; die Mitteilung darf nur für das neue Strafverfahren verwertet werden (§ 41 Abs. 4 BZRG; s. weiter § 41 Abs. 5 BZRG). Auch darf sich der/die Verurteilte als **unbestraft** ausgeben und braucht den Sachverhalt nicht zu offenbaren (s. § 51 Abs. 1 Nr. 1 BZRG); nur gegenüber Gerichten und Staatsanwaltschaften besteht eine Auskunftpflicht, wenn hierüber belehrt wird (§ 53 Abs. 2 i. V. m. § 41 Abs. 3 BZRG). Die Tilgungsfrist beträgt fünf Jahre (s. § 46 Abs. 1 Nr. 1 BZRG). Nur so lange (s. § 51 Abs. 1 BZRG) darf die Verurteilung für die Strafzumessung berücksichtigt werden (*BGH* bei *Holtz* MDR 1982, 972; *Brunner/Dölling* § 97 Rn. 12; Bedenken bei *Eisenberg* § 100 Rn. 3).

§ 98. Verfahren

(1) Zuständig ist der Jugendrichter des Amtsgerichts, dem die familien- oder vormundschaftsrichterlichen Erziehungsaufgaben für den Verurteilten obliegen. Ist der Verurteilte volljährig, so ist der Jugendrichter zuständig, in dessen Bezirk der Verurteilte seinen Wohnsitz hat.
(2) Der Jugendrichter beauftragt mit den Ermittlungen über die Führung des Verurteilten und dessen Bewährung vorzugsweise die Stelle, die den Verurteilten nach der Verbüßung der Strafe betreut hat. Er kann eigene Ermittlungen anstellen. Er hört den Verurteilten und, wenn dieser minderjährig ist, den Erziehungsberechtigten und den gesetzlichen Vertreter, ferner die Schule und die zuständige Verwaltungsbehörde.
(3) Nach Abschluß der Ermittlungen ist der Staatsanwalt zu hören.

I. Sachliche Zuständigkeit

Sachlich ist der Jugendrichter zuständig, auch in den Fällen, in denen ein Erwachsenengericht entschieden hat (s. § 98 Abs. 1). 1

II. Örtliche Zuständigkeit

Gemäß § 98 Abs. 1 S. 1 ist der Jugendrichter örtlich zuständig, »dem die familien- oder vormundschaftsrichterlichen Erziehungsaufgaben für den Verurteilten obliegen«. Die Zuständigkeit richtet sich insoweit nach dem Wohnsitz bzw. dem Aufenthalt; bei Auslandsaufenthalt ist das Amtsgericht Schöneberg in Berlin zuständig (s. §§ 36 Abs. 1, Abs. 2, 43 Abs. 1 FGG). Ist eine Erziehungsbeistandschaft angeordnet (s. aber § 8 Abs. 2 S. 1), so ist das Gericht zuständig, bei dem diese Maßnahme anhängig ist (§ 43 Abs. 2 FGG). Zur Wohnsitzbestimmung s. §§ 7-11 BGB. 2

Bei Volljährigkeit, d. h. ab 18 Jahren (s. § 2 BGB), gilt § 98 Abs. 1 S. 2, d. h., der Jugendrichter des Wohnsitzes ist zuständig. Bei nicht ständigem Wohnsitz und Auslandsaufenthalt sind die §§ 36 Abs. 1, 2, 43 Abs. 1, 2 FGG entsprechend anzuwenden. Entscheidend ist der Zeitpunkt der Einleitung des Verfahrens, d. h., der zwischenzeitliche Eintritt der Volljährigkeit verändert nicht die örtliche Zuständigkeit (ebenso *Brunner/Dölling* § 98 Rn. 2; *Eisenberg* § 98 Rn. 3). 3

III. Ermittlungen

Mit den Ermittlungen ist gem. § 98 Abs. 2 S. 1 »vorzugsweise« die Stelle zu beauftragen, die den/die Verurteilte(n) nach der Verbüßung der Strafe betreut hat. Bei Vollverbüßung ist dies in der Praxis häufig niemand, zu- 4 ständig ist aber für Minderjährige das Jugendamt; bei einer Strafrestbewährung ist der Bewährungshelfer zu befragen. Da es für die Beseitigung nach Ablauf von zwei Jahren seit Haftverbüßung allein auf die straffreie Führung ankommt (s. § 97 Rn. 7), genügt regelmäßig die Einholung der Auszüge aus dem Zentral- und Erziehungsregister (s. aber RL Nr. 1 zu § 98). Insoweit ist der Jugendrichter für das Ermittlungsverfahren verantwortlich (s. § 98 Abs. 2 S. 2).

5 Der Gesetzgeber schreibt weiterhin die Anhörung der Schule und der zuständigen Verwaltungsbehörde vor (s. § 98 Abs. 2 S. 3). Diese Verpflichtung soll auch bei drohender Gefährdung des/der Verurteilen durch eben diese Anhörung zwingend sein (so *Dallinger/Lackner* § 98 Rn. 8; *Eisenberg* § 98 Rn. 9; für eine Ermessensentscheidung des Richters *Schoreit* in: *D/S/S* § 98 Rn. 5). Allerdings soll nur die Anhörung der Schule geboten sein, wenn der/die Verurteilte zur Zeit der Ermittlungen noch eine Schule besucht (so *Potrykus* § 98 Anm. 2; *Dallinger/Lackner* § 98 Rn. 8). Dagegen ließe sich einwenden, daß die Anhörung nicht im Interesse der Schule, sondern zur besseren Information des Gerichts erfolgt. Mit Rücksicht auf die **Stigmatisierungsgefahr** ist aber diese häufig unnötige Anhörung einzugrenzen auf einen gesetzlich verpflichteten Schulbesuch; ein freiwilliger Schulbesuch darf nicht zu derartigen Nachteilsbedrohungen führen. Immer ist bei Erkundigungen größte Zurückhaltung zu wahren, um nicht dem/der Verurteilten erst bei der Prüfung einer Wohltat Nachteile zu bereiten (s. auch RL Nr. 2 zu § 98; *Eisenberg* § 98 Rn. 4). Das heißt, daß bei einer Anfrage der Anfragegrund nicht mitzuteilen ist; Schulen erhalten nur »in geeigneten Fällen« (s. § 70 S. 1) Mitteilung vom Verfahren (zur restriktiven Auslegung s. § 70 Rn. 4). Das heißt weiter, daß andere Behörden oder Personen, denen bislang die Strafverurteilung nicht bekannt war, nicht befragt werden dürfen (s. aber *Dallinger/Lackner* § 98 Rn. 8; *Eisenberg* § 98 Rn. 9). Auch kann es ein Nachteil sein, wenn der Vorfall bloß in Erinnerung gerufen wird.

6 Eine Anhörung des/der Verurteilten sowie im Falle der Minderjährigkeit der Erziehungsberechtigten und gesetzlichen Vertreter ist dagegen immer durchzuführen (s. § 98 Abs. 2 S. 3). Eine mündliche Anhörung erscheint nur im Falle einer vorzeitigen Beseitigung des Strafmakels geboten (weitergehend *Brunner/Dölling* § 98 Rn. 6).

7 Nach Abschluß der Ermittlungen ist weiterhin die Staatsanwaltschaft zu hören (§ 98 Abs. 3); wenn in deren Stellungnahme Tatsachen enthalten sind, zu denen der/die Verurteilte noch nicht gehört wurde und die jetzt negativ verwertet werden sollen, müssen der/die Verurteilte und – im Falle der Minderjährigkeit – die Erziehungsberechtigten sowie gesetzlichen Vertreter hierzu gehört werden (§ 33 Abs 3 StPO i. V. m. § 2).

§ 99. Entscheidung

(1) Der Jugendrichter entscheidet durch Beschluß.
(2) Hält er die Voraussetzungen für eine Beseitigung des Strafmakels noch nicht für gegeben, so kann er die Entscheidungen um höchstens zwei Jahre aufschieben.
(3) Gegen den Beschluß ist sofortige Beschwerde zulässig.

Inhaltsübersicht

	Rn.
I. Entscheidungsmöglichkeiten	1
1. Beseitigung des Strafmakels	2
2. Ablehnung der Beseitigung	3
3. Aufschiebung der Entscheidung	4
II. Beschlußinhalt	5
III. Rechtsmittel	6

I. Entscheidungsmöglichkeiten

Nach Abschluß der Ermittlungen bestehen drei Entscheidungsmöglichkeiten: 1
1. Beseitigung des Strafmakels;
2. Ablehnung der Beseitigung;
3. Aufschiebung der Entscheidung (§ 99 Abs. 2).
Eine bloße Einstellungsverfügung ist nicht vorgesehen, auch nicht bei einem Verfahren, das von Amts wegen eingeleitet wurde (wie hier *Schoreit* in: *D/S/S* § 99 Rn. 5; a. M. *Dallinger/Lackner* § 99 Rn. 3; *Brunner/Dölling* § 99 Rn. 2; *Eisenberg* § 99 Rn. 7). Im § 99 Abs. 1 heißt es ausdrücklich: »Der Jugendrichter entscheidet durch Beschluß.« Die Überlegung, daß hiermit der/die Verurteilte ohne Grund beschwert würde, erscheint nicht überzeugend, nachdem die Anhörung durchgeführt wurde und auf ein Ergebnis gewartet wird. Die Form würde dann dem/der Verurteilten die Rechtsmittelmöglichkeit (s. Rn. 6) nehmen bzw. diese erst nach eigener Antragstellung eröffnen.

1. Beseitigung des Strafmakels

Der Ausspruch der Beseitigung des Strafmakels richtet sich nach den Voraussetzungen des § 97. 2

2. Ablehnung der Beseitigung

Die Ablehnung kann aus formellen oder materiellen Gründen erfolgen. 3
Eine materielle Begründung muß mit Rücksicht auf die Möglichkeit der Aufschiebung beinhalten, daß die Voraussetzungen gem. § 97 **auch in ab-**

sehbarer Zeit nicht vorliegen. Mit der – rechtskräftigen – Ablehnung wird aber eine neue Antragstellung nicht verhindert; zwar erscheint diese nur sinnvoll, wenn auch neue Tatsachen vorliegen, verpflichtend sind diese für eine neue Antragstellung jedoch nicht. Auch kann der Richter ohne neue Tatsachen sein Urteil revidieren, da er jederzeit von Amts wegen die Voraussetzungen zu prüfen hat (a. M. *Brunner/Dölling* § 99 Rn. 1 unter Hinweis auf die Rechtskraft; ebenso *Eisenberg* § 99 Rn. 3; wie hier *Schoreit* in: *D/S/S* § 99 Rn. 3).

3. Aufschiebung der Entscheidung

4 Die Entscheidung kann um höchstens zwei Jahre aufgeschoben werden, wenn die Voraussetzungen z. Z. noch nicht vorliegen. Insofern kommt insbesondere der Fall in Betracht, daß der Antrag vor Ablauf der – regelmäßigen – Zweijahresfrist gem. § 97 Abs. 1 S. 1 gestellt wurde. Nach Ablauf der Frist muß eine Entscheidung in Beschlußform ergehen (ebenso *Brunner/Dölling* § 99 Rn. 1; *Eisenberg* § 99 Rn. 5). Eine erneute Aufschiebung ist nach dem Gesetzeswortlaut so lange möglich, bis die Zweijahresgrenze erreicht ist (wie hier *Brunner/Dölling* § 99 Rn. 1; *Eisenberg* § 99 Rn. 5; a. M. *Dallinger/Lackner* § 99 Rn. 6).

II. Beschlußinhalt

5 Jede Entscheidung ist zu begründen (§ 34 StPO i. V. m. § 2). Kosten und Auslagen werden nicht erhoben, da hier keine Untersuchung gegen den/die Verurteilte(n) (s. § 464 Abs. 1 StPO) geführt wurde (h. M., s. *Brunner/Dölling* § 99 Rn. 7; *Eisenberg* § 99 Rn. 11). Neben der Möglichkeit, gem. den §§ 83 Abs. 3, 68 einen Pflichtverteidiger zu bestellen (s. § 83 Rn. 5), ist aber auch zu prüfen, ob der/die Verurteilte gem. § 74 von den notwendigen Auslagen zu befreien ist (s. § 74 Rn. 2; wie hier *Potrykus* § 99 Anm. 5; a. M. *Dallinger/Lackner* § 99 Rn. 13, wo aber gerade dieser Fall unberücksichtigt bleibt). Der Beschluß ist mit Rechtsmittelbelehrung (§ 35 a StPO) zuzustellen (s. §§ 35 Abs. 2 S. 1, 41 StPO, § 67 Abs. 2).

III. Rechtsmittel

6 Gemäß § 99 Abs. 3 ist gegen den Beschluß die sofortige Beschwerde (§ 311 StPO) zulässig. Eine weitere Beschwerde ist unzulässig (§ 310 StPO). Beschwerdeberechtigt sind alle potentiellen Antragsteller gem. § 97 Abs. 1, sofern eine Beschwer vorliegt.

§ 100. Beseitigung des Strafmakels nach Erlaß einer Strafe oder eines Strafrestes

Wird die Strafe oder ein Strafrest bei Verurteilung zu nicht mehr als zwei Jahren Jugendstrafe nach Aussetzung zur Bewährung erlassen, so erklärt der Richter zugleich den Strafmakel als beseitigt. Dies gilt nicht, wenn es sich um eine Verurteilung nach den §§ 174 bis 180 oder 182 des Strafgesetzbuches handelt.

Inhaltsübersicht	Rn.
I. Anwendungsbereich	1
II. Voraussetzungen	2
III. Verfahren	3
IV. Folgen	5
V. Rechtsmittel	6

I. Anwendungsbereich

Zum Anwendungsbereich s. § 97 Rn. 1.   1

II. Voraussetzungen

Voraussetzung für die Beseitigung des Strafmakels gem. § 100 ist der Erlaß einer Jugendstrafe bis zu zwei Jahren gem. § 26 a bzw. des Strafrestes einer derart befristeten Jugendstrafe nach Aussetzung zur Bewährung gem. § 88. Wird eine solche Jugendstrafe erlassen, so **muß** der Strafmakel beseitigt werden (s. aber § 101 Rn. 1, 3). Dies gilt nicht bei einer Verurteilung gem. den §§ 174-180 oder 182 StGB.   2

III. Verfahren

Die Entscheidung über den Erlaß der Jugendstrafe und die Entscheidung über die Beseitigung des Strafmakels haben einheitlich in demselben Beschluß zu erfolgen. Ermittlungen sind für die Beseitigung des Strafmakels nicht anzustellen, da diese Entscheidung im Falle des Erlasses verpflichtend ist. Die Anhörungspflichten bestehen somit nur für den Erlaß der Jugendstrafe (s. §§ 58 Abs. 1 S. 2, 67 Abs. 1).   3

Zuständig ist bei einer Bewährungsstrafe das Gericht, das über den Erlaß der Jugendstrafe zu entscheiden hat, d. h. primär das Gericht, das die Aussetzung angeordnet hat (§ 58 Abs. 3 S. 1); sekundär regelt sich die Zuständigkeit gem. § 104 Abs. 5 S. 1, § 58 Abs. 3 S. 2 (s. § 58 Rn. 4-10). Bei einer Reststrafenbewährung ist der Vollstreckungsleiter bzw. der von ihm be-   4

§ 100

auftragte Richter zuständig (s. § 88 Abs. 6 S. 2, 3 i. V. m. § 58 Abs. 3 S. 2). Die Zuständigkeitsregel des § 98 gilt hier nicht (h. M.).

IV. Folgen

5   Wie bei der Beseitigung des Strafmakels gem. § 97 (s. dort Rn. 12) bleibt die Verurteilung zur Jugendstrafe im Zentralregister eingetragen; die Beseitigung wird nur vermerkt (§ 13 Abs. 1 Nr. 5 BZRG). Eine Bedeutung für das Führungszeugnis besteht hier nicht, da die Verurteilung zu einer Jugendstrafe von nicht mehr als zwei Jahren nicht aufgenommen wird, wenn die Vollstreckung der Jugendstrafe oder Strafrest zur Bewährung ausgesetzt und die Bewährungen nicht widerrufen werden (§ 32 Abs. 2 Nr. 3 BZRG). Jedoch wird die Auskunftserteilung aus dem Zentralregister gem. § 41 Abs. 3 BZRG eingeschränkt (s. auch § 97 Rn. 12).

V. Rechtsmittel

6   Rechtsmittel bestehen gegen den Beschluß gem. § 100 nicht (h. M.), wie auch der Beschluß über den Erlaß nicht anfechtbar ist (§ 59 Abs. 4). Dies folgt formell aus dem Annexcharakter dieser Entscheidung sowie sachlich daraus, daß nach Ablauf der Bewährungszeit eine endgültige Entscheidung getroffen werden soll.

§ 101. Widerruf

Wird der Verurteilte, dessen Strafmakel als beseitigt erklärt worden ist, vor der Tilgung des Vermerks wegen eines Verbrechens oder vorsätzlichen Vergehens erneut zu Freiheitsstrafe verurteilt, so widerruft der Richter in dem Urteil oder nachträglich durch Beschluß die Beseitigung des Strafmakels. In besonderen Fällen kann er von dem Widerruf absehen.

Inhaltsübersicht Rn.
- I. Voraussetzungen
  1. Keine Tilgung des Strafmakels 1
  2. Erneute Verurteilung 2
  3. Ermessensentscheidung 3
- II. Verfahren 4
- III. Folgen 6
- IV. Rechtsmittel 7

I. Voraussetzungen

1. Keine Tilgung des Strafmakels

Erste Voraussetzung für einen Widerruf der Strafmakelbeseitigungserklärung ist, daß die Beseitigung des Strafmakels noch nicht im Register eingetragen ist. Hierbei folgt aus der systematischen Stellung, daß die Beseitigung sowohl gem. den §§ 97-99 als auch gem. § 100 revidiert werden kann (s. auch *Dallinger/Lackner* § 100 Rn. 10; *Brunner/Dölling* § 97 Rn. 14, § 100 Rn. 6). Gleichzusetzen ist bei einem exekutiven Gnadenakt oder einer gesetzlichen Entscheidung die »Tilgungsreife« (s. *RGSt* 64, 147 entgegen *RGSt* 56, 75; ebenso *Dallinger/Lackner* § 101 Rn. 4; *Brunner/Dölling* § 101 Rn. 4; *Eisenberg* § 101 Rn. 4). Der Begriff der »Tilgung auf Probe« ist mit Rücksicht auf den engen Zeitraum einer Korrektur verfehlt (s. aber *Schaffstein/Beulke* § 45 III. 4.).   1

2. Erneute Verurteilung

Zweite Voraussetzung ist eine erneute Verurteilung, und zwar wegen eines Verbrechens oder vorsätzlichen Vergehens zu einer Freiheitsstrafe. Als Freiheitsstrafe gilt auch die – bedingte oder unbedingte – Jugendstrafe (s. *Brunner/Dölling* § 101 Rn. 1). Soweit von *Eisenberg* (§ 101 Rn. 2) hiergegen Bedenken erhoben werden, sind diese mit Rücksicht auf die gleichsetzende Ausdrucksweise im JGG (s. § 17 Abs. 1) sowie im BZRG (s. § 4 Nr. 1) sowie mit Rücksicht auf den geäußerten gesetzgeberischen Willen (s. Grdl. z. §§ 97-101 Rn. 2) zurückzuweisen (s. auch § 31 Rn. 25). Andere   2

§ 101

Sanktionen, Erziehungsmaßregeln, Zuchtmittel oder Sanktionen gem. § 27, genügen nicht (ebenso *Brunner/Dölling* § 101 Rn. 2; *Eisenberg* § 101 Rn. 2). Entscheidend ist der Verurteilungszeitpunkt, nicht der Tatzeitpunkt; die Verurteilung muß nach der Anordnung der Strafmakelbeseitigung erfolgen.

3. Ermessensentscheidung

3 Trotz Vorliegen der o. a. Voraussetzungen **kann** »in besonderen Fällen« von dem Widerruf abgesehen werden (§ 101 S. 2). Wenn die jetzt verurteilte Tat schon zeitlich weit zurückliegt oder mehr Bagatellcharakter hat, so erscheint die Beseitigung aus (Re-)Sozialisierungsgründen angebracht. Hierbei sind die registerrechtlichen Folgen zu beachten (s. § 97 Rn. 12, § 100 Rn. 5).

II. Verfahren

4 Zuständig ist das Gericht, das die erneute Verurteilung ausspricht; das kann und wird häufig ein Erwachsenengericht sein (h. M.). Der Kommunikationsweg ist nicht vorgeschrieben, insbesondere hat nicht die Registerbehörde Mitteilung von einer erneuten Verurteilung dem Gericht zu machen, das den Strafmakel für beseitigt erklärt hat, damit dieses wiederum das verurteilende Gericht verständigt (s. bereits § 97 Rn. 11). Nur über eine Mitteilung von seiten der Anhörungspersonen bzw. im Fall einer Personenidentität des Gerichts wird deshalb faktisch ein Widerruf erfolgen (s. auch Grdl. z. §§ 97-101 Rn. 4).

5 Der Widerruf erfolgt entweder im Urteil oder – solange noch keine Tilgung erfolgt bzw. »Tilgungsreife« eingetreten ist (s. Rn. 1) – durch nachträglichen Beschluß. Die Entscheidung ist zu begründen (s. § 34 StPO) und der Beschluß formlos mitzuteilen (§§ 35 Abs. 2, 41 StPO, § 67 Abs. 2). Wenn von dem Widerruf abgesehen werden soll (s. Rn. 3), ist keine Entscheidung erforderlich, da dann die Beseitigungsentscheidung gilt (s. aber *Brunner/Dölling* § 101 Rn. 7; nachfolgend *Eisenberg* § 101 Rn. 7).

III. Folgen

6 Der Widerruf ist dem Zentralregister mitzuteilen (§ 13 Abs. 1 Nr. 6 BZRG; s. auch RL zu § 101) mit der Folge, daß die Beseitigungsentscheidung entfällt (zur Fristberechnung s. § 46 Abs. 2 BZRG).

IV. Rechtsmittel

Wird der Widerruf im Urteil ausgesprochen, kann diese Entscheidung mit den allgemeinen Rechtsmitteln (Berufung, Revision) zusammen oder allein angefochten werden; die Widerrufsentscheidung ist eine abtrennbare Entscheidung gem. den §§ 316, 344 StPO (s. *Dallinger/Lackner* § 101 Rn. 12; *Brunner/Dölling* § 101 Rn. 7; *Eisenberg* § 101 Rn. 8). Der nachträgliche Beschluß ist mit der einfachen Beschwerde (§ 304 StPO) angreifbar (ebenso *Dallinger/Lackner* § 101 Rn. 14; *Brunner/Dölling* § 101 Rn. 7; *Eisenberg* § 101 Rn 8; a. M. nur *Potrykus* § 101 Anm. 2, für dessen analoge Anwendung des § 99 Abs. 3 aber keine Notwendigkeit besteht).

Fünftes Hauptstück. Jugendliche vor Gerichten, die für allgemeine Strafsachen zuständig sind

Grundlagen zu den §§ 102-104

1. Systematische Einordnung

Im zweiten Teil des JGG, in dem die strafrechtliche Verfolgung Jugendlicher geregelt wird, finden sich im 5. und letzten Hauptstück die Vorschriften für Verfahren gegen Jugendliche, die »vor den Schranken« von Erwachsenengerichten stehen. Im Hinblick auf § 33 Abs. 1 ist dies die Ausnahme. Insgesamt gibt es nur drei Möglichkeiten, daß Jugendliche (Heranwachsende) vor ein Erwachsenengericht gestellt werden:
a) die Fälle einer erst- oder zweitinstanzlichen Verhandlung vor dem OLG oder BGH gem. § 102
b) die Fälle einer gemeinsamen Verhandlung mit Erwachsenen vor der Wirtschafts- oder Staatsschutzkammer gem. § 103 Abs. 2 S. 2
c) Fälle der Widerklage gegen eine jugendliche Privat- oder Nebenklage gem. § 80 Abs. 2 S. 1.

1

2. Historische Entwicklung

Bereits nach dem JGG 1943 konnten Jugendliche vor ein Erwachsenengericht gestellt werden: Gem. § 76 wurde die Zuständigkeit des Reichsgerichts, des Volksgerichtshofs, des Oberlandesgerichts und des Sondergerichts begründet. Hierauf fußt die heutige Regelung (s. Entwurf eines Gesetzes zur Änderung des Reichsjugendgerichtsgesetzes, BT-Drucks. 1/3264, Art. 1 Nr. 85). Die Verbindung mit Verfahren, für die Erwachsenengerichte zuständig sind, sollte nur erfolgen, »wenn es zur Erforschung der Wahrheit oder aus anderen wichtigen Gründen geboten ist« (§ 77 JGG 1943). Die Zuständigkeit war im Gesetz offengelassen; der Staatsanwalt sollte aber die Anklage vor dem Jugendgericht erheben, wenn das Schwergewicht bei dem Verfahren gegen Jugendliche liegt (s. *Kümmerlein* DJ 1943, 554). Auch hieran knüpft das JGG 1953 an, wobei diese Kommentierung im § 103 Abs. 2 a. F. Gesetz wurde. Während für diesen Fall zunächst entsprechend § 78 Abs. 1 JGG 1943 – im Rahmen einer Sollvor-

2

schrift – eine allgemeine Anwendung der Verfahrensvorschriften des JGG vorgesehen war (s. Entwurf eines Gesetzes zur Änderung des Reichsjugendgerichtsgesetzes, BT-Drucks. 1/3264, Art. 1 Nr. 87), wurde im weiteren Gesetzgebungsverfahren eine bindende Konkretisierung durchgesetzt (s. Schriftlicher Bericht des Ausschusses für Rechtswesen und Verfassungsrecht, BT-Drucks. 1/4437, S. 12). Nach dem JGG 1923 (§ 26 Abs. 2) sollte demgegenüber grundsätzlich keine Verbindung von Strafsachen Jugendlicher mit Erwachsenen erfolgen, insbesondere nicht, »wenn diese Strafsachen zur Zuständigkeit des Reichsgerichts oder der Schwurgerichte gehören«.

3   Mit dem StVÄG vom 5.10.1978 (BGBl I, 1645) erhielt § 103 Abs. 2 die heutige Fassung; gleichzeitig wurde § 102 geändert.

3. Gesetzesziel

4   Aus dem Wortlaut und der Systematik sowie aus der geschichtlichen Entwicklung folgt, daß die strafrechtliche Verhandlung Jugendlicher vor Erwachsenengerichten die Ausnahme sein soll. Dies entspricht auch dem – natürlichen – Zweck einer eigenen Jugendgerichtsverfassung. Die Ausnahmen werden mit der erforderlichen Sachkunde begründet (s. amtliche Begründung zu dem Entwurf eines Gesetzes zur Änderung des Reichsjugendgerichtsgesetzes, BT-Drucks. 1/3264, zu § 76, heute § 102; BT-Drucks. 8/976, S. 70 zu § 103 Abs. 2). Wenn ein Verfahren vor einem Erwachsenengericht durchgeführt wird, sollen möglichst die Vorschriften des JGG zur Anwendung kommen (s. Schriftlicher Bericht des Ausschusses für Rechtswesen und Verfassungsrecht, BT-Drucks. 1/4437, S. 12). Die Erwachsenengerichte werden auf eine **jugendadäquate Verfahrensweise festgelegt**.

4. Justizpraxis

5   Die praktische Bedeutung der Verhandlung Jugendlicher vor Erwachsenengerichten ist gering. Erstinstanzliche Verfahren vor dem OLG gem. § 120 Abs. 1 und 2 GVG, verbundene Verfahren vor einer Wirtschaftskammer oder Staatsschutzkammer gem. § 103 Abs. 2 S. 2, erst recht Widerklagen gegen jugendliche Privatkläger gem. § 80 Abs. 2 S. 1 kommen nur sehr selten vor. Nur Revisionsverfahren erlangen eine gewisse Bedeutung, wobei hier allerdings eine jugendadäquate Verhandlungsführung mit Rücksicht auf die Revisionsbegrenzung und das unpersönliche Verfahren (s. § 350 Abs. 2 StPO) weitgehend gegenstandslos ist (allgemein zum Verzicht auf die Teilnahme der Jugendgerichtshilfe in der Revision s. § 50 Rn. 6).

5. Rechtspolitische Einschätzung

Die gesonderten Gerichtsbarkeiten bzw. Verfahren für Jugendliche und Erwachsene machen in verbundenen Sachen eine Entscheidung zugunsten der Jugendgerichts- oder der Erwachsenengerichtsbarkeit erforderlich. Die prinzipielle Entscheidung des Gesetzgebers für die Jugendgerichtsbarkeit (s. § 103 Abs. 2 S. 1) erscheint als richtig. Dementsprechend sind für die OLG-Instanz und BGH-Instanz auch spezielle Jugendgerichte und damit die Streichung des § 102 zu fordern (s. auch Grdl. z. §§ 33-38 Rn. 9). Zu einer Änderung des § 104 Abs. 4 s. Grdl. z. §§ 9-12 Rn. 6 am Schluß.

6

§ 102. Zuständigkeit

Die Zuständigkeit des Bundesgerichtshofes und des Oberlandesgerichts werden durch die Vorschriften dieses Gesetzes nicht berührt. In den zur Zuständigkeit von Oberlandesgerichten im ersten Rechtszug gehörenden Strafsachen (§ 120 Abs. 1 und 2 des Gerichtsverfassungsgesetzes) entscheidet der Bundesgerichtshof auch über Beschwerden gegen Entscheidungen dieser Oberlandesgerichte, durch welche die Aussetzung der Jugendstrafe zur Bewährung angeordnet oder abgelehnt wird (§ 59 Abs. 1).

Literatur

Eisenberg Grundsätzliche erstinstanzliche Nichtzuständigkeit von Bundesanwaltschaft und Oberlandesgerichten in Jugendstrafverfahren (§ 120 GVG, § 102 JGG), NStZ 1996, 263; *Schoreit* Erstinstanzliche Zuständigkeit der Bundesanwaltschaft und der Oberlandesgerichte in Strafverfahren gegen Jugendliche und Heranwachsende gem. §§ 120, 142 a GVG, § 102 JGG, NStZ 1997, 69.

I. Anwendungsbereich

1 § 102 gilt für Jugendliche und Heranwachsende (s. § 112 S. 1).

II. Zuständigkeit im ersten Rechtszug

2 Im ersten Rechtszug sind die Oberlandesgerichte mit Einschluß des BayObLG (s. § 9 EGGVG; Art. 18-25 AGGVG vom 23.6.1981, BayGVBl. S. 188) gem. § 120 GVG auch gegen Jugendliche und Heranwachsende zuständig (s. auch § 102 S. 2). Eine restriktive Auslegung der Zuständigkeitsvoraussetzung gem. § 120 Abs. 2 GVG »... und der Generalbundesanwalt wegen der besonderen Bedeutung des Falles die Verfolgung übernimmt« im Hinblick auf jugendspezifische Belange (so *Eisenberg* NStZ 1996, 263; dagegen *Schoreit* NStZ 1997, 69) ist schwerlich mit dem Gesetzeswortlaut und Gesetzeszweck vereinbar (zur rechtspolitischen Forderung s. Grdl. z. §§ 102-104 Rn. 6). Die Staatsschutzkammer (§ 74 a GVG) und die Wirtschaftsstrafkammer (§ 74 c GVG) des LG können gem. § 103 Abs. 2 S. 2 bei Verbindung von Strafsachen gegen Erwachsene zuständig werden (s. § 103 Rn. 11).

III. Zuständigkeit im zweiten Rechtszug

3 Der BGH ist im zweiten Rechtszug als Revisionsgericht zuständig gem. § 135 Abs. 1 GVG und als Beschwerdegericht gem. § 135 Abs. 2 GVG sowie gem. § 102 S. 2.

Fünftes Hauptstück. Jugendliche vor Gerichten,
die für allgemeine Strafsachen zuständig sind § 102

Die Oberlandesgerichte sind im zweiten Rechtszug als Revisionsgerichte 4
gem. § 121 Abs. 1 Nr. 1 und als Beschwerdegerichte gem. den §§ 120
Abs. 3, 4, 121 Abs. 1 Nr. 2 GVG zuständig.

Die Strafkammern der Landgerichte im Rahmen der allgemeinen Strafge- 5
richtsbarkeit sind auch bei Zuständigkeit gem. § 103 Abs. 2 S. 2 nicht als
Rechtsmittelgerichte (s. ansonsten §§ 74 a Abs. 3, 74 c Abs. 2 i. V. m. § 73
Abs. 1 GVG, § 74 c Abs. 1 GVG) zuständig (s. § 41 Abs. 2).

§ 103. Verbindung mehrerer Strafsachen

(1) Strafsachen gegen Jugendliche und Erwachsene können nach den Vorschriften des allgemeinen Verfahrensrechts verbunden werden, wenn es zur Erforschung der Wahrheit oder aus anderen wichtigen Gründen geboten ist.
(2) Zuständig ist das Jugendgericht. Dies gilt nicht, wenn die Strafsache gegen Erwachsene nach den allgemeinen Vorschriften einschließlich der Regelung des § 74 e des Gerichtsverfassungsgesetzes zur Zuständigkeit der Wirtschaftsstrafkammer oder der Strafkammer nach § 74 a des Gerichtsverfassungsgesetzes gehört; in einem solchen Fall sind diese Strafkammern auch für die Strafsache gegen den Jugendlichen zuständig. Für die Prüfung der Zuständigkeit der Wirtschaftsstrafkammer und der Strafkammer nach § 74 a des Gerichtsverfassungsgesetzes gelten im Falle des Satzes 2 die §§ 6 a, 225 a Abs. 4, § 270 Abs. 1 Satz 2 der Strafprozeßordnung entsprechend; § 209 a der Strafprozeßordnung ist mit der Maßgabe anzuwenden, daß diese Strafkammern auch gegenüber der Jugendkammer einem Gericht höherer Ordnung gleichstehen.
(3) Beschließt der Richter die Trennung der verbundenen Sachen, so erfolgt zugleich Abgabe der abgetrennten Sache an den Richter, der ohne Verbindung zuständig gewesen wäre.

Literatur

Brunner Anmerkung zu OLG Koblenz, JR 1982, 481; *Fahl* Zur Verbindung von Strafsachen gegen Jugendliche und Erwachsene gemäß § 103 JGG, NStZ 1983, 309.

Inhaltsübersicht

I. Persönlicher Anwendungsbereich	1
II. Sachlicher Anwendungsbereich	2
III. Allgemeine Regelung der Verbindung von Strafsachen	4
IV. Verbindung mit Strafsachen gegen Erwachsene bzw. ihre Trennung	
1. Voraussetzungen	5
2. Verfahren	7
3. Zuständigkeit	
a) im erstinstanzlichen Verfahren	11
b) im Rechtsmittelverfahren	13
V. Rechtsmittel	15

*Fünftes Hauptstück. Jugendliche vor Gerichten,
die für allgemeine Strafsachen zuständig sind* § 103

I. Persönlicher Anwendungsbereich

Die Vorschrift gilt auch für Verfahren gegen Heranwachsende (§ 112 S. 1; RL Nr. 3 zu § 103). 1

II. Sachlicher Anwendungsbereich

Eine Verbindung von Strafsachen gegen Jugendliche und Erwachsene ist nur im förmlichen Strafverfahren erlaubt. Das vereinfachte Jugendverfahren gem. den §§ 76-78 scheidet hierfür aus, da diese Rechtsvorschriften nicht für Erwachsene gelten (s. hierfür die §§ 417 ff. StPO); dies gilt auch für eine Verbindung mit Strafsachen gegen Heranwachsende, da das vereinfachte Jugendverfahren gegen diese ebenfalls ausgeschlossen ist (§ 109; s. auch §§ 76-78 Rn. 1). Ebenso kommt eine Verbindung für das »formlose Erziehungsverfahren« gem. § 45 Abs. 3 nicht in Betracht. 2

Die Verbindung von Ordnungswidrigkeiten und Strafsachen gegen denselben/dieselbe Jugendliche(n)/Heranwachsende(n) ist in den §§ 42, 45 OWiG geregelt, d. h., Ordnungswidrigkeit und Straftat werden zusammen von der Staatsanwaltschaft und dem Jugendgericht verfolgt, solange nicht gem. § 47 OWiG die Verfolgung der Ordnungswidrigkeit eingestellt ist. Die Verbindung einer Strafsache gegen eine(n) Erwachsene(n) mit einer Bußgeldsache gegen eine(n) Jugendliche(n) bzw. umgekehrt ist gesetzlich nicht vorgesehen; als Umkehrschluß aus § 103 Abs. 1 folgt, daß insoweit auch nicht auf die allgemeinen Bestimmungen der §§ 42, 45 OWiG zurückgegriffen werden darf (für Ausnahmen aber *Brunner/ Dölling* § 103 Rn. 20; *Eisenberg* § 103 Rn. 3), wobei sich im anderen Falle zusätzlich das Problem der Zuständigkeit stellt. 3

III. Allgemeine Regelung der Verbindung von Strafsachen

In den §§ 103, 112 S. 1 ist nur die Verbindung von Strafsachen von Jugendlichen/Heranwachsenden mit Erwachsenen geregelt. Mehrere Strafsachen eines Jugendlichen oder Heranwachsenden werden nach dem Prinzip der einheitlichen Sanktionierung (§ 31) verbunden (s. §§ 2-4, 237 StPO; s. auch Nr. 25 RiStBV). Dies gilt auch für Verfahren in verschiedenen Altersstufen gem. § 32, wobei sich das formal eingeräumte Ermessen zu einer **Verpflichtung** verdichtet (ausführlich § 32 Rn. 17 m. w. N.; einschränkend *Brunner/Dölling* § 103 Rn. 1; *Eisenberg* § 103 Rn. 31). Sachlich zuständig ist immer das Jugendgericht (s. § 33 Rn. 1); zu den Möglichkeiten, eine Anklage beim unzuständigen Gericht »auf den richtigen Weg« zu bringen, s. § 33 Rn. 10. Ebenso sollen zusammenhängende Straftaten mehrerer Jugendlicher/ Heranwachsender miteinander verbunden werden; dies gilt auch, wenn örtlich verschiedene Gerichte zuständig 4 sind. Allerdings erlaubt § 13 StPO nur eine Verbindung von Strafsachen, die bei Gerichten gleicher Ordnung anhängig sind (s. *Kleinknecht/Meyer-Goßner* § 13 StPO Rn. 1; *BGHSt* 22, 232).

IV. Verbindung mit Strafsachen gegen Erwachsene bzw. ihre Trennung

1. Voraussetzungen

5 Neben den allgemeinen Voraussetzungen (§§ 2-4, 13, 237 StPO) ist für eine Verbindung von Strafsachen gegen Jugendliche/Heranwachsende mit Strafsachen gegen Erwachsene erforderlich, daß dies »zur Erforschung der Wahrheit oder aus anderen wichtigen Gründen geboten ist« (§ 103 Abs.1). Hierbei ist **generell von einer Unzweckmäßigkeit** im Interesse einer jugendadäquaten Verhandlung auszugehen. Erfahrene erwachsene Angeklagte können jeden Versuch eines Verhandlungsgesprächs torpedieren. Auch kann der/die Erwachsene den Eindruck gewinnen, daß nicht nur ein »fremdes« Gericht über ihn/sie urteilt, sondern wegen der jugendstrafrechtlichen Präferenz er/sie tendenziell schlechter abschneidet. Insbesondere sind Interessenkollisionen zwischen Eltern und Kindern in einer einheitlichen Verhandlung zu vermeiden (s. auch RL Nr. 1 S. 2 zu § 103). Andererseits würde es nicht nur prozeßökonomischen Gesichtspunkten widersprechen, umfangreiche Beweisaufnahmen zu wiederholen (s. *Dallinger/Lackner* § 103 Rn. 4). Die zusätzlichen Kosten für die Betroffenen sowie der Zeitaufwand und die persönliche Belastung können ebenso für eine einheitliche Verhandlung sprechen wie der Gesichtspunkt, mit der Zeugenvernehmung des/der früheren Angeklagten nicht die Position des/der verbliebenen Angeklagten beweismäßig zu verschlechtern (zum Verbot einer Rollenvertauschung s. *Roxin* Strafverfahrensrecht, 22. Aufl., S. 167 m. w. N.). Bei Tatbeteiligung wird man regelmäßig nur in einer Hauptverhandlung den Angeklagten gerecht werden können, sowohl hinsichtlich der Straftatvoraussetzungen als auch hinsichtlich der Straftatfolgen (s. *OLG Koblenz* JR 1982, 479 mit zust. Anm. von *Brunner*; *OLG Karlsruhe* MDR 1981, 693). Demgegenüber läßt sich nicht eine stärkere Belastung durch die Jugendgerichte einwenden (so aber *Brunner/Dölling* § 103 Rn. 8 b; wie hier *Schoreit* in: *D/S/S* § 103 Rn.6). Diese Belastung hat der Gesetzgeber mit der neuen Zuständigkeitsregelung im § 103 Abs. 2 S. 1 (s. Grdl. z. §§ 102-104 Rn. 2) bewußt in Kauf genommen, womit zugleich eine Entlastung der Erwachsenenstrafgerichtsbarkeit eintritt (s. *OLG Koblenz* JR 1982, 481). Arbeitsbelastung ist weder ein Ablehnungsgrund noch ein wichtiger Grund für eine Verbindung (s. auch *OLG Karlsruhe* MDR 1981, 694). Schädliche Einwirkungen durch den Verfahrensgegenstand und dessen Erörterung sind zudem bei der allgemeinen

Fünftes Hauptstück. Jugendliche vor Gerichten,
die für allgemeine Strafsachen zuständig sind § 103

Publizierung von Verbrechen (s. nur die ZDF-Sendung »XY...ungelöst«) kaum vorstellbar.

Letztlich ist eine **Ermessensentscheidung** zu treffen. Hierbei müssen entsprechend der Auffassung des Gesetzgebers (s. Begründung zu dem Entwurf eines Gesetzes zur Änderung des Reichsjugendgerichtsgesetzes, BT-Drucks. 1/3264, S.49) bessere Gründe für eine Verbindung sprechen (h.M., s. *Brunner/Dölling* § 103 Rn.8; *Eisenberg* § 103 Rn.10; für eine grundsätzliche Trennung *Fahl* NStZ 1983, 309 ff., dessen Argumentation »Entzug des gesetzlichen Richters« aber überzogen erscheint). 6

2. Verfahren

Die Voraussetzungen gem. § 103 Abs. 1 hat zunächst der Staatsanwalt zu prüfen. Dessen sachliche Zuständigkeit richtet sich nach der des Gerichts gem. § 103 Abs. 2 (s. § 36 Rn.1). Das heißt, immer dann, wenn eine Verbindung gem. § 103 Abs. 1 ernsthaft in Betracht kommt und ein Jugendgericht zuständig wäre (§ 103 Abs. 2 S. 1), sind die Verfahren dem Jugendstaatsanwalt zur Entscheidung vorzulegen. Kommt eine gemeinsame Anklage gem. § 103 Abs. 2 S. 2 vor einem Erwachsenengericht in Betracht, so hat die entsprechende Staatsanwaltschaft die Bearbeitung zu übernehmen (ebenso *Brunner/Dölling* § 102 Rn. 4). Korrekt wäre es an sich, ein zweiaktiges Verfahren durchzuführen, wonach zunächst der Jugendstaatsanwalt über die Verbindung gem. § 103 Abs. 1 entscheidet und nach der Verbindung die Staatsschutzabteilung bzw. Wirtschaftsstaatsanwaltschaft das Verfahren übernimmt. Eine solch abgeschottete Beurteilung läßt sich jedoch in der Praxis nicht durchführen, so daß die speziellere Zuweisung gilt, d. h., die Erwachsenenstaatsanwaltschaft hat auch die jugendstrafrechtlichen Anforderungen zu beachten. 7

Nach Eingang einer verbundenen Anklage entscheidet das Gericht (zur Zuständigkeit s. Rn. 11, 12) vor der Eröffnung oder im Eröffnungsbeschluß über die Voraussetzungen des § 103 Abs. 1; werden diese verneint, so sind die Verfahren zu trennen (§ 103 Abs. 3). Eine Trennung kann auch nach Eröffnung des Hauptverfahrens erfolgen, auf Antrag der Staatsanwaltschaft, des/der Angeklagten oder von Gerichts wegen (s. § 4 Abs. 1 StPO), wenn sich neue Umstände ergeben, die gegen eine Verbindung gem. § 103 Abs. 1 sprechen (s. RL Nr. 2 zu § 103). Ebenso kann gerichtlicherseits eine Verbindung gem. § 103 Abs. 1 nachträglich herbeigeführt werden (s. §§ 4 Abs. 1, 13 Abs. 2, 237 StPO). Eine Verbindung nach einer Trennung ist ebenso erlaubt. 8

Mit der Trennung erfolgt zugleich die Abgabe der abgetrennten Sache an den Richter, der ohne die Verbindung zuständig gewesen wäre (§ 103 9

Abs. 3). Werden die Verfahren nach Eröffnung des Hauptverfahrens getrennt, so kann vom Jugendgericht mit Ausnahme der gesonderten Zuständigkeiten gem. § 103 Abs. 2 S. 2 (s. hierzu aber auch § 47 a Rn. 4) das Verfahren nicht mehr an ein Erwachsenengericht gleicher oder niedrigerer Ordnung abgegeben werden; § 47 a S. 1 ist gegenüber § 103 Abs. 3 lex spezialis (h. M., s. *BGH* NJW 1982, 454; *BayObLG* MDR 1980, 958; *Brunner/Dölling* § 103 Rn.13, 14; *Eisenberg* § 103 Rn. 21; s. auch § 47 a Rn. 5). Dies gilt auch, wenn das Verfahren – unzuständigerweise – vom Erwachsenengericht eröffnet und danach an das Jugendgericht abgegeben wurde (s. *LG Berlin* NStZ-RR 1999, 154). Dies gilt weiterhin, wenn allein das abgetrennte Verfahren – gegen Erwachsene – weitergeführt wird (*BGH* NJW 1982,454). Werden umgekehrt im Falle des § 103 Abs. 2 S. 2 oder des § 102 die Verfahren vom Erwachsenengericht getrennt, so ist die Abgabe an ein Jugendgericht niedrigerer oder gleicher Ordnung zulässig. Allerdings muß auch hier für einen Zuständigkeitswechsel eine ausdrückliche Abgabe erfolgen, auch wenn sich das Verfahren gegen die Erwachsenen erledigt hat (s. *BGHSt* 18, 84). Eine Anrufung des gemeinschaftlichen oberen Gerichts gegen die Übernahme ist hier anders als in den Fällen der §§ 42 Abs. 3 S. 2, 58 Abs. 3 S. 2, 65 Abs. 1 S. 3 nicht vorgesehen, so daß das neue Gericht das Verfahren **fortführen muß** (ebenso *KG* JR 1964, 470; *Brunner/Dölling* § 103 Rn. 15; *Eisenberg* § 103 Rn. 20). Gegen eine Weigerung, d. h. Nichtanberaumung der Hauptverhandlung, kann Beschwerde eingelegt werden. Wenn allerdings die Unzuständigkeit aller beteiligten Gerichte unanfechtbar festgestellt wurde, ist das gemeinschaftliche obere Gericht entsprechend anrufbar (s. *BGHSt* 18, 384; *LG Kiel* NJW 1971, 159; *Brunner/Dölling* § 103 Rn. 15).

10 Werden die Verfahren getrennt und ein Verfahren an das Erwachsenengericht gleicher oder niedrigerer Ordnung abgegeben, so hat das Jugendgericht auch über die Eröffnung des Hauptverfahrens in beiden Verfahren zu entscheiden, da es insoweit einem Gericht höherer Ordnung gleichsteht (§§ 207, 209, 209 a Nr. 2 a StPO). Diese Regelung gilt, obwohl sie in § 103 Abs. 3 nicht ausdrücklich aufgenommen wurde (*OLG Koblenz* JR 1982, 479 mit zust. Anm. von *Brunner*; *OLG Düsseldorf* NStZ 1991, 145; *Eisenberg* § 103 Rn. 18). Werden die Verfahren von einem Erwachsenengericht in der Zuständigkeit des § 103 Abs. 2 S. 2 vor der Eröffnung des Hauptverfahrens getrennt, so hat es das Verfahren auch vor der Jugendkammer gem. den §§ 209 Abs. 1, 209 a Nr. 1 StPO i. V. m. § 103 Abs. 2 S. 2, 2. Halbs. zu eröffnen, wenn es diese Zuständigkeit für begründet hält (s. *LG Berlin* NStZ 1982, 203; *Eisenberg* §103 Rn. 18).

3. Zuständigkeit

a) im erstinstanzlichen Verfahren

Eine verbundene Anklage ist grundsätzlich vor dem Jugendgericht zu erheben (§ 103 Abs. 2 S. 1); diese Zuständigkeit gilt auch für die Verbindung und dementsprechend für die Trennung. Ausnahmsweise sind gem. § 103 Abs. 2 S. 2 die Staatsschutzkammer und die Wirtschaftsstrafkammer sowie gem. § 102 die Oberlandesgerichte zuständig. Gemäß § 103 Abs. 2 S. 2 müssen insoweit die Staatsschutzkammer bzw. die Wirtschaftsstrafkammer gem. den §§ 74 a, 74 c GVG zuständig sein, ohne daß die vorrangige Zuständigkeit des Schwurgerichts gem. § 74 e Nr. 1 GVG besteht; im letzten Fall ist wiederum die Jugendkammer gem. § 41 Abs. 1 Nr. 1 zuständig. Für die Anklageerhebung ist die Zuständigkeit des Jugendrichters ausgeschlossen (§ 39 Abs. 1 S. 2), so daß das Jugendschöffengericht zuständig ist (§ 40 Abs. 1), wenn nicht die Zuständigkeit der Jugendkammer begründet ist, weil gem. § 41 Abs. 1 Nr. 3 für die Erwachsenengerichte ansonsten eine große Strafkammer zuständig wäre (s. auch § 39 Rn. 5; § 41 Rn. 5). Innerhalb der Zuständigkeit der Jugendgerichte entscheidet über eine Verbindung oder Trennung funktionell das Jugendgericht, das rangmäßig über dem als zuständig angesehenen Erwachsenengericht steht (§ 4 Abs. 1 StPO); hierbei gelten die Jugendgerichte gegenüber den Erwachsenengerichten gleicher Ordnung als Gerichte höherer Ordnung (§ 209 a Nr. 2 a StPO). Gehören diese Gerichte zu verschiedenen Bezirken, entscheidet gem. § 4 Abs. 2 StPO das gemeinschaftliche obere Gericht, d. h. das OLG bzw. der BGH, wie die Jugendgerichtsbarkeit auch ansonsten von diesen Gerichten wahrgenommen wird.

11

Im Rahmen der ausnahmsweisen Zuständigkeit der Erwachsenengerichte entscheiden diese auch über eine Verbindung oder Trennung der Verfahren (s. § 103 Abs. 2 S. 2, 2. Halbs.). Insoweit haben andere Gerichte die besondere Zuständigkeit gem. § 103 Abs. 2 S. 2 bis zur Eröffnung des Hauptverfahrens von Gerichts wegen zu prüfen; danach allerdings dürfen sie ihre Unzuständigkeit nur bei Einwand des/der **erwachsenen** Angeklagten beachten (§ 6 a S. 1, 2 StPO i. V. m. § 103 Abs. 2, S. 2; § 47 a S. 2). Vor Eröffnungsbeschluß sind dann gem. § 209 Abs. 2 StPO i. V. m. § 209 a Nr. 2 a StPO und § 103 Abs. 2 S. 3, 2. Halbs. durch Vermittlung der Staatsanwaltschaft die Akten dem Erwachsenengericht vorzulegen. Vor Beginn der Hauptverhandlung, aber nach Eröffnungsbeschluß gilt dies ebenso gem. § 225 a Abs. 4 StPO i. V. m. § 103 Abs. 2 S. 3, 1. Halbs.; nach Beginn der Hauptverhandlung ist durch Beschluß gem. § 270 Abs. 1 S. 2 StPO i. V. m. § 103 Abs. 2 S. 3, 1. Halbs. zu verweisen (s. auch § 33 Rn. 10).

12

b) im Rechtsmittelverfahren

13 Die Zuständigkeit im Rechtsmittelverfahren richtet sich nach der Zuständigkeit der vorausgehenden Instanz. Hat ein Jugendgericht als Einzelrichter oder Jugendschöffengericht entschieden, so ist die Jugendkammer als Berufungsinstanz zuständig. Dies gilt auch, wenn nur der/die Erwachsene Berufung einlegt (*BGHSt* 22, 48; m. w. N. in § 41 Rn. 8). Hat rechtsfehlerhaft ein Erwachsenenstrafrichter eine(n) Jugendliche(n) verurteilt, so entscheidet über die Berufung die kleine Strafkammer (*BGHSt* 18, 79; *BayObLGSt* 1971, 35). Maßgeblich ist, welches Gericht tatsächlich entschieden hat, und nicht, welches hätte entscheiden müsen (*BGHSt* 22, 49 gegen *BGHSt* 13, 157); insoweit wirkt sich das Vertrauensprinzip aus. Für Jugendliche gelten die Rechtsmittelbeschränkungen des § 55, für Erwachsene nicht (s. § 55 Rn. 1).

14 Nach einer Rechtsmeinung (s. *BGH* bei *Böhm* NStZ 1984, 446) soll auch dann vom Rechtsmittelgericht an das Jugendgericht zurückverwiesen werden, wenn bei einem verbundenen Verfahren die Entscheidung gegen den/die Jugendliche(n) rechtskräftig geworden ist (zust. *Eisenberg* § 103 Rn. 21). Das Festhalten an der ursprünglich zuständigen Gerichtsbarkeit ist im Falle der Zurückverweisung aber weder durch § 103 Abs. 2 S. 1 geboten, noch sachdienlich. Dies wird besonders deutlich, wenn ein(e) Jugendliche(r) gem. § 103 Abs. 2 S. 2 von einem Erwachsenengericht verurteilt wurde und sich das Verfahren im weiteren nur noch gegen ihn/sie richtet; mit der Zurückverweisung an ein Erwachsenengericht würde die Zuständigkeitsregel des § 33 Abs. 1 gebrochen (wie hier *BGH* EJF, D II, Nr. 5; *BGH* NJW 1959, 161; *BGH* MDR 1988, 692; a. M. *OLG Hamburg* EJF, C I, Nr. 34 mit abl. Anm. von *Deisendorfer*; für eine Wahlmöglichkeit des Revisionsgerichts *Brunner/Dölling* § 103 Rn. 17). Die Verbindung findet in solchen Fällen von selbst ihr Ende, so daß in entsprechender Anwendung der §§ 328 Abs. 3, 355 StPO an das jetzt zuständige Gericht zurückverwiesen werden muß.

V. Rechtsmittel

15 Zu den Rechtsmitteln gegen eine Entscheidung von einem unzuständigen (Erwachsenen- oder Jugend-)Gericht s. § 33 Rn. 8, 9. Da mit § 103 Abs. 2 S. 1 der gesetzliche Richter bestimmt wird, kann sich auch der erwachsene Mittäter auf einen Verstoß gegen diese Bestimmung berufen, obwohl er bei Trennung der Verfahren von eben dem Erwachsenengericht abgeurteilt worden wäre (*BGH* bei *Holtz* MDR 1980, 456).

16 Der Verbindungs- oder Trennungsbeschluß wie auch dessen Ablehnung ist mit Rücksicht auf § 305 S. 1 StPO in der Regel nicht anfechtbar; wird

jedoch mit einem Trennungsbeschluß der Fortgang des abgetrennten Verfahrens auf längere Zeit gehemmt, so ist die Beschwerde zulässig, da dann die Wirkung über das eigene Verfahren bis zur Urteilsfällung hinausgeht (s. *Kleinknecht/Meyer-Goßner* § 2 StPO Rn. 13 m. w. N.). Die Verletzung des rechtlichen Gehörs bei diesen Entscheidungen kann gem. § 337 StPO gerügt werden (*BGH* bei *Pfeiffer* NStZ 1982, 188 zu § 2 StPO).

§ 104. Verfahren gegen Jugendliche

(1) In Verfahren gegen Jugendliche vor den für allgemeine Strafsachen zuständigen Gerichten gelten die Vorschriften dieses Gesetzes über
1. Verfehlungen Jugendlicher und ihre Folgen (§§ 3 bis 32),
2. die Heranziehung und die Rechtsstellung der Jugendgerichtshilfe (§§ 38, 50 Abs. 3),
3. den Umfang der Ermittlungen im Vorverfahren (§ 43),
4. das Absehen von der Verfolgung und die Einstellung des Verfahrens durch den Richter (§§ 45, 47),
5. die Untersuchungshaft (§§ 52, 52 a, 72),
6. die Urteilsgründe (§ 54),
7. das Rechtsmittelverfahren (§§ 55, 56),
8. das Verfahren bei Aussetzung der Jugendstrafe zur Bewährung und der Verhängung der Jugendstrafe (§§ 57 bis 64),
9. die Beteiligung und die Rechtsstellung des Erziehungsberechtigten und des gesetzlichen Vertreters (§§ 67, 50 Abs. 2),
10. die notwendige Verteidigung (§ 68),
11. Mitteilungen (§ 70),
12. die Unterbringung zur Beobachtung (§ 73),
13. Kosten und Auslagen (§ 74) und
14. den Ausschluß von Vorschriften des allgemeinen Verfahrensrechts (§§ 79 bis 81).

(2) Die Anwendung weiterer Verfahrensvorschriften dieses Gesetzes steht im Ermessen des Richters.

(3) Soweit es aus Gründen der Staatssicherheit geboten ist, kann der Richter anordnen, daß die Heranziehung der Jugendgerichtshilfe und die Beteiligung des Erziehungsberechtigten und des gesetzlichen Vertreters unterbleiben.

(4) Hält der Richter Erziehungsmaßregeln für erforderlich, so hat er deren Auswahl und Anordnung dem Familien- oder Vormundschaftsrichter zu überlassen. § 53 Satz 2 gilt entsprechend.

(5) Entscheidungen, die nach einer Aussetzung der Jugendstrafe zur Bewährung erforderlich werden, sind dem Jugendrichter zu übertragen, in dessen Bezirk sich der Jugendliche aufhält. Das gleiche gilt für Entscheidungen nach einer Aussetzung der Verhängung der Jugendstrafe mit Ausnahme der Entscheidungen über die Festsetzung der Strafe und die Tilgung des Schuldspruchs (§ 30).

*Fünftes Hauptstück. Jugendliche vor Gerichten,
die für allgemeine Strafsachen zuständig sind* § 104

Inhaltsübersicht Rn.
   I. Persönlicher Anwendungsbereich 1
  II. Sachlicher Anwendungsbereich 3
 III. Unmittelbare Geltung von Vorschriften des JGG 4
 IV. Entsprechende Anwendung gem. § 104 Abs. 1 5
    1. Verfehlungen Jugendlicher und ihre Folgen (§§ 3-32) 6
    2. Heranziehung und Rechtsstellung der
       Jugendgerichtshilfe (§§ 38, 50 Abs. 3) 7
    3. Umfang der Ermittlungen im Vorverfahren (§ 43) 8
    4. Absehen von der Verfolgung und Einstellung des
       Verfahrens durch den Richter (§§ 45, 47) 9
    5. Untersuchungshaft (§§ 52, 52 a, 72) 10
    6. Urteilsgründe (§ 54) 11
    7. Rechtsmittelverfahren (§§ 55, 56) 12
    8. Verfahren bei Aussetzung der Jugendstrafe zur Bewährung
       und der Verhängung der Jugendstrafe (§§ 57-64) 13
    9. Beteiligung und Rechtsstellung des Erziehungsberechtigten
       und des gesetzlichen Vertreters (§§ 67, 50 Abs. 2) 14
  10. Notwendige Verteidigung (§ 68) 15
  11. Mitteilungen (§ 70) 16
  12. Unterbringung zur Beobachtung (§ 73) 17
  13. Kosten und Auslagen (§ 74) 18
  14. Ausschluß von Vorschriften des allgemeinen
       Verfahrensrechts (§§ 79-81) 19
  V. Entsprechende Anwendungen gem. § 104 Abs. 2 20
 VI. Rechtsmittel 23

I. Persönlicher Anwendungsbereich

§ 104 Abs. 1-3 und Abs. 5 gilt grundsätzlich auch für Verfahren gegen   1
Heranwachsende (s. § 112 S. 1); allerdings sind hier die **allgemeinen Einschränkungen** für Verfahren gegen Heranwachsende gem. den §§ 105-111 **zu beachten** (s. § 112 S. 2). § 104 Abs. 4 wird durch § 112 S. 3 modifiziert (s. Rn. 6 sowie § 53 Rn. 2).

Für Soldaten sind während der Dauer des Wehrdienstes die §§ 112 a,   2
112 b und 112 d auch von einem für allgemeine Strafsachen zuständigen Gericht anzuwenden (s. § 112 e).

II. Sachlicher Anwendungsbereich

Die Vorschrift gilt in allen Verfahren vor den für allgemeine Strafsachen zu-   3
ständigen Gerichten, soweit diese für Verhandlungen gegen Jugendliche zuständig sind, d. h. in Fällen der alleinigen Erstzuständigkeit gem. § 102 (s.

dort Rn. 2), der Widerklage gegen einen jugendlichen Privatkläger gem. § 80 Abs. 2 S. 1 (s. dort Rn. 19), des Verbundes gem. § 103 Abs. 2 S. 2 (s. dort Rn. 11, 12) wie auch im anschließenden Rechtsmittelverfahren (s. § 103 Rn.13).

III. Unmittelbare Geltung von Vorschriften des JGG

4 Über § 104 hinaus gelten einige Vorschriften des JGG unmittelbar. So folgt aus der vorgezogenen Stellung der §§ 1 und 2, daß diese Vorschriften auch vor den Erwachsenengerichten Anwendung finden. Ebenso gelten im Anschluß an eine Verurteilung durch ein Erwachsenengericht die Vollstreckungsvorschriften der §§ 82-101 und 112 c, da diese nur eine jugendstrafrechtliche Sanktionierung voraussetzen (h. M.). Selbstverständlich finden gerade auch die §§ 102 und 103 hier Anwendung.

IV. Entsprechende Anwendungen gem. § 104 Abs. 1

5 Gemäß § 104 Abs. 1 sind die dort aufgeführten Bestimmungen auch in Verfahren vor den für allgemeine Strafsachen zuständigen Gerichten anwendbar.

1. Verfehlungen Jugendlicher und ihre Folgen (§§ 3-32)

6 Die besondere Straftatvoraussetzung des § 3 ist auch vom Erwachsenengericht zu prüfen; ebenso kommen die jugendstrafrechtlichen Sanktionen mit der Einschränkung zur Anwendung, daß bei Jugendlichen die Auswahl und Anordnung von Erziehungsmaßregeln dem Vormundschaftsrichter (§ 104 Abs. 4) und bei Heranwachsenden die Auswahl und Anordnung von Weisungen dem Jugendrichter zu überlassen sind (§ 112 S.3).

2. Heranziehung und Rechtsstellung der Jugendgerichtshilfe (§§ 38, 50 Abs. 3).

7 Von der Verpflichtung, die Jugendgerichtshilfe im gesamten Verfahren so früh wie möglich heranzuziehen, insbesondere an der Hauptverhandlung zu beteiligen, wird nur aus Gründen der Staatssicherheit entbunden (§ 104 Abs. 3). Gründe der Staatssicherheit sind nicht Gründe des Staatswohls oder gar des Wohls einzelner Politiker. Die äußere oder innere Sicherheit der Bundesrepublik Deutschland muß i. S. des § 92 Abs. 3 Nr. 2 StGB gefährdet sein (s. auch die Kommentierungen zu § 172 Nr. 1 GVG, wo aber **erweiternd** auch die öffentliche Ordnung und die Sittlichkeit genannt sind). Hierbei darf der Ausschluß nur richterlicherseits angeordnet werden, »soweit« dies geboten ist; dementsprechend ist zuvorderst ein teilweiser Ausschluß zu prüfen (s. auch *Potrykus* § 104 Anm. 4). Hierbei ist zu bedenken, daß die Vertreter des Jugendamtes bereits dienstrechtlich geheimnisver-

pflichtet sind. Ein gänzlicher Verzicht wird sich somit kaum rechtfertigen lassen. Umgekehrt ist bei einem Erwachsenengericht die Beteiligung der Jugendgerichtshilfe besonders gefordert. Da nicht auszuschließen ist, daß bei Mitwirkung der Jugendgerichtshilfe eine mildere Sanktion verhängt worden wäre, liegt ansonsten ein gem. § 337 StPO erheblicher Verfahrensfehler vor (s. *OLG Hamburg* EJF, C I, Nr. 34 mit Anm. von *Deisendorfer*).

3. Umfang der Ermittlungen im Vorverfahren (§ 43)

Die Anwendung von § 104 Abs. 3 kann auch den Umfang der Ermittlungen im Vorverfahren beschränken. Darüber hinaus ist gerade gegenüber Erwachsenengerichten die Grenzziehung durch das Verhältnismäßigkeitsprinzip zu betonen, um deren Bemühen, fehlende Sachkenntnisse durch eine optimale Personenkenntnis wettzumachen, rechtsstaatlich einzugrenzen (s. § 43 Rn. 5; demgegenüber für eine extensive Anwendung *Eisenberg* § 104 Rn. 8). 8

4. Absehen von der Verfolgung und Einstellung des Verfahrens durch den Richter (§§ 45, 47)

Die erleichterten Einstellungsmöglichkeiten gegenüber dem Erwachsenenstrafrecht sind gerade auch vom Erwachsenengericht zu beachten. 9

5. Untersuchungshaft (§§ 52, 52 a, 72)

Die vorrangige Unterbringung in einem – offenen oder geschlossenen (s. § 71 Rn. 7) – Erziehungsheim gem. den §§ 72 Abs. 4, 71 Abs. 2 ist entgegen der RL zu § 104 **verpflichtend** (s. bereits § 72 Rn. 1; ebenso *Eisenberg* § 104 Rn. 10). 10

6. Urteilsgründe (§ 54)

Die jugendadäquate Urteilsbegründung (s. § 54 Rn. 13) ist gerade vom Erwachsenengericht zu beachten, wobei auch hier von der Möglichkeit, gem. § 54 Abs. 2 von der Mitteilung der Urteilsgründe abzusehen, kein Gebrauch gemacht werden sollte (s. § 54 Rn. 21). 11

7. Rechtsmittelverfahren (§§ 55, 56)

Die eingeschränkten Rechtsmittel zwingen – auch – das Erwachsenengericht zu einer besonderen Sorgfalt. 12

8. Verfahren bei Aussetzung der Jugendstrafe zur Bewährung und der Verhängung der Jugendstrafe (§§ 57-64)

Abweichend von der Zuständigkeitsregel der §§ 58 Abs. 3 S. 1 und 62 Abs. 4, wonach der Richter, der die Aussetzung der Jugendstrafe bzw. die 13

Aussetzung der Verhängung der Jugendstrafe angeordnet hat, auch die weiteren Entscheidungen trifft, sind gem. § 104 Abs. 5 diese Entscheidungen dem Jugendrichter zu übertragen (zum Aufenthaltsort s. § 58 Rn. 4). Diese Übertragung erlaubt nicht die Weiterübertragung gem. § 58 Abs. 3 S. 2 (s. § 58 Rn. 10; a. M. *BGHSt* 25, 85 mit zust. Anm. von *Brunner* JR 1973, 206).

9. Beteiligung und Rechtsstellung des Erziehungsberechtigten und des gesetzlichen Vertreters (§§ 67, 50 Abs. 2)

14 Die Prozeßhilfe durch die Erziehungsberechtigten und gesetzlichen Vertreter ist insbesondere vor dem Erwachsenengericht erforderlich, damit die Position und die Interessen des/der jugendlichen Angeklagten hinreichend dargestellt werden. Zum ausnahmsweisen Verzicht s. Rn. 7; werden die Erziehungsberechtigten und gesetzlichen Vertreter nicht beteiligt, so liegt ein Fall notwendiger Verteidigung gem. § 68 Nr. 2 vor (s. § 68 Rn. 11; s. auch Rn. 15).

10. Notwendige Verteidigung (§ 68)

15 In Verfahren vor einem Erwachsenengericht, erstinstanzlich vor einem OLG gem. § 102 oder einer Wirtschaftsstrafkammer bzw. Staatsschutzkammer gem. § 103 Abs. 2 S. 2, ist immer ein Pflichtverteidiger gem § 68 Nr. 1 i. V. m. § 140 Abs. 1 Nr. 1 StPO zu bestellen.

11. Mitteilungen (§ 70)

16 Die Einschränkung gem. § 104 Abs. 3 kann sich auch auf Mitteilungen gem. § 70 auswirken.

12. Unterbringung zur Beobachtung (§ 73)

17 Auch für das Erwachsenengericht gilt es, die negativen Folgen einer solchen Entscheidung für die Intimsphäre des/der Beschuldigten mit den erhofften positiven Folgen für das Strafverfahren abzuwägen (s. im einzelnen § 73 Rn. 4, 5).

13. Kosten und Auslagen (§ 74)

18 Die im Erwachsenenstrafrecht unbekannte Kostenfolge gem. § 74 ist vom Erwachsenengericht besonders zu beachten.

14. Ausschluß von Vorschriften des allgemeinen Verfahrensrechts (§§ 79-81)

19 Der Ausschluß der Privat- und Nebenklage gegen einen Jugendlichen schließt die Privat- und Nebenklage von seiten eines(r) Jugendlichen nicht

Fünftes Hauptstück. Jugendliche vor Gerichten, die für allgemeine Strafsachen zuständig sind § 104

aus (s. § 80 Rn. 2); auch ist gegen einen jugendlichen Privatkläger Widerklage zulässig (§ 80 Abs. 2 S. 1). Im letzten Fall gelten die jugendstrafrechtlichen Vorschriften gem. § 104 (s. § 80 Rn. 13).

V. Entsprechende Anwendungen gem. § 104 Abs. 2

Weitere Verfahrensvorschriften des JGG können nach Ermessen des Gerichts angewendet werden (§ 104 Abs. 2). Hierbei ist das Ermessen **tendenziell für eine solche Anwendung** auszuüben, um die vom Gesetzgeber bestimmte jugendadäquate Verfahrensweise auch vor den Erwachsenengerichten zu gewährleisten. 20

Im einzelnen kommt eine entsprechende Anwendung der §§ 44 (s. dort Rn. 1), 46 (s. dort Rn. 1), 48 (s. dort Rn. 1, 18) 50 Abs. 1 (s. dort Rn. 1) und Abs. 4 (s. dort Rn. 4), 51 (s. dort Rn. 1, s. auch RL zu § 104), 66 (s. dort Rn. 2), 69 (s. dort Rn. 1, s. auch RL zu § 104), 71 (s. dort Rn. 1, auch RL zu § 104; zur verpflichtenden Anwendung von § 72 s. Rn. 10) in Betracht. 21

Umgekehrt sind auch im Wege einer Ermessensentscheidung bestimmte Vorschriften **unanwendbar**. So scheiden aufgrund der alleinigen Regelung der Jugendgerichtsverfassung die §§ 33-37, 39-42 aus (s. zu § 42 Abs. 3 *BGHSt* 18, 176); ebenso ist das vereinfachte Jugendverfahren gem. den §§ 76-78 mit Rücksicht auf die Sonderregelung des beschleunigten Verfahrens (§§ 417 ff. StPO) und des Strafbefehls (§§ 407 ff. StPO) nicht von den Erwachsenengerichten anwendbar (s. auch Grdl. z. §§ 76-78 Rn. 1 sowie §§ 76-78 Rn. 1). Der **Jugendrichter** kann jedoch in Fällen der Erwachsenenstrafgerichtsbarkeit als **Rechtshilferichter** zum Einsatz kommen (h. M., s. *Dallinger/Lackner* § 104 Rn. 35; s. auch § 34 Rn. 2). Die Regelung im § 49 ist ausdrücklich auf Verfahren vor dem Jugendrichter begrenzt (s. § 49 Rn. 1). Ebenso wird § 53 S. 1 durch die weitergehende Regelung im § 104 Abs. 4 ersetzt (s. § 53 Rn. 1); zur Durchführung der Erziehungsmaßregeln und zu weiteren Entscheidungen s. § 53 Rn. 10; die Anordnung eines »Ungehorsamsarrests« hat auch hier der Jugendrichter als Vollstreckungsleiter (s. Rn. 4) und nicht der Familien-/Vormundschaftsrichter zu treffen, da dann inhaltlich ein Zuchtmittel angeordnet wird (ebenso *Eisenberg* § 104 Rn. 35). 22

VI. Rechtsmittel

Die Nichtanwendung verpflichtender Verfahrensvorschriften sowie die Anwendung verbotener Verfahrensvorschriften stellen eine Gesetzesverletzung gem. § 337 StPO dar. Bei Anwendung des § 104 Abs. 2 gelten die allgemeinen Grundsätze für die Prüfung einer Ermessensentscheidung 23

§ 104

(Ermessensfehlgebrauch). Insbesondere kommt eine Anfechtung in Betracht, wenn das Gericht die Möglichkeit, gem. § 104 Abs. 2 Verfahrensvorschriften des JGG anzuwenden, gar nicht gesehen hat (Ermessensnichtgebrauch). Immer ist aber die **Möglichkeit** eines ursächlichen Zusammenhangs für den Urteilsspruch nachzuweisen.

Dritter Teil. Heranwachsende

Erster Abschnitt. Anwendung des sachlichen Strafrechts

Grundlagen zu den §§ 105 und 106

1. Systematische Einordnung

Erst im 3. Teil des JGG wird die strafrechtliche Behandlung Heranwachsender (zur Definition s. § 1 Abs. 2) geregelt. Hierbei wird – neben wenigen Sonderbestimmungen – auf die Vorschriften für Jugendliche (2. Teil) verwiesen. Im 1. Abschnitt dieses 3. Teils geht es um die Anwendung des sachlichen Strafrechts, d. h. jugendstrafrechtlicher und erwachsenenstrafrechtlicher Sanktionen – letzte mit bestimmten Abweichungen im § 106. Die **Weichenstellung** erfolgt mit § 105 Abs. 1.

2. Historische Entwicklung

Das Jugendgerichtsgesetz von 1923 galt nur für Jugendliche vom 14. bis zum 17. Lebensjahr (§ 1). Doch schon der 6. Dt. Jugendgerichtstag von 1924 hatte die Erstreckung der Grundsätze des neuen Jugendstrafrechts auf die 18- bis 20jährigen als nächste Aufgabe bezeichnet (DVJJ 1925, 56). Im JGG 1943 blieb aber die Grenze von 18 Jahren bestehen, wobei sich insbesondere die Wehrmacht gegen eine Ausdehnung des Jugendstrafrechts auf die Altersgruppe der Wehrpflichtigen sperrte (s. *Sieverts* in: Jugendkriminalität, Strafjustiz und Sozialpädagogik, hrsg. von *Simonsohn*, 1969, S. 134). Auch der Gesetzgeber von 1953 konnte sich noch nicht zur vollständigen Einbeziehung der Heranwachsenden durchringen; im Gegenteil: Nach dem Wortlaut des § 105 Abs. 1 ist die Anwendung von Jugendstrafrecht eigentlich die Ausnahme. Dies entspricht auch dem Willen des Gesetzgebers: »Die Reaktion auf Verfehlungen geistig und charakterlich normal entwickelter Heranwachsender wird sich dagegen wie bisher nach den Vorschriften des allgemeinen Strafrechts richten« (Begründung zu dem Entwurf eines Gesetzes zur Änderung des Reichsjugendgerichtsgesetzes, BT-Drucks. 1/3264, S. 44). Die damalige Entscheidung hat im wesentlichen bis heute Bestand. Abgesehen von Änderungen des § 106, die durch Änderungen des allgemeinen Strafrechts notwendig wurden, wurden lediglich mit dem EGStGB vom

2. 3. 1974 (BGBl I, 469) § 105 um den Abs. 2 ergänzt und mit dem Gesetz zur Neuregelung des Volljährigkeitsalters vom 31. 7. 1974 (BGBl I, 1713) die Sanktionen der Erziehungsbeistandschaft und der Fürsorgeerziehung für Heranwachsende gestrichen. Die damals »heiß« geführte Diskussion über die Diskrepanz von zivilrechtlicher Volljährigkeit und – möglicher – strafrechtlicher Inanspruchnahme nach Jugendrecht (s. z. B. *Bertram* Zbl 1970, 33; *Potrykus* UJ 1975, 24; s. auch *Janssen* Heranwachsende im Jugendstrafverfahren, 1980, S. 3 ff.) war lange verstummt; statt dessen wurde die vollständige Einbeziehung der Heranwachsenden in das Jugendstrafrecht (s. Rn. 10) bzw. ein selbständiges Jungtäterstrafrecht (s. Rn. 11) vorgeschlagen. Neuerdings wird umgekehrt die Herausnahme der Heranwachsenden aus dem Jugendstrafrecht gefordert (s. Rn. 10 a).

3. Gesetzesziel

3   Ziel der §§ 105 und 106 ist es, die Heranwachsenden nicht mit der vollen Härte des Erwachsenenstrafrechts »anzupacken«, auch insoweit altersgerecht zu sanktionieren. Hierbei wird von einem fließenden Übergang vom Jugendlichen über das Heranwachsendenstadium zum Erwachsenen ausgegangen (s. § 105 Rn. 6). Die ursprüngliche Tendenz, eher Erwachsenenstrafrecht mit den Modalitäten gem. § 106 anzuwenden (s. Rn. 2), hat sich im Laufe der Zeit umgekehrt (s. Rn. 5). Letztlich entscheidend ist hierfür die Auffassung, daß mit den Mitteln des Jugendstrafrechts eher eine Straftatwiederholung vermieden werden kann und daß umgekehrt mit einer falschen Bestrafung nach Erwachsenenstrafrecht negative Folgen für die Sozialisation verbunden sind (s. *BGHSt* 12, 119; *Lempp* Gerichtliche Kinder- und Jugendpsychiatrie, 1983, 223). Diese Rechtsfolgenorientierung haben die »Marburger Richtlinien« (MschrKrim 1955, 60) ausdrücklich mitaufgenommen (s. auch Denkschrift über die Reform des JGG im Rahmen der großen Strafrechtsreform, MschrKrim 1964, 5).

4   Kommt Jugendstrafrecht zur Anwendung, **gilt auch die jugendstrafrechtliche Zielsetzung der Individualprävention**, und zwar primär der positiven Individualprävention (s. im einzelnen Grdl. z. §§ 1-2 Rn. 4, 5). Wenn auf die jugendstrafrechtlichen Sanktionen verwiesen wird (s. § 105 Abs. 1), so wird auch deren Zielsetzung mitübernommen. Diejenigen, die das Jugendstrafrecht als Erziehungsstrafrecht ansehen, müssen sich mit einer verfassungskonformen Zieldefinition bei Heranwachsenden schwertun: Mit der Volljährigkeit endet auch ein staatliches Erziehungsrecht, das bis dahin das elterliche Erziehungsrecht ergänzt oder ersetzt hat (s. *BVerfGE* 22, 180; s. jetzt aber *BVerfG* EzSt JGG § 10 Nr. 1; dementsprechend wird jetzt von »Nach-Sozialisation« (*Eisenberg* § 109 Rn. 15) bzw. Resozialisierung (s. *Thiesmeyer* Zbl 1978, 15) gesprochen. Nicht kann umgekehrt die Hereinnahme der Heranwachsenden in das JGG als Ausdruck des Erziehungsgedankens gewertet

werden (so aber *Heinz* in: Jugendgerichtsbarkeit in Europa und Nordamerika, hrsg. von *Kerner/Galaway/Janssen*, 1986, S. 539). Allerdings erlangt mit der Ausdehnung der Jugendstrafe auf zehn Jahre (§ 105 Abs. 3) ein generalpräventives Anliegen Bedeutung, dem aber nur über § 17 Abs. 2, 2. Alt., d. h. bei Verurteilung zu einer Jugendstrafe »wegen Schwere der Schuld«, entsprochen werden darf (s. § 17 Rn. 5). Die Bundesregierung wollte ursprünglich mit § 20 Abs. 3 des Entwurfs eines Gesetzes zur Änderung des Reichsjugendgerichtsgesetzes (BT-Drucks. 1/3264) selbst eine negative Generalprävention bei Heranwachsenden zulassen; hiernach sollte bei der Verhängung einer Jugendstrafe auch berücksichtigt werden können, »daß durch die Tat bei anderen die Versuchung hervorgerufen oder verstärkt werden kann, gleichartige Straftaten zu begehen«. Mit der Streichung dieses Absatzes im Gesetzgebungsverfahren ist ein systemfremdes Ziel (s. Grdl. z. §§ 17-18 Rn. 3) aufgegeben worden, auch wenn die Entscheidung den Gerichten überantwortet wurde (s. Schriftlicher Bericht des Ausschusses für Rechtswesen und Verfassungsrecht, BT-Drucks. 1/4437, S. 12). Aber auch bei Berücksichtigung positiv-generalpräventiver Gesichtspunkte gem. § 17 Abs. 2, 2. Alt., ist ein Strafmaß über fünf Jahre regelmäßig nicht erforderlich, da die Verurteilung als solche schon eine generalpräventive Reaktion auf den Unrechtsverstoß darstellt und gegenüber Heranwachsenden noch mehr Exkulpationen akzeptiert werden (s. § 18 Rn. 12).

Diese generell mildere Einstufung von Heranwachsendenstraftaten gilt gem. § 106 selbst dann, wenn Erwachsenenstrafrecht zur Anwendung kommt.

4. Justizpraxis

Anwendung von Jugend- bzw. Erwachsenenstrafrecht bei Heranwachsenden:

Jahr	Verurteilte zusammen	nach StGB	nach JGG
1954	60 567	48 069 (79,4 %)	12 498 (20,6 %)
1960	89 784	62 102 (69,2 %)	27 682 (30,8 %)
1965	61 161	38 056 (62,2 %)	23 105 (37,8 %)
1970	81 768	47 832 (58,5 %)	33 936 (41,5 %)
1975	84 599	46 418 (54,9 %)	38 181 (45,1 %)
1980	98 845	46 620 (47,2 %)	52 225 (52,8 %)
1985	90 667	34 186 (37,7 %)	56 481 (62,3 %)
1990	66 972	24 382 (36,4 %)	42 590 (63,6 %)
1995	64 887	25 824 (39,8 %)	39 063 (60,2 %)
1996	65 789	25 949 (39,4 %)	39 840 (60,6 %)
1997	70 196	28 029 (39,9 %)	42 167 (60,1 %)
1998	71 930	29 204 (40,6 %)	42 726 (59,4 %)

(Quelle: Statistisches Bundesamt, Fachserie 10, Reihe 3, Strafverfolgung; Gebiet: bis 1990 alte Länder, ab 1995 alte Länder eischl. Berlin-Ost)

Es zeigt sich, daß Heranwachsende – bei geringen Rückgängen in den letzten Jahren – zunehmend nach Jugendstrafrecht verurteilt werden.

6 Im einzelnen werden jedoch **deliktsspezifisch große Unterschiede** gemacht:

Anteil der nach Jugendstrafrecht im Jahre 1997 verurteilten Heranwachsenden bei einzelnen Deliktsarten:

Deliktsarten	Verurteilte zusammen	nach StGB	nach JGG
Mord und Totschlag	53	4 (7,5 %)	49 (92,5 %)
Sexualstraftaten	352	59 (16,8 %)	293 (83,2 %)
Raub, Erpressung und räuberischer Angriff auf Kraftfahrer	2 023	55 (2,7 %)	1 968 (97,3 %)
Diebstahl und Unterschlagung	18 216	4 866 (26,7 %)	13 350 (73,3 %)
Fahrlässige Tötung ohne Straßenverkehr	19	3 (15,8 %)	16 (84,2 %)
Fahrlässige Tötung im Straßenverkehr	225	88 (39,1 %)	137 (60,9 %)
Fahrlässige Körperverletzung ohne Straßenverkehr	339	160 (47,2 %)	179 (52,8 %)
Fahrlässige Körperverletzung im Straßenverkehr	2 952	2 103 (71,2 %)	849 (28,8 %)

(Quelle: Statistisches Bundesamt, Fachserie 10, Reihe 3, Strafverfolgung; Gebiet: alte Länder einschl. Berlin-Ost)

Hieraus läßt sich ableiten, daß bei schweren Delikten eher Jugendstrafrecht angewendet wird als bei leichten, daß umgekehrt Erwachsenenstrafrecht insbesondere bei Verkehrsstraftaten zur Anwendung kommt. Als Gründe werden genannt, daß die Gerichte dem Zugzwang zu harten Sanktionen, die nach Erwachsenenstrafrecht bei schweren Taten vorgeschrieben sind, entgehen wollen und Sachverständige, die bei schweren Delikten häufiger zum Einsatz kommen, eher für das Jugendstrafrecht plädieren (s. *Janssen* Heranwachsende im Jugendstrafverfahren, 1980,

S. 147; *Miehe* Zbl 1982, 85, 86). Nach einer Analyse von 36 Heranwachsenden-Verfahren wegen eines Tötungs-Delikts wurde zu 100 % von den Gutachtern die Anwendung des § 105 empfohlen (s. *Geraedts* Zur Tötungsdelinquenz bei jugendlichen und heranwachsenden Straftätern, 1998, S. 30). Allerdings werden Sachverständige nur in ca. 5 % der Verfahren herangezogen: Nach *Kühling* (Zur Kriminologie und strafrechtlichen Behandlung Heranwachsender, 1958, S. 163) in 4,5 %; *Bresser* (NJW 1960, 375) in 5,4 %; *Eickmeyer* (Die strafrechtliche Behandlung der Heranwachsenden nach § 105 des JGG, 1963, S. 28) in 4,1 %; *Blau* (Zbl 1964, 160) in 4 %; nach *Lohmar* (Die strafrechtliche Behandlung der Heranwachsenden nach § 105 JGG, S. 34, 98) in ca. 10 %; nach *Suttinger* (in: Handbuch der Psychologie, Bd. 11: Forensische Psychologie, 1967, S. 322) in 5 %; nach *Kreuzer* (MschrKrim 1978, 7) in weniger als 5 %; nach *Janssen* (Heranwachsende im Jugendstrafverfahren, 1980, S. 130) in 2,3 %. Bedeutsamer für die Anwendung von Erwachsenenstrafrecht ist der **Einsatz des Strafbefehls**, gerade im Bereich der Verkehrskriminalität. Genaue Zahlen liegen hierfür allerdings nicht vor (s. auch Grdl. z. §§ 79-81 Rn. 7). Nach einer repräsentativen Befragung von Jugendrichtern im Jahre 1977 wird der Anteil auf 5 bis 15 % geschätzt (s. *Janssen* a. a. O., S. 273 ff.). Da die Streuungsbreite sehr hoch ist – von 1 bis 60 % – muß vermutet werden, daß die Anwendungspraxis sehr unterschiedlich ist.

Über die unterschiedliche Anwendung nach der Deliktsstruktur hinaus zeigen sich **erhebliche regionale Unterschiede**. In mehreren Untersuchungen wurde ein Nord-Süd-Gefälle festgestellt. Nach der Untersuchung von *Janssen* aus dem Jahre 1977 (s. *Janssen* Heranwachsende im Jugendstrafverfahren, 1980, S. 17; s. bereits vorher *Sieverts* in: Arbeiten zur Rechtsvergleichung, Schriftenreihe der Gesellschaft für Rechtsvergleichung, Heft 2, 1958, S. 58) wurde in Rheinland-Pfalz (m = 25,6 %; w = 20,7 %), Baden-Württemberg (m = 34,3 %; w = 34,7 %) und Bayern (m = 38,2 %; w = 40,5 %) weitaus weniger Jugendstrafrecht angewandt als z. B. in Schleswig-Holstein (m = 78,8 %; w = 75,4 %) oder Hamburg (m = 93,9 %; w = 77,1 %). Hinsichtlich eines Stadt-Land-Gefälles stellte *Janssen* fest, daß in Städten bis zu 30 000 Einwohnern zu 46,4 % Jugendstrafrecht, bis 100 000 Einwohnern zu 67,1 % Jugendstrafrecht, bis 500 000 Einwohnern zu 78,7 % und in Städten über 500 000 Einwohnern zu 81,0 % Jugendstrafrecht angewendet wurde (s. *Janssen* a. a. O., S. 184; s. auch *Pfeiffer* Probleme der Jugendgerichtshilfe in Bayern, Zbl 1977, 385). Als Grund hierfür wird die stärkere Beteiligung der Jugendgerichtshilfe in größeren Orten vermutet. Mitentscheidend ist aber auch die persönliche Einstellung des jeweiligen Richters. So wurden im Jahre 1958 bei ein und demselben Gericht (*AG Düsseldorf*) unterschiedliche Anwendungsquoten von 35,7 % bis 73,4 % festgestellt (s. *Eickmeyer* Die strafrechtliche Behandlung der Heranwachsenden nach § 105 des JGG, 1963, S. 26; eine

7

Untersuchung aus dem Jahre 1969 ergab bei zwei vergleichbaren süddeutschen Amtsgerichten Anwendungsquoten – ohne Strafbefehle – von 42,2 % und 27,1 % (s. *Keller/Kuhn/Lempp* MschrKrim 1975, 155).

Die Prozentquote der Heranwachsenden, die gem. § 105 JGG nach Allgemeinem Strafrecht verurteilt wurden, 1997

Gebiet	Verurteilte Heranw. insgesamt n	nach StGB verurteilte Heranw. n	nach StGB verurteilte Heranw. %	nach JGG verurteilte Heranw. n	nach JGG verurteilte Heranw. %
Alte Länder und Berlin-Ost	70 196	42 167	(60,1)	28 029	(39,9)
Baden-W.	12 170	5 491	(45,1)	6 679	(54,9)
Bayern	16 147	8 883	(55,0)	7 264	(45,0)
Berlin	3 494	1 942	(55,6)	1 552	(44,4)
Bremen	434	289	(66,6)	145	(33,4)
Hamburg	675	624	(92,4)	51	(7,6)
Hessen	4 751	3 491	(73,5)	1 260	(36,1)
Niedersachsen	8 236	5 977	(72,6)	2 259	(27,4)
Nordrhein-W.	17 856	11 440	(64,1)	6 416	(35,9)
Rheinland-Pf.	4 039	1 837	(45,5)	2 202	(54,5)
Saarland	914	796	(87,1)	118	(12,9)
Schleswig-H.	1 480	1 397	(94,4)	83	(5,6)

(Quelle: Statistisches Bundesamt, Fachserie 10, Reihe 3, Strafverfolgung; Gebiet: alte Länder einschl. Berlin-Ost)

8   Hinsichtlich der Altersstruktur ist nachgewiesen, daß bei jüngeren Heranwachsenden eher Jugendstrafrecht angewendet wird als bei älteren Heranwachsenden.

Anwendung von Jugend- bzw. von Erwachsenenstrafrecht nach dem Alter*:

Alter	Anwendung des StGB	Anwendung des JGG
18	19,3 %	80,7 %
19	37,8 %	62,2 %
20	48,7 %	51,3 %

* Quelle: *Janssen* Heranwachsende im Jugendstrafverfahren, 1980, S. 189

Nach einer Untersuchung von *Lux* (Zbl 1982, 385) wurden 18jährige zu 100 %, 19jährige zu 98,3 % und 20jährige zu 88,3 % als Jugendliche behandelt (zu früheren Untersuchungen s. *Kuhn* Grundlagen und Kriterien bei der Beurteilung des Entwicklungsstandes Heranwachsender gem. § 105 JGG in der Rechtsprechungspraxis zweier süddeutscher Amtsgerichte im Jahre 1969, 1974, S. 84 ff., sowie *Eickmeyer* Die strafrechtliche Behandlung der Heranwachsenden nach § 105 des JGG, 1963, S. 38).

Jugendstrafrechtliche Sanktionen bei Heranwachsenden 1997: 9

Jugendstrafe	10 698
davon:	
6 Monate bis einschl. 1 Jahr	5 715
mehr als 1 Jahr	4 983
Zuchtmittel	40 206
davon:	
Dauerarrest	3 928
Kurzarrest	424
Freizeitarrest	2 509
Auferlegung besonderer Pflichten	22 857
dar. Zahlung eines Geldbetrages	11 482
Verwarnung	10 488
Erziehungsmaßregeln	6 514
davon:	
Erziehungsbeistandschaft	70
Erteilung von Weisungen	6 423
Strafen bzw. Maßnahmen insgesamt	57 418
dagegen Verurteilte insgesamt	42 167

(Quelle: Statistisches Bundesamt, Fachserie 10, Reihe 3, Strafverfolgung; Gebiet: alte Länder einschl. Berlin-Ost)

Die Verurteilungen zu Erziehungsbeistandschaft sind nur als rechtswidrige Sanktionen oder fehlerhafte Registrierungen im Falle einer Einbeziehung gem. § 31 Abs. 2, 3 zu erklären, da diese Sanktionen für Heranwachsende nicht angeordnet werden dürfen (s. § 105 Abs. 1 i. V. m. § 9 Nr. 1).

Die zunehmende Anwendung des Jugendstrafrechts auf Heranwachsende hat nicht dazu geführt, die Sanktionsstrukturen aus dem Erwachsenenstrafrecht auf die Sanktionen nach dem Jugendstrafrecht bloß zu übertragen; dies gilt insbesondere für einen Wechsel von der Geldstrafe zur Geldbuße. Das heißt, die Entwicklung der Sanktionen für Jugendliche und Heranwachsende läuft weitgehend parallel (s. *Walter/Eckert* MschrKrim 1985, 69 ff.). Andererseits ist die Quote der zu Jugendstrafe verurteilten Heranwachsenden etwa doppelt so hoch wie die der Jugendlichen: im Jahre 1997 25,4 % gegenüber 12,5 % der jeweiligen Verurteilten (s. Statistisches Bundesamt, Fachserie 10, Reihe 3, Strafverfolgung). Zur

Praxis der Verhängung von Maßregeln sowie von Nebenfolgen und Nebenstrafen s. Grdl. z. §§ 5-8 Rn. 5.

Allerdings führt diese parallele Sanktionierung von Jugendlichen und Heranwachsenden bei Anwendung des Jugendstrafrechts auch zu – teilweiser – **Schlechterstellung** gegenüber Erwachsenen (s. § 5 Rn. 6). *Dünkel* hat anhand vergleichbarer Deliktsgruppen, von denen die einen nach Jugend-, die anderen nach Erwachsenenstrafrecht verurteilt wurden, festgestellt, daß mit Ausnahme der Raub- und Tötungsdelikte, also der schwersten Kriminalität, nach Jugendstrafrecht verurteilte Heranwachsende erheblich häufiger (bei Diebstahlsdelikten 12 % gegenüber 4 %, bei Sexualdelikten 29 % gegenüber 20 %) zu Jugendstrafe ohne Bewährung verurteilt wurden; auch wurde der Freiheitsentzug auf längere Zeit als bei Verurteilung nach dem Erwachsenenstrafrecht – ebenfalls mit Ausnahmen der schwersten Kriminalität – angeordnet (*Dünkel* Freiheitsentzug für junge Rechtsbrecher, 1990, S. 125 ff.; ebenso *Pfeiffer* StV 1991, 363).

5. Rechtspolitische Einschätzung

10 Der »lange Weg« des Heranwachsendenstrafrechts (s. *Janssen* Heranwachsende im Jugendstrafverfahren, 1980, S. 1) zu einem Jugendstrafrecht ist noch nicht zu Ende gegangen (zu den unterschiedlichen Regelungen und Reformtendenzen im Westeuropa s. *Dünkel* ZStW 105 (1993), 137 ff.: Allgemein werden Heranwachsende entweder in das Jugendstrafrecht einbezogen, oder es wird die Repression des Erwachsenenstrafrechts für diese Altersgruppe zurückgenommen). Der *17. Dt. Jugendgerichtstag* hat zwar die Forderung aus dem Jahre 1924 (s. Rn. 2), die Heranwachsenden nach dem Jugendstrafrecht zu behandeln, ausdrücklich und nachdrücklich wiederholt (DVJJ 1977, 215 ff.); in der Denkschrift über die kriminalrechtliche Behandlung junger Volljähriger (DVJJ 1977) wurden die Argumente nochmals zusammengefaßt. Mittlerweile wurde die Forderung auch im politischen Raum übernommen (s. *SPD-Thesen* zur Reform des Jugendkriminalrechts vom 31. 1. 1981, Recht und Politik 1981, 145; dagegen Leitsätze zum Jugendstrafrecht und Jugendstrafvollzug der *CSU* vom 17. 3. 1982, Zbl 1982, 824). Das 1. JGGÄndG hat die Forderung aber nicht aufgegriffen, nachdem schon im Arbeitsentwurf vom 30. 8. 1982 »aus praktischen Gründen« hiervon abgesehen worden war (s. hierzu die Stellungnahme der *DVJJ* 1982, S. 28, 29). Bei Unterstützung der Forderung, auch die Heranwachsenden nach Jugendstrafrecht zu behandeln, kann es nicht darum gehen, alle Bestimmungen für Jugendliche auf Heranwachsende zu übertragen; bereits heute sind Ausnahmen gemacht. Einherzugehen hat eine **grundsätzliche Reform des JGG für Jugendliche und Heranwachsende** (grundsätzlich wie hier *Kreuzer* MschrKrim 1978, 1 ff.; *Bietz* ZRP 1981, 212; *Miehe* Zbl 1982, 86; *Böhm* Einführung in das Jugendstrafrecht, S. 43).

*Erster Abschnitt. Anwendung
des sachlichen Strafrechts*   **Grdl. z. §§ 105-106**

Entgegen der »nahezu einhelligen Forderung«, die Heranwachsenden generell wie Jugendliche entsprechend dem JGG zu behandeln (s. *Böhm* in: Festschrift für Spendel, 1992, S. 787), wird in der Nr. 4 der Initiative der *CDU/CSU-Bundestagsfraktion* gegen Gewalt und Extremismus (DVJJ-Journal 2/1993, S. 103) verlangt, die Heranwachsenden generell nach dem Erwachsenenstrafrecht zu bestrafen. Die Forderung ist eine »Ohrfeige« für die jugendstrafrechtliche Praxis hinsichtlich der Anwendung des § 105; sie geht hinter den kriminologischen Forschungsstand des Jahres 1953 zurück (zur Kritik s. auch die Beiträge in DVJJ-Journal 2/1993, S. 105 ff. sowie in DVJJ-Journal 4/1996, S. 321 ff.; s. auch die Resolution des 1. Bundestreffens der Jugendrichter/innen und Jugendstaatsanwälte/innen vom 8.-10.12.1993 im Vorwort zur dritten Aufl.). 10a

Demgegenüber werden die Forderungen nach Einführung eines selbständigen Jungtäterrechts für die 18- bis 24jährigen (s. *Asbrock* Grundzüge und Besonderheiten eines Strafverfahrens und einer Gerichtsverfassung für Jungerwachsene im Rahmen eines zukünftigen Jungtäterrechts, 1975; ders. ZRP 1977, 191; *Schaffstein* MschrKrim 1976, 104 ff.; *Schneider* RdJB 1963, 1 ff.) zurückgewiesen. Es kann nicht darum gehen, ein drittes strafrechtliches System zu errichten, wobei die Errungenschaften des JGG peu à peu verlorengehen (s. auch *Janssen* Heranwachsende im Jugendstrafverfahren, 1980, S. 307) und sich neue Überschneidungsprobleme ergeben. Es muß darum gehen, die Vorreiterrolle des JGG umzusetzen, einmal unmittelbar für die Heranwachsenden, zum anderen für eine grundlegende Reform des Sanktionenrechts für Erwachsene. Die Reaktionsbeweglichkeit mit der weitgehenden Abschaffung einengender Strafrahmen, die Ausdehnung der Diversions- und Sanktionsmöglichkeiten mit dem Vorrang ambulanter Sanktionen und der Zurücknahme freiheitsentziehender Sanktionen, die rationale Zielsetzung eines Präventionsstrafrechts bei Ablehnung von Sühne- und Abschreckungsgedanken sind hierbei primär zu verwirklichende Ziele. Anleihen könnten weiterhin zur Vermeidung von U-Haft sowie zur Befreiung von der Kostenlast übernommen werden. 11

§ 105. Anwendung des Jugendstrafrechts auf Heranwachsende

(1) Begeht ein Heranwachsender eine Verfehlung, die nach den allgemeinen Vorschriften mit Strafe bedroht ist, so wendet der Richter die für einen Jugendlichen geltenden Vorschriften der §§ 4 bis 8, 9 Nr. 1, §§ 10, 11 und 13 bis 32 entsprechend an, wenn
1. die Gesamtwürdigung der Persönlichkeit des Täters bei Berücksichtigung auch der Umweltbedingungen ergibt, daß er zur Zeit der Tat nach seiner sittlichen und geistigen Entwicklung noch einem Jugendlichen gleichstand, oder
2. es sich nach der Art, den Umständen oder den Beweggründen der Tat um eine Jugendverfehlung handelt.

(2) § 31 Abs. 2 Satz 1, Abs. 3 ist auch dann anzuwenden, wenn der Heranwachsende wegen eines Teils der Straftaten bereits rechtskräftig nach allgemeinem Strafrecht verurteilt worden ist.

(3) Das Höchstmaß der Jugendstrafe für Heranwachsende beträgt zehn Jahre.

Literatur

Becker Zur Herabsetzung der Volljährigkeitsgrenze, Zbl 1972, 380; *Bertram* Volljährigkeitsalter und volle strafrechtliche Verantwortlichkeit, Zbl 1970, 33; *Blau* Zur Reform des Strafrechts für Heranwachsende, Zbl 1964, 157; *Brauneck* Die Jugendlichenreife nach § 105 JGG, ZStW 77 [1965], 209; *Bresser* Die Problematik des § 105 JGG, NJW 1960, 375; *ders.* Noch immer: Die Problematik des § 105 JGG, in: Festschrift für Schaffstein, 1975, S. 323; *Danner* Jugendpsychiatrische Erfahrungen mit der Herabsetzung des Volljährigkeitsalters, RdJB 1976, 325; *Dünkel* Heranwachsende im (Jugend-)Kriminalrecht, ZStW 105 (1993), 137; *Eickmeyer* Die strafrechtliche Behandlung der Heranwachsenden nach § 105 des Jugendgerichtsgesetzes, Kriminologische Untersuchungen, Heft 12, 1963; *Esser* Sind die Kriterien der sittlichen Reife des § 105 JGG tatsächlich reifungsabhängig?, DVJJ-Journal 1999, 37; *Esser/Fritz/Schmidt* Die Beurteilung der sittlichen Reife Heranwachsender im Sinne des § 105 JGG – Versuch einer Operationalisierung, MschrKrim 1991, 356; *Focken* Theoretische und empirische Beiträge zur Reformdiskussion um den § 105 JGG aus jugendpsychiatrischer Sicht, DVJJ 11 [1977], 178; *ders.* Forensisch-psychiatrische Aspekte der Pubertät, in: Adoleszenz-biologische, sozialpädagogische und jugendpsychiatrische Aspekte, hrsg. von Lempp, 1981, S. 142; *Hinrichs/Schütze* Der § 105 I JGG aus jugendpsychiatrischer Sicht, DVJJ-Journal 1999, 27; *Holzbach/Venzlaff* Die Rückfallprognose bei heranwachsenden Straftätern, MschrKrim 1966, 66; *Illchmann-Christ* Die rechtliche Stellung der strafmündigen Minderjährigen de lege lata und de lege ferenda, ZStW 65 [1953], 226; *Janssen* Heranwachsende im Jugendstrafverfahren, 1980; *Keller/Kuhn/Lempp* Untersuchungen über die Entscheidungen gem. §§ 3 und 105 JGG an zwei süddeutschen Amtsgerichten im Jahre 1969, MschrKrim 1975, 153; *Kreuzer* Junge Volljährige im Kriminalrecht – aus juristischer, kriminologischer, kriminalpolitischer Sicht, MschrKrim 1978, 1; *ders.* Heranwachsendenrecht, kurze Freiheitsstrafen und Beschlußverwerfungspraxis, StV 1982, 438; *Kühling* Zur Kriminologie und strafrechtlichen Behandlung Heranwachsender. Eine Untersuchung von 200 am Amtsgericht Hannover in den Jahren 1953 bis 1955 verurteilten männlichen Heranwachsenden, 1958; *ders.* Kriminologie und strafrechtliche Behandlung Heranwachsender, MschrKrim 1959, 167; *Kuhn* Grundlagen und Kriterien bei der Beurteilung des Entwicklungsstandes Heranwachsender gem. § 105 JGG in der Rechtsprechungspraxis zweier süddeutscher Amtsgerichte im Jahre 1969, 1974; *Lempp* Gerichtliche Kinder- und Jugendpsychiatrie, 1983; *Lohmar* Die strafrechtliche Behandlung der Heranwachsenden nach § 105 Jugendgerichtsgesetz, Kriminologische Untersuchungen, Heft 23, 1966; *Lux* Die Projektgruppe JGH-Statistik der SH Fulda berichtet: »Heranwachsende im Jugendstrafverfahren«, Zbl 1982, 384; *Masche* Entwicklungspsychologische Überlegungen zu wesentlichen Stationen und Kompetenzen während des Jugendalters, DVJJ-Journal 1999, 30; *Metten* Verhängung einer Jugendstrafe von unbestimmter Dauer gegen einen Heranwachsenden bei Zweifel an dessen Entwicklungsstand, NJW 1970, 552; *Miehe* Die neuere Entwicklung der Altersgruppenfrage im Strafrecht und Strafprozeßrecht, Zbl 1982, 82; *Molketin* Verkehrsstrafsachen Heranwachsender und § 105 Abs. 1 JGG, DAR 1981, 137; *Neidhardt* Die junge Generation, 3. Auflage; *Ostendorf* Der »richtige« strafrechtliche Umgang mit Heranwachsenden, DVJJ-Journal 1999, 19; *Sauer* Die strafrechtliche Behandlung der Heranwachsenden. Strafe oder Maßnahme?, 1968; *Schaffstein* Die Heranwachsenden vor den Jugendgerichten. Erfahrungen und Forderungen, in: Die Rechtsbrüche der 18- bis 21jährigen Heranwachsenden. Ihre Kriminologie und ihre Behandlung, DVJJ 1959, 16; *ders.* Die Behandlung der Heranwachsenden im künftigen Strafrecht, ZStW 74 [1962], 1; *ders.* Die strafrechtliche Verantwortlichkeit Heranwachsender nach Herabsetzung des Volljährigkeitsalters, MschrKrim 1976, 92; *Schmitz* Der § 105 JGG in jugendpsychiatrischer Sicht, MschrKrim 1955, 150; *ders.* Die kontinuierliche Problematik des § 105 JGG, MschrKrim 1974, 65; *Sieverts* Die kriminalrechtliche Behandlung von jungen Rechtsbrechern (über 18 Jahren) in der Bundesrepublik Deutschland, in: Arbeiten zur Rechtsvergleichung, Schriftenreihe der Gesellschaft für Rechtsvergleichung, Heft 2, 1958; *Suttinger* Die Beurteilung des Entwicklungsstandes Heranwachsender, in: Handbuch der Psychologie, Bd. 11 – Forensische Psychologie, 1967, S. 296; *Thomae* Das Problem der »sozialen Reife« von 14- bis 20jährigen, 1973; *Toker* Die Beurteilung der Reife gem. § 105 in der interkulturellen Begutachtung, DVJJ-Journal 1999, 41; *Walter/Eckert* Zunehmende Anwendung des Jugendrechts gegenüber Heranwachsenden: Änderung der Sanktionsstrukturen oder alte Praxis in neuem Gewande?, MschrKrim 1985, 69; *Walter/Pieplow* Anmerkung z. *BGH*, NStZ 1989, 576; *Xanke* Die Beurteilung der Heranwachsenden gem. § 105 I JGG in der Gerichtspraxis der Bundesrepublik und der Bundesländer, 1980.

Inhaltsübersicht

	Rn.
I. Persönlicher Anwendungsbereich	1
II. Sachlicher Anwendungsbereich	2
III. Voraussetzungen	
1. Abgrenzung zu den Straftatvoraussetzungen	3
2. Heranwachsende(r)	4
3. Voraussetzungen gem. § 105 Abs. 1 Nr. 1	
a) Sittliche und geistige Entwicklung	5
b) Vergleich mit einer jugendgemäßen Entwicklung	6
c) zur Zeit der Tat	8
d) Gesamtwürdigung der Persönlichkeit des Täters bei Berücksichtigung der Umweltbedingungen	9

	Rn.
4. Voraussetzungen gem. § 105 Abs. 1 Nr. 2	14
a) Tat	15
b) Art, Umstände und Beweggründe der Tat	16
c) Jugendverfehlung	17
IV. Verfahren	
1. Zuständigkeit	19
2. Methode	20
3. Verhältnismäßigkeitsprinzip	22
4. In dubio pro reo	24
V. Rechtsfolgen	25
VI. Rechtsmittel	29

I. Persönlicher Anwendungsbereich

1   § 105 findet generell auf Heranwachsende Anwendung, auch vor den für allgemeine Strafsachen zuständigen Gerichten; dies folgt aus dem Wortlaut des § 105 i. V. m. § 1 Abs. 1, auch wenn die Vorschrift im § 112 nicht ausdrücklich aufgeführt ist. Zuständig ist in der Regel ein Jugendgericht (s. § 107 i. V. m. § 33; § 108 Abs. 1 i. V. m. den §§ 39-42, § 108 Abs. 2); zu Ausnahmen s. Grdl. z. §§ 102-104 Rn. 1.

II. Sachlicher Anwendungsbereich

2   § 105 ist für jede strafrechtliche Ahndung Heranwachsender zu prüfen. Allerdings stehen bei Anwendung des Jugendstrafrechts nur das »informelle Verfahren« gem. den §§ 45, 47 und das formelle Jugendverfahren zur Verfügung; das vereinfachte Jugendverfahren ist ausgeschlossen (s. § 109 Abs. 2). Bei Anwendung des Erwachsenenstrafrechts kommen nominell alle Verfahrensarten gegen Erwachsene mit Einschluß des Strafbefehls und des beschleunigten Verfahrens in Betracht (s. aber Rn. 19). Die Prüfung hat für alle Delikte – Vergehen und Verbrechen (s. § 12 StGB) – zu erfolgen. Im Ordnungswidrigkeitenrecht werden demgegenüber die Heranwachsenden wie Erwachsene behandelt (s. aber § 98 Abs. 4 OWiG).

III. Voraussetzungen

1. Abgrenzung zu den Straftatvoraussetzungen

3   § 105 betrifft nur die Straftatfolgen (s. *BayObLG* GA 1984, 478 m. w. N.). Die Straftatvoraussetzungen sind hiervon unabhängig und zunächst festzustellen. Hierbei ist § 3 nicht anwendbar (s. RL Nr. 1 zu § 105). Ein Ausschluß der strafrechtlichen Verantwortlichkeit kommt nur gem. § 20 StGB in Betracht (s. § 3 Rn. 1); § 21 StGB ist demgegenüber immer im Rahmen

der Strafzumessung, d. h. sowohl bei der Anwendung des Jugendstrafrechts als auch bei der Anwendung des Erwachsenenstrafrechts zu prüfen (s. § 3 Rn. 4).

2. Heranwachsende(r)

Voraussetzung für die Prüfung des § 105 Abs. 1 ist, daß ein(e) Heranwachsende(r) vor Gericht gestellt wird (zur bereits staatsanwaltlichen Prüfungszuständigkeit s. Rn. 19). Heranwachsende(r) ist nach der Legaldefinition im § 1 Abs. 2, »wer zur Zeit der Tat 18, aber noch nicht 21 Jahre alt ist«. Entscheidend ist somit der Zeitpunkt der Tat, nicht der Verhandlung (s. § 1 Rn. 7). Steht in Zweifel, ob die Tat im Alter unter oder über 21 Jahre begangen wurde, ist von dem Heranwachsendenstatus auszugehen (*BGH* StV 1998, 345). Ist zweifelhaft, ob die Tat im Jugendlichen- oder Heranwachsendenalter begangen wurde, ist nach dem Grundsatz »in dubio pro reo« das Jugendstrafrecht anzuwenden (zu unterscheiden von der Fallkonstellation, daß bei einem – eindeutig – Heranwachsenden die Anwendungsvoraussetzungen des § 105 zweifelhaft sind, s. hierzu § 105 Rn. 24). Bei mehreren Straftaten, die entweder z. T. als Jugendliche(r) oder z. T. als Heranwachsende(r) begangen wurden und gleichzeitig abgeurteilt werden, ist vor Anwendung des § 32 zu entscheiden, ob für die Taten im Heranwachsendenalter gem. § 105 Abs. 1 Jugend- oder Erwachsenenstrafrecht anzuwenden ist. Hierbei sind die Taten auch dann zunächst auseinanderzuhalten, wenn diese im Wege einer juristischen Bewertung – bei Dauerdelikten – zusammengefaßt werden (s. § 32 Rn. 3).

4

3. Voraussetzungen gem. § 105 Abs. 1 Nr. 1

a) Sittliche und geistige Entwicklung

Gemäß § 105 Abs. 1 Nr. 1 ist Jugendstrafrecht (s. Rn. 25-28) anzuwenden, wenn der Angeklagte »zur Zeit der Tat nach seiner sittlichen und geistigen Entwicklung noch einem Jugendlichen gleichstand«. Der Begriff der sittlichen und geistigen Entwicklungsreife ist unbestimmt. Im Unterschied zu § 3 ist hier auch keine Einengung auf die Reife zur Unrechtseinsicht und der entsprechenden Handlungskompetenz vorzunehmen. Die Schuldvoraussetzung wird bei Heranwachsenden unterstellt; es kommt nur auf die **allgemeine Sozialisation** für die »richtige« strafrechtliche Behandlung an. Allerdings genügt es, entgegen dem Wortlaut – wie bei § 3 – das Fehlen einer, entweder der sittlichen oder der geistigen, Entwicklungsreife festzustellen (h. M., s. *BGH* NJW 1956, 1408; *Böhm* Einführung in das Jugendstrafrecht, S. 49). Eine retardierte geistige Entwicklung kann sich nicht nur in schlechten schulischen oder beruflichen Leistungen zeigen; eine eingeschränkte sprachliche Ausdrucksfähigkeit kann ebenfalls hiervon Ausdruck sein (s. *BGH* StV 1981, 183). Ein **intellektueller Entwicklungs-**

5

stand reicht umgekehrt nicht aus; es muß auch das **Wertebewußtsein** entsprechend entwickelt sein. Hierfür wird im Unterschied zur intellektuellen, erst recht zur körperlichen Entwicklung, auf die es überhaupt nicht ankommt, eine allgemeine Retardierung angenommen (s. *BGH* MDR 1954, 694; *BGHSt* 12, 117). Zum Teil wird sogar aus einer körperlichen Frühreife umgekehrt eine Verzögerung der sittlich-geistigen Reifung vermutet, was aufgrund einer möglichen Überforderung von seiten der Umwelt und der damit verbundenen Dissonanz plausibel erscheint (s. *Lempp* Gerichtliche Kinder- und Jugendpsychiatrie, 1983, S. 225; *Brunner/Dölling* § 105 Rn. 11 a, dessen Formulierung »sexuelle Frühreife verzögert häufig die geistig-sittliche Reifung« aber mehr Ausdruck einer bestimmten Sexualmoral als wissenschaftlich bewiesen erscheint; krit. auch *Eisenberg* § 105 Rn. 28). Generell gilt, daß die sittliche Reife weitgehend unabhängig ist von der geistigen Reife (*Esser/Fritz/Schmidt* MschrKrim 1991, 366).

b) Vergleich mit einer jugendgemäßen Entwicklung

6 Für die Anwendung von Jugendstrafrecht muß die so umschriebene sittliche und geistige Entwicklung der eines(r) Jugendlichen entsprechen. Ein solcher Vergleich ist schwer zu ziehen. Zunächst könnte man daran denken, auf die typische Entwicklungsreife eines(r) 14- bis 17jährigen Bezug zu nehmen. Dem steht aber entgegen, daß eine typische Reife für dieses Altersstadium nicht festzustellen ist. Die Entwicklung verläuft gerade in diesen Jahren so schnell und sprunghaft, daß hier Jahrgänge nicht zusammengefaßt werden können. Hierbei wäre auch noch zwischen Mädchen und Jungen zu unterscheiden. Als nächstes könnte man die Entwicklungsstufe von – gerade noch – 17jährigen heranziehen. Dagegen wird – zu Recht – geltend gemacht, daß es »entwicklungspsychologisch gesehen ... zwischen dem 17. und 18. Lebensjahr keine Zäsur« gibt (s. *Suttinger* in: Handbuch der Psychologie, Bd. 11 – Forensische Psychologie, 1967, S. 297; *Specht* in: Psychiatrische Begutachtung, hrsg. v. *Venzlaff*, S. 390). Die Entwicklung verläuft kontinuierlich und hierbei höchst individuell, so daß für eine durchschnittliche Entwicklung von 17jährigen in Abgrenzung zu der Entwicklung eines(r) Heranwachsenden keine überzeugenden Kriterien geliefert werden können. Dies sehend will die h. M. auf die Entwicklung eines – imaginären – jungen Menschen Bezug nehmen, in dem die »Entwicklungskräfte noch in größerem Umfang wirksam sind« (*BGHSt* 12, 118; *BGH* NStZ 1989, 575; *Brauneck* ZStW 77 [1965], 214; *Schmitz* MschrKrim 1976, 92 ff.; *Brunner/Dölling* § 105 Rn. 4; *Böhm* Einführung in das Jugendstrafrecht, S. 50; *Eisenberg* § 105 Rn. 8; *Hinrichs/Schütze* DVJJ-Journal 1999, 28). Eine so abstrahierende Betrachtung von Entwicklungsphasen vermag jedoch kaum zur Konkretisierung beizutragen (krit. auch *Walter/Pieplow* NStZ 1989, 576). Vor allem ist die

hierauf fußende Rechtsansicht abzulehnen, nach der unbehebbare Entwicklungsrückstände, die den/die Heranwachsende(n) nicht über den Entwicklungsstand eines(r) Jugendlichen hinauskommen lassen, nicht zur Anwendung von Jugendstrafrecht führen sollen (s. *BGH* EJF, C I, Nr. 36; *BGH* NJW 1959, 1500; *BGHSt* 22, 41; *OLG Karlsruhe* GA 1980, 151; *OLG Zweibrücken* StV 1986, 306; *BGH* StV 1990, 508; *Lenckner* in: Handbuch der forensischen Psychiatrie, hrsg. von *Göppinger/Witter*, Bd. 1, 1972, S. 263; im Prinzip ebenso *Brunner/Dölling* § 105 Rn. 13; wie hier wohl *Brauneck* ZStW 77 [1965], 218). Dagegen spricht nicht nur, daß eine Nachreifung wohl nur ausnahmsweise ausgeschlossen werden kann (s. *Brunner/Dölling* § 105 Rn. 13; s. auch *Eisenberg* § 105 Rn. 27); mit einer solchen Interpretation werden darüber hinaus sowohl Wortlaut als auch Zweck des § 105 Abs. 1 Nr. 1 zum Nachteil des/der Angeklagten verändert: Eine Möglichkeit zur Weiterentwicklung wird nicht gefordert; ihr Ausschluß soll erst recht zur Anwendung von Jugendstrafrecht führen (s. auch § 3 Rn. 5), zumal es hier nur um eine Normbefolgung und nicht um eine innere Überzeugungsbildung geht (s. Grdl. z. §§ 1-2 Rn. 4). Die Unterstellung eines »festgewurzelten Charakterfehlers« (so *BGH* EJF, C I, Nr. 36) oder der Ausschluß einer Nachreifung wegen Uneinsichtigkeit (s. hierzu *OLG Zweibrücken* StV 1986, 306) sind zudem nicht nur (re-)sozialisierungsfeindlich, sondern auch persönlichkeitsverletzend (s. hierzu auch *Walter/Pieplow* NStZ 1989, 576).

Will man aus diesem Dilemma herauskommen, so geht kein Weg daran vorbei, sich im ersten Schritt auf die »normale« Reifung eines/einer 17jährigen einzulassen (s. auch § 3 Rn. 5), indem jetzt aber für eine Anwendung von Jugendstrafrecht nicht Retardierungen des/der Heranwachsenden nachgewiesen werden müssen, sondern für eine Anwendung von Erwachsenenstrafrecht eine Progression gegenüber 17jährigen. Wenn für Jugendliche kein Durchschnittsmaßstab gebildet werden kann, die Entwicklung kontinuierlich verläuft und im allgemeinen zu einer größeren Reife führt, so muß eben diese individuelle Reifung nachgewiesen werden. Es geht nicht um die Feststellung einer Jugendlichen-, sondern einer – ausnahmsweisen – Erwachsenenreife. Deshalb stehen die »**Marburger Richtlinien**«, aufgestellt auf einer Arbeitstagung der Deutschen Vereinigung für Jugendpsychiatrie im Jahre 1954, nur z. T. unter richtigem Vorzeichen (s. MschrKrim 1955, 60; für ihre Anwendung *Brunner/Dölling* § 105 Rn. 5; *Dallinger/Lackner* § 105 Rn. 16 ff.; *Böhm* Einführung in das Jugendstrafrecht, S. 50; abl. *Eisenberg* § 105 Rn. 25). Die Kritik wegen Überzeichnung des Erwachsenenbildes (s. *Holzbach/Venzlaff* MschrKrim 1966, 71; *Thomae* Das Problem der »sozialen Reife« von 14- bis 20jährigen, 1973, 19) ist in Wirklichkeit eine Kritik an der generalisierenden Verantwortungszuschreibung bei Erwachsenen. Ebenso ist der nicht selten formulierte Ausgangspunkt »Hinweise dafür, daß der Angeklagte noch nicht einem jungen Erwachsenen in der Gesam-

tentwicklung gleichzusetzen war, liegen nicht vor« (so *AG Gießen* bei *Kreuzer* StV 1982, 438), falsch (zur Kritik s. auch *Kreuzer* a. a. O.). Es ist dies der umgekehrte Weg, der für die Prüfung des § 3 einzuschlagen ist, wo auf das »Durchschnittskönnen« eines/einer 18jährigen »geschielt« wird, dieses Können nachgewiesen werden muß (s. § 3 Rn. 5). Der/die Angeklagte muß hier im Unterschied zu Jugendlichen eine »reife Täterpersönlichkeit« sein (s. *BGH* EJF, C I, Nr. 36). Eine solche Vorgehensweise ist nicht ein bloß äußerlich umformulierter Ansatz: Inhaltlich können damit einmal Diskriminierungen und Diffamierungen, wie »Anlagetäter«, »Verwahrlosungstäter« (s. *Brunner/Dölling* § 105 Rn. 8) vermieden werden; ein andermal wird damit erst die Rechtsmeinung begründet, daß »die Anwendung des Jugendstrafrechts nicht entwicklungsgestörten Tätern vorbehalten ist« (s. *BGH* StV 1982, 27; *Brauneck* ZStW 77 [1965], 218; *Brunner/Dölling* § 105 Rn. 4). Allerdings wird damit auch die Tendenz bestätigt, mit zunehmendem Alter eher Erwachsenenstrafrecht anzuwenden, da dann eher Entwicklungsfortschritte begründbar sind. Im einzelnen sollen folgende Reifekriterien (s. *Esser/Fritz/Schmidt* MschrKrim 1991, 356 auf der Basis der Marburger Richtlinien sowie Empfehlungen von *Villinger*; zur bestätigenden Nachuntersuchung s. *Esser* DVJJ-Journal 1999, 37) berücksichtigt werden:
- Realistische Lebensplanung (versus Leben im Augenblick)
- Ernsthafte (versus spielerische) Einstellung gegenüber Arbeit und Schule
- Realistische Alltagsbewältigung (versus Tagträumen, abenteuerliches Handeln, Hineinleben in selbstwerterhöhende Rollen)
- Eigenständigkeit gegenüber den Eltern (versus starkes Anlehnungsbedürfnis und Hilflosigkeit)
- Eigenständigkeit gegenüber peers und Partner (versus starkes Anlehnungsbedürfnis und Hilflosigkeit)
- Gleichaltrige oder ältere (versus überwiegend jüngere) Freunde
- Bindungsfähigkeit (versus Labilität in den mitmenschlichen Beziehungen oder Bindungsschwäche)
- Integration von Eros und Sexus
- Konsistente, berechenbare Stimmungslage (versus jugendliche Stimmungswechsel ohne adäquaten Anlaß).

Das weiter vorgeschlagene Kriterium »äußerer Eindruck« erscheint nicht aussagekräftig für den »inneren Zustand« und nicht operabel, zumal Jugendliche in der Regel älter und Erwachsene häufig jünger erscheinen wollen (s. auch Rn. 5). Zu relativieren ist auch die Anforderung an das Erwachsensein »Integration von Eros und Sexus« auf ein entsprechendes Problembewußtsein. Weiterhin müssen bei der Beurteilung von ausländischen Heranwachsenden sowie von deutschstämmigen Aussiedlern dieser Altersgruppe kulturelle Besonderheiten, die Einfluß auf die Entwicklung

Erster Abschnitt. Anwendung des sachlichen Strafrechts § 105

des Heranwachsenden haben könnten, berücksichtigt werden (s. *Toker* DVJJ-Journal 1999, 41).

c) zur Zeit der Tat

Wie bei § 3 ist die Entwicklungsreife für den Zeitpunkt der Tat zu bestimmen (s. § 3 Rn. 11); damit darf nicht das Auftreten in der Hauptverhandlung Maßstab sein, entscheidend ist die »Tatzeitpersönlichkeit« (s. *BGHSt* 12, 120; *OLG Köln* VRS 23 [1962], 387). Der Eindruck in der Hauptverhandlung ist im Hinblick auf mögliche Veränderungen nach der Tat zu relativieren, was die Beurteilung zusätzlich erschwert (s. auch § 5 Rn. 13). 8

d) Gesamtwürdigung der Persönlichkeit des Täters bei Berücksichtigung der Umweltbedingungen

Letztlich ist eine Gesamtwürdigung aller Umstände vorzunehmen, die für und gegen eine Erwachsenenreife sprechen. Insoweit mußte die Revisionsrechtsprechung wiederholt erstinstanzliche Entscheidungen aufheben, weil eine den Anforderungen des § 105 Abs. 1 Nr. 1 entsprechende Gesamtwürdigung nicht vorgenommen wurde (s. *BGH* StV 1983, 378 m. w. N.). Es ist somit nicht nur unzulässig, einen Umstand isoliert zu würdigen, sondern jeder Umstand selbst muß auch auf Hinweise in beide Richtungen untersucht werden. So kann eine feste persönliche Beziehung ein Zeichen für Erwachsenenselbständigkeit sein (s. Rn. 7); gleichzeitig kann aber eine frühe Eheschließung auch ein jugendliches Streben dokumentieren, als Erwachsene(r) zu gelten oder eigene Unsicherheiten zu überwinden (s. *Lempp* Gerichtliche Kinder- und Jugendpsychiatrie, 1983, S. 223), kann auch jugendlicher Protest gegen das Elternhaus sein. Auch reicht es für die Annahme des Erwachsenenstatus nicht aus, daß der/die Heranwachsende »nach ordnungsgemäßem Schul- und Lehrabschluß einer geregelten Arbeit nachgehe« (wie hier *BGH* StV 1982, 27). Auch angesichts hoher Arbeitslosigkeit ist ein solcher Lebenslauf normal, d. h. kein Beweis für eine besondere Reife. 9

Mit einem äußerlich selbstsicheren Auftreten kann gleichzeitig eine innere Unsicherheit verdeckt werden. Die Selbstfindung in der – gerade hier häufig feindlichen – Umwelt wird insbesondere **ausländischen Jugendlichen und Heranwachsenden** erschwert, die – in der zweiten Generation – in der Bundesrepublik aufgewachsen oder erst später zu uns gekommen sind. Die kulturellen Unterschiede zwischen dem Aufenthalts- und dem Heimatland, dem sie durch familiäre Einflußnahmen noch verbunden sind, führen nicht selten zu einem Kulturkonflikt (s. *Becker* Jugendwohl 1982, 465), der zu Reifeverzögerungen führen kann (s. *OLG Bremen* StV 1993, 536). Auch die äußerlich integrierten Ausländer werden in diesen Konflikt hineingezogen, wobei zu berücksichtigen ist, daß südländische 10

957

§ 105 Dritter Teil. Heranwachsende

Heranwachsende häufig älter und erwachsener erscheinen als gleichaltrige Deutsche (s. Thesen des *Arbeitskreises X auf dem 19. Dt. Jugendgerichtstag* DVJJ 13 [1984] 476).

11 Gleichsam in einem Kulturkonflikt befinden sich auch diejenigen, die wegen des Genusses **kulturfremder Drogen** nach dem BtMG angeklagt werden. Gründe für den Rauschgiftgenuß sind häufig Identifizierungsprobleme in dieser Gesellschaft, wobei die Auswirkungen des Rauschgiftkonsums zusätzlich zu Entwicklungshemmungen führen können (*BGH* StV 1994, 608; *OLG Köln* MDR 1976, 684; *Böhm* Einführung in das Jugendstrafrecht, S. 51; *Brunner/Dölling* § 105 Rn. 31; *Eisenberg* § 105 Rn. 18).

12 Darüber hinaus sind bei allen **Randgruppen der Gesellschaft** Entwicklungsverzögerungen zu vermuten. Dies gilt für Personen, die in Heimen groß geworden sind, da ihnen regelmäßig die Möglichkeit genommen wurde, eigenverantwortliche Entscheidungen zu treffen, sowie für Personen, die sich »zu einer Gruppe Gleichgesinnter, verbunden mit Unterordnung und Preisgabe individueller Freiheit einerseits und dem Gefühl solidarischer Geborgenheit andererseits«, zusammengeschlossen haben (s. *OLG Zweibrücken* StV 1986, 306 für »Skinheads«; zust. *Molketin* NStZ 1987, 86). In der Tat erscheinen bei Anerkennung multifaktoreller Ursachen (s. hierzu Vorwort zur 3. Aufl.) die Gewalttaten der rechtsextremistischen Heranwachsenden in der Regel als ein Ausdruck von Orientierungslosigkeit und Bindungslosigkeit; die Täter erscheinen bei all ihrer Brutalität, bei der Gebärdung eines Männlichkeitswahns als hilflose, hilfesuchende Menschen, die mit den Widersprüchen in der Gesellschaft und in sich selbst nicht zu Rande kommen. Rechtsextremistische wie linksextremistische Gewalttaten deuten nicht auf abgeschlossene Entwicklungen hin; es ist ein Fehlschluß, von wiederholter Straffälligkeit auf eine »reife« Täterpersönlichkeit zu schließen (so aber *Wassermann* Recht und Politik 1993, 188; zu gegenläufigen rechtspolitischen Forderungen s. Grdl. zu den §§ 105-106 Rn. 10 a). Dies gilt insbesondere für die strafjustitielle Klientel: Selbst aus dem Umstand, daß der/die Heranwachsende »nach der Art eines ausgekochten erwachsenen Täters« immer wieder Taten begangen hat, die nach einem bestimmten Muster ablaufen und sich auch durch seine/ihre Inhaftierung nicht vom weiteren Tun hat abhalten lassen, kann nicht auf Reife geschlossen werden (s. *BGH* StV 1982, 475); »manifestiert sich das Durchsetzungsvermögen eines Heranwachsenden lediglich in seinen Straftaten, besagt ein solches aus der Tat entnommenes Kriterium nichts zum Reifegrad« (*BGH* StV 1984, 254). Eine »sich verfestigende kriminelle Karriere« spricht nicht für eine vergrößerte Reife (so aber *Böhm* Einführung in das Jugendstrafrecht, 2. Aufl., S. 36); vielmehr deutet alles darauf hin, daß die ursprünglichen Kriminalitätsprobleme aus der Jugendzeit sich verschlim-

mert haben. Dementsprechend wird in der Praxis bei vorbestraften Heranwachsenden häufiger Jugendstrafrecht angewendet (s. *Janssen* Heranwachsende im Jugendstrafverfahren, 1980, S. 42; *Lux* Zbl 1982, 387).

Der Wehrpflichtstatus gibt entgegen einer offensichtlichen Praxis (s. *Kreuzer* StV 1982, 439; *Eisenberg* § 105 Rn. 19) keinen Anlaß, Erwachsenenstrafrecht anzuwenden. Das Soldatsein wird gesetzlich angeordnet, eine gesteigerte Verantwortlichkeit wird damit nicht automatisch begründet.   13

4. Voraussetzungen gem. § 105 Abs. 1 Nr. 2

Alternativ zu den Voraussetzungen gem. § 105 Abs. 1 Nr. 1 ist die Tat daraufhin zu prüfen, ob es sich um eine Jugendverfehlung handelt. Während mit § 105 Abs. 1 Nr. 1 die Täterpersönlichkeit zu beurteilen ist, wird mit § 105 Abs. 1 Nr. 2 die Tat in den Mittelpunkt der Bewertung gerückt (zur Reihenfolge s. Rn. 23).   14

a) Tat

Beurteilungsobjekt ist jede einzelne Tat, die dem/der Angeklagten zum Vorwurf gemacht wird, d. h., bei mehreren Taten sind auch mehrere Bewertungen vorzunehmen. Wenn nur eine Tat jugendtypisch ist und die Voraussetzungen des § 105 Abs. 1 Nr. 1 verneint werden, so ist gem. § 32 zu entscheiden. Bei Dauerdelikten ist der Heranwachsendenabschnitt gesondert zu würdigen (s. Rn. 4); werden derartige Taten aus der Jugendzeit fortgesetzt, so liegt die Vermutung nahe, daß es sich weiterhin um jugendtypische Taten handelt (s. *BGH* EJF, C I, Nr. 43; ebenso *Brunner/Dölling* § 105 Rn. 11 d). Bei einer Rauschtat gem. § 323 a StGB ist diese selbst Beurteilungsobjekt und nicht die im Rausch begangene Tat, die nach h. M. nur objektive Bedingung der Strafbarkeit ist (s. *LG Nürnberg* MDR 1955, 566; *Dallinger/Lackner* § 105 Rn. 35).   15

b) Art, Umstände und Beweggründe der Tat

Die Tat ist wie die Täterpersönlichkeit gem. § 105 Abs. 1 Nr. 1 **umfassend**, d. h. nach der Art, den Umständen und Beweggründen zu beurteilen. Das äußere Erscheinungsbild wird vornehmlich durch das Erfolgs- und Handlungsunrecht geprägt; aber auch das Verhalten nach der Tat ist zu berücksichtigen, da es zu den Umständen gehört. Zusätzlich sind die Beweggründe zu analysieren. Hierzu bedarf es einer **Motivforschung**. So kann die Verfehlung Ausdruck einer unreifen Persönlichkeit oder ein »Ausrutscher« einer gereiften Persönlichkeit sein. Es genügt, wenn ein Aspekt (»oder«) die Klassifizierung als Jugendverfehlung begründet. So kann auch eine Diebstahlstat aufgrund von jugendtypischer Motivation   16 (falschverstandene Freundschaft, jugendliche Unbekümmertheit, Mutprobe) als Jugendverfehlung gewertet werden (*LG Gera* StV 1998, 346).

c) **Jugendverfehlung**

17 Mit dem Begriff der Jugendverfehlung wird auf einen Deliktstypus verwiesen, der weder normativ noch sozialwissenschaftlich festgelegt ist. So lassen sich eigentlich nur negative Abgrenzungen formulieren. Dementsprechend wird betont, daß es nicht gegen die Einstufung als Jugendverfehlung spricht, wenn auch Erwachsene derartige Delikte verüben (s. *BGHSt* 8, 90; *BayObLG* GA 1984, 477; *Brunner/Dölling* § 105 Rn. 14). Insbesondere scheiden Verkehrsdelikte, so auch die Trunkenheit im Straßenverkehr gem. § 316 StGB, nicht als typische Jugendverfehlung aus (s. *OLG Hamm* NJW 1960, 1966; *OLG Hamburg* NJW 1963, 67; *OLG Zweibrücken* NZV 1989, 442 für eine Nötigung im Straßenverkehr; ebenso *LG Gera* StV 1999, 661); Leichtsinn und Geltungsbedürfnis sind typische jugendliche Einstellungen (s. *Grethlein* NJW 1967, 838; a. M. *OLG Düsseldorf* VRS 30 (1966), 175; s. aber auch *Böhm* Einführung in das Jugendstrafrecht, 2. Aufl., S. 36, wonach »Verkehrsstraftaten wohl eingeordneter, verläßlicher junger Leute« nach Erwachsenenstrafrecht abzuurteilen sind; s. demgegenüber wiederum *Molketin* DAR 1981, 140). Auch bei Sachbeschädigungen durch Graffiti (zur Problematik der Tatbestandsverwirklichung gem. § 303 StGB s. *KG* NJW 1999, 1200) spricht mehr für eine jugendtypische Tat, die als Jugendprotest oder als Ausdruck einer sich von der Erwachsenenwelt abgrenzenden Jugend(un)kultur gewertet werden kann (s. aber *OLG Düsseldorf* NJW 1999, 1199; kritisch hierzu *Böhm* NStZ-RR 1999, 293). Auch sind jugendtypische Taten nicht auf Bagatellen zu begrenzen; selbst schwere Verbrechen können jugendtypischen Charakter tragen (so *BGH* NJW 1954, 1775 für den Meineid; *OLG Celle* NJW 1970, 341 und *BGH* StV 1981, 183 für die Vergewaltigung; *BayObLG* StV 1981, 527 für einen »schweren Gewaltakt«; *OLG Zweibrücken* StV 1986, 306 für »Gewalt- und Roheitsdelikte«; s. auch *BGHSt* 8, 90 sowie *BGH* bei *Böhm* NStZ 1983, 451). In der Praxis wird sogar eher bei schweren Delikten Jugendstrafrecht angewendet (s. Grdl. z. §§ 105-106 Rn. 6), was aber ebensowenig begründet ist.

18 Tendenziell sprechen Delikte, die weniger vom Verstand als umgekehrt vom Gefühl bestimmt sind, erst recht emotionale »Überhitzungen«, für eine Jugendverfehlung. So wird tendenziell von einer Jugendverfehlung bei Sittlichkeitsdelikten Heranwachsender ausgegangen (s. *Peters* Handwörterbuch der Kriminologie, 2. Aufl., Bd. 1, S. 460; nachf. *BGH* StV 1981, 183). Ebenso spricht das »Ausprobieren« von Drogen mehr für eine jugendtypische Tat, wobei der Reiz des Verbotenen (»Verbotene Früchte sind süß«) als Hauptmotiv erscheint (wie hier *Brunner/Dölling* § 105

Rn. 31; s. aber *AG Gießen* bei *Kreuzer* StV 1982, 438). Ständiger Drogenkonsum spricht ebenfalls mehr für eine fehlende Erwachsenenreife (s. Rn. 11).

IV. Verfahren

1. Zuständigkeit

Obwohl im § 105 Abs. 1 ausdrücklich nur der Richter angesprochen wird, ist die Vorschrift auch und **primär vom Jugendstaatsanwalt** zu beachten. Dies gebietet nicht nur § 43, wonach nach Einleitung des Verfahrens sobald wie möglich eine psycho-soziale Beschuldigtendiagnose zu erfolgen hat. Vor allem muß eine Prüfung erfolgen, wenn unter Anwendung des Erwachsenenstrafrechts ein **Strafbefehl** gem. den §§ 407 ff. StPO beantragt werden soll, was in der Praxis bei Bagatellen und gegenüber Soldaten häufiger geschieht. Eine abschließende Bewertung ist aber sowohl für die Staatsanwaltschaft als auch für das Jugendgericht ohne einen persönlichen Eindruck in der Regel nicht möglich, so daß diese Verfahrensart **grundsätzlich gegen Heranwachsende ausscheidet** (s. auch die vorsichtige Praxiskritik von *Böhm* Einführung in das Jugendstrafrecht, S. 55; s. auch RL Nr. 2 zu § 109). Nach *Brunner/Dölling* (§ 105 Rn. 15) ist eine Entscheidung in Abwesenheit nur selten möglich, was aber auch das Strafbefehlsverfahren ausschließen würde; an anderer Stelle (§ 109 Rn. 10) werden bei gebotener Zurückhaltung aber verfahrensökonomische Zwänge anerkannt (für äußerste Zurückhaltung *Eisenberg* § 109 Rn. 18; s. auch § 79 Rn. 2). 19

2. Methode

Weder Staatsanwaltschaft noch Gericht werden durch eine frühere – eigene oder fremde – Entscheidung über die Anwendung von Jugendstrafrecht bei Heranwachsendentaten gebunden (s. *BGH* NJW 1959, 160; *OLG Köln* VRS 23 [1962], 386). Dies ist für die Prüfung des § 105 Abs. 1 Nr. 2 selbstverständlich, da jetzt andere Taten zu beurteilen sind. Aber auch die Einschätzung der Täterpersönlichkeit gem. § 105 Abs. 1 Nr. 1 hat selbständig und notfalls unter Korrektur früherer Entscheidungen zu erfolgen. Immer ist allerdings zur Verständlichmachung die frühere Beurteilung mitaufzunehmen, ohne daß dieser aber eine Indizwirkung zukommt (a. M. *Brunner/Dölling* § 105 Rn. 30; *Eisenberg* § 105 Rn. 12; s. auch *Munkwitz* MschrKrim 1955, 56). 20

Primäre Entscheidungshilfe hat die **Jugendgerichtshilfe** zu leisten. Der Sanktionsvorschlag (s. § 38 Abs. 2 S. 2) verlangt gerade auch, zu der Weichenstellung zwischen Erwachsenen- und Jugendstrafrecht Stellung zu nehmen (s. auch § 38 Rn. 17). Soweit Tatsachen für diese Bewertung streitig sind, können auch Zeugen vernommen werden (s. auch § 38 Rn. 9); 21

darüber hinaus können auch Zeugen gehört werden, die den/die Angeklagte(n) gut gekannt haben (s. *BGHSt* 12, 120). **Letztlich** kommt auch ein Sachverständigengutachten in Betracht (s. § 43 Rn. 15); hierbei ist wie bei § 3 (s. dort Rn. 13) auf Entwicklungspsychologen zurückzugreifen (s. § 43 Rn. 16). **Vorliegende** Erkenntnisquellen dürfen daneben aber nicht unberücksichtigt bleiben; so hat der *BGH* eine Vorentscheidung aufgehoben, weil ein dem Jugendhilfe-Bericht widersprechender Bericht der Jugendstrafanstalt nicht verwertet wurde (*BGH* NStZ 1985, 184).

3. Verhältnismäßigkeitsprinzip

22 Für den Umfang der Untersuchung der Täterpersönlichkeit gilt auch hier das **Verhältnismäßigkeitsprinzip** (s. § 5 Rn. 7; § 3 Rn. 14; § 36 Rn. 3; § 38 Rn. 16; § 43 Rn. 5). Das heißt, der Tatvorwurf ist zu berücksichtigen. Bei Bagatellen und bei mittelschwerer Kriminalität ist grundsätzlich auf die **Einschaltung eines Sachverständigen zu verzichten** (s. *OLG Hamm* JMBl. NW 1955, 190 mit krit. Anm. von *Potrykus* UJ 1958, 145; s. hierzu auch Rn. 24; *OLG Hamburg* NJW 1963, 67). Wenn nach *BGH* NStZ 1984, 467 (mit insoweit zust. Anm. von *Brunner* sowie *Eisenberg* NStZ 1985, 84; s. auch *BGH* NStZ-RR 1999, 26) es der Anhörung eines Sachverständigen »nur dann bedarf, wenn Anlaß zu Zweifeln über eine normale Reifeentwicklung des betroffenen Heranwachsenden besteht, insbesondere wegen Auffälligkeiten in seiner sittlichen und geistigen Entwicklung«, so wird allerdings von einer falschen Fragestellung ausgegangen (s. Rn. 7).

23 In Befolgung des Verhältnismäßigkeitsprinzips ist **grundsätzlich § 105 Abs. 1 Nr. 2 vor § 105 Abs. 1 Nr. 1 zu prüfen**, da letzte Prüfung umfassender und eingriffsintensiver ist (ebenso *Schaffstein/Beulke* § 8 II. 2. a]; *Dallinger/Lackner* § 105 Rn. 36; *Brunner/Dölling* § 105 Rn. 16; weniger verbindlich *Eisenberg* § 105 Rn. 2). Eine Doppelbegründung, um das Urteil revisionssicher zu machen, ist daher im Regelfall unangebracht.

4. In dubio pro reo

24 Die normative Unbestimmtheit des § 105 Abs. 1 und der durch das Verhältnismäßigkeitsprinzip gebotene Verzicht auf weitere Untersuchungshandlungen lassen häufig Zweifel aufkommen, ob die Voraussetzungen des § 105 Abs. 1 erfüllt sind. Nach der Denkschrift über die kriminalrechtliche Behandlung junger Volljähriger (DVJJ 1977, 3) ist die gesetzliche Fragestellung verfehlt, »weil sie im Grunde gar nicht beantwortet werden kann« (s. auch Thesen des *Arbeitskreises I des 17. Dt. Jugendgerichtstages* DVJJ 11 [1977], 215 ff.; *Kausch* JA 1979, 391). Nach *Suttinger* (in: Handbuch der Psychologie, Bd. 11 – Forensische Psychologie, 1967, S. 322) ist die Anwendung des § 105 ohne Hilfe eines Sachverständigen »in

der Regel nicht praktizierbar«; dem steht jedoch das Verhältnismäßigkeitsprinzip entgegen (s. Rn. 22). Zweifel sind insbesondere allein aufgrund des persönlichen Eindrucks in der Hauptverhandlung nicht ausräumbar, wenn damit entgegen dem begründeten Vorschlag der Jugendgerichtshilfe entschieden werden soll (a. M. *OLG Hamm* JMBl. NW 1955, 190). Nach einer weitverbreiteten Meinung soll dann nach dem Grundsatz »in dubio pro reo« die Anwendung des Jugendstrafrechts geboten sein (s. *BGHSt* 12, 116; *BGH* StV 1982, 27; *BGH* StV 1984, 254; *BGH* NStZ 1989, 575 m. zust. Anm. v. *Brunner* JR 1989, 522; *Böhm* Einführung in das Jugendstrafrecht, S. 52; *Dallinger/Lackner* § 105 Rn. 37; a. M. *Montenbruck* In dubio pro reo, 1985, 178 ff., der hier eine Wahlfeststellung propagiert). Wenn hierfür der Erziehungsgedanke maßgebend sein soll (*BGHSt* 12, 119; für eine Indizwirkung der erzieherischen Eignung von jugendstrafrechtlichen Sanktionen *Dallinger/Lackner* § 105 Rn. 5; hierzu kritisch *Eisenberg* § 105 Rn. 33), so wird für die Anwendung dieses Prinzips ein falsches Kriterium gewählt, zumal mit einem Jugendstrafrecht als Erziehungsstrafrecht sogar härtere Sanktionen begründet werden (s. § 5 Rn. 6). Es kommt auf die jeweilige **Interesseneinbuße** für den/die Angeklagte(n) an (ebenso *Eisenberg* § 105 Rn. 36; *Sonnen* in: D/S/S § 105 Rn. 22; *Schaffstein/Beulke* § 8 II. 1. c]). Soweit Sanktionen ausgesprochen werden, können jugendstrafrechtliche Sanktionen zwar nicht generell als weniger eingriffsintensiv gelten; wohl aber sollte die Sanktionierung nach Jugendstrafrecht regelmäßig milder ausfallen, da hier die Ziele einer Schuldvergeltung und der Generalprävention nicht verfolgt werden dürfen und mehr Möglichkeiten zur Verfügung stehen, um im Rahmen der Verhältnismäßigkeitsprüfung (s. § 5 Rn. 2-7, 20-22) dem geringeren Präventionsbedarf und jugendlichen Exkulpationen zu entsprechen, weshalb auch eine alternative Betrachtung (s. *Montenbruck* a. a. O.) ausscheidet. Eine alternative Straffestsetzung nach Jugend- und Erwachsenenrecht und eine anschließende Bewertung der Eingriffsschwere (so *Schaffstein/Beulke* § 8 II. 1. c]) erscheint daher als überflüssig (zum Vergleich jugendstrafrechtlicher und erwachsenenstrafrechtlicher Sanktionen im einzelnen s. § 55 Rn. 20, 21); sie ist nur erforderlich, wenn die gem. § 263 StPO erforderliche Zweidrittelmehrheit in der Jugendkammer nicht erreicht wird, da dann gem. § 196 Abs. 3 S. 2 GVG die mildere Meinung gilt, worüber notfalls mit einfacher Mehrheit entschieden wird – beim Jugendschöffengericht wird gem. § 196 Abs. 4 GVG entschieden. Hierbei ist auch zu berücksichtigen, daß die jugendstrafrechtlichen Sanktionen bis zur Jugendstrafe »nur« ins Erziehungsregister eingetragen werden, so daß **bei einer verurteilenden Sanktionierung im Zweifel Jugendstrafrecht** zur Anwendung kommt, wobei die jugendstrafrechtliche Sanktion nicht belastender sein darf als eine erwachsenenstrafrechtliche Sanktion (ebenso *Lenckner* in: Handbuch der forensischen Psychiatrie, hrsg. von *Göppinger/Witter*, Bd. 1, 1972, 262; *Kausch* JA 1979, 392; jetzt auch *Brunner/Dölling* § 105 Rn. 17; zur z. T. anderen

Praxis s. Grdl. zu den §§ 105-106 Rn. 9 am Schluß). Eben dieser Gesichtspunkt muß aber dazu führen, daß **für den Fall einer Einstellung umgekehrt das Erwachsenenstrafrecht** anzuwenden ist, weil die Einstellungen gem. den §§ 153, 153 a StPO nicht eingetragen werden (zur Anwendbarkeit der allgemeinen Einstellungsmöglichkeiten auch auf Jugendliche s. § 45 Rn. 5-7).

V. Rechtsfolgen

25 Kommt gem. § 105 Abs. 1 Nr. 1 und/oder Nr. 2 Jugendstrafrecht zur Anwendung, so gelten die §§ 4-8, 9 Nr. 1, §§ 10, 11 und 13-32 entsprechend. Hilfen zur Erziehung gem. § 12 vertragen sich nicht mit dem Volljährigkeitsalter (s. § 9 Rn. 2). Auch für ersatzweise angeordnete Weisungen oder Zuchtmittel ist auf das Alter der Betreffenden Rücksicht zu nehmen, d. h., das Selbstbestimmungsrecht ist mit zunehmendem Alter zu beachten (s. auch § 10 Rn. 8, 11, 28). Da der Arrest in der Praxis regelmäßig gerade auf Jugendliche zugeschnitten ist, ist für die Anordnung dieser Sanktionen besondere Zurückhaltung geboten (s. auch § 16 Rn. 1, 8). Statt dessen ist vermehrt auf Betreuungsweisungen (s. § 10 Rn. 16) zurückzugreifen (s. auch RL Nr. 2 S. 2 zu § 105).

26 Maßgebend ist auch für Heranwachsende das Ziel der Individualprävention, und zwar **primär der positiven Individualprävention** (s. Grdl. z. §§ 1-2 Rn. 4). Demgegenüber soll nach der Kommentarliteratur mit fortschreitendem Alter mehr und mehr der Gesichtspunkt der Schuldvergeltung in den Vordergrund rücken (s. *Dallinger/Lackner* § 105 Rn. 59; *Brunner/Dölling* § 105 Rn. 21; zurückhaltend *Eisenberg* § 105 Rn. 37 a). Der Gesetzgeber hat aber ausdrücklich bei Anwendung des Jugendstrafrechts auf die allgemeinen jugendstrafrechtlichen Folgen verwiesen, so daß auch deren Prinzipien zu gelten haben – unabhängig davon, wie weit das Schuldprinzip die Erwachsenensanktionierung bestimmen darf.

27 Abweichend von § 18 Abs. 1 S. 1 und S. 2 ist für Heranwachsende das Höchstmaß der Jugendstrafe auf zehn Jahre festgesetzt (Abs. 3). Dagegen ist wiederholend auch für diese Altersgruppe darauf hinzuweisen, daß spätestens nach einer Dauer von vier bis fünf Jahren die entsozialisierenden Wirkungen größer sind als die resozialisierenden Folgen (s. § 18 Rn. 10); hierbei kann realistischerweise eine Jugendstrafe wegen »schädlicher Neigungen« nur im Hinblick auf das Sicherungsinteresse der Gesellschaft (»negative Individualprävention«) und darf eine Jugendstrafe wegen »Schwere der Schuld« rechtskonform nur zum Ausgleich der Rechtstreue-Beeinträchtigung (»positive Generalprävention«) verhängt werden (s. § 17 Rn. 5, 11).

Gemäß § 105 Abs. 2 kann eine einheitliche Sanktionierung gem. § 31 **28**
Abs. 2, Abs. 3 auch dann herbeigeführt werden, wenn der/die Heranwachsende rechtskräftig nach allgemeinem Strafrecht verurteilt wurde; dies kann auch nachträglich gem. § 66 geschehen (s. § 109 Abs. 2 S. 2). Voraussetzung ist, daß die Verurteilung sich noch nicht vollständig erledigt hat (s. § 31 Rn. 10-13). Es kann auch die Verurteilung zu einer Maßregel einbezogen werden (s. § 31 Rn. 7 m. w. N.) – ebenso die Verurteilung gem. § 27 (s. § 31 Rn. 9 m. w. N.). Auch ist entgegen der h. M. die Einbeziehung eines Urteils erlaubt, das wegen einer Tat im Erwachsenenalter gesprochen wurde, unabhängig davon, ob die spätere Verurteilung wegen einer Jugend- oder Heranwachsendentat erfolgt (ausführlich § 32 Rn. 9 m. w. N.).

VI. Rechtsmittel

Die Entscheidung gem. § 105 Abs. 1 ist Grundlage der Beantwortung der **29**
Straffrage (s. Rn. 3; zur Begründungspflicht s. Rn. 9, 10). Insoweit kann diese Entscheidung auch nicht isoliert, sondern nur im Rahmen der Straffrage geprüft werden (s. § 55 Rn. 8 m. w. N.). Dies hindert allerdings ein Rechtsmittelgericht nicht an der Prüfung des § 105 Abs. 1, wenn das Rechtsmittel darauf beschränkt wird, die Freiheitsstrafe zu ermäßigen und Strafaussetzung zur Bewährung zu bewilligen (s. *BGH* bei *Böhm* NStZ 1984, 447; s. auch § 55 Rn. 8 m. w. N.). Umgekehrt kann aber die Entscheidung gem. § 105 Abs. 1 in Teilen rechtskräftig werden, wenn das Rechtsmittel auf einen abtrennbaren Teil der Straffrage beschränkt oder das Urteil nur in einem solchen Punkt aufgehoben wurde (*OLG Frankfurt* NJW 1956, 233; *Dallinger/Lackner* § 105 Rn. 50; *Brunner/Dölling* § 105 Rn. 29). Ein möglicher Fehler bei der Anwendung des § 105 Abs. 1 berührt allerdings immer auch eine angeordnete Maßregel der Besserung und Sicherung, zumindest deren Dauer (s. *OLG Zweibrücken* NZV 1989, 442; s. auch § 7 Rn. 15). Da für eine Entscheidung gem. § 105 Abs. 1 Nr. 1 eine umfassende Gesamtwürdigung der Persönlichkeit des/der Angeklagten vorzunehmen ist (s. Rn. 9) und diese ohne einen persönlichen Eindruck schwerlich möglich ist (s. Rn. 19), kommt den Tatsacheninstanzen ein erheblicher Beurteilungsspielraum zu (s. *BGH* NStZ 1989, 576; s. aber auch die korrigierenden Entscheidungen in Rn. 9).

Die Rechtsmittelbegrenzung des § 55 Abs. 2 besteht nur, wenn der/die **30**
Heranwachsende nach Jugendstrafrecht verurteilt wurde (zu unterschiedlichen Entscheidungen über § 105 Abs. 1 in der Rechtsmittelinstanz s. § 55 Rn. 32). Zur Beachtung des Verschlechterungsverbots s. § 55 Rn. 20, 21.

Zur Anfechtung der Entscheidung gem. § 31 Abs. 2 bzw. ihrer Unterlassung s. § 31 Rn. 29-33. **31**

§ 106. Milderung des allgemeinen Strafrechts für Heranwachsende

(1) Ist wegen der Straftat eines Heranwachsenden das allgemeine Strafrecht anzuwenden, so kann der Richter an Stelle von lebenslanger Freiheitsstrafe auf eine Freiheitsstrafe von zehn bis zu fünfzehn Jahren erkennen.

(2) Sicherungsverwahrung darf der Richter nicht anordnen. Er kann anordnen, daß der Verlust der Fähigkeit, öffentliche Ämter zu bekleiden und Rechte aus öffentlichen Wahlen zu erlangen (§ 45 Abs. 1 des Strafgesetzbuches), nicht eintritt.

Literatur

Brunner Anmerkung zu BGH, NStZ 1983, 219; *Eisenberg* Anmerkung zu BGH, JZ 1983, 509; *Grethlein* Anmerkung zu OLG Köln, NJW 1967, 838.

Inhaltsübersicht

	Rn.
I. Anwendungsbereich	1
II. Ausdrückliche Milderung	2
1. Ersatz der lebenslangen Freiheitsstrafe durch eine Freiheitsstrafe von zehn bis fünfzehn Jahren (§ 106 Abs. 1)	3
2. Verbot einer Sicherungsverwahrung (§ 106 Abs. 2 S. 1)	5
3. Verzicht auf die Nebenfolge der Unfähigkeit, öffentliche Ämter zu bekleiden und Rechte aus öffentlichen Wahlen zu erlangen (§ 106 Abs. 2 S. 2)	6
III. Analoge Berücksichtigung	7
IV. Verfahren	8

I. Anwendungsbereich

1 Die Vorschrift findet auch vor den für allgemeine Strafsachen zuständigen Gerichten Anwendung (s. § 105 Rn. 1).

II. Ausdrückliche Milderungen

2 Auch wenn – abweichend von der Regel (s. § 105 Rn. 7, 24) – bei Heranwachsendentaten Erwachsenenstrafrecht angewendet wird, sind Besonderheiten für die Sanktionierung zu beachten (zur Begründung s. Grdl. z. §§ 105-106 Rn. 4).

1. Ersatz der lebenslangen Freiheitsstrafe durch eine Freiheitsstrafe von zehn bis fünfzehn Jahren (§ 106 Abs. 1)

Wenn nach Erwachsenenstrafrecht – obligatorisch oder fakultativ – eine lebenslange Freiheitsstrafe zu verhängen ist, so kann statt dessen auf eine Freiheitsstrafe von zehn bis fünfzehn Jahren erkannt werden (§ 106 Abs. 1). Bedeutung erlangt diese Bestimmung in erster Linie für eine **Verurteilung gem. § 211 StGB** (s. *BVerfG* NJW 1977, 1533). Allerdings ist für Erwachsenenstraftaten die Aussetzung des Strafrestes bei lebenslanger Freiheitsstrafe gem. § 57 a StGB ermöglicht worden. Jedoch erledigen sich damit nicht die Prüfung und Anwendung des § 106 Abs. 1, zumal hier eine Ermäßigung auf zehn Jahre möglich ist und die spätere Aussetzung gem. § 57 a StGB von strengen Voraussetzungen abhängig gemacht wird (s. *BGHSt* 31, 189 mit zust. Anm. von *Brunner* NStZ 1983, 219; s. auch *Eisenberg* JZ 1983, 509). Auch sind andere Milderungsmöglichkeiten (§ 21 StGB) parallel zu prüfen, womit sich eine zusätzliche Strafmilderung ergibt (s. *BGH* LM Nr. 10 zu § 105).

3

Die Milderung gem. § 106 Abs. 1 steht im Ermessen des Gerichts. Es ist tendenziell i. S. einer Anwendung dieser Bestimmung auszuüben (ebenso *Brunner* § 106 Rn. 1), wobei sich einmal auswirkt, daß auch die Entwicklung des Jungerwachsenen nicht abgeschlossen ist (s. auch § 114), zum anderen daß hinsichtlich der Notwendigkeit, Geeignetheit und Angemessenheit so langer Freiheitsstrafen – für welches Strafziel auch immer – erhebliche Einwände bestehen (s. auch § 18 Rn. 8-10). Auch mit der Berufung auf ein Strafziel der Sühne darf die Wiedereingliederung des/der Verurteilten nicht unmöglich gemacht werden (s. *BGHSt* 7, 355; *BGH* bei *Holtz* MDR 1977, 183; *BGH* bei *Böhm* NStZ 1983, 451); die Wiedereingliederung hat Vorrang (*BGHSt* 31, 191). Für eine Wiedereingliederungsfähigkeit des/der Verurteilten sind vielmehr – erhoffte – Resozialisierungshilfen durch den Vollzug zu berücksichtigen (s. *BGH* NStZ 1988, 498).

4

2. Verbot einer Sicherungsverwahrung (§ 106 Abs. 2 S. 1)

Wie bei Anwendung von Jugendstrafrecht (s. § 105 Abs. 1 i. V. m. § 7) darf auch bei Anwendung von Erwachsenenstrafrecht keine Sicherungsverwahrung angeordnet werden. Dieses Verbot ist verpflichtend. Wird allerdings gleichzeitig eine Erwachsenenstraftat verurteilt, so schließt § 106 Abs. 2 S. 1 nicht die Anwendung des § 66 StGB aus (s. *BGHSt* 25, 51). Zur Gleichsetzung der Jugendstrafe mit der Erwachsenenstrafe s. § 31 Rn. 25-27.

5

3. Verzicht auf die Nebenfolge der Unfähigkeit, öffentliche Ämter zu bekleiden und Rechte aus öffentlichen Wahlen zu erlangen (§ 106 Abs. 2 S. 2)

6   Das Gericht kann weiterhin davon absehen, die Nebenfolge gem. § 45 Abs. 1 StGB eintreten zu lassen. Von dieser **Statusdegradierung** sollte tunlichst abgesehen werden, da damit nur ein zusätzliches Hindernis für eine Integration aufgestellt wird. Für Jugendliche ist diese Nebenfolge dementsprechend obligatorisch untersagt (s. § 6 Abs. 1 S. 1). Erst recht sollte von der Kann-Bestimmung des § 45 Abs. 2, Abs. 5 StGB kein Gebrauch gemacht werden.

III. Analoge Berücksichtigung

7   Der Zweck des § 106, Jungerwachsene nicht mit der vollen Härte des Erwachsenenstrafrechts »anzupacken«, auch insoweit altersgerecht zu sanktionieren, d. h. die (Re-)**Sozialisierungschance nicht zuzuschütten**, muß sich auch auf andere Sanktionsentscheidungen auswirken. Insoweit ist dieser Gesetzeszweck analog zu berücksichtigen (ebenso *Eisenberg* § 106 Rn. 6); dies gilt insbesondere für die Strafaussetzung zur Bewährung (s. *OLG Köln* NJW 1967, 838 mit Anm. von *Grethlein*; *Eisenberg* § 106 Rn. 6; zw. *Brunner/Dölling* § 106 Rn. 9).

IV. Verfahren

8   Auch für diese Entscheidung ist die Jugendgerichtshilfe heranzuziehen (s. § 38 Rn. 1); es ist eine Zweidrittelmehrheit erforderlich (§ 263 Abs. 1 StPO). In den Entscheidungsgründen ist sowohl die Milderung als auch eine Ablehnung zu begründen. Besteht eine gesetzliche Milderungsmöglichkeit, so müssen die Urteilsgründe erkennen lassen, daß das Gericht diese Möglichkeit bedacht hat; ansonsten ist das Urteil rechtsfehlerhaft.

Zweiter Abschnitt. Gerichtsverfassung und Verfahren

Grundlagen zu den §§ 107-112

1. Systematische Einordnung

Mit den §§ 107-111 werden das Straf- und das Vollstreckungsverfahren gegen Heranwachsende vor den Jugendgerichten, mit § 112 vor den Erwachsenengerichten geregelt. Hierbei wird weitgehend auf das jeweilige Verfahren gegen Jugendliche verwiesen.

2. Historische Entwicklung

Das Heranwachsendenstrafverfahren ist mit der Einführung des § 105 verknüpft und besteht somit erst seit 1953 (s. Grdl. z. §§ 105-106 Rn. 2). Änderungen sind u. a. mit dem EGStGB vom 2. 3. 1974 (BGBl I, 469) und mit dem Gesetz zur Regelung des Volljährigkeitsalters vom 31. 7. 1974 (BGBl I, 1713) erfolgt.

3. Gesetzesziel

Ziel der Bestimmungen ist es, auch diese Angeklagten entsprechend ihrem Entwicklungsstand, insbesondere bei Anwendung von Jugendstrafrecht, zu behandeln und zu sanktionieren. Insoweit werden die Vorschriften für das Strafverfahren gegen Jugendliche weitgehend angewendet. Äußerlich zeigt sich die jugendadäquate Verfahrensweise an der Verhandlung vor den Jugendgerichten mit Jugendstaatsanwälten und unter Heranziehung der Jugendgerichtshilfe. Diese Berücksichtigung des Entwicklungsstandes gilt auch für die ausnahmsweise Verhandlung vor den Erwachsenengerichten (s. hierzu Grdl. z. §§ 102-104 Rn. 4).

4. Justizpraxis

Die praktische Bedeutung des § 109 Abs. 2 sowie der Bestimmungen über Vollstreckung, Vollzug und Beseitigung des Strafmakels hängt von der Entscheidung gem. § 105 Abs. 1 ab (s. hierzu Grdl. z. §§ 105-106 Rn. 5-8). Zur Praxis von Verfahren vor den Erwachsenengerichten s. Grdl. z. §§ 102-104 Rn. 5.

5. Rechtspolitische Einschätzung

5 Auch bei Erfüllung der Forderung, alle Heranwachsenden nach Jugendstrafrecht zu sanktionieren (s. Grdl. z. §§ 105-106 Rn. 10), werden im Hinblick auf den größeren Selbständigkeitsgrad und mit Rücksicht auf ein staatliches Erziehungsverbot ab der Volljährigkeit nicht alle Bestimmungen des JGG auf Heranwachsende zu übertragen sein. Dies gilt insbesondere für die §§ 12, 53, 67. Auch der Ersatz für die U-Haft gem. den §§ 71, 72 Abs. 3 wäre anders zu gestalten (s. aber *Arbeitskreise IV und VII des 18. Dt. Jugendgerichtstages* DVJJ 12 [1981], 236, 350; Bedenken bei *Eisenberg* § 109 Rn. 6).

6 Andererseits ist auch für Heranwachsende der Ausschluß von Strafbefehl und beschleunigtem Verfahren, von Privat- und Nebenklage sowie des Adhäsionsverfahrens zu fordern (ebenso die Denkschrift über die kriminalrechtliche Behandlung junger Volljähriger, DVJJ 1977, 9, 52, 54, 55, 60, 61; s. auch Grdl. z. §§ 79-81 Rn. 8); zu einer eventuellen Ersetzung von Strafbefehl und beschleunigtem Verfahren durch ein rechtsstaatliches vereinfachtes Verfahren s. Grdl. z. §§ 76-78 Rn. 5 sowie Grdl. z. §§ 79-81 Rn. 9.

§ 107. Gerichtsverfassung

Von den Vorschriften über die Jugendgerichtsverfassung gelten die §§ 33 bis 34 Abs. 1 und §§ 35 bis 38 für Heranwachsende entsprechend.

Inhaltsübersicht

	Rn.
I. Anwendungsbereich	1
II. Zuständigkeit der Jugendgerichte sowie der Jugendstaatsanwaltschaft	2
III. Gerichtliche Aufgaben	4
IV. Aufgaben der Jugendgerichtshilfe	5
V. Rechtsmittel	6

I. Anwendungsbereich

Die im § 107 aufgeführten Bestimmungen gelten für die Verhandlung gegen Heranwachsende vor Jugendgerichten. Vor Erwachsenengerichten kommt nur § 38 entsprechend zur Anwendung (s. §§ 112 S. 1, 104 Abs. 1 Nr. 2; s. auch Rn. 5 sowie § 104 Rn. 7).   1

II. Zuständigkeit der Jugendgerichte sowie der Jugendstaatsanwaltschaft

Aufgrund der Verweisung auf § 33 kommen auch **Heranwachsende grundsätzlich vor ein Jugendgericht** (s. *OLG Karlsruhe* GA 1975, 27). Ausnahmen bestehen nur gem. den §§ 102, 103 Abs. 2 S. 2 (s. auch § 33 Rn. 1, § 103 Rn. 1). Eine durch Geschäftsverteilungsplan gesonderte Zuständigkeitsregelung für Jugendliche und Heranwachsende ist untersagt, da dann die Gefahr besteht, daß sich in der Praxis ein eigenständiges Heranwachsendenstrafrecht herausbildet; zudem kann die Beurteilung gem. § 105 Abs. 1 nur im Vergleich zu Jugendlichen erfolgen (s. auch § 33 Rn. 1). Dieses Aufteilungsverbot besteht auch für die Staatsanwaltschaft (s. § 36 Rn. 6), d. h., die Jugendstaatsanwaltschaft ist grundsätzlich auch für Heranwachsende zuständig (zu Ausnahmen s. § 36 Rn. 1).   2

Entscheidend ist die Tatzeit (s. § 1 Abs. 2); in Zweifelsfällen ist vom Heranwachsendenstatus auszugehen (s. § 33 Rn. 1 m. w. N.). Wenn Serienstraftaten oder Fortsetzungstaten angeklagt werden, ist die Zuständigkeit des Jugendgerichts immer dann begründet, wenn ein Teilakt in diesen Zeitraum fällt (*OLG Hamburg* StV 1985, 158; *BGH* bei *Kusch* NStZ 1994, 230). Auch sind die Jugendgerichte zuständig, wenn Taten gemeinschaftlich angeklagt werden, die ein(e) Angeklagte(r) als Jugendliche(r)/   3

Heranwachsende(r) und als Erwachsene(r) begangen haben soll (s. § 33 Rn. 1 m. w. N.).

III. Gerichtliche Aufgaben

4 Mit Rücksicht auf die Volljährigkeit ist die Aufgabenstellung für Heranwachsende auf § 34 Abs. 1 begrenzt, d. h., vormundschaftsrichterliche Aufgaben bestehen für Heranwachsende nicht (s. § 34 Rn. 1).

IV. Aufgaben der Jugendgerichtshilfe

5 Die Aufgaben der Jugendgerichtshilfe in der Ermittlungshilfe, für den Sanktionsvorschlag, für die Sanktionsüberwachung und die Betreuung gelten auch für Heranwachsende (s. im einzelnen § 38 Rn. 12-21), und zwar unabhängig davon, ob – voraussichtlich – Jugend- oder Erwachsenenstrafrecht zur Anwendung kommt. Wenn man die erzieherische Funktion gem. § 38 Abs. 2 S. 1 grundsätzlich auf die **Beeinflussung zum Legalverhalten** begrenzt, sind auch insoweit keine Einschränkungen erforderlich (s. § 38 Rn. 1 m. w. N.). Die Aufgaben bestehen auch gegenüber einem/einer mittlerweile 21jährigen (*BGHSt* 6, 354; *BGH* StV 1982, 336 m. zust. Anm. von *Gatzweiler*). Die Beteiligung der Jugendgerichtshilfe ist umgekehrt gerade für die Entscheidung über § 105 Abs. 1 erforderlich (s. § 105 Rn. 21).

V. Rechtsmittel

6 Hinsichtlich der Rechtsmittel wegen Verstoßes gegen die im § 107 für entsprechend anwendbar erklärten Vorschriften s. die Ausführungen zu den jeweiligen Paragraphen (§ 33 Rn. 9; § 34 Rn. 2; § 35 Rn. 6, 7, 9, 10; § 36 Rn. 8; § 37 Rn. 7; § 38 Rn. 25).

§ 108. Zuständigkeit

(1) Die Vorschriften über die Zuständigkeit der Jugendgerichte (§§ 39 bis 42) gelten auch bei Verfehlungen Heranwachsender.
(2) Der Jugendrichter ist für Verfehlungen Heranwachsender auch zuständig, wenn die Anwendung des allgemeinen Strafrechts zu erwarten ist und nach § 25 des Gerichtsverfassungsgesetzes der Strafrichter zu entscheiden hätte.
(3) Das Jugendschöffengericht darf wegen der Verfehlung eines Heranwachsenden nicht auf Freiheitsstrafe von mehr als vier Jahren erkennen. Ist höhere Freiheitsstrafe zu erwarten, so ist die Jugendkammer zuständig.

Inhaltsübersicht

	Rn.
I. Anwendungsbereich	1
II. Sachliche Zuständigkeit	2
III. Örtliche Zuständigkeit	6
IV. Rechtsmittel	9

I. Anwendungsbereich

Die Vorschrift ist beschränkt auf Verfahren gegen Heranwachsende vor Jugendgerichten. Die – ausnahmsweise – Zuständigkeit von Erwachsenengerichten ist in den §§ 102, 103 Abs. 2 S. 2 i. V. m. § 112 S. 1 geregelt (s. auch § 39 Rn. 2). 1

II. Sachliche Zuständigkeit

Die Regelung der sachlichen Zuständigkeit der Jugendgerichte durch die §§ 39-41 gilt auch für Heranwachsende (§ 108 Abs. 1). Insoweit ist auf diese Kommentierung zu verweisen; dies trifft auch für die gesonderte Anklagezuständigkeit gem. § 39 Abs. 1 im Unterschied zur Sanktionskompetenz gem. § 39 Abs. 2 zu (s. § 39 Rn. 3, 9). Als Besonderheit ist bei Heranwachsenden die Prognose zu treffen, ob die Anwendung des Jugend- oder des Erwachsenenstrafrechts zu erwarten ist. Im letzten Fall ist für die Anklagezuständigkeit § 25 GVG maßgeblich (s. § 108 Abs. 2). Da diese Entscheidung regelmäßig nicht außerhalb der Hauptverhandlung getroffen werden kann (s. § 105 Rn. 19) und im Regelfall Jugendstrafrecht für Heranwachsende zur Anwendung kommt (s. § 105 Rn. 24), erlangt § 108 Abs. 2 nur ausnahmsweise eine praktische Bedeutung. In Zweifelsfällen ist deshalb nur dann Anklage beim Jugendschöffengericht zu erheben, wenn die Sanktionskompetenz gem. § 39 Abs. 2 voraussichtlich nicht ausreicht (zur weiteren Begründung s. § 39 Rn. 4; a. M. *Dallinger/Lackner* 2

§ 108 Rn. 5; *Brunner/Dölling* § 108 Rn. 3; *Eisenberg* § 108 Rn. 6), zumal die Sanktionskompetenz des Jugendrichters bei Anwendung von Erwachsenenstrafrecht gem. § 24 Abs. 2 GVG i. V. m. § 2 noch darüber hinausgeht.

3 Auch die Sanktionskompetenz des Jugendschöffengerichts unterscheidet sich nach der Anwendung von Jugend- und Erwachsenenstrafrecht. Bei Anwendung von Jugendstrafrecht besteht eine uneingeschränkte Sanktionskompetenz. Bei Anwendung von Erwachsenenstrafrecht darf gem. § 108 Abs. 3 nicht auf eine Freiheitsstrafe von mehr als drei Jahren erkannt werden; bei einer höheren Straferwartung ist die Jugendkammer zuständig, was auch gilt, wenn Verfahren gegen Jugendliche verbunden sind (s. § 40 Rn. 6). Die Prognose kann auch hier nur »eine grobe Schätzung« sein, wobei zu betonen ist, daß die eigentlich angemessene Strafe erst in der Hauptverhandlung bestimmt werden kann und eine mildere Beurteilung durchaus möglich ist (s. *OLG Karlsruhe* GA 1975, 27, 28). Im Gegensatz zu der h. M. gilt bei Anwendung von Erwachsenenstrafrecht die weitere Begrenzung für die Einweisung in ein psychiatrisches Krankenhaus gem. § 24 Abs. 2 GVG nicht (zur Begründung s. § 40 Rn. 5 m. w. N.).

4 Die weiteren Zuständigkeiten der Jugendkammer als erstinstanzliches Gericht sowie als Rechtsmittelgericht gem. § 41 gelten auch hier (s. im einzelnen § 41 Rn. 3-5, 8-9).

5 Zur Prüfung der sachlichen Zuständigkeit von Gerichts wegen sowie zum Verfahren bei Unzuständigkeit s. § 39 Rn. 6, 7, § 40 Rn. 3, 7, 8, § 41 Rn. 11.

III. Örtliche Zuständigkeit

6 Die örtliche Zuständigkeit regelt sich nach § 42, wobei entgegen der allgemeinen Verweisung im § 108 Abs. 1 mit Rücksicht auf das Volljährigkeitsalter § 42 Abs. 1 Nr. 1 und insoweit auch § 42 Abs. 2 keine Anwendung finden (s. § 42 Rn. 1). Im Verhältnis zu den allgemeinen Gerichtsständen hat die örtliche Zuständigkeit gem. § 42 Abs. 1 Nr. 2 und 3 grundsätzlich Vorrang, wenn auch das Tatortgericht vorzuziehen ist, sofern eine größere Anzahl von Zeugen, z. B. bei Verkehrsstrafsachen, zu vernehmen ist (s. RL zu § 108 S. 2; s. auch § 42 Rn. 9). Zwischen den Gerichtsständen gem. § 42 Abs. 1 Nr. 2 und Nr. 3 kommt dem Gerichtsstand gem. § 42 Abs. 1 Nr. 3 Vorrang zu (s. § 42 Abs. 2).

7 Nach h. M. soll die Zuständigkeit gem. § 108 Abs. 1 i. V. m. § 42 Abs. 1 Nr. 3 – entsprechend dem Wortlaut – nur bei noch nicht vollständiger Verbüßung einer Jugendstrafe gelten (s. *Brunner/Dölling* § 108 Rn. 5; *Eisenberg* § 108 Rn. 20) sowie – weiter eingeschränkt – wenn die Tat vor

Vollendung des 21. Lebensjahres begangen wurde (s. *Dallinger/Lackner* § 108 Rn. 17). Diese Auslegung überzeugt nicht. Entscheidend ist, daß bei einer neuen Anklage nach dem JGG dem Gesichtspunkt der Entscheidungsnähe mit einer eventuell besseren Personenkenntnis Vorrang eingeräumt werden soll (s. § 42 Rn. 8; zust. *Sonnen* in: *D/S/S* § 108 Rn. 9). Dieser Gesichtspunkt kommt auch in den genannten Fällen zum Tragen, wie auch im Falle eines Übergangs in den Erwachsenenvollzug gem. § 92 Abs. 2. Daß dann nach der hier vertretenen Ansicht für die Vollstreckungsüberwachung die Strafvollstreckungskammer zuständig wird (s. § 85 Rn. 8), steht dem nicht entgegen, da nicht an die funktional-sachliche, sondern an die örtliche Zuständigkeit des Gerichts angeknüpft wird. So ist nach *BGHSt* 18, 3 die örtliche Zuständigkeit gem. § 42 Abs. 1 Nr. 3 für eine Jugendkammer begründet, wenn für den wegen einer Jugendstrafe einsitzenden Heranwachsenden eine Freiheitsstrafe von mehr als drei Jahren zu erwarten ist (zust. *Brunner/Dölling* § 108 Rn. 5).

Zur Abgabemöglichkeit gem. § 42 Abs. 3 s. § 42 Rn. 11-13. 8

IV. Rechtsmittel

Zu den Rechtsmitteln wegen Verstoßes gegen die Bestimmungen über die funktionelle Zuständigkeit im Verhältnis Jugendgericht-Erwachsenengericht s. §§ 33-33 b Rn. 8, 9, wegen Verstoßes gegen Bestimmungen über die sachliche Zuständigkeit s. § 39 Rn. 10, § 40 Rn. 9, § 41 Rn. 12, wegen Verstoßes gegen die örtliche Zuständigkeit s. § 42 Rn. 14. 9

§ 109. Verfahren

(1) Von den Vorschriften über das Jugendstrafverfahren (§§ 43 bis 81) sind im Verfahren gegen einen Heranwachsenden die §§ 43, 47 a, 50 Abs. 3 und 4, § 68 Nr. 1, 3 und § 73 entsprechend anzuwenden. Die Jugendgerichtshilfe und in geeigneten Fällen auch die Schule werden von der Einleitung und dem Ausgang des Verfahrens unterrichtet. Sie benachrichtigen den Staatsanwalt, wenn ihnen bekannt wird, daß gegen den Beschuldigten noch ein anderes Strafverfahren anhängig ist. Die Öffentlichkeit kann ausgeschlossen werden, wenn dies im Interesse des Heranwachsenden geboten ist.
(2) Wendet der Richter Jugendstrafrecht an (§ 105), so gelten auch die §§ 45, 47 Abs. 1 Nr. 1, 2 und 3, Abs. 2, 3, §§ 52, 52 a, 54 Abs. 1, §§ 55 bis 66, 74, 79 Abs. 1 und § 81 entsprechend. § 66 ist auch dann anzuwenden, wenn die einheitliche Festsetzung von Maßnahmen oder Jugendstrafe nach § 105 Abs. 2 unterblieben ist. § 55 Abs. 1 und 2 ist nicht anzuwenden, wenn die Entscheidung im beschleunigten Verfahren des allgemeinen Verfahrensrechts ergangen ist.
(3) In einem Verfahren gegen einen Heranwachsenden findet § 407 Abs. 2 Satz 2 der Strafprozeßordnung keine Anwendung.

Inhaltsübersicht	Rn.
I. Anwendungsbereich	1
II. Anwendung von Vorschriften über das Jugendstrafverfahren unabhängig von der Entscheidung gem. § 105 Abs. 1 (§ 109 Abs. 1)	3
III. Anwendung von Vorschriften über das Jugendstrafverfahren bei Anwendung von Jugendstrafrecht gem. § 105 Abs. 1 (§ 109 Abs. 2)	5
IV. Besondere Verfahrensarten	10
V. Rechtsmittel	12

I. Anwendungsbereich

1 Im § 109 wird nur das Verfahren gegen Heranwachsende vor Jugendgerichten geregelt; in Verfahren gegen Heranwachsende vor den Erwachsenengerichten werden aber die Vorschriften über § 112 S. 1 i. V. m. § 104 für entsprechend anwendbar erklärt, wobei die Sonderregeln des § 109 auch dort gelten (s. § 112 S. 2; s. auch § 112 Rn. 5).

2 Wenn **mehrere Taten aus verschiedenen Altersstufen** zusammen verhandelt werden, so gelten insgesamt **die speziellen Vorschriften**, d. h., die jugendstrafrechtlichen Vorschriften, wenn auch eine jugendliche Tat mit-

verhandelt wird, die Vorschriften für Heranwachsende, wenn neben einer Heranwachsendentat auch eine Erwachsenentat angeklagt ist (zur Zuständigkeit der Jugendgerichte s. § 33 Rn. 1). Eine Trennung der Verfahrensweisen nach den einzelnen Taten erscheint nicht möglich (im Ausgangspunkt a. M. *Brunner/Dölling* § 109 Rn. 14; *Eisenberg* § 109 Rn. 39). Sind bestimmte Verfahrensarten wechselseitig ausgeschlossen (s. Rn. 10, 11), so kommen sie bei verbundenen Strafsachen nicht zur Anwendung (ebenso *Brunner/Dölling* § 109 Rn. 14; *Eisenberg* § 109 Rn. 39). Diese Grundsätze gelten auch für die gemeinsame Verhandlung von Taten mehrerer Angeklagter (s. aber § 48 Abs. 3 sowie § 80 Rn. 1 a).

II. Anwendung von Vorschriften über das Jugendstrafverfahren unabhängig von der Entscheidung gem. § 105 Abs. 1 (§ 109 Abs. 1)

Mit § 109 Abs. 1 S. 1 werden bestimmte Vorschriften über das Jugendstrafverfahren (§§ 43, 47 a, 50 Abs. 3 und 4, 68 Nr. 1, 3, 73) für entsprechend anwendbar erklärt, mit § 109 Abs. 1 S. 2-4 werden jugendstrafrechtliche Verfahrensvorschriften für Heranwachsende modifiziert. Diese Bestimmungen gelten immer, d. h. unabhängig von der Entscheidung, ob gem. § 105 Abs. 1 Jugend- oder Erwachsenenstrafrecht zur Anwendung kommt (s. auch § 109 Abs. 2 S. 1). Soweit in der RL a. F. Nr. 1 zu § 109 auf die Mitteilungen in Strafsachen verwiesen wurde, ist auf die fehlende gesetzliche Ermächtigung für eine Einschränkung des »informationellen Selbstbestimmungsrechts« hinzuweisen (s. näher § 70 Rn. 3, 5; zu Einschränkungen für die Benachrichtigung der Schule s. dort Rn. 4). Auch wenn das Prinzip der Nichtöffentlichkeit gem. § 48 für Heranwachsende nicht gilt, ist über die Ausschlußgründe gem. den §§ 171 a, 172 GVG hinaus der Ausschluß gem. § 109 Abs. 1 S. 4 möglich, »wenn dies im Interesse des Heranwachsenden geboten ist« (s. auch RL Nr. 1 zu § 109). Entscheidend ist das Alter zur Tatzeit (s. im einzelnen § 48 Rn. 3). Der Ausschluß gilt für die gesamte Verhandlung, damit auch für die Urteilsverkündung (s. *BGH* MDR 1997, 185; a. M. *Eisenberg* NStZ 1998, 53). Für Anklagen gegen mehrere Mitbeschuldigte aus verschiedenen Altersstufen gilt § 48 Abs. 3 (s. § 48 Rn. 4, 18). Aus Persönlichkeits- und Präventionsinteressen ist von der Ausschlußmöglichkeit gem. § 109 Abs. 1 S. 4 großzügig Gebrauch zu machen (ebenso *Dallinger/Lackner* § 109 Rn. 3; *Brunner/Dölling* § 109 Rn. 4; relativierend *Eisenberg* § 109 Rn. 43); allerdings darf nicht der Eindruck entstehen, daß damit dem/der Angeklagten eine psychische Unterstützung genommen werden soll, z. B. durch Ausschluß anwesender Freunde (s. aber *Dallinger/Lackner* § 109 Rn. 3; *Brunner/Dölling* § 48 Rn. 3). In solchen Fällen ist die Interessendefinition durch den/die Angeklagte(n) maßgeblich zu berücksichtigen. Wenn hier Einflußmöglichkeiten Dritter erkannt werden, kann das Strafverfahren auch für diese eine präventive Wirkung entfalten.

4 Über die in § 109 Abs. 1 S. 1 aufgeführten Bestimmungen hinaus sind § 44 (s. dort Rn. 1) und § 46 (s. dort Rn. 1, speziell zur Prüfung des § 105 Abs. 1 s. dort Rn. 3, 4) entsprechend anzuwenden. Eine solche entsprechende Anwendung ist zu erlauben, da selbst die Erwachsenengerichte über § 112 S. 1 auf § 104 Abs. 2 verwiesen werden. Umgekehrt ist an dem Ausschluß des § 49 (s. dort Rn. 2), des § 50 Abs. 1 und 2 (s. dort Rn. 2, 3) und des § 51 (s. dort Rn. 4) festzuhalten. Einer Verhandlung in Abwesenheit nach allgemeinem Verfahrensrecht (s. § 50 Rn. 10) steht zusätzlich entgegen, daß ohne einen persönlichen Eindruck die Entscheidung gem. § 105 Abs. 1 schwerlich getroffen werden kann (s. *OLG Hamburg* NJW 1963, 67; *BayObLG* bei *Rüth* DAR 1971, 207; s. auch Rn. 10). Zum Ersatz eines Beistandes gem. § 69 bei Erreichung des Volljährigkeitsalters durch einen Pflichtverteidiger s. § 69 Rn. 1.

III. Anwendung von Vorschriften über das Jugendstrafverfahren bei Anwendung von Jugendstrafrecht gem. § 105 Abs. 1 (§ 109 Abs. 2)

5 Kommt gem. § 105 Abs. 1 Jugendstrafrecht bei Heranwachsenden zur Anwendung, werden gem. § 109 Abs. 2 weitere Vorschriften für entsprechend anwendbar erklärt. Von Bedeutung sind hierbei insbesondere die Einstellungsmöglichkeiten gem. den §§ 45 und 47, wobei allerdings **die §§ 153, 153 a StPO vorrangig zu beachten** sind, wenn Zweifel über die Anwendung des Jugendstrafrechts bestehen bleiben (s. § 105 Rn. 24). Unanwendbar ist § 47 Abs. 1 Nr. 4, da § 3 bei Heranwachsenden nicht geprüft wird.

6 Wie bei Jugendlichen ist für die Nichtanrechnung von Untersuchungshaft auf Arrest und Jugendstrafe die Präventionswirkung maßgebend (s. § 52 Rn. 8; § 52 a Rn. 6). Überlegungen aus dem Erwachsenenstrafrecht – um »ungerechtfertigte Vorteile« auszugleichen (s. § 52 a Rn. 6) – haben auch bei Heranwachsenden keine Berechtigung; eine Schlechterstellung gegenüber der Anwendung von Erwachsenenstrafrecht scheidet somit bei dieser Auslegung aus (s. aber *Eisenberg* § 109 Rn. 25).

7 Ebenso ist die **Anwendbarkeit von § 74** hervorzuheben, wovon auch hier tendenziell Gebrauch zu machen ist; dies gilt insbesondere für die Kosten einer eventuellen Begutachtung gem. § 105 Abs. 1 (s. § 74 Rn. 7). Zur Abwägung bei den Kosten einer Nebenklage s. § 74 Rn. 12.

8 Die Rechtsmittelbeschränkungen gem. § 55 Abs. 1 und 2 gelten nur, wenn Jugendstrafrecht zur Anwendung kommt bzw. keine Entscheidung im beschleunigten Verfahren vorliegt. Zur Übernahme eines Rechtsmittels der Erziehungsberechtigten oder gesetzlichen Vertreter bei Volljährigkeit s. § 55 Rn. 4, zum Rechtsmittel gegen die Entscheidung gem. § 105 Abs. 1 s. § 105 Rn. 29, zu Rechtsmitteln bei unterschiedlichen Entscheidungen im

Instanzenweg s. § 55 Rn. 32; zur Beachtung des Verschlechterungsverbots s. § 55 Rn. 20, 21.

Zur erweiterten Anwendbarkeit des § 66 gem. § 109 Abs. 2 S. 2 s. § 105 Rn. 28.

IV. Besondere Verfahrensarten

Das vereinfachte Jugendverfahren ist bei Heranwachsenden unzulässig (s. §§ 76-78 Rn. 1). Umgekehrt sind theoretisch das beschleunigte Verfahren gem. den §§ 417 ff. StPO sowie das Strafbefehlsverfahren gem. den §§ 407 ff. StPO zulässig. Dies gilt gem. § 109 Abs. 2 S. 1 für das beschleunigte Verfahren immer, d. h. auch dann, wenn Jugendstrafrecht zur Anwendung kommt; ein Strafbefehl ist demgegenüber nur zulässig, wenn Erwachsenenstrafrecht angewendet wird (§ 109 Abs. 2 S. 1 i. V. m. § 79 Abs. 1; s. auch die allein zulässigen Sanktionen gem. § 407 Abs. 2 StPO). Da aber § 43 auch in Verfahren gegen Heranwachsende gilt (s. § 109 Abs. 1 S. 1), ist damit **in der Praxis das beschleunigte Verfahren kaum durchführbar** (ebenso *Zieger* Verteidigung in Jugendstrafsachen, 3. Aufl., Rn. 231). Erst recht **scheidet ein Strafbefehl aus**, da ohne eine mündliche Verhandlung eine sorgfältige und abschließende Beurteilung gem. § 105 Abs. 1 nicht möglich erscheint und im Zweifel Jugendstrafrecht zur Anwendung kommt (s. auch § 79 Rn. 2, § 105 Rn. 19; tendenziell ebenso RL Nr. 2 zu § 109). Im Hinblick auf die §§ 45, 47 (s. § 109 Abs. 2 S. 1) sowie die §§ 153, 153 a StPO besteht insoweit auch kein Bedarf. Bis zum Beginn der Hauptverhandlung – nach Einspruch – kann der Strafbefehlsantrag von der Staatsanwaltschaft zurückgenommen werden (s. § 156 StPO), danach nur mit Zustimmung des/der Angeklagten bis zur Verkündung des Urteils (s. § 411 Abs. 3 i. V. m. § 303 StPO). Zur Abgabe des Verfahrens zwischen Jugend- und Erwachsenengerichten s. §§ 33-33 b Rn. 10, zur örtlichen Abgabe s. § 42 Rn. 11. Wird Erwachsenenstrafrecht angewendet, ist auch das Adhäsionsverfahren gem. den §§ 403 ff. StPO möglich (s. RL Nr. 2 S. 2 zu § 81; s. auch § 81 Rn. 2). Insoweit wird eine Anwendung praktisch erst mit einem Zwischenentscheid über § 105 Abs. 1 ermöglicht.

Die Privat- und Nebenklage ist bei Heranwachsenden unabhängig davon, ob Jugend- oder Erwachsenenstrafrecht zur Anwendung kommt, zulässig, da im § 109 nicht auf § 80 verwiesen wird (s. RL Nr. 4 zu § 109; s. auch § 80 Rn. 3; zu kriminalpolitischen Einwänden s. Grdl. z. §§ 79-81 Rn. 9). Zuständig ist auch hier der Jugendrichter (s. §§ 107, 108). Maßregeln der Besserung und Sicherung dürfen aufgrund einer Privatklage nicht angeordnet werden (§ 384 Abs. 1 S. 2 StPO); dies hat entsprechend § 80 Abs. 2 S. 2 auch für die Jugendstrafe zu gelten (ebenso *Brunner/Dölling* § 109 Rn. 11).

V. Rechtsmittel

12 Zu den Rechtsmitteln s. § 104 Rn. 23.

Dritter Abschnitt. Vollstreckung, Vollzug und Beseitigung des Strafmakels

§ 110. Vollstreckung und Vollzug

(1) Von den Vorschriften über die Vollstreckung und den Vollzug bei Jugendlichen gelten § 82 Abs. 1, §§ 83 bis 93 a für Heranwachsende entsprechend, soweit der Richter Jugendstrafrecht angewendet (§ 105) und nach diesem Gesetz zulässige Maßnahmen oder Jugendstrafe verhängt hat.
(2) § 93 ist entsprechend anzuwenden, solange der zur Tatzeit Heranwachsende das einundzwanzigste Lebensjahr noch nicht vollendet hat. Bei Heranwachsenden, die einundzwanzig, aber noch nicht vierundzwanzig Jahre alt sind, kann die Untersuchungshaft nach den Vorschriften des § 93 vollzogen werden.

I. Anwendungsbereich

Mit § 110 Abs. 1 werden Vollstreckung und Vollzug jugendstrafrechtlicher Sanktionen (»Maßnahmen oder Jugendstrafe«), mit § 110 Abs. 2 der Vollzug der Untersuchungshaft – jeweils gegen Heranwachsende – geregelt. Soweit Heranwachsende nach Erwachsenenstrafrecht sanktioniert werden, gelten die allgemeinen Vorschriften der §§ 449 ff. StPO, der Strafvollstreckungsordnung und des Strafvollzugsgesetzes (s. auch RL Nr. 1 zu § 110). Für den Vollzug einer Freiheitsstrafe gem. § 114 kommen aber die jugendstrafrechtlichen Bestimmungen zur Anwendung (a. M. *Brunner/Dölling* § 110 Rn. 1; s. auch § 114 Rn. 5), umgekehrt die erwachsenenstrafrechtlichen Bestimmungen, wenn gem. § 92 Abs. 2, 3 die Jugendstrafe in einer Erwachsenenvollzugsanstalt vollstreckt wird (ausführlicher § 83 Rn. 4, § 85 Rn. 7, 8, 10). Aus § 110 Abs. 2 folgt, daß die U-Haft bei 24jährigen und Älteren in einer Erwachsenenstrafanstalt nach Erwachsenenrecht zu vollstrecken ist (s. § 93 Rn. 1 m. N. zur a. M.). 1

Wenn über die Anwendung von Jugend- oder Erwachsenenstrafrecht nichts gesagt ist und bei der Verurteilung zu Maßregeln sich dies auch nicht aus der Sanktionierung ergibt, so ist im Zweifelsfalle von der Anwendung von Jugendstrafrecht auszugehen (ausführlich § 85 Rn. 10). 2

3   Zur Vollstreckung im weiteren gehört auch die Gnadenentscheidung, für die der Jugendrichter zuständig ist, wenn die Vollstreckungsbehörde zugleich Gnadenbehörde ist (§ 82 Rn. 2).

II. Rücknahme des Erziehungsanspruchs

4   Der in den Vollzugsvorschriften gesetzgeberisch formulierte Erziehungsanspruch (s. § 90 Abs. 1, § 91 Abs. 2) ist insbesondere für Heranwachsende zurückzunehmen. Dies gilt jedoch noch zwingender für Erwachsene im Jugendstrafvollzug gem. § 110 Abs. 2 S. 2, auch wenn der Gesetzgeber hier fälschlicherweise von Heranwachsenden spricht. Ab Erreichen des Volljährigkeitsalters besteht kein Erziehungsrecht mehr (s. *BVerfGE* 22, 180; s. auch § 93 Rn. 7; s. auch *Eisenberg* § 110 Rn. 7), wobei im Falle der U-Haft zusätzlich noch die Unschuldsvermutung entgegensteht (s. § 93 Rn. 6). Das Sanktionsziel ist wie bei den Jugendlichen (s. Grdl. z. §§ 1-2 Rn. 4, 5) als Individualprävention zu bestimmen, wobei die positive Individualprävention Vorrang hat (s. auch Grdl. z. §§ 105-106 Rn. 4). Mit Rücksicht auf den prinzipiellen Widerspruch von Zwang und Einstellungsänderung kann gerade bei freiheitsentziehenden Sanktionen nur ein Resozialisierungsangebot erfolgen (s. ausführlich §§ 91-92 Rn. 11, 15 ff.), das allerdings bei Beachtung der Menschenwürde und aufgrund des Sozialstaatsprinzips auch verpflichtend ist (s. *BVerfG* NJW 1977, 1528).

Dritter Abschnitt.
Vollstreckung und Beseitigung des Strafmakels   § 111

§ 111. Beseitigung des Strafmakels

Die Vorschriften über die Beseitigung des Strafmakels (§§ 97 bis 101) gelten für Heranwachsende entsprechend, soweit der Richter Jugendstrafe verhängt hat.

Mit § 111 werden die Vorschriften über die Beseitigung des Strafmakels (§§ 97-101) für entsprechend anwendbar erklärt. Hinsichtlich der Zuständigkeit s. § 98 Abs. 1 S. 2. Zusätzlich gelten die Vorschriften des BZRG.

Vierter Abschnitt. Heranwachsende vor Gerichten, die für allgemeine Strafsachen zuständig sind

§ 112. Entsprechende Anwendung

Die §§ 102, 103, 104 Abs. 1 bis 3 und 5 gelten für Verfahren gegen Heranwachsende entsprechend. Die in § 104 Abs. 1 genannten Vorschriften sind nur insoweit anzuwenden, als sie nach dem für die Heranwachsenden geltenden Recht nicht ausgeschlossen sind. Hält der Richter die Erteilung von Weisungen für erforderlich, so überläßt er die Auswahl und Anordnung dem Jugendrichter, in dessen Bezirk sich der Heranwachsende aufhält.

Inhaltsübersicht
I. Anwendungsbereich	1
II. Anwendung von Sanktionsbestimmungen aus dem JGG	2
III. Anwendung von Vorschriften über das Jugendstrafverfahren unabhängig von der Entscheidung gem. § 105 Abs. 1	5
IV. Anwendung von Vorschriften über das Jugendstrafverfahren bei Anwendung von Jugendstrafrecht gem. § 105 Abs. 1	6
V. Anwendung der jugendstrafrechtlichen Vorschriften über Vollstreckung, Vollzug und Beseitigung des Strafmakels	7
VI. Rechtsmittel	8

I. Anwendungsbereich

Zum persönlichen Anwendungsbereich s. § 104 Rn. 1 und 2; zum sachlichen Anwendungsbereich s. § 104 Rn. 3 sowie § 103 Rn. 2 und 3. 1

II. Anwendung der Sanktionsbestimmungen aus dem JGG

Kommt bei Heranwachsenden gem. § 105 Abs. 1 Jugendstrafrecht zur Anwendung, gelten über § 112 S. 1, § 104 Abs. 1 Nr. 1 auch die allgemeinen Sanktionsbestimmungen der §§ 4-8, 9 Nr. 1, 10, 11, 13-32; die §§ 3, 9 2

Nr. 2 i. V. m. § 12 sind bei Heranwachsenden nicht anwendbar (s. § 105 Rn. 3 und 25). Dementsprechend gelten auch die Regeln gem. § 105 Abs. 2 und 3, da hier allgemeine Sanktionsbestimmungen des JGG für Heranwachsende modifiziert werden.

3 Wenn Weisungen (§ 10) für erforderlich gehalten werden, so ist gem. § 112 S. 3 die Auswahl und Anordnung dem Jugendrichter zu überlassen, in dessen Bezirk sich der/die Heranwachsende aufhält. Dies gilt nicht für die Erziehungshilfe gem. § 112 a Nr. 2, da diese eine – allgemeine – Erziehungsmaßregel und keine – spezielle – Weisung darstellt (a. M. *Brunner/Dölling* § 112 Rn. 4; für diese Einordnung *Dallinger/Lackner* § 112 a Rn. 16; grundsätzlich auch *Eisenberg* § 112 a Rn. 12), ganz abgesehen von den verfassungsrechtlichen Einwänden gegen diese Sanktion bei Heranwachsenden (s. § 112 a Rn. 7); zum Verbot einer heilerzieherischen Behandlung von Heranwachsenden s. § 10 Rn. 23. Dieser umständliche Verfahrensweg (zur Abänderung s. Grdl. z. §§ 9-12 Rn. 6 am Schluß) darf nicht dazu führen, statt dessen eine härtere Sanktion zu verhängen. Die Übertragungspflicht an den Jugendrichter besteht auch für Entscheidungen, die nach Aussetzung der Jugendstrafe zur Bewährung und nach Aussetzung der Verhängung einer Jugendstrafe gem. § 27 – mit Ausnahme der Entscheidungen gem. § 30 – erforderlich werden (s. §§ 112 S. 1 i. V. m. § 104 Abs. 5; s. auch § 58 Rn. 4). Der Jugendrichter muß dann – wie der Familien-/Vormundschaftsrichter gem. § 53 S. 2 (s. § 53 Rn. 8) – Weisungen anordnen (s. § 58 Rn. 8). Er hat auch über die Durchführung zu wachen sowie ggf. Änderungen gem. § 11 Abs. 2 vorzunehmen. Im Unterschied zu § 53 ist hier dem Jugendrichter auch die Kompetenz für die Anordnung eines »Ungehorsamsarrestes« zuzubilligen, obwohl inhaltlich jetzt ein Zuchtmittel zur Anwendung kommt (s. § 53 Rn. 10); eine Zurückverweisung an das Erwachsenengericht erscheint im Interesse einer zügigen Beendigung des Strafverfahrens nicht geboten. Eine Weiterverweisung an den Jugendrichter, in dessen Bezirk der/die Heranwachsende wechselt, ist nicht möglich (a. die h. M., s. § 58 Rn. 10 m. w. N.).

4 Kommt gem. § 105 Abs. 1 Erwachsenenstrafrecht zur Anwendung, gilt auch § 106.

III. Anwendung von Vorschriften über das Jugendstrafverfahren unabhängig von der Entscheidung gem. § 105 Abs. 1.

5 Über § 112 S. 1 kommen die in § 104 Abs. 1 genannten Verfahrensbestimmungen des JGG unabhängig von der Entscheidung gem. § 105 Abs. 1 zur Anwendung, die Vorschriften der §§ 43-81 aber nur, soweit sie in § 109 Abs. 1 aufgeführt sind (s. § 112 S. 2). Insbesondere ist auf die Heranziehung der Jugendgerichtshilfe gem. den §§ 38, 50 Abs. 3 sowie

*Vierter Abschnitt. Heranwachsende vor Gerichten,
die für allgemeine Strafsachen zuständig sind* § 112

den Umfang der Ermittlungen gem. § 43 hinzuweisen (s. hierzu § 104 Rn. 7, 8). Weitere, nicht im § 109 Abs. 1 aufgeführte Bestimmungen können gem. § 112 S. 1 i. V. m. § 104 Abs. 2 entsprechend angewendet werden. Dazu gehören auch die §§ 44 und 46 (s. § 109 Rn. 4). Auch kann damit in der Maßgabe des § 109 Abs. 1 S. 4 die Öffentlichkeit gem. § 48 ausgeschlossen werden (zur Empfehlung s. § 109 Rn. 3). Umgekehrt verbietet sich eine entsprechende Anwendung der Vorschriften, die auch gegen Jugendliche (s. § 104 Rn. 22) sowie von Jugendgerichten gegen Heranwachsende (s. § 109 Rn. 4) verboten sind.

IV. Anwendung von Vorschriften über Jugendstrafverfahren bei Anwendung von Jugendstrafrecht gem. § 105 Abs. 1

Bei Anwendung von Jugendstrafrecht gem. § 105 Abs. 1 kommen die in § 109 Abs. 2 aufgeführten Verfahrensvorschriften zusätzlich zur Anwendung (s. § 112 S. 1 i. V. m. § 104 Abs. 1 sowie § 112 S. 2). Insoweit wird auf die Kommentierung zu § 109 Rn. 5-9 verwiesen. 6

V. Anwendung der jugendstrafrechtlichen Vorschriften über Vollstreckung, Vollzug und Beseitigung des Strafmakels

Obwohl die §§ 110 und 111 nicht ausdrücklich für entsprechend anwendbar erklärt werden, ist ihre entsprechende Anwendung geboten, soweit unter Anwendung von § 105 Abs. 1 jugendstrafrechtliche Sanktionen verhängt wurden; die U-Haft ist gem. § 93 zu vollstrecken, solange der/die Heranwachsende das 21. Lebensjahr noch nicht vollendet hat (§ 110 Abs. 2). 7

VI. Rechtsmittel

Zu den Rechtsmitteln s. § 104 Rn. 23. 8

Vierter Teil. Sondervorschriften für Soldaten der Bundeswehr

Grundlagen zu den §§ 112 a-112 e

1. Systematische Einordnung

In dem gesonderten vierten Teil des JGG werden besondere Regelungen für die strafrechtliche Verfolgung von Soldaten der Bundeswehr getroffen; Voraussetzung ist die Anwendung des Jugendstrafrechts. Die Sondervorschriften betreffen nicht die Straftatvoraussetzungen, nur die Straftatfolgen.

2. Historische Entwicklung

Der vierte Teil des JGG wurde – wie sich bereits aus den Buchstabenzusätzen ergibt – nachträglich in das JGG eingefügt, und zwar mit dem EGWStG vom 30.3.1957 (BGBl I, 306). Vorausgegangen war die Aufstellung der ersten Bundeswehreinheiten um die Jahreswende 1955/56, in deren Nachfolge spezielle wehrstrafrechtliche Bestimmungen verabschiedet wurden. Damit hatte sich die jugendstrafrechtliche Regelung auch für Soldaten durchgesetzt; gem. § 50 des früheren MStGB i. V. m. Art. 1 der zweiten Durchführungsverordnung zum JGG 1943 wurden demgegenüber alle Soldaten unabhängig von Alter und Reife dem Erwachsenenmilitärstrafrecht unterstellt (zur geschichtlichen Entwicklung s. *Kuhnen* Die Anwendung von Jugendstrafrecht bei militärischen Straftaten, 1970, S. 24 ff.).

3. Gesetzesziel

In der Literatur werden z. T. die militärischen Bedürfnisse, insbesondere die Disziplin in den Vordergrund gerückt, z. T. ein Vorrang militärischer Notwendigkeiten bei der Sanktionierung begründet (s. *Eisenberg* § 112 a Rn. 16; s. hierzu § 112 a Rn. 9). Demgegenüber ist auch bei Soldaten an dem allgemeinen jugendstrafrechtlichen Sanktionsziel (s. Grdl. z. §§ 1-2 Rn. 4, 5) festzuhalten, dem mit einigen Modifizierungen entsprochen werden soll. Mit § 112 a werden die Sanktionsregeln grundsätzlich auch auf jugendliche und heranwachsende Soldaten für anwendbar erklärt. Die z. T. hohen Strafandrohungen des Wehrstrafgesetzes greifen nicht ein. Dies hat der Gesetzgeber bewußt – auch in Reaktion auf die drakonischen, z. T. barbarischen Strafen im »Dritten Reich« – so geregelt, wobei Abweichungen vom System des JGG nur in einem solchen Umfang erfolgen sollen, als sie durch die Besonderheiten des Wehrdienstes **unbedingt geboten** erscheinen (s. amtliche Begründung, BT-Drucks. 2/3040, S. 58 ff.; ebenso *Diemer* in: *D/S/S* vor §§ 112 a ff. Rn. 1). Insbesondere ist die Bundeswehr nicht strafrechtlicher Erziehungsträger, wie sie auch sonst nicht die »Schule der Nation« ist (s. *Potrykus* RdJ 1964, 148).

4. Justizpraxis

4 In der Justizpraxis spielen die Sondervorschriften nur eine marginale Rolle. Dies zeigt sich auch in der geringen Beachtung durch die Rechtslehre und in der geringen Anzahl veröffentlichter Gerichtsentscheidungen. Insbesondere hat sich nicht die Erziehungshilfe durchgesetzt (s. *Potrykus* RdJ 1961, 279; *Schaffstein/Beulke* § 18 III.). Die weiteren Belastungen sowie die Einsicht der fehlenden Sachkompetenz der Disziplinarvorgesetzten sind hierfür als Gründe zu nennen, wobei das rechtliche Problem, die Verfassungswidrigkeit, nicht gesehen wird (s. § 112 a Rn. 8). Ebenso werden so gut wie keine ehrenamtlichen soldatischen Bewährungshelfer eingesetzt, da auch hierfür keine geeigneten Personen zur Verfügung stehen (s. *Potrykus* RdJ 1964, 148).

5. Rechtspolitische Einschätzung

5 Die grundsätzliche Entscheidung des Gesetzgebers für die Anwendung des JGG bei jugendlichen und heranwachsenden Soldaten ist nur zu begrüßen. Einzelregelungen sind aber zu modifizieren. Insbesondere ist die verfassungswidrige Erziehungshilfe (s. § 112 a Rn. 7) zu streichen. Sofern man an dem ehrenamtlichen soldatischen Bewährungshelfer festhalten will, muß dieser – wie auch die sonstigen ehrenamtlichen Bewährungshelfer (s. §§ 24, 25 Rn. 3) – in das Bewährungssystem integriert sein. Die Möglichkeit einer richterlichen Weisung ist auch hier entgegen § 112 a Abs. 4 S. 2 einzuräumen. Gesetzgeberisch sollte auch die Verpflichtung einer Anrechnung von Disziplinarmaßnahmen klargestellt werden (s. § 112 a Rn. 15).

§ 112 a. Anwendung des Jugendstrafrechts

Das Jugendstrafrecht (§§ 3 bis 32, 105) gilt für die Dauer des Wehrdienstverhältnisses eines Jugendlichen oder Heranwachsenden mit folgenden Abweichungen:
1. Hilfe zur Erziehung im Sinne des § 12 darf nicht angeordnet werden.
2. Bedarf der Jugendliche oder Heranwachsende nach seiner sittlichen oder geistigen Entwicklung besonderer erzieherischer Einwirkung, so kann der Richter Erziehungshilfe durch den Disziplinarvorgesetzten als Erziehungsmaßregel anordnen.
3. Bei der Erteilung von Weisungen und Auflagen soll der Richter die Besonderheiten des Wehrdienstes berücksichtigen. Weisungen und Auflagen, die bereits erteilt sind, soll er diesen Besonderheiten anpassen.
4. Als ehrenamtlicher Bewährungshelfer kann ein Soldat bestellt werden. Er untersteht bei seiner Tätigkeit (§ 25 Satz 2) nicht den Anweisungen des Richters.
5. Von der Überwachung durch einen Bewährungshelfer, der nicht Soldat ist, sind Angelegenheiten ausgeschlossen, für welche die militärischen Vorgesetzten des Jugendlichen oder Heranwachsenden zu sorgen haben. Maßnahmen des Disziplinarvorgesetzten haben den Vorrang.

Literatur zu den §§ 112 a-112 e

Becker Wehrstrafrecht und Jugend, UJ 1958, 54; *Fiedler* Zur Notwendigkeit kriminologischer Forschung und Ausbildung im Bereich des Wehrdienstes, GA 1973, 41; *Kaiser* Zur Entwicklung des Jugendstrafrechts für Soldaten, RdJ 1961, 278; *Kuhnen* Die Anwendung von Jugendstrafrecht bei militärischen Straftaten, 1970; *Metz* Der Bundeswehrangehörige vor dem Jugendrichter, Zbl 1977, 72; *ders.* Anmerkung zu *LG Kassel*, NZWehrR 1979, 36; *Neudeck* Zur Kriminologie des Wehrdienstes, GA 1957, 347; *Potrykus* Das Einführungsgesetz zum Wehrstrafgesetz, NJW 1957, 814; *ders.* Neues Jugendstrafrecht für Soldaten, RdJ 1957, 171; *ders.* Zur Entwicklung des Jugendstrafrechts für Soldaten, RdJ 1061, 278; *ders.* Jugend- und wehrrechtliche Fragen, RdJ 1964, 148; *Schnitzerling* Der Bewährungshelfer im militärischen Bereich, BewH 1957, 95; *Schwalm* Das Einführungsgesetz zum Wehrstrafgesetz, JZ 1957, 398; *Schwenk* Zur kriminologischen Untersuchung militärischer Straftaten, GA 1968, 10.

§ 112 a

Vierter Teil.
Sondervorschriften für Soldaten

Inhaltsübersicht Rn.
I. Persönlicher Anwendungsbereich 1
II. Sachlicher Anwendungsbereich 3
III. Sonderregelungen
  1. Verbot von Erziehungsbeistandschaft und betreuter Wohnform (§ 112 a Nr. 1) 5
  2. Erziehungshilfe durch den Disziplinarvorgesetzten (§ 112 a Nr. 2) 6
  3. Berücksichtigung der Besonderheiten des Wehrdienstes bei Erteilung von Weisungen und Auflagen (§ 112 a Nr. 3) 8
  4. Ehrenamtliche Bewährungshilfe durch einen Soldaten (§ 112 a Nr. 4) 12
  5. Bewährungshilfe durch einen Bewährungshelfer, der nicht Soldat ist (§ 112 a Nr. 5) 14
IV. Sonstige Auswirkungen des Wehrdienstverhältnisses
  1. Anrechnung von Disziplinarmaßnahmen 15
  2. Vollzug von Jugendarrest 16

I. Persönlicher Anwendungsbereich

1 § 112 a gilt für Soldaten im jugendlichen und heranwachsenden Alter, und zwar auch in Verfahren vor den für allgemeine Strafsachen zuständigen Gerichten (s. § 112 e). Soldat ist, wer sich gem. § 1 Abs. 1 S. 1, Abs. 2 SoldG in einem Wehrdienstverhältnis befindet. Hierzu gehören die Berufs- und Zeitsoldaten gem. § 1 Abs. 3 SoldG sowie die Wehrpflichtigen gem. den §§ 4 Abs. 1, 21, 23 Abs.1 WPflG. Auch der waffenlose Dienst in der Bundeswehr nach einer Kriegsdienstverweigerung (§ 25 S. 2 WPflG) stellt ein Wehrdienstverhältnis dar, nicht jedoch der zivile Ersatzdienst außerhalb der Bundeswehr (§ 25 S. 1 WpflG). Das Wehrdienstverhältnis beginnt mit dem Zeitpunkt, der für den Dienstantritt (durch Einberufungsbescheid oder Ernennungsurkunde) festgesetzt ist und endet mit dem Ablauf des Tages, an dem der Soldat aus der Bundeswehr ausscheidet (§ 2 SoldG). Ob der Dienst pünktlich angetreten wurde oder ob sich der Wehrpflichtige der Einberufung stellt, ist ohne Belang. Frühestens mit dem 17. Lebensjahr kann ein freiwilliges Wehrdienstverhältnis begründet werden; die Wehrpflicht beginnt erst mit Vollendung des 18. Lebensjahres (Art. 12 a Abs. 1 GG); damit sind in der Regel nur Heranwachsende, und zwar nur männliche Heranwachsende betroffen.

2 Entscheidend ist nicht das Alter zur Tatzeit, sondern ob jemand zum Zeitpunkt der Verurteilung, der Vollstreckung oder des Vollzugs Soldat ist: »für die Dauer des Wehrdienstverhältnisses« (§ 112 a).

II. Sachlicher Anwendungsbereich

Die §§ 112 a-112 e setzen die Anwendung von Jugendstrafrecht voraus. 3
Bei Heranwachsenden ist somit gem. § 105 Abs. 1 vorab die Entscheidung
für das Jugendstrafrecht Voraussetzung. Bei Anwendung von Jugendstrafrecht hat das JGG Vorrang (s. § 2; § 3 Abs. 2 WStG), d. h., die Sanktionen
werden allein nach den §§ 3-32 bestimmt (s. *LG Kassel* NZWehrR 1979,
34 m. Anm. von *Metz*: § 14 WStG ist neben § 21 nicht anwendbar); die
Rechtsfolgen des Wehrstrafgesetzes (§§ 9-14 a) gelten nur, wenn Erwachsenenstrafrecht zur Anwendung kommt, wobei § 106 zu beachten ist.
Hinsichtlich der Straftatvoraussetzungen haben die speziellen Bestimmungen des WStG (§§ 1-7, 15-48) Vorrang vor dem StGB (§ 3 Abs. 1
WStG).

Faktisch ist dem justitiellen Strafverfahren gegen – heranwachsende – Soldaten der Disziplinarvorgesetzte vorgeschaltet; dieser hat gem. § 29 Abs. 3 4
WDO eine Ermessensentscheidung darüber zu treffen, ob er bei Verdacht
einer Straftat die Verfehlung an die Staatsanwaltschaft abgibt. Zur gleichmäßigen Handhabung des Ermessens hat der Bundesminister der Verteidigung in der Zentralen Dienstvorschrift (ZDV) 14/3 Richtlinien »Abgabe
an die Staatsanwaltschaft« erlassen:
- »Besonders schwere Straftaten« (s. Anhang 1 der ZDV 14/3) hat der
  Disziplinarvorgesetzte stets an die Staatsanwaltschaft abzugeben (s.
  Nr. 4 a ZDV 14/3).
- »Schwere Straftaten« (s. Anhang 2 der ZDV 14/3) gibt der Disziplinarvorgesetzte an die Staatsanwaltschaft ab, soweit nicht im Einzelfall eine
  Ausnahme gerechtfertigt erscheint: leichte Fälle von Vergehen nach
  dem StGB oder dem WStG, wenn es sich bei einem sonst untadeligen
  Soldaten um eine als einmalige Entgleisung anzusehende Kurzschlußhandlung handelt (s. Nr. 4 b ZDV 14/3).
- Bei allen übrigen Straftaten (z. B. Bedrohung, Nötigung) entscheidet
  der Disziplinarvorgesetzte selbstverantwortlich, ob er die Sache an die
  Staatsanwaltschaft abgibt. Die Abgabe ist bei Bagatelldelikten nur erforderlich, wenn sie ausnahmsweise zur Aufrechterhaltung der militärischen Ordnung notwendig erscheint (s. Nr. 4 c ZDV 14/3).

Es ist zu vermuten, daß im Interesse der eigenen Disziplinargewalt und
zur Vermeidung von Vorfällen, die »oben« Aufmerksamkeit erregen
könnten, die Abgabe an die Staatsanwaltschaft zurückhaltend praktiziert
wird (zur Kritik an der fehlenden Entscheidungskompetenz der Disziplinarvorgesetzten s. *Metz* Zbl 1977, 76). Zu begrüßen ist die Zurückhaltung
dann, wenn die Ursachen der Delikte im Wehrdienst zu suchen sind, wobei gerade das Erfordernis der Disziplin auch kriminogene Wirkungen
entfalten kann (s. *Schwenck* GA 1968, 11; *Kuhnen* Die Anwendung von
Jugendstrafrecht bei militärischen Straftaten, 1970, S. 132 ff. m. w. N.) und

§ 112 a

wenn die Disziplinarmaßnahmen entsprechend den Grundsätzen des Jugendkriminalrechts verhängt, d. h. Notwendigkeit, Eignung und Angemessenheit geprüft werden; keineswegs dürfen im Wege der Disziplinargewalt härtere Sanktionen als im Wege des Strafverfahrens ausgesprochen werden.

III. Sonderregelungen

1. Verbot von Erziehungsbeistand und betreuter Wohnform (§ 112 a Nr. 1)

5 Die Erziehungsmaßregeln Erziehungsbeistandschaft und betreute Wohnform (§ 12) dürfen gegen Soldaten nicht angeordnet werden. Begründet wird dies mit der Konkurrenz durch den militärischen Disziplinarvorgesetzten und der Unvereinbarkeit von besonderen Hilfen zur Erziehung mit dem militärischen Dienst, dementsprechend sollte eine bereits angeordnete Hilfe zur Erziehung gem. § 12 durch den zuständigen Vormundschaftsrichter (s. § 28 Abs. 2) aufgehoben werden (s. *Potrykus* NJW 1957, 815; *Schwalm* JZ 1957, 399).

2. Erziehungshilfe durch den Disziplinarvorgesetzten (§ 112 a Nr. 2)

6 Gemäß § 112 a Nr. 2 ist als Erziehungsmaßregel die Erziehungshilfe durch den Disziplinarvorgesetzten vorgesehen. Es ist dies eine **besondere Erziehungsmaßregel**, mit der der Katalog des § 9 erweitert wird (ebenso *Dallinger/Lackner* § 112 a Rn. 16; *Eisenberg* § 112 a Rn. 12; ebenso jetzt *Brunner/Dölling* § 112 a Rn. 11). Die Erziehungshilfe ist keine Einzelweisung gem. § 10, sondern eine Sanktion, mit der umfassend erzieherische Hilfen gewährleistet werden sollen; diese Sanktion soll die Erziehungsbeistandschaft und die Heimerziehung bzw. Unterbringung in einer betreuten Wohnform ersetzen (s. *Potrykus* § 112 a Anm. 2 b). Von daher besteht auch keine Möglichkeit, die Sanktion gem. § 11 Abs. 2 zu ändern oder gar »Ungehorsamsarrest« gem. § 11 Abs. 3 zu verhängen (wie hier *Dallinger/Lackner* § 112 a Rn. 16; *Kuhnen* Die Anwendung von Jugendstrafrecht bei militärischen Straftaten, 1970, S. 35, 36; ebenso jetzt *Brunner/Dölling* § 112 b Rn. 12; unbest. *Eisenberg* § 112 a Rn. 12).

7 Darüber hinaus **verstößt** die Erziehungshilfe bei Heranwachsenden **gegen Art. 1 Abs. 1, Art. 2 Abs. 1 GG**, sofern nicht der Verurteilte mit dieser Sanktion einverstanden ist (zu rechtspolitischen Forderungen s. Grdl. z. §§ 112 a-112 e Rn. 5). Mit dem Erreichen der Volljährigkeit endet auch ein das elterliche Erziehungsrecht (Art. 6 Abs. 2 S. 1 GG) korrigierendes oder ersetzendes staatliches Erziehungsrecht (s. *BVerfGE* 22, 180; *Brunner/Dölling* § 105 Rn. 20; auch Grdl. z. §§ 105-106 Rn. 4). Deshalb sind Hilfen zur Erziehung gem. § 12 gegenüber Heranwachsenden auch nicht

§ 112 a

mehr erlaubt (s. § 105 Abs. 1). Die Rechte des – hier unzulässigen – Erziehungsbeistandes (s. § 30 KJHG) reichen hierbei nicht an die gesetzgeberisch gewollten Einflußnahmen durch die Erziehungshilfe (s. § 112 b Abs. 1, 2; § 4 der gem. § 115 Abs. 3 erlassenen Rechtsverordnung zur Durchführung der Erziehungshilfe durch den Disziplinarvorgesetzten vom 25.8.1958, BGBl I, 645) heran; auch ist die mit dem KJHG eingeführte Hilfe für junge Volljährige (§ 41) nicht mit der Erziehungshilfe durch den Disziplinarvorgesetzten gleichzusetzen, da Maßnahmen nur mit Zustimmung des jungen Volljährigen getroffen werden können (s. § 41 Abs. 3 KJHG). Diese Diskrepanz hat der Gesetzgeber offensichtlich nicht bedacht. Ein Ersatz von unzulässigen Hilfen zur Erziehung gem. § 12 durch die Erziehungshilfe ist daher untersagt. Damit ist die praktische Bedeutungslosigkeit (s. Grdl. z. §§ 112 a-112 e Rn. 4) rechtlich begründet – eine allerdings bislang nicht gesehene Rechtfertigung. Insbesondere wäre ein Ungehorsamsarrest wegen Nichtbefolgung der Erziehungshilfen verfassungswidrig.

3. Berücksichtigung der Besonderheiten des Wehrdienstes bei Erteilung von Weisungen und Auflagen (§ 112 a Nr. 3)

Gemäß § 112 a Nr. 3 soll der Richter bei der Erteilung von Weisungen und Auflagen die Besonderheiten des Wehrdienstes berücksichtigen; bereits erteilte Weisungen und Auflagen sollen den militärischen Besonderheiten angepaßt werden. Hierunter fallen sowohl selbständige Sanktionen als auch Weisungen und Auflagen im Rahmen einer Bewährung. Vorher soll der Richter den nächsten Disziplinarvorgesetzten hören (§ 112 d). Soweit die Verwarnung gerade bei Soldaten als ungeeignet angesehen wird (s. *Brunner/Dölling* § 112 a Rn. 4, *Eisenberg* § 112 a Rn. 31), so ist demgegenüber auf die grundsätzlich andere Bewertung dieser Sanktion zu verweisen (s. § 14 Rn. 4); Verweis und strenger Verweis sind ausdrücklich auch als militärische Disziplinarmaßnahmen vorgesehen (s. § 18 Nr. 1, 2 WDO).

8

Zum Teil wird aus § 112 a Nr. 3 ein Vorrang militärischer Notwendigkeiten abgeleitet (s. *Eisenberg* § 112 a Rn. 16). Für strafrechtliche Sanktionen haben aber strafrechtliche Zielsetzungen Vorrang. Dementsprechend wird vom Gesetzgeber nur eine Berücksichtigung und dies auch nur als Soll-Vorschrift verlangt. Nur der Vollstreckung eines Arrestes können militärische Notwendigkeiten entgegenstehen (s. § 112 c Abs. 2). Allerdings kann dem Verurteilten kein schuldhafter Verstoß i. S. der §§ 11 Abs. 3 S. 1, 15 Abs. 3 S. 2 vorgeworfen werden, wenn er bei Verfolgung der Weisungen und Auflagen gegen soldatische Pflichten, insbesondere gegen die Gehorsamspflicht gem. § 11 SoldG verstoßen würde (s. § 11 Rn. 17). Nach *Dallinger/Lackner* (§ 112 a Rn. 23) ist die Sanktion in einem solchen Falle bereits rechtswidrig, nach *Eisenberg* (§ 112 a Rn. 18) ist die Nichtbefolgung rechtmäßig.

9

§ 112 a

10 Entgegen der Regelung im § 10 Abs. 2 können Weisungen und Auflagen miteinander ausgetauscht werden, soweit nicht eine Strafverschärfung damit verbunden ist, da sie hier »im gleichen Atemzug« genannt werden (wie hier *Dallinger/Lackner* § 112 a Rn. 28; Bedenken bei *Eisenberg* § 112 a Rn. 21; a. M. *Brunner/Dölling* § 11 Rn. 3; *Nothacker* S. 178, 225; s. auch § 11 Rn. 4). Insbesondere kann im Wege der nachträglichen Anpassung von Weisungen und Auflagen auch aus militärischer Rücksichtnahme befreit werden (s. auch § 11 Abs. 2, § 15 Abs. 3 S. 1). Für Weisungen und Auflagen im Rahmen einer Bewährung gilt das Verfahren gem. den §§ 58, 62 Abs. 4.

11 Eine Anfechtung wegen Nichtberücksichtigung der militärischen Besonderheiten verspricht wenig Erfolg, da es sich hier um eine bloße Soll-Vorschrift handelt und damit dem Richter ein Ermessen zugebilligt wird. Nur wenn dieses Ermessen überhaupt nicht ausgeübt wurde oder die Weisungen und Auflagen in direktem Widerspruch zu militärischen Anforderungen stehen, ist sie begründet (s. § 55 Rn. 25); so widerspricht die Weisung gem. § 10 Abs. 1 S. 3 Nr. 1 und Nr. 2 dem Kasernierungsgebot (wie hier *Brunner/Dölling* § 10 Rn. 5; demgegenüber halten *Dallinger/Lackner* § 112 a Rn. 25 und nachfolgend *Eisenberg* § 112 a Rn. 20 eine Anfechtung im Hinblick auf § 55 Abs. 1 für unzulässig). Im einzelnen ist auf die Kommentierung zu den §§ 55, 59 Abs. 2, 63 Abs. 2, 65 Abs. 2 hinzuweisen. Militärische Stellen haben kein selbständiges Anfechtungsrecht.

4. Ehrenamtliche Bewährungshilfe durch einen Soldaten (§ 112 a Nr. 4)

12 Gemäß § 112 a Nr. 4 S. 1 kann als ehrenamtlicher Bewährungshelfer auch ein Soldat bestellt werden. Ein kameradschaftliches Verhältnis weist aber noch keine Eignung nach; ebenso kommen Disziplinarvorgesetzte regelmäßig für diese Aufgabe nicht in Betracht (zur Begründung s. §§ 24, 25 Rn. 4).

13 Eine **Zurückhaltung** ist darüber hinaus im Hinblick auf § 112 a Nr. 4 S. 2 **geboten**. Damit wird die Einflußnahme durch den Richter erheblich eingeschränkt. Allerdings bleiben die Berichts- und Meldepflicht des Bewährungshelfers (s. §§ 24, 25 Rn. 11) sowie die allgemeine Aufsichtspflicht des Richters (s. §§ 24, 25 Rn. 13) bestehen; aus der letzten folgt, daß der Richter den ehrenamtlichen Bewährungshelfer aus seinem Amt entlassen kann. Bewährungsanordnungen des ehrenamtlichen soldatischen Bewährungshelfers erfolgen allein in dessen Kompetenz; Dienstvorgesetzte dürfen insoweit keine Anweisungen erteilen. Wenn allerdings militärische Befehle erteilt werden, die auch die persönliche Lebensführung betreffen, haben diese Vorrang (s. *Schnitzerling* BewH 1957, 97).

5. Bewährungshilfe durch einen Bewährungshelfer, der nicht Soldat ist (§ 112 a Nr. 5)

Wird die Bewährungshilfe durch einen – hauptamtlichen oder ehrenamtlichen – Bewährungshelfer durchgeführt, der nicht Soldat ist, so ist der Aufgabenbereich auf den nichtmilitärischen Bereich begrenzt (s. § 112 a Nr. 5 S. 1). Maßnahmen des Disziplinarvorgesetzten sollen gem. § 112 a Nr. 5 S. 2 immer Vorrang haben, was aber nur gilt, soweit diese Anordnungen von der Befehlsgewalt (s. § 11 SoldG) rechtlich gedeckt werden (zu weit *Dallinger/Lackner* § 112 a Rn. 39; nachfolgend *Eisenberg* § 112 a Rn. 28). Im Streitfalle haben Richter und Bewährungshelfer nicht nur die Möglichkeit der – häufig wirkungslosen – Dienstaufsichtsbeschwerde bzw. der Verurteilte das Beschwerderecht gem. § 1 Wehrbeschwerdeordnung (so aber *Dallinger/Lackner* § 112 a Rn. 39; nachfolgend *Eisenberg* § 112 a Rn. 28), sondern es muß dem **Richter** auch die **Streitentscheidungskompetenz** zugewiesen werden, ohne daß damit Anweisungen für die Fürsorgepflichterfüllung des Disziplinarvorgesetzten erlaubt sind. Die Bewährungsstrafe beruht auf einer strafjustitiellen Anordnung, die dementsprechend letztlich auch strafjustitiell zu überwachen ist. Ein Vorrang für den Disziplinarvorgesetzten gem. § 112 a Nr. 5 S. 2 wird nur für das Verhältnis zwischen dem zivilen Bewährungshelfer und dem Disziplinarvorgesetzten begründet.

14

IV. Sonstige Auswirkungen des Wehrdienstverhältnisses

1. Anrechnung von Disziplinarmaßnahmen

Nach der Rechtsprechung des Bundesverfassungsgerichts ist eine kumulierende strafrechtliche und disziplinarrechtliche Sanktionierung wegen derselben Tat trotz Art. 103 GG zulässig (s. *BVerfGE* 21, 378 und 391; *BVerfGE* 27, 184 ff.). Allerdings müssen die Sanktionen wechselseitig Berücksichtigung finden, je nachdem, welche Sanktion zuerst ausgesprochen wurde. Für vorausgehende strafrechtliche Sanktionen ist dies ausdrücklich im § 8 WDO festgesetzt; hierbei müssen auch Erziehungsmaßregeln und Zuchtmittel berücksichtigt werden, da es auf den materiell-rechtlichen Charakter strafjustitieller Maßnahmen ankommt (für Zuchtmittel anerkannt durch *WDS* NZWehrR 1988, 256; s. auch § 13 Rn. 4). Umgekehrt hat dies das Bundesverfassungsgericht für die Anrechnung einer disziplinarischen Arreststrafe auf eine Freiheitsstrafe ebenso anerkannt (*BVerfGE* 21, 378; s. auch *OLG Oldenburg* NdsRpfl. 1968, 278; *OLG Frankfurt* NJW 1971, 852; *OLG Frankfurt* NZWehrR 1973, 194). Dies gilt auch für die Anrechnung anderer Disziplinarmaßnahmen (s. *OLG Oldenburg* NZWehrR 1982, 157 für die Anrechnung der Disziplinarbuße auf den Arrest), nicht jedoch für das »Nachdienen« gem. § 5 Abs. 3 WPflG.

15

§ 112 a

2. Vollzug von Jugendarrest

16 Auf Ersuchen des Vollstreckungsleiters wird bei Soldaten der Jugendarrest in Einrichtungen der Bundeswehr vollzogen (Art. 5 Abs. 1 S. 1 des EGWStG und des JGG vom 21.8.1972, BGBl I, 1507). Im einzelnen regelt sich der Vollzug nach der Bundeswehrvollzugsordnung vom 29.11.1972 (BGBl I, 2205), nach der auch der Vollzug von Freiheitsstrafe, Strafarrest und Disziplinararrest erfolgt (s. auch § 90 Rn. 2, 5; s. weiterhin § 112 c Abs. 2, 3). Zuständig bleibt als Vollstreckungsleiter (§ 82 Abs. 1, § 110 Abs.1) der Jugendrichter (s. § 85 Rn. 2). Im Falle des Strafarrestes, d. h. der Anwendung von Erwachsenenstrafrecht, ist die Strafvollstreckungskammer gem. § 462 a StPO zuständig (OLG Stuttgart Justiz 1977, 24).

§ 112 b

§ 112 b. Erziehungshilfe durch den Disziplinarvorgesetzten

(1) Hat der Richter Erziehungshilfe (§ 112 a Nr. 2) angeordnet, so sorgt der nächste Disziplinarvorgesetzte dafür, daß der Jugendliche oder Heranwachsende, auch außerhalb des Dienstes, überwacht und betreut wird.
(2) Zu diesem Zweck werden Jugendlichen oder Heranwachsenden Pflichten und Beschränkungen auferlegt, die sich auf den Dienst, die Freizeit, den Urlaub und die Auszahlung der Besoldung beziehen können. Das Nähere wird durch Rechtsverordnung (§ 115 Abs. 3) geregelt.
(3) Die Erziehungshilfe dauert so lange, bis ihr Zweck erreicht ist. Sie endet jedoch spätestens, wenn sie ein Jahr gedauert hat oder wenn der Soldat zweiundzwanzig Jahre alt oder aus dem Wehrdienst entlassen wird.
(4) Die Erziehungshilfe kann auch neben Jugendstrafe angeordnet werden.

I. Vorbemerkung

Im Hinblick auf die Verfassungswidrigkeit der Sanktion »Erziehungshilfe« bei Heranwachsenden (s. § 112 a Rn. 7) und die Bedeutungslosigkeit für Jugendliche (s. § 112 a Rn. 1) wird auf eine Kommentierung im einzelnen verzichtet. Einzelheiten sind zudem in der Rechtsverordnung zur Durchführung der Erziehungshilfe durch den Disziplinarvorgesetzten vom 25.8.1958 (BGBl I, 645) geregelt. Die **Verfassungswidrigkeit** ergibt sich zusätzlich aus den im § 9 Abs. 2 dieser Verordnung vorgesehenen Hausstrafen: Beschränkung oder Entziehung der künstlichen Zellenbeleuchtung auf höchstens zwei Wochen (§ 9 Abs. 2 Nr. 2); hartes Lager für höchstens eine Woche (§ 9 Abs. 2 Nr. 3); Schmälerung der Kost für höchstens eine Woche (§ 9 Abs. 2 Nr. 4). Damit werden **Körperstrafen** wieder eingeführt, **die gegen Art. 2 Abs. 2 S. 1 GG verstoßen** (s. *Podlech* in: AK-GG, Art. 2 Abs. 2 Rn. 131; zum Verbot einer staatlichen Züchtigung durch Lehrer s. *Dürig* in: *Maunz/Dürig/Herzog/Scholz* Art. 2 Abs. 2 Rn. 42 ff.).

1

II. Rechtsbehelfe

Die Rechtsmittelbeschränkung des § 55 Abs. 2 gilt an sich auch für die Erziehungshilfe (so *Brunner/Dölling* § 112 b Rn. 14; *Eisenberg* § 112 a Rn. 14), da diese eine Erziehungsmaßregel darstellt (s. § 112 a Rn. 6). Im Hinblick auf die Verfassungswidrigkeit (s. § 112 a Rn. 7) ist **aber immer eine Anfechtung** möglich (s. auch § 55 Rn. 25). Gegen Einzelanweisungen im Rahmen einer angeordneten, nicht angefochtenen Erziehungshilfe, die von Disziplinarvorgesetzten als militärische Befehle gegeben werden,

2

§ 112 b

Vierter Teil.
Sondervorschriften für Soldaten

ist die Beschwerde nach der Wehrbeschwerdeordnung zulässig (s. § 11 Abs. 2 der Rechtsverordnung zur Durchführung der Erziehungshilfe durch den Disziplinarvorgesetzten; § 1 WBO); dies gilt auch für Disziplinarmaßnahmen im Rahmen der Erziehungshilfe (s. § 38 WDO). Im übrigen sind die Beendigungsgründe im § 112 b Abs. 3 festgelegt.

§ 112 c. Vollstreckung

(1) Der Vollstreckungsleiter erklärt die Erziehungsmaßregel nach § 112 a Nr. 2 für erledigt, wenn ihr Zweck erreicht ist.
(2) Der Vollstreckungsleiter sieht davon ab, Jugendarrest, der wegen einer vor Beginn des Wehrdienstverhältnisses begangenen Tat verhängt ist, gegenüber Soldaten der Bundeswehr zu vollstrecken, wenn die Besonderheiten des Wehrdienstes es erfordern und ihnen nicht durch einen Aufschub der Vollstreckung Rechnung getragen werden kann.
(3) Die Entscheidungen des Vollstreckungsleiters nach den Absätzen 1 und 2 sind jugendrichterliche Entscheidungen im Sinne des § 83.

I. Anwendungsbereich

§ 112 c gilt für Soldaten, auch wenn die Erziehungshilfe oder der Arrest von Erwachsenengerichten angeordnet wurde; § 112 e steht dem nicht entgegen, da hier nur die Vollstreckung geregelt wird.

II. Beendigung der Erziehungshilfe (§ 112 c Abs. 1)

Auch wenn die Erziehungshilfe grundsätzlich als verfassungswidrig anzusehen ist (s. § 112 a Rn. 7; § 112 b Rn. 1), kann § 112 c Abs. 1 in der Praxis Bedeutung gewinnen. Es handelt sich hier bei Vorliegen der Voraussetzungen um eine Muß-Entscheidung, die der richterliche Vollstreckungsleiter (s. § 82 Abs.1, § 110 Abs. 1) zu beachten hat. Zur Anhörung des Disziplinarvorgesetzten s. § 112 d.

III. Absehen von der Vollstreckung eines Arrestes (§ 112 c Abs. 2)

Über § 87 Abs. 3 hinaus ist ein Absehen von der Vollstreckung eines Arrestes gem. § 112 c Abs. 2 möglich, der wegen einer vor Beginn des Wehrdienstverhältnisses begangenen Tat verhängt wurde, auch wenn der Verurteilte z. Z. des Urteils bereits Soldat war. »Besonderheiten des Wehrdienstes« können insbesondere Ausbildungsgründe sein, die mit der zuständigen militärischen Dienststelle zu erörtern sind (s. § 112 d). Bei der Alternative »Aufschub« ist zu bedenken, daß hiermit der Tatbezug und damit die Präventionswirkung verlorengehen kann (s. hierzu Grdl. z. §§ 13-16 Rn. 9). Immer ist das Vollstreckungsverbot gem. § 87 Abs. 4 zu beachten. Zum Vollzug des Jugendarrestes durch Behörden der Bundeswehr s. § 112 a Rn. 16.

§ 112 c

IV. Rechtsmittel

4 Gemäß § 112 c Abs. 3 sind die Entscheidungen gem. § 112 c Abs. 1 und Abs. 2 jugendrichterliche Entscheidungen i. S. des § 83. Damit können sie mit der sofortigen Beschwerde angegriffen werden (§ 83 Abs. 3 S. 1), von dem Verurteilten aber nur im Falle einer ablehnenden Entscheidung, da es ansonsten an einer Beschwer fehlt (s. auch § 87 Rn. 13; § 83 Rn. 8).

§ 112 d. Anhörung des Disziplinarvorgesetzten

Bevor der Richter oder der Vollstreckungsleiter einem Soldaten der Bundeswehr Weisungen oder Auflagen erteilt, die Erziehungsmaßregel nach § 112 a Nr. 2 anordnet oder für erledigt erklärt, von der Vollstreckung des Jugendarrestes nach § 112 c Abs. 2 absieht oder einen Soldaten als Bewährungshelfer bestellt, soll er den nächsten Disziplinarvorgesetzten des Jugendlichen oder Heranwachsenden hören.

I. Anwendungsbereich

§ 112 d findet auch in Verfahren vor den für allgemeine Strafsachen zuständigen Gerichten Anwendung (s. § 112 e). 1

II. Anhörungsbereich

Über die in § 112 d ausdrücklich aufgestellten Anhörungsverpflichtungen hinaus sollte der Disziplinarvorgesetzte grundsätzlich im Strafverfahren gehört werden. Dies macht die Einschaltung der Jugendgerichtshilfe jedoch nicht überflüssig (s. *OLG Schleswig* SchlHA 1958, 341). Bei Heranwachsenden können sich somit insbesondere auch Informationen zu § 105 ergeben. Für die Sanktionierung ist eine vorgreifende oder nachfolgende disziplinarrechtliche Ahndung zu berücksichtigen, letztlich um dem Anrechnungsgebot entsprechen zu können (s. § 112 a Rn. 15). Dies gilt auch für spätere Änderungen der Sanktionierung, so insbesondere für die Anpassung von Weisungen und Auflagen gem. § 11 Abs. 2, § 15 Abs. 3 S. 1 und § 112 a Nr. 3 S. 2 sowie für die eventuelle Verhängung eines »Ungehorsamarrestes« gem. § 11 Abs. 3, § 15 Abs. 3 S. 2. Im letzten Fall ist die Anhörung schon erforderlich, um die Schuldhaftigkeit bei eventuell entgegenstehenden militärischen Anordnungen feststellen zu können (s. § 112 a Rn. 9). 2

III. Form

Eine bestimmte Form der Anhörung ist im § 112 d nicht vorgeschrieben. Diese richtet sich nach dem Prozeßstadium. In der Hauptverhandlung ist regelmäßig die mündliche Anhörung angezeigt, wenngleich – wie bei der Jugendgerichtshilfe (s. § 38 Rn. 8) – im Verhinderungsfall auch ein schriftlicher Bericht vorgelesen werden darf. Wenn allerdings Strafzumessungstatsachen verwertet werden sollen, die vom Angeklagten bestritten werden, so ist eine Zeugenvernehmung geboten (s. § 38 Rn. 9). 3

IV. Rechtsmittel

4 § 112 d ist nur als Soll-Vorschrift konzipiert. Eine Anfechtung ist einmal dann begründet, wenn die Bestimmungen gänzlich übersehen und das Ermessen gar nicht ausgeübt wurde; zum anderen kann ein Verstoß geggen die richterliche Aufklärungspflicht (§ 244 Abs. 2 StPO) geltend gemacht werden. Allerdings können nur die unmittelbaren Verfahrensbeteiligten, kann nicht der Disziplinarvorgesetzte die Anfechtung erheben, da es nicht um die Achtung seiner Befugnisse, sondern allein um den Angeklagten geht (ebenso *Brunner/Dölling* § 112 d Rn. 2; *Eisenberg* § 112 d Rn. 7).

§ 112 e. Verfahren vor Gerichten, die für allgemeine Strafsachen zuständig sind

In Verfahren gegen Jugendliche oder Heranwachsende vor den für allgemeine Strafsachen zuständigen Gerichten (§ 104) sind die §§ 112 a, 112 b und 112 d anzuwenden.

§ 112 e stellt eine Ergänzung zu § 104 dar. Allerdings gelten auch insoweit die Beschränkungen gem. § 104 Abs. 4 und Abs. 5 weiter (h. M.). Zur Anwendung des § 112 c s. dort Rn. 1.

Fünfter Teil. Schluß- und Übergangsvorschriften

§ 113. Bewährungshelfer
Für den Bezirk eines jeden Jugendrichters ist mindestens ein hauptamtlicher Bewährungshelfer anzustellen. Die Anstellung kann für mehrere Bezirke erfolgen oder ganz unterbleiben, wenn wegen des geringen Anfalls von Strafsachen unverhältnismäßig hohe Aufwendungen entstehen würden. Das Nähere über die Tätigkeit des Bewährungshelfers ist durch Landesgesetz zu regeln.

Literatur
Siehe die Angaben zu den §§ 24 und 25.

I. Dienstliche Stellung

Wenigstens ein Bewährungshelfer muß für die jugendstrafrechtliche Sanktionierung staatlich zur Verfügung gestellt werden; unabhängig davon, ob dies im Beamten- oder Angestelltenverhältnis geschieht, ist der hauptamtliche Bewährungshelfer damit Amtsträger gem. § 11 Abs. 1 Nr. 2 StGB. Diese **Minimalforderung** wird den praktischen Anforderungen in keiner Weise gerecht (s. Grdl. z. §§ 21-26 a Rn. 5; §§ 24-25 Rn. 2). Mit Ausnahme von Hamburg, wo die hauptamtlichen Bewährungshelfer für Jugendliche und Heranwachsende der Jugendbehörde zugeordnet sind (s. *Polock* Rechtliche Strukturen der Sozialen Dienste in der Justiz, 1993, S. 115) unterliegen sie mit Ausnahme von Berlin und Bremen mit eigenständigen Dienststellen der Dienstaufsicht der Justizbehörde (ungenau *Eisenberg* § 113 Rn. 2; *Sonnen* in: *D/S/S* § 113 Rn. 1; s. auch Grdl. z. §§ 21-26 a Rn. 5), die vom Landgerichtspräsidenten wahrgenommen wird. Die Aufsicht reduziert sich weitgehend auf eine förmliche Kontrolle der Dienstabwicklung durch einen beauftragten Jugendrichter (zur gerichtlichen Aufsicht im Einzelfall s. §§ 24-25 Rn. 13).

1

II. Ausbildung und Arbeitsweise

Bewährungshelfer haben in der Regel die Ausbildung eines Sozialarbeiters, Sozialpädagogen durchlaufen (s. hierzu Rundbrief Soziale Arbeit und

2

Strafrecht, Beiheft Nr. 4, 1985, hrsg. von der Dt. Bewährungshilfe, S. 18). Eine spezielle Ausbildung gibt es nicht. Voraussetzung für die Bestellung sollten u. a. eine besondere Befähigung zum Umgang mit – jungen – Menschen sowie kriminologische Kenntnisse sein. Auch wenn mehrere Bewährungshelfer für einen Gerichtsbezirk zuständig sind und die Verwaltungsarbeit in einer Geschäftsstelle erledigt wird, sind die Bewährungshelfer in der Praxis weitgehend »Einzelkämpfer«. Hierzu werden sie einmal durch die namentliche Beauftragung durch den Richter (s. § 24 Abs. 1 S. 1), zum anderen durch das persönliche Verhältnis zum Probanden angehalten. Den damit begründeten Gefahren für eine sozialpädagogische Betreuung ist über die Einbindung in berufsständische Organisationen hinaus (s. hierzu Rundbrief a. a. O., S. 18) im kollegialen Kontakt und mit Hilfe von Supervisionen (s. hierzu Empfehlungen zur Bewährungshilfe, Führungsaufsicht, Gerichtshilfe, hrsg. vom *Niedersächsischen Ministerium der Justiz*, 1979, S. 174 ff.) zu begegnen. Hierbei sind auch die ehrenamtlichen Bewährungshelfer mit einzubinden (s. §§ 24-25 Rn. 3). Zu der Aufgabenstellung im allgemeinen s. §§ 24-25 Rn. 6, zu den Rechten und Pflichten im besonderen s. §§ 24-25 Rn. 7-11.

§ 114. Vollzug von Freiheitsstrafe in der Jugendstrafanstalt

In der Jugendstrafanstalt dürfen an Verurteilten, die das vierundzwanzigste Lebensjahr noch nicht vollendet haben und sich für den Jugendstrafvollzug eignen, auch Freiheitsstrafen vollzogen werden, die nach allgemeinem Strafrecht verhängt worden sind.

Inhaltsübersicht Rn.
- I. Anwendungsbereich 1
- II. Voraussetzungen
  1. Alter unter 24 Jahren 2
  2. Eignung für den Jugendstrafvollzug 3
  3. Ermessen 4
- III. Verfahren
  1. Entscheidungskompetenz 5
  2. Weiteres Verfahren 6
- IV. Rechtsmittel 7

I. Anwendungsbereich

§ 114 gilt für Freiheitsstrafen, die entweder von einem Jugend- oder von einem Erwachsenengericht verhängt wurden. 1

II. Voraussetzungen

1. Alter unter 24 Jahren

Erste Voraussetzung für den Vollzug von Freiheitsstrafe in einer Jugendstrafanstalt ist ein Alter von unter 24 Jahren. Entscheidend ist das Alter zur Zeit der Vollstreckung. Obwohl an sich keine Ausnahme für diese Altersgrenze formuliert ist, sind geringfügige Zeitüberschreitungen im Interesse eines abgestimmten Vollzuges zu rechtfertigen (ebenso *Dallinger/Lackner* § 114 Rn. 3; *Brunner/Dölling* § 114 Rn. 6; s. auch *Eisenberg* § 114 Rn. 4). Umgekehrt scheidet diese Vollstreckung aus, wenn alsbald wegen der Altersüberschreitung eine Verlegung erforderlich wird. 2

2. Eignung für den Jugendstrafvollzug

Weiterhin ist die Eignung für den Jugendstrafvollzug erforderlich. Da im Jugendstrafvollzug von Gesetzes wegen mehr individuelle Hilfen für die Wiedereingliederung als im Erwachsenenvollzug gegeben werden sollen, ist insoweit regelmäßig von einer persönlichen Eignung auszugehen; eine Einwirkungsmöglichkeit wird regelmäßig in diesem Altersstadium noch nicht auszuschließen sein. Auch bei kurzfristigen Freiheitsstrafen kann 3 der Vollzug in einer Jugendstrafanstalt sinnvoller sein (s. aber *Brunner/ Dölling* § 114 Rn. 2). Andererseits kann von älteren Gefangenen eine negative Dominanz über die anderen jugendlichen und heranwachsenden Gefangenen ausgeübt werden, die einer Integration entgegensteht (s. RL Nr. 1 zu § 114). Diese Anstaltseignung ist mitzuberücksichtigen. Es kommt somit auf die Persönlichkeitsstruktur des/der Gefangenen an.

3. Ermessen

4 Letztlich ist eine Ermessensentscheidung gefordert, wobei der Gesetzgeber **keine Präferenz ausspricht**. Die negative Entscheidung über die Anwendung von Jugendstrafrecht gem. § 105 Abs. 1 kann gem. § 114 ausdrücklich korrigiert werden. Nach der RL Nr. 3 zu § 114 soll ein zu Freiheitsstrafe Verurteilter, der das 21. Lebensjahr, aber noch nicht das 24. Lebensjahr vollendet hat, in der Regel in die Strafanstalt für Erwachsene eingewiesen werden. Nach der RL Nr. 2 zu § 114 soll ein zu Freiheitsstrafe Verurteilter unter 21 Jahren grundsätzlich in die Jugendstrafanstalt eingewiesen werden; wenn aber in der Strafanstalt für Erwachsene eine besondere Abteilung für junge Gefangene besteht, kann hiernach der Verurteilte in die Strafanstalt für Erwachsene eingewiesen werden. Diese Anknüpfung an formale Altersstufen mag praktikabel sein, entspricht aber nicht der gesetzgeberischen Anweisung für eine **individuelle Prüfung**. So sollten insbesondere auch bestehende Gefangenenkontakte die Entscheidung bestimmen. Die in der Praxis zu beobachtende weitgehende Nichtanwendung des § 114 ist jedenfalls nicht zu rechtfertigen (s. auch *Brunner/Dölling* § 114 Rn. 7; *Eisenberg* § 114 Rn. 10). Ein Grund für die Nichtbeachtung kann auch die falsche Bestimmung der Entscheidungskompetenz sein (s. Rn. 5).

III. Verfahren

1. Entscheidungskompetenz

5 Die Entscheidungskompetenz ist gesetzlich nicht geregelt. Da aber der zur Freiheitsstrafe Verurteilte ohne eine Entscheidung über § 114 in den Erwachsenenvollzug gelangt, ist zunächst eine Entscheidung der Vollstreckungsinstanz für den Erwachsenenvollzug erforderlich, d. h. der Staatsanwaltschaft (s. § 451 StPO). Diese Entscheidung kann nicht der Justizvollzugsanstalt für Erwachsene überlassen werden (so aber RL Nr. 4 zu § 114, wobei nach der RL Nr. 7 die endgültige Entscheidung der Leiter der Jugendstrafanstalt trifft; zust. *Eisenberg* § 114 Rn. 9), da dies eine grundsätzliche Entscheidung darstellt und ansonsten die Gefahr besteht, daß vollzugsinterne Gründe maßgebend werden. Dementsprechend entscheidet im umgekehrten Fall über die Verlagerung gem. § 92 Abs. 2 auch der Jugendrichter als Vollstreckungsleiter (s. § 92 Abs. 3; wie hier *Sonnen*

§ 114

in *D/S/S* § 115 Rn. 8). Mit der Abgabebereitschaft muß eine Entscheidung des Jugendrichters als Vollstreckungsleiter für den Jugendstrafvollzug korrespondieren. Auch über die Annahme darf nicht vom Anstaltsleiter einer Jugendstrafanstalt entschieden werden (anders RL Nr. 7 zu § 114), auch wenn insoweit ein begründeter Vorschlag zu unterbreiten ist. Bei einer Verschiebung auf der Ebene der Anstaltsleiter würde die justitielle Entscheidungskompetenz ausgehöhlt. Wird die Übernahme vom Jugendrichter abgelehnt, verbleibt der/die Gefangene im Erwachsenenvollzug. Allerdings ist die Entscheidung keine jugendrichterliche Entscheidung gem. § 83 Abs. 1, da diese ausdrücklich vom Gesetzgeber als solche bestimmt sein muß.

2. Weiteres Verfahren

Nach der Übernahme richtet sich der Vollzug nach den jugendstrafrechtlichen Bestimmungen. Es gelten insoweit die Überlegungen wie für den Übergang vom Jugend- in den Erwachsenenvollzug gem. § 92 Abs. 2 (s. § 85 Rn. 7, 8; s. auch § 110 Rn. 1). 6

IV. Rechtsmittel

Die Entscheidung über den Vollzug von Freiheitsstrafe in der Jugendstrafanstalt stellt einen Justizverwaltungsakt dar. Dementsprechend ist der Rechtsweg gem. den §§ 23 ff. EGGVG eröffnet (s. hierzu sowie zu weiteren Rechtsbehelfen § 83 Rn. 6, 7). 7

§ 115. Rechtsvorschriften der Bundesregierung über den Vollzug

(1) Die Bundesregierung wird ermächtigt, durch Rechtsverordnung mit Zustimmung des Bundesrates für den Vollzug der Jugendstrafe, des Jugendarrestes und der Untersuchungshaft Vorschriften zu erlassen über die Art der Unterbringung, die Behandlung, die Lebenshaltung, die erzieherische, seelsorgerische und berufliche Betreuung, die Arbeit, den Unterricht, die Gesundheitspflege und körperliche Ertüchtigung, die Freizeit, den Verkehr mit der Außenwelt, die Ordnung und Sicherheit in der Vollzugsanstalt und die Ahndung von Verstößen hiergegen, die Aufnahme und die Entlassung sowie das Zusammenwirken mit den der Jugendpflege und Jugendfürsorge dienenden Behörden und Stellen.

(2) Die Rechtsverordnungen der Bundesregierung dürfen für die Ahndung von Verstößen gegen die Ordnung oder Sicherheit der Anstalt nur Hausstrafen vorsehen, die der Vollzugsleiter oder bei Untersuchungshaft der Richter verhängt. Die schwersten Hausstrafen sind die Beschränkung des Verkehrs mit der Außenwelt auf dringende Fälle bis zu drei Monaten und Arrest bis zu zwei Wochen. Mildere Hausstrafen sind zulässig. Dunkelhaft ist verboten.

(3) Die Bundesregierung wird ermächtigt, durch Rechtsverordnung mit Zustimmung des Bundesrates zur Durchführung des § 112 b Abs. 2 Vorschriften über Art, Umfang und Dauer der Pflichten und Beschränkungen zu erlassen, die dem Jugendlichen oder Heranwachsenden hinsichtlich des Dienstes, der Freizeit, des Urlaubs und der Auszahlung der Besoldung auferlegt werden oder durch den nächsten Disziplinarvorgesetzten auferlegt werden können.

Inhaltsübersicht	Rn.
I. Verfassungsrechtliche Einwände	1
II. Vollzugsvorschriften	
1. U-Haft	2
2. Arrest	3
3. Jugendstrafe	4
4. Erziehungshilfe	5

I. Verfassungsrechtliche Einwände

1 Der Vollzug der U-Haft, des Arrestes sowie der Jugendstrafe ist nur marginal gesetzlich geregelt (s. § 90 Rn. 2; §§ 91-92 Rn. 3; § 93 Rn. 2-3). Mit § 115 Abs. 1 und Abs. 2 wird formal der Bundesregierung die Ermächtigung eingeräumt, diese Lücken mit Rechtsverordnungen zu schließen. Es werden aber weder die Anforderungen des Art. 80 GG eingehalten (s.

Böhm Einführung in das Jugendstrafrecht, S. 229; *Schüler-Springorum* in: Festschrift für Württenberger, 1977, S. 426), noch genügt eine Rechtsverordnung dem rechtsstaatlichen Prinzip, daß in Freiheit und Rechte des Bürgers, auch des gefangenen Bürgers, nur aufgrund eines förmlichen Gesetzes mit detaillierten Regelungen eingegriffen werden darf (s. *BVerfGE* 31, 1). Der Gesetzgeber selbst muß die Voraussetzungen für die Einschränkungen von Grundrechten benennen, ebenso die sozialstaatlichen Ansprüche des/der Verurteilten. Ein »besonderes Gewaltverhältnis« gibt keine Legitimation; der derzeitige Vollzug wird somit weitgehend in **verfassungswidriger Weise** durchgeführt.

II. Vollzugsvorschriften

1. U-Haft

Der Vollzug der U-Haft wird in der Praxis durch die UVollzO vom 12. 2. 1953 i. d. F. vom 1.1.1978 bestimmt, durch bundeseinheitliche Verwaltungsvorschriften. Hierin finden sich spezielle Regelungen für Jugendliche (Nr. 1 Abs. 4, Nr. 13, Nr. 19, Nr. 22 Abs. 4, Nr. 23 Abs. 3, Nr. 77-89); ansonsten werden die Verwaltungsanordnungen für die Erwachsenen entsprechend angewendet. Gesetzliche Regelungen finden sich nur im § 93, im § 119 StPO sowie in den §§ 177, 178 StVollzG.

2. Arrest

Der Arrestvollzug ist nur ansatzweise im § 90 angesprochen. Die einzelnen Rechte und Pflichten des Arrestanten werden erst mit der Jugendarrestvollzugsordnung (JAVollzO) vom 30. 11. 1976 (BGBl I, 3271) bzw. mit der Bundeswehrvollzugsordnung (BwVollzO) vom 29. 11. 1972 (BGBl I, 2205) geregelt. Ergänzend sind bundeseinheitliche Richtlinien erlassen (s. die bayerische Bekanntmachung vom 14. 5. 1979, BayJMBl 1979, 93).

3. Jugendstrafe

Neben den §§ 91, 92 finden sich im Strafvollzugsgesetz für Erwachsene einzelne Regelungen auch für den Jugendstrafvollzug, so für das Arbeitsentgelt und Taschengeld (§ 176 StVollzG, wobei die Abs. 2 und 3 erst durch ein besonderes Bundesgesetz in Kraft treten, s. § 198 Abs. 3 StVollzG; bis dahin gilt § 176 Abs. 3 i. d. F. des § 199 Abs. 2 Nr. 5 StVollzG) und für den unmittelbaren Zwang (§ 178 i. V. m. den §§ 94-101 StVollzG). Daneben bestehen die bundeseinheitlichen Verwaltungsvorschriften zum Jugendstrafvollzug (VVJug) vom 1. 1. 1977, die sich weitgehend an das StVollzG anlehnen. Damit sind die VVJug vom 1. 9. 1944 überholt (s. §§ 91-92 Rn. 3).

4. Erziehungshilfe

5 Zur Verfassungswidrigkeit der Erziehungshilfe und dementsprechenden Unwirksamkeit der Rechtsverordnung zur Durchführung der Erziehungshilfe durch den Disziplinarvorgesetzten vom 25. 8. 1958 (BGBl I, 645) s. § 112 a Rn. 7, § 112 b Rn. 1.

§ 116. Zeitlicher Geltungsbereich

(1) Das Gesetz wird auch auf Verfehlungen angewendet, die vor seinem Inkrafttreten begangen worden sind. Für diese Verfehlungen ist das Mindestmaß der Jugendstrafe drei Monate.
(2) Auf Jugendstrafe darf gegen einen Heranwachsenden nicht erkannt werden, wenn die Straftat vor dem Inkrafttreten dieses Gesetzes begangen ist und nach dem allgemeinen Strafrecht die Verhängung einer Freiheitsstrafe von weniger als drei Monaten zu erwarten gewesen wäre.

§ 116 ist im Hinblick auf die Verjährungsvorschrift des § 78 StGB nur noch für Mordtaten gem. § 211 StGB relevant (s. § 78 Abs. 2 StGB i. V. m. § 4).

§ 117. Gerichtsverfassung

(1) Die Wahl der Jugendschöffen nach § 35 erfolgt erstmalig innerhalb von sechs Monaten nach Inkrafttreten dieses Gesetzes, später gleichzeitig mit der Wahl der Schöffen für die Schöffengerichte und die Strafkammern.
(2) Wo ein Jugendwohlfahrtsausschuß noch nicht besteht, wird die Vorschlagsliste nach § 35 Abs. 3 vom Jugendamt aufgestellt.

§ 117 hat nur noch insoweit Bedeutung, als damit die gleichzeitige Wahl von Erwachsenen- und Jugendschöffen vorgeschrieben wird (zum Wahlvorgang s. die Kommentierung zu § 35). Nach dem Einigungsvertrag (Anlage I, Kapitel III, Sachgebiet C, Abschnitt III 3 – s. Anhang 8) ist § 117 nicht als Übergangsregelung für das Beitrittsgebiet anzusehen, so daß – bis spätestens 31.12.1994 – die nach § 37 Richtergesetz der DDR gewählten ehrenamtlichen Richter tätig werden konnten (s. *OLG Jena* NStZ 1994, 252).

§§ 118, 119, 120 *(zeitlich überholt)*

§ 121. Übergang der Vollstreckung

Unterhält ein Land eine Jugendstrafanstalt auf dem Gebiet eines anderen Landes (§ 85 Abs. 3 in der vom 1. Dezember 1990 an geltenden Fassung), so ist bis zum Ablauf des 4. September 1991 für die Vollstreckung einer Jugendstrafe der Jugendrichter des Amtsgerichts zuständig, in dessen Bezirk die für die Jugendstrafanstalt zuständige Aufsichtsbehörde ihren Sitz hat.

§ 122. *(gegenstandslos)*

§ 123. *(gegenstandslos)*

§ 124. *(gegenstandslos)*

§ 125.* Inkrafttreten
Dieses Gesetz tritt am 1. Oktober 1953 in Kraft.

* **[Amtliche Anmerkung:]** § 125 betrifft das Inkrafttreten des Gesetzes in der ursprünglichen Fassung vom 4. August 1953. Der Zeitpunkt des Inkrafttretens der späteren Änderungen ergibt sich aus den Änderungsgesetzen.

Anhang 1

Richtlinien zum Jugendgerichtsgesetz (RLJGG)

vom 14./15. April 1994, in Kraft getreten am 1.8.1994

Einführung

Die bundeseinheitlichen Richtlinien zum Jugendgerichtsgesetz wenden sich vornehmlich an die Staatsanwaltschaft und geben für den Regelfall Anleitungen und Orientierungshilfen, von denen wegen der Besonderheit des Einzelfalles abgewichen werden kann.

Sie enthalten aber auch Hinweise und Empfehlungen an das Gericht. Soweit diese Hinweise nicht die Art der Ausführung eines Amtsgeschäfts betreffen, bleibt es dem Gericht überlassen, sie zu berücksichtigen. Auch im übrigen enthalten die Richtlinien Grundsätze, die für das Gericht von Bedeutung sein können.

Soweit diese Richtlinien keine besonderen Bestimmungen aufweisen, gelten die Richtlinien für das Strafverfahren und das Bußgeldverfahren.

Personen- und Funktionsbezeichnungen gelten jeweils in weiblicher und männlicher Form.

Richtlinien zu § 1:

1. Auf Handlungen, für die Ordnungs- oder Zwangsmittel vorgesehen sind, findet das Jugendgerichtsgesetz keine Anwendung. Für das Bußgeldverfahren gelten die Vorschriften des Jugendgerichtsgesetzes sinngemäß, soweit das Gesetz über Ordnungswidrigkeiten nichts anderes bestimmt (§ 46 Abs. 1 OWiG).
2. Stellt die Staatsanwaltschaft ein Verfahren wegen Schuldunfähigkeit (vgl. § 19 StGB) ein, so prüft sie, wer zu benachrichtigen ist (vgl. insbesondere § 70 Satz 1, § 109 Abs. 1 Satz 2) und ob gegen Aufsichtspflichtige einzuschreiten ist.

Richtlinien zum Jugendgerichtsgesetz (RLJGG)

Richtlinien zu § 3:

1. Verbleiben nach Ausschöpfung anderer Ermittlungsmöglichkeiten ernsthafte Zweifel an der strafrechtlichen Verantwortlichkeit, ist zu prüfen, ob ein Sachverständigengutachten einzuholen ist (vgl. auch die §§ 38, 43, 73 und die Richtlinien dazu). Dabei ist der Grundsatz der Verhältnismäßigkeit zu beachten.
2. Ergibt die Prüfung, daß der Jugendliche mangels Reife nicht verantwortlich ist oder kann die Verantwortlichkeit nicht sicher festgestellt werden, so stellt die Staatsanwaltschaft das Verfahren ein (§ 170 Abs. 2 StPO); ist die Anklage bereits eingereicht, so regt die Staatsanwaltschaft die Einstellung des Verfahrens an (§ 47 Abs. 1 Satz 1 Nr. 4).

Richtlinie zu § 5:

Ergibt sich in der Hauptverhandlung, daß bereits eine erzieherische Maßnahme durchgeführt oder eingeleitet worden ist, und hält die Staatsanwaltschaft deshalb eine Ahndung für entbehrlich, so regt sie die Einstellung des Verfahrens an (§ 47 Abs. 1 Satz 1 Nr. 2).

Richtlinie zu § 6:

Soweit eine in § 6 nicht genannte Nebenstrafe oder Nebenfolge nicht zwingend vorgeschrieben ist, beantragt die Staatsanwaltschaft sie nur, wenn sie erzieherisch notwendig erscheint.

Richtlinie zu § 9:

Wegen der Eintragung in das Zentralregister und das Erziehungsregister wird auf § 5 Abs. 2 und § 60 Abs. 1 Nr. 2 BZRG hingewiesen.

Richtlinien zu § 10:

1. Die Lebensführung gestaltende Gebote sind Verboten im allgemeinen vorzuziehen. Eine Weisung wird in der Regel besonders wirksam sein, wenn das auferlegte Verfahren in einem inneren Zusammenhang mit der Tat steht.
2. Die Weisung, sich einem Betreuungshelfer zu unterstellen (§ 10 Abs. 1 Satz 3 Nr. 5), wird auch im Hinblick auf die damit für den Jugendlichen verbundenen Belastungen und den personellen und zeitlichen Aufwand im Bereich der Jugendgerichtshilfe bei geringfügigen Verfehlungen* nicht in Betracht kommen. Gegenüber Jugendlichen wird die Maßnahme nur sinnvoll sein, wenn die Erziehungsberechtigten zustimmen. Kommt eine Anordnung der Maßnahme in Betracht, so

---

* vgl. Anhang 8, Nr. 3 b

empfiehlt es sich, frühzeitig mit der Jugendgerichtshilfe Verbindung aufzunehmen. Auf § 38 Abs. 2 Satz 7 und § 38 Abs. 3 Satz 2 sowie die Richtlinien dazu wird hingewiesen. Die Person des Betreuungshelfers ist möglichst genau zu bezeichnen. Im Verfahren nach § 45 ist die Weisung nicht zulässig (vgl. § 45 Abs. 3 Satz 1).

3. Auch bei der Weisung, an einem sozialen Trainingskurs teilzunehmen (§ 10 Abs. 1 Satz 3 Nr. 6), handelt es sich um eine verhältnismäßig aufwendige Maßnahme, die für den Jugendlichen je nach struktureller und zeitlicher Gestaltung der Kurse mit nicht unerheblichen Belastungen verbunden sein kann. Nr. 2 Satz 1, 3 und 6 gilt entsprechend. Die Weisung, an anderen Formen sozialer Gruppenarbeit teilzunehmen, wird durch § 10 Abs. 1 Satz 3 Nr. 6 nicht ausgeschlossen.

4. Der Täter-Opfer-Ausgleich (§ 10 Abs. 1 Satz 3 Nr. 7) verdient im gesamten Verfahren Beachtung (vgl. § 45 Abs. 2 Satz 2, § 45 Abs. 3 Satz 1, auch in Verbindung mit § 47 Abs. 1 Satz 1 Nr. 2 und 3, § 23 Abs. 1 Satz 1, § 29 Satz 2 und § 88 Abs. 6 Satz 1). Besondere Bedeutung kommt ihm in Verbindung mit dem Verfahren nach § 45 Abs. 2 zu. Nr. 2 Satz 3 gilt entsprechend. Er zielt darauf ab, bei dem Verletzten den immateriellen und materiellen Schaden auszugleichen und bei dem Jugendlichen einen Lernprozeß einzuleiten.

5. Hinsichtlich des Versicherungsschutzes bei Arbeitsleistungen wird auf § 540 RVO hingewiesen.

6. Ist die Befolgung einer Weisung mit Kosten verbunden, sollte die Staatsanwaltschaft darauf hinwirken, daß vor Erteilung der Weisung geklärt wird, wer die Kosten trägt. Wenn der Jugendliche oder die Unterhaltspflichtigen die Kosten nicht aufbringen können, kann der Träger der Sozialhilfe oder eine andere Stelle als Kostenträger in Betracht kommen. Eine Verpflichtung dritter Stellen, die Kosten für die Durchführung einer Weisung nach § 10 Abs. 2 zu übernehmen, kann sich aus dem Recht der gesetzlichen Krankenversicherung, dem Achten Buch Sozialgesetzbuch (§§ 91, 92 SGB VIII) und dem Bundessozialhilfegesetz (subsidiäre Krankenhilfe nach § 37 BSHG, Eingliederungshilfe nach § 39 BSHG nebst Eingliederungshilfe-VO, Gefährdetenhilfe nach § 72 BSHG) ergeben. Bei Zuständigkeitsüberschneidungen kann durch das Zusammenwirken der in Betracht kommenden Kostenträger sichergestellt werden, daß keine Lücken in der Kostenträgerschaft entstehen (z. B. bei kombinierten Behandlungsmethoden).

7. Vor der Erteilung von Weisungen sind die Vertreter der Jugendgerichtshilfe zu hören (§ 38 Abs. 3 Satz 3).

8. Die Staatsanwaltschaft wirkt darauf hin, daß das Gericht den Jugendlichen über die Bedeutung der Weisungen und Folgen schuldhafter Zuwiderhandlung (§ 11 Abs. 3 Satz 1) belehrt und diese Belehrung in der Niederschrift über die Hauptverhandlung vermerkt oder sonst aktenkundig gemacht wird.

9. Bevor Jugendlichen die Weisung erteilt wird, sich einer heilerzieherischen Behandlung oder einer Entziehungskur zu unterziehen, wird es in der Regel notwendig sein, einen Sachverständigen gutachterlich zu hören.

Richtlinien zu § 11:

1. Bei Weisungen, denen der Jugendliche längere Zeit hindurch nachzukommen hat, empfiehlt es sich, in angemessenen Zeitabständen zu prüfen, ob es aus Gründen der Erziehung geboten ist, die Weisung oder ihre Laufzeit zu ändern oder die Weisung aufzuheben. Zur Anhörung der Jugendgerichtshilfe, eines bestellten Betreuungshelfers und des Leiters eines sozialen Trainingskurses wird auf § 65 Abs. 1 Satz 2 hingewiesen.
2. Unter Beachtung des Grundsatzes der Verhältnismäßigkeit soll die Staatsanwaltschaft darauf hinwirken, daß bei Zuwiderhandlungen gegen Weisungen Jugendarrest nur verhängt wird, wenn mildere Maßnahmen, z. B. eine formlose Ermahnung, nicht ausreichen. Ist Jugendarrest nach § 11 Abs. 3 Satz 1 zu verhängen, so regt die Staatsanwaltschaft an, ein solches Maß festzusetzen, das im Wiederholungsfall gesteigert werden kann, falls sich dies aus erzieherischen Gründen als notwendig erweist.
3. Vor der Verhängung von Jugendarrest ist dem Jugendlichen Gelegenheit zur mündlichen Äußerung zu geben (§ 65 Abs. 1 Satz 3).

Richtlinie zu § 12:

Auf die Richtlinie Nr. 2 zu § 105 wird hingewiesen.

Richtlinie zu § 13:

Wegen der Eintragung in das Zentralregister oder in das Erziehungsregister wird auf § 5 Abs. 2 Satz 2 und § 60 Abs. 1 Nr. 2 BZRG hingewiesen.

Richtlinie zu § 14:

Wegen des Ausspruchs der rechtskräftig angeordneten Verwarnung (Vollstreckung) wird auf Abschnitt IV Nr. 1 der Richtlinien zu §§ 82 bis 85 hingewiesen.

Richtlinien zu § 15:

1. Die Wiedergutmachung des Schadens kann auch in Arbeitsleistungen für den Geschädigten bestehen (vgl. hierzu die Richtlinie Nr. 5 zu § 10).

2. Im Hinblick auf eine Wiedergutmachung des Schadens oder eine Entschuldigung bei dem Verletzten wird auf die Richtlinie Nr. 4 zu § 10 hingewiesen.
3. Zur Auflage, Arbeitsleistungen zu erbringen, wird auf § 540 RVO hingewiesen.
4. Wegen der Kosten der Durchführung von Auflagen wird auf die Richtlinie Nr. 6 zu § 10 hingewiesen.
5. Die Staatsanwaltschaft wirkt darauf hin, daß das Gericht den Jugendlichen über die Bedeutung der Weisungen und Folgen schuldhafter Zuwiderhandlung (§ 11 Abs. 3 Satz 1) belehrt und diese Belehrung in der Niederschrift über die Hauptverhandlung vermerkt oder sonst aktenkundig gemacht wird.
6. Wegen der Folgen schuldhafter Nichterfüllung von Auflagen wird auf die Richtlinien Nrn. 2 und 3 zu § 11 hingewiesen. Geldleistungen, die nach § 15 Abs. 1 Nr. 1 und 4 auferlegt worden sind, können nicht zwangsweise beigetrieben werden.

Richtlinien zu § 16:

1. Wöchentliche Freizeit ist die Zeit von der Beendigung der Arbeit am Ende der Woche bis zum Beginn der Arbeit in der nächsten Woche. Bei Jugendlichen, die an Sonntagen beschäftigt werden, tritt an die Stelle dieser Freizeit die entsprechende Freizeit während der Woche. Der Freizeitarrest kann auch an einem Feiertag vollstreckt werden, jedoch nicht über die regelmäßige Dauer der wöchentlichen Freizeit hinaus. Hinsichtlich der Arrestdauer wird auf § 25 JAVollzO und § 5 BwVollzO verwiesen.
2. Wegen der Berücksichtigung von Untersuchungshaft bei Jugendarrest wird auf § 52 und die Richtlinien dazu verwiesen.

Richtlinien zu § 17:

1. Jugendstrafe darf nur verhängt werden, wenn andere Rechtsfolgen des Jugendgerichtsgesetzes nicht ausreichen. Sie soll in erster Linie der Erziehung dienen und darf deshalb mit der Freiheitsstrafe nicht gleichgesetzt werden.
2. Wenn Jugendliche und Erwachsene gemeinsam abgeurteilt werden (§ 103), wird es sich in der Regel empfehlen, in der mündlichen Urteilsbegründung das Wesen der Jugendstrafe und ihre Verschiedenheit von der Freiheitsstrafe darzulegen.

Richtlinien zu § 18:

1. Der Umstand, daß Jugendstrafe von weniger als sechs Monaten nicht ausgesprochen werden kann, darf nicht dazu führen, daß Jugendarrest

Richtlinien zum Jugendgerichtsgesetz (RLJGG)

in Fällen verhängt wird, in denen dieser nicht angebracht ist. Ist weder Jugendstrafe noch Jugendarrest gerechtfertigt, so kann das Gericht mehrere Maßnahmen miteinander verbinden (§ 8) und vor allem Weisungen erteilen, die eine länger dauernde erzieherische Einwirkung ermöglichen (vgl. § 10 und die Richtlinien dazu).
2. Die vom Gesetz angeordnete vorrangige Berücksichtigung des Erziehungsgedankens bedeutet nicht, daß Belange des Schuldausgleichs ausgeschlossen wären. Sie darf nicht dazu führen, daß die obere Grenze schuldangemessenen Strafens überschritten wird.
3. Wegen der Anrechnung von Untersuchungshaft auf Jugendstrafe wird auf § 52 a und die Richtlinien dazu hingewiesen.

Richtlinien zu § 21:

1. Die Entscheidung darüber, ob eine Jugendstrafe zur Bewährung auszusetzen ist, setzt – auch bei Erstbestraften – eine sorgfältige Erforschung der Persönlichkeit und der Lebensverhältnisse des Jugendlichen voraus. Bei günstiger Prognose ist eine Jugendstrafe von nicht mehr als einem Jahr auszusetzen. Bei Jugendstrafe von mehr als einem Jahr bis zu zwei Jahren bedarf es jedoch zusätzlich der Prüfung, ob besondere Umstände in der bisherigen und absehbaren Entwicklung des Jugendlichen die Vollstreckung gebieten.
2. Für den Erfolg der Aussetzung der Jugendstrafe zur Bewährung ist es von Bedeutung, ob der Jugendliche fähig und willens ist, sich zu bessern. Sein Einverständnis mit der Maßnahme ist zwar nicht vorgeschrieben; eine Aussetzung ohne dieses Einverständnis ist aber nur sinnvoll, wenn erwartet werden kann, daß der Jugendliche in der Bewährungszeit zu einer bejahenden Einstellung kommt.
3. Aus erzieherischen Gründen empfiehlt es sich, dem Jugendlichen bewußt zu machen, daß die Jugendstrafe im Vertrauen auf seine Fähigkeit und seinen Willen, sich zu bewähren, ausgesetzt wird und daß ihm daraus eine besondere Verpflichtung erwächst.
4. Die Verurteilung zu einer Jugendstrafe von nicht mehr als zwei Jahren wird nicht in das Führungszeugnis aufgenommen, wenn Strafaussetzung zur Bewährung bewilligt und diese Entscheidung nicht widerrufen worden ist (vgl. § 32 Abs. 2 Nr. 3 BZRG).

Richtlinien zu § 23:

1. Wegen des Inhalts von Weisungen und Auflagen im Rahmen der Bewährung wird auf die Richtlinie Nr. 1 zu § 10 und die Richtlinien Nrn. 1 bis 3 zu § 15, wegen der Kosten ihrer Durchführung auf die Richtlinie Nr. 6 zu § 10 hingewiesen.
2. Für die nachträgliche Änderung von Weisungen oder Auflagen gilt die Richtlinie Nr. 1 zu § 11 entsprechend.

3. Die Weisungen oder Auflagen werden in einem Bewährungsplan zusammengestellt, der dem Jugendlichen auszuhändigen ist (§ 60).
4. Für die Befragung, ob der Jugendliche Zusagen machen oder sich zu Leistungen erbieten will, gilt § 57 Abs. 3 Satz 1.

Richtlinien zu §§ 24 und 25:
1. Da der Bewährungshelfer seine Überwachungsaufgaben im Einvernehmen mit dem Gericht erfüllt und das Gericht ihm auch für seine betreuende Tätigkeit Anweisungen erteilen kann, ist eine enge persönliche Zusammenarbeit zwischen Gericht und Bewährungshelfer unerläßlich. Es empfiehlt sich jedoch, die Selbständigkeit des Bewährungshelfers bei der Betreuung des Jugendlichen möglichst nicht einzuschränken.
2. Das Gericht unterstützt den Bewährungshelfer in dem Bemühen, ein persönliches, auf Vertrauen beruhendes Verhältnis zu dem Jugendlichen zu gewinnen.
3. Um die Entwicklung des Jugendlichen während der Bewährungszeit beobachten zu können, empfiehlt es sich, dem Bewährungshelfer zur Pflicht zu machen, in anfangs kürzeren, später längeren Zeitabständen über seine Tätigkeit und über die Führung des Jugendlichen zu berichten (§ 25 Satz 3). Ferner empfiehlt es sich, darauf hinzuwirken, daß der Bewährungshelfer nicht nur gröbliche und beharrliche Verstöße des Jugendlichen gegen Weisungen, Auflagen, Zusagen oder Anerbieten (§ 25 Satz 4), sondern auch alles Wesentliche mitteilt, was ihm über die Entwicklung des Jugendlichen, seine Lebensverhältnisse und sein Verhalten bekannt wird. Besondere Vorfälle teilt der Bewährungshelfer dem Gericht sofort mit. Für den Schlußbericht des Bewährungshelfers wird auf die Richtlinie Nr. 1 zu §§ 26, 26 a hingewiesen.
4. Gegenüber anderen Personen und Stellen wird der Bewährungshelfer Verschwiegenheit wahren, um insbesondere auch das für die Erziehungsarbeit notwendige Vertrauensverhältnis zwischen ihm und dem Jugendlichen nicht zu beeinträchtigen. Dies gilt nicht im Verhältnis zu den dienstaufsichtsführenden Stellen.
5. Vor Bestellung eines ehrenamtlichen Bewährungshelfers soll seine Eignung für die Betreuung des Jugendlichen sorgfältig geprüft und seine Einwilligung eingeholt werden.
6. Soweit in den Ländern für die Tätigkeit der Bewährungshilfe, auch im Rahmen der Führungsaufsicht (§§ 68 a ff. StGB), spezielle Verwaltungsvorschriften ergangen sind, wird auf diese hingewiesen.

Richtlinien zu §§ 26 und 26 a:
1. Vor Ablauf der Unterstellungszeit legt der Bewährungshelfer dem Gericht einen Schlußbericht so rechtzeitig vor, daß Maßnahmen nach § 26

Abs. 2 in der gebotenen Zeit getroffen werden können, namentlich die Bewährungs- oder Unterstellungszeit noch verlängert werden kann (§ 26 Abs. 2 Nr. 2, § 22 Abs. 2 Satz 2, § 24 Abs. 2 Satz 1). Der Bewährungshelfer ergänzt diesen Schlußbericht bis zum Ablauf der Unterstellungszeit, falls ihm Umstände bekannt werden, die für die Entscheidung über den Erlaß der Jugendstrafe oder den Widerruf der Strafaussetzung von Bedeutung sein können.
2. Kommt eine Entscheidung nach § 26 in Betracht, ist dem Jugendlichen Gelegenheit zur mündlichen Äußerung zu geben (§ 58 Abs. 1 Satz 3); auf § 58 Abs. 1 Satz 2 wird hingewiesen.
3. Wegen der Beseitigung des Strafmakels nach Erlaß einer Strafe oder eines Strafrestes wird auf § 100 hingewiesen.
4. Falls der Widerruf der Aussetzung in Betracht kommt, kann das Gericht vorläufige Maßnahmen treffen, um sich der Person des Jugendlichen zu versichern (§ 58 Abs. 2 JGG i. V. m. § 453 c StPO).

Richtlinie zu § 27:

Der Schuldspruch nach § 27 wird nicht in das Führungszeugnis aufgenommen (vgl. § 32 Abs. 2 Nr. 2 BZRG).

Richtlinien zu § 31:

1. Ein rechtskräftiges Urteil wird im Gegensatz zu § 55 StGB auch einbezogen, wenn die weitere Straftat nach seiner Verkündung begangen worden ist.
2. Ist durch das frühere Urteil Jugendstrafe verhängt und die Vollstreckung nach § 21 zur Bewährung ausgesetzt worden, so bedarf es zur Einbeziehung nicht des Widerrufs der Aussetzung. Das gleiche gilt, wenn nach §§ 88, 89 während der Vollstreckung einer Jugendstrafe Aussetzung zur Bewährung angeordnet worden ist. Ist in dem früheren Urteil nach § 27 lediglich die Schuld festgestellt worden, so wird durch die Einbeziehung dieses Urteils auch das ihm zugrundeliegende Verfahren erledigt.
3. Bei der neuen Entscheidung ist von den tatsächlichen Feststellungen und dem Schuldspruch des einzubeziehenden rechtskräftigen Urteils auszugehen. Es wird jedoch insoweit erneut Beweis zu erheben sein, als dies für die Gesamtbeurteilung des Angeklagten, insbesondere im Hinblick auf die Festsetzung einer neuen Maßnahme oder Jugendstrafe erforderlich ist.
4. Ist wegen der neuen Straftat eine Verschärfung des früheren Urteils nicht angemessen, so verfährt die Staatsanwaltschaft in der Regel nach § 154 StPO. Dies gilt auch, wenn es ausreicht, die Aussetzung einer Jugendstrafe oder eines Strafrestes zur Bewährung zu widerrufen (§§ 26,

88, 89) oder ein nach Schuldspruch ausgesetztes Verfahren fortzusetzen (§ 30).
5. Über die Anrechnung oder Berücksichtigung von Untersuchungshaft, die im Zusammenhang mit einem einbezogenen Urteil vollzogen worden ist, wird neu zu entscheiden sein.

Richtlinien zu § 34:
1. Zu den Aufgaben des Jugendrichters gehören nach § 34 Abs. 1 auch die richterlichen Handlungen im Ermittlungsverfahren sowie die Erledigung der Rechtshilfeersuchen in Jugendsachen. Es empfiehlt sich, ihm bei der Geschäftsverteilung auch die Erledigung der Rechtshilfe in sonstigen Strafsachen zu übertragen, wenn um Vernehmung von Minderjährigen ersucht wird.
2. Wird der Richter beim Amtsgericht als Jugendrichter oder Vollstreckungsleiter mit Jugendlichen oder Heranwachsenden befaßt, für die ein anderes Amtsgericht als Vormundschaftsgericht zuständig ist, so kann es angebracht sein, daß das Gericht des Jugendrichters oder Vollstreckungsleiters gemäß § 46 des Gesetzes über die Angelegenheiten der freiwilligen Gerichtsbarkeit die Aufgaben des Vormundschaftsgerichts übernimmt. Die übernommenen vormundschaftsrichterlichen Aufgaben kann der Jugendrichter nach der gleichen Vorschrift wieder abgeben.
3. Werden nach Einleitung eines Strafverfahrens vormundschaftsrichterliche Maßnahmen für Jugendliche oder Heranwachsende erforderlich, gegen die Anklage vor einem anderen Gericht erhoben ist oder erhoben werden soll, so sollte das Vormundschaftsgericht prüfen, ob sich die Abgabe der vormundschaftsrichterlichen Aufgaben an das Jugendgericht empfiehlt, das bereits mit ihnen befaßt ist oder demnächst befaßt werden wird.

Richtlinie zu § 36:
Der zuständige Jugendstaatsanwalt soll nach Möglichkeit die Anklage auch in der Hauptverhandlung vertreten, sofern er nicht im vereinfachten Jugendverfahren von der Teilnahme an der mündlichen Verhandlung absieht (§ 78 Abs. 2).

Richtlinien zu § 37:
1. Bei der Besetzung der Jugendgerichte und bei der Auswahl der Jugendstaatsanwälte sollte in besonderem Maße auf Eignung und Neigung Rücksicht genommen werden. Die Jugendkammer soll nach Möglichkeit mit erfahrenen früheren Jugend- und Vormundschaftsrichtern besetzt werden.

Richtlinien zum Jugendgerichtsgesetz (RLJGG)

2. In der Jugendstrafrechtspflege sind besondere Erfahrungen notwendig, die regelmäßig erst im Laufe längerer Zeit erworben werden können. Ein häufiger Wechsel der Richter bei den Jugendgerichten und der Jugendstaatsanwälte muß daher nach Möglichkeit vermieden werden.
3. Für die Tätigkeit der Richter bei den Jugendgerichten und der Jugendstaatsanwälte sind Kenntnisse auf den Gebieten der Pädagogik, der Jugendpsychologie, der Jugendpsychiatrie, der Kriminologie und der Soziologie von besonderem Nutzen. Eine entsprechende Fortbildung sollte ermöglicht werden.
4. Den Richtern bei den Jugendgerichten und den Jugendstaatsanwälten wird empfohlen, mit Vereinigungen und Einrichtungen, die der Jugendhilfe dienen, Fühlung zu halten.

Richtlinien zu § 38:

1. Die Staatsanwaltschaft und das Gericht wirken darauf hin, daß der Bericht, in dem die Jugendgerichtshilfe ihre Erhebungen niederlegt, unter Verzicht auf Ausführungen zur Schuldfrage ein Bild von der Persönlichkeit, der Entwicklung und der Umwelt der beschuldigten Person ergibt. Der Bericht soll angeben, auf welchen Informationen er beruht. Werden im Bericht nicht alle vorliegenden Informationen verarbeitet, so soll dies zum Ausdruck gebracht werden. Es ist anzugeben, ob Leistungen der Jugendhilfe in Betracht kommen (§ 52 Abs. 2 SGB VIII).
2. Berichte der Jugendgerichtshilfe sind von der Akteneinsicht nach Nr. 185 Abs. 3 und 4 RiStBV grundsätzlich auszuschließen.

Richtlinie zu §§ 39-41:

Die Entscheidung der Jugendkammer nach § 40 Abs. 2 kann nicht die Staatsanwaltschaft oder der Angeschuldigte, sondern nur der Vorsitzende des Jugendschöffengerichts herbeiführen. Für die Übernahme werden namentlich Strafsachen in Betracht kommen, die wegen der großen Anzahl von Beschuldigten oder Zeugen von einem Berufsrichter allein nicht sachgemäß erledigt werden können.

Richtlinien zu § 42:

1. Bei Verfehlungen* von geringem Unrechtsgehalt, bei denen vormundschaftsrichterliche Maßnahmen nicht erforderlich sind, stellt die Staatsanwaltschaft den Antrag in der Regel bei dem Jugendgericht, in dessen Bezirk sich die auf freiem Fuß befindliche beschuldigte Person zur Zeit der Erhebung der Anklage aufhält (§ 42 Abs. 1 Nr. 2) oder in dessen Bezirk diese Person ergriffen worden ist (§ 9 StPO).

---

* vgl. Anhang 8, Nr. 3 b

2. Wird die Anklage im Falle des § 42 Abs. 1 Nr. 3 nicht vor dem danach zuständigen Gericht erhoben, so übersendet die Staatsanwaltschaft dem Vollstreckungsleiter eine Abschrift der Anklage und teilt den Ausgang des Verfahrens mit.

Richtlinien zu § 43:
1. Die Ermittlungen der Staatsanwaltschaft haben auch die Aufgabe, eine sachgerechte Entscheidung über die Rechtsfolgen der Tat zu ermöglichen. Nr. 17 RiStBV gilt entsprechend.
2. Zur Persönlichkeitserforschung sollen Akten über Vorstrafen und vormundschaftsrichterliche Akten beigezogen werden. Wichtige Aufschlüsse über die Persönlichkeit des Jugendlichen können Akten von Vollzugsanstalten, Berichte von Heimen der Jugendhilfe sowie Aufzeichnungen der Schule geben.
3. Befindet sich der Jugendliche in Untersuchungshaft, so fordert die Staatsanwaltschaft oder das Gericht in der Regel von der Vollzugsanstalt einen Bericht über die von ihr vorgenommene Persönlichkeitserforschung, über das Verhalten des Jugendlichen in der Anstalt und über seine besonderen Eigenarten an (Nr. 79 UVollzO).
Ebenso ist zu verfahren, wenn der Jugendliche sich in Strafhaft befindet. Ist die einstweilige Unterbringung in einem Heim der Jugendhilfe (§ 71 Abs. 2, § 72 Abs. 4) erfolgt, so soll die Heimleitung gehört werden.
4. Wird dem Beschuldigten Hilfe zur Erziehung in einem Heim oder einer vergleichbaren Einrichtung gewährt, so soll außer dem Jugendamt auch die Leitung der Einrichtung unmittelbar um Äußerung ersucht werden.
5. Untersteht der Beschuldigte der Aufsicht und Leitung eines Bewährungshelfers oder ist für ihn ein Erziehungsbeistand bestellt, so soll auch dieser gehört werden.
Dies gilt entsprechend, wenn der Beschuldigte einem Betreuungshelfer unterstellt ist oder an einem sozialen Trainingskurs teilnimmt.
6. Die Maßnahmen und Strafen des Jugendstrafrechts sind regelmäßig dann am wirksamsten, wenn sie der Tat auf dem Fuße folgen. Die Staatsanwaltschaft wirkt darauf hin, daß das Jugendamt verständigt wird, sobald der Stand der Ermittlungen dies erlaubt, und daß das Jugendamt seine Erhebungen mit größter Beschleunigung durchführt. In geeigneten Fällen kann ein mündlicher oder fernmündlicher Bericht – dem schriftlichen Bericht vorausgehend oder statt eines solchen – angefordert werden, dessen Inhalt die Staatsanwaltschaft oder das Gericht in den Akten vermerkt.
7. Die Staatsanwaltschaft teilt dem Jugendamt so bald wie möglich – in der Regel fernmündlich – mit, ob und bei welchem Gericht sie Anklage erheben oder Antrag im vereinfachten Jugendverfahren (§ 76) stellen

wird. Soll das Verfahren durchgeführt werden, so wird das Jugendamt im allgemeinen dem Gericht unmittelbar berichten und der Staatsanwaltschaft eine Abschrift des Berichts übersenden. Dies sollte so rechtzeitig erfolgen, daß das Erforderliche noch vor Durchführung der Hauptverhandlung veranlaßt werden kann. Erwägt die Staatsanwaltschaft, nach § 45 von der Verfolgung abzusehen, hält sie aber noch eine Äußerung des Jugendamtes für erforderlich, so ersucht sie das Jugendamt, ihr zu berichten. In anderen geeigneten Fällen, namentlich wenn die Staatsanwaltschaft wegen nicht erwiesener Schuld das Verfahren einstellen will, benachrichtigt sie das Jugendamt, daß und weshalb sich der Bericht erübrigt.
8. Die Untersuchung des Jugendlichen durch einen Sachverständigen kann insbesondere veranlaßt sein,
    a) wenn Grund zu der Annahme besteht, daß die Verfehlung* mit einer psychischen Krankheit des Jugendlichen zusammenhängt,
    b) wenn der Jugendliche durch seelische, geistige oder körperliche Besonderheiten auffällt oder
    c) wenn der Jugendliche ohne erkennbare Ursachen erheblich verwahrlost ist.
9. § 43 gilt auch im Verfahren gegen Jugendliche vor den für allgemeine Strafsachen zuständigen Gerichten und im Verfahren gegen Heranwachsende (§ 104 Abs. 1 Nr. 3, § 109 Abs. 1 Satz 1; vgl. jedoch § 104 Abs. 3, § 112).

Richtlinien zu § 44:

1. Die Vernehmung dient vor allem dem Zweck, vor der Hauptverhandlung, in der sich der Jugendliche vielfach nicht unbefangen gibt, ein persönliches Bild von ihm zu erhalten und dadurch auch die Prüfung der strafrechtlichen Verantwortlichkeit (§ 3) zu erleichtern. Eine solche Vernehmung kann auch im Verfahren gegen Jugendliche vor den für allgemeine Strafsachen zuständigen Gerichten angezeigt sein, obwohl sie dort nicht vorgeschrieben ist (§ 104); das gleiche gilt im Hinblick auf § 105 auch im Verfahren gegen Heranwachsende (§ 109). Die Vernehmung kann die Grundlage für die Entschließung bilden, ob die Untersuchung des Jugendlichen nach § 43 Abs. 3 oder § 73 Abs. 1 angezeigt ist. Dies gilt auch für die Entscheidung über eine Verteidigerbestellung gemäß § 68.
2. Bei der Vernehmung sind die in Nr. 19 RiStBV dargelegten Grundsätze und, wenn Schulkinder vernommen werden, etwa hierfür ergangene Bestimmungen zu beachten.

---

* vgl. Anhang 8, Nr. 3 b

Richtlinien zu § 45:

1. Bei kleineren bis mittelschweren Verfehlungen* ist stets zu prüfen, ob auf eine jugendstrafrechtliche Sanktion durch Urteil verzichtet werden kann.
2. Eine Anwendung von § 45 Abs. 1 ist insbesondere bei Taten erstmals auffälliger Jugendlicher zu prüfen, wenn es sich um jugendtypisches Fehlverhalten mit geringem Schuldgehalt und geringen Auswirkungen handelt, das über die bereits von der Entdeckung der Tat und dem Ermittlungsverfahren ausgehenden Wirkungen hinaus keine erzieherischen Maßnahmen erfordert.
3. Erzieherische Maßnahmen im Sinne von § 45 Abs. 2 sollen geeignet sein, die Einsicht des Jugendlichen in das Unrecht der Tat und deren Folgen zu fördern. Sie können von den Erziehungsberechtigten, aber z. B. auch vom Jugendamt, der Schule oder dem Ausbilder ausgehen. Ist noch keine angemessene erzieherische Reaktion erfolgt, so prüft die Staatsanwaltschaft, ob sie selbst die Voraussetzungen für die Einstellung des Verfahrens herbeiführen kann (z. B. indem sie ein erzieherisches Gespräch mit dem Jugendlichen führt oder ihn ermahnt oder eine Schadenswiedergutmachung im Rahmen eines Täter-Opfer-Ausgleichs anregt). Erforderlich hierfür ist, daß der Beschuldigte den Tatvorwurf nicht ernstlich bestreitet, das Anerbieten der Staatsanwaltschaft annimmt und die Erziehungsberechtigten und die gesetzlichen Vertreter nicht widersprechen.
4. Erwägt die Staatsanwaltschaft eine Anregung nach § 45 Abs. 3, so unterrichtet sie die Jugendgerichtshilfe unter Mitteilung des Tatvorwurfs, sofern sie diese nicht schon zur Vorbereitung dieser Entscheidung gehört hat.
5. § 45 gilt auch im Verfahren gegen Jugendliche vor den für allgemeine Strafsachen zuständigen Gerichten (§ 104 Abs. 1 Nr. 4), im Verfahren gegen Heranwachsende nur, wenn Jugendstrafrecht zur Anwendung kommt (§ 109 Abs. 2).

Richtlinien zu § 46:

1. Auf eine für den Beschuldigten verständliche Fassung der Anklageschrift hat die Staatsanwaltschaft besonderes Gewicht zu legen. Einzelheiten über Straftaten gegen die sexuelle Selbstbestimmung oder kriminelle Methoden und ähnliche Angaben sind nur insoweit aufzunehmen, als dies unerläßlich ist. Ausführungen über eine mangelhafte Erziehung des Jugendlichen durch die Eltern sollen unterbleiben.
2. Wenn auch § 46 im Verfahren gegen Jugendliche vor den für allgemeine Strafsachen zuständigen Gerichten und im Verfahren gegen Heran-

---

* vgl. Anhang 8, Nr. 3 b

wachsende nicht unmittelbar gilt (§§ 104, 109), so wird doch sein Grundgedanke auch dort zu beachten sein.

Richtlinien zu § 47:

1. Das Gericht kann in jedem Verfahrensstadium – auch schon vor Eröffnung des Hauptverfahrens – prüfen, ob die Durchführung oder Fortsetzung einer Hauptverhandlung erforderlich ist oder mit Zustimmung der Staatsanwaltschaft nach § 47 i. V. m. § 45 verfahren werden kann. Dies wird insbesondere in Betracht kommen, wenn inzwischen angemessene erzieherische Reaktionen im sozialen Umfeld des Jugendlichen erfolgt sind oder sich aufgrund der Einschaltung der Jugendgerichtshilfe entsprechende Möglichkeiten eröffnen.
2. Im vereinfachten Jugendverfahren bedarf es der Zustimmung der Staatsanwaltschaft zu der Einstellung des Verfahrens nach § 47 Abs. 1 Satz 2, Abs. 2 Satz 1 in der mündlichen Verhandlung nicht, wenn die Staatsanwaltschaft an dieser nicht teilnimmt (§ 78 Abs. 2 Satz 2).
3. § 47 gilt auch im Verfahren gegen Jugendliche vor den für allgemeine Strafsachen zuständigen Gerichten (§ 104 Abs. 1 Nr. 4), jedoch nicht im Verfahren gegen Heranwachsende (§ 109 Abs. 1). Wendet das Gericht Jugendstrafrecht an, so gilt § 47 Abs. 1 Satz 1 Nr. 1, 2 und 3, Abs. 2 und 3 entsprechend (§ 109 Abs. 2).

Richtlinie zu § 48:

Personen, die sich im juristischen Studium oder Vorbereitungsdienst befinden sowie Personen, die in Ausbildung bei der Polizei oder für soziale Dienste stehen, kann die Anwesenheit im allgemeinen gestattet werden. Aus erzieherischen Gründen empfiehlt es sich nicht, Schulklassen oder anderen größeren Personengruppen die Teilnahme an der Verhandlung zu erlauben. Dies gilt auch für die Presse; entschließt sich der Vorsitzende dennoch, die Presse in der Hauptverhandlung zuzulassen, so sollte er darauf hinwirken, daß in den Presseberichten der Name des Jugendlichen nicht genannt, sein Lichtbild nicht veröffentlicht und auch jede andere Angabe vermieden wird, die auf die Person des Jugendlichen hindeutet. Nr. 131 Abs. 2 Satz 3 RiStBV gilt sinngemäß.

Richtlinien zu § 50:

1. Im Jugendstrafverfahren ist der persönliche Eindruck, den das Gericht von dem Jugendlichen erhält, von entscheidender Bedeutung. Eine Hauptverhandlung in Abwesenheit des Angeklagten sollte deshalb nur in Erwägung gezogen werden, wenn es sich um eine geringfügige Ver-

fehlung* handelt, auf Grund des Berichts der Jugendgerichtshilfe ein klares Persönlichkeitsbild vorliegt und das Erscheinen des Jugendlichen wegen weiter Entfernung mit großen Schwierigkeiten verbunden ist oder wenn gegebenenfalls eine Abtrennung des Verfahrens gegen den abwesenden Jugendlichen mit Rücksicht auf eine umfangreiche Beweisaufnahme unangebracht ist.
2. Nimmt die Staatsanwaltschaft im vereinfachten Jugendverfahren an der mündlichen Verhandlung nicht teil, so bedarf es ihrer Zustimmung zur Durchführung der Verhandlung in Abwesenheit des Angeklagten nicht (§ 78 Abs. 2 Satz 2).
3. § 50 Abs. 2 trägt der Tatsache Rechnung, daß die Hauptverhandlung ein bedeutsames Ereignis im Leben und für die Erziehung von Jugendlichen ist. Deshalb ist die Anwesenheit von Erziehungsberechtigten und gesetzlichen Vertretern regelmäßig wichtig. Ihre Teilnahme an der Hauptverhandlung kann auch dazu beitragen, daß das Verfahren alsbald rechtskräftig abgeschlossen wird. Auf § 67 Abs. 5 wird hingewiesen.
4. Schon vor der Hauptverhandlung sollte geprüft werden, ob es im Interesse des Angeklagten angezeigt ist, den in § 50 Abs. 4 Satz 2 und § 48 Abs. 2 genannten Helfern und Betreuungspersonen im Hinblick auf die Betreuung Nachricht vom Hauptverhandlungstermin auch dann zu geben, wenn ihre Ladung nicht aus anderen Gründen erforderlich ist.
5. § 50 Abs. 2 gilt auch im Verfahren gegen Jugendliche vor den für allgemeine Strafsachen zuständigen Gerichten (§ 104 Abs. 1 Nr. 9; vgl. jedoch Ausnahme in § 104 Abs. 3), nicht jedoch im Verfahren gegen Heranwachsende (§ 109 Abs. 1, 112).

Richtlinie zu § 51:

Im Verfahren gegen Jugendliche vor den für allgemeine Strafsachen zuständigen Gerichten kann § 51 nach dem Ermessen des Gerichts angewendet werden (§ 104 Abs. 2). Im Verfahren gegen Heranwachsende gilt die Vorschrift nicht (§ 109); hier kann das Gericht den Angeklagten nur nach den allgemeinen Verfahrensvorschriften von der Verhandlung ausschließen (vgl. insbesondere § 247 StPO).

Richtlinien zu §§ 52 und 52 a:

1. Als eine andere wegen der Tat erlittene Freiheitsentziehung im Sinne von §§ 52, 52 a Abs. 1 Satz 1 ist namentlich die Unterbringung in einem Heim oder einer Anstalt nach § 71 Abs. 2, § 72 Abs. 4 und § 73 anzusehen.

---

* vgl. Anhang 8, Nr. 3 b

2. Die §§ 52, 52 a gelten auch im Verfahren gegen Jugendliche vor den für allgemeine Strafsachen zuständigen Gerichten (§ 104 Abs. 1 Nr. 5), im Verfahren gegen Heranwachsende nur, wenn das Gericht Jugendstrafrecht anwendet (§ 109 Abs. 2).

Richtlinie zu § 53:

Hält das Gericht im Verfahren gegen Jugendliche vor den für allgemeine Strafsachen zuständigen Gerichten Erziehungsmaßregeln für erforderlich, so hat es deren Auswahl und Anordnung dem Vormundschaftsgericht zu überlassen, selbst wenn es zugleich auf Jugendstrafe erkennt (§ 104 Abs. 4).

Richtlinien zu § 54:

1. Für die Entscheidung im Jugendstrafverfahren ist die Persönlichkeit des Jugendlichen von ausschlaggebender Bedeutung. Dies sollte sich auch in den Urteilsgründen widerspiegeln, zumal sie eine wertvolle Grundlage für die Erziehungsarbeit im Vollzug und andere spätere Maßnahmen bilden. Der Vorschrift, daß in den Gründen des schuldigsprechenden Urteils die seelische, geistige und körperliche Eigenart des Jugendlichen berücksichtigt werden soll, wird durch eine bloße Schilderung des Lebenslaufes nicht genügt. Das gilt namentlich für Urteile, in denen für Jugendliche eine Betreuungsweisung (§ 10 Abs. 1 Nr. 5) erteilt, Hilfe zur Erziehung (§ 12) angeordnet, Jugendstrafe verhängt (§ 17 Abs. 2), die Schuld des Angeklagten festgestellt (§ 27) oder in einem der genannten Fälle gegen Heranwachsende Jugendstrafrecht wegen mangelnder Reife (§ 105 Abs. 1 Nr. 1) angewendet wird.
2. Die Verkündung des Urteils ist für die Erziehung von besonderer Bedeutung. Die mündliche Eröffnung der Urteilsgründe soll dem Wesen und dem Verständnis der Jugendlichen angepaßt sein. Alle nicht unbedingt gebotenen rechtlichen Ausführungen können unterbleiben. Erörterungen, die für die Erziehung der Jugendlichen nachteilig sein können, sollten vermieden werden.
3. Soll der Jugendliche eine Ausfertigung oder eine Abschrift des Urteils mit Gründen erhalten (etwa nach § 35 Abs. 1 Satz 2, § 316 Abs. 2, § 343 Abs. 2 StPO), so bestimmt der Vorsitzende, inwieweit ihm die schriftlichen Urteilsgründe mitgeteilt werden. Erhält der Jugendliche nur einen Auszug der Gründe, so wird dies auf der Ausfertigung oder der Abschrift vermerkt, die für ihn bestimmt ist.
4. § 54 gilt auch im Verfahren gegen Jugendliche vor den für allgemeine Strafsachen zuständigen Gerichten (§ 104 Abs. 1 Nr. 6). Im Verfahren gegen Heranwachsende gilt nur § 54 Abs. 1, wenn das Gericht Jugendstrafrecht anwendet (§ 109 Abs. 2).

Richtlinien zu § 55:

1. Aus erzieherischen Gründen ist es regelmäßig erwünscht, daß das Jugendstrafverfahren möglichst schnell zum Abschluß gebracht wird. Bei der Einlegung von Rechtsmitteln zuungunsten des Angeklagten ist daher besondere Zurückhaltung geboten (vgl. im übrigen Nr. 147 ff. RiStBV).
2. Die Anfechtung der im Verfahren bei Aussetzung der Jugendstrafe zur Bewährung oder bei Aussetzung der Verhängung der Jugendstrafe ergehenden Entscheidungen ist in den §§ 59 und 63 geregelt. Für die Anfechtung nachträglicher Entscheidungen über Weisungen wird auf § 65 Abs. 2 hingewiesen. Wegen der Anfechtung von Entscheidungen im Vollstreckungsverfahren wird auf § 83 Abs. 3 Satz 1 hingewiesen.
3. § 55 gilt auch im Verfahren gegen Jugendliche vor den für allgemeine Strafsachen zuständigen Gerichten (§ 104 Abs. 1 Nr. 7), im Verfahren gegen Heranwachsende nur, wenn das Gericht Jugendstrafrecht anwendet (§ 109 Abs. 2).

Richtlinien zu § 56:

1. Von der Möglichkeit, die Teilvollstreckung einer nach § 31 gebildeten Einheitsstrafe anzuordnen, wird nur mit Zurückhaltung Gebrauch gemacht werden können. Es ist vor allem zu bedenken, ob sich bei einem Wegfall einzelner Schuldfeststellungen ein anderes Bild von der Persönlichkeit des Jugendlichen ergeben und damit die Verhängung von Jugendstrafe überhaupt entbehrlich werden könnte.
2. § 56 gilt auch im Verfahren gegen Jugendliche vor den für allgemeine Strafsachen zuständigen Gerichten (§ 104 Abs. 1 Nr. 7), im Verfahren gegen Heranwachsende nur, wenn das Gericht Jugendstrafrecht anwendet (§ 109 Abs. 2).

Richtlinie zu § 60:

Es empfiehlt sich, die Aushändigung des Bewährungsplans und die Belehrung des Jugendlichen in einem gesonderten Termin in Gegenwart der Erziehungsberechtigten, der gesetzlichen Vertreter und des Bewährungshelfers vorzunehmen.

Richtlinien zu § 66:

1. Liegen die Voraussetzungen des Absatz 1 vor, ist eine gerichtliche Entscheidung herbeizuführen. Das Gericht kann von der einheitlichen Festsetzung von Maßnahmen oder Jugendstrafe absehen (§ 31 Abs. 3).
2. Die Staatsanwaltschaft beantragt die Durchführung einer Hauptverhandlung nach Absatz 2 vor allem dann, wenn zu erwarten ist, daß die

ergänzende Entscheidung von den früheren Entscheidungen erheblich abweicht.

Richtlinie zu § 67:

§ 67 gilt auch im Verfahren gegen Jugendliche vor den für allgemeine Strafsachen zuständigen Gerichten (§ 104 Abs. 1 Nr. 9), nicht jedoch im Verfahren gegen Heranwachsende (§ 109).

Richtlinie zu § 68:

§ 68 gilt auch im Verfahren gegen Jugendliche vor den für allgemeine Strafsachen zuständigen Gerichten (§ 104 Abs. 1 Nr. 10). Im Verfahren gegen Heranwachsende gilt nur § 68 Nr. 1 und 3 (§ 109 Abs. 1).

Richtlinien zu § 71:

1. Vor Erlaß einer vorläufigen Anordnung über die Erziehung sollte das Gericht regelmäßig die Jugendgerichtshilfe und, wenn notwendig, auch die Erziehungsberechtigten sowie die gesetzlichen Vertreter hören. Hiervon kann abgesehen werden, wenn die Anordnung keinen Aufschub duldet. In diesem Fall kann eine nachträgliche Anhörung angezeigt sein. Der Beschluß über die vorläufige Anordnung ist zu begründen (§ 34 StPO).
2. Der einstweiligen Unterbringung in einem geeigneten Heim der Jugendhilfe kommt besondere Bedeutung zu, wenn die Voraussetzungen für den Erlaß eines Haftbefehls gem. §§ 112 ff. StPO vorliegen (§ 72 Abs. 4 Satz 1). Ist die Maßnahme durchführbar und reicht sie aus, so darf Untersuchungshaft nicht angeordnet oder vollzogen werden (§ 72 Abs. 1 Satz 1 und 3). Staatsanwaltschaft und Gericht sollten deshalb frühzeitig prüfen, ob ein geeignetes Heim zur Verfügung steht und gegebenenfalls mit der Leitung der Einrichtung in Verbindung treten. Die Jugendgerichtshilfe ist heranzuziehen. Auf § 72 a und die Richtlinie dazu wird ergänzend hingewiesen.
3. Ist ein Haftbefehl bereits erlassen und stellt sich nachträglich heraus, daß die Unterbringung möglich ist, so kann der Haftbefehl durch einen Unterbringungsbefehl ersetzt werden.
4. Der Unterbringungsbefehl nach § 71 Abs. 2 sollte insbesondere durch einen Haftbefehl ersetzt werden, wenn sich die einstweilige Unterbringung als undurchführbar oder ungeeignet erweist und die Haftvoraussetzungen fortbestehen (§ 72 Abs. 4 Satz 2).
5. Auch im Verfahren gegen Jugendliche vor den für allgemeine Strafsachen zuständigen Gerichten kann eine vorläufige Anordnung über die Erziehung getroffen und die einstweilige Unterbringung in einem

Heim der Jugendhilfe angeordnet werden (§ 104 Abs. 2). Im Verfahren gegen Heranwachsende sind diese Maßnahmen nicht zulässig.

Richtlinien zu § 72:
1. Das Verfahren gegen verhaftete Jugendliche soll durch Ermittlungen gegen Mitbeschuldigte oder durch kommissarische Zeugenvernehmungen nach Möglichkeit nicht verzögert werden. Erforderlichenfalls ist das Verfahren abzutrennen.
2. Werden Jugendliche an einem Ort ergriffen, der weder ihr gewöhnlicher Aufenthaltsort ist noch zum Bezirk des Gerichts gehört, dem die vormundschaftsrichterlichen Erziehungsaufgaben obliegen, so veranlaßt die Staatsanwaltschaft in der Regel unverzüglich, daß die Jugendlichen durch Einzeltransport dem Gericht überstellt werden, das für die vormundschaftsrichterlichen Erziehungsaufgaben zuständig ist. Gleichzeitig beantragt sie beim bisherigen Haftrichter, daß dieser seine Aufgaben auf das Gericht überträgt, das die vormundschaftsrichterlichen Erziehungsaufgaben wahrzunehmen hat.
3. Zur einstweiligen Unterbringung in einem Heim der Jugendhilfe wird auf die Richtlinien zu § 71 hingewiesen.
4. Wegen des Vollzugs der Untersuchungshaft wird auf § 93 und die Richtlinien dazu hingewiesen.
5. § 72 gilt auch im Verfahren gegen Jugendliche vor den für allgemeine Strafsachen zuständigen Gerichten (§ 104 Abs. 1 Nr. 5), aber nicht im Verfahren gegen Heranwachsende (§ 109).

Richtlinie zu § 72 a:
Staatsanwaltschaft und Gericht tragen dafür Sorge, daß die Jugendgerichtshilfe so früh wie möglich, gegebenenfalls durch die Polizei, unterrichtet wird. Ist gemäß § 128 StPO eine Vorführung zu erwarten, so teilen sie der Jugendgerichtshilfe auch Ort und Termin der Vorführung mit.

Richtlinien zu § 73:
1. Die Staatsanwaltschaft beantragt die Unterbringung zur Vorbereitung eines Gutachtens über den Entwicklungsstand von Jugendlichen nur, wenn die Bedeutung der Strafsache diese schwerwiegende Maßnahme rechtfertigt und eine Untersuchung nach § 43 Abs. 2 nicht ausreicht (vgl. die Richtlinie Nr. 8 zu § 43 sowie Nrn. 61 ff. RiStBV).
2. Dem Beschuldigten, der keinen Verteidiger hat, ist ein solcher zu bestellen (§ 68 Nr. 3).
3. § 73 gilt auch im Verfahren gegen Jugendliche vor den für allgemeine Strafsachen zuständigen Gerichten (§ 104 Abs. 1 Nr. 12) und im Verfahren gegen Heranwachsende (§ 109 Abs. 1).

Richtlinien zu § 74:

1. Kosten und Auslagen werden Jugendlichen nur aufzuerlegen sein, wenn anzunehmen ist, daß sie aus Mitteln bezahlt werden, über die sie selbständig verfügen können, und wenn ihre Auferlegung aus erzieherischen Gründen angebracht erscheint. Reichen die Mittel der Jugendlichen zur Bezahlung sowohl der Kosten als auch der Auslagen nicht aus, so können ihnen entweder nur die Kosten oder nur die Auslagen oder ein Teil davon auferlegt werden.
2. Eine Entscheidung über die Kosten und Auslagen wird auch bei der Ergänzung rechtskräftiger Entscheidungen nach § 66 getroffen. Wenn in einer einbezogenen Entscheidung (§ 31 Abs. 2, § 66) von der Ermächtigung des § 74 kein Gebrauch gemacht worden ist, kann in der neuen Entscheidung ausgesprochen werden, daß es insoweit bei der früheren Kostenentscheidung verbleibt. Das wird sich besonders dann empfehlen, wenn auf Grund der früheren Kostenentscheidung bereits Kosten oder Auslagen eingezogen worden sind.
3. Gerichtsgebühren werden nach § 40 GKG berechnet. Bei der Einbeziehung einer Strafe nach § 31 Abs. 2 oder bei Ergänzung rechtskräftiger Entscheidungen nach § 66 ist bei der Berechnung der Gerichtsgebühren § 41 GKG zu beachten.
4. Zu den Auslagen des Verfahrens gehören auch die Kosten einer einstweiligen Unterbringung in einem Heim der Jugendhilfe (§ 71 Abs. 2, § 72 Abs. 4) und einer Unterbringung zur Beobachtung (§ 73).
5. Die Kosten, die Jugendlichen dadurch entstehen, daß sie einer ihnen erteilten Weisung (§ 10) oder Auflage (§ 15) nachkommen, gehören nicht zu den Kosten und Auslagen im Sinne des § 74. Sie werden von ihnen selbst oder von für sie leistungspflichtigen oder leistungsbereiten Dritten getragen.
6. § 74 gilt auch im Verfahren gegen Jugendliche vor den für allgemeine Strafsachen zuständigen Gerichten (§ 104 Abs. 1 Nr. 13), im Verfahren gegen Heranwachsende nur, wenn das Gericht Jugendstrafrecht anwendet (§ 109 Abs. 2).

Richtlinien zu § 76:

1. Liegen die Voraussetzungen des § 76 Satz 1 vor und kommt ein Absehen von der Verfolgung nach § 45 nicht in Betracht, so stellt die Staatsanwaltschaft in aller Regel Antrag auf Entscheidung im vereinfachten Jugendverfahren.
2. Die Staatsanwaltschaft wird den Antrag im allgemeinen schriftlich stellen, um dem Jugendrichter eine einwandfreie Grundlage für seine Entscheidung nach § 77 Abs. 1 und für das spätere Urteil zu geben. Ein schriftlicher Antrag ist besonders dann angebracht, wenn die Staatsanwaltschaft an der mündlichen Verhandlung nicht teilnehmen will. In

dem Antrag werden die dem Beschuldigten zur Last gelegte Tat und das anzuwendende Strafgesetz bezeichnet.
3. Das vereinfachte Jugendverfahren findet weder vor den für allgemeine Strafsachen zuständigen Gerichten noch im Verfahren gegen Heranwachsende statt (§§ 104, 109).

Richtlinie zu § 77:

Hält der Jugendrichter eine richterliche Ahndung der Tat für entbehrlich, so kann er nach § 47 verfahren. In der mündlichen Verhandlung bedarf es hierzu der Zustimmung der Staatsanwaltschaft nicht, wenn diese an der Verhandlung nicht teilnimmt (§ 78 Abs. 2 Satz 2).

Richtlinie zu § 78:

Die schnelle Durchführung des vereinfachten Jugendverfahrens wird mitunter die Mitteilungen, die vor Erlaß des Urteils zu machen sind, unmöglich machen. Für die rechtzeitige, notfalls fernmündliche Benachrichtigung der Jugendgerichtshilfe vom Verfahren und vom Verhandlungstermin sollte jedoch stets Sorge getragen werden.

Richtlinie zu § 79:

Wegen des Strafbefehls und des beschleunigten Verfahrens gegen Heranwachsende wird auf die Richtlinien Nrn. 2 und 3 zu § 109 hingewiesen.

Richtlinien zu § 80:

1. Gründe der Erziehung können die Verfolgung eines Privatklagedeliktes namentlich dann erfordern, wenn Jugendliche wiederholt oder schwere Straftaten begangen haben und eine Ahndung zur Einwirkung auf sie geboten ist.
2. Für die Widerklage bleibt das mit der Privatklage befaßte Gericht zuständig. Gegen den jugendlichen Widerbeklagten kann das für allgemeine Strafsachen zuständige Gericht nur Zuchtmittel* (§ 13) selbst verhängen; hält es Erziehungsmaßregeln für erforderlich, so verfährt es nach § 104 Abs. 4 Satz 1.
3. Auch vor den für allgemeine Strafsachen zuständigen Gerichten kann gegen Jugendliche eine Privat- oder Nebenklage nicht erhoben werden (§ 104 Abs. 1 Nr. 14). Gegen Heranwachsende sind die Privat- und die Nebenklage zulässig, unabhängig davon, ob die Anwendung des allgemeinen Strafrechts oder des Jugendstrafrechts zu erwarten ist (§ 109). Auch insoweit ist grundsätzlich der Jugendrichter zuständig (§ 108 Abs. 1 und 2 JGG i. V. m. § 25 Nr. 1 GVG).

---

* vgl. Anhang 8, Nr. 3 c

Richtlinien zu § 81:

1. Auf die Möglichkeiten des Täter-Opfer-Ausgleichs und der Schadenswiedergutmachung wird hingewiesen.
2. Die Vorschriften der §§ 403 ff. StPO sind gegen Jugendliche auch im Verfahren vor den für allgemeine Strafsachen zuständigen Gerichten nicht anzuwenden (§ 104 Abs. 1 Nr. 14). Im Verfahren gegen Heranwachsende ist die Anwendung dieser Vorschriften nur ausgeschlossen, wenn Jugendstrafrecht angewandt wird (§ 109 Abs. 2).

Richtlinien zu §§ 82-85:

I. Zuständigkeit zur Vollstreckung

1. Vollstreckungsleiter ist
   a) der Jugendrichter in allen Verfahren, in denen er selbst oder unter seinem Vorsitz das Jugendschöffengericht im ersten Rechtszug erkannt hat (§ 82 Abs. 1, § 84 Abs. 1),
   b) in allen anderen Fällen der Jugendrichter des Amtsgerichts, dem die vormundschaftsrichterlichen Erziehungsaufgaben obliegen (§ 84 Abs. 2, § 34 Abs. 3), bzw. der Bezirksjugendrichter, zu dessen Bezirk dieses Amtsgericht gehört (§ 33 Abs. 3).
2. Bei der Vollstreckung von Jugendarrest und Jugendstrafe tritt unter Umständen ein Wechsel der Zuständigkeit ein. An Stelle des zu Nr. 1 genannten Jugendrichters wird Vollstreckungsleiter
   a) der Jugendrichter am Ort des Vollzugs nach Abgabe bzw. Übergang der Vollstreckung (§ 85 Abs. 1 i. V. m. § 90 Abs. 2 Satz 2 bzw. § 85 Abs. 2 Satz 1),
   b) der gemäß § 85 Abs. 2 Satz 2 oder gemäß § 85 Abs. 3 bestimmte Jugendrichter nach der Aufnahme von zu Jugendstrafe Verurteilten in die Jugendstrafanstalt.
3. Hat das Gericht wegen der Straftat von Heranwachsenden das allgemeine Strafrecht angewendet, so bestimmt sich die Zuständigkeit nach den Vorschriften der Strafvollstreckungsordnung.

II. Verfahren im allgemeinen

1. Die bei der Strafvollstreckung grundsätzlich erforderliche Beschleunigung ist für die Vollstreckung der für Jugendliche festgesetzten Maßnahmen und Strafen besonders wichtig. Je mehr sich für sie der innere Zusammenhang zwischen Tat, Urteil und Vollstreckung durch Zeitablauf lockert, um so weniger ist damit zu rechnen, daß die Maßnahme oder Strafe die beabsichtigte Wirkung erreicht. Alle beteiligten Stellen müssen daher bestrebt sein, die Vollstreckung nachdrücklich zu fördern.

2. Nach Eintritt der Rechtskraft des Urteils sind dem in Abschnitt I Nr. 1 genannten Vollstreckungsleiter unverzüglich die Strafakten mit der Bescheinigung der Rechtskraft des Urteils zu übersenden. Falls die Akten noch nicht entbehrlich sind, werden ihm ein Vollstreckungsheft und zwei Ausfertigungen des vollständigen Urteils zugeleitet. Hat ein Mitangeklagter gegen die Verurteilung wegen einer Tat, an der der rechtskräftig Verurteilte nach den Urteilsfeststellungen beteiligt war, Revision eingelegt, so ist dem Vollstreckungsheft eine Abschrift der Revisionsbegründung beizufügen oder nachzusenden. Auf die Beachtung von § 19 StVollstrO und § 357 StPO wird hingewiesen.
3. Wird die Teilvollstreckung einer Einheitsstrafe nach § 56 angeordnet, so werden dem Vollstreckungsleiter unverzüglich nach Eintritt der Rechtskraft des Beschlusses je zwei beglaubigte Abschriften des vollständigen Urteils und des Beschlusses übersandt.
4. Die mit der Rechtskraft des Urteils anfallenden Nebengeschäfte der Vollstreckung (Mitteilungen, Zählkarten usw.) werden von dem nach den allgemeinen Vorschriften zuständigen Beamten bei dem zunächst als Vollstreckungsleiter berufenen Jugendrichter (vgl. Abschnitt I Nr. 1) oder der von der Landesjustizverwaltung sonst bestimmten Stelle ausgeführt.
5. Soweit die Entscheidungen des Vollstreckungsleiters nicht jugendrichterliche Entscheidungen sind (§ 83 Abs. 1), nimmt der Jugendrichter als Vollstreckungsleiter Justizverwaltungsaufgaben wahr. Er ist insoweit weisungsgebunden. Über Beschwerden gegen andere als jugendrichterliche Entscheidungen des Vollstreckungsleiters wird im Verwaltungswege entschieden, falls nicht nach §§ 455, 456, § 458 Abs. 2 und § 462 Abs. 1 StPO das Gericht des ersten Rechtszuges oder nach § 83 Abs. 2 Nr. 1 die Jugendkammer zuständig ist.
6. Auf die Vollstreckung finden die Vorschriften der Strafvollstreckungsordnung nur Anwendung, soweit nichts anderes bestimmt ist (§ 1 Abs. 3 StVollstrO). Die Leitung der Vollstreckung obliegt dem Jugendrichter. Dem Rechtspfleger werden die Geschäfte der Vollstreckung übertragen, durch die eine richterliche Vollstreckungsanordnung oder eine die Leitung der Vollstreckung nicht betreffende allgemeine Verwaltungsvorschrift ausgeführt wird. Das Nähere wird durch Anordnung der Landesjustizverwaltung bestimmt.

III. Vollstreckung bei Erziehungsmaßregeln

1. Sind Weisungen erteilt worden, so übersendet der Vollstreckungsleiter der Jugendgerichtshilfe oder in Bewährungsfällen dem Bewährungshelfer eine beglaubigte Abschrift des Urteils mit dem Ersuchen, die Befolgung der Weisungen zu überwachen, erhebliche Zuwiderhandlungen mitzuteilen (§ 38 Abs. 2) und, falls eine Änderung der Weisun-

gen oder ihrer Laufzeit oder die Befreiung von ihnen angebracht erscheint (§ 11 Abs. 2), solche Maßnahmen anzuregen.
2. Ist Hilfe zur Erziehung im Sinne von § 12 angeordnet worden, so übersendet der Vollstreckungsleiter die Strafakten mit der Bescheinigung der Rechtskraft des Urteils dem zuständigen Vormundschaftsrichter (§ 82 Abs. 2; vgl. auch §§ 30 und 34 SGB VIII).

IV. Vollstreckung von Verwarnung und Auflagen

1. Die Verwarnung wird erteilt, sobald das Urteil rechtskräftig geworden ist, möglichst unmittelbar im Anschluß an die Hauptverhandlung. Es ist zu prüfen, ob die Anwesenheit von Erziehungsberechtigten angebracht ist.
2. Sind Auflagen erteilt worden, so übersendet der Vollstreckungsleiter der Jugendgerichtshilfe oder in Bewährungsfällen dem Bewährungshelfer eine beglaubigte Abschrift des Urteils mit dem Ersuchen, die Erfüllung der Auflagen zu überwachen und erhebliche Zuwiderhandlungen mitzuteilen (§ 38 Abs. 2). In geeigneten Fällen wird der Vollstreckungsleiter die Erfüllung der Auflagen selbst überwachen.

V. Vollstreckung des Jugendarrestes

1. Ist der zunächst als Vollstreckungsleiter zuständige Jugendrichter nicht selbst Vollzugsleiter (vgl. § 90 Abs. 2 Satz 2), so gibt er die Vollstreckung an diesen ab. Mit Zustimmung des Vollzugsleiters kann er zunächst die Ladung zum Antritt des Jugendarrestes veranlassen. Bei Abgabe der Vollstreckung übersendet er dem neuen Vollstreckungsleiter die Strafakten oder, falls diese noch nicht entbehrlich sind, das Vollstreckungsheft.
2. Die Einweisung in die Jugendarrestanstalt oder in die Freizeitarresträume der Landesjustizverwaltung geschieht durch ein Aufnahmeersuchen des Vollstreckungsleiters. Er gibt dabei die in der Ladung zum Antritt des Jugendarrestes vorgeschriebene Zeit oder, falls sich Verurteilte nicht auf freiem Fuße befinden, die Anstalt an, aus der sie übergeführt werden. Nach Möglichkeit teilt er in dem Ersuchen ferner die Umstände mit, die für die Festsetzung der Entlassungszeit von Bedeutung sein können (z. B. Arbeits- oder Schulbeginn).
3. Der Vollstreckungsleiter lädt auf freiem Fuße befindliche Verurteilte durch einfachen Brief unter Verwendung des eingeführten Vordrucks zum Antritt des Jugendarrestes. Die Zeit des Antritts ist nach Tag und Stunde vorzuschreiben, die voraussichtliche Entlassungszeit ist mitzuteilen. Bei der Festsetzung der Antrittszeit sind die Berufsverhältnisse der Verurteilten und die Verkehrsverhältnisse zu berücksichtigen.
4. Falls das Urteil sofort rechtskräftig wird und der Vorsitzende des Gerichts entweder selbst Vollzugsleiter ist oder das Einverständnis des

Vollzugsleiters herbeiführen kann, wird die Ladung nach Möglichkeit im Anschluß an die Hauptverhandlung ausgehändigt. In geeigneten Fällen kann im Anschluß an die Hauptverhandlung eine mündliche Ladung zum sofortigen Antritt des Jugendarrestes erfolgen.
5. Hinweise über den Ersatz der Fahrtkosten zur Jugendarrestanstalt oder zu den Freizeitarresträumen können sich aus den Jugendarrestgeschäftsordnungen der Länder ergeben.
6. Zugleich mit der Ladung sind die Erziehungsberechtigten, in Fällen der Hilfe zur Erziehung nach § 34 SGB VIII das Jugendamt von der Ladung zu benachrichtigen und zu ersuchen, für rechtzeitigen Antritt des Jugendarrestes zu sorgen. Auch der Leiter der Berufsausbildung bzw. der Arbeitgeber des Jugendlichen und der Leiter der Schule oder Berufsschule, die der Jugendliche besucht, sollen davon unterrichtet werden, wo und in welcher Zeit der Jugendliche Jugendarrest zu verbüßen hat. Dem Jugendlichen kann auch aufgegeben werden, die Ladung den bezeichneten Personen vorzulegen und von ihnen auf der Ladung die Kenntnisnahme bescheinigen zu lassen. Die Unterrichtung soll unterbleiben, wenn der Arrest in der Freizeit oder während des Urlaubs bzw. der Ferien des Jugendlichen vollzogen wird und ihm aus der Mitteilung unerwünschte Nachteile für sein Fortkommen entstehen könnten.
7. Folgen Verurteilte der Ladung zum Antritt des Jugendarrestes ohne genügende Entschuldigung nicht oder zeigen sie sich bei fristloser Ladung nicht zum Antritt des Jugendarrestes bereit, so veranlaßt der Vollstreckungsleiter, daß sie sofort dem Vollzug zugeführt werden. Für die Zwangszuführung kann sich der Vollstreckungsleiter der Hilfe der Polizei oder anderer geeigneter Stellen bedienen. Die Polizei ist darauf hinzuweisen, daß eine Beförderung im Gefangenensammeltransport nicht in Betracht kommt.
8. Für die Berechnung der Arrestzeit wird auf § 25 JAVollzO hingewiesen.

VI. Vollstreckung der Jugendstrafe

1. Der Erziehungserfolg der Jugendstrafe kann durch die Verzögerung der Vollstreckung in starkem Maße gefährdet werden. Sogleich nach Eintritt der Rechtskraft des Urteils sollen daher auf freiem Fuße befindliche Verurteilte zum Antritt der Jugendstrafe geladen und in Untersuchungshaft befindliche oder einstweilen untergebrachte (§ 71 Abs. 2, § 72 Abs. 4) Verurteilte in die zuständige Vollzugsanstalt eingewiesen werden. Der Umstand, daß das Urteil noch nicht mit den Gründen bei den Akten ist, rechtfertigt einen Aufschub der Vollstreckung nicht. In den Fällen, in denen dem Aufnahmeersuchen eine Abschrift des vollständigen Urteils nicht beigefügt werden kann, ist die

Abschrift der Vollzugsanstalt nachzureichen, sobald das Urteil abgefaßt ist. Auch hierbei ist Beschleunigung geboten, da die Kenntnis des Urteilsinhalts für die wirksame Gestaltung des Vollzugs unentbehrlich ist.
2. Bei über 24 Jahre alten Verurteilten kann die Vollstreckung nach § 85 Abs. 6 abgegeben werden. Für die weiteren Entscheidungen im Rahmen der Vollstreckung ist dann die Strafvollstreckungskammer zuständig. Ihr sind die Vorgänge so rechtzeitig zur Prüfung der Aussetzung des Restes der Jugendstrafe nach § 88 Abs. 1 vorzulegen, daß die Fristen nach § 88 Abs. 2 unter Beachtung von § 88 Abs. 3 eingehalten werden können.
3. Der Vollstreckungsleiter weist den Verurteilten in die zuständige Justizvollzugsanstalt ein und führt die Vollstreckung so lange, bis der Verurteilte in die Jugendstrafanstalt aufgenommen worden ist. Dem Aufnahmeersuchen sind stets drei Abschriften des vollständigen Urteils beizufügen oder nachzusenden. War gegen den Verurteilten früher Hilfe zur Erziehung nach § 12 angeordnet worden, so ist dies der Justizvollzugsanstalt unter Angabe der mit der Durchführung der Erziehungsmaßregel befaßten Behörde mitzuteilen.
4. Zugleich mit der Ladung sind die Erziehungsberechtigten, in Fällen der Hilfe zur Erziehung nach § 34 SGB VIII das Jugendamt von der Ladung zu benachrichtigen und zu ersuchen, für rechtzeitigen Antritt der Jugendstrafe zu sorgen. Auch der Leiter der Berufsausbildung bzw. der Arbeitgeber des Jugendlichen und der Leiter der Schule oder Berufsschule, die der Jugendliche besucht, sollen davon unterrichtet werden, wo und in welcher Zeit der Jugendliche Jugendstrafe zu verbüßen hat. Dem Jugendlichen kann auch aufgegeben werden, die Ladung den bezeichneten Personen vorzulegen und von ihnen auf der Ladung die Kenntnisnahme bescheinigen zu lassen. Die Unterrichtung soll unterbleiben, wenn die Jugendstrafe in der Freizeit oder während des Urlaubs bzw. der Ferien des Jugendlichen vollzogen wird und ihm aus der Mitteilung unerwünschte Nachteile für sein Fortkommen entstehen könnten.
5. Mittellosen Verurteilten, die sich auf freiem Fuße befinden und zum Vollzug einer Jugendstrafe in eine mehr als zehn Kilometer von ihrem Wohnort entfernt liegende Jugendstrafanstalt eingewiesen werden, kann der Vollstreckungsleiter für die Fahrt zur Jugendstrafanstalt eine Fahrkarte oder, soweit das Gutscheinverfahren üblich ist, einen Gutschein für die Fahrkarte aushändigen.
6. Sobald der Vollstreckungsleiter Nachricht von der Aufnahme von Verurteilten in die Jugendstrafanstalt erhält (Strafantrittsanzeige), übersendet er die Strafakten oder das Vollstreckungsheft an denjenigen Jugendrichter, auf den die Vollstreckung nach § 85 Abs. 2 oder 3 mit der Aufnahme übergegangen ist. Die Jugendstrafanstalt legt dem neuen

Vollzugsleiter unverzüglich eine Durchschrift der Strafantrittsanzeige, das mit der Strafzeitberechnung versehene Zweitstück des Aufnahmeersuchens und zwei der ihm mit dem Aufnahmeersuchen übersandten Urteilsabschriften vor.
7. Der nach § 85 Abs. 2 oder 3 zuständige Vollstreckungsleiter macht sich mit der Wesensart der einzelnen Jugendlichen vertraut und verfolgt deren Entwicklung im Vollzug. Er hält mit der Anstaltsleitung und den Vollzugsbediensteten Fühlung und nimmt an Vollzugsangelegenheiten von größerer Bedeutung beratend teil.
8. Im Falle der Aussetzung eines Strafrestes zur Bewährung wird sich die Zurück- oder Weitergabe der Vollstreckung (§ 85 Abs. 5) dann empfehlen, wenn der Vollstreckungsleiter mit Verurteilten oder Bewährungshelfern wegen weiter Entfernung nicht mehr Fühlung halten kann. Wird die Vollstreckung zurück- oder weitergegeben, so soll sich der bisher zuständige Vollstreckungsleiter über die Führung des Verurteilten während der Bewährungszeit auf dem laufenden halten, damit er vor einem Widerruf der Aussetzung des Strafrestes zur Bewährung die Vollstreckung wieder an sich ziehen kann. In der Regel wird es zweckmäßig sein, daß sich der Vollstreckungsleiter bei der Abgabe der Vollstreckung ausdrücklich vorbehält, die Vollstreckung wieder zu übernehmen, bevor über den Widerruf der Aussetzung des Strafrestes zur Bewährung entschieden wird.

VII. Vollstreckung von Maßregeln der Besserung und Sicherung

1. Die Zuständigkeit für die Vollstreckung von Maßregeln der Besserung und Sicherung richtet sich nach §§ 84 und 85 Abs. 4 (siehe Abschn. I Nrn. 1 und 2). Wird bei Heranwachsenden allgemeines Strafrecht angewendet, richtet sich die Zuständigkeit nach den Vorschriften der Strafvollstreckungsordnung.
2. Wegen der Vollstreckung von Führungsaufsicht wird auf § 54 a StVollstrO hingewiesen.

Richtlinie zu §§ 88 und 89:

Auf die Verwaltungsvorschriften zum Jugendstrafvollzug (VVJug) und auf die Beseitigung des Strafmakels nach § 100 wird hingewiesen.

Richtlinie zu § 90:

Für den Vollzug des Jugendarrestes in Vollzugseinrichtungen der Landesjustizverwaltungen bestimmt die Jugendarrestvollzugsordnung das Nähere.

Richtlinie zu § 91:

Über den Vollzug der Jugendstrafe ist das Nähere in den Verwaltungsvorschriften zum Jugendstrafvollzug (VVJug) bestimmt.

Richtlinie zu § 92:

Auch wenn zu Jugendstrafe Verurteilte das 18. Lebensjahr bereits vollendet haben, werden sie in der Regel zunächst in die Jugendstrafanstalt eingewiesen. Die Entscheidung über die Eignung von Verurteilten für den Jugendstrafvollzug (§ 92 Abs. 2) wird dann von dem nach § 85 Abs. 2 oder Abs. 3 zuständigen Vollstreckungsleiter getroffen. Lediglich in den Fällen, in denen der Mangel der Eignung für den Jugendstrafvollzug offenkundig ist, werden über 18 Jahre alte Verurteilte sogleich in die zuständige Justizvollzugsanstalt eingewiesen.

Richtlinie zu § 93:

Über den Vollzug der Untersuchungshaft sind in Nr. 1 Abs. 4, Nr. 13, Nr. 22 Abs. 4, Nrn. 77 bis 85 der UVollzO nähere Bestimmungen getroffen.

Richtlinien zu § 97:

1. Wird wegen einer Jugendstrafe eine Vergünstigung nach §§ 39, 49 BZRG erbeten, so ist das Gesuch in der Regel zunächst dem nach § 98 zuständigen Jugendgericht vorzulegen, damit dieses prüfen kann, ob die Beseitigung des Strafmakels durch Richterspruch angebracht ist. Wird der Strafmakel als beseitigt erklärt, so ist dem Verurteilten zu eröffnen, daß sein Gesuch als damit erledigt angesehen wird.
2. Wegen der Eintragung der Entscheidung nach § 97 in das Zentralregister wird auf § 13 Abs. 1 Nr. 5 BZRG hingewiesen.

Richtlinien zu § 98:

1. In dem Verfahren zur Beseitigung des Strafmakels empfiehlt es sich in der Regel, außer den Strafakten und den Vollstreckungsvorgängen die Personalakten der Vollzugsanstalt heranzuziehen.
2. Bei der Erteilung von Ermittlungsaufträgen empfiehlt es sich, die beauftragte Stelle auf die Notwendigkeit schonender Durchführung der Ermittlungen hinzuweisen. Es muß vermieden werden, daß die Verurteilung Personen bekannt wird, die bisher darüber nicht unterrichtet waren.

Richtlinie zu § 100:

Wegen der Eintragung in das Zentralregister wird auf § 13 Abs. 1 Nr. 5 BZRG hingewiesen.

Richtlinie zu § 101:

Wegen der Eintragung in das Zentralregister wird auf § 13 Abs. 1 Nr. 6 BZRG hingewiesen.

Richtlinien zu § 103:

1. Die Verbindung von Strafsachen gegen Jugendliche und Erwachsene ist im allgemeinen nicht zweckmäßig. Sie ist namentlich dann nicht angebracht, wenn der Jugendliche geständig und der Sachverhalt einfach ist oder wenn es sich bei den Erwachsenen um die Eltern des Jugendlichen handelt.
2. Die Staatsanwaltschaft beantragt die Trennung der verbundenen Sachen, sobald sich die gesonderte Bearbeitung als zweckmäßig erweist, z. B. wenn gegen die erwachsenen Beschuldigten in Anwesenheit des Jugendlichen verhandelt und Urteil erlassen worden ist oder wenn der Durchführung des Verfahrens gegen die erwachsenen Beschuldigten für längere Zeit Hindernisse entgegenstehen.
3. § 103 gilt auch im Verfahren gegen Heranwachsende (§ 112 Satz 1).

Richtlinie zu § 104:

Als Verfahrensvorschriften, deren Anwendung nach Absatz 2 im Ermessen des Gerichts steht, kommen z. B. § 51 (zeitweilige Ausschließung von Beteiligten), § 69 (Beistand), § 71 (vorläufige Anordnung über die Erziehung) und § 72 Abs. 4 (Unterbringung in einem Heim der Jugendhilfe anstelle von Untersuchungshaft) in Betracht.

Richtlinien zu § 105:

1. Die strafrechtliche Verantwortlichkeit Heranwachsender kann nicht wegen mangelnder Reife nach § 3 ausgeschlossen sein; sie wird nur nach den allgemeinen Vorschriften beurteilt. Gröbere Entwicklungsmängel können Anlaß zu der Prüfung geben, ob die Schuldfähigkeit nach §§ 20 bzw. 21 StGB ausgeschlossen oder vermindert ist.
2. Hilfe zur Erziehung (§ 9 Nr. 2, § 12) kann gegen Heranwachsende nicht angeordnet werden. Statt dessen kommt namentlich die Weisung in Betracht, sich einem Betreuungshelfer zu unterstellen (§ 10 Abs. 1 Satz 3 Nr. 5).

Richtlinien zum Jugendgerichtsgesetz (RLJGG)

Richtlinie zu § 108:

Die Staatsanwaltschaft erhebt die Anklage gegen den Beschuldigten, der sich auf freiem Fuß befindet, grundsätzlich bei dem Gericht, in dessen Bezirk er sich zur Zeit der Erhebung der Anklage aufhält. Eine Anklageerhebung bei dem für den Tatort zuständigen Gericht wird insbesondere dann in Betracht kommen, wenn – wie z. B. in Verkehrsstrafsachen – eine größere Zahl von am Tatort wohnenden Zeugen zu vernehmen sein wird.

Richtlinien zu § 109:

1. Im Gegensatz zum Verfahren gegen Jugendliche ist das Verfahren gegen Heranwachsende grundsätzlich öffentlich. Die Öffentlichkeit kann aber nicht nur aus den in §§ 171 a, 171 b, 172 GVG genannten Gründen, sondern auch im Interesse der Heranwachsenden ausgeschlossen werden (vgl. hierzu die Richtlinie zu § 48).
2. Gegen Heranwachsende darf ein Strafbefehl nur erlassen werden, wenn das allgemeine Strafrecht anzuwenden ist (§ 109 Abs. 2, § 79 Abs. 1). Die Staatsanwaltschaft beantragt deshalb den Erlaß eines Strafbefehls gegen Heranwachsende nur, wenn sie Ermittlungen nach § 43 angestellt hat und zu der Auffassung gelangt ist, daß das allgemeine Strafrecht anzuwenden ist.
3. Das vereinfachte Jugendverfahren ist gegen Heranwachsende nicht zulässig, wohl aber das beschleunigte Verfahren nach §§ 212 ff. StPO.
4. Privatklage und Nebenklage sind gegen Heranwachsende zulässig, unabhängig davon, ob allgemeines Strafrecht oder Jugendstrafrecht anzuwenden ist. Auch insoweit ist grundsätzlich das Jugendgericht zuständig.
5. Die Staatsanwaltschaft wendet § 45 bei Heranwachsenden an, wenn sie auf Grund der Ermittlungen nach § 43 zu der Auffassung gelangt ist, daß Jugendstrafrecht anzuwenden ist.

Richtlinien zu § 110

1. Wird gegen Heranwachsende das allgemeine Strafrecht angewendet, so gelten für die Vollstreckung die allgemeinen Vorschriften. Besuchen solche Heranwachsende eine Schule oder Berufsschule, so soll die Schulleitung von der Vollstreckungsbehörde über den Ort und die Zeit der von ihnen zu verbüßenden Freiheitsstrafe unterrichtet werden. Den Heranwachsenden kann auch aufgegeben werden, die Ladung der Schulleitung vorzulegen und von ihr auf der Ladung die Kenntnisnahme bescheinigen zu lassen. Die Unterrichtung kann unterbleiben, wenn die Freiheitsstrafe in der Freizeit oder während des Urlaubs bzw. der Ferien der Heranwachsenden vollzogen wird und ihnen aus der

Mitteilung unerwünschte Nachteile für ihr Fortkommen entstehen könnten.
2. Wegen der Möglichkeit des Vollzugs einer Freiheitsstrafe in der Jugendstrafanstalt wird auf § 114 und die Richtlinien dazu hingewiesen.

Richtlinien zu § 114
1. Zu Freiheitsstrafe Verurteilte unter 24 Jahren sind für den Jugendstrafvollzug geeignet, wenn die erzieherische Einwirkung in der Jugendstrafanstalt bei ihnen Erfolg verspricht und von ihrer Anwesenheit in der Jugendstrafanstalt Nachteile für die Erziehung der anderen Gefangenen nicht zu befürchten sind.
2. Zu Freiheitsstrafe Verurteilte unter 21 Jahren werden in die Jugendstrafanstalt eingewiesen. Wenn jedoch in einer Justizvollzugsanstalt eine besondere Abteilung für junge Gefangene besteht, kann die Einweisung in die Justizvollzugsanstalt erfolgen.
3. Zu Freiheitsstrafe Verurteilte, die das 21., aber noch nicht das 24. Lebensjahr vollendet haben, werden in der Regel in die Justizvollzugsanstalt eingewiesen.
4. Hält die Justizvollzugsanstalt Verurteilte unter 24 Jahren für den Jugendstrafvollzug für geeignet, so überweist sie diese in die Jugendstrafanstalt und benachrichtigt hiervon die Strafvollstreckungsbehörde.
5. Nach Anhörung des Vorsitzenden des Gerichts, das im ersten Rechtszug erkannt hat, und, falls sich der Verurteilte in Haft befindet, der Justizvollzugsanstalt kann die Strafvollstreckungsbehörde den zu Freiheitsstrafe Verurteilten, der das 21., aber noch nicht das 24. Lebensjahr vollendet hat, ausnahmsweise sogleich in die Jugendstrafanstalt einweisen, wenn seine Eignung für den Jugendstrafvollzug offenkundig ist. Dies gilt auch für Verurteilte unter 21 Jahren, die nach Nr. 2 Satz 2 in die Justizvollzugsanstalt einzuweisen wären.
6. Die Entscheidung darüber, ob zu Freiheitsstrafe Verurteilte unter 24 Jahren in die Jugendstrafanstalt oder in die Justizvollzugsanstalt einzuweisen sind, wird dem Rechtspfleger nicht übertragen.
7. Über die endgültige Übernahme von Verurteilten in den Jugendstrafvollzug und über ihr Verbleiben in der Jugendstrafanstalt entscheidet in allen Fällen die Leitung dieser Anstalt.

Anhang 2

Anordnung über Mitteilungen in Strafsachen (MiStra)
in der ab 1. April 1985 geltenden Fassung vom 15. März 1985 – Auszug –
Die in der Anordnung über Mitteilungen in Strafsachen zusammengefaßten Mitteilungen bedürfen im Hinblick auf die neuere verfassungsrechtliche Entwicklung jeweils einer hinreichend bestimmten gesetzlichen Grundlage.

Eine solche ist für Mitteilungen, die sich nicht als Vollzug einer gerichtlichen Entscheidung darstellen, bisher nur in wenigen Fällen vorhanden. Der Gesetzgeber wird alsbald darüber befinden müssen, in welchen Fällen auch künftig andere öffentliche Stellen zur Verwertung in ihrem jeweiligen Aufgabenbereich personenbezogene Angaben aus Strafverfahren erhalten dürfen.

Für eine Übergangszeit haben die Justizminister und -senatoren des Bundes und der Länder die folgende Fassung der Anordnung über Mitteilungen in Strafsachen vereinbart. Sie enthält diejenigen Mitteilungen, die nach Auffassung der jeweils zuständigen Fachbehörden für eine geordnete Erfüllung ihrer gesetzlich festgelegten Aufgaben unerläßlich erscheinen.

Anordnung über Mitteilungen in Strafsachen (MiStra)

1. Grundsatz

(1) Gerichte und Staatsanwaltschaften sind nach Maßgabe der folgenden Vorschriften zu Mitteilungen in Strafsachen verpflichtet.
(2) Die Mitteilungen ergehen von Amts wegen, soweit sich nicht aus Nummer 3 etwas anderes ergibt.
(3) Weitere Mitteilungspflichten, die sich aus anderen Vorschriften ergeben, sind zu beachten.

2. Einschränkung und Erweiterung der regelmäßigen Mitteilungspflichten, Unterrichtung des Betroffenen

(1) Eine vorgesehene Mitteilung unterbleibt, wenn ihr im Einzelfall erhebliche Bedenken entgegenstehen. Mitteilungen in Steuerstrafsachen sind nur nach Maßgabe des § 30 der Abgabenordnung zulässig.
(2) Eine Mitteilung ist auch dann zu machen, wenn sie zwar nicht ausdrücklich vorgeschrieben, aber wegen eines besonderen öffentlichen Interesses unerläßlich ist. In diesen Fällen und in den Fällen, in denen der von der Mitteilung Betroffene nicht der Beschuldigte des Verfahrens ist, ist der Betroffene über die Mitteilung zu unterrichten, es sei denn, daß der Unterrichtung im Einzelfall erhebliche Bedenken entgegenstehen.
(3) Die Entscheidung trifft der Richter oder der Staatsanwalt.

3. Mitteilungen auf Ersuchen

(1) Ersucht eine Behörde oder Körperschaft des öffentlichen Rechts im Einzelfall um eine nicht vorgesehene Mitteilung, so ist dem Ersuchen zu entsprechen, soweit der Mitteilung nicht erhebliche Bedenken entgegenstehen. Nummer 2 Abs. 2 Satz 2 gilt entsprechend.
(2) Die ersuchende Stelle hat den Zweck anzugeben, für den sie die Mitteilung im Rahmen ihrer Aufgabenerfüllung benötigt.
(3) Die Entscheidung trifft der Richter oder der Staatsanwalt.

3 a. - neu – Mitteilungen über Jugendstrafverfahren

Mitteilungen über Jugendstrafverfahren dürfen nur den Stellen gemacht werden, die Auskunft aus dem Erziehungsregister erhalten. Ist rechtskräftig auf Jugendstrafe oder eine Maßregel der Besserung und Sicherung erkannt worden, so darf die Mitteilung auch dann gemacht werden, wenn und soweit der Empfänger Auskunft aus dem Zentralregister erhält. Die Mitteilungspflichten nach den Nummern 10, 11, 14, 15, 20 bis 21, 27 bis 29, 31 bis 38, 41, 42, 43 a, 46, 46 a und 50 bleiben unberührt.

4. Mitteilungspflichtige Stellen

(1) Mitteilungspflichtig ist
a) die Strafverfolgungsbehörde für Mitteilungen bis zur Erhebung der öffentlichen Klage,
b) das Gericht für Mitteilungen nach der Erhebung der öffentlichen Klage oder der Privatklage bis zur Rechtskraft der Entscheidung,
c) die Vollstreckungsbehörde für Mitteilungen nach der Rechtskraft der Entscheidung.
(2) Die Mitteilung ordnet an
a) bei der Strafverfolgungsbehörde der von dem Generalstaatsanwalt (Generalbundesanwalt) bestimmte Beamte,
b) bei dem Gericht der Urkundsbeamte der Geschäftsstelle,
c) bei der Vollstreckungsbehörde der Rechtspfleger, soweit nicht durch die oberste Justizbehörde eine andere Regelung getroffen oder zugelassen ist.
(3) Der Richter oder der Staatsanwalt ordnet die Mitteilung in den Fällen an, in denen dies ausdrücklich bestimmt ist oder in denen er sich die Anordnung vorbehalten hat.

10. Mitteilungen an die anzeigende Stelle

(1) Hat eine Behörde oder eine andere öffentliche Stelle die Strafverfolgung veranlaßt, so ist ihr auf Ersuchen der Ausgang des Verfahrens mitzuteilen; § 171 StPO bleibt unberührt. Für Mitteilungen an die Polizei gilt Nummer 11.
(2) In Strafsachen gegen Jugendliche und Heranwachsende darf nur mitgeteilt werden
a) die Einstellung des Verfahrens durch die Staatsanwaltschaft,
b) die Freisprechung,
c) die Verurteilung zu einer Strafe oder einer Maßregel der Besserung und Sicherung
d) die Tatsache, daß das Verfahren nicht zu einer Bestrafung geführt hat.

11. Mitteilungen an die Polizei

(1) Hat die Polizei bei der Übersendung der Ermittlungsvorgänge mit einem Vordruck um Mitteilung des Aktenzeichens und des Ausgangs des Verfahrens gebeten, so ist dem zu entsprechen. Für die Mitteilung kann ein Vordruck verwendet werden. In Strafsachen gegen Jugendliche und Heranwachsende darf nur mitgeteilt werden
a) das Aktenzeichen,
b) die Einstellung des Verfahrens durch die Staatsanwaltschaft,
c) das Absehen von der Verfolgung nach § 45 Abs. 2 JGG,

d) die Freisprechung. Wird der Angeklagte nach § 20 StGB freigesprochen, so darf auch das mitgeteilt werden; im Falle der Freisprechung wegen mangelnder Verantwortlichkeit nach § 3 JGG ist dagegen nur die Tatsache der Freisprechung anzugeben,
e) die Verurteilung zu einer Strafe oder einer Maßregel der Besserung und Sicherung, die Verwarnung mit Strafvorbehalt nach § 59 StGB oder das Absehen von Strafe nach § 60 StGB,
f) die Feststellung der Schuld nach § 27 JGG,
g) die Tatsache, daß das Verfahren durch eine Entscheidung des Gerichts anders als durch Freisprechung oder Verurteilung zu einer Strafe oder Feststellung der Schuld nach § 27 JGG beendet worden ist.

(2) Wird die Polizei des Landes, in dem der Beschuldigte wohnt, nicht bereits nach Absatz 1 unterrichtet, so erhält die (Kriminal-)Polizeidienststelle, in deren Bezirk die Hauptwohnung des Beschuldigten liegt, eine Abschrift der Nachricht an das Bundeszentralregister (BZR 1). Hat der Beschuldigte keine Wohnung im Gebiet der Bundesrepublik Deutschland einschließlich des Landes Berlin, so ist die Mitteilung an die (Kriminal-)Polizeidienststelle seines gewöhnlichen Aufenthaltsortes, und, wenn dieser nicht bekannt ist, seiner letzten Wohnung zu machen. Diese Mitteilungen unterbleiben in Verfahren wegen fahrlässig begangener Verkehrsstraftaten und, wenn die Polizeidienststelle in Berlin, Hamburg, Hessen, Nordrhein-Westfalen, Rheinland-Pfalz oder im Saarland liegt, auch wegen sonstiger fahrlässig begangener Straftaten.

13. Bewährungsfälle

(1) Ist durch eine Entscheidung des Gerichts oder durch eine Gnadenentscheidung
a) die Vollstreckung einer Freiheitsstrafe oder des Restes einer Freiheitsstrafe,
b) die Vollstreckung oder weitere Vollstreckung einer Unterbringung,
c) ein Berufsverbot,
d) die Vollstreckung einer Jugendstrafe oder des Restes einer Jugendstrafe oder
e) die Vollstreckung eines Strafarrestes oder des Restes eines Strafarrestes zur Bewährung ausgesetzt oder
f) die Strafe oder der Strafarrest nach Ablauf der Bewährungsfrist erlassen
g) worden, so ist dem Gericht oder der Gnadenbehörde Mitteilung zu machen, sobald Umstände bekannt werden, die zu einem Widerruf der Aussetzung oder des Straferlasses oder des Erlasses des Strafarrestes führen können.

(2) Ist die Verurteilung zu einer Geldstrafe vorbehalten oder die Entscheidung über die Verhängung einer Jugendstrafe ausgesetzt worden, so ist

dem Gericht Mitteilung zu machen, sobald Umstände bekannt werden, die zur Verurteilung zu der vorbehaltenen Strafe oder zur Verhängung einer Jugendstrafe führen können.
(3) Steht der Verurteilte unter Bewährungsaufsicht oder unter Führungsaufsicht, so ist die Mitteilung in zwei Stücken zu machen.

20. Strafsachen gegen Soldaten der Bundeswehr

(1) In Strafsachen gegen Soldaten der Bundeswehr sind mitzuteilen
a) der Erlaß und der Vollzug eines Haftbefehls oder Unterbringungsbefehls,
b) die Erhebung der öffentlichen Klage,
c) die Urteile,
d) der Ausgang des Verfahrens, wenn eine Mitteilung nach Buchstaben a bis c zu machen war.
Nummer 15 Abs. 1 Satz 2 gilt entsprechend. Ist das Wehrdienstverhältnis nach Einleitung des Ermittlungsverfahrens beendet worden, so ist nur der Ausgang des Verfahrens mitzuteilen, und dies nur, wenn eine Mitteilung nach Satz 1 Buchst a bis c vorausgegangen ist.
(2) Die Mitteilungen sind zu richten
a) in den Fällen des Absatzes 1 Buchst a unverzüglich (fernmündlich voraus) an den nächsten Disziplinarvorgesetzten,
b) in allen übrigen Fällen an den Befehlshaber in dem Wehrbereich, in dessen Bezirk die mitteilungspflichtige Behörde liegt (in drei Stücken).
c) In der Mitteilung sind der Dienstgrad, der Truppenteil oder die Dienststelle sowie der Standort des Soldaten anzugeben. Ist das Wehrdienstverhältnis beendet, sollen die zuletzt gültigen Angaben sowie die Anschrift des entlassenen Soldaten mitgeteilt werden.
(3) Die Vorschriften über die Mitteilungen in Strafsachen gegen Jugendliche und Heranwachsende (Nummern 31 bis 35) und über Mitteilungen zum Schutz von Minderjährigen (Nummer 36) bleiben unberührt.

20 a. Strafsachen gegen Zivildienstleistende

(1) In Strafsachen gegen Zivildienstleistende sind mitzuteilen
a) der Erlaß und der Vollzug eines Haftbefehls oder Unterbringungsbefehls,
b) die Erhebung der öffentlichen Klage,
c) die Urteile,
d) der Ausgang des Verfahrens, wenn eine Mitteilung nach Buchstaben a bis c zu machen war.
Nummer 15 Abs. 1 Satz 2 gilt entsprechend. Ist das Zivildienstverhältnis nach Einleitung des Ermittlungsverfahrens beendet worden, so ist nur der

Ausgang des Verfahrens mitzuteilen, und dies nur, wenn eine Mitteilung nach Satz 1 Buchst a bis c vorausgegangen ist.
(2) Die Mitteilungen sind in zwei Stücken zu richten an das
Bundesamt für den Zivildienst
(Sibille-Hartmann-Straße 2-6
50969 Köln)
(3) Die Vorschriften über die Mitteilungen in Strafsachen gegen Jugendliche und Heranwachsende (Nummern 31 bis 35) und über Mitteilungen zum Schutz von Minderjährigen (Nummer 36) bleiben unberührt.

21. Strafsachen gegen Wehrpflichtige, die nicht im Wehrdienstverhältnis oder Zivildienstverhältnis stehen

(1) In Strafsachen gegen Wehrpflichtige, die nicht im Wehrdienstverhältnis oder Zivildienstverhältnis stehen und die einem bereits erfaßten Jahrgang angehören, werden rechtskräftige Entscheidungen mitgeteilt, durch die erkannt worden ist
a) wegen eines Verbrechens auf Freiheitsstrafe von mindestens einem Jahr,
b) auf Freiheitsstrafe wegen einer vorsätzlichen Tat, die nach den Vorschriften über Friedensverrat, Hochverrat, Gefährdung des demokratischen Rechtsstaates oder Landesverrat und Gefährdung der äußeren Sicherheit strafbar ist;
c) auf eine Strafe oder strafrechtliche Maßnahme anderer Art wegen eines Vergehens nach § 175 StGB,
d) auf den Verlust der Fähigkeit, öffentliche Ämter zu bekleiden,
e) auf eine Maßregel der Besserung und Sicherung nach §§ 63, 64 und 66 StGB.
(2) Hat der Wehrpflichtige einen Dienstgrad in der Bundeswehr, so werden auch die rechtskräftigen Entscheidungen mitgeteilt, durch die wegen einer sonstigen vorsätzlichen Tat auf Freiheitsstrafe von mindestens einem Jahr erkannt worden ist.
(3) Die Mitteilungen sind zu richten
a) bei Wehrpflichtigen, die der Pflicht zum Wehrdienst unterliegen, an das für die Wohnung des Verurteilten zuständige Kreiswehrersatzamt,
b) bei Wehrpflichtigen, die der Pflicht zum Zivildienst unterliegen, an das
Bundesamt für den Zivildienst
(Sibille-Hartmann-Straße 2-6
50969 Köln).

28. Strafsachen gegen Studierende und Inhaber akademischer Grade

(1) In Strafsachen gegen Studierende von Hochschulen, höheren Fachschulen oder Fachakademien in den Ländern Baden-Württemberg, Bay-

ern und Schleswig-Holstein sind rechtskräftige Entscheidungen mitzuteilen, durch die auf Freiheitsstrafe oder Jugendstrafe von mindestens einem Jahr oder Jugendstrafe von unbestimmter Dauer erkannt oder durch die eine freiheitsentziehende Maßregel der Besserung und Sicherung angeordnet worden ist. Die Verurteilung zu einer bestimmten Jugendstrafe ist nur dann mitzuteilen, wenn die Mindeststrafe (§ 19 Abs. 2 JGG) ein Jahr beträgt. In den Fällen, in denen auf eine Mindeststrafe von unter einem Jahr erkannt worden ist, sind rechtskräftige Entscheidungen nur bei Umwandlung in eine bestimmte Jugendstrafe von mindestens einem Jahr (§ 89 JGG) mitzuteilen.
(2) In Strafsachen gegen Inhaber des Doktorgrades oder eines anderen akademischen Grades einer deutschen Hochschule außerhalb der Länder Bremen, Hamburg, Hessen und Nordrhein-Westfalen sind die in Absatz 1 bezeichneten Entscheidungen mitzuteilen.
(3) Die Mitteilungen sind an den Präsidenten, Rektor oder Direktor der Hochschule, höheren Fachschule oder Fachakademie zu richten.
(4) Die Vorschriften über Mitteilungen an die Schule in Strafsachen gegen Jugendliche und Heranwachsende (Nummer 34) bleiben unberührt.

31. Mitteilungen an den Vormundschaftsrichter und an den Familienrichter

Werden in einem Strafverfahren – gleichgültig, gegen wen es sich richtet – Tatsachen bekannt, die Maßnahmen des Vormundschaftsrichters oder des Familienrichters erfordern können, so sind ihnen die Tatsachen mitzuteilen. Die Mitteilung wird von dem Richter oder dem Staatsanwalt angeordnet.

32. Mitteilungen an die Jugendgerichtshilfe in Strafsachen gegen Jugendliche und Heranwachsende

In Strafsachen gegen Jugendliche und Heranwachsende sind der Jugendgerichtshilfe mitzuteilen
a) die Einleitung des Verfahrens,
b) vorläufige Anordnungen über die Erziehung,
c) der Erlaß und der Vollzug eines Haftbefehls oder Unterbringungsbefehls sowie die Unterbringung zur Beobachtung,
d) die Erhebung der öffentlichen Klage,
e) Ort und Zeit der Hauptverhandlung,
f) die Urteile,
g) der Ausgang des Verfahrens,
h) der Name und die Anschrift des Bewährungshelfers,
i) die nachträglichen Entscheidungen, die sich auf Weisungen oder Auflagen beziehen oder eine Aussetzung der Vollstreckung einer Jugend-

strafe oder des Restes einer Jugendstrafe zur Bewährung, eine Aussetzung der Verhängung der Jugendstrafe oder die Führungsaufsicht betreffen.

33. Mitteilungen an das Landesjugendamt in Strafsachen gegen Jugendliche

(1) Hat das Gericht im Strafverfahren auf Fürsorgeerziehung erkannt, so ist dem zuständigen Landesjugendamt die rechtskräftige Entscheidung mitzuteilen.
(2) Dem Landesjugendamt ist auch Mitteilung zu machen, wenn ein Strafverfahren gegen einen Jugendlichen eingeleitet wird, für den Fürsorgeerziehung angeordnet ist.

34. Mitteilungen an die Schule in Strafsachen gegen Jugendliche und Heranwachsende

(1) In Strafsachen gegen Jugendliche und Heranwachsende sind nach §§ 70, 109 Abs. 1 JGG Mitteilungen an die Schule nur in geeigneten Fällen zu machen. Es wird in der Regel genügen, die Schule von der rechtskräftigen Verurteilung zu unterrichten. Die Einleitung des Verfahrens oder die Erhebung der öffentlichen Klage wird in der Regel nur mitzuteilen sein, wenn aus Gründen der Schulordnung sofortige Maßnahmen gegen den Beschuldigten geboten sein können.
(2) Die Mitteilungen sind an den Leiter der Schule zu richten.
(3) Die Mitteilung wird von dem Richter oder dem Staatsanwalt angeordnet.

35. Mitteilungen an andere Prozeßbeteiligte in Strafsachen gegen Jugendliche

(1) Sind in Strafsachen gegen Jugendliche durch verfahrensrechtliche Bestimmungen Mitteilungen an den Beschuldigten vorgeschrieben, so sind diese auch zu richten an
a) den Erziehungsberechtigten,
b) den gesetzlichen Vertreter,
c) den Prozeßpfleger.
(2) Die in Absatz 1 bezeichneten Personen werden ferner benachrichtigt von
a) der Einleitung des Verfahrens,
b) der Verhaftung, Verwahrung oder Unterbringung.
Die Mitteilungen nach Buchstabe a können bei Geringfügigkeit der Verfehlung unterbleiben. Die Entscheidung trifft der Richter oder der Staatsanwalt.

(3) Inhalt und Form der Mitteilungen richten sich nach den Umständen des Einzelfalles.

36. Mitteilungen zum Schutz von Minderjährigen

(1) Werden in einem Strafverfahren – gleichgültig, gegen wen es sich richtet – Tatsachen bekannt, die zum Schutze von Minderjährigen das Tätigwerden einer anderen Behörde erfordern können, so ist diese Behörde zu unterrichten.
(2) Mitteilungen erhalten insbesondere
a) das Jugendamt, wenn ein Minderjähriger verwahrlost ist oder zu verwahrlosen droht,
b) das Jugendamt und der Vormundschaftsrichter, wenn gegen einen Minderjährigen eine Straftat gegen die sexuelle Selbstbestimmung oder ein Vergehen nach §§ 170 d, 223 b StBG begangen oder versucht worden ist,
c) das Jugendamt, wenn eine Verurteilung wegen Zuwiderhandlungen gegen § 13 des Gesetzes zum Schutze der Jugend in der Öffentlichkeit ausgesprochen worden ist,
d) der Vormundschaftsrichter, wenn die Anordnung einer Vormundschaft (Pflegschaft) oder die Bestellung eines Vormundes (Pflegers) notwendig wird,
e) das Gewerbeaufsichtsamt sowie die sonst zuständigen Stellen, wenn der Schutz von Kindern, Jugendlichen und Auszubildenden die Unterrichtung dieser Stellen erfordert (vgl. §§ 20, 23 des Berufsbildungsgesetzes, §§ 21, 23 a HandwO, §§ 25, 27 JArbSchG).
(3) Wird ein Elternteil wegen einer an seinem Kind begangenen rechtswidrigen Tat verurteilt oder nur deshalb nicht verurteilt, weil seine Schuldunfähigkeit erwiesen oder nicht auszuschließen ist, so wird dem Vormundschaftsrichter oder dem Familienrichter die rechtskräftige Entscheidung mitgeteilt.
(4) In Strafsachen, die eine Verwahrlosung oder Gefährdung eines Minderjährigen erkennen lassen, sowie in Jugendschutzsachen (§ 26 Abs. 1 Satz 1 GVG) werden dem Jugendamt Ort und Zeit der Hauptverhandlung mitgeteilt. Dieser Mitteilung bedarf es nicht, wenn aus den Akten hervorgeht, daß die für den Minderjährigen erforderlichen Maßnahmen bereits getroffen sind.
(5) Die Mitteilung wird von dem Richter oder dem Staatsanwalt angeordnet.

42. Strafsachen gegen Ausländer

(1) In Strafsachen gegen Ausländer sind mitzuteilen
a) die Erhebung der öffentlichen Klage,

b) der Ausgang des Verfahrens, wenn eine Mitteilung nach Buchstabe a zu machen war.

Dies gilt nicht in Verfahren wegen fahrlässig begangener Verkehrsstraftaten, es sei denn, daß der Täter bereits einmal wegen einer Straftat verurteilt worden ist oder es sich um schwere Verstöße, namentlich Vergehen der Trunkenheit im Straßenverkehr oder der fahrlässigen Tötung, handelt.

(2) Die Mitteilungen sind an die für den inländischen Wohn- oder Aufenthaltsort des Ausländers zuständige Ausländerbehörde zu richten.

(3) Bei der Mitteilung ist auf Tatsachen hinzuweisen, aus denen sich ergibt, daß sich der Ausländer ohne die nach § 2 des Ausländergesetzes erforderliche Aufenthaltserlaubnis im Bundesgebiet einschließlich des Landes Berlin aufhält.

43 a. Strafsachen gegen Gefangene

Wird gegen einen Untersuchungsgefangenen, einen Strafgefangenen oder einen Sicherungsverwahrten ein weiteres Strafverfahren eingeleitet, so sind dem Leiter der Justizvollzugsanstalt mitzuteilen

a) die Einleitung des Verfahrens,
b) die Erhebung der öffentlichen Klage,
c) der Ausgang des Verfahrens.

50. Betäubungsmittelsachen

In Strafsachen nach dem Betäubungsmittelgesetz sind mitzuteilen
a) der Beschluß über die einstweilige Unterbringung nach § 126 a StPO der zuständigen obersten Landesbehörde,
b) die Erhebung der öffentlichen Klage gegen Ärzte, Zahnärzte und Tierärzte dem Institut für Arzneimittel des Bundesgesundheitsamtes
  – Bundesopiumstelle –
  Postfach
  1000 Berlin 33,
a) der Ausgang des Verfahrens
  aa) der zuständigen obersten Landesbehörde,
  bb) der Bundesopiumstelle,
  cc) dem Landeskriminalamt (bei rechtskräftigen Verurteilungen genügt ein Abdruck der Strafnachricht),
  dd) in Fällen von besonderer oder überörtlicher Bedeutung auch dem Bundeskriminalamt.

Anhang 3

Verordnung über den Vollzug des Jugendarrestes (Jugendarrestvollzugsordnung – JAVollzO)
in der Fassung vom 30. November 1976 (BGBl I S. 3271)

§ 1. Vollzugseinrichtungen

(1) Dauerarrest und Kurzarrest von mehr als zwei Tagen werden in Jugendarrestanstalten, Freizeitarrest und Kurzarrest bis zu zwei Tagen in Freizeitarresträumen vollzogen. Freizeitarrest und Kurzarrest bis zu zwei Tagen können auch in einer Jugendarrestanstalt vollzogen werden.
(2) Jugendarrestanstalten dürfen nicht, Freizeitarresträume dürfen nicht gleichzeitig dem Vollzug von Strafe oder dem Vollzug an Erwachsenen dienen. Jugendarrestanstalten und Freizeitarresträume dürfen nicht in Straf- oder Untersuchungshaftanstalten, auch nicht im Verwaltungsteil dieser Anstalten, eingerichtet werden.
(3) Männliche und weibliche Jugendliche werden getrennt. Hiervon darf abgesehen werden, um Jugendlichen die Teilnahme an religiösen und an erzieherischen Maßnahmen zu ermöglichen.
(4) Jugendarrestanstalten sollen nicht weniger als 10 und nicht mehr als 60 Jugendliche aufnehmen können.

§ 2. Leitung des Vollzuges

(1) Vollzugsleiter ist der Jugendrichter am Ort des Vollzuges. Ist dort kein Jugendrichter oder sind mehrere tätig, so ist Vollzugsleiter der Jugendrichter, den die oberste Behörde der Landesjustizverwaltung dazu bestimmt.
(2) Der Vollzugsleiter ist für den gesamten Vollzug verantwortlich. Er kann bestimmte Aufgaben einzelnen oder mehreren Mitarbeitern gemeinschaftlich übertragen.
(3) Die Zusammenarbeit aller an der Erziehung Beteiligten soll durch regelmäßige Besprechungen gefördert werden.

Verordnung über den Vollzug des Jugendarrestes (Jugendarrestvollzugsordnung –JAVollzO)

§ 3. Mitarbeiter

(1) Die Mitarbeiter des Vollzugsleiters sollen erzieherisch befähigt und in der Jugenderziehung erfahren sein. Sie sollen so ausgewählt und angeleitet werden, daß sie mit dem Vollzugsleiter in einer erzieherischen Einheit vertrauensvoll zusammenarbeiten.
(2) Männliche Jugendliche werden von Männern, weibliche Jugendliche von Frauen beaufsichtigt. Hiervon darf abgewichen werden, wenn Unzuträglichkeiten nicht zu befürchten sind.
(3) Nach Bedarf werden Psychologen, Sozialpädagogen, Sozialarbeiter, Lehrer und andere Fachkräfte als Mitarbeiter bestellt.
(4) Ehrenamtliche Mitarbeiter können zur Mitwirkung an der Erziehungsarbeit herangezogen werden.

§ 4. Nachdrückliche Vollstreckung

Der Jugendarrest ist in der Regel unmittelbar nach Rechtskraft des Urteils zu vollziehen.

§ 5. Aufnahme

(1) Der Jugendliche hat sämtliche eingebrachte Sachen, die er während des Vollzuges nicht benötigt, bei der Aufnahme abzugeben und, soweit tunlich, selbst zu verzeichnen. Sie werden außerhalb des Arrestraumes verwahrt. Der Jugendliche wird über seine Rechte und Pflichten unterrichtet. Anschließend wird er, nach Möglichkeit ohne Entkleiden, gründlich aber schonend durchsucht. Männliche Jugendliche dürfen nur von Männern, weibliche Jugendliche nur von Frauen durchsucht werden. Gegenstände oder eingebrachte Sachen, die einem berechtigten Bedürfnis dienen, können dem Jugendlichen belassen werden.
(2) Fürsorgemaßnahmen, die infolge der Freiheitsentziehung erforderlich werden, sind rechtzeitig zu veranlassen.
(3) Weibliche Jugendliche, die über den fünften Monat hinaus schwanger sind, vor weniger als sechs Wochen entbunden haben oder ihr Kind selbst nähren, dürfen nicht aufgenommen werden.

§ 6. Unterbringung

(1) Der Jugendliche wird während der Nacht allein in einem Arrestraum untergebracht, sofern nicht sein körperlicher oder seelischer Zustand eine gemeinsame Unterbringung erfordert.
(2) Während des Tages soll der Jugendliche bei der Arbeit und bei gemeinschaftlichen Veranstaltungen mit anderen Jugendlichen zusammen untergebracht werden, sofern Aufsicht gewährleistet ist und erzieherische

Gründe nicht entgegenstehen. Im Freizeitarrest und Kurzarrest bis zu 2 Tagen kann er auch während des Tages allein untergebracht werden. Erfordert sein körperlicher oder seelischer Zustand eine gemeinsame Unterbringung, so ist er auch während des Tages mit anderen Jugendlichen zusammen unterzubringen.

§ 7. Persönlichkeitserforschung

Der Vollzugsleiter und die an der Erziehung beteiligten Mitarbeiter sollen alsbald ein Bild von dem Jugendlichen und seinen Lebensverhältnissen zu gewinnen versuchen, soweit dies für die Behandlung des Jugendlichen während des Arrestes und für eine Nachbetreuung notwendig ist.

§ 8. Behandlung

(1) An den Jugendlichen sind während des Vollzuges dieselben Anforderungen zu stellen, die bei wirksamer Erziehung in der Freiheit an ihn gestellt werden müssen.
(2) Der Jugendliche ist mit »Sie« anzureden, soweit nicht der Vollzugsleiter etwas anderes bestimmt.
(3) Alle Mitarbeiter haben wichtige Wahrnehmungen, die einen Jugendlichen betreffen, unverzüglich dem Vollzugsleiter zu melden.

§ 9. Verhaltensvorschriften

(1) Der Jugendliche soll durch sein Verhalten zu einem geordneten Zusammenleben in der Anstalt beitragen. Er darf die Ordnung in der Anstalt nicht stören.
(2) Die Anforderungen, die an das Verhalten des Jugendlichen gestellt werden, sind durch die Vollzugsbehörde in besonderen Verhaltensvorschriften zusammenzufassen, die in jedem Arrestraum ausgehängt werden. Diese Verhaltensvorschriften sind so abzufassen, daß sie einem Jugendlichen verständlich sind. Der Sinn der Verhaltensvorschriften und die Anordnungen der Vollzugsbediensteten sollen dem Jugendlichen nahegebracht werden.
(3) Der Jugendliche hat die Anordnungen der Vollzugsbediensteten zu befolgen und die Verhaltensvorschriften zu beachten.

§ 10. Erziehungsarbeit

(1) Der Vollzug soll so gestaltet sein, daß die körperliche, geistige und sittliche Entwicklung des Jugendlichen gefördert wird.
(2) Die Erziehungsarbeit soll im Kurzarrest von mehr als zwei Tagen und im Dauerarrest neben Aussprachen mit dem Vollzugsleiter namentlich so-

Verordnung über den Vollzug des Jugendarrestes (Jugendarrestvollzugsordnung –JAVollzO)

ziale Einzelhilfe, Gruppenarbeit und Unterricht umfassen. Beim Vollzug des Freizeitarrestes und des Kurzarrestes bis zu zwei Tagen soll eine Aussprache mit dem Vollzugsleiter nach Möglichkeit stattfinden.

§ 11. Arbeit und Ausbildung

(1) Der Jugendliche wird zur Arbeit oder nach Möglichkeit zum Unterricht oder zu anderen ausbildenden Veranstaltungen herangezogen. Er ist verpflichtet, fleißig und sorgfältig mitzuarbeiten.
(2) Im Freizeitarrest und während der ersten beiden Tage des Kurzarrestes und des Dauerarrestes kann von der Zuweisung von Arbeit und von der Teilnahme am Unterricht oder an anderen ausbildenden Veranstaltungen abgesehen werden.
(3) Arbeit, Unterricht und andere ausbildende Veranstaltungen außerhalb des Anstaltbereiches kann der Vollzugsleiter aus erzieherischen Gründen mit Zustimmung des Jugendlichen zulassen.
(4) Der Jugendliche erhält kein Arbeitsentgelt.

§ 12. Lebenshaltung

Der Jugendliche trägt seine eigene Kleidung und eigene Wäsche. Während der Arbeit trägt er Anstaltssachen. Dasselbe gilt, wenn die eigene Kleidung oder Wäsche unangemessen ist.
(2) Der Jugendliche erhält ausreichende Kost. Selbstbeköstigung und zusätzliche eigene Verpflegung sind ausgeschlossen. Alkoholgenuß ist nicht gestattet. Rauchen kann Jugendlichen über 16 Jahren gestattet werden.
(3) Der Jugendliche erhält das anstaltsübliche Bettlager und, soweit erforderlich, Mittel zur Körperpflege.
(4) Der Aufenthalt im Freien beträgt, soweit die Witterung es zuläßt und gesundheitliche Gründe nicht entgegenstehen, täglich mindestens eine Stunde. Am Zugangs- und Abgangstag sowie bei Freizeit- und Kurzarrest bis zu zwei Tagen kann von dem Aufenthalt im Freien abgesehen werden.
(5) Der Jugendliche hat die notwendigen Maßnahmen zum Gesundheitsschutz und zur Hygiene zu unterstützen.
§§ 13.-15. (weggefallen)

§ 16. Sport

(1) Im Vollzug des Jugendarrestanstalt wird nach Möglichkeit Sport getrieben. Der Jugendliche ist verpflichtet, daran teilzunehmen.
(2) Wenn in der Jugendarrestanstalt keine geeigneten Anlagen für sportliche Übungen vorhanden sind, kann der Vollzugsleiter mit Zustimmung des Jugendlichen gestatten, Sporteinrichtungen außerhalb der Anstalt zu benutzen.

§ 17. Gesundheitspflege

(1) Der Jugendliche wird bei der Aufnahme oder bald danach und nach Möglichkeit vor der Entlassung ärztlich untersucht und während des Vollzugs, soweit erforderlich, ärztlich behandelt.
(2) Bei Freizeit- oder Kurzarrest bis zu zwei Tagen kann der Vollzugsleiter von der Aufnahme- und der Entlassungsuntersuchung absehen.
(3) Aus Gründen der Gesundheit des Jugendlichen kann der Vollzugsleiter auf Empfehlung des Arztes von Vollzugsvorschriften abweichen.
(4) Erkrankt der Jugendliche und kann er in der Jugendarrestanstalt nicht behandelt werden, so ordnet der Vollstreckungsleiter die Unterbrechung der Vollstreckung an.

§ 18. Freizeit

(1) Der Jugendliche erhält Gelegenheit, seine Freizeit sinnvoll zu verbringen. Er wird hierzu angeleitet. Aus erzieherischen Gründen kann seine Teilnahme an gemeinschaftlichen Veranstaltungen angeordnet werden.
(2) Die Teilnahme an Veranstaltungen außerhalb der Jugendarrestanstalt kann der Vollzugsleiter aus erzieherischen Gründen mit Zustimmung des Jugendlichen zulassen.
(3) Der Jugendliche kann die Anstaltsbücherei benutzen. Aus erzieherischen Gründen kann ihm auch eigener Lesestoff belassen werden.

§ 19. Seelsorge

(1) Eine geordnete Seelsorge ist zu gewährleisten.
(2) Der Jugendliche hat das Recht, den Zuspruch des bestellten Geistlichen seines jetzigen oder früheren Bekenntnisses zu empfangen und an gemeinschaftlichen Gottesdiensten und anderen religiösen Veranstaltungen seines Bekenntnisses in der Anstalt teilzunehmen.
(3) Wenn ein Geistlicher dieses Bekenntnisses nicht bestellt ist, so kann der Jugendliche durch einen Geistlichen seines Bekenntnisses besucht werden.

§ 20. Verkehr mit der Außenwelt

(1) Der Verkehr mit der Außenwelt wird auf dringende Fälle beschränkt. Im Kurzarrest von mehr als zwei Tagen und im Dauerarrest können Schriftwechsel und Besuche aus erzieherischen Gründen zugelassen werden.
(2) Die Entscheidung über die Zulassung des Schriftwechsels und der Besuche ist dem Vollzugsleiter vorbehalten. Ist dieser nicht erreichbar, so trifft der dazu bestimmte Vollzugsbedienstete die Entscheidung.

Verordnung über den Vollzug des Jugendarrestes (Jugendarrestvollzugsordnung – JAVollzO)

§ 21. Ausgang und Ausführung

Fordern wichtige unaufschiebbare Angelegenheiten die persönliche Anwesenheit des Jugendlichen außerhalb der Anstalt, so kann der Vollzugsleiter ihm einen Ausgang gestatten oder ihn ausführen lassen. § 20 Abs. 2 Satz 2 ist anzuwenden.

§ 22. Sicherungsmaßnahmen

(1) Die Jugendlichen, ihre Sachen und die Arresträume dürfen jederzeit durchsucht werden. § 5 Abs. 1 Satz 5 ist anzuwenden.
(2) Gegen einen Jugendlichen, der die Sicherheit oder Ordnung gefährdet oder bei dem die Gefahr der Selbstbeschädigung besteht, können Sicherungsmaßnahmen getroffen werden. Sie dürfen nur solange aufrechterhalten werden, wie sie notwendig sind.
(3) Als Sicherungsmaßnahmen sind nur zulässig
1. Entziehung von Gegenständen, die der Jugendliche zu Gewalttätigkeiten oder sonst mißbrauchen könnte;
2. Absonderung oder Zusammenlegung mit anderen Jugendlichen;
3. die Unterbringung in einem besonders gesicherten Arrestraum ohne gefährdende Gegenstände.

(4) Die Sicherungsmaßnahmen ordnet der Vollzugsleiter an. Bei Gefahr im Verzug darf sie vorläufig auch der die Aufsicht führende Vollzugsbedienstete anordnen. Die Entscheidung des Vollzugsleiters ist unverzüglich einzuholen.
(5) Soweit das Verhalten oder der Zustand des Jugendlichen dies erfordert, ist ein Arzt zu hören.
(6) Die gesetzlichen Vorschriften über die Anwendung unmittelbaren Zwanges bleiben unberührt.

§ 23. Hausstrafen

(1) Gegen einen Jugendlichen, der schuldhaft seine Pflichten verletzt, kann der Vollzugsleiter eine Hausstrafe verhängen. Der Jugendliche wird vorher gehört.
(2) Die Hausstrafe wird durch schriftliche Verfügung verhängt. Diese wird dem Jugendlichen mit kurzer Begründung eröffnet.
(3) Hausstrafen sind
1. der Verweis,
2. die Beschränkung oder Entziehung des Lesestoffes auf bestimmte Dauer,
3. Verbot des Verkehrs mit der Außenwelt bis zu zwei Wochen,
4. Ausschluß von Gemeinschaftsveranstaltungen und
5. abgesonderte Unterbringung.

(4) Ist eine Hausstrafe teilweise vollzogen, so kann der Vollzugsleiter von der weiteren Vollstreckung absehen, wenn der Zweck der Hausstrafe bereits durch den teilweisen Vollzug erreicht ist.

§ 24. Bitten und Beschwerden

Dem Jugendlichen wird Gelegenheit gegeben, Bitten und Vorstellungen sowie Beschwerden in Angelegenheiten, die ihn selbst betreffen, an den Vollzugsleiter zu richten.

§ 25. Zeitpunkt der Aufnahme und der Entlassung

(1) Für die Vollstreckung von Dauerarrest und Kurzarrest wird der Tag zu 24 Stunden, die Woche zu sieben Tagen gerechnet. Die Arrestzeit wird von der Annahme zum Vollzug ab nach Tagen und Stunden berechnet. Die Stunde, in deren Verlauf der Jugendliche angenommen worden ist, wird voll angerechnet.
(2) Der Jugendliche wird am Tage des Ablaufs der Arrestzeit vorzeitig entlassen, soweit das nach den Verkehrsverhältnissen oder zur alsbaldigen Wiederaufnahme der beruflichen Arbeit des Jugendlichen erforderlich ist.
(3) Der Freizeitarrest beginnt am Sonnabend um 8.00 Uhr oder, wenn der Jugendliche an diesem Tag vormittags arbeitet oder die Schule besuchen muß, um 15.00 Uhr. Ausnahmen werden nur zugelassen, soweit die Verkehrsverhältnisse dazu zwingen. Der Freizeitarrest endet am Montag um 7.00 Uhr. Der Jugendliche kann vorzeitig, auch schon am Sonntagabend entlassen werden, wenn er nur so seine Arbeitsstätte oder die Schule am Montag rechtzeitig erreichen kann.
(4) Absatz 3 gilt entsprechend, wenn die Freizeit des Jugendlichen auf andere Tage fällt.

§ 26. Fürsorge für die Zeit nach der Entlassung

(1) Fürsorgemaßnahmen, die für die Zeit nach der Entlassung des Jugendlichen notwendig sind und nicht schon anderweitig veranlaßt worden sind, werden in Zusammenarbeit mit den Trägern der öffentlichen und freien Jugendhilfe vorbereitet.
(2) Ist es den Umständen nach angemessen, daß der Jugendliche nach der Entlassung ein öffentliches Verkehrsmittel nach seinem Wohn- oder Arbeitsort benutzt, so wird ihm eine Fahrkarte aus Hausmitteln beschafft, wenn die eigenen Mittel des Jugendlichen nicht ausreichen oder aus Billigkeitsgründen nicht in Anspruch genommen werden sollen.
(3) Maßnahmen nach den Absätzen 1 und 2 sind, soweit erforderlich, auch im Fall des § 17 Abs. 4 zu veranlassen.

Verordnung über den Vollzug des Jugendarrestes (Jugendarrestvollzugsordnung –JAVollzO)

§ 27. Schlußbericht

(1) Bei Dauerarrest faßt der Vollzugsleiter über jeden Jugendlichen einen Schlußbericht ab, in dem er sich zu dessen Führung und, soweit dies möglich ist, auch zu dessen Persönlichkeit sowie zur Wirkung des Arrestvollzuges äußert. Der Bericht wird zu den Vollzugs- und den Strafakten gebracht. Eine Abschrift ist dem Jugendamt, bei unter Bewährungsaufsicht stehenden Jugendlichen auch dem zuständigen Bewährungshelfer und bei Jugendlichen in Fürsorgeerziehung auch der Fürsorgeerziehungsbehörde zuzuleiten.
(2) Bei Freizeit- und Kurzarrest wird ein Schlußbericht nur bei besonderem Anlaß abgefaßt.

§ 28. Vollzug von Jugendarrest in Fürsorgeerziehungsheimen

(1) Der Jugendarrest soll nur dann in einem Fürsorgeheim vollzogen werden, wenn es wichtige erzieherische Gründe rechtfertigen.
(2) Wird der Jugendarrest in einem Fürsorgeerziehungsheim vollzogen, so gelten die Vorschriften dieser Verordnung entsprechend. An die Stelle des Jugendrichters tritt als Vollzugsleiter der Leiter des Fürsorgeerziehungsheimes.

§ 29. (weggefallen)

§ 30. Heranwachsende

Die Vorschriften dieser Verordnung gelten auch für Heranwachsende.

§ 31. (weggefallen)

§ 32. Berlin-Klausel

Diese Verordnung gilt nach § 14 des Dritten Überleitungsgesetzes vom 4. Januar 1952 (Bundesgesetzbl. I S. 1) in Verbindung mit § 124 des Jugendgerichtsgesetzes vom 4. August 1953 (Bundesgesetzbl. I S. 751) in der Fassung der Bekanntmachung vom 11. Dezember 1974 (Bundesgesetzbl. I S. 3427) auch im Land Berlin.

§ 33. Inkrafttreten

Diese Verordnung tritt am 1. Oktober 1966* in Kraft.

---

* (Amtliche Anmerkung:) § 33 betrifft das Inkrafttreten der Verordnung in der ursprünglichen Fassung vom 12. August 1966. Der Zeitpunkt des Inkrafttretens der späteren Änderungen ergibt sich aus den Änderungsverordnungen.

Anhang 4

Verordnung über den Vollzug von Freiheitsstrafe, Strafarrest, Jugendarrest und Disziplinararrest durch Behörden der Bundeswehr (Bundeswehrvollzugsordnung – BwVollzO)

Vom 29. November 1972 (BGBl I S. 2205) mit späteren Änderungen

Auf Grund des Artikels 7 des Einführungsgesetzes zum Wehrstrafgesetz vom 30. März 1957 (Bundesgesetzbl. I S. 306) und des § 115 des Jugendgerichtsgesetzes vom 4. August 1953 (Bundesgesetzbl. I S. 751), 1/ beide zuletzt geändert durch das Gesetz zur Neuordnung des Wehrdisziplinarrechts vom 21. August 1972 (Bundesgesetzbl. I S. 1481), wird von der Bundesregierung mit Zustimmung des Bundesrates und auf Grund des § 49 Abs. 4 der Wehrdisziplinarordnung in der Fassung der Bekanntmachung vom 4. September 1972 (Bundesgesetzbl. I S. 1665) von dem Bundesminister der Verteidigung verordnet:

§ 1. Geltungsbereich

Diese Verordnung gilt für den Vollzug von Freiheitsstrafe, Strafarrest und Jugendarrest sowie für den Vollzug von Disziplinararrest an Soldaten durch Behörden der Bundeswehr.

§ 2. Behandlungsgrundsatz

(1) Im Vollzug soll die Bereitschaft des Soldaten gefördert werden, ein gesetzmäßiges Leben zu führen, namentlich seine soldatischen Pflichten zu erfüllen.
(2) Der Soldat nimmt in der Regel am Dienst teil.

§ 3. Vollzugseinrichtungen

(1) Der Vollzug wird in militärischen Anlagen und Einrichtungen und, soweit der Soldat am Dienst teilnimmt, bei einer militärischen Einheit oder Dienststelle durchgeführt.

(2) Der Soldat wird von anderen Soldaten getrennt in einem Arrestraum untergebracht, soweit er nicht wegen der Teilnahme am Dienst oder wegen seiner Beschäftigung außerhalb des Arrestraumes eingesetzt wird.

§ 4. Vollzugsleiter und Vollzugshelfer

(1) Die Vollzugsbehörden der Bundeswehr bestellen Vollzugsleiter und Vollzugshelfer; der Vollzugsleiter und die Vollzugshelfer sind für die Dauer des Vollzugs Vorgesetzte des Soldaten nach § 3 der Verordnung über die Regelung des militärischen Vorgesetztenverhältnisses.
(2) Der Vollzugsleiter ist für die ordnungsgemäße Durchführung des Vollzuges verantwortlich; er trifft die im Rahmen des Vollzuges erforderlichen Entscheidungen.
(3) Die Vollzugshelfer unterstützen den Vollzugsleiter nach dessen Weisungen in der Durchführung des Vollzuges.

§ 5. Dauer der Freiheitsentziehung

(1) Die Dauer der Freiheitsentziehung wird nach Tagen berechnet; dabei ist die Woche mit sieben Tagen, der Monat nach der Kalenderzeit zu berechnen.
(2) Der Tag, an dem sich der Soldat zum Vollzug meldet, und der Tag, an dem er entlassen wird, sind voll anzurechnen; das gleiche gilt, wenn der Vollzug unterbrochen wird.
(3) Der Freiheitsarrest beginnt am Sonnabend um 8.00 Uhr und endet am Montag eine Stunde vor Dienstbeginn.
(4) Wird Freiheitsstrafe, Strafarrest oder Jugendarrest vollzogen und fällt der Entlassungszeitpunkt auf den ersten Werktag nach Ostern oder Pfingsten oder in die Zeit vom 22. Dezember bis zum 2. Januar, so kann der Soldat an dem diesem Tag oder Zeitraum vorhergehenden Werktag entlassen werden, wenn dies nach der Länge der Freiheitsentziehung vertretbar ist und keine Nachteile für die Disziplin zu besorgen sind.

§ 6. Vollzugsplan

Der Vollzugsleiter hat einen auf die Persönlichkeit des Soldaten ausgerichteten Vollzugsplan zu erstellen, soweit dies wegen der Teilnahme des Soldaten am Dienst oder wegen seiner Beschäftigung geboten erscheint. Der Vollzugsplan ist dem Soldaten zu eröffnen. Die Anordnungen im Vollzugsplan können widerrufen oder geändert werden, soweit die Persönlichkeit des Soldaten, die Sicherheit oder Ordnung im Vollzug oder die militärische Ordnung dies erfordern; dies ist unter Angabe der Gründe im Vollzugsplan zu vermerken.

§ 7. Ärztliche Untersuchung vor Beginn des Vollzuges

Der Disziplinarvorgesetzte veranlaßt vor Beginn des Vollzuges eine ärztliche Untersuchung, wenn ihm Anhaltspunkte dafür bekanntgeworden sind, daß der Gesundheitszustand des Soldaten den Vollzug nicht zuläßt. Ist der Soldat nicht vollzugstauglich, so hat
1. der vollstreckende Vorgesetzte, wenn Disziplinararrest zu vollziehen ist, die Vollstreckung aufzuschieben.
2. der Vollzugsleiter, wenn Freiheitsstrafe oder Strafarrest zu vollziehen ist, die Entscheidung der Vollstreckungsbehörde, wenn Jugendarrest zu vollziehen ist, die Entscheidung des Vollstreckungsleiters herbeizuführen.

§ 8. Mitnahme dienstlicher und persönlicher Gegenstände

(1) Der Soldat hat zum Vollzug nur die Gegenstände mitzubringen, die für den dienstlichen und persönlichen Gebrauch als notwendig bestimmt worden sind. Lichtbilder nahestehender Personen, Erinnerungsstücke von persönlichem Wert sowie Gegenstände des religiösen Gebrauchs sind ihm zu belassen. Der Besitz von Büchern und anderen Gegenständen zur Fortbildung oder zur sonstigen Freizeitbeschäftigung ist ihm in angemessenem Umfang zu gestatten, soweit der Besitz oder die Überlassung oder Benutzung nicht mit Strafe oder Geldbuße bedroht ist oder die Sicherheit oder Ordnung im Vollzug oder die militärische Ordnung gefährden würde.
(2) Entscheidungen nach Absatz 1 können eingeschränkt oder widerrufen werden, soweit sich nachträglich ergibt, daß die Voraussetzungen für die Entscheidung nicht mehr gegeben sind.
(3) Der Soldat, seine Sachen und der Arrestraum dürfen durchsucht werden. Gegenstände, die der Soldat nicht besitzen darf, sind ihm abzunehmen und für ihn aufzubewahren.

§ 9. Pflichten und Rechte des Soldaten

Der Soldat hat auch während des Vollzuges die Pflichten und Rechte des Soldaten, soweit sich nicht aus den Vorschriften über den Vollzug etwas anderes ergibt.

§ 10. Teilnahme am Dienst und Beschäftigung

(1) Der Soldat soll während des Vollzuges in seiner Ausbildung gefördert werden. In der Regel soll er bei einer militärischen Einheit, wenn dies nicht möglich oder nicht tunlich ist, bei einer militärischen Dienststelle am Dienst teilnehmen; die Teilnahme kann auf bestimmte Arten des Dienstes oder auf eine bestimmte Zeit beschränkt werden. Ist die Teilnahme am

Dienst wegen der Persönlichkeit des Soldaten, der Art des Dienstes, der Kürze des Vollzuges oder aus anderen Gründen nicht tunlich, so soll der Soldat nach Möglichkeit in einer Weise beschäftigt werden, die seine Ausbildung fördert.
(2) Soweit der Soldat nicht am Dienst teilnimmt oder in anderer Weise beschäftigt wird, kann er innerhalb dienstlicher Unterkünfte und Anlagen zu Arbeiten herangezogen werden, die dem Erziehungszweck und den Fähigkeiten des Soldaten angemessen sind.
(3) Der Soldat darf nicht zum Wachdienst eingeteilt und nicht zu Sicherheitsaufgaben herangezogen werden.

§ 11. Aufenthalt im Freien

Dem Soldaten wird täglich mindestens eine Stunde Aufenthalt ermöglicht, wenn die Witterung dies zu der festgesetzten Zeit zuläßt. Der Aufenthalt im Freien kann versagt werden, wenn der Soldat während des Dienstes oder seiner Beschäftigung sich schon mindestens eine Stunde im Freien aufgehalten hat.

§ 12. Verpflegung, persönlicher Bedarf

Der Soldat erhält Truppenverpflegung; Tabakwaren, andere Genußmittel, zusätzliche Nahrungsmittel und Mittel zur Körperpflege sind in angemessenem Umfang gestattet. Gegenstände, die die Sicherheit oder Ordnung im Vollzug gefährden, können ausgeschlossen werden. Besitz und Genuß alkoholischer Getränke sowie anderer Rauschmittel sind untersagt.

§ 13. Seelsorgerische Betreuung

(1) Der Soldat hat Anspruch auf seelsorgerische Betreuung durch einen Militärgeistlichen seiner Religionsgemeinschaft. Ist ein solcher Militärgeistlicher nicht bestellt, so ist dem Soldaten nach Möglichkeit zu helfen, mit einem Seelsorger seines Bekenntnisses in Verbindung zu treten.
(2) Dem Soldaten ist Gelegenheit zu geben, am Gottesdienst und an anderen religiösen Veranstaltungen seines Bekenntnisses innerhalb der militärischen Anlage oder Einrichtung, in der der Vollzug durchgeführt wird, teilzunehmen.
(3) Besteht an Sonntagen oder gesetzlichen Feiertagen keine Möglichkeit zur Teilnahme am Gottesdienst innerhalb der militärischen Anlage oder Einrichtung, so darf der Soldat im Standort an einem Gottesdienst seines Bekenntnisses teilnehmen; das gilt auch an sonstigen kirchlichen Feiertagen, soweit ihm außerhalb des Vollzuges Dienstbefreiung zu erteilen wäre.
(4) Die Teilnahme an Gottesdiensten und religiösen Veranstaltungen kann aus Gründen der Sicherheit oder Ordnung untersagt werden. Die Teil-

nahme am Gottesdienst im Standort kann auch zeitlich oder auf den Gottesdienst in einer bestimmten Kirche beschränkt werden.

§ 14. Ärztliche Betreuung

(1) Der Soldat erhält ärztliche Betreuung durch den Truppenarzt im Rahmen der freien Heilfürsorge.
(2) Aus Gründen der Gesundheit kann der Vollzugsleiter auf Vorschlag des Truppenarztes von Vollzugsvorschriften abweichen; solche Abweichungen sind im Vollzugsplan zu vermerken.

§ 15. Brief- und Paketpost

(1) Der Soldat darf Brief- und Paketpost empfangen und absenden. Sein Schriftverkehr wird nicht überwacht. Pakete und Päckchen darf der Soldat nur unter Aufsicht öffnen oder verpacken; dies gilt nicht, wenn Disziplinararrest vollzogen wird.
(2) Ist gegen den Soldaten in einer anderen Sache die Untersuchungshaft angeordnet, so gelten die Bestimmungen des Absatzes 1 nur, soweit nicht der Richter hinsichtlich der Überwachung des Postverkehrs des Soldaten andere Anordnungen trifft.

§ 16. Empfang von Besuchen

(1) Der Soldat darf wöchentlich einmal Besuch empfangen. Weitere Besuche können gestattet werden, insbesondere wenn ein wichtiger Grund vorliegt und der Vollzug nicht gefährdet wird. Besuche können untersagt oder überwacht werden, soweit dies für die Sicherheit und Ordnung im Vollzug notwendig ist; die Unterhaltung des Soldaten mit Besuchern darf nur dann überwacht werden, wenn es aus diesen Gründen unerläßlich ist.
(2) Die Beschränkungen des Absatzes 1 gelten nicht für Besuche von Verteidigern sowie von Rechtsanwälten und Notaren in einer den Soldaten betreffenden Rechtssache. Sie gelten ferner nicht für Besuche von Vertretern der Jugendgerichtshilfe und, wenn der Soldat unter Bewährungsaufsicht steht oder Erziehungshilfe angeordnet ist, für Besuche des Bewährungshelfers und des Erziehungshelfers.
(3) Ist gegen den Soldaten in einer anderen Sache die Untersuchungshaft angeordnet, so gelten die Bestimmungen des Absatzes 1 nur, soweit nicht der Richter hinsichtlich der Überwachung der Besuche andere Anordnungen trifft.

§ 17. Vollzugserleichterungen

(1) Der Vollzugsleiter kann dem Soldaten wegen dringender persönlicher Gründe Urlaub bis zu sieben Tagen erteilen. Durch den Urlaub wird die Vollstreckung nicht unterbrochen.

(2) Ist Strafe oder Arrest mehr als einen Monat ununterbrochen vollzogen worden, so können dem Soldaten bei guter Führung auch andere Vollstreckungserleichterungen bewilligt werden, soweit dies mit der Sicherheit und Ordnung vereinbar ist. Als besondere Erleichterungen können das Verlassen des Arrestgebäudes oder der militärischen Anlage oder Einrichtung auch außerhalb der Dienstzeit und für jeden Monat ununterbrochenen Vollzuges ein Tag Urlaub bewilligt werden. Der Urlaub ist auf den Jahresurlaub anzurechnen; Absatz 1 Satz 2 gilt entsprechend.

(3) Die Vollzugserleichterungen können eingeschränkt oder widerrufen werden, soweit sich nachträglich ergibt, daß die Voraussetzungen für ihre Bewilligung nicht mehr gegeben sind.

§ 18. Vollzugsuntauglichkeit

(1) Wird der Soldat wegen Krankheit in ein Bundeswehrkrankenhaus oder in eine andere Krankenanstalt verbracht oder ist er nach Feststellung des Truppenarztes sonst nicht mehr vollzugstauglich, so hat der Vollzugsleiter, wenn Disziplinararrest vollzogen wird, die Entscheidung der Vollstreckungsbehörde, und wenn Jugendarrest vollzogen wird, die Entscheidung des Vollstreckungsleiters herbeizuführen, ob die Vollstreckung unterbrochen wird.

(2) Bis zur Entscheidung über die Unterbrechung der Vollstreckung kann von den Vollzugsvorschriften abgewichen werden.

§ 19. Ordnung und Sicherheit im Vollzug

(1) Verstößt ein Soldat gegen die Ordnung oder gefährdet er die Sicherheit im Vollzug, so können besondere Maßnahmen getroffen werden. Sie dürfen nur insoweit und so lange aufrechterhalten werden, als notwendig ist, um die Sicherheit oder Ordnung im Vollzug zu gewährleisten oder wiederherzustellen.

(2) Als besondere Maßnahmen sind zulässig:
1. der Entzug oder die Vorenthaltung von Gegenständen, die der Soldat zu Gewalttätigkeiten, zur Flucht, zum Selbstmord oder zur Selbstbeschädigung oder sonst mißbrauchen könnte,
2. die Beobachtung bei Nacht,
3. der Entzug oder die Beschränkung des Aufenthaltes im Freien,
4. die Unterbringung in einem besonders gesicherten Arrestraum ohne gefährdende Gegenstände.

Maßnahmen nach den Nummern 1 und 2 sind unzulässig, wenn der Soldat nur gegen die Ordnung im Vollzug verstößt.
(3) Mehrere Maßnahmen können nebeneinander angeordnet werden, soweit die Ordnung oder Sicherheit im Vollzug nur dadurch gewährleistet oder wiederhergestellt werden kann. Eine in ihrer Wirkung schärfere Maßnahme darf nur angeordnet werden, wenn eine leichtere keinen Erfolg verspricht.
(4) Die Anordnungen sind unter Angabe der Gründe im Vollzugsplan zu vermerken oder sonst aktenkundig zu machen. Sie können bei Gefahr im Verzug auch vorläufig von den Vollzugshelfern getroffen werden; in diesen Fällen ist die Entscheidung des Vollzugsleiters unverzüglich einzuholen.

§ 20. **Behandlung von Beschwerden**

Für Beschwerden gegen unrichtige Behandlung durch militärische Vorgesetzte oder Dienststellen der Bundeswehr im Vollzug gelten die Vorschriften der Wehrbeschwerdeordnung.

§ 21. **Einschränkungen von Grundrechten**

Das Grundrecht der körperlichen Unversehrtheit (Artikel 2 Abs. 2 Satz 1 des Grundgesetzes) sowie das Grundrecht des Postgeheimnisses (Artikel 10 Abs. 1 des Grundgesetzes) werden nach Maßgabe dieser Verordnung eingeschränkt.

§ 22. **Vollzug durch allgemeine Vollzugsbehörden**

(aufgehoben)

§ 23. **Inkrafttreten**

(1) Diese Verordnung tritt am Tage nach ihrer Verkündung* in Kraft.
(2) Gleichzeitig treten die Rechtsverordnung über den Vollzug des Strafarrestes vom 25. August 1958 (Bundesgesetzbl. I S. 647) und § 29 der Verordnung über den Vollzug des Jugendarrestes vom 12. August 1966 (Bundesgesetzbl. I S. 505) außer Kraft.

---

* Verkündung: 2. 12. 1972.

Anhang 5

Verwaltungsvorschriften zum Jugendstrafvollzug (VVJug)
Vereinbarungen der Landesjustizverwaltungen[1]

[1] Bundeseinheitlich in Kraft getreten mit Wirkung vom 1. Januar 1977, einschließlich der ab 1.4.1994 geltenden Änderung

Inhaltsübersicht	Nr.
Aufnahmeverfahren	1
Persönlichkeitserforschung, Beteiligung des Gefangenen	2
Vollzugsplan	3
Verlegung, Überstellung	4
Offener Vollzug	5
Lockerungen des Vollzuges	6
Ausführung aus besonderen Gründen	7
Urlaub aus der Haft	8
Weisungen, Aufhebung von Lockerungen und Urlaub	9
Entlassungsvorbereitung	10
Entlassungszeitpunkt	11
Unterbringung während der Arbeit und Freizeit	12
Unterbringung während der Ruhezeit	13
Ausstattung des Haftraums durch den Gefangenen und sein persönlicher Besitz	14
Kleidung	15
Anstaltsverpflegung	16
Einkauf	17
Grundsatz (zu den Außenkontakten)	18
Recht auf Besuch	19
Besuchsverbot	20
Besuche von Verteidigern, Rechtsanwälten, Notaren, Beiständen und Vertretern der Jugendhilfe	21
Überwachung der Besuche	22
Recht auf Schriftwechsel	23
Überwachung des Schriftwechsels	24
Weiterleitung von Schreiben, Aufbewahrung	25
Anhalten von Schreiben	26
Ferngespräche und Telegramme	27
Pakete	28
Verwertung von Kenntnissen	29
Urlaub, Ausgang und Ausführung aus wichtigem Anlaß	30
Gerichtliche Termine	31
Berufliche Bildung, Arbeit	32
Unterricht	33
Freies Beschäftigungsverhältnis, Selbstbeschäftigung	34
Zeugnisse	35
Arbeitspflicht	36
Freistellung von der Arbeit	37
Arbeitsentgelt	38
Ausbildungsbeihilfe	39
Taschengeld	40
Hausgeld	41
Haftkostenbeitrag	42
Überbrückungsgeld	43
Seelsorge	44
Religiöse Veranstaltungen	45
Weltanschauungsgemeinschaften	46
Allgemeine Regeln für die Gesundheitsfürsorge	47
Maßnahmen zur Früherkennung von Krankheiten	48
Krankenpflege	49

Verwaltungsvorschriften zum Jugendstrafvollzug (VVJug)

Inhaltsübersicht	Nr.	Inhaltsübersicht	Nr.
Art und Umfang der Leistungen	50	Fesselung	81
Krankenpflege im Urlaub	51	Anordnung besonderer Sicherungsmaßnahmen	82
Ausstattung mit Hilfsmitteln	52	Ärztliche Überwachung	83
Zuschüsse zu Zahnersatz und Zahnkronen	53	Ersatz von Aufwendungen	84
Ärztliche Behandlung zur sozialen Eingliederung	54	Unmittelbarer Zwang	85
		Pflichtverstöße	86
Aufenthalt im Freien	55	Arten der Disziplinarmaßnahmen	87
Verlegung	56	Vollzug der Disziplinarmaßnahmen, Aussetzung zur Bewährung	88
Benachrichtigung bei Erkrankung oder Todesfall	57	Disziplinarbefugnis	89
Freizeitbeschäftigung	58	Verfahren	90
Zeitungen und Zeitschriften	59	Mitwirkung des Arztes	91
Hörfunk und Fernsehen	60	Beschwerderecht	92
Besitz von Gegenständen für die Freizeitbeschäftigung	61	Strafvollstreckung und Untersuchungshaft	93
Soziale Hilfe	62	Trennung	94
Hilfe bei der Aufnahme	63	Arbeitsbeschaffung, Gelegenheit zur beruflichen Bildung	95
Hilfe während des Vollzuges	64		
Hilfe zur Entlassung	65	Arbeitsbetriebe, Einrichtungen zur beruflichen Bildung	96
Entlassungsbeihilfe	66		
Mutterschaftshilfe	67	Vollzugsgemeinschaften	97
Arznei-, Verband- und Heilmittel	68	Aufsichtsbehörden	98
Art und Umfang der Mutterschaftshilfe	69	Vollstreckungsplan	99
		Zuständigkeit für Verlegungen	100
Geburtsanzeige	70	Zusammenarbeit	101
Mütter mit Kindern	71	Vollzugsbedienstete	102
Sicherheit und Ordnung	72	Anstaltsleiter, Vollzugsleiter	103
Verhaltensvorschriften	73	Seelsorge	104
Persönlicher Gewahrsam, Eigengeld	74	Ärztliche Versorgung	105
		Konferenzen	106
Durchsuchung	75	Gefangenenmitverantwortung	107
Sichere Unterbringung	76	Hausordnung	108
Erkennungsdienstliche Maßnahmen	77	Kriminologische Forschung	109
Nachteile	78	Einbehaltung von Beitragsteilen	110
Besondere Sicherungsmaßnahmen	79	Dienst- und Sicherheitsvorschriften	111
Einzelhaft	80		

Der Vollzug der Jugendstrafe ist nur durch wenige gesetzliche Vorschriften, insbesondere des Jugendgerichtsgesetzes, des Strafvollzugsgesetzes und des Einführungsgesetzes zum Gerichtsverfassungsgesetz geregelt.
Um die Jugendstrafe in den Bundesländern nach einheitlichen Grundsätzen vollziehen zu können, haben die Landesjustizverwaltungen Verwaltungsvorschriften vereinbart. Diese lehnen sich, soweit wegen der Besonderheiten des Jugendstrafvollzugs keine Abweichungen geboten sind, an die Vorschriften des Strafvollzugsgesetzes und die hierzu ergangenen Verwaltungsvorschriften an. Ihre Geltungsdauer ist zeitlich begrenzt; sie sollen lediglich die Übergangszeit bis zum Erlaß umfassender gesetzlicher Regelungen überbrücken.

1. Aufnahmeverfahren

(1) Während des Aufnahmeverfahrens sollen andere Gefangene nicht zugegen sein.
(2) Der Gefangene wird über seine Rechte und Pflichten unterrichtet.
(3) Nach der Aufnahme wird der Gefangene alsbald ärztlich untersucht und dem Leiter der Anstalt oder der Aufnahmeabteilung vorgestellt.
(4) Durch die ärztliche Untersuchung soll der Gesundheitszustand des Gefangenen einschließlich der Körpergröße, des Körpergewichts und des Zustandes des Gebisses festgestellt werden; insbesondere ist zu prüfen, ob der Gefangene vollzugstauglich, ob er ärztlicher Behandlung bedürftig, ob er seines Zustandes wegen anderen gefährlich, ob und in welchem Umfang er arbeitsfähig und zur Teilnahme am Sport tauglich ist und ob gesundheitliche Bedenken gegen die Einzelunterbringung bestehen. Das Ergebnis der Untersuchung ist schriftlich niederzulegen.

2. Persönlichkeitserforschung. Beteiligung des Gefangenen

(1) Nach dem Aufnahmeverfahren wird damit begonnen, die Persönlichkeit und die Lebensverhältnisse des Gefangenen zu erforschen.
(2) Die Untersuchung erstreckt sich auf die Umstände, deren Kenntnis für einen planvollen Erziehungsvollzug und für die Eingliederung des Gefangenen nach seiner Entlassung notwendig ist.
(3) Die Planung des Vollzuges wird mit dem Gefangenen erörtert.

3. Vollzugsplan

(1) Auf Grund der Persönlichkeitserforschung (Nr. 2) wird ein Vollzugsplan erstellt.
(2) Der Vollzugsplan enthält Angaben mindestens über folgende Erziehungsmaßnahmen:
1. die Unterbringung im geschlossenen oder offenen Vollzug,

2. die Zuweisung zu Wohngruppen und Erziehungsgruppen,
3. eine schulische Aus- oder Weiterbildung,
4. Maßnahmen der beruflichen Ausbildung, Fortbildung oder Umschulung,
5. die Teilnahme an Veranstaltungen der Weiterbildung,
6. den Arbeitseinsatz,
7. besondere Hilfs- und Erziehungsmaßnahmen,
8. Teilnahme an Sport und Freizeit,
9. Gestaltung der Außenkontakte,
10. Lockerungen des Vollzuges und Urlaub,
11. notwendige Maßnahmen zur Vorbereitung der Entlassung.
(3) Der Vollzugsplan ist mit der Entwicklung des Gefangenen und weiteren Ergebnissen der Persönlichkeitserforschung in Einklang zu halten. Hierfür sind im Vollzugsplan angemessene Fristen vorzusehen.
(4) Der Vollzugsplan wird dem Vollstreckungsleiter bekanntgegeben.

4. Verlegung. Überstellung

(1) Der Gefangene kann abweichend vom Vollstreckungsplan in eine andere für den Vollzug der Jugendstrafe zuständige Anstalt verlegt werden,
1. wenn die Erziehung des Gefangenen oder seine Eingliederung nach der Entlassung hierdurch gefördert wird oder
2. wenn dies aus Gründen der Vollzugsorganisation oder aus anderen wichtigen Gründen erforderlich ist.
(2) Der Gefangene darf aus wichtigem Grund in eine andere Vollzugsanstalt überstellt werden.
(3) Wichtige Gründe für eine Überstellung sind namentlich
a) Besuchzusammenführung, wenn ein Besuch in der Anstalt nicht oder nur mit erheblichen Schwierigkeiten möglich ist;
b) Ausführung und Ausgang am Ort oder in Ortsnähe einer anderen Anstalt;
c) Vorführung und Ausantwortung am Ort oder in Ortsnähe einer anderen Anstalt;
d) Begutachtung und ärztliche Untersuchungen;
e) Teilnahme an befristeten schulischen oder beruflichen Maßnahmen.
(4) Überstellungen sind nur im Einvernehmen mit der aufnehmenden Anstalt zulässig. Dies gilt nicht bei Vorführungen und Ausantwortungen.
(5) Auf begründeten Antrag darf der Gefangene einer Polizeibehörde befristet ausgeantwortet werden.

5. Offener Vollzug

Ein Gefangener kann in einer Anstalt oder Abteilung des offenen Vollzuges untergebracht werden, wenn er den besonderen Anforderungen des offenen Vollzuges genügt und eine Erprobung verantwortet werden kann.

6. Lockerungen des Vollzuges

(1) Als Lockerung des Vollzuges kann namentlich angeordnet werden, daß der Gefangene
1. außerhalb der Anstalt regelmäßig eine Beschäftigung unter Aufsicht (Außenbeschäftigung) oder ohne Aufsicht eines Vollzugsbediensteten (Freigang) nachgehen darf oder
2. für eine bestimmte Tageszeit die Anstalt unter Aufsicht (Ausführung) oder ohne Aufsicht eines Vollzugsbediensteten (Ausgang) verlassen darf.

Lockerungen des Vollzuges werden nur zum Aufenthalt innerhalb des Geltungsbereiches des Jugendgerichtsgesetzes gewährt.

(2) Außenbeschäftigung, Freigang und Ausgang dürfen mit Zustimmung des Gefangenen angeordnet werden, wenn eine Erprobung verantwortet werden kann.

(3) Bei der Außenbeschäftigung wird der Gefangene entweder ständig und unmittelbar oder ständig oder in unregelmäßigen Zeitabständen durch einen Vollzugsbediensteten beaufsichtigt.

(4) Freigang kann auch in der Weise angeordnet werden, daß ein Dritter schriftlich verpflichtet wird, die Anstalt unverzüglich zu benachrichtigen, wenn der Gefangene nicht rechtzeitig erscheint, sich ohne Erlaubnis entfernt oder sonst ein besonderer Anlaß (z. B. Erkrankung, Trunkenheit) hierzu besteht.

(5) Die Anstalt überprüft das Verhalten des Gefangenen während des Freigangs in unregelmäßigen Abständen.

(6) Der Anstaltsleiter überträgt die Ausführung des Gefangenen besonders geeigneten Bediensteten.

(7) Vor der Außenbeschäftigung und der Ausführung erteilt er den Bediensteten die nach Lage des Falles erforderlichen Weisungen.

(8) Außenbeschäftigung, Freigang und Ausgang sind ausgeschlossen bei Gefangenen,
a) gegen die während des laufenden Freiheitsentzuges eine Strafe vollzogen wurde oder zu vollziehen ist, welche wegen in § 74 a Abs. 1 GVG genannter Straftaten von dem Jugendgericht oder gemäß § 74 a GVG in Verbindung mit § 103 Abs. 2 Satz 2 JGG von der Strafkammer oder gemäß § 120 Abs. 1 und 2 GVG vom Oberlandesgericht im ersten Rechtszug verhängt worden ist,

b) gegen die Untersuchungs-, Auslieferungs- oder Abschiebungshaft angeordnet ist,
c) gegen die eine vollziehbare Ausweisungsverfügung für den Geltungsbereich des Jugendgerichtsgesetzes besteht und die aus der Haft abgeschoben werden sollen,
d) gegen die eine freiheitsentziehende Maßregel der Besserung und Sicherung oder eine sonstige Unterbringung gerichtlich angeordnet und noch nicht vollzogen ist.

(9) In den Fällen des Absatzes 8 Buchstaben a, c und d sind Ausnahmen mit Zustimmung der Aufsichtsbehörde zulässig. In den Fällen des Buchstabens a ist die Vollstreckungsbehörde, in den Fällen des Buchstabens d das zuständige Gericht zu hören. In den Fällen des Buchstabens c bedürfen Ausnahmen des Benehmens mit der zuständigen Ausländerbehörde.

(10) Die Lockerungen nach Absatz 8 sind nur zulässig, wenn der Gefangene für diese Maßnahmen geeignet ist, insbesondere eine Erprobung verantwortet werden kann. Bei der Entscheidung ist zu berücksichtigen, ob der Gefangene durch sein Verhalten im Vollzug die Bereitschaft gezeigt hat, an der Erreichung des Erziehungszieles mitzuwirken.

(11) Ungeeignet für eine Lockerung nach Absatz 8 sind in der Regel namentlich Gefangene,
a) die erheblich suchtgefährdet sind,
b) die während des laufenden Freiheitsentzuges einen Ausbruch unternommen oder sich an einer Gefangenenmeuterei beteiligt haben,
c) bei denen zureichende tatsächliche Anhaltspunkte dafür gegeben sind, daß sie während des letzten Urlaubs oder Ausgangs eine strafbare Handlung begangen haben,
d) gegen die ein Ausweisungs-, Auslieferungs-, Ermittlungs- oder Strafverfahren anhängig ist,
e) bei denen zu befürchten ist, daß sie einen negativen Einfluß ausüben werden, insbesondere die Erreichung des Erziehungszieles bei anderen Gefangenen gefährden würden.

(12) Ausnahmen von Absatz 11 können zugelassen werden, wenn besondere Umstände vorliegen; die Gründe hierfür sind aktenkundig zu machen. In den Fällen des Buchstabens d ist die zuständige Behörde zu hören.

(13) Bei Gefangenen, gegen die während des laufenden Freiheitsentzuges eine Strafe wegen grober Gewalttätigkeiten gegen Personen wegen einer Straftat gegen die sexuelle Selbstbestimmung oder wegen Handels mit Stoffen im Sinne des Gesetzes über den Verkehr mit Betäubungsmitteln vollzogen wurde oder zu vollziehen ist oder die im Vollzug in den begründeten Verdacht des Handels mit diesen Stoffen oder des Einbringens dieser Stoffe gekommen sind, bedarf die Frage, ob eine Lockerung des Vollzuges zu verantworten ist, besonders gründlicher Prüfung. Dies gilt entsprechend bei Gefangenen, die während des laufenden Freiheitsentzu-

ges entwichen sind, eine Flucht versucht haben oder aus dem letzten Urlaub oder Ausgang nicht freiwillig zurückgekehrt sind bzw. bei Gefangenen, über die Erkenntnisse vorliegen, daß sie der organisierten Kriminalität zuzurechnen sind.
(14) Die Anordnung einer Lockerung ist aufzuheben, wenn der Gefangene seine Zustimmung zu dieser Maßnahme zurücknimmt.

7. Ausführung aus besonderen Gründen

(1) Ein Gefangener darf auch ohne seine Zustimmung ausgeführt werden, wenn dies aus besonderen Gründen notwendig ist.
(2) Nr. 6 Abs. 6 und 7 sowie Nr. 30 Abs. 5 und 6 sind zu beachten.

8. Urlaub aus der Haft

(1) Ein Gefangener kann bis zu einundzwanzig Kalendertagen in einem Jahr aus der Haft beurlaubt werden. Nr. 6 Abs. 2 gilt entsprechend.
(2) Gefangenen, die sich für den offenen Vollzug eignen, aus besonderen Gründen aber in einer geschlossenen Anstalt untergebracht sind, kann nach den für den offenen Vollzug geltenden Vorschriften Urlaub erteilt werden.
(3) Durch den Urlaub wird die Vollstreckung der Jugendstrafe nicht unterbrochen.
(4) Urlaub wird nur an einen Ort innerhalb des Geltungsbereichs des Jugendgerichtsgesetzes gewährt.
(5) Der Urlaub kann aufgeteilt werden. Urlaubstage sind alle Kalendertage, auf die sich der Urlaub erstreckt; der Tag, an dem der Gefangene den Urlaub antritt, wird nicht mitgerechnet.
(6) Urlaubsjahr ist das Kalenderjahr. Der Urlaub ist nicht in das nächste Jahr übertragbar. Dies gilt nicht, wenn der Urlaub aus Gründen, die die Vollzugsbehörde zu vertreten hat, nicht rechtzeitig gewährt werden konnte. Auf jeden angefangenen Kalendermonat der voraussichtlichen Vollzugsdauer entfallen im Rahmen der Höchstdauer (Abs. 1 Satz 1) in der Regel nicht mehr als 2 Tage Urlaub. Für Zeiten, in denen der Gefangene für eine Beurlaubung nicht geeignet ist, soll ihm Urlaub in der Regel nicht gewährt werden.
(7) Vom Urlaub ausgeschlossen sind Gefangene,
a) gegen die während des laufenden Freiheitsentzuges eine Strafe vollzogen wurde oder zu vollziehen ist, welche wegen in § 74 a Abs. 1 GVG genannten Straftaten von dem Jugendgericht oder gemäß § 74 a GVG in Verbindung mit § 103 Abs. 2 Satz 2 JGG von der Strafkammer oder gemäß § 120 Abs. 1 und 2 GVG vom Oberlandesgericht im ersten Rechtszug verhängt worden ist,

b) gegen die Untersuchungs-, Auslieferungs- oder Abschiebungshaft angeordnet ist,
c) gegen die eine vollziehbare Ausweisungsverfügung für den Geltungsbereich des Jugendgerichtsgesetzes besteht und die aus der Haft abgeschoben werden sollen,
d) gegen die eine freiheitsentziehende Maßregel der Besserung und Sicherung oder eine sonstige Unterbringung gerichtlich angeordnet und noch nicht vollzogen ist.

(8) In den Fällen des Absatzes 7 Buchstaben a, c und d sind Ausnahmen mit Zustimmung der Aufsichtsbehörde zulässig. In den Fällen des Buchstabens a ist die Vollstreckungsbehörde, in den Fällen des Buchstabens d das zuständige Gericht zu hören, in den Fällen des Buchstabens c bedürfen Ausnahmen des Benehmens mit der zuständigen Ausländerbehörde.

(9) Der Urlaub darf nur gewährt werden, wenn der Gefangene für diese Maßnahme geeignet, insbesondere eine Erprobung verantwortet werden kann. Bei Entscheidung ist zu berücksichtigen, ob der Gefangene durch sein Verhalten im Vollzug die Bereitschaft gezeigt hat, an der Erreichung des Erziehungszieles mitzuwirken.

(10) Ungeeignet sind in der Regel namentlich Gefangene,
a) die sich im geschlossenen Vollzug befinden und gegen die bis zum voraussichtlichen Entlassungszeitpunkt noch mehr als achtzehn Monate Jugendstrafe zu vollziehen sind,
b) die erheblich suchtgefährdet sind,
c) die während des laufenden Freiheitsentzuges einen Ausbruch unternommen oder sich an einer Gefangenenmeuterei beteiligt haben,
d) bei denen zureichende tatsächliche Anhaltspunkte dafür gegeben sind, daß sie während des letzten Urlaubs oder Ausgangs eine strafbare Handlung begangen haben,
e) gegen die ein Ausweisungs-, Auslieferungs-, Ermittlungs- oder Strafverfahren anhängig ist.

(11) Ausnahmen von Absatz 10 können zugelassen werden, wenn besondere Umstände vorliegen; die Gründe hierfür sind aktenkundig zu machen. In den Fällen des Buchstabens e ist die zuständige Behörde zu hören.

(12) Bei Gefangenen, gegen die während des laufenden Freiheitsentzuges eine Strafe wegen grober Gewalttätigkeiten gegen Personen wegen einer Straftat gegen die sexuelle Selbstbestimmung oder wegen Handels mit Stoffen im Sinne des Gesetzes über den Verkehr mit Betäubungsmitteln vollzogen wurde oder zu vollziehen ist oder die im Vollzug in den begründeten Verdacht des Handels mit diesen Stoffen oder des Einbringens dieser Stoffe gekommen sind, bedarf die Frage, ob eine Beurlaubung zu verantworten ist, besonders gründlicher Prüfung. Dies gilt entsprechend bei Gefangenen, die während des laufenden Freiheitsentzuges entwichen sind, eine Flucht versucht haben oder aus dem letzten Urlaub oder Aus-

gang nicht freiwillig zurückgekehrt sind bzw. bei Gefangenen, über die Erkenntnisse vorliegen, daß sie der Organisierten Kriminalität zuzurechnen sind.
(13) Der Gefangene darf in der Regel nicht in eine soziale Umgebung oder zu Personen beurlaubt werden, von denen aufgrund tatsächlicher Anhaltspunkte zu befürchten ist, daß sie seiner Eingliederung entgegenwirken.
(14) Der Gefangene hat seine Urlaubsanschrift anzugeben.
(15) Reisekosten, Lebensunterhalt und andere Aufwendungen während des Urlaubs hat der Gefangene aus Mitteln des Haus- oder Eigengeldes zu tragen. Nr. 43 Abs. 3 gilt entsprechend. Soweit die eigenen Mittel des Gefangenen nicht ausreichen, kann eine Beihilfe für die Urlaubszeit aus staatlichen Mitteln gewährt werden.
(16) Für Art und Umfang einer Beihilfe für die Urlaubszeit gilt § 66 Absätze 1 und 2 entsprechend.
(17) Urlaub wird nur auf Antrag gewährt. Der Antrag soll einen Monat vor Urlaubsbeginn schriftlich gestellt werden.
(18) Die Gründe für die Ablehnung des Antrags sind aktenkundig zu machen und dem Gefangenen bekanntzugeben.
(19) Der beurlaubte Gefangene erhält einen Urlaubsschein. In dem Urlaubsschein sind Weisungen, soweit erforderlich, aufzuführen.
(20) Vor Antritt des Urlaubs ist der Gefangene namentlich über die Voraussetzungen des Widerrufs und der Rücknahme des Urlaubs sowie die Bedeutung der ihm erteilten Weisungen zu belehren.

9. Weisungen, Aufhebung von Lockerungen und Urlaub

(1) Der Anstaltsleiter erteilt dem Gefangenen für Lockerungen und Urlaub die nach den Umständen des Einzelfalles erforderlichen Weisungen.
(2) Der Gefangene kann namentlich angewiesen werden,
a) Anordnungen zu befolgen, die sich auf Aufenthalt oder bestimmte Verrichtungen außerhalb der Anstalt beziehen,
b) sich zu festgesetzten Zeiten bei einer bestimmten Stelle oder Person zu melden,
c) mit bestimmten Personen oder mit Personen einer bestimmten Gruppe, die ihm Gelegenheit oder Anreiz zu weiteren Straftaten bieten können, nicht zu verkehren,
d) bestimmte Gegenstände, die ihm Gelegenheit oder Anreiz zu weiteren Straftaten bieten können, nicht zu besitzen, bei sich zu führen, zu benutzen oder verwahren zu lassen,
e) alkoholische oder andere berauschende Getränke und Stoffe sowie bestimmte Lokale oder Bezirke zu meiden.
(3) Der Anstaltsleiter kann Lockerungen und Urlaub widerrufen, wenn

1. er aufgrund nachträglich eingetretener Umstände berechtigt wäre, die Maßnahmen zu versagen,
2. der Gefangene die Maßnahmen mißbraucht oder
3. der Gefangene Weisungen nicht nachkommt.

Er kann Lockerungen und Urlaub mit Wirkung für die Zukunft zurücknehmen, wenn die Voraussetzungen für ihre Bewilligung nicht vorgelegen haben.

(4) Für das Vorliegen der in Absatz 3 genannten Voraussetzungen müssen zureichende tatsächliche Anhaltspunkte gegeben sein.

(5) Widerruf und Rücknahme werden wirksam, wenn die Entscheidung dem Gefangenen mündlich, fernmündlich oder schriftlich bekanntgemacht oder unter der Urlaubsanschrift zugegangen ist. Dem Gefangenen ist Gelegenheit zur Äußerung zu geben. Ist dies vor der Entscheidung über den Widerruf oder die Rücknahme nicht möglich oder untunlich, so ist die Anhörung nach Wegfall des Hindernisses unverzüglich nachzuholen.

(6) Die Gründe für den Widerruf und die Rücknahme sind aktenkundig zu machen und dem Gefangenen auf Verlangen bekanntzugeben.

(7) Fahndungsmaßnahmen können bereits vor der Wirksamkeit des Widerrufs oder der Rücknahme eingeleitet und durchgeführt werden.

10. Entlassungsvorbereitung

(1) Um die Entlassung vorzubereiten, soll der Vollzug gelockert werden (Nr. 6).

(2) Der Gefangene kann in eine offene Anstalt oder Abteilung (Nr. 5) verlegt werden, wenn dies der Vorbereitung der Entlassung dient.

(3) Innerhalb von drei Monaten vor der Entlassung kann zu deren Vorbereitung Sonderurlaub bis zu einer Woche gewährt werden. Nr. 6 Abs. 2, Nr. 8 Abs. 3 und Nr. 9 gelten entsprechend.

(4) Freigängern (Nr. 6 Abs. 1 Ziff. 1) kann innerhalb von neun Monaten vor der Entlassung Sonderurlaub bis zu sechs Tagen im Monat gewährt werden. Nr. 6 Abs. 2, Nr. 8 Abs. 3 und Nr. 9 gelten entsprechend. Absatz 3 Satz 1 findet keine Anwendung.

(5) Die Entlassungsvorbereitungen sind auf den Zeitpunkt der voraussichtlichen Entlassung in die Freiheit abzustellen.

(6) Sonderurlaub im Sinne des Absatzes 3 kann auch im Wiederholungsfalle nur bis zu einer Gesamtdauer von einer Woche gewährt werden. Dies gilt auch, wenn die Entlassung zu einem anderen Zeitpunkt erfolgt als bei der Bewilligung des Urlaubs angenommen wurde.

(7) Sonderurlaub nach Absatz 4 kann auch einem Gefangenen gewährt werden, der zum Freigang zugelassen ist, ohne ihn auszuüben.

11. Entlassungszeitpunkt

(1) Der Gefangene soll am letzten Tag seiner Strafzeit möglichst frühzeitig, jedenfalls noch am Vormittag entlassen werden.
(2) Fällt das Strafende auf einen Sonnabend oder Sonntag, einen gesetzlichen Feiertag, den ersten Werktag nach Ostern oder Pfingsten oder in die Zeit vom 22. Dezember bis zum 2. Januar, so kann der Gefangene an dem diesem Tag oder Zeitraum vorhergehenden Werktag entlassen werden, wenn dies nach der Länge der Strafzeit vertretbar ist und fürsorgerische Gründe nicht entgegenstehen.
(3) Der Entlassungszeitpunkt kann bis zu zwei Tage vorverlegt werden, wenn dringende Gründe dafür vorliegen, daß der Gefangene zu seiner Eingliederung hierauf angewiesen ist.
(4) Absätze 1 bis 3 gelten auch, wenn
a) der Gefangene aufgrund einer gerichtlichen Entscheidung oder aufgrund einer Gnadenmaßnahme vorzeitig zu entlassen ist.
b) eine Strafe oder Ersatzfreiheitsstrafe infolge der Vorverlegung des Entlassungszeitpunktes überhaupt nicht vollzogen wird.
(5) Soweit es auf die Länge der Strafzeit ankommt, ist die Vorverlegung der Entlassung vertretbar, wenn sich der Gefangene zum Zeitpunkt der beabsichtigten Entlassung wenigstens einen Monat ununterbrochen im Vollzug befindet.

12. Unterbringung während der Arbeit und Freizeit

(1) Die Gefangenen arbeiten gemeinsam.
Dasselbe gilt für Unterricht, Berufsausbildung, berufliche Fortbildung, Umschulung sowie arbeitstherapeutische und sonstige Beschäftigung während der Arbeitszeit.
(2) Während der Freizeit können die Gefangenen sich in der Gemeinschaft mit anderen aufhalten. Für die Teilnahme an gemeinschaftlichen Veranstaltungen kann der Anstaltsleiter mit Rücksicht auf die räumlichen, personellen und organisatorischen Verhältnisse der Anstal besondere Regelungen treffen.
(3) Die gemeinschaftliche Unterbringung während der Arbeitszeit und Freizeit kann eingeschränkt werden,
1. wenn ein schädlicher Einfluß auf andere Gefangene zu befürchten ist,
2. wenn der Gefangene nach Nr. 2 untersucht wird, aber nicht länger als zwei Monate,
3. wenn es die Sicherheit oder Ordnung der Anstalt erfordert oder
4. wenn der Gefangene zustimmt.
(4) Die gemeinschaftliche Unterbringung kann ferner eingeschränkt werden, wenn dies aus erzieherischen Gründen angezeigt ist.

(5) Abweichend davon kann die gemeinschaftliche Unterbringung während der Arbeitszeit und Freizeit auch eingeschränkt werden, wenn und solange die räumlichen, personellen und organisatorischen Verhältnisse dies erfordern.

13. Unterbringung während der Ruhezeit

(1) Gefangene werden während der Ruhezeit allein in ihren Hafträumen untergebracht. Eine gemeinsame Unterbringung ist zulässig, sofern ein Gefangener hilfsbedürftig ist oder eine Gefahr für Leben oder Gesundheit eines Gefangenen besteht.
(2) Im offenen Vollzug dürfen Gefangene während der Ruhezeit gemeinsam untergebracht werden, wenn eine schädliche Beeinflussung nicht zu befürchten ist. Im geschlossenen Vollzug ist eine gemeinschaftliche Unterbringung zur Ruhezeit außer in den Fällen des Absatzes 1 nur vorübergehend und aus zwingenden Gründen zulässig.
(3) Abweichend davon dürfen Gefangene während der Ruhezeit auch gemeinsam untergebracht werden, solange die räumlichen Verhältnisse der Anstalt dies erfordern.

14. Ausstattung des Haftraums durch den Gefangenen und sein persönlicher Besitz

(1) Der Gefangene darf seinen Haftraum in angemessenem Umfang mit eigenen Sachen ausstatten. Lichtbilder nahestehender Personen und Erinnerungsstücke von persönlichem Wert werden ihm belassen.
(2) Vorkehrungen und Gegenstände, die die Übersichtlichkeit des Haftraumes behindern oder in anderer Weise Sicherheit und Ordnung der Anstalt oder das Erziehungsziel gefährden, können ausgeschlossen werden.

15. Kleidung

(1) Der Gefangene trägt Anstaltskleidung.
Für die Freizeit erhält er eine besondere Oberbekleidung.
(2) Der Anstaltsleiter gestattet dem Gefangenen bei einer Ausführung eigene Kleidung zu tragen, wenn zu erwarten ist, daß er nicht entweichen wird. Er kann dies auch sonst gestatten, sofern der Gefangene für Reinigung, Instandsetzung und regelmäßigen Wechsel auf eigene Kosten sorgt.
(3) In bestimmten Anstalten oder Abteilungen einer Anstalt kann der Anstaltsleiter mit Zustimmung der Aufsichtsbehörde das Tragen eigener Kleidung allgemein zulassen.

16. Anstaltsverpflegung

(1) Zusammensetzung und Nährwert der Anstaltsverpflegung werden ärztlich überwacht. Auf ärztliche Anordnung wird besondere Verpflegung gewährt. Dem Gefangenen ist zu ermöglichen, Speisevorschriften seiner Religionsgemeinschaft zu befolgen.
(2) Der Gefangene erhält Anstaltsverpflegung, soweit nichts anderes bestimmt ist. Die Verpflegung ist für alle Gefangenen gleich, wenn nicht der Anstaltsarzt aus gesundheitlichen Gründen anderes verordnet hat oder mit Rücksicht auf religiöse Speisegebote eine andere Verpflegung angebracht ist.
(3) Die Anstaltsverpflegung soll eine vollwertige Ernährung der Gefangenen nach den Erkenntnissen der modernen Ernährungslehre gewährleisten.
(4) Unterliegt ein Gefangener religiösen Speisegeboten, sollen auf seinen Antrag Bestandteile der Anstaltsverpflegung, die er nicht verzehren darf, gegen andere Nahrungsmittel ausgetauscht werden.
(5) Während der hohen Glaubensfeste anderer als christlicher Religionsgemeinschaften, bei denen besondere Speisegebote zu beachten sind, können die betreffenden Gefangenen auf ihren Antrag und auf ihre Kosten auch von Glaubensgenossen verpflegt werden, sofern wichtige Belange des Vollzuges nicht entgegenstehen.

17. Einkauf

(1) Der Gefangene kann sich von seinem Hausgeld (Nr. 41) oder von seinem Taschengeld (Nr. 40) aus einem von der Anstalt vermittelten Angebot Nahrungs- und Genußmittel sowie Mittel zur Körperpflege kaufen. Die Anstalt soll für ein Angebot sorgen, das auf Wünsche und Bedürfnisse der Gefangenen Rücksicht nimmt.
(2) Gegenstände, die die Sicherheit oder Ordnung der Anstalt gefährden, können vom Einkauf ausgeschlossen werden. Auf ärztliche Anordnung kann dem Gefangenen der Einkauf einzelner Nahrungs- und Genußmittel ganz oder teilweise untersagt werden, wenn zu befürchten ist, daß sie seine Gesundheit ernsthaft gefährden. In Krankenhäusern und Krankenabteilungen kann der Einkauf einzelner Nahrungs- und Genußmittel auf ärztliche Anordnung allgemein untersagt oder eingeschränkt werden.
(3) Verfügt der Gefangene ohne eigenes Verschulden nicht über Haus- oder Taschengeld, wird ihm gestattet, in angemessenem Umfang vom Eigengeld einzukaufen.
(4) Die Bemessung des Betrages für den Einkauf nach Absatz 3 richtet sich nach den Umständen des Einzelfalles. Dabei sind insbesondere die Höhe des dem Gefangenen bisher zur Verfügung stehenden Hausgeldes, die Höhe des noch anzusparenden Überbrückungsgeldes, besondere per-

sönliche Bedürfnisse (z. B. wegen Krankheit oder Behinderung) und der Wert der beim Zugang belassenen oder ihm von Dritten zugewendeten Nahrungs- und Genußmittel zu berücksichtigen.
(5) Können hinreichende Feststellungen nach Absatz 4 nicht getroffen werden, so wird dem Gefangenen gestattet, im Monat einen Betrag bis zum 6-fachen, nach sechs Monaten bis zum 10-fachen Tagessatz der Eckvergütung (Nr. 38 Abs. 1) aus seinem Eigengeld zu verwenden.
(6) Der Einkauf alkoholhaltiger Getränke ist nicht gestattet. Der Einkauf von Tabakwaren, Kaffee und Tee kann beschränkt werden.
(7) Für den Einkauf sonstiger Gegenstände, deren Besitz in der Anstalt gestattet ist, kann der Gefangene sein Hausgeld, sein Taschengeld und sein Eigengeld verwenden. Der Einkauf aus seinem Eigengeld kann aus erzieherischen Gründen ausgeschlossen oder der Höhe nach beschränkt werden.
(8) Nr. 74 Abs. 2 Satz 3 bleibt unberührt.

18. Grundsatz

Der Gefangene hat das Recht, mit Personen außerhalb der Anstalt im Rahmen dieser Vorschriften zu verkehren. Der Verkehr mit Personen, von denen ein günstiger Einfluß erwartet werden kann, ist zu fördern.

19. Recht auf Besuch

(1) Der Gefangene darf regelmäßig Besuch empfangen. Die Gesamtdauer beträgt mindestens eine Stunde im Monat. Das weitere regelt die Hausordnung.
(2) Besuche sollen darüber hinaus zugelassen werden, wenn sie die Erziehung oder Eingliederung des Gefangenen fördern oder persönlichen, rechtlichen oder geschäftlichen Angelegenheiten dienen, die nicht vom Gefangenen schriftlich erledigt, durch Dritte wahrgenommen oder bis zur Entlassung des Gefangenen aufgeschoben werden können.
(3) Aus Gründen der Sicherheit kann ein Besuch davon abhängig gemacht werden, daß sich der Besucher durchsuchen läßt.
(4) Jeder Besucher muß sich über seine Person ausweisen. Hiervon kann abgesehen werden, wenn der Besucher bereits bekannt ist.
(5) Der Besuch kann davon abhängig gemacht werden, daß der Besucher für die Dauer des Besuches seinen Ausweis bei der Anstalt hinterlegt.
(6) Der Besucher wird in geeigneter Weise unterrichtet, wie er sich bei dem Besuch zu verhalten hat.
(7) Vor dem Besuch eines kranken Gefangenen, der in einer Krankenabteilung oder in einem Anstaltskrankenhaus untergebracht ist, ist der Arzt zu hören. Ärztliche Bedenken gegen einen Besuch sind dem Besucher mitzuteilen. Besuche im Krankenhaus bedürfen der Zustimmung des Arztes.

(8) Für den Besuchsverkehr eines Gefangenen, der eine ausländische Staatsangehörigkeit besitzt, mit der diplomatischen oder konsularischen Vertretung des Heimatstaates gelten die Richtlinien für den Verkehr mit dem Ausland in strafrechtlichen Angelegenheiten (Nr. 184 RiVASt).
(9) Am Besuchstage sollen nach Möglichkeit Bedienstete den Erziehungsberechtigten zu Gesprächen und Auskünften zur Verfügung stehen.

20. Besuchsverbot

Der Anstaltsleiter kann Besuche untersagen,
1. wenn die Sicherheit oder Ordnung der Anstalt gefährdet würde,
2. bei Besuchern, die nicht Angehörige des Gefangenen im Sinne des Strafgesetzbuches sind, wenn zu befürchten ist, daß sie einen schädlichen Einfluß auf den Gefangenen haben oder seine Eingliederung behindern würden,
3. bei minderjährigen Gefangenen, wenn ein Erziehungsberechtigter nicht einverstanden ist.

21. Besuche von Verteidigern, Rechtsanwälten, Notaren, Beiständen und Vertretern der Jugendhilfe

(1) Besuche von Verteidigern und Beiständen (§ 69 JGG) sowie von Rechtsanwälten oder Notaren in einer den Gefangenen betreffenden Rechtssache sind zu gestatten. Nr. 19 Abs. 3 gilt entsprechend. Eine inhaltliche Überprüfung der vom Verteidiger mitgeführten Schriftstücke und sonstigen Unterlagen ist nicht zulässig. Auf Nr. 24 Abs. 1 Satz 2 und 3 wird verwiesen.
(2) Der Verteidiger muß sich als solcher gegenüber der Anstalt durch die Vollmacht des Gefangenen oder die Bestellungsanordnung des Gerichts ausweisen. Rechtsanwälte und Notare haben nachzuweisen, daß sie den Gefangenen in einer ihn betreffenden Rechtssache besuchen wollen.
(3) Rechtsanwälte, Notare, Rechtsbeistände und Rechtsreferendare haben ihre Eigenschaft auf Verlangen nachzuweisen.
(4) Der Beistand muß sich als solcher durch die Bestellungsurkunde des Gerichts ausweisen. Nr. 19 Abs. 3 gilt entsprechend.
(5) Für Vertreter der Jugendgerichtshilfe (§ 38 JGG) und der Bewährungshilfe gilt Absatz 1 Satz 1 entsprechend. Sie haben sich auszuweisen. Nr. 19 Abs. 3 gilt entsprechend.

22. Überwachung der Besuche

(1) Die Besuche dürfen aus Gründen der Erziehung oder der Sicherheit oder Ordnung der Anstalt überwacht werden. Die Unterhaltung ist nur dann zu überwachen, wenn es aus diesen Gründen geboten ist.

(2) Ein Besuch darf abgebrochen werden, wenn Besucher oder Gefangene gegen diese Vorschriften oder die aufgrund dieser Vorschriften getroffenen Anordnungen trotz Abmahnung verstoßen. Die Abmahnung unterbleibt, wenn es unerläßlich ist, den Besuch sofort abzubrechen. Ein Besuch darf auch abgebrochen werden, wenn von dem Besucher ein schädlicher Einfluß auf den Gefangenen ausgeübt wird.
(3) Besuche von Verteidigern, Beiständen, Vertretern der Jugendgerichtshilfe und Bewährungshelfern werden nicht überwacht.
(4) Gegenstände dürfen beim Besuch nur mit Erlaubnis übergeben werden. Dies gilt nicht für die bei dem Besuch des Verteidigers übergebenen Schriftstücke und sonstigen Unterlagen sowie für die bei dem Besuch eines Rechtsanwalts oder Notars zur Erledigung einer den Gefangenen betreffenden Rechtssache übergebenen Schriftstücke und sonstigen Unterlagen; bei dem Besuch eines Rechtsanwaltes oder Notars kann die Übergabe aus Gründen der Sicherheit oder Ordnung der Anstalt von der Erlaubnis abhängig gemacht werden. Auf Nr. 24 Abs. 1 Satz 2 und 3 wird verwiesen.

23. Recht auf Schriftwechsel

(1) Der Gefangene hat das Recht, unbeschränkt Schreiben abzusenden und zu empfangen.
(2) Der Anstaltsleiter kann den Schriftwechsel mit bestimmten Personen untersagen,
1. wenn die Sicherheit oder Ordnung der Anstalt gefährdet würde,
2. bei Personen, die nicht Angehörige des Gefangenen im Sinne des Strafgesetzbuches sind, wenn zu befürchten ist, daß der Schriftwechsel einen schädlichen Einfluß auf den Gefangenen oder seine Eingliederung behindern würde,
3. bei minderjährigen Gefangenen, wenn ein Erziehungsberechtigter nicht einverstanden ist.
(3) Für den Schriftverkehr eines Gefangenen, der eine ausländische Staatsangehörigkeit besitzt, mit der diplomatischen oder konsularischen Vertretung des Heimatstaates gelten die Richtlinien für den Verkehr mit dem Ausland in strafrechtlichen Angelegenheiten (Nr. 183 RiVASt).
(4) Die Kosten des Schriftverkehrs trägt der Gefangene. Kann der Gefangene sie nicht aufbringen, kann die Anstalt sie in begründeten Fällen in angemessenem Umfang übernehmen.

24. Überwachung des Schriftwechsels

(1) Der Schriftwechsel des Gefangenen mit seinem Verteidiger wird nicht überwacht. Liegt dem Vollzug der Jugendstrafe eine Straftat nach § 129 a des Strafgesetzbuches zugrunde, gelten § 148 Abs. 2, § 148 a der Strafprozeßordnung entsprechend. Dies gilt auch, wenn gegen einen Gefangenen

im Anschluß an die dem Vollzug der Jugendstrafe zugrundeliegende Verurteilung eine Jugend- oder Freiheitsstrafe wegen einer Straftat nach § 129 a des Strafgesetzbuches zu vollstrecken ist.
(2) Nicht überwacht werden ferner Schreiben des Gefangenen an Volksvertretungen des Bundes und der Länder sowie an deren Mitglieder, soweit die Schreiben an die Anschrift dieser Volksvertretungen gerichtet sind und den Absender zutreffend angeben, sowie an die Europäische Kommission für Menschenrechte.
(3) Der übrige Schriftwechsel darf aus Gründen der Erziehung oder der Sicherheit oder Ordnung der Anstalt überwacht werden.
(4) Der Verteidiger muß sich als solcher gegenüber der Anstalt durch die Vollmacht des Gefangenen oder die Bestellungsanordnung des Gerichts ausweisen. Verteidigerpost muß deutlich sichtbar gekennzeichnet sein.
(5) Als Verteidigerpost gekennzeichnete eingehende Schreiben von Personen, bei denen die Verteidigereigenschaft nicht nachgewiesen ist, werden in der Regel ungeöffnet an den Absender zurückgesandt mit dem Hinweis, daß der Nachweis der Verteidigereigenschaft fehlt. Mit Einverständnis des Gefangenen kann das Schreiben geöffnet und nach Überprüfung ausgehändigt werden.
(6) Soweit der Schriftwechsel überwacht werden darf, bestimmt der Anstaltsleiter Art und Umfang der Überwachung. Er darf mit der Überwachung einzelne andere Bedienstete beauftragen. Schreiben in fremder Sprache werden, soweit nötig, übersetzt.
(7) Soweit der Schriftwechsel überwacht wird, hat der Gefangene seine Schreiben in offenem Umschlag in der Anstalt abzugeben.
(8) Der überwachende Bedienstete darf in den Schreiben weder Randbemerkungen anbringen noch Stellen durchstreichen oder unkenntlich machen. Ein Sichtvermerk ist zulässig.
(9) Die Kosten für die Übersetzung von Schreiben, die in fremder Sprache abgefaßt sind, trägt in der Regel die Staatskasse.
(10) Für den Beistand gilt Absatz 1 Satz 1 entsprechend. Der Beistand muß sich als solcher gegenüber der Anstalt durch die Bestellungsanordnung des Gerichts ausweisen. Die Post des Beistands muß deutlich gekennzeichnet sein.

25. Weiterleitung von Schreiben, Aufbewahrung

(1) Der Gefangene hat Absendung und Empfang seiner Schreiben durch die Anstalt vermitteln zu lassen, soweit nichts anderes gestattet ist.
(2) Eingehende und ausgehende Schreiben sind unverzüglich weiterzuleiten.
(3) Der Gefangene hat eingehende Schreiben unverschlossen zu verwahren, sofern nichts anderes gestattet wird; er kann sie verschlossen zu seiner Habe geben.

26. Anhalten von Schreiben

(1) Der Anstaltsleiter kann Schreiben anhalten,
1. wenn das Erziehungsziel oder die Sicherheit oder Ordnung der Anstalt gefährdet würde,
2. wenn die Weitergabe in Kenntnis ihres Inhalts einen Straf- oder Bußgeldbestand verwirklichen würde,
3. wenn sie grob unrichtige oder erheblich entstellende Darstellungen von Anstaltsverhältnissen enthalten,
4. wenn sie grobe Beleidigungen enthalten,
5. wenn sie die Eingliederung eines anderen Gefangenen gefährden können oder
6. wenn sie in Geheimschrift, unlesbar, unverständlich oder ohne zwingenden Grund in einer fremden Sprache abgefaßt sind.
(2) Ist ein Schreiben angehalten worden, wird das dem Gefangenen mitgeteilt. Angehaltene Schreiben werden an den Absender zurückgegeben oder, sofern dies unmöglich oder aus besonderen Gründen untunlich ist, behördlich verwahrt.
(3) Schreiben, deren Überwachung nach Nr. 24 Abs. 1 und 9 ausgeschlossen ist, dürfen nicht angehalten werden.
(4) Dem Gefangenen sind die Gründe für das Anhalten mitzuteilen. Der unbedenkliche Inhalt eines angehaltenen Schreibens kann ihm bekanntgegeben werden.
(5) Ausgehenden Schreiben, die unrichtige Darstellungen enthalten, kann ein Begleitschreiben beigefügt werden, wenn der Gefangene auf der Absendung besteht.
(6) Ein Begleitschreiben darf nur Angaben enthalten, die der Richtigstellung dienen. Der Gefangene ist über die Absicht, ein Begleitschreiben beizufügen, zu unterrichten.

27. Ferngespräche und Telegramme

(1) Dem Gefangenen kann gestattet werden, Ferngespräche zu führen oder Telegramme aufzugeben. Im übrigen gelten für Ferngespräche die Vorschriften über den Besuch und für Telegramme die Vorschriften über den Schriftwechsel entsprechend.
(2) Die Kosten trägt der Gefangene. Ist er dazu nicht in der Lage, kann die Anstalt die Kosten in begründeten Fällen in angemessenem Umfang übernehmen.

28. Pakete

(1) Der Gefangene darf dreimal jährlich in angemessenen Abständen ein Paket mit Nahrungs- und Genußmitteln empfangen. Der Empfang weite-

rer Pakete oder solcher mit anderem Inhalt bedarf der Erlaubnis der Vollzugsbehörde. Für den Ausschluß von Gegenständen gilt Nr. 17 Abs. 2 entsprechend.
(2) Pakete sind in Gegenwart des Gefangenen zu öffnen. Ausgeschlossene Gegenstände können zu seiner Habe genommen oder dem Absender zurückgesandt werden. Nicht ausgehändigte Gegenstände, durch die bei der Versendung oder Aufbewahrung Personen verletzt oder Sachschäden verursacht werden können, dürfen vernichtet werden. Die hiernach getroffenen Maßnahmen werden dem Gefangenen eröffnet.
(3) Der Empfang von Paketen kann vorübergehend versagt werden, wenn dies wegen Gefährdung der Sicherheit oder Ordnung der Anstalt unerläßlich ist.
(4) Dem Gefangenen kann gestattet werden, Pakete zu versenden. Die Vollzugsbehörde kann ihren Inhalt aus Gründen der Sicherheit oder Ordnung der Anstalt überprüfen.
(5) Der Empfang eines Paketes ist zugelassen zu Weihnachten, zu Ostern und zum Geburtstag.
(6) Einem Gefangenen, der nicht einer christlichen Religionsgemeinschaft angehört, kann anstelle des Weihnachts- und des Osterpaketes der Empfang je eines Paketes aus Anlaß eines hohen Feiertages seines Glaubens gestattet werden.
(7) Ein Paket darf Alkohol und andere berauschende Mittel in jeder Form sowie Medikamente und Tabletten nicht enthalten.
(8) In den Fällen einer ärztlichen Anordnung nach Nr. 17 darf der Inhalt des Paketes nur nach Anhörung des Arztes ausgehändigt werden.
(9) Die Erlaubnis zum Empfang sonstiger Pakete kann namentlich für die Zusendung von Unterrichts- und Fortbildungsmitteln, Entlassungskleidung und Gegenständen für die Freizeitbeschäftigung erteilt werden.
(10) Jedes Paket soll ein Inhaltsverzeichnis enthalten und den Absender erkennen lassen. Die Verwendung einer von der Anstalt ausgegebenen Paketmarke kann vorgeschrieben werden.
(11) Das Paket soll innerhalb eines Zeitraumes von zwei Wochen vor oder nach den in Absatz 5 genannten Zeitpunkten eingehen.
(12) Die Anstalt kann die Annahme eines Paketes, das zur Unzeit (Absatz 11) oder mit Übergewicht eingeht oder dessen Empfang nicht zugelassen ist – gegebenenfalls bereits auf dem Postamt –, verweigern. Sie teilt dem Gefangenen die Annahmeverweigerung und den Grund dafür mit.
(13) Absatz 12 gilt nicht für ein Paket, das einem ausländischen Gefangenen nicht aus dem Geltungsbereich des Jugendgerichtsgesetzes zugesandt wird. Wird das Höchstgewicht überschritten oder ist das Paket nicht zugelassen, kann der Mehrinhalt oder der Inhalt dem Gefangenen ausgehändigt werden, wenn dieser mit der Zuführung eines dem Wert entsprechenden, von der Anstalt festgesetzten Betrages aus dem Hausgeld zum Überbrückungsgeld oder Eigengeld einverstanden ist. Andernfalls ist der

Mehrinhalt oder der Inhalt des Paketes zur Habe des Gefangenen zu nehmen, soweit er nicht mit dessen Zustimmung anderweitig verwendet oder soweit nicht nach Nr. 74 Abs. 3 verfahren wird.
(14) Ein Gefangener, der kein Paket erhält, darf zum Ausgleich Nahrungs- und Genußmittel einkaufen. Für den Ersatzeinkauf darf ein Betrag bis zum zwölffachen, bei Weihnachtspaketen bis zum fünfzehnfachen Tagessatz der Eckvergütung (Nr. 38 Abs. 1) aus dem Eigengeld verwendet werden. Nr. 74 Abs. 2 Satz 3 bleibt unberührt.
(15) Geht für einen Gefangenen nach dem Ersatzeinkauf in dem in Absatz 11 bestimmten Zeitraum ein Paket ein, ist es ihm auszuhändigen, wenn er mit der Zuführung des gleichen Betrages, den er für den Ersatzeinkauf verwendet hat, aus dem Hausgeld zum Überbrückungsgeld oder Eigengeld einverstanden ist. Andernfalls ist das Paket zurückzusenden. Absatz 13 bleibt unberührt.
(16) Der Paketinhalt wird auf verbotene Gegenstände durchsucht. Liegt ein Inhaltsverzeichnis bei, ist die Vollzähligkeit zu prüfen; Abweichungen sind auf dem Verzeichnis zu vermerken.
(17) Der Gefangene hat den Empfang des Paketes schriftlich zu bestätigen.
(18) Die Kosten des Paketverkehrs trägt grundsätzlich der Gefangene. Ist er dazu nicht in der Lage, kann die Anstalt die Kosten in begründeten Fällen in angemessenem Umfang übernehmen.
(19) Der Gefangene soll alsbald nach der Aufnahme durch Aushändigung eines Merkblattes über die Möglichkeit, Pakete zu empfangen und zu versenden, unterrichtet werden.

29. Verwertung von Kenntnissen

(1) Kenntnisse aus der Überwachung der Besuche oder des Schriftwechsels dürfen nur verwertet werden,
1. soweit dies notwendig ist, um die Sicherheit oder Ordnung der Anstalt zu wahren oder Straftaten oder Ordnungswidrigkeiten zu verhüten, zu unterbinden oder zu verfolgen oder
2. soweit dies aus Gründen der Erziehung geboten ist; der Gefangene soll gehört werden.

(2) Die Kenntnisse dürfen nur den zuständigen Vollzugsbediensteten sowie den zuständigen Gerichten und den Behörden mitgeteilt werden, die zuständig sind, Straftaten oder Ordnungswidrigkeiten zu verhüten, zu unterbinden oder zu verfolgen.

30. Urlaub, Ausgang und Ausführung aus wichtigem Anlaß

(1) Aus wichtigem Anlaß kann der Anstaltsleiter dem Gefangenen Ausgang gewähren oder ihn bis zu sieben Tage beurlauben; der Urlaub aus anderem wichtigen Anlaß als wegen einer lebensgefährlichen Erkrankung

oder wegen Todes eines Angehörigen darf sieben Tage im Jahr nicht übersteigen. Nr. 6 Abs. 2, Nr. 8 Abs. 3 und Nr. 9 gelten entsprechend.
(2) Der Urlaub nach Absatz 1 wird nicht auf den regelmäßigen Urlaub angerechnet.
(3) Kann Ausgang oder Urlaub nicht gewährt werden, weil eine Erprobung nicht verantwortet werden kann (Nr. 6 Abs. 2), so kann der Anstaltsleiter den Gefangenen ausführen lassen. Die Aufwendungen hierfür hat der Gefangene zu tragen. Der Anspruch ist nicht geltend zu machen, wenn dies die Erziehung oder die Eingliederung behindern würde.
(4) Nr. 6 Abs. 3 bis Abs. 14, Nr. 8 Abs. 2 bis Abs. 20 und Nr. 9 Abs. 2 und Abs. 4 bis Abs. 7 gelten sinngemäß.
(5) Bei einer Ausführung entscheidet der Anstaltsleiter über die nach Lage des Falles erforderlichen besonderen Sicherungsmaßnahmen.
(6) Eine Ausführung unterbleibt, wenn trotz Anordnung angemessener besonderer Sicherungsmaßnahmen zu befürchten ist, daß der Gefangene sich dem Vollzug der Jugendstrafe entziehen oder die Ausführung zu Straftaten mißbrauchen werde. Dies gilt nicht, wenn die Ausführung zur Abwendung einer unmittelbaren Gefahr für Leib oder Leben des Gefangenen unerläßlich ist.

31. Gerichtliche Termine

(1) Der Anstaltsleiter kann einem Gefangenen zur Teilnahme an einem gerichtlichen Termin Ausgang oder Urlaub erteilen, wenn anzunehmen ist, daß er der Ladung folgt und wenn eine Erprobung verantwortet werden kann. Nr. 8 Abs. 4 und Nr. 9 gelten entsprechend.
(2) Wenn ein Gefangener zu einem gerichtlichen Termin geladen ist und Ausgang oder Urlaub nicht gewährt wird, läßt der Anstaltsleiter ihn mit seiner Zustimmung zu dem Termin ausführen, sofern wegen Entweichungs- oder Mißbrauchsgefahr keine überwiegenden Gründe entgegenstehen. Auf Ersuchen eines Gerichts läßt er den Gefangenen vorführen, sofern ein Vorführungsbefehl vorliegt.
(3) Die Vollzugsbehörde unterrichtet das Gericht über das Veranlaßte.
(4) Beantragt der Gefangene unter Vorlage einer Ladung die Teilnahme an einem gerichtlichen Termin, so entscheidet der Anstaltsleiter, ob er dem Gefangenen hierfür Ausgang oder Urlaub erteilt oder ihn ausführen läßt.
(5) Eine Pflicht des Anstaltsleiters, das Gericht über seine Entscheidung zu unterrichten, besteht nicht.
(6) Ersucht das Gericht die Anstalt, einen Gefangenen an einem gerichtlichen Termin teilnehmen zu lassen, so klärt der Anstaltsleiter, ob der Gefangene der Ladung Folge leisten will. Bejahendenfalls prüft der Anstaltsleiter, ob er dem Gefangenen Ausgang oder Urlaub erteilt oder ihn ausführen läßt.

(7) Der Anstaltsleiter unterrichtet das Gericht, und zwar auch dann, wenn der Gefangene die Teilnahme an dem Termin ablehnt.
(8) Wird der Gefangene auf seinen Antrag oder überwiegend in seinem Interesse ausgeführt, so werden ihm in der Regel die Kosten auferlegt.
(9) Erläßt das Gericht einen Vorführungsbefehl und ersucht es die Anstalt um Vorführung, so läßt der Anstaltsleiter den Gefangenen zu dem gerichtlichen Termin vorführen.
(10) Vor der Vorführung erteilt der Anstaltsleiter die nach Lage des Falles erforderlichen Weisungen und entscheidet über besondere Sicherungsmaßnahmen.
(11) Im Benehmen mit dem Richter, der die Dienstaufsicht bei dem Amtsgericht führt, in dessen Bezirk die Anstalt liegt, setzt der Anstaltsleiter die Zeit fest, in der dem Gefangenen Gelegenheit gegeben wird, in der Anstalt dem Urkundsbeamten der Geschäftsstelle vorgeführt zu werden.

32. Berufliche Bildung, Arbeit

(1) Geeigneten Gefangenen soll Gelegenheit zur Berufsausbildung, beruflichen Fortbildung, Umschulung oder Teilnahme an anderen ausbildenden oder weiterbildenden Maßnahmen gegeben werden.
(2) Die Vollzugsbehörde soll dem Gefangenen wirtschaftlich ergiebige Arbeit zuweisen und dabei seine Fähigkeiten, Fertigkeiten und Neigungen berücksichtigen.
(3) Kann einem arbeitsfähigen Gefangenen keine wirtschaftlich ergiebige Arbeit oder die Teilnahme an Maßnahmen nach Absatz 1 zugewiesen werden, wird ihm eine angemessene Beschäftigung zugeteilt.
(4) Ist ein Gefangener zu wirtschaftlich ergiebiger Arbeit nicht fähig, soll er arbeitstherapeutisch beschäftigt werden.
(5) Eine Beschäftigung ist angemessen im Sinne des Absatzes 3, wenn ihr Ergebnis wirtschaftlich verwertbar ist und in einem vertretbaren Verhältnis zum Aufwand steht.
(6) Soweit es die Art der Arbeit oder der angemessenen Beschäftigung zuläßt, wird für jede Verrichtung die Anforderung ermittelt und festgesetzt, die der Gefangene zu leisten hat. Dabei ist von der Leistung auszugehen, die von einem freien Arbeitnehmer nach ausreichender Einarbeitung und Übung ohne Gesundheitsstörung auf die Dauer erreicht und erwartet werden kann. Die besonderen Verhältnisse des Vollzuges sind angemessen zu berücksichtigen.
(7) Die Soll-Leistung wird überprüft und gegebenenfalls neu festgesetzt, wenn sie von der Mehrzahl der Gefangenen um mehr als vierzig vom Hundert überschritten wird oder sich die Festsetzung als zu hoch erwiesen hat. Sie ist auch zu überprüfen und gegebenenfalls neu festzusetzen, wenn dies durch eine Änderung der Arbeitsmethoden, technische Verbesserungen oder ähnliches begründet ist.

(8) Die Arbeitszeit der Gefangenen soll sich nach der regelmäßigen wöchentlichen Arbeitszeit im öffentlichen Dienst richten. In dringenden Fällen darf die regelmäßige Arbeitszeit der Gefangenen bis zu der für freie Arbeitnehmer zugelassenen Höchstdauer überschritten werden.
(9) An Sonntagen und gesetzlichen Feiertagen, in der Regel auch an Samstagen, ruht die Arbeit, soweit nicht unaufschiebbare Arbeiten ausgeführt werden müssen.
(10) Mehrarbeit und Arbeit nach Absatz 9 sollen möglichst durch Freistellung von der Arbeit an anderen Arbeitstagen ausgeglichen werden.
(11) Gefangene, die nach den Vorschriften ihres Glaubensbekenntnisses an bestimmten Tagen nicht arbeiten dürfen, können an diesen Tagen auf ihren Wunsch von der Arbeit befreit werden. Sie können dafür an allgemein arbeitsfreien Tagen zu unaufschiebbaren Arbeiten herangezogen werden.
(12) Ein Gefangener kann zu Tätigkeiten für die Vollzugsanstalt herangezogen werden, wenn er hierfür geeignet ist und Unzuträglichkeiten nicht zu erwarten sind. Arbeiten, die Einblick in die persönlichen Verhältnisse von Bediensteten, Gefangenen oder Dritten oder in Personal-, Gerichts- oder Verwaltungsakten ermöglichen, dürfen einem Gefangenen nicht übertragen werden.
(13) § 62 Jugendarbeitsschutzgesetz ist zu beachten.

33. Unterricht

(1) Dem Unterricht kommt im Jugendstrafvollzug besondere Bedeutung zu.
(2) Schulpflichtige Gefangene erhalten Hauptschul-, Sonderschul- und Berufsschulunterricht in Anlehnung an die für öffentliche Schulen geltenden Vorschriften.
(3) An dem Hauptschul- und Sonderschulunterricht können auch nicht schulpflichtige Gefangene teilnehmen.
(4) Daneben soll nach Möglichkeit Unterricht zur Erlangung anderer staatlich anerkannter Schulabschlüsse, zur Förderung besonderer Begabungen und individueller Interessen sowie lebenskundlicher Unterricht und berufsbildender Unterricht auf Einzelgebieten erteilt werden.
(5) Bei der beruflichen Ausbildung oder Umschulung ist berufsbildender Unterricht vorzusehen; dies gilt auch für die berufliche Fortbildung, soweit die Art der Maßnahme es erfordert.
(6) Der Unterricht findet in der Regel während der Arbeitszeit statt; dies gilt nicht für den Unterricht in Lebenskunde und zur Förderung besonderer Begabungen und individueller Interessen.

34. Freies Beschäftigungsverhältnis, Selbstbeschäftigung

(1) Dem Gefangenen kann gestattet werden, einer Arbeit, Berufsausbildung, beruflichen Fortbildung oder Umschulung auf der Grundlage eines freien Beschäftigungsverhältnisses außerhalb der Anstalt nachzugehen, wenn dies im Rahmen des Vollzugsplanes dem Ziel dient, Fähigkeiten für eine Erwerbstätigkeit nach der Entlassung zu vermitteln, zu erhalten oder zu fördern und nicht überwiegende Gründe des Vollzuges entgegenstehen. Nr. 6 Abs. 1 Ziff. 1, Abs. 2 und Nr. 9 bleiben unberührt.
(2) Dem Gefangenen kann gestattet werden, sich selbst zu beschäftigen.
(3) Die Vollzugsbehörde kann verlangen, daß ihr das Entgelt zur Gutschrift für den Gefangenen überwiesen wird.
(4) Gefangene, denen das Eingehen eines freien Beschäftigungsverhältnisses außerhalb der Anstalt gestattet ist, sollen von anderen Gefangenen getrennt gehalten werden.
(5) Zwischen dem Gefangenen und seinem Arbeitgeber oder Ausbildenden ist ein schriftlicher Vertrag (Arbeitsvertrag, Berufsausbildungsvertrag oder ähnliches) abzuschließen. In dem Vertrag ist insbesondere festzulegen, daß das Beschäftigungsverhältnis ohne Kündigung endet, wenn die dem Gefangenen nach Absatz 1 erteilte Erlaubnis endet, und daß die Bezüge aus dem Beschäftigungsverhältnis während des Freiheitsentzuges mit befreiender Wirkung nur auf das mit der Anstalt vereinbarte Konto gezahlt werden können. Die Anstalt stellt sicher, daß mit Zuwendungen aufgrund öffentlich-rechtlicher Bestimmungen entsprechend verfahren wird.
(6) Die Bezüge des Gefangenen werden in nachstehender Rangfolge für folgende Zwecke verwendet:
a) Auslagen des Gefangenen für Fahrtkosten, Arbeitskleidung, Verpflegung außerhalb der Anstalt und andere im Zusammenhang mit seiner Beschäftigung notwendige Aufwendungen,
b) Hausgeld und Überbrückungsgeld,
c) Erfüllung einer gesetzlichen Unterhaltspflicht des Gefangenen auf dessen Antrag,
d) Haftkostenbeitrag,
e) Erfüllung sonstiger Verbindlichkeiten des Gefangenen auf dessen Antrag,
f) Eigengeld des Gefangenen.
(7) Der Gefangene ist anzuhalten, seine Unterhaltspflichten zu erfüllen, den durch die Straftat verursachten Schaden wiedergutzumachen und seine sonstigen Verbindlichkeiten zu erfüllen. Ist der Anstalt bekannt, daß Angehörige oder andere Personen, denen der Gefangene unterhaltspflichtig ist, Sozialhilfe erhalten, wird der Träger der Sozialhilfe von dem Beschäftigungsverhältnis und der Höhe der Bezüge unterrichtet. Auf die

Möglichkeit der Nachentrichtung von Beiträgen zur Sozialversicherung soll der Gefangene hingewiesen werden.
(8) Die Rechte des gesetzlichen Vertreters sind zu beachten.
(9) Selbstbeschäftigung soll regelmäßig nur gestattet werden, wenn sie aus wichtigem Grunde geboten erscheint und im Rahmen des Vollzugsplanes insbesondere dem Ziel dient, Fähigkeiten für eine Erwerbstätigkeit nach der Entlassung zu vermitteln, zu erhalten oder zu fördern. Selbstbeschäftigung darf nicht gestattet werden, wenn überwiegende Gründe des Vollzuges entgegenstehen.
(10) Selbstbeschäftigung wird in der Regel nur gestattet, wenn sich der Gefangene die nötigen Gegenstände aus eigenen Mitteln beschaffen kann; bei Selbstbeschäftigung innerhalb der Anstalt vermittelt die Anstalt die Beschaffung der Gegenstände.
(11) Für die Rechtsbeziehung zwischen dem Gefangenen und einem Dritten sowie für die Bezüge aus der Selbstbeschäftigung gelten Absätze 5 bis 7 entsprechend. § 50 Abs. 3 StVollzG in der Fassung des § 199 Abs. 2 Nr. 3 StVollzG bleibt unberührt.
(12) Der Gefangene ist anzuhalten, seiner Steuerpflicht nachzukommen. Erfüllt der Gefangene seine Anzeigepflicht nicht, so ist die Erlaubnis zur Selbstbeschäftigung zu widerrufen.

35. Zeugnisse

Aus dem Abschlußzeugnis über eine ausbildende oder weiterbildende Maßnahme darf die Gefangenschaft eines Teilnehmers nicht erkennbar sein.

36. Arbeitspflicht

Der Gefangene ist verpflichtet, eine ihm zugewiesene, seinen körperlichen Fähigkeiten angemessene Arbeit, arbeitstherapeutische oder sonstige Beschäftigungen auszuüben, zu deren Verrichtung er aufgrund seines körperlichen Zustandes in der Lage ist. Er kann jährlich bis zu drei Monate zu Hilfstätigkeiten in der Anstalt verpflichtet werden, mit seiner Zustimmung auch darüber hinaus. Die Sätze 1 und 2 gelten nicht für werdende und stillende Mütter, soweit gesetzliche Beschäftigungsverbote zum Schutze erwerbstätiger Mütter bestehen.

37. Freistellung von der Arbeit

(1) Hat der Gefangene ein Jahr lang zugewiesene Tätigkeit nach Nr. 32 oder Hilfstätigkeiten nach Nr. 36 Satz 2 ausgeübt, so kann er beanspruchen, 18 Werktage von der Arbeitspflicht freigestellt zu werden. Zeiten, in denen der Gefangene infolge Krankheit an seiner Arbeitsleistung verhindert war, werden auf das Jahr bis zu sechs Wochen jährlich angerechnet.

(2) Der Anspruch besteht, sobald der Gefangene innerhalb eines zu einem beliebigen Zeitpunkt beginnenden Zeitraumes von einem Jahr seine Arbeitspflicht erfüllt hat.
(3) Auf die Zeit der Freistellung wird Urlaub aus der Haft (Nrn. 8, 30) angerechnet, soweit er in die Arbeitszeit fällt und nicht wegen einer lebensgefährlichen Erkrankung oder des Todes eines Angehörigen erteilt worden ist.
(4) Urlaubsregelungen der Beschäftigungsverhältnisse außerhalb des Jugendstrafvollzugs bleiben unberührt.
(5) Auf das Jahr (Abs. 1 und 2) werden ferner angerechnet
a) Zeiten, in denen der Gefangene Verletztengeld nach §§ 560, 566 Abs. 2 RVO erhalten hat,
b) Zeiten, in denen der Gefangene aus anderen als Krankheitsgründen eine Tätigkeit nach Abs. 1 nicht ausgeübt hat, in der Regel bis zu drei Wochen jährlich, wenn dies angemessen erscheint,
c) Zeiten einer Freistellung von der Arbeitspflicht und Urlaub aus der Haft, der nach Abs. 3 anzurechnen ist.
(6) Als Werktage (Abs. 1 Satz 1) gelten alle Kalendertage, die nicht Sonn- oder gesetzliche Feiertage sind. Erkrankt ein Gefangener während der Freistellung von der Arbeitspflicht, werden die Tage der Arbeitsunfähigkeit auf die Zeit der Freistellung nicht angerechnet.
(7) Die Freistellung kann nur innerhalb eines Jahres nach Vorliegen der Voraussetzungen in Anspruch genommen werden. Eine erneute Freistellung kann frühestens ein Jahr nach Vorliegen der Voraussetzungen für die vorhergehende Freistellung und in der Regel frühestens drei Monate nach der letzten Freistellung in Anspruch genommen werden.
(8) Die Freistellung von der Arbeitspflicht ist von dem Gefangenen mindestens einen Monat vorher schriftlich zu beantragen.
(9) Bei der Festsetzung des Zeitpunktes der Freistellung sind die betrieblichen Belange, besondere erzieherische Maßnahmen, der Stand einer Aus- oder Weiterbildungsmaßnahme und die Möglichkeiten der Vollzugsgestaltung während der Freistellungszeit zu berücksichtigen.
(10) Der Gefangene erhält für die Zeit der Freistellung seine zuletzt gezahlten Bezüge weiter. Der Berechnung der Bezüge ist der Durchschnitt der letzten drei abgerechneten Monate vor der Freistellung zugrundezulegen.
(11) Für Gefangene, die nach Nr. 36 Satz 3 nicht zur Arbeit verpflichtet sind, gelten die Absätze 1 bis 10 entsprechend.

38. Arbeitsentgelt

(1) Der Bemessung des Arbeitsentgelts sind fünf vom Hundert des durchschnittlichen Arbeitsentgelts aller Versicherten der Rentenversicherung der Arbeiter und Angestellten ohne Auszubildende des vorvergangenen

Kalenderjahres zugrunde zu legen (Eckvergütung). Ein Tagessatz ist der zweihundertfünfzigste Teil der Eckvergütung; das Arbeitsentgelt kann nach einem Stundensatz bemessen werden.
(2) Das Arbeitsentgelt kann je nach Leistung des Gefangenen und der Art der Arbeit gestuft werden. Fünfundsiebzig vom Hundert der Eckvergütung dürfen nur dann unterschritten werden, wenn die Leistungen des Gefangenen den Mindestanforderungen nicht genügen.
(3) Das Arbeitsentgelt ist dem Gefangenen schriftlich bekanntzugeben.
(4) Verrichtet ein Gefangener während eines Abrechnungszeitraumes Tätigkeiten, die verschiedenen Vergütungsstufen zuzuordnen sind, so ist das Arbeitsentgelt aus der Vergütungsstufe zu ermitteln, die dem überwiegenden Teil der Tätigkeiten entspricht. Dies gilt nicht, wenn der Gefangene in verschiedenen Betrieben arbeitet.
(5) Verrichtet ein Gefangener nicht nur vorübergehend eine anders bewertete Tätigkeit, so ist er mit Beginn des nächsten Abrechnungszeitraumes in die entsprechende Vergütungsstufe umzugruppieren.
(6) Das Arbeitsentgelt wird in der Form des Zeitlohnes oder des Leistungslohnes ermittelt. Das Arbeitsentgelt eines noch nicht achtzehn Jahre alten Gefangenen wird in der Form des Zeitlohnes ermittelt.
(7) Zeiten einer Einarbeitung können im Zeitlohn vergütet werden.
(8) Im Zeitlohn kann der Satz der jeweiligen Vergütungsstufe unterschritten werden, wenn der Gefangene den Anforderungen der jeweiligen Vergütungsstufe nicht genügt. Absatz 2 Satz 2 bleibt unberührt.
(9) Für eine sonstige zugewiesene Beschäftigung wird ein Arbeitsentgelt gewährt, wenn ihr Ergebnis wirtschaftlich verwertbar ist und in einem vertretbaren Verhältnis zum Aufwand steht.
(10) Neben dem Arbeitsentgelt können Leistungen für betriebliche Verbesserungsvorschläge gewährt werden. Der Anstaltsleiter entscheidet, ob eine Leistung für einen betrieblichen Verbesserungsvorschlag als Hausgeld, Überbrückungsgeld oder Eigengeld gutgeschrieben wird.

39. Ausbildungsbeihilfe

(1) Nimmt der Gefangene an einer Berufsausbildung, beruflichen Fortbildung, Umschulung oder an einem Unterricht teil und ist er zu diesem Zweck von seiner Arbeitspflicht freigestellt, so erhält er eine Ausbildungsbeihilfe, soweit ihm keine Leistungen zum Lebensunterhalt zustehen, die freien Personen aus solchem Anlaß gewährt werden. Der Nachrang der Sozialhilfe nach § 2 Abs. 2 des Bundessozialhilfegesetzes wird nicht berührt.
(2) Für die Bemessung der Ausbildungsbeihilfe gilt Nr. 38 Abs. 1 und 2 entsprechend.
(3) Nimmt der Gefangene während der Arbeitszeit stunden- oder tageweise am Unterricht oder an anderen zugewiesenen Maßnahmen gemäß

Nr. 32 Abs. 1 teil, so erhält er in Höhe des ihm dadurch entgehenden Arbeitsentgelts eine Ausbildungsbeihilfe.
(4) Als Berufsfindungsmaßnahme kann auch die Teilnahme eines Gefangenen an einem Einweisungsverfahren in einer zentralen Einweisungseinrichtung in Betracht kommen.

40. Taschengeld

(1) Das Taschengeld nach § 176 Abs. 3 StVollzG i. d. F. d. § 199 Abs. 2 Nr. 5 StVollzG wird nur auf Antrag gewährt.
(2) Das Taschengeld beträgt fünfundzwanzig vom Hundert der Eckvergütung (Nr. 38 Abs. 1). Bei der Berechnung des Taschengeldes werden Hausgeld und Eigengeld berücksichtigt. Ein Geldbetrag, der für einen Gefangenen statt eines Paketes im Sinne von Nummer 28 Abs. 1 Satz 1 zum eigenen Einkauf von Nahrungs- und Genußmitteln eingezahlt wird, bleibt bis zu dem für den Ersatzeinkauf festgesetzten Höchstbetrag bei der Berechnung des Taschengeldes für den laufenden und längstens den folgenden Monat unberücksichtigt.
(3) Bedürftig ist ein Gefangener, soweit ihm im laufenden Monat aus Hausgeld und Eigengeld nicht ein Betrag bis zur Höhe des Taschengeldes zur Verfügung steht.

41. Hausgeld

(1) Der Gefangene darf von seinen Bezügen zwei Drittel monatlich (Hausgeld) und das Taschengeld (Nr. 40) für den Einkauf (Nr. 17) oder anderweitig verwenden.
(2) Für Gefangene, die in einem Beschäftigungsverhältnis stehen (Nr. 34 Abs. 1) oder denen gestattet ist, sich selbst zu beschäftigen (Nr. 34 Abs. 2), wird aus ihren Bezügen ein angemessenes Hausgeld festgesetzt.
(3) Über Beträge, die als Ersatz für entgangene, in § 176 StVollzG oder in diesen Vorschriften geregelte Zuwendungen gewährt werden (z. B. Zeugenentschädigung, Verletztengeld), kann der Gefangene wie über die Zuwendungen verfügen, an deren Stelle sie treten.

42. Haftkostenbeitrag

(1) Ist in den Fällen des § 50 Abs. 2 und 3 i. d. F. des § 199 Abs. 2 Nr. 3 StVollzG dem Gefangenen ganz oder teilweise die Selbstverpflegung gestattet, so ermäßigt sich der Haftkostenbeitrag entsprechend. Gleiches gilt für den nicht auf die Kost entfallenden Anteil des Haftkostenbeitrages, wenn mehrere Gefangene in einem Haftraum untergebracht sind. Der nicht auf die Kost entfallende Anteil des Haftkostenbeitrages ist auch

dann zu erheben, wenn sich Gefangene wegen Urlaubs oder aus sonstigen Gründen vorübergehend nicht in der Anstalt aufhalten.
(2) Während der Teilnahme an Maßnahmen der Ausbildung oder Weiterbildung wird von der Erhebung eines Haftkostenbeitrages nach § 50 Abs. 2 und 3 i. d. F. des § 199 Abs. 2 Nr. 3 StVollzG abgesehen, wenn die Gewährung von Bezügen nach öffentlich-rechtlichen Bestimmungen (z. B. Arbeitsförderungsgesetz) hiervon abhängig gemacht wird.

43. Überbrückungsgeld

(1) Das Arbeitsentgelt und die Ausbildungsbeihilfe werden dem Überbrückungsgeld zugeführt, soweit sie dem Gefangenen nicht als Hausgeld zur Verfügung stehen und das Überbrückungsgeld noch nicht die angemessene Höhe (§ 51 Abs. 1 StVollzG) erreicht hat. Bei Gefangenen, die in einem freien Beschäftigungsverhältnis stehen oder denen gestattet ist, sich selbst zu beschäftigen, ist der Anteil der Bezüge zu bestimmen, der gemäß Satz 1 dem Überbrückungsgeld zuzuführen ist; der Anteil soll bei Gefangenen, die in einem freien Beschäftigungsverhältnis stehen, den Betrag des Hausgeldes nicht unterschreiten.
(2) Die angemessene Höhe des Überbrückungsgeldes wird von der Landesjustizverwaltung festgesetzt. Sie soll das Zweifache der nach § 22 Bundessozialhilfegesetz jeweils festgesetzten monatlichen Mindestbeträge der Regelsätze für den Gefangenen und seine Unterhaltsberechtigten nicht unterschreiten. Der Anstaltsleiter kann unter Berücksichtigung der Umstände des Einzelfalles einen höheren Betrag festsetzen.
(3) Der Anstaltsleiter soll die Inanspruchnahme des Überbrückungsgeldes nach § 51 Abs. 3 StVollzG nur gestatten, wenn zu erwarten ist, daß dem Gefangenen bei der Entlassung in die Freiheit ein Überbrückungsgeld in angemessener Höhe zur Verfügung steht.
(4) Ausgaben, die der Eingliederung dienen, sind insbesondere Aufwendungen zur Erlangung eines Arbeitsplatzes und einer Unterkunft nach der Entlassung.

44. Seelsorge

(1) Dem Gefangenen darf religiöse Betreuung durch einen Seelsorger seiner Religionsgemeinschaft nicht versagt werden. Auf seinen Wunsch ist ihm zu helfen, mit einem Seelsorger seiner Religionsgemeinschaft in Verbindung zu treten.
(2) Der Gefangene darf grundlegende religiöse Schriften besitzen. Sie dürfen ihm nur bei grobem Mißbrauch entzogen werden.
(3) Dem Gefangenen sind Gegenstände des religiösen Gebrauchs in angemessenem Umfange zu belassen.

45. Religiöse Veranstaltungen

(1) Der Gefangene hat das Recht, am Gottesdienst und an anderen religiösen Veranstaltungen seines Bekenntnisses teilzunehmen.
(2) Zu dem Gottesdienst oder zu religiösen Veranstaltungen einer anderen Religionsgemeinschaft wird der Gefangene zugelassen, wenn deren Seelsorger zustimmt.
(3) Der Gefangene kann von der Teilnahme am Gottesdienst oder anderen religiösen Veranstaltungen ausgeschlossen werden, wenn dies aus überwiegenden Gründen der Sicherheit oder Ordnung geboten ist; der Seelsorger soll vorher gehört werden.

46. Weltanschauungsgemeinschaften

Für Angehörige weltanschaulicher Bekenntnisse gelten die Nrn. 44 und 45 entsprechend.

47. Allgemeine Regeln für die Gesundheitsfürsorge

(1) Für die körperliche und geistige Gesundheit des Gefangenen ist zu sorgen. Nr. 85 Abs. 10 bis 12 bleibt unberührt.
(2) Der Gefangene hat die notwendigen Maßnahmen zum Gesundheitsschutz und zur Hygiene zu unterstützen.
(3) Für die Anstalten gelten die allgemeinen Vorschriften für die gesundheitsbehördliche Überwachung.
(4) Der Anstaltsarzt achtet auf Vorgänge und Umstände, von denen Gefahren für die Gesundheit von Personen in der Anstalt ausgehen können. Jeder Bedienstete, der eine Gefahr für die gesundheitlichen Verhältnisse zu erkennen glaubt, ist verpflichtet, dieses unverzüglich zu melden.
(5) Der Anstaltsarzt hat nach den Vorschriften des Bundesseuchengesetzes meldepflichtige übertragbare Krankheiten dem zuständigen Gesundheitsamt anzuzeigen und den Gefangenen, soweit es erforderlich ist, abzusondern. Kranke, bei denen zur Zeit der Entlassung noch Ansteckungsgefahr besteht oder deren Behandlung noch nicht abgeschlossen ist, werden dem zuständigen Gesundheitsamt unverzüglich gemeldet. Gegebenenfalls ist zu veranlassen, daß sie in die zuständige öffentliche Krankenanstalt gebracht werden.
(6) Die Rechte des Erziehungsberechtigten sind zu beachten.

48. Maßnahmen zur Früherkennung von Krankheiten

(1) Weibliche Gefangene haben für ihre Kinder, die mit ihnen in der Vollzugsanstalt untergebracht sind, bis zur Vollendung des vierten Lebensjahres Anspruch auf Untersuchungen zur Früherkennung von Krankheiten,

die eine normale körperliche oder geistige Entwicklung des Kindes in besonderem Maße gefährden.
(2) Die weiblichen Gefangenen sind auf die Möglichkeit von Maßnahmen zur Früherkennung von Krankheiten hinzuweisen. Die Maßnahmen werden auf Antrag durchgeführt.

49. Krankenpflege

(1) Der Gefangene erhält Krankenpflege vom Beginn der Krankheit an; sie umfaßt insbesondere
1. ärztliche und zahnärztliche Behandlung,
2. Versorgung mit Arznei-, Verband-, Heilmitteln und Brillen,
3. Körperersatzstücke, orthopädische und andere Hilfsmittel,
4. Zuschüsse zu den Kosten für Zahnersatz und Zahnkronen oder Übernahme der gesamten Kosten,
5. Belastungsproben und Arbeitstherapie, soweit die Belange des Vollzuges dem nicht entgegenstehen.
(2) Einen Gefangenen, der sich krank meldet, einen Unfall erleidet, einen Selbstmordversuch begeht oder sich selbst beschädigt, sowie einen Gefangenen, dessen Aussehen oder Verhalten den Verdacht nahelegt, daß er körperlich oder geistig erkrankt oder suchtgefährdet ist, zeigt der die Feststellung treffende Bedienstete schriftlich, notfalls mündlich voraus, dem Anstaltsarzt an. Wenn ärztliche Hilfe nicht sofort erforderlich erscheint, untersucht der Arzt den krankgemeldeten Gefangenen in der nächsten Sprechstunde.
(3) Der Arzt stellt fest, ob der Gefangene als krank zu führen ist, ob er bettlägerig krank ist, in welchem Umfange er arbeitsfähig ist, ob er einer besonderen Unterbringung oder speziellen Behandlung bedarf, oder ob er vollzugsuntauglich ist.
(4) Kann der Anstaltsarzt nicht erreicht werden, so wird in dringenden Fällen ein anderer Arzt herbeigerufen.
(5) Hält es der Anstaltsarzt nach Art oder Schwere des Falles für erforderlich, zieht er einen anderen Arzt oder Facharzt hinzu.
(6) Der Anstaltsleiter kann nach Anhören des Anstaltsarztes dem Gefangenen ausnahmsweise gestatten, auf eigene Kosten einen beratenden Arzt hinzuzuziehen. Die Erlaubnis soll nur erteilt werden, wenn der Gefangene den in Aussicht genommenen Arzt und den Anstaltsarzt untereinander von der ärztlichen Schweigepflicht entbindet. Bei der Wahl des Zeitpunktes und der Bestimmung der Häufigkeit ärztlicher Bemühungen ist auf die besonderen räumlichen, personellen und organisatorischen Verhältnisse in der Anstalt Rücksicht zu nehmen.
(7) Die ärztlichen Verordnungen sind genau zu befolgen. Es ist darauf zu achten, daß Arzneimittel nicht mißbraucht werden. Für die Einhaltung der ärztlichen Einnahmevorschrift ist der Gefangene in der Regel selbst

verantwortlich. Bei Gefangenen mit Persönlichkeitsstörungen und für die Einnahme stark wirkender Arzneimittel kann angeordnet werden, daß Arzneimittel in Gegenwart eines Bediensteten einzunehmen sind. Bei Mißbrauchsgefahr ist darauf zu achten, daß der Gefangene das Arzneimittel tatsächlich einnimmt, nach Möglichkeit durch Verabreichungen in aufgelöstem Zustand.

(8) Gifte und andere stark wirkende Arzneimittel hat der Arzt ständig unter sicherem Verschluß aufzubewahren. Alle anderen Arzneimittel sind so sicher unterzubringen, daß sie Unbefugten nicht zugänglich sind.

(9) Es dürfen nur durch die Anstalt beschaffte Arzneimittel verwendet werden, es sei denn, der Anstaltsarzt läßt Ausnahmen zu. Diese Bestimmung gilt nicht für ärztlich verordnete Arzneimittel, die von Gefangenen beschafft werden, die in einem freien Beschäftigungsverhältnis stehen.

50. Art und Umfang der Leistungen

Für die Art der Untersuchungen zur Früherkennung von Krankheiten sowie für den Umfang der Leistungen zur Früherkennung von Krankheiten und zur Krankenpflege gelten die entsprechenden Vorschriften der Reichsversicherungsordnung und die aufgrund dieser Vorschriften getroffenen Regelungen.

51. Krankenpflege im Urlaub

(1) Während eines Urlaubs (Nr. 8) oder Ausgangs (Nr. 6) hat der Gefangene gegen die Vollzugsbehörde nur einen Anspruch auf ärztliche Behandlung und Pflege in der für ihn zuständigen Vollzugsanstalt.

(2) Dem Gefangenen kann in der nächstgelegenen Vollzugsanstalt ambulante Krankenpflege gewährt werden, wenn eine Rückkehr in die zuständige Anstalt nicht zumutbar ist.

52. Ausstattung mit Hilfsmitteln

Der Gefangene hat Anspruch auf Ausstattung mit Körperersatzstücken, orthopädischen und anderen Hilfsmitteln, die erforderlich sind, um einer drohenden Behinderung vorzubeugen, den Erfolg der Heilbehandlung zu sichern oder eine körperliche Behinderung auszugleichen, sofern dies nicht mit Rücksicht auf die Kürze des Freiheitsentzugs ungerechtfertigt ist. Der Anspruch umfaßt auch die notwendige Änderung, Instandsetzung und Erstbeschaffung sowie die Ausbildung im Gebrauch der Hilfsmittel, soweit die Belange des Vollzuges dem nicht entgegenstehen.

53. Zuschüsse zu Zahnersatz und Zahnkronen

Die Landesjustizverwaltungen bestimmen durch allgemeine Verwaltungsvorschriften die Höhe der Zuschüsse zu den Kosten für Zahnersatz und Zahnkronen. Sie können bestimmen, daß die gesamten Kosten übernommen werden.

54. Ärztliche Behandlung zur sozialen Eingliederung

Mit Zustimmung des Gefangenen und des Erziehungsberechtigten soll die Vollzugsbehörde ärztliche Behandlung, namentlich Operationen oder prothetische Maßnahmen durchführen lassen, die seine soziale Eingliederung fördern. Der Gefangene ist an den Kosten zu beteiligen, wenn dies nach seinen wirtschaftlichen Verhältnissen gerechtfertigt ist und der Zweck der Behandlung dadurch nicht in Frage gestellt wird. Hierauf sind der Gefangene und der gesetzliche Vertreter vor Durchführung der Maßnahme hinzuweisen.

55. Aufenthalt im Freien

Ist ein Gefangener nicht im Freien tätig, so hat er sich täglich mindestens eine Stunde im Freien aufzuhalten, wenn die Witterung dies zu der festgesetzten Zeit zuläßt. Dabei ist ihm Gelegenheit zu geben, am Sport teilzunehmen.

56. Verlegung

(1) Ein kranker Gefangener kann in ein Anstaltskrankenhaus oder in eine für seine Pflege besser geeignete Vollzugsanstalt verlegt werden.
(2) Kann die Krankheit eines Gefangenen in einer Vollzugsanstalt oder einem Anstaltskrankenhaus nicht erkannt oder behandelt werden oder ist es nicht möglich, den Gefangenen rechtzeitig in ein Anstaltskrankenhaus zu verlegen, ist dieser in ein Krankenhaus außerhalb des Vollzuges zu bringen.
(3) In einem Krankenhaus außerhalb des Vollzuges ist eine Bewachung durch Vollzugsbedienstete bei Fortdauer der Strafvollstreckung nur dann erforderlich, wenn eine Flucht aufgrund der Persönlichkeit des Gefangenen oder der besonderen Umstände zu befürchten ist. Wenn auf eine Bewachung ausschließlich im Hinblick auf den Krankheitszustand verzichtet wurde, ist das Krankenhaus zu ersuchen, der Vollzugsanstalt eine Besserung des Befindens mitzuteilen, die eine Flucht möglich erscheinen läßt.
(4) Kann die sachgemäße Behandlung oder Beobachtung eines Gefangenen nur in einem Krankenhaus außerhalb des Vollzuges, das die gebotene Fortdauer der Bewachung nicht zuläßt, durchgeführt werden, so sind bei der Entscheidung über eine Verlegung des Gefangenen die Dringlichkeit

der Krankenhausunterbringung und die Entweichungsgefahr sowie die Gefahr für die öffentliche Sicherheit gegeneinander abzuwägen. Eine nicht unverzüglich erforderliche stationäre Behandlung ist danach unter Umständen aufzuschieben.

57. Benachrichtigung bei Erkrankung oder Todesfall

(1) Wird ein Gefangener schwer krank, so ist ein Angehöriger, eine Person seines Vertrauens oder der gesetzliche Vertreter unverzüglich zu benachrichtigen. Dasselbe gilt, wenn ein Gefangener stirbt.
(2) Dem Wunsche des Gefangenen, auch andere Personen zu benachrichtigen, soll nach Möglichkeit entsprochen werden.
(3) Der Tod des Gefangenen wird der Aufsichtsbehörde angezeigt.
(4) Das Guthaben des verstorbenen Gefangenen bei der Anstaltszahlstelle und seine Habe werden an den Berechtigten ausgehändigt.

58. Freizeitbeschäftigung

(1) Der Gefangene erhält Gelegenheit, sich in seiner Freizeit zu beschäftigen. Er soll Gelegenheit erhalten, am Unterricht einschließlich Sport, an Fernunterricht, Lehrgängen und sonstigen Veranstaltungen der Weiterbildung, an Freizeitgruppen, Gruppengesprächen sowie an Sportveranstaltungen teilzunehmen und eine Bücherei zu benutzen. Der Gefangene soll zur Teilnahme angehalten werden; aus erzieherischen Gründen kann er hierzu verpflichtet werden.
(2) Sofern der Gefangene aus der Freizeitbeschäftigung Einkünfte erzielt, gilt Nr. 34 Abs. 7 Satz 1, Abs. 12 Satz 1 entsprechend.

59. Zeitungen und Zeitschriften

(1) Der Gefangene darf Zeitungen und Zeitschriften in angemessenem Umfang durch Vermittlung der Anstalt beziehen.
(2) Ausgeschlossen sind Zeitungen und Zeitschriften, deren Verbreitung mit Strafe oder Geldbuße bedroht ist oder die dem Erziehungsziel zuwiderlaufen. Einzelne Ausgaben oder Teile von Zeitungen können dem Gefangenen vorenthalten werden, wenn sie das Erziehungsziel oder die Sicherheit oder Ordnung der Anstalt erheblich gefährden würden.
(3) Zeitungen und Zeitschriften können durch die Anstalt, den Gefangenen oder einen Dritten bestellt werden. Sie dürfen in der Regel nur über den Postzeitungsdienst oder im Abonnement bezogen werden.
(4) Der Gefangene kann für den Bezug von Zeitungen und Zeitschriften sein Hausgeld, sein Taschengeld und sein Eigengeld verwenden.

(5) Die Weitergabe von Zeitungen und Zeitschriften oder von Teilen und Ausschnitten an anderen Gefangene ist unzulässig, es sei denn, daß dies der Anstaltsleiter gestattet.
(6) Gebrauchte Zeitungen und Zeitschriften werden anderweitig verwertet oder vernichtet; sie sind auf Antrag des Gefangenen zur Habe zu nehmen, falls dieser ein berechtigtes Interesse an der weiteren Aufbewahrung hat.
(7) Der Gefangene hat die Abbestellung, Umbestellung oder Nachsendung von Zeitungen und Zeitschriften selbst zu veranlassen. Die Anstalt ist zur Nachsendung nicht verpflichtet. Gehen für einen entlassenen oder in eine andere Anstalt verlegten Gefangenen Zeitungen oder Zeitschriften ein, hat der Gefangene der Verwertung oder Vernichtung durch die Anstalt nicht zugestimmt und ist auch eine Nachsendung nicht beabsichtigt, so soll die Anstalt die Annahme verweigern.
(8) Werden Zeitungen oder Zeitschriften vom Bezug ausgeschlossen oder einzelne Ausgaben oder Teile von Zeitungen oder Zeitschriften vorenthalten, so wird dies dem Gefangenen mitgeteilt.

60. Hörfunk und Fernsehen

(1) Der Gefangene kann am Hörfunkprogramm der Anstalt sowie am gemeinschaftlichen Fernsehempfang teilnehmen. Die Sendungen sind so auszuwählen, daß Wünsche und Bedürfnisse nach staatsbürgerlicher Information, Bildung und Unterhaltung angemessen berücksichtigt werden. Der Hörfunk- und Fernsehempfang kann vorübergehend ausgesetzt oder einzelnen Gefangenen untersagt werden, wenn dies zur Erreichung des Erziehungszieles sowie zur Aufrechterhaltung der Sicherheit oder Ordnung der Anstalt unerläßlich ist.
(2) Eigene Hörfunkgeräte werden unter den Voraussetzungen der Nr. 61, eigene Fernsehgeräte nur in begründeten Ausnahmefällen und nur mit Zustimmung der Aufsichtsbehörde zugelassen.
(3) Der Anstaltsleiter kann anordnen, daß das Hörfunkgerät nur mit Kopfhörer betrieben und daß es während der Ruhezeit aus dem Haftraum entfernt wird.
(4) Ein Hörfunkgerät darf nur ausgehändigt werden, wenn feststeht, daß es den geltenden Bestimmungen und Auflagen entspricht und keine unzulässigen Gegenstände enthält. Die dazu erforderliche Überprüfung und etwa notwendige Änderungen werden durch die Anstalt auf Kosten des Gefangenen veranlaßt.
(5) Zur Verhinderung eines Mißbrauchs kann der Anstaltsleiter die Verplombung des Gerätes anordnen.
(6) Reparaturen sind nur durch Vermittlung der Anstalt zulässig.
(7) Der Gefangene hat die notwendigen Anzeigen im Zusammenhang mit dem Betrieb des Hörfunkgerätes selbst vorzunehmen und für die Ent-

richtung der Hörfunkgebühr zu sorgen, sofern er nicht von der Gebührenpflicht befreit ist. Hierauf ist er hinzuweisen.
(8) Der Gefangene darf das Hörfunkgerät ohne abweichende Erlaubnis nur in seinem Haftraum betreiben.
(9) Die Kosten für die Beschaffung, die Überprüfung, eine notwendige Änderung, die Reparatur und den Betrieb des Hörfunkgerätes darf der Gefangene aus seinem Hausgeld, seinem Taschengeld und seinem Eigengeld bestreiten.

61. Besitz von Gegenständen für die Freizeitbeschäftigung

(1) Der Gefangene darf in angemessenem Umfange Bücher und andere Gegenstände zur Fortbildung oder zur Freizeitbeschäftigung besitzen.
(2) Dies gilt nicht, wenn der Besitz, die Überlassung oder die Benutzung des Gegenstands
1. mit Strafe oder Geldbuße bedroht wäre oder
2. das Erziehungsziel oder die Sicherheit oder Ordnung der Anstalt gefährden würde.
(3) Die Erlaubnis kann unter den Voraussetzungen des Absatzes 2 widerrufen werden.

62. Soziale Hilfe

(1) Die Anstalt hilft dem Gefangenen, seine persönlichen Schwierigkeiten zu lösen.
(2) Die Hilfe soll darauf gerichtet sein, den Gefangenen in die Lage zu versetzen, seine Angelegenheiten selbst zu ordnen und zu regeln.

63. Hilfe bei der Aufnahme

(1) Bei der Aufnahme wird dem Gefangenen geholfen, die notwendigen Maßnahmen für hilfsbedürftige Angehörige zu veranlassen und seine Habe außerhalb der Anstalt sicherzustellen.
(2) Der Gefangene ist über die Aufrechterhaltung einer Sozialversicherung zu beraten.

64. Hilfe während des Vollzuges

Der Gefangene wird in dem Bemühen unterstützt, seine Rechte und Pflichten wahrzunehmen, namentlich sein Wahlrecht auszuüben sowie für Unterhaltsberechtigte zu sorgen und einen durch seine Straftat verursachten Schaden zu regeln.

65. Hilfe zur Entlassung

(1) Um die Entlassung vorzubereiten, ist der Gefangene bei der Ordnung seiner persönlichen, wirtschaftlichen und sozialen Angelegenheiten zu beraten. Die Beratung erstreckt sich auf die Benennung der für Sozialleistungen zuständigen Stellen. Dem Gefangenen ist zu helfen, Arbeit, Unterkunft und persönlichen Beistand für die Zeit nach der Entlassung zu finden.
(2) Wird der Gefangene bei der Entlassung einem Bewährungshelfer unterstellt, so hat die Anstalt unverzüglich mit den zuständigen Stellen Verbindung aufzunehmen, um die Betreuungsmaßnahmen für den Gefangenen abzustimmen.

66. Entlassungshilfe

(1) Der Gefangene erhält, soweit eigene Mittel nicht ausreichen, von der Anstalt eine Beihilfe zu den Reisekosten sowie eine Überbrückungsbeihilfe und erforderlichenfalls ausreichende Kleidung.
(2) Bei der Bemessung der Höhe der Überbrückungshilfe sind die Dauer des Freiheitsentzuges, der persönliche Arbeitseinsatz des Gefangenen und die Wirtschaftlichkeit seiner Verfügungen über Eigengeld und Hausgeld während der Strafzeit zu berücksichtigen. § 51 Abs. 2 Satz 2 und 3 StVollzG gilt entsprechend. Die Überbrückungsbeihilfe kann ganz oder teilweise auch dem Unterhaltsberechtigten überwiesen werden.
(3) Reisekosten sind die zum Erreichen des Entlassungsziels notwendigen Aufwendungen für die Fahrt.
(4) Die Höhe der Reisekosten bestimmt sich grundsätzlich nach dem Tarif für die billigste Wagenklasse des in Betracht kommenden öffentlichen Verkehrsmittels.
(5) Dem Gefangenen ist möglichst ein Gutschein für eine Fahrkarte auszuhändigen.
(6) Der Gefangene erhält auf Wunsch Reiseverpflegung, wenn er das Entlassungsziel erst nach mehr als vier Stunden erreichen kann.
(7) Die Überbrückungsbeihilfe soll den Gefangenen in die Lage versetzen, ohne Inanspruchnahme fremder Hilfe seinen notwendigen Lebensunterhalt (Unterkunft, Verpflegung u. ä.) zu bestreiten, bis er ihn aus seiner Arbeit oder aus Zuwendungen aufgrund anderer gesetzlicher Bestimmungen (z. B. Arbeitsförderungsgesetz) decken kann. Bei der Bemessung soll von den Leistungen ausgegangen werden, die das Bundessozialhilfegesetz für vergleichbare Fälle vorsieht.
(8) Der Gefangene soll in seiner eigenen Kleidung entlassen werden. Die Bekleidungsstücke werden, soweit erforderlich, auf Kosten des Gefangenen, bei Mittellosigkeit auf Kosten der Anstalt, gereinigt und instand gesetzt.

(9) Entspricht die Kleidung nicht den billigerweise zu stellenden Anforderungen oder ist sie so mangelhaft, daß sich eine Herrichtung nicht lohnt, ist der Gefangene anzuhalten, sich rechtzeitig von seinen Angehörigen oder Dritten ausreichende Bekleidungsstücke übersenden zu lassen oder sie durch Vermittlung der Anstalt aus eigenen Mitteln zu kaufen.
(10) Können Bekleidungsstücke auf diesem Wege nicht beschafft werden, werden sie von der Anstalt zur Verfügung gestellt.
(11) Für die Ausstattung mit den zur Körperpflege notwendigen Gegenständen, mit Koffern u. ä. gelten die Absätze 8 bis 10 entsprechend.

67. Mutterschaftshilfe

(1) Bei einer Schwangeren oder einer Gefangenen, die unlängst entbunden hat, ist auf ihren Zustand Rücksicht zu nehmen. Die Vorschrift des Gesetzes zum Schutze der erwerbstätigen Mutter über die Gestaltung des Arbeitsplatzes sind entsprechend anzuwenden.
(2) Die Gefangene hat während der Schwangerschaft und nach der Entbindung Anspruch auf ärztliche Betreuung und auf Hebammenhilfe in der Vollzugsanstalt. Zur ärztlichen Betreuung während der Schwangerschaft sowie Vorsorgeuntersuchungen einschließlich der laborärztlichen Untersuchungen.
(3) Zur Entbindung ist die Schwangere in ein Krankenhaus außerhalb des Vollzuges zu bringen. Ist dies aus besonderen Gründen nicht angezeigt, so ist die Entbindung in einer Vollzugsanstalt mit Entbindungsabteilung vorzunehmen. Bei der Entbindung wird Hilfe durch eine Hebamme und, falls erforderlich, durch einen Arzt gewährt.
(4) Nr. 56 Abs. 3 und 4 gilt entsprechend.

68. Arznei-, Verband- und Heilmittel

Bei Schwangerschaftsbeschwerden und im Zusammenhang mit der Entbindung werden Arznei-, Verband- und Heilmittel geleistet.

69. Art und Umfang der Mutterschaftshilfe

Die Nrn. 50, 51 und 56 gelten für die Leistungen der Mutterschaftshilfe entsprechend.

70. Geburtsanzeige

In der Anzeige der Geburt an den Standesbeamten dürfen die Anstalt als Geburtsstätte des Kindes, das Verhältnis des Anzeigenden zur Anstalt und die Gefangenschaft der Mutter nicht vermerkt sein.

71. Mütter mit Kindern

(1) Ist das Kind einer Gefangenen noch nicht schulpflichtig, so kann es mit Zustimmung des Inhabers des Aufenthaltsbestimmungsrechts in der Vollzugsanstalt untergebracht werden, in der sich seine Mutter befindet, wenn dies seinem Wohle entspricht. Ist das Jugendamt nicht Inhaber des Aufenthaltsbestimmungsrechts, so ist es vor der Unterbringung zu hören.
(2) Die Unterbringung erfolgt auf Kosten des für das Kind Unterhaltspflichtigen. Von der Geltendmachung des Kostenersatzanspruchs kann abgesehen werden, wenn hierdurch die gemeinsame Unterbringung von Mutter und Kind gefährdet würde.

72. Sicherheit und Ordnung

(1) Das Verantwortungsbewußtsein des Gefangenen für ein geordnetes Zusammenleben in der Anstalt ist zu wecken und zu fördern.
(2) Die Pflichten und Beschränkungen, die dem Gefangenen zur Aufrechterhaltung der Sicherheit oder Ordnung der Anstalt auferlegt werden, sind so zu wählen, daß sie in einem angemessenen Verhältnis zu ihrem Zweck stehen und den Gefangenen nicht mehr und nicht länger als notwendig beeinträchtigen.

73. Verhaltensvorschriften

(1) Der Gefangene hat sich nach der Tageseinteilung der Anstalt (Arbeitszeit, Freizeit, Ruhezeit) zu richten. Er darf durch sein Verhalten gegenüber Vollzugsbediensteten, Mitgefangenen und anderen Personen das geordnete Zusammenleben nicht stören.
(2) Der Gefangene hat die Anordnungen der Vollzugsbediensteten zu befolgen, auch wenn er sich durch sie beschwert fühlt. Einen ihm zugewiesenen Bereich darf er nicht ohne Erlaubnis verlassen.
(3) Seinen Haftraum und die ihm von der Anstalt überlassenen Sachen hat er in Ordnung zu halten und schonend zu behandeln.
(4) Der Gefangene hat Umstände, die eine Gefahr für das Leben oder eine erhebliche Gefahr für die Gesundheit einer Person bedeuten, unverzüglich zu melden.

74. Persönlicher Gewahrsam, Eigengeld

(1) Der Gefangene darf nur Sachen in Gewahrsam haben oder annehmen, die ihm von der Vollzugsbehörde oder mit ihrer Zustimmung überlassen werden. Ohne Zustimmung darf er Sachen von geringem Wert von einem anderen Gefangenen annehmen; die Vollzugsbehörde kann Annahme und Gewahrsam auch dieser Sachen von ihrer Zustimmung abhängig machen.

(2) Eingebrachte Sachen, die der Gefangene nicht in Gewahrsam haben darf, sind für ihn aufzubewahren, sofern dies nach Art und Umfang möglich ist. Geld wird ihm als Eigengeld gutgeschrieben. Dem Gefangenen wird Gelegenheit gegeben, seine Sachen, die er während des Vollzuges und für seine Entlassung nicht benötigt, abzusenden oder über sein Entgelt zu verfügen, soweit dies nicht als Überbrückungsgeld notwendig ist oder erzieherische Gründe nicht entgegenstehen.

(3) Weigert sich ein Gefangener, eingebrachtes Gut, dessen Aufbewahrung nach Art und Umfang nicht möglich ist, aus der Anstalt zu verbringen, so ist die Vollzugsbehörde berechtigt, diese Gegenstände auf Kosten des Gefangenen aus der Anstalt entfernen zu lassen.

(4) Die zu verwahrenden Sachen sind in ein Verzeichnis einzutragen. Davon kann, außer bei Wertsachen und wichtigen Schriftstücken (z. B. Personalpapiere, Versicherungsunterlagen), abgesehen werden, wenn die Habe verschlossen verwahrt und der Verschluß nur in Gegenwart des Gefangenen oder eines weiteren Bediensteten geöffnet wird. Die verwahrten Sachen werden vor Verwechslung, Verlust und Verderb geschützt. Wertsachen sind von den übrigen Sachen getrennt besonders sicher zu verwahren. Kleidungsstücke und Wäsche werden, soweit erforderlich, gereinigt und desinfiziert.

(5) Eingebrachte Sachen, deren Aushändigung bei der Entlassung oder deren Absendung durch den Gefangenen nicht vertretbar erscheint (z. B. Waffen, Diebeswerkzeug), werden der zuständigen Behörde angezeigt. Trifft sie keine Verfügung, so werden die Sachen bei der Entlassung des Gefangenen ausgehändigt oder dem Erziehungsberechtigten übersandt. Absatz 6 bleibt unberührt.

(6) Aufzeichnungen und andere Gegenstände, die Kenntnisse über Sicherungsvorkehrungen der Anstalt vermitteln, werden von der Vollzugsbehörde in Verwahrung genommen.

(7) Eigengeld, das für einen Gefangenen zu einer bestimmten Verwendung eingezahlt wird, wird nicht als Überbrückungsgeld behandelt, wenn der Verwendungszweck der Eingliederung oder Erziehung des Gefangenen dient. Ein Geldbetrag im Sinne von Nummer 40 Abs. 2 Satz 3 wird bis zu dem für den Ersatzeinkauf festgesetzten Höchstbetrag ebenfalls nicht als Überbrückungsgeld behandelt.

75. Durchsuchung

(1) Der Gefangene, seine Sachen und die Hafträume dürfen durchsucht werden. Bei der Durchsuchung männlicher Gefangener dürfen nur Männer, bei der Durchsuchung weiblicher Gefangener nur Frauen anwesend sein. Das Schamgefühl ist zu schonen.

(2) Nur bei Gefahr im Verzuge oder auf Anordnung des Anstaltsleiters im Einzelfall ist es zulässig, eine mit einer Entkleidung verbundene körperli-

che Durchsuchung vorzunehmen. Sie muß in einem geschlossenen Raum durchgeführt werden. Andere Gefangene dürfen nicht anwesend sein.
(3) Der Anstaltsleiter kann allgemein anordnen, daß Gefangene bei der Aufnahme nach Absatz 2 und nach jeder Abwesenheit von der Anstalt zu durchsuchen sind.
(4) In geschlossenen Anstalten haben sich die Vollzugsbediensteten durch unvermutete Durchsuchungen laufend davon zu überzeugen, daß die Räume, die von den Gefangenen benutzt werden, und ihre Einrichtungsgegenstände unbeschädigt sind, daß nichts vorhanden ist, was die Sicherheit oder Ordnung gefährden könnte, vor allem, daß keine Vorbereitung zu Angriffen oder Flucht getroffen werden. Diese Räume sind in kurzen Zeitabständen zu durchsuchen. Bei gefährlichen und fluchtverdächtigen Gefangenen kann eine tägliche Durchsuchung angeordnet werden. Türen, Tore, Gitter und Schlösser sind regelmäßig und besonders sorgfältig zu überprüfen.
(5) Gefährliche, fluchtverdächtige und solche Gefangene, bei denen Gefahr des Selbstmordes oder der Selbstverletzung besteht, sind ebenso wie ihre Sachen häufiger zu durchsuchen. Bei Gefahr des Selbstmordes oder der Selbstverletzung kann davon abgesehen werden, wenn dies nicht das geeignete Mittel ist, um der Gefahr zu begegnen.

76. Sichere Unterbringung

(1) Ein Gefangener kann in eine andere Jugendstrafanstalt verlegt werden, die zu seiner sicheren Unterbringung besser geeignet ist, wenn in erhöhtem Maße Fluchtgefahr gegeben ist oder sonst sein Verhalten oder sein Zustand eine Gefahr für die Sicherheit oder Ordnung der Anstalt darstellt.
(2) Die Verlegung bedarf der Zustimmung der Aufsichtsbehörde, wenn der Gefangene in eine nach dem Vollstreckungsplan nicht zuständige Anstalt verlegt werden soll.

77. Erkennungsdienstliche Maßnahmen

(1) Zur Sicherung des Vollzuges sind als erkennungsdienstliche Maßnahmen zulässig
1. die Abnahme von Finger- und Handflächenabdrücken,
2. die Aufnahme von Lichtbildern,
3. die Feststellung äußerlicher körperlicher Merkmale,
4. Messungen.
(2) Die gewonnenen erkennungsdienstlichen Unterlagen werden zu den Gefangenenpersonalakten genommen. Sie können auch in kriminalpolizeilichen Sammlungen verwahrt werden.
(3) Personen, die aufgrund des Absatzes 1 erkennungsdienstlich behandelt worden sind, können nach der Entlassung aus dem Vollzug verlangen, daß

die gewonnenen erkennungsdienstlichen Unterlagen vernichtet werden, sobald die Vollstreckung der richterlichen Entscheidung, die dem Vollzug zugrunde gelegen hat, abgeschlossen ist. Sie sind über dieses Recht spätestens bei der Entlassung zu belehren.

78. Nachteile

(1) Entweicht ein Gefangener, ist er unverzüglich und nachdrücklich zu verfolgen. Reichen die Mittel, die der Anstalt zur Verfügung stehen, nicht aus, so ist die Hilfe der Polizei und gegebenenfalls anderer Stellen in Anspruch zu nehmen. Führt die unmittelbare Verfolgung oder die von der Anstalt veranlaßte Fahndung nicht alsbald zur Wiederergreifung, so sind weitere Maßnahmen der Vollstreckungsbehörde zu überlassen.
(2) Die Entweichung und die Maßnahmen, die zur Wiederergreifung des Entwichenen getroffen worden sind, zeigt der Anstaltsleiter unverzüglich – in der Regel fernmündlich voraus – der Aufsichtsbehörde an. Der Anstaltsleiter unterrichtet die Aufsichtsbehörde auch über die Wiederergreifung oder die freiwillige Rückkehr eines entwichenen Gefangenen.
(3) Der Hergang der Entweichung ist festzustellen. Die Ermittlungen müssen sich darauf erstrecken, ob der Entwichene Helfer hatte und ob die Flucht auf pflichtwidriges Verhalten von Bediensteten oder auf Mängel von Anstaltseinrichtungen zurückzuführen ist. Der Anstaltsleiter berichtet der Aufsichtsbehörde schriftlich über das Ergebnis der Ermittlungen und die getroffenen Maßnahmen.

79. Besondere Sicherungsmaßnahmen

(1) Gegen einen Gefangenen können besondere Sicherungsmaßnahmen angeordnet werden, wenn nach seinem Verhalten oder aufgrund seines seelischen Zustandes in erhöhtem Maße Fluchtgefahr oder die Gefahr von Gewalttätigkeiten gegen Personen oder Sachen oder die Gefahr des Selbstmordes oder der Selbstverletzung besteht.
(2) Als besondere Sicherungsmaßnahmen sind zulässig:
1. der Entzug oder die Vorenthaltung von Gegenständen,
2. die Beobachtung bei Nacht,
3. die Absonderung von anderen Gefangenen,
4. der Entzug oder die Beschränkung des Aufenthalts im Freien,
5. die Unterbringung in einem besonders gesicherten Haftraum ohne gefährdende Gegenstände und
6. die Fesselung.
(3) Maßnahmen nach Absatz 2 Nrn. 1, 3 bis 5 sind auch zulässig, wenn die Gefahr einer Befreiung oder eine erhebliche Störung der Anstaltsordnung anders nicht vermieden oder behoben werden kann.

(4) Bei einer Ausführung, Vorführung oder beim Transport ist die Fesselung auch dann zulässig, wenn aus anderen Gründen als denen des Absatzes 1 in erhöhtem Maße Fluchtgefahr besteht.
(5) Besondere Sicherungsmaßnahmen dürfen nur soweit aufrechterhalten werden, als es ihr Zweck erfordert.
(6) Mehrere besondere Sicherungsmaßnahmen können nebeneinander angeordnet werden, wenn die Gefahr anders nicht abgewendet werden kann.
(7) Es ist in angemessenen Abständen zu überprüfen, ob und in welchem Umfang die besonderen Sicherungsmaßnahmen aufrechterhalten werden müssen.
(8) Die Unterbringung in einem besonders gesicherten Haftraum und die Fesselung sind der Aufsichtsbehörde unverzüglich mitzuteilen, wenn sie länger als drei Tage aufrechterhalten werden müssen.
(8) Die Unterbringung in einem besonders gesicherten Haftraum und die Fesselung sind der Aufsichtsbehörde unverzüglich mitzuteilen, wenn sie länger als drei Tage aufrechterhalten werden.

80. Einzelhaft

(1) Die unausgesetzte Absonderung eines Gefangenen (Einzelhaft) ist nur zulässig, wenn dies aus Gründen, die in der Person des Gefangenen liegen, unerläßlich ist.
(2) Einzelhaft von mehr als drei Monaten Gesamtdauer in einem Jahr bedarf der Zustimmung der Aufsichtsbehörde. Diese Frist wird nicht dadurch unterbrochen, daß der Gefangene am Gottesdienst oder an der Freistunde teilnimmt.
(3) In den Fällen des Absatzes 2 ist der Aufsichtsbehörde so rechtzeitig zu berichten, daß eine Entscheidung vor Ablauf der Frist möglich ist.

81. Fesselung

(1) In der Regel dürfen Fesseln nur an den Händen oder an den Füßen angelegt werden. Im Interesse des Gefangenen kann der Anstaltsleiter eine andere Art der Fesselung anordnen. Die Fesselung wird zeitweise gelockert, soweit dies notwendig ist.
(2) Der gefesselte Gefangene wird während des Aufenthalts im Freien von nicht gefesselten Gefangenen getrennt gehalten.
(3) Zur Einnahme der Mahlzeiten und zur Verrichtung der Notdurft werden Handfesseln, nötigenfalls nach Anlegen von Fußfesseln, abgenommen oder so gelockert, daß der Gefangene nicht behindert ist.

82. Anordnung besonderer Sicherungsmaßnahmen

(1) Besondere Sicherungsmaßnahmen ordnet der Anstaltsleiter an. Bei Gefahr im Verzuge können auch andere Bedienstete der Anstalt diese Maßnahme vorläufig anordnen. Die Entscheidung des Anstaltsleiters ist unverzüglich einzuholen.
(2) Wird ein Gefangener ärztlich behandelt oder beobachtet oder bildet sein seelischer Zustand den Anlaß der Maßnahme, ist vorher der Arzt zu hören. Ist dies wegen Gefahr im Verzuge nicht möglich, wird seine Stellungnahme unverzüglich eingeholt.

83. Ärztliche Überwachung

(1) Ist ein Gefangener in einem besonders gesicherten Haftraum untergebracht oder gefesselt (Nr. 79 Abs. 2 Ziff. 5 und 6), so sucht ihn der Anstaltsarzt alsbald und in der Folge möglichst täglich auf. Dies gilt nicht bei einer Fesselung während einer Ausführung, Vorführung oder eines Transportes (Nr. 79 Abs. 4).
(2) Der Arzt ist regelmäßig zu hören, solange einem Gefangenen der tägliche Aufenthalt im Freien entzogen wird. Das gleiche gilt in den Fällen von Nr. 80 Abs. 2 Satz 1.
(3) Der Anstaltsarzt ist von der Fesselung eines Gefangenen innerhalb der Anstalt oder der Unterbringung in einem besonders gesicherten Haftraum unverzüglich zu unterrichten.
(4) Ist der Arzt nicht anwesend, sucht ein im Sanitätsdienst erfahrener Bediensteter den Gefangenen auf.
(5) Jeder Besuch und der erhobene Befund sind zu vermerken.

84. Ersatz von Aufwendungen

(1) Soweit der Gefangene verpflichtet ist, der Vollzugsbehörde Aufwendungen zu ersetzen, die er durch eine vorsätzliche oder grob fahrlässige Selbstverletzung oder Verletzung eines anderen Gefangenen verursacht hat, ist von der Geltendmachung dieser Forderung abzusehen, wenn hierdurch die Erziehung des Gefangenen oder seine Eingliederung behindert würde.
(2) Bestehen Zweifel an der Verantwortlichkeit des Gefangenen, ist hierzu eine Stellungnahme des Anstaltsarztes einzuholen. Dies gilt insbesondere bei Gefangenen, die sich eine Selbstverletzung zugefügt haben.
(3) Wird der Gefangene in eine andere Anstalt verlegt, ist dieser die Forderung zur weiteren Einziehung mitzuteilen. Wird der Gefangene in eine Anstalt eines anderen Landes verlegt, ist die aufnehmende Anstalt um die weitere Einziehung der Forderung im Wege der Amtshilfe zu ersuchen.

85. Unmittelbarer Zwang

(1) Bei der Anwendung von unmittelbarem Zwang (§ 178 i. V. m. §§ 94 bis 101 StVollzG) sind folgende Vorschriften zu beachten:
(2) Den bei der Anwendung von unmittelbarem Zwang Verletzten ist Beistand zu leisten und ärztliche Hilfe zu verschaffen, sobald die Lage es zuläßt. Diese Verpflichtung geht den Pflichten nach den Absätzen 3 und 4 vor.
(3) Ist jemand durch Anwendung unmittelbaren Zwanges oder durch sonstige Gewaltanwendung getötet oder erheblich verletzt worden, so sind am Ort des Vorfalls nach Möglichkeit keine Veränderungen vorzunehmen. Das gleiche gilt bei jeder Verletzung, die durch den Gebrauch einer Schußwaffe in Anwendung unmittelbaren Zwanges oder bei sonstiger Gewaltanwendung verursacht worden ist.
(4) Jeder Fall der Anwendung unmittelbaren Zwanges ist dem Anstaltsleiter unverzüglich zu melden und aktenkundig zu machen. Über den Gebrauch von Waffen (§ 95 Abs. 4 StVollzG) ist der Aufsichtsbehörde zu berichten.
(5) Ist der Zweck einer Zwangsmaßnahme erreicht oder kann er nicht erreicht werden, so ist ihr Vollzug einzustellen.
(6) Werden mehrere Vollzugsbedienstete gemeinsam tätig, so ist nur der den Einsatz Leitende befugt, unmittelbaren Zwang anzuordnen oder einzuschränken. Ist ein den Einsatz leitender Bediensteter nicht bestimmt oder fällt er aus, ohne daß ein Vertreter bestellt ist, tritt der anwesende dienstranghöchste, bei gleichem Dienstrang der dienstältere und bei gleichem Dienstalter der der Geburt nach älteste Vollzugsbedienstete an seine Stelle. Ist dies in dringender Lage nicht sofort feststellbar, darf jeder der hiernach in Betracht kommenden Vollzugsbediensteten die Führung einstweilen übernehmen. Die Übernahme der Führung ist bekanntzugeben.
(7) Das Recht höherer Vorgesetzter, unmittelbaren Zwang anzuordnen oder einzuschränken, bleibt unberührt.
(8) Wer sich nicht am Ort des Geschehens befindet, darf eine Anordnung über unmittelbaren Zwang nur treffen, wenn er sich ein genaues Bild von den am Ort des Geschehens herrschenden Verhältnissen verschafft hat, so daß ein Irrtum über die Voraussetzungen nicht zu befürchten ist. Ändern sich zwischen der Anordnung und ihrer Ausführung die tatsächlichen Verhältnisse und kann der Anordnende vor der Ausführung nicht mehr verständigt werden, so entscheidet der örtlich leitende Bedienstete über die Anwendung unmittelbaren Zwanges. Der Anordnende ist unverzüglich zu verständigen.
(9) Der Gebrauch von Waffen darf nur am Ort des Geschehens angeordnet werden.
(10) Erklärungen des Gefangenen, die im Zusammenhang mit ärztlichen Zwangsmaßnahmen von Bedeutung sein können, sollen schriftlich festge-

halten und von dem Gefangenen unterzeichnet werden. Verweigert der Gefangene seine Unterschrift, wird dies ebenfalls aktenkundig gemacht. Mündliche Willensbekundungen sollen in Gegenwart von Zeugen aufgenommen und in einem Vermerk festgehalten werden, der von dem oder den Zeugen zu unterzeichnen ist. Die schriftliche Erklärung oder der Vermerk über die mündliche Äußerung ist zu den Gesundheitsakten und zu den Gefangenenpersonalakten zu nehmen.
(11) Der Anstaltsarzt belehrt den Gefangenen in Anwesenheit eines Zeugen über die Notwendigkeit der ärztlichen Maßnahmen und die Möglichkeit einer zwangsweisen Behandlung sowie über die gesundheitlichen Folgen einer Nichtbehandlung. Die Belehrung ist aktenkundig zu machen.
(12) Ein Gefangener, der beharrlich die Aufnahme von Nahrung verweigert, wird ärztlich beobachtet.

86. Pflichtverstöße

(1) Verstößt ein Gefangener gegen Pflichten, die ihm im Vollzug auferlegt sind, kann unmittelbar auf die Pflichtverletzung eine Maßnahme angeordnet werden, die geeignet ist, ihm sein Fehlverhalten bewußt zu machen. Als Maßnahmen kommen namentlich in Betracht die Erteilung von Weisungen und Auflagen sowie beschränkende Anordnungen in bezug auf die Freizeitbeschäftigung (Nr. 58) bis zur Dauer von einer Woche.
(2) Reichen bei schuldhaften Pflichtverstößen Maßnahmen nach Absatz 1 nicht aus, kann der Anstaltsleiter gegen den Gefangenen Disziplinarmaßnahmen anordnen.
(3) Eine Disziplinarmaßnahme ist auch zulässig, wenn wegen derselben Verfehlung ein Straf- oder Bußgeldverfahren eingeleitet wird.

87. Arten der Disziplinarmaßnahmen

(1) Die zulässigen Disziplinarmaßnahmen sind:
1. Verweis,
2. die Beschränkung oder der Entzug des Lesestoffs bis zu zwei Wochen sowie des Hörfunk- und Fernsehempfangs bis zu drei Monaten; der gleichzeitige Entzug jedoch nur bis zu zwei Wochen,
3. die Beschränkung oder der Entzug der Gegenstände für eine Beschäftigung in der Freizeit oder der Teilnahme an gemeinschaftlichen Veranstaltungen bis zu drei Monaten,
4. die getrennte Unterbringung während der Freizeit bis zu vier Wochen,
5. der Entzug der zugewiesenen Arbeit oder Beschäftigung bis zu vier Wochen unter Wegfall der im Strafvollzugsgesetz geregelten Bezüge,
6. die Beschränkung des Verkehrs mit Personen außerhalb der Anstalt auf dringende Fälle bis zu drei Monaten,

7. Arrest bis zu zwei Wochen.
(2) Arrest darf nur wegen schwerer oder mehrfach wiederholter Verfehlungen verhängt werden.
(3) Mehrere Disziplinarmaßnahmen können miteinander verbunden werden.
(4) Die Maßnahmen nach Absatz 1 Nrn. 3 bis 7 sollen möglichst nur angeordnet werden, wenn die Verfehlung mit den zu beschränkenden oder zu entziehenden Befugnissen im Zusammenhang steht. Dies gilt nicht bei einer Verbindung mit Arrest.

88. Vollzug der Disziplinarmaßnahmen. Aussetzung zur Bewährung

(1) Disziplinarmaßnahmen werden in der Regel sofort vollstreckt.
(2) Eine Disziplinarmaßnahme kann ganz oder teilweise bis zu drei Monaten zur Bewährung ausgesetzt werden.
(3) Wird die Verfügung über das Hausgeld beschränkt oder entzogen, ist das in dieser Zeit anfallende Hausgeld dem Überbrückungsgeld hinzuzurechnen.
(4) Wird der Verkehr des Gefangenen mit Personen außerhalb der Anstalt eingeschränkt, ist ihm Gelegenheit zu geben, dies einer Person, mit der er im Schriftwechsel steht oder die ihn zu besuchen pflegt, mitzuteilen. Der Schriftwechsel mit den in Nr. 24 Abs. 1 und 10 genannten Empfängern, mit Gerichten und Justizbehörden in der Bundesrepublik sowie mit Rechtsanwälten und Notaren in einer den Gefangenen betreffenden Rechtssache bleibt unbeschränkt.
(5) Arrest wird in Einzelhaft vollzogen. Der Gefangene kann in einem besonderen Arrestraum untergebracht werden, der den Anforderungen entsprechen muß, die an einen zum Aufenthalt bei Tag und Nacht bestimmten Haftraum gestellt werden. Soweit nichts anderes angeordnet wird, ruhen die Befugnisse des Gefangenen aus den Nrn. 14, 15, 17, 32, 33, 59 bis 61.
(6) Die Bewährungszeit (Absatz 2) kann vor ihrem Ablauf verkürzt oder bis zur zulässigen Höchstfrist verlängert werden.
(7) Die Aussetzung zur Bewährung kann ganz oder teilweise widerrufen werden, wenn der Gefangene die ihr zugrundeliegenden Erwartungen nicht erfüllt.
(8) Wird die Aussetzung zur Bewährung nicht widerrufen, darf die Disziplinarmaßnahme nach Ablauf der Bewährungsfrist nicht mehr vollstreckt werden.

89. Disziplinarbefugnis

(1) Disziplinarmaßnahmen ordnet der Anstaltsleiter an. Bei einer Verfehlung auf dem Wege in eine andere Anstalt zum Zwecke der Verlegung ist der Leiter der Bestimmungsanstalt zuständig.

(2) Die Aufsichtsbehörde entscheidet, wenn sich die Verfehlung des Gefangenen gegen den Anstaltsleiter richtet.
(3) Disziplinarmaßnahmen, die gegen einen Gefangenen in einer anderen Vollzugsanstalt oder während einer Untersuchungshaft angeordnet worden sind, werden auf Ersuchen vollstreckt. Nr. 88 Abs. 2 bleibt unberührt.
(4) Zur Verhängung einer Disziplinarmaßnahme ist der Leiter der Anstalt zuständig, der der Gefangene zur Zeit der Verfehlung angehört. Für die nachfolgenden Entscheidungen ist der Leiter der Anstalt zuständig, in der sich der Gefangene zu diesem Zeitpunkt aufhält.

90. Verfahren

(1) Der Sachverhalt ist zu klären. Der Gefangene wird gehört. Die Erhebungen werden in einer Niederschrift festgelegt; die Einlassung des Gefangenen wird vermerkt.
(2) Bei schweren Verstößen soll der Anstaltsleiter sich vor der Entscheidung in einer Konferenz mit Personen besprechen, die bei der Erziehung des Gefangenen mitwirken. Vor der Anordnung einer Disziplinarmaßnahme gegen einen Gefangenen, der sich in ärztlicher Behandlung befindet, oder gegen eine Schwangere oder eine stillende Mutter ist der Anstaltsarzt zu hören.
(3) Die Entscheidung wird dem Gefangenen vom Anstaltsleiter mündlich eröffnet und mit einer kurzen Begründung schriftlich abgefaßt.
(4) Der Gefangene wird darüber unterrichtet, welche Verfehlung ihm zur Last gelegt wird.
(5) Es sind sowohl die belastenden als auch die entlastenden Umstände zu ermitteln. Die Ermittlungen erstrecken sich erforderlichenfalls auch auf die Frage der Verantwortlichkeit des Gefangenen; insoweit ist der Anstaltsarzt zu hören.
(6) Vor der Entscheidung über eine Disziplinarmaßnahme erhält der Gefangene Gelegenheit, sich zu dem Ereignis der Ermittlungen zu äußern.
(7) Mehrere Verfehlungen eines Gefangenen, die gleichzeitig zu beurteilen sind, werden durch eine Entscheidung geahndet.
(8) Der Anstaltsleiter kann mit der Durchführung der Ermittlungen und der Anhörung des Gefangenen einen anderen Bediensteten beauftragen, jedoch nicht den, gegen den sich die Verfehlung richtet.

91. Mitwirkung des Arztes

(1) Bevor der Arrest vollzogen wird, ist der Arzt zu hören. Während des Arrestes steht der Gefangene unter ärztlicher Aufsicht.
(2) Der Vollzug des Arrestes unterbleibt oder wird unterbrochen, wenn die Gesundheit des Gefangenen gefährdet würde.
(3) Das Ergebnis der ärztlichen Beurteilung ist aktenkundig zu machen.

92. Beschwerderecht

(1) Der Gefangene erhält Gelegenheit, sich mit Wünschen, Anregungen und Beschwerden in Angelegenheiten, die ihn selbst betreffen, an den Anstaltsleiter zu wenden. Regelmäßige Sprechstunden sind einzurichten.
(2) Besichtigt ein Vertreter der Aufsichtsbehörde die Anstalt, so ist zu gewährleisten, daß ein Gefangener sich in Angelegenheiten, die ihn selbst betreffen, an ihn wenden kann.
(3) Die Möglichkeit der Dienstaufsichtsbeschwerde bleibt unberührt.
(4) Der Gefangene kann sich jederzeit schriftlich an den Anstaltsleiter wenden.
(5) Sprechstunden von angemessener Dauer sind mindestens einmal wöchentlich einzurichten. Das Nähere regelt die Hausordnung.
(6) Dem Vertreter der Aufsichtsbehörde ist bei Besichtigungen (Nr. 98 Abs. 3 und 4) unaufgefordert eine Liste der Gefangenen vorzulegen, die sich für eine Anhörung nach Absatz 2 haben vormerken lassen.
(7) Eingaben, Beschwerden und Dienstaufsichtsbeschwerden, die nach Form oder Inhalt nicht den im Verkehr mit Behörden üblichen Anforderungen entsprechen oder bloße Wiederholungen enthalten, brauchen nicht beschieden zu werden. Der Gefangene ist entsprechend zu unterrichten. Eine Überprüfung des Vorbringens von Amts wegen bleibt unberührt.
(8) Dienstaufsichtsbeschwerden gegen Anordnungen und Maßnahmen des Anstaltsleiters, denen nicht abgeholfen wird, sind unverzüglich der Aufsichtsbehörde vorzulegen.
(9) Beschwerden, die an eine offenbar unzuständige oder nicht ohne weiteres zuständige Vollzugsbehörde gerichtet sind, leitet der Anstaltsleiter an die zuständige Vollzugsbehörde weiter.

93. Strafvollstreckung und Untersuchungshaft

Wird Untersuchungshaft zum Zwecke der Strafvollstreckung unterbrochen oder wird gegen einen Gefangenen in anderer Sache Untersuchungshaft angeordnet, so sind Nrn. 92 und 93 der Untersuchungshaftvollzugsordnung zu beachten.

94. Trennung

Weibliche Gefangene sind getrennt von männlichen Gefangenen unterzubringen.

95. Arbeitsbeschaffung, Gelegenheit zur beruflichen Bildung

(1) Die Vollzugsbehörde soll im Zusammenwirken mit den Vereinigungen und Stellen des Arbeits- und Wirtschaftslebens dafür sorgen, daß jeder ar-

beitsfähige Gefangene wirtschaftlich ergiebige Arbeit ausüben kann, und dazu beitragen, daß er beruflich gefördert, beraten und vermittelt wird.
(2) Die Vollzugsbehörde stellt durch geeignete organisatorische Maßnahmen sicher, daß die Bundesanstalt für Arbeit die ihr obliegenden Aufgaben wie Berufsberatung, Arbeitsberatung und Arbeitsvermittlung durchführen kann.

96. Arbeitsbetriebe, Einrichtungen zur beruflichen Bildung

(1) In den Anstalten sind die notwendigen Betriebe für die nach Nr. 32 Abs. 2 zuzuweisenden Arbeiten vorzusehen sowie die erforderlichen Einrichtungen zur beruflichen Bildung (Nr. 32 Abs. 1) und arbeitstherapeutischen Beschäftigung (Nr. 32 Abs. 4).
(2) Die in Absatz 1 genannten Betriebe und sonstigen Einrichtungen sind den Verhältnissen außerhalb der Anstalten anzugleichen. Die Jugendarbeitsschutz-, Arbeitsschutz- und Unfallverhütungsvorschriften sind zu beachten.
(3) Die berufliche Bildung und die arbeitstherapeutische Beschäftigung können auch in geeigneten Einrichtungen privater Unternehmen erfolgen.
(4) In den von privaten Unternehmen unterhaltenen Betrieben und sonstigen Einrichtungen kann die technische und fachliche Leitung Angehörigen dieser Unternehmen übertragen werden.
(5) Der Tätigkeitsbereich der Angehörigen von Unternehmerbetrieben in den Anstalten wird in einer Anweisung festgelegt; das Personal wird auf die Einhaltung dieser Anweisung verpflichtet.

97. Vollzugsgemeinschaften

Für Jugendstrafanstalten können die Länder Vollzugsgemeinschaften bilden.

98. Aufsichtsbehörden

(1) Die Landesjustizverwaltungen führen die Aufsicht über die Jugendstrafanstalten. Sie können Aufsichtsbefugnisse auf Justizvollzugsämter übertragen.
(2) An der Aufsicht über das Arbeitswesen sowie über die Sozialarbeit, die Weiterbildung, die Gesundheitsfürsorge und die sonstige fachlich begründete Erziehung der Gefangenen sind eigene Fachkräfte zu beteiligen; soweit die Aufsichtsbehörde nicht über eigene Fachkräfte verfügt, ist fachliche Beratung sicherzustellen.
(3) Die Aufsichtsbehörde sucht alle Anstalten so häufig auf, daß sie stets über den gesamten Vollzug unterrichtet bleibt.
(4) Jede Anstalt soll mindestens zweimal jährlich besichtigt werden; dabei sollen die Anstaltseinrichtungen wenigstens einmal im Jahr gründlich ge-

prüft werden. Der besichtigende Beamte soll einer Dienstbesprechung beiwohnen, den Bediensteten Gelegenheit zur Vorsprache geben, Gefangene aufsuchen und sich von ihrer sachgemäßen Erziehung überzeugen. Über jede Besichtigung ist eine Niederschrift zu den Akten zu nehmen.
(5) Die Landesjustizverwaltungen regeln den Besuch von Anstalten durch anstaltsfremde Personen sowie den Verkehr von Gefangenen mit Vertretern von Publikationsorganen (Presse, Rundfunk, Film, Fernsehen).

99. Vollstreckungsplan

(1) Die Landesjustizverwaltung regelt die örtliche und sachliche Zuständigkeit der Jugendstrafanstalten in einem Vollstreckungsplan.
(2) Im Vollstreckungsplan soll auch festgelegt werden, welche Anstalten und Abteilungen Einrichtungen des offenen Vollzugs sind.

100. Zuständigkeit für Verlegungen

Die Landesjustizverwaltung kann sich Entscheidungen über Verlegungen vorbehalten oder sie einer zentralen Stelle übertragen.

101. Zusammenarbeit

(1) Alle im Vollzug Tätigen arbeiten zusammen und wirken daran mit, die Aufgaben des Vollzuges zu erfüllen.
(2) Mit dem Vollstreckungsleiter und den Behörden und Stellen der Entlassungsfürsorge, der Bewährungshilfe, den Aufsichtsstellen für die Führungsaufsicht, den Jugendämtern, den Arbeitsämtern, den Trägern der Sozialversicherung und der Sozialhilfe, den Hilfseinrichtungen anderer Behörden und den Verbänden der freien Wohlfahrtspflege ist eng zusammenzuarbeiten. Die Vollzugsbehörden sollen mit Personen und Vereinen, deren Einfluß die Eingliederung des Gefangenen fördern kann, zusammenarbeiten.
(3) Der Vollstreckungsleiter hält mit dem Anstaltsleiter und den Beamten der Jugendstrafanstalt Fühlung und nimmt an Vollzugsangelegenheiten von größerer Bedeutung beratend teil.

102. Vollzugsbedienstete

Die Aufgaben der Jugendstrafanstalten werden von Vollzugsbeamten wahrgenommen. Aus besonderen Gründen können sie auch anderen Bediensteten der Jugendstrafanstalten sowie nebenamtlich oder vertraglich verpflichteten Personen übertragen werden.

103. Anstaltsleiter, Vollzugsleiter

(1) Für jede Jugendstrafanstalt ist ein Beamter des höheren Dienstes zum hauptamtlichen Leiter zu bestellen.
(2) Der Anstaltsleiter vertritt die Anstalt nach außen. Er ist Vollzugsleiter und trägt die Verantwortung für den Vollzug.
(3) Die Aufsichtsbehörde bestimmt den Vertreter des Anstaltsleiters.
(4) Der Anstaltsleiter legt schriftlich fest, welche Bediensteten in seinem Auftrag Entscheidungen treffen können.
(5) Der Anstaltsleiter kann in fachlichen Angelegenheiten des Dienstes der Seelsorger, Ärzte, Pädagogen, Psychologen und Sozialarbeiter, die sich seiner Beurteilung entziehen, Auskunft verlangen und Anregungen geben.
(6) Die Durchführung von Maßnahmen der in Absatz 5 genannten Fachkräfte, die nach seiner Überzeugung die Sicherheit der Anstalt, die Ordnung der Verwaltung oder die zweckmäßige Erziehung der Gefangenen gefährden, kann der Anstaltsleiter bis zur Entscheidung der Aufsichtsbehörde aussetzen, wenn eine Aussprache zwischen den Beteiligten zu keiner Einigung führt.
(7) Der Anstaltsleiter berichtet unverzüglich der Aufsichtsbehörde über außerordentliche Vorkommnisse und über Angelegenheiten, die Anlaß zu allgemeiner Regelung geben können.

104. Seelsorge

(1) Seelsorger werden im Einvernehmen mit der jeweiligen Religionsgemeinschaft im Hauptamt bestellt oder vertraglich verpflichtet.
(2) Wenn die geringe Zahl der Angehörigen einer Religionsgemeinschaft eine Seelsorge nach Absatz 1 nicht rechtfertigt, ist die seelsorgerische Betreuung auf anderen Weise zuzulassen.
(3) Mit Zustimmung des Anstaltsleiters dürfen die Anstaltsseelsorger sich freier Seelsorgerhelfer bedienen und für Gottesdienste sowie für andere religiöse Veranstaltungen Seelsorger von außen zuziehen.

105. Ärztliche Versorgung

(1) Die ärztliche Versorgung ist durch hauptamtliche Ärzte sicherzustellen. Sie kann aus besonderen Gründen nebenamtlich oder vertraglich verpflichteten Ärzten übertragen werden.
(2) Die Pflege der Kranken soll von Personen ausgeübt werden, die eine Erlaubnis nach dem Krankenpflegegesetz besitzen. Solange Personen im Sinne von Satz 1 nicht zur Verfügung stehen, können auch Bedienstete des allgemeinen Vollzugsdienstes eingesetzt werden, die eine sonstige Ausbildung in der Krankenpflege erfahren haben.

106. Konferenzen

(1) Zur Aufstellung und Überprüfung des Vollzugsplanes und zur Vorbereitung wichtiger Entscheidungen im Vollzug führt der Anstaltsleiter Konferenzen mit an der Erziehung maßgeblich Beteiligten durch.
(2) Weitere Dienstbesprechungen auch mit den anderen Vollzugsbediensteten der Anstalt finden in regelmäßigen Abständen statt.

107. Gefangenenmitverantwortung

Den Gefangenen soll ermöglicht werden, an der Verantwortung für Angelegenheiten von gemeinsamem Interesse teilzunehmen, die sich ihrer Eigenart und der Aufgabe der Anstalt nach für ihre Mitwirkung eignen.

108. Hausordnung

(1) Der Anstaltsleiter erläßt eine Hausordnung. Sie bedarf der Zustimmung der Aufsichtsbehörde.
(2) In die Hausordnung sind namentlich die Anordnungen aufzunehmen über
1. die Besuchszeiten, Häufigkeit und Dauer der Besuche,
2. die Arbeitszeit, Freizeit und Ruhezeit sowie
3. die Gelegenheit, Anträge und Beschwerden anzubringen oder sich an einen Vertreter der Aufsichtsbehörde zu wenden.

(3) Ein Abdruck der Hausordnung ist in jedem Haftraum auszulegen.

109. Kriminologische Forschung

Dem kriminologischen Dienst obliegt es, in Zusammenarbeit mit den Einrichtungen der Forschung den Vollzug, namentlich die Erziehungsmethoden, wissenschaftlich fortzuentwickeln und seine Ergebnisse für Zwecke der Strafrechtspflege nutzbar zu machen.

110. Einbehaltung von Beitragsteilen

Der in § 195 StVollzG bestimmte Beitragsanteil wird einbehalten. Bei unbilliger Härte kann von der Einbehaltung des Beitrages abgesehen werden.

111. Dienst- und Sicherheitsvorschriften

(1) Die Dienst- und Sicherheitsvorschriften für den Strafvollzug (DSVollz) gelten entsprechend.
(2) Der Gefangene wird mit »Sie« angesprochen, soweit der Anstaltsleiter für Gefangene unter 16 Jahren nicht etwas anderes bestimmt.

Anhang 6

Untersuchungshaftvollzugsordnung (UVollzO)

Vereinbarungen der Landesjustizverwaltungen[1]

Erster Teil.	**Untersuchungshaft**
Erster Abschnitt.	**Allgemeines**
Erstes Kapitel.	**Grundsätze**

Nr. 1.

(1) Die Untersuchungshaft dient dem Zweck, durch sichere Verwahrung des Beschuldigten die Durchführung eines geordneten Strafverfahrens zu gewährleisten oder der Gefahr weiterer Straftaten zu begegnen.
(2) Dem Gefangenen dürfen nur solche Beschränkungen auferlegt werden, die der Zweck der Untersuchungshaft oder die Ordnung in der Vollzugsanstalt erfordert (119 Abs. 3 StPO).
(3) Die Persönlichkeit des Gefangenen ist zu achten und sein Ehrgefühl zu schonen. Im Umgang mit ihm muß selbst der Anschein vermieden werden, als ob er zur Strafe festgehalten werde. Schädlichen Folgen des Freiheitsentzuges ist entgegenzuwirken.
(4) Bei Gefangenen unter 21 Jahren (jungen Gefangenen) wird die Untersuchungshaft erzieherisch gestaltet.

---

[1] Bundeseinheitliche Vereinbarungen der Landesjustizverwaltungen mit dem ab 1. 1. 1978 geltenden Wortlaut. Der Wortlaut wurde durch folgende Anordnungen eingeführt und zuletzt geändert:
Baden-Württemberg: AV v. 15. 12. 1976 (Die Justiz 1977 S. 74), v. 20. 11. 1979 (Die Justiz 1980 S. 2);
Bayern: Bek. v. 15. 12. 1976 (JMBl. 1977 S. 49), v. 30. 7. 1982 (JMBl. S. 210);
Berlin: AV v. 15. 12. 1976 (ABl. S. 1701), v. 20. 12. 1977 (ABl. 1978 S. 44);
Hamburg: AV v. 22. 11. 1976 (JVBl. S. 112), v. 16. 12. 1977 (JVBl. S. 146), v. 17. 10. 1978 (JVBl. S. 157);
Hessen: RdErl. 2. 11. 1981 (JMBl. 1982 S. 140);
Niedersachsen: AV v. 15. 12. 1976 (JMBl. 1977 S. 5), v. 13. 12. 1977 (JMBl. 1978 S. 5);
Rheinland-Pfalz: AV v. 15. 12. 1976 (JBl. 1977 S. 43), v. 20. 12. 1977 (Bl. 1978 S. 3);
Schleswig-Holstein: Bek. v. 15. 12. 1976 (SchlHA 1977, S. 27), v. 25. 11. 1977 (SchlHA 1978 S. 6), v. 12. 4. 1979 (SchlHA S. 119).

Zweites Kapitel.   Richter, Staatsanwalt. Anstaltsleiter
Nr. 2. Richter

(1) Die für den Vollzug der Untersuchungshaft erforderlichen Maßnahmen und notwendigen Beschränkungen ordnet der Richter an (§ 119 Abs. 6 StPO). Der Richter entscheidet insbesondere über die Art der Unterbringung, den Verkehr mit der Außenwelt, besondere Sicherungsmaßnahmen und Disziplinarmaßnahmen.

(2) Dem Richter bleibt es im Einzelfall unbenommen, von Amts wegen oder auf Antrag im Rahmen der Vorschriften der Strafprozeßordnung von den Richtlinien dieser Vollzugsordnung abzuweichen. Soweit er in Verbindung mit den Aufnahmeersuchen oder später keine besonderen Verfügungen trifft, ist davon auszugehen, daß die für den Vollzug der Untersuchungshaft durch diese Vollzugsordnung allgemein getroffene Regelung nach dem Willen des Richters auch für den Einzelfall gelten soll.

(3) Die richterliche Zuständigkeit ist in § 126 StPO geregelt. Hiernach ist bis zur Erhebung der öffentlichen Klage der Richter zuständig, der den Haftbefehl erlassen hat. Nach Erhebung der öffentlichen Klage ist das Gericht zuständig, dessen Urteil angefochten ist. Einzelne Maßnahmen, insbesondere nach § 119 StPO, ordnet der Vorsitzende an.

Nr. 3. Staatsanwalt

(1) Der Richter kann für den einzelnen Gefangenen auf dessen Antrag dem Staatsanwalt bis zur Erhebung der öffentlichen Klage die Anordnung einzelner Maßnahmen, die den Gefangenen nicht beschweren, insbesondere die Anordnungen über den Verkehr mit der Außenwelt, überlassen, wenn dadurch das Verfahren beschleunigt, namentlich eine sonst notwendige Aktenverschickung vermieden wird.

(2) Hält der Staatsanwalt eine Maßnahme, die den Gefangenen beschwert, für erforderlich, so führt er die Entscheidung des Richters herbei. Der Gefangene hat in jedem Falle das Recht, die Entscheidung des Richters zu beantragen.

Nr. 4. Anstaltsleiter

Der Anstaltsleiter trägt die Verantwortung für den Vollzug der Untersuchungshaft und für die Ordnung in der Anstalt. Er handelt nach den Vorschriften dieser Vollzugsordnung und führt die vom Richter oder Staatsanwalt getroffenen Anordnungen durch.

Nr. 5. Dringende Fälle

In dringenden Fällen kann der Staatsanwalt, der Anstaltsleiter oder ein anderer Beamter, unter dessen Aufsicht der Gefangene steht, vorläufige

Maßnahmen treffen. Sie bedürfen der nachträglichen Zustimmung des Richters (§ 119 Abs. 6 Satz 2 und 3 StPO).

Nr. 6. Zusammenwirken der beteiligten Stellen

Richter, Staatsanwalt und Anstaltsleiter verfolgen gemeinsam das Ziel, die Untersuchungshaft ihrem Zweck entsprechend zu vollziehen sowie die Ordnung in der Anstalt zu wahren.

Nr. 7. Mitteilungen des Richters und des Staatsanwalts

(1) Dem Anstaltsleiter werden unverzüglich alle für die Persönlichkeit des Gefangenen und dessen Behandlung und Verwahrung bedeutsamen Umstände mitgeteilt, die sich im Laufe des Verfahrens ergeben oder ändern. Dies gilt namentlich von Überhaft, Vorstrafen und weiteren schwebenden Strafverfahren. Die Mitbeschuldigten und die wichtigsten Zeugen, soweit sie in Haft sind, werden dem Anstaltsleiter bezeichnet. Möglichst schon im Aufnahmeersuchen wird er über Umstände unterrichtet, die auf besonderen Fluchtverdacht, auf die Gefahr gewalttätigen Verhaltens, des Selbstmordes oder der Selbstbeschädigung, auf gleichgeschlechtliche Neigungen oder auf seelische oder geistige Abartigkeiten hindeuten. Soweit ansteckende Krankheiten bekannt sind, soll auch hierauf hingewiesen werden.
(2) Dem Anstaltsleiter soll der Staatsanwalt die Anklageschrift, der Richter den Termin der Hauptverhandlung, deren Ergebnis und den Zeitpunkt des Eintritts der Rechtskraft des Urteils unverzüglich mitteilen.
(3) Geht im Laufe des Strafverfahrens die Zuständigkeit auf eine andere Stelle über, so teilt diese den Übergang unverzüglich dem Anstaltsleiter mit.

Nr. 8. Mitteilungen des Anstaltsleiters

Der Anstaltsleiter verständigt den nach Nrn. 2 und 3 zuständigen Richter oder Staatsanwalt von allen für die Durchführung des Strafverfahrens bedeutsamen Maßnahmen, Wahrnehmungen und anderen wichtigen Umständen, die den Gefangenen betreffen.

Nr. 9. Untersuchungshandlungen

(1) Die Anstaltsbeamten dürfen keine Ermittlungen aus Anlaß von strafbaren Handlungen, die außerhalb der Vollzugsanstalt begangen worden sind, durchführen.
(2) Sie dürfen einen Gefangenen mit anderen Personen nicht zusammenlegen, um ihn über einen Sachverhalt auszuforschen. Dies gilt auch dann, wenn eine innerhalb der Vollzugsanstalt begangene Straftat ermittelt werden soll.

Nr. 10. Meinungsverschiedenheiten

(1) Befürchtet der Anstaltsleiter, daß eine Verfügung des Richters die Ordnung in der Anstalt gefährdet, so soll er sie erst durchführen, wenn trotz seiner unverzüglichen Gegenvorstellungen der Richter darauf besteht. Sind seine Bedenken nicht behoben, so kann der Anstaltsleiter den Staatsanwalt ersuchen, gegen die Anordnung des Richters Beschwerde einzulegen. Kommt der Staatsanwalt dem Ersuchen nicht nach, so hat der Anstaltsleiter seiner vorgesetzten Behörde zu berichten.
(2) Befürchtet der Anstaltsleiter, daß eine Verfügung des Staatsanwalts die Ordnung in der Anstalt gefährdet, so hat er seine Bedenken dem Staatsanwalt mitzuteilen. Besteht der Staatsanwalt auf seiner Anordnung, so kann der Anstaltsleiter die Entscheidung des Richters herbeiführen.

Drittes Kapitel.   Vollzugsanstalten
Nr. 11. Untersuchungshaftanstalt

(1) Dem Vollzug der Untersuchungshaft dienen selbständige Untersuchungshaftanstalten.
(2) Soweit solche Anstalten nicht zur Verfügung stehen, sind in anderen Vollzugsanstalten besondere Abteilungen für den Vollzug der Untersuchungshaft einzurichten. Hiervon darf nur abgesehen werden, wenn die räumlichen Verhältnisse es nicht gestatten.

Nr. 12. Frauen

(1) Untersuchungshaft an Frauen wird in besonderen Anstalten oder in besonderen Abteilungen vollzogen.
(2) Untersuchungshaft an Frauen darf grundsätzlich nur unter weiblicher Aufsicht durchgeführt werden. In Anstalten ohne weibliche Aufsicht werden Frauen nicht länger als unvermeidlich verwahrt.

Nr. 13. Junge Gefangene

(1) Untersuchungshaft an jungen Gefangenen (Nr. 1 Abs. 4) wird in besonderen Anstalten oder in besonderen Abteilungen vollzogen. Hiervon kann ausnahmsweise abgesehen werden.
(2) Junge Gefangene, die eine Jugend- oder Freiheitsstrafe nicht zu erwarten haben, können auch in Jugendarrestanstalten verwahrt werden.

Nr. 14. Vollstreckungsplan

(1) Ein Vollstreckungsplan regelt, in welche Anstalt ein Gefangener aufzunehmen ist.
(2) Den Vollstreckungsplan stellt die Landesjustizverwaltung oder die sonst zuständige Behörde auf.

(3) Der Richter kann im Einzelfall aus besonderen Gründen Abweichungen vom Vollstreckungsplan anordnen.

Zweiter Abschnitt. Aufnahme und Entlassung

Nr. 15. Aufnahmeersuchen

(1) Die Aufnahme zum Vollzug der Untersuchungshaft setzt ein schriftliches Aufnahmeersuchen des Richters voraus.
(2) Neben den Mitteilungen nach Nr. 7 enthält das Aufnahmeersuchen die Personalangaben des Gefangenen, einen Hinweis auf die ihm zur Last gelegte Tat, den Grund der Verhaftung sowie die besonderen Anordnungen des Richters. Außerdem ist zu vermerken, welche Personen von der Verhaftung durch den Gefangenen oder von Amts wegen benachrichtigt worden sind (§ 114 b StPO).
(3) Dem Aufnahmeersuchen ist eine Abschrift des Haftbefehls beizufügen. Ist dies nicht möglich, ist sie unverzüglich nachzusenden.

Nr. 16. Aufnahme

(1) Bei der Aufnahme werden der Gefangene und seine Sachen sorgfältig durchsucht. Bei der Durchsuchung männlicher Gefangener dürfen nur Männer, bei der Durchsuchung weiblicher Gefangener nur Frauen anwesend sein. Das Schamgefühl ist zu schonen.
(2) Nach der Aufnahme wird der Gefangene alsbald ärztlich untersucht.
(3) Der Gefangene ist über seine Rechte und Pflichten zu belehren. Dies kann durch den Hinweis auf ein im Haftraum angebrachtes Merkblatt geschehen.
(4) Unabhängig von der Benachrichtigung von Amts wegen nach § 114 b Abs. 1 StPO ist der Gefangene darauf hinzuweisen, daß er Gelegenheit hat, einen Angehörigen oder eine Person seines Vertrauens von der Verhaftung oder Verlegung in eine andere Anstalt zu benachrichtigen. Dies gilt nicht, wenn der Richter den Zweck der Untersuchung durch die Benachrichtigung für gefährdet hält (§ 114 b Abs. 2 StPO).
(5) Der Gefangene ist zu befragen, ob dringende Maßnahmen sozialer Hilfe nötig sind. Gegebenenfalls sind die hierfür zuständigen Stellen zu benachrichtigen. Über das Ergebnis der Befragung und das etwa Veranlaßte ist ein Vermerk in die Personalakte des Gefangenen aufzunehmen.
(6) Die Aufnahme ist der Stelle, die sie angeordnet hat, unter Angabe des Zeitpunktes unverzüglich mitzuteilen.

Nr. 17. Entlassung

(1) Der Gefangene darf grundsätzlich nur auf schriftliche Anordnung des Richters oder des Staatsanwalts aus der Haft entlassen werden. Die An-

ordnung ist mit dem Dienstsiegel zu versehen. Eine durch Telegramm oder Fernschreiben, Telex oder Telefax übermittelte Anordnung genügt, wenn nach den Umständen ihre Echtheit nicht zweifelhaft ist; bei Bedenken ist zurückzufragen. Bei fernmündlicher Anordnung ist in jedem Fall vor der Entlassung zurückzufragen. Eine durch Telegramm oder Fernschreiben, Telex oder Telefax oder fernmündlich übermittelte Anordnung ist unverzüglich schriftlich zu bestätigen.
(2) Die Entlassung ist der Stelle, die sie angeordnet hat, unter Angabe des Zeitpunktes unverzüglich zu bestätigen.
(3) Der Anstaltsleiter veranlaßt die notwendigen Maßnahmen sozialer Hilfe.

Dritter Abschnitt.   Behandlung der Gefangenen

Erstes Kapitel.   Allgemeines

Nr. 18. Grundsätze

(1) Der Gefangene ist würdig, gerecht und menschlich zu behandeln (Nr. 1 Abs. 3).
(2) Der Gefangene unterliegt im Rahmen dieser Vollzugsordnung den unmittelbaren Folgen der durch den richterlichen Haftbefehl angeordneten Freiheitsentziehung. Es wird ein Lebensbedarf anerkannt, der einer vernünftigen Lebensweise entspricht.
(3) Bequemlichkeiten und Beschäftigungen darf sich der Gefangene auf seine Kosten verschaffen, soweit sie mit dem Zweck der Haft vereinbar sind und nicht die Ordnung in der Anstalt stören (§ 119 Abs. 4 StPO). In diesem Rahmen sind verständige Wünsche zu erfüllen.
(4) Der Gefangene ist, soweit nichts anderes bestimmt ist, an die Hausordnung, insbesondere an die Tageseinteilung in der Anstalt gebunden.

Nr. 19. Anrede

Der Gefangene wird mit »Sie« angesprochen, soweit der Anstaltsleiter für Gefangene unter 16 Jahren nichts anderes bestimmt. Die im bürgerlichen Leben üblichen Anreden sind zu gebrauchen.

Nr. 20. Vorbereitung der Verteidigung

Dem Gefangenen ist ausreichende Gelegenheit zur Vorbereitung seiner Verteidigung zu geben. Schriftstücke, deren er zu seiner Verteidigung bedarf, insbesondere Anklageschrift, Eröffnungsbeschluß und Urteil, sind ihm zu belassen, sofern dadurch die Ordnung in der Anstalt oder die Staatssicherheit nicht gefährdet wird.

Nr. 21. Besuche von Anstaltsbediensteten

Der Anstaltsleiter soll in angemessenen Zeitabständen Gefangene in ihren Crafträumen aufsuchen. Der Gefangene soll regelmäßig durch Bedienstete aufgesucht werden, die mit seiner Betreuung befaßt sind.

Zweites Kapitel.   Trennung. Haftform

Nr. 22. Trennung

(1) Untersuchungsgefangene sind von Gefangenen anderer Art, namentlich von Strafgefangenen, getrennt unterzubringen. Sie sind auch sonst, bei der Arbeit, bei dem Aufenthalt im Freien, beim Gottesdienst, bei Vorführungen zum Arzt und bei ähnlichen Anlässen von Strafgefangenen, soweit möglich, getrennt zu halten.

(2) Es ist zu verhindern, daß der Untersuchungsgefangene mit anderen Gefangenen in Verbindung treten kann, die der Täterschaft, Teilnahme, Begünstigung, Strafvereitelung oder Hehlerei bezüglich derselben Tat verdächtigt oder bereits abgeurteilt oder als Zeugen beteiligt sind. Ausnahmen sind nur mit Zustimmung des Richters oder des Staatsanwalts (Nr. 3) zulässig.

(3) Weibliche Gefangene sind von männlichen Gefangenen stets streng getrennt zu halten.

(4) Junge Gefangene (Nr. 1 Abs. 4) sind von erwachsenen Gefangenen zu trennen.

(5) Gefangene, die nach ihrer Persönlichkeit, insbesondere nach Art, Zahl oder Dauer der von ihnen verbüßten Freiheitsstrafen oder wegen der an ihnen vollzogenen Maßregeln der Besserung und Sicherung eine Gefahr für andere Gefangene bedeuten, sind von diesen getrennt zu halten.

Nr. 23. Haftform

(1) Der Untersuchungsgefangene darf nicht mit anderen Gefangenen in demselben Raum untergebracht werden. Mit anderen Untersuchungsgefangenen darf er in demselben Raum untergebracht werden, wenn er es ausdrücklich schriftlich beantragt und der Richter seine Unterbringung gemeinsam mit anderen nicht ausgeschlossen hat. Der Antrag kann jederzeit in gleicher Weise zurückgenommen werden. Der Untersuchungsgefangene darf auch dann mit anderen Gefangenen in demselben Raum untergebracht werden, wenn sein körperlicher oder geistiger Zustand es erfordert (§ 119 Abs. 2 StPO).

(2) Der Untersuchungsgefangene darf, auch wenn er allein untergebracht ist, bei dem Aufenthalt im Freien, beim Gottesdienst, bei der Vorführung zum Arzt und bei ähnlichen Anlässen mit anderen Untersuchungsgefangenen zusammengebracht werden; Nr. 22 Abs. 2 bleibt unberührt.

(3) Bei gemeinsamer Unterbringung sind die Persönlichkeit, insbesondere das Lebensalter und das Vorleben des Gefangenen sowie die Tat, deren er beschuldigt wird, zu berücksichtigen. Es ist darauf zu achten, daß die gemeinsame Unterbringung nicht zu Unzuträglichkeiten führt und keine unangemessene Zumutung für die Beteiligten bedeutet.

Drittes Kapitel.   **Verkehr mit der Außenwelt**
I.   Besuche

Nr. 24. Besuchserlaubnis

(1) Der Gefangene darf mit Zustimmung des Richters oder des Staatsanwalts (Nr. 3) Besuche empfangen. Die Besuchserlaubnis wird schriftlich erteilt. Sie berechtigt zu einem Besuch von dreißig Minuten Dauer, wenn der Richter oder Staatsanwalt nichts anderes bestimmt.
(2) Der Anstaltsleiter setzt die regelmäßigen Besuchstage und Besuchszeiten fest. Besuche außerhalb dieser Tage und Zeiten werden nur in besonders gelagerten Ausnahmefällen zugelassen.

Nr. 25. Häufigkeit der Besuche

In der Regel wird mindestens alle zwei Wochen ein Besuch zugelassen. Darüber hinaus sollen Besuche zugelassen werden, wenn sie unaufschiebbaren, persönlichen, rechtlichen oder geschäftlichen Angelegenheiten dienen, die nicht vom Gefangenen schriftlich erledigt oder durch Dritte wahrgenommen werden können.

Nr. 26. Besucher

(1) Zum Besuch eines Gefangenen sollen regelmäßig nicht mehrere Personen gleichzeitig zugelassen werden. Falls eine ordnungsgemäße Überwachung gewährleistet ist, werden in Ausnahmefällen bis zu drei Personen gleichzeitig zugelassen. Können mehrere Personen nicht gleichzeitig zugelassen werden, so sollen die Wünsche des Gefangenen möglichst berücksichtigt werden.
(2) Minderjährige, die noch nicht 14 Jahre alt sind, können in Begleitung Erwachsener zum Besuch zugelassen werden.
(3) Ist von bestimmten Personen eine Störung der Ordnung in der Anstalt zu besorgen, so kann die Besuchserlaubnis versagt werden.

Nr. 27. Besuchsüberwachung

(1) Der Besuch wird vom Richter oder Staatsanwalt oder einem anderen Beamten mit besonderer Sachkunde überwacht. Die Überwachung kann auch einem Anstaltsbeamten, den der Anstaltsleiter bestimmt, überlassen werden.

(2) Der Gefangene darf ohne Erlaubnis des Richters oder des Staatsanwalts (Nr. 3) weder etwas von dem Besucher annehmen noch diesem etwas übergeben. Der Anstaltsleiter kann zulassen, daß dem Gefangenen Nahrungs- und Genußmittel in geringer Menge übergeben werden; er kann anordnen, daß die Nahrungs- und Genußmittel durch Vermittlung der Anstalt beschafft werden.
(3) Der überwachende Beamte greift ein, wenn ihm der Inhalt der Unterredung im Hinblick auf das Strafverfahren oder mit Rücksicht auf die Ordnung in der Anstalt bedenklich erscheint; falls erforderlich, bricht er den Besuch ab. Dies gilt auch, wenn der Besucher oder der Gefangene versucht, dem anderen ohne Erlaubnis etwas zu übergeben.

II. Schriftverkehr

Nr. 28. Recht auf Schriftwechsel

Der Gefangene darf unbeschränkt Schreiben absenden und empfangen, sofern der Richter nichts anderes bestimmt.

Nr. 29. Schreibmaterial. Porto

(1) Der Gefangene ist berechtigt, eigenes Schreibmaterial zu verwenden. Es wird in der Regel auf seine Kosten durch Vermittlung der Anstalt beschafft. Die Verwendung gefütterter Umschläge ist nicht gestattet. Auf Verlangen stellt die Anstalt Schreibbedarf in angemessenem Umfang. Papier und Umschläge, die von der Anstalt gestellt werden, dürfen keinen für Außenstehende erkennbaren Hinweis auf die Haft enthalten.
(2) Schreiben an Personen, die von Amts wegen von der Verhaftung benachrichtigt werden (Nr. 15 Abs. 2 Satz 2), darf die Anstalt Merkzettel beifügen, in denen die Empfänger über die Bedingungen des Verkehrs Untersuchungsgefangener mit der Außenwelt unterrichtet werden. Bei Schreiben an andere Personen gilt das nur, wenn der Gefangene einverstanden ist.
(3) Die Portokosten trägt der Gefangene. Ist er dazu nicht in der Lage, werden sie in angemessenem Umfang aus amtlichen Mitteln zur Verfügung gestellt.

Nr. 30. Überwachung des Schriftwechsels

(1) Der Schriftwechsel des Gefangenen wird durch den Richter oder durch den Staatsanwalt (Nr. 3) überwacht.
(2) Nicht überwacht werden Schreiben an Volksvertretungen des Bundes und der Länder sowie an deren Mitglieder, soweit die Schreiben an die Anschriften dieser Volksvertretungen gerichtet sind und den Absender zutreffend angeben, sowie an die Europäische Kommission für Menschenrechte.

Nr. 31. Weiterleitung von Schreiben. Aufbewahrung

(1) Zur Übermittlung der Schreiben zwischen der Vollzugsanstalt und dem Richter oder Staatsanwalt können Sammelumschläge verwendet werden, die zum dauernden Gebrauch bestimmt und entsprechend beschriftet sind; die Absendestelle versieht sie mit einer amtlichen Verschlußmarke, auf der das Namenszeichen des Beamten und das Datum anzugeben sind.
(2) Bei der gesamten Regelung des Schriftwechsels des Gefangenen ist auf größte Beschleunigung zu achten. Es ist dafür zu sorgen, daß die ein- und ausgehenden Schreiben des Gefangenen dem Richter oder Staatsanwalt unverzüglich übermittelt und abgesandt oder an den Gefangenen ausgehändigt werden, nachdem der Richter oder Staatsanwalt zugestimmt hat.
(3) Der Gefangene hat eingehende Schreiben unverschlossen zu verwahren, sofern nichts anderes gestattet wird; er kann sie verschlossen zu seiner Habe geben. Der Anstaltsleiter sorgt im Interesse der Ordnung in der Anstalt dafür, daß nicht zu viele Schreiben im Gewahrsam des Gefangenen sind.

Nr. 32. Überwachung abgehender Schreiben

(1) Der Gefangene erhält für das abgehende Schreiben einen Begleitumschlag. Er hat sein Schreiben unverschlossen in den Begleitumschlag zu legen, diesen zu verschließen und mit seinem Namen, der Bezeichnung des Gerichts sowie dem Aktenzeichen, unter dem die Untersuchung gegen ihn geführt wird, zu versehen.
(2) Wird das Schreiben nicht beanstandet, so wird die Zustimmung zur Absendung auf dem Begleitumschlag vermerkt.
(3) Die erledigten Begleitumschläge sind von der Einweisungsbehörde zu verwahren.

Nr. 33. Überwachung eingehender Schreiben

(1) Die Vollzugsanstalt legt das für den Gefangenen eingehende Schreiben ungeöffnet in einem unverschlossenen Begleitumschlag dem Richter oder dem Staatsanwalt (Nr. 3) vor.
(2) Ist das Schreiben nicht zu beanstanden, so vermerkt der Richter oder der Staatsanwalt (Nr. 3) auf dem Begleitumschlag, daß der Aushändigung an den Gefangenen zugestimmt wird, und leitet das Schreiben in dem verschlossenen Begleitumschlag der Vollzugsanstalt zur Aushändigung zu. Enthält das Schreiben Einlagen, so wird dies ebenfalls auf dem Begleitumschlag vermerkt.
(3) In der Vollzugsanstalt wird der Begleitumschlag in Gegenwart des Gefangenen geöffnet, das Schreiben ausgehändigt und über etwaige Einlagen verfügt. Eine Prüfung des Schreibens auf Einlagen ist unabhängig von einem entsprechenden Vermerk auf dem Begleitumschlag zulässig. Dabei

ist auszuschließen, daß von dem gedanklichen Inhalt des Schreibens Kenntnis genommen wird. Die Verfügung über etwaige Einlagen wird auf dem Begleitumschlag vermerkt; dieser Begleitumschlag ist von der Vollzugsanstalt zu verwahren.

Nr. 34. Anhalten von Schreiben

(1) Der Richter kann ein Schreiben insbesondere dann anhalten,
1. wenn es in Geheim- oder Kurzschrift, unlesbar, unverständlich oder ohne zwingenden Grund in einer fremden Sprache abgefaßt ist;
2. wenn die Weitergabe des Schreibens das Strafverfahren beeinträchtigen könnte;
3. wenn die Weitergabe des Schreibens geeignet ist, die Ordnung in der Anstalt zu gefährden.

(2) Eine Gefährdung der Ordnung in der Anstalt (Abs. 1 Ziffer 3) kann auch dann in Betracht kommen,
1. wenn ein Schreiben grob unrichtige oder erheblich entstellende Darstellungen von Anstaltsverhältnissen enthält;
2. wenn ein Schreiben grobe Beleidigungen enthält;
3. wenn die Weitergabe des Schreibens in Kenntnis seines Inhalts einen Straf- oder Bußgeldtatbestand verwirklichen würde oder wenn ein Schreiben der Vorbereitung einer strafbaren Handlung oder Ordnungswidrigkeit dient.

(3) Schreiben, deren Überwachung ausgeschlossen ist, dürfen nicht angehalten werden.

Nr. 35. Verfahren

(1) Will der Staatsanwalt (Nr. 3) ein Schreiben anhalten, so legt er es dem Richter vor.
(2) Der Richter oder der Staatsanwalt setzt sich mit dem Anstaltsleiter in Verbindung, wenn das Schreiben Anstaltsverhältnisse behandelt oder sein Inhalt für die Ordnung in der Anstalt oder bei einem jungen Gefangenen für die erzieherische Gestaltung des Vollzugs von Bedeutung sein kann.
(3) Ein angehaltenes Schreiben, das nicht an den Absender zurückgeht und auch nicht beschlagnahmt wird, ist zu der Habe des Gefangenen zu nehmen. Dem Gefangenen ist, soweit nicht aus besonderen Gründen Bedenken entgegenstehen, von dem Anhalten unter Mitteilung des Grundes Kenntnis zu geben. Der einwandfreie Teil eines eingegangenen, aber angehaltenen Schreibens soll dem Gefangenen mündlich mitgeteilt werden, soweit ihm nicht ein in sich verständlicher Teil des Schreibens ausgehändigt werden kann. Angehaltene eingehende Schreiben können auch an den Absender zurückgesandt werden; der Grund des Anhaltens ist zu bezeichnen.

III. Verkehr mit dem Verteidiger, dem Bewährungshelfer und dem Gerichtshelfer

Nr. 36. Mündlicher Verkehr

(1) Der Gefangene darf mit seinem Verteidiger ohne besondere Erlaubnis sowie ohne Beschränkung und Überwachung mündlich verkehren (§ 148 Abs. 1 StPO).

(2) Der Verteidiger muß sich als solcher gegenüber der Vollzugsanstalt durch die Vollmacht des Gefangenen oder die Bestellungsanordnung des Gerichts ausweisen. Der Anstaltsleiter kann in geeigneten Fällen verlangen, daß der Verteidiger sich als solcher gegenüber der Vollzugsanstalt durch eine Bescheinigung des Richters oder des Staatsanwalts (Nr. 3) oder durch eine gerichtliche Bestellungsanordnung ausweist.

(3) Ein Rechtsanwalt, der einen Besuchsauftrag besitzt, aber sich nicht nach Absatz 2 ausweisen kann, muß einen Einzelsprechschein vorzeigen, der ihn zu einer einmaligen Unterredung mit dem Gefangenen berechtigt.

(4) Ein Anwalt, der nicht Verteidiger ist, bedarf zu Unterredungen mit dem Gefangenen über Rechtsangelegenheiten der schriftlichen Zustimmung des Richters oder des Staatsanwalts (Nr. 3). In der Regel wird von der Überwachung des Besuches abgesehen.

(5) Auch Verteidiger und Anwälte sind nicht befugt, dem Gefangenen ohne Zustimmung der zuständigen Beamten irgendwelche Gegenstände zur Mitnahme in die Anstalt zu übergeben. Ausgenommen sind Schriftstücke, die der Gefangene selbst zuvor dem Verteidiger ausgehändigt hatte oder die unmittelbar das Strafverfahren betreffen, wie z. B. die Anklageschrift oder Abschriften eingereichter Schriftsätze des Verteidigers. Auf die Regelung in §§ 148 Abs. 2, 148 a StPO wird verwiesen.

(6) Ein Referendar kann den Gefangenen ebenso sprechen wie der Wahlverteidiger, wenn dieser dem Referendar die Verteidigung nach Eröffnung des Hauptverfahrens mit Zustimmung des Angeklagten übertragen hat (§ 139 StPO). Der Referendar hat das Vorliegen dieser Voraussetzungen nachzuweisen. Er muß sich gegenüber der Vollzugsanstalt entsprechend ausweisen.

(7) Der Anstaltsleiter kann im Benehmen mit dem Präsidenten der Rechtsanwaltskammer oder dessen Beauftragten allgemein die Zeiten festsetzen, zu denen in der Vollzugsanstalt die Besuche von Verteidigern regelmäßig stattfinden sollen.

Nr. 37. Schriftlicher Verkehr

(1) Der Gefangene darf mit seinem Verteidiger ohne besondere Erlaubnis sowie ohne Beschränkung und – unbeschadet der Regelung in §§ 148 Abs. 2, 148 a StPO – ohne Überwachung verkehren (§ 148 Abs. 1 StPO). Verteidigerpost ist als solche deutlich sichtbar zu kennzeichnen. Ausge-

hende Schreiben hat der Gefangene mit einer zutreffenden Angabe des Absenders zu versehen.
(2) Der Verteidiger muß sich als solcher gegenüber der Anstalt ausgewiesen haben (Nr. 36 Abs. 2).

Nr. 37 a. Verkehr mit dem Bewährungshelfer und dem Gerichtshelfer

(1) Der Gefangene, der unter Bewährungs- oder unter Führungsaufsicht steht oder über den der Bericht eines Gerichtshelfers angefordert ist, darf mit dem Bewährungshelfer, den Bediensteten der Führungsaufsichtsstelle oder dem Gerichtshelfer in demselben Umfang wie mit dem Verteidiger verkehren.
(2) Nrn. 36 und 37 gelten entsprechend.

IV. Sonstiger Verkehr mit der Außenwelt

Nr. 38. Fernmündlicher Verkehr. Telegramme

(1) Fernmündliche Gespräche des Gefangenen mit Personen außerhalb der Anstalt bedürfen der Zustimmung des Richters oder des Staatsanwalts (Nr. 3). In dringenden unbedenklichen Fällen kann auch der Anstaltsleiter die Zustimmung erteilen. Das Gespräch wird im vollen Wortlaut mitgehört; Nr. 36 Abs. 1 bleibt unberührt.
(2) Telegramme werden wie Schreiben überwacht, aber beschleunigt befördert. Sofern der Gefangene mit der Öffnung des Telegramms einverstanden ist, kann ihn der Anstaltsleiter in dringenden unbedenklichen Fällen von dem wesentlichen Inhalt in Kenntnis setzen.
(3) Gebühren hat der Gefangene im voraus zu entrichten.

Nr. 39. Pakete

(1) Für den Empfang von Paketen mit Nahrungs- und Genußmitteln durch den Gefangenen gelten die Regelung in § 33 Abs. 1 StVollzG und die hierzu erlassenen bundeseinheitlichen Verwaltungsvorschriften entsprechend. Die Entscheidung über die Zulassung weiterer Pakete oder solcher mit anderem Inhalt (§ 33 Abs. 1 Satz 3 StVollzG) trifft der Anstaltsleiter. Er soll solche Pakete nur aus besonderem Anlaß zulassen.
(2) Gefangene, die am Ort der Vollzugsanstalt keine Angehörigen haben, dürfen im Rahmen der Hausordnung regelmäßig Wäschepakete von auswärts empfangen. Außer einem Inhaltsverzeichnis dürfen keine schriftlichen Mitteilungen beigefügt sein.
(3) Das Paket wird von dem Anstaltsleiter oder dem von ihm beauftragten Beamten in Gegenwart des Empfängers überprüft. Gegenstände, deren Aushändigung an den Gefangenen bedenklich erscheint, werden entweder zur Habe des Gefangenen genommen, zurückgesandt oder dem Absender zur Rücknahme zur Verfügung gestellt.

(4) Für die Versendung von Paketen durch den Gefangenen gelten die Regelung in § 33 Abs. 4 StVollzG und die hierzu erlassenen bundeseinheitlichen Verwaltungsvorschriften entsprechend.
(5) Die Entscheidung des Richters wird eingeholt, wenn die Versendung bestimmter Gegenstände das Strafverfahren beeinträchtigen könnte.

Nr. 40. Hörfunk und Fernsehen

(1) Der Gefangene darf am Hörfunkprogramm der Anstalt sowie am gemeinschaftlichen Fernsehempfang teilnehmen. Nr. 46 Abs. 1 bleibt unberührt.
(2) Einzelempfang durch ein eigenes Hörfunkgerät und ein eigenes Fernsehgerät ist, soweit der Richter nicht etwas anderes anordnet, gestattet.
(3) Die für den Betrieb eigener Hörfunk- und Fernsehgeräte durch Strafgefangene erlassenen bundeseinheitlichen Verwaltungsvorschriften gelten sinngemäß.

Nr. 41. Vernehmung. Vorführung. Ausführung. Urlaub

(1) Zur Vernehmung des Gefangenen in der Anstalt oder zu seiner Vorführung außerhalb der Anstalt bedarf es eines schriftlichen Auftrags oder der Zustimmung des Richters oder des Staatsanwalts. Vernehmungen sollen nach Einschluß grundsätzlich nicht mehr stattfinden. Frauen sind durch männliche Polizeibeamte nur in Gegenwart einer Beamtin oder eines zweiten Beamten zu vernehmen. Die Ausantwortung ist nur mit Zustimmung des Richters zulässig.
(2) Der Gefangene darf auf seinen Antrag und auf seine Kosten mit Zustimmung des Richters oder des Staatsanwalts (Nr. 3) an Orte außerhalb der Anstalt ausgeführt werden, wenn wichtige und unaufschiebbare Angelegenheiten persönlicher, geschäftlicher oder rechtlicher Art seine persönliche Anwesenheit erforderlich machen. Die Kosten der Ausführung sind regelmäßig vorzuschießen.
(3) Urlaub aus der Untersuchungshaft wird nicht gewährt.

Viertes Kapitel.   Arbeit. Selbstbeschäftigung
Nr. 42. Grundsatz

Der Gefangene ist nicht zur Arbeit verpflichtet.

Nr. 43. Zugewiesene Arbeit

(1) Auf Verlangen soll dem Gefangenen Gelegenheit gegeben werden zu arbeiten; auf diese Möglichkeit ist er hinzuweisen. Bei der Zuweisung der Arbeit wird der Zweck der Untersuchungshaft berücksichtigt; auf den Beruf und die Kenntnisse, die Körperkräfte und Fertigkeiten des Gefange-

nen sowie auf den Gesundheitszustand, Geschlecht und Lebensalter wird besonders Rücksicht genommen.
(2) Der Gefangene darf mit Zustimmung des Richters bei der Arbeit mit anderen Gefangenen in Berührung kommen. Außerhalb des eingefriedeten Bereichs der Anstalt darf er nicht zur Arbeit eingesetzt werden.
(3) Nimmt ein Gefangener an der allgemein eingeführten Arbeit teil, so unterwirft er sich den von der Anstalt festgelegten Arbeitsbedingungen. Er darf die Arbeit nicht zur Unzeit niederlegen.
(4) Übt der Gefangene eine ihm zugewiesene Arbeit aus, so erhält er ein nach § 43 StVollzG zu bemessendes Arbeitsentgelt (§ 177 StVollzG), über das er frei verfügen darf.
(5) Der Gefangene darf durch die ihm zugewiesene Arbeit in der Vorbereitung seiner Verteidigung nicht beeinträchtigt werden (Nr. 20).

Nr. 44. Selbstbeschäftigung

Der Gefangene darf sich auf seine Kosten selbst beschäftigen, soweit die Selbstbeschäftigung mit dem Zweck der Haft vereinbar ist und die Ordnung in der Anstalt nicht stört. Erzielt der Gefangene aus der Selbstbeschäftigung Einkünfte, ist er anzuhalten, seiner Steuerpflicht nachzukommen.

Fünftes Kapitel.   Freizeit

Nr. 45. Lesestoff

(1) Dem Gefangenen ist anstaltseigener Lesestoff in ausreichendem Maße zur Verfügung zu stellen.
(2) Der Gefangene kann sich durch Vermittlung der Anstalt auf eigene Kosten oder auf Kosten Dritter Bücher durch den Buchhandel beschaffen sowie Zeitungen und Zeitschriften durch den Verlag, die Post oder den Handel beziehen. Vom Bezug ausgeschlossen sind Bücher, Zeitungen und Zeitschriften, deren Verbreitung mit Strafe oder Geldbuße bedroht ist.
(3) Bücher, Schriften, Zeitungen und Zeitschriften, die dem Gefangenen nicht unmittelbar von dem Verlag oder dem Buchhandel oder im Postbezug übersandt werden, dürfen ihm nur mit Zustimmung des Richters oder des Staatsanwalts (Nr. 3) ausgehändigt werden.
(4) Der Lesestoff, den der Gefangene aus öffentlichen Büchereien oder unmittelbar durch den Verlag, die Post oder den Handel bezieht, wird vor der Aushändigung an den Gefangenen durch den Anstaltsleiter oder den von ihm bestimmten Beamten geprüft, sofern der Richter oder der Staatsanwalt (Nr. 3) sich die Durchsicht nicht ausdrücklich vorbehalten hat. Den Lesestoff, der sonst dem Gefangenen übersandt oder für ihn abgegeben wird, oder der aus der Habe stammt, prüft der Richter oder der Staatsanwalt. Lesestoff, dessen Inhalt eine Gefährdung des Zwecks der

Haft oder der Ordnung in der Anstalt befürchten läßt, wird dem Gefangenen durch Verfügung des Richters vorenthalten; dem Gefangenen ist, soweit nicht aus besonderen Gründen Bedenken entgegenstehen, von der Verfügung unter Mitteilung des Grundes Kenntnis zu geben.
(5) Der Gefangene darf nicht mehr Lesestoff in seinem Haftraum aufbewahren und nicht mehr Zeitungen und Zeitschriften beziehen, als es mit der Ordnung der Anstalt vereinbar ist. Die bundeseinheitlichen Verwaltungsvorschriften über den Bezug von Zeitungen und Zeitschriften durch Strafgefangene gelten insoweit sinngemäß.

Nr. 46. Gemeinsame Veranstaltungen

(1) Untersuchungsgefangene dürfen an gemeinsamen Veranstaltungen teilnehmen, wenn der Richter zugestimmt hat oder gemeinsame Haft zugelassen ist.
(2) Absatz 1 gilt auch für gemeinsamen Unterricht. Zu einer Teilnahme am Unterricht von Strafgefangenen ist außer dem ausdrücklichen Einverständnis des Untersuchungsgefangenen die Zustimmung des Richters oder des Staatsanwalts notwendig.

Sechstes Kapitel.   Seelsorge
Nr. 47. Religiöse Veranstaltungen

(1) Der Gefangene darf am gemeinschaftlichen Gottesdienst und an anderen religiösen Veranstaltungen seines Bekenntnisses teilnehmen, wenn nicht der Richter mit Rücksicht auf den Zweck der Untersuchungshaft oder aus Gründen der Ordnung in der Anstalt anderes anordnet.
(2) Unter derselben Voraussetzung darf der Gefangene an religiösen Veranstaltungen einer anderen Religionsgemeinschaft teilnehmen, falls deren Seelsorger zustimmt.
(3) Mißbraucht der Gefangene die Teilnahme an religiösen Veranstaltungen zu Verdunkelungszwecken oder sonst zu unerlaubtem Verkehr mit anderen Gefangenen oder stört er die Veranstaltung, so kann er vom Anstaltsleiter im Benehmen mit dem Anstaltsseelsorger von der weiteren Teilnahme an diesen Veranstaltungen ausgeschlossen werden. Der Ausschluß bedarf der Genehmigung des Richters (§ 119 Abs. 6 StPO), der auch – gegebenenfalls nach Anhörung des Seelsorgers – über die Wiederzulassung entscheidet.
(4) Gemeinsame religiöse Veranstaltungen von Untersuchungsgefangenen und Strafgefangenen sind zulässig, wenn nicht in Ausnahmefällen der Richter anderes anordnet.

Nr. 48. Einzelseelsorge

(1) Der Gefangene hat das Recht, den Zuspruch eines Seelsorgers seines Bekenntnisses zu empfangen. Nr. 47 Abs. 2 gilt sinngemäß.
(2) Die hauptamtlich oder vertraglich angestellten Anstaltsseelsorger dürfen den Gefangenen ohne Erlaubnis aufsuchen.
(3) Anderen Seelsorgern als Anstaltsseelsorgern erteilt der Richter die Erlaubnis zum seelsorgerischen Besuch des Gefangenen; der Richter bestimmt, ob der Besuch überwacht wird.

Nr. 48 a. Weltanschauungsgemeinschaften

Für Angehörige weltanschaulicher Bekenntnisse gelten die Nrn. 47 und 48 entsprechend.

Siebentes Kapitel.   Soziale Hilfe

Nr. 49

(1) Dem Gefangenen wird bei der Aufnahme (Nr. 16 Abs. 5), während des Vollzugs der Untersuchungshaft wie auch bei der Entlassung (Nr. 17 Abs. 3) die soziale Hilfe der Anstalt angeboten, soweit er ihrer bedarf. Sie soll die nachteiligen Auswirkungen der Verhaftung mildern und den Wiedereintritt in geordnete Lebensverhältnisse erleichtern sowie darauf gerichtet sein, den Gefangenen in die Lage zu versetzen, seine Angelegenheiten selbst zu ordnen und zu regeln. In Frage kommen namentlich Maßnahmen zur Aufrechterhaltung der Familienbande und wertvoller sozialer Beziehungen, zur Erhaltung des Arbeitsplatzes und der Wohnung des Gefangenen und zur Sicherung seines Eigentums sowie zur Betreuung unterhaltsberechtigter Angehöriger oder sonst von ihm Abhängiger durch die für Sozialleistungen zuständigen Stellen. Bei der Entlassung ist dem Gefangenen insbesondere zu helfen, Arbeit und Unterkunft zu finden.
(2) Die soziale Hilfe darf den Zweck des Verfahrens weder gefährden noch hemmen. Bei den Hilfsmaßnahmen ist, soweit erforderlich, mit dem Richter oder dem Staatsanwalt Fühlung zu nehmen.

Achtes Kapitel.   Lebenshaltung

Nr. 50. Ernährung

(1) Der Gefangene wird nach den Bestimmungen der Kostordnung verpflegt.
(2) Dem Gefangenen wird gestattet, sich auf seine Kosten durch Vermittlung der Anstalt selbst zu verpflegen. Die Verpflegung hat sich im Rahmen einer vernünftigen Lebensweise zu halten (Nr. 18 Abs. 2); sie darf nur von einer Speise- oder Gastwirtschaft bezogen werden, die der Anstaltsleiter bestimmt. Der erforderliche Geldbetrag ist vorher bei der An-

staltskasse einzuzahlen; die Selbstbeköstigung endet, wenn der Vorschuß erschöpft ist. Ein Gefangener, der sich selbst verpflegt, wird während der Mahlzeiten von anderen Gefangenen getrennt gehalten.

Nr. 51. Zusatznahrungs- und Genußmittel. Persönlicher Bedarf

(1) Dem Gefangenen wird erlaubt, sich auf seine Kosten im Rahmen einer vernünftigen Lebensweise (Nr. 18 Abs. 2) vom Anstaltsleiter zugelassene Zusatznahrungs- und Genußmittel, andere Gegenstände des persönlichen Bedarfs sowie mit Zustimmung des Anstaltsarztes auch Arznei- und Kräftigungsmittel zu beschaffen.
(2) Die Beschaffung vermittelt in der Regel die Anstalt. Die Häufigkeit des Einkaufs richtet sich nach den örtlichen Verhältnissen; jedoch soll eine gewisse Regelmäßigkeit – möglichst einmal in der Woche – gewährleistet sein. Nahrungs- und Genußmittel und Gegenstände des persönlichen Bedarfs, die nicht durch Vermittlung der Anstalt beschafft sind, werden durch den Anstaltsleiter oder den von ihm bestimmten Beamten vor der Aushändigung an den Gefangenen geprüft.
(3) Der Genuß alkoholischer Getränke und anderer berauschender Mittel wird mit Rücksicht auf die Ordnung in der Anstalt nicht gestattet. Das Rauchen ist im Rahmen der Hausordnung erlaubt, sofern keine Feuergefahr zu befürchten ist.

Nr. 52. Kleidung. Wäsche. Bettlager

(1) Der Gefangene ist berechtigt, eigene Kleidung und Wäsche zu tragen; er darf eigene Bettwäsche benutzen. Soweit die eigenen Sachen ergänzt oder gewechselt werden müssen, können für den Gefangenen Kleidungs- und Wäschestücke in der Anstalt abgegeben und dort abgeholt werden. Die Sachen werden durch einen Anstaltsbeamten in Gegenwart des Gefangenen durchgesehen.
(2) Soweit der Gefangene nicht über vollständige Kleidung und Wäsche verfügt oder nicht in der Lage ist, für regelmäßigen Wechsel und für Reinigung der eigenen Sachen zu sorgen, wird er mit Anstaltskleidung und Anstaltswäsche ausgestattet. Insoweit ist er verpflichtet, Anstaltssachen zu tragen.
(3) Der Anstaltsleiter kann dem Gefangenen zur Schonung seiner eigenen Sachen das Tragen von Anstaltskleidung und Anstaltswäsche gestatten. Der Anstaltsleiter soll von dieser Befugnis auf Wunsch des Gefangenen namentlich dann Gebrauch machen, wenn dieser freiwillig an der allgemein eingeführten Arbeit teilnimmt.
(4) Dem Gefangenen, der gewöhnlich Anstaltskleidung trägt, kann beim Empfang eines Besuchs, bei einer Vorführung, Ausführung oder bei sonstiger Berührung mit der Außenwelt gestattet werden, eigene Kleidung

und eigene Wäsche zu tragen. Bei einer Vorführung oder Ausführung soll dies die Regel sein.

Nr. 53. Habe

(1) Der Anstaltsleiter darf dem Gefangenen Stücke der Habe überlassen, die sich zum persönlichen Gebrauch oder zur Ausstattung des Haftraumes eignen.
(2) Geld, Wertsachen und besondere Kostbarkeiten darf der Gefangene nicht im Gewahrsam haben. Der Besitz von Uhren ist grundsätzlich gestattet. Das Tragen eines Ehe- oder Verlobungsringes ist gestattet.
(3) Stücke der persönlichen Habe dürfen ohne Zustimmung des Richters nicht aus der Anstalt entfernt oder anderen Gefangenen überlassen werden.
(4) Aufzeichnungen und andere Gegenstände, die Kenntnisse der Sicherungsvorkehrungen der Anstalt vermitteln, werden mit Genehmigung des Richters von der Vollzugsbehörde in Verwahrung genommen.

Nr. 54. Haftraum. Beleuchtung

(1) Der Gefangene ist verpflichtet, seinen Haftraum und dessen Einrichtungsgegenstände zu reinigen. Der Gefangene haftet für vorsätzlich und fahrlässige Beschädigung von Anstaltseigentum.
(2) Der Anstaltsleiter kann gestatten, daß der Haftraum über die vorgeschriebene Zeit hinaus beleuchtet wird.

Nr. 55. Aufenthalt im Freien

(1) Arbeitet ein Gefangener nicht im Freien, so soll ihm täglich mindestens eine Stunde Aufenthalt im Freien ermöglicht werden, wenn die Witterung dies zu der festgesetzten Zeit zuläßt.
(2) Die Vorschriften über die Trennung der Gefangenen (Nr. 22) sind zu beachten.

Neuntes Kapitel.   Gesundheitspflege

Nr. 56. Anstaltsarzt. Beratender Arzt

(1) Der Gefangene wird vom Anstaltsarzt gesundheitlich betreut. Mit Zustimmung des Richters und nach Anhören des Anstaltsarztes kann dem Gefangenen gestattet werden, auf eigene Kosten einen beratenden Arzt hinzuzuziehen.
(2) Dem Gefangenen kann erlaubt werden, sich durch einen anderen als den für die Anstalt regelmäßig tätigen Zahnarzt auf eigene Kosten behandeln zu lassen.

Nr. 57. Krankenhausbehandlung

Kann einem Gefangenen im Fall einer Erkrankung die erforderliche Behandlung in der Anstalt, in der er sich befindet, nicht gewährt werden, so ist er mit Zustimmung des Richters in eine für die Behandlung geeignete Vollzugsanstalt oder ein Anstaltskrankenhaus zu verlegen oder in ein Krankenhaus außerhalb des Vollzugs zu überführen. Das gleiche gilt bei weiblichen Gefangenen auch im Fall einer Schwangerschaft.

Nr. 58. Zwangsmaßnahmen auf dem Gebiet der Gesundheitsfürsorge

Auf die Regelung in Nr. 72 wird verwiesen.

Nr. 59. Abweichen von Vollzugsvorschriften

Der Anstaltsleiter weicht auf Antrag oder nach Anhören des Anstaltsarztes von Vollzugsvorschriften ab, wenn dies zur Wahrung der Gesundheit eines Gefangenen erforderlich ist.

Vierter Abschnitt.   Besondere Verdunkelungsgefahr

Nr. 60.

(1) Bei erheblicher Verdunkelungsgefahr kann der Richter von sich aus oder auf Antrag des Staatsanwalts im Aufnahmeverfahren oder später besondere Maßnahmen anordnen, die geeignet sind, diese Gefahr soweit wie möglich auszuschalten.
(2) Es kommen hauptsächlich in Betracht:
1. Anordnung strenger Einzelhaft, während welcher der Gefangene von anderen Gefangenen dauernd getrennt gehalten und streng bewacht wird;
2. Beschränkung des Verkehrs mit der Außenwelt auf das Mindestmaß, insbesondere Paketsperre, Verbot der Beschaffung und Benutzung anstaltsfremden Lesestoffs, besonders strenge Überwachung des Schrift- und Besuchsverkehrs sowie, falls unbedingt notwendig, für eine gewisse Zeit völlige Abschließung von der Außenwelt;
3. Versagung oder Entzug der Erlaubnis, sich selbst zu beköstigen;
4. Versagung oder Entzug der Erlaubnis, eigene Kleidung, Wäsche und Bettwäsche zu benutzen, und Verbot des Überlassens von Stücken der Habe;
5. Beschränkung des täglichen Aufenthalts im Freien auf das Mindestmaß sowie im Benehmen mit dem Anstaltsarzt Ausschluß vom Aufenthalt im Freien für eine bestimmte Zeit.

Fünfter Abschnitt. Sicherheit und Ordnung

Erstes Kapitel. Durchsuchung

Nr. 61

Der Gefangene, seine Sachen und sein Haftraum dürfen jederzeit durchsucht werden. Bei der Durchsuchung männlicher Gefangener dürfen nur Männer, bei der Durchsuchung weiblicher Gefangener nur Frauen anwesend sein. Das Schamgefühl ist zu schonen.

Zweites Kapitel. Besondere Sicherungsmaßnahmen

Nr. 62. Allgemeines

(1) Gegen einen Gefangenen können besondere Sicherungsmaßnahmen angeordnet werden, wenn eine Gefährdung des Zwecks der Untersuchungshaft oder eine erhebliche Störung der Anstaltsordnung anders nicht vermieden oder behoben werden kann.

(2) Besondere Sicherungsmaßnahmen sind namentlich dann zulässig, wenn nach dem Verhalten des Gefangenen oder aufgrund seines seelischen Zustandes in erhöhtem Maße Fluchtgefahr, die Gefahr von Gewalttätigkeiten gegen Personen oder Sachen oder die Gefahr des Selbstmordes oder der Selbstbeschädigung besteht.

(3) Besondere Sicherungsmaßnahmen (Nrn. 63 und 64) ordnet der Richter an. In dringenden Fällen (Nr. 5) kann sie der Staatsanwalt, der Anstaltsleiter oder ein anderer Beamter, unter dessen Aufsicht der Gefangene steht, vorläufig anordnen. Vorläufige Anordnungen bedürfen der nachträglichen Zustimmung des Richters, die unverzüglich einzuholen ist (§ 119 Abs. 6 Satz 2 und 3 StPO).

(4) Wird ein Gefangener ärztlich behandelt oder beobachtet oder bildet sein seelischer Zustand den Anlaß der Maßnahme, so ist vor der Anordnung besonderer Sicherungsmaßnahmen der Arzt zu hören. Ist dies wegen Gefahr im Verzuge nicht möglich, wird seine Stellungnahme unverzüglich eingeholt.

Nr. 63. Arten der zulässigen Maßnahmen

(1) Als besondere Sicherungsmaßnahmen kommen hauptsächlich in Betracht:
1. verstärkte Durchsuchung des Gefangenen, seiner Sachen und seines Haftraums;
2. Beobachtung bei Nacht, wenn nötig, verbunden mit abgeschirmter Dauerbeleuchtung des Haftraums;
3. vorsichtige Arbeitszuteilung, insbesondere Verbot der Arbeit mit gefährlichen Werkzeugen und außerhalb des Haftraums;

4. Entzug oder Vorenthaltung von Gegenständen oder Bekleidungsstükken, deren Mißbrauch zu befürchten ist oder die geeignet sind, einen Flucht- oder Selbstmordversuch zu fördern;
5. Versagung oder Entzug der Befugnis, eigene Kleidung und Wäsche zu benutzen;
6. Beschränkung oder zeitweiliger Entzug des täglichen Aufenthalts im Freien;
7. Beschränkung und, abgesehen vom Verkehr mit dem Verteidiger, ausnahmslose Überwachung des Verkehrs mit der Außenwelt;
8. Zusammenlegung mit zuverlässigen Gefangenen in einem Haftraum;
9. Unterbringung in einem besonders gesicherten Haftraum ohne gefährdende Gegenstände.

(2) Zu einer schärferen Sicherungsmaßnahme soll nur gegriffen werden, wenn eine mildere keinen Erfolg verspricht.

Nr. 64. Fesselung

(1) Der Gefangene darf gefesselt werden, wenn
1. die Gefahr besteht, daß er Gewalt gegen Personen oder Sachen anwendet, oder wenn er Widerstand leistet,
2. er zu fliehen versucht oder wenn bei Würdigung der Umstände des Einzelfalles, namentlich der Verhältnisse des Gefangenen und der Umstände, die einer Flucht entgegenstehen, die Gefahr besteht, daß er sich aus dem Gewahrsam befreien wird,
3. die Gefahr des Selbstmordes oder der Selbstbeschädigung besteht
und wenn die Gefahr durch keine andere, weniger einschneidende Maßnahme abgewendet werden kann. Bei der Hauptverhandlung soll er ungefesselt sein (§ 119 Abs. 5 StPO).

(2) In der Regel dürfen Fesseln nur an den Händen oder an den Füßen angelegt werden. Im Interesse des Gefangenen kann eine andere Art der Fesselung angeordnet werden. Die Fesselung wird zeitweise gelockert, soweit dies notwendig ist.

(3) Die Anordnung der Fesselung trifft der Richter. Wird in dringenden Fällen von anderen Beamten die Fesselung verfügt, so ist unverzüglich die nachträgliche Zustimmung des Richters einzuholen (Nr. 62 Abs. 3).

Nr. 65. Dauer der Maßnahmen und ärztliche Überwachung

(1) Besondere Sicherungsmaßnahmen dürfen nur soweit aufrechterhalten werden, wie es ihr Zweck erfordert.

(2) Ist ein Gefangener in einem Haftraum ohne gefährdende Gegenstände untergebracht oder innerhalb der Vollzugsanstalt gefesselt, so sucht ihn der Anstaltsarzt alsbald und in der Folge möglichst täglich auf.

(3) Der Arzt ist regelmäßig zu hören, solange einem Gefangenen der tägliche Aufenthalt im Freien entzogen wird.

Nr. 66. Verlegung in eine andere Anstalt

Hält der Anstaltsleiter bei den besonderen Verhältnissen seiner Anstalt die Gewähr für eine sichere Verwahrung oder die Verhinderung von Gewalttätigkeiten, Selbstmord oder Selbstbeschädigung nicht für gegeben, so hat er beim Richter auf die Verlegung des Gefangenen in eine geeignete Vollzugsanstalt hinzuwirken.

Drittes Kapitel.   **Disziplinarmaßnahmen**

Nr. 67. Allgemeines

(1) Gegen einen Gefangenen, der schuldhaft gegen die Ordnung in der Anstalt verstößt oder den Haftzweck gefährdet oder vereitelt, kann der Richter gemäß § 119 Abs. 3 und 6 StPO Disziplinarmaßnahmen anordnen.

(2) Bei leichteren Verstößen kann es bei einer Ermahnung oder Verwarnung bleiben, die auch der Anstaltsleiter aussprechen kann.

Nr. 68. Arten der Disziplinarmaßnahmen

(1) Als Disziplinarmaßnahmen kommen in Betracht:
1. Verweis;
2. Beschränkung oder Entzug des Rechts auf Selbstbeköstigung (Nr. 50 Abs. 2) und des Rechts auf Beschaffung von zusätzlichen Nahrungs- und Genußmitteln und Gegenständen des persönlichen Bedarfs (Nr. 51 Abs. 1) bis zu drei Monaten;
3. Beschränkung oder Entzug verlängerter Haftraumbeleuchtung (Nr. 54 Abs. 2) bis zu drei Monaten;
4. Beschränkung oder Entzug des Lesestoffs (Nr. 45) bis zu zwei Wochen sowie des Hörfunk- und Fernsehempfangs (Nr. 40) bis zu drei Monaten; der gleichzeitige Entzug jedoch nur bis zu zwei Wochen;
5. Beschränkung oder Entzug des Besitzes von Gegenständen aus der Habe (Nr. 53 Abs. 1) bis zu drei Monaten;
6. Beschränkung oder Entzug der Teilnahme an gemeinsamen Veranstaltungen (Nr. 46) bis zu drei Monaten;
7. Entzug des täglichen Aufenthalts im Freien (Nr. 55) bis zu einer Woche;
8. Entzug einer zugewiesenen Arbeit oder Beschäftigung (Nr. 43) unter Wegfall der Bezüge oder einer Selbstbeschäftigung (Nr. 44) bis zu vier Wochen;
9. Beschränkung des Verkehrs mit Personen außerhalb der Anstalt auf dringende Fälle bis zu drei Monaten;
10. Arrest bis zu vier Wochen.

(2) Für junge Gefangene (Nr. 1 Abs. 4) gilt Abs. 1 Ziffer 7 nicht; Arrest (Abs. 1 Ziffer 10) ist nur bis zu zwei Wochen zulässig.

(3) Mehrere Disziplinarmaßnahmen können miteinander verbunden werden.
(4) Bei der Wahl der Disziplinarmaßnahmen werden Grund und Zweck der Haft sowie die seelischen Wirkungen der Untersuchungshaft und des Strafverfahrens berücksichtigt.
(5) Der Anstaltsleiter soll die Anordnung von Arrest nur wegen schwerer oder mehrfach wiederholter Verfehlungen beantragen. Die Anordnung von Maßnahmen nach Abs. 1 Ziffern 3 bis 9 soll er möglichst nur beantragen, wenn die Verfehlung mit den zu beschränkenden oder zu entziehenden Befugnissen im Zusammenhang steht; dies gilt nicht bei einer Verbindung mit Arrest.

Nr. 69. Verfahren

(1) Der Anstaltsleiter veranlaßt die zur Klärung des Sachverhalts notwendigen Erhebungen, soweit sie nicht der Richter oder der Staatsanwalt durchführt. Der Gefangene wird gehört. Die Erhebungen werden in einer Niederschrift festgelegt; die Einlassung des Gefangenen wird vermerkt. Der Anstaltsleiter legt das Ergebnis seiner Ermittlungen mit einem Antrag auf Festsetzung einer bestimmten Disziplinarmaßnahme dem Richter vor. Dieser kann weitere Erhebungen anordnen oder selbst anstellen.
(2) Vor der Beantragung einer Disziplinarmaßnahme gegen einen Gefangenen, der ärztlich behandelt oder beobachtet wird, oder gegen eine Schwangere oder eine stillende Mutter ist der Anstaltsarzt zu hören.
(3) Der Beschluß, mit dem über die Anordnung einer Disziplinarmaßnahme entschieden wird, ist schriftlich abzufassen und zu begründen. Dem anwesenden Gefangenen wird er vom Richter durch Verkündung bekanntgemacht, dem abwesenden formlos mitgeteilt (§ 35 StPO).
(4) Bei der Anordnung und dem Vollzug einer Disziplinarmaßnahme ist darauf zu achten, daß die Verteidigung und die Verhandlungsfähigkeit des Gefangenen nicht beeinträchtigt werden.

Nr. 70. Vollstreckung

(1) Disziplinarmaßnahmen werden in der Regel sofort vollstreckt.
(2) Eine Disziplinarmaßnahme kann ganz oder zum Teil auch während einer der Untersuchungshaft unmittelbar nachfolgenden Untersuchungs- oder Strafhaft vollstreckt werden.
(3) Wird der Verkehr des Gefangenen mit Personen außerhalb der Anstalt eingeschränkt, ist ihm Gelegenheit zu geben, dies einer Person, mit der er im Schriftwechsel steht oder die ihn zu besuchen pflegt, mitzuteilen. Der Verkehr mit den in Nrn. 30 Abs. 2, 36 bis 37 a genannten Empfängern, mit Gerichten und Justizbehörden in der Bundesrepublik sowie mit Rechtsanwälten und Notaren in einer den Gefangenen betreffenden Rechtssache bleibt unbeschränkt.

Nr. 71. Vollzug des Arrestes

(1) Der Arrest wird unter unausgesetzter Absonderung des Gefangenen von anderen Gefangenen vollzogen. Der Gefangene kann in einem besonderen Arrestraum untergebracht werden, der den Anforderungen entsprechen muß, die an einem zum Aufenthalt bei Tag und Nacht bestimmten Haftraum gestellt werden.
(2) Soweit nichts anderes angeordnet wird, ruhen die Befugnisse des Gefangenen aus oder aufgrund der Nr. 18 Abs. 3, Nrn. 40, 43, 45, 50 Abs. 2, Nr. 51 Abs. 1, Nr. 52 Abs. 1, Nr. 53 Abs. 1 und Nr. 54 Abs. 2.
(3) Vor dem Vollzug des Arrestes ist der Anstaltsarzt zu hören. Während des Arrestes steht der Gefangene unter ärztlicher Aufsicht. Der Vollzug des Arrestes unterbleibt oder wird unterbrochen, solange die Gesundheit des Gefangenen durch den Vollzug gefährdet würde.

Viertes Kapitel.   Unmittelbarer Zwang

Nr. 72.

(1) Für die Anwendung unmittelbaren Zwangs gelten die gesetzlichen Vorschriften.
(2) Jede Anwendung unmittelbaren Zwangs, insbesondere jeder Waffengebrauch, ist dem Anstaltsleiter unverzüglich zu melden.

Sechster Abschnitt.   Beschwerde

Nr. 73. Allgemeines

Der Gefangene hat das Recht, sich gegen Anordnungen und Maßnahmen zu beschweren, durch die er im Vollzuge der Untersuchungshaft betroffen wird.

Nr. 74. Entscheidungen des Richters

(1) Beschwerden gegen Verfügungen des Richters werden nach den Vorschriften der Strafprozeßordnung (§§ 304 ff.) behandelt.
(2) Die Beschwerde ist zur Niederschrift der Geschäftsstelle des Gerichts zu geben oder schriftlich einzulegen. Sie ist bei dem Gericht anzubringen, das die angefochtene Verfügung erlassen hat; in dringenden Fällen kann die Beschwerde auch bei dem Beschwerdegericht eingelegt werden (§ 306 Abs. 1 StPO). Der Gefangene kann die Beschwerde auch zur Niederschrift des Amtsgerichts geben, in dessen Bezirk er sich befindet (§ 299 StPO).
(3) Durch Einlegung der Beschwerde wird der Vollzug der angefochtenen Verfügung nicht gehemmt, sofern nicht der Richter die Vollziehung aussetzt (§ 307 StPO).

Nr. 75. Entscheidungen des Anstaltsleiters

(1) Beschwert der Gefangene sich gegen Anordnungen des Anstaltsleiters in Angelegenheiten, die der Zuständigkeit des Richters nach § 119 Abs. 6 StPO unterliegen, so entscheidet der Richter.
(2) Über Beschwerden gegen Maßnahmen der Anstaltsbeamten entscheidet im Dienstaufsichtswege der Anstaltsleiter, soweit nicht auf Grund besonderer Vorschriften unmittelbar die Aufsichtsbehörde zuständig ist. Diese entscheidet auch, wenn die Beschwerde sich gegen den Anstaltsleiter selbst richtet. Gemeinsame Beschwerden sind unzulässig.
(3) Unabhängig von der Dienstaufsichtsbeschwerde kann der Gefangene in Angelegenheiten, für die nicht die richterliche Zuständigkeit nach § 119 Abs. 6 StPO gegeben ist, Antrag auf gerichtliche Entscheidung stellen, wenn er geltend macht, durch eine Anordnung, Verfügung oder sonstige Maßnahme der Vollzugsbehörde oder durch die Ablehnung oder Unterlassung einer solchen Maßnahme in seinen Rechten verletzt zu sein (§§ 23, 24 Abs. 1 EGGVG). Ob dem Antrage auf gerichtliche Entscheidung ein Verfahren über einen förmlichen Rechtsbehelf vorauszugehen hat, richtet sich nach Landesrecht.

Siebenter Abschnitt. Ergänzende Vorschriften

Nr. 76.

Soweit nicht diese Vollzugsordnung anderes bestimmt oder Wesen und Zweck der Untersuchungshaft entgegenstehen, gelten für den Vollzug der Untersuchungshaft die Vorschriften über den Strafvollzug sinngemäß.

Achter Abschnitt.   Junge Gefangene

Nr. 77. Zuständiger Richter

Im Verfahren gegen Jugendliche und Heranwachsende gilt die Vorschrift der Nr. 2 mit der Maßgabe, daß an die Stelle des Amtsrichters der Jugendrichter tritt (§§ 34, 107 JGG). Der zuständige Richter kann in Verfahren gegen Jugendliche die richterlichen Entscheidungen, welche die Untersuchungshaft betreffen, aus wichtigen Gründen sämtlich oder zum Teil einem anderen Jugendrichter übertragen (§ 72 Abs. 5 JGG).

Nr. 78. Trennung

(1) Mit erwachsenen Gefangenen dürfen junge Gefangene (Nr. 1 Abs. 4) nicht zusammenkommen (Nr. 22 Abs. 4). Wenn gesundheitliche Gründe es dringend erfordern, kann ein junger Gefangener ausnahmsweise vor-

übergehend auch zusammen mit erwachsenen Gefangenen untergebracht werden.
(2) Werden junge Gefangene in gemeinsamer Haft zusammengelegt, so sind Entwicklung und Reife der Gefangenen sowie erzieherische Gesichtspunkte zu berücksichtigen.

Nr. 79. Persönlichkeitserforschung

(1) Der Anstaltsleiter und die von ihm beauftragten Beamten sollen sich mit der Erforschung der Persönlichkeit des jungen Gefangenen befassen. Sie dient dem Ziele, für die Beurteilung der Persönlichkeit des jungen Gefangenen Unterlagen zu gewinnen und so die richtige Behandlung im Vollzug der Untersuchungshaft wie auch die richtige Entscheidung in der Strafsache zu erleichtern.
(2) Die Persönlichkeitserforschung ist in Zusammenarbeit mit den Organen der Jugendgerichtshilfe durchzuführen. Besonderer Wert ist zu legen auf die Feststellung der seelischen, geistigen und körperlichen Eigenart des jungen Gefangenen, auf seine Lebensgeschichte, die Schul- und Berufsbildung sowie die persönlichen und sozialen Verhältnisse. Der Gefangene ist zu beobachten und sein Verhalten laufend schriftlich festzuhalten. Jeder junge Gefangene hat alsbald nach der Aufnahme seinen Lebenslauf niederzuschreiben.
(3) Das Ergebnis der Persönlichkeitserforschung ist dem Richter oder dem Staatsanwalt mitzuteilen (Nr. 8).

Nr. 80. Erzieherische Gestaltung

(1) Bei der erzieherischen Gestaltung des Vollzugs der Untersuchungshaft an jungen Gefangenen ist auf die körperliche, geistige und seelische Entwicklung Rücksicht zu nehmen.
(2) Der junge Gefangene ist aus erzieherischen Gründen zur Arbeit verpflichtet. Die Vorschriften des Gesetzes zum Schutze der arbeitenden Jugend (JArbSchG) sind zu beachten (§ 62 JArbSchG). Ein Drittel des Arbeitsentgelts (§ 177 StVollzG) ist wie Überbrückungsgeld zu behandeln.
(3) Die Erziehungsarbeit soll Gruppenmaßnahmen, insbesondere Unterricht umfassen. Die schulpflichtigen Gefangenen sind verpflichtet, hieran teilzunehmen. Der Unterricht findet in der Regel während der Arbeitszeit statt. Ist dem jungen Gefangenen die Teilnahme an gemeinsamen Veranstaltungen nicht gestattet, ist er zum selbständigen Lernen anzuhalten und hierbei zu unterstützen.
(4) Der Anstaltsleiter gestaltet und überwacht die arbeits- und unterrichtsfreie Zeit. Durch Überlassen von gutem und geeignetem Lesestoff, durch Einzelseelsorge, persönliche Einwirkung und persönliche Aussprache soll auf Förderung der geistigen und sittlichen Entwicklung des jun-

Untersuchungshaftvollzugsordnung (UVollzO)

gen Gefangenen hingewirkt werden. Lesestoff zuzulassen, der nicht aus der Gefangenenbücherei stammt, ist dem Richter vorbehalten.
(5) Vom Bezug ausgeschlossen sind Bücher, Zeitungen und Zeitschriften, deren Verbreitung mit Strafe oder Geldbuße bedroht ist oder die der erzieherischen Gestaltung der Untersuchungshaft zuwiderlaufen.

Nr. 81. Lebenshaltung

(1) Besondere Wünsche des jungen Gefangenen werden nur erfüllt, soweit es mit dem Erziehungszweck vereinbar ist.
(2) Selbstbeköstigung wird versagt, wenn erzieherische Nachteile zu befürchten sind.
(3) Jungen Gefangenen, die das sechzehnte Lebensjahr noch nicht vollendet haben, wird Rauchen nicht gestattet.

Nr. 82. Aufenthalt im Freien

(1) Die Zeit des Aufenthalts im Freien wird nach Möglichkeit mit sportlicher Betätigung ausgefüllt.
(2) Der junge Gefangene ist zur Teilnahme verpflichtet, soweit er nicht hiervon befreit wird. Eine Befreiung soll nur erfolgen, wenn es der Anstaltsarzt beantragt oder wenn es das Wohl des Gefangenen aus besonderen Gründen erforderlich macht.

Nr. 83. Verkehr mit der Außenwelt

(1) Der Verkehr mit der Außenwelt wird mit besonderer Sorgfalt überwacht. Er wird unterbunden, soweit er aus erzieherischen Gründen bedenklich erscheint.
(2) Dem Vertreter der Jugendgerichtshilfe und, wenn der Gefangene unter Bewährungsaufsicht steht oder für ihn ein Erziehungsbeistand bestellt ist, dem Helfer und dem Erziehungsbeistand ist der Verkehr mit dem Gefangenen in demselben Umfang wie einem Verteidiger gestattet (§§ 93, 110 JGG). Die Nrn. 36 und 37 dieser Vollzugsordnung gelten entsprechend.

Nr. 84. Beamte

Die Beamten müssen für die besonderen Aufgaben des Vollzugs an jungen Gefangenen geeignet sein.

Nr. 85. Ergänzende Vorschriften

Soweit nicht diese Vollzugsordnung anderes bestimmt, gelten für den Vollzug der Untersuchungshaft an jungen Gefangenen ergänzend die Vorschriften für Erwachsene. Daneben gelten sinngemäß die Vorschriften über den Jugendstrafvollzug, soweit nicht Wesen und Zweck der Untersuchungshaft entgegenstehen.

Zweiter Teil.   **Besondere Haftarten**
Erstes Kapitel.   **Haft aufgrund vorläufiger Festnahme**

Nr. 86. Aufnahme. Vorführung vor dem Richter

(1) Ein vorläufig Festgenommener wird in die Anstalt aufgrund einer schriftlichen Verfügung des Richters oder des Staatsanwalts vorläufig aufgenommen; in besonders gelagerten Ausnahmefällen kann er aufgrund einer von der Polizeibehörde ausgestellten und unterschriebenen Einlieferungsanzeige vorläufig aufgenommen werden. Dem Anstaltsleiter ist jeder vorläufig Aufgenommene unverzüglich zu melden.
(2) Der Anstaltsleiter stellt sicher, daß der vorläufig Festgenommene unverzüglich, spätestens am Tage nach der Festnahme dem nach §§ 128, 129 StPO zuständigen Richter vorgeführt wird.

Nr. 87. Durchführung des Vollzuges

(1) Für die Haft aufgrund vorläufiger Festnahme, die im Bereich der Justizverwaltung vollzogen wird, gelten die Vorschriften über den Vollzug der Untersuchungshaft entsprechend, soweit sie mit der Eigenart dieser Haft als kurzfristigem Zustand vereinbar sind. Der Vollzug wird unter Beachtung der Hinweise der Polizeibeamten auf Persönlichkeit und Tat des Festgenommenen durchgeführt. Soweit erforderlich, nimmt der Anstaltsleiter mit dem Staatsanwalt Fühlung oder führt eine richterliche Entscheidung herbei.
(2) Der vorläufig Festgenommene nimmt am gemeinschaftlichen Gottesdienst, an anderen gemeinschaftlichen Veranstaltungen sowie an dem Aufenthalt im Freien nicht teil. Verkehr mit der Außenwelt wird grundsätzlich nicht gestattet. Der Festgenommene erhält auf Wunsch Lesestoff aus der Anstaltsbücherei.

Zweites Kapitel.   **Einstweilige Unterbringung**

Nr. 88. Zweck

Die einstweilige Unterbringung soll die Allgemeinheit schon vor rechtskräftiger Anordnung der Unterbringung in einem psychiatrischen Krankenhaus oder einer Entziehungsanstalt vor Personen schützen, die dringend verdächtig sind, im Zustand der Schuldunfähigkeit oder der verminderten Schuldfähigkeit eine rechtswidrige Tat begangen zu haben (§ 126 a StPO). Auf die Sicherung des Strafverfahrens wird Bedacht genommen.

Nr. 89. Anstalten

(1) Die einstweilige Unterbringung wird in einem öffentlichen psychiatrischen Krankenhaus oder einer öffentlichen Entziehungsanstalt vollzogen.
(2) Die Unterbringung in einer Justizvollzugsanstalt ist für höchstens vierundzwanzig Stunden und nur dann zulässig, wenn eine sofortige Überführung in eine der in Absatz 1 genannten Anstalten nicht möglich ist. Dabei sind alle Sicherungsmaßnahmen zu treffen, die sich aus dem Zweck der Anordnung der einstweiligen Unterbringung ergeben.

Nr. 90. Einleitung und Durchführung des Vollzugs

(1) Für die Einleitung der einstweiligen Unterbringung gilt Nr. 15 entsprechend.
(2) Für den Vollzug der einstweiligen Unterbringung gelten, soweit nicht Rücksichten auf das Verfahren entgegenstehen oder anderes bestimmt ist, die Vorschriften über den Vollzug der Unterbringung gemäß §§ 63, 64 StGB entsprechend.

Drittes Kapitel. Vollstreckung von Untersuchungshaft und Strafvollstreckung

Nr. 91. Strafvollstreckung

(1) Als Strafgefangener ist zu behandeln, soweit sich dies schon vor der Aufnahme zum Strafvollzug durchführen läßt,
1. der Gefangene, gegen den auf Freiheitsstrafe erkannt worden ist, vom Zeitpunkt des Eintritts der Rechtskraft des Urteils ab, es sei denn, daß er aufgrund eines anderen Haftbefehls weiterhin in Untersuchungshaft bleibt,
2. der im Vollstreckungsverfahren verhaftete Verurteilte (§ 457 StPO) sowie
3. ein Verurteilter, der nach anderer Haft zum Vollzug einer Strafe zurückgehalten wird (Überhaft), die in einer anderen Vollzugsanstalt zu vollziehen ist.

(2) Die Vorschrift des Absatzes 1 gilt bei Anordnung einer mit Freiheitsentziehung verbundenen Maßregel der Besserung und Sicherung sinngemäß.
(3) Der Anstaltsleiter wirkt auf eine baldige Überführung des Gefangenen in die zuständige Anstalt nachdrücklich hin.

Nr. 92. Unterbrechung der Untersuchungshaft zum Zwecke der Strafvollstreckung

(1) Die Untersuchungshaft kann mit Zustimmung des Richters zur Vollstreckung einer Freiheitsstrafe unterbrochen werden; bei besonderer Verdunkelungsgefahr (Nr. 60) wird hiervon abzusehen sein.
(2) Der Gefangene wird für die Dauer des Vollzuges der Strafe als Strafgefangener behandelt. Er unterliegt jedoch auch denjenigen Beschränkungen seiner Freiheit, die der Zweck der Untersuchungshaft erfordert (§ 122 Abs. 1 Satz 1 StVollzG). Insbesondere darf der Gefangene nicht außerhalb des eingefriedeten Bereichs der Anstalt beschäftigt werden. Der Richter kann anordnen, daß der Gefangene von anderen Strafgefangenen getrennt zu halten ist.
(3) Weitere mit Rücksicht auf den Zweck der Untersuchungshaft erforderliche Beschränkungen ordnet der Richter an (§ 122 Abs. 1 Satz 2 StVollzG). Er kann insbesondere anordnen, daß ihm der Schriftwechsel des Gefangenen zur Mitprüfung vorgelegt und vor der Zulassung von Besuchen seine Zustimmung eingeholt wird. In dringenden Fällen gilt § 119 Abs. 6 Satz 2 und 3 StPO.
(4) Beginn und Ende der Strafhaft sind der Vollstreckungsbehörde und dem für die Untersuchungshaft zuständigen Richter mitzuteilen.
(5) Diese Vorschriften gelten bei Unterbrechung der Vollstreckung der Untersuchungshaft zum Zwecke der Vollstreckung einer mit Freiheitsentziehung verbundenen Maßregel der Besserung und Sicherung entsprechend.

Nr. 93. Anordnung von Untersuchungshaft gegen Strafgefangene oder Sicherungsverwahrte

Wird gegen einen Strafgefangenen oder Sicherungsverwahrten in anderer Sache Untersuchungshaft angeordnet, so gelten, wenn nicht aus dringenden Gründen, namentlich wegen besonderer Verdunkelungsgefahr, die Vollstreckung der Strafe zum Zwecke der Vollstreckung der Untersuchungshaft unterbrochen wird, die Vorschriften der Nr. 92 Abs. 2 bis 5 entsprechend.

Gesetzesregister

Die Zahlen vor dem Doppelpunkt bedeuten die Gesetzesparagraphen, -artikel bzw. -nummern. Die **halbfetten** Zahlen verweisen auf die kommentierten Paragraphen, die mageren Zahlen auf die jeweiligen Randnummern dieses Buches.

AO
§ 370: **3** 9

AuslG
§ 48: **70** 6
§ 76: **70** 6

BBG
§ 62: **38** 10

BDSG
§ 10: **24, 25** 12
§ 41: **24, 25** 12

BGB
§ 2: **98** 3
§ 7: **42** 5 a, 6
§§ 7-11: **98** 2
§ 8: **42** 5 a
§ 11: **42** 5 a, 6
§ 127 a: **15** 6
§ 186: **1** 11
§ 187: **87** 13
§ 188: **22** 3; **87** 13
§ 426: **74** 13
§ 683: **74** 5
§ 1626: **10** 8; Grdl. **1-2** 4; **67** 2
§ 1631: **10** 9; **34** 3
§ 1631 a: **93** 8
§ 1631 b: **42** 7
§ 1633: **67** 5
§ 1666: **12** 2; **82** 11; **93** 3
§ 1666 a: **12** 2; **34** 3
§ 1671: **67** 2; Grdl. **70** 6
§ 1672: **67** 2

§ 1673: **67** 5
§ 1679: **67** 5
§ 1680: **67** 5
§ 1685: **67** 4
§ 1705: **67** 2
§ 1757: **67** 2
§ 1773: **67** 3
§ 1793: **67** 3
§ 1909: **67** 3
§ 1915: **67** 3

BJagdG
§ 40: **6** 2

BRAGebO
§§ 83 ff.: **59** 10
§§ 97 ff.: **68** 17; **74** 9
§ 100: **68** 17; **74** 9

BRRG
§ 39: **38** 10

BSHG
§ 28: **10** 29
§ 30: **88** 6
§ 40: **10** 29
§ 72: **88** 6

BtMG
§ 29: **5** 21; Grdl. **21-26 a** 5; **45** 8; **68** 8
§ 30: Grdl. **21-26 a** 5
§ 31: **5** 21; **18** 4
§ 31 a: **45** 8
§ 35: Grdl. **5-8** 6; **7** 13; **21** 13; **31** 18; **82** 10, 11; Grdl. **93 a** 3

§ 36: **Grdl. 5-8** 6; **7** 13; **82** 10, 11; **85** 15; **88** 13; **Grdl. 93 a** 3
§ 37: **45** 8; **47** 8; **Grdl. 93 a** 3
§ 38: **Grdl. 5-8** 6; **21** 13; **45** 8; **47** 8; **82** 10, 11; **Grdl. 93 a** 3

BwVollzO
§ 2: **90** 3
§ 4: **85** 2
§ 5: **16** 10
§ 7: **85** 2

BZRG
§ 4: **Grdl. 17-18** 1; **17** 2; **21** 22; **Grdl. 27-30** 1; **27** 7
§ 5: **9** 8; **13** 4
§ 6: **58** 13
§ 13: **Grdl. 21-26 a** 4; **21** 22; **22** 7; **26, 26 a** 17; **58** 13; **62** 6; **88** 15; **97** 11; **100** 5; **101** 6
§ 20: **45** 22; **65** 5; **97** 11
§ 21: **70** 2; **97** 11
§ 24: **97** 3
§ 32: **Grdl. 21-26 a** 4; **21** 22; **Grdl. 27-30** 1; **27** 7; **55** 21; **82** 11; **97** 12; **100** 5
§ 34: **55** 21
§ 38: **97** 12
§ 39: **97** 8
§ 41: **70** 6; **97** 12; **100** 5
§ 46: **55** 21; **97** 12; **101** 6
§ 49: **97** 8
§ 51: **97** 12
§ 53: **97** 12
§ 59: **45** 22
§ 60: **3** 21; **13** 4; **45** 5, 22; **47** 7; **62** 6; **65** 5; **86** 9
§ 61: **70** 6
§ 63: **45** 22

DRiG
§ 5: **68** 14

EGGVG
§ 9: **102** 2
§ 23: **45** 23; **70** 11; **82** 11; **83** 6; **85** 7, 16; **90** 17; **Grdl. 91-92** 6; **91-92** 27; **93** 19; **114** 7
§ 24: **83** 7
§ 29: **70** 11

EGStGB
Art. 17: **81** 1
Art. 24: **Grdl. 55-56** 2
Art. 26: **Grdl. 79-81** 4
Art. 293: **Grdl. 9-12** 4; **Grdl. 13-16** 10
Art. 294: **Grdl. 33-38** 4

EGWStG
§ 5: **85** 2; **90** 5; **112 a** 16

EuAlÜbk
Art. 14: **31** 5

FGG
§ 12: **53** 7
§ 33: **24, 25** 8
§ 36: **42** 5, 5 a; **53** 7; **84** 3; **98** 2, 3
§ 43: **98** 2, 3
§ 44: **42** 5, 7
§ 46: **34** 3; **53** 7
§ 57: **53** 7, 11

GG
Art. 2: **Grdl. 1-2** 4; **10** 5; **38** 10; **57** 6; **70** 3, 10; **93** 8; **112 a** 7; **112 b** 1
Art. 3: **15** 7
Art. 4: **10** 5; **16** 2
Art. 5: **10** 5
Art. 6: **Grdl. 1-2** 4; **10** 5, 9; **50** 11; **51** 12; **Grdl. 55-56** 6; **67** 2; **71** 3; **91-92** 18; **93** 8; **112 a** 7
Art. 9: **10** 5
Art. 10: **91-92** 14
Art. 11: **10** 5, 9
Art. 12: **Grdl. 9-12** 6; **10** 5, 11, 13; **91-92** 16; **93** 10; **112 a** 1
Art. 20: **2** 7; **5** 2; **43** 5; **45** 16; **57** 6; **72** 5
Art. 35: **24, 25** 12; **70** 3; **71** 11
Art. 80: **33** 13; **91-92** 3
Art. 97: **2** 7; **83** 3
Art. 101: **33** 7, 9; **40** 5; **58** 9
Art. 103: **11** 10; **26, 26 a** 15; **30** 10; **43** 9; **47** 14; **51** 4, 7; **52** 6; **53** 11; **67** 11; **88** 2, 12; **112 a** 15

GKG
§ 11: **68** 18; **71** 10; **73** 11
§ 40: **74** 8
§ 41: **74** 8

GVG
§ 22 d: **33** 8; **34** 2
§ 24: **40** 5; **41** 5; **108** 2, 3
§ 25: **39** 1, 5; **108** 2
§ 26: **33** 2, 10; **36** 1; **39** 2; **48** 5; **55** 1
§ 28: **39** 5
§ 29: **33** 6, 11; **40** 7
§ 30: **33** 11; **35** 2; **40** 3, 7
§ 31: **35** 3
§ 32: **35** 3
§ 33: **35** 3, 6
§ 34: **35** 3
§ 36: **35** 3
§ 37: **35** 8
§ 38: **35** 8
§ 40: **35** 9
§ 41: **35** 9
§ 42: **35** 6, 9
§ 43: **35** 6
§ 44: **35** 9
§ 45: **35** 10
§ 46: **35** 9; **41** 12
§ 47: **35** 9, 10
§ 54: **35** 10
§ 56: **50** 13
§ 58: **33** 13; **35** 6
§ 73: **41** 9; **59** 5; **102** 5
§ 74: **41** 3
§ 74 a: **47** a 2; **102** 2; **103** 11
§ 74 b: **33** 2, 10; **36** 1; **39** 2; **48** 5; **55** 1
§ 74 c: **102** 2, 5; **103** 11
§ 74 e: **41** 3; **103** 11
§ 76: **33** 11; **35** 2; **41** 8
§ 77: **35** 6; **41** 12
§ 102: **33** 6
§ 120: **33** 1, 6; **59** 5; **Grdl.** **102-104** 5; **102** 2, 4
§ 121: **7** 17; **41** 8; **59** 6; **102** 4
§ 135: **41** 8; **102** 3
§ 142: **36** 7
§ 143: **36** 5; **38** 5; **42** 2; **58** 7; **87** 10
§ 144: **36** 8
§ 147: **83** 2
§ 151: **83** 2
§ 156: **14** 7; **34** 2; **60** 1
§ 169: **48** 9, 16
§ 171 a: **48** 5, 9; **109** 3
§ 172: **48** 5, 9; **104** 7; **109** 3
§ 173: **48** 5, 6
§ 174: **48** 9, 19
§ 175: **48** 9, 17; **51** 4

§ 177: **51** 4
§ 178: **1** 10; **51** 4
§ 196: **35** 2; **53** 5; **105** 24

JAVollzO
§ 1: **90** 5, 6, 7
§ 2: **Grdl.** **90** 50; **90** 8, 9
§ 3: **Grdl.** **90** 50; **90** 9, 11
§ 4: **87** 4
§ 5: **87** 4; **90** 11
§ 7: **90** 10
§ 8: **Grdl.** **48-51** 4; **11** 10
§ 10: **11** 10; **90** 3, 8, 15
§ 11: **90** 12, 14
§ 12: **90** 11
§ 17: **90** 8
§ 18: **90** 8
§ 20: **90** 8, 14
§ 21: **90** 8, 14
§ 22: **90** 8, 16
§ 23: **90** 8, 16
§ 24: **90** 17
§ 25: **16** 10; **85** 3
§ 24: **90** 13, 15
§ 27: **90** 8
§ 28: **90** 5

Justizbeitreibungsordnung
§ 6: **68** 18

KJHG
§ 1: **93** 8
§ 2: **12** 11
§ 3: **10** 29; **38** 4
§ 4: **38** 4
§ 7: **10** 29; **12** 12; **67** 4
§ 8: **12** 8
§ 18: **12** 12
§ 27: **12** 3, 4, 12
§ 29: **10** 29
§ 30: **10** 29; **12** 3, 5; **112** a 7
§ 33: **67** 4
§ 34: **10** 29; **12** 3, 6, 7, 13; **67** 4
§ 35 a: **10** 29
§ 36: **12** 12
§ 38: **67** 4
§ 41: **9** 2; **12** 1; **91-92** 24; **112** a 7
§ 42: **Grdl.** **71-73** 8
§ 43: **Grdl.** **71-73** 8
§ 44: **67** 4
§ 45: **67** 4

§ 50: **Grdl.** 70 6
§ 52: **Grdl. 33-38** 12; **38** 4, 8; **43** 5; **45** 13, 15
§ 58: 67 4
§ 61: 43 5, 14
§ 62: 43 5
§ 85: 10 29
§ 86: 10 29
§ 87 b: 38 5
§ 89: 12 13
§ 91: 10 29; 12 13
§ 92: 10 29; 12 13

KostVfg
§ 10: 68 18
§ 12: 74 9

MiStra
Nr. 2: 70 5, 6
Nr. 11: **Grdl. 27-30** 1
Nr. 20: 70 6
Nr. 32: 72 13; 88 15
Nr. 34: 70 4

MRK
Art. 4: 93 10
Art. 5: **28** 1; **30** 1; **72** 14; **93** 10
Art. 6: **1** 3; **5** 13; **26, 26 a** 7; **30** 9; **43** 9; **45** 16; **57** 2; **68** 18; **93** 6

OWiG
§ 1: 11 8
§ 12: 1 10; 38 3
§ 17: 54 3
§ 29: 1 3
§ 30: 1 3
§ 35: 45 3
§ 42: 103 3
§ 45: 103 3
§ 46: **1** 10; **38** 3; **42** 3; **43** 3; **45** 3; **47** 4; **48** 8; **49** 3; **50** 8; **51** 3; **54** 3
§ 47: 47 4; 103 3
§ 48: 49 3, 7
§ 68: 33 4; 39 2; 42 3
§ 70: 41 9
§ 73: 50 8; 51 3
§ 75: 47 4
§ 78: 2 6; 50 8
§ 79: 41 9
§ 91: 82 2
§ 95: 82 12

§ 96: 11 15; 82 2, 12
§ 97: 82 2
§ 98: **2** 6; **11** 16; **38** 3; **82** 12; **85** 1; **105** 2
§ 100: 41 9
§ 104: 41 9; 82 5, 12
§ 105: 74 2
§ 108: 41 9
§ 110: 41 9

PflichtVersG
§ 6: 3 9

RBerG
Art. 1: **24, 25** 9

RiStBV
Nr. 4 a: 48 6
Nr. 25: 103 4
Nr. 90: 45 22; 70 5
Nr. 124: **50** 4; **76-78** 17
Nr. 142: 54 22

RPflG
§ 31: 82 3; 85 5
§ 33: 82 3
§ 34: 82 3

SGB I
§ 27: 88 6
§ 43: 10 29

SGB VII
§ 2: 10 14

SGB X
§ 25: 70 2, 5
§§ 67 ff.: 43 14; 70 2, 5
§ 76: 43 14

SoldG
§ 1: 112 a 1
§ 2: 112 a 1
§ 11: 112 a 9, 14

Gesetz über die Entschädigung von Strafverfolgungsmaßnahmen
§ 4: 62 1

StGB
§ 3: **37** 5; **54** 14, 16; **68** 9
§ 10: 2 1

Gesetzesregister

§ 11: 1 3; 4 2; 6 2; 15 4; 24, 25 12; 51 10; 113 1
§ 12: 1 10; Grdl. 4 3; 4 2; 18 3; 33 4; 105 2
§ 16: 3 2
§ 17: 3 2; 17 6
§ 19: Grdl. 1-2 3; 1 1, 3
§ 20: Grdl. 3 1, 5; 3 1, 2, 3, 20; 7 7; 21 14; 30 3; 37 5; 38 25; Grdl. 43-44 5; 43 4, 16; 47 9; 54 14, 16; 68 9; 73 3; 105 3
§ 21: 3 2, 4, 5, 20; 7 7; 17 6; 30 3; Grdl. 43-44 5; 43 4, 16; 73 3; 105 3; 106 3
§ 23: 4 2
§ 29: 1 9; 67 15
§ 30: 4 2
§ 32: 1 4; 93 14
§ 35: 3 2
§ 42: 15 15
§ 43: 55 21; 72 8
§ 44: 6 2; 7 16; 8 2; 27 9; 55 23
§ 45: 6 1; 106 6
§§ 45-45 b: 6 2
§ 46: 5 2, 5, 18; 18 4
§ 46 a: 47 9
§ 48: 7 14; Grdl. 31-32 5
§ 49: 3 4; 5 4; 18 4
§ 51: 26, 26 a 15; Grdl. 52-52 a 3; 52 9, 11; 52 a 3
§ 53: 32 3, 16
§ 54: 32 16; 66 11
§ 55: 31 8; 32 8
§ 56: 21 6, 9; 22 1, 3
§ 56 b: 15 7, 16; Grdl. 79-81 9
§ 56 d: 24, 25 1
§ 56 f: 26, 26 a 4
§ 56 g: 26, 26 a 3
§ 57: 55 21; Grdl. 79-81 9; Grdl. 88-89 a 1, 3; 88 2, 3, 5, 7, 10
§ 57 a: Grdl. 79-81 9; 106 3
§ 59: 14 9
§ 60: 5 21; Grdl. 52-52 a 2, 3; 55 27
§ 61: 7 2; 10 27; 55 23; 68 8; Grdl. 93 a 1
§ 62: 5 2, 17; 18 6
§ 63: 3 4; 7 6, 8, 12; 42 7; 73 3
§ 64: 7 5, 6; 42 7; Grdl. 93 a 4, 7; 93 a 6
§ 66: 7 8; 106 5
§ 67: 7 3, 10, 13; 88 13; Grdl. 93 a 3, 6
§ 67 a: 7 13
§ 67 b: 7 9, 10; 58 15
§ 67 c: 7 9; 88 13

§ 67 d: 7 9; 22 6; 55 23; 93 a 6
§ 67 e: 7 9
§ 67 g: 58 15
§ 68: 7 14
§ 68 a: 7 14
§ 68 b: 7 14; 10 11
§ 68 c: 22 6
§ 68 f: 7 14
§ 68-68 g: 7 6
§ 69: 7 6, 15, 16; 55 23
§ 69 a: 7 6, 15, 16
§ 69 b: 7 6
§ 73: 6 2; 27 9
§ 74: 6 4, 5; 7 16; 8 7
§ 74 c: 6 3
§ 76: 6 5
§ 76 a: 6 5
§ 78: 1 7; 4 3; 116 1
§ 78 a: 1 7
§ 78 b: 4 3
§ 78 c: 4 3; 44 4
§ 79: 4 4, 5, 6; 87 13
§ 79 a: 4 5; 21 22; 22 6; 27 8; 87 12
§ 92: 104 7
§ 120: 73 6
§ 129 a: 93 13
§ 138: 24, 25 11; 38 14; 43 8; 70 8
§ 145 a: 7 14
§ 150: 6 4
§ 153: 49 4
§ 158: 49 4
§ 163: 49 4
§ 165: 6 2
§ 170 d: 1 4
§ 185: 46 6
§ 186: 46 6
§ 192: 46 6
§ 199: 1 4
§ 200: 6 2
§ 203: 24, 25 12; 38 10; 43 18; 47 13; 70 4, 5, 7, 10
§ 211: 106 3; 116 1
§ 233: 1 4
§ 243: 5 5; 54 4
§ 244 a: 1 10
§ 257: 1 4
§ 258: 15 13; 67 15
§ 258 a: 50 13; 87 14
§ 259: 1 4
§ 285 b: 6 4
§ 316: 105 17

1167

§ 323 a: 105 15
§ 344: **76-78** 9; **87** 14
§ 356: **68** 6

StPO
§ 2: **32** 4, 17; **49** 6; **103** 4, 5
§ 3: **32** 17; **103** 4, 5
§ 4: **32** 4, 17; **33** 8; **49** 6; **103** 4, 5, 8, 11
§ 6: **33** 8; **39** 10; **40** 3; **41** 12; **Grdl. 47 a** 3; **47 a** 6
§ 6 a: **33** 8, 9; **47 a** 4; **103** 12
§ 7: **36** 5
§ 8: **42** 6
§ 9: **42** 9
§ 13: **103** 4, 5, 8
§ 14: **84** 5; **85** 4, 14, 16
§ 15: **41** 12
§ 16: **33** 10; **42** 10, 11, 14
§ 24: **35** 2
§ 28: **55** 33
§ 31: **35** 2
§ 33: **39** 6; **56** 10; **58** 12, 21; **67** 11; **71** 9; **73** 8; **83** 5; **87** 10; **88** 12; **91-92** 1; **98** 7
§ 33 a: **58** 12; **59** 8; **67** 11
§ 34: **56** 10; **57** 11; **65** 5; **66** 20; **71** 9; **73** 10; **83** 5; **99** 5; **101** 5
§ 34 a: **56** 12
§ 35: **54** 23; **57** 11; **58** 13; **59** 2; **65** 5; **66** 20; **67** 8; **71** 9; **73** 10; **76-78** 18; **83** 5; **99** 5; **101** 5
§ 35 a: **54** 22; **56** 10; **57** 11; **58** 13; **65** 5; **66** 20; **67** 8; **73** 10; **83** 5; **99** 5
§ 36: **71** 11; **73** 11
§ 40: **1** 4; **48** 7
§ 41: **71** 9; **76-78** 18; **99** 5; **101** 5
§ 44: **55** 35; **59** 8; **67** 20
§ 48: **48** 10; **70** 4
§ 51: **1** 10; **11** 15; **50** 11, 13; **52 a** 4
§ 52: **1** 4; **43** 10; **67** 6
§ 53: **38** 10; **43** 18; **69** 7
§ 54: **24, 25** 12; **38** 10; **70** 4
§ 55: **9** 8; **13** 4
§ 58: **48** 13; **51** 9
§ 59: **49** 6
§ 60: **49** 6; **67** 15
§ 61: **48** 12; **49** 4, 6
§ 62: **49** 6, 7
§ 63: **49** 6
§ 64: **49** 7
§ 66 c: **49** 4
§ 66 d: **49** 4

§ 66 c-67: **49** 7
§ 70: **1** 10; **11** 15
§ 71: **50** 11; **69** 7; **74** 6
§ 72: **73** 6
§ 74: **43** 20
§ 77: **11** 15; **50** 13
§ 79: **49** 5, 6, 7
§ 80: **43** 17, 20
§ 80 a: **43** 15, 16, 19
§ 81: **52** 5; **Grdl. 71-73** 1; **72** 14; **73** 3, 4, 9, 12
§ 81 a: **43** 17; **73** 6
§ 81 b: **1** 2, 4; **43** 17
§ 93: **115** 2
§ 94: **50** 13
§ 96: **50** 13
§ 103 a: **4** 3
§ 112: **Grdl. 27-30** 7; **42** 7; **57** 13; **58** 17; **Grdl. 71-73** 1, 3; **72** 2, 3, 5; **73** 2; **87** 5; **Grdl. 93** 1
§ 112 a: **Grdl. 71-73** 1, 3; **72** 2, 3; **73** 2
§ 113: **72** 5
§ 114: **58** 22; **72** 10
§ 114 a: **58** 22
§ 114 b: **58** 22; **67** 8; **72** 13
§ 115: **51** 2; **58** 22, 24; **67** 10; **72** 13
§ 115 a: **58** 22
§ 116: **57** 13; **58** 23; **72** 5, 6
§ 116 a: **57** 13; **58** 23
§ 117: **55** 2; **58** 24, 25; **67** 10, 12; **71** 10; **72** 13, 14
§ 118: **51** 2; **58** 24; **67** 12; **72** 14
§ 118 a: **69** 6
§ 118 b: **67** 12; **72** 14
§ 119: **58** 22; **71** 7; **93** 2, 14, 16, 18, 19; **115** 2
§ 120: **87** 5
§ 121: **26, 26 a** 3; **58** 26; **71** 13; **72** 14
§ 122: **72** 14
§ 122 a: **72** 14
§ 125: **71** 8
§ 126: **71** 8; **72** 11
§ 126 a: **52** 5; **Grdl. 71-73** 1; **73** 12
§ 127: **1** 2, 3; **52** 5
§ 131: **58** 23
§ 133: **44** 6; **51** 2; **55** 10; **67** 10
§ 134: **55** 10; **76-78** 17
§ 136: **24-25** 6; **38** 9 a; **43** 8, 17; **44** 5; **73** 6
§ 136 a: **43** 8; **44** 5; **73** 5, 6
§ 137: **43** 17; **48** 11; **67** 12; **68** 3, 6; **73** 8
§ 138: **68** 14

§ 138 a: 67 15
§ 140: 1 4; 4 2; 10 29; 40 8; Grdl. 43-44 3; 44 5; Grdl. 67-69 1, 8, 9; 68 7, 9, 10, 11, 20; 69 1, 5; 104 15
§ 141: 69 9
§ 142: 68 14
§ 143: 68 13, 15
§ 145: 50 13; 57 11; 68 2
§ 145 a: 46 2; 73 10
§ 147: 68 9; 69 6; 76-78 15; 83 5
§ 148: 69 6; 72 13; 93 13
§ 149: 48 13; 51 10; Grdl. 67-69 1; 69 2, 6
§ 152: 1 3;
§ 153: 4 2; 5, 6, 18; 9 7; 45 5, 9, 10, 17, 22; 47 7, 9, 10, 16; 50 10; 105 24; 109 5, 10
§ 153 a: 45 5, 6, 12, 19, 21; 47 7; 50 10; 76-78 12; Grdl. 79-81 9; 105 24; 109 5, 10
§ 153 b: 45 6; 47 7
§ 153 c: 45 6; 47 7
§ 153 d: 45 6; 47 7
§ 153 e: 45 6; 47 7
§ 154: 21 15; 30 8; 31 15; 32 5, 9; 40 7; 45 7; 47 7
§ 154 a: 32 18; 45 7; 47 7
§ 154 b: 45 6; 47 7
§ 154 c: 45 6
§ 154 e: 47 7
§ 156: 33 10; 39 6; 42 10; 47 5; 76-78 2, 3; 109 10
§ 157: 1 3; 3 16; 42 11; 47 6
§ 160: Grdl. 33-38 4; 38 13; Grdl. 43-44 1; 43 7; 46 5
§ 161: 50 13;
§ 161 a: 70 4
§ 162: 44 4, 6
§ 163: 1 3; Grdl. 43-44 1; 43 8
§ 163 a: 24-25 6; 38 9 a; Grdl. 43-44 1; 43 9, 17; 44 5; 51 2; 67 10
§ 166: 44 6
§ 168: 44 5, 6; 72 13
§ 168 a: 44 6
§ 168 b: 44 6
§ 168 c: 44 5, 6; 88 11
§ 169: 44 6
§ 169 a: 76-78 3, 15
§ 170: 1 11; 3 16, 21; Grdl. 45-47 2, 5; 45 4, 9, 20, 23; 47 5; 76-78 4, 13; 80 11
§ 171: 1 11

§ 172: 1 11; 45 23; 48 12; 80 11
§ 192: 50 5
§ 200: 46 3, 4, 6
§ 201: 67 8
§ 202: 40 8; 47 12
§ 203: 3 16; 41 3; 47 6, 10, 47 a 4; 48 13; 71 2
§ 204: 39 6; 67 8; 80 4
§ 206 a: 1 11; 33 3; 42 10; 80 4, 14
§ 207: 39 7; 103 10
§ 209: 27 2; 33 8, 10; 39 6; 40 3; 41 3, 7; 42 10; 103 10, 12
§ 209 a: 33 7, 10; Grdl. 47 a 2; 103 10, 11, 12
§ 210: 76-78 13
§ 211: 47 14
§ 215: 62 5; 67 8
§ 216: 62 5
§ 217: 50 12
§ 218: 48 11; 69 7
§ 219: 67 12
§ 222: 67 8
§ 223: 67 10; 69 7
§ 224: 51 2; 67 8, 10; 88 11
§ 225: 67 8, 10; 69 7
§ 225 a: 33 7, 8, 10; 39 7; 40 3; Grdl. 47 a 1; 103 12
§ 226: 48 11; 76-78 17
§ 227: 69 7
§ 228: 47 12; 69 7
§ 229: 26, 26 a 3; 62 5
§ 230: 52 5; 55 10; 72 8; 76-78 17; 93 4
§ 231: 50 2, 9, 10; 51 4, 8
§ 231 a: 51 4
§ 231 a-c: 50 2, 10
§ 232: 50 2, 9, 10
§ 233: 50 2, 9, 10; 69 7
§ 237: 30 8; 32 4, 17; 103 4, 5, 8
§ 238: 50 14, 16; 51 4, 13, 14; 67 19
§ 239: 69 7
§ 240: 35 2; 38 24; 50 14; 67 12; 68 10; 69 7
§ 241: 35 2
§ 241 a: 1 3; 35 2
§ 243: 38 10; 48 13; 51 9; 54 14; 76-78 15
§ 244: 24, 25 7; 38 25; 43 19, 20; 44 7; 48 20; 49 8; 50 14, 16; 55 10; 67 12, 19; 69 7; 73 12; 74 6; 76-78 15; 112 d 4
§ 245: 76-78 15
§ 246 a: 7 8, 11; 43 15, 16, 19
§ 247: 51 4, 7, 8

Gesetzesregister

§ 250: 38 8
§ 251: 38 9; 69 7; 73 6
§ 252: 38 9
§ 254: 44 4
§ 256: 38 8
§ 257: 67 11; 69 7
§ 258: 36 4; 46 2; 48 20; 67 11; 69 7
§ 258 a: 80 11
§ 260: 1 11; 26, 26 a 7; 33 3; 42 10; 54 4, 9; 57 4; 76-78 19; 80 4, 14
§ 261: 5 13; 7 4; 21 19; 26, 26 a 7; 30 9; 38 7; 73 3
§ 263: Grdl. 21-26 a 3; 35 2; 53 5; 62 1; 105 24; 106 8
§ 265: 50 12; 68 3
§ 266: 46 2
§ 267: 54 13, 14, 15, 16, 17, 24; 57 4; 66 20
§ 268: 54 20
§ 268 a: 14 9; 54 9, 22
§ 269: 33 10; 40 3; Grdl. 47 a 1
§ 270: 33 7, 8, 10; 39 7; 40 3; 41 3, 7; 47 a 4; 62 4; 103 12
§ 272: 48 20
§ 274: 48 20; 51 14
§ 275: 67 8
§ 276: 50 5, 9
§ 285: 50 5
§ 288: 50 5
§§ 296-303: 55 2
§ 296: 55 3, 6
§ 297: 55 5
§ 298: 53 11; 55 4; 67 12, 13, 20; 72 14; 73 12; 87 7
§ 300: 59 2; 70 11
§ 301: 55 11; 59 15
§ 302: 55 3, 5, 6, 31, 34
§ 303: 55 34; 109 10
§ 304: 47 16; 48 20; 56 11; 58 24; 59 2, 3, 11; 62 4; 65 6; 66 22; 67 21; 68 19; 69 10; 71 13; 72 12, 14; 93 19; 101 7
§ 305: 66 23; 67 21; 68 10, 19; 73 12; 103 16
§ 305 a: 15 7
§ 306: 55 3; 67 13
§ 307: 56 12; 58 24; 59 16; 67 21; 83 8; 86 10; 87 11
§ 308: 59 8; 72 14
§ 309: 59 8, 13; 72 14
§ 310: 56 11; 57 13; 58 24; 59 7, 8; 71 13, 73 12; 74 14; 93 19; 99 6

§ 311: 59 2, 8; 83 8; 86 10; 99 6
§ 311 a: 59 8; 67 11
§ 314: 55 3; 67 13
§ 316: 55 7; 67 8; 101 7
§ 318: 55 7, 31
§ 322: 55 30
§ 324: 62 5
§ 327: 55 7
§ 328: 41 11; 76-78 19; 103 14
§ 329: 50 9; 55 10, 32, 34
§ 330: 55 10
§ 331: 2 3; 55 11, 23, 24; 56 11; 59 9; 87 2
§ 335: 55 32
§ 337: 32 14; 36 8; 38 25; 48 20; 49 8; 50 16; 51 14, 15; 103 16; 104 7, 23
§ 338 Nr. 1: 33-33 b 1, 8; 35 3, 6, 7; 10 37, 7
§ 338 Nr. 4: 33-33 b 8; 34 2; 39 10; 41 12; 42 14; 47 a 6
§ 338 Nr. 5: 36 8; 50 15; 51 13; 68 2, 20
§ 338 Nr. 6: 48 20, 21
§ 338 Nr. 8: 50 16; 51 13, 14, 15; 67 19; 68 19
§ 341: 55 3, 35; 67 13
§ 343: 55 7
§ 344: 33 8; 55 7, 31, 35; 80 4; 101 7
§ 345: 55 35
§ 346: 55 39
§ 348: 55 35
§ 349: 55 39; 56 10
§ 350: 50 9, 11; 55 10; Grdl. 102-104 7
§ 352: 55 7
§ 353: 55 7
§ 353 c: 58 24
§ 354: 36 2; 39 10; 41 12; 52 2
§ 355: 103 14
§ 357: 55 41; 74 14
§ 358: 2 3; 55 11, 23; 59 9; 87 2
§ 359: 1 14; 59 17; 65 8; 79 3
§ 362: 59 18
§ 373: 55 11, 23; 59 9, 87 2
§ 374: 74 3; Grdl. 79-81 1; 80 2, 5
§ 376: 80 5, 10
§ 380: 80 1
§ 383: 80 4
§ 384: 80 13; 109 11
§ 388: 80 12, 14
§ 389: 80 4
§ 390: 80 4
§ 391: 80 14

1170

§ 395: 74 3; Grdl. 79-81 1; 80 2
§ 396: 80 4
§ 403: Grdl. 79-81 1; 109 10
§§ 403-406 c: 81 1
§§ 406 e, g: 80, 1
§ 407: Grdl. 79-81 1; 79 3; 104 22; 105 19; 109 10
§ 408 a: Grdl. 79-81 7
§ 409: 79 4
§ 413: 40 5
§ 417: Grdl. 79-81 1; 103 2; 104 22; 109 10
§ 418: 76-78 14
§ 449: Grdl. 55-56 1; 56 12; 82 6; 110 1
§ 450: Grdl. 52-52 a 1; 52 3; 52 a 1; 87 5, 6; 88 2
§ 450 a: 52 a 9
§ 451: Grdl. 82-85 5; 82 3, 6; 114 5
§ 453: 42 7; 58 11
§ 453 b: 83 3
§ 453 c: 26, 26 a 7, 10; Grdl. 27-30 7; Grdl. 57-60 2; 57 13; 58 2, 12, 14, 17, 22, 26; 59 16; 62 1
§ 454: 83 3; 88 11 a; 93 a 8
§ 455: 83 6; 87 4
§ 456: 82 7; 83 6; 87 4
§ 456 a: 85 5, 15; Grdl. 91-92 4; 91-92 2
§ 458: 1 14; 52 2, 3; 52 a 12; 66 5; 82 6; 83 6
§ 459: 6 3
§ 459 g: 6 3
§ 460: 66 6
§ 462: 6 5; 52 3; 52 a 12; 55 2; 66 5, 20, 22; 82 6; 83 3, 4, 6
§ 462 a: 6 5; 52 3; 52 a 12; 58 3; 66 2, 12; Grdl. 82-85 2; 82 4, 6; 83 3, 4, 8; 85 7, 8, 10; 93 a 8; 112 a 16
§ 463: 58 15; 82 4; 83 3, 8; 85 10
§ 463 d: 58 11
§ 464: 47 13; 54 5, 24; 55 33; Grdl. 74 1; 74 4, 13, 14; 99 5
§ 464 a: 10 29; 68 17; 74 2, 5, 8, 10
§ 464 b: 55 12
§ 465: 54 19; 55 24; 68 17; Grdl. 74 1; 74 4, 10
§ 467: 47 13; 50 13; 54 19, 74 4, 10
§ 469: 74 2
§ 470: 74 2
§ 471: 74 2; 80 4
§ 472 a: 81 3
§ 473: 74 2, 5

StrEG
§ 2: 58 26; 71 10

StVG
§ 21: 3 9; 7 16

StVollstrO
§ 2: 82 7
§ 21: 83 7
§ 38 c: 87 6
§ 39: 52 5
§ 43: 88 13

StVollzG
§ 3: 91-92 14, 20; 93 15
§ 6: 91-92 15
§ 9: Grdl. 93 a 1, 7
§ 10: 91-92 6
§ 11: 93 a 4
§ 20: 91-92 14
§ 23: 93 12
§ 29: 91-92 14
§ 31: 93 14
§ 39: 74 9
§ 41: 91-92 16
§ 43: 10 15; 90 12; 93 10
§ 50: 74 9
§ 65: Grdl. 93 a 1
§ 69: 93 15
§ 80: 91-92 4
§§ 92-101: 93 18
§§ 94-101: 91-92 3, 25; 93 2; 115 3
§ 103: 52 6, 91-92 25
§ 109: 92 27
§ 116: 7 17
§ 125: Grdl. 91-92 7
§ 136: 7 9
§ 137: 93 a 2, 6
§ 138: 7 9, 17; 93 a 2
§ 140: 91-92 4; 93 a 4
§ 141: 91-92 6; 63 a 4
§ 144: 91-92 7
§ 154: 91-92 10
§ 155: 91-92 9
§ 162: 91-92 10
§ 163: 91-92 10
§ 164: 91-92 10
§ 165: 91-92 10
§ 176: 74 9; 91-92 3, 16; 115 3
§ 177: 93 10; 115 2
§ 178: 93 2, 18; 115 2, 3

§ 189: **74** 9
§ 198: **74** 9; **91-92** 3, 16; **115** 3
§ 199: **74** 9; **115** 3
§ 200: **10** 15; **90** 12; **91-92** 16; **93** 10

UVollzO
Nr. 2-6: **93** 17
Nr. 24: **93** 14
Nr. 27: **93** 14
Nr. 30: **93** 14
Nr. 42: **93** 10
Nr. 67: **93** 18
Nr. 79: **93** 9, 12

VVJug
Nr. 1: **91-92** 15
Nr. 2: **91-92** 15
Nr. 3: **91-92** 15, 19
Nr. 5: **91-92** 6
Nr. 6: **91-92** 6, 21
Nr. 7: **91-92** 19
Nr. 8: **91-92** 20, 21
Nr. 11: **91-92** 21
Nr. 12: **91-92** 7
Nr. 13: **91-92** 7
Nr. 14: **91-92** 7, 13
Nr. 15: **91-92** 13, 14
Nr. 18: **91-92** 20
Nr. 19: **91-92** 20
Nr. 19-22: **91-92** 20
Nr. 23: **91-92** 20
Nr. 23-28: **91-92** 20
Nr. 24: **91-92** 14
Nr. 32: **91-92** 16, 18
Nr. 33: **91-92** 18
Nr. 36: **91-92** 16, 18
Nr. 37: **91-92** 16
Nr. 38: **91-92** 16
Nr. 41: **91-92** 16
Nr. 43: **91-92** 24
Nr. 58: **91-92** 22
Nr. 59: **91-92** 20
Nr. 60: **91-92** 20

Nr. 65: **91-92** 24
Nr. 86-91: **91-92** 25
Nr. 94: **91-92** 4
Nr. 98: **91-92** 8
Nr. 101: **91-92** 10
Nr. 103: **91-92** 8
Nr. 104: **91-92** 8
Nr. 105: **91-92** 8
Nr. 106: **91-92** 10
Nr. 107: **91-92** 10

WBO
§ 1: **112 a** 14; **112 b** 2

WDO
§ 8: **13** 4; **112 a** 15
§ 18: **112 a** 8
§ 22: **52** 6; **55** 29
§ 29: **112 a** 4
§ 38: **112 b** 2

WiStG
§ 8: **6** 2

WPflG
§ 4: **112 a** 1
§ 5: **112 a** 15
§ 21: **112 a** 1
§ 23: **112 a** 1
§ 25: **112 a** 1

WStG
§ 3: **112 a** 3
§ 14 a: **87** 2
§ 19: **11** 9
§ 20: **11** 8

ZPO
§ 91: **74** 5
§ 888: **1** 10
§ 890: **1** 10
§ 902: **1** 10

Sachregister

Die Zahlen hinter den **fett** gedruckten Paragraphen bezeichnen die Randnummern

Aberkennung der bürgerlichen Ehrenrechte s. »Verlust der Amtsfähigkeit...«
Abführung des Mehrerlöses 6 2
Abgabe der Akte nach/vor Eröffnung des Hauptverfahrens
– bei funktioneller Unzuständigkeit **33** 10
– bei sachlicher Unzuständigkeit **39** 6, 7
Abgabe des Verfahrens 42 11-13
– bei Aufenthaltswechsel **42** 11
– gem. § 47 a **47 a** 4
– gem. § 58 Abs. 3 **58** 5-10
– im Nachverfahren **42** 12
– bei Trennung vorher verbundener Sachen **103** 9, 10
– im vereinfachten Verfahren **42** 11; **76-78** 17
– wegen ihres bes. Umfanges an die Jugendkammer **40** 7
– – Pflichtverteidigerbestellung bei – **68** 9
– an den Familien-/Vormundschaftsrichter **53** 5
– Wirksamkeit **42** 13
Abgabe der Vollstreckung
– mit Entlassung zu Bewährung **88** 14
– beim Jugendarrest **85** 2-4
– aus wichtigen Gründen **54** 12-15

Ablehnung
– des Antrages auf vereinfachtes Jugendverfahren **68** 2; **76-78** 8, 13
– der Beseitigung des Strafmakels **99** 3
– wegen Besorgnis der Befangenheit **35** 2
– eines Beweisantrages im vereinfachten Jugendverfahren **76-78** 15
– der Eröffnung des Hauptverfahrens **3** 16; **46** 6; **47** 10
– des gerichtlichen Sachverständigen **43** 20
– eines weiteren Sachverständigen **43** 20
– der Strafaussetzung zur Bewährung **54** 9
– der Übernahme des Verfahrens **42** 13
– der Zurückstellung der Strafvollstreckung wegen Verstoßes gegen das BtMG **82** 11
Abmahnung durch Bewährungshelfer oder Gericht **26-26 a** 8
Abschiebehaft 52 5
Abschreckung
– durch Erziehungsmaßregeln **9** 7
– individuelle – **5** 20
– durch Jugendstrafe **Grdl. 17-18** 3
– bei Zuchtmitteln **13-16** 4

Sachregister

Absehen
- von der Anordnung von Erziehungsmaßregeln durch den Familien-/Vormundschaftsrichter 53 8
- von der Auferlegung von Kosten und Auslagen
-- Ermessen 74 6, 7
-- vor dem Erwachsenengericht 104 18
-- Gesetzesziel **Grdl.** 74 3
-- bei Heranwachsenden 109 7
-- historische Entwicklung **Grdl.** 74 2
-- Justizpraxis **Grdl.** 74 4; 74 7, 11
-- rechtspolitische Einschätzung **Grdl.** 74 5
- teilweises Absehen 74 6
- von einer Bestrafung gem. § 29 Abs. 5 BtMG 45 8
- von der Einbeziehung 31 14-18
- Sanktionsbegründung für das – von Zuchtmitteln u. Strafe 54 17
- von Strafe 5 21
- von der Verfolgung
-- mit Einschaltung des Richters 45 17-19
-- vor dem Erwachsenengericht 45 1; 104 9
-- bei Heranwachsenden 45 1; 109 5
-- Justizpraxis **Grdl.** 45 u. 47 7
-- Rechtsmittel 45 23; 55 2
-- Vorrang vor vereinfachten Jugendverfahren **Grdl.** 76-78 5; 76-78 10
-- ohne Zustimmung des Jugendrichters 45 9-16
- von der Vollstreckung des Jugendarrestes 87 9-11
-- Anhörung vor – 87 10
-- keine Einbeziehung bei – 31 12
-- gem. § 112 c Abs. 2 112 c 3
-- sofortige Beschwerde bei – 87 11
- von der Vollstreckung des Restes einer Jugendstrafe 87 8
- von der Vollstreckung bei Auslieferung oder Landesverweisung von Ausländern 91-92 2
- s. a. »Einstellung des Verfahrens«

Absorptionsprinzip 31 4
Absolute Strafmündigkeit s. »Strafmündigkeit«
Absoluter Revisionsgrund s. »Revisionsgrund«
Aburteilung gleichzeitige – mehrerer Straftaten in verschiedenen Altersstufen 32 4-9

Abwesenheit
- des (heranwachsenden) Angeklagten in d. Hauptverhandlung 50 2, 15
- Pflichtverteidigerbestellung bei – 68 10

Adhäsionsverfahren
- rechtspolitische Einschätzung **Grdl.** 79-81 9
- kein – gegen Jugendliche **Grdl.** 79-81 8; 81 1
- gegen Heranwachsende
-- bei Anwendung von Erwachsenenstrafrecht **Grdl.** 107-112 6; 109 10
-- bei Anwendung von Jugendstrafrecht 81 2

Adoptiveltern 67 2
Ärztliche Betreuung im Jugendstrafvollzug 91-92 8
Aggressionsstau Grdl. 13-16 9
Akkusationsprinzip 26-26 a 7
Akteneinsichtsrecht
- des Beistandes 69 6
- bei jugendrichterlichen Entscheidungen gemäß § 83 83 5
- der JGH 38 24
- des Verteidigers 68 9

Alkohol
- Abhängigkeit **Grdl.** 93 a 7

- Entziehungskur 10 27
- Nachschulung bei Trunkenheitstätern 10 20; 91-92 19
- Trunkenheit im Straßenverkehr als Verfehlung 105 17

Allgemeine Strafsachen
- Jugendliche/Heranwachsende vor Gerichten, die für – zust. sind 102-104; 112
- Verfahren vor Gerichten, die für – zuständig sind 112 e

Allgemeine Vorschriften 2 5-7

Allgemeines Strafrecht
- Anwendbarkeit bei Jugendlichen 2 1
- – bei Straftaten in verschiedenen Alters- und Reifestufen 32 3
- Milderung des – s. für Heranwachsende 106

Allgemeines Strafverfahrensrecht im Verfahren gegen Heranwachsende 109

Alter
- Anwendung von Jugend- bzw. Erwachsenenstrafrecht nach dem – Grdl. 105-106 8; 105 7
- Feststellung bei Ausländern 1 12
- Erziehungsfähigkeit im jugendlichen – 9 6
- Exkulpation aufgrund jugendlichen – 5 5
- Bedeutung im Gerichtsverfassungs- und -verfahrensrecht 33 1
- der Jugendschöffen Grdl. 33-38 10; 35 3
- Kriminalität und – 18 11
- Pflichtverteidigerbestellung wegen jugendlichen – 68 10
- und Schuld 17 6
- eingeschränkte Verantwortlichkeit aufgrund jugendlichen – 18 6
- zur Zeit der Tat 1 7; 48 3

Altersgrenze »negative« und »positive« 3 5

Altersreife und Rechtsirrtum 3 2

Altersstufe und Normüberschreitung 5 10

Ambulante Begutachtung 43 15

Ambulante Maßnahmen
- bei Drogenkonsum 21 3
- Vorrang der – 71 4
- soziale Trainingskurse und Erziehungskurse als – 10 20
- sozialpädagogische Maßnahmen 10 7
- Untersuchung 43 17

Ambulante Sanktionen 5 22
- Anfechtbarkeit von – Grdl. 55-56 6
- im Drogenbereich 45 8
- anstelle von Entziehungsanstalten 7 13
- inhaltliche Rechtsmittelbeschränkung bei – Grdl. 55-56 6
- Unvereinbarkeit mit stationären Sanktionen 8 7; 57 6
- Verschlechterungsverbot 55 15, 16, 21
- Vollstreckung der – 82 8

Amnestie
- Einbeziehung 31 12, 24
- Erlaß der Strafe durch – 97 4

Amtsanwälte kein Einsatz von – in Jugendstrafsachen 36 7

Amtsgerichtsschöffen Grdl. 33-38 7

Amtshilfe
- kein allgemeiner behördlicher Informationsaustausch bei – 24-25 12
- Mitteilungspflicht kraft – 70 3
- bei Verwarnung 14 7

Amtsträger, Bewährungshelfer als – 113 1

Änderung
- von Auflagen 15 19
- der PDV 382, 1 Grdl. 1 u. 2 8

– der Richtlinien zu § 1 **Grdl. 1 u. 2** 8
– von Weisungen **11** 4, 6, 7
– durch den Familien-/Vormundschaftsrichter **53** 10
Änderung des JGG s. Abschnitt »Historische Entwicklung« in der jeweiligen Grundlagenkommentierung
Anerbieten von Leistungen und Auflagen **23** 6, 7
Anfechtbarkeit
– bei Aussetzung der Verhängung der Jugendstrafe zur Bewährung **63**
– keine – des Einstellungsbeschlusses gem. § 47 Abs. 2 S. 3 **3** 17; **47** 16
– von Entscheidungen allgemein **55**
– – über die Aussetzung zur Bewährung **59**
– – über Beseitigung des Strafmakels **99** 6
– – – und Widerruf **101** 7
– – bei Ergänzung rechtskräftiger Entscheidungen i. S. v. § 31 **66** 21, 22
– – bei Unterbringung zur Beobachtung **73** 12
– – im Vollstreckungsverfahren **83**
– – bei vorläufiger Anordnung über die Erziehung **71** 11
– eines Freispruches wegen strafrechtlicher Unverantwortlichkeit **3** 17
– von vorläufigen Maßnahmen **58** 24
– von nachträglichen Entscheidungen über Weisungen und Auflagen **65** 6, 7
– der Nicht-/Anrechnung von U-Haft bei Jugendstrafe **52 a** 12
– wegen Nichtbeachtung von Verfahrensvorschriften
– – bei Heranwachsenden **107** 6

– – bei Jugendlichen vor Erwachsenengerichten **104** 23
– des »Schuldurteils« gem. § 27 **63** 1
– des »Strafurteils« gem. § 30 **63** 1
– keine – der Überweisung an den Familien-/Vormundschaftsrichter **53** 11
– wegen Unterlassen der Einbeziehung **31** 29-31
Anfechtung
– Behandlung als Berufung **55** 35
– Teil- **55** 7-9
– – gegen eine einheitliche Sanktionierung gem. § 31 **31** 34
– – gegen eine einheitliche Sanktionierung gem. § 32 **32** 19
Anfechtungsberechtigung 55 3-6; **67** 13
Anfechtungsrecht
– der Erziehungsberechtigten und gesetzlichen Vertreter **55** 4, 10; **73** 12
– des Jugendlichen/Heranwachsenden **55** 3
– kein – militärischer Stellen **112 a** 11
– der Pflegeeltern, Erziehungsbeistände und Jugendämter **55** 4
– der StA **55** 6, 28; **73** 12
– des Verteidigers **55** 5
Angebotsresozialisierung Grdl. 1-2 5
Angehörige
– Anwesenheit in der Hauptverhandlung **48** 14
– (zeitweiliger) Ausschluß von – **51** 9-12
– Benachrichtigung nach Vollstreckung des Sicherungshaftbefehls **58** 22
– Bestimmung der – **51** 10
Angeklagte(r)
– Ausbleiben des -n in der Berufungsverhandlung **55** 10

- notwendige Auslagen – **47** 13; **74** 4, 5, 10
- (zeitweiliger) Ausschluß des -n von der Hauptverhandlung **51** 5-8, 13-14; **68** 4
- Befragung des -n vor Pflichtverteidigerbestellung **68** 16
- Duzen von Jugendlichen – **Grdl. 48-51** 4
- Handlungskompetenz des – **Grdl. 39-42** 4; **46** 2; **48** 15; **68** 7; **74** 10
- Informationsdefizite und Verständnisschwierigkeiten von – **Grdl. 48-51** 6
- Persönlichkeitsrecht des – **48** 16
- Persönlichkeitsschutz des – **Grdl. 48-51** 3; **48** 15
- Schutzinteresse des – **50** 11
- als Verfahrensbeteiligter **55** 10; **74** 10
- Verhandlung in Abwesenheit des – **50** 2, 9, 10, 15
- Verteidiger als einseitiger Interessenvertreter des – **68** 6
- Vorbereitung des – auf die Hauptverhandlung **38** 21
- Zusammenarbeit mit der JGH **38** 17

Anhörung
- bei Absehen von der Vollstreckung des Jugendarrestes **87** 10
- bei Aufstellung des Bewährungsplanes **58** 2
- des Ausbildungsleiters oder Lehrherrn **43** 5, 11
- des Beistandes **43** 12
- des Betreuers **43** 12
- des Bewährungshelfers **24, 25** 7; **43** 12; **48** 11, 12, 21
- des Disziplinarvorgesetzten **43** 1; **112** d
- der Erziehungsberechtigten und gesetzlichen Vertreter **43** 10; **58** 21; **65** 5; **66** 20; **67** 11; **88** 11; **91-92** 1; **98** 6, 7
- der Fürsorgebehörde **43** 12
- des Jugendamtes **Grdl. 70** 6
- der JGH **11** 7; **43** 9; **50** 14; **66** 20; **91-92** 1; **106** 8
- – vor Erteilung von Weisungen **38** 17
- – bei nachträglichen Entscheidungen über Weisungen und Auflagen **65** 5
- – im vereinfachten Jugendverfahren **38** 2
- – bei Aussetzung zur Bewährung **58** 11, 21
- – vor Unterbringung zur Beobachtung **73** 8
- – des Jugendlichen **65** 5; **66** 20; **91-92** 1
- – bei Änderung und Befreiung von Weisungen **11** 7
- – bei Aussetzung zur Bewährung **57** 11, 14; **58** 2, 11
- – vor Verhängung von Jugendarrest bei Nichterfüllung von Weisungen **11** 7
- spflichten bei jugendrichterlichen Entscheidungen gem. § **83 83** 5
- – bei Aussetzung des Strafrestes gem. § **88 83** 5; **88** 11, 12
- des Sachverständigen **10** 23; **73** 8
- der Schule **45** 5, 11; **98** 5
- der Staatsanwaltschaft **11** 7; **58** 2, 11, 21; **60** 4; **65** 5; **66** 20; **73** 8; **87** 10; **88** 11; **98** 7
- des Verteidigers **73** 8
- des Vollzugsleiters **88** 11
- bei vorläufiger Anordnung über die Erziehung gem. § **71 71** 9
- s. a. »Rechtliches Gehör«

Anklage
- Anzahl der – **Grdl. 39-42** 5
- zu welchem Gericht **39** 3, 4
- Quoten **Grdl. 45 u. 47** 5

Sachregister

– staatsanwaltschaftliche – **26-26 a** 7
– und Verurteilungsrisiko **Grdl. 45 u. 47** 7
– Zurücknahme **39** 6
Anklageschrift
– Form **46** 5
– Inhalt **46** 3
– Rechtsmittel gegen die – **46** 6
– im Verfahren gegen Heranwachsende **46** 1
– nach Ablehnung des Antrages auf ein vereinfachtes Jugendverfahren **76-78** 13
Anklagezuständigkeit
– des Jugendrichters **39** 3-8
– Zweifel über die – **39** 4, 9
»**Anlagetäter**« **105** 7
»**Anonyme Alkoholiker**« **10** 27
Anordnung
– von Erziehungsmaßregeln durch den Familien-/Vormundschaftsrichter **53**
– über Mitteilungen in Strafsachen (MiStra) **70** 5
– Anordnungskompetenz **45** 12
– eines »Ungehorsamsarrestes« durch den Vollstreckungsleiter **104** 22
– von Weisungen bei Heranwachsenden **53** 2; **112** 3
Anrechnung
– von Jugendarrest auf Jugendstrafe **31** 23
– einer disziplinarischen Arreststrafe **52** 6; **112 a** 15
– anderer Disziplinarmaßnahmen **52** 6; **Grdl. 112 a-112 e** 5; **112 a** 15
– von Leistungen auf Jugendstrafe **26-26 a** 15
– von U-Haft auf Jugendstrafe **52 a**
– – von Gesetzes wegen **52 a** 9
– – Versagung **52 a** 5-8
– – Verschlechterungsverbot **55** 17

– von U-Haft
– – bei Aussetzung des Strafrestes zur Bewährung **88** 2
– – bei Einbeziehung **31** 22
– – auf Jugendarrest **52** 3; **87** 5-7
– – Justizpraxis **Grdl. 86-87** 4
– – keine – im Verfahren zum »Schuldurteil« **62** 1
– – Urteilsformel **54** 12
Anregungskompetenz der StA 45 12
Anschlußverfahren s. »Adhäsionsverfahren«
Anstalt
– Einweisung in eine sozialtherapeutische – **73** 9
– Anstaltsbeiräte **91-92** 10
– Anstaltsbekleidung **91-92** 13
– Anstaltsleiter der Jugendstrafanstalt **91-92** 8
– Tätlichkeiten gegen Anstaltsbedienstete **Grdl. 91-92** 6
– s. a. »Unterbringung«
Antrag
– der StA auf Entscheidung im vereinfachten Verfahren **76-78** 2-7
– zur Strafmakelbeseitigung **38** 22; **97** 8, 9
Antragsrecht
– des Beistandes **69** 7
– der Erziehungsberechtigten und gesetzlichen Vertreter **67** 12
Anwendung des Jugendstrafrechts auf Heranwachsende
– Verfahren **105** 19-24
– Voraussetzungen **105** 3-18
Anwendungsbereich des JGG
– altersbedingte Voraussetzungen **1** 1-9
– persönlicher und sachlicher – **1**
– der Soldaten **112 a**
– Straftatvoraussetzungen **1** 10
– zeitlicher – **116**

Anwesenheit
- des Angeklagten in der Hauptverhandlung 48 11; 50 9, 10
- – im Berufungsverfahren 50 9
- – im Bußgeldverfahren 50 8
- – vor dem Erwachsenengericht 50 1; 104 21
- – im Revisionsverfahren 50 9; 55 10
- der Erziehungsberechtigten und gesetzlichen Vertreter
- – im Bußgeldverfahren 51 3
- – in der Hauptverhandlung 48 11; 50 11
- – im Revisionsverfahren 55 10
- Grundsatz der – 51 4
- in der nicht öffentlichen Verhandlung 48 10-17
- – von Angehörigen und Freunden 48 14
- – zu Ausbildungszwecken 48 14
- – von Schulklassen 48 15
- – Widerruf der Zulassung 48 17; 51 10
- **Anwesenheitspflicht**
- – des Bewährungshelfers 24-25 7
- – erweiterte – gem. § 50 **Grdl. 48-51** 1, 3
- – der JGH 50 12
- Anwesenheitsrecht in der Hauptverhandlung 48 12
- – des Beamten der Kriminalpolizei **Grdl. 48-51** 7; 48 12
- – des Beistandes 48 11; 69 7
- – des Betreuungshelfers **Grdl. 48-51** 7
- – des Bewährungshelfers 24-25 7; **Grdl. 48-51** 7; 48 10, 12
- – des Erziehungsbeistandes 48 10, 12
- – der JGH 38 10; **Grdl. 48-51** 7; 48 11; 50 12
- – des Jugendsachbearbeiters der Polizei **Grdl. 48-51** 7

- – des Verletzten (als Zeuge) 48 10, 12, 13; **Grdl. 79-81** 1
- – von Zeugen 48 13
  s. a. »Verfahrensbeteiligte«
- im vereinfachten Jugendverfahren 50 7
- des Verteidigers
- – bei Entscheidungen über die Aussetzung der Reststrafe zur Bewährung 88 11
- – bei Explorationsgesprächen 48 17; 73 8
- – in der Hauptverhandlung 48 11
Anzeigepflicht
- des Bewährungshelfers 24-25 11; 38 19
- der JGH 38 14, 19
Arbeit
- im Jugendarrestvollzug 90 12
- im Jugendstrafvollzug 91-92 16-18
- Arbeitsauflage 15 13
- Arbeitsentgelt 10 15; 93 10; 115 3
- **Arbeitsleistung**
- – Einvernehmen über die Durchführung der – 10 28
- – Erbringung von – 10 12
- – als Erziehungsmaßregel 5 22
- – als gemeinnützige – 10 13
- – als Zuchtmittel 5 22; **Grdl. 13-16** 10
- Arbeitslosigkeit bei Straffälligen 29 2
- Arbeitspflicht bei U-Haft 93 10
- Arbeitsschutzbestimmungen 10 14
- Arbeitstherapie 91-92 16; 93 a 5
- Arbeitsverhältnis und Rückfallprognose 5 16
- Arbeitsverpflichtung
- Höchstgrenze 11 3
- Arbeitsweisung s. »Weisungen«
- »Arbeitszwang« **Grdl. 9-12** 6; 10 13

1179

Sachregister

Arrest
- als Weisung bei U-Haft-verschonten Jugendlichen und Heranwachsenden **71** 7 a
- Anordnung **11** 10
- disziplinarischer – **52** 6; **112 a** 15
- zur Einübung von Formalgehorsam **16** 2
- als ineffektive Sanktion **Grdl. 9-12** 6
- Arrestmaßnahmen **Grdl. 13-16** 7
- Arrestpraxis **11** 13; **Grdl. 13-16** 5, 6
- Reformierung **Grdl. 13-16** 9
- Rückfälligkeit bei – **Grdl. 13-16** 9; **16** 2
- Rückholarrest **Grdl. 13-16** 10
- als stationäre Sanktion **5** 22
- (un)geeignet **Grdl. 13-16** 9
- (un)tauglich **Grdl. 13-16** 9; **16** 2
- s. a. »Dauerarrest«, »Einstiegsarrest«, »Freizeitarrest«, »Jugendarrest« und »Kurzarrest«

Arrestvollzug
- reformierter – **8** 7
- Arrestvollzugsleiter **37** 4
- s. a. »Erwachsenenarrestvollzug«, »Jugendarrestvollzug«

Aufenthalt
- Abgabe des Verfahrens bei Aufenthaltswechsel **42** 11-13; **58** 4-10
- faktischer Aufenthaltsort des Angeklagten **42** 9
- Gerichtsstand des Freiwilligen **42** 6, 7

Aufenthaltsbestimmungsrecht 10 9

Aufgaben
- der JGH **38** 12-21
- der Jugendschöffen **Grdl. 33-38** 5, 10
- Aufgabenteilung zwischen Bewährungshilfe und JGH **38** 20

Aufklärung zur Person **38** 13; **43** 4-18

Aufklärungspflicht
- gerichtliche – **50** 14
- Untersuchung durch Sachverständigen **43** 15
- im vereinfachten Jugendverfahren **76-78** 15
- Verletzung der – **50** 16
- bei Nichtwahrnehmung des Termins durch die JGH **38** 26

Aufklärungsrüge 37 7; **38** 25; **43** 19; **44** 7; **49** 8; **67** 19

Auflagen
- Anwendungsbereich **15** 1
- Änderung von – **15** 19
- Arbeitsleistung als – **15** 13
- Befreiung von der Erfüllung von – **15** 10, 19
- Einbeziehung **31** 16
- Entschuldigung als – **15** 11, 12
- im »formlosen Erziehungsverfahren« **45** 17
- Geldbuße als – **15** 14-16
- bei Heranwachsenden **13** 1; **105** 25
- Justizpraxis **Grdl. 13-16** 5, 6
- nachträgliche Entscheidung über – **65**
- Anfechtbarkeit der – **65** 6-8
- – Verfahren **65** 4-8
- – Zuständigkeit **65** 1-3
- Nichterfüllung von **15** 20; **23** 12
- Schadenswiedergutmachung als **15** 2-10
- bei Soldaten **112 a** 8-11
- Überwachung von – **15** 20; **82** 2
- in Verbindung mit Jugendstrafe **8** 2
- Verschlechterungsverbot **55** 15
- Vollstreckung **82** 8, 12
- s. a. »Bewährungsauflagen«

Aufnahmeverfahren in den Jugendstrafvollzug **91-92** 15

Aufrechnung 1 4
Aufschiebende Wirkung der sofortigen Beschwerde
– bei Unterbringung zur Beobachtung 73 12
– bei Verhängung von »Ungehorsamsarrest« 65 6
– bei Widerruf der Strafaussetzung zur Bewährung 59 16
Aufschub der Vollstreckung des Jugendarrestes 87 4
Aufsicht
– durch Bewährungshelfer 23 3; 26-26 a 8
– durch JGH 38 19, 20
Aufsichtspersonal im Jugendstrafvollzug 91-92 8-10
Ausbildung
– des Bewährungshelfers 113 2
– des Jugendrichters und Jugendstaatsanwalts 37 3-6
– im Jugendstrafvollzug 91-92 18
– der Vollzugsbeamten 91-92 9
Ausbildungsleiter
– Anhörung – 43 5
Ausbildungsmaßnahmen
– für Jugendrichter 33 7
– Rückfall bei – 18 9, 10
Ausbildungsplatz
– Mangel an – 10 11
– Verlust des – durch Anhörung 43 11
Ausbildungszeit
– Höhe der Jugendstrafe und – 18 11; 88 7
Ausbleiben
– bei Aushändigung des Bewährungsplanes 60 4
– in der Berufungsverhandlung 55 10
– – Rechtsmittelverbrauch bei unentschuldigtem – 55 34
Ausgangssperre, disziplinarische 52 6

Aushändigung des Bewährungsplanes 60 4, 5
Auskunft
– aus dem Erziehungs- und Zentralregister **Grdl.** 97-101 2; 97 12; 100 5
– Auskunftspflicht **Grdl.** 97-101 3
– Auskunftsrecht des Bewährungshelfers 24-25 8
– Auskunftsrecht der StA 50 13
Auslagen
– Definition 74 10
– Kosten und – des Verfahrens 74
– – im Verfahren vor dem Erwachsenengericht 104 18
– – bei Beseitigung des Strafmakels 99 5
– des Nebenklägers 74 12
– notwendige – des Angeklagten 47 13; 74 4, 5, 10, 11, 13
s. a. »Kosten«
Ausländer 3 7
– Absehen von der Vollstreckung bei Auslieferung oder Landesverweisung von – 91-92 2
– Ausweisung 10 6
– Betreuung von – im Jugendstrafvollzug 91-92 5, 8
– Diversion bei – **Grdl.** 45 u. 47 6
– Entwicklungsreife von – 105 10
– Feststellung des Alters bei – 1 12
– Mitteilungspflicht für Strafsachen gegen – 70 6
– Pflichtverteidigerbestellung bei – 68 10
– Rechtsmittelverzicht durch – 55 3
– als Schöffen 35 3
– strafrechtliche Verfolgung von – **Grdl.** 3 6
– Strafaussetzung zur Bewährung 21 20
– Weisung zur Einreiseerlaubnis 10 6

1181

Ausländerfeindliche Straftaten 17 7; 105 12, 16
Ausland, Freiheitsentzug im Ausland **52 a** 3
Auslandsaufenthalt
– Einstellung des Verfahrens bei – **45** 17
– Entbehrlichkeit der Ladung bei – **50** 11
Auslegung der Vorschlagslisten 35 8
Auslieferung 31 5
Auslieferungshaft, Anrechnung von– **52 a** 9
Auslosung der Jugendschöffen 35 10
Ausnahme vom Jugendstrafvollzug Grdl. 91-92 2; **91-92** 1
Aussagegenehmigung für Bewährungshilfe **24-25** 12
Aussageverweigerung (-srecht)
– Eintragung ins Erziehungsregister und – **45** 5
– der Erziehungsberechtigten und gesetzlichen Vertreter **43** 10
– bei Erziehungsmaßregeln **9** 8
– gegenüber dem Sachverständigen **43** 17
– Strafaussetzung zur Bewährung und – **21** 16
– bei Unterbringung zur Beobachtung **73** 6
  s. a. »Zeugnisverweigerungsrecht«
Ausschließung von der Verhandlung
– von Angehörigen **51** 9, 10
– (zeitweilige) – des Angeklagten **38** 11; **51** 5-8
– – bei Urteilsverkündung **51** 5; **54** 21
– von Anwesenheitsberechtigten **48** 20; **51** 10
– des Beistandes **51** 10

– der Erziehungsberechtigten und gesetzlichen Vertreter **51** 9-12
– Mißtrauen bei – **51** 6
– der Öffentlichkeit **48** 18, 19
– Rechtsmittel **13-15**
– Unterrichtung nach – **51** 7
– nach allgemeinem Verfahrensrecht **51** 4
– im Verfahren vor dem Erwachsenengericht **51** 1; **104** 21
– durch den Vorsitzenden **51** 8
– von Zeugen **51** 9
Außenbeschäftigung 91-92 6; **93 a** 5
Außenkontakte
– im Jugendarrestvollzug **90** 14
– im Jugendstrafvollzug **91-92** 20
– während der U-Haft **93** 13, 14
Äußerungsrechte der JGH 38 22
Aussetzung der Entscheidung zur Bewährung 45 19
Aussetzung der Verhängung der Jugendstrafe zur Bewährung Grdl. 27-30; 27-30; 45 19
– Anfechtung von Entscheidungen bei – **63**
– Anrechnung von U-Haft **62** 1
– Anwendungsbereich **27** 1
– Anwendungskompetenz **27** 2
– Bewährungsauflagen und -weisungen **27** 8
– Bewährungshelfer **27** 8; **29**
– Bewährungszeit **27** 8; **28**
– Einbeziehungen **31** 9, 14, 23
– Erfolgsquote **Grdl. 27-30** 4
– Ermessen **27** 6
– Erziehungsregister **Grdl. 27-30** 1; **27** 7
– Führungsregister **Grdl. 27-30** 1; **27** 7
– Gesetzesziel **Grdl. 27-30** 3
– Heranwachsende **27** 1
– historische Entwicklung **Grdl. 27-30** 2

- Justizpraxis **Grdl. 27-30** 4
- Koppelung der –
- – mit Fahrverbot **27** 9
- – mit Jugendarrest **8** 4; **27** 10
- – mit Maßregeln der Besserung und Sicherung **27** 9
- – mit Nebenstrafe **27** 9
- nachträgliche Entscheidungen **30**
- Rechtskraft des Schuldspruchs **27** 7
- rechtspolitische Einschätzung **Grdl. 27-30** 6
- schädliche Neigung und – **27** 7
- Urteilsformel **54** 8; **62**
- Verfahren **Grdl. 52-64; 62-64**
- im Verfahren vor dem Erwachsenengericht **104** 13
- Verschlechterungsverbot **55** 16
- Voraussetzung für eine – **27** 1-6
- Zentralregister **Grdl. 27-30** 1, 6

Aussetzung der Vollstreckung der Jugendstrafe zur Bewährung Grdl. 21-26 a; 21-26
- Anfechtung **59**
- Anwendungsbereich **21** 1
- Anwendungskompetenz **21** 2
- Aussageverweigerungsrecht und – **21** 16
- als eigenständige Sanktion **Grdl. 21-26 a** 3-5
- Einbeziehung **31** 23
- Einzelfallbeurteilung **21** 13-16
- Entscheidung über – **57**
- – Befragungspflicht bei – **57** 14
- – durch nachträglichen Beschluß **57** 8-13
- – Form der – **57** 2
- – stillschweigendes Hinausschieben der – **57** 4; **59** 4
- – im Urteil **57** 2-4
- – vorläufige Maßnahmen bei – **57** 13
- – Zeitpunkt der – **57** 2-3
- weitere Entscheidungen **58**

- – Anhörung **58** 11, 12
- – Beschluß und Begründung **58** 13
- – vorläufige Maßnahmen bei – **58** 14-26
- – Zuständigkeit bei – **58** 3-10
- Erlaß der Jugendstrafe **26-26 a** 14
- Ersttäter **21** 10
- Führungszeugnis **Grdl. 21-26 a** 5; **21** 22
- Gesetzesziel **Grdl. 21-26 a** 3, 4
- günstige Legalprognose bei – **21** 5-20
- Heranwachsende **106** 7
- historische Entwicklung **Grdl. 21-26 a** 2
- »in dubio pro reo« **21** 18
- jugendtypische Kriminalitätserklärungen **21** 16
- Justizpraxis **Grdl. 21-26 a** 4; **21** 22
- Rechtsmittel **21** 21
- Rückfälligkeit bei – **21** 6, 7
- schädliche Neigung bzw. Schwere der Schuld und – **21** 20
- soziale Rückständigkeit und – **21** 16
- Urteilsformel **54** 9
- Verfahren **Grdl. 57-60; 57-60**
- – vor dem Erwachsenengericht **104** 13
- Verschlechterungsverbot **55** 12, 16
- Voraussetzungen **21** 3-20
- Wahrscheinlichkeitsgrad **21** 17-20
- Widerruf s. dort
- Widerrufsquote **Grdl. 21-26 a** 6; **21** 12
- Zeitbemessung **22** 2, 3
- Zeitrahmen für die – **22** 1
- Zeitveränderung **22** 4-7
- Zentralregister **Grdl. 21-26 a** 4; **21** 22

Aussetzung der Vollstreckung des Restes einer Jugendstrafe zur Bewährung 88
- Anhörung 88 11, 12
- Bestellung eines Bewährungshelfers bei – 88 14
- Entscheidungen 88 13-15
- Justizpraxis **Grdl.** 88-89 a 4, 5
- Mindestfristen 88 3
- Rechtsmittel 88 16
- Sperrfristen 88 10
- Verfahren 88 9-15
- Verschlechterungsverbot 55 17
- Voraussetzungen 88 2-8
- Widerruf 88 14
- Widerrufsquote **Grdl.** 88-89 a 5
- Zuständigkeit bei – 88 9

Ausstiegskriminalität 1 5

Auswahl
- von Erziehungsmaßregeln durch den Familien-/Vormundschaftsrichter 53 6, 9
- des Gerichtsstandes 42 9, 10
- des Sachverständigen 43 16
- von Schöffen 35 9

Ausweisung 10 6

Bagatell(en), -delikte
- Bericht der JGH bei – 45 10
- vorherige Einstellung des Verfahrens bei – 36 6; 45 9
- kein Sachverständiger bei – **Grdl.** 3 5; 105 22
- Unterbringung zur Beobachtung und – 73 4
- Verfahren bei – **Grdl.** 76-78 3
- Verhältnismäßigkeitsprinzip bei – **Grdl.** 45 u. 47 5

Bagatellkatalog 45 10

Beamte in Jugendstrafanstalten 91-92 9

Beeinflussung
- erzieherische – 12 6
- pädagogische – 12 6

Beeidigung s. »Vereidigung«
Beendigung s. »Ende«
Befähigung s. »erzieherische -«
Befehlsverweigerung, Jugendarrest bei – 16 2
Befragungspflicht gem. § 57 Abs. 3 57 14
Befreiung
- von der Erfüllung von Auflagen 15 19
- von Weisungen 11 5-7

Befristung von Weisungen 11 2, 3
Beginn der Bewährungszeit 22 3
Begnadigung s. »Gnaden(-entscheidung)«

Begutachtung
- durch Entwicklungspsychologen
- – des Entwicklungsstandes gem. § 105 43 16
- – zur Verantwortlichkeit gem. § 3 43 16
- durch Jugendpsychiater, -psychologen
- – zur Feststellung der (verminderten) Schuld 43 16
- – gem. §§ 80 a, 246 a StPO 43 16
- zur Rückfall- und Sanktionsprognose 43 16

Behandlung
- in einer Entziehungsanstalt 93 a
- im Jugendstrafvollzug 91-92 19
- in einem psychiatrischen Krankenhaus 7 9
- Suchtkranker 93 a 3
- im Vollzug des Jugendarrestes 90 12
- im Vollzug der U-Haft 93 12

Beharrlicher Verstoß 26-26 a 8

Behörden
- Jugend- 113 1
- Justiz- 113 1
- Vollzug des Jugendarrestes durch – der Bundeswehr 112 c 3

Beistand
– Akteneinsicht **69** 6
– Anwesenheit in der Hauptverhandlung **48** 11; **69** 6
– Aufgaben **69** 2
– Bedeutung – **Grdl. 67-69** 7
– Bestellung durch Gerichtsvorsitzenden **69** 5, 9
– Bestellungsvoraussetzungen **69** 3-5
– Ehegatte als – **48** 13
– als Erkenntnisquelle für Beschuldigten-Diagnose **43** 12
– kein – bei Heranwachsenden **69** 1; **109** 4
– Interessenkollision zwischen Erziehung/Jugendamt und – **69** 4
– Ladung **69** 7
– Opfer – **69** 7
– Rechte des – **69** 6-8
– Rechtsanwalt als – **69** 4
– Rechts- **68** 4
– Rechtsmittelmöglichkeiten des – **69** 8
– rechtspolitische Einschätzung des – **Grdl. 67-69** 9
– im Verfahren vor dem Erwachsenengericht **69** 1; **104** 21
– verfahrensrechtliche Unterstützerfunktion **69** 2

Bekanntmachung
– des Sicherungshaftbefehls **58** 22
– einer Verurteilung **6** 2

Belehrung
– bei Erteilung von Weisungen und Auflagen **60** 6
– über den Bewährungsplan **60** 6
– über die Beschuldigtenrechte **24-25** 6; **38** 9 a; **43** 17; **67** 10
– – s. a. »Rechtsmittelbelehrung«

Beleidigung, durch Form der Anschuldigung **46** 6

Benachrichtigung
– der Erziehungsberechtigten und gesetzlichen Vertreter **50** 11; **67** 10

– Benachrichtigungspflicht der StA **70** 8-10

Benachteiligung bei der Bestrafung gegenüber Erwachsenen s. Schlechterstellung

Beobachtung s. »Unterbringung zur -«

Berechnung
– der Bewährungszeit **22** 2, 3

Berichterstattung durch Pressevertreter **48** 10

Berichtspflicht
– des Bewährungshelfers **24-25** 6, 7, 12
– der JGH **38** 7

Berücksichtigung von U-Haft auf Jugendarrest s. »Untersuchungshaft«

Berufsausbildung
– Jugendarrest und – **16** 4
– im Jugendarrestvollzug **91-92** 12
– im Jugendstrafvollzug **91-92** 18
– Rückfallprognose und – **5** 16
– in der U-Haft **93** 11
– Verlängerung der Jugendstrafe zwecks – **5** 6; **88** 7

Berufsverbot 7 2

Berufung(-sverfahren)
– Anwesenheit des Angeklagten im – **50** 6, 9
– Ausbleiben des Angeklagten im – **55** 10
– Rechtsmittelverbrauch bei unentschuldigtem – **55** 34
– bei Aussetzung der Jugendstrafe **69** 2
– Behandlung der Anfechtung als – **55** 35
– Behandlung der Revision als – **55** 32
– beschränkte – **55** 36
– Justizpraxis **Grdl. 55-56** 5
– bei Verurteilungen Strafunmündiger **74** 5

1185

– gegen Urteile 1 14
– Verwerfung der Anfechtung als – 55 35
– Wahl zwischen – und Revision 55 35

Berufungsgericht(-instanz)
– Entscheidungen des – 55 30, 39
– Jugendkammer als – 41 8, 10, 11
– Verlängerung der Bewährungszeit in der – 55 13

Beschäftigungsmaßnahmen im Jugendarrestvollzug 90 12

Beschäftigungstherapie 91–92 17; 93 10; 93 a 5

Bescheid jugendrichterlicher **Grdl. 79–81** 9

Beschlagnahme der Jugendamtsakten 50 13

Beschleunigtes Verfahren
– gegen Heranwachsende 55 2; 79 2; 109 8, 10
– – rechtspolitische Einschätzung **Grdl. 79–81; Grdl. 107–112** 6
– historische Entwicklung **Grdl. 79–81** 2
– unzulässig gegen Jugendliche **Grdl. 79–81** 1; 79 1
– Rechtsfolgen 79 3–5

Beschleunigung(-sgebot, -sprinzip) 43 2, 6; 72 10
– bei Strafverfolgungsbehörden 43 6, 8 a
– Teilvollstreckung und – **Grdl. 55–56** 7
– im vereinfachten Jugendverfahren 76–78 9
– bei Vollstreckung 82 7; 85 11
– bei U-Haft 36 3; 72 8

Beschluß
– Ablehnung des Antrages auf vereinfachtes Jugendverfahren durch – 76–78 8
– über Änderung von Weisungen und Auflagen 11 7; 65 5

– Aussetzung der Jugendstrafe zur Bewährung durch 57 8–13
– Befreiung von Weisungen durch – 11 7
– Beseitigung des Strafmakels durch – 99 1, 7
– Bestellung eines Bewährungshelfers durch – 24–25 1
– Bewährungsentscheidung durch – 54 7
– Einbeziehung durch – 31 2
– Einstellung des Verfahrens durch –
– – gem. § 47 Abs. 1 47 13, 14
– – gem. § 206 a StPO 33 3
– nachträgliche einheitliche Sanktionierung durch – 66 20
– Nebenentscheidungen bei Aussetzung der Verhängung der Jugendstrafe durch – 62 2
– über Straferlaß 59 18
– über Teilvollstreckung 56 10
– über Tilgung des »Schuldurteils« 62 6
– Trennungs- 103 16
– über die Umwandlung des Freizeitarrestes 86 8
– Verbindungs- 103 16
– Verschlechterungsverbot für urteilsgleiche – 55 12
– im Vollstreckungsverfahren 83 5
– über vorläufige Anordnung über die Erziehung 71 9
– über vorläufige Maßnahmen 58 21
– des Familien-/Vormundschaftsrichters nach Überweisung 53 7
– bei weiteren Entscheidungen 58 13
– Wiederaufnahmemöglichkeit gegen – 59 2

Beschuldigte(r)
– Aussageverweigerungsrecht 73 6
– als Erkenntnisquelle für die Beschuldigten-Diagnose 43 9

– rechtliches Gehör 43 9
– Vernehmung des – im Vorverfahren 44
– Wahl des Verteidigers 67 12
– Beschuldigten-Diagnose s. »Psychosoziale -«

Beschwerde
– gegen Ablehnung der Akteneinsicht 69 10
– bei Ausschluß von Anwesenheitsberechtigten 48 20
– gegen die Bestellung des Bewährungshelfers 59 3
– gegen Bewährungsweisungen und -auflagen 59 12-14; 63 2
– gegen Dauer/Verlängerung der Bewährungszeit 59 3, 11; 63 2
– gegen Entzug der Rechte der Erziehungsberechtigten und gesetzlichen Vertreter 67 11
– gegen Erziehungshilfe 112 b 2
– gegen Kostenentscheidung 74 14
– möglichkeit der StA 47 16
– gegen nachträgliche Entscheidungen über Weisungen und Auflagen 53 11; 65 6
– – bei Nichtbestellung
– – des Beistandes 69 10
– – des Pflichtverteidigers 68 10
– während des Strafvollzugs 92 27
– gegen unerwünschte Pflichtverteidigerbestellung 68 19
– bei Unterbringung zur Beobachtung 73 12
– gegen Beschränkungen in der U-Haft 93 19
– bei Verbindung oder Trennung 103 16
– Verbot der weiteren – 58 24; 59 7, 8
– gegen Vollstreckungsentscheidungen 83 7, 8
– gegen vorläufige Sicherungsmaßnahmen 58 24

– gegen Widerruf der Beseitigung des Strafmakels 101 7

Beschwerdegericht (-instanz)
– BGH und OLG als – 102 3, 4
– Generalstaatsanwalt als – 83 7
– Jugendkammer als – 41 9

Beseitigung des Strafmakels
– Gesetzesziel **Grdl.** 93-101 3
– bei Heranwachsenden 111
– historische Entwicklung **Grdl.** 93-101 2
– Justizpraxis **Grdl.** 93-101 4
– rechtspolitische Einschätzung **Grdl.** 93-101 5
– durch Richterspruch
– – Anhörung 98 5-7
– – Antrag auf – 38 27; 97 8, 9
– – Entscheidungsmöglichkeiten 99 1-4
– – kein Ermessen bei – 97 10
– – Ermittlungen 98 4-7
– – Folgen der – 97 11, 12
– – Führungszeugnis 97 12
– – Voraussetzungen 97 2-10
– – vorzeitige 97 6
– – Zentralregister 97 12
– – Zuständigkeit bei – 97 12
– gem. § 100
– – Folgen 100 5
– – Verfahren 100 3, 4
– – Voraussetzungen 100 2
– bei Straferlaß einer Jugendstrafe 88 15
– Widerruf
– – Absehen von – 101 3
– – Rechtsmittel gegen – 101 7
– – Verfahren 101 4, 5
– – Voraussetzungen 101 1-3
– – Zuständigkeit 101 4

Besetzung der Jugendgerichte 33 11, 12

Besorgnis der Befangenheit 35 2

Bestellung
– eines Beistandes 69 5

– eines Bewährungshelfers s. dort
– eines Pflichtverteidigers s. dort
Bestimmtheitsprinzip 23 3
**Besuche im Vollzug der U-Haft
93** 13, 14
Betäubungsmittelgesetz
– Aussetzung bei Straftaten nach dem **– 21** 13
– Bestellung eines Pflichtverteidigers **68** 8
– Einstellung gem. den §§ 38 Abs. 2, 37 Abs. 1, 2 BtMG **47** 8
– Zurückstellung der Strafvollstreckung **82** 10
Beteiligte
– Anwesenheitsrecht **48** 10-13
– Ausschließung von der Verhandlung **51** 9-12; **104** 21
Beteiligung der Erziehungsberechtigten an der Tat 67 15
Betreute Wohnform s. Kommentierung zu § 12
Betreuung
– durch Bewährungshelfer **10** 19; **24-25** 6, 9; **38** 20
– durch die JGH **10** 19; **Grdl. 33-38** 12; **38** 6, 11, 12; **43** 6; **50** 12
– durch private Einrichtungen oder Einzelpersonen **10** 19
Betreuungsweisung
– Ausgestaltung **10** 16
– Dauer **11** 3
– Einbußen durch **– Grdl. 45 u. 47** 5
– Erfolg durch **– Grdl. 45 u. 47** 5
– bei Heranwachsenden **10** 16; **105** 25
– Höchstbegrenzung der **– 10** 16; **11** 3
– Unselbständigkeit bei der **– 11** 3
– Verschlechterungsverbot **55** 15
– als vorläufige Maßnahme gem. § 71 Abs. 1 **71** 6

Bewährung ohne Freiheitsstrafe
s. »Aussetzung der Verhängung der Jugendstrafe«
Bewährungsauflagen
– Absehen von **– 23** 6, 7
– nach Absprache mit dem Bewährungshelfer **23** 8
– Anwendungsvoraussetzungen **23** 1-9
– Art und Umfang **23** 2
– bei Aussetzung der Verhängung der Jugendstrafe zur Bewährung **27** 8
– bei Aussetzung der Vollstreckung des Strafrestes zur Bewährung **88** 14
– Beschwerde **59** 12-14
– Dauer **23** 1
– Einbeziehung **31** 17
– Geldbuße als **– 23** 2
– als Kannvorschrift **23** 5
– konkretisierende Bestimmungen **23** 3
– nachträgliche Anordnung, Änderung und Aufhebung von **– 23** 10, 11; **26-26 a** 12
– Nichterfüllung von **– 23** 12
– bei Soldaten **112 a** 8
– Verschlechterungsverbot **55** 16
– Verstöße gegen **– 26-26 a** 4, 9, 13
Bewährungsaufsicht
– Ruhen der Erziehungsbeistandschaft bei **– 8** 3
– Verschlechterungsverbot **55** 16
– Verstöße gegen **– 26-26 a** 4, 8
Bewährungsbeschluß 23 8, 10
Bewährungshelfer
– Abmahnung durch **– 24-25** 13; **26-26 a** 12
– Ansprache bei Bewährungsauflagen mit **– 23** 8
– als Amtsträger **113** 1
– Anhörung **58** 11, 12, 21
– Anordnungen durch den **– 23** 3

– Anwesenheitsrecht/-pflicht in der Hauptverhandlung 24-25 7; **Grdl. 48-51** 7; **48** 10, 12
– Anzeigepflicht durch – 24-25 11; 38 19
– Arbeitsweise 113 2
– Aufgaben 24-25 6; **Grdl. 21-26 a** 8
– Aufsicht und Leitung durch – 23 3; 27 8
– Ausbildung 113 2
– Auskunftsrecht 24-25 8
– Austausch 24-25 13; 26-26 a 12
– Berichts- und Meldepflicht 24-25 6, 7, 11, 12
– Bestellung
– – Absehen von der – **Grdl. 21-26 a** 7
– – Anhörung vor – 58 3
– – bei Aussetzung des Strafrestes zur Bewährung 88 14
– – durch Beschluß 24-25 1
– – Beschwerde gegen die – 59 3
– – kein förmliches Verfahren bei – 58 2
– – Pflicht zur – 24-25 1
– Betreuungsweisung und – 10 19
– für die Bewährungszeit 10 6; 57 7
– Dienstaufsicht 113 1
– dienstliche Stellung 113 1
– Durchführung von Weisungen durch – 10 28
– Eignung 24-25 3
– als Erkenntnisquelle für Beschuldigten-Diagnose 43 12
– Ermittlungen bei Beseitigung des Strafmakels 98 4
– gerichtliche Aufsicht 24-25 13
– haupt- und ehrenamtliche – s. jeweils dort
– Hilfe- und Betreuungspflicht 24-25 9
– Informationsrecht 24-25 8
– im Jugendstrafvollzug 91-92 24

– Konkretisierung von Weisungen durch – 23 3
– Rechtsberatung durch – 24-25 9
– Schweigepflicht 24-25 12
– Soldaten als – 24-25 13; **Grdl. 112 a-112 e** 4, 5; **112 a** 12, 13
– Überbelastung der – 7 14; **Grdl. 21-26 a** 5; 24-25 6, 10; 38 20
– Unabhängigkeit **Grdl. 21-26 a** 8
– Verkehr mit U-Haftinsassen 93 13
– Vermehrung der Planstellen für – **Grdl. 21-26 a** 7
– als Vertrauensperson 12 5
– Zeugnisverweigerungsrecht 24-25 12
– Zusammenarbeit mit der JGH 38 20
– Zusammenwirken mit Erziehungsberechtigten 24-25 9
– Zutrittsrecht 24-25 7
Bewährungshilfe
– Anfrage bei der – vor Bestellung des Bewährungshelfers 24-25 5
– Anzahl der – **Grdl. 21-26 a** 5
– Aufgabenteilung mit der JGH 38 20
– Aussagegenehmigung für – 24-25 12
– bei Aussetzung der Verhängung der Jugendstrafe zur Bewährung 29
– Konzept 29 1
– Realität 29 2, 3
– Beschränkung auf die Bewährungszeit 38 20
– Eigenständigkeit der – **Grdl. 21-26 a** 8
– Kosten **Grdl. 21-26 a** 7
– personelle Probleme bei der – **Grdl. 21-26 a** 7
– bei Soldaten 112 a 12-14
Bewährungsmaßnahmen
– Eignung 21 5

Sachregister

– Wirkung **21** 9-12
Bewährungsplan
– Ablegung aller Formalitäten beim – **Grdl. 57-60** 8
– Änderung **60** 4, 5
– Anfechtung **60** 9
– Anhörung vor Aufstellung **58** 2
– Aushändigung **60** 4, 5
– Praxis der – **Grdl. 57-60** 6
– Belehrung über den – **60** 6
– Bestätigung und Versprechen **60** 7, 8
– kein förmliches Verfahren **58** 2
– Informationswirkung **60** 2
– Inhalt **60** 3
– Zeitpunkt der Erstellung **60** 2
– Zuständigkeit für den **60** 1
Bewährungsquoten Grdl. 21-26 a 5
Bewährungsstrafe Grdl. 27-30 7
»**Bewährungstermin**« **60** 4
Bewährungsverbot bei Aussetzung des Jugendarrestes **87** 2-4
Bewährungsverfahren Justizpraxis **Grdl. 57-60** 4
Bewährungsweisungen
– Absehen von – **23** 6,7
– Anordnung, Änderung und Aufhebung von – **26-26 a** 12; **58** 2
– Anwendungsvoraussetzungen **23** 1-9
– Art und Umfang **23** 2
– bei Aussetzung der Verhängung der Jugendstrafe **27** 8
– im Bewährungsplan **60** 3
– während der Bewährungszeit **27** 8
– Beschwerde gegen – **59** 12-14
– Dauer **23** 1
– konkretisierende Bestimmungen **23** 3
– nachträgliche Anordnung, Änderung und Aufhebung von – **23** 10, 11

– Neuerteilung – **26-26 a** 12
– Nichterfüllung – **23** 12
– bei Soldaten **112 a** 8
– als Sollvorschrift **23** 4
– Überwachung – **38** 20
– Verschlechterungsverbot **55** 16
– Verstöße gegen – **26-26 a** 4, 8, 13
Bewährungszeit 22; 58 2
– Anfang – **22** 3
– Aussetzung des Strafrestes zur Bewährung **88** 14
– bei Aussetzung der Verhängung der Jugendstrafe **27** 8; **28**
– – im Nachverfahren nach Ablauf der – **62** 5
– – Rechtsmittel in der – **63** 2
– – Verfahren zur – **62** 2
– – Zeitbemessung **28** 2
– – Zeitrahmen **28** 1
– Bestimmung und Änderung **58** 2
– Bewährungshelfer während der – **10** 6; **24-25** 1; **27** 8; **38** 20
– Dauer **Grdl. 21-26 a** 7; **60** 3
– Ende **22** 3
– Ermessen **22** 3
– Freiheitsentzug und – **22** 6
– Herabsetzung **Grdl. 21-26 a** 7
– Höchstmaß **22** 1, 2
– Mindestmaß **22** 1, 2
– Ruhen
– – der Strafvollstreckungsverjährung **21 22**; **27** 8
– – während der Erziehungsbeistandschaft **8** 5
– Straferlaß nach Ablauf der – **26-26 a** 14
– Verkürzung **22** 4, 5
– Verlängerung **22** 4, 5
– – anstelle des Widerrufs **26-26 a** 4, 11
– – Beschwerde gegen – **59** 11-14
– – Verschlechterungsverbot **55** 13
– Widerruf nach Ablauf der – **26-26 a** 2

Beweisantragsrecht
– der Erziehungsberechtigten und gesetzlichen Vertreter **67** 12
– der JGH **38** 24; **50** 14
– im vereinfachten Jugendverfahren **43** 2; **76-78** 15

Beweisaufnahme
– Anwesenheit der Erziehungsberechtigten und gesetzlichen Vertreter bei der kommissarischen – **67** 10
– über Bericht der JGH **38** 9
– zeitweiliger Ausschluß des Angeklagten von der – **51** 6
– bei Einbeziehung **31** 21

Beweissicherung 40 8
Beweiswürdigung 54 15
Bezirksjugendgericht 33 13; **35** 9
Bezirksjugendrichter 35 9

Bindungswirkung
– bei Einbeziehung **93** 13
– keine – des Rechtsmittelgerichts **55** 25
– des Schuldspruchs **30** 4

Brief
– Briefkontrolle **93** 13
– Briefverkehr **91-92** 14, 20

Bundesgerichtshof
– als Beschwerdeinstanz **59** 5; **102** 3
– Einsetzung von Jugendsenaten am – **Grdl. 33-38** 9; **37** 1
– als Revisionsinstanz **41** 8; **102** 3

Bundeswehr
– Vollzug von Jugendarrest durch die – **85** 2
– kein strafrechtlicher Erziehungsträger **Grdl. 112 a-112 e** 3
s. a. »Soldaten«

Bundeswehrvollzugsordnung 90 2; **114** 3

Bundeszentralregister s. »Zentralregister«

Bürgerliche Ehrenrechte s. »Verlust der Amtsfähigkeit ...«

Bußgeldverfahren
– Anwesenheit im – **50** 8; **513**
– Ermittlungen im – **43** 3
– Heranziehung der JGH im – **50** 8
– Vereidigung im – **49** 3
– Vollstreckung **82** 2, 5, 12
– Zuständigkeit
– – örtliche **39** 2
– – sachliche **39** 2
  s. a. »Ordnungswidrigkeitenverfahren«

Crash-Kids Grdl. §§ 1-2 9

Datenschutz 43 5

Dauer
– der Bewährungszeit bei Aussetzung der Vollstreckung der Jugendstrafe **Grdl. 21-26 a** 7; **60** 3
– von Jugendarrest **16** 10-12
– der Jugendstrafe **18**
– der Unterbringung **73** 4

Dauerarrest
– Dauer **16** 12
– Justizpraxis **Grdl. 13-16** 5, 6
– bei Nichterfüllung von Weisungen **11** 3
– als sozialer Trainingskurs **Grdl. 13-16** 9
– Ungeeignetheit **16** 12
– Vollzug in speziellen Jugendarrestanstalten **90** 5
– Wiederholung **16** 6

Dauerdelikt
– in verschiedenen Alters- und Reifestufen **32** 3, 11, 12, 18; **105** 4, 15
– als Widerrufsanlaß **26-26 a** 5

Deliktseinstufung nach Verbrechen und Vergehen **4** 2

Deprivation
– psychische und soziale – **17** 10
– Schädigungen bei weiterer Inhaftierung i. S. v. – **18** 10

- Verhaltensänderung ohne- 90 2
Dezentralisierung von Jugendstrafanstalten 91-92 5, 6
Dienstaufsicht bei Bewährungshelfern 113 1
Dienstaufsichtsbeschwerde
- Absehen von der Verfolgung 45 23
- - von Privatklagedelikten 80 11
- Auskunftsverpflichtung und - 50 13
- im Jugendarrestvollzug 91-92 27
- im Jugendstrafvollzug 91-92 27
- bei Untätigkeit
- - des Richters über den Widerruf der Aussetzung der Jugendstrafe 59 15
- - des Familien-/Vormundschaftsrichters 53 11
- gegen Vollstreckungsentscheidungen als Justizverwaltungsakte 83 7
Dissozialität 12 3
Disziplinarbuße Anrechnung einer - 52 6
Disziplinarische
- Ausgangssperre 52 6
- Arreststrafe
- - Anfechtung einer - 55 29
- - Anrechnung einer - 52 6; 112 a 15
- - als Freiheitsentziehung 52 6
Disziplinarmaßnahmen
- im Jugendarrestvollzug 90 16
- im Jugendstrafvollzug 91-92 25, 26
- - Justizpraxis bei - **Grdl.** 91-92 6
- im Rahmen der Erziehungshilfe 112 b 2
- im U-Haftvollzug 93 18
- Verweis als - 112 a 8
- wiederholte - 5 16
Disziplinarvorgesetzter
- Anhörung 43 1; 112 d

- Auskunftsberechtigung 70 6
- als ehrenamtliche Bewährungshelfer 24-25 4; 112 a 12
- als Erkenntnisquelle für Beschuldigten-Diagnose 43 12
- Ermessensentscheidung 112 a 4
- Erziehungshilfe durch - 9 3; 11 5; 24-25 4; 112 a 6, 7; 112 b
Diversion
- bei Ausländern **Grdl.** 45 u. 47 6
- Begriff der - **Grdl.** 45 u. 47 1
- durch den Beistand 69 2
- einstellungen **Grdl.** 45 u. 47 5
- auf Initiative des Verteidigers 68 5
- Modelle 45 12
- - Kieler - 45 16
- - Marler - 45 15
- Polizei- 45 16
- Schadenswiedergutmachung und - **Grdl.** 13-16 10
- Vorrang der »Non-intervention« vor einer - 45 9
Dolmetscherkosten 68 19; 72 a 5a
Doppelbestrafung 8 7
- bei Eintragung 11 15
- Gefahr 10 18
- Verbot 7 14; 11 10; 13 4; 47 14; 52 6; 88 2; 112 a 15
- bei Widerruf **Grdl.** 21-26 a 4
Doppelverwertung, Verbot 18 4
Doppelzuständigkeit
- im Ermittlungsverfahren 43 7
- bei Jugendschutzsachen 33 10
Drogenabhängige, Drogenabhängigkeit
- Absehen von der Verfolgung 45 8
- Alkohol s. dort
- ambulante Maßnahmen bei - 21 13; 45 8
- Drogenhilfeeinrichtungen 10 27
- Entziehungskur 10 27
- geeignete Einrichtungen für - 82 11

– Jugendstrafe zur Bewährung bei – **21** 13
– Langzeittherapie gegen – **26-26 a** 6
– Pflichtverteidiger bei – **82** 11
– Rückfallrisiko **21** 13
– soziale Trainingskurse gegen – **10** 17
– Sozialtherapie nach Entlassung **88** 6
– Therapiebedürftigkeit für – **91-92** 19
– U-Haft als erzieherische Maßnahme für – **72** 4
– Widerruf der Straufaussetzung **26-26 a**

Drogenkonsum(-enten)
– Entwicklungshemmung und – **105** 11, 18
– strafrechtliche Reaktion auf- **82** 11; **Grdl. 91-92** 6, 7
– in den Strafvollzugsanstalten **Grdl. 93 a** 5
– Vollzug der Strafe bei – **21** 13

Drogenkriminalität 5 21
Drogenmarkt 7 13
Drogenseminare 10 17
Drogentäter Bewährungsquote bei – **Grdl. 21-26 a** 5

Drogentherapie
– Anrechnung einer – auf Jugendstrafe **88** 13
– bei Jugendstrafe wegen Drogenkonsum **Grdl. 93 a** 7

Dunkelfeld Grdl. 1 u. 27
Durchsuchung 2 5
Duzen von jugendlichen Angeklagten **Grdl. 48-51** 4

Ehe
– Bedeutung für die Altersreife **105** 9
– gatte als Beistand **48** 13

Ehrenamtliche Bewährungshelfer
– Betreuung von Entlassenen durch – **88** 6
– Eignung **24-25** 3
– Heimleiter als – **24-25** 4
– militärische Dienstvorgesetzte als – **24-25** 4; **112 a** 12
– Polizeibeamte, Staatsanwälte, Strafrichter als – **24-25** 4
– Soldaten als – **24-25** 13; **Grdl. 112 a-112 e** 4, 5; **112 a** 12, 13

Eid s. »Vereidigung«

Eignung für den Jugendstrafvollzug 91-92 1; **114** 3

Einbeziehung
– Durchführung **31** 20-22
– Ermessen **31** 19
– erzieherische Zweckmäßigkeit **31** 14-18
– Möglichkeit der Strafvollstreckung **31** 10-13
– nachträgliche – **66**
– Nicht- **31** 16-18
– Rechtsfolgen **31** 23-27
– Rechtsmittel gegen
– – eine – **31** 32, 33
– – das Unterlassen einer – **31** 29-31
– des Schuldurteils **30** 8, 9
– Urteilsfassung **31** 28; **54** 11
– Voraussetzungen **31** 7-28
s. a. »Einheitliche Sanktionierung«

Einfache Beschwerde s. »Beschwerde«

Eingriffschwere, subjektives Empfinden der – **5** 22

Einheitliche Sanktionierung
– Gebot der – **30** 8
– im Interesse einer Individualprävention **Grdl. 31-32** 3
– Justizpraxis **Grdl. 31-32** 4
– von mehreren Straftaten eines Jugendlichen **31**

1193

– nachträgliche –
– – vor dem Erwachsenengericht **66** 2; **104** 21
– – bei Heranwachsenden **105** 28
– – Verfahren **66** 17-20
– – Voraussetzungen **66** 3-10
– – Rechtsfolgen **66** 11
– – Rechtsmittel **66** 21-23
– – Verschlechterungsverbot **66** 11
– – Zuständigkeit **66** 12-16
– Prinzip der –
– – Aufgabe – **Grdl. 55 u. 56** 7
– – historische Entwicklung **Grdl. 31-32** 2
– – rechtspolitische Einschätzung **Grdl. 31-32** 5
– Rechtsmittel gegen eine – **31** 34
– von Straftaten in verschiedenen Altersstufen **32**
  s. a. »Einbeziehung«
Einheitsstrafe
– Korrektur – **Grdl. 55-56**; **56** 6
– Teilvollstreckung – **56**
– Umwandlung zu einer – **30** 8
Einleitung der Vollstreckung 84 2, 3
Einreiseerlaubnis 10 6
Einsicht in die Akten
– durch den Beistand **69** 6
– bei jugendrichterlichen Entscheidungen gem. § 83 **83** 5
– durch die JGH **38** 24
Einsichtsfähigkeit 3 2
Einspruch
– gegen Jugendschöffenvorschlagsliste **35** 8,9
– gegen Strafbefehl **79** 4, 5
– Einstellung des Verfahrens
– bei Auslandsaufenthalt **45** 17
– Ausnahmecharakter der – gem. § 45 **45** 9
– Einstellungsquote **Grdl. 45 u. 47** 7

– Eintragung in das Erziehungsregister bei – **Grdl. 45 u. 47** 9
– bei Ersttätern **45** 10
– gem. §§ 45, 47 **Grdl. 45 u. 47** 5
– gem. § 45 Abs. 1 **36** 3; **45** 17-19
– gem. § 45 Abs. 2 Nr. 1 **5** 21; **10** 5; **43** 10; **45** 11-16; **47** 9, 10
– gem. § 45 Abs. 2 Nr. 2 **5** 6; **45** 9, 10; **47** 9, 10
– gem. § 47 Abs. 1 Nr. 3 **3** 16; **47** 9, 10, 13
– gem. § 153 StPO **5** 6; **45** 5; **47** 7
– gem. § 153 a StPO **45** 6; **47** 7
– gem. § 153 b, c, d, e StPO **45** 7; **47** 7
– gem. § 154 StPO **45** 7; **47** 7
– gem. § 156 StPO **47** 5
– gem. § 170 Abs. 2 StPO **Grdl. 45 u. 47** 5; **45** 4; **47** 5; **76-78** 13
– gem. § 203 StPO **47** 6
– gem. §§ 38 Abs. 2, 37 Abs. 1, 2 BtMG **47** 8
– Geständnis **Grdl. 45 u. 47** 8; **45** 14
– auf Grund des Opportunitätsprinzips **Grdl. 45 u. 47** 4
– Justizpraxis **Grdl. 45 u. 47** 7
– Rangfolge bei der – **47** 10
– Rechtsfolgen **45** 20-22
– Rechtsmittel **45** 23
– durch den Richter
– – vor dem Erwachsenengericht **104** 9
– – bei Heranwachsenden **47** 1; **109** 5
– – im Ordnungswidrigkeitenverfahren **47** 4
– – Rechtsfolgen **47** 14
– – Rechtsmittel **47** 16
– – im Rechtsmittelverfahren **47** 3
– – Voraussetzungen **47** 9-13
– – im vereinfachten Jugendverfahren **47** 2

– – Zustimmung der StA zur – 47 11
– durch Urteil gem. § 260 Abs. 3 StPO 1 11; 33 3
– im vereinfachten Jugendverfahren **Grdl. 76-78** 5
– im Verfahren zur Beseitigung des Strafmakels 99 1
– vorläufige – 21 15
– Vorschläge zur – wegen Geringfügigkeit 45 10
 s. a. »Absehen von der Verfolgung«
Einstellungsbeschluß
– Beschwerdemöglichkeit der StA 47 16
– als Ermessensentscheidung 47 16
– gem. § 47 Abs. 1 47 13, 14
– gem. § 206 a StPO 1 11; 33 3
– Kostenentscheidung und – 47 13
– schlechte Führung nach dem – 47 14
– Unanfechtbarkeit des – 3 17; 47 16
Einstellungskompetenz der StA 45 10
Einstiegsarrest
– Ablehnung **Grdl. 13-16** 10; **Grdl. 27-30** 7
– Jugendarrest als – **Grdl. 5-8** 6
Einstiegskriminalität 1 5
Einstufige Juristenausbildung, Teilnehmer, s. »Referendare«
Einstweilige Unterbringung s. »Unterbringung«
Eintragung in das Zentral- bzw. Erziehungsregister **Grdl. 97-101** 2
Einweisungsschäden 7 9
Einzelrichter, Jugendrichter als – 18 2; 33 6
Einwilligung des Jugendlichen
– bei Aussetzung der Vollstreckung der Jugendstrafe zur Bewährung 57 14

– bei heilerzieherischer Behandlung oder einer Entziehungskur 10 23; 57 14
Einziehung
– gem. §§ 74 ff. StGB 7 16
– des Jagdscheines 6 2
– Justizpraxis **Grdl. 5-8** 5
– des Wertersatzes 6 3
Eltern
– abweichendes Verhalten 5 16
– Erziehungsrecht 10 9; 93 7, 8
– Mitarbeit bei Entziehungskur 10 27
– als Sozialisationsinstanz 12 3; **Grdl. 45 u. 47** 4
– Unterstützung durch – 42 7; 51 11
– Zahlung der Geldbuße durch – 15 13
 s. a. »Erziehungsberechtigte«
Eltern-Kind-Beziehung, Zerstörung durch strafrechtliche Verfolgung 1 4
Entgeltabzug 15 14
Entlassung zur Bewährung s. »Aussetzung der Vollstreckung des Restes einer Jugendstrafe«
Entlassungsabteilungen 91-92 24
Entlassungsquoten Grdl. 88-89 a 4
Entlassungsvorbereitungen
– im Jugendarrestvollzug 90 13
– im Jugendstrafvollzug 91-92 24
– bei Unterbringung in einer Entziehungsanstalt 93 a 5
Entschädigung
– des Beistandes 69 7
– für erlittene Unterbringung in einer geschlossenen Anstalt 71 10
– der Erziehungsberechtigten und gesetzlichen Vertreter 50 11
– für Sicherungshaft 58 26
– des Verletzten **Grdl. 79-81** 1; 81

1195

– von Zeugen und Sachverständigen 50 11
s. a. »Adhäsionsverfahren«
Entscheidungen
– über Aussetzung der Verhängung der Jugendstrafe zur Bewährung 62
– über Aussetzung der Vollstreckung der Jugendstrafe zur Bewährung 57
– – weitere 58
– Ergänzung rechtskräftiger – bei mehrfacher Verurteilung 66
– nachträgliche – über Weisungen und Auflagen 65
– Nichtigkeit von – 11 13; 33 3, 5
Entscheidungsreife 53 5
– fehlende – 53 5
Entschuldigung 5 3
– Anwendungsvoraussetzungen 15 11
– Durchführung 15 12
– Justizpraxis **Grdl. 13-16** 5, 6
– »Ungehorsamsarrest« und – 15 19
– Verschlechterungsverbot 55 15
Entschuldigungsplan 24-25 9; 93 16
Entstehungsgeschichte s. Abschnitt »Historische Entwicklung« in der jeweiligen Grundlagenkommentierung
Entwicklung, altersgemäße – 3 5; s. a. »geistige -«, »körperliche -«, »sittliche -«
Entwicklungsgefährdung, -schädigung als Voraussetzung für die Erziehungsbeistandschaft 12 3
Entwicklungspsychologen 3 13
– zur Begutachtung
– – des Entwicklungsstandes gem. § 105 Abs. 1 Nr. 1 43 16; 105 21
– – der Verantwortlichkeit gem. § 3 43 16

– bei Unterbringung zur Beobachtung 73 9
Entwicklungsreife
– bei Heranwachsenden 73 3; 105 5, 6
– bei Randgruppen der Gesellschaft 105 12
– sittliche und geistige – 3 5, 6
– ungeklärte – als Einweisungsgrund gem. § 73 73 3
– für die Unrechtseinsicht 3 7-9
– für das Verhalten 3 10
– zur Zeit der Tat 3 11
s. a. »Reife«
Entwicklungsstand s. »Entwicklungsreife«
Entziehung
– der Fahrerlaubnis 7 5, 15, 16; 10 6
– – Justizpraxis **Grdl. 5-8** 5
– – Verschlechterungsverbot 55 23
– – Zuständigkeit des Jugendrichters bei – 39 3
– der Rechte der Erziehungsberechtigten und gesetzlichen Vertreter 50 11; 67 15-18
Entziehungsanstalt s. »Unterbringung«
Entziehungskur 10 23, 27
– Abbruch der – 10 27
– Absehen von der Verfolgung 45 8
– Einwilligung des Jugendlichen 10 23; 57 14
– fehlende Motivation 10 27
– Justizpraxis **Grdl. 5-8** 5
– Kosten 10 29
– soziale Trainingskurse und – 10 27
– als stationäre Therapie 10 27
– als Weisung gem. § 10 Abs. 2 7 13
– Zustimmung der Erziehungsberechtigten 10 23
Erbieten von Leistungen s. »Zusagen und ...«

Ergänzung rechtskräftiger Entscheidungen bei mehrfacher Verurteilung 66
s. a. »einheitliche Sanktionierung, nachträgliche«
Erkennungsdienstliche Behandlung von Kindern 1 2
Erkenntnisquellen für die Beschuldigten-Diagnose 43 9, 12
Erklärungsrechte der Erziehungsberechtigten und gesetzlichen Vertreter 67 10
Erlaß der Jugendstrafe s. »Straferlaß«
Erledigung von Maßnahmen, Schuldspruch und Jugendstrafe 31 11, 12
Erledigungserklärung der Erziehungshilfe 53 10
Ermahnung
– Abgrenzung der Verwarnung 13 2
– Ermahnungsgespräch 45 13
– staatsanwaltliche – 45 13
– Ermahnungstermin 45 17
Ermessen(-sentscheidung)
– bei Abgabe des Verfahrens 42 11; 58 6
– bei Aburteilung von Straftaten in verschiedenen Alters- und Reifestufen 32 14
– bei Antrag auf Entscheidung im vereinfachten Jugendverfahren 76-78 7
– bei Anwendung von Verfahrensvorschriften des JGG vor dem Erwachsenengericht 104 20-22
– bei Auferlegung der Kosten und Auslagen 74 6, 7, 14
– bei Ausnahme vom Jugendstrafvollzug 91-92 1
– bei Aussetzung der Verhängung der Jugendstrafe 27 6
– bei Bestellung des Beistandes 69 5

– des Disziplinarvorgesetzten 112 a 4
– bei (Nicht-)Einbeziehung 31 19
– bei Einstellung des Verfahrens 47 9, 13, 16
– bei Entlassung zur Bewährung 88 7, 8
– bei Heranziehung eines Sachverständigen 43 16
– bei Milderung des allgemeinen Strafrechts gegen Heranwachsende 106 4
– bei nachträglicher einheitlicher Sanktionierung 66 9, 10
– der StA bei Anklageerhebung 39 6
– bei Privatklagedelikten 80 9
– bei Teilvollstreckung 56 8
– bei Übernahme des Verfahrens durch die Jugendkammer 49 8
– bei Unterbringung zur Beobachtung 73 5
– bei Verbindung bzw. Trennung von Strafsachen 103 6
– bei Verhängung von U-Haft 72 9
– bei Vollstreckungsabgabe 85 15
– bei Vollzug von Jugendstrafe in einer Jugendstrafanstalt 114 2
– bei der Vereidigung 49 6, 8
– bei Versagung der Anrechnung von U-Haft 52 a 8
– bei Widerruf der Strafmakelbeseitigung 101 3
Ermittlungen
– bei Beseitigung des Strafmakels 98 4-7
– wesentliches Ergebnis 46; 104 21
– vor Erwachsenengericht 104 8
– der JGH 38 13-16; 50 12
– Beginn 43 6
– Umfang der – 43
– – im Bußgeldverfahren 43 3
– – bei Heranwachsenden 43 2

Sachregister

s. a. »Persönlichkeitserforschung«
Ermittlungsarbeit der Polizei 43 8
Ermittlungsbericht der JGH 38 7, 15
Ermittlungsverfahren
– Einschaltung der StA in das – 36 3
– gegen Heranwachsende 43 1
– Interesseneinbußen im 36 6
– StA als Untersuchungsführer im – 43 7
– Strafcharakter 45 9
– strafrechtliches – gegen Kinder 1 2, 11
– Unschuldsvermutung im – 43 6
– Verhältnismäßigkeitsprinzip 36 6
Eröffnungsbeschluß
– Verbindung mit Übernahmebeschluß 40 8
– Verzicht auf einen förmlichen – 47 6
Ersatzfreiheitsstrafe 6 3; **Grdl.** 9-12 4
Ersatzleistung als Wiedergutmachung 15 10
Ersatzmaßnahmen, Jugendarrest als – 11 11; 15 19
Erstbericht des Bewährungshelfers 24-25 11
Erstinstanzliche Zuständigkeit der Jugendkammer 41 2-7
Ersttäter
– Begriff 45 10
– Einstellung des Verfahrens wegen Geringfügigkeit bei – 45 10
Erwachsene vor Jugendgerichten 33 2; 48 5; 55 1
Erwachsenenarrestvollzug Grdl. 13-16 6
Erwachsenengericht
– Aburteilung von Jugendlichen und Heranwachsenden vor – 33 9

– Jugendliche vor – **Grdl.** 102-104; 102-104
– Unmittelbare Geltung von Vorschriften des JGG vor – 104 4
– Unzulässige Abgabe an ein – 47 a 5, 6
– Vereidigung vor dem – 49 1
– Verfahren
– – gegen Heranwachsende 104 1
– – gegen Jugendliche 104
– – gegen Soldaten 104 2
– – unmittelbare Geltung von Vorschriften des JGG im – 104 4
– Zuständigkeit
– – Abgrenzung zum Jugendgericht 33 1
Erwachsenenschöffengericht 40 5
Erwachsenenvollzug, Übergang in den – 87 7, 8
Erweitertes Schöffengericht 33 6
Erziehbarkeit, Voraussetzung für die Jugendstrafe 17 11
Erzieherische –
– Beeinflussung 12 6
– Befähigung
– – des Jugendrichters 37 3
– – der Jugendschöffen 35 4
– – des Jugendstaatsanwaltes 37 3
– – des Verteidigers 68 14
– – der Vollzugsbeamten 91-92 9
– Einwirkung 17 8; 18 7
– Gesamtbetreuung 8 7
– Gestaltung der U-Haft 52 8; 93 6
– Gründe
– – Versagung der Anrechnung der U-Haft aus – 52 a 7
– – Verfahrenseinstellung aus – 36 4
– – Verzicht von Austragung von Meinungsverschiedenheiten aus – 36 4
– Maßnahmen
– – Abgrenzung zu Erziehungsmaßregeln 9 4

1198

– – i. S. d. § 45 Abs. 2 Nr. 1 **45** 11-16; **47** 5
– Nachteile
– – bei zeitweiligem Ausschluß **51** 6
– Zweckmäßigkeit
– – i. S. d. § 31 Abs. 3 **31** 14, 15
– – der Umwandlung des Freizeitarrestes **86** 4
Erziehung
– als ein autoritatives Unternehmen **Grdl. 46 u. 54** 3
– Gründe für eine Offizialklage bei Privatklagedelikten **80** 6
– Interesseneinbuße und – **9** 6
– im Jugendstrafvollzug **91-92** 11
– – öffentliche **12** 3
– Ordnungsinteresse als Grundlage der – **91-92** 13
– in U-Haft
– – von Heranwachsenden **93** 7; **110** 4
– – von Jugendlichen **93** 8, 9
– als Ziel des Jugendstrafrechts **Grdl. 1-2** 4
Erziehungsaufgaben, vormundschaftsrichterliche **Grdl. 33-38** 8
Erziehungsbedürftigkeit 9 6; **71** 3
Erziehungsbeistandschaft
– Anordnung
– durch Jugendgericht/Vormundschaftsrichter **12** 9
– Anwendungsvoraussetzungen **12** 2-8
– Aufgaben **12** 5
– Ausschluß bei Volljährigkeit **9** 2; **105** 25
– bei Aussetzung der Verhängung der Jugendstrafe **27** 9
– Ausübung **12** 10
– Befristung **12** 9
– Beratung durch das Jugendamt **12** 10
– Berichterstattung durch – **12** 10

– Bewährungsaufsicht und – **8** 3
– Eignung **12** 5
– Ende **4** 4; **12** 12
– Entwicklungsgefährdung als Voraussetzung für die – **12** 3
– Kosten **12** 13
– Nichtanwendung **Grdl. 9-12** 5
– Rechtsmittel gegen die – **12** 14
– Ruhen **8** 5
– bei Soldaten **9** 3; **112 a** 5
– Unbedeutung von – **Grdl. 9-12** 5
– Urteil **12** 10
– Verbindungsverbot mit Fürsorgeerziehung **8** 3
– Verbindung mit Jugendstrafe **8** 2
– Verschlechterungsverbot **55** 45
– Vollstreckung **12** 10
Erziehungsberechtigte
– Aufgaben **67** 2-5
– Ausbleiben der – in der Berufungsverhandlung **55** 10
– Benachrichtigung von der Verhaftung **72** 13
– als Erkenntnisquelle für Beschuldigten-Diagnose **43** 10
– Haftung der – für die Verfahrenskosten **74** 5
– Ladung
– – zur Hauptverhandlung **50** 11
– – zum Ordnungswidrigkeitenverfahren **50** 8
– Mitteilungen an – **54** 23; **70** 2; **67** 8, 9
– Personenkreis **67** 2-5
– Recht(e)
– – Anfechtungs- **55** 4; **67** 13
– – Anhörungs- **43** 10; **58** 11, 12, 21; **65** 5; **66** 20; **67** 11; **71** 9; **73** 8; **88** 11; **91-92** 1; **98** 67
– – Antrags- **67** 12; **72** 14; **88** 10; **97** 9
– – Anwesenheits- **60** 11; **67** 10; **48** 11; **72** 13
– – Entzug der – **67** 15-18; **50** 11

– – – Rechtsmittel gegen den – 67 21
– – – Verteidigerbestellung bei – 68 11
– – Erklärungs- 67 11
– – Frage- 67 12
– – Informations- **Grdl. 67-69** 10; 67 8, 9
– – auf das »letzte Wort« 67 11
– – auf Schlußvortrag 67 11
– – auf Verteidigerwahl 67 12
– – Vertretung in den – 67 14
– – Zeugnisverweigerungsrecht 43 10; 67 6
– Rechtsmittel bei Verhinderung der Rechtswahrnehmung 67 19, 20
– Rechtsmitteleinlegung durch – **Grdl. 55-56** 5
– Rechtsstellung
– – vor dem Erwachsenengericht 67 1; 104 14
– – im Vollstreckungsverfahren 67 1
– Unterstützung durch – **Grdl. 55-56** 5
– (zeitweiliger) Ausschluß 51 9-12
– Zustimmung bei Weisungen 10 10, 12

Erziehungsfähigkeit 9 6

Erziehungsheim
– Anrechnung der Unterbringung in einem – 52 5
– einstweilige Unterbringung in einem »geeigneten« – 71 4, 7
– – Rechtsmittel gegen die – 71 11
– – im Verfahren vor dem Erwachsenengericht 104 10

Erziehungshilfe
– Beendigung der – durch Vollstreckungsleiter 112 c 2
– Beendigungsgründe 112 b 2
– durch Disziplinarvorgesetzten 9 3; 11 5; 112 a 6, 7; 112 b

– Ende 112 b 2
– Erledigungserklärung 53 10
– als Erziehungsmaßregel 9 3; 112 a 6
– freiwillige – 12 8; 53 10
– durch das Jugendamt 91-92 24
– Justizpraxis **Grdl. 112 a-112 e** 4
– Rechtsbehelfe 112 b 2
– Rechtsverordnung zur Durchführung der – 112 b 1
– in Verbindung mit Jugendstrafe 8 2
– Verfassungswidrigkeit – **Grdl. 112 a-112 e** 5; 112 a 7; 112 b 2

Erziehungsideologie Grdl. 1-2 4

»Erziehungskurs« Grdl. 9-12 6; 10 17

Erziehungsmängel 3 6

Erziehungsmaßnahmen
– Arbeitsleistung als – 5 22
– als Bezeichnung für Erziehungsmaßregeln und Zuchtmittel **Grdl. 5-8** 6

Erziehungsmaßregeln
– Abgrenzung zu anderen Maßnahmen 9 4
– Änderung 11 4, 6, 7; 31 17; 53 10
– Anfechtbarkeit 55 25
– Anwendungsbereich 9 1-3
– Anwendungsvoraussetzungen 9 5-7
– Arbeitsleistung als – 10 12
– Aussageverweigerungsrecht und – 9 8
– Auswahl und Anordnung von – 53 6, 9, 10
– Eingriffsbedarf 5 18
– Eintragung in das Erziehungsregister 9 8
– Erledigungserklärung für – 31 16
– Erziehungshilfe als – 9 3; 112 a 6
– Gebot der Verhältnismäßigkeit 10 7
– Gefährlichkeitsprognose 10 11

- Grundrechtskonformität 10 5
- gegen Heranwachsende 9 2
- historische Entwicklung **Grdl. 5-8** 2; **Grdl. 9-12** 2
- Justizpraxis **Grdl. 5-8** 4; **Grdl. 9-12** 5
- rechtspolitische Einschätzung **Grdl. 9-12** 6
- als strafrechtliche Sanktion **Grdl. 5-8** 2
- keine – nach Tilgung des Schuldspruches 30 10
- Ungeeignetheit 10 7
- Urteilsformel und -begründung 54 6, 17
- Verbindung mit Zuchtmitteln 8 2
- im Verfahren vor dem Erwachsenengericht 104 22
- Verschlechterungsverbot 55 15
- Vollstreckungsverjährung 4 5
- Voraussetzungen 5 18; 9 8
- Ziel **Grdl. 9-12** 4; 12 6
- Zuständigkeit 39 3

Erziehungsmethoden 5 16
s. a. »Jugendarrestvollzug«, »Jugendstrafvollzug«, »U-Haftvollzug«

Erziehungsmündigkeit s. »Erziehungsverantwortlichkeit«

Erziehungsnachteile s. »erzieherische Nachteile«

Erziehungspsychologie zur Beurteilung der Rückfall- und Sanktionsprognose 43 16

Erziehungsrecht der Eltern
- Entzug 10 9
- Wahrnehmung während der U-Haft 93 7-8

Erziehungsregister 3 16, 21; 9 8; 11 15; **Grdl. 27-30** 1; 43 14; **Grdl. 45 u. 47** 9; 45 4, 5, 22; 47 7, 10; 62 6

Erziehungsstrafe 17 10

Erziehungsstrafrecht
- »maßloses -« 5 7
- §§ 46, 54 als Ausdruck eines – **Grdl. 46 u. 54** 3
- als Strafrecht 68 3
s. a. »Jugendstrafrecht«

Erziehungsverfahren s. »formloses Erziehungsverfahren«

Erziehungswilligkeit 9 6

Erziehungsziel, Erziehungszweck 5 2
- Erreichen 12 12
- Haftbetrieb und – 93 6

Erzwingungshaft 11 15; 82 2, 12

Ethische Mißbilligung der Tat Grdl. 3 3

Europäische Kommission für Menschenrechte 72 14

Europäisches Auslieferungsübereinkommen 31 5

Exkulpation, jugendspezifische 5 5; 45 10

Explorationsgespräche Grdl. 43-44 3; 43 17; 17 8

Fachaufsicht
- über Bewährungshelfer 24-25 13
- Fachaufsichtsbeschwerde 91-92 27

Fachschöffen 35 4

Fahnenflucht 24-25 4

Fahrerlaubnis
- Entzug 7 5, 15, 16
- – Anklagezuständigkeiten bei – 39 3
- – Justizpraxis **Grdl. 5-8** 5
- – Verschlechterungsverbot 55 23
- Fahren ohne – 7 15
- Fortgesetztes Fahren ohne – 7 16

Fahrlässigkeitstat
- Schwere der Schuld und – 17 6
- Widerruf der Strafaussetzung und – 26-26 a 5

Fahrverbot Grdl. 5-8 1; 7 16
- Justizpraxis **Grdl. 5-8** 5
- als Nebenstrafe 6 2
- in Verbindung mit Aussetzung der Verhängung der Jugendstrafe 27 9
- Verschlechterungsverbot 55 22, 23

Fair-trial(-Prinzip) 30 4; 41 11; 46 6; 51 7; 55 3; 56 5

Falschaussage 49 4

Familie
- Familienerziehung 12 6, 11
- Familienverhältnisse und Beschuldigten-Diagnose 43 4
- Rückfallprognose und – 5 16
- Familienunterbringung als Weisung 10 10

Familien- oder Vormundschaftsrichter
- Anordnung der Hilfen zur Erziehung 12 9
- Aufhebung der Hilfen zur Erziehung 12 12
- Benachrichtigungspflichten 70 8-10
- Genehmigung der Unterbringung gem. § 1631 b BGB 42 7
- Gerichtsstand 42 5
- Mitteilungspflicht **Grdl. 70** 6
- Personalunion von Jugendrichter und – 34 3; **Grdl. 53** 4
- Überlassung der Auswahl und Anordnung von Erziehungsmaßregeln 53
- – – Anfechtbarkeit 53 7; 55 25, 27
- – – Einbeziehung 31 7
- – – Entscheidung 53 7-13
- – – durch das Erwachsenengericht 9 1
- – – Rechtsmittelbeschränkung 55 25
- – – Sanktionszuständigkeit 53 10

– – im vereinfachten Jugendverfahren 53 3
– – Verschlechterungsverbot 55 25
– – Voraussetzungen 53 5, 6
– Überweisung an den – s. dort

Familien- und vormundschaftsrichterliche Anordnungen 3 18-20

Familien- und vormundschaftsrichterliche Erziehungsaufgaben
- Abgrenzung zu Erziehungsmaßregeln 9 4
- gegenüber Heranwachsenden 34 1
- Vollstreckungszuständigkeit 84 3

Familien- und vormundschaftsrichterliche Maßnahmen
- keine Rechtsmittelbeschränkung bei – 55 27
- Subsidiarität gegenüber freiwilligen Erziehungshilfen 53 9
- Verfehlungen von geringem Unrechtsgehalt und – 42 9

Festnahme
- von Kindern 1 2-5
- vorläufige – gemäß § 127 StPO 52 5

Finanzielle Probleme/Lasten
- Weisung zur Regelung der – 10 21
- Hilfe nach Entlassung zur Bewährung 88 6

Fluchtgefahr
- als Haftgrund **Grdl. 27-30** 7; 72 3, 4
- keine – bei Schuldurteil 62 1

Folgeentscheidungen bei Aussetzung der Vollstreckung des Restes einer Jugendstrafe zur Bewährung 88 5

Folgekriminalität 7 15

Folgen der Jugendstraftat Grdl. 5-8 6; 5

Förmliches Verfahren
- kein – bei Aufstellung des Bewährungsplanes 58 2
- kein – bei Bestellung des Bewährungshelfers 58 2

Formloses Erziehungsverfahren
- Begriff 45 17
- formelle Voraussetzungen für 45 17
- Verschlechterungsverbot 55 13

Formalanpassung, negative Folgen 12 6

Fortbildungsmaßnahmen für Jugendrichter Grdl. 33-38 9; 33 7

Fragerecht
- der Erziehungsberechtigten und gesetzlichen Vertreter 67 12
- der JGH 38 24; 50 14
- der Jugendschöffen 35 2

Frauen als Jugendschöffen 33 12; 35 10

Freie Träger der Jugendhilfe s. »Vereinigungen für Jugendhilfe«

Freigang 91-92 6, 21; 93 a 5

Freiheitsstrafe
- bedingte Grdl. 21-26 a 2
- lebenslange- 106 3
- Verhältnis zur Jugendstrafe 31 25; 32 8
- Verschlechterungsverbot 55 21
- Vollzug in der Jugendstrafanstalt 91-92 1; 114

Freispruch
- abgekürztes Urteil bei- 54 13
- in der Hauptverhandlung 47 10
- Kosten und Auslagen bei- 74 4
- bei strafrechtlicher Unverantwortlichkeit 3 17

Freiwillige Gerichtsbarkeit, Entscheidung des Vormundschaftsrichters im Verfahren der- 53 7

Freiwilligkeit zur Behandlung 91-92 19

Freizeit
- Freizeitangebot im Jugendstrafvollzug 91-92 22, 23
- Freizeitgestaltung
- – im Jugendarrestvollzug 90 12
- – in der U-Haft 93 15

Freizeitarrest 16 10
- Abschaffung Grdl. 13-16 5, 6
- Justizpraxis Grdl. 13-16 5, 6
- Straffälligkeit nach- Grdl. 13-16 9
- Umrechnungsmodus 16 11; 86 6
- Umwandlung in Kurzarrest 16 11; Grdl. 85-86; 86
- in der Wochenendfreizeit 16 10

Freizeitarresträume 16 10
- Belegung Grdl. 90 4
- Vollzug von Freizeitarrest und Kurzarrest in- 90 5
- Freizügigkeit, Einschränkung 10 9

Fremdenfeindliche Brandanschläge 17 5

Freunde, Anwesenheit in der Hauptverhandlung 48 14

Fristen für die Vollstreckungsverjährung Grdl. 4 5; 4 4

Führerschein
- Erwerb 7 16
- Wegnahme 7 16; 10 8

Führung
- »einwandfreie-« bei Beseitigung des Strafmakels 97 7
- schlechte- 30 2; 47 14

Führungsaufsicht 7 14
- Justizpraxis Grdl. 5-8 5
- mit Weisungen 7 14
- Zuständigkeit
- – des Jugendschöffengerichts bei Erwartung von - 40 2
- – des Vollstreckungsleiters für die - 82 2

Führungszeugnis, keine Eintragung
- bei Aussetzung der Verhängung der Jugendstrafe **Grdl. 27-30** 1
- bei Beseitigung des Strafmakels **97** 12
- bei (Rest-)Freiheitsstrafe zur Bewährung gemäß § 36 Abs. 1, 2 BtMG **80** 11
- bei Strafaussetzung zur Bewährung **Grdl. 21-26 a** 4; **21** 22

Funktionelle Zuständigkeit s. Zuständigkeit

Fürsorgeerziehung Grdl. 13-16 3

Gebühren, Gerichts- **74** 8

Geeignetheit
- von Erziehungsmaßregeln **9** 7
- der Jugendstrafe **17** 10; **18** 7-10
- der Unterbringung zur Beobachtung **73** 4
- der U-Haft **72** 7

Gefährlichkeitsprognose s. »Prognose«

Gefangene
- Abschreckungseffekt für – **88** 6
- Anstieg ausländischer – **Grdl. 91-92** 5
- Diskrepanz zwischen weiblichen und männlichen – **Grdl. 91-92** 5
- Gefangenenkontakte **114** 4
- Gefangenenvertretung **91-92** 10
- Gefangenenzahlen **Grdl. 91-92** 4, 5
- Trennung von männlichen und weiblichen – **91-92** 4

Geheimnisschutz
- Funktionstüchtigkeit des JGH und – **38** 10
- Grundrechtliche Absicherung **38** 10

Gehör s. »rechtliches Gehör«

Geisteszustand, keine Prüfung des – **73** 2

Geistige Entwicklungsreife
- Definition **3** 6
- Heranwachsender **105** 5, 6

Geldauflage s. Geldbuße

Geldbuße
- Anordnung **6** 2
- Anwendungsvoraussetzung **15** 13, 14
- Anrechnung einer Disziplinarbuße auf – **52** 6
- Bestimmung und Durchführung **15** 16, 17
- als Bewährungsauflage **23** 2
- zum Gewinn- und Entgeltabzug **15** 14
- Höchstgrenze **Grdl. 13-16** 5, 6
- Konkretisierung der – im Urteil **54** 7
- Zahlung
- Kontrolle durch den Richter **24-25** 10
- subjektive Eingriffsschwere von – **5** 22
- Verschlechterungsverbot **55** 15, 22
- Vollstreckung von – nach OWiG **82** 2, 5, 12

Geldstrafe
- Anrechnung von Disziplinarbuße auf – **52** 6
- gegen Heranwachsende **Grdl. 105-106** 9
- keine – im Jugendstrafrecht **6** 3; **74** 6
- Verschlechterungsverbot **55** 21

Geltungsbereich des JGG s. »Anwendungsbereich«

Gemeinnützige Arbeit Grdl. 9-12 4; **10** 12-15

Gemeinnützige Einrichtung
- Definition **15** 16
- Zahlung einer Geldbuße an eine – **15** 13, 16

Gemeinsames Jugendschöffengericht 33 13
Gemeinwohl 38 10
Generalprävention
– bei Aussetzung der Vollstreckung der Jugendstrafe zur Bewährung 83 7
– bei Jugendstrafe **Grdl. 17-18** 3, 6; 17 5, 6
– als Ziel des Jugendstrafrechts **Grdl. 1-2** 5; **Grdl. 105-106** 4
Generalstaatsanwalt
– Beschwerdeinstanz bei Vollstreckungsentscheidungen 83 7
– keine Weisungsbefugnis 83 2
Gerichtsgebühren 74 8
»Gerichtsgehersystem«, Abschaffung **Grdl. 38-39** 12; 38 8
Gerichtsstand
des allgemeinen Verfahrensrechts 42 4
– Auswahl 42 9, 10
– durch StA 42 9
– des freiwilligen Aufenthalts 42 6
– bei Wehrpflichtsoldaten 42 7
– des Tatortes 42 9
– des Vollstreckungsleiters 42 8
– der vormundschaftrichterlichen Zuständigkeit 42 5
Gerichtsverfassung der Jugendgerichte 33-38
Geringfügigkeit, Einstellen wegen – 9 7 s. a. »Einstellung des Verfahrens«
Gesamtbetreuung, erzieherische – 8 7
Gesamtstrafenbildung
– bei Straftaten in verschiedener Alters- und Reifestufe 32 6, 11
– nachträgliche – 31 8
Geschäftsverteilung
– Geschäftsverteilungsplan 33 9; 34 2; 39 7; 107 2

– – bei der Jugendstaatsanwaltschaft 36 5
– – der Jugendgerichte 33 1
Geschlechtliche Parität 33 12; 35 9
Geschlossener Vollzug s. »Vollzug«
»Geschworene«, Merkblatt für – **Grdl. 33-38** 11
Gesetzeskonkurrenz 3 8
Gesetzesziel
– des JGG **Grdl. 1-2** 4; 5 3; **Grdl. 9-12** 4; 53 9 s. a. Abschnitt »Gesetzesziel« in der jeweiligen Grundlagenkommentierung
Gesetzlicher Richter 33 9; 40 5; 58 9
Gesetzlicher Vertreter
– Aufgaben 67 6
– Ausbleiben in der Berufsverhandlung 55 10
– Ausschluß von der Verhandlung 51 9-12
– Benachrichtigung von der Verhaftung 72 13
– Entzug der Rechte 50 11; 67 15-18
– – Pflichtverteidigerbestellung bei – 68 11
– – Rechtsmittel gegen den – 67 21
– Erhebung von Privat- und Nebenklage durch – 80 2
– als Erkenntnisquelle für Beschuldigten-Diagnose 43 10
– Haftung des – für Verfahrenskosten 74 5
– Ladung
– – zum OWiVerfahren 50 8
– – zur Hauptverhandlung 50 11
– Personenkreis 67 2-5
– Rechte
– – Anfechtungs- 55 4; 67 13
– – Anhörungs- 43 10; 58 11, 12, 21; 65 5; 66 20; 67 11; 71 9; 73 8; 88 11; 91-92 1; 98 6, 7

Sachregister

– – Antrags- 67 12; 72 14; 88 10; 97 9
– – Anwesenheits- 48 11; 50 11; 67 10; 72 13
– – Erklärungs- 67 11
– – Frage- 67 12
– – Informations- 67 8, 9
– – auf das »letzte Wort« 67 11
– – auf Schlußvortrag 67 11
– – Verbesserung der Informations- **Grdl. 67-69** 10
– – auf Verteidigerwahl 67 12
– – Vertretung in den – 67 14
– – Zeugnisverweigerungs- 43 10; 67 6
– Rechtsstellung
– – vor dem Erwachsenengericht 67 1; 104 14
– – im vereinfachten Jugendverfahren 67 1
– – im Vollstreckungsverfahren 67 1
– Unterstützungsfunktion 51 11
– Rechtsmitteleinlegung
– – Justizpraxis **Grdl. 55-56** 5
– – bei Verhinderung der Rechtswahrnehmung 67 19, 20

Gespräch
– in der Bewährungshilfe 24, 25 9
– Gesprächsgruppen 90 10
– Gesprächstherapie 10 25; 91-92 19; 93 a 5

Geständnis
– Geständnisbereitschaft Jugendlicher 45 14
– als Einstellungsvoraussetzung
– **Grdl. 45 u. 47** 8; 45 6, 14
– falsches – 45 14
– fehlendes – 45 5

Gewinnabzug als Geldbuße 15 14
Gleichbehandlungsprinzip 45 9, 15
Gleichzeitige Aburteilung
– mehrerer Strafen aus verschiedenen Alters- und Reifestufen 32 4-9

– Zuständigkeit 103 11, 12
Glenn Mills Schools / German Mills 71 7
Gnaden(-entscheidung) 1 14; 4 5
– Gnadenakt bei Aussetzung des Restes einer Jugendstrafe 88 4
– Gnadenbehörde 110 3
– bei Jugendarrest 87 4
– Verfahren 58 2
– Vollstreckung 82 2
– bei Zuchtmitteln 13 4
– Zuständigkeit bei Heranwachsenden 110 3

Graffiti 105 17
»Große Jugendstrafkammer« 33 6
Grundrechte, Vereinbarkeit mit Erziehungsmaßregeln 10 5
Gruppenanklagen 68 10
Gruppenbetreuung(-therapie)
– in der Bewährungshilfe 24-25 9
– im Jugendstrafvollzug 91-92 19
Gutachter s. »Sachverständiger«

Haftbefehl 58 22, 23, 26
– Vollstreckung freiheitsentziehender Einweisungen wie – 71 10
– für die Hauptverhandlung 55 10; 72 8

Haftentscheidungshilfe, JGH als – 38 17, 24; 72 13; 72 a
Haftgründe 72 3, 4
Haftkosten 74 9
Haftpflichtversicherung, bei Ausführung von Weisungen 10 14
Haftprüfung
– Antragsrecht auf -
– – des Angeklagten 72 14
– – der Erziehungsberechtigten und der gesetzlichen Vertreter 67 12
– Anwesenheitsrecht
– – des Beistandes 69 6
– – der Erziehungsberechtigten und der gesetzlichen Vertreter 67 10; 72 19

– Gebot zur – nach 3 bzw. 6 Monaten 58 25
Haftraum 91-92 14
Handlungskompetenz des Angeklagten/Jugendlichen **Grdl. 39-42** 4, 6; 46 2; 48 15; 68 7; 74 10; **Grdl. 79-81** 5
Handlungsunrecht 5 5
Hangtäter 16 9
Haschisch 92 a 6
Hauptamtliche Bewährungshilfe Grdl. 21-26 a 7; 24, 25 2-5
– Auswahl **24-25** 5 s. a. »Bewährungshelfer«
Hauptschöffen 35 9, 10
Hauptverfahren 47-54
– Abgabe der Akte nach/vor Eröffnung des -
– – bei funktioneller Unzuständigkeit 33 10
– – bei sachlicher Unzuständigkeit 39 6, 7
– Ablehnung der Eröffnung 3 16; 46 6; 47 10
– Einstellung des – nach Eröffnung 3 16; 46 6; 47 10
– Sonderregelung für das – im Jugendstrafprozeß **Grdl. 48-51** 1
– Vorrang des Jugendgerichts nach Eröffnung 33 8
Hauptverhandlung
– Abwesenheit des Angeklagten 50 2, 9, 10, 15
– Anwesenheit
– – des Angeklagten 48 11; **Grdl. 48-51** 3; 50 1, 9, 10; 104 21
– – im Bußgeldverfahren 50 8; 51 3
– – der Erziehungsberechtigten und gesetzlichen Vertreter 50 11
– – des JGH **Grdl. 33-38** 8, 12; 50 12-14
– – Anwesenheitsberechtigung und Zulassung anderer Personen 48 10-17

– Ausschluß des Angeklagten von der – 50 11
– Meinungsverschiedenheit in der – 36 4
– Nichtöffentlichkeit 48 6
– Rechtsstellung **Grdl. 33-38** 12; 38 6-8; 50 12, 14
– Teil des Sozialisationsprozesses 37 4
– Vernehmung zur Person in der – 54 14
– Vorbereitung des Angeklagten auf die – 38 21
Haus des Jugendrechts 43 8
Hausstrafen 90 16
– Heilerzieherische Behandlung 10 23-26
– Anhörung eines Sachverständigen 10 23
– Anlaßtaten für eine – 10 26
– Durchführung 10 25
– Einschränkung für die – 9 2
– Einverständnis bei – 10 23; 57 14
– Justizpraxis **Grdl. 9-12** 5
– Kosten 10 29
– Zustimmung der Erziehungsberechtigten 10 23
Heim
– Heimaufenthalt 5 16
– – Entwicklungsverzögerung durch – 105 12
– einstweilige Unterbringung in ein »offenes« – 71 4, 7
– Heimeinweisung 5 22
– – nach Aussetzung der Verhängung der Jugendstrafe zur Bewährung 29 2
– Heimerziehung 3 6; 10 10
– – als betreute Wohnform 12
– – Geeignetheit 12 6
– – kriminogene Wirkung 12 6
– rechtspolitische Einschätzung der Heimunterbringung **Grdl. 71-73** 8

– Heimstrukturen 12 6
– vorläufige Unterbringung in einem geschlossenen – **Grdl.** 71-73 4 s. a. »Erziehungsheim«

Heranwachsende
– Absehen von der Verfolgung bei – 45 1; 109 5
– Adhäsionsverfahren gegen – 81 2; 109 10
– Anfechtungsberechtigung 55 3
– Anrechnung von U-Haft auf Jugendstrafe 52 1; 109 6
– Anwendung von Erwachsenenstrafrecht 105 2
– Anwendung von Jugendstrafrecht **Grdl.** 1-2 3
– – Alter 105 7
– – Bewertung der Tat 105 14-18
– – Bewertung der Täterpersönlichkeit 105 5-13
– – Entwicklungsreife 105 5-8
– – Gesetzesziel **Grdl.** 105-106 3, 4
– – Justizpraxis **Grdl.** 105-106 5-9
– – Rechtspolitische Einschätzung **Grdl.** 105-106 10, 11
– – Stellungnahme der JGH 38 17; 105 21
– – Verfahren 105 3-18
– – Verfahrensvorschriften 109 3-9
– – Voraussetzungen 105 19-24
– – bei Vorbestrafung 105 12
– Beseitigung des Strafmakels 91 1; 111
– Definition 1 6; 105 4
– Einheitliche Sanktionierung bei Verurteilung nach allgemeinem Strafrecht 31 7; 105 28
– Ermittlungsverfahren gegen – 43 1
– Geldbuße(-strafe) bei – **Grdl.** 105-106 9
– Jugendstrafe 17 1
– – Höchstmaß 18 1; 105 27
– Maßregeln bei – **Grdl.** 5-8 5

– Milderung des allgemeinen Strafrechts **Grdl.** 105-106 4; 106
– Nebenfolge(-strafe) bei – **Grdl.** 5-8 5
– Ordnungswidrigkeitenverfahren 105 2
– positive Individualprävention bei – 105 26
– Privat- und Nebenklage 109 11
– Rechtliche Benachteiligung einkommensschwacher – 74 10
– Reform des JGG für – **Grdl.** 105-106 10; **Grdl.** 107-112 5
– Sanktionsbegründung 54 17
– U-Haft 93 1; 110 1
– – Erziehung von – 93 7
– Verfahren gegen -
– – Aufgabe der Jugendgerichtshilfe im – 107 5
– – Ausschluß des Angeklagten 51 1
– – beschleunigtes – **Grdl.** 79-81 8; 79 2; Grld. 107-112 6; 109 10
– – Ermittlungs- 43 1
– – bei mehreren Taten aus verschiedenen Altersstufen 109 2
– – Strafbefehls- **Grdl.** 79-81, 7, 8; 79 2; **Grdl.** 105-106 6; 109 10
– Verfahren vor dem Erwachsenengericht 102 1; 109 1
– – Anwendung der Sanktionsbestimmungen aus dem JGG 112 5, 6
– – Anwendung der §§ 110, 111 im – 112 7
– – Justizpraxis **Grdl.** 102-104 4
– Vollstreckung jugendstrafrechtlicher Sanktionen 110
– Vollzug jugendlicher Sanktionen 91-92 1; 110
– Weisungen gegen – 10 5
– Zuständigkeit
– – örtliche – 42 1
– – sachliche – 33 1; 39 1; 40 2; 41 3

Hilfe zur Erziehung s. Kommentierung zu § 12; s. auch »Erziehungsbeistandschaft« »Betreute Wohnform« »Heimerziehung«
Hilfsjugendschöffengericht 35 9
Hilfsjugendstrafkammer 35 9
Hilfsschöffen 35 7, 9, 10
Hilfsschöffenliste 35 9
– Auslosung aus der – 41 12
Höchstdauer
– bei Dauerarrest 16 12
– bei Freizeitarrest 16 10
– bei Kurzarrest 16 11
– bei Unterbringung zu Beobachtung 73 4
Höchstgrenze
– bei Arbeitsverpflichtungen 11 3
– bei Weisungen 11 3
Höchstzahl von Verteidigern 67 12
Hospitalisierung
– negative Folgen 12 6
– Schäden i. S. v. – 12 6
– – Sozialisations- 18 10
– – bei Unterbringung in einem psychiatrischen Krankenhaus 7 9
– – bei weiterer Inhaftierung 88 7

Idealkonkurrenz s. »Tateinheit«
Identitätsfeststellung in der Hauptverhandlung 54 14
»in dubio pro libertate« 91-91 12
»in dubio pro reo« 7 4
– bei der Anwendung von Jugendstrafrecht für Heranwachsende 105 24
– bei Aussageverweigerung 73 6
– bei belanglosen Taten 45 4
– bei Strafaussetzung zur Bewährung 21 18
– bei Verhängung der Jugendstrafe gemäß § 30 30 7
– bei Zuständigkeit des Gerichtes 33 1

– bei Zweifeln an der Verantwortlichkeit 3 15
»in dubio pro securitate« 91-92 12
Individualprävention
– als Gesetzesziel des JGG **Grdl.** 1-2 4; 5 3; 52 8, 9
– negative – **Grdl.** 1-2 5; 5 10; **Grdl.** 13-16 4; 52 8, 9
– im Jugendstrafvollzug – 91-92 12
– positive – **Grdl.** 1-2 5; 5 20; **Grdl.** 9-12 4; **Grdl.** 13-16 4; 21 5; 45 10; 52 8; 52 a 7; 105 26
– – im Jugendstrafvollzug – 91-92 12
– – als Sicherheitsmaßnahme **Grdl.** 17-18 3
Informationsdefizite des Angeklagten **Grdl.** 48-51 6
Informationelles Selbstbestimmungsrecht 38 10; **Grdl.** 70 3; 109 3
Informationsrecht
– des Bewährungshelfers 24-25 7, 8
– der Erziehungsberechtigten und der gesetzlichen Vertreter 67 8, 9
Informelle
– Sozialkontrolle 45 12
– Verfahrenserledigung **Grdl.** 45 u. 47 8
Inkrafttreten des JGG 125
Inquisitionsprozeß 45 16
Intensivtäter Grdl. 45 u. 47 4
Interesse, berechtigtes – des Verletzten 80 7, 8
Interesseneinbußen 8 8
– im Ermittlungsverfahren 36 3
– Erziehung und – 9 17
– in der Hauptverhandlung 48 17
Isolationsprozeß 11 13
Interlokut 3 14 s. »Schuldinterlokut«

Jagdschein, Einziehung 6 2

Sachregister

Jahresfrist, Vollstreckung des Jugendarrests und – **87** 12
Jugendadäquate Gesetzesauslegung 1 10; **2** 5
Jugendadäquate Reaktion Grdl. 5-8 3
Jugendamt
– Anfechtungsrecht **55** 4; **67** 13
– Anhörung **70** 6
– Anordnung der Erziehungsbeistandschaft **12** 8
– Beratung des Erziehungsbeistandes **12** 10
– Berichterstattung durch Erziehungsbeistand **12** 10
– Bestellung des Erziehungsbeistandes **12** 10
– Durchführung von Weisungen und – **10** 28
– Ermittlung durch das – **43** 6
– bei Beseitigung des Strafmakels **98** 4
– als Erziehungsberechtigter **67** 4
– Erziehungshilfe durch das – **91-92** 24
– Heimat- **38** 5
– als Justizorgan **38** 5
– Kostentragung bei Weisungen **10** 29
– Mithilfe des – bei Erziehungsmaßregeln **10** 24
– als Träger der JGH **38** 4
– Verlagerung der Sanktionskompetenz auf – **Grdl. 45 u. 47** 6
Jugendamtsakten, Beschlagnahme **50** 13
Jugendarbeitslosigkeit 10 11; **91-92** 18
Jugendarbeitsschutzbestimmungen 10 14
Jugendarrest
– Absehen von der Vollstreckung **87** 9-11
– – Rechtsmittel **87** 11

– – des Restes **87** 8
– – bei Soldaten **112** c 3
– Anordnung **Grdl. 1-2** 4
– – anstelle des Widerrufs **26-26 a** 13
– Anrechnung der disziplinarischen Arreststrafe **52** 6
– Anwendungsbereich **16** 1
– Anwendungsvoraussetzungen **16** 2-9
– Arrestformen **16** 10-12
– bei Befehlsverweigerung **16** 2
– Bewährungsverbot **87** 2-4
– Einbeziehung **31** 12, 15, 23, 28
– als Einstiegsarrest **Grdl. 5-6** 6
– als Ersatzmaßnahme **11** 8-11; **15** 19
– bei Erwachsenen **16** 1
– Erziehungsregister **11** 15
– Geeignetheit **7** 13; **16** 3, 4
– Gnadenentscheidung bei – **87** 4
– historische Entwicklung **Grdl. 13-16** 2
– Justizpraxis **Grdl. 13-16** 5, 6
– bei Nichterfüllung von Weisungen und Auflagen (»Ungehorsamsarrest«) **11** 8-18; **15** 20
– – bei Bewährungsweisungen und -auflagen **23** 12
– – nicht im formlosen Erziehungsverfahren **45** 21
– – Konsequenzen **11** 12-15
– – Voraussetzungen **11** 16-18
– Rechtsmittelbelehrung **16** 13
– rechtspolitische Einschätzung **Grdl. 13-16** 9, 10
– Sanktionsziel **16** 1
– gegen Soldaten **16** 1
– Stigmatisierung durch – **16** 1
– (un)geeignet **Grdl. 13-16** 9
– (un)tauglich **Grdl. 13-16** 9; **16** 2
– Anrechnung von Untersuchungshaft auf-

- – bis zur »relativen Rechtskraft« 52 3
- – nach »relativer Rechtskraft« 87 5-7
- Urteilsfassung 16 13
- Verbesserungsverbot 31 21
- Verbindung mit Aussetzung der Verhängung der Jugendstrafe zur Bewährung 8 4; 27 10
- Verbindungsverbot mit Jugendstrafe 8 3
- Verschlechterungsverbot 55 12, 15, 21
- Vollstreckung 87
- – in den Schulferien 82 7
- Vollstreckungsabgabe beim – 85 12-14
- Vollzug s. »Jugendarrestvollzug«
- vorzeitige Entlassung aus dem – **Grdl. 86-87** 4
- Zentralregister 11 26 s. a. »Ungehorsamsarrest«, »Zwangsarrest«

Jugendarrestanstalten
- Belegung **Grdl. 90** 4
- Hilfeangebot in – 90 12
- »Klima« 90 6
- Leitung 90 8
- Mitarbeiter in – 90 9
- Nachbetreuung von seiten der – 90 15
- Trennung von sonstigen Einrichtungen 90 5
- Vollstreckung von U-Haft in – 90 5; 93 4
- Vollzug von Dauerarrest in speziellen – 90 5

Jugendarrestvollstreckung 87
- Abgabe 85 2-4
- Absehen von der – 87 9-11
- gegen Soldaten 112 c
- Vollstreckungsverbot 87 12-14

Jugendarrestvollzug Grdl. 90; 90
- Außenkontakte im – 90 14
- Beschäftigungsmaßnahmen im – 90 17
- Dienstaufsichtsbeschwerde 90 17
- Entlassungsvorbereitungen im – 90 13
- als Erwachsenenarrestvollzug **Grdl. 13-16** 6
- Freizeitgestaltung im – 90 12
- in Fürsorgeerziehungsanstalt 90 5
- gesetzliche Regelung 90 2
- bei Heranwachsenden 90 1
- historische Entwicklung **Grdl. 90** 2
- Innere Ausgestaltung 90 10-15
- Rechtsmittel 90 17
- Rechtspolitische Einschätzung **Grdl. 90** 6
- Rechtsvorschriften 114 3
- bei Soldaten 90 5; 112 a 16
- soziale Trainingskurse im – 90 12
- Vollzugspraxis 11 13; **Grdl. 13-16** 5, 6; **Grdl. 90** 4, 5
- Zielsetzung 90 3, 4

Jugendarrestvollzugsordnung 90 2

Jugendarzt Grdl. 43-44 2

Jugendbehörde 113 1

Jugendbüro 43 8

Jugendfach-
- richter **Grdl. 33-38** 10
- schöffen **Grdl. 33-38** 10

Jugendgericht
- Anordnung der Erziehungsbeistandschaft/Fürsorgeerziehung 12 9
- Auswahlermessen bei Sachverständigen 43 16
- Besetzung 33 11, 12
- Besetzungspraxis **Grdl. 33-38** 6, 9
- Bezirks- 33 13
- Einsetzung von -en am OLG und BGH **Grdl. 33-38** 9
- als Gericht höherer Ordnung **Grdl. 47 a** 2

Sachregister

– Teil der allgemeinen Strafgerichtsbarkeit **33** 6, 7
– Vorrang **33** 1, 7; **Grdl. 47 a; 47 a**
– Vormundschaftsrichterliche Anordnung durch – **3** 18
– Zusammenarbeit mit der JGH **38** 5
– Zuständigkeit
– – funktionelle **33** 6-10
– – funktionelle – gegen Erwachsene **33** 2
– – örtliche Zuständigkeitskonzentration **33** 13
– – sachliche **39** s. a. »Zuständigkeit«

Jugendgerichtsgesetz
– Gesetzesziel: **Grdl. 1-2** 3-7; **Grdl. 5-8** 3
– historische Entwicklung **Grdl. 1-2** 2
– Individualprävention **Grdl. 1-2** 4
– persönlicher und sachlicher Anwendungsbereich **1**
– Vorrangigkeit **2** 2-4, 6
– zeitlicher Geltungsbereich **116**

Jugendgerichtshelfer 38 10

Jugendgerichtshilfe
– Abschaffung des »Gerichtsgehersystems« bei – **Grdl. 33-38** 12
– Anregung auf Bestellung eines Pflichtverteidigers durch – **38** 21
– Anschreiben der – an den Angeklagten **38** 21
– Aufgabe **38** 12-21
– – Betreuung **38** 12-21
– – Ermittlungshilfe **38** 6, 13-16; **50** 12
– – Persönlichkeitsanalyse **38** 16
– – Sanktionsüberwachung **10** 28; **15** 17; **38** 19, 20
– – Sanktionsvorschlag **38** 17, 18; **50** 12
– Aufgabenteilung mit Bewährungshilfe **38** 20

– Bedenken und Einwände bei Einstellung **45** 10, 13
– Bericht **38** 7
– – bei Bagatellkriminalität **45** 10
– – formelle Beweiserhebung über – **38** 9
– – Informationsquellen für den – **Grdl. 43-44** 4
– – schriftliche Verwertung **38** 9
– – Stellungnahme zu § 3 im – **Grdl. 3** 4
– – Verlesung **38** 9; **76-78** 16
– – Verwendung von Formblättern **38** 16
– berufliche Herkunft **38** 6
– Beteiligung an erzieherischen Maßnahmen **45** 12
– Betreuungsweisung und – **10** 19
– bei Entlassungsbewährung **38** 20
– vor dem Erwachsenengericht **104** 7
– Funktionstüchtigkeit **38** 10
– Geheimnisschutz und – **38** 10
– als Haftentscheidungshilfe **38** 17, 24; **72** 13; **72 a**
– bei Heranwachsenden **107** 5
– – Stellungnahme zu § 105 Abs. 1 **38** 17; **105** 21
– Heranziehen zu den weiteren Entscheidungen gemäß § 58 **58** 11
– Information **3** 12
– – im vereinfachten Verfahren **38** 2; **76-78** 16
– Jugendämter als Träger **38** 4
– Mitteilungen **38** 2, 14; **50** 12; **70** 2
– Nichterscheinen **50** 13
– Nichtheranziehung **38** 25
– Pflichten
– – Anwesenheits- in der Hauptversammlung **Grdl. 33-38** 12; **50** 12
– – Anzeige **38** 14, 19; **70** 10
– – Aufklärungs- **38** 26

– – Benachrichtigungs- 70 8-10
– – Kosten- 38 26; 50 13
– psychische Unterstützung in der Hauptverhandlung durch – 38 22
– Rechte 38 22-24
– – Äußerungs- 38 22
– – Antragstellung auf Strafmakelbeseitigung 38 22; 97 9
– – Akteneinsichts- 38 24
– – Anwesenheits- in der Hauptverhandlung 38 10, 22; **Grdl.** 48-51 7; 48 11; 50 12-14
– – Beweisantrags- 38 24; 50 14
– – Frage- 38 24
– Kontakt während des Vollzugs 38 22
– – Mitwirkungs- 38 22
– – Rechtsmittel- 38 24
– – Unterrichtung über Strafverfahren 38 22
– – Verkehrs- mit U-Gefangenen 38 22; 93 13
– – Zeugnisverweigerungs- **Grdl.** 33-38 12; 38 10
– Rechtsstellung 38 6-11
– – Anhörung 11 7; 38 17; 43 9; 50 14; 58 11, 12; 66 20; 73 8; 91-92 1; 106 8
– – eigenständige Verfahrensrolle 38 6; 50 12
– – im formlosen Erziehungsverfahren 45 17
– – in der Hauptverhandlung **Grdl.** 33-38 12; 38 6-8; 50 12-14
– – als notwendige Verfahrensbeteiligte 38 7
– – im Ordnungswidrigkeitenverfahren 38 6; 43 7
– – als weisungsfreier Gehilfe für das Gericht 38 6
– vor den Revisionsgerichten 50 6
– als Sozialanwaltschaft 38 6; 69 4
– Überschneidung mit der Bewährungshilfe 38 20

– Vereinigungen für Jugendhilfe und – 38 4
– Verständigung vor Anordnung der U-Haft 38 17
– Zahl der Zugänge bei der- **Grdl.** 33-38 8
– Zusammenarbeit
– – mit der Bewährungshilfe 38 20
– – mit Jugendgericht und StA 38 5, 23; 43 6
– – mit Angeklagten 38 17
– – mit der Polizei 43 8
– örtliche Zuständigkeit 38 5
Jugendgerichtsverfassung: **Grdl.** 33-38; 33-38
– Gesetzesziel **Grdl.** 33-38 4, 5
– für Heranwachsende 107
– historische Entwicklung **Grdl.** 33-38 2, 3
Jugendgerichtsverhandlung am »runden Tisch« **Grdl.** 48-51 7
Jugendhilfe, Einrichtung einer – **Grdl.** 1-2 8; 43 8
Jugendhilfeausschuß 35 3
– Anzahl der vorzuschlagenden Personen durch – 35 7, 10
– Vorschlagsrecht 35 5
– Zusammensetzung 35 5
Jugendhilfegesetz, einheitliches – **Grdl.** 1-2 9
Jugendhilfemaßnahmen 38 23, 24
Jugendkammer
– Abgabe von Sachen wegen ihres besonderen Umfanges an – 40 7
– Anzahl der Angeklagten vor der – **Grdl.** 39-42 5
– Berufungsbelastung der – **Grdl.** 55-56 5
– als Berufungsinstanz 41 8, 10, 11
– als Beschwerdeinstanz 41 9
– Darlegung der wesentlichen Ergebnisse der Ermittlungen 46 4
– Entscheidung

– – bei Ausbleiben oder Weigerung eines Zeugen oder Sachverständigen 41 9
– – im Verfahren 41 9
– – im Vollstreckungsverfahren 41 9
– – gegen Zwangsmaßnahmen der StA 41 9
– – »kleine oder große« – 33 6; Grdl. 39-42 6
– Sanktionskompetenz 41 10, 11
– Stigmatisierungsgefahr vor der – 40 7
– kein vereinfachtes Jugendverfahren 76-78 2 2 s. a. »Zuständigkeit«

Jugendkriminalität
– episodenhafte – Grdl. 1-2 6; 5 19; 45 10
– Normalität und Bagatellität der – Grdl. 45 u. 47 4, 8
– Ubiquität der – 5 10

Jugendliche 1
– Adhäsionsverfahren gegen – Grdl. 79-81 8; 81 5
– Anfechtungsberechtigung 55 3
– Anhörung 58 2, 11, 12
– Definition 1 6
– Einwilligung
– – bei Aussetzung der Vollstreckung der Jugendstrafe zur Bewährung 57 14
– – bei heilerzieherischer Behandlung oder Entziehungskur 10 23; 57 14
– vor Erwachsenengericht Grdl. 102-104; 102-104
– Handlungskompetenz 68 7; Grdl. 71-81 5
– Geständnisbereitschaft 45 14
– Privat- und Nebenklage gegen/eines – 80 2
– rechtliche Benachteiligung einkommensschwacher – 74 10

– Schuldvoraussetzungen für – 3 2

Jugendliches Alter als Exkulpation 5 5

Jugendpolizei 43 8

Jugendpsychiater
– zur Begutachtung gemäß §§ 80 a, 264 a StPO 43 16
– zur Feststellung der (verminderten) Schuld 43 16 s. a. »Psychiater«

Jugendpsychologe
– zur Begutachtung gemäß §§ 80 a, 254 a StPO 43 16
– zur Feststellung der (verminderten) Schuld 43 16 s. a. »Psychologe«

Jugendrichter
– Anklagezuständigkeit 39 3-9
– Anzahl der Anklagen beim – Grdl. 39-42 5
– bei Aufenthaltswechsel 65 1
– Aufgaben 34 2, 3
– – gesetzgeberisch gewünscht – 34 4
– – verpflichtende – 34 2
– Ausbildungs- und Fortbildungsmaßnahmen 33 7
– Auswahl 37
– Bezirks- 35 9
– bei Einsprüchen gegen die Vorschlagsliste der Jugendschöffen 35 9
– als Einzelrichter 18 2; 33 6
– Entscheidungen
– – über Ordnungswidrigkeiten 33 4
– – bei U-Haft 93 17
– erzieherische Befähigung 37 3
– funktionale Personenidentität von – und Vormundschaftsrichter Grdl. 33-38 4; 34 3; Grdl. 53 3, 4
– – nicht bei Heranwachsenden 34 1; 107 4

– in Jugendschutzsachen **39** 2
– Kenntnisse **37** 3
– persönliches Engagement **37** 6
– als Rechtshilferichter **104** 22
– Sanktionskompetenz **39** 3, 9
– Unzuständigkeit **39** 3
– Vereidigung vor dem – **49** 1
– im vereinfachten Jugendverfahren **76-78** 2
– Vernehmung vor Anklageerhebung durch – **44** 4
– als Vollstreckungsbehörde **83** 4
– als Vollstreckungsleiter **10** 28; **15** 17; **38** 19; **82** 2
– als Vollzugsleiter **90** 8
– Weisungsabhängigkeit bei Entscheidungen im Vollstreckungsverfahren **83** 2 s. a. »Zuständigkeit«

»Jugendrichterlicher Bescheid« Grdl. 79-81 9

Jugendrichterliche Entscheidungen
– gegen Soldaten **83** 3; **112** c 4
– im Vollstreckungsverfahren **83** 3, 4

Jugendsachbearbeiter
– Anwesenheitsrecht in der Verhandlung **Grdl. 48-51** 7
– Ermittlungsarbeit durch – **43** 8
– bei der Polizei **36** 3

Jugendschöffen
– Alter **Grdl. 33-38** 10; **35** 3
– Anzahl **Grdl. 33-38** 7
– Aufgabe **Grdl. 33-38** 5, 10; **35** 2
– Auslosung **35** 10
– Auswahl **35** 9
– Einsatz **Grdl. 33-38** 10
– als Fachschöffen **35** 4
– Fragerecht **35** 2
– Frauen als – **33** 12; **35** 10
– gleichgeschlechtliche Beteiligung von – **Grdl. 33-38** 5; **35** 10

– Heranziehung zu jeder Hauptverhandlung **33** 12
– »Merkblatt für Geschworene« für – **Grdl. 33-38** 11
– Persönliche Qualifikation **35** 3, 4
– Wahl von Erwachsenenschöffen und – **117**

Jugendschöffenamt
– Unfähigkeit zum – **35** 3
– Ungeeignetheit zum – **35** 3

Jugendschöffengericht
– Abgabe des Verfahrens **40** 7
– Anzahl der Anklagen beim – **Grdl. 39-42** 4
– Besetzung **33** 11
– – Revisionsgrund bei fehlerhafter – **35** 10
– Darlegung der wesentlichen Ergebnisse der Ermittlungen **46** 4
– erweitertes – **Grdl. 33-38** 9; **33** 6; **Grdl. 39-42** 6; **40** 7
– gemeinsames – **33** 13
– Rechtsmittelbeschränkung gegen Urteile des – **55** 32
– Sanktionskompetenz **Grdl. 39-42** 3; **40** 5, 6
– kein vereinfachtes Jugendverfahren **76-78** 2
– bei Zweifel über die Anklagezuständigkeit **39** 4; 9 s. a. »Zuständigkeit«

Jugendschöffenrichter, Aufgaben **34** 2, 3

Jugendschutzgerichte, Jugendgerichte als – **33** 2

Jugendschutzsachen
– Bearbeitung durch Jugendstaatsanwalt **36** 1
– Doppelzuständigkeit bei – **33** 10
– Nichtöffentlichkeit in – **48** 5
– Zuständigkeit **33** 10; **36** 1; **39** 2

Jugendschwurgericht 33 6

Sachregister

Jugendspezifische Kommunikation Grdl. 48-51 3
- Tragen einer Robe und – **Grdl.** 48-51 5

Jugendstaatsanwalt(-schaft) Grdl. 33-38 6; 36
- Absehen von der Verfolgung
-- mit Einschaltung des Richters 45 17-19
-- ohne Zustimmung des Richters 45 9-16
- Anfechtungsberechtigung 55 6, 28
- Anhörung 11 7; 58 2, 11, 21; 60 4; 65 5; 66 20; 73 8; 87 10; 88 11; 98 7
- Anregungskompetenz 45 12
- Aufgaben 36 1
- Auskunftsrecht 50 13
- Auswahl des Gerichtsstandes 42 9
- Bearbeitung von Jugendschutzsachen durch – 36 1
- Beschwerdemöglichkeit 47 16
- bei Beseitigung des Strafmakels 97 9
- Einschaltung in das Ermittlungsverfahren 36 3
- Einstellungskompetenz 45 10
- Eintragung im Erziehungsregister 45 5
- Ermessen
-- bei Anklageerhebung 39 6
-- bei Antragstellung über Entscheidung im vereinfachten Jugendverfahren 76-78 7
-- bei Verfolgung von Privatklagedelikten 80 9
- erzieherische Befähigung 37 3
- Kenntnisse 37 3
- Organisation 36 6, 7
- persönliches Engagement 37 6
- besondere Qualifikation **Grdl. 33-38** 4
- keine Überwachungs- oder Leitungsfunktion 43 7
- Untersuchungsführer im Ermittlungsverfahren 43 7
- bei Verbindung mehrerer Strafsachen 103 7
- im vereinfachten Jugendverfahren 76-78 2-7, 12, 13
- als Verfahrensbeteiligter 48 11
- Verfolgung von Privatklagedelikten 80 5-11
- Verlagerung der Sanktionskompetenz auf – **Grdl. 45 u. 47** 6
- Vernehmung vor Anklageerhebung 44 4
- Vertretung der Revision durch die – 36 2
- Zusammenarbeit mit der JHG 38 5; 43 6
- Zurücknahme der Anklage 39 6
- Zuständigkeit
-- bei Heranwachsenden 107 2, 3
-- örtliche – 36 5; 42 2
-- Wechsel 36 5
- Zustimmung
-- bei Abwesenheit des Angeklagten in der Hauptverhandlung 50 9, 10
-- bei Aufenthaltswechsel 42 11
-- zur Einstellung gemäß § 47 47 4
-- zur Einstellung im vereinfachten Jugendverfahren 47 2, 11
-- keine – bei nachträglicher Entscheidung über Weisungen und Auflagen 65 3
-- zur Tilgung des »Schuldurteils« durch Beschluß 62 3

Jugendstrafanstalten s. »Jugendstrafvollzugsanstalt«

Jugendstrafe Grdl. 17-18; 17; 18
- Angemessenheit 17 13; 18 4-6
- bei Beseitigung des Strafmakels 97 9

– Anrechnung
– – einer Drogentherapie auf – **88** 13
– – von Leistungen auf – **26-26 a** 15
– – von U-Haft auf **52 a**
– – Urteilsformel **54** 12
– Anwendungsbereich **17** 1
– Anwendungskompetenz **18** 2
– Anwendungsvoraussetzungen **17** 3-13
– – Schädliche Neigung **17** 3
– – Schwere der Schuld **17** 4-9
– – Sanktionsprognose **17** 10-13
– Auflagen und – **8** 2
– Aussetzung s. dort
– Begründungszwang bei – **18** 13
– Dauer der – **17** 5; 18
– – Ausbildungszeit und – **18** 11
– – Höchstmaß **18** 3, 7; **105** 27
– – Mindestmaß **18** 3
– – Strafbemessung **18** 3
– Definition **17** 2
– Einbeziehung **31** 7, 11, 12, 15, 18, 21, 23
– Erlaß **26-26 a** 14
– – Unanfechtbarkeit **59** 18
– Erziehungsbeistandschaft und – **8** 2
– Erziehungshilfe für Soldaten und – **8** 2
– Geeignetheit **17** 10, 11; **18** 7, 11
– Gesetzesziel **Grdl. 17-18** 3
– gegen Heranwachsende **17** 1; **105** 27
– historische Entwicklung **Grdl. 17-18** 2
– Justizpraxis **Grdl. 5-8** 4; **Grdl. 17-18** 4, 5
– Notwendigkeit **17** 12; **18** 11, 12
– rechtspolitische Einschätzung **Grdl. 17-18** 6, 7
– (Re-)Sozialisierung **17** 11
– Rückfallgefahr **5** 18

– Rückfallquote bei – **18** 8; **21** 2
– als Sicherungsstrafe **Grdl. 17-18** 6
– Strafrahmen **18** 3
– als »ultima ratio« **17** 12
– unbedingte – **12** 7; **30** 4, 5, 8
– unzulässige Verbindung **8** 3
– Urteilsformel und -begründung **54** 9, 17
– Verbesserungsverbot **31** 21;
– Verbindung von Maßnahmen und – **8**
– Verhältnis
– – zu Erziehungsmaßregeln und Zuchtmittel **5** 22; **17** 22
– – zur Freiheitsstrafe **31** 25; **32** 8
– Verschlechterungsverbot **18** 3; **55** 15-17, 19, 21, 23
– Vollstreckung **85** 5-11
– – Beschleunigungsgebot bei der – **85** 11
– – Vollstreckungsverjährung **4** 5
– – Teilvollstreckung einer Einheitsstrafe **56** 3
– Weisungen und – **8** 2
– Zentralregister **17** 2 s. a. »Aussetzung der ...«, »Verhängung der Jugendstrafe«
Jugendstrafkammer s. »Jugendkammer«
Jugendstrafrecht
– Anwendung auf Heranwachsende s. »Heranwachsende«
– als Präventionsstrafrecht **Grdl. 1-2** 4
– ethische Mißbilligung der Tat durch – **Grdl. 3** 3
– als Schuldstrafrecht **Grdl. 3** 3
Jugendstrafrechtliche
– Maßprinzip **5** 2
– Sanktionen **Grdl. 3** 6; **Grdl. 5-8** 2
Jugendstraftat s. »Straftat«
Jugendstrafverfahren 43-81
– Gerichtsstruktur im – **Grdl. 33-38** 9

- Heranwachsende **109**
- als Teil der Strafrechtsordnung **33** 7

Jugendstrafvollzug
- Arbeit **91-92** 16, 17
- ärztliche und seelsorgerische Betreuung **91-92** 8
- Aufnahmeverfahren **91-92** 15
- äußere Organisation **91-92** 4-7
- Eignung für den – **91-92** 1; **114** 3
- Entlassungsvorbereitung **91-92** 11
- Erziehungsauftrag **91-92** 11
- Forderung eines -sgesetzes **Grdl. 91-92** 7
- Freizeitangebot **91-92** 3
- gesetzliche Regelung **91-92** 3
- Herausnahme aus dem – **Grdl. 91-92** 2; **91-92** 1
- – an 14- bis 16jährigen **Grdl.** 1-2 9
- historische Entwicklung **Grdl. 91-92** 2
- innere Gestaltung **91-92** 11-24
- Justizpraxis **Grdl. 91-92** 4
- koedukativer – **91-92** 4
- Nichtrückkehrer-Quoten **91-92** 21
- Ordnungsinteresse **91-92** 15
- Persönlichkeitsforschung im – **91-92** 15
- rechtspolitische Einschätzung **Grdl. 91-92** 7
- Rechtsvorschriften **115** 4
- (Re-)Sozialisierungseignung **17** 11; **91-92** 12
- Rückfallquote **17** 10
- sexuelle Kontakte **91-92** 20
- -slockerungen **91-92** 21, 23
- Stufenstrafvollzug **91-92** 15
- therapeutische Maßnahmen **91-92** 8, 19
- Unterricht **91-92** 8
- Verkehr mit der Außenwelt **91-92** 20
- als Volljährigenvollzug **Grdl. 91-92** 4
- Vollzugsplan **91-92** 5
- weibliche und männliche Gefangene im – **91-92** 4
- Zielsetzung **91-92** 11-14
- Zwangs- und Disziplinarmaßnahmen im – **91-92** 25, 26

Jugendstrafvollzugsanstalt
- Dezentralisierung **91-92** 5, 6
- Drogenmarkt in **91-92** 19; **Grdl. 93 a** 5
- Entlassungsdaten **Grdl. 88-89 a** 4
- innere Organisation **91-92** 8-10
- menschenwürdige Unterbringung **91-92** 7
- Suizide in **72** 7
- Vollzug
- – von Jugendstrafe in – **91-92** 4
- – von Freiheitsstrafe in – **91-92** 1; **114**

Jugendstrafvollzugsordnung Grdl. 91-92 2

Jugendstrafvollzugskommission Grdl. 71-73 9; **91-92** 14, 24

Jugendverfehlung 105 14, 17, 18

Jugendverteidiger s. »Verteidiger«

Justizbehörde, Dienstaufsicht über Bewährungshelfer **113** 1

Justizverwaltung s. »Landesjustizverwaltung«

Justizverwaltungsakte
- Entscheidungen
- – im Vollstreckungsverfahren **83** 2
- – über den Vollzug von Freiheitsstrafe in der Jugendstrafanstalt **114** 7
- Mitteilungen der Strafverfolgungsbehörden **70** 11
- Rechtsmittel gegen – **83** 6, 7

Kasernierungsgeld 112 a 11
Karrieretäter Grdl. 45 u. 47 4

Kieler Modell 45 16
Kinder
- erkennungsdienstliche Behandlung von – 1 2
- Ermittlungsverfahren gegen – 1 11
- Festnahmerecht 1 25
- Feststellung der Strafunmündigkeit 1 11; 33 3
- Folgen der Verurteilung von – 1 13; 33 3
- Kriminalität **Grdl.** 1-2 6-8
- – polizeilich registrierte – 43 14
- Strafunmündigkeit 1 1
- Unterbringung gemäß § 1631 b BGB 42 7
- Verbot strafprozessualer Verfolgung 1 3-5
- Verfahrenszuständigkeit für – 33 3
- Wohnsitz von – 42 6
- als Zeugen 1 4
- – Vorführung 1 10

Klageerzwingungsverfahren 1 11; 45 23; 80 11
Klagerücknahme
- bei Anklage beim unzuständigen Gericht 33 10
- Einstellung im Wege der – 47 5
- Verbot 76-78 3

»Kleine Jugendstrafkammer« 33 6; **Grdl.** 39-42 6
Kombinationsmöglichkeiten
- Grundsatz 8 3
- restriktiver Gebrauch von – 8 7
- Verhältnismäßigkeitsprinzip und – 8 8

Kompensation gegenüber Kindern 1 4
Konkurrenzen bei mehreren Straftaten **Grdl.** 31-32 1
Kontaktverbot als Weisung 10 16

Konzentration
- Konzentrationsbestimmungen in besonderen Gesetzen 42 4
- örtliche Zuständigkeits- 33 13

Kooperative Sanktionierung 45 21; 47 12
Kopplungsverbot 8 5
- Umgehung 8 6
  s. a. »Verbindung«

Körperliche Entwicklung bei Heranwachsenden 105 5
Körperliche Untersuchungen, keine – durch Sachverständige 43 17

Kosten
- Absehen von der Auferlegung der -
- – Ermessen bei – 74 7
- – vor dem Erwachsenengericht 74 1; 104 18
- – Gesetzesziel **Grdl.** 74 3
- – bei Heranwachsenden 74 1, 2; 109 7
- – Justizpraxis **Grdl.** 74 4
- – im Ordnungswidrigkeitenrecht 74 2
- – rechtspolitische Einschätzung **Grdl.** 74 5
- – im Urteilstenor 54 5; 74 13
- – im Vollstreckungsverfahren 74 2
- bei Anordnung von Weisungen 10 29
- Kostenausspruch 74 13
- Dolmetscherkosten 68 18
- Kostenentscheidung 54 5
- – Begründung 54 19
- – bei Einbeziehung 31 23
- – bei Einstellungsbeschluß 47 13
- – bei nachträglich einheitlicher Sanktionierung 66 20
- – Rechtsmittel 55 23; 74 14
- – Verschlechterungsverbot bei – 55 12, 24

Sachregister

– – bei Widerklage gegen Jugendliche 74 2
– bei Freispruch 74 4
– Haftung für – 74 5
– bei Heimeinweisung im Rahmen einer U-Haftverschonung 71 12
– einer Nebenklage 74 12; 109 7
– bei Nichterscheinen der JGH 50 13
– Übersetzerkosten 68 18
– Unterbringung zur Beobachtung 73 11
– im Verfahren zur Beseitigung des Strafmakels 99 5
– Verfahrenskosten als Schadenswiedergutmachung 15 8
– Verteidigerkosten 67 12; 68 17; 74 5, 9
– keine zusätzlichen – bei Verbindung 103 5
  s. a. »Auslagen«
Kriminalbiologie, Kenntnisse der – 37 3
Kriminalbiologische
– Erklärung 21 14
– Ersetzung des Begriffs **Grdl.** 43-44 6
– Untersuchung **Grdl.** 43-44 2; 43 16; 73 9
Kriminalität
– Alter und – 18 11
– Sozialisationsdefizite und – 5 11
– als sekundäre Devianz 5 12
– Kriminalitätsanfälligkeit 21 8
– Kriminalitätsursachen 3 12
Kriminalpolizei, Anwesenheitsrecht in der Verhandlung **Grdl.** 48-51 7
  s. a. »Polizei«
Kriminalsoziologen als Sachverständige 43 10
Kriminelle Neigung Grdl. 17-18 2, 6

Kriminelles Verhalten, Erklärung für – 3 6
Kriminogene Wirkung der Beschuldigten-Diagnose 43 5
Kriminologische Individualprognose 5 14; 21 6; 88 6
  s. a. »Prognose«
Krisenintervention 5 20; 58 17
Kulturkreise, fremde 3 7
Kurzarrest 16 11
– Abschaffung **Grdl.** 13-16 9
– Dauer 16 10
– Justizpraxis **Grdl.** 13-16 5, 6
– nachträgliche Umwandlung in – 16 11
– keine Rückumwandlung von – in Freizeitarrest **Grdl.** 86-87 5; 86 6
– Vollzug in Freizeiträumen 90 5
Kurzzeitfreiheitsentzug 5 6

Labeling-Theorie 5 12
Ladung
– des Beistandes 69 7
– des Erziehungsberechtigten und des gesetzlichen Vertreters 50 11
– nachträgliche 50 16; 67 10
Laienrichter Grdl. 33-38 4
Landesjugendamt
– als Ausführungsbehörde der Fürsorgeerziehung 12 11; 67 3
– als personensorgeberechtigt 67 3
Landesjustizverwaltung
– als Aufsichtsbehörde 91-92 8
– Bestimmung eines Jugendrichters als Vollzugsleiter durch die – 90 8
Landgerichtsschöffen Grdl. 33-38 7
Lebenslange Freiheitsstrafe, Ersatz der – bei Heranwachsenden 106 3, 4
Lebensverhältnisse
– Beschuldigten-Diagnose und – 43 4

- Erforschung der – des Beschuldigten **Grdl. 43-44** 3
Lebenswandel
- rechtschaffener – **21** 6
- straffreier – **Grdl. 17-18** 3
Legalbewährung
- Dauer einer – **22** 2
- Untersuchung auf – **12** 6
- Vergleich der – **Grdl. 13-16** 9
- Widerruf der Strafaussetzung und – **26-26 a** 6
Legalitätsprinzip Grdl. 45 u. 47 4
Legalprognose
- bei Strafaussetzung zur Bewährung **21** 5-20
- bei Aussetzung des Strafrestes zur Bewährung **88** 5, 6
- bei Widerruf der Strafaussetzung **26-26 a** 5
  s. a. »Prognose«
Lehrer
- im Jugendarrestvollzug **90** 9
- als Zeuge **70** 4
Lehrherr
- Anhörung **43** 5
- als Erkenntnisquelle für Beschuldigten-Diagnose **43** 11
Lehrstelle, Aufnahme **10** 11
Leidensdruck 7 13; **10** 23
Leitung durch Bewährungshelfer 23 3; **26-26 a** 8
Letztes Wort, Recht der Erziehungsberechtigten und gesetzlichen Vertreter **67** 11
Leugnen der Tat 17 6

Mädchen
- Duzen von Angeklagten – **Grdl. 48-51** 4
- Jugendstrafreife bei – **Grdl. 3** 4
»Marburger Richtlinien« 105 7
Marler Modell 45 15
Marihuana Grdl. 93 a 6

Maßnahmen
- ambulante/stationäre – **3** 20; **10** 3
- Begriff **9** 4
- nach BGB **3** 19
- der Jugendhilfe **Grdl. 3** 3
- sozialpädagogische – **10** 7
- staatsanwaltschaftliche – **45** 13
- i. S. des § 38 Abs. 2 S. 2 **38** 17
- therapeutische
-- im Jugendstrafvollzug **91-92** 8, 19
-- während der U-Haft **93** 13
- vormundschaftsrichterliche – **Grdl. 3** 3
  s. a. »Sicherungsmaßnahmen«
Maßregeln der Besserung und Sicherung
- Anwendungsbereich **7** 1
- Anwendungsvoraussetzungen **7** 3-16
- Ausschluß von Maßregeln **7** 2
- Einbeziehung **31** 23
- Justizpraxis **Grdl. 5-8** 5
- keine – bei Privatklage **109** 11
- Kopplung mit Aussetzung der Verhängung der Jugendstrafe **27** 9
- Rechtsmittel **7** 17; **55** 9
- Sanktionsbegründung bei – **54** 17
- Subsidiaritätsprinzip und – **7** 5
- Ungeeignetheit **7** 5, 13
- Verschlechterungsverbot **55** 15, 23
- Vollstreckung von – **82** 1
- Vollstreckungsverjährung **4** 6
Maßregelvollzug
- in einer Erwachsenenabteilung **85** 10
- Maßregelvollzugsgesetze **7** 9
- Übergang in den – **85** 9, 10
- Wirklichkeit **7** 9
Mehrere Straftaten
- gemäß § 31 Abs. 1 **34** 4
- in verschiedenen Alters- und Reifestufen **32** 2, 3

Sachregister

– – gleichzeitige Aburteilung 32 4-9
– – nachträglich einheitliche Sanktionierung **Grdl. 31-32** 5
Mehrfachtäter, Einstellung des Verfahrens bei – **Grdl. 45 u. 47** 4
Meinungsverschiedenheiten in der Hauptverhandlung 36 4
Meldepflicht des Bewährungshelfers 24-25 6, 12
»Merkblatt für Geschworene« Grdl. 33-38 11
Methadonabgabe Grdl. 93 a 6
Milderung des allgemeinen Strafrechts für Heranwachsende Grdl. 105 u. 106 4; 106
Milderungsgründe, Fehlen von – 18 4
Militärische Disziplinarmaßnahme s. »Disziplinarmaßnahme«
Mindestdauer
– von Dauerarrest 16 12
– von Freizeitarrest 16 10
– von Kurzarrest 16 11
Mißtrauen bei Ausschluß von der Verhandlung 51 6
Mitarbeiter
– der Jugendarrestanstalten 90 9
– der Jugendstrafanstalten 91-92 8
Mitentscheidungsrecht der StA 45 18
Mitspracherecht bei Durchführung von Weisungen 10 28
Mitteilung(en)
– von Entscheidungen im vereinfachten Jugendverfahren 70 1
– bei Heranwachsenden 70 1; 109 3
– von Ordnungswidrigkeiten 70 4
– Rechtsmittel 70 11
– der Urteilsgründe 54 23
– – bei Erwachsenengericht 104 16
– aus dem Zentral- oder Erziehungsregister 70 6

Mitteilungspflicht
– allgemeine Sicherheitsinteressen und – **Grdl. 70** 5
– auf behördlicher Grundlage 70 5-7
– gegenüber Erziehungsberechtigten und gesetzlichen Vertretern 67 8
– an Erziehungsregister 45 21
– auf gesetzlicher Grundlage 70 2-4
– bei Interesse der Kriminalprävention **Grdl. 70** 5
– gegenüber der JGH 38 2; 50 12; 70 2
– kraft Amtshilfe 70 3
– gemäß MiStra
– – Justizpraxis **Grdl. 70** 4
– – rechtspolitische Einschätzung **Grdl. 70** 5
– – Verfassungswidrigkeit 70 5
– gegenüber der Polizei **Grdl. 70** 5; 70 2
– gegenüber der Schule **Grdl. 70** 3, 5; 70 2
– – Geeignetheit 70 4
– für Strafsachen gegen Ausländer 70 6
– an den Vormundschaftsrichter **Grdl. 70** 6; 70 2
Mündlichkeitsprinzip 38 8

Nachbetreuung
– durch Jugendarrestanstalt 90 15
– durch JGH 38 21
Nachreifung 105 6
Nachträgliche
– Arrestanordnung 53 11
– einheitliche Sanktionierung s. dort
– Entscheidungen über Weisungen und Auflagen 65
Nachtragsanklage 21 8; **46** 2; **55** 11

Nachverfahren
- nach Ablauf der Bewährungszeit 62 5
- nach Aussetzung der Verhängung der Jugendstrafe 30
- Bindungswirkung des Schuldspruchs 30 3
- isoliertes – 30 8

Naturalrestitution als Wiedergutmachung 15 5
- Nebenfolgen 6
- Anfechtung 55 9
- bei Aussetzung der Verhängung der Jugendstrafe 27 9
- Anwendungsbereich 6 1
- bei Einbeziehung 31 23
- bei Heranwachsenden 106 6
- Justizpraxis **Grdl. 5-8** 5
- des StGB 6 2
- Verschlechterungsverbot 55 22
- Vollstreckung 82 2
- Zuständigkeit 39 3

Nebenklage
- historische Entwicklung **Grdl. 79-81** 4-6
- eines Jugendlichen 80 2; 104 19
- keine – gegen Jugendliche **Grdl. 79-81** 1; 80 1; 104 19
- gegen Heranwachsende 80 3; 109 11
- rechtspolitische Einschätzung **Grdl. 79-81** 8; **107-112** 6
- Kosten 74 12; 109 7
- Rechtsfolgen bei unzulässiger – 80 4

Nebenkläger, Angeklagter als – 55 38

Nebenstrafe
- Anfechtung von – 55 9
- bei Einbeziehung 31 23
- Fahrverbot als – 6 2
- für Heranwachsende 6 1
- Justizpraxis **Grdl. 5-8** 5
- Verschlechterungsverbot 55 22

- Vollstreckung 82 2
- zusätzliche Anordnung von – 8 2
- Zuständigkeit 39 3

Negative
- Individualprävention s. dort
- Rückfallprognose **Grdl. 17-18** 6
- Spezialprävention s. dort

Net-widening-Effects Grdl. 45 u. **47** 5; **45** 9

Neuanklage nach dem Einstellungsbeschluß 47 14

Nichterfüllung
- von Auflagen 15 19
- von Bewährungsauflage 23 12
- von Bewährungsweisungen 23 12
- von Weisungen 11 8-18
- von Zusagen oder Anerbieten 26-26 a 8

Nichterscheinen s. »Ausbleiben«

Nichtheranziehung der JGH 38 25

Nichtigkeit von Entscheidungen 11 13; 33 3, 5

Nichtöffentlichkeit 48
- Abgrenzung zu den §§ 169 ff. GVG 48 9
- bei gleichzeitiger Aburteilung
-- von Personen verschiedener Altersstufen 48 4, 18; 109 3
-- von Taten in verschiedenen Altersstufen 48 3
- in der Hauptverhandlung 48 6
- in Jugendschutzsachen 48 5
- im Ordnungswidrigkeitenverfahren 48 8
- Rechtsmittel 48 20, 21
- Terminzettel und – 48 6
- im Verfahren
-- gegen Erwachsene vor Jugendgerichten 48 5
-- gegen Heranwachsende 48 2; 109 3
-- gegen Jugendliche vor Erwachsenengerichten 48 1; 104 21

1223

– Veröffentlichung einer Vermögensbeschlagnahme und – **50** 5
– Verstoß gegen das Gebot der – **48** 20
– Zeitungsaufforderungen und – **50** 5
Nikotinabhängigkeit Grdl. 93 a 7
Nonintervention Grdl. 45 u. 47 5
– Vorrang vor einer Diversion **45** 9
Nord-Süd-Gefälle bei Anwendung von Jugendstrafrecht **Grdl. 105-106** 7
Normkonformes Verhalten 5 5
Normüberschreitung als Symptom der Altersstufe **5** 10
Notwendige Auslagen 47 13; **74** 4, 5, 10, 11, 13
Notwendiger Verteidiger, notwendige Verteidigung
– Aufgaben **68** 3-6
– Bestellung
– – materiellrechtliche Voraussetzungen **68** 7-12
– – Rechtsmittel gegen eine (Nicht-)- **68** 19, 20
– – verfahrensrechtliche Voraussetzungen **68** 13-16
– vor Erwachsenengericht **68** 1; **104** 14, 15
– bei Heranwachsenden **68** 1
– Kosten **68** 17, 18
– im Strafvollstreckungsverfahren **68** 5
– im vereinfachten Jugendverfahren **68** 2; **76-78** 8, 10
  s. a. »Pflichtverteidiger«, »Verteidigung«, »Wahlverteidiger«
Notwendigkeit
– der Jugendstrafe **18** 11, 12
– der Sanktion **9** 7
– skriterium **5** 21

Oberlandesgericht
– als Beschwerdegericht **59** 4; **102** 4
– Einsetzung von Jugendsenaten am – **Grdl. 33-38** 9; **37** 1
– Haftprüfung durch – **72** 14
– Revisionen vor dem – **Grdl. 55-56** 4
– als Revisionsinstanz **41** 8; **102** 4
– Verweisung an ein gemäß § 102 zuständiges – **41** 7
  s. a. »Zuständigkeit«
Öffentliche Ämter, Unfähigkeit zur Bekleidung von – **6** 1, 2
Öffentliche Zustellung 48 7
Öffentliches Interesse an der Verfolgung von Privatklagedelikten **80** 5
Öffentlichkeit
– Anwesenheitsberechtigung **48** 10-17
– Ausschluß **48** 18, 19
– – bei Anklagen von Personen verschiedener Altersstufen **48** 4, 18; **109** 3
– – durch Beschluß **48** 19
– – bei Taten in verschiedenen Altersstufen **48** 3
– – im Verfahren gegen Erwachsene vor Jugendgerichten **48** 5
– – im Verfahren gegen Heranwachsende **48** 2; **109** 3
– – im Verfahren gegen Jugendliche vor Erwachsenengericht **48** 1; **104** 21
Offener Vollzug
– gesetzliche Forderung nach einem – **91-92** 6
– Justizpraxis **Grdl. 91-92** 5
– Rückfallquote **17** 10
Opferbeistand 69 7
Opferprognose 48 13
Opportunitätsprinzip Grdl. 45 u. 47 4, 8
Ordentliche Gerichtsbarkeit, Jugendgerichte als Teil der – **33** 7
Ordnungshaft 11 15

Ordnungsinteresse im Jugendstrafvollzug **91-92** 13
Ordnungsvorschrift 37 2
Ordnungswidrigkeiten
– Anwendung des JGG **1** 10; **2** 6
– Entscheidung durch den Jugendrichter bei- **33** 4
– gesetz und JGG **2** 6
– bei Heranwachsenden **105** 2
– Mitteilungen von – **70** 4
– Verbindung von – und Straftaten **103** 3
Ordnungswidrigkeitenverfahren
– Absehen
– – von der Auferlegung der Kosten und Auslagen **74** 2
– – von der Verfolgung **45** 3
– Einstellung im – **47** 4
– Entscheidungen der Jugendkammer **41** 9
– JGH im – **38** 3
– Ladung der Erziehungsberechtigten **50** 8
– Nichtöffentlichkeit **48** 8
– Vollstreckung **82** 2, 5, 12
 s. a. »Bußgeldverfahren«
Organisation
– des Jugendstrafvollzuges **91-92** 4-10
– der StA **36** 6, 7
Örtliche Zuständigkeit s. »Zuständigkeit«
Örtliche Zuständigkeitskonzentration 33 13

Pädagogen
– in Jugendarrestanstalten **90** 9
– als Sachverständiger **43** 16
Pädagogische
– Einflußnahme **37** 4
– Qualifikation **Grdl. 33-38** 6
Parteiverrat 68 6
Personal s. »Mitarbeiter«

Personalunion von Jugend- und Vormundschaftsrichtern **Grdl. 53** 4
Personensorgeberechtigte 12 5
– Antrag **12** 8
– Definition **67** 2-5
Persönlichkeit
– Gesamtwürdigung der – Heranwachsender **105** 9-13
– Persönlichkeitsstruktur **114** 3
Persönlichkeitsanalyse als Eingriff in die Privatsphäre **38** 16
Persönlichkeitserforschung
 (-diagnose), Persönlichkeitsbeurteilung **3** 14; **5** 8; **43** 4
– erweiterte Anwesenheitspflicht und – **Grdl. 48-51** 3
– bei Heranwachsenden **105** 9-13
– im Jugendarrestvollzug **90** 10
– im Jugendstrafvollzug **91-92** 15
– Nichtöffentlichkeitsprinzip und – **Grdl. 48-51** 3
– während der U-Haft **93** 12
– Umfang **43** 5
– im vereinfachten Jugendverfahren **43** 2
Persönlichkeitsrecht
– des Angeklagten **48** 16
– bei Beschuldigten-Diagnose **43** 5
– Respektierung **Grdl. 1-2** 5
Persönlichkeitsschutz
– des Angeklagten **Grdl. 48-51** 32
– bei Unterbringung zur Beobachtung **73** 5
Pflegepersonen
– Anfechtungsrecht der – **55** 4; **67** 13
– als Erziehungsberechtigte **67** 4
Pfleger
– als personensorgeberechtigt **67** 3
– als Verfahrensbeteiligter **48** 11
Pflichtverteidiger
– Aufgaben **68** 3-6
– Bestellung **Grdl. 43-44** 3; **68** 7-16

Sachregister

– – bei Abgabe an die Jugendkammer 68 9
– – bei Antrag auf Unterbringung 68 12
– – auf Antrag der JGH 38 21
– – bei Ausländern 68 10
– – bei Beendigung der Beistandschaft 69 1
– – Befragung des Angeklagten vor – 68 16
– – bei Beseitigung des Strafmakels 99 5
– – bei Beteiligung eines Sachverständigen 68 9
– – bei Drogenabhängigkeit 82 11
– – bei ersatzweiser Einweisung in ein Erziehungsheim 68 7
– – vor dem Erwachsenengericht 104 15
– – bei zu erwartender Bewährung 68 8
– – bei Freiheitsentzug vor der Hauptverhandlung 68 10
– – gemäß § 68 Nr. 1 i. V. m. § 140 StPO 68 7-10
– – gemäß § 68 Nr. 2 68 11
– – gemäß § 68 Nr. 3 i. V. m. § 73 68 12
– – wegen jugendlichen Alters 68 10
– – Justizpraxis **Grdl. 67-69** 6
– – bei Mißtrauen zum Wahlverteidiger 68 13
– – bei persönlicher Verhinderung zur Verteidigung 68 10
– – bei Rauschgifttaten 68 8
– – Rechtsmittel gegen die (Nicht-) – 68 19, 20
– – rechtspolitische Einschätzung **Grdl. 67-69** 8
– – wegen Schwere der Tat 68 8
– – im vereinfachten Jugendverfahren 68 2; 76-78 8, 10

– – verfahrensrechtliche Voraussetzungen 68 13-16
– – im Vorverfahren 44 5; 68 7
– – bei Unterbringung in einem psychiatrischen Krankenhaus 68 8
– als einseitiger Interessenvertreter 68 3
– Ermessen bei der Auswahl 68 15, 16
– bei freiheitsentziehender Einweisung gemäß § 71 Abs. 2 71 10
– Kosten 68 17, 18; 74 9
– Absehen von den – 68 17
– bei kostenverursachenden Weisungen 10 29
– Rechtsreferendare als – 68 14
– im Strafvollstreckungsverfahren 68 5; 83 5
– bei Unterbringung zur Beobachtung 73 8
Polizei
– Ermittlungsarbeit der – 43 8
– – gegen Kinder 1 2
– JGH und – 43 8
– Jugendsachbearbeiter 36 3; 43 8
– – Anwesenheitsrecht **Grdl. 48-51** 7
– Kompetenzverlagerung auf die – **Grdl. 45 u. 47** 6; 45 16
– Mitteilungen **Grdl. 70** 5; 70 2
Polizeidiversion 45 16
Polizeiliche Dienstvorschrift »Bearbeitung von Jugendsachen« 1 2, 4; 67 10
Pönologie, Kenntnisse der – 37 3
Positive Individualprävention s. »Individualprävention«
Präsenzpflicht der JGH **Grdl. 33-38** 12; 50 12
Präventionsstrafrecht
– als Gesetzesziel 2 4
– jugendadäquates – **Grdl. 1-2** 4
Präventionsvereitelung 52 a 6

1226

Präventionsziel
- Gerichts»wahl« und – 39 4
- des JGG 7 5
- Unbestimmtheit des – 10 12

Prinzip der einheitlichen Sanktionierung s. »einheitliche Sanktionierung«

Prisonisierung 5 20

Prisonisierungsprozeß 8 7

Privatklage
- bei Heranwachsenden 80 3; 109 11
- – rechtspolitische Einschätzung **Grdl. 79-81** 8; **Grdl. 107-112** 6
- historische Entwicklung **Grdl. 79-81** 4
- eines Jugendlichen **Grdl. 79-81** 6; 80 2; 104 19
- Verbot der – gegen Jugendliche **Grdl. 79-81** 1; 80 1, 5, 14
- – Rechtsfolgen bei unzulässiger – 80 4

Privatklagedelikte
- Rechtsfolgen 80 10, 11
- Voraussetzungen 80 5-9

Privatkläger
- Widerklage gegen einen Jugendlichen – **Grdl. 79-81** 6; 104 19
- – Rechtsfolgen 80 13, 14
- – Voraussetzungen 80 12

Privatsphäre, Eingriff in die – 38 16

Prognose
- Ausbildungswelt/Arbeitswelt und – 5 16
- Entlassungs- **Grdl. 88-89 a** 3
- Freizeit und – 5 16
- Gefährlichkeits- 7 8, 12; 10 11; 27 3
- bei Maßregeln 7 4, 5
- Prognosekriterien 5 16
- Prognosemethoden 5 14-19
- – empirische Individual- 5 14
- – intuitive – 5 14
- – klinische – 5 14
- – kriminologische Individual- 5 14; 21 6; 88 6
- numerische/statistische – 5 15
- Opfer- 48 13
- Risiko- 21 17; **Grdl. 88-89 a** 2, 3; 88 6
- Sanktionsprognose 5 7, 20-22; 54 17
- Sanktionsrealität und – 37 4
- soziale Beziehungen und – 5 16
- Sozialisationsentwicklung und – 5 16
- Straffälligkeit und – 5 16
- Prognosetafel 5 15, 16
- Wohnung und – 5 16
  s. a. »Legal-«, »Rückfall-«

Projektarbeit Grdl. 21-26 a 8

Protokollierung
- der Nichtverteidigung 49 7
- der Vernehmung des Beschuldigten 44 5

Prozeß(hilfe)organ, JGH als – eigener Art 38 6

Prozeßkostenhilfe gegen Jugendliche 80 1

Prügelstrafe 45 13

Psychiater als Sachverständiger 3 13; 43 16

Psychiatrisches Krankenhaus s. »Unterbringung«

Psychiatrisch-psychologische Diagnose Grdl. 3 1

Psychologen
- in Jugendarrestanstalten 90 9
- als Jugendstrafanstaltsleiter 91-92 8
- als Sachverständiger 43 16
  s. a. »Entwicklungs-«, »Jugend-«, »Sozial-«

Psychologische Nachschulung 10 17

Psychopathische Täter 21 14

Psycho-soziale Beschuldigten-Diagnose
- als Eingriff in das Persönlichkeitsrecht 43 5
- Erkenntnisquellen für die – 43 4-18
- für die Feststellung der Straftatsvoraussetzungen 38 25
- kriminogene Wirkung 43 5
- Umfang 43 5
- Verhältnismäßigkeitsprinzip bei der – 43 5
- vorausgreifende – 43 6
- Zeitpunkt 43 6

Psycho-Therapeuten 43 16
Psychotherapie, 10 25; 24-25 9; 91-92 19
Pubertätsphase
- als Kriminalitätserklärung 21 10
- Sexualdelikte 3 10
- als Störfaktor 5 10

Qualifikation
- des Jugendrichters Grdl. 33-38 6; 37 3
- des Jugendstaatsanwaltes 37 3

Ratenzahlung
- Einräumung 15 16
- bei Geldbußen 15 15
- Konkretisierung der – im Urteil 54 7
- für Schadenswiedergutmachung 22 5

Rauschgift s. »Drogen«
Rauschgifttäter, Bestellung eines Pflichtverteidigers bei – 68 8
Rauschmittel, Unterbringung in einer Erziehungsanstalt 7 11
Realkonkurrenz s. »Tatmehrheit«
Rechtliches Gehör
- der (ausgeschlossenen) Erziehungsberechtigten und gesetzlichen Vertreter 50 11; 67 11
- der JGH 43 9
- bei nachträglicher Entscheidung über Weisung und Auflagen 65 5
- bei Verletzung 43 9, 20
s. a. »Anhörung«

Rechtsanwalt als Beistand 69 4
s. a. »Verteidiger«
Rechtsbehelfe
- Einlegung durch Erziehungsberechtigte und gesetzliche Vertreter 67 13
- gegen Erziehungshilfe 112 b 2
s. a. »Anfechtbarkeit«

Rechtsbeistand 68 14
Rechtschaffender Lebenswandel, Erwartung eines – 21 6
Rechtsfolgen
- bei Absehen von der Verfolgung 45 20-22
- bei Anfechtung von Entscheidungen 55 30, 31, 39-41
- bei Anwendung von Jugendstrafrecht auf Heranwachsende 105 25-28
- bei Einbeziehung 31 23-27
- bei Einstellung des Verfahrens 47 14, 15
- bei Entschädigung des Verletzten 81 3
- bei fehlender Verantwortlichkeit 3 18-21
- bei Taten in verschiedenen Alters- und Reifestufen 32 15, 16
- bei unzulässiger Strafverfolgung 1 13, 14
- im vereinfachten Jugendverfahren 76-78 11-13
- Verhältnis der – nach dem JGG untereinander 55 15
s. a. »Sanktionskompetenz«

Rechtshilfe
- als Aufgabe des Jugendrichters 34 2

– bei Aushändigung des Bewährungsplanes 60 1
– Internationale 1 15-20
– Jugendrichter als -richter 104 22
– bei Verwarnung 14 7
Rechtsirrtum und Altersreife 3 2
Rechtskraft
– bei Absehen von der Verfolgung 45 20
– bei Anrechnung von U-Haft 52 3; 52 a 1; 87 5-7
– der Bewährungsentscheidung für mögliche Sicherungsmaßnahmen 58 16
– des Einstellungsbeschlusses 47 14
– des Schuldspruches
– – nach § 27 27 7; 30 3
– – bei Teilvollstreckung 56 4-7
– bei Vollstreckung 59 16; 73 11; 82 7
– als Voraussetzung für nachträglich einheitliche Sanktionierung 66 5
Rechtsmittel
– Chancen **Grdl. 55-56** 6
– bei Einbeziehung 31 29-33
– gegen einheitliche Sanktionierung 31 34
– Einlegung
– – durch Erziehungsberechtigte und gesetzliche Vertreter 55 4
– – durch Jugendliche/Heranwachsende 55 3
– Justizpraxis **Grdl. 55-56** 5
– keine – gegen die Anklageschrift 46 6
– nachträgliche Beschränkung 55 4
– kein -recht der JGH 38 24
– Rücknahme 55 3, 4
– bei Verletzung des rechtlichen Gehörs 49 20
  s. a. »Anfechtbarkeit«, »Berufung«, »Beschwerde«, »Revision«, weiter unter der jeweiligen Kommentierung
Rechtsmittelausschluß Grdl. 55-56 4
Rechtsmittelbelehrung
– bei Erziehungsberechtigten und gesetzlichen Vertretern 67 8
– nach Urteilsverkündung 54 22
– Verzicht auf – **Grdl. 46 u. 54** 5
– Wiedereinsetzung in den vorherigen Stand bei mangelhafter – 55 35
Rechtsmittelbeschränkung
– Gesetzesziel **Grdl. 55-56** 4
– gegen Heranwachsende 55 1, 32; 104 12
– inhaltliche – 55 25-31
– – für ambulante Sanktionen **Grdl. 55-56** 6
– – Grundsatz 55 25
– – keine – bei Verbindung mit anderen Sanktionen 55 27
– – Voraussetzungen 55 26-29
– – Rechtsfolgen 55 30, 31
– instanzielle – **Grdl. 55-56** 6; 55 32-41
– – Grundsatz 55 32, 33
– – für das Verhältnis Berufung-Revision 55 33
– – Voraussetzungen 55 39-41
– im Verfahren vor dem Erwachsenengericht 104 12
Rechtsmittelfristen
– im vereinfachten Jugendverfahren 76-78 18
– Wiedereinsetzung bei Versäumung 67 8, 20
Rechtsmittelgericht
– Änderung der Sanktion 55 25
– Anordnung der Teilvollstreckung 56 10
– im vereinfachten Jugendverfahren 76-78 19

s. a. »Berufungsgericht (-instanz)«, »Revisionsgericht (-instanz)«
Rechtsmittelinstanz 41 8, 9
Rechtsmittelverfahren Grdl. 55-56; 55; 56
– Einstellung des Verfahrens im – 47 3
– Justizpraxis **Grdl. 55-56** 5
– rechtspolitische Einschätzung **Grdl. 55-56** 6, 7
– Verschlechterungsverbot 55 11
Rechtsmittelverkürzung Grdl. 91-92 7
Rechtsmittelverzicht 55 3-5
Rechtsmittelrücknahme 55 3-5
Rechtspfleger in der Vollstreckung 82 3; 85 5
Rechtssicherheit, Gebot der – 11 4
Rechtsverordnung
– Einrichtung von Bezirksjugendgerichten und gemeinsamen Jugendschöffengerichten durch – 33 13
– zur Durchführung der Erziehungshilfe 113 5
Rechtsvorschriften, Ermächtigung zum Erlaß von – 115
Rechtsweg gem. § 23 EGGVG 45 23; 70 11; 82 11; 83 6; 85 7, 16; 90 17; **Grdl. 91-92** 6; 91-92 27; 93 19; 114 7
Referendare
– als Pflichtverteidiger 68 14
– Teilnahme von – an Verhandlungen 48 14
– Wahrnehmung der Aufgaben eines StA durch – 36 17
– Reform des JGG s. »Rechtspolitische Einschätzung« in der jeweiligen Grundlagenkommentierung
Reformatio in peius 31 21; 55 11
s. a. »Verschlechterungsverbot«

Registrierung
– von Kindern 1 5
s. a. »Erziehungsregister«, »Zentralregister«
»Rehabilitation«, justitielle – **Grdl.** 93-101 3
Reife
-prozeß 5 10
– als Schuld- und Strafvoraussetzung 3 5
s. a. »Entwicklungsreife«, »Verantwortungsreife«
Reifefeststellung in der Urteilsbegründung **Grdl.** 3 4
Reifeverzögerung 3 5
Relative
– Rechtskraft 52 3; 52 a 1
– Strafmündigkeit s. dort
(Re-)Sozialisierung
– Angebots- **Grdl.** 1-2 5; 17 11
– »Arbeit« 91-92 16
– Bewährungszeit und – 22 2
– -chancen
– – bei »wohlverstandenem Interesse« 56 8
– – bei Zuchtmitteln und Erziehungsmaßregeln 17 12
– Jugendstrafe und – 17 11; 18 7; 37 4
– kontrollierte Risiken im -prozeß 91-92 12
– -sauftrag **Grdl.** 1-2 4; **Grdl.** 91-92 7, 12
– Strafvollzug und – 18 10
Resozialisierungsfonds 24-25 9
Reststrafenbewährung s. »Aussetzung des Restes einer bestimmten/unbestimmten Jugendstrafe«
Retardierung« intellektuelle und sittliche 3 6; 105 5
Revision
– Behandlung als Berufung 55 32
– gegen Berufungsurteil 55 32, 37 38, 40

– vor dem OLG **Grdl. 55-56** 4
– Revisionsbegründungsfrist **59** 2
– gegen Urteile der Jugendkammer **5**
– Wahl zwischen Berufung und – **55** 35
   s. a. »Wahlrevision«
Revisionsgericht(-instanz)
– Anwesenheit vor – **50** 6, 9
– Aufhebung des Urteils durch – **55** 41
– OLG und BGH als – **41** 8; **102** 3, 4
– Zurückverweisung durch – **39** 10
– Zuständigkeit des – gem. § 59 Abs. 5 **59** 19, 20
Revision(-sgründe) **1** 14; **33** 9; **35** 3, 7, 10; **36** 2, 8; **37** 7; **38** 25; **39** 10; **41** 12; **42** 14; **48** 20, 21; **49** 8; **50** 15, 16; **51** 13-15; **67** 19; **68** 2; **69** 20
Richter auf Probe **33** 11
Richterliche Fürsorgepflicht **55** 3
Richterliche Vernehmung **44** 4
Richtlinien
– zur JAVollzO **90** 2; **113** 3
– zum JGG s. Anhang
Risikoprognose **21** 17; **Grdl. 88-89 a** 2, 3; **88** 6
Robe, Verhandeln ohne – **Grdl. 48-51** 5; **76-78** 17
Rückfall
– bei Alkohol **10** 27
– Definition **17** 10
– – gefährlichkeit **5** 2
– – risiko **5** 17
– – wahrscheinlichkeit **5** 17
Rückfallgefahr
– bei Aussetzung zur Bewährung **21** 5, 8
– bei Drogenkonsumenten **21** 13
– Erziehungsmaßregeln und – **9** 7
– Jugendstrafe und – **5** 18
– persönlichkeitsspezifische – **17** 3; **21** 6

– bei sozialer Randständigkeit **21** 16
Rückfallprognose **5** 8-19
– Berücksichtigung von Straftatreaktionen bei der – **52** 10
– Beurteilung **43** 16
– Entziehung der Fahrerlaubnis **7** 15
– Erstellen einer – **9** 7
– negative **9** 7; **Grdl. 17-18** 6
Rückfallquote
– nach Entlassung aus dem Strafvollzug **17** 10
– bei Jugendstrafe **18** 8; **21** 12
– bei Jugendstrafe zur Bewährung **21** 12
– bei Kurzzeitverbüßenden **52 a** 7
– bei Langzeitverbüßenden **52 a** 7
– bei Vollzug in offenen Anstalten **17** 10
– bei wiederholten Arrestmaßnahmen **11** 15
Rückholarrest Grdl. 13-16 10
Rücknahme
– des Antrages nach § 76 **76-78** 3
– von Rechtsmitteln **55** 3, 4
Ruhen
– der Erziehungsbeistandsschaft **8** 5
– der Strafvollstreckungsverjährung nach Aussetzung der Verhängung der Jugendstrafe **27** 8
– kein – der Vollstreckungsverjährung bei Jugendstrafe **87** 12
– der Vollstreckungsverjährung nach Aussetzung zur Bewährung **21** 22; **22** 6

Sachaufsichtsbeschwerde gegen die Vollstreckungsentscheidung als Justizverwaltungsakt **83** 7
Sachkompetenz, Abgabe an den Vormundschaftsrichter bei fehlender – **53** 5
Sachliche Zuständigkeit s. »Zuständigkeit«

Sachverständiger
- Ablehnung eines gerichtlichen – 43 20
- bei Abwesenheit der JGH 50 13
- Anhörung
- – vor Entziehungskur/heilerzieherische Behandlung 10 23
- – vor Unterbringung zur Beobachtung 73 8
- Ausbleiben oder Weigerung des – 41 9
- Auswahl 43 16
- bei Bagatelldelikten **Grdl. 3** 5; 105 22
- als Gehilfe des Gerichts 43 16
- **Pflichtverteidigerbestellung** bei – 68 9
- Prüfung der strafrechtlichen Verantwortlichkeit **Grdl. 3** 4; **Grdl. 43-44** 5
- bei Unterbringung
- – in einer Entziehungsanstalt 7 11; 43 15
- – in einem psychiatrischen Krankenhaus 43 15
- – zur Beobachtung 43 15; 73 4
- Untersuchung durch – 43 15-18
- – ambulante – 43 17
- Verantwortungsdelegation auf – 43 16
- Vereidigung 49 5, 7
- im vereinfachten Jugendverfahren 43 2
- im Verfahren gegen Heranwachsende **Grdl. 105-106** 6
- Verhältnismäßigkeitsprinzip und – 3 14; 105 22, 24
- Vernehmungsbefugnis 43 17
- Zeugnisverweigerungsrecht 43 18

Sachverständigengutachten 43 15-18
- bei Aussetzung der Verhängung der Jugendstrafe 27 5; 43 15
- bei Entlassung auf Bewährung 88 11 a
- Eingriff in die Privatsphäre durch – 43 15
- für Entscheidungen gem. § 105 105 21, 22, 24
- – Justizpraxis Grdl. 43-44 3
- als Erkenntnisquelle für Beschuldigten-Diagnose 43 15, 16
- zur Verantwortlichkeit Grdl. 3 13, 14
- stationäre Beobachtung 43 15

Sammelhaftpflichtversicherung bei Arbeitspflichtigen 10 4

Sanktionen
- als Begriff für »Folgen« i. S. des § 5 **Grdl. 5-8** 6
- Einbeziehung urteilsmäßiger – 31 3
- Einstufung von – 5 22
- jugendstrafrechtliche – und Maßregeln 7 3
  s. a. »ambulante -«, »stationäre -«

Sanktionierung
- einspurige – **Grdl. 5-8** 3
- fehlgeschlagene – 5 20
- härtere – bei Wiederholungstätern 5 6
- bei Nachweis einer Straftat 5 2
- Rückfallprognose und – 5 18

Sanktions-
- -angebot **Grdl. 5-8** 3
- -abwälzung 15 13
- -begründung 54 17
- -erwartung, Zuständigkeit 41 6, 7
- -forschung 18 10
- -grenzen 5 8
- -kompetenz
- – der Jugendkammer 41 10, 11
- – des Jugendrichters 39 3, 9; **Grdl. 45 u. 47** 6
- – des Jugendschöffengerichts 40 5, 6

– – Verschiebung **Grdl. 39-42** 6
– – keine Verlagerung der – **Grdl. 45 u. 47** 6
– – Zweifel an der – gem. § 39 Abs. 3 **39** 4
– -limitierung **18** 6
– -praxis **Grdl. 5-8** 4
– -prognose **5** 7, 20-22; **54** 17
– – Berücksichtigung von Straftatreaktionen bei – **52** 10
– – Beurteilung durch Sachverständigen **43** 16
– – bei Jugendstrafe **17** 10-13
– – wesentliche Ergebnisse der Ermittlungen und – **46** 4
– -realität **37** 4
– -spruch **54** 5
– -überwachung **38** 19, 20
– -vorschlag der JGH **38** 17, 18; **50** 12
– -wahrscheinlichkeit **Grdl. 17-18** 3
– -zielsetzung **Grdl. 1-2** 5; **Grdl. 5-8** 3
Schadensersatzforderung bei Namensnennung **48** 16
Schadenswiedergutmachung
– Anwendungsvoraussetzungen **15** 2-6
– Art und Weise der – **15** 5, 9
– aufgedrängte – **15** 6
– Diversion und – **Grdl. 13-16** 8
– Ersatz von Verfahrenskosten als – **15** 8
– Geringschätzigkeit der – **Grdl. 13-16** 8
– Höchstgrenze **15** 9
– Justizpraxis **Grdl. 13-16** 5, 6
– Konkretisierung der – im Urteil **54** 7
– Teilzahlungen **15** 9
– Umfang **15** 7, 8
»**Schädliche Neigungen**«
– Aussetzung der Jugendstrafe zur Bewährung und – **21** 20

– bei Aussetzung der Verhängung der Jugendstrafe **27** 10
– Begriff **Grdl. 17-18** 6; **17** 3
– für die Begründung der Jugendstrafe **17** 9
– Geeignetheit der Jugendstrafe wegen – **17** 10
– Rückfallgefahr und – **5** 18; **17** 3; **21** 5, 6
– Sicherungsinteresse der Gesellschaft und – **18** 11
– bei Verhängung der Jugendstrafe gem. § 30 **30** 2
Schlechte Führung 30 2; **47** 14
Schlechterstellung bei der Bestrafung gegenüber Erwachsenen
– Jugendlicher **5** 6
– Heranwachsender **Grdl. 105-106** 9
Schlußbericht der Bewährungshelfer 24-25 11
Schlußvorschriften 113-125
Schlußvortrag
– Anträge zur Schuld- und Straffrage im – **36** 4
– der Erziehungsberechtigten/gesetzlichen Vertreter **67** 11
– der StA **46** 2
Schöffen s. »Jugendschöffen«
Schöffengericht s. »Jugendschöffengericht«
Schöffenlisten 35 9, 10
Schöffenwahlausschuß 35 9
Schriftliche Urteilsgründe 54 23
Schulausbildung s. »Ausbildung«, »Unterricht«
Schulausschluß 5 16
Schulbericht s. »Schule«
Schuld
– Schuldbehandlung **26-26 a** 7
– Schuldbehauptung **26-26 a** 7
– positive Feststellung der -voraussetzung **Grdl. 3** 1

1233

– Reife als -voraussetzung **3** 5
– als Sanktionslimitierung **18** 6
   s. a. »Schwere der Schuld«
Schuldenregulierung 24-25 9;
   91-92 24
Schuldfähigkeit
– Teilvollstreckung bei rechtskräftiger – **56** 4
– Einbeziehung der – bei nachträglichen Entscheidungen **66** 7
Schuldgehalt der Tat 5 5
Schuldinterlokut 23 7; **27-30** 1;
   Grdl. **48-51** 4, 7; Grdl. **53** 3; **57** 3;
   68 4; **76-78** 17
Schuldprinzip
– generalpräventives – **3** 12
– als Maßprinzip **18** 6
– Verhältnismäßigkeitsprinzip und
   – **5** 2
Schuldspruch
– Anfechtbarkeit **55** 25
– nachteilige Veränderung **55** 11
– Rechtskraft des – bei Teilvollstreckung **56** 4-7
– Teilanfechtung **55** 7
– in der Urteilsformel **54** 4
Schuldspruch gem. § 27 27 7
– Bindungswirkung **30** 3
– Einbeziehung **30** 8; **31** 9
– Eintragung ins Zentralregister **27** 7
– Erledigung **31** 12
– nachträgliche Entscheidung über – **66** 7
– Rechtskraft **27** 7
– Tilgung **30** 7, 10, 11
   s. a. »Schuldurteil«
Schuldunfähigkeit 3 3
– keine Eröffnung des Hauptverfahrens bei – **47** 9
– Feststellung im Nachverfahren **30** 3
Schuldurteil
– Einbeziehung des – **30** 8, 9

– Rechtsmittel **63** 1
– Verfahren **62** 1
– – zur Einbeziehung **62** 3
– – zur Tilgung **62** 5
– keine Verdunklungs- und Fluchtgefahr bei – **62** 1
Schuldverarbeitung und Rückfallprognose **5** 13
Schule
– Anhörung **43** 5, 11
– – im Verfahren zur Beseitigung des Strafmakels **98** 5
– Benachrichtigungspflicht **70** 8-10
– als Erkenntnisquelle für Beschuldigten-Diagnose **43** 11
– Mitteilungspflichten und die –
   Grdl. **70** 3; **70** 2, 4, 5
Schulklassen, Teilnahme an nichtöffentlichen Verhandlungen **48** 15
Schulpflicht 91-92 18
Schwachsinn 54 21
Schwarzfahren 1 10
Schweigepflicht
– des Arztes **43** 18
– des Bewährungshelfers **24-25** 12
Schwere der Schuld 17 4-9; **18** 6
– Aussetzung der Vollstreckung der Jugendstrafe zur Bewährung **21** 20
– Aussetzung der Vollstreckung des Strafrestes zur Bewährung **88** 3, 7
– keine Aussetzung der Verhängung der Jugendstrafe **27** 3
– positive Generalprävention bei –
   17 5; **21** 7
– Rückfallgefahr und – **21** 5
– Tötungsdelikte und – **17** 4
Schwere der Tat Grdl. **1-2** 2
Pflichtverteidiger wegen der – **68** 8
Schwergewicht
– bei mehreren Straftaten nach Inkrafttreten des JGG **16** 6

– bei mehreren Straftaten in verschiedenen Alters- und Reifestufen 32 10-13
Schwurgerichtliche Zuständigkeit 41 3
Seelsorgerische Betreuung im Jugendstrafvollzug 91-92 8
Sekundäre Devianz Grdl. 1-2 4
– Kriminalität als – 5 12
Selbstbestimmungsrecht, informationelles 38 10; Grdl. 70 3, 4; 93 9
Selbst- und Spontanbewährung Grdl. 45 u. 47 4, 8
Serienstraftaten, Zuständigkeit bei – 33 1
Serientäter 43 8
Sexualdelikte 3 10
Short-sharp-shock-Ziel Grdl. 13-16 9
Sicherungshaft
– als Alternative zum Widerruf 26-26 a 10
– Anrechnung 58 26
– keine Aussetzung des Vollzuges 58 23
– Entschädigung für – 58 26
– Fluchtgefahr als Voraussetzung 58 17
– Verhältnismäßigkeitsprinzip 58 19
– Vollstreckung des -befehls 58 22, 23
– Zuständigkeit 58 20
Sicherungsmaßnahmen
– Beschwerde bei vorläufigen – 58 24
– Verfahren bei vorläufigen – 58 21
– vorläufige – vor Widerruf 58 14-16
– Zeitpunkt für mögliche – 58 16
– Zuständigkeit für die Vollstreckung der vorläufigen – 58 20

Sicherungsinteresse der Gesellschaft 18 7, 11
Sicherungsverfahren, Zuständigkeit 40 5
Sicherungsverwahrung 7 2; 17 11; 106 5
Sittliche Entwicklungsreife
– Begriff 3 6
– Heranwachsender 105 5, 6
Sittlichkeitsdelikte, Heranwachsender 105 18
Skinheads 105 12, 16
Sofortige Beschwerde
– bei Absehen von der Vollstreckung des Jugendarrestes 87 11
– gegen die anordnende oder ablehnende Bewährungsentscheidung 59 2, 4
– neben der Berufung 59 6
– gegen Entscheidung über Beseitigung des Strafmakels 99 6
– gegen Entscheidungen gem. § 112 c 112 c 4
– gegen Erzwingungshaft 82 12
– gegen jugendrichterliche Entscheidungen 83 5, 8; 112 c 4
– gegen Kostenentscheidung 55 33; 74 14
– gegen nachträgliche
– – Arrestanordnung 53 11
– – einheitliche Sanktionierung 66 22
– gegen Sperrfristenentscheidung gem. § 88 Abs. 4 88 10
– gegen Teilvollstreckung 56 11
– gegen Unterbringung zur Beobachtung 73 12
– gegen Umwandlung des Freizeitarrestes 86 10
– bei Verhängung von »Ungehorsamsarrest« 65 6
– gegen Verwerfung der Berufung 55 30
– Vollzug und – 59 16

Sachregister

– neben der Wahlrevision 59 7
– gegen Widerruf der Aussetzung der Jugendstrafe 59 15
– Zuständigkeit für die – 59 5

Soldaten
– Absehen von Jugendarrestvollstreckung 112 c 3
– Anhörung
– des Disziplinarvorgesetzten 43 1; 112 d
– der JGH 112 d 2
– Anrechnung von Disziplinarmaßnahmen 112 a 15
– Anwendung
– – von Erwachsenenstrafrecht 105 13
– – von Erziehungsmaßregeln 9 3
– vor allgemeinen Gerichten 112 a 1; 112 e
– Beginn und Ende des Wehrdienstverhältnisses 112 a 1
– als Bewährungshelfer 24-25 13; **Grdl.** 112 a-112 e 4, 5; 112 a 12, 13
– Bewährungshilfe 112 a 12-14
– Bewährungsweisungen und -auflagen 112 a 8
– Definition 112 a 1
– disziplinarische Ausgangssperre 52 6
– Erziehungshilfe 9 3; 11 5; 112 a 6, 7; 112 b
– Geltung des JGG und WStG 112 a 3
– Gerichtsstand bei – 42 7
– Jugendarrest bei – 16 1
– Jugendarrestvollzug 90 5; 112 a 16
– jugendrichterliche Vollstreckungsentscheidungen 112 c 4
– Unanwendbarkeit von Erziehungsbeistandschaft und Fürsorgeerziehung 9 3; 112 a 5
– Verwarnung bei – 112 a 8

– Weisungen und Auflagen 112 a 8-11

Sozialanwaltschaft 38 6; 69 4

Sozialarbeiter
– zur Beurteilung der Rückfall- und Sanktionsprognose 43 16;
– in Jugendarrestanstalten 90 9
– als Sachverständiger 43 16; 50 13

Soziale
– Benachteiligung 12 6
– Beziehungen und Rückfallprognose 5 16
– Dienste 10 12
– Feuerwehr **Grdl.** 1-2 8; **Grdl.** 21-26 a 8
– Handlungskompetenz **Grdl.** 38-42 4; 42 7, 8
– Randständigkeit 21 16
s. a. »Trainingskurse«

Soziales Umfeld
– als Erkenntnisquelle für Beschuldigten-Diagnose 43 12
– Reaktion des – **Grdl.** 45 u. 47 4
– Wiedergabe des – im Urteil **Grdl.** 46 u. 54 5

Sozialisationsdefizite 3 6
– Kriminalität und – 5 11

Sozialisationsentwicklung 5 16

Sozialisationserfolge beim offenen Vollzug 17 10

Sozialisationsgrad 3 6

Sozialisationsprozeß 3 12; **Grdl.** 17-18 3
– Hauptverhandlung als Teil des – 37 4

Sozialisationsschäden 18 10

Sozialisationstheorie 3 6

Sozialpädagogen
– in Jugendarrestanstalten 90 9
– als Sachverständiger 43 16

Sozialpädagogische Maßnahmen 10 7

Sozialprotest Grdl. 13-16 7

Sozialpsychologe als Sachverständiger 43 16
Sozialstaatsprinzip 17 11
Sozialtherapie, psycho-therapeutische 88 6
Sozialversicherung, Herausnahme aus der – 91-92 16
Sozialwissenschaftliches Mehrwissen 37 5
Sperrfrist
– bei Aussetzung des Restes einer Jugendstrafe zur Bewährung 88 10
– für die Erteilung einer Fahrerlaubnis 7 15
– Verschlechterungsverbot 55 12
Spezialprävention s. »Individualprävention«
Spielraumtheorie 18 6
Staatsanwalt(-schaft) s. »Jugendstaatsanwalt(-schaft)«
Staatskasse
– Auferlegung der notwendigen Auslagen 74 10, 13
– Auslagen im Jugendstrafverfahren 74 9
Staatsschutzkammer, Zuständigkeit 41 3; 102 2; 103 11
Staatssicherheit 104 7
Stadt-Land-Gefälle bei Anwendung von Jugendstrafrecht **Grdl.** 105-106 7
Stationäre Behandlung s. »Behandlung«
Stationäre Begutachtung 43 15
– Verteidigerbestellung bei – 43 17
Stationäre Sanktionen
– Einstufung der – 5 22
– Unvereinbarkeit mit ambulanten Sanktionen 8 7
– Urteilsbegründung bei Verhängung von – 54 13
– Verschlechterungsverbot 55 15, 16, 21

– Vollstreckung 82 9-11
Steckbrief bei Haftbefehl vor Widerruf 58 23
Stigmatisierung
– durch Eintragung ins Erziehungs-/Zentralregister 47 10; 68 3
– bei Jugendarrest 16 4
– im schulischen Bereich 70 4
– -seffekt
– – einer Jugendstrafe **Grdl.** 27-30 3
– – Persönlichkeitsanalyse und – 38 16
– – »schädlicher Neigung« 17 3
– -sgefahr
– – der Beschuldigten-Diagnose 43 5, 11
– – vor der Jugendkammer 40 7
– sprozeß 11 13
– Ungleichbehandlung durch – 12 6
– Vermeidung einer – 3 3, 14; **Grdl.** 45 u. 47 4
– bei Zuchtmitteln 13 3
Stimmrecht der Jugendschöffen 35 2
Störung der Verhandlung 51 4
Strafabschreckung 21 5
Strafarrest 112 a 16
Strafaussetzung zur Bewährung s. »Aussetzung der Jugendstrafe zur Bewährung«
Strafausspruch
– Aussetzung der Jugendstrafe und – 21 3
– Teilanfechtung 55 7
Strafbefehl(sverfahren)
– Entscheidungshilfe durch JGH 79 3
– Einspruch gegen – 79 4, 5
– gegen Heranwachsende 79 2; 105 2, 19; 109 10
– Justizpraxis **Grdl.** 79-81 7; **Grdl.** 105-106 6

- Rechtspolitische Einschätzung **Grdl. 79-81** 8; **Grdl. 107-112** 6
- historische Entwicklung **Grdl. 79-81** 2
- Nichtigkeit **79** 3
- unzulässig gegen Jugendliche **Grdl. 79-81** 18; **79** 1

Strafe
- Begriff der – im JGG **2** 3
- s. a. »Freiheit-«, »Jugend-«

Straferlaß
- nach Ablauf der Bewährungszeit **26-26 a** 14
- Eintragung ins Zentralregister **26-26 a** 16
- Rechtsmittel **59** 18
- Verfahren **58** 2

Strafeskalation 5 7

Straffälligenhilfe 88 6

Straffälligkeit
- Anzeichen für – **26-26 a** 9
- negative Bedingungen für – **5** 20; **9** 7
- Rückfallprognose und – **5** 16

Straffreiheitsgrenze, absolute **1** 8

Strafgericht, Jugendgericht als – **33** 6

Strafgewalt s. »Sanktionskompetenz«

Strafinflation Grdl. 1-2 4

Strafmakelbeseitigung s. »Beseitigung des Strafmakels«

Strafmündigkeit
- absolute **Grdl. 3** 1
- relative **Grdl. 3** 1
- Strafmündigkeitsgrenze **Grdl. 1-2** 9
- als Strafverfolgungsvoraussetzung **1** 3
- verfahrensrechtliche Feststellung **1** 11, 12

Strafprozessuale Verfolgung von Kindern **1** 3

Strafrahmen
- bei einheitlicher Sanktionierung **31** 4
- des Erwachsenenrechts **18** 4
- bei Jugendstrafe **18** 3

Strafrechtliche Verantwortlichkeit
- bei Heranwachsenden **105** 3
- Prüfung durch Gutachter **Grdl. 43-44** 5
- in der Urteilsbegründung **54** 16
- Verneinung **3** 2, 16
- Verfahrenseinstellung bei Zweifeln an der – **45** 4
- Voraussetzungen für § 32 **32** 2
- s. a. »Verantwortlichkeit«

Strafrechtsgesetze, Subsidiarität **2** 5

Strafregister s. »Zentralregister«

Strafrechtsordnung, Jugendgerichte als Teil der – **33** 7

Strafschärfungsautomatismus
- Aufgabe **5** 20
- »Ausstieg« aus einem – **Grdl. 45 u. 47** 4
- bei Einbeziehung **31** 21

Straftat
- Bedeutung **1** 3
- Bewertung der – für die Anwendung des JGG auf Heranwachsende **105** 14-18
- -folgen **5**
- – Ausschluß bestimmter – **Grdl. 5-8** 3
- – Neubestimmung von – **11** 6
- als Mittelpunkt des Strafverfahrens **Grdl. 48-51** 3
- rechtliche Einordnung **Grdl. 4** 1
- -ursachen **5** 9
- – justitielle Faktoren **5** 12
- – personelle Faktoren **5** 10
- – soziale Faktoren **5** 11
- in verschiedenen Altersstufen **Grdl. 31-32** 3

– – gleichzeitige Aburteilung 32 4-9
– – Zuständigkeit 32 12; 33 1
– -voraussetzungen 1 10; Grdl. 48-51 4
– -wiederholungen Grdl. 55-56 4
s. a. »jugendliche Straftat«
Strafunmündigkeit s. »Kinder«
»Strafurteil«
– Rechtsmittel 63 1
– Verfahren zum – 62 4, 5
Strafvereitelung im Amt 50 13
Strafverfahren
– Unangemessenheit/Überflüssigkeit des formellen – Grdl. 45 u. 47 4
– Zweck 9 6
Strafverfolgung, Rechtsfolgen bei unzulässiger 1 13, 14
Strafverfolgungskompetenz, Fehlen 1 1
Strafverfolgungsverjährung s. »Verfolgungsverjährung«
Strafverschärfungsautomatismus 5 20
Strafvollstreckung s. »Vollstreckung«
Strafvollstreckungskammer
– historische Entwicklung Grdl. 82-85 2
– Zuständigkeit 85 7, 8; 91-92 27
– – bei Strafarrest 112 a 16
Strafvollstreckungsleiter s. »Vollstreckungsleiter«
Strafvollstreckungsvereitelung 10 29
Strafvollstreckungsverfahren s. »Vollstreckungsverfahren«
Strafvollstreckungsverjährung 27 8
Strafvollzug
– (Re-)Sozialisierung und – 18 10
s. a. »Jugendarrestvollzug«, »Jugendstrafvollzug«, »Vollzug«

Strafvollzugsanstalt s. »Jugendstrafvollzugsanstalt«
Strafvollzugsgesetz 91-92 3; 115 4
Strafvollzugsleiter s. »Vollzugsleiter«
Strafzumessungsbezeichnungen 54 4
Strafzumessungsregel 5 5
Straßenverkehrsdelikte s. »Verkehrsdelikte«
Stufenstrafvollzug 91-92 15
Subsidiarität
– -sprinzip
– – bei Anwendung des allgemeinen Rechts 2 5
– – bei Anwendung von Maßregeln 7 5
– – zur Begrenzung der Sanktion 5 20
– – im Verhältnis zwischen staatlichen Trägern der JGH und freien Trägern 38 4
– – zwischen informeller Sozialkontrolle und formeller Strafkontrolle 45 12
– der U-Haft 72 5
Subsumtion 54 16
Sühne
– -bedürfnis des Straftäters 5 3
– -leistung 10 12
– -verlangen/-bereitschaft bei »Schwere der Schuld« 17 4
– kein Sühneversuch vor Vergleichsbehörde 80 1
Suizide in Vollzugsanstalten 72 7
Symbolischer Interaktionismus 5 12

Taschengeld 93 15 a; 115 4
Tat s. »Straftat«
Tatbestandsirrtum 3 2
Tatbestandsmerkmale, Verbot der Doppelverwertung 18 4
Tateinheit 3 8; 31 4; 32 3

Täter
- biologische und psychische Struktur **5** 10
- Biografie **54** 14

Täter-Opfer-Ausgleich
- als Auflage **15** 2-10
- als Diversionsgrund **45** 13
- als Weisung **10** 18

Täterpersönlichkeit
- Beurteilung der – bei Heranwachsenden **105** 5-14
- – Verhältnismäßigkeitsprinzip bei – **105** 22
- Gesamtbetrachtung **5** 5

Tatgewinn s. »Gewinnabzug«
Tathandlung, Zeitpunkt **1** 7
Tatmehrheit 31 4; **32** 3
Tatmotivation 5 5
Tatnachfolgende Einflußfaktoren 5 13
Tatsachenfeststellung 54 14
Tatschuldvergeltung, symbolisch **Grdl.** 1-2 5
Tatursachenanalyse 5 9, 13
Tatverdacht
- dringender
- – als Voraussetzung bei Unterbringung zur Beobachtung **73** 2
- – als Voraussetzung der U-Haft **72** 2
- hinreichender
- – bei Einstellung gemäß § 203 StPO **47** 6
- – im vereinfachten Jugendverfahren **76-78** 4, 9, 13
- – bei vorläufiger Anordnung gemäß § 71 **71** 2
- – bei Zuständigkeit der Jugendkammer **41** 3

Tatzeit
- Alter zur – **1** 7-9; **48** 3
- Entwicklungsreife und – **3** 11; **105** 8

»Tatzeitpersönlichkeit« bei Heranwachsenden **105** 8
Teilanfechtung 55 7-9
- einer einheitlichen Sanktionierung gemäß § 31 **31** 34
- einer einheitlichen Sanktionierung gemäß § 32 **32** 19

Teilverbüßung 88 2-4
Teilrechtskraft
- bei Anwendung von § 105 **105** 29
- Teilvollstreckung **56** 4

Teilumwandlung des Freizeitarrestes **86** 7
Teilvollstreckung einer Einheitsstrafe **56**
- Ermessensentscheidung bei – **56** 8
- Gesetzesziel **Grdl. 55-56** 8
- nomineller Anwendungsbereich **56** 7
- bei rechtskräftiger Schuldfeststellung **56** 4
- Rechtsmittel **56** 11, 12
- bei Verfahren vor Erwachsenengerichten **104** 12
- Voraussetzungen **56** 2-10

Tenor s. »Urteilsspruch«
Terminzettel, Nichtöffentlichkeit gemäß § 48 und – **48** 6

Therapie
- Arbeits- **91-92** 16; **93 a** 5
- Beschäftigungs- **91-92** 17; **93** 10; **93 a** 5
- bei Drogenabhängigen **82** 11; **88** 6
- Gesprächstherapie **10** 25; **91-92** 19; **93 a** 5
- Gruppentherapie **91-92** 19
- Therapiemöglichkeiten **7** 13
- Therapiemotivation **72** 4; **91-92** 19
- Therapieplätze **7** 13; **72** 4
- Psychotherapie **91-92** 10, 19, 25

– Verhaltenstherapie **91-92** 10, 19, 25
– Zwangstherapie **Grdl. 93** a 5
Tilgung des Schuldspruches 30 8
– keine Kopplung mit Maßnahmen **30** 8
– Urteilsformel bei – **54** 8
Tilgung des »Schuldurteils«, Verfahren zur – **62** 6
Totalverweigerer 21 6
Trainingskurse, soziale **Grdl. 9-12** 6; **10** 17
– Dauerarrest als – **Grdl. 13-16** 9
– gegen Drogenabhängigkeit **10** 17
– im Jugendarrestvollzug **90** 12
– im Jugendstrafvollzug **91-92** 19
– reformierter Arrest i. S. eines – **11** 13
– während der U-Haft **93** 12
– als vorläufige Maßnahme gemäß § 71 Abs. 1 **71** 6
Trennung
– Trennungsbeschluß **103** 16
– Trennungsprinzip in der U-Haft **93** 4, 5
– verbundener Strafsachen **41** 6; **47 a** 5; **103** 5-14

Übergang der Vollstreckung **85** 5-11
Überbetreuung, Gefahr einer – **45** 15
Überbrückungsgeld 91-92 24
Übergangshäuser 91-92 6, 24
Übergangshilfen bei U-Haftgefangenen **93** 16
Übernahmebeschluß 40 8
– Anfechtbarkeit des – **40** 9
– Verbindung mit Eröffnungsbeschluß **40** 8
– Zuständigkeit der Jugendkammer durch – **41** 4
Übernahme(verfahren) 40 8
– Ablehnung des – **42** 13

– Teil des Zwischenverfahrens **40** 8
– der Vollstreckung **85** 14
Übersetzerkosten 68 18; **72 a** 5 a
Übertragung
– der Entscheidungskompetenz bei U-Haft **72** 12
– der Zuständigkeit auf Jugendrichter des Aufenthaltsortes **58** 5-10
Überwachung
– von Auflagen **15** 17
– von Bewährungsauflagen und -weisungen **24-25** 10
– durch Bewährungshelfer **24-25** 6, 10
– durch JGH **15** 17; **33** 19
– durch Vollstreckungsleiter **38** 19
Überweisung an den Familien- oder Vormundschaftsrichter
– Anfechtung **53** 7, 11
– Entscheidung nach – **53** 7-10
– bei fehlender Sachkompetenz **53** 5
– Justizpraxis **Grdl. 53** 4
– Urteilsformel bei – **54** 10
– im vereinfachten Jugendverfahren **53** 3; **76-78** 17
– Verfahren gemäß FGG nach – **53** 7, 11
– als versteckte Sanktionsregel **Grdl. 53** 1
– Voraussetzungen **53** 5, 6
Überzeugungstäter 21 6
Ubiquität der Jugendkriminalität **5** 10
Ultima ratio Jugendstrafe als – **17** 12
Umrechnungsmodus bei Jugendarrest **16** 11; **86** 6
Umwandlung
– von Freizeit- in Kurzarrest **16** 11; **86**
– – Beschluß bei – **86** 8
– – Justizpraxis **Grdl. 86-87** 4

– – Umwandlungsmodus **86** 6, 7
– – sofortige Beschwerde **86** 10, 11
– – Teil- **86** 7
– – Voraussetzungen **86** 3-5
– – Zuständigkeit **86** 2
– von Kurz- in Freizeitarrest **Grdl. 86-87** 5
Umwelt
– Berücksichtigung der -bedingungen bei Heranwachsenden **105** 9-13
– einflüsse und »schädliche Neigungen« **17** 3
Unbedingte Jugendstrafe 30 4
Unbrauchbarmachung 6 2
Unfallflucht 7 15
Unfähigkeit, öffentliche Ämter zu bekleiden, Rechte aus öffentlichen Wahlen zu erlangen und in öffentlichen Angelegenheiten zu wählen **6**
»**Ungebühr**« **51** 4
»**Ungehorsamsarrest**«
– Ermessen **11** 18
– Anhörung vor – **Grdl. 9-12** 7
– Anrechnung auf Jugendstrafe **26-26 a** 15
– als Ersatzsanktion **10** 13; **11** 11
– Erziehungsregister/Zentralregister **11** 15
– isolierter – **11** 10
– Justizpraxis **Grdl. 13-16** 7
– keine Anordnung durch Vormundschaftsrichter **53** 10
– kein – bei Nichtbefolgung von Erziehungshilfe **112 a** 6, 7
– Rechtsmittel **65** 6
– Verschlechterungsverbot **55** 12
– bei Verstoß gegen Bewährungsweisungen und -auflagen **26-26 a** 13
s. a. »Jugendarrest«
Unrechtsausschluß, situationsbedingter **3** 2

Unrechtsbewußtsein, Unrechtseinsicht
– Entwicklungsreife und – **3** 7
– Fähigkeit zum – **3** 8
– fehlendes – **1** 5; **3** 9
– bei Straftaten in verschiedenen Alters- und Reifestufen **32** 11
– Strafzumessungsregeln und – **5** 5
Unschuldsvermutung des Art. 6 Abs. 2 MRK **1** 3; **5** 13; **26-26 a** 7; **30** 9; **38** 16; **Grdl. 43-44** 3; **43** 9; **45** 5, 16; **93** 6
Unterbrechung
– der Vollstreckung des Jugendarrestes **87** 4
– der Jugendstrafe bei Anschlußvollstreckung einer Freiheitsstrafe **89 a**
Unterbringung
– Unterbringungsbefehl **71** 4
– zur Beobachtung **73**
– – bei Bagatellen **73** 4
– – durch Beschluß **73** 8-10
– – als Freiheitsentzug **43** 15; **52** 5
– – gem. § 81 StPO **52** 5
– – Gesetzesziel **Grdl. 71-73** 3
– – Gutachten **73** 6, 9
– – bei Heranwachsenden **73** 1
– – Höchstdauer **73** 4
– – Pflichtverteidigung bei – **73** 8
– – Rechtsfolgen **73** 6
– – Rechtsmittel **73** 12
– – Verfahren **73** 7-12
– – im Verfahren vor Erwachsenengericht **104** 17
– – Verhältnismäßigkeitsprinzip **73** 4
– – Vollstreckung **73** 11
– – Zuständigkeit **73** 7
– einstweilige – gem. § 126 a StPO **52** 5
– in einer Entziehungsanstalt **5** 2; **7** 2, 11-13
– – Einstufung **5** 22

– – Entziehungskur und – 10 27
– – Erfolgsquote **Grdl. 93 a** 5
– – Gefahrenprognose 7 12
– – Heranziehung eines Sachverständigen bei – 43 15
– – Justizpraxis **Grdl. 5-8** 5; **Grdl. 93 a** 4
– – nach Landesrecht 7 9
– – Pflichtverteidiger bei – 68 8
– – Rechtsmittel 7 17
– – Sachverständigengutachten 7 11
– – Sanktionsbegründung 54 17
– – therapeutische Mittel bei – **93 a** 55
– – Ungeeignetheit – **93 a** 6
– – Verhältnismäßigkeit 7 13
– – Verschlechterungsverbot 55 11, 23
– – Vollzug **93 a**
– – Zuständigkeit 40 2
– in einem Erziehungsheim 52 5; 71 4, 7
– Unterbringungsgesetze der Länder 7 9
– des Kindes gem. § 1631 b BGB 42 7
– in einem psychiatrischen Krankenhaus 7 7-10
– – Dauer 7 9
– – Einstufung der – 5 22
– – Gefahrenprognose 7 8
– – Justizpraxis **Grdl. 5-8** 5
– – nach Landesrecht 7 9
– – Pflichtverteidiger bei – 68 8
– – Rechtsmittel 7 17
– – Sachverständiger bei – 43 5
– – Sanktionsbegründung 54 17
– – Verschiebung der Sanktionskompetenz bei – **Grdl. 39-42** 6
– – Verschlechterungsverbot 55 11, 23
– – Zuständigkeit 40 2, 5
– in einer sozialtherapeutischen Anstalt 7 2

Unterricht
– im Jugendstrafvollzug 91-92 18
– in der U-Haft 93 11
Unterstützung
– durch Erziehungsberechtigte 42 7
– durch das Jugendamt 42 7
– durch JGH 38 21
Untersuchung
– Untersuchungsführer 43 7, 8
– körperliche – 43 17
– kriminologische – **Grdl. 43-44** 2; 73 9
– durch Sachverständigen 43 16-18
– bei Untersuchung zur Beobachtung 73 6
– Umfang 43 6
– Zeitpunkt 43 6
s. a. »Psycho-soziale Beschuldigten-Diagnose«
Untersuchungshaft
– Angemessenheit 72 8
– Anrechnung
– – bei Einbeziehung 31 22
– – bei Jugendarrest
– – –bis zur »relativen Rechtskraft« 52 5
– – – nach »relativer Rechtskraft« 87 5-7
– – bei Jugendstrafe **52 a**
– – – Durchführung **52 a** 9-11
– – – vor dem Erwachsenengericht 104 10
– – – Gesetzesziel **Grdl. 52-52 a** 4
– – – Heranwachsende 109 6
– – – historische Entwicklung **Grdl. 52-52 a** 3
– – – Rechtsmittel **52 a** 12
– – – Versagung **52 a** 5-8
– – – Verschlechterungsverbot 55 16, 17
– – – Voraussetzungen **52 a** 2-8
– – Urteilsformel und -begründung 54 12, 18

Sachregister

- Berücksichtigung bei Jugendarrest 52
- – Durchführung 52 10, 11
- – Gesetzesziel **Grdl. 52-52 a** 4; 52 7
- – Rechtsmittel 52 12
- – Urteilsformel und -begründung 54 12, 18
- – Verschlechterungsverbot 55 17
- – Voraussetzungen 52 4-9
- Beschleunigungsgebot 36 3; 72 8
- Dauer der – **Grdl. 71-73** 6; 72 14
- bei Drogenabhängigen 72 4
- Erfahrung einer – 21 10
- Führung in der – 52 a 6
- Haftgründe 72 3, 4
- JGH und – 38 17; 72 13
- Justizpraxis **Grdl. 71-73** 5; 72 3
- Notwendigkeit 72 6
- Rechtsmittel 72 14, 15; 93 19
- rechtspolitische Einschätzung **Grdl. 71-73** 8, 9
- Subsidiarität 72 5
- (Un-)Geeignetheit der – 72 5
- Unterricht 93 11
- Verfahren 72 10-13
- Vollstreckungsquote von Jugendstrafe nach – **Grdl. 71-73** 6; 72 4
- Voraussetzungen 72 2-9
- vor Widerruf 26-26 a 10
- Ziel der – **Grdl. 71-73** 3; 93 6
- Zuständigkeit 72 11, 12

Untersuchungshaftvollzug
- Arbeit während – 93 10
- äußere Organisation 93 10
- Berufsausbildung 93 11
- Disziplinarmaßnahmen 93 18
- erzieherische Gestaltung 52 8; 93 6
- Freizeit 93 15
- bei Heranwachsenden 93 1; 110 1
- Hilfeangebot 93 10-16
- innere Gestaltung 93 6-16
- öffentlicher Fernsprecher 93 14
- Persönlichkeitserforschung 93 12
- Rechtsmittel 93 19
- Schockwirkung der – 52 8; 72 4; 93 5, 9
- sexuelle Kontakte 93 14
- Suizide in – 72 7
- therapeutische Maßnahmen 93 12
- Trennung von Jugendlichen und Heranwachsenden 93 17
- Übergangshilfen 93 16
- Verkehr mit der Außenwelt 93 13, 14
- Vollstreckung von – in Jugendarrestanstalten 90 5; 93 4
- Zwangsmaßnahmen 93 18

Untersuchungshaftvollzugsordnung 93 2; 114 2

Unzumutbarkeit von Weisungen 10 8

Untersuchungszeit gem. § 81 StPO als Freiheitsentziehung 52 5

Unzuständigkeit des Gerichts 38 8, 10

Urinprobe 10 5; 23 2, 3

Urteil
- abgekürztes – 54 13
- Aussetzung der Verhängung der Jugendstrafe durch – 62 1

Urteilsbegründung 54 13-19
- – formelhafte – 54 13
- – Reifefeststellung in der – **Grdl.** 3 4
- – keine schematische – 54 13
- – für den Verurteilten 54 13
- Einbeziehung 31 28; 32 9
- Einstellung des Verfahrens durch – 1 11; 33 3
- Urteilsformel 54 4-12
- Urteilsgründe 54
- – vor dem Erwachsenengericht 104 11
- – Mitteilung der schriftlichen – 54 21, 23
- Konkurrenzverhältnis 54 4

- Kostenentscheidung **54** 5, 19
- nachträglich einheitliche Sanktionierung durch – **66** 17-19
- Nichtigkeit **1** 13, 14; **33** 3, 5
- Nichtöffentlichkeit **43** 6
- Rechtsmittel **54** 24
- Rechtsmittelbelehrung **54** 22
- Sanktionsspruch **54** 4
- Schuldspruch **54** 4
- Strafzumessungsbezeichnungen im – **54** 4
- im vereinfachten Jugendverfahren **54** 2
- Urteilsverkündung **54** 20-22
- – Ausschluß des Angeklagten bei – **51** 5; **54** 21
- Verschlechterungsverbot **55** 12

Urteilsarrest 11 9

Verantwortlichkeit
- eingeschränkte – **18** 6
- Fehlen **Grdl. 3** 4
- Rechtsfolgen bei fehlender – **3** 18-21
- Reifeentwicklung und – **3** 3
- strafrechtliche – **Grdl. 3** 3, 4
- bei Straftaten in verschiedenen Alters- und Reifestufen **32** 12
- als Straftatvoraussetzung **3** 4 s. a. »Strafrechtliche Verantwortlichkeit«, »Verantwortungsreife«

Verantwortungsreife
- Fehlen **3** 6
- Feststellung **Grdl. 3** 5; **3** 12

Verbesserungsverbot 31 21

Verbindung
- Verbindungsbeschluß **103** 16
- der Reaktionsmittel des JGG **8**
- – mit Nebenstrafen und -folgen **8** 2
- – unzulässige – **8** 3-6
- – Verhältnismäßigkeit **8** 3-6
- – zulässige – **8** 2
- – Zweckmäßigkeit **8** 7
- von Strafsachen
- – eines Jugendlichen/Heranwachsenden **103** 3
- – gegen Jugendliche/Heranwachsende und gegen Erwachsene **103** 5
- – mehrerer Jugendlicher/Heranwachsender **103** 4
- – Ordnungswidrigkeiten und – **103** 11-14 s. a. »Kopplungsverbot« von Verfahren in verschiedenen Altersstufen **103** 4

Verbot
- Der Aussetzung des Jugendarrestes zur Bewährung **82** 2-4
- der Benachteiligung Jugendlicher gegenüber Erwachsenen **5** 4; **18** 5
- Beweisantizipations- **76-78** 15
- der Doppelbestrafung **7** 14; **11** 10; **47** 15; **52** 6; **88** 2
- der Doppelverwertung **18** 4
- der reformalen Sanktionsaddition **32** 8
- der Jugendstrafe unter einem halben Jahr **18** 3; **72** 4
- der öffentlichen Zustellung **48** 7; **58** 17
- der Privatklage gegen Jugendliche **80** 1, 5, 14
- der reformatio in peius s. »Verschlechterungsverbot«
- des schriftlichen Verfahrens **Grdl. 79-81** 5
- Verweisungs- gem. § 47 a **47 a** 4
- der weiteren Beschwerde **58** 24; **59** 7, 8

Verbrechen 4 2

Verdacht
- der Beteiligung der Erziehungsberechtigten **67** 15
- Verdachtsmitteilung der JGH **38** 14
- Verdachtsstrafe **Grdl. 71-73** 3

1245

Verdunkelungsgefahr
- als Haftgrund für U-Haft **72** 3
- Wegfall der – bei Schuldurteil **62** 1

Vereidigung
- im Bußgeldverfahren **49** 3
- vor dem Erwachsenengericht **49** 1
- vor dem Jugendrichter **49** 1
- von Sachverständigen **49** 5
- Verfahren **49** 7
- in Verfahren gegen Jugendliche und Heranwachsende/Erwachsene **49** 2
- Verzicht auf eine – **Grdl. 48-51** 1, 3; **49** 6
- Voraussetzung einer – **49** 4, 5
- von Zeugen **49** 4

Verein, Ein- oder Austritt in einen – als Weisung **10** 5

Vereinfachtes Jugendverfahren
- Abgabe **42** 11; **76-78** 17
- Ablehnung des Antrages auf – **68** 2; **76-78** 8, 13
- Abweichen von der äußeren Form **76-78** 17
- Antrag der StA als Voraussetzung **76-78** 2, 7
- Anwendungsbereich **76-78** 1
- Anwendungsvoraussetzungen **76-78** 2-10
- Anwesenheit **50** 7
- Beschleunigung **43** 2; **76-78** 9
- Beweisantragsrecht **43** 2; **76-78** 15
- Einstellung des Verfahrens **47** 2; **Grdl. 76-78** 1; **Grdl. 79-81** 9; **Grdl. 107-112** 6; **109** 10
- hinreichender Tatverdacht **76-78** 4, 9, 13
- historische Entwicklung **Grdl. 76-78** 2; **Grdl. 79-81** 2
- Information der JGH im – **38** 2; **76-78** 16
- Justizpraxis **Grdl. 76-78** 4

- keine Entscheidung gem. § 27 **76-78** 5
- Ladungsfrist **76-78** 14
- Mitteilungen **70** 1
- nicht vor dem Erwachsenengericht **76-78** 1; **104** 22
- Persönlichkeitserforschung im – **43** 2
- Pflichtverteidigerbestellung im – **68**; **76-78** 8, 10
- Rechtsfolgen **76-78** 11-13
- Rechtsmittel **55** 2; **76-78** 18
- rechtspolitische Einschätzung **Grdl. 76-78** 5
- Sachverständiger im – **43** 2
- Überweisung an den Vormundschaftsrichter **53** 2; **76-78** 17
- Urteil **54** 2
- Verfahren **76-78** 14-19
- Verfahren ohne Robe im – **Grdl. 48-51** 5; **76-78** 17
- Verschlechterungsverbot **55** 12
- Vorführungsbefehl **76-78** 17
- Vorrang einer Entscheidung nach § 45 **45** 2

Vereinigungen für Jugendhilfe **38** 4
- Zeugnispflicht für Mitarbeiter vom – **38** 11

Verfahren
- bei Aussetzung
- – der Jugendstrafe zur Bewährung **57-60**
- – der Verhängung der Jugendstrafe **62-64**
- Verfahrensbeteiligte an der Hauptverhandlung **48** 11 s. a. »Anwesenheitsrecht«
- vor dem Erwachsenengericht **104**
- gegen Heranwachsende **109**
- bei mehreren Straftaten in verschiedenen Altersstufen **109** 2
- bei nachträglichen Entscheidungen über Weisungen und Auflagen **65** 4-8

– Stellung
– – der JGH **38** 6-11
– – der Erziehungsberechtigten/ gesetzliche Vertreter s. a. bei den einzelnen Gesetzeskommentierungen
Verfahren am runden Tisch 68 4
Verfahrensdauer 43 8 a
Verfahrenseinstellung s. »Einstellung des Verfahrens«
Verfahrenserledigung, informelle **Grdl. 45 u. 47** 8
Verfahrenskosten als Auflage **15** 8
Verfahrensökonomie 3 12; **45** 10
Verfahrensverzögerung bei der Abgabe des Verfahrens **42** 11
Verfall 6 2; **15** 14
– Abführung des Mehrerlöses als – **6** 2
– Justizpraxis **Grdl. 5-8** 5
– als Rechtsfolge **Grdl. 5-8** 1
Verfassungsbeschwerde 68 20
Verfehlung
– Begriff **34** 4
– Zuständigkeit bei – von geringem Unrechtsgehalt **42** 9
»Verfolgung Unschuldiger« 87 14
Verfolgungsverjährung 4 3
Vergebung Grdl. 45 u. 47 4; **4** 2
– Einstellung bei – **45** 10
Vergeltung Grdl. 1-2 5; **Grdl. 45 u. 47** 4
Vergleichsbehörde, kein Sühneversuch vor – **80** 1
Verhältnismäßigkeit(-sprinzip)
– bei fehlender Verantwortlichkeit **3** 20
– bei Aussetzung der Verhängung der Jugendstrafe **27** 4
– bei Bagatelltaten **Grdl. 45 u. 47** 5
– bei Beschlagnahme von Jugendamtsakten **50** 13
– bei Beschuldigten-Diagnose **43** 5

– bei Bewährungsauflagen und -weisungen **23** 2, 5
– Bindung des Jugendrichters **5** 5
– bei Ermittlungsaufgaben **38** 16
– im Ermittlungsverfahren **36** 3
– bei Erziehungsmaßregeln **36** 3
– bei Geldbuße **12** 15
– bei Jugendstrafe **17** 3
– Kombinationsmöglichkeiten und – **8** 8
– bei Maßregeln **7** 10, 13, 14
– beim Mitteleinsatz der Sanktionszumessung **5** 7
– bei Persönlichkeitserforschung **90** 10
– Rechtstaatsprinzip und – **5** 2
– Sachverständigengutachten und – **3** 14; **105** 22, 24
– bei Vernehmung von Kindern als Zeugen **1** 4
– Schuldprinzip und – **5** 2
– von Straftat und Sanktion **5** 2-7; **9** 7; **18** 4, 6
– bei Unterbringung zur Beobachtung **73** 4
– bei U-Haft **72** 5-8
– bei vorläufiger Anordnung über die Erziehung **71** 4
– bei Weisungen **11** 3
Verhalten
– Entwicklungsreife und – **3** 10
– nach der Tat **21** 16; **52** a 6
Verhaltensstörungen
– Überwindung **10** 25
– Ursprung **10** 26
Verhaltenstherapie 10 25; **91-92** 19
Verhandlung
– jugendrichterliche Verhandlungsführung **Grdl. 48-51** 6 s. a. »Hauptverhandlung«
Verhandlungsfähigkeit 55 3
Verhängung von Jugendstrafe
– nach Beendigung der Bewährungszeit **30** 7

– im Nachverfahren **30** 7
Verjährung
– Schadenswiedergutmachungsauflage und – **15** 7
– sregelung des Erwachsenenstrafrechts- **Grdl. 4** 1 s. a. »Verfolgungsverjährung«, »Vollstreckungsverjährung«
Verkehr
– mit der Außenwelt
– – im Jugendstrafvollzug **91-92** 20, 21
– – im U-Haftvollzug **93** 13, 14 s. a. »Außenkontakte«
– Verkehrsrecht
– – für Bewährungshelfer, Erziehungsbeistand **93** 13
– – für JGH **38** 22; **93** 13
– mit Verteidiger **93** 13
Verkehrsdelikte
– – Gerichtsstand **42** 9
– – als Jugendverfehlung Heranwachsender **105** 17
– – Justizpraxis bei Verurteilung von – **Grdl. 105-106** 6
Verkehrsunterricht als Weisung **10**
Verkündung des Urteils **54** 20-22
Verkürzung der Bewährungszeit **22** 4, 5
Verlängerung
– Verlängerungsbeschluß **26-26 a** 11
– der Bewährungszeit **22** 4, 5; **26-26 a** 4, 11
– – Beschwerde gegen – **59** 11
Verlesung des JGH-Berichts **38** 9
Verletzter
– Anwesenheitsrecht **48** 12; **Grdl. 79-81** 1; **80** 1
– Begriff **48** 12
– Entschädigung **81**
– Interesse an der Verfolgung von Privatklagedelikten **80** 7, 8
– als Zeuge **48** 10, 13

Verlust
– der Amtsfähigkeit, der Wählbarkeit und des Stimmrechts **6** 2; **106** 6
– des Arbeits- oder Ausbildungsplatzes durch Anhörung **43** 11
Verminderte Schuldfähigkeit 3 5, 2; **7** 7; **43** 16
Vermögensstrafe **8** 2
Vernehmung
– vor Anklageerhebung
– – durch Jugendrichter **44**
– – durch StA **44** 4
– des Beschuldigten im Vorverfahren
– – als erzieherische Maßnahme **44** 5
– – Verfahren **44** 5, 6
– – Zuständigkeit **44** 4
– Vernehmungsbefugnis des Sachverständigen **43** 7
– vor dem Erwachsenengericht **44** 1; **104** 21
– von Heranwachsenden **44** 1; **109** 4
– zur Person in der Hauptverhandlung **54** 14
– von Zeugen unter 16 Jahren **35** 2
Veröffentlichung einer Vermögensbeschlagnahme **50** 5
Verschlechterungsverbot (bei) **55** 11-24
– Ablösung des – im Jugendstrafverfahren **Grdl. 55-56** 6
– Anrechnung von U-Haft auf Jugendstrafe gem. § 52 a **55** 17
– Auflagen **55** 15
– Aussetzung der Jugendstrafe zur Bewährung **55** 16
– Aussetzung der Verhängung der Jugendstrafe **57** 16
– Berücksichtigung von U-Haft auf Jugendarrest gem. § 52 **55** 16, 17

- urteilsgleicher Beschlüsse **55** 12
- Betreuungsweisungen **55** 15
- Bewährungsauflagen **55** 16
- Bewährungsaufsicht **55** 16
- Bewährungsweisungen **55** 16
- bei Einbeziehung **31** 32
- vorzeitiger Entlassung aus dem Jugendarrest **55** 12
- Entschuldigung **55** 15
- Erziehungsbeistandschaft **55** 15
- Erziehungsmaßregel **55** 15
- Entziehung der Fahrerlaubnis **55** 23
- Fahrverbot **55** 22, 23
- im formlosen Erziehungsverfahren **55** 13
- Freiheitsstrafe **55** 21
- Fürsorgeerziehung **55** 15
- Geldauflagen **55** 15
- Geldbußen **55** 15, 22
- Geldstrafe **55** 21
- Jugendarrest **55** 15, 21; **87** 2
- Jugendstrafe **18** 3; **55** 15-17, 19, 21, 23
- (urteilsmäßiger) Kostenentscheidung **55** 15, 23
- Maßstab für die Beachtung – **55** 14
- nachträgliche einheitliche Sanktionierung **55** 12; **66** 11
- Nebenfolgen **55** 22
- Nebenstrafen **55** 22
- für die Rechtsfolgen der Tat **55** 11
- im Rechtsmittelverfahren nach dem JGG **55** 11
- Reststrafenbewährung **55** 17, 19
- Festsetzung der Sperrfrist **55** 12
- ambulante Sanktionen **55** 15, 16, 21
- Beschwerdeverfahren **59** 9
- stationäre Sanktionen **59** 15, 16, 21
- Ungehorsamsarrest **55** 12

- Unterbringung in einem psychiatrischen Krankenhaus **55** 12
- für Urteile **55** 12
- im vereinfachten Jugendverfahren **55** 12
- Verwarnung **55** 12
- Weisungen **11** 4; **55** 15

Versicherungen, Rückgriff **15** 10

Versicherungsschutz bei Weisungen **10** 14

Verständlichkeit der Anklageschrift **46** 5

Verständigungsschwierigkeiten des Angeklagten **Grdl. 48-51** 6

Verstoß
- »beharrlicher« bzw. »gröblicher« **26-26 a** 8
- gegen Bewährungszeit **26-26 a** 4, 8
- gegen Bewährungsweisungen **26-26 a** 4, 8
- gegen die gerichtliche Aufklärungspflicht **43** 19
- gegen die örtliche Zuständigkeit **42** 14

Verteidiger
- Anfechtungsrecht **55** 5
- Anwesenheit
-- bei Entscheidungen über Aussetzung der Reststrafe zur Bewährung **88** 11
-- bei Explorationsgesprächen **43** 17; **73** 8
-- in der Hauptverhandlung **48** 11
- Akteneinsicht durch – **68** 9
- Aufgaben **68** 3-6
- Ausschluß **67** 15
- Bestellung bei Antrag auf Unterbringung **73** 8
- Diversion auf Initiative **68** 5
- als einseitiger Interessenvertreter **68** 6
- bei Entzug der Rechte der Erziehungsberechtigten **67** 18

1249

– erzieherische Aufgabe 68 3
– Erziehungsbefähigung 68 14
– vor dem Erwachsenengericht 68 1; 104 15
– Höchstzahl 67 12
– Verteidigerkosten 67 12
– als »pädagogisches Risiko« 68 3
– Parteiverrat 68 6
– Recht auf Verkehr 93 13
– Rechtsbeistände als – 68 14
– bei U-Haft 72 13
– im vereinfachten Jugendverfahren 68 2
– Wahl 67 12
– »Zwangs-« 68 13 s. a. »Notwendiger Verteidiger«, »Pflichtverteidiger«, »Wahlverteidiger«
Verteidigung der Rechtsordnung 17 7; 21 9
– Begriff **Grdl. 17-18** 3
Verteidigungsplädoyer Ausschluß des Angeklagten für das – 68 4
Vertrauensprinzip 11 4; 55 13
Vertrauensverlust 43 8
Verwahrlosung
– »schädliche Neigung« – 17 3
– »-täter« 105 7
– Voraussetzung für Fürsorgeerziehung 12 3
Verwaltungsbehörde
– Absehen von der Verfolgung im Ordnungswidrigkeitenverfahren 45 3
– Anhörung vor Beseitigung des Strafmakels 98 5
Verwaltungsvorschriften
– zum Jugendstrafvollzug (VVJug) 115 44
– Verhältnis zum JGG 2 7
Verwarnung
– Abgrenzung zur Ermahnung 14 2; 45 17
– Anwendungsbereich 14 1

– Anwendungsvoraussetzungen 14 2-4
– Arrest und – 8 7
– Einbeziehung 31 11
– gegen Jugendliche 14 4
– Justizpraxis **Grdl. 13-16** 5
– Rückfälligkeit 14 13
– Sanktionsvollzug 14 5-9
– schriftliche – 14 5-9
– bei schwerwiegender Verfehlung 14 4
– bei Soldaten 112 a 8
– Verwarnungstermin 14 7
– Verbindung mit anderen Sanktionen 14 3
– Verbindungsverbot mit Jugendstrafe 8 3
– Verschlechterungsverbot 55 12
– Vollstreckung 82 8
– unter Vorbehalt 14 9
Verweigerung der Aussagegenehmigung für Mitarbeiter des Jugendamtes 38 10
Verweis als Disziplinarmaßnahmen 112 a 8
Verweisung
– Verweisungsverbot gem. § 47 a 47 a 4
– an das zuständige Gericht 39 6, 7, 10
Verwerfung der Berufung 55 30, 31
Verzeihung Grdl. 45 u. 47 4
Verzicht auf eine Vereidigung s. »Vereidigung«
Volljährigenvollzug Grdl. 91-92 4
Volljährigkeit
– Bedeutung für Rechtsmittel 55 4
– Ende
– – der Hilfen zur Erziehung mit – 12 12
– – des Erziehungsrechtes mit – 10 5
– serklärung 1 6

- Vollstreckungszuständigkeit nach – 84 3

Vollstreckung 56 ff.; 65; 66; 83 ff.
- Abgabe
- – beim Jugendarrest 82 2-4
- – Rechtsmittel 85 16
- – aus wichtigem Grund 85 12-15
- – Widerruf 85 13
- Absehen von der -
- – bei Jugendarrest 87 9-11
- – bei Soldaten 112 c 3
- ambulanten Sanktionen 82 8
- von Auflagen 82 8
- Beschleunigungsgebot 82 8
- Durchführung 84 4
- eines Vorbehaltsurteils 57 8-10
- Einleitung 84 2, 3
- von Erziehungsbeistandschaft 12 12
- der Erzwingungshaft 82 2
- von Freiheitsstrafe 85 7, 8
- von Führungsaufsicht 82 2
- von Geldbußen nach dem OWiG 82 2, 5, 12
- von Gnadenentscheidungen 82 2
- gegen Heranwachsende 110
- von Jugendarrest 82 2-5; 87
- – Bewährungsverbot 87 12-14
- – Vollstreckungsverbot 87 12-14
- als (jugend-)richterliche Entscheidung 83 3, 4
- von Jugendstrafe 85 5-11
- als Justizverwaltungsakte 83 2
- von Nebenfolgen 82 2
- von Nebenstrafe 82 2
- Rechtskraft und – 82 6
- durch Rechtspfleger 82 3
- als richterliche Tätigkeit **Grdl.** 82-85 4
- Vollstreckungsbehörde 82 3
- des Sicherungshaftbefehls 58 22, 23
- Teil- 56 4
- Übernahme 85 14
- Übergang 85 5-11
- der Unterbringung zur Beobachtung 73 1
- von U-Haft in Jugendarrestanstalten 90 5
- der Verwarnung 82 8
- Voraussetzungen 82 6, 7
- von Weisungen 82 8
- Zurückstellung 82 10, 11
- Zuständigkeit
- – bei Übergang in den Maßregelvollzug 85 9, 10
- – bei Wechsel in den Erwachsenenvollzug 85 7, 8

Vollstreckungsbehörde
- als Gnadenbehörde 110 3
- Jugendrichter als – 83 4

Vollstreckungsleiter
- Abgabenkompetenz 85 13, 15
- Annahmeverpflichtung 85 14
- Aussetzung des Restes der Jugendstrafe zur Bewährung 88 7, 9
- Beendigung der Erziehungshilfe durch – 112 c 2
- Entscheidung über Übergang in den Erwachsenenvollzug 85 7
- Festsetzung der Sperrfristen durch – 88 10
- Gerichtsstand 42 8
- Jugendrichter als – 10 28; 15 15; 38 19; 82 2-5; 84 2
- bei nachträglichen Entscheidungen über Weisungen und Auflagen 65 2
- bei nachträglicher einheitlicher Sanktionierung 66 13-16
- örtliche Zuständigkeit 84
- persönlicher Kontakt 37 4
- bei Umwandlung in Freizeitarrest 86 2
- bei Verlegung des Gefangenen 85 6
- bei Vollstreckung von Jugendarrest 85 2

- Widerrufkompetenz 85 13
- Zuständigkeitsstreit 84 5; 85 4

Vollstreckungsverfahren
- Einheit von Erkenntnisverfahren und – **Grdl. 82-85** 3-5
- Entscheidungen der Jugendkammer im – **41** 9
- Entscheidungen als Justizverwaltungsakte im **83** 2
- Rechtsmittel **83** 6, 7
- Entscheidungen als richterliche Entscheidungen im – **83** 3, 4
- Rechtsmittel **83** 8
- Verfahren **83** 5
- Pflichtverteidigung in – **68** 5

Vollstreckungsquote von Jugendstrafe nach U-Haft **Grdl. 71-73** 6; **72** 4

Vollstreckungsverjährung
- Fristen für – **Grdl. 4** 5; 4
- Ruhen während der Bewährungszeit **21** 22
- – bei Veränderung der Bewährungszeit **22** 6

Vollstreckungszuständigkeit s. »Vollstreckung«

Vollzug 90-93 a
- bei Heranwachsenden **110**
- des Jugendarrestes **Grdl. 13-16** 6; **Grdl. 90**; **90**
- – bei Soldaten **90** 5; **112 a** 16 s. a. »Jugendarrestvollzug«
- – der Jugendstrafe **Grdl. 91-92**; **91-92** s. a. »Jugendstrafvollzug«
- in Jugendstrafvollzugsanstalten
- – von Freiheitsstrafe **91-92** 1; **114**
- – von Jugendstrafe **91-92** 4
- in offenen Anstalten **17** 10
- Rückfallquote **17** 10
- der Strafe bei Drogenkonsumenten **21** 13
- der U-Haft **Grdl. 93**; **93**; **115** 2 s. a. »Untersuchungshaftvollzug«
- an weiblichen Gefangenen **91-92** 4

- Vollzugsziel **17** 5

Vollzugsanstalt s. »Jugendstrafvollzugsanstalt«

Vollzugsbeamte(-bedienstete) 91-92 8, 9

Vollzugsbehörde 93 a 8

Vollzugseinrichtungen 90 5-7

Vollzugsleiter
- Anhörung bei Aussetzung des Strafrestes zur Bewährung **88** 11
- beamteter – **Grdl. 82-85** 1
- im Jugendarrestvollzug **90** 8
- Jugendrichter als – **90** 8
- im Jugendstrafvollzug **91-92** 8

Vollzugsnähe Grdl. 82-85 3

Vollzugsplan 91-92 15

Vollzugsziel des Jugendstrafvollzuges **91-92** 11-14

Vorbehalt des Gesetzes 2 7

Vorbehaltungsurteil 57 2

Vorbeugehaft Grdl. 27-30 7; **72** 4

»Vorbewährung« Grdl. 57-60 1; **57** 5-7
- Ablehnung **Grdl. 57-60** 7
- Justizpraxis **Grdl. 57-60** 4

Voreingenommenheit 35 2

Vorführung
- bei Nichtantritt des Arrestes **87** 17
- zur Beschuldigten-Diagnose **43** 17
- von Kindern **1** 10
- Vorführungsbefehl im vereinfachten Jugendverfahren **76-78** 17
- Vorführungshaft **52** 5

Vorlage
- der Akte dem für zuständig erachteten Gericht **39** 6
- wegen des besonderen Umfanges an die Jugendkammer **41** 4

Vorläufige Anordnung über die Erziehung
- Anhörung **71** 9
- durch Beschluß **71** 9
- Beschwerde gegen – **71** 11
- Folgen **71** 6, 7

- Gesetzesziel **Grdl. 71-73** 3
- Justizpraxis **Grdl. 71-73** 4
- Kosten **71** 10
- im Verfahren vor dem Erwachsenengericht **71** 1; **104** 21
- Verhältnismäßigkeit **71** 4
- Verteidigerbestellung **71** 10
- Vollstreckung **71** 10
- Voraussetzungen **71** 2-5
- Zuständigkeit **71** 8

Vorläufige Festnahme 52 5

Vorläufige Maßnahmen s. »Sicherungsmaßnahmen«

Vormund als personensorgeberechtigt **67** 3

Vorrang
- ambulanter Maßnahmen **71** 4
- des Gesetzes **2** 7
- bei der örtlichen Zuständigkeit **42** 4
- des § 45 vor dem vereinfachten Jugendverfahren **45** 2
- des § 153 StPO **45** 5

Vorrangigkeit des JGG **2** 2

Vorschlagsliste für die Wahl der Jugendschöffen **35** 3
- Auswahl **35** 9
- Einspruch gegen – **35** 8, 9

Vorschlagsrecht für die Jugendschöffen **35** 5

Vorsitzender, Vernehmung von Zeugen unter 16 Jahren durch – **35** 2

Vorverfahren 43-46
- Umfang der Ermittlungen im – vor Erwachsenengericht **104** 8

Vorwegvollzug 7 13

Wahl
- Aus- des Gerichtsstandes **42** 9, 10
- gleichzeitige – von Erwachsenen- und Jugendschöffen **117**
- der Jugendschöffen **35** 9
- des Verteidigers **67** 12

- zwischen Berufung und Revision **55** 35

Wählbarkeit, Verlust **6** 2; **106** 6

Wahlrevision 59 7

Wahlverteidiger
- Aufgaben **68** 3-6
- Interessenkollision **68** 6
- Justizpraxis **Grdl. 67-69** 6
- Kosten **74** 5

Wahrheitserforschung
- Beeinträchtigung der – ohne Verteidiger **68** 2
- im vereinfachten Jugendverfahren **76-78** 15

Wahrheitsfindung und Tragen einer Robe **Grdl. 48-51** 5

Wehrbeschwerdeordnung 112 b 2

Wehrdienstverhältnis 112 a 1
- Beginn und Ende **112 a** 1
- Erziehungshilfe während des – **9** 3

Wehrdienstzeit
- weitere Entscheidungen bei Aussetzung der Vollstreckung der Jugendstrafe zur Bewährung **58** 6

Wehrpflichtsoldaten s.»Soldaten«

Wehrstrafgesetz 112 a 3 s. a. »WStG« im Gesetzesregister

Weisungen
- allgemeine – **10** 21, 22
- Änderung **11** 4, 6, 7
- – Anhörung vor – **11** 7
- – durch Beschluß **11** 7
- Gründe für – **11** 6
- – Verschlechterungsverbot **11** 4
- – durch den Vormundschaftsrichter **53** 10, 11; **65** 1
- Anhörung
- – der JGH **11** 7; **38** 17
- – der StA **11** 7
- – des Verurteilten **11** 7
- Anwendungsbereich **10** 1
- Arbeits- **Grdl. 9-12** 6; **10** 7, 12, 13; **Grdl. 13-16** 11

– Befreiung **11** 5-7
– – Anhörung vor – **11** 7
– – durch Beschluß **11** 6
– – Gründe für – **11** 7
– Bestimmtheit **10** 2
– Dauer **10** 4; **54** 6
– Durchführung **10** 28; **82** 8
– Einbeziehung **31** 21
– Einbeziehung der Eltern **10** 3
– Eingriffsintensität von – **55** 15
– als Erziehungsmaßregel **Grdl. 9-12** 9
– Erwerb einer Fahrerlaubnis **7** 16
– gem. § 10 Abs. 2 **10** 23-27
– gesetzessystematische Bindungen **10** 6
– Grundrechtskonformität **10** 5
– bei Heranwachsenden **9** 2; **10** 5; **105** 25
– Justizpraxis **Grdl. 9-12** 5
– Kontrollierbarkeit **10** 3
– Kosten **10** 10, 29
– Laufzeit **10** 2; **11** 2, 3
– Meldung beim Arbeitsamt als – **10** 11
– nachträgliche Entscheidungen
– – Durchführung **65** 5
– – Einleitung **65** 4
– – Rechtsmittel **65** 6-8
– – Zuständigkeit **65** 1-3
– Nichterfüllung **11** 8-18; **23** 12
– – Dauerarrest bei – **11** 3
– positive Individualprävention bei – **10** 4
– Regelung finanzieller Probleme als – **10** 22
– als (re-)sozialisierungsgeeignet **Grdl. 9-12** 6
– Soldaten **10** 7; **11** 4; **112 a** 8-11
– spezielle – gem. § 10 Abs. 1 S. 3 **10** 9-20
– unangemessene – **10** 7
– Ungeeignetheit **11** 5
– unzulässige – **10** 4; **11** 2

– Verbindung mit Jugendstrafe **8** 2
– Verschlechterungsverbot **55** 15
– Versicherungsschutz bei – **10** 14
– als vorläufige Maßnahmen i. S. v. § 71 Abs. 1 **71** 6
– Zumutbarkeit **10** 8
s. a. »Betreuungsweisungen«, »Bewährungsweisungen«

Weitere Beschwerde bei Unterbringung in einem Erziehungsheim **71** 11
s. a. »Beschwerde«

Weitere Entscheidungen bei Aussetzung der Vollstreckung der Jugendstrafe zur Bewährung **58**
– Anhörung **58** 11, 12
– Beschluß und Begründung bei – **58** 13
– vorläufige Maßnahmen bei – **58** 14-26
– Zuständigkeit bei – **58** 3-10

Wertebewußtsein 3 6; **105** 5

Wertersatz
– Einziehung **6** 3; **15** 14
– Strafe **6** 3

Wesentliche Ergebnisse der Ermittlungen in der Anklageschrift **46** 4, 6

Widerklage
– gegen Heranwachsende **80** 3
– gegen einen jugendlichen Privatkläger **Grdl. 79-81** 6
– – Rechtsfolgen **80** 12
– – Voraussetzungen **80** 12
– Kostenentscheidung **74** 2

Widerruf
– der Abgabe der Vollstreckung **85** 13
– der Aussetzung der Vollstreckung der Jugendstrafe zur Bewährung **58** 2
– – Alternativen **26-26 a** 11, 12
– – bei Begehung neuer Straftaten **26-26 a** 4-7

– – Doppelbestrafung **Grdl. 21-26 a** 4
– – bei Drogenkriminalität **26-26 a** 6
– – Frist bei – **26-26 a** 3
– – materielle Entscheidungskriterien **26-26 a** 3
– – Nichterstattung von Leistungen bei – **26-26 a** 5-9
– – Rechtsmittel **59** 15-17
– – Quote **Grdl. 21-26 a** 6
– – Straferlaß bei keinem – **26-26 a** 14
– – Widerrufsverbot **26-26 a** 2
– – Verfahren **26-26 a** 16
– – bei Verstößen gegen -
– – – Bewährungsauflagen **26-26 a** 4, 9
– – – die Bewährungsaufsicht **26-26 a** 4, 8
– – – Bewährungsweisungen **26-26 a** 4, 8
– – vorläufige Maßnahmen **26-26 a** 10; **58** 14-26
– – zeitlicher Beurteilungsraum **26-26 a** 4
– – Zeitpunkt der Entscheidung **26-26 a** 1-3
– – Zentralregister **26-26 a** 15
– der Aussetzung der Vollstreckung des Strafrestes zur Bewährung **88** 14
– der Beseitigung des Strafmakels **101**
– gem. § 35 Abs. 5 BtMG **82** 11
Widerrufsbeschluß
– Aufhebung **59** 17
– Vollstreckung **59** 16
Wiederaufnahmeverfahren 1 14; **55** 26
– bei nachträglicher Verhängung von Jugendarrest durch – **65** 8
Wiedereinsetzung in den vorherigen Stand

– wegen mangelnder Rechtsmittelbelehrung **55** 35
– bei Versäumnis der Rechtsmittelfrist **55** 35; **67** 13, 20
Wiedergutmachung s. »Schadenswiedergutmachung«
Wiederholungstäter als Haftgrund für U-Haft **72** 3, 4
Wirtschaftsstrafkammer, Zuständigkeit **41** 3; **47 a** 2; **102** 2; **103** 11
»Wohlverstandenes Interesse« des Verurteilten **Grdl. 55-56** 3; **56** 8
Wohngruppen-Projekte 24-25 9
Wohnsitz, örtliche Zuständigkeit **42** 6

Zeitpunkt
– für die Aufstellung des Bewährungsplans **60** 2
– der Aussetzung der Vollstreckung der Jugendstrafe zur Bewährung **57** 2, 3
– der Tathandlung **1** 7
– des Widerrufs der Aussetzung der Vollstreckung der Jugendstrafe zur Bewährung **26-26 a** 1-3
Zeitungsaufforderung und Nichtöffentlichkeitsprinzip **50** 5
Zeitweiliger Ausschluß
– des Angeklagten **51** 5-8
– von Angehörigen, Erziehungsberechtigten, gesetzlichen Vertretern **51** 9-12
Zentralregister, Eintragung/Mitteilung
– bei Aussetzung des Strafrestes zur Bewährung **88** 15
– bei Aussetzung der Jugendstrafe zur Bewährung **Grdl. 21-26 a** 4; **21** 22
– – bei Widerruf der – **25-26 a** 17
– bei Aussetzung der Verhängung der Jugendstrafe **Grdl. 27-30** 1, 6

1255

Sachregister

- bei Beseitigung des Strafmakels **97** 11, 12
- – bei Widerruf der – **101** 6
- Entfernung mit Tilgung des »Schuldurteils« **62** 6
- als Erkenntnisquelle für Beschuldigten-Diagnose **43** 14
- bei Erlaß der Jugendstrafe **26-26 a** 16
- bei Erziehungsmaßregeln **9** 8
- stigmatisierende Wirkung **68** 3
- bei »Ungehorsamsarrest« **11** 15
- bei Veränderung der Bewährungszeit **22** 7
- bei Zuchtmitteln **13** 4

Zeugen
- Anwesenheitsrecht von – **48** 13
- Ausbleiben oder Weigerung von – **41** 9
- Entschädigung von – **50** 11
- Eine -vernehmung von Bewährungshelfern **24-25** 12
- Kinder als – **1** 4
- Lehrer als – **70** 4
- Vereidigung von – **49** 10, 13
- Verletzte als – **48** 10, 13
- Vernehmung von – unter 16 Jahren **35** 2
- Vertreter der JGH als – **38** 9, 10, 27
- Vorführung von Kindern als – **1** 10
- (zeitweiliger) Ausschluß von – **51** 9

Zeugnispflicht
- der Mitarbeiter von freien Vereinigungen **38** 11
- des Jugendgerichtshelfers **38** 10

Zeugnisverweigerungsrecht
- des Bewährungshelfers **24-25** 12
- der Erziehungsberechtigten/ gesetzlichen Vertreter **67** 6
- der JGH **Grdl. 33-38** 12; **38** 10, 11
- des Sachverständigen **43** 18

s. a. »Aussageverweigerungsrecht«

Zuchtmittel
- Anfechtbarkeit **55** 25, 27
- Anwendungsbereich **13** 1
- Anwendungsvoraussetzungen **13** 3
- Arbeitsleistung als – **5** 22; **Grdl. 13-16** 10; **15** 13
- Arten **13** 2
- Begnadigung **13** 4
- Einbeziehung **31** 16
- Eingriffsbedarf für – **5** 18
- Erziehungsregister **13** 4
- Gesetzesziel **Grdl. 13-18** 4
- bei Heranwachsenden **13** 1; **105** 25
- historische Entwicklung **Grdl. 13-16** 2, 3
- Interesseneinbußen durch – **13** 3
- Justizpraxis **Grdl. 5-8** 4; **Grdl. 13-16** 5
- rechtspolitische Einschätzung **Grdl. 13-16** 8-10
- Resozialisierungschance bei – **17** 12
- stigmatisierende Wirkung **13** 3
- als strafrechtliche Sanktionen **Grdl. 3** 3; **Grdl. 5-8** 2
- Urteilsformel und -begründung **54** 7, 17
- veraltete Bezeichnung **Grdl. 5-8** 6
- Verbindung mit Erziehungsmaßregeln **8** 2
- Verwarnung als – **5** 22
- Vollstreckungsverjährung **4** 5
- Zentralregister **13** 4

Zuführungen zum Arrestantritt Grdl. 13-16 7; **85** 3

Zulassung zur Hauptverhandlung 48 10-17

s. a. »Anwesenheit«

Zumutbarkeit
- der Sanktion **9** 7

– Grenzen 7 16
– Zumutbarkeitsklausel **Grdl. 13-16** 3
Zurückhaltungsgebot 55 6, 28
Zurücknahme der Anklage 39 6
Zurückstellung der Strafvollstreckung 82 10, 11
Zurückverweisung durch das Revisionsgericht **39** 10
Zusagen oder Anbieten von Leistungen und Auflagen 23 6, 7
– Nichterfüllung von – **26-26 a** 10
– Überwachung **24-25** 10
Zusammenarbeit
– zwischen JGH und -
– – Angeklagten **38** 17
– – Bewährungshelfer **38** 20
– – Jugendrichter und StA **38** 5
– zwischen Minderjährigen und Eltern **12** 5
Zuständigkeit
– Abgrenzung zwischen Jugendrichtern und Erwachsenengerichten **33**; **107**
– – bei Straftaten in verschiedenen Alters- und Reifestufen **32** 12, 18; **33** 1
– – bei Verbindung **103** 11-14
– – im Verfahren gegen Heranwachsende **107** 2
– Doppelzuständigkeit **33** 10
– funktionelle -
– – bei sofortiger Beschwerde gem. § 59 **59** 5-7
– – instanzielle
– – – des BGH **41** 8; **59** 5
– – – des OLG als Revisions- und Beschwerdeinstanz **41** 8; **59** 5
– – der Jugendgerichte **103** 11; **33** 6-10
– – des Jugendstaatsanwalts **36** 1
– – bei nachträglichen Entscheidungen über Weisungen und Auflagen **65** 2, 3

– – Verfahren bei – Unzuständigkeit **33** 10
– – für die Vollstreckung vorläufiger Maßnahmen **58** 20
– – des Vollstreckungsleiters **83** 2, 3
– historische Entwicklung **Grdl. 39-42** 2
– bei Kindern **33** 3
– örtliche – **42**
– – zur Beseitigung des Strafmakels **98** 2, 3
– – im Bußgeldverfahren **42** 3
– – der JGH **38** 5
– – der Jugendkammer **42** 2
– – des Jugendschöffengerichts **42** 2
– – bei nachträglichen Entscheidungen über Weisungen und Auflagen **65** 2
– – der StA **36** 5; **42** 2
– – im Verfahren gegen Heranwachsende **42** 1; **108** 6, 7
– – Verfahren bei Unzuständigkeit **42** 1
– – Verstoß gegen die – **42** 14
– – des Vollstreckungsleiters **66** 16; **84**; **85**
– – des Vormundschaftsgerichts **42** 5
– – Vorrang **42** 4
– – Zuständigkeitskonzentration **33** 13
– sachliche – **Grdl. 39-42**; **39-41**
– – zur Aussetzung der Jugendstrafe durch nachträglichen Beschluß **57** 9
– – zur Aussetzung der Vollstreckung des Strafrestes zur Bewährung **88** 9
– – zu weiteren Entscheidungen über Aussetzung der Jugendstrafe zur Bewährung **58** 3-10

– – zu weiteren Entscheidungen bei Aussetzung der Verhängung der Jugendstrafe zur Bewährung **62** 2
– – zur Beseitigung des Strafmakels **98** 1-3
– – – bei Widerruf **101** 4
– – des BGH **102** 3
– – bei Entzug der Rechte der Erziehungsberechtigten **67** 17
– – der Jugendkammer **41**; **59** 5, 6
– – – bei Heranwachsenden **41** 3-5, 8, 9; **108** 4
– – – im ersten Rechtszug **41** 2-7
– – – im zweiten Rechtszug **41** 8, 9
– – – Umfang **41** 2-9
– – – Verfahren bei Unzuständigkeit **41** 3
– – – bei Verbindung **103** 11
– – des Jugendrichters **39**
– – – Anklagezuständigkeit **39** 3-8
– – – im Bußgeldverfahren **39** 2
– – – bei Heranwachsenden **39** 1; **108** 2
– – – Verfahren bei Unzuständigkeit **39** 6, 7
– – des Jugendschöffengerichts **40**
– – – bei Heranwachsenden **40** 2; **108** 2, 3
– – – Umfang **40** 2, 4
– – – bei Verbindung **103** 11
– – – Verfahren bei Unzuständigkeit **40** 3
– – – bei Zweifeln über die Anklagezuständigkeit **39** 4
– – in Jugendschutzsachen **36** 1; **39** 2
– – bei nachträglicher einheitlicher Sanktionierung **66** 12
– – zu nachträglichen Entscheidungen über Weisungen und Auflagen **65** 1
– – des OLG
– – – im ersten Rechtszug **102** 2
– – – im zweiten Rechtszug **102** 4

– – – im Verfahren gem. § 23 ff. EGGVG **70** 11; **82** 11; **83** 6; **85** 7, 16; **90** 17; **Grdl. 91-92** 6; **91-92** 27; **93** 19; **114** 7
– – – bei Verbindung **103** 11
– – Prüfung **33** 8; **39** 10; **40** 3; **41** 12
– – bei Serienstraftätern **33** 1
– – der Staatsschutzkammer **41** 3; **102** 2; **103** 11
– – der Strafvollstreckungskammer **85** 7, 8
– – bei Unterbringung zur Beobachtung **73** 12
– – bei Umwandlung von Freizeitarrest **86** 2
– – des Vollstreckungsleiters **66** 13; **82** 3-5
– – bei vorläufigen Maßnahmen **58** 20
– Wechsel wegen des besonderen Umfangs **40** 2
Zuständigkeitskonzentration, örtliche **33** 13
Zuständigkeitswechsel 40 2
Zustellung, keine öffentliche – **48** 7; **58** 17
Zustimmung
– des Angeklagten/Angeschuldigten zur Einstellung gem. § 47 **47** 11
– der Erziehungsberechtigten zu Weisungen **10** 9, 10
– bei Einstellung gem. § 153 StPO **45** 5
– keine – Einstellung gem. § 45 Abs. 2 Nr. 2 **45** 10
– der StA
– – bei Abgabe des Verfahrens **42** 11
– – zum Abwesenheitsverfahren **50** 9, 10
– – zur Einstellung im vereinfachten Verfahren **47** 2, 11
– – zur Einstellung gem. § 47 **47** 4
– zur Tilgung des »Schuldurteils« durch Beschluß **62** 6

Zwangsarrest
- Einbeziehung **31** 2, 7
- Verbüßung eines – **11** 12
- Verfahren bei Anordnung des – **58** 2

Zwangsarbeit 10 13; **11** 3
- im U-Haftvollzug **93** 10

Zwangsmaßnahmen
- im Jugendarrestvollzug **90** 16
- im Jugendstrafvollzug **91-92** 25
- im U-Haftvollzug **93** 18

»Zwangsverteidiger« 66 13

Zwei-Drittel-Mehrheit
- für Entscheidungen über Schuldfrage und Rechtsfolgen **35** 2

- zur Entscheidung gem. § 105 **105** 24
- bei Milderung des allgemeinen Strafrechts für Heranwachsende **106** 8
- für Schuldspruch **62** 1
- bei Wahl der Jugendschöffen **35** 9

Zweifel
- über die Anklagezuständigkeit **39** 4, 9
- an der Strafmündigkeit **1** 11

Zwischenverfahren, Übernahmeverfahren als Teil des – **40** 8